DICTIONNAIRE

HISTORIQUE ET GÉNÉALOGIQUE

DES FAMILLES DU POITOU

PAR

H. BEAUCHET-FILLEAU ET FEU CH. DE CHERGÉ

SECONDE ÉDITION ENTIÈREMENT REFONDUE, CONSIDÉRABLEMENT AUGMENTÉE ET PUBLIÉE

PAR

H. BEAUCHET-FILLEAU ET PAUL BEAUCHET-FILLEAU

AVEC LE CONCOURS DES

RR. PP. H. ET G. BEAUCHET-FILLEAU

DE PLUSIEURS MEMBRES DES SOCIÉTÉS SAVANTES DE LA PROVINCE

ET LA COLLABORATION POUR LA PARTIE HÉRALDIQUE

DE

M. MAURICE DE GOUTTEPAGNON

TOME PREMIER

POITIERS

IMPRIMERIE OUDIN ET Cie

4, RUE DE L'ÉPERON 4

JUILLET 1891

DICTIONNAIRE

HISTORIQUE ET GÉNÉALOGIQUE

DES FAMILLES DU POITOU

POITIERS. — TYPOGRAPHIE OUDIN ET Cie.

DICTIONNAIRE

HISTORIQUE ET GÉNÉALOGIQUE

DES FAMILLES DU POITOU

PAR

H. BEAUCHET-FILLEAU ET FEU CH. DE CHERGÉ

SECONDE ÉDITION ENTIÈREMENT REFONDUE, CONSIDÉRABLEMENT AUGMENTÉE ET PUBLIÉE

PAR

H. BEAUCHET-FILLEAU ET PAUL BEAUCHET-FILLEAU

AVEC LE CONCOURS DES

RR. PP. H. ET G. BEAUCHET-FILLEAU,

DE PLUSIEURS MEMBRES DES SOCIÉTÉS SAVANTES DE LA PROVINCE

ET LA COLLABORATION POUR LA PARTIE HÉRALDIQUE

DE

M. MAURICE DE GOUTTEPAGNON

TOME PREMIER

POITIERS

IMPRIMERIE OUDIN ET Cie

4, RUE DE L'ÉPERON, 4

JUILLET 1891

SIMPLE AVIS

Nous n'avons nul besoin, croyons-nous, d'expliquer les motifs qui nous ont amenés à rééditer l'œuvre de notre aïeul et bisaïeul, dont la première édition, publiée de 1842 à 1854 par l'un de nous, avec la collaboration intelligente et dévouée de M. Ch. de Chergé, est devenue aujourd'hui introuvable. Les désirs si généralement exprimés par nos compatriotes motivent suffisamment notre détermination.

Nous dirons donc seulement, au sujet de cette seconde édition, que, grâce à de nombreuses communications et de précieux concours, il nous a été donné de pouvoir refondre, corriger et augmenter dans de notables proportions cette œuvre de famille.

Nous devons faire observer que nous n'avons pas l'intention de publier un Nobiliaire du Poitou, dans le sens strict de ce mot. Notre travail est beaucoup plus étendu ; car désirant donner le plus de renseignements possibles sur les personnages notables originaires du Poitou, et sur les familles qui ont possédé des domaines dans notre Province, nous devons forcément mentionner une foule de personnes de toutes conditions, dont le nom peut offrir un certain intérêt pour les monographies locales.

Les documents que nous possédons sur les personnes et sur les choses du Poitou, sont de nature très diverse, souvent inédits ou tout au moins d'une grande rareté ; nous avons cru, en raison de cela, devoir les publier, bien qu'ils soient parfois d'importance relativement secondaire ; car ces détails peu connus, qui paraissent, au premier abord, offrir peu d'intérêts fournissent aux écrivains et aux curieux qui recherchent les souvenirs de notre Province des renseignements de grande utilité, qui viennent souvent éclairer des points de notre histoire jusqu'alors restés obscurs.

Pour ne pas commettre des omissions regrettables, nous ne placerons qu'en tête de notre dernier volume, en postface, *toutes les explications de nature à faire connaître à nos lecteurs les motifs qui nous ont amenés à adopter le plan que nous avons suivi, et leur donner, en même temps, la définition d'un grand nombre de termes inusités ou employés aujourd'hui, avec des significations toutes différentes de celles autrefois en usage.*

Mais, avant de terminer, nous prierons ceux de nos lecteurs qui seraient prêts à formuler des reproches au sujet des erreurs, bien involontaires (1), qui peuvent nous échapper, de se donner la peine, avant d'énoncer leur critique, de considérer les difficultés de tout genre que nous avons eu à surmonter pour la réunion de nos documents, et mener à bien un travail aussi considérable et aussi important, nécessitant une si grande quantité de recherches, et une si méticuleuse attention dans la rédaction de chacun des articles et la correction des épreuves, au milieu des milliers de noms propres et de dates qui passent sous notre plume.

Si malheureusement nous nous sommes heurtés parfois à des refus pour nous inexpliqués et inexplicables, qui nous ont mis dans la nécessité de laisser certaines généalogies incomplètes ou inexactes, nous avons, en échange, trouvé chez le plus grand nombre de nos correspondants une bonne volonté

(1) Un erratum placé à la fin de l'ouvrage rectifiera les articles erronés ou incomplets.

dont nous ne saurions trop les remercier ; nous ne les nommerons pas aujourd'hui, nous réservant de les faire connaître à la fin de l'ouvrage. Nous indiquons, du reste, à chacun des articles, le nom des érudits qui ont bien voulu nous favoriser de leurs obligeantes communications, et qui, nous l'espérons, voudront bien nous les continuer dans l'avenir. Mais dès maintenant nous ne devons pas omettre M. de Gouttepagnon, notre habile et dévoué dessinateur, dont nos souscripteurs seront les premiers à apprécier le talent d'héraldiste. Que toutes les personnes qui nous ont aidés de leurs lumières, reçoivent ici l'expression de notre vive et sincère reconnaissance.

Henry Beauchet-Filleau, Paul Beauchet-Filleau.

Chef-Boutonne (Deux-Sèvres), juillet 1891.

ABRÉVIATIONS

Voulant donner à nos lecteurs toutes facilités pour rechercher les preuves justificatives de nos assertions, nous joignons à notre premier fascicule la liste des principales abréviations que nous employons pour indiquer les sources auxquelles nos renseignements ont été puisés.

Abb.	Abbaye.
A. H. P.	Archives Historiques du Poitou.
Arch.	Archives.
Arch. Nat.	Archives Nationales.
Arch. D.-Sèv.	Archives des Deux-Sèvres.
Arch. Vend.	Archives de la Vendée.
Arch. Vienne, etc.	Archives de la Vienne, etc.
Arm. Gouj.	Armorial du Poitou publié par M. Goujet, archiviste du département des Deux-Sèvres.
Arm. Poitou.	Armorial général du Poitou, recueil officiel dressé en vertu de l'Edit de 1696, par Ch. d'Hozier, juge d'armes de France.
Bar. Barentin.	Confirmations de noblesse prononcées par M. Barentin, intendant du Poitou, 1667-1669.
Bibl.	Bibliothèque.
Bibl. Nat., etc.	Bibliothèque Nationale, etc.
Bibl. Ars.	Bibliothèque de l'Arsenal, Paris.
B. A. O.	Bulletins de la Société des Antiquaires de l'Ouest.
B. Stat.	Bulletins de la Société de Statistique, Belles-Lettres, Sciences et Arts du département des Deux-Sèvres.
Cab. tit.	Cabinet des titres (section spéciale des manuscrits, Bibl. Nat.)
Carrés d'Hozier.	Fonds spécial, cab. des titres.
Cart.	Cartulaire.
Chât., Châtnie.	Château, châtellenie.
Cherin.	Fonds spécial, cab. des titres.
Chev.	Chevalier.
Chron. Fonten.	Chroniques Fontenaisiennes, publiées par M. de la Fontenelle.
Cte, Cté.	Comte, Comté.
Déc.	Décembre.
D'Hozier.	Voir Armorial du Poitou. (Manuscrit Bibl. Nat.)
D. F.	Manuscrits de D. Fonteneau déposés à la Bibliothèque publique de Poitiers.
D. Villevieille.	Ses manuscrits à la Bibliothèque Nationale.
D.-S. ou D.-Sèv.	Département des Deux-Sèvres.
Dossiers bleus.	Collection, cab. des titres.
Ec.	Ecuyer.
F.	Notes recueillies par M. Filleau et conservées dans notre cabinet.
Fév.	Février.
Fonds français-latin.	Documents déposés à la Bibliothèque Nationale.
Fonds-Martainville.	Fonds-Martainville, collection à la Bibl. de Rouen.
Gaignères.	Collection de documents réunis par M. de Gaignères (Bibliothèque Nationale).
Gal. Christ.	Gallia Christiana, tome 2.
G. et Gén.	Généalogie.
Gd-Prieuré d'Aquitaine et Reg. Malte.	Registre des preuves de noblesse pour entrer dans l'ordre de Malte. Bibliothèque de l'Arsenal, Paris.
Hist.	Histoire de.... — *Nota*. Quand nous citons l'Histoire du Poitou, c'est toujours, à moins d'indications contraires, celle de Thibaudeau, 1re édition.
Inv.	Inventaire.

Janv.	Janvier.
Journ. Le Riche	Journal de Le Riche publié par M. de la Fontenelle.
Juill.	Juillet.
Livre des fiefs ou Grand-Gauthier du Bureau des Finances.	Liste d'aveux rendus aux Ctes de Poitou, déposée aux Archives de la Vienne.
Mis, Msat.	Marquis, Marquisat.
Maup.	Confirmations de noblesse prononcées par M. de Maupeou, intendant du Poitou, 1697-1700. (Original dans notre cabinet.)
Maynard-Mesnard.	Recherches historiques sur une famille poitevine par Henri de la Citardière (Benj. Fillon).
M. A. O.	Mémoires de la Société des Antiquaires de l'Ouest.
M. Stat.	Mémoires de la Société de Statistique, etc., des Deux-Sèvres.
N. féod.	Noms féodaux de D. Bettencourt, 1re édition.
N., Not.	Notaire.
N. p.	Notes particulières.
Nouv. d'Hozier.	Collection, cab. des titres.
Nov.	Novembre.
O.	Pièce originale. Lorsque cette lettre n'est suivie d'aucun nom de famille, elle indique que le document nous appartient.
Oct.	Octobre.
O. Cl.	Ordre de Cluny.
O. G.	Ordre de Grammont.
O. S. A.	Ordre de St-Augustin.
O. S. B.	Ordre de St-Benoît.
P. A.	P. Anselme, Hist. des grands officiers de la Couronne.
Orig. pièces.	Collection spéciale, cab. des tit. (Bibl. Arsenal, Paris.)
Sept.	Septembre.
Sgr, sr.	Seigneur, Sieur.
Vend.	Département de la Vendée.
Vte, Vté.	Vicomte, Vicomté.
Vien.	Département de la Vienne.

NOTA. — 1° Les personnes qui auraient à écrire à MM. Beauchet-Filleau sont instamment priées de joindre à leurs lettres le timbre nécessaire pour la réponse, autrement elles sont exposées à ne pas en recevoir.

2° Les personnes qui auraient des documents à communiquer pour la rédaction du Dictionnaire sont invitées à ne les adresser qu'à MM. Beauchet-Filleau, à Chef-Boutonne, Deux-Sèvres, au R. P. Beauchet-Filleau, à Ligugé (Vienne), ou encore à les remettre à M. Paul Oudin, éditeur de l'ouvrage, 4, rue de l'Eperon, Poitiers.

L'Introduction paraîtra avec le dernier fascicule du 1er volume.

DICTIONNAIRE HISTORIQUE ET GÉNÉALOGIQUE

DES FAMILLES DU POITOU

A

AAGE (DE L'). — Voir de **L'AGE**.

ABADIE ou **ABBADIE**. — Ce nom est commun à plusieurs familles originaires du Béarn, dont quelques branches sont venues en Poitou.

Abadie (de L'), établie en Saintonge et en Poitou.

Blason : d'azur à la croix patriarcale (à 3 branches) d'argent, accompagnée de 2 étoiles d'or en chef et d'un croissant d'argent en pointe.

Abadie (Jacques de L'), écrit à tort de La Badie, sgr de la Barre et du Bois-Robinet, fut maintenu noble par sentence de M. Barentin du 1er septembre 1667, élection de Niort.

Abadie (Jacques de L'), Éc., sgr du Bois-Robinet, demeurant en sa maison de Poivendre, paroisse de Marigny (près Niort), fut maintenu noble par sentence de M. de Maupeou du 12 février 1699. (Orig. Reg. 22, fol. 71.)

ABADIE (D'), autre famille originaire du Béarn, dont une branche vint se fixer en Poitou au commencement du XVIIIe siècle.

Blason : d'or, à l'arbre de sinople, au lévrier de gueules colleté d'argent, attaché au tronc avec une chaîne de même et un chef d'azur. (D'Hozier.)

Filiation suivie.

1. — **Abadie** (Joseph d') du Béarn, vivant au XVIIe siècle, épousa Charlotte MOIZON, dont Louis, qui suit.

2. — **Abadie** (Louis d') épousa en Poitou, le 13 avril 1728, Marie-Anne MONTAUBIN, inhumée en 1753 dans l'église de Vouzailles, laissant RENÉ, qui suit.

3. — **Abadie** (René d'), Ier du nom, né en 1736, épousa, le 4 oct. 1760, Jacquette GARNIER, et mourut le 24 oct. 1779, laissant :

4. — **Abadie** (René d'), IIe du nom, né le 16 avril 1761, marié, le 11 juin 1784, à Julie VILLERET, dont : 1° RENÉ, qui suit ; 2° JULIE-ÉLÉONORE, mariée, le 12 juin 1816, à Fidèle-Armand de Marsay, morte en 1874.

5. — **Abadie** (René d'), IIIe du nom, né le 1er oct. 1788, marié, le 26 juill. 1819, à Hélène BRIAUD, dont RENÉ-EUGÈNE, qui suit.

6. — **Abadie** (René-Eugène d'), né le 15 mai 1820, décédé le 22 févr. 1851, épousa, le 12 avril 1847, Alphonsine SAVIN D'ORFOND, fille de Jacques-Prosper et d'Anne-Marie de Gobertière la Mothe, dont : 1° RENÉ-RAOUL, né le 22 fév. 1848, marié, le 24 déc. 1872, à Madeleine-Marie MILLET (résidence, chât. de Chez-Gorat, Haute-Vienne) ; 2° RENÉ-JACQUES-ROGER, qui suit.

7. — **Abadie** (René-Jacques-Roger d'), né le 8 mars 1849 (résidence, chât. du Verger, Vienne), marié, le 7 oct. 1880, à Marie-Mathilde DE BEAUFRANCHET, fille de Jules-Henri Vicomte de Beaufranchet et de Caroline Duhail de Saint-Georges, dont : 1° HENRI, né le 30 janv. 1885 ; 2° HUBERT, né le 1er janv. 1887.

ABAIN (D') ou **D'ABEIN** ET **D'ABIN**. Voir **Chasteigner**.

Abain (Philippe d'), d'après l'Armorial Poitevin de Mervache, composé en 1505, portait : de gueules à 6 besans d'or posés 3, 2, 1, au chef denché de même.

ABANOIST (D'). — Famille noble de Saint-Maixent, sur laquelle nous n'avons pu réunir que le peu de renseignements qui suivent.

Abanoist (Pierre d'), Ec., sr de la Jouinière, d'après un partage fait le 28 juin 1595 par la famille Marchand à Saint-Maixent, avait épousé Dlle Marguerite MARCHAND. (Greffe de Saint-Maixent.)

Abanoist (Jean d'), Ec., sr du Soucy et de la Jouinière, que nous croyons être fils du précédent, fait une donation avec Dlle Marie de Neuport, veuve et donataire de Charles Marchand, Ec., sr de Russai, à Thomas Dupuis, Ec., sr de la Brusterie, de droits sur une pièce de vigne au fief des Hauts-Sazilliers. Passé à Saint-Maixent le 29 mars 1623. (Greffe de Saint-Maixent.)

Abanoist (N. d') eut pour enfants :

1° JEAN, qui suit ; 2° MARGUERITE, qui épousa Mathurin Cornuau, Ec., sr de la Roche.

Abanoist (Jean d') épousa Marguerite GADOUIN, dont il eut : 1° TOBIE, Ec., qui fut présent, comme cousin germain, au mariage de Marthe Moret, petite-fille de Marguerite d'Abanoist (ci-dessus), contracté à Chef-Boutonne, le 20 avril 1647, avec Aaron Mesmin, Ec., sr de Fayolle.

ABBADIE (D'). — Famille originaire du pays de Soule, qui est devenue grand propriétaire en Poitou par l'acquisition faite, à la fin du siècle dernier, par Jean d'Abbadie, des baronnies de Bressuire, Saint-Loup, Moncontour, etc.

Cette famille a pris son nom de l'abbaye laïque

d'Ithorrots, qu'elle possédait au commencement du XIVe siècle. (Notes généalogiques et historiques sur la Soule, la Basse-Navarre et le Labour. S. E. de Tourgair.)

La noblesse de cette maison a été reconnue par arrêt du Parlement de Bordeaux du 16 sept. 1542, et encore prouvée par documents authentiques à partir de 1304, les 3 juillet 1747 et 20 juillet 1769, devant les commissaires désignés par les états du pays de Soule.

Blason : Ecartelé au 1er d'azur à l'épervier d'or contourné et perché sur un rocher du même, au 2e de gueules au lion léopardé d'or passant contre un arbre de sinople, sur une terrasse de même, au 3e d'argent à la croix tréflée de gueules, au 4e d'or à 3 coquilles de sinople. (Notes de famille.)

Nous prenons la filiation à l'époque où les d'Abbadie sont venus en Poitou.

1. — **Abbadie** (Bertrand d'), Ec., sgr de l'Abbadie d'Ithorrots, président à mortier au Parlement de Pau, épousa Marie HARRAN DE BORDA, sœur du fermier général qui avait acquis la baronnie de Saint-Loup, dont il eut :

2. — **Abbadie** (Jean d'), Chev., abbé laïque d'Ithorrots en Soule, Baron de Bressuire, Moncoutour, Saint-Loup en Poitou, conseiller honoraire au Parlement de Paris, et président à mortier à celui de Navarre, fut reçu aux États de Béarn dans le corps de la noblesse comme sgr de Bizanos, et aux États de Soule le 2 juillet 1769, pour sa maison noble d'Abbadie, après avoir produit les titres justificatifs de sa noblesse d'ancienne extraction et sa généalogie, depuis noble Peyroton d'Abbadie, abbé laïque d'Ithorrots en 1504. Il fut aussi convoqué comme noble possédant fief à l'assemblée des États de Soule en 1789, pour l'élection des députés aux Etats généraux, et y fut représenté par M. Sarrabère, sgr de Domech.

Ce fut vers 1770 qu'il acheta la baronnie de Bressuire de M. le duc de Luynes.

Jean d'Abbadie avait épousé, par contrat du 6 janvier 1770, Marie DE LA FAURIE DE MONTBADON, fille de Christophe Baron de Montbadon, Comte de Montcassin, etc., conseiller au Parlement de Bordeaux, et de Jeanne Raymond de la Lande. De ce mariage sont issus : 1° LAURENT, qui suit ; 2° CHRISTOPHE, dit le Chevalier d'Abbadie, qui habitait le château d'Angliers près Loudun. Sous la Restauration, il fut membre du Conseil général de la Vienne pendant longtemps. Marié, en 1823, à sa nièce Laurence-Félicité-Evélina D'ABBADIE, il n'a pas eu d'enfants.

3. — **Abbadie** (Laurent d'), Baron de Saint-Loup, Moncontour, la Roche-de-Luzay, Chev. de la Légion d'honneur, député des Deux-Sèvres de 1824 à 1828, a épousé, le 6 sept. 1799, Anne-Colombe-Amélie FERRAND DE VERNAY, fille de Michel-Isaac, Chev., sgr de Vernay, Chev. de Saint-Louis, et de Marie-Anne-Victoire de Razilly, dont : 1° ALFRED, marié à Léonie O'RIORDAN, mort sans postérité au château de Saint-Loup, en 1843 ; 2° CHARLES-BAPTISTE-OSWALD, qui suit ; 3° UBALD, dont nous parlerons après son frère ; 4° LAURENCE-FÉLICITÉ-EVÉLINA, mariée d'abord à Christophe D'ABBADIE, son oncle, puis, en 1833, à Julien-Amédée de la Faurie de Montbadon, Chev. de la Légion d'honneur, ancien capitaine, commandant aux Hussards de la Garde royale, pair de France ; 5° STÉPHANIE, mariée au Baron Antoine Juchault des Jamonnières ; 6° AMÉLIE, femme du Vicomte Amédée de Barnabé de la Haye.

4. — **Abbadie** (Charles-Baptiste-Oswald d'), Baron de Saint-Loup, a épousé, en 1833, Jeanne-Armande DE VILLENEUVE DURFORT, fille de N. Baron de Villeneuve-Durfort et de Joséphine-Françoise-Caroline Raymond de la Lande, dont : 1° UBALD, né en 1841 ; 2° MARIE-LAURENCE, mariée, le 13 janvier 1857, à Henri d'Espalungue, Baron d'Arros ; 3° MARIE, mariée, en oct. 1857, à Jacques-Antoine-Arthur de la Faye ; 4° JEANNE-LAURENCE-JULIE, mariée, le 12 fév. 1859, à Pierre-Jacques-Félix-Alfred de la Faye de Pontevrand, frère aîné du précédent ; 5° MARIE-VIRGINIE-ELOÏSE, née en 1843, mariée, le 20 oct. 1866, à Etienne-Georges-Louis-Marie Grossin, Vicomte de Bouville.

II. — BRANCHE CADETTE.

4. — **Abbadie** (Ubald d'), Baron de Moncontour (frère puîné de Charles-Baptiste-Oswald, qui précède), a épousé, en 1847, Anne-Alix DE MALET DE SORGES, fille de Henri Baron de Malet de Sorges, Sous-Préfet de Périgueux, et de Léontine de la Faurie de Montbadon, dont : 1° LAURENT-ROGER, né à Paris le 5 août 1862 ; 2° MARIE-MARGUERITE, née le 16 juin 1860.

ABBAYE (D'). — V. **DABBAYE**.

ABBÉ (L'). — V. **LABBÉ**.

ABELIN. — Ce nom fut celui d'une famille d'ancienne chevalerie qui est connue par quelques titres du XIIIe siècle.

Abelin (Willelmus), *miles*, fut témoin, en 1218, d'un don fait à l'abbaye de Saint-Maixent par Hugues Le Brun, sgr de Lusignan. (D. F. 16.)

ABENAIS. — On trouve au ban du Poitou de 1467 : ABENAIS dit Freyart (Guillaume et Jean), qui servirent tous les deux comme brigandiniers, sous le s^r de Laigle.

ABENOUR (D') ou **ABNOUR**. (V. **RICHARD**.) — Fief paroisse de Lathus.

ABILLON (D'). — V. **DABILLON**.

On trouve à Niort et Saint-Jean-d'Angély plusieurs familles portant le nom Dabillon ou d'Abillon. Leur origine est peut-être commune, mais leur blason est très différent ; aussi nous distinguerons 2 familles, l'une à Saint-Jean-d'Angély sous le nom d'Abillon, qu'elle a adopté dès le XVIIe siècle, l'autre à Niort, appelée ordinairement Dabillon. (Voir ce nom.)

Blason : (d'Abillon de Savignac) de gueules à 5 billettes d'argent couchées, posées en pal, l'une au-dessus de l'autre ; — (d'Abillon de Portneuf), d'azur à 5 billettes d'argent, posées en sautoir. (Maintenue Barentin, 1667.)

Filiation. — I.

1. — **Abillon** (Joachim d'), maire de Saint-Jean-d'Angély en 1547, eut pour fils :

2. — **Abillon** (Jean d'), Ec., sgr de Beaufief, échevin de Saint-Jean-d'Angély en 1581, maire en 1582, acquit, le 14 mai 1587, la 10e part de la baronnie du Cluzeau en Saintonge. Marié, le 13 juin 1547, à Marie DUBOIS, il en eut : 1° FLORIZEL, qui suit ; 2° JEAN, Ec., s^r de la Leigne, lieutenant-général au siège royal de Saint-Jean-d'Angély (nous ne savons s'il eut postérité) ; 3° SIMON (chef de la 2e branche) ; probablement 4° SYLVIE, mariée, le 5 mars 1584, à Pierre Meschinet, Ec., s^r du Beugnon.

3. — **Abillon** (Florizel d'), Ec., s^r de Beaufief, exerça un commandement pendant le siège de Saint-

Jean-d'Angély, en 1621. Il épousa: 1° Anne ANCELIN, 2° Léa DE BEAUCORPS, fille d'Antoine, Ec., sr de Guillonville (elle était veuve en 1622). Il eut pour enfants (mais nous ne savons de quel lit): 1° JEAN, qui suit; 2° JOSUÉ, Ec., sr de Beaufief, qui épousa sa cousine Madeleine D'ABILLON (nous ne savons s'il eut postérité); 3° FLORIZEL, sur lequel nous n'avons pas de renseignements.

4. — **Abillon** (Jean d'), Ec., sr de Beaufief, céda cette seigneurie à son frère Josué et vendit sa part du Cluzeau en 1627. — Il épousa Elisabeth GUÉRIN. (Nous pensons qu'il fut l'aïeul des sgrs de Portneuf, III.)

II. — BRANCHE DE SAVIGNAC.

3. — **Abillon** (Simon d'), Ec., sr de Seudre, Savignac, épousa, le 20 oct. 1600, Susanne BRACHET, fille d'Ignace, sr de la Milletière, célèbre ministre protestant, et d'Antoinette Faye d'Espesse, dont il eut: 1° JEAN, qui suit; 2° SUSANNE, mariée à Joachim de Sainte-Hermine, Ec., sgr de la Funelière; 3° MADELEINE, mariée à Josué d'Abillon, Ec., sr de Beaufief, son cousin germain.

4. — **Abillon** (Jean d'), Ec., sr de Savignac, Seudre, Bèchemore, maître d'hôtel du Roi, testa avec sa femme, le 7 déc. 1669, en faveur de son fils. Il avait épousé en 3es noces (le nom de ses deux premières femmes nous est inconnu), le 3 mai 1652, Marguerite TRUCHON, veuve de Jean Tarteau, substitut de la cour des aides de Bordeaux, dont il eut:

5. — **Abillon** (Joachim d'), Ec., sr de Savignac, maintenu noble à Bordeaux, le 9 sept. 1695, épousa Marie-Susanne-Angélique DE BECHADE, dont il eut: 1° JOACHIM, qui suit; 2° MARIE-ANGÉLIQUE, née le 31 mars 1696, reçue à Saint-Cyr le 10 fév. 1707.

6. — **Abillon** (Joachim d'), Ec., sr de Savignac, habitait Plassac en Blaye, au XVIIIe siècle. (Armorial de d'Hozier.) Nous ignorons s'il eut postérité.

III. — BRANCHE DE PORTNEUF.

Formée par un puîné des srs de Beaufief; elle habitait le Bas-Poitou aux XVIIe et XVIIIe siècles. Nous n'avons pas retrouvé les documents nécessaires pour établir la jonction.

Abillon (Charles d'), Ec., sr de Portneuf, maintenu noble en Poitou en 1667, épousa Susanne VOYER, fille de Samuel, Ec., sr de la Bonnelière (Saint-Michel-Mont-Mercure), dont il eut: 1° CHARLES, qui suit; 2° MARIE-SUSANNE; 3° CHARLOTTE-CATHERINE (elles passèrent en Angleterre après la révocation de l'Edit de Nantes).

Abillon (Charles d'), Ec., sgr de Portneuf, Ligné, la Bonnelière, etc., abjura le calvinisme et fut mis en possession des biens de sa famille. Il vivait en 1740 et acquit la Chevillonnière (Saint-Hilaire-le-Vouhis). — Il épousa (croyons-nous) Esther DE NICOU, dont il n'eut qu'une fille, décédée sans postérité. (Emul. Vendée 1858.)

ABIN (D') ou D'**ABAIN** ET **ABEIN**. — Famille noble du Mirebalais, qui posséda la sgrie d'Amaillou en Gâtine, au XIVe siècle. On trouve quelques renseignements sur elle dans l'Inventaire des titres d'Airvau. (Fonds Franç. 20230, f° 267.)

1. — **Abin** (N. d'), qui vivait au milieu du XIIIe siècle, eut pour fils: 1° GUILLAUME, qui suit; 2° JEAN, abbé d'Airvau, au commencement du XIVe siècle, mentionné dans l'Obituaire comme décédé le 23 juill. Il fut inhumé devant l'autel de la Madeleine. (Non mentionné par le *Gallia.*)

2. — **Abin** (Guillaume d'), Chev., sgr d'Amaillou, fut témoin, en 1320, d'un accord entre le sr de Bressuire et le prieur de Baudouille, pour l'étang de Chiché. Il eut cession de la sgrie d'Amaillou en 1322, échangée par son beau-frère Guiart de Chausseraye, sgr d'Airvau. En 1330, il acquit une rente de Guillaume Astefort et Aiglie, sa femme. Marié, vers 1300, à Eschive DE CHAUSSERAYE, fille de Guy, Chev., sgr d'Airvau, il eut pour fils:

3. — **Abin** (Jean d'), Ec., sgr d'Amaillou, décédé avant 1349, est nommé dans un accord fait par sa mère Eschive avec Roland du Fontenioux. Il avait eu pour fils Jean, dit le Jeune, qui suit.

4. — **Abin** (Jean d'), Chev., sgr d'Amaillou, était mineur sous la tutelle de son aïeule paternelle en 1349. Il vivait en 1402, et fit aveu du Puy-Bertin au sgr d'Airvau, le 11 oct. Il fit aussi hommage des Bordes au Vte de Thouars, le 23 avril 1404. Ce fut lui sans doute qui signa, comme témoin, une transaction passée, le 19 juill. 1380, entre Guillaume L'Archevêque, sgr de Parthenay, et Aimery d'Argenton, au sujet du fief de Lairegondeau. (Ledain, *Gâtine.*) Il eut pour fils GEOFFROY, qui suit.

5. — **Abin** (Geoffroy d'), Chev., sgr d'Amaillou, fit aveu des Bordes, à Thouars, le 26 juill. 1425, et du Puy-Bertin, à Airvau, le 26 juin 1439. (Cet acte portait son sceau, mais l'empreinte était effacée.) Ayant fortifié son hôtel d'Amaillou sans la permission de son suzerain, le sgr d'Airvau, il fit accord avec celui-ci, le 1er janvier 1437, et reconnut qu'il n'avait pas droit de « chastel et forteresse. » D'après une note de la généalog. des Foucher (fonds Franç. 20230), il fut fait prisonnier à Azincourt. Marié, vers 1400, à Louise DE CHASTEAUBRIANT, fille de Guyon, Chev., sr des Roches-Baritaud, et de Jeanne de Toutessans, il eut pour fille MARIE, dame d'Amaillou, qui épousa: 1° Louis de la Ramée, Ec., sgr de Bourneau; 2° Jean de la Cour, Ec. (qui fit aveu d'Amaillou en 1460).

Abin (d'). V. **Chasteigner, Luthier-Pousssineau.**

ABIRÉ (Girard d') est un des seigneurs témoins en 1107 de l'acte de fondation de l'abbaye d'Orbestier par Guillaume le Grand, Comte de Poitou, Duc d'Aquitaine. (Notice sur Saint-Cyr, Fillon.)

ABISSON (Lucie d'), épouse de Josué des Prez, Ec., sr du Pairé-Boutrie. Leur fille Anne des Prez épousa, par contrat du 27 octobre 1669, Mre Gaston Pinault, Ec. (Gle de Béjarry.)

ABONEAU ou **ABONNEAU**. — Ancienne famille du Bas-Poitou.

ABONEAS (J.) possédait une dîme située près de Pissotte, dans le fief de Béraud de Nalliers, en 1260. M. Bardonnet (Hom. d'Alphonse) met en note qu'on trouve un Petrus AUBOUNEAS nommé dans une liste des habitants de Fontenay dressée en 1267. Le même est dit posséder le fief de la Jarrie, dans le fief du même Béraud de Nalliers, et relevant de lui.

ABRAHAM. — Nom commun à plusieurs familles.

Blason: Abraham de Boisrideau: d'argent à l'ancre de sable posée en pal, chargée d'une Foi au naturel vêtue d'azur, chef d'azur à 3 étoiles d'or. (Arm. Touraine.)

Abraham (Jean), Ec. de bouche de la reine Catherine de Médicis (Poitou). Le Roi lui donne les biens du condamné Pierre Garderat en 1552. (Bibl. Nat. J. Reg. 261 *bis*, 34.)

Abraham (Maurice), originaire de Touraine, trésorier de France au bureau des finances de la généralité de Poitiers, lettres de provisions du 17 juin 1719, et d'honneur le 18 sept. 1739.

Abraham (Maurice), fils du précédent, sgr de Boisrideau, fut pourvu du même office en 1739. Lettres d'honneur sept. 1760. Sa fille ELISABETH-MARGUERITE-MAGLOIRE épousa : 1° Jean-Baptiste-Michel Prégent du Breuil ; 2° (avant 1787), Pierre-Joseph de Céloron.

ABZAC (D'). — Maison originaire du Périgord, où se trouve la forteresse d'Abzac. Elle est reconnue pour être une des plus anciennes de cette province. Une généal. dressée par Charles d'Hozier en fait remonter la filiation à Hugues d'Abzac, qui fit bâtir la forteresse d'Abzac sur la Dordogne. Il était en 1220 Chev., sgr de Lanquais, et cette même généalogie lui donne pour fils AYMAR, sénéchal pour le roi d'Angleterre.

Blason : Ecartelé aux 1er et 4e d'argent à la bande d'azur et à la bordure de même, chargées de 9 besans d'or (qui est d'Abzac), aux 2e et 3e d'or, à la face de gueules accompagnée de 6 fleurs de lis d'azur, 3 en chef, 3 en pointe (qui est de Barrière), sur le tout de gueules à 3 léopards d'or l'un sur l'autre (qui est de Galles, Angleterre), par suite d'une prétention erronée, à cause d'une alliance avec une famille de Vals, dont le nom a été écrit de Walls et de Galles. (Maintenue de noblesse au 4 déc. 1667, accordée à Raymond d'Abzac de la Robertie.)

Nous ne parlons ici de cette maison que parce que dans le Catalogue imprimé en 1667 des nobles du Poitou confirmés dans leurs privilèges, on trouve RAYMOND d'Abzac, Ec., sgr de la Robertie, paroisse de Voulême en Poitou. Il était capitaine au régiment de Picardie et est mort sans postérité. Il était fils de JEAN d'Abzac, Ec., sgr de Villars, Saint-Pardoux, la Rivière, etc., et issu de N. d'Abzac de la branche de la Douze, et de Renée DE LAMBERTIE, fille de Jean, Ec., sgr de Prung.

Cette même branche avait précédemment fourni deux abbés à l'abbaye des Alleuds, diocèse de Poitiers.

Abzac de la Douze (Pierre d'), religieux et chambrier de Saint-Jean-d'Angély, docteur en droit et donnant des leçons dans l'Université de Poitiers, fut nommé abbé des Alleuds en 1450. Il l'était aussi en 1465, lorsqu'il fut appelé à l'archevêché de Narbonne.

Abzac de la Douze (Hugues d') était aussi abbé des Alleuds en 1495 et 1508.

ACARIE. — Famille que Le Laboureur (Généalogie Desmier) qualifiée de très noble et très ancienne. Elle a possédé plusieurs fiefs en Poitou et s'est éteinte au commencement du XVIIIe siècle.

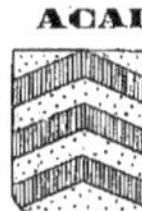

Blason : d'or à 3 chevrons de gueules (Le Laboureur, Gén. Desmier), ou de gueules à trois chevrons d'or (d'Hozier).

Noms isolés.

Acharie (Radulfus), l'un des sgrs (*Proceres*) de la cour du Comte de Poitou, Duc d'Aquitaine, témoins de la donation faite en 1126 par Guillaume X à l'Abb. de Montierneuf. (D. F. 19.)

Acarie (Guillaume), *Guillelmus Acharias*, fut témoin dans une charte de la commanderie de Coudrie, 1130.

Acarie (Pétronille) devait 6 deniers de cens au prieuré de Marennes, dépendant de Notre-Dame de Saintes, vers 1171.

Acarie (Guillaume) épousa Pétronille DE CLISSON, fille de Guillaume, sgr de la Benaste, d'après une charte de Coudrie de l'an 1212.

Acarie (Gislamond), ayant vendu la terre de Ram à Guillaume de la Garde, Chev., du pays d'Arvert, ce dernier la donna, en 1233, à Notre-Dame de la Garde en Arvert.

Acharie (Aimeri, Guillaume, Hugues et Robert) frères firent don d'une pièce de terre sise devant la porte de l'hôpital de Font-Sèche aux Frères de Saint-Jean de Jérusalem en 1226, du consentement de Hugues, sire de Tonnay-Charente, leur suzerain. (Charte de la comm. du Perrot. Bibl. de l'Ecole des Chartes, XV, 87.)

Acarie (Guyot) est nommé dans une composition d'acquêts, faite en 1310 par Simon Picquois, de fiefs et rentes tenus dudit Guyot Acarie. (Trésor des Chartes.)

Acarie (Guyot) et N. son frère avaient leurs biens confisqués en déc. 1347, à cause de leur rébellion, et ils sont donnés par le Roi à Perrot de Faye. (Arch. Nat. JJ. 76, 49, 44.)

Acarie (Guyot), sgr de Jaunay, peut-être le même que le précédent, épousa en 1350 Marguerite DE POILLÉ, fille de Jean, sgr de Sainte-Gemme, dont la succession fut partagée en 1373.

Acarie (Elie), Ec., sgr de —, fit hommage à la Rochelle, le 27 août 1364, au Prince de Galles.

Acarie (Guillaume) était en 1374 homme d'armes de M. Geoffroy de la Celle, Chev.

Acarie (Bertrand), chanoine de Surgères, fut présent en 1497 au mariage de Philippe de Barbezières, Ec., avec Hélène de Fonsèque.

Filiation suivie,

Dressée d'après Le Laboureur (*l. c.*), Duchesne (Hist. de Chasteigner), Nicol. de Sainte-Marthe (Gén. de Nuchèze), Archives de Saintonge, Notes de Léon de Beaumont, Th. de Brémond d'Ars.

1. — **Acarie** (Philippe), Ec., sgr du Fief-l'Archer, épousa, vers 1390, Isabeau DE SIGOIGNE, dont il eut : 1° JEAN, qui suit ; 2° MARIE, qui en 1412 épousa Bertrand Goumard, Ec., sgr d'Echillais.

2. — **Acarie** (Jean), Ec., sgr du Fief et de Crazannes, qu'il acquit en 1447, fut fait capitaine de Genouillé (Saintonge) en 1437. Il avait assisté au partage de la succession de Guillaume Béchet, Chev. Le 21 févr. 1436 (D. F. 82), il épousa Jeanne DE LIGNÉ, qui était sa veuve en 1469 et 1471. (On croit qu'elle était sa 2e femme.) Il eut du 1er lit : 1° JEAN, qui suit ; du 2e, 2° ANTOINE (chef de la branche de Crazannes) ; 3° GILLETTE, mariée à Pierre de Nuchèze, Chev., qui fit aveu à cause de sa femme, en 1460, à Louis de Marconnay ; 4° JEANNE, mariée, vers 1450, à Foucaud Desmier, Ec., sgr d'Olbreuse ; 5° ISABEAU, mariée à Jean Brugière, Ec., sgr de Chaix, dont elle était veuve en 1482, lorsqu'elle donna une croix d'or aux Jacobins de Fontenay. (A. H. P. 1.)

3. — **Acarie** (Jean), Ec., sgr du Fief, Puy-du-Fou en Saint-Georges de Rexe, fit aveu de ce fief en 1470, à cause de sa femme, à Pierre Chasteigner, sgr de Saint-Georges. Il épousa Gillette du PUY-DU-FOU, fille de Pierre, Ec., sgr de Saint-Georges de Rexe, et de Marthe Orry. Il eut pour enfants : 1° RENAUD, qui suit ; 2° ODETTE, 3° MATHURINE, mariée à Jean Goumard, sgr de Blanzay.

4. — **Acarie** (Renaud), Ec., sgr du Fief, fait en 1469, comme procureur de la veuve de son oncle Antoine, aveu du fief de Crazannes ; il servit au ban de 1467 en remplacement de son père, et assistait, le 23 janvier 1498, au mariage de Philippe de Barbezières avec Hélène de Fonsèque. (D. F. 82.) D'après certains auteurs, il ne se maria qu'une fois, d'autres lui donnent deux femmes : 1° Marie N... ; 2° Antoinette DE CULANT, dont : 1° JEAN, qui suit ; 2° ANNE, dame de Sigoigne ; 3° MARGUERITE, mariée à N. de la Rochechandry ; 4° ANTOINETTE, femme de Louis Bechet, Ec., sgr de Genouillé.

5. — **Acarie** (Jean), Ec., sgr de Fief-Archier, servit en archer au ban de Saintonge, 1537, rendit aveu en 1507 de son hôtel du Puy-du-Fou au sgr de Saint-Georges de Rexo. Il paraît être décédé sans enfants de Catherine PASTUREAU, qui se remaria depuis à Jean Jaubert, sgr de Barrault. Elle acquit pendant ce second mariage la seigneurie de Saint-Michel-le-Cloux.

I. — BRANCHE DE CRAZANNES.

3. — **Acarie** (Antoine), sgr de Crazannes, fils puîné de Jean et de Jeanne de Ligné, sa seconde femme, était décédé en 1469, lorsque sa veuve Arnaude PARTENAY fit aveu du fief de l'Echelle, représentée par Renaud Acarie. (Pièce orig.) Leurs enfants furent : 1° AIMERY, qui suit ; 2° GUYONNE ; 3° MATHURINE.

4. — **Acarie** (Aimery ou Méry), Ec., sgr de Crazannes, décédé au mois de juillet 1511. Il avait épousé, le 14 janvier 1496, Andrée DE ROCHECHOUARD, fille de Jacques, Ec., sgr du Bourdet, et de Louise d'Aubusson. Il en eut : 1° CHARLES, Ec., sgr du Bourdet et de Charroux, marié, le 26 mai 1527, à Françoise DU PUY, fille de Jean, sgr du Coudray-Morin, et de Philippe de Bessey, sans postérité ; 2° JEAN, qui suit ; 3° ANNE, mariée : 1° à Louis de Laval, sgr de Borée et des Hayes-Gascelin ; 2° à Joachim de Daillon. Elle testa, le 2 avril 1563, en faveur de son frère Jean ; 4° JACQUES, Ec., sr de la Rousselière.

5. — **Acarie** (Jean), Ec., sgr du Bourdet et de Crazannes, épousa Catherine DE GOUMARD, veuve de Gilles de Larmandie et fille de Guy, sgr de Romegoux, et de Catherine de la Tour. Ils eurent pour enfants : 1° JEAN II, qui suit ; 2° GUY, Ec., sgr de Romegoux, chef protestant ; 3° CHARLOTTE, femme de François Gombault, Ec., sgr de Champfleury.

6. — **Acarie** (Jean), IIe, sgr de Crazannes, du Bourdet, Charost, fut tué au siège de Chartres en 1568. Il avait épousé Marie DE LA ROCHECHANDRY, fille de Louis, sgr de Neuvic, et de Renée de Montbrun. Leurs enfants furent : 1° JACQUES, qui suit ; 2° JOSUÉ, 3° JOSIAS, décédés sans alliance ; 4° ZACHARIE, tué à l'assaut de Crozon (Bretagne) en 1594 : on croit qu'il épousa Jeanne GOMBAUD (sans postérité) ; 5° ANNE, mariée à Bertrand Belcier, Baron de Gozes.

7. — **Acarie** (Jacques), Ec., sgr de Crazannes, du Bourdet, Charost, succéda à son beau-père dans sa charge de capitaine des Gardes ; il combattit à Coutras, au siège de Saint-Jean-d'Angély, en 1621, et mourut à Montauban, la même année. Il épousa, en 1581, Catherine BELCIER, fille de Pierre, Baron de Cozes, et de Charlotte de Boulainvilliers. Leurs enfants furent : 1° RENÉ, qui suit ; 2° LOUIS, tige de la branche du Bourdet, rapportée au § II ; 3° CHARLOTTE-MARGUERITE, mariée en 1630 à Charles Poussard, Ec., sgr de Linières.

8. — **Acarie** (René), Chev., sgr de Crazannes, décéda au siège de Montpellier en 1622. Il avait épousé, le 12 sept. 1611, Angélique DE LA ROCHEFOUCAULD, fille de Louis, Ec., sgr de la Bergerie, et de Susanne de Beaumont des Dorides, dont : 1° PIERRE, qui suit ; 2° RENÉ, Chev. de Saint-Jean-de-Jérusalem, reçu en 1631 ; 3° JEANNE, décédée célibataire?

9. — **Acarie** (Pierre), Ec., sgr de Crazannes, mestre de camp, lieutenant-général de l'artillerie à l'arsenal de Paris, épousa Charlotte MARTEL, fille d'Isaac, Ec., sgr de Lindebœuf, et d'Elisabeth Puchot. D'après des écrivains, il eut un fils et une fille, décédés jeunes ; d'autres le font mourir sans enfants.

II. — BRANCHE DU BOURDET.

8. — **Acarie** (Louis), Chev., sgr du Bourdet, fils de Jacques et de Catherine Belcier, capitaine au régiment des Gardes, puis maréchal de camp, épousa Philippe DU CHEMIN, fille de Pierre, Ec., sr de Chartuzac, et d'Anne Arsaud. Il en eut : 1° FRANÇOIS-LOUIS-MARIE, qui suit ; 2° CATHERINE, mariée, le 7 juin 1647, à Charles de Cugnac, Ec., sgr de Caussade ; 3° CHARLOTTE, femme de Henri Gandillaud, sgr de Saint-Aignan ; 4° LOUISE, qui épousa : 1° Jules Gouffier-Caravas, Comte de Bossavant, et 2° suivant les uns Honoré Parfait, sr de Lignères et de Fontenay, et d'après les autres François d'Alhoue, sgr de la Thibaudière ; 5° GABRIELLE, supérieure des Filles de Notre-Dame de Saintes ; 6° ELISABETH.

9. — **Acarie** (François-Louis-Marie), Ec., sgr du Bourdet, Crazannes, Piperon, Boisrodon, tué au siège de Valenciennes en 1655, avait épousé, le 25 janvier 1653, Anne MARSAULT DE LUGEON, fille de Jean, sgr de Saint-Georges, lieutenant-général de la sénéchaussée de Saintes, dont : 1° ANGÉLIQUE, dame du Bourdet, mariée, le 12 janv. 1678, à Charles de Durfort, Marquis de Civrac. Elle rend aveu en 1699 et 1717 des fief et seigneurie de Crazannes en Saintonge, relevant du chât. de Cognac, dont elle avait hérité de Pierre Acarie (9 du § I), sgr du Bourdet, son cousin. (N. Féod. IV.) Elle était veuve en 1698 et fit insérer ses armes à l'Armorial de Guyenne. Elle mourut sans postérité en 1722 ; 2° MARIE, décédée jeune.

Il a existé une autre famille Acarie, sr de la Porcheresse, originaire de l'Orléanais. Quelques généalogistes ont voulu la rattacher aux Acarie de la Saintonge et du Poitou, mais elle est tout à fait distincte.

Blason : d'azur au chevron d'or accompagné de trois étoiles de même, celle en pointe surmontée d'une couronne d'or. (Mém. de Castelnau, III, 193.)

Acarie (Louis), receveur des domaines en Poitou vers 1525, appartenait à cette famille.

ACÉRÉ. — Famille originaire de Paris ou de Lyon, dont une branche vint s'établir en Poitou vers la fin du règne de Louis XIII, et posséda les fiefs de Forges et Vezières en Loudunais, au XVIIe siècle.

Blason : de gueules à une fasce d'argent chargée de 3, *aliàs* 2 étoiles d'azur, accompagnée d'un soleil d'or en chef, et d'un croissant d'argent en pointe. (Titres de la famille Sanglier.)

1. — **Acéré** (Marc-Antoine), qualifié noble homme, conseiller et secrétaire du Roi, est nommé dans une quittance donnée par honorable homme Mre Pierre Guérin et Judicq Decerisiers à Jehan du Verger, en date du 4 février 1641. Il donna quittance à Loudun, 15 mai 1662. Marc-Antoine, qualifié de sgr de Beaulieu (en Beauce) et de Forges en Loudunais, épousa en 16... Marie DE BURGES, fille de Barthélemy de Burges, receveur des tailles à Loudun, sgr de Vezières, Crouail, les Forges, etc., et d'Anne Le Proust. De ce mariages sont issus : 1° MARC-ANTOINE, qui suit ; 2° PAUL, Ec., épousa Dlle Emélie DE

ROZEMONT ; il professait la religion réformée et quitta la France après la révocation de l'Edit de Nantes ; 3° LOUIS, Ec., sgr de Noyers, épousa Dlle Jeanne GENDRAUT, comme le prouve l'acte de résiliement du bail de la terre de Crouail près Monts-sur-Guesnes, en date du 1er mars 1708 ; 4° SAMUEL, Ec. ; 5° JACOB, Ec.; 6° ELISABETH, qui quittèrent la France à la révocation de l'Edit de Nantes ; 7° PIERRE, Ec., sr des Fontenelles, décédé avant 1672.

2. — **Acéré** (Marc-Antoine), Ec., sgr des Forges, fut légataire universel de Prégent de Burges, son oncle. Le 11 décembre 1699, on le trouve cité dans un acte avec Pierre Gillier, Ec., sgr de la Besnardière, et Philippe Sarrazin de Beaumont, Ec., sgr de Montegut, ses cousins germains. On ignore s'il se maria.

ACHARD. — Ce nom est commun à plusieurs familles qui ont habité le Poitou à différentes époques. Nous signalerons quelques-unes des principales.

Achard, de Chástel-Achard ou **Château-Larcher**, famille originaire de Poitiers qui tenait un rang considérable aux xe et xie siècles. (V. **Château-Larcher.**)

Achard, de la Mothe-Achard en Bas-Poitou. Cette famille est souvent désignée sous le nom de la Mothe-Achard, et nous la placerons à ce nom.

ACHARD DE LA HAYE. — Maison noble et très ancienne, originaire de Normandie. Elle a donné son nom au fief du Perthuy-Achard, et occupé un rang considérable dans cette province.

Divers généalogistes ont cru qu'elle pouvait se rattacher aux Achard du Poitou. On trouve ses preuves pour les honneurs de la Cour au cabinet des titres de la Bibliothèque Nationale (fonds Chérin).

Blason : d'azur au lion d'argent armé, lampassé de gueules et 2 faces de gueules brochant sur le tout, ou d'azur au lion d'argent, chargé de 2 faces de gueules, *aliàs* face argent et gueules de 6 pièces.

Une branche de cette ancienne maison acquit des domaines en Mirebalais au xviiie siècle ; mais elle n'est plus représentée aujourd'hui que par Mme de la Selle. Nous donnerons seulement les derniers degrés de cette branche, qui seuls ont de l'intérêt pour notre province.

Achard (Antoine-Charles), Chev., sgr de la Haye, ou Marquis de la Haye (qui forme le 19e degré de la filiation de l'ancienne généalogie), né le 30 nov. 1737, page du Duc d'Orléans en 1753, lieutenant-colonel de cavalerie en 1769, Chev. de Saint-Louis en 1773, acheta le château de Purnon, près Mirebeau, et s'y fixa jusqu'à l'époque de la Révolution. Emigré en 1791, il fut maréchal général des logis de l'armée des Princes en 1792, et se trouva à la défense de Maëstrich en 1793. Envoyé par les Princes à la cour de l'évêque de Liège, il reçut le brevet de maréchal de camp, sous le titre de Marquis de la Haye, le 1er juil. 1797. Rentré plus tard en France, il mourut à Purnon, en janvier 1816. Marié, le 26 sept. 1767, à Bénigne-Modeste DE LA MOTTE-BARACÉ, fille de Philippe-Claude-Joseph, Chev., sgr du Coudray-Montpensier, et de Catherine de Guillot de la Bardouillère, il eut pour enfants : 1° AUGUSTE, officier au régiment de Royal-Pologne, qui fut massacré en 1791, avec son colonel, à Pierre-Encise, près Lyon ; 2° EDOUARD, qui suit ; 3° ADÉLAÏDE, sans alliance.

Achard de la Haye (Edouard), reçu Chev. non-profès de l'Ordre de Malte, épousa, le 30 juill. 1809, (Joubert, not. à Doué), Catherine-Adèle CARREFOUR DE LA PELOUZE, fille de Camille-Abraham, Chev. de Saint-Louis, ancien officier de carabiniers, et de Catherine-Zacharie-Renée de Charnières, dont il eut : 1° CATHERINE-ANTOINETTE, née le 31 juil. 1810, mariée, le 7 juin 1831, à Charles-Adrien-Paul-Victoric Baron de Goyon, décédée le 10 mars 1885 ; 2° ELISABETH, née le 1er sept. 1814, décédée en 1838, mariée, par contr. du 6 avril 1836, à Auguste Vicomte de la Motte-Baracé ; 3° LAURE, née le 5 mai 1817, mariée, par contr. du 15 juill. 1839, à Raoul de la Selle ; 4° CAMILLE, né le 4 mars 1821, décédé le 5 mai 1837, à l'école de Pontlevoy.

ACHARD D'ANGOUMOIS.

Cette famille, que l'on croit issue des Achard de Pommiers, a été substituée aux noms et armes des familles Joumard et Tison-d'Argence ; elle n'a presque aucun rapport avec le Poitou, si ce n'est quelques alliances.

Blason : d'après l'Armorial de Mervache, daté de 1506, Achard d'Angoumois porte de gueules à 3 haches d'arme d'argent, manchées d'or. Les Achard de Terrefort, en Guienne et Saintonge : échiqueté or azur, écartelé d'hermine à 3 pals de gueules (ou pallé hermine et gueules). Le Dict. de la noblesse dit que les Achard d'Angoumois portent : coupé : 1° d'argent à 3 doubles triangles entrelacés (ou plutôt 3 molettes à 6 rais), posées 2 et 1, et 2° facé gueules argent de 7 pièces. (Ces armes paraissent avoir été adoptées par les Achard-Joumard, dits Joumard des Achard, qui les portaient écartelées au 2e et 3e quartier, avec Joumard (d'azur à 3 besans d'or). — Les Achard-Joumard-Tison-d'Argence portaient : écartelé 1 et 4 ; Joumard, 2 et 3 ; Tison (argent à 2 léopards gueules), sur le tout Achard.

ACHARD EN LOUDUNAIS.

Le cartulaire de Fontevraud contient plusieurs chartes où figurent des Achard, qui paraissent appartenir à une même famille. (V. Cartul. Font., fonds lat. 5480.)

Achard (Pierre), qui paraît avoir épousé RAINFRÉDE, eut pour enfants : 1° AIRAUD, qui suit ; 2° ZOFICIA RAINFRIDIS, qui se fit religieuse à Fontevraud, vers 1110 ; elle fit don de domaines sur la Creuse (à Poligny), en présence du Vicomte de Chatelleraud, son suzerain (1126) ; peut-être 3° PÉTRONILLE, qui fut mariée, et dont le fils Gautier fit don à Fontevraud. (Cart. f. 8.)

Achard (Airaud) fit don à Fontevraud de terres à Athui et Poligny, en présence du Vicomte de Châtelleraud et du sgr de Montbason, ses seigneurs, en 1126. Il avait épousé TESSELINE, qui signe ce don. On le trouve témoin, vers 1130, d'une donation faite à Saint-Cyprien de Poitiers de terres situées à Vouneuil-sur-Vienne et à Montgamé.

Achard (Pierre), Chev., fit don à Fontevraud de terres situées à la Paluelle ? (*Palucla*) en 1249, par acte passé sous le scel de l'archiprêtre de Loudun. Ce titre portait le sceau dudit Pierre Achard (écu bandé de 6 pièces, chargé en chef d'un lambel de 5 pendants). (Lat. 5480, p. 179.)

ACHARD EN GATINE.

Achard (Pierre) reçut de Jean sans Terre une charte de confirmation de divers droits, datée de Parthenay, le 13 sept. 1214. (Gâtine, 103.) (Il était sans doute de la famille de la Motte-Achard.)

Achard — (Au xviie siècle, on trouve à Thouars et à Poitiers une famille Achard sur laquelle nous n'avons que très peu de renseignements.)

Achard (Jean), greffier de l'élection de Thouars,

donna quittance, le 31 déc. 1578, à Uriel Falloux, recev. des tailles. (Pièces or. V, 5.)

Achard (Jean) fit aveu du fief Buffefeu ou la Chau (paroisse de Linazay), en 1604, à Civray. Il avait épousé Marie Babignon, fille de Jean, sgr de la Chau, Proc. du Roi à Civray.

Achard (André), Ec., sgr de Poussay ou Pouançay, époux d'Anne le Blanc, sœur de Simon Le Blanc, Ec., sgr de la Roche, partage à cause de sa femme, avec des cohéritiers paternels, la succession de Rachel Vernou, épouse de Nicolas de Sainte-Marthe, le 3 sept. 1627 ; autre acte, 23 juin 1634. (Arch. la Barre.)

Achard (Jacques), sgr de la Salle, avocat à Poitiers en 1634, possédait divers fiefs à Vendeuvre, tenant aux terres de la seigneurie des Chezeaux. Vers 1660, ils passèrent à Gabrielle Achard (sa fille ou sa nièce), qui épousa Pierre Rogier, Ec., sr des Ages.

ACHIER. — Famille dont nous ne trouvons trace en Poitou qu'à la fin du xve siècle.

Achier de la Garde (François) était, le 16 juillet 1461, marié à Philippe de la Roche, et à cause de sa femme sgr de la terre de Crémilles.

Achier (Thomas d'), des environs de Châtellerault, servait en brigandinier au ban des nobles du Poitou qui fit montre en 1488. Le 17 juillet 1489, il fut désigné pour tenir garnison à Clisson sous les ordres de M. de la Châteigneraye. (Doc. inéd. A. O.)

ACQUET. — Famille qui, d'après Saint-Allais, se croyait originaire d'Ecosse, sans préciser l'époque de sa venue en France. Nous ne pouvons partager cette manière de voir; nous croyons au contraire qu'il y avait deux familles de ce nom en Poitou ; car Louis, Chev., qui, au milieu du xvie siècle, était époux de Françoise Chabot, ne pouvait être un des ancêtres de Pierre et de René son fils, qui furent anoblis en conséquence de l'Edit du mois de mai 1643, portant anoblissement de deux personnes en chaque généralité. (Dict. vérid. de Lainé.)

Blason: Les Acquet portent : de sable à trois haquets (hottes à vendange) d'or, 2 et 1. On trouve ailleurs 3 paniers, ou 3 seaux (par erreur). (Nob. universel. Dict. véridique des origines.) La branche des Dumont-Acquet brisait ces armes d'une croix d'argent en chef. (Blason des Dumont.) Marie Acquet, femme de Louis de Bellère, Ec., sgr de Chaligny, est dite porter: parti d'or et de sable à un aigle de l'un dans l'autre, d'après l'Armorial de Touraine, élect. de Richelieu; et Charles Acquet, Ec., sgr de la Grange, élect. de Fontenay: d'azur au chevron d'or accompagné de trois têtes de lion arrachées et couronnées de même, d'après l'Armorial de Poitou — armoiries de fantaisie, données par d'Hozier, à défaut de déclaration.

Acquet (Gabriel). D'après une lettre de novembre 1701, signée Saulieu, vicaire général de Poitiers, citée par Saint-Allais, il aurait existé dans les archives de l'Evêché les pièces d'un procès qui aurait eu lieu en 1298 entre les moines de Loudun et Gabriel Acquet, Chev., au sujet des droits seigneuriaux du fief de Bressuire? (Cette note paraît suspecte ou les noms ont été mal lus.)

Acquet (Mathurin), avocat au Présidial de Poitiers, assiste en cette qualité au procès-verbal de réformation de la Coutume de Poitou en 1559.

Acquet (Pierre), peut-être fils de Mathurin, était avocat à Poitiers en 1593 et, d'après un passage du Commentaire de J. Filleau sur la Coutume de Poitou, plaidait encore en 1608. Il épousa Florence de Sauzais, fille de Jehan, sgr de Beaurepaire, et de Dlle Charlotte Rasseteau, dont Florence, mariée à Esprit Guérin, Ec., sr du fief Bastard.

Acquet (Jacques). Il existait, dit-on, à la Vergne, la tombe d'un Jacques Acquet, Chev., sgr de la Vergne, en 1533 ; il aurait, paraît-il, épousé une Dlle N. de Tourtenay. (Dict. de l'ancienne et nouvelle noblesse. Ce renseignement doit être inexact ou les noms ont été défigurés.)

Acquet (Louis), Chev., était, vers le milieu du xvie siècle, époux de Françoise Chabot, dont Renée, mariée en 1595 à Alphonse de Toustain, sgr du Manoir. (Dict. de la noblesse.) Leur fils, Alphonse Toustain, devint sgr de Marainon (?) en Poitou et de Viray. (Ces renseignements sont suspects.)

Acquet (François) était en 1603-1604 receveur des tailles (receveur particulier des finances) de l'élection de Saint-Maixent. (Bureau des finances de Poitiers, Bonvallot. Mém. Ant. O. 1883.)

Acquet (Gillette) était en 1605 veuve d'Isaac Gendre, sgr de la Roche-Aymery-Arnaut, et tutrice d'Abraham Gendre, son fils, et rendait en cette qualité un aveu au château de Pugny. (Hist. de Bressuire.)

Acquet (Pierre). Au bas d'un hommage rendu, le 21 mai 1618, par Lancelot de Marconnay à Jeanne de Cossé, Baronne de Mirebeau, on lit : « Par commandement de ma dite dame (signé) Pierre Acquet. »

Acquet (Jacob), Ec., sgr de Bort et des Champs, rendit aveu de cette dernière terre, le 30 sept. 1619, au duc de Longueville, sgr de Vauvert et de Mervent, à cause de sa femme, Renée Guignard, fille de René, Ec., sgr de la Salle-Guibert. (Arch. de la Vienne.)

Acquet (Jean), sgr de la Chesnaye, vivait le 9 février 1643. (Bureau des finances de Poitiers.)

Acquet (Bonaventure) était, le 10 juillet 1647, épouse de Jean Le Blanc, Ec., sgr de la Baillargère.

Acquet (Jacob), Ec., sgr de Baud, confirmé dans sa noblesse par M. Barentin, le 5 févr. 1669.

Acquet (Françoise) épousa, le 9 août 1675, par contrat reçu Huslin, notaire de la châtellenie de Saint-Généroux, Charles de Vandel, Ec., sgr de la Verrie. (Gén. de Vandel.)

Acquet de Richemond (Marie-Anne) signe, le 24 août 1742, au contrat de mariage de Louis-Alexandre de Mauvise avec Marie-Marguerite Orré.

Une branche protestante passa en Suisse. On signale parmi ses membres le suivant :

Acquet (Charles-Auguste), cornette de carabiniers en 1773, capitaine en 1787, pensionné en 1795. (Note Enschédé.)

ACQUET DE RICHEMOND.

La filiation qui va suivre ne nous paraissant pas suffisamment justifiée, nous ne la donnons ici que sous toutes réserves.

Acquet (Pierre), sgr de la Vergne, Secondigny et d'Ozé, épousa Françoise Eschallard. De ce mariage seraient issus : 1° Pierre, qui suit ; 2° Jacques, sr du Vivier; 3° François, sr de Vara... ; 4° Jeanne ; 5° Marie, qui épousa, par contrat du 6 août 1644, Louis de Bellère, Ec., sgr de Chaligny. C'est dans son contrat que nous avons relevé les noms de ses frères et sœurs ; ses père et mère étaient morts à cette époque. (Filleau.)

Acquet (Pierre), sgr d'Ozé et de la Vergne, paroisse de Maulay, élect. de Thouars. D'après M. Filleau, ce serait lui qui aurait été anobli, comme nous l'avons dit, en 1645. Toujours est-il qu'il obtint une ordonnance de maintenue de noblesse en 1667.

Il eut tout au moins un fils, René, qui était gendarme de la Garde lors de son anoblissement en 1645.

Et peut-être encore Pierre, *aliàs* Charles, qui suit.

Acquet (Pierre), Chev., sgr d'Ozé, d'après les notes communiquées par M. de Gennes-Sanglier, qui nous permettront de donner les degrés suivants d'une manière plus assurée, épousa, le 1er juin 1663, Dlle Catherine Dumont, fille unique de Charles, Chev., sgr de Beaulieu-Richemond, et de Marie Mesnard de Toucheprès. Comme elle était dernière représentante de sa famille, ses enfants joignirent son nom à celui de leur père. De ce mariage sont issus : 1° René, qui suit ; 2° Pierre, qui assista au mariage de son frère le 26 février 1691 ; il est qualifié de sgr d'Ozé dans des aveux rendus en 1700 et 1717 par René au comte de Secondigny, pour les fiefs de la Vergne et de la Barotière ; — et plusieurs filles, seulement désignées dans les aveux précités. (Noms féodaux, p. 657.) L'une d'elles, sans doute, fut Marie, femme de Charles-Armand du Chesneau, Chev., sgr de la Croix de la Trapières, qui était veuve et tutrice d'un fils, le 23 juillet 1703. (Sentence de Saint-Jean-d'Angély.)

Dumont-Acquet (René), Chev., sgr de Richemond, épousa, le 26 février 1691, dans la chapelle du château de la Noblaye, paroisse de Lemeré (Indre-et-Loire), Renée Sanglier, fille de Mre Louis Sanglier, Chev., sgr de la Noblaye, du Perron, etc., et de Renée Foulon. Il eut de son mariage : 1° René-Louis, qui suit ; 2° Jean-Pierre Dumont-Acquet, Ec., sgr de la Vergne, Chev. de Saint-Louis, qui fut curateur de René-Pierre, son neveu, et le fit émanciper le 20 mai 1752. Le 10 févr. 1755, il acquit de Joseph-Louis et Jean-François Sanglier, ses cousins, le domaine du Fougeral, paroisse de Razines, par acte reçu Dugué, notaire à Richelieu ; 3° Renée-Perrine, mariée, vers 1720, à Charles de Beauregard, Chev., sgr de la Rivière-Paitailée, de la Maison-Neuve et de Villiers.

Dumont-Acquet (René-Louis), Chev., sgr de Richemond, d'Ozé, capitaine au régiment de Santerre-Infanterie, Chev. de Saint-Louis, marié à Marguerite-Françoise Quirit de la Mothe, fille de Joseph, Ec., sgr de la Mothe-Usage, et de Françoise Dusoul de Pompierre. Il en eut : 1° René-Pierre-Auguste, qui suit ; 2° Joseph-François, Comte d'Ozé, né au château de Richemond, paroisse de Prinçay, le 23 août 1737, était lieutenant au régiment d'Artois-Infanterie, lors de la mort de son père en 1748. Il fut émancipé le 21 mai 1752. En 1783, il était major au régiment de Brie, puis au régiment Royal-Infanterie, et maréchal de camp ; il émigra et commanda l'avant-garde de l'armée de Mgr le duc de Bourbon en 1792. Il a ensuite servi comme lieutenant-colonel du régiment à cocarde blanche sous les ordres du Comte d'Autichamp, et mourut pendant l'émigration. Il avait épousé, le 17 août 1784, par contrat reçu Mongy, notaire à Béthune, Marie-Jeanne-Antoinette Bourguignon-Bressuire de la Mure, dont une fille unique, Amélie, mariée à Eugène-Gabriel de la Forge. Devenue veuve en 1821, elle se remaria à N. Vensay.

Dumont - Acquet (René-Pierre-Auguste), Comte de Richemond. Il était capitaine au régiment de Dauus-Dragons au moment de l'émigration. Il quitta la France malgré le mauvais état de sa santé, ne put prendre de service dans l'armée des Princes, frères du Roi, et mourut à Francfort, où il s'était retiré.

Branche de la **Grange**.

Acquet (Charles), Ec., sgr de la Grange, d'Ozé, épousa Dlle Elisabeth le Bault, dont : 1° Elisabeth-Catherine-Louise, baptisée le 30 avril 1704 ; 2° Marie-Elisabeth, baptisée le 6 juin 1707, qui fut marraine le 2 octobre 1718 ; 3° Marie-Françoise, baptisée le 25 décembre 1708 ; et un fils Charles. Charles, époux d'Elisabeth Le Bault, mourut le 9 janvier 1709, à l'âge de 70 ans, et fut inhumé le 10 dans l'église de Lhoumois, en présence de son fils Charles.

Acquet (Charles), sgr de la Grange, d'Ozé, fut parrain et sa sœur Marie-Elisabeth marraine dans l'église de Lhoumois, le 2 octobre 1718. (Registres de la paroisse de Lhoumois.) Nous pensons qu'il se maria, mais nous ne connaissons pas sa postérité.

Branche de **Hauteporte**.

Acquet (Antoine), Chev., sgr de la Vergne, fils puîné de Pierre ? épousa en 1693 Madeleine-Calixte Chasteigner, dont il eut :

Acquet (Jacques-François), Ier du nom, Chev., sgr de Hauteporte, la Vergne, Mayé, dit cousin germain de René-Louis Dumont-Acquet dans un contrat, épousa, le 11 octobre 1713, Jacquette-Françoise Jaillard de la Maronnière, dont :

Acquet (Jacques-François), Chev., sgr de Hauteporte, capitaine au régiment de Richelieu, fit partie du ban de la noblesse du Haut-Poitou réuni en 1758 à Saint-Jean-d'Angély, y servit comme brigadier de la 1re brigade de l'escadron de Vassé. C'est le même que le François Acquet, Chev., sgr de Hauteporte, cité dans D. Fonteneau comme possédant, le 27 août 1750, les fiefs de la Rostière et de la Boudouinière, dans la baronnie de Commequiers. Il acheta la sgrie de Férolles, paroisse de Saint-Cyr-la-Lande, près Thouars, le 3 mai 1778, de Marie-Henriette de Briquemault, veuve de Joachim de Cazeaux, Chev. (Arch. des D.-S.) Il épousa Jeanne-Paule Cordier, fille de N. et de Jeanne Baillif, dont il eut beaucoup d'enfants, entre autres : 1° Jacques-René, qui suit ; 2° Louis, dit le Chev. de Férolles, né au château de Férolles, le 8 nov. 1760, était capitaine au régiment de Brie lorsqu'il émigra, fit la campagne de 1792 à l'armée des Princes dans la compagnie formée par les officiers de son régiment. Il était dès lors Chev. de Saint-Louis ; 2° Louise-Charlotte, baptisée à Sedan le 26 août 1759 ; 3° Jeanne-Paule, baptisée à Saint-Cyr-la-Lande le 12 janv. 1767 ; 4° François-Joseph, probablement l'aîné de tous, fut parrain de sa sœur en 1753 ; 5° Jeanne-Elisabeth.

Acquet (Jacques-René), Chev., sgr de Férolles, Hauteporte, la Vergne, etc., élève de l'Ecole militaire, officier au régiment Royal-Champagne-Cavalerie, émigra et fit toutes les campagnes des armées des Princes et de Condé. Né en 1759, il mourut en 1832. Il avait épousé en 1784 Mélanie Fouques de Monville, dont : 1° Jacques-Henri, qui suit ; 2° Clémentine, mariée en 1814 à M. de Tinguy.

Acquet (Jacques-Henri), Chev., sgr de Férolles, Hauteporte, né le 17 février 1786, épousa : 1° en octobre 1813, Jeanne-Herminie du Croquet de Saveuse ; 2° le 12 avril 1820, Céline Lefèvre du Hodent. Il a eu du 2e mariage : 1° Paul, qui suit ; 2° Marie ; 3° Valentine, qui épousa, le 30 juin 1846, Gustave de Witanne de Thésy.

Acquet de Hauteporte (Paul), né le 24 janvier 1830, décédé le 22 mars 1863, sans postérité, était le dernier représentant de cette famille.

ACTON. – Famille aujourd'hui éteinte, originaire du pays Thouarsais, est connue dès la fin du XIVe siècle.

Blason : Vertot, Hist. de Malte, dit : d'argent semé de fleurs de lis d'azur, au franc canton de gueules ; mais l'Armorial des Maires de Poitiers et M. de Maupeou les décrivent ainsi : d'argent à cinq fleurs de lis d'azur (en sautoir), au franc canton de gueules, chargé d'un croissant d'or. M. de Maupeou dit le croissant montant d'argent.

Nota. Ces armes sont celles des Vicomtes de Thouars, sauf le champ d'argent, car le croissant est une brisure qui ne se trouve pas dans tous les écussons de la famille. Les Ancelon ont des armes semblables, avec des couleurs différentes. Ces familles du Thouarsais, issues d'officiers de la Vicomté de Thouars, paraissent en avoir pris les armes.

Nous diviserons les représentants de cette famille en trois branches, d'après les fiefs principaux dont ils se qualifiaient, après avoir donné les noms des personnes que nous n'avons pu rattacher à aucune d'elles.

Acton (Jean) était aumônier de l'aumônerie de Poitiers en 1381. (Un inventaire des titres de la ville dressé en 1500.)

Actonne (Brise) était, le 24 nov. 1393, femme de Gilles Petit, Chev., propriétaire de l'hôtel d'Ayron, paroisse de Saint-Chardres (Saint-Chartres). (D. Font.) Ce nom a probablement été mal écrit ; ce pourrait être Aironne.

Acton (Guillaume) achète, vers 1400, une partie de l'herbergement de Savary, dernier reste du patrimoine de la famille Airaud. (Hist. Châtellerault, 331.) (C'est probablement le même que celui qui forme le 1er degré de la filiation des Acton de Marsay.)

Acton (Nicolas) était sénéchal du prieuré de Châteaumur le 16 janvier 1445, comme il résulte des titres de ce prieuré relevés par D. Fonteneau.

Acton (Antoine), homme d'armes de la compagnie de M. de Nevers, obtint remise de l'amende qu'il avait encourue pour n'avoir pas rejoint les armées. (Mss. Bibl. Nation.) (Ce doit être le sgr de Marsay qui forme le 2e degré de la filiation.)

Acton (Nicolas), licencié ès loix, était en 1467 sénéchal de Bressuire. (Hist de Bressuire, 205.)

Acton (Jean) se présente à l'arrière-ban du Poitou convoqué à Mortagne le 17 juillet 1489, pour y servir pour Mathurin Acton, son père.

Acton (René) servait comme homme d'armes en 1517 dans la compagnie de Louis d'Ars. (Mss. de Gaignères, Bibl. Nat.)

Acton (Jeanne), fille d'un feu Geoffroy Acton, dont nous ne retrouvons pas d'autres traces, était, le 20 juin 1565, femme de Jean de Chambret, Ec., sgr de Blanchecoudre. Veuve et donataire de son premier mari, elle était, le 8 juillet 1668, épouse de Julien Sochet, sgr à cause d'elle du Vivier et de Maranzay. (D. Font.)

Actonne (Thomasse) était veuve de Simon Cartier le 20 juin 1565. (D. Font.)

Acton (Catherine) était, le 26 avril 1638, femme de René Gauvain, Ec., sgr du Plessis de Geay. (D. Font.)

Acton (René), Chev., sgr de Dillon, ancien capitaine de cavalerie, habitait Puidoré, paroisse de Mauzé, le 11 juillet 1739. (D. Font.)

ACTON D'AVAILLES.

Acton (Nicolas), licencié ès loix, habitait la ville d'Airvau en 1445 ; le 23 sept. de cette année, il signe, comme faisant partie de la plus grande et saine partie des manants et habitants de cette ville, le procès-verbal des commissaires décidant qu'ils pourront la faire clore de murailles. C'est probablement le même qui était sénéchal de la sgrie d'Airvau le 8 juillet 1469.

Acton (Guillaume) rendait aveu au sgr d'Airvau de son fief d'Availles. (Arch. d'Airvau.) Nous ne savons trop si c'est lui qui, ayant épousé Guionne Tarоier, eut une fille, Renée, mariée à Geoffroy de Terves ; elle est dite de la maison d'Availles, et son père qualifié de sgr de Marsay.

Acton (Nicolas), sgr de Châtillon et de Bernay, échevin de Poitiers, devint maire de cette ville en 1459, fut installé lieutenant-général de la sénéchaussée en 1460, puis député par le corps de ville aux Etats généraux tenus à Tours en 1468. A sa mort, il fut inhumé dans le couvent des Cordeliers. Il laissa une fille, Huguette, mariée à Jean Boynet, et peut-être Hugues, qui suit.

Acton (Hugues), qui se dit fils de noble homme et saige maître Nicolas Acton (celui qui fut maire de Poitiers en 1459 ? car Hugues était, comme Nicolas, sgr de la terre de Châtillon, ainsi qu'il ressort d'un aveu que lui rend, à cause de cette terre, Pierre de Vaugiraud, pour son fief de la Fouratière). Il rendait aveu de sa terre d'Availles au sgr d'Airvau les 17 septembre 1496 et 6 avril 1522, et cette même année 1496 au Vicomte de Thouars, pour son herbergement du même lieu d'Availles.

Hugues eut deux enfants : 1° Jean, qui suit ; 2° Louise, qui, le 29 août 1545, était veuve de Jean de Lucens, Ec., sgr de Puiraut. (Arch. d'Airvau. D. Font., etc.)

Acton (Jean), fils du précédent, rendit, en 1527, un aveu au Vicomte de Thouars pour sa terre de la Bazonnière et son herbergement d'Availles. (D. Font.) Il fut maire de Poitiers en 1531, et lorsque l'empereur Charles V y passa en 1539, Jean fut l'un des trois échevins qui portèrent, avec le maire en exercice, le dais sous lequel ce prince fit son entrée. Jean donna, le 22 juin 1546, procuration pour rendre aveu au sgr Baron d'Airvau, de sa terre d'Availles. (Arch. d'Airvau.) Il mourut l'année suivante, laissant un fils, Jean, qui suit.

Acton (Jean), Ec., sgr d'Availles, était mineur lors du décès de son père. Il rendit au Vicomte de Thouars son aveu de la Bazonnière le 3 octobre 1547, assisté de Jean Resty, son curateur. (D. Font.)

Acton d'Availles (Christophe) était chevalier de Malte en 1526, et commandeur de Mauléon en 1537. (Registre du Grand-Prieuré d'Aquitaine. Biblioth. de l'Arsenal, Paris.)

ACTON DE LIMONS.

Acton (Guillaume), Ec., rendait aveu au Vicomte de Thouars, le 3 septembre 1405, du four du village de Limons. (D. Font.)

Acton (Pierre), sgr de Limons, servit en qualité d'archer au ban des nobles du Poitou en 1491. Le 1er janvier 1493, il rendait aveu au Vicomte de Thouars de son herbergement de Limons. (D. Font.) Il eut pour fils :

Acton (Charles), qui est mentionné comme sgr de Limons dans le retrait lignager de cette terre exercé par Gaspard Acton. Charles avait eu pour fille :

Acton (Jeanne), qui, le 3 décembre 1533, était mariée à Pierre de Courseulle, Ec., sgr de Rouvray et de Limons, du chef de sa femme. (D. Font.)

Acton (Gaspard), Ec., sgr d'Ozé ou d'Auzay,

exerça le retrait lignager de la terre de Limons, aliénée par Perre de Courseulle, époux de Jeanne Acton. Garpard et Perrine Acton, sa sœur, sont nommés l'un et l'autre dans l'acte de curatelle de Gédéon Cossin, passé le 22 nov. 1597, et le 22 nov. 1604, Gaspard était curateur des enfants mineurs de feu Guischard Faubert, Ec., et de Jeanne des Montils, sa femme. (D. Font.)

Acton (Françoise) avait épousé Claude de Maubué, Ec., sgr de la Neuville et de Montournois, et du chef de sa femme de Limons. Ils étaient décédés le 20 mai 1649, époque du mariage de Claude, leur fils, avec Dlle Gabrielle de Maillevault. (Minutes de Pèlerin, not. à Chef-Boutonne.)

Pour terminer les notes que nous avons recueillies sur les Acton sgrs de Limons, nous allons donner quelques degrés de filiation puisés dans un manuscrit intitulé : Grand-Prieuré d'Aquitaine. (Paris, Biblioth. de l'Arsenal.)

1. — **Acton** (Jacques), Ec., sgr de Lymon, épousa Jeanne de Beaumont-Glenay, dont :

2. — **Acton** (Pierre), Ec., sgr de Lymon, d'Anzé, de la Neufville et de la Garonnière, épousa Michelle Escot ou Esquot, qui était sa veuve en..... dont il eut :

3. — **Acton de Lymon** (Gaspard), reçu Chev. de Malte en 1578.

ACTON DE MARSAY.

Nous avons relevé dans le registre du Grand-Prieuré d'Aquitaine, déjà cité, les preuves faites par Pierre Acton de Marsay pour être reçu Chev. de Malte, le 12 octobre 1627. Elles viennent corroborer et compléter la filiation relevée d'après D. Fonteneau, sauf que René (3e degré) est dit fils de Guillaume, tandis que nous lui donnons pour père Antoine, Ec., sgr de Marsay, qui pourrait bien avoir été frère de Guillaume.

Acton (Geoffroy) rend aveu, le 7 juillet 1419, au Vicomte de Thouars de son lieu et herbergement de Marsay. Il vivait encore en 1426, et possédait le fief de Font-Jarry dans la seigneurie de Riblères, entre le bourg de Saint-Jean-de-Bonneval et le Châtelier. (D. Font.)

Acton (Antoine), sgr de Lucques, était peut-être petit-fils de Geoffroy, qui précède.

1. — **Acton** (Guillaume), Ec., sgr de Marsay, épousa Jeanne Trescot ? Il est nommé le premier dans les preuves de Malte de Pierre Acton, reçu Chev. en 1627. (Prieuré d'Aquitaine.)

2. — **Acton** (Antoine), Ec., sgr de Marsay, en fit aveu au Vicomte de Thouars le 4 nov. 1493 ; il était sgr de Lucques, servit en archer au ban de 1491. Il était peut-être petit-fils de Geoffroy, rapporté aux noms isolés, et vivait en 1419 ; marié à Anne de la Rivière, dont :

3. — **Acton** (René), Chev., sgr de Marsay, ainsi qu'il résulte d'un aveu de la terre de Belleville en Thouarsais ; le 7 janvier 1533, il était l'un des cent gentilshommes de la Maison du Roi. Il avait épousé Jehanne de Fontberuger ? de la Chevillonnière ? dont :

4. — **Acton** (André), Chev., sgr de Marsay, et gentilhomme de la Maison du Roi. Il avait épousé, le 27 mars 1545, Marie de Partenai, fille de Jacques, sgr du Retail, et d'Anne de Beauvais ; elle était veuve en... De ce mariage est issu :

5. — **Acton** (René), mineur lors de la mort de son père, et sous la tutelle de sa mère. Il n'existait plus le 7 avril 1574. Il laissa de Madeleine Gebert, fille de René, Ec, sgr du Rivault, 1er Me d'hôtel de la Reine, et d'Anne de Lore :

6. — **Acton** (Pierre), fils et unique héritier de René, rendit aveu de sa terre de Marsay au Vicomte de Thouars le 24 juillet 1601, et il était mort avant le 30 septembre 1622 ; il eut d'Antoinette de Champelais, fille de François, Ec., sr des Vieilles-Courcelles, et d'Anne de Beaumont des Dorides : 1° François, qui suit ; 2° Pierre, reçu Chevalier de Malte le 12 octobre 1627. (Reg. d'Aquitaine. Bibl. Arsenal.)

7. — **Acton** (François), Ec., sgr de Marsay et de Retourné, épousa avant 1635 Jeanne Bodin, fille de Nicolas Bodin, Ec., sgr de Tillé, et de Jeanne de Villiers. Ils n'existaient plus le 9 juin 1646. De ce mariage est issu :

8. — **Acton** (Victor), Chev., sgr de Marsay et de Retourné, mort avant le 5 mars 1700, fut confirmé dans sa noblesse en 1666. Il demeurait paroisse de Maulay. M. de Maupeou, dans ses annotations du Catalogue des gentilshommes de la généralité de Poitiers, met sous le nom de Victor Acton : *bien noble, demeure présentement à Marne, eslection de Richelieu en Anjou.* Il avait épousé, par contrat du 5 janvier 1662, Dlle Anne de Vaucelle, fille de Charles, Chev., sgr de Bilazay, et d'Anne du Châtelet. Ils vivaient encore en 1691. De ce mariage :

9. — **Acton** (Charles-Jean), fils aîné et principal héritier, Chev., sgr de Marsay, la Rivière, etc., Chev. de Saint-Louis, mourut le 11 juillet 1736. Il épousa Denise-Hippolyte Catar, gouvernante du Duc de Penthièvre, dont plusieurs enfants : 1° Charles-Armand ; 2° Armande-Françoise, mariée, le 1er févr. 1728, à Jean-Baptiste de Bude de Guébriant.

10. — **Acton** (Charles-Armand), Chev., sgr de Marsay, la Rivière, ancien capitaine aux Gardes Françaises, et Chev. de Saint-Louis, mourut à Paris, sans alliance, le 17 oct. 1778, âgé d'environ 68 ans.

ADAM. — Ce nom apparaît dans nos annales à une époque très reculée ; mais il appartient à des personnages de diverses familles. Les notes du Cte d'Orfeuille fournissent une filiation très inexacte des Adam de Saint-Denis et de Mauvergne.

Adam (*Gauffridus*), *miles*, est cité dans un échange de terres situées dans la *Villa Culnago*, fait entre Godolenus, abbé de Noaillé, et un nommé Emenon, au mois de sept. 832. (D. Font. 21.)

Adam (*Gauffridus*), *miles*, relaté dans un don fait au mois de juin 969, par Aremburge et par Adhalbat, de quelques manoirs et terres sises dans la viguerie de Melle, *in Villa Bibiaco.* (D. Font. 21.)

Adam, abbé de Saint-Maixent, est présent à une donation faite à son monastère par Isembert II, évêque de Poitiers, en 1085. Il n'est connu des éditeurs du *Gallia Christiana* qu'à partir de 1087, année dans laquelle, disent-ils, *ordinatur cal. martii*, et seulement jusqu'en 1091, tandis qu'on le retrouve jusqu'en 1110. (D. Font. 15.)

Adam fait, vers 1025, donation de quelques pièces de terre à l'abbaye de Saint-Cyprien. (D. Font.)

Adam, chanoine de Sainte-Radégonde de Poitiers, est cité dans un acte de vers 1088, par lequel Abelin, sgr de Preuilly, se désiste de ses prétentions sur quelques serfs qui appartenaient à cette église.

Adam, monachus Malleacensis, est relaté dans une charte de 1114 constatant le don fait à ce monastère d'un jeune enfant que ses parents y placent pour y être moine. (D. Font.)

Adam (Gauffridus), *miles*, est en avril 1214 au nombre des signataires de l'acte par lequel Aimery, Vte de Thouars, confirme l'anoblissement fait par Hugues de Luçon du lieu de la Brédurière. (D. Font. 14.)

Adam (Guillaume), *miles*, fut témoin, le 5 mai 1279, d'une transaction entre l'abbé et les religieux de Nieuil-sur-l'Autize, et la famille de Volvire. (D. F.)

Adam (Guillelmus), dit Sexagenaire, et

Adam (Stephanus), âgé de 50 ans, sont appelés à déposer dans une enquête relative au péage du pont de Longève. Sans date, milieu du XIIIe siècle. (Arch. Hist. Poitou, 8.)

Adam (Aymericus) est au nombre des témoins de l'enquête faite au sujet de la prétention du Vte de Châtellerault d'avoir certains droits dans la forêt de Moulière appartenant au Cte de Poitou. Sans date, milieu du XIIIe siècle. (Id.)

Adam (Pierre), valet, vend, le 24 juillet 1329, tout ce qu'il possédait près de la Durbellière à Jean du Vergier, lequel lui rendait un aveu le 30 mars 1336, pour des terres situées dans la paroisse de Boismé. (D. F.)

Adam (Guillaume), habitant de Poitiers, est rappelé dans un aveu de la Tour-aux-Borreaux, rendu, le 28 mai 1386, à Pierre Fouchier, pour des terres sises dans la paroisse de Vouzailles.

Adam (Jean) rend un aveu, le 15 déc. 1405, au Sgr de Saint-Fulgent, pour son hébergement de la Thibaudière. (D. F.)

Adam (Jacques), de la psse de Tiffauges, est taxé à une amende en 1437, pour n'avoir pas suivi les armées, bien qu'il se dît noble. (Bibl. Nat. Gaignères.)

Adam (Bertrand), Ec., rendit aveu au Roi, comme Vte de Thouars, le 19 décembre 1476, à cause d'un fief possédé par Bastienne RICHARDIN, sa femme. (D. F.)

Adam (Geoffroy) servit comme brigandinier pour Jehan de la Mothe au ban de 1488.

Adam (Jehan) était scribe au chapitre de Saint-Hilaire-le-Grand, le 8 juillet 1577. (D. Font. 12.)

Adam (Etienne), chanoine et secrétaire du chapitre de l'Église de Poitiers, mourut en 1637, comme on le voit par son épitaphe suivante que nous a conservée D. Mazet : « Stephanus Adam pius, in Ecclesiam « et munific^s canonicorum numero adscriptus et insig- « nium honore donatus. Domus Brabant restaurator « colapsæ, capitulo altera dicata Minimitarum cœnobio « duobus interjacentibus laurente et quâ additur divus « Savinus vitam prospectante concepti Domini festivis « diebus, et inventionis protomartyris reditu legato. « Celebrando quotannis instituto anniversario, Au- « gusti ac obitûs recurrente septimâ : Excepit anno « 1637 ætatis 58. Pietatis, memoriæ gratiique animi « beneficio, Capitulum unsquam ingratum tumulum « erexit. »

Adam (N.), Jésuite, fit une réponse à la lettre de Daillé contre Cottiby, à propos de sa conversion. Elle fut imprimée à Poitiers, chez Fleuriau, en 1660, et se trouve à la Bibl. de Poitiers.

Blason : Adam, srs de St-Denis et de Mauvergne (en Gâtine) : d'azur au lion d'argent, d'après les maintenues et le catalogue alphabétique des nobles de la généralité de Poitiers annoté par M. de Maupeou. L'Armorial du Poitou dressé en 1698 donne à Jacques, sgr de Lestang (à défaut de déclaration) : d'or à la pomme de sinople tigée et feuillée de même.

ADAM DE PUIRAVEAU.

Filiation suivie.

Adam (Méry) faisait partie de la garnison du château de Parthenay en 1491, lorsqu'il fut convoqué au ban dont la montre se fit à Mortagne.

Adam (Alain), Ec., sr de Puiraveau, épousa, le 11 fév. 1527, Marguerite DE TUSSEAU. On le croit père de :

1. — **Adam** (Louis), Ec., sgr de Puiraveau, qui décéda le 4 mars 1584, audit lieu de Puiraveau. (Journal Le Riche.) Il épousa, vers 1560, Marie AYMAR, fille de Jacques, Ec., sr de la Rochequentin, et de Marie des Prez. On lui donne pour enfants : 1° LOUIS, qui suit ; 2° PIERRE (tige de la branche de Mauvergne, § II).

2. — **Adam** (Louis), Ec., sgr de Puiraveau, épousa Dlle Perside D'ORFEUILLE, fille de Louis, sgr de Luché, et de Jeanne d'Aitz de Mesmy ; ils vivaient en 1594, mais étaient décédés en 1616. Leurs enfants furent : 1° HERCULE, qui suit ; 2° FRANÇOIS, Ec., sgr de Clervaux et de Saint-Denis ; 3° MARIE-ANNE, épouse d'André du Retail, Ec., sgr de la Burgaillère. Cette Anne ne peut donc être l'épouse d'Auguste de Clervaux, avec lequel elle vivait de 1698 à 1748, comme il est dit par erreur dans la Généalogie de la famille des Villates, Additions, p. 3. Anne Adam femme d'Auguste de Clervaux était fille de Josué, sgr des Loires, et de Susanne des Villates. (V. Branche de Mauvergne, IIe degré) ; — 4° et 5° CATHERINE et PERSIDE, mortes sans alliance avant le 14 nov. 1616, comme il ressort du partage de leurs successions qui eut lieu à cette époque.

3. — **Adam** (Hercule), Ec., sgr de Puiraveau et de Saint-Denis, prend part avec François et Marie-Anne, ses frère et sœur susnommés, au partage des successions de leurs père et mère et de leurs sœurs le 24 novembre 1616. Il avait épousé, le 8 sept. de la même année, Dlle Elisabeth DE TINGUY, fille de Pierre, Ec. sgr de la Garde, et de Marguerite Allard de Launay. Le 18 août, il achetait de Jacques Adam, Ec., sgr de la Combe, une portion de rente due par Benjamin de Tinguy, Ec., sgr de Nesmy. Il eut de son mariage : 1° JACQUES, qui suit ; 2° SUSANNE, mariée, le 14 août 1650, à Charles Gourjault, Ec., sgr de la Croix-Parthenay.

4. — **Adam** (Jacques), Ec., sgr de Lestang et de Saint-Denis, épousa, en 1656, Dlle Elisabeth CHAUVIN, fille d'Arthus, sgr de Verrières. Le 18 août 1663, il signait au contrat de mariage de Jean Houdry avec Madeleine Thébault. Il fut maintenu noble par sentence de M. Barentin du 1er sept. 1667. Il y est dit habiter la psse de Saint-Saturnin de Saint-Maixent. Ses enfants furent : 1° FRANÇOIS, né le 1er mars 1657 ; 2° CHARLOTTE, née le 7 février 1658 ; 3° MADELEINE, née le 4 février 1659 ; 4° JACQUES, né le 12 avril 1660, qualifié d'Ec., sgr de Lestang, dans l'acte d'amortissement d'une rente à lui due comme représentant Arthus Chauvin, son aïeul maternel, reçu Mazereau, notaire à Saint-Maixent, le 3 oct. 1733 ; 5° LOUISE, née le 30 juillet 1661 ;

6° LOUIS, né le 17 janvier 1663 ; 7° GABRIEL, né le 17 oct. 1666.

Jacques s'étant remarié avec Dlle Elisabeth THEBAULT, en eut encore : 8° ANTOINE, né le 24 janvier 1668 ; 9° MARIE-ANNE ; 10° JEAN-JOSUÉ, né en 1670 ; 11° FRANÇOISE, née le 27 février 1671 ; 12° MARIE-MADELEINE, mariée, par contrat du 2 sept. 1715, à Louis-Henri de Suyrot, Chev., sgr de Boisrenault.

Nous n'avons pu rattacher à la filiation le personnage qui suit. Nous le croyons enfant d'Hercule et d'Elisabeth de Tinguy, mais nous ne pouvons en rapporter la preuve.

Adam (Josué), Ec., sgr de Saint-Denis, qui avait épousé Dlle Marguerite AYMER, fille de Louis et de Léa de Saint-Martin, était mort avant le 28 juin 1665, comme il ressort d'une transaction passée à cette date. (Gén. Aymer.) De ce mariage est issu au moins un fils, HERCULE, qui est dit fils aîné, Ec., sgr de Saint-Denis. Il épousa par contrat, le 28 avril 1672, Anne DES VILLATES, fille de Pierre, Ec., sgr de la Bouslé, et de Renée Chasteigner. Il vivait encore en 1696, et avait servi dans le ban des nobles poitevins convoqués en 1691.

II. — BRANCHE DE MAUVERGNE.

2. — **Adam** (Pierre), Ec., sgr de Mauvergne, second fils de Louis I, épousa Françoise DE CLERVAUX, fille de François, Ec., sgr du Pin, et de Jeanne Bodet; elle était sa veuve le 24 août 1623, comme il ressort d'un arrentement que lui fait Madeleine de Clervaux, sa sœur. Leurs enfants furent : 1° HERCULE, qui suit ; 2° JACQUES, sr de la Combe, dont la postérité sera rapportée après celle de son frère ; 3° JOSUÉ, Ec., sgr des Loires, servit dans le second escadron du ban de 1695. On le trouve qualifié de Chevalier, sgr des Loires, Saint-Denis, possédant, le 18 juin 1718, quelques héritages dans la sgrie d'Ardenne, membre dépendant de l'abbaye des Fontenelles (D. Font.); marié à Susanne DES VILLATES fille de Pierre, Ec., sgr de la Bouslé, et de Renée Chasteigner, dont une fille, ANNE, qui épousa Auguste de Clervaux, Chev, sgr de l'Houmelière.

3. — **Adam** (Hercule), Ec., sgr de Mauvergne et du Puy, qui épousa Dlle Marguerite JAU. Ils se faisaient une donation mutuelle le 31 juillet 1630. Il était demandeur en crime de rapt en 1638, d'après un registre du parquet du Présidial de Poitiers, et avait été maintenu noble avec son cousin Jacques Adam, Ec., sgr de Saint-Denis, par ordonnance de M. Barentin du 1er sept. 1667 ; il est dit habiter la paroisse d'Augé. Leurs enfants furent : 1° CLAUDE, sr du Puy ; 2° ANTOINETTE, qui décéda le 5 juin 1700 ; 3° RENÉ, mort avant le 7 mars 1642 ; 4° LOUISE ; 5° CATHERINE ; 6° BONNE ; 7° MARGUERITE, qui est peut-être la Marguerite Adam, dite habiter paroisse de Saint-Christophe-sur-Roc, et mentionnée avec Jacques, sgr de Saint-Denis, et Hercule, sr de Mauvergne, dans le Catalogue des gentilshommes du Poitou publié en 1667-1668. Cette branche protestante émigra à la révocation de l'Edit de Nantes.

III. — BRANCHE DE LA COMBE.

4. — **Adam** (Jacques), Ec., sgr de la Combe, paroisse de la Chapelle-Bâton. Lui et Marie DE MÉRICOURT, sa femme, se firent une donation mutuelle le 8 avril 1630. Leurs enfants furent : 1° CHARLES, qui suit ; 2° MADELEINE, qui était mariée, avant le 21 mars 1629, avec Etienne de Veillechèze, sergent royal, date à laquelle ils se faisaient une donation mutuelle.

4. — **Adam** (Charles), Ec., sgr de la Combe et de Chateaupers, était, au mois d'oct. 1626, époux de Marguerite REGNON. Ils se faisaient, le 26 de ce mois, une donation mutuelle, et il reçut une donation par contrat du 27 mars 1642. Nous ignorons s'il eut postérité. Sa veuve habitait la paroisse du Simon, élect. de Fontenay ; elle fut confirmée dans sa noblesse en 1667. (Catalogue.)

ADAM DU LOUDUNAIS.

Cette famille, originaire de Loudun, a occupé dans cette ville, il y a plus de deux siècles, des places dans la magistrature.

Adam (N.) était conseiller au siège de Loudun en 1614. Il y jouissait, nous dit Dumoutier, d'une grande considération. Il fut élu député aux Etats généraux de 1614; mais sa nomination fut cassée pour vice de forme. En 1624, il donna une partie du terrain sur lequel les dames du Calvaire bâtirent leur maison.

Adam (Pierre), apothicaire, figure, vers 1634, dans l'histoire des diables de Loudun (Aubin, p. 36, 49), comme étant chargé de préparer les remèdes pour les religieuses de la Visitation.

ADAM DE SICHARD.

(Famille originaire de Vivonne.)

Blason : d'or à trois pommes de gueules, les tiges en bas, posées 2, 1, celle en pointe supportant une croix haussée de même ; pour devise : *Mort et Merci*. Feu M. Bonsergent possédait dans ses collections un jeton du même personnage portant la date de 1624, avec cette légende : *Concordia nutrit amorem*.

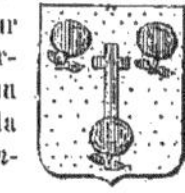

Adam (Nathanaël), sr de Sichard, était dès 1601 secrétaire de Jeanne de Saulx-Tavannes, veuve de René de Rochechouard, sr de Mortemart. Pendant 36 ans, il fut successivement procureur fiscal et sénéchal des terres de Cereigny, Vivonne et Clavières.

Nathanaël fut fait prisonnier, nous ne savons en quelle circonstance, par les habitants de la Rochelle, à la fin de 1621 ou dans les premiers jours de 1622. Jacques Barrault, son beau-père, fit intervenir en faveur de son gendre le Conseil de ville de Poitiers (délibération du 10 janvier 1622) pour obtenir sa liberté, attendu qu'il n'était pas homme de guerre. Messieurs de la Rochelle répondirent à cette demande qu'ils laisseraient aller le sr de Sichard si l'on mettait hors des prisons de Poitiers sept pauvres artisans rochelais que le Comte de la Rochefoucauld y détenait comme prisonniers de guerre. Le Conseil transmit en conséquence la réponse au Comte de la Rochefoucauld, le priant de relâcher ces prisonniers en faveur dudit Adam. Il a donné quelques ouvrages, entre autres : les *Observations sur la vie et la mort de Jeanne de Saulx de Tavannes, dame de Mortemart*, Poitiers, Jul. Thoreau, 1627 in-4°, et le *Recueil sommaire et généalogique des anciennes et illustres maisons de Mortemart, de Saulx, et leurs alliances*. A Poitiers, par Jean Fleuriau. L'épître dédicatoire adressée à Mess. Gaspard de Rochechouard, Chev., sgr de Mortemart, prince de Tonnai-Charente, etc., est datée de Vivonne, le 21 janvier 1622.

Nathanaël était mort avant le mois d'avril 1630, comme il ressort d'une lettre de Flandrine de Nassau, abbesse de Sainte-Croix, à la duchesse de la Trémoille. (Arch. Hist. du Poitou, 1.) Il avait épousé Françoise BARRAULT, fille du célèbre avocat Jacques Barrault et de N. Nicolaï. Il en eut au moins un fils, JEAN, qui suit.

Adam (Jean) fut maintenu noble en 1668 ; il rendait, en 1687 et 1700, deux aveux de son fief du Roseau, paroisse de Baptresse, à la seigneurie de Château-Larcher. (Mém. Ant. O. 39, p. 90.) Nous ignorons s'il fut marié.

On trouve deux religieuses du nom d'Adam dans la liste des dominicaines du couvent de Sainte-Catherine de Poitiers. L'une, Françoise Adam de Sichard, née en 1618, et l'autre, Éléonore, née en 1624, qui fut élue prieure à trois reprises différentes, doivent être les sœurs de Jean. (Mém. Ant. O. 39, p. 299-300.)

ADAYL. — Famille sur laquelle nous n'avons pu recueillir que quelques notes. Elle habitait Pamprou au XIVe siècle.

Adayl (Bertrand), époux d'Aigline, transige avec Jean, abbé des Châtelliers, tant en son nom qu'en celui d'Eustache, sa sœur, et de Pierre Fouchier, son beau-frère, époux de Philippe, sœur de ladite Aigline, au sujet d'acquisitions faites par lesdits abbé et religieux, au lieu nommé *le Vieil-Pamprou*, paroisse de Saint-Eanne, dans les terres desdits seigneurs, et que ceux-ci prétendaient ne pouvoir être conservées par les moines, le 20 janvier 1334-1335. (Cart. des Châtelliers. D. F. 5.)

ADHÉMAR ou **ADÉMAR.** — Nom que l'on trouve cité très fréquemment, surtout aux Xe et XIe siècles. Il suffit, pour s'en convaincre, de parcourir nos cartulaires; mais, depuis cette époque, il paraît rarement mentionné. Nous ne relèverons pas tous ceux qui sont relatés dans les chartes, car on ne peut admettre que tous appartiennent à la même famille. Les noms patronymiques ne se sont constitués que beaucoup plus tard, sauf de rares exemples. Nous donnerons seulement ceux qui nous ont paru habiter Poitiers ou les environs, et cette succession de personnages du même nom, qui, pendant près d'un siècle, occupèrent dans cette ville les fonctions de viguier (*vicarius*), qui, dans ces temps reculés, devait avoir à Poitiers, siège de la puissance des ducs d'Aquitaine, comtes de Poitou, une grande importance.

Nous avons retrouvé ce nom cité dans les chartes dès l'an 780. (D. Font. 24, 101.)

Adémar est désigné comme témoin dans un grand nombre de chartes concernant la collégiale de Saint-Hilaire-le-Grand, depuis vers 913 jusqu'au mois de mars 957. (Mém. Ant. O. 14.)

Ademarus, *presbyter*, signe une charte du mois de juin 941 ou 942, par laquelle le Comte de Poitou, Guillaume Tête-d'Étoupes, cède à Geoffroy, prêtre de Saint-Hilaire-le-Grand, divers héritages. C'est sans doute le même qui comparaît dans la cession de terres situées à Poitiers, près de l'église Sainte-Triaise, par Salomon, sous-doyen de Saint-Hilaire-le-Grand, à son neveu Salomon, diacre, et encore dans une vente faite le même mois à ce même Salomon, diacre, par Archambault, prêtre de la même église. (D. Font. 10.)

Adémar signe ou est témoin de chartes relatives au Chapitre de Saint-Hilaire, datées depuis avril 970 jusqu'en mai 997. Ce nom est toujours placé parmi les premiers signataires ou témoins. (Mém. Ant. O. 14.)

Ademarus, *vicarius*. On trouve ce nom avec cette qualification, qui se rapporte au moins à quatre générations, depuis 988 jusque vers 1120. (A. H. P. 3. D. Font.)

Ademarus, *miles*, donne, vers 1007, divers héritages à l'abbaye de Saint-Cyprien, situés dans les vigueries de Civaux et de Vivonne. (D. Font. 6.)

Adémar et Gislebert, *socius ejus*, abandonnent au Chapitre de Saint-Hilaire-le-Grand tout ce dont ils ont hérité de Salomon et de Rainulfe, moyennant qu'il leur soit concédé l'église de Sainte-Triaize, leur vie durant. (Mém. Ant. O. 14.)

Adémar, *vicarius*, avait usurpé les coutumes de Montamisé sur l'abbaye de Saint-Maixent, d'après une charte-notice datée v. 1042. (D. Font. 15.)

Ademarus, sous-chantre de Sainte-Radégonde de Poitiers, accorde, vers 1053, une manumission à un collibert. (D. Font. 15.) A cet acte assistait un *Ademarus vicarius*.

Ademarus, *causidicus*, signe la charte de restitution d'un moulin faite au Chapitre de Saint-Hilaire en 1058 par un chanoine de cette église du même nom d'Adémar. (Mém. Ant. O. 14.)

Adémar, *canonicus Sancti Hilarii*, sans doute le même que le précédent, est cité dans la manumission d'une terre, etc., accordée en 1058 par ce Chapitre à un chanoine. (D. Font. 10.)

Ademarus, *causidicus*, signe en 1067 la charte d'affranchissement d'un serf, faite par Goscelin, trésorier du Chapitre de Saint-Hilaire. (Mém. Ant. O. 14.)

Ademarus, *vicarius*, est nommé dans divers chartes de l'abbaye de Saint-Cyprien, de l'année 1080 à l'année 1092, relatives à des dons faits à ce monastère de l'église de Chenecllé, de moulins situés sur l'Auzance, de terres sises à Chilvert, d'héritages sis au carrefour Saint-Paul à Poitiers, de l'église de Saint-Christophe, etc. (D. Font. 7), et encore de dons d'églises et de terres faits à l'abbé de Saint-Florent de Saumur en déc. 1088, par Aimery, vicomte de Thouars (Id. 26), et à une donation faite vers 1095 par les seigneurs de Chistré à l'abbaye de Noaillé. (Id. 21.)

Adémar et son épouse Adalgardis sont témoins du don fait à l'abbaye de Saint-Cyprien par *Acardus*, *Alerius*, de la dîme du village d'*Abliaco*, vers 1096. (D. Font. 6.)

Ademarus, *viator*, est nommé dans l'abandon fait au monastère de Saint-Cyprien par Guillaume IX, Duc d'Aquitaine, Comte de Poitou, de la prévôté et de tous les droits qu'il avait à Ansoulesse. (D. Font. 7.)

Adémar et Ermenfrude, sa femme, se désistent, vers 1098, du procès qu'ils avaient intenté aux moines de Saint-Cyprien, au sujet de l'aleu de Verrières que leur avait donné Elie de Verrières, dont Adémar avait épousé la sœur, et confirment à ladite abbaye le don que leur avaient fait Elie et Giraud, son frère. (D. Font. 7.)

Ademarus, *vicarius*, cède, vers 1112, à l'abbaye de Saint-Cyprien la mouvance du fief d'Asnières, situé sur les confins du Poitou. (D. Font. 7.)

Il eut un fils portant le même nom d'Adémar, qui lui succéda dans sa charge de viguier, et confirme, vers 1115, la cession faite par son père du fief d'Asnières. (Id. 463.) C'est probablement le même encore qui, dans un état dressé vers 1120, est dit devoir au Chapitre de Saint-Hilaire-le-Grand 2 sous de cens pour ses vignes sises à Cuhon. (Mém. Ant. O. 14.)

Ademarus, *sacerdos*, est témoin de la restitution faite en 1088 à l'abbaye de Saint-Cyprien, par Arnaud Meschin de Lusignan, de la tierce partie de la terre de Vitré qu'il avait usurpée. (D. Font. 6.)

Adhémar était prévôt de Poitiers vers 1110. (Filleau.)

Adémar, chanoine de Saint-Hilaire, est témoin d'une transaction passée en 1155 entre le Chapitre de Saint-Hilaire et l'abbaye de Bourgueil, au sujet du prieuré de Saint-Porchaire de Poitiers. (D. Font. 2.) Il est encore nommé dans l'acte de confraternité passé en 1161 entre ce Chapitre et l'abbaye de Longretz en Bourgogne, et encore en 1178, dans une donation faite à son Chapitre. (D. Font. 2.)

Ademarus, qualifié de *magister* et de *socius* des chanoines de Saint-Hilaire-le-Grand, dans la publication des lettres de Guillaume, archevêque de Bordeaux (Mém. Ant. O. 14), est peut-être le même qu'un *Ademarus canonicus* signant v. 1178 les donations faites à l'église de Saint-Hilaire par Etienne de Furné. (D. Font. 6, p. 77. Mém. Ant. O. 14, p. 189.) Pour cette dernière attribution, il pourrait se faire qu'elle se rapportât plutôt à l'*Ademarus canonicus* relaté dans le précédent paragraphe.

Adhémar (Hugues), chanoine de l'église de Sainte-Radégonde de Poitiers, fut du nombre des ecclésiastiques chargés par l'évêque Jean de Melun, en vertu de ses lettres du 28 juillet 1250, d'excommunier Simon Claret, sénéchal de Lusignan, qui retenait en prison des hommes appartenant à l'église de Saint-Hilaire-le-Grand, et un clerc porteur de lettres de l'évêque, et de mettre en interdit les pays où ils étaient détenus.

ADHUMEAU. — Famille des environs de Châtellerault, éteinte au XVIIIe siècle. Elle a possédé le fief des Meurs.

Blason : d'azur au chevron d'or, à l'arbre de sinople en pointe, soutenu d'une rose d'argent et côtoyé de 2 autres, d'après un tableau de la Sybilière. (Hist. Chât. I, p. 416.) Cet énoncé est inexact. Les véritables armes étaient sans doute : d'azur au chevron d'or accompagné de 3 roses d'argent, avec un arbre posé en abîme.

D'or à une colonne d'azur posée en bande. (Blason de fantaisie donné par d'Hozier à Pierre Adhumeau.)

Adhumeau (Pierre), prévôt des maréchaux, assiste à l'assemblée des notables de Châtellerault réunie le 2 novembre 1575. (Hist. de Châtellerault, II, 28.)

Adhumeau (François) épousa, le 20 sept. 1656, Renée Faulcon.

Adhumeau (Joachim), s[r] de Laubruyère (Loubrière), paroisse d'Ingrande ;

Adhumeau (Antoine), s[r] de Naintré, paroisse de Leigné-les-Bois, et

Adhumeau (N.), s[r] de Vallons, paroisse de Saint-Sauveur, sont mentionnés comme ayant été condamnés en qualité de roturiers et usurpateurs du titre de noble, dans le Catalogue des gentilshommes de la généralité de Poitiers, annoté par M. de Maupeou (p. 82).

Adhumeau (Pierre), fils de Joachim Adhumeau (celui nommé plus haut?), était, le 9 fév. 1698, marié avec Florence Beslon, qui l'avait rendu propriétaire de la terre de la Sybilière. (Hist. de Châtellerault, I, 416.) Il paraît avoir eu pour fille Jeanne, héritière de la Sybilière, qui épousa Jean de Vaucelle, Ec., sgr des Gastineaux.

Adhumeau (Pierre), procureur près le Présidial de Poitiers, était, le 19 mars 1691, curateur aux causes des enfants de Joseph Maisonnais, et est encore relaté dans une sentence de cette cour judiciaire le 27 mai 1698. (Orig.)

Adhumeau (Renée) épousa v. 1716 Jacques Faulcon, s[r] de Marigny.

Adhumeau (Catherine) épousa, en juill. 1742, Claude Contansin, procureur à Châtellerault (paroisse Saint-Jean-Baptiste).

Adhumeau (Michel) épousa, le 20 mars 1760, Marguerite Faulcon, fille de Jacques, s[r] de Marigny, et de Renée Adhumeau.

AÉRAMS ou **AIRAM** (Hugues), Chev., fait en 1228, à la demande de Hugues de Lusignan, Comte de la Marche, et d'Isabelle d'Angoulême, sa femme, une donation au prieur de Lusignan d'un droit de pacage dans les bois de l'Espau, du consentement d'Aéline, sa femme, de Guillaume, Jean et Hugues, ses enfants. Le 22 mars 1229, il fit une donation au prieur de Montreuil-Bonnin, pour réparation de quelques dommages causés à son prieuré par son fils Jean, et, la même année, il confirma, ainsi que sa femme, la donation faite au prieuré de Notre-Dame de Lusignan du moulin d'Enjambes. (Cet Hugues Aérams était frère du sgr de Curzay.)

Aérams (Hugues), Chev., peut-être fils du précédent, s'engage en 1251 de faire payer exactement et à perpétuité à l'abbaye des Châtelliers une rente qui lui avait été assignée par Emery de Niort, père de sa femme Agathe. (D. F. 28.)

AFFRAY ou **AFFROY**. — Famille très ancienne de Poitiers ou des environs. Nous présumons que ces deux noms se rapportent à la même famille, orthographiés d'une manière différente, selon l'époque à laquelle ils auront été transcrits.

Blason. — Affray (N.), greffier des rôles, portait : de sable à une bande losangée d'argent. (Arm. du Poitou. Fantaisie. Donné par d'Hozier.)

Acfridi (Gaufridus), *filius Acfridi militis*, témoin d'un don fait en 1208 par le père de Guillaume de Sourdis au prieuré de Moulins.

Affredus, *miles*, nommé dans une cession faite vers 1200 à l'église de Poitiers, par Boson de Flocent, chevalier, des droits qu'il prétendait sur la dîme de Limeuil. (D. Font. 11.)

Affraidus, *capellanus S. Albini de Doleto*, présent à un don d'héritages fait en 1238 à Saint-Hilaire-le-Grand de Poitiers, dans le territoire de Frontenay (Vienne). (D. F. 11.)

Affroiz (Johannes) devait à l'évêché de Poitiers « *unum denarium de herbergamento* » ; 1270. (Cartulaire de l'évêché. Arch. Hist. Poit. 10.)

Affredi (Johannes), témoin d'un échange d'héritages entre l'abbé de Montierneuf de Poitiers et le prieur de Saint-Hilaire de la Celle de cette ville, le 15 janvier 1280. (D. Font. 12.)

Affridi (Nicolaus), relaté dans un acte du 6 juillet 1294, contenant l'énumération des acquisitions faites par l'abbaye de Montierneuf depuis 17 ans, dans la mouvance du Roi. (D. F. 19.)

Affroy (Pierre), de Chasseneuil, tenait en 1307 un herbergement à hom. lige dépendant de l'évêque de Poitiers. Les hoirs de Pierre Affred, s[r] de Boisgroler, tenaient des biens en arrière-fief de l'évêque de Poitiers, sgr de Thuré, en 1309. (G[d]-Gauthier.)

Affroy (Jehan) était mort avant le 28 avril 1309, ainsi qu'il résulte de la mention suivante : « Item des hers feu Johan Affroy de Poyters de lors terres xx deniers de cens. » (Cartulaire, etc. Arch. Hist. Poit. 10.)

Affroy (Jean), clerc, agissant comme tuteur de ses jeunes frères, PIERRE et JACQUES, et MATHURIN, leur autre frère, cèdent à Guillaume Alleman, moyennant une rente de 12 septiers de froment à la mesure de Poitiers, deux emplacements près leurs moulins de Chasseneuil, entre la chaume du moulin de l'abbé de Montierneuf et le moulin de Pierre Rochereuil, prêtre, par acte du 17 janv. 1315-1316.

Le 7 janv. 1329, JEAN, MATHIEU (MATHURIN ?) et JACQUES (leur frère PIERRE, qui n'est plus nommé, était peut-être décédé avant cette époque), vendent à la commune de Poitiers ladite rente pour la somme de 50 livres, et le même jour, ils lui abandonnent en pur don tous les arrérages de la rente que leur devait Guillaume Alleman. (Arch. de Poitiers, Mém. Ant. O. 1882.)

Affray (Jacques-Thomas) obtient, ainsi que quelques autres habitants de Poitiers, du duc de Berry, Comte de Poitou, le 25 mars 1373, la permission de tenir des chevaux. Ce qui dénote qu'il occupait dans cette ville une assez haute position. (Id.)

Affroy (Guillaume) rendait, le 1er juin 1408, un aveu et dénombrement à la Tour de Maubergeon, pour son hôtel du Rivau, paroisse de Jaulnais. (Livre des fiefs.)

Affray (Pierre), Ec., sgr du Fraigne, faisait un échange avec l'abbesse de Sainte-Croix, le 15 avril 1518. (D. F.)

Affray (François), Ec., sgr des Breines, y demeurant, paroisse de Vasles, et Dlle Marie RIGNÉ, son épouse, vendent certaines rentes à Claude Pouzineau, par acte du 4 mars 1567. (Arch. du chât. de Moiré.)

Affray (F.) est un des témoins signant, comme présent à sa rédaction, le testament du célèbre veneur J. du Fouilloux, 3 août 1580. (Arch. Hist. Poit. 4.)

Affray (Antoine), monnayeur de Poitiers, habitant la paroisse de Noaillé, se trouve inscrit comme « exempt de la taille *à cause de son emploi* », sur le Catalogue des nobles du Poitou, annoté par M. de Maupeou, p. 1.

La famille Affroy avait fondé, vers le XVe siècle, une chapelle dans l'église paroissiale de Saint-Germain de Poitiers.

AGE ou **AAGE** (L'). — Il existe en Poitou et dans les provinces limitrophes plusieurs familles de L'Age ou de L'Aage qui n'ont aucun autre rapport entre elles, que la communauté du nom, dérivé du latin du moyen âge *Agia*, que l'on traduit tantôt par Age, tantôt par Haye, qui est son véritable sens. Nous allons les passer successivement en revue, en donnant tout d'abord, classés par ordre chronologique, les noms des personnes que nous n'avons pu rattacher à aucune d'elles.

Noms isolés.

Agia (Humbertus de), neveu de Pierre-Humbert de Chamborant, damoiseau, fit en 1096 un don à l'abbaye de Bénévent en Limousin, étant sur le point de partir pour la Terre Sainte. (Cart. Bénévent.)

Age (Aimery de L') fait don, vers 1120, à l'abbaye de Saint-Cyprien, ainsi qu'Adhémar Le Sec, fils de Ricardie, Hélie de Chitré et ses autres frères, tous neveux dudit de L'Age, de terres, vignes, etc., sises à Châtellerault, Vouneuil et Montgamé. (D. F. 7.)

Agia (Hugo de) fut témoin d'une transaction passée, en 1180, entre les abbayes de Charroux et de la Colombe, au sujet de certaines dîmes. (D. F. 5.)

Age (Mathieu de L'), témoin d'une donation faite en 1205 par un sgr de Nalliers à l'abbaye de Saint-Savin.

Age (Thibaud de L'), Chev., est nommé dans une cession de biens situés en divers lieux, faite, le 13 fév. 1302, à la Maison-Dieu de Montmorillon par Jean, comte d'Eu. (D. F. 24.)

Age (Guyot de L'), damoiseau, époux de Jeanne DE PÉTRIVAULT, rendait le 14 juin 1386, à Guy de la Trémoille, Chev., sgr de Château-Guillaume, et à cause de son château de la Trémoille, aveu de son fief de l'Age, paroisse de Journet.

Age (Baligault de L') vivait en 1388. (Recueil de montres et revues.)

Age (Catherine de L') et Jean de Marans, Ec., sgr de Loubressay, son mari, vendent, le 9 décemb. 1481, le Bois-le-Roi ? à Jacques Turpin, sgr de Montoiron.

Age (Jean de L') épousa Isabeau DE LA PORTE. Ils eurent une fille, CATHERINE, mariée à Jean-Louis de Corgnol en 1483. (Notes diverses.)

Age (Charles de L'), capitaine du château de Lussac, est compris dans l'exemption de service du ban de 1487, accordée par Charles VIII (le 13 mai) aux commandants des places fortes du sire de la Trémoille. (D. F. 26.)

Age (Bernard de L'), comparaissant pour lui et pour un autre BERNARD de L'Age, est taxé au service d'un brigandinier au ban de 1488. (Doc. inédits.) Peut-être l'un de ces personnages est-il le de L'Age habitant le Montmorillonnais, qui servit en archer au ban de 1491, auquel il fut enjoint de se pourvoir d'un hoqueton et de gantelets.

Age (Georges de L'), sgr de la Rue, et

Age (Jean de L'), sgr de l'Isle, demeurant au Blanc ou près de cette ville, servirent à ce ban (1488) comme archers.

Aage (André de L') était chanoine théologal de l'Eglise de Poitiers en 1526. (F.)

Aage (Mathurin de L'), sgr de la Rue, du pays de Montmorillon, servait comme arbalétrier au ban de 1533.

Aage (Antoine de L'), Ec., sgr des Forges, tenait le fief de la Chenau, du chât. de Montmorillon, au devoir de servir pendant 40 jours, mais seulement dans ladite châtellenie.

Age (le capitaine de L'), protestant, était au nombre de ceux qui défendirent la ville de Poitiers, en 1562, contre les attaques de l'armée royale sous les ordres du maréchal de Saint-André. Il y fut tué et très regretté de son parti. Il est également question de lui dans une chronique des événements arrivés à Saint-Savin et environs depuis 1562 jusqu'en 1607. (D. Font. 25.)

Age (Philippe de L'), Ec., sgr des Tessières, était décédé avant le 1er septembre 1668, époque à laquelle Jeanne DE PASTUREAU se dit sa veuve.

Age (N. de), servant dans la compagnie du sgr de Ruffec, fut tué en défendant la ville de Poitiers assiégée par Coligny en 1569. Son fils, qui était homme d'armes dans la compagnie du Cte du Lude, y fut blessé au bras.

Aage (Claude de L') épousa, le 3 février 1577, Maurice de la Barre. (G. de la Barre.)

Aage (Marthe de L') était, le 26 oct. 1610, épouse de Louis de Vessac, Ec., sgr du Bois.

Age (Esther de L') épousa Raimondin de Vivonne. Ils vivaient en 1616.

Aage (Benjamin de L') paraît comme parent à une transaction intervenue entre des membres de la famille de Martel, le 28 janvier 1632.

Age (Pierre de L'), Ec., sgr de la Rivière-Beauchesne, y demeurant, p^sse d'Alloue, transige, le 29 juillet 1643, avec divers membres de la famille Pastureau. On y voit qu'il était fils d'un autre PIERRE. C'est lui sans doute qui fut maintenu noble par sentence de M. Barentin, le 9 septembre 1667, et qui est dit porter les mêmes armes que les de L'Age de Volude.

Age (Marie de L') était, le 3 juin 1651, veuve d'Antoine Rahault, conseiller au Présidial de Poitiers et maire de cette ville.

Aage (Sébastienne de L') avait épousé Charles de Villedon, Chev., sgr de Ste-Rhue. Ils vivaient en 1652.

Aage (Marguerite de L'), veuve de Louis Vezien, achète, le 28 oct. 1662, de Charles de Petitpied, la moitié de la dîme de Champigny, pour la somme de 800 liv. (Orig.) Elle est portée sur le Catalogue imprimé des nobles de la généralité de Poitiers comme habitant la paroisse de Journet.

Aage (Susanne de L') avait épousé Jean d'Angely, Ec., sgr du Masjussier. Ils vivaient en 1664.

Age (François de L'), Ec., sgr de la Clielle, était en procès en 1665, etc., avec Gabriel de Rochechouard, au sujet de cette terre. (M. A. O. 1875.)

Age (Philippe de L'), sgr de la Repière (Tessière ?), p^sse de Plouville.

Aage (Benjamin de L'), sgr de Volude, p^sse d'Alloue.

Age (René de L'), Ec., sgr de Boismort. Jeanne DE SALIGNAC est dite sa veuve, avait été maintenue dans sa noblesse en même temps que les susnommés par sentence de M. Barentin du 9 septembre 1667, et portait les mêmes armoiries que celles attribuées aux de L'Age de Volude. (Barentines.)

Aage (Marie de L') épousa, le 5 déc. 1693, par contr. à Availles (des Roches, not.), Jean de Ballon, Ec., sgr dudit lieu. (Maupeou.)

Aage (Charles de L'), Ec., sgr de Foussac, rend hommage au chât. de Civray pour son fief du Portault. (Arch. Nat. J. R. 436, 169.)

AGE DE LA BRETOLLIÈRE.

Avant de donner la généalogie des de L'Age de la Bretollière, nous croyons devoir relever une série de sgrs qui ont pris leur nom de terres dites *de Agia* sises aux environs de Chauvigny, et qui nous paraissent par leurs possessions avoir fait partie de la première famille de ce nom.

Age (Petrus de L'), *homo placitus Comitis Pictavensis..... et tenet herbergamentum de Haid*, vers 1260. Lors des enquêtes de 1258, il lui fut restitué *expletamentum in bosco Manassier*, etc., que lui et ses prédécesseurs possédaient et dont il avait été indûment dépouillé. (Ledain, Alphonse de Poitiers.)

Age (Jean de L'), Ec., fils de GEOFFROY, rend en 1262 un dénombrement de son fief de l'Age, paroisse d'Archigny, au château de Gouzon, sis à Chauvigny.

Age (Hilaire de L'), fils de GUILLAUME, rend en 1309 un dénombrement au même sgr pour le même fief, et à la même date GEOFFROY, JEAN et PIERRE de L'Age en rendent un autre à l'évêque de Poitiers pour des terres sises à Villiers (paroisse d'Antigny ?).

Age (Geoffroy de L') en rend un autre en 1316.

Age (Etienne de L') en rend un autre en 1363, comme ayant cause de JEAN de l'Age, fils d'autre JEAN. Cet Etienne reparaît en 1369 et encore en 1386. (Ce Jean père de Jean pourrait être le fils ou petit-fils de celui qui vivait en 1262.)

Age (Jamet de L'), fils de GUILLAUME, rend en 1365 un aveu au château de Gouzon (qui depuis le commencement du XVe siècle appartenait à l'évêque de Poitiers) pour partie de l'herbergement de l'Age. Il en rendit un autre en 1375, dans lequel il est dit encore fils de GUILLAUME.

Age (Julienne de L'), fille de JAMET, fils de GUILLAUME, ce qui prouve que c'est bien le même que le précédent, avait épousé N. Burgardea, lequel en 1401 rend à l'évêque de Poitiers un dénombrement de son fief de l'Age. Une partie de ces pièces, dit la note qui les relate, étaient dans les Archives de l'évêché de Poitiers.

Dans le cartulaire de cet évêché, connu sous le nom de Grand-Gauthier, publié dans le Xe vol. des Arch. Hist. du Poitou, on trouve en plusieurs endroits de l'inventaire des Archives fait au commencement du XVe siècle, plusieurs aveux rendus à l'évêque de Poitiers comme sgr de Chauvigny, par divers membres de la famille de L'Age, portant les mêmes noms que ceux dont nous venons de parler ; malheureusement les dates de ces actes sont omises, ce qui ne permet pas de reconnaître si ce sont bien les mêmes personnages. Voici ces citations : *Quittacio Guillelmi, Petri, Morelli de Agia de hiis que habebant in decima et aliis ac castra.*

In archa signata per duplex B. homagia castellanie de Calvigniaco. « *Homagium heredum Gaufridi de Agia et Hugonis Raymont. — Feodum Hilarii filii deffuncti Guillelmi de Agia. — Feodum Gaufridi de Agia. — Feodum Johannis de Agia.* »

Les originaux d'une partie de ces pièces étaient aux Archives de l'évêché de Poitiers. Les extraits que nous allons donner sont pris dans le Grand-Gauthier du bureau des finances, les manuscrits de D. Fonteneau, les Hommages d'Alphonse, publiés par feu M. A Bardonnet, et aux Archives nationales.

Age de la Bretollière (de L'). — La terre de la Bretollière, dit le généalogiste de la Cour, dont nous allons transcrire le travail, avait appartenu à la famille de L'Age, bien avant 1417. Elle était possédée en 1248, dit-il, par un César de L'Age qui, la même année, épousa Rémonde DE SAINT-GELAIS. Il se qualifie à cette date de valet, sgr de la Bretollière. Ils eurent une fille, FRANÇOISE, qui, en 1310, était mariée à Macé de Couhé, Chev., sgr de l'Aubertière.

Cette généalogie est la copie de celle dressée en sept. 1784, pour les honneurs de la Cour, sur les preuves faites au cabinet des ordres du Roi, par Guillaume-François de L'Age de la Bretollière, dit le Comte de L'Age. Elle nous a été communiquée par M. Paul Guillemot de Liniers.

Blason: d'azur à la fasce d'or (ou d'argent) accompagnée de 3 croissants d'argent.

On remarquera que, d'après la généalogie, le nom patronymique des de L'Age de la Bretollière est Guitton, et que ce n'est qu'au 3e degré que les représentants ont pris le nom de leur fief de l'Age qui a définitivement prévalu, et que ce n'est que par le mariage de Philippon Guitton de L'Age (1er degré) que la terre de la Bretollière est entrée dans cette maison.

1. — **Guitton de L'Age** (Philippon), Ec., sgr de l'Age, de la Bretollière, né vers 1390, transigea le 16 sept. 1417, comme époux de Jeanne DE COUHÉ, fille de Perrot, Ec., sgr de la Guestière, qu'il avait épousée vers 1415, avec Marthe de Montendier (Montendre), sa belle-mère, au sujet de la dot constituée à sa femme. L'un et l'autre transigeaient encore le 7 mai 1419 avec leurs fermiers de la paroisse de la Bussière, au sujet de rentes. Ils assistaient, le 5 juin 1462, au contrat de mariage de JEAN, leur fils aîné, et passaient un bail à rente le 27 avril 1464.

Leurs enfants furent : 1° JEAN Guitton, qui suit ; 2° BERNARD, Ec., sgr de la Salle de Cordon, paroisse d'Archigny, qui, de 1472 à 1488, passe plusieurs actes, comme tuteur de ses neveux, enfants de Jean, son frère aîné. Deux Bernard de L'Age servirent au ban des nobles du Poitou convoqué en 1491. L'un, qui est dit habiter Saint-Savin, y servit comme homme d'armes ; l'autre, des environs de Montmorillon, s'y présenta en archer, et il lui fut enjoint de se pourvoir d'un hoqueton et de gantelets. L'un ou l'autre doit être le Bernard fils de Philippon Guitton ; 3° JEANNE, mariée à Hugues Frétard, sgr du Chêne, près Montoiron ; 4° CATHERINE, qui épousa Jean de Marans, le 14 août 1482.

2. — **Guitton de L'Age** (Jean), Ec., sgr de l'Age, la Bretollière (la Bussière), Salvert, Vaucourt (paroisse de Leigne), paraît être le même qu'un Jean de L'Age qui servit en qualité d'homme d'armes du sgr d'Orval en 1451. Il était mort avant le 16 mars 1472, comme il ressort d'un bail à rente, passé par Antoinette DE GONDAUVILLE, sa veuve, tutrice de leurs enfants, et par Bernard de L'Age, son frère. Sa veuve se remaria à Jean de Rechignevoisin, Ec., sgr de Maison-Neuve. Antoinette était fille de noble homme Micheau de Gondauville dit Paviot, s[r] des Places, près Crouzant en la Marche, et de D[lle] Marie de Saint-Sébastien. Elle avait épousé Jean de l'Age par contrat du 5 juin 1462. Leurs enfants furent : 1° CLAUDE, sgr de l'Age, qui céda son droit d'aînesse à son frère ; 2° JEAN II, qui suit.

3. — **Age** (Jean de L'), IIe, Ec., sgr de la Bretollière et de l'Age en partie, était, le 16 mars 1472, sous la tutelle de sa mère, et les 9 sept. 1475 et 23 sept. 1488 sous celle de son oncle Bernard. Le 27 avril 1494, il épousa Ithière BLÉREAU (ou BÉREAU), fille de Jean, Ec., sgr de la Guestière, et il était mort avant le 24 nov. 1509, comme il ressort d'un aveu rendu par son frère Claude en qualité de tuteur de ses enfants mineurs, qui sont : 1° JEAN III, qui suit ; 2° FRANÇOIS, Ec., mort sans enfants ou sans alliance ; 3° ANTOINETTE ; 4° JEANNE, épouse de Jacques d'Aloigny ; 5° GILLETTE, mariée, avant le 28 sept. 1514, à Joachim de Villards, Ec., sgr de Gratouzet, décédée avant 1527 ; 6° LOUIS, Ec., sgr de la Salle-Cordon, paroisse d'Archigny, et de l'Epine, paroisse d'Antigny, rapporté au § V ; 7° ANTOINE, Ec., sgr de la Salle, qui vendit tous ses droits sur la terre de l'Age à M. de la Barre.

4. — **Age** (Jean de L'), IIIe du nom, Ec., sgr de l'Age et de la Bretollière, était le 14 nov. 1509, avec ses frères et sœurs, sous la tutelle de Claude, leur oncle. Le 13 oct. 1535, il partageait avec les enfants de Jeanne, sa sœur, la succession de ses père et mère et de leurs aïeul et aïeule. Le 2 juillet 1548, il donne procuration à René, son fils, et paraît décédé le 4 juin 1553, aux termes d'une autre procuration donnée au même René par Catherine DE CHAZERAC, sa veuve, qu'il avait épousée le 7 mars 1528. Le partage de ses biens eut lieu le 5 juin 1556, entre ses enfants qui furent : 1° RENÉ, qui suit ; 2° FRANÇOIS, Ec., sgr de la Salle, marié à Rose VIGIER le 16 janv. 1574, laissant deux enfants mineurs : JACQUETTE, mariée à Daniel Torna, Ec., sgr de la Forêt, et CLAUDE-GENEVIÈVE, qui épousa vers 1580 Maurice de la Barre, gentilhomme ordinaire de la chambre de Monsieur frère du Roi ; 3° CLAUDE ; 4° autre FRANÇOIS, moine bénédictin à l'abbaye de Saint-Savin, mort avant 1563 ; 5° ISRAEL, 6° MARIE, 7° CHARLOTTE.

5. — **Age** (René de L'), Ec., sgr de la Bretollière. Les 21 juillet 1548 et 4 juin 1553, ses père et mère le chargèrent de leur procuration. Le 5 juin 1556, il partage avec ses frères François, Claude et l'autre François, les successions de leurs père et mère, et encore le 14 juin 1563, avec Israël, Marie et Charlotte. Il avait épousé à Montoiron, le 9 janvier 1557, Françoise SEIGNEURIAU, fille de François, Ec., sgr de la Cloitre, et de Vincente Lucault, qui se qualifie de veuve dans un contrat d'acquêt passé le 6 nov. 1578. Ses enfants, qui étaient tous mineurs lors de son décès, étaient : 1° CHARLES, qui suit ; 2° FRANÇOIS, sgr de la Moutonnière, qui rendit aveu avec sa sœur Avoye, le 10 oct. 1584, à Antoine de Couhé, pour diverses pièces de terre ; passé sous le scel de la baronnie d'Angles ; 3° AVOYE, précitée, qui paraît avoir été mariée à Etienne de Villedon, Ec., sgr de Beaumonteil ; 4° N...

6. — **Age** (Charles de L'), Chev., sgr de la Bretollière et du Rivault, passe un bail à rente conjointement avec sa mère, le 15 nov. 1590. Ayant présenté ses titres de noblesse devant les commissaires chargés du règlement des tailles dans la généralité de Limoges, ils lui en donnèrent acte le 11 mars 1599, après les avoir vérifiés depuis Philippon, son 4e aïeul.

Il avait épousé, le 24 janvier 1580, D[lle] Marie DE VAUCELLE, fille de René, sgr de la Varenne, et de Renée de Chancy. Le 19 juin 1605, il partagea les successions de ses beau-père et belle-mère avec ses beaux-frères et belles-sœurs. Il assista, le 14 janvier 1618, au mariage de son fils aîné, et mourut au mois d'août 1634, laissant cinq enfants : 1° CHARLES, qui suit ; 2° RENÉE, religieuse à Villesalem avant 1621, morte en 1650 ; 3° PHILIPPE, religieuse à Lencloitre le 24 mars 1693, vivait encore en 1665 ; 4° MATHIEU, Ec., sgr de Pérajou, marié, le 30 nov. 1618, avec Anne DUBREUIL (tige de la branche de Pérajou, § IV) ; 5° JEAN, moine à l'abbaye de Déols et des Bordelières, qui était en 1612 chanoine de l'église collégiale de Saint-Martin de Châteauroux.

7. — **Age** (Charles de L'), Chev., sgr de la Bretollière, du Rivault et de Villiers, paroisse de Maillé, du chef d'Anne DE LAUZON, sa femme, fille de Jean, Ec., sgr de la Roullière, trésorier de France en Poitou, et de Marguerite de Cujacq, qu'il avait épousée le 14 janvier 1618. Le 10 juillet 1627, il assistait à l'insinuation d'une donation faite à sa belle-mère, et le 6 février 1632, il fut nommé capitaine de cent hommes de pied de nouvelle levée. Il était mort avant le 18 février 1647, ainsi qu'il est rappelé dans une cession de biens faite par sa veuve à leur fils aîné. Leurs enfants furent : 1° CHARLES, qui suit ; 2° MARIE, qui, veuve d'Antoine Rabault, sgr de Preulli ? conseiller au Présidial de Poitiers, épousa en secondes noces Médéric Grau, Ec., sgr de Blangy ; 3° MARGUERITE, mariée, le 13 juin 1643, à Louis de Vaucelle, Ec., sgr de Rouhet, morte avant le mois de sept. 1647 ; 4° LOUISE, mariée à Jean de Brossard, Ec., sgr de la Majonnerie ; 5° HILAIRE, dite Mlle de la Gorge ; 6° CHRISTOPHE ; 7° FRANÇOIS (tige de la branche de Foussac, § III) ; 8° JEAN, et 9° SUSANNE, morts jeunes.

8. — **Age** (Charles de L'), Chev., sgr de la Bretollière, du Rivault, du Magnou, de Foussac, etc., capitaine au régiment de Laval par commission du 20 juin 1638. Il épousa, le 1er août 1650, Marie DE PUIRAGAULT (Puygirault ?), fille de Claude, Ec., sgr de

Beauvoisin et de Lesguillon, et de Marie Carcat. Au mois de juillet 1651, il concourut à la nomination des députés de la noblesse de Poitou aux Etats généraux convoqués à Tours. Le 9 mars 1657, il obtenait des lettres royaux, transigeait, le 9 janvier 1662, avec François, son frère, au sujet des successions de leurs père et mère, et le 11 février suivant avec sa sœur Louise et son mari pour le même sujet. Sa femme et lui assistaient au mariage de Guillaume, leur fils, le 5 févr. 1675. Il mourut vers la fin de 1678.

9. — **Age** (Guillaume de L'), Chev., sgr de la Bretollière, du Rivault, de Foussac, etc., fit, le 4 sept. 1683, hommage à l'évêque de Poitiers, Baron de Chauvigny, de tout ce qu'il possédait dans la paroisse de la Bussière. Il avait épousé, le 5 janvier 1675, *aliàs* 1695, Françoise-Elisabeth DE BEAUVAU, fille de Charles, sgr de la Treille, la Grange, la Pégrinière, en Anjou, et de Jeanne de Sesmaisons. Il fut maintenu dans sa noblesse par jugement de M. Carré de Montgeron, intendant du Berry, sur le vu de ses titres remontant jusqu'à Jean IIIe, son 4e aïeul. Il mourut à Luan en Berry, le 12 avril 1716, laissant de son mariage : 1° GUILLAUME, cornette de Charles de Beauvau, son oncle, dans le régiment de Durosel, par brevet du 23 mai 1695, fut tué aux armées; 2° RENÉ, qui suit ; 3° ANGÉLIQUE, mariée, le 4 mai 1710, à André de Boisé, Ec., sgr de Courcenai ; 4° JEANNE-FRANÇOISE, et 5° CHARLOTTE, religieuse franciscaine à Chauvigny le 30 mai 1692.

10. — **Age** (René de L'), IIe du nom, Chev., sgr de la Bretollière, du Rivault, du Magnou, de Foussac, né à Luan, le 25 avril 1681, fut nommé lieutenant au régiment de Bretagne-Dragons le 11 mars 1702, puis capitaine le 20 fév. 1706. Son père lui fit une donation le 11 mars de cette année. Il épousa au Blanc, le 12 avril 1706, Françoise VIGAN, fille d'Anselme, intéressé dans les fermes du Roi, directeur général des aides, et de feue Anne Herbelin. Il mourut à Saint-Savin, le 16 août 1739, laissant pour enfants : 1° FRANÇOIS-VALÈRE, qui suit; 2° GUILLAUME, prêtre, né au château de Lesguillon, paroisse de Luan (Berry), le 8 avril 1709, chanoine du Chapitre de Saint-Martin de Châteauroux, curé de Chantosme, décédé à Foussac le 3 mars 1786; 3° RENÉ, IIIe du nom (tige d'une branche rapportée § II) ; 4° ANNE-MARGUERITE, née à Foussac, le 28 oct. 1711, mariée, le 15 janvier 1731, à Henri-René Robin de la Tremblaye ; 5° ANGÉLIQUE, née à Foussac, le 21 nov. 1712, religieuse franciscaine à Chauvigny en 1730, puis à Niort, le 25 juin 1732 ; 6° CHARLOTTE, née le 20 déc. 1713, carmélite à Poitiers en 1741 : elle y est morte ; 7° FRANÇOISE-ELISABETH, née en 1714, et 8° CHARLES, né le 25 sept. 1716, morts jeunes ; 9° MARIE-FRANÇOISE, née le 4 janvier 1718, mariée à Claude-Jean-René de la Coussaye ; 10° MADELEINE, née le 27 juin 1720, morte sans alliance, à Saint-Savin, le 1er janvier 1798 ; 11° LOUISE, née le 21 sept. 1721, religieuse bénédictine.

11. — **Age** (François-Valère de L'), Chev., sgr de la Bretollière, du Rivault, du Magnou, de Foussac, etc., naquit le 10 déc. 1707, au château de Lesguillon, fut cadet gentilhomme en 1728 à la citadelle de Bayonne, puis capitaine au régiment de milice de Lannion (Bretagne). Il épousa, le 27 janvier 1743, Catherine-Marie SOURDEAU DE BEAUREGARD, fille de Clément-François, sgr de Beauregard, près le Puy-Notre-Dame, conseiller au grand conseil, et de Jeanne-Madeleine Guyot. Il mourut à Foussac le 2 mars 1781, et sa femme à Poitiers en 1798, laissant pour enfants : 1° FRANÇOIS-RENÉ, qui suit ; 2° AMABLE-HENRI, né à Foussac le 19 février 1745, capitaine au régiment du Perche en 1778, major au régiment de Chartres-Infanterie en 1785, Chev. de Saint-Louis, puis colonel au régiment de Brie en 1792, général de division en 1793, décéda en 1798 à Midlebourg (Hollande), sans avoir été marié ; 3° AUGUSTE-FRANÇOIS, né le 2 avril 1746, capitaine au régiment de l'Ile-de-France, Chev. de Saint-Louis, avait le grade de major d'infanterie lorsqu'il épousa, le 21 juin 1799, Clotilde-Geneviève LAURENS DE LA BESGE, fille de Pierre, ancien procureur du Roi au bureau des finances de Poitiers, et de Françoise-Sylvine Ronjon, dont un fils, AUGUSTE ou PASCAL, né en 1800, décédé sans alliance à Montmorillon le 25 avril 1887, le dernier mâle de sa famille ; 4° ANGÉLIQUE-JEANNE, née le 29 mai 1749, mariée, le 10 février 1777, dans la chapelle du château de Foussac, à Jean-Bonaventure Girard de Pindray, Chev., sgr du Deffend, Chev. de Saint-Louis ; 5° RENÉ-CÉSAR, né le 11 décembre 1748, lieutenant au régiment de Béarn, capitaine de cavalerie, émigra, servit dans la légion de Maillebois au service de la Hollande et mourut à Aix-la-Chapelle, célibataire, le 11 décembre 1796 ; 6° HENRI-VICTOR, né le 5 juin 1750, lieutenant au régiment d'Agenois, mort sans alliance en 1795 ; 7° RENÉ-LOUIS, né le 2 août 1752, prêtre, fut grand vicaire à Cahors, et, en 1802, du diocèse de Bourges ; 8° GABRIEL-EUGÈNE, né le 28 février 1755, capitaine au régiment de l'Ile-de-France-Infanterie, Chev. de Saint-Louis, a fait la campagne de 1792, dans la compagnie du régiment du Perche, et lors du licenciement de l'armée de Condé en 1801, était lieutenant de la 2e compagnie des grenadiers de Bourbon. Il est mort sans alliance ; 9° CLAUDE, né le 1er déc. 1758, élève de l'école militaire de Paris en 1773, puis capitaine au régiment du Perche-Infanterie, Chev. de Saint-Louis, fit la campagne de 1792 dans la compagnie de son régiment, et lors du licenciement de l'armée de Condé était au dépôt des chasseurs nobles ; 10° ANNE-GABRIELLE, née le 27 avril 1757, mariée, le 28 oct. 1776, à Antoine-Joseph Taveau de Mortemer, Chev., s^r de l'Age-Courbe.

12. — **Age** (François-René de L'), Chev., sgr de la Bretollière, dit le Cte de L'Age, naquit en 1744, nommé enseigne au rég^t de Normandie le 18 janvier 1760, lieut. le 26 avril 1766, capitaine le 17 avril 1774, Chev. de St-Louis le 11 déc. 1785. Retiré du service en 1791, avec une pension, il est mort le 12 avril 1814, à la Bussière. Il avait épousé : 1° le 27 nov. 1775, Marie-Marguerite DE St-GEORGES, fille de Joseph, Chev., sgr de Régnier et Périssé, et d'Anne-Catherine-Charlotte Patrix, dont : 1° JUSTINE-MADELEINE, née le 25 août 1778, mariée, en 1798, à Martin-Maxime Guillemot de Liniers ; 2° AUGUSTE, né le 17 août 1785, mort le 10 juin 1795 ; 3° ADÉLAÏDE, née le 17 nov. 1791, morte sans alliance. En secondes noces, François-René épousa, le 6 avril 1801, Catherine IRLAND DE BEAUMONT, fille de Gabriel, Chev., ancien capitaine de cavalerie, et de Renée Dupont, qui mourut en 1834, ayant eu : 4° N., mort en bas âge ; 5° LOUIS-RENÉ-ALPHONSE, né en 1803, décédé en Allemagne, le 21 janvier 1849 ; 6° ELISA-ANNE, née en 1804, mariée, le 6 octobre 1829, à Charles-César-Auguste de la Ville-sur-Illon, chef d'escadron de Chasseurs, Chev. de St-Louis et de la Légion d'honneur.

II. — 2de BRANCHE DE LA **BRETOLLIÈRE.**

11. — **Age** (René de L'), Chev., sgr de la Bretollière (3e enfant de René et de Françoise Vigan), naquit à Foussac le 8 juillet 1710, et épousa, le 8 avril 1741, Marie BENOITON, fille de Philippe et de Jeanne Pijaud, dont il eut : 1° FRANÇOISE, née le 4 avril 1742, religieuse à l'abbaye de Soissons ; 2° MARIE, née le 10

sept. 1744, religieuse à l'abbaye de Saintes ; 3° ANNE, née le 27 oct. 1745, religieuse au prieuré de Lencloître ; 4° HENRI, mort jeune ; 5° RENÉ, né le 7 déc. 1749, garde du corps, comp. de Luxembourg, en 1768, capitaine de cavalerie en 1783, fut reçu Chev. de St-Louis le 7 juin 1814, avec le brevet de lieut.-colonel. Il avait épousé : 1° le 14 déc. 1775, Georgette DE SALENCY, morte en couches en 1780 ; en 2es noces, le 16 déc. 1780 ou 1790, Marguerite SCOURIONS DE BOISMORAND. Il n'a pas laissé d'enfants ; 6° LOUISE, née le 4 janvier 1751, religieuse et sous-prieure à Meaux, morte à Soissons en 1800 ; 7° GUILLAUME-FRANÇOIS, qui suit ; 8° EUGÈNE, né le 13 février 1755, chanoine et vicaire général de Rhodez, émigra en Espagne et mourut le 1er janvier 1798, au palais de l'archevêque de Tolède ; 9° JEANNE, dite Mlle du Rivault, née le 3 septembre 1756, religieuse à l'abb. N.-D. de Saintes ; 10° RENÉ-ALEXANDRE, né le 11 oct. 1758, fut d'abord clerc au collège royal de la Flèche, élève à l'école militaire de Paris en 1772, sous-lieut. au rég^t du Perche-Infant. en nov. 1782, capit. le 1er avril 1791, émigra et fut créé Chev. de St-Louis en août 1797. Il avait épousé, le 23 juillet 1789, à la Flotte (île de Ré), Jeanne-Marguerite-Sophie DES CHEZEAUX, fille d'Etienne-Laurent et de Louise-Marguerite Lambert, dont deux filles : LOUISE-JUSTINE-SOPHIE-FORTUNÉE, née à la Flotte le 30 avril 1790, et EMILIE-FRANÇOISE, née au même lieu le 15 mars 1805 ; — 11° MADELEINE, 12° HENRI, 13° JEANNE et 14° MADELEINE, décédés jeunes.

12. — **Age** (Guillaume-François de L'), dit le Cte de L'Age, né le 10 août 1752, garde du corps du Roi, comp. de Luxembourg, fut nommé capitaine de cavalerie en 1784 ; au mois de sept. de cette année, il fit ses preuves de noblesse pour les honneurs de la Cour, fut nommé fourrier-major le 8 oct. 1789, émigra, fut reçu Chev. de St-Louis le 25 février 1796, breveté colonel de cavalerie en déc. 1799, épousa à Bath (Angleterre), le 14 nov. 1801, Sarah PALMER, fille de John, esquire, et de Sarah Wood, décédée le 10 janvier 1826, au château de Foussac que son mari avait racheté ; et en 2es noces, le 2 janvier 1828, Louise-Marie-Blanche DE LA CHATRE, fille de Louis Bon de la Châtre et d'Anne de Mauvise. Il a eu, du 1er lit : 1° SOPHIE-MARIE, née le 16 déc. 1802, à Bath, morte en Angleterre le 23 nov. 1825 ; 2° MARIE-JEANNE-AMÉLIE, née le 16 avril 1805, mariée, le 24 juillet 1827, au Vte du Vigier de Mirabal ; du 2^d lit : 3° RENÉ-HENRI, qui suit.

13. — **Age de la Bretollière** (René Henri de L'), Cte de l'Age, né au chât. de la Roche-Beulsson le 16 déc. 1830, épousa, le 9 nov. 1853, Marie-Lucile-Adèle D'ARSIGNY, fille de Paulin, cons. gén^al du Loir-et-Cher, et de Henriette de Chabot. Il décéda à Poitiers en 1881, sans laisser de postérité.

III. — BRANCHE DITE DE **FOUSSAC.**

8. — **Age** (François-Valère de L'), fils de Charles III et d'Anne de Lauzon, est qualifié sgr de Beauregard dans le Catalogue des gentilshommes de la généralité de Poitiers ; il y est dit habiter Saint-Maixent et être puîné de la maison du Rivault et de la Bretollière, avoir été maintenu noble par M. Barentin le 7 sept. 1667 et porter les mêmes armes que ceux de la Bretollière. Il épousa : 1° le 16 janv. 1650, Marguerite DE CAHIDUC ; et 2° le 27 avril 1667, Marie BRUNET (de Saint-Maixent). Elle était veuve le 2 septembre 1700, lors d'un partage des biens de Marguerite Palustre, sa tante, avec François Brunet, sgr de Lhoumeau. De ce mariage sont issus : 1° CHARLES, qui suivra ; 2° MARIE, qui épousa, le 12 février 1697, Alexandre de Pons, Éc., sgr de la Chebassière.

9. — **Age** (Charles de L'), Ec., sgr de Foussac, épousa, le 29 avril 1698, D^lle Françoise DE PONS, fille de Jean, Ec., sgr de la Chebassière, et d'Alexandre de Céris. De ce mariage : 1° JEAN-CHARLES, qui suit ; 2° CHARLES-ALEXANDRE, baptisé le 21 juin 1700 à Saint-Léger de Saint-Maixent.

10. — **Age** (Jean-Charles de L'), Chev., sgr de Foussac, signataire d'un acte de notoriété dressé le 28 nov. 1771 en faveur de Louis-René d'Aitz Mis de la Villedieu. Il épousa Françoise BOUCHERON, dont il eut, croyons-nous : 1° PIERRE-RENÉ, qui fut nommé en 1787, lors de la formation des Assemblées provinciales, procureur syndic de la noblesse de l'élection de Saint-Maixent. Il avait été officier d'infanterie et mourut le 23 décembre 1788 ; 2° ANTOINE, qui suit.

11. — **Age** (Antoine de L'), officier d'infanterie, épousa, vers 1780, Julie-Thérèse DE GIGOU, fille de Louis, Chev., sgr de Vesançay, et de Thérèse-Gabrielle Janvre, dont il eut : 1° LOUISE-AGATHE, mariée, le 8 fév. 1810, à Charles-Henri-Marcellin de Bardin ; 2° MARIE-JULIE, décédée à Poitiers en 1863 ; 3° ANGÉLIQUE-THÉODORE, décédée le 6 avril 1858 ; 4° N., mariée à N. Mazure.

IV. — BRANCHE DE **PÉRAJOU.**

7. — **Age** (Mathieu de L'), Ec., sgr de Pérajou (4° fils de Charles et de Marie de Vaucelle, rapportés au 6e degré de la filiation suivie), épousa, le 30 nov. 1618, Anne DUBREUIL, dont il eut :

8. — **Age** (Claude de L'), Ec., sgr de Pérajou, marié, le 8 avril 1641, avec Marguerite DE MAUVOISIN, fille de Gabriel et de Anne de Saint-Hilaire. Il eut pour enfants : 1° CLAUDE, qui suit ; 2° JEAN, marié en 1675, à Châteauroux, à Marie DE LA FAIRE ; 3° MARCEL, Ec., sgr des Combes, marié en 1686 à D^lle Catherine DE COURIVAULT.

9. — **Age** (Claude de L'), Ec., sgr de Pérajou, marié, le 29 avril 1669, à Lesguillon, paroisse de Luan (Berry), à LOUISE DE LA COUR, dont ANNE, qui épousa, en mars 1697, Jacques de la Villatte.

V. — BRANCHE DE LA **SALLE.**

4. — **Age** (Louis de L') Ec., s^r de la Salle de Cordon, fils puîné de Jean et d'Ithière Béreau ou Béreau (3e deg., § I), épousa Marie ou Charlotte DE CARALEUC (appelée à tort Carallu), dont il eut : 1° FRANÇOIS, qui suit ; 2° FLORENCE, mariée à N. Boulon (de Saint-Savin) ; 3° JEANNE ; 4° PERRETTE, mariée, le 5 déc. 1563, à Gabriel de Lerfay ? Ec., s^r de Forges (Journet).

5. — **Age** (François de L'), Ec., s^r de la Salle, épousa Rose VIGIER, dont il eut : 1° GEOFFROY ; 2° ANTOINE, qui suit ; 3° CLAUDE ; 4° JACQUETTE, mariée au s^r de la Forest ; 5° JEANNE, 6° GENEVIÈVE, 7° FRANÇOISE.

6. — **Age** (Antoine de L'), Ec., s^r de la Salle, épousa Florentine DE POVENNE, dont postérité.

Cette branche a formé plusieurs rameaux sur lesquels nous n'avons pas de renseignements.

DE L'AGE DE VOLUDE, issus des sgrs de L'Age-Landry (près Ruffec).

Blason : d'or à l'aigle éployée de gueules, becquée et membrée d'azur, couronnée de même.

1. — **Age** (Louis de L'), Ec., sgr de Volude, fils puîné d'Antoine et de Catherine de la Porte, sgr de l'Age-Landry, épousa à Ruffec, le 4 janvier 1484, Jeanne DU COURRET, fille de Jacques, Ec., sgr de

Genouillé. Par le même contrat Catherine de L'Age épousa Jean du Courret, frère de Jeanne. De ce mariage vint René.

2. — **Age** (René de L'), Ec., sgr de Volude et Beaulieu, épousa Françoise Chaperon, fille de Louis, Ec., sgr de la Roche de Sommières, et de Marie Boynet, dont : 1° Léon, qui suit ; 2° Pierre, cru chef de la branche de Beaulieu, v[r] § II ; 3° Renée, 4° Luce.

3. — **Age** (Léon de L'), Ec., sgr de Volude et Beaulieu, épousa, par contrat du 13 janvier 1531, Jeanne Joubert, fille de Jean et de Madeleine Vidaut. Il partagea avec son frère Pierre le 6 juin 1547. De son mariage il eut : 1° René, sgr de Volude, marié en 1570 à Françoise de Brette (branche passée en Bretagne) ; 2° Clément, qui suit ; 3° Regnaud, Ec., sgr de Vareille (a fait branche) ; 4° François, 5° Paul, 6° Anne, 7° Louise, 8° Renée, 9° Marie.

4. — **Age** (Clément de L'), Ec., sgr de Beaulieu, épousa, le 15 fév. 1583, Hilaire Nicolas, veuve de Noël (*aliàs* Guillaume) Regnault. Il partagea le 22 sept. 1579 avec ses frères et sœurs, et eut :

5. — **Age** (Paul de L'), Ec., sgr de Tirac, obtint rémission en 1616, pour avoir tué Jean de la Roche. Il épousa, par contrat du 2 juin 1610, Jacquette d'Asnières, fille de Duch, dit le Capitaine, et de Françoise Saunier (D. Rainguet), dont : 1° Paul, qui suit ; 2° Susanne, 3° Françoise.

6. — **Age** (Paul), Ec., sgr de Tirac, Asnières, épousa : 1° le 2 janv. 1646, à Ordières, Isabeau Jourdain ; 2° le 28 oct. 1649, Marie de Mauvise, fille de Jacques, Ec., et de Susanne de la Tour, dont il eut :

7. — **Age** (Paul-Clément de L'), Ec., sgr de Tirac, d'Asnières, épousa, le 30 août 1686, Jeanne de Montaigne, fille de François et de Thérèse du Sablier, dont :

8. — **Age** (François de L'), Ec., sgr d'Asnières, marié, le 18 juin 1730, à Marie-Louise de la Rochefoucauld, dont : 1° François-Paul, qui suit ; 2° Jean-François.

9. — **Age** (François-Paul de L'), Ec., sgr de Tirac, Asnières, la Rigaudière, des Touches, Mis de Volude, né le 10 sept. 1734, assista, le 15 juin 1758, au ban de Saintonge convoqué par le maréchal de Senneterre, et épousa, le 11 sept. 1769, Marie-Jeanne-Claudine de Kergariou, au château de Coëtello (Bretagne), dont : 1° Joseph-Paul-Jean, qui suit ; 2° Jean-Henri, né le 10 avril 17... Chev. de Malte, tué à Quiberon.

10. — **Age** (Joseph-Paul-Jean), Mis de L'Age de Volude, épousa, par contrat du 13 janv. 1782, Béatrix-Etiennette Rouart de Furchambert d'Amblimont, fille de Claude-Marguerite-François Cte d'Amblimont et de Marie-Anne de Chaumont-Quitry, dont : 1° Marie-Louise-Stéphanie-Béatrix-Nathalie, mariée, le 20 mars 1802, à Thomas Hunter ; 2° Anne-Joséphine-Françoise-Stéphanie, mariée, le 7 mars 1809, à Louis-François Isle de Beauchesne ; 3° Jeanne-Henriette-Calixte-Stéphanie, morte à Madrid pendant l'émigration.

§ II. — Branche de **Beaulieu**.

3. — **Age** (Pierre de L'), Ec., sgr de Beaulieu, fils de Léon et de Jeanne Joubert (3e degré) (Nobiliaire du Limousin) ; mais d'après les titres paraît fils de Pierre, frère de Léon ; marié, par contrat du 3 mars 1572, à Françoise Gua, dont :

4. — **Age** (Léon de L'), Ec., sgr de Beaulieu, épousa (contrat du 4 février 1609) Anne d'Asnières, cousine de Jacquette (5e degré *suprà*). Il en eut :

5. — **Age** (Gabriel de L'), Ec., sgr de Beaulieu, marié, par contrat du 6 août 1640, à Eléonore du Gravier (postérité inconnue).

Age (de L') et **de Laage**.

L'abbé Nadaud mentionne un Guyot de Lage, damoiseau, qui testa à Limoges le 12 août 1412. L'avocat Samson, dans sa nomenclature de la maison commune d'Angoulême, donne un de Lage, maire de 1429 à 1431. Il fit rendre les clefs de la ville au maire.

Blason : la branche de la Grange a porté : d'argent à l'aigle éployée de sable, tenant dans ses serres un poisson d'azur. M. de la Morinerie dit qu'elles sont : d'argent à l'épervier essorant d'azur, armé et couronné d'or, empiétant un poisson aussi d'azur. Joseph Nadaud donne aux de L'Age des Allards, paroisse de Paizay-Naudouin ; d'argent à l'aigle de sable en vol, couronné d'or, aux serres d'argent, tenant dans sa dextre un poisson d'azur.

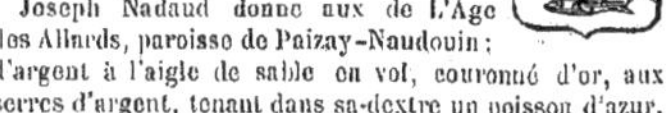

I. — **Age** (de L') ou **de Laage**, sgrs de Mangounault, des Allards, de la Grange, etc.

1. — **Aage** (Jean de L'), Ec., épousa par contrat du 21 mai 1472, signé Florant, Huguette Affroy ou Auffroy. (Elle fit aveu, étant veuve, en 1484, à Dampierre-sur-Boutonne.)

2. — **Aage** (Joachim de L'), Ec., sgr de Mangounault, épousa N. Il rendit un dénombrement au sgr de Migré, le 15 juin 1499. Il eut : 1° André, qui suit ; 2° Isabeau, femme de Pierre Pannetier.

3. — **Aage** (André de L'), Ec., sgr de Mangounault et du Fief-Colain, signa un acte de curatelle à François Offroy, Ec., sgr de Marzeau, son curateur, le 29 mai 1528, signé Freguault. Il épousa, sans doute en 1529, Laurence Offroy, puisqu'il fit partage, par le même acte du 13 avril 1529, signé Penaud, not. à Villeneuve-la-Comtesse, avec François Offroy, son curateur et beau-frère, et avec Pierre Pannetier, époux de sa sœur Isabeau. Le 5 juin 1548, il donnait quittance à Micheau Offroy, son beau-père, par-devant Guérin et Paris, notaires à Dampierre-sur-Boutonne. Il eut pour enfants : 1° Antoine, qui suit ; 2° Louis, tige de la branche de la Grange, rapportée au § II ; 3° Georges ou Grégoire, auteur de la branche des Allards, rapportée § III ; 4° Périne, dite Pierre par Nadaud ; 5° René, peut-être le même que Louis ; 6° Bonaventure, tige de la branche de la Roche-Mangounault, § IV.

4. — **Aage** (Antoine de L'), Ec., sgr de Mangounault, épousa, vers 1555, N., et mourut avant 1581 ; il eut :

5. — **Aage** (Pierre de L'), Ec., sgr de Mangounault, était sans doute majeur quand il fit partage, le 6 nov. 1581, avec ses oncles et tante. Signé Souchier, not. à Migré. (Descendance inconnue.)

II. — Branche de la **Grange**.

4. — **Aage** (Louis de L'), Ec., sgr de Mangounault, la Vergne, le Fief-Colain, fils puîné d'André et de Laurence Offroy (3e deg., § I), épousa : 1° à Escoyeux, le 27 mai 1565, Françoise Brunetelle (Bruneteau), et 2° à Durfort, paroisse de Brossac, le 13 janvier 1574, Marguerite Vigier, fille de Michel, Ec., sgr de la Court et de Durfort, et de Louise Chauvin ; il eut pour fils :

5. — **Aage** (Jean de L'), Ec., sgr de la Grange, marié à Varaize, le 4 juillet 1610, à Marguerite Rousselin, fille d'Alexandre, Ec., sgr de Saint-Même, et de

Renée de la Faye, dont : 1° JEAN, qui suit ; 2° MARIE, qui épousa, le 8 juin 1632, Gaston Monnereau, Ec., sgr de Champoigne, son cousin.

6. — **Aage** (Jean de L'), Ec., sgr de la Grange, épousa à la Court, paroisse de Passirac? le 30 juin 1642, Elisabeth VIGIER, fille de Jacques, Ec., sgr de la Court, et d'Isabeau Joubert, dont :

7. — **Aage** (Jean de L'), Ec., sgr de la Grange, marié à N., dont : 1° N., qui suit ; 2° JEAN, Ec., sgr de la Guimbletterie, qui fit un arrentement le 22 mai 1718. Il eut une fille, CATHERINE, qui signa en 1722 au contrat de mariage de Thomas des Ages avec Catherine de la Faye ; elle épousa Jacques de Restier, et était veuve en 1769.

8. — **Aage** (N. de L'), Ec., sgr de la Grange, qui eut : 1° JACQUES, qui suit ; 2° MARIE, femme de Henri de Saint-Martin, Ec., sgr de Puymoreau, paroisse de Salles, qui fit une vente avec son mari et son frère Jacques, le 20 février 1739, à Jacques de la Faye, sgr de la Faye et de Baudry.

9. — **Aage** (Jacques de L'), Ec., sgr de la Grange, épousa Marguerite-Aimée GUINOT DE SOULIGNAC, dont : 1° PHILIPPE, qui suit ; 2° AUGUSTE ; 3° LOUISE, morte le 11 janv. 1769, à 19 ans.

10. — **Aage** (Philippe de L'), Ec., sgr de la Grange, épousa Catherine DE RABAINE. Philippe comparut en 1789 à l'assemblée de Saintes ; il était décédé en l'an VIII, lors du partage de la succession de Charles Dubois et de Jeanne de Montalembert ; laissant :

11. — **Aage** (Jean-François de L'), Ec., sgr de la Grange, lieutenant-colonel en retraite, mort à la Campillière, paroisse de Brossac, le 16 fév. 1831, laissant pour héritier Hyacinthe-François de Villedon, capitaine en retraite, son neveu à la mode de Bretagne.

III. — BRANCHE DES **ALLARDS**.

4. — **Aage** (Grégoire ou Georges de L'), Ec., fils puîné d'André et de Laurence Offroy, rapportés au 3e degré de la filiation suivie, épousa Marguerite DE LA TOUR, dont :

5. — **Aage** (Isaac de L'), Ec., sgr des Allards, épousa, par contrat du 16 oct. 1605, Susanne AGUE, fille de Robert, Ec., sgr de la Voute, dont :

6. — **Aage** (Daniel de L'), marié, le 21 août 1621, à Jacqueline DE GAMACHES, dont :

7. — **Aage** (Jacques de L'), Ec., sgr des Allards, épousa, par contrat du 20 oct. 1659, Marguerite DESMIERS, fille de Jean-Louis, Ec., sgr de la Bussière. (Filiation inconnue.)

IV. — BRANCHE DE **MANGOUAULT**.

4. — **Aage** (Bonaventure de L'), Ec., sgr de la Roche-Mangouault, fils puîné d'André et de Laurence Offroy, (3e d., § I), épousa Jeanne ISLE, dont : 1° NICOLAS, qui suit ; 2° FRANÇOISE, 3° MARIE.

5. — **Aage** (Nicolas de L'), Ec., sgr de la Roche-Mangouault, épousa, par contrat du 20 août 1628, Marquise DE CUMONT. Il partagea avec ses sœurs, par acte du 10 janv. 1631, signé Mestivier, not. à Chizé. Il obtint, le 23 juin 1634, une sentence des élus de Niort, signée Moreau, greffier. Il assiste au ban de 1634 : certificat du 25 octobre 1634. De son mariage, il eut : 1° JACQUES, qui suit ; 2° CHARLOTTE ; 3° RADÉGONDE ou MADELEINE, mariée, le 1er juin 1660, à Jacques Mallevaud, sr des Fosses.

6. — **Aage** (Jacques de L'), Ec., sgr de la Roche-Mangouault, épousa : 1° le 16 janvier 1658, Catherine CAILLEBOT ; et 2° le 27 avril 1660, à Couhé, Dlle Marie DE GOUFFILLEAU, fille d'Eléazar. (Postérité inconnue.)

AGENAIS, AGENET, AGENOYS (D'). — Nous pensons que les quelques mentions suivantes se rapportent à la même famille.

Blason : d'argent à 3 merlettes de sable.

Dans l'amortissement d'une rente annuelle de 15 livres tournois, affectée à la dotation d'une chapelle fondée par Jean Pampelune et Jehanne sa femme, au château de Mirebeau, sous le vocable de sainte Catherine, on trouve cités au nombre des débiteurs de rentes : AYMERI d'Agenais, dit Benaut ; MARIE, sa femme, plus THOMAS et GEOFFROY d'Agenais frères, comme devant des rentes assises sur des terres sises dans la paroisse de Mazeuil, et touchant à des propriétés appartenant à un GUILLAUME d'Agenais. (Arch. Hist. du Poit. 13.)

Agenois (Benoît d'), Chev. Le Roi lui donne, le 6 août 1343, le quart des bois appelés les Branches de Surrous-à-Sichaud, en récompense des services qu'il lui avait rendus pendant la guerre en Poitou et en Saintonge. (Arch. Hist. Poit. 13.)

Le nom de ce personnage figure deux fois dans l'un des registres du Parlement, à l'occasion d'un procès qu'il soutenait contre Simon Isle, mandement du sénéchal de Saintonge, 8 juillet et 26 août 1349. (Id.)

Agenet (Thomas), peut-être Ague? a servi, en 1467, au ban des nobles du Poitou, comme briganinier du sgr de la Grève.

Agenet (Antoine) a assisté, comme noble et sgr de Breviande, au procès-verbal de la réformation de la Coutume de Poitou en 1559. Il épousa Marie DOUSSIN? et eut pour enfants : 1° JEAN ; 2° CLAUDE, qui suit ; 3° FRANÇOISE, mariée à Me Michel Boutault.

Agenet (Claude), Ec., sr de Breviande, épousa, le 25 nov. 1603, Louise DE LA CARETTE, dont il eut :

Agenet (Louis), Ec., sr de Breviande, épousa, le 21 nov. 1634, Jeanne GENTIL, dont : 1° LOUIS, qui suit ; 2° SYLVINE, épousa Charles de Beaucourt, Ec., sr du Breuil ; 3° JEANNE, 4° GABRIELLE.

Agenet (Louis), Ec., sr de Breviande, fut maintenu noble le 14 août 1669, élection du Blanc. Nous ne savons s'il eut postérité.

AGER. — Une famille de ce nom habitait le Poitou au XIVe siècle, car la forme Agère, feminine, donne au masculin Ager, ou peut-être Agier. On ne trouve qu'un seul acte, en date du 20 mai 1392, qui mentionne cette famille, probablement éteinte depuis longtemps.

PHILIPPE Agère? épousa Geoffroy Cresson, dont elle était veuve le 20 mai 1392, date à laquelle elle donnait procuration pour vendre ce qu'elle tenait de la sgrie d'Airvau. (B. Nat. Titres d'Airvau.)

AGIER. — Famille originaire des environs de Niort ou de Saint-Maixent, qui a fourni depuis le XVIIIe siècle des hommes politiques, des écrivains et des magistrats.

Blason : d'après l'Armorial du Poitou, la famille Agier porte : d'azur à une étoile d'or posée en abîme, accompagnée de 9 croisettes d'argent posées 4, 2, 2, 1, le tout surmonté d'une autre étoile posée au côté dextre du chef.

D'argent au chevron de gueules, accompagné en chef de 2 croissants, et en pointe d'une étoile, le tout de gueules. (Cachets de famille.)

Agier (Catherine) était, le 1er août 1713, femme de Pierre Brunet, sr de Sors, époque à laquelle ils mariaient leur fille RENÉE avec René Picoron, sr de la Viollière.

Agier (Françoise) avait épousé Pierre Daniau, notaire de la baronnie de Sommières ; elle était morte avant le 27 janvier 1714, date du mariage de son fils avec Marie-Anne Martin.

Agier (René) fut curé de Saint-Saturnin de Saint-Maixent ; il exerçait ces fonctions le 28 juin 1760.

Filiation suivie.

1. — **Agier** (Pierre) était, en 1677, commissaire aux saisies réelles du siège royal de Saint-Maixent. C'est sans doute le même qui fut reçu procureur du Roi en l'élection de cette ville, vers 1682. Il eut deux enfants : 1° CHARLES-GUY-FRANÇOIS, qui suit : 2° GUY, dont il sera parlé ci-après, § II.

2. — **Agier** (Charles-Guy-François) naquit à Saint-Maixent le 23 août 1752, comme le dit Briquet (et non à Niort, comme on l'a prétendu). Il suivit la carrière de la magistrature, fut nommé, le 9 juillet 1784, lieutenant-général de la sénéchaussée de Saint-Maixent, procureur du Roi de l'hôtel de ville, député du Tiers-Etat aux Etats généraux en 1789, membre de l'Assemblée constituante, commissaire du gouvernement, procureur impérial, procureur du Roi et président honoraire du tribunal de Niort.

Bien que malade, M. Agier s'était fait porter au Jeu de paume pour se joindre à ses collègues et y prêter avec eux le serment de ne point se séparer avant d'avoir doté la France d'une nouvelle constitution. Il se prononça, en 1790, pour la suppression des ordres religieux, et ce fut sur sa proposition que le nom de commune fut substitué à celui de paroisse. Lorsque Louis XVI fut ramené prisonnier de Varennes à Paris, Agier combattit la motion de Robespierre qui demandait que le roi fût mis en jugement.

Après la session de l'Assemblée constituante, il fut nommé membre de la Cour de cassation ; mais il refusa cette position et rentra de son plein gré dans le repos de la vie privée. Incarcéré pendant la Terreur, il ne fut rendu à la liberté qu'après le 9 thermidor.

Le gouvernement consulaire le nomma en 1800 commissaire du gouvernement près le tribunal civil de Niort ; il fut ensuite procureur impérial, puis procureur du Roi jusqu'en 1827 qu'il fut admis à la retraite avec le titre de président honoraire du tribunal civil de Niort. Il mourut le 30 mai 1828, laissant la réputation d'un magistrat intègre et d'un homme politique plein de modération.

Il a eu trois enfants : 1° FRANÇOIS-MARIE, qui suit ; 2° JULIEN, qui a suivi la carrière militaire ; 3° N... entreposeur des tabacs à Niort, puis directeur des contributions indirectes à Soissons, mort vers 1830.

3. — **Agier** (François-Marie) naquit le 8 juillet 1791 à Saint-Maixent, y fit ses premières études. Nommé sujet d'élite du département des Deux-Sèvres, il fut admis au cours de jurisprudence et d'économie politique à Paris. N'étant encore qu'élève de l'Académie de législation, il se constitua l'avocat bénévole d'un jeune homme nommé Troche impliqué dans le procès du général Moreau (1804), et il parvint à le sauver, ainsi que son père dont il n'avait pas entrepris la défense.

En 1808, Agier, présenté simultanément à une place de conseiller auditeur aux cours impériales de Poitiers et de Paris, fut nommé à cette dernière. Deux ans après, il remplissait les fonctions de substitut du procureur général.

Lors de la rentrée des Bourbons en avril 1814, M. Agier manifesta un dévouement sans bornes à la famille royale. Le 1er avril, il se fit remarquer à la tête d'un grand nombre de jeunes gens qui parcouraient les rues de Paris avec des drapeaux blancs. Lorsque cette foule arriva à la place Louis XV, sur l'endroit où Louis XVI avait péri, M. Agier arrêta la colonne et s'écria : « A genoux, Messieurs, sur cette place où Louis XVI fut rendu à la vie immortelle ! à genoux devant Dieu, qui seul a pu produire le miracle de notre délivrance. »

Agier refusa son adhésion à l'acte additionnel aux constitutions de l'Empire, vota contre l'adresse que la Cour de Paris voulait envoyer à Napoléon après le 20 mars. En 1816, il fut président de la société des Francs régénérés, que le garde des sceaux dut dissoudre à cause de l'exaltation des principes que l'on y professait, et coopéra en 1819 et 1820 à la rédaction du *Conservateur*. Destitué sous le ministère Decazes, M. Agier rentra bientôt à la Cour royale de Paris, sur la demande adressée par ce corps à M. le garde des sceaux, et y fut nommé conseiller en 1822.

Nommé président du collège électoral de Parthenay en 1824, il fut élu député du département des Deux-Sèvres et réélu en 1827. Il était aussi colonel d'une des légions de la garde nationale de Paris et maître des requêtes en service ordinaire au Conseil d'Etat. En 1827, il fut vice-président de la Chambre des députés, et en 1828 candidat à la présidence, puis le 5 novembre appelé aux fonctions de conseiller d'Etat en service ordinaire. A l'apparition du ministère du 8 août 1829, M. Agier adressa au garde des sceaux sa démission de conseiller d'Etat ; le 15 mars 1830, il prononça un discours qui ne laissa plus aucun doute sur le revirement de ses opinions politiques. Le lendemain, lui et ses amis votèrent la fameuse adresse des 221 et provoquèrent ainsi le coup d'Etat qui fut le prétexte de la Révolution de 1830.

M. Agier avait oublié un instant ses convictions et ses amis d'autrefois. Il fut abandonné à son tour, le lendemain de la victoire, par ses amis de la veille.

Les électeurs des Deux-Sèvres ne lui continuèrent point leur mandat en 1831, et la garde nationale de Paris ne le maintint pas à la tête de l'une de ses légions. Il dut renoncer dès lors aux agitations de la vie publique et se borner à l'exercice des fonctions que lui avait confiées le pouvoir qu'il avait aidé à renverser. (V. pour plus de détails, Biographie des Deux-Sèvres, par M. Briquet.)

§ II.

2. — **Agier** (Guy), frère de Charles-Guy-François, dont il a été parlé plus haut, procureur au Parlement de Paris, eut : 1° N... ; 2° PIERRE-JEAN, qui suit.

3. — **Agier** (Pierre-Jean) naquit à Paris le 28 déc. 1748. Son père le destinait au barreau, mais la faiblesse de sa poitrine lui interdit l'exercice de cette profession. Nommé en 1789 député suppléant de Paris pour le Tiers-Etat, il fut porté par l'Assemblée nationale sur la liste des candidats pour la place de gouverneur du Dauphin et fut nommé peu après président du conseil des Dix, remplaçant la Tournelle, puis vice-président du tribunal d'arrondissement siégeant aux Petits-Pères, dont il devint président en 1792, fut mis à la retraite pour avoir refusé de prêter le serment de liberté et d'égalité réclamé en août 1792 ; puis nommé le 5 janvier 1795 commissaire national près le tribunal du Ve arrondissement, et ensuite président du tribunal révolutionnaire *régénéré*.

Il fut désigné en 1796 comme juré suppléant à la haute cour nationale chargée de juger Babœuf et ses complices ; vers le même temps, il fut membre du conseil du contentieux de la dette des émigrés, et enfin, sous le consulat, juge à la cour d'appel de Paris et président du tribunal criminel du département de la Seine ; il n'accepta que le premier de ces deux emplois. En 1802, il fut nommé président de cette cour et maintenu dans ces fonctions par Louis XVIII le 18 septembre 1815. Il est mort à Paris le 22 septembre 1823.

M. Agier écrivit de nombreux ouvrages, dont nous nous bornerons à donner les titres; on en trouvera l'analyse dans la Biographie universelle de Michaud, qui a consacré à Pierre-Jean Agier un long article.

1° *Le Jurisconsulte national, ou principes sur les droits les plus importants de la Nation*. Paris, 1789. 2° *Vues sur la réformation des lois civiles, suivies d'un plan et d'une classification de ces lois*. Paris, Leclère, 1793. 3° *Du mariage dans ses rapports avec la religion et les lois nouvelles de la France*. 4° *Psaumes nouvellement traduits en français sur l'hébreu et mis dans leur ordre naturel, avec des explications et des notes critiques, et auxquels on a joint des cantiques évangéliques et ceux de Laudes selon le bréviaire de Paris*. 5° *Psalmi ad Hebraicam veritatem translati et in ordinem naturalem digesti, accesserunt cantica tum evangelica, tum reliqua in Laudibus juxta Breviarium Parisiense*. 6° *Vues sur le second avènement de Jésus-Christ, ou Analyse de l'ouvrage de Lacunza sur cette importante matière*. 7° *Prophéties concernant Jésus-Christ et l'Église, éparses dans les Livres saints, avec des explications et des notes*. Paris, 1819. 8° *Les Prophètes nouvellement traduits de l'hébreu, avec des explications et des notes critiques*. Paris, 1820-1822. 9° *Commentaire sur l'Apocalypse*.

Agier avait été chargé en 1787, par le gouvernement, de préparer une nouvelle édition du texte français des *Assises du royaume de Jérusalem* ; mais il y renonça. Il eut part à la publication de Denizart, coopéra avec Lanjuinais, Grégoire, Tabaraud, à la rédaction de la *Chronique religieuse*. M. Dupin jeune a publié dans l'Annuaire nécrologique de Mahul pour l'année 1823 une notice sur Agier très louangeuse, dont on trouve le correctif dans l'*Ami de la Religion* de l'époque.

AGNEAU ou **L'AGNEAU**. — Nom commun à plusieurs familles poitevines.

Agnellus (Ayraudus) souscrit dans des chartes de Saint-Cyprien vers 1096 et 1104.

Aigneau (Guillaume), varlet. GENTE, sa veuve, est privée de tous droits à une indemnité, parce que son second mari, Jean Raiole, avait combattu contre le Comte de Poitou et pour le Comte de la Marche, 1268. (Arch. Nat. Cart. 190, J. 8.)

AGRISSAY. — Très ancienne maison du Poitou, qui a sans doute pris son nom de la terre d'Agressay (paroisse de Thurageau, Vienne) ; elle est relatée dans un grand nombre de titres des premières années du XIIe siècle.

Agrissai (Guillaume d'), *Willelmus de Agrizaco*, est nommé dans le désistement fait vers 1103, par Hugues de Luchec, des poursuites qu'il avait faites pour ravir à l'abbaye de Montierneuf la terre de Pouzioux. (D. F. 19.)

Agrissay (Aynorde d'), *de Agricayo*, religieuse de l'abbaye de Sainte-Croix, fait une acquisition le 23 janvier 1263.

Agrissay (Perrine d'), religieuse du même monastère, en faisait une le 1er févr. 1276. (D.F.)

Agrissay (Jean), de la paroisse de Thuré, rendit, le 14 août 1309, un aveu à l'évêque de Poitiers, pour une pièce de terre sise sur le chemin de Clervaux à Romeneuil. (Grand-Gauth. Arch. Hist. Poit. 10.)

Agrissay (Regnault d'), avait constitué sur ses biens une rente de 20 septiers de froment, mesure de Mirebeau, au profit de la ville de Poitiers. Regnault de Pascheut, Ec., son petit-fils, transige, le 18 décembre 1366, avec la ville de Poitiers au sujet des arrérages. (Mém. Ant. O. 1882.)

Aigressays (Regnault) était décédé avant 1366 ; il avait épousé MAHAULT. Ils eurent une fille, JEANNE, dont il est question dans un acte de 1448 ; mais rien ne justifie qu'elle exista à cette époque.

AGROUÉ. — Famille Fontenaisienne qui a occupé des fonctions dans l'élection de sa ville natale.

L'Armorial de la généralité de Poitiers mentionne d'office :

Agroué (Marguerite), femme de Louis d'Escarre, Ec., qui est dite avoir pour armoiries : d'argent à 3 membres d'oiseau d'azur, 2, et 1.

Agroué (Renée), femme de Henri de Voullon, Ec., sgr de la Vergnaye, est dite porter : d'azur à 2 lions, affrontés d'or.

Agroué (Mathurin), sr de Villeneuve, sénéchal de Vouvant et Mervant, pour la duchesse de Longueville, dame dudit lieu, acquit de cette dame, le 4 juillet 1595, une rente de *cent vingt-six fers de flèches*, et une autre en blé. (Etrennes Vendéennes, 1842, 146.) Mathurin recevait de divers particuliers des déclarations de terres par acte du 26 décembre 1602. Il y est qualifié de noble homme, sénéchal et juge ordinaire de Vouvant et Mervant. (Orig.) Il était décédé avant le 14 nov. 1618, époque d'une vente faite par Pierre Malleray de 2 mottes de terres sises à Boëssès, qui furent à Mathurin Agroué. (Fillon.)

Agroué (Ezéchiel) reconnaissait, le 10 janv. 1620, devoir 200 livres à feu N. Brisson. (Fillon.)

Agroué (Philippe), Ec., sgr de la Tourtelière, conseiller du Roi, assesseur en l'élection de Fontenay, transige le 18 janvier 1640, par acte reçu Quintard, à Fontenay, avec le R. P. Jean Gallier, jésuite, supérieur de la maison de Fontenay, agissant, ledit Agroué, tant en son nom qu'en celui de Marie DE COUGNAC, sa femme, comme ayant les droits cédés de Pierre de Cougnac et de Louise de Cougnac, épouse de Paul Agroué, maître des eaux et forêts, etc., comme héritiers de feu Michel Brisson, et au sujet de la donation faite aux R. P. Jésuites par ledit Brisson. (Fillon.) Philippe fut l'un des associés de François Brisson pour le dessèchement des marais de la Sèvre. (Hist. de Font. 297.)

Agroué (Paul), Ec., sgr d'Aujugé, est qualifié, dans la transaction du 18 janvier 1640, gendarme de la Garde du Roi, maître des eaux et forêts des sénéchaussées de Civray et de Fontenay. On voit par cette pièce qu'il avait épousé Louise DE COUGNAC, sœur de la femme de Philippe Agroué. En 1655, il faisait partie, en qualité d'échevin, de la maison commune de Fontenay. (Fillon.)

Agroué (Paul), sgr d'Aujugé, fils du précédent? fut pourvu, le 2 juillet 1648, de l'office de receveur des tailles alternatif en l'élection de Fontenay. Il était décédé en 1666. (Mém. Ant. O. 1883, 387.) C'est lui, croyons-nous, qui avait épousé Dlle Catherine DU BOULLAY, laquelle rendait aveu au château de Fontenay en 1669 de la terre et sgrie de la Pointe. (Noms féod.)

Agroué (Marie), femme de Jean le Large, agissant tant pour elle que pour ses sœurs, toutes héritières de Philippe Agroué, sr de Lorberie, leur frère, rend aveu au château de Vouvant des terrages de Pissotte et de Charonne, en 1698 et 1699. (Noms féod.)

AGUAYT. — Famille qui ne nous est connue que par le cartulaire de l'évêché de Poitiers, dont elle était feudataire à cause de la châtellenie d'Angles. Elle a probablement donné son nom à la Roche-Aguayt (aujourd'hui Roche-Aguet, commune de Saint-Pierre-de-Maillé, Vienne), qui se trouvait au nombre de ses possessions.

Aguayt (Guillaume) rend, le 13 décembre 1309, aveu à l'évêque de Poitiers, comme sgr de la châtellenie d'Angles (Vienne), de ses droits d'usage dans la forêt de Gâtine, pour son herbergement de la Guaytère (Guittière, commune de Saint-Pierre-de-Maillé), et pour une dîme sise paroisse de Saint-Pierre-de-Maillé, que tiennent de lui ou parage Johannes Agayt et ses neveux. (Grand-Gauthier. Arch. Hist. Poit. 10.)

Aguayt (Laurencius), *clericus*, rend hommage à l'évêque de Poitiers, comme sgr d'Angles, pour diverses choses : herbergement, terres, pêcheries, droits d'usage dans la forêt de Gâtine, etc., le 2 février 1310. (Id. 311.) Il se dépouilla en faveur de F. d'Aux, évêque de Poitiers, de sa moitié dans la forêt de Gâtine. La date de cette donation est omise. (Id.)

Aguayt (Philippus). On trouve dans le même cartulaire la mention suivante, sans aucune date : *Quedam inquesta contra Philippum Aguayt de quodam feodo.* (Id.)

Agait (Stephanus) fut témoin, vers 1080, d'une charte d'Isembert II, évêque de Poitiers. (Cartul. Saint-Cyprien, f. 48.)

Aguest (Philippe) arrente en 1288 le fief des Breux (*de Brolio*) d'Angles, de Marie, veuve de Pierre de Berneuil, Chev. (Fond lat. 17041, p. 20.)

AGUE ou HAGUE. — Famille noble originaire d'Écosse, établie en Poitou sous Charles VII. Elle s'est éteinte au commencement de ce siècle.

Blason : d'après la maintenue de 1667 et l'Armorial du Poitou de 1698 : de gueules à 3 chevrons d'argent. — Au XVIIIe siècle, les Ague de la Voute portaient : « d'argent à 3 fasces de sable et un croissant de gueules en chef. » (Cachets. Dict. de la noblesse.)

Filiation suivie.

1. — **Ague** (Thomas), Ec., sr de Sayré (Cerzé ?), archer de la garde écossaise du Roi, obtint des lettres de naturalisation sous Louis XI. Marié, vers 1450, à Hélis de Mézieux (qui était veuve en 1477), il eut pour enfants : 1° Robert, qui suit ; 2° Guichard, et probablement 3° Jean. (Archiv. De la Barre, II, écrit Aeguer.)

2. — **Ague** (Robert), Ec., sr de Sayré, eut pour enfants : 1° James, qui suit ; 2° Arthus, sgr de la Mothe-Leroux, qui eut postérité.

3. — **Ague** (James), Ec., sr de la Voute, Saint-Coutant, épousa, le 29 déc. 1518 (Benest et Mausnier, not. à Saint-Maixent), Perrette Angély, fille de Laurent, Ec., sr de la Voute, et de Huguette Vasselot, dont il eut :

4. — **Ague** (Louis), Ec., sr de la Voute, Saint-Coutant, reçut donation de Pierre Vasselot, Ec., sr de Gascougnolle, le 2 août 1553. Il épousa Renée Gazeau, dont : 1° Robert, qui suit ; 2° Marie, qui épousa, le 31 juil. 1571, Pierre Guillolin, Ec., sr de la Tour de Cherzay ; 3° Gilles.

5. — **Ague** (Robert), Ec., sr de la Voute, maintenu noble par les commissaires des tailles, le 1er nov. 1584, épousa, le 8 sept. 1568, Louise de Chemerault, fille de Guichard, Ec., sr de la Chapelle, et de Jacquette d'Authon, dont il eut : 1° Louis ; 2° Moïse ; 3° Susanne, mariée à Isaac de L'Age, Ec., sr des Allards.

6. — **Ague** (Louis), Ec., sr de la Voute, épousa, le 10 oct. 1611 (Fraigneau, not. à Lusignan), Judith Favreau ou Fauveau, fille de Jérôme, Ec., sr d'Aizec, et de Rose Meschin, dont il eut Jacques, qui suit, et autres enfants.

7. — **Ague** (Jacques), Ec., sr de la Voute, maintenu noble par M. Barentin, le 10 déc. 1667, épousa, à Saint-Coutant, le 12 nov. 1663, Antoinette de la Mare, fille de Mathieu et de Marie Guyrine (Guérin ?), dont : 1° René, qui suit ; 2° Pierre, décédé jeune ; 3° Jacques, Ec., sr de Malon, servit au ban du Poitou en 1693.

8. — **Ague** (René), Ec., sr de la Voute, servit aux bans de 1693-1695, et testa le 27 juin 1710. Marié, le 28 avril 1695, à Charlotte Girard, fille de François, Ec., sr des Loges, et de Marguerite de Pons, il en eut : 1° François, qui suit ; 2° Louise ; 3° Marie-Renée, qui épousa Joseph Maréchal, Ec., sr de Fins ; 4° Thérèse, mariée à Blaise de Nossay, Ec., sr de Moutiers.

9. — **Ague** (François), Ec., sr de la Voute, épousa, le 30 août 1734, Marie-Anne-Thérèse de Nossay, fille de Pierre, Ec., sr du Tillou, et de Jacquette Thibault, dont :

10. — **Ague** (Charles-François), Chev., sr de la Voute, mort à 43 ans, le 3 oct. 1778, épousa, le 17 juin 1751, Marie-Radégonde Lecoq, fille de Charles-François, Ec., sr de Saint-Vertunien, et de Louise-Françoise Chasteigner, dont : 1° Charles-René, qui suit ; 2° Marie-Charles-René, dit le Chev. Ague, lieutenant au rég' de Saintonge en 1789, émigra et fut nommé Chev. de Saint-Louis et de Hohenlohe. Il épousa, le 26 nov. 1804, Marguerite-Jeanne-Françoise-Hélène de Nesmond (sans postérité) ; 3° Charles-Joseph, mort en émigration ; 4° N... garde du corps, émigré, servit à Loyal-Emigrant et fut tué à Furnes en 1793 ; 5° Charles-François, dit de Fontsalmois, garde du corps, émigra et servit à l'armée de Condé ; 6° Claude, resté en France ; 7° Marie-Louise-Charlotte, religieuse à l'Union-Chrétienne.

11. — **Ague** (Charles-René), Chev., sr de la Voute, Saint-Coutant, la Brunette, officier au rég' d'Agenois, assista en 1789 à l'assemblée de la noblesse du Poitou. Il émigra en 1791, mais parvint à passer en Vendée et fut tué, le 23 sept. 1795, à l'attaque de Saint-Cyr-en-Talmondais. Marié, le 22 sept. 1789, à Radégonde-Félicité de Touzalin, fille de Charles-Rémy, Ec., sr de Lussabeau, et de Marie-Catherine de la Barre, il eut pour fille unique Radégonde-Judith, née le 6 sept. 1790, à Champagné-Saint-Hilaire, mariée, le 26 juil. 1810, à Jules Supervielle, décédée le 30 sept. 1882.

AGUILLON. — Famille que nous croyons originaire des environs de Mirebeau ou qui, du moins, possédait des fiefs dans l'étendue de cette baronnie. Nous ne savons si tous les noms que nous citons appartiennent bien à la même famille.

Agullus (Willelmus), témoin du don d'héritages fait, le 15 juillet 1030, à l'abbaye de Saint-Jean-d'Angély par une dame nommée Emme. (D. Font. 13, 135.)

Aguillons (P.) donne vers 1235, à l'abbaye de Fontaine-le-Comte, tout le revenu qu'il possédait au lieu dit de l'Humeau, en lui vouant un de ses fils qu'il se proposait de faire moine dans ce monastère. (M. Ant. O. 1837, 239.)

Aguillon (Gaufridus), témoin dans une enquête faite au mois de déc. 1295, au sujet des amortissements faits au Roi par Philippe, prieur de Saint-Hilaire de la Celle. (D. F. 13.)

Aguillon (Ambroise) possédait en 1350, du chef de Charlotte DES GLIX, sa femme, la moitié de deux moulins à eau sis dans la mouvance de l'herbergement de Mazeuil. (M. Ant. O. 1877, 213.)

Aguillon (Yvon), fils ou petit-fils des précédents, est dit tenir en 1454 et 1508 lesdits objets en parage à 5 sols aux loyaux aides. (Id. 213.) Yvon et ses sœurs sont dits tenir en 1452 un hébergement au-dessous du Pouez de Mazeuil (Vienne), relevant de la Tour de Massognes, à 25 sols d'aides et à un cheval de 100 sous. (Id. 206.)

Aguillon (Jean) était en 1438 propriétaire de l'hôtel de Mornai (c^ne^ de Mazeuil). Il eut au moins une fille, JEANNE, qui, à cette date 1438, était épouse de Guillaume Grimaud, auquel elle porta cette sgrie. (Id. 211.) Nous pensons que c'est le même qui, en 1466, tenait l'hôtel de la Guillonnière-aux-Mées (c^ne^ de Mazeuil), valant à cette époque 10 liv. de rente. (Id. 170.)

Aguillon (Guillaume), Ec., sgr de la Milletière, ses frères et sœurs transigent, le 8 mai 1481, avec Christophe de Messemé, Ec., sgr de la Tour-Légat, par acte signé Dreux, not. (Pièce dossier Messemé.)

Aguillon (Léonnet) possédait, vers 1500, le Bois-Guigneron, fief mouvant de la forteresse de la Roche-de-Chisais. (B^nie^ Mirebeau, etc., 226.)

Aguillon (René), sgr de la Milletière, près Châtellerault (c^ne^ de Saint-Christophe), dansait dans un village (1556), au son d'une chèvre ou bouse (cornemuse). Un nommé Jean Baty en sonne, de son côté, très mal, dispute et combat. (Arch. Nat. J. Reg. 263, 241.)

Aguillon (Renée) était, le 2 juillet 1556, épouse de Jehan Quantineau (Cantineau). (Doc. orig.)

Aguillon (Catherine d') était en 1620 veuve et donataire de feu Jean Audinet. (F.)

Aguillon (René), chanoine de l'église de Saint-Pierre de Poitiers, était en 1624 capitaine de l'une des compagnies ecclésiastiques préposées à la garde de la ville. (Rev. de l'Aunis 1868, 265.) Il était neveu du doyen, Mathurin Chesneau, avec lequel il avait fondé, avant l'an 1600, un anniversaire de 20 livres. (Cathédrale de Poitiers. M. Ant. O. 1849, 306.)

Aguillon (Jean), sgr de Vezin, assistait à l'assemblée des gentilshommes réunis à Poitiers pour nommer des députés aux Etats convoqués à Tours en 1491. (Filleau.)

Aguillon (Jeanne) épousa, par contrat du 14 nov. 1733 (Clément, not. à Poitiers), Pierre de Chevreux, Ec., sgr des Mâts.

Aguillon (René), Ec., sgr de Beaufort, avait épousé D^lle^ Gillette VERGNAUD, qui était sa veuve en ....(Orig. Titres de Gaing.)

AGUSON (D'). — Famille de Poitiers qui a fait partie du corps de ville au XIVe siècle.

Aguson (Jean d') était échevin à Poitiers en 1324. (Filleau.)

Aguson (Gilles d') occupait la même charge en 1340. (Id.)

AIENT (Johannes d'), témoin d'une donation faite à l'abbaye de Saint-Maixent d'une terre appelée Rîbres et Pain-Perdu, le 18 mai 1105, par Raoul de la Garde, en se faisant religieux dans ce monastère. (D. F. 15.)

AIFFRES (D'). — Il y a eu plusieurs familles qui ont porté ce nom.

Aiffres (Airaud d') fait en 966 don à l'abbaye de Saint-Maixent de son alleu d'Aiffres sis aux environs de Niort. (D. F. 15.)

Aiffres (Fouchard d') fait don de quelques héritages à la même abbaye en s'y faisant religieux, vers 1076. (Id.)

Aiffres (Guillet d') tenait de Richard Cocus, à hommage plein, un fief de vignes, etc., sis près de Saint-Maurice de Mairé et d'Aiffres. (Arch. Nat. J. Reg. 24, 30, 3.)

AIGLE (le s^r^ d'). — Jean de Brosse de Bretagne, Cte de Penthièvre, sgr de l'Aigle, de Fouras, Thors, commandait, en 1467, une partie du ban des nobles poitevins.

AIGONNAY (Benoît d') servait en homme d'armes en 1341. (Bibl. Nat.)

Aigonnay (Pierre d'), Ec., sgr du Breuil d'Aigonnay, paroisse dudit lieu, servit au ban des nobles du Poitou en 1557.

AIGRE (feu Jehan d') et Perrette DE LA TOURAINE, sa femme, avaient possédé, avant le 1er décembre 1534, l'hôtel de la Bruère, relevant de François de Blanquefort, comme baron de Mirebeau. (D. F. 18.)

Aigre (Charlotte d') épousa Jacques Gaudin, Ec., sgr de la Cour, comme il ressort des contrats de mariage de ses enfants des 25 avril 1686 et 30 janvier 1692.

AIGREFEUILLE (Amaury d'), Chev., fut témoin d'un accord passé entre Jehan Gatineau et Sevestre du Chaffault, le 1er décembre 1369, au sujet de l'alliance projetée entre Marguerite Gatineau et l'un des membres de la famille du Chaffault. (Gén. du Chaffault.)

AIGRET ou **ESGRET**, en Châtelleraudais.

Blason : d'azur à 3 oiseaux ou aigrettes d'argent, 2 et 1. (M. A. O. 1855, 229. Not. sur les Ormes-Saint-Martin, par M. d'Argenson.)

Aigret ou **Agnet** (Alix), fille de Jean, lieutenant au Châtelet de Paris, était en 1460 épouse de Guillaume de Marans, Ec., sgr des Hommes (Ormes)-Saint-Martin et de Loubressay. (M. Ant. O. 1855, 226.)

Aigret (Raoul) était en 1600 propriétaire du fief de la Vallière (paroisse de Coussay-les-Bois). (Hist. de Châtellerault, I, 488.)

Aigret (Georges d'), s^r^ de la Marche, est mentionné, élect. de Châtellerault, sous le nom de Louise BEAUSIGNY, sa veuve, habitant Marigny-Marmande, dans le Catalogue des gentilshommes de la généralité de Poitiers ; il y est porté comme ayant été maintenu noble par sentence non expédiée. (Annotation de M. de Maupeou.)

AIGRON. — On trouve plusieurs familles de ce nom en Poitou et Angoumois.

Aigron (Jehan) vient en aide à Loys de Savary, sgr de Vendrenne (Vendée), qui était attaqué par Loys Borderon, son intendant. Il tue ce dernier, 1496. (Lettres de rémission. Arch. Nat. J. Reg. 231, 207.)

On trouve un Aigron au nombre des compagnons du fameux Guillery qui furent pendus à Poitiers. (Poitou et Vendée, Guillery, 4.)

Aigron (François), Ec., sgr de Cambisan, capitaine d'une compagnie de carabins, entretenue pour le service du Roi, fit un paiement à Guillaume Frétard, garde pour le Roi des eaux et forêts d'Angoumois, pour des biens acquis par moitié avec Jean de Chergé, Ec., sgr dudit lieu, passé le 16 juin 1641, par acte reçu Martin, not. à Angoulême. (Orig.)

AIGUILLIER (L'). V. **LAIGUILLIER.** — Famille qui nous paraît être originaire de Poitiers, où se trouvait une rue *de Aguilleria*, ou des environs de cette ville. On la trouve simultanément aussi à la Rochelle et à Niort.

Blason : François Laiguillier, maire de Poitiers : d'or à 2 aiglons éployés, affrontés de sable. (Catalog. des gentilshommes du Poitou, par Gouget, 95, 220.)

Laguiller (Aimericus) est relaté dans une charte du 29 juillet 1270, concernant l'église Saint-Hilaire de Poitiers. (D. Font. 20.)

Aguiller (Guillaume L') possédait à Poitiers, avant 1257, une maison sise à Laiguillerie, paroisse Saint-Didier. (Filleau.)

Aguyllé (Aimery), Chev., et Pierre, valet, son fils, vendent, au mois de juin 1284, quelques héritages situés paroisse de Cuhon, à *Ramnulpho Charelli*, sous-doyen de l'église Saint-Hilaire de Poitiers, acte scellé du sceau de Notre-Dame de Mirebeau et de Yolande, dame de cette ville. (D. Font. 11.)

Aiguiller (Christophe L'), lieutenant particulier au siège de Niort, assiste en cette qualité au procès-verbal de la réformation de la Coutume du Poitou, en 1559.

Laiguillier (Marie) était veuve de Jacques Doubet, conseiller au siège royal de Saint-Maixent, le 4 juin 1606.

Laiguillier (Jacques), s^r^ du Bois. Son nom se trouve cité avec la qualification de noble, dans les registres de l'état civil de la paroisse de Chef-Boutonne, au 6 mai 1615. Il fut maire de la ville de Niort en 1623. (Mém. Stat. 1865, p. 73.) On lui donne les titres de sgr du Bois et d'Epernay, de conseiller et d'avocat du Roi et d'échevin, charge qu'il occupait encore en 1638 ; mais il était décédé avant 1666, car, dans le Catalogue des nobles de la généralité de Poitiers, on trouve relatée la mention suivante : Ville de Niort, la veuve Jacques Laiguillier ; et M. de Maupeou ajoute... « Issu des anciens échevins de la Rochelle, maintenu noble... »

Laiguiller (Louise) fut marraine dans l'église de Chef-Boutonne, le 27 janvier 1623. (Reg. de la paroisse.)

Filiation.

1. — **Laiguiller** (François), sr de la Ressonnière et de Pernant, fut installé en la charge de conseiller au Présidial de Poitiers, vacante par la résignation de Louis Rogier, et fut maire de Poitiers en 1609. Ce fut pendant son année de mairie que fut posée la première pierre du couvent des PP. Capucins ; reçu échevin le 12 septembre 1609, il fut un des membres du corps de ville qui portèrent le poêle sous lequel Louis XIII fit son entrée à Poitiers, le 28 juillet 1614. (Journal de Brilhac. A. H. P. 15.) Il laissa de Catherine Garnier, fille de Claude, Ec., sr de la Mortière : 1° François, qui suit ; 2° Légier, sr de Pernant, qui est dit juge-magistrat au Présidial de Saintes, le 8 fév. 1604, conseiller du Roi et maître des requêtes de la maison de Navarre, le 31 déc. 1605, et au mois de mai 1615, dans les registres de la paroisse de Chef-Boutonne, il avait épousé Florence Umeau (id.) ; 3° Mundine, vivant le 22 fév. 1608. (Id.)

2. — **Laiguillier** (François), sr de la Ressonnière, épousa Florence Coulard, fille de René, Ec., sgr du Soucy, et de Florence Cytois, qui était décédée en 1633. Cette année, François, qui était donataire de sa femme, plaidait contre Jacques Barraud, l'un de ses beaux-frères, pour l'entérinement de son legs. Ses enfants furent : 1° Légier, sr de Pernant, qui était décédé avant le 1er fév. 1647, époque où ses sœurs, qui suivent, se disent ses héritières ; 2° Marie, épouse de François de la Coussaye, Ec., sgr de la Dultière, qui vend, le 1er février 1647, comme mandataire de Louise, sa belle-sœur, et héritier de Légier Laiguillier, son beau-frère, tous les biens ayant appartenu à François, leur père et beau-père, dans les paroisses de Chef-Boutonne, Javarzay, Cournay, Melleran, Ardilleux, etc. ; 3° Louise, qui était veuve, dès le 1er fév. 1647, de Melchior Fonteneau, Ec., sgr de Pousiou ; 4° N., religieuse à l'abbaye de Sainte-Croix de Poitiers.

AILLY (d'). — Famille fort ancienne et des plus nobles de Picardie, dont un des membres eut de grandes possessions en Poitou au milieu du XVIe siècle, par suite d'une alliance ; mais nous avons trouvé des personnages du même nom en Poitou, antérieurement à cette époque.

Blason : La famille d'Ailly de Picardie porte : de gueules au chef échiqueté d'argent et d'azur de trois traits. (Le Roy, d'armes, par le P. Devarennes, 67.)

Ailly (Pierre d') ou d'**Aillé** est l'un des exécuteurs testamentaires de Herbert Berland, 18 septembre 1356.

Ailly (Jean d') était en 1517 homme d'armes de la compagnie du sr de la Trémoille. (Bibl. Nat.)

Ailly (Louis d') prenait, le 6 novembre 1549, le titre de Chev., sgr de Puguy ; il avait épousé Catherine de Laval, veuve de François du Puy-du-Fou, le 8 avril 1555. On lui donne les titres de Baron du Petit-Château, de Mallièvre, Saint-Malo, Mouchamps, Faymoreau, Saint-Paul. Il demeurait alors au château du Puy-du-Fou.

AIMERY, AIMERET. V. **AYMERET.** — Plusieurs familles de ce nom ont existé en Poitou fort anciennement.

Aimeri ou **Aymeri** (Mathelin), habitant près de Saint-Maixent, avait deux sœurs : Marguerite, mariée à Etienne Esquot, et Jeanne, épouse de Jean Viault, d'après un acte de l'abbé des Chatelliers du 28 janv. 1401. (D. Font.) Le même rendait un aveu au château de Saint-Maixent, pour quelques terrages sis paroisse de Chantecorps, le 18 fév. 1404. (Liv. des fiefs.)

Aimery (Jean) servit en homme d'armes du sr de la Grève, en remplacement de Mre Jean Daillon, Chev., au ban des nobles du Poitou de 1467.

Aimery (N.), praticien au siège de Loudun,

assistait au procès-verbal de la réformation de la Coutume du pays Loudunais en 1518. (Filleau.)

Aimeri (Jean), conseiller du Roi, avocat au grand conseil, épousa Anne DE LA PLANCHE, dont : 1° FRANÇOISE, mariée, le 23 juin 1554, à Olivier AIMERI, avocat en Parlement, s^r^ de Viroflay, fils de JEAN, aussi avocat en Parlement, et de Jeanne RIPAULT ; 2° MADELEINE, qui épousa, le 26 mars 1564, Claude de Fredet, Ec. Jean Aimeri était décédé à cette époque ; 3° PIERRE, Ec., sgr de Gaillon ou du val de Gallye, que nous retrouvons en 1595, au mariage de Nicolas Aimeri, son neveu.

Aimeri (Nicolas), Ec., sgr de Viroflay, probablement petit-fils de Jean qui précède, épousa, le 12 janvier 1595, Anne LEGRAIN, veuve de feu noble homme Mre Etienne de la Croix, greffier du bureau des finances de Rouen. A ce mariage assiste Pierre, Ec., sgr de Gaillon, dit oncle du futur. De ce mariage sont issues : ANNE et CHARLOTTE, cette dernière mariée, le 13 février 1626, à Antoine de Rochefort, Ec., en présence de sa sœur et de Pierre AIMERI, Ec., sgr de Viroflay en partie, dit son cousin germain.

« Les auteurs de Nicolas Aimeri, s^r^ de Viroflay, qui prend dans ce contrat la qualité d'écuyer, ne la prenaient point en 1564, et moins encore en 1554. Ces MM. ne se regardaient pas comme nobles alors, et n'étaient que des avocats au Parlement de Paris. » (Note de D. Font. 9. Arch. du chât. de la Guierche-Saint-Amand.)

AIMON. V. **AYMON.**

AINÇAY (D'). — Famille qui habitait le Loudunais, éteinte depuis plusieurs siècles.

Ainchaio (Guillelmus d') ou d'**Ainçai** figure avec son fils RICHARD dans des titres de Fontevrault, 1100, 1108.

Ainçai (Aimericus d'), 1120. (Cartul. de Fontevrault. Rédet. Dict. de la Vienne.)

Ainçay (d') ou **Dainçay** (Garin), prévôt royal à Loudun ; plaintes formées contre lui par J. Belliart, P. Gaudin, P. Richoux et Mathieu Ferré de Breuezay, en 1245. (Arch. Nat. J. Reg. 97, 1, 139.)

Ainchay (Ænor d'), fille de GEOFFROY, était en 1282 femme de Godouin de Couhé. (Chasteigners, par Duchesne.)

Ainçay (P. d') avait fait, avant le mois de février 1329, des ventes de biens à l'abbaye de Fontevrault. (Arch. Hist. Poit. 11.)

Ainsay. Fief, paroisse de Mouterre (Loudunais), possédé, au XVIIIe siècle, par la famille Aubineau d'Ainsay.

AIRABLÉE (DE L'), *de Arableia*. — Famille du Bas-Poitou, qui nous paraît s'être éteinte vers la fin du XIIIe siècle.

Arableia (P. de), *miles*, témoin d'une donation faite vers 1210 à la chapelle de Notre-Dame du Breuil (*de Brolio*), et encore en 1211 d'un don fait à Sainte-Croix de Talmond par Guillaume d'Aspremont. (Cartul. Talmond. Mém. Ant. O. 1872.)

Arableia (Durandus de), témoin en 1212 d'un don fait à l'abbaye des Fontenelles par Guillaume de Mauléon, sgr de Talmond (D. F. 8), et en 1215 d'un autre fait à l'abbaye de Boisgrolland par Guillaume d'Aspremont. C'est sans doute le même personnage qui, seulement indiqué par *D. de Arableia*, est témoin de la donation du four de Volvire faite à l'abbaye de Sainte-Croix de Talmond, en 1216, par Pierre de Volvire. (Cart. de Talmond.)

Arableia (Ebles de), fils de Geoffroy et de RIVERIA, son épouse, fait en 1232 don à l'abbaye de Talmond de tout ce qu'il possédait à la Robertière. En 1236, il en fait un autre à la même abbaye. (Cart. de Talmond.) On le trouve encore en 1244, qualifié de valet, faisant ratifier par Guillaume d'Aspremont, sgr de Poiroux, son suzerain, une donation qu'il faisait à l'abbaye de Boisgrolland. Il vivait encore en 1251. (D. Font. 1.)

AIRAUDEAU ou **AYRAUDEAU.** — Nous n'avons trouvé trace de cette ancienne famille que dans les deux mentions suivantes.

Airaudeau (Méry) servait comme brigandinier sous les ordres du s^r^ de Soubise, au ban de 1467.

Ayraudeau (Pierre), habitant la terre de Brandois, servait en archer au ban de 1491.

AIRON. V. **AYRON.**

AIROS. — Famille des environs de Civray. Plusieurs de ses membres furent les bienfaiteurs du prieuré Fontevriste de Montazay.

Airos (Maingot et Geoffroy) font en 1166 donation d'un bois à Montazay. On trouve désignés dans le corps de l'acte trois autres membres de la même famille : *Gauffridus*, *Minaudus* et *Johannes* Airos. (D. F. 8.)

Airos (Minaudus) et JOHANNES *frater ejus*, relatés dans l'acte précédent, font au même prieuré don d'un bois joignant celui du Fouilloux, *de Foloz*, en 1172. (Id.)

Airos (Aimericus) et CONSTANTINUS, son frère, JOHANNES Airos, leur cousin (celui rappelé dans les deux actes qui précèdent ?) et ARSENDIS, leur cousine (sœur de Jean ?) font aussi, vers 1215, don au même prieuré d'un bois sis près de celui du Fouilloux. (Id.)

AIRVAU. — La ville d'Airvau (Deux-Sèvres), baronnie, puis marquisat, a été possédée par les sgrs de Thouars, par les Maingot de Chanceraye, les Liniers, les Ysoré (souvent appelés d'Airvau ou d'Hervault), les Darrot, les du Chilleau, les Richeteau.

Airvau (Simon d'), *miles*, présent à la dédicace du prieuré de Saint-Nicolas de la Chèze-le-Vicomte, faite, le 7 décembre 1099, par Pierre II, évêque de Poitiers. Il est inscrit le troisième dans la charte rédigée à ce sujet sur la liste des sgrs présents, et son offrande de 10 sols d'or égale celle des plus puissants fondataires du Vicomte. Nous avons dit, dans nos Recherches sur Airvau (M. Ant. O. 1857, 181), les motifs qui, selon nous, pouvaient donner à croire que Simon d'Airvau était un membre de la famille de Thouars qui aurait retenu le nom de son partage (H. B. P.).

Aureavalle (Johannes de). Dans une charte du 25 mars 1259, publiée par M. Rédet, parmi celles de Saint-Hilaire-le-Grand de Poitiers (Mém. Ant. O. 1847, p. 290), on voit qu'il vivait à cette époque et habitait rue de Geffe, dans le bourg de Saint-Hilaire, à Poitiers.

Airvau (Guillaume d') était écolâtre de la collégiale de Saint-Hilaire-le-Grand de Poitiers en 1404, omis par M. de Longuemar dans sa liste des dignitaires de ce Chapitre. (Mém. Ant. O. 1856, 352.)

AIRVAULT. — Il existait à Niort, au XVIe siècle, une famille Airvault, qui tirait son nom sans doute de son lieu d'origine. Deux membres de cette famille, qui remplirent à Niort les fonctions de juges consuls aux débuts de cette juridiction, ne sont pas mentionnés dans les documents concernant le Tribunal de commerce de Niort, publiés par M. A. Frappier dans le XIIIe vol. (1re série des Mém. de la Soc. de Statistique).

Airvault (Antoine) et

Airvault (Nouel) sont l'un et l'autre désignés dans la liste des juges et consuls des marchands de Niort. (D. F. 20.)

AISSE. — Famille originaire de Saintonge, dont une branche fut maintenue noble en Poitou en 1667. Nous avons retrouvé une partie de sa filiation dans le vol. 784, cab. titres. (Voir des pièces scellées, cab. tit. Pièces originales, v° Aisse, et Regist. de Malte, Bibl. de l'Arsenal.)

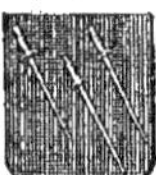

Blason : de sable à 3 épées ou poignards d'argent, 2 et 1, posées en bande, pointe en bas. (Barentin, Preuves de Malte ; sceau de 1452.) La branche de Courgoussac portait, dit-on, 6 épées posées en bande, pointe en bas.

Noms isolés.

Aisse (Béatrix), veuve de François Fradin, Ec., sgr de Bessé, fit aveu comme tutrice de ses enfants, pour le fief du Fraigne, le 22 juill. 1460, au sgr de Dampierre-sur-Boutonne. Elle est qualifiée dame de Paisay-le-Chapt, dans un acte du 24 mai 1483, où son fils Jean Fradin achète en son nom le fief de Mazerolles, vendu par Eustache de Montberon, Vte d'Aunay. (Réform. des forêts, 29.)

Aisse (Hélie), prieur du prieuré de Niort, fit la déclaration de son temporel, le 10 oct. 1492, à Guillaume Péan, commissaire du Roi. (D. F. 20.)

Aisse (Claude) épousa Berthomé de Puyvert, Ec., sgr de Cerzé. Ils vivaient au milieu du XVIe siècle. (Reg. de Malte.)

Aisse (Catherine) épousa Gilles de la Guyrande, Ec., XVIe siècle. (Id.)

Aisse (Bertrand) habitait la châtellenie de Taillebourg le 6 juin 1540. (D. F.)

I. — *Filiation suivie.*

1. — **Aisse** (Jean), sgr de Touverac ? vivant au commencement du XVe siècle, eut pour fils :

2. — **Aisse** (Bertrand), Ec., sgr de Touverac, élu pour le Roi en Saintonge, donna divers actes scellés de son seel, le 15 mars 1448, le 28 janv. 1452 et en 1456. — Son sceau, en 1458, porte un écu écartelé 1 et 4, un chevron et 3 roses, au 2 et 3, trois épées rangées pointe en bas. En 1452-56, il n'y a qu'un écu à 3 épées mises en bande, pointe en bas, posées 2 et 1. (Cab. tit. Pièces orig.) Il fit aveu du fief de Laleu au château de Taillebourg en 1443, et vivait encore en 1486. (Procès contre Jacques d'Archiac. Hist. des Chasteigners, 128.) Marié vers 1430, il eut pour enfants : 1° Prégent, qui suit ; 2° Gilles (chef de la branche de Courgoussac, § II) ; 3° Catherine, mariée à Guillaume Prévost, Ec. ; 4° Jeanne ou Colette, femme de Jean d'Asnières, Ec., sgr de la Chapelle. Avec leur frère Gilles elles eurent un procès en 1480 contre le sgr de Jonzac.

3. — **Aisse** (Prégent), Chev., sgr de Touverac, etc., ratifia, en 1490, le contrat de mariage de son neveu Jean d'Asnières. Il épousa, vers 1460, Catherine de Sainte-Maure (remariée depuis à Pierre du Pont, Ec.), fille de Léon, sgr de Montauzier, dont il eut : 1° Guyon, qui suit ; 2° Claire, dame de Touverac, mariée, vers 1500, à Arthus Goullard, Ec., s^r de Barge.

4. — **Aisse** (Guyon), Ec., sgr de Touverac, eut un procès, en 1505, contre Pierre du Pont, 2e mari de sa mère ; il mourut sans postérité, car la sgrie de Touverac passa aux Goullard.

II. — Branche de **Courgoussac.**

3. — **Aisse** (Gilles), Ec., sgr de Maumonton, Courgoussac, transigea, le 5 févr. 1457, pour des fiefs mouvants de Taillebourg. (D. F.) Il servit au ban de Saintonge en 1467, et avec ses sœurs eut procès en 1480 contre le sgr de Jonzac. Marié à Jeanne du Chastenet, il eut : 1° Charles, qui suit ; 2° Catherine, qui épousa Guillaume Méhée, Ec., sgr de Lestang.

4. — **Aisse** (Charles), Ec., sgr de Courgoussac, testa le 14 mars 1550. Il avait épousé Françoise de la Roche-Chandry, dont il eut plusieurs enfants ; mais nous ne connaissons que Jean, l'un des cadets.

5. — **Aisse** (Jean), Ec., sgr de Pommiers, Breuilhac, était décédé en 1599, lorsque sa veuve fut maintenue noble en Saintonge. On la trouve aussi mentionnée dans un arrêt du Parlement de Bordeaux du 1er mai 1607. Il avait épousé, le 14 juil. 1579, Marguerite de la Noue, dont il eut : 1° Abraham, qui suit ; 2° Daniel, nommé dans l'acte de 1599.

6. — **Aisse** (Abraham), Ec., sgr de la Noue, épousa : 1° le 25 avril 1609, Gabrielle du Lioncel ; 2° le 7 juin 1637, Jeanne de Loire ? Il eut du 1er lit Gabriel, qui suit.

7. — **Aisse** (Gabriel), Ec., sgr de Lisle, habitait la paroisse d'Aubigné, près Chef-Boutonne, lorsqu'il fut maintenu noble par Barentin, le 1er sept. 1667, élect. de Niort. Marié : 1° le 14 févr. 1647, à Renée d'Orgelet ; 2° le 21 sept. 1663, à Marie Poitevin. Il eut du 1er lit au moins 2 filles, qui abjurèrent le protestantisme à Aubigné, le 16 mars 1671 : 1° Renée, 2° Marie, qui épousa Louis, *aliàs* Eraste de Cumont, Ec., sgr de Longchamp. Du 2e lit, il eut Gabriel, qui suit.

8. — **Aisse** (Gabriel), Ec., sgr de la Noue, demeurait à Saint-Surin en 1715 et fut maintenu noble par Bégon, intendant de la Rochelle. Nous ne savons s'il eut postérité.

AITZ (d'). — Famille d'ancienne noblesse originaire du Périgord, dont plusieurs branches ont habité le Poitou, à partir du XVIe siècle. Les notes du Comte d'Orfeuille-Saint-Georges fournissent des renseignements sur sa filiation, mais ils ne sont pas touts exacts. On trouve des documents sur cette famille à la Bibl. Nationale, fond du Périgord et Cab. des tit.

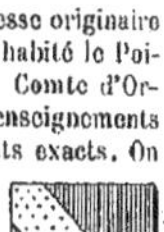

Blason : de gueules à la bande d'or. La branche de Gautret ajoutait un lambel de même en chef.

Noms isolés.

Aitz (Bernard), abbé des Alleuds vers 1510-1547 (d'après le *Gallia Christ.*, II), paraît être le même qu'un Bernard ou Bertrand, abbé de Saint-Liguaire, au milieu du XVIe siècle, qui était fils de Raymond et de Jeanne d'Abzac de la Douze. V. 4e degré du § I.

Aitz de Mesmy (Jeanne d') épousa (d'après

le Comte d'Orfeuille) Louis d'Orfeuille, Ec., sgr de Luché, qui vivait vers 1520-80. On l'a dit à tort fille de Raymond et de Jeanne d'Abzac, qui vivaient au xve siècle.

Aitz (Marie-Madeleine d') épousa, vers 1660, Jean-René Darrot, Ec., sgr de la Haye. Ils firent inscrire leur blason à l'Armorial du Poitou en 1698. (Fontenay.)

Aitz de Mesmy (N... d') épousa, vers 17... Antoine de Bremond, qui était veuf en 1778, et habitait Saint-Maixent.

I. — *Filiation suivie.*

1. — **Aitz** (Bertrand d'), damoiseau, sgr de la Cassagne en Sarladais, épousa Catherine DE DOMME, dont il eut : 1° PIERRE, qui suit ; 2° JEANNE, mariée au sgr de Paleyrac, puis, le 12 août 1428, à Hélie du Puy, Ec., sgr de la Jarte.

2. — **Aitz** (Pierre d'), Ec., sgr de la Cassagne, épousa, le 24 août 1400, Honorette PASCAULT, qui testa le 10 fév. 1456, dont il eut : 1° HUGUES, sgr de la Cassagne (branche aînée en Périgord) ; 2° BERTRAND, qui suit ; 3° (peut-être) GUILLAUME (cru chef de la branche de Gautret, § IV.)

3. — **Aitz** (Bertrand d'), Ec., s^r de la Feuillade, fit son testament en 1472 ; mais il vivait encore en 1478, comme il ressort d'un arrêt du Parlement de Paris du 16 sept. de cette année. Marié à Almoys DE MESMY, il eut pour enfants : 1° RAYMOND, qui suit ; 2° MARGUERITE, mariée en 1489 à Hugues d'Abzac ; 3° CATHERINE, épouse de Bernard Achard-Joumard, Ec., s^r de Sufferte.

4. — **Aitz** (Raymond d'), Ec., sgr de Mesmy et de la Feuillade, épousa Jeanne D'ABZAC, fille de Guy, sgr de la Douze, et d'Agnès de Montlouis. Il passait un contrat d'arrentement le 24 février 1507. Il avait testé le 7 janvier précédent. Le 4 novembre, Jeanne d'Abzac était veuve et transigeait avec ses enfants : 1° JACQUES, qui suit ; 2° BERNARD OU BERTRAND, d'abord prieur d'Azay-le-Brûlé, près Saint-Maixent, puis abbé commendataire de Saint-Liguaire de 1540 à 1560. Ce fut sous son administration que le monastère fut ravagé par les protestants. Comme nous l'avons dit, il pourrait se faire que ce fût le même personnage que l'abbé des Alleuds du même nom vivant à la même époque ; 3° ALMOYS, mariée, en 1496, à Aymar de Chabans, Ec., s^r d'Agonac.

5. — **Aitz** (Jacques d'), Ec., s^r de Mesmy, fut marié deux fois, avec : 1° Isabelle DE GONTAUD, que l'on croit fille de Guy, Chev., sgr de Badefol, et de Claude de Salignac ; 2° Jeanne DE RAIFORT ou REFORT (qui, le 15 janvier 1540, transigea avec Bernard d'Aitz, son beau-frère). Il eut du second lit : 1° JEAN, qui suit ; 2° BERTRAND (chef de la branche de Mesmy, § III).

6. — **Aitz** (Jean d'), Ec., sgr de la Rochélie, marié à Susanne DE COURS, dont il eut : 1° JEAN, qui suit ; 2° ZACHARIE, s^r de la Cour et de Savignac, tige de la branche de la Guillotière, § II.

7. — **Aitz** (Jean d'), Ec., sgr de la Rochélie, épousa, le 6 mars 1599, Judith DE LA ROCHEBEAUCOURT, fille de Philippe, Ec., sgr de Soubran, et de feue Françoise de la Riche, en présence de Zacharie, son frère, et de Jean d'Aitz, Ec., sgr de Mesmy et de la Feuillade, son cousin germain. Le 10 février 1609, il fut nommé légataire universel par D^e Jeanne de la Mothe-Fouquet, épouse de Charles de Villedon, Ec., sgr de la Chèvrelière, par son testament. (Doré et Guignard, notaires à Poitiers.) Le 18 août 1614, il rendait aveu à MM. du Chapitre de Sainte-Radégonde de Poitiers, pour ce qu'il possédait dans l'étendue de leur terre de la Lembertière. (Arch. des Antiq. de l'Ouest.) De ce mariage sont issus : 1° JEAN, qui suit ; 2° ISAAC, Ec., sgr de Langevinière, qui fut capitaine au régiment de Saintonge, marié, le 3 avril 1654, à Françoise DE CHEVANT, fille de René, Baron de Cingé, et d'Elisabeth Prévôt, par contrat reçu Piet, not. à Saint-Maixent. Il est nommé dans le testament de sa sœur Marie ; 3° SUSANNE, qui avec Louise sa sœur cautionne un emprunt contracté par Isaac, leur frère, le 17 mars 1645 ; 4° OLIVIER était en 1644 lieut.-colonel du rég. de Saintonge ; 5° MARIE, qui, le 15 janvier 1658, testait en faveur de sa sœur Louise, à la charge par elle de payer diverses sommes à Jean d'Aitz, sgr de la Rochélie, et à Isaac, sgr de Langevinière, ses frères, et à Elisabeth d'Aitz, épouse d'Antoine Gillier, sa nièce ; 6° CATHERINE, qui, le 4 juin 1661, était femme de Gédéon Blanchard, Chev., sgr du Bois et de la Meschinière ; 7° LOUISE. Elle était, le 13 août 1654, épouse de Charles Thébault, Ec., sgr de Lavau, comme il ressort du testament de Charles de la Rochélie, s^r de la Caillerie. (Rapiat, not.) Nous croyons ce Charles de la Rochélie fils naturel de Jean d'Aitz.

8. — **Aitz** (Jean d'), Ec., sgr de la Rochélie, épousa : 1° Elisabeth DE LASTES, fille de feu Pierre, Ec., sgr d'Aigrefeuille, et d'Elisabeth Thévenin. Ils étaient mariés avant le 13 juin 1629. Elle testa, le 24 septembre 1633, en faveur de son mari et de sa fille ELISABETH. Celle-ci épousa Antoine Gillier, sgr de Mauzé, qui transigea le 29 avril 1651, avec son beau-père, au sujet de la succession d'Elisabeth Thévenin, aïeule maternelle d'Elisabeth d'Aitz. Celle-ci fut aussi l'une des légataires de Marie d'Aitz, sa tante, qui testa le 15 janvier 1658. Elle était veuve le 26 mars 1687, et d'après un certificat délivré par les pasteurs de l'église Vallonne, le 30 juin 1688, on voit qu'elle avait quitté la France pour cause de religion et qu'elle était membre de ladite église.

Jean d'Aitz épousa en 2es noces Elisabeth DE LEZIGNAC, qui testait le 17 mars 1659 en faveur de son mari. Elle vivait encore le 5 novembre 1665, époque où elle faisait un codicille en faveur de ses petits-enfants. (De Saint-Marsault.) Jean eut de ce second mariage : 1° SUSANNE, mariée à Michel D'AITZ, sgr de la Guillotière, lieut.-général des armées du Roi ; 2° JUDITH, mariée à Pharamond Green de St-Marsault, Chev., Baron de Chatelaillon, la Salle, le Roullet, etc., fut nommée avec sa sœur Susanne dans le second testament de Charles de la Rochélie, en date du 26 novembre 1672.

II. — BRANCHE DE LA **GUILLOTIÈRE**.

7. — **Aitz** (Zacharie d'), Ec., sgr de Savignac et de la Guillotière du chef de sa femme (fils puîné de Jean, Ec., sgr de la Rochélie, et de Jeanne de Cours), épousa, en 1615, Louise ROUSSEAU, fille de Michel, Ec., sgr de la Guillottère, et de Madeleine de Montbron. Zacharie et sa femme se firent donation mutuelle de leurs biens par acte reçu le 17 déc. 1617. (Dumoustier, not. de l'abb. Saint-Maixent.) De ce mariage est issu MICHEL, qui suit.

8. — **Aitz de Mesmy** (Michel d'), Chev., sgr de la Guillotière, servit longtemps sous Louis XIII et Louis XIV comme colonel d'infanterie. Il fut gouverneur des places de Mardick et de Landrecies en 1646, maréchal de camp en 1647, conseiller du Roi en ses conseils d'Etat et privé en 1661, et la même année lieut.-général de ses armées. Il périt par accident en revenant de Gigery. Épousa, le 4 juin 1661, Susanne D'AITZ, fille de Jean, sgr de la Rochélie, et d'Elisabeth de Lésignac. Susanne, devenue veuve, se remaria à Antoine de Guist, Chev., sgr des Landes, lieutenant pour le Roi en la ville de Brouage.

Michel d'Aitz eut pour enfants : 1° JEAN, qui suit; 2° MARIE-SUSANNE, mariée à Jean-Jacques du Vigier, Chev., sgr de Mirabal ; elle existait encore le 4 janvier 1712.

9. — **Aitz de Mesmy** (Jean d'), Chev., sgr de la Guillotière, né le 7 sept. 1663, fut baptisé par Marchand, ministre de Surgères, le 17 du même mois. Il était capitaine au 1er bataillon du régiment de Picardie, lorsqu'il se maria avec Marie-Anne GILLIER, fille héritière de Joseph Gillier, Mis de la Villedieu, sgr de Saint-Georges, et de Charlotte de Lostange de Saint-Alvaire. (Tastreau, not. royal à Saint-Maixent. Contrat du 17 déc. 1681.)

En récompense de ses services personnels et de ceux de Michel son père, le Roi, par lettres patentes du mois d'avril 1698, érigea en marquisat la châtellenie de la Villedieu-de-Comblé qui lui était obvenue du chef de sa femme. Jean testait le 21 déc. 1720, étant alors lieutenant des maréchaux de France, en faveur de ses enfants, qui étaient : 1° JEAN-CHARLES, qui suit ; 2° LOUIS-RENÉ dit le Chev. de la Guillotière, mort sans alliance ; 3° CHARLOTTE-HENRIETTE, qui était mariée à Jean-Baptiste-François Chevalier, Ec., sgr de Villemorin et de Saint-Marc. Elle était morte avant le 4 août 1785, comme il ressort d'un arrêt du Parlement de Paris rendu à cette date ; 4° SUSANNE-HENRIETTE dite Mlle de Saint-Georges, nommée dans le testament de son père et le partage de ses biens qui eut lieu le 27 juillet 1737 ; elle était dès lors femme de Pierre Pidoux, Ec., sgr de Polié, auquel elle porta les sgries de Saint-Georges, de Longuepierre et de la Guillotière ; et en 1739 veuve et tutrice de quatre filles mineures. Elle épousa en secondes noces N. Prévot, sgr de Montaubert ; 5° MARIE-ANNE, dite Mlle de Polousse, devait être décédée avant le partage de 1737, car elle n'y est pas nommée; 6° LOUISE-FRANÇOISE, qui est exhérédée par le testament de son père, « pour des causes connues de la famille », imposant à ses frères et sœurs l'obligation de lui payer une rente viagère de 200 livres. Elle prit malgré cela part au partage des biens de son père, le 27 juillet 1737, et était à cette époque femme de François de Valenciennes, Chev., sgr de l'Epine; 7° LOUISE, *aliàs* MARIE-LOUISE, qui était mariée à Louis-Aimé de Coulard, Chev., sgr de Verrines, la Bourie, lors du partage des biens de son père, le 27 juillet 1737, et était décédée sa veuve avant le 4 août 1785.

10. — **Aitz** (Jean-Charles d'), Mis de la Villedieu, Chev. de Saint-Louis, lieutenant des maréchaux de France, épousa, le 5 nov. 1720, Susanne GREEN DE SAINT-MARSAULT, fille de Louis, Baron de Chatelaillon, et de Madeleine-Susanne Green de Saint-Marsault. Le 4 août 1724, ils assistèrent comme cousins germains au mariage de Henri-Charles de Beauchamps, Chev., sgr de Grandfief, et de Madeleine-Dorothée de Lescours. Il prit part au partage de la succession de son père qui eut lieu le 27 juillet 1737. Il décéda le 25 janv. 1740, et quelques jours après on fit l'acte de la curatelle de ses enfants mineurs, qui étaient : 1° LOUIS-JEAN-CHARLES-MAIXENT, Mis de Villedieu, âgé de 16 ans en 1740, mort sans alliance avant 1783, époque où son frère et ses sœurs se partagent sa succession en même temps que celle de leurs père et mère ; 2° LOUIS-RENÉ, qui suit ; 3° LOUISE-SUSANNE, née le 29 juil. 1725, baptisée à Saint-Eanne le 30. Elle épousa Gabriel-Maixent de Bosquevert, Chev., sgr de Vandelaigne, et mourut avant 1813 ; 4° LOUISE-MARIE-ANNE-FRÉDÉRIQUE, dite Mlle de Marlonge, née en janv. 1729, baptisée à Saint-Eanne le 15 oct. 1730, et décédée en 1788 ; 5° JULIE-LOUISE-MARIE-ANNE, née en juin 1730, et baptisée le même jour que sa sœur qui précède; elle épousa, vers 1760, Louis-Alexandre de Mouillebert, Chev., sgr du Poiron.

11. — **Aitz** (Louis-René d'), connu sous le nom de Cassandre, ce qui donna lieu à un acte de notoriété passé le 26 nov. 1771 pour rectifier ses prénoms. Il était Chev., Mis de la Villedieu, sgr de la Rochélie par l'extinction de la branche aînée, Chev. de Saint-Louis, lieutenant des maréchaux de France, servit comme sous-brigadier de la 1re brigade de l'escadron de Villedon au ban de la noblesse du Poitou convoqué à Saint-Jean-d'Angély le 15 juin 1758. Il est mort au château de la Villedieu le 8 sept. 1787. Il avait épousé, le 29 mai 1751 (Villars, not. à Montmorillon), Marie-Anne DES MONSTIERS DE MÉRINVILLE (que sa réputation de piété et de bienfaisance avait fait surnommer *la bonne dame* ; elle est morte le 7 oct. 1779), fille de François-Louis Mis de Mérinville et de Marguerite-Françoise de Jaucen. Leurs enfants furent : 1° LOUIS-FRANÇOIS-PAUL-EMMANUEL, né en 1753, décédé à la Guadeloupe sans postérité ; 2° FRANÇOIS-DE-PAUL-RENÉ-MARIE-ANNE, qui suit.

12. — **Aitz** (François-de-Paul-René-Marie-Anne d'), appelé d'abord Vte d'Aitz, capitaine de dragons, comparut (le seul de sa famille) à l'assemblée de la noblesse du Poitou en 1789 ; il se maria, pendant la Révolution, à Anne-Charlotte MASSÉ ou MACÉ, habitant Escarbotin, près Abbeville. Il mourut sans postérité en 1823, et sa veuve réclamait l'indemnité des émigrés en 1825.

III. — BRANCHE DE MESMY.

6. — **Aitz** (Bertrand d'), Ec., sgr de la Feuillade, Mesmy (fils puîné de Jacques et Jeanne de Raifort, 5e degr., I), épousa en 1564 Catherine D'ERVAUT? dont : 1° ISAAC, qui suit ; 2° SALOMON, Ec., sgr de la Fuye, marié en 1597 à Louise D'ARMENAILLE. Il en eut pour fils LOUIS, Ec., sgr d'Armenaille, maintenu noble à Bordeaux en 1667, et qui épousa, en 1634, Eléonore DE MOURBILLES. (Nous ne savons pas s'il en eut postérité.)

7. — **Aitz** (Isaac d'), Ec., sgr de Mesmy, la Feuillade, consentit une obligation au profit de son cousin Jean d'Aitz, Ec., sr de la Rochélie, le 31 juil. 1597. Il épousa en 1591 Anne DE VILLEDON, fille de Pierre, Ec., sgr de la Chèvrelière, et de Jacquette Chevalier, dont il eut : 1° LÉONARD, qui suit ; 2° LOUIS, Ec., sgr de la Fuye, marié, en 1633, à Louise DE CHAUMONT.

8. — **Aitz** (Léonard d'), Ec., sgr de Mesmy, la Feuillade, testa en 1647. Marié à Marguerite DE FOUGAUD, il en eut : 1° SALOMON-PHILIBERT, Ec., sgr de Mesmy, capitaine au régiment de la Douze; 2° GERMAIN-JACQUES, qui suit.

9. — **Aitz** (Germain-Jacques d'), Ec., sgr de la Coste, de Mesmy, épousa, en 1666, Lucrèce DE SAINT-ASTIER DES BORIES, dont il eut :

10. — **Aitz** (Jacques d'), Ec., sgr de la Coste, Mesmy, la Feuillade, la Fuye; maintenu noble à Bordeaux en 1700. Marié, en 1694, à Anne DU TEIL, il eut pour fille ANNE, mariée, en 1714, à Joseph-Benoît Beaupoil de St-Aulaire, sgr de Fontenille. (Nous ne savons s'il eut d'autres enfants.)

IV. — BRANCHE DE GAUTRET.

4. — **Aitz** (Guillaume d'), Ec., sgr de l'Ile-d'Assay (que l'on croit fils puîné de Bertrand et d'Almoys de Mesmy, 3e deg., I), fit hommage à la Roche-Corbon en 1475. On le croit père de :

5. — **Aitz** (Bertrand d'), Ec., qui est le premier

mentionné dans les preuves de la noblesse de 1667, épousa, vers 1500, Gabrielle d'Aubiac, dont il eut :

6. — **Aitz** (Jacques d'), Ec., marié, le 10 mai 1536, à Françoise de Pressac, dont :

7. — **Aitz** (Jean d'), Ec., marié, le 20 oct. 1570, à Marie Mousnier, dont :

8. — **Aitz** (René d'), Ec., sgr de Gautret, Mornay, fut curateur, en 1630, de Charles de Béchillon, fils de Samuel et de Renée d'Elbène. En 1612, il fut chargé par le capitaine du château de Niort de porter des dépêches à Paris. (Pièc. orig., V. 18, n° 950, f° 27. Cab. tit.) Il fut lieutenant-colonel au régiment de Poitou, et assista aux sièges de la Rochelle et de Turin. Marié, le 12 fév. 1613, à Marie Garnier, fille de Jacques, Ec., sgr de la Voute, et de Marthe Gaschet, il en eut : 1° Antoine, Ec., sgr du Pont, major au régiment de la Couronne, tué au siège d'Etampes; 2° Gabriel, qui suit ; 3° Renée, qui épousa Abraham de Girard, Ec., sgr du Pinier ; 4° Florence, née le 8 janv. 1623; 5° François, Ec., sgr de Mornay, capitaine au régiment de Saintonge, marié à Jeanne Coyault, dont 2 filles : Renée, qui épousa, en 1673, Antoine d'Anché, Ec., sgr de la Grolière, et Marie, qui épousa Claude d'Anché, Ec., sgr de Bourneuf.

9. — **Aitz** (Gabriel d'), Ec., sgr de Gautret, Château-d'Aitz, né le 3 janv. 1621, eut pour parrain Gabriel de Villedon, Ec., sr de Boisroger. Il fut officier au régiment de Poitou, et fut maintenu noble, en 1667, à Saint-Jean-d'Angély. Le 20 oct. 1654, il vendit ses dîmes de Loizé, près Chef-Boutonne, à César-Charles, sr de Bonnemaison. (Pèlerin, not.) Marié, en 1642, à Renée le Tourneur, fille du sgr de Burbure, il en eut Blaise, qui suit.

10. — **Aitz** (Blaise d'), Ec., sgr du Château-d'Aitz, Epannes, maintenu noble à la Rochelle en 1699, épousa à Fontenay, le 21 oct. 1683, Jeanne-Elisabeth Brunet, fille de Jacques, sgr de Montreuil, et d'Elisabeth Bernard, dont il eut : 1° Jacques-François, qui suit; 2° Louise, mariée à Jean Gaspin, Ec., sr de Beauregard, capitaine au régiment d'Orléans. Elle décéda à Niort le 4 nov. 1779 (dite veuve de Jean-Baptiste-Thomas, Chev., sgr de Beauregard, Chev. de Saint-Louis et Saint-Lazare).

11. — **Aitz** (Jacques-François d'), Chev., sgr du Château-d'Aitz, Epannes, marié, vers 1715, à Marie-Gabrielle Roullin, fille de Jean, Ec., sgr de la Mortmartin, et de Marie des Arnaux. Il paraît avoir eu pour fille unique Angélique, qui épousa, vers 1750, Charles-Alexandre Roullin, Chev., sgr de Boisseuil, Epannes, Château-d'Aitz.

AIZENAY (d'). — Nous n'avons recueilli que bien peu de renseignements sur cette ancienne famille du Bas-Poitou, qui nous paraît éteinte depuis plusieurs siècles.

Aizenay (Rivalie d') était, vers la fin du XIIe siècle, épouse de N. d'Aspremont. (Fillon, Poitou et Vendée. M. A. O. 1869, 169.)

Aizenay (Guillaume d'), membre de la confrérie du Saint-Esprit de Talmond, arrente avec ses confrères, le 29 mai 1319, une vigne de Barthélemy Méo (Cart. d'Orbestier. A. H. P. 7.)

Aizenay (André d'), nommé dans une visite de marais salants du 28 nov. 1410. (Id.)

Aizenay. — Cette terre appartenait en 1689 à la famille de la Tour, dont le représentant, qualifié de Marquis d'Aizenay, servit, cette même année, à la 3e brigade du ban des nobles du Poitou assemblés à la Châtaigneraye; elle passa ensuite à la famille d'Asnières, par le mariage de Henriette-Catherine de la Tour, qui eut lieu le 4 nov. 1734, avec Louis-Henri d'Asnières. V. Gie d'Asnières.

ALAMAND. — Famille de Provence, dont un membre est venu s'établir à Châtellerault, dans les premières années du XVIe siècle. Les renseignements qui suivent sont extraits de l'Histoire de cette ville, par M. l'abbé Lalanne, qui lui-même en a puisé une partie dans l'Inventaire de Touraine de l'Hermite-Souliers.

Blason : bandé d'or et de gueules.

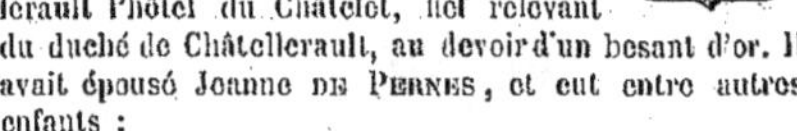

Alamand (Rodolphe), sénéchal de Beaucaire, accusé d'avoir tué le juge-mage de Nismes, et contraint de s'exiler, se réfugia en Poitou. Il acheta à Châtellerault l'hôtel du Châtelet, fief relevant du duché de Châtellerault, au devoir d'un besant d'or. Il avait épousé Jeanne de Pernes, et eut entre autres enfants :

Alamand (Nicolas), 5e fils du précédent, sgr du Châtelet et du Guépéan, se rendit considérable à la cour de François Ier, devint gentilhomme de sa chambre, et fut ambassadeur de France en Italie pendant 35 ans. Mort vers 1628, il fut inhumé dans le chœur de l'église des Minimes de Châtellerault, dont il était l'un des principaux bienfaiteurs. Il avait épousé Madeleine Nouveau, et laissa :

Alamand (François), qui fut second président de la chambre des comptes de Paris, épousa, vers 1548, Dlle Claude Lapin, dont :

Alamand (Jean), sgr du Châtelet, épousa Philiberte de Forges, dont :

Alamand (François II), sgr du Châtelet, fut président du grand conseil, maître des requêtes ordinaire du Roi et conseiller d'État et privé. Il laissa de Charlotte de Paré :

Alamand (René), sgr du Châtelet et du Guépéan, époux de Gabrielle d'Orléans ; il arrenta l'hôtel du Châtelet à François Lucas, sr de Vangueil, par contrat du 10 déc. 1623. (L'hôtel du Châtelet est aujourd'hui la prison de Châtellerault. (Hist. Châtellerault, I, 319, 372; II, 161, 313.)

ALAROSE ou **ALAROUSSE**. — Famille originaire des environs de Montmorillon.

Alarousse (Jobotet) possédait, avant 1310, une propriété relevant de la terre de *Vohec*, et en arrière-fief de la baronnie d'Angles.

Alarousse (Antoine), habitant les environs de Saint-Benoît-du-Sault, servit en archer au ban de 1491.

Alarousse (Antoine), habitant dans le ressort de la châtellenie de Montmorillon, se présenta pour servir à ce même ban de 1491, mais fut renvoyé à cause de sa *povreté*.

ALBAMALA (peut-être **AUMALE**). — Un personnage de ce nom fut chanoine de Saint-Hilaire.

Albamala (Guido de). — Voici son épitaphe que nous a conservée D. Estiennot (Bib. Nat.): « Hic « jacet magister Guido de Albamala, scholasticus Ecclesiæ Beati Hilarii Pictaviensis, obiit anno Domini M° CC « nonagesimo primo, septimo idus Augusti, anima ejus « requiescat in pace. Amen. »

ALBANIE (d'). — Nous n'avons pu recueillir que peu de détails sur les personnages ou les familles portant ce nom ; nous les donnons cependant ici.

Albania (Petrus de), *canonicus B. Hilarii et in legibus bachalarius*, est cité dans divers actes capitulaires de ce Chapitre, du 15 janvier 1448 au 27 juin 1476. (Mém. Antiq. O. 1852. D. Font. 12.)

Dans son Essai sur l'histoire de Saint-Hilaire-le-Grand, M. de Longuemar, qui le nomme *Petrus de Albania, aliàs Vassalli*, dit qu'il fut élu chantre du Chapitre le 22 juin 1482, et mourut le 8 juil. 1504.

Albania (Petrus de) est nommé comme chanoine de Sainte-Radégonde de Poitiers, dans les règlements faits par ce Chapitre, relativement aux obsèques des chanoines, le 8 mars 1461, et dans des lettres de Charles VIII en faveur de ce Chapitre, en date du 7 avril 1471. (D. Font.)

Dalbaine (René), lisez d'Albanie, s[r] de Négremont ou Aigremont, et

Dalbaine (Pierre), (d'Albanie), s[r] de la Vallée, paroisse de Saint-Pierre de Prauzay. *Jugés rousturiers*, nous dit M. de Maupeou dans ses annotations sur le Catalogue des gentilshommes de la généralité de Poitiers, p. 35.

Albanie (René d'), Ec., sgr d'Aigremont, était fiancé à Hélène DE MALLEVAULT le 6 mai 1669, date d'un inventaire de meubles fait à la requête de ladite demoiselle. Ils étaient mariés le 14 juillet suivant. (Pèlerin, not. à Chef-Boutonne.) Il épousa en 1683 (Gibard, notaire) Antoinette DE MASSOUGNE, demeurant à Ruffec.

ALBELAYS (Barnabé), Ec., sgr de la Forest, demeurant au village de Barrou, paroisse de Soulièvre (D.-S.), et D[e] Catherine ANDRÉ, sa femme, contractent une obligation, le 24 avril 1603, en faveur de Renée Poussineau, veuve de Georges Ogeron, sgr de Moiré. (Benonneau et Frère, notaires.) (Arch. du M[at] d'Airvau.)

ALBERADA (DE), traduit par **de l'Aubarée.** (A. Richard, Documents sur l'abb. de Saint-Maixent. A. H. P. 16, 18.)

Alberadâ (Johannes de) se désiste en 1071, en faveur de l'abbaye de Saint-Maixent, d'un fief qu'il tenait de ce monastère, en échange de la prévôté de Damvix, dont les abbé et religieux le gratifient. (D. Font. 15.)

Alberadâ (Constantinus de) est présent à l'acte qui précède.

Alberadâ (Johannes de), le même sans doute que ci-dessus, fait avec d'autres seigneurs donation de quelques églises et héritages sis près de l'église de Verrayes-en-Gâtine, etc. (D.-S.). (D. Font. 15.) C'est encore le même, pensons-nous, qui signe comme témoin la donation faite en 1100 à l'abbaye de Saint-Maixent de l'église de Saint-Georges du Doret, par divers membres de la famille de Chisec. (Id.) On le trouve encore en 1117 témoin de la confirmation de ce don par Pierre, évêque de Saintes. (A. H. P. 16, 292.)

ALBERT. — Famille qui habita longtemps Civray, où elle occupa, pendant plusieurs générations, la place de vice-sénéchal et des charges de judicature.

§ Ier.

1. — **Albert de Marsilly** (Jean) fut reçu, vers 1680, vice-sénéchal au siège de Civray. Il assistait, ainsi que son fils Alexis-François, à l'abjuration d'André Cruvilier, qui eut lieu à Poitiers, vers 1683, dans la chapelle du Palais épiscopal. Il était mort en 1696, et dans les actes où il est nommé, on lui donne aussi le titre de prévôt provincial de la maréchaussée. Il épousa Françoise COURAULT, dont il eut : 1° ALEXIS-FRANÇOIS, qui suit ; 2° JEAN-ALEXIS, dont la postérité sera rapportée au § II.

2. — **Albert** (Alexis-François), Ec., sgr de Combourg, né en 1663, fut reçu vice-sénéchal et prévôt provincial de la maréchaussée des comté et sénéchaussée de Civray, en 1694. Il assiste, le 1er mai 1696, au mariage de Jean Gerbier, Ec., sgr de Marnay, trésorier de France au bureau des finances de la Rochelle, dont il avait épousé la sœur, Marie-Angélique GERBIER, qui décéda le 28 sept. 1708. Alexis-François épousa en secondes noces (T. Chateron et J. Moyne, not. à Chef-Boutonne) Marie-Geneviève DUPUY, fille de Jean-Pierre, conseiller du Roi, receveur des traites au bureau de Chef-Boutonne, et de Julie-Françoise Joubert, qui reçut en dot la terre de Combourg, commune de Mauprevoir (Vienne). Il mourut le 11 déc. 1721, laissant du 1er lit : 1° JEAN-FRANÇOIS, né le 3 févr. 1695 ; 2° LOUIS, sgr de Bellevue, avocat à Civray, né le 16 mars 1696, marié, le 25 juin 1725, à Marie BORDE, fille de Jacques-Philippe et de Perrine Imbert, qui mourut le 27 oct. 1735, laissant : *a*. JEAN-LOUIS, né le 29 mai 1727 ; *b*. PIERRE, né le 4 avril 1729, décédé le 1er nov. 1732 ; *c*. MARIE-MADELEINE, née posthume le 20 janv. 1736, mariée, le 22 janv. 1761, à Pierre Corderoy, s[r] des Broux ; 3° MARIE-SUSANNE-FRANÇOISE, née le 2 juin 1697, 1re femme de François Pressac, s[r] de la Forgerie, et autres enfants morts jeunes. Du second lit, il eut : 4° CLAUDE-ALEXIS, né le 23 févr. 1711, qui (croyons-nous) assista au mariage de son frère, François-Pierre, et est porté comme écrivain ordinaire de la marine ; 5° FRANÇOIS-PIERRE, qui suit ; et autres enfants morts jeunes.

3. — **Albert de Combourg** (François-Pierre, aliàs Blaise-Claude-François-Pierre), né le 26 juill. 1713.

Il était entreposeur des tabacs au bureau de Chef-Boutonne le 11 juin 1749. Le 29 avril 1763, il fut nommé curateur des enfants mineurs de feu François Chabot, Ec., sgr de Peuchebrun, et de Marie Tesnon, son épouse ; il l'était encore en 1771. Il avait épousé, le 9 décembre 1736, Marie GILBERT, fille de Pierre, avocat en Parlement, sénéchal du marquisat de Chef-Boutonne, subdélégué de l'intendance du Poitou, et de Marguerite-Charlotte-Anne de l'Epine. A l'acte de mariage signe comme présent un Alexis Albert, écrivain ordinaire de la marine, frère du futur ? Leurs enfants furent : 1° JEAN-BAPTISTE, baptisé à Javarzay le 20 août 1742 ; 2° MARIE, baptisée dans la même église, le 16 novembre 1743 ; 3° HÉLÈNE-ROSALIE, baptisée le 1er décembre 1744, qui épousa, le 2 juillet 1764, Jean-Baptiste Renard, et en secondes noces, Jacques Chabot, Ec., sgr de Peuchebrun, le 23 janvier 1781. (Boulhet, not. à Chef-Boutonne.) Elle y est morte le 20 septembre 1824 ; 4° FRANÇOIS-ANSELME, qui suit ; 5° PIERRE-ALEXIS fut en 1786 parrain de Louise-Hélène, sa nièce, fille de François-Anselme.

4. — **Albert de Combourg** (François-Anselme), baptisé à Javarsay le 20 avril 1759, assiste au second mariage de Hélène-Rosalie, sa sœur, avec Jacques Chabot, Ec., sgr de Peuchebrun, le 23 févr. 1781. Il épousa Catherine-Elisabeth GUYOT, fille de Gabriel-François, notaire royal et procureur fiscal du marquisat de Chef-Boutonne, et de dame Catherine Frère. Il décéda le 20 mars 1820, laissant : 1° MARIE-JUSTINE, baptisée le 8 janvier 1783, mariée, le 9 avril 1804, à Jacques Gorrin, directeur des octrois de la ville de Niort ;

2° François-Marie, qui suit ; 3° Louise-Hélène, baptisée le 2 avril 1786, mariée à Nicolas-Maudé Chabot, Ec., sgr de Jouhé, décédée veuve le 28 sept. 1825 ; 4° Louis-Auguste, né le 11 mars 1800, fit la campagne d'Espagne en 1823, comme maréchal des logis chef dans un régiment de chasseurs. Rentré en France, il entra aux gardes du corps, donna sa démission en 1830, et fut retraité comme lieutenant de cavalerie. Il épousa, le 14 février 1833, Dlle Louise-Madeleine-Rosalie-Nélia Renard, fille de Jean-Baptiste-Aimé et de Madeleine Ursule Viollet, dont entre autres enfants : Louise-Madeleine-Marthe, née le 30 mars 1844, mariée, le 18 juillet 1870, à Etienne-Henri Dumas, officier des éclaireurs à cheval de Cathelineau, dont elle est veuve depuis le 23 février 1886. Louis-Auguste est décédé le 28 juin 1867.

5. — **Albert** (François-Marie), Chev. de Saint-Louis, de la Légion d'honneur et décoré de l'ordre de 2e classe de Ferdinand VII, fit toutes les campagnes du premier Empire, se retira comme chef de bataillon et mourut le 6 mars 1861. Il avait épousé Marguerite-Simonne Guyot, dont il eut plusieurs enfants, entre autres : 1° Marie-Anne-Simonne-Albertine, née le 6 août 1822, mariée, le 2 août 1842, à Antoine-Joseph-Edouard Dubreuil ; 2° Hilarion-Anselme-Alfred, qui suit ; 3° Florimonde-Jeanne-Adrienne, née le 18 sept. 1836, mariée, le 29 août 1860, à Jean-François Marchetti.

6. — **Albert** (Hilarion-Anselme-Alfred), né le 22 oct. 1827, marié, le 19 août 1854, à Léopoldine-Caroline Millot, fille de Louis-François, garde général des bois de Vincennes, et d'Anne-Caroline Mosnier. Il est décédé le 22 sept. 1882, laissant de son mariage : 1° Valentine, née le 20 déc. 1858 ; 2° Marie-Caroline-Marcelline, née le 5 juin 1860 ; 3° Marie-Marguerite, née le 11 février 1867.

§ II.

2. — **Albert de Bellevue** (Jean), né en 1673, fut reçu conseiller au siège de Civray en 1694, fonctions qu'il exerça pendant cinquante-six ans ; il mourut le 7 nov. 1750, âgé de 77 ans, et sa femme Louise-Marguerite Cagault, fille de Jacques, qu'il avait épousée le 24 oct. 1695, mourut le même jour ; ils furent déposés dans le même tombeau. Il laissa pour enfants : 1° Jeanne-Françoise, née le 2 déc. 1702, deuxième femme de François Pressac, sr de la Forgerie ; 2° Jean-François-Claude-Louis, qui suit, et plusieurs enfants dont on ignore la destinée.

3. — **Albert** (Jean-François-Claude-Louis), né le 23 mai 1710, mort le 12 avril 1778, fut reçu conseiller au siège de Civray le 23 avril 1774, après avoir exercé pendant 42 ans la profession d'avocat. Il avait épousé : 1° Charlotte Delié ou de Lié ; 2° le 7 mai 1753, Marie-Anne-Christine Rivaud, fille de Louis, trésorier de la marine au Cap-Français (île de Saint-Domingue). Il eut du premier lit : 1° Louise-Françoise, née le 20 juin 1734 ; 2° Marie-Anne-Françoise, née le 4 juil. 1735, mariée, le 12 févr. 1766, à Simon-Jacques Tranchant, receveur des aides à Châteauneuf ; 3° Jean-Marie, né le 5 août 1736 ; 4° Charles-Dominique, né le 5 août 1737, qui était en 1779 négociant à Nantes, où il mourut sans alliance, le 17 mars 1809 ; 5° André-Claude, né le 16 déc. 1739, décédé célibataire le 9 mai 1822. Du second lit il eut : 6° Charles-Jean-Louis, qui suit ; 7° André-Marie-François, né le 3 févr. 1755 ; 8° Jeanne-Marie-Louise, née le 16 déc. 1756, mariée, le 27 nov. 1777, à Jacques-Jean-Marie Fradin, ancien lieutenant-général à la sénéchaussée et comté de Civray, puis conseiller à la cour de cassation, etc., décédée le 20 février 1845 ; 9° Michel-Denis-Henri, né le 9 oct. 1758, mort en 1793, victime de l'insurrection des noirs à Saint-Domingue ; 10° Jean-François-Claude, né le 29 janv. 1760 ; 11° Louis-François-Gervais, né le 12 juin 1761, magistrat pendant plus de 30 ans, fut procureur impérial, puis juge de paix à Charroux ; 12° Joseph-Simon, né le 29 oct. 1763, fut membre du Directoire du district de Civray, mort l'an X à Haïti ; 13° Charles-Jean-Olivier, né le 10 sept. 1765.

4. — **Albert** (Charles-Jean-Louis), né le 23 mars 1754, magistrat de sûreté à Civray en l'an XII, juge au tribunal civil de cette ville en 1812 ; il y est mort juge d'instruction, le 2 févr. 1827. Il avait épousé, le 26 août 1776, Julie Rivaud, fille de Jean-Charles et d'Elisabeth Rondeau, dont il avait eu : 1° Jean-Léon, né le 20 août 1777, décédé jeune ; 2° Julie-Christine, mariée, le 28 juin 1809, à François Leveillé, percepteur à Civray, et décédée le 23 janvier 1831 ; 3° Jeanne-Zoé, née le 24 août 1788, morte célibataire ; et autres morts en bas âge.

ALBIN (d'). — Famille originaire du Rouergue qui, d'après certains généalogistes, aurait pour auteurs les anciens comtes de cette province. Elle a pris son nom du château d'Albin ou d'Aubin (Aveyron), qu'elle possédait autrefois. Elle est aujourd'hui entièrement éteinte.

Nous ne parlons donc de cette maison qu'en raison des alliances qu'elle a contractées en Poitou, et ne relaterons que les actes se rapportant à ces alliances.

Blason : de gueules au lion d'or. (Gén. de Brémond d'Ars, p. 65, note.)

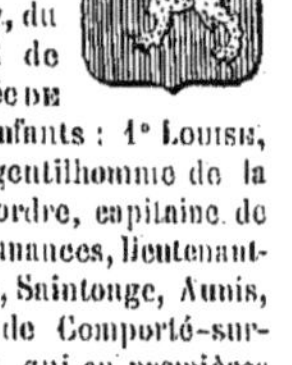

Albin de Valzergues (Louis d'), Chev., sgr du Chastelier, de Paray, du Coudray, de Céré, lieutenant-général de l'artillerie de France, etc., épousa Renée de Chabannais, dont il eut entre autres enfants : 1° Louise, mariée à Charles de Brémond d'Ars, gentilhomme de la chambre du Roi et chevalier de son ordre, capitaine de cinquante hommes d'armes de ses ordonnances, lieutenant-général dans la province d'Angoumois, Saintonge, Aunis, etc., par contrat passé au château de Comporté-sur-Charente, le 8 mars 1559 ; 2° Jeanne, qui en premières noces épousa Jean de la Rochefaton, Ec., sgr de Saveilles (commune de Paizay-Naudouin, Charente), et en secondes Gabriel de Polignac, Chev., sgr de Saint-Germain en Saintonge. Elle était morte avant 1587. (Gén. de Brémond d'Ars, 63 et suiv. Duchesne, Hist. des Chasteigners.)

Albin de Valzergues (Gérand d') épousa Louise de Saint-Georges, fille de Louis, sgr du Petit-Couhé et de Loubigné (commune d'Exoudun, D.-S.), et d'Elisabeth de Brémond. Le 13 juin 1627, elle faisait, au nom de son mari et au sien, une donation à une nommée Louise Nau. (Greffe de Saint-Maixent.) Gérand, agissant tant en son nom que comme tuteur de François, Louis et Marie, ses enfants, et de feue Louise de Saint-Georges, passait un acte de partage le 8 novembre 1648 (Guillard et Fraigneau, notaires à Saint-Maixent et à la Mothe-Saint-Hérayé), avec Marguerite de Saint-Georges, sa belle-sœur, veuve de Bonaventure Forain, Chev., sgr de la Bonninière.

Albin de Valzergues (Marie d'), fille de François, demeurant à Issoudun (Exoudun ?), épousa, le 17 décembre 1658, Jean de Rechignevoisin, Ec., sgr de Guron, qui testa en faveur de sa femme le 18 décembre 1668.

Albin de Valzergues (François d'). Louise Forain, veuve de Pierre Vasselot, Chev., sgr de

Reigné, demeurant au château d'Exoudun, lui donne, le 16 mai 1677, cinquante livres de rente. (Greffe de Saint-Maixent.)

Albin de Valzergues (Louise d'), veuve de Gabriel des Gittons, rend aveu au château de Lusignan, — 1684, 1691, — pour la terre et sgrie de la Baronnière, p^sse de Vançay (D.-S.). Elle était décédée avant 1697, date de la saisie de cette terre sur ses héritiers, Louis de Rochignevoisin et Marie-Thérèse de Rochignevoisin, épouse de Castellanne. (N. féod.)

Albin de Valzergues (Louis-Roch d'), Chev., rend aveu au chât. de Lusignan de la terre et sgrie de Saugé, p^sse d'Exoudun, en 1781, comme héritier de Henri de Chivré, Mis de la Barre. (Id.) C'est sans doute le même qui est dit prêtre en 1716, et faisait abandon à son frère Alexandre de ses droits à la succession de François, leur père, etc., par acte passé au chât. de Valzergues le 29 octobre 1716. (Greffe de Saint-Maixent.)

Albin de Valzergues (Marie d'), épouse de Me Pierre d'Albin Baron de Romegoux, est déboutée de ses conclusions par sentence du 3 sept. 1768, du siège royal de Saint-Maixent, dans le procès qu'elle soutenait comme seule héritière d'Alexandre d'Albin de Valzergues, qui lui-même était aux droits de Me François Chabot, seul et unique héritier de D^e Marguerite Baudin, v^e de Henri de Chivré, Mis de la Barre, etc. (Doc. orig.)

ALEXANDRE. — Ce nom étant de ceux qui se reproduisent fréquemment, les détails suivants ne peuvent se rapporter à la même famille.

Blason : Alexandre en Poitou, d'après les notes de M. de Sauzay : d'argent au chevron de gueules, accompagné, en chef, de 2 niglettes de sable, becquées, pattées de gueules se regardant, en pointe d'un arbre de sinople.

Alexander, *filius Ebulonis de Niorto*, fut, de 1087 à 1091, avec Pierre II, évêque de Poitiers, ses frères Jonas et Achille et autres, l'un des donateurs de l'église de Saint-Martin de la Roche à l'abb. de Saint-Maixent. (Saint-Maixent. A. H. P. 16, 23.)

Alexander Ivonensis seu Luonensis fut en mars 1110 l'un des donateurs à l'abb. de Saint-Maixent des églises de Saint-Laurent de la Salle et de Saint-Sébastien. On y voit qu'il était fils de Amelia de Ste Maxentio. (Id.)

Alexander, canonicus Pictavensis, fut en 1192 témoin de la renonciation consentie par Hugues, Ier sgr de Parthenay, au droit qu'il avait coutume d'exiger à chaque mutation du prieur de Parthenay-le-Vieux. (Id.)

Alexandre, *miles*, est témoin de dons faits, vers 1207, à l'abbaye d'Orbestier, par Raoul et Guillaume de Mauléon. (Cart. d'Orbestier. A. H. P. 6.)

Alexandre (Estienne) d'Espiers se plaint de Pierre Brunel, bailli royal, qui le met à l'amende pour n'avoir pas été joindre l'armée du Roi à la Roche-sur-Yon, 126.. (Arch. Nat. J. 97, 1, 139.)

Alexandre (Aymeri), légataire de feu Simon de Saint-Maixent, son oncle, étant allé chez Jeanne Bastard, veuve de ce dernier, pour y chercher ses titres de famille, se permet d'emporter des coffres qui contenaient sans doute autre chose. Il obtient rémission de ce larcin en 1295. (Arch. Nat.)

Alexandre (Jean) devait un hommage lige à Guillaume de Craon, sgr de Montcontour, pour ce qu'il tenait à Marnes. (M. A. O. 1881, 440. Essai sur Montcontour.)

Alexandre (Jacques), sénéchal de la Chèze-Giraud, tint les assises de cette seigneurie les 17 déc. 1439 et 20 mars 1452. (Orbestier. A. H. P. 6.)

Alexandre (Marie). Jean de Laurière, son époux, Ec., sgr de Saint-Maixent (du chef de sa femme ?), rendait aveu, le 4 août 1461, à Jean de la Muce, sgr de la Muce, la Chèze-Giraud, la Chapelle-Hermier, pour les villages de la Marzière et de la Boucherie, qu'il tenait du chef de sa femme. Elle épousa en 2des noces Miles Mauclerc, Chev., sgr de la Broissardière et de Saint-Maixent, qu'elle lui apporta. Il rendit aveu au même pour les mêmes villages et ceux de la Courlaye et de la Largerie, le 4 août 1469. (D. Font. 89.)

Aymeri et Jacques qui précèdent pourraient être de la même famille que cette Marie.

Alexandre (Jean), bourgeois de Poitiers, s^r de Vauroux, était en 1584 receveur des tailles de l'élection. En 1587, il fut chargé de surveiller les travaux que la ville faisait exécuter à une plate-forme près la tour de Vouneuil. Il achetait, la même année, la terre du Vivier en Mirebalais de Claude de la Fons. Il est dit dans un acte de 1597 (5 avril) ancien contrôleur général des finances en Poitou. Cependant il est établi comme exerçant encore cette charge en 1600. (M. A. O. Ann. 1877, p. 236 ; 1882, p. 98 ; 1883, p. 380, 382. P. O.)

En 1627, la terre du Vivier appartenait à François de Brilhac, Ec., sgr de Boisvert à cause de Marie Alexandre, sa femme probablement, fille de Jean qui précède. C'est peut-être la même qu'une Marie Alexandre, fille de Jean, qui en 1614 prend part à une distribution de deniers provenant de la vente des biens de Pierre de Moysen. (P. O.)

Alexandre (François) était en 1596 commissaire au siège présidial de Poitiers. Est-ce lui qui, qualifié de sgr du Pinier le 14 oct. 1605, est cité comme lieutenant-général civil et criminel de la sénéchaussée de Civray ? (Faye. B. A. O. 1847, p. 512.)

Alexandre (Emery), commissaire ordinaire de l'artillerie de France, et

Alexandre (Antoine), banquier à Poitiers, son frère, sont dits en 1650 neveux de François Citois, médecin ordinaire du Roi.

Alexandre, ci-devant chantre de l'église de Saint-Porchaire, puis commissaire des guerres à Poitiers pendant la Révolution. Pour faire connaître ce triste personnage qui a joué un rôle sanglant à cette horrible époque de notre histoire, nous transcrirons seulement, en ce qui le concerne, la table placée à la suite des procès-verbaux des séances de la société populaire de Poitiers, tenues sous la présidence du citoyen Chauvin, représentant du peuple. — Rayé de la société comme acteur dans les massacres de septembre à Paris. Il était alors président de l'une des sections. — Parle de *dévorer un homme tout cru*. — Nommé commissaire des guerres par Pache. Incapable d'en remplir les fonctions. — Fait fabriquer des armes défectueuses. — Joue un rôle dans les massacres d'Orléans, de Lyon et dans la Vendée. — Fait massacrer l'archevêque d'Arles, près duquel il avait servi, etc.

Alexandre, simple ouvrier de Poitiers, qui en l'an X eut la première idée du télégraphe électrique, et qui, pour parvenir à la célébrité et peut-être à la fortune, n'a eu qu'un tort, celui de naître en province et soixante ans trop tôt. Les personnes qui voudraient avoir des renseignements plus complets sur l'invention de notre compatriote, peuvent consulter le Journal officiel du département des Deux-Sèvres, nos des 25 floréal et 10 messidor an X, p. 275 et 344; le n° du *Courrier de la Vienne* du 9 juin 1881, et enfin l'article consacré à cette découverte par M. Figuier.

ALÈGRE (Gaspard d'), sgr de Vivers, Beauvoir, etc., Chev. de l'ordre du Roi et sénéchal de Poitou en 1574.

ALGRET. — Famille du Périgord qui vint s'établir en Poitou au milieu du XVIIe siècle.

Alegret ou **Aligret** (Simon), chancelier de l'Église de Bourges et médecin du duc Jean de Berry Cte de Poitou, fut reçu trésorier de l'église de Saint-Hilaire-le-Grand le 12 mai 1409, et mourut à Rouen le 18 oct. 1415. (Mém. Ant. O. 1852, 376, et 1856, 332. Note de M. de Longuemar.) Nous ignorons s'il appartenait à la même famille que ceux dont les noms suivent. Il avait pour Blason : d'azur à trois cigognes becquées et pattées de gueules, 2, 1. (Notes précitées.)

Algret d'Aulède ou **d'Olède** (Bernard), sgr des Servanches en Périgord, épousa Françoise DE LA LAURENCIE, fille de Charles, sgr de Villeneuve, et de D^lle Luce de Montberon.

Algret d'Olède (Baptiste), Ec., sgr des Rozières, demeurant à Contré (Charente-Inférieure), sénéchaussée de Civray, élect. de Niort, donne quittance au receveur des consignations de la Chambre du trésor, comme mandataire de Jeanne DUBOIS, sa femme, fille de feu Charles Dubois, Ec., sgr des Ferrières, et de feue dame Marie de Toutessans, de la somme de 1,201 liv., due à sa belle-mère pour son préciput, le 20 nov. 1638. (A. D.-Sèvr. S^on E.) Il eut entre autres enfants : 1° BERNARD, qui suit ; 2° MARIE, femme de Benjamin des Arnauds, sgr de Boisseuil, qui transige avec son beau-frère, le 25 sept. 1656, au sujet de la succession de leurs père et mère. (Cte d'Orfeuille.)

Algret d'Olède (Bernard), s^r des Servanches, fut poursuivi criminellement en 1641. (Filleau.) Le 29 août 1659, il présentait une requête au s^r de Lauzon, grand maître des eaux et forêts en Poitou. (Réf^on des forêts, 28.) Il fut maintenu noble par sentence de M. Barentin. Il est dit sgr d'Aulède et de Servanches, et habitait comme son père la p^sse de Contré.

Algret d'Aulède (Charles-Louis), Ec., sgr de Ferrières, fut parrain, le 21 nov. 1700, dans l'église de Contré, d'Elisabeth de Girard, fille de Frédéric de Girard et de D^e Charlotte Ravaud. (Orig.)

Algret d'Aulède (Charles-César), Chev., sgr de Ferrières, Saint-Mandé, etc., avait épousé Marie-Apolline-Radégonde JOUSLARD DU DEFFANDS, qui était sa veuve lorsqu'elle mourut à Niort le 28 janvier 1777, ayant eu, entre autres enfants, LOUISE-CHARLOTTE-RADÉGONDE, morte à Niort en novembre 1780, âgée de 43 ans, et peut-être CHARLES-CÉSAR, qui suit.

Algret d'Olède (Charles-César), Chev., sgr de Ferrières, Saint-Mandé (Charente-Inférieure), comparut en personne à l'assemblée des nobles du Poitou tenue à Poitiers en mars 1789 pour nommer des députés aux Etats généraux.

ALIDAY ou **HALIDAY.** — Famille noble que quelques écrivains croient originaire d'Angleterre, et qui habitait les environs de Mirebeau (Vienne), au XVe siècle.

Blason : de sable au sautoir d'argent et quatre quintefeuilles de même.

Haliday (François), sgr de Cherves, cité dans le fragment d'une charte relative aux fonctions des anciens forestiers fieffés ou de ceux qui possédaient une foresterie féodale, datée de vers 1237. (D. Font. 18.)

Haliday (Thomas), Ec., sgr de Cherves, signe au contrat de mariage de René de Marconnay et de Louise des Hayes du 9 janvier 1466. Le 7 octobre 1478, il passait une transaction avec l'abb. de Sainte-Croix, sans doute au sujet du procès que JEAN Haliday (père de Thomas) soutenait contre ce monastère. (Arch. Vienne. M. A. O. 1845, 273.)

Alidès ou **Haliday** (Pierre), s^r de Fonfrèdes, fit partie du ban des nobles du Poitou convoqué en 1533. Il épousa Françoise CATHUS, fille de Louis, Ec., et de Catherine de Cousdun.

Haliday (François), Ec., sgr de Cherves, est relaté comme feudataire du château de Mirebeau dans l'aveu de cette terre rendu au Roi, en 1534, par François de Blanquefort. (D. F. 18.)

Haliday (Jean), Ec., sgr de Cherves et de Beauregard. Anne DE BRIZAY, sa veuve, est nommée dans l'aveu au Roi de la B^ie de Mirebeau (1534), pour l'hôtel de Beauregard. (Id.)

Alidas (Robert d') — faut-il lire Aliday ? — était en 1551 abbé de Saint-Augustin d'Angles (Vendée). (M. A. O. 1844, 200.)

Alliday (Pierre), sgr de Cherves, 1563. (M. A. O. 1845, 273, n. 1.)

Alliday (Thomas) l'était en 1567. (M. A. O. 1845, 273, n. 1.)

Aliday (Lucrèce) épouse, par contrat du 16 janvier 1580 (Chaudy et Minaud, not. à Montreuil-Bonnin), Claude Begaud, sgr de la Tour-Travarsay, dont elle était veuve le 26 avril 1601. Elle était décédée avant le 17 juillet 1632. Lucrèce était peut-être la dernière représentante de cette famille dont nous ne trouvons plus de traces.

ALIERS (Pierre d'), époux de Marie LA VICOMTESSE, fut seigneur de Pouillé (V.) de 1402 à 1420 indivisément avec Charlot de Jaunay. (Hist. de Châtellerault, I, 455.)

ALIGRE, et plus anciennement **HALIGRE.** — Cette maison originaire du pays Chartrain a donné à la France deux chanceliers, un premier président au Parlement de Paris et un grand nombre de personnages distingués dans l'administration, la robe et l'épée.

Une branche de cette maison s'était fixée paroisse de Trementines (Loire-Inférieure), marches communes de l'Anjou et du Poitou ; elle s'est éteinte à défaut d'enfants mâles, et les deux filles, uniques héritières de cette branche, sont entrées l'une et l'autre dans deux familles de notre province. Nous croyons, à ce double titre, devoir donner ici la généalogie de cette branche dressée d'après Moréri, la Chesnaye des Bois, les documents et notes recueillis par notre aïeul M. Filleau.

Blason : burelé d'or et d'azur de 10 pièces, au chef d'azur chargé de trois soleils d'or.

Filiation suivie.

1. — **Aligre** (Jacques) dit Lainé, *naguères élu pour le Roi nostre sire à Chartres*, passa, le 22 août 1578,

un acte (Germain Lemaire et Bertrain), tabellions jurés de la baronnie de Vert, près Chartres) relatif à divers héritages. Marie Sachet, sa femme, était décédée avant le 12 juillet 1584, et lui avant le 17 janvier 1589, époque du partage de leurs successions entre leurs enfants, qui étaient : 1° Jacques, qualifié d'élu en l'élection de Châteauneuf en Thimerais, dans un acte de réception d'hommage rendu à dame Françoise de Courtenay, veuve d'Antoine de Lignières, par lui et ses frère et sœurs, charge qu'il n'occupait plus en 1589, époque à laquelle il est dit avocat au Présidial de Chartres. Il épousa Marie Bourget. Ils vivaient encore en 1631 ; 2° Jean, qui suit ; 3° Catherine, épouse en 1584 de Jean Duval, procureur au bailliage de Chartres ; elle était veuve de Jean Laisné, avocat au siège de cette ville ; 4° Barbe, femme de Michel Thiboust, sgr de Beauvoir, qui en 1584 se qualifie de receveur des aides en l'élection de Chartres, charge qu'il n'exerçait plus en 1589 ; 5° Anne, épouse de Claude Dubois, grainetier au grenier à sel de Chartres ; 6° Marie, femme de Guillaume de l'Espine, maréchal des logis du roi de Navarre et capitaine du château de Châteauneuf en Thimerais.

2. — **Aligre** (Jean), sgr de Thivars et de Gondreville au pays Chartrain, contrôleur du grenier à sel de Chartres, huissier de la chambre de la reine de Navarre, puis valet de chambre de Henri IV, fut marié deux fois. Il laissa de Marie Treuillard, sa seconde femme, qui était sa veuve le 26 février 1631 :

3. — **Aligre** (Michel d'), Bon de Saint-Lyé, nommé le 23 janvier 1648 trésorier général ancien des menus plaisirs et affaires de la chambre du Roi, puis en cette même année directeur des finances ; il fut maintenu dans ses fonctions par lettres patentes du 17 mars 1650. Il reçut, le 4 novembre 1651, commission d'intendant des finances en Catalogne et Roussillon, puis fut chargé, le 3 nov. 1653, du ravitaillement des places fortes de l'Alsace ; le 21 nov. suivant, il fut nommé maître des requêtes et chargé, le 25 mai 1654, de traiter avec le canton de Berne pour le commerce des sels ; ensuite intendant des finances et vivres en Allemagne, puis enfin, la charge de directeur des finances ayant été supprimée, il fut admis (1661, 15 septembre) comme conseiller au conseil royal des finances, et mourut à Paris, le 16 juillet 1675, laissant de Marie Perou, son épouse, fille de Claude, centenier de la ville de Paris, et de Claude Louvet, qu'il avait épousée le 17 septembre 1639 (Huart et Lecat, notaires à Paris) : 1° Philippe-François, capitaine des vaisseaux du Roi, commandant la marine à Toulouse, puis lieutenant-général des armées navales et Grand'Croix de l'ordre de Saint-Louis, mort sans alliance le 31 oct. 1720, âgé de 80 ans. Le 9 févr. 1683, il avait fait une donation à Marie-Thérèse, sa sœur ; 2° Armand-Etienne, qui suit ; 3° Marie-Thérèse, mariée, le 5 juin 1697 (Tournon, notaire au Châtelet de Paris), à Claude-Louis-Hyacinthe le Plonmier, Chev., sgr de la Boullaye, commissaire ordonnateur de la marine, et l'un des directeurs de la compagnie royale de Saint-Domingue. Elle était veuve le 9 avril 1742, et, ce jour, elle faisait une donation (Marchand, notaire à Paris) en faveur de son frère Armand-Etienne, précité. Elle mourut le 25 février 1742 ; 4° Eulalie, 5° Geneviève, religieuses l'une et l'autre à Saint-Cyr.

4. — **Aligre** (Armand-Etienne d'), Chev., Baron de Saint-Lyé, naquit le 7 août 1711, entra dans la marine, d'où il se retira avec le grade de lieutenant des vaisseaux du Roi. Il mourut à Angers en 1752, laissant de Marie Gauvriet, dame de Lavau, paroisse de Trementines, sa femme, qu'il avait épousée en 1693, et qui fut nommée, le 12 mai 1724, tutrice de leurs enfants mineurs, dont les noms suivent : 1° Etienne, contrôleur du grenier à sel de Chollet, mort sans postérité en 1752 de Geneviève Garnier, fille de Pierre, Chev., sgr de la Sicardière, et de Geneviève de Villeneuve ; elle était donataire de son mari et comparut comme telle lors du règlement de la succession de sondit mari entre ses frères et sœurs ; 2° Michel-César, Chev., sgr de Saint-Lyé, Lavau, naquit le 7 août 1711 ; il obtint, le 4 mars 1746, un brevet de retenue de garde de la Manche, le 1er sept. 1751 commission de capitaine de cavalerie, le 25 févr. 1752 brevet de retenue d'exempt des gardes du corps dans la compagnie de Noailles, le 17 avril 1753 Chev. de Saint-Louis, obtient le 6 juillet un brevet de 800 livres de pension ; le 15 août 1759, commission de mestre de camp de cavalerie ; le 24 mars 1769, une gratification annuelle de 1,500 livr., le brevet de brigadier des armées du Roi, en date du 3 janvier 1770 ; mourut à Paris le 8 mars 1776, et fut inhumé le 9, paroisse de Saint-Sulpice, après avoir été marié deux fois, d'abord à Madeleine-Catherine-Françoise de Rouffiac, fille de Mre Jacques, Chev., sgr pour moitié de la terre de l'Evesché, ancien brigadier des gardes du corps, Chev. de Saint-Louis, et de dame Catherine de Cornoailles de Sonneville, qu'il avait épousée le 30 nov. 1747 (Vatry, notaire au Châtelet) ; elle mourut sans enfants, le 5 mars 1749 ; ensuite le 12 février 1754, à Philiberte-Catherine Bauldry, fille d'André, conseiller au Parlement, grand maître des eaux et forêts d'Artois et pays conquis, et de Catherine Lorancher ; 3° René-Pierre ; 4° Guy, né le 2 février 1718, clerc tonsuré du diocèse de la Rochelle, nommé abbé commendataire de l'abbaye de Saint-Fuscien-aux-Bois, au diocèse d'Amiens, le 18 juin 1769 ; prieur commandataire de Fosse-Belair et de Moussy-le-Neuf, mourut à Saintes en 1794. L'abbé d'Aligre est auteur d'un ouvrage de morale en 2 volumes in-12, intitulé : *Le petit Salomon, ou le véritable ami*, Paris, Nyon l'aîné, 1787, dédié au Mis d'Aligre. Cet ouvrage n'a pas été mis dans le commerce ; 5° Marie-Anne, qui, lors du règlement de la succession d'Armand-Etienne, son père, était épouse de Jacques-Louis le Hou, avocat au Parlement et au siège de Saumur. Elle testa le 7 mai 1764 ; 6° Renée-Marie, née le 8 janvier 1698 et baptisée le lendemain dans l'église de Saint-Pierre-de-Mortagne, dite de Saint-Lyé, décédée le 1er oct. 1770, paroisse de Trementines ; 7° Renée-Elisabeth était mariée, en 1753, à Etienne-Robert Allain, capitaine d'infanterie à l'hôtel royal des Invalides, détaché au château de Saumur.

5. — **Aligre** (René-Pierre d'), Chev., sgr de Saint-Lyé et de Lavau, né en avril 1712, mort en 1778, fut marié deux fois : 1° par contrat du 8 juillet 1753, avec Dlle Félicité-Renée Joubert de Lespinay, dont il fut le donataire universel, et en vertu de cette donation, il soutenait, en 1771, un procès contre Elie-Joseph Desprez, Chev., sgr de Montpezat, au sujet de la terre de Maillé, paroisse de Villefollet (Deux-Sèvres) ; 2° le 3 oct. 1756, à Dlle Jeanne-Agathe Théard du Bordage, morte au Bordage, paroisse de Chaudefond, dont : 1° Marie-Agathe-Etiennette, née le 20 août 1753, mariée, au mois de mai 1786, à Joseph Comte Le Noir de Pasdeloup, sgr de Chaintré, lieutenant au corps des Carabiniers, Chev. de Saint-Louis ; elle est morte à Saumur le 2 avril 1811 ; 2° Etiennette-Michelle-Anne, née le 19 mars 1770, mariée, le 9 septembre 1788, à Henri Filleau, Ec., sgr des Groges, la Touche, procureur du Roi en la sénéchaussée présidiale de Poitiers, et décédée à Poitiers le 14 octobre 1807.

ALIPRON (Girard d'), Ec., était, le 11 avril

1499, sgr de la Bertinière près Sommières (Vi.) Il épousa Huguette DE MONTSORBIER et était mort avant 1520.

ALITON (Roquelin) était tuteur des enfants mineurs d'André Rapichon et se présenta comme archer au ban des nobles du Poitou en 1491. Il habitait dans la châtellenie de Montmorillon.

ALLAIRE. — Famille du Bas-Poitou. Une autre famille habitait Lussac-les-Châteaux, au XVIIe siècle.

Blason : d'argent, un lion passant de sable et 2 mouchetures d'hermine en chef. — Déclaré par Pierre Allaire, bourgeois des Essarts, en 1698. (Arm. Poitou.)

Allaire (Pierre), sgr des Couteaux, fut sénéchal de la sgrie du Puy-du-Fou et assiste comme tel au mariage d'Etienne Thibault et de Louise Thibaudeau du 1er février 1657.

Allaire (Jean-Baptiste), procureur à Lussac-les-Châteaux, vivait en 1653 ; marié à Marie CHANTEGAUT.

Allaire (Marie-Madeleine) épousa Louis Guillotin, comme il appert du contrat de mariage de LOUISE, leur fille, avec François du Mosnard, Ec., sgr de Villefavard, en date du 4 août 1716. (D'Hozier.)

Allaire (Jacques), chanoine prébendé de Saint-Hilaire-le-Grand, et

Allaire (René), chanoine, grand hebdomadier et semi-prébendé du même Chapitre, étaient présents l'un et l'autre, le 21 mai 1761, à l'installation de M. Charles du Tréhant dans la dignité de trésorier de cette collégiale.

Allaire (Madeleine-Anne-Charlotte) épousa, vers 1770, Michel-Pascal Creuzé-Dufresne, greffier du bureau des finances de Poitiers.

ALLARD. — Ce nom est commun à plusieurs familles du Poitou.

Alardus (Petrus) souscrit un acte, en 1080, avec HILAIRE, sa femme, HUGUES, GUILLAUME, etc., leurs enfants.

Alardus (Petrus), *miles*, souscrivait dès 1135, dans différents actes. (D. F.)

Alardus (Guillelmus) était, vers 1300, titulaire d'une chapelle à Saint-Maixent. (Pouillé de Gauthier de Bruges.)

Allard (Perrot) rend aveu de son fief de Verrines, paroisse de Vasles, à l'abbaye de Sainte-Croix, le..... (D. F.)

Allard (Françoise), veuve de Hugues Fouchier, passe un acte avec François et Barnabé Fouchier, le 19 fév. 1528. (Le Chartre et Magnan, notaires à Fontenay.) O. B. Fillon.)

ALLARD DE BOISIMBERT (Bas-Poitou).

Blason : d'azur à la croix d'argent cantonnée de 4 croissants du même. (Registre de Malte. Preuves Gazeau, 1680. Bibl. Arsenal.)

Allard (François), sr de Boisimbert, fut (d'après le Reg. de Malte) père de

Allard (Aimery), Ec., sr de Boisimbert, Launay, assista, le 29 oct. 1561, au mariage de Charles de Grange avec Marguerite de la Bruère ; il avait épousé Anne DE LA BRUÈRE, fille de Nicolas, Ec., sr de Launay, et de Gillette Béjarry, dont il eut MARGUERITE, mariée à Pierre Tinguy, Ec., sr de la Garde. Elle assista, en 1616, au mariage de sa fille, et, en 1623, était tutrice de son fils Benjamin. (D. F. 14.)

Allard (N...), Ec., sr de Boisimbert ? eut pour fille JUDITH, mariée, vers 1600 ? à Abraham de Rion, Ec., sr de la Bobetière.

Allard (François), Ec., sr de la Bouillette, épousa Catherine RAOUL, fille du sr du Soulier. En 1611, il avait pour héritière (d'une moitié) Elisabeth Allard, épouse de Noël Micheneau, Ec., sr de Lortet (elle était sans doute sa fille ou sa sœur).

ALLARD DE PARTHENAY. — Cette famille se croit originaire du Berry. Elle a donné, dans ces derniers temps, des hommes remarquables dans les sciences, les lettres et les armes.

Blason : l'*Ex libris* de Jean-Jacques Allard de la Resnière, publié par M. Puichault (Bull. Stat. Deux-Sèvres, T. V, p. 669) donne : d'azur au chevron d'or, accompagné en chef de deux étoiles du même et d'un porc-épic (un mouton d'après un cachet) d'argent en pointe.

M. Louis-Jacques Allard (10e deg., § 11), auquel nous devons la majeure partie des renseignements qui nous ont permis d'établir la filiation qui va suivre, prétend qu'il faut dire : deux « molettes d'éperon », au lieu de deux étoiles. D'Hozier donnait d'office à André Allard, sgr de Vrines et élu à Thouars : d'or à un demi-vol d'aigle de sable.

Noms isolés.

Allard (N.), capitaine catholique, commandait en 1569 à Parthenay, et combattit à Moncontour. Après la bataille, il fut envoyé pour occuper Parthenay, et couper la retraite à l'armée protestante ; mais il fut prévenu par le capitaine Laubouinière-Chaillé. Après quelques jours, les protestants continuèrent leur retraite, et Allard reprit son commandement. On le retrouve encore à Niort, en sept. 1575, combattant sous les ordres de Cte du Lude.

Allard (Françoise), femme de René de Laspaye, est nommée dans une procuration donnée, le 13 déc. 1570, par HARDOUINE et JEANNE, ses filles, pour vendre la terre de la Thibaudière. (D. F. 9.)

Allard (André) assistait, à cause de N. GAULTIER, son épouse, à la curatelle de Gédéon Cossin, dressée le 28 nov. 1597. Ils eurent un fils, ANDRÉ, marié à Jeanne GROUSSIN, fille de René, sgr de Geay. Il possédait, en 1605, le moulin de Soubdans, paroisse de Faye-l'Abbesse. Descendaient de lui, croyons-nous : 1° JACQUES, sr de la Touche, inhumé dans l'église de Geay, le 18 janv. 1751, et 2° RENÉ, décédé à Geay, le 26 mars 1791, laissant un fils, RENÉ.

Allard (Catherine), qui, le 1er mars 1612, était propriétaire en partie du fief de Grissay.

Allard (André) était en 1613 sgr de Brie, conseiller, garde des sceaux du Présidial de Poitiers ; il fut aussi l'un des 75 bourgeois de cette ville. Le 8 juill. 1585, il fut parrain à Thouars (Saint-Médard) avec Antoinette de la Trémoille. Il épousa Anne MAISONNIER, qui, étant veuve, fit un don à Notre-Dame-la-Grande en 1645. (Arch. Vien., G. 1309.)

Allard (Etienne) était, le 2 avril 1629, curé de Saint-Porchaire de Poitiers. (D. F. 20.)

Allard (Jehan) était, le 20 nov. 1631, juge sénéchal de la sgrie de la Frélandière et de la Louherie. (Orig.)

Allard (Abraham), sr des Boulles, et Jeanne CAILLEAU, sa femme, rendirent en 1696 un aveu au château de Parthenay, pour leur fief des Roches, paroisse de la Chapelle-Séguin. (N. féod. 206.)

Allard (Marguerite) rend un aveu pour le même fief. (Id. 11.)

Allard (Elisabeth) était en 1716 et 1724 femme de Philippe Drault, Ec., sgr du Trait. (Id. 389.)

Filiation suivie.

§ I. — Première branche.

1. — **Allard** (N.), sgr de Vrines, eut de N. son épouse : 1° René, qui suit ; 2° Hiérosme, dont la postérité sera rapportée au § II ; 3° Claude, précepteur des enfants de Henry de la Trémoille, duc de Thouars, fut nommé, le 29 sept. 1636, chanoine et chantre de la collégiale de Saint-Tugal de Laval. Il est l'auteur du *Miroir des âmes religieuses, ou la Vie de Madame de Nassau, abbesse de Sainte-Croix de Poitiers.* (J. Thoreau.) Il est mort à Laval, le 4 juillet 1672.

2. — **Allard** (René), sr de Vrines, avocat et procureur au siège ducal de Thouars, laissa de Marguerite Boileau, sa femme : 1° Charles, prêtre, docteur en théologie, chanoine de la collégiale de Saint-Pierre du château de Thouars, fut, le 13 oct. 1648, parrain de son neveu, René Morille ; 2° André-Jean, qui suit ; 3° Anne, qui, le 26 nov. 1665, était veuve de Gabriel du Plessis, Ec., sgr de Pranzour et de la Bernardière, et avait été marraine, le 12 sept. 1651, avec le duc Henry de la Trémoille ; 4° Michelle épousa Jacques Morille, sr du Chasteau, élu à Thouars, et fut inhumée à Saint-Médard de cette ville, le 5 fév. 1691.

3. — **Allard** (André-Jean), sgr du Breuil, naquit à Thouars, le 27 déc. 1613, contrôleur de l'élection de cette ville, épousa à Parthenay, le 3 août 1648, Jeanne de Maurivet, fille de Jérôme, procureur fiscal de Parthenay ; il en eut :

4. — **Allard** (André), sr du Breuil, avocat, naquit à Thouars (Saint-Médard), le 21 mai 1649, et succéda à son père dans sa charge d'élu. Marié à Jeanne Troterreau, fille de Claude, sr de Fondavy, il laissa : 1° André, qui suit ; 2° Claude-Geneviève, qui vivait le 19 janv. 1694 ; plus deux autres enfants morts en bas âge.

5. — **Allard** (André), sr de Vrines et du Breuil, né à Thouars le 5 juin 1674, n'ayant pas encore l'âge requis, lors du décès de son père, pour remplir la charge d'élu de son père, elle fut exercée par André Allard, son cousin, jusqu'au 24 juillet 1724. Il mourut célibataire en 1753.

§ II. — Branche de **Bouin**.

2. — **Allard** (Hiérosme), sr de Bouin (en Gâtine), épousa Anne Bourdet, fille de N., procureur à Parthenay. Leur succession fut partagée, le 27 déc. 1642 (Nyvault et Charrier, notaires du comté de Secondigny), entre leurs enfants qui étaient : 1° Allain, qui suit ; 2° Jacques, marié, le 8 oct. 1637, à Jeanne Vincent, sans postérité connue ; 3° Antoine-Nicolas, notaire et procureur à Secondigny de 1668 à 1678 ; 4° Renée, femme de Jacques Charrier, procureur fiscal de l'abb. d'Airvau ; 5° René, dont la postérité sera rapportée au § III.

3. — **Allard** (Allain), notaire, était veuf de Anne le Doyen, lorsque, le 14 janv. 1634, il rendait un aveu au comté de Secondigny, tant en son nom qu'en celui de sa fille Marie, alors mineure. Ses enfants furent : 1° Allain, qui suit ; 2° Marie, précitée, dite aussi Marie-Anne.

4. — **Allard** (Allain) eut de N. son épouse : 1° René, prêtre, vicaire de Neuvy, puis curé de Pougnes, où il mourut et fut inhumé dans l'église, le 6 nov. 1745 ; 2° François, sr de Bouin (en Gâtine), épousa d'abord Marie Boydin, fille de N., procureur à Parthenay, décédée le 8 nov. 1738, puis Marie Guillon, le 17 juin 1749 ; il est décédé âgé de 75 ans, et inhumé à Bouin, le 14 nov. 1771. Il avait eu du premier lit : 1° François, dont nous ne connaissons que le nom ; 2° Marie-Jeanne, née à Bouin, le 25 avril 1750, qui épousa, le 17 janv. 1769, Pierre Maupetit ; 3° Marie-Madeleine, mariée à Bouin, le 19 oct. 1771, à Pierre-Jean-Maurice Turquand ; 4° autre René, qui suit ; 5° Louis, dont la postérité sera relatée au § IV ; 6° Louise, mariée à René Regnier, dont elle était veuve le 18 nov. 1765 ; 7° Jean, sr de la Resnière ou Resnelière, marié à Marie Boydin, fille de François, sr de la Naulière, mourut à la Chapelle-Séguin, le 23 sept. 1702 ; 8° Marie, femme de François Boydin ; 9° François, qui épousa Louise Tricot, dont il eut : *a.* Marie-Alexandre, né à Neuvy, le 16 oct. 1737, notaire et procureur du comté des Mottes-Coupoux et la Chapelle-Saint-Laurent, etc. ; il est mort le 30 juin 1769 ; il avait épousé à Parthenay, le 20 avril 1768, Marie Guillon ; *b.* Françoise-Céleste ; *c.* Madeleine-Louise-Pélagie, mariée à autre François Boydin.

10° Ardouin, sr de la Morlière.

5. — **Allard** (René) fut notaire et procureur au siège du duché-pairie de la Meilleraye, séant à Parthenay, rendit divers aveux au sgr de Puychenin, les 8 juillet 1703, 31 oct. 1704, 7 août 1707, et payait des droits de francs-fiefs, le 29 mars 1714, pour le lieu noble de Puyrobin. Il s'était marié à Françoise Boutheron, fille de François et de Françoise Nargeot, dont il eut : 1° Jean, qui suit ; 2° René, sr de la Parentière, procureur au Présidial de Poitiers, s'y maria à Marie-Placide Proust, dont il a eu ; *a.* Anne-Placide, décédée à Poitiers en 1883 ; *b.* René, dont la destinée nous est inconnue.

3° Jacques, dont la postérité sera rapportée § V.

6. — **Allard** (Jean), sr de Puyrobin, procureur au siège ducal de Parthenay et procureur fiscal du prieuré de la Maisondieu de cette ville, épousa Jeanne Chaigneau, fille de Pierre, sr de Thoiré, avocat et procureur audit lieu. Il y est décédé le 26 sept. 1739, laissant pour enfants : 1° Jean, qui suit ; 2° Jeanne-Françoise, inhumée, le 14 mars 1743, dans l'église de la Chapelle-Bertrand ; 3° Jeanne-Madeleine, enterrée dans la même église le 13 déc. 1743 ; 4° Pierre, mort jeune ; 5° Jean, sr du Rivaud, dont la postérité sera rapportée au § VI ; 6° Marie-Thérèse, morte à la Chapelle-Bertrand le 11 fév. 1790 ; 7° Marie.

7. — **Allard** (Jean), sr de Puyrobin, né à Parthenay, le 7 mars 1726, épousa Louise-Catherine Allonneau, fille de Pierre-Marc-Antoine, sr de la Davière, le 24 oct. 1758, et mourut le 21 mai 1771, laissant : 1° Jean-Jacques, qui suit ; 2° Pierre-Antoine, dont la postérité sera rapportée § VII ; 3° Marie-Louise, décédée le 10 avril 1778 ; 4° Thérèse, mariée à Jean Poussard, en 1774, morte à Saint-Mars le 14 mai 1808 ; 5° Madeleine, et 6° Jean-Louis, morts, l'une le 1er janv. 1804, et l'autre le 2 août 1786.

8. — **Allard** (Jean-Jacques) sr de Puyrobin, naquit à la Boissière en Gâtine, le 5 juin 1763 ; maire de cette commune du 11 sept. 1809 au 11 mai 1836, fut décoré du Lys le 30 janv. 1815. Il avait épousé, le

6 oct. 1789, Marie-Madeleine Proust, et mourut le 25 mars 1838, laissant :

9. — **Allard** (Louis), né à Saint-Mars le 2 août 1794, succéda à son père dans ses fonctions de maire le 22 mai 1836, et les exerça jusqu'en 1870. Il est mort le 22 août 1874, laissant de son mariage avec Jeanne Garsuault (18 août 1813, à Saint-Mars) : 1° Marie-Madeleine-Olympe, épouse de Pierre-Arnault Villain ; 2° Louis-Jacques, qui suit ; 3° Frédéric-Louis, marié à Marie-Julie Joulain, dont : Sydonie-Joséphine-Radégonde, née à Poitiers le 12 août 1838, mariée, le 30 juin 1862, à Lucien Prebay, membre du tribunal de commerce et du conseil municipal à Poitiers, 1837.

4° Delphine-Olympe, religieuse de Saint-Vincent-de-Paul, morte à Lyon ; 5° Jeanne-Félicité, mariée à Victor Lombard ; 6° Louis-Prudent, marié d'abord à Rose-Delphine Ricochon, puis à Aimée-Estelle Lombard, notaire et maire à Verruyes, membre du conseil d'arrondissement pour le canton de Mazières. Il a eu : *a*. Louis-Delphin-Anatole et *b*. Marie-Blanche-Gabrielle, décédés en bas âge ; *c*. Prudent-Delphin, né à Parthenay le 29 janv. 1856, marié à Zélie-Théodorine-Aimée Alyant, le 18 fév. 1877 ; *d*. Marie-Blanche, née à Verruyes le 26 oct. 1860, mariée, le 11 oct. 1881, à Hyacinthe-Camille Pouzet ; *e*. Louise-Aimée, née à Verruyes le 20 sept. 1864.

7° Antoine-Clément, mort jeune.

10. — **Allard** (Louis-Jacques), né à la Boissière le 15 juil. 1817, notaire à Parthenay et président de la chambre de l'arrondissement, membre du bureau d'assistance judiciaire, des Sociétés des Antiquaires de l'Ouest, de Statistique des Deux-Sèvres, de législation comparée, etc., ancien maire de la Boissière, a publié un grand nombre d'ouvrages sur différents sujets : 1° *La question du paupérisme résoluble par une suite de moyens pratiques.* 2° *Idées pratiques sur l'organisation de l'armée, etc.* 3° *Facilités de sauvegarder les intérêts des mineurs.* 4° *Nécessité de substituer à la recherche de la paternité la répression de l'immoralité.* 5° *Importance historique des minutes des notaires. Moyens à prendre pour assurer leur conservation et faciliter leur examen.* 6° *Esprit des plus pressants besoins politiques religieux et locaux d'une nation.* Louis Allard a eu de Thérèse-Hortense Foucher, qu'il épousa le 9 avril 1850 : 1° Marie-Thérèse-Allain, qui suit ; — 2° Louis-Marie-Thérèse-Ariste, né à Parthenay le 1er avril 1864, décédé, publia en 1879, sous le pseudonyme de Puyrobin, un commentaire des « dispositions légales réglant la condition des élèves en matière de collation des grades en droit ».

11. — **Allard** (Marie-Thérèse-Allain), né à Parthenay le 16 juillet 1851, fut président de la conférence Bonceenne des avocats stagiaires, membre de la Société de géographie, dont il a été secrétaire. Au congrès des sociétés savantes de la Sorbonne en 1884, il développa trois moyens à décréter pour empêcher ou réduire le cas de bigamie, etc. Le 20 sept. 1879, il épousa à Rochefort Anne-Antoinette-Alix Allard, sa cousine, fille d'Eugène-Antoine et de Alice Gaultier de la Ferrière.

§ III.

3. — **Allard** (René), fils puîné de Hiérosme et Anne Bourdet (2e degré du § II), était décédé lors du partage de la succession de ses père et mère (17 déc. 1642). Il laissa de Catherine Allonneau, fille de François, sr de la Gestière, prévôt royal et provincial en Poitou : 1° Marie, qui, dans un acte du 16 oct. 1668, est dite femme d'Antoine Loigné, sr de la Pernière ; 2° Pierre, qui suit.

4. — **Allard** (Pierre), sr de la Championnière, marié à Françoise Sauzeau, morte le 28 juin 1715, dont : 1° François, qui suit ; 2° Pierre, sr de la Championnière ; 3° Antoine, sr de la Palinière ; 4° Louise, femme de Pierre Esquot, avocat en Parlement, morte le 7 février 1748 ; 5° Marie-Jeanne, épouse de René Guerry, sr de la Barre, faisait hommage en 1698 au château de Parthenay, pour le fief de la Grand'Maison, paroisse de Secondigny. (N. féod. 501.)

5. — **Allard** (François), sr de la Gestière, lieutenant prévôt de la maréchaussée au département de Niort, etc., marié à Louise-Marie Tarit, fille de Bernard, Ec., sgr de Barnau, etc., lieutenant au régiment Mestre-de-Camp-Cavalerie, et de Catherine Le Riche. Le 8 août 1697, il rendait aveu au château de Parthenay de son fief des Fontaines. Il mourut âgé de 76 ans, et fut inhumé dans la chapelle du Genest d'Allonne, le 8 sept. 1744. Il n'eut que Marie-Françoise, mariée, le 29 mai 1724, à Moïse-Jean-Baptiste Bouchet, receveur alternatif des tailles à Niort et commissaire-inspecteur des haras en Poitou, Aunis et Saintonge. Elle lui porta la terre de la Gestière, et on croit qu'elle mourut à Fontenay en févr. 1776.

§ IV. — Branche de la Mesnardière.

5. — **Allard** (Louis), sr de la Mesnardière, fils puîné d'Allain, IIe du nom, rapporté au 4e degré du § II, avocat à Poitiers en 1710, composa des « *Remarques de droit adaptées à chaque titre des Institutes de Justinien* », qui, d'après Jouyneau-des-Loges, sont restées manuscrites. Il eut de N. sa femme :

6. — **Allard** (Louis), procureur au Présidial de Poitiers en 1723. Il laissa de N. son épouse : 1° Jeanne-Catherine, décédée à Poitiers, à 81 ans, le 16 juin 1796 ; 2° Alexis-Aimé, qui suit.

7. — **Allard** (Alexis-Aimé), sr de la Mesnardière, avocat au Présidial de Poitiers, épousa Françoise-Marguerite de Hillerin, dont : 1° N., femme de N. Tessereau ; 2° Louis-Marguerite-Aimé, nommé à l'âge de 29 ans, au concours, agrégé à la Faculté de droit de Poitiers, où bientôt après il devint professeur. Il était procureur de la commune de Poitiers, lorsqu'il fut nommé député à l'Assemblée législative, où il déploya le plus noble caractère, malgré les dangers que sa conduite lui faisait courir. Rentré dans ses foyers, il consacra son talent à la défense des victimes de la Révolution ; il fut nommé juge du district de Lusignan, juge criminel en 1792, et après le 18 brumaire, juge de la cour criminelle de la Vienne ; puis en 1806, à l'organisation de l'Ecole de droit, M. Allard en fut nommé directeur et professeur de la chaire de droit romain, fonctions qu'il remplit jusqu'à la fin de 1825. Il est mort le 13 janvier 1827, âgé de 76 ans.

§ V. — Branche de la Resnière.

6. — **Allard** (Jacques), fils puîné de René et de Françoise Boutheron, rapportés au 5e degré du § II, sr de la Resnière, marié à la Boissière en Gâtine, le 25 nov. 1723, avec Marie-Anne Gilbert, fille de Jean, chirurgien, est décédé le 3 nov. 1776, laissant pour enfants : 1° Marie-Jeanne, mariée à Louis Vergier de la Voute, le 27 oct. 1755 ; 2° Jean-Jacques, qui suit.

7. — **Allard** (Jean-Jacques), sr de la Resnière, naquit en 1724 ; il épousa Marie-Anne Bruneau, fille de François, avocat aux conseils, et de Marguerite

Richard. M. Puichault (B. Stat. V, 670) dit qu'il fut employé dans les fermes du Roi et qu'il était sgr de la Salinière ou Saillère. Il mourut à Poitiers le 24 sept. 1825, âgé de 92 ans. De son mariage est issu :

8. — **Allard de la Resnière** (Jean-Jacques), né à Poitiers le 25 mai 1756. La Biographie d'Allard a été écrite par M. de Lastic-Saint-Jal (Supplément à la Bibliothèque de Dreux du Radier). M. C. Puichault (lieu cité) a donné de nouveaux détails sur la vie et les ouvrages de cet écrivain, auquel une grande facilité de plume a permis d'embrasser dans ses écrits plusieurs genres. L'histoire, les généalogies, l'archéologie, le droit, la politique, etc., ont été tour à tour l'objet de ses travaux. Son dernier biographe a donné la liste assez complète de ses nombreux ouvrages; nous renvoyons nos lecteurs à cet intéressant travail. Mais, en relatant les différentes fonctions dont J.-J. Allard fut successivement revêtu, il lui fait occuper la place de procureur impérial à Parthenay en 1807, qui, à cette époque, était remplie par un de ses cousins. Par mesure de police, il fut incarcéré pendant les cent jours, comme hostile à Napoléon.

Allard se maria deux fois : 1° le 11 mai 1784, à Renée-Aimée-Angélique Delavau, fille de Charles-Maurice et d'Angélique Genai, dont : 1° Marie-Angélique-Aimée, née en fév. 1786, mariée en 1806, aux Groseillers, à Pierre-Louis-Célestin Chambourdon, avoué à Poitiers, y est décédée le 24 nov. 1856; 2° N..., garçon, mort en bas âge. Sa première femme étant morte le 6 fév. 1806, il se remaria, à la Chapelle-Saint-Laurent, à Marie-Modeste Roy, fille de René, ancien notaire. Il n'eut pas d'enfants de cette seconde union et mourut à la Boissière, le 6 nov. 1828 (26 nov. d'après M. Puichault).

VI. — Branche du Rivau.

7. — **Allard** (Jean), s^r du Rivau, avocat et notaire à Parthenay, fils puîné de Jean et de Jeanne Chaigneau (6e degré du § II), sénéchal de la haute justice de Tennessue et du prieuré de Saint-Paul de Parthenay, y épousa, le 29 sept. 1748, Marie-Madeleine Sauzeau. Devenu veuf, il embrassa l'état ecclésiastique, fut vicaire de Saint-Laurent (Parthenay), puis chanoine et enfin curé de Sainte-Croix (même ville), église dans laquelle il prononça une oraison funèbre de Louis XV, qui fut remarquée. Il est décédé à la Chapelle-Bertrand, le 7 août 1783. Il avait eu de son mariage : 1° Jean-Baptiste, né à Parthenay, le 20 août 1749, fut chantre et chanoine du Chapitre de Sainte-Croix, à la place de son père. Ayant refusé le serment à la constitution civile du clergé, il se retira en Espagne; rentré en France après le Concordat, il fut nommé curé de Sainte-Croix, et mourut le 26 mars 1819 ; 2° Marie-Thérèse-Céleste, et 3° Thérèse-Modeste, nées jumelles le 25 août 1751, mortes en bas âge ; 4° Marie-Thérèse-Jeanne, enterrée à Saint-Laurent de Parthenay, le 27 déc. 1757 ; 5° Michel-Ange, qui suivra ; 6° et 7° Jeanne et Madeleine, nées jumelles, le 23 oct. 1753, celle-ci décédée paroisse de la chapelle-Bertrand, le 27 mars 1820.

8. — **Allard** (Michel-Ange), avocat, procureur du Roi de la maison de ville de Parthenay, sénéchal de la châtellenie de Tennessue et du prieuré de Saint-Paul de Parthenay, fut nommé pour représenter les paroisses de l'élection de Poitiers à l'assemblée provinciale, fut délégué par le Tiers-Etat pour nommer les députés aux Etats généraux de 1789. Maire de Parthenay de fév. à nov. 1790, et du 2 mai 1794 au 9 mai 1795, puis président de ce district le 16 avril 1792 ; commissaire du gouvernement près le tribunal civil le 19 nov. 1800, procureur impérial en 1811, et procureur du Roi au même siège, révoqué en 1816, fut nommé juge à Niort en 1819 ; mis à la retraite en 1824, il est mort à Parthenay, le 15 fév. 1835.

Michel-Ange avait épousé : 1° le 16 mars 1784, à Parthenay, Marie-Madeleine Turquand, fille de N., conseiller au Présidial de Poitiers, et de Marie-Madeleine Olivier. Etant morte le 12 fév. 1785, il se remaria, le 16 avril 1792, à Catherine-Henriette Thibault, morte le 30 mars 1823. Il eut du 1er lit : 1° Marie-Thérèse-Chantale, née à Parthenay, le 21 janv. 1785, décédée au même lieu le 13 nov. 1861, présidente des dames de la Miséricorde ; du second lit ; 2° Saint-Ange, qui suit ; 3° Isidore, rapporté au § VIII ; 4° Nelzir, rapporté au § IX ; et 5° Zoé, née à Parthenay, le 15 nov. 1802, s'y est mariée, le 9 fév. 1836, avec William-Daniel O'Meara, Chev. de la Légion d'honneur, chef d'escadron de gendarmerie en retraite ; elle est morte à Angers, le 25 janv. 1834.

9. — **Allard** (Saint-Ange) naquit c^ne de Gourgé, le 30 juillet 1791, fut successivement substitut à Parthenay (1816), conseiller auditeur à la Cour royale de Poitiers (1819), substitut (1821), puis procureur du Roi (1825) près le tribunal civil de cette ville ; révoqué en 1830, il y plaida jusqu'en 1848, et fut, dans ces derniers temps, administrateur des hospices. Il avait épousé, à Migné, le 14 oct. 1817, Léonie Godet (de Fontenay). Il est mort à Paris, le 1er juil. 1878, laissant : 1° Emile, qui suivra ; 2° Saint-Ange, né à Poitiers le 28 janv. 1832, élève de l'école polytechnique et de celle des ponts et chaussées, fut répétiteur à l'école polytechnique (1855) ; envoyé en qualité d'ingénieur à Boulogne en 1856, y travailla à l'agrandissement du port ; attaché au service municipal de Paris (1863), il y est devenu ingénieur en chef de la voie publique, Chev. de la Légion d'honneur (1870), s'est marié à Louise-Marie-Hélène Blondel la Rougerie, dont : *a.* Marie-Marguerite-Jenny, née à Paris le 8 oct. 1867 ; *b.* Gatien-Henri-Saint-Ange, né à Paris le 1er mai 1873. Saint-Ange est décédé le 24 déc. 1888.

3° Léonie, née à Poitiers le 28 nov. 1821, y est décédée le 13 juillet 1842.

10. — **Allard** (Emile), né à Parthenay le 24 août 1818. Sorti des écoles polytechnique et des ponts et chaussées, il est parvenu aux fonctions d'inspecteur général de première classe ; appelé en 1856 au service municipal de la ville de Paris, entra dans le service des phares (1860); membre du conseil général des ponts et chaussées (1863), et président de la seconde section (1886) : élévation justifiée par de grands travaux conduits avec intelligence et de nombreuses et remarquables publications traitant principalement des phares et de tout ce qui se rapporte à ces importantes questions ; Chev. de la Légion d'honneur (16 août 1859), et officier le 19 juin 1888.

Il a épousé à Escoublac (Seine-Inférieure) Adélaïde-Antoinette Benoit, dont : 1° Isidore, né à Nantes le 13 déc. 1852, répartiteur des finances de la ville de Paris; 2° Léon, né à Melun le 10 oct. 1854 ; sorti de l'école polytechnique, était lieutenant d'artillerie lorsqu'il mourut à Paris, le 22 oct. 1880 ; 3° Eugène, né à Melun le 11 juin 1856, fut nommé sous-préfet d'Ancenis le 20 déc. 1885.

§ VII.

8. — **Allard** (Pierre-Antoine), fils puîné de Jean et de Catherine Allonneau, rapportés au 7e degré du

§ II, naquit à St-Mars le 17 sept. 1764, fut greffier du tribunal criminel de la Vendée. Il épousa à Fontenay-le-Comte, le 18 fév. 1794, Marie-Monique Jousse-rant, fille de Pierre-François, juge au tribunal de ce district, et de Marie-Françoise Benoît. Il y est mort le 26 janv. 1836, laissant : 1° Charles-Antoine, qui suit ; 2° Louise-Françoise-Alphonsine, née à Fontenay le 17 fév. 1797, morte le 1er mai 1870, supérieure des Sœurs de St-Vincent-de-Paul à la Fère ; 3° Pierre-Eugène-Venant, né à Fontenay, le 24 juin 1805. A sa sortie de l'école de médecine de Rochefort, il fut embarqué sur le *Dragon*, qui, après une croisière sur les côtes d'Espagne, et un séjour de quelques mois à Gorée, fut chargé de porter la déclaration de guerre de la France au Dey d'Alger ; fut chargé du service médical du bagne de Toulon, passa sa thèse de docteur à Montpellier, donna sa démission, et vint à Paris, où il fut nommé médecin du bureau de charité du quartier Bonne-Nouvelle. Il avait épousé, en 1830, Louise Manuel, originaire de Dijon, alla se fixer à Auxerre (1831), puis à Chapitre, cne d'Ars (Chte-Inférieure), dont il fut maire, puis à Longeault (Doubs), où il mourut le 18 janv. 1860, y exerçant gratuitement la médecine, et laissa de son mariage : 1° Pierre-Ernest, né à Dijon le 15 sept. 1831 ; 2° Anne-Juliette, née à Ars le 25 oct. 1838.

9. — **Allard** (Charles-Antoine) naquit à Fontenay le 31 oct. 1795, fut notaire à Rochefort et membre du conseil d'administration de l'hospice, marié à Celles, le 17 mai 1824, à Anne-Angèle Nourry, fille de N., juge de paix de ce canton. Il est décédé à Chizé, le 17 oct. 1838, ayant eu : 1° Marie-Laure, née à Rochefort, le 13 fév. 1826, mariée au même lieu, le 21 juin 1847, à Joseph-François-Jacques-Augustin Délcourt de Savignac, médecin en chef de la marine en retraite, officier de la Légion d'honneur, etc. ; devenue veuve, elle se remaria, à St-Jean-d'Angély, le 11 janvier 1881, avec Arsène-François de Lamarre ; 2° Anne-Emma, née à Rochefort, le 21 août 1827, mariée, le 1er mai 1847, à Thérèse-Amédée Duffour ; 3° Eugène-Antoine, qui suit ; 4° Anne-Angélique, née à Rochefort, le 25 mars 1833, morte à Royan ; 5° Charles-Jules, né à Rochefort, le 30 juillet 1825, tué sergent-major à Solférino (24 juin 1859) ; 6° Pierre-Edmond, né à Rochefort, le 8 sept. 1836.

10. — **Allard** (Eugène-Antoine) naquit à Rochefort, le 2 août 1827, y exerça le notariat, et y devint administrateur de l'hospice. Devenu maire de Fouras (Char.-Infre), il donna tous ses soins pour améliorer cette station balnéaire. Puis, comme, de l'avis de personnes compétentes, la rade de l'île d'Aix, complétée par celle des Trousses, était le seul point de la côte sur le golfe de Gascogne qui présentât sécurité d'atterrissage en tous temps et à toute heure de marée, l'idée lui vint de fonder à Fouras un vaste port de commerce, et après avoir fait lever les plans, opéré les sondages, et rédigé un projet préparatoire, il se trouvait, le 24 mai 1844, dans le cabinet du Ministre de la marine, à l'entretenir de ses idées et à les lui développer, lorsqu'il fut frappé d'une attaque d'apoplexie, à laquelle il succomba. Dans le nombreux cortège de ses funérailles, on remarquait sept amiraux, et le Ministre de la marine s'y était fait représenter par son aide de camp. Eugène-Antoine avait épousé à Paris, en nov. 1859, Alice Gaultier de la Ferrière, fille de N., commissaire général de la marine à Cherbourg, dont une fille unique, Anne-Antoinette-Alix, née le 13 sept. 1860, et mariée, le 20 sept. 1879, à Louis-Marie-Thérèse-Allain Allard, son cousin.

§ VIII.

9. — **Allard** (Isidore), fils puîné de Michel-Ange et de Catherine-Henriette Thibault (8e dégré, § VI), naquit à Parthenay, le 6 nov. 1796. Il sortit de l'école polytechnique dans l'état-major, fit la campagne d'Espagne en 1823, fut pendant 6 années attaché au lever de la carte de ce pays, puis comme capitaine d'état-major à celle de la France, prit sa retraite comme chef d'escadron, le 4 mars 1832, étant Chev. de la Légion d'honneur, de Charles III et de St-Ferdinand d'Espagne. Il avait épousé à Angers, le 4 mai 1830, Zoé Coutard, et y est mort le 21 fév. 1851. Il y fut conseiller municipal et a publié divers rapports sur différents sujets relatifs à l'alimentation publique. Ses enfants furent : 1° Marie-Zoé, née le 24 sept. 1831, morte le 10 oct. 1870 ; 2° Berthe, née le 11 juin 1835, mariée à Emile Hossard, inspecteur des forêts à Tours ; 3° Gaston-Isidore, né le 14 avril 1838, marié à Berthe Lacombe, veuve Coutard ; 4° Miguel-Isidore, qui suit.

10. — **Allard** (Miguel-Isidore), né le 8 juin 1843, épousa, en janv. 1869, Berthe Morin d'Yvonnière, qui décéda le 2 fév. 1876. Remarié à Charlotte Lefébure de Brécourt, il en eut : 1° Yvonne, née le 23 mars 1870 ; 2° Miguel, né le 16 janv. 1876.

§ IX.

9. — **Allard** (Nelzir), 4e enfant de Michel-Ange et de Catherine-Henriette Thibault (8e degré, § VI), naquit à Parthenay, le 27 oct. 1798. Sorti de l'école polytechnique dans l'état-major, il fit la campagne d'Alger (1830) en qualité de capitaine, et était général de division, grand officier de la Légion d'honneur, et décoré de l'ordre de Charles III d'Espagne, lors de son décès, arrivé à Paris, le 23 oct. 1877. Ses remarquables aptitudes militaires, administratives et politiques lui ouvrirent les portes du Conseil d'État, où il fut président de la section de la guerre et de la marine. Député de Parthenay, il vit son mandat plusieurs fois renouvelé, prenant presque toujours une part active à toutes les discussions. Tous les discours qu'il prononça en ces diverses occasions ont été recueillis et publiés, précédés d'un aperçu biographique. (Niort, Favre, 2 vol. in-8.) Outre ces fonctions, il était maire de la Chapelle-Bertrand, président du conseil général des Deux-Sèvres, du comice agricole de Parthenay, etc. Le général Allard avait épousé Camille-Anne Mercier, fille de N. Baron Mercier, dont il a eu : 1° Georges-Joseph, qui suit ; 2° Maurice-Olympe, né à Paris, le 9 mars 1842, est entré dans la marine, a fait les campagnes du Mexique, de la Cochinchine, du Tonkin, un voyage autour du monde sur la *Belliqueuse*, comme officier d'ordonnance de l'amiral Porhouët, et commanda l'aviso le *Diamant*. Il était lieutenant de vaisseau, lorsque sa santé, altérée par 25 ans de service, lui fit prendre sa retraite en 1885. Il était Chev. de la Légion d'honneur, lors de son décès, survenu le 2 déc. 1886. Il avait épousé Marie-Madeleine Gellibert des Séguins, le 30 sept. 1879, dont Marie-Michel, né à Paris, le 21 nov. 1886.

10. — **Allard** (Georges-Joseph), né le 12 août 1837, élève de l'école polytechnique, en sortit pour entrer dans l'arme du génie, a fait la campagne d'Italie et du Nord de la France (1870), y assista aux principales batailles, fut blessé d'un éclat d'obus à celle de Mouzon ; fait prisonnier de guerre le 2 sept., s'évada de Lunéville, a

été fait chef de bataillon et Chev. de la Légion d'honneur sur le champ de bataille. Il était en 1886 lieutenant-colonel du génie et chef d'état-major de la 24e division d'infanterie. Il est Chev. de l'ordre de Saint-Grégoire-le-Grand. Marié à Paris, le 8 avril 1866, à Adrienne-Marie-Elisabeth LE LIÈVRE, il en a eu : 1° AGNÈS-JEANNE-ELISABETH-MARIE, née à Paris, le 19 déc. 1866 ; 2° JOSEPH-CHARLES-NELZIR, né à Paris, le 15 juillet 1869 ; 3° GENEVIÈVE-MARIE-JEANNE-GABRIELLE, née à Sainte-Adresse, le 5 août 1871 ; 4° LOUIS-MAURICE-JOSEPH, né à Lille, 24 nov. 1873 ; 5° ANNE-MARIE-JEANNE-EMILIE, née à Tlemcen, 17 juillet 1876 ; 6° JEANNE-MARIE-MADELEINE-ANDRÉE, née à Orléans, le 16 déc. 1879, ainsi que 7° ELISABETH-MARIE-JEANNE-GABRIELLE, 1er déc. 1885.

ALLÉAUME, en latin **ALELMUS** ou **ALEELMUS**. — D'après D. Fonteneau, se trouve mentionné fort anciennement en Poitou. C'est aussi le nom d'une famille de Fontenay-le-Comte, où elle a occupé d'importantes charges judiciaires.

Blason : Alléaume (Guillaume) : d'hermine à la bande d'azur, chargée en chef d'une étoile d'or, en pointe d'un demi-vol d'argent. (D. Font. 7.)

Alelmus. — Ce nom se trouve mentionné dans les chartes de Saint-Hilaire-le-Grand (M. A. O. 1847), sans autre désignation, depuis 988-990 à 1102.

Alelmus (Airaudus), témoin de la donation du monastère de Saint-Michel-en-l'Herm à l'abb. de Saint-Florent de Saumur, par le Comte de Poitou. — Vers 993. (D. Font. 18.)

Alelmus (Petrus) fut témoin de la donation du Bois-de-Bourneau, faite vers 1095 à l'abb. de Nouillé. (D. F. 21.)

Alelmi (Willelmus), présent au jugement par lequel l'évêque de Poitiers, Pierre II, restitue à l'abb. de Saint-Cyprien de Poitiers l'église de Sénillé, 1086-1100. Vers 1095. (D. Font. 7. Cart. Saint-Cyprien. A. H. P. 3.) C'est à lui que D. Fonteneau attribue les armes ci-dessus décrites.

Alelmi (N.), présent à l'acquisition de divers héritages faite en 1101 par l'abbé de Montierneuf. (D. F. 19.)

Alelmi (N.), *prepositus*, est cité dans une donation faite par une femme à son mari. Vers 1140. (D. Font. 21.)

Alelmus (N.), témoin d'un accord passé en 1214 entre les moines de Noaillé et Pierre Cosdrea. (D. F. 21.)

Alelmus (Johan), témoin de la remise faite, le 21 fév. 1221, à l'abb. de Noaillé, par Jeanne de Chambonneau et autres, de certains devoirs qui leur étaient dus. (D. F. 22.)

Alléaume (Pierre) possédait, dans la paroisse de Saint-André de Mirebeau, des terres dépendant de la Maisondieu de Montmorillon. (Août 1329). (A. H. P. 13, 95.)

Alléaume (Jacques), avocat en Parlement, était en 1636 époux de Jeanne DE HÉRY, fille de feu André de Héry, sr de Rémillé et de Saint-Martin-l'Ars, et d'Antoinette Lecat. (P. O.) Elle était veuve, lorsqu'elle se remaria, le 20 octobre 1647, avec Jean Racodet, Ec. (Elle est dénommée Marie dans cet acte.) Du premier lit, elle avait eu un fils, EUSTACHE, qui vendit à Jean Racodet la terre et seigneurie de Saint-Martin. (P. O.)

Alléaume (Antoine). Un procès-verbal avait été dressé contre lui et autres ; il est relaté dans l'inventaire des papiers de François Brisson, dressé le 28 avril 1627. (O. B. Fillon.)

Alléaume (N.) assiste au contrat de mariage de Jeanne Viete avec Jean Boucher, le 27 nov. 1641. (O. B. Fillon.)

Alléaume (Gabrielle) fut marraine, le 4 janvier 1655, de Pierre Fleury, sr de la Caillère.

Alléaume (Marguerite-Charlotte), veuve en premières noces de Gilbert de Vallerin, Ec., sr de la Maisonneuve, et épouse en secondes de Jean Mareschal, Ec., sr de Bouchaud, rend hommage pour le fief de Boisdomange, paroisse de Beuay (Vendée), en 1689. (N. féodaux, 10.)

Alléaume (Marie) était, le 29 août 1736, épouse de Jacob Genay, d'après un arrêt de la seconde chambre du Parlement de cette date.

Alléaume (Mathieu) eut de Jeanne CAILLEAU, son épouse : 1° JEAN, qui suit ; 2° HENRIETTE, qui assiste au mariage de Jeanne, sa nièce, avec Nicolas Viete, du 6 juin 1609 (O. B. Fillon) ; 3° ELISABETH, mariée, par contrat du 24 juillet 1591 (Guillaume Guillebot et François Dupin, notaires à Vouvant), à Gabriel Brunet, sgr de la Riallière ; elle mourut veuve, le 25 novembre 1603 ; 4° NICOLAS, sr de la Benasizière, assistait, le 6 juin 1609, au mariage de Jeanne Alléaume, sa nièce, avec Nicolas Viete. (O. B. Fillon.) Est-ce le même qu'un Nicolas Alléaume qui, le 16 décembre 1691, transigeait avec Jean Brisson, Ec., sr de la Boissière ? (Id.)

Alléaume (Jean), Ier du nom, échevin à Fontenay-le-Comte dès 1587, prenait en 1591 le titre d'avocat du Roi près la sénéchaussée de cette ville, charge qui lui provenait d'André Regnouf, père de Marie REGNOUF, sa première femme, dont il eut : 1° JEHANNE, qui épousa, le 6 juin 1609, Nicolas Viete, sr de la Groye, de Pissotte, maître des requêtes de la maison et couronne de Navarre. Il est dit maire de Fontenay en 1593, 1594 et 1599. Il épousa en secondes noces Claude DU BOULLAY, fille de Jacques, sr du Pasty, et de Gabrielle Garnier, et testa le 30 avril 1609. De son second mariage il eut : 2° JEAN, qui suit, 3° CLAUDE, qui étaient l'un et l'autre, le 4 mars 1622, sous la tutelle de Jean Besly l'historien, auquel leur père avait cédé, les 23 janvier et 7 février 1609, ses charges d'avocat du Roi, de substitut du procureur du Roi et d'adjoint aux enquêtes de la sénéchaussée de Fontenay. (O. B. Fillon. Lettres de Besly. A. H. P. 9.)

Alléaume (Jean), IIe du nom, sr de la Chenullière, était mineur le 4 mars 1632. Il épousa, par contrat du 19 novembre 1623, Catherine BESLY, fille de Jehan et de Catherine Brisson, sa première femme. Il était lieutenant particulier à Fontenay en 1634, comme il ressort d'un arrêt des Grands Jours de Poitiers, du 2 décembre ; il signe au contrat de mariage de Jeanne Viete, sa nièce, fille de Jeanne Alléaume, sa demi-sœur, le 27 novembre 1641, et était mort en 1650. (O. B. Fillon.) Nous ne savons s'il eut des enfants de son mariage.

ALLEMAGNE (D'). — Famille d'ancienne chevalerie qui pourrait être originaire de l'Aunis, comme paraissaient le croire D. Etiennot et D. Fonteneau, et non sans fondement, car le fief d'Allemagne y était situé et relevait de Surgères. Nous la trouvons en Aunis, puis aux environs de Niort, et enfin à Nalliers, près de Saint-Savin, où était son principal établissement en Poitou. Au XIVe siècle, quelques-uns de ses membres habitèrent le Loudunais. Bien que nous ayons réuni sur cette maison un assez grand nombre de documents, nous ne pouvons établir de filiation suivie.

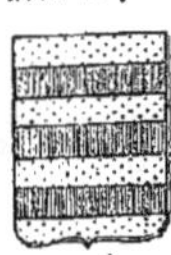

Blason : d'Allemagne de Nalliers : « d'or à trois fasces de gueules ». Armes qui, d'après D. Fonteneau, étaient peintes à la voûte de l'abbaye de Saint-Savin. — Les d'Allemagne d'Aunis, au XIIIe siècle, avaient pour sceau un écu portant 3 lions, le 1er caché par un franc canton chargé d'une bande. (Sceaux des Archives Nat.)

Almania (Hugo de) figure dans des titres de 1181.

Allemagne (Hugues d'), varlet, peut-être le même que le précédent, fit partie de la 3e croisade, comme il ressort de l'acte de garantie daté de Messine, au mois de décembre 1190, d'un emprunt contracté par lui à des marchands génois, et que cautionne Thibaud-Chabot, dans la compagnie duquel il servait. (Gén. de Clervaux.)

Allemaigne (Guillaume d') était, vers 1200, archidiacre d'Aunis.

Allemaigne (Pierre d') prenait en 1200 le titre de chevalier. (Abb. de la Grâce-Dieu.)

Allemagne (Aimericus de), *miles*, paraît comme témoin de la donation de la dîme de Bonnes faite au prieuré de la Puye par Joscelin de Lezay, en 1203. (D. F. 23.)

Allemannia (Willelmus de), *miles*, témoin d'un compromis passé en juillet 1216 entre André de la Vergne, sgr de Lussac-le-Château, et l'abbé de Noaillé, au sujet de droits que chacun d'eux réclamait à Bouresse. (D. F. 22.)

Allemonia (A. de) possédait, en 1216, 18 deniers de cens dans la ville de Niort. (Chartes de Saint-Martin-lez-Niort, M. Soc. Statistique, 1865.)

Allemaigne (Gui ou Guillaume d'), Chev., avait légué des biens situés à Loubressac au prieuré de Saint-Hilaire-de-la-Celle de Poitiers. Cette église en paya au Roi le droit d'amortissement. Vers 1220.

Allemaigne (Foucaud d'), frère du précédent, figure comme donateur dans l'acte relaté ci-dessus.

Allemaigne (Hugues d') confirme en 1224 le don de quelques rentes fait à l'abbaye des Chastelliers par Hugues de Lezay, son oncle, et Guillaume son fils (D. F. 5. M. Stat. 1867.)

Allemagne (Gautier, Guillaume et Hugues d') renoncent à une dîme que le Chapitre de Saint-Hilaire-le-Grand de Poitiers donnait aux gardes de leurs vignes de Sazay, au temps de la vendange, et lui reconnaissent le droit de lever la dîme sur toutes leurs vignes, le 8 septembre 1226. (D. F. 11. M. A. O. 1847.) Ils avaient une sœur, SIBILLE, dame de Surgères, qui fit, au mois d'avril 1241, comme veuve de Guillaume Maingot, un traité, au sujet de certains droits et redevances, avec le même Chapitre de Saint-Hilaire. Ils comparaissent comme témoins à cet acte, sauf Guillaume, qui est remplacé par un Pierre d'Allemagne, qui pourrait être un quatrième frère, à moins que le rédacteur de l'acte n'ait fait erreur de nom. (Id.)

Allemaigne (Geoffroy d') donne, vers 1235, son fils HÉLIE à Dieu et à l'abbaye de Fontaine-le-Comte, avec la portion du péage qu'il percevait à la porte de la Tranchée à Poitiers. (Arch. de la Vienne. M. A. O. 1837, 239.)

Allemagnia (Petrus de), *clericus, procurator abbatissæ et conventus Sanctæ Crucis Pictavensis*, est désigné dans une commission adressée à Jean de Melun, évêque de Poitiers en 1236, par le camérier du pape, pour examiner si les privilèges de cette abbaye portaient exemption de payer à la chambre apostolique une once d'or qu'on lui réclamait. (D. F. 5, 639.)

Allemagne (Hugues d'). En 1240, saisie des biens de Johannes de Montfaucon *de Aytreio* et de Guillaume Babaud, ses hommes liges, parce que ledit Hugues était pour lors ennemi du Roi. (Arch. Nat. J. 97, 1,117.) Et en 1245, Guillaume Barbotin était poursuivi par Geoffroy de la Chasseigne, bailli royal en Poitou, pour avoir reçu dans son hôtel d'Aytré ledit Hugues qui faisait la guerre au Roi. (Arch. Nat. J. 97, 1, 133.) Cet Hugues pourrait être le même que celui du même nom relaté dans les actes de 1226 et 1241. Mais ses frères ne paraissent pas avoir suivi comme lui le parti du Comte de la Marche ; cependant plus tard, en 1243, Hugues paraît être rentré en grâce, car dans les Comptes d'Alphonse (A. H. P. 10), nous lisons : *Hugo de Allemagnia ligius de feodo quod habet apud Brolium Gaber*.

Il était décédé en 1244, car on trouve plus loin : « Pierre de Lardreere III sol. reddditus magni feodi (de Alnisio) dou feu monsor Hugo d'Almeignes » (Id.), et le Hugues d'Allemagne que nous allons trouver en 1260 relaté dans les Hommages du Comte Alphonse de Poitiers est probablement son fils.

Alimania (Galterius de), frère de Hugues précité ? s'était porté caution pour 50 liv. vis-à-vis du Cte Alphonse pour Ebles de Rochefort, et de 100 liv. pour Raoul de Mauléon, qui avaient embrassé le parti du Cte de la Marche. — 1243. (Comptes d'Alphonse. A. H. P. 4.) Il était mort sans doute en 1246, car nous trouvons dans ces mêmes Comptes les mentions suivantes, au chapitre des recettes : « *De domino Petro Bertini*, pro primo... secundo... tertio, tercio racheti terre defuncti Galteri de Alemannia, 33 liv. 6 s. 8 den. » (pour chaque tiers). (Id.)

Alemania (Guillelmus de), *valetus*, frère des précédents ? se porte caution vis-à-vis d'Alphonse pour *Hamenon de Rocha* jusqu'à la somme de 25 liv. (1243). (Id.) Peut-être le même que le Guillaume auquel le Comte de Poitou vendait une pièce de terre attenante à la forêt de la Moulière. (Arch. Nat. J. 190, 19, 3.)

Alemania (Gaufridus de) est dit en 1244 *homo ligius comitis Pictavensis, in comitatu Pictavensi*. (Comptes d'Alph. A. H. P. 4.) Serait-ce le même qui en 1249 cédait au Comte Alphonse ses droits sur la Sèvre à Niort ? (Hist. d'Alphonse, Ledain.)

Alemagnia (Radulphus de) paie 20 sol. per Eustachium de Galardon. (Id.) Ce pourrait être le même qu'un Raoul qui, de concert avec sa femme et la mère de sa femme, cède au Comte de Poitou en 1261, pour la somme de 45 liv., tous leurs droits sur l'eau de Niort, *in aqua de Niorto*. (Arch. Nat. J. 190, 14, 2.)

Allimonia (Hugo de), *miles*, peut-être fils de Hugues qui précède, était homme lige du Comte de Poitou pour plusieurs fiefs. (Homm. d'Alphonse et Arch. Nat. J. Registre 26, f° 29, 2. R. 26, f° 23, 2.) Au nombre de ses tenanciers on trouve :

Allimonia (N. de), *filius defuncti Galteri*, lequel tenait de lui pour son herbergement de Sazay. Gautier était aussi homme lige du Comte de Poitou, et l'on trouve le détail des fiefs qui lui avaient appartenu.

Alimonia (P. de), neveu de Hugues précité, possédait conjointement avec lui dans le fief de Sazay. (Hom. d'Alphonse.) Peut-être le même qu'un Pierre d'Allemagne auquel le Comte de Poitou vend en 1258 son usage dans la forêt de Moulière et les autres droits dont jouissaient ses prédécesseurs. (Arch. Nat. J. Cart. 190, 8, 11.) On trouve dans les lettres de Besly (A. H. P. 9) un Pierre d'Allemagne, valet : le même ? le Comte Alphonse lui rend sa terre de Hériçon qu'il lui avait retenue faute de l'hommage qu'il devait rendre (1261); et un autre Pierre d'Allemagne, Chev., devant au Roi hommage, avec *ost* et chevauchée, pour raison de son fief de Saintonge. (Arch. Nat. J. Cart. 1040, 51.) Nous supposons que toutes ces citations se rapportent au même personnage.

Allemagne (Aimery d'), Chev. Le Chapitre de Notre-Dame de Poitiers fait, le 17 juillet 1272, l'acquisition de deux pièces de terre dont l'une touchait à celles d'Aimery d'Allemagne. (D. F.)

Allemania (Hugo de) et Hysabellis, son épouse, donnent à Raoul, abbé de Maillezais, divers héritages situés à Dampierre en Aunis, en novembre 1273. Il fut choisi par Aimery de Faye pour l'un de ses exécuteurs testamentaires (oct. 1287). Le 25 juill. 1290, il fait de nouveau avec sa femme et de concert avec Jean et Hugues, ses enfants, don de marais et de divers droits à l'abb. de Maillezais. (D. F. 25.)

Allemagne (Pierre d'), Chev., frère de Hugues qui précède, reconnaît, le 6 oct. 1276, avoir reçu le prix de ce que son frère avait vendu précédemment à l'abb. de Maillezais. (D. F. 25.)

Alimania (Guido de), *miles*, est cité dans l'acte de vente de la sgrie de Montmorillon consentie au Roi, le 28 déc. 1281, par Guy de Montléon, comme en étant un des hommes possédant des terres dans sa mouvance. (D. F. 26.)

Allemagne (Gautier d'), valet, sgr d'Andilly-les-Marais, près la Rochelle, fit, au mois de mai 1287, un traité avec les frères de l'aumônerie de Saint-Gilles de Surgères. Il était mort au mois d'avril 1294, laissant un fils, Guillaume, qui cède diverses rentes à cette aumônerie. (D. F.)

Allemagne (Guy ou Guillaume d') et Foucaud, son frère, avaient vendu à l'abbaye de Saint-Hilaire-de-la-Celle de Poitiers des biens situés dans la mouvance de Guillaume Chenin, etc. (paroisse de Mignaloux), comme il résulte des lettres testimoniales du paiement des droits d'amortissement fait au Roi par le prieur de cette abbaye le 26 déc. 1295. (D. F. 21.)

On trouve dans le cartulaire de l'évêché de Poitiers, rédigé au commencement du xive siècle (A. H. P. 10), les mentions suivantes :

· **Alamannia** (Aimericus de), *miles*, possédait des fiefs situés dans les sgries d'Angles et de Vendeuvre

Alamagnia (Philippus de), peut-être frère du précédent, possédait comme lui dans la sgrie d'Angles.

Alamannia (Guillelmus de) devait 32 s. et un sextier de seigle à l'évêque de Poitiers, pour ce qu'il tenait de lui dans la baronnie de Mirebeau.

Allemagne (Aimery de), valet, devait hommage à la baronnie de Mirebeau pour des fiefs situés dans la paroisse de Boussageau, 1325, 1347. (Noms féodaux.)

Allemaigne (Jean d'), valet, rendait hommage pour les mêmes terres en 1366. (Id.)

Allemagne (Pierre d') posséda de 1325 à 1380 l'herbergement du Bois de Boussai. (M. A. O. 1877, 131.)

Allemagne (Aimery d'), valet, sans doute le même que celui dont nous venons de parler comme sgr de Boussageau, posséda le fief de la Cour, dans la mouvance de Mirebeau, de 1327 à 1347. (Id.)

Allemagne (Jean d'), valet, le posséda de 1368 à 1380. (Id.)

Allemagne (Jeanne d'), sœur de Gautier et veuve de Guillaume Jourdain de Masthas, valet, cède une rente de 32 livres à Guillaume d'Espargnat. (Arch. Nat. J. Cart. 181, 82.)

La famille d'Allemagne, nous dit l'historien de la baronnie de Mirebeau, l'habitait avant 1356, et servait sous la bannière du Baron dans ses guerres. (M. A. O. 1877, 111.)

Allemagne (Guillaume), valet, sgr de Nalliers, achète, le vendredi après la Saint-Vincent 1353, divers objets de Guillaume de Montléon, valet. (G^te de Moussy.)

Allemagne (Jean d') fut du nombre des Chevaliers français qui furent tués à la funeste bataille de Poitiers, en 1356; il fut inhumé aux Jacobins. (Hit. Poit. 2.)

Allemagne (Jean d'), *dominus de Maristis*, fut, le 12 octobre 1362, l'un des témoins de la fondation d'une chapelle dans l'église de Montierneuf. (D. F.)

Allemagne (Hugues d'), sgr d'Andilly, descendant sans doute de Gautier, rapporté plus haut, fit, le 20 décembre 1302, une donation à l'aumônerie de Surgères. Son fils Hugues assiste à cet acte et y donne son consentement. (D. F.)

Allemaigne (Aymericus d'), sergent royal, est un de ceux que Charles VII chargea de veiller à ce que l'on ne portât aucune atteinte aux privilèges de Notre-Dame-la-Grande, dans les lettres de garde gardienne qu'il accorda à ce Chapitre le 13 décembre 1390. (D. F. 20.)

Allemaigne (Jean d'), Ec., rend, le 21 juillet 1404, un avou à la châtellenie de Gençay, pour sa terre du Puy-de-la-Roche. (Livre des fiefs.)

Allemaigne (Laurence d') est désigné comme servant en arbalétrier le 15 septembre 1410. (Bib. Nat. Montres et Revues.)

Allemaigne (Jeanne d') était, en 1414, veuve de Jean Mareschal, valet, sgr de la Sayette, époque à laquelle elle consent une procuration à Jean et Jeanne Mareschal, ses enfants; elle était décédée en 1420, époque du partage de sa succession. (Gén. de la Sayette.)

Allemaigne (Pierre d'), Ec., sgr des Muys ou des Murs, paraît être décédé avant le 15 mai 1421, d'après un acte passé à cette date. Il avait reconstruit à neuf son hôtel de Nalliers, près Saint-Savin (Vienne). (D. F.)

Allemagne (Johanne) et son mari Jehan Cailler étaient, le 28 juin 1424, paroissiens de Saint-Léger-la-Pallu, époque à laquelle ils vendaient à Jehan Babin, de Mirebeau, une rente sur des terres, dont l'une confrontait au bois de feu Perrot d'Allemaigne. Acte passé sous la cour de l'official de Poitiers. (Arch. des Deux-Sèvres, E.)

Alemagne (frère Hector d') était en 1444 bailli de Naples. (Martyrologe des Chevaliers de Saint-Jean-de-Jérusalem.)

Allemagne (Jeanne d') possédait en 1446 la seigneurie de Cenon, qui, en 1493, appartenait à André Rouillevin. (Hist. de Châtellerault, 1, 368.)

Allemagne (Françoise d'), religieuse de l'abbaye de Sainte-Croix, était, le 2 avril 1480, sous-prieure de ce monastère, et prieure de Vellèche. (D. F. M. A. O. 1877, 206.)

Allemagne (Pierre d'), des sgrs de Nalliers, eut de N. son épouse: 1° Florent, abbé commendataire de Saint-Savin en 1484, prévôt et chanoine de l'Église de Poitiers en 1497 ; élu évêque de Poitiers, par une grande partie du Chapitre, se qualifiait en 1507 de *Electus in Episcopatu Pictavensi*. Il eut pour concurrent Claude de Husson, des comtes de Tonnère ; mais sa mort, arrivée le 17 septembre 1510, à l'âge de 61 ans, laissa son adversaire sans compétiteur. Bouchet vante sa piété. Il fut inhumé dans le cloître de son abbaye de Saint-Savin, où on lisait son épitaphe qui confirme les éloges que lui donnait J. Bouchet.

Besly lui donne à tort le nom de Florent de Magné et ne le fait mourir qu'en 1512.

Florent d'Allemagne fit son testament en 1502. Dom Fonteneau nous en a conservé le texte. La même année, lui et ses frères Prudent, Antoine et Jean, furent nommés, le 29 juin 1502, les exécuteurs testamentaires de Jean de Moussy, sgr de la Coutour, et de Pernelle Ebrard, son épouse ;

2° Jehan était alors licencié en droit, prévôt de l'Église de Poitiers, prieur commendataire de Guéret en 1502. Il est nommé dans la fondation d'un anniversaire fondé par son frère Florent, le 3 juillet 1511. Le 15 juillet 1512, il recevait, en sa qualité de prévôt de l'Église de Poitiers, un aveu d'Antoine Fouchier, Ec., sgr de Beauvais et de la Mauvinière, pour son hôtel de Beauvais, mouvant de la seigneurie de la Roche-de-Chizais, et le 27 avril 1515, il transigeait avec Julienne Eveillechien, dame de Bizay, par lequel acte il acquit droit de juridiction sur la paroisse d'Espiers et Bizay. (D. F. 2, 387.) Il est encore nommé dans une transaction arbitrale entre Louis de Tonnère, évêque ou administrateur de Poitiers, et son Chapitre, en date du 10 mai 1525. Il mourut en 1529, âgé de 59 ans. Bouchet fait son éloge dans ses épitaphes (D. F. 2) ; 3° Prudent est dit prieur commendataire de Guéret dans le contrat de mariage d'Isabeau de Moussy et de Jean de la Lande, du 19 janv. 1478, dont il est l'un des signataires. (Gén. de Moussy.) Il était, dès le 20 août 1497, chanoine de l'Église de Poitiers et archidiacre de Thouars, d'après un procès-verbal dressé à cette époque. (D. F. 2.) Il fut aussi un des exécuteurs testamentaires de Jehan de Moussy. Le 14 juillet 1512, dans une donation faite à Gamaliel de Moussy par Loys son frère, il est dit proche parent des parties (Gén. de Moussy) ; 4° Antoine, Ec., sgr de Nalliers. C'est lui peut-être qui est dit servir en homme d'armes au lieu de son père au ban de 1467. Il fut, ainsi que ses frères susnommés, exécuteur testamentaire, en 1502, de Jehan de Moussy, et avec Jehan et Prudent il remplit les mêmes fonctions lors de l'ouverture de la succession de Florent. (D. F. 22.)

Allemagne (Jean d'), abbé de Saint-Savin de 1443 à 1477. (Gal. Christ.)

Allemagne (Philbert d') sert au ban de 1467, comme brigandinier du s^r de la Grève.

Allemagne (Antoine d'), habitant près Saint-Savin, sert en homme d'armes au ban de 1491.

Allemagne (d'), sgr de Nalliers, servait en archer à ce ban de 1491 ; il lui fut enjoint d'avoir hallebarde ou vouge.

Allemagne (Fleurent d'), religieux de Saint-Savin, était en 1499 prieur de Lussac.

Allemagne (Antoine d'), l'un de ceux qui précèdent ? eut deux filles du nom de Marie, qui épousèrent, la première Gamaliel de Moussy, Ec., sgr de la Coutour, et la seconde, le 8 octobre 1493, Antoine de Moussy.

Allemagne (André d') était archidiacre de Thouars, dès le 29 nov. 1521, et encore en 1540, lorsqu'il présentait requête au Parlement de Paris contre Lazare Baïf, abbé commendataire de la Grenetière, pour obtenir le paiement de son droit de visite. (D. F. 2.)

Allemagne (N. d'), marié, avant 1500, avec une demoiselle de la maison de Montléon. (Gén. de Moussy.)

Allemagne (Pierre d'), sgr de Nalliers, avait épousé Jehanne de la Lande, fille de Guyot et de N. du Plessis, avant 1505, dont un fils, Antoine.

Allemagne (François d'), s^r des Murs, était décédé avant le 2 septembre 1505, laissant des enfants mineurs, dont était curateur Charles de la Tousche. (Réform. des forêts, 51.)

Allemagne (François d'), Ec., sgr de Nalliers, rend aveu, le 21 mai 1547, à Claude de Givry, évêque de Poitiers, Baron de Chauvigny, à cause de son château de Couzon, de son hôtel noble de la Mothe de Lautiers, d'un herbergement sis à Chauvigny, *jouxte* le cimetière de Saint-Pierre d'une part, et de l'autre *jouxte* la Tour de Montléon, et encore des biens que Mess. N. Goupil, Chev., et autres, tenaient du fief de feu Aimery d'Allemaigne, du fief de Pain-Perdu. (Arch. D.-S. E.) Il reconnaît, vers la même époque, que Philippe Porcheron, sgr de la Talbatière et du moulin de la fontaine Talbat, lui a fait les foi et hommage qu'il lui devait à cause de son hôtel de l'Epinou. Les 14 juin 1557 et 5 juin 1559, il assiste comme parent à la reddition des comptes de tutelle des enfants de feu Bertrand de Moussy et de Jacquette de Renais, faite par cette dernière. (G^le de Moussy.) François avait servi en homme d'armes au ban de 1533 ; il mourut le 20 février 1564, et nous pensons qu'il avait épousé D^lle Avoye de la Tousche, à laquelle divers particuliers rendaient, en 1565, des déclarations comme veuve d'un François d'Allemagne, à cause de sa maison des Murs. C'est peut-être encore le même que le François d'Allemagne qualifié de sgr de Nalliers, des Murs et de la Mothe de Lautiers, qui est désigné dans les procès-verbaux de la réformation de la Coutume de Poitou, en 1559.

Allemagne (André d'), sgr des Murs, rendait aveu au Roi le 19 mars 1547. (Réform. des forêts, 50.)

Allemagne (Charles d'), Ec., sgr de Nalliers, tenait du Roi, à cause de son château de Montmorillon, l'hôtel de la Cailletière, les bois Pignonneau, au village de Lautiers, au devoir d'un roussin du prix de 60 sols. (Etat du domaine royal en Poitou, vers 1550.) C'est peut-être lui qui, marié à Gabrielle de Beauvau, de la branche de la Bessière, eut : Louis, Jacquette et Avoye, dont ladite dame était tutrice le 9 sept. 1606, faisant faire l'inventaire, à cette date, des meubles de la succession de Charles d'Allemagne, son époux. (G^le de Moussy.)

Allemagne (Emerie) était, le 31 août 1584, femme de Pierre de la Chapellerie, Ec., sgr de Rouilly. (D. F.) Elle était sa veuve le 16 fév. 1607, date d'une donation du tiers de ses meubles et de ses propres à François de Moussy, sgr de la Coutour, et à François, son fils puîné. (Brugeault, notaire à Poitiers.)

Allemagne (Florent d') était prévôt de l'Eglise de Poitiers. C'était, nous dit D. Fonteneau, le 3e membre de cette famille qui en moins d'un siècle était revêtu de cette dignité.

Allemagne (Jacques d') et Françoise du Boul possédaient, en 1619, la seigneurie de Marigny, c^ne d'Ingrande, arrd^t de Châtellerault. (Hist. de Châtellerault, I, 413.)

Allemagne (Louis d'), Chev., sgr de Nalliers,

Marigny, la Boissière, qualifié de haut et puissant sgr, et Louise Dupré, son épouse, font, le 8 février 1619, certains arrangements avec Laurent Jolly, Ec., sgr de Bois-Jolly. Elle était sa veuve le 4 mars 1622. (Arch. des Deux-Sèvres, E.)

Allemagne (Jacques d'), Chev., sgr de Nulliers, fut choisi par Henri Chasteigner de la Rochepozay, évêque de Poitiers, pour un de ses exécuteurs testamentaires, le 7 janv. 1638. (D. F. 3.) Nous pensons que c'est lui qui était, vers 1625, époux d'Antoinette de Beauvau, fille de Louis, sgr des Aulnais, et de Charlotte de Brillhonet (La Chesn. des B.), et que c'est lui dont il est question dans le rapport au Roi de Colbert de Croissy, intendant du Poitou, en l'année 1664. (Etat du Poitou.) Il n'eut de son mariage qu'une fille, Gabrielle-Thérèse, mariée : 1° le 5 fév. 1640, à François de Lescours, baron de Savignac. (Gén. de Lescours) ; 2° à Gédéon de Brettes, baron du Cros.

Nous trouvons dans les Noms féodaux la mention suivante :

Allemaigne et aussi **Allemagne** (François d'), Ec., fils de Guillaume et de Catherine Soubrany, pour la terre, seigneurie et haute justice des Haires, ensemble la maison de Monclar. 1670-1686. — François **d'Allemagne**, Ec., sgr de Chambiron, neveu de Jean d'Allemagne, Ec., capitaine au régiment de la marine. 1700. — Signé Monclar d'Allemagne.

ALLERY. — Famille qui a habité la ville de Niort, où elle a occupé des fonctions municipales. Ses véritables armes sont inconnues.

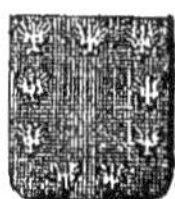

Blason : de sable à neuf alérions d'argent mis en orle (d'Hozier, d'office), attribué à Jérôme Allery, Me chirurgien à Thouars. — Jacques Allery, curé de Sauzay : d'azur au vol d'or. — Dans le Registre de Malte (France), preuve Lezay, 1665, on dit : vairé or et gueules. — Un sceau du XVIe siècle porte un écu écartelé, dont les pièces sont effacées.

Allery (Pierre), sgr de la Revêtison, était en procès avec Chabot et Jacques Tacheron le 7 févr. 1542. Il eut deux filles de son mariage avec Marie Laydet, fille de N. et de Françoise Tarquex : 1° Anne, mariée, le 15 octobre 1546, à Pierre de Lezay, et 2° Françoise, mariée, le 15 octobre 1556, à René de Lezay, sgr des Maretz.

Allery (Pierre), Ec., sgr de Chanoilleau et de Souché, fut pair du corps de ville et maire de Niort en 1542.

Allery (Pierre), sgr de Courailleau, fut, en 1549, un des députés du Tiers-Etat du Poitou aux Etats généraux. On le dit décédé, dans un dénombrement rendu le 17 octobre 1578, à l'abbaye de St-Maixent, par Louis de St-Maixent.

Allery (Pierre), sr de Richebourg, psse de St-Christophe, élect. de la Rochelle. Dans la liste imprimée des gentilshommes de la généralité de Poitiers, annotée par M. de Maupeou, son nom est précédé d'un R, ce qui indique que dans sa pensée il était roturier.

Allery (Anne d') épousa, vers 1550, Geoffroy Aymar, Ec., sgr du Grand-Velours.

ALLIGNY. — Famille qui figure dans la noblesse du Poitou, au XVe siècle.

Alligny (Jean d'), psse du Breuil de Chizé (Brenil, D.-Sèv.). Son métayer n'avait pas satisfait à la taxe imposée en 1437 aux gentilshommes qui n'avaient pas rejoint les armées. (Biblioth. Nation. Portefeuille intitulé Poitou.)

Alligny, sr de la Tourette, en l'élection de Poitiers, servit au ban des nobles du Poitou de 1533.

ALLILAY (Philippe), Ec., sgr de la Jarriette, époux de Renée Amoureux, transige, le 20 mai 1617, avec Lancelot de Liniers et De N. de Vaudel, son épouse. (Berthonneau et Pallu, notres à Airvau.) (Arch. du chât. d'Airvau.)

ALLONE ou **ASLONNE** (d'), *de Alona*. — Il y a eu deux familles de ce nom, originaires d'Aslonne, près Poitiers, et d'Alonne en Gâtine ; nous les croyons éteintes dès le XIVe siècle.

Alona (Raginaldus de) est cité comme témoin dans le règlement fait par Guillaume le Grand, duc d'Aquitaine, pour obvier à la dissipation des fonds et domaines de l'église de St-Hilaire-le-Gd de Poitiers. (D. F. 10.)

Nous ferons remarquer que les documents sur St-Hilaire publiés par M. Rédet dans les Mém. de la Soc. des Ant. de l'Ouest, 1847, ne mentionnent aucun personnage du nom d'Alonne dans les deux pièces du 3 août 1016, relatives à ce sujet.

Alona (Raginaldus de) se reconnaît homme lige de l'abbaye de St-Maixent, vers 1140. (D. F. 15.)

Allona (Rainaldus de), témoin d'un jugement relatif à la terre de Forrabeuf rendu vers 1172. (D. F. 21.)

Allonne (Renaud d') est témoin de la donation d'une maison faite, vers 1125 ou 1130, au Chapitre de St-Hilaire-le-Gd, par Pierre de Mans, prêtre. (Bnie de Mirebeau. M. A. O. 1877, 170.)

Alona (Hugo de), *miles, est homo ligius comitis Pictavensis ad rachetum altum et bassum sine estagio*, 1260. (Hom d'Alphonse.)

Alonne (Regnault d'), accusé de vols commis au préjudice de l'abbaye des Châtelliers, est renvoyé de cette accusation aux assises tenues à Fontenay, le samedi après la Toussaint 1333, par le sénéchal du Poitou. Sentence confirmée en août 1335.

Allona (Petrus de), témoin dans la charte de donation faite à l'abbaye de Noaillé, le 24 sept. 1336, de la terre de Pliboux (D.-Sèv.), par Agnès, veuve de Guillaume Bernard de Pliboux. (D. F. 22.)

Alonne (Thibault d'), valet, fut témoin, en 1318, d'un partage fait entre Gilbert Chasteigner, valet, et ses frères. (Fond Duchesne, 52, p. 33.)

Alonne (Hugues d'), sgr de la Gasconnière, vers 1350 ? est rappelé, avec Jeanne d'Alonne, sans doute sa fille, dans des aveux faits en 1402 par Pierre Grossin, Ec., sgr de Tourtron.

ALLONNEAU. — Famille originaire de Niort, où elle a occupé diverses charges municipales. La généalogie de la branche de Planisseau nous a été communiquée par M. Piet-Lataudrie, et dressée d'après les papiers de Pierre Bastard, procureur au siège royal de Niort, de 1665 à 1721.

Blason : d'argent au sautoir de sable, attribué à Antoine Allonneau (par d'Hozier). (Tous les blasons de l'Armorial du Poitou sont en général de fantaisie.)

Allonneau (Jean) est cité comme témoin dans un procès entre Geoffroy Ferron, Chev., et Renaud de Vivonne, sgr de Thors, le 11 juil. 1376. (A. H. P. 19.)

Alonelle (Berthomée) était femme de Jean Goion. Celui-ci rend aveu au château de Chizé, le 2 mai 1403, pour une pièce de terre, à cause de son épouse. (Liv. des fiefs.)

Alonelle (Jeanne) était femme de Pierre Pagault, qui rendit aveu, à cause de sa femme, le 4 janv. 1404, au château de Fontenay-le-Comte, du fief de la Pointe, tenu à moyenne et basse justice. (Id.)

Allonneau (Jacques) épousa Marguerite Dabillon, qui, étant veuve, fit acte le 18 avril 1583.

Allonneau (Perrine), femme de Mathurin Berland (p^sse de St-Pardoux), testa en 1625, ainsi qu'il résulte du commentaire sur la Coutume du Poitou, de J. Constant, 331.

Allonneau (Antoine), sgr du Verger, fut reçu lieutenant en l'élection de Niort en juillet 1675.

Allonneau (Jacques) était procureur à Niort en 1716.

§ Ier. — *Filiation suivie.*

1. — **Allonneau** (Antoine), habitant Parthenay, épousa Blanche Thibault, vers 1540, dont il eut : 1° Jacques, qui suit ; 2° Blanche ; 3° Catherine.

2. — **Allonneau** (Jacques) épousa, le 29 mars 1569, Catherine Gelée, dont il eut : 1° Pierre, qui suit ; 2° Isaac, rapporté au § II.

3. — **Allonneau** (Pierre), avocat, épousa, vers 1600, D^lle Susanne Chaudé, fille de François, et descendante de Hugues Fouschier, maire de Niort en 1463, dont il eut : 1° Pierre, qui, de son mariage avec Marie Beau, eut 3 enfants : *a.* N., s^r de Maisonneuve, qui se maria du côté de Sanxay, et eut une fille et deux garçons, dont l'un fut prêtre ; *b.* N., prêtre à Poitiers ; *c.* N., mariée à Martin Herbert, procureur à St-Maixent.

2° Jacques, qui suit ; 3° Louise, mariée à Philippe Bardon, s^r de la Grange.

4. — **Allonneau** (Jacques), procureur au siège royal de Niort, épousa, le 17 fév. 1642, D^lle Anne Clémanson, fille d'André et de Françoise Bertho n(Thibault, not. à Niort). Il en eut : 1° Pierre, qui suit ; 2° Jacques, s^r du Plessis, né le 2 déc. 1646, épousa Marie Racapé, et fut échevin en 1676. C'est à tort que M. A. Bonneau le qualifie de procureur au siège royal de Niort, car il résulte d'un acte de partage du 7 mai 1680 (Gruget, not. à Niort) que c'est son frère Pierre qui fut pourvu de l'office qu'occupait leur père. Jacques acheta, conjointement avec son beau-frère, Pierre Bastard, le greffe de la maîtrise particulière des eaux et forêts de Niort, et celui de la Gruerie d'Aulnay. Il mourut, sans postérité, le 24 juillet 1695 ; 3° Louis, qui sera rapporté au § III ; 4° Jean, qui sera rapporté au § IV ; 5° Anne, née le 5 déc. 1650, à Niort, épousa Louis Daviaud, sgr de Fougères, à la Rochelle (Thibault, n^re royal à Niort) ; 6° Louise, qui épousa Pierre Bastard, procureur au siège royal de Niort. (Contrat du 22 nov. 1665. Thibault, n^re à Niort.)

5. — **Allonneau** (Pierre), né le 15 avril 1644, épousa, par contrat du 26 avril 1667 (Thibault, n^re r^al à Niort), D^lle Catherine Bastard, fille de François, maître apothicaire, et de Catherine Chauvegrain. Il succéda à son père comme procureur au siège royal de Niort. Selon toutes les vraisemblances, c'est lui qui fut enseigne au régiment royal de Niort, en 1674. (Hist. Niort, par L. Favre, 347.) Il fut également pair de la commune. Il eut de son mariage Jacques, qui suit.

6. — **Allonneau** (Jacques), procureur au siège royal de Niort, épousa, par contrat du 22 août 1695, Marie Clémanson, fille de Louis, s^r de la Garde, et de Jeanne Garnier. De ce mariage sont issus : 1° Jacques, qui épousa Jeanne Casimir ; 2° Pierre, procureur, qui épousa Marthe Barraud ; 3° Catherine, mariée à N. Fraigneau ; 4° Louis, marié à N. Coutineau, dont il eut Jeanne, mariée à N. Boisbelet.

§ II. — Branche de **SAINT-PARDOUX.**

3. — **Allonneau** (Isaac), Ier du nom, s^r de Saint-Pardoux, deuxième fils de Jacques Allonneau et de Catherine Gelée (2e degré du § Ier), épousa Judith Chaudé, sœur de Susanne, femme de son frère Pierre, dont il eut : 1° N., fille, qui épousa N. Doreil ; 2° Isaac, qui suit.

4. — **Allonneau** (Isaac), Ier du nom, épousa Françoise Connies, dont il eut : 1° Pierre ; 2° François ; 3° Jacques, marié à N. Renaud et mort sans postérité ; 4° Louise, qui épousa N. Bardon ; 5° Etienne, qui suit.

5. — **Allonneau** (Etienne), mort à Londres, qui de Marie Coutard ou Contard, son épouse, laissa : 1° Pierre-Abraham, qui suit ; 2° Isaac ; 3° Etienne ; 4° Pierre ; 5° et 6° deux filles, dont l'une épousa N. Frère, s^r de Neufville.

6. — **Allonneau** (Pierre-Abraham), Ier, s^r de la Bruchetière, maître apothicaire à Niort, naquit le 19 septembre 1678, et mourut le 9 février 1731. Il avait épousé à Xaintray, le 26 novembre 1704, Marie-Anne Arnault, fille de Philippe, s^r de Château-Gaillard, et de Charlotte Suandeau, sa femme. De ce mariage sont issus : 1° Marie-Anne, qui épousa Louis-François Madien, avocat ; 2° Pierre-Abraham, qui suit ; 3° Antoine, marié, le 17 juin 1773, à Louise Doreil, dont un fils qui de son mariage avec N. a eu plusieurs filles, dont l'une a épousé N. Coquet, Chev. de la Légion d'honneur, et Louise-Jeanne, épouse de N. Geoffrion, chirurgien à Saint-Gelais ;

4° Marie-Charlotte, épouse de Pierre Thibault d'Elbenne, avocat ; 5° Louis, marié, en 1738, à Renée-Susanne Bastard, dont une fille, Marie-Renée, née le 10 décembre 1739, mariée, en 1756, à Jacques Bernard, s^r de la Ducquerie ;

6° Antonin, s^r du Peux, qui fut notaire à Trévin, près Niort ; 7° Henriette, épouse d'Yves-Jacques Racapé ; 8° Etienne-Philippe, marié à Anne Rivet, dont : 1° Louis, garde de la porte de Monsieur, frère du Roi, depuis Louis XVIII, qui, marié à Jeanne Aubry, eut Noctrix, mort chirurgien aux Antilles, et Louis, mort à Niort, sans enfants ; 2° Marie, femme de N. Clémanson, procureur du Roi à Niort.

7. — **Allonneau** (Pierre-Abraham), IIe du nom, fermier général de la commanderie de Saint-Remy, épousa Marie Mangou, fille de Jean, s^r des Fontaines et de Boiségur, et de Catherine Corbin, dont : 1° Gabriel-Pierre, s^r de la Bouchetière, maître ès arts en chirurgie, mort célibataire à Saint-Florent, près Niort, à 87 ans ; 2° N. Allonneau-la-Rente, prêtre, curé d'Azay-sur-Thouet ; 3° N. Allonneau-du-Fief, soldat, puis trappiste, puis encore soldat, présumé émigré, mort, au commencement de la Révolution française, au service du roi de Sardaigne ; 4° François, agent d'affaires, mort à Saint-Maixent, célibataire ; 5° N. Allonneau-des-Groix, marié à N. Geay-la-Fragnée, mort sans enfants ; 6° Jean-Jacques, reçu, en 1783, lieutenant-général au bailliage ducal de Parthenay, puis conseiller à la cour d'appel de Poitiers, y est mort en 1805 ; il s'était marié à Marie-Victoire-Perrine Frogin de la Godinière, dont :

a. Alexandre, tué en 1813, à la bataille de Bautzen ; *b.* Jean-Jacques, notaire, puis juge de paix à Vivonne, qui d'Honorine Gaultron de la Bate, laissa Louise, Blanche et Evariste, célibataires ; *c.* Pierre, né le 2 avril 1790, fut nommé, le 11 mars 1814, chirurgien aide-major du 62e de ligne et reçu docteur en médecine le 13 août, même année ; professeur à l'école secondaire de médecine de Poitiers en déc. 1830, y a fait les cours d'anatomie, etc.; obtint une médaille d'or lors d'un concours ouvert par la Société royale de médecine de Bordeaux, a publié plusieurs mémoires sur différents objets de médecine et chirurgie qui lui ont valu les titres de membre adjoint correspondant de l'Académie royale de médecine, de membre de la Société de médecine de Bordeaux. Membre de la Société des Antiquaires de l'Ouest, il a publié dans ses Mémoires deux importants travaux sur les batailles de Maupertuis et de Montcontour. (T. VIII et X.) Il est décédé à Thouars en 1851 ; il avait épousé, le 10 août 1816, Elisabeth Chauvin, fille d'Antoine-Emmanuel-César, inspecteur des eaux et forêts, et de Charlotte-Elisabeth Chabot, dont il eut Alfred, licencié en droit, mort célibataire à Poitiers.

7° Marie-Madeleine, mariée à Jacques-Marie-André Ochier ; 8° Pierre-Abraham, qui suit ; 9° Pierre-François, dont la postérité sera rapportée après celle de son frère.

8. — **Allonneau** (Pierre-Abraham), IIe du nom s^r de la Bruchetière, épousa, en 1775, Marguerite-Catherine Ochier, fut agent national de la commune de Cherveux et mourut à 89 ans, laissant de son mariage : 1° N., mort célibataire ; 2° Antoine, mort à Venise, servant dans le 79e de ligne ; 3° Brutus, mort célibataire ; 4° Pierre-Alexandre, garde d'honneur, fit la campagne de Saxe et mourut en 1815 ; 5° Louise, mariée à Philippe Corbin, capitaine de carabiniers au 6, Léger, Chev. de la Légion d'honneur ; 6° Gabriel-Pierre, qui suit.

9. — **Allonneau** (Gabriel-Pierre), percepteur, épousa : 1° Sophie Belliard, dont il eut Evelina, mariée à François Garran de Balzan, conseiller à la cour d'appel de Poitiers ; 2° Celine Dumortier, dont Léon, qui suit.

10. — **Allonneau** (Léon), licencié en droit, maire de Cherveux, épousa, vers 1862, Léontine Allonneau, fille d'Alexandre et de Pauline Audouit, dont : 1° Marie ; 2° Madeleine.

8. — **Allonneau** (Pierre-François), s^r de la Bruchetière, épousa Iphigénie Esquot, dont : 1° Eugène, marié à Delphine Girault, dont : *a.* Alida, mariée à N. Malineau ; *b.* Delphine, mariée, vers 1850, à N. Magnier, médecin à Champdeniers ;

2° Alexandre, marié à Pauline Audouit, fille de Louis, officier de la Légion d'honneur, et de Madeleine Ochier, dont Léontine, mariée, vers 1862, à Léon Allonneau, licencié en droit, maire de Cherveux, son cousin ; 3° Charles-Edouard, qui suit.

9. — **Allonneau** (Charles-Edouard), marié à Octavie Mosnay, dont Edouard, qui suit.

10. — **Allonneau** (Edouard), docteur en droit, juge au tribunal de Bressuire, marié, en 1886, à Renée Charpentier.

§ III.

5. — **Allonneau** (Louis), Ier du nom, s^r de Planisseau, 3e fils de Jacques et d'Anne Clémanson (4e degré du § Ier), fut consul des marchands à Niort en 1684, naquit le 20 mai 1647, et épousa en premières noces Elisabeth Gellé, fille de Michel, s^r des Marinières, qui testa en sa faveur en 1674, et mourut sans postérité. Il se remaria avec Anne Dotteau, dont il eut : 1° Louis, qui suit ; 2° Louise, 3° Marguerite, 4° Rose, qui ne se sont pas mariées.

6. — **Allonneau** (Louis), IIe du nom, s^r du Planisseau, avocat et procureur au siège royal de Niort, pair et notable en 1716. Dans cette même année, il épousa (contrat reçu Simon) Catherine Girault, fille de N., sénéchal de Saint-Maxire, et de Louise Girard, dont il eut : 1° N., qui dans sa jeunesse passa aux îles, où l'on croit qu'il est mort ; 2° N., fille, née à Saint-Maxire, morte célibataire ; 3° Marguerite-Rose, née à Niort en 1729 et décédée en novembre 1793 ; 4° Louis, qui suit.

7. — **Allonneau** (Louis), IIIe du nom, s^r du Planisseau, avocat, né le 6 novembre 1734, et décédé à Niort le 30 avril 1812, sans postérité.

§ IV.

5. — **Allonneau** (Jean), 4e fils de Jacques et d'Anne Clémanson (4e degré du § Ier), s^r de la Croix, épousa Marguerite Guillemeau, veuve du s^r Mangou de la Chaignée (contrat du 17 mai 1682), dont il eut Charles, qui suit.

6. — **Allonneau** (Charles), s^r de la Croix, baptisé à Saint-Barthélemy d'Azay, le 4 juillet 1685, était consul à Niort en 1704 et 1706 ; il épousa à Nantes Dlle Renée Leclerc, le 16 juin 1721, et y fixa sa résidence. Il eut 5 enfants : 1° Marie, qui épousa Jacques Girard le 30 juin 1759 ; 2° Renée, mariée, le 4 février 1749, à Etienne-Claude Chevillard ; 3° Charles, avocat à Paris, marié à Marguerite Domanin, dont il eut une fille, Marguerite, mariée, le 12 juillet 1800, à son cousin germain Charles-Julien Lefebvre ; 4° Jean, qui suit ; 5° Julienne, mariée, le 22 novembre 1756, à Charles Julien Lefebvre.

7. — **Allonneau** (Jean), né à Nantes le 15 décembre 1727, a épousé dans cette ville, le 27 novembre 1759, Françoise Bazin, dont il eut : 1° Jean-Baptiste, qui suit ; 2° Renée-Marie-Françoise, mariée, le 7 octobre 1782, à Michel-André Scheult. (Coiseaud, notaire à Nantes.)

8. — **Allonneau** (Jean-Baptiste), procureur, naquit à Nantes le 10 avril 1764, et épousa (contrat du 8 juillet 1805) Susanne-Esther-Marie Richard de la Pivardière.

ALLOTTE. — Famille de la ville de Loudun.

Allotte (Perrine) épousa, en 1616, Abraham Gaultier, conseiller au bailliage de Loudun.

Allotte (Jean), s^r de Grandpré, laissa entre autres enfants de Marthe Pélisson, sa femme, une fille, Marthe, femme de René Bastard, s^r du Pont, qui, le 9 mars 1687, transigeaient avec Charles-Daniel de Brusse, Chev., sgr de la Bonninière. Acte reçu Douteau, notaire à Loudun. (Gén. de Brusse.)

Allotte (Aubine) épousa Isaac de Brissac, Ec., sgr de Grand-Champ, par contrat du 10 mars 1672, reçu Aubery, notaire à Loudun. (Gén. de Brissac.)

Allotte (Daniel) épousa, vers 1720, Marie Montault, fille de Daniel, s^r de Preuilly, et de Charlotte Poulin.

Allotte (N.), s^r de Grandcour, épousa, vers 1750,

N. Briant, fille de Jean-René, président en l'élection de Loudun.

Allotte de la Fuye (N.), directeur des contributions indirectes en 1875, a eu pour enfants : 1° Maurice, marié ; 2° Georges, qui suit.

Allotte de la Fuye (Georges), capitaine d'état-major en 1874, colonel en 1880. Sa famille habite Nantes.

ALLOUE ou **ALHOUE** (d'). — Famille dont le nom primitif était **Hélie**, d'après un titre extrait par D. Fonteneau du Chartrier de l'abbaye de Nanteuil-en-Vallée (Charente), nom auquel aurait été ajouté comme surnom celui d'Alloue, qui, adopté par ses représentants, aurait fait mettre l'autre en oubli. Ce surnom vient de ce que cette famille possédait la seigneurie du très ancien bourg d'Alloue (Charente).

Elle s'est partagée en deux branches, celles des sgrs des Adjots (Charente) et du Breuil-Coëffault, commune de Hanc (D.-S.). Elles sont éteintes l'une et l'autre. Nous n'avons pu établir leur filiation que d'une manière hypothétique, et l'époque de leur séparation et leur auteur commun nous sont également inconnus. Le peu que nous disons de la filiation de ces deux branches provient en grande partie de notes communiquées par M. le Comte d'Orfeuille.

Blason : d'argent à 2 chevrons de gueules, l'un sur l'autre, accompagnés en chef de deux macles de sable. (Laboureur, G^ie Desmiér.) Les sceaux du XVIe siècle ont une molette en pointe. M. de Brémond (Bans d'Angoumois) dit qu'on trouve aussi de sable à 2 chevrons d'or, et 2 macles de même en chef.

Un sceau de René d'Alloue, Ec., sgr des Châtellus, en 1577 (quittance 26 août), est écartelé : 1° d'Alloue ; 2° losangé ? ou fretté ? 3° Montalembert ; 4° semé d'hermines.

François d'Alloue des Adjots a scellé une quittance (en 1550) d'un écu chargé d'un chevron et 3 coquilles ? (ce sont les armes des du Courret). En 1558, il scelle d'un écu parti d'un chevron et 3 croissants, et d'un aigle à 2 têtes. Le Registre de Malte (Bibl. Arsenal) donne aux d'Alloue : « losangé argent sable ». C'est une erreur dont nous ne pouvons connaître l'origine.

Noms isolés.

Hélie dit d'**Alloue** (Jean) fit échange avec Yrvois de Ruffec, le 31 août 1359, pour l'hôtel de la Raite, paroisse des Adjots, à cause de sa femme Jeanne Jayne (Jay). « Johannes Helia, *aliàs* Daloc de Ajotis. » (Cab. tit. Carrés d'Hozier, 28.)

Hélie, *aliàs* d'**Alloue** (Pierre), Ec., fut témoin, en 1438, d'un accord entre le Chapitre de Saint-Hilaire-le-Grand de Poitiers et Guy de la Rochefoucauld, sgr de Verteuil. (Fond Lat. 17147, p. 343.)

Hélie (Jean) dit d'**Alloue**, sgr d'Alloue ? fait, le 18 octobre 1453, une donation à l'abbaye de Nanteuil-en-Vallée. Il est compris dans un dénombrement rendu par le sgr de Ruffec, le 7 décembre 1470, à cause de sa terre des Adjots mouvante de cette seigneurie. (D. F.) Il fut sans doute père d'André, chef de la branche des Adjots, et de Guy, chef de la branche du Breuil.

Alloue (Antoine, *aliàs* André d'), Ec., sgr des Adjots, est dit faire un arrentement le 25 juillet 1466, dans un inventaire de pièces relatives à la sgrie de Champ-Maignen. (F. de Chergé.)

Alloue (Guillemette d') épousa, le 13 juill. 1506, Foucaud Desmier, Ec., s^r de l'Obroire ; elle est dite, à tort, fille d'Hector-Clément (*sic*), sgr des Adjots, et de Marie de Saint-Gelais. Si la date du mariage est exacte, elle devait être plutôt sœur de Clément ; mais elle pouvait être aussi d'une autre branche.

Alloue (Pierre d'), que le *Gallia Christiana* ne cite parmi les abbés de Grosbost qu'à la date de sa mort, qu'il dit arrivée en 1575, fait acte d'abbé le 4 sept. 1565. (P. de Fleury. Arch. de la Charente.)

Alloue (Esther d') épousa (contrat du 20 oct. 1531) Gaspard de Campet, Bon de Saugeon. (G^ie Campet.)

Alloue (Renée d') épousa, vers 1600 ? Isaac Corgnol, Ec., s^r de Magné.

Alloue (Louis d') épousa Marie de Livenne dont Anne, mariée en 1629 à Raymond d'Abzac, Ec., sgr de la Forêt, veuf de Guyonne de Singarreau (ailleurs elle est dite fille du sgr des Adjots).

Alloue (Félix d') était, vers 1665, aumônier de l'Aumônerie de Chizé. (Réform. des forêts, 7.)

Alloue (François d') (ou plutôt **Dalloue**, d'une autre famille), prêtre, vivait en 1754. (G^ie Bouthet.)

Alloue (Catherine d') fut la 1re femme de Jean de Vérinauld.

Branche des **Adjots**.

1. — **Alloue** (André d'), Ec., sgr des Adjots, passe divers actes de 1456 à 1469. (F. de Chergé.) Il vivait encore en 1477 ; il laissa, croyons-nous, pour enfants : 1° Clément, dit aussi Hector, qui suit ; 2° Jean, Ec., sgr de la Cour-des-Adjots, d'Aubanie et de Champ-Maignen, figure dans un grand nombre d'actes depuis 1501 jusqu'en 1534. Il est dit frère de Clément dans une transaction passée, le 19 juin 1503, avec Méry Gallard, prieur de Saint-Macoux. (F. de Chergé.) Marié à Françoise du Perche, il eut pour enfants : *a.* Clément, sgr de la Cour-des-Adjots, rendait, le 24 mai 1538, un hommage à la sgrie de Mairé-l'Evescault ; il épousa Renée Geoffroy, dont une fille, Renée, mariée, le 25 sept. 1542, sous la cour d'Aubigny et Faye, à René Réorteau, Ec., sgr de la Roche-Tollay ; *b.* Pierre ; *c.* Charles, prieur de l'abbaye de Charroux en 1545. Ils transigeaient tous les trois, le 7 janvier 1545, avec François du Breuil-Hélyon, Ec., sgr de Combes, leur beau-frère, époux de 3° Jacquette, leur sœur, au sujet de sa dot. Ils avaient un autre frère, 4° Jean, qui, le 20 mars 1534, partage avec les susnommés les successions de leurs père et mère. (O. F. de Chergé.)

2. — **Alloue** (Clément d'), Ec., sgr des Adjots, marié, le 11 oct. 1498, à Marie de Saint-Gelais, fille de Guyot, Ec., sgr d'Antigny, et d'Antoinette de Peyré, en eut : 1° François, qui suit ; 2° Françoise, religieuse ; 3° Philippe, Ec., sgr d'Antigny, qui partage avec son frère le 10 déc. 1527.

3. — **Alloue** (François d'), Ec., sgr des Adjots et de la Thibaudière, p^sse de Chizé (Deux-Sèvres), qu'il acquit par échange, en 1542, de Geoffroy d'Estissac. Il rendit au chât. de Chizé divers aveux pour les sgries de la Thibaudière, de l'Isle (c^ne d'Availles-sur-Chizé), de 1544 à 1549, et au chât. d'Aulnay (Charente-Inf^re), pour son hébergement du Breuil-Bréchou, qu'il avait eu par échange avec Jean du Breuil, Ec., le 17 nov. 1549. (Dom. royal en Poitou.) Marié : d'abord à Marguerite Goumard, veuve de Nicolas du Courret, Ec., s^r de Chenay, et fille de Jean, Ec., s^r d'Eschillais, et de Jeanne de Conys, il épousa en 2des noces Renée Gillier, fille de François et de Louise de la Rochandry ; elle était

veuve d'Aimery Bouchard d'Aubeterre, sgr de Montchaude. Il eut du 1er lit : 1° François, Chev., sgr des Adjots, de la Thibaudière, qualifié, en 1604, de Chev. de l'ordre du Roi, gentilhomme ordinaire de sa chambre, et de gouverneur de St-Jean-d'Angély ; il était décédé avant le 30 juin 1608, date du partage de sa succession entre Charles et Elisabeth, ses neveux, qu'il avait faits ses légataires ; il avait épousé, le 16 déc. 1559, Anne de la Martonie, fille de Geoffroy, sgr de Condat.

2° Jean, qui suit ; 3° Pierre, Chev. de Malte en 1554 ; 4° (probablement) René, page des princesses, âgé de 17 ans en 1540, obtint des lettres de rémission pour un duel avec le sr de Pruneaux.

4. — **Alloue** (Jean d'), Ec., sgr de Châteaurouhet, Gémozac, les Adjots, laissa de Anne de Fontlebon, fille de Pierre, Ec., sgr de Fontlebon, et de Marguerite Regnaud : 1° Charles, qui suit ; 2° Elisabeth, mariée, le 22 juillet 1594 (Desmier et Marchand, notres à Chizé), à Pierre d'Orfeuille, Ec., sgr de Foucaud ; 3° Susanne, mariée à Gabriel Raymond, sr d'Ambérac.

5. — **Alloue** (Charles d'), Ec., sgr des Adjots, la Thibaudière, héritier de son oncle François, était maître des eaux et forêts de Chizé en 1613 ; il épousa, le 20 déc. 1596, Espérance de Nourrigier, dont il eut : 1° Charles, qui suit ; 2° Susanne, née le 2 nov. 1608 ; 3° Jacques, né le 3 janvier 1610 ; 4° Abraham, né le 3 mars 1611 ; 5° Susanne, née en 1612, mariée, le 21 nov. 1633, à François Valentin, Ec., sr de Montbrun ; 6° Espérance, baptisée au temple de Chizé, comme ses frères et sœurs, le 26 juillet 1615 ; 7° Elisabeth, mariée à Benjamin Méhée, Ec., sgr d'Escolles?

6. — **Alloue** (Charles d'), Chev., sgr des Adjots, la Thibaudière, gentilhomme de la maison du Roi en 1637, servait sur la flotte de Guyenne en 1639. Marié, le 2 déc. 1661, à Gabriel Aynault, fille d'Antoine, pair de Niort, et de Gabrielle Dépinay (elle était veuve le 5 sept. 1661 et tutrice de leurs enfants mineurs), il eut : 1° Charles, dit le Mis des Adjots, capitaine général des chasses en Poitou, Saintonge et Angoumois. Le 1er mars 1667, il achetait de Louis de Rochechouard la barnie de Gascougnolle, le fief de Vitré, la châtnie de Vouillé, la sgrie de Thorigny, moyennant 190.000 liv. Il mourut sans postérité ; 2° François, qui suit.

7. — **Alloue** (François d'), Chev., sgr des Adjots, la Thibaudière, Gascougnolle, Vouillé, la Mothe-Thorigny, hérita de son frère en 1669. Marié, le 13 janv. 1664, à Louise Acarie du Bourdet, fille de Louis, Chev., sr de Crazannes, et de Philippe du Chemin, il eut pour fils Charles, qui suit.

8. — **Alloue** (Charles d'), Chev., sgr des Adjots, la Thibaudière, né à Paris le 3 fév. 1666, passa en Hollande, mais revint en France à la mort de son père, vers 1700. Il paraît s'être marié 2 fois : 1° à N. ; 2° en Hollande, à Julie Hélie de la Grange, fille de François-Hector, Ec., sr de Boisroux. Il eut (sans doute du 1er lit) : 1° Charles, qui suit ; du second, il eut : 2° François-Hector, Ec., sgr des Adjots, résidant au chât. du Fougeroux (Vendée), fut reçu page du Roi dans sa petite écurie en déc. 1708, épousa, par contrat du 25 juillet 1719, Renée-Susanne Grellier, fille de François, Ec., sgr des Aspoix, et de Susanne de Regnon ; il paraît n'avoir eu qu'une fille, Anne-Bénigne, mariée, en 1733, à Jean-Louis Mauclerc, sgr de la Muzanchère.

9. — **Alloue** (Charles d'), Mis des Adjots, sgr de Puypéroux, Boisredon, fit aveu à Cognac en 1723. Marié, vers 1715, à Catherine Chevalier, De de Chillac en Saintonge, il eut pour fille Elisabeth, mariée, le 18 janvier 1736, à Alphonse de Donissan.

Branche du **Breuil-Coeffault**.

1. — **Alloue** (Guyot d'), Ec., est le premier qui, à notre connaissance, ait pris le titre de sgr du Breuil-Coëffault, et auquel nous puissions faire remonter la filiation de cette branche ; il servait au ban d'Angoumois en 1467, en homme d'armes. Il épousa Dlle Catherine de Saxier (appelée ailleurs de Facier, Dessaer et Dexmier), dont il eut : 1° Jean, qui suit ; 2° Marguerite, mariée, le 2 oct. 1466, à Louis Turpin, Ec., sgr de Jouhé ; elle était veuve le 24 mai 1514 ; 3° Marie, qui épousa, le 15 avril 1475, Jacques Guyot, Ec., sgr de Champagnac ; 4° Egyptienne, mariée, le 12 nov. 1479, à Jean Jay, Ec., sgr de Villeneuve ; elle rendait, le 16 mai 1492, étant veuve, un aveu de la terre de Villeneuve à l'abb. de Nanteuil. Guyot avait rendu aveu à la même abbaye, le 14 août 1467, des trois quarts de son hébergement de Châtellus, et vivait encore en 1481. (D. F.)

2. — **Alloue** (Jean d'), Ec., sgr du Breuil-Coëffault, Châtellus, qui agissait au nom de Catherine Dexmier ? sa mère, échangeait, de concert avec Antoine de Puyvert, Ec., sgr du Petit-Corzé, des terres avec Antoine Grégoire. Le 3 avril 1498, il partageait les biens de Jacques d'Alloue, que nous croyons avoir été son oncle. (O.) Il épousa Jeanne Partenay, fille de Jean, Ec., sr de Maisonnay, et de Jeanne Garnier, laquelle, étant veuve en 1512, rendait aveu du Breuil-Coëffault, le 13 mars, à la sgrie de Mairé-l'Evescault (Deux-Sèvres). (D. F.) On trouve dans le Reg. du Grand-Prieuré d'Aquitaine, déposé à la Bibl. de l'Arsenal, un Guyot d'Alloue comme époux de Jeanne de Partenay ; nous pensons que c'est le Jean dont nous nous occupons, indiqué dans ce manuscrit sous cette fausse indication. Il eut pour enfants : 1° Jacques, qui suit ; 2° Françoise, épouse de Jean des Gittons, Ec., sgr de la Baronnière ; 3° Marie, qui, dans une cession de biens faite le 25 avril 1527, est dite déjà décédée sans alliance ; 4° Jacquette, mariée à Nicolas Aymar, Ec., sgr du Fouilloux.

3. — **Alloue** (Jacques d'), Ec., sgr du Breuil-Coëffault, Peuchebrun, fit cession de biens à sa sœur Françoise, le 25 avril 1527. Le 17 janvier 1518, il épousa Marie de Montalembert, fille de Charles, Ec., sgr d'Essé, et de Charlotte Jay, dont il eut : 1° Jacques, qui suit : 2° René, Chev. de Malte en 1546 ; 3° Renée, mariée d'abord à Pierre Gérault, Ec., sr de Fregeneuil, puis à Louis Jaubert, Ec. ; ils vendent, le 12 sept. 1570, à Pierre de Triollon, Ec., sgr de Denac, le tiers de la sgrie de Champ-Maignen (O. F. de Chergé) ; 4° Renaud, Ec., sgr du Breuil, qui vendit les trois quarts de Champ-Maignen à Charles Pariéteau, marchd de Tours, le 9 août 1563 ; mais la réalisation du contrat n'eut pas lieu, et Renaud reprit ses biens. (Id.)

4. — **Alloue** (Jacques d'), Ec., sgr du Breuil-Coëffault et Peuchebrun, St-Hilaire de Ligné, la Touche, rendait hommage de partie de la châtnie de Châtellus à l'abb. de Nanteuil, le 10 juin 1530, et recevait, le 17 juin 1545, un dénombrement pour les dîmes de Tourteron (cne de Paizay-Naudouin, Charente). (O. F. de Chergé.) Il poursuit des personnes lui devant des lots et ventes, à cause de sa sgrie de la Touche, en sept. 1573. (Arch. Ant. Ouest.) Il avait épousé, avant le 22 janv. 1574, Dlle Marguerite de l'Espronnière, De de la

Touche-St-Hilaire, laquelle faisait, comme sa veuve, un échange, le 9 déc. 1592, avec Mathurin Ayrault ; leurs enfants furent : 1° Jacques, s^r^ du Breuil-Coëffault, qui, le 5 avril 1566, avait donné à ses frères puînés leur part dans la succession de leur père, la terre de Peuchebrun et la ferme du Breuil-Tizon (c^ne^ de Longré, Charente). Il fut, après la mort de son frère Léon, curateur de ses enfants mineurs ; nous ignorons s'il a contracté alliance ; 2° Léon, qui suit ; 3° Bernard, qui, par suite d'un second partage en date du 19 juillet 1576, causé par le décès de Léon, son frère, eut la terre, sgrie et métairie du Breuil-Tizon ; 4° Anne, qui, le 25 sept. 1613, était épouse de Pierre Courault, Ec., sgr de la Touche ; elle épousa, dit-on, en 2des noces, N. Barbarin, Ec., s^r^ du Chambon.

5. — **Alloue** (Léon d'), Ec., sgr de Peuchebrun, par suite du partage du 5 avril 1566, était marié et décédé avant le 19 juillet 1576, époque où son frère Jacques était tuteur des enfants mineurs issus de son mariage avec Andrée Bournais, dont nous ne connaissons que Pierre, qui suit.

6. — **Alloue** (Pierre d'), Ec., sgr du Breuil-Coëffault, Champ-Maignen, etc., qualifié gentilhomme de la chambre du Roi, épousa, par contrat du 27 janvier 1593, Anne Boutou, fille de Bonaventure, Ec., sgr de la Baugisière ; elle y est dite veuve de Jean de Livenne. Il était, le 27 déc. 1626, curateur aux causes de Galliot de Brémond, Chev., sgr de Brémond. Il eut pour enfants : 1° Gabriel, mort sans alliance ; 2° Marie, épouse de Jacques de Théville, Ec. ; 3° (peut-être) Elisabeth, mariée à Pierre Lestang, Ec., le 1er mai 1607 ; 4° et probablement Elie, qui suit.

7. — **Alloue** (Elie d'), Ec., sgr du Breuil-Coëffault, Peuchebrun, fit accord, le 17 janvier 1653, avec Olivier Gourjault. Il épousa Renée Moreau, et mourut probablement sans hoirs, car le Breuil-Coëffault passa aux Théville.

Branche de **CHATELLUS** (sans jonction).

Alloue (Aymard d'), sgr de Châtellus, p^sse^ de Juillé ? rend hommage d'une partie de cette terre à l'abb. de Nanteuil, le 24 mars 1501. (D. F.) Il eut peut-être pour fils :

Alloue (Louis d'), Ec., sgr de Châtellus, fit aveu de ce fief en 1534. Il épousa : 1° Anne de Maunourry, et probablement en 2des noces Jeanne de Montalembert, fille du sgr d'Essé ? Il eut pour fils Jean, qui est dit fils de Louis dans une sentence du 10 déc. 1538, peut-être aussi Renée, mariée, le 26 juin 1547, à Jacques de Beaumont. (Nob. Lim.)

Alloue (Jean d'), Ec., sgr de Châtellus, eut sans doute pour fils René, qui suit.

Alloue (René d'), sgr de Châtellus, gentilhomme de la chambre du Roi, était, vers 1580, époux de Florence de Barbezières, probablement sœur de Méry, Chev., sgr de Chemerault ; il en eut : 1° Marguerite, qui épousa (contrat du 16 juin 1608, passé à Paris) François Compaing, Ec., sgr de Varcilles, exempt des gardes du corps du Roi, Ecuyer de ses écuries ; 2° André, qui suit.

Alloue (André d'), Ec., s^r^ de Châtellus et d'Essé, assista au mariage de sa sœur en 1608 ; il épousa, vers 1620, Jeanne de Rabaine, fille de Jean, Ec., s^r^ d'Usson, et de Louise de Pons. Nous ne savons pas s'il eut postérité.

Branche de **DEVEZEAU.**

Alloue (Pierre d'), probablement puîné de la branche de Châtellus, épousa, vers 15.., Françoise de Barro, qui était veuve en 1578, dont :

Alloue (Pierre d'), Ec., s^r^ de Devezeau, était décédé en 1583 ; il épousa Françoise Penet ou Penel, qui se remaria à Guy de Devezeau, Ec., s^r^ de l'Age, dont il eut :

Alloue (Pierre d'), Ec., s^r^ de Devezeau, marié à Sara de Nourigier, paraît n'avoir eu qu'une fille, Marie, qui épousa Nicolas de la Grèze, Ec., s^r^ du Bouchaud. (A. Char. E 551.)

ALOIGNY (d'). — Famille d'ancienne noblesse, qui tire son nom du château d'Aloigny (Lésigny-sur-Creuse) en Châtelleraudais. Elle a tenu en Poitou et Berry un rang considérable. Le nom de cette famille a été indifféremment écrit dans divers temps ou dans divers lieux, Aloigny, Alougny, Alogny, Alougné, Aloigne, de Loigne, Deloigne, et a été parfois confondu avec celui des seigneurs de Loigny dans l'Orléanais.

La branche des seigneurs de Boismorand, de Cherzay, de Ligniers, de la Gosselinière, fit imprimer à Poitiers, vers 1760, chez Brault, une généalogie d'après les titres originaux visés par M. d'Hozier ; mais il n'y est parlé que de la ligne directe et de la collatérale dont leur branche est issue.

Indépendamment de ces deux branches, il y a celles des sgrs de la Groye, de Beaulieu et du Puy St-Astier, dont la jonction n'a pu être établie avec celle de Rochefort.

Blason : les d'Aloigny de la Millaudière, Rochefort, Boismorand, Cherzay, la Gosselinière, portaient : de gueules à trois fleurs de lis d'argent, posées 2, 1 (sceaux de 1339, 1571, 1579 ; celui de 1339 chargé d'un lambel à trois pendants, parce qu'il était sans doute celui d'un cadet).

Les d'Aloigny de la Groye, de Beaulieu, du Puy-St-Astier : de gueules à cinq fleurs de lis, posées en sautoir (sceau de 1420), brisé également d'un lambel à trois pendants, sans doute en signe de puînesse.

Aloigny (Guillaume), religieux et chambrier de l'abbaye de Déols, diocèse de Bourges, mourut le jour de Quasimodo 1220. Son épitaphe le qualifie de *plus noble et religieuse personne*, et d'après l'extrait délivré le 14 décembre 1619 à Louis d'Aloigny, Mis de Rochefort, pour ses preuves de chevalier du Saint-Esprit, le sous-prieur du monastère, François de Chamborant, attestait que, de mémoire d'homme, aucun religieux n'était entré dans cette abbaye qu'il n'eût prouvé une noblesse de quatre degrés.

Aloigny (Guillaume d') assista à la septième croisade, d'après une charte de 1249 signée à Damiette. (La Noblesse aux croisades, 250.)

Aloigny (Guillaume d'), Chev., vivait en 1281, suivant un titre de l'évêché de Poitiers. (F.)

Aloigné (Marie d') était, le 4 mai 1291, religieuse de l'abbaye de la Trinité de Poitiers et prieure de Smarve. (D. F. 24.)

Aloigny (Boucher d') scella de son sceau en cire rouge, représentant trois fleurs de lis et un lambel de trois pendants, une quittance qu'il donna, le 20 octobre 1339, à François de l'Hôpital, clerc des arbalétriers, d'une somme de 4 l. 10 s. pour ses gages et ceux d'un autre écuyer. (F.)

Aloigny (Simon d'), Ec., se trouve inscrit sous la date du 15 janvier 1370 dans un registre manuscrit intitulé *Montres et Revues* (Bibl. Nat.). On le trouve avec la même qualité le 1er octobre 1371. Peut-être était-il frère de Pierre, marié à Aglantine de la Tremoille. (Gaignères, Bib. Nat.)

Aloigny (Huguet). Son château de Néon et ses dépendances sont confisqués et donnés, le 8 juillet 1370, à Pierre Bauchier, Ec. de Bretagne, pour y avoir placé Guyot du Jeu, Ec., qui le tenait sous l'obéissance du roi d'Angleterre. (A. H. P. 19.)

Aloigne (Gravaigne d') rend, le 7 juin 1409, aveu au château de Poitiers à cause de son houstel de Travarzay, assis en la paroisse de Bonneilh-Matours, tenu au devoir d'un homme armé de cotte gamboisée. (Livre des fiefs.)

Aloigny (Pierre d') donne à Heron, trésorier des guerres, le 12 sept. 1420, une quittance de 345 liv. sur ses gages, ceux d'un chevalier bachelier et vingt écuyers de sa chambre. Son sceau représente 5 fleurs de lis et un lambel avec 3 pendants.

Aloigny (René d'), Éc., sgr de Boismorand, est nommé dans le testament de Renaud de Montléon, sgr de Boismorand, daté du 23 nov. 1420. (D. F. 25.)

Aloigny (Jeanne d') était, le 10 mars 1426, religieuse de l'abb. de Sainte-Croix de Poitiers et prieure du Breuil-Chizé. (D. F.)

Aloigny (Gaucher d') possédait en 1484 le fief d'Aloigny qui relevait de Châtellerault. Françoise, sa fille, dame de Sepmes en Touraine, épousa Jacques de Taix ou du Thais, chambellan du Roi. (Hist. Châtellerault, I, 334.)

Alougné (Guillaume d'), Ec., qualifié noble homme, sgr de Rochefort en Brenne, fait, le 18 sept. 1443, hommage au sgr du Bouchet d'un étang dépendant de Rochefort. (D. F. Château d'Asnières.)

Allogny (Gillette d') était en 1446 épouse de Guillaume de la Lande. (Hist. de Châtellerault, I, 407.)

Aloigné (Catherine d') épousa noble homme Olivier Levrault, Éc., comme il ressort d'un accord passé, le 9 février 1447, entre ce dernier et Maurice Clavourier, sgr de l'Ile-Gaudouard. (Arch. du château de la Barre, II, 395.)

Aloigny (Antoine d'), fils aîné du sgr de la Chaize. — François et Louis, ses frères, et leurs serviteurs, sont décrétés d'accusation par les Grands Jours de Poitiers de 1531.

Antoine eut une fille, Renée, qui épousa François Chasteigner. (M. Stat. 1878, 86.)

Aloigny (Jacques d') épousa Jeanne de l'Age, fille de Jean et d'Esther de Bléreau, dont une fille, Catherine, qui, le 13 oct. 1535, partage avec Jean de l'Age, son oncle, les biens de Jean de l'Age, leur aïeul. (Gén. de l'Age).

Aloigny (Antoine d') était homme d'armes à la petite paye dans la compagnie du duc de Montpensier qui fit montre à Anzac (Charente), le 9 oct. 1548. (O.)

Aloigny (Jacquette d'), dame de la Filetière, avait épousé Joachim de Mondion, avec lequel elle passait un contrat d'acquêt sous la cour de Marmande (Vienne), le 27 déc. 1549.

Aloigny (Louis d'), peut-être sgr de Rochefort. — François et Louis, ses frères, et Guillaume de Marolles, combattent contre les sgrs de Chaumont et de la Morinière, 1563-1567. (Arch. Nat.)

Aloigny (Lucrèce d') était prieure de Villesalem, 1617-1618-1619. (B. A. O. 1856, p. 220.)

Aloigny (Hilaire d'), élue Abbesse de la Trinité de Poitiers en 1644, mourut en 1649. (Gall. Christ. II.)

Aloigny (Louis d'), Ec., sgr de Boismorand le 29 mai 1671. (D. F. Abb. de Saint-Savin.)

Aloigny (Antoine d'), prêtre, mentionné dans un arrêt du Grand Conseil du 24 mars 1672, relatif à la possession du prieuré de Mortagne. (D. Font.)

D'après le Pouillé du Diocèse de Poitiers, les d'Aloigny sgrs de Boismorand étaient collateurs d'une chapelle dans l'église d'Antigny et avaient leur litre funèbre peinte sur les murs de cette église.

Filiation.

D'après les chartes de la Merci-Dieu, l'origine de la famille d'Aloigny paraît se rattacher à celle des sgrs de Saint-Flovier, près Loches. Hugues d'Aloigny ou de Saint-Flovier, avec ses frères Airaud et Guillaume de Saint-Flovier et Denise leur mère, fit don à la Merci-Dieu en 1211 et 1219. (M. Lainé, Archives de la noblesse, vol. XI, Nobiliaire de la Rochelle, pense que cette Denise était dame d'Aloigny et qu'elle porta ce fief aux Saint-Flovier.) Mais le premier personnage certain à qui l'on puisse faire remonter la filiation est :

Aloigny (Guillaume d'), qui figure dans un titre de 1281 des anciennes archives de l'évêché de Poitiers ; il a pu être père de : 1° Jean, chef de la branche de la Groye ; 2° Pierre, chef de la branche de Rochefort (qui était cadette).

§ I. — Branche de la GROYE.

(D'après les titres produits en 1667 par M. d'Aloigny de la Groye.)

1. — **Aloigny** (Jean d'), Ec., sgr de Chagon, fit bail à rente à Chagon le 22 juill. 1319. (Saint-Allais dit qu'il fut à l'ost de Flandre en 1315. Mais c'est peut-être une confusion avec un autre personnage portant un nom similaire.) Nous pensons qu'il eut pour enfants : 1° Pierre, qui suit ; 2° Jean, nommé dans les testaments de son frère en 1350 et 1360 ; 3° N..., religieuse au prieuré de Rives.

2. — **Aloigny** (Pierre d'), Ec., sgr de Chagon, testa le 23 déc. 1350 en faveur de ses enfants (qu'il ne nomme pas), fixant sa sépulture en l'église de Prinçay, avec celle de ses prédécesseurs. Il nomma son frère exécuteur testamentaire et fit legs à sa sœur. Ce testament fut ratifié par un codicille fait en 1360. Marié : 1° à Jeanne des Loges, décédée sans postérité, avant 1350 ; 2° à Marguerite Boeuf, ou Besve, sœur de Hugues Bœuf, Ec. (Saint-Allais dit Jean Besve, chancelier du duc de Berry), il paraît avoir eu pour enfants : 1° Gauvain, qui suit ; 2° Jean, Ec., sgr de Villaré (que l'on croit auteur des seigneurs de la Roche-Mabile) ; 3° (d'après Saint-Allais) Jeanne, femme de Jean Gouffier, sgr de Bonnivet.

3. — **Aloigny** (Gauvain ou Agravain d'), Ec., sgr de Chagon, servait en 1385 avec le sgr de Parthenay, et fit divers actes jusqu'en 1421. Le 7 juin 1409, il fit aveu de Traversay. Il épousa Jeanne de Lezignac, dame de la Létarde, dont il eut : 1° Pierre, qui suit ; 2° Josselin, qui figure dans un acte du 11 sept. 1408 ; 3° Gillette, mariée, le 8 sept. 1432, à Guillaume de la Lande, Ec., sgr du Chesne.

4. — **Aloigny** (Pierre d'), Chev., sgr de Chagon, la Groye, servait en 1420 avec 1 chev. bachelier et

20 écuyers, et fit montre à Beaugency le 12 sept. (son sceau porte 5 fleurs de lis et un lambel, parce que son père vivait encore). Il fut capitaine du château de la Haye en 1428 et 1433, mais il mourut avant 1442. Il épousa en déc. 1412 (*aliàs* 1421) Marguerite DE MONDION, fille de Regnauld, Chev., sgr de Mondion, et d'Isabeau de Dercé, dame de la Groye, sa 2° femme, dont il eut : 1° GALEHAUD, qui suit ; 2° MARGUERITE, qui épousa Jean de Besdon, Ec., sgr de Traversay ; 3° peut-être ANTOINE, Chev., sgr de Percy, chambellan du Roi, qui servait en 1460 avec Joachim Rouault, sénéchal de Beaucaire.

5. — **Aloigny** (Galehaud ou Galehaud d'), Chev., sgr de la Groye, Chesne, Dercé, Chagon, Grand-Pouillé, chambellan et maître d'hôtel du Roi, fut l'un des personnages considérables de son époque. (Il était oncle du grand prévôt Tristan Lhermite.) Il avait servi comme homme d'armes du sgr de l'Isle au ban de 1467, et fut estimé des rois Louis XI et Charles VIII. Louis XI lui donna notamment le commandement des archers et arbalétriers entretenus dans l'Angoumois, la Saintonge et le gouvernement de la Rochelle ; en 1471, il lui accorda l'établissement de deux foires dans ses seigneuries. (Arch Nat.) Il le nomma sénéchal et gouverneur de Châtellerault en 1483, lors de la réunion de ce fief à la couronne, et se voyant menacé par la mort, il l'envoya en Calabre avec le prince de Tarente, pour amener en France le vénérable François de Paule.

Galehaud fit diverses fondations dans les églises d'Ingrande et de Notre-Dame de Châtellerault. Le Chapitre de cette dernière lui concéda et à ses descendants le droit d'entrer dans le chœur l'oiseau sur le poing, botté et éperonné, de se placer dans les premières stalles et d'assister ainsi à toutes les processions.

Il avait épousé, le 9 déc. 1442, Marie DE LA TOUCHE D'AVRIGNY, fille de Guy, Chev, sgr d'Avrigny, et d'Experte Frotier, dont il eut : 1° JACQUES, qui suit ; 2° ANTOINETTE, mariée en 1475 à Emery de Couhé, Ec., sgr de la Roche-à-Guet ; 3° GILLETTE, mariée, le 4 janv. 1464, à Christophe de la Touche, Ec., sgr de la Massardière ; 4° MARGUERITE, qui épousa, le 20 janv. 1476, Antoine Guelfaut, Ec., sgr d'Argenson.

6. — **Aloigny** (Jacques), Ec., sgr de la Groye, fut nommé par lettres du 14 juillet 1492 pannetier du Roi, et non grand pannetier de France. (Hist Châtellerault, 1, 407.) Il avait épousé, le 24 oct. 1460, Anne LE ROUX, fille de Louis, Ec., sgr de la Roche-des-Aubiers, et de Jeanne d'Aubigné ; il en eut : 1° RENÉ, qui suit ; 2° GALEHAUD, Chev., sgr de la Groye, lequel vivait le 15 sept. 1502, et encore le 1er juil. 1530 (D. F.) ; il n'est pas mentionné par Saint-Allais ; 3° FRANÇOISE, mariée, le 29 août 1499, à Jean de Fougères, Ec, sgr des Elfes, puis à Georges de Château-Chalon ; 4° ANTOINETTE, mariée, à Châtellerault (4 janv. 1504), à Louis de Marconnay ; 5° MARGUERITE, mariée, le 2 janv. 1508, à Pierre Gouagne?

7. — **Aloigny** (René d'), sgr de la Groye, se maria, le 6 août 1504, à Anne DE CHEVANT, fille de Jean, sgr de Branché, et de Catherine de la Jaille, dont il eut : 1° LOUIS, qui suit ; 2° CLAUDE, mariée, le 17 mai 1544, à François d'Aux, Ec., sgr de Bournais ; 3° LOUISE, femme de François du Genest, Ec., sgr de Peyrajon ; 4° GABRIEL, Ec., mort jeune ; 5° ANTOINE, Ec., sgr de Chagon et de Jeu, partagea avec son frère Louis le 5 déc. 1547 ; marié à Françoise DE THIBERVILLIERS, dame de Chanceaux en Berry, dont : ANTOINETTE, dame de Chagon, femme de Mathurin Vigier, Ec., sgr de la Cour d'Usson ; FRANÇOISE, mariée, le 12 mars 1586, à Jean du Breuil, Ec., sgr de Chezeaux ; enfin MARIE, femme de H. de Seuilly, Ec., sgr de la Font, près le Blanc.

8. — **Aloigny** (Louis d'), sgr de la Groye et d'Ingrande, épousa, le 15 nov. 1540, Jeanne DE SAVARY, fille de François et de Marguerite Bernard, dont il eut : 1° FRANÇOIS, qui suit ; 2° CLAUDE, mariée, le 15 déc. 1566 (Forestier et Beaupoil, notaires à Châtellerault), à Léonor Martel, Ec., sgr de Tricon ; elle partageait, avec son frère, les biens de leurs père et mère le 2 juin 1570. Elle se remaria ensuite au sr de Chevigny, puis à Antoine du Pré, maréchal de camp.

9. — **Aloigny** (François d'), sgr de la Groye, gentilhomme ordinaire de la chambre du roi Henri III, partage, le 2 juin 1570, avec sa sœur, les successions de leurs père et mère, et étant inculpé d'un meurtre avec Amaury Rasseteau, il lui fut enjoint de se constituer prisonnier en 1589 ; il est nommé dans le partage des successions de Bonaventure Gillier et de Marie Babou, son épouse, entre leurs enfants. (D. F. 25.) Le 6 février 1570, il épousa Françoise ou plutôt Jacquette DU PLESSIS, dame de Beaulieu en Anjou, fille de François, Ec., sgr du Plessis, et de Françoise de Trion (B. A. O. 1856, 118) ; et en secondes noces, le 13 janv. 1600, Marie-Diane DE MARCONNAY, veuve de Pierre Grignon, sgr de la Pelissonnière, et fille de Pierre, Chev., et de Catherine de Soubsmoulin. Du premier lit sont issus : 1° JACQUES, qui suit ; 2° FRANÇOIS, Ec., sgr de Saint-Astier, dont la postérité sera rapportée § II ; 3° LOUISE, mariée en 1612 à Albert Le Simple, Ec., sgr de la Court ; 4° RENÉE, mariée en 1619 à Henri de la Barre, sgr de la Salle.

10. — **Aloigny** (Jacques), sgr de la Groye, Ingrande, le Pont-de-Ruau, épousa, le 17 janv. 1600, Isabeau, *aliàs* Elisabeth DE MARCONNAY, fille de Pierre et de Catherine de Soubsmoulin, sœur de la 2° femme de son père, dont il devint ainsi le beau-frère. Il mourut à la Chevrière le 3 sept. 1620 ; sa femme lui survécut jusqu'au 11 janv. 1643. Leurs enfants furent : 1° CHARLES-MARTIN, qui suit ; 2° PIERRE, mort sans lignée ; 3° FRANÇOIS, Baron de la Groye, maréchal des camps et armées du Roi, qui épousa Louise DE BAUVEAU, fille de Jacques, Ec., sgr de la Bessière, et de Françoise Le Picard, dont MARIE-ELISABETH, mariée à Arthus de Chérité, Ec.

11. — **Aloigny** (Charles-Martin d'), Chev., sgr de la Groye, le Chesne, Marigny, Ingrande, épousa, le 14 avril 1628, Françoise D'AVIAU DE PIOLANT, fille de Louis, Chev., sgr de Piolant, et de Jeanne Martel. Ils eurent un fils, qui suit, et 2 filles, religieuses.

12. — **Aloigny** (Louis d'), Chev., Mis de la Groye, sgr d'Aloigny, le Chesne, Ferrière, Oiré, etc., sénéchal de Châtellerault. La sgrie de la Groye, unie à celle de Marigny, fut érigée en marquisat, sous le nom de la Groye, en sa faveur, par lettres patentes de janv. 1661, avec établissement de quatre foires chaque année. Il fut maintenu dans sa noblesse par M. Barentin, et on peut lire dans l'*Etat du Poitou*, p. 237, ce qu'en dit l'intendant Colbert de Croissy dans son rapport au Roi sur la noblesse poitevine.

Ce doit être lui qui fut ajourné à comparaître devant les Grands Jours réunis à Poitiers en 1634, pour être interrogé sur les rébellions par lui commises vis-à-vis d'un sergent. (M. Stat. 1878, 267.)

Il épousa Charlotte CHASTEIGNER, fille de Roch-François Cte de Saint-Georges et de Gabrielle Regnault. Elle mourut au château de la Groye, le 24 mars 1678, et trois ans après, il se fit recevoir chevalier de Malte. (Hist. Châtellerault, 2, 316.) De leur mariage sont issus : 1° LOUIS-GABRIEL, dit le Cte de la Groye, capitaine de chevau-légers au régiment de Saint-Aignan, rend hommage du fief d'Aloigny, au château de Châtellerault, le 2 mars 1682 ; passé au service de Venise, il fut tué dans un combat naval, à la fin de mai 1691 ; il était célibataire.

2° ROCH-FRANÇOIS, chanoine et trésorier de la cathédrale de Tournay (Flandre) ; 3° ALEXIS, reçu Chev. de Malte en 1686, fit ses vœux à Noël 1691 ; 4° CHARLES, sgr de la Groye, enseigne de vaisseau, était lieutenant du détachement de la marine servant au Canada en 1684 ; décédé sans alliance ; 5° FRANÇOIS-ROCH, dit le Chev. d'Aloigny, capitaine au régiment de Bourbonnais, tué à Steinkerque, le 3 août 1692 ; 6° et 7° LOUISE-CHARLOTTE et SUSANNE, vivant encore en 1709.

§ II. — BRANCHE DE SAINT-ASTIER (Périgord).

10. — **Aloigny** (François), Chev., sgr de Beaulieu, fils puîné de François, sgr de la Groye, et de Jacquette du Plessis (9e degr. du § I), épousa à Poitiers, le 22 oct. 1605, Charlotte DE LA PORTE, veuve d'Abel Regnier, Ec., sgr de la Planche, et fille de Bertrand, Ec., sgr de Saint-Astier, et de Jeanne de Vassoigne, dont il eut 16 enfants, entre autres : 1° CLAUDE, qui suit ; 2° FRANÇOIS, Ec., sgr de Beaulieu, marié à Charlotte DE LA PORTE, dont 2 fils : JEAN et FRANÇOIS, morts l'un et l'autre sans postérité.

3° CHARLES, décédé jeune, ainsi que plusieurs autres; 4° JACQUES, sgr de Seynac, mort sans alliance ; 5° ISABELLE, femme de François de la Dague ; 6° MARGUERITE, femme de Jean de Brie, puis de Henri de Gentils ; 7° FRANÇOISE, mariée en 1644 à Porton de Saint-Astier.

11. — **Aloigny** (Claude d'), Ec., sgr du Puy, Saint-Astier, le Raphia, la Forêt, épousa, le 21 mai 1631, Marie ABLOT DE FIRBEIX, veuve de Jean Aymeric, Ec., sgr de Chastaing ; il eut : 1° CHARLES, qui suit; 2° CHARLOTTE, mariée, le 23 fév. 1672, à Gédéon de Roffignac.

12. — **Aloigny** (Charles), Ec., sgr de la Golfie, épousa Marie DALESME, fille de Guillaume, garde des sceaux au Parlement de Bordeaux, et de Catherine de Pérusse des Cars de Merville, dont : 1° CLAUDE, qui suit; 2° JACQUES.

13. — **Aloigny** (Claude d'), Ec., sgr du Puy, Saint-Astier, a épousé, le 24 oct. 1701, Rose-Françoise D'ABZAC DE LA DOUZE DE VILLARS, veuve de Jean de la Roche-Aymon et fille de Jacques, Chev., sgr de Saint-Pardoux, et de Catherine des Achards, dont : 1° THOMAS, qui suit ; 2° CATHERINE, mariée, le 6 mai 1741, à Elie du Reclus, Ec. ; et 3° JOSEPH, Chev., sgr de Saint-Pardoux.

14. — **Aloigny** (Thomas d'), sgr du Puy, Saint-Astier, reçu page du Roi dans sa petite écurie le 21 mars 1725, épousa : 1° le 23 août 1741, Marie LE BERTHON, fille d'André-François, premier président au Parlement de Bordeaux, et d'Elisabeth-Catherine de Baratet, dont 2 filles, l'une, RENÉE-MARGUERITE, mariée, le 4 mai 1760, à René-Antoine Raity de Villeneuve, Mis de Vitré, morte à Poitiers, le 1er mars 1767, et ELISABETH-CATHERINE, mariée, le 23 juin 1765, à Nicolas de Chabans. Elle mourut le 9 fév. 1811. Il se remaria, le 24 avril 1754, à Marie-Gabrielle D'ABZAC DE PRESSAC, fille de Jacques et de Marie Vautier, et eut du second lit : 1° THOMAS-MARIE, qui suit; 2° JEANNE-FRANÇOISE, née en 1755, mariée, le 26 mars 1783, à François de Lion de Jarry ; 3° GABRIELLE-JACQUETTE, née en 1756, mariée au Cte de Brie-Lageyrac.

15. — **Aloigny** (Thomas-Marie d'), Mis d'Aloigny, baptisé à Saint-Martial d'Angoulême le 16 déc. 1757, épousa : 1° le 12 juin 1786, Madeleine-Bernardine DU SAUSAY, fille de Jean-Baptiste Mis du Sausay; 2° le 6 mai 1807, Anne-Pauline CHASPOU DE VERNEUIL, veuve du Cte de Montmorin, fille d'Eusèbe-Félix Mis de Verneuil et d'Anne-Adélaïde de Harville. Du 1er mariage vinrent : 1° JEAN-BAPTISTE-THOMAS-HIPPOLYTE, qui suit; 2° LOUIS-FRANÇOIS-ENGUERRAND, né le 13 oct. 1789, mort à Leipsick en 1813.

16. — **Aloigny** (Jean-Baptiste-Thomas-Hippolyte d'), Mis d'Aloigny, chef d'escadron de chasseurs, se distingua dans la guerre d'Espagne, en 1823, à la prise de Pampelune ; il fut depuis colonel. Marié, le 11 fév. 1817, à Louise-Emmeline DE SAULX-TAVANNES, fille de Charles-Marie-Casimir, duc de Saulx-Tavannes, pair de France, et d'Aglaé-Louise-Marie de Choiseul-Gouffier, il est décédé sans postérité, le 14 janv. 1868.

§ III. — BRANCHE DE ROCHEFORT.

1. — **Aloigny** (Pierre d'), Chev., sgr de la Millaudière, d'après un acte de 1304, par lequel il acquiert plusieurs héritages de Guillaume de la Court, Chev. (Regist. 6 de d'Hozier, p. 2), paraît avoir été père de : 1° PIERRE, qui suit; 2° GUILLAUME, Ec., sgr de la Millaudière, qui figure, dit-on, dans un acte de 1304.

2. — **Aloigny** (Pierre d'), Chev., sgr de la Millaudière et de Rochefort-sur-Creuse, terre qu'il eut du chef d'Aglantine DE LA TRÉMOILLE, sa femme, qu'il épousa en 1350, fille de Guillaume, Chev., sgr dudit Rochefort. Ils se firent, le 27 sept. 1364, une donation mutuelle, et Pierre mourut peu après.

Sa veuve se remaria successivement avec N. du Puy et Louis du Breuil, et testa en 1380, élisant sa sépulture dans l'église de Sauzelle, auprès de feu Guillaume de la Trémoille, son frère, donnant à son 3e époux la jouissance du château de Rochefort et instituant pour ses héritiers GUILLAUME d'Aloigny, son fils du 1er lit, Denise du Puy et Marguerite du Breuil, ses autres enfants.

3. — **Aloigny** (Guillaume d'), sgr de la Millaudière et de Rochefort, acquit, le 30 janvier 1398, de Louis du Breuil, Chev., tout ce qu'il possédait dans la terre de Rochefort, dont il fit hommage, en 1410, à Jean de Naillac, sgr du Blanc. Il avait partagé la Millaudière, le jour de Quasimodo 1391, avec Pierre de Sigongne, Ec. Marié, avant 1394, à Jacquette COURAUD, il eut pour enfants : 1° EUSTACHE, sgr de Rochefort et de la Millaudière, dont il fit hommage au sgr du Blanc, en 1436, décédé sans postérité; 2° GUILLAUME, qui suit; 3° AGLANTINE, *aliàs* EGLANTINE, mariée, le 24 mai 1435, avec Alain de Caraleu, Ec., sgr de Bergeresse, était veuve le 15 juillet 1457, date d'un accord qu'elle passait avec Colas de Caraleu, Ec., sgr du Bois-Garnaud ; 4° MARGUERITE, qui, paraît-il, mourut jeune.

4. — **Aloigny** (Guillaume d'), Ec., sgr de la Millaudière, Rochefort-sur-Creuse, Rochefroide, la Varenne, Pontigné, etc., fit hommage, le 27 fév. 1446, à Prégent Frotier, sgr de Preuilly et du Blanc. Il épousa, par contrat du 28 déc. 1442, Marguerite DE LA TOUCHE, De de la Varenne, fille de Pierre, Ec., sgr de Maillé, et de Marguerite de Mausson. Il mourut peu avant le 7 mai 1492, date du partage de sa succession entre ses enfants, qui étaient : 1° FRANÇOIS, qui suivra ; 2° GUILLAUME, Ec., sgr de la Millaudière et de Pontigné, est cité avec ses frères dans le rôle du ban passé en revue le 17 juillet 1489. Marié à N., il n'eut que deux filles : CATHERINE, mariée à Jean d'Arnac, Ec. ; et

Marguerite, épouse de François de Salignac, Ec., sgr des Groges.

3° Jean, Ec., sgr de Rochefroide, vivait encore en 1522 ; 4° Pierre, et 5° Jacques, qui, dans le partage de 1492, eurent les hôtels de la Varenne, de la Brière, de Cenon et de la Boulière ; ils vivaient encore le 27 mars 1508 ; 6° Marquise ; 7° Jeanne, dame de Maillé en 1492, fit son testament le 27 mars 1508 ; paraît être morte célibataire ; 8° Antoinette, femme de Jean Scolin, Ec., n'est pas nommée dans le partage de 1492 : était-elle morte avant cette époque ?

Il faut ajouter aux enfants légitimes : Jean, bâtard d'Aloigny, qui assista au ban des nobles du Poitou de 1467, en remplacement de son père, comme brigandinier du sr de la Grève. En 1502, Jeannot, bâtard d'Aloigny, recevait du Roi une pension de 100 livres, en récompense de ses services. Il épousa, le 8 oct. 1484, Louise Chajon, fille de Méry, Ec., sgr de Saint-Liffort, et de Jeanne de Douault.

5. — **Aloigny** (François d'), Ec., sgr de Rochefort-sur-Creuse, la Millaudière et la Forêt, partagea avec ses frères et sœurs le 7 mai 1492, et servit en archer au ban des nobles du Poitou en 1491. Il épousa, le 20 oct. 1484, Catherine Guérin, fille de Révérend, Ec., sgr d'Oinze, et de Marguerite du Bouex, et mourut peu avant le 6 avril 1552, laissant pour enfants : 1° René, qui suit ; 2° François, Ec. ; 3° Louise, dame de la Forêt, qu'elle reçut en dot lors de son mariage, contracté, le 8 janv. 1515, avec Georges Leclerc, sgr de Varenne.

6. — **Aloigny** (René d'), Ec., sgr de Rochefort-sur-Creuse, la Millaudière, Rochefroide, Chauverton et Oinze, servit en arbalétrier au ban des nobles du Poitou en 1533. Il avait épousé, le 6 juillet 1523, Gabrielle de la Trémoille, fille de Philippe, Ec., sgr de Fontmarant, et de Marguerite de Salignac. Le 15 oct. 1529, il fit hommage au sgr du Blanc de sa sgrie de Rochefort, et était mort, ainsi que son épouse, le 25 juin 1557, date du partage de leur succession entre leurs enfants, qui furent : 1° Pierre, qui suit ; 2° Louis, Ec. ; 3° Jean, qui embrassa l'état monastique et devint abbé de Longrety en Bourgogne ; 4° Marguerite ; 5° Françoise, dame de Vilgaudin, mariée, par contrat du 30 mai 1561, avec François Pot de Piégu, sgr de Piégu.

7. — **Aloigny** (Pierre d'), sgr de Rochefort-sur-Creuse, la Millaudière, Rochefroide, Vaux et Oinze, gouverneur des ville et château du Blanc, fut d'abord homme d'armes, puis guidon de la compagnie d'ordonnance de Léonor Chabot, Cte de Charny, grand écuyer de France, en devint enseigne vers 1584, et mourut l'année suivante. Il avait, en 1544, assisté à la bataille de Cérisoles, où il s'était distingué par sa valeur.

Marié, le 27 janvier 1548, à Marguerite de Salignac (fille de Jean, sgr de la Roche-Belusson, et de Marguerite de Rabutin), qui testa le 19 mai 1587, il en eut : 1° Antoine, qui suit ; 2° Guy (tige des sgrs de Boismorand rapportés § IV) ; 3° Jeanne, mariée, avant 1587, avec François du Plessis, Ec., sgr des Breux. Ils consentaient bail d'un moulin le 13 nov. 1593 (B. A. O. 1856), et Jeanne vendait seule (était-elle veuve ?) la terre du Petit-Rochefort, le 2 sept. 1595, à Pierre Giffart, Ec. (O.) ; 4° Louise, mariée, avant le 19 mai 1587, à Désiré Barbe, Ec., sgr de Beauregard.

8. — **Aloigny** (Antoine d'), Chev., sgr de Rochefort-sur-Creuse, Vaux, la Chaize, Percy-Puigiraud et Rochefroide, fut chambellan et chevalier de l'ordre du Roi (nommé le 27 avril 1611 et reçu le 15 mai), lieutenant de 100 hommes d'armes de ses ordonnances, gouverneur des ville et château du Blanc. Il épousa, par contrat du 30 juin 1582, Lucrèce de Périon, fille d'Antoine, Ec., sgr de la Grange, et de Marie de la Roque. Il mourut en janvier 1620, laissant de son mariage : 1° Louis, qui suit ; 2° Anne, religieuse à Leucloître ; 3° Marie, religieuse à Fontevrault ; 4° Marguerite, femme de Louis L'Argentier, Baron de Chappelaine, bailli de Troyes ; 5° Lucrèce, mariée, le 11 mai 1611, à René de Brossolles, Ec., sgr de la Rochebellusson et de la Godetière.

9. — **Aloigny** (Louis d'), Chev., Mis de Rochefort-sur-Creuse, Bon de Rochefort-sur-Loire, de Cors, du Blanc et de Craon (en cette dernière qualité premier Baron d'Anjou), sgr des Roches, d'Alleron, de la Forêt, Chev. des ordres du Roi, premier chambellan du prince de Condé, capitaine-lieutenant de sa compagnie de chevau-légers, grand bailli et lieutenant pour le Ro en Berry, lieutenant-général pour le Roi en Poitou, conseiller d'Etat d'épée et surintendant des bâtiments, fut baptisé le 18 novembre 1583, et reçu Chev. du Saint-Esprit le 31 déc. 1619. Il épousa, le 24 nov. 1626, Marie Habert, fille de Jean, sgr de Montmort, conseiller d'Etat, trésorier de l'extraordinaire des guerres, et de Annette, dame de la Brosse. Il mourut le 3 sept. 1657, et fut enterré à Paris, aux Minimes de la place Royale. Il eut de son mariage : 1° Louis, Mis de Rochefort, dit Mis de Craon, décédé en 1650, âgé de 20 ans, sans alliance ; 2° Henri-Louis, qui suit ; 3° Pierre, et 4° François-Annibal, morts jeunes ; 5° Antoine, sgr de la Roche, Salleron, Ingrande, dit l'abbé de Rochefort, né en 1644, décédé en 1687. Il fut abbé de Fontgombault, et donna, le 18 mars 1673, la terre de Salleron à son frère Henri-Louis ; 6° Marie, qui épousa : 1° le 18 juillet 1651, Jean de Pontevez, Cte de Carces, grand sénéchal de Provence ; 2° le 15 mai 1659, Jacques Le Coigneux, Mis de Morfontaine, président à mortier au Parlement de Paris ; elle mourut le 13 mai 1675 ; 7° Anne-Angélique, mariée, le 21 juin 1656, à Claude-Alphonse de Brichanteau, Mis de Nangis, maréchal des camps et armées du Roi, etc. Elle était veuve en 1669, et rendait hommage au château de Vierzon de la terre et sgrie de Mareuil, etc., comme tutrice de son fils Louis-Faust de Brichanteau, qui épousa plus tard Marie Henriette, sa nièce ; 8° Marguerite, et 9° Charlotte, religieuses Ursulines.

10 — **Aloigny** (Henri-Louis d'), Mis de Rochefort-sur-Creuse et du Blanc, Bon de Cors et de Craon, sgr de Roches, d'Alleron, la Forêt, etc., maréchal de France, débuta sous les ordres du prince de Condé, fut guidon, puis capitaine de sa compagnie de gens d'armes, servit en Hongrie et en Allemagne sous MM. de Coligny et de la Feuillade, et reçut dans une bataille une blessure au visage dont il porta toujours l'honorable cicatrice. Nommé maréchal de camp le 1er janvier 1668, il servit en Flandre sous M. de Turenne et se trouva à la prise de presque toutes les villes de ce pays. Fait lieutenant-général en 1672, il accompagna Louis XIV à la guerre de Hollande, se trouva au passage du Rhin, à la prise d'Utrecht, s'empara de Naerden le 12 juillet 1672, et se signala au siège de Trèves. Nommé capitaine des gardes du corps, il eut en 1673 le commandement de la Lorraine et du Barrois, et se trouva, en 1674, à la bataille de Sénef. Créé en 1676 maréchal de France, il fut choisi pour commander en chef un corps d'armée réuni sur la Meuse et la Moselle ; mais il mourut à Nancy, le 22 mai 1676, et fut inhumé à Paris, aux Ursulines du faubourg Saint-Jacques.

Il avait épousé, le 20 avril 1662, Madeleine de Laval-Boisdauphin, fille de Gilles, Mis de Laval et de Sablé, et de Madeleine Séguier. La maréchale de Rochefort fut nommée, le 1er janvier 1674, dame du palais de la Reine; le 8 janvier 1680, dame d'atours de Madame la Dauphine et aussi dame d'honneur de Madame la Duchesse d'Orléans. Elle est morte à Paris, le 1er avril 1729, âgée de 83 ans. Leurs enfants furent : 1° Louis-Pierre-Armand, qui suit; 2° Marie-Henriette, Ctesse de Giers, Vtesse de Meaux, Bne de Villemor et de Saint-Liébaut, mariée le 14 sept. 1676, âgée de 12 ans, en présence du Roi et de plusieurs princes du sang, à Louis-Faust de Brichanteau, Mis de Nangis, mestre de camp du régiment royal de la marine et brigadier des armées du Roi, qui fut tué en Allemagne en 1690. Le 3 mai 1691, elle se remaria avec Charles de la Rochefoucauld de Roye, Cte de Blanzac, qui devint lieut.-gén. des armées du Roi, etc. Elle est morte Ctesse douairière de Blanzac, le 18 septembre 1736.

11. — **Aloigny** (Louis-Pierre-Armand d'), Mis de Rochefort, Bon de Craon, mourut brigadier des armées du Roi le 21 juillet 1701, âgé de 32 ans, célibataire. En lui s'éteignit la branche de Rochefort.

§ IV. — ALOIGNY. Branche des seigneurs de Boismorand.

8. — **Aloigny** (Guy d'), sgr de Boismorand, Vaux, Oinze, la Briouze-aux-Moineaux, Chev. de l'ordre du Roi, gentilhomme ordinaire de sa chambre, capitaine des gardes du prince de Condé et lieutenant de sa compagnie d'ordonnance, fils puîné de Pierre, sgr de Rochefort, et de Marguerite de Salignac (7e degré du § III), naquit vers 1570, et décéda avant 1625. Le 8 févr. 1603, il avait épousé Renée de la Pouge, veuve de Philippe de Valenciennes, secrétaire du Roi, fille de Claude, Ec., sgr de la Pouge et du Bois, lieutenant de Basse-Marche, et de Marguerite Lebeau. Il eut de son mariage : 1° René, qui suit ; 2° Charles, tige de la branche des Bordes et de Cherzay, etc. (rapportée au § V) ; 3° Guy, né vers 1609, reçu chev. de Saint-Jean-de-Jérusalem, après avoir fait ses preuves le 23 juin 1625, assista à l'assemblée de la noblesse du Poitou, réunie à Poitiers en 1651 pour nommer des députés aux Etats de Tours. Il fut en 1656 commandeur de Bourneuf, puis en 1666 d'Auzon et de Praillé-le-Mont, en 1686 grand bailli de Morée et de Cury, commandeur de Saint-Jean-de-Latran et de la Feuillée. Décédé le 29 mai 1691, il fut enterré à Saint-Jean-de-Latran.

9. — **Aloigny** (René d'), Chev., sgr de Boismorand et d'Oinze, chev. de l'ordre du Roi, fut baptisé le 30 juin 1605 (Antigny). Il fit réparer l'église d'Antigny en 1642, comme on le voit par une inscription peinte dans la cage de l'escalier de cette église (M. A. O., 18, 330), et vivait encore le 30 déc. 1672. Il eut de Anne Poirier, son épouse : 1° Guy, qui suit ; 2° Eustache, Chev. de l'ordre de Saint-Jean-de-Jérusalem et enseigne des vaisseaux du Roi, mort à Rochefort ; 3° Louis, né à Availles, le 3 mai 1640, filleul de Louis de Tusseau, Ec., sr de Maisontiers.

10. — **Aloigny** (Guy d'), Chev., sgr de Boismorand et d'Oinze, testa le 6 nov. 1695; il épousa Catherine de Brettes, fille de Gédéon et de Claude Dreux. Devenue veuve, elle se remaria à François Taveau, Bon de Mortemer. De ce mariage il n'eut que Marie, qui épousa en 1697 François Scourions, Ec., sgr de Bégaudelle, auquel elle porta la terre de Boismorand.

§ V. — D'ALOIGNY, seigneurs des Bordes, Cherzay, etc.

9. — **Aloigny** (Charles d') (fils puîné de Guy et de René de la Pouge, rapportés au 8e degré, § IV), baptisé le 22 nov. 1607, fut capitaine aux régiments de Lorraine, puis d'Amboise, et décéda avant le 9 mai 1663, date de l'inventaire dressé après sa mort. Il avait épousé, le 26 avril 1638, Marie Ajasson, veuve de Fleurent Petit-Pied, sgr d'Ouzilly. Leurs enfants furent : 1° Charles, qui suit; 2° Marguerite, qui avec son frère et ses sœurs transigeait, le 9 juillet 1669, avec Charles et Marie Petit-Pied, leurs frère et sœur utérins (O.) ; 3° Renée, mariée à Jean Autor, Ec., sgr de Saint-Fronc, capitaine au régiment de l'Ile-de-France-Infanterie, le 29 oct. 1670 ; 4° Anne-Marie testa à Poitiers le 6 mars 1719 et y mourut célibataire. On lisait ce fragment de son épitaphe dans l'église de Notre-Dame-la-Petite : « Cy-gist le corps — de Anne Marie — d'Alougny, — damoiselle — fille — agée de 79 ans, décédée — dans cette.... »

10. — **Aloigny** (Charles d'), Chev., sgr des Bordes, fut tué au siège de Valenciennes, servant dans les mousquetaires du Roi, le 17 mars 1677 ; il avait été maintenu dans sa noblesse, en 1667, par M. Barentin. Marié, le 27 juillet 1666, à Gabrielle Clabat, fille et unique héritière de Nicolas, Ec., sgr de la Route, et de Louise de Hollande, il eut de son mariage : 1° Henri-Guy, mort jeune; 2° Charles, qui suit ; 3° Marie, qui épousa, avant 1695, Pierre Coytard, Ec., sgr de Vignolles. Elle partageait avec son frère le 7 juill. 1695.

11. — **Aloigny de Rochefort** (Charles d'), Chev., sgr de Boué, Cherzay, la Gosselinière et Ligniers, naquit à Poitiers (Saint-Didier), le 22 juin 1668. Il servit comme lieutenant dans le régiment du Mis de Rochefort son parrain, et se trouva à la bataille de Nerwinde et au siège de Charleroy. En 1706, il acquit les terres de Cherzay et de la Gosselinière. Maintenu dans sa noblesse par M. des Gallois le 30 mai 1716, il mourut à Poitiers le 29 mai 1750. Il avait épousé, le 7 mai 1718, Jeanne-Baptiste Jouslard d'Ayron, fille de Jean-Baptiste-Jacques, Chev., sgr d'Ayron, et de Françoise de Rogier. Elle mourut le 28 oct. 1720, et le 7 avril 1724, Charles se dit administrateur de Charles-Guy, son fils unique. (O.)

12. — **Aloigny de Rochefort** (Charles-Guy d'), chev., sgr de Cherzay, Ligniers, la Gosselinière et la Maison-Neuve, naquit à Poitiers le 15 février 1720, fit ses preuves de noblesse le 20 avril 1735, devant le juge d'armes, fut reçu page de la Reine, lieutenant réformé du régiment de Vibraye-Dragons en 1738, puis cornette au même régiment, servit au ban des nobles du Poitou convoqué à Saint-Jean-d'Angély en 1758, dans l'escadron de Vassé. Marié, le 10 juin 1746, à Renée-Julie de Beauregard, fille de Charles, Ec., sgr de la Rivière-Puytaillé, et de Renée Acquet de Richemond, il eut pour enfants : 1° Charles-François, qui suit ; 2° Guy, reçu Chev. de Malte et page du grand maître le 28 juillet 1771 ; il est mort célibataire, le 19 juil. 1784 ; 3° Renée-Françoise, née le 6 mars 1750, qui épousa, le 30 août 1774, Modeste-Charles de Lomeron, Ec., sgr d'Aunay et de la Pataudière (Reg. de Champigny-sur-Veude) ; 4° Marie-Madeleine, née le 1er oct. 1751 ; 5° Jeanne-Baptiste, née le 8 oct. 1753, mariée à Thouars, le 13 août 1781, à Jean-Charles-Louis de Beauregard, son cousin, Chev., sgr de la Maison-Neuve.

13. — **Aloigny de Rochefort** (Charles-François d'), Mis de Rochefort, né à Sainte-Verge le 5 avril 1757, fut reçu page du Roi et suivit pendant quelques années la carrière militaire. Il comparut en personne, en mars 1789, à l'assemblée des nobles du Poitou pour l'élection des députés aux Etats généraux ; émigré en 1791, il fit la campagne de 1792 de l'armée des Princes, dans la compagnie formée par les officiers

du régiment du Roi-Cavalerie. Rentré en France après quelques années et n'ayant pu recouvrer ses biens qui lui avaient été volés par les révolutionnaires, il passa en Espagne, où il resta jusqu'à la mort de Benjamine-Françoise-Marie CHASTENET DE LA BRUNETIÈRE, sa femme, qu'il avait épousée en juin 1781. Il avait eu : 1° N., élève de l'école militaire de Fontainebleau, tué aux armées vers 1809, célibataire ; 2° AGLANTINE ou AIGLANTINE, mariée à Jules-Henri Mis de Pruneló.

ALQUIER. — Famille originaire de la petite ville d'Angles près de Castres (Tarn). Baron de l'Empire français.

Blason : d'azur au pal d'or, au chef de gueules chargé de trois étoiles d'argent.

§ Ier.

1. — **Alquier** (Daniel), sans doute protestant, quitta son pays natal vers 1610, à l'époque où les dissensions religieuses désolaient le Midi de la France, et cherchant un refuge près de ses coreligionnaires, vint s'établir comme chirurgien à Châtillon-sur-Sèvre en Poitou, où il épousa une N. BOUTEILLER, dont il eut : 1° JOSEPH, qui suit ; 2° JEAN, qui était prieur de la Flocellière en 1707, et encore le 2 avril 1715 (G. de Surgères, 24) ; 3° N., mariée à N. Robert du Fort.

2. — **Alquier** (Joseph), sgr de Lardonnière, avocat, sénéchal de la Flocellière, épousa, en 1700, Anne BARDEAU, fille de N., receveur des domaines à Poitiers.

Le 2 avril 1715, il rédigeait un procès-verbal constatant l'existence des armoiries des sgrs de la Flocellière. Il eut de son mariage : 1° N., née en 1704, décédée en 1796 ; 2° ANNE-CATHERINE, née en 1705, épousa N. JOBET, sr de Lallerouche ; 3° JEAN-RENÉ, qui suit ; 4° GENEVIÈVE, née en 1714, épouse de N. Cassaing, médecin à la Rochelle.

3. — **Alquier** (Jean-René), né le 4 avril 1707, fut sénéchal de la principauté de Talmond. Il épousa : 1° Marie SEIGNEURIAU, et 2° Marie-Thérèse BONAMY, fille de Victor, chev. de St-Louis, et de Marie de Buor de Villeneuve, et mourut en 1758, laissant du 1er lit MARIE-ANNE, qui épousa F. Bonamy, père du général de ce nom, et du second lit : CHARLES-JEAN-MARIE, qui suit.

4. — **Alquier** (Charles-Jean-Marie), né à Talmond, le 13 nov. 1752, fit ses études chez les Pères de l'Oratoire à Paris ; il était en 1778 avocat au Présidial de la Rochelle, fut ensuite avocat du Roi audit siège, puis procureur du Roi au bureau des finances, maire de la Rochelle et colonel de la milice bourgeoise. Il fut élu député du Tiers-État aux États généraux. Il y fit partie du comité de la marine et des colonies, le 4 mars 1790, puis de celui des rapports, fut nommé secrétaire de l'Assemblée le 31 juillet ; prit part à la discussion de la constitution civile du clergé, et au sujet des troubles survenus dans l'île de Tabago, à Nîmes, Douai, Arles, etc., et déploya dans l'exercice de son mandat des talents, du zèle pour le bien public et un esprit conciliant.

Pendant la première législature, il fut nommé président au tribunal criminel de Seine-et-Oise et lutta vainement en cette qualité contre Danton, en faveur des prisonniers d'Orléans. (Mémoires de Mad. Rolland, t. II, 404.) Député à la Convention nationale, il fut nommé avec Boissy d'Anglas commissaire pour apaiser les troubles de Lyon, revint à Paris pour assister au procès de Louis XVI et donner une voix favorable au malheureux souverain qu'il eût voulu sauver. Président du comité de sûreté générale en 1794, il s'éleva hautement contre la violence déployée en Vendée sous prétexte de pacification. Envoyé en mission aux armées du Nord et de Sambre-et-Meuse, il força Pichegru à surmonter tous les obstacles pour conquérir la Hollande. En 1796, il entra au conseil des Anciens, dont il fut nommé secrétaire. Il y fit, le 21 mars, un rapport favorable sur l'établissement du Conservatoire des arts et métiers. Le 14 juin 1798, le Directoire le nomma ministre plénipotentiaire près de l'Electeur de Bavière ; rappelé de ce poste où il avait rendu d'éminents services, il fut nommé (sept. 1799) receveur général de Seine-et-Oise. A partir de 1800, il fut voué à la carrière diplomatique, à laquelle le destinaient l'aménité de son caractère et la souplesse de son esprit. Ainsi il fut nommé (30 nov. 1799) ministre à Madrid, où il négocia la cession de la Louisiane à la France, puis successivement en Angleterre, à Naples (21 mars 1801), obtint la cession de l'île d'Elbe à la France ; à Rome (10 avril 1807), en Suède (11 mars 1810), en Danemark (oct. 1811). Il fut rappelé de ce poste en juin 1814, par Louis XVIII, qui le comprit, par erreur, dans la catégorie des régicides ; il dut alors s'exiler en Belgique ; mais le Roi, éclairé par le Cte de Boissy d'Anglas, le rappela par décret du 14 janvier 1818.

Il avait été nommé Baron de l'Empire et commandeur de la Légion d'honneur. Il est mort à Paris, le 4 févr. 1826, à l'âge de 74 ans. Il avait épousé, le. . . . Françoise-Emilie GILBERT DES BORDERIES, fille de . . . . . dont il eut : 1° JEANNE-FRANÇOISE-EMILIE, née le 18 oct. 1781, mariée à Jean-Baptiste-Gabriel Béraud ; 2° MARIE-AGATHE, née le 7 février 1783, mariée, le 27 mai 1807, à Gabriel-Alexandre Brunet de Sairigné, et décédée le 11 février 1808, sans postérité ; 3° JEAN-CHARLES, qui suit ; 4° JULES, dont la postérité sera rapportée après celle de son frère ; 5° PROSPER, né le 15 août 1793, mort en bas âge.

5. — **Alquier** (Jean-Charles Baron), né le 25 sept. 1784, chef de bataillon d'infanterie en retraite, officier de la Légion d'honneur, épousa Louise BONAMY, fille de Charles-Auguste-Jean-Baptiste-Joseph, général de division. Il est décédé en 1865. Ses enfants furent : 1° ARTHUR, député de la Vendée, décédé le 3 août 1871, à l'âge de 44 ans, sans postérité de sa femme Marie-Catherine DÉBROUSSE ; 2° VALÉRIE, mariée au Mis de Hillerin du Boistissandeau ; 3° LOUIS-VICTOR, qui suit ; 4° LAURE, célibataire.

6. — **Alquier** (Louis-Victor Baron), né en 1831.

§ II.

5. — **Alquier** (Jules), ancien capitaine d'infanterie, Chev. de la Légion d'honneur, né le 27 nov. 1787, décédé à la Rochelle, le 23 mars 1864, épousa Virginie CHAMPION LA BRETONNIÈRE, fille de N., inspecteur des ponts et chaussées. Il en eut : 1° CÉCILE, et 2° LOUISE-MATHILDE, nées jumelles le 17 août 1826 ; 3° LOUIS-ERNEST, né le 3 oct. 1827, décédé enfant ; 4° JULES-HENRI, né le 5 oct. 1828, marié à Dlle Caroline PAPIN, fille de... 5° JEAN-TONY, né le 3 mars 1831, ancien officier de marine, Chev. de la Légion d'honneur, marié le. . . . à Berthe LEDOUX ; 6° LOUIS-AUGUSTE, né le 26 mai 1833, sous-commissaire de la marine, Chev. de la Légion d'honneur, marié à Marie NAUDET.

AMASSARD. — Famille originaire des environs de Châtellerault, depuis longtemps éteinte.

Amassard (Gaufredus) souscrit un don de divers héritages situés à Châtellerault, Vouneuil-sur-Vienne et Montgamé, fait vers 1120 à l'abb. de Saint-Cyprien par divers seigneurs. (D. F. 7.)

Amassard (Guillelmus) est cité dans les dépositions des témoins relatives au débat intervenu, vers 1260, entre le Vte de Châtellerault et le Cte de Poitou, au sujet du château de Saint-Rémy-sur-Creuse. (A. H. P. 8.) C'est sans doute le même qualifié « *miles ballivus Vicecomitis Castri Airaudi* », qui est cité dans une autre enquête au sujet du droit d'usage que le Vte prétendait dans la forêt de Bonneuil. (Id.)

Amassard (Aimery) tenait, vers 1309, quelques héritages du sgr de Thuré.

Amassard (René), fourrier de la compagnie du Roi, assistait comme témoin d'une procuration donnée par Marie de Messemé, sous la cour de Saumur, le 26 août 1633. (Reçue du Vivier, not.)

Amassard (Michel) était, en 1640, recteur de l'Université de Poitiers. Il eut un différend avec les Jésuites, qui donna lieu à de longues polémiques.

AMAURY. — Cette famille, d'une noblesse ancienne, originaire des environs de Loudun et de Thouars, a possédé pendant plusieurs siècles la terre de Migaudon, commune de Moutiers (D.-S.), qui relevait d'Argenton-Château.

Blason : d'or au chevron de gueules accompagné de 3 étoiles d'azur en chef et trois roses de gueules en pointe, posées 2 et 1. (Bar.)

D'Hozier donne par erreur d'argent au lion de sinople, armé et lampassé d'or.

Noms isolés.

Amauricus, *præpositus Niorthi*, est un des témoins de la donation faite, le 15 mars 1166, à l'abbaye de Charroux, par Jean III dit de Belles-Mains, évêque de Poitiers, de la chapelle de Saint-Pierre de Crussich (Cressé, commune de Prahec, D.-S.). (D. F. 4.)

Amaury (Maurice) exerçait, en 1205, les fonctions de bailli dans un grand nombre de baillies (juridictions) relevant de la sgrie de Thouars.

Amaury (N.), de la même maison, était dès 1334, selon l'auteur des Essais historiques sur le pays Loudunais, sgr de la Mothe-de-Beaussay (la Mothe-Champdeniers). Il donna un terrain à lui appartenant pour bâtir à Loudun un couvent aux religieux Carmes.

Amaury (Noble Antoine) fut en 1393 témoin dans une transaction entre Jean de Granges, Ec., Thomasse Florie, veuve de Jean de la Cépaye, Ec., et autres. (D. F. 83. Archives de la Flocellière.)

Amaury (Pérot) rend hommage au Cte de Poitou en 1404, et se reconnaît obligé de lui fournir, à ses propres coûts et dépens, un homme d'armes pour le servir dans ses guerres entre Loire et Dordogne. (Livre des fiefs.)

Amaury (Geoffroy) a servi comme brigandinier du sgr de Montreuil-Bonnin au ban des nobles du Poitou de 1467.

Amaury (Michelet) servait comme archer en 1471. (Bibl. Nat.)

Amaury (Guyon), sans aucun titre, demeurant dans la baronnie d'Argenton-Château, servait aussi comme archer au ban des nobles du Poitou de 1491.

Amaury (Léon) et Mathurine N. son épouse consentent un acte de vente, le 23 janv. 1530, à Dlle Perrine des Francs, veuve de Jacques Chevalier, Ec., sgr de la Coindardière. (Cte d'Orfeuille.)

Amaury ou **Amory** (Guyon), sr de la Boudrée et de la Bruchère, eut de Louise Ranfray, son épouse : 1° Daniel, sr de la Boudrée, qui signe aux contrats de mariage de 2° Marie, et 3° Louise, ses sœurs, qui, le 29 janv. 1577, épousèrent Mathurin Bereau, sr des Fenestres, et Mathurin Bereau, sr de Fief-Breton, son fils.

Amaury (Marie), veuve de Hélie Boucher, qui avait été secrétaire du prince de Condé, était, le 27 novembre 1641, épouse d'André Chandoré, procureur à Fontenay. (O. B. Fillon.)

Filiation suivie.

(D'après Dom Fonteneau, t. 83, et les notes de M. Th. de Tinguy.)

1. — **Amaury** (Huguet), Ec., sgr de Migaudon, eut pour enfants, ainsi qu'il est prouvé par un partage du 28 oct. 1529, passé par Amelin, notaire à Thouars : 1° Guyon, qui suit ; 2° Guy, prêtre, mort avant le partage précité ; 3° Georgette, mariée à N. Tratz, décédée avant 1429 ; 4° Marguerite, mariée à N. Drouet

2. — **Amaury** (Guyon), Ec., sgr de Migaudon, servit comme archer au ban des nobles du Poitou de 1491 ; il lui fut enjoint d'avoir un hoqueton. Il paraît qu'il habitait alors les Essarts et qu'il était capitaine du château de Saint-Mesmin. Il épousa, par contrat du 11 mars 1484 (Letourneur, notaire de Mareuil, et Pierre Jay, prêtre, notaire du doyenné de Bressuire), Jeanne de Terves, fille d'André, Ec., sgr du Bois, et d'Antoinette Le Paume, dont Antoine, qui suit.

3. — **Amaury** (Antoine), Ec., sgr de Migaudon, avait pour femme, le 11 août 1518, Marguerite de la Haye ; il était mort avant le 28 oct. 1529. Ils eurent Joachim, qui suit.

4. — **Amaury** (Joachim), Ec., sgr de Migaudon, (paroisse de Moutiers, D.-S.), épousa : 1° Dlle Marie Sapin, dont il eut une fille, Perrine, au profit de laquelle il fut rendu une sentence royale concernant la succession de sa mère, le 21 nov. 1561, et qui épousa Raimond de la Roche, Ec., sr dudit lieu ; 2° le 25 nov. 1547, Guyonne de Sainte-Amelle, fille de feu Antoine et de Marie Guillot. Mathurin Amaury, sgr de la Trecquinière, assista à ce mariage : on ne dit pas à quel titre. Joachim eut entre autres enfants : 2° Jean, qui suit ; 3° Jeanne, De de la Boucherie, qui était veuve, en 1604, de Joachim Bodin, Ec., sgr des Costeaux, d'après un titre de l'évêché de Luçon. Nous n'avons pas de preuves certaines qu'elle soit sœur des précédents.

5. — **Amaury** (Jean), Ec., sgr de Migaudon, épousa, le 21 avril 1578, Renée de Boussay, sous l'autorisation de sa mère, alors veuve ; il rendit, le 23 août 1595, aveu de sa terre de Migaudon à la baronnie d'Argenton-Château, et fit à Thouars, le 26 février 1599, ses preuves de noblesse devant les commissaires nommés par le Roi ; et justifia que Guyon Amaury prenait, dès 1477, la qualité d'Ecuyer. Jean Amaury eut de son mariage : 1° Louis, qui suit ; 2° Annibal, dont nous ne connaissons pas la postérité ; 3° Laurent, Ec., sgr de la Trecquinière, reçut, le 16 nov. 1609, une donation d'un *bordaige*, appelé la Briaudrye, de son père et de sa mère, en raison de son dessein d'entrer dans les ordres. Il rendit aveu au sgr de Thouars, le 11 août 1632, pour la Trecquinière.

6. — **Amaury** (Louis), Ec., sgr de la Pilletrie et de Migaudon, épousa, le 25 juin 1606 (contrat reçu Carlouet et Mosnyer, notaires à Thouars), Dlle Gabrielle OGERON, fille de feu Jean, sgr de Ligron, et de Gabrielle Byot. Ils demeuraient en 1613 au lieu noble de la Trecquinière (paroisse de Luché, D.-S.), ainsi qu'il résulte d'une vente faite par Marie Amaury, veuve de Thomas Mallier, Ec., sgr de Fougères. (Nous ne savons quel était le père de Marie.) Louis Amaury était mort le 22 sept. 1619, d'après un partage fait entre Dlle Renée de Boussay, veuve de Jean Amaury, Ec., sgr de Migaudon, Dlle Gabrielle Ogeron, veuve de Louis, Ec., sgr de la Pilletrie, comme mère et garde-noble de ses enfants, et encore entre Aunibal et Laurent Amaury, Ec., oncles desdits mineurs, tant de la succession immobilière dudit feu Jean que de celle à échoir de ladite de Boussay, devant les notaires de la Bnie d'Argenton. Louis laissa pour enfants : 1° ANDRÉ, qui suit ; 2° JEAN, Ec., sgr de Migaudon, fit, le 14 janv. 1640, une transaction avec François Savary, Ec., sgr de Grenouillon, à cause de certaines pièces de terre dépendantes de la métairie de la Chapperonnière, appartenant audit Savary et dépendant de Migaudon ; 3° CHARLES, Ec., sgr de la Pelletrie et de la Trecquinière, rendit aveu de cette dernière terre au sgr de Thouars les 12 août 1658 et 19 mars 1684.

7. — **Amaury** (André), Ec., sgr de Migaudon et de la Pilletrie, assista à l'assemblée des nobles du Poitou tenue Poitiers en 1651, pour nommer des députés aux États de Tours. Il fut confirmé dans sa noblesse, vers 1666, par Barentin, et prit, dans un acte du 19 mars 1684, la qualité de Chev. Il avait épousé, le 9 mai 1634 (contrat reçu Arouet, notaire à Saint-Loup), Dlle Radégonde PINEAU, fille de François, sr de Vélorche, sénéchal de l'abbaye d'Airvau, et de Madeleine Buschet, dont il eut : 1° LOUIS, Chev., sgr de la Routte, Migaudon, épousa Perrine GROLLEAU, veuve d'Antoine de la Haye, Ch., sgr de Lauderie, paroisse de Rigné (D.-S.), le 28 juin 1662 (contrat reçu Gaschignard et Fonfrège, notaires à Thouars), fut maintenu noble en 1667, et était décédé sans postérité en 1669 ; 2° FRANÇOIS, Ec., devint aîné et sgr de la Routte, après le décès de son frère Louis, ainsi qu'il appert d'un partage entre lui, son frère et sa sœur, des successions de leurs père et mère, lesquelles successions étaient chargées de 220 livres de pension viagère pour Dlles Marie et Catherine Amaury, religieuses au monastère de la Fougereuse, le 4 mai 1678. (Chaigneau et Béville, notaires à Thouars.) Il était dès lors entré dans les ordres et, par le partage précité, faisait renonciation en faveur de son frère puîné de ses droits d'aînesse ; 3° ANDRÉ, qui suit ; 4° GABRIELLE, qui épousa Nicolas de Ferron, Chev., sgr de l'Ecollière-Mondion, qui comparut à l'acte de curatelle des enfants mineurs d'André Amaury, en qualité d'oncle paternel, le 18 nov. 1690. Elle rendit aveu de la terre de la Trecquinière au sgr de Thouars, sous l'autorité de son mari, le 18 févr. 1696.

8. — **Amaury** (André), Chev., sgr de Migaudon, épousa, le 14 nov. 1678, Hyacinthe DES HERBIERS, fille de Pierre, Chev., sgr de l'Estenduère, la Marandière, et de Marguerite Vinet. Il n'existait plus en 1690, suivant l'acte de curatelle de ses enfants mineurs, dressé le 18 nov. par Charles Buet, sr des Aubertières, sénéchal de Saint-Paul-en-Pareds. Il eut pour enfants : 1° GABRIELLE, qui épousa, le 27 juill. 1698, Jacques-Urbain de Morais, Chev., sgr de Cerizay (contrat reçu Roulleau et Lazeau, notaires de Saint-Mars-la-Réorthe) ; 2° RENÉE-FRANÇOISE, religieuse du Calvaire à Nantes ; 3° MARGUERITE, mariée à François-Gabriel de Ferron, Chev., sgr de Mondion, comme il est dit dans l'acte du partage des biens d'André Amaury et d'Hyacinthe des Herbiers, fait au chât. de l'Estenduère, le 3 janv. 1710 ; 4° MARIE, mariée, le 20 oct. 1709, à Charles Le Bault, Chev., sgr du Peux ; 5° ANDRÉE, qui épousa François Mesnard de Toucheprès, Chev., sgr de la Girardière (contrat passé à la Creullière, le 1er mai 1713. Bourasseau et Séguin, notaires).

AMAURY ou **AMORY**. — Il y avait une autre famille originaire du Poitou, qui fut maintenue noble en Touraine en 1666 (d'après une liste du Cab. des titres, vol. 459).

Blason : de gueules à 3 fleurs de lis d'or.

Amory (Pierre), Ec., sr de la Vau, demeurant paroisse de Verrue, élect. de Richelieu, originaire du Poitou, produisit ses titres depuis son bisaïeul vivant en 1547. (Malheureusement on ne donne pas les degrés de la filiation.) Il eut pour enfants : 1° LOUIS, qui suit ; 2° MADELEINE, décédée à Verrue le 6 févr. 1703 ; 3° JEANNE, De des Chillaudries ; elle décéda le 27 janvier 1723, à 61 ans ; 4° CHARLOTTE, mariée à Pierre du Roussais, Ec., sr de la Barbelinière, décédée à Verrue le 27 mai 1715.

Amory (Louis), Ec., sr de la Vau, épousa Gabrielle D'ANGLEBAIS ou DE L'ANGLEBAIS, décédée à Verrue, le 30 janvier 1723, dont il eut : 1° LOUIS, qui suit ; 2° JEANNE, mariée, le 29 sept. 1722, à François de Remigioux, Ec., sr du Breuil.

Amory (Louis), Ec., sr de la Vau, Gareuil, marié, vers 1730, à Madeleine DE MONT, dont : 1° MADELEINE (née le 3 févr. 1731, à Verrue) ; 2° JACQUES, né le 4 sept. 1732 ; 3° LOUIS-HENRI, né le 15 fév. 1734.

AMBASMAT ou **EMBASMAT**. — Famille qui habitait les confins du Poitou et de la Basse-Marche, et que nous croyons éteinte.

Ambasmat (Aimery ou Mérigot), valet, était garde du scel du Cte de la Marche à Charroux en 1366. (Fonds Latin 17147, p. 388.) Le jeudi avant la Saint-Simon 1363, il dota sa fille (Cab. tit. Villevieil, 36), lorsqu'elle épousa Perrot de la Lande, Ec., sgr de Seuches ou Geuches ?

Ambasmat (Jean) devait, vers 1400, rentes sur la Saunerie ? à Jean Rivaud, sous-chantre de Saint-Hilaire-le-Grand de Poitiers. (Arch. Vienne, G 1058.)

Ambasmat (Pierre), demeurant au Petit-Viron (cne de Brulain, D.-S.), transigeait, le 13 juin 1408, avec Jean de Torsay, sgr de la Mothe-St-Héraye, au sujet de sondit fief qui relevait de cette châtellenie. (Arch. D.-S).

Embasmat (Mathieu), Chev., vendait, par acte passé le 20 juin 1450, sous le scel de Limoges, à Jean de Moussy de la Contour, la sgrie de Mestroux et les moulins des Roches. (Gén. de Moussy.)

Ambasmat (Hugues), sgr de Planchecourte, fut témoin, les 10 mai 1452, 31 janvier 1458 et 21 août 1481, de divers actes concernant la famille de Chamborand. (Gén. de Chamborand, Supp., p. 39, 46, 48.) Il épousa probablement N. DE ST-MARTIN DE ROCHE-LIDOUX.

Embasmat (Robert), Ec., sgr des Vestizons et de Fayolle, épousa, le 12 janvier 1503, Jeanne DE MONTALEMBERT. (D. F. 23.)

Ambasmat (Emery), Ec., sgr des Vestizons et de la Fayolle, laissa de Louise DE LA PORTE : ANTOINETTE, mariée, le 17 janvier 1506, à François de Couhé de Lusignan. (Gén. de Couhé.)

Ambasmat (Louise) épousa Jean du Breuil, Ec., sgr du Breuil, de Bernac; elle était morte lors du mariage de leur fille JEANNE (10 sept. 1508) avec Mathurin de Moussy, Ec., sgr de Peyroux. (Gén. de Moussy.)

Ambasmat (Jean), Ec., s^{r} de Baigné, Masdieu, fut parrain le 20 mai 1616, p^{sse} de Pressac (Vien.).

AMBERRE. — Très ancienne famille qui, antérieurement à 1356, venait se ranger sous la bannière du Baron de Mirebeau; elle est depuis longtemps éteinte.

Amberre (*Bernardus* ou *Beroardus* d') fut témoin en 1144 d'un traité passé entre l'abb. de Noaillé et Geoffroy de Rocany, au sujet des prétentions de ce sgr sur la terre de Nieuil-l'Espoir. (D. F. 27.)

Amberre (Perrot d') et

Amberre (Guillaume d') étaient l'un et l'autre en 1329 parageurs de Pierre Basoin, à cause de son hôtel d'Amberre, sans doute l'ancienne propriété patrimoniale de leur famille. (B^{nie} de Mirebeau. M. A. O. 1877, 125.)

Amberia (*Petrus* de), *clericus*, témoin appelé dans l'instruction d'une affaire de vol imputé à un clerc et suivie par l'Official de Poitiers, Mars 1356. (A. H. P. 17.)

AMBOISE (D'). — Cette maison est l'une des plus anciennes et des plus illustres de France. Plusieurs auteurs ont rapporté inexactement la généalogie de cette famille, en disant que Marguerite, fille de Hugues d'Amboise, ayant épousé Renaud, sgr de Berrie en Loudunais, vers la fin du XIIe siècle, leurs descendants prirent le nom et les armes d'Amboise. C'est exactement le contraire de la vérité, car c'est un puîné d'Amboise qui épousa l'héritière de Berrie. (V. le cart. de Fontevrault, les titres de Touraine, Lat. 7129.) La maison d'Amboise a possédé les plus belles terres du Poitou, par suite de l'alliance d'Ingelger, Ier du nom, sgr d'Amboise, avec Isabeau de Thouars, héritière des V^{tes} de ce nom. Nous devons donc faire connaître sa généalogie jusqu'au mariage de Marguerite d'Amboise avec Louis de la Trémoille, auquel elle porta les fiefs et sgries possédés par sa maison, dont elle était devenue seule et unique héritière.

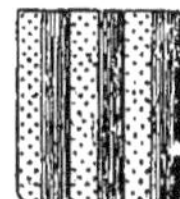

Blason : pallé d'or et de gueules de six pièces.

Noms isolés.

Amboise (Marie d'), fille de Jean, sgr de Bussy, et de Jeanne ou Catherine de Saint-Beslin, fut élue abbesse de la Trinité de Poitiers par la majeure partie des religieuses avant le 28 avril 1501, et eut à lutter contre Jeanne de Rochedragon, choisie par le surplus du monastère. Louis XII chargea le sénéchal de Poitou de terminer ce différend, qui tourna au profit de Marie d'Amboise, qui, le 1er janvier 1520, protestait avec la majeure partie de ses religieuses contre l'introduction de la règle de Fontevrault dans leur abbaye. Cette résistance la fit transférer, le 18 octobre 1520, au couvent des Filles-Dieu de Paris; mais, le 15 août 1525, elle fut renvoyée dans son monastère et rétablie dans son titre d'abbesse. Elle était morte le 23 avril 1528. (D. F. 27.)

Amboise (Jeanne d') était abbesse de Ste-Croix de Poitiers.

Amboise (Marguerite d'), sœur de Bussy d'Amboise, était religieuse à l'abbaye de la Trinité en 1577 (14 août).

Filiation suivie.

La filiation de la maison d'Amboise remonte à la fin du Xe siècle, en commençant par Hugues, sgr de Lavardin en Vendômois, père de Lisois, sgr de Bazogers, père de Sulpice Ier d'Amboise, père de Hugues d'Amboise, marié à Elisabeth DE SOUVIGNY, et père de Sulpice IIe qui suit. Mais ces degrés n'étant pas rigoureusement établis, nous commencerons la filiation par:

1. — **Amboise** (Sulpice d'), sgr d'Amboise et Chaumont, se croisa en 1159, avec Hugues Vte de Châteaudun. Il épousa Agnès DE DANZÉ ou DONZY, et eut plusieurs enfants, entre autres HUGUES, qui suit.

2. — **Amboise** (Hugues d'), sgr d'Amboise et de Chaumont, était décédé en 1198. Sa veuve et ses enfants firent don à la Chartreuse du Liget. Il avait épousé MATHILDE, dont il eut: 1° SULPICE, sgr d'Amboise, père de MAHAULT, Ctesse de Chartres, décédée sans postérité; 2° HUGUES, qui suit; 3° JEAN; 4° GUILLAUME, chanoine de Chartres; 5° ISABELLE, Ctesse d'Angoulême; 6° AGNÈS, Ctesse d'Evreux (tous mentionnés dans les Chartes du Liget).

3. — **Amboise** (Hugues d'), sgr de Berrie, vivait encore en 1206. Il épousa Marguerite DE BERRIE, héritière de ce grand fief du Loudunais. Il laissa six enfants, qui portèrent le nom de Berrie: 1° GILBERT de Berrie, Chev., qui confirma, en 1216, la donation faite par sa mère à l'abbaye de Fontevrault; 2° JEAN, qui suit; 3° GUILLAUME de Berrie, clerc, qui confirma aussi, en 1238, le don qu'avait fait Guillaume d'Amboise, son oncle, jadis chanoine de Chartres, aux religieux du prieuré de Chouzy; il fut abbé de Saint-Aubin d'Angers; 4° GUY, religieux à Fontevrault et prieur de Saint-Laurent; 5° N., femme de Jean de Sazilly; 6° N., femme de Roger de Jarrie en 1216.

4. — **Amboise** (Jean d'), Ier du nom, sgr de Berrie, succéda, en 1256, aux sgries d'Amboise, Chaumont, Montrichard, Bléré, etc., après la mort de sa cousine Mahault d'Amboise. Il reprit alors le nom et les armes d'Amboise. Son sceau porte un écu pallé, et au contre-sceau un écu bandé. Il mourut le 6 juillet 1274, dans son château de Berrie, et fut enterré aux Cordeliers de Loudun.

Il eut de sa femme, dont le nom est ignoré: 1° JEAN, qui suit; 2° GILBERT, dont le nom seul est connu.

5. — **Amboise** (Jean d'), IIe du nom, sgr d'Amboise, Chaumont, Montrichard, Bléré et de Berrie, mentionné dans des titres de l'abbaye de Marmoutiers des années 1275 et 1292. Il paraît, d'après l'auteur des Essais historiques sur le pays loudunais, qu'il rendit aveu, en 1274, de sa terre de Berrie au château de Loudun. Il laissa de sa femme, dont le nom est ignoré, et que quelques-uns appellent Jeanne DE CHARNOS: 1° PIERRE, Ier du nom, qui suit; 2° HUGUES, sgr de Chaumont, duquel sont issus les sgrs de Chaumont (V. le P. Anselme); 3° GILBERT, dit GUY, archidiacre, puis chantre de l'église de Tours en 1348, suivant un compte de Pierre Chauvel, clerc des arbalétriers du Roi.

6. — **Amboise** (Pierre d'), Ier du nom, sgr d'Amboise, Montrichard et Berrie, accompagna le roi Philippe le Bel en Flandres, en 1302 et 1303, et est qualifié Chev. banneret dans une quittance scellée qu'il donna, le 16 décembre 1303, de ses appointements et

de sa compagnie. Le scel est pallé (armes de la maison d'Amboise). Il avait épousé Jeanne, dame DE CHEVREUSE, fille d'Anceau de Chevreuse, sgr dudit lieu, et de Maurepas, grand-queux et porte-oriflamme de France, et de Béatrix, sa femme. Elle était veuve et tutrice de leurs enfants mineurs en 1322, et ne vivait plus en 1343. Ces enfants étaient : 1° INGELGER, Ier du nom, sgr d'Amboise, qui suit ; 2° CÉSAR, vivant en 1349 ; 3° GUY, sgr de Maurepas ; 4° JEANNE, mariée trois fois : 1° à Geoffroy de Mortagne, Vte d'Aulnay ; 2° à Geoffroy de Thouars, sgr de Tiffauges ; 3° à Guillaume Flotte, sgr de Revel, chancelier de France.

5° ANCEAU, sgr de Chivré et de Bléré, qui épousa Mahault ou MEZ, dame de la Brosse, dont il eut ANCEAU, sgr de Bléré, chambellan du duc de Berry en 1405, qui ne laissa de CATHERINE, sa femme, qu'une fille, nommée JEANNE, morte sans alliance.

7. — **Amboise** (Ingelger d'), Ier du nom, sgr d'Amboise, Montrichard, Chevreuse, etc., surnommé le Grand, fut fait prisonnier par les Anglais à la bataille de Poitiers en 1356, vendit la terre de Chevreuse pour payer sa rançon, et mourut en 1373. Il épousa : 1° en 1337, Marie DE FLANDRES, dame de Nesle, Mondoubleau et de Tenremonde, fille aînée et héritière de Jean de Flandres, sgr de Crève-Cœur, et de Béatrix de Châtillon-St-Paul ; 2° Isabeau DE THOUARS, dame de Rochecorbon, veuve de Guy de Nesle, sgr de Mello, maréchal de France, et fille de Louis Vte de Thouars, sgr de Talmond, etc., et de Jeanne Ctesse de Dreux. Il paraît, d'après les recherches faites par Dom Fonteneau au trésor de Thouars, que, le 19 novembre 1376, il y eut un règlement de partage fait entre Isabeau, alors veuve, Tristan, Vte de Thouars, et Péronnelle, Vtesse de Thouars, etc. Ingelger avait eu de sa première femme : 1° JEAN d'Amboise, mort jeune ; 2° JEANNE, dame de Nesle et de Mondoubleau, mariée à Charles de Trie, Cte de Dammartin, vivant en 1374 ; 3° MARGUERITE, alliée à Pierre de Ste-Maure, IIe du nom, dit Drumas, sgr de Montgauguier ; 4° MARIE, femme d'Olivier, sgr d'Husson. Ingelger d'Amboise eut du second lit trois enfants : 5° PIERRE, IIe du nom, sgr d'Amboise, qui devint, en 1397, Vte de Thouars, par la mort de Péronnelle de Thouars, sa tante maternelle. — Le roi Charles VI, par lettres du 18 janvier 1402, dans lesquelles il le qualifie de cousin, lui renouvelait le don qu'il lui avait fait au mois d'octobre précédent de 4,000 livres par an sur les terres de la feue Vtesse de Thouars. Il prenait, en 1398, le titre de sgr de Benon, rendit, le 30 mars 1399, son aveu, et « presta sa foy lige » au château de Loudun. Le 17 mai 1405, il rendit aveu et dénombrement, pour sa baronnie de Mauléon, au duc de Berry, à cause de sa Tour de Maubergeon ; le 25 du même mois, pour son châtel et sa vicomté de Thouars ; et le 18 décembre 1407, il rendit un autre aveu au château de Fontenay, à cause de sa baronnie de Talmont. (Livre des fiefs.) Il mourut en 1426, sans enfants de Jeanne DE ROHAN et d'Isabeau DE GOYON, ses deux femmes.

D'après D. Fonteneau, la terre de Thouars serait entrée dans la famille d'Amboise par suite du mariage d'un Ingelger avec une Dlle Thibaude DE THOUARS, contracté vers 1380. Cette Thibaude de Thouars est restée inconnue à M. Imbert, auteur de la Notice sur les Vicomtes de Thouars. (M. A. O. 1864.)

6° INGELGER, IIe du nom, continuera la filiation ; 7° PÉRONNELLE d'Amboise, mariée, avant le 4 juin 1401, à Olivier du Guesclin, Cte de Longueville, frère du connétable, comme on le voit par l'aveu qu'elle rendit, à cette époque, de sa terre de Benets, « tenue du châtel « de Niort à foi et hommage lige, au devoir de la tierce « partie de tous les prouffits et revenus d'une année « dudit lieu de Bennets, à muance d'hommes. » (Livre des fiefs.)

8. — **Amboise** (Ingelger d'), IIe du nom, sgr de Rochecorbon, Marans Montils, etc., suivit le duc de Bourbon à son expédition d'Afrique en 1390, et mourut en 1410, avant son frère aîné. Il avait épousé Jeanne DE CRAON, fille de Pierre de Craon, sgr de la Suze, Chantocé, Briolai et Ingrande, et de Catherine de Machecoul, sa seconde femme. Ils eurent pour enfants : 1° LOUIS, qui suit ; 2° MARIE, qui épousa, par contrat du 14 janvier 1409, Amaury de Craon, sgr de la Suze et de Chantocé ; 3° JACQUELINE, ou JACQUETTE, mariée, par contrat du 17 juillet 1424, à Jean de la Trémoille, sgr de Jonvelle, Chev. de la Toison-d'Or ; 4° PÉRONNELLE, dame de Rochecorbon, mariée, le 12 juin 1412, à Hardouin, sgr de Maillé en Touraine et de Beaussay (Clabault, Hist. des Chasteigners, 45) ; 5° ISABELLE, mariée à Jean d'Ancenis, sgr de Martigné-Ferchault.

9. — **Amboise** (Louis), sgr d'Amboise, Vte de Thouars, prince de Talmont, Cte de Guines et de Benon, sgr de Mauléon, Montrichard, l'île de Ré, Marans, etc.

Accusé d'avoir pris parti pour les Anglais, il fut condamné à mort, et ses biens confisqués. Thibaudeau (Hist. du Poitou) explique les persécutions dont Louis d'Amboise fut la victime par le désir qu'avait Georges de la Trémoille, premier ministre de Charles VII, d'unir Louis son fils à Françoise, fille aînée du Vicomte de Thouars, dont il convoitait l'immense héritage. Mais plus tard l'innocence de Louis fut reconnue ; il fut mis en liberté, son nom réhabilité, et on lui restitua tous ses biens, sauf pourtant Amboise et Montrichard, dont il reçut l'équivalent. Mais, sous Louis XI, il fut en butte à de nouvelles persécutions suscitées, cette fois, par le désir qu'avait Philippe de Comines de s'emparer de ses biens. M. de la Fontenelle, dans son *Philippe de Comines*, a justement flétri la rapacité du Flamand devenu le ministre favori de Louis XI. (D. Font. 26.) Nous y renvoyons nos lecteurs, les bornes de notre ouvrage ne nous permettant pas d'entrer dans tous les détails de cette triste affaire. Louis d'Amboise mourut au commencement de l'an 1449.

Il avait été marié : 1° à Marie DE RIEUX, fille de Jean III, sgr de Rieux et de Rochefort, maréchal de France, et de Jeanne de Montauban ; 2° à Nicole DE CHAMBES, fille de Jean, sgr de Montsoreau, et de Jeanne Chabot, dont il n'eut point d'enfants. Ceux du premier lit furent : 1° FRANÇOISE, mariée, le 31 juillet 1431, à Pierre II, duc de Bretagne. Après la mort de son époux, elle se fit religieuse, en 1467, et mourut le 4 octobre 1485. Elle a été béatifiée ; 2° PÉRONNELLE, dite JEANNE, mariée, par contrat du 16 mai 1444, à Guillaume de Harcourt, Cte de Tancarville, de Montgommery, etc. ; elle mourut fort jeune, également sans postérité ; 3° MARGUERITE, qui devint héritière de sa maison. Elle avait épousé, le 20 août 1446, Louis, Ier du nom, sire de la Trémoille, celui auquel son père avait précédemment voulu faire épouser Françoise, qui était alors promise au duc de Bretagne. C'est ainsi que la branche des d'Amboise, Vtes de Thouars, s'est éteinte en Poitou, vers le milieu du XVe siècle, en se fondant dans l'illustre famille de la Trémoille.

AMBROIS. — Famille qui paraît être originaire de l'Anjou.

Ambrois (N.) était abbé de la Grenetière le

30 nov. 1425, en 1443 et le 4 avril 1453. (D. F. 9.)

Ambrois (Méry) servait au ban des nobles du Poitou en 1467, comme brigandinier du sr de la Grève, et comme archer dans une compagnie dont la montre se fit le 17 août 1471. (Bibl. Nat. Montres et Revues.)

Ambrois (Jehan), sr de Lessigny, de Saumur, fut décapité à Poitiers, le 20 nov. 1579, par arrêt des Grands Jours, pour avoir commis divers homicides et guet-apens. (Jal Le Riche, 316.)

AMELIN ou **HAMELIN**. — (Voir ce nom.) Il y a eu plusieurs familles du Poitou qui ont porté ce nom sous ces deux formes.

Blason. — Jean Amelin de Quingé : d'or au chevron de sinople chargé de 3 quintefeuilles d'argent. (D'Hozier, d'office.)

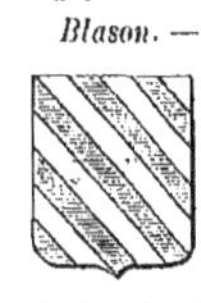

Amelin (Jeanne) épousa, vers 1400, Guillaume de la Cour, Ec., sgr du Fonteniou (Vernou en Gâtine). Leur fille épousa, en 1421, Pierre Goulard, Ec., sgr de la Goffardière.

Amelin (N.) était notaire à Thouars en 1529 (partage des Amaury de Migaudou) et 1548 (accord entre Pierre Acton, Ec., et Jeanne de Burges, veuve de Louis Acton, Ec., sr de Maransais).

Amelin (Gaspard), procureur fiscal de Bressuire? fut présent, le 12 août 1626, à l'acte d'hommage fait par Jean Pidoux), Ec., sr de la Rochefaton, au sgr de Bressuire. Il épousa Marie Guerry, dont il eut Jeanne, mariée, le 29 août 1649, à Julien Collardeau, sr de la Mongie.

Amelin (Jean), sgr de Quingé, habitait Thouars en 1700. (Armorial du Poitou.)

Amelin (Anne) épousa, vers 1670, Jérôme Marillet, sgr du Chiron, receveur général à Thouars.

AMELIN (D'). — Famille noble du Périgord.

Blason : d'azur à 3 croissants d'argent.

Amelin (Charles d'), Ec., sr de la Vigne, psse de Darnac, en Basse-Marche, 1604, épousa Gabrielle du Pin. (Nobil. limousin.)

Amelin (Richard), sr de la Fosse, épousa, vers 1600, Renée de Boussigny, fille de Guillaume, Ec., sr d'Ouzilly, et de Renée du Chesneau. Il partagea en 1627. (Arch. Vienne, E2 234.)

Amelin (Jean-Marie d'), Chev., sr de la Roche-Morin, épousa, le 11 sept. 1749, Marie Ginot, fille de Pierre-Antoine, Chev., sgr d'Asnières, et de Catherine Vidard.

AMÉNARD. — Famille noble et ancienne qui habitait les confins de l'Anjou et du Poitou, et sur laquelle nous n'avons pu recueillir que les quelques renseignements suivants classés dans l'ordre chronologique.

Blason. — Aménard de Bouillé, du Mesnil, de Chanzé, de Daon, de Montbonnault, porte : coticé d'argent et d'azur de 10 pièces, ou d'azur à 5 cotices d'argent.

Aménard de Montbonnault : d'argent à une bande de gueules de 4 pièces, ou de gueules à une bande d'argent de 4 pièces. — Arm. d'Anjou, 1, 33. (Ceci est inexact ; c'est un écu bandé de 8 pièces.)

Aménard (Guy), Chev., sgr de Chanzé, épousa Catherine de Beauçay ; ils vivaient vers l'an 1308. De ce mariage est issue une fille, Eustache. Elle épousa Jean de Savonnières, IIe du nom, dont elle était veuve vers 1347. (A. H. P. 13.)

Aménard (Jean) obtient, le 26 avril 1350, l'autorisation de terminer à l'amiable une contestation qu'il avait avec Pierre de Chemillé. (Id.)

Aménard (Payen), sgr de Chanzé, épousa, vers 1350, Isabeau de Beauçay, fille d'Hardouin, sgr de Beauçay en Loudunais, et d'Almeric de l'Ile-Bouchard. (Gén. de Beauçay.)

Aménard (Jean), Chev., prend part à la chevauchée du Mans. (Quittance de gages, 31 juillet 1392.)

Aménard (Jehanne) épousa Philippe Chenu. Ils vendaient, le 22 mars 1393, la Fregolière à Jean Caillou. Ils vivaient encore en 1417. (N. féod. 654.)

Aménard (Guy) possédait des terres dans les fiefs de Lancelot Turpin, sgr de Vihiers, 1404, 1405. (Id. 958.)

Aménard (Jean) rend des aveux à Jean de la Haye, Bon de Passavant, à Catherine de l'Isle et à Ant. Turpin, de 1416 à 1457. (Id. 514, 526, 658.)

Aménard (Jean), sgr de Chanzé, épousa Jeanne Souvaire, aliàs Somiaire. Ils eurent un fils, Jean.

Aménard (Jean), qui, en 1419, 1424 et 1444, rendait aveu aux châteaux d'Angers et de Saumur pour les châtellenie et sgrie de Bouillé et celle de Cernusson. (N. féod.)

Aménard (Jeanne), dame de Bouillé, veuve de Jean de Fontaines, Chev., épousa Olivier de la Porte; elle avait la garde noble de leur fils René, et rendait hommage de la sgrie de la Fontaine au chât. de Baugé, en 1431, 1438. (N. féod. 15.)

Aménart (Jean), Chev., sgr de Chanzé, le Palais et des Touches, rend hommage de l'herbergement de la Pierre-Baudon à Champtoceaux. (Id. 15.)

Aménart (Jean), Chev., sgr de Chanzé, et

Aménart (Jacques), Ec., rendaient hommage pour la terre et sgrie de Daon au château d'Angers, en 1457 et 1458. (Id. 15.)

Aménart (Jean), Ec., sgr de Chanzé. Jeanne de Clermont, sa veuve, rend aveu au chât. de Saumur pour la châtellenie de Cernusson, en 1470. (Id. 299.)

Aménart (Louis) déclare tenir de 40 à 50 livres de rente et servir en homme d'armes, à la montre des sgries de Vihiers, Maulévrier, etc., faite le 22, etc., février 1471.

Aménard (Louis), Chev., sgr du Mesnil, était décédé lors du second mariage de sa fille Marguerite. Il eut de Dlle Jeanne de Pierres : 1° Marguerite, qui, étant veuve de Jean de Pierres, Ec., sgr de la Sorinière, épousa, par contrat du 2 janvier 1494, Jacques de Puyguyon, Ec., sgr dudit lieu. Ils étaient morts l'un et l'autre le 27 fév. 1517 ; 2° Jeanne, qui assistait au mariage de sa sœur. (D. Font. 8.)

Aménard (Jean), Ec., sgr de Montbonnault, était époux de Renée de Puyguyon, fille de Marquis de Puyguyon et d'Anne Dreux, sœur de Jacques, époux de Marguerite Aménard.

Aménard (Guillaume), Ec., sgr de Renay, eut de Marie Gallon, son épouse, une fille, Jeanne, qui était veuve de Jacques de Crévant, Ec., sgr de Guéret, lorsqu'elle épousa, le 13 mai 1533, Mathurin Guychart, Ec., sgr du Péray. (Gén. Guischard.)

Aménard (Jacques), Ec., sgr du Mesnil. Jacquette de la Cour était sa veuve le 1er juin 1570, époque à laquelle elle était représentée, dans une transaction, par Jacques Muzeau, Ec.

Aménard (Jean), sgr de Chauzé, épousa Martine, *aliàs* Marie Turpin, fille de Lancelot, Chev., sgr de Crissé, et de Denise de Montmorency, dont, entre autres enfants: 1° N., mariée à Gilles de Maillé (Moréri, 4, 800), et 2° Catherine, mariée à Jean de Villeneuve, Ec. (Gén. de L'Espronnière.)

Aménard (Jacqueline) fut la seconde femme de René Frézeau, Chev., sgr de la Frezelière. Ils vivaient vers 1573. (Moréri, 3, 743.)

AMENON. — Famille qui probablement a donné son nom à la sgrie de la Roche-Amenon, commune de Buxeuil (Vienne).

Amenum (Petrus), *miles*, est au nombre des signataires de la charte par laquelle Hugues Larchevêque renonce, en 1192, aux droits qu'il prélevait sur le prieuré du Vieux-Parthenay, à chaque mutation de prieur. (D. F. 16.)

Amenum (Johannes), *canonicus Pictavensis*, témoin de la donation faite en 1200 à l'abbaye de Noaillé, par Hugues de la Celle, des droits qu'il prélevait dans ce bourg, et de sa confirmation par Hugues Le Brun, Cte de la Marche. (D. F. 22.)

Amenum (P.), *miles*, témoin de la confirmation par Hugues de Surgères, Vte de Châtellerault, des legs faits par Hugues de Mortemart, doyen de N.-Dame de Châtellerault et de St-Hilaire-le-Grand de Poitiers (1211). (M. A. O. 1847, 218. D. F. 15.)

Amenon (Pierre) et ses héritiers sont chargés, en 1213, par Pierre Asselin, chanoine de l'église de Poitiers, de payer au Chapitre de Mirebeau une rente annuelle pour fournir à une fondation faite par lui en cette église, pour le repos de son âme, de celle dudit Amenon, etc. (D. F. 18.) C'est sans doute à lui que le Chapitre de N.-Dame de Mirebeau fait donation d'une dime à prélever aux environs d'Abain. (Gén. de Marconnay.)

Ameno de Rupe, *miles*, 1265. (Archives de la Maisondieu de Montmorillon. Arch. Vienne, 109.)

Amenon (Pierre), valet, possédait, en août 1239, dans la paroisse de Chouppes. (A. H. P. 13.)

Amenon (Fouchier) servait en 1337 avec deux archers dans la compagnie de Jean Larchevêque, sgr de Parthenay.

Amenon (Noble Antoine), archer de la garde du Roi, est témoin de l'acte par lequel Arthur de Vinceneuil, clerc, est pourvu, le 3 fév. 1530, par son père Hector de Vinceneuil, Ec., sgr du Lizon, d'une chapelle fondée à l'autel de Ste-Catherine, en l'église d'Ayron. (O.)

Amenon (Aubert), Ec., sr de la Grande-Chéverye (psse de Thurageau, Vienne), fait un échange, le 2 avril 1551, avec Simon Moyne et autres. (O.) Il était décédé en 1599, car dans l'aveu du Lizon rendu au sgr de Mirebeau, le 22 mai, on nomme les héritiers de feu Aubert Amenon. (O.)

Dans le même aveu, on trouve encore dénommés :

Amenon (les héritiers d'André), Ec., sgr de la Chéverye ;

Amenon (N.), femme de Joseph Beraudin, élu à Mirebeau, et leurs frères et sœurs héritiers d'André, précité ; et

Amenon (les héritiers d'Antoine).

Amenon (les héritiers d'Aubert), Ec., sont encore dénommés dans l'aveu rendu à la Bnie de Mirebeau, pour la terre du Lizon, le 24 mars 1666. (O.)

Amenon (les hoirs de feu), au lieu de feu noble Joseph Beraudin, sont aussi nommés dans le même acte.

Ce sont les dernières mentions que nous ayons trouvées de cette famille.

AMIET. — Famille du Mirebalais ?

Amiet (Guillelmus) est témoin d'une transaction entre Pierre de Sonay, Ec., et Jean de Fouchier, passée le 18 janvier 1269. (D. F. 28.)

Amiet (Colas) rendait deux aveux, les 20 juin 1416 et 6 octobre 1422, à l'abbesse de Ste-Croix, pour le fief de Verrines, psse de Vasles, D. S. (D. F.)

Amyet (Regnaud) servait en brigandinier, et

Damyet (Mess. Jehan) pour deux brigandiniers, au nom de Jehanne du Fraignay, à la montre du ban de 1488. (Doc. inédits. S. Ant. O.)

Amiet (Jacques) eut de Vincente d'Allençon, son épouse, une fille, Jeanne, qui épousa Paul Morin, Ec., le 6 janvier 1639. (Marin et Julien, not. à Montreuil-Bonnin. Gén. Morin.)

Amiet (Marie) épousa Louis-Elzéard Bourgnon, sr de la Touche (vers 1780).

AMILLARD (Jamet), habitant la terre de Brandois, remplace son père comme archer au ban de 1491.

AMOREAU (Jean), chanoine de l'église de Montmorillon, était, le 15 oct. 1356, garde-scel du duc de Berry, Cte de Poitou, dans cette baronnie.

Amoreau (François) figure dans un acte de prise de possession d'un abbé de Notre-Dame-la-Grande de Poitiers.

AMOUREUX. — Plusieurs familles de ce nom ont existé en Poitou. N'ayant pu recueillir de renseignements détaillés sur aucune d'elles, nous classons dans l'ordre chronologique les notes qui suivent.

Blason. — Amoureux de Vernusson, etc. : d'azur à 3 têtes d'aigle arrachées d'or, posées 2, 1, accompagnées de 6 trèfles d'argent, 3 en chef, et 3 en pointe. (Armorial d'Anjou.)

Amoureux (Jean) était maire de la ville de Niort en 1414, d'après un mandement de Jean duc de Berry, Cte de Poitou. (D. F. 20.)

Amoureux (Jean), Ec., sr de la Domelière, était mineur en 1448, sous la tutelle de Jean Guiteau, Ec., sr de la Touche-Poupart, mari de Jeanne Amoureux. (Aveux de la Domelière (Coutières, D.-S.) à Aubigny, 1448, 1456, 1476.)

Amoureux (François) servait au ban de 1467, comme brigandinier du sgr de l'Aigle.

Amoureux (Aimery L') servait au même ban comme brigandinier du sgr de Bressuire.

Amoureux (Pierre) est désigné pour faire partie de la garnison du château de Montaigu, lors du ban de 1489. (Doc. inéd. S. A. O.)

Amoureux (Jean) fut maire de Niort en 1515, dit D. Fonteneau. Son nom a été ignoré d'Augier de la Terraudière.

Amoureux (Etienne L') assiste au procès

verbal de la réformation de la Coutume de Poitou, en 1559, comme procureur fiscal de la Vauguyon en Basse-Marche.

Amoureux (Amaury), sr du Vernusson, épousa Jeanne DE JUIGNÉ, fille de François de Juigné, Chev., sgr de la Broissinière, de Brain, et de Dᵉ Claude Pierres. Ils vivaient le 26 novembre 1571. (Gén. de Cuissard.) Ils eurent : 1° MARC, Ec., sgr de Vernusson, qui assistait au mariage de sa sœur; 2° CHARLOTTE, qui épousa, le 6 octobre 1604, Jacques de Cordon, sgr de Lespine. Elle était veuve de Jacques de la Bouère, sgr dudit lieu et du Puy, qui testa en sa faveur le 30 décembre 1597, sous la condition que si elle se remariait et s'il naissait des enfants de ce second mariage, ils prendraient le nom et les armes de la Bouère. (Gén. de la Bouère.)

Amoureux (Louis), Ec., sgr de Maulny, était, le 18 juin 1572, veuf de Catherine DE MAUCLERC.

Amoureux (Louis), Ec., sgr de Maulny, épousa, le 30 nov. 1583, Jehanne DES NOUHES, veuve de feu Christophe Yongues, Ec. Elle était sa veuve en 1595. Il avait eu d'un premier lit : 1° CHARLES, Ec., qui épousa, le même jour que son père, Marie YONGUES, fille de feu Christophe Yongues et de Jehanne des Nouhes; il était décédé avant le 3 juin 1619 ; 2° MARIE, qui épousa François Bauldry, Ec., sgr de la Grassilière, lequel était veuf et tuteur de leurs enfants ledit jour 3 juin 1619.

Amoureux (Renée) épousa Philippe Allilay, Ec., sgr de la Jarriette ; le 20 mai 1647, il transigeait avec Lancelot de Liniers et Marie de Vandel, son épouse. (Arch. d'Airvau.)

Amoureux (Jean L'), sr de la Forestrie, psse de Cheffois, élect. de Fontenay, porté sur le Catalogue des nobles de la généralité de Poitiers. M. de Maupeou fait précéder son nom de la lettre N. (noble).

Amoureux (Charles L'), élection des Sables. Renvoyé par jugement du 20 août 1670, pour obtenir des lettres de réhabilitation.

Amoureux (Claude), Chev., sgr de la Jarge, comparait comme parent des enfants mineurs de Pierre Cuissard et de Gilberte de Bussy, du 30 mars 1577. (Gén. de Cuissard.)

AMPROUX. — La majeure partie des notes suivantes nous ont été communiquées par feu M. Eug. des Nouhes.

Blason : de sinople à 3 larmes d'argent, 2 et 1.

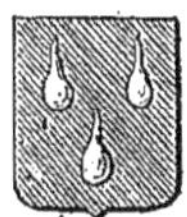

1. — **Amproux** (Daniel), sr de Champallard, vint d'Espagne en Bretagne? où il acquit la terre de la Massais. Il avait épousé Catherine GRIMOUARD, dont il eut 7 enfants qui, le 29 octobre 1646, se partagèrent sa succession. Ce sont : 1° FRANÇOISE, mariée à René Loiseau, sr de la Maurière et de la Boissière ; elle était veuve le 15 juin 1669, et mourut le 23 mai 1682 ; 2° JEAN, qui suit ; 3° JACQUES, Ec., sgr de Lorme, conseiller du Roi en tous ses conseils, grand audiencier de France, intendant des finances, acheta en mai 1657, de Marguerite duchesse de Rohan, veuve de Henri Chabot duc de Rohan, moyennant 400,000 liv., les terres du Parc-Soubise, Mouchamps, le Plessis-Limousin, le Fief-Goyau, Vendrennes, Fief-Chauvin, etc., dont il rendit aveu, le 19 juin suivant, au duché de Thouars. Il était encore en 1677 sgr engagiste des terres de Fontenay-le-Comte, Chizé, etc., et avait rendu, le 4 mars 1675, à la Tour de Maubergeon, le dénombrement du fief d'Anguitard, à Poitiers. (D. Font. 74.) Il mourut à Yvoy, le 20 août 679, sans hoirs; 4° DANIEL, mort sans enfants ; 5° SAMUEL, sr de la Haye, épousa Marguerite BOUSSENET, dont il eut : *a*. SAMUEL, sr de Laysier, et *b*. FRANÇOISE-MARGUERITE, femme de Louis Dumas, sr de Montmartin ; *c*. JEAN, sr de Pontmotin, qui eut deux enfants de sa femme, dont le nom nous est inconnu ; *d*. RENÉE, épousa Hector Legentil des Touches ; elle vivait encore et était veuve en 1698, époque où d'Hozier inscrivait ses armoiries à l'Armorial de la généralité de Poitiers ; *e*. ISABELLE, mariée à Jacques de Farcy.

6° RENÉE, mariée, en septembre 1653, à Paul Pineau, sr de la Trosnière ; 7° BENJAMIN, sr de Cornesse, conseiller au Parlement de Paris, décédé le 10 octobre 1690, avait épousé, en 1684, Claude COUYON (sans postérité).

2. — **Amproux** (Jean), sr de la Massais, maître d'hôtel du Roi, se maria deux fois : 1° avec Jehanne BOULEAU, le 26 janvier 1630; 2° en 1642, à Elisabeth DE MARSANNE, de Paris. Il eut du 1er lit 3 enfants et 5 du second, et mourut en 1659 : 1° ISAÏE, sr de Mouchamps, mort sans hoirs; il était en 1719 sgr du fief d'Anguitard (D. Font.) ; 2° HENRI, qui suit ; 3° JEAN, sr de la Massais, mourut le 3 nov. 1690 ; il avait épousé Madeleine GAUDON, dont une fille, mariée en Angleterre ;

4° ANGÉLIQUE ; 5° DANIEL ; 6° FRANÇOISE, femme d'Armand de Saint-Martin ; 7° MARIE, qui épousa d'abord N. de Boismichu, puis Henri Soulers de Portebize (elle signait, le 1er mai 1658, au contrat de Gabriel de Caillault avec Susanne Loyseau, sa cousine germaine) ; 8° AUGUSTE, sr du Bois (sans alliance). (L'ordre de naissance des enfants est très incertain.)

3. — **Amproux** (Henri), sr de la Massais, était en 1683 capitaine au régiment de Picardie et héritier, sous bénéfice d'inventaire, de JACQUES Amproux, sr de Lorme, son oncle, devint, le 14 mars 1698, sgr engagiste du domaine royal à Chizé, Aulnay, Niort et Fontenay-le-Comte (D. F. 74), était, la même année, colonel du régiment de l'Ile-de-France, et prenait en mai 1707, époque de sa mort, le titre de noble et pt sgr Cte de la Massais, sgr du Parc-Soubise, Vte d'Aulnay et de Chizé, lieut.-gral des armées du Roi et du gouvernement de Poitou. Il avait épousé, le 11 mai 1700, Marie-Anne FUEZON, dont il eut : 1° HENRI-GABRIEL, qui suit ; 2° N., Chev. de la Mothe et de la Massais (sans alliance).

4. — **Amproux** (Henri-Gabriel), Cte de la Massais, Baron de Mouchamps, le Parc-Soubise, Chev. de Saint-Louis, maréchal des camps et armées du Roi, mourut le 7 oct. 1764. Il avait épousé, le 1er fév. 1747, Anne-Catherine DOUET, fille d'un fermier général. (sans postérité). Ce décès donna lieu au mémoire suivant présenté par M. le Mis de Lussac au Cte de Saint-Florentin, ministre des affaires étrangères : « Le Marquis de Lussac représente à Votre Grandeur que le Cte de la Massais, originaire de la province de Poitou, lieutenant-général des armées du Roi, est décédé depuis quelques mois sans laisser d'enfants, et par ce moyen sa succession est dévolue à ses héritiers collatéraux, au nombre desquels est le Mis de Lussac, à cause de la dame Fumée, son épouse. Il vient d'être instruit que le Cte de la Massais, dont le nom de famille est Amproux, a fait un testament par lequel il appelle à sa succession le sr Amproux, né en Angleterre, petit-fils du frère de l'aïeul du Cte de la Massais, lequel étant ministre de la religion prétendue réformée lors de la révocation de l'Edit de Nantes, s'est retiré en Angleterre, y a vécu,

y est mort et y a laissé des enfants ou petits-enfants, au nombre desquels est ledit s^r Amproux, qu'on dit avoir passé en France. En terminant, le Mis de Lussac prie M. de Saint-Florentin de ne pas faire délivrer le brevet en vertu duquel le s^r Amproux puisse se porter héritier, avant de s'être assuré si cet étranger, sujet du roi d'Angleterre, doit être préféré à un Français. » (O.)

AMYOT (Regnault) fut indiqué pour la garnison du château de Mortagne, au ban de 1491. (Filleau.)

ANCEASME — ne faudrait-il pas lire **Anceaume**? — (Guillaume), sgr du Pin, près Mauléon, était décédé avant le 11 janv. 1374. (Filleau.)

ANCELIN. — Quelques-uns des noms suivants peuvent se rattacher à la famille des Ancelin, sgrs de Saint-Quentin et de la Garde, qui habita les environs de Cémozac (Char.-Inf.), et qui obtint, en 1666, une confirmation de noblesse de l'intendant du Limousin (Nob. du Limousin, 626. Nob. de Saintonge, 4), comme issue de l'échevinage de Saint-Jean-d'Angély.

Blason : de gueules au lion d'or.

Ancelin (Jean) fut élu échevin de Saint-Jean-d'Angély en 1586.

Ancelin (Gabriel), Ec., s^r de Borie, la Mauvignière, épousa, le 23 mai 1686, Elisabeth-Antoinette DE GUIST DES LANDES, fille d'Antoine, lieutenant du Roi à Brouage.

Ancelin (Gaspard) (ailleurs c'est Amelin), honorable homme, eut d'Anne GUERRY, sa femme, une fille, JEANNE, qui épousa, le 29 août 1669, Julien Collardeau, s^r de la Mongie.

Ancelin (Anne) et Samuel Le Blanc, Ec., sgr de la Martière, ministre du saint Evangile à Saint-Maixent, son époux, se font une donation mutuelle, reçue Piet, not., le 2 janvier 1640. (Greffe de Saint-Maixent.)

Ancelin (Louis-Auguste), s^r de la Baune ;

Ancelin (Gabriel), s^r de Savigné, et

Ancelin (Louis), s^r de la Garde, ont assisté tous les trois au ban de Saintonge convoqué par le M^al de Senecterre, le 15 juin 1758. (Bibl. de Poitiers.)

Ancelin (Charles-Louis-Marie), Mis de Saint-Quentin, habitant Périssac, p^sse Saint-Genis, a épousé, le 14 juil. 1835, Marie-Pauline DE VASSELOT DE LA CHESNAYE, dont : 1° EUGÈNE-LOUIS, 2° ANGÈLE-HENRIETTE, 3° ALBERT-MARIE.

ANCELON. — Famille noble qui paraît être originaire du Bas-Poitou. Deux branches très anciennement séparées ont existé en Poitou et en Touraine, l'une des sgrs de Fontbaudry, près Preuilly, l'autre qui, au XIVe siècle, habitait le Bas-Poitou, et que B. Fillon, dans son opuscule *Recherches historiques sur une famille poitevine (Maynard-Mesnard)*, dit être d'origine chevaleresque et avoir possédé la Mothe-Freslon, p^sse du Champ-Saint-Père (Vendée). La famille tourangelle et celle habitant le Bas-Poitou portaient les mêmes armoiries. Les deux branches paraissent s'être éteintes vers la même époque, à la fin du XVIIe siècle ou au commencement du XVIIIe.

Nous donnerons d'abord les notes que nous avons recueillies sur la branche poitevine, notes fort incomplètes et qui ne nous ont pas permis d'en dresser la généalogie ; nous terminerons par la branche tourangelle, devenue poitevine dans ses dernières années.

Blason : de gueules semé de fleurs de lis d'argent au franc canton de même, à une fleur de lis d'azur. (Bar. Arm. Gouget.) *Aliàs* semé de fleurs de lis d'or au franc canton de même. (D'Hozier.)

Ancelon (Geoffroy), Chev., épousa Désirée, qui, étant veuve, donna avec GUILLAUME, leur fils, des fiefs à Bouin en Gâtine, à l'abbaye de Bourgueil, en 1274.

Anchellon (Ancelon?), valet, fut présent à un acte du 29 mars 1295. (D. F. Arch. de la Durbelière.)

Ancelon (Bertrand), Chev., sgr de la Vieille-Court de Grues (Vend.), vivait en 1319, et fut père de MARGUERITE, qui suit. (Poitou et Vendée, Grues, 2.)

Ancelonne (Marguerite) était, en 1338, femme de Guy de Rochefort, s^r de Lucé, et, à cause de son épouse, de la terre de la Vieille-Court de Grues, qui passait un acte d'échange le 6 mai 1338. (Poitou et Vendée, Grues, 1.)

Ancelonne (Marie), dame de l'Ile-Bernard, épousa Guillaume Buor, Ec., sgr de la Mothe-Freslon, en 1356. (Gén. Buor.)

Ancelon (Simon), valet, assista à Chauvigny, en 1368, à l'hommage de Louis d'Harcourt.

Ancelon (René) épousa, après 1400, Catherine DE LA FORÊT. (Gén. Foucher, 24.)

Ancelon (Regnaud), sgr de l'hôtel de la Gaudinière-Reault, eut une fille, JEHANNE, qui avait été remise par Pernelle Voyer, dame de l'Ile-Bernard, qui en avait la garde, entre les mains d'Etienne Loypeau, évêque de Luçon, conseiller et aumônier du duc de Berry, Cte de Poitou, par commandement exprès de ce prince, pour la marier avec Jean Mainard dit *Poictou*, son écuyer ; le contrat est du 12 déc. 1402 ; mais le mariage n'eut lieu qu'en janvier 1403. (Recherches historiques, etc., 26.) Jean Mainard rendait un aveu de la sgrie de la Cornelière, à cause de sa femme, en 1409. (D. F.)

Ancelon (Jean), Ec., sgr de Bloue et du Breuil, était, vers 1450, époux de Louise CHASTEIGNER, dame du Breuil (p^sse de Xaintrais, D.-S.). (Gén. des Chasteigners, par Clabault, 228.)

Ancelon (Georges), sgr de l'Ile-Bernard, épousa Marie RAOUL, dont un fils et une fille, LOUISE, qui était, en 1446 et encore en 1468, épouse de Jean Rouhault, Ec., sgr de la Rousselière et du Landreau. (D. F. Chât. du Parc-Soubise.) Elle était sans doute veuve d'Eustache Jousseaume, Ec., s^r de la Grignonnière, qu'elle épousa le 23 avril 1431.

Ancelon (Pierre) et

Ancelon (Louis) servaient en hommes d'armes le 9 février 1474. (Bib. Nat. Portefeuille de montres et revues.)

Ancelon (Pierre), sgr de Fontbaudry, rend en 1499, au Chapitre de l'Eglise de Poitiers, le dénombrement du fief de la Chappellière. (Fam., du Plessis. B. A. O. 1865, 60.)

Ancelonne (Françoise) était décédée avant le 9 juillet 1510, date du partage de ses biens. (D. F. 27, 343.)

Ancelon (Antoine), Ec., rend, le 13 sept. 1518, un nouveau dénombrement au Chapitre de l'Eglise de Poitiers pour son fief de la Chappellière (p^sse de Coussais-les-Bois). (Fam., du Plessis. B. A. O. 1865, 114.)

Ancelon (Françoise) avait épousé Antoine Turpin, Ec., sgr de la Bataille en Ardilleux, Sérigné, vers 1500.

Ancelon (Gilles), sgr de Boisgillet, épousa Madeleine Frotier, fille de Prégent, Bon de Preuilly, et d'Isabeau de Billy. (Ailleurs on trouve Pierre Frotier, s^r d'Azay, et Charlotte du Bois.) Il était mort en 1559, et sa veuve remariée à Christophe du Genest, sgr de la Rochebellouin. (Gén. Frotier.)

Ancelon (Jeanne), dame de la Chaise, avait épousé René de Villemort à la fin du XVIe siècle.

Ancelon (Louis) était en 1602, 1608, abbé de Ste-Croix d'Angle (Vien.). (Gall. Christ.)

Branche de FONTBAUDRY.

1. — **Ancelon** (Henri), Ec., sgr de Fontbaudry (près de Preuilly, Indre-et-Loire) et Claise, épousa, vers 1320, Marie de Saint-Gelais ? dont : 1° Jean ; 2° Regnaud, dont nous ne connaissons que le nom.

2. — **Ancelon** (Jean), Ec., sgr de Fontbaudry, épousa Jeanne de Nostredame ? fille de Pierre et de Jeanne de Preuilly, dont Jean, IIe.

3. — **Ancelon** (Jean, IIe), Ec., sgr de Fontbaudry, laissa de N., dont le nom n'est pas connu : 1° Gilles ; 2° Antoine, qui suit ; 3° Gillet, Ec., s^r de Claise ; 4° Jean, Ec., sgr de la Groue ; 5° François.

4. — **Ancelon** (Antoine), Ec., sgr de Fontbaudry, épousa, en 1466, Jeanne d'Azay, dont : 1° Jean ; 2° Louis, qui suit.

5. — **Ancelon** (Louis), Ec., s^r de Fontbaudry, la Forge, la Groue, l'Étourneau, Chev. de l'ordre du Roi, épousa Jacquette Chasteigner, fille de Jean, sgr du Vergier, et de Jeanne Guérinet, dont : 1° François, qui suit ; 2° Françoise, qui, en 1517, épousa Mathieu Bonard, sgr de la Roche.

6. — **Ancelon** (François), qui épousa : 1° le 6 m i 1530, Anne Voyer de Paulmy, fille de Jean et de Louise du Puy ; et 2° Louise de Biars, veuve de Joachim de Razilly, sgr de Beauchesne. Du 1er lit, il eut Charles.

7. — **Ancelon** (Charles), Ec., sgr de Fontbaudry, lequel vendait, le 18 mai 1595, une rente et droit de fief sur le moulin de Chappeau, et la sgrie de la Vervolière, etc. (B. A. O. 1865, 125.) Il épousa Madeleine de Razilly, fille de Joachim, Ec., etc. Il en eut : 1° René, qui suit; 2° Louise, mariée, en 1601, à Pierre de la Barre.

8. — **Ancelon** (René), Ec., sgr de Fontbaudry, marié, en 1604, à Charlotte Savary, dont :

9. — **Ancelon** (Charles), Chev., sgr de Fontbaudry, était, le 13 janvier 1645, époux de Claude, *alias* Marie de Baraudin, dont il eut : 1° Honorat, qui suit ; 2° Anne, 3° Bonne, 4° Louis, 5° Marguerite, 6° Charles.

10. — **Ancelon** (Honorat), Chev., sgr de Fontbaudry, la Contentinière, habitait la p^sse de St-Sauvant (Vien.) lorsqu'il fut maintenu noble par sentence du 3 nov. 1667. Il avait épousé, en 1657, Louise-Marie de Gélinard de Maleville, fille de François, Ec., s^r de Varaize, et de Marie de Pressac, dont:

11. — **Ancelon** (François), Ec., sgr de Fontbaudry, la Contentinière, né le 3 nov. 1672, décédé le 3 sept. 1716, épousa Susanne Sacher, remariée, le 20 nov. 1717, à Pierre de Conty, Ec., sgr de la Briouze, dont il eut : 1° Marie-Françoise, née le 3 janv. 1701, qui vivait encore en 1768, sans alliance ; et 2° Susanne, née le 17 mars 1702, décédée à St-Sauvant, le 2 oct 1740, sans alliance.

ANCHÉ. — Noble et ancienne famille du Poitou, qui peut avoir pris son nom de la terre d'Anché, aujourd'hui c^ne du c^on de Couhé (Vien.).

Blason : d'argent au lion de sable, couronné, armé et lampassé de gueules.

Anché (N. d'). Ses neveux font, vers 1112, une donation à l'abbaye de Noaillé. (D. F.)

Anché (P. d'), témoin de l'abandon fait en 1216 à l'abb. de Noaillé par Hugues Brun, Cte de la Marche, et son fils, des droits qu'ils avaient usurpés sur ce monastère dans les bois de Bourneau. (D. F. 26.)

Anché (Hugues d') avait sans doute suivi le parti du Cte de la Marche contre Louis IX et son frère, car ses terres furent saisies, et on trouve dans les Comptes d'Alphonse (Arch. Hist. Poit. 4) la mention de la vente de *Tuscha rotunda que fuit Hugonis Anché* (p. 11); plus loin (p. 29) on vend ses foins, puis son bled (p. 38) (1243-1244).

Anché (N. d') avait fondé une chapelle à Saint-Maixent. (Pouillé de Gaultier de Bruges.)

Anché (Hugues d'), *de Anchiaco*, et Jeanne du Bois ou du Bost, sa femme, font, le 17 mars 1319, une donation à l'abb. de Valence de la moitié de l'hébergement de la Dousse (c^ne de Château-Larcher, Vien.), qu'ils tenaient par indivis avec les héritiers de feu Pierre et Jean, ses frères. (D. F. 27.)

Anché (Pierre d'), sgr de la Brosse, était en 1497 époux d'Ysabeau de Pardaillan. (Hist. de Château-Larcher. M. A. O. 1875.) Serait-ce le même qu'un Pierre d'Anché, sgr de la Brosse, écuyer de l'écurie du Roi, qui passait en revue, le 22 août 1491, des compagnies d'hommes d'armes (Bib. Nat.) (son scel porte un lambel, comme puîné), et qui, en premières noces, aurait épousé, vers 1480, Guyonne de Chabannais, dame de la Brosse de Comporté, p^sse de Sommières (Vien.), laquelle lui aurait apporté cette terre ?

Anché (Pierre d'), sgr de la Brosse, rendait, le 26 avril 1501, au Vte d'Aulnay un aveu pour un hébergement sis au Breuil-Bréchon (Ch^te-Inf^re), comme tuteur d'autre Pierre d'Anché, son neveu.

Anché (P. d'). Ses hoirs sont cités plusieurs fois dans un dénombrement de la sgrie de Mangué (c^ne de Marnay, Vien.), rendu, le 8 juin 1501, à la chât^nie de Château-Larcher (Vien.). (Hist. de Château-Larcher. M. A. O. 1875.)

Anché (Pierre d'), Ec., sgr de la Vergne et de Vallenfray, est relaté dans le dénombrement de la terre de Chambon (c^ne de Château-Larcher), rendu à la sgrie de Château-Larcher en 1506, et reçoit l'aveu de Pierre de Montsorbier, Ec., sgr de la Baumenière, relevant de la terre de Vallenfray. (Id.)

Anché (Pierre), celui qui précède ? épousa Françoise Rivault, fille de François, sgr de Boiscourcier (c^ne de Marnay, Vien.), dont il eut une fille, Marie, qui en 1557 se maria à Pierre de Blet. (Id.) D'après Clabault, Gén. de Chasteigner), elle fut aussi la seconde femme de Gabriel de la Grèze, Ec., sgr de Traversay, et était décédée en 1581.

Anché (Cécile d'), mariée, vers 1540, à Philippe Jourdain, Ec., sgr de Lavaud en Saintonge.

Anché (Elisabeth d') épousa, le 26 déc. 1593,

Pierre Thébault, Ec., sgr d'Aziré, lieutenant pour le Roi au gouvernement de la ville et chât. de Saint-Maixent. (O.)

Anché (Marie d') épousa, par contrat du 11 oct. 1595, Jacques de Beauchamps, sr de Bussac. (Nob. du Limousin, 1.)

Anché (Françoise d') avait épousé Jacques de Loubeau, Ec., sr de Sainte-Ruhe et, à cause d'elle, de la terre de Bors. Ils vivaient au xve siècle ; cités dans l'aveu du 4 sept. 1625. (Hist. de Châteaux-Larcher. M. A. O. 1875.)

Le Catalogue des gentilshommes de la généralité de Poitiers contient les noms de plusieurs autres membres de la famille d'Anché, qui tous sont dits habiter dans les environs du chât. du Puy-d'Anché, et se rattachent probablement à la branche précédente. Ce sont :

Anché (René d'), sgr d'Anché, psse de Montjean-Lorigny (Char.).

Anché (Charles d'), sgr d'Aillé, même paroisse.

Anché (Louis d'), sgr de la Pérusse, psse de Vaussay (D.-S.).

Anché (René d'), Ec., sgr des Renardières, passait, le 9 juin 1648, un acte d'acquêt. (O.) On voit par un acte du 3 nov. 1650 qu'il avait épousé Louise Ragot. (Minutes Pèlerin, not. à Chef-Boutonne.)

Anché (Charlotte d') épousa, par contrat du 11 avril 1674 (acte reçu Ménard, notaire à Loubillé), Pierre de Chevreuse, chev., sgr de Tourteron. (O.) Elle vivait encore le 21 mai 1696. (Id.)

Anché (René d'), Ec., fut parrain de Jeanne de Cumont en l'église d'Aubigné, en 1680. (Etat civil d'Aubigné.)

Anché (Jacquette-Marie d'), épouse de Pierre Robecourt, assistait, le 28 nov. 1707, au mariage de Marie-Madeleine Louvart avec Charles de Flandres.

Anché (Isaac d'), Ec., sgr du Pairé, présente une requête comme cessionnaire de Jean de la Faye, etc., d'une somme de 6,000 liv. due par Marc-Antoine Le Maye. (O.)

Anché (N. d'), Ec., sr du Treuil (île d'Oléron), probablement de la branche de Bessé, est inscrit d'office avec un blason de fantaisie dans l'Armorial de la Rochelle en 1700. Il paraît avoir eu pour filles : 1° Louise, mariée à Joseph de Ferrier, Bon d'Oléron ; 2° Anne-Marguerite, mariée à Louis-Guilhem de Pothuau. Elle hérita de sa sœur en 1725.

Anché (Catherine d'), veuve de Louis-André de Céris, Ec., sgr de Chenay (cne de Mairé-l'Evêcault, D.-S.), donnait un titre nouvel, le 1er oct. 1757, d'une rente créée au profit du sgr de Chef-Boutonne par Louise d'Anché, veuve de François Chapelle, précitée, sœur ou tante de ladite Catherine ? (Minutes Desmarets, not. à Chef-Boutonne.) Elle était veuve et tutrice de ses enfants mineurs le 3 mars 1764 (Minutes Bouthet, notaire à Chef-Boutonne), et vivait encore le 2 nov. 1769. (O.)

Anché (François d'), né le 14 juillet 1776, fit en oct. 1786 ses preuves pour être admis à l'école militaire. (Saint-Allais, 12.)

Anché (René d') assiste à l'assemblée de la noblesse tenue à Poitiers en mars 1789. (F.)

La famille d'Anché, dit le Dictionnaire universel de la noblesse de France de Courcelles, 1, p. 2, 3, a fait en 1739, par-devant Clairembault, généalogiste des ordres du Roi, les preuves de son ancienne extraction remontées à Guillaume d'Anché, Ec., sgr de la Fayolle et de Puyboyer (terres relevant du chât. de Civray), vivant en 1479, contemporain et peut-être frère de Pierre d'Anché, sgr de la Brosse, Ec. du Roi et commissaire aux revues dans les années 1489, 1491, 1497 (dont il a été parlé plus haut), qui donnait sous ces dates trois quittances scellées du sceau de ses armes.

Les descendants de Guillaume se sont subdivisés en plusieurs branches : 1° les seigneurs du Puy-d'Anché, maintenus dans leur ancienne extraction par jugement des commissaires pour le régalement des tailles des années 1584, 1598, par M. Barentin en 1667 ; 2° les sgrs de Bourgneuf maintenus en 1700 par M. Begon, intendant de la Rochelle ; 3° les seigneurs de la Bourgonnière, des Renardières, de Fief-Richard, existant (1822) et maintenus par l'intendant du Poitou en 1667 ; 4° les sgrs de Bessé et de la Borie en Angoumois, maintenus en 1666 par M. d'Aguesseau, intendant du Limousin.

Nous allons les passer successivement en revue, en donnant les renseignements que nous avons recueillis sur chacune d'elles.

§ Ier. — Branche du PUY-D'ANCHÉ.

1. — **Anché** (Guillaume d'), Ec., sgr de Fayolle, servait en homme d'armes le 19 février 1474, faisait partie de la garnison de Lusignan lors du ban des nobles du Poitou en 1491 ; avait épousé, par contrat reçu le 22 févr. 1480, Marie Egyptienne Turpin, fille de Louis, Ec., sr de Joué, et de Marguerite d'Allone, dont : 1° Charles, qui suit ; 2° François.

2. — **Anché** (Charles d'), Ec., sgr de Puy-Bouyer (aujourd'hui Puy-d'Anché, cne de Sauzé-Vaussais, D.-S.), marié, le 30 oct. 1518, avec Anne Lauvergnat, fille de Joachim, Ec., sr du Marault, et de Françoise Laydet, dont : 1° Jacques, qui suit ; 2° Antoine, reçu Chev. de l'ordre de Saint-Jean-de-Jérusalem en 1551.

3. — **Anché** (Jacques d'), Ec., sgr du Puy-d'Anché, épousa, le 20 septembre 1559, Jeanne Parthenay, fille de N., sgr d'Availles, dont il eut : 1° Jacob, qui suit ; 2° Abraham, tige de la branche rapportée au § III ; 3° Isaac ; 4° Esther, mariée en 1583 à Daniel de Regnier.

4. — **Anché** (Jacob d'), Ec., sgr du Puy-d'Anché, avait été nommé gouverneur du Cté de Civray par Henri, prince de Navarre, et Louis de Bourbon, prince de Condé, par commission du 7 févr. 1560 ; il épousa, le 17 juil. 1584, Catherine des Gittons, dont : 1° René, qui suit ; 2° Claude, tige des sgrs de Bourgneuf, § II ; 3° Sébastienne, mariée d'abord à René Eschallard, puis en 1630 à Gédéon de Pons, Ec., sgr des Aubuges (M. d'Orfeuille) ; 4° Catherine, qui épousa Jean Horric, Ec., sgr de la Barre.

5. — **Anché** (René d'), Ec., sgr du Puy-d'Anché et de Plenviault (Puyviault), épousa (contrat du 3 février 1623) Jeanne-Marie de la Rochefoucauld, fille de feu Gaston Bon de Salles et de Charlotte de la Rochefoucauld. Ils eurent une ou plusieurs filles, mais un seul fils, Antoine, qui suit, qui est dit fils unique et principal héritier.

6. — **Anché** (Antoine d'), Ec, sgr du Puy-d'Anché, maintenu noble par sentence du 7 déc. 1667 ; il avait épousé : 1° le 22 mars 1647, Marie de Rechignevoisin, fille de Gabriel, Ec., sgr de Gurat, et de Marguerite Chevalier ; et 2° Marie de Barbezières, dont il n'eut qu'une fille, Louise, qui épousa, le 6 oct. 1681, François-Théodore Gay, Chev., sgr des Fontenelles, auquel elle porta la terre de Puy-d'Anché.

§ II. — BRANCHE DE **BOURGNEUF**.

5. — **Anché** (Claude d'), Ec., sgr de Bourgneuf (fils puîné de Jacob et de Catherine des Gittons, 4me degré, § I). Il épousa, le 20 août 1638, Elisabeth THIBAULT, par contrat reçu Allard, notaire à Saint-Maixent. Il habitait la paroisse de Prailles (D.-S.) lorsqu'il fut maintenu noble avec les autres membres de sa famille, par sentence de M. Barentin, du 7 décembre 1667. Il laissa de son mariage : 1° ANTOINE, qui suit ; 2° CATHERINE, mariée, le 30 mai 1667, à René de la Bouuetie, Ec., sr du Linault ; 3° peut-être CLAUDE, Ec., sgr de Bourgneuf, marié à Marie D'AITZ ; 4° JEAN, Ec., sr de l'Ile.

6. — **Anché** (Antoine d'), Ec., sgr de la Greslière, épousa, le 12 févr. 1673, Renée D'AITZ, fille de François, Ec., sr de Mornay, et de Jeanne Coyault. On la trouve mentionnée en 1698 dans l'Armorial général de d'Hozier. Il eut pour enfants : 1° CHARLES-CLAUDE, qui suit : 2° JEAN-BAPTISTE, prêtre ; 3° JEANNE, mariée à Louis Teillé, Ec., sr des Taillées.

7. — **Anché** (Charles-Claude d'), Ec., sgr de la Guerrière, épousa, le 6 août 1709, Marie-Anne BARRÉ, fille de Pierre, sr de Chassignolle, et d'Angélique Desanges, dont il eut : 1° PIERRE-FRANÇOIS, qui suit ; 2° LOUIS, dont il sera parlé après son frère ; 3° N., prieur de Saint-Sauvant en 1767.

8. — **Anché** (Pierre-François d'), Ec., sgr de la Guerrière et de la Chaize, épousa, le 14 nov. 1739, Marguerite-Angélique GUILLOTIN, dont : 1° MARIE-ANNE, mariée, le 29 sept., 1772, à Jean-Paul de Couraze (contrat reçu Minot et Cahaye, not. à Melle). Par son testament du 3 oct. 1773, elle lui donne tout ce que la coutume lui permettait de donner. Elle était veuve le 18 juin 1786 et tutrice de leurs enfants mineurs. Elle comparut par procureur à l'assemblée de la noblesse poitevine tenue en mars 1789 (O.) ; 2° ANGÉLIQUE, De de la Guerrière.

8. — **Anché** (Louis d'), frère puîné du précédent, assiste, en 1758, au ban des nobles du Poitou convoqué à St-Jean-d'Angély, servait dans la 3e brigade, escadron de Boisragon. Il était décédé en 1785. Il avait épousé, par acte du 10 nov. 1767, Renée-Radégonde DE TOUZALIN, fille de Charles, Ec., sgr de Lussabeau, et de Marie-Anne Grolleau, qui décéda en 1783. Leurs enfants furent : 1° CHARLES-HENRI-GABRIEL, né, psse de Prailles (D.-S.), le 15 août 1758, émigra, fit la campagne de 1792, comme volontaire dans la compagnie du régiment d'Agénois-Infanterie, se fixa ensuite à Hambourg, où il existait encore en 1824 ; 2° N., dit le Chevalier d'Anché, mort à Châtellerault vers 1805, s'était marié avec N., dont une fille.

§ III. — BRANCHE DE LA **BOURGONNIÈRE** ET **FIEF-RICHARD**.

4. — **Anché** (Abraham d'), Ec., sgr de Puyviault et de la Bourgonnière (fils puîné de Jacques, sr de Puy-d'Anché (3e degré, § I), épousa, le 28 déc. 1591, Jeanne (ou Marthe) DE MONTALEMBERT, dont il eut : 1° GÉDÉON, qui suit; 2° CHARLES, Ec., sr de Laillé.

5. — **Anché** (Gédéon d'), Ec., sgr de la Bourgonnière, marié à Madeleine DE LA MAISONNEUVE, dont : 1° RENÉ, qui suit; 2° CHARLES (accord du 7 déc. 1667).

6. — **Anché** (René d'), Ec., sgr de Fief-Richard, maintenu noble par sentence du 7 déc. 1667. Il épousa, le 6 fév. 1654, Esther ROBERT, fille de Philippe, Ec., sr de Boisvigier et de Vivonne, et d'Esther de Pons, dont il eut : 1° RENÉ, qui suit ; 2° JACQUETTE, mariée à Pierre Ribecourt, Me chirurgien ; 3° MADELEINE, mariée à Pierre des Brandes, Ec., sr de Moinault ; 4° LOUISE, mariée à François Chapelle, Ec., sr de Bessac ; 5° FRANÇOISE ; 6° CHARLES, Ec., sr de Fief-Richard, marié à Louise CHAPELLE, dont CATHERINE, mariée, en 1737, à Louis-André de Céris.

7. — **Anché** (René d'), Ec., sr de Vivonne, Fief-Richard, partagea avec ses frères et sœurs en 1701 (acte passé à Lorigné). Il était soldat lorsqu'il épousa, le 30 juill. 1704 (not. à Civray), Marie VALIN, fille de Jacques et d'Esther Théault, dont il eut : 1° PIERRE, qui partagea avec ses frère et sœurs le 3 mai 1752 ; il épousa Catherine HERVÉ, et mourut sans postérité ; 2° JEAN-JOSEPH, qui suit ; 3° FRANÇOISE, mariée à Pierre Conte ; 4° MARIE, qui épousa Louis Pascault.

8. — **Anché** (Jean-Joseph d'), Ec., sr de Fief-Richard, Vivonne, baptisé à Lorigné, le 2 nov. 1715, épousa à Mairé-l'Évêcault, le 27 juin 1752, Marie BOURDIN, fille de Pierre et de Catherine Tafforin, dont il eut : 1° RENÉ, qui suit; 2° PIERRE, dit le Chevalier d'Anché, né à Lorigné, le 17 fév. 1758, reçu à l'école militaire en 1786, officier au régt de Brie-Infanterie, émigra, et fut fait Chev. de St-Louis à l'armée de Condé, le 8 fév. 1798. Il vivait encore en 1824, capitaine retraité. (Courcelles, Dict. de la noblesse.)

9. — **Anché** (René d'), Ec., sr de Fief-Richard, Vivonne, né à Lorigné, le 2 août 1753, reçut donation de son oncle Pierre, le 15 janvier 1774. Il assista, en 1789, à l'assemblée de la noblesse du Poitou. Marié, le 27 avril 1772, à Marie-Catherine DECHAMP, fille de feu Alexis et de Catherine Hervé (remariée à Pierre d'Anché), il en eut FRANÇOIS, qui suit.

10. — **Anché** (François d'), né à Lorigné, le 24 juill. 1776, se maria et eut deux fils, qui vivaient en 1824, mais sur lesquels nous n'avons pas de renseignements.

BRANCHE DE **BESSÉ**.

La généalogie de cette branche se trouve dans le Nobiliaire du Limousin, t. II, 36, et dans le 486e vol. du Cabinet des titres (Bib. Nat.). Il y a aussi des titres aux Archives de la Charente.

1. — **Anché** (Bertrand d') servait comme homme d'armes les 23 oct. 1485 et 22 août 1491. Le 30 avril de cette dernière année, il avait acheté le fief de la Bretinière, psse de Sommières (Vien.). Il avait épousé, vers 1480, Jeanne DE BREMETOT ou BREMOTHOC, probablement fille de Jean, Ec., et de Guillemette-Hélie de Boissiec (famille étrangère au Poitou, peut-être normande), dont il eut : 1° GABRIEL, qui suit ; 2° CATHERINE, mariée, vers 1500, à Guy Barbarin, et qui partageait avec son frère les 6 mars 1521 et 14 avril 1522.

2. — **Anché** (Gabriel d'), Ec., sgr de Bessé (Charente), la Borie, épousa Madeleine DU BREUIL-HELYON, dont : 1° RENÉ, qui suit; 2° JEANNE, qui partageait en 1558 avec ses frères; 3° FRANÇOIS, Ec., sr de la Boidrie ? prit part au partage de 1558, fut probablement marié ? 4° JEAN, Ec., sr de Chambon, contracta alliance ? mais nous ignorons si lui et son frère eurent postérité.

3. — **Anché** (René d'), Ec., sgr de Bessé, en fit aveu, le 6 juillet 1538, à l'abbesse de St-Auzonne d'Angoulême ; il épousa Jeanne HORRIC, des sgrs de la Baronnière, dont entre autres SÉBASTIEN, qui suit.

4. — **Anché** (Sébastien d'), Ec., sgr de Bessé, épousa, le 2 mars 1573, Marie DE MASSOUGNES, fille de Jean, sgr de Souvigné (Charente) ? dont entre autres JEAN, qui suit.

5. — **Anché** (Jean d'), Ec., sgr de la Borie, marié, le 14 février 1607, à Marie DU JAU, fille de Jean, Ec., sgr du Treuil, échevin de la Rochelle, et de Marie du Lyon, dont il eut: 1° JEAN, II°, qui suit ; 2° CHARLES, Ec., sgr de la Borie, marié à Marie DE MONTBRON, fille de Jacques, s[r] de Dœil et d'Usson, et de Marie Deschamps ; 3° MARIE, qui épousa, en 1633, Isaac de Beauchamps, Ec., sgr de Bussac ; 4° JOSIAS, fut légataire de sa mère, qui testa le 20 déc. 1645. (Arch. Char.)

6. — **Anché** (Jean d'), IIe du nom, Ec., sgr de Bessé, remplaça son père au ban des nobles d'Angoumois, en 1635 (Th. de Brémond d'Ars), fut maintenu noble par M. d'Aguesseau en 1667. Il avait épousé, le 8 janv. 1648, Gabrielle DES GITTONS, fille de Gabriel, Ec., sgr de la Baronnière, et d'Angélique Desmier de Chenon, dont entre autres ISAAC, qui suit.

7. — **Anché** (Isaac d'), chev., sgr de Bessé, Chastenet, vivant en 1698, est, ainsi que sa femme, Marie DE LESCOURS, qu'il avait épousée vers 1680, mentionné dans l'Armorial de d'Hozier (Angoumois). Il eut : 1° LOUIS ; 2° JEANNE, mariée, en 1713, à Paul de Monéis, Chev., sgr d'Ordières.

8. — **Anché** (Louis d'), Chev., sgr de Bessé, Magné, Touchabran, mourut jeune peu après son mariage. (V. Notice sur l'Augoumois, par Vigier de la Pile.) Il avait épousé, le 12 avril 1722, Emerie DE VOLVIRE, fille de Jean, Ec., sgr de Magné, Touchabran, etc., et de Marie-Nicole Jousiard d'Ayron, dont : 1° JEANNE, mariée, en 1747, à Emmanuel-François Cte de Lambertié, Chev., sgr de St-Martin-l'Ars ; 2° MARIE-THÉRÈSE, dame de Gragonne, célibataire.

ANDIGNÉ (D'). — Maison d'origine chevaleresque de la province d'Anjou, où elle est connue depuis le XIIe s. Elle a obtenu l'érection de la terre de Ste-Gemme en comté en 1747, possédé le marquisat de Vezins, obtenu les honneurs de la Cour en 1771 et 1787, sur le vu de ses titres ; enfin, par ordonnance du 17 août 1815, un de ses membres a été élevé à la pairie.

La Chesnaye des Bois dit bien que le nom de d'Andigné est un des plus anciens de la province de Poitou, mais nous ne pouvons partager cette manière de voir, car la terre d'Andigné, d'où cette maison a pris son nom, est située en Anjou et relève de la sgrie du Lion-d'Angers ; mais comme, à diverses époques, plusieurs de ses membres ont contracté des alliances en Poitou, l'ont habité, y ont comparu aux bans de notre province, nous allons donner sa généalogie d'après le Dictionnaire de la noblesse, et nous joindrons à ce travail ce que dit M. de Courcelles dans sa Généalogie des pairs de France, et le produit de nos propres recherches.

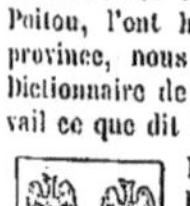

Blason : d'argent à 3 aiglettes au vol abaissé, de gueules, onglées, becquées et armées d'azur, et posées 2 et 1 ; pour devise : *Aquila non capit muscas*. (De Courcelles, 1.)

Noms isolés.

Andigné (Renaud d') est le premier connu. Vers le milieu du XIe s., il confirme une donation faite par SORIN D'ANDIGNÉ, son père, à l'abbaye du Lion-d'Angers, et assista, peu de temps après, comme témoin d'une autre donation faite à celle de St-Aubin.

Andigné (Colard d') était, le 5 déc. 1271, châtelain de Mauléon, comme il ressort d'une transaction passée entre Guy, Vte de Thouars, et Maurice de Belleville, sgr de la Garnache. (D. F. Arch. de la Flocellière.)

Andigné (Isabeau d') épousa Guillaume de Craon, comme on le voit par un aveu rendu par ce dernier, le 14 juillet 1409, au duc d'Anjou. (Montcontour. M. A. O. 1881, 437.)

Andigné (Isaac d'), Ec., sgr de l'Ile-Briand, rendait, le 14 sept. 1580, un aveu au Vte de Thouars pour un hébergement sis au village de Beaupréau (St-Jean-de-Bonneval-lès-Thouars), qu'il tenait du chef de Renaude CARTIER, sa femme, fille de feu François Cartier, Ec., sgr des Vermettes et de Beaupréau. Isaac était décédé avant le 21 déc. 1591, car à cette date sa veuve était remariée à René Pierres, Ec. (D. F. Arch. de Thouars.)

Andigné (René d'), du diocèse de Poitiers, reçu Chev. de St-Jean-de-Jérusalem en 1597. (Vertot.)

Andigné (Charles d'). Philippe DE BRIE, sa veuve, était remariée, le 21 nov. 1609, à Louis de Cuissard, Ec., sgr du Pin. (Gén. de Cuissard.)

Andigné (Charles-François d') fut reçu Chev. de Malte le 16 juin 1769. (St-Allais, 4.)

Andigné (Charles-François d'), de Ste-Gemme, fit ses preuves pour entrer à l'école militaire le 16 juin 1785. (Id. 12.)

Filiation suivie.

§ I.

1. — **Andigné** (Mre Geoffroy d'), Ier du nom, Chev., sgr d'Andigné et d'Angrie. Un mémoire de famille lui donne pour femme Barbe DE LA PORTE, fille de Baudouin, sgr de Vezins, et de Marie de Lusignan. Il eut trois fils : 1° GEOFFROY, qui suit ; 2° OLIVIER (branche § II) ; 3° JEAN, vivant en 1360, vraisemblablement père ou aïeul d'un LANCELOT d'Andigné, prieur de St-Giran, près de la Rouvraye, et d'un YVON d'Andigné, Ec., sgr de Montjauger, ce dernier, tige des sgrs de Montjauger et des Escotais.

2. — **Andigné** (Geoffroy d'), IIe du nom, était mort le 5 déc. 1390. Il laissa un fils unique nommé GUILLAUME, qui avait épousé N. Mahault DU GUÉ, fille de Guy, Chev., dont il n'eut qu'un fils nommé LANCELOT, sgr d'Andigné, de qui sont descendus les sgrs d'Angrie, de la Jaille et de Vezins.

§ II. — BRANCHE DES SEIGNEURS DU **BOIS-DE-LA-COURT**.

2. — **Andigné** (Olivier d'), second fils de Geoffroy (1er degré du § Ier), eut, le 30 juin 1392, par partage avec GUILLAUME d'Andigné, son neveu, les domaines et hébergements du Bois-de-la-Nobletière, les vignes et l'étang du Gué-d'Availles, l'étang de Boullon. Il avait épousé Jeanne DUBOIS DE LA COURT, qui se remaria avec Louis de Juigné.

Il eut de son mariage :

3. — **Andigné** (Jean d'), Ier du nom, Ec., sgr du Bois-de-la-Court, fit, le 23 fév. 1399, un partage avec Jean de Juigné, son frère utérin,

Jean d'Andigné servait à St-Jean-d'Angély dans une compagnie d'écuyers, en 1405. De son mariage avec Aliette DE LA MOTTE naquirent, entre autres enfants : 1° GUILLAUME, qui suit ; 2° MARIE, épouse de Macé de la Faucille, Ec. ; 3° ISABEAU, épouse de Guillaume Barateau, Ec., morte avant le 23 juin 1445.

4. — **Andigné** (Guillaume d'), Chev., sgr du Bois-de-la-Court, et, à cause de ses domaines de la Bonnaudière, des Brosses, des Gilboteries, etc., vassal de son cousin Lancelot, Chev., sgr d'Andigné, parait en cette qualité dans un aveu et dénombrement que ce Lancelot d'Andigné donna, le 12 fév. 1437, à Jean de Chateaubriant, Chev., sgr de Chavannes et du Lion-d'Angers. Guillaume épousa Isabeau DE LA FAUCILLE, dont il eut :

1° JEAN, qui suit ; 2° SIMON, Ier du nom, qui eut par son partage avec son frère, le 17 oct. 1459, le lieu de la Gauderie. Il comparut, en 1467, en équipage d'homme d'armes, à la revue des nobles du duché d'Anjou ; épousa, le 3 septembre 1491, Renée BRIAND, dame de l'Ile-Briand, et eut de ce mariage JEAN, sgr de l'Ile-Briand, tige d'une branche qui se subdivisa elle-même en trois rameaux.

5. — **Andigné** (Jean), IIe du nom, Ec., sgr du Bois-de-la-Court, se trouva, le 28 août 1453, à une montre qui était presque en entier composée de Poitevins.

Il épousa, avant le 11 mars 1453, Bonne DE LA RUE ou DE LA ROE, fille de Jacques, Chev. Il en eut :

1° JEAN, qui suit ; 2° BRIAND, l'un des cent gentilshommes de l'hôtel du Roi en 1475 ; 3° CERBRON. Jean, leur frère aîné, leur donna, le 16 mars 1485, la terre et sgrie de la Lande, pour en jouir tous deux ensemble, et, après la mort de l'un, au survivant, par manière de viage ; 4° JEANNE, morte le 6 déc. 1484, sans enfants de son mariage avec Raoul du Chastelet, Ec., sgr du Chastelet ; 5°, 6°, 7° et 8° JACQUETTE, THIBAUDE, MARIE et CHARLOTTE.

6. — **Andigné** (Jean d'), IIIe du nom, Ec., sgr du Bois-de-la-Court, comparut pour son père en équipage d'homme d'armes et armé de toutes pièces, à la revue des nobles du duché d'Anjou en 1467. Il partagea noblement avec ses frères en 1485.

Il épousa, le 7 février 1460, Béatrix DE VENGEAU, fille aînée de Jean, Ec., sgr de Vengeau, etc., et de Thomine de Jonchères, et mourut avant l'an 1525. Il eut de son mariage :

1° JEAN, qui suit ; 2° GUILLAUME, marié, avant le 8 août 1525, à Antoinette DE LANCOET, auteur de la branche de la Chasse rapportée § III ; 3° JOACHIM, homme d'armes dans la compagnie de M. de Rieux, maréchal de Bretagne, en 1514.

7. — **Andigné** (Jean), IVe du nom, Ec., sgr du Bois-de-la-Court et de Vengeau, épousa : 1° le 1er avril 1502, Louise MONTALLAIS, fille aînée de Jean, sgr de l'Espinay et de Rosnyvinen ; 2° le 29 janv. 1519, Jeanne DE BOUILLÉ, veuve de François de la Davière, dont elle avait eu deux filles. Jean d'Andigné eut de sa première femme :

8. — **Andigné** (Mathurin d'), sgr du Bois-de-la-Court, de Vengeau, etc., qui épousa, par contrat du 3 oct. 1530, Renée DE BOUILLÉ, fille aînée du premier mariage de Jeanne de Bouillé. Il en eut :

1° JEAN, qui suit ; 2° LOUIS, sgr de Sermond, mort sans alliance ; 3° JEAN-BAPTISTE, sgr des Touches, rapporté après son frère aîné.

9. — **Andigné** (Jean d'), Ve du nom, n'eut point d'enfants de son mariage accordé, le 14 janv. 1566, avec Louise LE PORC DE LA PORTE, fille de Jean, Bon de Larchas et de Charné, et de Marthe Le Porc de la Porte, héritière de la branche de la Porte-Vezins.

9. — **Andigné** (Jean-Baptiste d'), sgr des Touches, du Bois-de-la-Court, etc., Chev. de l'ordre du Roi, épousa, du vivant de son frère aîné (contrat du 30 janv. 1587), Marie DE CHAZÉ, fille de François, sgr de Chazé, et de Charlotte de la Motte. Il eut :

1° RENÉ, qui suit ; 2°, 3° et 4° JEAN, et deux filles mariées, l'une avec Hector d'Andigné, l'autre avec René de l'Aunay, Ec., sgr de la Haye.

10. — **Andigné** (René d'), Ier du nom, Ec., sgr des Touches, du Bois-de-la-Court, de Ribou, etc., épousa, en 1620, Madeleine DE GOULZ, fille de Raoul, Ec., sgr de Poligny, et de Marie Charlot, dont il eut : 1° RENÉ, qui suit ; 2° JEAN, sgr de Sainte-Gemme ; 3° LOUIS, marié, par contrat du 23 oct. 1660, avec Dlle AUDRON ; 4° FRANÇOISE, nommée dans une transaction du 3 août 1662 ; 5° MARIE, accordée, le 24 juin 1668, à Louis Robin de la Tremblaye, Ec., sgr de la Cimboire, épousa ensuite François Suyrot, Ec., sgr des Champs, puis enfin Jean de la Faye, Chev., sgr de la Groye, lequel fut maintenu noble par sentence de M. Barentin, intendant de Poitou. (Gén. de la Faye.)

11. — **Andigné** (René d'), IIe du nom, Chev., sgr de Ribou, épousa, par contrat du 9 mai 1650, Susanne D'ANDIGNÉ, sa cousine germaine, alors veuve de Jean d'Héliand. Il mourut le 3 août 1662, laissant sous la garde noble de sa femme : 1° RENÉ, qui suit ; 2° LOUIS, Ec., sgr de Changé, mort avant le 20 oct. 1679 ; 3° JEAN-BAPTISTE, prêtre et curé de Pruillé au pays du Maine, en 1710 ; il vivait encore en 1726 ; 4° et 5° MADELEINE-CHARLOTTE et RENÉE-FRANÇOISE, toutes les deux religieuses, l'une à l'abbaye du Ronceray, où elle vivait en 1726, et l'autre au couvent de Buron, à Châteaugontier.

12. — **Andigné** (René d'), IIIe du nom, sgr de Ribou, de la Blanchaie, de Sainte-Gemme, etc., fit partie de l'escadron des nobles du Haut-Poitou convoqués à Melle le 5 juin 1693. Il épousa, le 20 octobre 1679, Renée-Marie SUYROT DES CHAMPS, fille unique de François, Chev., sgr des Champs, et de Jeanne de Villiers, dont : 1° CHARLES-FRANÇOIS, qui suit ; 2° JEAN, Chevalier de l'ordre de Saint-Jean-de-Jérusalem en 1710 ; 3° MARIE-ANNE, mariée, par contrat du 19 juillet 1710, avec Louis-René d'Andigné, sgr de Maineuf et de l'Ile-Briand, d'une autre branche rapportée ci-après ; 4° RENÉE.

13. — **Andigné** (Charles-François d'), sgr de Ribou, etc., capitaine dans le régiment de la Chênelaie, épousa, par contrat du 23 mai 1726, Dlle Elisabeth-Charlotte PENTIN DE BELLE-ISLE, fille et unique héritière de François, sgr de Belle-Isle, et d'Ursule-Henriette Goyon de Marcé.

§ III. — BRANCHE DE LA CHASSE.

La généalogie de cette branche est déposée aux Archives Nationales.

7. — **Andigné** (Guillaume), Ec., sgr de la Fouqueraye, fils puîné de Jean d'Andigné, Ec., sgr du Bois-de-la-Court, et de Dlle Béatrix de Vengeau (6e degré du § II), servait avec Joachim, son frère, dans la compagnie de Rieux en 1514. Il épousa Antoinette DE LANCOET, et mourut avant l'an 1548, ayant eu de cette alliance : 1° FRANÇOIS, homme d'armes de la compagnie de M. de la Roche du Maine en 1553, puis capitaine exempt des gardes du Roi, mort sans postérité ; 2° GASTON, auteur de la

branche des sgrs de Grand'Fontaine ; 3° LANCELOT, qui suit ; 4° RENÉ, tige de la branche des sgrs de Maineuf, § IV.

8. — **Andigné** (Lancelot d'), Ec., sgr de la Grée, épousa Bertrande DE LA CHASSE, qui lui apporta en dot cette sgrie, et en eut :

9. — **Andigné** (Jean), sgr de la Chasse, de Saint-Malon, de Kermagaro, etc., conseiller au Parlement de Bretagne, marié en 1608 avec Péronne HUBY, dame de Landrouet, fille de N., conseiller au même Parlement, de laquelle il eut entre autres enfants : 1° JEAN-BAPTISTE, qui suit ; 2° FRANÇOIS-PAUL, sgr de Kermagaro.

10. — **Andigné** (Jean-Baptiste d'), sgr de la Chasse, etc., conseiller au Parlement de Bretagne, partagea noblement avec ses frères en 1643, épousa Marguerite DU GARO, et fut père de :

11. — **Andigné** (François d'), Chev., sgr de la Chasse et de Saint-Malon, qui fit alliance, en 1649, avec Jeanne DE CAHIDUC, fille de Sébastien-René, sgr de Cahiduc, et mourut avant l'an 1677. De cette alliance était né :

12. — **Andigné** (René-Charles d'), Chev., appelé Mis de la Chasse, sgr de Saint-Malon, de Cahiduc, etc., lequel épousa en 1res noces Jeanne-Marguerite DE BRÉHANT, fille de Claude, et en secondes Françoise-Catherine DE LA CHEVIÈRE ; fit son testament au mois d'août 1720, et mourut peu après. Il laissa de son premier mariage :

13. — **Andigné** (Jean-René d'), Chev., Mis de la Chasse, qui fut reçu chevalier de minorité de l'ordre de Malte en 1705, puis page du Roi dans sa grande écurie en 1715, épousa en 1720 Marguerite-Françoise D'ANDIGNÉ DE KERMAGARO, sa parente, et en eut :

1° CHARLES-RENÉ-FRANÇOIS, Chev., Mis de la Chasse ; 2° JOSEPH-FRANÇOIS, aumônier ordinaire de la Reine, nommé à l'évêché de Saint-Pol-de-Léon en 1763, prêta serment entre les mains du Roi le 27 août de la même année ; 3° JEAN-RENÉ, qui suit.

14. — **Andigné** (Jean-René d'), Chev., sgr du Plessis-Bardoul, ancien lieutenant de la compagnie colonelle du régiment de Foix-Infanterie, épousa, en 1748, N. DE TANOARN, fille de Joseph, Chev., sgr du Plessis-Bardoul, d'une ancienne maison de Bretagne, dont :

1° FRANÇOIS-MARIE-RENÉ, appelé Cte d'Andigné, d'abord page du Roi dans sa petite écurie, puis mousquetaire dans la première compagnie, fut nommé cornette des chevau-légers de la garde de S. M. au mois de décembre 17.. ; 2° PAUL-JEAN-MARIE, sous-lieut. dans le régiment de Royal-Etranger-Cavalerie.

§ IV. — BRANCHE DE MAINEUF.

8. — **Andigné** (René d'), Ec., sgr de la Grée (fils puîné de Guillaume et d'Antoinette de Lancoet 7e deg., § III), épousa Jeanne VERRON, fille de François, Ec., s^r de Maineuf, dont :

9. — **Andigné** (Lancelot d'), Ec., s^r de Maineuf, épousa le 31 janvier 1607, Françoise D'ANDIGNÉ, fille d'Isaac, Ec., s^r de l'Ile-Briand, dont :

10. — **Andigné** (René d'), Ec., s^r de Maineuf. Marié, le 19 oct. 1642, à Françoise DE MARBEUF, fille de François, Ec., s^r de Champoiseau, et de Jeanne Leblanc, eut pour fils :

11. — **Andigné** (Louis d'), Ec., s^r de Maineuf, épousa, le 2 juill. 1680, Renée-Charlotte DE FONTENELLE, fille de René, Chev., s^r de Souvigné, et de Madeleine de la Grandière, dont : 1° LOUIS-RENÉ, qui suit ; 2° JOSEPH-HENRI, Chev. de Malte.

12. — **Andigné** (Louis-René d'), Ec., sgr de Maineuf et de l'Ile-Briand, épousa, le 19 juillet 1710, Marie-Anne D'ANDIGNÉ, fille de René, IIIe du nom, et de Renée-Marie Suyrot des Champs, mentionnés ci-dessus au 12e degré, § II. De ce mariage est issu entre autres enfants : CHARLES-GABRIEL-AUGUSTE, qui suit.

13. — **Andigné** (Charles-Gabriel-Auguste d'), né le 21 septembre 1715, reçu page du Roi dans sa grande écurie, sur les preuves de sa noblesse qu'il a justifiée par titres, marié 2 fois, eut plusieurs enfants.

Nous ignorons à laquelle de ces branches se rattache le membre de la famille d'Andigné qui suit :

Andigné (Louis-Marie-Auguste-Fortuné Cte d'), général vendéen, a été élevé à la pairie par ordonnance du Roi du 17 août 1815. (De Courcelles, I.)

ANDRAULT.

ANDRAULT. — Nous relatons dans ce paragraphe tous les personnages qui ont porté ce nom et que nous avons recueillis dans nos recherches, bien que certainement étrangers les uns aux autres.

Andrault (Jehan) devait, le 15 déc. 1363, à l'abb. de Saint-Maixent un hommage lige pour le baillage du moulin de Ricoux (c^ne d'Azay-le-Brûlé, D.-S.). Le 7 janv. 1366, il rendait au même l'aveu du péage des portes de Saint-Maixent. (D. F. 16.)

Andrault (Jacques). Guillaume de Felton, sénéchal de Poitou pour le prince de Galles, lui donne commission pour faire rendre justice à l'abb. de Saint-Maixent. (Id.)

Andrault (Jean) était, le 6 déc. 1366, sénéchal ou lieutenant du sénéchal de Poitou et Saintonge pour Thomas de Woosthock, fils du roi d'Angleterre.

Andrault (Mathurine) était veuve de Jean Bonnin et rendait, comme tutrice de leurs enfants mineurs, un aveu au château de Montreuil-Bonnin pour son herbergement de Breloux, le 12 juil. 1403. (Livre des fiefs.)

Andrault (Andrée) épousa Etienne Gillier, sgr des Rouziers, qui était veuf le 28 déc. 1432, et se remariait à N. Barbin. A ce mariage assistait la veuve de Guillaume Andrault. (D. F. Arch. de Sigournay.)

Andrault (Pierre-Louis), prieur-curé de Salles-en-Toulon, fonde par son testament en date du 18 oct. 1765 un lit à l'hospice des Incurables de Poitiers. (O.)

ANDRÉ.

ANDRÉ. — Plusieurs familles de ce nom ont existé en Poitou en diverses localités et dans des conditions sociales fort différentes, ce qui porte à croire qu'aucun lien de parenté ne les reliait entre elles. Dans l'impossibilité où nous sommes de les distinguer, nous classons tous les noms que nous avons recueillis dans l'ordre chronologique, excepté pour les André sgrs de la Rivière-Marleau, sur lesquels nous devons quelques degrés de filiation à M. de Gonne-Sanglier.

André (Rose), D^e de Champdolent, avait procès devant le Parlement de Paris avec le sire de Taillebourg, qui s'était emparé de son château de Champdolent. Arrêt du Parlement du 7 sept. 1377 qui lui donne gain de cause. (A. H. P. 19.)

André (Jean) tenait de la B^nie de Mirebeau, en 1382, un herbergement sis à Puzé (Champigny-le-Sec, Vien.), du chef de Jehanne ou VERGER, sa femme. (B^nie de Mirebeau. M. A. O. 1877, 187.)

André (Guy d'), sgr de Saint-Georges, se donne, lui et tous ses biens, à l'abb. de Nanteuil-en-Vallée, le 15 août 1383. (D. F. 20.)

André (Les hoirs de Regnault) sont dits tenir en 1444 de la Bnie de Mirebeau l'herbergement de Puzé dont il est parlé plus haut. (M. A. O. 1877, 18.)

André (Jean), élu à Loudun, comparut en 1518 au procès-verbal de la rédaction de la Coutume du pays loudunais.

André (Israël) fut juge-consul à Niort en 1596 et 1597. (D. F. 20, et M. Stat., 1re sric, 13, p. 35.)

André (Catherine) reconnaît, le 24 avril 1603, une obligation consentie par Barnabé Albelais, Ec., sgr de la Forest, son mari, au profit de Renée Poussineau, veuve G. Ogeron. (Arch. d'Airvau.)

André (Louis), sr de la Pinaudière, receveur des traites d'Anjou, assistait au contrat de mariage de Trojan de la Coussaye, sgr de la Porte, avec Dlle Marie Rigault. (O.)

André (Denis) fut consul à Niort en 1632, l'est encore en 1654 ; qualifié d'honorable homme, sr des Herbiers. (D. F. 20. M. Stat., 1re srie, 13, p. 37, 74.)

André (Jean) et Marie Daguin, son épouse, veuve en premières noces de Paul Bonnenfant, se font une donation mutuelle de leurs meubles, passée à Fontenay, le 30 déc. 1644.

André (Mathurin), sr de Puyfonteau, devait, en 1667, hommage au chât. de Chef-Boutonne. (O.) Au mois de déc. 1680, on vendait les meubles dépendant de sa succession. On voit dans le procès-verbal qu'il était père de Marie, femme de Charles Delaubier, procureur fiscal de la châtnie de Tillou. (O.)

ANDRÉ. — Famille noble qui habitait les confins de la Touraine.

Blason. — Les sgrs de la Messardière : d'argent au chevron d'azur. (Mervache.)

On trouve ailleurs : d'azur au sautoir d'argent accompagné en chef d'une étoile d'or et en flancs et pointe de 3 roses d'argent. (Arm. Touraine.)

§ I. — Seigneurs de la Rivière-Marteau.

1. — **André** (Macé), Ec., sgr de la Rivière-Marteau et du Temple, mort en 1495, eut de Jeanne Boivin : 1° Hector, qui suit ; 2° Simonnet, chef de la branche de Chantejau, § II ; 3° René, 4° Jean, décédés sans postérité ; 5° Urbain, Ec., sr du Temple ; 6° Louis, Ec., sr du Temple, père de Mathurine, mariée à René de Chergé ; elle fut légataire de son oncle Urbain en 1525 pour une moitié du fief du Temple ; 7°, 8°, 9°, trois filles dont les noms et le sort sont inconnus.

2. — **André** (Hector), Ec., sgr de la Rivière-Marteau, partage avec ses frères et leur abandonne la maison du Temple (psse de Courcoué, Indre-et-Loire), 1er oct. 1495, comme fils aîné. Le nom de sa femme est ignoré ; mais il eut pour fils au moins Jean, qui suit.

3. — **André** (Jean), Ec., sgr de la Rivière-Marteau, épousa Marie Préaux, qui, devenue veuve, rendit foi et hommage, le 8 mars 1585, à la maison noble du Bois. Ils n'eurent que deux filles : 1° Renée, dame de la Garde ; 2° Blanche, mariée à Claude de Chergé, Ec., sgr de la Chesnaye, lequel transigeait, le 30 nov. 1607, avec Renée, sa belle-sœur, et René André, Ec., sgr de la Messardière, pour le droit de sépulture dans l'église de Courcoué, réservé au sgr de la Messardière.

§ II. — Branche de Chantejau.

2. — **André** (Simonnet), Ec., sgr de Chantejau (psse de Razines), fils puîné de Macé André et de Jeanne Boivin, partage avec ses frères le 1er oct. 1495. Marié à Jeanne de Chargé, il eut : 1° René, sr de Chantejau, décédé sans hoirs ; 2° Eustache, qui suit ; 3° François, 4° Marguerite, qui partagèrent le 19 fév. 1528.

3. — **André** (Eustache), Ec., sr de Chantejau en 1551, après son frère aîné, épousa Anne Bibault, d'où 1° Bertrand, qui suit ; 2° Aline, mariée, avant 1573, à Nicolas Abernaty.

4. — **André** (Bertrand), Ec., sgr de Chantejau, exempté de l'arrière-ban en 1562, rend en 1614 un aveu à François de Gréaulme, Ec., sr de Pont. Marié le 28 juill. 1571 à Gabrielle de Chargé, il eut pour fils :

5. — **André** (François), Ec., sr de Chantejau, maintenu noble le 21 mars 1535, épousa, le 9 juil. 1634, Marie Cabaret. (Cab. Tit. Pièc. orig. 58.) Nous ignorons s'il eut postérité.

§ III. — Branche de la Messardière.

Cette branche descendait d'un des fils puînés de Macé et de Jeanne Boivin, 1er deg. du § Ier ; mais il manque au moins 2 générations.

4. — **André** (René), Ec., sgr de la Messardière, transigeait en 1607 avec Claude de Chergé, époux de Blanche André, et Renée André, ses cousines, au sujet d'un droit de sépulture dans l'église de Courcoué, et le 8 oct. 1614, comme époux de Madeleine de la Chesnaye, avec ses cohéritiers, au sujet de la succession de Gilles de la Chesnaye et de Madeleine de Granges. (R. 9,182.) Il laissa de son mariage : 1° Jacques, Ec. ; 2° René, baptisé le 9 avril 1600 ; ses parrains furent Nicolas Gamon, Ec., et Jacques de Chergé, sgr de la Brochetière ; 3° Claude, qui suit ; 4° Madeleine, baptisée le 20 juillet 1603 ; 5° autre Madeleine, baptisée le 24 juillet 1612, eut pour parrain André de Maurogues, et pour marraines Dlles Catherine Dupuis et Marie Prévôt.

5. **André** (Claude), Ec., qualifié de sgr de la Messardière en 1638, avait été baptisé le 23 janv. 1605, présumé père d'Anne, dame de la Messardière et du Temple, qui épousa en 1641 Pierre Cabaret, Ec., sgr du Puy.

Nous n'avons pu classer dans la généalogie qui précède les trois personnes dont les noms suivent, qui, selon toute probabilité, devaient être frère ou sœur, oncle ou tante des ci-dessus.

André (Florimond), Ec., fut parrain avec Madeleine André en 1626, et avec Renée en 1633.

André (Renée) fut marraine, le 25 avril 1633, avec Florimond André, de René, fils de Charles de la Mare et de Jacquette de Fontenois.

André (Renée), épouse de Jean Esquot, fondatrice d'une chapelle dans la psse de Mouterre-Silly (Vien.). (Pouillé du dioc. de Poitiers, 1782, 1869.)

ANGELY (d'). — Famille noble établie depuis plusieurs siècles en Poitou et en Angoumois, où elle a possédé des terres nombreuses et importantes. Tout porte à croire que Job, 1er degré de la filiation, est descendant de Philippon, que nous trouvons servir au ban de 1491 et marié à Catherine Aymer.

Nous devons relater la tradition de famille qui veut que nos d'Angely poitevins et angoumoisins soient d'origine italienne et descendent de la famille *de Angelis*, qui a fourni plusieurs prélats distingués, dont une branche se serait transportée en Angleterre, d'où elle se serait expatriée lors de l'apostasie de Henri VIII, et des persécutions religieuses qui en furent la conséquence. Nous ne nous arrêterons pas à discuter ce ouï-dire, mais nous ferons observer que, antérieurement au règne de Henri VIII, il existait des Angely dans les environs de Saint-Maixent.

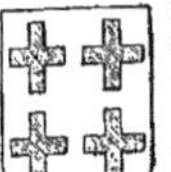

Blason : d'argent à 4 croix de sinople, posées en canton. — On trouve aussi les croix de gueules.

Noms isolés.

Angely (Philippe ou Philippon d'), Ec., sgr de Gascougnolles, vivait vers 1450, et avait épousé Catherine AYMER DE LALIER. Philippe servit au ban des nobles du Poitou en 1491. Lui et sa femme étaient décédés en 1516, époque du partage de leur succession. Ils laissaient au moins deux filles : 1° FRANÇOISE, épouse de François Vasselot, dit le jeune, qui transigeaient avec leur beau-frère au sujet de successions, le 17 sept. 1516 ; 2° ANNE, épouse de Charles des Marres, Ec., sgr du Breuil et de Boussay. Ils prennent part à la transaction du 17 sept. 1516 mentionnée plus haut. Ils eurent deux enfants, reçus Chev. de l'ordre de Saint-Jean-de-Jérusalem : ANTOINE en 1546 et OLIVIER en 1550. On sait qu'il fallait faire preuve de noblesse paternelle et maternelle pour entrer dans cet ordre. En 1556, Anne était veuve, et le 28 août elle faisait à Jehanne Bruneau, femme de René de la Court, Ec., sgr de la Boullaye, l'abandon de certains de ses biens.

Angely (Guillaume) sert en brigandinier au ban de 1488, tant pour lui que pour sa mère et pour Jacques Vasselot, son beau-père.

Angely (Laurent d'), Ec., sr de la Voûte, habitant la sénéchaussée de Saint-Maixent, servit en archer au ban de 1491. Il épousa Huguette VASSELOT, d'où PERRETTE, dame de la Voûte, mariée, en 1518, à James Ague, Ec.

Angely (Pierre d'), sgr de Beauregard, du Grand-Treuil et de Saint-Vivien en Aunis, épousa Renée GREEN, fille de Guillaume, Ec., sgr de Coulonges, etc., et de Hélie de Saint-Martin. De ce mariage une fille, mariée, par contrat du 23 déc. 1556, à Jean de Montberon.

Angely (N. d'), chanoine de Saint-Pierre-le-Puellier à Poitiers, concourut à la réformation des statuts de cette église. (D. F. 22.)

Angely (François d'), Ec., sgr de la Couture et de la Cimalière, épousa Marthe ECHALLÉ. Il eut, croyons-nous : 1° N..., dont le Journal de Le Riche rapporte ainsi la fin tragique : « 19 déc. 1584. Assassinat du fils aisné du sr de la Couture-Angély, qui avoit épousé la fille aînée du feu sieur de l'Houmeau-Tutault, entre Rouillé et Jazeneuil, etc. », p. 370 ; 2° GENEVIÈVE, mariée, le 7 août 1583 (Riffault et Laurergnat, not.), à Clément Lecomte, Ec., sgr de la Grange. (Cte Lecomte.)

François testait le 19 janv. 1583, et choisissait son futur gendre pour son exécuteur testamentaire. Geneviève faisait donation à son mari, le 1er mars 1588, de tous ses biens meubles. (Jousseaume et Guitault, not. à Niort.) Le 20 juin 1595, elle partageait les successions de ses père et mère avec Jean de Bonnetyes, Ec., et leurs autres cohéritiers, et était veuve le 10 déc. 1604 ; 3° LOUISE, dame de la Couture, mariée à François Lamberthon, Ec. ; 4° et peut-être JACQUETTE, femme d'abord de Jacques Bollivier, Ec., sgr de Forest, et ensuite de Jean Vasselot, Ec., sgr de Beaulieu.

Angely (Jacques-Gentil d'), Ec., sgr de Saint-Raval et de Comporté, et Judith DE THORY, son épouse, se font une donation mutuelle par acte du 7 août 1637, passée pssе de Ste-Anne (Ste-Eanne). Sa succession était ouverte et donnait lieu à une transaction entre ses héritiers.

Angely (Pierre d'), capitaine au régiment de Pons, commandait au fort de la Rochelle en 1683. (Or. 17018, 29.)

Angely (Florence d') était marraine le 2 sept. 1721.

Angely (Louis d'), Ec., sgr de la Salle, vivait le 18 oct. 1758.

Angely (N. d'), de Montieret? servit au ban de 1758 et faisait partie de la 2e brigade qui s'assembla le 26 mai à Montcoutant.

Angely (Antoine), sgr de Ste-Foye, s'est trouvé en 1789 à l'assemblée des nobles du Poitou réunis à Poitiers pour nommer des députés aux Etats généraux.

Angely (Marie-Madeleine d') épousa, vers le commencement de ce siècle, Pierre Garnier de la Coussière.

Nous n'avons pu trouver la date du mariage de Pierre Angely, Ec., qui épousa (vers 1830) Jeanne-Louise DE PONS, fille d'Alexandre-Guillaume-Augustin, sgr de la Chobassière, et de Jeanne-Pauline de Mondis d'Ordière.

Filiation suivie.

La généalogie qui suivra est établie d'après le Nobiliaire du Limousin, des notes et papiers originaux communiqués par la famille, M. Favreau, Inspecteur primaire (Charente), et feu M. Frédéric de Chergé, et des documents que nous avions recueillis nous-mêmes.

1. — **Angely** (Job), Ec., acquiert à rente le fief de Clavachon de Jean de la Chambre, Bon de Champagne-Mouton, le 4 mars 1490. Il avait épousé, le 15 mai 1495, Françoise JOURDAIN, qui, veuve, testa le 27 juillet 1543 en faveur d'Alexandre, son fils aîné. De son mariage il laissa : 1° ALEXANDRE, qui suit ; 2° FRANÇOIS, prêtre, décédé avant le 12 janv. 1547 ; 3° JEANNE, mariée à Hugues Hilaire, *aliàs* Tallais ou Fallet, Ec., sgr de Clavachon du chef de sa femme, transigeait avec Jeanne PRÉVOST, sa belle-sœur, le 13 janv. 1547, au sujet de la succession de son beau-père.

2. — **Angely** (Alexandre), Ec., sgr de Clavachon, figure au ban de 1536. Il avait épousé à Puybottier, le 16 janv. 1530 (Fallais, notre à Champagne-Mouton), 9, ou *aliàs* 29 juin 153. (Goret, not.), Françoise PRÉVOST, fille de Guyot, Ec., sgr de Puybottier en St-Contant, et de Marguerite Tizon. Il n'eut qu'un fils :

3. — **Angely** (Jean), Ec., sgr de Clavachon, mineur en 1547, fit hommage de sa sgrie au Cte de La Rochefoucauld, le 17 sept. 1567, figura à l'arrière-ban du Poitou (certificats des 20 oct. 1567 et 15 janv. 1568), et vivait encore en 1579. Il épousa, par contrat du 12 avril 1567, Jeanne DE LA TOUR, fille de Georges, Ec., sgr de la Voulernie, et de Françoise du Moutier.

Elle donnait procuration, le 16 août 1619, à Jean de la Tour, pour consentir au mariage de Louis, son fils puîné, et figure encore dans un acte de 1621, avec François, son fils aîné. Leurs enfants furent : 1° François, qui suit ; 2° Louis, tige de la branche du Masjussier, rapportée au § II ; 3° Claude, Ec., sgr de la Ressource, assassiné avant le 30 mars 1615 ; 4° Esther.

4. — **Angely** (François), Ec., sgr de Clavachon, la Salle, la Voulernie, la Rousselière, vendit, par acte reçu Bouquet, notre, le 12 déc. 1617, le fief de Touchimbert à Isaac Prévôt, Ec., sgr de la Percherie, et échangea, le 19 janv. 1621, la sgrie de Clavachon contre celle de la Voulernie, avec Jean de la Tour et Florence de Villedon, son épouse. Il avait épousé, par contrat du 26 janv. 1595, Anne de la Maisonneuve, dite Damari, dame de la Salle, et en 1616 poursuivait devant la sénéchaussée de Poitiers les assassins de son frère. Le 9 déc. 1634, Jean Gourdon, curé du Bouchage, portait plainte contre lui, de ce qu'il l'aurait frappé de son épée, coupé son chapeau, ainsi que le haut de son pourpoint, « parce qu'il levait ses dîmes près de son clos ». Ses enfants furent : 1° Pierre, qui suit ; 2° Jean, sgr de la Rousselière, qui afferme avec son frère la métairie de Lonne.

5. — **Angely** (Pierre d'), Ec., sgr de la Salle et de Lonne, déféré aux Grands Jours de Poitiers en 1634, comme inculpé d'excès et de violences par René Dexmier, Ec., sgr de Grosbost. (M. Stat., 2e sie, 16.) Il est à croire que ces poursuites n'eurent pour lui aucune suite fâcheuse, car il est établi, dans le rôle du ban d'Angoumois dressé en sept. 1635, comme servant à titre d'aide. Poursuivi par les habitants de la psse de Boussac, il fut maintenu dans sa noblesse par les élus de Poitiers. (Sentence du 8 juill. 1634.) Il rendit aveu à Jean de Volvire pour son fief de la Salle, le 1er sept. 1657, et fut encore maintenu noble par M. d'Aguesseau, intendant de Limoges, le 27 nov. 1667. Il avait épousé, par contrat du 3 ou 13 déc. 1620, Lucrèce Raoul, fille de Charles, Ec., sgr de Vousans, la Fontaine, et de Marie Martin. Il eut de son mariage : 1° Louis, qui suit ; 2° Elisabeth, mariée, par contrat du 14 janv. 1676 (Bochemilh, not.), à Robert Regnault, sr de Boisclair ; 3° autre Louis, chanoine d'Angoulême en 1677 ; 4° Lucrèce.

6. — **Angely** (Louis d'), Ec., sgr de la Salle, Champrigaud, etc., épousa (Morizon, not. royal), le 14 mai 1676, Diane de Ravard, fille de Jacques, Ec., sgr de St-Amand, de Bonnières et du Chatenet, et de Françoise du Querroy. Elle était veuve lorsqu'elle fut maintenue noble, elle et ses enfants, par M. de Bernage, le 16 déc. 1697 (ou 29 août 1698). Ses enfants étaient : 1° Pierre, qui suit ; 2° Antoine, Ec., sgr de Lonne, capitaine au régiment d'Oloron, puis de Normandie en 1720, fit toutes les campagnes d'Espagne, fut blessé au siège de Barcelone, au siège d'Almanza et au siège de Tortose ; il était en 1711 tuteur des enfants mineurs de son frère Pierre ; il donnait quittance, en qualité d'officier réformé, le 29 sept. 1727, et partageait en 1729 avec sa sœur ; 3° Marie-Anne, épouse d'Antoine de L'Age, Ec., sgr de Volude.

7. — **Angely** (Pierre d'), Ec., sgr de la Salle et de Lonne, épousa, par contrat du 2 oct. 1699 (Gareaud, not.), Françoise de Lubersac, qui était sa veuve et remariée, le 6 sept. 1710, à André de Lude ; elle était tutrice de leurs enfants mineurs : 1° François, qui suit ; 2° Marie-Anne, émancipée par lettres royaux du 9 oct. 1724, qui faisait, le 8 nov. 1774, une vente à son neveu.

8. — **Angely** (François d'), Ec., sgr de la Salle, fut émancipé en même temps que sa sœur le 9 oct. 1724, et partageait avec elle la succession de leur père, le 4 août 1733. Il épousa, par contrat reçu Rivet, not. royal, le 4 août 1733, Françoise de Chergé, fille de François, Ec., sgr de Blanzais et de Villognon, et de Catherine Petit. Il était décédé avant le 6 nov. 1763, comme il ressort d'une procuration donnée par sa veuve à cette date. Ils avaient eu : 1° François, qui suit ; 2° Marie, qui épousa, le 20 nov. 1770, Henri d'Angely, sgr de Champrigaud.

9. — **Angely** (François d'), Ec., sgr de la Salle, fut maintenu dans sa noblesse par sentence des élus d'Angoulême, du 9 sept. 1776. Chérin dressa, sur le vu de ses titres, la généalogie de sa famille, qui se trouve dans ses manuscrits conservés à la Bib. Nat. Il était mineur lorsqu'il épousa (Pascault et Tribot, not.), le 4 févr. 1763, Elisabeth Richard, fille de feu François, Ec., sgr de la Jarrige, la Vigerie, etc., et d'Elisabeth Garnier. François est décédé à Allone le 12 ventôse 1806, et sa femme le 14 avril 1806, laissant pour enfants : 1° Antoine, qui suit ; 2° Marie-Félicité, mariée à Jean-Théodore Delisle La Pouyade ; 3° François-Victor, né à Luchez en 1769, épousa, le 7 vendémiaire an IV, Jeanne du Tillet de la Chapelle, fille de François et de Marie de la Grésille ; meurt à Angoulême le 11 août 1839. Ils avaient eu pour enfants : *a*. Célestin, garde du corps de Charles X, mort célibataire à Angoulême, le 1er juill. 1843 ; *b*. Adolphe, mort jeune ; *c*. Marie-Elisabeth, mariée à François Paumé du Plessis ; *d*. Pierre-Astolphe, et *e*. Pierre-Hercule, nés jumeaux, ce dernier chef de bataillon d'infanterie, lieutenant-colonel des mobiles de la Charente, officier de la Légion d'honneur, Chev. de St-Grégoire-le-Grand et de l'ordre militaire de Savoie, avait épousé, le 22 févr. 1868, Antoinette de Vallier d'Anssac ; est mort en 1871 sans postérité ; *f*. N., mariée à N. Lucerat ; *g*. N., épouse de N. Labonne ; *h*. Fanny ou Stéphanie, épouse de N. du Plessis ; *i*. N., mariée à N. Lavy ; *j*. Célestine ; *k*. N., dite Mlle de Sainte-Foye.

10. — **Angely** (Antoine d'), Ec., sgr de la Salle, naquit le 6 fév. 1766, fit, le 7 août 1782, ses preuves devant le généalogiste des ordres du Roi pour entrer à l'école militaire, épousa Louise-Victoire Prévôt du Las. De ce mariage sont nés plusieurs enfants morts jeunes et célibataires.

§ II. — Branche du **MASJUSSIER**.

4. — **Angely** (Louis d'), Ec., sgr de Masjussier et de la Grange, fils puîné de Jean, sgr de Clavachon, et de Jeanne de la Tour, rapportés 3e degré du § Ier, assistait comme parent à l'inventaire des meubles dépendant de la succession de François Prévôt, Ec., sgr de Puybottier, fut parrain, en 1615, de la cloche de l'église du Vieux-Cérier, comme le prouve l'inscription qui y est inscrite : « P. S. P. Vieux-Cérier, 1615. Loys d'Angely, Esc., sr de Majussier, P. Marie Debord, M. » Il avait été maintenu noble par sentence des élus de Poitiers, le 27 juil. 1634. La même année, il avait fait élever au lieu de Montatot une fuye sur la porte de laquelle on voyait ses armes et l'inscription suivante :

> « Loys d'Angely escuyer sieur du Masiussier,
> qui par humilité en ce lieu m'a fait édiffier. »

Il avait épousé : 1° le 5 févr. 1612 (J. Mesmin et Beguyer, notres à Champagne-Mouton), Jeanne de Goret, fille de Guy, sgr de Fontanon, et de feu Jeanne Deschamps ; 2° le 19 août 1619 (Mesnier, notre), Gillette de

Poivre, fille de feu Jacques, Ec., sgr de Tuffas, et de Judith de Barbezières. Elle testa le 2 juin 1625 et mourut laissant 4 enfants : 1° Jean, qui suit ; 2° Jacques, auteur de la 2e branche de Masjussier, rapportée § III ; 3° autre Jean, auteur des sgrs de la Ressource, rapportés § VI ; 4° Louis, sgr de Bonnefonds, marié, le 19 mai 1662, à Jacquette de Laage, dont un fils, nommé Jean (nous ignorons sa destinée) ; 5° autre Louis, sgr de Masléger, 1648, mort jeune.

5. — **Angely** (Jean d'), Ec., sgr de Masjussier, fut maintenu dans sa noblesse avec ses frères par arrêts de la cour des aides du 5 déc. 1662 et du 26 janv. 1663, et par M. Barentin, le 8 octobre 1667. Il épousa, par contrat du 26 mai 1642, Susanne de Laage, fille de feu Paul, sr dudit lieu, et de Marie Biziers, dont il eut : 1° Antoine, sgr de Villermier, marié à Florence de Volvire, qui était sa veuve le 18 mai 1665 ; 2° Pierre, qui suit ; 3° autre Pierre, prêtre, prieur-curé du Vieux-Cérier (1677), sgr de Villermier, Baron de la Châtre, qui, héritier de Louise et d'Antoine, ses frère et sœur, vendit, le 4 mai 1712, la baronnie de la Châtre à Nicolas Regnaud, Chev., sgr du Repaire, etc. ; 4° Louise-Angélique, mariée à Charles Roux, Chev., sgr de la Mothe-de-Losson.

6. — **Angely** (Pierre d'), Ec., sgr de Masjussier, Bon de la Châtre, partagea, le 18 mai 1685, la succession de son frère Antoine. On voit, d'après un autre partage du 3 oct. 1699, qu'il était décédé à cette date. Il avait épousé, le 15 nov. 1685, Anne de Pérès, dont :

7. — **Angely** (Jean-Jacques d'), Ec., sgr de Champrigaud, était mineur sous la tutelle de Pierre, son oncle, curé du Vieux-Cérier, le 6 oct. 1699. Il avait épousé Anne Vaugelade, qui était veuve depuis 1752, lorsqu'elle mourut le 11 mars 1784. Ils laissaient pour enfants : 1° Jeanne ; 2° Henri, qui suit ; 3° Louis, 4° Jacques, 5° Susanne, 6° Anne, 7° Thérèse.

8. — **Angely** (Henri d'), Ec., sgr de Champrigaud, faisait, le 3 mai 1735, un échange avec Pierre Gracieux, Ec., officier, vétéran des écuries du Roi. Il épousa à Alloue, le 20 nov. 1773, Marie d'Angely de la Salle, fille de François et de Marie-Françoise de Chergé. Il mourut à l'âge de 45 ans, le 14 déc. 1775, et François de Chergé, Ec., sgr de Villognon, fut tuteur de leurs enfants mineurs : 1° Henri, qui suit ; 2° Jacques, mort aux armées, le 14 fructidor 1796 ; 3° Florence.

9. — **Angely** (Henri d'), Ec., sgr de Champrigaud, naquit le 27 sept. 1771, émigra, fit la campagne de 1792 à l'armée des Princes dans la 4e compagnie du Poitou-Infanterie, épousa à Alloue, le 28 sept. 1807, Madeleine Richard de Challandeau, dont il eut :

10. — **Angely** (Charles-Armand d'), né à Alloue, le 3 août 1808, épousa à St-Laurent-de-Céris, le 7 janv. 1834, Marie-Denise d'Angely de Rochebrune, fille de François et de Marie-Adélaïde-Susanne de Chergé, dont : 1° Jean-Baptiste-Numa, né à St-Laurent-de-Céris, le 29 nov. 1835 ; 2° Claire-Hélène, née le 3 oct. 1837, cne du Vieux-Cérier.

§ III. — 2e Branche de MASJUSSIER.

5. — **Angely** (Jacques d'), Ec., sgr de Masjussier, de Fontcreuse, fils puîné de Louis et de Gillette de Poivre (4e degré du § II), fut maintenu dans sa noblesse avec ses frères en 1662, 1663, 1667, et servait à l'arrière-ban du Poitou en 1689. Il épousa, par contrat du 1er févr. 1644 (Bressorier, notre), Marie d'Olaizon, fille d'Emmanuel, Ec., sgr du Colombier, et de Renée Estourneau, dont : 1° Pierre, qui suit ; 2° Jean, Ec., sgr de Grandpré, marié, le 28 mai 164. à Marguerite de Bourin ? 3° Renée, mariée à Jacques Bourdeil.

6. — **Angely** (Pierre d'), Ec., sgr de Montalot, la Grange, sert en 1689 à l'arrière-ban du Poitou, et fit inscrire ses armes dans l'Armorial de la généralité de Poitiers ; il vivait encore en 1717. Il se maria : 1° le 7 août 1667 (le Galloys, notre royal), à Renée de Volvire, fille de Guillaume, Ec., sgr de St-Vincent, et de Susanne de la Grèze ; puis 2° à Marie Barbarin ; 3° et enfin, le 21 déc. 1686 (Robert, notre de la châtelle de Nanteuil-en-Vallée), à Marie-Stratonice de Conis, fille de Charles, Ec., sgr de Loumeau. Du 1er lit est issu : 1° Jacques, qui suit ; du 3e, 2° Henri, tige de la branche de Fontcreuse, rapportée au § IV ; 3° Marie, 4° Anne, 5° Catherine, 6° Pierre, auteur de la branche de Rochebrune (§ V).

7. — **Angely** (Jacques d'), Ec., sgr de Masjussier, partagea en 1727, à St-Claud, comme représentant de sa mère, les successions de Marie et de Florence de Volvire, ses tantes. Il épousa : 1° le 12 nov. 1692 (Damy, notre royal en Angoumois), Renée d'Anché, dame du Fief-Richard, fille de Gabriel, Ec., sgr de Villiers, et de Renée d'Authon ; 2° Charlotte de Conty, dont il était veuf en 1743. Du 1er lit naquirent : 1° Pierre, qui suit ; 2° Renée, mariée à Elie de Rocquard, sgr des Housmes (1743).

8. — **Angely** (Pierre d'), Ec., sgr de Fief-Richard, Louvigny, assista, en 1789, à l'assemblée des électeurs de la noblesse poitevine. Il avait épousé, par contrat reçu La Haye, le 21 oct. 1737, Marie-Anne Marchand, fille de François, sgr du Puy-Bourassier, et de Françoise de Morienne, dont : 1° Pierre, qui suit ; 2° Marie-Françoise, 3° Marie-Anne.

9. — **Angely** (Pierre d'), Ec., sgr de Fief-Richard, épousa, le 16 janv. 1775 (Lenef, notre à St-Jean-d'Angély), Marie-Anne Normand, fille de Claude-Jean, sgr des Métairies, receveur des tailles, et d'Anne-Julienne Bérard, d'où : 1° Pierre, qui suit ; 2° Claude-Alexandre, baptisé, le 17 nov. 1781, à St-Martin de Louvigny, marié à Sophie de Pons, dont Alexandre, marié, en 1844, à Louise Terquens, d'où : *a.* l'abbé d'Angely, né en 1846, vicaire de Saint-Roch à Paris (1886) ; *b.* Marie, née en 1848 ; *c.* Maurice, né en 1852.

10. **Angely** (Pierre d') fit pour lui et son frère ses preuves de noblesse devant Chérin. Il épousa, le 9 sept. 1797, Jeanne-Sophie-Marie Conan de Préfean, dont : 1° Astolphe, mort sans hoirs ; 2° Nicolas-Eugène, qui suit.

11. — **Angely** (Nicolas-Eugène d'), marié, le 10 déc. 1840, à Marie-Julie Porton, a eu pour enfants : 1° Jules-Eugène-Adolphe, décédé sans postérité ; 2° Charles-Emile, qui suit.

12. — **Angely** (Charles-Emile d'), né le 10 mars 1845, a épousé, le 8 déc. 1874, Louise-Marie-Marguerite Fouet de Conflans, dont il a eu : 1° Marie-Anne-Caroline-Reine, née le 23 oct. 1875 ; 2° Françoise-Marie-Marguerite, née le 26 juil. 1880.

§ IV. — Branche de FONTCREUSE.

7. — **Angely** (Henri d'), puîné de Pierre, sgr de Masjussier, et de Stratonice de Conis (6e degré du § III),

Ec., sgr de Fontcreuse et de l'Age de Volude, officier au régiment d'Oloron, fit toutes les guerres d'Espagne sous Louis XIV. Il épousa : 1° le 15 nov. 1729, Florence DE LA BORDERIE DE LA CHAMPAIGNERAYE, morte en couches le 9 avril 1731 ; 2° Marie DE L'AGE DE VOLUDE, fille d'Antoine, Ec., capitaine de frégate, et de Marie-Anne d'Angely de la Salle. Du 1er lit naquit PIERRE, qui donna en naissant la mort à sa mère ; du 2e lit : 1° ANTOINE, qui suit ; 2° HENRI ou HENRI-AUGUSTIN, Ec., sgr de Fayolle, né le 30 déc. 1734, lieutenant de vaisseau, Chev. de St-Louis, commandant la corvette *la Cérès*, chargée d'une croisière sur les côtes d'Afrique. Il reçut du maréchal de Castries, au nom du conseil de la marine, une lettre de félicitations. Il se maria, par contrat du 24 août 1772, à Marie-Marthe-Aimée DE LA DIVE, dame de la Grossotière et de la Bijouère, fille de Charles, Chev., sgr de Gastine, et de Jeanne Foyer. De ce mariage est née une fille, MARIE-FÉLICITÉ ; — 3° CHARLES, Chev., sgr de Lonne, servit dans la gendarmerie (1788), puis fut lieutenant au bataillon de milice de Fontenay-le-Comte, lieutenant aux grenadiers royaux de Bretagne le 5 avril 1780, émigra, fit la campagne de 1792 à l'armée des Princes, dans la 4e compie noble du Poitou-Infanterie, servit ensuite comme volontaire à l'armée de Condé, et mourut à la Bijouère, le 15 sept. 1818, lieutenant-colonel en retraite et Chev. de St-Louis.

8. — **Angely** (Antoine d'), Chev., sgr de Fontcreuse, Sainte-Foy, de l'Age de Volude, naquit le 28 sept. 1732, au château de l'Age, psse d'Alloue (Char.), fut garde du corps du Roi, compagnie de Villeroy, Chev. de St-Louis, réformé et pensionné le 1er oct. 1779. Il avait épousé, le 8 juillet 1765, Marie-Jeanne-Félicité DE LA DIVE, sœur de sa belle-sœur. Il fut condamné à mort « comme chef de brigands de la Vendée », par la commission militaire séant aux Sables-d'Olonne, et exécuté le 24 sept. 1793. Il avait deux enfants : 1° ANTOINE-ANDRÉ, qui suit ; 2° MARIE-FÉLICITÉ, mariée à Désiré-Bonaventure de Gazeau, garde du corps du Roi, Chev. de St-Louis.

9. — **Angely** (André-Antoine d') naquit aux Sables-d'Olonne le 23 juin 1768, sous-lieutenant au régiment de Languedoc-Infanterie, émigra, fit la campagne de 1792 à l'armée des Princes, passa en 1793 au service de la Hollande (légion de Damas-Infanterie), puis en août 1794 à l'armée de Condé, y servit jusqu'au licenciement, 4e compie du régiment noble à pied, obtint le certificat le plus honorable le 16 août 1814, signé du prince de Condé, et reçut la croix de St-Louis en 1815. Il avait épousé, le 26 août 1802, à Mareschè (Sarthe), Augustine-Charlotte D'ARLANGES, fille de Jean-Baptiste-Joseph et de Marie-Madeleine-Françoise-Gertrude de St-Michel, dont : 1° CHARLES-ADRIEN, qui suit ; 2° DELPHINE-GERTRUDE-CHARLOTTE, mariée, en 1834, à Michel le Pellerin, Cte de Gauville, ancien garde du corps de Charles X ; 3° MARIE-EUGÉNIE.

10. — **Angely** (Charles-Adrien d'), né en 1806, sous-lieutenant au 7e de ligne, assista au siège d'Anvers, conseiller général de la Sarthe de 1848 à 1852. Le 28 avril 1835, il épousa Françoise GARNIER, dont ALBERT-CHARLES.

11. — **Angely** (Albert-Charles d') Cte de Sérillac naquit le 30 déc. 1835, épousa, le 21 mai 1860, Marie-Antonie-Alexandrine DE FAUDOAS-SÉRILLAC, fille unique d'Alexandre-Sébastien Cte de Sérillac et de Pauline Chevrol de Frileuze. Albert-Charles a relevé le titre de Cte de Sérillac ; membre du Conseil général de la Sarthe de 1874 à 1886.

§ V. — BRANCHE DE **ROCHEBRUNE**.

7. — **Angely** (Pierre d'), Ec., sgr de Rochebrune, fils puîné de Pierre, sgr du Masjussier, et de Stratonice de Conis (6e degré du § III), épousa, avant 1720, Marie GÉRARD, *aliàs* GIRARD DE LAGE, inhumée aux Vieux-Cérier, le 20 janv. 1728, dont :

8. — **Angely** (François d'), Ec., sgr de Rochebrune, fit partie du ban des nobles du Haut-Poitou réuni à Saint-Jean-d'Angély, y servit dans la 2e brigade de l'escadron de Boisragon. Il avait épousé, le 10 juil. 1752 (Bechemil, notaire à Champagne-Mouton), Marie-Denise DE CHERGÉ, fille de Philippe, sgr de Villognou, et de Marie Regnault, dont 13 enfants (plusieurs morts jeunes), entre autres : 1° FRANÇOIS-PHILIPPE, officier au régiment provincial de Poitou, émigra, fit la campagne de 1792, dans la compagnie formée par les officiers du régiment de Navarre-Infanterie, et fut tué, le 16 juin 1794, à l'armée de Condé, servant dans la légion de Damas ; 2° FRANÇOIS, qui suit ; 3° PIERRE-ISAAC, baptisé au Vieux-Cérier le 27 févr. 1769, dit le Chevalier de Rochebrune, émigra, fit la campagne de 1792, dans une compagnie noble du Poitou ; il servit ensuite à la légion de Damas et périt à l'affaire du canal de Louvain, le 15 juil. 1794 ; 4° JOSEPH, émigré, fit la campagne de 1792, dans la compagnie formée par les officiers de Navarre-Infanterie ; 5° LOUISE-ROSALIE-DOROTHÉE, mariée, le 3 nov. 1790, à Louis-Pierre-Gilbert Cte de Fleury de la Raffinière ; 6° LOUISE-CORALIE, mariée, le 22 oct. 1812, à Pierre-David de Lastours de Vanteaux ; 7° HÉLÈNE, religieuse à Sainte-Croix de Poitiers.

9. — **Angely** (François d'), marié, le 2 juil. 1808, à Marie-Adélaïde-Susanne DE CHERGÉ, fille de Philippe, Ec., sr de Villognon, et de Geneviève-Modeste de Lauzon, a eu pour fille MARIE-DENISE, mariée, le 28 juin 1834, à Charles-Armand d'Angely (de la branche de Champrigaud).

§ VI. — BRANCHE DE LA **RESSOURCE**.

5. — **Angely** (Jean d') le jeune, Ec., sgr de la Ressource, fils puîné de Louis et de Gillette de Poivre (4e degré du § II), épousa, par contrat du 15 janv. 1652, Florence DE LA GRÈZE, fille de feu Nicolas, Ec., sgr du Bouchaud, et de Marie d'Alloue, dont entre autres enfants : 1° SUSANNE ; 2° PIERRE, sgr de Montalot, marié, le 21 sept. 1684, à Marie DE JAMES ; 3° JACQUES, qui suit.

6. — **Angely** (Jacques d'), Ec., sgr de Marvaud, céda, le 11 avril 1687 (Texier, notaire à Verteuil), à Pierre d'Angely, sgr de Villemier, Bon de la Châtre, le droit de présentation à la chapelle de Goupillon, dans la grande église de Vivonne. Il épousa, le 27 nov. 1731, Marguerite DE LA BORDERIE DE LA CHAMPAIGNERAYE, sœur de Florence, femme d'Henri d'Angely de Fontcreuse, et mourut le 25 déc. 1747, âgé de 45 ans. Il eut : 1° HENRI, qui suit ; 2° LOUISE, dite Mlle des Achards, née le 14 juil. 1735, religieuse Carmélite ; 3° SUSANNE, dame de Marvaud, baptisée le 25 déc. 1737, morte à l'âge de 23 ans, inhumée dans l'église du Vieux-Cérier, le 13 fév. 1764.

7. — **Angely** (Henri d'), Ec., sgr de la Ressource, mort sans alliance, est sans doute le d'Angely de la Ressource émigré, qui fit la campagne de 1792, dans la 4e compagnie noble du Poitou, à l'armée des Princes.

ANGEVIN. — Nom commun à plusieurs familles.

ANGEVIN. — Famille originaire de Niort, où elle a occupé des charges municipales par lesquelles elle est parvenue à la noblesse.

Blason. — Angevin de la Revêtizon : d'azur à un ange d'argent tenant de la main droite un raisin d'or feuillé de même; de la main gauche, un couteau d'argent à manche d'or, accompagné en chef de 2 étoiles d'or. (Armorial de Saint-Jean-d'Angély; cachets.)

1. — **Angevin** (Pierre), s^r du Pas-David et de Clion (c^ne de la Foye-Montjault), échevin de la ville de Niort en 1609, fut maintenu dans ses immunités et franchises par les commissaires du Roi le 28 août de la même année. (D.F. 20.) Il épousa, vers 1580, Anne Poupet ou Toupet, fille de Jean, s^r de Fougères, et de Catherine Viault, dont il eut : 1° François, qui suit ; 2° Marie-Catherine, mariée, en 1609, à Louis de Sainte-Marthe, Chev., sgr de Grelai. Après avoir vécu ensemble quelques années sans avoir eu d'enfants, les deux époux se séparèrent volontairement. Louis se fit prêtre, devint prieur de Claunay, et mourut à Paris, le 29 avril 1656, âgé de plus de 84 ans ; et sa femme mourut à Poitiers en 1645, supérieure de la communauté des Filles de Notre-Dame (Hist. Loudun) ; 3° Pierre, s^r du Chesne, échevin de Niort, marié, vers 1610, à Jeanne de Villiers, fille de Philippe, Ec., s^r du Prinçay, et de Madeleine Chargé, dont il eut Philippe, s^r de la Chaîne ou du Chêne, avocat du Roi en l'élection de Niort, en 1629, charge qu'il occupait encore en 1663. Il épousa, par acte du 13 mai 1629, Catherine Robin, fille de Mathurin, s^r de la Vésinière, avocat du Roi au bailliage de Gâtine, et de feu Marie Roy ; et Marguerite, mariée, vers 1630, à François Girault, procureur au Présidial de Poitiers.

2. — **Angevin** (François), s^r du Vieux-Moulin, de Fougère et de la Revêtizon, conseiller du Roi et avocat du Roi en l'élection de Niort, était pair de cette ville en 1615, fut élu maire le 30 mai 1621, et capitaine du régiment nouvellement créé, fut nommé échevin le 6 mai 1621, au lieu de feu Philippe Chebrou. Le 10 mars, il avait déclaré au greffe de Niort son intention de vivre noblement. Il fut nommé maire de nouveau en 1622, sur l'ordre exprès du Roi. En 1633, il était premier conseiller au siège royal de Niort et était décédé avant le 27 sept. 1652, époque où il fut remplacé comme échevin. Il avait épousé Catherine Cochon, dont il eut : 1° François, qui suit ; 2° Marie-Françoise, mariée, le 9 janv. 1648 (Prévôt, notaire à Frontenay), à Raymond de Foucault, Ec., sgr de Monbaicul, puis à N. Jourdain, Ec., s^r de Crissé ; 3° Emmanuel, Ec., s^r de la Roche-de-Crissé, qui servit au ban de 1635, à la place de son père.

3. — **Angevin** (François), Ec., s^r de Pallée, épousa, le 7 déc. 1653 (des Moulins et Arnaudeau, notaires), Catherine de Villiers. Lui et ses cohéritiers se partagèrent, le 4 sept. 1656, la succession de leurs père et mère. Il était décédé avant le 30 déc. 1677, époque à laquelle Catherine de Villiers agit comme tutrice de leurs enfants mineurs, au nombre desquels se trouvait Charles, Ec., qui suit.

4. — **Angevin** (Charles), sgr de Pallée, la Revêtizon, baptisé le 4 août 1661, p^sse de la Revêtizon (D.-S.), fut maintenu noble avec sa mère le 21 mars 1699, par ordonnance de M. de Maupeou. Il fit enregistrer ses armes à Saint-Jean-d'Angély (n° 46 du Reg. 1er), et épousa, vers 1710, Anne-Philothée Léger, fille de René, Ec., s^r de la Sauvagère, et de Marie Poitevin, dont il eut : 1° Charles, Chev., sgr de la Revêtizon, servit dans la 1re brigade de l'escadron de Villedon, au ban des nobles du Poitou réunis à Saint-Jean-d'Angély, au mois de juin 1758, décédé sans postérité ; 2° Louis, qui suit ; 3° Marie-Anne, prieure de Saint-Maixent, 1765 ; 4° Louise-Adélaïde, religieuse à Saint-Maixent ; 5° Charlotte.

5. — **Angevin** (Louis), sgr de la Revêtizon, des Grand et Petit-Pallée, né en 1515, lieutenant-colonel du régiment de Berry-Infanterie, Chev. de Saint-Louis, obtint, en 1772, une pension de retraite de 2,000 liv., comparut à l'assemblée provinciale de Saint-Jean-d'Angély, et à celle de la noblesse du Poitou, en mars 1789, pour nommer des députés aux Etats généraux. Il est mort à Niort, p^sse de N.-Dame, en 1790, sans postérité. Il testa en faveur des Jourdain de Crissé, issus d'une sœur de son aïeul paternel.

II. — ANGEVIN (de Civray).

Angevin (Jean) fit aveu du fief de la Meschinière à la baronnie de Couhé, les 15 mai et 19 juin 1445. Il paraît avoir eu pour fils :

Angevin (Louis), qui fit aveu de la Meschinière le 8 nov. 1487. (Inventaire des titres de Couhé. Arch. Vienne.)

Angevin (Marie), femme de Pierre Cuvillier, avocat au Parlement et au siège royal de Civray. Ils se faisaient une donation mutuelle le 5 nov. 1639. (Mayuard et Marchand, notaires à Saint-Maixent.)

III. — ANGEVIN (de Mauléon).

Blason. — Angevin du Coudray porte : d'argent au chevron de gueules, accompagné en chef d'un croissant, accosté de deux étoiles en chef et d'un arbre en pointe, le tout de gueules. (D'Hozier.)

Angevin (Cléophas) était sgr du Coudray et receveur des tailles à Mauléon en 1698, lorsqu'il fit insérer ses armoiries à l'Armorial de la généralité de Poitiers. Il épousa Madeleine Cormier, dont il eut : 1° Jacques-Cléophas, qui suit ; 2° Anne-Thérèse, mariée à Mauléon, le 6 déc. 1712, à Charles-Louis Deniort, s^r de Vougué, président de l'élection de Saint-Maixent ; 3° Charles ; (peut-être) 4° Catherine, qui était veuve en 1733 de René Denis, receveur des tailles à Mauléon.

Angevin (Jacques-Cléophas), sgr du Coudray, était receveur des tailles à Mauléon en 1712 ; il fut le père ou l'aïeul de :

Angevin du Coudray (N.), sénéchal de la baronnie de la Chassée en 1787.

ANGIBAUT ou ANGIBAULT.

Angibault (Jean), dit Joyrard, était sergent royal en Poitou en 1448 et chargé de lever les taxes de la p^sse de Saint-Sornin (Saint-Saturnin), près Poitiers. (Arch. Nat. J. Reg. 179, 120.)

Angibault (Jacques) prenait en 1643 le titre d'ancien président en l'élection de Thouars. (F.)

Angibault (Jehan), s^r de Champfean, était décédé avant le 27 févr. 1647, époque où Louise de Pois, sa veuve, souscrit une obligation. (O.)

Angibault (Marie), veuve du s^r de la Sauvagère, se qualifiait, le 4 févr. 1648, dame de la Brunetière, dans la mouvance de Thouars. (D. F.)

Angibault (Jacques), s^r de la Lande, vivait en 1647. (F.)

ANGIGNARD. — Famille de Thouars, dont le nom est aussi souvent écrit Engignard.

Angignard (Mathurin), greffier des rôles de la paroisse de Sainte-Verge, inscrit d'office dans l'Armorial de l'élection de Thouars en 1700 : « de gueules à une grue de charpentier d'or » — blason de fantaisie — épousa, vers 1680, N. Souché, et eut pour enfants : 1° Pierre, qui suit ; 2° Marie, femme de N. Delavault ; 3° autre Marie, qui épousa, vers 1720, Uriel-Nicolas de la Garde ; 4° Louise, mariée à N. Banchereau.

Angignard (Pierre), lieutenant-général au siège ducal de Thouars, mourut en 1704. Marié à Louise Bérard, il en eut Pierre, décédé en 1792 sans postérité.

ANGLE (d'). — La ville d'Angle en Montmorillonnais appartenait dès le xie siècle aux Lusignan, et une branche cadette de cette puissante maison porta aux xiie et xiiie siècles le nom de la seigneurie d'Angle, devenue son apanage. Mais on trouve également plusieurs familles nobles originaires d'Angle, dont les membres, désignés sous le nom de leur lieu d'origine ou d'habitation, sont souvent appelés d'Angle dans les chartes du xiie siècle. Il est très difficile de distinguer ces divers personnages qui portent souvent les mêmes noms et prénoms à la même époque et dans le même pays ; c'est pourquoi nous sommes obligés d'en rapporter plusieurs parmi les noms isolés de la famille d'Angle, quoiqu'ils fussent réellement membres de familles différentes. Il y avait aussi un fief d'Angle à Usson, et le bourg d'Angles en Bas-Poitou, dont les possesseurs ou des habitants ont aussi porté le nom.

Après avoir mentionné les divers personnages qui sont appelés d'Angle dans les chartes, nous donnerons une notice sur la branche des Lusignan, puis sur la famille connue sous le nom d'Angle, au xive siècle, dont un membre a joué un rôle important dans l'histoire du Poitou.

Angle (Geoffroy d'), *Gaufridus de Ingla*, témoin d'une donation faite vers 1080 à l'abb. de St-Cyprien par *Isembertus, Asinus*, de l'église de St-Célerin. (D. F. 7, 73. Cart. St-Cyprien et A. H. P. 3.)

Angle (Henri d'), *Haenricus miles ex castro vocabulo Ingla*, en offrant à Dieu et à l'abb. de St-Cyprien son fils Henri, donne à ce monastère la moitié de 4 moulins situés sur la Gartempe, sous l'église de St-Généris de Vic (Vien.), etc. (Cart. St-Cyprien. A. H. P. 3.)

Il fut témoin de la restitution faite vers 1085, par Pierre de Rochefort, à l'abb. de St-Cyprien, de la moitié de la terre de Vic, dont il s'était indûment emparé. (Cart. St-Cyprien. A. H. P. 3.) Il eut pour enfants, outre Henri, précité, Vivien et Guillaume, qui confirmèrent, vers 1088, une donation antécédemment faite par leur père à l'abbaye de St-Cyprien des moulins sis sous l'église de Ste-Sévère. (D. F. — A. H. P. 3.)

Anglis (Bertrandus de), *minister Vicecomitis Thoarcii apud Montem Beliardi*, assistait, le 7 déc. 1099, à la consécration de l'église de la Chèze-le-Vicomte. (D. F. 26.)

Ce Bertrand doit avoir tiré son nom du lieu d'Angles en Bas-Poitou (Vendée), et être étranger à la famille du Montmorillonnais.

Angle (Hugues d'), fils de Geoffroy, avait fait, en 1163, donation à l'abbaye de St-Savin de la dîme de Mérigny et de son bois appelé la Forêt, et il confirma, ainsi que sa femme, les autres dons faits précédemment par son père à cette abbaye. (D. F.)

Angle (Geoffroy d'), *Gaufridus de Anglia, miles*, est nommé dans la charte constituant une confrérie en faveur de la Maison-Dieu de Montmorillon, par Pierre II, év. de Poitiers, en 1167. (D. F. 24.)

Angles (Rainaud d'), *Rainaudus de Anglis, capellanus de Chastagn* (Châtain, Vi.), présent à la donation d'une rente faite au prieuré de Montazay, vers 1174. (D. F. 18.)

Angle (Jean d') fut le 9e abbé de l'Etoile de 1188 à 1191. (Hist. de Châtellerault, 2, 399.)

Angles (Hugues d'), *Hugo de Angulis*, se trouvait à la 3e croisade et servait, en déc. 1190, dans la compagnie de Thibaud Chabot. (Gén. Chabot.)

Il y avait à Angle une famille qui avait pour nom le sobriquet « *Asinus* », l'Ane. Plusieurs membres de cette famille sont désignés dans les chartes sous le nom de leur lieu d'origine. Josserand l'Ane, sgr de Pleumartin, est appelé Josserand d'Angle dans un don fait à la Merci-Dieu en 1127. On trouve aussi *Galterius Asinus de Anglis*, témoin du donateur, dans plusieurs chartes du xiie siècle. C'est ce qui a fait croire que *Walterius Asini*, cité par Besly, et vivant en 1031, et *Gaulerius Asini*, abbé de la Colombe en 1198, étaient de la maison d'Angle.

D. Etiennot croit qu'Isembert, 2e évêque de Poitiers, appelé par d'autres Pierre Senneband, était frère du sgr d'Angle ; mais c'est une erreur.

Le même D. Etiennot a recueilli les noms suivants de plusieurs habitants du lieu d'Angle, qui se trouvent parmi les bienfaiteurs *Sancti Petri Generosi* : Arnaud-Guillaume d'Angle, — Sanche d'Angle, — Guillaume-Oriole d'Angle, — Arnaud d'Angle, fils de Guillaume, — Odon, son frère et son fils.

Angle (Marguerite d'), fille de Jean d'Angle, a été femme de Boson de l'Ile-Jourdain.

Angle (Guillaume d'). Hugues de Beauçay certifie, en juin 1244, qu'il a rendu foi et hommage au roi Philippe-Auguste de ce qu'il possédait à Angle. (Arch. Nat. J. Cart. 190, 85, 88.)

Angle (Savary d'), Chev., qualifié noble homme saige et puissant. Martin, paroissien d'Antran, lui donne tous ses biens le vendredi après la feste de tous Saincts et de toutes Sainctes, 1346. (Arch. D.-S.)

Angle (Pey d') servait comme Ec. en 1358.

Angle (Jean d'), chevalier, fut aussi, selon les Annales d'Aquitaine, au nombre des sgrs poitevins qui, vers 1369, marchaient sous la bannière du prince de Galles.

Seigneurs d'ANGLE DE LA MAISON DE LUSIGNAN.

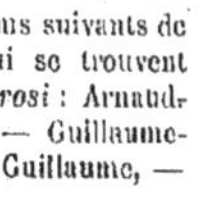

Blason. — Lusignan, sgrs d'Angle, portaient : burellé d'argent et d'azur à 3 fleurs de lis de gueules. D'autres disent à 3 aigles.

Hugues de Lusignan fit don, avec son fils Hugues le Brun, de l'église Ste-Croix d'Angle à l'abbaye de St-Cyprien, vers 1080.

Hugues le Brun, sire de Lusignan, épousa Sarrazine et eut 5 fils, tous mentionnés dans un accord et des actes de 1140 et 1144 : 1° Hugues, qui fut sgr de Lusignan ; 2° Guillaume, aliàs Geoffroy d'Angle, ainsi appelé dans plusieurs chartes : on dit qu'il épousa Denise ; mais nous croyons qu'il n'eut pas de postérité ; 3° Rorgue, qui suit ; 4° Simon de Lezay, qui eut une partie de la seigneurie d'Angle ; 5° Walerand.

Rorgue de Lusignan est appelé Rorgue d'Angle dans diverses chartes, et fit don à l'abbaye de l'Étoile et à la Merci-Dieu en 1172. Il épousa Almodis, et eut pour fils Guillaume, qui suit.

Angle (Guillaume d') fit, le 13 nov. 1198, une donation à l'abbaye de la Colombe d'un setier d'huile, rendable à perpétuité le premier dimanche de Carême, pour satisfaction des mauvais traitements qu'il avait fait éprouver à cette abbaye. Parmi les témoins se trouvent un *Gaulerius Asini*. (D. F. 5.) En 1220, avec sa femme Agnès et Rorgo, leur fils, il fit donation à l'abbaye de l'Étoile du droit d'usage dans la forêt de Gâtine, qu'il possédait conjointement avec Guillaume de Lezay et Guy de Sonnebaud.

Guillaume d'Angle fit de nouveau, conjointement avec sa femme, une donation d'une rente de 40 sols à l'abbaye de l'Étoile, en 1237. D'après quelques actes, il paraît avoir épousé en 2es noces Marie.

Angle (Rorgue d'), fils du précédent, confirma en 1239 la donation faite par Guillaume, son père, à l'abb. de l'Étoile. Il donnait en 1242 cent sous de rente à l'abb. d'Angle, et en 1245 faisait également un don au prieuré de la Puye. Il fut père de :

Angle (Hélie d'), qui rendait aveu de sa portion (les deux tiers) de la terre d'Angle au sgr de Montmorillon, et la vendit, le 21 mars 1281, à Gauthier de Bruges, évêque de Poitiers. (D. F. 3.) A la même époque, il achetait les fiefs que Guillaume Brachet possédait à St-Saire, et décéda sans postérité en 1283. Ses héritiers firent divers accords avec l'évêque de Poitiers, au sujet de la sgrie d'Angle. Il avait épousé Agathe d'Iseure ?

MAISON D'ANGLE.

Cette famille paraît être une branche cadette de la Maison des Barbe de la Barbelinière en Châtelleraudais, qui se fixa à Angle par suite d'un mariage (probablement comme capitaines du château).

Blason. — D'Angle de Pleumartin : d'argent semé de billettes d'azur, au lion de même. (Notes du Cte de Ste-Maure ; sceaux.)

Soudan Barbe fut appelé ordinairement Soudan d'Angle ; on le trouve sous ces 2 noms témoin dans un grand nombre de chartes de la Merci-Dieu, de l'Etoile, etc.

1. — **Angle** (Soudan d'), ou Soudan Barbe, qui était probablement seigneur d'Oiré, vivait au milieu du XIIe siècle. Il fut, d'après Mss. de Ste-Marthe, l'un des premiers bienfaiteurs de l'abbaye de *Bécheron* (la Merci-Dieu). Il fut aussi l'un des souscripteurs d'une donation faite, en 1140, par Gaultier *Asinus* d'Angle, Pierre, Berruche et Josserand, ses frères, à laquelle assista Guy de Cenuis, donateur, en 1140, du terrain où fut édifiée l'abbaye de l'Etoile. On trouve encore dans Ste-Marthe que Soudan d'Angle, Pétronille, sa femme, Guy, Giraud et Alix, dite Stalisdis par Ste-Marthe, leurs enfants, firent une donation à l'abb. de la Merci-Dieu de tout ce qu'ils possédaient dans le lieu de Bécheron. Les souscripteurs de cette charte étaient, en outre, Raoul, prêtre, Galterius Asinus, Asinus Bastard, Emericus Grimal, « *omnes de Anglis* », c'est-à-dire tous du lieu d'Angle. Au fol. 160 du même ouvrage, on trouve encore parmi les bienfaiteurs de la Merci-Dieu Geoffroy d'Angle, Marie, sa femme, Geoffroy et Hugues de la Roche, ses enfants. Les témoins de cette donation furent Soudan d'Angle, Guy, son fils, etc. Cette donation doit être antérieure à l'an 1180.

Il eut pour enfants, de sa femme Pétronille : 1° Guy d'Angle, appelé plus ordinairement Guy Barbe, qui fut souvent témoin avec son père de dons faits à la Merci-Dieu. Dans celui fait par Joscelin Boteit, de Montoiron, et Guillaume son fils (vers 1160), on trouve comme témoins Soldau d'Angle et Guy Barbe, son fils (nous pensons que ce Guy continua la famille des Barbe, sgrs d'Oiré, et qu'il ne porta pas longtemps le surnom d'Angle) ; 2° Guichard, qui suit ; 3° Alis (Aalidis), que Ste-Marthe a mal écrit Stalisdis.

2. — **Angle** (Guichard d'), appelé Girard (par Ste-Marthe, à cause d'une faute de copiste), fut témoin avec son père et son frère dans plusieurs actes de la 2e moitié du XIIe siècle, donna à la Merci-Dieu les dîmes d'Oiré, avec ses 2 fils Payen et Guy, en 1222. (Cart. fol. 31.) Il est appelé *Guichardus, miles de Engla*, dans une charte de 1211. (Cart. fol. 38.)

Il eut pour enfants : 1° Payen, qui suit ; 2° Guy.

3. — **Angle** (Payen d'), qui fit don avec son père en 1222, confirma plus tard ce même don avec son fils aîné Guichard, déjà Chevalier, vers 1260. (Cart. f° 60.) On le trouve appelé Payen Barbe, Chev., sgr de Pleumartin, dans un don qu'il fit avec sa femme Emmeline et son fils Guichard, en mai 1256. (Cart. Merci-Dieu, f° 48.) Il eut plusieurs enfants, car Guichard est dit fils aîné dans une charte.

4. — **Angle** (Guichard d'), Chev., sgr de Pleumartin, fit aveu à l'évêque de Poitiers pour un fief situé à Angle, vers 1280. Il fut l'un des exécuteurs testamentaires de Guy de Montléon, sgr de Montmorillon. Nous pensons qu'il se maria 2 fois, en 1res noces avec N..., dont il eut plusieurs enfants, puis à Isabelle (probablement de la Corbière) ; elle testa le samedi avant l'Epiphanie 1285 et fit don à la Merci-Dieu ; dans cet acte elle ne parle que d'un fils déjà décédé. Du 1er lit naquirent : 1° Guichard, qui suit, et probablement 2° Payen, qui épousa Gordette de Marconnay, et fut père de Payen, qui servait en 1357 comme Chevalier dans l'armée de Guichard d'Angle, sénéchal de Saintonge ; fut chargé de la défense de St-Jean-d'Angély. (Quittance de ses gages, 8 fév. 1352.) Il avait eu en 1349 un procès avec Herbert de Marconnay, où se trouvèrent impliqués Sarrazin d'Angle et Guillaume d'Angle, ses oncles ou ses cousins.

5. — **Angle** (Guichard d'), Chev., sgr de Pleumartin, épousa, non pas en 1285, comme on le trouve dans quelques généalogies, mais au plus tôt en 1293, Marguerite Maubert, sœur de Maingot Maubert, Chev., sgr de Bois-Maubert, près la Rochelle. Elle était veuve en 1323, car elle rendit en cette qualité aveu de sa terre de Bois-Garnault à Marguerite Turpin, veuve d'Eschivard de Preuilly, comme ayant le bail de Guichard d'Angle, son fils. Elle eut en outre un second fils qui lui-même eut un fils nommé Guillaume, auquel Richard II, roi d'Angleterre, accorda, le 10 mai 1380, des lettres de protection pour se rendre en Portugal.

6. — **Angle** (Guichard d'), IIe du nom, sgr d'Angle, de Pleumartin, Château-Larcher, Rochefort-sur-Charente, Cte de Hudington en Angleterre, etc., etc., joua un grand rôle dans les événements remarquables qui signalèrent le XIVe siècle.

Tour à tour sujet, et toujours sujet fidèle, des rois de France et d'Angleterre, Guichard d'Angle sut mériter la faveur et l'amitié des souverains dont les chances désastreuses de la guerre le firent successivement le vassal ; son épée et sa loyauté chevaleresque ne manquèrent jamais au parti qu'il dut suivre et défendre après l'avoir combattu. Il était Chevalier et servait comme tel dans la compagnie de Jean Larchevêque, qui fit montre à Poitiers le 17 août 1346. Cette même année, nous dit Froissart, il commandait à Niort, qu'il défendit contre les attaques du Cte de Derby.

Philippe de Valois le créa sénéchal de Saintonge. Il combattit à la funeste bataille de Maupertuis et fut laissé pour mort aux pieds du roi Jean, qu'il était venu défendre. Le 8 mai 1360, il avait été chargé par le Dauphin régent de France de veiller, de concert avec le maréchal Boucicault, à l'observation de la trêve conclue avec l'Angleterre. (Records. Commission. Fœdera, 3, 1226. Bib. de Poitiers.) Puis, le 6 déc. 1360, il remettait à Jean Chandos, commissaire du roi anglais, sur l'ordre du roi Jean, la ville de la Rochelle, dont il était gouverneur. (F.)

Passé sous le gouvernement du roi d'Angleterre, il sut se concilier l'amitié et l'estime d'Edouard et du Prince de Galles, qui lui conservèrent le gouvernement de la ville de la Rochelle, le nommèrent maréchal d'Aquitaine, et le créèrent Cte de Hudington.

Nos provinces ayant été délivrées du joug de l'étranger, Charles V lui donna en 1374 la châtn^ie de Rochefort-sur-Charente (Records. Commission, 1076) ; et, chose singulière, et qui fait honneur à la confiance qu'il savait inspirer, le roi d'Angleterre ayant à traiter avec la France et le Cte de Flandres, le choisit pour son fondé de pouvoir. Cette marque de confiance de la part de celui qui était, il y a si peu de temps, le suzerain de Guichard d'Anglo, porta ombrage aux conseillers de Charles VI. Les terres qu'il possédait en Poitou furent confisquées ; mais, peu de temps après, reconnaissant sans doute qu'il avait été injuste envers un loyal sujet, le Roi rendit à Jeanne d'Anglo, fille de Guichard et épouse de Jean Ysoré, entre autres terres, celle de Pleumartin, que leurs descendants possèdent encore. Guichard d'Angle était mort en 1381, laissant de Jeanne Payen de Monpipeau : 1° Guichardin, décédé sans postérité de Jeanne de Pressigny, son épouse ; 2° Jeanne, femme de Jean Ysoré, Chev., chambellan du roi Charles VI, dont nous venons de parler ; 3° Autre Jeanne, dame de Monpipeau, mariée deux fois : 1° à Renaud Chenin ; 2° à Aimery de Rochechouart, sgr de Mortemart ; elle était veuve en 1390, et testa en 1402 ; 4° Annette, abbesse du monastère de la Virginité, dans le pays du Maine.

ANGOISSE (Itier d'), *Iterius de Angoyceia, miles*, avait un différend avec le Chapitre de Saint-Hilaire-le-Grand, auquel il contestait le droit de faire construire un four banal à St-Hilaire-sur-l'Autize, droit qui lui fut reconnu par une sentence rendue par Thibaud de Neuvi, sénéchal de Poitou, le 5 févr. 1266. (M. A. O. 1847, 321. D. F. 11.)

Angoisse (Ithier d'), valet, sgr de la Touche-d'Aigonnay, anoblit, au mois d'avril 1285, le fief de Maulay, situé même paroisse. (F.)

Angoisse (Aimard d'), prieur de St-Maurille-des-Noulhes (Vendée), fait un traité avec l'évêque de Maillezais le 17 fév. 1342. (F.)

Ce sont les seuls renseignements que nous ayons recueillis sur cette ancienne famille.

ANNEMARIE. — Fief, p^sse de St-Sauvant (Vienne), longtemps possédé par les Vasselot. Il y a eu peut-être une famille qui occupa ce fief antérieurement. Ce nom fut aussi porté par des bâtards de Vasselot.

Annemarie (Etienne d') servait, accompagné de 4 écuyers, en 1337, dans la compagnie de Jean Larchevêque. (F.)

Annemarie (Jean d'), Chev., fut tué en 1356 à la bataille de Maupertuis, et inhumé aux Jacobins de Poitiers, comme il résulte de la liste qui se trouvait chez ces religieux.

Annemarie (Joachim d'), Ec., sgr de la Brousse, épousa D^lle Polixène de Pressac, et en eut Jeanne, mariée, le 16 avril 1646 (Chollet et Guilbaud, not^res), à Samuel de Pons, Ec.

ANSART DU FIESNET. — On trouve des traces du nom d'Ansart à Neuchâtel, Normandie, dès 1060. Un personnage de ce nom est cité par l'historien de la conquête des Normands (5e édition, t. II, p. 386, d'après *Scriptores rerum Normannarum*, p. 1023), comme compagnon d'armes de Guillaume le Conquérant ; et il existe encore aujourd'hui un M. Ansart, archiviste de la Chambre des Lords d'Angleterre. Dans le Mss. n° 743 (Bibl. de l'Arsenal, Paris), intitulé *Recueil d'anoblissement de Normandie*, dont le double se trouve à la Bibl. de Rouen, on lit : « Noble « homme Robert Ansart, Escuyer du pays d'Arques en « Talois (bailliage de Caux), est au nombre des proprié- « taires de francs-fiefs anoblis par Louis XI en 1470. » On pense qu'il était propriétaire de la Mothe-Ansart, mouvant de la B^nie d'Auffray.

La branche normande vint plus tard s'établir à Aubigny en Artois (Pas-de-Calais) et se subdivisa en plusieurs rameaux, qui sont : 1° Ansart de Mouy, éteint en 1771, par le décès de Pierre-François Ansart de Mouy, lieutenant-général des armées du Roi ; 2° Ansart du Fiesnet, branche devenue poitevine, dont à ce titre nous parlerons plus bas ; 3° Ansart de Loremy, qui compte parmi ses membres plusieurs officiers au régiment d'Artois ; l'un d'eux publia en 1770 un ouvrage sous le titre d'*Aventures du Chevalier de Loremy* ; il fut l'objet d'un compte rendu élogieux de Fréron (Année littéraire 1770, 14, p. 66, etc.). Dans cet ouvrage, l'auteur fait remonter l'origine de sa famille à l'invasion sarrasine ; 4° Ansart du Petit-Vendin ; 5° et une autre dont plusieurs membres furent bénédictins de la Congrégation de Saint-Maur, et l'un d'eux, décédé en 1790, avait été chapelain de l'ordre de Malte et procureur de l'abbaye de Saint-Denis.

Blason : d'azur à deux épées au naturel, posées en sautoir, chargées d'un cœur d'or posé en abîme, enflammé de même. Devise : *Ense ardet*. Supports, deux licornes. — Ces armoiries étaient gravées sur la tombe de Philippe-Alexandre Ansart, sgr des sgries *foncières et vicomtières* du Fiesnet, décédé le 11 juin 1775, inhumé dans l'église du bourg d'Aubigny (Pas-de-Calais).

ANSART DU FIESNET.

Ce n'est qu'à partir de 1560 que l'on peut établir sur titres la filiation de cette branche, bien qu'à l'aide de divers documents on puisse remonter beaucoup plus haut ; mais cette famille étant par son origine étrangère au Poitou, nous ne prendrons cette filiation qu'aux derniers degrés.

7. — **Ansart** (Charles-Boniface-Félix), fils de Charles-Philippe-Boniface, juge au tribunal civil d'Arras,

et de Catherine Pierron, naquit le 19 nivôse an IV, et décéda le 14 avril 1849 ; fut d'abord professeur au collège Saint-Louis à Paris, puis Inspecteur de l'Université, Recteur de l'Académie de Caen, Chev. de la Légion d'honneur ; il est auteur de nombreux ouvrages d'histoire et de géographie. Voici les titres des principaux : 1° *Vie de Jésus-Christ* ; 2° *Histoire sainte* ; 3° *Essai de géographie historique ancienne* (a eu plusieurs éditions, 1837); 4° *Nouvelles Tablettes chronologiques de l'Histoire universelle*, 1842; 5° *Précis de la géographie du moyen âge* (2e édition, 1839) ; 6° *Histoire de France* (2 vol., 1842) ; 7° *Cours complet d'histoire et de géographie* (1840). Il épousa, le 26 déc. 1826, Honorine-Pétronille Hamel, fille de feu Antoine-Laurent-Marie et de Marie-Honorine Bricogne, dont : 1° Edmond-Charles-Philippe, qui suit ; 2° Léopold-Maxime, dont la postérité sera rapportée après celle de son frère.

8. — **Ansart du Fiesnet** (Edmond-Charles-Philippe), né à Paris le 15 mai 1827. De concert avec son frère il se pourvut devant le conseil du sceau, afin d'être autorisés à reprendre le nom d'Ansart du Fiesnet, comme le portaient leurs aïeux. Ils obtinrent, le 27 août 1877, sur le vu de leurs titres, un décret du Président de la République faisant droit à leur demande, et comme conséquence de ce décret, un jugement du tribunal de la Seine le 16 nov. 1878, pour faire corriger dans ce sens les actes de l'état civil concernant eux et leurs descendants.

Il épousa, le 29 oct. 1863, à Boulogne-sur-Mer, où il est décédé le 20 sept. 1886, Emma Rault, dont il eut : 1° Félix, né le 9 janv. 1870 ; 2° René, né le 30 janv. 1872, décédé le 2 mai 1879.

---

8. — **Ansart du Fiesnet** (Léopold-Maxime), né à Paris, le 18 mars 1830, a porté toute sa vie le titre de Vicomte. Il s'unit à son frère, en 1877, pour obtenir de porter légalement le nom de du Fiesnet. Il avait servi dans la marine, et fit de 1850 à 1852 plusieurs voyages d'exploration en Californie, dans l'Orégon, l'Utah et l'Amérique centrale. De retour en France, il vint se fixer en Poitou, près de Coulombiers, où il se fit construire une habitation appelée le chalet de l'Ansart. En 1870, il s'engagea dans les éclaireurs de la Vienne, où il fit la campagne comme officier et mérita par sa belle conduite d'être proposé pour la croix. Il est décédé à Paris, le 5 mars 1881. Le 3 avril 1861, il avait épousé à Carpentras Jeanne-Eléonore-Rose Constantin, fille de Siffrien-Maurice et de Louise-Françoise-Coralie Renaux, dont :

9. — **Ansart du Fiesnet** (Alfred-Constantin-Maxime, Vte), à l'obligeance duquel nous devons les renseignements qui précèdent.

Voir sur la famille Ansart l'*Histoire de l'Académie d'Arras*, par M. l'abbé Van Drival.

ANTHENAISE (d'). — Famille de l'Anjou, qui a eu quelques alliances en Poitou.

Blason : d'argent à 3 bandes de gueules (on trouve aussi bandé de gueules et d'argent de huit pièces (Arm. d'Anjou), *aliàs* bandé de 6 pièces ; ou d'argent à 3 jumelles de gueules en bande).

Antenaise (Savary d') assista à la bataille de Bouvines, 1214. (D. F.)

Anthenaise (René d'), Chev., sgr Baron d'Anthenaise, était, le 17 mars 1625, époux de Marie le Mastin, fille de Claude, Ec., sgr de la Faurière et du Chastellier-Berle, et de Jeanne de Barbezières. Ils étaient séparés de biens, et Pierre Richeteau, Ec., sgr de l'Espinay, fit saisir le fief du Chastellier-Berlé sur ladite Marie Le Mastin. (Arch. du Mat d'Airvau.)

Anthenaise (Augustin d'), Chev., sgr de la Boullaye, était décédé avant le 5 mars 1696 ; il avait épousé Dlle Charlotte de Gourdon, dont il eut : 1° Prosper, qui suit ; 2° Augustin, Chev., sgr des Fontaines, paroisse de Montfaucon, qui assista au mariage de son frère.

Anthenaise (Prosper d'), Chev., sgr de la Rallière, épousa, le 5 mars 1696, Dlle Elisabeth de Ste-Marthe, fille de feu François, Chev., sgr de Chandoiseau, conseiller du Roi en ses conseils, bailli du Loudunais, et de De Marie Camus. Nous ignorons s'il eut postérité.

Anthenaise (Charles d'), Chev., sgr du Fort-Anthenaise, dans la psse de Marigné, est dit cousin germain de Prosper dans son contrat de mariage.

ANTIOCHE. — Voir **DE GAURÈLE.**

ANVILLE (Nicolas d') servait comme archer le 22 juin 1482. (F.)

ANZEC (d'). — Famille qui a pris son nom du lieu d'Anzec, cne de Jardres (Vienne), ancien fief mouvant de la sgrie de Savigny-l'Evêcault.

Anzec (Isembert d'), *Isembertus Ansec*, témoin de la cession faite à l'abb. de Saint-Cyprien de l'église de Cheneché, vers 1080, par Isembert, évêque de Poitiers. Les citations suivantes peuvent se rapporter au même personnage. *Isembertus de Ansec seu Angec* est cité avec ses frères dans la donation faite, vers 1090, de l'église de Charay (Vien.) par Thomasse, fille de Boson, et Borel ; *Isembertus de Ansiaco*, témoin d'un autre don fait au même monastère par Robert le Verrier du moulin de Moulinet (cne de Migné, Vien.). (Cart. Saint-Cyprien. A. H. P. 3.)

Ansec (Maingodus de) fit don de diverses terres à Saint-Cyprien. Ce don fut confirmé par son fils Guillelmus Maingodi et Ruscie, son épouse (XIe siècle). (Id.)

Anseio (Isembertus de) fut témoin de la renonciation faite par Hugues de Luchac et ses enfants à leurs prétentions sur le moulin de Masseuil (cne de Quinçay), appartenant au Chapitre de Saint-Hilaire-le-Grand. (M. A. O. 1847.)

APPELVOISIN. — Famille d'origine chevaleresque, originaire du pays de Gâtine.

Nous avons dans le département des Deux-Sèvres trois localités du nom d'Appelvoisin : commune de St-Paul-en-Gâtine, un vieux château que nous croyons être le berceau de la famille, et le Grand et le Petit-Appelvoisin, aujourd'hui simples fermes de la cne de Cerizay. Il y a aussi dans la Vienne le village de Pellevoisin près Civray. Nous aurons soin d'indiquer à chacune des branches les documents qui nous auront servi à en écrire l'histoire.

Disons qu'à propos de la publication du « Journal de Paul de Vendée » (M. Stat. 1879, p. 160 et suiv.), M. l'abbé Drochon, dans sa Notice sur la sgrie du Bois-Chapeleau, très bien faite du reste, a dressé une généalogie de la famille d'Appelvoisin qui s'écarte en bien des points des données reçues jusqu'ici et clairement justifiées. Nous ne pouvons donc suivre cette filiation qui nous paraît en grande partie entachée d'erreurs.

Une légende inventée au XVIe siècle sur l'origine des d'Appelvoisin et rapportée par Thibaudeau (Hist. du Poit. 3, 316), les dit issus des princes Palavicini du pays de Gênes venus en Poitou au XIe se, ou du royaume de Naples au XIIe, d'après un manuscrit de la Réformation de la noblesse de Bretagne provenant du cabinet de M. Grille, d'Angers, qui nous fut communiqué par M. de Gennes-Sanglier.

Nous ferons remarquer que ce nom se trouve bien plus anciennement cité sous différentes formes, avant les époques présentées comme étant celles de l'arrivée dans notre Poitou du Génois ou du Napolitain Palavicini.

Blason : de gueules à la herse d'or de 3 traits (c'est une herse de porte). Le scel de Jean et celui de Pierre d'Appelvoisin apposés à deux quittances des 8 sept. et 31 oct. 1345, représentent « une herse, au franc canton chargé de 3 coquilles » ; — d'azur à la herse d'or. (Armorial Goujet, 83.) — Tiercelin d'Appelvoisin de la Roche-du-Maine : « d'argent à deux tierces d'azur posées en sautoir, qui est d'Appelvoisin, cantonnées de quatre merlettes de sable, qui est de Tiercelin (erreur ; Goujot, 16) ; — de gueules à la herse percée d'or de trois traits ou porte, Tiercelin ; — d'argent à deux tiercés d'azur posés en sautoir, cantonnés de quatre merlettes de sable (Catalogue des gentilshommes du Poitou, annoté par M. de Maupeou, p. 29) ; — de gueules à une herse d'or de trois traits. Cri de guerre : *Appelvoisin*. (Gén. pour les honneurs de la Cour, et Arm. de la généralité de Poitiers.)

Noms isolés.

Pelavezin ou **Pelevezin** (Aubertus de) est nommé dans une donation faite au prieuré de Montazay par Hugues de Mairé ; lui-même donne à ce couvent, vers 1166, des rentes assises sur le mas de Taisec, et encore en 1171 avec AUDÉARDE, sa femme, ils lui donnent chacun douze livres angevines de rente pour le repos de leurs âmes. On le trouve encore nommé dans le don fait au même monastère par Guillaume Longue-Epée, qui est dit son frère, en y faisant JEANNE, sa fille, religieuse. (D. F. 18.)

Pelevezin (Pierre de), peut-être fils du précédent, fut, vers 1169, conjointement avec les Larchevêque, les Chabot, les Châteigner, etc., l'un des fondateurs de l'Absie en Gâtine. (Simple ou-dit.)

Poilevoisin (Aubert de) suivit, pendant la guerre entre Louis IX et Hugues de Lusignan, le parti de ce dernier ; ses terres furent confisquées, mais le Cte de Poitou rend à SIBILLE, sa veuve, la terre de Bernagoe (Bernegoue, D.-S.). (Arch. Nat. Cart. 190, 163.) En 1260, la dame de Bernegoue est citée dans la liste des hommages dus au Cte de Poitou, comme tenant un fief important. (Homm. d'Alphonse.) Ces deux Aubert étaient d'une autre famille originaire de Civray.

Appelvoisin (Typhaine d'), *aliàs*, de Bourdemont (*sic*), aurait épousé vers 1230 Guillaume Goulard. (Suspect.)

Appelvoisin (Anne d') épousa Eusèbe du Puy-du-Fou ; ils vivaient en 1300 ? (Gén. de La Ville.) (Suspect.)

Appelvoisin (Joseph d'), Ec., sgr de Thiors, épousa Nicole DE BEAUVAU, dont MARIE, mariée en 1306 à Pierre de Couhé ? (Gén. de Couhé.) (Faux.)

Appelvoisin (Marguerite d') épousa, dit-on, vers 1330, Guillaume de Montalembert. (Suspect.)

Appelvoisin (Mathurin d') était dès 1400 propriétaire au village de Ribec (cne de Pierrefitte, D.-S.), relevant de Beau-Regnault. (Hist. de Bressuire, 215.)

Appelvoisin (Gilles d') est du nombre des divers sgrs qui vendirent des terres à Charles, dauphin de France, en 1419. (A. H. P. 6.)

Appelvoisin (Louis d'), Ec., était en 1420 sgr des Tricaudières en Boismé, arrière-fief relevant de la sgrie de Puygaillard. (Hist. de Bressuire, 231.)

Appelvoisin (Anne d') épousa Louis de Saint-Mars, XVe siècle. (Invent. d'Airvau.)

Appelvoisin (Marie d') épousa vers 1470 François Girard, Ec., sgr de la Roussière ?

Appelvoisin (Briand d'), Ec., sgr de la Roche-sous-Gençay (Magné, Vienne) et de Cujalais (Ceaux, id.), vend à Jean de Pardaillan sa terre de Cujalais en 1473. (Hre de Château-Larcher. M. A. O. 1875, 413.)

Appelvoisin (Louise d') fut la première femme de Louis Goulard, Ec., sgr de Billé ; elle était décédée en 1486. (On trouve dans les titres d'Aubigny : JEANNE d'Appelvoisin, épouse d'Antoine Goulard, vers 1560.)

Pallevoisin (René de) servit au ban de 1488 en brigandinier. (Doc. inédits, 191.)

Appelvoisin (Guichard), Ec., sgr de la Roche, est un des témoins en présence desquels noble et puissant messire Loys, sgr de la Trémoille, Chev, Vte de Thouars, prend possession, le 17 août 1489, de la vicomté de Thouars. Il se présenta au ban réuni le 17 juillet de cette année et fut désigné pour tenir garnison à Thouars. (Doc. inédits, 75.)

Appelvoisin (Thomas d'), clerc du diocèse de Poitiers, et écolier, fut pourvu du prieuré de la Motte-de-Beaumont (par dispense de Rome, n'étant pas religieux) le 5 août 1484, par François d'Appelvoisin, abbé de l'Absie. En 1519, il était abbé commandataire de N.-D. des Châteliers de l'Ile-de-Ré. Il testa le 16 août 1522 en faveur de sa sœur CLAUDE Clerjaude (c'est-à-dire épouse de N. Clerjaud) et fonda des chapellenies à l'Absie et à Vernou, dont il laissa le patronage à Hardy d'Appelvoisin, sgr de Thiors. (Il était peut-être bâtard.) (P. Orig. 80, p. 201, 266, cab. tit...)

Appelvoisin (Guichard). Trois personnages portant le nom de Guichard sont nommés dans le Catalogue du ban des nobles du Poitou de 1491 ; le premier, habitant la Vté de Thouars, y servit comme homme d'armes ; le deuxième, habitant la ville de Thouars, assistait aussi à celui de 1492 ; le troisième, sgr de la Roche de Gençay, y fut reçu comme archer ; mais il lui fut enjoint de fournir un autre archer à la première revue, et au premier voyage d'avoir un homme d'armes. Mêmes injonctions lui furent faites au ban de 1492, auquel il assistait aussi.

Appelvoisin (Guillaume d'), sgr de la Roche, habitant Thouars ou les environs, servit comme homme d'armes au ban de 1492.

Palvoisin (René) était homme d'armes de la compagnie de MM. de la Trémoille le 4 mars 1517.

Appelvoisin (Pierre d') était homme d'armes de la compagnie du même sgr, le 8 août 1519.

Appelvoisin (Renée d') épousa, vers 1520, François Charruyau, Ec.

Appelvoisin (Gilles d'), sgr d'Arries, sénéchaussée de Fontenay, servit aussi comme homme d'armes au ban des nobles du Poitou de 1533.

Appelvoisin (Antoine d'), que M. Drochon (M. Stat. 1879, p. 169, 347) dit fils de Gilles, petit-fils de René et de Louise de Puyguyon (2e degr. du § II), qui cependant sont morts sans enfants, fut, dit-il, sgr du Bois-Chapeleau après Hélène, sa sœur? Cet Antoine aurait arrenté, au mois de mars 1553, diverses pièces de terre aux moines de l'Absie. Il aurait épousé, nous dit-il, Renée Girard, et serait mort vers 1561, ayant eu pour enfants : François, qui épousa Françoise Tiercelin, plus 5 filles, dont une mariée à Michel Brisson, sr de l'Eraudière, et une autre à Pierre Rousseau, sr de la Place. (M. Stat. 1879, 169.) On verra plus loin, 6e degré et suivants de la branche de Thiors, dans quelle confusion est tombé cet écrivain, que nous ne suivrons pas plus loin.

Palvoisin (Pierre de) servait comme archer dans la compagnie d'hommes d'armes d'Artus de Cossé, sgr de Gonnor, Chev. de l'ordre du Roi, qui fit montre à Chauvigny le 15 janv. 1555. (O.)

Appelvoisin (François d') fut émancipé d'âge par lettres royaux entérinées à la sénéchaussée de Poitiers le 18 oct. 1571. (O. B. Fillon.)

Appelvoisin (Hilaire d'), lisez Hélène, et

Appelvoisin (Helizabeth d'), pour Isabelle, sont l'une et l'autre au nombre des signataires du contrat de mariage de Renée d'Appelvoisin avec Jean de Rohéan, du 10 août 1587.

Appelvoisin (Jacques d') rend un aveu à Jacques Vasselot, Ec., sgr de Châteigner, pour l'hébergement de la Croix sis à Jazeneuil, au nom de Jacques et Pierre, ses enfants, étant aux droits de Jacquette Ferruyau, leur mère, fille de feu Sébastien et d'Isabeau Bouchet. Vers 1590. (O.)

Appelvoisin (Hélène d') était, en 1600, veuve de René Dorin, Ec., sgr de Ligné, et était appelante d'une sentence rendue à Niort, le 11 mai de ladite année. (Cout. du Poitou de Constant.)

Appelvoisin (Antoine d'), Chev. de l'ordre du Roi, était, en 1605, sgr de la Jobetière en la Ronde, mouvant de Glenay. (Hist. de Bressuire, 225.)

Appelvoisin (Louise d'), prieure du prieuré conventuel de la Madeleine de la Fougereuse, obtint, le 26 mars 1619, un arrêt du Parlement de Paris qui la maintint dans la possession de tous droits de justice, haute, moyenne et basse, sur le bourg de la Fougereuse, et dans le droit de se dire fondatrice de l'église paroissiale de St-Maurice de ce lieu. (D. F.)

Appelvoisin (Elisabeth d') avait des propriétés qui relevaient de la terre de Mareuil, le 20 juin 1633.

Appelvoisin (Martin d') épousait, par contrat du 1er févr. 1635, Dlle Françoise de Chamisolle. (Maire, notre.) (O. M. de la Rivière.) Voici ce que dit de lui, en 1664, Colbert, intendant du Poitou, dans son rapport au Roi :

« Il y a en la paroisse de la Ronde, élection de « Thouars, un Martin d'Appelvoisin, sgr dudit lieu, « demeurant en sa maison noble de la Jobetière qui « vaut deux mil cinq cents livres de rente, qui a été à « l'armée et qui vit avec honneur. Nous ne savons pas « si c'est de la maison de Tiercelin. »

Il est dit habiter au chât. de la Rambaudière, psse de Moutiers (D.-S.), quand il rendait, en 1667, aveu de sa terre de Couhé (Escoué) au chât. d'Aulnay. (N. féod. 721.) Il fut maintenu noble avec tous les membres de la famille le 8 oct. 1667.

Appelvoisin (Marguerite d') avait épousé François, Cte de Goulaine.

Filiation suivie.

Nous avons cru, dans cette seconde édition, devoir suivre, en y ajoutant le produit de nos propres recherches, la filiation donnée par Duchesne (Hist. de la famille de Chasteigner, p. 51, 105, 111), en raison de son exactitude bien connue, préférablement au texte du manuscrit anonyme de la Réformation de la noblesse de Bretagne précité, qui nous avait servi de guide pour la première.

Citons encore comme nous ayant servi : « Le Palais de l'Honneur » (1re partie, 318-331), qui donne la généalogie des Appelvoisin suivant le texte de Duchesne.

Nous avons également consulté avec fruit une généalogie dressée par Beaujon, le 9 janv. 1766, pour les honneurs de la Cour. (Arch. Nat. M. Reg. 804, 87.) V. encore tit. Chérin 7, pièces orig. 80, très important.

§ Ier. — Branche d'APPELVOISIN.

1. — **Appelvoisin** (Guillaume d'), Chev., sgr d'Appelvoisin (cne de St-Paul en Gâtine, D.-Sèv.) et du Bois-Chapeleau (cne de la Chapelle-Thireuil, D.-Sèv.), fut nommé en 1310 exécuteur testamentaire d'Aude de Brillouet, sa cousine, femme de Jean, sgr de Chateaubriand. (Arch. Nat.) Cette dame fit legs à Florence d'Appelvoisin, sans doute sœur de Guillaume. En 1321, il avait été désigné avec Guillaume du Puy pour faire l'assiette de 300 liv. de rente, que Guy de Beauçay avait promis à sa fille, en la donnant en mariage à Hugues de Thouars. (M. A. O. 1864, 402.) Il transigeait, le 3 févr. 1336, avec le Chapitre et l'évêque de Maillezais, au sujet de l'érection de fourches patibulaires : on l'y dénomme *G. de Peytevezin.* (D. F.) Il était encore en instance au Parlement de Paris contre l'évêque de Luçon. (A. H. P. 13.)

Il rendit en 1348, à cause de sa femme, un hommage au sgr de Faymoreau pour des fiefs qu'il possédait dans sa sgrie. Il fit son testament à Fontenay, le 10 avril 1354. (D. F.) Il eut trois femmes : 1° Typhaine ; 2° Aiglantine de Pressigny ; 3° Jeanne Fortin, sœur de Guillaume Fortin. Duchesne (*l. c.*) ne lui donne que cette dernière), dont il laissa : 1° Pierre, Chev., sgr d'Appelvoisin, Boisbaudran et la Guyraire, servit avec deux écuyers, en 1345, dans les guerres du Languedoc, et, en 1351, sous Charles d'Espagne, connétable de France. (Arch. Nat.) Il mourut sans postérité de noble dame Jeanne de Terves, qui était sa veuve le 26 nov. 1391 (D. F. 83) ; 2° Jean, qui suit ; 3° Guillaume, auteur de la branche de Chaligné ou de la Guyraire, rapportée § VII.

2. — **Appelvoisin** (Jean d'), Chev., sgr d'Appelvoisin et du Bois-Chapeleau, servit avec deux écuyers dans les guerres du Languedoc contre les Anglais en 1345. Son sceau porte un écu hersé avec un franc canton chargé de 3 coquilles. On le trouve aussi à l'armée du Vte de Thouars en 1358, et avec le sgr de Parthenay en 1359. Il mourut vers 1370, avant son frère aîné. Marié, vers 1340, à Jeanne du Puy-du-Fou, sœur de Jean et Pierre du Puy-du-Fou, il eut pour enfants : 1° Guillaume, qui suit ; 2° Perrot, Chev. ; 3° Marguerite, qui épousa Nicolas Suriette, Ec. ; 4° Louis, décédé jeune ; 5° Typhaine, mariée à Jean de Beufmont, Ec. ; 6° Jean, sgr des Dorides, épousa Espérance du Fontenioux, dont il eut Jeanne, femme de Guillaume de Beaumont.

3. — **Appelvoisin** (Guillaume d'), IIe du nom, Chev., sgr d'Appelvoisin et du Bois-Chapeleau, fit aveu du Bois-Chapeleau en 1380, servit en 1385 dans la compagnie de Guillaume L'Archevêque, sire de Parthenay ; fut, ainsi que plusieurs autres sgrs du Poitou, Chev. de l'ordre du Tiercelet ou de l'Epervier, sui-

vant une notice insérée dans les Affiches du Poitou, et mourut en 1416. Il avait épousé, en 1370, Ide de Montfaulcon, fille de Pierre, Chev., Sgr de St-Mesmin, et de Jeanne de Bazôges. De ce mariage naquirent : 1° Guichard, sgr du Bois-Chapeleau, suivit d'abord le parti du duc de Bourgogne, pour lequel il défendit, en 1419, la ville de Parthenay contre le Dauphin, régent du royaume. En récompense de ses services, Jehan L'Archevêque, par ses lettres du 13 juillet 1419, lui concéda droit de haute justice dans sa terre du Bois-Chapeleau. (M. Stat. 1879, 162, 243.) Il servit Charles VII à la conquête du Charolais (1420) en qualité de Chev. bachelier, avec deux chevaliers et dix écuyers. (Arch. Nat.) Ce prince le créa chambellan et lui accorda, le 29 déc. 1434, l'autorisation de fortifier le bourg de la Chapelle-Thireuil. (M. Stat. 1879, 162, 346.) On le trouve appelé par erreur Richard, le 12 fév. 1429. (Gén. Chasteigner, Clabault.) Il épousa : 1° vers 1400, Gillette Bigot, fille de Josselin, Chev., sgr de Dislay ; 2° Héliette Chauvereau, veuve de Jean de Laubertière ; 3° Jeanne Jouvenel, veuve de Pierre de Chailly, fille de Jean Jouvenel dit des Ursins, conseiller au Châtelet de Paris, et de Michelle de Vitry. Jeanne, étant veuve, fit aveu du Bois-Chapeleau, au château de Vouvant, le 12 mai 1446. Il eut du 2e lit : 1° Sébastien, décédé jeune en 1426 (d'après une fondation faite à l'Absie) ; 2° Huguet, qui suit ; 3° Mathurin (chef de la branche de Thiors, § II) ; 4° Bernard, abbé de l'Absie. C'est à lui ou à François, fils de Mathurin et de Jeanne de Meulles (4e degré du § II), que l'on doit attribuer la construction de l'église paroissiale de l'Absie, jadis abbatiale, comme le dénotent leurs armes qui se voient encore à toutes les clefs de voûte de ce bel édifice : il fut abbé de l'Absie de 1456 à 1462 ; 5° Jacques, décédé jeune ; 6° Catherine, mariée à Jean du Bouchet, Ec., sr d'Avaux ; 7° Héliette, mariée à Denis des Nouhes, appelé ailleurs sgr des Nasses ; 8° Jacquette, mariée à Roland des Prez, Ec., sr de Jaunay.

4. — **Appelvoisin** (Huguet d') possédait une borderie dans la sgrie du Fresne-Chabot, à cause de sa femme Jeanne Paen ou Payen, fille de Jean, Ec., et de Marquise Jousseaume, le 28 mars 1450. (D. F.) Il mourut avant son frère aîné, laissant : 1° Mathurin, qui suit ; 2° Anne, mariée à Louis Banchereau, Ec., sgr de la Longueraire ; 3° Louise, femme de Louis Voussard ; 4° Marie, qui épousa le sr de Pontdevie.

5. — **Appelvoisin** (Mathurin d'), sgr d'Appelvoisin et du Bois-Chapeleau, fut un des exécuteurs testamentaires de Jacques de Surgères, Chev., sgr de la Flocellière, 2 déc. 1435. (Gén. de Surgères.) Il servit comme Chev., en qualité d'homme d'armes du sgr de Bressuire, au ban des nobles du Poitou, en 1467, et s'était marié à Catherine de la Noue. Ils eurent pour enfants : 1° René, qui suit ; 2° Marie, qui épousa, le 22 juin 1482, Robert de Goulaine, sr de Laubouinière ; 3° Jeanne, mariée en 1479 à François Jousseaume, Ec., sr de Soulandreau, et 4° Françoise, mariée à François de la Cour, Ec., sr du Palais ; ces deux dernières sont mentionnées dans un procès de 1492 ; 5° Gilles, Ec., qui eut de grands procès avec son frère au sujet de la succession de ses père et mère en 1492. Il épousa Marguerite Moreau, qui était veuve en 1525. De ce mariage il y eut au moins une fille, Agnès, mariée à Jean de Montauzier.

6. — **Appelvoisin** (René d'), Chev., sgr d'Appelvoisin, le Bois-Chapeleau, eut plusieurs procès, en 1491 et 1492, contre Louis Voussard, Ec., sr de Vendée. Il épousa Bonne Chaudrier, fille de Jean, Ec., sr de Cirières, et eut pour fille et héritière Hélène, dame d'Appelvoisin et du Bois-Chapeleau, qui s'allia, en 1497, à Hardy d'Appelvoisin, sgr de Thiors. Mais il paraît avoir eu aussi Prégente, mariée, vers 1500, à Richard de Belossac, Ec., sgr de la Sénardière.

§ II. — Branche de **Thiors**.

4. — **Appelvoisin** (Mathurin ou Mathelin d'), sgr de Thiors, troisième fils de ~~Guillaume-IIe d'Appelvoisin et d'Ide de Montfaulcon~~, rapportés au 3e degré du § Ier, transigea, le 16 déc. 1444, avec Guillaume de Champdefain, obtint, en 1459, une lettre de rémission pour le meurtre d'Hector Rousseau, homme de guerre, qui commettait des excès en Poitou. (Arch. Nat.) Il avait épousé, en 1406, Jeanne de Meulles, dame de Pompoy, fille de Jean, sgr de Thiors, et de Françoise du Chillou, et était mort avant le 16 déc. 1445, époque à laquelle sa veuve rendit, en cette qualité, aveu au Vte de Thouars de sa terre de Thiors. (D. F.) Mathurin eut pour enfants : 1° Jean, qui suit ; 2° François, abbé de l'Absie, de 1472 à 1482 ; 3° Marguerite, mariée, vers 1442, à Pierre de Parthenay, Ec., sgr du Retail ; 4° Catherine, mariée, par acte du 15 oct. 1449, à Nicolas des Nouhes ; 5° Jacques, prieur de Marcillé, et peut-être 6° Guillaume, Chev. de Rhodes en 1467 ; 7° Guichard, Chev., sr de la Roche de Gençay, devint sgr de Vendée à cause de Nicolle ou Colette Voussard, fille de feu Louis, Ec., de la Cessonnière ; il rendit aveu à l'abbaye de Valence, pour sa terre de la Dousse, les 15 avril 1501 et 11 mars 1503 ; ils eurent pour enfants : Briand, Ec., sgr de la Roche et de Vendée, qui rend aveu de la même terre les 15 janv. 1521 et 15 janv. 1524, à cause de sa mère (O.) ; il mourut vers 1520, et Guillaume, Ec., sgr de la Roche, qui testa en 1536 ; il épousa Anastasie de la Béraudière, fille de Mathurin, Chev., sgr d'Ursay, et de Marguerite de Confolens, dont il eut Renée, De de la Roche de Gençay, mariée à Claude de Villequier, sgr Bon de Villequier, cap. de 50 hommes d'armes. (P. A. 9.)

5. — **Appelvoisin** (Jean d'), Chev., sgr de Thiors, de la Jobetière et d'Appelvoisin, etc., conseiller et chambellan du roi Louis XI, obtint permission de ce monarque, en 1459, de faire fortifier son château de Thiors ; le 21 janv. 1455, il reçut de Guillaume de Puyguyon, Ec., sgr dudit lieu, l'hommage du Petit-Poilvezin. (D. F.) Le 3 août 1497, il fit aveu de son hôtel de Tourtenay au Vte de Thouars. Sa veuve et son fils fournissent au ban de 1488 deux brigandiniers. (Doc. inéd. 190.) Il avait épousé d'abord en 1439 Marie Boué, fille d'Amaury et de Catherine du Bouchet, puis Renée Boux du Teil, qui était veuve dès 1486, et dont il eut : 1° Hardy, qui suit ; 2° Guillaume, chef de la branche de la Bodinatière, § IV ; 3° Marie, qui épousa, en 1490, Jean la Roche.

6. — **Appelvoisin** (Hardy d'), sgr de Thiors. Au ban de 1488, il fut taxé à deux brigandiniers, servait à celui réuni le 17 juillet 1489 en homme d'armes avec deux archers, et fut désigné pour la garde de Pailleron. (Doc. inédits, 75, 80.) Au ban de 1491, il prenait le titre de sgr de la Joubertie, et y comparut assisté d'un homme d'armes et d'un archer. Il se trouva en même équipage au ban de 1492, et n'existait plus en 1524.

Il fut marié, en 1497, à Hélène d'Appelvoisin, sa cousine, héritière d'Appelvoisin, fille de René, sgr d'Appelvoisin, et de Bonne Chaudrier, dont il eut : 1° René, Chev., sgr d'Appelvoisin, de Thiors et de Loge-Fougereuse, rendit hommage de cette châtellenie au château de Thouars, le 24 mai 1527, épousa, le 8 juin 1530, Louise DE PUYGUYON, fille de René, sénéchal d'Agenois, et de Marthe de Conygham, qui était sa veuve le 4 oct. 1532. Ils n'eurent point d'enfants. (Lettres de Besly. A. H. P. 9.)

2° FRANÇOIS, qui suit; 3° ANDRÉE, mariée, par contrat du 27 avril 1524, avec Louis de Granges, en présence de René, son frère; 4° JOACHINE, mariée à André Rouault, Ec., sgr du Landreau, par contrat du 9 janv. 1528, dans lequel son nom est ainsi établi : « Dlle Joachine de Pelvoisin, fille de feu noble et « puissant Hardy de Pelvoisin et de Dlle Hélène de « Pelvoisin, dame dudit lieu, etc. » ; 5° JOSÉPHINE, mariée à Pierre de la Cour ; 6° ANTOINE, Ec., sgr de Bois-Chapeleau, marié à Renée GIRARD, qui épousa ensuite Jean de Granges, Ec., sr de Montfermier. Il paraît avoir eu 2 filles mariées, l'une à Michel Brisson, sr de Lérandière, l'autre à Pierre Rousseau, sr de la Place.

7. — **Appelvoisin** (François d'), Chev., sgr d'Appelvoisin, de Thiors et de Loge-Fougereuse, Chevalier des ordres du Roi et chambellan de François II, obtint de ce monarque, en 1546, l'autorisation de fortifier sa terre de Loge-Fougereuse, que le Vte de Thouars avait en sa faveur érigée en baronnie le 2 mars de la même année. (Arch. Nat.)

Il rendit, en 1550, hommage et dénombrement au sgr de Thouars, pour sa terre et maison forte de Thiors, et fut exempté par lettres patentes du Roi de se trouver au ban de 1557, et vivait encore en 1565.

Il épousa, le 24 avril 1542, Françoise TIERCELIN, fille et unique héritière de Charles, sgr de la Roche-du-Maine, Chev. de l'ordre du Roi et gentilhomme de sa chambre, et d'Anne de Turpin-Crissé. Charles Tiercelin, l'un des plus grands capitaines du XVIe siècle, fit son gendre lieutenant de sa compagnie d'ordonnance, et, le 30 avril 1551, il substitua tous ses biens dans la famille d'Appelvoisin pour passer successivement de mâle en mâle par ordre de primogéniture, et à la charge de prendre le nom et les armes de Tiercelin.

Du mariage de François d'Appelvoisin avec Françoise Tiercelin naquirent : 1° CHARLES, qui suit; 2° ANTOINE, tige de la branche de la Châtaigneraye en Touraine, rapportée au § III; 3° JACQUELINE, mariée à Michel de Jalesme; 4° CLAUDE, religieuse.

8. — **Tiercelin d'Appelvoisin** (Charles), Chev. de l'ordre du Roi, gentilhomme ordinaire de sa chambre, sgr dudit lieu d'Appelvoisin, Baron de Loge-Fougereuse, de la Roche-du-Maine, Chistré, etc., rendit aveu au sgr de Thouars de sa terre de Thiors, le 10 juin 1584. Il avait épousé, le 22 mars 1581, Claude DE CHASTILLON, fille de Claude, sgr Baron d'Argenton-Château, et de Renée Sanglier. Elle était veuve en 1600. Ils eurent pour enfants : 1° CHARLES, qui suit; 2° CLAUDE, Bon du Fou, qui rendit en 1601 aveu et dénombrement au duché de Thouars pour sa terre de Thiors. On croit qu'il est mort sans lignée ; 3° FRANÇOISE, dame de Chistré et de Chenaul, mariée deux fois : 1° à Jacques de Beaumont, sgr de la Jarrie, dont elle n'eut point d'enfants; 2° à René de St-Offange, sgr de la Frapinière.

9. — **Tiercelin d'Appelvoisin** (Charles), Chev., sgr d'Appelvoisin, Mis de la Roche-du-Maine, fut marié le 17 nov. 1615, à Saintes, avec Catherine DUPRÉ, fille de Claude, Ec., sr de Candé, conseiller du Roi, et de Geneviève Razin; il en eut : 1° CHARLES, qui suit; 2° CLAUDE, Bon du Fou ; 3° LOUIS, Chev., sgr de Candé et de la Roche-du-Maine, marié, le 22 juin 1675, à Marie DE MARCONNAY, fille de feu Isaac, Chev., sgr de Curzay, etc., et de Marie de Brilhac (Rullier, notre royal à Poitiers) ; 4° FRANÇOIS abbé; 5° MARIE, 6° LOUISE, décédées jeunes, et sans doute 7° MARIE-RENÉE, dont nous rapportons l'épitaphe gravée sur une tombe plate dans la chapelle de l'abb. de Ste-Croix de Poitiers :

« Cygît sœur Marie-Renée de Palvoisin, dite de la « Roche-Dumaine, en son vivant Dlle et fille d'honneur « de la reine; laquelle a voulu mourir religieuse de « l'Ordre de St-Benoist, ayant fait les vœux de la règle « et vêtu son habit environ demi-heure auparavant son « décès, et est morte en iceluy dans lequel elle a été « enterrée. Décédée le 21 février 1652. Priez Dieu pour « son âme. »

10. — **Tiercelin d'Appelvoisin** (Charles), Mis de la Roche-du-Maine, du Fou, Chistré, et gentilhomme de la chambre du Roi, est ainsi qualifié dans une sentence arbitrale du 12 avril 1668, intervenue au sujet d'une discussion élevée entre lui, Claude d'Appelvoisin, Chev., Baron du Fou ; Louis, Chev., sgr de Candé, ses frères germains, et messire Henri-Charles Turpin, Chev., Cte de Vihiers, etc., à raison d'un hommage que ce dernier réclamait d'eux.

Voici ce que disait de lui et de sa famille l'intendant du Poitou, Colbert, dans son rapport au Roi, 1664 : « Le sgr Mis de la Roche-du-Maine, qui porte le nom « de Tiercelin d'Appelvoisin, est sgr du Fou qui vaut « sept mil livres de rente, entre Poitiers et Chastelle- « raud, et de la terre de la Brosse; plus de la terre « noble de la Tour, en la paroisse de Neufville, élection « de Poictiers, qui vaut deux mil livres. Les terres de « Chitray et de Bellefoy lui appartiennent. Il a des « cadets qui ne sont point mariés non plus que luy. « Ils ont tous servy avec honneur. Ils sont un peu « contraires au recouvrement des tailles. Il y a 30,000 « livres de rente en cette maison. »

Il mourut en 1694. Il avait épousé, le 26 mai 1673, Marie-Anne DE MAILLÉ-CARMAN, fille de Donatien, Mis de Carman, et de Mauricette de Ploeuc, dont il eut CHARLES-BERNARD-DONATIEN, qui suit.

11. — **Tiercelin d'Appelvoisin** (Charles-Bernard-Donatien), Chev., Mis de la Roche-du-Maine, sgr d'Appelvoisin, Baron de Loge-Fougereuse, Chistré, du Fou, Candé, etc., né en 1676, épousa : 1° par contrat du 5 fév. 1707, Marie-Anne GUITON DE MAULÉVRIER, fille d'Auguste, Chev., sgr d'Aigonnay, et de Jacquette d'Ocoy ; 2° le 13 septembre 1714, Diane PRÉVOST-SANSAC DE TOUCHIMBERT, fille de Casimir, Chev., sgr de Lislaud, Londigny, etc., veuve en premières noces de Simon Dreux, Ec., sgr d'Aigne. Du premier lit naquirent : 1° CHARLES-AUGUSTE, qui suit; 2° MARIE-ANNE-CHARLOTTE, mariée, le 20 septembre 1734, à Jean-Joseph Mis de Nesmond ; 3° MARIE-ANNE-THÉRÈSE, décédée sans postérité, le 24 janv. 1745 (St-Cybard, à Poitiers).

12. — **Tiercelin d'Appelvoisin** (Charles-Auguste), Chev., Mis de la Roche-du-Maine, épousa, le 25 nov. 1739, à St-Cybard de Poitiers, Marie-Susanne DE BOURDEILLE, fille de Henri, Mis de Bourdeille, et de Marie-Susanne Prévost-Sansac de Touchimbert, dont il eut : 1° CHARLES-GABRIEL-RENÉ, qui suit, et probablement plusieurs filles. On lit dans une Biographie imprimée à Leipsig en 1806 la mention suivante, qui doit se rapporter à l'une de ces dernières : « Appelvoisin de la Roche-du-Maine (GABRIELLE-CHARLOTTE), noble, née à Poitiers, âgée de 54 ans, domiciliée à Villeneuve-la-Montagne, condamnée à mort comme contre-révolutionnaire, le 17 messidor an II, par le tribunal révolutionnaire de Paris. »

13. — **Tiercelin d'Appelvoisin** (Char

les-Gabriel-René), Mis de la Roche-du-Maine, commandait à Reims, lors du sacre de Louis XVI, la compagnie des chevau-légers de la garde du Roi.

D'abord chevalier de St-Louis, il fut élevé au grade de brigadier de cavalerie en 1780, puis de maréchal de camp; il jouissait, au moment de la Révolution, d'une pension de 7,500 liv. (Ét. des pensions, 1, 114.) Il faisait, en 1787, partie de l'assemblée provinciale du Poitou, et assista en 1789 à l'assemblée des nobles de cette province, où il fut nommé premier suppléant de l'ordre aux Etats généraux. Victime des fureurs révolutionnaires, il fut guillotiné à Paris, en 1793. Il avait eu d'Adélaïde-Louise-Félicité Chaspoux de Verneuil, fille du Mis de Verneuil et de N. d'Harville, qu'il avait épousée le 7 janv. 1766, ou 29 avril 1764, cinq enfants : 1° Charles-Louis-Henri, mort au château du Fou, le 10 juin 1777, âgé d'environ dix ans. C'est en lui que s'est éteinte la branche aînée d'Appelvoisin, substituée aux biens, noms et armes de Tiercelin de la Roche-du-Maine; 2° Charlotte-Jeanne-Félicité-Elisabeth, mariée, en 1795, à François-Gabriel-Thibault de la Brousse, Mis de Verteillac ; 3° N., mariée, en 1795, à N. de la Borne, Cte de St-Sernin ; 4° et 5° N. et N., filles mortes sans alliance.

§ III. — Branche de la Chataigneraye.

8. — **Appelvoisin** (Antoine d'), sgr de la Châtaigneraye en Touraine, de la Johetière et du Grand-Appelvoisin en Poitou, fils puîné de François d'Appelvoisin et de Françoise Tiercelin, rapportés au 7e deg. du § II, fut marié deux fois : 1° le 21 mai 1594, à Anne du Bellay, fille de René IIe du Bellay et de Marie du Bellay, princesse d'Ivetot ; 2° à Anne de Beauvau, fille de Louis, Ier du nom, sgr de Rivarennes, d'après le Dict. de la noblesse (II, 221). Ils existaient l'un et l'autre en 1625.

Du premier lit naquit : 1° René, qui suit, et du second lit : 2° Louis, enseigne des gardes du cardinal de Richelieu, mort sans postérité ; 3° N., non mariée : ailleurs on trouve 4° Martin, Ec., sgr de la Johetière, marié, le 1er fév. 1635, à Françoise de Chamisolle ?

9. — **Appelvoisin** (René d'), sgr de la Châtaigneraye, eut de son mariage avec Marie de Sains une fille unique, Marie, dame de la Châtaigneraye et de la Mothe-Rousseau, qui épousa, le 11 juin 1648, Claude-Bonaventure de Crevant, sgr de Bruilles, prince d'Ivetot.

§ IV. — Branche de la Bodinatière et de Bouillé.

Une grande partie des documents relatifs à cette branche et à celle formée par Jacques d'Appelvoisin (§ V) sont fournis par une confirmation de noblesse accordée par M. de Maupeou, le 17 février 1699.

6. — **Appelvoisin** (Guillaume d'), Ec., sgr de la Bodinatière, fils puîné de Jean et de Renée Roux, son épouse, rapportés au 5e degré du § II, est taxé pour fournir un brigandinier au ban de 1488. Il épousa, le 26 juil. 1507, Robinette de Plouer, fille de Jean, Ec., sr de la Burcerie, et de Catherine de Cousdun, dont il eut Hardy, qui suit.

7. — **Appelvoisin** (Hardy d'), Ec., sgr de la Bodinatière, assista en 1553 au ban des nobles du Poitou. Il avait épousé, en 1537, Marie Petit, fille de Jacques, Ec., sgr de St-Chartres, et de Catherine de la Chaussée, et partagea noblement, le 7 oct. 1538, avec Louis de la Barre ; sa femme étant décédée le 19 mars 1571, on fit la curatelle de ceux de leurs enfants qui étaient mineurs (les 7 derniers) : 1° Bertrand, qui suit ; 2° Henri, reçu Chev. de St-Jean-de-Jérusalem en 1560, fut commandeur d'Auzon de 1566 à 1604, et était grand prieur d'Aquitaine en 1612 ; il mourut à Changillon, le 28 mars 1613 ; 3° Charles, chef de la branche de Bréhaudet (§ VI) ; 4° et 5° François et Louis, reçus Chev. de St-Jean en 1571 ; 6° Roland, 7° Isabeau, 8° Hélène, mariée, en 1575, à René Dorin, Ec. ; 9° Claude, 10° Louise, religieuse.

8. — **Appelvoisin** (Bertrand d'), Ec., sgr de la Bodinatière, transigea, le 9 mai 1571, avec François, son frère. (Chauveau et Bega, notres à Poitiers.) C'est à Bertrand que se rapporte la déclaration émanée, le 11 déc. 1592, de Charles de Cossé-Brissac, gouverneur et lieut.-gén. pour le Roi en Poitou, déclarant que la capture du sr de la Bodinatière par le Bon d'Houlmes (Oulmes ?) est de bonne prise. (O. B. Fillon.) Il obtint de M. de Heere, conseiller en la cour des aides, député en Poitou pour le régalement des tailles, le 15 avril 1599, une ordonnance qui le déchargeait de l'assignation à lui donnée pour la représentation de ses titres de noblesse. Il avait épousé Espérance de Contours, fille de Vital et de Françoise le More, aliàs de Ste-Marie. Devenu veuf, Bertrand se remaria à Jacqueline Pizon, et mourut en 1612. Du 1er mariage sont issus : 1° Henri, qui suit ; 2° Françoise, qui épousa, par contrat du 14 mars 1613, Paul de Vendée (M. Stat. 1879) ; 3° N., mariée au sr de Chezelle.

9. — **Appelvoisin** (Henri d'), Ier du nom, Ec., sgr de la Bodinatière, servait en 1622 sous les ordres de M. de la Rochefoucauld (M. Stat. 1879), épousa, le 24 fév. 1625 (Lefèvre, notre à Baugé), Elisabeth le Vacher, fille d'Antoine, Ec., sr de la Chaize, et de Perrine de la Barre, dont il eut : 1° René, qui suit; 2° Elisabeth, qui, le 26 nov. 1662, partagea avec ses frères ; elle épousa René de Juigné, Ec., sr de la Brossardière ; 3° Jacques, chef de la branche de Bouillé, § V ; et sans doute 4° Catherine, dame de St-Hilaire, mariée à Vincent Bouhier, sr de la Roche-Guillaume.

10. — **Appelvoisin** (René d') épousa, en 1658, Louise de Ste-Maure, fille de René et d'Anne Gabriau, qui lui apporta la terre de la Guyraire, ancien domaine de la branche cadette des d'Appelvoisin ; elle était veuve lors du partage précité de 1662. Il eut pour filles : 1° Louise, mariée, vers 1680, à Louis Droux, Cte de Nancré ; 2° Louise-Henriette, mariée en 1679 à Jean-Louis Tiercelin de Rancé, dont elle était veuve en 1704. (N. féod.)

§ V. — Branche de Bouillé.

10. — **Appelvoisin** (Jacques d'), Ec., sgr de St-Hilaire et de Bouillé, fils de Henri et d'Elisabeth Le Vacher, rapportés au 9e degré du § IV, prend part au partage de 1662, épousa, par contrat du 16 fév. 1661, reçu Baudon et Train, notres à Fontenay, Marie-Urbaine Bouhier, fille de Vincent, sgr de la Roche-Guillaume, et de Françoise de Launay. Il fut maintenu dans sa noblesse par M. de Maupeou, le 17 févr. 1699, avec ses trois fils, dont les noms suivent : 1° Henri, qui suit; 2° Pierre-Paul, capitaine de dragons ; 3° Jacques, lieutenant de dragons ; 4° Elisabeth-Agnès, 5° Foy-Urbaine, et peut-être 6° Martine, mariée, vers 1680, à Charles Estourneau, Ec., sgr de Tersannes.

11. — **Appelvoisin** (Henri d'), Ec., sgr de Bouillé, St-Hilaire, épousa, par contrat du 24 mars 1691

(Train et Loyau, notres à Fontenay), Marie Arrivé, fille de François, sr du Sableau, lieutenant-général au siège royal de Fontenay, et de Marie Barre. Il rendait un aveu au Roi pour le fief de Lavau. (N. féod. 1, 24.) C'était, dit Fillon (Poit. et Vendée, vo Bouillé, 2), un homme de mœurs violentes ; les parents de sa femme firent rompre son mariage. Il eut pour enfants : 1° Jacques, qui suit ; 2° Marie-Marguerite ; 3° Elisabeth-Agnès ; 4° Marie-Paule, qui épousa Paul-Sidrac de St-Mathieu.

12. — **Appelvoisin** (Jacques d'), Ec., sgr de Bouillé, naquit en 1694. Il épousa N. Cheslot, dont Susanne, qui, vers 1737, était dame du fief de Lavau ; elle se maria à Louis-Gabriel de l'Espinay, Ec., sgr de Beaumont, et lui porta la terre de Bouillé.

§ VI. — Branche de BRÉBAUDET.

8. — **Appelvoisin** (Charles d'), sr de la Bodinatière, de Brébaudet et d'Escoué, fils puîné de Hardy et de Marie Petit, rapportés au 7e degré du § IV, épousa, le 31 août 1572, Madeleine Voussard, De de Brébaudet (ene de St-Cyr-des-Gats, Vendée) ; connu sous le nom de M. de Brébaudet, il servait dans l'armée du duc de Montpensier et fut blessé de 5 coups de feu, le 23 mai, devant Fontenay-le-Comte. (Chron. Fonten.) Il laissa de son mariage : 1° François, qui suit ; 2° Renée, mariée, le 10 août 1587, à Jean de Rohéan, Ec., sgr du Circnot, assesseur en la cour de Guérande, puis, vers 1616, à Jean Bodin, Ec., sr de la Cornetière ; 3° Hélène, mariée à René de la Place, Ec. ; 4° Elisabeth, mariée à Jean de Fournoux, Ec., sr de Parsay.

9. — **Appelvoisin** (François d'), Ec., marié, en 1605, à Dlle Marie de Montrugeon ? fille de François, Ec., sr de la Josnière, et de Louise le Maistre, dont :

10. — **Appelvoisin** (Samuel d'), Vte de Fercé, sgr de la Jouinière, obtint, en 1669, une confirmation de noblesse, habitant l'évêché de Rennes (Nobil. de Bretagne, Pol de Courcy) ; il avait épousé, en 1632, Elisabeth de Pierre-Buffière, fille de Louis, Chev., sgr de Chambaret, et de Marie de la Nouhe, dont : 1° Olivier, mort sans hoirs ; 2° Marie, Vtesse de Fercé en Bretagne, épousa, en mai 1662, Claude-Charles de Goyon, Chev., Bon de Marcé, etc. (P. A. 5, 398) ; 3° Marguerite.

La plupart des notes précédentes nous ont été communiquées par M. de Gennes-Sanglier.

§ VII. — Branche de CHALIGNÉ et de PUGNY.

Les notes qui nous ont servi pour établir la généalogie de cette branche sont puisées dans Duchesne, le Palais de l'Honneur, la Réformation de la noblesse de Bretagne, etc.

2. — **Appelvoisin** (Guillaume d'), sgr de la Girardière, Chaligné, la Guyraire, Boisbaudran, Pugny et Pierrefitte (3e fils de Guillaume Ier, sgr d'Appelvoisin, Chev., et de Jeanne Fortin, rapportés au 1er degré du § I), servit en 1351, avec Pierre, son frère aîné, sous les ordres de Charles d'Espagne, connétable de France, et il est nommé, avec des sgrs des maisons de Thouars, de Vivonne, de Châtellerault, de Parthenay et de Surgères, dans un traité de trêve entre les rois de France et d'Angleterre, en 1372. (Arch. Nat.) Il épousa Héliette de Coloigne, fille et héritière de Geoffroy, Chev., sgr de Pugny et de Pierrefitte, et de Pernelle Brun. Héliette vivait encore en 1422. De ce mariage naquirent : 1° Louis, qui suit ; 2° Jeanne, mariée à Pierre Chauvereau, Chev., sr de Pamplie ; 3° Marie, qui épousa Pierre Audebaut, Ec.

3. — **Appelvoisin** (Louis d'), Chev., sgr de Chaligné, de Pugny, de la Guyraire et de Boisbaudran, rendit, en 1407, un aveu au sgr d'Argenton, pour son hôtel de la Forêt-sur-Sèvre, et fut marié trois fois : 1° avec N... ; 2° avec Jeanne Chasteigner, fille de Jean, sgr de Saint-Georges-de-Rexe, et d'Isabeau de Gourville ; 3° avec Pérette Mignot, veuve de Jean Gendrot.

Il eut du premier lit : 1° Gilles, sgr de la Guyraire et de Pugny, qui épousa Françoise de la Rochefoucauld, fille de Guy, sgr de Verteuil et de Barbezieux, et de Rosine de Montault, mort sans postérité vers 1435.

Du second lit : 2° Jacques, qui suit ; 3° Marguerite, mariée avec Guyard de Beaumont, sgr de Glenay : le contrat fut passé le 20 janv. 1416, mais le mariage ne fut consommé qu'au mois de juin 1418 ; 4° Guillemette, dame de Boisbaudran, laquelle épousa Pierre Mesnard, Ec., sgr de Toucheprès.

Du troisième lit : 5° Perceval, sgr de Sceaux, Bournezeaux, la Roche-de-Mauportuis et Pugny, qui accompagnait, en 1444, Marie de Rieux, Vtesse de Thouars, lorsqu'elle vint attaquer la ville et le château d'Airvau. Le 23 novembre 1445, il rendit un aveu au sgr dudit lieu d'Airvau de sa terre de la Roche-de-Mauportuis (Arch. du Mat d'Airvau) ; le 5 novembre 1470, de sa terre de Pugny (P. Cousier, Nro) (Id.), et le 14 juillet de la même année, il rendit hommage au Vte de Thouars de sa sgrie de Pierrefitte et de ses hôtels nobles de Bournezeaux, de Marnay et du Bouchet. Nous pensons que c'est ce même Perceval qui avait servi comme homme d'armes du sgr de Soubise, au ban des nobles du Poitou de 1467. On dit faussement qu'il épousa Hardouine de la Ville de Férolles, fille de Pierre, Chev., sgr de Férolles, et de Marie Touchard. Il n'eut pas de postérité.

6° Marie, qui épousa d'abord Henri Eschallard, puis René de la Haye, Chev., sgr de la Haye-Montbault, le Coudray, etc., auquel elle porta les terres de Bournezeaux et de la Forêt-d'Argenton ; 7° Guyonnette, mariée à Gauvain Chenin, Ec., lequel rendait aveu à l'abbaye de Sainte-Croix de Poitiers, le 24 avril 1447, de la terre de Nuchèze, qu'il possédait du chef de sa femme. (D. F.) Elle était veuve et rendait hommage pour l'hôtel de Nuchèze à la sgrie de la Barre-Pouvreau, en 1473, et vivait encore en 1486 (Arch. de la Barre, 2) ; 8° Hélyette, citée dans des actes de 1440 et 1486. (Pal. de l'Honn.) Elle épousa Pierre de Maligné.

4. — **Appelvoisin** (Jacques d'), Chev., succéda à Gilles, son frère aîné du premier lit, dans les terres et sgries de la Guyraire, Pugny et Chaligné ; il fut un des témoins de la ratification par Louis d'Amboise, Vte de Thouars, du contrat de mariage de sa fille Marguerite avec Louis de la Trémoille, 22 août 1446. (D. Font. 26.) Il rendit aveu au sgr d'Airvau les 24 juin 1450 et 7 juin 1451, pour sa terre de Pugny, et au sgr de la Guierche, le 13 nov. 1455, pour des portions de cette dernière terre. Il avait épousé Jeanne de la Jumelière, fille de Guillaume, sgr de la Jumelière, dont il eut : 1° Guillaume, qui suit ; 2° Louis, Ec., sgr de Pugny, qui transigea, le 5 juil. 1490, avec sa belle-sœur Iseult de Liniers, au sujet de la tutelle des filles de son frère, qui dut rester entre les mains de leur mère, à la condition qu'il sera dressé inventaire par les soins de Richard Estivalle, sénéchal de Bressuire. (O.) Il rendait, le 8 sept. 1502, aveu au chât. d'Airvau de la

sgrie de Pugny, et avait servi en homme d'armes au ban de 1491. — On trouve ailleurs : 3° FRANÇOIS, clerc ; 4° CLAUDE, mariée à Hardy Robin, Ec., sgr de la Tremblaye ; et 4° HARDY, Ec., sgr de Pierrefitte, présent à un accord passé le 28 juil. 1497.

5. — **Appelvoisin** (Guillaume d'), Chev., sgr de Chaligné, Pugny et la Guyraire, Ec. du roi Louis XI, qui lui octroya, en l'année 1474, un droit de foire dans sa terre de Pugny.

Il donnait, en 1484, quittance de la somme de 300 liv. « à lui taxée pour avoir esté et assisté, pour les Estats du païs de Poictou aux Estats généraulx tenus dernièrement à Tours. » (Rev. Angl.-Franç. 1, 1364.)

Il épousa Iseult DE LINIERS, fille de Michel, sgr Baron d'Airvau, et de Marie Rousseau, par contrat du 29 janv. 1478. Le 6 juillet 1481, il donnait quittance de la dot en terres promise à sa femme et transigeait avec sa belle-mère et Jacques de Liniers, son beau-frère, le 29 juillet 1489, au sujet des arrérages de rentes qui lui avaient été promises et non payées. (O.)

Guillaume fit son testament le 18 avril 1490, élisant sa sépulture dans l'église de Pugny, dans laquelle il fonde une chapellenie, et laisse la terre de Chaligné à sa femme pour son douaire. Il mourut cette même année (O.) et n'eut que deux filles de son mariage : 1° ANNE, dame de Pugny et de la Guyraire, qui épousa, en 1480, Léon de Sainte-Maure, IIe du nom. Elle était sa veuve le 12 juin 1538, époque à laquelle elle donna une procuration à Jean de Pugny, Ec., sgr de la Barre (Blanchard et Guy, notaires à Châteauneuf), pour rendre aveu, en son nom, de la terre de Pugny, à Marguerite de Liniers, dame d'Airvau ; elle rendait le même aveu le 25 juin 1545 (Arch. du M[al] d'Airvau) ; 2° GUYONNE, ainsi nommée dans les chartes, ou HARDOUINE, d'après Duchesne, dame de Chaligné, épousa, en 1504, Antoine Eschallard, sgr de la Boulaye. Elle n'existait plus le 25 février 1537. On trouve ailleurs qu'elle fut mariée en 2es noces à Guy de la Forest, sgr de Vaudoré.

APPELVOISIN (d'). — Une famille de ce nom existait à Lusignan, où elle a rempli les fonctions de notaires. M. de Longuemar (Epigraphie du Haut-Poitou. M. A. O. 1863) a relevé plusieurs inscriptions funéraires de cette famille qui se lisent dans l'église Notre-Dame de Lusignan. Son nom est écrit ordinairement DAPPELVOISIN. C'était une famille de paysans, originaire du village de Pelvoisin (Vienne).

ARBERT. — Voici les quelques renseignements que nous avons recueillis sur les personnages portant ce nom.

Arberti (Guido) et sa femme donnent à l'abb. de Noaillé des terrains sur le bord de la mer, vers 1080. A cette donation assiste un *Petrus Arberti*. (D. F. 21.)

Arbertus (Hugo), cité dans des chartes de l'abb. de Saint-Maixent datées de 1096, 1108 et vers 1120. (D. F. 15.)

Arbertus, *miles*, souscrit une charte de donation faite à la même abb. vers 1100. Il avait déjà souscrit un titre de ce monastère daté de 1091. (D. F. 15.)

Arbertus (Willelmus), cité dans la donation faite en 1111 à Fontevraud de l'église de Saint-Bonifet par l'abbé de Saint-Cyprien. (D. F. 7. A. H. P. 3.)

Arbertus (Aimericus), témoin du don fait, vers 1112, à l'abb. de Saint-Cyprien de partie du fief de *Currentia*. (Id.)

Arbertus (Petrus), *canonicus B. M. de Mirabello*, fut témoin d'une donation de dîmes faite en 1213 à son église. (D. F. 18.)

Arbert (N.), témoin d'une concession faite en 1219 par Hugues, sgr de la Bréduriêre. (F.)

Arbertus (Petrus) fut archidiacre de Thouars tout au moins de 1224 à 1238. (D. F. 7, 19, 25.) Nous ne savons si c'est lui qui était présent à une donation faite en 1219 au Chapitre de Mirebeau par Pierre Asselin, chanoine de Poitiers.

Arbert (P.), *decanus Asianensis* (doyen d'Aizenai), est cité dans un traité passé entre Alphonse Cte de Poitou et l'abb. de Saint-Maixent, au sujet de dîmes. (D. F. 16.)

Arbert (Pierre) devait à la cure de Chiré-en-Montreuil 8 deniers pour son herbergement de Gachet, 28 juillet 1295. (Doc. inéd. 150.)

Arbert (Jehan) est indiqué comme co-seigneur de Vernay avec *Lebon de Dollis ?* dans l'aveu de cette terre rendu à la sgrie d'Airvau, le 19 oct. 1383. (Arch. d'Airvau.)

Arbert (Alexandre), Ec., sgr de Beaumont, était décédé lorsque sa veuve, Marguerite RICHETEAU, fit insérer en 1698 ses armoiries personnelles dans l'Armorial de la généralité de Poitiers.

ARÇAY (D'). — Voici le peu de renseignements que nous avons pu recueillir sur les personnes qui ont porté ce nom, éteint depuis plusieurs siècles.

Arciaco (Goslenus de) fut présent à la donation de l'église de Saint-Christophe faite, vers 1092, à l'abb. de Saint-Cyprien, par les sgrs de Mortemer. (D. F. 7. A. H. P. 3.)

Arciaco (Gaufridus de) cède, en 1161, à l'abb. de la Trinité de Poitiers, la dîme de Neuville. (D. F. 27.)

Arçai (Aimery d') fut témoin vers 1150 d'un don fait à Guillaume, abbé de Turpenay.

Arcelo (Filia Oliverii de) est indiquée devoir 40 liv. *de placito*, dans le compte rendu par le receveur du Cte Alphonse, sous la rubrique *terre forrefacte*, pour la Toussaint 1246. (A. H. P. 11.)

Arcayo (Guillelmus de), juge d'Arçay, terre appartenant au Chapitre de St-Hilaire-le-Grand de Poitiers, transige, en février 1223, avec ce Chapitre pour des empiétements commis par lui sur les droits de cette collégiale (M. A. O. 1847), et lui cède tous ses droits en 1226, moyennant une somme de 80 liv. tournois. (Id.) Mais les transaction et cession de 1223 et 1226 ne comprenaient pas certains devoirs que le Chapitre de St-Hilaire prétendait lui être dus par G. d'Arçay. Le procès recommença donc et, après avoir continué pendant 4 générations, il se termina par un arrêt du Parlement de Paris du 13 déc. 1461, donnant gain de cause au Chapitre et condamnant Jean et François Goulard, descendants de Guillaume d'Arçay, à lui servir les devoirs qu'il avait réclamés inutilement à leur cinquième aïeul. De l'ensemble de ces pièces il résulte qu'en 1223 et 1226 G. d'Arçay avait pour épouse FURNERIA et des enfants ; qu'en secondes noces il épousa Alise RAIOLE, dont il n'eut point de postérité, mais qui hérita de la terre d'Arçay, les enfants du premier lit étant sans doute morts avant leur père. (Cahier de plus de 300 p., papier aux Arch. des Deux-Sèvres.)

Arcelo (Mauricius de), *scutifer*, est indiqué, dans le compte de l'Ascension 1253, comme homme lige du Cte de Poitou, *in comitatu Pictavensi* ; il eut pour filles JEANNE et PHILIPPE, qui vivaient en 1271. (A. H. P. 4.)

Arçay (Charles d') avait épousé Jehanne DE

Beauçay, laquelle, agissant sous l'autorité de son mari qualifié de haut et puissant sgr, fait une donation à Jacques de Surgères, le 3 fév. 1366. (D. F.)

ARÇAY (d'). V. **GOULARD D'ARÇAY.**

ARCEMALE ou **D'ARCEMALLE.** — Famille originaire de Sologne. D'après le Dictionnaire de la noblesse, elle y était connue « dès 1360 et y possédait le fief de Marambert, p^sse de Treloire? relevant du Cte de Blois, d'où sont venus les sgrs de la Blanchardière, la Frotière et du Langon en Berry et en Poitou. »

D'après B. Fillon (dans son travail intitulé Maynard-Mesnard, publié sous le pseudonyme de Henri de la Citardière), « l'origine féodale de cette famille originaire du Berry a été très souvent contestée. C'était une race violente, dont la tradition populaire a gardé mauvais souvenir » (p. 137).

Blason. — D'Arcemalle porte : d'azur au chevron d'argent, accompagné en pointe d'un croissant renversé de même (d'Hozier) ; *aliàs*, le croissant posé droit.

Noms isolés.

Arcemalle (André d') assiste au contrat de mariage de Jean d'Hillerin, Ec., sgr du Bois-de-Chambret, avec Charlotte Girard, du 19 juin 1575. (O.)

Arcemalle (Baptiste d'), Ec., sgr du Langon, était, en 1654, en instance devant la sénéchaussée de Poitiers. (O.)

Arcemalle (René d') était, en 1657, en instance devant la sénéchaussée de Civray. (O.)

Le Catalogue des gentilshommes de la généralité de Poitiers, publié vers 1668, contient les noms d'un certain nombre de membres de cette famille ; nous allons les citer, en y ajoutant en lettres italiques les annotations de M. de Maupeou.

Arcemalle (Louis d'), s^r de la Servantière, p^sse St-Denis de la Chevasse, élection de Mauléon, *routurier condamné.*

Arcemalle (Henri), sgr de la Tousche-du-Langon, ville des Sables, élect. des Sables, *condamné rousturier.*

Arcemalle (Jacques d'), sgr du Langon, p^sse du Langon, élect. de Fontenay, *deschargé et maintenu noble par arrêt du conseil d'en haut du... jour de décembre* 1670 (ces quelques mots effacés d'un trait de plume, puis on lit en marge :) *desclaré routurier par arrest du conseil d'en haut* ; et plus bas : *du conseil.*

Arcemalle (Jacques), s^r des Moulinières, *id. routurier.* (Il épousa Marie Bernard, et eut pour fille Hélène, mariée à François de Verteuil, Ec., s^r de Caumont.)

Arcemalle (Estienne d'), s^r de la Blanchardière, *au conseil appellant, desclaré routurier.*

Arcemalle (Mathurine d'), veuve d'Alexandre Buor. Elle est dite Catherine-Françoise par Fillon ; mais c'est une erreur.

Arcemale (Etienne d'), sgr de la Frémaudière, et

Arcemale (N. d'), sgr de la Touche, ont fait partie du ban des nobles du Poitou, et servi dans la troisième brigade réunie à la Châtaigneraye, le 26 mai 1689.

Arcemale (Léon d'), Ec., s^r de la Bironnière, fut parrain, le 27 mai 1678, de Françoise de Cragy-Marcillac.

Arcemalle (Marie-Angélique d'), mariée, le 2 juill. 1678, à Jean-Gabriel de Rorthais, Ec., sgr de la Rochejaudouin ; elle était tutrice de leurs enfants mineurs le 6 oct. 1699. (De Maupeou.)

Arcemalle (Charlotte) épousa, le 29 mars 1681 (Loyauté, not. à Fontenay), Simon François, Ec., s^r des Barrières. (De Maupeou.)

Arcemale (Claude-Elisabeth d') épousa Prosper Sapinaud, Ec., s^r de l'Hébergement ; elle mourut sans postérité vers 1680 ?

Arcemale (Jean d'), sgr de la Touche-du-Langon, et

Arcemale (Gabriel d'), sgr des Barrières, ont fait partie du ban des nobles du Poitou en 1691.

Arcemalle (Louis d'), s^r du Fief-Barret, porté dans le Catalogue des gentilshommes de la généralité de Poitiers avec l'annotation *rousturier*, fut condamné par M. de Maupeou, sentence du 5 juin 1700, bien qu'il eût présenté pour sa défense un arrêt du conseil du 24 mai 1675, rendu au profit d'Antoine d'Arcemalle, Baron du Langon, qui maintient ce dernier dans sa noblesse ; mais il fut répondu par le traitant que cet arrêt ne concernait qu'Antoine et sa postérité, opinion adoptée par l'intendant. (De Maupeou.)

Arcemalle (Bernard d'), Ec., sgr de la Blanchardière, assiste comme parent au 5e degré à l'émancipation de François-Fleurant Duchesne, Ec., sgr du Mesnil. (Notes de St-Laurent.)

Arcemalle (Jehanne d'), veuve de Pierre Boisson, s^r de Léolière, était en procès avec N..., Ec., sgr de la Guionnière.

Arcemalle (Baptiste d') fait faire à sa requête une enquête contre Jehan Hervouet.

Arcemalle (Pierre d'). Audition de témoins contre lui.

Ces trois derniers paragraphes sont extraits de l'inventaire des papiers, etc., trouvés chez François Brisson, sénéchal de Fontenay, après son décès survenu vers l'an 1601.

Arcemale (Madeleine-Charlotte-Françoise d'), de la branche des Barrières, épouse de René de Beauregard, Ec., sgr de Champ-Noir, est décédée en 1778, p^sse de Champagné-St-Hilaire. (Aff. du Poitou.)

Arcemale (Claude-Antoine d'), Chev., sgr de la Fuzelière, a comparu par procuration à l'assemblée de la noblesse du Poitou, convoquée à Poitiers en 1789.

Filiation suivie.

§ I.

Les principaux éléments de cette généalogie ont été puisés dans le travail de M. B. Fillon, précité.

1. — **Arcemalle** (Jean d'), Ec., sgr de la Frotière, eut pour fils, entre autres enfants :

2. — **Arcemalle** (Louis d'), né en Berry, où il épousa en premières noces Silvine Bodot de la Vionne ; il se remaria en Poitou avec Anne Bodin, fille de François, Ec., et de Johanne Limbourg (d'une famille Rocheloise). Il s'établit, avant 1580, à la Léolière, p^sse du Langon, sgrie qu'il acquit plus tard. Lui et sa femme moururent de la peste le 13 févr. 1606, et furent inhumés dans le même tombeau. (Chron. Fonten.) Leurs enfants furent : 1° Henri, qui suit ; 2° Jean-Baptiste, chef de la

branche du Breuil, § II; 3° Jean, prieur du Langon; 4° Louis, chef de la branche de la Blanchardière, § V; 5° Jeanne, mariée à Jean Boisson, Ec., sr de Bois-Lambert.

3. — **Arcemalle** (Henri d') est le premier qui se qualifia de Baron du Langon. Le 6 mars 1611, il faisait des dons à divers membres de la famille Bernard (de celle dont était le notaire, rédacteur de la chronique publiée par M. de la Fontenelle). (O.)

Il est nommé dans un arrêt du Parlement de Paris du 7 sept. 1644, relatif au dénombrement de la terre de Ste-Hermine, réclamé par le duc de Thouars. (O.)

Il avait épousé, le 24 févr. 1604, Gabrielle de la Roche, fille de Jean, Ec., sgr du Colombier, et de Pierrette Robin. De leur union naquirent: 1° Jacques, qui suit; 2° Mathurine, mariée, le 21 avril 1648, à Alexandre Buor, Ec., sr de la Jousselinière; 3° Marthe, morte fille; 4° Jacquette, femme de Gabriel du Plessis; 5° Hélène, mariée avec Geoffroy de Chergé, Ec., sgr de Grand-Champ, lequel transigea au sujet de la succession de son beau-père, le 15 févr. 1648. (O. B. Fillon.)

4. — **Arcemalle** (Jacques d'), sgr du Langon, eut plusieurs fois des difficultés avec l'administrateur de la province, à cause de sa turbulence, prit parti pour la Fronde en 1649, et se réunit au Cte de Laval. Il fut condamné par Colbert, intendant de Poitou, comme usurpateur du titre de noblesse; mais son fils Antoine fit casser ce jugement. Il avait obtenu l'érection de la terre du Langon en baronnie par lettres patentes du mois de juill. 1657, registrées le 23 août suivant. Il laissa de Claude Berthon, fille de Jean, vice-sénéchal du Bas-Poitou, et de Marie Potier, son épouse: 1° Antoine, qui suit; 2° Marguerite, dite Mlle de la Bodinière; 3° Claude, mariée à son cousin Etienne d'Arcemalle, sgr de la Fremondière; 4° Catherine, 5° Françoise, 6° Gabrielle, mentionnée avec les autres dans le Catalogue des gentilshommes du Poitou.

5. — **Arcemalle** (Antoine d'), sgr Bon du Langon. Il s'occupa beaucoup du dessèchement des marais, entreprise commencée par son père. Il épousa Marie-Charlotte-Henriette des Herbiers, fille de Henri-Auguste et de Marie de l'Espronnière; en 1715 elle rendait aveu au chât. de Vouvant, comme tutrice d'Antoine-Charles-Henri, leur fils unique, mineur, de la sgrie de la Grande et Petite-Léolière. (N. féod. 715.)

6. — **Arcemalle** (Antoine-Charles-Henri d'), Bon du Langon, naquit en 1707, rendit hommage au chât. de Vouvant des sgries de la Cabane du Bouil, des Marais de Vouillé, Grande et Petite-Léolière, le 23 mars 1728. C'est lui, sans doute, qui servait au ban de 1758, réuni à Fontenay-le-Comte, dans la 2e division de la 4e brigade de l'escadron de la Salle. Il était décédé avant le 22 oct. 1769, date de l'entérinement de son testament au greffe de Fontenay.

§ II. — Branche du **BREUIL DE GRAND-CHAMP.**

3. — **Arcemalle** (Jean-Baptiste d'), Ec., sgr du Breuil et de la Grange, fils puîné de Louis et de Anne Bodin (2e degr. du § I), épousa, en 1610, Jacqueline du Pin, fille d'Antoine, Ec., sgr de la Guérivière, et de Jeanne du Val de Grand-Champ. (Gén. du Pin.) Il vivait encore en 1654 et était en procès au Présidial de Poitiers. Il eut pour enfants: 1° Louis, qui suit; 2° Jean-Baptiste, chef de la branche de la Grange, § III; 3° Antoine, chef de la branche de Fontrocher, § IV; 4° Adam, Ec., sr des Chaumes, qui épousa Hippolyte Beneteau. Ils se firent don mutuel le 22 mars 1645 (greffe de St-Maixent); ils eurent probablement pour enfants: *a.* René, Ec., sr des Chaumes, habitant Champagné-St-Hilaire en 1667; (dès 1657, il eut de Françoise Dinet une fille naturelle, Gabrielle, baptisée à Champagné le 8 mars 1657; mais nous ne savons pas s'il eut postérité légitime); *b.* Gabriel, Ec., sr des Barrières, père lui-même d'un autre Gabriel, Ec., sr des Barrières, décédé sans postérité, et de Charlotte, mariée, le 29 mars 1681, à Simon François, Ec.

4. — **Arcemalle** (Louis d'), Ec., sr du Breuil, du Langon, Grand-Champ, épousa, vers 1645, Françoise Bonnin, fille de René, Ec., sr de la Beaumenière, et de Marie Joulard, dont il eut: 1° Susanne, née le 2 sept. 1647; 2° Françoise, née le 24 avril 1650, mariée, vers 1670, à Charles-Louis de Crugy-Marcillac; 3° Antoine, baptisé le 6 juill. 1650; 4° autre Antoine, baptisé le 8 oct. 1651, qui suit.

5. — **Arcemalle** (Antoine d'), Ec., sr de Grand-Champ, mourut à Champagné-Saint-Hilaire le 13 avril 1708, âgé d'environ 60 ans; il servit au 2e escadron du ban des nobles du Poitou en 1703. Il épousa, le 6 avril 1701, Marie-Anne Triault, dont il eut: 1° Antoine, né le 15 juin 1702; 2° Marie-Anne, née le 16 janv. 1705. (N'ayant que des notes incomplètes, nous ne pouvons savoir s'il n'y a pas eu plusieurs Antoine, srs de Grand-Champ, dont le 2e, fils de celui qui mourut en 1708, aurait épousé, en 1701, Marie-Anne Triault.) Nous ne connaissons pas la suite de cette branche.

§ III. — Branche de la **GRANGE.**

4. — **Arcemalle** (Jean-Baptiste d'), Ec., sr de la Grange, Fief-Barret, la Chabirandière, la Forgerie, fils de Jean-Baptiste, sr du Breuil, et de Jacqueline du Pin (3e deg. du § II), donna quittance avec sa femme au receveur des aides de Fontenay, le 14 sept. 1651. Il épousa Anne Sebin, dont il eut, croyons-nous: 1° Henri, qui suit; 2° Louis, Ec., sr de Fief-Barret, marié, vers 1670, à Catherine Marsaud (ou Merland), dont il eut: *a.* Louis, Ec., sr de Fief-Barret, marié, le 9 fév. 1687, à Céleste-Susanne des Forges, fille de Jacques, Ec., sr de la Gobinière, et de Marie Poitevin (nous ne savons pas s'il eut postérité); *b.* Jeanne, mentionnée au contrat de son frère; 3° Jacqueline, mariée, vers 1660, à Germain Foucher, Bon du Gué-Ste-Flaive.

5. — **Arcemalle** (Henri d'), Ec., sr de la Touche, mentionné dans les pièces et les arrêts du Conseil en 1667 et 1673, pour la réformation de la noblesse, paraît être décédé assez jeune. Nous croyons qu'il eut pour fils Jean, qui suit.

6. — **Arcemalle** (Jean d'), Ec., sr de la Touche, la Grange, servit au ban des nobles du Poitou en 1689, 1691; il fit inscrire son blason à l'Armorial du Poitou en 1698. Nous croyons qu'il eut pour fils:

7. — **Arcemalle** (Jean-Henri d'), Chev., sr de la Grange, appelé Marquis de la Touche, auteur du projet du canal de Gâtine, en 1732. (Il voulait réunir par un canal la Vendée, la Sèvre-Nantaise et le Thouet, pour ouvrir une voie navigable devant servir au transport des produits de la Gâtine.) Nous ne savons pas s'il eut postérité.

§ IV. — Branche de **FONTROCHER.**

4. — **Arcemalle** (Antoine d'), Ec., sr de Grand-Champ et de Fontrocher, fils puîné de Jean-Baptiste,

sr du Breuil, et de Jacqueline du Pin (3e deg., § II), épousa Jeanne JAMET ? elle est inscrite au Catal. des gentilshommes de la généralité de Poitiers avec la mention : *condemné roustupier*, se rapportant à son mari, sans doute faute de preuves ; il eut de son mariage ANTOINE, qui suit.

5. — **Arcemalle** (Antoine d'), Ec., sr de Fontrocher, décédé à Champagné-Saint-Hilaire, le 21 mars 1702, épousa Anne GUILLEMOT, dont plusieurs enfants, entre autres ANTOINE, qui suit.

6. — **Arcemalle** (Antoine d'), Ec., sr de Fontrocher, né à Champagné-Saint-Hilaire, le 26 août 1687, épousa Henriette DE VERTEUIL, fille de Jean, Chev., sr du Fouillas, et de Henriette Gassau. (En 1720, il y eut partage des biens de ladite dame Gassau entre ses héritiers.) De ce mariage ANTOINE-FRANÇOIS, qui suit.

7. — **Arcemalle** (Antoine-François d'), Chev., sgr de Fontrocher, marié vers 17.., avec Marie-Elisabeth-Angélique LE ROY, fille de Gaspard et de Marie-Anne Picoron de la Diétrie (Mss. Gilles) ; est peut-être le d'Arcemalle, sgr de Fontrocher, qui servit au ban de 1758, dans la 2e division de la 2e brigade de l'escadron de Buzelet. Il eut, croyons-nous, pour fils CLAUDE-ANTOINE, qui suit.

8. — **Arcemalle** (Claude-Antoine d'), Chev., sr de Fontrocher, la Fuzelière, assista à l'assemblée de la noblesse du Poitou en 1789. Il épousa, vers 1745, Rose-Susanne DE VANAUD, dont il eut : 1° LOUISE-ANTOINETTE, qui a épousé, le 23 février 1773, Venant-Zacharie Pichard, Ec., sgr du Verger, lieutenant du Roi et sénéchal de Fontenay-le-Comte ; 2° JOACHIM, Chev., sgr de la Fuzelière, né à Saint-Hilaire-le-Voust en Bas-Poitou, le 28 mai 1748, commença à servir en qualité de cavalier au régiment de Royal-Piémont le 5 mars 1770, maréchal des logis (16 octobre 1775), sous-lieutenant de la compagnie des chevau-légers de ce régiment, et faisant partie de la 3e de cette arme (10 janvier 1778), lieutenant en second (19 juin 1785). Ayant émigré, il mourut, le 17 mars 1795, à l'armée de Condé. (D'après son extrait mortuaire, signé Louis-Philippe de Bourbon. Note Pichard du Page.)

§ V. — BRANCHE DE LA BLANCHARDIÈRE.

3. — **Arcemalle** (Louis d'), Ec., sr de la Blanchardière, fils puîné de Louis et d'Anne Bodin (2e deg., § I), épousa Françoise BRAN. Il est appelé JEAN, Ec., sr de la Blanchardière, présent, le 19 août 1631, au conseil de famille des enfants de Raoul Picard et d'Anne Bran. Il eut pour enfants : 1° ETIENNE, qui suit ; 2° LÉON, prieur de Saint-Pierre du Langon.

4. — **Arcemalle** (Etienne d'), Ec., sr de la Blanchardière, habitait psse de Petosse en 1667. Il épousa Marguerite BERNARD, fille d'Hilaire, sr de la Morissonnière, et de Françoise Caillaud, dont il eut : 1° ETIENNE, qui suit ; 2° FRANÇOISE, 3° RENÉ, 4° BERNARD, Ec., sr de la Blanchardière, qui vivait en 1698, marié à Catherine DE JAU ou DEJEAN ; on croit qu'il épousa aussi Anne PASTUREAU ; il fut présent, en 1723, au mariage de Gabriel Brunet, sr de Montreuil, et paraît avoir eu pour fille MARIE-ANNE, dame de la Blanchardière ; 5° probablement JEANNE, mariée à René Bernard, sr de Pally.

5. — **Arcemalle** (Etienne d'), Ec., sr de la Frémondière, épousa : 1° Claude D'ARCEMALLE, fille de Jacques, sr du Langon, et de Claude Berthon ; 2° Marie THÉRONNEAU, veuve de Charles Bonnin, et fille de René, sr de la Cadussière, et de Madeleine Morisson. Il eut du 1er lit ETIENNE-ALEXANDRE, qui suit.

6. — **Arcemalle** (Etienne-Alexandre d'), Chev., sr de la Frémondière, habitait le château de la Vallée (Saint-Maurice-le-Girard). Il épousa Gertrude DE MORIENNE, fille de Philippe-César, Ec., sr de la Vallée, et de Nicole Lasnier. Nous ne savons pas s'il eut postérité.

ARCHAMBAUD, ARCHAMBAULT, ARCHIMBAULT, en latin *Arcambaldus*, *Archambaldus*, etc., nom que l'on trouve fréquemment mentionné dans les chartes des monastères du Haut-Poitou dès la fin du VIIIe siècle, 780 (Chartes Saint-Hilaire. M. A. O. 1847, 2), jusqu'au milieu du XIIIe, mais le plus souvent sans les indications permettant de distinguer s'il s'agit d'un nom patronymique. Nous ne relèverons donc qu'un petit nombre de ces mentions, et seulement lorsque nous les trouverons indiquant des fonctions quelconques.

Archembaut (Simon) fut témoin d'un don fait à l'abbaye de Nouaillé, en janv. 912, de vignes sises *in villa Alexandria* près Poitiers. (D. F. 21, 193.)

Archembaut (David) et

Archembaut (Willelmus) sont cités dans la liste des hommages rendus à l'abbaye de Saint-Maixent par les vassaux de cette abbaye, vers 1075 (D. F. 15, 347.)

Archimbaldus, *clericus*, fut un des témoins de la donation faite en juin 942-943 par Guillaume Tête-d'Etoupes, Cte de Poitou, d'une église et de terres à Geoffroy, prêtre de Saint-Hilaire-le-Grand de Poitiers. (M. A. O. 1847.)

Archimbaldus, *levita*, témoin de la vente d'une vigne faite en mars 959 par Salomon, prêtre de St-Hilaire-le-Grand, à son frère Adalbaud, prêtre de la même église. (Id.)

Archambaldus, *presbyter ex congregatione beati Hilarii*, vend, en mars 967, trois œuvres (*opera*) de vignes. (Id.)

Archimbaldus était, en janv. 969, *præpositus Curtis Cuion*, pour le Chapitre de St-Hilaire. (Id.) C'est peut-être le même qui est témoin d'un don fait en janv. 988, à l'abb. de Nouaillé, par Guillaume Fier-à-Bras, de domaines et églises situés en Aunis. (D. F. 21.)

Archimbaudus et *Onefria ? uxor ejus* donnent, en déc. 992, à l'abb. de Nouaillé des marais salants en Aunis et des vignes *in villa Colungias* (Coulonges, D.-S.).

Archembaudus, *monachus*, signataire de la donation de la forêt d'*Artezhun* (Argenson), faite à l'abb. de St-Maixent de 1034 à 1037, par Eustachie, femme de Guillaume le Gros, Cte de Poitou. (A. H. P. 16.)

Archimbaldus, *clericus*, témoin de la restitution de l'alleu de Thorigné faite de 1040 à 1044, par Rainaud Berchoz, à l'abb. de St-Maixent. (Id.)

Archembaud, abbé de St-Maixent de 1010 à 1049, fut aussi archevêque de Bordeaux ; il était de race noble, ainsi que le prouve une charte du 9 nov. 1040-1044, dans laquelle il est qualifié de *nobilis vir*, et par une autre de la même époque, on voit qu'il était fils de Rainaldus et frère de *Bernardus Tirolius*, *Tetbaldus* et *Raynaldus*, sgrs de Gastine, qui, nous dit M. A. Richard, ont vraisemblablement donné leurs noms à la Chapelle-Thireuil (D.-S.), mais qui ne sont nullement de la famille des sgrs de Parthenay, comme on l'avait cru. (A. H. P. 16.)

Archimbaudus, *presbyter*, est indiqué

comme décédé avant 1088-1091, et ayant possédé des fiefs dans les environs de Brion (Vienne). (Id. 3.)

Archembaudus, *subprior S^{ti} Maxentii*, fut témoin de la donation de l'église de St-Faziol faite, vers 1092, à l'abb. de St-Cyprien. (Id. 3.)

Archimbaudus (Gauffredus) était aussi présent à cette donation. C'est probablement le même qui, en 1093-1096, était présent à la donation de la viguerie de Romans faite à l'abb. de St-Maixent par Guillaume IX. (Id.)

Archimbaldus, *cliens abbatiæ S^{ti} Maxentii*, témoin de la charte par laquelle Hugues de Lusignan et son fils *Rorgo* se reconnaissent vassaux de ce monastère (1106). (Id.)

Archimbaldus, *monachus*, signe la charte par laquelle Gautier Vilain vend, en 1111, à l'abb. de St-Maixent ce qu'il possédait à Nanteuil (D.-S.). (Id.)

Archimbaldus (Geraldus) et

Archimbaldus (P.) sont cités dans l'état des terres données au prieuré de Montazay, vers 1112. (D. F. 11.)

Archimbaldus (Iterius) est cité dans un accord conclu en 1117 entre l'abbé de Charroux et un clerc nommé Bernard. (D. F. 4.)

Archimbaldus (Iterius) fut un de ceux qui engagèrent Guillaume Elie à donner, en 1119, à l'abb. de St-Maixent la dîme et les revenus de l'église de *Montebo* (Montembœuf, Charente). (Id.)

Archimbaldus, *canonicus S^{ti} Hilarii*, paraît dans deux chartes (de 1119 à 1121 et 1127). (M. A. O. 1847.) Il fut aussi témoin de l'abandon fait en 1120 à l'abb. de Noaillé, par Guitard de Gençay, du don d'un cheval, qu'il exigeait des moines. (D. F. 21.)

Archimbaut (P.), *cliens Emerici de Mantrolia*, assiste à l'acte par lequel ce chevalier reconnaît, en 1189, que le village de Salles appartient à l'abb. de St-Maixent. (A. H. P. 16.)

Archembaut (Guillaume) était prévôt-moine de l'abb. de St-Maixent vers 1204, assiste en cette qualité à plusieurs aveux que les vassaux de l'abb. firent à l'abbé Benoît. (Id.)

Archembaut (David) était un des vassaux de l'abb. de St-Maixent qui lui rendaient hommage vers 1204. (Id.)

Archembaut (P.), *præpositus*, est témoin des dons faits en 1216 à l'abb. de Noaillé par les sgrs de Mairé. (D. F. 22.)

Archembaut était, vers 1224, homme lige de l'abb. de St-Maixent. (Id.)

Archambaut (Guillaume) rendait, en 1228, un aveu à l'abb. de Charroux. (D. F.)

Archembaut (P.), témoin d'un traité passé entre Alphonse Cte de Poitou et l'abbé de St-Maixent en juin 1270, au sujet de certains droits de justice. (D. Font. 16.)

Archambault (Richard) et sa sœur Hilaire, femme d'Aimery de Villeneuve, rendent en 1289, à l'abbé de Montierneuf avou d'héritages sis à Chiré. (D. F.)

Archambault (Etienne) donne à l'abbé de Charroux, en 1294, *omnia gesta sua et landas citas* p^{sse} de Chiré (les-Bois ? Vienne).

Archembaut (Richardus) et

Archembaut (Stephanus) sont cités dans un état, dressé le 6 juil. 1294, des terres acquises par l'abb. de Montierneuf, dans la mouvance du Roi. (D. F. 19.)

Archimbault (Pierre) rendait en 1300 un aveu à l'évêque de Poitiers comme sgr de Chauvigny. (Cart. de l'évêché. A. H. P. 10.)

ARCHAMBAULT. — Famille du Loudunais, sur laquelle nous n'avons pu recueillir que les mentions qui suivent.

Blason : d'azur à une bande d'or accompagnée de 6 croissants d'argent posés en orle (d'après une note peut-être inexacte).

Archambault de Gatinelle, de Boisgoulu : « d'azur au chevron d'argent et 3 roses de même ». La branche de Beaume portait le champ de gueules. (Arm. Touraine.)

Archambault (Urbain), Ec., sgr de la Marsaudière, rendait un aveu en 166.? au sgr de Boisrogue comme mandataire d'André de Chastillon, Chev., sgr d'Argenton-Château.

Archambault (Charles-François), Ec., sgr de la Marsaudière, reçut d'office pour blason en 1698 à l'Armorial de Touraine : « d'azur à une bande d'or et 6 besants de même ».

Archambault (Mathieu), sgr de Gatinelle, conseiller du Roi à Richelieu, marié à Angélique du Cannoy, eut pour fils Simon-Louis, né en 1712.

Archambault (Jean-Bernard), Ec., sgr de Boisgoulu, lieutenant de maréchaussée, épousa à Loudun, le 15 fév. 1746, Françoise-Madeleine Hervé.

Archambault (Louis), Ec., s^r des Bournais, 1742.

Archambault (Charles-Pierre-Marie d'), Ec., sgr des Bournais, épousa Marie Aubry, D^e des Varannes. Elle était veuve en 1760. Ils eurent pour fille :

Archambault (Françoise-Louise d'), qui épousa Henri-Armand de la Roche-Vernay. Elle était veuve en 1789. (Assemblée de la noblesse du Loudunais.)

ARCHER, ARCHIER, HARCHIER. — V. **LARCHER.**

ARCHER. — V. **HARCHER.**

ARCHIAC (d'). — Quoique cette maison, dont l'origine se perd dans les temps les plus reculés, ait eu son berceau en Saintonge, cependant, comme elle a possédé à plusieurs époques des terres en Poitou, et contracté plusieurs alliances dans cette province, nous croyons devoir l'établir ici.

Nous suivrons, pour la rédaction de cet article, le Dictionnaire de la noblesse et la généalogie qu'ont donnée MM. Robert du Dorat (Mss. de D. Font. 46), en y ajoutant le résultat de nos propres recherches.

Dans une généalogie, il est dit que le sgr d'Archiac fit, en 1096, le voyage d'outre-mer et qu'il portait alors de gueules à deux pals de vair au chef d'or. Il était accompagné dans ce voyage par Foulques d'Archiac, Chev. bachelier, d'une branche cadette, qui avait chargé ses armes pour brisure d'une fleur de lis de sable posée en chef, et par Gran... d'Archiac, aussi Chev. bachelier, qui avait chargé le chef d'or de son écu de trois coquilles de sable. La 1re partie de cette assertion est erronée, car les personnages mentionnés vivaient seulement au xive siècle.

La maison d'Archiac, dit La Chesnaye, est éteinte depuis si longtemps, que tout ce que nous pouvons en rapporter est qu'elle fut une des plus illustres et des plus anciennes du pays de Saintonge, où le château d'Archiac est situé. La branche d'Availle s'éteignit au xvie siècle, celle de Montenac au xviie.

Blason : de gueules à deux pals de vair au chef d'or. (La Chesnaye des Bois.)

Le sire d'Arsiac, Chev. banneret : de gueules au paix (pal) de vair à ung chief d'or. (Arm[al] du Hérault, *Navarre*, dressé vers 1396. B. Nat.) Au xive siècle, les sceaux des cadets portent tous des brisures.

Il y avait une autre famille d'Archiac qui portait un écu chargé de 2 fasces et de 3 besants en chef.

Archiac (Nicole d') est dite, en 1252, veuve de Honoré de Sanzay ; elle fut inhumée, le 21 avril de ladite année, à St-Jouin-les-Marnes, près le grand autel. (Aff. Poit.) — Fausse généalogie.

Archiac (Foulques d') existait sous Charles VII. (Hist. du Poitou, 2.)

Archiac (Jeanne d') épousa Guillaume de Torsay, sgr de Melleran, la Bergerie et du Parc d'Archiac. Elle donna quittance, le 27 février 1424, de 2,000 livres que les États de Poitou avaient accordées à son mari pour lui aider à payer sa rançon. Elle eut procès en 1429, en l'absence de son mari, pour la terre de la *Rochelle?* contre André de Beaumont, sgr de Bressuire. (P. A. 8, 71.)

Archiac (Jeanne d') avait épousé, vers le commencement de 1500, Jacques, sgr du Fou en Poitou et de Préau en Quercy ; elle était sa veuve dès le 6 juin 1539, date à laquelle on lui faisait en cette qualité l'offre de foi et hommage pour l'hôtel de la Regnière. (Inv. des Arch. de Poitiers. M. A. O. 1882, 228.) Elle n'existait plus en 1578, car on lit, dans Dom Fonteneau, une sentence du Présidial de Poitiers, ordonnant le paiement de la somme accoutumée pour la rétribution de la messe fondée dans l'église de Notre-Dame-la-Grande, à neuf heures du matin, par dame Jeanne d'Archac (*sic* pour Archiac), nommée *la messe du Fou*. (D. F. 20.)

Filiation.

Nous ne suivrons pas les auteurs cités plus haut, qui font remonter la filiation jusqu'à Maynard d'Archiac dit le Riche, sgr d'Archiac et de Bouteville, lequel vivait l'an 1030 ; il avait épousé Hildegarde, avec laquelle il fonda le prieuré de St-Paul de Bouteville, où sa femme fut enterrée. (P. A. 3.)

Nous ne la prendrons qu'à partir de Foucaud, sgr d'Archiac, au xiiie siècle, dont sont issues les branches d'Availle-Limousine et de St-Germain-sur-Vienne, ces deux branches se rattachant tout spécialement à notre province. Cette filiation est hypothétique, car les notes que nous avons sous les yeux sont très incomplètes.

§ I. — Branche d'ARCHIAC,

Commencée au xiiie siècle, les degrés antérieurs étant trop incertains.

1. — **Archiac** (Foucaud d'), sgr d'Archiac, fut en 1243 l'un des 32 seigneurs garants de la trêve entre les rois de France et d'Angleterre. Il fut en 1249 exécuteur testamentaire d'Aimery de la Rochefoucauld, père de Guy. (Duchesne, 52, p. 73.) Il eut pour fils :

2. — **Archiac** (Aymar d'), Chev., sgr d'Archiac (ailleurs appelé Foucaud), marié à Marguerite de Rochechouart, fille d'Aimery Vte de Rochechouart et de Marguerite de Limoges, dont il eut : 1° Foucaud, qui suit ; 2° Aymar, chef de la branche de St-Germain, § IV ; 3° Simon, doyen de Saintes, fut légataire de Simon de Rochechouart, archevêque de Bordeaux, son oncle (1280), et exécuteur testamentaire d'Yolande de Lusignan en 1314 (d'après une note de Duchesne, p. 73). Il fut envoyé à Rome en 1318, devint cardinal et archevêque de Vienne ; 4° Guillaume, qui était religieux cordelier en 1380 ; peut-être 5° Anne, mariée à Simon de Lezay.

3. — **Archiac** (Foucaud d'), Chev., sgr d'Archiac, mentionné dans des titres de 1282, 1286, est sans doute celui qui se trouve nommé comme cousin dans le testament d'Yolande de Lusignan, Ctesse de la Marche, D[e] de Fougères, en date du 12 août 1314 : « Dederim dilecto et fideli consanguineo meo Falcaudo de Archiaco militi 1200 libr. » Il épousa, croyons-nous, Létice de la Marche, et fut peut-être sénéchal de Saintonge. Il eut probablement pour enfants : 1° Aymar, qui suit ; 2° Foucaud, chef de la branche d'Availle, rapportée § III.

4. — **Archiac** (Aymar d'), Chev., sgr d'Archiac, nommé avec son père Foucaud dans un titre de 1296, eut don du Roi, en 1309, de tout ce que Guy de Lusignan, Cte de la Marche et d'Angoulême, avait possédé dans la châtellenie d'Archiac, avant qu'il fût Comte. Il fut, en 1314, légataire d'Yolande de Lusignan, qui lui laissa 50 liv. de rente. (Notes de Duchesne, p. 59, 73.) Il épousa peut-être : 1° Agnès et 2° Almodis de Balansac, sœur de Gombaud, Chev., sgr de Chadenac (qui testa en 1340), et eut pour enfants : 1° Aymar, qui suit ; 2° Foucaud, chef de la IIe branche, § II ; peut-être 3° Marquise, mariée à Guillaume, sgr de Gourville.

5. — **Archiac** (Aymar d'), Chev., sgr d'Archiac, Saint-Mégrin, 1337, épousa, étant lieutenant de Savary de Vivonne, capitaine souverain en Saintonge en 1338, Marie Chasteigner, fille de Thibault, sgr de la Chasteigneraye, et de Létice de la Guerche (elle était veuve et tutrice de ses enfants en 1350, et eut répit en 1353, pour faire l'hommage d'Archiac-Saint-Mégrin), dont il eut : 1° Aymar, qui suit ; 2° Jeanne, mariée à Guillaume de Mareuil ou Martreuil, vivant en 1363, mais qui n'eut pas de postérité.

6. — **Archiac** (Aymar d'), Ec., s[r] d'Archiac, était mineur en 1350, sous la tutelle de sa mère, qui avait alors procès avec Foucaud d'Archiac, son beau-frère. Il épousa Marguerite (peut-être de la Rochefoucauld) et mourut sans postérité, vers 1370 ; ses biens passèrent à son oncle Foucaud. Sa veuve épousa ensuite Louis de Buffet ? qui avait procès en 1374, à cause du douaire de sa femme, contre les enfants de Foucaud d'Archiac.

§ II. — Seconde Branche.

5. — **Archiac** (Foucaud d'), Chev., sgr d'Archiac, Touverac, fils puîné d'Aymar et d'Almodis de Balansac ? (4e deg., § I), avait procès contre la veuve de son frère en 1350. Il servait en 1355, avec 6 écuyers. (Quittance à Niort.) A la bataille de Meaux, il prit le cheval de Mangot Maubert, Chev., et le Roi lui donna 400 francs d'or, dont il donna quittance en divers termes, 1er août 1361, 21 et 29 juil. 1367. (Son sceau mis à ces actes porte le chef chargé d'une demi-fleur de lis naissante.) Il hérita de son neveu vers 1369, et mourut peu après.

Il eut pour enfants : 1° Aymar, qui suit ; 2° Blanche, D[e] de Saint-Mégrin, qui eut une fille bâtarde, de Renaud, sire de Pous, et qui épousa Bertrand du Chasteuet, (*aliàs* de Cazelis), Chev., et peut-être en 2es noces Jean Bief ? puis en 3es Guillaume de Torsay, Chev. On croit aussi qu'il eut : 3° MARGUERITE, dite Bechette, mariée à Ithier Bonneau, Chev., sr des Brousses, qui reçut d'Aymar d'Archiac les fiefs de Morette et Commersat, le 3 mai 1390 ; 4° FOUCAUD, sgr de Saint-Sevrin, marié à Isabeau DE MORTAGNE, dont il eut : *a*. AYMAR, sgr de Saint-Sevrin en 1408, qui eut procès, en 1418, contre Pierre de Peyré, Chev., sr de Chiré ; *b*. AGNÈS, mariée à Jacques Poussart, Ec., sr de Péré, puis, dit-on, à Joachim Bouchard ; et *c*. MARGUERITE, qui épousa Joachim Poussart, sr du Fraigneau, frère de Jacques.

6. — **Archiac** (Aymar d'), Chev., sr d'Archiac, fit accord, le 12 sept. 1396, avec Renaud de Pons, pour Saint-Mégrin. Il épousa, croyons-nous, Perrette MARCHAND, De de Marcilly, fille d'André, conseiller au Parlement de Paris, remariée, le 6 janv. 1405, à Arnaud de Sainte-Maure, sgr de Montauzier, dont il eut : 1° JACQUES ? qui suit, et sans doute 2° JEANNE, mariée à Guillaume de Torsay, Chev., sgr de Melleran, qui vivait en 1424.

7. — **Archiac** (Jacques ? d'), Chev., sr d'Archiac, etc., appelé Hugues (Gén. Lévis. P. Ans. 4, 17), eut pour enfants : 1° JACQUES, qui suit ; 2° MARGUERITE, mariée, en 1434, à Jean de Lévis, sgr de Mirepoix.

8. — **Archiac** (Jacques d'), Chev., sgr d'Archiac, Bon de Louzac, capitaine du château de Chinon, épousa Marguerite DE LÉVIS, dont : 1° MARGUERITE, De d'Archiac, mariée à Adrien de Montbron ; 2° CATHERINE, De de Louzac, mariée à Jacques Ricard de Genouillac, sgr d'Acier ; 3° JEANNE, mariée peut-être à Jacques du Fou ; 4° MADELEINE.

§ III. — BRANCHE D'AVAILLE-LIMOUSINE.

4. — **Archiac** (Foucaud d'), Ec., sgr d'Availle, probablement fils puîné de Foucaud, sgr d'Archiac, et de Létice de la Marche (3e degré, § I) (*aliàs* serait fils d'Aymar, sgr de Saint-Germain. Voir 3e deg., § IV). Nous n'avons rien trouvé sur lui, mais il eut sans doute pour fils un autre Foucaud.

5. — **Archiac** (Foucaud d'), sgr d'Availle, était décédé avant 1378, lorsque sa veuve Létice DE LA MARCHE fit aveu d'Availle au nom de son fils. Nous pensons que c'est lui qui suivit le parti des Anglais ; ses biens furent confisqués, et le Roi fit don de 100 livres de rente, sur ces domaines, en 1373, à Pierre de la Rivière, Ec. (Not. Duchesne, 52,74.) Il eut pour enfants AYMAR, qui suit, et peut-être JEANNE, mariée, dit-on, vers 1390, à Jean de Montalembert.

6. — **Archiac** (Aymar d'), Ec., sgr d'Availle, Azac, Pressac, fit bail de ses terres en 1417 à Jean Maumillon, d'Availle. (Pièc. orig. 85, n° 13.) Il fit aveu le 23 janv. 1410, et servait peut-être comme Chev. bachelier, avec 20 écuyers, le 30 mai 1419. Nous n'avons pas retrouvé le nom de sa femme, mais il eut pour fils :

7. — **Archiac** (Foucaud d'), ainsi appelé dans la Gén. de Brizay (ailleurs nommé Jean), sgr d'Availle, fit aveu au Cte de la Marche le 1er juil. 1444. Il épousa, vers 1440, Marguerite DE BRISAY, fille de Jean, Chev., sgr de Saint-Germain, et de Jeanne de Linières, dont il eut : 1° ODET, qui suit, et peut-être 2° MARGUERITE, mariée, pensons-nous, à Pierre de Feydeau, Ec., sr de la Mothe de Persac, qui fit échange du four d'Azac, en 1509, avec Odet d'Archiac. (P. orig. 85.)

8. — **Archiac** (Odet d'), Chev., sgr d'Availle, Fousignac, Mortières, fit aveu, le 29 déc. 1484, au Cte de la Marche, et obtint en 1500 des lettres du Roi pour tenir 4 foires à Availle. Il possédait la Roche-de-Chizay en Mirebalais, du chef de sa mère, et est rappelé dans un acte du 1er déc. 1534. (D. F. 18.) Il testa le 12 avril 1519, en faveur de son fils Jacques, en faisant legs à André et Jean d'Archiac, ses fils bâtards. (P. orig. 85.) (Ce Jean est probablement le chef de la branche de Montenac, § V.) Il avait épousé Susanne DU PUY, fille de Louis, Chev., sgr du Coudray, et de Catherine de Prie, dont il eut : 1° JACQUES, qui suit ; 2° FOUCAUD, qui décéda avant 1519, d'après le testament de son père. Dans le P. Anselme on trouve aussi : 3° MARIE, qui épousa, le 29 avril 1516, Jean de Sainte-Maure, et 4° MARGUERITE, mariée à François de Crevant, qui est dite fille d'Odet et de Jeanne de Vivonne, qui aurait été alors sa 2e femme. (T. V. 765.)

9. — **Archiac** (Jacques d'), Chev., sgr d'Availle, fit aveu au comte de Basse-Marche le 3 déc. 1532. Il se maria au moins 2 fois : d'abord à Louise DE BALZAC, veuve de Charles de Brillac d'Argy ; en 2es noces, à Louise D'AUMONT, veuve de Louis de Rouville, Chev., sr de Chars, fille de Ferry, sgr d'Aumont, grand chambellan, dont il n'eut pas d'enfants ; en 1555, il fit avec elle bail de la sgrie de Mondevis, en la vicomté d'Aulnay. (P. orig.) Il eut pour fils du 1er lit :

10. — **Archiac** (Jacques d'), Chev., sgr d'Availle, Serres, Pressac, Cluzeau, Saint-Germain en partie, Chev. de l'ordre du Roi, comparut en 1559, à cause de ses fiefs, au procès-verbal de réformation de la Coutume du Poitou. Il épousa, vers 1560, Adrienne FROTIER, fille de François, Chev., sr de la Messelière, et de Renée de Marans ; elle épousa ensuite François de la Béraudière, Chev., sgr de Brejeuilles-Villenon, et plaidait en 1572, pour les reprises de son douaire, contre son fils JACQUES, qui suit.

11. — **Archiac** (Jacques d'), Ec., sr d'Availle, était mineur en 1572, sous la tutelle de Jacques de Montlouis, Ec., sr de Pouillac, lors d'un procès à la cour conservatoire de l'Université de Poitiers, au sujet du douaire de sa mère. Il fit aveu d'Availle le 1er mars 1580, et périt à la journée appelée le Tumulte d'Amiens, sans postérité.

§ IV. — BRANCHE DE SAINT-GERMAIN-SUR-VIENNE.

3. — **Archiac** (Aymar d'), Chev., sgr de Saint-Germain, fils de Foucaud et de Marguerite de Rochechouart (2e deg., § I), fit échange en 1281 avec Hugues de Chateauvieux. Le 8 nov. 1311, il fit don du droit d'usage en sa forêt d'Azac à Aimery de Marcillac, sergent, en présence de Pierre de Saint-Martin, Ec., d'Ithier de l'Age et de Pierre Bocarel, acte passé par Guillaume Arbert, de Lesterp, clerc notaire, sous le scel de la Marche. (Pièc. orig. 85.) Il paraît avoir épousé MARIE, De de Lignières, dont il eut :

4. — **Archiac** (Aimery d'), Chev., sgr de Saint-Germain, Lignières, Vivonne, etc., est nommé en 1297 au testament de Hugues de Lusignan. En 1322, il fit accord avec Fort d'Aux, évêque de Poitiers, au sujet de la justice de Vivonne. Il avait épousé SIBILLE, *aliàs* ALIX, De de Vivonne, qui était sans doute fille d'Aimery de Montceoul, sgr de Vivonne, qui vivait vers 1300, et peut-être d'Alix de Vivonne, dont il eut :

5. — **Archiac** (Jean d'), Chev., sgr de Saint-Germain, Vivonne, etc., reçut aveu en 1347 de Jean de la Lande pour le fief des Aubuges (Châtain) ; le 22 juil. 1344, il acquit une rente cédée par Pierre Cherchemont, qui fut amortie par mariage. (Arch. d'Airvau.)

Il se maria 2 fois : 1° vers 1345, avec Jeanne ? CHER-

CHEMONT, fille de Pierre, Chev., de St-Pompain, et d'Isabeau Clérembault ; 2° vers 1360, à Jeanne DU SAULT ; celle-ci prit à bail la chapelle de Morenne, de l'abbaye de Sainte-Croix de Poitiers, en 1366 ; résilié le 31 mai 1371, sans doute après son décès. (Arch. Vien. Sainte-Croix.)

Il eut du 1er lit : 1° JEANNE, De de Saint-Germain, Vivonne, qui était mineure sous la tutelle de Foucaut de Chabanais, en 1355, mariée, vers 1365, à Aimery de Rochechouart, Chev., sr de Mortemar. Ils reçurent un aveu, en 1366, de Pierre de la Lande, pour le fief de l'Aubuge. Elle périt de mort violente en 1377, dans la tour de Vérac, où son mari l'avait enfermée, croyant avoir à se plaindre de sa conduite. Il obtint sur ce fait des lettres de rémission en 1378. Et peut-être du 2e lit : 2° MARGUERITE, mariée, vers 1370, à Louis de Feydeau, Chev., sgr de la Milière. Ils eurent procès en 1406 contre Marguerite de Rochechouart, De de Vivonne, au sujet de la succession de Jean d'Archiac.

§ V. — BRANCHE DE **MONTENAC,**

Issue des sgrs d'Availle, mais peut-être en bâtardise.

Odet d'Archiac, sgr d'Availle, testa, le 12 avril 1519, en faveur de son fils Jacques, auquel il donna les biens déjà donnés à Foucaud, son autre fils, décédé ; il fit aussi des legs à André et Jean d'Archiac, ses enfants bâtards, auxquels il donna le Puy-d'Usseau à Azac. (Cab. tit. Pièc. orig. 85, n° 43.)

Nous recommencerons ici la série des degrés.

1. — **Archiac** (Jean d'), Ec., sr de Montenac (peut-être fils bâtard d'Odet, sr d'Availle), épousa, vers 1510, Anne DE MONTS (Gén. des Monstiers), dont il eut :

2. — **Archiac** (Jean d'), Ec., sr de Montenac, marié, le 30 août 1534, à Anne DES MONSTIERS, fille d'André, Ec., sr du Fraisse, et d'Isabeau de Soubsmoulin, dont : 1° FRANÇOIS, qui suit ; 2° FRANÇOISE, mariée, le 1er avril 1567, à Jean Prévost, Ec., sr de Puybotier ; 3° JACQUETTE, mariée, vers 1560, à Jean Bonnin, Ec., sr de Montomar.

3. — **Archiac** (François d'), Ec., sr de Montenac, fut convoqué à l'assemblée des nobles de la Basse-Marche, le 29 juil. 1577, et mourut à Availle le 5 mai 1598. Il se maria peut-être 2 fois, mais nous ne connaissons que N... FROTIER (qui sans doute était fille de Pierre, sgr de la Messelière, et d'Yolande Le Voyer) ; elle mourut à Availle le 7 mai 1598, deux jours après son mari. Il eut pour enfants, peut-être d'un 1er lit : 1° JEAN, Ec., sr du Pirier, qui fut tué au combat de Cenon, le 6 fév. 1592, lorsque le Vte de la Guerche, qu'il accompagnait, fut mis en déroute par Jean Chasteigner, sr d'Abain. Jean d'Archiac, qualifié guerrier religieux et vaillant, dans son épitaphe, fut inhumé aux Cordeliers de Poitiers. L'on voyait jadis un tableau de la Nativité du Sauveur où était représenté un guerrier, et au bas une épitaphe en vers en l'honneur du sr du Pirier. Dans l'Histoire des Chasteigner, il est dit fils aîné du sr de Montenac ; peut-être du 2d lit, 2° FRANÇOIS, qui suit ; 3° JEAN, né à Availle le 4 mars 1592 ; et aussi sans doute 4° FRANÇOISE, mariée à Isaac Barthon, Ec., sr d'Arvisac ; 5° JEANNE, mariée à François Bonnin, sr Ec., de Montomar.

4. — **Archiac** (François d'), Ec., sr de Montenac, Cérier, décéda à Pressac le 10 juin 1616, âgé de 40 ans. Il se maria peut-être 2 fois, et peut-être en 2es noces à Jeanne GOBERT, dont il eut JACQUETTE, née à Availle, le 4 mars 1617, qui eut pour parrain Louis Frotier, Chev., sgr de la Messelière. Il avait eu sans doute d'un 1er lit : 1° FRANÇOIS, qui suit ; 2° PAUL dit le Bon de Montenac, sgr du Cérier, Ramière, Pressac en partie, gentilhomme de la chambre du Roi, capitaine de 50 hommes d'armes, qui avait procès à Poitiers en 1641, et fut parrain à Availle, le 13 fév. 1652, avec sa nièce Renée d'Archiac. Il épousa Marguerite BONNIN, veuve de François de Tusseau, Chev., sr de Maisontiers, et fille de François, Ec., sr de Montomar, et de Jeanne Vidard. Il n'eut, paraît-il, qu'une fille, MARIE, qui épousa en 1654 François-Alexandre Desmier, Ec., sr de Saint-Simon.

5. — **Archiac** (François d'), Ec., sr de Montenac, mourut en 1632 des suites d'une blessure reçue dans une bagarre, au sujet du logement des soldats du régiment de Lambertie au bourg d'Availle. « Le sr Thenault, fermier de la sgrie d'Availle, poursuivi par François d'Archiac, Georges Laurent, Ec., sr de Lézignac, gentilhomme du Bon de Montenac, et Jacques de Mauvise, Ec., sr de la Richardière, suivis de 12 ou 15 égyptiens (*sic*), armés de pistolets et d'épées, blessa plusieurs des assaillants en se défendant et obtint lettres de rémission datées du 6 avril 1632, entérinées à Angoulême, malgré l'opposition de la veuve du sr de Montenac et de Paul d'Archiac, le 20 juin 1633. » (Cab. tit. Pièc. orig. 85, nos 18, 19, Archiac.) Il avait épousé Eléonore VÉRINAULT, fille de Balthasar et de Renée Guiot, dont il eut RENÉE, née à Availle le 19 avril 1632, mariée, vers 1654, à Salomon Desmier, Ec., sr de la Bussière (elle fut marraine à Availle le 18 nov. 1654, étant déjà mariée), puis en 2es noces, le 13 juil. 1687, à Louis de Tusseau, Chev., sgr de Maisontiers. (Dans une enquête qui eut lieu le 11 juin 1687, au sujet du degré de parenté entre Renée d'Archiac et Louis de Tusseau, il est dit qu'elle était fille de François et petite-fille de Pierre (*sic*), qui était frère de Jeanne, mariée à François Bonnin, et mère de Marguerite Bonnin, femme de Louis de Tusseau.) Nous pensons qu'il y a eu quelque erreur de copiste dans les noms, car nous n'avons pas trouvé trace d'un Pierre d'Archiac ; mais les renseignements sur cette branche sont fort incomplets.

ARCHIET. — GUILLAUME d'Archiet, Chev., est cité dans l'aveu du temporel de l'abb. de Saint-Savin rendu au Roi le 20 juin 1537. (D. F. 25.)

ARCHIGNY (D'). — Voici ce que nous avons relevé dans le Cartulaire de l'évêché de Poitiers, dit Grand-Gauthier de l'évêché, publié par la Société des Archives du Poitou, t. X :

Archiné (Monseigneur Guillaume de) ou de *Archinec*, est cité comme possédant des terres confrontant à des héritages relevant de l'évêque de Poitiers (aveux des 4 mai et 24 juin 1309) ; et dans les titres conservés *in archa signata per simplex* B. se trouvait *Littera quod Guillelmus de Archignec miles vendidit episcopo Pictavensi* 15 *minas radi super decima de Archignec.*

Archinec (le chevalier d'), sans doute de la même famille que Guillaume, précité, est cité dans un aveu du 4 mai 1309.

ARCUEILS (Hugues d'), Ec., témoin d'un traité passé, le 19 mars 1443, entre l'abbé de Valence et Jehan de Mortemer, sgr de Couhé. (D. F. 27.)

ARDENT (Raoul) naquit, selon Dreux du Radier, avant le milieu du XIe siècle, dans le village de Beaulieu, près Bressuire. Tout porte à croire qu'il fit ses études à Poitiers, dont les écoles avaient, dès cette époque reculée, une grande réputation. Il devint bientôt un modèle d'érudition et d'éloquence et fit l'admiration du siècle où il vécut.

Ardent fut, selon Moréri, prédicateur de Guillaume IX, duc d'Aquitaine ; et il paraît qu'il suivit ce prince dans sa croisade en 1101.

Les titres littéraires de R. Ardent consistent dans un grand nombre d'homélies. D'après Dreux du Radier, il mourut à Poitiers, après avoir rempli les fonctions d'archidiacre du diocèse. — Voir sur Raoul Ardent la notice que lui a consacrée D. du Radier dans sa Bibliothèque historique du Poitou, et Bul. Ant. O. 1853, 4 et suiv.

ARDILLON. — Famille qui a contracté plusieurs alliances, au XVe siècle, avec la famille Prévost. Elle était originaire de la Saintonge.

Blason : d'azur à 3 boucles d'or, l'ardillon en pal. (Arm. Mervache.)

Ardillon (Pierre), Ec., transigea le 28 mars 1447, comme tuteur des enfants mineurs de feu Aimery Ardillon (son frère ?) et de Jeanne de Céris, avec Jean Prévost, Ec., sgr d'Aizec, second époux de ladite dame de Céris.

Ardillonne (Florence), femme de Jean Prévost, Ec., sgr d'Aizec, consentait des arrentements le 30 nov. 1475, conjointement avec Pierre Prévost, sr d'Aizec, son fils.

Ardillonne (Louise), peut-être sœur de la précédente, fille d'Aimery et de Jeanne de Céris, épousa Savary Prévost, Chev., sgr de Sansac, frère de Jean, époux de sa sœur. Elle était sa veuve avant le 4 déc. 1482. (Gén. Prévost.)

Ardillonne (Jeanne), mère de Guy Prévost, qui, le 28 janv. 1492, faisait un échange avec l'abbé de Nanteuil-en-Vallée.

Ardillon (François), abbé de Fontaine-le-Comte de 1474 à 1502, fit faire de nombreuses réparations à l'église de son monastère, aux voûtes de laquelle on voit encore ses armoiries (trois ardillons). (Rédet, sur Fontaine-le-Comte. M. A. O. 1837, 257.)

Ardillon (Antoine) était en 1512 prieur du Bois de Secondigny, et abbé de Fontaine-le-Comte en 1543.

ARDON (Pierre), soldat de fortune, que la Ligue fit échevin à Poitiers, en 1595.

Blason : d'azur au chevron d'argent, accompagné de 3 soleils d'or. (Arm. Goujet.)

Ardon (Fleurance), femme d'André Barbier, citée dans le procès-verbal dressé par le prévôt de Paris sur les violences exercées par le Bon des Francs dans l'abb. de St-Savin. (D. F. 25.)

AREBANT ou **AREBAUT** (Perrin) servait en 1385 en homme d'armes dans la compagnie de Regnault de Vivonne, sgr de Thors.

AREMBERT ou **ARAMBERT.** — Il y a eu plusieurs familles de ce nom. L'une d'elles originaire de Poitiers ou des environs, a tenu dans cette ville un rang distingué. Elle a fourni successivement à la sénéchaussée de Poitiers, et de père en fils, six procureurs du Roi, et donné également deux maires à cette ville. Nous la croyons éteinte.

Blason : d'argent au sautoir de gueules, cantonné de quatre croissants d'azur, au chef d'azur.

Le 10 mars 1495, Guillaume Arembert donnait quittance de la somme de 25 liv. tourn. pour ses gages d'une année en qualité de procureur du Roi. Elle est scellée d'un scel pendant portant de... au sautoir de... cantonné de... à 4 croissants de... posés 1, 2, 1, et portait trace d'une devise effacée.

Arembertus (Willelmus) fut témoin du don de la terre de Bornazeau fait, vers 1192, au prieuré de Montazay. (D. F. 18.)

Arambert (N.) était femme de Pierre de Molens, lequel fit une donation à l'abbaye de la Grenetière en 1235, pour le salut de l'âme de son épouse, alors décédée. (D. F.)

Arembert (Jehan), moine et prévôt de l'abbaye de Montierneuf, paraît dans des actes relatifs à ce monastère des 15 oct. 1394 et 20 juin 1442. (D. F. 19.)

Arembert (Jehan), honorable homme et saige maistre, fut chargé avec Jacques de Conzay d'apprécier les réclamations respectives des héritiers de Marie Chabot, jadis femme de Guyard de Beaumont, le 31 déc. 1447. (Arch. D.-S.) Peut-être est-ce ce Jean qui était procureur du Roi à Poitiers à cette époque.

Arambert (Marie), veuve de Pierre de Fay, Ec., rendit, le 1er avril 1456, son aveu du fief de la Grande-Epine à Charles Cte du Maine, Vte de Châtellerault.

Arembert (Marguerite) avait épousé Floridas Thibault sgr de la Carte, dont une fille, Louise, mariée, le 27 janv. 1494, à Antoine Chasteigner.

Arambert (G.) était échevin de Poitiers en janv. 1498. (Arch. de la ville de Poitiers.)

Arembert (Marie) avait épousé Jean Vigeron, Ec., dont un fils, Léon, vivant le 3 janv. 1515.

Arembert (Radégonde) épousa, vers 1520, Jeannot de Ferrières, sgr de Champigny-le-Sec.

Arambert (Bernardine), veuve de Louis Robin, Ec., sgr de Rochevineuse, au nom et comme tutrice d'André, Ec., son fils aîné, rend aveu de ladite sgrie à Gilles de Liniers, Ec., sgr d'Airvau, le 20 juin 1524. (Arch. du Mat d'Airvau.)

Devenue veuve, elle épousa, croyons-nous, René de Raussay, Ec., sgr de Mermande, qui rendait aveu, le 1er mars 1552, à Loyse de Liniers, dame d'Airvau, à cause de Dlle Bernardine Arambert, son épouse, dame de Rollaire. (Id.)

Arembert (Françoise) était, le 15 juin 1534, veuve de feu Giraud, docteur en droit. (O.)

Arembert (Catherine) se maria à Pierre du Courret, dont une fille, Louise, mariée, le 20 nov. 1572, à Balthasar Eschallard, Ec., sgr d'Availles.

Arembert (Bertrand), Ec., sgr de Mons, épousa Antoinette B..., dont Marguerite, mariée, par acte du 17 sept. 1576, passé sous la cour de Ruffec, à Colas ou Nicolas Regnault, Ec., sgr de Villognon. (O. Fréd. de Chergé.)

Arambert (Joachim), chanoine de Notre-Dame de Poitiers, assista au procès-verbal de la Coutume du Poitou en 1559, comme député de son Chapitre. (D. F.)

Filiation suivie.

§ I.

1. — **Arembert** (Jean), procureur du Roi à Poitiers, assiste comme tel à l'installation de l'Université de Poitiers en 1431. (Annales d'Aquitaine.) Il fonda une chapelle dans l'église de Montierneuf de Poitiers.

(D. F.) Il eut de N. deux enfants : 1° MATHURIN, qui suit ; 2° MARIE, dame d'Ecrouzilles. (Château-Larcher. M. A. O. 1875.) C'est peut-être cette Marie qui était veuve, le 24 juin 1458, de Nicole Machon. Elle avait épousé sans doute en 1res noces Pierre du Fay, Ec., sgr de l'Epine.

2. — **Arembert** (Mathurin), sr des Ouches, licencié ès loix, sénéchal de Civray, 1446. (D. F.) Il fut procureur du Roi à Poitiers (1437-1467) et assista en cette qualité au ban des nobles du Poitou convoqué en cette année 1467 ; étant maire de Poitiers en 1457, il fit publier les statuts des corroyeurs de cette ville. Il épousa Louise PARTHENAY, et eut 2 fils : 1° GUILLAUME, qui suit, et 2° ETIENNE, sgr de Teillé, § II.

3. — **Arembert** (Guillaume) était procureur du Roi en la sénéchaussée de Poitiers en 1491, assista au ban réuni cette année et fut échevin de Poitiers en 1496. Nous pensons qu'il fut père de : 1° JOACHIM ; 2° MARQUISE, mariée à Raoul d'Elbenne, Ec., sgr de l'Epinoux. Ils partagèrent noblement, en 1513, la succession de leurs père et mère. (Hist. du Poitou.)

4. — **Arembert** (Joachim), sgr des Ouches, est nommé dans l'ordonnance de Charles VIII du 26 juin 1485, relative aux droits de guet. (D. F. 26.) Il était procureur du Roi lors de la réformation de la Coutume de Poitou en 1514, et fut maintenu dans sa noblesse comme fils d'échevin, le 18 oct. 1515, par J. Rolland, commissaire sur le fait des francs-fiefs et nouveaux acquêts. Il fut reçu échevin à Poitiers le 28 avril 1519, succédant à Jean Rasseteau, et exempté de servir au ban convoqué en 1537 par François du Puy-du-Fou, chargé de la revue. (Certificat du 24 août.) On dit qu'il mourut en 1550 ; cependant nous trouvons un Joachim Arembert présentant au corps de ville, les 17 juillet 1558 et 10 oct. 1559, « les états de recettes et mises (dépenses) » de l'aumônerie commune. (Arch. de Poitiers. M. A. O. 1882.)

Il eut de Louise PAYEN, sa femme : 1° PHILIPPE, qui suit ; 2° CATHERINE, mariée, en 1527, à Jean de Brilhac de Nouzières, lieut. criminel à Poitiers ; 3° BERTRAND, Ec., sgr de Mons (Cloué), marié à Antoinette BOULEAU? dont MARGUERITE, mariée, le 17 sept. 1556, à Nicolas Regnault, Ec.

5. — **Arembert** (Philippe), sgr de Sepvret, était procureur du Roi près la sénéchaussée de Poitiers dès 1545, comme il ressort d'un certificat d'exemption du logement des gens de guerre, en date du 5 avril (A. H. P. 13), fut maire de Poitiers en 1551 et mourut en 1572, échevin de cette ville. Philippe est nommé comme étant procureur du Roi dans le procès-verbal dressé, le 10 avril 1562, par les greffiers de la sénéchaussée, constatant le pillage de leurs greffes par les Huguenots. (D. F. 20.) Il est appelé Christophe par erreur dans le procès-verbal de l'enquête sur le pillage de l'église St-Hilaire-le-Grand. (D. F. 20. M. A. O. 1852, 232.) Marié, vers 1530, à Catherine CLAVEURIER, fille de Nicolas, Ec., sgr de la Lande, et de Radégonde Tudert, il en eut : 1° JEANNE, mariée à Philippe Yongue, Ec., sr de Loucherie ; 2° MARIE, qui épousa René Mourault, Ec., sr de la Vacherie.

§ II. — BRANCHE DE TEILLÉ.

3. — **Arembert** (Etienne), Ec., sr de Teillé (fils de Mathurin, sr des Ouches, et de Louise Parthenay, rapportés au 2e deg., § I), épousa Liette DE JANOILLHAC, fille de Jean, échevin de Poitiers, et de Jeanne de Vauconcourt, dont il eut : 1° GUILLAUME, qui suit ; 2° JEANNE, mariée à Hugues Bellivier ; 3° RADÉGONDE.

4. — **Arembert** (Guillaume), Ec., sr de Teillé, fit aveu de ce fief en 1515. Il eut pour enfants : 1° GABRIEL, qui suit ; 2° CLAUDE, tige de la branche des Ouches, § III.

5. — **Arembert** (Gabriel), Ec., sr de Teillé, rendit au sgr de Surgères, le 3 mai 1553, aveu de sa terre de la Mothe-Virzon, qu'il possédait à cause de sa femme Catherine CHABOT, qu'il avait épousée en 1544, fille d'Antoine Chabot, sgr de Pressigny en Gâtine. Il eut pour fils :

6. — **Arembert** (Louis), Ec., sr de Teillé, Fief-Chaillot, marié à Catherine DE BARBEZIÈRES, dont il n'eut que 2 filles : 1° JACQUETTE, 2° RENÉE.

§ III. — BRANCHE DES OUCHES.

5. — **Arembert** (Claude), Ec., sr des Ouches, épousa Anne GOULARD, dont il eut : 1° LOUIS, qui suit ; 2° JEANNE, mariée, le 22 janv. 1597, à Antoine de Maurisse.

6. — **Arembert** (Louis), Ec., sr des Ouches Chérigné, Monts, Bréjouilles, Bon du Thil, gentilhomme de la chambre du Roi, épousa, le 24 juill. 1590, Catherine DE LA BÉRAUDIÈRE, fille de Gabriel, Chev., sr d'Ursay, et de Barbe de Hautemer, dont il eut :

7. — **Arembert** (Gabriel), Bon des Ouches (se faisait appeler de Haremberg de Vivonne) ; il fut 1er chambellan du duc d'Orléans, capitaine de sa garde suisse, chevalier de l'ordre du Roi. Il épousa : 1° le 27 janv. 1617, Lucrèce DE NUCHÈZE, fille d'Honorat, sgr de Baudiment ; 2° Anne HENNEQUIN, et mourut sans postérité.

ARGENCE (D'). — Famille noble et d'ancienne chevalerie, qui a toujours suivi la carrière des armes. Elle paraît être une branche cadette des sgrs de Saint-Germain d'Argence, près Caen. Ce nom s'écrit mal à propos Dargence ; nous le rétablissons tel que sa véritable orthographe l'exige.

Les documents qui ont servi dans la 1re édition pour dresser la généalogie de cette maison sont une production de pièces faite en 1634 (10 mai), devant les élus du Blanc, et une confirmation de noblesse accordée par M. d'Aguesseau, intendant du Limousin, le 28 juin 1667, qui avaient été communiquées par la famille. A ces documents nous avons ajouté les notes, fruit de nos propres recherches.

Blason — D'Argence porte : de gueules à la fleur de lis d'argent. (Confirmation de d'Aguesseau. Catal. des gent. de la sénéch. de Poitiers, annoté.)

Noms isolés.

Argence (Olivier d') servait aux guerres de 1340, suivi d'un écuyer. (Bibl. Nat.)

Argence (Jean d'), Ec., sgr de la Tour-d'Oyré du chef de Catherine DE BILLY ou TILLY, son épouse, rend un aveu au sgr de Montoiron pour son fief du Passou, le 20 oct. 1553.

Argence (Pierre d') du Soucy fut reçu Chevalier de Malte en 1543.

Argence (François d'), chantre du Chapitre de St-Hilaire-le-Grand, meurt en nov. 1550. (M. A. O. 1856, 344.)

Argence (Jacques d') d'Origny, reçu Chevalier de Malte en 1565.

Argence (Eustache d'), Ec., sgr du Soucy, du Passou, de la Bertholière, etc., rend, le 2 juill. 1526, aveu du fief de la Barbotinière à Jacques Turpin, Chev., sgr Bon de Montoiron.

Argence (Catherine d'), D^e^ de Fontlebon, veuve du s^r^ de Fontlebon, était en règlement d'affaires, le 19 mai 1606, avec Jehanne de Villiers, douairière de Plassac. Elle vivait encore en 1628, et est comprise dans l'état des exempts dressé pour cette année dans la p^sse^ de Châtain. (O. F. de Chergé.) (Si la date est exacte, ne serait-ce pas 1706 et 1728 ?)

Argence (Charles-Claude d'), Ec., sgr de la Salle, p^sse^ d'Availle-Limousine, ayant 6 enfants, fait abjuration de la religion protestante le 9 nov. 1685, entre les mains de M. Rabereuil, vicaire général. (O.)

Argence (Annet d'), Ec., curé des Escuras ? est inscrit en 1700 dans l'Armorial du Limousin, blason d'office.

Argence (Marie-Anne d'), marraine le 14 août 1704.

Argence (la dame d'), protestante, fut enfermée aux Hospitalières de Poitiers en 1725. Sa fille, Mlle de Lésigny, mise à l'Union-Chrétienne, puis envoyée à Chinon et à Tours en 1727, passa en Hollande en 1730.

Filiation suivie.

§ I. — Première Branche.

1. — **Argence** (Jehan d'), noble homme, Ec., sgr de la Tour-d'Oyré, faisait un arrentement le 27 mai 1477 avec sa femme Catherine de Billy, fille de Hugues, Chev., sgr de la Tour-d'Oyré, et de Jeanne Rouault (O.), rendait un hommage le 23 déc. 1749, était en 1506 sgr de la Grande et Petite-Vau. (Hist. Châtellerault, I, 487.) Il eut pour enfants : 1° Eustache, qui suit; 2° François, Ec., sgr de la Gabillière, fit aveu à l'évêque de Poitiers les 7 oct. 1512 et 4 avril 1547, décédé sans hoirs avant le 5 janv. 1550, date du partage de sa succession ; et peut-être 3° Marquise, mariée à Louis du Bois, Ec., sgr des Arpentis.

2. — **Argence** (Eustache d'), Ec., sgr du Soucy, Tour-d'Oyré, échanson de la duchesse de Bourbon, fit aveu à Châtellerault en 1519, pour la Grande et Petite-Vau et reçut déclaration comme sgr d'Oyré en 1529 ; marié vers 1500 à Jeanne de Marafin, fille de Louis et de Pernelle de Linière, il en eut : 1° René, qui suit ; 2° François, sgr du Magnou, rapporté au § II ; 3° Charles, Ec., sgr du Soucy, décédé avant le partage du 5 janv. 1550, précité, épousa Catherine du Doubt, dont il eut quatre enfants, qui furent sous la tutelle de René, leur oncle, et qui sont : *a*. Antoine, dit l'aîné dans un acte du 16 avril 1567 ; *b*. Eustache, décédé jeune avant 1567 ; *c*. Françoise, qui, à cette dernière date, est dite épouse de René de Couhé, Ec., sgr de Chastillon ; et *d*. Jacques, s^r^ de la Vau, servait en archer dans la compagnie d'hommes d'armes de M. de Montpezat, qui fit montre à Montmorillon le 21 août 1571. (Bibl. Nat.) On dit, par erreur, que ce fut à lui que le prince de Condé allait se rendre à la bataille de Jarnac (1569), lorsqu'il fut assassiné par Montesquiou. (En réalité ce fut au s^r^ d'Argence de l'Angoumois). Jacques fut un des défenseurs de Poitiers (1569). Il commandait la compagnie du marquis de Mézières. Jacques épousa Antoinette du Fay. Nous ignorons s'il eut postérité.

4° Catherine, dame de la Gabillière, épouse en 1553 de François Chasteigner, auquel elle porta cette sgrie ; 5° Jacques, chanoine de l'Eglise de Luçon ; 6° Marie, femme de Jacques Stremetour, Ec., archer de la garde écossaise du Roi ; 7° Renée ; 8° Pierre, Chev. de Rhodes en 1523.

Lesdits François, Jacques, Marie, Catherine et Renée d'Argence, précités, se partageaient, le 2 avril 1551, les successions d'Eustache et de Jehanne de Marafin, son épouse, et de François d'Argence, s^r^ de la Gabillière, leur oncle, décédés sans hoirs.

3. — **Argence** (René d'), Ier, Ec., sgr du Soucy et des Aulges, fit acquêt de terres à Chenevelles, le 22 mars 1535 ; était en 1557 curateur des enfants mineurs de Charles, son frère. Il épousa vers 1540 Isabeau Barré, fille du sgr de Villeneuve, remariée depuis à Jean Chasteigner, sgr d'Iscure, dont il eut :

4. — **Argence** (René d'), Ec., sgr du Soucy, la Valette, la Fond, servait comme homme d'armes des ordonnances du Roi sous Mr de Souvré le 16 avril 1613. Le 5 sept. 1580, il échangea avec Guichard de St-Mathieu la terre de Jorillac pour celle de la Fond ; marié vers 1580 à Françoise Chasteigner, fille de René, Ec., sgr d'Andouville, et de Louise de Baussonval, il en eut : 1° René, qui suit ; peut-être 2° Melchior, Ec., sgr de la Martinière, et d'autres enfants.

5. — **Argence** (René d'), Ec., sgr du Soucy et de la Fond, obtint, le 12 janv. 1632, de D. Archange de Hatteville, supérieur de l'Ordre des Camaldules en France, une participation aux bonnes œuvres faites ou à faire dans cet Ordre. Il fit accord le 28 mai 1644 avec Melchior d'Argence, Ec., sgr de la Martinière, et divers membres de la famille de Barachin. Marié à Anne de Préaux, il en eut : 1° René, qui suit ; 2° Anne, mariée à Charles de Perrouin, Ec., sgr de Venet ; elle partagea avec son frère les 21 sept. 1655 et 9 juin 1660.

6. — **Argence** (René d'), Ec., sgr du Soucy, de la Fond, épousa, le 26 mai 1653 (Chollet et Mathias, not^res^ à Poitiers), Marie Maurivet, nommée dans certains actes Mauvinet, qui est dite veuve dans le Catalogue des gentilshommes de la généralité de Poitiers ; on voit dans cet ouvrage qu'elle avait un fils et une fille, et fut maintenue noble en 1677, p^sse^ de Remeneuil en Châtelleraudais. René eut pour fils :

7. — **Argence** (René d'), Ec., sgr du Soucy, la Fond, la Boistrelière, la Barbotinière, la Lande, fonda dans l'église de Chenevelles, le 16 mai 1685 (Mérigot et Lacombe, not^res^ à Châtellerault), une messe de *Requiem* à dire chaque semaine pour le repos de l'âme de ses père et mère, de la sienne et de son épouse Marie-Anne Turpin de Vihiers, fille de Henri-Charles Cte de Vihiers et de Marie-Louise Laurent de Beaulieu. Le 9 janv. 1700, il acheta pour la somme de 70,000 liv. la baronnie de Montoiron, et le 24 mai 1703, la sgrie de Boussay. Il testa le 31 mai 1705, et le 7 juin 1705, il fut inhumé dans la chapelle N.-D. de l'église de Chenevelles. Il laissait pour enfants : 1° Henri-Charles, qui suit ; 2° René-Augustin, né le 31 oct. 1687, mourut le 13 mars 1707, âgé d'environ 29 ans ; était gendarme de la garde du Roi ; 3° Louis-Marie, né le 11 mars 1689, était prieur commandataire du prieuré de St-Etienne de Largeasse en 1712 ; 4° Marie naquit le 7 mai 1690, était, le 10 avril 1712, pensionnaire du couvent de Lencloître (à Fontevrault) ; 5° Marie-Anne,

née le 4 mai 1694, reçue dame de chœur au couvent de la Puye (même Ordre), le 29 juin 1711.

8. — **Argence** (Henri-Charles d'), Chev., sgr de la Fond, le Soucy, épousa, le 7 fév. 1715 (Mérigot et Chevallier, notres à Châtellerault), Jeanne-Rose Beaupoil de Beauvalon, fille de Louis et de Jeanne Rossay, dont : 1° Henri-Louis, qui suit; 2° Charles-Alexis, entra au service en 1742, était âgé de 23 ans en 1746, servit longtemps dans le régiment de Navarre, fit toutes les campagnes de la guerre de Sept Ans, se distingua au siège de Prague, fut fait Chev. de St-Louis à Rosbach, étant capitaine au régiment d'Auvergne, se retira du service en 1763, avec une pension de retraite pour ses bons services ; 3° Félix, âgé de 22 ans en 1746, fut, le 7 sept. 1772, parrain de Charles-Félix d'Argence, son neveu ; 4° Louise-Elisabeth, âgée de 22 ans en 1746 ; 5° Anne-Jeanne-Rose ; 6° Jeanne.

9. — **Argence** (Henri-Louis d'), Ec., sgr de la Fond, servit au ban de 1758, dans la 1re brigade de l'escadron de Vassé, avait partagé avec ses frères et sœurs, le 16 avril 1746, la succession de leur père, assista par procureur à l'assemblée de 1789 et se maria, le 30 mars 1748, à Marie-Madeleine Citoys, fille de Louis, Ec., sgr de la Vigerie, et de Marie Filleau, dont : 1° Marie-Monique, née au chât. de la Fond, le 13 juil. 1751, décédée célibataire à Chenevelles le 13 janv. 1831 ; 2° René-Félix, embrassa l'état ecclésiastique, fut nommé fort jeune encore doyen du Chapitre de l'Église de Poitiers et vicaire général, émigra ; rentré en France, après le Concordat, reprit son siège de doyen, fut nommé vicaire général, et est mort à Poitiers le 20 juil. 1840 ; 3° Radégonde-Elisabeth-Adélaïde, née au chât. de la Fond, le 18 août 1753, religieuse à l'abbaye de Ste-Croix avant 1789, dont elle rétablit le monastère après la Révolution, et y mourut supérieure en juil. 1836 ; 4° Jeanne-Rosalie, née au chât. de la Fond, le 3 avril 1760, morte célibataire ; 5° Silvain-Henri, qui suit ; 6° Marie-Claire, née le 27 août 1766, au chât. de la Fond, épousa, le 6 pluviôse an XII (27 janv. 1804) (Amirault, notre à Montoiron), Jean-Baptiste-Hilaire Gaborit de Montjou, Chev. de St-Louis.

10. — **Argence** (Sylvain-Henri d'), Ec., entra en 1785 dans les gardes du corps, épousa, le 2 juil. 1791 (Cuisinier et Bourbeau, notres à Poitiers), Marie-Sophie Jahan de Belleville, fille d'Armand et de Marie-Sophie Magon, et veuve en premières noces de N. de Rossay de Londières, émigra, servit à l'armée des Princes, dans la 2e compagnie française, rentra en France en 1800, fit partie du Conseil général de la Vienne depuis l'institution de ces assemblées jusqu'en 1830, avait repris momentanément du service en 1815, et se retira avec le grade de chef d'escadron et la croix de St-Louis. Il est mort le 28 avril 1840, maire de Chenevelles, laissant : 1° Armand-Louis, qui suit ; 2° Charles-Eugène-Marie, né à Poitiers, le 10 janv. 1805, ancien officier d'infanterie légère, démissionnaire en 1830, marié (Galletier, notre à Jaulnay) à Marie-Radégonde-Léonie Taveau de Morthemer, fille de Hilaire Bon de Morthemer et de Marie-Rose-Adélaïde Constant des Chezeaux, dont René, marié, le 27 août 1878, à Juliette de Gennes, fille de Charles, conseiller à la Cour d'appel de Poitiers, et de Françoise-Caroline d'Escravayat de la Barrière.

11. — **Argence** (Armand-Henri-Louis d'), né à Poitiers le 27 févr. 1801, substitut du procureur du Roi à Poitiers, donne sa démission au mois d'août 1830, fut longues années membre du Conseil général du canton de Pleumartin. Il a épousé, le 12 juil. 1841 (Sylvestre, notre à Bengy, Cher), Marie-Delphine de Bengy de Puyvallée, fille de Pierre, ancien sous-préfet, Chev. de la Légion d'honneur, et d'Aspasie de Hallot. De ce mariage sont issues : 1° Marie, née le 31 mai 1842, mariée, le 6 juil. 1868 (acte Amirault, notre à Montoiron), à Abel-Louis-François Hurtrel d'Arboval ; 2° Aspasie-Marthe, née le 7 avril 1844, mariée, le 19 avril 1875, à Albert-Henri de Morin, lieutenant au 17e régiment d'infanterie; 3° Léonie, née le 27 mars 1847.

§ II. — Branche du **Magnou**.

3. — **Argence** (François d'), Ec., sgr du Magnou, partage avec ses frères et sœurs puînés en 1551, et le 4 août 1568 rendait compte de la tutelle de ses neveux, enfants de son frère Charles. Il avait épousé vers 1560 Geneviève de la Bussière, dame de la Jarrie, comme il ressort de la curatelle de leurs enfants, qui avaient pour curateur, le 29 août 1582, Jean de Vallée, Ec., 2e mari de ladite Geneviève de la Bussière, et du contrat de mariage de Pierre, qui suivra, le seul dont le nom nous soit connu.

4. — **Argence** (Pierre d'), Ec., sgr du Magnou, fut convoqué en 1595, pour se trouver à la réunion du ban et arrière-ban. Le 26 oct., il obtint de Henri IV une lettre ordonnant mainlevée de la saisie mise sur ses terres à l'occasion du ban et arrière-ban, reconnaissant que le sgr du Manéou (*sic*) avait servi dans la compagnie du sr de Mortemart.

Il épousa, le 1er mai 1600 (Masson, not., sous la cour de l'Ile-Jourdain), Susanne Pierres, fille d'Israël, Ec., sgr des Ruisseaux, et d'Espérance Beuf, dont il eut : 1° Charles, Ec., sgr de la Jarrie, qui suit; 2° Anne, Ec., sgr de la Jarrie en partie, était, vers 1625, époux de Léa Aubert, fille de René, Chev., sgr de Garnault, et de Jeanne Chasteigner; 3° Josias, rapporté § III.

5. — **Argence** (Charles d'), Ec., sgr de Lésigny, fit aveu à Anglo, le 18 août 1623, pour le fief de Jeu, à cause de sa femme Charlotte Berland, fille de René, Ec., sgr de Jeu, et de Catherine de Bruzac (on dit, ailleurs, qu'il épousa Léa Aubert, mais nous croyons que c'est une erreur). Le 20 mai 1634, il se fit délivrer par les élus du Blanc un certificat de noblesse psse de Bussière, qu'il habitait, et vint voter à Poitiers en 1651 pour l'élection des députés aux Etats généraux. Il eut pour fils :

6. — **Argence** (Charles d'), Ec., sgr de la Jarrie, Lésigny, marié vers 1662 à Elisabeth Gourjault, fille de Charles, Ec., sgr de Panièvre, et de Perside Regnier, dont il n'eut que des filles, maintenues nobles avec leur mère à Dompierre près la Rochelle, le 26 sept. 1667.

§ III. — Branche des **Ruisseaux**.

7. — **Argence** (Josias d'), Ec., sr des Ruisseaux, fut déclaré noble d'extraction par l'élection de Limoges (1er juillet 1634), sur le vu de ses titres, et maintenu dans sa noblesse par M. d'Aguesseau, intendant du Limousin, le 28 juin 1667, épousa en 1res noces, par contrat du 12 oct. 1690 (Bernard, not.), Renée Guillon, fille de Jacques, Ec., et d'Anne Vergnou, dont il eut : 1° Esther, mariée, le 21 juin 1682, à Jean Guillon, Ec., sr de Varennes. Il se remaria avec Susanne Desmoulins, dont il eut : 2° Charles, qui suit ; 3° Catherine, qui épousa Paul Guyot, Ec., sgr de Saint-Paul, Saint-Quentin et du Doignon.

8. — **Argence** (Charle-Claudes d'), Ec., sgr des Ruisseaux et de la Salle, qui épousa, le 16 oct. 1684,

agissant sous l'autorité de Gabriel Desmoulins, s^r de Fontvergne, Marie Vérinaud, fille de Pierre, s^r du Mosnard, et de Marguerite Cléret, et en 2es noces, 1688, Jeanne de Guillon. Il eut plusieurs enfants des 2 lits : du 1er : 1° Gabriel, qui suit ; 2° Pierre, né le 4 nov. 1686 ; 3° Marie, née le 6 fév. 1688 ; du 2e lit : 4° François, né le 10 janv. 1689.

9. — **Argence** (Gabriel d'), Ec., sgr des Ruisseaux, sous-lieutenant au régiment de la Fère-Artillerie, 2 mai 1704, lieutenant, 1er déc. 1706, se maria, le 8 fév. 1717, en l'église de Mouterre, avec Marie de Villedon, fille de Daniel, Ec., sgr de la Rivière, et de D^e Jeanne de Grandsaigne. Il eut pour enfants : 1° François-Sylvain, lieutenant au régiment de Conty (9 mars 1757), n'eut de son mariage avec N. qu'une fille, N., mariée à Jean-Armand Filhol, baron de Camas, maréchal de camp d'artillerie, commandant l'école de Rennes, etc. ; 2° Jacques, Chev. de Saint-Louis, qui fit faire, le 20 sept. 1816, par-devant Pierre de la Vergne, not. à Plaisance (Vienne), l'inventaire des pièces les plus intéressantes concernant la branche des Ruisseaux, dont il était le dernier représentant probablement ; 3° Rose, mariée vers 1740 à René Mangin, Ec., sgr de Beauvais.

ARGENTINE. — Voir FRÈRE.

ARGENTON (d'). — Maison des plus anciennes et des plus illustres du Poitou.

Blason : d'argent, ou plus souvent d'or à trois tourteaux de gueules, accompagnés de sept croisettes d'azur (La Chesnaye des Bois), ou d'or semé de croisettes de gueules à trois tourteaux de même. (Science des armoiries.) — Sur les sceaux, les croisettes sont tréflée ou recroisettées.

Noms isolés.

Argentonio (Rullus de), *miles*, fut, d'après une chronique conservée dans les archives du chât. de l'Estenduère, témoin de la donation d'une église par un *Radulfus de Malo-Leone*, xie siècle. (D. F. 8.)

Argentonio (Aimericus de) est relaté dans le même passage de cette chronique. (Id.)

Argenton (d'). Vers l'an 1100, les sgrs d'Argenton fondèrent le prieuré de St-Gilles-d'Argenton, qu'ils soumirent à l'abbé de St-Jouin-les-Marnes. (St-Jouin-les-Marnes. M. A. O. 1883, 85.)

Argentonio (Gauterius) paraît au nombre des témoins d'une restitution faite (1127) à l'église de St-Hilaire-le-Grand de Poitiers, par *G. de Branteio*, des droits qu'il avait usurpés sur la terre de Luzai. (D. F. 10, 454. M. A. O. 1847, 126.)

Argenton (Aimery d') est nommé dans l'engagement pris, vers 1171, par Othon de Mauzé, de défendre l'abb. de Maillezais. (D. F. 23.)

Argenton (Aimery d'), Chev., le même que ci-dessus ? fut présent à la concession du droit de justice fait en 1188 à l'abb. d'Airvau par Aimery Vte de Thouars, qui le qualifie de l'un de ses barons. (D. F. 26.)

Argenton (Simon d') fut présent à la réconciliation d'Aimery Vte de Thouars et de Raoul de Beaumont, sgr de Bressuire, le 28 oct. 1190. (Hist. de Bressuire, 67.)

Argentun (R. de), *miles*, Johanne, sa femme, Hubbelinus et Radulfus, ses enfants, donnent en 1217, au prieuré du Libaud *sex solidos et octo denarios censuales*. (Cart. du Libaud. A. H. P. 1.)

Argenton (Geoffroy d') se rend garant (juin 1224) vis-à-vis le Roi de France, avec Thibault de Beaumont, sgr de Bressuire, etc., de la fidélité du Vte de Thouars. (Hist. de Bressuire, 25.)

Argenton (Aimery d') restitue, vers 1225, à l'abb. de Mauléon la taillée sur la terre de Poiroux, dont il s'était emparé. (D. F. 17.)

Argenton (Godefroy ou Geoffroy d') est l'un des donateurs de la dîme de Bournan à l'abb. de Fontevrault, en 1228. (D. F. 1.)

Argenton (Simon d') fait, en nov. 1250, don de serfs, etc., à l'abb. de la Réau. (D. F. 14.)

Argenton (Aimery d') est cité dans un don fait à l'abb. de Maillezais en fév. 1264. (Charte en langue vulgaire. D. F. 25.)

Argenton (Marguerite, dame d') et Guion, son fils, donnent quittance à Guillaume Eschalart de ce que leur devait feu Godars de Puychenin, le mardi avant Lami Quaresme (*sic*) 1299. (Charte en langue vulgaire. Arch. des D.-S.)

Argentonio (Aimericus de), *miles*, témoin de l'accord passé, le 17 nov. 1364, entre Aimery de Mons, évêque de Poitiers, et Guillaume L'Archevêque, sgr de Parthenay, au sujet des nappes qui avaient servi au repas de l'entrée solennelle de l'évêque. (Cart. de l'évêché de Poitiers. A. H. P. 10.)

Argenton (N. d'), Chev., se trouva, d'après Froissart, à la bataille de Maupertuis.

Argenton (Aimery d') fut tuteur d'Olivier de Clisson, comme il appert d'une quittance de l'an 1386 ; mais il n'existait plus à cette époque. (D. F. 8.)

Argenton (Blanche d') était, le 15 juin 1403, épouse de Jean Clérembault, qui possédait à cause d'elle dans la sgrie du Blanc. (Livre des fiefs.)

Argenton (Mathurine d'), femme de Jean de Beaumont, sgr de Bressuire, fondait dans cette ville, le 3 juin 1405, un couvent de Cordeliers, et contribuait à l'établissement des Franciscains, dans l'église desquels Mathurine fut inhumée. (Hist. de Bressuire, 102, 105.)

Argenton (Jeanne d') épousa Guillaume de Martreuil, Ec., qui rendait, le 28 août 1408, un aveu, à cause de sa femme, au chât. de St-Maixent, pour la sgrie d'Argentières, avec droit de haute justice. (Livre des fiefs.)

Argenton (Guillaume d'), sgr des Mottes-Coupoux, consent, le 26 janv. 1439, un bail à ferme à Jean de Laspaye, sgr du Bois-Guillemet. (N. de St-Laurent.)

Argenton (Patrice d') épousa Jeanne de Chourse, dont il eut Guillaume, lequel plaidait en 1463 ? avec Jeanne, sa sœur, mariée à Pierre Le Vasseur, contre Hardouin, Ec., sgr de Maillé, pour des terres sises en Anjou, en Touraine et au Maine. (Duch. Hist. de Châtillon.) (Peut-être d'une autre famille.)

Argenton (Jean d'), convaincu, ainsi que Guillaume du Breuil et d'autres nobles poitevins, d'avoir émis de la fausse monnaie, obtient rémission, 1485. (Arch. Nat.)

Argenton (Antoine d') servit en brigandinier au ban de 1488, rassemblé pour la guerre de Bretagne. (Doc. inéd. 203.)

Argenton (François d'), Ec., s^r de la Tour-Levée et de la Couperie, épousa, le 21 nov. 1571,

Joachine Chariault (Charruyau), veuve de Louis de Rochefort, fille de François, Ec., et de Renée d'Appelvoisin. Il eut pour fille Françoise, mariée, le 24 sept. 1595, à Jacques Gazeau, Ec., s[r] de la Couperie.

Argenton (René ?), Chev., major au rég[t] de Fant-Beaussart-Dragons, fit inscrire son blason à l'Armorial de Tours en 1698.

Filiation suivie.

§ I.

1. — **Argenton** (Geoffroy de Blois d'), *Blesensis*, Chev., sgr d'Argenton, était frère cadet de Josselin, Vte de Blois (d'après les cartulaires du Bas-Poitou, de Marchegay) ; il vivait au milieu du XIe siècle et signe des chartes vers 1050, fit donation à l'abbaye de St-Pierre-de-Bourgueil de deux églises fondées en son château d'Argenton, vers l'an 1050, et du consentement de Pétronille, sa femme, qui était probablement l'héritière de la 1re maison d'Argenton, et d'Aimery, leur fils, qui suit.

2. — **Argenton** (Aimery d'), Ier, sgr d'Argenton, se réunit à Jean de Beaumont, sgr de Bressuire, qui accompagnait, à la première croisade (1096), Herbert, Vte de Thouars. (Hist. de Bressuire, 59.) Trois années plus tard, il contribuait pour *decem solidos* à la dotation de l'église de la Chèze-le-Vicomte, fondée par Herbert, Vte de Thouars, lors de sa dédicace, le 7 déc. 1099. (D. Font. 26.) Il prenait, en 1121, le titre de chevalier (*miles*). Dans la Généalogie de La Chesnaye des Bois, on dit qu'il épousa N. de Coué, sœur de Renaud ; mais nous n'avons trouvé aucun titre confirmant cette allégation. Il eut pour fils :

3. — **Argenton** (Geoffroy d'), IIe du nom, sgr d'Argenton. Il eut, dit-on, pour tuteur Renaud de Coué, son oncle. D'après une charte de Fontevrault pour la Remonière (1122), il épousa Adie, dont il eut :

4. — **Argenton** (Geoffroy d'), Chev., sgr d'Argenton et de Chemillé, fit hommage de ce dernier fief, avec son fils, à l'évêque d'Angers, et donna l'église de St-Léonard de Chemillé à la cathédrale d'Angers, vers 1150. (Cartul. de St-Maurice, f° 123. Note de D. Villevieille, vol. 4, p. 33. Cab. titres.) Il épousa, vers 1130, Marguerite de Chemillé, fille aînée et héritière de Gauvain, sgr de Chemillé ; elle épousa ensuite Foulques de Candé, qui fut sgr de Chemillé vers 1155-70. Geoffroy d'Argenton eut pour fils N., qui suit.

5. — **Argenton** (N. d'), sgr d'Argenton, mourut assez jeune. Il épousa, vers 1150, Eustache de Candé, fille de Foulques, issue de son 1er mariage. Elle est appelée dans les chartes Eustache d'Argenton, et fonda avec ses 2 fils la chapelle de N.-D du château d'Argenton, donnée à l'abbaye de St-Jouin-les-Marnes. (Cartul. St-Jouin, M. Stat. D.-S., v. 17.) Ces 2 fils furent : 1° Aimery, qui suit; 2° Pierre, dit de Chemillé ou de Mortagne ; il est appelé successivement de ces 2 noms dans les chartes, comme héritier de la sgrie de Chemillé (par donation de son oncle Pierre de Candé dit de Chemillé, décédé sans hoirs), et comme sgr de Mortagne, à cause de sa femme Sibile, héritière de Mortagne, dont il eut Eustache, dite de Chemillé et de Mortagne, mariée: 1° vers 1195, à Guillaume Vte d'Aulnay ; 2° à Guy de Thouars, Cte de Bretagne ; 3° à Renaud de Maulévrier. Le sceau de cette dame porte le blason d'Argenton et au revers un écusson chargé de 3 coins ou 3 écus.

6. — **Argenton** (Aimery d'), Chev., sgr d'Argenton, l'un des barons du Vte de Thouars, fut présent en 1188 lorsque l'abbé d'Airvau reçut le don de la justice de cette ville accordé par Aimery Vte de Thouars. (D. F. 26.) Il fit avec son frère Pierre (dit) de Chemillé et leur mère Eustache, dame d'Argenton, donation de la chapelle de N.-D. d'Argenton à St-Jouin ; et en 1188, après la mort de son frère, il fit avec sa mère don à Fontevraud. (Fonds lat. 5480, p. 10.) Marié, vers 1180, à Philippe de Thouars, fille aînée de Geoffroy, Vte de Thouars, et d'Almodis, il eut pour enfants : 1° Geoffroy, qui suit; 2° Guy, qui se maria, mais n'eut pas de postérité. En 1199, avec leur mère veuve et Aimery Vte de Thouars, leur oncle, ils confirmèrent le don de la chapelle N.-D. d'Argenton, fait à St-Jouin par Eustache, dame d'Argenton, leur aïeule.

7. — **Argenton** (Geoffroy d'), Chev., sgr d'Argenton, sénéchal de Thouars en 1234, fit hommage au roi saint Louis, à Clisson, en 1230, avec son fils Aimery. Il concéda en 1237, comme suzerain, le don fait par Foulques Chabot, sgr de St-Clémentin, partant pour la croisade, au prieuré de St-Clémentin (tit. St-Florent de Saumur), et reçut avec son fils Aimery l'hommage de Guillaume Chabot, fait en 1239. Il se maria vers 1200 et eut pour fils : 1° Aimery, qui suit ; et peut-être 2° Guy, qui aurait succédé à son frère et serait le même que le Guy qui suivra comme fils d'Aimery.

8. — **Argenton** (Aimery d'), Chev., sgr d'Argenton, la Faye, fut en 1240 soutenu par Philippe de Beaumont contre Gilles Hattereau, sergent royal. (Arch. Nat.) Il fit en déc. 1241 une fondation à l'aumônerie St-Michel de Thouars et confirma en 1245 les dons faits par ses aïeux, à la Grennetière. (D. F.) Nous pensons qu'il se maria vers 1225 et eut peut-être pour fils Guy, qui suit.

9. — **Argenton** (Guy d'), Chev., sgr d'Argenton (fils ou frère d'Aimery, car nous n'avons pas de documents établissant sa filiation), épousa, dit-on, Alicie Tournemine, crue fille de Geoffroy, s[r] de la Hunaudaye, mais qui appartenait plutôt à la famille poitevine des Tournemine du Thouarsais. Il est nommé dans un titre de 1250 et eut pour enfants : 1° Aimery, qui suit; 2° Alicie, femme de Maurice de la Haye, sgr de Faye.

10. — **Argenton** (Aimery d'), Chev., sgr d'Argenton et d'Hérisson, fit aveu de ce fief en 1275 et 1280, dit Duchesne ; d'après des titres déposés au château de Thouars, il testa en 1285, pour ses 2 enfants. Il eut de Marguerite de Vitré, fille d'André et de Thomasse de Mathefelon : 1° Guy, qui suit ; 2° Philippe, mariée à Guillaume de Vernon, Chev., sgr de Montreuil-Bonnin. En 1303, ils vendent à Bertrand du Lys, Chev., 120 liv. de rente, sises à Saumur. (Arch. Nat.)

11. — **Argenton** (Guy d'), IIe du nom, sgr d'Argenton, Chev., est nommé dans un arrêt du Parlement de l'an 1309. Il fit alliance avec Philippe, dame de la Carrie, qui vivait encore en 1336. De ce mariage vinrent : 1° Guy, Chev., sgr d'Argenton, qui vivait en 1341 et en 1363 (il fut caution, à cette dernière date, d'un emprunt fait par Louis, Vte de Rochechouart, à Bergues) (D. Villevieille); il mourut sans postérité ; 2° Geoffroy, qui suit ; 3° Jeanne, mariée, vers 1340, à Charles de Jaunay, Ec., s[r] des Ances, puis à Guillaume de Vouray ou Bouray, vivant en 1353 ; 4° Jean, croyons-nous, chef de la branche d'Hérisson, § III. On l'appelle par erreur Aimery dans la généal. du Dict. de la noblesse.

12. — **Argenton** (Geoffroy d'), Chev., servait avec 2 chevaliers et 15 écuyers dans les guerres de

Saintonge, le 21 nov. 1345. (Quittance scellée Gaignières, 773, p. 205.) Il vivait encore en 1371 et fut nommé gouverneur de Saintonge par les Anglais. (Gâtine, p. 172.) Il épousa Jeanne DE SURGÈRES, fille de Guy, Ec., sr de Vallans, et, croyons-nous, d'Olive de la Flocelière, sa 1re femme (d'autres disent de Nicole Raymond, 2e épouse), dont il eut: 1° GUY, Chev., sgr d'Argenton, les Mottes-Couppoux, etc., eut, dit-on, un procès en 1385 pour avoir arrêté Sandebreuil, fils de Robert de Sanzay. (Note suspecte.) Il fut présent au mariage de Jacques de Surgères, le 2 déc. 1392 (D. F.); et avait été du nombre des signataires de l'important traité de Surgères (15 déc. 1372). Il suivait à cette époque le parti anglais, en 1392. (A. H. P. 19.) Olivier de Clisson, avec lequel il avait été en procès dès 1385 et 1386, le fit emprisonner. Il fit aveu des Mottes-Couppoux au Vte de Thouars, le 8 oct. 1404, et mourut en 1418, sans postérité légitime de Marie D'AMBOISE, veuve d'Hélion de Naillac et fille de Hugues, sgr de Chaumont, et d'Anne de Saint-Vérain (il eut 2 bâtards : JEAN et GUY) ; 2° GEOFFROY, qui suit ; 3° YOLANDE, mariée en 1363 à Thibault de Beaumont, Chev., puis, croyons-nous, à Jean Baraton, Ec., vivant le 7 juin 1395. Le supplément à l'ouvrage du P. Anselme la dit fille par erreur de Guy et de Philippe, dame de la Carrie; 4° NICOLE, 5° JEANNE, décédées jeunes.

13. — **Argenton** (Geoffroy d'), Chev., sgr d'Orfeuille, Gourgé, la Fourcheliniére, qui suivait le parti anglais, comme toute sa famille, fut du nombre des guerriers qui se portèrent de Niort au secours de Chizé assiégé par du Guesclin, et y fut fait prisonnier; il était décédé en 1393, lorsque sa veuve fit accord, le 24 juin, avec le prieur de Gourgé. Il épousa, vers 1360, Jeanne DE VERNOU, fille de Hugues, Ec., sr de Gourgé et d'Orfeuille, et de Jacquette de Couhé, dont il eut: 1° GUILLAUME, qui suit; 2° MATHURINE, mariée à Jean de Beaumont, Chev., sgr de Bressuire; 3° JEAN, sgr d'Orfeuille, tige de la branche d'Orfeuille, § II.

14. — **Argenton** (Guillaume d'), Chev., sgr d'Argenton, les Mottes-Couppoux, Gourgé, Onzain, l'un des confidents du roi Charles VII, fut présent lorsque ce prince, alors Dauphin, fit accord avec le Duc de Bretagne, le 2 juill. 1417, à Angers. Il fut plus tard gouverneur du Dauphin Louis, fils de Charles VII. En 1445, il fonda 2 chapelles dans l'église d'Argenton. Il se maria en 1403, à Chiché, à Jeanne DE NAILLAC, fille unique d'Hélion, sgr d'Onzain, et de Marie d'Amboise ; il l'enleva des mains de son beau-père Guy d'Argenton, 2e mari de ladite d'Amboise, qui voulait garder la tutelle de cette riche héritière. De ce mariage vinrent : 1° ANTOINE, qui suit; 2° BRUNISSENDE, mariée, le 21 juin 1422, à Thibault Chabot, sgr de la Grève ; 3° Jacquette, mariée à Jean de Vendôme, vidame de Chartres ; 4° ANTOINETTE, mariée, le 13 avril 1439, à Jean de Montenay ; 5° LOUISE, mariée, le 25 mars 1456, à Bertrand de la Haye, sgr de Mallièvre.

15. — **Argenton** (Antoine d'), sgr d'Argenton, des Mottes-Couppoux, de Gourgé, de l'Hérigaudeau, de Souvigné, etc., épousa Marguerite DE RAZILLY le 3 févr 1455, reçut, le 12 août de cette année, l'aveu de la terre d'Aubigny de Guy de Montfaucon, Chev., sgr de St-Mesmin, testa en 1460 et mourut en 1461, sans postérité.

§ II. — BRANCHE D'ORFEUILLE.

14. — **Argenton** (Jean d'), Ec., sgr d'Orfeuille (fils puîné de Geoffroy et de Jeanne de Vernou, 13e degré, § I), épousa, peut-être, Marguerite DE LINIÈRES, fille de Godemar, sgr de Menetou-sur-Cher, suivant un procès de 1443. Il eut pour enfants : 1° GEOFFROY, qui suit ; 2° probablement PIERRE, moine de St-Jouin, prieur de cette abbaye en 1470 (D. F.) ; 3° THIBAUD, nommé dans des actes de 1463 et 1473, avec son frère Geoffroy.

15. — **Argenton** (Geoffroy d'), Ec., sgr d'Orfeuille, Beaulieu, connu par des actes de 1463, 1473, fit aveu d'Orfeuille, le 14 juil. 1470, au Vte de Thouars, et se trouve nommé dans les aveux faits par le sgr de Montreuil-Bellay en 1454 et 1486. Il épousa Jeanne POUSSARD, et eut pour fils :

16. — **Argenton** (Foucault), Ec., sgr d'Orfeuille, qui, en 1473, avec ses sœurs, eut procès, au sujet d'une chapelle de l'église de Gourgé, avec Jean Aymard, Ec., sgr de la Roche-aux-Enfants. Il eut sans doute pour fils :

17. — **Argenton** (François d'), Ec., sgr d'Orfeuille, qui, le 22 avril 1522, était marié à Charlotte THIBAULT, fille, croyons-nous, de Nicolas, Ec., sr de la Carte, et de Marie des Francs. Elle épousa en 2es noces Geoffroy Gourbelier, et fut probablement donataire de son 1er mari, car la sgrie d'Orfeuille passa à Gabriel Thibault de la Carte, principal héritier de sa tante. (Aveu, 1557.)

§ III. — SEIGNEURS D'HÉRISSON.

Duchesne (Hist. des Chasteigners) et D. Fonteneau ne sont pas d'accord avec La Chesnaye des Bois sur le personnage qui donna naissance à la branche d'Hérisson ; tandis que ce dernier le nomme Aimery, fils de Guy et de Philippe de la Carrie (11e degré, § I), eux, au contraire, disent que cet Aimery ne serait que le fils de Jean et de Jeanne du Plessis, et par conséquent père de celui que La Chesnaye lui donne pour auteur. Nous croyons devoir nous rallier à cette dernière opinion et commencer ainsi la filiation de cette branche.

12. — **Argenton** (Jean d'), Chev., sgr d'Hérisson, fils puîné de Guy et de Philippe de la Carrie, 11e degré, § I, épousa, vers 1330, Jeanne DU PLESSIS, dame de Crémilles, près St-Loup. (Duch.) Il avait rendu, le 4 juin 1348, à Guillaume L'Archevêque, sgr de Parthenay, l'aveu du vieux chastel et haute justice de Leigné. (D. F.) Il eut pour fils :

13. — **Argenton** (Aimery d'), Chev., sgr d'Hérisson et de Crémilles, fut tuteur de Maurice Amaury et de Guillaume de Clisson, enfants d'Olivier lieutenant-général en Anjou et au Maine pour le duc Louis; il livra, le 1er nov. 1361, la ville de Parthenay à Jean Chandos, comme mandataire du sire de Parthenay, et fut l'un des signataires du traité de Surgères (15 déc. 1372), souscrit par les principaux barons poitevins ; dès 1369, il avait eu une partie de ses terres confisquées par le roi de France, parce qu'il suivait le parti anglais. En 1357 et 1385, il fit aveu d'Hérisson et, à cause de sa femme, deux hommages au roi d'Angleterre, le 1er sept. 1363, à Poitiers. (A. H. P. 13, 1, 17, 19.) Il épousa : 1° Jeanne GUICHARD ; 2° Mathurine CHERCHEMONT, veuve de Guy de Liniers et fille de Guillaume, Chev., sr de Venours, et de Catherine Lapsault. Il eut du 1er lit : 1° LOUIS, marié à Philippe DE LA ROCHEFATON, décédé sans hoirs vers 1377; 2° JEANNE, mariée, vers 1360, à Amaury de Liniers ; du 2e lit : 3° JEAN, qui suit.

14. — **Argenton** (Jean d'), Chev., sgr d'Hé-

risson, Gascougnolle, Crémilles, Louin, servait comme chevalier bachelier dans la compagnie de M. de Thors, qui fit montre à Poitiers le 1er août 1387. (Bib. Nat.) Le 27 févr. 1389, il rendait aveu à la duchesse d'Anjou, comme baronne de Mirebeau, de son herbergement du Breuil de Rochefort, qu'il possédait du chef de Charlotte DE MELLE, sa femme, De de la Mothe-Chalandray (Hist. de Mirebeau. M. A. O. 1877, 230. N. féod.), sœur de Maingot de Melle, Chev., sgr de Gascougnolle, d'après les pièces d'un procès (1378-1379).

Il eut pour fille unique MARIE, dame d'Hérisson, de Gascougnolle et de Tillou, mariée, d'après Duchesne (*l. c.*): 1° à Bertrand de Cazelis, Chev. du pays de Béarn; 2° à Guillaume de Martreuil, Chev., sr d'Aizec; 3° à Jean de Torsay, Chev., sénéchal du Poitou en 1405; 4° à Jean Arignon, Chev., sgr de l'Espinaye, avec lequel elle vivait en 1430 et 1439. J. Arignon rendait, le 10 août 1439, un aveu pour le chastel de Leigné, qu'il tenait du chef de sa femme, à Arthus de Richemond, sgr de Parthenay. (A. H. P. 8, 71.)

M. Guérin (A. H. P. 19, 440 n.) explique et justifie pourquoi Marie d'Argenton n'a pu épouser Bertrand de Cazelis, qui était au contraire le premier époux de Jeanne Orry, femme en premières noces de Jean de Torsay, qui, en étant devenu veuf, aurait été alors le premier mari et non le second de Marie d'Argenton, qui, par suite, ne se serait mariée que trois fois, au lieu de quatre, comme il est dit dans la première édition, d'après Duchesne.

ARGENTRIE (D'). — Famille qui habitait les environs de St-Maixent, maintenue noble en 1667, éteinte peu après.

Blason : d'azur à 2 étoiles d'or en chef, et un cœur de même en pointe.

Argentrie (Jacques, Ec., sgr dudit lieu (psse de Cherveux), fait partie du ban des nobles du Poitou convoqué en 1557.

Argentrie (Antoine d') épousa, en 1570, Isabelle PRÉVOST, fille d'Aymard, Ec., sgr de Touchimbert, et de Françoise Blanchard, dont : 1° CHARLES, qui suit; 2° MARGUERITE.

Argentrie (Charles d'), Ec., sgr de la Garenne, marié, vers 1600, à Marguerite REGNAULD, fille ou sœur de Samuel, Ec., sr de la Boissière, eut pour enfants : 1° SAMUEL, qui suit; 2° N..., mariée à Charles des Pères? Ec., sr des Roches; 3° MARGUERITE; 4° MADELEINE. Ces 2 dernières furent maintenues nobles en 1667.

Argentrie (Samuel), sr du Magnou, né à Allonne, le 1er avril 1619, maintenu noble avec ses sœurs en 1667, est inscrit au Catalogue des gentilshommes de la généralité de Poitiers, p. 55, 56. Il paraît être décédé sans postérité.

ARGY (D'). — Famille originaire du Berry. (Voir la généalogie dans les Archives de la noblesse de Lainé.)

Blason : burelé or azur de 10 pièces.

Argy (Mtre Jehan) assiste en brigandinier à la montre du ban de 1488 réuni pour la guerre de Bretagne. (Doc. inéd.)

Argis (Jehan d'), de Poitiers ou environs, remplacé en archer par Symonnet Gouffy au ban de 1491. A ce ban servit en archer un autre Jehan d'Argy, aussi des environs de Poitiers.

Argy (Margerye d') avait épousé N. du Roc, Ec., sgr de la Court, dont un fils, MATHURIN, qui, le 22 janv. 1531, devait avec sa mère une rente à René de la Touche, Ec., sgr de Bois-Gilet.

Argy (Jacques d'), sgr d'Anville et de Mondevis, dans la Vté d'Aulnay, exempté par lettres patentes d'assister au ban de 1557.

Argy (Jeanne d'), de la maison d'Argy en Touraine, nièce de N. d'Argy, lieutenant du Roi à Nancy, épousa, vers 1640, Pierre de Triollon, sgr de Boisseguin, le Sibiou, Gournay. (Gén. de Nuchèze.)

ARICHER (Hiérosme) était, 19 mai 1717, sgr de Sousigny, Migalland et du Grand-Breuil de Luché. (F.)

ARIGNON. — Ancienne famille noble du pays de St-Maixent.

Aregnun (*Hugo*) est cité dans le don de l'église de Bazôges, fait à l'abb. de Maillezais, vers 1090, par Thibaud et ses frères. (D. F.)

Aregnuns (*Oliverius*) était, 1163, propriétaire d'un fief près St-Maixent, dans lequel l'abbaye possédait un jardin que les religieux donnent à un hôpital pour servir d'hébergement aux habitants du bourg. (D. F. 16.)

Aregnuns (*Aymericus*), *homo planus Comitis Pictavensis de 4 maneriis terræ*, qu'il possédait près du Breuil-Galeri, à cause de sa femme, 1253. (Arch. Nat. J. Reg. 24, 43, 4.) Il fut témoin en 1248 de l'aveu fait par Girbert de Loubillé à l'abbaye de St-Maixent. Sans doute le même qu'un *Aymericus Arignons*, *qui nihil habebit de levatis vineis annuale vinearum suarum*, parce qu'il fut prouvé qu'*Aymeri Guyffart miles vitricus ipsius*, son beau-père et tuteur, avait porté les armes contre le Cte Alphonse. (Enquêtes de 1258. Ledain, Alphonse, 123. Arch. Nat. cart. 190, 3, 4.)

Aregnuns (Jean), mari d'Agnès DE L'ISLE, fille de Guillaume, Chev., possédait une terre indivise avec son beau-père dans le fief de Maingot de Melle, 1256. (D. F.) Il est mentionné dans les Hommages du Cte Alphonse, en 1267.

Arignon (Guy) était décédé avant 1267. Ses hoirs sont mentionnés dans les Hommages du Cte Alphonse.

Arignon (Regnaud) possédait en 1260 un fief situé dans la seigneurie de Giraud de Nalle? relevant de St-Maixent.

Arignon (Guyot) devait un aveu au sgr de Jaunay (Cherveux); il est mentionné dans un partage de Jaunay en 1349. (Franç. 20230, fo 201.)

Arignon (Jacques), Ec., sr du Fief (relevant d'Aubigny), vivait vers 1350; il épousa Jeanne PRAHER, fille de Jean Praher. Nous pensons qu'il eut pour fils :

Arignon (Jean d'), sgr de l'Espinaye, 4e mari de Marie D'ARGENTON, dame d'Hérisson et de Gascougnolle, fille et héritière de Jean et de Charlotte de Melle, *aliàs* du Merle, rendit aveu, le 10 août 1439, à cause de sadite femme, à Arthus de Richemond, sgr de Parthenay et connétable de France, pour le château et haute justice de Leigné. Il vendit la sgrie de Tillou, le 22 août 1437, à Jean de la Roche, sgr de Barbezieux. D'un 1er mariage il eut AIMERY, qui suit.

Arignon (Aimery), Ec., dit L'Espinaye, était en 1413 âgé de 18 ans, et page chez Jean de Torsay, abbé de Montierneuf à Poitiers. (Ar. Nat. Lettres de rémission.)

Arignon (Jean) fut remplacé au ban des nobles du Poitou de 1467 par Jean Parthenay, qui y servit comme brigandinier du sgr de Bressuire.

Arignon ou **Erignon** (Jehan), Ec., sgr de la Vallée, était décédé avant le 18 févr. 1584, laissant pour veuve Jehanne Goumard, qui avait vendu, avant cette date, la terre de la Berlière et de la Maronnière à Arthus Partenai, Ec., sgr de Genouillé.

Arignon (Pierre) est désigné dans les Chroniques fontenaisiennes, p. 37, avec le titre de maître, qui semblerait indiquer qu'il était avocat, procureur ou notaire au XVIe siècle.

ARMAGNAC. — Nous ne parlons de cette maison, l'une des plus anciennes et des plus illustres de France, que parce qu'elle a possédé en Poitou la Vté de Châtellerault au XVe siècle, par suite de la donation qui en fut faite aux enfants de Jacques d'Armagnac, duc de Nemours, victime de la politique ombrageuse de Louis XI, par Anne de Beaujeu et Charles VIII, sous forme de réparation peut-être du traitement injuste et rigoureux infligé à leur père.

Blason. — D'Armagnac de Nemours portait : écartelé 1 et 4, d'argent au lion de gueules (Armagnac); 2 et 3, de gueules au léopard lionné d'argent. (Rodez.)

Disons cependant que nous trouvons cité dans des chartes de l'abb. de St-Cyprien de Poitiers de vers 1095 à vers 1100, un *Giraudus d'Armagnac* ou *d'Armannac*, qui paraît avoir habité les environs de Gençay.

Armagnac (Jean d'), fils aîné de l'infortuné Jacques, duc de Nemours, fut fait Vte de Châtellerault après l'abandon en sa faveur par Anne de Beaujeu, par lettres patentes du roi Charles VIII, des 2 mars 1483 et 24 mars 1491.

Il épousa Yolande de la Haye, fille de Louis, sgr de Passavant, et de Marie d'Orléans-Longueville, dont il n'eut point d'enfants, et mourut vers la fin de l'an 1500, demandant par son testament, daté du 2 nov. 1500, que son cœur et ses entrailles fussent déposés dans l'église des Minimes de Châtellerault, qu'il avait fondée.

Armagnac (Louis d'), son frère puîné, lui succéda dans la Vté de Châtellerault et prit le titre de duc de Nemours qu'avait porté leur malheureux père. Nommé par Louis XII vice-roi de Naples, il trouva la mort à la bataille de Cérignole, le 28 avril 1500, laissant la Vté de Châtellerault à sa sœur.

Armagnac (Charlotte d'), femme de Charles de Rohan, sgr de Gié, qui vendit la Vté de Châtellerault à son beau-frère Pierre de Rohan, maréchal de France, pour la somme de 40,000 liv.

D'ARMAGNAC, en Poitou et Touraine.

Une famille du nom d'Armagnac, établie en Touraine au XVIe siècle et en Poitou au XVIIe, se disait une branche cadette des anciens comtes d'Armagnac, issue d'un Bertrand d'Armagnac, dit puîné de cette grande maison. Mais l'origine probable des d'Armagnac du Poitou paraît remonter à Jean, bâtard d'Armagnac, surnommé de Lescun, né en 1490, fils naturel d'Anne d'Armagnac de Termes et de Guilhemine de Lescun. (Le blason de la famille, qui semble dériver de 2 blasons superposés, pourrait indiquer cette origine.)

Blason. — La famille d'Armagnac sgr de Piolant portait : d'argent à trois chevrons d'azur, accompagnés en pointe d'un lion de même. (D'Hozier.) Le Bulletin de la Société héraldique, 2e année, p. 693, dit qu'on trouve aussi d'azur à 3 chevrons d'or, au lion de même en pointe.

M. Alfred Barbier, qui a publié dans les Mémoires des Antiquaires de l'Ouest (année 1885) une intéressante notice sur Jean d'Armagnac, gouverneur de Loudun, donne cette origine sous forme dubitative, dans une note, p. 195, en indiquant que ce bâtard d'Armagnac serait le père de Simon émancipé en 1512, qui testa en 1548.

Cependant L'Hermite-Soulier (Inventaire de la noblesse de Touraine, p. 47) commence la généalogie de cette famille d'Armagnac à :

Filiation.

§ Ier. — Branche aînée.

1. — **Armagnac** (Gérard d'), Bon de Termes en 1470, qui eut 2 fils : 1° Jean, Bon de Termes, en rend aveu en 1540; 2° Simon, qui suit.

2. — **Armagnac** (Simon d'), sgr de Termes, émancipé le 2 juin 1512, testa en 1548, eut de Marie de Sabazan :

3. — **Armagnac** (Jean d'), sgr de Mancier, Sauvagnon, la Barre et Isoré, gentilhomme ordinaire de la chambre du prince de Navarre et archer dans sa compagnie de gens d'armes, fut nommé par Henri IV, le 1er juin 1589, à la capitainerie de Plessis-lès-Tours. Il avait épousé, par contrat du 2 janv. 1559, Anne de la Fontaine, fille d'honneur de Mlle de Montpensier. Leurs enfants furent : 1° Simon, marié à Aimée de Forges, fille et unique héritière de Pierre, Ec., sgr du Pas-en-Gascogne, et de Catherine d'Arsac, tué devant Paris en 1590, sans laisser de postérité; 2° Jean, qui suit; 3° Marie, qui épousa, le 15 mai 1602, Jacques Rabault, Ch., sgr de la Vau-de-Breuil, Jazeneuil, etc.

4. — **Armagnac** (Jean d'), IIe, Chev., sgr de la Mothe-de-Nouâtre, Marcilly, Isoré, etc., conseiller d'Etat, maître d'hôtel ordinaire du Roi, son premier valet de chambre, capit. des chasses, maître des eaux et forêts du ressort de Chinon. Henri IV lui accorda, en 1593, la survivance de sa charge de premier valet de chambre, et lui fit don, le 15 sept. 1605, d'une terre, en considération, dit l'acte de donation, de ce qu'il descendait de Bertrand d'Armagnac. Louis XIII le nomma, le 28 déc. 1617, gouverneur de Loudun, et en 1620 bailli du Loudunais; le 11 août de la même année, il lui écrivait pour lui faire part de la paix qu'il venait de conclure au Pont-de-Cé. Jean d'Armagnac fut assassiné à Paris le 21 avril 1635 et inhumé dans l'église de Marcilly-sur-Vienne. (Voir la Notice de M. Barbier, Mém. Ant. de l'Ouest 1885.) Il avait épousé : 1° le 22 mars 1592, Anne Hamelin, fille de Mathieu, sgr de Nueil, et de Marie Turgis, de laquelle il n'eut point d'enfants; 2° le 12 avril 1628, Louise d'Aviau, fille aînée de Louis, sgr de Piolant, gentilhomme servant de la reine Louise, et de Jeanne de Martel. Il en eut : 1° Louis, né le 1er fév. 1630 à Piolant, baptisé le 30 juin, à Loudun, eut pour parrain le roi Louis XIII, représenté par le Bon de Laubardemont. A la mort de son père, il eut la succession de sa charge de maître des eaux et

forêts de Chinon ; il mourut à 21 ans, et fut inhumé, le 26 déc. 1651, dans le tombeau de son père, en l'église de Marcilly-sur-Vienne ; 2° Jean, qui suit ; 3° Charles (rapporté au § II).

5. — **Armagnac** (Jean d'), dit le Marquis d'Armagnac, Chev., sgr de la Mothe-de-Nouâtre, Piolant, Pussigny, Marcilly, la Burtelière, Pouligny, etc., fit aveu de Piolant à Châtellerault, le 4 févr. 1682, et mourut le 3 févr. 1684, fut inhumé à Marcilly. Il avait épousé, par contrat du 9 févr. 1672, Catherine du Champ (qui se remaria depuis à César du Rozel, Mis de Roussé), fille de Mathieu, sgr de la Frilière, procureur du Roi en la cour des monnaies de Tours, et de Catherine Poitevin, dont il eut : 1° Jean, né le 18 juin 1673, baptisé à Dangé, le 12 sept. 1674, et décédé jeune ; 2° Mathieu-Pierre, né le 2 janv. 1675, qui suit.

6. — **Armagnac** (Mathieu-Pierre), dit le Cte d'Armagnac, Chev., sgr de la Mothe, Marcilly, Pressigny, Piolant. D'abord capitaine de chevau-légers du régiment d'Autry, fut reçu Chevalier des ordres de N.-D. du Mont-Carmel et de St-Lazare en 1722, étant lieutenant des maréchaux de France. Il épousa : 1° le 8 sept. 1699 (Roche, notre à Martigné), Marie-Catherine Boileau, fille de Claude, sgr de la Babinière, et de Marie Maultrot ; et 2° le 9 oct. 1739, Pauline-Bonaventure Ysoré d'Hervault de Pleumartin. (Brunet, notre.) Il avait rendu des aveux, en 1705 et 1717, au chât. de Châtellerault, et mourut sans postérité, vers 1750.

§ II. — Branche cadette.

5. — **Armagnac** (Charles d'), dit le Cte d'Armagnac, Chev., sgr d'Isoré, Signy, Pouligny, Nueil, Salvert, Chantegain, etc., lieutenant au régiment des gardes (fils puîné de Jean et de Louise d'Aviau), né le 8 juin 1635, baptisé à Dangé, le 5 déc. 1639. Il périt assassiné par un paysan du village de Chantegain (St-Georges-les-Baillargeaux), et fut inhumé à Dangé, le 15 juill. 1672.

Il avait épousé, à N.-D.-la-Petite de Poitiers, le 20 oct. 1668, Marguerite le Tillier, fille de Jean, juge conservateur des privilèges de l'Université, et de Françoise Nevelet. Sa veuve fit aveu de Pouligny le 30 janv. 1682, de Salvert le 11 fév. 1684, et du Chiron-Bernou le 9 fév. 1688, au château d'Airvau.

De ce mariage sont issus : 1° Jean-Thomas, né le 16 mars 1670, bapt. à N.-D.-la-Petite, décédé en 1671, inhumé au tombeau des Le Tillier, en l'église des Jacobins ; 2° Jean-Joseph-Louis-Bernard, qui suit ; 3° Joseph-André-François-Ignace, dit l'abbé d'Armagnac, Ec., sgr de Salvert, Brosse-Moreau, etc., docteur en théologie, trésorier de St-Hilaire-le-Grand, chancelier de l'Université, etc., prieur de St-Laurent de Malleray en Châtelleraudais, décédé le 30 avril 1746, à l'âge de 74 ans, après avoir testé le 8 sept. 1745. Sa succession fut partagée entre plusieurs héritiers. L'abbé d'Armagnac avait, le 15 mai 1737, béni la chapelle de l'hôpital des Incurables de Poitiers, dont son frère et sa belle-sœur étaient les principaux bienfaiteurs. (A. H. P. 15.)

6. — **Armagnac** (Jean-Joseph-Louis-Bernard Cte d'), Chev., sgr de Salvert, Isoré, Anguitard, la Brosse-Moreau, St-Généroux, Pouligny, etc., lieutenant des maréchaux de France à Poitiers, rend aveu au mois de mars 1716, à la Tour de Maubergeon et au chât. de Châtellerault, de ces diverses sgries. Il avait épousé, le 13 déc. 1695, Marie-Thérèse Hue de Miromesnil, fille de Thomas, président du grand conseil, intendant de la généralité de Tours, et de Jeanne Courtin. Il est mort à Poitiers le 25 avril 1722, et fut inhumé dans la chapelle de la Vierge de l'église des Jacobins. On voyait son épitaphe gravée sur une plaque de cuivre, surmontée de ses armes. Il eut de son mariage : 1° Thomas, sgr d'Anguitard, baptisé le 7 mai 1697, à N.-D.-la-Petite, décédé à Migné, le 10 oct. 1724 ; 2° Marie-Thérèse, qui, le 16 janv. 1719, épousa Gabriel Le Coigneux, Bon de Bélâbre ; elle mourut à Salvert (Migné) le 11 oct. 1721. Dans un aveu rendu par son mari au chât. d'Airvau, le 24 janv. 1725, celui-ci paraît tuteur de ses enfants mineurs, qui étaient aussi héritiers de feu Jean-Joseph d'Armagnac, sgr de Salvert, etc.

ARMAGNY (d'). — Famille noble qui habitait le Montmorillonnais au xvie siècle ; elle paraît être originaire du Vendômois. (Cab. tit. Pièces orig. 96.)

Blason : d'argent fretté d'azur (croyons-nous). (Armorial de la Flèche, 1698, Aumagny.)

1. — **Armagny** (Jean d'), Ec., sgr de Berteaucourt, Plainville, eut pour fils :

2. — **Armagny** (Louis d'), Ec., sr de Berteaucourt, commandait les nobles du Vendômois au ban de 1542, à Beauvoir-sur-Mer en Bas-Poitou ; marié, le 9 fév. 1526, à Françoise de Vallonère, il eut pour fils :

3. — **Armagny** (Jacques d'), Ec., sr de la Galleuchère, fit aveu au sgr du Deffend, le 5 déc. 1578. Il épousa, le 26 juin 1559, Marie de la Rye, dont il eut : 1° François ; 2° Charles, rapporté après son frère.

4. — **Armagny** (François d'), Ec., sr de la Galleuchère, maintenu noble le 9 juin 1599, épousa, le 8 juin 1593, Madeleine du Brac, dont : 1° Louise, née en 1597 ; 2° Marie, née en 1605, et peut-être d'autres enfants.

---

4. — **Armagny** (Charles d'), Ec., sr de la Galleuchère, maintenu avec son frère, demeurait à la Vigne, psse d'Arnac, près Bellac. Il testa, âgé de 68 ans, le 20 janv. 1641, à Rousier, psse de Péroux, Vté de Rochemau. Marié : 1° le 13 mai 1590, à Jeanne du Pin ; 2° à Antoinette de Moussy, fille cadette de Georges, Ec., sr de Péroux, il eut du 1er lit : 1° Melchior, qui suit ; 2° Antoinette ; du 2e mariage : 3° Julien, 4° Jeanne, 5° Marie.

5. — **Armagny** (Melchior d'), Ec., sr de la Chapelle-St-Vincent, reçut donation, en 1646, d'une partie de la Touche de Péroux, de Louis Jourdain, Ec., sr de Tralebost ; il épousa Hilaire de Lesmerie, décédée en 1648.

ARMENART ? — Voir **AMENARD**.

Armenart (Johan), valet, est cité dans un acte de 1315 qui faisait partie du chartrier de la Trinité de Mauléon. (F.)

ARMENJON, ARMANION, ERMANJON, HERMENIO. — Famille de noblesse féodale, qui habitait le pays de St-Maixent, éteinte au xve siècle.

Armanjon (Guillaume), Chev., vivait en 1227, d'après les chartes de l'Absie. Le 13 nov. 1250, il accompagnait le Vte de Thouars, lorsque celui-ci promit de secourir Abbon de la Roe, Chev. Il fut nommé exécuteur testamentaire du même Aimery Vte de Thouars, oct. 1254. (M. A. O. 1864.)

On le trouve mentionné dans le registre des Hommages du Cte Alphonse en 1260. Il avait donné à l'Absie les marais de Langlée, avec sa femme AUDE, qui était probablement fille ou sœur de Hugues D'OZAY ou D'AUZAY, qui fit avec eux ladite donation. (Hist. des Chasteigners, pr. p. 24.)

Armenjon (Jean), Chev., tenait un fief à la Béchée, dans la seigneurie de Guillaume Enjoger, vers 1260. (Hom. d'Alphonse.)

Armenjon (Hugues), Chev., vendit une rente à l'abbé de St-Maixent le 14 sept. 1325.

Armenjon (Pierre), Chev., sgr de Limor, eut pour fille JEANNE, qui épousa : 1° Jean La Personne, Ec., s^r de la Martinière et de Limor, qui fit aveu de ce fief le 15 févr. 1403, à Melle ; 2° Jean de la Roche, Ec.

ARMESSANGE (D'). — Famille noble qui possédait le fief de Félins, relevant de Chauvigny, au XVe siècle, et depuis réuni à Touffou. (Fonds Lat. 17041, f° 7. Titres évêché de Poitiers.)

Armessange (Jean d'), Chev., sgr de Félins, fit aveu à l'évêque de Poitiers, sgr de Chauvigny, le 5 juill. 1374, à cause de sa femme Jeanne FRÉTARD ; il eut pour fils :

Armessange (Jean d'), Ec., s^r de Félins, qui fit aveu de ce fief en 1410 ; il vivait encore en 1443, étant alors chevalier ; il fut choisi pour arbitre dans un différend entre Jean de La Lande de Busserolle et ses neveux.

ARMOYEN (D'). — Famille noble qui habitait le Mirebalais au XVIe siècle.

Armoyen (René d'), Ec., sgr de la Ripaudière, épousa, vers 1570, Jeanne DE VALLANCE? fille d'Antoine, Ec., s^r de Langle (Doussay, Vienne). Nous croyons qu'il eut pour fils :

Armoyen (René d'), Ec., s^r de la Ripaudière, qui donna quittance dotale le 26 nov. 1624. Il avait épousé Simonne D'ARSAC, fille de Jacques, Ec., s^r de Ternay, et de Mathurine Leriche.

ARNAC (D'). — Deux familles de ce nom sont venues en Poitou, l'une qui tire probablement son origine de la p^sse de Darnac, autrefois du diocèse de Poitiers, archiprêtré de Montmorillon, aujourd'hui départ. de la H^te-Vienne (c^on du Dorat). La seconde, celle sur laquelle nous avons pu recueillir le plus d'indications, est venue du Berry s'établir en Poitou.

Blason. — D'Arnac en Poitou : « d'argent à 3 losanges de gueules en fasce ». (Not. cab. tit. pièces orig. 97, dossier 2010, n° 23.) Le sire d'Arnac ? « d'or à 6 bandes de gueules. » (Armorial du Hérault-Navarre, XVe siècle.)

Noms isolés.

Arnac (*Audierius* d') est cité dans un échange de terres entre les abbés de Charroux et de St-Martial de Limoges, fait en 1124. (D. F. 4.)

Arnac (*Goufredus* de), *valetus, homo ligius Comitis Pictavensis et tenet ab eo quidquid habet in parrochia de Salgiaco* (Saulgé, Vienne), 1253. (Arch. Nat. J. Reg. 24, 54.)

Arnaco (L. de), signataire d'un acquêt fait par Jean Doreau, précepteur de la Chatille, de divers objets dans la p^sse de Béthines (Vienne), XIIIe siècle. (Cart. de la Châtille. A. H. P. 7.)

Arnac (Thibault d'), damoiseau (titre du Landais, 1340), habitait Buzançais en 1343.

Arnac (Louis d'), habitant Buzançais en 1438.

Arnac (Marguerite d') s'était alliée, vers 1450, à Guillaume Berthelin, sgr de la Mothe-Berthelin en Aiffres, près Niort. (Suspect.)

Arnac (Pierre d') était en 1458 religieux à Montmorillon. (Mss. de Robert du Dorat.)

Arnac (Jeanne d'), épousa vers 1498 Mathurin de Lanet.

Arnac (Perrette d') épousa vers 1550 Pierre de L'Estang, sgr de la Papinière.

Arnac (Jean d') Ec., sgr de la Chèze, avait épousé Catherine DUPIN ou DUPUIS, qui était sa veuve le 14 juin 1645, et passait procuration pour la représenter au mariage de JEANNE, leur fille, avec Thomas Bigotteau, receveur des saisies réelles à la Rochelle, et pour lui faire donation d'une somme de 2,000 livres. (Pénigaud, not. à Chef-Boutonne.)

Arnac (Anne d'), veuve de Georges de la Villate, fit aveu du fief de Puybaron, 1669, H^te-Marche.

Arnac (Pierre d'), Ec., sgr de Peulorge ou Pelorge en Brenne, et Marguerite CHARTIER, son épouse, assistaient au contrat de mariage de François-Gabriel-César Courault, Chev., et de Françoise-Marguerite Douat, du 19 fév. 1734.

Arnac (N. d'), dame du Breuil, comparut par procureur à l'assemblée de la noblesse du Poitou de 1789 ; elle est dite veuve.

ARNAC. — Famille originaire du Berry, qui a possédé en Gâtine les deux importantes châtel^nies de Châteauneuf.

Blason. — D'Arnac portait : de gueules à sept annelets d'or, 3, 3, 1.

1. — **Arnac** (Jean d'), Ec., épousa, vers 1500, Marguerite, *aliàs* Catherine D'ALOIGNY, fille de Guillaume, Ec., sgr de la Millaudière.

2. — **Arnac** (Jean d'), IIe du nom, Ec., sgr de Selonnes, assiste au ban de 1536, rendait un dénombrement au sgr de Mézières le 31 oct. 1548, signé Musnier et Moris, not., se maria, le 3 juin 1545 (Brissaut, not^re), à Damienne DE CIGOUGNE, de laquelle il eut : 1° CHARLES, qui suit ; 2° FRANÇOIS, qui, le 17 juin 1594, transigeait avec son frère.

3. — **Arnac** (Charles d'), Ec., épousa, le 21 juin 1587 (Rabault, not^re), Catherine DE LA TOUR, dont : 1° PIERRE, qui suit ; 2° ANNE ou AIMÉE, mariée à Jacques du Cher, Ec., sgr du Guay, partageait noblement, le 27 juin 1622, avec Pierre, son frère aîné, la succession de Claude, leur frère défunt, et assistait, le 14 janv. 1624, au mariage de Pierre, précité ; 3° CLAUDE, Ec., sgr de Peulorges, dont on partageait la succession en 1622.

4. — **Arnac** (Pierre d'), Ec., sgr de la Millaudière, assista aux bans de 1633 et 1639, se maria 3 fois : d'abord à Marie GRIMAUDET, dont il eut : 1° ANNE, qui était mariée, avant 1659, à N. Naullet, Ec., puis, le 14 janv. 1624 (Charles et Lecontor, not^res), à Marie DU DRAC, qui le rendit père de : 2° PIERRE, qui suit ; 3° MARGUERITE, qui épousa, le 21 nov. 1644, Silvain de la Marche, sgr de Peux-Guillon ; 4° CAROLINE, femme d'Anselme Rabault ; enfin en troisièmes noces,

à Jacqueline DE TERNES, le 14 août 1641 (Poirier et Rimbault, notres) ; il en eut : 5° CHARLES, dont la filiation sera rapportée § II ; 6° MARIE, qui épousa : 1° René de Mauvise ; 2° Anne-Pierre Barbe, Ec., sgr d'Ouince ; 7° JEAN, Ec., sgr de la Roche, qui de son mariage avec Elisabeth DE RAVENEL, qu'il avait épousée le 16 janv. 1680 (Poyron, not. royal), laissa : *a*. PIERRE, Ec., sgr de Tessonnière, baptisé le 18 oct. 1680, était capitaine en pied au régiment de Sauve ? lorsqu'il fut confirmé dans sa noblesse par M. Foullé de Mortangis, le 8 nov. 1715 ; *b*. MARIE ; *c*. FRANÇOISE, qui, vers 1693, était femme de Claude Mangin de la Ferraude ; *d*. ANNE, célibataire vers 1693 ; *e*. PIERRE, dont les biens furent partagés les 19 et 24 déc. 1657.

8° ANTOINE ; 9° SILVAIN, tous mentionnés dans les pièces d'un procès qu'ils soutinrent en avril 1659 contre Jean de Boislinards, qui avait été leur curateur ; 10° autre CHARLES.

Des dix enfants de Pierre et de ses trois femmes, il ne restait plus de vivants, lors du partage de sa succession, les 19 et 24 déc. 1657, que Pierre, Charles, tige du § II, Jean et un autre Charles, que nous perdons ensuite de vue. Ils furent confirmés dans leur noblesse le 20 juill. 1699, par M. Tubeuf, intendant du Berry. Silvain, qui n'avait pas paru à l'acte de 1657, est mentionné dans cette maintenue.

5. — **Arnac** (Pierre d'), IIe, fils de Pierre et de Marie du Drac, fut confirmé dans sa noblesse le 20 juil. 1699, sur le vu de ses titres, par M. Tubeuf. Il avait épousé, le 1er déc. 1655 (Chantefin et Roger, notres), Marie GILBERT, qui lui donna : 1° RENÉ, marié en 1682 à Marie-Anne VINEAU ; 2° SILVAIN, qui suit ; 3° autre SILVAIN, Ec., sgr des Tessonnières, marié en Angoumois, le 10 sept. 1690, à Marie COURAUDIN, dont un fils, PIERRE ; 4° JOACHIM, qui épousa Susanne LENFANT.

6. — **Arnac** (Silvain), Chev., qualifié de haut et puissant sgr des châtnies de Châteauneuf en Gâtine et en Thouarsais, épousa, en 1703, Marguerite DU NAULLET ou NOLLET, et, le 4 juill. 1710, se remarie à Marie-Anne GOURDON DE BOISNERBERT, dont il eut :

7. — **Arnac** (René d'), Chev., sgr de Châteauneuf en Gâtine et Thouarsais, des Granges-d'Orillac, présentait, le 23 déc. 1752, un mémoire au conseil dans le procès qu'il soutenait tant pour lui que pour dame Marie-Louise DE FOUGIÈRES, sa femme, fille de François, Chev., sgr du Coulombier, et pour Thérèse de Fougières, sa belle-sœur, contre Philippe-René Baron, curé de Nancy en Sologne. Nous ignorons s'il a eu postérité.

§ II.

5. — **Arnac** (Charles d'), Chev., sgr de la Boudinière, épousa, le 20 août 1680, Marie DE GRAILLY. Ils se faisaient une donation mutuelle le 6 nov. 1681, et il mourut le 29 nov. 1704. Le 19 fév. 1705, il y eut réunion du conseil de famille de leurs enfants mineurs, dans lequel fut nommé curateur desdits mineurs Joachim de Grailly, leur oncle Maternel. Il y eut deux partages de sa succession, le 12 juillet 1719 et le 3 déc. 1721, entre leurs enfants, qui étaient : 1° CHARLES, qui ne paraît que dans le premier partage et dont on ne parle pas dans le second, non plus que de sa succession ; 2° SILVAIN, Ec., sgr de la Boudinière, psse de Pouligny, baptisé le 4 nov. 1694 ; 3° MADELEINE-MARIE, femme d'Amable du Cher, Ec., sgr de Foix ; elle vivait encore en 1730 ; 4° MARIE, épouse d'Edmond Le Picard de Phelippeaux, Ec., sgr de Fontenailles.

ARNAUDEAU. — Plusieurs familles, sur lesquelles nous n'avons que peu de renseignements, portent ce nom en Poitou : en Châtelleraudais, à Niort, en Bas-Poitou, etc. Nous allons donner ce que nous avons pu réunir.

Arnaudeau (Jean) fut un des arbitres désignés le 11 juin 1467 pour mettre un terme à un différend survenu entre le comte du Maine et le prieur de Vaux. (Hist. Châtellerault, 1, 29.)

Arnaudeau (N.) était avocat fiscal de la ville de Luçon en 1610, comme il ressort du serment de fidélité prêté, le 24 mai 1610, à la reine Régente par les habitants de cette ville. (A. H. P. 1.)

Arnaudeau (Claude), notaire royal et secrétaire de la commune de Niort de 1638 à 1642, qui, par délibération du corps de ville du 5 mai 1640, fut maintenu dans ses fonctions de secrétaire, bien qu'il eût vendu cette charge à Nicolas Marsac, était aussi en 1638 l'un des pairs et bourgeois. Il épousa, le 18 avril 1627, Louise MARTIN, dont :

Arnaudeau (Claude), baptisé le 2 déc. 1631, était en 1660 ministre à Lusignan, et il eut de son mariage avec N. une fille, CLAUDE-LOUISE, née le 23 févr. 1663, mariée à Isaac de Beausobre, qui fut plus tard ministre de la même Confession à Berlin.

Arnaudeau (Jeanne), veuve de François Le Bœuf, Ec., sgr de St-Mars, obtient en 1666 une maintenue de noblesse. (Bar.)

Arnaudeau (Claude), pair à Niort en 1675. (F.)

Arnaudeau (Eugène-Jean-Marie), général de division, sénateur de la Vienne, fils d'un magistrat mort conseiller à la cour de Poitiers, naquit à Laon le 8 sept. 1821 ; entré à l'école polytechnique en 1841, il servit d'abord en Afrique dans les tirailleurs d'Oran, et prit part aux guerres du second Empire. Nommé colonel en 1863, il devint général de brigade en 1868 et commanda en 1870 la 2e brigade de la 3e division du 3e corps d'armée. Promu général de division en 1875, il commanda la 10e division d'infanterie. Depuis cette époque, il a été élu sénateur par le parti conservateur du département de la Vienne, en remplacement de M. Bourbeau. Il a épousé : 1° N. CHERBONNIER ; 2° N. CREUZÉ, fille de Jules et de Félicie Supervielle.

ARNAULDET. — Il y a eu en Poitou plusieurs familles de ce nom. L'une habitait le Montmorillonnais et paraît éteinte ; une autre habite Niort depuis au moins la fin du XVIe siècle, et a donné plusieurs membres à la magistrature locale et au corps de ville. Nous avons pu, grâce aux notes de M. le Cte d'Orfeuille, constituer un essai de filiation. Quant au surplus des notes que nous avons recueillies sur les Arnauldet niortais, nous les classerons chronologiquement, ainsi que celles concernant les autres personnes du même nom, par lesquelles nous allons commencer.

L'Armorial du Poitou contient l'énoncé des armoiries suivantes, qui sont toutes inventées par d'Hozier.

Arnaudet (François), Ec., sgr de la Briaudière, en Bas-Poitou : d'or à deux chevrons de sable, accompagnés en pointe d'un épi de gueules. — Marie Arnaudet, veuve de Pierre Mangin, sr de Joumé : pallé d'argent et de gueules de six pièces.

Arnaudet, chirurgien à Poitiers, fut nommé, le 2 juin 1631, chirurgien de l'Hôpital-des-Champs, où étaient transférées les personnes atteintes de la peste qui désolait cette ville. Il mourut environ un mois après, pour avoir soigné les pestiférés. (A. H. P. 15.)

Arnauldet (Jacques) était sénéchal de St-Savin le 3 mars 1633. Enquête faite à cette date, à sa requête, contre Eléonore Turpin, femme de Henri de Nuchèze, baron des Francs. (Registre des Grands Jours. M. Stat. 1878.)

Arnauldet (Fleurant), Ec., avait épousé Marie DE RAVENEL, fille de Jacques, Ec., et de Renée Coustin, sgr de Farges. Ils font un partage avec Louis de Ravenel, Ec., sgr de la Braudière, et Judith de Ravenel, frère et sœur de son épouse, le 28 nov. 1660.

Arnauldet (François), s^r^ de la Baillonnière, p^sse^ de Journet, est porté dans le Catalogue des nobles de la généralité de Poitiers (p. 1) comme noble. M. de Maupeou ajoute : *Les lettres d'annoblissement de 1639. Il fault le brevet de retenue.*

Arnauldet (François), conseiller du Roi et enquesteur à Montmorillon, épousa, vers 1650, Susanne AUGIER, fille de Félix, Ier du nom, et de Florence Lespine. (G. Augier.)

Arnauldet (N.), Ec., sgr de la Briandière, est cité dans un arrêt du Châtelet de Paris relatif à un procès entre l'abb. de Moreilles et les associés pour le desséchement du marais du Petit-Poitou, en date des 12 et 20 janv. 1673. (G. des Villates, 68-70.)

Arnauldet (Susanne) fut prieure triennale du prieuré Fontevriste de Villesalem, 1684-1687. (M. A. O. 1868, 413.)

Arnaudet (Pierre), Ec., sgr de la Brulonnière et d'Hermentin, eut une fille, MARIE, qui épousa Pierre Mangin, Ec., sgr de Joumé, et était sa veuve en 1707.

Arnaudet (Jeanne) était, le 25 août 1734, épouse séparée de biens de Joachim de Aoubé, Chev., sgr du Peux ; peut-être fille du François, s^r^ de la Baillonnière, rapporté ci-dessus.

ARNAULDET (de Niort). — Famille ancienne, qui a formé plusieurs branches sur lesquelles nous n'avons que des renseignements incomplets.

Blason actuel : d'or à 3 membres de griffon de gueules. — Ce blason fut donné d'office par d'Hozier à Jean Arnauldet, avocat à Niort, qui n'avait pas déclaré ses armes à l'Armorial du Poitou ; mais il n'est pas le vrai blason des échevins de Niort. — En 1678, Susanne Arnauldet, veuve de Jean Lebeau, Ec., s^r^ de Grezeau, déclara porter de gueules au lion d'or surmonté de 4 étoiles d'argent. (Elect. des Sables.) Ce pourrait être le vrai blason des Arnauldet de la Coussotière.

Sur un cachet (1765) de François Rouget, lieutenant-général au siège de Niort, marié à Renée Arnauldet, on trouve pour la femme un écu d'argent à 3 coquilles de sable ? au chef d'azur chargé d'un croissant d'argent entre 3 étoiles d'or mal ordonnées.

Noms isolés.

Arnauldet (Jean) avait été pair et secrétaire du corps de ville ès années 1600 et 1601, ainsi que chargé des aumôneries de St-Georges et de St-Jacques ; il meurt en 1606. (M. Stat. 1865, 74.)

Arnauldet (Madeleine) épousa Jean Houlier, vivant en 1602.

Arnaudet (N.) épousa, au commencement de 1600, Marie BRUNET, fille de François, notaire royal, et de Marie Coiron (G. Brunet, de Poitiers.)

Arnauldet (Jean), pair de la commune de Niort en 1620. (Aug. Ter.)

Arnauldet (Pierre), lieutenant au régiment royal de Niort en 1621. (D. F. 20.)

Arnauldet (Jean), pair, fut secrétaire de la maison commune de Niort de 1630 à 1634, fut élu en 1638 receveur des deniers de cette ville (M. Stat. 1865, 74), et il fut proposé pour la place de maire le 21 mai 1643.

Arnauldet (François), curé de Ste-Pezenne, était en 1660 administrateur de la stipendie du St-Esprit, fondée à Niort en 1633 par Guillaume Goyaud, marchand audit lieu, dont, à diverses époques, M., J. et L. Arnauldet avaient été chapelains. (M. Stat. 1884, 222.)

Filiation suivie.

§ Ier.

1. — **Arnauldet** (Jean), Ier, épousa Catherine LUCAZEAU, dont : 1° JEAN, qui suit ; 2° JEANNE, mariée à Pierre Blanchard ; 3° MADELEINE, mariée à Jean Doreil ; 4° JEAN, prêtre.

2. — **Arnauldet** (Jean), IIe, notaire royal, fut échevin de Niort et se démit en 1550 (d'après un acte du 23 avril 1619) ; marié, le 9 mai 1545 (Brunet et Berthaud, not. à Niort), à Madeleine, *aliàs* Marguerite FAUDRY, il a eu : 1° JEAN, qui suit ; 2° LOUIS, chef de la branche de la Coussotière, § IV ; 3° MADELEINE, mariée d'abord à Jean Dabillon, s^r^ de la Gravette, puis à Jean Coyault, Ec., s^r^ de la Santé.

3. — **Arnauldet** (Jean), IIIe, s^r^ de la Repoussonnière et de la Blanchardière, échevin de la ville de Niort et avocat en Parlement, épousa Marie COYAULT, dont : 1° JEAN, qui suivra ; 2° ANNE, mariée à Jean Huguetéau, s^r^ de Maurepas ; 3° FRANÇOISE, née en 1601 ; 4° FRANÇOIS, né en 1603 ; 5° RENÉE, marraine en 1639 ; peut-être 6° JEANNE, mariée à N. Besnier.

4. — **Arnauldet** (Jean), IVe, s^r^ de la Vieille-Rose, avocat en Parlement et au siège royal de Niort, fit déclaration le 23 avril 1619 pour la Vieille-Rose, qui fut à feu Jean Arnauldet, échevin, son aïeul. Il était, le 9 déc. 1626, tuteur des enfants mineurs de feu Louis Arnauldet, sgr du Chambault. (F.) Il laissa de Catherine COUTOCHEAU : 1° PIERRE, qui suit ; 2° PHILIPPE, qui assiste au mariage de Jean Arnauldet avec Françoise Viault et est dit oncle du futur ; 3° FRANÇOIS, né le 2 avril 1622 ; 4° JEAN, s^r^ de Vaucluse, né le 14 juin 1624, greffier de l'amirauté de Saintonge, épousa, le 23 fév. 1659, à la Rochelle, Elisabeth FRANÇOIS, fille de Jacques, conseiller en l'élection, et de Jeanne Gouillon ; 5° MADELEINE, née le 23 déc. 1625 ; 6° RENÉE, née le 12 oct. 1627 ; 7° LOUIS, né le 21 avril 1631 ; 8° CATHERINE, née le 23 août 1632 ; 9° MARIE, née le 16 sept. 1633 ; 10° JEANNE, née le 25 avril 1635 ; 11° FRANÇOISE, née le 12 juil. 1637 ; 12° PHILIPPE, né le 4 fév. 1639 ; 13° FRANÇOISE, née le 4 mars 1640 ; 14° JACQUES, né le 15 août 1641 ; 15° autre PHILIPPE, né le 18 oct. 1642.

5. — **Arnauldet** (Pierre), procureur au siège royal de Niort et substitut du procureur du Roi en l'élection, né le 18 oct. 1627, épousa, le 11 sept. 1650, Catherine LEROY, fille de Jean, s^r^ du Cheval-Blanc, et de Marie Mestivier, dont il eut 1° JEAN, qui suit ;

2° Jean, avocat, pair et échevin de Niort, lieutenant du régiment de la ville en 1698, décédé sans postérité ; 3° Louis, qui a formé la 2e branche, § II ; 4° peut-être Claude, qui a formé la branche du Mairé, § III.

6. — **Arnauldet** (Jean), né à Niort, le 30 avril 1654, avocat au siège de Niort, puis au siège royal de St-Maixent, mourut en cette ville, le 6 déc. 1726. Il avait été échevin de St-Maixent, où l'avait fixé son mariage avec Françoise Viault. Il avait été nommé lieutenant-général du bailliage de Vouvant, mais il ne fut point installé.

Jean Arnauldet, voué dès sa jeunesse à l'étude du droit, composa plusieurs ouvrages de jurisprudence qui, restés manuscrits, sont aujourd'hui perdus ; mais ceci ne l'empêcha pas de composer à la gloire de Louis XIV un poème latin de plus de 3,000 vers hexamètres, intitulé *Lodiseos*, dédié à Louis-Armand prince de Condé. Tandis que le verso de chaque page contient les vers dans lesquels il célèbre les actions de son héros, le recto est consacré à des remarques historiques. Cet ouvrage n'a jamais été terminé ni publié. (Notes de M. le Cte d'Orfeuille.) Lorsqu'il mourut, Jean était supérieur de la confrérie du Rosaire de la pesse de St-Léger de St-Maixent. Il se maria deux fois : 1° à Françoise Rey, fille d'honorable homme François, marchand à Frontenay-l'Abbatu, et de Marie Gellé (30 déc. 1678 ; acte reçu Boursault, notre), et 2° à Françoise Viault, fille d'Etienne, conseiller au siège royal de St-Maixent, et de Françoise Brisetable (27 avril 1697 ; Garnier, notre). Il eut peut-être pour fille Catherine, mariée, le 20 mai 1715, à François Nozereau.

§ II. — Deuxième Branche.

6. — **Arnauldet** (Louis), que l'on croit fils de René et de Catherine Leroy (5e deg., § I), substitut du procureur du Roi en l'élection en 1698, échevin de Niort en 1692, assista, le 18 déc. 1716, à la réunion des fondateurs du collège de l'Oratoire de Niort. Il épousa : 1° Catherine Mesder? 2° Renée Bousseau, et eut du 1er lit : 1° Marie-Catherine, mariée, le 12 août 1713 (Gragnot et Lafiton, notres à Niort), à Jacques Gilles, greffier en chef de l'élection ; et du 2e lit : 2° Pierre, né en 1697, décédé le 11 mars 1700 ; 3° Marie, née le 11 juill. 1700 ; 4° Catherine ; 5° Philippe, qui suit.

7. — **Arnauldet** (Philippe), procureur du Roi en la maîtrise des eaux et forêts de Chizé en 1731, au lieu de Jean Racapé, fut échevin et lieutenant du régiment royal de la ville de Niort en 1735. Il épousa Marguerite Augier de la Terraudière, dont il eut Renée-Marie-Ursule-Agathe-Marguerite, mariée, le 14 sept. 1763, à François Rouget, lieut.-général au siège de Niort.

§ III. — Branche du Mairé.

6. — **Arnauldet** (Claude), sr du Mairé, procureur au siège de Niort (que l'on croit fils de Pierre et de Catherine Leroy, 5e deg., § I), épousa : 1° Radégonde Charton ou Chartron ; 2° le 20 janv. 1705, Marie Papineau. Il eut du 1er lit : 1° Françoise-Radégonde-Barbe, née le 18 mars 1700, et du 2e : 2° sans doute Jacques-Claude-Louis, qui suit ; 3° Anne-Renée, née le 24 janv. 1706 ; 4° Françoise-Catherine, née le 16 juill. 1708 ; 5° Jeanne, née le 25 oct. 1709 ; 6° Honoré-François, né le 17 juill. 1715.

7. — **Arnauldet** (Jacques-Claude-Louis), sr du Mairé, avocat au siège royal de Niort, nommé 2e échevin en 1765 et lieutenant de maire en 1773, épousa, le 25 nov. 1745, Marie-Madeleine Vincent, émancipée sous l'autorité de Jacques-Gilles Jard-Panvilliers, son beau-frère. Il eut sans doute pour fils Honoré-François-Marie, qui suit.

8. — **Arnauldet** (Honoré-François-Marie), né le 27 mai 1749, reçu procureur du Roi aux traites de Niort le 31 mars 1778 ; il fut ensuite président du tribunal de Niort, destitué sous la Terreur, puis réintégré, décéda en l'an VIII. Il épousa : 1° Angélique-Jeanne Charpentier de Laurière, puis 2° Marie-Julie Baugier. Il eut du 1er lit : 1° Marie-Stéphanie, mariée, le 2 juin 1813, à Jacques-Susanne Moriceau, notaire ; 2° Anne-Angélique, décédée à 15 ans ; du 2e lit : 3° Louis, qui suit.

9. — **Arnauldet** (Louis), né à Niort le 6 mars 1792, substitut à Civray et Fontenay, juge au tribunal de Niort le 4 fév. 1820, président, puis président honoraire du même tribunal, député des Deux-Sèvres en 1839, Chev. de la Légion d'honneur le 13 sept. 1842, décédé le 7 juin 1873. Marié, le 25 juill. 1826, à Sophie Busseau, il a eu pour fils :

10. — **Arnauldet** (Emmanuel-Edmond), né à Niort le 13 juin 1827, élève du collège Rollin, juge suppléant à Poitiers, juge à Niort, puis vice-président du même tribunal, a été éliminé par la loi dite d'épuration du 30 août 1883. Marié le 12 juill. 1859, à la Foye-Montjault, à Marie-Amaryllis Micheaud, fille de Jules Micheaud, consr gral, et de Azoline Benoist, il a eu pour enfants : 1° Louise-Gabrielle-Marie, née le 19 nov. 1860, mariée, le 29 avril 1884, à Henri Compaing de la Tour-Girard, avocat ; 2° Anne-Marthe-Louise, née le 3 sept. 1862, mariée, le 8 sept. 1886, à Alexis-Maximin-Pierre-Henri Lesterps de Beauvais, docteur en droit, avocat à la cour de Poitiers ; 3° Thérèse-Elisabeth, née le 6 juill. 1864, mariée à Niort, le 8 sept. 1886, à Raoul-Marie-Michel de Raismes ; 4° Louis-Etienne, né le 16 mai 1870.

§ IV. — Branche de la Coussotière.

3. — **Arnauldet** (Louis), sr de la Guérinière, né le 29 déc. 1546, fils de Jean et de Madeleine Faudry, 2e deg., § I, fut avocat du Roi en l'élection de Niort ; il fut nommé échevin en 1581 et mourut avant 1609. Il épousa, en 1579, Marie Giraudeau, dont il eut : 1° Jean, qui suit ; 2° Françoise, mariée à Mathieu Migault, sgr de Fontenelle, président en l'élection de Niort ; 3° Marie, qui épousa Christophe Guerry, Ec., sr de Lespine ; 4° Louis, Ec., sr du Chambault, fit aveu à Olonne en 1616 ; il fut maître des havres et ports du Poitou et Saintonge ; marié à Marie Dexmier, il eut Marie, qui épousa à Poitiers, le 5 août 1634, Mathieu Mercoran.

4. — **Arnauldet** (Jean), Ec., sr de la Coussotière, ou fief du censif, et de Nouillé, agissait en 1609 comme fils aîné de Louis ; il eut sans doute pour enfants : 1° Louis, qui suit ; 2° Jeanne, mariée à Claude Lebault, Ec., sr du Faye ; elle fut maintenue noble en 1667, comme veuve, et vivait encore en 1698.

5. — **Arnauldet** (Louis), Ec., sr de la Coussotière, est porté au Catalogue des nobles du Poitou en 1667 comme officier de la maison du Roi.

ARNAU, ARNAUD, ARNAULD, ARNAULT. — Nom commun à plusieurs familles. Nous les avons, autant que possible, distinguées par leur résidence habituelle, et nous terminerons par généalogie de la famille Arnault de la Ménardière, dressée par un de ses membres et imprimée à Melle, chez Lacuve, en 1874.

Noms isolés.

Arnaudi (Simon) *de Karrofio* fut témoin de donations faites vers 998 à l'abb. de St-Cyprien de Poitiers. (D. F. 6. A. H. P. 3.)

Arnaldus (*Petrus*), témoin du don de l'église de St-Faziol près Melle, fait vers 1092 à l'abb. de St-Cyprien de Poitiers. (D. F. 7.)

Arnaudus (*Guillelmus*), relaté dans une restitution de biens faite au Chapitre de St-Hilaire-le-Grand de Poitiers, vers 1099. (D. F. 10. M. A. O. 1847.)

Arnaudi (*Willelmus*) souscrit dans diverses chartes depuis 1101 jusqu'en 1128. (D. F.)

Arnaudus (*Petrus*) est cité dans l'exposé des biens délaissés par R. Gabard en se disposant à faire un voyage en Terre Sainte, vers 1120. (D. F. 17.)

Arnaldus (*Willelmus*), *dominus Bellimontis*, figure comme souscripteur dans une charte de 1127. (D. F.)

Arnaudus (*Willelmus*), *canonicus Stæ Radegundis*, est présent à la vente des dîmes de Vouillé faite au doyen de ce Chapitre. (D. F. 24.)

Arnaudi (*Johannes*), *canonicus Sti Petri Pictavensis*, est témoin de la restitution de la terre de Graimmort faite en 1196 au Chapitre de St-Hilaire-le Grand. (D. F. 11. M. A. O. 1847.)

Arnaudi (*Gaufredus*), *miles*, remet en 1222 à l'abb. de Charroux certains droits qu'il exerçait sur l'abb. de Vouâtre. (D. F. 4.)

Arnaldus (*Petrus*), *valetus de Vertollo*, cède, le 8 avril 1207, au Chapitre de St-Hilaire-le-Grand la moitié des dîmes qu'il levait dans la terre de Courcôme. (D. F. 12. M. A. O. 1852.)

Arnaldus (*Magister*), *canonicus ecclesiæ Stæ Radegundis*, est envoyé vers le Cte de Poitou, par l'évêque de Poitiers pour se plaindre des injures que lui avait faites son sénéchal, 1268. (Ledain, Hist. d'Alphonse.)

Arnault (Jean) arrente pour la somme de 4 sous de paiement annuel, de Guillaume de Liniers, un verger sis à Parthenay, le mardi avant l'Ascension 1351. (B. N. Titres d'Airvau.)

Arnaldi (Johannes), *cantor ecclesiæ beati Hilarii Pictavensis* de 1380 à 1387. (M. A. O. 1856, 343.)

Arnault (Philippe) avait possédé l'herbergement de la Louhautière, dont Micheau d'Aux ou Doux rend aveu à la Tour de Maubergeon, du chef de Jeanne Mourault, sa femme, le 4 déc. 1404. (Livre des fiefs.)

Arnaude (Johanne) épousa Pérot de la Voute, avec lequel elle demeurait à la Cloistre de Gironde (Lencloître-Vienne), le 9 avril 1409. (Cart. év. de Poitiers. A. H. P. 10.)

Arnault (Jehan) était tuteur et oncle maternel de Guillaume Ayneau le 8 juin 1446, date du partage dudit Guillaume avec sa sœur.

Arnaud (Pierre) se fit remplacer par Jean de Briac comme brigandinier du sr de Jarnac au ban des nobles du Poitou de 1467.

Arnault (N. dit le Capitaine), prisonnier à la conciergerie du palais de Poitiers, est transféré dans les prisons du château, par arrêt des Grands Jours du 4 oct. 1567. (M. Stat. 1878, 86.)

Arnaud (N.) fut la mère de l'historien Jean Besly, né à Fontenay en 1571.

Arnaud (Antoine) était substitut du procureur du Roi à la Rochelle. (Arrêt des Grands Jours du mois d'oct. 1579. M. Stat. 1878, 141.)

Arnault (Loys), sgr de la Montaigne, se qualifie en 1581 de conseiller et maître des requêtes ordinaires de Monsieur frère du Roi. (G. Desmier.)

Arnaud (Mathurin) avait fondé avant 1589 une chapelle à Parthenay. (Pouillés du diocèse.)

Arnaud (Jeanne) était vers 1590 femme de Jacques Porcheron de St-James, conseiller au Présidial de Poitiers. (Hist. Poit. 6, 342.)

Arnault (Radégonde) épousa François Chorpentier, sr de Beaulieu, élu à Poitiers. Ils vivaient le 19 déc. 1606.

Arnault (Renée) était, le 17 août 1610, femme de Claude de la Chambre, sr de Belleville-la-Comtesse.

Arnault (Pierre), Ec., sgr de la Cantinière, épousa, par contrat du 11 juin 1648, Anne Prévôt, fille de Charles, sgr de Gagemont, et de Jeanne de L'Isle. (G. Prévôt de Gagemont.)

Arnault (Pierre) rend aveu en 1658 du fief de Verrines. (M. A. O. 1877, 151.)

Arnault (Marguerite) fut la seconde femme de François Chevalier, Ec., sgr de la Prée et de la Voute ; elle était veuve le 14 avril 1666 et vivait encore le 2 juin 1667.

Arnault (Jeanne) était en 1667 veuve de Claude Le Bault, sgr du Thay.

Arnaud (Aimon), Ec., sgr du Buisson, épousa Jeanne Mesmin, qui était sa veuve lorsqu'elle fut maintenue dans sa noblesse, le 1er sept. 1667, par M. Barentin.

Arnaud (René), Ec., sgr de Lage, obtint des lettres de maintenue à la même époque.

ARNAUD. — On trouve une famille de ce nom habitant, dès le xve siècle, les environs et la ville de Civray. Au xvie siècle, elle occupa des charges judiciaires ; depuis cette époque, nous n'en avons plus trouvé de traces dans cette contrée.

Arnaud (Simon) était, le 1er août 1446, notaire de la terre de Mauprevoir. (D. F. 4.)

Arnault (Philippe), licencié en droit, était en 1509 juge à Civray. (B. A. O. 1847, 507.)

Arnault (Jean), lieutenant-général à Civray, assiste à la délibération des habitants de cette ville, lors des troubles occasionnés par l'établissement de la gabelle. (Hist. Poit. 4, 30. B. A. O. 1847, 561.)

Arnault (Etienne), habitant de Civray, se réunit à ses concitoyens pour mettre en 1574 la ville en état de défense. (B. A. O. 1847, 454.)

ARNAULT DE LA GORCE. — Famille qui habitait les environs d'Availles-Limousine.

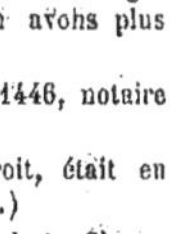

Blason : d'azur à 6 pigeons d'argent, posés 3, 2 et 1. (Arm. Poit.)

Arnault (Marguerite) était, le 18 août 1520, veuve de Jean Mondot, Ec., sgr de la Rivière. (O. c. p. F. de Chergé.)

Arnault (Madeleine) était veuve le 27 mai 1527 de Jean de Brouilhac, Ec., sgr de la Mothe.

Arnaud (Louis), licencié ès loix, assiste, le 2 janv. 1564, au mariage de Hilaire de Céris avec Jehanne du Couchaud. (G. de Céris.)

Arnault (Antoine), Ec., sgr de Luché, assiste, le 17 nov. 1604, au mariage de Guichard Regnaud, Ec., sgr de Villognon.

Arnault (Georges), Ec., sr de St-Georges, épousa Françoise DE LESPINE, dont il eut : 1° FRANÇOIS, né à Pressac, le 30 sept. 1649 ; 2° JEAN, né le 8 oct. 1650, eut pour marraine MARGUERITE Arnault, sa tante ?

Arnault (Gilles), Ec., sr de la Gorce, fit enregistrer son blason à l'Armorial du Poitou en 1698, élection d'Availles. Il épousa Louise DE PONS, probablement fille de Gabriel, Ec., sr de Felet, dont il eut : 1° LOUIS, né le 4 janv. 1671, à Pleuville ; 2° MARGUERITE, née le 12 mai 1672, à Pressac ; 3° ANTOINE, né le 24 avril 1673, à Pressac ; 4° LOUIS, né le 3 sept. 1674, à Pleuville ; 5° MARGUERITE, née le 19 août 1676, à Pleuville.

Arnault (René), Ec., sr de Grosbost, fut parrain à Pleuville en 1695.

Arnault (Antoine), Ec., sr des Escures, fut parrain à Pleuville en 1702 ; il mourut à Payroux le 27 oct. 1722. Il avait épousé Marguerite DU BREUIL, qui se remaria, le 13 sept. 1723, à Jean Guyot, Ec., sr des Voues ?

ARNAULT DE GUENYVEAU. —

Famille originaire du Châtelleraudais, qui a donné plusieurs magistrats à la cour de Poitiers et aux autres tribunaux.

Arnault (Sébastien), licencié ès droits, avocat au duché de Richelieu, assiste à une transaction passée entre François de Fouchier et un sieur Allain, le 25 août 1633.

Arnault (Pierre), sr de la Marinière, premier valet de chambre du duc d'Orléans, achète, le 14 juil. 1640, l'hôtel du Châtelet à Châtellerault, pour y établir le couvent des Filles de Notre-Dame. (Hist. Châtellerault, 2, 165.)

Arnault (Louis), sr de Chantelou, marié à Jeanne ROBIN, eut pour enfants : 1° FRANÇOISE, née à Nueil-sous-Faye, le 12 janv. 1697, parr. Joachim de Montléon, Chev., et Marie-Françoise de Gunne ; 2° JÉRÔME, né le 15 nov. 1697 à Nueil.

Arnault (Jean), marié, vers 1760, à Jeanne-Henriette GEORGET, a eu pour fils PIERRE-JEAN-AUGUSTE, né à Richelieu, le 12 nov. 1768, marié à Poitiers, le 2 janv. 1798, à Anne DUVAL (fille de Louis-Aquitaire et de Marie-Anne Lelot), père de : *a.* MARIE-HENRIETTE-CHÉRIE, née le 13 janv. 1799, mariée, le 10 fév. 1824, à François-Louis Mayeras ; *b.* DENISE, mariée, le 19 juil. 1831, à Marc Bonnet ; *c.* HÉLÈNE, mariée, le même jour, à Marie-Frédéric Arnault de la Ménardière.

Filiation suivie.

1. — **Arnault de Guenyveau** (N.), (2e fils ou neveu) de Jean Arnault, ci-dessus, eut pour enfants : 1° JEAN, qui suit ; 2° ALEXANDRE, né en 1798, décédé le 23 avril 1880, au Petit-Château de Béceleuf ; marié, vers 1840, à N. DE CHATEIGNER, fille de Daniel-Fortuné et de Amélie de Grimouard, a eu une fille, mariée à Geoffroy Vte de Beaucorps.

2. — **Arnault de Guenyveau** (Jean), conseiller à la cour de Poitiers, né en 1796, décédé à Nalliers, le 4 janv. 1874, épousa N. BOUILLAUD, dont : 1° AMÉLIE, mariée à N., inspecteur général des mines ; 2° ERNESTINE, Dlle ; 3° HENRI, qui suit ; 4° SEPTIME, ancien zouave pontifical, marié, a plusieurs enfants.

3. — **Arnault de Guenyveau** (Henri), avocat général à la cour de Rennes en 1880, a un fils.

ARNAULT DES RUHES ou DES RHUES.

— Famille originaire d'Aulnay, qui a donné un trésorier de France en Poitou.

Blason inconnu. — C'est par erreur que M. Bonvalet attribue au trésorier de France le blason de fantaisie donné d'office par d'Hozier à Paul Arnault, maître chirurgien à Aulnay en 1700 : d'or au coq échiqueté argent azur.

Arnaud (Paul), fut reçu substitut du proc. du Roi à la maîtrise des eaux et forêts d'Aulnay en 1731.

Arnaud (Paul), sr des Rhues, était en 1780 procureur du Roi à la Gruerie d'Aulnay. (F.) Il avait été reçu à cet office en 1762.

Arnaud (Paul), sr des Rhues, pourvu, le 26 juill. 1778, avec dispense d'âge, de l'office de trésorier de France au bureau des finances de Poitiers, assistait, à Aulnay, le 13 juil. 1790, au mariage d'une fille de Charles-Emmanuel Perthuis de la Salle.

ARNAULT DE LA GROSSETIÈRE (Bas-Poitou).

Blason : d'azur à 3 étoiles d'or et un croissant d'or, *alias* d'argent, posé en abîme. (Arm. Poit. Mauléon.)

Arnault (Pierre), marchand à la Châtaigneraye, épousa Marie LE VENIER, fille d'Antoine, procureur à la Châtaigneraye, et de Catherine Brisson. Ils vivaient en 1523.

Arnaud (Jacques) afferme, des députés chargés par le Roi de la vente de certains domaines royaux, le droit de huitième du vin qui se vendait en détail dans la psse de Vouvant, le 27 mai 1592.

Arnaux (Renée) épousa Antoine Marin de la Caducière. Ils vivaient en 1594. (N. d'Orfeuille.)

Arnaud (N.), marchand à Fontenay, fut un des délégués envoyés à Poitiers en 1614 pour nommer des députés aux Etats de Sens. (Hist. Poit. 5, 349.)

Arnault (Pierre), Ec., sgr de la Salle, et Radégonde ROGER, sa femme, font un arrentement le 22 déc. 1621 ; le 24 juill. 1629, Pierre se dit sgr de la Gazonnière, demeurant à Vouvant. (O.)

Arnaud (Pierre), noble homme, sgr de la Janetière, épousa Jacquette DE RORTHAIS, dont une fille, JACQUETTE, mariée à Pierre Chappot, sr de la Jannière, qui était décédée le 24 nov. 1626. Jacquette de Rorthais était alors tutrice de Renée Chappot, sa petite-fille mineure. (N. d'Orfeuille.)

Arnaud (Jacques), mort avant le 28 déc. 1626, habitait sa maison de la Chanoinie (psse de Mouilleron, Vendée). (D. F.)

Arnaud (Jean), sgr du Pinier ;

Arnault (René), sgr de la Fosse ;

Arnault (Etienne), sgr de la Grand'Maison, et

Arnault (Pierre), sgr des Rochettes, habitaient dans l'étendue de la Bnie de la Chèze-le-Vicomte en 1644. (Reg. du parquet de la sénéchaussée de Poitiers.)

Arnault (Jean), sr de Lespinaye, épousa Elisabeth BERNARD. Ils étaient décédés en 1652, laissant des mineurs.

Arnault (François), s^r de Lespinaye, épousa Gabrielle Templier, qui était veuve le 18 fév. 1660, à la Touche-Limouzinière.

Arnault (François), s^r de la Picardière, la Grossetière, Mauléon, fit enregistrer son blason à l'Armorial du Poitou en 1698.

Arnault (David), sgr de la Morandière, était lieutenant particulier assesseur au siège de Vouvant en 1693. (Bureau des finances de Poitiers.)

Arnault (David), s^r de la Motte, épousa Rose Fleury de la Caillère, fille de Pierre, Ec., sgr de la Caillère, et de Jeanne Dousset. Il assiste en 1717 au mariage de Jean Fleury, son beau-frère. Il fut élu à Fontenay et rendait aveu au chât. de cette ville de son fief des Granges. (N. féod. 30.)

Arnault (N.), Ec., sgr de la Saillère, tué dans la guerre de la Vendée à la tête de sa paroisse. Il avait épousé Marie-Modeste-Bibianne Fleury de la Caillère, fille de Jean-François, Ec., sgr de la Caillère, et de Marguerite-Emilie Bourdeau, qui, emmenée prisonnière à Nantes, y périt dans les noyades. Ils ne laissèrent point de postérité.

Arnault de la Grossetière (Théophile-Hippolyte) épousa Aspasie Barbarin, fille d'Anne-Charles et de Mélanie-Adélaïde de Buor, dont il a eu Céline-Emma, mariée, le 25 mai 1853, à Alfred-Jules-Henri Gouyon de Beaufort.

ARNAULT. — Famille que nous trouvons à Niort au xve siècle ; elle y a occupé des fonctions municipales et de justice civile et commerciale.

Blason. — Arnault (Jacques), procureur du Roi au siège de Niort : d'azur au lion d'or, armé et lampassé de gueules. (D'Hozier, imposé d'office.)

Arnaud (David), conseiller au siège de Fontenay, 1698 : de sinople à 3 trèfles d'or, posés 2, 1. Ce sont celles que M. Bonneau attribue aux Arnaud maires de Niort. (M. Stat. 1865, et d'Hozier.)

Arnaud, s^r de la Fraignée, procureur du Roi au siège de Niort : d'azur au sceptre d'argent, couché et posé en fasce. (D'Hozier, d'office.)

Arnaud (N.), pair de la commune de Niort, était en 1425 maire de cette ville. (M. Stat. 1865, 12.)

Arnauld (Philippe), marchand, eut de Thomasse Thévin, sa femme, une fille, Marie, qui, le 19 déc. 1590, épousa Jean Berland, sgr d'Oriou. (D. F. 1, 181.)

Arnault (Laurent) était juge-consul à Niort en 1606, puis pair du corps de ville et receveur de la commune en 1609.

Arnault (Guillaume) eut, de Marguerite Esserteau, Jean, né le 28 janv. 1626. Il avait eu pour parrain un Jean Arnault.

Arnault (Michel) était en 1638 pair de la ville de Niort ; peut-être est-ce le même qu'un Michel Arnault, s^r de la Brande, qui était avocat, juge-consul et pair de la commune de Niort en 1654. (M. Stat. 1865, 75.)

Arnault (René), Ec., s^r de Lage, vivait en 1667 à Niort.

Arnault (Paul), s^r de Ry, marié à Catherine Dorbil, eut : 1° Jacques ; 2° Michel, s^r du Treuil-Bouton ; 3° Joseph ; 4° Catherine, née en 1658 ; 5° Marie, née en 1660 ; 6° Madeleine, née en 1661.

Arnault (Michel), s^r du Patis, procureur au conseil de Niort, eut : 1° Alexis, né en 1663 ; 2° André, né en 1664 ; 3° Jacques, né en 1666 (filleul de Jacques Arnault, procureur du Roi).

Arnault (Paul), s^r des Jollinières, pair de la commune de Niort en 1675, était frère d'Alexandre. Il eut pour fils Alexandre, substitut en 1703.

Arnault (Jacques), sgr de Bonneuil, procureur du Roi, pair et procureur syndic de la commune de Niort en 1678, maire de Niort et échevin 1722-24, était frère d'Alexandre et de Paul qui précèdent. Il eut un fils, nommé aussi Jacques.

Arnault (Alexandre) était consul à Niort en 1701. C'est sans doute le même qu'un Alexandre, s^r de la Jollinière, consul à Niort en 1712, qui avait épousé Anne Gautier. Ils vivaient encore le 27 oct. 1734. (M. Stat. 13, 43. Gén. Marsault.) Ailleurs il est dit époux de Françoise Gambier, dont il eut Paul, né le 19 mars 1708.

Arnault (Jacques) était procureur du Roi au siège royal de Niort en 1703. (Bur. des finances de Poitiers.)

Arnault (Jean), remplissant la même fonction, se réunit à ses concitoyens assemblés le 18 oct. 1718 pour délibérer au sujet de l'établissement dans leur ville des PP. de l'Oratoire.

Arnault (Michel), s^r de Treuil-Bouton, fut premier consul à Niort en 1714 et 1718. (M. Stat. 13, 44, 45.)

Arnault (N.) fut administrateur de l'hospice de Niort en 1720. (M. Stat. 10, 96.)

Arnault (Louis) était, le 17 nov. 1731, procureur fiscal de la châtnie de Villiers-en-Plaine. (O.)

Arnault (Catherine) épousa Jacques-François Esserteau. Ils vivaient le 28 juill. 1732.

Arnault (Geneviève) épousa, le 3 mai 1745, Jacques-René Gaudin, docteur en médecine.

Arnault (Joachim) était en 1747 procureur fiscal de la châtnie de Benêt.

Arnault (N.), s^r de la Fauconnière, avait épousé Etienne-Jean-Anne Petit, sgr du Vignaud, lieutenant-général au siège royal de Fontenay, décédé en 1748. (Gén. Petit du Vignaud.)

Arnault (Jean), archiprêtre-curé de Notre-Dame de Niort et archidiacre de l'Église de Poitiers, fut aussi vicaire général des évêques MM. de Foudras et de la Marthonie, et prononça l'oraison funèbre de ce dernier dans l'église cathédrale de Poitiers, le 26 août 1749. D. du Radier en fait l'éloge.

Arnault (Jacques), sgr de Bonneuil, né en 1684, procureur du Roi au siège de Niort, fut échevin, maire et capitaine de cette ville pendant 30 années, de 1722 à 1752 (M. Stat. 1865, 60.), et mourut en mai 1776, à 92 ans. (Aff. du Poitou.)

Arnault (Laurent) était consul à Niort le 24 juin 1741. (D. F. 17.)

Arnault (Paul), s^r de la Jolinière, consul à Niort en 1748 et juge en 1752. (Id. 13, 47.)

Arnault de Treuil-Bouton (Louis), procureur au siège de Niort, mort en avril 1787, âgé de 81 ans, se distingua pendant sa longue carrière par son esprit de désintéressement et de conciliation (Aff. Poit.) ; avait été premier échevin et capitaine du régiment royal de cette ville en 1765. (M. Stat. 1865, 75.)

Arnault (Charlotte-Marcelle) épousa, le 18 avril 1759, Louis-Jacques Ayrault, docteur en médecine à Parthenay.

Arnault (Marie) épousa vers 1760 Jean-Hilaire Houlier, Ec., sgr de Villedieu, Chev. de St-Louis.

Arnault de la Motte (Thérèse) était veuve de N. Joly de St-Pic, conseiller du Roi à Fontenay le 3 janv. 1789. (G. Fleury.)

1. — **Arnault** (Louis) épousa Marie David, dont il eut Laurent, né en 1630, filleul de Michel Arnault, avocat.

2. — **Arnault** (Laurent), sr des Barres (probablement fils de Louis), épousa Marguerite Moreau, dont il eut, de 1659 à 1674 : 1° Antoine, qui suit ; 2° Madeleine, 3° Jacques, 4° Philippe (dont Alexandre Arnault de la Moucherie et Jacques Arnault, procureur du Roi, furent parrains).

3. — **Arnault** (Antoine), sr des Barres, capitaine d'infanterie, vivait en 1704, époux de Louise Sabourin.

ARNAULT DE LA MÉNARDIÈRE. — Famille qui a encore aujourd'hui de nombreux représentants, et que l'auteur de la généalogie publiée en 1874 dit descendre des Arnault qui habitaient la ville de Niort ; elle a été, par arrêt de la cour d'appel de Poitiers du.... sur le vu d'actes antérieurs à l'époque révolutionnaire, confirmée dans le droit d'ajouter à son nom celui de la Ménardière. Nous suivrons les indications données par ce travail, en y ajoutant les notes que nous avons recueillies.

Arnault (Vincent), sr de Château-Gaillard, était consul à Niort en 1633. Il eut une fille, Elisabeth, mariée, le 27 mai 1625, à Philippe Teillé, sgr de la Forgerie, maire de Niort en 1658, et aussi plusieurs autres enfants, parmi lesquels, croyons-nous, Alexandre, qui suit.

Arnault (Alexandre), procureur du Roi à Niort, marié, le 11 janv. 1628, à Marie Giraudeau, a eu : 1° Elisabeth, née en 1629, mariée à Alexis Dabillon, sr de la Guillarderie ; elle était sa veuve le 5 fév. 1663 ; 2° Louis ; 3° Jacques, qui suit ; 4° Marie ; 5° Alexandre, rapporté après son frère ; 6° Philippe, né en 1643 (peut-être auteur des Arnault de la Ménardière). Jacques et Michel Arnault, avocats, furent parrains de ces enfants ; ils étaient sans doute frères d'Alexandre.

Arnault (Jacques), sr de la Fraignée, procureur du Roi, fut maire de Niort et décéda en 1726, à 80 ans. Il a eu, de 1660 à 1674, 8 enfants : 1° Françoise, 2° Catherine, 3° Jacques, 4° Marie, 5° Alexandre, 6° Jean, 7° François, 8° Alexis.

Arnault (Alexandre), Ec., sgr de la Moucherie, conseiller du Roi en l'élection de Niort (fils puîné d'Alexandre, procureur du Roi, et de Marie Giraudeau), fut pair en 1659. Il épousa Catherine Pastureau, dont il eut : 1° Elisabeth, née en 1658 (filleule de Jacques Arnault, procureur du Roi), et 2° Jean, procureur du Roi, échevin de Niort en 1716.

§ Ier. — Première Branche.

Blason. — Arnault (Philippe), sr de Château-Gaillard (1700) : d'argent à trois couronnes de laurier de sinople. (d'Hozier, d'office.)

1. — **Arnault** (Philippe), sr de Château-Gaillard, habitant la psse N.-Dame de Niort, épousa, le 6 juill. 1665, Charlotte Suandeau, fille de Tristan, sr de la Ménardière et de la Servantière, et de Marie Guérineau. Il est mort à Xaintray, le 30 juill. 1721, âgé de 66 ans, et sa veuve le 11 août 1721. Leurs enfants furent : 1° Alexandre-Philippe, né à Xaintray le 4 mai 1666, filleul d'Alexandre Arnault, sr de la Moucherie, élu à Niort, décéda sans alliance le 30 déc. 1733 ; 2° Alexandre dit Arnault du Fief, qui eut de son mariage avec N. un garçon et 2 filles, l'une mariée à M. Desayvre et l'autre à M. Delaroy ; 3° Charles, sr de la Faucherie, marié à Louise Masson, dont un fils, qui de Anne Desayvre eut Gabrielle, mariée à Marie-Joseph Train, conseiller au siège royal de Fontenay ; 4° Marie-Charlotte, mariée à Xaintray, le 21 nov. 1701, à Nicolas Richard ; 5° Marie-Anne, qui épousa à Xaintray, le 26 nov. 1704, Pierre-Abraham Allonneau, sr de la Bruchetière ; 6° Philippe, qui suit.

2. — **Arnault** (Philippe), sr de la Michelière, naquit à Xaintray le 18 juill. 1667, s'y maria, le 23 juill. 1691, avec Anne Masson. Il vivait encore en 1696 ; le 15 juin de cette année, il passait un acte de vente. De son mariage sont issus : 1° Renée, mariée à François Mangou de la Pergellerie ; 2° Marie-Anne, mariée à Jacques Verrière le 3 sept. 1736 (Jarriau et Florisson, not.) ; 3° Marguerite, épouse de Louis Mangou de la Gralière ; 4° Philippe-Alexandre, marié à N. Suandeau, dont Alexandre-Philippe, qui, de Marthe Nicolas, eut un fils, Alexandre, marié à Anne Citoys ; 5° Anne-Angélique épousa, le 31 janv. 1729, Louis Deshayes ; elle est morte à Pamplie le 10 fév. 1749 ; 6° André, qui suit.

3. — **Arnault de la Ménardière** (André), sr des Cranières, officier de l'Université de Poitiers, suivant lettres patentes du 28 mai 1751, confirmées par autres du 19 mai 1771, acquit la terre des Cranières le 20 mars 1759, et épousa à Benassais, le 30 janv. 1748, Marie-Madeleine Lamarque, fille de René, not. à Latillé, et de feu Jeanne Rufin. Il es tmort aux Cranières le 1er mars 1777, et sa veuve y est décédée le 4 avril 1790, laissant : 1° Madeleine-Marie, née à Xaintray le 9 oct. 1748, restée célibataire ; 2° Madeleine-Elisabeth, née à Xaintray le 27 déc. 1750, épousa à Benassais, le 3 janv. 1771 (Penot, not.), Charles-Fabien Bonnet, sr de la Galonnière ; elle est décédée à Ayron le 24 prairial an XIII ; 3° Charles, marié, le 18 juill. 1777 (Audebert, not. à Thouars), à Michelle Thomas, fille d'André, chirurgien à Thouars, et d'Elisabeth Noyrault. Il est mort à Thouars le 5 messidor an XIII. Leurs enfants furent : *a.* Louis, né à Thouars, le 7 août 1779 ; il a épousé, le 6 prairial an XII, à St-Maixent, Marie-Françoise Chabot ; *b.* Aimée, née à Thouars, le 7 févr. 1790, qui se maria, le 1er mai 1808, à Louis-Marie-Joseph Gaudry, not. à Argenton-Château. Elle est morte le 21 août 1858.

4. — **Arnault de la Ménardière** (Louis-Marie-René) naquit à Xaintray, le 2 fév. 1750, fut nommé en 1777 sénéchal des châtnies de Savigny-l'Evêcault et de Benassais. Il exerça comme avocat depuis fév. 1773 devant les cours de justice de Poitiers, et, à la suppression du Présidial, il fut nommé par les suffrages de ses concitoyens (nov. 1790) juge au tribunal de district de Poitiers, et fut appelé à le présider en 1791. Au milieu des changements successifs subis par ce tribunal, M. Arnault fut constamment maintenu à sa tête et prouva, dans un procès criminel intenté à une Vendéenne (Mme Chevallereau), qu'il ne savait pas transiger avec sa conscience, en opinant en faveur de l'accusée, à haute voix, comme on le faisait alors. Un représentant du peuple dit au président Arnault, au sortir de l'audience, ces paroles menaçantes : « *Tu as favorisé la Chevallereau, tu t'en souviendras. — J'ai favorisé la justice*, répondit le magistrat, *il en arrivera ce qui pourra.* » (Affiches de Poitiers, n° du 11 janv. 1821.) M. Arnault fut l'un des

présidents du tribunal civil de la Vienne qui en 1790 remplaça celui de district. En 1800, il fut nommé juge de la cour d'appel ; en 1802, vice-président, et en 1811, créé doyen des conseillers. Il est mort à Poitiers, le 5 janv. 1821. Son oraison funèbre fut prononcée par M. Babault de Chaumont.

Louis-Marie-René avait épousé, le 28 avril 1773 (Conjour et Bourbeau, not.), Marie-Bénigne Boncenne, fille de Robert, procureur au Présidial et substitut en l'élection de Poitiers, et de Marie-Jeanne Defosse. Onze enfants sont nés de ce mariage : 1° Louis-Marie-René, né à Poitiers, le 27 sept. 1775, receveur des domaines à Troyes, est mort à Poitiers, le 11 oct. 1858, laissant de Marie-Louise Monclin, son épouse : *a.* Elisa, *aliàs* Louise, née à Varennes, le 9 juin 1807, religieuse de Picpus à Poitiers, morte le 20 janv. 1885, à l'age de 77 ans ; *b.* Eugénie, mariée à Eugène Simonnot ; *c.* Marie-Irma, célibataire, morte à Poitiers le 26 fév. 1885, âgée de 70 ans.

2° Pierre-Jacques, qui suivra ; 3° Toussaint-Thérèse, dont la postérité sera rapportée après celle de son frère, § II ; 4° Marie-Anne, née à Poitiers, le 11 août 1781, mariée à François Chilloux, avoué et juge suppléant au tribunal de Ruffec ; 5° Adélaïde, née à Poitiers, le 31 août 1782, décédée à 81 ans, le 10 janv. 1864, veuve d'Etienne-Pierre-Julien Catineau, imprimeur-libraire ; 6° Louis-Joseph, rapporté § III ; 7° Susanne-Radégonde, née à Poitiers, le 6 juin 1785, décédée le 12 juin 1865, sans alliance ; 8° Louis, né à Poitiers, le 8 mars 1787, officier d'infanterie, célibataire ; 9° Marie-Henriette, née à Poitiers, le 2 nov. 1788, célibataire ; 10° Victoire, supérieure du couvent des Filles de N.-Dame, à Poitiers, morte le 26 nov. 1836 ; 11° Marie-Frédéric, dont il sera parlé § IV.

5. — **Arnault de la Ménardière** (Pierre-Jacques), né à Poitiers, le 19 fév. 1777, entra à l'école militaire. Il fit la campagne d'Italie et combattit à Marengo ; ayant obtenu son congé le 20 prairial an IX, il fut reçu avocat le 3 nov. 1806 et avoué le 22 prairial an X, nommé juge suppléant à Parthenay le 19 mai 1811, et juge à Bressuire en 1816. Il est mort à Poitiers, le 19 mars 1841, ayant épousé, le 1er juin 1801, à Parthenay, Geneviève Cornuau, fille de Jean-François et de Jeanne-Radégonde Bonnet (Petit, not.). Il en eut : 1° Louis-Florian, qui suit ; 2° Achille-Fidèle, né à Parthenay le 13 août 1806, mort sans alliance ; 3° Henri, né à Parthenay, le 28 avril 1808, avoué à Ruffec, y épousa, le 27 nov. 1833, Marie-Anne Chilloux, sa cousine germaine, fille de François et de Marie-Anne Arnault de la Ménardière, dont il a eu : *a.* Victor-Simon, né à Ruffec, le 28 oct. 1838, marié, à Mansle, à Alix Macheneau, dont Susanne, Madeleine, René, Marie ; *b.* Firmin-Henri, né à Ruffec, le 11 oct. 1840 ; *c.* Paul-Joseph, né à Ruffec, le 15 juil. 1846, décédé en 1880, à Vouneuil-sous-Biard.

4° Amaranthe, née à Parthenay, le 10 sept. 1809, décédée en 1834, à Paris, religieuse du Sacré-Cœur ; 5° Zoé-Mélanie, née à Parthenay, le 15 déc. 1812, religieuse du Calvaire à Orléans.

6. — **Arnault de la Ménardière** (Louis-Florian), né à Parthenay, le 23 mars 1802, docteur en droit, avocat, avoué à Parthenay, puis juge de paix à Chauvigny et à la Rochelle, est décédé à Poitiers, le 21 mars 1877. Il avait épousé, le 14 oct. 1833 (Besnard, not. à Chef-Boutonne), Françoise Gilbert-Rhodez, fille de Clément et de Marie-Elisabeth Barbier, dont il a eu : 1° Marie-Eugénie, née à Chef-Boutonne, le 25 juil. 1834, mariée à Chauvigny, le 14 fév. 1854, à Alfred Rondier, notaire, puis juge à Melle, décédée à Melle le 6 oct. 1877 ; 2° Henri-Eugène, qui suit.

7. — **Arnault de la Ménardière** (Henri-Eugène), né à Parthenay, le 26 janv. 1840, avoué près le tribunal de cette ville, marié à St-Loup, le 24 fév. 1867, à Blanche-Virginie-Gabrielle Desmé, fille d'Eugène, notaire, et de Virginie Logeay, dont il a eu Henri-Louis-Eugène, né à Parthenay, le 16 déc. 1867.

§ II. — Deuxième Branche.

5. — **Arnault de la Ménardière** (Toussaint-Thérèse), troisième fils de Louis-Marie-René et de Marie-Bénigne Boncenne (4e degré du § Ier), naquit à Poitiers, le 21 juil. 1780 ; il épousa, le 21 avril 1806, Marie-Anne Bourdeau, fille de Pierre, IIIe du nom, et de Françoise-Catherine Vincent. Il a été avoué près la cour d'appel de Poitiers et juge de paix du canton de Neuville, est décédé le 13 sept. 1861, laissant : 1° Adolphe, docteur-médecin, marié à Azema-Henriette Moreau, dont : *a.* René-Pierre-François, lieutenant de vaisseau, Chev. de la Légion d'honneur, marié à Cornélie Arnault de la Ménardière, fille de Pierre-Gustave et de Cornélie Carteni ; *b.* Henri, ingénieur civil, marié à Paris, en fév. 1880, à N. Davin, décédé le 24 déc. 1882 ; *c.* Noémi, épouse de Charles Guillaud.

2° Pierre-Gustave, qui suivra ; 3° Louise, mariée à Olivier Bourbeau, professeur de procédure civile à la Faculté de droit de Poitiers, député et ministre de l'instruction publique, etc. ; 4° Victorine-Susanne, mariée, le 7 avril 1840, à Isidore-Jules Lemoyne professeur de l'Université ; 5° Marie-Gabrielle, née le 12 mars 1818, épouse d'Anselme Vinée, avoué et juge suppléant à Loudun.

6. — **Arnault de la Ménardière** (Pierre-Gustave) naquit à Poitiers, le 19 sept. 1808, épousa Cornélie Carteni en mai 1841, dont : 1° Pierre-Gustave-Gabriel-Olivier, né à Poitiers le 6 janv. 1846, chef de bataillon d'infanterie ; 2° Cornélie, mariée à René-Pierre-François Arnault de la Ménardière, lieutenant de vaisseau, son cousin.

§ III. — Troisième Branche.

5. — **Arnault de la Ménardière** (Louis-Joseph), fils puîné de Louis-Marie-René et de Marie-Bénigne Boncenne (4e degré du § Ier), naquit à Poitiers, le 6 mars 1784, fut d'abord sous-préfet à Montmorillon, puis substitut du procureur général et conseiller à la cour d'appel de Poitiers, après 1832, chevalier de la Légion d'honneur. Il épousa, le 7 avril 1807, Rose Bonnet, fille de Charles-Fabien Bonnet, sr de la Galonnière, et de Madeleine-Elisabeth Arnault de la Ménardière, dont il a eu : 1° Aglaé, née le 6 janv. 1808, célibataire ; 2° Euphrosine-Clémentine, religieuse, décédée le 5 déc. 1853 ; 3° Nathalie, née à Poitiers, le 22 juil. 1809, épouse de Pierre-Adolphe Bry, not. à Châtillon-sur-Sèvres ; 4° Louis-Joseph dit Alexandre, né à Poitiers, le 9 mars 1815, décédé à l'île Bourbon, le 30 avril 1865, après avoir été substitut du procureur du Roi aux Sables-d'Olonne, et substitut du procureur général à l'île Bourbon ; marié dans ladite île, le 1er fév. 1842, à St-Denis, à Euphrasie-Gabrielle Ozoux, fille de François-Gabriel-Dominique, juge de paix à St-Denis, et de Marie-Henriette Pajot. De ce mariage est issue Jeanne-Baptistine-Rose-Henriette-Omblerie, née à St-Denis, le 30 oct. 1843, mariée, le 15 sept. 1862, au chât. de Foussac, à Joseph-Camille Arnault de la Ménardière.

§ IV. — Quatrième Branche.

5. — **Arnault de la Ménardière** (Marie-Frédéric), 5e fils de Louis-Marie-René et de Marie-Bénigne Boncenne (4e degré du § 1er), naquit à Poitiers, le 2 fév. 1790, président du tribunal de Loudun, se maria deux fois, d'abord à Jeanne-Placide Gallet, décédée vers 1825, et ensuite à Radégonde-Hélène Arnault-Duval, le 18 juil. 1831, décédée, âgée de 79 ans, le 23 août 1834. Du premier lit sont issus : 1° Louis-Frédéric ; 2° Joseph-Charles, avocat, juge de paix à St-Georges-les-Baillargeaux, né à Poitiers, le 14 fév. 1816, marié, vers 1840, à Victoire-Louise Duval, et décédé le 20 janv. 1865, sans postérité ; 3° Toussaint-Félix, né à Poitiers, le 23 janv. 1817, célibataire ; 4° Clotilde-Marie-Julie, née à Bressuire en 1824.

Du second lit sont issus : 5° Joseph-Camille, né à Loudun, le 28 janv. 1834, professeur à la Faculté de droit de Poitiers, marié, le 15 sept. 1862, à Jeanne-Baptistine-Rose-Henriette-Omblerie Arnault de la Ménardière, sa cousine, fille de Louis-Joseph et d'Euphrasie-Gabrielle Ozoux ; 6° Jules, né à Loudun, le 22 mars 1836, directeur des Contributions directes ; 7° Marcel, né à Loudun, le 16 nov. 1837, docteur-médecin, décédé le 15 juil. 1879 ; 8° Marie-Radégonde-Hélène-Antoinette, née à Loudun, le 11 juin 1845, mariée à Edouard Arnoux, général de brigade, grand-officier de la Légion d'honneur.

ARNAUD. — Autre famille.

Arnaud (Louis-Jacques-Charles), d'une ancienne famille de la Vendée, habitait Maillezais lorsque, par suite de son mariage avec Françoise-Catherine Rocheteau, il vint s'établir à Niort. De cette alliance sont issus : 1° Charles-François, qui suit ; 2° Eugène-Alexandre, né le 3 juin 1808, ancien avoué et avocat près le tribunal civil de Niort, vivant, sans enfants ; 3° Apolline-Honorine, née le 9 oct. 1810, décédée célibataire le 26 juin 1886.

Arnaud (Charles-François), né à Niort (D.-S.), le 20 févr. 1806, fit d'excellentes études au collège de Niort, alla à Paris pour étudier le droit ; mais l'altération de sa santé le força à revenir à Niort dans sa famille. Il s'occupa alors avec ardeur à l'étude de l'histoire du Poitou, donna le premier l'essor vers les études archéologiques et historiques, qui ne s'est plus arrêté depuis, et fonda avec MM. Beaulieu et Baugier la Société de Statistique des Deux-Sèvres, sous le patronage de M. Léon Thiessé, alors préfet du département (1836). Il fut longtemps secrétaire ou président de cette Société savante. Le 19 août 1834, la Société des Antiquaires de l'Ouest l'avait nommé membre non résidant.

En 1839, le 18 mai, il fut nommé correspondant du ministère de l'instruction publique, pour les travaux historiques. Le 9 juin 1842, la Société des Antiquaires de France lui ouvrit ses rangs. Le 9 sept. 1848, il fut nommé conseiller de préfecture des Deux-Sèvres, remplissant les fonctions de secrétaire général ; maintenu le 16 août 1858 comme correspondant du ministère de l'instruction publique, décoré de la Légion d'honneur (14 août 1866) ; il fut élevé à la 2e classe des conseillers de préfecture (14 mai 1868), nommé officier d'académie (16 mars 1870) ; il décéda le 7 sept. 1870, frappé par la mort en apprenant le désastre de Sédan, dont on peut dire qu'il fut ainsi une des victimes.

Voici les principales publications de cet auteur : *Histoire de Maillezais* (un vol. in-8°, Robin et Favre, Niort). — *Les Moines de Maillezais réfugiés à Niort* (Revue littéraire). — *Notice historique sur l'église St-André de Niort* (Rev. litt. 1837-38). — *Rapports sur les expositions départementales de 1839-40-43-48-53.* — *Monuments civils, religieux et militaires des Deux-Sèvres*, en collaboration avec M. Baugier. — *Notice historique sur Notre-Dame de Niort.* — *Aperçu historique et archéologique du département des Deux-Sèvres.* — *Notice biographique sur le voyageur René Caillé.* — Discours prononcé à Mauzé, le 26 juin 1842, pour l'inauguration du buste de René Caillé (Mémoires de la Société de Statistique). — *L'Abbaye de Nieul-sur-l'Autize* (Mém. de la Société de Stat.). — *Étude sur les voies romaines traversant les Deux-Sèvres*, travail adressé au Ministre de l'instruction publique (M. Soc. de Stat.). — *Monuments de Thouars.* (Annuaire du départ. des Deux-Sèvres). — *La Sèvre Niortaise, son histoire et celle de sa navigation* (Mém. Soc. de Stat.). — *Visite de Son Altesse Impériale le prince Louis-Napoléon au département des Deux-Sèvres*, contenant tous les discours prononcés à cette occasion. — *Précis historique sur le département des Deux-Sèvres.* — *Les Oratoriens à Niort* (Mém. de la Soc. de Stat.). — *Pièces relatives à l'histoire de Niort* (Mém. de la Soc. de Stat.), etc., etc.

ARNOUL. — Nous n'avons recueilli que peu de renseignements sur les Arnoul, qui, tout en portant le même nom, appartenaient à des familles différentes.

Blason. — René Arnoul, maire de Poitiers en 1580, est dit porter « d'azur au chevron d'or, « accompagné de trois coquilles d'argent, « au chef de gueules, chargé de 2 étoiles « d'or ayant au milieu un croissant d'argent. » (Hist. Poit. 6, et Armorial des maires de Poitiers.)

Arnulfus (Petrus) fut témoin d'une cession de terrains situés à Frouzille, 1104. (Chapitre St-Hilaire-le-Grand.)

Arnoul (Jacques) fut nommé, le 26 juin 1548, receveur des deniers de la ville de Poitiers. C'est lui sans doute qui fit aveu du fief des Bastonnières le 30 juin 1561, et eut pour fils René.

Arnoul (René) fit aveu des Bastonnières le 21 août 1562.

Arnoul (Françoise) épousa, vers 1580, Jacques Porcheron, sgr de St-James.

Arnoul (Radégonde) épousa avant 1605 François Cherpentier, élu à Poitiers.

Arnoul (René), Ec., sgr du Puy, Bonillet, la Berthonalière (était probablement cousin de l'autre René) ; en 1555 il était juge-consul des marchands à Poitiers, et il fut nommé maire en 1580 ; il fit aveu de Bonillet le 17 juin 1581. C'est lui sans doute qui prêta à la ville 1,000 écus, pour la réception de Henri III, suivant le compte des dépenses de l'hôtel de ville ; il épousa Marie Esquot, dont il n'eut qu'une fille, Marthe, qui épousa Donal Macrodor (originaire d'Écosse), lieutenant-général à St-Maixent.

Leur fils aîné Jérôme Macrodor fut, par testament de son aïeul, chargé de porter les nom et armes d'Arnoul, et obtint des lettres du Roi approuvant cette substitution, datées de mars 1623 ; il y est dit d'extraction noble de père et de mère. Il eut pour fils (ou pour petit-fils) :

Arnoul (Louis), Ec., sr de la Fond, qui dans un acte de 1654 est dit disparu depuis 8 ans ; sa veuve obtint réunion du conseil de famille, où figurèrent Jean Leblond, Ec., sr de la Buillargère, oncle paternel des mineurs, et Louis Leblond, Ec., sr de Dorsé, leur cousin issu de germain (tous les deux de Poitiers). Il avait épousé Françoise Bodin (de Villeneuve-le-Comte en Brie), dont Louis, mineur en 1654. (Notes. Fonds Chérin, vol. 8.)

ARNOUL. — Autre famille.

Arnoul (Antoine), avocat au Présidial de Poitiers, fut procureur général de l'Université et figure dans deux actes relatifs aux Augustins et à leurs privilèges, datés du 24 mars 1686 et du 4 juin 1688. (D. F. 1.) Il épousa Françoise Corbin.

Il portait pour blason : de sable à un rosier d'or portant 3 roses d'argent. (Arm. Poitou.)

ARNOUL (à Niort).

Arnoul (Paul) était en 1638 pair de la maison commune de Niort. (F.)

ARNOUL DE SAINT-SIMON. — Famille originaire de Saintonge, alliée à plusieurs familles poitevines.

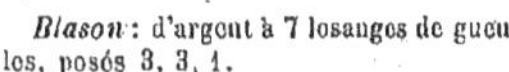

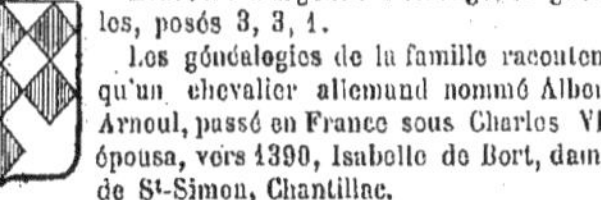

Blason : d'argent à 7 losanges de gueules, posés 3, 3, 1.

Les généalogies de la famille racontent qu'un chevalier allemand nommé Albert Arnoul, passé en France sous Charles VI, épousa, vers 1390, Isabelle de Bort, dame de St-Simon, Chantillac.

§ Ier. — Branche de **Nieul**.

1. — **Arnoul** (Guy) épousa Marguerite de Souds-moulins, dont :

2. — **Arnoul** (Nicolas), sr de Chantillac, conseiller au Parlement de Bordeaux, épousa Philippe Suyreau dite Quissarme, dame d'Auzay (famille de St-Maixent), dont : 1° Bertrand, qui suit ; 2° André, chef de la branche de St-Simon, § II ; 3° Marie, qui épousa en 1547 Antoine de Ste-Maure, sr de Mosnac.

3. — **Arnoul** (Bertrand), sgr de Nieul, conseiller au Parlement de Bordeaux, marié à Jeanne de Mendosse, dont :

4. — **Arnoul** (Pierre), sr de Nieul, conseiller au Parlement de Bordeaux, épousa Maurille de Pierre-buffière, dont : 1° Christophe, sr de Nieul, marié à Susanne Lauxerrois ; 2° Gilles, qui suit.

5. — **Arnoul** (Gilles) épousa : 1° Françoise Alain ; 2° Esther du Gravier ; il eut pour fils :

6. — **Arnoul** (Léon), marié à Marguerite de Rabaine, dont : 1° Léon, 2° Marie, qui épousa, en 1674, François Poute, Chev., sgr de Château-Dompierre.

7. — **Arnoul** (Léon), Bon de Nieul-le-Viroul, eut, pensons-nous, pour fille Marie-Anne-Marguerite, mariée, vers 1700, à Jean-Baptiste Poute, Chev., sr de Château-Dompierre, puis Mis de Nieul.

§ II. — Branche de **Saint-Simon**.

3. — **Arnoul** (André), Ec., sr de St-Simon, Brie en Archiac, fils de Nicolas et de Philippe Quissarme (2e deg., § I), épousa Lucrèce Eschalard, que l'on croit fille du sgr de la Boulaye, dont : 1° André, qui suit ; 2° Elisabeth, mariée, en 1596, à Pierre de Mellet ; 3° Jonathan, sgr de la Salle, marié à Anne des Cazeaux, dont un fils, Antoine.

4. — **Arnoul** (André), Ec., sr de St-Simon, Milescu, Vieux-Romans, fut tuteur judiciaire de Susanne Tutault, et fit aveu pour elle, le 25 juil. 1617, des prés de Fontmorte à l'abbaye de St-Maixent. Il épousa Livie de Grimaud (Grimaldi), dont il eut Anne, mariée en 1613 à Jean Poussart, Chev., sgr d'Anguitard.

AROUET. — Famille originaire du Poitou, que l'on trouve établie en Gâtine, à Loudun, à St-Loup, petite ville dont les ancêtres de la branche de Voltaire sont originaires.

Blason. — Arouet : d'argent à 3 flammes de gueules, 2 et 1. (Arm. d'Hozier.) — Voltaire avait pris pour armes : d'azur à 3 flammes d'or. (Lainé, 2, 31.)

Arouet (René), habitant Loudun au XVe siècle, fut, — au témoignage d'Etienne Rousseau, enquêteur à Loudun, — auteur d'ouvrages dignes de voir le jour, « si sa rare modestie ne se fût opposée à ce qu'il les fit imprimer ». Il mourut à Loudun en 1499. Antoine Dumoustier avait consacré à sa mémoire une pièce de vers qui fut envoyée à Voltaire par l'auteur de l'Histoire de Loudun, ouvrage dans lequel on peut les lire, ainsi que la réponse sarcastique et passablement orgueilleuse que fit à cet envoi l'auteur du *Siècle de Louis XIV*.

Arouet (Marie) rend un aveu, le 25 mai 1595, au chât. d'Airvau.

Arouet (Bonaventure) rendait, le 21 mai 1599, une déclaration d'héritages au chât. d'Airvau, comme époux de Marguerite Pellisson. (Arch. du Mat d'Airvau.)

Arouet (Jean), demeurant à Commequiers, fait, le 17 juin 1601, une déclaration à la dame de Rié. (M. A. O. 1869, 218.)

Arouet (Samuel) fut notaire de la Bnie de St-Loup de 1618 à 1641. Il avait épousé Mathurine Texier, fille de Paul et de Radégonde Amblard, sa femme, avant le 26 sept. 1622, date du partage de la succession de feu François Texier.

Arouet (Pierre), procureur fiscal du comté de Secondigny, était, le 26 juil. 1627, mandataire de haut et puissant Mess. Ch. de L'Hôpital. (Arch. du Mat d'Airvau.) Il était aussi procureur fiscal de Bressuire en 1629, et sénéchal de la Forêt-Montpensier.

Arouet (Jean), sr de la Massonnerie, demeurant au lieu noble de la Coudraye, psse d'Aubigny, juridiction de St-Loup, fait un acquêt de terre le 18 déc. 1635. (O.) Il avait épousé Renée Bertaudeau avant le 7 mai 1648. Il avait un frère.

Arouet (Pierre), élu à Thouars, marié à Marie-Susanne Vrignault, qui, de concert avec Jean qui précède, reconnaît devoir à Charles Bernard, sr du Chaigne, la somme de 900 liv. (O.)

Arouet (Marie) abjura le protestantisme en 1681, dans l'église de Montcoutant.

Arouet (Elisabeth) avait épousé Pierre Puychault, dont les hoirs sont dénommés dans un partage de biens de Hélène Babin, le 9 oct. 1704. (Gén. Babin.)

Arouet (Sire Jean), maître apothicaire à Saint-Loup, rend à l'abb. d'Airvau une déclaration pour quelques terres qu'il possédait. (O.)

Filiation, premier fragment.

Dans les lettres de B. Fillon à M. de Montaiglon, il s'occupe des ancêtres de Voltaire et dit avoir trouvé un :

1. — **Arouet** (Helenus), tanneur à St-Jouin en 1523, marié à Marie Forget, et père de plusieurs enfants, dont un appelé aussi Helenus.

2. — **Arouet** (Pierre), fils ou petit-fils du précédent, décédé avant 1584, marié dès 1560 à Marie Parent, qui en 1584 était veuve et tutrice de plusieurs enfants mineurs, dont l'aîné s'appelait Helenus.

3. — **Arouet** (Helenus), IIe, transige au nom de sa mère, avec d'autres Arouet, ses oncles ou cousins, le 8 avril 1584. (Arch. Vienne, E 233.) Par deux actes trouvés à la Mothe-St-Héraye par M. Sauzé, on voit qu'il fut parrain, le 27 juil. 1614, de sa petite-fille Madeleine Gaultier, et que, le 3 juin 1622, il reçut une quittance à lui donnée par Marie Arouet, sa fille, pour une somme provenant de la succession de Marie Montault, femme dudit Helenus et mère de Marie. (Minutes Guillon, notre à la Mothe.) Helenus, d'après un acte du 13 août 1598, habitait à St-Loup une maison sise au fief du sgr de la Monlière.

D'après les pièces précédentes, Helenus, marié vers 1580, aurait eu pour enfants : 1° Marie, précitée, qui épousa, vers 1600, Jacques Gaultier, procureur fiscal de la Mothe-St-Héraye, puis, le 28 fév. 1619, Isaac Fraigneau, maître chirurgien ; 2° Jacquette, et peut-être 3° Helenus, qui suit.

4. — **Arouet** (Helenus), né en 1599, mourut jeune et fut inhumé dans l'église de St-Loup, où, vers 1840, on découvrit son épitaphe qui se trouvait cachée sous un des bancs qui couvraient le pavé :

« Ci gist le corps d'honorable homme Helenus Arouet « jeune, vivant marchand, demeurant dans la ville de « St-Loup, qui décéda le 15 juin 1631, âgé de 32 ans. « Priez Dieu pour son âme. »

La femme d'Helenus Arouet, Jacqueline Marcheton, repose à côté de son mari. Son épitaphe est ainsi conçue :

« Ci gist le corps de honorable Jacqueline Marcheton, « veuve de honorable Helenus Arouet, décédée le 27 « décembre » (sans doute de la même année que son mari).

Sur le milieu d'une autre pierre on lit : « Le 24 avril 1677, décédée Hélène Arouet, leur fille, et femme de René Suyre, greffier. »

Filiation, second fragment.

4. — **Arouet** (François), né vers 1600, peut-être fils ou plutôt neveu d'Helenus II, alla s'établir à Paris, où il se livra au commerce ; il se maria à Paris, le 28 janv. 1626, à Anne Mallepart, fille d'André, bourgeois de Paris. Il eut pour fils :

5. — **Arouet** (François), d'abord notaire au Châtelet, puis conseiller du Roi, trésorier de la chambre des comptes, épousa, le 16 juin 1683, Marie-Marguerite Daumart, que quelques biographes disent issue d'une famille noble poitevine (erreur, car les Daumart étaient Parisiens), fille de Nicolas, greffier criminel du Parlement de Paris, et de Catherine Carteron. François Arouet mourut vers 1721, laissant de son mariage trois enfants : 1° N., 2° Armand, connu par son attachement au jansénisme, mourut en janv. 1741, laissant un ouvrage ascétique en manuscrit, qui a passé de la bibliothèque de Voltaire dans celle de l'impératrice de Russie ; 3° François-Marie, qui suit.

6. — **Arouet** (François-Marie), qui a rendu si célèbre le nom de Voltaire, qu'il crut devoir prendre, selon l'usage, du nom d'un fief, pour se distinguer de ses deux frères, naquit à Chatenay, village près de Sceaux, le 20 févr. 1694. Nous n'essaierons pas de refaire ici la biographie de cet écrivain, ni de donner la liste de ses nombreux ouvrages ; on trouve ces détails dans toutes les collections biographiques. Voltaire mourut à Paris, le 30 mai 1778, âgé de 84 ans et quelques jours.

M. Pol de Courcy, dans son Nobiliaire de Bretagne (1878), donne une filiation des ancêtres de Voltaire qui, d'après lui, habitaient Loudun et occupaient dans cette ville, dès 14.., une certaine position sociale. Nous ne savons quelles peuvent être les justifications du travail du savant généalogiste breton, lequel diffère entièrement du nôtre, sauf pour les deux derniers degrés. On n'y trouve aucun des noms cités par nous d'après des actes authentiques. Voici, du reste, la copie de la généalogie de M. P. de Courcy, réduite à ses parties les plus essentielles.

---

1. — **Arouet** (Jean), receveur à Loudun en 14.., époux de Marie Thomassière, fille de René, receveur à Loudun.

2. — **Arouet** (Thomas), élu à Loudun, épousa en 1437 Denise Velluire, dont : 1° René, qui suit ; 2° Simonne, femme de Louis Guérinet, frère de Léon Guérinet, évêque de Poitiers en 1456.

3. — **Arouet** (René), né à Loudun en 1440, enquesteur à Loudun, y mourut le 21 oct. 1499 et y fut enterré dans l'église St-Pierre; marié à Jeanne Dupont, dont :

4. — **Arouet** (Robert), procureur en l'élection de Loudun, décédé avant 1538, marié à Jacqueline Aubéry, morte en 1527, dont: 1° Jean, qui suit; 2° René, procureur à Poitiers en 1538 ; 3° Jeanne, mariée à Michel Voltaire, décédée avant 1538.

5. — **Arouet** (Jean), IIe, greffier en l'élection de Loudun, puis notaire à St-Loup, décéda en 1583 ; marié à Marie Bayou, il en eut : 1° François, qui suit; 2° Claude, né à St-Loup, mort à Poitiers, dans le massacre de la St-Barthélemy ; 3° Pierre, trésorier de France en la généralité de Tours, mort le 14 avril 1596 ; 4° Marie, religieuse Augustine à Poitiers.

6. — **Arouet** (François), né à St-Loup, syndic, puis bailli de sa ville natale, mort en 1627, marié à Catherine Barlault, fille de Samuel, greffier à St-Loup, et de Marie Dupuis, dont: 1° Samuel, notaire à St-Loup ; 2° François, qui suit ; 3° Pierre, avocat du Roi en l'élection de Thouars, marié à Françoise Bodin, dont : *a*. Jérôme ; *b*. Marie, marraine du père de Voltaire.

7. — **Arouet** (François), IIe, vint s'établir à Paris marchand de draps et soies, y épouse, 28 janv. 1626, Marie Mallepart, pss de St-Germain-l'Auxerrois, fille d'André, marchand et bourgeois de Paris. François mourut avant 1670, laissant : 1° André, baptisé à St-Jean-de-Grève, le 31 mars 1631 ; 2° Marie, mariée à Mathieu Marchand ; 3° François III, qui suit.

8. — **Arouet** (François), IIIe, baptisé, le 22 août 1647, à St-Germain-l'Auxerrois, notaire au Châtelet de Paris de 1675 à 1692, achète en 1696 la charge de payeur des épices et receveur des amendes de la chambre des comptes, meurt à Paris le 7 avril 1724,

inhumé à St-Barthélemy ; marié, le 7 juin 1683, à St-Germain-l'Auxerrois, à Marie-Marguerite DAUMART, fille de Nicolas, ci-devant greffier criminel du Parlement de Paris, et de Catherine Carteron, dont : 1° ARMAND-FRANÇOIS, né le 18 mars 1684 ; 2° ARMAND, né le 22 mars 1685, succéda à son père le 29 déc. 1721, meurt le 18 fév. 1745, sans alliance ; 3° MARIE-CATHERINE, née le 18 déc. 1686, décédée en sept. 1726, mariée, le 28 janv. 1709 (St-Barthélemy), à Pierre-François Mignot, correcteur à la chambre des comptes ; 4° ROBERT, baptisé le 18 juill. 1689 (St-Germain-le-Vieil) ; 5° FRANÇOIS-MARIE (Voltaire), né le 21 nov. 1694. D'après M. de Courcy, François-Marie aurait pris ce nom de Voltaire, non comme celui d'un fief de sa famille maternelle, mais plutôt en souvenir d'un parent. (V. 4e degré.) Il naquit, dit-il, à Paris, et non à Chatenay, près Sceaux, rue de Nazareth, maison faisant l'angle de la rue de Jérusalem, près de la maison où était né Boileau, et fut baptisé le lendemain 22 nov. (St-André-des-Arcs).

ARPAJON. — Nous ne mentionnons cette famille que parce qu'elle a possédé pendant quelques années la baronnie de Mirebeau.

Les notes qui suivent sont extraites de l'Histoire de cette baronnie, due à M. Ed. de Fouchier. (V. M. A. O. 1877.)

Blason : de gueules à une harpe d'or.

Arpajon (Jean d'), issu au 8e degré de Hugues Ier, sire d'Arpajon, vivant en 1297, l'un des cent gentilshommes et des chambellans du Roi, devint Baron de Mirebeau par son mariage avec Anne DE BOURBON, fille de Louis bâtard de Bourbon, Cte de Roussillon, et de Jeanne légitimée de France. Il en prend le titre dès le 9 juill. 1515 ; était décédé avant 1523, laissant un fils :

Arpajon (René d'), Baron de Mirebeau, dont la propriété lui fut contestée par Gabriel de Culant, descendant de Louis de Culant, auquel le connétable Jean de Bourbon avait donné les droits qu'il avait sur cette baronnie, droits que le Parlement de Paris valida par un arrêt rendu en faveur de François de Blanquefort, sgr de St-Janvrin, Turgé, etc., cessionnaire de Gabriel de Culant, et ANTOINE d'Arpajon, fils de René, en fut définitivement évincé.

ARRIVÉ. — Famille du Bas-Poitou et dont les plus anciens représentants paraissent avoir habité le bourg de Chaillé-les-Marais (Vendée).

Blason. — La veuve de Jacques Arrivé, sr du Sableau, et Pierre Arrivé, sr de Boisfontaine : de gueules au chêne arraché d'or, accompagné de 3 hérons d'argent, posés 2, 1. (D'Hozier.) — D'après le vol. 449 Cab. tit., Arrivé du Sableau : d'azur à 2 aubiers d'or mouvants d'une onde d'argent, chargés sur leur feuillage d'un héron de sable volant et une étoile d'or posée en chef de l'écu.

Nous devons une grande partie des notes qui vont suivre à feu M. Piet-Lataudrie.

Arrivé (François), sénéchal de Marans, épousa en premières noces Marie DURAND, dame du Sableau, dont FRANÇOIS, qui suit, et HÉLIE. (V. § II.)

Arrivé (François), sr du Sableau, qui épousa, par contrat du 31 mai 1590, Marthe CHARRUAU.

Ce François doit être le sr du Sableau qui avait été choisi par les catholiques de Luçon pour leur servir de chef, lorsqu'ils étaient menacés d'attaques par les protestants (fév. 1568) ; mais, averti trop tard ou par toute autre raison, il ne répondit pas à cet appel.

La postérité de François se divisa en plusieurs branches. L'aînée fut celle des sgrs du Sableau, de l'Hermitage et de Bellefontaine ; la seconde portait le titre de sgr de Boisneuf. Nous allons donner successivement ce que nous avons recueilli sur chacune d'elles.

§ Ier. — BRANCHE AÎNÉE.

Arrivé (François), Ec., sgr du Sableau, était en 1644 maître particulier triennal et héréditaire des eaux et forêts des départements de Civray et de Fontenay-le-Comte ; le 28 déc. 1652, il partageait les marais du Sableau (Chaillé-les-Marais).

Arrivé (François), était en 1664 procureur du Roi de la maréchaussée de Fontenay-le-Comte ; sa veuve est inscrite dans le Catalogue des gentilshommes du Poitou avec cette annotation de M. de Maupeou : *condamnée comme roturière.*

Arrivé (François) sr du Sableau, lieutenant-général au siège royal de Fontenay, eut de N. sa femme une fille, MARIE, qui épousa, le 27 mars 1691, Henri d'Appelvoisin, sgr de Bouillé (Fillon, Poitou et Vendée, ve Bouillé ?), lequel rendait en 1696 et 1716, au chât. de Fontenay, un aveu pour la sgrie de Lavau. (N. féod. 24.)

Arrivé (Jean), Ec., sgr du Sableau et de l'Hermitage, chevau-léger de la garde du Roi, eut de N. son épouse : 1° PIERRE, qui suit, et 2° MARIE, qui, d'après M. Piet-Lataudrie, aurait épousé Henri d'Appelvoisin. On vient de voir que, d'après B. Fillon, cette Marie était fille de François Arrivé, lieutenant-général au siège de Fontenay ; n'ayant pas les éléments nécessaires pour décider de quel côté est la vérité, nous nous contenterons d'énoncer les deux opinions contraires.

Arrivé (Pierre), qualifié tour à tour de sgr du Sableau et de Boisfontaine, fut intéressé dans le dessèchement des marais de Maillezais, Moreilles, etc., et fut même pendant quelque temps directeur de l'association formée dans ce but, d'après les pièces de procédure auxquelles donna lieu ce dessèchement, de 1645 à 1648. Marié à Jeanne BOUCHEREAU, dame de la Roussière, fille d'Etienne, sr de la Roussière, etc., élu à Fontenay, et de Marie Moreau, sa seconde femme, il n'eut qu'une fille, nommée MARIE, dame du Sableau, Bellefontaine, la Roussière, l'Hermitage, etc., née le 17 janv. 1697, qui, le 7 mai 1710, obtenait des lettres de bénéfice d'âge, et se maria, le 3 mars 1714, à Charles-Paul de Béchet, Ec., sgr de Biargo, auquel elle porta les biens de sa branche.

§ II. — BRANCHE CADETTE.

Arrivé (Hélie), fils puîné de François et de Marie Durand, eut entre autres descendants :

Arrivé (Marie), mariée : 1° à Fiacre Divé, sgr d'Ardennes, conseiller au Présidial de la Rochelle, et 2° le 10 nov. 1674, à Auguste Joubert, Ec., sgr des Arsonnières et de la Crestinière ; elle vivait encore en 1704.

Il a existé une troisième branche des Arrivé sgrs de l'Isle et des Cormiers, qui est allée s'établir au Canada.

ARSAC (D'), titré Marquis de Ternay pour les honneurs de la cour. — Cette famille est originaire de Bretagne, où elle figurait dès le XIVe siècle.

Blason. — D'Arsac de Ternay : de sable à l'aigle éployé d'argent, becqué et onglé de gueules.

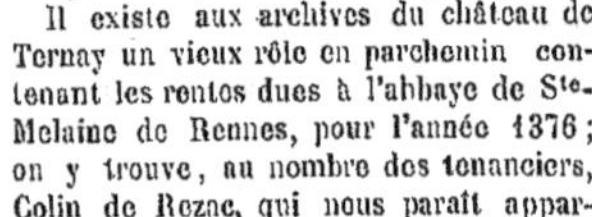

Il existe aux archives du château de Ternay un vieux rôle en parchemin contenant les rentes dues à l'abbaye de Ste-Melaine de Rennes, pour l'année 1376 ; on y trouve, au nombre des tenanciers, Colin de Rezac, qui nous paraît appartenir à la famille d'Arzac, bien que l'orthographe de ce nom soit différente, comme le prouvent plusieurs exemples qui suivent. On lit dans une enquête faite en 1528 que la famille d'Arzac avait ses établissements dans la p[sse] de Dingé, évêché de St-Malo, et dans le district de la baronnie de Combour ; qu'elle était noble d'ancienneté, et que ses armes étaient encore dans l'église de Dingé. On trouve en effet dans la Réformation de la noblesse de l'évêché de St-Malo, de l'année 1441, parmi les nobles de la p[sse] de Dingé, Jehan et Henri d'Erezac, nommés aussi Kerdrezac. Ce dernier est sans doute le même qu'un Henri sgr d'Erezac, qui possédait, en 1445, des héritages mouvants en arrière-fief de la sgrie de Combour. Les témoins de l'enquête le disent père d'une fille nommée JEANNE, qui doit être Jeanne d'Arsac, femme de Jean de Couaridon, sgr du Plessis en 1501, assurant aussi qu'ils étaient de même race que Rolland d'Arsac, 1er degré de la filiation poitevine.

A l'appui de cette assertion, on trouve encore un acte de 1595 qui énonce des droits sur la sgrie d'Arsac, p[sse] de Dingé, en faveur de René d'Arsac, issu au quatrième degré de Rolland.

La filiation suivie ne commence pour nous qu'à Rolland, dont nous avons déjà parlé, et qui vint le premier s'établir en Poitou.

Filiation suivie.

La justification de la filiation suivante résulte des pièces originales qui sont dans les archives du château de Ternay, d'un mémoire dressé par le généalogiste des ordres du Roi, le 13 juil. 1781. (Arch. Nat. M. Reg. 807, 409), et de nos notes particulières.

1. — **Arsac** (Rolland d'), Ec., sgr de Savoye, en la p[sse] de Bas-Nueil-sur-Dive, capitaine de Tigné et Précigné en Anjou, vint, selon l'enquête précitée, de Bretagne en Poitou.

Il fit plusieurs actes d'acquêts et baux à rente en 1481, 1483 et 1487. Le 9 juin 1490, il fit un bail à rente à Jehan Isambart, passé sous la cour de Berrie, signé P. Desmier et P. Dexmier, notaires.

Il avait épousé Julienne DE LUGERIE, dame d'honneur de la reine de Sicile, avec laquelle il testa le 19 fév. 1507. Le 6 sept. 1508, ils faisaient à l'église du Bas-Nueil-sur-Dive donation d'une rente de 2 boisseaux de froment et de deux poulets, afin que l'on priât pour le repos de leurs âmes.

Rolland décéda avant le 17 déc. 1517, époque à laquelle Julienne de Lugerie se dit dame du Chesne et sa veuve. En 1525, ses enfants obtinrent du roi François Ier une commission datée du 28 sept. pour nommer un curateur à leur mère âgée de 84 ans.

Rolland laissa : 1° PIERRE, qui suit ; 2° HARDOUIN, destiné à l'état ecclésiastique, auquel son père constitua un titre clérical le 5 mars 1503 (P. Desmier et P. Dexmier, not[res], sous la cour de Berrie); Hardouin était alors bachelier ès lois ; 3° JEANNE, qui épousa, par contrat du 26 mars 1520, Etienne Garnier, Ec., sgr de la Berthonerie, qui, le 25 mai 1529, transigeait avec son beau-frère au sujet de la succession de Rolland, leur père et beau-père, et de Julienne de Lugerie ; 4° JACQUINE ou JACQUETTE, qui épousa, par contrat reçu Le Fourneau, not[re], sous la cour de Loudun, le 9 sept. 1525, noble homme René de Fay, Ec., s[r] de Ribouart.

2. — **Arsac** (Pierre d'), Ec., sgr de Savoye et capitaine de Tigné, épousa, par contrat passé le 23 déc. 1499, sous la cour de la Haye en Touraine, D[lle] Susanne DU BOIS, fille de Claude, Ec., sgr de Chabannes en Châtelleraudais ; le 18 oct. 1517, elle était veuve et remariée à Jacques de Plaisance ; il en eut :

3. — **Arsac** (Jacques d'), Ier du nom, Ec., sgr de Savoye et du Chesne. Ce fut lui qui fit faire l'enquête de 1528, dont il a été parlé plus haut ; il partagea noblement (Achard, not[re] à Loudun), le 9 juin 1529, avec D[lle] Jacquine d'Arsac, sa tante, épouse de René de Fay, les successions de Rolland d'Arsac et de Julienne de Lugerie, ses aïeux, et le 9 févr. 1639 la succession de Susanne du Bois, sa mère, avec Françoise de Plaisance, fille du second mariage de ladite du Bois avec Jacques de Plaisance, Ec., capitaine du chât. de Berrie. (Chemeraud et Baillargeau, not[res] à Loudun.)

Il épousa, par contrat en date du 23 juin 1536 (Baillargeau, not[re], sous la cour de Berrie), Antoinette DE CHARBON ou CHABBON, fille de noble homme Geoffroy, Ec., sgr dudit lieu, et de Renée de Boisbourdan.

Le 6 avril 1566, Jacques et sa femme se firent une donation mutuelle (de Launay, not[re], sous la cour de Berrie). Il testa le 27 mars 1572 en faveur de sa femme (Launay, not[re]), et laissa de son mariage : 1° JACQUES, IIe du nom, qui suivra ; 2° RENÉE, mariée, par contrat du 14 avril 1563, à noble homme René de la Vignolle, et en secondes noces, par contrat du 3 avril 1568 (de Launay, not[re], sous la cour de Berrie), à noble homme Charles de Bonchamps, Ec., sgr des Mées.

4. — **Arsac** (Jacques d'), IIe du nom, Ec., sgr du Chesne, fut archer de la compagnie d'ordonnance du duc de Montpensier (certificat en date du 7 avril 1574).

Jacques d'Arsac rendit, le 7 mai 1573, acte de foi et hommage à Louis de la Trémouille Bon de Berrie, pour raison de sa terre et sgrie du Chesne. Il avait épousé, le 6 févr. 1561 (Aubry, not[re]), Mathurine LE RICHE, fille de Claude, sieur des Dormans. Jacques périt en 1576, assassiné par Claude de Beauvau, sgr de Ternay, lequel, accusé et convaincu de ce crime, fut condamné à mort par contumace le 16 sept. 1576, et dut en outre payer une forte amende.

Le meurtrier ayant pris la fuite, et n'acquittant point l'amende, Mathurine Le Riche, veuve de la victime, poursuivit l'exécution du jugement, et obtint sa mise en possession des biens de Claude de Beauvau, en échange du non-paiement des indemnités qui lui avaient été allouées.

Ce fut ainsi que la famille d'Arsac devint propriétaire du château et de la sgrie de Ternay, dont plus tard elle prit le nom. Le 24 nov. 1606, Mathurine Le Riche en rendait foi et hommage au Roi, et encore le 18 oct. 1608.

Il y a quelques années, on lisait encore sur une tombe en ardoise servant de marchepied au grand autel de l'église du Bas-Nueil-sur-Dive, ces quelques mots, restes de l'épitaphe de l'un des Jacques d'Arsac. L'expression *décéda* nous fait croire qu'elle se rapporte plutôt au père de l'assassiné : « ist nob... me

Jacques Darsac en son viv... sei...r du Chesne, lequel déc... »

Jacques d'Arsac laissa quatre enfants : 1° René, qui suivra ; 2° Henri, Ec., sgr de la Faye, donna, le 22 sept. 1624, à René, son frère aîné, une quittance passée à Loudun (Ragueneau, not^{re}) de la somme de 7,000 livres, qui lui était restée due pour soulte du partage noble passé, le 17 mars 1617, par Nicou, not^{re} royal à Champigny. Henri était gendarme de la Reine, et fut maintenu dans sa noblesse par jugement du 31 mars 1635 des commissaires chargés du règlement des tailles, sur le vu des titres prouvant sa filiation depuis Rolland, son trisaïeul. Il épousa Renée Barillon, fille de Joachim, sgr de Somploire ; on ignore s'il a eu postérité ; 3° Madeleine, femme d'Alexandre Cochon, sgr de Boischaraut ; 4° Simonne, épouse de René d'Armoien, sgr de la Ripaudière, comme il est prouvé par une quittance de la somme de 4,000 liv. t. formant une partie de sa dot, donnée à René d'Arsac, le 26 nov. 1634. Acte reçu Joubert, notaire à Tours ; 5° Françoise, religieuse à l'abb. de Fontevrault, qui fut dotée par sa mère le 9 oct. 1683. (Davy, not^{re} à Loudun.)

5. — **Arsac** (René d'), Chev., sgr du Chesne, puis de Ternay, renonce, le 31 août 1611, à la succession mobilière de sa mère ; homme d'armes dans la compagnie du duc de Montpensier en 1590 ; transigea en 1595 avec Renée d'Arsac, épouse de Charles Bonchamps, sa tante, sur la succession d'un membre de la branche bretonne, consistant en la terre et sgrie d'Arsac.

Il épousa (Clémot, not^{re} à Angers), le 4 déc. 1613, Elisabeth Le Roux, fille de Charles, Chev. de l'ordre du Roi, gentilhomme ordinaire de sa chambre, sgr de la Roche-des-Aubiers, et de dame Marie Hurault.

Il obtint, pour raison de ses châteaux et maisons de Ternay et du Chesne, deux sauvegardes : l'une le 1er juill. 1620, signée Marie, et plus bas, par la Reine, mère du Roi, Bouthillier ; et la seconde, du 14 mars 1622, signée Henri de Bourbon.

Il était décédé avant le 19 juin 1633, date du testament d'Elisabeth Le Roux, qui se dit sa veuve (reçu à Ternay par Ragonneau, not^{re}).

René d'Arsac laissa de sa femme : 1° Charles, qui suit : 2° et 3° Louis et Guillaume, qui furent reçus tous les deux dans l'ordre de Malte le 14 janv. 1641, après avoir fait leurs preuves de noblesse le 20 juill. 1638. Peu de temps après leur réception, ils obtinrent, le 13 mars 1641, deux congés signés Frater Lucas, *bonus co-adjutor*, accordés par S. E. le grand maître de Lascaris, pour rentrer en France ; l'un d'eux fut rappelé à Malte et tué en 1647, lors de la prise de l'amiral d'Alger par les galères de l'ordre ; 4° Anne, qui épousa, le 13 nov. 1647 (Ragueneau, not^{re} royal à Loudun), Jacques d'Aviau, Chev., sgr de Rillé ; 5° César, prêtre, prieur de St-Vincent de l'Oratoire, partagea, le 3 nov. 1655 (Hervé, not^{re} royal à Loudun), avec ses frères et sœurs la succession de leurs père et mère ; 6° Marie-Silvie, religieuse à l'abbaye royale de Fontevrault ; 7° Emmanuelle, religieuse à l'abbaye royale du Ronceray d'Angers ; 8° Marie-Thérèse, religieuse à l'abb. de Fontevrault, comme il ressort d'un contrat de création de rentes constituées à son profit par Charles d'Arsac, son frère aîné. (F.-J. Pillatet, not^{re} à Saumur.)

6. — **Arsac** (Charles d'), Ier du nom, Chev., sgr de Ternay, du Chesne, etc.

Le 9 juill. 1635, René de Bonchamps, tuteur des enfants mineurs de René d'Arsac, rendit son compte de tutelle, et fut remplacé par Claude Petit de Saint-Lambert.

Le 15 juill. 1639, Charles d'Arsac reçut du Cte de Parabère une commission d'enseigne de la compagnie Loudunaise convoquée pour le ban de cette année ; mais celui-ci la refusa le 19 juill., attendu qu'il était employé pour le service du Roi à l'armé de Roussillon, sous les ordres de M. le prince de Condé. (Certificat du 6 oct. 1641, signé Henri de Bourbon.) Il fut ensuite capitaine au régiment d'Enghien-Infanterie, fit les campagnes de 1643 et 1644, passa avec le même grade aux chevau-légers de Conty, et commanda en 1674 l'escadron de la noblesse du Loudunais. Le 20 juill. 1667, il fut maintenu dans sa noblesse par M. Voisin de la Noirays, intendant de Touraine. Il épousa, le 7 juill. 1652 (Germat et F. Paulmyer, not^{res} de la châtn^{ie} de St-Aubin-du-Plain), Catherine de Clérembault, fille de haut et puissant Messire Jacques, Chev., sgr Baron de Palluau, et de Louise Rigault. Ils se faisaient une donation mutuelle reçue le . . . par Ragueneau, notaire. Leur enfant fut :

7. — **Arsac** (Charles-François d'), Ier du nom, Chev., sgr de Ternay, titré Mis de Ternay, sgr de Batraud, les Roussières, etc., fut nommé en 1689 capitaine de chevau-légers. Il avait épousé, le 5 juill. 1682 (J.-B. Gouyot et H. Brun, not^{res} du Châtelet de Paris), Marie-Madeleine Joly, fille de noble homme Jacques et de feu Marie Pérot, son épouse. Dans ce contrat, Charles-François est qualifié de haut et puissant sgr et Messire. Il laissa de son mariage :

8. — **Arsac** (Charles-François d'), IIe du nom. Nous ferons remarquer à son sujet une particularité assez étrange. Bien qu'il eût été ondoyé le 20 juin 1683, il fut désigné jusqu'à un certain âge sous le nom d'Anonyme, comme on le voit par une sentence du Châtelet de Paris du 29 janv. 1705, qui autorise les lettres d'émancipation de « Anonyme d'Arsac, non « encore nommé, âgé de 21 ans, capitaine dans le « régiment de Châteaubriant, fils de Messire Charles-« François d'Arsac, Mis de Ternay, et de feu dame « Marie-Madeleine Joly, et sur l'avis des parents et « amis, etc. »

Il est encore dénommé *Anonyme* dans la maintenue de noblesse que M. de Chauvelin, intendant de Touraine, lui délivra le 20 avril 1716, et il n'est mentionné avec ses prénoms de Charles-François qu'à l'époque de son contrat de mariage, qui fut signé le 18 nov. 1717, passé par-devant Carré, not^{re} royal à Angers. Il rendit hommage au chât. de Loudun de la terre de Ternay le 9 juin 1734.

Il servit dans la guerre de la succession d'Espagne en qualité d'enseigne de la compagnie-colonelle du régiment de Martel, fut lieutenant de celle des grenadiers de Châteaubriant (3 sept. 1702), et capitaine dans ce dernier régiment. Il mourut en 1732, laissant de Louise Lefebvre de Laubrière, qu'il avait épousée par contrat du 18 nov. 1717, fille de feu François, Chev., sgr de Laubrière, doyen du Parlement de Bretagne, et de Louise Le Chat, son épouse, quatre enfants : 1° Gabriel, qui suit ; 2° Charles-Henri, connu sous le nom du Chevalier de Ternay, produisit ses preuves de noblesse, pour sa réception dans l'ordre de Malte, le 18 sept. 1737. Il reçut, le 10 janv. 1761, ses lettres de capitaine de vaisseau, fut nommé, le 16 août 1771, commandant général des îles de France et de Bourbon ; fut fait chef d'escadre des armées navales le 15 nov. de la même année, et se distingua dans plusieurs entreprises périlleuses, où sa valeur et son habileté lui valurent une réputation méritée.

On lit dans l'ouvrage sur la tactique militaire, par feu M. le colonel de Ternay, ouvrage dont nous parlerons bientôt, le passage suivant : « Le Chevalier de « Ternay, après la fatale journée du Croisic, avait « sauvé par une heureuse audace en présence de l'en« nemi les vaisseaux de son escadre, et les avait « ramenés au port ; en 1762, il s'était emparé de l'île « de Terre-Neuve, etc. » En 1780, la France envoyant aux Etats-Unis un secours de 12,000 hommes de troupes de ligne, commandées par le Cte de Rochambeau, la première division, avec laquelle se trouvait le général en chef, partit de Brest sur une escadre de huit vaisseaux de ligne, de cinq frégates et de vingt bâtiments de transport, sous les ordres du Chevalier de Ternay. Il s'empara de Rhode-Island, que Rochambeau fit fortifier par ses soldats ; dix jours après ce débarquement, une escadre anglaise sous les ordres de l'amiral Arbuthnot s'approcha de Rhode-Island pour chercher à attaquer les vaisseaux français dans leur mouillage ; mais elle fut obligée d'y renoncer. (Victoires et conquêtes des Français, 1re partie, t. VI, p. 568.) Plus tard, le 15 déc. 1780, le Chevalier de Ternay trouva une mort glorieuse en dérobant aux Anglais, par les manœuvres les plus savantes, un convoi d'argent qu'il portait aux insurgés d'Amérique.

Sa mémoire fut honorée par Louis XVI, ainsi qu'il résulte du passage suivant du journal anglais qui se publiait à New-Port : « On a érigé, la semaine der« nière, dans le cimetière de la Trinité, un fort beau « monument à la mémoire du Chevalier de Ternay, par « l'ordre de Sa Majesté très chrétienne le Roi de « France. »

Voici l'épitaphe gravée sur son tombeau ; elle relate les services qu'il rendit à la France, et c'est pour cela que nous la donnons en son entier, malgré son étendue :

D. O. M.
Carolus Ludovicus d'Arsac de Ternay
ordinis Sti Hierosolymitani Eques, nondum vota professus
a vetere et nobili genere apud Armoricos oriundus
unus a regiarum classium prefectus
civis miles imperator
De Rege suo et patria per 42 annos bene meritus
Hoc sub marmore jacet.
Feliciter audax
Naves regias post Croisiacam cladem
Per invios Vicenoniæ fluvii anfractus disjectas
A cæcis voraginibus improbo labore annis 1760-1761
Inter tela hostium [fumos
Destrusit, avulsit, avellit et stationibus suis restituit inco-
Anno 1762. Terram novam in America invasit
Anno 1772, renunciatus prætor
ad regendas Borboniæ et Franciæ insulas
in Galliis commoda et colonorum felicitatem
per annos septem totus incubuit.
Fœderatis ordinibus pro libertate dimicantibus
A rege christianissimo missus anno 1780
Rhodum insulam occupavit
Dum ad nova se accingebat pericula
in hac urbe
inter commilitonum planctus
inter fœderatorum ordinum lamenta et desideria
Mortem obiit, gravem bonis omnibus et luctuosam suis
Die XV decembris MDCCLXXX
natus annos 58.
Rex christianissimus, severissimus virtutis judex
ut clarissimi viri memoria posteritati consecretur
Hoc monumento ponendum jussit
MDCCLXXXIII.

Il y a quelques années, le gouvernement des Etats-Unis fit restaurer ce monument qui tombait en ruines, voulant prouver sa reconnaissance pour la mémoire de celui qui était mort en combattant pour leur liberté.

3° Charles-François, aussi Chev. de Malte, fut reçu page du grand maître le 22 oct. 1738 ; il eut sa commission de sous-lieutenant aux gardes françaises du Roi (22 sept. 1754), passa plus tard à la lieutenance, et devint ensuite colonel d'infanterie ; en 1782, il était commandeur d'Amboise (St-All.) ; 4° René-Louis-Jérôme, dit le Cte de Ternay, Chev., sgr des Roches-Maubué, Chev. de St-Louis, né au château de Ternay le 4 mai 1730, nommé lieutenant aux dragons d'Apchon (1er sept. 1755), comparut à l'assemblée de la noblesse du pays loudunais pour nommer des députés aux États-généraux de 1789. Emigré en 1791, il fit la campagne de 1792 dans l'armée des Princes, comme volontaire, dans la 4e compagnie de la noblesse du Poitou-Infanterie, et mourut depuis sa rentrée en France. Il s'était marié, au mois de févr. 1771, avec Dlle Marie-Jeanne-Geneviève de Losse, morte en 1812, et avait eu de ce mariage deux filles : Marie-Louise-Gabrielle d'Arsac, chanoinesse, Ctesse de Neuville, qui épousa, au mois de mai 1790, le Cte de Vaucelles, officier de carabiniers, depuis maréchal des camps et armées du Roi ; la cadette est morte en 1791, célibataire.

9. — **Arsac** (Gabriel d'), Chev., Mis de Ternay, né au château de Ternay, le 15 nov. 1721, servit dans la première compagnie des mousquetaires, se trouva à la bataille d'Ettinghen en 1743, et y fut fait prisonnier ; il fut depuis capitaine au régiment d'Apchon-Dragons et Chev. de St-Louis. Marié, en avril 1759 (Gervais, notre à Tours), avec Marie-Adélaïde-Henriette-Victoire Cantineau de Comacre, fille de Jean-Félix, Cte de Comacre, il eut l'honneur de faire présenter Mme la Mise de Ternay au Roi, et ce fut à cette occasion que fut dressée par le généalogiste du cabinet du St-Esprit la généalogie qui a été un des éléments de notre travail.

Il eut l'honneur de représenter Louis Dauphin de France et de tenir en son nom sur les fonts de baptême la fille de Louis-Henri-Georges Aubert du Petit-Thouars, lieutenant pour le Roi, à laquelle il donna les noms de Louise-Sophie. Nommé député de la noblesse du pays loudunais, il protesta avec un certain nombre de ses collègues contre le décret portant atteinte à la religion et à la monarchie. (Voir Déclarations et protestations de Messieurs les députés des trois ordres aux Etats généraux de 1789 contre les décrets de l'Assemblée dite Constituante. Imprimerie de Lebeau, Provins, 1814, in-4° de 172 pages.)

Obligé de se réfugier en pays étranger pour échapper aux terribles conséquences de son énergique opposition, M. le Mis de Ternay se réunit à l'armée des Princes et y servit en qualité de simple volontaire dans la 4e compagnie de la noblesse du Poitou-Infanterie. Mort à Londres en 1796, il laissa un fils unique, dont l'article suit.

10. — **Arsac** (Charles-Gabriel-Hilaire d'), Mis de Ternay, né au château de Ternay, le 2 juill. 1771. Après avoir terminé ses études, il entra, le 2 oct. 1785, à l'école militaire de Paris ; il en sortit en 1787, classé parmi les douze officiers placés à la suite de l'état-major des gardes du corps, emploi qui correspondait à celui de capitaine de cavalerie. Cette charge honorifique n'exigeant point sa présence sous les drapeaux, le jeune de Ternay, alla compléter ses études à la célèbre Université de Gœttingue, où il se familiarisa si bien avec le génie de la langue allemande, que plus tard il put traduire l'histoire de la guerre de Sept Ans. Ce fut pendant son séjour à Gœttingue qu'il se lia avec le duc de Sussex, dont il sut conserver jusqu'à sa mort l'honorable amitié. M. de Ternay ayant rejoint à Coblentz les Princes frères du Roi, y reçut le brevet

de sous-lieutenant de la 8e compagnie d'ordonnance, et fit en cette qualité la campagne de 1790. Cette armée ayant été licenciée, M. de Ternay passa dans le corps d'armée du duc de Bourbon, et fit la campagne de 1793 en Belgique. Il assista au siège de Maëstricht et à la bataille de Nerwinden.

Au licenciement du corps du duc de Bourbon, M. de Ternay rejoignit en Angleterre son père et sa mère, et entra au service de la Grande-Bretagne, en 1795. En 1796, il fut attaché comme capitaine à l'état-major du corps de troupes anglaises commandé par le général Doyle, qui ne fit qu'une courte apparition sur les côtes de Bretagne, et après un séjour de quelques mois à l'Ile-Dieu, il retourna en Angleterre. Ce fut pendant cette campagne qu'il occupa ses loisirs à traduire l'Histoire de la guerre de Sept Ans, de Tempelhoff. Cet auteur lui écrivait, le 13 mai 1795, « que la traduction « était aussi bonne qu'il pouvait le désirer ». En 1797, il fut nommé major. La reine de Portugal ayant demandé au roi d'Angleterre un officier supérieur de confiance et dont la capacité fût reconnue, Georges III lui désigna M. de Ternay, qui reçut d'elle un brevet de lieutenant-colonel de cavalerie. L'importance des travaux topographiques et militaires qu'il eut à exécuter dans les provinces de Beyra, Tras-os-Montes et Minho, aurait absorbé tous les instants d'un homme moins laborieux que le Mis de Ternay; et cependant ils ne l'empêchèrent pas de composer son *Traité de tactique militaire*, ouvrage qui se distingue par une parfaite connaissance des principes de l'art militaire, par sa clarté et par son excellente méthode. M. de Ternay fut élevé, en 1810, au grade de colonel, que lui avaient mérité ses services. En 1813, trois ans après, il s'occupait encore d'opérations géodésiques dans l'Alon-Tejo, lorsque, cédant aux premières atteintes d'une fièvre cérébrale, il se fit conduire à Port-Alègre, où il mourut le 9 juill. 1813, à l'âge de 42 ans.

Le Traité de tactique militaire du Mis de Ternay a été revu, corrigé et augmenté par M. Frédéric Koch, lieutenant d'état-major, qui l'a publié en 2 vol. (Paris, Anselin, 1832.)

En lui s'est éteinte la famille poitevine dont il était l'unique rejeton. Privée de son fils, Mme la Mise de Ternay légua en mourant toute sa fortune à un membre de la famille d'Aviau, à laquelle la maison de Ternay était unie par alliance, en émettant le vœu qu'il prît les noms, titres et armes de Ternay. (V. d'Aviau.)

ARTAGUETTE (d'). — Famille Béarnaise, venue en Poitou à la fin du XVIIe siècle, où elle a occupé une grande position territoriale et contracté de belles alliances.

Artaguette d'Iron (Jean-Baptiste d'), Bon d'Aguerre, secrétaire du Roi, et dame Marie d'Harietté, son épouse, acquirent le marquisat de la Mothe-St-Hérayе de Gaspard Le Sec, Cte de Montault, avant le 20 mars 1701, date d'une sentence des requêtes du palais déboutant le Mis de Poulpry, maréchal des camps et armées du Roi, et son épouse née de Matharel, de l'instance en retrait lignager intentée par eux contre ladite De d'Artaguette, alors veuve, et ses enfants, qui étaient: 1° Jean-Baptiste-Martin, qui suit; 2° Marie, épouse de N. Duplas, conseiller au Parlement de Pau; 3° Jean-Dominique, mineur en 1701.

Artaguette d'Iron (Jean-Baptiste-Martin d'), Ec., Mis de la Mothe-St-Hérayе, *majeur* d'Ironberry, secrétaire du Roi, commissaire des haras de Navarre, rendait avou, au château de Vouvant, le 12 mars 1734, de la sgrie du Fraigneau, psse de Menomblet. De son mariage avec Marie-Victorine Guillard de la Vacherie, il ne laissa que 2 filles: 1° Renée-Jeanne-Charlotte, mariée à Charles-Louis de Carvoisin, brigadier des armées du Roi, auquel elle porta la terre de la Mothe-St-Hérayе; et 2° Jeanne-Marie-Victoire, mariée, le 1er sept. 1750, à Louis-Nicolas des Cars Mis de Pérusse, lieut.-général des armées du Roi, sgr engagiste du duché de Châtellerault, qui décéda à Poitiers au mois de déc. 1809.

ARTHUS (Antoine) parut en brigandinier à la montre du ban des nobles du Poitou convoquée en 1488. Il fit également partie de celui réuni le 17 juill. 1489, et probablement c'est le même qui, convoqué à celui de 1491, se fit excuser, n'étant en état de s'armer ni de s'équiper. (Doc. inéd.)

Arthus ou **Arthuys** (Anne) était, vers 1600, épouse de Pierre de Valencienne, Ec., sgr de Prunes et de Bournoiseau en Berry. (La Chesnaye des Bois.)

ARTRON (d'). — Famille noble qui habitait le fief d'Artron, près Usson (Vienne).

Artron (Hugues d') rendait en 1338 un aveu à Ythier Brulon, *valetus de Uconio*. (F. Reg. 33, 96.) Il épousa Valérie, qui, étant veuve, fit échange, le 5 juin 1346, avec le même Ythier Brulon. De ce mariage il eut: 1° Hugues, 2° Jean, 3° Jeanne, 4° Marquise. (D. Villev. 21.)

Artron (Hugues d'), valet, fit acquêt de plusieurs rentes en blé psse d'Usson, en 1361 (lundi après *Judica me*). (D. Villev. 4, 69.)

ARVÉ. — V. **HERVÉ**.

ARVOYER (Timothée), Ec., sgr de Ronssay, avait, le 1er juin 1598, des propriétés dans la sgrie de la Merlatière. (F.)

ASNE ou **L'ASNE**. — Une très ancienne famille féodale, originaire d'Angle en Montmorillonnais, avait adopté le sobriquet bizarre d'Asinus; quelques-uns de ses membres sont parfois désignés sous le nom de leur lieu d'origine, et l'on croyait autrefois qu'ils appartenaient à la famille d'Angle; mais ce sont deux familles très distinctes.

Blason. — Le sceau de Josserand L'Ane, sgr de Pleumartin, d'après le dessin de Gaignières, porte un écu entouré d'une bordure endenchée, chargé en chef d'un lambel de 3 pendants. (Il se pourrait que le type primitif fût un écu losangé.)

Asini (Walterius), cité dans le don fait, vers 1030-1031, à l'abb. de St-Cyprien de Poitiers de l'église de St-Georges de Targé. (A. H. P. 3.)

Asinus (Isembertus), témoin ou nommé dans plusieurs chartes de l'abb. de St-Cyprien, 1047-1086. (A. H. P. 3.) Il donna, avec ses frères Geoffroy et Hélie, un moulin situé à Angle, à l'abbé Renaud, vers 1080.

Asinus (Gauterius), témoin du don fait, vers 1100, à l'abb. de St-Cyprien, par divers, de terres sises à la Grève, près Vendeuvre. (A. H. P. 3, 27.)

Asinus (Raymundus), relaté dans la fondation d'une confrérie en faveur de la Maison-Dieu de Montmorillon par Pierre II, év. de Poitiers. (D. F. 24.)

Asinus (Galterius) *de Anglis* fut témoin de plusieurs dons faits à la Merci-Dieu, dans la 2e moitié du XIIe siècle. On le trouve qualifié Chevalier dans un don fait par Guillaume d'Angle, en 1199, à l'abbé Léger. *Galterius Asinus de Anglis*, avec ses deux frères Petrus-Borruca et Josserand, fit don à la Merci-Dieu, en présence de *Soldanus Asinus, Asinus Bastardus, omnes de Anglis* (tous du lieu d'Angle).

Asini (Galterius) était abbé de la Colombe en 1198.

Asini (Josserandus), *miles*, donne en 1213, du consentement de Damiette, son épouse, à l'abb. de la Merci-Dieu toutes les dîmes et terrages qu'il possédait à *Plainmartin*, pour se faire agréger à la communauté, etc. (B. A. O. 1838, 150.) Il confirma ce don en 1230 et 1234, et fit accord à ce sujet avec Guillaume, abbé de la Merci-Dieu, par acte scellé de son sceau. (Notes de Gaignières. Fonds lat. 17129, p. 177.)

Asini (Guillelmus), valet, donne son consentement à la vente faite en 1278 par Guillaume Gouffier, valet, et Marguerite, sa femme, de divers domaines situés à St-Cenery, Crémille, à l'abbaye de la Merci-Dieu. (Cart. f° 85.)

ASNIÈRES (d'). — Ce nom est commun à plusieurs familles poitevines originaires d'Asnières près Montmorillon, d'Asnières en Châtelleraudais et d'Asnières en Saintonge.

ASNIÈRES (d') en Montmorillonnais.

Asneriis (Hugo de) fut témoin de la donation d'un septier de blé sur le moulin de Savigné, que fit, vers 1179, au monastère de Montazai, Guillaume de Rochemeau. (D. F.)

C'est peut-être le même qui en 1215, avec le titre de chevalier, *miles*, paraît dans un traité entre le Chapitre de St-Hilaire-le-Grand et Guérin, juge d'Asnières, son cousin, au sujet de certains droits dans la terre d'Asnières. (D. F. 11, et M. A. O. 1847.)

Asnières (Hugues d'), Chev., avait épousé noble Alix, qui, devenue sa veuve, obtint d'être rétablie dans la terre qu'elle réclamait aussitôt qu'elle aurait suffisamment prouvé ses titres (1264). (A. N. Cart. 190, 23, 2.)

Dans le rôle des revenus de l'abbaye de Ste-Croix de Poitiers, on trouve au nombre des tenanciers : « *Femina Stephani d'Anères, de terris et ortis de Cotau Charua*... III sol. IV den. » ; et plus loin, la même : « *de una trillia* V sol. » (Doc. inéd.)

Aneriis (Guillelmus de) se trouve compris dans le compte présenté au comte Alphonse de Poitou, à la Toussaint 1247, pour XII sol. « *de terra apud Drezac* » (*terra forefacta*), et dans celui de la Toussaint 1248, pour la même somme, à propos de ce qu'il possédait « *apud Grazac* » (*terra forefacta*). (A. H. P. 4.)

Asneriis (Guillelmus de) vendit à l'évêque de Poitiers treize septiers de grains, partie froment, avoine et baillarge. (Cart. de l'évêché de Poitiers. A. H. P. 10.)

Asneriis (Guillelmus de), *miles*, eut un fils, *Hugo de Asneriis*, qui était, le mardi avant la fête de St Thomas apôtre 1291, sous la tutelle de *Guiardo de Brilhaco*, et qui, en récompense des services que lui avait rendus *Petrus de Peylavello domicellus*, lui abandonna certaines rentes qu'il avait *in parrochia de Sto Barbancio*. (O. F. de Chergé.)

Asneriis (Perrotus de), *domicellus*, et *Petrus de Peilavello, valetus*, font un accord au sujet d'une somme de 110 liv. que P. d'Asnières devait pour du froment *et cujusdam equi pili bayardi*, qu'il lui avait acheté : passé sous la cour de Limoges, le mercredi après la St-Hilaire d'hiver 1343. (Id.)

Asnières (Jean d') se fit remplacer au ban de 1468 par Colin Josson, en qualité d'homme d'armes du sgr de l'Isle.

Asnières (Pierre d'), bachelier en droit, et

Asnières (Guillaume d'), tous les deux frères, rendirent un aveu à l'abbé de la Réau, le 13 mars 1469, pour une tenue dans la psse de Milhac. (D. F.)

Asneriis (Antonius de), gardien des Cordeliers de Poitiers et docteur en théologie, signa, le 1er janv. 1520, la protestation des abbesse et religieuses de l'abbaye de la Trinité de Poitiers contre l'introduction de l'Ordre de Fontevrault dans cette abbaye. (D. F. 27.)

Asnières de la Chapelle (N.) fut élue abbesse de la Trinité du Dorat pour trois ans, 10 avril 1663, 19 oct. 1666, 2 mai 1670, 30 mai 1673 ; l'était encore en 1685.

ASNIÈRES (d') en Châtelleraudais, famille originaire de l'ancienne paroisse d'Asnières, aujourd'hui réunie à Montoiron (Vienne).

Blason. — Le sceau de Jean d'Asnières en 1372 porte un écu fascé de.... et d'hermines. (Arch. de la Vienne, E² 245.)

Asnières (Thomas d'), Chev., fut témoin dans une enquête au sujet du droit de chasse du Vte de Châtellerault dans la forêt de Moulière (milieu du XIIIe siècle). (A. N.)

Asnières (René), clerc, fut légataire de Jean de Coussai, chanoine de St-Hilaire-le-Grand, qui testa le 29 nov. 1264. (M. A. O. 1847.)

Asnières (N. d'), Ec., sgr de Bours, Tricon, épousa Yolande de Montfort, fille de Raoul, Chev., dont :

Asnières (Jean d'), Ec., sgr de Tricon, Bours, Pellegrolle, fit aveu à Châtellerault le 21 juil. 1368 et le 8 août 1372. (Inventaire de Châtellerault, p. 95. A. V.) Il eut pour enfants : 1° Jean, qui suit ; 2° Perrot, Ec., sr de Bours, qui fit aveu de ce fief les 14 juil. 1388 et 9 mars 1422. Il eut pour fille Catherine, femme de Guillaume de l'Age.

Asnières (Jean d'), Ec., sr de Tricon, échanson du duc d'Orléans, obtint de fortifier Tricon, en 1424, à cause de ses services et de ceux de son fils.

Asnières (Jean d'), Ec., sr de Tricon, Launoy, Bours, fit aveu de ce dernier fief le 3 juil. 1444. Le Chapitre N.-D. de Châtellerault transigea avec lui le 5 oct. 1464. Il eut pour fille Jeanne, dame de Tricon, mariée à Geoffroy Martel, Ec.

ASNIÈRES (Saintonge) et **d'ASNIÈRES** de la Chasteigneraye en Poitou. — Famille qui a obtenu les honneurs de la cour en 1783 et 1785, après l'érection du marquisat de la Chasteigneraye en 1776 ; au XIXe siècle, elle s'est prétendue branche cadette des sires de Pons.

L'impartialité dont nous nous sommes fait une loi nous impose le devoir de faire observer, avant de commencer la filiation suivie de la famille d'Asnières, que D. Fonteneau, T. 82 (probablement d'après un mémoire du Cte de Ste-Maure), révoque en doute et critique l'antiquité attribuée à la maison d'Asnières, et refuse de la faire remonter au delà de l'année 1490 ; il est d'accord en cela avec la confirmation de noblesse accordée à la branche poitevine de la famille d'Asnières par M. de Maupeou, le 13 janv. 1700, car la première pièce produite est un contrat de mariage du 27 déc. 1492.

Voici comment s'exprime le docte Bénédictin qui, d'après les termes de sa note, paraît avoir eu sous les yeux les documents originaux, mais qui ne connaissait pas l'existence de l'ancienne maison d'Asnières, et ne s'expliquait pas la substitution d'une autre famille, ayant pris ce nom après l'abandon du sien (suivant un usage assez fréquent au xve siècle) :

« Dans les lettres patentes, p. 5, ligne 9, on présente un Pontus qui n'exista jamais, aucun titre n'en parle. (Ceci n'est pas exact, mais l'acte de 1250 n'était pas connu.) On a voulu donner un père à Gombaud, sur lequel on avoit des preuves. On a été plus loin dans la notice insérée aux Affiches du Poitou du 9 janvier 1783, on a supposé un autre Gombaud fondateur d'un hôpital en 1100 [à Montmorillon], personnage encore inconnu. On trouve dans les Évêques de Poitiers par Besly, parmi les témoins d'une fondation de 1100, *Isembertus Asini*.

« Nulle preuve que Gombaud dont parle la fondation de 1252 fût père de Guillaume qui dote sa sœur en 1259, même page, ligne 20.

« Point de rassemblement d'armée en 1272. (Ligne 21.) Le roi Philippe le Hardy alla faire la guerre au Cte de Toulouze, mais il y alla avec ses vassaux. Les d'Asnières situés en Saintonge entre Mer et Charente n'en pouvoient être ; ce pays étoit cédé aux Anglois par la paix de 1263. Avant la réforme de..... on ne trouve nulle part le nom de Nicolas de ce siècle.

« Ligne 28. Les Maumusson n'étoient pas comtes du Blayois ; ils possédoient une terre de leur nom, dans le canton de Blaye.

« Hélie, fils de Gombaud (ligne 29) traite avec Agnès sa mère et marie sa sœur à Guillaume Houdoye en 1334 ; on ne lui voit point de fils du nom de Poincy. Dans le testament d'Agnès sa mère de 1343, elle parle d'Hélie, son fils, qu'elle institue héritier de Gombaud, fils de son fils, *d'Agnès* ou *Alays*? sa fille, à laquelle elle fait des legs ; elle parle de deux bastards de son frère à elle testatrice, et ne dit pas un mot de Poinci.

« Gombaud, qui paraît être le même fils d'Hélie, fait lui-même son testament en 1356 ; il s'y qualifie damoiseau, ce qui suppose qu'il était jeune. Il fait son légataire universel en la terre d'Asnières Hélie.... licencié ès loix, cousin germain de son père, dont le nom de famille est en partie gratté, et on y a substitué celui d'Asnières. Il confirme une donation que le testateur a cy-devant faite au même Hélie, dont le nom est également gratté, avec la même substitution du nom d'Asnières. Il lui lègue le tiers de son herbergement d'Asnières et de tous ses biens, en cas qu'il (le testateur) décédât sans enfants. Il nomme pour exécuteur de son testament le même Hélie, dont le nom est toujours altéré, et Raymond de Bonnefonds, son cousin.

« 28 ans se passent sans qu'on voye rien de ce nom. En 1384, Poinct fournit l'aveu de sa terre (page 5, ligne 3). Ce Poinci étoit-il de la race des précédents? c'est un grand doute ; on voit la terre sortie de ce nom, par la donation du tiers confirmée par le testament de 1346 et aussi par ce même testament.

« En 1388 paraît en la juridiction de l'archidiacre de Saintes, Arnaud Dupui, procureur fondé de Blanche de Nonaye, sa femme, qui requiert acte de la représentation du testament de Leynes de Seyssières, femme de Poinci, pour l'intérêt qu'y a la dite Bonne de Nonaye. Par l'extrait de ce testament de 1384, elle institue héritier Guillaume Houdoye, son cher neveu ; elle lègue à son mari Poinci d'Asnières, sgr d'Asnières en Saintonge, les deux tiers de 10 liv. de rente à elle donnée par son père, et l'autre tiers est légué à la paroisse de Villagoge en Gascogne, sa paroisse. En cas que son mari meure sans enfants, elle substitue son père, d'elle testatrice, à la moitié du legs qu'elle lui fait. Ils n'avoient pas d'enfants alors. Depuis 1384 jusqu'en 1400 on ne voit pas d'aveu du fief d'Asnières.

« Le prétendu testament de 1401 de Poinci qui institue héritier Drouet son fils n'exista jamais.

« Dans le tournois de 1414 (page 5, ligne 5), on trouve bien Mess. Drouet d'Asnières, mais nulle preuve qu'il fût de la race de ceux dont on a parlé.

« On a vu que Bonne de Nonaye avoit épousé Arnaud Dupui, qui se qualifie d'Ecuyer (p. 5, ligne 8) dans les actes où il en est parlé.

« Cet Arnaud Dupui avoit épousé en 1res noces Arsende Brunette, dont il eut un fils, Pierre. Cette Arsende par son testament veut que si ce fils vient à mourir sans enfants, Arnaud Dupui son mari ait sa terre de la Chapelle. Pierre, ce fils, fait aussi son testament par lequel il institue Arnaud son père son héritier en sa terre de la Chapelle.

« Pierre meurt ; le sgr de Pons met sous sa main le fief de la Chapelle et une maison à Pons dépendant de sa succession.

« Le 29 mars 1430, Guillaume Berthelin, — c'est l'auteur des d'Asnières, — qui étoit notaire à Pons, et Marguerite Dupui, sa femme, fille d'Arnaud et de Bonne de Nonaye, obtiennent du sgr de Pons mainlevée du fief de la Chapelle et de la maison en la ville de Pons.

« *Sur la preuve des faits dont on vient de rendre compte.* — Si Seguin fut fils de Marguerite Dupui (p. 10), il étoit donc fils de Guillaume Berthelin, le seul mari que l'on connaisse à Marguerite Dupui. Nulle preuve de son mariage avec Drouet, qui lui-même ne pourroit avoir été de cette race, comme on l'a observé.

« Une mainlevée du fief du Boissat obtenue par Seguin du fief de Jouzac, le 6 fév. 1460, le dit véritablement fils de Marguerite Dupui et elle fille de Bonne de Nonaye.

« Le roi Charles VII avoit confisqué la terre de Pons ; le Roi en fit servir les vassaux. Aveu de Seguin à Sa Majesté en 1460 (p. 6, l. 14).

« Le sgr de Pons étant rentré en grâce eut remise de sa confiscation ; il se fit servir de nouveau. Le 28 juin 1475, réception de foi de Seguin, qui fournit aveu du même fief le 8 juillet suivant. Dans ces deux pièces, après le nom de Seguin, on a gratté le nom de famille, ensuite est d'Asnières. On a gratté et barbouillé les qualités et on a mis à la place Ecuyer. Ces altérations sont répétées dans ces deux titres autant de fois que le nom de Seguin s'y trouve répété.

« Le 13 avril 1443, Seguin fait un accord avec les religieux de St-Martin de Pons ; il y allègue que ses prédécesseurs avoient une sépulture dans l'église de St-Martin, en la chapelle dénommée *Infernet*, laquelle est ruinée. Les religieux lui en accordent une autre dans la chapelle Notre-Dame, entre la sépulture de Steno-Foreau et de Guillaume Chemal le jeune.

« Dans les testaments des anciens seigneurs d'Asnières, on voit leurs sépultures ou à *Steno?* (Fléac) ou à l'Hôpital-Neuf de Pons ; ici la sépulture accordée à Seguin est entre celles des gens du commun.

« Seguin est employé dans les rôles de 1467 comme brigandinier ; il y a dans ces rôles beaucoup de roturiers, qui étoient tenus de ces devoirs à cause des fiefs qu'ils possédoient. Cet usage du temps est attesté par les anciens féodistes.

« Nulle preuve que Jean (p. 5, lig. 16) fût fils de

Seguin; il avoit épousé Jeanne Aysse, fille de Bertrand, sgr de Touverac (ligne 17) tout simplement. Il n'y avoit pas alors de sénéchaussée de Saintonge à Saintes; les lieux d'assises étoient à Parconl.

« Page 6, ligne 1. Duch. d'Asnières commandoit sous M. de Mirambeau et en son absence, en la ville de Pons pendant les guerres de religion du XVIe siècle. Il fut capitaine et eut un régiment pour les huguenots. C'est ce qu'on eût pu apprendre de d'Aubigné, gentilhomme de la même province et du même parti (p. 264, 313, 328).

« Dans la notice des Affiches du Poitou, on parle d'alliances avec les maisons souveraines de Lusignan, de Pons, de Maumusson et autres; jamais il n'y a eu la moindre affinité avec la maison de Lusignan ancienne. Il se trouve un mariage des temps modernes avec une fille de Lezay; jamais il n'y a eu d'alliance avec les sgrs de Pons. On a ci-devant vu ce que c'étoit que le mariage d'Agnès de Maumusson en 1317. »

PREMIÈRE MAISON D'ASNIÈRES.

La fausse généalogie insérée par Courcelles dans le IVe volume de son Histoire des pairs de France fait remonter l'origine de la maison d'Asnières à un certain Geoffroy de Pons, fils puîné de Geoffroy III, sire de Pons, et d'Agnès d'Oléron. D'après Courcelles, ce Geoffroy puîné de Pons eut pour fils Ponthus d'Asnières. Plus tard, le Mis d'Asnières, s'apercevant que, d'après les dates, on ne pouvait supposer 4 générations dans un même siècle, a fait de Geoffroy et de Ponthus un seul et même personnage. (Fragments tirés d'un gros recueil, p. 166.)

Une charte originale qui existe à la Bibl. Nat. (Fonds franç. n° 26264) donne les 1ers renseignements certains sur les anciens d'Asnières. « *Poncius Xanton. decanus...* « *Noveritis quod cum questio verteretur super bonis* « *que quondam fuerunt Dni Gombaudi de Asneriis,* « *militis... inter Arsendis de Lesiniaco, quondam* « *uxore dicti Gombaudi... et Guillelmum de Asneriis* « *ejus filium... compositum fuit... quod dicta Arsen-* « *dis ad vitam suam habebit... bona dicti Gombaudi* « *de Asneriis... excepto domo et feodo de Asneriis et* « *domo in qua Pontus de Asneriis, miles, avus dicti* « *Guillelmi, morabatur tempore mortis sue... actum* « 1250. » Cette charte établit clairement les 3 premières générations des d'Asnières. (M. d'Asnières de la Chasteigneraye, qui ne connaissait pas le prénom de Pontus, pourtant assez commun dans plusieurs familles, prétend que Poncius, doyen de Saintes, a désigné sous ce nom de Pontus, Geoffroy de Pons, habitant le Pontois.)

Filiation suivie.

1. — **Asnières** (Pontus d'), Chev., vivant au XIIe siècle, eut pour fils GOMBAUD, qui suit.

2. — **Asnières** (Gombaud d'), Chev., sgr d'Asnières, décédé avant 1250, épousa Arsende DE LÉZIGNAC? (Le nom de *Lezigniaco*, employé parfois pour Lezignan ou Lusignan, doit venir, dans le cas présent, de quelque fief des environs de Pons.) On trouve une paroisse de St-Germain-de-Lusignan en Saintonge. Il y a un acte d'inféodation du fief des Sarminières, près Plassac, accordé, en 1235, à Gombaud d'Asnières, par Renaud de Pons, son suzerain, et une donation du même fief des Sarminières faite au prieuré de St-Genis de Plassac par Gombaud d'Asnières, en 1252. (Cette date est probablement celle d'un vidimus, puisque Gombaud était mort avant 1250.) Dans le compte du domaine du Cte de Poitou pour 1244, on trouve aux « *Explecta... in Xantone* » le nom de Gombaud d'Asnières. Il eut pour enfants : 1° GUILLAUME, qui suit; 2° HILAIRE, mariée à Robert de St-Bonnet, Chev.; elle fut dotée par son frère en 1258. (Titre original produit en 1780.) La généalogie du Dict. de la noblesse ajoute : 3° JACOB, 4° NICOLAS, qui auraient assisté à l'ost de 1272. Ces personnages sont imaginaires, comme le remarque D. Fonteneau. Courcelles les supprime et met à leur place un Robert d'Asnières, chef d'une branche éteinte au XVe siècle; mais ce personnage, qui a réellement existé, n'était qu'un cousin.

3. — **Asnières** (Guillaume d'), Chev., sgr d'Asnières et de Gibrant, fit accord avec sa mère en 1250. Il testa le jeudi avant la Pentecôte 1285. (Titre original présenté à Chérin en 1780.) Dans ce testament, il fixe sa sépulture à l'Hôpital-Neuf de Pons et institue héritier son petit-fils Gombaud; car son fils aîné était déjà décédé. Il fait aussi des legs à ses autres enfants et petits-enfants, et l'on voit que sa famille était composée de la manière suivante : il avait eu 2 femmes : 1° MARGUERITE, 2° LÉTICE, et 5 enfants : 1° GOMBAUD, qui suit; 2° GUILLAUME, vivant en 1285; 3° HUGUES, clerc en 1285; 4° GUILLAUME le jeune, qui fut sgr de Gibrant et testa en 1318 en faveur de son neveu Hélie d'Asnières; 5° EMBRIE.

4. — **Asnières** (Gombaud d'), décédé avant son père, épousa Arsende (DE LESCADE, d'après un titre cité par D. F. 82), dont il eut : 1° GOMBAUD, qui suit; 2° PIERRE; 3° HÉLIE, sgr de Gibrant, qualifié valet dans un acte de 1302, légataire de son oncle Guillaume en 1318; 4° COMARD (*sic*) au testament de son aïeul, qui est probablement le même que Guillaume nommé exécuteur testamentaire de son frère aîné en 1327; 5° MARGUERITE, 6° AGNÈS, 7° ALIX. (Ils sont tous nommés au testament de leur aïeul Guillaume d'Asnières en 1285.)

5. — **Asnières** (Gombaud d'), sgr d'Asnières, héritier de son aïeul en 1285, partagea avec sa mère et ses frères en 1302, lundi de Quasimodo; il testa en 1327, qualifié Chevalier, instituant héritier son fils Hélie, avec legs à sa fille Alix et à un enfant posthume. Ses exécuteurs testamentaires furent Pierre Bermond et Pierre Vigier, Chevaliers. Il avait épousé en 1317 (contrat en idiome gascon) Agnès DE MAUMUSSON, sœur de René-Guillaume de Maumusson, damoiseau, de Blaye (transformé dans les généalogies en Cte de Maumusson, souverain du Blayois); elle testa en 1343, jeudi avant St-Pierre-aux-liens. Elle fit legs à son petit-fils Gombaud et à sa fille Alix, qui était alors mère d'une fille nommée Agnès. Elle ne mourut pas de suite, car en 1344 elle fit don à son fils Hélie d'une maison à St-Martin de Pons. On voit par ces actes que Gombaud d'Asnières eut pour enfants : 1° HÉLIE, qui suit; 2° ALIX, qui, d'après D. Font., épousa Guillaume Houdoye.

6. — **Asnières** (Hélie d'), Ec., sr d'Asnières, psse de Fléac, d'après la fausse généalogie, épousa Létice DE PONS (nom inventé); il fut légataire de son père en 1327, et de sa mère en 1343. A cette dernière date, il avait pour fils GOMBAUD, seul nommé dans le testament de son aïeule, Agnès de Maumusson, ce qui fait croire qu'il était fils unique.

7. — **Asnières** (Gombaud d'), damoiseau, sgr d'Asnières, testa en 1356, et légua sa terre d'Asnières à Hélie..... licencié ès lois, cousin germain de son père. (Le nom de famille de cet Hélie a été gratté dans l'acte, et on y a substitué le mot d'Asnières. Note de Dom Fonteneau). On voit par cet acte que la famille

des anciens seigneurs d'Asnières s'est éteinte dans ce Gombaud et que le fief d'Asnières passa alors à une autre famille.

DEUXIÈME FAMILLE D'ASNIÈRES.

Pour rattacher la famille des d'Asnières de la Chasteigneraye aux anciens d'Asnières, on a falsifié plusieurs titres et composé une fausse généalogie, insérée dans les lettres patentes de l'érection du marquisat d'Asnières de la Chasteigneraye en 1776 ; aussi l'on ne peut facilement démêler la vérité au milieu des pièces falsifiées, et des renseignements erronés produits pour accréditer cette erreur. Voici comment les fausses généalogies établissent la filiation.

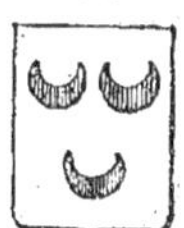

Blason. — D'Asnières de la Chasteigneraye : d'argent à 3 croissants de gueules.

Asnières (Poincy d'), Ec., s[r] d'Asnières, fit, dit-on, aveu de ce fief en 1384 au sgr de Pons. On le prétend frère de Gombaud d'Asnières, qui testa en 1356 en faveur d'un certain Hélie (dont le nom a été gratté), cousin germain d'Hélie d'Asnières, père dudit Gombaud; par conséquent ce Gombaud n'avait pas de frère ni de proche parent, puisqu'il fait héritier son oncle à la mode de Bretagne. Poincy d'Asnières (s'il a réellement existé) devait être le fils de cet oncle (dont le nom de famille a été effacé), et si l'acte de 1384 est vrai, Poincy, comme sgr d'Asnières, prit le nom de son fief. Il épousa Leyne DE PESSIÈRES, *aliàs* SEYSSIÈRES, qui testa en 1380, n'ayant pas d'enfants, et fit héritier Guillaume Houdoye, son neveu. (Notes de Dom Fonteneau.) En 1388, Arnaud du Puy, au nom de sa femme Blanche ou Bonne de Nonaye, qui avait des droits à l'hérédité de cette dame, intervient pour avoir communication de ce testament ; or les fausses généalogies, après avoir dit d'abord que Poincy d'Asnières avait eu de Leyne de Pessières 2 fils, Drouet et Gombaud, ont changé ensuite, d'après un testament trouvé en 1782 à St-Amant-de-Boixe (près Angoulême), paroisse de Robert-Bernard d'Asnières, Ec., s[r] de Lugerat. Dans cet acte (qui porte tous les caractères de la fausseté), Poincy d'Asnières, le samedi après la Nativité N.-D. 1402, dit qu'il a eu 2 femmes, et institue héritier son fils aîné André, avec legs à Bonne d'Asnières ou de Nonaye (*sic*), sœur du testateur, à la condition que l'hôtel d'Asnières reviendra à Seguin, fils de Gombaud d'Asnières, sgr de Goignon, *aliàs* la Chapelle, fils puîné dudit Poincy. (Cet acte inventé à plaisir comble facilement la lacune entre les anciens et les nouveaux d'Asnières ; malheureusement il est en contradiction avec les titres authentiques vus par Dom Fonteneau, qui établissent que le fief de la Chapelle vint par les du Puy.) D'après ce faux testament, Poincy d'Asnières épousa : 1° Leyne DE PESSIÈRES ; 2° Arsende GOIGNON, dont il eut : 1° ANDRÉ (appelé Drouet dans les fausses généalogies, parce qu'on avait trouvé des titres d'un chevalier Drouet d'Asnières vivant au commencement du XVe siècle. Ce personnage, qui appartenait à une famille de l'Orléanais, portait, d'après son sceau, un écu chargé d'une fasce accompagnée de 3 roses ou besants). On disait d'abord que ce Drouet épousa Marguerite du Puy et fut père de Seguin ; mais ensuite on a changé, après l'invention du testament de 1402, et l'on a mis à sa place un Gombaud, qui suit.

Asnières (Gombaud d'), personnage qui n'est mentionné que dans le faux testament de 1402, épousa, d'après ce même acte, Marguerite DU PUY, dame de la Chapelle, fille d'Arnaud, Ec., et de Bonne de Nonaye. (On voit dans les notes de Dom Fonteneau que cette Marguerite du Puy épousa Guillaume Berthelin, notaire à Pons, qui, le 29 mars 1430, obtint mainlevée de la saisie du fief de la Chapelle, après le décès de Pierre du Puy, son beau-frère.) Dans la fausse généalogie des d'Asnières, on dit que Gombaud d'Asnières eut de Marguerite du Puy, Seguin, qui suit ; mais, d'après Dom Fonteneau, Seguin d'Asnières, qui commence la filiation prouvée des d'Asnières de la Chasteigneraye, est en réalité Seguin Berthelin dit d'Asnières à cause de son fief, qui semble avoir été d'abord avocat ou licencié ès lois, et qui ensuite fut qualifié Écuyer, ayant servi au ban de Saintonge à cause de sa seigneurie.

Filiation suivie.

§ Ier.

1. — **Asnières** (Seguin d'), sgr d'Asnières, qualifié, dit-on, de damoiseau le 13 août 1443, prit le titre d'Ec. dans une transaction faite avec les religieux de St-Martin-de-Pons, au sujet de sa sépulture. D'après Dom Fonteneau, dans un hommage du 28 juin 1475 et un aveu du 8 juill. 1475 pour le fief d'Asnières, le nom véritable et la qualité réelle de Seguin ont été grattés, et on y a substitué les mots d'Asnières et Ecuyer. Il épousa, par contrat du 13 déc. 1447, Catherine FRICON, fille de Robert, sgr du Cros, damoiseau, et de Jeanne de Ponthieu. Il rendit, le dernier février 1460, son hommage au Roi pour le fief d'Asnières, et servit comme brigandinier au ban de la noblesse de Saintonge, convoqué par le roi Louis XI, en 1467.

Nota. — Ainsi que nous l'avons fait observer, la confirmation de noblesse accordée par M. de Maupeou, intendant en Poitou, ne fait commencer les degrés de la filiation prouvée par titres qu'à Jean Ier qui suit. Il est à présumer que D. Fonteneau, pour sa critique, avait eu connaissance de ce fait. Seguin laissa pour enfants : 1° JEAN, 2° JEANNE, que la généalogie de M. de Courcelles et le Supplément à l'ouvrage du P. Anselme, p. 695, disent à tort mariée à Geoffroy Martel, sgr de Tricon.

2. — **Asnières** (Jean d'), Ier du nom, sgr d'Asnières, qualifié Ec., épousa Jeanne AISSE, fille de Bertrand, sgr de Touverac, élu en Saintonge, comme il résulte d'une sentence de la sénéchaussée de Saintes du 25 juin 1482. On trouve dans la Confirmation de noblesse du 13 janv. 1700 que Jean Ier s'était marié, le 27 déc. 1492, à Jouine DE GLENAIS (*sic*) (Frenon, not[re] de la sénéchaussée de Saintes). (Jouine de Glenest était veuve de Jean Suard dit Fourest.)

Il fit, le 25 sept. 1515 (Damy, not[re] à Saintes), donation à Jean d'Asnières, son fils aîné, de tous ses meubles, acquêts et biens immeubles, à la charge de substitution. Il eut de son premier mariage : 1° JEAN, qui suit ; 2° d'autres enfants qui paraissent être décédés jeunes.

3. — **Asnières** (Jean d'), IIe du nom, Ec., sgr d'Asnières et de la Chapelle, épousa en 1res noces, le 27 déc. 1492, par le même contrat que son père, Jeanne SUARD, fille de Jean Suard dit Fourest et de Jouine de Glenest. Il ne paraît pas qu'il y ait eu postérité de ce mariage ; 2° Jeanne DE LA CHASSAIGNE, fille du procureur général, et sœur du premier président au Parlement de Bordeaux. Les 31 janv. 1560 et 23 juin 1561, Jean IIe d'Asnières fit son testament, passé par Duguye, not[re] à Pons ; il fixe sa sépulture dans l'église de St-Pierre-du-Bois, où reposait son père. Il

mourut peu après, car le partage des biens de sa succession fut fait le 13 oct. 1561, en vertu d'une sentence arbitrale rendue par M. de la Chassaigne, conseiller au Parlement de Bordeaux. Il laissa pour enfants : 1° FRANÇOIS, qui suit ; 2° FRANÇOIS le jeune, Ec., sr de Beaulieu, chef protestant ; 3° JEANNOT, Ec., sr de Marvilar, dont on ignore la postérité ; 4° DUCH ? Ec., sgr d'Asnières, capitaine protestant, eut par le testament de son père, du 10 janv. 1560, la terre d'Asnières en partage. Il fut, sous le roi de Navarre, à la tête de la noblesse des provinces de Saintonge et d'Angoumois, et commanda en la ville de Pons, en l'absence de M. de Maumusson, dans le régiment duquel il était capitaine. Marié à Françoise SAUNIER, il n'eut qu'une fille, JACQUETTE, qui porta la terre d'Asnières dans la maison de l'Age de Volude, en épousant Paul de l'Age. Henri IV affectionnait beaucoup ce seigneur, qu'il traitait, dans plusieurs lettres écrites de sa main, de son bon ami, l'assurant de son amitié, et de l'entière confiance qu'il avait dans sa capacité et sa valeur. (Dict. de la noblesse.)

5° ISABEAU, qui épousa le sgr de Coulonges ; 6° CÉCILE, 7° SIMONNE, nommées au testament de 1560.

4. — **Asnières** (François d'), Ec., sgr de la Chapelle, épousa en 1520 Françoise DE MAISONNAIS, fille de Simon, Ec., et de Jeanne de la Chassaigne, sa cousine. Il fut gentilhomme de la chambre du Roi, et parut en 1530 à la montre de la noblesse du Poitou assemblée à Bayonne. Sa veuve obtint, le 26 nov. 1584, une ordonnance de maintenue de noblesse de M. Malon, commissaire pour le régalement des tailles.

Il eut de son mariage 3 fils et une fille ; les fils partagèrent sa succession le 30 oct. 1565, le 29 sept. 1581 et le 10 mars 1586 : 1° JACQUES, qui suit ; 2° OLIVIER, auteur de la branche de Villefranche, § V ; 3° FRANÇOISE, qui épousa Jean Garnier, sgr de Boreille ? 4° PIERRE, Ec., sr de Vacheroy ou Venbreroy ? et de la Chaussée, partagea avec ses frères en 1565 et en 1581, et mourut peu après, car sa veuve fit accord avec ses beaux-frères le 10 mai 1586. Il épousa Barbe DE BAUDET ou BAUDAIS ? qui épousa en 2es noces François de Bonnevin, Ec., dont il eut : *a.* JACQUES, Ec., sr de Vacheroy, qui vivait en 1607 et fit accord avec sa tante, veuve de Jacques d'Asnières, le 3 nov. 1607 ; nous ignorons s'il eut postérité ; *b.* JEANNE, religieuse à Agen ? *c.* RENÉE.

5. — **Asnières** (Jacques d'), Ec., sr de la Chapelle, Grane (Biennac), etc., partagea avec ses frères en 1565, 1581 et 1586, et fut présent, le 29 sept. 1602, au mariage de sa nièce Anne d'Asnières avec Louis Regnault, Ec., sr de la Fayolle. Il épousa, le 30 sept. 1567, à la Meize en Limousin, Marguerite DE LA GUYONNIE, fille de Charles, Ec., sgr de Juvet, et de Hélène d'Hautefort de Vayre, dont il eut : 1° LÉON, qui suit ; 2° (d'après Courcelles) JEANNE, qui épousa, le 25 juill. 1602, Maurice de la Rye, Ec. (Ils acquirent la sgrie de Peytavau le 3 juill. 1603. (O. F. de Chergé.)

6. — **Asnières** (Léon d'), Ec., sr de la Chapelle, Grane, Motte-d'Oradour, etc., épousa, le 29 sept. 1605, Gabrielle DE LEZAY, fille de François, Chev., sgr des Marais, la Coste-au-Chat, et de Antoinette de Naillac, dont il eut : 1° ROBERT, qui suit ; 2° (d'après Courcelles et le Dict. de la noblesse) N..., abbé de Conal ? en Saintonge, puis évêque ? *aliàs* archevêque de Vienne.

7. — **Asnières** (Robert d'), Chev., sgr de la Chapelle, Grane, la Motte, etc., fut maintenu à Poitiers le 31 déc. 1667 (sur titres depuis Jean d'Asnières, son 4e aïeul). (Les généalogies le disent maréchal de camp inspecteur de cavalerie, tué en Italie à la tête de ses troupes, et connu sous le nom de Chev. de St-Palais ; mais les titres produits devant Chérin ne disent rien de tout cela.) Il testa le 10 fév. 1677, et nomma ses exécuteurs testamentaires Jean Jouvion, Ec., sr de Drouille, et René de la Rye, Ec., sr des Francs. Il avait épousé, le 19 avril 1637, Marie DE BARBEZIÈRES, fille de Charles, Chev., sgr de la Saudière, et d'Henriette Pidoux, dont il eut : 1° ROBERT, qui suit ; 2° MARGUERITE, qui épousa, le 24 oct. 1666, Jean Guyot, Ec., sgr d'Asnières ; 3° JEAN l'aîné, sgr des Ages, clerc ; 4° FRANÇOIS l'aîné (chef de la 2e branche, § II) ; 5° FRANÇOIS le jeune, qui était religieux dominicain en 1677 ; 6° JEAN-BAPTISTE-FRANÇOIS (chef de la branche de Villechenon, § IV) ; 7° AGNÈS, 8° JEANNE, *aliàs* FRANÇOISE, 9° MARIE, 10° HENRIETTE, religieuse à Puyberland.

8. — **Asnières** (Robert), Ec., sr de St-Palais, Grane, Motte-d'Oradour, etc., né le 1er juin 1639, épousa : 1° vers 1666, Anne VALENTIN, de la psse de Jiversac (le mariage fut renouvelé le 20 avril 1668, en l'église de Biennac, par sentence de l'Official, pour cas de nullité) ; elle décéda le 2 avril 1687 ; 2° vers 1690, Marie DE CROIZANT, fille de Louis, Ec., sr de Moulin-Paute, et de Léonarde du Rousseau de Ferrières. Il eut du 1er mariage : 1° ROBERT-FRANÇOIS, né en 1667, décédé jeune ; 2° JEAN-BAPTISTE, qui suit ; 3° HENRIETTE, dite Mlle de St-Palais, religieuse à Boubon ; du 2e lit : 4° HENRIETTE, qui épousa, le 16 sept. 1722, Charles Guillot, Ec., sr du Dousset ; 5° LOUISE, née en 1697 ; 6° GABRIELLE, née en 1699 ; 7° ROBERT, né le 4 août 1701. (Nobil. du Limousin.)

9. — **Asnières** (Jean-Baptiste d'), Ec., sr de St-Palais, né le 11 nov. 1670 (*aliàs* le 23 juin 1669), était capitaine de cavalerie lorsqu'il épousa, le 29 avril 1705, Louise DE CROIZANT (probablement sœur de Marie de Croizant, belle-mère du futur). Nous n'avons plus de renseignements sur cette branche.

§ II. — BRANCHE DE LA **CHAPELLE**.

8. — **Asnières** (François d'), Ec., sr de la Chapelle, l'Age-Lizant (fils puîné de Robert, sr de Maisonnais, et de Marie de Barbezières, 7e degré, § I), testa le 12 avril 1682. Il avait épousé, à Saintes, le 1er juin 1675, Esther GUITON DE MAULÉVRIER, fille de Michel, Ec., sr de Pellegrin, et de Françoise Guiton, dont il eut : 1° PAUL, qui suit ; 2° HENRI-FRANÇOIS (chef de la branche de Chauvignac, § III) ; 3° MARIE, 4° MARIE la jeune.

9. — **Asnières** (Paul d'), Ec., sr de la Chapelle, la Pommerade, etc., épousa en 1709 Victoire BRETINAUD, fille de Henri, Chev., Bon de St-Sevrin, et d'Henriette-Angélique de Verteuil, dont : 1° JEAN-PAUL, Ec., fut enseigne de vaisseau et décéda sans alliance ; 2° VICTOIRE, qui épousa Louis-Emmanuel Amelot, Ec., sgr de la Vigerie ; 3° MARIE-ANNE, qui épousa, le 16 oct. 1743, Henri-Paul d'Asnières.

§ III. — BRANCHE DE **CHAUVIGNAC**.

9. — **Asnières** (Henri-François d'), Ec., sr de Chauvignac, St-Denis (fils puîné de François, 8e degré, § II), capitaine au régiment d'Anjou, épousa à Saintes, le 3 avril 1709, Henriette-Céleste BRETINAUD, fille de Henri Bon de St-Sevrin, dont il eut HENRI-PAUL, qui suit.

10. — **Asnières** (Henri-Paul dit le Cte d'), Chev., sgr de Chauvignac, St-Denis, la Chapelle, lieute-

nant au régiment de la marine, puis colonel de milice et capitaine garde-côte de Mortagne-sur-Gironde (électeur noble 1789), épousa, le 16 oct. 1743, Marie-Anne d'ASNIÈRES, fille de Paul, Ec., sr de la Chapelle, et de Victoire Bretinaud (par partage fait en 1763 avec sa sœur, elle eut les sgries de la Chapelle et St-Palais), dont LÉON, qui suit.

11. — **Asnières** (Léon Cte d'), Chev., sgr de la Chapelle, né le 30 déc. 1753, était en 1789 capitaine au rég^t^ d'Agénois et fut électeur de la noblesse en Saintonge ; il décéda en 1809, sans postérité mâle. (La Morinerie, Nobl. de Saintonge en 1789.)

§ IV. — BRANCHE DE VILLECHENON.

8. — **Asnières** (Jean-Bapt.-François d'), Ec., sgr de Villechenon, Mascureau (Biennac), Leycanie (fils puîné de Robert, sgr de la Chapelle, et de Marie de Barbezières, 7e deg., § I), épousa : 1° à Rochechouart, le 19 janv. 1686, Susanne BARBE, fille d'Isaac, docteur-médecin, et de Marie Marron (elle décéda le 18 déc. 1689) ; 2° le 4 janv. 1697, Marie-Thérèse DES CHAZAUDS. Du 1er lit vinrent : 1° ROBERT, qui suit ; 2° MARIE-OLYMPE, née le 21 févr. 1687 ; du 2e lit : 3° ANNE, née en 1697 ; 4° ROBERT, Ec., sr de Leycanie, né en 1698, fut présent au contrat de son neveu en 1734 (nous pensons qu'il fut père ou aïeul de FRANÇOISE-HENRIETTE d'Asnières, mariée, vers 1760, à Robert-Marie d'Asnières de Villefranche) ; 5° HENRIETTE, née en 1699 ; 6° JACQUETTE-THÉRÈSE, née en 1700 ; 7° JEAN, né en 1701 ; 8° FRANÇOIS, né en 1702 ; 9° MARIE-ANNE, qui se fit religieuse à Boubon en 1729. (Nob. du Limousin.) On n'a pas de renseignements sur le sort de ces enfants.

Une note ajoute : 10° ANNE, née le 20 août 1706, mariée, le 30 fév. 1731, à Jean d'Anglard, Ec., sr d'Andrivault.

9. — **Asnières** (Robert d'), Chev., sgr de Villechenon, Boreil (psse de St-Auvaut), né en 1686, bapt. le 20 févr. 1687, épousa, le 12 juin 1718, Anne PRÉVÉRAUD, fille de Jacques, Ec., sr de Beaumont, et d'Anne Seguin, dont il eut : 1° ROBERT, qui suit ; 2° FRANÇOISE, née le 19 mars 1717.

10. — **Asnières** (Robert d'), Ec., sgr de Villechenon, Nitrac, Lugerat, épousa, à St-Amant-de-Boixe, le 19 juin 1734, Marie-Laurence FAURE DE RANCUREAU, fille de François et de Marie Maurin, dont il eut : 1° ROBERT-BERNARD, qui suit ; 2° autre ROBERT ? officier au régiment de Béarn en 1780 (qui, d'après Courcelles, se maria et eut une fille) ; 3° JACQUES, officier à Custine-Dragons en 1780 ; 4° JEANNE, qui épousa Jean de Chevreuse, Ec., sgr de Guidiers ; 5° ANNE, religieuse à Tusson ; 6° FRANÇOISE, mariée au sr de Maroussen.

11. — **Asnières** (Robert-Bernard d'), Chev., sgr de Lugerat, la Borde, Goudeville, né le 19 mai 1735, bapt. le 15 juin à St-Amant-de-Boixe, était en 1780 capitaine au rég^t^ d'Auvergne. En 1782, il obtint un compulsoire pour faire chercher les titres de sa famille dans le chartrier de l'abbaye St-Amant-de-Boixe en Angoumois (où ils n'avaient aucune raison de se trouver, puisque la famille d'Asnières n'avait jamais habité de ce côté-là). Il épousa, le 6 mai 1775, Françoise LAINÉ, fille de Louis, Chev., sgr de Bellebarbe, et de Françoise de la Charlonie, dont il eut : 1° EUGÈNE-ROBERT, qui vivait en 1820, sans alliance ; 2° ADOLPHE-HENRI, officier d'artillerie, vivant en 1820. (Généalogie par Courcelles.) Nous ne savons s'ils ont eu postérité.

§ V. — BRANCHE DE VILLEFRANCHE.

5. — **Asnières** (Olivier d'), Ec., sr de la Ribière, Chabrignac (fils puîné de François, sr de la Chapelle, et de Françoise de Maisonnais, 4e degr., § I), fit accord avec ses frères le 3 oct. 1565. Il épousa, le 27 juill. 1572, Jeanne BOULESTEYS, fille de Jean, bourgeois de Rochechouart, et de Catherine Soury.

Il eut pour enfants : 1° ISAAC, Ec., sr de Chabrignac, qui épousa Marie DE CHALARD, et eut pour enfants : *a.* JEANNE, née en 1612 ; *b.* SAMUEL, né en 1614 ; *c.* ANNE, née en 1615, tous baptisés au temple de Rochechouart. (Nobil. du Limousin.) Nous ne savons si ces enfants ont eu postérité.

2° JACOB, Ec., sr de Villefranche, décédé en 1660 ; 3° BENJAMIN, Ec., sr de la Ribière, qui partagea avec ses frères en 1618, et fut nommé ancien du Consistoire de Rochechouart en 1645 ; marié, vers 1630, à Jeanne DAUPHIN, il fut père de : *a.* JACOB, né en 1633 (qui épousa Renée DE CHIÈVRES, probablement fille de Marc, Ec., sr d'Aubanye) ; et *b.* ANNE, née en 1634, baptisée au temple de Rochechouart ; 4° ESDRAS, qui suit ; 5° ANNE, qui épousa, le 29 sept. 1602, Louis Regnault, Ec., sr de la Fayolle. Ils vivaient ensemble le 8 fév. 1618. (Pièc. orig. Fréd. de Chergé.)

6. — **Asnières** (Esdras d'), Ec., sr de Villefranche, etc., partagea avec ses frères le 2 janv. 1618. Il épousa à l'Ile-Bouchard (contrat reçu par Lebourguignon, not.), le 18 avril 1624, Susanne BONNAUD, fille de René, Ec., sr du Marais, et de Susanne Jaumes (elle était veuve en 1661 et fut nommée tutrice de ses enfants), dont il eut : 1° JACOB, qui suit ; 2° ANNE, née en 1627, baptisée au temple de Rochechouart ; 3° d'autres enfants qui ne sont pas connus.

7. — **Asnières** (Jacob d'), Ec., sr de Villefranche, etc., baptisé le 18 fév. 1625 à Rochechouart, décédé en 1661, épousa à Gorces, le 3 juin 1655, Elisabeth DE LA TOUR, fille de Jean, Chev., sgr de Gorces, et de Françoise Susannet. Elle fut nommée tutrice de ses enfants le 11 janv. 1661 par le sénéchal de Rochechouart, et fit production de titres à la cour des aides, contre les habitants de Cheronac, le 12 août 1686 (avec filiation remontant à Seguin d'Asnières dit fils de Gombaud, mais sans preuves).

Dont il eut : 1° OLIVIER, qui suit ; 2° MARIE-OLYMPE, née le 16 avril 1656, mariée à N. de la Garde, Ec., puis, le 29 janv. 1704, à Martial Roux, Ec. ; elle mourut en 1733 ; 3° GABRIEL (chef de la branche de la Chasteigneraye, § VI) ; 4° RENÉE-ANGÉLIQUE, née en 1659 ; 5° FRANÇOISE-ELISABETH, née en 1661.

Nota. — Olivier, Gabriel et Marie-Olympe partagèrent en 1690 les biens de leur père, et ils furent maintenus par M. de Maupeou le 13 janv. 1700. Cependant Chérin et Courcelles ne parlent pas de cette Marie-Olympe et mettent à la place une Susanne.

8. — **Asnières** (Olivier d'), Ec., sr de Villefranche, etc., né le 16 sept. 1657, maintenu noble en 1700, épousa, le 27 fév. 1704, Elisabeth BIROT, fille de Pierre, Ec., sr de la Mirande, capitaine au rég^t^ de Périgord, et de Marguerite Prévéraud (elle fit abjuration du protestantisme le 20 nov. 1735, à Biennac), dont il eut LOUIS-PIERRE.

9. — **Asnières** (Louis-Pierre d'), Chev., sgr de Villefranche, etc., fit abjuration du calvinisme à Rochechouart le 19 fév. 1735, et mourut le 10 sept. 1777. Il épousa à Poitiers, le... 174., Marie-Louise PRÉVÉRAUD, fille d'Abraham, Ec., sgr de Nitrac, et de Marie-Françoise

Rousseau, dont il eut : 1° Marie-Elisabeth, née en 1735 ; 2° Robert-Marie, qui suit ; 3° Henriette, née en 1737 ; 4° Jacques, né en 1738 ; 5° Thérèse, née en 1741 ; 6° Elisabeth, née en 1742 ; 7° François-Julien, né en 1743, décédé ; 8° Henriette-Françoise, née en 1744 ; 9° Charles-François, né en 1745 ; 10° Abraham-Jacques, Ec., sr de Villefranche, assista en 1789 à l'assemblée de la noblesse du Poitou, épousa, en 1770, Marcelle de Sousmagné (pssa de Maisonnais); paraît être décédé sans postérité ; 11° Marie-Madeleine, qui épousa, en 1771, Pierre Ribière de la Besne (de la psse de St-Basile) ; 12° Marie, née en 1750, mariée en 1768 à Julien-Philippe Buron (de Saumur) ; 13° Marie-Elisabeth, née en 1751 ; 14° Julien, était clerc tonsuré en 1771.

On trouve aussi : 15° un René-Alexandre, chanoine régulier de Chancelade, présent à l'enterrement de son frère Robert-Marie, en 1774.

Deux membres de cette branche d'Asnières émigrèrent à l'armée des Princes : l'un servait dans la légion de la Châtre, lors de la glorieuse sortie de Menin en avril 1794. On trouve aussi un Jacques d'Asnières né à Biennac, capitaine d'infanterie, condamné à mort le 17 pluviôse an II par le tribunal révolutionnaire de la Charente-Inférieure.

10. — **Asnières** (Robert-Marie d'), Ec., sr de Leycanie, etc., né le 17 mai 1736, servit au ban des nobles du Poitou en 1758, et mourut le 26 juin 1771, à Maisonnais. Il avait épousé : 1° N..., 2° (vers 1760) Françoise-Henriette d'Asnières de Leycanie, qui devait être petite-fille de Robert, sgr de Leycanie, puîné de la branche de Villechenon, et fille d'un Thomas? d'Asnières, sgr de Leycanie, vivant en 1723.

Il eut du 2e mariage : 1° Pierre, né le 27 sept. 1760 ; 2° Marie-Louise, née en 1762, eut pour parrain Jean-Baptiste d'Asnières, Ec., sr de la Ridortière ? 3° Elisabeth, née en 1764 ; 4° François-Julien, 5° Antoine, nés jumeaux, le 3 août 1767. Antoine décéda le 28 déc. Nous n'avons pas d'autres renseignements sur cette branche.

§ VI. — Branche de la Chasteigneraye.

8. — **Asnières** (Gabriel d'), Ec., sr de Lucques, St-Marsault, né le 15 déc. 1658, fils puîné de Jacob, sr de Villefranche, et d'Elisabeth de la Tour (7e degré, § V), maintenu noble en 1700 avec son frère aîné Olivier, partagea les biens de son père en 1690. Il épousa, le 30 mars 1695, Elisabeth-Aimée Lucas-Regnier, fille de feu Jean Regnier, Ec., sgr du Teil, gentilhomme de la chambre du Roi, et de De Elisabeth Lucas, dont il eut Louis-Henri, qui suit.

9. — **Asnières** (Louis-Henri d'), Chev., sgr de Lucques, St-Marsault (est qualifié Cte de Lucques dans quelques actes), fit partie du ban des nobles du Poitou en 1758, escadron de Villedon, et décéda le 18 janv. 1760, au Plessis-Piquet, près Paris. Il avait épousé, le 9 nov. 1734, à Paris, Henriette-Catherine de la Tour-d'Aizenay, fille de Henri-Augustin, Mis d'Aizenay, et de Jeanne Le Maistre, dont il eut : 1° Henri, dit le Mis d'Asnières, Mis d'Aizenay, Bon de Palluau, etc., mestre de camp, 1er enseigne des mousquetaires, puis brigadier des armées du Roi en 1780, épousa à Paris, le 10 fév. 1773, Jeanne-Rose Digeon, fille de Jean-Jacques Bon de Mouteton et de Susanne de Narbonne-Pelet, dont Marie, née à Pleuville le 12 août 1774 ; 2° Jean, qui suit.

10. — **Asnières** (Jean d'), Mis d'Asnières-de-la-Chasteigneraye, avait d'abord porté le titre de Cte de la Cressonnière ; il fut sous-lieutenant, puis lieutenant aux gardes.

Ayant réuni les terres de la Chasteigneraye, Menomblet, Bnie du Petit-Château, châtellenies de Bourg-Bastard, la Tardière, St-Pierre-du-Chemin, St-Marsault, sgries de Marillet, Fief-Fraigneau, etc., il obtint du Roi des lettres patentes, datées de juillet 1776, les érigeant en marquisat sous le nom d'Asnières-la-Chasteigneraye. D'après les preuves faites en 1780-82, il fut admis aux honneurs de la cour le 17 déc. 1782. Il est décédé le 3 janv. 1824.

Marié, le . . . . . 1784, à Catherine de Montmorin, il a eu pour enfants : 1° Jean-Baptiste-François-Auguste, qui suit ; 2° Raimond-Henri-Victorin Cte d'Asnières, né à la Mesnardière en Poitou, le 4 janv. 1786, membre du conseil général de la Charente, résidant au château de St-Mesme, près Segonzac, épousa N. Morin de Bonneville, mais n'a pas eu de postérité ; 3° Hippolyte-Gombaud, 4° Mélite-Zoé-Marguerite.

11. — **Asnières** (Jean-Baptiste-François-Auguste d'), Mis d'Asnières-la-Chasteigneraye, né à Paris le 20 janv. 1785, servit à l'armée sous le 1er Empire et remplit diverses missions à Moscou et Vienne. A la Restauration, il entra dans les gardes du corps, mais quitta peu après le service.

Ayant consacré ses loisirs à des travaux littéraires, il publia quelques traductions en vers et une tragédie de Phocas. Vers 1825, ayant imaginé un système pour faire descendre l'ancienne maison des sgrs d'Asnières des sires de Pons, il prit (sans aucun droit, même à son point de vue, puisqu'il n'était que le chef d'une branche cadette, l'aînée subsistant encore) le titre de prince de Pons, qu'il transforma ensuite en de Ponts, et soutint plusieurs procès contre la Mise de Tourzel, dernière représentante de la maison de Pons, puis contre ses héritiers, et malgré plusieurs arrêts successifs, maintint jusqu'à sa mort ses bizarres prétentions, dans une foule de brochures en style baroque, résumées dans un volume paru en 1867, sous le titre de « Fragments tirés d'un gros recueil, par un ancien écolier de Juilly, soit entendu discrètement, l'altesse Prince de Ponts, Mis de la Chasteigneraye ».

Marié, le 17 juill. 1827, à Hermessinde-Octavie-Hélène de Narbonne-Lara, fille de Louis-Augustin et d'Hortense-Geneviève-Marie-Anne de Beaufremont, il a eu : 1° Joseph-Renaud, né le 30 avril 1828, sans postérité de N. Le Maire de la Neuville, 1887 ; 2° Hélie-Gombaud, né le 14 janv. 1835 ; et peut-être 3° Angélique-Françoise-Augustine, mariée à N. de Johanne-Lacarre, Mis de Saumery, décédée à Orléans le 26 fév. 1851.

ASPREMONT (d'). — Très ancienne maison du Bas-Poitou, éteinte depuis plusieurs siècles. Besly dit, en parlant d'un Guillaume d'Aspremont qui assistait aux funérailles de Guillaume duc d'Aquitaine et Cte de Poitou, qu'il était frère d'Hervé de Mareuil et issu de la maison de Chabot (erreur fondée sur des notes inexactes).

Nous donnons ici les quelques documents que nous avons pu recueillir sur son histoire.

Blason. — Aspremont du Poitou : de gueules au lion d'or couronné d'azur. (La Roque, Traité du ban et arrière-ban. D. F. 53.)

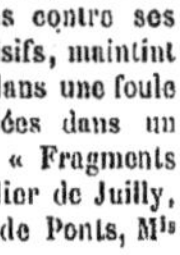

Asperomonte (Willelmus de) est cité plusieurs fois (sans date) dans une chronique conservée au chât. de l'Estendière. (D. F. 8.)

Asperomonte (Radulfus de) fut témoin d'une

donation faite, en déc. 1088, à l'abb. de St-Florent de Saumur, par Aimery Vte de Thouars. (D. F. 26.) C'est probablement le même qui signe le premier des 9 témoins présents, en 1095, à la donation faite au prieuré de la Chèze-le-Vicomte par Herbert Vte de Thouars. (D. F. 26.) (Il fut probablement père de Guillaume d'Aspremont qui commence la filiation suivie.)

Asperomonte (Barbotinus de) contribue, lui aussi, pour « *decem solidos* » à la dotation du prieuré de la Chèze-le-Vicomte par Herbert Vte de Thouars et ses barons. Il est inscrit le 18e, 7 déc. 1099. (D. F. 26.)

Aspremont (Alboin d'), vivant au milieu du XIe siècle, eut 2 fils : 1° Alboin, qui fit don à la Chèze-le-Vicomte, vers 1095, en présence de Raoul d'Aspremont (son oncle ou son cousin) ; 2° Guillaume, qui fit don avec son frère au prieuré de la Chèze.

Asperomonte (Willelmus de) était, en 1199, chanoine de l'église de St-Hilaire-le-Grand de Poitiers. (D. F. 21.)

Aspremont (Radulphus d'), neveu de Jacquelin de Maillé. — Lettre d'Alphonse Cte de Poitou à son sénéchal, au sujet des biens de ce sgr, du 12 août 1269. (Ledain, Alphonse, 187.)

Aspremont (Rafichot d'), Éc., servait avec 4 autres écuyers sous la charge de Savary de Vivonne, le 8 oct. 1338, assistait en 1347 à la fondation de la cure de la Grève (Vendée). (Pièce orig.)

Les personnages suivants ne paraissent pas être Poitevins.

Aspremont (Jean d'), écuyer, homme d'armes, âgé de 25 ans, combat contre Abel Richard, qui l'avait trompé dans un marché de foin, en 1477. (A. N.)

Aspremont (Pierre d'), Ec., sgr de Marcilly, obtient du Roi établissement de foire dans sa sgrie de Marcilly, en 1496. (A. N.)

Aspremont (Claude d'), Ec., âgé de 38 ans, ayant charge de 300 hommes de pied, combat et tue Claude de Fert dit le Diable, qui avait volé dans une église. Il obtint rémission pour ce fait l'an 1540. (A. N.)

N. B. — Un recueil de montres et revues déposé à la bibliothèque du Roi donne la liste d'un grand nombre de chevaliers et d'écuyers du nom d'Aspremont ; mais comme il existe dans le duché de Bar une ancienne maison d'Aspremont, et une autre connue sous le nom d'Aspremont aux Merlettes, il aurait été impossible de reconnaître parmi eux les noms de ceux qui auraient appartenu au Poitou. D'après cela, nous n'avons pas cru devoir puiser à cette source.

Filiation suivie.

1. — **Aspremont** (Guillaume d'), probablement fils de Raoul, vivait en 1088 et 1095, revint sain et sauf de la première croisade (1104). *Fragmenta libri fundationis prioratus de Casa Vicecomitis.* (B. A. O. 1877, 99.) C'est le même sans doute qui signe en 1109 la charte de fondation de l'abbaye de Boisgrolland (Gal. Christ. II. Cart. de Boisgrolland), dont ses descendants furent les bienfaiteurs. Il fut témoin, en 1126, de la confirmation faite par Guillaume X duc d'Aquitaine, Cte de Poitou, de tout ce que son père et son aïeul avaient donné à l'abb. de Montierneuf de Poitiers (D. F. 19), puis en 1129 à la cession faite par le même au même monastère de divers héritages sis en Saintonge et de droits d'usage dans la forêt d'Argenson. (Gén. de Surgères, 40.) Il donna avec ses 4 fils, en même temps que Guillaume de Lezay, sgr de Talmont, le moulin d'Olonne à Boisgrolland (vers 1140).

Il épousa Théophanie, que l'on croit dame de Riez, dont il eut : 1° Raoul, qui suit ; 2° Hugues, Chev., sgr en partie de Talmont, paraît avoir épousé une fille de Guillaume de Lezay, mais semble mort sans postérité ; il fut tué par accident, par Simon de Mescench, qui fit une fondation à l'abbaye de Buzey, en réparation de ce meurtre, fondation approuvée par l'évêque de Nantes, vers 1150 (D. Villevieille, 4, p. 77) ; 3° Rongue, qui périt dans un combat sur mer ; il fut inhumé à Ste-Croix de Talmont, et son frère Hugues fonda un service pour lui (Cart. Talmont) ; 4° Aimery, qui avec son père et ses frères donne le moulin d'Olonne, vers 1140, à Boisgrolland ; il fut témoin avec son frère Raoul, vers 1180, d'un don fait au prieuré de la Roche-sur-Yon. Peut-être est-ce lui qui fut présent lorsque la reine Aliénor donna le bailliage d'Angle au prieuré de Fontaine, par charte dressée à Poitiers, vers 1195. (Cart. Bas-Poitou.)

2. — **Aspremont** (Raoul d') fit don avec son père et ses 3 frères à Boisgrolland, vers 1140 (moulin d'Olonne) ; il fit don à Sainte-Croix de Talmont pour ses père et mère et pour son frère Hugues, tué vers 1150. On le trouve témoin avec son frère Aimery dans des chartes du prieuré de la Roche-sur-Yon, vers 1170 ; mais il décéda probablement vers 1180.

Il avait épousé Rivalie d'Aizenay qui, étant très âgée, fit don à Talmont en 1228. Il eut pour enfants : 1° Guillaume, qui suit ; 2° Aimery et 3° Pierre, qui prennent part à la croisade contre les Albigeois avec leur frère Guillaume et furent témoins avec lui d'un don fait à l'abb. de l'Absie par *Aimericus de Cantumerula*, par une charte passée à Dax en Gascogne, et datée du commencement du gouvernement de l'abbé *Rainerius*. (A. H. P. 9.) Pierre fut sgr des Essarts et de Chantonnais ? et fit don à la Grenetière, en 1196, de domaines au fief de Maupetit, confirmé en 1223 par Guy de Thouars et Alix de Mauléon sa femme, suzerains de ce fief. Il épousa la fille d'Aimery de Chantemerle, mais nous ne savons pas s'il eut des enfants.

3. — **Aspremont** (Guillaume d'), IIe du nom, sgr de Poiroux, Saint-Cyr et Rié, fit de nombreuses fondations aux abbayes d'Orbestier, de Boisgrolland et des Fontenelles, dont l'une entre autres, en 1182, fut rédigée à Port-Juré, en présence de Richard Cte de Poitou, le futur roi d'Angleterre, qui la scella de son scel, Guillaume n'ayant pas le sien. (Poitou et Vendée, St-Cyr, 11.)

Il épousa : 1° Berthe, que l'on croit fille de Pierre de Bouil, du chef de laquelle il devint sgr de Rié, par la mort de Maxence, sa belle-sœur, et de Guillaume de Chantemerle, son époux, décédés sans hoirs. (Cart. de Boisgrolland, n° 70, sans date.) Berthe décéda avant 1215 (id. n° 78), car, à cette époque, Guillaume et Ermengarde, sa 2e femme (qui, d'après Fillon, lui apporta la terre de St-Cyr-en-Talmondais), confirment les dons faits à l'église de St-Cyr et à Boisgrolland par leurs auteurs Aimery de Chantemerle et Pierre de Bouil. En 1224, Guillaume faisait encore de nouveaux dons pour le salut de l'âme d'Ermengarde, sa défunte épouse.

On trouve cité parmi les *Nomina militum ferentium bannerias*, sous le règne de Philippe-Auguste — extraits des anciens historiens de Normandie — un Guillaume d'Aspremont, sgr de Poiroux et de Rié, qui ne peut être que notre Guillaume II. Il prit part à la croisade contre les Albigeois, combattit à Bouvines (1214), et fut un des témoins de la charte en faveur de l'abb. de l'Absie donnée à Dax par Aimery de Chantemerle, que B. Fillon, d'après le cartulaire de Boisgrolland, dit être son beau-père. Cependant, de l'extrait de cette charte donné par Besly (Lettres de Besly. A. H. P. 9) il semble résulter que c'est Pierre d'Aspremont (v. *suprà*, 2e deg.) qui aurait été son gendre : « *Guillelmus, Aimericus et Petrus genero suo* ». (Duchesne, Hist. des Chasteigners, preuves, p. 3.)

Toujours d'après B. Fillon (Poitou et Vendée, Poiroux, 5), Guillaume II fut l'un des plus vaillants chevaliers des règnes de Philippe-Auguste et de Louis VIII. Nous pensons qu'il était décédé avant 1239, époque à laquelle Raoul, son fils aîné, que, dans une charte de 1219, il qualifie de son héritier (D. F. 1), était sgr de Poiroux et de Rié. Il eut, outre RAOUL, précité, un autre fils du nom de GUILLAUME, dont nous parlerons après Raoul et sa postérité.

4. — **Aspremont** (Raoul d'), sgr de Poiroux et de Rié en 1229, céda en 1239 la seigneurie de Saint-Cyr à Geoffroy de Charimay? (Poit. et Vend., St-Cyr, 20, 21.) Nous ignorons le nom de sa femme, mais nous pensons qu'il eut un fils, RAOUL, lequel, au mois de mars 1300, se dit cousin germain de GUILLAUME d'Aspremont, sgr de Mauzé, et approuve une transaction passée par ce dernier en 1281 avec l'abbé de Boisgrolland, au sujet de la haute justice de la terre des Maufaits, etc. (Mauzé. M. A. O. 1855, 103.)

---

4. — **Aspremont** (Guillaume d'), IIIe, second fils de Guillaume II et d'Ermengarde, devint sgr de Mauzé par son mariage avec Agnès DE MAUZÉ, fille de Guillaume, sgr de cette terre, et d'Aliénor de Virzon, contracté avant 1224 ; car, à cette époque, il avait rendu hommage de cette seigneurie à Louis VIII, alors à la Rochelle, et il en devint définitivement propriétaire par suite d'un partage passé en févr. 1245-1246 entre lui et sa femme, d'une part, et Létice, sa belle-sœur, femme de Renaud de Pressigny. Il assista, en 1214, à la bataille de Bouvines.

En 1253, il fonda le prieuré de St-Hilaire-de-Rié, auquel il fait don d'un serf et de sa famille et de divers domaines pour faire célébrer son anniversaire, celui de Guillaume son père et de sa mère Ermengarde. (Arch. départ. de la Vendée.) Dans cette pièce, il se qualifie de sgr de Poiroux, de l'Erablaie et de Rié. Il eut pour fils (Mauzé. M. A. O. 1855, 99, etc.) :

5. — **Aspremont** (Guillaume d'), IVe du nom, succéda à son père. Il passait, ainsi que sa mère, un accord avec le Cte de Poitou en 1262, au sujet du bois de Mauzé, et ratifiait en 1276, pour le salut de l'âme « *bone memorie defuncte Agnetis matris nostre* », la vente d'un fief faite au prieuré de St-Pierre de Mauzé. Au mois de mars 1281, il se qualifie de *Chevalier sire de Petrous* (Poiroux), *de Rié, d'Aizenais et de Mauzé*, dans une transaction passée entre lui et l'abbé de Boisgrolland, au sujet de la haute justice de la terre de Maufaits et de l'herbergement de Bois-Guichet.

Guillaume avait pour femme, en 1246, HYSABELLIS. (Cart. Boisgrolland, ch. n° 145. M. A. O. 1869, 197.) Fillon dit qu'elle était de la famille de St-Maxire. Il eut probablement un fils du même nom de GUILLAUME.

Ici s'arrêtent les documents au moyen desquels nous avons pu dresser la généalogie qui précède ; mais nous croyons pouvoir présenter comme descendants de Guillaume IV ou de Raoul :

Aspremont (Guy d'), sgr de Poiroux et de Rié, et

Aspremont (Raoul d'), son frère, qui, en 1348, transigent, au sujet de l'entretien et des réparations de leurs châteaux de Poiroux et de Rié, avec leurs vassaux, habitant dans l'étendue de ces sgries. (Arch. Vendée et M. A. O. 1869, 198.) Ils furent poursuivis criminellement avec leurs complices, à cause du pillage du prieuré des Moustiers-les-Maufaits, en 1342 et 1348.

Nous croyons encore pouvoir présenter comme fils ou petit-fils des derniers sus-nommés :

Aspremont (Galois d'), sgr de Rié, Aizenay, Poiroux et Regnac, dont la fille et unique héritière JEANNE épousa, dans la seconde moitié du XIVe siècle, Savary de Vivonne, sgr des Essarts, de Thors et d'Esnandes, tué à la bataille de Nicopolis (1396) (Gén. de Vivonne), puis Jean Harpedanne, sgr de Belleville.

ASSAILLY (D'), aussi appelée DE **L'ASSAILLY** et D'**ASSALIT**. — Famille noble de Niort, où elle a rempli souvent les premières charges municipales.

Son nom se trouve dans le Nobiliaire de Toulouse, et il est de tradition, parmi ses membres, qu'elle est d'origine écossaise.

Depuis la publication de ce qui précède — extrait de la première édition du Dictionnaire — nous avons reçu communication d'un ouvrage sans nom d'auteur ni d'éditeur qui se publie à Genève sous le titre de : *Histoire générale des hommes du* XIXe *siècle vivants ou morts de toutes les nations*. On y dit que l'origine de la famille d'Assailly paraît remonter à 1090 ; que, de 1143 jusqu'en 1201, des personnages portant ce nom signent comme témoins ou sont nommés dans des documents émanés des Ctes de Toulouse ou des Ctes de Béziers ; qu'un Gilbert d'Assailly ou d'Assalit (Roger de Hoveden, sub anno 1183, f° 622, écrit *Gilbertus dictus Assailly*) fut le 4e grand maître de l'ordre des chevaliers de St-Jean-de-Jérusalem, mort en 1183.

« Les origines chevaleresques de cette famille, des « plus anciennes et illustres, nous semblent ainsi suffi- « samment établies ; elle s'est perpétuée jusqu'à nos « jours, et semble avoir conservé jusque dans ses der- « niers descendants le caractère d'indépendance abso- « lue de ses ancêtres du moyen âge. »

Sans vouloir discuter cette question, nous extrairons des Confirmations de noblesse de M. de Maupeou ce qui concerne la famille niortaise de ce nom, car il en a existé plusieurs en Poitou, sur lesquelles nous avons recueilli le peu de renseignements que nous allons donner.

Assalit (Audebert d') existait en 1270, d'après une charte de l'abb. de Charroux. Il eut une fille, N., qui, à cette époque, était femme de Constantin de Châteauneuf. (D. F.)

Assailly (Laurent) était chanoine grand chantre de N.-D. de Châtellerault le 24 mars 1427.

Assailly (Jean), doyen du Chapitre de N.-D. de Châtellerault, fonda un service le 22 déc. 1435.

Assailly (Etienne) est cité parmi les censitaires de la Tour des Mées, acte du 23 mai 1461. (Arch. Nat. r. 329, 332.)

On trouve à la même date :

Assaillye (Babeau), veuve de feu Guillaume Morinet, tenant des terres de ladite sgrie des Mées. (Id.)

Assailly (Gilet) tenait de la Bnie de Mirebeau l'hébergement de la Roche-Rambert, de 1453 à 1457. (M. A. O. 1877, 189.)

Assalit (Etienne), dit Tredat, archer de la retenue du Roi en 1478, étant à jouer aux quilles près la ville de Poitiers, eut une dispute avec un nommé Guillot, varlet, qu'il tua dans la chaleur de la querelle. (A. N.)

Assailly (Simon) était chanoine de l'Église de Luçon en 1491. (De la Fontenelle, Hist. de Luçon.)

Assailly. — Trois membres de cette famille, portant tous les prénoms de François, l'un père, l'autre fils, et le troisième, sieur du Peux, sont cités aux années 1594 et 1597 dans le Catalogue original des nobles de la généralité de Poitiers. (St-All.)

Assailly (Sébastien), habitant de Niort, n'existait plus en févr. 1596. (Livre des fiefs.)

Assailly (Sébastien), notaire et tabellion royal à Niort le 2 août 1601, assiste aux assemblées du corps de ville réunies pour aviser aux moyens de combattre la peste en 1603. (M. Stat. 9, 193.) Il était en 1620 pair de la maison commune, et en 1629 receveur des deniers de la ville. (M. Stat. 1865, 75, 76.)

Blason. — D'Assailly : d'azur à trois lis d'argent tigés et feuillés de sinople. (D'Hozier.)

Filiation suivie.

1. — **Assailly** (François), Ier du nom, sr du Peux, dont il a été fait mention ci-dessus, eut un fils, qui suit.

2. — **Assailly** (François d'), IIe du nom, sr du Peux, fut élu échevin de la commune de Niort au moyen de la résignation faite en sa faveur par Antoine Chargé, le 6 oct. 1634, et le 7 nov. 1634 déclara au greffe de l'élection vouloir vivre noblement.

Il servit au ban des nobles du Poitou convoqué en 1635, et était en 1660 capitaine au régiment royal de Niort ; décéda avant le 6 sept. de cette année, revêtu de sa qualité d'échevin.

Il avait épousé Madeleine Chargé. Devenue veuve, Madeleine paya, le 1er sept. 1667, à Johannot de Bertillac la somme de 450 liv. pour sa maintenue en noblesse et privilèges.

François Assailly laissa de son mariage les enfants dont les noms suivent, et qui, le 26 févr. 1671, partagèrent sa succession avec leur mère : 1° François, Ec., sr du Peux, épousa, le 30 août 1672 (Piet et son collègue, not. à Niort), Gabrielle de Barazan, fille de Jean, Ec., sgr de la Salmondière. Il avait fait partie de la 2e brigade du ban des nobles du Poitou réuni à Moncoutant le 26 mai 1689. Ce fut lui qui, avec Alexis, sgr de Laubonnerie, et Madeleine, ses frère et sœur, fut confirmé dans sa noblesse par sentence du 10 janv. 1699, signée Maupeou. (O.) Le 1er sept. 1661, il avait arrenté, par acte reçu Jousseaume et Pérot, notaires à Niort, de vénérable Jean Chargé, prieur de Ruffigné, héritier de noble Guillaume Chargé, la terre noble des Prez. Il légua, le 10 janv. 1737, à Sébastien d'Assailly, Ec., sgr de Gerauson, son neveu, la terre et sgrie de la Salmondière, à lui échue de sa femme. (F.)

2° Pierre, Ec., sgr de Lorageay, assista au ban de 1691, servit dans les gentilshommes de l'escadron de M. de Granchamps ; en 1706, il était officier dans les troupes du Roi au service d'Espagne, ainsi qu'il résulte des lettres du lieutenant du Roi dans la province du Poitou et de M. le maréchal de Clérembault à M. l'intendant de Poitou, 21 août 1706 (F.) ; 3° Alexis, qui suit ; 4° Madeleine, citée dans la maintenue de noblesse.

3. — **Assailly** (Alexis d'), Ec., sieur de Laubonnerie, échevin en 1688 de la cne de Niort et officier major du régiment royal en 1698 (M. Stat. 1865, 75) assista au ban de la noblesse convoqué en 1690, et commanda le 3e escadron des nobles du Haut-Poitou au ban convoqué en 1703.

Il avait épousé, le 7 juin 1673 (Chauvegrain et Piet, not. royaux à Niort), Dlle Marguerite Thibaut, fille de N., Ec., sgr de Colombier, dont il eut :

4. — **Assailly** (Sébastien-Guillaume-Alexandre d'), Chev., sgr de la Salmondière et de la Rivière d'Arthenay.

Il avait établi à Vouillé, près Niort, de concert avec M. le duc de Béthune-Charost, une communauté des Sœurs de la Providence, pour le soin des malades et l'éducation des enfants de la campagne ; mais la Révolution détruisit cette pieuse fondation et confisqua les biens qui y étaient affectés. (F.)

Sébastien avait épousé Charlotte-Rose-Cécile Grelier de Concize, laquelle, forcée d'émigrer, emmena dans sa retraite à l'étranger ses deux fils qui suivent : 1° Alexandre-Charles, né le 24 févr. 1772, entré, lors de la Restauration, dans la maison militaire du Roi ; 2° Philippe-Antoine, qui suit.

5. — **Assailly** (Philippe-Antoine d'), né le 11 janv. 1779, épousa, le 21 prairial an XI (28 juill. 1803, Trutat, notaire à Paris), Susanne-Elisabeth-Louise de Sahuguet d'Amarzit d'Espagnac, fille de Charles-Antoine-Léonard Cte d'Espagnac et d'Elisabeth-Ursule de la Toison-Rocheblanche, dont il eut : 1° Charles-Philippe-Alfred, qui suit ; 2° Ursule, religieuse. Philippe-Antoine est décédé en 1832.

6. — **Assailly** (Charles-Philippe-Alfred d'), né en 1804, décéda à Paris le 24 juill. 1869, fut ministre plénipotentiaire à Cassel, démissionnaire en 1852, après le coup d'État, épousa, le 30 janv. 1837, Adrienne-Octavie de Lasteyrie, fille de Louis Mis de Lasteyrie et de Virginie de la Fayette, dont il a eu : 1° Octave-Charles-Ursule, qui suit ; 2° Valentine-Adrienne, née en 1839 ; 3° Arthur, 4° Alexandre-Charles-Camille-Oscar, capitaine au 7e chasseurs à cheval, 1880, s'est distingué dans la guerre de Tunisie, Chev. de la Légion d'honneur du 9 juill. 1883 ; 5° Camille-Caroline-Marie, mariée, le 14 juill. 1864, à Louis-Maurice Bon Pérignon.

7. — **Assailly** (Octave-Charles-Ursule d'), né le 5 févr. 1838, auteur de plusieurs publications littéraires (les Minnesinger), conseiller général des Deux-Sèvres, a épousé, le 10 mars 1870, Marie-Hélène Cunin-Gridaine, fille de Léon-Martial (fils de l'ancien ministre).

ASSE. — Cette famille noble, vraisemblablement éteinte depuis plusieurs siècles, prétendait être originaire d'Angleterre ; mais ce qui doit faire douter de cette origine, c'est que les archives de l'abbaye de St-Maixent renferment les noms de plusieurs membres de cette famille existant en Poitou près d'un demi-siècle avant le mariage d'Aliénor avec Henri Plantagenet, héritier du trône d'Angleterre.

Elle avait accolé son nom à la terre du Plessis, cne d'Augé (D.-S.), qui pendant de longues années fut connue sous le nom du Plessis-Asse.

Blason : d'azur à 3 aiglettes d'or becquées et armées de gueules. (Vraie et parfaite science des armoiries.)

Asce (R.), clerc, Guillaume son frère, et un autre R. Asce, *sacerdos*, sont témoins dans divers hommages rendus à l'abbaye de Saint-Maixent dès 1115. (D. F. 15.)

Asse (W.), *tunc temporis senescallus Mausiaci*, témoin d'une charte de Porteclie de Mauzé, 1218. (Gaignières, 677.)

Asse (Radulphus), *clericus de Ste Maxentio*, fut présent à une donation faite à l'abb. de St-Maixent par Hugues Brun, sgr de Lusignan et Cte de la Marche, le 27 juin 1218. (D. F. 16.) C'est probablement le même qui assistait à un traité passé en 1219 entre l'abbé des Châteliers et Guérin Pouvreau (Poverel). (D. F. 5.)

Asse (Constantin) fit, conjointement avec ses frères, en 1261, une acquisition dans le pays de St-Maixent. (D. F.) Il avait un fief à Augé en 1260, relevant de la sgrie de Constantin Ros, valet, et devait 3 hommages à St-Maixent.

Asse (J.) est nommé dans un jugement arbitral du 24 févr. 1224, par lequel les habitants de Pamprou sont condamnés à payer une redevance à l'abb. de St-Maixent. (D. F. 16.)

Asse (Radulphus de), *scutifer, homo ligius comitis Pictavensis* (1244). (A. H. P. 4.)

Asse (Radulphus), *clericus de Ste Maxentio*, est cité dans un état des hommages dus à l'abb. de St-Maixent, daté du 27 mars 1267 (D. F. 16), et dans un traité passé entre ce monastère et le Cte Alphonse en juin 1270, au sujet de terres en litige. (D. F. 16.)

Asse (Johannes), *archipresbyter de Exoduno*, est cité dans une nomination de chanoines faite le 28 févr. 1274 par le Chapitre de St-Hilaire-le-Grand. (M. A. O. 1847.)

Asse (Constantin), Chev., sgr de Petousse, eut une fille, Gabrielle, mariée en 1278 à sire Guyot Gillier, sgr des Forges, châtelain de St-Hilaire. (Gén. Gillier. Arch. D.-S.) (Note douteuse.)

Asse (Raoul), *clericus*, fonda en 1280 une chapelle dans l'église d'Augé, *de Augeyo*. (Pouillé de Gautier de Bruges.)

Asse (Jean) servait avec 2 écuyers dans la compagnie de Jean L'Archevêque, en 1337.

Asse (André), abbé régulier d'Airvau, mourut le 26 avril 1534, fut inhumé dans l'église d'Assais, dont il était en même temps prieur-curé. (M. A. O. 1877, 312.)

Asse (Lucrèce), D^lle, dame de Barloz, est dite cousine germaine de René de la Vignolle, qui épousa, par acte reçu Delaunay, sous la cour de Berrie, le 14 avril 1563, Renée d'Arsac. (Gén. d'Arsac.)

Asse (Claude) avait épousé Berthomé de Puyvert, Ec., sgr de Chenay, vers 1570.

Filiation suivie.

1. — **Asse** (Constantin), chevalier *anglais*? sgr d'Augé, du Plessis, depuis appelé le Plessis-Asse, et de Sazay, servit en 1337 dans la compagnie de Jean L'Archevêque avec 4 écuyers, était, le 4 oct. 1357, capitaine pour le Roi du chât. et de la ville de St-Maixent. (B. A. O. 1880, 184.) Il épousa Olive de Volvire, remariée ensuite à Guillaume Chauvereau, Chev., fille d'Hervé, s^r de Veluire, et d'Eustache de Pont. Il eut pour fils :

2. — **Asse** (Constantin), Ec., s^r d'Augé, Messé, fut l'un des exécuteurs testamentaires de Jacques de Surgères (1380) (Gén. de Surgères, 87), marié, vers 1370, à Jeanne de Saint-Gelais, fille de Charles III, sgr de Saint-Gelais, et de Jeanne de Viron. Devenue veuve, elle se remaria à Gauvain Chenin, Ec., s^r de Milescu. Constantin eut pour enfants : 1° Constantin, qui suivra ; 2° Isabeau, femme de Jean de Dercé, Chev., sgr de St-Loup ; elle épousa, croyons-nous, en 2es noces, Jean de Pérusse, Ec., s^r de la Roche-de-Bors.

3. — **Asse** (Constantin), Chev., sgr d'Augé, du Plessis, Sazay, etc., rendit, le 8 févr. 1404 (ne prenant alors que le titre d'Écuyer), aveu et dénombrement au château de Niort de son domaine, lieu et forteresse de Sazay, environné de douhes (douves). Le 18 mai de l'année suivante, il en rendit un au château de Saint-Maixent, pour la moitié du Grand et du Petit-Panais. (Livre des fiefs.) Il avait épousé, par contrat du 17 juin 1395, Catherine Chasteigner. (Clabault, Hist. des Chasteigners.) De ce mariage naquirent : 1° Constantin, Ec., sgr de Sazay, d'Augé, de Petousse, etc. ; marié à Jeanne de Saumur, fille de Hélie et de Jeanne Pante, il en eut pour fille unique Anne, mariée à Jousselin Dubois, sgr de Chabannes et de Montmorillon, bailli des montagnes d'Auvergne, et maréchal des logis du roi Louis XI. Il rendit, à cause de sa femme, un aveu au sgr de Taillebourg le 22 sept. 1480 (D. F. ; titres d'Airvau. Arch. Nat.) ; 2° Jean, qui continuera la filiation ; 3° Louise, mariée à Laurent Poussard, Chev. ; 4° Marguerite, femme d'Hilaire Larcher, Chev., sgr de Beaurepaire ; 5° et 6° Isabeau et Sibile, religieuses à l'abbaye de Ste-Croix de Poitiers.

4. — **Asse** (Jean) prenait, le 28 mai 1450, le titre de sgr du Plessis, p^sse d'Augé. Il comparut au ban des nobles du Poitou de 1467, où il fut homme d'armes du sgr de la Grève. Marié avec Susanne Eschallard, il rendit, le 28 mai 1441, à cause de sa femme, un aveu au sgr de Thouars pour la moitié de son hébergement d'Assay. (D. F.) Ils eurent pour enfants : 1° Jean, qui suivra ; 2° Christophe, Chev., sgr de la Roulière, qui épousa Françoise Olivier, *aliàs* d'Ommes, qui était veuve en 1499. Il eut pour fils Adrien, Chev., sgr de la Roulière, lequel eut une fille unique, Anne, dame de la Roulière, mariée à René de Thoury ou Thory ; 3° Jacques, Chev., bailli de Dijon vers 1490 ; 4° Nicolas, abbé d'Airvau en 1490, mort en 1499 (D. F. — M. A. O. 1857, 308) ; 5° Françoise.

5. — **Asse** (Jean), Chev., sgr du Plessis, fut brigandinier du sgr de la Grève au ban de 1467, servit comme homme d'armes au ban de 1533. Il eut, entre autres, deux fils : 1° Joachim, qui va suivre ; 2° Léon, qui remplaça son aïeul, sgr du Plessis-Asse, au ban des nobles du Poitou de 1491, auquel il lui fut enjoint de fournir un archer au premier voyage.

6. — **Asse** (Joachim), Ec., sgr du Plessis et d'Assay, rendit aveu de cette terre au Vte de Thouars le 2 août 1527. (D. F.) Il eut de Marguerite de Vivonne, sa femme :

7. — **Asse** (Pierre), Ec., sgr du Plessis-Asse, ressort de St-Maixent et d'Assay, rendit, le 12 août 1545, aveu de cette terre au sgr de Thouars. (D. F.) Il se trouva au ban des nobles du Poitou en 1557. (La Roq.)

Il avait épousé dame Marie Chasteigner, qui était sa veuve le 14 nov. 1598, comme on le voit par son testament, dans lequel elle se qualifie de veuve de Pierre Asse, Ec., sgr du Plessis-Asse, demeurant, en son vivant, p^sse de la Roche-sur-Yon.

Ils laissèrent, croyons-nous, deux filles de ce mariage : 1° Louise, qui fut la seconde femme de François Bonnin, Chev. de l'ordre du Roi, sgr de Messignac, vivante en 1577 ; 2° Renée, dame d'Assay, qui, le 21 mars 1578, rendait aveu de cette terre pour elle et pour Jacques Bonnin, son neveu. (D. F. Arch. de Thouars.) Ce sont les dernières traces de cette maison que nous ayons trouvées.

ASSELIN ou **ASCELIN.** — Comme il peut se faire qu'il y ait deux familles différentes portant l'un ou l'autre nom, et que ceux que nous trouvons dans le Bas-Poitou fussent étrangers à ceux qui habitaient Poitiers ou ses environs, nous distinguerons, en énonçant chaque nom, l'orthographe qui est donnée à chacun d'eux dans les chartes ou autres documents.

Blason. — La vraie et parfaite Science des armoiries donne à la famille Ascelin ou Asselin : d'azur à 3 croix patées d'or. Mais nous ne croyons pas qu'elles se rapportent à celles du Poitou.

Ascelinus signe comme témoin du don fait en juill. 969 à l'église de St-Hilaire par Airaud, Vte de Châtellerault, et sa femme Gersinde, d'une terre sise à Moncets, dans la viguerie de Vivonne.

Ascelin, théologien remarquable, vivant vers 1025, combat avec succès les erreurs de Bérenger. (V. Bibl. histor. de Dreux du Radier.)

Ascelinus (*Rotbertus*) est relaté dans un don d'église et d'héritage fait en 1081 à l'abbaye de St-Cyprien par des sgrs de la famille d'Isembert. C'est probablement le même qui est cité vers 1120 dans une donation faite à la même abbaye par Pepin et Pierre de Chouppes, d'héritages sis à la Buxière. (D. F. 7.)

Ascelini (*Petrus et Aimericus*) sont témoins d'une transaction passée en 1136 entre les abbayes de Fontevrault et de l'Absie, *propter domos d'Escoray*. (Besly, Evêq. de Poitiers, 97.)

Ascelin (N.), *miles*, était présent à une donation faite en 1136 à l'abbaye de la Grenetière. (D. F.)

Asselinus (*Petrus*), *canonicus S^ti^ Petri Pictavensis*, avait fait don au Chapitre de N.-Dame de Mirebeau, de concert avec sa mère et ses frères, du quart des dîmes d'Abouin, donation qui est relatée dans l'acte de 1213 qui suit. Il en fit un autre au même Chapitre en 1219.

Asselinus (*Gaufridus*), témoin du don fait en 1213 par le Chapitre de N.-Dame de Mirebeau à un particulier d'une dîme sise aux environs d'Abouin.

Ascelinus (*Durandus*) est cité dans les donations et confirmations de dons faits à l'abbaye de la Grenetière par Geoffroy, sgr de Châteaumur. (D. F. 9, 19.)

Ascelinus (*Petrus*) avait été chanoine de l'Eglise de Poitiers et de celle de St-Hilaire; il était mort avant le 2 sept. 1229; on faisait son anniversaire dans cette dernière église. (M. A. O. 1847.)

Acelin (Jean), valet, fait, le 12 déc. 1226, une vente à Macé de Mouchamps, clerc, de l'aveu d'Elisabeth, sa femme, et de son frère Pierre Acelin. (D. F. 9.)

Ascelin (Pierre), autrefois archiprêtre de St-Maixent, était chanoine de l'Eglise de Poitiers le 28 déc. 1292. (D. F.)

Ascelin signe une lettre de sauvegarde et de protection accordée, le 18 août 1375, au Chapitre de St-Hilaire de Poitiers par Jean duc de Berry, Cte de Poitou. (M. A. O. 1852.)

Ascelin (Jean) servait en archer à cheval le 1er août 1416. (Montres et Revues, Biblioth. Nat.)

Asselin (Jean), chanoine de N.-Dame de Mirebeau, prend part au concordat passé par ce Chapitre et le prieur de St-André de la même ville, le 25 mai 1479, au sujet de l'élection des régents, et le 20 mai de l'année suivante, au concordat entre les chanoines et les bacheliers de ce Chapitre. (D. F. 18.)

ATHÈNES (Duc d'). — V. de **BRIENNE**.

ATON. — Ce nom se trouve relaté en Poitou dès le VIIIe siècle, et jusqu'au XVIe. Nous n'avons pu cependant réunir que bien peu de documents sur cette famille, qui paraît avoir occupé une haute position à la cour des V^tes^ de Thouars.

Blason. — Aton ou Haton : de gueules à 3 fleurs de lis d'argent. (Reg. de Malte, Charbonneau.)

Aton, évêque de Saintes (799), avait été chanoine de la cathédrale de Poitiers; abbé de St-Hilaire dès 792, il fonda en 799 la chapelle de N.-D. de Montvinard, sur les bords du Miosson. (D. F. 21. B. A. O. 1840, 74; 1856, 326.)

Aton ou **Haton** (Jean) paraît avoir joué un certain rôle à la cour des V^tes^ de Thouars. On le trouve cité, ou un personnage des mêmes nom et prénom, de 1157 à 1188, dans diverses chartes émanées de ces seigneurs. (D. F. 16. M. A. O. 1864. Cartul. de St-Laon.)

Aton (Raoul), d'abord chanoine et sacristain de St-Laon de Thouars, 1309, fut abbé d'Airvau en 1317-34.

Aton (Jean), valet, vivait vers 1300. (Cart. St-Laon.)

Aton (Guillaume), valet, fut témoin en 1332.

Aton (Aimery), valet, vivait en 1364.

Aton (Jeanne), veuve d'Olivier Tréguil, paroissien de Sainte-Verge, près Thouars, vivait en 1406. (Tous ces personnages sont mentionnés dans le Cartulaire de St-Laon.)

Aton (*Hilarius*), *abbas electus* de l'abb. de St-Pierre d'Airvau, succède à *Theobaldus*, qui vivait en 1382, et précède *Ramnulfus*, qui meurt en 1414. (M. A. O. 1856, Airvau.)

Aton (Pierre), abbé d'Airvau, fit accord, le 11 juin 1450, avec Guillaume de Rougemont, Ec., sgr de Vernay. (Ledain, notes sur Vernay.)

Aton (Jeanne) épousa, vers 1450, Jean de Boisjourdain. (Reg. Malte.)

Aton ou **Haton** (Jean), Ec., s^r^ de la Mazure, épousa, vers 1480, Françoise de Rougé; leur fille épousa Pierre Charbonneau, Ec. (Malte.)

Aton (Mathurin), capitaine de Luçon, exempté par le roi Charles VIII de se trouver au ban de 1487, comme commandant une place forte appartenant au sgr de la Trémoille.

Aton (Marguerite) avait épousé Louis de la Vignolle, comme on le voit par le contrat de mariage de René de la Vignolle, leur fils, avec D^lle^ Renée d'Arsac, en date du 16 avril 1563. (G. d'Arsac.)

Aton (Françoise) épousa, vers 1550, Bonaventure d'Aulmiers.

Aton (Marie) épousa, par contrat du 19 nov. 1641, Esprit Baudry, Ec., sgr d'Asson. (G. Baudry-d'Asson.)

ATONS (Mathurin et Pierre) frères étaient hommes d'armes du sgr de Bressuire au ban de 1467. (F.)

ATROBOCO (Jacques de) était en 1295 porte-scel du Roi de France à Montmorillon. (F.)

AUBANIE. — V. **ALBANIE.**

AUBANNEAU. — Famille des environs de Civray, maintenue noble par Barentin en 1667, éteinte au XVIIIe siècle.

Blason. — René Aubanneau, s[r] de Villenoue, portait : d'argent à 3 têtes de loup arrachées de sable, lampassées de gueules posées 2 et 1. (D'Hozier.)

Aubanneau (*Petrus*), cité dans un don fait au prieuré de Montazay vers 1199. (D. F. 18.)

Aubanneau (Jean) possédait un herbergement à Chigeloup. Il est cité dans un aveu rendu au chât. de Civray le 15 févr. 1405 et dans un autre du 14 févr. 1407, rendu au même lieu. (Liv. des fiefs.)

Aubanneau (Jean), demeurant à Tagné, p[sse] de Chaunay, rend hommage, le 14 fév. 1407, au chât. de Civray, pour cet herbergement attenant à celui de Chigeloup. (Liv. des fiefs.)

Aubanneau (Jean) a servi comme brigandinier du sgr de Jarnac au ban des nobles du Poitou en 1467.

Aubanneau (Guichart), Ec., s[r] de Cernay, Chigeloup, des environs de Civray, servit comme brigandinier au ban de 1488 et comme archer à celui de 1491 ; à celui de 1489, il avait été désigné pour la garde de Parthenay ; il fit aveu de Chigeloup à Civray en 1498. C'est probablement le même qui, ayant épousé en secondes noces Marguerite D'ORFEUILLE, veuve de Pierre Bellivier, Ec., rendit hommage du moulin de la Serpe, comme administrateur des biens des mineurs Bellivier, issus du 1er mariage de sa femme. (N. d'Orfeuille.) Il eut pour fils (sans doute d'un 1er mariage) ANTOINE, Ec., s[r] de Chigeloup ; — aveux 1520 et 1536.

Aubanneau (Jacques), Ec., s[r] de Cernay, épousa, le 20 nov. 1520, Marguerite GOULLARD ; il eut pour fils : 1° ANTOINE, 2° FRANÇOIS.

Aubanneau (Antoine), Ec., sgr de Cernay, et Perrine CROUZILLE, sa femme, vendirent, le 23 déc. 1544, à François d'Alloue, Ec., sgr des Ajots et de la Thibaudière, la part qu'ils avaient dans la sgrie du Breuil-Bréchou, près Aulnay. (Arch. des Antiq. de l'Ouest.)

Aubanneau (François), Ec., fait une vente de terres à François d'Alloue, Ec., sgr du Breuil-Bréchou et de la Thibaudière, le 3 août 1545.

Aubanneau (Philippe), Ec., sgr de Fontègre, rendit, le 1er juin 1554, hommage dudit lieu à la dame de Cerciguy. Il possédait Fontègre du chef de Françoise DE GENOUILLÉ, sa femme, fille de feu Guillaume de Genouillé, Ec., sgr du Vergier. (D. F.)

Aubanneau (Philippe), sans doute fils du précédent, sgr de Cernay et de Fontègre, rendit un hommage le 5 juill. 1601. (D. F.)

Aubanneau (Valérie) avait épousé François d'Authon, Ec., sgr de la Treille ; leur fils, François, épouse en 1613 (8 janv.), à la Coussière, D[lle] Marthe de la Court.

Aubanneau (Isaac), Ec., s[r] de la Moujatière, épousa Anne LAINÉ, qui, étant veuve, vendit la Moujatière en 1641.

Aubanneau (Jacquette), veuve de François L'Aisné, Ec., sgr du Pressour et de Reigné, tutrice de son fils, rendit le même hommage de Fontègre au sgr de Cerciguy, le 12 janv. 1621. (D. F.)

Aubanneau (François), s[r] de la Moujatière et de Gry, fit un partage avec ses sœurs RENÉE et PHILIPPE, en 1641, au sujet du prix de vente de la Moujatière ; il se trouva en 1651 à l'assemblée des nobles du Poitou pour nommer des députés aux États de Tours.

Aubanneau (René), Ec., s[r] de Villenoue, fut chargé, le 5 nov. 1659, de la procuration de Madeleine Pastureau, veuve de Jean Chasteigner, Ec., sgr de Rouvre, lors du mariage de Jean Chasteigner, son fils.

Aubanneau (François), s[r] de la Moujatière, p[sse] d'Anché, élect. de Poitiers, fut confirmé dans sa noblesse par M. Barentin le 10 déc. 1667.

Aubanneau (Charles), Ec., s[r] de la Moujatière, était maréchal des logis de la 1re compagnie des gardes du corps en 1676.

Aubanneau (François), s[r] de Villenoue, était du 1er escadron des nobles du Poitou, réunis à Niort le 17 juin 1695.

Aubanneau (Pierre), Ec., sgr de la Forêt, et JEHAN, son fils, sont mentionnés comme relevant de la terre du Cibiou, dans l'aveu et le dénombrement que François du Reclus, Ec., sgr dudit lieu, rend à Louis XIV de cette sgrie, le 28 oct. 1695. (Arch. de la Vienne.)

Aubanneau (René) fut un des témoins de René de Blom, lors de son mariage avec Françoise-Diane Pélisson, le 4 févr. 1698. (M. A. O. 1875, 489.)

Aubanneau (N.) de Villenoue fit partie du ban des nobles du Poitou convoqué en 1703 et de l'escadron des 50 gentilshommes destiné à être envoyé à Niort. (B. A. O. 1862, 248.)

Aubanneau (René), Ec., sgr de Villenoue, fit partie du conseil de famille des enfants mineurs de Mess. François Prévost, Chev., sgr de Beaulieu, du 10 août 1706.

AUBARBIER DU MANÈGRE. — Famille d'origine étrangère établie en Poitou, dans la sénéchaussée de Montmorillon, au XVIIIe siècle, sur les confins de la Marche. Elle posséda aussi des fiefs en Bas-Poitou.

Blason : d'azur au chevron d'or, accompagné en chef de trois étoiles de même, et en pointe d'un lion d'argent. (Cachet.)

Aubarbier du Manègre (Charles), Ec., sgr des Villates, du Marchais, etc. (près Chantonnay), fit aveu en 1780. Il comparut en personne à l'assemblée du Poitou réunie en 1789 pour nommer les députés aux États généraux ; il était Chev. de St-Louis, ancien capitaine de cavalerie.

Aubarbier du Manègre, capitaine au régiment de la Guadeloupe, émigra, servit dans divers corps et fut tué dans la légion de Béon, où il était chasseur à cheval, le 13 mai 1794. (F.)

AUBENTON (D'). — Famille originaire de Bourgogne, qui a produit le fameux Jésuite confesseur de Philippe V, et le naturaliste. Une branche habitait Rochefort et le Bas-Poitou au XVIIIe siècle.

Blason : d'azur à 3 râteaux (d'autres disent 3 peignes) d'or.

Aubenton (François-Ambroise d'), Chev., sgr de Mornay, a assisté par procureur à l'assemblée de la noblesse poitevine convoquée en mars 1789 pour nommer des députés aux États généraux, a eu 4 fils.

Aubenton (Ambroise-Marcel d'), frère du précédont, chef d'escadre et commandant du port de Rochefort, épousa Marthe-Marie DE LORY, dont il eut 4 filles : 1° SOPHIE, qui épousa, vers 1800, M. Philippe de Citoys; 2° N., mariée à M. de Marin; 3° MARIE-HENRIETTE, qui épousa Amédée de Béjarry, ancien officier général des armées catholiques et royales et député en 1816; 4° MÉLANIE, qui épousa M. Maynard de la Claye.

AUBÉRI (D'). — Ce nom s'est écrit aussi **AUBERRY** ou **AUBÉRY**.

Blason : de gueules à un croissant d'or accompagné de 3 trèfles d'argent, posés deux en chef et l'autre en pointe de l'écu. (D'Hozier.)

Nous devons relever ici une erreur échappée à M. de Saint-Allais qui, dans son Dictionnaire encyclopédique de la noblesse en France, t. II, p. 475, v° Tranglcs, donne pour armoiries aux d'Aubéry de Poitou : d'or à cinq trangles de gueules.

La famille qui porte ces armoiries est la famille Aubéry de Vatan en Berri, ennoblie par l'office de secrétaire d'Etat, vers la fin du XVI° siècle, et descendant de Jean d'Aubéry, payeur des réparations de Paris en 1482. (Diction. véridique des origines. Lainé, v° Aubéry de Vatan.)

On conserve dans cette famille, dit M. d'Hozier, un ancien cahier contenant plusieurs copies de titres et mémoires qui en font remonter l'ancienneté jusqu'à Frédéric-Paul Aubéry, Anglais de nation, qui vint s'établir en France en 1439.

Il paraît cependant qu'avant l'époque indiquée ci-dessus, une famille Aubéry existait en France, car nous trouvons à la bibliothèque du Roi, dans un recueil de montres et revues à la date du 4 oct. 1410, les noms qui suivent :

Auberry (Regnault), Chev.

Auberry (Guillaume), Ec.

Auberry (Claude) épousa Marie SULLAU; il eut un fils.

Auberry (Claude), sgr d'Auvilliers, Larval, maître ordinaire de la chambre des comptes, se marie, le 13 août 1595, à Geneviève DREUX, fille de Jean, procureur général de la cour des comptes, et de Marie Huppeau, sa première femme, dont une fille, GENEVIÈVE, mariée, le 6 nov. 1616, à Simon Dreux, sgr de Creuilly, avocat général à la chambre des comptes à Paris.

Aubéry (Julie) épousa en 1640 Louis de la Trémoille; elle est décédée le 20 mars 1679. (Chartrier de Thouars.)

Aubéry (Jacques), chanoine de la Ste-Chapelle de Paris, prieur commendataire de Champdeniers en 1656, fonda dans cette paroisse, le 19 juill. 1672, une mission qui devait être prêchée tous les deux ans par les PP. Jésuites de Poitiers; il y consacra une somme de 3,000 liv. (L. Desaivre. B. Stat. V, 340, 348, 350.)

Nous devons à l'obligeance de M. Enschedé, archiviste à Haarlem, les renseignements suivants qui doivent se rapporter à la famille Aubéry qui nous occupe.

Aubéry (Lazare), marié à Esther ASSELIN, réfugié à Rotterdam pour cause de religion, fait baptiser, le 28 mars 1688, LAZARE, son fils.

Aubéry (Jacques) était établi à Haarlem en 1695, et

Aubéry (Mathieu) à Brême en 1700.

Une copie du travail de d'Hozier sur cette maison nous ayant été communiquée, nous croyons devoir la suivre, sans en adopter tous les dires; nous y ajouterons quelques faits qui nous ont paru intéressants et qui n'y ont pas été mentionnés.

Filiation suivie.

1. — **Aubéri** (Frédéric-Paul), né Anglais? fut le premier qui, d'après les mémoires domestiques, serait venu, en 1499, s'établir en France avec les deux enfants qu'il avait eus d'Elisabeth DE HERLAI ou HARLAI, son épouse, qu'il perdit peu de temps après.

Nous pensons qu'il faut adopter la date de 1499 comme étant celle de l'établissement en France de la famille, conformément à la copie qui nous a été communiquée, et contrairement à la date de 1439 donnée par M. d'Hozier, qui ne doit être qu'une faute d'impression; car il n'est pas à croire que cet auteur ait écrit sciemment cette date dont voici les conséquences : Pierre, le fils aîné de Frédéric-Paul, aurait eu 80 ans au moins lors de son mariage en 1552, et Jacques 116 ans lorsqu'il fut envoyé par Henri II en Angleterre, ce qui n'est ni supposable ni admissible.

Frédéric-Paul laissa deux enfants : 1° PIERRE, qui suit; 2° JACQUES, sieur du Monceau en Anjou, s'adonna à l'étude des belles-lettres. Reçu avocat au Parlement de Paris, il parvint à un si haut degré de science et de renommée, qu'il fut nommé l'oracle de la France.

Le roi Henri II ayant évoqué, le 17 mars 1550, la connaissance de la cause des habitants de Cabrières et de Mérindol, poursuivis par le Parlement de Toulouse, et ayant commis la grand'chambre du Parlement de Paris pour juger l'affaire au fond, chargea Aubéri d'occuper pour ceux de Cabrières et de Mérindol, dont il gagna la cause. Le chancelier de l'Hospital a fait de ce procès une relation en vers, que l'on trouve au liv. 2 de ses Epîtres. La harangue prononcée par Aubéri dans cette occasion fut imprimée à Leyde en 1619, et Louis Aubéri, son petit-neveu, la fit réimprimer à Paris en 1645, sous le titre de « L'Histoire de l'exécution de Cabrières et de Mérindol ». Il fut nommé lieutenant civil de la prévôté et vicomté de Paris avant 1552.

Chargé en 1555 par le Roi de traiter de la paix avec l'Angleterre, il réussit dans sa négociation, à la satisfaction du prince.

L'époque de la mort de Jacques Aubéri est ignorée. Epoux de Marie ANTHONIS, il n'eut qu'une fille, FRANÇOISE, mariée, le 25 juill. 1552 (Godard et Bergeon, not^res^ du Châtelet de Paris), à Pierre de Pincé, Ec., sgr du Coudray et du Bois en Anjou, conseiller au Parlement de Paris.

2. — **Aubéri** (Pierre), sieur du Maurier, épousa en 1522, d'après d'Hozier, Guillemette ou Guillemine DE BLIN, fille de Jean Cte de Blin ou Belin, dont il eut un fils, JEAN, qui suit.

Pierre était mort longtemps avant le 28 mai 1556, et sa femme, qui s'était remariée avec Arthus Chenevière, Ec., était aussi décédée à cette époque, comme on le voit par un partage de leurs biens entre Arthus Chenevière, comme tuteur de N... Chenevière, son fils mineur, et de la défunte, etc., et Jean Aubéri, fils de Pierre et de Guillemine.

3. — **Aubéri** (Jean), sieur du Maurier et des Frocheries, dont il fit offre d'hommage le 17 août 1560 au sgr de la Turpinière, avait épousé Madeleine FROGER, laquelle était veuve le 13 oct. 1586.

Moréri dit qu'il décéda en 1585; sa veuve n'existait plus elle-même le 30 mars 1588, époque à laquelle ses biens, ainsi que ceux de son mari, furent partagés entre leurs enfants, qui étaient : 1° BENJAMIN, qui suit; 2° ESTHER, femme de Guy Lattai, sieur de la Bruyère, mariée à l'époque du partage précité ; 3° et 4° ELISABETH et MARIE-MARTHE, dont nous ignorons le sort.

4. — **Aubéri** (Benjamin), sieur du Maurier et de la Fontaine-Daugé, sut bientôt se faire distinguer au milieu des hommes de son époque. Il débuta par être secrétaire de du Plessis-Mornay, et fut ensuite intendant du duc de Bouillon. Ayant rendu des services importants au roi Henri IV, ce prince le gratifia d'une pension de 3,000 livres, le 6 janv. 1608. Le 11 sept. 1610, il acheta de Bertrand de la Vallade (du Prat, notre à Nérac) la charge de président en la chambre des comptes établie en cette ville.

Louis XIII, ou plutôt la Reine Régente sa mère, sut employer l'un des hommes les plus capables du royaume. Aubéri fut envoyé en 1615, avec le titre d'ambassadeur ordinaire de S. M., près les États des provinces-unies des Pays-Bas, et, pendant son absence, il fut créé conseiller d'État par brevet du 3 sept. 1615.

Bien que protestant, il sut se concilier, dans l'exercice de ses fonctions, l'estime et la confiance des catholiques. Victime de l'accomplissement de ses devoirs, il vit son château de la Fontaine-Daugé, qui appartient encore à ses descendants, incendié par l'ordre des princes révoltés contre l'autorité royale, parce que, disait-on, il avait fait arrêter plusieurs vaisseaux chargés d'armes qui leur étaient destinées et des officiers qui voulaient entrer à leur service. La Régente, pour le dédommager, lui donna 2,000 écus et fit augmenter de 1,000 écus sa pension pendant son séjour en Hollande.

Nous croyons devoir transcrire la lettre que les États généraux de Hollande écrivirent au Roi, lorsqu'il rappela son ambassadeur :

« SIRE,

« Ayant plu à Votre Majesté de retirer près d'elle le sr du Maurier et le retenir pour se servir de lui comme nous avons entendu tant par la lettre de Votre Majesté du 4 avril, que par la proposition du sr du Maurier sur ce fait, nous l'avons dû accompagner de ce notre véritable témoignage que pendant son séjour près de nous, il a eu un très fidèle soin de votre service, ayant conduit ses actions et négociations selon les occasions et occurrences, en conformité de sa charge, avec tant de prudence et diligence que, même au regard de notre État, il nous en demeure un entier et pleinier contentement.

« En considération, nous espérons que V. M. le verra de bon œil comme un sage et vertueux ministre, qui saura rendre fidèle compte de ses actions et représenter à V. M., Sire, la sincère affection des nôtres dont il s'est acquis la connoissance pendant son séjour par deçà. Nous l'avons aussi requis de donner une partie de son rapport à nous vouloir moyenner la continuation et augmentation de votre royale faveur et affection au bien de notre république, qui s'en rendra toujours digne comme nous-mêmes, et supplions aussi bien humblement V. M., priant Dieu, Sire, de conserver la royale personne de V. M. en très parfaite santé, très longue et heureuse vie.

« De la Haye, le 9e avril 1624. De V. M. bien humbles serviteurs, les États généraux des Pays-Bas unis.

« Par l'ordonnance d'iceux, signé CROSOT. »

D'après Moréri, à son retour de Hollande, il fut envoyé en Angleterre.

En reconnaissance des services du sr du Maurier, le Roi, ayant appris que ses enfants étaient à Rome pour y poursuivre leur éducation, écrivit le 16 sept. 1625 à son ambassadeur en cette ville, pour lui recommander d'en prendre soin, de les mettre sous sa protection, comme les enfants d'un père qui l'avait fidèlement servi, et particulièrement pendant son ambassade de Hollande.

Benjamin fut, par lettres du 21 nov. 1629, pourvu d'une charge de conseiller du Roi en ses conseils d'État et privé et de ses finances. Il mourut en 1636, dans sa terre du Maurier, laissant de volumineux manuscrits, dont les uns sont déposés à la Bibliothèque de Poitiers, d'autres à la Bibliothèque nationale, dont l'étude a fourni à M. Ouvré, aujourd'hui recteur de l'académie de Bordeaux, et alors professeur d'histoire au lycée de Poitiers, les principaux éléments de sa thèse de doctorat ès lettres, publiée en 1855, Paris, Durand, sous le titre : *Documents inédits sur l'histoire du protestantisme en France et en Hollande*, 1566-1636. V. encore La France protestante.

Benjamin Aubéri fut marié deux fois : 1° le 5 mars 1600 (Bontemps, notre au Châtelet de Paris), il avait épousé Dlle Marie MADALÈNE, fille de Jean-Baptiste, gentilhomme génois, et de Banette Fransoni ; l'ayant perdue à la Haye, le 12 nov. 1620, il se remaria, le 24 sept. 1622, avec Dlle Renée DE JAUCOURT, fille de Louis, Chev., sgr de Ville-Arnoul, et d'Elisabeth de la Trimouille. Il n'eut point d'enfants de cette seconde femme.

Il avait eu du 1er lit 10 enfants, dont 5 fils, qu'il confia aux soins de Benjamin Prioli, qui les emmena avec lui à l'académie de Leyde, et de là les fit ensuite voyager à Berlin, en Pologne et à Rome, pour perfectionner leur éducation. (Moréri.) Ils étaient : 1° BENJAMIN, IIe du nom, baptisé, le 10 août 1607, au temple protestant de St-Maurice, près Charenton. Il mourut probablement jeune et sans avoir été marié, car nous ne le retrouvons plus depuis cette époque ; 2° MAXIMILIEN, Ier du nom, qui suivra ; 3° LOUIS, Ec., sr du Maurier et des Frocheries, maître d'hôtel ordinaire du Roi et aide de camp de ses armées, naquit le 24 juill. 1610 ; il suivit son père en Hollande, et Benjamin Prioli dans ses voyages. Étant revenu à Paris, il sut s'acquérir la faveur de la reine-mère ; mais, voyant qu'il ne pouvait parvenir à aucun emploi, il quitta la cour après la mort du cardinal de Richelieu, et se retira dans sa terre du Maurier, pour y vivre dans le repos. Quoique catholique, il avait d'étroites liaisons avec plusieurs savants protestants, ce qui expliquera peut-être les vexations dont il eut à se plaindre.

Il publia en 1682 des *Mémoires pour servir à l'Histoire de Hollande*, dans lesquels il intercala les conseils qu'avait laissés son père à ses enfants. En 1735, on a imprimé à Blois, in-12, de *nouveaux Mémoires inédits de Hambourg, Lubeck et de Holstein, de Danemark, de Suède et de Pologne ;* ils sont dédiés à M. de Contades, lieutenant-général des armées du Roi, etc., par leur éditeur Louis-Léonor-Alfonse d'Orvaux du Maurier, sans doute neveu de Louis.

Louis Aubéri avait épousé, le 4 sept. 1642 (Richer, notre au Châtelet de Paris), Marie DU BUISSON, fille de Nicolas, auditeur en la chambre des comptes de Paris, et de Renée Bernard. De ce mariage naquirent : 1° MARIE, qui épousa, le 29 oct. 1670 (Maurin, notre royal à la Fontaine-St-Martin-au-Maine), René d'Orvaux, Chev., sgr de la Beuvière, de Champiré, d'Orvaux, etc. ; 2° RENÉE-LOUISE, inconnue à Moréri, mariée, le 10 nov. 1667 (Morain, tabellion en la cour royale du Mans), à François de la Barre, Chev., sgr des Aunais et de la Guéritaude.

4° DANIEL, Ec., né le 9 déc. 1612, tué à la bataille de Nordlinghen (3 août 1645), où il servait d'aide de camp au duc d'Enghien (N. p.) ; 5° MAURICE, Ec., sr de la Ville-au-Maire, né à la Haye le 20 sept. 1618, mort jeune (id.) ; 6° MARIE, née le 24 janv. 1606 (id.); 7° LOUISE, née à la Haye le 13 févr. 1614, épousa, le 9 déc. 1634 (Lestournie, not^re royal au Mans), Louis Lenferant, Ec., sgr d'Ardenay ; étant devenue veuve, elle se remaria, le 15 nov. 1639 (Le Jude et Renaud, not^res royaux à Châtellerault), à Benjamin de Pierre-Buffière, Chev., sgr de Chambaret ; 8° ELÉONORE, née à la Haye le 19 mars 1616, épousa, le 23 avril 1637 (Joigné et Beaudousin, not^res royaux), René Gillier, baron de Mauzé, près la Rochelle, et sgr de St-Georges. Eléonore mourut sans enfants en 1660 ; 9° MADELEINE, née à la Haye le 30 mai 1617 (id.) ; 10° EMILIE-CATHERINE, née aussi à la Haye le 9 nov. 1620, épousa, le 29 juill. 1637, Simon d'Ernecourt, sgr de Montreuil et de la Neuville en Champagne.

5. — **Aubéri** (Maximilien), Ier du nom, sgr du Maurier, de la Fontaine-Dangé, de Vaugodin, de Pilloron et de la Roche-St-Sulpice, Chev. de l'ordre du Roi, etc., partagea avec ses frères et sœurs les successions de leurs père et mère le 31 janv. 1637. Il donna son aveu et dénombrement des fiefs et sgries de la Roche-St-Sulpice à Hercule de Rohan, duc de Montbazon, comme sgr de Nouastre, le 25 août de la même année. Il épousa, le 11 oct. 1640, Louise DE BEAUVAU, fille de Jean, Chev., sgr d'Espence, et de Anne d'Angennes, et fit son testament le 8 mars 1667.

Il eut pour enfants de ce mariage : 1° LOUIS, qui suivra ; 2° MAXIMILIEN, IIe du nom, Ec., mort dans les Pays-Bas (N. p.) ; 3° LOUISE, femme de Philippe Tataud, sgr de l'Herbaudière, qu'elle épousa le 5 déc. 1669 (de Lestang, not^re royal) ; devenue veuve, elle se remaria (Faidy, not^re à St-Maixent) à Alexandre Gigou, Chev., sgr de Vezançay (id.) ; 4° ANNE-MARGUERITE, mariée, le 24 févr. 1675, avec : 1° Pierre de Salignac, Ec., sgr de la Roche-Gaudon ; 2° avec Jérôme Drouin, Ec., sgr de Tallard, dont elle était veuve dès 1706. (Arch. Vienne.)

6. — **Aubéri** (Louis), Ec., sgr du Maurier, de la Fontaine-Dangé et de la Ville-au-Maire, épousa, le 20 mars 1676, Françoise DE NETTANCOURT, fille de Louis, sgr dudit lieu, de Maugarni, de Noyers, de Brabant, etc., mestre de camp d'un régiment d'infanterie, et d'Anne Le Comte dite de la Marche, sa femme.

Il mourut avant 1686. Sa femme n'existait plus le 8 mars 1710, époque à laquelle leurs biens furent partagés entre leurs enfants, qui étaient : 1° ANNE-JACQUES-LOUIS, qui suit ; 2° et 3° MARIE-ANNE et CHARLOTTE-FRANÇOISE.

7. — **Aubéri** (Anne-Jacques-Louis), Ec., sgr du Maurier, de la Fontaine-Dangé et de la Ville-au-Maire, capitaine dans le régiment de Nettancourt en 1696, épousa, le 24 nov. 1710 (Maudin, not^re à Rivarannes, élect. de Chinon), Marguerite-Françoise VAILLANT, fille de François, Ec., sgr d'Avignon, de Montaigu, de la Barbotinière et des Linières, et de Marguerite de Bouchardière.

Le 22 mars 1719, il rendit hommage de la dîme de Piolant, p^sse Dangé, au chât. de Châtellerault. (Bureau des finances de Poitiers.) Il laissa de son mariage : 1° JEAN-LOUIS-FRANÇOIS, qui suit ; 2° HENRI-FRANÇOIS, Ec., né le 8 déc. 1716, fut reçu commandeur non profès de l'ordre de Malte, ainsi qu'il résulte des preuves faites pour son admission.

8. — **Aubéri** (Jean-Louis-François), Ec., sgr du Maurier, naquit le 25 oct. 1712 ; il épousa Aimée-Marc-Marie-Françoise DE CRÉQUY, fille de Mess. Jacques-Charles et de Marie-Louise de Monceaux-d'Auxé. Il laissa de son mariage : 1° CHARLES-MARIE-JEAN-BAPTISTE, qui suivra ; 2° et 3° TIMOLÉON-MARIE-FRANÇOIS et LOUIS-MARIE-FRANÇOIS, reçus chevaliers de Malte en 1765 (St-All.) ; 4° CHARLES-MARIE-JOSEPH, reçu chevalier du même ordre en 1766 ; 5° ANNE-MARIE-HENRIETTE, mariée à Louis-René de Brouilhac, sieur de la Motte-Comtois, mourut en 1832 ; 6° ANNE-MARIE-LOUISE, reçue chanoinesse de Malte.

9. — **Aubéri** (Charles-Marie-Jean-Baptiste d'), titré marquis d'Aubéri pour les honneurs de la cour, fut capitaine au régiment des chasseurs de Champagne, émigra et décéda en Allemagne, 12 déc. 1796. Il épousa D^lle Marie-Renée-Sophie FOURNIER DE BOISERAULT, fille de Jean-Jacques et de Louise-Geneviève Ciret de Brou. Il laissa de ce mariage : 1° ALPHONSE, qui suit, né vers 1790 ; 2° CHARLES-ÉMILE, reçu chevalier de minorité dans l'ordre de Malte, et mort en bas âge.

10. — **Aubéri** (Alphonse d') épousa, le 21 avril 1813, D^lle Lucie-Eugénie POIGNAND DE LORGÈRES, fille de Philippe, Chev., s^r..... et de Victoire-Céleste de Leffe de Noue.

Entré en 1814 dans les chevau-légers, il accompagna le roi Louis XVIII jusqu'à Gand, et revint dans la Vendée, où il servit en 1815 sous les ordres du marquis de la Rochejaquelein. Rentré au sein de sa famille après la seconde Restauration, il mourut au mois de mai 1830, laissant : 1° LOUIS-MARIE-GASPARD, qui suit ; 2° MARIE-PRUDENCE, décédée sans alliance en 1841, à Paris ; 3° ALPHONSINE, religieuse au Carmel de Niort.

11. — **Aubéri du Maurier** (Louis-Marie-Gaspard Mis d'), né le 3 nov. 1819, épousa, le 20 févr. 1862, Marie-Joséphine-Justine DE LASSUS-BIZOUS, fille de Pierre-Epiphane et de Hortense-Joséphine-Marie Duraud, dont : 1° MARIE-RADÉGONDE, née le 24 juill. 1864, mariée, le 6 juin 1885, à Jean-Christian Bon de Bony ; 2° LOUISE-RADÉGONDE, née le 22 mai 1875.

AUBERT. — Plusieurs familles nobles du Poitou ont porté ce nom, mais nous ne pensons pas qu'on puisse leur attribuer une origine commune.

Dans les Comptes d'Alphonse, comte de Poitou (A. H. P. 7), nous trouvons les indications suivantes :

Aubert (*Guillelmus*), *plegius pro* L *libris pro Petro de Volutre*, 1243 ?

Auberti (*Johannes*) paraît comme un des receveurs du Comte ès années 1243-1245.

Auberti (*Martinus*) est porté comme ayant reçu L *sol. pro impedimento rerum suarum tollendo*. (Compte de la Toussaint 1247.)

Aubert (*Petrus*) reçoit V *sol. pro supertunicali quem mulier habuit in assisia Boetin*. (Compte de la Toussaint 1248.)

Aubert (*Martinus*), *præpositus* (1261) *domini comitis apud Talventium*. Il avait pour épouse *Hilaris*. (Ledain, Hist. d'Alphonse, 130.)

Aubert (Jean) fut, vers l'an 1300, prieur de l'aumônerie de St-Michel de Thouars.

Aubert (Pierre) faisait partie du corps municipal de Poitiers en 1320 et 1324.

Aubert (Johanel), Ec. 1er févr. 1372, est dénommé dans un recueil de montres et revues. (Bib. Nat.)

Aubert (Pierre), valet, rendit au Roi, le 1er fév. 1403, un aveu et dénombrement au chât. de Civray pour la *terterie* ? du Puyfélix (Livre des fiefs) ; eut pour fille CATHERINE, qui épousa Jean Desmier, IVe du nom, sgr de Villefollet. Ils vivaient encore en 1410 et font aveu de Puyfélix en Gençay.

Aubert (Michau), arbalétrier à cheval, fait montre le 15 sept. 1410. (Bib. Nat.)

Aubert (Jehan) rend, le 23 août 1442, aveu à Jehan de Massougnes, comme sgr de Missé, pour ses terres de Maisoncelles. (Arch. du M[al] d'Airvau.)

Aubert (Pierre), Ec., rendit de grands services contre les Anglais; il était du nombre des Chev. et Ec. qui s'emparèrent de la ville de Clamecy sur le Cte de Nevers. Il obtint en 1445 des rémissions de peines pour délits de guerre. (Arch. Nat.)

Auber (Robin), sgr de Fretigné, noble et extrait de noble lignée, fils de feu noble Guillaume Auber, ayant perdu, dans les guerres contre les Anglais, tous ses titres généalogiques, se fait confirmer dans sa noblesse par le Roi en 1462. (Arch. Nat.)

Aubert (Jean) fut échevin de la ville de St-Maixent de 1492 à 1514. (M. A. O. 1869, 432.)

Aubert (Pierre), reçu échevin de Poitiers le 13 mai 1475.

Aubert (Antoine), noble homme, Ec., sgr de Bardon, était procureur du duc de Penthièvre, sgr de Thors en partie (27 juin 1487), dans une contestation qu'avait ce sgr avec François, Jacques et Robert Chabot, sgrs de Jarnac, pour divers héritages. (D. F. 17.)

Aubert (Jean), sgr d'Ingrande, reçut l'ordre d'aller joindre l'armée au ban des nobles du Poitou de 1491; il fit aussi partie du ban de 1492.

Aubert (Jean), sgr d'Ingrande, près le Blanc, faisait partie de ce même ban.

Aubert (Marie) était, le 23 mai 1520, femme de François Vasselot, Ec., sgr du Portault. Ils assistèrent, à cette époque, au contrat de mariage de leur fille, alors veuve, avec Clément Guyot, Ec. (D. F.)

Aubert (Catherine) épousa, croit-on, François Vigier, Ec., sgr de Cosnay; elle était décédée le 5 avril 1524.

Aubert (Ithier), s[r] de la Petite-Epine, près Lusignan, servit comme arbalétrier au ban des nobles du Poitou en 1533.

Aubert (Jacques), s[r] de la Normandelière, rendit son aveu dudit lieu au sgr de Thouars le 7 nov. 1534. (D. F.)

Aubert (Nicolas) était seul et unique héritier, à cause de sa femme, le 1er févr. 1562, de feu Jacques Mazurier et de Jacques Négrier, fils et héritier de Legier Négrier.

Aubert (Pierre), sgr de Massougnes, existait le 1er avril 1563. (Bur. des finances de Poitiers.)

Aubert (Pierre) achète en 1565, de concert avec d'autres personnes, le droit du 8me à percevoir sur le vin qui se vendait à Lussac-le-Château. (F.)

Aubert (Bonaventure) était conseiller au Présidial en 1573.

Aubert (Catherine) épousa en 1res noces Jean du Fouilloux, Ec., avant 1593. Elle convola en secondes noces avec Hilaire Charrier, qui, le 12 juin 1610, rendait un aveu, comme administrateur des enfants mineurs de sa femme et de son premier époux. (M. A. O. 1850, 421. Fillon.)

Aubert (N.) était, en 1595, veuve d'Antoine de la Duguie, et se qualifiait de dame de la Mauvinière.

Aubert (François), Ec., possédait en 1633 des portions de fief dans la seigneurie de la Mesnardière. (D. F.)

Aubert (Elisabeth) épousa Pierre Le Proust, Ec., sgr du Ronday. Leur fille Renée se marie, le 21 août 1653, avec René de Granges. (G. de Surgères, 168.)

Aubert (René), s[r] de la Vilane, rend aveu à la Tour de Maubergeon de l'hôtel du Rivault en 1668, comme tuteur des enfants mineurs de Jacques Thévin. (N. féod. 929.)

Aubert (Jonas), sgr de St-Vincent; Giron, Ec., sgr de Bois-Garnault, et Louis, sgr de Montigny, tous les trois de la paroisse de St-Vincent-sur-Graon, élect. des Sables, maintenus nobles le 12 août 166., font partie de la liste imprimée des nobles de la généralité de Poitiers qui avaient été confirmés dans leur noblesse.

Aubert (Marie-Elisabeth), fille de l'introducteur des ambassadeurs auprès de Mgr le duc d'Orléans, épousa, le 7 août 1704, Jean-Henri Foucher Mis de Circé.

Aubert (Denis), Chev., sgr de Bardon, brigadier des armées navales, avait épousé Marie-Jeanne de la Laurencie; devenue veuve, elle rendit hommage au château de Chizé de diverses terres, le 13 déc. 1777.

Les Aubert sgrs de Massougnes? étaient fondateurs et avaient la collation d'une chapelle p[sse] de Curçay, près Loudun.

AUBERT en Bas-Poitou, s[rs] de la Normandelière et de Garnault.

Il y avait plusieurs familles du nom d'Aubert en Bas-Poitou. Les titres ont été mêlés lorsque les Aubert du Petit-Thouars firent rechercher, au xviiie siècle, les actes concernant les Aubert de la Normandelière, dont ils croyaient tirer leur origine. Mais les documents retrouvés depuis prouvent que les deux familles sont très distinctes.

Blason : d'argent, aliàs d'or à 10 roses de gueules, posées 4, 3, 2, 1.

Nous ne donnerons la filiation suivie d'après les notes qui nous ont été communiquées qu'à partir de Geoffroy Aubert, car ce n'est qu'à partir de lui qu'elle est probable.

Aubert (Jehan), Chev. Son existence est prouvée par une quittance délivrée en 1276 par ses héritiers à ceux d'Alphonse Cte de Poitiers, de ce que ces derniers pouvaient leur devoir. (Inventaire du Trésor des chartes, vol. 1er, 1re liasse. — F.)

Aubert (Hugues), Chev., ne devait le service que pour un seul jour et nuit au chastel de Xaintonge, 1398. (Extrait d'un livre en vélin, in-8°, intitulé: Ce sont les fiefs et services extraits des registres anciens.)

Aubert (Guy), Chev., entretenait deux hommes d'armes au service du Roi, moyennant 6 livres tournois de gage, suivant quittance donnée par lui en 1338. (Orig. en parch., titre scellé.)

« Ces titres et les trois précédents se trouvent dans « le cabinet de l'ordre du St-Esprit; mais on ne « trouve pas les titres de filiation qui les lient avec « Lucas Aubert qui suit. On ne peut que conjecturer « favorablement en faveur de MM. du Petit-Thouars « qu'ils en étaient les auteurs. » Au xviiie siècle, les Aubert du Petit-Thouars se croyaient issus des Aubert du Bas-Poitou.

Aubert (Lucas), Chev., sgr de la Boutinière, prend, dans un contrat passé en date du samedi après la St-Jean 1358, le titre de Chev., sgr de la Boutinière.

Aubert (Jean), Chev., sgr de la Boutinière, l'un des 34 écuyers de la compagnie du sire de Pleumartin, sénéchal de Saintonge, qui fit montre à St-Jean-d'Angély en 1352, fut un des gentilshommes du Poitou qui servaient le roi Charles au pays de Bretagne, dont certificat à Paris, le 3 avril 1380. (Cabinet de l'ordre du St-Esprit, vol. 68, f° 5316.)

Filiation suivie.

§ Ier.

1. — **Aubert** (Geoffroy), Chev., sgr de la Boutinière, épousa Jeanne de Surgère. Il rendit hommage à Edouard prince de Galles, fils du roi d'Angleterre, duc d'Aquitaine, avec d'autres Barons du Poitou, des terres qu'ils possédaient (1390 à 1400). (Cabinet de l'ordre du St-Esprit, vol. 2, fo 695 et 703.)

2. — **Aubert** (Pierre), sgr de la Boutinière, Ec. d'écurie du Roi, épousa Marthe Thierry, rendit aveu à Jean, fils du roi de France, Cte de Poitou, de plusieurs terres et sgries; il était Ec. des écuries du Roi en 1440. (Chambre des comptes de Paris.) (Ces deux degrés sont douteux.)

3. — **Aubert** (André), sgr de la Normandelière et sénéchal des Essarts, épousa Marie Belineau, fut maintenu dans sa noblesse par M. Tiraqueau, conseiller du Roi, commissaire aux francs-fiefs, le 28 mai 1518. Il eut pour enfants : 1° Jacques, qui suit ; 2° André, chef de la branche § II ; 3° Antoine, Ec., sr de la Chaunière (sans alliance); 4° Jacob, chef de la branche § III.

4. — **Aubert** (Jacques), Ier du nom, sgr de la Normandelière, épousa Catherine Ayrault, servit au ban et arrière-ban du Poitou, et rendit foi et hommage au sgr de la Trémoille, à son chât. de Montaigu, le 5 août 1551. Il eut pour enfants : 1° Jacques, qui suit ; 2° Noémi, mariée, le 11 fév. 1554, à Sulpice Chabot ou Chabote, Ec., sr de la Chaboterie ; 3° Marie, qui épousa Jean Forteau, Ec., sr de St-Fort ; 4° Judith.

5. — **Aubert** (Jacques), IIe du nom, sgr de la Normandelière, épousa, le 16 fév. 1554 (Arrètet, notre), Perrette Chabot, fille d'Artus, Ec., sr de la Chaboterie, et de Catherine Faguelin. Perrette Chabot épousa en 2es noces Gabriel Darrot, Ec., sr de la Fromentinière. Jacques II fut enterré dans la psse de St-Sulpice-en-Verdon, le 1er sept. 1573. Il eut pour enfants : 1° Jean, qui suit; 2° Elisabeth, qui épousa Charles Darrot, Ec., sr de la Fromentinière, puis Jacob de Crunes, Ec.

6. — **Aubert** (Jean), Ec., sgr de la Normandelière, épousa : 1° le 6 janv. 1578, Gabrielle Darrot, fille de Gabriel, Ec., sr de la Fromentinière, et de Louise de Crunes; 2° en 1598, Marie Ferré, dame d'honneur de Louise de Lorraine, veuve de Henri III ; 3° en troisièmes noces, en 1612, Louise de Fiesques, qui, après sa mort, établit l'Ordre de Fontevrault à Montaigu. Il mourut sans postérité, et ses biens passèrent aux Darrot.

§ II. — Branche de **Saint-Vincent-sur-Graon.**

4. — **Aubert** (André), Ec., sr du Rortay et de Malecoste, fils puîné d'André et de Marie Belineau, 3e deg., § I, fut sénéchal de Talmont et mourut en 1570, âgé de 60 ans. Il eut 2 enfants : 1° François, qui suit ; 2° Louise, morte sans alliance.

5. — **Aubert** (François), Ec., sr de Malecoste, épousa Jeanne Lambert, dont il eut : 1° François, Ec., sr de Malecoste, qui eut un fils et une fille, décédés sans postérité ; 2° Jonas, qui suit.

6. — **Aubert** (Jonas), Ec., sr de St-Vincent-sur-Graon, maintenu noble en 1667, épousa, le 26 nov. 1627, Marie Apvril, veuve de Pierre Roy, fille de Mathurin et de Louise Myniet, dont il eut: 1° Louis, qui suit ; 2° Françoise, qui assiste au mariage de son frère en 1651.

7. — **Aubert** (Louis), Ec., sr de Montigny, la Poitevinière, épousa : 1° le 11 juill. 1651, Renée Amoureux, fille de Marc, Ec., sgr de Vernusson, et de Renée de Montauzier; 2° Angélique Marin. Il eut du 2e lit Françoise-Angélique, mariée, le 28 sept. 1699, à Charles-Antoine de Ramberge, Ec., sr de Boislambert.

§ III. — Branche de **Garnault.**

4. — **Aubert** (Jacob ou Jacques), Ec., sgr de Garnault et du Bois-Potuyau, fils puîné d'André et de Marie Belineau, 3e deg., § I, laissa pour enfants : 1° René, qui suit ; 2° Jacob, décédé jeune ; 3° Renée, mariée en 1571 à André Prévost, sr du Plessis ; 4° Gillette.

5. — **Aubert** (René), Ec., sgr de Garnault et du Bois-Potuyau, épousa Jeanne Chasteigner, fille de Gilles, Ec., sr de St-Fulgent, du Breuil, de Chalans, et de Gabrielle de la Noue. Un partage du 2 mars 1624 nous apprend qu'ils eurent pour enfants : 1° René, qui suit ; 2° Etienne, Ec., sr du Bois, eut 2 fils et 3 filles, dont les noms sont inconnus ; 3° Léa, épouse, vers 1625, de Anne d'Argence, sgr de la Jarrie.

6. — **Aubert** (René), Ec., sr de Garnault, Bois-Potuyau, Laudroire, épousa Madeleine Jaudouin, dont il eut : 1° Giron, Ec., mort en Espagne prisonnier de guerre ; 2° Julie, mariée à Claude Legeay, Ec., sr de Mitheaux ; 3° Madeleine, qui épousa Louis de Kerveno, Ec. ; 4° Bénigne, mariée à Charles Chabot, Ec., sr du Chaigneau ; 5° Henriette, épouse de Philippe de Rion, Ec., sr de Bois-Imbert ; 6° Diane, mariée, en 1661, à Charles Guzeau, Ec., sr de la Boissière ; 7° Éléonore, mariée à Daniel des Hommes, Ec., sr d'Archay ; 8° Judith, dame de Bourneuf. Elles sont toutes nommées dans une transaction du 15 mars 1673.

AUBERT de Poitiers.

1. — **Aubert** (Pierre) eut pour enfants : 1° Guillaume, qui suit ; 2° Barthélemy, prieur de St-Nicolas dès 1533, fut abbé de St-Cyprien en 1571, conseiller-clerc au Présidial, 1574. Il était aussi chanoine de St-Hilaire-le-Grand, et doyen de l'église cathédrale. Il testa le 27 mars 1595.

On voit par cette pièce (D. F. 12. M. A. O. 1852, p. 279) qu'il fut délivré en 1589 d'une misérable prison, pourquoi il fonde un Salut *angélique* et un sermon en l'église de St-Nicolas, le jour de la St-Barthélemy, et un collège de six filles qu'il veut estre appellez *les filles du St-Esperit des Aubert Bodin et Boutiaud*, du nom de ses parents paternels et maternels, etc., etc.

Ce testament fait connaître qu'il avait un frère nommé Guillaume et 4 sœurs : Catherine, Françoise, Fleurence et Georgette, qui toutes paraissent être mariées à cette époque.

Il mourut en 1596, et fut inhumé à St-Hilaire-le-Grand. On lisait sur sa tombe l'épitaphe suivante :

« *Hoc tumulo generosa pietate condita sunt ossa*
« *Bartholomœi Aubert, abbatis Sancti Cypriani, nec-*
« *non prioris Sti Nicolai et in hâc ecclesiâ canonici.....*
« *doctoris et in senatu Pictonum consiliarii regii.*
« *Quintili mense M. DXCVI.* »

2. — **Aubert** (Guillaume), sr de Massougnes et la Tour-de-Ry, né à Poitiers vers 1534, s'est fait une réputation dans le xvie siècle par ses ouvrages ; il fut reçu

avocat au Parlement de Paris en 1553 : « Il ne plaidait « pas mal, dit Loysel, mais il se trompait assez sou- « vent en ses causes, ce qui le fit aucunement reculer, « au moins retirer de notre barreau pour se mettre à la « cour des aydes, où il fut advocat du Roi » (1580).

Quelque temps après, se voyant père d'une famille nombreuse, et sa fortune ayant été dérangée par les malheurs des temps, il reprit en 1594 l'emploi d'avocat au Parlement, obtint la permission, qu'on accordait alors assez facilement, de parler comme avocat dans toutes les affaires où il n'y aurait rien d'incompatible avec ses fonctions.

Aubert a fait paraître plusieurs ouvrages en divers genres : 1° *Les Retranchements de Guillaume Aubert*, in-8°, imprimé à Paris en 1585, et daté du mois de décembre, pendant la guerre. Dans cet ouvrage, l'auteur se qualifie de conseiller du Roi et son avocat général en la cour des aides, avec le titre de sieur de Massougnes. — « 2° *Oraison de la paix et les moyens « de l'entretenir, et qu'il n'y a aucune raison suffi- « sante pour faire prendre les armes aux princes chré- « tiens les uns contre les autres.* » Paris, 1559, in-4°. — « 3° *Histoire des guerres faites par les chrétiens contre « les Turcs, sous la conduite de Godefroy de Bouillon, « duc de Lorraine, pour le recouvrement de la Terre- « Sainte.* » Paris, 1559, in-4°. — « 4° *Le 12e livre « d'Amadis de Gaule, contenant quelle fin prirent les « loyales amours d'Angésilan de Colchos et de la prin- « cesse Diana, et par quels moyens la reine Sidonie se « rapaisa après avoir longuement pourchassé la mort « de dom Florizel de Niquée, avec plusieurs étranges « aventures*; traduit de l'espagnol. » Paris, 1560. — « 5° *Vers de G. Aubert à M. le chancelier de l'Hôpital, « avec la traduction latine de Scévole de Ste-Marthe*, « in-8°. » Cet ouvrage fut fait lorsqu'il reçut les sceaux (1560). — « 6° *Hymne sur la venue du Roi* (Henri III), « *à son retour de Pologne.* » Ces vers, dont quelques-uns sont cités dans la Bibliothèque historique du Poitou (article Guillaume Aubert), sont appréciés par Dreux du Radier à leur juste valeur.

Disons, en terminant, que notre auteur, qui mourut le 7 déc. 1597, fut chanté par Scévole de Sainte-Marthe et Langlois de Belestat, et que Chenu en fait un bel éloge.

Il avait eu de son mariage avec Barbe Rougier : 1° Pierre, qui suit ; 2° Barbe, mariée à Jean Berthon, conseiller en la cour des aides de Normandie ; 3° Anne, mariée à Michel du Monteceau, avocat en Parlement ; 4° Marie, qui épousa Jean Midorge ; 5° Guillaume, qui était avocat en 1591 et 1595 ; fut conseiller-clerc en 1597. Il était en même temps doyen de l'église cathédrale et prieur de Saint-Nicolas. Il rendait aveu au château de Loudun, en 1603, de la terre de Nouzilly. (N. féod. 1, 33.) Il mourut en 1611 et fut enterré à Saint-Pierre de Poitiers.

3. — **Aubert** (Pierre), sr de Massougnes, la Tour-de-Ry, vendit, vers 1620, l'hôtel de Raison-Partout à Poitiers à Michel de Mortemer ; il épousa Marie Chevalier, qui était veuve avec 4 enfants en 1630, comme on le voit par le procès de saisie des biens de Pierre Aubert par Lambert, sr de la Grange, et François de Brilhac de Boisvert.

AUBERT SEIGNEURS D'AVANTON.

Grâce aux découvertes faites par M. Faye dans les archives du château d'Avanton, consignées dans le t. VII des Bulletins de la Société des Antiquaires de l'Ouest, p. 200 (1853), nous avons pu constituer un fragment de généalogie de la famille Aubert d'Avanton.

Blason. — Aubert d'Avanton, maire de Poitiers, portait : de gueules au haubert ou cotte de mailles d'or. (Thib.)

Filiation suivie.

1. — **Aubert** (Pierre), échevin de Poitiers en 1474, le fut jusqu'à sa mort arrivée en 1505. Il épousa : 1° Jeanne Pasquier, fille de Pierre, échevin de la ville de Poitiers, et de Simonne Pasquier ; et 2° Lionne ou Eronne Fromentin. Les enfants du premier lit furent : 1° Louis, 2° Jean, sur lesquels nous n'avons rien recueilli ; 3° Madeleine, épouse de Guy Le Bascle, maire de Poitiers ; 4° Marguerite, qui épousa, le 18 mai 1504, François Fumée, échevin de Poitiers ; et du 2d lit : 5° François, qui suit.

2. — **Aubert** (François). Ce fut lui qui acquit la terre d'Avanton le 13 mars 1509. Il devint licencié ès lois, conservateur pour le Roi du quart du sel en Poitou, Saintonge, etc., et mourut en 1525, laissant de Jeanne Clabat, sa femme : 1° François, qui suit ; 2° Claire, mariée : 1° à Mathurin Pidoux, sgr de Beaumont ; 2° à Robert Irland, professeur de droit en l'Université de Poitiers, le premier de cette famille qui fût venu s'y fixer ; 3° Bonaventure, sr de Bersay, official de l'évêque de Poitiers, conseiller au Présidial, se démet de sa charge en 1581 en faveur de Bonaventure Irland, son neveu, dit M. Faye, lieu cité ; cependant nous trouvons dans le travail de M. de Gennes sur le Présidial de Poitiers (M. A. O. 26, 1860, p. 515), que Bonaventure Irland est inscrit comme membre de cette compagnie dès 1575 ; 4° Jeanne, qui épousa François de Cougnac, châtelain de Parthenay ; 5° Françoise, femme d'Aimé Lucas, sénéchal de Chauvigny ; 6° et 7° Renée et Ayde, mortes jeunes.

3. — **Aubert** (François), Ec., sgr d'Avanton, dont il rendit aveu le 15 avril 1541, était depuis l'année précédente conseiller du Roi à Poitiers, fut en 1544 conseiller au Parlement de Paris, et devint membre de la grand'chambre.

Le roi Henri II ayant créé en 1551 le titre de président de la sénéchaussée de Poitiers, Aubert fut appelé le premier à remplir ces fonctions éminentes.

Lorsque la Coutume du Poitou fut réformée en 1559, Aubert fut chargé de la rédaction des articles que l'on crut devoir corriger.

Il s'exprimait, disent les commentateurs ses contemporains, et particulièrement Constant, avec une précision et une netteté peu communes ; mais comme il écrivait fort mal, son travail se ressentit de ce défaut, et c'est à cette cause qu'il faut attribuer l'obscurité et l'ambiguïté qui existent dans les textes qu'il revisa.

Reçu échevin de la commune en 1558, Aubert fut élu maire de Poitiers en 1564, et continua l'année suivante. Ce fut pendant l'une de ces deux années qu'il publia un *Règlement et ordonnance politicque faicte sur les mestiers des boullangiers et meusniers tant en ceste ville et faubourgs de Poictiers que forains.*

Aubert avait été du nombre des juges qui, en 1562, condamnèrent Jacques Herbert, ancien maire de Poitiers, à être pendu, sous la prévention d'avoir favorisé l'entrée des protestants dans Poitiers, où ils avaient exercé les plus affreux ravages. François habitait une maison vis-à-vis de la Prévôté, solidement bâtie en pierres de taille, et dont la porte, flanquée sur la rue de deux espèces de grosses tours, était ornée des armes des Aubert et des Fumée. Elle est aujourd'hui possédée par les Frères des Ecoles chrétiennes.

François mourut le 24 oct. 1568, nous dit Généroux

dans son Journal, laissant de Marie Leclerc, sa femme : 1° Marie, qui paraît être restée célibataire ; 2° Louise, épouse de Guillaume de la Bruyère, qui devint sgr d'Avanton du chef de sa femme, par suite d'une transaction datée du 9 sept. 1627 ; 3° Françoise, mariée à N. Deluc.

La famille Aubert de Poitiers, dont nous venons de nous occuper, est peut-être la même que celle des Aubert du Petit-Thouars, dont les armes ne diffèrent des leurs que par l'émail du champ, qui est d'azur au lieu d'être de gueules.

AUBERT de St-Georges et du Petit-Thouars.

« Cette ancienne famille noble, dit M. d'Hozier, originaire du Poitou, et actuellement établie en Touraine, a produit en original au juge d'armes de France ses titres justificatifs de noblesse, depuis Georges Aubert, Ec., sgr de St-Georges, qui entra fort jeune au service, et y périt avant d'avoir pu recouvrer tous les anciens titres de sa famille, qui avaient été pillés par les huguenots pendant ses longues absences, et les voyages qu'il fit dans les cours étrangères pour exécuter les ordres du roi Louis XIII. »

Blason. — Aubert du Petit-Thouars porte : d'azur au haubert d'or. (F.)

C'est par erreur que dans quelques généalogies on fait descendre les Aubert du Petit-Thouars des Aubert de la Normandelière et de Garnault du Bas-Poitou, en indiquant Georges Aubert de St-Georges comme fils de Jean Aubert, Ec., sr de la Normandelière ; celui-ci, marié 3 fois, n'eut pas d'enfants, et tous ses biens revinrent à sa sœur Elisabeth, femme de Charles Darrot, puis de Jacob de Crunes. Ces Aubert du Bas-Poitou avaient un blason tout à fait différent de celui des Aubert du Petit-Thouars. La confusion entre les deux familles vient de ce que les titres de la Normandelière furent donnés aux Aubert du Petit-Thouars, au XVIIIe siècle.

Filiation suivie.

§ Ier.

1. — **Aubert** (Georges), Ier du nom, sgr de St-Georges, 1er sgr du Petit-Thouars, né, dit-on, psse de St-Sulpice-le-Verdon (Bas-Poitou), le 20 avril 1593, entra jeune au service de l'Empire ; il fut d'abord adjudant dans un régiment de 500 arquebusiers, dont le colonel Jean-Pierre Corousio lui délivra, en date du 4 juill. 1617, un certificat honorable. Il passa ensuite au régiment du Mis de Dosnaw, fut capitaine dans celui de Greulich-Colladisch en 1632, et en 1634 il passa au régiment de Colloredo. Pendant son service militaire, il fit plusieurs voyages en France.

Louis XIII, confiant dans l'habileté du sr de St-Georges et dans la connaissance que sa position d'officier au service de l'Empire lui avait fait acquérir des personnages politiques de la cour de Vienne, lui confia en 1637 des instructions pour faire des ouvertures de paix au monarque autrichien. Nous croyons devoir reproduire ici, à titre de document historique, la teneur de cette pièce, dont l'original est conservé par ses descendants :

Mémoire du sr de St-Georges.

« Ledit sr de St-Georges, après avoir obtenu les assurances requises pour aller à Vienne ou autres lieux où sera le roi de Hongrie, aura deux principales intentions, l'une de faire savoir par deçà ce de quoi il sera assuré et qu'il jugera important pour le service du Roi ; l'autre est de prendre les ouvertures qui se pourront offrir de faire entendre par delà aux principaux ministres ce qu'il croit des bonnes dispositions de deçà pour un accommodement raisonnable.

« Quant au premier point, il y pourra satisfaire en écrivant les choses communes comme nouvelles sans dessein, ce qui est remis à sa prudence.

« Quand il voudra écrire en chiffres, il se servira de celui qui lui sera donné pour ce sujet. En ce qui regarde ladite ouverture, il s'y conduira avec gran e retenue, en sorte qu'il n'en parlera à personne quelconque. — S'il trouvait le moyen de faire entendre par personnes bien intentionnées à la paix, et non ennemies de la France, à quelqu'un des principaux ministres, que ledit sr de St-Georges, étant en France il y a quelque temps, a reconnu qu'il n'y avoit pas ici l'aliénation que l'on pensoit, tant pour la personne du roi d'Hongrie que pour faire un bon accord avec l'Empire, et si ledit ministre prend goût à ce discours et veut en prendre une plus ample cognoissance, de sorte que ledit sieur de St-Georges ait lieu de croire qu'il ne le fait pas à mauvais desseins, il pourra dire qu'ayant une grande habitude avec le secrétaire d'Etat qui a les affaires étrangères, il lui a ouy dire souvent que la continuation de la guerre, à son avis, provenoit de la créance que l'on avoit de part et d'autre que l'on ne vouloit pas la paix ; et qu'au moins il étoit bien vray que l'on se trompoit bien en la cour du roi d'Hongrie, comme aussi à Madrid, de ce que les ministres s'étoient mis en l'opinion que la France ne pouvoit déposer le dessein qu'elle avoit pris de faire tout le mal qu'elle pourroit à la maison d'Autriche, ce qui est très-éloigné de la pensée de deçà, estant certain que l'on ne s'estoit porté à la guerre que pour obtenir plus tôt un entier accommodement de tous les différends. Ensuite, si on demande audit sieur de St-Georges, pourquoi le Roi n'envoie pas les députés à Cologne, et si l'excuse qu'il prend de les retarder sur ce que le roi d'Hongrie a refusé les passeports pour les Suédois, les Hollandois et les princes allemands alliés de la France, n'est point un prétexte pour exclure l'accommodement, ledit sieur de St-Georges dira que l'affection qu'il porte de longtemps à l'Allemagne a fait qu'il s'est rendu soigneux de cognoistre ce poinct, et qu'il croit que l'instance qu'on fait desdits passe-ports est qu'outre l'obligation qu'a le Roi de ne point traiter sans ses alliés, par les promesses qu'ils se sont faites les uns aux autres, on estime par deçà que le roi d'Hongrie refuse exprès lesdits passe-ports par la haine qu'il porte à la France, voulant s'accommoder avec les autres et tourner contre elle l'effort de ses armes, ce qui est une cause bien juste à Sa Majesté de ne point traiter à part avec le roi d'Hongrie et sans y comprendre ses alliés et se montrer fort aliéné de nous, il nous donne sujet de croire que l'envoi de nos députés sans ceux de nos confédérés, nous apporteroit une grande honte et domage, et qu'ils seroient renvoyés de Cologne sans rien conclure.

« Il ne servira pas de peu, si l'occasion s'en rencontre comme dessus, que les ministres du roi d'Hongrie prennent sujet de croire du discours du sieur de St-Georges que toutes leurs longueurs à refuser les passeports des alliés de Sa Majesté ne la porteront pas à traiter séparément, mais qu'elle entendra volontiers à une paix générale.

« Si l'on se plaint que Sa Majesté fait paroître de ne reconnoître pas le roi d'Hongrie pour empereur, il dira avoir ouï dire que cela prend son fondement de cette même opinion que l'on a par deçà de l'extrême aversion de la maison d'Autriche, ce qui cesseroit, si le roi d'Hongrie donnoit des marques contraires, en convenant de moyens nécessaires pour parvenir à un accommodement raisonnable.

« Fait au château du Roi du bois de Boulogne le XX juillet 1637.

« Signé Louis, et plus bas Bouthillier. »

St-Georges suivit cette négociation, comme il paraît par la lettre suivante que lui adressait le cardinal de Richelieu :

« A Monsieur, Monsieur de St-Georges, à Fribourg.

« Mons.

« J'ai veu la lettre que m'écrit monsieur le baron de Chartzberg, par laquelle il m'assure de la disposition de monsieur le comte de Traumstorf pour avancer une bonne paix dans la chrestienté, et qu'il a volontiers appris le témoignage que votre zèle vous a porté à lui rendre de la sincérité de mes intentions au bien public. Vous avez sçu, estant en France, qu'il ne tenoit point au Roi que l'assemblée générale ne prist bientôt un bon commencement, et que, comme Sa Majesté étoit résolue de ne point traiter sans ses alliés, ce qu'elle ne fera jamais, il est du tout nécessaire d'avoir les passe-ports et sauf-conduits requis pour leurs députés ; c'est ce que nous n'avons pu obtenir jusqu'à présent, et que la raison et la justice nous fait attendre des soins et de l'équité de monsieur de Traumstorf, dont j'estime beaucoup la personne pour ses mérites et bonnes qualités, entre lesquelles je ne fais pas peu de cas de celle qu'il a d'aymer son maître et sa patrie plus que les intérêts d'autrui. En votre particulier assurez-vous que je suis, Monsieur, votre bien affectionné amy à vous. Card. de Richelieu. D'Abbeville, 14e d'aoust 1638. »

De retour en France, Aubert de St-Georges acquit en 1636 la terre du Petit-Thouars, qui avait droit de justice haute, moyenne et basse, et dont ses descendants ont pris le nom. Promu au grade d'exempt des gardes du corps du Roi, il fut tué en 1648, à la journée des barricades, dans l'exercice de ses fonctions, au moment où il venait d'être nommé à un gouvernement. Il épousa, le 21 juin 1642, Marie de Buisine, dont il eut : 1° Louis, enseigne-colonel du régiment de Picardie, tué en 1665, sans avoir été marié ; 2° Georges, qui suit.

2. — **Aubert** (Georges), IIe, Chev., sgr du Petit-Thouars et de St-Germain, fondateur de la p^sse de St-Germain, né le 29 déc. 1645, servit avec distinction, en qualité de gentilhomme à drapeau, dans le régiment des gardes-françaises, et fut promu en 1677 à la charge de lieutenant de la grande fauconnerie de France au vol de la corneille.

Il avait épousé : 1° le 20 déc. 1672, Jeanne-Esther Philbert du Rochu, fille de Nicolas, s^r du Rochu, et de Jeanne Lelièvre ; 2° Julie-Catherine Mesnard de la Haye. Il mourut le 4 oct. 1720, laissant plusieurs enfants des deux lits ; deux de ses filles étaient D^lles de compagnie chez S. A. la Duch. de Bourbon.

Du 1er lit il eut : 1° Georges, qui suit ; 2° Joseph, né en 1683, décédé en 1740, aumônier de la Duch. de Bourbon. Du 2e lit, il eut 7 filles et 8° Jean-Baptiste-Auguste, auteur de la branche de Rassay, qui sera rapportée ci-après, § V.

3. — **Aubert** (Georges), IIIe du nom, sgr du Petit-Thouars, etc., major du régiment de Brest, lieutenant du Roi et commandant les ville, château et pays de Saumur et Haut-Anjou, Chev. de Saint-Louis, naquit le 23 juin 1677. Dans sa carrière militaire, qui fut honorable, il assista à un grand nombre d'affaires, desquelles il ne revint guère sans blessures. Il assista à la bataille de Luzara, aux sièges de Governolo, de Novo, d'Arco, de Verceil, de Chivais, de Marchienne, de Douai, du Quesnoy, de Bouchain, et aux affaires d'Ansin et de Denain. Sa famille conserve les certificats les plus honorables que lui délivrèrent le duc d'Orléans (depuis le régent), commandant des armées françaises en Italie, et le maréchal duc de Villars.

Georges Aubert du Petit-Thouars avait épousé, le 8 juin 1723, Hyacinthe-Céleste Blondé de Messemé, fille de Antoine, s^r de Messemé et de Camaches, et de Madeleine-Susanne Dumoutier. Il est décédé le 19 sept. 1763 et eut huit enfants, lesquels sont : 1° Louis-Henri-Georges, qui suit ; 2° Marie-Madeleine-Susanne, la dernière des filles, fournit ses preuves pour entrer au Chapitre noble de Salle-en-Beaujolais, pour lequel il fallait prouver huit degrés paternels et trois maternels, et fut titrée Ctesse du Petit-Thouars ; 3° Gilles-Louis-Antoine, auteur de la branche de Boumois, § II ; 4° Antoine-Augustin-Anne-Joseph, auteur de la branche de Foix, § III ; 5° Hyacinthe-Augustin-Célestin, rapporté § IV ; 6° Pierre-Augustin-Louis, Ec., s^r de St-Germain, né le 29 août 1725, Chev. de St-Louis, colonel d'inf^rie le 16 mars 1762 ; 7° Marie-Hyacinthe-Céleste, née le 14 août 1731 ; 8° N., née le 20 janv. 1738, morte le 20 sept. 1739.

4. — **Aubert** (Louis-Henri-Georges) du Petit-Thouars, lieutenant du Roi, commandant dans la ville, château et pays de Saumur et Haut-Anjou, maréchal des camps et armées du Roi, lieutenant de NN. SS. les maréchaux de France, Chev. de St-Louis, servit dans le corps du génie dans la guerre de Bohême et à la défense de Prague, sous les ordres du maréchal de Broglie ; très grièvement blessé au siège du château de Casal. Ses services le firent distinguer du Cte de Maillebois, qui le prit pour aide de camp. Il fut nommé maréchal des camps et armées sous le ministère de M. de Grave. Il était né le 8 oct 1724, et mourut en prison, à Tours, en mai 1794, victime de la Révolution. Il avait épousé, le 1er mai 1753, dame Marie-Anne-Jeanne Desmé du Buisson, fille de Claude, Ec., et de Marie-Anne Marchand. De ce mariage naquirent 6 enfants, dont : 1° Yves-Susanne-Georges, qui continue la filiation, son frère aîné étant mort jeune et sans postérité ; 2° Marie-Claudine-Henriette, née le 3 juin 1754, mariée, le 10 juill. 1775, à Jacques-Claude-René Grimouard, connu sous le nom de M. du Peyré ; 3° Abel-Frédéric-Prosper, officier de dragons, mort en 1782 ; 4° Marie-Antoinette-Pauline, née le 1er sept. 1758, mariée en 1775 à Henri-Marie-Joseph Grimouard de St-Laurent (Gén. de Grimouard) ; 5° Georges-Marie, né le 10 juill. 1755 ; 6° N., mort jeune.

5. — **Aubert** (Yves-Susanne-Georges) du Petit-Thouars, capitaine au régiment du Roi, Chev. de l'ordre de St-Louis, ancien membre du conseil général du département d'Indre-et-Loire. La Révolution française l'ayant arrêté dans la carrière militaire, il se retira dans sa terre du Petit-Thouars, où il fit paraître plusieurs brochures sur la tactique, sur le cadastre, auquel il était entièrement opposé, sur l'enseignement mutuel, qu'il combattait comme vicieux dans sa base, et enfin contre l'impôt établi sur les boissons. Il avait épousé, le 2 juill. 1782, Anne Barthélemy de Lange, fille de François et de Marie du Tremblay, dont il eut :

6. — **Aubert** (Georges-René-Barthélemy) du Petit-Thouars, maire de Loudun, démissionnaire en

1830, naquit au château du Petit-Thouars, le 12 mai 1784. Il épousa, à Angliers, le 12 févr. 1808, Marie-Thérèse Bellegrand de Vaubois, fille du général Claude-Henri Cte de Vaubois, sénateur titulaire de la sénatorerie d'Angliers, pair de France, etc., et d'Ursule de Barthélemy. De ce mariage naquit :

7. — **Aubert** (Georges-Henri) du Petit-Thouars, né à Loudun le 10 mai 1813, mort à Loudun le 8 mars 1889, épousa à Paris, le 14 janv. 1840, Marie-Cécile Leconte de Nonant-Raray, fille d'Amédée Cte de Nonant, Mis de Raray, Chev. de St-Louis et de la Légion d'honneur, ancien officier supérieur de cavalerie, et de Caroline Wasserot de Vincy, dont il a eu : 1° Cécile-Marie-Léontine, née le 31 juill. 1842 au Petit-Thouars, mariée, le 20 juill. 1869, à Charles-Alfred-Marie Dutheil de la Rochère ; 2° Augustine-Caroline-Louise, née le 4 nov. 1844, à Versailles, mariée, le 27 janv. 1870, à Charles-Edouard-Marie-Victor Dutheil de la Rochère ; 3° Charles-Georges-Henri, qui suit.

8. — **Aubert** (Charles-Georges-Henri) du Petit-Thouars, chev. de la Légion d'honneur, né à Loudun, le 13 mars 1849, a épousé, le 10 juin 1875, Mathilde-Marie-Marthe Lambrecht, fille de Félix-Edmond-Hyacinthe, ancien Ministre de l'intérieur, et de Victorine-Stéphanie-Mathilde des Courtils de Merlemont, dont : 1° Mathilde-Marie-Marthe, née le 27 avril 1876 ; 2° Georges-Félix-Marie-Edmond, né le 28 août 1877 ; 3° Edmée-Marthe-Marie-Léopoldine, née le 25 déc. 1879 ; 4° Louis-Félix-Marie, né le 7 févr. 1882 ; 5° Elisabeth-Marie-Cécile, née le 3 fév. 1884.

§ II. — AUBERT, Branche de BOUMOIS.

4. — **Aubert** (Gilles-Louis-Antoine), 3e fils de Georges, IIIe du nom, et de dame Blondé de Messemé, rapportés au 3e degré du § 1er, né le 9 août 1727, épousa, le 11 mai 1754, Marie Gohin de Boumois, fille de Pierre, sgr de Boumois, et de Marguerite de Falloux, dont il eut six enfants : 1° Gilles-René-Gabriel, né le 3 avril 1755, mort en 1791, après s'être livré à l'étude des belles-lettres. Il avait épousé, le 23 avril 1780, Elisabeth-Lucie-Henriette de Pont des Granges, fille de Paul-Charles et de De Marie-Henriette-Lucie Sonnet d'Auzon, dont plusieurs filles ; l'une d'elles, Marie-Pauline, a épousé Louis-Henri Isle de Beauchêne ;

2° Georges-Laurent, dit le Chevalier de Boumois, né le 3 oct. 1756, officier du génie, mort en 1833 ; 3° Louis-Marie du Petit-Thouars naquit, dit la Biographie universelle de Michaud, au château de Boumois, en Anjou, en 1756, aliàs le 5 nov. 1758. Placé à l'école de la Flèche, il en sortit à 16 ans pour entrer en qualité de sous-lieutenant dans le régiment de la Couronne.

Ses goûts pour la botanique lui firent abandonner l'état militaire. Ayant appris d'Aristide, son frère, son projet d'aller à la recherche de la Pérouse, il se proposa de l'accompagner. Arrêté en se rendant au port de Brest, il fut traduit devant le tribunal révolutionnaire et acquitté ; mais son frère avait mis à la voile, lui donnant rendez-vous à l'île de France. Il s'y rendit ; son frère n'y vint pas, et pour parer au manque de ressources pécuniaires, il se mit au service d'un planteur et y resta pendant 9 à 10 ans, occupé de culture et de botanique. Rentré en France en 1802, il fut bientôt après nommé membre de l'Institut, et en 1806 directeur de la pépinière du Roule à Paris, où il est mort le 12 mai 1831.

Ses ouvrages sont : 1° *Histoire des végétaux recueillis dans les îles de France, de Bourbon et de Madagascar.* Paris, 1806. — 2° *Mélanges de botanique et de voyages.* Paris, 1809. — 3° *Recueil de rapports, etc., sur la culture des arbres fruitiers*, 1815. — 4° *Histoire d'un morceau de bois, etc.*, 1815. — 5° *Le Verger français, etc.*, 1817. — 6° *Flore des îles australes de l'Afrique, Histoire particulière des orchidées, etc.*, 1822. — 7° *Notice historique sur la pépinière du Roule*, 1825-1826.

On a donné le nom de *Thuarea* à une plante qui croît à Madagascar, et dédié à du Petit-Thouars l'*Aubertia*, arbre de l'île Bourbon.

4° Aristide naquit au château de Boumois le 31 août 1760, entra à la Flèche le 13 août 1775. Dès son enfance, il rêvait d'être marin ; reçu garde-marine en 1778, il fut embarqué sur le vaisseau *le Fendant*, commandé par M. de Vaudreuil, assista à la bataille d'Ouessant, etc., prit en 1783 le commandement du *Tarleton* ; employé à des croisières pendant lesquelles il perfectionna son éducation maritime, déjà les plus grands marins de son époque, le bailli de Suffren, de Guichen, de Vaudreuil, son ancien capitaine, le signalaient comme l'espoir de la marine française.

Fatigué de l'inaction à laquelle le condamnait la paix qui régnait en Europe, il conçut la pensée d'aller à la recherche de la Pérouse ; lui et son frère Louis-Marie, dont nous venons de parler, consacrèrent leurs biens à l'armement d'un navire qui s'équipa dans le port de Brest, et pour lequel, sur l'ordre de Louis XVI, qui connaissait le projet des deux frères et le voulait favoriser, s'ouvrirent les magasins de la marine royale. Dans une entrevue qu'Aristide eut avec le roi de France, ce dernier lui conféra le grade de capitaine de vaisseau et la croix de St-Louis. Nous avons vu pourquoi Louis-Marie ne put rejoindre son frère qui, parti peu de jours avant le 10 août 1792, fut arrêté par les Portugais. Lorsqu'il eut été mis en liberté, Aristide se rendit en Amérique, où il accompagna le duc de La Rochefoucauld-Liancourt dans son voyage dans diverses parties du nouveau monde. Rentré en France peu de temps avant l'expédition d'Egypte, du Petit-Thouars, auquel Bonaparte faillit confier le commandement de la flotte, fut nommé capitaine du *Tonnant* de 80 canons. Au conseil de guerre tenu avant la bataille d'Aboukir, il se prononça hautement contre le plan adopté sur la proposition de l'amiral Brueys. Le résultat de la bataille lui donna malheureusement raison ; on sait sa fin héroïque : après une lutte de 15 heures, il fut emporté par un boulet anglais. Il n'était âgé que de 38 ans.

M. Alfred Nettement a publié en feuilleton dans la *Gazette de France* une intéressante étude sur la vie d'Aristide du Petit-Thouars.

5° Perpétue, née en 1765, mariée en 1792 à Nicolas Bergasse, l'un des membres les plus remarquables de l'Assemblée constituante (1791) ; et 6° Félicité, née en 1763, décédée en 1833.

§ III. — AUBERT, Branche de FOIX.

4. — **Aubert** (Antoine-Augustin-Anne-Joseph) de Foix, dit le Chev. du Petit-Thouars, 4e fils de Georges, IIIe du nom, et de dame Céleste Blondé de Messemé (3e degré du § I), naquit le 20 août 1732 au château de Saumur. Il commença à servir à l'âge de 13 ans, et fit les campagnes de 1745 à 1749. A cette époque, il passa dans les colonies avec le commandement des troupes du quartier du Limbé, à St-Domingue, où il avait une habitation. Il y fut massacré lors de l'insurrection des noirs, laissant deux garçons et une fille. Il avait épousé, le 9 juill. 1764, Louise de St-Martin, dont : 1° Geor-

ges-Augustin-Madeleine-Bernard, né le 2 août 1766, mort sans postérité en 1816, commandant la frégate *la Flore* ; il se signala au cap Vert ; 2° Abel-Ferdinand, qui suivra ; 3° N., mariée à N. de la Boissière, colon de St-Domingue.

5. — **Aubert** (Abel-Ferdinand) du Petit-Thouars de Foix naquit le 19 nov. 1769, fit ses preuves pour entrer à l'école militaire le 22 juil. 1785, mourut le 26 nov. 1829, secrétaire général de la préfecture de Montpellier, place à laquelle il avait été nommé dans les premiers jours de juin de 1824. Il était chevalier de St-Louis et de la Légion d'honneur. Il épousa en 1792 Marie-Louise Besnard, dont il eut : 1° Abel, qui suivra ; 2° Aristide, mort sans postérité en 1831 ; 3° Armand-Georges, lieutenant de vaisseau, mort le 19 sept. 1827 ; 4° Albertine-Zoé-Louise-Sidonie, qui épousa son cousin germain Paul Bergasse, dont un fils, devenu l'amiral actuel Bergasse du Petit-Thouars.

6. — **Aubert** (Abel) du Petit-Thouars de Foix, né à la Fessardière, près Saumur, le 15 août 1793, vice-amiral le 4 sept. 1846, grand'croix de la Légion d'honneur, commença sa carrière militaire dès son enfance, sous les ordres de son oncle Georges du Petit-Thouars, et fit de bonne heure l'apprentissage de la vie de marin.

Il était capitaine de frégate lorsqu'on décida l'expédition d'Alger ; appelé au conseil d'Amirauté, il fit décider, contre l'avis du plus grand nombre, que le débarquement était possible et prit à la campagne une part honorable. Envoyé sur les côtes du Pérou en 1833, pour y protéger le commerce français, il sut par sa conduite énergique en imposer au gouvernement péruvien, bien que n'ayant sous ses ordres que le brick de guerre *le Griffon*, et lui faire restituer le brick *la Petite-Louise* de Bordeaux et sa riche cargaison (600,000 francs) injustement saisis. Cet acte lui valut une épée d'honneur de la part du commerce de Bordeaux, le grade de capitaine de vaisseau et la croix d'officier de la Légion d'honneur.

Abel fut chargé en 1836 d'aller sur la frégate *la Vénus* explorer les côtes du Brésil, de la Nouvelle-Hollande, du Chili, des îles Sandwich, etc., pour fixer ou rectifier les positions incertaines, faire des expériences hydrographiques, etc. Ce voyage fécond en heureux résultats dura trois ans, et il était occupé d'en faire paraître le récit accompagné d'un magnifique atlas, lorsqu'en 1841 il fut élevé au grade de contre-amiral et désigné, peu de temps après, pour commander les stations françaises de la mer du Sud. Il est mort à Paris, le 16 mars 1864, sans postérité.

Il avait épousé en 1849 Camille-Aimée de Combefort, veuve du Vte de Gauville.

§ IV. — AUBERT, quatrième Branche.

4. — **Aubert** (Hyacinthe-Augustin-Célestin) du Petit-Thouars, fils puîné de Georges, IIIe du nom, et de Céleste Blondé (3e degré, § I), capitaine au régiment de Rouergue-Infanterie, né en 1735, marié à Saintes, le 20 mai 1764, à Marie-Françoise-Bonne Belin de la Caillère, comparut à l'assemblée de la noblesse de Saintonge comme sgr du fief de Fontantive, fut emprisonné à Brouage, ainsi que sa femme qui y mourut. Ils avaient eu : 1° Bonne-Marie-Gabrielle, baptisée à Saintes le 3 août 1765 ; 2° et 3° deux garçons morts à Saintes, l'un le 23 août 1766 et l'autre le 27 mars 1775 ; 4° Augustin-Marie-Jules, né le 11 juill. 1770 à Saintes, fit ses preuves pour entrer à l'école militaire le 18 juill. 1785. (La Noblesse de Saintonge, etc., aux États généraux de 1789.)

§ V. — AUBERT, Branche de Rassay.

Cette branche s'était établie à la Salvelot, diocèse de St-Pons, et voici ce que nous lisons, à propos de cette branche, dans le *Dictionnaire de la noblesse* de M. de Courcelles, t. I, p. 60 :

« Aubert du Petit-Thouars de Rassay en Poitou, en Touraine et en Languedoc. Cette famille, distinguée par de nombreux services militaires, a été anoblie en 1711 dans la personne de Georges Aubert, sr de St-Georges, confirmé dans cet anoblissement par arrêt du 29 juill. 1714. Porte d'azur à la cotte de maille d'or. »

Nous n'avons trouvé nulle part la confirmation des dires de M. de Courcelles.

3. — **Aubert** (Jean-Baptiste-Auguste-Pierre) de Rassay, fils de Georges II et de Catherine Mesnard de la Haye, rapportés au 2e degré du § Ier, naquit le 22 juin 1694, et prit le nom d'Aubert de Rassay, d'une terre que possède aujourd'hui cette branche angevine. Après avoir servi longtemps, il mourut le 16 août 1754 à Antibes, lieutt-colonel du régiment de Vaubecourt. Il avait épousé, le 18 févr. 1726, Françoise-Madeleine Calmel du Gasel, dont : 1° Anne-Madeleine-Julie, née le 21 juill. 1727 ; 2° Angélique-Françoise, née le 18 juill. 1728 ; 3° Auguste-César-Joseph, né le 21 juill. 1729, fut lieutenant au régiment de Vaubecourt, fit les campagnes de 1745, de 1760 et 1761, en Allemagne. Il épousa, le 21 oct. 1760, Marie-Anne de Lande de Linières, fille de Jean, sgr de Linières, et de Jeanne de Montal, dont Jean-Jacques-Auguste-Joseph, décédé le 27 févr. 1762 ; 4° Jean-Jacques-Auguste, né le 29 nov. 1732, capitaine d'infanterie en 1759, fut fait maréchal des camps et armées du Roi sous Louis XVI, et fut guillotiné en 1794, pour crime de royalisme. Il laissa une fille, mariée à N. de Louraine, ancien émigré.

AUBIERS (Les).

— Famille du Loudunais ou du Mirebalais qui paraît s'être éteinte au xvie siècle, et ne nous est connue que par le peu qui suit.

Blason. — La famille des Aubiers portait, d'après l'Armorial de Touraine : de gueules au croissant d'or.

Les Aubiers de Blou, Senecé, la Guignardière en Anjou : d'argent au croissant montant de gueules. (Arm. d'Anjou, 1, 80.)

La ressemblance de ces deux écussons, qui ne diffèrent que par les émaux et les couleurs, peuvent donner à croire que les deux familles avaient même origine.

Aubiers (Jean des) paraît au nombre des vassaux de François de Montberon, sgr d'Avoir. (N. féod., p. 663.)

Aubiers (Marguerite des) et Jean d'Outrelavoye, sgr des Veaux et des Farges, son mari, mort sans enfants, fondèrent, vers le milieu du xive siècle, huit chapelles de 50 liv. de revenu chacune, dans l'église St-Pierre-du-Marché de Loudun. (M. A. O. 1846, 121.)

Aubiers (Simon des) possédant le champ du Noyer ayant appartenu à Guillaume des Aubiers, devait, à cause de cette pièce de terre, hommage lige, 40 jours de garde, etc., xive siècle. (M. A. O. 1877, 255.)

Aubiers (Guillaume des). Geoffroy Fouchier, Chev., devait à l'hôtel de Sauves 10 deniers annuels pour contribuer à un repas dû à la *frereschc* dudit Guillaume. Fin du xive ou commencement du xve se. (M. A. O. 1877, 223.)

Aubiers (Mathurine des) avait épousé Bertrand Savary, Ec., sgr de Brétignoles. Leur fils Léon est reçu

Chev. de Malte en 1528. (Gd-Prieuré d'Aquitaine, R. 13, 343.)

AUBIGNÉ (D'). — Il y a plusieurs familles du nom d'Aubigné en Anjou et en Bretagne. Une note de D. Fonteneau, t. 26, p. 590, semble vouloir confondre toutes ces familles pour leur donner une origine commune dans les d'Aubigny du Poitou; mais c'est une erreur, car le nom d'Aubigny est assez commun dans l'ouest de la France.

La plus illustre des familles du nom d'Aubigné est celle des seigneurs d'Aubigné-Briant, près Doué en Anjou; elle a formé plusieurs branches établies en Poitou et a eu de nombreuses alliances avec des familles poitevines; aussi nous donnons un extrait de sa généalogie que l'on peut trouver presque entière dans l'Histoire généalogique de France du P. Anselme et dans le Dict. de la noblesse.

Blason : de gueules au lion d'hermine, armé, lampassé, couronné d'or.

Filiation suivie.

§ Ier.

1. — **Aubigné** (Geoffroy d'), Chev., vivait en 1160. D'après un titre de 1201, on voit qu'il fut héritier de Jean de Doué (ce qui a fait croire à quelques auteurs qu'il était sorti puîné de la maison de Doué).

2. — **Aubigné** (Jean d'), son fils, transige en 1201 avec Baudouin de Doué.

3. — **Aubigné** (Olivier d'), que l'on croit fils de Jean, testa en 1255, pour ses 2 fils : 1° AIMERY, 2° OLIVIER.

4. — **Aubigné** (Aimery d'), Chev., sire d'Aubigné, épousa Jeanne DE BEAUPRÉAU. Ils firent accord en 1281 avec leur neveu Josselin de Beaupréau, et eurent pour enfants : 1° GUILLAUME, qui suit; 2° AGNÈS, femme de Pierre de Pouencé; 3° JEANNE, mariée à Macé de la Jumelière.

5. — **Aubigné** (Guillaume d'), Chev., sr d'Aubigné, le Coudray-Macouart, épousa, le 30 avril 1273, Aliénor DE COESME, fille de Robin, Chev., et eut pour enfants : 1° SAVARY, qui suit; 2° GUILLAUME, sr du Marchais-Regnault, qui forma branche, éteinte, dans la famille de la Tijonère ; 3° GEOFFROY, sr du Mesnil.

6. — **Aubigné** (Savary d'), Chev., sr d'Aubigné, épousa en 1300 Honneur DE LA HAYE-PASSAVANT, dont il eut : 1° OLIVIER, qui suit ; 2° PIERRE, chef de la branche de la Touche, § II.

7. — **Aubigné** (Olivier d') épousa en 1329 Eutesse DU PUY, fille de Jean, Chev., et de Marguerite Turpin, dont : 1° JEAN, qui suit ; 2° probablement JOSSELIN, mentionné dans des lettres de rémission en 1350.

8. — **Aubigné** (Jean d'), Chev., fut, dit-on, fait prisonnier à la bataille de Poitiers en 1356. Il épousa en 1366 Jeanne DE POCÉ, fille de Robert (*aliàs* Jean) et de Susanne de Craon, dont il eut : 1° FRANÇOIS, 2° HURTTE, mariée à Pierre de Bernecen.

9. — **Aubigné** (François d') épousa, le 19 juill. 1388, Marie DE LA PORTE, fille de Hardy, sr de Vesins, et de Marguerite de la Jaille, dont : 1° OLIVIER, 2° MARGUERITE, mariée, le 6 août 1415, à Jean Baraton, Chev., sr de la Roche.

10. — **Aubigné** (Olivier d'), Chev., sire d'Aubigné et du Coudray, épousa : 1° le 5 juill. 1407, Pernelle DE FAYE, fille de René et de Simonne de Lenay ; 2° le 20 août 1449, Catherine DE LA TOUR-LANDRY, veuve de Thibault de la Haye-Bournan. Il eut du 1er lit : 1° FRANÇOIS, qui suit ; 2° JEANNE, mariée, le 6 fév. 1444, à Louis Le Roux, Chev., sr de la Roche-des-Aubiers.

11. — **Aubigné** (François d'), Chev., sr d'Aubigné, épousa : 1° le 20 août 1449, Marie DE LA HAYE, fille de Thibault, sr de Bournan, et de Catherine de la Tour-Landry ; 2° N. D'AUSSIGNÉ. Il eut du 1er lit : 1° PIERRE, Ec., sr d'Aubigné, qui reçut aveu en 1482 et 1486, mort sans postérité ; 2° MARGUERITE, dame d'Aubigné, mariée à Jean Royrand, Ec. (d'une famille poitevine) ; leurs enfants ont porté le titre de Baron d'Aubigné ; 3° BLANCHE, dame du Coudray, mariée à N. de Chouppes (sans postérité) ; 4° ANNE.

§ II. — BRANCHE DE LA **TOUCHE-JOUSSELINIÈRE**.

7. — **Aubigné** (Pierre d'), Ec., sr de la Touche-d'Aubigné (fils puîné de Savary et d'Honneur de la Haye, 6e deg., § I), fut tué par Guillaume Charbonneau, qui fut pendu par Jean sire d'Aubigné, neveu de Pierre. (Lettres de rémission, fév. 1350.) Il épousa Marie DU RIVAU, dont : 1° GUYON, qui suit; 2° BRIANT, qui, marié à Isabeau DE BERNEZAY, n'eut qu'une fille.

8. — **Aubigné** (Guyon dit Goberiet), Ec., sr de la Touche, épousa en 1374 Jeanne DE L'ESPINE, fille de Thibault, Ec., sr de la Jousselinière (elle se remaria plus tard à Guillaume de Chourses), dont il eut :

9. — **Aubigné** (Maur dit Morlet), Ec., sr de la Jousselinière (Pin-en-Mauges), épousa, le 3 juill. 1404, Marguerite GASSELIN, fille de Guillaume, Chev., sr des Hayes-Gasselin, et de Honneur Paland, dont : 1° THIBAULT; 2° MARGUERITE, femme de Jean Bérard, Ec.

10. — **Aubigné** (Thibault d'), Ec., sr de la Jousselinière, l'un des confidents de Louis d'Amboise Vte de Thouars, est vivement attaqué dans les pièces du procès intenté par Pierre de Bretagne, gendre du Vte de Thouars, à son beau-père. (V. P. Anselme, vo Thouars.) Il épousa : 1° Jeanne DE LA PARNIÈRE, fille de Charles, Ec., sr dudit lieu (les Brouzils), et de Marguerite Charuelle (Charuyau) ; 2° le 16 janv. 1458, Catherine DE LAUNAY, veuve de Jean Paumart. Il eut du 1er lit : 1° FRANÇOIS, qui suit; 2° ANTOINE, chef de la branche de Brie, § V ; 3° LOUIS, clerc; 4° MARGUERITE, mariée à Jacques de Pondevie, Ec., sr de la Milonière; 5° MARIE, femme de Gilles Bahourd, Ec., sr de la Rogerie; peut-être 6° GEORGES, qui fit accord, le 15 oct. 1507, avec son neveu Hervé.

11. — **Aubigné** (François d'), Ec., sr de la Jousselinière, épousa, le 16 janv. 1458, Marie PAUMART, fille de Jean, Ec., sr de Rillé, et de Catherine de Launay, dont il eut : 1° HERVÉ, qui suit; 2° RENÉ, 3° JOACHIM, 4° THIBAULT, tous trois décédés sans postérité; 5° GUYON, chevalier de l'ordre de St-Jean; 6° FRANÇOIS, 7° ANNE, 8° FRANÇOISE, mariée, le 8 juill. 1494, à Olivier Hamon, Ec., sr de la Flocellière; 9° CATHERINE, 10° HECTORE, mariée à N. d'Hommes, Ec., sr du Lis? 11° MARGUERITE, 12° GENEVIÈVE, tous nommés dans un partage du 25 févr. 1516. (D'Hozier, dans une note, Carrés, vol. 40, cite un acte du 7 févr. 1516, où, à la place de René, on trouve un PIERRE. Mais d'Hozier dit que ce nom a été substitué à l'autre pour favoriser les prétentions des d'Aubigné-Maintenon.)

12. — **Aubigné** (Hervé d'), Ec., sr de la Jousse-

linière, épousa Catherine DE Ste-FLAIVE, veuve de Jean de Villeneuve, Ec., fille de Guy, Chev., sr de Sigournay, et de Robinette de Conigham, dont : 1° RENÉ, 2° ANTOINETTE, mariée à Jean de Rorthays, Ec., sr de la Durbelière.

13. — **Aubigné** (René d'), Ec., sr de la Jousselinière, épousa en 1531 Renée D'ESCOUBLEAU, fille de Jean, Ec., sr de Sourdis, et de Jeanne de Brie, dont : 1° CLAUDE, qui suit ; 2° JACQUES, chef de la branche de la Roche-Ferrière, § IV.

14. — **Aubigné** (Claude d'), Chev., sr de la Jousselinière, fut, dit-on, capitaine de 50 hommes d'armes et Chev. de l'ordre du Roi. A la suite d'une rixe avec le sr de la Roche-Daillon, il obtint rémission en 1577. Il épousa, le 6 juill. 1572, Jeanne DU BOUCHET, fille de Lancelot, sgr de Ste-Gemme, et de Jeanne Ratault, dont : 1° CLAUDE, 2° JEANNE, femme de Jochim Rouault, Ec., sr de la Rousselière ; 3° JACQUES, chef de la branche de Tigny, § III.

15. — **Aubigné** (Claude d'), Chev., sr de la Jousselinière, Bon de Ste-Gemme, servit à 16 ans au siège de Poitiers. Il épousa, le 22 août 1601, Lucrèce DE BOUILLÉ, fille de René Cte de Créance et de Renée de Laval, dont : 1° CHARLES, décédé jeune ; 2° RENÉ, qui suit ; 3° CATHERINE, mariée à René Gaborin, Ec., sr de Touarcé.

16. — **Aubigné** (René d'), Ec., sr de la Jousselinière, Bon de Ste-Gemme, d'abord Chev. de Malte, épousa, le 25 févr. 1625, Aimée DE CHASTEAUBRIANT, fille de Gabriel, Ec., sr des Roches-Baritaut, et de Charlotte de Sallo, dont il eut : 1° GABRIEL, Mis de Ste-Gemme, décédé sans alliance ; 2° ANNE, sans alliance.

§ III. — BRANCHE DE **TIGNY**.

15. — **Aubigné** (Jacques d'), Ec., sr de la Touche et de Breuezay (fils puîné de Claude et de Jeanne du Bouchet, 14e deg., § II), épousa, le 12 juin 1610, Louise CLÉREMBAULT, fille de Hardy, Chev., sr de Chantebusain, et d'Antoinette Le Bœuf, dont : 1° URBAIN, 2° RENÉ, Ec., sr de la Salle ; 3° LOUISE.

16. — **Aubigné** (Urbain d'), Chev., Bon de Tigny, épousa, le 20 août 1645, Marie GABRIAU DE RIPARFOND, fille de Louis, Ec., sr de la Garrelière, dont : 1° LOUIS, qui suit ; 2° CLAUDE-MAUR, abbé de la Victoire, évêque de Noyon, puis archevêque de Rouen ; 3° MARIE.

17. — **Aubigné** (Louis d'), Mis de Tigny, épousa, le 20 sept. 1677, Elisabeth PETIT DE LA GUIERCHE, fille de Gilbert, Bon de St-Mesmin, et de Anne de Rochefort. Elle mourut avant le 17 mai 1688. Nous ne savons pas s'il en eut des enfants, ou s'il se remaria en 2es noces.

Aubigné (N.), Mis de Tigny (peut-être le même), eut pour enfants : 1° LOUIS-HENRI, qui suit ; 2° CHARLOTTE-CATHERINE, née à Poitiers le 19 nov. 1697 (St-Cybard), décédée à Paris en 1767, sans alliance.

Aubigné (Louis-Henri d'), Mis de Tigny, sgr de Purnon, la Roche-Clermault, maréchal de camp, épousa Marie-Anne DE BOUFLERS, fille de Charles, sgr de Remencourt, dont il eut MARGUERITE-JOSÉPHE, mariée, le 25 juin 1765, à Hippolyte-Jean-René, Mis de Toulongeon.

§ IV. — BRANCHE DE LA **ROCHE-FERRIÈRE**.

14. — **Aubigné** (Jacques d'), Ec., sr de la Roche-Ferrière (fils puîné de René et de Renée d'Escoubleau, 13e deg., § II), périt au mois d'avril 1577, dans une rixe avec Jacques de la Roche-Daillon ; il avait épousé Perrine DE BILLÉ (ou DE BILLÉ), et eut pour enfants : 1° CLAUDE, qui suit ; 2° BERTRANDE, mariée à René Chesnel, Ec., sr de la Petite-Noue ; 3° LUCRÈCE, femme de N. Martel, Ec., sr du Parc ; 4° DIANE, religieuse ; 5° FRANÇOIS, Ec., sr de Boisrobert, marié à Jacquette TIRAQUEAU (sœur de la femme de son frère) ; il eut postérité établie en Bretagne.

15. — **Aubigné** (Claude d'), Ec., sr de la Roche-Ferrière, épousa, le 4 mars 1601, Jeanne TIRAQUEAU, fille de Jean, Ec., sr de Belesbat, et de Catherine Mesmin, dont il eut plusieurs enfants (passés en Bretagne).

§ V. — BRANCHE DITE DE **BRIE**, PUIS DE **BOISMOZÉ**.

11. — **Aubigné** (Antoine d'), Ec., sr de Brie ? (fils puîné de Thibault et de Jeanne de la Parnière, 10e deg., § II), épousa Charlotte DE BRIE (des Brie-Serrant d'Anjou) ; étant veuve, elle fit, dit-on, le 17 juill. 1462, vente des droits de son fils mineur en la succession de feu Thibault d'Aubigné, aïeul de l'enfant, à François d'Aubigné, sr de la Jousselinière, oncle dudit mineur. De ce mariage vinrent : 1° JEAN, qui suit ; 2° FRANÇOISE, mariée, le 3 janv. 1471, à Jacques de la Bouteille, Ec. (du Poitou).

12. — **Aubigné** (Jean d'), Ec., sr de Brie ? épousa Yolande DE CLOISTRE, dont il eut : 1° FRANÇOIS, qui suit ; 2° PIERRE, qui, paraît-il, mourut sans postérité ; on dit qu'il épousa Françoise DE SOURCHES (c'est à lui que les d'Aubigné-Maintenon ont cherché à se rattacher ; voir plus loin) ; 3° JACQUES, marié, eut plusieurs enfants, dont l'un forma la branche de Montaupin, éteinte en FRANÇOISE d'Aubigné, mariée à Jean Le Roy, Ec., sr de Montaupin.

13. — **Aubigné** (François d'), Ec., sr de Brie, la Prée, fut fiancé à Saumur, le 29 mai 1491, à Jeanne FRETARD, fille d'Antoine, Ec., sr de Sauves, et de Perrette de Billy, dont il eut : 1° GUY ? qui suit ; 2° FRANÇOIS, 3° PHILIPPE, tous deux décédés.

14. — **Aubigné** (Guy d'), Ec., sr de Boismozé, épousa, le 23 juill. 1514, Louise GOULARD, fille de René, Ec., sr de Billé, dont il eut : 1° FRANÇOIS, qui suit ; 2° GILLES, décédé ; 3° JEANNE, mariée à Jean Laurens, Ec., sr de la Noue ; 4° JEAN, sr du Coudray, a formé branche en Anjou.

15. — **Aubigné** (François d'), Ec., sr de Boismozé, épousa : 1° Catherine LAURENS, fille de Philippe et de Anne Savary ; 2° Renée TAUPIER. Il eut du 1er lit : 1° JEAN, qui suit ; 2° VINCENT, Chev. de Malte ; du 2e lit, deux filles, décédées jeunes.

16. — **Aubigné** (Jean d'), Éc., sr de Boismozé, épousa Susanne CLAUSSE, et eut : 1° VINCENT, décédé jeune ; 2° SUSANNE, mariée à N. de Marry ?

AUBIGNÉ (D). — Autres familles.

On trouve à Loudun et dans le Mirebalais, aux XVIe et XVIIe siècles, plusieurs familles qui portent le nom d'Aubigné ou Daubigné, dans des situations de fortune très humble. Ce sont en général les descendants d'artisans sortis du bourg d'Aubigné en Anjou, qui, suivant un usage assez fréquent, ont été désignés sous le nom de leur lieu d'origine. Il y a cependant quelques personnages qui pourraient se rattacher à la maison d'Aubigné-Briant (peut-être branches bâtardes).

Aubigné (Blanc d'), Ec., était en 1468 possesseur de rentes en blé sises à Chouppes et à Sauves. On le voit, comme sgr de Vieillevigne au territoire de la Gresigne, rendre des aveux au chât. de Mirebeau en 1443 1463 et 1473. (M. A. O. 1877, 153, et N. féod. 35.) Il était décédé en 1508, époque où les rentes précitées sont la propriété *des hoirs* de Blanc d'Aubigné. Il eut peut-être pour enfants : 1° ANCEAUME, qui suit ; 2° JEHAN, dont nous parlerons après son frère ?

Aubigné (Ançeaume d'), Ec., sgr des Roches, licencié ès lois, lieutenant du sénéchal de Thouars dès 1498 et sénéchal de la terre de Belleville en Thouarsais. D. Fonteneau, t. 26, dit, au sujet du titre d'Ecuyer dont se qualifie Anceaume, « que, à cette époque, les officiers de justice, bien que non nobles, prenaient le titre d'Ecuyer aussitôt qu'ils étaient pourvus du grade de licencié ès lois ». Ce qui nous porte à croire qu'il était fils de Blanc d'Aubigné, c'est que, en, 1508, on le voit seigneur de la même terre de Vieillevigne. (M. A. O. 1877, Mirebeau, 153.) Dès 1514 il avait perdu son fils, dont l'épitaphe se lisait dans l'église des Cordeliers de Poitiers, qui nous a été conservée par D. Estiennot. Elle a été imparfaitement reproduite t. V, p. 346 des Bulletins de la Société des Antiquaires de l'Ouest. La voici telle que la donne le savant Bénédictin. Au-dessous d'un écusson au lion (blason d'Aubigné), on lisait : « Cy devant gist Jehan Daulbigné — escuier licentié-ès-loix fils unicque — de Anceaulme Daulbigné aussi — escuier sgr des Friches, Longe-Font — Liergue et.... qui trépassa — en ceste ville le dimanche 20 — aoust de l'an 1519. Priez — Dieu pour luy. »

Aubigné (Jehan d'), Ec., sgr de la Chèze et des Roches, était en 1534, comme héritier de son frère Anceaume ? sgr du fief de Vieillevigne. (M. A. O. 1877, Mirebeau, 153.) En 1504, il avait rendu un aveu à Raoul de Vernon, sgr de Montreuil-Bonnin et de Grassay. (O. de Moulins.) Il eut de N. une fille, CATHERINE, qui était mariée, dès le 10 juin 1528, à Philippe de Marconnay, Ec., sgr du Tillou, lequel rendait, à cause de sadite femme, aveu à Marie de Rouault, dame d'Hérisson en Thouarsais, d'héritages sis à Sazay, p^sse de Brie. (Arch. de Thouars.) Le 9 oct. 1541, étant veuve dudit Philippe ? elle rendait un aveu à Anne de Vernon, dame de Montreuil-Bonnin (O. de Moulins,) et elle était remariée, avant le 27 mars 1550, à François Thibert, Ec., sgr d'Ambrette, qui à son tour rendait, du chef de sa femme, à ladite Anne de Vernon aveu de la maison noble de la Chèze. (Id.)

AUBIGNÉ-MAINTENON (D').

— Cette famille, illustrée par le célèbre Théodore-Agrippa d'Aubigné, l'un des plus remarquables écrivains de la fin du XVIe siècle, et par la fameuse marquise de Maintenon, dont la fortune fut si éclatante sous Louis XIV, était d'une origine fort obscure et se rattache probablement à l'une de ces familles du nom Daubigné établies dans le Loudunais, sorties d'artisans originaires d'Aubigné. Lorsque Théodore-Agrippa, officier de fortune, voulut épouser Susanne de Lezay, il chercha à se raccrocher à la maison des seigneurs d'Aubigné-Briant et, à l'aide de quelques pièces plus ou moins habilement arrangées, il parvint à se faire passer pour issu d'un puîné de la branche de Brie. C'est cette fausse généalogie qui servit, en 1688, à son petit-fils pour être reçu chevalier des ordres du Roi (une copie de cette pièce existe dans les arch. de la Société de Statistique des Deux-Sèvres, Fonds Briquet), après avoir été maintenu noble par Barentin, intendant de Poitou, en 1667. Mais la fausseté évidente des pièces produites a empêché les auteurs sérieux d'accepter cette généalogie, et c'est pourquoi ni le P. Anselme, dans l'Histoire généalogique de France, ni Moréri, ni le Dictionnaire de la noblesse, n'ont donné la filiation de cette prétendue branche de la maison d'Aubigné, malgré l'influence des de Noailles et la reconnaissance intéressée donnée par la branche d'Aubigné-Tigny.

Un fait, du reste, qui prouve que sa descendance des d'Aubigné d'Anjou n'était pas aussi bien établie dans l'opinion publique que Th.-Agrippa voulait bien le faire croire, c'est que lorsqu'il demanda la main de Susanne de Lezay, il dut soumettre ses titres à l'examen de parents de sa future épouse, comme il le reconnaît lui-même dans ses Mémoires. Que fit-il pour égarer l'opinion des examinateurs ? probablement ce qui se passa plus tard, lors des preuves de noblesse devant Barentin, en mélangeant adroitement les actes des deux familles, et en en falsifiant quelques-uns pour les besoins de la cause.

Blason. — D'Aubigné-Maintenon portait : d'azur au lion d'or couronné de même, à la queue nouée et passée en sautoir. (Barentin.) Il y a eu sans doute quelque erreur de copiste dans la transcription de cet énoncé, car ils avaient pris les armes pleines des d'Aubigné-Briant.

On trouve dans la Revue historique et nobiliaire (1875, p. 125) un curieux article de M. Bordier, auteur de la 2e édition de la France protestante, qui, d'après les dossiers et les notes de d'Hozier, conservés au cabinet des titres, donne les renseignements les plus complets sur l'histoire généalogique des d'Aubigné-Maintenon. Seulement nous ferons observer que toute la supercherie est en définitive l'œuvre de Théodore-Agrippa d'Aubigné, tandis que M. Bordier cherche à en rejeter l'odieux sur Mme de Maintenon, qui ne pouvait guère démêler les intrigues et les falsifications de son aïeul. On trouve dans les titres du prieuré de Loudun et dans les registres paroissiaux de cette ville un grand nombre de Daubigné, qui sont certainement les membres de cette famille, notamment un Agrippa Daubigné, parrain le 7 sept. 1555 et le 30 sept. 1556, à St-Pierre-du-Marché.

Filiation suivie.

1. — **Aubigné** (Jean d'), dont on ne connaît pas les parents (mais qui, d'après les renseignements donnés à d'Hozier par M. Le Roy de Montaupin, héritier d'une branche des d'Aubigné-Briant, qui paraissait bien connaître les choses [voir plus loin dans les notes], était né à Loudun d'une famille fort obscure), alla s'établir en Saintonge et exerça divers emplois dans les tribunaux du pays, soit comme avocat, soit comme juge. Il se maria, vers 1550, avec Catherine DE LESTANG, fille de Jean ? bourgeois de la ville de Blois, et de Susanne de la Borde. (Dans un faux contrat fabriqué postérieurement, on le qualifie Jean d'Aubigné, Ec., s^r de Brie en Saintonge, chancelier du roi de Navarre, fils de Mre Pierre d'Aubigné, Ec., s^r de Brie et du Viguier en Anjou, et de D^e Françoise de Sourches, l'un et l'autre de présent à la suite du roi de Navarre, passé à Orléans le 2 juin 1550.) Jean de Lestang y est dit Ec., s^r de Rulle, ce qui est évidemment faux. Or d'Hozier (vol. Carrés, n° 40) mentionne des aveux authentiques dont il s'était procuré copie, en date des 20 juil. 1551, 31 juil. 1553, 12 août 1556, où noble homme et sage maître Jean d'Aubigné, licencié ès droits, juge ordinaire des ville et seigneurie de Pons (ailleurs il est dit bailli de Pons), fait aveu du lieu et manoir de la Lande, *aliàs* les Landes-la-Brûlée, p^sse St-Lubin-de-Suèvre, près Blois, au sgr de la Motte-Cormeron, son suzerain. Par conséquent Jean d'Aubigné était bailli de

Pons, et non point chancelier de Navarre. Il mourut en 1571, car son fils Théodore-Agrippa, qualifié alors noble homme et Ecuyer, fit aveu du fief des Landes le 25 déc. de ladite année. Jean d'Aubigné, veuf de Catherine de Lestang dès 1553, épousa en 2es noces Anne LIMEUR ? ou DE LIMUR, veuve de Gabriel Gaignard, qui se remaria ensuite au sr Collineau, bourgeois de Cognac. C'est seulement pendant son 2e mariage que Jean d'Aubigné acquit une partie du fief de Brie en Saintonge. Il eut du 1er mariage : 1° THÉODORE-AGRIPPA, qui suit ; du 2e : 2° EMMANUEL, 3° ESTHER, 4° NOEL, décédés sans postérité.

2. — **Aubigné** (Théodore-Agrippa d') naquit à St-Moris près de Pons, le 8 févr. 1550. Il reçut une éducation très soignée ; son père appartenait au culte calviniste. Il alla étudier à Genève, sous le célèbre Théodore de Bèze ; puis il abandonna l'étude pour se livrer au parti des armes ; dès l'âge de 18 ans il s'était signalé par son sang-froid au siège d'Orléans. Il suivit d'abord le prince de Condé, puis s'attacha au roi de Navarre (Henri IV), à la fortune duquel il resta toujours fidèle, dont il devint écuyer d'écurie et gentilhomme ordinaire ; mais son esprit caustique et frondeur lui ayant suscité maints désagréments, il se retira dans son gouvernement de Maillezais, où il composa son *Histoire universelle* (de 1550 à 1610) ; mais dans le récit des événements il ne ménageait pas assez l'honneur des rois et de Henri III en particulier ; son ouvrage fut brûlé par arrêt du Parlement (4 janv. 1620). Il se retira alors à Genève, où il mourut le 29 avril 1630, à l'âge de 80 ans. Outre l'*Histoire universelle*, d'Aubigné a composé plusieurs ouvrages, également remarquables par l'esprit de causticité qui était le fonds de ce caractère frondeur : *La Confession catholicque du seigneur de Sancy, les Aventures du Baron de Fœneste*, etc. On lui attribue aussi l'*Histoire abrégée de la mort de Henri IV*. Il avait de plus écrit sa vie qui fut imprimée en 1720. Par son testament reçu le 4 avril 1630, par Dunant, notaire à Genève, il laissa sa terre des Landes-Guinemer à l'un des fils de Constant, son fils aîné, légua les 3/4 de ses autres biens aux quatre enfants de Marie, sa fille aînée, donnant l'autre quart à Louise, son autre fille, épouse de M. de Villette.

Il avait épousé : 1° le 6 juin 1583, par contrat reçu Vassé, notre à Bougouin, Susanne DE LEZAY, fille d'Ambroise Bon de Surimeau et de Renée de Vivonne, morte en 1596, dont il eut 5 enfants, dont les 3 suivants seulement survécurent au père : 1° CONSTANT, qui suit ; 2° MARIE, femme de Josué de Caumont, Ec., sgr d'Adde ; 3° ARTEMISE ou LOUISE, dame de Mursay, mariée, le 22 oct. 1610 (Mathion, notre à Maillezais), à Benjamin de Valois, sgr de Villette. (Jal Le Riche, 489.) (Il eut aussi un fils naturel, Nathan, dit La Fosse, qu'il reconnut par son testament, mais qui ne fut pas légitimé.) Il épousa en 2es noces, à Genève (1625), Susanne BURLAMACHI, d'une ancienne famille de Lucques ; elle était veuve de César Balbani.

Cependant, d'après un aveu de la terre de Surimeau rendu le 9 déc. 1597 par Th.-Agrippa d'Aubigné, au nom et comme loyal administrateur d'Agrippa, Constant, Henri, Marie et Louise d'Aubigny (*sic*), ses enfants et de feu Susanne de Lezay, il ressort qu'il avait eu cinq enfants au lieu de trois qu'on lui donne généralement. Nous n'avons rien retrouvé concernant AGRIPPA et HENRI, probablement morts jeunes et sans alliance. (Fonds Briquet.)

3. — **Aubigné** (Constant d'), Baron de Surimeau, gouverneur de Maillezais, naquit en 1585 ; il avait, dit Dreux du Radier, l'esprit vif, sublime, et si l'on en croit son père, était capable des plus grandes choses, qualités obscurcies et rendues inutiles par la conduite la plus dérégléc, qui l'obligea enfin à s'expatrier en Amérique, où il mourut le 31 août 1647 huguenot, après avoir changé deux fois de religion. Il se maria 3 fois : à la Rochelle, le 30 sept. ou 20 octobre 1608, à Anne MARCHAND (par contrat reçu Dupuis, notre à la Rochelle), veuve de Jean Courant, Baron de Chatellaillon, qu'il assassina ? le 6 févr. 1619 il se remaria secrètement à la dame DE NUAILLÉ, qu'il fit périr en 1621, et enfin, le 27 déc. 1627, à Jeanne DE CARDAILLAC, fille de Pierre, sgr de Lasne, lieutenant du duc d'Epernon au gouvernement du château Trompette à Bordeaux, où il était détenu, et de Louise de Montalembert, par acte reçu Justion, notre à Bordeaux. De cette troisième union naquirent : 1° CONSTANT, né en 1629, mentionné dans un acte de 1642, décédé jeune ; 2° CHARLES, qui suit ; 3° FRANÇOISE Mise de Maintenon, naquit dans la conciergerie des prisons de Niort, dans lesquelles son père était détenu, le 8 sept. 1635. Elle fut présentée au baptême par François de La Rochefoucauld et la Ctesse de Neuillant. Ses premiers pas dans la vie furent difficiles ; sa jeunesse et partie de son âge mûr se passèrent dans la misère. Veuve de Paul Scarron, elle devint, comme chacun sait, épouse de Louis XIV. Elle est morte dans la maison royale de St-Cyr qu'elle avait fondée le 15 avril 1719, âgée de près de 84 ans.

Nous n'essaierons pas d'esquisser la vie de cette femme remarquable, que l'on trouve écrite dans tous les recueils de biographies ; nous nous contenterons de remarquer que la publication de ses lettres a mis à néant toutes les accusations dont on a voulu ternir sa mémoire.

4. — **Aubigné** (Charles Cte d'), Baron de Surimeau, gouverneur de Belfort, d'Aigues-Mortes, de Cognac, de la province du Berry, Chev. des ordres du Roi, naquit en 1639 et mourut à Vichy en 1703. Il avait épousé, le 23 fév. 1678, Geneviève PIÈTRE, fille de Simon, procureur du Roi à l'hôtel de ville de Paris, et de Marguerite Leclerc de Chasteau du Bois, dont il n'eut qu'une fille, FRANÇOISE-CHARLOTTE-AMABLE, mariée, le 1er avril 1698, à Adrien Maurice duc de Noailles, pair de France, capitaine des gardes du corps, Chev. de l'ordre de la Toison-d'Or, etc.

NOTA. M.-App. Briquet (*l. c.*) prétend que le véritable nom des d'Aubigné d'Anjou, ou tout au moins des d'Aubigné-Maintenon, est d'Aubigny, et que Agrippa, Constant, et Françoise, dame de Maintenon, ont toujours signé ainsi.

V. sur la famille d'Aubigné, entre autres ouvrages, ceux de M. Théophile Lavallée, les Lettres de Mme de Maintenon, par M. Geoffroy, l'Introduction aux Mémoires de Languet, de Gergy, la Revue historique et nobiliaire de 1875, p. 125 et suiv., etc., et dans les Arch. de la Société de Statistique des Deux-Sèvres, fonds Briquet.

BRANCHE BATARDE.

Aubigné (Nathan Engibaud, anagramme de d') dit La Fosse, fils naturel de Théodore-Agrippa, qui le reconnut par son testament, et de Jacqueline Chayer, naquit à Nancray le 16 janv. 1601. On le trouve qualifié de « noble et respectable docteur médecin et mathématicien, astrologien et géomètre ». Il est mort à Genève le 11 avril 1669, ayant épousé à Genève, le 15 juill. 1621, Claire PELLISARI, qui mourut le 11 sept. 1631. Remarié, le 23 mars 1632, à Anne CRESPIN, puis à Elisabeth HUNERSTARY en 1652, il eut 10 enfants : 3 du 1er lit et 7 du second. On cite parmi eux TITE d'Aubigné, médecin du prince de Neuchâtel, puis ingénieur des États généraux de Hollande; GEORGES-LOUIS, médecin à Genève. C'était le second fils d'Anne Crespin. Il vint en France prier Mme de Maintenon de lui aider à faire réparer le tombeau de Théod.-Agrippa, leur aïeul; sa requête fut bien accueillie, et Mme de Maintenon fit exécuter par Mansart des dessins qu'elle envoya à Genève pour l'ornement de cette sépulture.

AGRIPPA, 7e fils, que l'on dit avoir été confiturier à Grenoble, embrassa la religion catholique et devint commissaire des guerres. Une de ses filles fut élevée à St-Cyr. (Briquet.)

SAMUEL, pasteur au Val Saint-Isuier (Berne). Une petite-fille de ce dernier, ELISABETH d'Aubigné, épousa en 1743 François Merle, grand-père de H. Merle d'Aubigné, connu par une *Histoire de la Réformation* en Europe, dont M. Ch. de Remusat a entretenu les lecteurs de la Revue des Deux-Mondes, *La paroisse de Bévillard.*

NOTES SUPPLÉMENTAIRES.

M. H.-L. Bordier estime que, bien qu'Agrippa d'Aubigné formule dans ses Mémoires la prétention de descendre des d'Aubigny d'Anjou, cette prétention est mal fondée. *Noble homme* et sage Messire Jean d'Aubigné, licencié en droits et juge ordinaire des ville, terre et seigneurie de Pons, est ainsi qualifié en 1551, année de son premier mariage, et il n'a point de seigneurie jusqu'à son mariage avec la dame de la Lande, Catherine de Lestang, qui le rend seigneur de la moitié du fief de la Lande, pssc de St-Lubin-de-Suèvre, dont il fait aussitôt hommage à une dame Marie Viart, qui en était suzeraine, à cause de sa terre de la Motte-Cormeroi. Dix ans auparavant, le 23 févr. 1541, il fit preuve de noblesse? par-devant le procureur du Roi, juge ou bailli de Pons; il n'est pas homme de guerre, mais homme de loi, et il est récompensé de ses services par une charge de maître des requêtes, dont il n'eut pas le temps de jouir.

Toute sa vie il fut qualifié simplement d'Ecuyer, comme son fils Agrippa, jusqu'au moment où il devint gouverneur du chât. de Maillezais.

Dans les dossiers de MM. d'Hozier conservés au cabinet des titres de la Bibl. Nat., deux des productions présentées par les d'Aubigné, tout en leur reconnaissant droit aux pri- ilèges attachés à la noblesse, condamnent leurs prétentions généalogiques. Dans la première, Jean d'Aubigné est donné pour fils de Pierre, fils de Thibault. (Pierre, Ec., sgr de Brie et du Viguier, marié à Catherine de Sourches. — Antoine, Ecuier, sr de la Parnière, marié à Charlotte de Brie, veuve en 1422. — Thibault, sgr de la Jousselinière.)

D'Hozier a écrit à côté du nom de Jean Ec. : *Ce qui est au-dessus n'est que sur faux titres.* Dans la seconde, qui est un tableau généalogique portant en tête la date du 9 oct. 1700 et ces mots : Fait par M. d'Hozier (copies), on lit à l'article de Jean : « M. d'Hozier dit qu'il « étoit bailli et juge ordinaire de la seigneurie de « Pons en Saintonge l'an 1551 et l'an 1553, et se « remaria à Blois avec Catherine de L'Etang; je n'ai veu « aucun acte qui apprenne de qui il étoit fils ni de « quel lieu il étoit. » Ce tableau avait été présenté en 1667 à M. Barentin chargé d'une vérification de la noblesse en Poitou, puis 20 ans après soumis à un examen judiciaire par le frère de Mme de Maintenon, haut et puissant seigneur Charles Comte d'Aubigné.

Lorsque celui-ci eut à faire ses preuves comme Chevalier et commandeur des ordres du Roi par-devant MM. de St-Simon et de Beringhen, ceux-ci admirent et validèrent lesdites preuves le 12 déc. 1668; mais au bas du même tableau se lit cette note de d'Hozier :

« Je suis étonné de l'ignorance et de la mauvaise foi de M. Barentin d'avoir admis comme il fit en 1667, pendant lequel se faisoit la recherche de la noblesse en Poitou, le contrat de mariage de Jean d'Aubigné, dont la fausseté est si visible qu'il n'est pas permis à un magistrat et juge de ne pas la connoître, car j'ai veu l'original de ce contrat de mariage entre les mains de Madame de Maintenon qui me le montra il y a deux années; mais dès que je l'eus aperçu, je lui dis qu'il étoit vilainement faux, premièrement par le caractère de l'écriture, par la salissure du parchemin, par son volume et plus que tout cela parce que Jean de L'Etang père de Catherine y est qualifié seigneur de Rules en Angoumois, quoique tous les actes véritables que l'on avoit de Jean d'Aubigné et de Catherine de L'Etang sa femme apprissent que Jean de L'Etang son père étoit seigneur de Landes-Guinemer en Blaisois, et étoit d'une famille bourgeoise de Blois, bien différente de celle de L'Etang sgrs de Rules qui est une ancienne noblesse d'Angoumois, dont les armes sont aussi fort différentes (1). »

Les armes des L'Etang de Blois sont d'azur à deux poissons d'argent, posés en fasce l'un sur l'autre, surmontés d'une étoile de même.

Les sires de Rules portaient d'argent à 7 losanges de gueules, posés 4 et 3.

M. H.-L. Bordier ajoute que le chancelier de Navarre en 1550 était comme il convient un des plus grands seigneurs du Midi, savoir Jacques de Foix, évêque de Lescar, qui posséda cette charge depuis l'année 1538 jusqu'à sa mort arrivée en 1559.

Françoise d'Aubigné fit un voyage en Poitou au moment de l'enquête nobiliaire, suivie du jugement favorable de l'intendant Barentin, le 20 décembre 1667.

« Le 21 juillet 1668, est comparu au greffe de la commission dame Françoise d'Aubigné, veuve de Paul Scarron, vivant sr de Fougerais, demeurant à Paris, rue des Trois-Pavillons, laquelle a déclaré qu'elle n'entend se servir desdites qualités (Chevalier ou Escuier), s'en est désistée et désiste, déclarant ne les vouloir soutenir, dont acte. »

Ce désistement ne l'empêcha pas de maintenir ses traditions de famille et d'écrire, par exemple, à son cousin de Villette, au mois de nov. 1675 : « J'ai trouvé le tombeau de Savary d'Aubigné dans l'église de Chinon, comme il est dit dans la Vie de mon grand-père.... On a trouvé dans le trésor de Richelieu un titre de 300 ans d'un Jacquelin d'Aubigné, et on m'assure qu'on en trouvera d'autres. »

Lorsqu'elle apprit que son frère seroit compris dans la promotion des chevaliers du St-Esprit, elle s'émut de la nécessité de faire preuve de seize quartiers de noblesse, et elle écrivit le 10 juin 16[illegible] à d'Hozier :

« Je n'ai nulle connoissance sur ma généalogie que celle que M. l'abbé d'Aubigné m'a donnée, et je n'ay ny le goust ny le temps de m'apliquer là-dessus à aucune recherche..... On ne peut trouver ce contract de Jean d'Aubigné avec Catherine de Lestang que je croy avoir leu moy-mesme à Mursay, quand je fis cette petite production devant M. Barentin. Je l'ay fait chercher à

(1) Jehan d'Aubigné, Escuyer, sr de Brie en Xaintonge, chancelier du roi de Navarre .. Catherine L'Etang, dame de la Lande-Guinemer, fille de défunct et noble homme Jehan de Lestang, Ec., sr de Rulles en Angoumois, et de Suzanne de la Borde, demeurant à la maison noble de la Lande-Guinemer, paroisse de Mer. (Original sur parchemin brûlé avec l'original des Mémoires de d'Aubigné, (publié par M. L. Lalanne, à la suite duquel il était relié, dans l'incendie de la Bibliothèque du Louvre en 1871.)

Orléans, où l'on dit qu'il a esté passé. On le cherche encore à Surimeau et à Mursay, et jusqu'à cette heure inutilement. Cependant j'ay esté instruite dès mon enfance de cette parenté avec MM. de L'Estang de Rulles qui ne peut venir que par là. »

Une note de M. d'Hozier sur cette généalogie se termine ainsi..... « Cet ouvrage ne lui a pas été inutile (à l'abbé d'Aubigné), car, comme il a eu l'habileté de joindre les pères de Mme de Maintenon et d'en faire une branche de sa maison, qui est très noble et très ancienne en Anjou, une extraction aussy agréable et que le grand-père de Mme de Maintenon avoit déjà commencé de soutenir avec hauteur et hardiesse, la récompense a esté, pour l'abbé d'Aubigné, l'abbaye de la Victoire en Anjou et enfin l'évêché de Noyon. »

(Claude-Maur d'Aubigné a été, en effet, nommé abbé de Pontières, au diocèse de Langres, le 26 avril 1686, abbé de la Victoire, près Senlis, le 1er nov. 1692, évêque de Noyon le 26 mars 1701, archevêque de Rouen le 24 déc. 1707, mort en avril 1719.)

Louis Le Roy, seigneur de Montaupin, envoya à Mme de Maintenon des titres des vrais d'Aubigné, en date de 1432, 1441 et 1480, et d'autres relatifs à Théodore-Agrippa, de 1584 à 1592; mais il n'eut garde de lui fournir les preuves de la haute situation de Jean d'Aubigné, bisaïeul de la postulante, car voici le « Mémoire dicté à M. d'Hozier par Messire Louis Le Roy, sr de Montaupin, petit-fils de Françoise d'Aubigné, dame de Montaupin, le 10 juillet 1700 » (et qui était depuis longtemps en relations avec M. d'Hozier, comme le prouve une lettre de Mme de Maintenon du 16 novembre 1688) :

« Jean d'Aubigné, de la ville de Loudun, fut élevé « domestique de Jacquette de Montbron, dame d'Archiac, parce qu'il étoit oncle ou cousin germain de « Michelle Jolly, femme de chambre de cette dame, et « depuis femme d'Aubin d'Abbeville, juge d'Archiac, et « de Mathas, curateur de Théod.-Agrippa d'Aubigné, « fils de Jean. Il étoit aussy cousin d'Andrée Joly, « femme de Martial Bernard, receveur d'Archiac, et « sœur d'Anne Joly, aussy femme de chambre de Jacquette de Montbron, et elles étoient filles de Fran- « çois Jolly, marchand tanneur et corroyeur à Loudun, « et de Jeanne d'Aubigné, sœur de Jean d'Aubigné, « père de Théodore-Agrippa. Cela fut cause que ce « Jean d'Aubigné s'habitua en Xaintonge, devint homme « d'affaires de Jeanne de Montpezat, douairière d'Archiac, soutint ses intérests contre ses enfants, et « depuis il soutint pour les enfants contre la mère. « De là il passa au service d'Antoinette de Pons, dame « d'Albret, et, ayant fait ses affaires auprès d'elle, il « épousa à Blois Caterine de L'Estang, dame des Landes-Guinemer, et vint s'habituer avec elle à Pons, « dans un petit lieu appelé St-Moris, où naquit Théodore-Agrippa. 2° Il épousa Anne *Limur*? veuve de « Gabriel Gaignard, de laquelle il eut Emmanuel, Esther et Nœuil d'Aubigné, morts sans postérité. Après « la mort de Jean d'Aubigné, sa veuve Anne de Limur « se remaria en 3es noces avec N. Colinot (Collineau), « bourgeois de Coignac. Pendant le mariage de Jean « d'Aubigné avec Anne de Limur, ils achetèrent la « 3e partie de la seigneurie de Brie, dans la paroisse « d'Archiac, laquelle avoit été décrétée et prise en « payement par la dite de Limur, et depuis par puissance de fief, André de Bourdeille, mary de Jacquette « de Montbron, retira de leurs mains cette terre de « Brie. Daniel Becasse, sergent à Archiac, épousa aussi « N. d'Aubigné, sœur de Jean, père de Théodore-« Agrippa. »

Madame de Maintenon calma les scrupules de d'Hozier en faisant intervenir le nom tout-puissant du Roi dans la lettre suivante, adressée de Marly, le 9 déc. 1688, au généalogiste :

« Je vous ay fait mander que nous aurons pour commissaires (des preuves pour l'ordre du St-Esprit) M. le duc de St-Simon et M. de Beringhen. M. de Villette a envoyé à Mursay et à Orléans. J'ay mandé à l'abbé d'Aubigné de revenir, et j'ay fait toutes sortes de diligences. Cependant je ne conte que sur vos soins...... Le Roy ne peut comprendre non plus que moy la fausseté de ce contract. Il me semble que l'on n'en fait guières sans y estre convié. Mais vous estes bon juge et point disposé contre mes intérests. Ainsy il n'y a qu'à vous laisser faire. »

Voici comment les choses se passèrent. L'examen du duc de St-Simon (père du grand écrivain) et de M. de Beringhen n'était que pure convention et formalité; le véritable examinateur des titres était le « généalogiste des ordres du Roy », M. Cotignon de Chauvry, prédécesseur de Clérembault. M. d'Hozier, à qui les titres avaient été remis comme « généalogiste du Roy », mais qui n'était pas généalogiste des ordres, transmit à celui-ci le dossier sans y toucher et tel que l'avait *fagoté* (note de Clérembault) l'abbé (d'Aubigné), puisqu'il n'était pas chargé de ce qui concernait l'ordre du St-Esprit. M. de Chauvry, à son tour, se garda bien de toucher à ce qu'il tenait d'une main aussi savante, aussi sûre que celle de d'Hozier.

Le 7 avril 1689, le Cte d'Aubigné offrit 50 louis d'or à M. d'Hozier; mais celui-ci refusa ce présent, malgré les instances de Mme de Maintenon. Le 15 avril 1689, elle lui écrivait : « Je suis fort mal contente de vous, de ne pas vouloir recevoir les marques de reconnaissance que mon frère peut vous donner, et il n'est guères juste que vous donniez incessamment vos peines et vos soins. »

Les renseignements de Clérembault sur l'origine des d'Aubigné ont été utilisés en partie par M. Sandret dans un article de la Revue historique et nobiliaire, Paris, Dumoulin, 1875, p. 125, 136.

AUBIGNY (D'). — Nom commun à plusieurs familles nobles du Poitou.

Blason. — Les d'Aubigny du Poitou, dit la Science des armoiries, portaient : de gueules à trois châteaux fondus d'or, 2, 1. Le Dictre de la noblesse ajoute : sommés de trois tours de même. Ailleurs on trouve 3 chevrons.

Albiniaco (*Theophania de*) fait don à l'abbaye de la Grenetière de 60 aires de marais salants qu'elle possédait dans le marais de *Laculace*. (D. F. 9.)

Albignelo (*Willelmus de*) est chargé par Guillaume de Mauléon, en 1201, de remettre à la même abbaye un don de vignes qu'il avait fait à ce monastère. (D. F. 9.)

Albigniaco (*Philippus de*) fut doyen du Chapitre de St-Hilaire-le-Grand de Poitiers de 1245 à 1260. (M. A. O. 1852, 338.)

Aubigné (A. d'), Chev., donne en 1248 à l'abb. de Boisgrolland quelques mesures de blé à percevoir dans son aire de St-Gilles-sur-Vie. (D. F. 1.)

Aubigné (Aimery d') tenait en 1253 de Mre Aimery Gilluns, Chev., une masure de terre à plaid, mortemain et chevaux de service. (Arch. Nat. J. Reg. 24, fo 13, 2.)

Aubigny (Gui d'), *Guido de Albigniaco*, rend, vers 1300, aveu à l'évêché de Poitiers d'un hébergement qu'il possédait à St-Savin.

Aubigny (N. d'), Chev., est dit capitaine de 80 hommes d'armes le 12 mai 1364.

Aubigny (Françoise d'), fille de N. et de Nicole Periet, épousa Pierre de Coué, milieu du xive s. (G. de Coué.)

Aubigny (Robert d'), Ec., servait dans une compagnie d'hommes d'armes le 16 sept. 1379.

Aubigny (Olivier d') était décédé avant 1390. L'exécution de son testament donne lieu à des contestations. (A. H. P. 13.)

Aubigny (Perrine d') épousa, vers 1500, Jacques des Francs; elle était, paraît-il, fille du sgr de Liesgue. (Reg. de Malte.)

Aubigny (Geoffroy d'). Jeanne PRÉVOSTE était sa veuve avant 1437 et rendait comme telle un aveu au chât. de Saumur, pour son fief du May. (N. féod. 780.)

Aubigny (Philippe d') est nommé le 8 avril 1462 capitaine des francs-archers du Poitou. (Arch. des D.-S.)

Aubigny (Blaise d'), Ec., un des feudataires de la baronnie de Mirebeau en 1554. (D. F. 18.) Il faudrait probablement lire d'Aubigné.

Aubigny (Guillaume d'), B^{on} de Ste-Gemme, rend aveu, le 21 fév. 1668, à Nicolas Colbert, comme évêque de Luçon, pour son droit de capitainerie du château de Ste-Gemme. (De la Fonteneile, Hist. de Luçon.)

AUBIN. — On trouve ce nom en Poitou dans diverses localités de cette province; nous allons les classer par ordre chronologique, et terminerons cet article par les quelques notes que nous avons réunies sur les personnages de ce nom habitant la ville de Loudun ou les environs.

Aubin (Marguerite) avait épousé Louis de la Forêt, Ec., sgr du Peu, de la Ramée et du Fief-Goyau, du chef de sa femme, dont il rendait aveu au sgr de Ste-Flaive le 8 mai 1444. Elle était veuve et remariée, le 15 déc. 1481, à Jean Demont, Ec., sgr de la Fabretière, de la Ramée, du Fief-Goyau et du Moulin-de-la-Rayuelière, il rendait aveu au même sgr pour ces deux dernières sgries.

Aubin (Gillet), neveu et mandataire d'Olivier Hamon, achète en son nom, le 23 mars 1460, de Jeanne de Volvire, les terres du Pontfrotau, etc. (D. F. 13.)

Aubin (Chardin) était en 1492 archer dans la compagnie de M. de la Trémoille. (F.)

Aubin (Jeanne) épousa Jacques Chalmot, s^r du Breuil; ils vivaient le 15 mars 1579.

Aubin (Pierre) était en 1651 capitaine des ports et havres du Poitou. (F.)

Aubin (Marthe), épouse de Pierre Ridreau, s^r de Rochebrune, était décédée avant le 12 janv. 1655, date du 2^d mariage de P. Ridreau avec Florence Dupin. (Pellerin, not^{re} à Chef-Boutonne.)

Aubin (Jean-Jacques), curé de N.-Dame de Bressuire, et

Aubin (Jean-Joseph), ancien gardien des Cordeliers de Poitiers, assistent l'un et l'autre à l'assemblée du clergé réunie à Poitiers pour nommer des députés aux Etats généraux de 1789. Le premier fut déporté en 1792.

AUBIN DE BOURNEUF. — Famille qui occupa à Loudun d'importantes charges de judicature.

Blason. — Aubin de Bourneuf : d'azur au chevron d'or, accompagné de 3 gerbes de même.

Aubin (Jean), s^r de Bourneuf, testa à Niort le 11 août 1597; il fonde par son testament une messe perpétuelle à l'autel de N.-Dame, dans l'église de Bourneuf, pour quoi il donne cinq livres à prendre sur la rente qui lui est due à Loudun et qu'il acquit de Jehan de Parthenay. On voit par cette pièce qu'il avait épousé Catherine DESPENON, dont il a eu : 1° ETIENNE, 2° JACQUES, 3° PAUL, qu'il institue ses héritiers par égale portion. (Arch. D.-S.)

Aubin (Paul), Ec., s^r de Bourneuf, la Jaille, Préaux, Ranton et Pas-de-Jeu, était en 1648 maître d'hôtel du Roi et du duc de Longueville, et pourvu de l'office d'huissier des ordres du Roi. Il épousa Louise MESMIN, fille de N., Ec., sgr de Sillé, qui était veuve le 30 juin 1650 et tutrice de leurs enfants mineurs. Elle fonda en 1673 une chapellenie dans l'église paroissiale de Pas-de-Jeu.

On lisait son épitaphe dans l'église du Calvaire de Loudun; elle a été publiée. (M. A. O. 1846, 159.) Leurs enfants furent: 1° JEAN, qui suit; 2° LOUISE, mariée à Roger de Buade, Ec., s^r de Cussy; 3° MARIE, qui, le 25 mai 1666, était veuve de Nicolas Haward, Ec., sgr de la Pierrière, etc.; ailleurs elle est dite épouse en 1661 de Christophe Le Sesne de Ménille, Ec., s^r de Thémericourt.

Aubin (Jean), Ec., sgr de Bourneuf, fut pourvu de l'office d'huissier des ordres du Roi en 1655, et était mort avant le 24 juin 1661.

Aubin (Henri), Ec., sgr de Bourneuf, Ranton et Pas-de-Jeu, doit être son fils. Il rendait un aveu au château de Thouars le 25 mai 1697, et était major de dragons en 1696.

Aubin (Pierre) était en 1608 lieutenant particulier au bailliage de Loudun; le même ou un autre du même prénom occupait la même place en 1614, et le 6 oct. de cette année recevait l'hommage que faisait au Roi, comme sgr de Loudun, M. de Boisguérin, pour sa sgrie du Bois-Preuilly, *aliàs* Marmande, et pour la moitié de la prévôté et péage de Loudun. (A. H. P. 14.)

Un Pierre Aubin occupait encore cette charge en 1617. (Hist. de Loudun.)

Aubin (N.), natif de Loudun, embrassa les opinions de Calvin, devint ministre du culte réformé et, à la révocation de l'Edit de Nantes, sortit de France; il se retira en Hollande, où il mourut sans doute peu d'années après 1685. Aubin s'est fait une certaine réputation par son ouvrage intitulé *Histoire des Diables de Loudun, ou récit de la possession des religieuses Ursulines et de la condamnation et supplice d'Urbain Grandier, curé de la même ville.* (Amsterdam, 1692.) Drame sanglant et qui souleva, à son époque, de nombreuses discussions, dans lesquelles l'esprit de parti religieux et politique trouva un facile aliment. Le protestantisme s'empara de cette question qui servait si bien son caractère frondeur.

On peut lire dans Dreux du Radier (Hist. littér. du Poitou) l'appréciation critique de l'ouvrage d'Aubin, dont il prend la défense contre la critique, passionnée à son gré, de M. de la Ménardaye.

AUBINAYE. — Famille noble du Bas-Poitou.

Aubinaye (Guillaume), de Rocheservière ou environs, servit au ban de 1491, remplaçant Jean de Tinguy, qui était impotent. Il lui fut enjoint d'avoir des gantelets. Il épousa Clémence LOUER, fille de Philippon et de Robine Banco, et eut pour enfants : 1° VALENTIN, 2° ANNE.

Aubinaye (Valentin) était décédé en 1571, lorsque sa veuve, assistée de Julien Bonnin, curateur des enfants mineurs, fit accord avec Philippe de Ramberge. (Titres de Buor.) Il épousa Perrine BONNIN, dont : 1° FRANÇOISE, 2° JEANNE.

AUBINEAU. — Ancienne famille noble dont une partie habitait, il y a quatre siècles, les environs de Civray.

Blason : de gueules, losangé d'argent. (Bar.) — Losangé de gueules et d'argent, au chef d'argent emmanché de quatre pièces de gueules. (D'Hozier.) — Losangé d'or et de gueules. (Vertot.)

Aubineau (André), prêtre, curé de Limalonges, rendit aveu le 28 janv. 1403, au château de Civray, du fief du Terroir-de-Vent. (Livre des fiefs.)

Aubineau (Jean) rendit également un aveu au même château le 2 mars 1407, pour l'hôtel du Pouys, tenu à 5 sols de droit de chambellage et aux droits d'aide. (Id.)

Aubineau (Mathurin), valet, fit aveu, le 24 août 1444, au s^r de la Roche-Barret.

Aubineau (André) servait comme archer au ban de la noblesse du Poitou réunie en 1491.

Aubineau (Philippe), Ec., possédait en 1617 la terre du Gué, près de Château-Larcher. (M. A. O. 1875, 442.)

Aubineau (Charles) rendait aveu au chât. de Vouvant, en 1699, de son fief de Puyrinsant (N. féod. 36), et en 1717, au même chât. de Vouvant, de la sgrie de Chastenay, p^sse de la Châtaigneraye. (Id.)

Aubineau (Nicolas), Chev., sgr d'Orlou et de Saint-Pierre-de-l'Isle, rend un aveu au chât. d'Aulnay en 1699. (N. féod. 36.)

Filiation suivie.

§ Ier.

1. — **Aubineau** (Mathieu ou Mathurin) servit au ban du Poitou en 1488; il épousa Gillette COURSIER, fille de Raoulet, et eut pour enfants : 1° NICOLAS, qui suit; 2° probablement MATHURIN, chef de la branche de Rigny, § IV.

2. — **Aubineau** (Nicolas), Ec., sgr de la Ricastelière, épousa, le 14 déc. 1522, Jacquette MOREAU, fille de René, sgr de la Monnerie. (O. de Malte.) C'est probablement le même qui, dans la liste du ban des nobles poitevins réuni en 1533, est mentionné comme sgr de la Rastelière près Mauléon, et qui servit à ce ban comme archer. Il laissa de son mariage : 1° PIERRE, 2° JACQUES, reçu dans l'ordre de St-Jean-de-Jérusalem en 1545 (O. de Malte); 3° RENÉ, qui suit; 4° CLAUDE, rapporté § II; 5° FRANÇOISE, qui épousa, le 17 juin 1530, Joseph Chiché, Ec., s^r de la Tour-de-Barré.

3. — **Aubineau** (René), Ec., s^r de la Ricastelière, épousa, le 23 juill. 1547, Barbe DE St-DENIS, fille de Louis, Ec., s^r dudit lieu, et de Louise Jousseaume. Il eut pour enfants : 1° CLAUDE, qui suit; 2° GUYONNE, mariée à Bonaventure Landerneau, Ec., s^r de la Bouguière.

4. — **Aubineau** (Claude), Ec., s^r de la Ricastelière, conjointement avec sa sœur partagea, le 9 juin 1588, avec ses cousins enfants de Claude Aubineau, Ec., s^r de la Cornière, et fut maintenu noble avec eux, le..... mars 1599. Il eut pour fils ou pour petit-fils :

5. — **Aubineau** (Jean), Ec., s^r de la Ricastelière, qui assista en 1651 à la réunion des nobles du Poitou pour l'élection des députés aux Etats de Tours.

§ II. — BRANCHE DE LA **ROULIÈRE**.

3. — **Aubineau** (Claude), Ec., s^r de la Rogerie et la Cornière, fils puîné de Nicolas et Jacquette Moreau (2e deg., § I), épousa, le 20 avril 1553, Renée BOUCHIER, fille d'Antoine, Ec., et de Anne Chaceux, dont il eut : 1° JOACHIM, qui suit; 2° PIERRE, Ec., s^r des Moulins, qui épousa Marie DE SALLES, et eut pour fille PÉTRONILLE, mariée à Honoré de Martigné, Chev., s^r de Villenouvelle; 3° JEAN, Ec., s^r du Puy; 4° OLIVIER, Ec., s^r de la Racaudière, chef de la 3e branche, § III.

4. — **Aubineau** (Joachim), Ec., sgr de la Cornière, de la Roulière et de Vaurenard, partagea avec son cousin Claude, Ec., s^r de la Ricastelière, le 9 juin 1588, et mourut avant 1594. Il laissa de Renée DE POILLÉ, sa femme :

5. — **Aubineau** (Joachim), Ec., sgr de la Roulière et de Vaurenard, reçut de Claude Le Mastin, Ec., s^r de la Favrière, des aveux pour la terre de Vaurenard, le 7 juill. 1597 et le 30 avril 1604, signés de main originale Le Mastin, et Audebaut, greffier. (M^rat d'Airvau.)

Son héritière principale fut D^lle Marie de la Roche, fille d'un 2e lit de Jeanne de Poillé, et femme séparée quant aux biens de Pierre de Crémeville, s^r de Mouray, son époux. Joachim était mort le 5 mars 1618, comme on le voit par un décret condamnant ladite D^lle de la Roche à payer 1,500 liv. à Pierre Richeteau, Ec., sgr de l'Epinay, comme principale héritière dudit feu Joachim Aubineau. (Arch. du M^sat d'Airvau.)

§ III. — BRANCHE DE LA **RACAUDIÈRE**.

4. — **Aubineau** (Olivier), Ec., sgr de la Racaudière, p^sse de Moutiers-sous-Chantemerle, fils puîné de Claude, Ec., s^r de la Cornière, et de Renée Bouchier, 3e deg., § II, reçut, le 16 oct. 1600, un hommage en qualité de sgr de ladite terre. (D. F. Arch. du chât. de Puyguyon.) Il fut tuteur de son neveu Joachim, Ec., sgr de la Roulière, en 1594, et maintenu noble en mars 1599. Il eut pour fils :

5. — **Aubineau** (Jean), Ec., sgr de la Racaudière, qui fut chargé de la procuration de Olivière de Coué, veuve de René de Chiché, pour le mariage de Jacques de Chiché son fils, le 3 févr. 1627. (G. de Chiché.) Il eut pour fils :

6. — **Aubineau** (Pierre), Ec., s^r de la Racaudière, maintenu noble en 1667.

§ IV. — BRANCHE DE **RIGNY**.

2. — **Aubineau** (Mathurin), Ec., s^r de la Vérie (p^sse de Vernon), qui paraît être fils puîné de Mathurin et de Gillette Coursier, 1er deg., § I, vivait en 1517. Il épousa, croyons-nous, Hilaire DE LAURIÈRE, et eut pour fils :

3. — **Aubineau** (Mathurin), Ec., s^r de la Vérie, qui était guidon de la compagnie de gens d'armes du s^r d'Avaugour en 1569. Il eut sans doute pour fils :

4. — **Aubineau** (Mathurin), Ec., sr de la Vérie et d'Auboué. Marié, vers 1600, à Françoise DE TERVES, fille de Jacques, Ec., sr d'Auboué, il eut plusieurs enfants, entre autres : 1° LÉON, qui suit ; 2° PIERRE, Ec., sr d'Auboué, qui vivait en 1630. On trouve aussi un GUILLAUME Aubineau, Ec., sr d'Auboué, qui pourrait être fils de ce Pierre.

5. — **Aubineau** (Léon), Ec., était sgr de Rigny-sous-Vrère. Henri de la Trimouille, duc de Thouars, « lui accorda le droit de haute justice sur sa « maison seigneuriale de Rigny, église, maison presby- « tériale et cimetière de Montbrun, et sur les sujets et « mansionnaires du village de Rigny et y demeurants, « mais non sur les autres habitants de la psse, sans lui « accorder le droit de châtellenie, 20 déc. 1624. » (D. F. 26.) Il épousa, vers cette même époque, Dlle Louise DE LA VILLE DE FÉROLLES, fille de Nicolas et de Louise Sachet.

Léon fut l'objet de poursuites criminelles devant les Grands Jours de Poitiers, qui, le 25 oct. 1634, lui ordonnèrent de réintégrer les prisons pour subir l'audition des témoins, comme accusé du meurtre du nommé de la Ville. Il eut pour fils :

6. — **Aubineau** (Nicolas), sgr de Rigny, psse de Montbrun, près Thouars, fut maintenu noble le 12 août 1667 par Barentin. Il prenait en 1687 le titre de sgr de Puiraveau, terre qu'il possédait, au lieu de Jean Gauvain. Il épousa, vers 1660, Marie PINEAU DE VIENNAY, dont : 1° CHARLES, qui suit ; 2° MARIE, qui épousa en 1700 Achille Jourdain de Boistillé.

7. — **Aubineau** (Charles), écuyer ordinaire du Roi, sgr de Rigny, Montbrun, Puiraveau, etc., fit, le 29 août 1713, l'acquisition des sgries de Meulles, Belleville et Fief-Milon en Thouarsais, vendues par la direction des créanciers de la maison de Roannez. Il épousa Marie COSTE DE GRANDMAISON, dont MARIE-NICOLE-CHARLOTTE, dame de Rigny, Montbrun, etc., morte le 19 nov. 1743, étant alors femme de N. Bunault, Chev., sgr de Rigny, Montbrun, etc., etc. (D. F.)

AUBINEAU (de Loudun). — Famille ancienne sur laquelle nous n'avons que quelques renseignements.

1. — **Aubineau** (Jean), greffier du bailliage de Loudun, épousa Jacquette JOUSSEAUME ; elle était veuve en 1647 et tutrice d'un fils mineur, lorsqu'elle céda les Vaux à Charles, son fils aîné. De ce mariage : 1° CHARLES, 2° JEAN, sr de Verbrise, rapporté après son frère.

2. — **Aubineau** (Charles), qualifié noble homme, conseiller au bailliage de Loudun, vers 1650, testa le 17 janv. 1683. (Tombeau à Ste-Croix.) Il épousa Philippe TADART, fille de Louis, et eut entre autres enfants : 1° CHARLES, prieur de Grazay ; 2° JEAN, chanoine de Ste-Croix ; 3° PHILIPPE, fille ; 4° DOROTHÉE ; 5° MARIE, mariée à André Robineau, receveur des tailles ; 6° PHILIPPE, sgr de Ste-Marie, avocat, marié à Marie PASQUET, et père de CHARLES-FRANÇOIS ? sr des Guittets, et de DOROTHÉE, femme de Jean Penet, Ec., sr de Champbrunet ; 7° peut-être CATHERINE, mariée, vers 1660, à Louis Chauvet, puis à René Gervais de la Fond.

---

2. — **Aubineau** (Jean), Ec., sr de Verbrise, est qualifié gentilhomme de la maison du Roi dans des actes. Il épousa, vers 1660, Marguerite CHAUVET, fille de Louis, lieut.-gal de Loudun, et de Marthe Chauvet, dont il eut : CHARLES-HENRI, né en 1663, et probablement LOUIS, qui suit.

3. — **Aubineau** (Louis), sr de Verbrise, conseiller du Roi, assesseur et commissaire de la gendarmerie de Loudun, épousa Dorothée CLÉMENT, remariée depuis à Charles Gletraye ; il eut pour enfants : 1° AMBROISE-GUILLAUME ; 2° PHILIPPE, mariée à Jacob Le Chevalier, Ec., sgr de Liuc.

4. — **Aubineau** (Ambroise-Guillaume), sr de Bois-Marteau, ancien brigadier des grenadiers du duc d'Orléans, épousa, le 13 fév. 1721, Marie MONTAULT, fille de Daniel et de Marie Aubry, ve d'Isaac de Guisseaux, sr de Champtebault.

Aubineau (Etienne) était curé de Saleignes le 10 sept. 1759.

AUBINEAU D'INSAY, branche des Aubineau de Loudun, dont la jonction ne peut être établie.

Blason : d'azur à 2 fasces ondées d'argent, et une bine ou binet d'or posée en abîme. (Cachet.)

Filiation suivie.

1. — **Aubineau** (N.), sr d'Insay ou Aiusay, eut pour enfants (d'après un acte de 1698) : 1° LOUIS, qui suit ; 2° MARIE, décédée avant 1698 ; 3° PAUL.

2. — **Aubineau** (Louis), sr d'Insay, vivant en 1698, eut pour fils :

3. — **Aubineau** (Jean), sgr d'Insay, la Sigogne, etc., conseiller du Roi, maire de Loudun en 1736. Il épousa, le 17 avril 1723, Jeanne Marie-Madeleine CHAUVET, dont il eut :

4. — **Aubineau** (Jean-Louis), Ec., sgr d'Insay, la Sigogne, la Roche, le Bougnon, la Morinière, reçu trésorier de France à Poitiers en 1755, était doyen du bureau en 1784-90. Il épousa : 1° le 11 juin 1754, Marie DE MONTENAY, décédée le 14 nov. 1768 ; 2° le 2 juin 1772, Marie-Anne-Angélique LÉGIER DE PUYRAVEAU, fille de Philippe-François, Chev., sgr de la Roche, et de Catherine de Gennes, décédée le 7 mai 1802. Il eut du 1er lit : 1° MARIE-MADELEINE-RADÉGONDE, mariée, le 23 avril 1782, à Antoine Le François des Courtils, Chev., sgr de la Valette ; elle était veuve en 1789, et comparut par procureur à la réunion de la noblesse du Poitou ; du 2e lit : 2° JEAN-LOUIS-RENÉ, né à Vouneuil-sous-Biard en 1775, décédé le 23 avril 1778 ; 3° MARIE-ANNE-ESTHER, mariée à Pierre-Alexandre Chocquin de Sarzec ; 4° MARIE-RADÉGONDE-CLOTILDE, mariée, le 23 août 1803, à Louis-François-Martial de Mascureau ; 5° JEANNE-LOUISE-EULALIE, née le 5 nov. 1776, mariée, le 2 juin 1801, à Mathias Durant de la Pastelière ; 6° JEAN-PIERRE, né le 22 déc. 1775, décédé en 1777 ; 7° ANNE-MARIE-DAUPHINE, mariée à André du Patural ; 8° LOUIS-JEAN, qui suit.

5. — **Aubineau d'Insay** (Louis-Jean), né en 1783, maire de Marçay (Vienne) sous la Restauration, épousa, le 26 août 1808, Marie-Radégonde-Joséphine SUPERVIELLE, fille de Guillaume-Léonard et de Marie-Elisabeth Bouin de Beaupré, dont : 1° MARIE-LOUISE-ALEXANDRINE, mariée à Marçay, le 18 mai 1829, à Jean-Baptiste de Perry ; 2° MARIE-HÉLÈNE, née en 1811 ; 3° MARIE-THÉRÈSE-ANTOINETTE, religieuse aux Filles de N.-D. ; 4° MARIE-AZÉLIE, mariée à François-Léopold Richard des Forges ; 5° MARIE-ANNA, née en 1816, décédée le 11 nov. 1829 ; 6° JEAN-LOUIS-EMILE, né en 1817, décédé sans postérité ; 7° EUPHROSINE, religieuse Ursuline de Chavagnes, décédée supérieure de sa communauté ; 8° un fils, décédé jeune.

AUBOIN ou **AUBOUIN**. — Ce nom se trouve relaté dès le XIIIe siècle, mais il est commun à plusieurs familles.

Aubouin (Pierre), Chev., accompagne pendant la guerre le Comte d'Eu de *Metulum* (Melle). Le Cte de Poitou lui vend en 1258 une terre près de *Raceas*. (A. N. Cart. 190, 8, 7.)

Auboin (Hugues), valet de Marancennes, donne quittance, le vendredi après l'Annonciation de N.-Dame 1341, à Philippe de Boismartin, clerc de Regnaut Crollebois, receveur pour le Roi en Poitou et Xaintonge, sur les émoluments de la baillie du grand fief d'Aulnis, qu'il perçoit chaque année à la St-Martin d'hiver.

Auboyn (Mre Pierre), Ec., fut tué à la bataille de Poitiers en 1356 et inhumé aux Jacobins.

Aubouin (Les héritiers de Philippe), à cause de la femme de ce dernier, tenaient, vers 1365, en l'herbergement de Massougnes, une pièce de terre sise à Doux, psse de Thénezay. (M. A. O. 1877, 208.)

Aubouin (Messire Jehan), Chev. — Poitou — est passé en revue à Poitiers le 15 fév. 1386. (A. N. K. 53, 45.)

Aubouin (Pierre), prêtre, fonda avant 1400 une chapelle à l'autel St-Laurent, dans l'église de Ste-Ragont (Radégonde de Poitiers). (Livre des fiefs.)

Aubouyn (N.), prêtre, devait un aveu à la Tour de Maubergeon pour un herbergement, treille, garenne, etc., 1405. (Livre des fiefs.)

Aubouin (Jean), prêtre, était en 1415 fondé de la procuration de Simon de St-Martin, Chev., pour transiger au sujet de terres sises dans la psse de Beaumont. (F.)

AUBOUIN (de Poitiers).

Blason. — Aubouin des Combes porte : d'azur ou de gueules à un cygne d'argent, au chef de même chargé de 3 merlettes de sable. *Aliàs* ce sont des molettes d'éperon.

Aubouin des Combes (Jean) était maître particulier des eaux et forêts à Poitiers, vers 1686. (F.) Il épousa Marthe de Lugré. Son fils Joseph-François fut reçu dans ledit office à la place de son père le 24 janv. 1731. (Id.) Il épousa, le 21 juill. 1732, Marie-Madeleine-Marguerite Souchay.

Aubouin des Combes (N.), sans doute fille ou sœur des précédents, épousa Jean-Baptiste le Pannetier de la Falconnière, et mourut au mois d'avril 1769.

Aubouin des Combes (Madeleine) épousa, vers 1730, François Richard, sgr de la Berthonalière.

Aubouin des Combes (Marie-Anne) épousa René de Massougnes, Ec., sgr de la Cantonnière, maître particulier des eaux et forêts de la maîtrise de Poitiers; elle était décédée sa veuve avant 1775; le 31 mai, J.-François Thevin était curateur à sa succession vacante et abandonnée. (O du Chesne.)

Aubouin des Combes (Marie-Anne) épousa, le 8 mai 1753, Jean-Joseph Texier, Ec., sgr de Lirec, ancien gendarme de la garde du Roi. Leur fille Marie-Anne se maria, le 11 fév. 1777, à Jean-Philippe de Morineau, ex-garde du corps du Roi.

Aubouin des Combes (Eléazard), chanoine de Targé, oncle de la fille de Marie-Anne, signe à son contrat de mariage. (G. de Morineau.)

Aubouin (André) fonda dans la psse de Bilazay une chapelle dite de Fontenailles. (Pouillés du diocèse de Poitiers, 1782, 1869.)

AUBOUTET. — Famille originaire de la Basse-Marche, d'après La Thaumassière, qui l'indique comme ayant très anciennement été sgr du Masvigier ou Mauvigier, près de Magnac. Elle possédait aux mêmes époques la terre d'Espineau-sur-Creuse, et habitait les environs d'Angles-sur-l'Anglin. On peut donc la considérer aussi comme poitevine.

Blason : « d'or au chevron de gueules accompagné de trois merlettes de sable, posées 2 et 1. »

Filiation suivie.

1. — **Auboutet** (Jean), Ec., sgr du Masvigier ou Mauvigier, près Magnac, et de l'Espineau-sur-Creuse en Poitou, s'allia à Marguerite de Bienaise ou Brunaise, et eut trois enfants légitimes. Il eut aussi un bâtard nommé Pierre, ainsi qu'il résulte d'un acte de partage des biens de leurs père et mère, fait entre les quatre enfants le 30 oct. 1483. Les trois enfants légitimes furent : 1° Jean, qui fut ecclésiastique; 2° Jacques, sgr de l'Espineau et de la Rouère, de Lavau, de Blauset, etc., qui épousa Philippe de Guenay, qui était sa veuve en 1491, et dont il eut Jean, Claude et Pierre, desquels la postérité est inconnue. Guillaume et Micheau Maumiguon servaient en brigandiniers au ban de 1488 pour Jacques, précité; 3° Guillaume, qui suit.

2. — **Auboutet** (Guillaume) fut sgr de la Grand'Maison d'Angles, du Masvigier, avec leurs cens, rentes, etc. Pierre, son frère bâtard, étant mineur à l'époque du partage des biens de leurs auteurs, Guillaume se chargea de l'entretenir jusqu'à l'âge de 25 ans, et de le pourvoir ensuite d'un héritage. Guillaume servit encore au ban de 1491. Il demeurait à Angles, et prenait le titre d'écuyer, sgr de l'Espineau, dans un échange passé avec Méry de Couhé, Ec., sgr de la Roche-Aguet, le 23 avril 1499. Il eut de sa femme, dont le nom n'est pas connu :

3. — **Auboutet** (Georges), Ec., sgr du Masvigier, qui vivait encore en 1533, comme il appert de quelques contrats. Il eut d'Antoinette de Salignac, son épouse, de la maison de Roche-Bélusson : 1° François, sgr de la Seraine, dont nous parlerons ci-après; 2° Joachim, sgr du Masvigier: c'est lui, sans doute, qui, sous le sobriquet de Mannuguerie, fut chargé avec Philippe de Champropin d'aider un sergent du Roi de poursuivre des voleurs en 1547 (A. N. J. Regre 257 *ter*, 237); on ignore s'il a été marié et s'il a vécu longtemps; 3° Jeanne, *aliàs* Antoinette, mariée à Léonard Chauvin, Ec., sgr du Ferrasseau, morte en 1562 ou 1563.

4. — **Auboutet** (François), Ec., sgr de la Seraine, de Foix, etc., fut tonsuré en 1523. Il n'embrassa cependant pas l'état ecclésiastique, et rendit hommage de la sgrie de Foix à François du Plessis, Ec., sgr dudit lieu et des Breux, le 18 juill. 1548. Il fut tué au mois de mai 1556 par des paysans; on ignore quelle en fut la cause.

Il s'était allié à Anne Courault, fille aînée de Gabriel, Chev., sgr de St-Martin-le-Mau, et d'Anne de Couhé. Ils eurent pour enfants : 1° Jean, sgr de Foix, qui suit; 2° Antoine, sgr de Champnouault, dont nous parlerons après son frère aîné; 3° Léon. On ignore s'il a été marié ; il servait en 1568 comme archer avec son jeune frère François, qui suit, dans la compagnie de M. le Mis de Mézières ; 4° FRANÇOIS, sgr du Breuil. On ne sait pas non plus s'il a été marié ; mais il vivait encore le 10 oct. 1596, comme il appert par un contrat de partage fait entre les quatre frères.

5. — **Auboutet** (Jean), Ec., sgr de Foix, fut marié deux fois : 1° par contrat du 15 sept. 1560, avec Catherine JODOYN ou JEDOYN : on ne croit pas qu'il en ait eu d'enfants ; 2° par contrat du 21 août 1584, avec Clermonde DE LA CHAUSSÉE, veuve de feu Marc Ysoré, Ec., sgr des Combes, et fille de François, Ec., sgr de la Rousselière, et de Toinette de la Bussière. Jean et Antoine Auboutet son frère furent confirmés dans leur noblesse par sentence rendue par Martial Benoist, trésorier de France à Limoges, commissaire député pour le régalement des tailles, le 5 mars 1599. (Maup.)

6. — **Auboutet** (Daniel), Ec., sgr de St-Martin-le-Mau et de Foix, fils de Jean, qui précède, épousa, par contrat du 20 août 1606, Catherine DE LA BUSSIÈRE, fille de Daniel, Ec., sgr de la Brachetorie et de Jutreau, et de Anne Chauvin. Ils n'eurent que deux filles : 1° RENÉE, mariée, le 4 janv. 1640, à Amable du Cher, Ec., sgr de la Brosse, major du régiment de M. le Cte de Laval ; 2° ELISABETH, mariée, vers 1645, à Nicolas Pinault, Ec., sgr de Peubert.

---

5. — **Auboutet** (Antoine), Ec., sgr de Champnouault, fils puîné de François Auboutet et d'Anne Courault, rapportés ci-dessus au 4e degré, figura en 1568 comme homme d'armes dans la compagnie de M. de Mézières, épousa, par contrat du 27 janv. 1597, passé par Berthonneau, not^re royal, Judith DE LA BUSSIÈRE, fille de feu François, Ec., sgr du Chillou, et de Madeleine Ferré. De ce mariage sont issus : 1° LOUIS, qui suit ; 2° N., mariée à René de Mauvise, Ec., sgr de Villiers.

6. — **Auboutet** (Louis), Ec., sgr de Champnouault, fut marié deux fois : 1° par contrat du 14 mai 1630, avec Jeanne DE FOUGÈRES, fille de Charles, Ec., sgr du Colombier et du Breuil-Bouchard, capitaine et maître des eaux et forêts de la V^té de Brosse, et de Françoise de Menou de Boussay ; 2° avec Marie ROBIN. Il obtint, le 24 mai 1634, des élus du Blanc une sentence signée Lamoureux, qui le confirma dans ses privilèges et exemptions.

En 1635, par ordonnance du 24 août signée Millarci, il fut déchargé d'une partie d'une taxe dont il était grevé pour le ban et arrière-ban. Il laissa du premier lit : 1° RENÉ, sgr du Chillou, qui assista à Poitiers, en 1651, à l'assemblée de la noblesse réunie pour nommer des députés aux Etats de Tours ; on ignore s'il eut postérité ; 2° PIERRE, qui va suivre ; 3° LOUIS, sgr de la Puyserie, dont il sera également parlé ; 4° N., religieuse Ursuline à Loudun. Louis Auboutet eut de son second mariage : 5° ANTOINE, mort au service ; 6° MARIE, qui fut la première femme de Jacques de la Jaille, Ec. (G. de la Jaille.)

7. — **Auboutet** (Pierre), Ec., sgr de Laroux, épousa, le 28 avril 1667 (de Moizec, not^re), Madeleine QUINEMONT, fille de Jean, Chev., sgr de Varennes, près Loches. Il laissa pour fils :

8. — **Auboutet** (Silvain), qui épousa, le 1er mars 1683 (Miczant, not^re), Marguerite DE CHATENAY, fut garde du corps du Roi, et obtint, ainsi que son père, le 15 mai 1698, d'être confirmés dans leur noblesse par M. de Maupeou. Là s'arrêtent nos renseignements sur cette branche.

---

7. — **Auboutet** (Louis d'), Ec., sgr de la Puyserie, 2e fils du premier lit de Louis Auboutet et de Jeanne de Fougères, premier capitaine d'infanterie au régiment de Touraine, s'est aussi trouvé au ban des nobles du Poitou convoqué en 1693. Il avait épousé à Bar-le-Duc, le 14 janv. 1679, Anne-Madeleine DE VOULTON, fille de Henri, Ec., maître des comptes au duché de Bar, et de Gabrielle de Noyon.

Les noms qui suivent appartenant à des descendants des personnages qui précèdent, nous les plaçons dans l'ordre chronologique.

Auboutet (Jean-Victor d'), Chev., sgr de la Puyserie, s'est trouvé en personne à l'assemblée de la noblesse du Poitou, réunie à Poitiers en 1789 pour nommer des députés aux Etats généraux.

Auboutet (Victor d'), Chev., ancien capitaine au régiment de Poitou, avait épousé N. DE LESCOURS, dont il laissa : 1° N., sgr de la Puyserie, né le 12 nov. 1768 (au Blanc) ? dioc. de Bourges, fut reçu, le 5 oct. 1784, élève à l'école d'Auxerre, en sortit le 17 févr. 1786 et entra sous-lieutenant dans le régiment d'Orléans-Cavalerie. (St-Allais.) Ayant émigré, il servit à l'armée de Condé, et était, à l'époque du licenciement, dans la 6e compagnie du régiment d'Angoulême-Cavalerie (F.) ; 2° LOUIS, dit le Chevalier, né au Blanc le 28 oct. 1769, sous-lieutenant au régiment de la Sarre, premier page de Madame, émigra comme son frère, et fit la campagne de 1792 dans l'armée des Princes, dans la compagnie de son régiment réunie à celle du régiment de Lyonnais. (F.)

Les représentants de la famille Auboutet existent actuellement sur les confins du Poitou et du Berri, entre Montmorillon (Vienne) et le Blanc (Indre).

AUBRIOT (Henri), Ec., s^r de la Vernade, Chamouille, nommé trésorier de France au bureau des finances de Poitiers par lettres du 30 sept. 1686, mourut à Paris le 24 août 1694 (St-Louis-en-l'Ile).

Blason. — Aubriot portait : d'azur au croissant d'argent surmonté d'une étoile d'or (Arm. Touraine), ou d'azur au chevron d'or, accompagné de trois molettes d'éperon de même, 2, 1. (M. A. O. 1883, 301, 350.)

AUBRY. — Nom commun à un grand nombre de familles.

Blason. — Aubry des Varannes : d'argent à la croix de gueules, cantonnée de 4 coquilles de sable. (Arm. Tour.)

Aubry (Guillaume) était archer dans la compagnie d'ordonnance du sénéchal de Poitou en 1470. (A. H. P. 2, 305.)

Aubry (Mathelin), au service de Pierre de la Tousche, chevalier de Rhodes, combat contre des gens qui dévastaient les bois de son maître à la Faye, en 1486. (A. N. J. R. 218, 161.)

Aubry (Anne) avait épousé, vers 1560, René Maigret, s^r de Saugré. Leur petit-fils Hector le Pauvre est reçu Chev. de Malte en 1623. (G^d-Prieuré d'Aquitaine.)

Aubry (Jacques), bourgeois de la maison commune de Poitiers et procureur, sgr de l'hôtel et maison noble de Guignefolle et de la Tour-d'Anguitard, en rend aveu au chât. de Poitiers en 1596. (B. A. O. 1874, 142.)

Il était décédé avant le.... octobre 1607, d'après un fragment de son épitaphe qui se lisait dans la chapelle de Guignefolle (église de Chasseneuil, Vienne). Au-dessous de cette inscription, en partie effacée, on voyait le dessin de ses armoiries qui étaient : de.... à un oiseau de.... accompagné en chef de trois roses de.... rangées en fasce, et en pointe d'un croissant de.... (B. A. O. 1874, 136.) Il épousa Françoise GAUVAIN, et eut pour fille ANNE, mariée, le 7 avril 1600, à François Caillet, docteur en droit, dont elle était veuve le 18 juin 1632.

Aubry (Paul), sr du Plessis, épousa, vers 1580, Marie BRISSON, fille de François, sr de Grandbourg, et de Jeanne Clément. (G. Brisson.)

Aubry (Jehan), bourgeois de Poitiers, et Jeanne ESQUOT, étaient héritiers de feu René Arnoul, Ec., sgr du Puy, le 21 mars 1601.

Aubry (François) eut : 1° ANNE, mariée à N. Dumoustier ; 2° PAUL, qui fut avocat à Loudun. Paul Naudoin, aussi avocat audit lieu, était curateur des enfants mineurs de François ; ils sont les uns et les autres nommés dans une distribution de deniers qui eut lieu le 26 fév. 1617, provenant de la vente judiciaire de la sgrie de la Forêt. (Arch. des D.-S.)

Aubry (N.) faisait partie comme bourgeois du corps de ville de la ville de Poitiers en 1617. (F.)

Aubry (Jean), sgr de Moury et de la Roche-de-Coulombiers, avait épousé Anne POMMIER ; devenue veuve, elle rendit aveu de sa maison noble de Moury, comme tutrice de ses enfants mineurs, à l'abbesse de Ste-Croix, le 12 fév. 1633. (D. F.)

Aubry (Olive) assiste au contrat de mariage de Jacques Mayaud, Ec., procureur en la sénéchaussée de Poitiers, le 29 août 1640. (O.)

Aubry (Marguerite) était, le 20 août 1645, supérieure des Dames religieuses de Notre-Dame de Fontenay. (N. B. Fillon.)

Aubry (Paul), lieutt de la prévôté de Loudun, épousa Elisabeth GERVAIS, dont : 1° CHARLES, sr de la Motte ; 2° BENJAMIN, sr de Belestat, avocat ; 3° JEANNE, 4° SUSANNE, épouse de Pierre Pélisson.

Aubry (Paul), avocat à Loudun, décéda en 1674 ; il eut d'Elisabeth BASTARD : 1° PAUL, qui suit ; 2° ELISABETH, mariée à Paul Montault ; 3° SUSANNE, femme de Pierre Allotte ; 4° BENJAMIN, sr des Prez.

Aubry (Paul), sgr de Feste, eut de Anne LESUIRE, sa femme, une fille, MARIE, qui épousa : 1° Daniel Montault ; 2° en 1690, Paul David, sr de la Grande-Chaulme.

Aubry (Louise), tutrice de son fils, rend aveu pour l'Herbaudière le 22 janv. 1685. (Inv. chât. de Lafond.)

Aubry (Marie) épousa Antoine de Brémond, Ec., sgr de Belleville, qui était décédé le 16 août 1697. (G. de Brémond.)

Aubry (N.), chanoine de Luçon, secrétaire de l'évêque Henri de Barillon, est porté sur le testament de ce dernier, décédé le 6 mai 1699. (Moin. et Ev. de Luçon.)

Aubry (Guillaume), sgr de la Croix, épousa, vers 1710, Marguerite-Thérèse MARREAU DE BOISGUÉRIN. (A. H. P. 4.)

Aubry (Catherine) épousa Jean de Culant, qui décéda en 1747. (G. de Culant.)

Aubry (Marguerite) épousa, vers 1745, René-François-Nicolas Pichard, sr du Rivage, lieutt des traites foraines de l'élect. de Fontenay.

Aubry (Jacques), Ec., sr des Varannes (psse du Bouchet), gendarme de la garde du Roi, mourut au service en 1648, laissant : 1° N., qui suit ; 2° JEANNE, qui épousa Jean Avril, Ec., sr de Bourcani.

Aubry (N.), Ec., sr des Varannes, eut entre autres enfants JACQUES, qui suit.

Aubry (Jacques), Ec., sr des Varannes, qui vivait en 1698, eut pour fille MARIE, qui épousa Charles-Pierre Archambault, Ec., sr de Bournais.

AUBUGEOIS. — Famille originaire du Dorat et dont une branche, la seule existante aujourd'hui, est venue s'établir en Poitou dans la première moitié de ce siècle.

Blason. — Aubugeois de la Ville-du-Bost porte : d'azur au chevron d'argent, ou d'or à trois étoiles ou molettes d'argent en chef, et au croissant de même en pointe.

1. — **Aubugeoys** (François), notable bourgeois du Dorat, figure dans la transaction de 1566 formant la charte communale de cette ville. Il acheta de la famille Mailhaud le domaine de la Ville-du-Bost, paroisse de St-Ouën, dont il devint, comme il appert d'une enquête du 17 sept. 1597, seigneur et possesseur. Cette propriété est encore aujourd'hui entre les mains de la famille.

François Aubugeoys mourut vers 1609, laissant de son mariage avec Marguerite RAMPION : 1° PIERRE, qui suit ; 2° JOSEPH, qui forma une branche qui s'établit à Magnac-Laval. Cette dernière se subdivisa en plusieurs rameaux, tous éteints, dont l'un, celui de la Barde, donna naissance à ANTOINE-JEAN-BAPTISTE Aubugeois de la Barde, qui fit les campagnes de la République de 1793 et 1794 d'une façon si brillante qu'il devint général de brigade et fut confirmé dans ce grade le 3 nov. 1794, fut successivement employé dans les places de Besançon, Douai et Rochefort, où il mourut le 14 mars 1814, sans postérité. Cette branche tomba en la personne de MARIE-ANNE Aubugeois de la Barde, mariée, le 18 nov. 1823, à M. Armand Daubin, Chev. de la Légion d'honneur, ancien maire de Magnac-Laval ; 3° JEAN, sr de la Boujonnière, bourgeois du Dorat et consul de cette ville en 1615, fut conseiller du Roi élu en l'élection de Limoges avant le dernier jour de mai 1638. Il épousa, par contrat du 5 févr. 1653, Anne DE VERDILHAC, mourut le 18 janv. 1658, sans postérité, et fut enterré dans l'église St-Pierre du Dorat.

2. — **Aubugeoys** (Pierre), sr de la Ville-du-Bost et de Chassat, greffier de la sénéchaussée du Dorat en 1614, fut fermier général du domaine du Comté de Basse-Marche, et épousa, par contrat du 2 févr. 1597, Marie MARRAND, fille de Jehan et de Marguerite Monteilh. Il mourut le 1er avril 1620. Pierre Robert, l'historien des Marches, a consacré à sa mémoire quelques vers dans son poème de la Marchiade. Il laissa pour enfants : 1° JOSEPH, chef d'une branche qui resta au Dorat ; elle a donné un président en l'élection de Bellac en 1662 et un chanoine du Dorat auteur de deux manuscrits faisant connaître l'état des reliques des saints Israël et Théobald en l'année 1691, et qui mourut le 17 juill. 1710 ; en lui s'éteignit cette branche ; 2° JEAN, qui suit ; 3° FRANÇOIS, chef de la

branche de Chassat, qui tomba en quenouille en la personne de FRANÇOISE, morte le 3 mars 1774.

3. — **Aubugeois** (Jean), sr de la Ville-du-Bost. Le 10 juillet 1628, il fut reçu par la cour des aides de Montferrand dans l'office de conseiller en l'élection de Limoges, qui lui avait été concédé par lettre royale du 31 déc. 1627, fut consul du Dorat en 1669 et en 1679. Il avait épousé, par contrat du 19 janv. 1628, Catherine CHAUD, fille de Joseph, avocat, et de Anne Barbou, et mourut au Dorat dans le courant de 1679, laissant de son mariage: 1° PIERRE, avocat au Dorat, mort sans enfants le 15 avril 1678; 2° ANTOINE, curé d'Oradour-St-Genest de 1673 à 1688, époque où il résigna sa cure à son cousin Joseph Aubugeois; fut élu chanoine du Dorat le 20 déc. 1689 et y mourut en 1693; il est inhumé dans l'église collégiale; 3° JEAN, qui continua la filiation de la branche aînée au Dorat, qui fournit un conseiller du Roi et s'éteignit en la personne de PIERRE Aubugeois, mort sans postérité au Dorat, le 27 sept. 1845; 4° JOSEPH, qui suit; 5° JEANNE, mariée, le 3 mai 1662, à Jean Nesmond, sr de Villemazeix.

4. — **Aubugeois** (Joseph), sr de la Ville-du-Bost, épousa, par contrat du 8 nov. 1671, Marie JUNIEN DE LA GARDE, fille de Joseph, avocat, juge sénéchal de Monthas, et de Marie de la Chaulme, et mourut au mois de mai 1685, laissant de son mariage: 1° ELIE, né en 1672, qui entra dans les ordres, fut licencié ès arts au diocèse de Poitiers, et, à la mort de son cousin Joseph Aubugeois, chanoine, curé du Dorat; il se présenta devant le Chapitre pour obtenir la collation de ses deux bénéfices; mais sa demande ne fut pas accueillie, ainsi qu'il résulte d'un procès-verbal du 17 juill. 1710; il mourut curé de Dinsac en 1711; 2° CATHERINE, née vers 1673, mariée, le 8 fév. 1691, à Jean Boutinon, sr de Bazenagre, praticien au Dorat; elle mourut le 4 juill. 1710; 3° MADELEINE, née le 15 oct. 1675, sœur de la Trinité au Dorat; elle figure dans le procès-verbal de la visite faite par le vicaire général de Limoges au monastère de la Trinité du Dorat du 18 mai 1728; elle vivait encore en 1741; 4° BERTHE, née vers 1682, mariée, le 10 janv. 1702, à François de la Bussière, sr de la Boujonnière, consul du Dorat en 1709; 5° ANTOINE, qui suit.

5. — **Aubugeois** (Antoine), sr de la Ville-du-Bost, consul du Dorat, naquit en cette ville le 1er sept. 1685, épousa, le 3 nov. 1709, Anne BOSSE, fille de Pierre et de Jeanne Boutinon, et mourut le 29 avril 1766, âgé d'environ 80 ans, laissant de son mariage 15 enfants, qui sont: 1° JEANNE, née le 10 oct. 1710; 2° CATHERINE, née le 6 sept. 1712; 3° PIERRE, qui suit; 4° MARIE, née le 9 août 1714; 5° autre JEANNE, née le 27 juill. 1715; 6° ANTOINE, né le 17 juill. 1716; 7° autre CATHERINE, née le 11 sept. 1718; 8° JEAN, né le 23 juill. 1719; 9° JEAN-BAPTISTE, né le 24 août 1720; 10° autre CATHERINE, née le 26 sept. 1721; 11° GABRIEL, né le 30 sept. 1722; 12° autre JEAN, né le 31 janv. 1725, fut successivement vicaire de Blond (1750-1752), chanoine du Dorat le 21 août 1753, et mourut le 7 oct. 1760 au bourg de Blond, âgé de 36 ans; 13° autre MARIE, née le 9 déc. 1734; 14° BERTHE, née le 7 nov. 1735; 15° autre JEAN-BAPTISTE, né le 4 juill. 1736.

6. — **Aubugeois** (Pierre), sr de la Ville-du-Bost, naquit au Dorat le 21 août 1713. Il embrassa la carrière militaire et devint lieutenant de grenadiers au régiment de Laval; blessé à la bataille d'Ettingen, il fut reçu officier d'invalides le 10 avril 1749, et tint garnison pendant plusieurs années au fort de Blaye. Il épousa, le 6 oct. 1751, Marguerite DE LA COUTURE DE LA CHASSAIGNE, fille de Pierre et de Marie de Gravellet, et mourut à Blond le 19 août 1765, laissant de son mariage: 1° ANTOINE, qui suit; 2° JEAN, né le 18 févr. 1753, mort le même jour; 3° MARIE, née à Blond le 14 nov. 1760, mariée, le 3 sept. 1780, à Jean Pellegrain ou Pellegrin; elle mourut au Dorat le 7 avril 1834; 4° autre PIERRE, né à Blond le 10 avril 1764, servit au régiment Dauphin-Cavalerie, et mourut en 1786.

7. — **Aubugeois** (Antoine), sr de la Ville-du-Bost, né à Blond le 31 août 1752, épousa, le 18 juill. 1780, Catherine DE NESMOND DE LA MARLIÈRE, fille de Jean, notaire royal, et de Marguerite David. Après avoir exercé avec distinction la profession d'avocat, il fut appelé pendant la période révolutionnaire à faire partie de l'administration départementale de la Haute-Vienne, où il remplit les fonctions de procureur général syndic; il mourut au Dorat le 20 mars 1806, laissant de son mariage: 1° JEANNE-FLAVIE, née au Dorat le 5 avril 1781, mariée, le 13 thermidor an X, à Joseph Boutinon; elle décéda le 6 févr. 1816; 2° JEAN-AUGUSTIN, qui suit; 3° MARIE, née au Dorat le 13 nov. 1785, morte en cette ville le 5 fructidor an XIII.

8. — **Aubugeois de la Ville-du-Bost** (Jean-Augustin), né au Dorat le 12 juin 1784, épousa, le 11 juill. 1809, Marie-Geneviève-Aglaé VIDARD DE LA BOUJONNIÈRE, fille de Pierre et de Marie-Radégonde Bouquet du Ris. Il fut conseiller d'arrondissement pour le canton du Dorat sous le gouvernement de Juillet et mourut au Dorat le 30 janv. 1871, laissant de son mariage: 1° JEANNE-FLAVIE-ADELINA, née au Dorat le 20 oct. 1810, mariée, le 23 avril 1831, à Just-Antoine Beissat; 2° JOSEPH, né au Dorat le 24 juin 1812, mort le 19 juin 1813; 3° JOSEPH-VICTOR, qui suit; 4° JOSEPH-HENRI, né au Dorat le 6 févr. 1825, décédé dans cette ville le 5 sept. 1844.

9. — **Aubugeois de la Ville-du-Bost** (Joseph-Victor), conseiller à la cour d'appel de Poitiers, Chevalier de la Légion d'honneur, naquit au Dorat le 10 mars 1821, et épousa, le 6 janv. 1846, Jeanne-Roseline-Augustine-Elise ABRIBAT, fille de Jean-Marie, docteur-médecin, et de Marie Eulalie-Josèphe Virenque. Il mourut le 1er août 1886, laissant de son mariage: 1° MARTHE-JEANNE-ELISE, née à Poitiers le 14 oct. 1846, religieuse Carmélite du Dorat; 2° MARIE-JEANNE-ELISE, née à Poitiers le 14 oct. 1846, mariée, le 19 mai 1870, à M. Ludovic Valette, juge suppléant aux Sables-d'Olonne; 3° MARGUERITE-JUSTE-MARIE-ELISE, née à Poitiers le 22 janv. 1848, décédée fille de la Charité à Médéah (Algérie), le 29 nov. 1880; 4° CHARLOTTE-JEANNE-GENEVIÈVE, née à Poitiers le 22 sept. 1849, mariée, le 24 août 1882, à M. Raoul David; 5° HENRI-AUGUSTIN-VICTOR, qui suit.

10. — **Aubugeois de la Ville-du-Bost** (Henri-Augustin-Victor), né le 20 juill. 1851 à Saintes, est l'auteur de la *Généalogie historique de la Maison Robert du Dorat* (Oudin frères, éditeurs à Poitiers, 1877) et de l'*Histoire du Dorat* (mêmes éditeurs, 1880); il a épousé, le 17 janv. 1883, Geneviève PÉRIGORD DES GRANGES, fille de M. Charles et de Dlle Gabrielle Prugier, dont il a eu: 1° JEAN-GABRIEL-VICTOR, né à Poitiers le 12 oct. 1883, décédé à la Ville-du-Bost le 5 juill. 1884; 2° JEAN-MARIE-CHARLES-HENRI, né à Poitiers le 30 avril 1885; 3° MARGUERITE-MARIE-LUCIE-GABRIELLE-ELISE, née à Poitiers le 20 sept. 1887.

AUBUS (LES). — Chât. cne de Châtellerault, relevant du duché de cette ville, a donné son nom à une famille sur laquelle nous avons recueilli les quelques renseignements qui suivent.

Blason : d'azur à 3 bucs (vases à 2 anses) d'argent, ou d'or. (Pièce orig. v. 130.)

Aubues (Pierre des), chanoine de N.-Dame de Châtellerault, était sgr de cette terre en 1398.

Aubues (Mathieu des) la possédait de 1405 à 1448. (Hist. de Châtellerault, I, p. 397.)

Aubues (Guillaume des), rappelé dans un acte de 1428, avait épousé Françoise DE HAULTBOIS, remariée à Louis Fouchier.

Aubus (Guillaume des), sgr dudit lieu (Châtellerault — Poitou), revenant du siège de Pontoise par Charles VII, trouve chez son cousin Frère GUILLAUME des Aubues, prieur de Savigné-sous-Faye, le nommé Matte-Barbier, avec lequel il joue aux cartes et se bat ensuite, 1441. (A. N. J. Reg. 176, 400.)

Aubus (Silvain des), s^r de Talevoye et de la Groussardière, sgries relevant de la terre du Grandvau, vers 1473. (F.) Il eut pour fille JEANNE, mariée, le 2 août 1471, à Pierre Voyer, Ec., s^r de Paulmy.

Aubus (Jean des), Ec., s^r de Talevoye, possédait de 1493 à 1505 la Dîme-au-Varlet, *aliàs* de Naintré; en 1493 il possédait également Taizé et les Granges. (Hist. Châtellerault, I, 404, 486.) Il épousa Philippe CHASTEIGNER, fille de Jacques, Ec., s^r d'Yseure, et de Jeanne Guérinet.

Aubus (Gaspard des), Ec., sgr de Morton, épousa, vers 1520, Andrée DU RIVAU, fille de René, Chev., s^r de Villiers-Boivin, et de Catherine de la Jaille. (Reg. Malte.) Ailleurs elle est dite fille de Nicolas, sgr de Jodoux, et de Radégonde Quirit.

Aubus (Jean des), Ec., s^r de Talevoye, épousa, vers 1520, Jeanne LE BRETON, dont FRANÇOISE, mariée à François Odart, sgr de Cursay, puis à Celse de Travers, Ec.

Aubus (Jeanne des) épousa en 1578 Abel d'Aux, sgr de Bournay, lui porta la terre des Aubus. (G. d'Aux.)

Aubus (Annibal des), Ec., sgr de Morton, épousa Elisabeth DE FOUGÈRES, fille de Gabriel et d'Elisabeth Martel, dont il eut JEANNE, mariée vers 1600 à Émerand Chappron, Ec., sgr de Bourneuf. (G^d-Prieuré d'Aquitaine.)

AUBUSSON (D'). — Illustre maison, originaire de la Marche, tire son nom de la ville du même nom dont elle a été très anciennement vicomte. Elle ne se rattache à notre province que par les alliances qu'elle y a contractées et les terres qu'elle y a possédées. Nous ne parlerons ici que de ceux qui, à l'un ou l'autre de ces deux titres, peuvent être considérés comme poitevins.

Blason. — D'Aubusson porte : d'or à la croix ancrée de gueules.

La généalogie de cette maison a été donnée par le P. Anselme, d'Hozier, etc. Nous nous sommes servis pour notre travail du Nobiliaire du Limousin, t. I; nous y ajouterons les quelques notes que nos recherches particulières nous ont procurées.

Aubusson (Rainaud d'), 13e deg. de la branche de la Borne, fit son testament le jeudi avant la Pentecôte 1281. Cette pièce fut scellée par GUILLAUME d'Aubusson, frère du testateur, Pierre de St-Georges, époux de N. d'Aubusson, sa sœur (mariage inconnu aux éditeurs du Nob. du Limousin), et Bertrand de la Tour, frère de Delphine, sa femme. (G. de St-Georges.)

Aubusson (Regnaud d'), Chev., sgr de la Borne (14e deg.), petit-neveu du précédent (fils de son frère Guillaume, précité, et de Guillelme de la Borne), vendait au Roi en 1328, se trouvant à Poitiers, une rente de 10 liv. (A. N. J. cart. 181, 74.)

Aubusson (Jean d'), IIIe du nom, sgr de la Borne (18e deg.), épousa Agnès DE St-GEORGES, dame de Champaignolles, fille d'Olivier et de Catherine de la Rochechouart. Ce mariage eut lieu, dit le Nobiliaire du Limousin, le 22 juin 1432, et le 22 juin 1426, d'après la généalogie de St-Georges. (R. XXVIII, 125.) Il eut entre autres enfants : JACQUES, qui suit; DAUPHINE, femme de François de Chamborant, Ec. d'écurie du Roi, vivant en 1478.

Aubusson (Jacques d'), sgr de la Borne (19e degré), etc., sénéchal de la Marche, épousa : 1° Jeanne DE VIVONNE, et 2° Damianne DU PUY, dont il eut entre autres : *a*. JEANNE, mariée : 1° à Jacques de St-Georges, dont elle n'eut point d'enfants; 2° en 1490, à Foucaud dit Bos de Pierre-Buffière, sgr de la Faye; ils vivaient encore en 1530; et *b*. CATHERINE, qui épousa Gui Brachet, sgr de Pérusse, ainsi qu'il résulte d'une quittance du 3 nov. 1536. (F. 127, 460.)

Aubusson (Jean d') combat contre Léonard du Bois, sergent royal chargé de l'arrêter, 1538. (A. N. J. Reg. 251, 473.)

Aubusson (Catherine d'), fille d'Antoine, sgr du Monteil-au-Vicomte, ambassadeur de France à la Cour de Rome, etc., et de Marguerite DE VILLEQUIER, épousa, en 1442, Guichard (le Nob. du Limousin le nomme Antoine) de St-Georges; elle vivait encore en 1503. Antoine était frère d'Agnès, épouse de Jean d'Aubusson, précité. La gén. de la famille de St-Georges donne à Antoine d'Aubusson et à Marguerite de Villequier une autre fille, MARGUERITE, omise par le Nob. du Limousin, qui aurait épousé Jean de St-Georges, Chev., sgr de Fraise, frère d'Antoine et d'Agnès, précités. (G. de St-Georges.)

Aubusson (Pierre d') épousa, le 8 janv. 1514, Rose DE St-GEORGES, fille de Guichard et de Anne de Mortemert. (G. de St-Georges.)

BRANCHE DES SEIGNEURS, COMTES ET DUCS DE LA FEUILLADE.

Nous relatons une partie de la généalogie de cette branche en raison de ce qu'elle a possédé en Poitou la terre de Vouhet, du ressort de la sénéchaussée de Montmorillon.

19. — **Aubusson** (Jean d'), Chev., sgr de la Feuillade, la Villedieu, Gentioux et de Vouhet par sa femme, Jeanne dame DE VOUHET, qu'il épousa en 1506; elle était fille de Jean de Vouhet et de Jehanne de Laville, dont il eut : 1° GUY, marié à Renée DE GRAÇAY, fille de Jacques, sgr de Champeroux, et de Madeleine Baraton; il mourut assassiné avant 1538. Robert de Mesnard, Ec., fut chargé par le Roi de poursuivre ses assassins (A. N. J Reg. 251, 273); 2° JEAN, qui suit; 3° MADELEINE, femme, en 1530, de Claude de la Trémoille, sgr de Fontmorand; 4° JEANNE, mariée, le 20 mai 1544, à François, sgr de Dienné; 5° ANNE, mariée, le 12 juill. 1545, à Pierre Estourneau, sgr de Tersannes. Le 20 mai 1546, elle faisait donation à son mari de tous ses meubles et immeubles. (Dubrac,

notre au lieu noble de Pinanteau, Basse-Marche.) Le 1er avril 1556, veuve et tutrice de ses enfants mineurs, elle rendait aveu de sa terre de Tersannes au chât. de Montmorillon. (O. de la Rivière.)

20. — **Aubusson** (Jean d'), sgr de la Feuillade et de Vouhet, marié, le 11 août 1538, à Jacqueline DE DIENNÉ, fille de Jean, sgr de Dienné, et d'Hélène de Chabannes, dont, entre autres enfants, FRANÇOIS, qui suit.

21. — **Aubusson** (François d'), sgr de la Feuillade, Vouhet, etc., Chev. de l'ordre du Roi, était, le 23 juin 1586, tuteur des enfants mineurs de feu François de la Trémoille, Chev., sgr de Fontmorand. (Arch. D.-S.) Il épousa, le 30 juill. 1554, Louise POT, fille de Jean, sgr de Rhodes, et de Georgette de Balzac. Le 15 juin 1605, ils léguèrent une rente de seigle à une chapelle qu'ils avaient fait élever, joignant l'église de Vouhet. Après la mort de son mari (21 mai 1651), Louise Pot augmenta encore cette dotation. Leurs enfants furent au nombre de 10, dont : 1° GEORGES, qui suit ; 2° GUILLAUME, tige de la branche de Chassingrimont, marié à Louise DE LA TRÉMOILLE, fille de François, sgr de Fontmorand, et de Marguerite Pot, qui lui apporta la terre de Chassingrimont, etc. ; 3° HONORÉE, mariée : 1° le dernier févr. 1588, à François de Lezay, sgr de Beauregard ; 2° le 9 nov. 1593, à Louis d'Oiron, sgr d'Ajain (Haute-Marche) ; 4° JEANNE, mariée : 1° le 17 oct. 1605, à Gui Brachet, sgr de Pérusse, Chev. de l'ordre du Roi ; 2° le 6 juin 1614, à Gabriel de Pierre-Buffière, sgr de Villeneuve et autres lieux.

22. **Aubusson** (Georges d'), Cte de la Feuillade, Chev. de l'ordre du Roi, etc., sgr de Vouhet, marié, le 21 mai 1595, à Jacqueline DE LIGNIÈRES, fille d'Antoine, sgr de Lignières-en-Combrailles, et de Françoise de Courtenay, et en 2es noces, le 7 nov. 1615, à Olympe GREEN DE St-MARSAULT, Vtesse de Rochemeaux, veuve de Jean de Pérusse Cte des Cars et fille de Jean, sgr de Parcoul, et de Françoise de Ste-Maure.

Georges eut du premier lit 5 enfants, dont FRANÇOIS, qui suit, et deux du 2e lit.

23. — **Aubusson** (François IIe d'), Cte de la Feuillade, maréchal des camps et armées du Roi, fut tué à la bataille de Castelnaudary, suivant le parti du duc de Montmorency ; tous ses biens furent confisqués par arrêt du Parlement de Toulouse du 15 sept. 1632, et c'est ainsi sans doute que Vouhet sortit de cette maison.

Outre le Nobiliaire du Limousin, consulter, pour les d'Aubusson sgrs de Vouhet, les Recherches archéologiques dans les environs de St-Benoit-du-Sault, par M. le docteur E. de Beaufort. (M. A. O. 1660-61, 26.)

Cette branche de la maison d'Aubusson se rattache encore au Poitou, étant devenue seigneur des terres d'Oiron, Montcontour, etc., par le mariage de François duc de la Feuillade, maréchal de France (24e degré), avec Charlotte Gouffier, fille de Henri Mis de Boisy et de Anne-Marie Hennequin, mariage qui eut lieu le 9 avril 1667. Charlotte devint duchesse de Roannez par l'abandon que lui en fit son frère Artus en faveur de son mariage ; il leur vendit Oiron le 9 avril 1667. Ils eurent quatre enfants, dont LOUIS, qui suivra.

24.—**Aubusson** (Louis d'), Vte d'Aubusson, duc de Roannez, Mis de Boisy, etc., prenait en 1697 le titre de sgr du Breuil de St-Généroux, en 1705 de sgr de Belleville en Thouarsais, de Meulles, du Fief-Milon. Il possédait encore en 1735 la terre de Miseré, Cursay, Montcontour, etc. ; fut le dernier représentant de sa branche. Il mourut dans la nuit du 28 au 29 févr. 1725, sans enfants de ses deux femmes : 1° Charlotte-Thérèse PHELIPPEAUX, 2° Marie-Thérèse CHAMILLARD. Il avait vendu, le 13 avril 1700, ses terres de Cursay, Oiron, Montcontour, à Louis-Henri de Pardaillan, Mis d'Antin (seul fils légitime de Mme de Montespan), pour la somme de 340,000 liv. (V. Nobiliaire du Limousin. — Notice sur le château, etc., d'Oiron, par Ch. de Chergé. M. A. O. VI, an. 1839, 194. — Hist. de Montcontour, par Ed. de Fouchier. M. A. O. 1881, 457.)

La famille d'Aubusson a possédé encore en Poitou (jusqu'au milieu de ce siècle) la terre de Melzéart, qui lui était obvenue par le mariage d'André-Joseph Mis d'Aubusson (branche de Castel-Nouvel, 24e degré), contracté le 4 juin 1708 avec Jeanne-Baptiste-Elisabeth-Charlotte Vernou de Bonneuil, fille et unique héritière de Jean-Baptiste-Gaston Mis de Melzéart, sgr de Ponthieu, Marconnay, etc., et d'Elisabeth de Ste-Maure ; il en eut 3 enfants, dont :

25. — **Aubusson** (Pierre-Arnaud d'), Vte d'Aubusson, de la Feuillade, etc., capitaine au régiment de Bezons-Cavalerie, qui épousa : 1° le 4 mai 1754, Jeanne-Marie D'HAUTEFORT, fille de Jean-Louis Cte de Vaudré et d'Anne-Marie de la Baume-Forsac ; 2° en 1762, Catherine POUSSEMOTTE L'ETOILE DE GRAVILLE, fille du Cte de Graville, lieut.-général, dont : 1° PIERRE-JACQUES-ALEXANDRE, Mis de la Feuillade, né le 16 mars 1763, Chev. de St-Louis ; 2° PIERRE-RAYMOND-HECTOR, qui suit.

26. — **Aubusson** (Pierre-Raymond-Hector Cte d'), pair de France, né en janv. 1765, marié : 1° en 1791, à Agathe DE REFUVEILLE, fille du Cte de Refuveille, maréchal de camp ; 2° en 1824, à Gabrielle N..., veuve de Jean-Louis-Henri de Greffulhe, pair de France. Il a eu du 1er lit : 1° PIERRE, qui suit ; 2° AMANDA, mariée à Gaston duc de Lévis.

27. — **Aubusson** (Pierre d'), né en 1793, colonel d'infanterie, épousa en 1833 N. ROUILLÉ DE BOISSY DU COUDRAY, veuve en 1842 ; il avait eu : 1° MARIE, née en 1824, épouse de Marc prince de Beauvau ; 2° NOÉMI, née le 12 janv. 1826, mariée, le 4 juill. 1842, à Gontran prince de Beauffremont.

AUBUSSON. — Autre famille que l'on trouve très anciennement habiter Bourganeuf, et sur laquelle le Nobiliaire du Limousin donne quelques notes qui ne remontent qu'au XVIIe se. Nous avons relevé les noms suivants qui doivent être les aïeux de l'une des familles du même nom qui habitent encore aujourd'hui cette petite ville du dépt de la Haute-Vienne.

Aubusson (Etienne) servait en archer au ban des nobles du Poitou de 1491, tant pour lui que pour GUILLAUME Aubusson, prêtre, et JOUILBERT, ses frères, demeurant ensemble à Bourganeuf, *accoustumés* à faire entre eux un archer. Ils firent le même service à celui de 1492.

Les Aubusson de Bourganeuf portaient au XVIIe siècle : d'azur à 3 étoiles d'argent. (Arm. Lim.)

Nous ne savons à quelle famille d'Aubusson rattacher les noms qui suivent.

Aubusson (Louis d'), sgr de Beauregard, fils de noble homme OLLANDE d'Aubusson, acquérait, le 20 oct. 1635, une rente de Pierre Thibaudeau, sr du Pin. (Guillebot, notre à la Châteigneraye.) (O. M. de St-Léger.)

Aubusson (François), élu à Fontenay, donne quittance, en 1626, à Pierre Malleray, receveur des tailles.

Aubusson (Marie-Thérèse) épousa, vers 1740, Hélie Forien, receveur des tailles à Poitiers.

AUDAYER, écrit aussi **AUDOYER** et **AUDAGER**.

Avant de donner la filiation suivie, que nous avons extraite en entier des confirmations de noblesse de M. de Maupeou, dont nous possédons les originaux, nous allons donner les noms que nous n'avons pu rattacher à la filiation.

Blason : de gueules à la croix ancrée d'or.

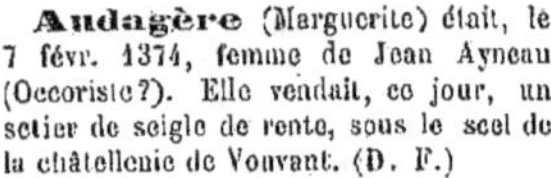

Audagère (Marguerite) était, le 7 févr. 1374, femme de Jean Ayneau (Occoriste?). Elle vendait, ce jour, un setier de seigle de rente, sous le scel de la châtellenie de Vouvant. (D. F.)

Audager (Guillaume), valet, sgr du Plessis, s'accorda en 1397 avec Simon Chasteigner, sgr de Réaumur, pour un hommage qu'il lui devait. (G. de Chasteigner.) Ce Guillaume, sgr du Plessis-Mouchet, p^sse de la Tardière, passa, le 14 juill. 1409, un acte avec Béatrix Grimgaude, veuve de Guillaume Audager, sgr du Fraigneau, p^sse de Monomblet. (D. F.)

Audager (Louis), Ec., sgr du Fraigneau et des Brosses-Perrault, sans doute fils de Guillaume mentionné ci-dessus, rendit un hommage au sgr de Villebouin le 5 juin 1469. (Id.)

Audager (Pierre), Ec., sgr du Fraigneau et des Brosses, que nous présumons être fils du précédent, rendit le même aveu au sgr de Villebouin le 8 janv. 1489. (D. F. Arch. de la Durbellière.) Il servit comme archer au ban de 1491, ressort de Vouvant.

Audayer (Jean), Ec., s^r de Montournois, épousa, vers 1450, Marie de Parthenay, dont il eut Iseult, mariée, vers 1480, à Antoine des Roulières, Ec., s^r du Puytumer. (Reg. Malte.)

Audayer (Claire) était femme de Jacques de la Musse, Ec., sgr de la Bretonnière, et par sa femme, sgr des Brosses-de-Clessé, à raison de laquelle terre il rendit, le 2 juill. 1509, hommage au sgr de Villebouin. (D. F.)

Audayer (Marie) charge, les 6 nov. 1506 et 18 mai 1527, Jean Barlot, sgr de la Tremblaye, de rendre en son nom des aveux au sgr du Pin. (Arch. de Thouars. D. F.)

Audager (Jean) était mineur en 1534. Jean Moreau rendait en son nom un aveu à Jacques Rambault, sgr du Plessis-Rambault. (N. de St-Laurent.)

Audayer (Jehanne) était en 1545 épouse de Jacques Brun. (Id.)

Audayer (D^lle Marie) était, le 29 janv. 1504, veuve de Régnault de Meulles, Ec., sgr du Fresne-Chabot, et mère tutrice de leurs enfants mineurs; elle existait encore en 1532, comme il appert d'une transaction entre elle et Louis Martinet, Ec., sgr de la Crespelle; en 1540, elle prenait encore la qualité de tutrice de ses enfants.

Audayer (Jacques), curé de Puybéliard, frère de Marie, fut alors chargé de sa procuration pour rendre un aveu. Il existait encore le 4 juin 1540.

Audayer (Marie) épousa, vers 1530, René de Beufmont, Ec., sgr de la Couraizière. (Maynard-Mesnard, 76.)

Audayer (Balthazard), Ec., sgr de la Roche, était lieutenant du s^r des Roches-Baritaud, gouverneur de Fontenay, et resta dans cette ville après le départ du gouverneur en nov. 1575. (Chron. fontenaisiennes, 192. Fillon, Hist. de Fontenay. A. H. P. 14.) Il fut choisi par Guy Girard, Ec., sgr de la Raconnière, pour un de ses exécuteurs testamentaires le 2 mai 1589. Il avait épousé Anne Marchandeau, qui délivrait, conjointement avec lui, une quittance de lods et ventes le 12 janv. 1596, et il transigeait le 23 janv. 1597 avec N. Rapin. (N. de St-Laurent.)

Audayer (Pérette), étant veuve de Guillaume Guinefault, passait, le 27 oct. 1578, une obligation au profit de Nicolas Viette. (B. Fillon.)

Audayer (Mathurine), veuve de Théophile Piolet, citée dans un arrêt du Parlement de Paris du 7 juill. 1618. (N. de St-Laurent.)

Audayer (N.), sgr de la Roche-de-Beaumont, et Irland de Prouilly, sgr de Blanchecoudre, sont, à la fin du XVIIIe s^e, en procès avec l'abbaye de St-Cyprien, au sujet des terrages de Clazay. (B. A. O. 1839, 58.)

Audayer (Louis), Ec., s^r des Bouchauds, vivait en 1668.

Audayer (Marie-Madeleine) épousa, le 4 août 1685, Alexandre Gazeau, Chev., sgr de la Boissière; elle était sa veuve le 29 déc. 1703.

Audoyer, lisez **Audayer** (Christophe) fonda en 1652 une chapelle dans l'église de Montournois. (Pouillés du diocèse.)

Audayer (Catherine) épousa Léon Gourdeau, dont elle était veuve le 7 juin 1734. (G. Racodet.)

Audayer (N.), Chev., sgr de Moricq, et ses sœurs, sont cités dans le partage des biens de Philippe Tutault, Chev., sgr de l'Herbaudière, fait le 31 janv. 1739.

Filiation suivie.

§ Ier.

1. — **Audayer** (Jean), Chev., sgr de la Maison-Neuve, fut présent en 1478 à l'avou fait par Jacques de Surgères à la D^e de l'Aigle; il était mort le 15 nov. 1487, ainsi que sa femme dame Claire N...., comme on le voit par un contrat de partage du 15 nov. 1485 (Tinguy et Baston, not^res à Rochesservière), passé entre leurs trois enfants qui suivent : 1° Pierre, qui continuera la filiation; 2° Christophe, Ec., s^r de Tourtron en 1507, fut probablement père de Louis, Ec., s^r de Tourtron en 1515; 3° Antoine. Nous n'avons aucuns renseignements sur ce dernier.

2. — **Audayer** (Pierre), Ec., sgr de la Maison-Neuve, fit, le 3 mai 1484, un contrat d'arrentement à Guillaume Bissault, de terres sises au ténement des Rivières, moyennant 5 liv. de rente. (Teneau et Meurault, not^res de la châtellenie de St-Mesmin.) En 1489 il fut désigné pour la garde d'Aspremont. Il assistait comme homme d'armes au ban de 1491, vivait encore en 1539, et fut tuteur des enfants de son fils.

Il laissa de Jeanne Grignon, son épouse : 1° François, qui suivra ; 2° Louise, qui épousa, par contrat du 11 août 1507, passé sous signatures privées, François de Beaumont, Ec., sgr des Dorides ; elle était sa veuve le 20 juin 1520 ; 3° Jeanne, qui épousa Louis Sauvestre, Ec., s^r de Clisson. (Reg. Malte.)

3. — **Audayer** (François), Ec., sgr de la Maison-Neuve, épousa, le 2 janv. 1499 (Joullard et Basty, prêtre, not^res de la baronnie d'Aspremont), Jeanne Mauclerc. Il était mort le 5 sept. 1538, comme il appert d'une sentence du sénéchal de Poitou, rendue à Fontenay sur une contestation élevée entre sa veuve et Jacques Poitevin, Ec., signée Simonneau, greffier.

Ils laissèrent pour enfants : 1° Jean, qui suivra ;

2° Louis, qui reprit, ainsi que son frère aîné, l'instance à l'égard du procès que la mort de leur mère avait interrompu ; et, le 1er juin 1541, intervint un arrêt du Parlement de Paris, qui mit au néant l'appel interjeté par le sieur Poitevin de la sentence rendue sur cette affaire par le sénéchal de Poitou. Il épousa Louise DE LA TIGOUÈRE, fille de Christophe, Ec., sr du Marchais ; elle se remaria en 1553 à Léon Bodet.

4. — **Audayer** (Jean) épousa d'abord Bonaventure PETIT, fille de Pierre, Ec., sr de Boisfichet ; il était mort en 1609, comme on le voit par un contrat d'acquêt fait par Dlle Anne ROUAULT, sa veuve, d'un journal et demi de jardin, moyennant la somme de 12 livres tournois. (Giraudeau et Aubrand, notres de la Bnie de Châteaumur.)

Il laissa de son mariage :

5. — **Audayer** (André), Chev., sgr de la Maison-Neuve, de Montournois, la Benastonnière, la Droillardière et de Poiroux, fut mestre de camp d'un régiment d'infanterie. La famille conservait une lettre de François de Bourbon, qui lui avait été écrite en cette qualité le 6 mai 1591. Il avait épousé Dlle Susanne CHAUVINIÈRE, qui fit son testament le 30 mai 1611 (Gaudin et Caillot, notres de la principauté du Talmont), rend un aveu le 12 août 1620, et prend les qualités de haut et puissant et de chevalier. Il laissa de son mariage : 1° CHARLES, qui suit ; 2° ANDRÉ, sr de St-Hilaire, § II ; 3° LOUISE, mariée à Charles de Brémond, Ec., sr de Vaudoré ; 4° JEANNE. Nous pensons que c'est elle qui, en 1667, fut confirmée dans sa noblesse par ordonnance de M. Barentin ; à cette époque, elle était veuve de Daniel des Hommes, Ec., et habitait la psse de Talmont, élect. des Sables.

Ces quatre enfants firent, le 19 août 1628 (Clerc et Frère, notres), une transaction en forme de partage des biens dépendant de la succession de Susanne Chauvinière, leur mère.

6. — **Audayer** (Charles), Ier du nom, Chev., sgr de la Droillardière et de la Maison-Neuve, épousa Dlle Diane GEOFFROY, qui épousa en 2es noces René de la Haye, Chev., sr du Chastelier-Monbault, fille de N. et de Marie Salbert, dont il eut : 1° CHARLES, qui suivra ; 2° LOUISE, qui épousa Germain de la Haye ; 3° MADELEINE, qui partagea avec son frère, par acte du 18 mai 1664 (Besnier et Landriau, notres de la Bnie de Luçon), les successions de leurs père et mère ; elle épousa, le 9 juil. 1650, Pierre de la Haye-Monbault, Chev., sr du Gast.

7. — **Audayer** (Charles), IIe du nom, Chev., sgr de la Maison-Neuve et de la châtnie de Moricq, épousa, par contrat du 21 sept. 1660 (N. et Gastineau, notres du Cté de Benon), Charlotte LE MASTIN. Il fut confirmé, en 1667, dans ses privilèges de noblesse par Barentin, et eut pour enfants : 1° CHARLES-AUGUSTIN, Chev., sr de Moricq, décédé sans alliance ; 2° ALEXANDRE-CÉSAR, qui suit.

8. — **Audayer** (Alexandre-César), Chev., sgr de Moricq et de la Maison-Neuve, naquit le 5 nov. 1663, comme il appert par son extrait de baptême.

Le 4 juin 1670, l'évêque de la Rochelle lui donna des lettres de tonsure. Mais il renonça à l'état ecclésiastique, et le 7 juil. 1700, époque à laquelle il fit ses preuves et fut confirmé dans sa noblesse par M. de Maupeou, il était Chev. de St-Louis, major du régiment d'Estrades-Dragons, et demeurait psse de Montournois, élect. de Fontenay.

Les noms qui suivent appartenant positivement aux représentants de la famille qui précède, nous avons cru devoir les placer dans l'ordre chronologique à la fin de cet article.

Audager (N.), Chev., sgr de la Maison-Neuve et de Moricq, que nous croyons fils d'Alexandre-César, épousa, vers 1700, Henriette-Charlotte CHASTEIGNER, fille de Jean, Chev., sgr de Tennesue, la Blouère, St-Juire, etc., et de Gabrielle Guischard. Ils eurent pour enfants : 1° CHARLES-FRANÇOIS, qui suit ; 2° MARIE-HENRIETTE, veuve de N. Carrion de l'Espronnière ; 3° MARGUERITE. Ils sont admis au partage de la succession de David Guichard, par représentation de leur mère, le 18 mai 1741.

Audayer (Charles-François), dit le Mis d'Audayer, Chev., sgr de la Maison-Neuve, Montournois, les Effordières, Bon de la Forêt-sur-Sèvre, servit au ban du Poitou réuni à Fontenay-le-Comte le 14 juin 1758, et comparut par procureur à l'assemblée de la noblesse poitevine en 1789. Il épousa, vers 1730, Josèphe D'ORVAULT, dont il eut : 1° CHARLOTTE-PÉLAGIE-JOSÉPHINE, mariée, en 1767, à Charles-Louis Mis du Rozel ; elle mourut à Poitiers en 1825 ; 2° AIMÉE-AMÉLIE, mariée, le 17 sept. 1770, à Louis-Augustin de Goulard, Chev., sr du Retail.

§ II. — AUDAYER.

6. — **Audayer** (André), Ec., sgr de St-Hilaire (fils puîné d'André et de Susanne Chauvinière, rapportés au 5e degré du § I), figure dans un acte du 20 févr. 1648. (D. F.) Il avait épousé : 1° Marie ROY ; 2° le 9 nov. 1648, Françoise DE LA ROCHEFOUCAULD, fille de Charles et de Sara de Verrières. Il eut du 1er lit HECTOR, du 2e HENRIETTE, mariée, en 1679, à Jean de Lestang.

7. — **Audayer** (Hector), Chev., sgr de la Benastonnière, épousa, le 30 août 1656 (Michon et Martineau, notres du Cté d'Olonne), Marie RAGLET ; elle fut confirmée dans sa noblesse par ordonnance de M. de Maupeou du 8 juill. 1690 ; elle était veuve à cette époque. Hector avait assisté au conseil de famille de Jacques Gourde tenu le 2 avril 1664.

AUDEBAUD ou **AUDEBAUT**. — Famille noble et ancienne du Bas-Poitou que nous croyons éteinte.

Blason : « d'argent à la croix pattée, alaisée de sable, et 3 cormorans de même, posés 2 et 1 ». (Arm. d'Anjou.) — D'après le Registre de Malte, preuves Villeneuve, 1624 : d'argent à 3 cormorans de sable, au chef de même chargé d'une croisette d'argent. — Une note de M. Filleau, reg. 33, p. 130, dit : « d'azur à 5 pals d'argent, au renard de gueules brochant ». (Paraît être de fantaisie.)

Audebaud (Aymon et Colin), valets, de la psse des Aubiers, frères, font un acquêt en 1333.

Audebaud (Aimery), valet, servait à l'armée en 1375 ; il épousa Marie JAUVOIGNE, fille d'Aimery.

Audebaud (François) est cité parmi les notables habitants de la ville de Parthenay chargés en 1419 de négocier avec Guillaume Cousinot les conditions de la levée du siège mis devant cette ville par le Dauphin. (Siège de Parthenay, Revue anglo-française, IV, 412. Ledain, Hist. Parthenay.)

Audebaud (Jeanne), dame de Tournelaye, était, le 3 juin 1429, veuve de Jean Baraton, Ec., et tutrice de leurs enfants mineurs; elle possédait dans l'étendue de la sgrie du Fresne-Chabot.

Filiation suivie.

§ Ier.

1. — **Audebaut** (Jean), sgr de la Péronnière, est nommé dans un acte de l'évêque de Maillezais, du 7 mai 1342, pour une chapelle fondée par Arnaud de la Troche à Sormaye ? (D. F. 29.) Il paraît avoir eu pour fils :

2. — **Audebaut** (Pierre), Ec., sr de la Péronnière, eut pour fille JEANNE, mariée d'abord à Jean de la Coussaye, puis à Jean Sauvestre, Ec., sr de Clisson; il eut aussi sans doute pour fils :

3. — **Audebaut** (Jean), Ec., sr de la Péronnière, qui reçut aveu, le 26 juill. 1381, de Jean Le Mastin, pour un fief aux Aubiers; il eut pour fils: 1° PIERRE, qui suit, et probablement 2° GUILLAUME, mentionné dans des actes passés par Pierre en 1397 et 1400.

4. — **Audebaut** (Pierre), Ec., sr de la Péronnière, fit acquêt à Coulon, le 30 mars 1389. Il reçut aveu le 6 mars 1413 de Guillaume de Rouctays (Rorthais), Ec., sr de la Durbellière, et le 2 janv. 1417, de Maurice de Rouctays. Il épousa, vers 1390, Marie D'APPELVOISIN, fille de Jean, Chev., sr de Chaligné, et de Héliette de Coloigne, dont : 1° GUYARD, qui suit; 2° MARIE, qui épousa Nicolas Massé, sr de Villégay ; 3° probablement RENÉ, sr de la Gollière. (Voir § II.)

5. — **Audebaut** (Guyard), Ec., sr de la Péronnière et de Villegay, hérita de sa sœur en 1648 ; il servit au ban de 1467 comme homme d'armes du sgr de la Grève. Marié, vers 1430, à Catherine AMÉNART, fille de Jean, Ec., sr des Noyers, il eut plusieurs enfants, entre autres : 1° RENÉ, qui suit; 2° MATHURIN, Ec., sr de la Péronnière (après son frère aîné, par droit de viage); 3° JACQUES, sr de la Chavetière en 1471. Nous ne savons pas s'ils ont eu postérité.

6. — **Audebaut** (René), Ec., sr de la Péronnière, Villegay, testa le 17 sept. 1483. Marié à Guillemine D'OIRON, fille de Guillaume, Ec., il en eut: 1° RENÉ, qui suit; 2° JACQUETTE, mariée à Charles de Souvigné.

7. — **Audebaut** (René), Ec., sr de Villegay, fit accord avec son oncle Mathurin le 20 fév. 1483; il servit aux guerres d'Italie sous M. de Mauléon, et testa à Pallea (Naples) le 6 sept. 1502. Marié à Renée DE SOUVIGNÉ, fille du sr de la Rocheboisseau, il laissa 3 filles: 1° JEANNE, De de Villegay, mariée, le 21 janv. 1513, à Jean Barlot, Ec., sr de la Tremblaye; 2° RENÉE, mariée dès 1513 à Louis de Champagné, Ec., sr de la Motte-Ferchault, et probablement, en 2es noces, à Regnault du Bourg, Ec., sr de la Poitevinière; 3° ANNE, qui épousa Joachim de Villeneuve, Ec., sr de Boisgroleau.

§ II. — BRANCHE DE **MAUTRAVERS**.

5. — **Audebaut** (René), Ec., sr de la Gollière, psse des Aubiers, paraît être fils puîné de Pierre et de Marie d'Appelvoisin (4e deg., § I). Il épousa Marie BRUNEAU, et eut pour fille JEANNE, mariée à Jean de la Grue, Ec., sr du Buisson (Puy-St-Bonnet). Il eut aussi sans doute un fils.

6. — **Audebaut** (N.), Ec., sr de la Gollière, eut pour fils :

7. — **Audebaut** (René), Ec., sr de la Gollière, fit vente de domaines à René Barlot, Ec., sr des Noues, le 24 avril 1530 et le 4 mars 1541. Il épousa Jacquette DROIT? et eut pour enfants: 1° CLAUDE, qui suit ; 2° CLAUDE, femme de Bonaventure Bernard, Ec., sr de Villeneuve.

8. — **Audebaut** (Claude), Ec., sr de la Gollière, fut curateur d'Antoine Beau, sr de la Jardronnière, le 7 mai 1578. (D. F.) Il eut sans doute pour fils :

9. — **Audebaut** (Claude), Ec., sr de la Gollière, Mautravers, vendit la Gollière à Pierre Verdon, sr de la Cantinière; il épousa, le 17 janv. 1597, Susanne LE TOURNEUR, fille de Nicolas, sr de Burbure, et d'Anne Le Venier, dont : 1° JEAN, qui suit ; 2° ESTHER, mentionnée dans un procès en 1673.

10. — **Audebaut** (Jean), Ec., sr de Mautravers, eut de grands procès en 1673 avec les héritiers de Pierre Verdon, et donna procuration à ce sujet à Henri Suyrot, Ec., sr des Aulnays ; il fut probablement le dernier représentant de sa famille. Dans le Catalogue des nobles du Poitou, Maupeou a mis devant le nom de Jean Audebaut, sr de Mautravers, la lettre R (roturier); nous pensons que cela vient de ce qu'il ne produisit pas ses titres.

AUDEBERT. — Nom commun à diverses familles du Poitou, de la Marche et de la Saintonge, dont nous n'avons pu retrouver le point de départ ; nous relaterons cependant ces dernières, en raison de leurs relations avec le Poitou.

Noms isolés.

Audebert (Pierre), *Petrus Audeberti de Dinsac*, figure dans diverses chartes recueillies par D. Fonteneau, comme l'un des bienfaiteurs de la Maison-Dieu de Montmorillon, vers 1110, en même temps que les La Trémoille. (D. F.)

Audebert (N.) eut pour enfants: 1° FULCO *Audeberti, de Colongiis*, qui en 1194 fit don au prieuré de Bruère (en Gâtine) (cartul. Fontevraud); 2° AIMERICUS *Audeberti*, chapelain ; 3° GALESIUS, *miles*.

Audebert (*Petrus*), *miles*, et ses frères sont cités dans la restitution faite en 1196, par Aimeri de St-Michel, de la terre de Grainmort au Chapitre de St-Hilaire-le-Grand de Poitiers (acte passé devant l'archiprêtre d'Ardin). (M. A. O. 1847, 208.)

Audebert (N.) devait à l'abb. de Ste-Croix de Poitiers, *de sua Trilia* sise dans cette ville, 11 den. de cens, 7 août 1232. (Doc. inéd., p. 113.)

Audebert (Hélie), Chev. du Poitou, s'offre à faire tel service que doit Guillaume Raymond, Chev., qu'il remplace en 1271. (A. N. J. cart. 440, 46.)

Audebert (N.), compagnon du sgr de Sully en Mirebalais, servait, en 1315, dans la compagnie de Mgr le Cte de Poitou, accompagné de trois écuyers. (Bib. Nat.)

Audebert (Pierre), de la ville de Lusignan, est nommé dans la relation de la nouvelle assiette du douaire de Béatrix de Bourgogne, veuve du Cte de la Marche, sur le domaine de Lusignan, juill. 1328. (A. H. P. 11, 313.)

Audebert (Catherine) était, le 9 sept. 1535, épouse de Louis Faron, Ec., sgr des Rochilles, sommelier du Roi. Ils vivaient le 7 juin 1545. (D. F.)

Audebert (René), grènetier de la ville de Loudun, et Jean Gallez, sont parties dans une querelle qui se termine par un combat, en 1541. (A. N. J. Reg. 355 *bis*, 334.)

Audebert (Jeanne) épousa en 1511 Pierre de Chièvres, Ec., sgr de la Valade. Le partage de leurs biens eut lieu le 25 mars 1594.

Audebert (Jehan), archer de la grand'paie de l'ordonnance du Roi et de la compagnie du connétable de Montmorency, est passé en revue au camp de Marolles en Hainaut en 1543. (A. N. J. 1037, 37.)

Audebert (Jehan) était pair de la commune de Niort en 1565. (M. Stat. 1865, 76.)

Audebert (Philippe) était, selon Dumoustier de la Fond, juge-prévôt et juge châtelain du bailliage de Loudun ; il mourut en 1583. Il paraît avoir eu pour fils Philippe, lieutenant du prévôt de Loudun, 1582.

Audebert (Pierre), Ec., sr des Grisonnières, donne quittance à Loudun, 1582.

Audebert (Samuel et Jacques), gentilshommes servants en la compagnie de chevau-légers de Jean de Beaumanoir au service du Roi en Poitou, sont passés en revue à Parthenay en 1594. (A. N. R. 105, 6.)

Audebert (Vincent) était pair ou bourgeois de la commune de Niort en 1621. (Aug. Tor.)

Audebert (Philippe) (psse d'Argenton-l'Église, élect. de Thouars) fait partie des nobles du Poitou maintenus dans leurs privilèges, et dont la liste a été imprimée en 1667.

Audebert (Françoise), demeurant à Berrye, psse de Nueil, figure sur la liste imprimée en 1682 des nouveaux convertis de la généralité de Poitiers.

Audebert (François), sr de Longueville, qui mourut en 1696, avait épousé Marie-Madeleine Momienne, fille de Jacques, Ec., sgr de la Brosse, et de Françoise Meniot.

AUDEBERT (Poitiers).

Une famille de ce nom a donné un maire et des conseillers au Présidial de Poitiers. La branche anoblie s'éteignit au commencement du XVIIIe siècle ; mais des rameaux collatéraux paraissent avoir subsisté plus longtemps.

Blason. — Jean Audebert, sr de la Rouille, portait : d'azur à 3 croix pattées d'argent. (Arm. de la généralité de Poitiers et des maires de cette ville.)

Audebert (Bernard) était conseiller au Présidial en 1559, d'après une note de Filleau.

Audebert (Pierre) fut en 1598 consul des marchands ; en 1617, il était lieutenant d'une compagnie bourgeoise dont le sr Chessé était capitaine. (Thib. Hist. du Poitou.)

Filiation.

1. — **Audebert** (Nicolas), sr de la Guillonnière (d'après les preuves de Malte, Palustre), pourrait être le même que le conseiller au Présidial de 1559, appelé ailleurs Bernard. Il épousa, vers 1530, Marie Mazurier, dont il eut : 1° Jacques, qui suit ; 2° Radégonde, qui épousa, en 1557, Jean Palustre, avocat du Roi. Un de leurs descendants fut chevalier de Malte.

2. — **Audebert** (Jacques), sgr de la Guillonnière, était maître particulier des eaux et forêts à Poitiers en 1583 ; il avait partagé dès 1565 avec ses beaux-frères Rougier. Marié, vers 1560, à Jeanne Rougier, fille de Georges, sr du Pré-l'Evêque, et de Jeanne Regnault (St-Allais, vr Rougier), il eut pour fils Jacques, qui suit.

3. — **Audebert** (Jacques), sr de la Guillonnière, fut receveur des tailles en l'élection des Sables-d'Olonne. Il assistait, le 19 juill. 1643, au mariage de René de Goret avec Dlle Marguerite Rougier, et était décédé avant 1649. Il avait épousé Jeanne Rougier, fille de Pierre et de Florence Pidoux ; elle fut assassinée par des voleurs dans la nuit du 16 au 17 août 1649, habitant la maison de la Grande-Ecole, sise devant le vitrail de l'église St-Michel. Ils eurent : 1° Jacques, 2° Jean, sr de la Guillonnière, chanoine prébendé de Notre-Dame-la-Gde de Poitiers, curé de St-Pierre d'Aulnay et de Ste-Madeleine de la Villedieu, son annexe. Le 13 juill. 1656, il permuta avec Jacques Denesde, chanoine de l'Eglise de Poitiers, curé de St-Jan (*sic*) de Marnes (Jal de Denesde. A. H. P. 15) ; 3° Florence, née muette, qui fut déshéritée par sa mère pour s'être mariée avec Pierre Joulain, sr de Mérillé ? contre le gré de ses parents.

4. — **Audebert** (Jacques), sr de la Rouille, baptisé à Poitiers le 23 sept. 1607, à St-Jean-Baptiste, conseiller au Présidial, était en 1630 garde des sceaux de la chancellerie de cette cour, fut maire de cette ville en 1640 et reçu échevin le 21 juill. 1644, par le décès de Pierre Payraud, conseiller au Présidial ; en 1651 fit partie des nobles du Poitou réunis pour nommer des députés aux Etats généraux convoqués à Tours. Réélu maire en 1673, il mourut pendant sa mairie et fut inhumé à St-Michel avec les honneurs accoutumés. Il avait épousé Marie Huet, dont il eut : 1° Jean, Ec., sgr de la Rouille et de la Guillonnière, bachelier en Sorbonne, chanoine de Ste-Radégonde de Poitiers, assistait en 1677 au mariage de sa sœur ; 2° Pierre, baptisé à St-Didier le 31 janv. 1652, inhumé à St-Michel le 7 janv. 1674. Serait-ce lui qui, d'après un manuscrit contemporain, aurait été procureur du Roi au Présidial de la Rochelle, et serait mort sans hoirs ? 3° Marie-Thérèse, qui épousa, le 6 août 1677, Henri-François du Bouëx, Chev., sgr de Villemort. En eux s'éteignit la branche aînée des Audebert de Poitiers.

AUDEBERT DE LAUBUGE.

La majeure partie des renseignements qui nous ont permis de dresser cette généalogie proviennent du registre intitulé Grand-Prieuré d'Aquitaine, conservé à la Bibl. de l'Arsenal.

Blason. — Audebert de Laubuge porte, d'après le registre du Gd-Prieuré d'Aquitaine et l'Armorial de la généralité de Poitiers : « d'azur au sautoir d'or ».

1. — **Audebert** (Antoine), Ec., sr de Laubuge, épousa Andrée Guiot, dite à tort Guersonne (*sic*) (Reg. de Malte) ; il fit un acquêt au Vigeau le 22 oct. 1462. (Carrés d'Hozier.)

2. — **Audebert** (Jourdain), qualifié de noble homme et de Messire dans le contrat de mariage d'Antoine, l'un de ses fils ; il avait épousé Jeanne du Chateau, fille de François, Ec., sr du Favet ? et de Marie de Barnoulx ? Le 2 mai 1532, il rendait aveu de sa terre de Laubuge au sgr du Vigeau. De son mariage sont issus : 1° Antoine, qui suit ; 2° Jourdain, reçu Chev. de St-Jean-de-Jérusalem en 1523, avec 3° Jean, son frère, lequel devint commandeur de la Lande de Verché et plus tard grand prieur de Champagne. Il avait assisté en 1540 (2 janv.) au mariage de Jean Guyot, Ec., sr d'Asnières, et d'Anne Vigier (D. F.) ; 4° François, sr de Laubuge, marié avec Jeanne de Blom, fille de Guillaume, Ec., sgr de Ressonneau, et de Marguerite Brulon, sa femme, dont il eut : *a.* René, reçu

Chev. de St-Jean-de-Jérusalem en 1548 ; *b*. Louis, reçu Chev. du même ordre en 1558.

3. — **Audebert** (Antoine), Ec , sgr de Laubuge et du Pin, marié, le 8 oct. 1530, avec Blanche Barrault, fille de feu Martin, Ec., sgr du Pin, et de Anne de Roussay. Cet acte porte partage de la succession de Jeanne du Château, mère du futur, et de celle à venir de son père. (D. F.) Ils eurent pour enfant :

4. — **Audebert** (Louis), Ec., sgr du Pin et de Laubuge, qui épousa, le 1er juill. 1559, à Saumur, Renée du Breuil, De de Montchemin, la Gauvrière, Bois-Buteau, fille de Pierre, Ec., sr de Montchemin, et de Renée Renard, dont : 1° Claude, mariée, le 18 mai 1589, avec Jean Bérault, Ec. ; ils assistaient, le 18 août 1616, au contrat de mariage de Hardi Bérault et Dlle Marie Martel (D. F. 9); leurs enfants firent le partage de leurs biens le 14 fév. 1634 (D. F.) ; 2° Pierre, sgr du Pin et de la Couppée, qui assiste au mariage de Claude, précitée.

A partir de cette époque, la filiation se trouve interrompue ; mais nous allons rapporter selon leur ordre chronologique les noms des personnages qui sont évidemment descendants de ceux qui précèdent, et auxquels les intéressés pourront appliquer les degrés qui leur appartiennent, en usant des preuves qu'ils doivent posséder.

Audebert (Simon), Ec., sgr de Laubuge, fut exempté de service au ban de la Haute et Basse-Marche, convoqué au 29 juill. 1577, parce qu'il était attaqué de la pierre. (Rob. du Dorat.)

Audebert (Jacques), Ec., sgr de Laubuge, étant mort, ses héritiers payèrent une taxe imposée en 1620 sur les nobles de la Basse-Marche pour les frais de dépenses de leurs députés aux États généraux tenus en 1614 et 1615. (Rob. du Dorat.)

Audebert (Moïse), Ec., sgr de Laubuge, fit partie du ban de la Basse-Marche en 1635 (Rob. du Dorat), épousa Jeanne de Rousiers, fille de François, Ec., sgr du Petit-Pressac, et d'Esther Dassier.

Audebert (Emmanuel), sgr des Chapelles, habitant la paroisse du Vigeau, fut maintenu noble par Barentin.

Audebert (Philippe), Chev., sgr de Laubuge, maintenu noble par arrêt du Conseil du mois de juin 1662, habitant la paroisse du Vigeau, épousa Madeleine Taveau, dont une fille, Jeanne, mariée en 1636 à Jean-Armand Poussard, Mis de Fors et du Vigean.

Audebert (Louis), Ec., sr de l'Age, obtint cession d'une rente jadis vendue par Florent Ferré, sr des Péruge, et Anne Audebert, sa femme, à l'aïeul de Sylvie de la Barlotière, veuve de Hubert de Volvire, qui la vendit en 1710. Il épousa Louise Migault, et paraît avoir eu pour fils :

Audebert (Louis), Ec., sr de l'Age-du-Faix, marié à l'Ile-Jourdain, le 16 juill. 1711, à Marie Bouthier, fille de Marc, Ec., sr de Mons, dont il eut Jean-Armand.

Audebert (Jean-Armand), Ec., sr de l'Age-du-Faix, né le 5 oct. 1714, épousa Louise du Chalard, et eut, pensons-nous, pour fils ou pour petit-fils :

Audebert (Jean-Armand), Ec., sr de l'Age-du-Faix, capitaine de cavalerie? marié, le 21 janv. 1783, à Jeanne-Charlotte de Puyguyon, qui se remaria en 1801 à Pierre de Lassat, fille de Pierre, Ec., sr de la Gannerie, et de Anne-Marie Boiteau.

Audebert (Antoine), Ec., sr de Maillé (St-Martin-l'Ars), fit accord pour ce fief en 1714 avec Geneviève Pidoux, veuve d'Antoine Richard, Ec., sr de la Tour.

Audebert (Isaac), Ec., fut un des arbitres désignés le 15 juill 1727 par le Mis de Courade, lieutenant des maréchaux de France, pour régler le différend prêt à s'élever entre Gabriel Prévôt, Ec., sgr de la Chaume, et Louis de Goret, Ec., sgr de la Martinière. (O. F. de Chergé.)

Audebert (Marc), Ec., sr des Ambasmas, épousa Geneviève Pidoux de Malaguet, dont il eut : 1° Geneviève-Madeleine, mariée, le 1 févr. 1733, à Jean-Joseph-Hilaire Le Roy, Ec., sgr de la Galmandrie; elle était veuve lorsqu'elle vendit, le 15 févr. 1756, à Jean-Isaïe du Chesne, Chev., sgr de St-Léger, ses droits à la succession de Geneviève Pidoux, sa mère; 2° Louise, qui épousa Marc Le Roy, Ec., sgr de Preuilly, qui vendit, le 13 janv. 1756, ses droits successifs à la succession de sa mère et de Catherine Irland, son aïeule; 3° Jeanne, épouse de Pierre Garnier, Chev., sgr de Riardou; 4° Marie : toutes citées dans un acte du 5 mars 1735 concernant le partage de la succession de Marguerite de Brilhac.

Audebert de la Bernardière (François) servit au ban des nobles du Poitou assemblé à Fontenay en 1758, dans la 2e division de la 4e brigade, escadron de Buzelet. Il épousa Jeanne-Louise Audebert, sa cousine, dont il eut : 1° Antoine-François, qui suit; 2° Jean-Antoine, marié, le 22 août 1778 (Bignoux), à Marie-Anne du Verrier, fille de Louis, Ec., sr de la Forest, et de Françoise-Radégonde Polisson.

Audebert (Antoine-François), Ec., sgr de l'Etang, demeurant près de l'Ile-Jourdain, nous semble, ainsi que les précédents, être issu des anciens sgrs de Laubuge, qui est peu éloigné du lieu que ceux-ci habitaient. Il avait épousé, le 10 déc. 1777, Marie-Françoise-Adélaïde Mayaud de Boislambert, fille de Jacques et de Françoise Guesbin; elle est morte sans postérité.

Audebert (François), Ec., sgr de Bedou et des Ambasmas, qui épousa, le 21 oct. 1755, Marie du Chalard, fille de Jean, Ec., sgr de la Chassagne, etc., lieutenant particulier au siège royal de la Basse-Marche, dont il eut : 1° Isaac-Jean, né le 9 janv. 1757; 2° Jeanne-Louise, née le 25 juill. 1761, mariée, le 8 févr. 1779, à Thibault de la Broue, Vte de Vareilles.

Audebert (Charles), Ec., sgr de l'Ange, servit aux gardes du corps du Roi; il épousa, vers 1730, Sylvie-Antoinette de Jourdain, fille de Daniel, Ec., sr de Villeneuve, et de Marie de Montfrebeuf.

Audebert (Louis), Chev., sgr de Nieuil et de Voulême, comparut en personne à l'assemblée de la noblesse du Poitou tenue en 1789 pour nommer des députés aux Etats généraux.

Audebert de Nieuil (Jean-François), mort en 1840, fut longues années maire de la cne de la Ferrière (Vienne), laissant de Louise Audebert de Nieuil, son épouse : 1° Louis-Théophile, qui suit; 2° Aimée, mariée d'abord à Auguste Lacquas de la Brousse, puis à N. Gros du Sendre; 3° Marie-Honorine, mariée à Charles-Armand Guyot d'Ervaud.

Audebert de Nieuil (Louis-Théophile) épousa Elisabeth-Gérardine-Céline de la Broue de Vareilles, fille de Louis-Félix-Jean-François-Antoine et de Anne-Gabrielle de Villédon. Il est mort en septembre 1832, ayant eu de ce mariage : 1° Gabriel, mort en bas âge; 2° Augustine-Sabine, née le 26 sept. 1831, mariée, le 2 mars 1857, à Philippe-François-Théophile de Longueval; 3° Ludovic, né le 10 mai

1832; 4° GEORGES, né posthume, décédé le 16 août 1882.

Audebert (Jean-Antoine), Chev., sgr du Vieux-Ayroux, comparut par procureur à la réunion de la nob'esse en 1789.

Nous trouvons encore en Saintonge une famille du même nom, sr de la Vigerie, élection de Saintes, issue sans doute des Audebert de Laubuge dont nous venons de parler, ou ayant donné naissance à cette branche; car elle portait comme elle : d'azur à une croix en sautoir d'or, ce qui revient plus simplement à dire au sautoir d'or. Le Nobiliaire du Limousin donne quelques degrés de sa filiation, mais d'une manière trop sommaire pour que nous puissions retrouver le point d'attache des deux familles.

1. — **Audebert** (Gervais) épousa Jeanne PÉPIN, dont deux enfants : 1° JEAN, qui suit; 2° MARIE, qui épousa, le 7 mars 1557, Guyon Lamy.

2. — **Audebert** (Jean) épousa en 1554 Marie RATEAU (ou RASTEAU), dont : 1° PIERRE, qui suit ; 2° DANIEL.

3. — **Audebert** (Pierre), qui, marié à Jeanne DE NOSSAY le 20 déc. 1594, eut :

4. — **Audebert** (Jean), qui épousa Catherine DE LA PORTE le 6 déc. 1627, dont il eut peut-être postérité.

---

3. — **Audebert** (Daniel), marié, le 13 août 1614? à Marie MARCHAIS (ou MARSAIS), fils puîné de Jean et de Marie Rasteau.

4. — **Audebert** (François) et Marguerite DU BREUIL (mariage du 7 avril 1637 ?).

5. — **Audebert** (Abel) et Sara DE VERTEUIL (mariage du 11 nov. 1665).

De cette branche devait descendre :

Audebert (Théophile), Ec., sgr de la Morinerie, qui épousa Elisabeth MICHEL, des Barons de Dizac, sgrs de Diconche en Saintonge, qui était veuve lors de son décès; elle fut inhumée, le 3 nov. 1709, près de la grande porte de l'église de St-Eutrope de Saintes. De ce mariage était issue MARIE, qui, le 19 août 1700, épousa son cousin germain Isaac Michel, Ec., sgr du Tremblay, Diconche, etc., et de la Morinerie par sa femme. Cette Marie avait sans doute un frère ou quelque parent de son nom, car il y eut un procès entre Isaac Michel de la Morinerie, sgr de Diconche, etc., et les héritiers du sgr des Ardouins, au sujet de la succession d'un sr Audebert de Villière, procès qui durait encore en 1779.

Il paraît que la noblesse de cette branche fut contestée en 1598. (V. Nob. du Limousin, t. I, p. 191, n. 1, *in finem.*)

AUDEBERT. — Il existait dans la Basse-Marche une famille de ce nom qui habitait la ville de Bellac. Le Nob. du Limousin, t. I, p. 100 (1re édition), a donné quelques notes sur elle. Nous citerons sommairement ce qu'en dit Nadaud, et ajouterons à ses notes les détails que nos propres recherches nous ont procurés.

Blason — Audebert de Francourt : de gueules au chevron d'argent ou d'or ? surmonté d'un croissant d'argent entre 2 étoiles d'or, et en pointe un lion de même.

Audebert (Pierre), prêtre, natif de la ville de Bellac qu'il habitait, fait son testament le 17 sept. 1545, par lequel il lègue la maison qu'il occupe au plus prochain prêtre qui descendra d'ANTOINE, son frère, ou de PIERRE, son neveu, en laisse l'usufruit à sa sœur FRANÇOISE, et nomme pour ses exécuteurs testamentaires ses frère et neveu (Charaing, notre royal à Bellac). (O. F. de Chergé.)

Audebert (Jean, ou plutôt Jacques), Ec., sgr du Monteil en 1570 et 1585, eut de N., son épouse (Nob. du Limousin) :

Audebert (Jean), marié, le 12 janv. 1587, à BARBE, fille de François, sgr de Cornussac, et de Marguerite Vignaud. (Nob. du Limousin.) C'est lui sans doute qui, le 26 déc. 1591, qualifié de sgr du Monteil, vendait à François de la Rye, Ec., sgr de Loberge, une rente de 4 septiers et deux quartes de froment et seigle à la mesure de Bellac. (O. F. de Chergé.)

Audebert (Pierre), sr de Francourt, peut-être le neveu de Jean, prêtre, dont il est parlé plus haut ? vice-sénéchal de la Basse-Marche, capitaine de cinquante arquebusiers à cheval, tué à *Monheur ?* en 1619, fut inhumé dans l'église de Bellac, où l'on voyait son épitaphe française et latine.

Audebert (Jean), Ec., sr de Francourt, vice-sénéchal de la Basse-Marche, donne quittance en 1629. (Pièce orig.)

Peut-être doit-on rattacher à ceux qui précèdent :

Audebert (François), sr de Fonmaubert, lieutenant au siège de la Basse-Marche, donnant quittances le 6 sept. 1626 et encore en 1662.

Audebert (François), sr de Fonmaubert, président en l'élection de Bellac, mort en 1669.

Audebert (Madeleine) épouse de Jacques du Pin, Ec., sgr de Bussière-Boffy, etc., comme il appert du contrat de mariage de leur fille Marie-Madeleine avec Etienne Guyot, Ec., sgr de St-Quentin, le 30 mars 1733.

Audebert de Fonmaubert (Jean-Baptiste), trésorier de France à Limoges, épousa en 1767 Marie-Elisabeth BLACTOT, qui se dit, le 17 déc. 1783, veuve de M. Audebert, avocat du Roi au bureau des finances de Limoges. (O.)

Leurs enfants furent : 1° N., décédé ; 2° HENRIETTE, mariée en 1787 à Jean de Maussac, Chev. de St-Louis, major au régiment de Monsieur-Dragons ; 3° FLORE, mariée à Nouilhé des Basles ; 4° MARIE, mariée en 1793 à Jean-Baptiste Faulconnier.

Ajoutons à ces noms :

Audebert (Jean), né à Bellac en 1600, qui fut Général de la Congrégation de St-Maur de 1660 à 1672. On lui doit d'avoir engagé D. Mabillon à écrire l'Histoire des Saints de l'Ordre de St-Benoît.

Audebert (Etienne), né à Bellac vers la fin du XVIe siècle, auteur d'ouvrages de théologie. (V. Biographie limousine et l'Histoire de Bellac, de l'abbé Roy-Pierrefitte.)

AUDIGER (Pierre), prieur-curé de Voultegon, réclamait en 1618, de Pierre de Richeteau, sgr de l'Espinay, le paiement d'un droit à cause de sa maison noble et métairie de Vaurenard. (Arch. du Mal d'Airvau.)

Audiger (Jacques-Gaspard), reçu, le 24 août 1731, receveur des tailles (receveur particulier des finances) alternatif de l'élection de Niort. (M. A. O. 1883, 389.) Il était en 1734 l'un des notables de la cne de cette ville. (M. Stat. 1865, p. 76.)

AUDONNET. — Famille de Poitiers dont on trouve le nom indifféremment écrit Audonnet et Odonnet ; elle y a occupé les premières charges municipales. Nous la croyons depuis longtemps éteinte.

Blason.— Audonnet (de Poitiers) : de gueules à une tour d'argent terrassée de sinople. (Arm. échevins.)

Audonnet (Méry ou Aimery) paraît dès 1286 comme un des notables de Poitiers à un accord passé, le 3 juill. 1286, entre Jean, abbé de Fontenay-le-Comte, et Robert Le Roy, maire de cette ville, au sujet des droits d'usage prétendus par ce monastère dans des bois appartenant à la commune. (M. A. O. 1882, 305.)

Ce fut sans doute le même qui, d'après D. Fonteneau et Thibaudeau (Hist. Poit.), fut maire de Poitiers en 1290, 1296 et 1303, et qui en 1293 faisait partie du corps de ville. Le Répertoire des privilèges s'exprime ainsi à son sujet : *Dom. Aymericus Odoneti major urbis.* Le 13 janv. 1307, il y eut une assemblée des maire, bourgeois et échevins pour recevoir le compte des tailles perçues durant sa mairie. On le trouve encore échevin en 1324. (F.)

Audonnet (Pierre) était échevin à Poitiers en 1324. (Id.)

Audouet (Loys), ou plutôt Audonnet, sert en brigandinier au ban du Poitou de 1488.

Audouet (Jehan), ou plutôt Audonnet, dit M. de la Bouteliere en éditant ces rôles dans les documents inédits publiés par la Société des Antiquaires de l'Ouest (p. 70 et 189), est désigné pour faire partie de la garnison de Ste-Hermine, le 17 juill. 1489.

AUDOUART. — Il y a eu plusieurs familles de ce nom ; nous croyons l'une d'elles originaire de Niort, ville qu'elle a tout au moins habitée durant de longues années, et où elle a occupé les premières charges municipales à plusieurs reprises.

Blason. — Audouard, sr de la Doumanerie, psse de Frontenay, élect. de St-Jean-d'Angély, porte : d'azur à trois roses d'or, *aliàs* d'argent, 2, 1, surmontées d'un soleil d'or en chef. (Nob. du Limousin, 1, 104.)

Audouart (*Johannes*), *præpositus*, est nommé dans la charte par laquelle Guillaume de Messemé, Chev., fait un don au prieuré de Claunay. (D. F. 25.)

Audouard (Perrot), valet, épousa Philippe de Signé ou Signy ; elle fit (au xive siècle) un échange avec Perrot Regnault, marchand à Poitiers.

Audouart (François) servit au ban des nobles du Poitou comme brigandinier du sr de l'Aigle, et

Audouart (Jean) comme brigandinier du sr de Belleville.

Audouard (François), Ec., sr de la Brandannière, eut pour fille Marie, qui épousa Artus Gazeau, en 1471, dont postérité.

Audouart (Jehan) fut remplacé par Pierre de Roussay dans la garnison du chât. de Ste-Hermine, pour laquelle il avait été désigné par le rôle de l'arrière-ban du Poitou dressé le 17 juill. 1489. (Doc. inéd.)

Audouard (Jehan), licencié ès lois, avait épousé Françoise Jau, comme il ressort du partage des biens de Jean Jau, marchand à Melle, leur frère et beau-père, du 19 août 1528.

Audouard (Jean) était échevin de Niort le 26 mai 1581.

Audouart (Elisabeth) épousa Pierre Feniou, Chev., capitaine au régiment de Nerestang, le 27 févr. 1596. (Jousseaume, notre à Niort.) (Aff. Poit.)

Audouard (Jeanne) était veuve de Pierre Bellin, sr d'Alluy, lorsqu'elle cédait à Pierre, son fils, ses droits successifs dans les successions de Pérotte et Jacques Bellin, le 14 sept. 1617. (Tastreau, notre à St-Maixent.) (Greffe de St-Maixent.)

Audouard (Anne) épousa Jacques Turpau, sr de la Brissonnière, le 13 juill. 1651. (Arnaudeau et Jousseaume, notres à Niort.) (G. Turpau.)

Audouard (Nicolas), sr des Basses-Rues, habitant psse des Essarts, élect. de Mauléon, de l'échevinage de Niort, dit le Catalogue annoté des gentilshommes de la généralité de Poitiers. Il avait épousé Marie Huet, décédée avant le 12 févr. 1675, date d'une transaction relative au partage de sa succession passée à St-Léger-lès-Melle (Boissault, notre royal), entre Pierre Huet, aumônier du Roi et chanoine de Menigoute, et Louise Huet, veuve de Pierre Simon, Ec., sgr de la Figorasse, ses frère et sœur. (Greffe de St-Maixent.)

Filiation suivie.

1. — **Audouard** (N.), sr des Metz ou des Lurets, élu à Niort, eut pour enfants : 1° Jean, qui suit ; peut-être 2° Joseph, dont nous parlerons au § II.

2. — **Audouard** (Jean), Ec., sgr des Metz, de la Grange et du Pin, tint, comme plus ancien échevin de la ville de Niort, une assemblée du corps de ville le 18 juin 1567 ; fut maire en 1601.

Il avait épousé Marie, *aliàs* Marguerite Yver, fille de Jérôme, Ec., sgr de la Bigoterie, et de Jacquette Jau, qui, étant veuve, partageait, le 17 juin 1609 (Cormier et Assailly, notres à Niort), les biens de son défunt époux et les siens propres entre leurs enfants dont les noms suivent : 1° Jean, qui suit ; 2° Jacques, Ec., sgr des Metz et de la Grange, élu à Niort ; il épousa Marie Manceau, dont il eut, paraît-il, six enfants. (Un Jacques Audouard, sr des Metz, qui épousa, le 30 oct. 1669, Susanne de Jousserant, est peut-être un de ses enfants.)

3° Marie, femme de Aubin Giraud, Ec., sr des Gourfailles, lieutenant particulier civil et criminel au siège royal de Niort, qui y fut reçu échevin le 31 juill. 1587, à la place de son beau-père ; 4° Esther, mariée à Pierre Rousseau, Ec., sgr du Mans et de la Place, lieutenant particulier à Niort ; 5° Anne, qui avait épousé Etienne Jouslard, Ec., sgr de la Règle : ces dernières décédées avant le 15 mai 1660, comme il ressort du partage de leurs biens fait à cette date.

3. — **Audouard** (Jean), IIe du nom, Ec., sgr de la Bigotterie, de la Grange et du Pin, avocat du Roi, échevin, puis maire et capitaine de Niort en 1633, épousa, le 15 nov. 1595, Elisabeth Dieu-le-Fit. (Nob. du Limousin, 1, 104.) Dans un mémoire, on lui donne pour épouse Marie Berland. Il eut de l'un ou l'autre lit cinq enfants, dont nous ne connaissons que : 1° Jean, qui suit ; 2° Charles, marié à Louise Gauthier le 7 août 1635. (Nob. du Limousin, 1, 104.)

4. — **Audouard** (Jean), Ec., sgr de la Bigotterie, marié, le 19 sept. 1621 (Robertet et Simonneau, notres à Fontenay), à Claude Viette, fille de feu René,

sgr du Breuil, et de Gabrielle de St-Micheau. Le 18 déc. 1629, ils se faisaient une donation mutuelle (Arnaudeau et Violette, not^res à Niort); il était à cette date conseiller au siège royal de Niort. (O. B. Fillon. Greffe de St-Maixent.) Lui et sa femme furent décrétés d'accusation le 6 sept. 1634 par la cour des Grands Jours de Poitiers, pour *actions violentes commises par eux dans l'église de St-André de Niort.* (M. Stat. 1878, 205.)

§ II.

2. — **Audouard** (Joseph), Ec., sgr de St-Thibaud, que nous pensons être fils de N. Audouard, élu à Niort (1er deg., § 1), fut pair, avocat du Roi, maire et capitaine de Niort en 1592, était en 1611 administrateur des aumôneries de St-Jacques et de St-Georges. Il épousa Jeanne Rondeau (Greffe de St-Maixent), dont :

3. — **Audouard** (Joseph), IIe du nom, Ec., sgr de St-Thibaud, marié, le 24 déc. 1621, à Marie Guibert, fille de feu Pierre, s^r de la Gorce, conseiller au Présidial de la Rochelle, et de Perrette Loucart. (Greffe de St-Maixent.) Il se fit confirmer dans ses privilèges et immunités, le 28 août 1669, par les commissaires du Roi. (D. F. 20.)

Nous trouvons mentionné, mais sans date, le mariage de Marie Audouard, dite sœur de l'un des précédents, sgrs de St-Thibaud, avec un s^r Jacques du Douet.

AUDOUHER (Amaury), Ec., rend, le 3 nov. 1506, aveu à la Tour de Maubergeon de son fief de Cloistre. (B. A. O. 1874, p. 141.)

AUDOUIN. — Ce nom se rencontre fréquemment en Poitou dès les temps les plus reculés. N'ayant pu nous procurer de documents précis nous permettant d'établir une généalogie, nous avons classé nos notes dans l'ordre chronologique.

Blason. — Audouin (de Poitiers) porte : d'azur à un phénix d'or, sur un bûcher d'argent ; *aliàs* un aigle essorant d'argent croisé? sur une frette de deux traits de même. (Goujet.)

Audouin de Ballan : coupé, pallé, contrepallé argent et sable de 8 pièces.

Audoinus (*Guillelmus*), nommé dans le don de dîmes et héritages fait à l'abb. de la Trinité de Mauléon, vers 1120. (D. F. 15.)

Audoini (*Willelmus*) est cité dans le don d'un petit héritage fait en 1169 au prieuré de Montazay par Mirable, femme de Robert de Sillé. (Id. 18.)

Audouin (Guillaume), peut-être le même que le précédent, et Audoin Chassan, son frère, donnent au même prieuré en 1171 un petit héritage sis à Civray. (Id. 18.)

Audoin (N.), *valetus*, est cité dans un traité passé en juin 1270, entre Alphonse Cte de Poitou et l'abb. de St-Maixent, au sujet de certains droits de juridiction réclamés par le Comte et que les moines prétendaient leur appartenir. (D. F. 16.)

Audouin ou **Audoyn** (Jean de Layre) déclare au ban de 1271 qu'il ne devait service que pendant 40 jours dans le comté de Poitou. (La Roque.)

Audoin (Jean d'), clerc, transige le 26 juill. 1287 au sujet de certains droits qui lui étaient réclamés, ainsi qu'à Pierre Fouchier, dans la p^sse du Chillou, à cause de sa femme, sœur dudit Fouchier. (D. F. 8.)

Audoin (Simon), Chev., s'allia à Isabelle, dame de la Jabroille, qui était veuve en 1288. (F.)

Audoynus (*Johannes*). Guy de Lusignan, sgr de Couhé, etc., lui légua par son testament en date du 4 juin 1309 « *decem libras rendales, percipiendas perpetuo in vendis et pedagio de Cohiec.* (A. H. P. 11.)

Audouyn (*Morellus*), *miles*, rend un dénombrement au sgr de Couhé pour ce qu'il tient de lui *ad homagium ligium et quedam calcaria decimata ad mutationem domini, die lune in festo Apostolorum Philippi et Jacobi, anno Domini* 1312.

Audouin (Jean) est cité dans l'aveu du temporel de l'abb. de St-Maixent rendu au prince de Galles le 15 déc. 1363. (D. F. 16.)

Audouin ou **Audoyn** (N.), Chev., et Catherine Fordandit, sa femme, font, le 10 juill. 1370, à l'abb. de Moreaux don d'une dîme p^sse de Sommières ? dite la grande dîmerie de Bernay. (F.)

Audoin (Jean) fut reçu échevin à Poitiers le 1er juill. 1418; il était mort en 1444. Peut-être était-ce le même qui était en 1421 receveur des deniers communaux. (Id.)

Audouine (Jacquette) était, le 5 juill. 1433, épouse de Jean d'Aunay.

Audouin (Martin et Jean) servent au ban des nobles du Poitou de 1467 comme brigandiniers du s^r de Bressuire,

Audouin (Johan), Ec. du Poitou, insulta un des amis de Jehan Pichier, qui combat contre lui, 1448. (A. N. J. Reg. 179, 132.)

Audouin (Jean) fut échevin de Poitiers en 1488. (F.)

Audoyn (Colin) servait en brigandinier au ban des nobles du Poitou de 1488. (Doc. inéd.)

Audouin (Jean) paie son droit d'entrée comme échevin de la ville de Poitiers, en 1491. (F.)

Audouin (Colin), s^r de Beaupuy, demeurant dans la mouvance de Chef-Boutonne, servit comme archer au ban de 1491.

Audouyn (Jacques), Ec., sgr de la Prade, vend à Aymer du Teil ce qui lui appartenait du chef de Isabeau de Viron, sa femme, dans la succession de Jeanne de Toutessan, sa tante, le 29 août 1561. (Boussard et Vaugelade, not^res à Civray.)

Audouin (Jean), Ec., sgr de Belay, a une fille, Claude, qui, le 5 févr. 1597, épousa Junien du Rousseau, Ec., sgr de Péroux.

Audoin (Jean), Ec., sgr de Ballan, assiste au contrat de mariage de César-Charles Pépin, s^r de Fredonville, avec Marie de Puyguyon, le 25 févr. 1607.

Audouin (Anne) épousa René du Chesne, Ec., sgr de St-Léger; elle était décédée avant le 2 août 1624.

Audouin (Jacques) était avocat du Roi en juin 1635, en l'élection des Sables-d'Olonne. (F.)

Audouin (Sœur Renée-Françoise de Ste-Marie d') était religieuse au couvent de la Mothe-St-Héraye en 1646.

Audouin (René) fut reçu en 1651 2e avocat du Roi en l'élection des Sables-d'Olonne.

Audouin (Abel), Ec., sgr de la Bonardière, épousa Anne du Chesne, fille de René du Chesne et de Anne Audouin (V. *suprà*), 12 août 1624. Il en eut une fille, Florence, qui épousa, le 1er nov. 1651 (Piet, notre à St-Maixent), François de la Blachière, Ec., sgr de l'Isle, commissaire ordinaire de l'artillerie et de la marine. (Greffe de St-Maixent.)

Audouin (Jeanne) épousa aux Sables-d'Olonne Alexandre Jourdain, Ec., sgr de Malleray, le 25 mars 1654. Il fut tué au siège de Valenciennes, le 16 juill. 1656. Sa veuve est mentionnée sur la liste des gentilshommes de la sénéchaussée de Poitiers avec l'annotation *noble*.

Audouin (Louis) avait épousé Anne Tureau. Ils étaient représentés dans un procès qu'ils soutenaient en 1675 contre N. Philippon, veuve René Pidoux, Ec., sgr du Verger, par Joseph Pidoux, Ec., sgr de Malaguet. (G. Pidoux.)

Audouin (N.), dit bourgeois de Poitiers, fonda avant 1500, dans l'église de St-Didier de Poitiers, une chapelle de St-Michel. Il était sans doute sgr de Teil près Bonnes, car ce sont les sgrs de cette terre qui y ont présenté depuis.

AUDOUIN. — Autre famille.

Audouin (Henri), sr de Chaignebrun en Poitou, de Pas, de Courpitois en Brie, est dit à tort, par le *Dictionnaire de la médecine ancienne et moderne* de Dezeimeris, né à Chef-Boutonne en 1713 ou 1714; paraît être originaire des environs de Beauvoir-sur-Niort.

Il fit ses études de chirurgie à Paris, fut nommé le 25 oct. 1735, par Dubenis, chirurgien de la reine et inspecteur général des hôpitaux, chirurgien à l'hôpital de Rocroy, d'où il passa bientôt chirurgien major au régiment de Senecterre. On le trouve établi en Poitou en 1737, et son titre d'ancien chirurgien militaire le recommanda au choix de l'intendant Lenain, lors de l'épidémie qui éclata à la Foye-Montjault. Ce début fut très heureux et lui valut de nouvelles missions en 1740-1742. Le caractère de ces maladies était si pernicieux que plusieurs médecins et même deux frères d'Audouin, chirurgiens comme lui, succombèrent. En 1745, il quitte Chef-Boutonne et revient à Paris; puis, sollicité, peut-être, par son compatriote, Pichault de la Martinière, déjà en faveur près du Roi, dont il devint le premier chirurgien, il reprend du service dans l'armée, devient chirurgien des chevau-légers de la garde et assista le 11 mai 1745 à la bataille de Fontenoy.

De retour à Paris, il démontre l'anatomie, reçoit à diverses reprises des missions de Berthier de Sauvigny, intendant de la généralité de Paris, 1747-1754.

Le XVIIIe siècle fut par excellence un temps d'épidémies, qui chaque année renaissaient avec une intensité nouvelle, et il lui fallut reprendre ses courses; de 1756 à 1770, il recommença à les combattre, toujours avec le même succès.

Des maladies pestilentielles s'étant déclarées dans les maisons de force où l'on avait interné cette multitude de vagabonds qui en France pullulaient à la fin du règne de Louis XV, Audouin fut appelé pour combattre le fléau qui menaçait d'envahir les villes de Pontoise, Senlis et St-Denis, où ces maisons étaient situées. Il réussit à le localiser, et enfin à le faire disparaître.

Audouin n'a pas moins brillé dans le service des épizooties, et un article du Magasin encyclopédique rappelle avec raison que sa place est marquée auprès de Bourgelat, qu'il a d'ailleurs précédé dans l'art vétérinaire. Il se distingua en Poitou, 1748, dans cette partie de l'art médical, puis dans la généralité de Paris, de 1757 à 1775. Malgré sa robuste santé, toujours en contact avec la contagion, il en subit jusqu'à neuf fois les atteintes, et ce n'est pas sans raison que l'ancien chirurgien militaire se comparait au soldat exposant sans cesse sa vie. Il mourut le 28 juin 1781, d'un cancer à la joue.

La Biographie universelle de Michaud et le Dictionnaire de médecine de Dezeimeris ont donné deux notices fort incomplètes de notre compatriote, qui, on le croit du moins, resta célibataire et laissa peu de biens.

Audouin a beaucoup écrit, mais la majeure partie de ses travaux sont restés manuscrits et sont aujourd'hui entre les mains de M. A. Debeuf, ancien greffier au tribunal civil de Niort, dont la femme est le dernier représentant de sa famille. On en trouve la liste détaillée dans la notice que M. L. Desaivre, président de la Société de Statistique des Deux-Sèvres, a publiée dans les Bulletins de cette Société (janvier-mars 1888), sur la vie de cet homme remarquable, resté pour ainsi dire inconnu jusqu'à ce jour à ses compatriotes.

AUDOUX (feu Aimery), cité dans un aveu rendu, le 21 mai 1547, par François d'Allemagne, Ec., sgr de Nalliers (Vienne), à Claude de Givry, évêque de Poitiers, baron de Chauvigny. (O.)

AUDOYEN (Denis), consul à Niort, est nommé dans une liste des juges et consuls de la ville de Niort, donnée par D. Fonteneau (20) comme dressée en octobre 1565.

AUDOYER. — Famille noble dont le nom est souvent confondu avec celui d'Audoyer, par suite de la ressemblance, dans les anciennes écritures, entre les lettres A et O.

Blason. — Audoyer (Catherine), veuve de Léon Gourdeau, sr de Razais, porte : de sable à la bande d'argent, chargé d'un aigle de gueules. (D'Hozier, d'office.)

Audoyer (Pierre) fut homme d'armes du sr de L'Aigle et fournit un archer au ban des nobles du Poitou de 1467.

Audoyer (Louis) servait en brigandinier au même ban et sous la même bannière.

Audoyer (N.) est dit noble par le fabriqueur de la Chapelle-Thémer, devant les commissaires chargés de recevoir les déclarations pour la rançon de François Ier, en 1519.

Audoyer (Louis), sr de Tourteron, élect. de Niort, sert en archer au ban de 1533.

Audoyer (Hector) fut en 1642 ministre de la religion calviniste à Chauvigny. A cette époque, le Présidial ordonna la fermeture du temple de cette ville, et par une autre sentence de 1653, l'exercice du culte calviniste y fut interdit, et défenses sont faites en même temps au ministre Audoyer d'y exercer ses fonctions. (F.)

Audoyer [Audayer?] (Hector), Ec., sgr de la Benastonnière, reçoit une déclaration de Jacques Clémenceau, sr de la Clémencière, le 14 juill. 1664.

AUFFRAY, AUFFROY ET **OFFRAY.** — Ce nom, que l'on trouve ainsi différemment écrit, se rapporte peut-être à des personnages de la famille Affray et Affroy, dont nous avons précédemment parlé. Nous le perdons de vue à partir de la première moitié du XVIe siècle.

Auffray (Guillaume), clerc, bourgeois de Poitiers, tenait le scel de Jean duc de Berry et Cte de Poitou le 9 avril 1409. (Arch. D.-S.)

Auffroy (Pierre), bourgeois de Niort, eut un procès le 6 nov. 1433.

Offray (Guillaume) se prend de dispute avec Pierre et Olivier Boyleaue ; combat, 1448. (A. N. J. Reg. 179, 140.)

Auffray ou **Auffroy** (Jacques) sert au ban de 1467, d'abord comme brigandinier du s^r de Bressuire, puis passe sous les ordres du sgr de Jarnac.

Auffray (André) eut plusieurs enfants, qui étaient mineurs en 1466, sous la tutelle de Guillaume Auffray, prêtre, leur oncle. (Aveu à Frontenay.)

Auffray (Mathurin) déclare tenir 50 livres de rente et servira en brigandinier aux montres de Vihiers, Maulévrier, etc. (févr. 1471).

Offray (Lucques) épousa, le 21 mai 1472, Jean de L'Aage, Ec. (Barentin.)

Auffroy (Guillaume), de l'élection de Niort, sert en brigandinier au ban des nobles du Poitou de 1488. C'est probablement le même qui servait en archer à celui de 1491.

Offray (Micheau), Ec., eut une fille, Laurence Auffray (*sic*), qui épousa André de L'Aage, Ec., lequel donne, le 5 juin 1548, une quittance à son beau-père. (Barentin.)

Auffray (Louise) épousa d'abord Hélie de Poix, Ec., s^r de St-Romans, près Melle, puis, en 1513, Joachim Luard, Ec., s^r de Boussay, capitaine de Mauzé.

AUGE (d') ou d'**AUGÉ**. — Les recueils de D. Fonteneau nous donnent la preuve de l'ancienneté de cette maison, qui a probablement pris son nom de la p^sse d'Augé (D.-Sèv.).

Auge (*Petrus* d') souscrit dans plusieurs chartes de l'abbaye de St-Maixent des années 1080, 1086, 1087. (D. F. 15.)

Auge (*Adhemarus* d') est témoin d'une donation faite en 1086 à l'abb. de St-Maixent par un nommé Cadelon. (Id.)

Auge (*Petrus* d') souscrit une charte de 1096. (F.)

Auge (*Johannes* d') paraît comme témoin d'un don fait par Aimery Rufin et Pierre son frère en 1117 à l'abb. de S.-Maixent. (D. F.) C'est peut-être le même que le suivant.

Augerio (*Johannes* de) et Rainaldus son frère restituent en 1120 à l'abb. de St-Maixent les dîmes de plusieurs églises que leurs ancêtres avaient usurpées et dont eux jouissaient à titre héréditaire. (D. F. 15.)

Auge (Pierre d'), des environs de Gençay, fut archer au ban des nobles poitevins de 1491. (F.)

Auge (Le Poulain d') (*sic*) se trouve mentionné dans un recueil de montres et revues déposé à la Bibl. Nat. comme ayant servi en qualité d'homme d'armes le 15 sept. 1506.

AUGEARD. — Le Dictionnaire de la noblesse dit que cette famille est originaire de Montreuil-Bellay, sur les confins du Poitou, d'où une branche alla s'établir à St-Jean-d'Angély, vers 1580, et a fourni deux lieutenants-généraux au siège de cette ville, dont Jacques, le second, fut pourvu en mars 1652 d'un office de conseiller au Parlement de Bordeaux et à l'édit de Guyenne, dont il devint président en 1654. Ce sont eux dont descendent MM. d'Augeard, présidents au Parlement de Bordeaux.

Blason. — Augeard : d'azur à 3 jards ou oies mâles d'argent, 2, 1. (Dict. de la noblesse, I, 545.)

Augeard (N.), président au Parlement de Bordeaux, épousa à Poitiers, le 15 nov. 1763, Marie-Lucie-Toussaint Chardebeuf de Pradel, fille de Jean-Baptiste Cte de Pradel, lieutenant-général des armées du Roi.

AUGEARD, AUJARD, OJARD ou **OGEART**. — Ce nom, sans doute à cause de sa prononciation, se trouve orthographié de ces diverses manières ; mais nous croyons que sa véritable et primitive orthographe est Ojart, car les plus anciens documents qui parlent de cette famille l'écrivent ainsi.

Blason. — Augeard (David), s^r de la Bobinière : « de sinople au lion d'argent ». (Barentin.)

Ojart (Robert), clerc, est présenté à Fort d'Aux, évêque de Poitiers, le mardi avant l'Assomption 1328, par Guy de Liniers, pour chapelain de sa chapelle de la Meilleraye. (Titres d'Airvau. Bibl. Nat.)

Aujart (Thomas) fit aveu en 1378 de terres sises à Bilazais à l'abb. de Ste-Croix.

Ojart (Jean) est présent à la rédaction du vidimus fait le dimanche après huitaine N.-D. de la Chandeleur 1340, d'une transaction du 31 oct. 1399, passée entre Marguerite de la Porte, dame d'Airvau, et Hardouine de Beaumont, de quelques rentes. (Titres d'Airvau. Bibl. Nat.)

Ojard (Guillaume) était sgr de Puyrenard (Viennay), 1378 et 1398.

Ojardi (*Johannes*), qualifié de *vir circumspectus*, prend part à l'accord passé entre l'évêque de Poitiers Aimery de Mons et Guillaume L'Archevêque, sgr de Partenai, au sujet des nappes ayant servi au repas donné le jour de l'entrée solennelle de l'évêque, et à l'hommage lige du même seigneur de Partenai (17 nov. 1364). (Cart. de l'évêché de Poitiers. A. H. P. 10.)

Aujard (Thomas) fit aveu à Ste-Croix en 1438, pour Bilazais.

Aujard (Louis) sert en brigandinier au ban de 1463, comme remplaçant son père.

La famille Ojart possédait en 1426 le bois des Ojards, auquel elle avait donné son nom. C'était tout à la fois un fief et un quartier des bois de la Faye-Banchereau, dont il relevait. La Faye-Banchereau était une sgrie mouvant de la B^nie de Bressuire. (Hist. de Bressuire.)

Aujard (Jean), Ec., épousa, vers 1460, Jacquette Mignot, fille de Jean, Ec.

Ogeard (Michelle), veuve en premières noces de Jean Rousseau, Ec., sgr de la Baudinière, se remarie à Philippe de Roquemare, Ec., qui, de concert avec elle, agissant comme tuteur de ses enfants du premier lit, rend, le 22 avril 1469, aveu à l'abbaye de Ste-Croix de Poitiers des terres de la Pinochère, la Guillotière, la Poitevinière et de la Font-Noire. (F.)

Ogeard (Pierre), fils de Guillaume, capitaine de Thouars, se présente au ban de 1491 ; mais il est renvoyé pour cette fois, à cause de son peu de fortune.

Ogeard (Louis) y sert en homme d'armes, en

remplacement de Jean Rouhault, Chev., sgr de la Rousselière, très âgé.

Aujard (Guillaume), de Thouars, sert en archer au ban de 1491.

Augeard (François), s^r de la Bobinière, élect. de Parthenay, sert comme archer au ban de 1533.

Augeard (Daniel), Ec., sgr des Grosselliers près Bazôges, vivait le 4 avril 1643. (Revue Poit. 1888.)

Augeard (David), s^r de la Bobinière et de la Gruzelière, élect. de Fontenay, fut maintenu noble par sentence du 9 août 1667; il épousa Polyxène DE GOULAINE.

AUGER. — Nous avons trouvé des personnes de ce nom dans les environs d'Airvau, à Loudun et à Fontenay. Etaient-elles de la même famille?

Blason réel inconnu. — Auger, avocat à Fontenay, portait: d'azur à une auge d'or. (D'Hozier, fantaisie.)

Auger (Raoulet) posséda à cause de Marie DREUX, sa femme, fille de François et de Jeanne Chauvelle (Chauveau), de 1482 à 1485, le fief des Celinettes, dépendant de la sgrie de Vernay. (B. A. O. 1878, 454.)

Auger (Marguerite) était, en 1609, épouse de Joseph Béraudin, s^r de Verrine, c^ne de Gourgé. (Papier censaire de l'abb. d'Airvau.)

Auger, prieur du monastère de la Grennetière, eut procès avec les religieux et Henri de Barillon, év. de Luçon, pour refus de souffrir la visite épiscopale en 1681.

Auger (André) était conseiller au siège royal de Fontenay-le-Comte le 17 avril 1715, d'après un jugement rendu à cette date.

Des membres de cette famille avaient fondé deux chapelles à Loudun; mais le Pouillé de 1782 n'indique ni le nom du fondateur, ni l'époque de la fondation.

AUGEREAU.

Augereau (Renée) épousa, le 23 déc. 1533, Charles Charlet, Ec., sgr du Pourteau.

Augereau (Pierre) était avocat et procureur du Roi à Fontenay le 27 janv. 1553, d'après un aveu de la sgrie de Gnignefolle rendu au Roi à cette date.

Augereau (Jehan et Melchisédech) donnent, le 19 mars 1566, procuration pour récuser Jehan Daguin, et surtout Nicolas Rapin, leur ennemi mortel et capital. (N. B. Fillon.)

Augereau (Catherine) était veuve de Mathurin Marchandeau lorsque, le 26 mai 1579, elle rendait aveu du fief du Petit-Puy, etc., à M. Loys Poictevin. (N. de St-Laurent.)

Augereau (François), procureur à Fontenay, est au nombre des déposants sur les ravages des huguenots dans l'église cathédrale de Luçon, 25 juill. 1562; il existait encore en 1566. (D. F. 14.)

Augereau (François), s^r de Moslon, rendait aveu de ce lieu au chât. de Sigournay le 15 août 1611.

Augereau (Pierre), Ec., s^r de Ste-Maure, habitait Mortagne en Bas-Poitou et était héritier maternel de Jean d'Hillerin; il fit cession de ses droits en 1665 à Jacques d'Hillerin, s^r de Bazôges.

Augereau (Etienne) fut consul des marchands de Poitiers en 1686, et juge le 12 nov. 1688. (A. H. P. 15.)

Augereau (Renée) épousa, vers 1680, Pierre Legeay, Ec., s^r de la Maminière, lieutenant de la maréchaussée de Poitou.

Augereau (Louis), fils d'Etienne, rend aveu à la Tour de Maubergeon de son fief de Chantegain, le 1er juill. 1745.

Augereau (Etienne) fait une déclaration à la commanderie de St-Georges pour le même fief, le 6 juin 1752. (B. A. O. 1871, 175, 176.)

AUGIER. — On compte en Poitou plusieurs familles de ce nom qui, dans les temps anciens, s'est écrit quelquefois **OGIER.**

Nous relèverons d'abord et chronologiquement les noms isolés que nos recherches nous ont procurés; nous donnerons ensuite la généalogie de la famille Augier de Moussac et de Crémiers, et nous terminerons par quelques détails sur la famille niortaise Augier de la Terraudière.

Le plus ancien personnage du nom d'Augier ou d'Ogier est

Ogerius (*Arveus*), qui est cité dans le don de l'église de la Flocellière fait le 24 oct. 1090 à l'abb. de la Trinité de Mauléon par David de la Flocellière et autres. (D. F. 8.)

Ogerius (*Willelmus*), nommé dans le don d'un septier d'huile fait, le 13 nov. 1198, à l'abb. de la Colombe, par Guillaume d'Angle. (D. F. 5.)

Ogerius (*Longus*) est cité dans la charte d'Aliénor d'Aquitaine de 1199, par laquelle elle exempte les hommes de Ste-Radégonde des droits que le sgr de Montreuil-Bonnin prélevait dans la p^sse de Vouillé. (D. F. 24.)

Augier (*Launus*), *miles*, est cité dans les chartes données en 1199 par Aliénor d'Aquitaine aux villes de Poitiers et de la Rochelle, et à l'île d'Oléron. (D. F. 23 et 25.) Le 5 mai de cette année, il assistait à la restitution par cette princesse des biens de Vasles à l'abb. de Ste-Radégonde, que lui avait violemment enlevés son fils Richard. (D. F. 5.)

Ogerii (*Willelmus*), témoin d'un don fait le 13 nov. 1198 à l'abb. de la Colombe par Guillaume d'Angle, en satisfaction des mauvais traitements qu'il avait faits à ce monastère. (D. F. 5.)

Ogier (*Johannes*) habitait la Foye-Monjault, et

Ogier (*Willelmus*), près de Villeneuve, vers 1260. (Arch. Hist. Poit. 7.)

Ogier (Hélie) est témoin d'un traité passé le 1er mai 1269 entre l'abb. de St-Maixent et Sebrand Chabot, auquel les moines font remise d'une rente que leur avait léguée Thibaud, son frère, et pour laquelle ils célébraient son anniversaire. (D. F. 16.)

Ogerius (*Johannes*), *clericus*, est cité dans un acte du 12 janv. 1310 d'acquisition de rentes par l'abb. de Nouillé. (Id. 22.)

Ogier (Guillot) était clerc juré de la cour du scel établi à Poitiers en nov. 1383.

Ogier (Jehanne) épousa Jehan Labbé, clerc, auquel Regnaut de Nanteuil, prieur de l'hôpital d'Aquitaine, arrente, le mercredi après la St-Barnabé 1383, la sgrie d'Avanton pour la somme de 50 sous tournois de rente. (Hist. Châtellerault, I, 350.)

Ogier (Hélie) rend hommage au chât. de Saint-

Maixent pour plusieurs fiefs le 22 mars 1406. (Livre des fiefs.)

C'est le même ou son fils? qui, qualifié de bourgeois de St-Maixent, est nommé dans l'accord passé entre l'abb. et les habitants, le 24 oct. 1427, au sujet des réparations à faire aux murs de la ville. Il assista également, le 26 févr. 1448-1449, au règlement fait entre les habitants au sujet de la confrérie de la Madeleine. (D. F. 16.) Il avait été témoin, le 5 juill. 1434, du contrat de mariage de Maurice Claveurier et de Louise Echalard.

Ogier (Gilet), âgé de 17 ans, né de bons parents, étant page de Louis du Ton, Ec., soutient son maître dans un combat où Jean Pontenier est tué, 1445. (A. N. Reg. 177, 123.)

Ogier (Hélie) était en 1455 garde de la juridiction de la Saisine. (Arch. de la Barre.)

Augier (Antoine) sert en 1467 comme brigandinier du sgr de la Grève. C'est peut-être le même qui fut exempté de servir au ban de 1491, à cause de son grand âge.

Augier (Guillaume), licencié ès lois, fit hommage au prévôt de l'église de Poitiers, le 27 sept. 1476, du fief Augier, situé dans les psses de Bizay et d'Epiers, comme fondé de pouvoir de noble homme François Augier, Ec., sgr du Plessis-Augier et de la Manouffre, qui était tenu de rendre cet hommage comme héritier de feu Jean Augier, Ec., son père.

Augier (Guillemot) servait en archer en avril 1471. (Bibl. Nat. Montres et Revues.)

Ogier (Jean), licencié ès lois, juge châtelain de Bressuire, rendait, le 15 juin 1535, aveu du village du Cerisier à Jean de Brie. (D. F.)

Ogier (Jacques), juge châtelain de Bressuire, avait épousé Philippe Berthelot, qui était sa veuve et tutrice de Jean, leur fils mineur, le 6 juin 1539. (G. Berthelot.)

Ogier (Louis), curé de St-Aubin-de-Baubigné, est du nombre des prêtres du diocèse de Luçon qui, le 14 févr. 1561, transigent avec leur évêque, au sujet de ce que chacun d'eux devait payer dans les 1,600,000 liv. imposées sur le clergé de France. (O. B. Fillon.)

Ogier (Valérien) habitait la psse de St-Valérien en 1552, comme il ressort d'un échange passé le 25 déc. de cette année. (Arch. de la Barre.)

Ogier (François), Melchisédech et Johan Augereau de Fontenay donnent procuration pour récuser dans une affaire Johan Daguin et Nicolas Rapin, leur ennemi personnel, le 19 mars 1566. (B. Fillon.)

Ogier (François), licencié ès lois, relaté dans une sentence du 16 oct. 1557 de G. Lerrat, lieutenant-général d'Angers, maintenant l'abbé de Montierneuf dans le droit de placer 4 de ses religieux dans le prieuré du Puy-N.-Dame.

Ogier (Jehan), sgr de Chaveiny et du Chiron-Bernou, rend aveu à Honorat Ysoré le 9 juin 1588. (Arch. Msat d'Airvau.)

Ogier (Claude), Ec., sgr de la Houssardière, était, le 27 juill. 1596, tuteur de Charles Ogier, écolier en l'Université d'Angers.

Ogier (Pierre), sr de Couquetaud, beau-frère de Johan Dupont, donne pouvoir pour traiter avec François et Nicolas Viette, le 21 janv. 1602. (B. Fillon.)

Ogier (Jean), sgr de Charin, avait épousé Renée Bitaud, qui, le 17 mai 1607, était sa veuve et tutrice de leurs enfants mineurs.

Ogier (Jacques), sr des Nouhes, cité dans une di tribution de deniers provenant de la vente de domaines saisis sur Pierre Moyson, etc., le 15 janv. 1614.

Ogier (Jehan) eut une fille, Philippe, qui épousa Guillaume Scarron, auquel elle porta la métairie de Vauviau, cne de Chambroutet. (De St-Laurent.)

Ogier ou **Augier** (N.) était en 1618 veuve de N. Picaulet, sgr de la Goutte, demeurant à Parthenay.

Augier ou **Argels** (Pierre) était, le 11 déc. 1622, époux de Louise Marchand, veuve à cette époque de Charles de Signy, Ec., sgr de la Tour-de-Plaigne. (Greffe de St-Maixent.)

Augier (Louis), Ec., sgr de Comberonnière, est assigné, ainsi que d'autres personnes, le 30 mai 1628, à la requête de Jacquette de Nouzières, veuve de François Prévost, Ec., sgr de Puy-Bottier.

Augier (François), Ec., sgr de Boucquetault, avait subrogé à ses droits Charles de la Porte, sgr de la Meilleraye, dans un procès au sujet duquel intervint, le 10 nov. 1633, une sentence du juge de Parthenay. (G. Garnier.)

Augier (Pierre), prêtre, décédé en 1653, à l'âge de 80 ans, à Aubigné (arrt de Melle). (Regist. paroissiaux.)

Augier (Christophe) était sénéchal de la châtellenie, haute justice, terre et sgrie de St-Pompain, le 26 oct. 1699, et rendait une sentence à cette date. (N. p.)

Augier (Henri) fut consul des marchands à Niort en 1728 et 1729, et juge en 1734. (M. Stat. 13, 45, 46.)

Augier (Marie) était, le 5 janv. 1729, épouse de Louis de Manceau, Chev (Arch. de la Dubrie.)

Augier (N.), de la ville de Parthenay, épousa Françoise Maboul, veuve de Jacques Mestayer et fille de Louis et de Françoise Guitton, dont il eut : 1° N., sr des Tonches ; 2° Jacques, procureur au Présidial de Poitiers, qui eut pour fils Jacques, lequel a eu postérité; 3° Anne, mariée à N. Pestre, sr de Champalu, gendarme du Roi. (N. p.)

AUGIER DE MOUSSAC, DE CRÉMIERS. — Cette ancienne famille, qui a occupé pendant environ un siècle la place de lieutenant-général de la sénéchaussée de Montmorillon, est, dit-on, originaire d'Orléans. Elle ne possède point de titres relatifs au séjour de ses ancêtres dans la capitale de l'Orléanais, qu'elle dut quitter par suite d'alliances ; mais une note trouvée sur un livre mss. de prières fort ancien tendrait à prouver qu'un de ses membres fut pourvu d'une charge dans l'administration de la ville d'Orléans, et qu'il fut même député pour complimenter le roi de France, ce qui ferait supposer qu'il tenait un rang élevé parmi ses concitoyens.

Quel était ce roi de France? en quelle année Augier fut-il honoré de cette distinction? C'est ce que la note ne mentionne pas; cependant il y est raconté comme un fait remarquable que ce fut en cette occasion solennelle que le député d'Orléans entendit pour la première fois *brondir le canon, et en eut maoult paour*, ce qui nous reporterait à l'invention de ces redoutables engins de guerre, vers la fin du XIVe siècle et au règne de Charles V.

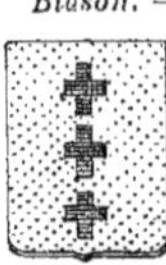

Blason. — Augier de Moussac, de Crémiers porte, selon les plus anciens sceaux : « d'or à « trois croix de sable pommetées par le « haut et posées en pal ». Dans quelques sceaux plus récents, les croix sont simples et non pommetées. — D'Hozier, dans l'Armorial de la généralité de Poitiers en 1698, donne pour armoiries à Laurent Augier, chanoine à Montmorillon : d'or à une croix ancrée de gueules, cantonnée de 4 roses de même (d'office).

La filiation qui suit a été rédigée sur les contrats de mariage dont les originaux nous ont été confiés, et sur des notes extraites d'un journal tenu par M. de Maillasson, avocat du Roi à Montmorillon, et dans lequel se trouvent relatés jour par jour tous les faits dont ce magistrat acquit la connaissance pendant de longues années. Nous indiquerons par les initiales Maill. cette dernière source où il nous avait été permis de puiser, grâce aux communications bienveillantes de feu M. Nouveau, de Montmorillon.

Filiation suivie.

§ Ier. — **AUGIER DE MOUSSAC.**

1. — **Augier** (Antoine) épousa en 1550 D^lle Andrée Félix, dont il eut :

2. — **Augier** (Félix), Ier du nom, sgr de Clossac et de Rouflamme, avocat en Parlement, sénéchal des villes et châtellenies de la Trimouille et de Bélabre, épousa : 1° Elisabeth Vachier; 2° (contr. 12 nov. 1594) Florence l'Espine, fille de Pierre, sgr de Boussigny (Lathus). Félix Augier rendit en 1598 aveu, foi et hommage au Roi, pour sa sgrie de Clossac, « au devoir d'un éperon d'argent de la valeur de 5 sols ».

Il eut du 2e lit : 1° Laurent, qui suit; 2° Claire, mariée à Pierre Naud de Montplanet, morte le 22 sept. 1656 à Montplanet, enterrée dans le cimetière de St-Martial de Montmorillon, dans la sépulture de la famille Augier (Maill.); 3° Susanne, mariée à François Arnaudet, conseiller du Roi et enquesteur à la sénéchaussée de Montmorillon (Ibid.); 4° René, mort célibataire; 5° Pérette, mariée à Martial Vrignaud, avocat.

3. — **Augier** (Laurent), sgr de Clossac, avocat en Parlement et au siège de Montmorillon, puis juge-prévôt de cette ville, épousa (contr. 22 sept. 1619, Cailleau, not^re royal) Elisabeth Coeur-de-Roy, fille de François, sgr de la Tignasse, et de Marie Léau. Elle mourut le 10 mai 1659. La douleur que causa à Laurent Augier la perte de sa femme lui fit prendre, à 63 ans, la résolution de se consacrer au service des autels. « Il reçut les quatre ordres mineurs et les ordres de sous-diacre, diacre et prêtrise, aux trois jours des Quatre-Temps de Noël (1659), de l'évêque de Périgueux. » (Maill.)

Laurent Augier dit sa première messe le jeudi 1er janv. 1660, et, quoique revêtu du sacerdoce, il n'en continua pas moins « à plaider et à consulter assez longtemps après ». (Maill.)

Il mourut le dimanche 20 mars 1667, à midi, étant âgé d'environ 71 ans, et fut enterré le lendemain dans l'église de St-Martial. (Maill.)

Laurent Augier avait eu de son mariage : 1° Félix, qui suit; 2° Laurent, prêtre et chanoine du Chapitre de Notre-Dame de Montmorillon, vivait en 1698; 3° François, prieur et curé de Journet (Vienne). Lorsque Laurent, chanoine, célébra sa première messe dans l'église de N.-D., le dimanche 2 avril 1666, « son père lui servait d'assistant; son frère, prieur-curé de Journet, de diacre »; 4° Marguerite, mariée, le jeudi 28 janv. 1655, dans l'église de St-Martial de Montmorillon, à N. Pichon de Pommeroux; 5° Louis, mort le mardi 8 oct. 1660, âgé de 16 à 17 ans.

4. — **Augier** (Félix), IIe du nom, sgr de Clossac, avocat en Parlement, prêta serment le mercredi 13 oct. 1651, sur la présentation de son père. Il épousa, le lundi 20 oct. 1653, dans l'église des Récollets, Marguerite Vrignaud, fille de Me René, s^r de la Vergne, avocat, et de Marguerite Jacquet. (Contrat du 20 oct. 1653, Loreau, not^re royal.) Marguerite Vrignaud mourut à 47 ans, le mercredi 5 juill. 1684, et fut enterrée dans l'église de N.-D., devant l'autel de la chapelle de St-Nicolas. « Très pieuse et vertueuse dame et pleine de « générosité », dit à cette occasion M. de Maillasson dans son journal.

Félix Augier eut de sa femme un grand nombre d'enfants, savoir : 1° N., née le dimanche 4 oct. 1654, fut plus tard religieuse au monastère de Villesalem; 2° François, avocat au Parlement de Paris, remplit avec succès les devoirs de son état, et sut y acquérir fortune et réputation. On lui attribue quelques ouvrages sur la jurisprudence, dont les manuscrits existaient autrefois dans la bibliothèque de son petit-neveu, à Montmorillon. Il mourut à Paris en 1751, et fut enterré dans l'église de St-Sulpice. Il avait été marié deux fois, mais il n'avait point eu d'enfants; 3° autre François, qui suit; 4° René, prévôt du Chapitre de Notre-Dame de Montmorillon; 5° Félix, prêtre, nommé prieur commendataire et curé de St-Martial de Montmorillon par l'évêque de Poitiers et l'abbé de St-Martial de Limoges, prit possession de sa cure le samedi 16 juin 1683 (Maill.); 6° Laurent, prieur-curé de Concrémiers et archiprêtre du Blanc; 7° Charles, Chev. de St-Louis, capitaine au régiment de Lorraine, marié à Jeanne Lefranc, dont naquirent : *a.* Charles-Antoine-Joachim, curé d'Haims et archiprêtre de Montmorillon, lequel assista en 1789 à l'assemblée du clergé tenue à Poitiers pour l'élection des députés aux Etats généraux, et *b.* Catherine-Marguerite, mariée d'abord, le 18 mars 1749, à Louis-Sylvain de Châteauneuf; puis à M. Jean Mangin d'Oince, officier d'artillerie. 8° Anne, mariée d'abord à N. Dalest de Lavaud, de la ville du Blanc; puis, le mardi 30 oct. 1677, à Maurice Bichier des Ozannes, de la même ville; 9° Louis, né le vendredi 4 fév. 1667, baptisé le lendemain à St-Martial, mort enfant; 10° N., reçue professe aux religieuses de Montmorillon le 23 juill. 1691. (Maill.)

5. — **Augier** (François), sgr de Moussac, Crémiers, Cougouille et autres lieux, avocat en Parlement et au siège royal de la sénéchaussée de Montmorillon, conseiller du Roi, fut nommé lieutenant-général civil près de ce siège en 1705. Chargé, en vertu de ces fonctions, de faire exécuter un arrêt du Parlement rendu contre les religieux Augustins, ces derniers tentèrent de s'y opposer par la force des armes, et Augier allait périr, ajusté par les rebelles, lorsqu'un des gens qui l'accompagnaient le couvrit de son corps, reçut le coup qui lui était destiné et mourut pour lui. Cet acte de dévoûment ne fut point oublié par le magistrat reconnaissant. Il créa, au profit des enfants de la victime qui lui avait sauvé la vie, une rente que ses héritiers ont payée longtemps après aux enfants de son sauveur.

Le prieur et les autres moines furent condamnés, par arrêt du tribunal criminel de Montmorillon, à être pendus pour crime « de rébellion à main armée, sédition et émotion populaires (1714) ». Il fut ordonné que cet arrêt serait gravé sur un monument de forme pyramidale, qui devait être élevé aux frais des condamnés. Un arrêt du Parlement du 21 juill. 1718 confirma celui des premiers juges ; mais les coupables ayant obtenu des lettres de rémission et de pardon, les dernières dispositions furent seules exécutées. (P. F.)

François Augier, ayant cédé en 1732 sa place de lieutenant-général à Laurent son fils, fut nommé, en récompense de ses services, lieutenant-général honoraire, avec droit d'assister aux séances et aux délibérations. Il mourut en 1746. Il avait épousé, le 6 fév. 1703 (Véras et son collègue, not^{res} royaux), Louise TROUILLON, fille de François, conseiller du Roi et procureur de la maison commune de Montmorillon, et de feu Louise de Laforest. De ce mariage naquirent : 1° LAURENT, qui suit ; 2° PAUL-FÉLIX, Chev. de St-Louis, capitaine de grenadiers au régiment de la Vieille-Marine, fut tué à la bataille de Crevelt (1758) ; 3° FRANÇOIS, licencié en droit et en théologie, prieur commandataire de Lathus, de Guymançais, etc.

6. — **Augier** (Laurent), IIe du nom, Ec., sgr de Moussac, du Breuil, de Crémiers, de Nérignac, de Cougouille, conseiller du Roi, lieutenant-général de la sénéchaussée de Montmorillon en 1732, et honoraire en 1767. Il avait été pourvu en 1747 de l'office de secrétaire du Roi, maison, couronne de France près la chancellerie du Parlement de Besançon, charge dont il se démit en faveur de Jean-Joseph de Verdilhac, Ec., sgr de la Forge. Il obtint, le 1er avril 1772, des lettres de vétérance et le titre de secrétaire du Roi près ladite cour. (Registre du Directeur des francs-fiefs, etc.)

Marié, le 12 juill. 1731 (Linet, not^{re} royal à Angles), à Elisabeth MOREAU, fille de Jacques, Ec., sgr de Beaulieu, sénéchal de la baronnie d'Angles, et d'Elisabeth Charsellé, il mourut en 1788, laissant de son mariage un grand nombre d'enfants : 1° JEAN-FRANÇOIS, qui suivra ; 2° JACQUES, appelé Augier de Rondau, Chev. de St-Louis, capitaine de grenadiers aux régiments de la Vieille-Marine et d'Auxerrois, se distingua à la bataille de Crevelt, où il fut blessé. Son oncle, Paul-Félix, atteint mortellement, refusa de se faire panser pour faire reporter tous les soins de l'art sur son neveu, qui lui dut ainsi la vie. Jacques Augier fit partie des troupes envoyées par Louis XVI au secours des Américains, et se distingua dans la guerre de l'indépendance. (Extr. d'une lettre de M. de Bouillé.) Rentré dans ses foyers, il mourut à Montmorillon le 14 fév. 1785 (F.) ; 3° ANTOINE-PIERRE-CHARLES, qui formera la branche Augier de Crémiers, rapportée au § IV ; 4° FÉLIX-PAUL-LAURENT, né en 1753, fut prévôt du Chapitre de Montmorillon, prieur commandataire des prieurés de St-Martial, la Chaise, St-Marin, etc., archidiacre et vicaire général du diocèse de Poitiers pendant quarante-six ans. Il fut nommé procureur-syndic de l'élection de Poitiers, lors de l'organisation des assemblées provinciales, et proposé pour aumônier de Mesdames tantes de Louis XVI. Obligé de s'expatrier pendant la tourmente révolutionnaire, il rentra en France secrètement et au péril de sa vie, et lors du rétablissement du culte en 1803, fut nommé premier vicaire général du diocèse de Poitiers, qu'il administra pendant les longues et successives vacances du siège épiscopal. Il fut un des principaux créateurs et bienfaiteurs du grand séminaire de Poitiers, et c'est à lui qu'à deux reprises différentes la ville de Montmorillon dut la conservation de son petit séminaire. L'Empire le proposa pour l'évêché de St-Flour, et la Restauration le nomma à celui de St-Dié ; il refusa l'un et l'autre, et mourut subitement, le 22 avril 1827, pendant un office auquel il assistait, dans l'église cathédrale de St-Pierre. M. Jeanner, dans son oraison funèbre de Mgr de Bouillé, a rendu une entière justice à M. de Moussac et à ses dévoués collaborateurs, Mgr Soyer, mort évêque de Luçon, Mgr Brumauld de Beauregard, depuis évêque d'Orléans. Un monument a été élevé à sa mémoire dans l'église du petit séminaire le 22 nov. 1860. 5° et 6° deux filles religieuses ; 7° MARIE-MADELEINE ; 8° JEANNE-MADELEINE-PERPÉTUE, dame du fief de Cougouille et d'autres lieux, assista par procureur à l'assemblée tenue à Poitiers en 1789 pour la nomination des députés aux États généraux, et mourut sans avoir été mariée (F.) ; 9° MARIE-ANNE, mariée en 1766 à Antoine Bichier des Ages ; 10° ELISABETH, mariée, le 14 juin 1746, à Jean Goudon de la Lande.

7. — **Augier** (Jean-François), Ec., sgr de Moussac, conseiller du Roi, Lieut.-gén. en la sénéchaussée de Montmorillon en 1767, assista par procureur à l'assemblée tenue à Poitiers en 1789 pour la nomination des députés aux États généraux, fut nommé procureur-syndic du district de Montmorillon en 1791, et mourut en juin 1815. Il avait épousé, le 21 sept. 1767 (Nouveau et Martin, not^{res}), Anne-Elisabeth BASTIDE, fille de Laurent, conseiller du Roi, président des traites de la V^{té} de Brosse, et de Louise-Anne-Madeleine Montois. Il eut, outre 4 enfants morts en bas âge : 1° ELISABETH, née en 1769, morte célibataire ; 2° JEANNE-JULIE, née en 1770, mariée en 1788 à M. Bouquet de la Clavière, lieutenant criminel au siège du Dorat, morte en 1821 ; 3° CATHERINE-AGATHE, née en 1771, mariée, le 6 févr. 1803, à Auguste Goudon de la Lande, ancien lieutenant particulier et 1er conseiller de la sénéchaussée de Montmorillon, morte sans enfants ; 4° PAUL-LAURENT, né en 1780, qui suit ; 5° JEANNE-PRUDENCE, née en 1782, mariée en 1803 à Pierre-Jean-Antoine Penin, décédée à Poitiers, le 31 mars 1860 ; 6° ADÉLAÏDE-GENEVIÈVE, née en 1786, mariée, le 10 mai 1807, à Jean Augier de Crémiers, son cousin germain ; 7° FÉLIX, né en 1789, mort à Poitiers le 9 sept. 1861, suivit la carrière militaire et entra dans le corps royal d'état-major. Décoré de l'ordre de la Lég. d'hon. le 19 fév. 1814, nommé capitaine d'état-major le 24 sept. 1823, il fut attaché en cette qualité au général Rivaud de la Raffinière. Il a épousé, le 22 mai 1826 (Desprez, not^{re} à Paris), Adélaïde-Jeanne-Julie HAILLET DE COURONNE, fille de N. et de N. Leforestier.

8. — **Augier de Moussac** (Paul-Laurent), Ec., né le 26 janv. 1780, épousa, le 10 sept. 1810 (Lécuyer, not^{re} royal à Beauvoir-sur-Niort), Marie-Françoise-Estelle CARRÉ DE CANDÉ, fille de Jean-François, anc. lieut.-gén. de la sénéchaussée de la Rochelle, et de Jeanne Martin de Monteuil. (Elle décéda à Montmorillon le 8 sept. 1874.) Nommé en 1825 receveur des finances à Montmorillon, il donna sa démission après la révolution de 1830, et mourut à Montmorillon le 11 avril 1863. Mgr le Comte de Chambord adressa une lettre à la famille. De son mariage sont issus : 1° JEAN-FRANÇOIS-LAURENT-JULES, qui suit ; 2° PAUL-FRANÇOIS-HENRI (chef de la 2e branche, § II) ; 3° FRANÇOIS-LÉON-LOUIS (chef de la 3e branche, § III).

9. — **Augier de Moussac** (Jean-François-Laurent-Jules), né le 31 oct. 1811, chevalier de l'ordre de St-Grégoire-le-Grand (bref du 6 juill. 1866), a épousé, le 4 janv. 1846 (Bourgoing, not^{re} à Nantes), Marie-Stéphanie-Anne-Colette DE MONTI DE REZÉ, décédée le 15 juin 1864, fille de Joseph de Monti Cte de Rezé et de D^e Louise de Charette du Thiersant, nièce et filleule de l'illustre général vendéen. De ce mariage sont issus : 1° MARIE-LOUIS-LAURENT-JEAN, qui suit ; 2° MARIE-ANNE-JOSÉPHINE-COLETTE, née au château de Rezé, le

18 mars 1850, décédée à Montmorillon le 3 juin 1870 ; 3° Marie-Hippolyte-Joseph, né au chât. de Rezé le 31 juill. 1851, mort à Montmorillon le 2 nov. 1872.

10. — **Augier** (Marie-Louis-Laurent-Jean), Mis de Moussac, né au chât. de Rezé le 11 juin 1847, s'engagea en 1870 dans les volontaires de l'Ouest (zouaves pontificaux); il épousa, le 27 nov. 1871 (Hubert, notre à Nantes; contrat honoré de la signature du Cte de Chambord), Dlle Elisabeth-Renée-Sabine Fresneau, fille d'Armand, député d'Ille-et-Vilaine à l'Assemblée législative (1848), député du Morbihan à l'Assemblée nationale (1871), sénateur du Morbihan depuis 1879, et de Mme Henriette de Ségur. La cérémonie du mariage fut célébrée dans la basilique de Ste-Anne-d'Auray par Mgr de Ségur, oncle de Mlle Fresneau, le 29 nov. 1871, et à l'occasion du mariage de sa fille, M. Fresneau reçut du Cte de Chambord une lettre remplie des sentiments les plus affectueux. Lors de la constitution des comités royalistes de la Vienne, M. Jean de Moussac fut désigné par le Roi pour y remplir les fonctions de secrétaire.

Le premier ouvrage de M. Jean de Moussac, publié au commencement de 1880, a été consacré à faire connaître le but et les tendances de la Ligue de l'enseignement (*La Ligue de l'enseignement, son histoire, ses doctrines, ses œuvres, ses résultats et ses projets*). Ce livre qui dévoilait les tendances antichrétiennes de cette redoutable association, auxiliaire des Loges maçonniques, fut accueilli avec une faveur marquée par toute la presse catholique française et étrangère, et l'*Osservatore romano*, dont on connaît les relations avec la curie romaine, en fit un compte rendu particulièrement élogieux. L'épiscopat français, par la bouche et la plume de ses prélats les plus autorisés, joignit sa voix à celle des journaux, et le Saint-Père a daigné confirmer toutes ces approbations par un double et bien précieux témoignage de particulière bienveillance. D'abord Sa Sainteté a adressé à l'auteur le bref dont nous empruntons la traduction française au journal *L'Union* (n° du 27 août 1881) annonçant la seconde édition de ce livre :

« Cher fils, salut et bénédiction apostolique.

« Des éloges tout particuliers sont certainement dus, en raison de son opportunité et de son mérite, à votre ouvrage intitulé : *La Ligue de l'enseignement*, par lequel, à l'aide de documents réunis avec soin de toute part et mis en œuvre par un long et très judicieux travail, vous avez montré l'origine et la nature d'une association formée contre les institutions catholiques, son hypocrisie, son activité, la puissance de ses efforts et son but, et en même temps vous avez exposé les actes de sollicitude continuelle et dévouée par lesquels l'Eglise n'a pas cessé de s'opposer à ces funestes desseins et d'en éloigner tous les hommes.

« Grâce à votre publication, il sera permis d'espérer que l'horreur d'une telle conspiration dévoilée, et l'autorité d'une mère si aimante ramèneront beaucoup d'hommes à une juste appréciation des choses et à l'obéissance envers l'Eglise, et tourneront leurs forces réunies vers la résistance aux efforts des impies. Cette très noble récompense, Nous la présageons à votre ouvrage, cher fils, en vous accordant très affectueusement, comme gage de la faveur divine, la Bénédiction Apostolique, témoignage de notre paternelle bienveillance.

« Donné à Rome, près St-Pierre, le 25 avril 1880, la troisième année de Notre Pontificat.

« LÉON XIII Pape. »

De plus, Sa Sainteté fit traduire en italien et imprimer aux frais du trésor pontifical l'ouvrage de M. de Moussac dont il avait pris lui-même connaissance.

M. de Moussac, voulant réaliser une pensée de M. le Cte de Maistre, que la mort n'avait pas permis à ce grand publiciste de développer, publia (1881) sous ce titre : *Les Bienfaits de la Révolution*, un ouvrage prouvant par les faits eux-mêmes l'immensité des désastres matériels et sociaux produits par la Révolution. Cet ouvrage ne fut pas moins bien accueilli que son aîné ; la presse et l'épiscopat félicitèrent l'auteur à l'envi ; mais le témoignage qui lui fut le plus précieux fut la lettre que lui adressa le Cte de Chambord, dont nous croyons donner le texte :

« Goritz, le 14 janvier 1882. — L'auteur de *La Ligue de l'enseignement* devait, mon cher Moussac, à l'exemple de Joseph de Maistre, compléter son œuvre en attirant à son tour l'attention publique sur *Les Bienfaits de la Révolution*. Une éducation sans Dieu doit forcément aboutir à des crimes sans nom. La Ligue dont vous avez si bien décrit les tendances, depuis son origine jusqu'à nos jours, n'a qu'un but : déchristianiser la France, et par conséquent la ramener aux plus mauvais jours de son histoire.

« Aux précieux encouragements que vous avez reçus du Saint-Père, et de tant de prélats éminents, j'ai tenu à joindre les miens et à vous adresser mes plus sincères félicitations. Persévérez dans la voie où vous êtes et marchez-y résolument. Comptez sur ma constante affection. — Henri. »

M. J. de Moussac a entendu cette invitation tombée de si haut, et par la plume et la parole il a continué à défendre la religion et les principes monarchiques. Nous ne pouvons, restreints que nous sommes, développer les actes de cette vie si active ; disons seulement que notre compatriote marche résolument dans la voie qu'a tracée le grand agitateur chrétien, le Cte Albert de Mun, l'O'Connell des principes religieux et monarchiques.

Par bref daté du 15 mars 1887, le pape Léon XIII a conféré à M. de Moussac le titre héréditaire de Marquis : « *Quum nos non lateat quæ et quanta sit tua erga nos et hanc Apostolicam Sedem observantia et pietas, et quantum operæ studiique impendere soleas in omnibus rebus quæ ad Ecclesiæ rationes pertinent, te tuosque posteros ac descendentes in primogenitorum linea masculina .. Marchiones facimus, constituimus, renuntiamus...* »

Du mariage de M. Marie-Louis-Laurent-Jean Augier de Moussac avec Mlle Elisabeth Fresneau sont issus : 1° Marie-Joseph-Jean-Henri, né le 18 nov. 1872, mort en naissant. Mgr le Cte et Mad. la Ctesse de Chambord devaient être parrain et marraine de cet enfant ; 2° Marie-Joseph-Henri-Jean, né le 2 nov. 1873 ; 3° Marie-Sophie-Henriette-Colette-Anne, née le 4 févr. 1875 ; 4° Colette-Louise-Henriette-Marguerite-Marie, née le 27 mai 1876, morte le 31 mai suivant ; 5° Marie-Henri-Louis-François, né le 8 nov. 1877, mort le 22 du même mois. Mgr de Ségur avait été son parrain ; 6° Marie-Louis-Henri-Joseph, né le 25 août 1879 ; 7° Henriette-Pauline-Marie-Thérèse, née le 12 déc. 1880 ; 8° Marie-Henri-Paul-Laurent, né le 27 mars 1883.

§ II. — De Moussac, deuxième branche.

9. — **Augier de Moussac** (Paul-François-Henri), né à Montmorillon le 13 oct. 1813, épousa, le 12 nov. 1843 (Gautron, notre à Nantes), Dlle Marie-Constance de Chabot, fille de M. Constant-Joseph Cte de Chabot, ancien commandant de division aux armées

catholiques et royales, Chev. de la Légion d'honneur, et de De Adélaïde Guerry de Beauregard. M. de Moussac est mort le 23 févr. 1870, au château de la Boursière, psse de Venansault (Vendée), laissant de son mariage : 1° Laurent-Félix-Fernand, qui suit ; 2° Joseph-François-Gaston, né le 24 mai 1846 à Montmorillon, marié, le 9 juin 1875 (Pélisson, notre à l'Ile-Bouchard), à Marie-Pauline-Charlotte Bellivier de Prin, fille de M. Jules de Prin et de De Adeline de Bock. M. Gaston de Moussac a servi à Rome aux zouaves pontificaux en 1862 et 1867, capitaine de mobiles de la Vendée au siège de Paris, et réengagé, après l'armistice, aux éclaireurs de Charette. Il a eu de son mariage : *a.* René, né le 14 mai 1876 ; *b.* Jules, né le 8 nov. 1879, mort à Poitiers le 22 mars 1882 ; *c.* Henri, né le 13 fév. 1883. 3° Marie-Félicie-Mathilde, née le 21 sept. 1847 à Montmorillon, mariée, par contrat reçu le 18 févr. 1879 (Herbert, notre à la Roche-sur-Yon), à Henri Desbordes de Jansac ; 4° Joseph-Henri, né le 9 mai 1850 à Montmorillon, a servi en 1870 aux éclaireurs de Belgique ; 5° Auguste-Marie, né le 17 juill. 1853 au chât. de Boisboissière (D.-S.) ; 6° Marie-Alexandrine, née le 11 mars 1857 au chât. de la Boursière ; elle a épousé, le 17 janv. 1877 (Herbert, notre à la Roche-sur-Yon), Christian-Charles Cte de Ploësquellec ; 7° Marie-Jeanne, née en févr. 1863 à la Boursière, a épousé, le 25 nov. 1885 (Herbert, notre à la Roche-sur-Yon), René de Fontaines.

10. — **Augier de Moussac** (Laurent-Fernand), né le 9 oct. 1844 à Montmorillon, entré aux zouaves pontificaux à Rome en 1867, nommé caporal quelques mois après son engagement, sorti des zouaves, s'est réengagé pendant la guerre de 1870, créé sergent en oct. 1870, s'est marié, le 9 mai 1879 (Reliquet, notre à Nantes), à Dlle Marguerite de Lyrot, fille de Paul Cte de Lyrot et de De Léontine de la Brousse. De ce mariage : Anne-Marie, née à Nantes le 1er mai 1880.

§ III. — Augier de Moussac, troisième branche.

9. — **Augier de Moussac** (François-Léon-Louis), 3e fils de Paul Laurent et d'Estelle Carré de Candé, 8e deg., § Ier, né à Montmorillon le 23 août 1814, décédé à Poitiers le 15 avril 1874, épousa, le 2 janv. 1848 (Delapalme, notre à Paris), Agathe-Céline Dodun de Kéroman, fille de Jean-Baptiste-Charles Mis Dodun de Kéroman et de Lydie Panon Desbassains de Richemont. De ce mariage : 1° Marie-François-Charles, qui suit ; 2° Marie-Laurent-Georges, né à Paris le 3 déc. 1850, entré à l'école de Saumur en 1869, fut incorporé en 1870 au 9e cuirassiers en qualité de maréchal des logis ; il fit avec son régiment la charge légendaire de Reischoffen, et reçut 5 balles dans sa cuirasse et une dans son casque qu'elle traversa ; prisonnier de guerre à Sedan, fut envoyé à Ulm. A sa rentrée en France, à la paix, il fut attaché à l'état-major du général de Ladmirault, son parent, en qualité de porte-fanion, et l'a suivi au siège de Paris contre la commune, en 1871 ; nommé sous-lieutenant au 3e dragons (1876), puis lieutenant au 13e (1881) ; marié, le 20 avril 1885 (Legrand, notre à Montdidier, Somme), à Marguerite-Louise du Bos d'Hornicourt, fille de feu Alexis-Hippolyte du Bos d'Hornicourt et de Vincente-Aunïs Criés de St-Fussier. Peu après son mariage, Georges de Moussac donna sa démission (1886). Il a eu Odette, née à Compiègne le 11 fév. 1887.

3° Marie-Isabelle-Lydie, née à Montmorillon le 25 oct. 1852, mariée (Bodin, notre à Poitiers), le 7 janv. 1882, à Pierre-Paul Piet Cte de Beaurepaire, ancien zouave pontifical, Chev. de l'ordre de Pie IX, décoré de la médaille d'or *Bene merenti*, de la croix de Mentana, de la médaille militaire ; 4° Marie-Louis, né à Château-Gaillard, cne de Maisons-Alfort (Seine), le 24 août 1854, chef du cabinet du préfet de la Charente en 1877 ; 5° Marie-Joseph-Arthur, né à Montmorillon le 7 août 1856, entré à Saumur comme élève sous-officier (oct. 1878), en est sorti avec le n° 2, incorporé au 25e dragons, sous-lieutenant au même régiment (1883) ; 6° Marie-Félix-Roger, né à Montmorillon le 6 nov. 1858, attaché à la trésorerie coloniale en Algérie (1879), puis à Saïgon (1886), marié à Montmorillon, le 22 août 1887, à Marie-Clémentine-Antoinette-Joséphine-Geneviève Estienne-Montluc de la Rivière ; 7° Marie-Eugénie-Yvonne, née le 24 janv. 1861 à Paris, mariée, le 8 juill. 1885, à François-Abel-Louis-Marie-Erhard Bon Desmousseaux de Givré, capitaine au 3e chasseurs d'Afrique, Chev. de la Légion d'honneur ; 8° Marie-Henriette-Isabelle, née à Poitiers le 24 nov. 1863, épousa, le 10 janv. 1888, Barthélemy-Camille Grellet de la Deyte ; 9° Marie-Pauline-Agathe, née à Poitiers le 6 mars 1869.

10. — **Augier de Moussac** (Marie-François-Charles), né à Tours le 16 nov. 1848, baptisé le 25 par Son Em. le cardinal Morlot, archevêque de cette ville, dans la chapelle de l'archevêché, a épousé, le 6 juill. 1875 (reçu Rouet, notre à St-Aignan, Loir-et-Cher), Louise-Joséphine de la Panouse, fille de N. de la Panouse et de N. d'Auvergne. Nommé percepteur en 1873, Charles de Moussac a successivement occupé cette position dans la Hte-Saône, le Maine-et-Loire, la Somme et les Ardennes.

§ IV. — Augier, branche de Crémiers.

7. — **Augier** (Antoine-Pierre-Charles), sgr de Crémiers, Nérignac, etc., 3e fils de Laurent Augier de Moussac et de dame Elisabeth Moreau (6e degré du § Ier), épousa, le 16 juin 1767 (Belleau, notre royal au Blanc), Ursule Mornay, dont le nom a été écrit Mornet par corruption dans les actes les plus récents, fille de M. Etienne-Charles, sgr de Boisméuard, et de Louise Mornay. Il comparut à l'assemblée de la noblesse du Poitou en 1789, émigra et servit dans une compagnie à cheval de la noblesse du Poitou, dans l'armée des Princes. De retour en France, il mourut en 1810, laissant deux fils : 1° Jacques-Christophe, Ec., Chev. de St-Louis, né en 1773, sous-lieutenant au régiment de Conti-Dragons, émigra, et servit en 1792 comme maître dans la 2e compagnie noble d'ordonnance ; 2° Jean, qui suit.

8. — **Augier** (Jean) de Crémiers, Ec., né le 22 oct. 1775, fut d'abord officier dans la marine française. Incarcéré pendant la Terreur avec l'état-major du bâtiment qu'il montait, il fut mis en liberté après plusieurs mois de captivité, à la chute de Robespierre. Rentré dans la vie privée, il renonça à reprendre du service, fut appelé, sous le ministère de M. le Cte de Villèle, avec lequel il avait servi et dont il était l'ami, aux fonctions de sous-préfet de l'arrondissement de Montmorillon ; il les conserva jusqu'en 1830. Il avait épousé, le 10 mai 1807 (Clémot, notre royal à Montmorillon), Adélaïde-Geneviève Augier de Moussac, sa cousine germaine, fille de Jean-François Augier de Moussac et d'Elisabeth Bastide.

De ce mariage sont issus : 1° Charles-Antoine-Pierre, né le 30 juin 1808, fut attaché au cabinet de M. le Cte de Villèle ; il se destinait à l'administration et était appelé à remplacer son père comme sous-préfet de l'arrondissement de Montmorillon, quand survint la révolution de 1830, qui brisa sa carrière. Il avait épousé, le 30 mai 1842, Mathilde-Marceline LADMIRAULT DE NOIRCOURT, fille de N. et de N. de Fleury. Il est mort au mois de juill. 1847, laissant une fille, CAROLINE, mariée, le 4 nov. 1867, au Cte Eugène de Croy.

2° FRANÇOIS-FÉLIX, né le 21 nov. 1811, élève des écoles militaires de la Flèche et de St-Cyr, donna sa démission en 1830. Rentré dans ses foyers, il s'adonna à l'agriculture, à laquelle il fit faire de réels progrès, dans la partie du Poitou habitée par sa famille. Désigné au choix de ses concitoyens par sa connaissance approfondie du pays et sa bienveillance bien connue, il fut choisi par eux pour les représenter au Conseil général et maire de la cne de Bourg-Archambault sous tous les gouvernements, depuis 1847. Il est mort le 22 août 1882, laissant d'unanimes regrets parmi ceux qu'il avait administrés pendant 35 ans.

Il avait épousé en premières noces, en 1843 (Ballet, notre à Montmorillon), Caroline GOUDON DE LA LANDE, sa cousine, morte sans enfants; et en secondes noces, le 20 juin 1848, Dlle Marie-Alexandrine MARREAU DE LA BONNETIÈRE, fille de N. et de N. de Fontenay, dont il eut un fils, mort en bas âge.

3° JOSEPH-ETIENNE, qui suit.

9. — **Augier de Crémiers** (Joseph-Etienne), né le 5 août 1817, marié, le 19 juin 1843 (Pradou, notre à Artonne, Puy-de-Dôme), à Louise-Charlotte-Augusta COMPTE DE TALLOBRE, fille de Cyprien et de Julie Arnault de la Ronzière. Il est mort le 8 janv. 1863, laissant : 1° MAURICE-MARIE-JOSEPH, qui suit; 2° MARGUERITE-MARIE-FÉLICIE-JULIE, née le 8 sept. 1852, mariée, le 14 avril 1874, à Georges Aymar Cte de Blois; elle est décédée le 17 juin 1882; 3° MARIE-CHARLOTTE-JOSÉPHINE-ADÈLE, née le 26 janv. 1855; 4° HIPPOLYTE-MARIE, né le 30 août 1856 et mort le 17 sept. suivant.

10. — **Augier de Crémiers** (Maurice-Marie-Joseph), né le 6 juin 1848, fit la campagne de France en 1870 dans la légion des volontaires de l'Ouest (zouaves pontificaux), puis fut attaché au cabinet de M. le Bon de la Bouillerie, ministre de l'agriculture et du commerce, le 24 mai 1873. Il a épousé, le 16 avril 1873 (Conbard, notre à Noyant, Maine-et-Loire), Mondane-Marie-Joséphine-Françoise ROULLET DE LA BOUILLERIE, fille de Henri Cte de la Bouillerie et de Marie de la Bouillerie. De ce mariage sont issus : 1° MARIE-ANNE-LOUISE-HENRIETTE, née le 28 déc. 1875; 2° JOSEPH-MARIE-GEORGES-SYLVESTRE, né le 1er janv. 1878; 3° CHARLES-MARIE-FRANÇOIS-JOSEPH, né le 31 juill. 1879; 4° GENEVIÈVE-MARIE-ANNE-MARGUERITE, née le 18 juill. 1882, décédée le 8 mai 1888; 5° FRANÇOIS-MARIE-FÉLIX, né le 3 avril 1885, décédé le 16 juin 1887; 6° MARIE-FRANÇOISE-GENEVIÈVE-ELISABETH, née le 5 oct. 1888.

AUGIER DE LA TERRAUDIÈRE.

AUGIER DE LA TERRAUDIÈRE. — Famille originaire de Niort, où ses membres ont rempli les plus hautes fonctions municipales. On sait que la charge de maire de cette ville conférait la noblesse lorsque l'élu déclarait son intention de vivre noblement.

Blason. — Augier de la Terraudière, procureur du Roi aux traites de Niort et subdélégué de l'intendant, portait : d'argent au chevron d'azur, accompagné en chef de 2 croissants de gueules, et en pointe d'un arbre de sinople sur un rocher de gueules, surmonté d'un chef d'azur chargé de 2 étoiles d'or. (D'Hozier. Arm. des maires de Niort. M. Stat. 1865.)

Augier (François) était échevin de Niort en 1620.

Augier (Christophe) était pair de la commune de Niort et lieutenant au rég. de milice en 1621.

Augier (Christophe), sgr de la Terraudière, sans doute fils du précédent, avocat à Niort, fut maire en 1673, 1674 et 1675. Il fut aussi échevin et capitaine du régt de milice.

Il est auteur d'un ouvrage intitulé : « *Le thrésor des* « *titres justificatifs des privilèges et immunités, droits* « *et revenus de la ville de Niort; ensemble la liste* « *de ceux qui ont été maires de ladite ville, et celle* « *des maires, échevins et pairs d'à présent.* » (1 vol. in-16, Niort, 1675.)

Dreux du Radier, dans sa Bibliothèque du Poitou, critique fortement cet ouvrage; il rend cependant justice au zèle qu'a manifesté l'auteur en faisant des recherches utiles pour sa province, et particulièrement pour la ville de Niort.

Augier de la Terraudière (Christophe) épousa, vers 1700, Louise-Elisabeth DE BEAUSOBRE, fille d'Isaac et de Louise Gachet; et sans doute en 2es noces Marie-Marguerite RICHIER; elle fut marraine à Aulnay, en 1705, d'un fils de :

Augier de la Terraudière (Aimée), sœur de Christophe, qui avait épousé René Cherpentier, sgr de Laurière, bailli du siège royal d'Aulnay.

Augier de la Terraudière (Marguerite) épousa, vers 1720, Philippe Arnauldet, procureur du Roi des eaux et forêts de Chizé.

Augier de la Terraudière (Pierre) prend, dans une réunion des habitants de Niort, assemblés le 18 déc. 1716 pour délibérer sur l'établissement du collège de l'Oratoire, le titre d'ancien subdélégué de M. l'intendant; il était échevin en 1718.

Augier de la Terraudière (Emmanuel), archiprêtre et curé de Notre-Dame, fit partie de cette même assemblée.

Une famille Augier, originaire de Marennes, prétendait que ses auteurs étaient seigneurs d'une portion de cette terre, conjointement avec les comtes de Poitou.

Augier ou **Ogier** (Jean) de Gombaud, un des premiers académiciens de Paris, se rendit célèbre dans les lettres, et obtint de la reine mère de Louis XIII une pension de 1,200 écus.

Comme il était de la religion protestante, ses enfants, ayant suivi son exemple, furent obligés de s'expatrier à l'époque de la révocation de l'Édit de Nantes. Six d'entre eux passèrent alors en pays étranger, emportant avec eux tous les titres de leur famille. Le septième, ayant abjuré, demeura en France; mais ses descendants ne connurent leur famille que par tradition.

Augier (Lucas) — c'était son nom — eut un fils, JEAN, lequel fut père de trois garçons, qui embrassèrent tous les trois la profession des armes. Un d'eux fut tué à l'armée. L'aîné fut aide de camp du Mis d'Asfeld en Espagne. L'autre servit dans la cavalerie, et fut réformé, ainsi que son régiment, vers le commencement du XVIIIe siècle. Il épousa Jeanne FAURE, alliée aux premières maisons de l'Angoumois. De ce mariage sont issus deux garçons.

C'est peut-être aux descendants de ces exilés que se rapporte la note suivante que nous devons à l'obligeance de M. Enschedé, archiviste à Haarlem (Néerlande). La famille Augier est fort nombreuse aux Pays-Bas.

Augier (Isaac), pasteur à Campen, 1793-1801, avait étudié la théologie à Leyde en 1789. Il épousa Cornélie-Jurianne Von der Leishen, dont il eut plusieurs enfants.

AUGRAIN (Philippe) fut avocat du Roi en l'élection de Niort, d'après un arrêt de la chambre souveraine établie pour le fait des francs-fiefs, du 15 déc. 1655.

AUGRIN. — Famille noble de Gâtine.

Augrin (Jean), valet, donna en 1257 un champ sur le chemin de Laubonnière au prieuré de la Perrière. (Cart. Fontevraud.)

Augrin (Guillaume) donna en 1272 une rente de 2 sols au même prieuré.

AUGRON. — Famille originaire de Parthenay. Dans l'Histoire du Poitou de Thibaudeau, on prétend que cette famille est originaire de Bretagne et que les titres en furent produits par Adrien Augron devant M. Barentin, intendant de Poitiers, chargé de la réformation de la noblesse, qui, dans son ordonnance du 9 sept. 1667, affirme que les Augron viennent en effet de Bretagne, et que leur noble origine se perd dans l'antiquité la plus reculée. Les titres qui furent produits lors de cette vérification ont été depuis consumés dans l'incendie de la maison de M. de Chauvelin, située au coin des rues du Gervis-Vert et d'Oléron, à Poitiers. Ils lui avaient été prêtés en sa qualité de descendant par les femmes de la famille Augron. Les titres remontant à une époque plus reculée sont restés entre les mains de la branche aînée, qui habite la Bretagne. On va voir cependant qu'il y avait déjà à Poitiers, à l'époque à laquelle vivait cet Adrien, 1er degré de la filiation suivie, des Augron marchands ou hommes de lois, qui possédaient dès lors depuis assez longtemps les terres appartenant à cette famille dans la psse de Vasles.

Blason. — Augron de la Saisinière portait : « d'argent au chevron d'azur accompagné de trois hermines de sable, posées 2, 1 ». (D'Hozier.)

Augron du Temple portait les mêmes armoiries, et pourtant nos notes particulières nous autorisent à penser que les émaux étaient différents, et que la branche du Temple portait : d'or au chevron de gueules, accompagné de 3 hermines de sable.

Antoine Augron, élu à Niort, portait : d'argent à 3 mouchetures d'hermines posées 2, 1.

Etienne Augron, avocat à Parthenay, portait : d'or à un aigle d'azur. (Fantaisie.)

Noms isolés.

Augron (Jean) épousa Marie Pella, fille de Jean, sr de la Pagerie ; elle était sa veuve en 1567, dont :

Augron (Jean), sr de la Pagerie, en rendit aveu le 8 mars 1576 ; il se maria, le 7 oct. 1577, à Charlotte Besdin, veuve de Charles Boisdin.

Augron (Françoise) était, à la même époque (1567), veuve de Vincent Marcoin. (D. F. Ste-Croix.)

Augron (Antoine), demeurant à Gastebourse, rendit, le 11 mars 1572, une déclaration à l'abbaye de Ste-Croix de Poitiers. (Ibid.) Ce personnage est évidemment l'un des auteurs de la famille dont nous allons donner la filiation suivie.

Augron (François) était consul des marchands en 1582. (A. H. P. 15.)

Augron (Melchior), marchand à Poitiers, rendit, le 16 juin 1601, une déclaration à l'abbaye de Ste-Croix, à cause de la seigneurie de Vasles. Il épousa, le 7 oct. 1577, Marie Besdin, fille de Jean et de Perrette Gode ; il eut pour fille Charlotte, mariée à François Caillet.

Augron (Catherine) était, le 19 juin 1610, veuve de François Bellin, sgr de la Boutaudière.

Augron (Marguerite), fille unique de Jean, épousa, vers 1600, Mathurin Nayraut, procureur à Parthenay.

Augron (Hilaire) était en 1647 épouse de René Jourdain, Ec.

Augron de Mailleroux (Louis), lieutenant en l'élection de Poitiers, épousa Louise Gruget, fille de N., trésorier de France à Poitiers, et veuve de Joseph Duvignault, lieut-gal de Lusignan, dont une fille, Hilaire, mariée, le 22 déc. 1647, à René Bonnin, Ec., sr des Forges.

Augron (Jean), prêtre, était curé de la Bataille en 1678. (Penigaud, notre à Chef-Boutonne.)

Augron (Pierre), échevin de Poitiers, rend compte au corps de ville de l'emploi des deniers provenant de l'hôpital des pestiférés de l'année 1740 à 1750. (M. A. O. 1883, 246.)

Augron (Marie-Jeanne) épousa, le 1er mai 1742, Charles Caillo, Chev., sgr de Mons et de Maillé.

Augron (N.), sr des Fosses, épousa Marguerite de Fleury, fille d'Olivier, sr de la Raffinière, et de Jacquette Cacault, dont il eut N. Augron, sr du Temple. (Note sans date.)

Augron (Jacques-Antoine), sr de la Salinière, Jean Poignand, sr de la Rosnière, veuf de Marguerite Augron, Catherine Clémenceau, veuve de Jacques-Antoine Augron, sr du Fontenioux, lieutenant-général de Parthenay, tutrice de Jacques-Antoine et Joseph-François Augron, ses 2 fils, Marie Augron, épouse de Pierre Baraton, notaire à Parthenay, Marguerite Augron, vve Louis Caulnier, Dlle Madeleine Augron, étaient tous héritiers de la Marquise de Thors en 1726.

Filiation suivie.

§ Ier. — Branche aînée.

1. — **Augron** (Adrien), sr de Gastebourse, avocat au siège présidial de Poitiers et sénéchal de Chiré le 22 déc. 1595, rendait une déclaration, le 1er août 1596, à De Renée Vigeron, dame de Chiré (en Montreuil). Il résulte des notes qui nous ont été communiquées par feu M. Pallu, juge au tribunal civil du Mans, qu'il était mort avant le 2 avril 1619, après s'être marié deux fois : 1° vers 1580, à Marguerite Sabourin, fille d'Abraham et de Françoise Duvignault ; 2° à Marie Janny, veuve de N. Grabot, sgr de Villefranche. Cette dernière était morte avant le 6 avril 1647, époque du partage de sa succession entre les deux enfants qu'elle laissait d'Adrien Augron.

Du 1er lit : 1° François, Ec., sgr de Gastebourse, qui suit ; du 2e lit : 2° Antoine, sgr des Ances, docteur-médecin, vivait en 1640, d'où sont sorties les branches de la Coqueterie, de la Salinière, etc. ; 3° René, sr de la Bochardière, d'où est sortie la branche Augron de Rouilly, rapportée ci-après, au § IV ; de l'un ou l'autre lit : 4° Marguerite, qui, le 30 juill. 1639, était femme de Jehan Le Roy, docteur-régent en l'Université de Poitiers.

2. — **Augron** (François), sgr de Gastebourse, avocat au Présidial de Poitiers, marié à Susanne DE GENNES, le 14 mars 1612 (Fauveau, not^re à Poitiers), fille de Jacques et de Marie Thubert, eut cinq enfants qui partagèrent noblement sa succession le 2 avril 1619 (Chollet et Fournier, not^res à Poitiers). Thibaudeau ne parle que des deux qui suivent : 1° JACQUES, sgr de la Saisinière, qui suivra ; 2° FRANÇOIS, sgr de Gastebourse, auteur des Augron du Temple, dont la généalogie sera rapportée ci-après, au § III.

3. — **Augron** (Jacques), sgr de la Saisinière, conseiller au Présidial de Poitiers en 1642, fit partie de la députation du corps de ville de Poitiers chargée d'aller saluer Leurs Majestés à Tours en 1650 (A. H. P. 15), fut maire en 1653 et reçu échevin par la mort de Johan Pidoux de Malaguet, doyen du Chapitre de St-Hilaire; vivait encore en 1682. Il épousa Anne VEXIAU, fille de Léon, s^r des Brelatières, d'où sont issus : 1° MARC-PHILIPPE, qui suit ; 2° N., D^e de Montigny, veuve en 1683 de Jean Boisnet, Ec., s^r de la Frénlaudière, conseiller au Présidial de Poitiers.

4. — **Augron** (Marc-Philippe), sgr de Saligny, était en 1683 et encore en 1698 conseiller au Présidial. Il avait épousé D^lle Hélène SAPINAULT, de laquelle il eut : 1° RENÉ-AUGUSTIN, qui suit ; 2° FRANÇOIS-PROSPER, sgr de la Tanchère, chef de la branche de ce nom rapportée au § II ; 3° MARIE, mariée à Jean Constant, Ec., sgr des Chézeaux.

5. — **Augron** (René-Augustin) dit Louis, sgr de Saligny (M. A. O. 1860-61), né le 10 déc. 1678, conseiller au Présidial de Poitiers en 1704, épousa, le 1er avril 1707, Marie-Charlotte DE LA FONTENELLE, veuve de Charles Le Liépvre, dont il eut : 1° AUGUSTIN-JOSEPH, Ec., sgr de Montigny, marié, le 11 juin 1737, à Marie BABINET, fille de Jérôme, conseiller au Présidial, et de Anne Delavau, dont la fille unique, CHARLOTTE-FRANÇOISE, épousa en 1781 Charles-Michel Rogier, Ec., sgr de Thiors, et est décédée le 10 oct. 1782 ; 2° LOUIS-RENÉ-AUGUSTIN, Ec., sgr de Saligny, servit au ban des nobles du Poitou assemblés à St-Jean-d'Angély en 1758, dans la 1re brigade, escadron de Vassé ; marié : 1° à Marie-Françoise LE LIÉPVRE ; 2° en 1763, à Catherine-Marguerite DE St-VINCENT ; il mourut sans postérité.

§ II. — AUGRON, BRANCHE DE LA TANCHÈRE.

5. — **Augron** (François-Prosper), Ec., sgr de la Tanchère (second fils de Marc-Philippe Augron et d'Hélène Sapinault, 4e deg. du § Ier), épousa : 1° le 24 août 1711, à St-Pierre-l'Hospitalier, Marie-Madeleine DENIAU DE LA RENAUDIÈRE, fille de Pierre, sgr de la Renaudière, et de Catherine Lecomte ; 2° D^lle Marie-Anne-Susanne SUYROT, qui mourut à Poitiers en 1779. Il laissa : du 1er lit : 1° MARGUERITE-HÉLÈNE, qui épousa Pierre Morin, Ec., sgr de Boismorin ; du 2e lit : 2° FRANÇOIS-PROSPER, Chev., sgr de la Tanchère, qui était en 1781 major de la place de Sédan ; 3° MADELEINE-PAULE-SUSANNE, décédée en août 1796, sans alliance.

§ III. — AUGRON, BRANCHE DU TEMPLE.

3. — **Augron** (François), IIe du nom, Ec., sgr de Gastebourse, fils de François, Ier du nom, et de Susanne de Gennes (2e deg. du § Ier), était échevin de la commune de Poitiers en 1665. Il épousa Jeanne BOUGNON, dont : 1° LOUIS, qui suivra ; 2° ANNE, mariée à François Fournier, Ec., s^r de Moncelais.

4. — **Augron** (Louis), Ec., sgr de Gastebourse, est mentionné dans un acte de 1690. Dès 1689 (10 juin) il avait obtenu de Madame l'abbesse de Ste-Croix l'autorisation de placer un banc dans le chœur de l'église de Vasles. En 1693, il servait dans le 1er escadron du ban des nobles du Poitou. Nous pensons qu'il laissa pour fils :

5. — **Augron** (Louis), Ec., sgr de la Fosse, du Temple et de Gastebourse, 1732, marié, vers 1720, à Marguerite DE FLEURY, fille d'Olivier, Ec., s^r de la Raffinière, et de Françoise Cacault, dont : 1° LOUIS, qui suivra ; 2° JEAN-ANNE-OLIVE, dit le Chevalier du Temple, Chev., sgr de la Bujaudrie, se trouva au ban des nobles du Poitou en 1758, où il fit partie de la 4e brigade de l'escadron de Vassé ; assista à l'assemblée de la noblesse du Poitou convoquée à Poitiers en 1789 pour l'élection des députés, et mourut le 29 sept. 1812. Il avait épousé, le 11 sept. 1764 (Lomdé, not^re à Poitiers), Susanne-Catherine-Désirée CLABAT-DUCHILLOU, dont plusieurs enfants, entre autres : *a*. MARIE-DÉSIRÉE, née en 1767, mariée à Jean Binon, décédée à Poitiers le 9 fév. 1851 ; *b*. MARIE-SUSANNE-RADÉGONDE, née en 1774, décédée le 12 janv. 1851, sans alliance.

6. — **Augron** (Louis), Chev., sgr du Temple et de la Saisinière, servit avec son frère précité au ban de 1758, recevait, le 22 nov. 1762, une déclaration de domaines relevant de sa terre de Ruffigny, de Mess. Pierre Thomas de la Chapelle, prêtre ; il mourut en juill. 1768. Il avait été marié à Marie-Angélique REGNIER DE RUFFIGNY, fille de François, Ec., s^r de Ruffigny, qui était sa veuve le 24 avril 1772 ; il en eut : 1° JEAN-PAUL-LOUIS, Chev., reçu garde du corps de Monsieur, frère du Roi, en 1777, mort peu après, célibataire ; 2° FRANÇOIS-ARMAND, Chev., sgr du Temple et de Buzais, né le 23 mars 1763, comparut à l'assemblée de la noblesse du Poitou, réunie en 1789 pour nommer des députés aux Etats généraux. Marié (Bourbeau, not^re royal à Poitiers), le 27 juill. 1790, à Marie-Henriette LE PANNETIER DE LA FALCONNIÈRE, il émigra en 1791, fit la campagne de 1792 dans l'armée des Princes frères du Roi, où il servit dans la 3e compagnie de la noblesse du Poitou-Infanterie. Il est mort sans postérité, le 23 juin 1837, et sa veuve l'a suivi le 20 déc. 1840 ; 3° THÉRÈSE-JULIE, qui fut émancipée par lettres royaux du 13 août 1783 ; 4° une autre fille, sans alliance ; 5° MARIE-ROSALIE, née à Vasles en 1766, fut religieuse à l'abbaye de Ste-Croix de Poitiers, et décéda le 6 avril 1849.

§ IV. — AUGRON, BRANCHE DE ROUILLY.

2. — **Augron** (René), sgr de la Bochardière, 3e fils d'Adrien, Ier du nom, et de Marie Jarry (1er deg., § Ier de la filiation), rendit une déclaration aux dames de Ste-Croix le 3 juin 1624. De lui est issu :

3. — **Augron** (Adrien), sgr de Verrines, la Barre, maintenu dans sa noblesse en 1667, épousa Marie DE MONTENAY, dont il eut : 1° ANNE, mariée, le 21 juin 1688, à Jacques Chauvelin, Ec., s^r de la Sigogne ; 2° ARMAND-LOUIS ? Ec., s^r de Verrines, qui eut pour fils ARMAND-JEAN-LOUIS, Ec., sgr de Verrines, fut pourvu, le 12 fév. 1752, avec dispense d'âge, de l'office d'avocat du Roi au bureau des finances de Poitiers, et mourut en 1783, dans sa terre de Verrines, p^sse de Vasles. Il avait épousé Louise-Françoise GILBERT, fille de François et de Jeanne Brunet. Nous ignorons s'ils eurent postérité.

3° PIERRE-FRANÇOIS, qui suit.

4. — **Augron** (Pierre-François) épousa Françoise-Marguerite MORNET, dont il eut :

5. — **Augron** (Jacques-François), Ec., sgr de Rouilly, né en 1735, fut d'abord mousquetaire en 1771, puis conseiller au conseil supérieur de Poitiers. On lui contesta sa qualité de noble ; mais il fut maintenu par arrêt contradictoire du conseil d'Etat, rendu le 22 févr. 1774, fut nommé tuteur de trois des enfants de Louis Augron, sr du Temple, en 1768. Il est mort à Poitiers le 27 août 1810, sans avoir été marié.

AUGRY. — Ancienne famille du Poitou.

Augris (N.), sr de Laudonnière, demeurant à Moussac-sur-Vienne, porte : d'or à un capucin au naturel. (D'Hozier, fantaisie.)

Augry (Jean) était en 1576 juge-consul des marchands à Poitiers.

Augry (Pierre) était juge-consul en 1578 et 1585.

Ogrys, Augris (Claude) était *essayeur* des deniers royaux, d'après une déclaration des élus de Fontenay-le-Comte du 26 janv. 1585. (B. Fillon.)

Augry (Gaspard), sr de Laudonnière, et Marguerite Gervais, sa femme, fille de Marc, sr de la Fonds, sénéchal des Carmes de Mortemart, sont cités dans un acte de vente du 24 sept. 1742.

Augry (Jean), dernier curé de Civray avant 1789, comparaît à l'assemblée du clergé pour nommer des députés aux Etats généraux, prêta le serment constitutionnel, ce qui ne l'empêcha pas d'être poursuivi, arrêté et détenu à Poitiers pendant quelques mois ; réintégré dans ses fonctions, il y fut maintenu lors du concordat, et mourut curé de Civray le 21 juill. 1806. (B. A. O. 1847.) Voir **AUGY.**

AUGUIS. — Famille qui a fourni à la première République et à la Restauration deux hommes politiques assez remarquables.

Auguis (Guillaume), sr de la Rante, était, le 2 fév. 1720, fermier général du château de Chaillé et était décédé avant le 30 nov. 1739. Il avait épousé Louise Baudeau, dont il eut une fille, Louise-Marie, qui, le 15 avril 1750, était femme de Louis Guerry de la Barre.

Auguis (René) était, le 24 févr. 1744, lieutenant civil et criminel à Melle. (Arch. S. A. O.)

Filiation suivie.

1. — **Auguis** (Pierre-René) fut reçu, vers 1751, juge royal en chef, commissaire enquesteur, examinateur en la prévôté de Melle. Il eut :

2. — **Auguis** (Pierre-Jean-Baptiste), né en 1742, entra d'abord dans l'armée, puis, parvenu au grade de capitaine dans le régiment de Laval-Montmorency-Dragons, il quitta l'épée pour la robe et fut reçu en 1774, en la place de son père, juge royal, etc., à Melle. Il refusa la place de procureur général en Corse, embrassa chaudement les idées de réforme qui agitaient les esprits, fut nommé, lors de la réorganisation de la magistrature, président du district de Melle, puis représentant du département des Deux-Sèvres à l'Assemblée législative (1791) et à la Convention nationale (1792) ; il refusa de voter la mort de Louis XVI ; envoyé en mission à Marseille, il sut en imposer aux partisans de Robespierre ; à son retour, nommé membre du Comité de sûreté générale, il sauva, le 20 prairial, la Convention nationale ; appelé plus tard au conseil des Anciens, il en devint un des secrétaires, puis à celui des Cinq-Cents en l'an VIII (1799), fit ensuite partie du Corps législatif, dont il devint aussi le secrétaire le 1er janv. 1800, réélu deux fois et présenté pour le Sénat ; il mourut en févr. 1810, laissant : 1° Pierre-René, qui suivra ; 2° Pierre-Jean-Baptiste-Bonaventure, mort capitaine de frégate à la Havane en 1804, avait servi d'aide de camp à son père dans diverses missions qui lui furent confiées par la Convention ; 3° Louis-Sincère, officier de la Légion d'honneur, se distingua dans les guerres de l'Empire et se retira avec un grade élevé dans la vieille garde impériale. Marié à Couhé, le 1er fév. 1820, à Louise-Céleste Pautrot, il en eut : *a.* Louis-Philippe-Henri, *b.* Louise-Françoise-Agathe-Germaine, mariée en 1845 à Barthélemy-Edouard Mimault de Grandchamps ; *c.* N., *d.* Sincère.

3. — **Auguis** (Pierre-René), né à Melle le 6 oct. 1766, servit quelque temps dans l'armée, qu'il abandonna pour se livrer à la culture des lettres. Sous le 1er Empire, ses écrits le firent incarcérer à deux reprises, et sous la Restauration, son esprit d'opposition au gouvernement établi le fit nommer membre de la Chambre des députés, où il siégea constamment à la gauche.

Considéré comme auteur, M. Auguis a droit à une mention spéciale tant pour le grand nombre de ses ouvrages que pour la variété des sujets qu'il y a traités. On en peut voir la liste dans le Supplément à Dreux du Radier de M. de Lastic-St-Jal ; mais l'ouvrage qui, pour nous Poitevins et au point de vue de l'importance historique, mérite surtout d'être signalé, c'est son édition des *Lettres inédites jusqu'à ce jour de du Plessis-Mornay*, trouvées en partie au château de la Forêt-sur-Sèvre, qui fut longtemps la résidence de cet homme politique. Il est décédé à Paris, le 22 déc. 1844, conservateur de la bibliothèque Mazarine.

AUGY. — Ancienne famille habitant les environs de Gençay, vraisemblablement éteinte. (Peut-être la même que Augry, vr ce mot.)

Augy (Perrinet), valet, rend aveu et dénombrement à la sgrie de Gençay le 15 août 1393, pour le quart des herbergements de Boisbenerot ; le 10 août 1396, un autre au même sgr pour son herbergement du Rochereau, psse St-Maurice de Gençay, et le 1er juill. 1404, un hommage au sgr de Civray, à cause de sa femme Jeanne Groussard, pour un pré sis dans la rivière de Queaux, et enfin le 15 juill. de la même année, un autre hommage au sgr de Gençay, encore au nom de sa femme, pour raison de la Touche et des bois de la Marellère. (Livre des fiefs.)

Augy (Pierre d'), sr de Laudonnière près de Gençay (Augry?) servit comme archer au ban de 1491 ; il lui fut enjoint d'avoir des gantelets et une hallebarde ou vouge.

AULNIS (d'). — Famille noble très ancienne du Bas-Poitou, éteinte au XVIIe siècle.

Alnisio (*Willelmus de*) paraît comme témoin du don de la moitié de l'église de Verrines-sous-Celle, fait en 1078 par Hugues Claret et son frère à l'abb. de St-Maixent. (D. F. 15.)

Aulnis (Jehan d'), homme de l'abbé de Luçon, transige en 1217 avec une famille juive au sujet d'un marais. (D. F. 1.)

Auniz (Pierre d'). Geoffroy Vigier, Ec., déclare qu'il doit à cause du fief dudit Pierre, mais une fois en toute sa vie seulement, dix livres tournois et une once d'or. (A. N. J. cart. 1040, 49.)

Aulnis (*Guido d'*), écuyer du diocèse de Luçon,

est un des témoins de la rédaction des statuts de l'église de Luçon nouvellement sécularisée, 7 sept. 1472. (D. F. 14.)

Aulnis de Pontdevie (Jean d') était chevalier de St-Jean en 1524. (Malte.)

Aulnis (Henriette d') fut la première femme d'Eustache Rabotteau ou Ribotteau, Ec., sgr du Gué, dont une fille, Catherine, femme d'Antoine Chabot, Ec., sgr du Chaigneau avant 1556. (G. Chabot.)

Aulnis (Charles d'), qualifié de noble et puissant, en son vivant sgr de Pontdevie et de Puy-Chabot, avait épousé Renée DE MONTAUZIER, qui était sa veuve et recevait le 13 mars 1572, en cette qualité, une déclaration de domaines de Jean Bodet, Ec., sgr de la Fenestre, etc.

Aulnis (Madeleine d'), D^e de Pontdevie et de Cerzé, fille des précédents, avait épousé et était veuve le 30 juill. 1613 de François des Nouhes, Chev., Bon de la Lande, gouverneur pour le Roi de Fontenay, etc. (O.)

Aulnis (Catherine d'), sœur de Madeleine, épousa, vers 1580, Jean-Baptiste du Vergier, Ec., s^r de Buchignon, puis Samuel de Saligné.

Aulnis (Catherine d'). Le 15 mars 1573, le Bon de Mareuil lui cède la forêt de la Blanchelande, pour en jouir, elle et les siens, et de tous droits de châtellenie relevant de la B^nie de Mareuil.

AUMOINE (N.), de la Forêt-sur-Sèvre, avait été la première femme de Jean Buignon l'aîné, Ec., demeurant à Vouvant, qui en 1444 était remarié à Johanne de la Touche. (A. N. J. Reg. 177, 4.)

AUMOSNIER. — Famille noble du Bas-Poitou.

Aumosnier (Jean), s^r de l'Aumosnerie, p^sse de Chassay-l'Église, 1369, relevant de Sigournay.

Aumosnier (Pierre), Ec., épousa, vers 1400, Isabeau DES NOUHES. Leur fille MAURICETTE épousa Jean de Granges, Ec., s^r de Puychenin.

AUMOSNERIE (Anne de L') épousa, par acte du 24 août 1653, Jacques Guyot, Ec., sgr de Maspinard, dont elle était veuve le 11 fév. 1701. (G. Guyot.)

AUMONT. — Nous ne mentionnons cette illustre famille étrangère au Poitou qu'à cause des fiefs importants qu'elle a possédés dans notre province.

Blason. — Aumont Mis de Clervaux : d'argent au chevron de gueules, accompagné de sept merlettes de même, 4 en chef, posées 2 et 2, et 3 en pointe, posées 1 et 2.

Aumont (Jean d'), Chev., sgr de Benets, reçut comme seigneur de ce fief un aveu de l'hôtel de Boulyé, fait en 1503 par Mathurin Taveau, sgr de Mortemer, et un autre fait par Antoine du Fouilloux, Chev., s^r de Boulyé, le 10 mai 1521.

Aumont (Jacques d'), Bon de Chappes, fils de Antoine, maréchal de France, gentilhomme de la chambre du Roi, devint sgr de Clervaux par son mariage avec Charlotte-Catherine DE VILLEQUIER, fille et unique héritière de René Bon de Clervaux, Chev. des ordres du Roi, 1er gentilhomme de sa chambre, etc. Il laissa plusieurs enfants, dont l'aîné, CÉSAR, suit.

Aumont (César d') fit ériger la baronnie de Clervaux, à laquelle il avait réuni la B^nie de Thuré, en marquisat, par lettres patentes du mois de févr. 1620. Il fut Vte de la Guierche, baron de Chappes, gouverneur de Touraine, grand sénéchal de robe courte de Châtellerault. Il avait épousé : 1° Renée AUX-EPAULES, dite DE LAVAL, fille de René Mis de Nesle, dont il n'eut point d'enfants, et 2° Marie AMELOT. Il eut de son 2e mariage : 1° JEAN-JACQUES, mort très jeune et avant son père en 1627 ; 2° ANNE, dame de Clervaux, qu'elle porta à Gilles Fouquet, Chev., ci-devant premier écuyer de la grande écurie du Roi ; 3° N.

AUMONT. — Famille originaire de Fontenay.

Aumont (N.) était curé de Bessay et doyen de Mareuil en 1060. (De la Fontenelle, Hist. des Evêques de Luçon.)

Aumont (Jean), s^r de Beaupuy, fut pourvu, le 19 déc 1714, de la charge de receveur des tailles alternatif (receveur particulier des finances) de l'élection de Fontenay-le-Comte. (M. A. O. 1873, 387.)

Aumont (Nicolas), prêtre, et

Aumont (Pierre), s^r de la Roche, figurent l'un et l'autre comme cousins germains dans l'estoc maternel de l'époux, au contrat de mariage de M. Fleury de la Caillère avec Jeanne Texier, du 19 juill. 1717. (G. de Fleury.)

Aumont (N.) épousa, vers 1780, Marc-Auguste-Armand de Mouillebert.

AUNAY (D'). — Les vicomtes d'Aunay tenaient le 3e rang parmi les grands feudataires du comté de Poitou, et ils possédaient à titre héréditaire la charge de grand chambellan.

La 1re famille vicomtale a duré pendant 3 siècles, et on trouve ses représentants à la cour des comtes de Poitou aux Xe et XIe siècles. Au XIIe au contraire, on ne voit presque plus de documents constatant leur existence ; aussi nous ne pouvons fixer d'une manière absolument certaine la filiation complète de cette grande famille féodale ; mais les renseignements que nous avons recueillis nous permettent de l'établir cependant en grande partie.

Blason. — D'après une note du vol. 145, pièces originales (cab. titres), le sgr d'Aunai, chevalier de la 1re croisade, portait : « d'or à 6... (*sic*) de gueules ». Une autre note, n°s 14 et 16, dit que le sgr d'Aunay, chevalier du Poitou, à la croisade de 1190, portait : « d'argent au lion de gueules et un bâton d'azur brochant (en bande) ». Dans le Dict. de la noblesse, on dit que les V^tes d'Aunay portaient : « d'or au chef de gueules, au lion naissant d'or ». (Ce sont les armes des d'Aunay de Picardie.) Mais les véritables armes étaient probablement : « d'or losangé de gueules, au pal d'or » ; car ce blason, porté dès 1220 par Geoffroy de Rancon, Vte d'Aunay à cause de sa femme, fut porté également par les de Mortagne, V^tes d'Aunay après les Rancon.

1. — **Aunay** Maingot, Vicomte, que Besly croit être le vicomte d'Aunay, est nommé dans une charte de St-Maixent, avec Eble, Cte de Poitou, l'an 10 du roi Charles (906). (Besly, Comtes, p. 224.) On le trouve aussi témoin en 912. Il eut pour successeur :

2. — **Aunay** (Cadelon d'), Ier du nom, Vicomte dès l'année 922, l'an 26 du roi Charles, charte de Nouillé. (Besly, 221.) On le retrouve nommé dans plusieurs chartes de la 1re moitié du XIe siècle, l'an 15 du roi Louis (950), St-Jean-d'Angély, etc. Il se maria, dit-on, 2 fois et eut de SÉNÉGONDE, sa dernière femme : 1° CADELON, qui suit ; 2° ALDÉARDE, mariée,

vers 950, à Arbert, Vte de Thouars; elle fonda l'abbaye d'Airvau en 971 et vivait encore en 988; 3° Eble, Vicomte, qui signe avec son frère Cadelon une charte de St-Cyprien, l'an 13e du roi Lothaire (967). (Besly, 280.) Il eut peut-être postérité. (M. d'Asnières de la Chasteigneraye, dans ses Fragments d'un gros recueil, prétend que Sénégonde était fille de Constantin le Gros, sgr de Pons, et qu'elle eut aussi pour fils Renaud, sire de Pons; mais tout cela n'est que pure imagination.)

3. — **Aunay** (Cadelon d'), IIe du nom, Vicomte vers 960-1000, est probablement celui qui fut témoin en 958 (l'an 5 de Lothaire) d'une charte de St-Maixent. (Besly, 253 et 255.) Il signe avec son frère Eble, qualifié aussi Vicomte, une charte de St-Cyprien, vers 967 (Besly, 280), et fit don à Noaillé du domaine de Montvinard, l'an 2e du roi Hugues (988). Il épousa Ansende, qui, avec ses 3 fils, fit don à St-Jean-d'Angély, après le décès de son mari. De ce mariage: 1° Cadelon, qui suit; 2° Raoul, nommé avec ses frères dans une charte de St-Jean-d'Angély; 3° Constantin, qui porta le titre de Vicomte et fit don à St-Jean-d'Angély, vers 1030; 4° Aldéarde, nommée dans une charte de son frère Cadelon, qui se fit moine à St-Jean-d'Angély.

4. — **Aunay** (Cadelon d'), IIIe du nom, Vicomte vers 1000-1030, fut témoin avec son père du don fait à St-Cyprien par Eble, fils d'Achard, sous le roi Robert (vers 996). Il signe une charte l'an 13 de Robert (1008), et est nommé avec son fils Guillaume dans un don fait à l'abbaye de Bourgueil d'un moulin sur le Clain, dessous l'abbaye N.-D. et St-Vincent de Poitiers, en 1028. Il est aussi nommé dans la bulle du Pape adressée aux seigneurs poitevins, en faveur de St-Jean-d'Angély, l'an 1030. (Besly, 299 *bis*.) Vers cette époque, il se fit moine dans cette même abbaye et donna la forêt d'Essouvert? du consentement de son fils et de sa fille, et aussi de son frère Constantin et de sa sœur Aldéarde. (Cart. St-Jean, 47.) Il avait épousé Ameline, nommée avec son fils dans une charte de St-Jean-d'Angély (n° 48); elle donna le fief de Mougon, près Melle, à Odilon, abbé de Cluny. (Gallia Christ. II.) De ce mariage: 1° Guillaume, qui suit; 2° Adélaïde.

5. — **Aunay** (Guillaume d'), Ier du nom, Vicomte vers 1030-1070, nommé avec son père dans plusieurs chartes du temps du roi Robert, confirma avec sa femme et son fils les dons faits à St-Jean-d'Angély par son oncle Constantin, par charte donnée sous le roi Henri. (Cart. St-Jean, n° 64.) Il fut l'un des fondateurs de N.-D. de Saintes en 1047 et donna l'abbaye de St-Pallais, que tenait alors en fief Constantin de Melle, son vassal. (Cart. Saintes, n° 55.) En 1067, il donna à St-Florent de Saumur, en présence de son fils Cadelon et de Renaud de Pons, l'église de St-Martin de Pons et la chapelle de N.-D., sur la porte du château de cette ville. (Livre noir de St-Florent, f° 87.) Il mourut en 1070 et fit don, à ses derniers moments, de l'église de St-Séverin à l'abbaye de St-Jean-d'Angély. (Cart. St-Jean, n° 271.) Il épousa Aldéarde, nommée dans une charte de St-Jean-d'Angély (n° 64), et eut pour enfants: 1° Cadelon, qui suit; 2° Hilaire, qui est nommée dans une charte de son neveu Guillaume Vte d'Aunay, pour Montierneuf.

6. — **Aunay** (Cadelon d'), IVe du nom, Vicomte vers 1070-1100, fit don avec son père des églises de Pons à St-Florent en 1067; il fit don à N.-D. de Saintes en 1076, et céda à Montierneuf l'église St-Paul de Poitiers en 1083; de 1070 à 1086, il donne au monastère de St-Florent de Saumur l'église de St-Just, sise en son chât. d'Aunay, pour y établir un monastère. (Marchegay. Arch. d'Anjou, 275.) D'après la Chronique de Maillezais, il fit construire St-Nicolas de Poitiers, consacré en 1099. Il donna St-Julien à N.-D. de Saintes, en partant pour la Terre Sainte, le 10 des kal. de juill. 1098 (n° 217), et mourut vers la même époque. Il épousa: 1° Florence, nommée dans une charte de St-Florent et dans le don de St-Séverin à St-Jean-d'Angély, vers 1070; 2° Julienne, qui avec son mari concède Juillé à St-Jean-d'Angély, en présence de Ramnulfe, évêque de Saintes (vers 1090), et vers 1095 concède avec son mari et ses fils le lieu de Courgeon à St-Jean (n° 106). Il prend part à la 1re croisade en 1098 et dut assister à la prise de Jérusalem en 1098. (Grasilier. Cart. de Saintonge, p. 4.) Son nom est omis par M. Roger, Noblesse de France aux croisades. De ces 2 mariages il eut plusieurs enfants; nous ne connaissons que: 1° Guillaume, qui suit (probablement du 1er lit); 2° Cadelon (probablement du 2e lit), qui reçut 27 sols pour le don de Courgeon.

7. — **Aunay** (Guillaume d'), IIe du nom, Vicomte vers 1100-1130, fut surnommé Assalit; en 1101 il confirme le don de Montvinard fait à Noaillé. (D. F. 19.) Il reprit l'église de St-Paul de Poitiers, donnée par son père à Montierneuf, et la garda plusieurs années; mais il la rendit en 1116, du consentement de sa femme et de ses enfants, qui ne sont pas nommés. (Besly, 388.) Nous pensons qu'il eut pour fils aîné:

8. — **Aunay** (Cadelon d'), Ve du nom, Vicomte vers 1130-1160, sur lequel nous n'avons pas de renseignements. Il épousa Gillette (Œgidia), qui était originaire de Touraine. D'après un titre du prieuré de Tavent, elle fut témoin avec Guillaume et Chalonet, ses fils? d'un accord entre Philippe de Faye et Pierre de Ceaux (moitié du XIIe siècle?). (Marmoutiers, Lat. 5441², 282.) On trouve dans l'Obituaire de la cathédrale de Tours: « *Idibus aprilis, obiit Egildis, vicecomitissa* « *de Onaio, pro cujus anniversario dedit thesaurarius* « *Turonensis filius suus, 30 solidos turon. quos tenetur* « *reddere capitulum Condatense.* » (Mém. Soc. Arch. Tour. 1865, 35.) De ce mariage: 1° Guillaume, 2° Cadelon ou Chalon, peut-être trésorier de l'Église de Tours.

9. — **Aunay** (Guillaume d'), IIIe du nom, probablement Vicomte vers 1160-1190, épousa (à moins que ce ne soit son fils) Mathilde, qui, en 1199, assista à une donation faite par la reine Aliénor à Fontevraud; elle eut pour enfants: 1° Guillaume, qui suit; 2° Jeanne, Vtesse d'Aunay après son frère, qui épousa, vers 1200, Geoffroy de Rancon; elle mourut en 1235, et fut inhumée à Tusson, près Ruffec, prieuré de Fontevraud.

10. — **Aunay** (Guillaume d'), IVe du nom, Vicomte vers 1190-1204, sgr de Chemillé, fit accord avec le prieur de Chemillé: « *Assensu uxoris meæ E. vicecomitissæ, de cujus patrimonio erat terra de Camiliaco* ». (Cartul. de Chemillé, copie Marchegay, n° 31. Bibl. Nat.) En 1201, il concéda à Fontevraud les dons faits jadis par Pierre de Chemillé, et mourut peu après, sans postérité, car la vicomté d'Aunay passa à sa sœur. Il avait épousé, vers 1200, Eustache (d'Argenton) dite de Chemillé ou de Montagne, fille unique de Pierre (d'Argenton) dit de Chemillé et de Sibille de Mortagne; elle se remaria en 2es noces à Guy de Thouars, comte de Bretagne, veuf de Constance de Bretagne, puis en 3es noces à Renaud de Maulévrier.

AUNAY (d'). — Il y a eu en Poitou, outre les anciens vicomtes d'Aunay, plusieurs familles qui ont porté le nom d'Aunay ou Aulnay; il y a eu une famille d'Aunay en Loudunais, et probablement une autre fixée dans les environs de Dissais dès le XIVe siècle.

Blason. — Nous n'avons pu retrouver les armes des d'Aunay du Poitou. Une note de d'Hozier indique : « de sable à un lion d'argent ». (Pièces orig. 45, n° 12.) Une famille d'Aunay en Laonnais portait : d'argent à une bande de gueules.

Aunay (Geoffroy d'), « G. de Ocnai », fut témoin en 1200 d'un don fait à l'abbaye de Noaillé par Geoffroy de la Celle. (Fonds Lat. 17042, p. 143.) Il fut aussi témoin d'une charte de Maurice, évêque de Poitiers.

Aunay (Geoffroy d'), *Gaufridus de Aunaio*, est cité dans une cession faite aux évêques d'Angoulême de divers droits dans la dîme de Campelac. (D. F. 13.) Nous pensons que ce personnage était peut-être issu de quelque branche cadette des Vtes d'Aunay.

Aunay (Guillaume d'), Chev., témoin en 1321 d'un acte concernant la famille de Surgères (p. 84), était peut-être aussi issu des puînés de la famille vicomtale.

§ Ier. — AUNAY (d') en Loudunais.

Aunay (Pierre d'), valet, confirme la vente faite par Geoffroy d'Aunay, clerc, son frère, d'une rente en blé dans la mouvance de St-Jouin, au recteur de la Chaussée. — Acte de 1273. (Tit. St-Jouin, Lat. 5449, 59.)

Aunay (Pierre d'), clerc, fils de Hugues, était décédé avant 1281 ; à cette époque, l'abbé de St-Jouin cède leur herbergement à Josselin de Luyens, Chev. (D. F. 13.)

Aunay (Aimery d') fut tuteur en 1417-1423 des enfants de feu Thibaud Jousseaume et de N. de la Forest, et fit aveu en leur nom des fiefs de Rigalier et Vérines. (Arch. chât. de Thouars.)

§ II. — AUNAY en Chatelleraudais.

Le fief de Jean d'Aunay relevait à hommage lige, 65 sols de devoir, de la vicomté de Châtellerault.

Aunay (Jean d'), valet, fit aveu à Châtellerault pour le Fief-aux-Morins, *aliàs* Mousseaux, le 14 janv. 1379, en 1388, 1392 et 1410. (Invent. de Chât. Arch. Vien., p. 44.) Il épousa Philippe de Montcouard, dont il eut :

Aunay (Aimery d'), Ec., qui fit aveu du même fief, 30 mai 1423.

Aunay (Jean d'), Ec., paroissien de Dissais, fut témoin d'une vente faite le 25 mai 1397.

Aunay (Jean d'), peut-être le même, fit aveu à Lusignan, le 16 mars 1408, pour le fief de la Fontaine-aux-Arembert, psse de Chenay. (Livre des fiefs.)

Aunay (Jean), peut-être le même, avait épousé Jacquette Audouin, d'après un acte du 5 juill. 1433.

Aunay (Colas d') servit comme brigandinier du sr de Lisle (ban du Poitou de 1467).

Aunay (Jean d'), Ec., sgr du Puy, du Breuil et de la Jarrie, psse St-Georges-les-Baillargeaux, fit aveu à la Tour Maubergeon le 16 juill. 1496, en 1499, et le 15 avril 1515. Il servit au ban du Poitou en 1491, dans la châtellenie de Poitiers, et laissa pour fils :

Aunay (Raoul d'), qui fit aveu du Puy et de la Jarrie, après la mort de son père. (O.)

Aunay (Jean d') faisait en 1491 partie de la garnison du château de Blays ? Peut-être le même que le sgr du Puy.

§ III. — AUNAY (d') Divers.

Aunay (Maurice d') fit don à l'Absie sous Rainier, 3e abbé, vers 1160 (n° 545).

Aunay (Foulques d') et Jean d'Aunay firent partie du ban assemblé en 1242 pour faire la guerre au comte de la Marche.

Aunay (Parceval d'), Chev., servait en 1328.

Aunay (Guillaume d'), Chev., servait avec 4 écuyers en 1340.

Aunayo (*Philippus de*), *prior de Fontiniaco*, est cité dans un traité passé le 21 mai 1347 entre Rainaud, év. de Luçon, et son Chapitre, au sujet du partage des biens de l'église cathédrale. (D. F. 14.)

Aunay (Robert et Guillaume d'), chevaliers, tués à la bataille de Poitiers, le 19 sept. 1356, furent inhumés dans l'église des Jacobins. (Ils étaient probablement originaires de Picardie. On croit qu'ils portaient pour armes : d'or au chef de gueules.)

Aunay (Jean d') servait comme écuyer le 1er juill. 1368 et le 16 juill. 1371.

Aunay (Philippe d'), Chev., servait le 13 juill. 1376.

Aunay (Philippe d') servait comme homme d'armes en 1485.

Nous ne pouvons savoir si ces derniers personnages appartenaient à des familles poitevines.

AUNOUX ou **ONOUX** (d'). — Quoique ce brave capitaine soit étranger à notre province, nous croyons devoir le mentionner ici, car il a passé ses derniers jours parmi nous et a trouvé la mort à Poitiers, dont il fut l'un des plus valeureux défenseurs contre les protestants (1569).

D'Aunoux, mestre de camp au régiment de Brissac, s'était distingué dans les guerres de François Ier et de Henri II. En 1569, il commandait à St-Maixent, lorsqu'appelé par le Cte du Lude pour renforcer la garnison de Poitiers bloquée déjà par l'armée de Coligny, il part de St-Maixent le 31 juill. 1569, entre 9 et 10 heures du soir, avec 500 hommes d'élite (il avait envoyé le reste de ses troupes à Parthenay, sous les ordres du capitaine Allard), parcourt en 4 heures et demie les 10 lieues qui le séparent de la ville assiégée, où il pénètre par la porte de la Tranchée, après avoir culbuté et forcé les corps de garde protestants. Mais, le 23 août, un coup de feu qu'il reçut à la tête, en défendant une tour attaquée par La Noue, mit fin à ses jours. Sa vie et sa mort furent célébrées par Nicolas Rapin, dans une épitaphe que nous a conservée Liberge, dans sa relation du siège de Poitiers. (Hist. du Poitou, t. IV.)

AUPAREDS (ou **DE PAREDS**), comme nom de famille, n'a été porté — à notre connaissance du moins — que par un cadet des anciens seigneurs de Chantemerle, qui l'étaient aussi de la terre de Pareds ou Aupareds, Pierre d'Aupareds, qui consent à la donation faite à l'abbaye de la Grenetière, vers 1195, par Guillaume de Chantemerle, sgr d'Aupareds, son frère, de 17 sous de cens annuel sur les tailles de Mouchamps, etc., et confirmant tous les dons que *Isdernus dominus Alperusii*, leur auteur, avait faits à ce monastère. (D. F. 9, 169, 173, 177.)

AURAY (d'). — Nous ne relatons cette famille que parce que l'un de ses membres,

Auray (Jean-Baptiste-François d'), Vte de Brie, fut convoqué à l'assemblée de la noblesse de Poitou en 1789, comme sgr de Saint-Pierre-de-l'Isle.

Il était né à Auray en Bretagne, le 25 oct. 1741, fut l'un des commissaires de la noblesse de Saintonge, émigra et servit dans la compagnie de Saintonge et Angoumois, formée à Munster par le Cte de Montausier. Il était en 1817 capitaine retraité et habitait la Rochelle.

Blason. — La famille d'Auray de Brie : losangé d'or et d'azur.

Les renseignements qui précèdent sont en partie puisés dans l'ouvrage de M. de la Morinerie sur la noblesse de Saintonge, que cette famille, croyons-nous, habite encore.

AUREREAU. — Cette famille, qui a fourni au barreau de Poitiers plusieurs avocats estimés, paraît être éteinte dans cette ville et dans les environs.

Aurereau (François), avocat au Présidial de Poitiers, et Jacquette Esquot, son épouse, existaient le 21 mars 1601.

Nous devons à l'obligeance de feu M. Pallu, juge au tribunal civil du Mans, la plus grande partie des notes qui vont suivre.

Filiation suivie.

1. — **Aurereau** (Pierre), avocat au Présidial de Poitiers vers le milieu de la seconde moitié du XVIe siècle, épousa Marie Tusseau, veuve de Michel de Belleville, avocat au même Présidial ; il laissa de son mariage : 1° François, qui suit ; 2° Marie, qui épousa Hardouin Sauriau, s[r] de Gisais ; 3° Paule, mariée à Jean Gabriau, s[r] des Cranières. (D.-Sév.)

2. — **Aurereau** (François), avocat au Présidial de Poitiers, épousa Françoise Follet. Ils laissèrent de leur mariage : 1° Mathieu, qui suivra ; 2° et 3° Mathurin et Laurent, dont nous ignorons le sort ; 4° Jean, qui fit profession dans l'Ordre des Carmes ; 5° Jacquette, mariée à Nicolas Dupont ; 6° et 7° Françoise et Catherine, religieuses hospitalières ; 8° Paule, mariée à N. Poictevin, morte deux ans après son mariage ; 9° Anne, dont nous ignorons le sort.

3. — **Aurereau** (Mathieu), Ier du nom, avocat au Présidial de Poitiers, fit l'acquisition en 1666 de l'office de certificateur aux criées. Il joignait sans doute aux connaissances exigées pour son état une adresse remarquable dans le jeu de paume, car nous pensons que ce fut lui qui eut l'honneur de faire la partie du roi Louis XIV, lorsque ce prince passa à Poitiers, en 1659 ou 1660, et il ne le dut sans doute qu'à une réputation justement méritée.

Mathieu Aurereau avait épousé D[lle] Charlotte Maxias, veuve de Pierre Babinet, par contrat du 12 févr. 1665, et fille de Hélie et de Barbe Le Roy, dont il laissa : 1° Mathieu, qui suivra ; 2° Jacquette, mariée à Jacques de Belhoir, s[r] de Lafond.

4. — **Aurereau** (Mathieu), IIe du nom, avait épousé D[lle] Henriette-Geneviève Robin ; ils étaient séparés quant aux biens le 24 mars 1695, et Mathieu était décédé avant le 4 nov. 1723. Ils laissèrent trois filles : Jacquette, Henriette et Louise, restées célibataires.

La famille Aurereau avait fondé une chapelle de son nom dans l'église de la Chapelle-St-Laurent, près Parthenay. Le Pouillé du diocèse de Poitiers ne donne pas le nom du fondateur ; l'évêque de Poitiers était en 1782 collateur de la chapelle, *ob defectum patroni.*

Il y avait aussi en 1782, à Bressuire, une chapelle dite de St-Pierre-des-Aurereaux ou de Pierre-Folle, qui était à la présentation de la famille Aurereau.

AURIAU. — Famille qui, au XVIe siècle, habitait Mirebeau ou les environs. La majeure partie des quelques renseignements qui suivent sont puisés dans la notice de M. Ed. de Fouchier sur la B[nie] de Mirebeau. (M. A. O. 1877.)

Auriau (Jean), prêtre, tenait en 1508 le fief de la Roche-de-Cuhon, relevant de la sgrie de Cuhon (p. 176).

Auriau (Abraham), prêtre, tenait en 1508 et encore en 1534 le fief de la Biouallière (p. 254).

Auriau (Mathurin), curé et chanoine de N.-Dame de Mirebeau, s'était fait adjuger les biens saisis sur D[e] Baron de Vaujallais, par décret du 1er févr. 1694. Mais, le 20 févr. 1700, François Fouchier, Ec., sgr de Pontmoreau, exerça le retrait lignager de ces terres. (N. de Fouchier.)

AUSSECOT. — Famille depuis longtemps éteinte, qui habitait les environs de Chauvigny, sur les confins du Poitou et de la Basse-Marche.

Aussecot (Jean) faisait, le vendredi *post Ascensionem* 1346, un achat de terre, etc., de Marguerite *de Bosco Morandi*, veuve de Hugues de *Ebinduiment.* (Arch. de la Contour. D. F. 83.)

Aussecot (Jehan de), valet, s[r] de Fressinay, peut-être le même que celui qui précède, *Guillelmus Boletus, dominus de Spina*, constitue à son profit, le mercredi *ante festum. B. Barnabi apostoli* 1361, la rente annuelle d'un poinçon de vin assise sur la dîme d'Angle (Vienne.) (Id. id.) Il fit aveu du fief de Fressinay le 30 juin 1372 et le 6 janv. 1384 à Chauvigny. Il eut pour fille Jamette, mariée à Jean Ymbauld, valet, qui fit aveu de Fressinay ou Fressinet le 26 juill. 1396. (Titr. évêché Poitiers, Lat. 17041, 4.)

AUSSEURE (d') ou **DAUSSEURE**. — Ancienne famille qui a occupé dès le XIVe siècle et avec distinction des fonctions élevées dans la magistrature et les conseils de la commune de Poitiers, à laquelle elle a fourni quatre maires et cinq échevins. Elle paraît être éteinte depuis environ deux siècles.

Blason. — D'Ausseure ou Dausseure portait : d'azur au pélican d'or couronné de gueules (Arm. Goujet), se becquetant la poitrine. (Cat. des maires de Poitiers.)

Ausseure (Naudet d') faisait partie du corps de ville de Poitiers en 1301, et fut chargé, le 28 nov. de la même année, par le sénéchal du Poitou, de l'informer si les assises que les prieur et chanoines de l'église de Ste-Radégonde tenaient dans leur ville de Voillé (Vouillé) ne faisaient point de tort au Roi. Il fut maire de Poitiers en 1305. (D. F.) Il accompagna messire Pierre Chandouault, Chev., chargé en 1303 de chasser quelques gens de guerre qui ravageaient la vicomté de Châtellerault. D'Ausseure commandait sans doute les milices de la ville de Poitiers.

Ausseure (Guillaume d'), marchand de Poitiers, est nommé dans un contrat d'échange entre l'évêque de Poitiers et des gentilshommes du nom de Montléon, le 29 juin 1410. (D. F. 3.)

Ausseure (Catherine d') épousa, vers 1420, Robinet Bellère, échevin de Poitiers. En 1433, étant veuve, elle fit aveu de Vaires.

Ausseure (Jeanne d') avait épousé François

Lamberthon, sgr du Bizon, procureur du Roi des eaux et forêts ; elle était décédée avant le 3 mai 1587, date du testament de son mari. (Greffe de St-Maixent.)

Bien que nous ne puissions justifier par titres la filiation suivie qu'à partir de Denis d'Ausseure, nous croyons pouvoir établir comme ancêtres de ce dernier les personnes dont les noms suivent, attendu qu'ils sont tous qualifiés de sgrs de la Roche-de-Vendeuvre ou de la Cour-des-Forges, terres que nous voyons possédées par Denis et ses descendants.

La majeure partie des documents employés dans cette portion de notre travail sont conservés dans les Archives du dép^t des Deux-Sèvres.

Ausseure (Guillaume d'), citoyen de Poitiers, rendait aveu au chât. de Poitiers le 16 janv. 1392, pour un verger sur lequel *il souloit* avoir herbergement, étant aux droits de Jean et N. Levroux, enfants de Pierre, citoyen de Poitiers (Livre des fiefs), et il en rendit deux autres à la Tour de Maubergeon, l'un le 13 janv. 1373, au nom de Jean de la Croix, et l'autre le 18 oct. 1393, étant qualifié *le jeune*, pour son herbergement de la Cour-des-Forges, comme héritier de Samuel Regnault.

Ausseure (Etienne d'), bourgeois de Poitiers, achetait, le 3 juin 1403, une vigne au terroir des Roches ; le 16 août 1408, il achetait encore une vigne sise dans la *ville* de Vendeuvre ; dans cet acte il est dit fils de Guillaume d'Ausseure ; le 31 août 1415 et le 2 mai 1416, il est propriétaire de l'hôtel des Roches. Il était échevin de Poitiers et mourut en 1419, d'après des notes sur les maires de Poitiers. Il avait reçu de Jean Audoyn, comptable de la ville, une somme de 120 liv. pour amortissement d'une rente. (Arch. de Poitiers. M. A. O. 1884.)

Ausseure (Jehan d') recevait, le 2 juill. 1413, des droits de vente et honneur, comme sgr des Roches, pour des domaines sis à Lauballyère. (Arch. D.-S.)

Filiation suivie.

1. — **Ausseure** (Denis d'), qualifié dans divers titres de honorable homme et saige maître, licencié en droit, conseiller du Roi et du grand conseil du duc du Maine, était (d'après des notes conservées dans un portefeuille intitulé Poitou, Bib. Nat.) pensionné du Roi en 1458. Il est qualifié de sgr des Roches dans un acte du 13 janv. 1447. Denis fut maire de Poitiers en 1449-50, et pendant sa mairie fit *parachever* les *Grandes Écoles*. (M. A. O. 1882, 92.)

D'après Thibaudeau (Hist. Poit.), Denis d'Ausseure serait mort de frayeur en se voyant l'objet des soupçons que Louis XI avait conçus contre Loys Chevredent, son gendre, qu'il accusait de complicité avec le duc de Guyenne, qui venait de s'échapper de Poitiers pour aller rejoindre les ducs de Bretagne, de Bourgogne, etc., révoltés contre leur suzerain (1465). Il eut pour enfants : 1° Denis, qui suit ; 2° Marguerite, femme de Louis Chevredent.

2. — **Ausseure** (Denis d'), s^r des Roches-de-Vendeuvre, échevin de Poitiers, fut député par cette ville aux Etats de Tours en 1468. Il était mort lors du passage de Charles VIII à Poitiers en 1486, car ce prince logea chez *feu Denis d'Ausseure*, place St-Didier. (Inventaire des titres de la ville.)

D'Ausseure était en 1462 sénéchal de la baronnie de Celles-l'Evescault, dépendant de l'évêché de Poitiers.

Denis épousa Marguerite Poussard, qui, se disant veuve et tutrice de ses enfants mineurs, transige le 10 sept. 1474 au sujet de la possession de terres sises aux Roches, qu'on lui contestait et qu'elle et les siens possédaient, comme ayant transport de Jacques Jouvenel des Ursins, évêque de Poitiers, patriarche d'Antioche. De ce mariage sont issus : 1° Jacques, qui suit ; 2° Marguerite, et d'autres enfants qui ne sont pas connus.

3. — **Ausseure** (Jacques d'), Ec., sgr des Roches-de-Vendeuvre, de l'hôtel du Chatenay, etc., licencié ès lois. Charles VIII, instruit de ses capacités, lui fit expédier en 1490, de son propre mouvement, des lettres de conseiller, maître des requêtes ordinaire de son hôtel ; mais d'Ausseure refusa cette charge et supplia le Roi d'agréer son refus, en disant « que jamais il ne mettroit « en danger son âme, pour juger la vie, l'honneur et les « biens des personnes ».

Il avait rendu, le 8 avril 1480, un aveu à l'évêque de Poitiers, tant pour lui que pour sa mère, de l'hôtel et fief des Roches, de l'hôtel noble et herbergement de Chatenay, etc. (Arch. D.-S.) Il rendait encore d'autres aveux pour les mêmes terres les 24 janv. 1499, 16 août 1500, 6 août 1512 et 5 févr. 1520.

Il avait obtenu, le 7 févr. 1512, de l'évêque de Poitiers l'autorisation de fortifier son hôtel des Roches, et en août 1516, le Roi ratifia cette permission par lettres signées « par le Roi, J. Balan ; présent, de Moulins ». (Id.) D'après le Registre de Malte, il épousa : 1° Jeanne des Croix, de St-Antoine du Rocher ; nous croyons que ce nom a été mal écrit ; et 2° Jeanne Prévost, qui faisait le 23 déc. 1513, comme épouse de Jacques d'Ausseure, un échange de rentes avec Jean de Chavreroche, sgr de la Chèze et curé de St-Martin de Brulain (Deux-Sèv.).

Jacques avait été maire de Poitiers en 1510, et Bouchet, dans ses Épitaphes, vante son désintéressement comme avocat. La ville de Poitiers lui vendit, le 14 juin 1516, une rente due sur une treille sise derrière la maison d'un feu Jean Prévost, peut-être son beau-père.

Jacques d'Ausseure mourut au mois d'oct. 1520, laissant de son mariage :

4. — **Ausseure** (René d'), Ec., sgr de la Cour-des-Forges et des Roches, rendait un aveu à l'évêque de Poitiers pour cette terre, le 5 févr. 1520. Il était en 1518 l'un des suppôts de l'Université de Poitiers, et à ce titre obtenait une sentence d'Aymé Brochard, juge conservateur des privilèges de l'Université, contre certains individus qui le troublaient, lui et son père, dans la jouissance du fief des Roches. Dans certains actes il est qualifié de noble, honorable et saige maistre, licencié ès lois, assesseur pour le Roi en Poitou, et dans d'autres de lieutenant particulier et assesseur (1520).

René fut exempté de comparaître au ban et arrière-ban de 1542, comme il ressort d'un certificat qui lui fut délivré, le 18 avril de cette année, par François du Puy-du-Fou. (M. A. O. 1882, 96.) Maire de Poitiers en 1524, 1525 et 1544, il avait reçu en cette qualité, le 17 mars 1545, le compte des deniers patrimoniaux de cette ville rendu par le receveur Jean Neveu. Il était échevin et rendait comme tel un aveu au Roi le 9 févr. 1548, pour le fief de Bouillet. Il fut créé Chevalier par le duc d'Aumale, qui logea chez lui en allant à Bordeaux, par lettres du 3 oct. 1548, dont on peut lire la teneur dans l'Hist. du Poitou de Thibaudeau.

Il laissa de Marguerite Tyndo, dame de la Brosse-Guilgault, fille de Noël, Ec., s^r de la Brosse, et de Marguerite Poussard : 1° Guy, qui suit ; 2° Jehanne, mariée, le 1er févr. 1529 (v. st.) (M. Chaigneau et N. Rousseau, not^res), à René Berthelot, Ec., sgr de Fief-Clairet, maire et capitaine de la ville de Poitiers. Le 2 mars 1541, ils se faisaient une donation mutuelle et ordonnaient que s'ils décédaient dans la ville de

Poitiers, ils fussent inhumés dans la chapelle qu'ils avaient fait construire dans l'église St-Germain, et qu'ils avaient fondée et dotée par contrat du 30 nov. 1636. (Ogeron et Chaigneau, notres à Poitiers.) Jehanne était veuve dès le 19 juill. 1561, et rendait comme telle un aveu au Roi pour les fiefs de Guinefolle et de la Tour d'Anguitard relevant du chât. de Poitiers. (B. A. O. 1874, 142.) Par son testament du 23 janv. 1579, elle lègue 10 liv. de rente à la ville de Poitiers et fonde une école à Vendouvre. (Arch. D.-S. et de la ville de Poitiers.)

3° CHARLOTTE, mariée, le 13 déc. 1545 (Porcheron et Rousseau, notres à Poitiers), à Antoine Grignon, Ec., sgr de la Pélissonnière (G. Grignon) ; sa sœur Jeanne lui légua tous ses biens meubles et immeubles ; 4° FLEURANCE, religieuse à l'abb. de Ste-Croix de Poitiers ; elle est comprise dans le testament de sa sœur Jeanne, qui lui assigne une rente de 50 liv. sur sa métairie de l'Airable.

5. — **Ausseure** (Guy d'), Ec., sgr de la Cour, des Roches-de-Vendeuvre et de la Brosse-Guilgault du chef de sa mère, prêta serment le 8 juill. 1546, comme assesseur en survivance de la charge de son père. (A. H. P. 15.) Il recevait divers aveux depuis le 9 juill. 1559 jusqu'au 30 juin 1556, dus à sa sgrie des Roches, dans lesquels il est qualifié de conseiller au Parlement de Paris. Il mourut sans postérité.

On trouve que, le 7 sept. 1569, il rendait aveu au Roi pour son fief de la Cour-des-Forges. C'est la dernière mention que nous ayons trouvée sur son compte. (B. A. O. 1871, 182.)

AUSSEURE (D') ou **DAUSSEURE**. — Famille noble de Saintonge (près Taillebourg).

Blason : de... à la croix de... et une merlette au 1er canton. (Sceau.)

Ausseure (Robin d'), Ec., fit montre à Poitiers le 13 janv. 1355. (Bibl. Nat., Montres et Revues.) Il servait avec 7 écuyers de sa compagnie au camp de Surgères le 28 juil. 1353. (Quittance avec son sceau. P. orig. 132, n° 4.)

Ausseure (Olivier d'), Ec., rendit aveu, le 3 juin 1361, à l'abbé de Charroux pour des dîmes de vendanges qu'il possédait par Jeanne GILBERT, sa femme. (D. F.)

Ausseure (Jean d'), damoiseau, sgr de Bertrand, rendit aveu du même lieu à l'abbé de Charroux le 11 juill. 1387. Il prenait, le 10 avril 1398, le titre de sgr d'Ausseure dans un autre aveu qu'il rendit au même pour son fief des Doffeuds. (D. F.)

Il avait épousé Marie DE BEAUÇAY, dame de la Mothe-de-Beauçay et de St-Marsole. (G. de Beauçay.) Après la mort d'un Jean d'Ausseure, que nous pensons être le même que celui dont nous nous occupons, Guillaume de Chaunay, sgr de Champrevoir, fut nommé tuteur, et eut le bail de JEAN, JOACHIM, JEANNE et ISABEAU, enfants dudit Jean, et il rendit en leurs noms aveu à l'abbé de Charroux le 20 juin 1404. (D. F.) Il rendit en la même qualité de tuteur, le 2 juillet, aveu au château de Taillebourg pour le fief d'Ausseure. Ces mineurs étaient aussi propriétaires de l'hébergement de St-Pardoux, avec droit de moyenne et basse justice, et de partie de la haute justice. (D. F.)

Ausseure (Joachim d'), sans doute un des fils de Jean rapporté plus haut, rendit aveu au chât. de Taillebourg le 16 juin 1423. (D. F.)

Ausseure (Jeanne d'), sœur de Joachim, était, le 7 avril 1430, épouse de Guillaume Odart, Chev., sgr de Verrières en Loudunois. Le 8 août 1444, elle prenait le titre de dame d'Ausseure et de Dompierre ; elle était alors veuve dudit Guillaume. Elle reçut, en sa qualité de tutrice de leurs enfants mineurs, un aveu de l'abbé de Charroux le 13 juin 1446. Elle épousa en secondes noces Joachim de Clermont, sgr de Surgères, dont elle était veuve le 27 mars 1456. (D. F. 8.)

AUSSIGNY (D') ou **D'AUSSIGNÉ**. — Famille noble de l'Anjou.

Aussigné (Marie d'), veuve en premières noces de Pierre de Vendôme, sgr de Segré, épousa en secondes noces Galais du Puy-du-Fou, vers 1420. (G. du Puy-du-Fou.)

Aussigny (Guy d'), Chev., sgr de Trèves, fut un des arbitres qui, le 19 mars 1443, prononcèrent sur un différend entre l'abbé de Valence et Jean de Mortemer, Chev., sgr de Couhé. (F.)

Aussigny ou **Auxigny** (Guy d'), Chev., le même que le précédent ? faisait en 1445 partie de la garnison de la Roche-sur-Yon. (A. N. J. Reg. 177, 308.)

AUSTUOINS (Pierre, fils de N. d'), de Mortagne, comparaît dans un titre de 1110. (F.)

AUTHON (D'). — Ce nom s'écrit aussi d'Auton, ou même d'Aulthon. Cette famille noble et très ancienne, qui a produit de valeureux chevaliers, est originaire de Saintonge ; mais nous avons trouvé un grand nombre de membres de cette maison qui ont habité le Poitou depuis le xve siècle. Elle se prétendait d'origine anglaise, issue d'un chevalier donné en otage au prince Louis, fils de Philippe-Auguste. (Légende inventée au xvie siècle. On a dit aussi que le fameux Barberousse dey d'Alger était un d'Authon passé en Turquie.)

La famille d'Authon était éteinte dès le xviie siècle, d'après les Mémoires manuscrits du Cte de Ste-Maure.

Blason. — La famille d'Authon portait : de gueules à l'aigle éployée et couronnée d'or. (D. Mazet. P. Anselme, 8 29.) Le Cte de Ste-Maure dit de gueules à une aigle d'or éployée et couronnée d'argent, membrée et becquée de même. — La branche de Vauzay portait : fascé d'or et de sable de six pièces. (D'Hozier et Maintenon.) C'est probablement le blason d'une famille alliée.

D'Hozier a donné d'office à d'Authon (feu N.), Ec., sgr de la Blottière : de gueules à un lion d'argent lampassé et couronné de sinople. Auton (Renée d'), femme de Léonard Crozant, Ec., sgr de la Caillère, portait de même. (Id.)

Authon (Aléaïde d') était en 1162 religieuse de N.-D. de Saintes ; elle figure comme *elemosinaria* de ce monastère dans des chartes de 1146-1149. (Cart. de N.-D. de Saintes.)

Authon (Constantin d') possédait en 1170 vers Saintes. (Id.)

Dautao (P.), d'Authon, témoin d'une donation faite le 26 janv. 1235 (n. st.) à l'abb. de St-Etienne de Vaux par Guillaume de Chastelan. (Cart. de Vaux.)

Auton (Olivier d'), Chev., était décédé dès 1228. Porteclie de Mauzé fit pour lui une fondation au prieuré de Ste-Croix de Mauzé.

Auton (Hugues d'), Chev., fut, dit-on, sénéchal de Beaucaire en 1255 et 1267.

Authon (Roland d'), Chev., sgr de Vénérand, est cité dans la généalogie des Polignac de Saintonge, comme ayant épousé Jeanne SALEBRACHE, au XIIIe siècle.

Authon (Olivier d'), Chev., vendit une partie de la forêt d'Aunay, 1311 ; il fut père, dit-on, de:

Authon (Hugues d'), valet, figurant dans l'acte de vente d'une forêt du diocèse de Saintes, en 1311, cédée au Roi par Bertrand du Bourg, Ec. (A. N.)

Nous ignorons si c'est le même qui servait avec trois écuyers en 1337. (Montres et Revues. Bibl. Nat.)

Authon (Séguin d') servait à la même époque avec deux écuyers (Id.) ; le 16 janv. 1346, le Roi lui fit don de 50 livres en réparation de dommages subis à la guerre.

Authon (Jean d') prenait le titre d'Ec., sgr de Béruges, dès 1424 ; à cette époque, il transigeait avec le prieur de Béruges, au sujet de la dîme sur la terre de Jallais. (D. F.)

Authon (Marie d') était, le 18 mars 1459, veuve de Charlot de Puytouer, Ec., sgr de la Barbotière, et elle rendit ce même jour hommage à l'abbesse de Ste-Croix, pour l'hébergement de Montgauguier, qui venait de son mari.

Authon (Louis d'), Ec., sgr de Charlée, Fossegrand, Béruges, etc., fit en 1477 aveu à Renaud de Montléon, Ec., sgr de Touffou (psse de Bonnes) ; il épousa Jeanne BIGOT, fille d'Etienne et de Guillemine Berland. En 1449, il vendait Béruges à André Chaillé, bourgeois et échevin de Poitiers. (B. A. O. 1887, 297.)

Authon (Jean d'), abbé d'Angle en Poitou, prieur de Clermont-de-Lodève, naquit vers 1466 ou 1467. L'abbé Goujet prétend même (Biblioth. Franc., t. XI) qu'il reçut le jour à Poitiers. Il fut l'un des plus beaux génies de son siècle, et Dreux du Radier lui a consacré un magnifique éloge dans le 2e vol. de sa Bibliothèque du Poitou. Il prit dans sa jeunesse le parti du cloître, et entra dans l'Ordre de St-Augustin. Louis XII, qui aimait les gens de lettres, et qui les entourait de sa faveur royale, le nomma son chroniqueur, et, pour se l'attacher plus particulièrement, il le fit abbé d'Angles en Poitou, et lui donna plus tard le prieuré de Clermont-de-Lodève en Languedoc. Pendant toute la vie de Louis XII, d'Authon resta constamment auprès de ce prince, afin de pouvoir écrire d'une manière plus précise et plus exacte les événements de son règne. Aussi ses ouvrages ont-ils puisé dans cette circonstance une force et une autorité qui les recommandent puissamment aux amis des études historiques.

Après la mort de son protecteur (1er janv. 1515), d'Authon abandonna la cour, et se retira dans son abbaye, où il mourut, âgé de 60 ans, en 1523, selon l'abbé Ladvocat. Jean Bouchet dit qu'il ne mourut qu'au mois de janv. 1527 (1528).

Aulton (Jacques d') et

Aulton (Louis d') ont été l'un et l'autre brigandiniers du sgr de Bressuire au ban des nobles du Poitou de 1467.

Authon (Colas d') sert comme homme d'armes à la montre du 27 oct. 1471.

Authon (Pierre d') sert en brigandinier au ban des nobles du Poitou de 1488.

Authon (Le Bâtard d') servait comme archer en 1485 et 1491.

Authon (Ythier d'), habitant de la sgrie de Civray, se présenta aux bans de 1491 et 1492, pour remplacer son père âgé de 75 ans.

Aulton (Ythier d'), autre du même pays, servit comme archer au même ban de 1492, au lieu de son père, sgr de Vanzay ; et il lui fut enjoint d'avoir des gantelets.

Authon (Jean d'), de la psse de Champault ? a aussi servi comme archer aux bans de 1491 et de 1492.

Authon (Jeanne d') avait épousé, vers 1500, François Jamin, Ec., sgr de la Motte ; leur fille, ANNE, épousa, en 1518, Jean Raity, Ec., sgr de Vitré. (St-Allais.)

Authon (Honorée d') épousa, vers 1500, Jean de Vivonne, Chev., sgr de Marigny, Chouzé, etc.

Authon (Jean d'), Ec., sr de la Savinière et la Martinière en Châtelleraudais, vivait en 1505 ; il eut pour fils :

Authon (Antoine d'), Ec., sr de la Savinière, la Martinière, Charlée, etc., passe acte en 1535, 1538, 1541.

Authon (Antoinette d') épousa, vers 1520, Antoine de Grailly, des sgrs de Sertaux, près Angle. (Reg. Malte.)

Authon (Constantin d'), Ec., sr du Courteil, épousa, vers 1580, Marie DE MONTALEMBERT.

Authon (René d'), Ec., sr de Lard.... ? était l'un des officiers de M. de la Boulaye, gouverneur de Fontenay, 1583.

Authon (François d'), Ec., sgr de Leille ou Vrille, avait eu de Valérie AUBANNEAU, son épouse, FRANÇOIS, Ec., sgr de Leille, qui épousa, le 8 janv. 1613, à la Coussière (Nanteau, notre), Marthe DE LA COURT, fille de feu René, Ec., sgr de la Boulaye, et de dame Renée Prévost.

Authon (François d'), Ec., sgr d'Ecossas, était, le 14 août 1612, époux de Gabrielle THÉBAUD.

Authon (René d') obtint un arrêt de la cour des Grands Jours de Poitiers du 6 sept. 1634, qui à sa requête ordonne d'arrêter René de la Brosse, dit le capitaine Jourdain.

Authon (Antoine d'), Ec., sgr de la Laigne, est cité dans le même procès sous la date du 3 oct. 1634. (M. Stat. 1878.)

Authon (Jeanne-Marie d') était marraine le 25 fév. 1652. (Reg. de Chef-Boutonne.)

La liste, imprimée en 1667, des gentilshommes du Poitou, annotée, nous fournit les notes suivantes.

Authon (Gabriel d'), sgr de la Blottière, demeurant psse de Sepvret, « déclaré roturier, estant issu de bastard ».

Authon (Marguerite d'), veuve de Henri de Nossay, sgr des Châteliers, psse de Périgné, élect. de St-Maixent.

Authon (Michel d'), sgr des Mazières, psse de la Boissière, élect. de Thouars, probablement le même dont parle l'intendant Colbert ; il ne fut confirmé que le 18 juill. 1668, ayant fait opposition à un jugement du 12 août 1667, qui le condamnait comme usurpateur du titre de noble.

Authon (Le Baron d') de Mazières « est, nous dit l'intendant Colbert dans son rapport au Roi (1664), demeurant ordinairement en Saintonge ; il a épousé la fille du sr du Petit-Puy, prévôt de l'Isle-de-France ».... Il épousa Louise ROUSSEAU, fille ? de René, Ec., sr de la Boissière, dont il eut MARIE-LOUISE, dite De de Mazières en 1657, peut-être décédée sans postérité.

Authon (Gabriel d'), Ec., sgr de la Blottière, assiste, le 5 sept. 1680, au mariage de Marguerite de

Pont, comme oncle de la future, ayant épousé Marie DE PONT, sa tante, laquelle était sa veuve le 28 juin 1693, date d'une transaction avec Léonard de Crozant, Ec., sgr de la Caillère, et RENÉE d'Auton, son épouse, fille d'un premier lit dudit feu Gabriel, à la succession duquel elle renonce également. (De Maupeou.)

Authon (Pierre d'), Ec., sgr de Châteauroux, p^sse de la Jaudonnière, fut maintenu le 8 sept. 1668 ; il eut sans doute pour fils :

Authon (Pierre d'), Ec., sgr de Châteauroux, né en 1679, épousa, le 12 mai 1692, D^e Marie CLÉMENCEAU DE LA MAISON-NEUVE. Il avait assisté en 1681 au contrat de mariage de Frédéric-Henri de Bernon avec Susanne de Puyrousset. Il paraît que ce fut ce Pierre d'Authon qui vendit cette terre de Châteauroux, sise c^ne de la Rhéorte (Vendée), à Mgr de Lescure, évêque de Luçon, dont ses successeurs ont fait leur maison de plaisance. Pierre mourut en 1733, à l'âge de 54 ans, laissant MARGUERITE, mariée, le 1er fév. 1732, à Jean Nicou, Ec., sgr des Bonnières, laquelle fut marraine, le 18 nov. 1714, de Marguerite-Charlotte de Bernon (G. de Bernon.)

Authon (Marie d'), héritière de la maison de Bray en Saintonge, épousa, vers le milieu du XVIIe siècle, Jean Frottier, Ec., sgr de l'Espinay, capitaine de Brouage.

Authon (Pierre d'), Ec., sgr de la Couge, Chalonge, etc., vivait en 1704.

Filiation suivie.

§ Ier.

1. — **Authon** (Jean d'), Ec., s^r d'Authon, Bourg-St-Pierre, d'après diverses notes, fut institué héritier de Séguin d'Authon, archevêque de Tours, son cousin, par testament de 1394 ; il eut, dit-on, pour fils :

2. — **Authon** (Guillaume d'), marié à Pernelle DE SONILLON (d'après la gén. de Livron, Nob. du Limousin, III, 590, ce serait DE SONNEVILLE, car Foucaut de Livron, mari de Robine de Sonneville, fit, dit-on, la guerre en Allemagne avec son beau-frère le s^r d'Authon) ; il eut, à ce qu'on croit, pour enfants : 1° JEAN, qui suit ; 2° JACQUES, chef de la branche de Vanzay, § III ; 3° MARGUERITE, mariée, vers 1440, à Pierre de Barbezières, Ec., s^r de Montigné.

3. — **Authon** (Jean d') épousa, dit-on, Philippe DE TORSAY, et eut pour fils (à moins qu'il ne se soit marié 2 fois) :

4. — **Authon** (Jean d'), échanson du duc de Guyenne (quittance 23 avril 1472), marié à Marguerite DE MAREUIL, dont : 1° NICOLAS, qui épousa Isabeau FLAMENT DE BRUZAC, et mourut sans postérité à Périgueux ; 2° PIERRE, qui suit.

5. — **Authon** (Pierre d'), Ec., fit aveu au sgr de Taillebourg en 1487 ; il épousa Souveraine FLAMENT DE BRUZAC, dont : 1° ANTOINE, qui suit ; 2° ISABEAU, mariée, le 30 sept. 1500, à Georges Gay, Ec. ; 3° MARIE, qui épousa, le 6 mars 1504, Antoine Goulard, Ec., s^r de la Boulidière.

6. — **Authon** (Antoine d'), Ec., s^r d'Authon, servait comme homme d'armes en 1506 ; il fit aussi la guerre maritime au nom du duc de Gueldres. (Voir ses aventures dans la Chronique de Jean d'Authon.) Brantôme raconte qu'il échangea les Bernardières pour le Petit-Mareuil, le 9 fév. 1502, avec François de Bourdeilles, et qu'il alla faire la guerre dans le Levant. Il échangea aussi Mareuil pour la Coudraye, le 12 août 1505, avec Robert de la Roche-Chandry. Marié, vers 1500, à Anne DE St-GELAIS (de la branche de Séligny), il eut pour enfants : 1° RENÉ, qui suit ; 2° PLACIDE, mariée, le 11 sept. 1545, à Jacques Chesnel, Ec., s^r des Roaux ; et probablement 3° PIERRE, marié à Anne D'AMAURY ? dont ANTOINETTE, mariée d'abord à Antoine Renouard, Ec., s^r de Rochebertier, puis à Jean de Livron, Ec., s^r de Puyvidal, le 6 janv. 1578 (dans la gén. de Livron, on la dit sœur de Séguin d'Authon, sénéchal de Saintonge — voir plus loin 9e deg. — et cela pourrait bien être la vérité) ; 4° CHARLES, marié à Anne DE LA MOTTE-St-SURIN.

7. — **Authon** (René d'), Ec., s^r d'Authon, Bourg-St-Pierre, épousa Louise VIDAULT, dont il eut : 1° LOUIS, qui suit ; 2° JEAN, Ec., s^r des Buons, chef de la branche § II.

8. — **Authon** (Louis d'), Ec., partagea avec son frère Jean en 1483. Il épousa, vers 1570, Guyonne DE LUCHET, et eut pour enfants : 1° dit-on, SÉGUIN, qui suit ; 2° JACQUES, Ec., s^r de Boursault, marié, le 26 déc. 1621, à Anne DE LA BRODERIE, appelée ailleurs DE VIVONNE ? dont il eut RENÉ, marié, le 17 sept. 1649, à Catherine GUY : nous ignorons s'il eut postérité ; 3° PIERRE, 4° LOUIS, Ec., s^r de Chalonges, marié à Marie DE FESQUE, dont il eut : *a.* CHARLES, Ec. du gué de Chalonges, marié à Catherine VINET, décédé vers 1650, sans postérité ; *b.* CATHERINE, mariée à Jean de Cousin ? Ec., s^r de Villars, et *c.* MARIE, qui partage avec sa sœur le 11 févr. 1659.

5° CLAUDE, mariée, vers 1600, à Comte de la Tour, Ec., s^r de Geay.

9. — **Authon** (Séguin d'), Chev., s^r d'Authon, B^on d'Oléron, sénéchal de Saintonge, donne quittance en 1611 et 1615. (Dans plusieurs généalogies de la fin du XVIIe siècle, en général faites sans soin, il est dit fils de Louis ; mais, d'après la famille de Livron, il serait frère d'Antoinette, femme de Jean de Livron, et fils de Pierre d'Authon. Voir ci-dessus 5e deg. L'ordre chronologique semble mieux s'accorder avec ce dernier système ; mais nous n'avons pu trouver les titres nécessaires pour découvrir l'exacte vérité.) Il épousa Marie MARTEL, fille de François, sgr de Lindebeuf, et d'Anne de Pons, dont il eut : 1° JEAN, qui suit ; 2° HENRI, Ec, s^r de Pontenier en 1629, père de HENRI, Bon de Pontenier, 1658.

10. — **Authon** (Jean d'), B^on d'Authon, décédé avant 1636, épousa, vers 1600, Julie DE NOSSAY, fille de Pierre, Ec., s^r de la Forge, et de Jeanne-Marie Hélie de la Rochesnard, dont il eut plusieurs enfants mineurs en 1636 et 1639 ; l'aîné fut :

11. **Authon** (Jean-Séguin d'), B^on d'Authon, qui épousa Marie DAVID DU PETITPUY, dont il eut : 1° FRANÇOIS-ROGER, qui suit ; 2° ANTOINE, né en 1663.

12. — **Authon** (François-Roger d'), B^on d'Authon, eut procès en Parlement de Paris, à la fin du XVIIe siècle, comme héritier de ses père et mère. Nous ignorons s'il eut postérité.

§ II. — BRANCHE DES **BUONS**.

8. **Authon** (Jean d'), Ec., s^r des Buons, fils puîné de René et de Louise Vidault, 7e deg., § Ier, enseigne de la compagnie du duc de Bourbon, épousa Marguerite DE PRESSAC, fille d'Antoine, Ec., s^r de Quinsac (Agenais), dont il eut : 1° PIERRE, qui suit ; 2° MARIE, 3° JEANNE, 4° PLACIDE, 5° CATHERINE.

9. — **Authon** (Pierre d'), Ec., s^r des Buons, épousa, vers 1600, Antoinette POUSSARD, fille de Jean,

Ec., sr de Vaudré, et peut-être en 2es noces (à moins que ce ne soit son fils du même nom) Susanne Audouin, fille de Jean, Ec., sr de Balan, et de Jeanne de Claret, dont il eut Marguerite, De des Buons, mariée, vers 1650, à Henri de Nossay.

§ III. — Branche de **VANZAY** (Poitou).

3. — **Authon** (Jacques d'), Ec., sr de Vanzay, dit fils puîné de Guillaume et de Pernelle de Sonillon, 2e deg., § Ier, servit au ban du Poitou de 1467, en brigandinier, sous le sr de Bressuire ; il était âgé de 75 ans en 1491 et fut remplacé par son fils. Il épousa, dit-on, l'héritière de Vanzay près Civray, dont il eut : 1° Ythier, qui suit, et probablement 2° Guillaume, marié à Françoise Guérin, dont il eut Françoise, mariée en 1505 à Méry Rabault, Ec.

4. — **Authon** (Ythier d'), Ec., sr de Vanzay, près Civray, remplaça son père aux bans de 1481 et 1492 ; marié vers 1480, il eut pour enfants : 1° Charles, qui suit ; 2° N., prieur de Vanzay, et probablement 3° Jeanne, mariée à Jean de Barazan, Ec., sr de la Meschinière près Couhé, dont elle était veuve en 1532.

5. — **Authon** (Charles d'), Ec., sr de Vanzay, servait comme homme d'armes, sous M. de la Trémoille, en 1517 et 1519 ; il fut, avec son frère le prieur, impliqué dans un procès criminel devant la cour des Grands Jours de 1531, intenté par Jean de la Croix, abbé des Chastelliers, qui se plaignait de leurs violences ; le procès fut renvoyé devant le sénéchal de Poitou. Marié à Jeanne Lauvergnat, fille de Pierre, Ec., sr de Longes, juge de Lusignan, et de Louise Rabault, il eut plusieurs enfants, qui en 1565 eurent un procès avec des cohéritiers du chef des Lauvergnat. Nous ne connaissons que : 1° Pierre, qui suit ; 2° Jacquette, mariée en 1543 à Guichard de Chemeraud, Ec.

6. — **Authon** (Pierre d'), Ec., sr de Vanzay, Langes, se maria, paraît-il, 2 fois. Le nom de sa 1re femme n'est pas connu, mais elle était probablement une Maunoury et De de la Rigaudière ; en 2es noces avec Marie de Luains, veuve de Joachim d'Orfeuille, Ec., sr de Foucaut, et fille de Joachim, Ec., sr de Puisaut, et de Madeleine de Couhé. Il eut du 1er lit François, qui suit ; du 2e, Marin ou Martin, Ec., sr de Pouffons, Langes, qui épousa, le 10 déc. 1560, Madeleine d'Auzy, fille de Philippe, Ec., sr de Lestortière, et de Jacquette d'Orfeuille, et fut père de Marie, femme de René de Cumont, Ec., sr de Fiefbrun.

7. — **Authon** (François d'), Ec., sr de la Rigaudière, Vanzay, épousa, vers 1550, Louise d'Orfeuille, fille de Joachim, Ec., sr de Foucaut, et de Marie de Luains. Il paraît n'avoir eu que 2 filles : 1° Marguerite, De de Vanzay, mariée d'abord, le 6 mars 1584, à François Bellucheau, Ec., sr de la Renaudière, puis à Jacques de Constant, Ec., sr de Chaillé ; 2° Jeanne, De de la Rigaudière, mariée, le 8 oct. 1592, à Jacques de Maunoury, Ec., sr de la Motte-Menollière.

AUTICHAMP (d'). — V. BEAUMONT.

AUTIN (Jean d') remplaça Pierre Rouxeau comme brigandinier du sr de Bressuire au ban des nobles du Poitou de 1467.

Autin (noble damoiselle N.) était, le 3 juill. 1581, épouse de noble et puissant François des Noubles Bon de la Lande, etc., qui rendait un hommage au sgr des Essarts, à cause de sa femme, de son hôtel de la Grosfolière et des Burgaudières, psse du Tablier. (F.)

AUTONCOURT (*Petrus* de) est mentionné avec plusieurs autres Chev. dans des lettres de Regnault de Thouars, évêque de Luçon. (A. N. J. cart. 181, 77.)

AUTONNET (Claude d'), sr de la Mothe-Ternay, habitait Poitiers en 1668. (F.)

AUVÉ. — Famille noble du Maine.

Auvé (Antoinette), fille de Louis, sgr de Bellefontaine, et de Jeanne du Bellay, épousa Pierre du Plantis au commencement du XVIe se. (Gd-Prieuré d'Aquitaine.)

AUVERGNE (d'). — Famille qui habitait Châtellerault au XVIe siècle.

Blason : d'azur au chevron d'or et 3 tours d'argent. (Gén. de Sauzay.)

Auvergne (Gaspard d'), lieutenant particulier à Châtellerault, fut, le 7 mai 1564, parrain de René Brochard, fils de René, sr des Fontaines, et de Jeanne Sain. (B. A. O. 1856, 250.) Il épousa Claude de Sauzay, fille de Pierre, sr de Beaurepaire, et de Catherine Carré, dont il eut : 1° Jean, 2° Charlotte, mariée à Mathurin Goudon ; 3° Renée, femme de Raymond Bergeron, panneticr de la Reine.

Auvergne (Renée d') épousa, vers 1570, Marc du Bec, Ec., sgr du Verger près Châtellerault.

Auvergne (Jean d'), procureur du Roi à Châtellerault, épousa Jeanne Dupuy, dont : 1° Claude, femme de Jean Rasseteau ; 2° Anne, épouse de René Richard.

Auvergne (François d') fut parrain à Loudun en 1635.

AUVINET ou **AUVYNET**. — Famille du Bas-Poitou, qui a fourni successivement trois présidents au tribunal des Sables-d'Olonne.

Auvynet (noble homme Jacques) fut chargé, le 30 mars 1674, de la procuration de Charles-César Chevalier pour le représenter au partage des biens de Philippe Begaud et de Jeanne Chevalier. (G. Begaud.)

Auvinet ou **Auvynet**, sénéchal de Montaigu, fut un des députés du Tiers-État des marches communes de Bretagne et Poitou aux États généraux de 1789 ; il était en 1778 subdélégué de l'intendant du Poitou, se réunit aux Vendéens et fut l'un des plénipotentiaires de Charette, lors des conférences du château de la Jaunaye. En 1811, il fut nommé président du tribunal des Sables. Il a eu trois fils : Augustin-Moïse, conseiller de préfecture, nommé, le 10 oct. 1814, président du tribunal des Sables, au lieu de son père nommé président honoraire. Il fut nommé Chev. de St-Louis, en raison de sa conduite pendant les guerres de la Vendée ; il abandonna la magistrature et fut appelé à la sous-préfecture des Sables, le 31 janv. 1817. Son frère Armand, second fils, qui était conseiller de préfecture, lui succéda comme président. Ils avaient un frère, Marcel-Zacharie, qui, à cette époque, était juge au même tribunal. (F.)

AUVRAY. — Ce nom est commun à plusieurs familles.

Auvray (Marin), Ec., eut, à cause de sa femme, procès en retrait lignager contre René Cossin, sr de la Gaudinière, en 1537.

Auvray (Philippe), veuve de Mathieu Giraudeau, élu à Châtellerault, fonda un canonicat en l'église N.-D. le 29 juin 1633.

Auvray (Adrien), secrétaire de l'intendance de Poitou en 1759, l'était encore en 1779. Il eut d'Elisabeth-Jeanne-Charlotte ROUSSEL, son épouse, une fille, MARIE-ELISABETH, mariée, le 14 déc. 1779, à Pierre-Constantin Cacault de la Cotterie, et un fils, TÉLESPHORE, décédé à Migné le 4 mai 1767.

AUX (D'). — Noble et ancienne maison originaire du diocèse de Condom (Guyenne), qui vint s'établir en Poitou au XIVe siècle, à la suite des deux prélats sortis de son sein qui montèrent successivement sur le siège de Poitiers.

Un mémoire dressé pour les honneurs de la Cour (A. N. M. 808, p. 35) débute ainsi : « La famille d'Aux est ancienne, elle a des services, des places, et de bonnes alliances, mais elle ne produit aucun acte original antérieur à 1481. Ceci ne regarde que la branche cadette (la poitevine), car les titres qui sont en la possession de la branche aînée remontent bien plus haut. Tout ce que nous rapporterons au-dessus de cette époque (1481) a été pris dans les manuscrits et imprimés du cabinet de l'Ordre du St-Esprit, et même avec ce secours nous ne pouvons faire remonter avec certitude la filiation qu'à l'année 1444, et par présomption à 1414. »

Blason. — La famille d'Aux portait : d'or à 3 roquets (fers de lance épointés) de sable, posés 2 et 1. — La branche aînée des d'Aux de Lescout porte ce blason parti d'or à 3 fasces de gueules, qui est de Goth, pour rappeler sa parenté avec le pape Clément V. — Dans l'Histoire de Malte, Vertot dit que les d'Aux du Poitou portaient : « d'or à 3 aigles de sable ». Ce sont les roquets mal faits qu'on a pris pour des aigles. — Les évêques de Poitiers au XIVe siècle, d'après une note manuscrite, portaient le blason d'Aux parti de Goth, posé sur un lion de gueules en champ d'argent. Ce dernier blason est celui d'une alliance.

Les d'Aux du Bournay ont porté un écu coupé : au 1er d'Aux (les couleurs changées), au 2e de Lomagne? d'autres disent du Bournay?

C'est ainsi que le marquis d'Aux, au XVIIIe siècle, portait : « coupé au premier d'azur chargé de trois roquets d'argent, 2 et 1, qui est d'Aux, et au deuxième d'argent à un lion rampant de gueules », qui est d'Armagnac, dit la généal. de 1784 : ce qui est une erreur.

La branche des Aubus ou de la Blanchardière portait les mêmes armes, quoiqu'elles ne soient pas décrites de la même manière dans l'Armorial de la généralité de Poitiers. En effet, François, Ec., sgr des Aubus, élect. de Fontenay-le-Comte, et N. d'Aux, psse de Dissais, près Poitiers, portaient : « d'argent à un lion de gueules, au chef d'azur chargé de 3 rocs d'échiquier d'or, « ou roquettes ».

Quant à celles qui suivent, on peut les considérer comme le résultat d'une erreur ou d'un caprice du commis de d'Hozier.

René-Henri d'Aux, Ec., sgr de la Louardière, portait : « d'or à trois aulx de sinople posés en bande ».

Romain d'Aux, Ec., sgr de Colombier, élect. de Fontenay, portait : « d'or à une bande bretessée de gueules ». (D'Hozier.)

Noms isolés.

Aux (Vital d'), peut-être parent de l'évêque Arnaud, était archiprêtre de Mirebeau le 10 oct. 1311. (Arch. de N.-D. de Mirebeau.)

Aux (Jean d') avec GUILLAUME et RAYMOND, ses frères, bâtards, furent légitimés par lettres du Roi, août 1340 ; l'aîné fut aussi anobli. (Trés. chartes.)

Aux (Authon d'). Une ordonnance du duc de Berry Cte de Poitou, de 1373, l'autorise, ainsi qu'un petit nombre d'habitants de Poitiers, de tenir pendant un an chevaux, etc. (Hist. Poitou.)

Aux (Michea d') rend, le 4 déc. 1404, un aveu à la Tour de Maubergeon pour son herbergement de la Loubantière, dont il était propriétaire du chef de Jeanne MOREAU, sa femme. (Livre des fiefs.)

Aux (François d') était en 1517 archer de la compagnie de Louis d'Ars.

Aux (Charles d'), Ec., sgr de Vergenier, épousa Jacqueline GIRARD, dont ANNE, mariée à Nicolas Connan, Ec., sgr de Rabestat, homme d'armes du duc de Nevers, vivant en 1565.

Aux (Antoine d'), sgr de la Crinilière, comparut comme sgr de fief au procès-verbal de la réformation de la Coutume de Poitou en 1559.

Aux (Les héritiers de Charles d'), Ec., sgr de la Bourdillière et du Cloux-Chausson, sont cités dans un aveu rendu le 16 nov. 1620 à Marie Hurault, veuve de Philippe Eschallard, par Antoine Fleury, marchand à Châtellerault. (O.)

Aux (Jacques d'), Ec., sgr de Chaumeu, et Clémentine DE LA BUSSIÈRE, sa femme, sont nommés dans un acte de vente consenti le 2 mars 1644 par Jeanne de la Bussière, veuve de Louis de Savatte, Ec., sgr de Genouillé, à René Sandillon, le 2 mars 1664.

Aux (César d'), Ec., sgr de la Bourdillière, donne quittance de lods et vente le 1er déc. 1650. En 1651, il fait partie des nobles réunis à Poitiers pour nommer des députés aux Etats de Tours. Il fut maintenu dans sa noblesse par sentence du 9 sept. 1667 de M. Barentin.

Aux (René d'), Ec., sgr de la Jauvardon, assiste à l'assemblée de la noblesse réunie pour nommer des députés aux Etats de Tours en 1651.

Aux (René d'), Ec., sgr de la Chaume;

Aux (François d'), Ec., sgr des Aubus;

Aux (Henri d'), Ec., sgr de la Brachetière ;

Aux (Les enfants de Philippe d'), Ec., sgr de la Tudairière, psse d'Aspremont;

Aux (Marguerite d'), veuve de Jacques Jousseaume, Ec., sgr de Calais, habitant Fontenay ;

Aux (Marguerite d') à Corbaon, sont tous maintenus nobles par ordonnance de M. Barentin du 9 sept. 1667.

Aux (Henri-René d') signe à l'abjuration de Pierre Hérault, ci-devant régent du collège de la religion protestante de Chef-Boutonne, reçue à Dissais par l'évêque Fortin de la Hoguette, le 11 sept. 1685. (O.)

Aux (Cécile d') était femme de N. Dupuy le 8 févr. 1688. (G. Dupuy.)

Aux (Henri-René d'), Ec., sgr de la Bourdillière, servit dans la 1re brigade du ban assemblé à Bressuire en 1689 et dans l'escadron du ban réuni à Melle en 1693.

Aux (Jacqueline d') épousa, le 9 juin 1690 (Deschamps, notre à Châtellerault), Charles-Armand Vergnaut, Ec., sgr de la Brunetière. (G. Vergnaut.)

Aux (Henri-René d'), Chev., sgr de la Bourdillière et des Rouardières, demeurait psse de Dissais ; vivait le 20 mars 1693.

Aux (Pierre d'), Ec., rend au chât. de Vouvant en 1723 aveu de la terre et sgrie du bois de la Grande-Rousle, comme époux de Françoise Dellène, sa seconde femme, seule héritière de Louis, sgr de la Vergne, et en 1727 de la sgrie de la Tour-de-Sauvré, comme ayant la garde noble de Marie-Rose, sa fille, issue de son mariage avec Marie-Madeleine Cibard, sa première femme. (Noms féod. 45.)

Aux (Marie d') de la Blanchardière fut, le 30 nov. 1754, marraine de Louis-Gabriel-André-Paul des Nouhes, fils d'Alexis et de Marie-Anne d'Aux.

Aux (Marie-Françoise d'), supérieure des Filles de N.-D. de Fontenay-le-Comte en 1792.

Aux (Jeanne d'), religieuse de N.-D., nièce de la précédente, fut guillotinée le 15 germinal an II à Fontenay, pour avoir distribué des scapulaires aux Vendéens. (Rev. Hist. de l'Ouest, 1887.)

Filiation présumée.

§ Ier.

1. — **Aux** (Pierre d'), Chev., eut, d'après le Dict. de la noblesse: 1° Arnaud, ayant embrassé l'état ecclésiastique, fut d'abord secrétaire, puis vicaire général de son parent, Bertrand de Goth, qui, devenu pape sous le nom de Clément V, le fit monter sur le siège épiscopal de Poitiers, ville où il fit son entrée solennelle le 3 mai 1307, puis le nomma cardinal le 14 déc. 1312. Arnaud décéda à Avignon le 24 août? 1319, ne laissant qu'un petit patrimoine et le droit de patronage au Chapitre de St-Pierre de la Romieu, qu'il avait fondé et doté de ses biens patrimoniaux en 1318.

2° Guillaume, qui continue la descendance.

2. — **Aux** (Guillaume d') avait suivi son frère Arnaud en Poitou et eut plusieurs enfants: 1° Géraud, cru auteur de la branche restée en Condommois, mais qui cependant paraît être décédé sans hoirs; 2° Fort, qui succéda à son oncle Arnaud en 1315 et mourut évêque de Poitiers le 8 août 1357; 3° Pierre, qui suit (d'après des notes assez exactes); 4° Guillaume, sous-chantre, du Chapitre de l'Église de Poitiers, décédé le 14 août? 1327, et qui, dans son épitaphe, est dit frère de l'évêque Fort; et 5° Pierre-Raymond, d'abord abbé de N.-Dame-la-Grande de Poitiers, puis sous-doyen de la cathédrale en 1334, décédé en 1336. Ces trois derniers furent inhumés dans la cathédrale, où se lisaient leurs épitaphes que nous a conservées D. Mazet et que M. l'abbé Aubert a reproduites dans son Hist. de la Cathédrale. (M. A. O. 1849, 83, 85.)

Il y a sans doute une erreur dans la lecture de l'épitaphe de Pierre-Raymond, car il n'a pu mourir en 1336, puisqu'on le retrouve en nov. 1341 obtenant du Roi des lettres de confirmation d'une composition conclue entre lui et les gens du Roi, pour acquêts faits par lui dans les fiefs nobles de Dissais, etc., destinés à la dotation d'une chapelle par lui fondée dans l'église St-Pierre de Poitiers (N.-D. de Gésine, d'après l'abbé Aubert, lieu cité). (A. H. P. 13.)

3. — **Aux** (Pierre d') fut, dit-on, chargé d'une mission par son oncle le cardinal pour la fondation du Chapitre de la Romieu, en 1317. Il épousa, à ce qu'on croit, Raymonde de Lomagne, dont il eut: 1° Arnaud, qui suit; 2° Pierre, sgr de Montpellier (probablement fils aîné), qui eut cession des droits de son oncle Géraud, par acte passé à Poitiers en 1325, en présence de l'évêque Fort d'Aux. Il épousa Jeanne de Gallens, et eut pour fils Jean, qui fut l'un des héritiers de Fort d'Aux en 1357. C'est lui qui forma la branche des d'Aux de Lescout, qui subsiste encore aujourd'hui dans le Bordelais.

4. — **Aux** (Arnaud d'), Ec., sire du Bournay, viguier de Poitiers, hérita du cardinal Arnaud d'Aux en 1320. Il reçut aveu en 1344 de Guyon Martin, à cause du Bournay. On croit qu'il épousa d'abord Jeanne du Bournay, fille unique de Gautron, sr dudit lieu, puis Isabeau Martin, fille d'Aimery, avec laquelle il fit un paiement en 1346 à Julienne de Londres, veuve d'Etienne de Tiffauges, bourgeois de Poitiers. (Arch. Vien. E 2 10.) Il paraît avoir eu pour enfants: 1° Pierre, qui suit; 2° Philippe, mariée à Herbert Berland, Chev., sr des Halles.

5. — **Aux** (Pierre? d'), sr du Bournay, viguier de Poitiers, sur lequel on n'a pas de renseignements, d'après l'ordre des temps, a dû se marier vers 1350; il eut pour enfants: 1° Etienne, qui suit; 2° Jeanne, mariée à Jean de Signy, Ec.; elle partagea, dit-on, avec son frère en 1389.

6. — **Aux** (Etienne d'), sr du Bournay, viguier de Poitiers, fit un échange en 1380. Le 18 nov. 1414, il fit aveu du Bournay au sgr de Montheiron, et mourut vers 1416. Il épousa Marguerite de Signy, et eut pour enfants: 1° Josselin, qui suit; 2° probablement Jean, qui servait en archer sous M. d'Espou? en 1439; il eut 4 filles: Jeanne, mariée à Pierre Mesnard; Catherine, mariée à Robert de la Pholle; Marie et Jeanne. (Ce Jean pourrait bien être issu d'une branche bâtarde.)

7. — **Aux** (Jossolin d'), Ec., sr du Bournay, Pouzieux, viguier de Poitiers, fit aveu de cette charge inféodée, le 7 janv. 1427, au Vte de Châtellerault. (Il avait droit, à la 1re entrée de l'évêque de Poitiers, de prendre la chaire où siégeait le prélat, avec les draps de soie qui la couvraient.) Il épousa, vers 1410, Jeanne de Jussac, qui était veuve en 1431, lorsqu'elle fit aveu au nom de son fils Pierre, qui suit.

8. — **Aux** (Pierre d'), IIe du nom, Ec., sgr du Bournay, de Pouzieux et de Thieux, épousa, le 19 juin 1444, Jacquette de Lezay, fille aînée et héritière principale de feu Hugues, Chev., sgr en partie de la châtellenie de Montheiron. Il servit en 1467 au ban des nobles du Poitou, en qualité d'homme d'armes du sgr de la Grève; fut fait, en 1470, maître d'hôtel du roi Louis XI, capitaine de 100 lances en 1479, et chargé, en 1480, de la conduite du ban et arrière-ban convoqué cette année. Le 25 déc. 1480, il fit son testament, par lequel il recommanda qu'on lui fît ses obsèques comme il était d'usage pour les gens de son état. Il laissa huit enfants: 1° Jean, qui suit; 2° Louis, écuyer tranchant du dauphin, qui fut depuis Charles VIII, fut nommé élu en Berry en 1492, et bailli d'Evreux en 1495; il mourut sans alliance le 20 juin 1516; 3° Pierre, Chev., sgr de Thieux et de Lyé, fut successivement valet de chambre du roi Louis XI en 1474, commissaire pour faire la montre des gens de guerre de la compagnie du bailli de St-Pierre-le-Moustier, maître d'hôtel du roi Charles VIII en 1482, capitaine, en 1490, d'une compagnie de 40 mortes-paies employés à la garde du château de Fougères en Bretagne, bailli des montagnes d'Auvergne et chambellan du Roi. Dans un portefeuille du cabinet de Gaignères (coté Montres et Revues, n° 731, Bib. Nat.), on voit, à la date de 1494, la montre d'un Pierre d'Aux qui, pensons-nous, peut être celui dont nous nous occupons. Il était, en la même année, lieutenant de la compagnie de 100 hommes d'armes de Mess. de la Trimouille, et mourut dans les guerres du Milanais. (Testament à Piole le 21 mai 1504.) Il épousa Jeanne Bérard; nous ignorons s'il en eut postérité; 4° Jeanne, mariée à Jean Mallocho, Ec., sgr de Jou;

5° Marie, femme de Mathurin Guérin, Ec., sgr de la Tour; 6° Françoise, mariée au sgr de Boisioux ; 7° Antoinette, épouse de Louis de Vaucelles ; 8° Marguerite, femme du s^r de la Garde.

9. — **Aux** (Jean d'), Ec., sgr de Bournay, était échanson du roi Louis XI et grènetier à Béziers en 1475. Il donna quittance, en 1483, au trésorier des finances de Languedoc, d'une somme de 500 livres que S. M. lui avait donnée en considération de ses dépenses dans un voyage fait par ses ordres ; fut retenu la même année maître d'hôtel de la Reine, épouse du roi Charles VIII ; était, en 1499, l'un des cent gentilshommes de la maison du roi Louis XII. C'est à lui que le roi Charles VIII fit présent du don que ce prince avait reçu de Geoffroy Charlet, maire de Poitiers, lorsque ce prince fit son entrée dans cette ville, en 1486. Il représentait « un « épervier d'or pesant 4 à 5 marcs, poinct de riches « peinctures, montrant un cœur à découvert et par « dessus une fleur de lys signifiant Poitiers. *Avis picta*, « — *Pictavis* ». (Hist. Poit.)

Jean d'Aux mourut avant l'an 1516 ; il avait épousé, le 10 avril 1481, Anne Guérin fille d'Olivier, sgr de Colombiers, maître d'hôtel du Roi, et de Marguerite de la Grange, dont : 1° René, qui suivra ; 2° François, abbé de Ste-Croix de Bordeaux ; 3° Bertrand, Ec., sgr de Chaudenay, qui était, en 1512, homme d'armes de la compagnie du duc d'Albanie ; 4° Bernard, sgr de Villetoray ? ou Villenay ?

10. — **Aux** (René d'), Ier du nom, Ec., sgr de Bournay et de Pouzieux, servit dans sa jeunesse dans les compagnies d'ordonnances, rendit aveu au Roi de la terre de Pouzieux en 1530 ; il épousa en 1514 Marie de St-Martin, fille de Blaise, Ec., s^r de Charentenay ? qui, étant veuve, fit donation à ses fils et obtint un arrêt en 1556 ; il en eut : 1° François, qui suit ; 2° Jacques, chef de la branche de Villaray, § II ; 3° René, Ec., sgr de la Faye, marié en 1561 à Marie Sainton, dont il eut René, Ec., sgr de la Simonnière, époux de Renée Hébert, dont Pierre et Denise, décédés.

4° Jean, paraît être décédé sans postérité ; 5° Philippe, qui servait en 1553 comme archer sous M. de la Roche du Maine ; il épousa Hardouine de Mausson ; 6° Charles, qui fut chef de la branche de la Rabaudric, § VIII ; 7° Hercule, nommé dans un acte de 1556 ; 8° Antoine, Ec., s^r de la Crinilière, comparut à la réforme de la Coutume du Poitou, en 1559 ; 9° Louis, Chev. de Malte en 1547. D'autres notes ajoutent 10° Olivier, Chev. de Malte en 1540, commandeur de Bourneuf et d'Angers, qui se distingua au siège de Malte, et y fut tué en 1565 ; mais il devait être plutôt frère de René, et non pas son fils.

11. — **Aux** (François d'), Ec., s^r du Bournay, Pouzieux, servit en 1538 sous M. de la Roche du Maine ; il épousa : 1° en 1543, Claude d'Aloigny, fille de René, Ec., s^r de la Groye, et d'Anne de Crevant ; 2° vers 1560, Renée de Rancé. Il eut du 1er lit : 1° René, Chev., sgr du Bournay, la Milletrie, servit en 1567 sous M. de Clervaux ; il fut député des nobles du Poitou aux États de Tours en 1593, et mourut sans postérité. En 1841, on trouva son tombeau dans l'église de Senillé ; 2° François, Ec., s^r de Bourgevaut ? paraît être décédé sans postérité ; 3° Marie, née le 6 nov. 1547, mariée à Antoine de Bruzac, Ec., s^r des Casseaux ; 4° Jacques, né le 22 juill. 1549, probablement décédé jeune ; 5° Jeanne, née le 22 juin 1551, mariée à Philippe de Perrat, Ec., s^r de Pommiers ; 6° Gérard, décédé jeune ; 7° Claude, chevalier de Malte en 1567 ; 8° Françoise, mariée à Pierre de Bruzac, Ec. ; 9° Louise, née le 4 avril 1558 ; 10° Philippe, né le 22 févr. 1559. (Les noms de ces enfants étaient inscrits sur un feuillet de parchemin mutilé, retrouvé aux archives de la Vienne ; il doit en manquer quelques-uns.) Du 2° lit : 11° Antoine, né le 16 mai 1564 ; 12° René le jeune, qui suit.

12. — **Aux** (René d'), Ec., s^r de Bournay, Pouzieux, Grandes-Loges, perdit tous ses biens, saisis en 1631 et 1632 par Jean Turquand, sgr d'Olterre ; il avait épousé, le 29 déc. 1610, Isabeau Vigier, fille de Mathurin, Ec., s^r de la Boutière, et d'Antoinette d'Aloigny, dont il eut René, Ec., s^r de la Fontaine ? probablement décédé sans postérité. Une généalogie imprimée ajoute ici Charles, s^r de la Rabaudric, qui a eu postérité ; mais ce personnage appartenait à une autre branche. Voir § VII.

§ II. — Branche de **Villaray.**

11. — **Aux** (Jacques d'), Ec., s^r de Villaray, fils puîné de René et de Marie de St-Martin (10° deg., § Ier), reçut avec ses frères une donation faite par leur mère le 9 juin 1549. Marié : 1° à Marguerite de Puygirault ; 2° à Paris, le 11 déc. 1557, à Susanne de la Porte, qui se remaria depuis à Etienne Bouchet, il eut du 1er lit : 1° Charles, qui suit ; du 2° : 2° Abel, chef de la branche de la Chaume, § IV.

12. — **Aux** (Charles d'), Ec., s^r de Villaray, la Bourdillière, partagea avec ses oncles le 10 août 1563, étant encore mineur. Il épousa, le 21 mars 1574, Madeleine de Couhé, fille de Joachim, Ec., s^r de la Roche-Aguet, et d'Antoinette de la Bussière, dont : 1° Hector, qui suit ; 2° Paul, Ec., s^r de la Chatrie (partage 26 déc. 1607), épousa probablement N. Lebeau de Sauzelle, qui était veuve en 1615 ; 3° Philippe, Ec. (partage 1607) ; 4° Denise, 5° Jeanne.

13. — **Aux** (Hector d'), Ec., s^r de la Bourdillière, Villaray, Jardre, épousa, le 16 fév. 1615, Louise Chauveron, fille de François, Ec., s^r de la Motte, et de Isabeau de Verruyer ? dont il eut plusieurs enfants qui ne sont pas connus, excepté : 1° César, qui suit ; 2° René, chef de la branche de Jardre, § III.

14. — **Aux** (César d'), Ec., s^r de la Bourdillière (St-Cyr près Dissais), né à Dissais en 1616, décédé le 12 avril 1681. Il fut maintenu noble à Poitiers le 9 sept. 1667. Marié, le 19 sept. 1641 (Dissais), à Louise Gouin, fille d'Antoine, Ec., s^r de Louardière, et de Louise Vergnault, il eut pour enfants : 1° Henri-René, qui suit ; probablement 2° Jacqueline, mariée, le 9 juin 1690, à Charles Vergnault, Ec., s^r de la Brunetière ; 3° N., chanoine de Châtellerault.

15. — **Aux** (Henri-René d'), Ec., s^r de la Bourdillière, né le 20 juill. 1643, décédé à Dissais le 22 nov. 1714, servit au ban de la noblesse du Poitou réuni à Bressuire en 1689, puis à Melle en 1698 ; il épousa à Chéneché, le 28 juin 1688, Charlotte Lecoq, fille de François, Ec., s^r de St-Vertunien, dont il eut : 1° Pierre, né le 3 avril 1689, à Chéneché ; 2° Laurent-François, né à St-Cyr en 1692 ; 3° Henri-Paul, tous les 3 décédés sans alliance ; 4° Bernard-Donatien, abbé, né à Dissais le 31 juill. 1698, décédé à Vivonne le 24 avril 1777 ; 5° Marthe-Françoise, née en 1699, mariée à Dissais, le 20 déc. 1723, à Timothée de Razes, Ec., s^r de Clié ; elle décéda le 19 janv. 1761.

§ III. — Branche de **Jardre.**

14. — **Aux** (René d'), Ec., s^r des Grandes-Loges, Jardre (fils puîné d'Hector et de Louise Chauveron,

13e deg., § II), partagea avec son frère César le 2 nov. 1652. Il fut maintenu noble en 1667 et mourut en 1668. Marié, le 13 avril 1648, à Fulgence DE LA VIALIÈRE, fille de Jacques, Ec., sr de Monjardin, et de Marie Le Vaillant, il en eut : 1° RENÉ, né à Jaunay près Richelieu, le 6 sept. 1649, décédé jeune ; 2° MARIE-RENÉE, née le 29 avril 1653 ; 3° ARMAND-FRANÇOIS, qui suit ; peut-être 4° CÉCILE, mariée à François du Puy, Ec., sr de Beauchamp.

14. — **Aux** (Armand-François d'), Ec., sr de Lingé ? né à Jaunay le 22 oct. 1654, eut, d'après la généalogie imprimée, 5 enfants, dont 2 chanoines à Châtellerault ; MARIE-ANNE, qui épousa Daniel Lecoq, Ec., sr de St-Vertunien ; N., fille, mariée à M. de Sorbier (du Berry) ; et probablement pour aîné :

15. — **Aux** (René d'), Ec., sr de Jardre, eut pour fille FULGENCE-THÉRÈSE, mariée en minorité, le 30 oct. 1726, à Armand-François de Blet, Ec., sr de Chergé, et peut-être THÉRÈSE, qui était supérieure des Filles de N.-D. à Châtellerault, vers le milieu du XVIIIe siècle.

§ IV. — BRANCHE DES MARQUIS D'AUX.

12. — **Aux** (Abel d'), Ec., sgr de la Chaume, la Droictière, fils du 2e lit de Jacques, sr de Villaray, et de Susanne de la Porte (11e deg., § II), épousa, le 13 avril 1578, Jeanne DES AUBUES, dont : 1° CLAUDE, qui suit ; 2° CLAUDE, mariée à Charles de Chergé, Ec., sr d'Hautefleur.

13. — **Aux** (Claude d'), Ec., sgr de la Chaume et de la Droictière, qui fut déclaré noble et extrait de noble race et lignée par jugement des commissaires au règlement des tailles, rendu le 11 juin 1635. Il mourut le 16 janv. 1650, à Daugé. Marié, le 27 janv. 1609, à Diane DE COUHÉ, il laissa, entre autres enfants : 1° RENÉ, qui suivra ; 2° FRANÇOIS, Ec., sgr des Aubus, chef de la branche de ce nom, et dont nous donnerons la généalogie § VII ; 3° MARGUERITE, mariée à Pierre Jousseaume, Ec., sr de Calay ; 4° RENÉE, qui était veuve de Charles de Baudry d'Asson, Chev., comme il appert d'une demande en garantie qu'elle forma, en févr. 1664, contre les héritiers de Gabriel de Baudry d'Asson, Chev., sgr de la Broizardière ; morte avant le 22 avril 1694, époque où ses neveux partageaient sa succession : 5° RENÉE, mariée, le 31 janv. 1663, à Louis Dorineau, Ec., sr de la Bastière ; 6° CATHERINE, qui était veuve en 1626 de Philbert de Martel, Ec., sgr de Tricon. (Suppl. P. Anselme.)

14. — **Aux** (René d'), IIe du nom, Ec., sgr de la Chaume, fut déclaré noble et issu de noble race et lignée par arrêt de la cour des aides de Paris, du 11 mars 1664, et maintenu dans sa noblesse par jugement de M. Barentin, intendant du Poitou, rendu le 12 août 1667. C'est sans doute lui que nous retrouvons dans la liste imprimée des nobles de la généralité, avec l'indication suivante : René d'Aux, sgr de la Chaume, psse St-Hilaire-sur-l'Autize. Il épousa : 1° le 4 nov. 1645, Renée JOUSSEAUME, fille de Jacques, sgr de Bertet, et de Marie Braud ; 2° le 29 juin 1668, Sébastienne BOUTOU, veuve de René d'Eslaine, Ec., sr de Longueville. Il eut du 1er lit : 1° GABRIEL, qui suit ; 2° ROMAIN, chef de la branche de Bourneuf, § VI ; 3° MARIE-ANNE, qui épousa François Delagarde, receveur des aides à Coulonges ; 4° PHILIPPE, Ec., en 1658 ; 5° HENRI, qui épousa Louise DE LA FONTAINE.

15. — **Aux** (Gabriel d'), Ec., sgr de la Chaume et de Bertet (près St-Hilaire-sur-l'Autize), né à Fontenay le 13 août 1646, fut convoqué au ban du Poitou de 1674 réuni à Talmont. « Comme il n'y avoit pas de « titres originaux suffisants sur son degré, quoique sa « filiation et sa paternité fussent prouvées, le Roy, par « arrêt du conseil du 1er mars 1783, a dispensé M. le « marquis d'Aux, son petit-fils, d'en rapporter d'autres « que ceux en copie qu'il avoit produits. » (Généalog. de 1784.) Il avait épousé, le 27 juin 1670, Madeleine D'ESLAINE, fille de René, Ec., sr de Longueville, et de Sébastienne Boutou, dont il eut : 1° RENÉ, qui suit ; 2° HENRI, Ec., sr de Bertet, décédé en 1726, avait épousé, le 18 août 1718, à Champagné-les-Marais, Marie-Françoise BENOTEAU, fille de N. marchand ; 3° LOUIS, Ec., sr de Bertet, qui épousa, paraît-il, Marguerite ANGICOURT ; et probablement 4° PIERRE, Ec., sr du Bois, la Bousle, qui fit aveu à Vouvant en 1723 et 1727, pour la tour de Sauvaire. Il épousa d'abord Marie-Madeleine CIBARD, puis Françoise D'ESLAINE, et eut du 1er lit MARIE-ROSE, mariée, vers 1730, à Paul Hersant, lieut.-général à Fontenay. (Noms féod.)

16. — **Aux** (René d'), Ec., sgr de Bertet et de Beauregard, fut nommé garde de la marine au département de Rochefort en 1692, enseigne d'une compagnie détachée de la marine en 1694, passa à St-Domingue, et y épousa : 1° le 17 sept. 1699, Catherine DE LA RUE, fille de Jean-Louis et de Marie Boissel. Il fut fait lieutenant de sa compagnie en 1701, et en était capitaine en 1707. Il fit son testament à Nantes en 1717. Il avait épousé en secondes noces Marie LE CLERC DE MORENVILLE. Il eut du 1er lit : 1° RENÉ, qui suivra ; 2° JEAN, tige de la branche de la Hybaudière, § V ; 3° MICHEL, décédé ; et du second lit : 4° MARIE-ELISABETH, mariée à St-Domingue, le 10 oct. 1735, à Louis-Joseph de Liniers, Chev., sgr de la Rousselière, capitaine d'infanterie.

17. — **Aux** (René d'), Mis d'Aux, naquit à St-Domingue, le 27 sept. 1707 ; il y fut fait lieutenant de milices, passa en France, et obtint au Parlement de Bretagne, le 24 mai 1762, un arrêt qui, sur le vu de ses titres, le maintint en sa noblesse, avec entrée et séance aux Parlements de cette province ; il obtint aussi du Roi, en 1777, des lettres patentes portant érection en marquisat, sous le nom d'Aux, des terres et sgries de Villennes, Loupelande, etc., qu'il avait nouvellement acquises. Marié, le 22 avril 1732, à Elisabeth ROBINEAU, fille d'Antoine, procureur général du Roi au conseil du cap Haïtien, et de Françoise Feron, il a eu pour fils :

18. — **Aux** (René-Louis d'), Mis d'Aux, épousa, en 1761, Marie-Anne GODET, fille de Pierre-François, Chev., sgr de Chastillon, et de Marie-Anne Braulard de Launay, dont il eut 6 enfants : 1° PIERRE-FRANÇOIS-LOUIS, qui suit ; 2° RENÉE-ANNE-FÉLICITÉ, mariée à Auguste Bachelier de Bercy, morte veuve, en son château de la Gautinière, près Nantes, le 31 mai 1838 ; 3° AGATHE-ADÉLAÏDE, qui épousa en 1791 le Cte Joseph-Charles-Auguste de Perrien, décédée avant 1842 ; 4° ROSE-MARIE-JOSÈPHE, 5° SOPHIE-LOUISE-AUGUSTE, mariée à Louis-Eugène Cte d'Andigné ; 6° MÉLANIE-ANTOINETTE-VICTOIRE.

19. — **Aux** (Pierre-François-Louis d'), qualifié Cte d'Aux, né à Nantes le 13 sept. 1763, nommé sous-lieutenant de la compagnie colonelle du régiment du mestre de camp général des dragons avec rang de capitaine, suivant l'ordonnance de S. M. du 13 août 1784. Ce fut lui qui fit dresser la généalogie dont nous avons extrait une partie des documents précédents ; il fut par suite présenté au Roi le 20 oct. 1784, et monta dans les carrosses de S. M. le 16 nov. Pendant l'émigration, il servit à l'armée de Condé, et en 1832 il fut arrêté au Mans, à la suite du voyage de la duchesse de Berry

en Vendée. Il mourut au Mans le 26 fév. 1833. Marié d'abord, vers 1785, à sa cousine Marie-Louise-Adélaïde d'Aux, fille de François-Vincent Cte d'Aux et d'Elisabeth de Robineau, il épousa en 2es noces Rosalie-Charlotte-Antoinette Renaud d'Avesne des Méloizes, fille de Nicolas et de Agathe-Louise du Fresnay, dont il eut : 1° Elvire-Agathe-Louise, mariée, vers 1840, à Pierre-Joseph-Jules Cte de Pardaillan, décédée en 1844 ; 2° Flavie-Euphémie-Nicole, mariée à Emmanuel d'Espinay, colonel ; 3° Rosalie-Charlotte-Marie, qui épousa Jacques-Alphonse Pietrequin de Prangey, général de brigade ; 4° Gustave-René, qui suit.

20. — **Aux** (Gustave-René d') marquis d'Aux, né le 7 avril 1818, épousa, le 21 avril 1846, Octavie de Salvandy, fille du ministre, dont il eut : 1° François, qui suit ; 2° Jeanne, mariée, le 8 sept. 1869, à Charles-François Lefebvre du Grosriez ; 3° Arnaud, Cte d'Aux, marié à Mathilde Thomas, dont postérité.

21. — **Aux** (François d') marquis d'Aux, capitaine de cavalerie (1878), a épousé : 1° Mathilde Ferri-Pisani Jourdan de St-Anastase, fille de Jean-Baptiste-Félix, général de brigade, petit-fils du maréchal Jourdan ; 2° N. Thomas, dont postérité.

§ V. — Branche de la Hybaudière.

17. — **Aux** (Jean-Baptiste d'), Chev., sr de la Hybaudière, fils puîné de René et de Catherine de la Rue (16e deg., § IV), né à St-Domingue, le 15 avril 1710, épousa : 1° le 15 nov. 1732, Marie-Louise Robineau, sœur de la femme de son frère ; 2° à Nantes, le 10 juill. 1741, Anne le Flo, fille de Jean-Charles, Ec., sr de Tremelo, et de Marie-Anne Branlard. Il eut du 1er lit : 1° Jean, décédé ; 2° François-Vincent, qui suit ; du 2e lit : 3° Anne-Renée, mariée à N. Godet de Châtillon ; 4° Louise-Marie, qui épousa N. de Francheville ; 5° Marie-Modeste, mariée à Auguste de Robineau, Ec., sr de Baugrenais.

18. — **Aux** (François-Vincent d'), Cte d'Aux du Bournay, épousa : 1° le 22 fév. 1764, à Nantes, Elisabeth Robineau, fille de Vincent-Marie, Ec., sr de Bougon, et d'Elisabeth de Liniers ; 2° le 27 sept. 1775, Catherine-Perrine Pépin de Bellisle, fille de Julien, Ec., sr de la Fradière, et d'Anne Fortin. Il eut du 1er lit : 1° Louise-Anne-Désirée, 2° Marie-Louise-Adélaïde, mariée, vers 1785, à son cousin Pierre-François-Louis Mis d'Aux ; du 2e lit : 3° François, né en 1776, décédé.

§ VI. — Branche de Bourneuf.

15. — **Aux** (Romain d'), Ec., sr du Colombier (fils puîné de René et de Renée Jousseaume, 14e deg., § IV), partagea avec son frère Gabriel le 17 déc. 1696 ; il fut maintenu noble le 15 août 1700. Marié, le 16 nov. 1678, à Jacquette Garnier, fille de Martin, notaire, il en eut : 1° François, qui suit ; 2° Henri-Pascal, décédé à Paris, le 24 oct. 1722, sans postérité de Dlle N. Ducluzeau.

16. — **Aux** (François d'), Ec., sr du Colombier, Bourneuf, Marsays, né au Gué-de-Veluire le 15 oct. 1679, lieutenant au régt d'Anjou, épousa, le 25 mai 1716, Marie-Anne Blouin, fille d'Antoine, Ec., sr de Marsays, Bourneuf, et de Thérèse Gazeau ? dont il eut :

17. — **Aux** (René d'), Ec., sr de Marsays, Bourneuf, né le 19 déc. 1726, assista en 1789 à l'assemblée de la noblesse du Poitou. Il avait épousé, le 21 avril 1750, Marie-Madeleine Pagès, dont il eut : 1° Gabriel-René-Marie, né le 21 mars 1755 ; 2° Jean-François-Joseph, né le 19 mars 1767. (Nous n'avons pas de renseignements sur eux.)

§ VII. — Branche des Aubus.

Les renseignements que nous donnons sur cette branche sont extraits de papiers originaux dus à la communication bienveillante de M. E. des Nouhes.

15. — **Aux** (François d'), Ec., sgr des Aubus (fils puîné de Claude, Ec., sgr de la Chaume et de la Droictière, et de Diane de Conhé, 14e deg., § IV), fut confirmé, ainsi que son frère René, dans sa noblesse, par arrêt de la cour des aides du 11 mars 1664 précité ; il fut maintenu noble par Barentin en 1667, psse de Corbaon. Marié, le 2 fév. 1653, à Marie Boudault, fille de feu Jehan, il était mort, ainsi que sa femme, le 13 fév 1696 ; car à cette date Jacques Eneau, laboureur, fournit caution par-devant Samuel Denys, sr de la Raslière, sénéchal de Mareuil et la Vieille-Tour, pour répondre de terres dépendant de leurs successions. Ils laissaient, entre autres enfants : 1° François, qui suit ; 2° Marie-Anne, qui épousa d'abord Jean de la Tribouille, Ec., sr du Soucy ; puis, le 26 mars 1689, Raymond Simonneau, Ec., sr de la Tour, gendarme de la garde du Roi ; 3° Renée, mariée en 1687 à Jean Le Forestier, Ec., sr de la Rosnière ; 4° Elisabeth, 5° Anne, nommées dans un acte du 22 juin 1700.

16. — **Aux** (François d'), né à Corbaon le 4 août 1668, Ec., sr de la Blanchardière, épousa, le 3 juill. 1695 (Fourestier et Neufville, notres), Marie Ernault ou Ayrault, De de la Nouhe et Loucherie, fille de feu Pierre, Ec., sgr de la Domangère, et de Françoise Tirault. Par sous-seing du 12 juill. 1697, François d'Aux et son épouse se reconnurent fondateurs de la chapelle de Loucherie, par acte signé de Mess. Jacques Moulin, prêtre, curé de Corbaon. Par un autre sous-seing du même jour et passé entre les mêmes personnes, on voit qu'il existait dans l'église de Château-Guibert une chapelle dite de la Vassellière, dont l'abbé Moulin était chapelain, et dont lesdits sieur et dame d'Aux avaient la nomination. François et son épouse étaient morts avant le 1er févr. 1709, car à cette époque Charles de Tusseau, Ec., sgr de Lavaud, Samuel de Bessay et autres parents sont invités par André de Nicou, Ec., sgr d'Essiré, tuteur de leurs enfants mineurs, à donner leur avis sur le meilleur emploi à donner à certains capitaux dépendant de la succession de leurs père et mère. François d'Aux avait été assassiné le 18 juill. 1707 par les srs Miltière-Forestier et Jacques Belleau, au Pas de l'Aubier (Corbaon). Il laissait de son mariage : 1° François, qui suit ; 2° Louise-Henriette, dame de Loucherie, qui, le 3 janv. 1726, donne procuration à son frère pour faire rendre compte à Marguerite Morisson, dame de Bruc, et à Esther de Nicou, dame de Portneuf, héritières de feu Mess. André de Nicou, Chev., sgr d'Essiré, leur curateur, des titres et papiers concernant leur curatelle ; et peut-être 3° Marie. Cette dernière, étant, le 5 avril 1734, sur le point d'entrer aux Dames religieuses de la Rochelle, donne procuration (Fleury, notre de cette ville) pour gérer et gouverner ses biens à Charles d'Abillon, Ec., sgr de Portneuf, en présence de Marie d'Aux, épouse de Pierre Pelgaud, brigadier de la maréchaussée d'Aunis et de Saintonge. (Nous ignorons à quel degré de la généalogie cette dernière Marie peut appartenir.)

17. — **Aux** (François d'), Ec., sgr de la Blanchardière, fit rendre compte aux héritières de son curateur le 3 janv. 1736.

Nous sommes autorisés à penser qu'il avait épousé Marie-Anne de Tusseau ; car nous trouvons, sous la date du 30 juill. 1763, une dame de ce nom qui, veuve d'un François d'Aux, Ec., sgr de la Blanchardière, était chargée de la procuration générale de dame Marie-Anne d'Aux, sa fille, veuve également de feu Mess. Alexis-Henri des Nouhes, Chev., sgr de la Cacaudière, mère-tutrice et ayant la garde-noble de ses enfants. D. F.)

Nous ne savons rien autre chose de cette branche, qui s'est éteinte et fondue dans la famille des Nouhes par le mariage, qui eut lieu le 7 févr. 1746, de MARIE-ANNE, susmentionnée, avec Alexis-Henri des Nouhes, Chev., sgr de la Cacaudière. Elle est décédée à Niort le 9 floréal an II.

§ VIII. — BRANCHE DE LA **RABAUDRIE**.

(Les renseignements sur cette branche sont très incertains.)

12. — **Aux** (Charles d'), Ec., sgr de la Rabaudrie (Archigny), fils puîné de René et de Jeanne de St-Martin (11e deg., § I), partagea avec ses frères en 1549 et 1563 ; il épousa, en 1561, Bertrande DE LA BUSSIÈRE, dont il eut : 1° PIERRE, qui suit ; 2° ESTHER, mariée à Pierre du Château, Ec. ; 3° RENÉ, Ec., s[r] de la Savonnière, la Fontaine, marié, eut pour fils CHARLES, Ec., s[r] de la Fontaine, qui épousa Marguerite DE COUHÉ, sans postérité ; 4° PAUL, Ec., s[r] de Pouzieux, marié à Renée LEBEAU, fille du s[r] de Sauzelle, dont il eut MARGUERITE, mariée au s[r] Gentil de la Boutrille ; 5° peut-être MATHURIN, prévôt du Chapitre de Montmorillon en 1607.

13. — **Aux** (Pierre d'), Ec., s[r] de la Rabaudrie, épousa Madeleine DE LA BARRE, fille de Maurice, Ec., s[r] de la Salle d'Archigny, et de Claude de L'Age, dont : 1° CHARLES, qui suit ; 2° RACHEL, 3° JACQUES, Ec., s[r] de Chaumont, qui épousa Cassandre DE LA BUSSIÈRE.

14. — **Aux** (Charles d'), Ec., s[r] de la Rabaudrie, la Pailletrie, maître d'hôtel du Roi, maintenu noble en Poitou en 1634, passe obligation à Montboiron, le 6 mars 1640, au profit de Joachim de Vieilmont, Ec., s[r] de la Chapelle. (Carrés d'Hozier, 46.) Il épousa Anne DE FAYE (la gén. imprimée n'indique pas ses enfants, mais il eut sans doute ceux qu'on a placés à tort à la branche du Bournay) : 1° CHARLES, qui suit ; 2° N..., mariée à N. Desmonts, Ec., s[r] de la Reintrie, dont elle était veuve en 1698.

15. — **Aux** (Charles d'), Ec., s[r] de la Rabaudrie, Rigions ? épousa, le 5 fév. 1658, Madeleine DESMONTS, fille de Charles, Ec., s[r] de la Chaussellerie, et de Prégente Richard, dont il eut :

16. — **Aux** (Charles-François d'), Ec., s[r] de la Rabaudrie, Rigions, Verlé, obtint un ordre du lieutenant des maréchaux de Niort, le 14 avril 1700, pour se faire rendre les titres de sa famille, que sa mère avait prêtés, le 22 oct. 1662, à René d'Aux, Ec., s[r] de la Chaume. Il épousa à Tour-sur-Marne, le 9 juin 1694, Marie-Anne DAVENNE, veuve de Robert Langlois, Ec., s[r] de Charny, fille de Louis, Ec., s[r] de Lancicourt, et de Madeleine de Combray, dont il eut MARIE-FRANÇOISE, née le 4 mai 1695. Nous ne savons pas s'il eut d'autres enfants.

AUXI (D'). — Famille noble de la Picardie, qui a eu quelques alliances en Poitou.

Blason : échiqueté d'azur et d'argent. (Dict. de la noblesse.)

Auxi (Guillaume d') servait en homme d'armes le 5 sept. 1371. (Gaignères. B. Nat.)

Auxi (Charlotte d') avait épousé Godefroy Tiercelin, sgr de Sarcus. (La Thaumassière.)

Auxi de Monceaux (Marie-Louise d'), veuve du Mis de Créquy, décéda au chât. de la Roche de Gençay le 21 sept. 1783. (Aff. Poit. 1783, p. 167.)

AUZANCES (D'). — V. **DE RAZES**.

Auzances (André d') et sa femme avaient fait avant 1294 donation d'un pré à l'abb. de Montierneuf. (D. F.)

AUZANNET (Françoise) épousa, le 6 juin 1519, Etienne Mangin, Ec., sgr des Savinières ; ils se faisaient une donation mutuelle le 30 mars 1530. (G. Mangin.)

Auzannet (Catherine), fille de BARTHÉLEMY, avocat en Parlement, et de Anne DE PRÉ-DE-SEIGLE, épousa Mre Nicolas de Brilhac de Nouzières, Chev., sgr de Gençay ; elle était sa veuve le 13 nov. 1685. (G. de Brilhac. M. A. O. 1863, 348.)

Leur pierre tumulaire, avec épitaphe et blason, est au musée des Antiquaires de l'Ouest.

AUZAY.

Les citations qui suivent doivent, croyons-nous, appartenir à des familles différentes ; du reste, ce nom de terre a été porté par les familles Brochard de la Roche et Turquand. V. ces mots.

Auzay (la famille d'), nous dit B. Fillon (Maynard-Mesnard, p. 134), possédait le Langon sous Philippe le Hardi ; il est possible qu'elle en fût propriétaire antérieurement.

Auzay (Aude d') épousa, vers 1200, Guillaume Hermenjo (id.)

Auzay (Jean d') était, le 20 août 1361, marié à N. de Meulles. (D. F. Arch. de la Durbellière.)

Auzé ou **Auzay** (Joachim d'), Ec., sgr de la Coussaye, achète, le 27 janv. 1610, le fief de la Tour-du-Chiron (p[sse] de la Peyratte) de Jean Gaudin. Il le possédait encore en 1626. (Gâtine, Ledain.)

AUZY (D') et quelquefois **D'OZY**, noble et ancienne famille de l'Agenais, venue en Poitou à la fin du XVe s[e]. On trouve bien un Jean d'Auzy ou d'Augis servant en archer en 1435, d'après un recueil de montres et revues (Bib. Nat.), mais rien n'indique qu'il fût Poitevin.

Nous devons les principaux éléments de la filiation qui va suivre à M. le Cte de Clervaux, représentant, par les femmes, de cette famille aujourd'hui éteinte, et à M. de Meschinet de Richemond, l'érudit archiviste de la Charente-Inférieure, dont les bienveillantes communications sont venues compléter les notes recueillies par feu M. le Cte d'Orfeuille et celles dues à nos propres recherches.

Blason : d'azur à trois fasces d'or.

Filiation suivie.

§ Ier.

1. — **Auzy** (Arthus ou Arthur d'), *aliàs* Bernard (notes d'Orfeuille), sgr d'Auzy en Agenais, eut de Anne DE MANAS :

2. — **Auzy** (Bertrand d'), qui vint s'établir en Poitou par suite de son mariage, contracté le 3 nov. 1493, avec Louise RAYMOND, fille de Blaise, sgr de Lestortière (p[sse] de Soudan), et de Georgette d'Augé. De ce mariage sont issus : 1° PHILIPPE, qui suit ; 2° FRANÇOISE,

mariée, le 3 août 1531, à Jean Casse, sgr de Chausseroie (p^sse^ de Soudan).

3. — **Auzy** (Philippe d'), Ier du nom, Ec., sgr de Lestortière, épousa, le 10 avril 1529, Jacquette D'ORFEUILLE, fille de Méry, Ec., sgr de Foucault, et de Jacquette Chevalier. Il en eut : 1° PHILIPPE, qui suit ; 2° MADELEINE, mariée, le 10 déc. 1560, à Marin d'Authon, Ec., sgr de Pouffons ; elle est mentionnée dans le testament de Méry Chevalier, Ec., prieur de Doix, du 31 janv. 1594.

4. — **Auzy** (Philippe d'), Ec., sgr de Lestortière, fit partie du ban des nobles du Poitou de 1557, épousa, le 10 oct. 1564, Marie DE MOYSEN ; le 12 sept. 1569, il achète de Jehan Le Beuf, agissant au nom de la ligue protestante, les revenus de la chapelle de St-Louis desservie en l'église de l'abb. de St-Maixent (est dit dans cette pièce Philippe d'Oisy).

Il fut un des légataires de Méry d'Orfeuille, chevalier, prieur de Doix, dont le testament est daté du 31 janv. 1594. Il laissa de son mariage : 1° GÉDÉON, qui suit ; 2° JOACHIM, Ec., sgr de la Coussaye, fut compris, en janv. 1614, dans une distribution de deniers provenant de la vente judiciaire des terres de la Sigogne, la Guyonnière, etc. Il épousa, le 4 août 1617, Madeleine DE LA FORGE, fille de Guillaume et de Michelle Desbois, dont il eut : *a*. GABRIEL, Ec., sgr de Lestortière, marié à Françoise LOUET ; *b*. GASPARD, s^r^ du Giraud ; *c*. FRANÇOIS, et *d*. FRANÇOISE.

3° PIERRE, tige de la branche IIe qui suivra ; 4° BENJAMIN, Ec., mort sans alliance ; le partage de ses biens eut lieu en 1640 ; 5° JOSIAS, dont la postérité sera rapportée au § IV.

5. — **Auzy** (Gédéon d'), Ec., sgr de Lestortière, est compris, comme Joachim son frère, dans la distribution de deniers qui eut lieu le 15 janv. 1614. Marié à Judith, *aliàs* Marie DE NEUPORT, il laissa : 1° CHARLES, 2° MARGUERITE, mariée, le 4 ou le 28 avril 1628, à Philippe Janvre, Chev., sgr de la Bouchetière, la Moussière, etc. Le 12 août 1630, ils se faisaient une donation mutuelle (Guillemin et Roy, not^res^ royaux à Parthenay). Le 25 avril 1642, elle partageait avec Judith sa sœur un bois futaie dépendant de la terre de Lestortière ; 3° JUDITH, mariée, le 22 déc. 1631, à César Lhuilier, sgr de Challandeau (p^sse^ de Châtillon-sur-Thouet), partage avec sa sœur Marguerite le 25 avril 1642, donne le 20 févr. 1645 une quittance comme tutrice de ses enfants mineurs, et fut maintenue noble en 1667 ; et en secondes noces elle épousa Daniel Janvre, décédé à Gagemont le 14 oct. 1685.

6. — **Auzy** (Charles d'), Ec., sgr de Lestortière, assiste avec ses sœurs au contrat de mariage de Samuel Guischard, chev., sgr d'Orfeuille, avec Renée de Neuport, en date du 27 févr. 1623. Il était marié, en 1635, à Marie DE BONNEVIN, dont il n'eut pas d'enfants.

§ II.

5. — **Auzy** (Pierre d'), Ec., sgr de Lussaudière et de Maison-Neuve, fils de Philippe, IIe du nom, et de Marie de Moysen (4e deg. du § I), recevait, le 16 déc. 1596, une donation de Jean des Francs, Ec., sgr de la Maison-Neuve des Francs, qui fut confirmée le 4 nov. 1599. Le 27 août 1601, il transigeait au sujet de cette donation avec Alain Le Ferron, fut condamné par arrêt des Grands Jours de Poitiers du 29 nov. 1634, comme professant la religion protestante. Il avait épousé Esther AYMAR, qui se disait sa veuve le 24 févr. 1651. Leurs enfants furent : 1° JACQUETTE, qui, le 9 juill. 1635, épousa Nicolas N...., Ec. ; 2° DAVID, s^r^ de la Frogerie, marié à Anne COURAUDIN, et qui fut confirmé dans sa noblesse par M. Barentin en 1667 ; 3° GÉDÉON, qui suit ; 4° PIERRE, dont nous donnerons la filiation au § III.

6. — **Auzy** (Gédéon d'), Ec., sgr de la Brousse, vivait en 1614 et était époux de Marie AVICE fille de Jérôme, Ec. sgr de Galardon, et de Catherine Rivière, dont il eut : 1° RENÉ, 2° MARIE, qui épousa François-Germanique de la Fontenelle, Ec., sgr de Péré.

7. — **Auzy** (René d'), Ec., sgr de la Maison-Neuve des Francs et de St-Romans-des-Champs, consentait un arrentement le 12 mars 1674, assistait, le 10 mars 1693, au mariage de Nicolas Avice, Ec., sgr de la Mothe, avait été confirmé dans sa noblesse par M. Barentin, et fit insérer ses armoiries dans l'Armorial de la généralité de Poitiers ; le 7 mai 1707, il assistait au contrat de mariage de Gabriel Jourdain, Ec., sgr d'Oriou, et de Jeanne-Marie Thébault ; il eut un fils :

8. — **Auzy** (René d'), Ec., sgr de la Maison-Neuve, marié à Sylvie DE RÉGNON, dont :

9. — **Auzy** (N.), sgr de St-Romans, père de : 1° LOUIS, qui suit ; 2° ESTHER-MARIE, mariée, vers 1740, à Hercule de Clervaux, Chev., sgr de l'Houmelière.

10. — **Auzy** (Louis d'), marié à N.

La suite de cette branche nous est inconnue.

§ III. — BRANCHE DE SAINT-ROMANS.

6. — **Auzy** (Pierre d'), fils puîné de Pierre et d'Esther Aymar (5e degré, § II), eut de son mariage : 1° LOUIS et 2° ELISABETH, qui épousa : 1° N., 2° Anne Durcot, Ec., sgr du Plessis-Puytesson. Elle fut arrêtée le 5 oct. 1685, avec ses quatre enfants (deux de chaque lit) et deux laquais, tous protestants, comme soupçonnée de vouloir sortir du royaume.

7. — **Auzy** (Louis d'), Ec., sgr de St-Romans, capitaine des fauconniers du Roi, fut poursuivi, vers 1685, comme ayant favorisé sur ses terres des assemblées protestantes où l'on avait remarqué beaucoup de noblesse du pays, et entre autres Mlles d'Auzy de St-Romans. Il avait épousé Honorée DE LA FONTENELLE, laquelle était décédée dès le 14 déc. 1661, époque à laquelle il se faisait une vente de meubles dans la maison d'Elisabeth, sœur dudit s^r^ de St-Romans, tant à sa requête qu'à celle de Jean de la Varenne, Ec., sgr de Beaumanoir, curateur d'autre LOUIS d'Auzy, fils de Louis et de ladite de la Fontenelle.

8. — **Auzy** (Louis d'), Ec., sgr de Saint-Romans, épousa Louise-Céleste VOYER, D^e^ de la Bonnelière, dont SUSANNE-ESTHER, mariée à Henri de Ramsay.

§ IV. — BRANCHE DE LA VOUTE.

5. — **Auzy** (Josias d'), Ec., sgr de la Bouchardière, de la Voûte, de la Maison-Neuve et de la Coussaye (fils de Philippe, IIe du nom, et de Marie de Moysen, rapportés au 4e degr. du § I), était, le 15 janv. 1614, cessionnaire de Joachim d'Auzy, Ec., sgr de la Coussaye, et de Gédéon d'Auzy, Ec., sgr de Lestortière, dans leurs droits d'être compris dans la distribution des deniers provenant de la vente judiciaire des seigneuries de la Sigogne, la Guyonnière, etc. ; le 23 mai 1624, curateur d'Antoine Gillier, Ec., sgr de la Grigaude.

Josias se maria trois fois : 1° le 15 fév. 1601, à Gabrielle DUVAL, fille de Pierre, sgr de la Rivière ; 2° le 4 nov. 1606, à Renée MARSAC, fille de Joachim, sgr de la Voûte, et de Jeanne Peloquin ; 3° à Marie

Poitevin, veuve de Paul des Nouhes, s^r du Moulin-Neuf. Ses enfants furent, sans que nous puissions préciser de quel lit ils sont issus : 1° Gédéon, qui suit ; 2° Jacquette, 3° Jeanne, 4° Gabrielle, qui épousa en 1640 Josué Pandin, Ec., sgr de la Potardière et de Lussaudière ; 5° Madeleine.

6. — **Auzy** (Gédéon d'), Ec., sgr de la Voûte, marié, le 17 mai 1632, à Bienvenue des Nouhes, fille de Paul, Ec., sgr du Moulin-Neuf, et de Marie Poitevin, qui était sa veuve lorsqu'elle fut avec ses enfants mineurs maintenue noble, le 1er sept. 1667, par M. Barentin, intendant de la généralité de Poitiers. Ils habitaient la p^sse d'Aigonnay. Ces enfants étaient : 1° Gédéon, qui suit ; 2° Josias, dont il sera parlé au § VI ; 3° Gabriel, Ec., sgr de la Renaudière, mort sans alliance ; 4° Marie-Anne, dont la succession se partageait, le 20 août 1723, entre ses neveux Gédéon, sgr de la Baubetière, et Gabriel, sgr des Granges ; 5° Esther, qui épousa David Chalmot, s^r de Vinzay ; 6° Bienvenue.

7. — **Auzy** (Gédéon d'), IIe du nom, Ec., sgr de la Voûte et de la Bouchaudière, qui, marié à Anne de Rion, fille de Philippe, Ec., sgr de Boisguibert, était veuf le 24 mars 1685 et agissait comme tuteur de Gédéon, son fils mineur, fit inscrire ses armoiries à l'Armorial de la généralité de Poitiers.

8. — **Auzy** (Gédéon d'), IIIe du nom, Ec., sgr de la Baubetière ou Boptière, obtint, le 10 sept. 1690, des lettres d'héritier et une ordonnance du 27 août 1691 de la sénéchaussée de St-Maixent pour l'exécution desdites lettres, aux fins de succéder à Philippe de Rion, Ec., sgr de Boisguibert et de Saugé, son aïeul maternel. Il épousa, le 16 sept. 1691, Céleste Chevaleau, que nous croyons fille de Jean, Chev., sgr de Boisragon, et de Catherine de Marconnay, qui fit abjuration du protestantisme le 13 juin 1663. Il servit au ban de 1703, dans le 2e escadron. Leurs enfants furent : 1° Louis-Gédéon, qui suit ; 2° Pierre-Gédéon, Chev., sgr de St-Martin et de Saugé, qui rendait un aveu le 13 août 1750, et mourut à Niort le 15 août 1775, âgé de 75 ans, sans laisser d'enfants de Marie-Anne de Nossay, qu'il avait épousée le 23 fév. 1754 ; 3° Angélique-Céleste, mariée, le 9 déc. 1730, à Alexandre Grelier, Ec., sgr de la Jousselinière et de Puybernier ; 4° Charles, sgr de Montaillon (dont la postérité sera rapportée au § V).

9. — **Auzy** (Louis-Gédéon d'), Ec., sgr de la Voûte, Suiré, se maria, le 28 avril 1721, à Marie-Elisabeth David, fille de N., sgr du Fief, et d'Elisabeth Bellanger. Il en eut : 1° Auguste-Gédéon, qui suit ; 2° Marie-Elisabeth, mariée, le 15 juill. 1742, à Charles de Gourjault, Ec., sgr de la Berlière ; 3° Jeanne, épouse de César Desprez, Ec., sgr de la Grollière ; 4° Gabrielle, qui, le 25 avril 1807, était veuve de Gabriel de Courjault, s^r de Laubonnière.

10. — **Auzy** (Auguste-Gédéon d'), s^r du Fief, avait servi dans les mousquetaires de la garde lorsque, le 16 janv. 1765, il épousa Louise Briand de Thélouse et de la Mondinière, dont sont issus : 1° Pierre-Auguste-François, qui suit ; 2° Louise, mariée à Joseph du Chesne de Vauvert ; 3° Louise-Charlotte-Agathe, dame de Suiré, mariée, le 17 nov. 1798, à Antoine de Clervaux, Ec., sgr de l'Houmelière ; 4° Marie-Elisabeth, mariée à Jacques-Augustin-Benjamin Louveau de la Règle, le 25 avril 1807. (Geoffroy et Monceau, not^res à Niort.)

11. — **Auzy** (Pierre-Auguste-François d'), sgr de Suiré et de St-Gelais près Niort, décédé sans postérité.

§ V. — Branche de **MONTAILLON**.

9. — **Auzy** Charles d'), Ec., sgr de Montaillon, fils puîné de Gédéon et de Céleste Chevaleau (8e degré, § IV), épousa Charlotte-Perside Gourjault, veuve de Jean Goullard, Ec., sgr de Montaillon, fille de Charles, Chev., sgr de Cerne, la Berlière, et de Gabrielle Suyrot, dont il eut : 1° Charles-Céleste, qui suit ; 2° N., prêtre, qui émigra ; 3° Gabrielle-Louise-Charlotte épousa N., s^r de Lignières ? (de Niort), et 4° Jeanne-Alexandre, femme de N. Guyot, Ec., s^r du Magnou.

10. — **Auzy** (Charles-Céleste d'), Ec., sgr de Montaillon (décédé sans postérité en 1793), avait épousé à St-Maixent, le 3 oct. 1768, Henriette-Michelle de Roland, fille de Jacques-Antoine, Ec., s^r de la Poussardière, Beauregard, et de Marie-Henriette de Ranques.

§ VI. — Branche des **GRANGES**.

7. — **Auzy** (Josias d'), Ec., sgr des Granges (fils puîné de Gédéon et de Bienvenue des Nouhes, rapportés au 6e degré du § III), naquit en 1646 et épousa, le 4 févr. 1676, Anne Chalmot, fille de Jacques, Ec., sgr du Teil et ministre à Cherveux, et d'Elisabeth Lairet. Le 3 oct. 1685, il reçut ordre du marquis de Vérac, commandant pour le Roi dans le Haut-Poitou, de se réunir à Poitiers le 1er mars à ses coreligionnaires (il était protestant) pour y entendre les intentions de S. M. Ses enfants furent : 1° Anne-Elisabeth, née à Cherveux le 4 juill. 1680 ; 2° Angélique, baptisée par le ministre de Cherveux le 4 mars 1685 ; 3° Gabrielle-Bénigne, baptisée à l'église de St-Maixent en 1687 ; 4° Bienvenue, mariée, le 1er févr. 1721, à Louis de Vasselot de Reigné, sgr de la Gravelle ; 5° Gabriel, qui suit, et 6° Jean-Gédéon, son frère jumeau, mort enfant.

Tous les susnommés donnèrent procuration, le 13 fév. 1715, à Gédéon d'Auzy, Ec., sgr de la Baubetière, leur cousin (8e deg., § III), pour les représenter devant M. de Richebourg, intendant de Poitou, et les faire confirmer dans leur noblesse.

8. — **Auzy** (Gabriel d'), Ec., sgr des Granges, naquit à Cherveux, fut baptisé le 22 juill. 1691 par le curé de St-Maixent ; mais sa famille continuait cependant à professer en secret le protestantisme, car, quand il survenait des décès, MM. d'Auzy, depuis le mois d'avril 1739 jusqu'en 1787, demandaient et obtenaient du lieutenant de police de St-Maixent l'autorisation d'inhumer les leurs « nuitamment et sans scandale ». (De Richemond.)

Gabriel épousa, le 6 sept. 1730, Marie-Julie Grelier, en faveur de qui D^lle Angélique-Gabrielle de Clervaux fit une donation le 27 sept. 1737. Leurs enfants furent : 1° Antoine-Louis-Bienvenu, qui suit ; 2° Augustin-Charles, dont la postérité sera rapportée après celle de son frère, § VII ; 3° Louis-François, sgr de Lestang ; 4° Charles-Gabriel, sgr du Breuil et de la Mothe-de-Lautière en Saintonge, naquit à Prailles le 8 nov. 1743, comparut par procureur à l'assemblée de la noblesse de Saintonge pour son fief de Ste-Leurine ; il avait épousé, le 13 janv. 1727 (Auger, not^re royal à Ozillac), Marie-Charlotte Green de St-Marsault, était capitaine de grenadiers au régiment de Guyenne-Infanterie en 1791, lorsqu'il émigra, fit la campagne de 1792 à l'armée des Princes, dans la compagnie formée par les officiers de son régiment, et fut tué à l'armée de Condé, où il servait en qualité de chef de bataillon. Il avait eu de son mariage un fils et une fille, morts jeunes. (Nobil. de Saintonge.)

5° Perside-Julie, mariée à Charles-Gabriel-Angélique Janvre, sr de Lestortière.

9. — **Auzy** (Antoine-Louis-Bienvenu d'), Ec., sgr du Breuil, naquit à St-Christophe-sur-Roc le 10 oct. 1732 ; le 28 avril 1774, il vendait à Joseph-Elie Desprez, Ec., sgr de Maillé, les fiefs de la Vergne, des Loges, etc., sis psse de Soudan. Il épousa — *au désert* — le 6 août 1760, Marie Lériget, fille de François, sr des Rouchères. Il avait servi dans la 4e brigade de l'escadron de Villedon, au ban des nobles du Poitou réuni à St-Jean-d'Angély le 15 août 1758.

Bien que Marie Lérigot eût testé le 13 juill. 1762, elle vécut encore longtemps après. Leurs enfants furent : 1° Gabriel-Bienvenu, baptisé le 28 févr. 1763, mort sous-lieutenant au régiment de Guyenne en 1786 ; 2° Charles-Auguste, baptisé le 17 fév. 1764 ; 3° Gaspard-Louis, baptisé en avril 1765 ; 4° Jacques-Alexandre, baptisé en nov. 1766, parvint au grade de chef de brigade pour périr d'une manière affreuse ; fait prisonnier par les noirs à l'expédition de St-Domingue avec deux autres officiers, ils furent tous les trois sciés entre deux planches ; 5° Esther-Bienvenue, baptisée en 1768, épousa Louis-René-François Louveau, Ec., sgr de Ligné ; 6° Louis-Benjamin, Ec., sgr de Pied-Foulard, fut du nombre des électeurs de la noblesse du Poitou convoqués en mars 1789 pour élire des députés aux États généraux. Il devint plus tard capitaine à la 41e demi-brigade.

Tous les enfants d'Antoine-Louis qui précèdent furent baptisés par le ministre Pougnard, et leur père dut payer, pour chacune de ses infractions aux règlements d'alors, une amende de 300 liv.

§ VII. — Branche de GROSBOIS.

9. — **Auzy** (Augustin-Charles d'), Chev., sgr de la Prévôté, de Grosbois, la Madeleine, etc., fils puîné de Gabriel et de Marie-Julie Grelier (8e deg., § VI), naquit à St-Christophe-sur-Roc le 20 janv. 1736, était capitaine au régiment de Guyenne-Infanterie lorsqu'il épousa, le 9 mai 1773, Marie-Anne Guyot d'Ervaud, fille d'Armand-Charles, Chev., sgr d'Ervaud, et de Anne de Ponthieu, dont : 1° Armand-Charles, qui suit ; 2° Anne-Charlotte-Félicité, née en juin 1774 ; 3° Judith-Louise-Bienvenue, mariée, le 25 thermidor an XIII, à Louis-Charles de Clervaux ; 4° Victoire.

10. — **Auzy** (Armand-Charles d') épousa sa cousine Marie-Angélique Janvre, fille de Charles-Gabriel-Angélique et de Perside-Julie d'Auzy ; il est mort en 1842, ne laissant qu'une fille, N.., religieuse du Sacré-Cœur, décédée à Rome après 1870.

La famille d'Auzy était collateur d'une chapelle psse de Saivre près St-Maixent.

Nous ne savons si c'est un membre de cette famille qui avait fondé une mission dont nous avons trouvé trace dans les registres paroissiaux de Chef-Boutonne, où elle est relatée en ces termes : « Ce fut en cette année 170[illegible] que se fit à Chef-Boutonne la célèbre mission fondée par Mlle d'Ozi (d'Auzy) ou d'Ozé (d'Auzay), etc... »

AVAILLES. — Ce nom de famille se trouve très anciennement en Poitou ; nous pensons que le personnes qui vont suivre appartiennent à différente familles qui auront pris ce nom en raison des localité qu'elles habitaient, qui sont en grand nombre en Poitou (sept dans le département de la Vienne et sept dans les Deux-Sèvres).

Availlia (*Hugo de*) est nommé dans une donation faite vers 1100 par Iudic de Mirebeau et ses enfants à l'abb. de St-Cyprien de l'église de Dandesigny. (D. F. 7. A. H. P. 3.)

Le même ou un personnage du même nom, *uxor ejus et Stephanus filius ejus* paraissent dans une charte de la même époque relatant des dons faits à la même abb. par Aimery de Rancon, etc. (Id. id.)

Avallia (*Willelmus de*), *presbyter*, paraît dans une charte datée également vers 1100 et relative à des dons faits à la même abbaye. (Id. id.)

Avallia (*Isembertus de*) *et uxor ejus quæ fuit soror Johannis Brunel*, présents au don fait à l'abb. de St-Cyprien par ledit J. Brunel. (Id. id.) Il paraît encore dans une charte de l'abbaye de Noaillé, datée vers 1156.

Avallia (*Aimo de*), cité dans la donation de l'église de St-Bonifet, faite en 1111 à l'abbaye de Fontevrault par l'abbé et les moines de St-Cyprien. (D. F. 7. A. H. P. 3.)

Avallia (*Aynordus de*) est nommé dans des chartes de donations faites à St-Cyprien des terres de Boësse, etc. (Id. id.)

Avalia (*Isembertus de*) est cité dans le jugement de l'évêque de Poitiers confirmant la donation faite à son église cathédrale par Guillaume le Grand duc d'Aquitaine, 1155. (D. F. 2.)

Avallia (*Isembertus de*), *hebdomadarius capituli S. Petri Pictavensis*, était présent lorsque l'évêque de Poitiers jugea le différend existant entre l'abb. de Noaillé et le sgr de Bouresse, au sujet de droits que ce dernier prétendait lever sur des terres sises à Bouresse, vers 1156. (D. F. 21.)

Avallia (*Hugo de*) est nommé dans la confirmation faite vers 1100 par Raoul de Mortemer, en faveur de l'abb. de Charroux, de tout ce que son oncle, Guy de la Marche, avait donné à ce monastère en s'y faisant religieux. (D. F. 4.)

Avallia (*Hugo de*), *miles*, souscrit en 1160 à une donation faite au prieuré de Montazay ; lui-même devint un des bienfaiteurs de cette maison en 1169, en y faisant sa fille religieuse ; fait un autre don avec sa fille en 1178, et souscrit dans d'autres chartes de 1172 et 1192. (D. F. 18.)

Availlà (*Ugo de*), peut-être le même que ci-dessus, est le premier des témoins qui assistent à la donation faite vers 1160 par Guillaume Badestrand au prieuré de Montazay de la terre du Puy-de-la-Roche. (D. F. 18.)

Avalla (*Airaudus de*) est témoin d'une donation faite par Jourdain de Fruitet au même prieuré. (D. F. 18.)

Availles (Nivars d') donne en 1178 au même prieuré tout ce qui lui appartenait dans la vigne de Gabirant. (Id.)

Availles (Bertrand d'), neveu de Hugues (Hugues vivant de 1160 à 1192?), donne en 1180 avec son oncle au prieuré de Montazay tout ce qui leur appartenait de la terre du Champ-de-Fontbelle et ailleurs, et en 1181 ils donnent au même prieuré quelques parties du bois des Combes. (D. F. 18.)

Avallia (*Airaudus de*), nommé dans une charte de donation dressée en 1208 par Guillaume le Chauve au prieuré de l'Habit-Beaumont, dépendant de l'abb. de la Réau. (D. F. 24.)

Availlia (*Petrus de*) est nommé, le 28 fév. 1221, dans un acte de remise de procurations fait à l'abb. de

Nouillé par des membres de la famille de Chambonneau. (D. F. 22.)

Availle (Aimery d'), valet, et sa sœur Almodis, mariée à Aimar de Chamboraut, acquirent la Vergne d'Alloue, 1268.

Availle (Boson d'), Chev., témoin en 1284 d'un accord entre Pierre de la Lande et Pierre de Fontevron, à Alloue.

Availles (Guillemot d') fait vers 1300 une donation aux religieux de Grammont établis près d'Availles (c^ne^ de Nouillé, Vienne). L'évêque de Poitiers exerça un retrait sur cette donation et surtout sur le bois de *Podio-Buzen*. (Cart. de l'évêché de Poitiers. A. H. P. 10.)

Il eut un fils, Geoffroy, qui vivait en 1326, lequel laissait pour successeur Aimery, mentionné dans un acte de 1344. MM. Robert du Dorat, en donnant ce renseignement, disent n'avoir trouvé aucune trace de cette famille depuis cette époque.

AVAILLES (d'). — Famille qui habitait les environs de St-Maixent au xvie siècle. On la croit branche bâtarde des Partenay.

Availles (Méry d'), Ec., sgr de la Tour, demeurant à Breloux, fit un paiement, comme ayant charge du Cte du Lude, à Amaury Bourguignon, de Niort, le 26 juill. 1570. (Notes Bardonnet.)

AVAILLE. — V. **PARTENAY, MONNIER.**

AVAILLOLES. — Famille originaire de Touraine, depuis longtemps éteinte, qui a donné un abbé commandataire à Montierneuf de Poitiers et un chevalier à l'ordre de St-Jean, au milieu du xvie siècle.

Blason. — La famille d'Availloles portait : de sable à la fasce d'argent chargée de cinq losanges de gueules, accompagnée de six fleurs de lis d'argent. (G^d^-Prieuré d'Aquitaine. Gén. Odard.) On trouve ailleurs d'argent à 2 fasces de gueules et 6 merlettes id., 3, 2, 1. Mais, d'après un dessin de Gaignères, qui se trouve à Oxford, du tombeau de Joachim à Montierneuf de Poitiers, cet abbé portait : « de..... à une canne de sinople, le chef de..... chargé de 3 roses de..... » (Arm. d'Anjou, par Denais.)

Availloles (vénérable et religieuse personne Louis d'), prévôt de l'abb. de Montierneuf et prieur-curé de Pressigny, transigeait, le 1er janv. 1577, avec Antoine Chauvin, Ec., sgr du Portault, pour raison de dîmes dues à la cure de Pressigny. (O. de Maussabré.)

Availloles (Joachim d') était protonotaire apostolique lorsqu'il fut nommé abbé commandataire de l'abb. de Montierneuf de Poitiers en 1552, dignité qu'il occupa jusqu'au 10 janv. 1570. (Gallia Christ.) Est-ce le même personnage que l'Armorial d'Anjou, I, 90, donne comme étant abbé de Chaloché en 1564 ? Nous avons également trouvé dans des notes extraites par D. Fonteneau du trésor de la Maison-Dieu de Parthenay un Joachim d'Availloles, prieur de cette maison, qui rendait aveu, vers 1544, à Louise de Liniers, dame d'Airvau, etc., de l'hôtel de la Mothe de Vandeloigne.

1. — **Availloles** (Jean d'), sgr de Roncée, épousa Jeanne Bureau, D^e^ de la Faye en Loudunais. Il eut de son mariage : 1° François, qui suit ; 2° Marguerite, qui, mariée en 1485 à Guillaume Odart, Ec., sgr de la Faye de Marigny, était morte en 1490, date de la seconde union de son mari.

2. — **Availloles** (François d'), Ec., sgr de Roncée, recevait, le 31 déc. 1511, de Guillaume Odart, son beau-frère, quittance de 300 liv. tournois qu'il lui devait tant par le contrat de mariage de feu Marguerite, sa sœur, qu'en raison des droits à elle échus dans les successions de leurs père et mère.

Le 10 janv. 1539, François d'Availloles assistait au mariage de René de Moussy, Ec., sgr de la Lande, avec D^lle^ Cauchon de Maupas ; lui-même laissa de son mariage contracté avec Anne de la Fresnaye un fils, François, reçu en 1558 chevalier de l'ordre de St-Jean-de-Jérusalem.

AVAROUX (fief des), mouvant de la châtn^ie^ de Civray, qui a pris son nom de la famille Avaroux ou Averoux, éteinte au xive ou xve siècle.

Avoraux (Aimery), *Aymericus Avorausus, valetus*, rend aveu à Guy de St-Savin en 1344 de son herbergement de la Roche (*de Rupe*).

Avoraux (Simon), *Simon Avorausi, valetus*, rend à Jean de St-Savin aveu de son herbergement de la Roche, sis près de celui de feu Guillaume Brulon, et d'un autre dit la Roche-de-Mérigné (*de Ruppe de Merigne*), en 1356.

Avaroux (Marguerite) épousa : 1° N. de la Lande, 2° Jean du Mouteil, valet ; elle était décédée avant 1368.

Avoroux ou **Averoux** (Étienne), *dominus Stephanus Averoux quondam miles*, était mort avant le 20 juin 1399, laissant une fille, Aylis (*nobilis Helidis*), qui était à cette date veuve de Jean *de Abaluto*, et donnait à Perrot de la Lande, son parent, les biens qu'elle possédait dans les p^sses^ de Persac et de Bouresse. A cette donation assistait *Perotus Averoux parochianus de Limelonges* (Limalonges, D.-S. ?). Le 16 juin 1401, Pierre Charité, à cause de sa tante Aylis Avenoze, relève le fief de Balut, paroisse de Limalonges. (Persac, etc., par le B^on^ d'Huart. M. A. O. 1888, 309.)

AVAUGOUR (d'). — Il y a eu 2 familles de ce nom originaires de Bretagne qui ont contracté plusieurs alliances dans notre province et possédé des terres en Bas-Poitou. « D'Avaugour juveigneurs des Penthièvre puînés de Bretagne.... La branche aînée a fini à Jeanne d'Avaugour, dame dudit lieu, Ctesse de Goëllo, mariée en 1318 à Guy de Penthièvre, frère puîné du duc Jean III. La branche de Kergrois, rameau des premiers barons d'Avaugour, a fini à Blanche, dame de Kergrois en Remungol, évêché de Vannes. Elle épousa Jean, sgr de Bélouan, à condition que leurs enfants prendraient les noms et les armes d'Avaugour, etc. » (Nobiliaire de Bretagne, par Pol de Courcy, 1846.)

N'ayant pas les éléments nécessaires pour établir sûrement une filiation, nous nous contenterons de classer chronologiquement les documents que nous avons recueillis et qui se rattachent à notre province, où la branche de Kergrois s'est perpétuée jusqu'au commencement du xviiie siècle. (Cette branche de Kergrois portait seulement par substitution le nom d'Avaugour ; en réalité elle fait partie de la famille de Bélouan.)

Blason : « d'argent au chef de gueules » ; et pour devise : *Ultimus.* (De Courcy, Nob. de Bretagne.) D'après l'Armorial d'Anjou, I, 90, ce n'était que le contre-scel, dont le scel était, avant 1220 : écartelé d'argent et de gueules.

Avaugour (Isabeau d'), fille de Henri IVe du nom,

sgr d'Avaugour, et de Jeanne d'Harcourt, épousa d'abord Geoffroy de Chasteaubriand, et en secondes noces Louis Vte de Thouars, veuf lui-même de Jeanne de Dreux avant le 6 fév. 1362. Le 4 avril 1366, ils fondaient une messe quotidienne dans l'abb. d'Orbestier. Le 2 nov. 1364, elle avait prêté serment d'allégeance au roi d'Angleterre entre les mains de Jean Chandos, et d'après D. Bettencourt (N. féod. p. 45, 46), ses biens furent confisqués le 12 sept. 1371, pour avoir suivi le parti anglais. Elle obtint mainlevée de cette confiscation par lettres du 15..... 1372. Son mari était mort le 5 juin 1370. Isabeau tésta le 4 juin 1400.

Le t. XIX des Archives du Poitou renferme (p. 56 n. et 196 n.) de curieux renseignements sur Isabeau. (M. A. O. 1864, 403. M. St. 1866, 116. A. H. P. 6, 19.)

Avaugour (M. d'), sgr des Essarts, est relaté dans une transaction relative à la succession de Jean de la Brosse, du 2 oct. 1419. (D. F. 14.)

Avaugour (Marie d') dite la jeune, dame de Mayenne-la-Juhel au Cté du Maine, 2e fille de Jean, sgr du Parc, et de Marie DE CHEBERT, épousa, le 29 nov. 1423 (n'étant âgée que de 9 ans), Jean Sanglier, Chev., sgr de Boisrogues en Loudunais. Elle était décédée avant le 5 juill. 1446, époque à laquelle son mari partageait la succession de Jean d'Avaugour avec son beau-frère Jean de Mégaudais. Par cet acte reçu Brissau ou Brossart, notre à Chinon, l'hôtel noble et terre de la Tour-au-Mont, sis dans la Bnie de Mayenne-la-Juhel, fut attribué à Jean Sanglier.

Avaugour (Isabeau d'), veuve de J. d'Averton, Chev., fut témoin d'une donation faite le 17 nov. 1432 par Jeanne Paon, veuve de Jean de Cordon. (G. de Cordon.)

Avaugour (Jeanne d') fut épouse de Nicolas Linger ; ils étaient sgr et dame de la Balte, la Barbotière et de Villeguay, au milieu du XVe siècle.

Avaugour (Isabeau d'), femme de Tanneguy de N..... assiste au contrat de mariage de Joachim Fouchier, Ec., sgr de la Barrouère, avec Marie du Croisic ; elle est encore rappelée dans une transaction du 30 juin 1531 entre Joachim Fouchier, sa femme et Jacques du Croisic. (D. F. 18.)

Avaugour (Louis d'), sgr du Bois-de-Kergrois, Péault en Mareuil, la Grignonnière, la Rochette, St-Vincent-sur-Jard, vise le *vidimus* d'un échange passé le 11 août 1546. (O.)

Avaugour (Claude d'), dame de la Roche-Mabille, fille de Guy et de Guyonne de Villeprouvée, épousa Jacques de Clérembault, sgr du Plessis-Clérembault ; le 18 mars 1553, elle était veuve et tutrice de ses enfants mineurs.

Avaugour (Bonaventure d'), noble et puissante dame (de la branche de Kergrois), épousa Jean de la Lande de Machecou, sgr de Vieillevigne, dont la fille Renée épousa, le 22 mars 1559, Giron de Bessay, Ec., sgr dudit lieu. (G. de Bessay.

Avaugour (N. d'), Chev. de l'ordre du Roi (peut-être Robert ou Jean, son fils précité, l'un et l'autre chevaliers de l'ordre du Roi), fut du nombre des défenseurs de la ville de Poitiers assiégée par l'amiral de Coligny ; il commandait une compagnie. (Liberge, Siège de Poitiers.)

Avaugour (Guillemette d') épousa, vers 1575, Pierre Tinguy, Ec., sr de la Garde.

Avaugour (Louis d'), sgr de Mauve, et

Avaugour (Samuel d'), sgr de Kergrois ? assistèrent l'un l'autre comme amis au contrat de mariage d'Alexandre Durcot, Chev., sgr de la Grève, avec Dlle Marthe Palot, le 10 août 1620. (G. Durcot.)

Avaugour (Louise d') épousa, le 8 août 1683 (Banlier, notre à St-Maixent), Charles Sermanton, Ec., sgr de la Chauvinière. (G. Sermanton.) Cette Louise ne serait-elle point fille de Charles Davaugour, sr de la Ferté, demeurant psse d'Aigonnay, élect. de St-Maixent, que l'état des gentilshommes de la généralité de Poitiers annoté a établi comme *condamné roturier* (peut-être faute de preuves) ?

§ Ier. — D'AVAUGOUR DE KERGROIS (DE BÉLOUAN).

(Les Bélouan portaient : de sable à l'aigle éployée d'argent.)

1. — **Avaugour** (Blanche d'), héritière de Kergrois, veuve d'Olivier de Mauny, épousa, vers 1420, Jean de Bélouan ; leurs enfants furent substitués aux nom et armes d'Avaugour ; l'aîné fut :

2. — **Avaugour** (Louis de Bélouan, dit d'), père de :

3. — **Avaugour** (Grégoire d'), marié, vers 1480, à Françoise DE Ste-FAILLE ? dont il eut : 1° RENÉ, qui suit ; 2° JULIEN, chef de la branche de St-Laurent, § II.

4. — **Avaugour** (René d'), sgr de Kergrois, eut pour fils (ou petit-fils) :

5. — **Avaugour** (René d'), sgr de Kergrois, marié, vers 1550, à Renée DE PLOUER, dont il eut : 1° ISABEAU, mariée, le 19 août 1579, à Pierre des Villates, Ec., sr de Champagné ; 2° (d'après M. de Courcy) CHARLES, Ec., sr de Kergrois (qui était plutôt petit-fils), marié en 1600 à Renée DE LA CHAPELLE, et père de RENÉE, femme de Gabriel de Machecoul ; 3° LOUIS, qui suit.

6. — **Avaugour** (Louis d'), Ec., sr du Bois, Péault en Mareuil, la Grignonnière, devait être frère et non pas fils de René, car il passe acte dès 1565 et fit divers aveux à Guyard Morisson, sr de la Basselière, à l'abbé du Jard, au Bon de Poiroux, etc., à la fin du XVIe siècle. Il épousa (d'après M. de Courcy) : 1° Perrine DU PETIT-CELLIER, De du Bois en Carquefou ; 2° Renée TIRAUD. (Nous croyons plutôt qu'il y a eu 2 Louis, père et fils, mariés successivement à ces dames). Il eut :

7. — **Avaugour** (Louis d'), Ec., sr du Bois, Péault en Mareuil, la Grignonnière, la Rochette, St-Vincent-du-Jard, fit aveu à l'abbé du Jard en 1624 et 1632 ; il épousa, en 1625, Anne DESCARTES, fille de Joachim, conseiller au Parlement de Rennes, et d'Anne Morin (elle était veuve le 20 août 1647, et fit aveu du fief de Chesne à Charlotte de Sallo, De de la Bouchardière, épouse de Gabriel de Chasteaubriant), dont il eut : 1° LOUIS, qui suit ; 2° PIERRE, Ec., sr de Mauve ; 3° ANNE, De de la Rochette, mariée en 1665 à Gabriel Charbonneau, Ec., sr de l'Eschasserie.

8. — **Avaugour** (Louis d'), Ec., sr du Bois et de la châtellenie de Péault, eut un procès au Présidial de Poitiers en 1677 (cité par Filleau dans son commentaire sur l'art. 265 de la Coutume du Poitou). Il épousa, en 1670, Célestine BRUNEAU DE LA RABASTELIÈRE, dont il eut : 1° ANTOINE-ERARD, dit le Mis d'Avaugour, marié 4 fois et décédé sans postérité vers 1750 ; 2° ARMAND Cte d'Avaugour, capitaine de vaisseau, assista, le 12 mai 1737, comme oncle breton, au mariage de Marie-Anne-Esprit Charbonneau avec François de Grange de Surgères Mis de Puyguyon.

§ II. — Branche de **SAINT-LAURENT** (Poitou).

4. — **Avaugour** (Julien d'), dit fils puîné de Grégoire, sr de Kergrois, et de Françoise de Ste-Faille (3e degré, § I), vivait en 1536. Il épousa Anne de Ste-Flaive, De de St-Laurent de la Salle, dont il eut plusieurs enfants ; l'aîné fut :

5. — **Avaugour** (Robert d'), sr de St-Laurent, marié à Bonne de Bélouan, dont il eut : 1° Jean, qui suit ; 2° Catherine, mariée, en 1572, à François des Noulies, Ec., sr de la Tabarière ; 3° Jeanne, mariée à Jacques de la Roche, sr de la Touche-Trébry.

6. — **Avaugour** (Jean d'), Ec., sr du Bois-de-la-Mothe, St-Laurent, épousa, en 1580, Françoise de Coetquen, dont il eut :

7. — **Avaugour** (Jean d'), Mis du Bois-de-la-Motte, sgr de St-Laurent, décédé sans postérité en 1655, marié : 1° à Urbaine de Maillé-Carman ; 2° en 1621, à Marguerite d'Illiers.

AVENET (Michel), trésorier de France au bureau des finances de Poitiers, eut, le 17 juin 1700, une contestation pour la préséance dans l'église de St-Etienne de Poitiers avec M. du Tiers, assesseur criminel au Présidial. (M. A. O. 1883, 274.) Il mourut à Amboise le 16 août 1726.

AVENTON (Adémar d') fut témoin d'une charte pour St-Cyprien, vers 1085.

AVERTON. — Famille aujourd'hui éteinte.

Blason. — D'Averton en Poitou : d'azur au sautoir d'argent accompagné de 4 molettes, *aliàs* étoiles d'or. (Science des armoiries.) Nous ne savons si ceci est bien exact, car les d'Averton d'Anjou portaient : de gueules à 3 jumelles d'argent posées en fasces.

Averton (le sgr d') se rendit au mandement du roi Philippe le Bel et fut du voyage d'Arras en 1303 et 1304.

Averton (Jehan d') sert en chevalier le 4 oct. 1410. (De Gaignères, portefeuille à dos rouge. Bib. Nat.)

Averton (J. d'), décédé avant le 17 nov. 1432, avait épousé Isabeau d'Avaugour, d'après une donation faite par Jeanne Paon, veuve de Jean de Cordon. (G. de Cordon.)

Averton (Charles d'), Ec., frère consanguin de Simonne d'Averton, mariée, le 12 févr. 1487, à Jean Toustain, sgr de Bleville. (Dict. de la noblesse, 6, 719.)

Averton (Jehan d'), sgr du Couldreau et de Bezay (psse d'Espiers), épousa Julienne Evbillechien ; ils transigeaient le 27 août 1515 avec Jehan d'Allemagne, prévôt de l'Église de Poitiers. (D. F. 11, 387.) Leur fille Marquise épousa Pierre de Marconnay.

Averton (Claire d') épousa, en 1587, Claude du Chilleau, gentilhomme de la Reine.

Averton (Marie d') avait épousé René Banchereau. Ils étaient décédés avant le 21 mai 1608, date d'une sentence du Présidial de Poitiers relative à leur succession. (Arch. D.-S.)

AVIAU (d'). — Famille qui, d'après une généalogie insérée par L'Hermite-Souliers (Inventaire de Touraine) et par St-Allais (Nobiliaire universel), descendrait de la maison de Montfort, d'après une tradition que nous trouvons consignée dans le testament de François d'Aviau, 9e degré, dont nous donnons des extraits en son lieu. Nous suivrons la filiation donnée par nos devanciers, et complétée jusqu'à nos jours. Le Bulletin de la Société héraldique de France, d'octobre 1886, croit que la légende de l'extraction de Montfort a été imaginée au xvie siècle par L'Hermite-Souliers.

Blason : de gueules au lion d'argent, la queue nouée, fourchée et passée en sautoir.

Filiation suivie.

(Les 1ers degrés sont hypothétiques, car les dates ne concordent pas.)

1. — **Montfort** (Amaury de), issu des comtes de Montfort-L'Amaury et puîné des comtes de Squilace au royaume de Naples, épousa Eléonore d'Aviau, que l'on croit d'origine napolitaine, de laquelle il laissa : 1° Simon, qui suit ; 2° Anastasie, mariée à Georges Roux, Cte de Montalto.

2. — **Aviau** (Simon d'), tout en conservant les armes de Montfort, quitta le nom de son père et prit celui de sa mère. « Et il fallait que ce dernier eût une grande réputation, pour qu'un Montfort laissât son nom, qu'éclairait encore de sa renommée Simon, chef de la croisade contre les Albigeois. »

Simon épousa Charlotte Caraccioli, dont il eut : 1° Guy, mort sans enfants ; 2° François, marié à Elisabeth Campanichi, resté en Italie, et dont la postérité ne nous est pas connue ; 3° Charles, dont l'article suit.

3. — **Aviau** (Charles d'), Ier du nom, sgr de la Chaise, passa en France au commencement du xve siècle. Guillaume de Chargé lui rendit, le 18 nov. 1418, un aveu pour une terre qu'il avait en sa mouvance ; il épousa : 1° Henriette de Harcourt, 2° Alix de la Chaise, dame dudit lieu. Il eut du 1er lit Louis, qui suit ; du 2e lit : René, qui prit le nom de la Chaise, et se maria avec Catherine de Brillac, fille de Jean de Brillac, Chev., sgr de Mons en Loudunais et d'Argy en Berri, et de Raouline Pot ; il n'en eut qu'un fils, Charles de la Chaise, lequel, de sa femme Jeanne de Baoneux, ne laissa qu'une fille, Philippe, femme de Renaud du Bois, qui, par elle, devint sgr de la Chaise.

4. — **Aviau** (Louis d'), Ier du nom, épousa Béatrix de Beaumont, fille de Jacques de Beaumont, sgr de Bressuire et de la Haye ; c'est par lui que L'Hermite-Souliers commence la filiation. Il passa en Italie, laissant : 1° Raoul, qui suit ; 2° Charles, mort sans postérité.

5. — **Aviau** (Raoul d') suivit le parti des princes de la maison d'Anjou, au royaume de Naples, et repassa en France avec le roi René. Il avait épousé Marie des Ursins, fille de Romain des Ursins, dont : 1° François, qui suit ; 2° Anne, mariée à André de St-Séverin.

6. — **Aviau** (François d'), Ier du nom, Chev., chambellan du roi Charles VIII, épousa, en Provence, au retour de l'expédition de Naples, Marie de Lacépède, d'une maison illustre originaire d'Espagne. Il en eut : 1° Macé, qui suit ; 2° Jeanne, mariée avec Antoine d'Outre-la-Voye, sgr de la Motte.

7. — **Aviau** (Macé d'), Chev., sgr d'Ormoy, gentilhomme ordinaire de la chambre du Roi et capitaine des gardes de la porte de S. M., épousa, le 6 mars 1524 (Bastonneau et Mauseru, notres au Châtelet de Paris), Renée Taudeau, fille de Jacques et d'Honorée de Poitiers, dont est issu :

 AVIAU (d')

8. — **Aviau** (François d'), IIe du nom, sgr de Piolant, Chev. de l'ordre du Roi du 11 oct. 1567, gentilhomme ordinaire de la chambre, fut particulièrement estimé des rois François II et Charles IX. Ce dernier prince l'honora de plusieurs lettres, parmi lesquelles nous avons remarqué celle qui suit, et qui était écrite de la main du Roi :

« Monsieur de Pyaulant, Vassal m'a rendu le paquet « que vous lui avez mis entre les mains, par lequel j'ai « vu que vous avez travaillé aux affaires que je vous « avois confiées, selon mon désir; j'en aurois reçeu « plus de joie, si vous n'étiez pas demeuré malade « à Lion ; ne songez qu'à vous guérir bien-tost si « vous voulez faire plaisir à votre maistre, qui vous « aime et affectionne, et qui prie Dieu, Monsieur de « Pyaulant, vous avoir en sa garde. Ecrite à Bordeau, « le 12 avril 1565. (Signé) Charles. »

François d'Aviau avait épousé, par contrat passé au château de Piolant, le 25 janv. 1559, Louise du Bois, fille de Pierre, sgr de la Béraudière, et de Renée de Bras-de-Fer. Mlle de Piolant fut nommée par Henri IV et la Reine aux fonctions de sous-gouvernante des enfants de France. Et cette charge, toute de confiance, lui valut la reconnaissance des augustes parents et des jeunes enfants qu'elle avait dignement élevés.

La famille d'Aviau conservait autrefois plusieurs lettres écrites à Mme de Piolant par le Roi, la Reine et les princesses, qui prouvent tout à la fois le mérite de cette dame et le crédit dont elle jouissait à la cour. Nous avons donné le texte de plusieurs de ces lettres dans notre première édition, d'après l'Inventaire de Touraine, p. 43, etc. ; nous ne les reproduirons donc pas ici.

François d'Aviau fit son testament le 25 juin 1568. Comme cette pièce est pour ainsi dire généalogique, nous croyons devoir la donner encore, en omettant toutefois tout ce qui concerne les dispositions prises par le testateur au sujet de sa sépulture, qu'il élit « *in ecclesiam venerabilium fratrum minorum s^ti Francisci Castri Eraldi* », et les divers legs pieux dont il dispose en faveur de différentes églises, et après avoir dit que : « *Duo prandia dabuntur (pauperibus), primum die sepulturæ meæ, secundum verò quadragesimo die post obitum* », il continue ainsi : « *Cupiensque ostendere quantum nostra domus devincta est regibus, ego et predecessores mei gratias accepimus et beneficia, quibus substitimus a tempore quo bellis regni Neapolis egredi coacti fuimus, nostram securitatem in Franciam quæsituri et vitaturi persecutiones quæ nos regionem deserere coëgerunt : in quâ insignis domus Monfortensis à quâ originem ducere nobis contigit, semper floruit, a tempore quò majores nostri in eam ex regno Franciæ ducti sunt à principibus domus Andinæ. His benefactis, hisque omnibus gratiis, quibus summopere regiæ devincimur, de his loqui teneor in præsenti meo testamento, jussurus Ludovico filio meo primogenito, ut à fidelitate et obsequiis regi debitis, nusquam sese demoveat...... Rogo uxorem meam ut.... imprimat Francisco secundo meo filio, cum in ætatem dignoscitivam pervenerit, eadem quæ jubeo primogenito Ludovico filio meo..... ut sese avorum dignos ejusque domu à quâ educti sunt efficiant : ut his cogantur à rege nomen Monforte resumere quod mutatum fuit à Simone filio Amaurici Monfortensis et Leonoræ d'Aviau qui nomen matris suscepit cum armis Monfortensibus, quæ semper retinuimus ac tulimus ; quod apparet in tabulâ scriptâ in velino, quæ cum titulis nostris jungitur prototypo requisitionis suæ majestati oblatæ tendentis ad restitutionem ejusdem nominis Monfortensis in nostram familiam, quæ omnia uxori meæ jubeo meisque filiis adstrictus testamento defuncti domini Francisci d'Aviau avi mei, equitis et cubicularii regis Caroli octavi, quo eadem omnia decernebat.......... et ultrà precor dominum Johannem de Harcour cognatum meum atque familiarem, et dare manus mihique petita concedere ut meas extremas voluntates expleri jubeat, cum meâ uxore Ludovicâ du Bois..., quas propriâ manu scripsi atque subsignavi, ipsisque nostrorum signum armorum apponi jussi. In castello meo de Pyaulant, vigesimo quinto die mensis junii anno 1568.*

« *Franciscus d'Aviau.* »

François eut de son mariage avec Louise du Bois : 1° Louis, qui suit ; 2° François, qui suivra après son frère.

9. — **Aviau** (Louis d'), Chev., sgr de Piolant, de Dousse, la Hauterne, etc., gentilhomme servant de la reine Louise de Lorraine, douairière de France, écuyer de la princesse d'Espagne, avait été élevé page de la chambre de l'empereur Maximilien. Il épousa, le 13 déc. 1603, Jeanne Martel, fille de Charles, sgr de Lamarin, Chev. de l'ordre, maréchal des camps et armées du Roi, et gouverneur de Châtellerault, et d'Antoinette de Bruzac. Il rendit aveu, pour les terres qu'il possédait dans le Châtelleraudais, à la princesse Marie de Bourbon, duchesse de Montpensier, le 25 juill. 1619. Il ne laissa que deux filles : 1° Louise, mariée en 1628 avec Mess. J. d'Armagnac, Chev., sgr de la Motte-d'Isoré, etc., premier valet de chambre et maître d'hôtel ordinaire du Roi, bailli, puis gouverneur de la ville et château de Loudun ; 2° Françoise, mariée, le 14 avril 1628, avec Mess. Charles-Martin d'Aloigny, Chev., sgr et baron de la Groye, d'Ingrande, de Marigny, etc.

---

9. — **Aviau** (François d'), IIIe du nom, frère de Louis, Chev., sgr de Relay, la Chaise, St-Remy, la Tour-des-Mées, etc., Chev. de l'ordre du Roi, gentilhomme servant de la reine Marie de Médicis, fut chargé par M. de Malicorne, général de l'armée du Roi en Poitou, d'assembler ses amis et d'aller secourir Lussac, assiégé par le Cte de Brissac. Il combattait au siège du château du Fou, lorsqu'il fut atteint d'un coup de feu dont il mourut. Il avait épousé, le 10 juill. 1607, Elisabeth de Ferrières, fille d'Antoine, sgr de Champigny-le-Sec en Mirebalais, et de Jacqueline Martel de Lamarin. De ce mariage sont issus : 1° Louis, Chev., sgr et baron de Piolant, la Chaise-St-Remy, la Brosse, Busseuil, conseiller du Roi, gouverneur de Loudun, pays et bailliage du Loudunois, servit longtemps dans les armées en qualité de capitaine au régiment de St-Luc, et fut depuis employé en diverses négociations. Il épousa, le 2 juill. 1644, Dorothée Gautier, fille de Jacques, Ec., sgr de la Roche-Gentil, et de Perrine Mesneau. De ce mariage sont issus : *a*. Louis-François, tenu au baptême, au nom du Roi et de la Reine-mère, par le maréchal de la Meilleraye et Madeleine du Relay ; il mourut sans postérité ; *b*. Elisabeth, vers 1663 ; *c*. Louise-Dorothée, *d*. Marie-Anne.

2° Jacques, qui suit ; 3° Elisabeth, tenue sur les fonts par la reine d'Espagne, mariée à Jacques des Housseaux, Ec., sgr de la Gibottière et de Bourgeville ; ils vivaient en 1682 ; 4° Marie, épouse de Louis Richer, Chev., sgr de la Faye et du Fresne ; 5°, 6° et 7° Françoise, Charlotte et Jeanne, religieuses.

10. — **Aviau** (Jacques d'), Chev., sgr de Relay et du Bois-de-Sanzay, fut élevé page de la Reine-mère,

et commanda pendant longtemps une compagnie au régiment de Persan. Il se trouva aux batailles de Rocroy et de Lens, au siège de Fribourg, etc., et fut fait chevalier de l'ordre. Il épousa, le 13 nov. 1647 (Ragueneau, not^{re} royal à Loudun), Anne D'ARSAC, fille de René, Chev., sgr du Chesne et de Ternay, et de dame Elisabeth Le Roux, dont il eut : 1° CHARLES, qui suit ; 2° HENRI-LOUIS, maître-école au Chapitre de St-Hilaire de Poitiers ; 3° FRANÇOIS-CHARLES, brigadier des gardes du Roi, tué à Nerwinde en 1693 ; 4° et 5° ELISABETH et MARIE-DOROTHÉE.

11. — **Aviau** (Charles), IIe du nom, Chev. sgr de Relay, du Bois-de-Sanzay, fut successivement brigadier des gardes du corps du Roi, puis capitaine au régiment de Persan. Il épousa, le 4 févr. 1697 (Bordereau, not^{re} à Montaigu), D^{lle} Louise BEGAUD, fille de Mess. René, Chev., sgr de Cherves, et de dame Marquise de Charbonneau. De ce mariage sont issus : 1° CHARLES-FRANÇOIS-PIERRE-LOUIS, qui suit ; 2° JACQUES, prêtre, abbé commendataire de Noyers ; 3° FRANÇOIS, capitaine au régiment de Luxembourg, mort en activité de service dans la citadelle de Strasbourg.

12. — **Aviau** (Charles-François-Pierre-Louis d'), Chev., sgr du Bois-de-Sanzay, de Cherves, Relay et autres lieux, épousa, le 6 mars 1731 (Decressac, not^{re} à Poitiers), D^{lle} Catherine-Thérèse PERRIN, fille de Me Gaspard, écuyer du Roi, et de Anne Rigoumier. Il mourut à Poitiers au mois de janv. 1788, laissant de son mariage : 1° CHARLES-JEAN-MARIE, qui suit ; 2° CHARLES-FRANÇOIS d'Aviau du Bois de-Sanzay, archevêque de Bordeaux, commandeur de l'ordre du St-Esprit et pair de France. Il naquit le 12 noût 1736 au château du Bois-de-Sanzay, canton de Thouars (Deux-Sèvres). Il fut chanoine de l'église collégiale de St-Hilaire-le-Grand de Poitiers et, bientôt après, premier grand vicaire du diocèse.... Ce ne fut que pour obéir à Louis XVI que l'abbé d'Aviau accepta d'être le successeur de Mgr Lefranc de Pompignan, archevêque démissionnaire de Vienne. Dix mois après son installation, il fut obligé de s'expatrier et de se réfugier en Italie.

Rentré en France en 1800, il fut nommé archevêque de Bordeaux en 1802, le siège de Vienne étant du nombre de ceux supprimés par le Concordat. En 1811, lors du concile national convoqué par Napoléon, il ne craignit pas de s'opposer constamment aux projets de décrets proposés par le gouvernement, parce qu'il y voyait percer trop clairement le désir du pouvoir temporel d'empiéter sur les questions d'ordre purement spirituel.

Sous la Restauration, il fut nommé pair de France, Chev., et commandeur de l'ordre du St-Esprit. Il sut toujours faire respecter ses convictions et, par la sagesse de sa conduite, fut toujours au-dessus des attaques de l'esprit de parti.

Un soir, au mois de mars 1826, le feu d'une bougie se communiqua aux rideaux de son lit et à ses vêtements, et le malheureux vieillard (il avait 89 ans), horriblement brûlé, ne dut la vie qu'aux soins assidus des médecins. A la nouvelle de cet accident, la ville de Bordeaux tout entière afflua au palais archiépiscopal. Tout le monde déplorait la perte probable du saint prélat qui, après avoir vécu quelques mois encore, succomba le 11 juill. 1826.

Son cœur repose dans l'église St-Hilaire de Poitiers, et l'abbé Lambert prononça à cette occasion l'oraison funèbre de l'archevêque de Bordeaux.

Voici le texte de l'épitaphe placée dans le mur de transept de droite, sur l'endroit où repose le cœur de Mgr d'Aviau :

D. O. M. — Hic depositum est cor — Illus^{mi} et Rev^{mi} DD. Car. Franc. — d'Aviau du Bois de Sanzay — ex nobili Pictav. prosapia — an. nati M. DCC. XXXVI ; — Doct. Theol — Vic. primum gen. Pict. Dioc., nec non S. Hilarii — Magni canonici — Archiepiscopi dein Viennensis, indeque — Burdigalensis — qui et par Franciæ — regii ordinis Sancti Spiritus commendator, etc. — obiit in Dom. — die julii XI an. M. DCCC. XXVI — Suivent six vers consacrés à relater les vertus du défunt.

3° FRANÇOIS-XAVIER dit le Chevalier du Bois-de-Sanzay, frère des précédents, fut conseiller au conseil supérieur établi à Poitiers en 1771, émigra avec son frère aîné et son neveu, servit d'abord dans la 4e compagnie de la noblesse du Poitou-Infanterie, puis comme maître dans la 2e Cie noble d'ordonnance à l'armée de Condé, et mourut en 1796, sans avoir été marié ; 4° N., morte supérieure au couvent des dames du Mont-Carmel, à Poitiers.

13. — **Aviau** (Charles-Jean-Marie d'), Chev., sgr du Bois-de-Sanzay, Leray, Gournay, etc., ancien colonel de cavalerie, Chev. de St-Louis, lieutenant de MM. les maréchaux de France, membre de l'assemblée de l'élection de Thouars, lors de la formation des assemblées provinciales, émigra, servit comme maréchal des logis de la 2e compagnie noble d'ordonnance, puis se rendit à l'armée de Condé, qu'il n'abandonna qu'au licenciement.

Il avait épousé, le 31 juill. 1774 (Me Brunet, not^{re} à Poitiers), Marie-Françoise DE LAUZON DE LA POUPARDIÈRE, fille de M. François-Joseph baron de la Poupardière et de Marie-Jeanne-Hyacinthe Perrin.

Charles-Jean-Marie est mort à Poitiers, au mois de mars 1828, laissant pour fils unique :

14. — **Aviau** (Charles-François-Marie d'), né le 20 mai 1772, fut reçu élève à l'école militaire le 3 oct. 1786, en sortit le 25 mars 1788, Chev. de St-Louis, suivit son père dans l'émigration, et servit comme maître dans la 2e compagnie noble d'ordonnance à l'armée des Princes. Il rejoignit ensuite l'armée de Condé, où il servait dans le régiment d'Angoulême, lors du licenciement.

Il épousa, le 22 oct. 1806 (Moreau, not^{re} à Montreuil-Bellay), Perrine-Renée-Elisabeth BROSSIER DE LA CHARPAGNE, fille de Pierre-Jean, conseiller du Roi, et de Renée-Marie-Elisabeth Martin, veuve de Jean-Claude Piet de Boisneuf. Sur la fin de sa vie, il prit le titre de comte, comme unique neveu de l'archevêque de Bordeaux, qui l'avait reçu avec faculté de le transmettre à ses neveux. Il est mort le 30 sept. 1845, laissant : 1° CHARLES-MARIE, qui suit ; 2° CHARLES-MARIE-ANTOINE, rapporté au § II ; 3° THÉRÈSE-MARIE-CHARLOTTE-CÉLINIE, mariée, le 21 avril 1830, à M. Adolphe-François Gaborit de la Brosse, décédée.

15. — **Aviau** (Charles-Marie d') de Piolant. C'est à lui que Mme la M^{ise} de Ternay légua en mourant toute sa fortune, à la charge de relever les noms, titres et armes de la famille d'Arsac. Il est mort à la fleur de l'âge, le 21 juill. 1835, laissant de D^{lle} Malcie DE MÉLIANT, fille de Louis et de Sophie de Monti, qu'il avait épousée le 11 nov. 1834 (Laillié, not^{re} à Nantes), CHARLES-MARIE, né posthume.

16. — **Aviau** (Charles-Marie d'), Mis d'Arsac de Ternay, né le 31 août 1835, a épousé, le 15 janv. 1861 (de Mardre, not^{re} à Paris), D^{lle} Aloise-Aimée DE COUCQUAULT D'AVELON, fille de Gaëtan Mis d'Avelon et d'Esther-Caroline de Biencourt. De ce mariage sont issus : 1° LUDOVIC-CHARLES-MARIE, 2° GASTON-CHARLES-MARIE-PHILIPPE, 3° MARIE-EUGÉNIE-ALINE, 4° ALAIN-CHARLES-MARIE, 5° PIERRE-CHARLES-MARIE, 6° MARTHE-MARGUERITE-MARIE, 7° CHARLES-MARIE, 8° HENRI-ALAIN-MARIE.

§ II.

15. — **Aviau** (Charles-Marie-Antoine d'), Cte de Piolant, né en avril 1813, élève de St-Cyr en 1832, sous-lieutenant au 4e lanciers à sa sortie de l'école de Saumur ; ayant donné sa démission en 1838, il épousa, le 17 juill. de la même année (Demay, notre à Niort), Dlle Charlotte-Eugénie CHEBROU DE LA ROULLIÈRE, fille de Victor, ancien maire de Niort, et d'Esther Bourasseau de la Renolière. Il est mort à Poitiers le 9 août 1886. De ce mariage sont nés : 1° GEORGES-CHARLES-MARIE, qui suit ; 2° ALBERT-CHARLES-FRANÇOIS, dont nous parlerons après son frère aîné.

16. — **Aviau** (Georges-Charles-Marie d'), Cte de Piolant, né le 9 juin 1840, fit son droit à Poitiers et se fit inscrire au barreau de cette ville, a fait en 1870 la campagne de l'Est avec le grade de capitaine d'état-major ; nommé sous-préfet en 1873, il donna sa démission en 1876, se présenta à la députation comme candidat royaliste dans l'arrondissement de Marennes (Chte-Infre) ; ayant échoué de quelques centaines de voix seulement, il renonça à la politique et se livra à la littérature et à l'archéologie. Il s'est distingué comme l'avocat de la cause des chrétiens Maronites ; aussi Léon XIII, pour le remercier de son zèle, l'a nommé chevalier de l'ordre de Pie IX. Le 28 sept. 1877, il a épousé (Fonteneau, notre à Angers) Dlle Georgette-Marie-Zoé CESBRON-LAVAU, qui l'accompagna dans un de ses voyages en Orient, et a écrit sur le Liban l'ouvrage ayant pour titre *Au pays des Maronites*.

---

16. — **Aviau** (Albert-Charles-François d'), Vte de Piolant, né le 28 oct. 1845, élève de St-Cyr ; il fut nommé sous-lieutenant de cuirassiers. Il est sorti de l'école de cavalerie de Saumur avec le no 2, et ne tarda pas à y être attaché comme sous-écuyer. Il est aujourd'hui (1887) écuyer en chef. Il a fait la campagne de 1870 comme lieutenant du 3e chasseurs, et a pris part aux batailles autour de Metz.

Au mois de mai 1874, il a épousé à Caen Valentine-Marie DE LAISTRE, fille de Stanislas Cte de Laistre et de Félicie-Ursule Pas de Beaulieu, dont il a eu : 1° AMAURY-CHARLES-MARIE, né le 18 mars 1875 ; 2° FRANÇOIS-CHARLES-MARIE, né le 14 mars 1876.

EXTRAIT des lettres patentes conférant le titre de Comte à Charles-François d'Aviau du Bois-de-Sanzay, archevêque de Bordeaux, etc., avec transmissibilité à l'un de ses neveux. (Il n'en eut qu'un.)

« Napoléon, etc.,

« Par ces présentes, signées de notre main, avons conféré et conférons le titre de Comte de notre Empire à notre cher et amé le sr Charles-François d'Aviau du Bois-de-Sanzay, chevalier de la Légion d'honneur, archevêque de Bordeaux, né au Bois-de-Sanzay, département des Deux-Sèvres, le 7 août 1735. Ledit titre de Comte sera transmissible à l'un des neveux de notre cher et amé ledit sr d'Aviau du Bois-de-Sanzay.

« Permettons à notre cher et amé de se dire et qualifier Comte de notre Empire, dans tous les actes et contrats tant en jugement que dehors, etc., etc., qu'il puisse porter en tous lieux les armoiries telles qu'elles sont figurées aux présentes : « de gueules au lion rampant d'argent, la queue fourchée et passée en sautoir, quartier de comte. »

Donné à Paris, le 18 mars 1809, scellé le 20 mars 1809.

1° Enregistré au conseil des sceaux et titres, recto, case, folio 138.

2° Transmis sur les registres du Sénat le 14 avril 1809.

AVICE. — Famille originaire de Niort, où elle a tenu un rang distingué. Dans le Dictionnaire de la noblesse de Courcelles, à propos d'une famille Avice de Normandie, on semble croire que la famille poitevine pourrait s'y rattacher ; mais cela ne paraît pas probable, d'autant plus que les blasons sont très différents. Le Bulletin des Ant. de l'Ouest 1859 parle d'un chevalier Avice, artiste graveur, que l'on croit l'ami du célèbre peintre Poussin ; mais ce personnage appartenait à la famille normande.

Nous nous sommes servi, pour établir cette généalogie, des papiers Briquet et des notes nombreuses fournies par MM. L. de la Rochebrochart et G. Laurence de Niort, ainsi que des documents conservés dans notre cabinet.

Blason : d'azur à trois triangles (*aliàs* diamants taillés en tétraèdre) d'argent posés 2 et 1.

L'Armorial des maires de Niort dit à tort 3 chausse-trapes. (Primitivement c'était 3 têtes de vis.)

Noms isolés.

Avice (Aubin) était échevin de Niort en 1594. (Date incertaine.)

Avice (Jacques), sr du Boyneau ou Boesneau, échevin en 1599. (Id.)

Filiation suivie.

§ Ier.

1. — **Avice** (Jean), docteur en médecine, ne vivait plus en 1591 ; il avait épousé Marie SADIRON, dont JÉRÔME, qui suit.

2. — **Avice** (Jérôme), Ec., sr de Galardon, la Chauvière, la Vigerie et la Cour-de-Mougon, maire de Niort en 1594 et 1599, échevin de cette ville, fut l'un des députés envoyés à Henri IV en 1601. On le trouve en 1609 administrateur des aumôneries de St-Georges et de St-Jacques. En 1621, il fut capitaine de la compagnie de milice formée par les protestants de Niort, et en 1626 fit aveu d'un fief au château de Lusignan. Il avait été maintenu noble en 1608 et fit au Roi hommage de Mougon en 1620. Il épousa : 1° le 23 déc. 1591, Marie BRUNET ; 2° le 24 févr. 1601, Catherine RIVIÈRE. Du 1er lit il eut : 1° AUBIN, qui suit ; du 2e lit : 2° RENÉE, née vers 1614, mariée, le 5 févr. 1628, à Hector du Fay, Chev., sr de Milan, décédée le 17 août 1679 ; 3° JACQUETTE, mariée à Jean de la Varenne, Ec., sgr de la Grange-Hardy ; 4° MARIE, mariée à Gédéon d'Auzy, Ec., sr de la Brousse ; 5° ADRIENNE, mariée, le 21 nov. 1634, à François Suyrot, Ec., sr des Aulnays, puis à Hélie Couraudin, Ec., sr de l'Ile.

3. — **Avice** (Aubin), Ec., sr de Mougon, la Mothe-Claveau, fit accord avec son père le 8 août 1618, fut maintenu noble en 1634 et obtint dispense de servir au ban des nobles du Poitou en 1635. Décédé le 13 sept. 1662, il avait épousé, le 26 févr. 1619, Marie MESMIN, dont il eut : 1° JEAN, né le 6 août 1623, décédé le 1er déc. de la même année ; 2° AUBIN, qui suit ; 3° ELISABETH, née le 22 mars 1626, mariée à Gabriel Félix, Ec., sr de la Borde ; 4° MARIE, née le 27 août 1628, décédée le 10 juill. 1631 ; 5° CATHERINE, née le 24 mars 1630 ;

6° Renée, décédée le 6 juill. 1631 ; 7° Louise, née le 22 juin 1632, mariée à Jean de la Varenne, Ec., sr du Plessis-Beaumanoir ; 8° Marguerite, née le 28 juin 1633 ; 9° Jérôme, rapporté au § III ; 10° Jacques, Ec., sgr du Boisneau, né vers 1638, partagea avec ses frères et sœurs le 9 juin 1663 et décéda le 27 mai 1677.

4. — **Avice** (Aubin), Ec., sgr de Mougon, la Garde, la Mothe-Claveau, né le 2 févr. 1625, décéda le 17 janv. 1677. Il avait fait aveu de la Mothe-Claveau à Lusignan en 1663 et fut maintenu noble avec ses 2 frères par arrêt du conseil, le 31 déc. 1670. Marié, le 19 mars 1664, à Arthémise de Nesmond, qui épousa depuis Jean-Louis de Rasin, Ec., sgr d'Hauterive, fille de Pierre, Ec., sr de Sansac, et d'Arthémise de Caumont d'Ade, il en eut : 1° Pierre-Josué, né en août 1665, décédé le 7 juill. 1671 ; 2° Charles-Amateur, qui suit ; 3° Louis-François, né le 12 avril 1675 ; 4° Auguste, né le 31 mai 1676, décédé le 7 févr. 1677 ; 5° Marie-Bérénice, mariée en 1684 à Antoine de Baylens Mis de Poyanne, gouverneur de Dax, sénéchal des Landes.

5. — **Avice** (Charles-Amateur), Chev., sgr de Mougon, la Mothe-Claveau, exempt des gardes, mestre de camp, lieut.-colonel de cavalerie, né le 19 mars 1673, décéda le 2 sept. 1727. Il avait épousé, le 8 nov. 1712, Blanche-Colombe de Razilly, fille de Gabriel Mis de Razilly et de Colombe Ferrand, dont il eut : 1° Michel-Amateur, qui suit ; 2° Marie-Colombe-Arthémise-Blanche, née le 26 sept. 1714 ; 3° Guillaume-Charles-Gabriel, né le 22 oct. 1715, capitaine au régt de Berry-Infanterie, Chev. de St-Louis, inhumé le 23 mai 1779, sans postérité. Nous croyons que c'est lui qui fut reçu Chev. de Malte ; 4° Louis-Aubin, né le 1er mars 1719, décédé le 27 août 1720 ; 5° Elisabeth-Blanche-Bérénice-Marguerite-Auguste, née le 18 sept. 1720 ; 6° François-Charles-Amateur, né le 28 sept. 1722, prieur de St-Clémentin en 1755, vicaire général et doyen de St-Laud d'Angers, prévôt de Fontenay-le-Comte en 1787, fut député à l'assemblée provinciale du Poitou et décéda le 29 août 1799 ; 7° Colombe-Charlotte-Bérénice, née le 17 déc. 1723, décédée le 1er sept. 1724 ; 8° Armand-Charles, né le 28 déc. 1726, décédé le 23 mai 1743 ; 9° Michel-Marie-Charles, rapporté au § II ; 10° Louis-Charles-Amateur, né le 14 févr. 1728, inhumé le 7 nov. 1730.

6. — **Avice** (Michel-Amateur), Chev., sgr de Mougon, Surimeau (par héritage des Nesmond et des Caumont), lieutenant des maréchaux de France à Niort, naquit vers 1712 et décéda le 30 déc. 1772. Il avait épousé, vers 1753, Perrine-Catherine Forien, dont il eut : 1° Thibaud-Amateur, qui suit ; 2° Marguerite-Gabrielle-Arthémise, née le 7 oct. 1755, décédée le 9 févr. 1789 ; 3° Pierre-Hyacinthe-Michel, né le 29 nov. 1761.

7. — **Avice** (Thibaud-Amateur), Chev., sgr de Mougon, Surimeau, né le 27 janv. 1753, fut officier au régt royal étranger-cavalerie, lieut. des maréchaux de France en 1774, décéda le 6 mars 1779. Il avait épousé, le 18 févr. 1772, Catherine-Ursule-Antoinette Avice de la Motte, fille de Antoine, Chev., sgr de la Motte, et de Louise-Ursule Thibault de la Gaschère, dont il eut : 1° Mélanie-Ursule-Catherine-Antoinette, née le 19 nov. 1772, mariée à François Couderc-Prévignaud, décédée le 8 mai 1802 ; 2° Elisabeth-Françoise-Catherine-Sophie, née le 7 janv. 1774, décédée le 11 nov. de la même année ; 3° Michel-Charles-Amateur, qui suit. La veuve de Thibaud-Amateur comparut par procureur à la réunion de la noblesse du Poitou de 1789.

8. — **Avice** (Michel-Charles-Amateur), Chev., sgr de Mougon, né le 27 mai 1776, servit dans l'armée de Condé pendant l'émigration et est décédé le 18 avril 1848. Il avait épousé : 1° le 9 janv. 1802, Alexandrine de Cugnac, fille de Louis-Philippe Mis de Cugnac et de Marie-Madeleine-Alexandrine de Razes d'Auzances, décédée le 3 déc. 1814 ; 2° Marie-Madeleine Grolleau, décédée le 15 juin 1845. Du 1er lit il eut : 1° Antonine, née le 23 nov. 1802, mariée à Achille-Louis de Savignac de Montamy, et décédée le 29 juill. 1827 ; 2° Pauline-Caroline, née le 12 sept. 1809, mariée, le 7 janv. 1829, à Charles-Amateur Avice Mougon de Surimeau, décédée le 17 mars 1880 ; du 2e lit : 3° Prosper-Michel, qui suit ; 4° Charlotte-Lydie, mariée, le 13 nov. 1843, à Louis-Adolphe de Goué.

9. — **Avice de Mougon** (Prosper-Michel), marié à N. du Bois de Vincelles, a eu : 1° Roger, 2° Amaury, 3° Guy, 4° Gabriel, 5° N., fille. Ils habitent actuellement la Bretagne.

§ II. — Branche de la **Carte** et de **Surimeau.**

6. — **Avice** (Michel-Marie-Charles), Chev., sgr de la Carte, la Garde, Jaunay, la Roche-Quentin, fils puîné de Charles-Amateur et de Blanche-Colombe de Razilly (5e degré du § Ier), naquit le 27 mars 1725, capitaine au régt d'Aquitaine, Chev. de St-Louis (3 mars 1761), lieut. des maréchaux à Niort en 1773, fit aveu de Jaunay et la Carte à St-Maixent le 30 janv. 1763, et mourut le 12 mars 1780. Marié à Montréal (Canada), le 14 sept. 1760, à Amable Prudhomme, veuve de Louis Coulon, Ec., sgr de Villiers, il en eut : 1° Colombe, née le 30 déc. 1761, mariée, le 27 mai 1781, à Philippe Jau, Chev., sgr de Chantigné ; 2° Marie-Pétronille-Rose, mariée à N. Viault du Breuillac ; 3° Gabriel-Amateur-Louis, né le 15 oct. 1764 ; 4° Louise-Françoise-Catherine, née le 28 sept. 1766, inhumée le 12 oct. 1786 ; 5° Marie-Amable, née le 17 juill. 1768, décédée le 18 mars 1787 ; 6° Charles-Antoine-Jean, qui suit.

7. — **Avice de la Carte** (Charles-Antoine-Jean), né à Chervoux le 30 mars 1771, fit ses preuves pour l'école militaire en 1785. Pendant l'émigration, il fut porte-étendard à l'armée de Condé et Chev. de St-Louis, et décéda le 14 mai 1836. Marié en 1801 à Marie-Maixende du Chesne de Vauvert, fille de Jean et de Marie Jouslard, il en eut : 1° Joséphine-Amable-Eléonore, née le 7 sept. 1802 ; 2° Charles-Ferdinand, né le 7 fév. 1804, décédé le 2 mars 1804 ; 3° Charlotte-Marie-Colombe-Arthémise, née le 16 déc. 1805, décédée le 17 mars 1859 ; 4° Charles-Amateur, qui suit ; 5° Armande-Joséphine, née le 28 oct. 1811, décédée le 27 févr. 1834.

8. — **Avice Mougon de Surimeau** (Charles-Amateur), né le 7 mars 1807, fut autorisé par jugement du tribunal de Niort du 27 mars 1867 à s'appeler Avice-Mougon de Surimeau, et décéda le 29 juill. 1869. Il avait épousé, le 7 janv. 1829, sa cousine Pauline-Caroline Avice de Mougon, fille de Michel-Charles-Amateur et de Alexandrine de Cugnac, dont il eut : 1° Charles-Ferdinand, qui suit ; 2° Henri, né le 9 août 1831, marié en 1867 à Marie-Antoinette Lana ; 3° Caroline, née le 22 juill. 1833, mariée, le 10 mai 1853, à Philippe-Marie-Joseph Marsault de Parçay.

9. — **Avice Mougon de Surimeau** (Charles-Ferdinand), né le 29 sept. 1829, marié en 1860 à Gabrielle Grelet du Peyrat, a : 1° Marthe, née en 1861 ; 2° Marie, née en 1864.

§ III. — Branche de la **Mothe**.

4. — **Avice** (Jérôme), Ec., sgr de Galardon, la Cour-de-Mougon, fils puîné de Aubin et de Marie Mesmin (3e degré du § Ier), naquit le 30 mai 1636 et décéda le 10 avril 1674. Il avait épousé, le 14 janv. 1663, Susanne de Cougnac, fille de Jacques, sr de la Pérignière, et de Jeanne Blavon, dont il eut : 1° Jean, qui suit ; 2° Nicolas, Ec., sgr de la Mothe-Claveau, né le 16 oct. 1669, président de l'élect. de Niort en 1714, échevin de cette ville, fut chargé en 1716 de recueillir les fonds pour établir le collège des Oratoriens. (M. Stat. 1884, 365.) Il épousa, sous la tutelle de Paul Thibault, avocat, le 30 mars 1693, Louise Marsault, fille d'Alexis, Ec., sgr de la Cailletière, président de l'élect. de Niort, et de Marie Garnier, dont il eut : *a.* Marie, née le 31 janv. 1694, mariée à N. de Robineau, puis, le 3 févr. 1722, à Joseph de Liniers, Ec., sgr du Breuil-Barrabin, décédée avant 1745 ; *b.* Louise-Elisabeth, née le 6 mai 1696 ; *c.* Nicolas, né le 31 août 1697, décédé le 11 déc. 1700 ; *d.* Angélique-Ursule, née le 12 sept. 1698 ; *e.* Jean-Nicolas, né le 22 oct. 1699, inhumé le 2 déc. 1732 ; *f.* Catherine, née le 12 août 1701, décédée le 6 nov. 1701 ; *g.* Augustin, né le 4 fév. 1704, passé à St-Domingue, y fit enregistrer ses titres en 1727 ; *h.* Renée, décédée le 22 avril 1800 ; *i.* Jeanne, née le 27 juill. 1706 ; *j.* René, né le 26 juill. 1707, décédé le 21 nov. 1707 ; *k.* Louise-Charlotte, née le 10 nov. 1708, décédée le 22 juin 1797 ? *l.* Anne, née le 21 mars 1710 ; *m.* Marie-Françoise, née le 1er fév. 1712, mariée, le 22 nov. 1734, à Philippe-Hyacinthe Louveau, Ec., sgr de la Règle, décédée veuve le 21 oct. 1767.

3° Gabriel, né le 5 août 1671 ; 4° Jacob, né le 15 août 1672 ; 5° Jeanne.

5. — **Avice** (Jean), Ec., sr de Mougon, la Mothe-Claveau, naquit vers 1663, servit au ban des nobles du Poitou en 1690-91, et décéda le 5 déc. 1736. Il avait épousé Jeanne des Nouhes, dont il eut : 1° Pierre, né le 31 mars 1701 ; 2° Jean-Jérôme, né le 15 juill. 1702 ; 3° Victor-Agathe, qui suit ; 4° Pierre-Simon, né le 22 juill. 1705 ; 5° Pierre-Etienne, né le 17 déc. 1707 ; 6° Antoine, né le 30 mai 1709, servit au ban des nobles du Poitou réuni à St-Jean-d'Angély en 1758, fut témoin en 1772 pour attester la noblesse de Léon Jourdain, présenté à l'ordre de Malte ; il avait épousé, le 22 oct. 1749, Louise-Ursule Thibault de la Gaschère, dont Catherine-Ursule-Antoinette, née le 21 oct. 1751 et mariée, le 18 févr. 1772, à Thibaud-Amateur Avice de Mougon, son cousin, décédée le 22 août 1801 ; 7° Henri, né le 28 août 1710 ; 8° Jacques, né le 2 juill. 1713, vicaire de St-André de Niort en 1742, curé de Gript de 1746 à 1747 et curé de St-Denis de 1771 à 1772 ; 9° Jean-Joseph, né le 13 sept. 1714 ; 10° Jeanne, née vers 1728, décédée le 14 fév. 1759.

6. — **Avice** (Victor-Agathe), Ec., sgr de Mougon, la Mothe-Claveau, la Vergnaye, né le 6 fév. 1704, marié : 1° le 25 nov. 1732, à Marie-Anne Marchand, fille de Louis, sr de Nouval ? receveur des fermes à Montdidier, et de Madeleine Faverolles ; 2° le 12 août 1744, à Marie de la Faye, fille de Jean, Ec., sgr de Montorchon, et de Elisabeth-Louise Garnier, dont il n'eut pas d'enfants. Du 1er lit il eut : 1° Marie-Thérèse-Agathe, née le 16 nov. 1733, décédée le 7 sept. 1734 ; 2° Joseph-Nicolas, né le 15 mai 1736, décédé le 16 déc. 1737 ; 3° Jean-Victor-Agathe, né le 9 avril 1738. Nous ignorons sa destinée.

AVIGNON DE VAILLANT. — Voir **VAILLANT**, sgr d'**AVIGNON**.

Avignon (Etienne), Ec., receveur général en Poitou, est auteur de *l'Etat du domaine du Roi en Poitou*, dressé en 1730. (M. A. O. 1883.)

AVINEAU (d') ou **DAVINEAU.** — Famille qui habitait Usson au xve siècle.

Avineau (Pierre d'), noble homme, maître, est rappelé dans le contrat de mariage de son fils en 1439.

Avineau (Junien d'), Ec., sgr de Puyfaucon, Cour d'Usson, d'abord licencié ès lois, puis écuyer, épousa, le 2 oct. 1439, Guyonne de Compnac, fille de Pierre, Ec., et de Jeanne Bruslon, dame d'Usson. Il reçut aveu, le 20 avril 1450, d'Etienne de Blet, Ec., sr de la Petite-Épine. (D. Villevieille, V, p. 61.)

AVOCAT (L') ou **LADVOCAT.** — Famille noble de la Gâtine.

Blason : d'argent à une fasce denchée d'azur et 3 roses de gueules, 2 et 1. (Cab. tit.)

Advocat (Jacques de L'), Ec., sr de la Guérinière, St-Pardoux, 1630.

Advocat (Judith L') épousa, le 28 avril 1608 (Briant, notre à Loudun), Charles Moyson, Ec., sr de Laugerie.

Advocat (François de L'), Ec., sr de Beauchamp, la Guyonnière (tenue de la Meilleraye), St-Pardoux, 1656, fut, dit-on, capitaine de Beaufort-en-Vallée.

Advocat (Samuel de L'), Ec., sr de la Guyonnière, St-Pardoux, 1670.

Advocat (Jacob de L'), sgr de St-Pardoux, fut maintenu noble en 1667 par les commissaires généraux, sur appel de M. Barentin.

AVOINE (d'). — Famille noble d'Anjou, que l'on croit originaire du Poitou. (Carrés d'Hozier, 49.)

Blason : de gueules au léopard d'argent.

Avoine (Guillaume d'), Ec., sr d'Avoine en Poitou, la Jaille en Anjou, épousa Louise du Plessis, dont il eut : 1° François, 2° Pierre, 3° Barthélemy, qui partagèrent le 17 mai 1450 (contrat passé par Denis Hubert, notre à Poitiers).

Avoine (Macé d'), Ec., sr de la Jaille (pssc de Noelles ? Anjou), eut pour enfants : 1° Jean, Ec., sr de la Jaille, marié à Renée de Rorthais, qui, veuve sans enfants, fit accord, le 20 fév. 1523, avec les frère et sœur de son mari ; 2° Bastien, Ec., et 3° Marguerite, femme de Me François Le Peletier.

AVOIR (d'). — Famille noble d'Anjou, dont le nom se trouve dans les anciennes chartes poitevines.

Avoir (Pierre d'), Ec., épousa, vers 1350, Jeanne de Jaunay, fille de Charles, Chev., sgr d'Auzances, et de Jeanne d'Argenton, sa 2e femme. (F.)

AVRIGNEC ou **AVRIGNY** (*Raimundus* d') paraît dans une charte de l'abbaye de St-Cyprien de Poitiers, datée vers 1112, par laquelle Guillaume de Mairé fait un don à ce monastère. (D. F. 7. A. H. P. 3.)

AVRIL. — Plusieurs familles de ce nom ont existé en Poitou ; l'une habitait Loudun et ses environs ;

l'autre s'était fixée sur les confins du Poitou et de l'Angoumois. Nous regrettons de ne pouvoir donner sur cette dernière encore existante que le peu de renseignements que nous avons pu recueillir, nos instances auprès de ses représentants actuels étant restées sans réponse.

Les noms qui suivent n'appartiennent, croyons-nous, à aucune des deux familles précitées.

Noms isolés.

Avril (Jean), docteur en droit, était prévôt de l'Église de Poitiers et conseiller du Parlement vers 1435 et encore en 1460, fut du nombre des députés que la ville envoya à Tours en 1452 solliciter auprès du Roi l'établissement d'une chambre du Parlement à Poitiers ; il prenait encore en 1486 le titre de docteur en droit et de prévôt de l'Église de Poitiers ; fut fondé de pouvoir de l'évêque et du Chapitre de Luçon (2 juill. 1456), dans les démêlés qu'ils avaient avec la maison de la Trémoille.

Il avait été nommé, vers 1463-1469, chanoine semi-prébendé du Chapitre de Luçon ; du moins nous pensons que c'est le même que le personnage cité plus haut.

Avril (Laurent), de la paroisse de Mortagne, est compris dans un rôle de taxes dressé en 1437 contre des personnes qui, se disant nobles, n'avaient pas servi aux armées. (Gaignères. Bibl. Nat.)

Avril (Jehan) servit en brigandinier au ban de 1488.

Avril (Colas) sert au ban des nobles de 1467 en brigandinier du s^r de Belleville, au lieu de Jean Mauclerc.

Avril (Anne d') de la Chauvière épousa, le 15 janv. 1572, Guy de Clérembault, Ec., sgr. de Pierrebasse et de Montrouge.

Avril (Clément) était notaire royal, d'après un arrêt de la cour des Grands Jours de Poitiers du 15 nov. 1634.

Avril (Maurice), conseiller au Présidial d'Angers, vend, le 22 oct. 1640, comme héritier de la dame de la Ferrandière, une rente à la veuve du s^r de Morelot.

Avril (Guy), Ec., sgr de la Bedinière, épousa Jacquine de la Bouère. Le 2 avril 1655, il fait un partage noble avec d'autres membres de la famille de sa femme.

AVRIL. — Famille loudunaise.

Blason. — Avril de Bourcany : de gueules au chevron d'argent et 3 étoiles de même, ou d'or. (Cachet.)

Avril (Jean), s^r de Bourcany et de la Maison-Blanche, valet de chambre du prince de Condé, greffier du bailliage de Loudun et des sièges royaux de Saumur, fut pourvu, le 21 juin 1698, par le duc d'Orléans, frère du Roi, de la charge de gentilhomme ordinaire de sa vénerie. A cette date, il prenait le titre de sgr de Bourcany et de Bois-Preuilly. (B. A. O. 1856, 385.)

Avril (Jean), greffier en chef des greffes de l'élection de Loudun et grenier à sel de Saumur, épousa Jeanne Aubery ou Aubry ; ils demeuraient à Saumur. De ce mariage sont issus : 1° Thomas, qui suit ; 2° Marie, femme de François Barbier ; 3° Anne, épouse de François Dumoustier.

Avril (Thomas) succéda à son père comme greffier en chef des greffes de l'élection de Loudun, sgr de Bourcany et de Bois-Preuilly, se maria, le 24 janv. 1698, à Marie de la Haye, fille de Pierre, s^r de Launay, et de Marie Renou. Thomas était décédé avant le 27 févr. 1736, date à laquelle sa veuve faisait abandon de ses biens en faveur de ses enfants, qui étaient : 1° Jean, prêtre, bachelier en théologie ; 2° Jeanne-Marie, qui avait épousé, le 9 mars 1723, Louis Haward de la Blotterie, Ec. ; 3° Angélique, célibataire en 1736, et qui, le 12 déc. 1772, résidant au couvent des Visitandines de Loudun, abandonnait ses biens, par acte sous seing privé, à ses neveux Haward ; 4° Louise, femme, à cette même époque, de Jean Diotte, sgr du Maillon, procureur du Roi au grenier à sel de Loudun.

Avril (Aubine) épousa René Le Bœuf, dont une fille, Jeanne, mariée en 1718 à Louis Diotte, s^r de la Valette.

Avril (Louise-Marguerite) épousa Simon-Gabriel Cannel, notaire et régisseur de la Motte-Champdeniers, nommé en 1791 député suppléant à l'Assemblée législative, dont un fils, qui fut le général Bon Cannel.

Avril (Jean-François), juge au tribunal de Loudun, fit au mois de germinal an III le service près le tribunal criminel de Poitiers.

AVRIL DE GRÉGUEUIL ET DE LA VERGNÉE.

Les notes que nous publions sont extraites de l'Histoire de l'Angoumois par l'abbé Michon, des Archives de la Charente et de nos notes particulières.

Blason : d'argent à un arbre de sinople terrassé de même, au chef d'azur chargé de 3 étoiles d'or. (Arm. Limousin.)

Filiation suivie.

1. — **Avril** (Jean), Ec., s^r du Grand-Maine, épousa, par contrat du 5 mai 1547, Marguerite de Ruspide ; il était décédé le 10 nov. 1575, laissant : 1° Jean, qui suit ; 2° Georges, contrôleur du domaine du Roi en Angoumois en 1578. Il avait épousé Françoise Rousseau, fille de Guillaume, avocat pour le Roi en Angoumois, et de Françoise de Lesmerie, avant le 14 oct. 1579. Il eut de son mariage un fils, Jean, qui, en 1629, était chanoine de l'église cathédrale d'Angoulême, et en 1632 curé de Linars et prieur de Puyfoucault.

Nous croyons que ce Georges est le même que celui qui fut conseiller de la maison de ville d'Angoulême de 1618 à 1621.

2. — **Avril** (Jean), IIe du nom, Ec., sgr du Grand-Maine et de la Brousse, receveur ordinaire des domaines du Roi en Angoumois, épousa, par contrat du 19 déc. 1569, Marie Blanchard, fille de feu Jean, Ec., receveur des aides et tailles de St-Jean-d'Angély, et de Françoise Le Vieil, dont il eut : 1° Geoffroy, qui suit ; 2° Françoise, qui partagea noblement avec son frère ; elle épousa, par contrat du 12 janv. 1592, Pierre du Souchet, avocat au Présidial d'Angoumois. (J. Mousnier, not^re en Angoumois.)

3. — **Avril** (Geoffroy), Ier du nom, Ec., s^r de la Brousse, épousa, par contrat du 5 mai 1605, Catherine de Maison-Neuve, dont il eut :

4. — **Avril** (Geoffroy), IIe du nom, Ec., s^r de la Brousse, marié, par contrat du 19 juill. 1638, à Marguerite Baudin ; il servit pendant quelques années, et laissa de son mariage François, qui suit.

5. — **Avril** (François), Ier du nom, Ec., s^r de Roquetière, marié : 1° par contrat du 9 mai 1673, avec Anne Coulaud ; 2° par contrat du 15 août 1680, avec

Françoise Engaigne. Du 1er lit il eut: 1° François, qui suit; du second: 2° autre François, Ec., sr du Breuil-aux-Vigiers, qui eut de Elisabeth Dexmiers, son épouse: *a.* Louise-Elisabeth, mariée, le 23 déc. 1766, à Jacques-Charles Mis de Goullard, sgr du Roullet; *b.* René-François, *c.* Jean, qui assistent au mariage de Louis-Antoine de Goullard, fils de leur sœur, avec Marie-Anne-Françoise de Bourdeille.

6. — **Avril** (François), IIe du nom, Ec., sr de Grégueuil, épousa Anne Barrbau, dont il eut cinq enfants, 3 garçons et 2 filles, dont les noms sont ignorés.

Les noms qui suivent appartenant à des descendants des personnages qui précèdent, nous les plaçons dans l'ordre chronologique.

Avril de Grégueuil (Philippe), marié à Marie Caillo de Maillé, fille de François-Charles, Ec., sgr de Maillé, et de Angélique des Francs, dont une fille, Marie-Célestine, qui épousa, le 9 oct. 1818, François-Thomas-Charles-Auguste Caillo de Maillé, son cousin.

Avril de Grégueuil (Philippe), capitaine d'infanterie, Chev. de St-Louis (peut-être fils du précédent), épousa, en 1824, Augustine de Clairvaux, fille d'Antoine et d'Agathe d'Auzy.

Avril de Grégueuil (François-Philippe), capitaine au régiment de Guyenne, épousa: 1° Julie-Victorine-Caroline Chabot de Luché, fille de Nicolas-Edme et de Françoise-Florimonde Desprez de Montpezat, décédée sans postérité à Javarzay, cne de Chef-Boutonne, le 8 déc. 1819; 2° N., dont il eut plusieurs enfants.

Avril de la Vergnée (N.), membre de la Société des Antiquaires de l'Ouest et de celle de Statistique, sciences et arts du département des Deux-Sèvres, décédé en 1861, a publié dans les Mémoires et Bulletins de ces deux sociétés savantes différents travaux. (V. la table de ces deux sociétés.) Numismate distingué, il avait dirigé ses études principalement sur les monnaies royales françaises, et en mourant il a légué à la Société de Statistique son riche médailler. M. de la Vergnée a laissé de son mariage avec N. un fils, aujourd'hui avocat à la Rochelle, et une fille.

La famille Avril était collateur de la chapelle de St-Jacques à Melle, dont la date de fondation et le prénom du fondateur sont inconnus. (Pouillés du Dioc. de Poitiers, 1782, 1869.)

AVRILLÉ (Jean d'), archer, fit montre le 9 févr. 1474. (D. F.)

AVY (d'), *aliàs* **DAVY** et **DAVID**. — Voir ces noms.

Blason : de gueules à une pomme de pin d'or. (Reg. Malte, Villedon, 1615.)

Avy (Jean d'), sgr de Lesteuil en Poitou, épousa Dlle N. le Mastin, dont il eut une fille, Benoite, qui épousa Guillaume de Séjourné, Ec., sgr du Courtil, fils de N. et de Raymonde du Tertier, dont un fils, François, reçu Chev. de Malte en 1529. (Grand-Prieuré d'Aquitaine.)

Avy (Françoise d') de Lesteuil épousa, vers 1550, Madelon de Villedon, Ec., sr de Pierrefond.

AYGUIN (*Guillelmus*), *miles*, est cité dans l'échange de la terre de Villefagnan pour la châtellenie d'Angles, entre Hugues de Châteauroux, évêque de Poitiers, et Guillaume de Lezay, Chev., sgr d'Angles, 9 avril 1267. (D. F. 3.)

AYLNEAU (Jacques) a servi au ban des nobles du Poitou de 1467 comme brigandinier du sr de Rochechouart.

AYMAR. — Famille noble et très ancienne en Poitou, aujourd'hui éteinte, et dont les branches paraissent avoir habité différentes parties de cette province. Nous la croyons originaire de Parthenay ou de la Gâtine, où elle a possédé longtemps la sgrie de la Roche-aux-Enfants, psse de Gourgé (D.-S.).

Blason : « de gueules à 3 coquilles d'argent ». — Vertot, dans l'Histoire de Malte, dit par erreur : d'argent au chevron de gueules (ou de sable), chargé de 3 coquilles d'or. C'est une confusion avec le blason des Aymeret.

Aymar (Guillaume), habitant Parthenay, fit, le 26 juill. 1287, un traité pour des droits qu'il avait avec d'autres personnes dans la paroisse du Chillou. (F.)

Aymar (Geoffroy et Jean) frères, décédés, sont cités dans un aveu rendu à Jean Légier de la Sauvagère, Ec., sgr de la Barre, par Gillet du Bourdet, le 25 juin 1375. (Arch. de la Barre.)

Aymar (Jean) l'aîné fut, avec Aimery d'Argenton, sgr d'Hérisson, exécuteur testamentaire et tuteur des enfants de Pierre de la Rochefaton, en 1362. (Duchesne, 52, 98.)

Aymar (Moricet et Jean) sont cités dans le papier censaire de la sgrie de Loigné pour ce qu'ils possèdent dans le fief de Billé et de Pellouaille, à Parthenay, vers 1400. (Arch. de la Barre.)

Aymarde (Jeanne) rend en 1413 un aveu à Guillaume de Martreuil. (F.)

Aymarde (Johanne), dite Bonne, était, le 9 juill. 1412, épouse de Regnault Rousseau, Ec. (N. d'Orfeuille.)

Aymard (Jean) l'aîné rend hommage de la sgrie de Fondechien le 27 mars 1460. (Arch. de la Barre.)

Aymar (Jean), peut-être le même, sert au ban de 1467 comme brigandinier du sgr de Bressuire.

Aymar (Floridas), habitant le pays châtelleraudais, sert en archer au ban de 1491.

Aymar (Marthe) avait épousé Guillaume Vergereau, Ec., sgr de la Justière (psse de la Boissière en Gâtine), décédé vers 1502.

Aymar (Pierre), prêtre, chapelain ordinaire en l'église de St-Didier de Poitiers, reçoit, le 21 déc. 1531, 4 liv. 10 s. tournois pour avoir confessé divers condamnés à mort, exécutés à Niort. (Grands Jours en Poitou. M. Stat. 1878, p. 40.)

Aymar (Jacques), Ec., sgr de la Roche-Quentin, reçoit un aveu de Jean-Hilaire Goguet, le 10 oct. 1566, pour son herbergement de Boisfineau, relevant du fief dit le Part-Prenant-Pizon ou de Champ-de-Deniers. (Arch. D.-S.)

Aymar (Pierre), Ec., sgr de Pressigny, donne procuration, le 3 mars 1587, au prieur dudit lieu pour arrêter les comptes de Georges Thibaudeau, fermier de l'abb. du Jard, de concert avec la marquise de Mézières, étant aux droits du duc de Montpensier. (B. Fillon.)

Aymar (Françoise), religieuse à l'abb. de Ste-Croix de Poitiers, était sous-portière de ce monastère en 1620, et signe en cette qualité l'authentique du crâne de Ste Radégonde avec les autres dignitaires. (M. A. O. 1881, 250.)

Aymar (Jean). Le 30 sept. 1626, Arthur de Maritaud, Ec., sgr de Loiseau, lui donne par son testament la somme de 3,000 liv. (Cte d'Orfeuille.)

Aymard (Jean), Ec., sgr de la Leu, épousa Jeanne Formaget, dont il eut une fille, Jeanne, dame de Monrolland, qui, le 27 mai 1654, épousa Louis Voyneau. (G. Voyneau.)

Aymar (Pierre et Moïse) assistent comme cousins germains au contrat de mariage de Jean Manceau avec Catherine Chalmot, le 16 avril 1657.

Filiation suivie.

§ Ier.

1. — **Aymar** (Aimery), Ec., s^r^ de la Roche-aux-Enfants et du Fouilloux, possédait le fief de la Châtre tenu à hommage plain du Chapitre de Menigoute, qui le cède en échange à Simon Chasteiguer, le 2 avril 1397; il épousa, vers 1400, Alix Gourjault, fille, dit-on, de Simon, Ec., s^r^ de Mauprié, et fit aveu du Fouilloux à cause de sa femme, le 28 oct. 1422, au sgr de Bellefontaine près Vivonne; il possédait le fief de la Raudière (Thénezay) en 1395 et 1428. Il eut probablement pour fils : 1° Aimery, qui suit; 2° Jean, Ec., qui fut témoin, en 1427, du testament de Jean de Torsay, Chev., fait à Poitiers.

2. — **Aymar** (Aimery), Ec., s^r^ de la Roche-aux-Enfants, Fouilloux, devait 2 hommages pour le fief de l'Epine d'Usson, et donna procuration pour cela à Geoffroy Guichard, Ec., le 26 mai 1442. (D. Villevieille, 6, 121.) Il avait épousé Jeanne de St-Savin, D^e^ de l'Epine, qui se remaria ensuite à Etienne de Blet, Ec. De ce mariage, croyons-nous :

3. — **Aymar** (Jean), Ec., s^r^ de la Roche-aux-Enfants, Fouilloux, la Raudière, 1443 et 1457, servit comme brigandinier au ban de 1467, sous le s^r^ de Bressuire. Il épousa Blanche de Blet, fille de Guillaume, Ec., maître d'hôtel du duc de Berry, et de Anne de Cangy, dont il eut :

4. — **Aymar** (Jean), Ec., s^r^ de la Roche-aux-Enfants, Fouilloux, fit accord, le 13 août 1483, avec François de Blet, son oncle ou son cousin. C'est lui sans doute qui est dit neveu de Catherine de Cousdun, femme de Louis Cathus, dans une enquête du 16-20 nov. 1493. (Arch. la Barre.) Il eut procès en 1493 contre François d'Argenton, Ec., s^r^ d'Orfeuille ? et ses sœurs, au sujet d'une chapelle de l'église de Gourgé qui dépendait de la sgrie de la Roche. (Cart. de Bourgueil, Lat. 17127.) Il eut pour fils : 1° Louis, qui suit, et probablement 2° N.

5. — **Aymar** (Louis), Ec., s^r^ de la Roche-aux-Enfants, la Raudière, servit au ban de 1489 et à celui de 1491, en remplacement de son beau-père qui habitait la châtellenie des Essarts; il fut lui-même remplacé à ces bans par Loys Chamoteau et Guillaume Lavoy. Le 15 juill. 1494, il fit aveu du Doignon, à cause de sa femme, à Pierre de Laval, sgr de Lezay et de Cherveux. Marié, vers 1480, à Isabeau de Plouer, fille de Julien, Ec., s^r^ de St-Benoît? (il est appelé René dans le Reg. de Malte), il épousa, croyons-nous, en 2es noces, Jeanne de la Chesnaye, veuve de Jacques de Sacé. Il eut du 1er lit : 1° Louis, qui suit; 2° Jacquette, D^e^ du Doignon, mariée à Louis de Castello, Ec., vers 1509; du 2e lit : 3° Jacques, chef de la branche de la Roche-Quentin, § II, et probablement 4° Nicolas, Ec., s^r^ du Fouilloux, marié à Jacquette d'Alloue.

6. — **Aymar** (Louis), Ec., sgr de la Roche-aux-Enfants, servit comme homme d'armes au ban de 1533; il épousa, vers 1520, Louise de Sacé ou Sassé, fille de Jacques, Ec., s^r^ de Sazilly (près Chinon), et de Jeanne de la Chesnaye, dont il eut : 1° Jean, qui suit; 2° René, Chev. de Malte en 1551; 3° Jean, Chev. de Malte, 1556.

7. — **Aymar** (Jean), Ec., s^r^ de la Roche-aux-Enfants, n'est connu que par une note où il est dit qu'il fut marié vers 1550? à Jeanne Yvert, veuve de Jean Martineau, Ec., s^r^ du Chilloux, fille de François et de Marie Serin. Il paraît avoir eu pour enfants peut-être d'un 1er lit : 1° Joachim, qui suit; 2° probablement Jean, abbé de St-Benoît de Quinçay en 1587; peut-être aussi 3° François, Ec., s^r^ de Sazilly, chef d'une branche fixée en Touraine, qui subsistait encore au commencement du XVIIIe siècle en François, sgr de Sazilly, époux de Marie de Mauviel.

8. — **Aymar** (Joachim), Ec., s^r^ de la Roche-aux-Enfants, servait comme capitaine en 1581 et passa revue à la Roche-sur-Yon les 1er juill. et 18 oct. de ladite année. Il épousa vers 1580 ? Anne de Montléon, de la branche de Narsay, dont il eut : 1° Joachim, qui suit; 2° Gabrielle, mariée, le 26 avril 1605, à Joseph Bonnard, Ec., s^r^ du Bourg-d'Antigny.

9. — **Aymar** (Joachim), Ec., s^r^ de la Roche-aux-Enfants, épousa, le 7 janv. 1609, Renée de Vaucelle, fille de Charles, Ec., s^r^ de la Citière, et de Louise de Fergon, dont il eut : 1° Gabrielle, née le 10 mai 1610, à Gourgé; 2° Charlotte, née le 3 mars 1614; 3° Marie, née le 15 août 1615; 4° Charles, qui suit; 5° Marguerite, née le 30 sept. 1621; 6° Joachim, né le 19 févr. 1625. (Tous ces enfants sont nés à Gourgé, mais il y en a eu sans doute plusieurs autres nés ailleurs.)

10. — **Aymar** (Charles), Ec., s^r^ de la Roche-aux-Enfants, né à Gourgé le 4 févr. 1620, épousa Anne Gabriau, qui fut maintenue noble par Barentin le 3 oct. 1667, avec ses 3 enfants : 1° Charles, qui suit; 2° Anne, qui fut marraine d'Antoine de Vassé le 6 juill. 1679, à Lhoumois; 3° Marie.

11. — **Aymar** (Charles), Ec., s^r^ de la Roche-aux-Enfants, maintenu noble en 1667, mourut jeune, sans alliance, chef de nom et d'armes de sa maison, peut-être en 1682, à Poitiers.

§ II. — Branche de la **Roche-Quentin**.

6. — **Aymar** (Jacques), Ec., s^r^ de la Roche-Quentin, était fils (d'après le Reg. de Malte) de Louis et de Jeanne de la Chesnaye, que nous croyons sa 2e femme, 5e deg., § I; il épousa, vers 1530, Marie des Prez, fille de Christophe, Ec., s^r^ de Jaunay près Cherveux, et d'Isabeau de Marconnay, dont il eut : 1° Jacques, qui suit; 2° Gaspard, Chev. de Malte en 1556; 3° Catherine, mariée à Louis Adam, Ec., s^r^ de Puyraveau, et probablement 4° Jean, Ec., s^r^ de la Motte-Quentin, Puy-Chabot, marié à Marie Gazeau, dont il eut : *a*. Claude, mariée, le 23 avril 1575, à François Suyrot, Ec., s^r^ de la Socquetière; *b*. Marguerite, citée dans un procès en 1585, et *c*. Catherine, mariée, le 9 fév. 1591, à Daniel Regnier, Ec., s^r^ de St-Médard.

5° Antoine, qui fut curateur de Marguerite et de Catherine, dans un procès en Parlement contre René Yongues, Ec. (28 févr. 1585).

7. — **Aymar** (Jacques), Ec., s^r^ de la Roche-Quentin, Grand-Velours, etc., reçut un aveu le 19 oct. 1566 de Hilaire Goguet, pour le fief de Boisfineau près

Champdeniers ; il épousa, vers 1550, Antoinette DES FRANCS, fille ou sœur de Jean, Ec., sr de la Maison-Neuve, qui donna ce fief, le 16 déc. 1598, à Esther Aymar, épouse de Pierre d'Auzy. (N. d'Orfeuille.) De son mariage il eut GEOFFROY, qui suit.

8. — **Aymar** (Geoffroy), Ec., sr de Grand-Velours, la Fouillandrie, Grands-Ormeaux (Craon), fit accord, le 19 févr. 1600, avec René de la Motte et Joseph de la Motte, mari de Charlotte de Loubeau (Gén. Marconnay, 72), rendit foi et hommage à Jeanne de Saulx, De de Mortemar et Vivonne, pour sa terre de la Fouillandrie près du Fouilloux. Il se maria 2 fois, d'abord avec Anne D'ALLERY (sans doute fille du sr de la Revêtizon), puis avec Françoise GENDROT, fille de René, Ec., sr des Grands-Ormeaux, et de Jeanne de Lucas. Il eut du 1er lit : 1° ESTHER, mariée avant 1598 à Pierre d'Auzy, Ec., sr de Lussaudière ; du 2e mariage : 2° RENÉ, qui suit ; 3° CATHERINE, De de Grand-Velours, mariée à Jacques du Chilleau, Ec., sr dudit lieu, dont elle était veuve en 1657 et 1668.

9. — **Aymar** (René), Ec., sr de Grand-Velours, la Fouillandrie, Grands-Ormeaux, fit aveu de ces fiefs en 1612 et 1619 ; il épousa, le 17 janv. 1624, Jacquette AYMER, fille de Louis, Ec., sr de Breuilbon, et de Renée du Bois. Nous ne connaissons pas sa postérité.

AYMARD. — Une famille de ce nom habitait St-Maixent au XVIIIe siècle.

Blason : d'argent au pigeon d'azur, posé sur une branche de sinople. (Arm. Poit.)

Aymard (Moïse), habitant psse St-Léger, à St-Maixent, en 1698, déclara son blason à l'Armorial du Poitou.

AYMÉ. — Ce nom, qui dans ces derniers temps est devenu un des plus notables de ceux des environs de Melle, se trouve mentionné dans l'Histoire de cette ville avec les qualifications de *valetus* et de *miles* dès la fin du XIIIe siècle, sans que nous puissions rien affirmer au sujet des relations qui pourraient exister entre les Aymé d'autrefois et ceux d'aujourd'hui.

Blason. — Charles-Jean-Henri Aymé, lieutenant-général, porte : « écartelé au 1er « d'or à la mellusine ou sirène au naturel tenant un miroir d'argent ; au 2e de « gueules à l'épée haute d'argent, qui « est des barons tirés de l'armée ; au « 3e de gueules aux trois tours ruinées d'argent, posées « 2 et 1 ; au 4e d'or à la haie de sinople brochant sur « un mai du même et sommée de trois moineaux de « sable, portant au bec chacun une violette au naturel. » (Lettres patentes des 15 janv. 1809 et 1er juin 1816.)

Jacques-Marie Aymé baron de la Chevrelière porte :

« écartelé au 1er et 4e d'azur à la « chèvre grimpante d'argent broutant un lierre d'or ; au 2e de « gueules à la branche de chêne « d'argent posée en bande, qui est « des barons membres d'un collège « électoral ; au 3e de gueules à « l'épée d'or posée en bande ; et « sur le tout de sable au palmier « arraché d'argent, adextré et sénestré d'un croissant « de même ; pour livrée, les couleurs de l'écu. » (Lettres patentes de 1811.)

Noms isolés.

Aymé (Jehan) achète en 1283 des terres de Guillaume et Hugo du Ruisseau. Est-ce le même Jehan Aymé qui acquérait encore en 1285 de Thomas Rosselli, clerc, de Melle, pour 10 liv., le quint ou complant de trois pièces de vignes situées près de Challier et mouvant « *a domino Savarico de Vyvonia milite ?* » Nous trouvons encore un Jehan Aymé qui en 1291 échangeait une maison à Melle avec Emeric d'Aujonc.

Aymé (de Melle), *miles*, achète une pièce de terre de Jean Rocher, au fief Pautrot.

Aymé (Constantin), *valetus*, accense en 1322 à Guillaume Grimault, de Melle, le cinquième d'une vigne à Gascougnolle. Serait-ce le même qui en 1363 s'obligeait avec Marguerite JOHENNE, sa femme, envers Pierre de la Garde, clerc, pour une somme d'argent garantie par une vigne sise près de Melle, tenant au chemin de Melle à St-Léger et à l'ouche de feu Jean Turpin ? (Hist. de Melle, G. Lévrier, p. 98, 101, 102.) Le même écrivain mentionne encore

Aymé (Johan), *miles*, qui transigeait (sans indication de date) avec Jean Pouvreau, au sujet d'une vente faite par Jean Dulcis, châtelain de Melle. (Id. 102.)

Aymé (Jehan) était prieur des Dominicains de Thouars le 3 janv. 1391. (D. F. 26.)

Aymé (Pierre), époux de Marie RAFFOUX, fille de feu Jean et de Jacquette Fouchier, partage le 7 mars 1647 avec René Fouchier, époux de Jeanne Raffoux, son beau-frère, les biens desdits Jean Raffoux et Jacquette Fouchier. (Pellerin, notre à Chef-Boutonne.)

Aymé (Jean), ancien du prêche de Melle, demeurant psse de Vitré, ayant 4 enfants : 1° JUDITH, âgée de 13 ans ; 2° ANNE, âgée de 11 ans ; 3° MADELEINE, âgée de 3 ans et demi, et 4° GÉDÉON, âgé de 2 ans et demi, fait abjuration du protestantisme entre les mains de Mgr Hardouin Fortin de la Hoguette, évêque de Poitiers, le 20 avril 1685, dans la chapelle du palais épiscopal. (O.)

Filiation suivie.

§ Ier.

1. — **Aymé** (N.) eut deux enfants : 1° JEAN-LOUIS-MARIE, qui suit; 2° MADELEINE, épousa Aymé Carré, qui assistait en qualité d'oncle paternel à cause de sa femme au contrat de mariage de Jean-Baptiste Aymé, sr de la Levée, avec Louise Viollet, du 19 oct. 1772.

2. — **Aymé** (Jean-Louis-Marie), qui en 1730 était avocat du Roi au siège royal de Melle, laissa de Louise GARNIER, sa femme : 1° LOUIS-JEAN-MARIE, qui suit ; 2° JEAN-BAPTISTE, dont la filiation sera rapportée § III.

3. — **Aymé** (Louis-Jean-Marie), né le 8 sept. 1741, avocat en Parlement (1763), succède à son père dans sa charge d'avocat du Roi (1764), grand voyer dans le ressort de la prévôté royale de Melle (1769), subdélégué de l'intendant de Poitou (1781), président de l'assemblée cantonale durant la période révolutionnaire et administrateur du département, puis nommé juge au tribunal de Melle, après y avoir été commissaire du Roi, puis élevé à la présidence (an VIII), fit partie de la députation chargée de porter à l'empereur les vœux de l'assemblée électorale, fut en l'an XI chargé de recevoir le serment des militaires qui avaient reçu des armes d'honneur.

Un certificat du président et du procureur général impérial près la cour de justice criminelle des Deux-Sèvres et du préfet de ce département atteste qu'il a rempli avec honneur et distinction les fonctions qui lui ont été confiées, et que, grâce à son courage et à sa fermeté, l'arrondissement de Melle a été préservé des orages révolutionnaires. Louis-Jean-Marie mourut en 1813. Marié à Louise-Marie VIOLLET-PRÉNEUF, fille de feu Gabriel, garde du prince de Conti, et de Dᵉ Louise Rimbault, il a eu : 1° JEAN-MARIE-ELIE, né le 8 juin 1768, élève à l'école royale militaire de Pontlevoy (1780), licencié ès lois en 1792; nommé officier de grenadiers de la garde nationale de Melle, il fut mis à la tête du détachement envoyé au secours de Bressuire, menacé par les Vendéens, puis commanda en second la levée en masse de cette garde nationale marchant sur la Châtaigneraye. Il fut maire de la ville pendant longues années, et candidat au Corps législatif, etc. Il est mort à Melle le 20 juin 1834. Il avait épousé Anne-Sophie NOURRY, le... avril 1792, dont il n'eut point d'enfants;

2° LOUISE-MARIE, qui épousa, le 29 août 1793, André-Jean Bastard-Chatelier; 3° JULIE-JOSÉPHINE, mariée, le 10 févr. 1806, à Charles-Pierre-André Debourdeau, docteur en médecine; 4° CHARLES-JEAN-LOUIS, qui suit; 5° JACQUES-RENÉ-MARIE, dont la postérité sera rapportée au § II.

4. — **Aymé** (Charles-Jean-Louis), baron de l'Empire, lieutenant-général, commandeur de l'ordre des Deux-Siciles et de la Légion d'honneur, Chev. de St-Louis et de la Couronne, né à Melle le 28 janv. 1770, débuta comme ingénieur (1793) des ponts et chaussées, fut versé dans le génie avec le grade de sous-lieutenant, servit en Italie, où il se distingua aux sièges de Milan, de Mantoue, et aux batailles de Montenotte, Lodi, Rivoli, fit partie de l'armée d'Egypte : ce fut sur la brèche même de Jaffa qu'il fut nommé lieut.-colonel (10 mars 1794), fut blessé à St-Jean-d'Acre, se fit remarquer au siège du Caire, à la bataille d'Héliopolis. Rentré en France, il fit les campagnes de 1804, 1805, 1806 en Espagne, comme chef d'état-major du général Gouvion-St-Cyr, puis passa en Allemagne, où, sous les ordres de Murat, il assista aux batailles d'Iéna et d'Eylau. Désigné pour servir sous le maréchal Lefebvre qui faisait le siège de Dantzick, celui-ci le choisit pour son premier aide de camp. Il détermina la chute de cette place par la prise de l'île de Holm défendue par 4 redoutes armées de 40 pièces de canon et 3,000 Russes ou Prussiens, dont il s'empara dans la nuit du 7 au 8 mai 1807, à la tête de 250 voltigeurs. Ce brillant fait d'armes lui valut la croix d'officier de la Légion d'honneur et une lettre de félicitations de l'Empereur du 25 mai 1807, dans laquelle Napoléon évaluait le résultat de ce coup de main au gain d'une bataille.

Depuis, le titre de Baron, avec transmission, lui fut concédé. (Lett. pat. datées de Valladolid, 15 févr. 1809, et renouvelées le 1ᵉʳ juin 1816.) Il servit encore en Espagne sous les ordres du duc de Bellune et se fit remarquer à Somma-Sierra, à la prise de Madrid, à Merida.

Murat, qui l'avait eu sous ses ordres, l'appela près de lui lorsqu'il fut monté sur le trône de Naples, le nomma son lieutenant-général, puis (20 févr. 1810) chef d'état-major général de ses armées.

Lorsqu'en 1814 Murat crut devoir tourner ses armes contre la France, espérant ainsi conserver sa couronne, le général Aymé commandait en chef l'armée napolitaine. Murat lui écrivit, pour expliquer sa conduite, la lettre que nous allons publier à titre de document historique; elle nous fut communiquée par M. le président Garnier, qui la possédait dans sa collection d'autographes :

« Mon cher général, — j'ai reçu vos deux dernières lettres; je n'ai jamais douté de vos sentiments pour moi; vous m'aviés donné trop de preuves de dévouement; mais l'assurance nouvelle que vous m'en donnés dans cette circonstance si décisive pour moi et ma famille m'a été bien agréable. Vous connaissés mon cœur, vous sçavés combien je suis Français. Tous les Français doivent me plaindre. Il n'y avoit pas à choisir, il ne me restoit que le parti que j'ai pris : pouvois-je m'exposer à devenir la fable de l'Europe en m'exposant à perdre ma couronne? Devois-je aller à Paris augmenter le nombre de tant de personnages détrônés? Devois-je sacrifier ma famille et mes sujets? Devois-je exposer tant de Français qui se sont dévoués si généreusement à mon service? Non, non; la postérité ne me l'auroit jamais pardonné. Pourquoi l'Empereur s'est-il obstiné à garder le silence à toutes mes propositions? pourquoi a-t-il traité sans moi? J'eusse sauvé l'Italie. Il vouloit mettre le roi de Naples sous les ordres du vice-roi, ou du moins ne pas le mettre sous les miens.

« Cependant je reculois toujours la signature d'un traité, mais l'Empereur a déclaré qu'il renonçoit aux conquêtes et qu'il acceptoit pour bases de la paix les Alpes, etc., et quand il cède l'Italie et qu'il ne me donne aucune garantie pour mes Etats? devois-je m'exposer à les perdre pour m'obstiner à vouloir défendre un pays qu'il a déclaré vouloir céder?..... Je vous envoi le *Moniteur* du 1ᵉʳ; vous y lirés sa réponse au Sénat..... Je voudrois bien que votre frère fût ici. Adieu; rassurés tous les Français, faites-leur connoître mes sentiments, dites-leur qu'ils me trouveront toujours Français et toujours le même pour eux.

« Adieu. Croyés à mon amitié.

« J. M.

« Naples, le 17 janvier 1814. »

Mais le général Aymé comprit mieux ses devoirs et donna sa démission, renonçant ainsi à la brillante carrière qui paraissait s'ouvrir devant lui. Il revint en France. Le 3 juin 1818, il fut réintégré dans son grade de lieutenant-général par Louis XVIII, qui lui conféra de plus la croix de St-Louis. Le 3 mai 1837, il fut élevé au grade de commandeur de la Légion d'honneur. En 1848, au moment où, par suite de la surexcitation des esprits, on pouvait redouter à Melle une collision, il fut nommé par acclamation maire de cette ville et fut assez heureux pour tout pacifier; c'est ce qu'il se plaisait à appeler sa dernière bataille. Il y est mort le 27 juin 1852, âgé de 82 ans. Voir dans les Mém. de la Société de Statistique, t. VI, 87, une notice biographique écrite par M. Alf. Monnet, qui nous révèle un fait de la jeunesse du général Aymé qui était resté jusqu'alors ignoré, et qui ne peut qu'honorer sa mémoire. Il faisait partie d'un groupe de jeunes gens qui voulaient arracher Louis XVI à l'échafaud, et dont le projet n'échoua que par la précipitation que mit la Convention à perpétrer son crime.

Le gᵃˡ Bᵒⁿ Aymé avait épousé, en 1812, Marie-Anne D'AQUINO, fille de Tomasso, prince de Caramonico, duc de Casarano et de Casoli, Mˡˢ de Francolisi, etc., chambellan du Roi, Chev. de l'ordre des Deux-Siciles, et de Teresa Lembo. De ce mariage sont nés : 1° CHARLES-JOACHIM-MARIE, né à Naples le 2 févr. 1813, nommé sous-lieutenant au corps royal d'état-major (1ᵉʳ oct. 1832), lieutenant (1ᵉʳ janv. 1835), capitaine (27 févr. 1839); envoyé en Algérie, à son retour fut nommé officier d'ordonnance du Roi, chevalier de la Légion d'honneur le 30 nov. 1848. Le 19 mai 1849, il fut nommé député à une majorité qui le plaçait à la tête de la liste de ses collègues des Deux-Sèvres, et en 1854 conseiller général pour le canton de Melle à la presque unanimité des suffrages, fut nommé chef de bataillon le 19 août 1854, veille de sa mort.

Il avait épousé à Londres, le 2 févr. 1835, Fanny-Amelia DE MARGUENAT, fille du Cte Xavier-Joseph-Marie et de Catherine-Marie Cassent de la Martinière. Il n'y a pas eu d'enfants issus de ce mariage.

2° LOUIS-VICTOR-AYMÉ-D'AQUIN, né à Melle le 26 avril 1816, entra dans la carrière diplomatique, fut successivement chargé d'affaires à Turin (1852), Naples (1861), Lisbonne, y fut nommé Chev. de la Légion d'honneur (1858), dont il reçut des Français qui l'habitaient les insignes en diamants, en témoignage de leur reconnaissance pour sa sollicitude à venir en aide à ses nationaux; ministre plénipotentiaire au Maroc, etc. Il est commandeur de la Légion d'honneur, des ordres de François Ier et de Constantin des Deux-Siciles, des Sts-Maurice et Lazare de Sardaigne, du Christ de Portugal, du Lion de Brunswick, chevalier de l'ordre des Guelfes de Hanovre, etc.

§ II. — BRANCHE DE LA CHEVRELIÈRE.

4. — **Aymé** (Jacques-Marie-René), fils puîné de Louis-Jean-Marie et de Louise-Marie Viollet-Préneuf, baron de l'Empire, conseiller d'Etat, grand-croix de l'ordre des Deux-Siciles, premier chambellan de Murat, roi de Naples, officier de la Légion d'honneur, naquit à Melle le 24 mai 1771, fut élevé, comme ses frères, à l'école royale et militaire de Pontlevoy; au moment de la Révolution, il suivit la carrière des armes et servit comme capitaine dans la guerre de la Vendée; forcé, par suite d'une blessure grave, de se retirer du service, il s'attacha bientôt après à Murat, dans la partie administrative, le suivit en Egypte comme secrétaire, et fut nommé intendant général de sa maison, quand ce général devint grand-duc de Berg, et le suivit encore à Naples. Comme son frère le général, il abandonna le roi de Naples quand il se fut déclaré contre la France, ce qui ne l'empêcha pas d'être arrêté et détenu pendant trois mois à Vincennes, comme agent de Murat.

M. Aymé a été créé, par lettres patentes du 27 juin 1811, baron de la Chevrelière, son château et sa terre de la Chevrelière ayant été érigés en baronnie, avec majorat transmissible aux descendants.

Le baron Aymé est décédé à la Chevrelière le 10 mai 1843. Il a épousé Marie-Emilie-Emma D'ANDRÉ, fille d'Antoine-Joseph-Balthasar, ancien membre du Parlement d'Aix, intendant des domaines de la couronne, et de Thérèse-Emilie-Fortunée Mignard, le 24 déc. 1815 (contrat reçu Me Jallabert, notaire à Paris, et signé par S. M. Louis XVIII). De ce mariage sont issus: 1° LOUIS-MARIE-BALTHASAR-EDOUARD, qui suit; 2° LOUIS-MARIE-EMILE, dont la postérité sera rapportée après celle de son frère; 3° MARIE-EMILIE, née le 21 mai 1822, mariée, le 2 sept. 1838, à M. Augustin Chazaud, receveur général, décédée le 17 juill. 1873 au château de Boisbuchet près Confolens; 4° MARIE-ELISABETH-EMILIE, née le 27 juill. 1823, mariée, le 24 sept. 1844, à Magloire-Charles Tortorue de Sazilly.

5. — **Aymé de la Chevrelière** (Louis-Marie-Balthasar-Edouard Baron), né à Paris le 21 avril 1817, maire de Gournay depuis 1844 jusqu'à son décès, conseiller d'arrondissement (1845), conseiller général (1848), démissionnaire le 8 oct. 1874, membre du conseil académique (1850); g^de^ médaille d'or au concours de la Société agricole de l'Ouest et lauréat de la prime d'honneur (1858), membre du conseil général de l'agriculture, président de la chambre consultative d'agriculture, président du comice agricole de l'arrondissement de Melle, de la commission cantonale de statistique, etc., fut membre du concours agricole de Paris, 6 fois des commissions de la prime d'honneur et 8 fois du jury des concours régionaux, etc., et enfin chevalier de la Légion d'honneur le 16 août 1863, juste récompense des services signalés que sa compétence incontestée en agriculture l'avait mis à même de rendre à la contrée qu'il habitait et à tous ceux qui avaient recours à son obligeance bien connue. Aussi sa mort donna-t-elle lieu à une imposante manifestation de tout le pays mellois, bien que, par suite d'une attaque de paralysie, il eût été contraint de renoncer à presque toutes ses fonctions publiques.

Le baron Edouard Aymé est décédé le 8 oct. 1879. Il avait épousé, le 12 mars 1849, Louise-Emma FRAPPIER-POIRAUDIÈRE, fille d'Emmanuel et de Louise-Joséphine Debourdeau. De ce mariage sont issus: 1° LOUISE-MARIE-THÉRÈSE, née le 7 déc. 1850, mariée, le 8 juin 1869, à Antoine-Alfred Cail, ingénieur constructeur, officier de l'ordre impérial du Medjidié (elle est décédée aux Plans, le 7 avril 1887); 2° JOSÉPHINE-LOUISE-MARIE-SUSANNE, née à Niort le 21 janv. 1853, mariée, le 31 mai 1875, à Augustin-Henri Janson de Couet, et décédée le 29 nov. 1877; 3° LOUIS-MARIE-RENÉ, né le 24 févr. 1858, décédé le 15 janv. 1859.

5. — **Aymé de la Chevrelière** (Louis-Marie-Emile), devenu baron de la Chevrelière par le décès de son frère aîné, né à Gournay le 22 sept. 1820, décédé à St-Benoît près de Poitiers le 30 sept. 1885, Chev. de la Légion d'honneur (20 octobre 1877), conseiller municipal de Melle du 15 févr. 1855 jusqu'à sa démission donnée en avril 1877; nommé maire de Paizay-le-Tort, il en exerça les fonctions jusqu'à son décès; vice-président du comice agricole de l'arrondissement de Melle (15 mai 1872), président de la Société philanthropique de cette ville (décrets impériaux des 30 oct. 1860 et 3 févr. 1866), se retire en 1872; conseiller général du canton de Melle (16 juin 1861) jusqu'à sa démission (1er août 1880), député à l'Assemblée nationale le 8 fév. 1871, puis de l'arrondissement de Melle le 20 févr. 1876; invalidé, échoue le 21 mai 1876, avec 9,408 suffrages contre 10,448 voix données à Henri Giraud, sur 19,656 votants, par suite de la pression extraordinaire de l'administration employée en faveur de son concurrent, lequel réussit encore le 14 oct. 1877, ayant obtenu 10,459 suffrages et M. Aymé 10,101, sur 20,460 votants. A partir de ce moment, M. Emile Aymé est rentré dans la vie privée. Lui aussi, comme l'avait prédit, du reste, le laboureur de Chalotte (Bujault), s'était adonné à l'agriculture, et grâce à ses conseils et à ses exemples, les bonnes méthodes de culture se sont introduites avec les instruments perfectionnés dans la c^ne^ de Paizay-le-Tort et celles qui l'environnent. Sa mort, comme celle de son frère, a été accompagnée des regrets de tous ceux qui l'avaient connu.

M. Emile Aymé avait épousé, le 3 mai 1857, Anne-Marie LECOINTRE, fille d'André et d'Anne Dauvilliers, qui est décédée le 2 févr. 1865, dont sont issus: 1° JEAN-MARIE-CHARLES, qui suit; 2° EMILE-MAURICE, né le 29 déc. 1859, à Poitiers, nommé membre du conseil municipal à Paizay-le-Tort le 15 nov. 1885 et maire de cette commune le 22 nov. 1885, en remplacement de son père décédé; s'est marié à Elbeuf, le 24 nov.

1886, à Marie Flavigny, dont il a Louis, né le 9 sept. 1887.

Emile Aymé s'était remarié, le 18 avril 1868, à Anne-Justine Lecointre, sœur de sa première femme, et veuve elle-même de M. Edouard d'Hémery, dont il a eu : 3° Anne-Radégonde-Marie, née à Poitiers, le 29 nov. 1873.

6. — **Aymé de la Chevrelière** (Jean-Marie-Charles Baron), né à Poitiers le 9 mars 1858, entré à l'école de St-Cyr le 24 sept. 1877, en sort le 1er oct. 1879, élève à l'école de cavalerie de Saumur, est nommé sous-lieutenant au 20e dragons le 1er nov. 1880, puis lieutt le 22 févr. 1884 au 16e de la même arme.

§ III. — **AYMÉ**, deuxième Branche.

3. — **Aymé** (Jean-Baptiste), sr de la Levée, fils puîné de Jean-Louis-Marie et de Louise Garnier (rapportés au 2e degré du § Ier), fut conseiller du Roi et son procureur et de Mgr le Comte d'Artois en l'hôtel de ville de Melle ; il exerçait en même temps les fonctions de notaire. Il épousa (Boulhet, notre à Chef-Boutonne) Louise Viollet-Prénbuf, sœur de sa belle-sœur, fille de feu Gabriel, garde de Mgr le prince de Conti, et de Louise Rimbault, dont il eut : 1° Jean-Baptiste, qui suit ; 2° N., mariée à Jean-Baptiste Bernardin, conseiller à la cour de Poitiers en 1811.

4. — **Aymé** (Jean-Baptiste), sr de Cantaux, né le 10 janv. 1776, a épousé Rosalie Nicolas, veuve Hivert, fille de Jacques, sr de Maison-Neuve, et de Jeanne Barbier. Il fut lieut.-général de police à Melle et décéda, laissant pour enfants : 1° Charles-Ferdinand, qui suit : 2° N., 3° N., mariée à Conradin Bernardin ; 4° Rosalie-Elisabeth, née le 24 juin 1808, mariée à René-Emmanuel Lenfant, et décédée le 17 juill. 1877.

5. — **Aymé** (Charles-Ferdinand), né le 11 déc. 1805, notaire à Celles, où il est décédé en nov. 1875. Il avait épousé N. Daniau, fille de Pierre-Gabriel, conseiller général des Deux-Sèvres, dont il a laissé : 1° Charles-Auguste-Léo, qui suit ; 2° N., mariée à N. Nau, notaire à la Châteigneraie.

6. — **Aymé** (Charles-Auguste-Léo), né le 21 mai 1836, Chev. de la Légion d'honneur, est actuellement (1889) conseiller à la cour d'appel de Poitiers et célibataire.

AYMER DE LA CHEVALERIE. — Cette famille d'ancienne noblesse, originaire de St-Maixent, a fait ses preuves pour les honneurs de la cour en 1788 et porte le titre de Marquis. Elle a donné plusieurs chevaliers à l'ordre de Malte, dont un grand prieur de Champagne, et ses membres pendant plusieurs siècles ont fourni une longue série de services militaires.

Une notice insérée dans les Affiches du Poitou, du 8 juill. 1773, parle d'un Aymer de Mortagne, tué en défendant la ville de Poitiers sous Charles VI. Ce personnage n'appartient pas à la famille Aymer. On a transformé son prénom d'Aymeri en Aymer.

La généalogie de cette famille a été rapportée d'une manière inexacte par plusieurs auteurs. Nous la rectifions d'après les extraits faits par Chérin en 1788 sur les titres originaux produits pour les honneurs de la cour. (Bibl. nat. Cab. des titres. Chérin, XI ; carrés d'Hozier, 49.) Nous avons consulté aussi le Registre de Malte, les documents de notre cabinet et les papiers de famille communiqués par M. le Mis Aymer de la Chevalerie.

Blason. — La famille Aymer porte, suivant Vertot et suivant l'ordonnance de maintenue du 1er sept. 1667, rendue en faveur de René Aymer, Ec., sgr du Corniou : « d'argent à une fasce componée de sable et de gueules de quatre pièces ». Devise : *Virtute et armis.*

La Chesnaye des Bois dit, par erreur : « d'argent à une fasce componée de sable ».

Noms isolés.

Les premiers noms de cette ancienne maison qui figurent dans les annales du Poitou sont :

Aymer (Geoffroy), qui vendait à l'abbaye de St-Maixent, dès 1257, tout ce qu'il possédait dans le fief de Chaptic. (Gal. Chr.)

Aymer (le sgr), Chev., devait rente à Mgr l'évêque de Poitiers avant 1278. (A. H. P. 10. Cart. de l'évêché.)

Aymer (N.) possédait, d'après une transaction de 1284, des vignes en la paroisse de Montgauguier. (M. A. O. 1876.)

Aymer (Pierre et Guillaume), de Mauzé, souscrivent une composition pécuniaire, au mois d'avril 1313, avec Hugues de la Celle, commissaire du Roi en Poitou, pour de nouveaux acquêts. (A. H. P. 13.)

Aymer (Jehan) est cité dans la confirmation de la vente aux enchères des biens de feu Pierre Sarazin, faite au mois de juin 1348, à cause d'une somme dont il était redevable au Trésor. (A. H. P. 13.)

Aymer (sire Guillaume) fit serment d'obéissance à Jean Chandos, commissaire du roi d'Angleterre, en la grande salle du palais de Poitiers, le 23e jour d'août 1361. (M. Stat. 1866, 2e partie.)

Aymer (Simon) fit le même serment en l'hostel des *Frères Menours*, à Niort, le dernier jour de septembre, même année. (Id.)

Aymer (Guillaume), clerc, garde-scel à Parthenay, passe acte en 1398. (Titres de Nouillé.)

Aymer (Jean), prêtre, notaire apostolique à Parthenay, cité en 1411. (Arch. Vien. G. 1087.)

Aymer (Dlle Catherine) avait épousé, vers 1460, Philippe Angely, Ec., sgr de Gascougnolles, comme il ressort d'une transaction passée, le 12 sept. 1516, par Dompierre, notre, entre Annette et Françoise, leurs filles, et Jacquet des Maraux, au sujet de leurs successions. (G. Angely.)

Aymer (Marie), fille de Jean, Ec., sgr de Ste-Ruhe, épousa vers 1450 ? Méry Pelloquin, Ec., sgr de la Plesse, dont le petit-fils fut reçu chevalier de Malte en 1528. (Gd-Prieuré d'Aquit.)

Aymer (Mathurin), Ec. de a paroisse de la Chapelle-Thireuil pour un revenu de 30 sols, paie 3 deniers pour le rachat de la rançon de François Ier, 1549. (M. Stat.)

Aymer (Léonor) fut écuyer de la reine Catherine de Médicis.

Aymer (François), maître d'hôtel de François duc d'Anjou, son fils.

Aymer (René), lieutenant-colonel, commande un régiment au passage du Rhin. Il avait sous ses ordres un escadron de la noblesse (1672).

Aymer (Pierre), sgr du Corniou, habitant la paroisse de Germond (élect. de Niort), servit dans le 2e escadron de la noblesse du Poitou au ban de 1689.

Aymer de la Chevalerie (N.) est cité parmi les 50 gentilshommes de l'élection de Niort réunis par M. de Chamilly le 15 juin 1703, pour se rendre à Niort. (B. A. O. 1862, 250.)

Filiation suivie.

§ Ier.

1. — **Aymer** (Pascault), varlet, sgr de Lesson, né à St-Maixent, laissa en 1397 à Jean, son fils aîné, la terre de Ste-Rhue. Il avait épousé, en secondes noces, Marguerite de Lalyer, fille de Barthomé, Ec., sr de Lalyer, et de N. Robert; elle était sœur de sa belle-fille Isabeau de Lalyer, femme de son fils Jehan. Sa première femme, mère de ses enfants, nous est inconnue. Nous devons faire observer, avec le dispositif de l'arrêt rendu par la chambre souveraine des comptes de Dôle en Franche-Comté, le 20 oct. 1741, sur le vu de tous les titres de noblesse des Aymer, qui furent alors produits, vérifiés et enregistrés, que Pascault n'était pas le premier noble de son nom, puisque Jacques Aymer, son petit-fils, fut chevalier de St-Jean-de-Jérusalem, et devint grand prieur de Champagne. On sait, en effet, qu'il fallait faire preuve de quatre degrés de noblesse paternels et maternels pour être admis dans cet ordre.

Il laissa cinq enfants de son premier mariage : 1° Jehan l'aîné, Ier du nom, qui suit; 2° Jehan le jeune, Ec., souvent confondu avec le sgr de la Chaume près de Pont-l'Abbé, dont la postérité sera rapportée au § IV ; 3° Jeanne, mariée à Mathelin Aymeri ; 4° Olive, et 5° N., décédés avant 1410.

2. — **Aymer** (Jehan) l'aîné, varlet, sgr de Ste-Rhue, rendit hommage pour cette seigneurie, le 4 avril 1403, à noble homme Guyot Faidi, Ec. De son mariage avec Isabeau de Lalyer, qu'il avait épousée avant 1397, il laissa : 1° Jehan, sr de Ste-Rhue, qui, d'après un acte de 1470, décéda sans postérité; 2° Jehan le jeune, qui suit. On trouve aussi : 3° Jehanne, qui épousa, par contrat du 13 oct. 1469 (Prégent et Rouillon, notres, sous la cour de Champdeniers), Jacques Suyrot, Ec., sr de la Socquetière. (G. Suyrot.) Mais la date de cet acte prouve qu'elle ne pouvait être fille d'Isabeau de Lalyer.

N. B. Nous devons faire observer que la production de titres faite le 26 févr. 1665 par René Aymer, Ec., sgr du Cornion, ne fait remonter la filiation que jusqu'à Jean, Ier du nom. Nous pensons que Jean, Ier du nom, est le même qui est cité dans un portefeuille intitulé *Poitou*, déposé à la Bibl. Nat., contenant d'anciens rôles originaux de taxes sur divers nobles et autres qui n'avaient pas servi. « Aymer (Jean), est-il dit, sgr de Ste-Rhue, psse de.... dont le métayer est taxé à.... Année 1437.)

3. — **Aymer** (Jean), IIe, Ec., sgr de Lalyer, Ste-Rhue, la Socquetière, faisait partie du ban de la noblesse convoqué par Ivon du Fou, Chev., le 28 sept. 1467, comme brigandinier du sr de Bressuire. Il se maria avant 1438 à Marguerite Pizon, morte vers 1487, dont il eut : 1° Jehan, qui suit ; 2° Pierre, Ec., postérité inconnue ; 3° Eutesse, 4° Jacques, Chev. de St-Jean-de-Jérusalem, donna procuration, le 5 oct. 1491, à Pierre Chasteigner, commandeur de la Feuillée, et à noble homme Jehan Aymer, son frère, pour prendre possession de la commanderie de Pontmelvès ; il fut grand prieur de Champagne en 1505.

4. — **Aymer** (Jehan), IIIe, Ec., sgr de Ste-Rhue, Lalyer, figure dans le ban de la noblesse convoqué par Ivon du Fou, Chev., le 28 sept. 1467, comme brigandinier du sr de Bressuire. Il présenta également François Morat au rôle de la montre des nobles et non nobles du Poitou en 1488, et figure dans la montre de Poitiers le 26 nov. 1491. Il testa le 22 févr. 1507 et fut inhumé dans l'église de Cours qu'il avait fondée. Il laissa de son mariage contracté, le 25 févr. 1470, avec Marie Vernon, fille de noble homme Robert, Ec., homme d'armes des ordonnances du Roi, et de Catherine Denys : 1° Loys, qui suit ; 2° Jean, dont il est fait mention dans le testament de son père ; 3° Antoinette, citée dans ledit testament ; 4° Jacquette ou Jeanne, mariée, par contrat du 1er janv. 1507, à noble homme Elie Liziment, *aliàs* Elie Caniot, licencié ès lois ; 5° Antoine, Chev. de l'ordre de St-Jean-de-Jérusalem, fut envoyé à Rhodes par son père et y fit ses preuves en 1502 ; 6° Jacques, fut, dit-on, Chev. de l'ordre de St-Jean-de-Jérusalem, fit ses preuves à Rhodes en 1507 (ailleurs il est dit seulement témoin d'une enquête faite en 1507 pour l'ordre de St-Jean).

5. — **Aymer** (Loys), Ier du nom, s'allia, par contrat passé à St-Maixent le 13 déc. 1511, avec Antoinette de Mouchy, fille de Jehan, Chev., sgr de Massy, et de Philippe Surleu. Le Père Anselme commet une erreur en disant, t. VII, p. 556, qu'Edmond de Mouchy, sgr de Massy, n'eut pas d'enfants de Madeleine de Montalembert, sa 2e femme. Le contrat de mariage sus-relaté est la preuve du contraire. Le 27 mai 1515, il rendit hommage de la terre de Ste-Rhue au sgr de Longueville. Il avait eu de son mariage : 1° René, qui avait épousé, par contrat du 1er mai 1515, Dlle Marguerite Rigone, fille de Mathurin et de Annette Tison, dont Marguerite, dame de Lalyer, épouse de Jacques Viault. (Reg. de Malte.) Les titres produits en 1665, dont nous avons extrait une partie de ce qui précède, mentionnaient aussi une transaction en forme de partage entre René Aymer, Ec., sgr de Lalyer, fils aîné de Louis, et François Aymer, frère puîné dudit René, passé par Manceau, notre à Champdeniers, le 10 mars 1571. René mourut sans postérité mâle, et c'est sans doute le motif du silence que le Dict. de la noblesse a gardé à son égard. Il y a eu, dit-on, un René Aymer, lieutenant-gal de l'artillerie, mort sous Henri IV, gouverneur de la Bastille. Ce pourrait être le même ou son fils.

2° François, qui suit.

6. — **Aymer** (François), Ier du nom, Ec., sgr de Breuilbon, la Cour-d'Augé et de Cornion (cette terre lui fut donnée par François de Pamplye, son parrain, le 9 juin 1531), fit, le 14 juin 1562, une sommation à François de Vivonne, Ec., sgr de Mursay, de lui rendre les meubles et trésors qu'il lui avait donnés en garde. Celui-ci déclara qu'ils avaient été brûlés. Le 23 nov. 1575, il reçut provisions de maître d'hôtel de François, duc d'Alençon. François, qui suivit toute sa vie la carrière militaire, jouissait dans le Poitou de la plus haute considération. C'est de lui que parle Agrippa d'Aubigné, dans ses Mémoires (pages 96 et 97). Il dit que, voulant prouver à tous qu'il était noble et d'origine ancienne, il remit ses papiers au sgr de Cornion, parent de Susanne de Lezay, qu'il voulait épouser, et que le sr de Cornion, conjointement avec deux autres sgrs des environs, le déclarèrent de très ancienne noblesse (trompés par un habile mélange de papiers des d'Aubigné d'Anjou avec ceux de la famille d'Agrippa). François Aymer fit, conjointement avec Jehanne de St-Denis, sa femme, qu'il avait épousée le 26 mai 1558, son testament, par acte passé par Audebrain et Moreau, notres, sous la cour d'Augé, le 24 mars 1588. Ils donnèrent par cet acte la terre du Cornion à leur fils Louis. Ils

eurent : 1° Jacques, dont il est parlé comme fils aîné dans un testament du 29 avril 1585, mais dont il n'est plus question dans celui du 24 mars 1588, parce qu'il était mort à cette époque; 2° Louis, qui suit ; 3° Marie, qui épousa, par contrat du 24 mai 1582, Antoine Régnier, Ec., sgr de Champeaux. Ce sont les seuls enfants mentionnés dans les actes.

7. — **Aymer** (Louis), II°, Ec., qualifié haut et puissant noble homme, Ec., sgr des fiefs, terres et sgries de haute justice du Corniou, Germond, Breuilbon, la Chevalerie, etc., avait épousé, le 26 mars 1595, Léa de St-Martin, De de Champmargoux, qui, le 15 juin 1604, fit son testament par-devant J. Sauxonne et son collègue, notres. (N. F.)

Elle mourut sans doute peu de temps après, car son mari épousa, le 23 août 1604 (Famier et Devallée, notres), Dlle Renée du Bois, fille de feu Philippe, Ec., sgr du Port et des Portes, et de De Jacquette Prévost, demeurant à l'Herbaudière. En 1600, il commandait pour le Roi une compagnie de gens de pied à St-Jean-d'Angély. En 1609, le 7 avril, Louis Aymer, Ec., sgr du Corniou et de Germond, donne procuration pour toucher diverses sommes à lui dues, comme homme d'armes de la compie de deux cents hommes des ordonnances du Roi, entretenus sous l'autorité de la Reine. Le 21 juin 1634, les élus de l'élection de Niort donnèrent à Louis un acte par lequel ils reconnaissent qu'il sera employé au rôle des nobles et qu'il jouira de l'exemption des tailles tant et si longtemps qu'il vivra noblement, et qu'il ne fera acte de dérogeance. Il laissa du second lit: 1° René, qui suit ; 2° Jacquette, qui épousa, le 17 janv. 1624, haut et puissant René Aymar, Ec., sgr du Grand-Velours et des Grands-Ourmeaux, passé à Niort par Pinet et Cormier, notres royaux. (N. F.) Elle se remaria plus tard à Henri Legrand, Ec., sgr de Courpetault, comme il appert par un acte de vente passé le 21 juill. 1651, sous la cour d'Aubigné, consenti par elle en faveur de son frère René, et où elle se qualifie de veuve en secondes noces de Henri Legrand, Ec., sgr de Courpetault. (N. F.) Elle est déjà mentionnée comme telle dans l'acte de partage des successions de ses père et mère de 1649, qui sera rapporté ci-après ; 3° Renée, mariée à Daniel Janvre, Ec., sgr de la Tour-Bouchetière, mentionnée au partage de 1649, et était morte avant le 28 juin 1665, comme on le voit par une transaction rapportée plus bas sous cette date ; 4° Marguerite, mariée à Josué Adam, Ec., sgr de St-Denis, également mentionnée au partage de 1649, était sa veuve le 28 juin 1665, comme on le voit par une transaction rapportée plus bas sous cette date. Elle fut confirmée dans sa noblesse par M. Barentin, intendant du Poitou, le 1er sept. 1667.

8. — **Aymer** (René). Le 21 juin 1649, par contrat signé Bonnet et Robert, notres, il partagea noblement les successions de ses père et mère avec ses frères et sœurs précités. Il eut pour sa part et portion la terre du Corniou. (N. F.) René Aymer, faisant tant pour lui que pour Dlle Marguerite Aymer, veuve de Josué Adam, Ec., sgr de St-Denis; Mess. Louis Legrand, Chev., sgr de la Vallée, faisant également pour ladite Dlle, sa tante, et De Jacquette Aymer, sa mère, et Daniel Janvre, Ec., sgr de la Tour-Bouchetière, transigent par acte signé Mercier et Dubois, notres, le 18 juin 1665. (N. F.)

Il obtint, le 1er sept. 1667, un arrêt de Barentin, intendant de Poitou, confirmatif de sa noblesse. Le 6 sept. 1672, le Conseil d'État confirma cet arrêt et fait remonter sa noblesse à Pascault Aymer. René avait épousé à la Rochelle, le 5 févr. 1629, Julie d'Angliers de Joubert, fille de haut et puissant Claude, Ec., sgr de Mortagne en Aunis, et de Dlle Julie Bizet. Le 24 mai 1677, René fit son testament passé par-devant Robert et de la Pierre, notres. Dans cette pièce, il ne nomme que René et Louis, quoiqu'il laissât un grand nombre d'enfants, savoir : 1° René, qui suit ; 2° Louis, dont la filiation sera rapportée au § II ; 3° Charles, formera la branche Aymer de la Chevalerie, rapportée au § III ; 4° Claude, mariée à Jacob Pyniot, Ec., sgr de Puychenin, le 10 mars 1671 (contrat reçu par Robert et Robert, notres à Aubigné) (N. F.) ; 5° Marie, De de Breuilbon (Id.) ; 6° Susanne, qui épousa, le 21 févr. 1663 (Robert et Robert, notres, sous la cour d'Aubigné), René de Culant, Chev., sgr de St-Mesme (N. F.), mentionnée comme morte à l'époque de la requête rapportée ci-dessus ; 7° Marguerite, qui épousa Pierre de Ranques, Ec., sgr de Granges, aussi mentionnée dans ladite requête ; 8° Jacquette, qui épousa, le 13 juill. 1667 (Lescartière et Mestayer, notres à Champdeniers), Mess. Samuel Duchesne, Ec., sgr de St-Leger (N. F.) ; elle est aussi mentionnée comme veuve dans la requête rapportée ci-dessus. Elle était morte le 7 mars 1680, comme il ressort d'un procès-verbal de la levée de scellés de ses biens par François Charpentier, avocat en Parlement, juge sénéchal de la Bnie de Dompierre ; 9° Jeanne, qui épousa René Béjarry, Ec., sgr du Poiron. Le 14 déc. 1677, ils se firent une donation mutuelle de leurs meubles, etc., passée audit lieu du Poiron par Cailloteau, notre royal. (Greffe de St-Maixent.) Les deux époux sont également mentionnés dans la requête précitée.

9. **Aymer** (René), II°, Chev., sgr du Corniou, Germond, Breuilbon, Mortagne, la Cour-d'Augé, épousa Dlle Marguerite de St-Quentin de Blet, fille de Daniel, Cte de Blet, lieutenant-général, et de Marguerite Payen. Il transigea, le 26 févr. 1688, avec Mess. Jacques Manceau, Ec., sgr du Bourgeret, et Marie Mage, son épouse. (N. F.)

Il fut maintenu dans sa noblesse par M. Barentin en 1667. Il s'est trouvé aux bans des nobles du Poitou convoqués en 1690 et en 1693, et servait alors dans le 2e escadron des nobles de la sénéchaussée de Poitiers.

Il a été inhumé, ainsi que sa femme, dans l'église de Germond, à gauche de l'autel, où on lit son épitaphe, aujourd'hui dans la sacristie : « D. O. M. Cy gist le corps de feu haut et puissant Mre René Aymer seigneur de Germond, Corniou, Breuilbon, Mortagne, la Cour-d'Augé, Bourgeret, et autres places, âgé de 73 ans, décédé le 1er février 1718, et de haute et puissante dame Marguerite de St-Quentin de Blet, son épouse, âgée de 36 ans, décédée le 12 sept. 1696. Priez Dieu pour leurs âmes ». Il n'eut de son mariage que trois filles, en qui s'éteignit la première branche : 1° Marie-Elisabeth, mariée, le 5 sept. 1707, à Louis-Alexandre Aymer, Chev., sgr du Corniou, son cousin germain ; 2° Susanne-Marguerite, mariée en premières noces à Charles Le Coq de St-Léger, dont une fille; en secondes noces, le 9 févr. 1720, à Jacques de Brémond, Chev., sgr de Vernou, le Port, le Chironial ; 3° Anne-Claude, qui épousa, le 8 déc. 1721, René-Marie Viault, Chev., sgr du Breuilhac, le Petit-Chêne.

§ II. — AYMER, deuxième Branche.

9. — **Aymer** (Louis), III°, Chev., sgr de Mortagne, Marigny, fils de René et de De Julie d'Angliers (rapportés 8e degré du § 1er), épousa Dlle Marie de St-Quentin de Blet, sœur de la femme de René, son frère aîné, dont il eut : 1° Louis-Alexandre, qui

suit ; 2° Charles, mort sans alliance ; 3° Marguerite-Julie, religieuse ; 4° Jacques, Chev., sgr de Chaurrais, fut tué capitaine de grenadiers ; 5° Marie-Anne, qui épousa, par contrat du 4 avril 1708, Ignace-Joseph Jarno, Ec., sgr du Pont, des Groseillers, tous mentionnés au partage du 28 déc. 1730, rapporté ci-après ; 6° Louis, capitaine au rég' du Roi, fut pourvu de la place de lieutenant du Roi au Pont-St-Esprit, où il se maria. Il eut un fils et deux filles : le fils, officier aux gardes françaises, fut tué à l'affaire d'Ettingen, sans laisser de postérité ; l'une des filles épousa le baron de Garic, et l'autre le Cte de Jousseaux.

10. — **Aymer** (Louis-Alexandre), Chev., sgr de Gormond, du Corniou, épousa, le 5 sept. 1707, Dlle Marie-Elisabeth Aymer, sa cousine germaine, fille de René, IIe du nom, et de De Marguerite de St-Quentin de Blet, le 25 déc. 1730 (Goizille et Morat, notres). Louis-Alexandre, tant en son nom que comme fondé de pouvoir de Mess. Charles Aymer, son frère et filleul, Mess. Jacques Aymer, Chev., sgr de Chaurrais, etc., demeurant à la Place, psse de Becoleuf, et Mess. Ignace-Joseph Jarno, sgr du Pont, et De Marie-Anne Aymer, son épouse, partagèrent la succession de leurs père et mère.

Louis-Alexandre laissa de son mariage : 1° Marie-Angélique, mariée, le 6 déc. 1735, à Ignace-Hubert Irland, Chev., sgr de la Maingoire, et procureur du Roi au siège présidial de Poitiers ; 2° Angélique-Elisabeth, De du Corniou, mariée à Pierre-François Cte de Chabot ; 3° Julie-Thérèse, De de la Sauvagère, mariée, le 25 oct. 1790, à Pierre-Charles-René de la Chaussée. Louis-Alexandre, plusieurs années après la mort de sa femme, épousa en secondes noces De Marie-Jeanne-Henriette Yongues, fille de N., Ec., sgr de Sepvret, dont il n'eut pas d'enfants ; en lui s'éteignit la deuxième branche.

§ III. — Aymer, Branche de la Chevalerie.

9. — **Aymer** (Charles), Chev., sgr de la Chevalerie, 3e fils de René Aymer et de Julie d'Angliers de Joubert (8e deg., § Ier), est né au château de Corniou le 5 mai 1652. Il épousa, le 15 avril 1682 (Coudré, notre à St-Maixent), Dlle Marguerite Bellin, fille de Léon, Ec., sgr de la Boutaudière, et de Marguerite Bonneau. Il fut maintenu dans ses titres de noblesse, d'abord par M. de Maupeou le 10 janv. 1699, ensuite par Quentin de Richebourg, le 25 févr. 1715. Un certificat d'enregistrement de ses armoiries lui fut délivré par d'Hozier le 20 mars 1699. Lui et sa femme se firent une donation mutuelle. (Byrault, notre royal à St-Maixent, insinué au greffe le 24 mars 1683.)

Charles Aymer servit pendant 30 ans dans le régiment de Langalerie-Cavalerie. Il se retira du service capitaine et Chev. de St-Louis. Il laissa de son mariage 18 enfants, dont 10 garçons, qui tous sont entrés au service : 1° Charles-René, capitaine au régiment de Pons, tué le 12 juin 1734, au siège de Philipsbourg ; 2° Louis, mort enfant ; 3° René, capitaine au régiment de Normandie, tué au siège de Fontarabie ; 4° Louis, qui suit ; 5° Antoine-Léon, aide de camp des Princes, tué en 1727 au siège de Bellegrade, où il était par permission du Roi ; 6° Philippe-Julien, capitaine au régiment du Roi, Chev. de St-Louis, tué le 19 sept. 1734 à la bataille de Guastalla ; 7° Pierre-Paul-Auguste, Chev. du Vignault, capitaine au régiment de Pons ; 8° Louis-Charles, 1er enseigne aux gardes-françaises, tué à Ettingen, le 27 juin 1743 ; 9° Jacques-Henri, capitaine au régiment de St-Aignan, devenu Beauvilliers, retiré avec pension de retraite ; 10° François-Dominique, capitaine au régiment de St-Aignan, Chev. de St-Louis. En 1734, le corps des officiers du régiment du Roi, pour honorer la mémoire des Aymer de la Chevalerie, écrivit à la famille et demanda avec instance que les deux autres Aymer (Jacques-Henri et François-Dominique), qui servaient alors dans le régiment de St-Aignan-Cavalerie, passassent au régiment du Roi. Ces monuments honorables existent encore.

Des lettres de passe furent expédiées ; mais le colonel du régiment de St-Aignan-Cavalerie retint les Aymer dans son corps, et leur persuada que, eu égard à leur médiocre fortune, ils feraient mieux de rester avec lui. Il donna à l'un la compagnie colonelle et à l'autre une charge d'aide-major.

En 1785, la cour accorda aux Aymer une pension de 600 livres, pour les services rendus par leur famille et pour les aider à continuer ceux qu'ils avaient rendus eux-mêmes.

François-Dominique se retira à Dôle en Franche-Comté, où il épousa Dlle Catherine Maillard de la Chassagne, et fit enregistrer devant la chambre et cour des comptes de Dôle, le 20 déc. 1741, les titres et papiers concernant son état de noblesse. Il est mort sans postérité en 1784.

11° Marguerite-Françoise, mariée à Louis d'Orfeuille, Ec., sgr de la Maisonnière, le 10 juin 1732. Elle était veuve le 31 août 1763, comme il ressort du partage de la succession de son mari fait à cette époque (Girard et Caillon, notres) entre elle, son beau-frère et ses neveux ; 12° et 13° Susanne et Catherine, mortes sans alliance.

Charles eut encore cinq autres filles, dont plusieurs se firent religieuses ; une entre autres est morte supérieure de l'Hôpital d'Angers.

10. — **Aymer** (Louis), IVe du nom, Chev., sgr de la Chevalerie, né le 25 sept. 1690, épousa, par contrat du 8 nov. 1721, Dlle Florence Giraudon, fille d'Elie-Jacques, Ec., sgr des Escurolles, et de De Renée-Louise Pavin, de laquelle il eut 18 enfants. Il servit 18 ans dans les armées françaises. Il se trouva aux batailles de Ramillies en 1706, Oudenarde 1708, Malplaquet 1709. Après avoir été grièvement blessé à la bataille de Denain en 1712, il se retira au château de la Chevalerie. Il fut maintenu dans ses titres de noblesse par M. de Richebourg, intendant de la généralité de Poitiers, le 25 févr. 1715.

Ses enfants furent : 1° Louis-René, qui suit ; 2° Louis-François, appelé le Chevalier de la Chevalerie, capitaine aide-major au régiment de Piémont, remplit les fonctions de major à la bataille de Rosbach en 1757, eut un cheval tué sous lui et reçut trois coups de sabre. Il fut fait prisonnier et mourut sans avoir pu jouir des gratifications et de la croix de St-Louis qui lui étaient données en raison de sa belle conduite ; 3° Louis-Charles-Philippe, Chev., sgr du Coudreau, embrassa l'état ecclésiastique et fut prieur de Ligny en Limousin ; 4° Louis-Henri-François suivit la même carrière que le précédent et fut prieur-curé de St-Paul-du-Bois près Parthenay et de St-Pierre de Sauray ; 5° François-Dominique, Chev., sgr de Marsilly, Chev. de St-Louis, capitaine au régiment de Piémont-Infanterie, épousa, le 21 juin 1773, dans la chapelle du château du Petit-Chêne près Niort, Dlle Geneviève-Victoire de Beaumont, Mise d'Echilais, dont : *a*. Marc-Louis, Cte de la Chevalerie, aspirant au corps de la marine royale, émigra, fit la campagne de 1792 dans la 4e compagnie de la noblesse du Poitou, et fut tué le 1er déc. 1793 à l'affaire de Berstheim, servant dans le deuxième bataillon d'infanterie noble. Il est désigné dans quelques listes sous le faux nom d'Aymar ; *b.* Estelle-Louise, mariée en 1802 à Jean-Pierre Legardeur de Tilly, enseigne de vaisseau, Chev. de St-Louis.

6° Charles-Maixent, dit le Chev. du Vignault, né à St-Georges, le 1er juill. 1744, major au régiment de Piémont-Infanterie, Chev. de St-Louis, passa au service de l'empereur de Russie en mars 1772. Rentré en France peu de temps avant 1790, il quitta la France de nouveau, et fit la campagne de 1792 dans l'armée des Princes, comme chef d'escadron dans la 4e compagnie de la noblesse du Poitou. Il ne s'est jamais marié et est mort à St-Maixent au commencement de ce siècle ; 7° Catherine-Monique, entrée en 1746 (Cab. des titres, vol. 307) dans la maison royale de St-Cyr, en est sortie en 1753 ; elle est morte sans alliance, fit un codicille à son testament le 15 pluviôse an IX en faveur de Charles-Maixent Aymer du Vignault, son frère, Henriette et Estelle Aymer, Modeste et Lise Louveau de Ligny, ses nièces, et Benjamin Louveau de Ligny, son filleul (O.) ; 8° Anne-Françoise-Modeste, qui mourut sans alliance le 20 nov. 1791, comme on le voit par le procès-verbal d'apposition de scellés faite dans sa maison, en présence de Louise-Anne Aymer, veuve du sr Louveau de Ligny, et de Monique Aymer, ses sœurs ; 9° Florence, s'était retirée à Picpus auprès de sa nièce, morte sans alliance ; 10° Louise-Anne, mariée, le 15 nov. 1760, à Joseph-Hyacinthe Louveau, Ec., sgr de la Règle, Ligny, qui, comme on le voit plus haut, était veuve le 20 nov. 1791. Les autres enfants nous sont inconnus.

11. — **Aymer** (Louis-René), Chev., sgr de la Chevalerie, capitaine au régiment de Piémont, Chev. de St-Louis, né en déc. 1723, épousa, le 21 avril 1753, Dlle Marie-Louise Gigou de Vezançay, fille de Louis-Alexandre, Chev., sgr de Vezançay et de Balincourt, Chev. de St-Louis, ancien lieutenant-colonel au régiment de Marsan, et de défunte De Louise de Mauhué de Boiscoutant. Entré au service en 1741, il se trouva, l'année suivante, au siège de Prague, où il fut blessé, fit les campagnes de Flandres et servit 27 ans au régiment de Piémont. Il est cité dans l'Histoire du Maréchal de Saxe par le Bon d'Espagnac, parmi les officiers qui servirent avec distinction dans la campagne de 1744. Il a laissé : 1° Louis, né au château de la Chevalerie le 30 oct. 1761, reçu page de la grande écurie de Louis XVI le 22 janv. 1776, officier au régiment Dauphin-Dragons, émigra vers la fin de 1790, fit partie de la première organisation de l'armée des Princes, fut aide de camp de Mgr le prince de Condé, à qui il fut présenté le 7 mai 1791, à Mayence, et très habituellement employé par lui pour les reconnaissances auprès des régiments autrichiens. Il eut un cheval tué sous lui à l'affaire du 16 sept. 1796, où, avec 26 cavaliers nobles, il défit et fit mettre bas les armes à un bataillon ennemi. Il fit partie de l'armée de Condé pendant tout le temps de son existence, fut reçu Chev. de St-Louis le 18 sept. 1797, lieutenant-colonel le 21 janv. 1798. Rentré en France, il ne voulut pas servir le gouvernement de Napoléon. Il se maria en 1802, fut nommé maréchal des camps le 21 déc. 1814, commandant du département de Seine-et-Oise le 20 avril 1816, Chev. du Phénix et d'Hohenlohe en 1817. Il fut privé de son commandement de Versailles par suite des ordonnances du Ministre de la guerre Gouvion-St-Cyr, et est mort au Palais Bourbon le 11 avril 1818.

Il avait épousé Dlle Marie-Zénobie le Clerc de Vezins, fille de Philippe Bon de Vezins et de Marie-Susanne-Radégonde-Henriette Marsault de Parçay, dont il eut : *a.* Alfred-Alexis-Marie, élève de l'école de St-Cyr, mort sans alliance le 11 avril 1827, étant au service ; *b.* Marie-Sophie-Zénobie, née en 1804, mariée, le 18 juill. 1826, à Jacques-Paul-Émile de Chièvres, officier supérieur d'état-major, Chev. de la Légion d'honneur et de St-Ferdinand d'Espagne, démissionnaire en 1830, dont postérité ; *c.* Louise, née en mai 1807, mariée, par contrat du 18 juin 1827 (Presle-Dupplessis, notre), au château d'Avanton, à Charles de Clervaux, officier de la marine royale, dont postérité.

2° François-Dominique-René, qui suit ; 3° Louise-Victoire-Henriette-Catherine-Monique, née au château de la Chevalerie, le 16 août 1767, fut reçue chanoinesse de l'ordre de Malte, après avoir fait les preuves exigées, en 1789. A l'époque révolutionnaire, elle fut incarcérée avec sa mère pour avoir caché un prêtre (1794) ; à sa sortie de prison, elle se fit affilier (mai 1795) à une association de dames pieuses de Poitiers réunies par la pratique des bonnes œuvres. Au mois de mars 1797, elle manifesta à son directeur le projet de l'œuvre qu'elle préparait en silence depuis longtemps déjà, et elle acquit à cet effet la maison dite la *Grand'Maison*, sise rue des Hautes-Treilles. Choisie d'abord pour supérieure (mars 1797) par les dames, que leur vie plus retirée faisait appeler *les Solitaires*, elle recueillit des suffrages de celles qui vivaient dans le monde et reçut de leur affection, à cette époque, le nom si touchant de *Bonne Mère*, qu'elle a toujours conservé depuis.

En 1800, la société intérieure de la *Grand'Maison* reçut une organisation spéciale et fut approuvée par l'autorité ecclésiastique, qui, le 17 octobre, confirma la nomination de Mme Henriette comme supérieure perpétuelle du nouvel Institut, qu'elle consacra à l'adoration perpétuelle et aux sacrés Cœurs de Jésus et de Marie ; toutefois elle ne voulut pas qu'il fût exclusivement voué à la vie contemplative, mais qu'il rendît à l'enfance les bienfaits d'une éducation religieuse. A partir de ce moment, son œuvre prit des proportions rapides. M. de Chabot, oncle de la fondatrice, nommé évêque de Mende, invita sa nièce à le suivre et nomma l'abbé Coudrin, le confident de ses pensées et son conseil, un de ses grands vicaires, et deux maisons se fondèrent à Mende (1802) et à Cahors (1803). Puis, ce prélat s'étant retiré à Paris, Mme Henriette le suivit et acquit les bâtiments de Picpus, élevés par esprit d'expiation aux cendres des victimes révolutionnaires, et y fixa le centre de son Institut, que le Saint-Père approuva par un décret apostolique du 4 janv. 1817 et une bulle du 17 nov. suivant. Nous regrettons que les bornes que nous nous sommes imposées pour les notices biographiques ne nous permettent pas de nous étendre davantage sur la vie de cette femme, remarquable à tant d'égards, qui, frappée d'apoplexie le 8 oct. 1829, survécut cependant jusqu'en 1834, n'ayant qu'un but, la prospérité de son Ordre qui prit chaque jour un nouvel accroissement et est aujourd'hui répandu dans le monde entier.

12. — **Aymer** (François-Dominique-René), titré Chevalier, puis Comte Aymer de la Chevalerie, naquit au château de la Chevalerie le 21 août 1771, fut reçu page des écuries de Marie-Antoinette le 1er août 1784, passa officier au régiment de la Reine. Il émigra et fit en qualité d'aide de camp du baron de Montalembert, son parent, l'expédition de St-Domingue, en 1799 ; lors du licenciement de la brigade de Montalembert, il passa à la Guadeloupe, où il fut nommé capitaine de la 1re compagnie des milices de cette île. Le 24 sept. 1814, le Roi lui conféra la croix de St-Louis, puis, le 24 janv. suivant, il fut nommé directeur des douanes de la Guadeloupe. Il est mort à Paris le 2 août 1839 et enterré

au cimetière de Picpus. Il avait épousé, le 16 août 1808, Dlle Marie-Charlotte-Gabrielle VAULTIER DE MOYENCOURT, fille du comte Charles, ancien officier au régiment de Normandie, et de dame Henriette-Julie Le Mercier de Vermont, dont il eut : 1° HENRIETTE-CHARLOTTE, élève de la maison royale de St-Denis, mariée, le 25 août 1835, à Marie-Joseph-Victor de Sartre ; 2° LOUISE, née à la Guadeloupe le 13 déc. 1813, entra dans la congrégation des Sacrés-Cœurs de Jésus et de Marie et de l'Adoration perpétuelle, fondée par Henriette, sa tante. Ce fut sur son lit de douleur que cette tante la reçut novice et lui changea le nom de Louise qu'elle avait reçu au baptême, contre celui de Gabrielle qu'elle porta pour la communauté le reste de ses jours. En 1837, malgré son jeune âge, elle fut nommée supérieure de la maison de Mortagne, et plusieurs années après elle fut appelée aux pénibles fonctions de supérieure générale. Douée des plus belles qualités, elle sut, pendant les 12 années qu'elle dirigea l'importante congrégation de Picpus, apaiser les germes de division que la dernière administration avait laissés. Madame Gabrielle créa plusieurs établissements en Amérique et mourut le 28 juill. 1866. Son corps est déposé dans le cimetière de Picpus, dans le caveau où reposaient déjà son père, ses oncles et sa tante.

3° HENRI-ELOI, qui suit.

13. — **Aymer** (Henri-Eloi) Mis de la Chevalerie, né le 13 oct. 1816, épousa, le 6 oct. 1840 (Deloynes, notre à Poitiers), Marie-Radégonde-Anastasie-Caroline DE MOUSSY-LA-CONTOUR, fille de Charles comte de Moussy-la-Contour et de Dlle Alexandrine de Gourjault, dont il eut : 1° HENRI-JOSEPH-RENÉ, qui suit : 2° CHARLES-GUSTAVE-HENRI Cte de la Chevalerie, né le 8 oct. 1842, marié, le 7 août 1869, à Thérèse DE BRÉDA, fille d'Arthur comte de Bréda et de Adèle de Simard de Pitray, dont : *a.* JEHAN, né le 29 juill. 1870 ; *b.* JACQUES, né le 30 oct. 1872.

3° CHARLES-LOUIS Cte de la Chevalerie, né le 4 juill. 1845, marié, le 4 nov. 1873, à Yolande DE BEAUCORPS, fille de Henri comte de Beaucorps et de Mathilde de Beaucorps, sa cousine, dont MARGUERITE, née le 9 sept. 1874.

4° MARIE, née le 28 oct. 1857, mariée, le 11 nov. 1875, à Charles du Hays.

14. — **Aymer** (Henri-Joseph-René) Comte de la Chevalerie, né le 24 sept. 1841, marié, le 14 déc. 1865, à Marie-Augustine DE BEAUMONT D'AUTICHAMP, fille de Gabriel Cte d'Autichamp et de Aline Agard de Maupas, dont il a eu : 1° THÉRÈSE, née le 1er nov. 1866 ; 2° AMBLARD-LOUIS, né le 15 nov. 1871.

§ IV. — BRANCHE DE LA **CHAUME**, CONNUE PAR LES TITRES PRODUITS DEVANT CHÉRIN EN 1788.

Aymer (Jean), dit neveu de Pascault Aymer (1er deg. du § I) dans un acte passé à Lesson, le 8 sept. 1397, où il figure comme témoin, est rappelé avec sa femme dans un acte passé par leur fils en 1469. Il épousa Jeanne DE MAILLÉ (de la famille des srs de Maillé près Niort), dont il eut :

Aymer (Charles), Ec., sr de la Chaume, qui fit accord, le 6 déc. 1469, avec son cousin Jean Aymer, Ec., sr de Ste-Rhue. Il épousa Isabeau PRÉVOST, dont il eut : 1° THOMAS, qui suit ; 2° JEAN, qui était religieux de St-Benoît en 1495.

Aymer (Thomas), Ec., sr de la Chaume, fit une transaction, le 16 déc. 1495, avec Jean Aymer, fils d'autre Jean Aymer, Ec., sr de Lalyer, qui avait été tuteur ou curateur dudit Thomas.

AYMERET. — Famille originaire du Niortais, qui a donné plusieurs conseillers au Parlement de Paris.

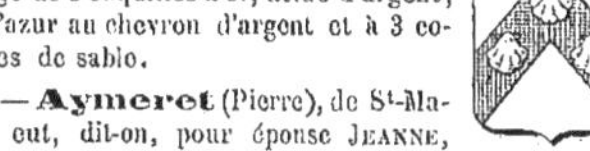

Blason : d'argent au chevron de sable, chargé de 3 coquilles d'or, *aliàs* d'argent ; ou d'azur au chevron d'argent et à 3 coquilles de sable.

1. — **Aymeret** (Pierre), de St-Maxire, eut, dit-on, pour épouse JEANNE, De de Gazeau, dont :

2. — **Aymeret** (Guillaume), sr de Gazeau près Niort, conseiller au Parlement de Paris en 1470, épousa en 1483 Etiennette DE HARLAY, fille de Jean, sr de Cesy, et de Louise Lhuilier, dont : 1° RAOUL, 2° ANDRÉE, De des Chastelliers en Poitou, morte le 19 juill. 1519, épouse d'Olivier d'Arquinvilliers, Ec.

3. — **Aymeret** (Raoul), sr de Gazeau, Véluire, conseiller au Parlement en 1515, épousa Marie LHUILLIER, fille d'Eustache, Ec., sgr de St-Mesmin, et de Marie Cœur. Elle était veuve en 1537 et offrit la charge de sénéchal de Gazeau à Guillaume Le Riche (Journal Le Riche), dont : 1° FRANÇOIS, sr de Gazeau, conseiller au Parlement de Bretagne ; 2° JEAN, qui suit.

4. — **Aymeret** (Jean), sr de Véluire, maître des comptes, marié à Marie DE NEUFVILLE, fille de Simon, correcteur des comptes, dont :

5. — **Aymeret** (Paul), sr de Gazeau, maître des comptes en 1598, épousa Marie LE CLERC, dont : 1° PAUL, 2° ANNE, mariée, le 23 juin 1619, à Claude Charlot, secrétaire du Roi ; 3° CATHERINE, épouse de François de Machault ; 4° ISABEAU, 5° MADELEINE.

6. — **Aymeret** (Paul), sr de Gazeau, conseiller au grand conseil en 1636, épousa Marie DE PLEURRE, dont : 1° CLAUDE, 2° MARIANNE, femme de Claude Vanel, sr de Thiault.

7. — **Aymeret** (Claude), sr de Gazeau, décédé le 12 mai 1701, avait épousé, le 5 juill. 1694, Anne-Marie-Bénigne LE NAIN, fille de Jean, conseiller au Parlement, dont : 1° JEAN-CLAUDE, 2° ANNE-MARIE-JEANNE, mariée à Claude Perrenay, conseiller au Parlement de Dijon.

8. — **Aymeret** (Jean-Claude), sr de Gazeau, conseiller au Parlement de Paris, 1728, épousa Anne-Louise-Françoise MONTPELLIER, fille de François, directeur de la compagnie des Indes, dont une fille, mariée, le 11 sept. 1752, à Nicolas Doublet de Persan.

AYMERI. — Nom commun à plusieurs familles.

Aymeri (Mathelin), valet, fit accord avec son beau-frère Jean Aymer, Ec., sr de Ste-Rhue, le 27 oct. 1410, passé sous le scel de Benet. Il épousa, vers 1400, Jeanne AYMER, fille de Pascault, valet, sgr de Lesson.

Aymery (Guillaume), qualifié maître, fut l'un des témoins du testament de Jean de Torsay, sénéchal de Poitou, en 1427.

Aymeri (Jean), agissant au nom de ses 2 filles mineures, obtint sentence du châtelain de Parthenay en juill. 1484 pour des rentes dues sur Lastric (Lastérie, Vouhé, Deux-Sèvres). (Arch. de la Barre.)

Aymeri (Jeanne) possédait la Godelière près les Bordes en St-Aubin, relevant de la sgrie de Châteauneuf en Gâtine, 1497.

AYMERON (René) fit un échange pour des terres situées à Chauray, en 1393, avec Pierre Micheau. (Arch. D.-S. E. 10.)

AYMON. — Famille noble et ancienne qui a possédé les terres de la Petitière et de Beaulieu, situées dans l'élect. des Sables-d'Olonne.

Son nom s'écrit Aymon, Aymond, Aymont.

Blason : d'argent à 3 merlettes de sable.

Aymon (Renaud), *Raginaldus Aymundus*, est dit veuf de feu Avice de St-Benest ou St-Benoît, le 12 juill. 1255. (Cartul. d'Orbestier. A. H. P. 6.)

Aymon (N.), Frère, procureur du couvent d'Orbestier, est cité dans un accord entre ce monastère et Jean Cathus, valet, du 1er oct. 1285. (Id.)

Aymon (Maurice) confirme en 1293 une vente faite par Aimery Aymon, son père, à Jean de Montbail, valet. (Id.)

Aymon (Blanche), épouse de Guillot Le Mosner et veuve de défunt Robin Le Mosner, fait avec son époux, le 12 juin 1350, don de leurs personnes et biens au monastère d'Orbestier. (Id.)

Aymon (Pierre), chanoine de l'église de St-Hilaire de Poitiers, est cité dans une transaction passée entre le Chapitre de St-Hilaire et Guischard d'Angle, sgr de Pleumartin, le 4 mars 1371. (M. A. O. 1852.)

Aymone (Catherine) était femme de Jean Jaillard, et lui avait porté la terre de la Marounière. Il rendit à cause d'elle aveu, le 6 mars 1391, à Jean de la Muce, pour la terre de la Chapelle-Hermier. (D. F. 82.)

Aymon (Marie), fille de Jean et de Jeanne Goundeau, sgr et De de Besse et de Loucherie, épousa Jean Bégaud ; ils étaient décédés l'un et l'autre le 12 juill. 1507, époque du partage de leur succession.

Aymon (Pierre) fut remplacé par Nicolas Villain au ban de 1467.

Aymont (autre Pierre) servit au même ban comme brigandinier du sr de Laigle, à la place de Guillaume Chauson.

Aymon (Radégonde) de la Petitière avait épousé Jacques Nicoulleau, dont le petit-fils fut reçu Chev. de St-Jean-de-Jérusalem en 1541. (Gd-Prieuré d'Aquitaine.)

Aymon (Marie) était veuve, le 31 juill. 1616, de Jacques Lingier, Ec., sgr du Plessis-Texelin. (D. F.)

Aymon (Loyse), veuve de feu Gilles Masson, Ec., sieur de la Noulhe et de la Boutenière, qu'elle avait épousé le 15 févr. 1610 (Chauvet et Guillebeau, notres à Aizenay), rendit aveu au nom et comme mère tutrice de Louis Masson, son fils aîné, le 16 juill. 1616, à Jacqueline de la Trimouille. (D. F. 82.)

Aymon (Anne) épousa, vers 1630, Yves de Rorthays, Ec., sr de la Rochette.

Aymon (Gabriel) épousa, le 26 janv. 1641, Marie DE RORTHAYS, fille de Jean, Ec., sr de la Rochette.

Filiation suivie.

1. — **Aymon** (Nicolas), valet, sr de la Petitière, connu par des titres de 1399 et 1407, mentionnés dans une sentence du sénéchal de Fontenay, en date du 8 janv. 1583, eut pour fils :

2. — **Aymon** (Jean), Ec., sr de la Petitière, connu par 2 titres de 1427 et 1453, épousa Colette BÉGAUD, dont : 1° FRANÇOIS, 2° LOUIS, qui remplaça son frère dans un ban des nobles du Poitou ; 3° probablement PIERRE, Ec., sr de la Proustière, marié, le 4 fév. 1469, à Marie DE LA TOUCHE, fille de Robin et de Anne de Goulaine.

3. — **Aymon** (François), Ec., sgr de la Petitière, la Normandière près Aizenay, servit comme brigandinier sous le sr de Laigle, au ban de 1467. Il fit aveu en 1484 à la dame de Palluau. Marié à Jeanne DE TRIORT? (ailleurs on trouve Triori ou Turci), nommée dans un titre de 1482, il eut pour enfants : 1° JEAN, qui suit ; 2° FRANÇOIS, chef de la branche de la Petitière, § II.

4. — **Aymon** (Jean), Ec., sr de la Proustière, était mineur âgé de 16 ans en 1491 et fut remplacé au ban du Poitou par Maurice Rayssonneau. Il eut pour fils :

5. — **Aymon** (Antoine), Ec., sr de la Garsilière, obtint des lettres royaux en 1537 et sentences en 1538 et 1539 pour partager noblement avec son oncle François ; il est mentionné dans un acte de 1559, où il est représenté par son fils, MATHURIN.

6. — **Aymon** (Mathurin), Ec., sr de la Proustière? fit aveu en 1561, et mourut jeune, car ses 4 enfants furent mis sous la tutelle de l'aïeul. Il épousa en 1559 Madeleine DE SALLA (sans doute cousine de l'évêque de Luçon), dont il eut : 1° HONORAT, qui suit ; 2° MADELEINE, mariée, le 9 janv. 1590, à Enoch Lingier, Ec., sr de la Garenne ; 3° SAMUEL? 4° PIERRE.

7. — **Aymon** (Honorat), Ec., sr de la Proustière? obtint sentence du sénéchal de Fontenay le 8 janv. 1583, sur production de ses titres de famille. (Nous n'avons pas d'autres renseignements sur lui.)

§ II. — BRANCHE DE LA **PETITIÈRE**.

4. — **Aymon** (François), Ec., sr de la Petitière (fils puîné de François et de Jeanne de Triort? 3e deg., § I), mentionné dans des actes de 1511 à 1548, partagea avec son neveu Antoine en 1539, après un procès commencé en 1537 au sujet du droit de viage ou de retour. Il épousa, le 1er déc. 1502 (Touchard et Rebuffe, notres à Commequiers), Marie JOUANEAU ou JOUHENNEAU, dont il eut : 1° RENÉ, qui suit ; 2° CHARLES, prêtre ; 3° FRANÇOIS, Ec., sr de la Guesdonnière ou Guesconnière, qui vivait encore en 1593, d'après un acte de vente passé à Palluau ; 4° MARIE. Ces 4 enfants partagèrent le 30 mars 1556.

5. — **Aymon** (René), Ec., sr de la Petitière, fit aveu de la Normandière au Bon de Palluau le 20 janv. 1555. Il épousa, le 7 juin 1523 ou 1533, Catherine REGNAULT, fille de Guillaume et de Perrine de la Pintrolière, dont : 1° GUILLAUME, Ec., sr de la Petitière, cité dans un acte de 1557 et des ventes passées à Palluau en 1584, 86, 87 ; il mourut en 1588, sans postérité ; 2° MARIE, qui épousa, le 14 sept. 1560, Pierre Roy ; elle était veuve en 1586 et habitait à la Brosse (St-Christophe-de-Ligneron) ; 3° JEAN, qui suit ; 4° PIERRE, chef de la branche du Fief, § IV.

6. — **Aymon** (Jean), Ec., sr de la Petitière, hérita de son frère Guillaume en 1588 et paya le droit de rachat le 3 avril au Bon de Palluau ; il figura dans l'enquête sur le pillage de St-Michel-en-l'Herm (janv. 1569), et fut témoin dans un procès intenté par le Chapitre de Luçon à Pierre des Villates, le 2 mai 1611 ; il était alors âgé de 67 ans (par erreur on a écrit 57). Marié, le 22 nov. 1578, à Anne DURCOT, fille de Gilles, Ec., sr de la Roussière, et de Marie Dorin, il eut pour enfants : 1° RENÉ, qui suit ; 2° MARIE, qui épousa René de Sallo, Ec., sr de Beauregard.

7. — **Aymon** (René), Ec., sr de la Petitière

épousa, le 17 févr. 1602, Catherine DES FORGES, fille de Gervais, Ec., sr dudit lieu, et de Anne Surineau, dont il eut : 1° JULIEN, 2° LOUISE, mariée à Paul-Pyrrhus de Saligné, Ec. ; 3° et 4° deux filles, religieuses au prieuré des Cerisiers, près la Chaize-le-Vicomte.

8. — **Aymon** (Julien), Chev., sr de la Petitière, Forges, décéda vers 1663. Ses enfants partagèrent sa succession le 18 juin de cette année, et transigèrent à ce sujet, le 7 mai 1680, en présence de Louis Régnault, Ec., et Jacques Guerry de la Goupilière, parents et amis (Majou et Merland, notres aux Essarts). Il se maria : 1° le 15 oct. 1640 (Gouin et Saunier, notres à Beaulieu-sous-la-Roche), à Marie DE BRACHECHIEN, fille héritière de René, Ec., sr du Pin-Massé, et de Renée Méauce (les enfants nés de ce mariage devaient porter le nom de Brachechien) ; 2° le 6 mai 1659, à Marie FOUCHER, fille de Jacques, Ec., sr du Gué-Ste-Flayve, et de Marie Bruneau. Du 1er lit vinrent : 1° LOUIS, qui suit ; 2° RENÉ-ANTOINE, Ec., sr de la Petitière, cornette au régt de Rohan en 1673, puis garde du corps ; il épousa, le 16 mai 1682, Renée PINEAU, fille de Pierre, sr de Lartige, sénéchal de Beaulieu, et de Marie Morisson ; il mourut sans postérité en 1706.

3° CATHERINE, mariée à Charles Jousbert, Ec., sr du Plessis-Testelin ; 4° MARIE, qui épousa Antoine Poitevin du Plessis-Landry, Ec., sr de la Guittière ; 5° RENÉE, sans alliance ; 6° LOUISE, mariée en 1664 à Louis Buor, Ec., sr de la Voy, puis à Pierre Aymon, Ec., sr du Fief ; 7° CÉLESTE, mariée en 1670 à Daniel de Rorthays, Ec., sr de Montbail ; du 2e lit : 8° JULIEN, chef de la branche de Quinevault, § III ; 9° MARGUERITE, mariée à Salomon de Rorthays, Ec., sr de l'Ile-Broin ? puis à Charles de Luchet, Ec., sr de Pendry ; 10° LÉONORE, décédée jeune.

9. — **Aymon de Brachechien** (Louis), Chev., Bon de Belleville, Beaulieu-sous-la-Roche, Forges, épousa, le 8 sept. 1670 (Merland et Chancelier, notres aux Essarts), Marie GAZEAU, dont il eut : 1° LOUIS, qui suit ; 2° PIERRE, né à Beaulieu le 15 déc. 1672 ; 3° JULIEN, né à Beaulieu le 27 fév. 1676, probablement décédés jeunes.

10. — **Aymon** (Louis), Ec., Bon de Belleville, Beaulieu, Forges, décédé vers 1700, épousa, le 20 mai 1688 (Poirault, notre aux Sables), Jacquette MASSÉ, fille d'André, Ec., sr des Longeais, secrétaire du Roi, et de Marie Perroteau, dont il eut MARIE-LOUISE, mariée à Louis Jaillard, Chev., sr de la Grange-Maronnière.

§ III. — BRANCHE DE QUINEVAULT.

9. — **Aymon** (Julien), Ec., sr de Quinevault (St-Vincent-sur-Jard), fils du 2e lit de Julien et de Marie Foucher, 8e deg., § II, épousa Anne DES FORGES, fille de Jacques, Ec., sr de la Gobinière, et de Esther-Marie Poitevin, dont il eut : 1° JULIEN, qui suit ; 2° PIERRE, Ec., sr de Lausonnière (les Essarts) ; 3° N., sur lequel on n'a pas de renseignements.

10. — **Aymon** (Julien-René), Ec., sr de Quinevault, Forges, épousa Marie-Madeleine MOURAT, avec laquelle il fit vente de terres près Avrillé, le 11 févr. 1757. Il eut pour enfants : 1° JULIEN-RENÉ, qui suit ; 2° N., fille, qui épousa M. de Verné ? ou Nerné ? (leur fille se maria à N. Alquier).

11. — **Aymon** (Julien-René), Ec., sr de Quinevault, Forges, servit au ban des nobles du Poitou, réuni à Fontenay le 14 juin 1758. Il mourut sans postérité.

§ IV. — BRANCHE DU FIEF.

6. — **Aymon** (Pierre), Ec., sr du Fief, la Garcilière ? (fils puîné de René et Catherine Régnault, 5e deg., § II), épousa Catherine DE LA POËZE, qui était veuve et tutrice des enfants en 1595, lorsqu'elle fit un aveu. Il en eut : 1° PIERRE, qui suit ; 2° N., qui épousa, le 13 déc. 1606, Charles de Monsorbier, Ec., sr de la Bralière.

7. — **Aymon** (Pierre), Ec., sr du Fief, eut pour fils :

8. — **Aymon** (Guillaume ?), Ec., sr du Fief, nommé dans la liste des nobles du Poitou en 1667 avec son fils

9. — **Aymon** (Pierre), Ec., sr du Fief, châtelain de Beaulieu, maintenu noble en 1667, servit au ban du Poitou en 1691. Il épousa, vers 1670, Louise AYMON, veuve de Louis Buor de la Voy, fille de Julien, sr de la Petitière, et de Marie de Brachechien, dont il eut LOUISE, décédée sans alliance vers 1707.

AYMON. — Ancienne famille de St-Maixent.

Blason : d'azur au chevron d'or accompagné de deux étoiles en chef et d'une coquille en pointe de même. (D'Hozier.)

On trouve aussi le même blason avec un croissant d'argent en pointe, au lieu de la coquille.

Paul Aymon, médecin, portait : d'azur au chevron d'or, avec 2 roses de même en chef et une ancre d'argent en pointe.

Aymon (Jean), marchand à St-Maixent, échevin en 1512, acquit un pré le 26 nov. 1516.

Aymon (François), fils d'une demoiselle Boulaye, est cité dans le *Journal Le Riche* comme vivant à St-Maixent le 8 oct. 1543.

Aymon (François), marchand de draps et soies, fut échevin de la même ville de 1548 à 1557. Nous pensons que ce fut le même qui fut maire de 1558 à 1560.

Aymon (François) fut aumônier de la vieille aumônerie de St-Maixent en 1556.

Aymon (François), sr de Chambart, procureur, fut nommé échevin le 6 mai 1584, l'était encore en 1620, fut maire en 1606.

Aymon (Pierre), sgr de la Pilochère, marchand bourgeois et échevin de la ville de St-Maixent en 1597, fut un des délégués chargés, en 1614, de recueillir des aumônes, afin de faire construire un couvent aux RR. PP. Capucins dans cette ville. Plus tard il présida à l'acquisition, faite au moyen des deniers provenant de la quête, d'une maison pour l'établissement de ces religieux. (D. F.) Il fut aumônier de la vieille aumônerie en 1597. Devenu maire et capitaine de St-Maixent en 1613, il délivra, le 27 avril 1614, à Louis de Harlay, gouverneur pour le Roi de la ville et du château de St-Maixent, un certificat constatant que ledit de Harlay avait fait faire à ses frais et dépens les fortifications dudit château. Il mourut en 1644.

Aymon (Michel), sr d'Espéron, est parrain, le 1er décembre 1606, de Madeleine de Veillechèze.

Aymon (Nicolas), avocat en Parlement, exerçant à St-Maixent, et Dlle Jeanne LE RICHE, son épouse, se font une donation mutuelle de leurs meubles, etc., le 28 oct. 1626. Nicolas avait été nommé échevin de St-Maixent en 1628, fut maire en 1640 et mourut en 1659.

était avocat du Roi; sa veuve fut maintenue dans ses privilèges en 1667.

Aymon (François), s^r de la Pilochère, marchand, échevin en 1624, maire en 1643.

Aymon (François), marchand de draps et soies, fut nommé échevin en 1651 et mourut en 1659.

Aymon (Pierre), avocat, fut nommé échevin le 15 nov. 1651 et se démit de ses fonctions en 1658.

Aymon (Michel), s^r de la Cousture, et Marguerite Parisot, son épouse, se font une donation mutuelle de leurs biens par acte passé le 1er sept. 1658, et insinué le 23 déc. suivant.

Aymon (Pierre), conseiller au siège royal de St-Maixent, fut nommé échevin le 20 sept. 1658; il mourut en 1688.

Aymon (Marie) épousa, le 16 nov. 1666, Pierre Palustre, Ec., sgr de Baigné.

Aymon (Charles), s^r de la Renollière, avocat en Parlement, puis lieut^t particulier au siège royal de St-Maixent, fut nommé échevin le 23 sept. 1658. Il était, le 15 oct. 1666, curateur de Jean Le Riche, comme il appert du contrat de mariage de ce dernier avec Marie Brunet. Il mourut en 1672.

Aymon (François), bourgeois et échevin de St-Maixent, avait épousé Madeleine Bardou. Elle était sa veuve le 20 sept. 1686, comme on le voit par son testament fait à cette époque en faveur de ses petits-enfants issus du mariage de Claude Le Roi et de Madeleine Aymon, ses gendre et fille.

Aymon (François), avocat, fut nommé assesseur au siège royal de la ville de St-Maixent par lettres de provisions du 17 oct., fut reçu le 2 déc. 1693 et exerça jusqu'en 1698, fut ensuite nommé échevin en 1699, jusqu'en 1701, reçut des lettres de provisions de l'office de conseiller au siège royal de St-Maixent, au lieu de Jacques Bonneau, données à Versailles le 17 janv. 1700, et enregistrées au greffe royal de St-Maixent le 21 mars de la même année.

Aymon (Jeanne) avait épousé Guillaume Texier, docteur en médecine; ils se firent une donation mutuelle de leurs biens le 10 oct. 1687; elle était morte le 20 janv. 1711, époque du mariage de N. sa fille avec Jean Mangou.

Aymon (Pierre), avocat et sénéchal civil et criminel de l'abb. de St-Maixent, fut échevin de ladite ville pendant les années 1720, 1726, 1728. Nous ignorons le nom de son épouse, mais il eut une fille, Françoise, qui assista comme témoin, le 10 janv. 1726, à l'abandon de biens fait par François Bayard à Jacques Lambert (Peyrault, not^re). L'un et l'autre sont cités dans une procuration du 18 oct. 1732.

Aymon (Gabrielle), épouse de François Texier, s^r des Ouches, assiste avec son mari à l'abandon précité.

Aymon (Jeanne-Didier) épousa René de la Chaussée, Chev., sgr de Champmargou. Ils se firent, le 24 févr. 1679, une donation mutuelle de leurs meubles, etc., passée au château de St-Maixent, domicile desdits donataires (Coudray, not^re). Devenue veuve, elle donna, le 18 oct. 1732, procuration, ainsi que

Aymon (Jean), s^r de la Couture;

Aymon (Renée-Gabrielle), fille majeure;

Aymon (Alexis), s^r de la Renartière, et ceux qui sont cités plus haut, tous enfants, gendres et héritiers de

Aymont (Paul), vivant conseiller du Roi, juge au siège de St-Maixent, à François de Villiers, procureur à St-Maixent, pour actionner les s^rs Henri et Pierre Chalmot, pour le paiement d'une rente à eux due.

Aymon (J.-B.), avocat à St-Maixent, est un des signataires du tarif fait le 3 sept. 1748 pour convertir les impositions qui se levaient sur la ville et les faubourgs, en un octroi. (J^al Le Riche.)

Aymon (Charles) de la Renartière, officier d'infanterie, épousa D^lle Marguerite Bouslay de Monteru, dont il eut: 1° Pierre, qui suit; 2° Marie, qui assiste au contrat de mariage de son frère.

Aymon (Pierre) de la Renartière épousa, par contrat du 10 juill. 1810, passé à St-Maixent, Marie-Eulalie Gilles, fille de feu Geoffroy-Jacques, avocat, et de D^e Françoise-Elisabeth Bouslay de Monteru, dont il a eu: 1° Elisabeth-Aglaé, née le 31 mai 1811, qui épousa, par contrat de mai 1833 (à St-Maixent), Louis-Alphonse Boulogne; 2° Louise-Marguerite-Alexandre, née le 28 avril 1813.

Aymon (Françoise) est citée comme tante paternelle de Pierre Aymon, dans son contrat de mariage du 10 juill. 1810. (Reg. de St-Maixent.)

Aymon (Marie), épouse de Simon Beillard, principal du collège de St-Maixent (sans date).

AYNE (Frère Hélye), licencié en décret, prieur de Niort, fait, le 18 oct. 1493, une déclaration historique du temporel du prieuré de Niort devant Guillaume Péant, licencié ès lois, commissaire du Roi. Il est désigné dans cette déclaration sous les titres de vénérable et discrète personne. (D. F. 20.)

AYNEAU ou AYNEL.

Aynelle (Jehanne), *aliàs* Richarde, épouse de Guille Boucher des Vaux, vend de concert avec son mari et noble homme Josselin de Lezay, Chev., sgr de l'Isle-Jourdain, sa ferme de la seigneurie des Vaux, le 27 sept. 1369, devant Mre Jehan de la Barre, Chev., garde du scel de Mgr le prince de Guyenne et de Galles à Montmorillon. (G. de la Porte.)

Aynel (Simon), sgr des Vallées, reçoit de Barthélemy et Mathurin Sarrat, frères, quittance d'une somme de 4 écus d'or pour restant de plus forte à eux due. Donnée à l'Isle-Jourdain, le vendredi après les Cendres, dernier jour de févr. 1437. (O.)

Ayneau (Guillaume) et

Aynelle (Jehanne), sa sœur germaine, épouse de Guillaume Chauffaud, enfants de Simon Ayneau, partagent, le 8 juin 1446, les biens de leur père. On voit dans ledit partage que Guillaume avait pour tuteur Jehan Arnault, son oncle maternel, et qu'il a eu pour sa part dans les biens de son père ce qu'il avait dans les p^sses du Vigean, d'Availles, de Pressac, Bassac, St-Germain, Confolens, Loubert, Chantrezac, Chabannais, etc., et Jehanne Aynelle, ce qu'il possédait ès paroisses de l'Isle-Jourdain, de Millac, Asnières, etc. (O.)

AYNIÈRE (Guillemette), fille de Jean Aynier, épousa Jean Aubery en 1444. (Bib. Nat.)

AYNON. — Ancienne famille de la Gâtine.

Aynon (Hugues), valet, avec son fils Jean dit Moyne, fit vente du fief de la Béchée, le 23 sept. 1318, à Guillaume Pouvreau, sgr de la Barre.

Aynon (Hugues), commissaire de Guy Lineret, lieutenant de Jean de St-Denis, sénéchal du roi de France dans les provinces de Poitou et Limousin, fut chargé en 1299 de régler certains différends entre Jean

Bérugeau (*Berugelli*) et Jean Barcher (*Barcherii*) et son frère Arbert, au sujet d'un duel en la cour de St-Maixent. (Arch. Nat.)

Aynon (Pierre) dit Cluseau épousa Jeanne DE VILLENEUVE, dont il eut PERRETTE Aynone, dite Cluselle, mariée à Jean de Granges l'aîné, Ec., sr de la Gord, avant le 4 avril 1392.

AYRAUDEAU. — Famille du Bas-Poitou.

Ayraudeau (Pierre), habitant la châtellenie de Brandois, servit en archer au ban du Poitou en 1491. (Not. F.)

AYRAULT. — Plusieurs familles de ce nom ont existé dans le Haut et Bas-Poitou et y ont occupé des positions fort honorables; mais nous ne pouvons croire qu'elles aient même origine.

N'ayant aucuns renseignements qui puissent nous autoriser à établir une classification positive entre ces diverses familles, nous nous bornerons à donner la filiation de la famille Ayrault de la Domangère, sur laquelle M. E. des Nouhes a bien voulu nous procurer des documents originaux, et quelques notes sur un médecin de ce nom, originaire de Parthenay, où sa famille tenait le premier rang parmi la robe.

Noms isolés.

Ayrault (Hyllaire), habitant la ville de Poitiers, laissa deux filles, HYSABELLE, qui épousa Pierre Garin *de Costurlis*, et JEANNE, en faveur desquelles Guillaume Lallemand, citoyen de Poitiers, abandonne tous les droits qu'il avait sur les héritages sis dans le territoire *de Costurits*, le jeudi après la St-Georges 1324. Hyllaire Ayrault était décédé à cette époque. (O.)

Ayrault (Jean), clerc, notaire à Mirebeau, signe le testament de Guillaume de Marsay, 1316.

Ayraut (Geoffroy) est cité comme possédant des terres dans la psse de Lengni, dans l'amortissement d'une rente affectée à la dotation d'une chapelle fondée sous le vocable de Ste Catherine, dans la châtnie de Mirebeau, par Jehan de Pampelune, août 1329. (A. H. P. 13.)

Ayrault (Jean), demeurant à la Revêtizon, porte plainte contre frère Robert de Ventadour, prieur de la Carte, dans laquelle il expose qu'au mépris des trêves, des Anglais, l'enlevant nuitamment, le conduisirent au chât. de Lusignan, où ils le mirent à la torture, et que, pour sortir de leurs mains, il dut payer 2,000 liv., sans compter le blé et le vin qu'ils lui avaient enlevés. Arrêt du Parlement de Paris qui intervient le 10 juill. 1350, par lequel il est enjoint au sénéchal de Poitou d'informer de ces faits. (Id.)

Ayraut (Pierre) fut juge châtelain à Bressuire de 1385 à 1390. (Hist. de Bressuire, p. 206.)

Ayraut (Jean) l'aîné et JEAN Ayraut le jeune donnent avec Jean Odart et d'autres écuyers, le 21 juill. 1405, quittance de 150 liv. tournois à Hamon Regnier, trésorier des guerres à Chalais. (G. Odart.)

Ayraut (Florence) épousa Guillaume Roys, lequel rendait, le 1er févr. 1407, à cause de sadite femme, un hommage au Roi pour son herbergement des Pois, sis au village de Chaigne, psse de Chaunay. (Livre des fiefs.)

Ayraut (Jean) était décédé le 19 mai 1411, date de l'aveu rendu au Roi par Jean de Cruisse, à cause de Catherine Galand, sa femme, pour l'herbergement ayant appartenu audit Ayraut.

Ayreau (Pierre) était chanoine de l'église de N.-Dame-la-Grande à Poitiers le 27 déc. 1419. (D. F. 20.)

Ayrault (Savary) dit de Fors, eut 3 filles: 1° JEANNE, mariée à Jean de Beaumont, sr de Rioux; 2° autre JEANNE, femme de Mathelin Lemaire; 3° MARGUERITE, qui sont nommées dans une cession de domaine faite à Etienne Gillier, 3 oct. 1447. (G. Gillier.)

Ayraud (Pierre) était, le 13 août 1469, moine à l'abbaye des Châtelliers. (Cart. des Châtelliers. Soc. de Stat. 1867.)

Ayrault (Colays) était échevin et conseiller de la ville de Niort. (Arch. D.-S.)

Ayrault (Anthonin), marchand et bourgeois à Niort, assiste à l'assemblée tenue le 31 déc. 1565 des bourgeois marchands de cette ville pour l'élection des juges-consuls. (Stat. 1863, 53.) Il fut consul en 1574 (Id. 13, 34), 1575, 1605 et 1614. (D. F. 20.)

Ayrault (sire Jehan) avait épousé Marthe DEVALLÉE, qui fut, le 13 mai 1605, marraine à St-Maixent de Florimonde de Veillechèze. Ils eurent de leur mariage: 1° FRANÇOIS, né à St-Maixent le 15 nov. 1605; 2° ETIENNE, né le 14 sept. 1611, et 3° CATHERINE, qui naquit le 30 août 1613.

Ayrault (N.), en religion Sœur St-Ambroise, et

Ayrault (Renée), secrétaire du Chapitre, l'une et l'autre religieuses à l'abb. de la Trinité de Poitiers, signent le procès-verbal de l'élection de Catherine Erreau de St-Phar comme abbesse de ce monastère, en date du 15 avril 1633, et le 9 févr. 1634 l'acte d'adhésion à l'union de l'abbaye de la Trinité à la congrégation du Calvaire.

Ayrault (Marie), en religion Sœur St-François-de-Paule, sous-prieure et sous-doyenne de l'abbaye de la Trinité, signe l'adhésion à l'acte d'union avec le Calvaire.

Ayrault (Noël) était consul à Niort en 1651. (D. F. 20.)

Ayrault (Marie), dite Sœur des Anges, était, le 15 mai 1654, religieuse au couvent de l'Incarnation de la Mothe-St-Hérayе.

Ayrault (Antoine), pair de Niort, épousa Gabrielle D'ESPINAY, dont il eut:

Ayraut (Gabrielle), mariée, le 2 déc. 1631, à Charles d'Alloue, Ec., sgr des Ajots; elle fut maintenue noble par M. Barentin en 1667.

Ayrault (Jean), sr de la Vachonnière, plus tard procureur au Présidial, épousa, le 5 janv. 1668, Jeanne BABINET, fille de Michel, Ier du nom, et de Jeanne Poirier, dont postérité.

Ayrault (Germain), sr de la Boissière, transige avec Philippe Bégaud, Chev., sgr de Beaussais et des Metz, le 27 juin 1672. (Arnault, notre à Mirebeau.)

Ayrault (Thérèse) épousa Pierre Jardel, avocat au Présidial de Poitiers avant 1682, vivait encore en 1708.

Ayrault (Charles-François-André), sr de Vrines, procureur honoraire du Roi au siége de Saumur, reçut, le 4 mai 1782, un aveu de Mathurin de la Garde, sgr de Villiers (Mauzé-Thouarsais), contrôleur du dépôt de sel de Thouars. Ayrault avait épousé N. ALLARD, dont postérité.

Ayrault le jeune, avocat et procureur du Roi à Châtellerault, fut nommé échevin de cette ville par M. de Blossac le 29 mai 1772. (Hist. Châtellerault, II, 245.)

AYRAULT DE LA DOMANGÈRE.

Comme nous l'avons dit plus haut, la généalogie qui va suivre est établie d'après des titres que nous avons dus à l'obligeance de M. Eug. des Nouhes.

Blason : peut-être ? « de sable au lion passant d'argent, accompagné de trois rocs d'échiquier de même, 2, 1. » (D'Hozier.) Ainsi enregistré pour Marie Ayrault, épouse de François d'Aux, Ec., sr des Aubus, à l'Armorial du Poitou ; mais les pièces de l'écu ressemblent à celles du Blason de la famille d'Aux.

1. — **Ayrault** (Jacques), sr de Grolleau, avait rendu, le 15 nov. 1589, aveu de sa sgrie de Grolleau à Charles Geoffroy, Chev., sgr de la sgrie de Dompierre ; il épousa Catherine Daillé. Le 16 juill. 1604, il obtenait de Vincent Boubier, sr de Beaumarchais, conseiller du Roi et trésorier de son épargne, le transport en sa faveur et en faveur de son fils Etienne, d'une somme de 3,900 liv. due par Georges Thibaudeau. Dans cet acte, leur nom est écrit Ereau, et ils sont l'un et l'autre qualifiés d'honorables hommes. (Langloys, notre à la Rochelle.) Il eut de son mariage : 1° Etienne, qui suit ; 2° Margot, qui, le 30 mai 1615, est dite femme de noble homme Etienne Marchand, sr de la Davolière ; 3° Marie, dite à la même date épouse de noble homme Samuel Georget, pair de la ville de la Rochelle.

2. — **Ayrault** (Etienne), Ier du nom, sr de Grolleau, épousa : 1° Charlotte Goisy, et 2° le 21 janv. 1608 (Braconnier, notre à la Rochelle), Marie Thibaudeau, veuve de Jehan Coisy, sr de Dissay. En 1615, partie de ses biens furent saisis et vendus, comme fils et héritier de Jacques Ayrault, à la requête de Marie Sair, veuve de Jehan Sauceau et tutrice de ses enfants mineurs. Marie Thibaudeau mourut le 4 oct. 1632. Etienne, qui vivait encore en 1640, laissa du premier lit : 1° Jacques, qui, le 4 août 1620, fit entériner à l'île de Ré, en présence d'Isaac Blandin, sieur des Herbiers, de Marie Ayrault, épouse de Samuel Georgel ? sa tante, les lettres de bénéfice d'âge qu'il avait obtenues, en date du 6 déc. 1617, pour sortir de la curatelle d'André Fouscher, Ec., sgr des Gastinières.

Du second lit : 2° André, mentionné comme décédé fils d'Etienne, Ier du nom, et de Marie Thibaudeau, dans un factum imprimé le 29 mars 1658. Nous ne possédons aucuns autres renseignements sur ces enfants ; 3° Etienne, qui suit.

3. — **Ayrault** (Etienne), IIe du nom, dit Estienne Erault, Ec., sgr de la Domangère, dans son contrat de mariage en date du 23 juill. 164.. (le dernier chiffre est effacé dans l'original). (Raison et Guyard, notres royaux.) Cette pièce contient ces mots : « qui (le « mariage) au plaisir de Dieu s'accomplira en face de « l'église prétendue réformée ». Il épousait Françoise Girault, fille de feu noble homme Lucas et de Marie Geay, son épouse. Etienne était décédé avant le 22 juill. 1662, comme il ressort d'un acte à cette date dans lequel Françoise Girault se qualifie sa veuve ; il avait eu : 1° Etienne, qui suit ; 2° Louis, 3° Pierre, qui sera rapporté après la filiation de son frère aîné ; 4° Gédéon, 5° Marie, 6° autre Marie : tous mentionnés ; et les cinq derniers comme mineurs, dans l'entérinement en la cour présidiale de Poitiers des lettres d'acceptation sous bénéfice d'inventaire de la succession de leur père. Lesdites deux Marie existaient encore, célibataires, le 4 avril 1685 ; et l'une d'elles décéda et fut inhumée à Château-Guibert, le 18 juin 1645.

4. — **Ayrault** (Etienne), IIIe du nom, sgr de Loucherye, pair et échevin de la ville de la Rochelle, rendait, le 12 janv. 1672, aveu de sa terre de la Domangère à Marie-Gabrielle de Villeneuve, dame de Rosnay ; il avait épousé Dlle Charlotte Goisy, comme il appert du contrat d'échange des deux tiers et de la huitième partie de la terre et sgrie de Dissay, près Marans en Poitou, fait entre lui et Mess. Isaac Blandin, Ec., sr de Lorrière, l'un des échevins de la ville de la Rochelle, le 31 déc. 1703. (Braconnier, notre à la Rochelle.)

---

4. — **Ayrault** (Pierre), Ec., sgr de la Domangère, épousa Dlle Françoise Tirault, dont il eut, à notre connaissance, une fille, Marie, qui épousa, par contrat passé devant Fourestier et Neufville, notres, le 3 juill. 1695, Mess. François d'Aux, IIe du nom, de la branche des Aubus, Ec., sgr de la Blanchardière. Ce dernier mourut assassiné le 18 juill. 1702, à 7 heures du soir, par Miltière-Forestier et Jacques Belleau, près du lieu appelé le Pas-de-l'Aubier, psse de Corbaon. (V. l'art. d'Aux.) Marie Ayrault avait fondé le 22 juill. 1607, de concert avec François d'Aux, son époux, une chapelle dans sa maison noble de Loucherye, dont J. Moulin fut le premier chapelain.

Les personnes dont les noms suivent se rapportent peut-être à la famille des sgrs de la Domangère, du moins habitaient-ils, eux aussi, la Rochelle.

Ayrault (Salomon), Ec., conseiller du Roi, greffier en chef du bureau des finances de la Rochelle, épousa : 1° N. Paillon, dont : 1° Marie-Françoise-Marguerite, mariée à N. Billé, Ec. ; 2° Marthe, épouse de François Picault, sgr de la Joussaumière. En secondes noces Salomon Ayrault épousa Perrine Chesneau, dont 4 filles : 3° Marie-Madeleine, mariée à François Boutiron, conseiller au Parlement de Paris ; 4° Perrine-Olive, décédée célibataire ; 5° Marie-Marguerite-Angélique, décédée en 1760, et 6° Jeanne, dame de la Michelière, morte sans alliance. (N. de Failly.)

AYRAULT DE PARTHENAY.

Ayrault (Aimery), procureur fiscal en 1725, bailli du duché de la Meilleraye séant à Parthenay en 1731, fut père de : 1° Jérôme, qui suit ; 2° N. Ayrault de la Touillière, avocat ducal à Parthenay ; 3° Louis-Jacques, médecin à Mirebeau, dont nous parlerons après son frère Jérôme ; 4° N. dit Ayrault de Chambonneau, ancien officier dans les colonies ; ils furent tous les quatre, par arrêt du conseil supérieur du 6 mai 1772, solidairement condamnés au paiement d'une rente de 50 liv. qui avait été constituée par leur père au profit de N. Ayrault, prieur-curé de St-Jean-de-Lyserais ? et que ce dernier avait léguée aux pauvres de sa paroisse. (O.)

Ayrault (Jérôme-Aimery) fut le dernier bailli ducal de Parthenay, 1747-89 ; il fut nommé juge au tribunal de Parthenay le 24 août 1780, et maintenu en nov. 1792.

Ayrault (Louis-Jacques), docteur en médecine, membre correspondant des Facultés de Paris et de Montpellier, agrégé à celle des sciences, des arts, du commerce et de l'agriculture des villes de Poitiers et d'Arras, naquit à Parthenay le 2 févr. 1729. Il fit ses premières études au collège de Bressuire, et suivit les cours de la Faculté de médecine de Montpellier, où il fut reçu docteur à l'âge de 21 ans. Après plusieurs années d'études à Paris, il revint se fixer à Parthenay. Il y acquit bientôt la confiance générale, qu'il méritait, car il joignait à une vaste érudition un dévoûment sans borne et une entière abnégation de lui-même. Lorsqu'il fut forcé d'abandonner Parthenay pour Mirebeau, où le soin de la santé de sa femme l'avait appelé, sa réputation l'y suivit, et les épidémies de Serez et de Savigny (généralité de Tours) lui fournirent l'occasion de se distinguer par ses soins et par le mémoire remarquable qu'il rédigea à ce sujet.

Une nouvelle épidémie fit d'affreux ravages en Poitou et surtout dans le Mirebalais, en 1785 ; le docteur Ayrault ne faillit point à sa noble mission, et ses observations lui fournirent les éléments d'un mémoire qui fut couronné et imprimé dans les recueils de la Société royale de médecine.

Elu maire de Mirebeau le 2 févr. 1790, député par la municipalité à Poitiers pour demander la réunion de tout le pays mirebalais au district de Poitiers, il obtint un succès qu'on attribue au discours remarquable qu'il prononça en cette occasion. Nommé administrateur du département de la Vienne, il provoqua d'utiles améliorations dans l'intérêt de la science, et assura par deux mémoires la conservation du jardin des plantes créé à Poitiers en 1784 par M. Boula de Nanteuil, et qu'on voulait supprimer en 1791.

Une épidémie grave, qui enleva à Parthenay plus de 600 victimes, rappela en 1792 le docteur Ayrault dans sa ville natale, où ses prompts secours arrêtèrent les progrès du mal. Le mémoire que le docteur Ayrault rédigea sur cette épidémie est estimé. Ennemi du charlatanisme, Ayrault publia contre les poudres d'Ailhaud des lettres et des observations pleines de justesse, qui contribuèrent à discréditer ce remède d'empirique prôné comme la panacée universelle. Elles ont été recueillies dans le journal de médecine. Ayrault mourut à Mirebeau au milieu des consolations de la religion qu'il avait honorée, et des souvenirs de ses bonnes actions, le 22 juin 1803, à l'âge de 74 ans. Il avait épousé, le 18 avril 1759, D^lle Charlotte-Marcelle Arnault, morte le 20 sept. 1827, dont il laissa quatre filles. (Briquet, Biog. des D.-S.)

AYRENVAL (d').

Ayreval (Jean d') était archiprêtre de Chaunay en 1402. (Arch. Vien. G. 1043.)

Ayrenval (Jeanne d'), dame de Mauprevoir, fait un traité le 3 févr. 1445 avec Robert de la Goupilière, abbé de la Réau, au sujet des bois de cette abbaye, en présence de Foucault du Teil, Ec., capitaine de l'abbaye de Charroux, et de Pierre Gui, capitaine de Mauprevoir. (D. F. 4.)

AYRIS (Guillaume) confirme en 1236 le don de quelques rentes fait par un de ses auteurs à l'abbaye des Châtelliers. (Cart. des Châtelliers, 65.)

AYRON (d').

— Famille noble et très ancienne, a pris son nom du bourg du même nom, canton de Vouillé, ou du village de la commune de St-Chartres.

Blason. — Les d'Ayron (peut-être de St-Chartres) portaient un écu « fascé de 7 ou 8 pièces, chargé d'un dextrochère (bras avec manipule) ». Sceau de Guillaume d'Ayron, Chev., 1229. (D. F. 82, sceau 76.)

Araion (*Beraldus de*) est au nombre des signataires de l'acte de fondation du prieuré de St-André de Mirebeau, qui eut lieu en 1052. (B^nie de Mirebeau, de Fouchier, M. A. 1877, 281.)

Arnon (*Hugo de*), mentionné dans une charte de St-Cyprien, vers 1100. (A. H. P. 3.)

Airnon (*Willelmus de*), *miles*, fait en juin 1220 don de quelques rentes à l'église collégiale de N.-Dame-la-Grande de Poitiers. (D. F. 20.) C'est sans doute le même qui eut des démêlés avec l'abb. de Nouaillé, au sujet d'un repas qu'il prétendait que l'abbé lui devait à Ferrabeuf, différend au sujet duquel il y eut un compromis passé le 26 juill. 1227, et intervint, au mois d'août suivant, un jugement arbitral qui le condamne à renoncer à tous ses droits. (D. F. 22.) Il paraît que Guillaume n'accepta pas de bonne grâce le jugement qui le condamnait, car, au mois de déc. 1229, il y eut un nouveau traité entre lui et le monastère au sujet des mauvais traitements qu'il avait fait éprouver au prieur de Ferrabeuf. (Id.)

Airon (Jehan d') ayant causé des dommages au prieur de Montreuil-Bonnin, son fils Hugues lui fit réparation le 27 mars 1229.

Ayron (Hugues), le receveur d'Alphonse Cte de Poitou, porte au compte de la Toussaint 1248, à l'article *Redemptio terrarum forefactarum* : « *de terra Hugonis Ayron pro medietate*, 13 l. 10 s. » (Comptes d'Alphonse. A. H. P. 4.)

Airon (Guillaume d'), *miles*, est nommé dans le testament de Guillaume de la Vergne, Ec., en date du 5 mai 1273. (D. F. 22.)

Ayron (Guillaume d'), *Guil. de Arone, valetus*, fait, le 19 mai 1311, donation à l'abbaye de Ste-Croix de Poitiers de la juridiction temporelle qu'il exerçait dans les p^sses d'Ayron et de Latillé. (F.) Il était mort en 1322, car en cette année Jean de Billy, valet, propriétaire indivis avec ledit feu Guillaume de la juzie ou viguerie d'Ayron, vendait, le 19 août, sa portion à l'abbesse de Ste-Croix. (Id.)

Ayron (Perrot) est cité comme possédant des bois dans le fief de Perrocheaulmaulo? pour lesquels ce dernier rend aveu à Philippe Jacques le mardi *post festum beati S^ti Vincentii* 1362. (O. F. de Moulins.)

Ayron (Guillaume d') était sgr du Breuil-de-Prailles, relevant de l'abb. de St-Maixent, le 15 déc. 1363. (Aveu au Prince de Galles. D. F. 20.)

Airon (Jehan d'), fils de Léonnet, avait donné à bail en 1394 à Guillaume de Vieilleville le fief du Champ-du-Noyer, sis dans la mouvance de la B^nie de Mirebeau. (De Fouchier, B^nie de Mirebeau. M. A. O. 1877, 255.)

Airon (Simonne d') avait épousé Jehan Vasselot, qui à cause d'elle rendait un aveu à l'abbé de Charroux au mois de déc. 1388 et un autre en 1399. (D. F.) Le Livre des fiefs en relate un autre rendu le 31 oct. 1403 au château de St-Maixent, pour un herbergement assis à la Couture.

Airon (Jean d'), Ec., faisait partie d'une compagnie de gens de guerre qui fit montre le 26 oct. 1410. (Bibl. Nat. Montres et Revues.)

Airon (Guillemine d'), veuve de Simon de Puyguyon, sgr de Robineau, rendait, le 4 mai 1470, un aveu à Isabeau de Vivonne. (D. F.)

Airon (François d'), serviteur de M. de Fiefclairet, se présente au ban de 1491 pour y faire son service.

Ayron (Pierre d'), valet, sgr de l'Hôtel-de-Bors (c^ne d'Andillé), relevant de la Clielle, est indiqué comme décédé, dans un aveu rendu de cette dernière seigneurie, le 6 avril 1518, à Château-Larcher. (Château-Larcher, par l'abbé Drochon. M. A. O. 1875, 446, 447.)

Airon (Georgette d') (peut-être d'Oiron) avait épousé Christophe Sanglier, comme il ressort du contrat de mariage de Jacques, leur fils, avec Jacquette de Chezelles, du 25 avril 1549.

AYRON (D') ou DAYRON.

BRANCHE DES MAIRES DE POITIERS.

Blason. — Michel d'Ayron, maire de Poitiers, portait : d'argent au chevron de gueules, accompagné de 2 roses de même boutonnées d'or en chef, et en pointe d'un tourteau de sable chargé d'un soleil d'or.

Ayron (Jean d') avait avec

Ayron (Thomas d'), son frère ? obtenu une sentence du sénéchal de Poitou contre un nommé du Paelle ou du Paile, commissaire de Raymond de Rabasteins, sénéchal du Poitou, sentence dont les parties faisaient appel le 25 janv. 1321. (A. H. P. 13.) En 1322, JEHAN (peut-être fils, en tout cas héritier de Guillaume d'Ayron) vendait à l'abb. de Ste-Croix la huitième partie de la juzie sus-mentionnée. Il était échevin du corps de ville de Poitiers. (Id. et Filleau.)

Ayron (Aimery d') fut maire de Poitiers pendant 15 années consécutives, de 1352 à 1366. Ce fut durant sa mairie qu'eut lieu, en 1356, la désastreuse bataille de Maupertuis qui livra notre province aux ravages des Anglais. On doit croire que l'homme qui sut conserver la confiance de ses concitoyens pendant cette longue période et dans ces circonstances si difficiles, la méritait à tous égards. Aussi, lorsque le roi Charles V en 1372 accorda la noblesse aux maire et échevins de Poitiers, Aimery d'Ayron ne fut-il pas oublié par le monarque reconnaissant.

Airon (Michel d'), peut-être parent d'Aimery, maire de Poitiers, fut receveur général à Poitiers et valet de chambre de Louis XI, qui, par ordre exprès, le fit nommer maire de Poitiers en 1463. Il était échevin en 1468 ; mais en 1498, ayant fixé à Paris sa résidence habituelle, il voulut donner sa démission de cette place, que le corps de ville refusa d'accepter, bien qu'elle fût accompagnée de lettres du Roi et des instances de plusieurs grands seigneurs. (F.) En 1478, il avait soutenu un procès contre la ville pour les frais de la translation du Parlement de Bordeaux à Poitiers ? et fut condamné à payer 2,000 écus et la ville 6,000. (F.)

Ayron (Jeanne d') ou Dayron, épousa Nicolas Mouraud, échevin de Poitiers ; elle fit une donation à l'église N.-D.-la-Grande en 1477. (Arch. Vien. G. 1140.)

Ayron (Guillaume d') est cité dans une procuration donnée le 28 mai 1567, par Jean de St-Gelais, abbé de St-Maixent, par laquelle il consent que l'évêque de Poitiers et ses successeurs aient dans son abbaye la première prébende vacante après le sécularisation des religieux. (D. F. 16.)

Airon (Sœur Catherine d'), religieuse au monastère de la Trinité de Poitiers, est la quatrième signataire de la requête présentée au Cardinal de Sourdis pour obtenir la permission de porter l'habit noir, 18 nov. 1613. (D. F.)

AZAC (D'). — Le fief d'Azac près Usson relevait de Civray.

Azac (Ithier d'), Chev., fut inhumé à l'abbaye de la Réau. Sa veuve LUCE testa le 26 mars 1302 et fit don à cette abbaye. (D. F. 24.)

Azac (Bertrand d') fit accord, pour des terres p^{sse} d'Azac, avec le recteur du Puy-St-Jean, dimanche après St-Luc 1300. (Titres de la Puye.) Cet Azac est peut-être dans la Marche.

AZAL (D'), peut-être D'AZAC.

Azal (*Umbertus d'*), avec Pétronille sa femme et ses enfants, fit don à la Maison-Dieu de Montmorillon, vers 1107. (D. F. 24.)

AZAY (D'). — Il y a eu plusieurs familles de ce nom en Poitou et en Touraine.

Blason. — Les sgrs d'Azay-le-Rideau : d'argent à une bande de gueules.

Azay (Pierre d') fut témoin, vers 1075, du don fait par Amel de Rochefort à l'abb. de St-Cyprien. (D. F. 7, et A. H. P. 3.)

Azay (Bernard d') fut témoin, vers 1080, de la restitution de domaines usurpés sur l'abbaye de St-Maixent par Geoffroy de Gordon et ses fils. (D. F. 15.)

Azay (Jean d') fut témoin, vers 1089, d'une cessions de biens faite par Adam, abbé de St-Maixent, à Breton de Melle. (D. F. 15.)

Azay (Jean d') fut, en 1133, témoin d'un traité entre les religieux de l'abbaye de St-Maixent et quelques particuliers au sujet d'un jardin nommé *des Mullepe*. (D. F. 15.)

Azay (Bernard d') est témoin, le 11 févr. 1114, dans un traité fait entre l'abbé de St-Maixent et Constantin Enforce, par lequel ce seigneur donne 40 marcs pour réparer les dommages qu'un incendie avait fait éprouver à ladite abbaye. (D. F. 15.)

Azaio (*Odo de*) comparaît, vers 1118, comme témoin de dons faits par divers seigneurs à l'abbaye de St-Cyprien. (D. F. 7, et A. H. P. 3.)

Azay (Guillaume d') assista à la bataille de Bouvines en 1214. (D. F.)

Azay (Guy d'), Chev., neveu de Audebert de la Trémouille, est nommé dans le testament de ce dernier, en date du 20 août 1240, son exécuteur testamentaire, avec l'abbé de la Colombe. (D. F. 5.)

Azaio (Guillaume d'), écolâtre de l'église St-Hilaire de Poitiers, passe, le 5 févr. 1265, un compromis avec le Chapitre de ladite église. (D. F. 10.)

Azaio (R. de), sacristain du monastère de St-Maixent, est cité comme témoin, au mois de juin 1270, dans un traité entre Alphonse Cte de Poitou et les abbé et religieux de ce monastère, au sujet des droits de fief et juridiction haute, moyenne et basse en divers lieux, dont Alphonse était en possession, et que les religieux de St-Maixent prétendaient leur appartenir. (D. F. 16.)

Azaio (*Petrus de*), chanoine de St-Martin de Tours, reçoit, au mois de mai 1272, un don de quelques héritages de Geoffroy Payen, Ec., sgr de Montbazon. (D. F. 17.)

Azay (Bouchard d'), gentilhomme de la suite de Louis de Thouars, se rendit coupable, avec plusieurs autres gentilshommes, d'un assassinat sur la personne de Guyart de Noireterre, vers le commencement de 1332, dans un voyage qu'ils firent à Paris avec leur seigneur. (Arch. Nat. X2a 4, fol. 134v, 143.)

Azay (Madeleine d') épousa, le 8 févr. 1508, Georges de la Trémoille, Chev. de l'ordre du Roi. (Chart. de Thouars.)

Azay (Françoise d'), fille d'AUGUSTE d'Azay, sgr d'Entraigues, avait épousé Pierre de Culant. La terre de Culant fut saisie sur lui et adjugée par décret du Parlement à Gilbert de Blanchefort, sgr de St-Janvrin, qui la revendit à Auguste d'Azay, lequel en fit donation à son gendre et à sa fille le 3 janv. 1558. (Gie Culant.)

AZIRÉ (D'). — Famille qui possédait le fief d'Aziré (p^{sse} de Benet). Nous n'avons trouvé sur elle que les renseignements suivants.

Aziré (Geoffroy d'), Ec., sgr de Fougery, testa le 18 avril 1427, à Frontenay-l'Abattu, et fit divers legs aux églises de Frontenay, du Vanneau et de St-Georges-de-Rexe; il fonda une chapellenie à Frontenay et voulut être inhumé dans cette église, devant l'autel de N.-D., avec ses parents. Dans ce testament il rappelle son fils décédé et nomme pour exécuteurs testamentaires : Pierre Béchillon, son beau-frère, et Bertrand de Vaulx, son gendre.

Il avait épousé, vers 1400, Jeanne Béchillon (qui épousa en 2es noces Aimery de Charay), fille de Jean, Ec., sgr d'Epanes, et de Jeanne de Sauvayre, dont il eut : 1° Aimery, décédé sans alliance; 2° Jeanne, qui épousa Louis Chasteigner, Ec.; 3° Isabeau, D^e^ de Fougery, mariée, vers 1420, à Bertrand de Vaulx, Ec. (O. communiquée par M. de Maussabré.) Dans cet acte, le nom est écrit de Siré; mais c'est un vidimus fait postérieurement; le nom d'Aziré a souvent été écrit d'Ayziré.

B

BAALON (Pierre), Chev., bailli royal à Châtellerault, 1242. Regnault de Deynta, Chev., porte plainte contre lui. (Arch. Nat. J. 97, 1, 109.)

BABAULT ou **BABAUD**. — Ce nom est très ancien en Poitou; il appartient à plusieurs familles. Nous allons donner d'abord les noms isolés et ensuite la filiation suivie de la famille Babaud de Praisnaud, de la Croze, de Monvallier, etc., qui s'est établie vers Confolens, au xve siècle, et dont les éléments nous ont été fournis, pour la plupart, par M. Camille Babaud de la Croze, puis nous placerons à la suite ce que nous avons pu réunir sur la famille Babaud de Chaumont.

BABAUD DIVERS.

Blason. — On trouve dans l'Armorial du Poitou : Babaud, conseiller du Roi à Poitiers : de sable à une pomme de pin d'or, surmontée d'un croissant d'argent. (D'office.)

Pierre et Antoine Babaud de Poitiers : de gueules à une bombe d'or. (D'office.)

Babaud (Guillaume) et Jean de Montfaucon. Leurs biens sont saisis en 1240, sous prétexte qu'ils sont hommes du sire d'Allemagne, pour lors ennemi du Roi. (Arch. Nat. J. 97, 1, 117.)

Babaud (Jean), habitant de Champagne, eut un fils, qui suit.

Babaud (Jean), prêtre, rend un hommage, le 15 juin 1407, au château de Civray. (Liv. des fiefs.)

Babaud (Pierre) était échevin de St-Maixent en 1462. (M. A. O. 1869.)

Babaud (Jean), s^r^ de Laurière, avait épousé D^lle^ Catherine David; il fut assassiné par Jehan de Villedies, s^r^ de Luché, et Gaspard de Méricourt, qui furent condamnés par contumace, par arrêt du 4 juin 1540, à avoir la tête tranchée et en 500 livres d'amende envers sa veuve.

Babaud (Thomas), procureur fiscal de la B^nie^ de Mirebeau, reçoit en cette qualité, le 21 juin 1666, un aveu rendu à Armand-Jean du Plessis de Richelieu, comme sgr Bon de Mirebeau, par Louis de Lestang de Ry, Ec. (O.)

Babaud (Pierre), greffier en l'élection de Richelieu, est cité dans la déclaration rendue au Roi, le 25 nov. 1672, par D^e^ Florence Botreau, veuve de Mre Jean Bagonneau, pour le terrouer de la Fosse.

Babaud (Jean), s^r^ de Rivaubrault, était avocat en Parlement, sénéchal, juge ordinaire civil et criminel de la ville et B^nie^ de Mirebeau, et rend, le 23 juill. 1678, une sentence en cette qualité. Il l'était encore en 1690.

Babaud (Jean), sgr de Curzay. D^e^ Marie Mauduyt, sa veuve, fait, le 24 avril 1727, un partage et une transaction avec François Fouchier, Ec., sgr de Pontmoreau, et la famille Mauduyt, au sujet de la succession de feu André Mauduyt, leur père.

Babaud (Jeanne) était, au mois de déc. 1727, veuve d'Achille-Pierre Gracieux, et tutrice de leurs enfants mineurs. (F.)

Babaud (Claude) était, le 25 janv. 1735, veuve de Charles Cabaret, Ec., sgr de Nantilly. (F.)

Babaud (Marie-Marguerite) était épouse de Mre Nicolas Curieux le 17 janv. 1739, comme on le voit par un acte de vente fait par eux à cette époque. (G^ls^ Fouchier.)

BABAUD DE PRAISNAUD, DE LA CROZE, DE MONVALLIER, ETC.

Blason. — Les Babaud (de Confolens), branches de la Fordie, de Marcillac, de Monvallier, portent : « de gueules à un grenadier d'argent (ou d'or) à 5 ou 7 branches » (cachets du xviiie siècle). Le type primitif paraît avoir été un chardon (appelé barbault).

Dans l'Armorial du Poitou (1700), on attribue d'office à Joachim Babaud du Mas de la Roche (branche de Monvallier) : « d'or au sautoir de gueules engreslé de sable. »

Les Babaud de la Chaussade (de Bellac) qui se croyaient parents des Babaud (de Confolens) portaient d'après un règlement d'armoiries donné par d'Hozier, le 29 juill. 1754, « d'or à un arbre grenadier de sinople terrassé de même, chargé de fruits de gueules. » (Bibl. Rouen, fonds Martainville.) Le Dict. de la noblesse dit un chêne, car les cachets portent un arbre de forme indéterminée.

§ Ier.

1. — **Babaud** (Christophe), né en 1551, épousa D^lle^ Louise Vergnaud, dont il eut : 1° Pol, qui suit; 2° Pierre, qui sera rapporté au § VII.

2. — **Babaud** (Pol) épousa, le 24 oct. 1604, Catherine du Pré, dont il eut : 1° Jeanne, 2° Catherine, mariée en 1642 à Pierre Duclos de la Glayolle; 3° Marie, mariée en 1645 à Annet Dupont de Pont-Fouchier; 4° Anne, mariée en 1645 à François Dupont, avocat en Parlement, procureur fiscal de la principauté de Chabanais; 5° Jean, s^r^ du Vignaud, un des cent gentilshommes de la maison du Roi, officier de sa vénerie

(1684); 6° PIERRE, s^r de la Vergne, avocat en Parlement, juge assesseur du comté de Confolens; 7° ISAAC, qui suit.

3. — **Babaud** (Isaac), s^r de Praisnaud, avocat en Parlement, né en 1626, mort en 1684, avait épousé en 1660 Catherine CHAZAUD, D^lle de Baigney, dont il a eu : 1° JACQUES, s^r de Praisnaud, né en 1668, marié à Geneviève ANDRÉ, et décédé sans postérité en 1694 ; 2° PIERRE, s^r de la Vergne, Ec., né en 1662, conseiller du Roi, maire perpétuel de Confolens, mort en 1702; 3° MARIE, née en 1667 ; 4° MADELEINE, née en 1675, mariée en 1706 à François Babaud, s^r de Fontbelle ; 5° CATHERINE, née en 1661, mariée en 1688 à Pierre Rempnoux, s^r du Masdebost ; 6° FRANÇOIS, prêtre, prieur de St-Barthélemy de Confolens, mort en 1697 ; 7° JEAN, s^r des Bouteries, écuyer de la maison du Roi en 1701 ; 8° POL, qui suit ; 9° ISAAC, s^r de Brisset, qui sera rapporté au § II.

4. — **Babaud** (Pol), s^r du Veine, procureur fiscal du comté de Confolens, épousa en 1693 D^lle Françoise BABAUD, dont il eut : 1° FRANÇOIS, s^r de la Grange, consul de Confolens, né en 1701, mort en 1765 ; 2° JEAN-IGNACE, s^r de Brisset, né en 1700, prêtre ; 3° PIERRE, né en 1708, mort en 1750 ; 4° PAUL, né en 1711 ; 5° ANTOINE, prêtre, prieur de St-Maxime de Confolens, né en 1714 ; 6° CATHERINE-RADÉGONDE, née en 1697, religieuse Hospitalière, décédée en 1775 ; 7° CATHERINE, née en 1693 ; 8° FRANÇOISE, née en 1703 ; 9° ELISABETH, née en 1707, religieuse de Ste-Claire ; 10° MARIE-ANNE, née en 1712.

§ II. — PREMIÈRE BRANCHE DE PRAISNAUD ET DE LA CROZE.

4. — **Babaud** (Isaac), IIe du nom, fils puîné d'Isaac, s^r de Praisnaud, et de Catherine Chazaud, rapportés au 3e degré du § I, Ec., s^r de Brisset, maire perpétuel de Confolens, épousa en 1696 Marie REMPNOUX, D^lle du Masdebost, dont il a eu : 1° CATHERINE, née en 1697, décédée en 1713 ; 2° MARIE, née en 1701 ; 3° JACQUES, né en 1702 ; 4° JEANNE-CATHERINE, née en 1704 ; 5° PIERRE, qui suit.

5. — **Babaud** (Pierre), s^r de Praisnaud, né en 1699, mort en 1749, épousa en 1733 Madeleine PARAT, D^lle de Pesché, dont il a eu : 1° PIERRE, marié en 1777 à D^lle Rose-Catherine DU BOYS DE VILLECHAIZE, dont deux filles, ANNE-SUZANNE, née en 1784, et FRANÇOISE, née en 1780, mariée en 1802 à Guillaume Babaud de la Croze ; 2° JEAN, prêtre, mort en 1791 ; 3° FRANÇOIS, prêtre ; 4° MARGUERITE, née en 1735, mariée en 1759 à Guillaume Duclos de Lagasne, capitaine au rég^t de la Fère ; 5° JEANNE-FRANÇOISE, née en 1736, mariée à N. de Fontréaulx de Fontboyer de Jallais ; 6° MARIE-THÉRÈSE, née en 1737, mariée en 1762 à N. du Bost, garde du corps du Roi, Chev. de St-Louis ; 7° RADÉGONDE, née en 1642, mariée en 1767 à Pierre Babaud de Laugerie, maire perpétuel de Confolens ; 8° PIERRE, qui suit ; 7° JEAN, rapporté au § VI.

6. — **Babaud** (Pierre), IIe du nom, né en 1743, juge-gruyer du comté et baronnie de la Villate, fut député à l'assemblée des Etats généraux d'Angoumois, juge et président du tribunal de 1re instance de Confolens en 1792, avait épousé en 1772 Marguerite DE LAGRANGE, D^lle de Pot, dont il a eu : 1° GUILLAUME, qui suit ; 2° BAPTISTE, rapporté au § III ; 3° FRANÇOIS, marié à N. BOREAU LA QUAYRE ; 4° PIERRE, rapporté au § IV ; 5° MARGUERITE-SILVIE, mariée à N. de Lagrange-Lavalette ; 6° ROSE, mariée en 1805 à Joseph-Robert Planteau du Maroussem ; 7° FRANÇOIS, rapporté au § V.

7. — **Babaud de la Croze** (Guillaume), né en 1779, épousa en 1802 D^lle Françoise BABAUD, fille de Pierre, s^r de Praisnaud, et de D^lle Rose-Catherine du Boys de Villechaize, dont il a eu : 1° PIERRE-CAMILLE, qui suit ; 2° FRANCKLIN, né en 1819, marié en 1839 à Célestine FRÉGEON DE LA SALLE, mort sans postérité mâle ; 3° FLAVIE, née en 1805, mariée à F. Gutierrez-Cordova.

8. — **Babaud de la Croze** (Pierre-Camille) naquit en 1815 et épousa en 1837 D^lle Eulalie FRÉGEON DE LA SALLE, dont : 1° CAMILLE, né en 1838 ; 2° FRANCK, né en 1840.

§ III. — BRANCHE DE LARIBIÈRE.

7. — **Babaud-Laribière** (Baptiste), fils puîné de Pierre, IIe du nom, et de Marguerite de Lagrange, rapportés au 6e degré du § II, naquit en 1784, et épousa en 1809 Françoise DE LAGRANGE-LABEAUDIE, dont il a eu : 1° BÉLISAIRE, né en 1811 ; 2° LÉONIDE, né en 1819, ancien représentant du peuple, ancien préfet de la Charente et des Pyrénées-Orientales, grand maître de la franc-maçonnerie française, décédé en 1873, sans postérité ; 3° CHARLES, qui suit.

8. — **Babaud-Laribière** (Charles), né en 1824, maire de Confolens, a épousé en 1855 D^lle Léontine DE LAGRANGE-LABEAUDIE, dont il a : 1° ANNE, 2° LUCILE.

§ IV. — DEUXIÈME BRANCHE DE LA CROZE.

7. — **Babaud de la Croze** (Pierre), IIIe du nom, fils puîné de Pierre, IIe du nom, et de Marguerite de Lagrange, rapportés au 6e degré du § II, naquit en 1775, et épousa en 1800 D^lle N. MERCIER-DESPONTEILLES, dont il a eu DOMINIQUE, qui suit.

8. — **Babaud de la Croze** (Dominique) naquit en 1807 et est décédé en 1854, après avoir épousé en 1837 Antoinette BABAUD DE LA CROZE, fille de François et de Léonarde-Marie Faulte du Buisson, dont il a eu : 1° ANTOINE, né en 1846 ; 2° MARTHE, née en 1843, décédée en 1885.

§ V. — TROISIÈME BRANCHE DE LA CROZE.

7. — **Babaud de la Croze** (François), fils puîné de Pierre, IIe du nom, et de Marguerite de Lagrange, rapportés au 6e degré du § II, naquit en 1781 et est mort en 1829, après s'être marié en 1802 à Léonide-Marie FAULTE DU BUISSON, fille d'Antoine, président trésorier de France à Limoges, et de D^e N. Barny de Romanet, dont il a eu : 1° ANTOINETTE, née en 1813, mariée en 1837 à Dominique Babaud de la Croze ; 2° PIERRE-CAMILLE, qui suit.

8. — **Babaud de la Croze** (Pierre-Camille) naquit en 1803 et est mort en 1881, après avoir épousé en 1843 D^lle Célestine-Eléonore GALLAIS, fille de Jacques et de Célestine Bonin de Beaupré, dont il a eu : 1° FRANÇOIS-CAMILLE, né en 1844 ; 2° EDMOND-AUGUSTE, qui suit.

9. — **Babaud de la Croze** (Edmond-Auguste), né en 1851, a épousé en 1882 D^lle Amélie GUILLAUD-CHÉMERAULT.

§ VI. — DEUXIÈME BRANCHE DE PRAISNAUD.

6. — **Babaud** (Jean), fils puîné de Pierre, Ier du nom, et de Madeleine Parat de Pesché, rapportés au 5e degré du § II, s^r de Praisnaud, né en 1748, a épousé

en 1769 Anne Babaud du Mas-de-la-Roche, fille de Jean et de Françoise Babaud, dont il a eu : 1° Madeleine, née en 1770 ; 2° Marie, née en 1773 ; 3° Marie-Thérèse, née en 1775, mariée en 1810 à Philippe Babaud de Monvallier ; 4° Françoise, mariée en 1812 à Jean Babaud de Monvallier ; 5° Elisabeth, née en 1777 ; 6° Guillaume, né en 1778, marié à Dlle N. de Nogent ; 7° Jean-Baptiste, qui suit.

7. — **Babaud de Praisnaud** (Jean-Baptiste), né en 1783, ancien sous-préfet de Confolens, officier de la Légion d'honneur, a épousé Dlle N. Paulet-Chadeaudie, dont il a eu : 1° Paul, 2° Armand, tous les deux décédés sans postérité.

§ VII. — Branche de **L'HERBAUDIE.**

2. — **Babaud** (Pierre), fils puîné de Christophe et de Louise Vergnaud, rapportés au 1er degré du § Ier, procureur fiscal du comté de Confolens, épousa, le 26 sept. 1604, Dlle Marie de la Suderie, dont il a eu : 1° Jean, qui suit ; 2° Catherine, née en 1623, mariée en 1645 à François du Boys, sr du Mas-du-Puy, juge sénéchal du comté de Confolens ; 3° François, qui sera rapporté au § VIII ; 4° Isabeau, née en 1625 ; 5° Françoise, née en 1629 ; 6° Marie, née en 1628 ; 7° Louise, mariée en janvier 1641 à Pierre de Bernon, Ec., sr du Puymérigou.

3. — **Babaud** (Jean), sr de Fontbelle, né en 1609, avocat au Parlement, procureur fiscal du comté de Confolens, juge sénéchal d'Azat et de Lessat, décéda en 1685, après avoir épousé en 1632 Dlle Françoise Maxias, dont il a eu : 1° Pierre, qui suit ; 2° Marie, née en 1636 ; 3° François, sr de la Fresnède, prêtre, prieur de St-Barthélemy de Confolens, né en 1637, mort en 1697 ; les registres paroissiaux en constatant son inhumation dans l'église de St-Barthélemy, auprès du grand autel, du côté de l'évangile, ajoutent : « Il est mort « en odeur de sainteté, au jugement de tous ceux qui l'ont « connu. »

4° Catherine, née en 1638 ; 5° Jean, né en 1640, mort en 1666 ; 6° David, né en 1644, mort en 1645 ; 7° Jacques, né en 1646 ; 8° François, né en 1647 ; 9° Françoise, née en 1650.

4. — **Babaud** (Pierre), sr de l'Herbaudie, né en 1634, mourut en 1686, après avoir épousé en 1667 Dlle Catherine Borbau, Dlle de Chasteauguyon, dont il a eu : 1° Catherine, née en 1668, mariée à Jean Duboys, sr de la Borde, conseiller du Roi, son président en l'élection de Confolens, juge sénéchal du comté ; 2° Françoise, née en 1670, décédée en 1686 ; 3° François, né en 1672, mort la même année ; 4° Jeanne, née en 1673 ; 5° Marie, née en 1676, décédée en 1681 ; 6° Radégonde, née en 1680, décédée en 1689 ; 7° autre François, sr de Fontbelle, élu en l'élection de Confolens, né en 1677, marié en 1706 à Madeleine Babaud, décédé en 1760 ; 8° Pierre, qui suit.

5. — **Babaud** (Pierre), sr de l'Herbaudie, né en 1679, avocat en Parlement, juge du comté et assesseur de la ville de Confolens, épousa en 1711 Dlle Catherine Boyreau, Dlle de Villemier, dont il a eu : 1° Jean, qui suit ; 2° François, sr de Frégeville, né en 1715, juge sénéchal du comté de Confolens, marié en 1759 à Dlle Susanne Duboys, mort sans postérité ; 3° Marie, née en 1716 ; 4° Catherine, née en 1718, mariée à Joseph Duboys, sr de la Borde, conseiller du Roi et son président en l'élection de Confolens, décédée en 1752.

6. — **Babaud** (Jean), sr de l'Herbaudie, né en 1712, conseiller en l'élection de Confolens, épousa en 1749 Madeleine de la Borderie ; il est mort sans postérité, en 1779.

§ VIII. — Branche de **MARCILLAC.**

3. — **Babaud** (François), fils puîné de Pierre et de Marie de la Suderie, rapportés au 2e degré du § VII, sr de la Grosse, né en 1624, et décédé en 1704, s'est marié en 1641 avec Dlle Marie Borbau, Dlle des Costes, dont il a eu : 1° Jeanne, née en 1642 ; 2° Philippe, qui suit ; 3° Marie, née en 1645, mariée en 1668 à Guillaume Couvidat, sr de la Férandie, avocat en Parlement ; 4° Pierre, sr de Monvallier, né en 1647, prêtre de l'Oratoire, curé de Lessat, mort en 1733 ; 5° Louise, née en 1648, religieuse ; 6° Jean, né en 1652, prêtre, prieur de St-Barthélemy de Confolens, mort en 1736 ; 7° Ignace, sr de la Franchaudie, né en 1654, marié à Dlle Marie Legout, mort sans postérité ; 8° Joachim, rapporté au § X ; 9° Jeanne, née en 1657, décédée en 1730 ; 10° Elisabeth, née en 1659, mariée en 1686 à Pierre André, sr de la Vergne.

4. — **Babaud** (Philippe), sr de la Fordie, né en 1643 et décédé en 1729, a épousé en 1668 Dlle Catherine Chazaud, dont il a eu : 1° Anne, née en 1672 ; 2° Guillaume, né en 1673, mort en 1704, sans postérité ; 3° Ignace, qui suit ; 4° Elisabeth, née en 1680, mariée en 1721 à Philippe Parat, sr du Pescher ; 5° Jean, rapporté au § IX ; 6° Marie, née en 1686, mariée en 1725 à François du Clos, sr du Pont.

5. — **Babaud** (Ignace), sr de Baracou, né en 1678, décédé en 1748, conseiller du Roi, lieutenant en l'élection de Confolens, marié en 1733 à Dlle Catherine de Bernon, dont il a eu : 1° Marie, née en 1734, mariée en 1765 à Mre Gaspard Guichard, Ec., sr des Ages ; 2° Pierre, qui suit.

6. — **Babaud** (Pierre), sr de Laugerie, né en 1736, fut conseiller du Roi, maire perpétuel de Confolens, et épousa en 1767 Dlle Radégonde Babaud de la Croze, dont Jean, qui suit.

7. — **Babaud de Marcillac** (Jean) épousa en 1798 Dlle Flavie-Victoire de Couhé de Lusignan, dont il a eu une fille, Marie-Julie, qui s'est mariée en 1820 à Alexandre Sautereau.

§ IX. — Branche de la **FORDIE.**

5. — **Babaud** (Jean), fils puîné de Philippe, sr de la Fordie, et de Dlle Catherine Chazaud, rapportés au 4e degré du § VIII, sr de Bellivier, né en 1682, avocat en Parlement et procureur du Roi en l'élection de Confolens, décédé en 1772, avait épousé en 1728 Dlle Catherine Périgord de Beaulieu, dont il a eu Jean, qui suit.

6. — **Babaud de la Fordie** (Jean), Ec., subdélégué de l'intendant, substitut du procureur général de la cour des aides, né en 1736 et mort sur l'échafaud révolutionnaire à Paris, le 8 mars 1794, avait épousé en 1768 Dlle Anne Desvaux de Clerfeuille, dont il a eu : 1° Joseph, Chev. de St-Louis, né en 1769, mort en 1829 ; 2° Philippe, né en 1770, mort dans la guerre de la Vendée ; 3° Mathieu, né en 1774, mort en mer ; 4° Antoine, né en 1775, maire de Confolens de 1813 à 1830, mort en 1836 ; 5° Charles, né en 1776, décédé en 1825. Dans l'Histoire de l'armée de Condé de Th. Muret, on trouve un M. de Fordie servant dans la 8e cie du régiment d'Angoulême-Cavalerie ; il avait fait la campagne de 1792 à l'armée des Princes, dans l'une des compagnies du Poitou ; ce doit être un de ceux qui précèdent ; 6° Catherine, née en 1794, décédée en 1849, avait épousé en 1795 Jean Périgord de Villechenon, lieutenant-colonel du génie ; 7° Made-

LEINE-SILVINE, née en 1768, mariée en 1795 à Jean Moreau de St-Martin ; 8° ANNE-MADELEINE, née en 1778, mariée en 1800 à Clément de Rouziers ; plus neuf autres enfants morts en bas âge.

§ X. — BRANCHE DU **MAS-DE-LA-ROCHE** ET DE **MONVALLIER.**

4. — **Babaud** (Joachim), fils puîné de François, sr de la Grosse, et de Marie Boreau, rapportés au 3e degré du § VIII, sr du Mas-de-la-Roche, naquit en 1655, et épousa Dlle Marie DAVID, dont il a eu : 1° JEAN, qui suit; 2° FRANÇOIS, sr de la Grosse, prêtre.

5. — **Babaud** (Jean), sr du Mas-de-la-Roche, naquit en 1694 et fut juge assesseur du comté de Confolens ; il épousa en 1720 Françoise BOREAU, Dlle de Luxérat, dont il a eu : 1° FRANÇOIS, sr de Monvallier, prêtre, né en 1720 ; 2° ETIENNE, né en 1721 ; 3° RADÉGONDE, née en 1722, mariée en 1765 à Jean de Rougnac, Ec., sr de la Chapelle ; 4° JEANNE, née en 1724, mariée à Jean Jourdain du Fouilloux, Ec. ; 5° JEAN, qui suit ; 6° FRANÇOIS, né en 1732, mort en 1738 ; 7° THÉRÈSE, née en 1735, morte en 1741 ; 8° ANNE, née en 1739, mariée en 1769 à Mre Jean Babaud de Praisnaud ; 9° MARIE-FRANÇOISE, mariée en 1761 à N. Barbier, avocat en Parlement.

6. — **Babaud** (Jean), sr de Monvallier, né en 1731 et mort en 1780, avait épousé en 1758 Anne DE LA BORDERIE DES ROUFFERIES, dont il a eu : 1° JEAN, né en 1760, mort en 1766 ; 2° RADÉGONDE, née en 1761, mariée en 1789 à François Rempnoux de la Séchère ; 3° JEANNE, née en 1763, morte en 1832 ; 4° PHILIPPE, qui suit ; 5° autre JEAN, né en 1768, marié en 1812 à Françoise BABAUD DE PRAISNAUD, mort en 1847, sans postérité ; 6° ANNE, née en 1773, morte en 1784.

7. — **Babaud de Monvallier** (Philippe) naquit en 1766 et est décédé en 1847, après avoir épousé Thérèse BABAUD DE PRAISNAUD, fille de Jean et de Anne Babaud du Mas-de-la-Roche, dont il a eu : 1° PHILIPPE-JEAN, qui suit ; 2° FRANÇOISE-ANNE, née en 1811.

8. — **Babaud de Monvallier** (Philippe-Jean), né en 1810 et mort en 1848, avait épousé en 1839 Dlle Laure DESPOUGES DE LAGE, dont il a eu : 1° ANTOINETTE-MARIE-THÉRÈSE, née en 1843, mariée en 1869 à Marie-Louis-Arthur Augier de Lajallet, chef de bataillon, officier de la Légion d'honneur ; 2° FRANÇOIS-JOSEPH-PAUL, qui suit ; 3° PHILIPPE-JEAN-BAPTISTE, rapporté après son frère.

9. — **Babaud de Monvallier** (François-Joseph-Paul), né en 1847, a épousé, le 12 juin 1882, Dlle Marie-Alice DUFRESSE DE CHASSAIGNE, dont il a : 1° MARIE-FRANÇOISE-SUSANNE, née le 23 nov. 1883 ; 2° JEAN-GAUTHIER-BERNARD, né le 10 août 1888.

---

9. — **Babaud de Monvallier** (Philippe-Jean-Baptiste), né en 1848, a épousé, en 1878, Dlle Marthe GRASSIN-DELYLE, dont il a : 1° JEANNE, née en 1879 ; 2° HENRI, né en 1882 ; 3° ROBERT, né en 1885.

BABAULT DE CHAUMONT, DE L'ÉPINE, ETC. — Famille originaire des environs de Montmorillon, qui a donné un échevin à la ville de Poitiers, des magistrats, etc.

Blason : d'azur au chevron d'or, accompagné en chef de 2 étoiles de même, et en pointe d'une branche d'arbre ou rameau d'argent (*aliàs* de sinople).

Babault (Jean), sergent royal à Poitiers, prit à bail, le 4 fév. 1600, les brandes de Nieuil-l'Espoir.

Babaud (N.), sr de la Grenouillère, fut en 1638 curateur des enfants mineurs de Fleurant Petitpied, secrétaire du Roi, et de Marie Ajasson, sa veuve. (F.)

Babaud (Jeanne), ve de Laurent Millat, sr de Beaulieu, habitant St-Martin-l'Ars, en l'élection de Poitiers, est déclarée roturière en 1667, d'après le catalogue imprimé des nobles de la généralité de Poitiers.

Babaud (François), sr de la Grenouillère, lieutenant de l'élection de Poitiers, vivait en 1668. (F.) Il acquit, le 13 janv. 1657, le domaine du Marchay, à Nieuil-l'Espoir. Il épousa Anne RYOT.

Babaud (N.) signe au contrat de mariage de Barthélemy Mayaud avec Dlle Marie Bardeau, le 6 févr. 1687, à Poitiers.

Babaud (André), sr de la Grenouillère, fut reçu lieutenant civil et criminel en l'élection de Poitiers en 1690. (F.) Le 9 mars 1719, il fait une transaction au nom de Jeanne RYOT, son épouse, avec Pierre Delauzon, Jean Ryot, prêtre, et autres, comme héritier bénéficiaire de feu Mre Jean Ryot. Le 3 mars 1727, comme parent des mineurs Fumée, il fait faire une transaction entre Anne Dupont, ve de Antoine Pallu de la Barrière, De Jeanne Fumée, religieuse, et Jacques Lavigne, curateur desdits mineurs. (O.) Il épousa en secondes noces Françoise BARBARIN et fut père d'un autre ANDRÉ.

Babaud (Pierre) fut consul des marchands de Poitiers le 13 nov. 1696 et nommé juge desdits marchands le 15 nov. 1701. (A. H. P. 15.)

Babaud (N.) fut conseiller du Roi en l'élection de Poitiers vers 1698. (F.)

Babault (Pierre), Ec., prévôt de la maréchaussée du Blanc, est cité dans un compte de succession avec plusieurs membres de la famille de la Porte, le 15 déc. 1704, au nom et comme tuteur de son fils Pierre.

Babault (Jean) fut nommé consul des marchands de Poitiers le 12 nov. 1726. (A. H. P. 15.)

Babault (N.) le jeune, Dlle Jeanne et Judith-Victoire BABAULT signent tous les trois, le 19 janv. 1729, au contrat de mariage de Mre François-René-Remy Filleau, Ec., sgr de la Bouchetrie, avec Marie-Jeanne Babinet. (A.)

Babault (André), sr de la Grange, la Grenouillère, l'un des 75 bourgeois de la maison de ville de Poitiers, y demeurant, partage, avec plusieurs autres, les biens de Mre Jean-Louis Rogier, Chev., sgr de Belleville et de Lésigny, au nom et faisant pour De Charlotte-Augustine HARCOURT, son épouse, le 5 déc. 1741. Il épousa, le 20 nov. 1747, Marie MONTAZEAU, fille de Jean et de Radégonde Babault, dont il eut FRANÇOIS-ANDRÉ, né le 18 juin 1753.

Babaud (Jean-Baptiste), marchand de drap et soies, fut nommé consul des marchands de Poitiers le 13 nov. 1742 et juge des mêmes marchands le 17 nov. 1647. (A. H. P. 15.)

Babaud (Anne-Louise), De de la Grenouillère, avait épousé Jean Billocque, lieutenant en l'élection de Poitiers, comme on le voit par le mariage de leur fille Anne-Françoise avec Alexandre Babinet, greffier des contrôles et insinuations ecclésiastiques, le 4 sept. 1754. A cette époque, Anne-Louise Babaud était décédée. (G. Babinet.)

Babault de la Picaudrie (François-André) signe la reconnaissance du testament de Jean Ryot, prêtre, chanoine de Ste-Radégonde de Poitiers, le 23 janv. 1759, avec Jean Babault de Chaumont ; il est également cité dans le partage de ses biens, le 21 mars de la même année ; il avait épousé Dlle Marie-Catherine DEMARCONNAY, et mourut le 19 août 1778, étant veuf depuis une dizaine d'années, et laissant plusieurs enfants, comme on le voit par l'acte de nomination d'un tuteur pour lesdits enfants, qui sont : 1° ANDRÉ, 2° PIERRE, 3° MARIE-SUSANNE, 4° EULALIE, 5° JEAN-CHARLES, 6° AUGUSTIN. La nomination du tuteur eut lieu le 22 août 1778. Nous ignorons ce que sont devenus ces enfants.

Babault de l'Epine (Pierre-Hilaire), échevin et major de la ville de Poitiers, est mort en déc. 1774. (M. A. O. 1855.)

Babault (Pierre) rend comptes des deniers patrimoniaux de la ville de Poitiers pour les années 1766, 1767, 1788 et 1769. (M. A. O. 1882.)

Babault de Chaumont (Jean-Pierre), prêtre, secrétaire de l'Université de Poitiers, et

Babault de l'Épine (Pierre), bourgeois de Poitiers, sont cités comme parents paternels dans l'acte de nomination d'un tuteur pour les enfants de François-André Babault de la Picaudrie et de Marie-Catherine Demarconnay, le 22 août 1778.

Babaud (Charles), procureur fiscal à Chauvigny, a assisté comme député de cette ville à l'assemblée de la sénéchaussée de Poitiers, en 1789, pour nommer des députés aux Etats généraux. (F.)

Filiation suivie.

1. — **Babault de Chaumont** (Jean), secrétaire général de l'Université de Poitiers et bourgeois de ladite commune, signe la reconnaissance du testament de Jean Ryot, prêtre, chanoine de Ste-Radégonde, le 23 janv. 1759. Il est cité dans le partage de ses biens, qui eut lieu à Poitiers le 21 mars 1759. Le 1er déc. 1769, il est cité dans un acte comme parent maternel de Paul-Lucas de la Brousse, et il mourut à Poitiers au mois de déc. 1775, en laissant un fils qui suit. (F.)

2. — **Babault de Chaumont** (Jean), fils du précédent, fut élu en l'an V juge au tribunal de Poitiers, puis en l'an VI juge au tribunal criminel, plus tard juge au tribunal de 1re instance, et fut enfin nommé, le 17 déc. 1818, conseiller à la cour royale. Il est mort à Poitiers, le 3 mars 1840. Il épousa Marguerite-Marie MARCHAND, dont il eut : 1° PIERRE, qui suit ; 2° MARIE-GENEVIÈVE, mariée en 1811 à Louis-Claude de Veillechèze.

3. — **Babault de Chaumont** (Pierre), né le 6 mars 1784, a été élu juge de paix de Poitiers en 1817 et nommé en 1820 juge au tribunal de 1re instance de la même ville, fut admis membre de la Société des Antiquaires de l'Ouest en 1835, et y publia plusieurs notices, entre autres sur l'abbaye de Noaillé en 1840 ; il remplit les fonctions de questeur de 1837 à 1839, et mourut âgé de 73 ans, le samedi 20 juin 1856. Il a laissé un fils, dont nous ignorons le nom.

4. — **Babault de Chaumont** (N.) a eu pour fils :

5. — **Babault de Chaumont** (Charles-Marie-Pierre-Gaston), marié à Montmorillon, le 28 août 1888, à Jeanne-Louise-Renée AUGIER DE MONTGREMIER.

BABERT. — Ancienne famille de Montmorillon.

Blason (adopté par les représentants actuels) : d'or au bâton d'azur péri en bande et 2 étoiles de même en chef. (Donné d'office par d'Hozier, faute de déclaration à l'Armorial du Poitou, en 1700.) M. Babert de Juillé ajoutait un écu d'argent à la tour de sable, posé en abîme, brochant sur le bâton.

Babert (N.) eut pour enfants : 1° JACQUES, 2° HILAIRE, 3° FRANÇOISE, mariée, le 18 oct. 1583, à Simon Audoux.

§ Ier. — *Filiation suivie.*

1. — **Babert** (N., peut-être Jacques ou Hilaire, ci-dessus) eut pour enfants : 1° FLORENT, qui suit ; 2° SÉBASTIEN, prêtre ; 3° FLAVIE, mariée à Simon Chercheroux, marchand.

2. — **Babert** (Florent), sergent royal à Montmorillon, testa en 1633. Il épousa Charlotte DE LHERPINIÈRE, dont : 1° GILBERT, qui suit ; 2° PAUL, sergent royal ; 3° ELISABETH, 4° MARGUERITE ; elles firent ensemble aveu du Quéroux-Barberoux ou la Perchée (Sillards) en 1671 à Montmorillon.

3. — **Babert** (Gilbert), notaire royal, épousa : 1° Marie CAILLEAU, 2° Marie CHASSELOUP. Il eut du 1er lit : 1° FRANÇOIS, qui suit ; 2° MARIE, qui épousa Nicolas Estourneau, procureur ; 3° JEANNE, mariée en 1655 à Louis Ducelier, archer de la maréchaussée, sr de Puyfavard ; 4° FLORENT, greffier, marié à Anne ROZET ; 5° MARGUERITE, mariée à Gabriel Piou, sr de la Fillotière, puis à Pierre Véron, sr de la Bastière, notaire, fit aveu du Quéroux-Barberoux en 1726 ; 6° FRANÇOIS, vivant en 1678.

4. — **Babert** (François), procureur au siège royal de Montmorillon, épousa Marguerite CAILLEAU, dont : 1° JOSEPH, qui suit ; 2° ELISABETH, mariée à Pierre Gambier ; 3° FRANÇOIS, curé de Moulismes ; 4° ANNE, mariée en 1690 à Mathurin de Crossac, praticien, puis à Gabriel Brun, sr de Prélong, sénéchal de la Messelière ; 5° JEANNE, mariée à Louis Trouillon, avocat ; 6° JEAN, sr de Vauriet (chef de la 3e branche).

5. — **Babert de la Pilatière** (Joseph), lieutenant-général criminel au siège de Montmorillon, marié en 1691 à Marguerite GOUDON, sa parente, fille de Louis, sr de Château-Gaillard, et de Mathurine Dalest. Leurs successions se partagent le 24 juill. 1741 entre leurs enfants, qui furent : 1° JOSEPH, qui suit ; 2° LOUIS, sr de Juillé (chef de la 2e branche) ; 3° ANNE, mariée à Antoine Richard, Ec., sgr de la Boessière, était décédée avant le 9 sept. 1742, date du partage de sa succession ; 4° JEANNE, femme de Claude Micheau, sr des Mesliers, sénéchal de Montmorillon.

6. — **Babert** (Joseph-Henri), sr de la Pilatière, conseiller au siège de Montmorillon, lieutenant criminel audit siège, subdélégué de l'intendant, épousa, le 11 août 1722, Louise-Christine DU SAUTOY, dont : 1° LOUIS-JOSEPH, né le 26 juin 1720 ; 2° PAUL-JOSEPH, né le 4 juill. 1721, décédés jeunes ; 3° MARGUERITE, qui épousa : 1° le 14 déc. 1751, Louis-Auguste de la Lande, sr de Lavaud-St-Etienne, Chev. de St-Louis, et 2° Jean-Louis Rollo, Ec., sgr de Millaguet.

§ II. — BRANCHE DE **JUILLÉ**.

6. — **Babert** (Louis), sgr de Juillé, fils puîné de Joseph et de Marguerite Goudon, 5e deg., § 1, conseiller du Roi, maire de Montmorillon en 1741, subdélégué de l'intendant du Poitou, décéda en 1762 ; marié, le 20 juill. 1735, à Marie-Jeanne-Claude CALMEIL, il eut pour enfants : 1° JEAN-BAPTISTE, qui suit ; 2° JOSEPH, officier d'infanterie, marié en 1774 à sa cousine, Claudine BABERT ; 3° CATHERINE, mariée, le 6 avril 1771, à Louis-François Martin de Roigné, contrôleur ; 4° MARIE-ANNE, née en 1741.

7. — **Babert** (Jean-Baptiste), sgr de Juillé, officier d'infanterie, épousa, le 28 janv. 1771, Jeanne-

Charlotte Babert, fille de Jean, sr de Vauriet, 6e deg., § III, et a eu postérité.

Babert de Juillé (N.), petit-fils du précédent, juge au tribunal de Melle, puis à celui de Niort, est décédé en 1887. Il était membre des Sociétés des Antiquaires de l'Ouest et de Statistique des Deux-Sèvres, et s'est signalé par l'exploration des grottes de Loubeau près Melle. Il a publié plusieurs notices dans es Bulletins de diverses Sociétés savantes.

§ III. — Branche de **VAURIET**.

5. — **Babert** (Jean), sr de Vauriet, conseiller au siège de Montmorillon, épousa, le 8 juill. 1696, Marie-Anne Naudin, dont il eut :

6. — **Babert** (Jean), sr de Vauriet, marié, le 7 août 1734, à Marie-Anne Guestard, dont : 1° Jean-François, religieux cordelier; 2° Joseph, curé de Béthines; 3° Jeanne-Charlotte, mariée, le 28 janv. 1771, à Jean-Baptiste Babert de Juillé; 4° René-Paul, 5° Henri, 6° Marie-Louise-Elisabeth, 7° Marie-Françoise.

BABIGNON. — Famille ancienne des environs de Civray, ville où elle a occupé des places de judicature au xvie siècle, et que nous croyons éteinte depuis longues années.

Babignon (Jean) avait épousé Jeanne Buffefeu, fille de Jean; elle était sa veuve lorsque, le 8 août 1408, elle rendait au chât. de Civray un aveu et dénombrement pour l'hôtel de la Chau (Linazay). (Livre des fiefs.)

Babignon (Nicolas) était en 1536 juge ordinaire en la cour tenue à Civray pour le Roi notre sire. (Faye, sur Civray. B. A. O. 1847, 508.)

Babignon (François) était en 1541 juge prévôtal à Civray; il l'était encore le 17 mars 1563. (Id.)

Babignon (Jean), procureur du Roi au siège de Civray, assiste en cette qualité au procès-verbal de la réformation de la Coutume du Poitou, et encore comme représentant du Tiers-Etat de Civray. Peut-être était-il fils de François, le juge prévôtal. (Id.)

Babignon (Marie) fit aveu du fief de la Chau en 1601. Elle épousa Jean Allart, qui fit cet aveu en 1604.

BABIN. — Nom commun à un grand nombre de familles du Poitou. Après avoir relaté les personnes que nous n'avons pu rattacher à aucune filiation, nous donnerons le peu que nous avons recueilli sur les Babin de Bourneuil, la généalogie des Babin de Lignac, que nous n'avons pu, faute de renseignements, poursuivre jusqu'à nos jours, et enfin celle des Babin des Bretinières, originaire de Fontenay, que de bienveillantes communications nous ont mis à même de donner complète.

Noms isolés.

Babin (*Willelmus*), *burgensis de Castro Ayraudi et mansionarius in castro Sti Remigii*, 1119. (A. H. P. 8.)

Babin (*Gaufridus*) tenait en fief des Templiers avant 1140 un herbergement sis à St-Maixent. (A. N. J. 97, 1, 116.)

Babin (Etienne) était en 1224 débiteur de quelques rentes envers le sgr d'Aspremont, qui en fit don à l'abb. de Boisgrolland. (D. F.)

Babin (*Hugo*) *sexagenarius* fut témoin dans une enquête faite en 1268 par J. de Pillette, Chev., au sujet de péages réclamés par Geoffroy de Pressigny, sgr de Marans, sur des marchandises débarquées à la Rochelle. (A. H. P. 8.)

Babin (Pierre) rendait un aveu, le 2 avril 13.. à l'évêque de Poitiers, comme sgr d'Angle, de son herbergement de Bois. (Cart. évêché de Poitiers. A. H. P.)

Babin (Jehan), prêtre et notaire à la Roche-sur-Yon, et

Babin (Thomas), prêtre, sont cités dans l'acte du 8 déc. 1429 relatif aux hommages que doivent rendre les chapelains de la cathédrale de Luçon. (D. F. 23.)

Babin (Méry) et autres tenaient du chât. de Mirebeau un herbergement sis à Doussay, 1454. (N. féod. 50.)

Babin (Jacques) recevait, le 8 juin 1555, une quittance de francs-fiefs.

Babin (Bonaventure), Ec., sgr de l'Esmentruère, qui obtint, le 16 juill. 1590, une sentence du Présidial de Poitiers, avait épousé Catherine Yongues. De leur mariage était issue Marie, qui se maria (contrat du 4 févr. 1585) avec Jehan Maynard, sgr de la Vergue-Cornet. (B. Fillon.)

Babin (Jean), Ec., eut de Angélique du Buisson une fille, Jeanne, qui épousa, le 24 déc. 1593 (Aubinet et Regat, notres du duché de Beaupréau), Vincent de Sarode. (G. de Sarode.)

Babin (Jacques), sr de Besse, avait épousé Dlle Marguerite Arnaud; il donna procuration à Jean Regnault, Ec., sr de Rancogne, le 4 août 1612, pour le mariage de Jean, leur fils, qui suit.

Babin (Jean), sr de Besse, avocat en Parlement, épousa (contrat du 4 août 1612, insinué à St-Maixent le 3 oct.), Suzanne Chalmot, fille de Jean, sgr du Bremet, conseiller au Parlement de Paris, et de De Jeanne Aubin. Il existait encore en 1624, d'après les commentaires de J. Filleau et de Lelet sur la Coutume de Poitou.

Babin (François), avocat à Poitiers, occupait, le 7 mars 1622 pour Vincent Chauvelin, Ec., sgr de Beauséjour, contre Gaspard de Nuchèze; on le trouve mentionné dès le 14 janv. 1621.

Babin (Marie), femme de Jean Daubigny, demeurant à Bressuire, est autorisée par arrêt du 13 nov. 1634 des Grands Jours de Poitiers à faire informer contre Jean Chauvin, pour violences et coups. (M. Stat. 1878, 274.)

Babin (Jeanne) épousa Jacques Parant. Leur fille Marguerite se marie, le 12 juin 1679, à Charles Durant, sgr de la Pastellière.

Babin (Catherine) épousa, vers 1680, Pierre Marot, Ec., prévôt de Lusignan, remarié en 1699 à Renée Grolleau. (Reg. de Vouneuil-sous-Biard.)

Babin (Huguet), Chev., est mentionné dans l'aveu rendu à Louis XIV, le 23 nov. 1695, par François du Reclus, pour la terre du Cibiou, comme relevant de cette dite terre pour son herbergement de la Faye. (Arch. Vienne.)

Babin (Antoine) était en 1692 chanoine et curé de St-Laurent de Parthenay.

Babin (Jeanne), veuve d'Antoine de la Tour, Ec., rendit aveu au Roi pour sa sgrie de la Chambaudière en août 1698. (Arch. Nat.) Elle était déjà veuve en 1682.

Babin (Marguerite), veuve de Louis de Moysen, Chev., sgr de la Roche-Laugerie, rendit aveu au chât. de Lusignan de sa sgrie de Pers, le 31 mars 1702.

Babin (Pierre), originaire de la Rochelle, sorti de France pour cause de religion, fut naturalisé à

Amsterdam le 5 sept. 1709, avec sa femme Elisabeth GUILMASET et leur fille JUDITH. (Notes Enschédé.)

Babin (Rose) signe au contrat de mariage de François-René-Remy Filleau avec Dlle Marie-Jeanne Babinet, passé le 19 janv. 1729.

Babin (Marie-Madeleine-Marguerite) fut mariée à M. Antoine-Louis Blondé de Messemé, trésorier de France à Poitiers. Elle était sa veuve avant 1767.

Babin (Jacques), Chev., sgr de Goué, a assisté, ainsi que la précédente, par procureur, à l'assemblée de la noblesse convoquée en 1789 pour nommer des députés aux Etats généraux.

BABIN DE LA TOUCHE-BOURNEUIL.

— Famille originaire du Châtelleraudais, qui habitait Poitiers au XVIIIe siècle.

Blason : (peut-être) d'azur au chevron d'or et 3 lapins de même. (Arm. Poitou.)

1. — **Babin** (René), sr de Bourneuil, avocat à Poitiers, plaidait le 1er févr. 1636. Il épousa : 1° le 21 juill. 1638, Florence BERTRAND; 2° Susanne CHERPRENET. Il eut du 1er lit : 1° FRANÇOIS, qui suit; 2° JACQUES, prêtre.

2. — **Babin** (François), sr de Bourneuil, avocat, passe acte en 1671 avec René Babin, marchand, et Sébastien Babin, sr des Girardières, ses parents. Son blason est inscrit dans l'Armorial du Poitou en 1698. Marié à Claude DE LA FOUCHARDIÈRE, fille de Jean, sr du Verger, et de Claude Giraudeau, ils furent séparés de biens le 3 mars 1682, et eurent, croyons-nous, un fils.

3. — **Babin** (N.), sr de Bourneuil, sans doute père de : 1° JOSEPH, qui suit; 2° MARIE-SUSANNE, mariée à René Thoreau, Chev. de St-Louis, décédée avant 1741; 3° JEAN-MARIE, Ec., sr de Bourneuil, valet de chambre du Roi, témoin dans une information du 12 nov. 1763, à la requête d'une dame Angrou; il est dit âgé de 58 ans environ; nous pensons qu'il épousa Gabrielle LEVRAULT, fille de Cosme, Ec., sr des Coindries, dont il eut JEAN-COSME, baptisé à Cissé en 1765.

4. — **Babin** (Joseph), Ec., sr de la Touche-Bourneuil, contrôleur général des finances en Poitou pendant 25 ans, céda cet office en 1748 à son fils.

5. — **Babin** (François-Alexis-Charles), Ec., sr de la Touche-Bourneuil, contrôleur général en Poitou, reçu le 20 nov. 1748, mourut le 18 mai 1758. Il épousa, le 16 sept. 1753, Madeleine SANGLIER, fille de René, Ec., sr de la Massinière, et de Madeleine de Mondion, dont il eut MADELEINE, décédée à l'âge de 13 ans en 1768 et inhumée dans la chapelle de la Vierge, à St-Porchaire de Poitiers.

BABIN DE ROUVILLE ET DE RANCOGNE.

— Famille originaire des environs de Ruffec.

Blason : d'azur au chevron d'or, 2 étoiles de même en chef et un croissant d'argent en pointe. (Note de d'Hozier, pièc. orig. 160, qui dit l'avoir réglé ainsi, le 12 mai 1697, pour Jacques Babin, sr des Forgeries.)

Babin (Jean), sr des Forgeries, receveur de la principauté de Marcillac, fit un bail en 1656. (A. Vien. B2 233.)

Babin (Jacques), sr des Forgeries, fit un bail en 1668. Il fut anobli en avril 1697, habitant alors la Rochelle, et son blason fut réglé par d'Hozier le 12 mai.

Babin (Jean), Ec., sr de Rouville, assista comme oncle au mariage d'Anne Préverauld, fille de Jacques, Ec., sr de Beaumont, et d'Anne Séguin, avec Robert d'Asnières, Ec., sr de Villechenon, célébré le 12 juin 1713, à Sonneville. Il avait épousé Esther SÉGUIN.

Babin (Philippe), Ec., sr de Rancogne, sénéchal de la principauté de Marcillac, épousa Françoise MESNARD, dont il eut : 1° MARIE-MADELEINE, mariée, le 30 juin 1721, à Pierre-Mathieu Babinet, Ec., sr du Peux, échevin de Poitiers; 2° JACQUETTE, mariée en 1726 à Jacques-Charles de Bonnetie de St-Ruth, Ec., sr de la Tour.

BABIN DE LIGNAC.

— Nous extrayons la généalogie suivante (peut-être erronée) du t. XVI du Nobiliaire universel de M. de St-Allais, et nous la compléterons à l'aide des notes particulières que nous possédons.

La famille Babin de Lignac, dit-il, est originaire de la Marche, d'où elle s'est répandue depuis le XIIe siècle successivement dans les provinces de Saintonge, d'Angoumois, du Haut et Bas-Poitou et de Berry. En 1220, Baudouin du Plessis dit du Morf, sgr de Lortaque en Chypre, de la maison du Plessis-Richelieu, épousa Alix Babin, fille de Henri Babin, Chev. de la province de la Marche, et Hélène, leur fille, épousa Renaud de Soissons. (P. A. 2, 509.) La plupart des titres de cette famille ayant été pillés et brûlés dans la Révolution, elle n'a pu établir son ascendance quant aux 6 premiers degrés que sur des documents historiques et des notes qu'elle a conservées; le 3e degré est prouvé par un titre original en parchemin de l'an 1404 qu'elle possède; mais, à dater du 7e degré jusqu'à nos jours, la filiation est établie sur un grand nombre de titres qui nous ont été communiqués. (Les premiers degrés donnés par St-Allais ne sont-ils pas formés par des personnages appartenant à diverses familles ?)

Blason. — Babin de Lignac : « d'argent à quatre « burelles d'azur à trois chevrons d'argent brochant sur « le tout. » Mais elle devrait porter celui des Babin de Rancogne, puisqu'elle était une branche de cette famille.

Filiation suivie.

1. — **Babin** (François), Ec., présumé issu de Jean Babin, Chev., vivait en 1300; il eut pour fils :

2. — **Babin** (Jean), 1er du nom, Ec., connu par une procuration pour rendre hommage en son nom, qu'il donna le 4 oct. 1350; il eut pour fils :

3. — **Babin** (Jean), Chev., capitaine de Chevreuse ? en Poitou ? en 1402; il fut présent avec cette même qualité à un accord fait le 18 avril 1404 entre Jean de Fontaine aîné et le jeune, et Guy de Menidon, Ec., au sujet de certaines redevances en grains et devoirs que les premiers devaient à Guy. Il eut pour fils : 1° JACQUES aîné, qui suit; 2° JACQUES le jeune, vivant en 1467.

4. — **Babin** (Jacques), Ec., servait en cette qualité au ban de la noblesse du Poitou, de Saintonge et d'Angoumois, sous les ordres du sr de L'Aigle; il eut pour fils : 1° JACQUES, Ec., qui servit au ban de Saintonge et d'Angoumois de 1533 et mourut sans postérité; 2° PHILIPPE, qui suit; 3° ABEL, sgr de la Boissière, qui vivait en 1514.

5. — **Babin** (Philippe), Ec., sgr de l'Homme, épousa, vers l'an 1540, Catherine DE LA CABAT OU DE LA COUBAT, dont il eut : 1° JEAN, qui suit; 2° BONAVENTURE, Ec., vivant en 1598, mentionné dans les Commentaires de Lelet et de J. Filleau sur la Coutume du Poitou. Il avait en 1595 pour épouse Catherine YONGUES, dont il laissa une fille, MARIE, qui épousa, par contrat du 4 févr. 1585, Jean Mesnard, Ec., sgr de la Guigneraye.

6. — **Babin** (Jean), Ec., sgr de l'Homme, épousa, le 4 mai 1590, D^lle Isabeau de la Guérinière, fille de Pierre, Ec., gentilhomme ordinaire de la chambre du Roi, dont serait issu ?

7. — **Babin** (Jacques), Ec., sgr des Forgeries, marié, le 4 mai 1652, avec Jacquette de Martin, dont il eut :

8. — **Babin** (Jean), Ec., sgr de Reuville, de Barbezières, de la Brousse-Audoyé et autres lieux, officier des gendarmes de la garde ordinaire du Roi, marié, le 1er mars 1688, avec Esther Séguin, fut nommé brigadier au régiment de Marcillac, le 28 mars 1704, par lettres du maréchal de Chamilly ; il servit aussi au ban convoqué à Niort par le roi Louis XIV. (Certif. de M. de Vérac.) Des certificats du receveur des tailles de Cognac attestent que M. Bégon, intendant de la Rochelle, l'avait aussi compris au rôle des nobles et privilégiés. Jean Babin fut nommé colonel du régiment de Marcillac par commission de l'an 1707. Il eut de son mariage Jacques, qui suit.

9. — **Babin** (Jacques), Ec., sgr de Barbezières, officier des gendarmes de la garde ordinaire du Roi, épousa, le 19 avril 1721, D^lle Charlotte le Lauge de la Dreionnière, fille de Pierre, capitaine d'infanterie au régiment d'Anjou, et de dame Charlotte de Mortemer d'Herbouville. De ce mariage sont issus : 1° Joseph-Adrien, qui suit ; 2° Jacques, Ec., né à Rouville le 25 nov. 1734.

10. — **Babin** (Joseph-Adrien), Chev., sgr de Lignac, naquit à Rouville le 30 mars 1729. Il assista par procureur à l'assemblée de la noblesse réunie à Poitiers pour la nomination des députés aux États généraux en 1789. Il avait épousé, le 19 sept. 1757, Marie d'Oiron, fille de Pierre, Chev., baron de Gouzon, sgr du Verger et de Siguière, et de dame Louise d'Oiron de Lusignan, dont sont issus : 1° François, Chev., né à Lignac, le 3 août 1758, gendarme de la garde du Roi, mort à Lunéville en 1781 ou 1782 ; 2° Jacques, qui suit.

11. — **Babin** (Jacques), Chev., sgr de Lignac, Laveau, Riboteau, naquit à Lignac le 23 mai 1760. Après avoir émigré, l'état de sa santé l'obligea de rentrer en France ; il fut pris, traduit devant le tribunal révolutionnaire de Paris, condamné à mort et guillotiné le 2 févr. 1793. Il avait épousé en 1786 Marie-Catherine-Agathe Regnault de la Soudière, de laquelle il eut : 1° Joseph-Adrien-Madeleine-François, qui suit ; 2° Joseph-Melchior, Chev., né le 14 mai 1793, est entré au service comme sous-officier dans la légion de l'Indre, le 5 janv. 1816, puis le 8 juin 1817 fut reçu garde du corps, compagnie d'Havré ; il épousa D^lle Pauline Huet de la Tour du Breuil, dont postérité ; 3° Marie-Pauline, née à Lignac le 1er avril 1791, entra pensionnaire chez les Ursulines de Tours, s'y fit religieuse en 1814. Depuis, devenue supérieure, elle mérita que par une faveur spéciale elle fût autorisée à rester jusqu'à sa mort à la tête du couvent.

12. — **Babin de Lignac** (Joseph-Adrien-Madeleine-François), capitaine au corps royal d'état-major, attaché à la garde royale, Chev. de St-Louis et de la Légion d'honneur, né au chât. de Lignac le 19 sept. 1787, épousa, le 9 juill. 1818, Augustine-Flore-Apolline Thibaud de la Carte de la Ferté-Senectère, fille de Henri-François Mis de la Ferté-Senectère, maréchal de camp, Chev. de St-Louis, et de Jeanne-Marie Amelot, dont sont issus : 1° Henri, né à Paris le 20 juill. 1819 ; 2° Constance, mariée, le 19 sept. 1842, à M. le Cte Olivier Doynel de la Saussais ; 3° Edmond.

BABIN DES BRETINIÈRES. — Les éléments de la généalogie qui va suivre proviennent : 1° de titres et documents originaux qui nous ont été communiqués par feu M. Ernest Gaillard de la Dionnerie ; 2° de notes émanant de B. Fillon, et 3° d'un tableau généalogique dressé en 1763 par Pierre-François Babin, etc.

Blason. — Suivant un certificat de d'Hozier délivré le 20 mars 1699 à Jean Babin, s^r de Belmont, élu à Fontenay : « d'azur au cerf passant d'or, armé de dix cors de même, regardant une étoile d'or, à une onde d'argent en pointe semée de roseaux de sinople. »

Les armoiries attribuées par l'Armorial de la généralité de Poitiers à François-Venant, conseiller au siège royal de Fontenay : d'or à la chaudière de gueules, sont fausses.

« La famille Babin, dit B. Fillon, dans une note dont nous possédons l'original, est originaire de Fontenay. Le premier personnage connu est Martin Babin, notaire en 1395. (Arch. de la Vendée, dossier Girard.) Un autre notaire, aussi nommé Martin, se trouve mentionné en 1434 et 1435. (Mêmes Arch.) Ce dernier est sans doute le père de Pierre et d'Etienne qui vendaient diverses propriétés à Jehan Burlot, Ec., sgr du Chastellier, le 4 avril 1482. (O. B. Fillon.)

« Au commencement du xive siècle, les Babin sortirent de Fontenay et allèrent habiter les environs de la Chasteigneraye ; ils ne revinrent s'y fixer que près de 10 ans après, époque à laquelle ils entrèrent dans le corps de ville. »

Et voici comment débute la généalogie dressée en 1763 :

« Jean Babin, Ier du nom, demeurant au Breuil-Barret, lequel avait deux frères ; l'un fut marié à la Chasteigneraye, et l'autre à la Roche-sur-Yon. On ne sait quelle suite ont eue ces deux branches. Ledit Jean avait aussi une sœur mariée à Messire Nicolas Goustard. Paul-François Babin des Ardilliers a dressé cette généalogie en 1763 sur les titres de la famille qu'il avait entre les mains ; mais comme il n'a pas trouvé le contrat de mariage dudit Jean Babin, qui a passé à Pierre, fils aîné de Jacques second, il n'a pu savoir à qui Jean Babin fut marié. »

Babin (Pierre), avocat à Fontenay, figure dans un procès jugé le 3 mars 1523 comme procureur de D^e Hélène d'Appelvoisin. (Appelvoisin. Cabinet des titres originaux, 80, p. 271.)

§ Ier. — *Filiation suivie.*

1. — **Babin** (Jacques), marié à Catherine Pierre, dont il eut :

2. — **Babin** (Jacques), s^r de la Choppinière, procureur au siège royal de Fontenay, se maria avec Marie Gobin, fille de Mathurin et de Jeanne Texereau. La position occupée par la famille de sa femme lui fit prendre place parmi les notables de la ville. De ce mariage sont issus : 1° Pierre, qui suit ; 2° Paul, dont la postérité sera rapportée au § II ; 3° Jacquette, mariée (contrat du 7 janv. 1576) à Baptiste Robin, qui fut lieutenant du vice-sénéchal de Fontenay et plus tard anobli ; 4° Jeanne ou Diane, qui épousa (contrat du 5 déc. 1582) Mathurin Bertaud, élu aux Sables-d'Olonne.

3. — **Babin** (Pierre) Ier, s^r de la Choppinière, conseiller au corps de ville et receveur des deniers communs de Fontenay, fut au nombre des notables qui défendirent cette ville contre Henri de Navarre ; deux mois avant le siège, il avait prêté la somme nécessaire

pour mettre les murailles en état de résister au siège. Sa signature est apposée au bas de la capitulation. (V. *Recherches historiques sur Fontenay*, I, 193.) Forcé d'abandonner la ville comme catholique, il se retira à Niort, ainsi qu'un grand nombre de ses concitoyens. Marié à N., il en eut : 1° PIERRE II, qui suivra ; 2° N., femme de Jacques Gobin, s[r] de la Vaudurand, receveur des tailles à Fontenay.

4. — **Babin** (Pierre) II°, s[r] de la Roussière, d'Auzay, laissa de Jeanne BRAND : 1° PIERRE III, qui suivra ; 2° GUY, s[r] de la Choppinière, lieutenant de robe longue en la maîtrise des eaux et forêts de Civray et de Fontenay ; 3° JOACHIM, s[r] des Chaumes, qui, le 18 nov. 1620, faisait présenter, de concert avec son frère Guy, précité, une requête au sénéchal de Fontenay, au sujet d'une obligation due à leur père par l'échevinage de Fontenay. Joachim épousa N. VEXIAU ; nous ne savons s'ils eurent postérité.

4° JACQUES, 5° JEANNE, mariée à Jacques Gauvin.

5. — **Babin** (Pierre) III°, licencié en droit, marié (contrat du 5 oct. 1608) avec Françoise BRUNET, fille de Nicolas, s[r] de la Maison-Neuve, et de Marie Morienne, dont sont issus : 1° NICOLAS, s[r] de Taillansac, marié à N. MAGNARD, dont une fille, qui épousa N. Raison ; 2° SUSANNE, femme de René Dubois ; elle était décédée avant le 12 juill. 1692 ; 3° PIERRE, qui suit ; 4° JEANNE, mariée au sgr de la Chambaudière.

6. — **Babin** (Pierre), s[r] de la Roussière, p[sse] de Chaix, épousa N. GUIET, de Poitiers, dont ANNE, mariée : 1° à N. Bérard ; 2° à N. Gauvin, sgr des Hommeaux.

§ II. — DEUXIÈME BRANCHE.

4. — **Babin** (Paul), fils puîné de Jacques et de Marie Gobin, avocat, s[r] des Combes et des Bretinières, fut fabricien de l'église N.-D. de Fontenay en 1615, 1619, 1620, y fit exécuter les travaux d'un grand autel. (V. *Lettre à M. O. de Rochebrune sur divers travaux relatifs à N.-Dame.*) On y trouve des détails sur ces travaux et une lettre du R. P. Joseph, l'ami du cardinal de Richelieu, à Paul Babin. Ce fut en sa faveur que Michel Tiraqueau, Bon de Denant, anoblit la terre des Bretinières, sise au bourg de Denant, à la charge de relever de ladite B[nie], pour reconnaître les services que Paul Babin lui avait rendus en qualité de sénéchal de ses terres. Il fut maire de Fontenay en 1627 et mourut l'année suivante, dans un âge fort avancé. Il avait épousé Gabrielle SAULON, fille d'un receveur des tailles, charge qu'il exerça lui-même à la fin du XVIe siècle. De ce mariage sont issus : 1° JACQUES, s[r] des Bretinières. Le 13 juill. 1593, n'étant encore que clerc tonsuré, il prenait possession de la chapelle de St-Pardoux, desservie en l'église de St-Etienne-des-Loges, bénéfice auquel il avait été nommé par l'abbé de St-Augustin-lès-Limoges, le 3 juin précédent (O. Fillon), fut ensuite prieur de St-Nicolas de Fontenay ; 2° MARGUERITE, qui épousa Robert Allegrain, Mis de Dion, capitaine au régiment de Navarre (1630) ; 3° PAUL, qui suit ; 4° FRANÇOISE, femme de Fiacre Divé, châtelain d'Ardennes, lieutenant en l'élection de Fontenay, dont elle était veuve en 1662 ; 5° GABRIELLE, femme de François Petit, s[r] de Villeneuve, sénéchal de Luçon ; 6° MARIE, qui épousa (contrat du 19 avril 1598) Adam Maire ; 7° HÉLÈNE, femme d'Auguste Joubert, Ec., sgr de Chousse, sergent-major du chât. de Fontenay.

5. — **Babin** (Paul), s[r] des Combes et de la Yère, avocat en Parlement, échevin de la ville de Fontenay. Le 1er sept. 1612, la cour de Rome ratifie la cession du prieuré de St-Nicolas du faubourg des Loges, O. S. B., que lui avait faite son frère Jacques, et autorise ce dernier à recevoir la pension qu'il s'était réservée par cette cession. (O.) Dans son Hist. de Fontenay, 1, 293, B. Fillon dit que Paul Babin, doyen des avocats de Fontenay, constituait une rente de 50 liv. pour l'entretien de la bibliothèque. Dans ses archives historiques, manuscrit offert à Fontenay, 5, 336, le même auteur donne la date du 5 août 1658. Marié à Elisabeth BRUNET, fille de Gabriel, Ec., sgr de la Rallière, et d'Elisabeth Alleaume, il en eut : 1° JACQUES, mort Jésuite à la Rochelle ; 2° JEAN, qui suit ; 3° ANNE, décédée célibataire ; 4° MARGUERITE, mariée à André Girard, sgr de Bellevue et de St-Xandre ; 5° GABRIELLE, femme de Pierre Thibault, sénéchal de Mauléon ; 6° MARIE, épouse de Pierre Dousset, élu à Fontenay ; 7° CLAUDE, mariée à Louis Cicotteau, sgr de la Touche ; 8° FRANÇOISE, qui épousa Raoul Jamin, sgr de la Roussière, le 17 déc. 1637 (Bonnet, not[re] à Fontenay).

6. — **Babin** (Jean), sgr de Belmont, fut élu maire et juge de police de Fontenay par le corps de ville, se démit de ses fonctions de contrôleur de l'élection de Fontenay le 16 janv. 1662 ; le 12 précédent, il avait été nommé aux fonctions d'élu par M. Pelot, intendant du Poitou. (Benesteau, not[re] à Fontenay.) Il épousa, le 31 janv. 1651, Marie PICHARD, fille de Nicolas, receveur des tailles à Fontenay, et de Marguerite Dejean, son épouse, dont il eut : 1° FRANÇOIS-VENANT, qui suit ; 2° FRANÇOIS-JEAN, dont la postérité sera rapportée au § III ; 3° autre FRANÇOIS-VENANT, sgr des Ardilliers, élu à Fontenay par suite de la cession que lui firent ses frères et sœurs de l'office occupé précédemment par leur père ; 4° MARIE, qui épousa, le 4 mai 1689 (Loyauté et E. Train, not[res] à Fontenay), Charles-Auguste de Mouillebert, Ec., sgr du Lys et du Puysec ; elle était décédée avant le 27 mars 1707, époque du partage de sa succession entre Paul-François et Mathurin-Joseph, l'un et l'autre auditeurs à la chambre des comptes de Bretagne, et Jacques-Alexandre, s[r] des Bretinières, ses neveux ; 5° JEAN, religieux à Cîteaux 6° NICOLAS, prieur de la Couture.

7. — **Babin** (François-Venant), sgr des Ardilliers, juge en la sénéchaussée de Fontenay dès 1703, épousa Marguerite MERLAND, fille de Joachim, s[r] des Cherprais, et de Jacquette Jollin. Il eut de ce mariage : 1° PAUL-FRANÇOIS, qui suit ; 2° MATHURIN-JOSEPH, sgr de la Chevallerie, auditeur en la chambre des comptes de Bretagne, mort célibataire ; 3° JACQUES-ALEXANDRE, dont la postérité sera rapportée au § IX ; 4° MARGUERITE, religieuse au couvent de Ste-Elisabeth de Fontenay ; 5° MARIE-STÉPHANIE, religieuse à l'Union-Chrétienne de la même ville.

8. — **Babin** (Paul-François), sgr des Ardilliers, auditeur en la chambre des comptes de Bretagne, charge achetée pour la somme de 39,000 liv. avant le 25 déc. 1749, épousa en 1res noces Marie-Julie DE FAGONDE le 11 mars 1745, dont il eut JULIE-MARGUERITE-ANNE, décédée jeune, et PAUL-ALEXANDRE, décédé à 17 ans, en 1765 ; en secondes noces, Marie BULLIER DU PLESSIS, en 1760, dont PAUL-JEAN-AUGUSTE, décédé enfant, et MARIE-JULIE ; enfin en 1776, en 3es noces, Marie BOULONNOIS DE St-SIMON, qui lui donna PAUL-JEAN-AUGUSTE, qui suit.

9. — **Babin** (Paul-Jean-Auguste), décédé en 1808, avait épousé Odille ROMANET S[t]-SER, dont une seule fille, ODILLE, mariée en 1818 à N. Toublanc du Ponceau.

§ III. — TROISIÈME BRANCHE.

6. — **Babin** (François-Jean), s[r] des Arsonnières, fils puîné de Jean, s[r] de Belmont, et de Marie Pichard,

succéda à son père dans sa charge d'élu; marié à Marguerite ORCEAU, il en eut : 1° FRANÇOIS-NICOLAS, qui suit; 2° PIERRE, curé de St-Porchaire et doyen de Bressuire ; 3° CHARLES, moine Bénédictin ; 4° LOUIS-CLAUDE, sr de Puyrocher, épousa Catherine-Françoise-Véronique PIDOU DE LA GOUPILLIÈRE, Est issue de ce mariage RADÉGONDE-CATHERINE-SOPHIE.

5° FRANÇOIS, sgr des Sarconnières, marié à Marie LOYAUTÉ, dont il a eu : 1° LOUIS, 2° MARIE, 3° MARIE-CATHERINE-GENEVIÈVE.

7. — **Babin** (François-Nicolas), élu à Fontenay, laissa de Susanne JOUINEAU, son épouse : 1° PIERRE-FRANÇOIS, marié à Susanne-Louise ROBIN DE LA FOND ; 2° SUSANNE-CATHERINE, mariée à : 1° Jean-Mathurin Limousin, 2° Michel Brossard.

§ IV. — QUATRIÈME BRANCHE.

7. — **Babin** (Jacques-Alexandre), sgr des Bretinières, fils puîné de François-Venant et de Marguerite Merland (6e degré du § II), élu à Fontenay, reçut du Roi, le 1er nov. 1769, des lettres d'honneur pour services rendus dans cette charge, dont il faisait les fonctions depuis le 26 sept. 1747. Il épousa, le 20 juin 1769, Marguerite-Armande BUISSON, fille de Jacques, sr de Recreux, et de Marie-Anne Mallet. Il décéda le 23 janv. 1813, ayant eu pour enfants : 1° ARMANDE, et 2° VICTOIRE, mortes célibataires; 3° PAUL-ALEXANDRE, qui suit; 4° CHARLES-JOSEPH, dont la postérité sera rapportée après celle de son frère aîné, § V.

8. — **Babin des Bretinières** (Paul-Alexandre), né le 7 oct. 1772, épousa : 1° Marie-Susanne-Victoire JOUFFRION, fille de Pierre-François, sr de Beauvais, et de Marie-Madeleine-Constance Chevalier, qui décéda le 13 nivôse an VII, et 2° le 13 messidor an VIII, Marie-Antoinette GUILLET, fille de Jean Guillet du Clouzy et de Louise-Stéphanie Gravier. Paul-Alexandre est décédé le 17 avril 1856. Parti simple soldat, il revint de la guerre d'Espagne avec le grade de sous-lieutenant. Il eut du second lit : 1° LOUISE-LÉONIE, née le 25 août 1806, mariée, le 6 mai 1835, à Alexis-Théodore Fleury de la Caillière ; elle est décédée le 3 mars 1876; 2° MARIE-ARGANDE-ATHÉNAÏS, née le 2 oct. 1807; 3° MARIE-CÉLESTE-CLÉMENTINE, née le 64 sept. 1809, religieuse Ursuline de Jésus à Chavagnes ; 4° MARIE-HENRIETTE-ALEXANDRINE, née le 20 avril 1815, décédée célibataire le 22 oct. 1877; 5° MARIE-PAUL-XAVIER, qui suit.

9. — **Babin des Bretinières** (Marie-Paul-Xavier), né le 2 déc. 1818, obtint du tribunal de Fontenay-le-Comte, le 30 sept. 1865, un jugement qui l'autorisait, ainsi que ses sœurs précitées, à porter à l'avenir le nom de BABIN DES BRETINIÈRES, comme le faisaient leurs ancêtres. Il était docteur en médecine, et a été adjoint au maire de Fontenay. Il est décédé le 19 avril 1877, laissant de son mariage avec Marie-Délicie-Clémentine LÉRIGET, qu'il avait épousée le 9 sept. 1863, fille de Baptiste-Amédée et d'Eustelle-Elisabeth-Céline Bernard-Laquerraye : 1° MARIE-ANTOINETTE-CLÉMENTINE, née le 19 août 1864; 2° PAUL-MARIE-JOSEPH, né le 23 juill. 1866.

§ V. — CINQUIÈME BRANCHE.

8. — **Babin des Bretinières** (Charles-Joseph), né le 27 mars 1774, était architecte à la Roche-sur-Yon lorsqu'il épousa, le 20 juin 1809, Pauline-Victoire PERREAU. Il est décédé le 7 janv. 1858, laissant de son mariage : 1° LOUISE-CAROLINE, 2° CHARLES-LUCIEN, 3° JOSEPH-LOUIS-PROSPER, morts en bas âge ; 4° CHARLES-HENRI-PROSPER, qui suit; 5° LOUISE-NATHALIE, née le 14 mars 1817, mariée, le 14 mai 1839, à Léon-Marc-Quentin Rousse.

9. — **Babin des Bretinières** (Charles-Henri-Prosper), docteur en médecine, médecin en chef de l'hôpital de Fontenay, né le 11 avril 1815, et mort le 29 janv. 1884, avait été 1er adjoint à Fontenay en 1852. Il a laissé de son mariage, contracté le 26 mars 1845 avec Victoire-Céline JOLLY : 1° LOUISE, 2° MARIE-LOUISE, mortes jeunes ; 3° LOUISE-CÉLINE-MARIE, née le 15 mars 1846, mariée, le 7 janv. 1867, à Paul-Ernest Brisson, juge au tribunal civil de Fontenay.

BABINET. — C'est une des familles de la ville de Poitiers les plus avantageusement connues depuis plus de trois siècles; elle a fourni à la science moderne un de ses plus illustres représentants. Si nous avons pu réunir sur ses membres des détails aussi circonstanciés, c'est grâce aux recherches de M. Jean-Charles Babinet, conseiller à la Cour de cassation.

Blason. — L'Armorial officiel de la généralité de Poitiers (Bibl. Nle Paris) donne les armoiries suivantes : 1° le 2 avril 1699, fol. 38-41, aux deux frères Hiérôme Babinet de Puychevrier et Pierre Babinet des Touches, conseillers au Présidial : d'azur à un chevron d'or accompagné en chef de deux étoiles d'argent et en pointe d'un croissant de même ; et 2° fol. 452, à Pierre Babinet, procureur : d'azur à un chevron d'or accompagné en chef de deux étoiles de même et en pointe d'un lapin d'argent ; 3° le 15 juill. 1700, fol. 759, à Michel Babinet, marchand : de sable à une toupie d'or. (D'office.)

Pierre-Mathieu Babinet, maire de Poitiers (1727) : d'azur au chevron d'or, deux étoiles d'or en chef et un croissant d'argent en pointe. Il prit pour devise : « *Licet major, semper idem.* »

Les Babinet de la Cour portaient : d'argent au chevron d'azur, 2 roses de gueules en chef et un croissant de sable en pointe. (Cachets.)

L'Armorial de la généralité de Paris du 27 février 1699 donne à Gabriel Babinet (n° 4 du § XI) : d'argent à trois chevrons de gueules.

Noms isolés.

Babinet (Eugène) est cité comme témoin dans un acte de l'abbaye de St-Maixent de l'an 1115.

Babinet (Guillaume) était, le jeudi après la Nativité de Notre-Dame en 1258, bailli du comté d'Augé près de Chizé (D.-S.).

Babinet (Charles) était en sept. 1580 élu à Mirebeau.

Babinet (Jacques), clerc tonsuré du diocèse de Maillezais, prit possession, le 13 juill. 1593, de la chapelle de St-Pardoux, psse de St-Etienne-des-Loges près Fontenay, en présence de Jean Du Fouilloux.

Babinet (Raoul), père, frère ou oncle de Gilles B., premier degré de la filiation suivie, en tous cas son très proche parent, car Gilles est dit son héritier dans un acte de 1588, était dès 1548 (23 janvier) notaire à Clervaux, psse de Scorbé-Clairvaux (Vienne), d'après acte de Chaigneau, not. à Poitiers.

§ Ier. — *Filiation suivie.*

1. — **Babinet** (Gilles), sr de la Poirière (psse de Scorbé), était mort avant le 19 mars 1588, laissant de Jehanne POIRIER, sa femme : 1° PIERRE, qui suit; 2° VINCENT, tige de la branche rapportée au § XI; 3° GABRIEL, tige d'une branche rapportée au § XII; 4° RENÉE, femme de Vincent Querreau.

2. — **Babinet** (Pierre), notaire royal à Poitiers, fut en même temps procureur au Présidial. Son acte de décès

du 15 juill. 1615, p^sse St-Opportune, porte : « Il estoit bon catholique et y eust une belle assistance ». Il eut de Catherine Frappier, son épouse, huit enfants, dont il ne restait en 1629 que : 1° Gilles, né le 28 déc. 1599, religieux franciscain ; 2° Alexandre, qui suit ; 3° Charles, dont la postérité sera rapportée au § VI ; 4° Jean, dont la filiation formera le § X ; 5° Marie, née le 13 mai 1607, entrée au couvent des Ursulines de Poitiers le 5 avril 1627.

3. — **Babinet** (Alexandre) Ier, maître apothicaire à Poitiers, naquit le 4 juill. 1602 ; il épousa (contrat du 12 avril 1630, Martin notre) Marie Liet, fille de Vincent, procureur au Présidial de Poitiers, et de Marguerite Faure. Il fut inhumé dans l'église St-Paul le 27 juin 1651. De ce mariage sont issus onze enfants, dont : 1° Pierre, qui suit ; 2° François, né le 4 nov. 1634, entra, le 29 nov. 1657, dans la Compagnie de Jésus, dont il devint l'un des membres les plus distingués, et prononça ses grands vœux le 2 févr. 1674 ; il mourut le 26 janv. 1702, père spirituel de la maison de Poitiers, après avoir été syndic à Limoges, supérieur de la maison de St-Macaire (1685) en Guyenne et ministre au noviciat de la maison de Bordeaux ; 3° Alexandre, dont il sera parlé au § V ; 4° Madeleine, et 5° Marie, décédées célibataires, l'une le 30 sept. 1709, à l'âge de 65 ans, et l'autre en nov. 1717, âgée de 80 ans.

4. — **Babinet** (Pierre), avocat au Présidial de Poitiers, épousa, le 14 janv. 1660, Charlotte Maxias, fille de Hélye, notaire, et de Barbe Le Roy. Il mourut le 1er mars 1663 et fut inhumé dans la sépulture de son père à St-Paul. Il n'eut que : 1° Marie-Charlotte, née le 15 août 1661 et morte le 24 janv. 1664 ; 2° Pierre, qui suit.

5. — **Babinet** (Pierre) naquit le 29 janv. 1663, fut reçu procureur au Présidial en 1685, nommé le 30 juill. 1707 garde-marteau de la maîtrise des eaux et forêts de Poitiers, et installé le 2 janv. 1708, puis nommé le 26 avril et reçu le 17 août 1711 contrôleur ancien alternatif et triennal des commissaires aux saisies réelles près le Présidial, succédant à son beau-père ; il fut aussi lieutenant de la milice de la ville et mourut en sa maison du Peux, cne de St-Georges, le 6 oct. 1712.

Il avait acquis successivement les maisons nobles du Peux, 15 juin 1671, de la Bagotière avant 1695, de la Cour-le-Roy les 9 oct. 1702 et 3 déc. 1703, et enfin de la Cicotière le 22 mars 1705. Marié, le 5 juin 1684 (contrat du 26 mai 1684, Bourbeau, notaire), à Louise Texier, fille de Jean, procureur, et de Louise Thévenot, il en eut : 1° Louise-Marie, née le 11 janv. 1686, épousa, le 11 févr. 1710, Pierre Chauvet du Teil, élu en la généralité de Poitiers ; 2° Marie-Radégonde ou Marguerite, née le 3 mai 1687, mariée, le 23 juill. 1714, à Claude Normand, avocat, puis procureur du Roi en l'élection ; morte le 7 nov. 1768 ; 3° Pierre-Mathieu, qui suit ; 4° Marie-Anne, née le 3 juill. 1689, épousa, le 14 janv. 1710, Jacques-Alexandre Rabreuil, sr d'Aillé, conseiller au Présidial de Poitiers ; elle est morte le 16 juill. 1771 ; 5° Alexandre, dont la postérité sera rapportée au § III ; 6° Jacquette, née le 11 févr. 1693, morte en mai 1777, religieuse de la Cté des Filles de Ste-Catherine ; 7° Louis, dont il sera parlé au § IV ; 8° Marie-Jeanne, née le 1er nov. 1695, mariée, le 7 févr. 1729, à François-René-Remy Filleau, avocat du Roi au Présidial de Poitiers ; elle testa le 23 juin 1779, mourut le 19 nov. 1781, et sa succession se partageait le 10 août 1782 ; 9° Marie-Henriette-Geneviève, née le 29 mai 1698, épousa, le 14 mai 1725, Jean Thomas, sr d'Hervau, et mourut le 15 juill. 1773.

6. — **Babinet** (Pierre-Mathieu) naquit le 25 mai 1688, épousa, le 30 juin 1721 (Niveau, notre à Angoulême), Marie-Madeleine Babin, fille de Philippe, Ec., sgr de Rancogne, sénéchal de la principauté de Marcillac, et de Françoise Mesnard, qui lui apporta la terre de Rancogne, possédée par ses descendants. Il fut commissaire receveur des saisies réelles (provisions du 18 juin 1713), contrôleur alternatif et triennal des receveurs de ces saisies, et garde-marteau des eaux et forêts (provisions du 13 juin 1713), charges qu'avait occupées son père.

Il était l'un des 75 bourgeois du corps de ville, lorsqu'il fut élu lieutenant de la compagnie de cavalerie de la ville, et devint en 1728 colonel de la milice bourgeoise ; fut nommé, le 10 juin 1719, échevin, et le même jour déclara son intention de vivre noblement ; enfin il fut élu maire de Poitiers le 27 juin 1727, et fut réélu jusqu'en 1731. Dans cette période, il se distingua en diverses occasions par son éloquence et la splendeur des réceptions qu'il sut donner en différentes circonstances. Il mourut à Rancogne (p^sse de Mons, Charente), le 28 fév. 1748. Sa succession fut partagée noblement (acte Bourbeau, notre, 12 sept. 1748). Il laissait : 1° Marie-Louise-Madeleine, née le 17 mai 1722, mariée, le 29 août 1744, à Jean-Joseph de Corlieu, Ec., sgr de la Baudie ; 2° Pierre, sr de Chaume (terre acquise par son père de M. de la Coussaye le 10 déc. 1737), naquit le 27 déc. 1724, servit dans la 4e brigade de l'escadron de Vassy, au ban des nobles du Poitou réuni à St-Jean-d'Angély le 15 juin 1758. Il n'eut pas d'enfants de Françoise Bouthet du Rivault, sa femme, fille d'Isaac, élu en l'élection de Poitiers. Pierre mourut à Chaume le 29 déc. 1809, laissant tous ses biens à Guillaume de Corlieu, son neveu.

3° Autre Pierre, qui suit ; 4° Marie-Madeleine-Mélanie, née le 6 oct. 1727, morte célibataire le 5 juin 1750 ; 5° autre Pierre, dit de Ranville, naquit le 10 mars 1732, Ec., sgr d'Auge, gendarme de la garde du Roi, Chev. de St-Louis, mourut à Auge le 17 févr. 1803, sans postérité de Jeanne de Couvignac, qu'il avait épousée en oct. 1779 ; 6° Perrine, née le 28 août 1729, épousa, le 30 juin 1750, François-René de la Bussière ; 7° autre Pierre, sr de Nouzières, naquit le 5 juin 1734, et mourut en 1792. Le 22 avril 1770, il avait épousé Marie Fé de Maumont ; il eut quatre enfants, dont deux moururent jeunes. Pierre, l'aîné, né vers 1772, émigra, fit la campagne de 1792 à l'armée des Princes, dans la compagnie de la province d'Angoulême, et y fut tué ; le second, Pierre-Frédéric, né en 1780, mourut célibataire.

7. — **Babinet** (Pierre), Ec., sgr de Rancogne et des Biffes, capitaine au régiment Dauphin-Infanterie, se distingua à la bataille de Fontenoy ; né le 11 mars 1726, il mourut à Rancogne le 19 thermidor an III. Il épousa Marguerite-Laurence Maignen, fille de François, juge de la principauté de Marcillac-Lanville. Ils eurent 6 enfants, dont 2 moururent jeunes ; 3° Anne-Marie, née le 14 mars 1752, décédée célibataire le 7 févr. 1829 ; 4° Pierre, qui suit ; 5° Anne, née le 10 févr. 1757, mariée en 1804 à Charles de Bonnegens, Chev. de St-Louis ; 6° François, dont la postérité sera rapportée au § II.

8. — **Babinet** (Pierre), Ec., sgr de Rancogne et de Montaigon, né le 24 juill. 1756, gendarme de la garde du Roi, lieutenant de cavalerie, épousa, le 26 nov. 1778, Geneviève Birot, fille de Pierre, sgr de Rochéroux, et décéda le 1er mars 1819. Ils ont eu : 1° Pierre, né le 14 août 1780, fut juge de paix à Rouillac (Charente) de 1824 à 1830, et mourut en 1863. Il avait épousé, le 10 sept. 1804, Anne-Cléophile Horric de la Motte-St-Genis, fille de Denis, Chev., sgr du Fraisneau, la Motte-St-Genis, etc., chef d'escadron, Chev. de St-Louis, dont : *a*. Pierre dit Volny, né le 5 oct. 1805, mort le 21 mai 1826 ; *b*. Denis, né le 5 sept. 1809, mort le 13 nov. 1870 ; *c*. Jean-Léonor-Edouard, né le 7 févr. 1816, célibataire (1887).

2° Pierre dit Auguste, qui suit; 3° Pierre-Alphonse-Célestin, né le 6 juil. 1788, mort le 26 sept. 1792.

9. — **Babinet de Rancogne** ou **Rencogne** (Pierre dit Auguste) naquit le 8 mai 1782 et mourut à Montaigon le 18 avril 1856. Le 2 sept. 1812, il avait épousé Marie-Joséphine de Jean de Jovelle, dont: 1° Julie, née le 30 août 1814, mariée en avril 1834 à Olyme-Joseph Cte de Roffignac, et morte en 1879; 2° Joseph-Pierre-Louis-Antoine-Gustave, qui suit.

10. — **Babinet de Rencogne** (Joseph-Pierre-Louis-Antoine-Gustave), correspondant du ministère de l'instruction publique, naquit le 13 déc. 1831. Attaché aux archives du département de la Charente par M. de Jussieu, archiviste, il montra bien vite une réelle aptitude pour ce genre de travaux, et bien que n'ayant pu passer par l'école des chartes, en raison de ce que sa vocation pour la diplomatique et la paléographie s'était révélée trop tard, il montra dans le classement du fonds du Présidial d'Angoulême, confié à ses soins, de telles connaissances spéciales, qu'en 1860 la place d'archiviste de la Charente s'étant trouvée vacante, elle lui fut accordée sans difficulté, au grand profit de la science et des savants de la contrée. Membre de la Société archéologique et historique de l'Angoumois, dont il fut longues années l'érudit secrétaire et président, il a enrichi les publications de cette Société savante d'un grand nombre de notices sur les sujets les plus divers et, comme le disait M. P. de Fleury, son digne successeur, lors de l'inauguration du Médaillon (27 mai 1888) que lui consacrait la reconnaissance de ses confrères, les travaux de M. de Rencogne ont fait faire un progrès immense à l'archéologie et à l'histoire de son pays.

Tous les travaux de M. de Rencogne, au nombre de 70, à part un bien petit nombre, concernent l'Angoumois et ont presque tous été publiés dans les Bulletins de la Société dont il était l'ornement.

M. de Rencogne est mort le 11 août 1877, après avoir été vainement aux eaux des Pyrénées tenter de réparer ses forces épuisées par le travail.

Marié, le 21 oct. 1858, à Bernarde-Victoire-Sidonie de Dubor, il n'a laissé qu'un fils, Denis-Félix-Pierre, né le 20 juill. 1859.

§ II. — Babinet de Rencogne.

8. — **Babinet** (François), dit le Chev. de Rancogne, fils de Pierre et de Marguerite-Laurence Maignen (7° degré du § I), naquit le 17 juin 1758, émigra, fut chasseur à cheval dans la légion de Béon, et tué le 26 avril 1794. Il avait épousé, le 5 août 1783, Jeanne Horric du Fraisneau, fille de Jean, Chev., sgr du Fraisneau, de la Mothe-St-Genis, et de Anne Maignen; il en eut: 1° Pierre-Victor, qui suit; 2° Dominique, mort le 29 déc. 1812, receveur des domaines à Orthez.

9. — **Babinet de Rencogne** (Pierre-Victor) naquit le 24 août 1784, et mourut le 25 janv. 1866, laissant de Pauline-Rosalie-Justine Germer de la Cour, fille d'Edouard, ambassadeur de France à Constantinople, qu'il avait épousée le 15 janv. 1816: 1° Victor-Dominique, qui suit; 2° Jules-Paul, né le 28 nov. 1832, mort le 2 avril 1849, à bord du *Borda*; 3° Jeanne-Zélie-Pauline-Victoire, née le 19 avril 1820, mariée, le 15 sept. 1847, à Louis-Augustin Benoist de Ste-Foy, morte à Fontainebleau le 14 févr. 1884.

10. — **Babinet de Rencogne** (Victor-Dominique) naquit le 11 avril 1818, fut receveur de l'enregistrement, et mourut le 21 mai 1864. Il avait épousé, le 16 févr. 1846, Marie-Louise de Drouin de Bouville, dont une fille unique, Marie-Rosalie-Charlotte-Blanche, née le 25 oct. 1852, a épousé, le 29 nov. 1882, Marie-André-Georges-Henri Haudry de Soucy.

§ III. — Babinet du Peux.

6. — **Babinet** (Alexandre), sr de la Bagottière, fils puîné de Pierre et de Louise Texier (5° degré du § I), naquit en 1690. Il épousa, le 23 sept. 1726, sous les prénoms de Jacques-Alexandre, Jeanne Guyot, d'Issoudun. Il avait été élu bourgeois du corps de ville, et le 15 juill. 1727, cornette de la compagnie de cavalerie; il fut inhumé le 30 mars 1732, ayant eu: 1° Jean-Alexandre, qui suit; 2° Julite, née le 27 mai 1731, et mariée, le 9 nov. 1750, à Léonard-François-Xavier Pallu, sr du Parc; elle mourut le 4 juill. 1756.

7. — **Babinet** (Jean-Alexandre), Ec., sgr du Peux, né le 2 juin 1730, élu bourgeois le 25 févr. 1757, fut avocat du Roi à la Monnaie et obtint, le 1er mars 1769, les provisions de président trésorier de France au bureau des finances de Poitiers, ce qui lui conféra la noblesse. Il mourut le 23 juill. 1774. Il eut trois enfants de Jeanne Berland, qu'il avait épousée le 6 nov. 1759, dont deux moururent jeunes; il ne laissa qu'une fille, Elisabeth, née le 12 oct. 1765 et mariée, le 8 janv. 1782, à Gabriel-Jacques-François Le Roux de la Frébaudière; elle est morte le 8 avril 1785.

§ IV. — Babinet de la Cour.

6. — **Babinet** (Louis), sgr de la Cour, fils puîné de Pierre et de Louise Texier (5° degré du § Ier), naquit le 16 juill. 1694, fut élu lieutenant de la milice le 13 mars 1713, bourgeois le 27 août 1717. Par acte du 17 janv. 1719, Pierre-Mathieu, son frère, lui céda son office de garde-marteau en la maîtrise des eaux et forêts, dont il fut pourvu le 19 juillet; il est mort le 24 févr. 1731. Il épousa, le 17 janv. 1724, Marie-Madeleine Souchay, fille de René, élu à Poitiers, et de Suzanne Bourgnon, dont: 1° Marie-Louise, née le 28 déc. 1725 et mariée, le 13 sept. 1750, à François-Joseph Regnault de Bauvallon, docteur agrégé à la Faculté de droit de Poitiers et recteur de l'Université; 2° Alexandre, qui suit; 3° Marie-Suzanne, née le 1er févr. 1731, célibataire, vivait encore en 1777.

7. — **Babinet** (Alexandre), sgr de la Cour, greffier des insinuations ecclésiastiques et receveur de l'Hôtel-Dieu de Poitiers, né le 9 juill. 1728, mourut le 2 nov. 1780, laissant de Anne-Françoise Billocque, fille de Jean, lieutenant en l'élection, et de feu Anne-Louise Babaud de la Grenouillère: 1° Anne-Suzanne, née vers 1757, épousa, le 22 oct. 1776, Pierre Mauduyt, qui devint sénéchal de Gençay; elle est morte le 4 oct. 1818; 2° Marie-Chantal, née le 10 janv. 1760, mourut le 14 oct. 1815, épouse de Jean-Juste Gourdin de la Fuye; 3° Emilie-Anne, née le 2 avril 1761, morte célibataire le 17 avril 1840; 4° Alexandre-Thérèse, qui suit; 5° Henri-Jacques, sr des Jolinières, né le 1er mai 1768, émigra, fit la campagne de 1792 à l'armée des Princes, dans la compagnie formée par les officiers du régiment de Conti-Infanterie, puis à l'armée de Condé, dans les gardes du corps, enfin dans les dragons-nobles; fut nommé Chev. de St-Louis et capitaine de cavalerie, pour prendre rang à partir du 5 janv. 1800, juge de paix du canton de Menigoute (D.-S.), du 9 avril 1823 au 1er oct. 1830. Il est mort célibataire à Vasles (D.-S.), le 12 mars 1844.

8. — **Babinet** (Alexandre-Thérèse), Ec., sgr de la Cour, né le 9 juil. 1762, émigra, fit la campagne de 1792 dans la 3° compagnie de la noblesse du Poitou, passa à l'armée de Condé, y servit dans les gardes du corps et les dragons-nobles, fut fait Chev. de St-Louis

et nommé conseiller de préfecture le 6 févr. 1818, révoqué en juill. 1830. Le 11 nov. 1807, il avait épousé Marie-Anne CHEVALLEREAU, veuve de Louis-Hilaire Montois. Devenu veuf sans enfants le 22 oct. 1808, il épousa en 2es noces, le 25 sept. 1815, Anne-Julie PARENT DE CURZON, fille de Jean-Amable, Ec., secrétaire du Roi, et de Anne-Julie Brumauld de Beauregard. Il est mort le 16 mai 1850, laissant : 1° ALEXANDRE-MARIE-VINCENT, qui suit ; 2° MARIE-STÉPHANIE, née le 1er oct. 1822, mariée, le 23 nov. 1847, à Joseph-Armand-Gustave Horric du Fraisneau de la Mothe-St-Genis.

9. — **Babinet** (Alexandre-Marie-Vincent), né le 16 mai 1819, parvint par sa haute capacité au poste éminent d'administrateur de la 1re division de la direction de l'enregistrement (2 août 1874); officier de la Légion d'honneur, fut mis brusquement à la retraite en janv. 1880, au moment d'être nommé à de plus hautes fonctions. En mourant (1er juin 1882), il a légué à la ville de Poitiers une galerie de tableaux de maîtres, des dessins et des médailles d'une grande valeur.

§ V. — BABINET, DOCTEURS.

4. — **Babinet** (Alexandre), IIe, fils puîné d'Alexandre Ier et de Marie Liet (3e degré, § Ier), naquit le 3 sept. 1650, avocat, puis procureur au Présidial. Il épousa, le 13 mai 1680, Renée GIRAUD, et mourut le 28 mai 1709, ayant eu : 1° PIERRE, qui suit ; 2° FRANÇOIS, surnommé XAVIER, né le 8 janv. 1685, entra dans la Compagnie de Jésus le 14 sept. 1700, passa presque toute sa vie dans l'enseignement de la philosophie, des mathématiques et de la théologie. Il était, d'après les notes de ses supérieurs, *longè suprà mediocritatem*. Il eut, à propos de certaines thèses de philosophie, des démêlés avec l'Université de Poitiers et la Sorbonne ; mort vers 1757 ; 3° FRANÇOISE-RENÉE, née le 21 mai 1689, morte célibataire le 5 avril 1762 ; 4° MARIE-ANNE-RADÉGONDE, née le dernier de févr. 1693, décédée célibataire le 10 oct. 1772 ; 5° JEAN-DOMINIQUE, né le 7 avril 1695, sr des Granges, fut bâtonnier de l'ordre des avocats de Poitiers, mourut le 29 avril 1768 ; 6° LOUIS-JOSEPH, né le 25 oct. 1697, mort le 9 sept. 1762, prêtre et chanoine de Ste-Radégonde de Poitiers, fut doyen de la Faculté des arts, et, le 19 déc. 1721, principal du collège municipal dit de St-Pierre ou des Deux-Frères, charge dont il se démit le 28 janv. 1760.

5. — **Babinet** (Pierre) naquit le 12 mai 1682 et fut trouvé mort dans sa chambre le 30 janv. 1754 ; fut avocat, docteur et professeur de droit français en l'Université de Poitiers. Il avait épousé, le 10 févr. 1713, Catherine MARQUET, fille de Jean, procureur, et de Catherine Girault, dont il eut : 1° CATHERINE, née le 10 mai 1714, et 2° PIERRE-IGNACE, qui suit.

6. — **Babinet** (Pierre-Ignace), avocat, fut bâtonnier de sa compagnie, naquit le 25 oct. 1715, épousa, le 3 août 1742, Marie-Thérèse BABINET, sa cousine, fille de Michel et de Louise-Geneviève Marquet (5e degré du § XII), et mourut le 31 déc. 1781. Sur quatre enfants, il n'y eut que MARIE-THÉRÈSE, née le 10 oct. 1751, qui survécut. Elle épousa, le 14 janv. 1772, René-Amable Vincent de la Rivardière, assesseur civil au Présidial, et mourut le 12 nov. 1788.

§ VI. — BABINET DES TOUCHES ET DE PUYCHEVRIER.

3. — **Babinet** (Charles), second fils de Pierre Babinet et de Catherine Frappier (2e degré, § Ier) naquit le 28 août 1603, fut marchand de soie, et élu 3e consul le 21 nov. 1634, 1er le 15 nov. 1639, et enfin juge en chef les 17 nov. 1643 et 18 nov. 1653. Il fut le promoteur de la construction du tribunal spécial des marchands. Le Journal de Denesde (A. H. P. 15) donne d'intéressants détails sur cet édifice dont Ch. Babinet posa la première pierre le 4 avril 1644. Il fut plusieurs fois délégué à Paris par ses pairs pour les affaires de sa communauté et en est qualifié doyen dans un acte du 19 août 1673. Il fut, le 29 nov. 1657, un des huit notables choisis dans les divers ordres de la cité pour vérifier les reliques de St Hilaire que l'on rapportait du Puy-en-Vélay. Il fit des dons nombreux à la confrérie de N.-Dame dite des Messieurs, fondée en févr. 1623 par le R. P. Coton, provincial de Guyenne. Il avait épousé (contrat du 21 oct. 1629, Martin, notre), Marguerite Bossé, qui lui donna douze enfants, du 10 déc. 1630 au 23 sept. 1652. Plusieurs moururent en bas âge, et à sa mort survenue le 25 nov. 1684, il ne restait que : 1° MARGUERITE, née le 23 oct. 1633, mariée, le 24 févr. 1653 (contrat du 13, Johanne, notre à Poitiers), à Pierre Dupont, marchand de soie ; devenue veuve le 9 mai 1691, elle mourut le 6 août 1696 ; 2° RADÉGONDE, née le 2 nov. 1637, épousa, le 14 janv. 1658 (contrat du 1er, Berthonneau), Sulpice Chaigneau ; 3° JEANNE, née le 17 juill. 1640, mariée, le 25 nov. 1660, à sire Jean Delahaye, orfèvre ; elle est morte le 8 oct. 1714 ; 4° MARIE, née le 30 mars 1642, épousa, le 7 janv. 1669, Louis Milon, sr de la Cadrie ; devenue veuve, elle se remaria, le 10 nov. 1692, à François Martel, Ec., sgr de Tricon ; 5° ANNE, née le 8 nov. 1643 et décédée le 7 avril 1702, pensionnaire libre à la communauté de la Puye ; 6° JÉRÔME, qui suit ; 7° PIERRE, sr des Touches, né le 23 sept. 1652, avocat, fut bourgeois de la maison commune de Poitiers, obtint en oct. 1690 les provisions de conseiller d'honneur héréditaire au Présidial de Poitiers. Il mourut le 10 sept. 1724. Il avait épousé, le 15 mai 1679, Jehanne RIFAULD, fille de feu Estienne, avocat, et de Jeanne Barthélemy, dont il eut huit enfants au moins, qui moururent jeunes, sauf : *a.* PIERRE-IGNACE, curé de Fressineau, où il mourut le 22 nov. 1768, âgé d'environ 68 ans ; *b.* FRANÇOIS-XAVIER, sr de la Brissière, marié, par son frère, le 7 févr. 1730, à Marie JOUSSANT, fille de feu Pierre, conseiller au Présidial de Poitiers, et de Marie-Louise Bailly ; il vivait encore en 1746 ; *c.* MARIE-JEANNE-GENEVIÈVE-ROSE, morte à 72 ans, le 2 janv. 1768, veuve depuis le 2 mars 1745 de Louis Lauvergnat, Ec., sgr du Murault, qu'elle avait épousé en 1726.

4. — **Babinet** (Jérôme), 9e enfant, sr de Puychevrier, naquit le 25 juill. 1645, obtint, le 25 févr. 1683, ses provisions de conseiller au Présidial de Poitiers. Il avait 50 ans lorsqu'il épousa, le 2 mars 1695, Anne DELAVAU, fille de feu Louis, sr de la Brossardière, procureur de l'hôtel de ville de Châtellerault, et de Jeanne Souriteau ; il mourut le 2 août 1710. Leurs enfants furent au nombre de 8, dont nous ne citerons que : 1° JÉRÔME-PIERRE-JEAN-BENOÎT-DE-LA-CROIX, qui suivra ; 2° LOUIS-BERTRAND, dont la postérité sera rapportée § VII ; 3° CLAUDE-FRANÇOIS-XAVIER, dont il sera parlé au § IX ; 4° ANNE, née le 30 oct. 1701, mariée en 1722 à Michel Joubert de Marsay, Ec., sgr des Petits-Peux et de Laigres, décédée le 29 déc. 1757 ; 5° JEANNE, née le 17 févr. 1703 et morte à Châtellerault, le 23 juin 1723, postulante aux Filles de Notre-Dame de la fondation du bienheureux Fourier de Mattaincourt ; 6° MARIE-ANNE, née le 31 mars 1704, épousa, le 21 janv. 1728, Charles-Nicolas-Florant Roux-Duportault, greffier des insinuations ecclésiastiques ; elle est décédée le 18 nov. 1784 ; 7° MARIE, née le 8 sept. 1706, se maria à Joseph-Augustin Augron de Saligny le 11 juin 1737.

5. — **Babinet** (Jérôme-Pierre-Jean-Benoît-de-la-

Croix), s[r] de Puychevrier, naquit le 1er sept. 1696, obtint la survivance de la place de conseiller au Présidial de son père, dont il reçut les provisions le 19 août 1723 et y fut reçu le 4 mai 1724. Il épousa à Châtellerault, le 4 mars 1726, Gillette MASSONNEAU, fille de feu Pierre, avocat, et de feu Gillette Pelletier, et mourut le 12 nov. 1750. Des sept enfants issus de ce mariage, deux seulement lui survécurent : 1° JÉRÔME-JEAN, né le 25 févr. 1728, marié, le 7 sept. 1763, à Marie DESTOUCHES, fille de feu Gabriel et de Marie Michau, mort sans postérité le 13 juill. 1767 ; 2° PIERRE-AUGUSTIN-HUBERT, qui suit.

6. — **Babinet** (Pierre-Augustin-Hubert), né le 3 nov. 1734 et mort le 27 sept. 1786, se maria en 1759 à Rose-Julie DE LA FOUCHARDIÈRE, fille de feu Louis-Jacques, élu à Châtellerault, et de Marie-Louise Briant; devenu veuf le 11 oct. 1762, il se remaria, le 12 sept. 1768, à Marie-Anne-Louise BRUÈRE-DESRIVAUX, fille de René, lieutenant de police et gouverneur de la ville et chât. de la Guierche-sur-Creuse, et de Marie-Anne-Geneviève Ténèbre. Du 1er lit il eut : 1° JÉRÔME-AUGUSTIN, baptisé le 5 et mort le 7 oct. 1762 ; 2° ROSE-MARIE, née le 7 nov. 1760, mariée, le 30 avril 1782, à Jacques Guillé-Desbuttes, morte le 26 févr. 1835 ; et 3° JULIE-GILLETTE, née le 27 déc. 1761, mariée, le 8 août 1786, à Charles-Maurice Bruère-Desrivaux.

Du second lit sont issus 12 enfants, dont 8 morts en bas âge ; les survivants furent : 1° JÉRÔME-AUGUSTIN-RENÉ, né le 5 août 1769 ; 2° CÉSAR-HUBERT, qui suit ; 3° AUGUSTINE, née le 27 août 1780, mariée, le 31 janv. 1797, à Pierre-Alexis-Aimé Destouches ; 4° LOUIS, né le 19 mai 1783, mort avant 1860, ayant épousé, le 17 nov. 1807, Jeanne-Marthe MAINGAULT, dont 9 garçons, parmi lesquels nous ne citerons que : *a*. LÉON DÉSIRÉ, né le 7 sept. 1812, marié, le 28 juin 1836, à sa cousine germaine Louise DESTOUCHES, fille de Pierre-Alexis-Aimé et d'Augustine Babinet, dont une fille ; *b*. FRANÇOIS-VICTOR, médecin, né le 14 févr. 1815, mort à Tours, célibataire.

7. — **Babinet** (César-Hubert) naquit le 8 févr. 1772 et mourut le 12 oct. 1833, laissant de Marie DE MASSOUGNE, son épouse :

8. — **Babinet** (Césaire-Victor), né le 24 juin 1814, décédé le 1er juin 1880, n'eut de Marceline GAILLARD, son épouse, que deux filles : 1° MARCELINE, née le 16 mai 1840, morte le 12 juin 1846 ; 2° MATHILDE-HENRIETTE-RADÉGONDE, née le 25 mai 1847, morte le 29 juin 1868, femme de N. Chausey.

§ VII. — BABINET DES TOUCHES.

5. — **Babinet** (Louis-Bertrand), s[r] des Touches, second fils de Jérôme et de Anne Delavau (4e degré du § VI), naquit le 10 oct. 1697, fut élu bourgeois du corps de ville de Poitiers le 28 janv. 1730, échevin le 23 juin 1747, et fit le même jour sa déclaration de vouloir vivre noblement ; il est mort le 15 sept. 1767, ayant épousé successivement : 1° le 2 févr. 1723, Marguerite DESCUBES, fille de Jean, sénéchal de Rochechouart, et de Marie Nivard; 2° le 30 avril 1744, Jeanne VANDREIN DE LA BRETONNIÈRE, veuve de René Grassineau, avocat ; 3° le 18 avril 1753, Marie RIGOUMIER, veuve de Simon Veillon, procureur au Présidial. Du 1er lit est issu JACQUES-LOUIS, qui suit, seul enfant qu'il ait eu de ses trois mariages.

6. — **Babinet** (Jacques-Louis), s[r] des Touches, né le 13 oct. 1723, conseiller au Présidial le 23 juin 1751, puis au conseil supérieur le 22 déc. 1771 ; à la suppression de ce corps judiciaire, rentra comme honoraire au Présidial ; il mourut le 24 juin 1798. Il avait épousé, le 23 nov. 1752, Louise-Bénigne-Françoise-Denise MATHÉ, fille de Jérémie, s[r] de la Vau de Breuil, et de Marianne Nivard, dont il eut : 1° LOUIS, né le 19 févr. 1754, conseiller au Présidial (8 juin 1779), marié, le 26 juin 1780, à Marie-Victoire-Radégonde LETARD DE LA BOURALIÈRE, fille de Jean, procureur du Roi honoraire de la juridiction de la Monnaie de Poitiers, et de Marie-Félicité de Vantelon ; il est mort sans enfants, le 24 oct. 1788 ; 2° JÉRÉMIE, né le 25 mai 1756, engagé au service militaire à 17 ans, de 1770 à 1776 ; bachelier de la Faculté des lettres et abbé, de 1776 à 1780 ; engagé de nouveau en 1783, jusqu'à son mariage (22 nov. 1785) avec Louise-Françoise DE LA RADE, sa cousine, fille de Louis et de Françoise Rondeau ; puis, devenu veuf, il épousa en l'an IX Jeanne-Angélique BUSSEAU, et mourut le 2 févr. 1823, ayant eu un seul fils, ACHILLE-JÉRÉMIE, décédé célibataire à 28 ans, le 27 juill. 1830.

3° RENÉE, morte enfant ; 4° JEAN, qui suivra ; 5° LOUISE-MARIE, née le 21 févr. 1761, qui épousa, le 6 nov. 1784, Etienne des Roches, Chev., sgr de Marit ; elle est morte le 19 mai 1807 ; enfin 6°, après 4 enfants morts en bas âge, MODESTE, née le 1er mai 1767, morte célibataire le 23 oct. 1838.

7. — **Babinet** (Jean) naquit le 30 oct. 1759, et succéda à Louis, son frère, comme conseiller au Présidial (24 janv. 1789). Les Affiches du Poitou du 12 mars, rendant compte de sa réception, font un grand éloge du récipiendaire et des talents et vertus de sa famille. Maire de Lusignan de 1812 à 1828, il refusa de prêter son concours au gouvernement, lors des appels arbitraires sous les drapeaux qui se firent à la fin du premier Empire. Il est mort le 18 mai 1831, laissant de Marie-Anne-Félicité BONNEAU DU CHESNE, fille de Gabriel-Benoît-Marie, ancien lieutenant-général du siège royal de Lusignan, et de Marie-Anne Guillon, qu'il avait épousée le 10 janv. 1792 : 1° JACQUES, qui suit ; 2° LOUISE, morte enfant ; 3° JÉRÉMIE, né à Lusignan le 8 thermidor an V, juge à Jonzac (1822), juge d'instruction à Niort (1825), président du tribunal civil des Sables (1829), fit éclater son inflexible loyauté au moment de la révolution de 1830. Nommé par le gouvernement président du collège électoral des Sables, il remplit cette mission, tout en faisant parvenir au ministère une énergique protestation contre les ordonnances de juillet, qu'il jugeait inconstitutionnelles. Mais, quand la révolution eut renversé le trône, répudiant l'avancement qui lui était offert, il donna sa démission, et, chose étrange, mais qui est la preuve de l'estime que son caractère avait su inspirer aux habitants d'une ville où la majorité des électeurs était favorable à la révolution qui venait de s'accomplir, le drapeau blanc resta, sur sa demande, arboré sur le palais de justice jusqu'au 9 août.

Antiquaire, historien, journaliste, il fut en 1834 et 1837 candidat légitimiste à Poitiers et conseiller général du canton de Lusignan de 1836 à 1848. Il est mort le 23 août 1855.

4° LOUISE-LUCE-FÉLICITÉ, née le 6 nov. 1799, mourut célibataire le 10 mai 1854 ; 5° JOSEPH, tige du rameau rapporté § VIII ; 6° PIERRE-MODESTE, né le 6 nov. 1808, mort le 6 nov. 1825.

8. — **Babinet** (Jacques), membre de l'Institut, Chev. de la Légion d'honneur (1831), naquit le 5 mars 1794 ; reçu à l'école polytechnique, en sortit lieutenant d'artillerie, commandait, lors de l'invasion de 1815, l'artillerie à la défense de Metz ; licencié à la Restauration, fut successivement professeur de mathématiques à Fontenay-le-Comte, et de physique à Poitiers, puis à Paris, au collège St-Louis (1820) ; nommé examinateur de l'école polytechnique en 1831, membre de l'Académie des sciences (1840) ; bien connu par ses travaux sur la physique, l'optique, la météorologie, etc. ;

a perfectionné la machine pneumatique, etc. Il fut l'ami de Fresnel, d'Ampère, d'Arago, correspondant d'Herschell, etc. Ses écrits, comme vulgarisateur de toutes les sciences, ont rendu son nom populaire.

M. Babinet est mort à Paris le 21 oct. 1872, laissant de son mariage, contracté, le 30 oct. 1820, avec Adélaïde Laugier, fille du savant chimiste André, l'un des professeurs administrateurs du Muséum de Paris, et de Jeanne-Marie-Pauline Chéradame : 1° Jean-Charles, qui suit : 2° André-Léon, né le 26 juill. 1825, prit sa retraite avant l'âge comme lieutenant-colonel d'artillerie, a commandé à Poitiers en 1885 le régiment d'artillerie territorial, a servi en Algérie et en Orient, en Italie, au siège de Paris (1870-71). Il est officier de la Légion d'honneur, de l'ordre Auguste-Ernest de Hanovre, du Medjidié de Turquie, et officier d'académie. Il épousa : 1° le 25 oct. 1859, Augustine-Emilie Faure, décédée le 22 mai 1863, sans enfants; 2° le 5 oct. 1864, Camille-Louise-Mélanie Miet, née le 2 février 1835, d'Alexandre, examinateur à l'école navale, et de Joséphine dite Virginie de Monet de Bazantin, dont : *a*. Marie-Lucie, née le 9 oct. 1865, mariée, le 29 avril 1889, à André-Marie-Désiré Rayneau, receveur-rédacteur de l'enregistrement à Angers; *b*. Adolphe-Jacques, né le 4 oct. 1867, élève de St-Cyr (1888).

9. — **Babinet** (Jean-Charles) naquit le 8 déc. 1821, marié, le 24 juill. 1848, à Louise-Léonie Thieret, née le 21 janvier 1825, de Jean, conseiller à la cour d'appel de Poitiers, et de Thérèse-Prudence Connet; docteur en droit, chargé de cours à la Faculté de Poitiers en 1847 et 1858, magistrat des parquets de Poitiers, Nîmes et Angers, du 19 mars 1848 au 4 mars 1862, directeur des affaires criminelles et des grâces au ministère de la justice jusqu'au 25 juill. 1871, avocat général, puis conseiller à la cour de cassation depuis 1871, commandeur de la Légion d'honneur, de l'ordre de Léopold de Belgique, et officier de l'instruction publique.

Il a eu 6 enfants : 1° Jeanne-Thérèse, religieuse professe du Sacré-Cœur; 2° Marie-Adèle, mariée, le 22 févr. 1870, à Edouard Proust, ancien substitut au tribunal civil de la Seine, démissionnaire en 1880, avocat à la cour de Paris, sans enfants; 3° Jérémie-Léon-Louis, né le 25 oct. 1853, ancien magistrat, avocat à la cour d'appel de Paris, y a épousé, le 19 avril 1884, Marie-Thérèse Morlot, née le 4 février 1865, de Victor-Auguste et de Sophie Pothée, décédée le 19 oct. 1886, laissant : *a*. Charles-Paul et Auguste-Georges, nés jumeaux le 22 janv. 1885 (le 1er mort le 1er juin 1889), et *b*. Lucie-Marie-Thérèse, née le 5 oct. 1886.

4° Jacques-André, né le 18 juill. 1856, ingénieur des ponts et chaussées, à Paris, marié, le 27 mai 1884, à Marie-Charlotte Boulé, fille d'Auguste, ingénieur en chef des ponts et chaussées, à Paris, et de Claire Meunier, dont : *a*. Madeleine-Claire-Philomène-Gabrielle, née le 11 août 1885; *b*. Pierre-Léon, né le 24 déc. 1886, et *c*. Renée-Lucie-Marguerite, née à Provins, le 22 sept. 1889.

5° Adolphe-Henri, né le 16 févr. 1859, inspecteur-adjoint des forêts, a épousé, le 25 juin 1888, Germaine-Marie-Céline Genesteix, fille de François-Emmanuel-Fresne, ancien notaire, et de Marie-Angèle Gras, dont Marie-Emmanuel-Jean, né à Pau le 15 avril 1889.

6° Joseph-Daniel, né le 1er février et mort le 28 mai 1862.

§ VIII. — BABINET, huitième Branche.

8. — **Babinet** (Joseph), troisième fils de Jean et de Marie-Anne-Félicité Bonneau du Chesne, rapportés au 7e degré du § VII, naquit le 22 mars 1806 ; marié, le 3 août 1829, à Modeste-Luce dite Lucile Bonneau du Chesne, fille de Pierre et de Louise-Luce Mallet de Fois, dont un fils, Louis-Adrien, né le 12 août 1831, décédé le 28 mars 1872, laissant de son mariage, contracté, le 20 oct. 1868, avec Lucy-Aminthe Prieur-Demarsay, morte le 16 juillet 1885, un fils, Hubert-Joseph, né à Poitiers le 15 déc. 1869.

§ IX. — BABINET, Branche de SANTILLY.

5. — **Babinet** (Claude-François-Xavier), Ec., sgr de Santilly, troisième fils de Jérôme et de Anne Delavau (4e degré du § VI), naquit à Poitiers le 12 févr. 1699, garde du corps du Roi, Chev. de St-Louis, officier de l'hôtel royal des Invalides en 1740 et de la maison de Saumur en 1742, commandant du château du Taureau en 1746, et en 1747 du fort Médoc en Guyenne, où il mourut le 15 mars 1763; marié, le 12 nov. 1730, à Anne Berruyer, fille de Louis et de Anne Torterue, dont il eut : 1° Anne-Françoise, née le 1er mai 1732, et 2° Louise-Françoise, née le 5 févr. 1735, mortes célibataires; 3° Catherine, née en 1742 et mariée, le 18 sept. 1774, à Philippe-François de Brissac, Chev., sgr dudit lieu; elle est morte le 10 juill. 1828; 4° François-Xavier, qui suit; 5° Gabriel-François-Jérôme, religieux (O. de Grammont), né le 12 nov. 1740, mort à Poitiers le 15 avril 1816.

6. — **Babinet** (François-Xavier), né le 23 août 1738 et pourvu, le 11 avril 1764, des provisions de conseiller au Présidial. Le 10 décembre 1782, il fut nommé conseiller d'honneur et mourut le 24 avril 1783. Le 31 mai 1768, il avait épousé Marie-Jeanne-Julie Rifault, fille de feu Jean, juge-garde de la Monnaie de Poitiers, et de Marie-Marguerite-Scolastique Hallou de la Galinière, dont : 1° François-Xavier, né le 26 janv. 1771, mort le 30 sept. 1781; 2° Julie-Anne, née le 7 mai 1769, et mariée, le 20 mars 1787, à Louis-Modeste Mallet de Fois, conseiller au Présidial; elle est morte le 15 mai 1835.

§ X. — BABINET, marchands.

3. — **Babinet** (Jean), fils cadet de Pierre et de Catherine Frappier, son épouse (2e degré, § Ier), né le 13 oct. 1604, fut marchand drapier, deux fois consul des marchands, en 1637, 1644, puis juge en chef en 1647. Il épousa, le 27 févr. 1634, Marie-Jehanne Marien, fille de feu Pierre, procureur, et de Marie Pépin, dont il eut 10 enfants : un seulement a laissé des traces : c'est Radégonde, née le 14 sept. 1642, et mariée, le 1er mai 1678, à sire Michel Senné.

§ XI. — BABINET, Branche de Paris.

2. — **Babinet** (Vincent), second fils de Gilles et de Jehanne Poirier (1er degré, § I), resta à Scorbé, berceau de sa famille; qualifié marchand, il prenait à ferme les revenus des principales sgries des environs. Le nom de sa femme est inconnu, mais il eut un fils, qui suit.

3. — **Babinet** (Vincent), dit le jeune, suivit, à Scorbé, la profession de son père; marié à Marie Mignon, à Faye-la-Vineuse, il en eut : 1° Urbain, qui suivait les finances à Paris, 22 févr. 1630, et était mort avant le 18 déc. 1641; 2° Marie, qui épousa, à Scorbé, André Busseau; 3° Vincent, et 4° Gabriel, qui suivent.

4. — **Babinet** (Vincent), IIIe, qui, le 31 mars 1634, suivait les finances comme son frère, fut ensuite secrétaire de la chambre du Roi (1640), et, le 18 mars 1649, pourvu de l'office de conseiller secrétaire du Roi. Il se maria, le 4 sept. 1656 (contrat du 3, Des-

prez, not^re à Paris), à Marguerite Poncet, fille d'Étienne, avocat en Parlement, et de Madeleine Delaulu, petite-nièce de l'oracle de l'hôtel de Rambouillet (Voiture); aussi cette jeune femme, par suite de cette parenté, fut-elle rangée, sous le nom de *Berlenie*, parmi les précieuses de son temps. M. Ch. Babinet, conseiller à la Cour de cassation, a publié, dans les Bulletins de la Société des Antiquaires de l'Ouest (3e trimestre 1888), quelques lignes dans lesquelles il a fait revivre, en la rattachant au Poitou, cette piquante physionomie. Elle mourut avant le 6 juill. 1665, n'ayant eu qu'un fils, mort avant elle.

Devenu veuf, Vincent épousa, le 21 oct. 1669, avec dispenses, Étiennette-Marie Busseau, sa nièce, et lui-même mourut le 10 janv. 1680, laissant à sa femme la garde noble de leurs enfants mineurs, qui étaient : 1° Vincent, Ec., décédé sans alliance vers le 3 févr. 1717; 2° Marie-Anne, et 3° Agathe, mortes l'une et l'autre célibataires; la première vivait encore en 1736; la seconde décéda le 5 juin 1751, après avoir, par son testament du 16 févr. 1749, entre autres legs, fondé une école de filles à Brevannes, p^sse de Limeil près Corbeil, où elle possédait une maison de campagne.

4. — **Babinet** (Gabriel), frère du précédent, né le 4 août 1622, était en 1656 pourvu de la charge de receveur et payeur des officiers du bureau des finances de Poitiers; fut ensuite secrétaire de M. Honoré Courtin, conseiller d'État. Ayant acquis de son frère en 1658 l'office de maître des ports et havres de Picardie, il en reçut les provisions le 15 juill. 1663, confirmées le 4 nov. 1668, et mourut célibataire le 23 juill. 1713. Son inventaire révèle qu'il était devenu fort riche.

Voici les noms de quelques autres personnes du nom de Babinet qui habitaient Paris vers la même époque que ceux qui précèdent, et en relations d'affaires avec eux, mais que nous ne pouvons rattacher à leur filiation :

Babinet (Étienne), barbier-chirurgien-juré du Roi au Grand et Petit-Châtelet de Paris, testa le 8 sept. 1590, et était décédé avant le 13 du même mois. Il laissait de Jeanne du Rû, sa femme : 1° Guillaume, avocat en Parlement dès 1607, vivant encore le 24 nov. 1629; 2° Jehan, mort avant 1607; 3° Jehanne, mariée à Pierre Dugny; 4° Marie, femme de Jean Thourault, puis de Vincent Raffart, procureurs; 5° Clémence, mariée à Noël Targas, procureur. (Acte du 18 oct. 1607, Babinet, notaire.)

Babinet (Hugues), docteur régent de la Faculté de médecine de Paris (on a ses thèses de 1548 et 1550), mourut le 18 juill. 1567. Il jouissait parmi ses confrères d'une réputation méritée par ses talents. Il eut de Marie Carrel, sa femme : 1° Hugues, qui fut notaire à Paris de mars 1590 à déc. 1613. C'est sans doute son fils qui, sous le nom de Hugues, conseiller et médecin du prince Gaston d'Orléans, le suivit en exil, et publia à la Haye, le 21 juin 1630, un traité sur la guérison des hernies; 2° Simon, mort jeune.

Babinet (Alexandre), bourgeois de Paris, vivait en 1655 et 1657, dans la même maison que Vincent et Gabriel Babinet, précités, rapportés au 4e degré du § XI.

C'est peut-être le censeur royal Babinet qui, en 1667, visa l'édition *princeps* des Fables de La Fontaine et exerçait encore en 1673.

§ XII. — BABINET, douzième Branche dite des Babinet Consuls.

2. — **Babinet** (Gabriel), troisième fils de Gilles et de Jeanne Poirier (1er degré du § I), naquit en 1568, fut élu à Châtellerault et mourut avant 1662, laissant de Renée Pingault, sa femme : 1° Catherine, mariée avant 1644 à Pierre Jamet; 2° Marie, baptisée le 2 avril 1602, épousa Pierre Massonneau, élu à Châtellerault; 3° Étiennette, née le 29 avril 1607: 4° Claude, femme de N. Ocher, était décédée avant 1668; 5° Michel, qui suit.

3. — **Babinet** (Michel), né le 7 août 1616, marchand de draps et de soie à Poitiers, fut élu juge-consul des marchands de cette ville le 15 nov. 1650, nommé suppôt de l'Université le 24 janv. 1668. Il avait épousé (contrat du 3 sept. 1645) Jehanne Pounen, fille de Pierre, apothicaire, et de Cyprienne Bossé; devenu veuf avant le 4 sept. 1667, il mourut lui-même le 19 août 1686, ayant eu de son mariage onze enfants, dont deux seulement lui survécurent : 1° Jeanne, née en 1646, mariée, le 6 janv. 1668, à Jean Ayrault, s^r de la Vachonnière, qui devint procureur au Présidial; 2° Michel, qui suit.

4. — **Babinet** (Michel), s^r de la Clergeonnerie, né le 20 juill. 1655. Son père lui ayant cédé son commerce le 7 juin 1679, il fut nommé troisième consul le 15 nov. 1689, premier consul le 18 nov. 1704, et juge en chef le 17 nov. 1716. Il acquit l'office de maître et garde au bureau de la manufacture, et le 7 févr. 1700 celui de garde-concierge des maisons royales de Poitiers. Il était aussi officier de l'Université, fut élu bourgeois du corps de ville en 1714, et mourut le 22 janv. 1730. Michel avait épousé, le 8 oct. 1682, à la Chapelle-Viviers, Marguerite Aultefond, fille de feu François, s^r de Chardat, not^re de la ch^nie d'Availles, et de Françoise Rousseau; il en eut douze enfants, dont : 1° Françoise, religieuse professe chez les Hospitalières; 2° Pierre, né le 23 juill. 1685, fut pourvu, le 10 avril 1700, d'un des canonicats du Chapitre de N.-Dame-la-Grande de Poitiers, et les 26 sept. 1700 et 21 mai 1702, du prieuré simple de N.-Dame de la Bousle (O. S. B.), p^sse d'Augé, près St-Maixent. Il est mort au couvent d'Evreux le 26 juin 1721; 3° François-Michel, qui naquit le 3 mai 1689, succéda à son frère, le 13 déc. 1704, dans la chanoinie de N.-Dame-la-Grande, sur sa démission en sa faveur, et était, le 22 déc. 1704, prieur du prieuré de la Bousle; il est mort le 17 déc. 1725; 4° Michel, le seul enfant mâle qui restait lors du décès de son père.

5. — **Babinet** (Michel), IIIe, dit le jeune, naquit le 6 oct. 1694, commerçant, comme ses aïeux, par la cession que lui fit son père le 2 août 1721. Il fut troisième consul le 17 nov. 1721, deuxième le 13 nov. 1725, premier le 13 nov. 1730, et juge-chef le 13 nov. 1738, fut élu bourgeois du corps de ville le 12 déc. 1719 et lieutenant de la cavalerie de la ville le 23 juill. 1728, en remplacement de Pierre-Mathieu Babinet. Le 2 avril 1731, il obtint les provisions de garde-concierge des maisons royales de Poitiers. Avant 1746, il avait cédé sa maison de commerce à Jean-Claude Bompierre, et mourut le 24 mai 1749. Le 19 févr. 1715, il avait épousé (contrat du 10, Duchastenier, not^re à Poitiers) Louise-Geneviève Marquet, fille de feu Antoine, s^r de la Pommeraye, procureur, et de Marie-Rose Brin, dont entre autres : 1° Louise ou Marie-Rose, mariée, le 8 juin 1733 (contrat du 24 mai, Decressac l'aîné, not^re à Poitiers), à Jacques Chameau, avocat et substitut du procureur général de l'Université de Poitiers; elle mourut le 27 déc. 1752, sans enfants; 2° Jean-Michel, qui suit; 3° Marie-Thérèse, née le 16 oct. 1719, mariée, le 3 août 1742, à Pierre-Ignace Babinet, son cousin (6e degré, § V); 4° Alexandre, né le 15 mars 1722, joua un rôle important dans la Compagnie des Indes. Marié à Louise-Hyacinthe Baril, il en eut une fille, Antoinette-Mar-

GUERITE, laquelle partageait le 23 août 1766 avec sa mère la succession de son père; elle épousa plus tard Louis-Charles Dangereux, syndic de la Compagnie des Indes.

6 — **Babinet** (Jean-Michel) naquit le 26 juin 1717, fut reçu avocat au Présidial le 31 janv. 1741, bourgeois du corps de ville avant juill. 1751, échevin à la fin de mars 1759. Il était, lorsqu'il mourut le 29 févr. 1785, administrateur de l'hôpital. Il avait épousé, le 8 févr. 1746 (Delabadonnière, not^re^, contr. du 2 janv.), Marie-Madeleine-Alix FAULCON, fille de feu Jacques, imprimeur, et de Marie-Alix Fleuriau ; elle mourut le 5 oct. 1777, lui laissant : 1° MARIE-LOUISE-VICTOIRE, née le 21 nov. 1746 et mariée, le 10 août 1773, à Jacques Jahan, Ec., sgr de la Ronde, lieutenant de louveterie ; morte le 6 mai 1779 ; 2° MARIE-MADELEINE, née le 21 janv. 1750, mariée, le même jour que sa sœur, à Jean-Elzéard Bourgnon, sgr de la Tour-de-Layre, lieutenant particulier en la maîtrise des eaux et forêts de Poitiers ; elle est décédée le 13 oct. 1827 ; 3° JEAN-MICHEL, né le 24 janv. 1751, mort des suites d'un accident, le 18 sept. 1762.

BABINOT. — Une famille de ce nom, depuis longtemps éteinte, a habité les environs de St-Maixent.

Babinot (Hugues) est cité comme témoin dans un titre de l'abb. de St-Maixent de l'an 1115.

Babinot (*Hugo*) est relaté au nombre des feudataires de l'abb. de St-Maixent rendant des aveux à l'abbé de St-Maixent, vers 1222. (A. H. P. 18.)

Babinot (*Guillelmus*) était un des feudataires, *de feodo de Leggers*, de l'abb. de St-Maixent de 1260 à 1278. (D. F. 16. A. H. P. 18.)

Babinot (*Hugo*) est cité dans le traité passé en juin 1270 entre Alphonse Cte de Poitou et l'abb. de St-Maixent, au sujet de droits, fiefs et juridiction qu'ils se réclamaient mutuellement. (D. F. 16.)

Babinot (Albert) fut lecteur des Institutes à la Faculté de droit de Poitiers. Devenu en 1515 un des disciples de Calvin, celui-ci l'envoya à Toulouse, où il ne fut connu que sous le nom de *Bonhomme* ; de là il alla à Agen. Les lieux et dates de sa naissance et de sa mort sont restés inconnus. Il est l'auteur d'un ouvrage intitulé *La Christiade*. Dreux du Radier lui a consacré un article dans sa Bibliothèque historique du Poitou. Voir aussi la Bibliographie universelle, t. III, 158. On prétend que le nom de ministre donné aux pasteurs protestants vient de ce que la salle où Babinot faisait ses lectures portait le nom de *Ministrerie*.

BABOU. — Bien que cette famille soit originaire de Touraine, comme elle a contracté, au XVIe siècle, des alliances avec des maisons considérables du Poitou, nous croyons devoir faire connaître le nom des personnes qui sont devenues Poitevines.

Blason : écartelé aux 1er et 4e d'argent au bras vestu de gueules issant d'une nuée d'azur, tenant une poignée de vesces, ou plutôt d'amourettes de sinople ; aux 2e et 3e parti de sinople et de gueules à 2 pals d'argent.

Babou (Philibert), Chev., sgr de la Bourdaisière, était, le 16 août 1540, tuteur de Jean L'Archevêque, Ec., sgr de Soubise, Vandreunes, etc., alors mineur. (D. F. 9.) Il avait entre autres enfants une fille, MARIE, qui épousa, par contrat du 10 mai 1542, Bonaventure Gilliers, Ec., sgr du Puygarreau. Ils étaient morts l'un et l'autre avant le 15 févr. 1589, date du partage de leur succession. (D. F. 25.)

Babou (Philibert), évêque d'Angoulême, puis d'Auxerre, et enfin cardinal en 1561, conseiller du Roi en ses conseils d'État et privé, maître des requêtes dès 1537, fut envoyé en Poitou en 1553, pour y faire exécuter l'édit du mois d'avril de cette même année. (M. A. O. 1883, 325.)

Babou (Madeleine), fille de Jean, maître général de l'artillerie, et de Françoise Robertet, épousa, le 14 févr. 1580, Honorat Ysoré, baron d'Airvau, qui mourut en 1586, à l'âge de 25 ans.

Babou (Isabelle), M^ise^ d'Alluye (sœur de la précédente), épousa François d'Escoubleau, Chev. des ordres du Roi, conseiller en ses conseils d'État et privé, et fut mère de François d'Escoubleau, cardinal de Sourdis ; elle obtint de Henri IV, le 29 juin 1604, des lettres patentes autorisant l'établissement d'un collège de Jésuites à Fontenay ; mais l'opposition du corps de ville fit ajourner ce projet, qui ne se réalisa qu'en 1635.

BABU (Jean), docteur en théologie, curé de Soudan près St-Maixent (D.-S.), est connu par les poésies qu'il écrivit en patois poitevin, et qui étaient pour la majeure partie composées pour arriver plus facilement à toucher le cœur et convaincre l'esprit des protestants qui habitaient sa paroisse et la contrée qu'il habitait. Dreux du Radier, dans son Histoire littéraire du Poitou, a donné sur cet écrivain une notice qui le fait assez connaître. Nous y renverrons nos lecteurs, et nous nous contenterons de donner le titre de son ouvrage, imprimé à Niort en 1701 : *Eglogues Poitevines sur différentes matières de controverses pour l'utilité du vulgaire de Poitou.*

BAC (Robert du), Ec., échanson du Roi, sgr de la Guierche et de Joulhet, obtint de Louis XI l'établissement de foires dans lesdites sgries..... (A. N. J. Reg. 195, 160, 3.)

BACHÉ ou **BASCHÉ.** — Famille qui possédait anciennement un fief appelé, de son nom, les Baschers (Vivonne).

Baché (Frédéric des), s^r^ des Baschers, est compris dans le Catalogue des nobles de la généralité de Poitiers imprimé en 1767. Les notes de M. de Maupeou disent qu'il fut déclaré roturier.

BACHELIER. — Nom commun à plusieurs familles.

Blason : de sable à un casque posé de profil et grillé d'argent. (Goujet.) Ce blason est dans l'Armorial des échevins de Poitiers, mais il a été inventé au XVIe siècle.

Bachelier (Jean) était en 1412 échevin de la maison commune de Poitiers ; il est mort en 1427.

Bachelier (Catherine) épousa, le 3 mai 1415, Pierre Robert. En faveur de ce mariage,

Bachelier (Jean), prêtre, s^r^ de la Lardière, frère de Catherine, lui céda 25 liv. de rente à prendre sur les droits qu'il possède sur le bas village appelé Fougerais (p^sse^ du Bourg-sous-la Roche). Pierre Robert, Catherine et son frère Jean étaient décédés avant le 1er déc. 1461, date du partage de leurs successions entre Vincent Robert, Ec., sgr de la Baritaudière, et Louis Robert, prêtre, fils et neveu des précédents. (Gén. Robert.)

Bachelier (Pierre) rend aveu de Ruffigny le 30 juin 1505. (Inv. du chât. de Lafond.)

BACHIME (Thomas), pair de la maison commune et premier maire connu de Niort, comparaît dans un acte du 24 juill. 1307, au sujet de l'aumônerie du Vieux-Niort, à laquelle l'évêque de Poitiers et ledit Bachime, en sa qualité de maire de Niort, prétendaient l'un et l'autre avoir droit de présentation. (D. F. 3. M. S. de Stat. 1865, 7, 77.)

BACIZIN (*frater Laurentius*) est du nombre des Templiers qui, dits du Poitou, furent arrêtés et comparurent devant les commissaires du Pape. (Procès des Templiers.)

BACLET (*Gilbertus*) était homme lige de l'abb. de St-Maixent en 1115. (D. F.)

BACONAIS ou **BACONNAIS**. — Famille noble, qui habitait les Sables au XVIIe siècle.

Blason : de sable à 3 molettes d'or.

1. — **Baconais** (Luc), Ec. s^r de Bois-Libault ou Bois-Thibault, épousa, vers 1620, Renée JOUSSELIN, dont il eut :

2. — **Baconais** (Luc), Ec., s^r de Bois-Libault, demeurant aux Sables, épousa, par contrat du 7 août 1642, Gabrielle DORIN, fille de Pierre, Chev., s^r de Ligné, et de Bonaventure Thévenin. Il décéda sans postérité, et sa veuve, remariée à Gabriel de la Haye-Monbault, Chev., s^r de la Jaubretière, eut un procès devant le Présidial de Poitiers, jugé le 13 févr. 1677, contre Me André Morisson, s^r de la Biardière, D^{lle} GABRIELLE Baconais, veuve de Me Simon Fromentin, et autres héritiers de Luc Baconais. (Cab. tit. Pièc. orig. v. 164.)

BACONNET. — Nous devons une partie des notes qui suivent à l'obligeance de M. le baron d'Huart (1).

Blason : de gueules à trois mouches d'or membrées de sable. (Barent.) L'Armorial de la généralité de Poitiers dit d'argent à trois mouches de sable, 2, 1.

Baconnet (Jean), avocat à la sénéchaussée de Poitiers, assista à la rédaction des divers procès-verbaux dressés lors de l'érection de l'Université de Poitiers en 1431, et concourut aux règlements qui furent dressés à ce sujet.

Baconnet (Jean), peut-être le même que le pr. édent, était procureur du Roi à Poitiers, et est cité dans la sentence de la sénéchaussée qui maintient l'abbaye de Montierneuf dans le droit de pêche dans la Boivre et le Clain, etc., du 1er mars 1450-1451. (D. F. 19.)

Baconnet (Jehan), Ec., sgr de Bastard, Maugné et de la Lobinière, épousa après 1444 Naulette BRULON, fille de Huguet, Ec., sgr de la Brulonnière, Persac en partie, etc., et de Marguerite Savary. Par accord du 16 juill. 1499, son beau-frère Guichard Brulon lui cède le lieu noble de la Bouige (p^{sse} de Moulismes) et quelques domaines, etc., jusqu'à la concurrence de 20 liv. Ils eurent pour fils :

Baconnet (Jacques), Ec., sgr de la Bouige, qui en 1505 prétendait à la succession de son oncle Guichard Brulon. Il épousa Antoinette CHOCHE, sœur de Pierre, pitancier de la Maison-Dieu de Montmorillon, dont il eut entre autres enfants GUILLEMETTE et JEHANNE, nommées dans le testament d'Anne Brulon du 12 avril 1517.

(1) M. d'Huart a publié (M. A. O. 1887) une Généalogie de cette famille qui ne nous a été connue que pendant l'impression de notre article.

Baconnet (François), Ec., sgr de la Bouige, 1520-1530.

Baconnet (Louis), Ec., sgr de la Bouige, 1544-1545.

Baconnet (*Agnès ?*), Ec., sgr de la Bouige en partie avec Louis, qui suit, 1570-1573.

Baconnet (Louis), Ec., sgr de la Bouige en partie, épousa N. DE MONTLOUIS, dont une fille, mariée à Jehan de Montfaucon, Ec., sgr de la *Gebouet ?* en partie.

Baconnet (Jacquette), veuve en 1609 de feu René Perreau, demeurait à la Bouige.

Baconnet (Pierre), Ec., sgr de la Bouige et de la Forêt, épousa : 1° Adrienne D'ORADOUR, 1604-1609 ; 2° Françoise DE SAVATTE, qui était veuve en 1633. Il eut pour fils :

Baconnet (Pierre) dit le jeune, Ec., sgr de la Bouige, est cité dans une visite de l'église d'Adriers faite en 1634.

Baconnet (Jean), Ec., s^r de la Rode, demeurant à la Bouige, donnait, le 9 juin 1657, une reconnaissance à Florent Coudon, Ec., sgr de l'Héraudière ; il s'y qualifie sgr de la Bouige.

Baconnet (Isaac), s^r de la Bouige, et

Baconnet (François), s^r de la Rode, sont maintenus nobles par sentence de M. Barentin du 9 sept. 1667.

Baconnet (Jean), Ec., sgr de la Rode, et Marie DE LA PORTE, fille d'Antoine, demeurant au lieu noble de la Bouige, p^{sse} d'Adriers, assistent à l'acte de reddition des comptes de la succession dudit Antoine, qui eut lieu le 15 déc. 1704 ; il fait inscrire ses armoiries à l'Armorial du Poitou.

BACQUELIER.

Bacquelier (Arthur) eut de Jeanne TIARD, son épouse : PIERRE, ANDRÉ et SIBILLE. Pierre rendait, le 28 nov. 1584, avec sa mère, veuve à cette époque, un aveu à Hector de Vinceneuil, Ec., sgr du Lizon, pour des terres sises à Baugé ; et plus tard, le 16 juill. 1619, avec son frère André, Ec., sgr des Dousses, et leur sœur Sibille, épouse de Pierre de Boisvert, Ec., sgr de Chezelles, il en rendait un autre à Louis de Vinceneuil, Ec., sgr du Lizon.

Bacquelier (André), Ec., fils d'Antoine, est nommé dans un aveu rendu à Hector de Vinceneuil par Pierre, précité, lequel y est nommé sgr de Dousset, le 10 juin 1593.

BADEREAU. — Famille originaire du Bas-Poitou, qui subsiste aujourd'hui en Orléanais.

Blason : de gueules à 2 épées d'argent posées en sautoir, pointes en haut, accostées en chef et en flanc de 3 étoiles d'or, et en pointe d'un croissant d'argent.

On trouve aussi : d'azur à une fasce d'argent et 3 triangles d'or, 2, 1.

Badereau (René), s^r de la Marche, inscrit d'office dans l'Armorial du Poitou : barré de sable et d'or de 6 pièces à l'aigle d'or brochant.

Badereau (N.), notaire seigneurial, habitait Montaigu en 1648.

Badereau (Armand), procureur du Roi au Présidial de Nantes, épousa Bonne LUCQUAS DE LA CHAMPIONNIÈRE, et eut plusieurs enfants, dont l'aîné lui succéda dans sa charge, et fut en 1811 nommé conseiller à la cour de Poitiers; mais il refusa et mourut peu après. Les deux autres furent ARMAND et LOUIS-JOSEPH.

Badereau (Armand), Ec., s[r] de Soullans, comparut à l'assemblée de la noblesse réunie à Poitiers pour nommer des députés aux Etats généraux, fut nommé en 1790 président du directoire du département de la Vendée. On trouve dans la liste des émigrés que : Badereau fils (Armand), ex-noble, de Challans (Vendée), a été déclaré émigré le 1er thermidor an III.

Badereau (Louis-Joseph) dit le Chevalier, ancien mousquetaire du Roi, frère puîné du précédent? épousa en août 1779 Catherine-Rose-Joséphine ROCQUAND, D[e] de St-Martin-la-Rivière (près Chauvigny), fille de feu Nicolas-Joseph, s[r] de Pontbureau, maître des comptes en Bretagne, et de feu Rose Gobert; devint sgr de St-Martin-la-Rivière du chef de sa femme, comparut par procureur à l'assemblée de la noblesse du Poitou réunie au mois de mars 1789 pour nommer des députés aux Etats généraux, comme seigneur de Bois-Corbeau, émigra, fit la campagne de 1792 à l'armée des Princes, dans la 2e compagnie noble d'ordonnance, puis passa à l'armée de Condé et servait dans la 10e Cie du régiment d'Angoulême-Cavalerie, lors du licenciement en 1801.

Il avait un fils qui, bien que jeune encore, suivit son père dans son émigration, et qui, au licenciement de l'armée des Princes (1792), entra comme page à la cour du roi de Prusse et servit dans un de ses régiments jusqu'au moment de sa rentrée en France avec son père.

BADESTRAND. — Noble et ancienne famille, depuis longtemps éteinte ; c'est une de celles que l'on trouve relatées dès le XIe siècle dans les chartes du Haut-Poitou.

Badestraud (Airaud), *optimas de Mortuomari*, des principaux vassaux de Mortemer, souscrit dans des chartes de 1092, 1099, 1100 et 1112. (D. F. 7.)

Bedestralli (*Vivianus*) *de Mortuomari*, fils d'Airaud (le précédent sans doute), donne en 1118 à l'abb. de Noaillé un droit appelé *sazinia*, qu'il avait sur le bois de Bourneau, et qu'il tenait de *Engelelmus de Mortuomari*, son seigneur.

Badestrand (Guillaume) et son fils GUILLAUME souscrivent des titres de 1160.

Bedestral (*Willelmus* de) *de Roca-Mello* (de Rochemeaux), peut-être le même que l'un des Guillaume précités, souscrit dans des actes relatifs au prieuré de Montazay de 1172 à 1178. (D. Font. 18.)

Badestraud (*Vivianus*) est cité dans un ancien manuscrit conservé dans la bibliothèque de la ville de Poitiers et contenant d'anciennes ordonnances de police, comme signataire d'une charte de 1189. (F.)

Badestrand (Guillaume) habitait en 1222 la p[sse] de Mauprevoir. (F.)

Badestran (Pierre) avait fait don à l'église de St-Hilaire de la Celle (Poitiers) de tout ce qu'il possédait dans le fief de Clavière, ce que ratifia en 1250 *Hugo Juvenis de Cellâ*, sgr de Clavière. Pierre Badestran fut un des témoins de ce dernier acte.

Badestrans (Aimery) se désiste le 20 avril 1251, en faveur de l'abb. de Noaillé, des droits qu'il prétendait avoir sur le bois de Bourneau. (D. F. 22.)

Badestrand (Aimery) est nommé dans le testament d'Hélie du Bois, paroissien de Vivonne, fait vers 1215, avant son départ pour la Terre Sainte. (F.)

Badestrand (Perrot), valet, rendait un aveu à Hélie de Faugère le 3 août 1337. (F.)

Badestrand (Jeanne) était, le 8 févr. 1373, femme de Jean Palardit, sgr de l'Age-Saveneau et du Corgnier, du chef de sa femme ; le 8 avril 1386, il faisait un traité au nom de sadite épouse. Ils vivaient encore en 1401. (F.)

Badestrand (Perrot), Ec., fut passé en revue avec plusieurs autres gens de guerre à St-Jean-d'Angély en 1386. (A. N. J. 453, 49, 45.)

Badestran (Pierre), valet, était sgr de la Fayolle le 18 janv. 1406.

Badestran (Perrot), le même que ci-dessus? Ec., sgr de la Plevillière, vend, le 24 janv. 1415, une rente à Jean du Breuil-Hélion, Ec., sgr de Combes.

Filiation suivie.

1. — **Badestrand** (N.) eut deux enfants : HÉLIE, qui suit, et GEOFFROY, qui en 1266 fit, de concert avec son frère, divers échanges avec l'abb. de Charroux. Il assistait en 1291 à une transaction passée entre son neveu Aimery et Isabelle de la Pouge, veuve d'Hélie, son frère. Geoffroy eut un fils nommé JEAN DE BENATTES, qui, le 5 mai 1315, vendait une garenne sise p[sse] de St-Martin-l'Ars à Guillaume des Roches. (F.)

2. — **Badestrand** (Hélie), valet, sgr de Combes, arrente en 1262 diverses pièces de terre dans les p[sses] du Vigean et de St-Martin-l'Ars; après avoir fait en 1266 divers échanges avec l'abb. de Charroux, il rend en déc. 1270 un aveu à ce monastère. A cette époque, il se qualifie de Chev. et accensait en janv. 1272, de Simon de Lezay, un fief que ce dernier tenait de Boson, sgr de l'Ile-Jourdain. En janv. 1283, Hélie vendait à l'abb. de Noaillé, conjointement avec AIMERY et GUILLAUME, ses enfants, tous leurs droits tant à Bouresse que dans les environs. Outre ses fils susnommés, Hélie eut d'Isabelle DE LA POUGE, son épouse, un troisième garçon, nommé HÉLIE comme lui, lequel transige, ainsi que Aimery, son frère, le 7 juin 1315, avec Hugues Baranger de la Forêt, second mari de leur mère. Guillaume est qualifié de *domicellus Pictavensis* dans un acte de vente que lui consent, le 23 févr. 1300, Hélias Foucher, *domicellus, et Petronilla, uxor ejus*, de tous leurs droits *in mansis de las Cera.... et de las Brossas, sitis in parochia d'Avalhe*, etc.

3. — **Badestrand** (Aimeri), valet, sgr de Combes et d'Estillec. Dans la copie de l'acte de janv. 1283, précitée, prise par D. Estiennot, on lit Aimeri, *aliàs* Airaud. Nous croyons que l'on doit lire seulement Aimeri, car c'est toujours ainsi qu'on le trouve dénommé dans les actes.

Aimeri transigeait après un long procès qu'il soutint contre sa mère, en 1291. Le 23 juin 1293, il rendait un hommage à Boson de l'Isle pour les fiefs qu'il possédait dans sa terre. Le 7 juin 1315, il transigeait encore avec H. Baranger de la Forêt, qui sans doute était veuf à cette époque; car dans cette même année il jouissait d'une rente sur le vieux chât. du Vigean, que sa mère Isabelle paraîtrait avoir eue en dot, lors de son premier mariage avec Hélie Badestrand.

Aimeri laissa pour fils et successeur :

4. — **Badestrand** (Raimond), qualifié de *nobilis vir*, sgr de Combes et d'Estillec, avait succédé à son père en 1363. Il confirma, le 18 août 1373, les donations faites par son père à l'église de St-Martin-l'Ars.

Aimery Rabel lui rend un hommage pour le lieu de Villagres (c[ne] du Vigean), lequel « les sgrs de Combes

« soulloient et ont accoustumé d'emploier en la nommée « qu'ils rendent de Destillec... au sgr de l'Isle ». (O. de la Guéronnière.) Il laissa pour fils :

5. — **Badestrand** (Naudin), sgr de Combes et d'Estillec, recevait, le 28 déc. 1394, de Perrot de Morne, un aveu pour certains lieux relevant de sa sgrie de Combes, et rendait lui-même son aveu pour le fief d'Estillec au sgr de l'Isle, le 15 sept. 1400.

Naudin avait épousé Hélène du Plessis, fille de Pierre, 1er du nom, et de Radégonde Vigier. Il mourut sans enfants en 1402.

Une autre branche de cette maison paraît avoir existé dans la terre d'Angle, membre dépendant de l'évêché de Poitiers, car on trouve dans le cartulaire connu sous le nom de Grand-Gauthier que :

Badestrau (Hugues) possédait, vers 1308, un fief relevant de la chnie d'Angle ; — que, vers cette même époque, Guillaume Badestrau, *valetus*, y rendait aussi un hommage, et que dans le même temps Ranulphe Badestrau vendait une rente de 20 mines de froment dans la psse de Flex. (A. H. P. 10.)

(*Nota*. — Ces derniers noms sont ainsi écrits.) Depuis le commencement du xve s., on ne trouve plus trace de la famille Badestrand.

BADEVILLAIN (de). — Famille originaire d'Usson.

Badevillain (Jean de) dit Tirepeau, valet, fait un traité pour des droits de fiefs avec Pierre Repousson, valet, le 16 déc. 1393. (F.) Il fit aveu, le 12 mai 1392 et le 16 sept. 1402, à Aimery Brulon, valet, et à Jean Brulon, Ec., seigneurs de la Cour d'Usson.

Badevillain (Jean de) était notaire juré en la cour de Civray le 25 janv. 1400. (F.)

Nota. — Badevillain est un château, cne d'Usson, arrondt de Civray (Vienne), possédé longtemps par une branche de Nuchèze.

BADIFFE. — Famille originaire de la Saintonge.

Blason : d'azur à la levrette d'argent, au collier de sable. (Cab. tit. Pièc. orig. 164.) On trouve ailleurs : de sable au croissant d'argent, chef d'azur à 3 étoiles d'or.

§ Ier. — Branche de la **Touche**.

1. — **Badiffe** (Jacques), sr de la Touche, anobli en 1644, épousa Marie de Vaux, dont : 1° Jean, qui suit ; 2° Jacques, Ec., sr de Romans, servait comme volontaire en 1649 et fut blessé au combat de Lormont près Bordeaux. Il épousa Perside ou Placide de Lescure, fille de Théodore, Ec., sr du Breuil-Bastard, et de Claude de Lézignac.

2. — **Badiffe** (Jean), Ec., sr du Maine, Vaux, épousa à la Rochelle, le 2 nov. 1647, Pernelle le Jau ou le Geau, fille d'Isaac et de Jeanne Marchand, dont :

3. — **Badiffe** (Jean) dit Gean-Badiffe, Ec., sr de la Touche, Corchamp, épousa, le 27 juill. 1676, Susanne Regnier, fille de Louis, Ec., sr de la Planche, Vaujompe, et de Jeanne Bertineau, dont : 1° Paul-Jean, qui suit ; 2° Gabriel-Isaïe, chef de la branche de Vaujompe, § II.

4. — **Badiffe** (Paul-Jean), Ec., sr de Corchamp, la Touche, épousa Marie Boisseau, dont : 1° Paul, Ec., sr de la Touche, né en 1715 (partage en 1750) ; 2° Marie, mariée 2 fois, et en 2es noces à Jean Arnauld, ivant en 1750.

§ II. — Branche de **Vaujompe**.

4. — **Badiffe** (Gabriel-Isaïe) Ec., sgr de Vaujompe (fils puîné de Jean et de Susanne Regnier, (3e deg., § I), épousa, le 7 août 1717, Louise Limouzin, fille de Gabriel, Ec., sr de Nieul, dont : 1° Henri, qui suit ; 2° Jean, 3° Louis. L'un des deux épousa Anne-Marie de Varsanne.

5. — **Badiffe** (Henri), Ec., sr de Vaujompe, épousa, le 1er févr. 1751, Marie Bertrand, fille de Joseph, avocat, et de Susanne Boullet, dont plusieurs enfants (l'un d'eux, émigré en 1791, signe une attestation de noblesse avec d'autres gentilshommes, le 22 avril 1792, à Munster) et Antoine, qui suit.

6. — **Badiffe** (Antoine) dit le Mis de St-Sulpice, né le 1er août 1763, était officier au régt de Normandie en 1789. Il vivait encore sous la Restauration.

BADORY ou **BADORIT**, en Bas-Poitou.

Badorit (Hugues), Ec., sr de Prédorin, eut pour fille Jeanne, mariée, vers 1420, à Pierre Chevalier, puis à Philippe Voussard.

Badory (Jean) servit en brigandinier au ban de 1488. Nous pensons que c'est le même qui, convoqué en 1489, fut désigné pour faire partie de la garnison du chât. de Bournezeau. (Doc. inéd.)

Badory (Jacques), convoqué au ban de 1489 (17 juillet), fut renvoyé *pour pouvreté*. (Id.)

Badorit (Jean) de Bourneau servit en archer au ban de 1491.

Badorit (Marguerite), épouse de Pierre Levrault, Ec., sgr de la Touche-Levrault, était morte avant le 11 avril 1534. Ils possédaient près de St-Philbert du Pont-Charrault. (F.)

BADOUX.

Badoux (Jehan) rend, le 18 nov. 1368, un aveu à cause de Jeanne Pracelle, sa femme, à Loys Foucher, comme sgr de la Dubrie. (B. A. O. 1856, 399.)

Badou (Eustache) rendait à l'abb. de Ste-Croix de Poitiers hommage de la sgrie de Villiers le 22 déc. 1427. (D. F.)

Badoux (Jean) servait comme brigandinier du sr de L'Aigle au ban des nobles du Poitou de 1467.

Badoux (André) rend, le 26 nov. 1659, un aveu à Georges Ysoré, sgr d'Airvau, pour cause de cette seigneurie. (Arch. Msat d'Airvau.)

BAFFORET (Anne du), veuve de Claude Prévost, Ec., sr de la Bussière, faisait une vente à l'abbaye de Ste-Croix le 26 avril 1631. (Arch. de Ste-Croix. D. F.)

BAGNÉ. — Fief psse d'Usson. Un gentilhomme de ce nom servit au ban de 1703, dans le 2e escadron. (Voir **Hilaire**.)

BAGLION. — Famille d'origine italienne, qui remonte aux temps les plus reculés. Les Baglion furent ducs de Souabe, souverains de Pérouse, podestats de Florence, de Spolette et de Lucques, Mis de Morcon à Florence, Mis et Ctes de la Salle et Bons d'Yons (Lyonnais), sgrs de Martigné, de la Dufferie, de la Mothe-Usson, etc., dans le Maine. Jove dans ses Eloges, Sansonin dans ses Familles d'Italie, disent que les Baglioni ont pour ancêtres les ducs de Souabe et de Bavière.

La maison de Baglioni a donné des souverains à

Pérouse pendant plus d'un siècle. Michel Baglioni, fils de Collacio, vint en France en 1384 et épousa au pays du Maine Isabeau DE SURCOULEMONT, dame de la Dufferie. Ses descendants se distinguèrent dans la carrière des armes, et pour reconnaître leurs services, François Ier leur concéda le droit d'ajouter à leurs armoiries les trois fleurs de lis de France.

Pierre d'Hozier ayant écrit la généalogie des sgrs de la Dufferie, sortis, dit-il, de l'illustre maison des Baglioni, seigneurs souverains de Pérouse en Italie (Paris, Cl. Cramoisy, 1662), et M. Carré de Buxerolles en ayant également donné la filiation dans le Calendrier de la noblesse de Touraine, Anjou, Maine et Poitou (1879), nous y renverrons les personnes désireuses de connaître avec détails l'histoire de cette grande maison.

Blason. — Baglion de la Dufferie, de Saillant, etc. : d'azur au lion léopardé d'or, arrêté et appuyé de la patte dextre de devant sur un tronc écotté de même; trois fleurs de lis d'or rangées en chef, surmontées d'un lambel à quatre pendants d'or. — Devise : *Omne solum forti patria est.* Cri : *Baglioni.*

Parmi les prélats que cette famille a donnés à l'Eglise, le diocèse de Poitiers revendique à juste titre Mgr FRANÇOIS-IGNACE BAGLION DE SAILLANT, fils de Jean Bon du Jour, gentilhomme de la chambre du Roi, qui avait d'abord embrassé la carrière des armes, qu'il abandonna après être parvenu au grade de colonel, pour entrer dans la congrégation de l'Oratoire. En 1679, il fut nommé à l'évêché de Tréguier et en 1686 à celui de Poitiers; mais, n'ayant obtenu ses bulles que le 23 nov. 1693, il ne prit possession de son siège que le 2 mars 1694. Il est mort à Poitiers le 26 janv. 1698, âgé de 64 ans. On lisait son épitaphe dans la chapelle St-André de l'église cathédrale, où il fut inhumé.

M. l'abbé Aubert (Histoire de la cathédrale de Poitiers, M. A. O. 1849) a donné cette épitaphe.

Baglion de la Salle (Pierre), frère ou neveu du précédent, grand archidiacre de l'Eglise de Poitiers en 1698, fit inscrire ses armoiries à l'Armorial de la généralité de Poitiers. Voir plus haut.

Baglion de la Dufferie (Jacques-Bertrand Mis de), capitaine au régiment de Royale-Pologne-Cavalerie, épousa en 1776 Jacqueline-Françoise PORET DU BUAT, dont il eut, entre autres enfants : CHARLES-MARIE, qui suit;

Baglion de la Dufferie (Charles-Marie, Mis de), qui épousa, le 2 juill. 1826, Euphémie DE SANCÉ, fille de Pierre-Louis-Victoire, Chev. de St-Louis, et d'Euphémie-Renée Le Mayre de Cordouan ; dont : 1° CHARLES-EMILE, qui suit, 2° ANGÈLE, mariée, le 18 oct. 1853, à Paul Mouësan de la Villerouët.

Baglion de la Dufferie (Charles-Emile Cte de) épousa, le 7 juin 1859, Marthe PERRY DE NIEUIL, fille d'Augustin et de Marie-Henriette-Melchiorine de Nuchèze. De ce mariage sont issus CHARLES, né le 9 sept. 1863, et 6 filles, dont quatre sont décédées ; et en secondes noces, en 1881, Louise-Berthe DE WACQUANT, fille de Simon-Marie, général de brigade, et commandeur de la Légion d'honneur, et de Louise-Amicie de Meckenheim d'Artaize. De ce mariage sont issus BERTRAND et ALIX.

BAGOT.

— Nous puisons les quelques notes qui suivent dans la généalogie de la famille Arnault de la Ménardière publiée à Poitiers.

1. — **Bagot** (Julien), médecin à Bressuire, épousa Marie-Charlotte RICHARD, fille de Philippe et de Marguerite Bouju de la Poupilière, dont :

2. — **Bagot** (Joseph-Philippe) fut maire de Bressuire et est décédé en juill. 1852. Marié à Pélagie ROBOUAM DU PLESSIS, il a eu : 1° JULIEN, qui suit; 2° MARIE-JOSÉPHINE, mariée à Gustave-Adolphe Louvart de Pontlevoy, juge d'instruction à Bressuire.

3. — **Bagot de Blanchecoudre** (Julien), marié à Gabrielle-Henriette-Esther BRAULT, fille d'Auguste-Thomas et de Louise-Henriette Lucquas de la Brousse, dont :

4. — **Bagot de Blanchecoudre** (Henri-William-Philippe-Julien-Thomas), né à Poitiers, le 15 nov. 1845, marié à Paris, le 26 nov. 1874, à Sophie-Anaïs-Marie-Antoinette GOURY DU ROSLAN, fille du Bon, ancien ministre plénipotentiaire, dont: 1° MARGUERITE, 2° MARIE-ANTOINETTE.

BAGUENARD.

Baguenard (Madeleine) était en 1369 épouse de Jacques Vignerot, valet, demeurant psse de St-Jouin-de-Milly. (Maynard-Mesnard, 157.)

Baguenard (Eutrope), religieux de l'abb. de St-Maixent en 1567, fut chantre de cet monastère de 1570 à 1587; c'est probablement le même qui remplissait les fonctions de sacristain de 1593 à 1611. (D. F. 16. A. H. P. 16 et 18.)

Baguenard (Louis), marchand à Poitiers, avait épousé Dlle Anne DE MAILLÉ et transigeait, le 13 janv. 1529, avec Louis de Maillé, son beau-frère, au sujet de certaines portions de la succession de Guyonne de Partenai, leur mère, que ledit Louis prétendait ne pas revenir à sa sœur.

Baguenard (André-Florentin), reçu assesseur criminel et premier conseiller au Présidial de Poitiers le 10 juill. 1774, l'était encore en 1789.

Baguenard (André-Casimir), fils du précédent, a épousé, le 21 mai 1798, Marie-Rose RAMPILLON, dont LOUISE-FÉLICITÉ, mariée, le 24 janv. 1824, à Edouard Bouthet de la Richardière.

BAGUENER

(Jean) tenait un rang honorable parmi la bourgeoisie de Parthenay en 1297. (Gâtine, 138, 144.)

BAHORT ou BAHOURS.

Bahort (Jean), Ec., sgr de la Rogerie, rend un aveu au sgr de Chavannes le 8 janv. 1469, à cause du fief de Liré, sis psses de St-Martin-de-Sanzay, Brion, etc., qu'il possédait du chef de Catherine DE BRION, *aliàs* LIRÉ, sa femme, dont un fils.

Bahourt ou **Bahort** (Gilles), Ec., sgr de la Rogerie, épousa, le 21 mai 1482, Marie D'AUBIGNÉ, fille de Thibaud, sgr de la Touche, et de Jeanne de la Parnière. (F.)

D'après la généalogie de La Ville de Férolles, Gilles aurait épousé, à la même époque, Marie DE LA VILLE DE FÉROLLES, fille de Pierre, Ec., sgr de Férolles, et de Guyonne de Sourcelles ?

Bahours (Jehan), sgr de la Bahourdière, déclare tenir 150 liv. de rente, et servira de deux brigandiniers et à trois chevaux. (Les Montres de Vihiers, Maulevrier, etc., les 22... 26 fév. 1471. O. de la Béraudière.)

BAIDON

(Jeanne de), demeurant à Marnes, veuve de REGNAUD de Baidon, prévôt de Geoffroy Floceau, Bon et sgr de Beaumont, se plaint des empiétements du bailli royal, 1242. (A. N. J. 97, 1, 112.)

BAIF (de).

Blason : de gueules à 2 lions léopardés d'argent, au chef de même.

Baïf (Lazare de). Nous ne plaçons ici cet écrivain du XVIe siècle qui, bien que fils de Marguerite Chasteigner de la Rocheposay et de Jean de Baïf, sgr de Baïf et de Maugé, est étranger au Poitou tant par sa famille paternelle que par son lieu de naissance (les Pains près de la Flèche), que parce qu'il fut abbé de Charroux et de la Grennetière, dans notre province. On trouve sur sa vie et ses ouvrages des détails dans tous les ouvrages biographiques. Si l'on en doit croire une requête présentée en 1540 par André d'Allemagne, archidiacre de Thouars, il n'était pas de facile composition pour le payement des droits de visite dus à ce dignitaire par son abbaye de la Grennetière, enclavée dans les limites de l'archidiaconé de Thouars. (D. F. 2. 415.)

BAIGNAN (de). — Famille noble de la Touraine qui a eu plusieurs alliances avec des familles poitevines.

Blason : d'argent au chevron de sable et 3 oiseaux (râles de genêt) de même, becqués, membrés de gueules.

Baignan (Charles de), Ec., sr de la Briennerie, épousa Renée de Vaucelles, fille de René ? Ec., sr de la Chaume. Elle vivait en 1613.

Baignan (Pierre de), Ec., sr de la Jaumeraye (Sepmes), épousa, le 4 août 1610, Catherine de Barzan ? fille de Pierre, Ec., sr de la Brande, et de Anne Thaveau (*sic*), demeurant au chât. de Baigneux, en présence de Philibert Taveau, Chev. de l'ordre du Roi, sgr de Mortemer; René Taveau, Ec., sr de Normandon, oncles de la future; dame Bertrande du Puy, épouse de Philibert Taveau; Dlle Lucrèce Taveau, dame Descoublères, sa fille; François Girard, Ec., sr de la Féraudière. (Carrés d'Hozier, 51.)

BAIGNEUX (de). — Nom de plusieurs familles.

Baigneux (Jean de), Chev., étant venu de Lyon à ses frais pour obéir à l'ordre du Cte de Poitiers, frère du Roi, lieutenant-général en Languedoc, donne quittance pour ses dépenses, 1357. (Sceau : écu fascé de 8 et une barre (*sic*) brochant. (Gaignères, 773, 77.)

Baigneux (Gilles ou Guillaume de), clerc du Roi, secrétaire de M. le Cte de Poitiers, 1359, avait pour sceau un écu chargé d'un sautoir engreslé et 4 têtes de Maure.

Baigneux (de) en Touraine, allié à Goullard-Beaumène ? de..... à la croix d'argent chargée de 5 besants de..... (Note de d'Hozier. Cab. tit. 670.)

BAIGNEUX (de) en Touraine, sgrs de Baigneux, psse de Sepmes, près la Haye (Indre-et-Loire).

Blason : de sinople à 3 lions d'or. (Pièces orig. 167.)

Baigneux (Guillaume de), Chev., 1304 et 1344, 1346.

Baigneux (Aimery de), valet, 1307.

Baigneux (Philippon de), valet, 1307 et 1313, épousa Jeanne, vivant en 1318.

Baigneux (Bertrand), 1346.

Baigneux (Jeanne de), femme d'Aimery de Velor, 1330.

Baigneux (Gilles de), 1395.

Baigneux (Marcou de) était en 1391 épouse de Pierre des Toucheaux.

Baigneux (Maurice de), Ec., rendait, le 1er juill. 1539, pour son hôtel du Rivau, situé psse de St-Romain et de Vellèches (Vien.), un aveu à l'abbaye de Ste-Croix, comme père et loyal administrateur de René de Baigneux, son fils mineur. (F.)

Baigneux (Timothée), ministre protestant à Poitiers, épousa à Niort, le 27 nov. 1680, Marie-Anne Drelincourt, fille de Laurent, ministre à Niort. (D. F. 82.)

BAIGNEUX DE COURCIVAL (de). — Famille originaire du Maine, qui possédait la Lavardinière à la Celle St-Avan ou Avant (le nom primitif était de Stellaye).

Blason : de sable à 3 étoiles d'or.

Baigneux (Antoine de), Chev., sr de Courcival, enseigne des gardes de Monsieur frère du Roi, épousa à Paris, le 9 août 1672, Renée-Françoise Vasselot, fille de Louis, Chev., sr d'Annemarie, et de Françoise de Maugas ? dont : 1° Antoine, capitaine, tué à Luzzara, 1702; 2° Pierre, tué à Norwinde, 1693; 3° René-Érard, marié, sans enfants ; 4° Jacques.

Baigneux (Jacques de), Chev., sr de Courcival, fut l'un des héritiers maternels de Louise de la Chesnaye, veuve du Cte d'Aitz de la Villedieu (XVIIIe siècle).

BAILLARGEAU. — On trouve plusieurs familles de ce nom.

Baillargeau (Malayne) fut dame de la Roche-au-Faye en Boismé, fief relevant de la sgrie du Poyron, 1605. (Hist. Bressuire, 233.)

Baillargeau (Jacob) était receveur des tailles à Loudun en 1677.

Baillargeau (N.), lors de l'établissement des assemblées provinciales, fut appelé à remplir les fonctions de secrétaire-greffier à l'assemblée de l'élection de Thouars.

BAILLET. — Ancienne famille de Poitiers.

Blason. — Baillet : de gueules à un baquet d'argent, au chef d'or, chargé d'un casque de profil, grillé d'argent. (Arm. des échevins.) (Parait être de fantaisie.)

Baillet (Robinet) était échevin de la commune de Poitiers en 1385. (F.)

Baillet (Pierre) l'était en 1393. (F.)

BAILLET DE LA BROUSSE. — Famille qui habitait les environs de Ruffec au XVIe siècle. (Carrés d'Hozier, 52.)

Blason : d'azur à une bande d'argent accompagnée de 2 dragons ailés d'or. — Ailleurs on trouve : d'argent à une bande de gueules accompagnée en chef d'un dragon ailé de sinople, en pointe d'un chardon fleuri de gueules, tigé de sinople. (Cab. tit. 283.)

1. — **Baillet** (François), sr de la Brousse (psse de Taizé près Ruffec), épousa Madeleine de la Rivière, dont : 1° Pierre, qui suit; 2° Louis, sr de Morial, épousa Charlotte Favereau ? dont il eut Jean et Antoine, qui transigent le 11 mars 1583.

2. — **Baillet** (René), sr de la Brousse, testa le 22 nov. 1559. Il épousa Marie LE SAGE, dont :

3. — **Baillet** (Jean), Ec., sr de la Brousse, obtint un arrêt de la cour des aides en 1600 (demeurant à Pioussay). Il habitait aussi Puypatrot, psse de Taizé. Il fit accord avec ses cousins en 1583, en présence de Jacques Favereau, Ec., sr de la Mandoterie; Jacques d'Albanie, Ec., sr de St-Basile; Jean Pesnel, Ec., sr de la Barre; Hercule Jay, Ec., sr de la Somagière; Julien Fourestier, sr de Laudredière, et donna à Me François Turpault, not. à Chef-Boutonne, la métairie des Deffans, psse de Fontenilles, acquise de Jeanne Bonnichault, et de François de Céris, Ec., sr de la Mothe-St-Claud, son fils. Il fut, dit-on, capitaine d'arquebusiers, 1587, et capitaine de Civray, et mourut à Poitiers, le dimanche avant le 4 avril 1609. Marié : 1° à Marie JAY (des srs de Montonneau), 2° à Lucrèce BARILLIER, il eut du 1er lit : 1° FRANÇOIS, qui suit; 2° ANNE, mariée à Louis du Bal? sr du Bousquet, capitaine de Cahuzac; du 2e lit : 3° MARIE, qui épousa Hélie Glatinon, sr de la Geoffrie, avocat à Angoulême; 4° PIERRE, sr de la Valette, marié, le 3 avril 1606, à Françoise PESNEL, remariée plus tard à Pierre Préveraud, Ec., sr de la Challaurie?

4. — **Baillet** (François), Ec., sr de la Brousse, présente requête au juge de Civray le 4 avril 1609, parce qu'on a pris divers titres, à Taizé, chez son père, décédé le dimanche précédent. Il épousa, le 8 avril 1596, Jeanne LEGRAND, fille de Jean, sr de la Borde, et de Jeanne DUVAL, demeurant à Cahuzac. Il eut pour enfants : 1° JEAN (peut-être resté à Cahuzac); 2° PIERRE, qui suit.

5. — **Baillet** (Pierre), Ec., sr de la Fontenelle, épousa, le 2 avril 1625, Marie CACAUD, dont il eut :

6. — **Baillet** (François), marié, le 3 déc. 1661, à Isabeau REYS, dont :

7. — **Baillet** (Isaac), père de :

8. — **Baillet** (Joseph).

Baillet de la Brousse (Jean-Hippolyte), garde du corps du Roi, puis officier au 13e de ligne, épousa, le 29 nov. 1821, Valérie-Louise-Pauline BOUHIER DE L'ECLUSE, fille de Robert-Esprit-Antoine et de Marie-Madeleine-Julie de Rorthays de St-Hilaire. Il est mort en 1831.

Cette famille subsiste encore aujourd'hui (croyons-nous).

BAILLEUL (DE). — La Chesnaye des Bois, I, 653, parle d'une famille de ce nom qui habitait la province du Maine. Peut-être ceux que l'on trouve en Poitou ont-ils même origine.

Blason : d'argent à trois testes de loup de sable. (Barentin.)

Les Bailleul du Maine portaient : d'argent à trois têtes de loup de sable, lampassées de gueules, 2, 1. (Armorial du dioc. du Mans, par Th. Cauvin, 1860.)

Bailleul (Jean de) fit montre le 2 avril 1365.

Bailleul (Gauvain et le Borgne de) le font le 1er juill. 1368, et

Bailleul (Ambroise de) le 4 oct. 1410. (Bib. Nat. Montres et Revues.)

Bailleul (Philippe de) sert en brigandinier à l'arrière-ban du Poitou de 1488. (Doc. inéd.)

Bailleul (N. de), maître des comptes, épousa, vers 1620, Anne FERRAND, fille d'Antoine et de Marguerite-Madeleine Vallée. (Gie Ferrand.)

Bailleul (Nicolas de) fait enregistrer au Parlement de Paris le 27 juill. 1656, et à la chambre des comptes le 31 du même mois, les lettres patentes du mois de juillet de cette même année qui érigeaient en sa faveur la terre de Château-Gonthier en marquisat.

Bailleul (Jean de), Chev., sgr dudit lieu, était mort le 18 janv. 1682, date du contrat de mariage de Marguerite SERPILLON, sa veuve, avec Nicolas Rocquet.

Bailleul (Guy de), sgr des Roches, psse de Bouillé-Lorets (D.-S.), fut maintenu noble par Barentin. (Catalogue annoté des gentilshommes de la généralité de Poitiers.)

BAILLIER (Simon) est un des témoins entendus dans l'enquête faite vers 1225 au sujet des devoirs militaires dus par les habitants de Xaintray au sgr de Parthenay. (Arch. des D.-S.)

Baillier (Colas) sert en brigandinier, tant pour lui que pour ses frères, à l'arrière-ban du Poitou convoqué en 1488. (Doc. inéd. 178.)

BAILLIF OU **BAILLY** ET **LE BAILLIF**. — Nom commun à plusieurs familles.

Blason. — D'après l'Armorial des maires de Poitiers de M. de Sauzay, Pierre Baillif, échevin de Poitiers en 1373 : d'azur à 3 crouzilles (coquilles) d'or, chef de même, à l'aigle éployée de sable. — Dans Goujet on trouve : de sinople à une statue de la Justice d'argent tenant une balance d'or et une épée d'argent à la garde de gueules. (Ce blason est de fantaisie, d'après un vieil Armorial des échevins de Poitiers.)

Baillif (Jean) rendait vers 1310, tant pour lui que pour ses frères, aveu à l'évêque de Poitiers, sgr de la châtnie d'Angle. (Cart. de l'év. de Poitiers. A. H. P. 10.)

Baillif (Pierre), bourgeois de Poitiers, fut chargé avec Jean de Beaupuy et Etienne Guichard d'assister à la reddition des comptes de Pierre Chartren, receveur de la ville, du 1er sept. 1387 au 31 août 1388. (Arch. de Poitiers, 202.) C'est lui sans doute qui était échevin en 1394.

Baillif (Jean) était l'un des présidents du Parlement transféré à Poitiers sous Charles VII (1418). Il fut nommé par le Roi pour tenir avec un de ses collègues le sceau, en l'absence du chancelier.

Baillif (Jean) servit en 1467 au ban des nobles du Poitou comme brigandinier du sr de L'Aigle.

En 1454, un Jean Baillif (peut-être le même), gendre de noble Guillaume Ayneau, fait cession d'une rente au Vigean à Héliot de Clervaux, Ec., sr du Vigean. (Carrés d'Hozier, 53.)

Baillif (Pierre) sert comme brigandinier pour Jehan de la Roche à l'arrière-ban du Poitou de 1488. (Doc. inéd. 193.)

Baillif (Hilaire et Jacques), habitant Airvau, sont, le 14 août 1582, parrains de Claude Ogeron.

D'après un acte du 30 janv. 1585, on voit qu'ils étaient frères. Hilaire épousa en 1res noces, avant le 24 janv. 1581, Marguerite ROUSSEAU, et à cette date on faisait l'inventaire des meubles qui formaient leur communauté.

Le 4 déc. 1599, le Parlement de Paris rendit un arrêt qui condamna FRANÇOIS, PHILIPPE et MARGUERITE, enfants de feu Hilaire, autrefois tuteur de Renée Poussineau, à payer à Georges Ogeron, Ec., sgr de Moiré, époux de ladite Poussineau, la somme de 1,012 écus, 5 sols et 6 deniers, pour solde du compte de curatelle ; et l'on voit par une sentence rendue par Loys de Ste-Marthe, lieut.-général de la sénéchaussée de Poitiers, le 17 mai 1601, qu'à cette date les biens provenant de la succession dudit Hilaire avaient été saisis, et que Françoise, sa fille, était femme de Claude Trot.

Baillif (Pierre), fils d'Hilaire précité, fut parrain de Pierre Ogeron le 8 sept. 1594.

Baillif (Jean) épousa, par contrat du 8 déc. 1649 (T. et Guy notres), Françoise Devallée, qui devint veuve et se remaria à Jean Billot.

Baillif (Marie) était en 1629 la femme de Jean d'Houdan, sr de Beaupré, et à cause d'elle co-propriétaire d'une maison dite de la Truye, sise à Airvau, rue de Bretagne, dont un Jacques Baillif possédait l'autre partie. (Pap. censaire de l'abb. d'Airvau.)

Baillif (Hilaire), sr de la Maduère, était en 1673 sénéchal de l'abb. d'Airvau. (Id.) Il eut de Renée Pineau, sa femme, une fille, Louise, qui épousa, par contrat reçu Boismenet et Claveau, notres à Airvau, le 30 nov. 1662, Philippe de Liniers, Chev., sgr de Soulièvre.

Baillif (Nicolas), sr du Plessis, assiste comme cousin de la future au contrat de mariage de Joachim de Lauzon, Ec., avec Dlle Catherine Chauvin, passé à Glenay, le 16 janv. 1727.

Baillif (Philippe), Ec., sr de la Grange, possédait en 1695 la métairie du Resnier (Champagné-St-Hilaire), qui fut saisie sur lui.

Baillif (Marie-Louise) épousa Pierre Joussant, conseiller au Présidial de Poitiers, dont elle était veuve le 26 août 1724. (Gle Pélisson.) Elle avait des procès à Champagné-St-Hilaire en 1705. (A. Vien. G. 767, 769)

BAILLON (de).

Baillon (Phelippot du) avait vendu, avant le 16 janv. 1470, à l'abb. des Châtelliers 20 liv. de rente sur « l'ostel, grange et gaignerie de la Court, assis en la paroisse de Saint-Heanne », dont il tenait une partie à cause de Katerine de Vallée, sa femme. (Cart. des Chasteliers. M. Stat. 1867, 213. D. F. 23.)

Baillon (René de), Ec., sr de Bourneuf, au lieu de François Scolin, Ec., sr de Bourneuf, est mentionné dans un aveu de la Fuye (vers 1536).

Baillon (François), sgr de Champassy, faisait partie en 1534 de la maison du Vte et de la Vtesse de Thouars (Chart. de Thouars.)

Baillon (Toussaint de), Ec., rend, le 27 juin 1573, un hommage à la sgrie de Marconnay, comme mandataire de Louis du Bois, sgr des Arpentis.

Baillon (Elisabeth de) épousa, le 19 juin 1647, Gilbert du Pin, Ec.

BAILLOU. — Famille originaire du Perche, venue en Poitou en 1612, date à laquelle elle acheta la terre de la Brosse près Loudun, où elle a toujours résidé jusque dans ces derniers temps.

Cette famille a donné un médecin à Henri IV (Moréri, 1), dans la personne de Guillaume Baillou, mort en 1616. Ce fut son fils, nommé Guillaume comme lui, qui vint s'établir dans notre province. Voici les quelques renseignements que nous avons pu recueillir sur cette famille qui habitait Saumur en 1840.

Blason. — La famille Baillou de la Brosse porte : d'or à trois hures de sanglier de gueules, posées 2, 1. (Arm. d'Anjou, 1, 102.)

Baillou (Catherine) épousa, le 5 août 1497, Jeanne le Noir, fille d'Antoine, Ec., sgr de Beaulieu, et de Françoise Royrand. (Gle Le Noir.)

Baillou (Bertrand de), Ec., sgr de Millerand près Monts-sur-Guesne, de Boisdais et de Rochebelin, eut de Madeleine de Candellier, fille de Jacques, Ec., sr de Millerand, et de Perrette Chevalier, Jeanne, qui épousa, par contrat du 4 févr. 1596, Anne de Rougemont, Ec., sgr de la Voyrie, dont elle était veuve en 1635. Le 31 mars, elle obtenait, à ce titre, des commissaires pour le régalement des tailles en la généralité de Tours, une confirmation de noblesse.

Baillou de la Brosse (N.), né à Cursay près Loudun en 1772, et décédé au mois d'avril 1840, fit partie des armées vendéennes, fut chargé de plusieurs missions près du Cte de Provence (Louis XVIII), alors à Mittau. Arrêté à Paris à son retour en France, il fut renfermé au Temple et ne dut son salut qu'à la mort de Robespierre.

Une autre personne de la même famille était en 1790 membre du district de Loudun et fut nommée en 1791 membre du directoire de ce district. Nous ne savons si c'est le même qui fut nommé en l'an II par le représentant du peuple Chauvin administrateur du district de Poitiers.

BAILLY. — Nom commun à plusieurs familles. Voir **BAILLIF.**

Bailly (Pierre), habitant de la sgrie de Commequier, servait en archer au ban des nobles du Poitou de 1491.

Bailly (Jean) et

Bailly (Jacques) étaient receveurs des exploits et amendes des Grands Jours pendant l'année 1579. (M. Stat. 1878.)

Bailly (Jean), sr de la Grounalière, était receveur général des finances en Poitou en 1588 et 1600. (M. A. O. 1883, 377.) Il avait épousé Anne Gedouyn, dont un fils, Toussaint, baptisé le 22 juin 1590 à Parthenay (St-Laurent).

Bailly (Isaac), sr de Mursay, et

Bailly (Philippe), sr de la Grange, vivaient en 1688. (F.)

BAILLY DU PONT. — Cette famille habite les environs de la Châteigneraye.

Bailly (Vincent), honorable homme, sr de la Cantière, marchand à la Châteigneraye, avait épousé Françoise Abouet, décédée sa veuve en 1680. (B. Fillon, Poitou et Vendée, la Châteigneraye, 6, 7.) Cette famille était fort anciennement établie dans ce bourg, car nous trouvons qu'en 1494 Marie, fille d'un marchand de ce nom habitant la Châteigneraye, épousa Pierre Le Venier, également marchand (Maynard-Mesnard, 155), et en 1704 il y existait encore une dame du Pont-Bailly. (B. Fill. id.)

Bailly (Pierre) est dit avoir épousé au xviiie se Catherine-Armande Dubois, fille de François-Louis, sr de la Groye.

Bailly (Louis), sr des Rouchènes, laissa de Marie Rochard, sa femme, Susanne, mariée, par contrat du 7 mars 1707, à Laurent Cochon, sr de Bénéon.

Bailly (Charles), sgr du Pont, des Bailly et de la Châteigneraye? rend aveu au Roi pour sa sgrie de la Nouc. (A. N. P. Reg. 438, 235.)

Bailly du Pont (Anaïs-Artellie), fille de N. et de N. Fillon, épousa, le 28 sept. 1841, par contrat reçu Valette, notre, Alcide-Quentin Pichard du Page. (Cte Pichard.)

BAILLY DE LA FALAISE (LE). — Famille originaire du pays de Caux, qui a tiré son nom patronymique d'une charge féodale qu'elle tenait à titre de fief du comte de Longueville. Elle ne se rattache au Poitou qu'en ce qu'elle est aujourd'hui la seule représentante d'une famille de notre province dont, dans ces derniers temps, elle a relevé le nom et les armes, et que ses derniers représentants sont venus s'établir parmi nous.

Sa filiation fut établie et justifiée de 1471 à 1666, pardevant Barrin de la Gallissonnière. (Arch. Seine-Inférieure, généralité de Rouen.)

Blason : d'azur à la fasce emmanchée d'or et de gueules de cinq pièces, accompagnée de deux croissants d'argent en chef et d'une molette d'éperon en pointe. Devise : *Nec metu, nec invidiâ.*

Filiation suivie.

1. — **Bailly** (Jean Le), sr du Petit-Val, gentilhomme de la maison du Roi, eut de Judith DE PONTBREL :

2. — **Bailly** (Antoine Le), Ec., sgr de la Falaise, gentilhomme de la maison de Monsieur, épousa à Rouen, en 1670, N. DE RIGAULT D'ORCHES, dont :

3. — **Bailly** (Charles Le), Ec., sgr de la Falaise, né le 15 août 1684, épousa : 1° en 1712, Anne-Charlotte DE VAUDROIT ou VAUDRAY, dont il eut LOUIS-ANTOINE-ALEXANDRE, qui suit ; 2° en 1718, Marie-Catherine LE BALLEUR, et mourait le 5 fév. 1752.

4. — **Bailly** (Louis-Antoine-Alexandre Le), Ec. sgr de la Falaise, naquit le 26 sept. 1716, épousa avant 1754 Catherine LE COQ DE MÉZIÈRES, dont : PACÔME-FRANÇOIS, qui suit, et quatre filles, mortes célibataires.

5. — **Bailly** (Pacôme-François Le), Ec., sgr de la Falaise, né le 13 mai 1768, épousa, à sa rentrée de l'émigration, le 18 fructidor an IX, Pauline-Louise-Victoire DE LOYNES, fille de Denis-Louis-Jacques-Nicolas de Loynes, Mis de la Coudraye, gouverneur de Fontenay-le-Comte, et de Marie-Charlotte-Joséphine Carré de Ste-Gemme, qui est décédée à Luçon en 1844 ; son mari était décédé dès le 23 sept. 1803. Leurs enfants furent : 1° MARIE-CHARLOTTE-ESTHER, née à Londres le 4 nov. 1798, morte à Luçon, célibataire ; 2° ADÉLAÏDE-PAULINE, née à Fécamp, le 17 août 1801, mariée à Alexandre-Jean-Baptiste Gobeau des Romonneries, capitaine d'infanterie ; 3° PHILIPPE-LOUIS-VENANT, qui suit.

6. — **Bailly de la Falaise** (Philippe-Louis-Venant Le), né à Fécamp le 11 vendémiaire an XI, et décédé au chât. de la Rivière le 6 mai 1886, épousa, le 12 déc. 1837, au chât. de la Touche-d'Asnières (Charente-Inférieure), Marie-Antoine LE VENEUR DE BEAUVAIS, fille de François-Eugène et d'Eugénie Cherpentier de la Varenne, dont GABRIEL-HENRI, qui suit.

7. — **Bailly de la Falaise** (Gabriel-Henri Le), Mis de la Coudraye par suite de la cession que lui en fit, par acte du 3 févr. 1876 (Delalande, notre aux Sables-d'Olonne), Jean-Baptiste-Gaspard de Loynes Mis de la Coudraye, dernier représentant de cette ancienne famille et son cousin germain. Gabriel-Henri a épousé, le 30 mai 1865, à Luçon, Marie-Armande-Augustine DE MAYNARD DE LA CLAYE, fille de Charles-Joseph-Auguste et de Louise-Marguerite-Adélaïde de Chantreau, dont GABRIEL-LOUIS-VENANT, né à Luçon le 24 mars 1866, élève à l'école de St-Cyr, 1887.

BAIN DE LA COQUERIE. — Famille originaire de Rennes en Bretagne, dont une branche est très honorablement alliée en Poitou.

Blason : d'argent à la fasce de sinople chargée d'un cœur d'argent ou d'or, accompagnée de trois trèfles de sinople.

Bain de la Coquerie (Jacques-Marie-Joseph), marié à Geneviève-Elisabeth DENION DU PIN, a eu entre autres enfants : 1° HIPPOLYTE-MARTIN-LÉOPOLD, qui suit ; 2° GENEVIÈVE-CATHERINE-ISABELLE, qui épousa Edouard-René-François-Sévérin de la Marque ; 3° N., mariée à M. de la Bigne-Villeneuve ; 4° un fils, marié, resté en Bretagne, qui a eu postérité.

Bain de la Coquerie (Hippolyte-Martin-Léopold), né à Châteaubriant le 13 févr. 1812, décédé à Poitiers le 7 nov. 1876, épousa à Poitiers Antoinette-Louise-Désirée BRAULT, fille de Thomas-Auguste, conseiller général de la Vienne, et de Louise-Henriette Lucquas de la Brousse, dont : 1° ANTOINETTE-HENRIETTE-ANNE, née à St-Aubin-des-Coteaux, le 9 juin 1842, mariée à Poitiers, le 14 janv. 1868, à Jules-Henri-Frédéric-Antoine Périer de Labitolle, lieutenant-colonel d'artillerie, directeur de la fonderie de Bourges, officier de la Légion d'honneur, décédé le 19 août 1879 ; 2° GENEVIÈVE, mariée à Mignaloux, le 27 déc. 1871, à Léonce Louvart de Pontlevoy ; 3° LOUISE, dame du Sacré-Cœur ; 4° JOSEPH-HENRI-JACQUES, né en 1849, sergent-major des mobiles de la Vienne, tué au combat d'Ivrée-l'Evêque (Sarthe), le 11 janv. 1871 ; 5° GABRIELLE-MARIE, née le 15 mai 1851, à Mignaloux, épousa à Poitiers, le 22 févr. 1876, Emmanuel-Marie-Jean-Hilaire Parent de Curzon.

BAISSE.

Baisse (Guillaume de), témoin de deux actes de 1115 concernant l'abb. de St-Maixent. (F.)

Baisse (*Willelmus* de), témoin du traité passé entre Alphonse Cte de Poitou et l'abb. de St-Maixent en juin 1270, au sujet des droits de fief et juridiction qui étaient en litige entre les deux parties. (D. F. 16.)

BAISSINE ou BESSINE.

Baisinia (*Girbertus de*) fait en 1120 une donation à l'abb. de St-Maixent de tout ce qu'il possédait à Verrines. (D. F. 15.)

Baisinia (*Willelmus*), *archipresbyter Mauseacensis*, présent à un accord passé en 1164 entre Robert, abbé de Noaillé, et Hugues Chabot. (D. F. 21.)

BALANSAC (LE sr DE). — V. **BREMOND** (DE).

BALEBASTE (peut-être **TALEBAST**).

Balebaste (Pierre), Ec., sr du Jardon, reçut à cause de sa femme, en 1334, un aveu fait par Geoffroy de Liniers, pour un moulin à Issoudun-sur-Creuse, mouvant de la châtellenie d'Angle.

BALBUS. — V. **LEBÈGUE.**

Balbus (*Aimericus*) est témoin du don de la tierce partie d'un moulin fait, vers 1048, à l'abb. de St-Jean-d'Angély par Girbert, prévôt du Poitou. (D. F. 13.)

Balbus (*Ainardus*) restitue, le 12 nov. 1050, à l'abb. de St-Maixent des terres sises en Marçay. (D. F. 15.)

Balbus (*Humbertus*) est nommé dans l'établissement d'une confrérie en faveur de la Maison-Dieu de Montmorillon, fondée en 1107 par Pierre II, évêque de Poitiers. (D. F. 24.)

BALDIMENTO (DE). — V. **DE BAUDIMENT.**

BALDUINUS. — V. **BAUDIN** et **BAUDOUIN.**

BALENEAU (Guillaume), *Balanellus seu Balaneaus*, et sa famille donnent vers 1170 au prieuré de Montazay partie de la terre d'*Agezun*, lorsque Porrevine, sa mère, s'y fit religieuse. Il donna quelques rentes à ce monastère en 1175. Guillaume avait deux frères, Arvé et Savary, qui, de concert avec lui, abandonnent à Montazay, vers 1178, la partie de la terre d'*Agezun* qu'ils s'étaient réservée par l'acte de vers 1170 précité. Guillaume était encore témoin d'une donation faite en 1184. (D. F. 18.)

BALERON. — V. **BALLEROND.**

BALEZARD (Geoffroy) sert au ban de 1491 comme brigandinier du sgr de Bressuire.

BALIGNON, juge prévôtal à Civray, faisait partie d'une assemblée des habitants de cette ville tenue en 1541, à l'occasion des troubles qui régnaient alors dans la province. (F.)

BALIGOU.

Baligou (Jean) était sr de la Chollettière, d'après un registre des conclusions des gens du Roi de 1651. Il y est aussi question d'une Dlle Elisabeth Baligou. (O.)

Baligou (Jean), sr de la Chollettière, avait épousé la fille de Pierre Barrat, sr de la Bellardière, le 30 juin 1622. Lui et son beau-père vont au château de Fontenay-le-Comte signifier un jugement rendu à leur profit contre le sr de Ranville, capitaine d'une compagnie de chevau-légers. (O. B. Fillon.)

BALLE (DE LA).

Balle (Ambroise de la), Ec., rendit, le 7 août 1538, aveu à l'abbesse de Ste-Croix de Poitiers, comme dame de Vasles, de sa terre de Verrines, sise dans cette paroisse. (F.)

Balle (Antoine de la), sgr de la Chaboeière, était décédé avant 1615, époque à laquelle Marie Sabourin était sa veuve et possédait le fief de Boisgrollier. (Gâtine, 369.)

BALLEBAT. — Nom donné par Thibaudeau (Hist. Poitou, VI), à un des chefs protestants servant sous Soubise en 1622.

BALLEFROY (Guillaume), valet, vendait au maire de Poitiers en 1285 une rente assise sur le terroir du Breuil de Gençay. (F.)

BALLEROND ou **BALLERAY** (Pierre) n'assistait pas au ban de 1491, parce qu'il faisait partie de la garnison du chât. de Lusignan. (F.) Est-ce le même qui était en 1484 époux de Hélie Berland, fille de Jean IIe, Ec., sgr de Lyé, et de Thomine Chauvière? qu'il avait épousée vers 1450? (Gle Berland.)

BALLET.

Ballet (Pierre), Ec., sgr de la Combe, fut président au bureau des finances de Poitiers de 1701 à 1703. Il est mentionné dans l'Armorial du Poitou avec un blason donné d'office : « de sable au ballet d'or ».

Ballet (Pierre), curé d'Aslonne, comparut en cette qualité à l'assemblée du clergé réunie à Poitiers pour nommer des députés aux Etats généraux (1789).

BALLIN (N.), émigré poitevin, a servi en 1792 dans l'armée des Princes frères du Roi. (F.)

BALLON ou *Balleos* (Philippe) — V. **BESLON**, — d'origine anglaise, fut évêque de Poitiers de 1226 à 1234.

BALLON, BALON ET **BASLON.** — Famille noble du Montmorillonnais, qui se disait originaire d'Ecosse.

Blason : d'argent à 3 fusées d'azur, 2 et 1. (Gle de Chamborand.)

Balon (André et Guillaume) sont condamnés à 200 livres d'amende pour avoir vendu du blé aux Anglais et aux Flamands. (A. H. P. 11.)

Ballon (Jean de), Ec., passa revue le 1er sept. 1386.

Ballon (Girard de) servait en qualité d'homme d'armes le 1er déc. 1429.

Baslon (Claude), Ec., sgr de Villaines, fut nommé le 7 août 1559, par le juge châtelain de Champagnac, curateur à la personne et aux biens de Guy de Cléré, Ec., sgr de Frétet, pour agir contre Antoine de Cléré. C'est, croyons-nous, le même que

Ballon (Claude de), Ec., sgr de Villaines, qui fut exempté de se trouver au ban des nobles de la Haute et Basse-Marche en 1577, comme étant gendarme dans la compagnie de Monsieur frère du Roi.

Baslon (Pierre), Ec., sgr de la Forest, Laleu, épousa : 1° Anne Frottier, 2° Elisabeth de Chamborand, fille de Gabriel, sgr de Beauregard, et d'Elisée de Chauvigny ; fut taxé en 1620, ainsi que les autres nobles du pays, pour la dépense faite par leurs députés aux Etats généraux de 1614 et 1615.

Il eut du 1er lit : 1° Yolande, mariée, le 18 nov. 1624, à Pierre de Lanet, Ec., sr du Breuil ; du 2e lit : 2° Robert, qui fut maintenu noble le 7 sept. 1667, ainsi que sa mère qui était alors veuve, par M. Barentin, ordonnance dans laquelle on dit cette famille originaire d'Ecosse.

Ballon (Robert), Ec., sr dudit lieu, décédé à 60 ans, le 20 avril 1686, à Availles-Limousine, eut pour enfants : 1° Adrienne, née en 1665 ; 2° Jean, né en 1668 ; 3° Guy, né en 1671 ; 4° Pierre, né en 1674 ; 5° Jean, né en 1675 ; 6° Pierre, né en 1678.

Ballon (François de), Ec., sgr de la Douge, assiste, le 13 févr. 1652, au contrat de mariage de François Rolland, Ec., sgr de la Vergne, et de Catherine du Pré. (O. de Liniers.)

Balon (Simon de), Chev., ancien officier du régiment de Médoc, pensionné du Roi, assiste à la réunion de la noblesse de la Basse-Marche dans la ville du Dorat le 16 mars 1789, pour nommer des députés aux Etats généraux.

Baslon (Jean de), Ec., sgr de Chantelouhe, épousa Marie DE LASSAT, veuve de Jean Guiot, Ec., s[r] de Lestang, fille de feu Jean et de Jeanne de Maumillon ; ils vivaient vers la fin du XVIIIe siècle.

BALLON (Augustin), habitant la sgrie de Mareuil, offre, lors de la convocation du ban de 1491, de faire serment qu'il ne tenait que 40 liv. de rente en fief noble et qu'il y renonçait au profit du Roi. En conséquence, il fut renvoyé. (F.)

BALME (N. La), chanoine de St-Hilaire-le-Grand de Poitiers (XVIe siècle), portait, d'après l'Armorial de Morvache : d'argent à l'aigle de sable becqué d'or et un chef d'azur.

BALODES (DE). — Famille noble de Saintonge.

Blason : d'hermine à la bande de gueules.

Balodes (Ramnulfe de) donne à St-Jean-d'Angély le tiers du domaine « *de Seleniaco* », conjointement avec son frère Mainard, pour l'âme de feu *Ostenc* leur frère, XIIe siècle. (Un Ostenc de Balodes fut témoin en 1169.)

Balodes (Jean de), Ec, s[r] d'Aigonnay, épousa, le 15 janv. 1476, Jeanne ou Jacquette DU BOUCHET, fille de François, s[r] de Puygreffier, et d'Isabeau du Puy-du-Fou.

BALUE. — Famille d'origine poitevine, qui doit son illustration au favori de Louis XI.

Nous ne referons pas la vie de cet homme célèbre, nous renverrons nos lecteurs à l'article que Ch. de Chergé a écrit pour notre première édition, et à la notice biographique publiée dans les Mémoires de la Société des Antiquaires de l'Ouest, an. 1836, et due à la plume de M. Bourgnon de Layre. (En 1846, il existait une famille Balue, simples paysans, à Maillé près Angle.)

Blason. — Le cardinal La Balue portait : « d'argent « au chevron de sable accompagné de « trois têtes de lions de gueules, posées « 2 et 1. » (P. Anselme.)

Dans les armoiries que le cardinal fit sculpter sur la bibliothèque qu'il avait fait édifier à Evreux, les trois têtes de lions étaient lampassées d'azur, et le chevron de sable n'y figurait point. (M. A. O. 2, 397.)

Enfin, selon d'autres auteurs, les armes de La Balue étaient d'argent à trois channes de sable.

1. — **Balue** (N.), que l'on dit avoir été simple tailleur à Angle, mais qui, dans les généalogies, est appelé Thomassin Balue, châtelain d'Angle, épousa JACQUETTE, dont il eut : 1° PIERRE, tué, dit-on, à la bataille de St-Aubin-du-Cormier ; 2° NICOLE, qui suit ; 3° MARIE, qui épousa Guillaume de la Villeneuve, décédée en 1518 (ailleurs dite nièce du cardinal); 4° JEAN (le célèbre cardinal La Balue), né en 1421, fut tout d'abord protégé par Jacques Jouvenel des Ursins, évêque de Poitiers, qui l'attacha à sa personne et le nomma son exécuteur testamentaire. Jean Balue fut, bientôt après la mort de son premier protecteur, appelé à Angers par l'évêque Jean de Beauvau, qui le nomma son grand vicaire et le fit élire chanoine de sa Cathédrale, dont il devint le trésorier, puis l'emmena avec lui à Rome, où il se fit remarquer par ses talents diplomatiques (1462).

A son retour de Rome, il fut distingué par Louis XI, qui apprécia ses qualités et le nomma conseiller-clerc au Parlement de Paris, avec dispense de siéger (26 juill. 1464), puis lui confia les charges d'intendant des finances, de secrétaire d'État, lui fit donner l'évêché d'Evreux et plusieurs abbayes importantes, puis encore en 1466 l'évêché d'Angers, et enfin le fit nommer par le St-Père en 1467 cardinal au titre de Ste-Susanne. La confiance que le Roi avait en lui était pour ainsi dire sans bornes, et il était au comble des honneurs, lorsqu'ayant conseillé au Roi la malencontreuse entrevue de Péronne, il fut arrêté (1469) et ne recouvra sa liberté qu'en 1480 ; c'est à tort que l'on a dit qu'il rentra dans les bonnes grâces de Louis XI, et sut se concilier la faveur de son successeur. Enfin, il se retira à Rome, et mourut à Ancône (1491), après avoir été comblé d'honneurs. Il fut inhumé dans l'église de Ste-Praxède.

5° JEAN (le jeune), évêque de St-Papoul ou St-Pons de Tomières en Languedoc, en 1467 ; 6° dit-on, GERMAIN, chevalier de Rhodes.

2. — **Balue** (Nicole), sgr de Villepreux, fut nommé, grâce à la protection du cardinal, clerc des comptes en 1466, maître des comptes (1467), et ce fut à cette époque qu'il fut marié par son frère à Philippe BUREAU, fille de Jean, maître des comptes, trésorier de France, et de Germaine Hesselin. — Voici comment la chronique raconte ce mariage : « Et le joudy en sui- « vant (4 sept. 1467), maistre Nicole Balue, frère de « Monseigneur l'évêque d'Evreux, fust marié à la fille « de maistre Jehan Bureau, seigneur de Montglas, et « fust la feste des dictes nopces faicte en l'ostel de « Bourbon, laquelle fust moult belle et honneste, et « lui fust illec faict grand honneur ce jour ; car le roy « et la royne, Mgr de Bourbon et madame sa femme, « Mgr de Nevers, madame de Bueil et toute leur no- « blesse qui les suyvoit, y furent et s'y trouvèrent, et y « fust faict moult grande chière, et si leur fist-on de « moult grans, beaulx et riches dons. »

Nicole Balue acquit les terres de Villepreux, Fontenay-en-France, Noisi-le-Sec, les Porcherons, Gouaix, Montrainé et Corvolles. Ses enfants furent : 1° JEAN l'aîné, sgr de Villepreux, Gouaix, Fontenay-en-France, curé de St-Eustache de Paris, grand archidiacre d'Angers et de Souvigni en l'église de Clermont en Auvergne, mort en 1528 ; 2° JEAN le jeune, qui suit ; 3° PHILIPPE, sgr d'Ermet et de la Motte-Boimot, mort sans alliance ; 4° MARIE, alliée à Guillaume de la Villeneuve, sgr de Bailli-en-Cruye et de l'Hébergerie, morte en 1518 (ailleurs dite sœur du cardinal) ; 5° GERMAINE, mariée d'abord à Charles, bâtard d'Alençon, baron de Cani et de Canies en Normandie, puis à Claude Brinon, sgr du Plessis-aux-Tournelles ; 6° ETIENNETTE, dame des Porcherons, qui épousa Gérard Le Cocq, sgr d'Esgrenay, maître des requêtes ; 7° MARGUERITE, morte sans alliance ; 8° JEANNE, morte en 1485, femme de Jean de Pomereu, tige de la famille de ce nom. (Bullet. Hérald. de France, 1889, col. 372.)

3. — **Balue** (Jean) le jeune, sgr de Villepreux, de Gouaix, d'Ermet, de la Motte-Boimot et de Corvolles, maître d'hôtel du roi et de la reine de Navarre, écuyer tranchant du dauphin, vivait en 1520. Il épousa Marie MALINGRE, fille de Jean, conseiller au Parlement, dont il eut : 1° CLAUDE, qui suit ; 2° ANTOINETTE, mariée à François de Monthez, sgr de Montfort et du Bréau ; 3° LOUIS, sgr d'Ermet, épousa en août 1543 Isabelle SPIFAME, fille de Gaillard, sgr des Bisseaux, et d'Anne de Marle, sa première femme ; il en eut :

a. Jean, mort jeune ; *b*. Charlotte, mariée à Charles Berthier, sgr de Bisi en Nivernois ; *c*. Françoise, *d*. Antoinette.

4. — **Balue** (Claude), sgr de Villepreux, mourut le 15 mai 1570, laissant de Marthe du Thinel, qu'il avait épousée en févr. 1565, un fils unique, qui suit.

5. — **Balue** (Claude), sgr de Villepreux, mourut le 27 janv. 1576. En lui s'est éteinte, selon Moréri, la famille La Balue.

Dans une sentence de la sénéchaussée de Poitiers rendue dans les premiers mois de l'année 1505, on voit la terre de la Grange que tiennent les hoirs de feu Ballue relever de l'abb. d'Angle et du sgr de Nalliers. (B. A. O. 1865, 100.)

BALUE en Anjou, sur les confins du Poitou.

Blason : d'argent au chevron de gueules et 3 merlettes de sable (ou autres oiseaux peut-être, appelés channes ?).

Balue (N.) eut pour enfants : 1° Méry, 2° Jean, 3° Jean le jeune, qui, avec leur cousin Pierre, devaient rente sur la Pommeraye à Jean Barillon, Ec., sr de Somloire, que celui-ci vendit le 9 oct. 1465 à Guyon Audebaut.

Balue (Claude), sgr de Boisnoble, épousa Guyonne Bretonnier, dont il eut Jeanne, De du Chemin, mariée, le 17 août 1594, à René de Scepeaux, sr de la Cherbonnerie. (Cab. tit. Preuve de page, 1726.)

BALLUE. — Famille noble qui habitait le Berry, la Marche, l'Angoumois, alliée à des familles poitevines.

Blason : d'azur à la tour d'argent surmontée d'un croissant de même.

BALLUE en Angoumois, sr de Courjat, la Maujardière, le Tranchard.

Blason : d'azur à 3 croissants d'argent entrelacés.

BAMARD. — Famille qui a donné les 2 derniers abbés de N.-D.-la-Grande.

Bamard (Jean-César), prêtre, licencié en droit, archidiacre, fut pourvu de l'abbaye de Notre-Dame de Poitiers le 15 mai 1740. Il se démit en 1759 en faveur de son neveu et mourut le 12 avril 1760.

Bamard (Bertrand-François) fut abbé de N.-D. en 1759, par démission de son oncle, et garda sa charge jusqu'à la Révolution.

Bamard (Guillaume), chanoine de N.-D., était archiviste de l'évêché, 1771.

BAMAS (*Willelmus* de) est témoin d'une restitution faite par Bertrand de Rochemeau à l'abb. de Charroux, en 1003. (D. F. 4, 131.)

BAN (de) ou **BANS** (des).

Ban (Léonard de), Ec., sgr du Jon, fut exempté de se présenter au ban de 1557, parce qu'il était alors employé pour le service du Roi en Piémont.

Bans (Jacob des), Ec., sr d'Agon près Belâbre, épousa Marie Chasteigner, fille de René, sgr du Lindois, et de Claude de Salignac, xvie siècle.

BANCHEREAU. — Plusieurs familles de ce nom ont existé tant dans le Haut que dans le Bas-Poitou. Nous allons donner successivement ce que nous avons recueilli sur chacune d'elles.

§ Ier. — **BANCHEREAU** seigneurs de la **LONGUERAIRE**.

Très ancienne famille, qui, dès avant 1426, avait donné son nom au bois de la *Faye-Banchereau*, cne de Bretignoles, sgrie relevant de la Bnie de Bressuire, et qui avait en arrière-fiefs, outre la borderie de la Faye-Banchereau, le bois des Ojars, tirant, lui aussi, son nom de la famille Ojart, celui de la Corbe et aux Rochaz, faisant partie de celui de la Faye-Banchereau, qui alors devait avoir une certaine étendue. (Hist. de Bressuire.)

Blason. — La Longueraire : d'hermines au lion d'azur. (Gén. de Bremond.)

Banchereau (Guillaume) fut un des signataires de la charte d'affranchissement de plusieurs droits et corvées concédée vers 1190 aux habitants de Bressuire par Raoul de Beaumont et sa famille. Il est également témoin du traité de paix intervenu entre Aimery Vte de Thouars et ce même Raoul, le 27 oct. 1190. (Hist. Bressuire, 66, 69.) Est-ce le même qui est dit prêtre en 1194 dans l'acte par lequel il confirme une donation faite par son père à l'abb. de l'Absie ? (Id. 70.)

Ces Banchereau doivent, pensons-nous, être les ancêtres des sgrs de la Longueraire, au sujet desquels, n'ayant pas les documents suffisants pour établir une filiation suivie, nous classons les noms qui suivent suivant l'ordre chronologique.

Banchereau (Pierre), sgr de la Longueraire, terre qu'il possédait du chef de sa femme, rend des aveux à Gadifer de la Selle, sgr du Fresne-Chabot, les 1er avril 1384 et 16 sept. 1399 ; est qualifié valet dans ce dernier.

Banchereau (Guillaume), valet, rend aveu pour la même terre le 18 août 1414 au sgr du Fresne-Chabot.

Banchereau (Pierre) était en 1425 sgr de la Longueraire-en-Nueil, relevant en arrière-fief de l'abb. de St-Cyprien. (Hist. Bressuire, 240.)

Banchereau (François), Ec., sgr de la Longueraire, passe acte avec sa femme le 1er avril 1442, et le 7 janv. 1482 il rend le même aveu que ses prédécesseurs au sgr du Fresne-Chabot, aveu que réitère, peu d'années après, André Banchereau. Il épousa Anne d'Appelvoisin, dont il eut Jean, qui suit. (Reg. de Malte.)

Banchereau (Jean), Ec., sgr de la Longueraire, rend aussi son aveu au sgr du Fresne le 18 août 1511. Il avait servi en 1491 au ban des nobles, en remplacement de son père, fort âgé. Il épousa Françoise de la Forest, fille de Guy, Ec., sr de Vaudoré, dont il eut Hardy, qui suit.

Banchereau (Hardy), Ec., sgr de la Longueraire, quitte son nom pour prendre et porter à l'avenir le nom de sa terre, ce que depuis 1527 lui et ses successeurs ont toujours fait.

Hardy fut l'un des exécuteurs testamentaires de Jehan de la Forest, sr de Vaudoré, son oncle (15 avril 1527). Il épousa Joachime Robin, fille de Jacques, Ec., sgr de la Proustière et du Plessis-Viette, et de Catherine de Plouer ; elle apporta à son mari le droit de présenter à la chapelle St-Jean-d'Hérisson, et testa en 1550.

Hardy de la Longueraire rendait hommage de la Proustière en 1530 et était mort en 1546. Il eut de son mariage : 1° René, qui suit ; 2° Rolland, Chev. de l'ordre de St-Jean-de-Jérusalem en 1543, et, croyons-nous, 3° François, Ec., sgr de la Brosse, décédé avant le 11 mai 1607.

Longueraire (René de la), Ec., sgr de la Proustière, épousa, le 3 juin 1551, Renée JANVRE, fille de Georges, Ec., sgr de la Bouchetrie, et de Marguerite de St-Georges. De ce mariage sont issus : 1° PHILIPPE, qui suit ; 2° RENÉ, Ec., sgr de la Roche-Proustière, qui est dit en 1607 (23 mars), ainsi que ses frères Philippe et Rolland, créanciers de René Bodet, Ec., sgr de Tennessue. Il épousa Hélène JAILLARD, comme il ressort du contrat de mariage de leur fille GASPARDE, dame de la Missardière (31 janv. 1633), avec Salomon de Bremond, Chev., sgr de Noirchterre. Ils eurent de la succession de Philippe, leur frère et beau-frère, la sgrie de la Longueraire, qu'ils vendaient, le 15 janv. 1635, à René de la Pastelière pour 7,300 liv. (D. F. 11.)

3° CHARLES, Ec., sgr de la Vergnaye. Il épousa avant 1602 Charlotte LAURENS, qui, au mois de mai 1613, rendait à Gilles de Chastillon aveu de la sgrie de la Reinière en St-Sauveur, passait, le 25 mai 1613, une transaction avec Josias de Ste-Maure, châtelain de la Cuiraire. Elle était remariée à Pierre Chambret, Ec., sgr de Maranzai, avant le 5 juill. 1623. Nous ignorons s'il eut postérité.

4° ROLLAND, Chev., sgr du Fougeray, la Rochevineuse, épousa Marie CHARRIER, dont il eut une fille, JEANNE, à laquelle la terre de la Rochevineuse fut adjugée lors du partage de leur succession, le 20 déc. 1673 (Caillet, notre à Poitiers). Jeanne avait épousé, par contrat reçu le 9 mai 1629, Jacques Garnier, Ec., sgr du Brault, qui, le 30 nov. 1629, rendait, à cause de sa femme et pour leur terre de Rochevineuse, un aveu à René Ysoré Bon d'Airvau.

Longueraire (Philippe de la), frère aîné des précédents, prit part à un grand nombre d'actes de 1584 à 1642. Il est qualifié de sgr de la Longueraire et Rochevineuse. Le 4 déc. 1584, il donne procuration pour rendre aveu de la Rochevineuse au baron d'Airvau. Il avait épousé avant 1595 Radégonde DU VERGIER, qui lui apporta le Vergier, Beaulieu et la moitié de la châtnie de St-Aubin-du-Plain, dont l'autre moitié lui fut cédée le 11 janv. 1597 par Renée du Vergier, sa belle-sœur ? Le dernier acte dans lequel il est relaté comme existant est un aveu que lui rend René de la Haye-Montbault, le 20 mars 1642. Nous le croyons décédé avant le 3 juill. 1646.

Il y a quelques personnes du nom de la Longueraire que nous n'avons pu classer dans l'essai de filiation qui précède ; nous les donnons ici.

Longueraire (Jean de la), élection de Mauléon, servait en homme d'armes au ban de 1533. (Il devait être frère de Hardy.)

Longueraire (Jonchine de la) était, le 20 juin 1637, veuve de Louis Ogeron, Ec., sgr du Coulombier, époque à laquelle, de concert avec Louis, son fils, elle vendait à Christophe Ogeron, prêtre, la terre de Ligron. (G. Ogeron.)

BANCHEREAU. — Famille habitant Poitiers.

Blason. — Banchereau ou Bauchereau, échevin de Poitiers : d'azur à une fasce d'argent chargée de 3 merlettes de sable, accompagnée, en chef de 2 étoiles d'or et en pointe d'un croissant d'argent. (Gouget.)

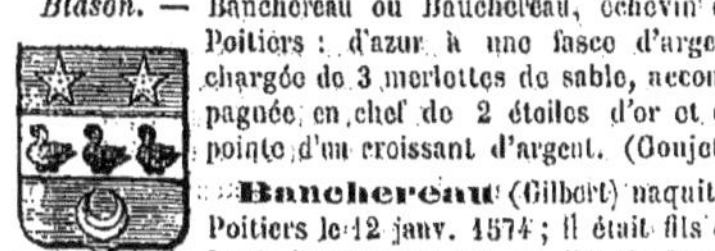

Banchereau (Gilbert) naquit à Poitiers le 12 janv. 1574 ; il était fils de Louis Banchereau qui, au dire de Dreux du Radier, appartenait à l'une des meilleures familles de cette ville. Cet auteur, dans sa Bibliothèque historique du Poitou, donne de nombreux détails sur l'enfance et la jeunesse de ce poète, dont les succès littéraires furent célébrés par ses contemporains.

Banchereau (Louis), père de Gilbert ? fut nommé échevin par la Ligue le 14 mars 1590 ; l'était encore en 1595.

Banchereau (Marguerite) avait épousé, avant le 21 juill. 1594, Louis Pignonneau, Ec., sgr du Pin. (Gle Pignonneau.)

BANCHEREAU. — Autres familles.

Banchereau (Pierre), prêtre et originaire d'Argenton-Château. Ayant fait peindre sur la sépulture des Banchereau, dans l'église de St-Gilles d'Argenton, des armes qu'il prétendait être les siennes : d'azur à six coquilles d'argent, Jean de la Forêt-Montpensier et son frère différent ses armoiries, comme ayant été usurpées sur eux et n'appartenant qu'à eux seuls, et prétendant que cette famille Banchereau n'était composée que de laboureurs, tisserands, bouchers, et autres ouvriers. Sur quoi intervint, le 3 févr. 1437-1438, une sentence de la sénéchaussée de Poitiers qui déboute Pierre Banchereau et les siens du titre de nobles et du droit de porter des armoiries, et maintient les sgrs de la Forêt-Montpensier dans celui de porter un écu d'azur aux coquilles d'argent. (D. F. 8.)

Banchereau (Simon), prieur de Montazay, 1772, 1789, mourut entouré de l'estime générale, au moment de la suppression des monastères. (Faye, Notice sur Montazay. M. A. O. 1853, 117.)

Banchereau (Susanne) fut la dernière prieure du prieuré Fontevriste de Montazay ; forcée d'abandonner sa communauté, elle se retira à Savigné, où elle mourut. (Id.)

BANCHEREAU. — Famille angevine.

Banchereau de Richemont, dont un avocat à Saumur, poète tragique, porte : d'argent à trois fasces de sable.

Banchereau (Desces), noble homme, épousa Madeleine BONNIN, dont il eut pour fils aîné NICOLAS, avocat au Présidial d'Angers, qui, le 14 août 1655 (acte reçu Cassé et Basches, notres en cette ville), présente à l'évêque de Poitiers la personne de François Pichard, clerc tonsuré, pour être chapelain de la chapelle N.-Dame, desservie en la psse de St-Pierre de Loudun, droit de présentation qui lui venait de sa mère. (O.)

Banchereau (Jacques), sr du Tail, épousa Françoise DRILLAUD, fille de Jean, sr de la Roche, dont il eut : 1° JACQUES, qui suit ; 2° N., mariée en 1739 avec N. Blouin de Montillé, commerçant, dont postérité.

Banchereau (Jacques), sr du Tail, marié à N. PHELIPPEAU de la ville de Beaufort-en-Vallée, dont 3 filles : 1° N., mariée à Angers avec N. Guérin ; 2° N., épouse de N. Le Normand, de Mer, 1776 ; 3° N., femme de N. de Beaurepaire, officier du corps des carabiniers. (Gle Cossin.)

BANEZAY, pour **BERNEZAY** (Pierre, Hue, Denis et Jehan de), frères, à Loudun, font hommage au Roi pour leur herbergement de Tarnay (Ternay, Vienne), en 1319, au devoir de 40 jours de chevauchée par an. (A. N. Reg. 432, 66.) — Voir **BERNEZAY**.

BANNANCHYN (Georges), Écossais, écuyer d'écurie du Roi, obtint de Louis XI sa naturalisation en Poitou, où il était sgr de Binaudon et de Ville-Nouvelle. (A. N. J. 195, 1100.)

BAREL DE LA FOND était vers 1727 sgr de la B^nie d'Oulmes. (F.)

BAR (DE). — Les quelques noms qui suivent et qui se rattachent au Poitou par leurs possessions ou leurs alliances n'appartiennent pas à la maison lorraine et ducale de Bar, mais plutôt à celle du même nom qui habitait le Berry, et sur laquelle La Thaumassière a donné des détails étendus.

Bar (*Petronus* de) est relaté dans des dons faits à l'abb. de St-Cyprien par Aimery de Rancon et autres des terres de Boësse et de Ugec, etc. (D. F. 27, 400.)

Bar (Guillaume de), chanoine de l'Église de Poitiers, est nommé dans une bulle du pape Clément VII du 23 janv. 1384-85, confirmant une transaction passée entre Pierre Prévôt, abbé de N.-Dame-la-Grande de Poitiers, et son Chapitre. (D. F. 20.)

Bar (Naudin de), Ec., fut passé en revue à St-Jean-d'Angély en 1386. (A. N. J. 453, 49, 45.)

Bar (*Guillelmus* de), chanoine, fut doyen du Chapitre de St-Hilaire-le-Grand de Poitiers de 1381 à 1419. (M. A. O. 15 et 18.)

Bar (Jean de), âgé de 20 ans, archer sous la charge d'Antoine de Vésuve? Ec., chargé de faire les montres de l'arrière-ban du Poitou, combat contre Antoine Blanc, qui chassait dans la garenne dudit sieur de Vésuve. (A. N. Reg. 219, 26.)

Bar (Guyon de), habitant de Poitiers ou des environs, servit au ban de 1491, au lieu et place de Martin de la Croix, qui est renvoyé à cause de sa pauvreté. (F.)

Bar (Jean de) servit en homme d'armes dans la compagnie du feu s^r de Bonnivet, en 1519.

Bar (Charlotte de) épousa, vers 1440, Guillaume de Varie, Chev., sgr de l'Ile-Savary, un des secrétaires de Jacques Cœur. Devenue veuve, elle se remaria à Pierre d'Oriole, chancelier de France, sgr de Loiré en Aunis.

Bar (Antoinette de) épousa Silvain de Varie, au milieu du XVIIe siècle.

Bar (Guillaume) figure parmi les bourgeois de Parthenay qui transigent en 1372 avec Guillaume L'Archevêque, sgr dudit lieu. (Gâtine, 174.)

BARABIN. — V. BARRABIN.

BARACHIN. — Famille noble et ancienne qui habitait les environs de Montmorillon.

Blason : de gueules au lion d'or, à la bordure de sable. (Barentin.)

Barachin (Louis) sert en brigandinier au ban de 1488. (Doc. inéd. 179.) Sans doute le même que le Louis sgr de la Roderie, qui servit à celui de 1491. (F.)

Barachin (Hippolyte de) fut la seconde femme d'Aubert de la Porte, qu'elle avait épousé par contrat du 23 juin 1508; elle était veuve le 6 mars 1544 et donnait comme telle une procuration pour la représenter au mariage de François son fils avec Marguerite de Boislinard. (G^le de la Porte.)

Barachin (Guillaume), Ec., sgr de la Roderie, décédé vers 1550. Cécile BIGOT était sa veuve et possédait comme telle le lieu de la Roderie (p^sse de Sillards), dans la mouvance du chât. de Montmorillon, dont il relevait au devoir d'un baiser et d'une paire de gants blancs appréciés douze deniers. (Domaine royal en Poitou.)

Barachin (Guillaume), Ec., s^r de la Roderie (le même que le précédent?), et son frère dit *le Moine de la Roderie*, sont déclarés contumaces par arrêt de la cour des Grands Jours du 7 nov. 1579, qui adjuge au procureur général le profit du défaut prononcé contre eux. (Grands Jours de Poitiers. M. Stat. 1878.)

Barachin (François), Ec., sgr de la Roderie, eut de N. son épouse GUILLAUME, Ec., sgr de la Roderie, qui épousa Marguerite, *aliàs* Françoise DE SAINT-LAURENT, fille de Jacques, Ec., sgr du Theil-aux-Servants, et de Anne Estourneau. Ils eurent une fille, FRANÇOISE, mariée, le 25 juill. 1597, à Pierre de la Porte, Ec., sgr de l'Age, auquel elle porta la terre du Theil qui lui venait de sa mère.

Barachin (François) épousa Renée DE SAINT-LAURENT, sœur de Marguerite précitée; ils n'eurent pas d'enfants de leur mariage.

Barachin (François), Ec., s^r des Moulins, eut pour fils :

Barachin (Bertrand), Ec., sgr des Moulins, lequel avait épousé, par contrat du 13 juill. 1658, Marguerite RACINE. Il fut confirmé dans sa noblesse par M. Barentin le 16 août 1667; mais ses descendants ne retirèrent pas l'ordonnance de maintenue. (Aff. Poitou, 1774.)

Barachin (René), Ec., sgr de la Roderie, et

Barachin (Bertrand) susnommé, font partie du Catalogue des gentilshommes de la généralité de Poitiers.

Barachin (René), s^r de la Roderie, était marié en 1663 avec Anne JAY. On le trouve cité également en 1662. (O. d'Argence.)

Barachin (René), s^r du Pin-Mathé, p^sse de Martinet, élect. des Sables, maintenu noble le 24 sept. 1667.

Barachin (François), Ec. de Montmorillon, rend aveu au Roi pour sa terre de la Rauderie (Roderie) et du Grand-Maillezac, en 1672. (A. N. P. Reg. 425, 8 et 155.)

Barachin (François), Ec., sgr d'Artige, avait épousé Marie de NOSSAY, fille de Pierre, Ec., sgr de la Forge, et de Louise de Brenond. Cette dernière fit une donation à sa fille MARIE. C'est sans doute le même qui, le 8 fév. 1677, prenait le titre de sgr de la Roderie.

Barachin (Pierre de), Ec., sgr des Moulins, demeurant p^sse de Chenevelles (Vienne), donne, le 27 févr. 1710, procuration au s^r Claude Gaultron pour consentir à la vente des sgries de Sainte-Néomaye et Montheiron. (O. d'Argence.)

Barachin (Marie de) épousa René de Fricon, Ec., sgr de la Vigerie, qui était veuf en 1718. Elle lui avait porté les terres de la Roderie et de Maillezac, et il rendait aveu au château de Montmorillon de cette dernière en 1718. (N. féod. 442.)

BARANGIER.

Baranger (Hugues), sgr de la Forêt, était en 1309 époux d'Isabelle DE LA POUGE, veuve d'Hélie Badestrand, Ec., sgr de Combes. Le 7 juin 1315, il transigeait avec Aimery et Hélie Badestrand frères, enfants d'Isabelle et de son premier mari. Il devait être veuf à cette époque. — V. **BADESTRAND**.

Barangier (Pierre) était en 1388 chargé de la procuration des habitants de St-Léger-la-Pallu (Vienne). (F.)

Barangier (Pierre) fait un arrentement le 31 juill. 1534 à Jean Rousseau de maisons sises à Grissay. Il avait servi en qualité de brigandinier du sgr de Bressuire au ban de 1467. (F.)

Barangier (F.) était, le 9 avril 1485, échevin de la commune de Poitiers. (F.)

Barangier (Olivier), Ec., sgr de la Perrotière, p^sse de l'Herbergement (Vendée), épousa Marie Guyneuf. Le 7 févr. 1539, il vendait le quart de la terre du Sault (p^sse de Louzy) à Jean Mourault, Ec., sgr de Pimpaneau et de la Vacherie. (F.)

Barangier (Pierre) avait épousé Renée Bounaud, qui était sa veuve le 20 juin 1555 et tutrice de Colas, leur fils. (D. F.)

Barangier (Pierre) était propriétaire de la terre de la Boutaudière avant le 8 juin 1752. (F.)

BARATON. — Nous avons relevé les noms d'un assez grand nombre de personnes, sans avoir pu acquérir la preuve qu'ils appartiennent à la même famille. Une maison du même nom a donné un grand échanson à la cour de nos Rois ; nous en donnons la généalogie d'après les Grands Officiers de la Couronne.

Blason : d'argent ou mieux d'or à la fasce fuselée de gueules, accompagnée de trois croix recroisetées de sable. (Vraie et parfaite science des armoiries, in-f°, 669.)

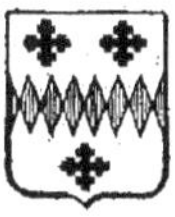

Le plus ancien personnage que nous ayons trouvé est :

Baraton (Jean), qui se rendit aux armées avec deux écuyers, d'après le mandement du Roi du 23 août 1350.

Baraton (Pierre), valet, sgr de Tournelaye, rendait en 1367 au sgr du Fresne un aveu de sa terre de Tournelaye qu'il tenait du chef de Jouhanne, sa femme. Il fut père de :

Baraton (Thibaud de), sgr de Tournelaye, transigea le 26 juill. 1394 pour quelques septiers de blé de rente. Il épousa Yolande d'Argenton ; devenue veuve, elle se remaria à Jean le Mastin, sgr de la Rochejacquelein ; ils eurent la garde noble de Jean qui suit, fils du premier lit de Yolande.

Baraton (Jean), sgr de Tournelaye, rend aveu de cette terre, le 21 mars 1424, au sgr du Fresne. Il était mort le 3 juin 1429, laissant pour veuve Jeanne Audebaud, tutrice de leurs enfants mineurs, dont les noms, ni le sexe, ni le nombre ne sont indiqués. Peut-être Françoise, qui suit, est-elle un de ces enfants, ainsi que Jean, qui était chanoine semi-prébendé de l'Église de Luçon, en 1468-1469.

Baraton (Françoise), dame de Tournelaye, rendait au sgr du Fresne un aveu de cette sgrie ; elle se dit dès lors veuve de Guyon Malineau, et rendait un autre aveu le 18 oct. 1483. (Arch. de la Durbellière. D. F.)

On y trouve également un

Baraton (Jean), qui faisait un traité conjointement avec Yolande d'Argenton, sa femme, pour les fruits de la terre de Tournelaye ; mais nous croyons qu'il s'agit ici de Thibaud, précité, dénommé Jean par erreur de copiste.

Baraton (Marie) épousa Geoffroy Touchard, Ec., sgr de la Touchardière. Leur fille Marie épousa en 1420 Pierre de la Ville, Ec., sgr de Férolles. (G. de la Ville.)

Baraton (Jean), sgr de Varenne, épousa vers 1500 Anne du Puy-du-Fou.

Baraton (Yolande) épousa René le Pauvre, Ec., sgr de Lavau, qui vivait en 1525.

Baraton (Louise), religieuse de chœur de Fontevrault, fut témoin de la mort de Renée de Bourbon, abbesse de ce monastère, le 15 nov. 1534.

Baraton (Anne-Louise) épousa en 1716 Yves-Calixte de Rorthays, Chev., sgr de la Rochette.

Baraton (Lucrèce-Marguerite) avait épousé Jean-Baptiste Mauvinet, auditeur de la chambre des comptes de Bretagne. Leur fille Louise épousa Yves-Calixte de Rorthays, fils des précités.

Baraton (Pérette) épousa Guillaume de Sauzay, VIe du nom, sgr de Contremoret, prévôt de Bourges.

Baraton (Marguerite) avait épousé Jacques de Graçay.

Baraton (Marguerite) avait épousé Jean de la Faucille.

§ Ier. — *Filiation suivie.*

1. — **Baraton** (Jean), sgr de la Roche et de la Touche, épousa, le 6 avril 1415, Marguerite d'Aubigné, fille de Jean, sgr d'Aubigné en Anjou, et de Marie de la Porte de Vezins, dont il eut : 1° François, qui suit ; 2° Marie, alliée à Jean de Juigné, sgr de Laubinaire ; 3° Catherine, abbesse de Nioiseau.

2. — **Baraton** (François), sgr de la Roche-Baraton (Montgauguier) et de Champiré, épousa Anne de Feschal, dont : 1° Olivier, qui suit, 2° François, rapporté au § II, et 3° Hervé, dont l'existence est ignorée.

3. — **Baraton** (Olivier), sgr de la Roche, Champiré, Ambrières, décédé en 1539, avait épousé : 1° par contrat du 8 oct. 1497, Françoise de Surgères, fille de Jacques, Ec., sgr de la Flocellière, et de Renée de Maillé ; 2° le 15 oct. 1522, Jeanne de Casault, demoiselle d'honneur de la Reine, fille de Jean, sgr de St-Gervais, et de Jeanne de Thevalle, dont il n'eut pas d'enfants. Sont issues du premier lit : 1° Renée, dame de la Roche et d'Ambrières, mariée à Christophe de Sévigné ; 2° Françoise, inconnue au P. Anselme et à Moréri, épousa en 1499 François Taveau baron de Mortemer, qui, le 9 nov. 1554, passait une transaction en forme de partage avec Renée, sa sœur. D'après cet acte, Olivier, leur père, aurait été Chev. du guet et aurait habité la Bretagne.

§ II. — BARATON seigneurs de Rivarennes.

3. — **Baraton** (François), fils puîné de François et de Anne de Feschal, sgr de la Roche-Baraton et de Champiré, fut d'abord chambellan du Roi et en 1516 pourvu de la charge de grand échanson de France, qu'il occupa jusqu'en 1519 ; il remplaçait Charles de Rohan. Il épousa Antoinette de Ste-Maure, fille de Charles, sgr de Montgauguier, et de Catherine d'Estouteville. Il en eut : 1° Gabriel, qui suit ; 2° François, rapporté au § III.

4. — **Baraton** (Gabriel), Ec., sgr de Montgauguier, etc., épousa Renée d'Anjou-Mézières, veuve d'Antoine de Bourbon-Lavedan, fille de Renée d'Anjou, sgr de Mézières, et d'Antoinette de Chabannes, dont il eut :

5. — **Baraton** (Louis), sgr de Montgauguier, Rivarennes, etc., épousa Jacqueline Paumart, fille de Joachim, sgr de Rillé en Touraine, et de Françoise d'Oriville, dont une seule fille, Guyonne, mariée, avant 1572, à Jacques de Brilhouet, s^r de Riparfond.

§ III. — Autre Branche.

4. — **Baraton** (François), fils puîné de François et d'Antoinette de Ste-Maure, rapportés au 3e degré du § II, fut sgr de la Brosse et de Chalonge, épousa : 1° Barbe de Mornay, Dle d'Achères, fille de Gilles, sgr d'Achères, et de Charlotte de St-Simon ; 2° Ambroise d'Olympius, dont il n'eut pas d'enfants, n'ayant eu de son premier mariage qu'une fille, Anne, dame d'Achères, mariée à Méry Lamy, sgr de Louzé.

BARATON. — Autres familles.

Baraton (N.) était échevin de Parthenay en 1765. (Gâtine.)

BARATON en Bas-Poitou.

Baraton (N.), procureur du Roi aux Sables, portait : de gueules à 3 quintefeuilles d'argent, 2, 1, écartelé d'azur au dauphin d'argent. (D'Hozier.)

BARATON en Anjou.

Blason : d'azur à 3 lions d'or, chef de même, chargé de 5 losanges de gueules.

On trouve aussi : d'or au lion de sable, chef d'azur chargé de 3 étoiles d'or.

Baraton, sr du Mesnil-Simon : d'azur au lion d'argent couronné d'or et 6 fleurs de lis de même en orle. (Eteint en Brilhouet, sr de Riparfond.)

BARAUDIN. — Famille des environs de Loches, qui a contracté plusieurs alliances en Poitou.

Blason : d'azur à 2 bandes d'or accompagnées de 3 étoiles de même, en pal. (Gén. Odart, 28.)

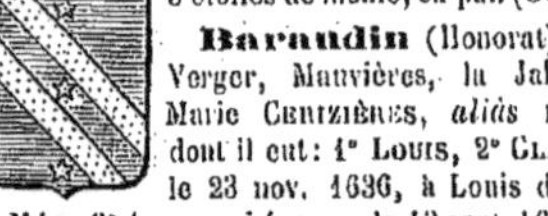

Baraudin (Honorat), Ec., sgr du Verger, Mauvières, la Jallaye, épousa Marie Cerizières, *aliàs* de Vinières, dont il eut : 1° Louis, 2° Claude, mariée, le 23 nov. 1636, à Louis de Menou, sgr du Mée; 3° Anne, qui épousa, le 13 sept. 1645 (Tharault, notre à Loches), Claude Odart, Chev., sgr de Vaugérin, etc. ; 4° autre Claude, femme de Claude d'Ancelon, Ec., sgr de Fontbaudry, qui assistent à ce dernier contrat de mariage.

Baraudin (Louis), Ec., sgr de Mauvières, était vassal en 1663, avec un Honorat Baraudin (son frère ?), de Jean Armand Le Voyer, Mis de Paulmy. (N. féod. 1022.)

Baraudin (Marie-Françoise de) épousa, le 3 janv. 1730 (Leblois et Ledet, notres à Loches), Jean-Baptiste Jouslard, Chev., sgr de Vergnay.

BARAZAN ou **BARASSAN**. — Famille qui descend probablement de Jean de Barjasont, *aliàs* Barasan, *procureour* (mandataire) d'Alix de Bourgogne, le premier de ce nom que nous ayons trouvé en Poitou, et qui nous paraît s'être éteinte dans les premières années du xviiie siècle.

Blason. — Barazan porte : d'azur à 3 losanges d'or, 2, 1 (de Maupeou) ; bordées de sable, dit l'Armorial général du Poitou. Article Charles de Barasan (Barazan), sgr de la Salmondière.

Noms isolés.

Barjasont ou **Barasan** (Jehan), *clericus* et *procureour* d'Alix de Bourgogne, veuve du dernier comte de la Marche, reçoit en cette qualité l'investiture de la nouvelle assiette du douaire de ladite dame en juill. 1328. C'est peut-être le même Jehan Barasant qui est présent au prononcé d'une sentence d'absolution par le sénéchal de Melle en sept. 1333. (A. H. P. 11.)

Barassan (Pierre de) fut présent le 5 mai 1342 à une donation faite par Alain de Montendre au prieuré de Chénceché.

Barazan (Jean de) rendit, le 29 juill. 1403, aveu et hommage au chât. de St-Maixent du fief de la Piuellière, psse de Ste-Néomaye, tant en son nom que comme père et loyal administrateur de Huguet, son fils, et de feu Louise Brissaude, sa femme. (Livre des fiefs.)

Barazan (Pierre de) servit comme brigandinier du sgr de Soubise au ban de 1467. C'est probablement le même qui servait encore en brigandinier à celui de 1488.

Barazan (Guillaume de) possédait en la psse de Mornay en 1501 (juin). (M. A. O. 1874, 496.)

Barazan (Simon de), Ec., transigeait le 9 juin 1555 avec Nicolas Picard, Ec., sgr de Corsay. (Gie Picard.)

Barazan (Antoinette de), sœur utérine de Johanne de Félix, épouse de François de Bessac, Ec., sgr de St-Saviol, était décédée avant le 6 mai 1575. (Gie de Bessac.)

Barazan (Susanne de) était veuve de N. Jacques, Ec., sgr de Fougères, lorsque, le 26 mai 1636, elle épousa René Sermenton, Ec., sgr du Pré-Boux. (Greffe de St-Maixent.)

Filiation.

Nous puisons les éléments de cette généalogie dans les minutes des ordonnances de confirmation prononcées par M. de Maupeou, dont nous possédons les originaux.

1. — **Barassan** (Pierre de), Ec., sgr de la Salmondière, servit au ban de 1533 ; il épousa, par contrat du 16 juill. 1529, reçu Le Roy, notre, Anne Dexmier, dont il eut : 1° Pierre, qui suivra ; 2° François, qui mourut sans enfants de son mariage avec Bonaventure Gorreau, qu'il avait épousée le 11 sept. 1555 (Bonnin, notre au Langon). Sa succession fut partagée le 7 mars 1574 entre Pierre précité et 3° Jeanne, leur sœur, par acte reçu Quincarlet et Esserteau, notaires.

2. — **Barassan** (Pierre de), Ec., sgr de la Salmondière, épousa Gabrielle Pichier, le 3 avril 1576 (Gombaut et Partreau, notres), dont :

3. — **Barassan** (Jean de), Ec., sgr de la Salmondière, marié, le 21 mars 1614, avec Françoise de Chateauneuf, fille de Nicolas, Ec., et de Marie Tiraqueau (Grisot, notre à Frontenay-l'Abattu). D'après deux certificats, l'un du maréchal de la Porte du 16 nov. 1635, et l'autre de M. de Parabère du 12 nov., même année, il paraît que Jean de Barazan, convoqué au ban réuni en cette année, s'y fit remplacer par son fils Gabriel, qui suit. Il eut aussi une fille, Renée, qui, le 18 nov. 1654, partageait avec son frère les successions de leurs père et mère.

4. — **Barassan** (Gabriel de), Ec., sgr de la Salmondière, remplaça son père au ban de 1635. Il épousa, le 1er mars 1639 (Cacault, notre à Oulmes), Marie du Goulard. Il partageait, le 18 nov. 1654, avec sa sœur

Renée. Le 7 mars 1647, il avait souscrit une obligation au profit de Jacques Louveau, Ec., sgr de Mairé. En 67, il obtint de M. Barentin une confirmation de noblesse, et laissa de son mariage :

5. — **Barazan** (Charles de), Ec., sgr de la Salmondière. Jacques Louveau obtint contre lui une sentence le 30 juin 1675. Il obtint de M. de Maupeou, le 22 juin 1699, sur le vu des titres que nous venons d'analyser, une ordonnance de maintenue de noblesse. Le 19 juin 1681, il avait épousé, par contrat reçu Bertonneau et Vez, not^{res} à Niort, Jeanne-Henriette DE JOURDAIN, fille de Bertrand, Ec., et de Catherine Berton, dont il eut un fils, mort jeune.

Bien que nous n'ayons pu retrouver les liens qui rattachent les personnages suivants à la filiation qui précède, nous croyons pouvoir, sans crainte d'erreur, les donner comme lui appartenant à un degré quelconque.

Barazan (Pierre de), Ec., sgr de la Salmondière, épousa Jeanne DE PRAHEC, dont une fille, RENÉE, mariée, vers 1530, à Joachim Barlot, Ec., sgr du Chastelier. (Reg. de Malte.)

Barazan (Jean de), Ec., sgr de la Salmondière, eut une fille, GABRIELLE, qui, le 30 août 1672 (Chauvegrain et Piet, not^{res} à Niort), épousa François Assailly, Ec., sgr du Peux. C'est par elle que la famille Assailly devint sgr de la Salmondière, terre qu'elle possède encore.

BARBADE. — Les notes qui suivent concernent des familles différentes, bien que portant le même nom. Ce qui nous porte à le croire, ce sont les positions si disparates occupées par les personnes dont nous allons citer les noms et les lieux, si éloignés les uns des autres, habités par elles.

Barbade (François), juge de l'Isle, sgr de Barrois et de Maumilhors, ainsi que

Barbade (Georges), sgr du Fief-d'Abre, sont placés dans le rôle du ban et arrière-ban des nobles de la Basse-Marche convoqué le 29 juill. 1577 au nombre des invalides, etc. Ils offrent de contribuer aux dépenses selon leurs revenus, que François évalue à 50 sous, et Georges à 20 sous. (Nob. de la Basse-Marche.)

Barbade (François), qui était fils de MICHEL (d'après un aveu), eut pour filles : 1° ELISABETH, qui épousa Jean Barbarin, s^r du Bost, sénéchal de St-Germain ; 2° MARIE, mariée à Jean Pandin, Ec., sgr de Beauregard, par contrat passé le 12 mai 1594. Les uns et les autres transigeaient avec les Carmes du couvent de N.-Dame à Mortemart, le 23 juill. 1601. Jean Pandin fit aveu le 29 avril 1617 à Charles Poussard, sgr du Vigean, à cause de sa femme Esther de Pons, pour un fief qui venait des Barbade. (Tit. 94, p. 266.)

Barbade (François) était procureur de la commune de Niort en 1603, lors de la peste qui désolait cette ville. Il était pair dès 1599 et l'était encore en 1615. (M. Stat. 9, 189, 1865, 77, etc.)

Barbade (Daniel), Ec., sgr de la Clie, et Susanne TEXIER, sa femme, eurent pour enfants : 1° DANIEL, qui suit ; 2° JUDITH, qui était au service d'Elisabeth de Jarry, épouse de Jacques Foucher, Chev., sgr du Coudray et du Plessis-Sénéchal, lorsqu'elle épousa, le 17 févr. 1641, François Bellet, s^r de la Citonnière. (Guilbert, not. Greffe de St-Maixent.)

Barbade (Daniel), s^r de Lallier, juge assesseur de la sgrie des Haires et habitant Thors (Saintonge), assistait au mariage de sa sœur JUDITH.

Barbade (Daniel) était en 1667 procureur fiscal de la B^{nie} de Chef-Boutonne et avait été en 1665 receveur de ladite baronnie.

Barbade (Henri), Ec., s^r du Chasteau, habitant Angles, élection des Sables, et issu de l'échevinage de St-Jean-d'Angély, fut maintenu noble par M. Barentin. (Catalogue des gentilshommes de la généralité de Poitiers, p. 17.) A la page 72, on le retrouve qualifié de sgr de Chastenet, la Jaisnière. Il fut reçu gentilhomme ordinaire de la chambre du Roi (serment 20 juin 1662) pour services militaires.

Barbade (Elisabeth) était, le 18 juin 1672, épouse de Pol Gounault.

Barbade (Pierre) laissa pour veuve Marguerite FRESNAULT, qui, le 10 févr. 1686, était remariée à Antoine Chevallier, s^r du Genest.

BARBADEAU.

Barbadeau (Jean) sert comme brigandinier au ban de 1488, et à celui convoqué le 17 juill. 1489, il sert encore tant pour lui que pour JACQUES, son frère. Ils assistaient l'un et l'autre au ban de 1491. (Doc. inéd.)

Barbadeau (André), Ec. D'après une déclaration faite par lui le 11 nov. 1563, on voit qu'il avait pour père JEAN Barbadeau, époux de Agnès FROUGEARD, et qu'il avait vendu à François Frougeard, son parent au second degré, les droits qu'il avait sur les fiefs de Gauvalet et Guignardière. (O.)

BARBARIN. — Famille que MM. Robert du Dorat, dans leurs Mémoires sur la Basse-Marche, disent être originaire de Confolens, mais qu'une tradition admise par ses représentants prétendait venir de Venise (*Barberini*).

Ce nom fut très répandu sur les confins est de l'Angoumois et du Poitou. Nous n'avons pu relier entre eux qu'une faible partie des noms recueillis dans nos recherches. La branche du Bost a donné naissance à plusieurs rameaux dont nous parlerons après avoir donné ce que nous savons sur elle.

Blason. — Barbarin du Bost, de la Rosnière et du G^d-Plessis d'Aizenay, maires de Poitiers : d'azur à 3 barbeaux d'argent en fasce, celui du milieu regardant à senextre et les deux autres à dextre, avec la devise, pour Jean Barbarin du Bost, maire en 1645 : *Mediis tranquillus in undis.*

Barbarin de Joussé, d'après d'Hozier : d'azur à 3 barbeaux d'argent rangés en pal, celui du milieu la tête en bas (imposées?).

Barbarin (Jean), procureur au Présidial : de gueules au turbot d'argent. (D'Hozier, imposées.)

Noms isolés.

Barbarin (François) est cité, dans des états de montres et revues déposés à la Bib. Nat., comme servant en archer le dernier févr. 1419.

Barbarin (Jean), s^r de Vandelogne, est qualifié de Messire dans un arrentement du 8 oct. 1435. (D. F. Arch. du chât. de Thors.)

Barbarin (Guillaume), Ec., sgr de Chantrezat, et

Barbarin (Guillaume), clerc, font hommage de ce qu'ils avaient acquis de Menault Pourtier et de ce que ce dernier tenait par acquêt de Jean Pauthe, le 20 févr. 1467.

Barbarin (Jean) était abbé de Boisgrolland en 1513. (Gal. Christ.)

Barbarin (Pierre) servait en archer dans la compagnie d'hommes d'armes de l'amiral de Bonnivet, en févr. 1519. (Bib. Nat.)

Barbarin (Françoise), veuve de sire François Robin, devait, le 3 févr. 1581, au Chapitre de St-Pierre de Poitiers la somme de 363 écus. (D. F. 3.)

Barbarin (Savin) avait possédé la Rivière-aux-Chirets; ce domaine passa depuis à Georges Baron, qui le possédait en 1581, ainsi qu'il résulte d'une déclaration rendue au sgr des Groges. (O.)

Barbarin (Susanne) épousa, le 25 juin 1581 (Annet et Pellebeuf, not. à Chabanais), Elie Regnaud, Ec. Ils étaient décédés l'un et l'autre le 24 févr. 1620, époque du partage de leurs biens entre leurs enfants.

Barbarin (François), s^r du Bouchet, fait un échange de terre avec Jean Ferry, Ec., sgr de Mazières, le 12 avril 1584. (Dupont et de la Quintinie, not^res de la principauté de Chabanais.)

Barbarin (sire Pierre) et

Barbarin (sire François) assistent comme parents au mariage de Jehan Moudot, Ec., sgr de la Croze et de la Leu, avec D^lle Marguerite Barbier (12 juill. 1614).

Barbarin de la Croze (N.) était conseiller au Présidial de Poitiers en 1646.

Barbarin (François), Ec., sgr de Massignac, d'Alloue, etc., et

Barbarin (N.), s^r de Beaulieu, son frère, payèrent en 1620 une taxe imposée aux nobles de la Basse-Marche pour indemniser les députés de cette province de leurs déboursés aux Etats de 1614 et 1615.

Barbarin (Pierre) est cité dans une sentence rendue en 1625 par les juges de St-Maixent, et rapportée dans les commentaires de la Coutume du Poitou, par J. Filleau.

Barbarin (Jehan), avocat, s^r de Mayrant, assiste avec Joseph Barbarin, s^r des Vestizons, comme parents des mineurs de la Borderie, à la reddition de leur compte de tutelle, qui eut lieu le 1er juin 1629.

Barbarin (Marie), veuve de Philippe Massard, procureur au Présidial de Poitiers, donne procuration pour la vente de cet office le 11 sept. 1630.

Barbarin (Jeanne) épousa, par contrat du 20 févr. 1631, René de Mauvise, Ec., sgr de Villiers. (G^ie Mauvise.)

Barbarin était, le 13 oct. 1641, curé de la p^sse d'Esse en Angoumois. (G^ie de Chamborand.)

Barbarin (Jacques), s^r des Moullières, est cité avec Joseph Barbarin, s^r des Vestizons, dans une sentence du sénéchal de Brilhac du 16 juill. 1648.

Barbarin (Madeleine) fut marraine de Joachim de Chamborand dans l'église de St-Maixent de Confolens, le 20 oct. 1642. (G^ie de Chamborand, 149.)

Barbarin (François), Ec., sgr du Brenalier, était huissier de la chambre du Roi le 27 févr. 1654, et signe au contrat de mariage de René de Coubé, Chev., sgr du Peux, et de Françoise Boisson.

Les personnes qui suivent sont mentionnées dans le Catalogue des nobles de la généralité de Poitiers imprimé vers 1667.

Barbarin (Jacques), sgr de la Férandière, p^sse de Tercé (Vien.).

Barbarin (Marguerite), D^lle, p^sse du Bourg-Archambault. (Id.)

Barbarin (Marguerite), veuve de Louis Guérin, sgr de la Courtellière, p^sse de l'Ile-Jourdain. (Id.)

Barbarin (Marie) fut la seconde femme de Pierre d'Angély, Ec., sgr de Montatol, la Grange, etc.; elle était décédée le 21 déc. 1686, date du contrat de mariage dudit Pierre avec Stratonice de Conis, sa 3e femme. (G^ie d'Angély.)

Barbarin (dame Hilaire) rembourse, le 6 août 1672, à N. Aurereau, une somme de 625 liv. par lui payée pour l'acquisition de la maison du Peux. (O.)

Barbarin (Françoise) épousa Jean de Chamborand, Ec., sgr de Périssat; elle était décédée avant le 18 févr. 1693, date du second mariage de son époux avec Marthe de Chamborand.

Barbarin (Françoise) signe au contrat de mariage de Pierre de la Porte, Ec., sgr des Vaux, avec D^lle Louise Taveau, du 30 janv. 1694.

Barbarin (Charles), prêtre, vicaire de Pamproux, assistait, le 24 oct. 1719, à la curatelle des enfants mineurs de feu Josué Picoron, s^r de la Diétrie, et d'Antoinette de Veillechèze.

Barbarin (Jean), Ec., sgr de Logerie, est l'un des témoins du mariage de Julien Martin, s^r des Essarts, avec Marie des Roches, du 18 juin 1725.

Barbarin (Pierre), s^r de la Martinière, rend en 1725 aveu au chât. d'Angoulême, au nom de Marguerite Regnaud (son épouse?), pour le fief et sgrie de Ste-Hermine, *aliàs* de Taïs en Tourteron. (N. féod. 58.)

Barbarin (Anne), femme séparée de biens d'avec Joseph Barrier, s^r de Ste-Marthe, maître chirurgien, était en procès le 28 juin 1737 avec Anne d'Abzac, veuve de Louis Prévôt, Ec., sgr de Traversay. (O. F. de Chergé.)

Barbarin (Charles) Ec., sgr de Vitrac, passe, le 6 mai 1743, un acte de rétrocession d'une pièce de terre avec François de Rabaines, Chev., sgr de la Roche, époux de Marie Barbarin, acte passé sous le scel de la B^nie de Loubert.

Barbarin (Jean), s^r de la Perrière, épousa N. Mangin, dont il eut: 1° Etienne, s^r de la Martinière, marié, le 22 nov. 1732, à Marie Bouthet, fille de Jacques, s^r de Montfrault, et de Anne Penifaure; 2° autre Etienne, trésorier de France au bureau des finances de Limoges, et 3° Geneviève, mariée à N. Bouthet, s^r de Montfrault, comme il ressort d'une transaction passée le 12 avril 1788 entre les deux familles.

Dans un mémoire sans date présenté au prince de Conti par un s^r des Roches de la Broussardie, pour faire admettre son fils, cadet à l'école militaire, il fait valoir les services militaires de ses ancêtres, en disant: « Un Barbarin l'aîné, cousin germain de l'épouse de l'exposant, servit dans les mousquetaires noirs et s'est retiré Chev. de St-Louis. Son frère a servi dans la marine et fut tué sur les bâtiments du Roi, sous les ordres de M. le Chevalier de Rohan. Un troisième frère, actuellement au service, est officier de mineurs au corps royal de l'artillerie. »

Barbarin (Louis), sgr de Puyfraigneau, a assisté en personne à l'assemblée de la noblesse du Poitou, tenue à Poitiers en 1789 pour nommer des députés aux Etats généraux. (F.)

Barbarin de Mons (N.) servait à l'armée de Condé, au régiment d'Angoulême-Cavalerie, 8e compagnie, lors du licenciement, en 1801.

Barbarin (Etienne) s'est marié le 23 mai 1803 avec Aglaé Girard de Pindray. (F.)

Barbarin (N.) s'est rendu dans la Vendée lors de la reprise d'armes, en 1815.

Barbarin (N.) eut trois garçons qui suivent, et une fille, mariée à N. Périgord des Granges.

Barbarin (N.), commandeur de la Légion d'honneur, colonel d'état-major, se distingua dans la carrière militaire sous l'Empire, et fit en 1823 la campagne d'Espagne. Il était attaché comme colonel d'état-major à la division militaire dont le chef-lieu est à Tours, lorsqu'il fut mis à la retraite. Il a épousé Dlle N. Thébot, dont une fille, mariée à N. Frugier, et un fils, mort en bas âge.

Barbarin (N.), frère puîné du précédent, ancien maire de Confolens, a épousé Dlle N. Lajaurie, dont trois enfants : 1° Théodose, receveur de l'enregistrement et des domaines ; 2° Sophie, 3° Aline, mariée en 1839 à N. Brac.

Barbarin (N.), marié à Dlle N. Laquaire, dont : 1° Victor, 2° Amélie, mariée en 1829 à N. Dupont.

§ Ier. — Branche du **Bost**.

1. — **Barbarin** (Guillaume), Ier du nom, est celui qui, d'après la tradition que nous avons relatée, vint de Venise s'établir en Angoumois. Selon d'autres, ce fut en 1440 que le premier Barbarin, auquel on donne le nom de Pierre, vint en France ; il aurait eu un fils du nom d'Emery, lequel aurait été père de Guillaume Ier ; celui-ci s'attacha à Jacques de Vendôme, prince de Chabanais, dont il fut le procureur général et l'intendant, pour sa principauté de Chabanais, ville et baronnie de Confolens, Loubert, Châteaumorand, etc. Il laissa 4 enfants mâles : 1° Jean, 2° Jacques, 3° François, qui suit ; 4° autre Jean ; plus 5 filles. Jean l'aîné, Jacques et Jean le puîné sont auteurs des branches de la Borderie, du Bouchet, de la Breuille, de Chambon, de Fonteyroux, de la Garde, du Monteil, du Pouteil, etc., dit Robert du Dorat (mais c'est une erreur).

2. — **Barbarin** (François), 3e fils de Guillaume, succéda à son père comme sénéchal de Chabanais ; il est qualifié, le 21 oct. 1508, de honorable homme et saige maître et de licencié en droit, fut nommé commissaire royal le 7 juill. 1523, pour régler certaines difficultés relatives à la châtnie du Dorat, prenait encore ce titre le 20 mars 1544. Il était mort avant le 18 juin 1560. Il avait épousé N. Pastoureau, comme il ressort du contrat de mariage de Françoise Pastoureau et de Pierre Cassault, dans lequel il est dit avoir épousé la sœur de la future. Il eut, dit Robert du Dorat, entre autres enfants : 1° Guillaume, qui suit ; 2° Jean, moine et chambrier à l'abb. de Lesterps ; 3° François, moine et prieur claustral dudit monastère ; 4° Clément, sr du Chéron, qui assistaient, le 6 sept. 1586, au contrat de mariage de Marie, leur nièce, avec Maurice Mondot.

3. — **Barbarin** (Guillaume), sr du Bost et de la Vergne, succéda à son père dans son office de sénéchal de Chabanais, St-Germain, etc. ; attaché à la personne de Jean de Ferrières, vidame de Chartres, dont il était le procureur à Confolens, il lui donna asile dans sa maison, et ils y soutinrent un siège contre le prévôt provincial de Poitiers et le lieutenant-général d'Angoulême, chargés d'exécuter un arrêt du Parlement de Paris du 15 août 1580, etc. On fut obligé, pour les réduire (avril 1583), d'avoir recours aux armes, et même au canon. Cependant force resta à la loi ; de Ferrières prit la fuite, mais Barbarin fut arrêté et conduit à Angoulême, où il fut interrogé, puis mis en liberté sous caution ; mais, ne s'étant pas représenté, il fut condamné par contumace, le 22 juin 1584, à être pendu et étranglé sur la place de la Halle, à Confolens. Sa maison devait être démolie et rasée. Cette sentence ne fut point exécutée. Par arrêt du Parlement de Paris du 12 déc. 1585, Guillaume Barbarin fut seulement condamné à faire amende honorable à Jean de la Fin, beau-frère de Ferrières. (Voir Vie de Jean de Ferrières, vidame de Chartres, par M. Léon de Bastard, in-8°, Auxerre, chez Perriquet et Rouillé, p. 149, 267 et suiv.)

Guillaume vivait encore le 4 juin 1587, et fit une vente à cette date à François Le Musnier, sr de Lartige. Marié, vers 1500, à Marie de la Judicie, dame de la Croze, il en eut : 1° Jean, qui suit ; 2° Marie, qui, le 6 sept. 1586 (Barbier et Riffault, notres à Confolens), épousa Morize (*sic*) Mondot, Ec., sgr de la Leu ; 3° Paul, qui était décédé, laissant des enfants mineurs, le 4 mars 1587 ; 4° Joseph, Ec., sgr des Vestizons, Beaulieu et la Vauzelle, qualifié dans un échange fait, le 1er fév. 1615, entre lui et François Pastoureau, Ec., sgr de Rimbert, de l'un des cent gentilshommes de la maison du Roi, acquitta en 1620 une taxe imposée sur les nobles de la Basse-Marche pour payer les frais de la députation de leur ordre aux Etats généraux de 1614 et 1615. Il faisait partie en 1635 du ban de la Basse-Marche. (Rob. du Dorat.) Marié dès 1612 à Françoise Charpentier, fille de François, sr de Beaulieu, élu à Poitiers, il en eut : *a.* Madeleine, *aliàs* Françoise, mariée en premières noces à Jacques de Lescours, Ec., sgr de la Valette, et en secondes à François Prévost, Ec., sgr de Puybottier, par contrat du 15 janv. 1635. Le 2 janv. 1644, son second mari lui donne par son testament partie de ses meubles et la tierce partie de ses autres biens (O. F. de Chergé) ; *b.* Isaac, Ec., sr de Vauzelle, décédé peu après 1635 ; il testa, allant à l'armée d'Italie, en 1635, fit héritier son filleul Isaac Barbarin du Bost ; *c.* Jeanne, mariée, le 5 avril 1639, à Geoffroy du Mosnard.

Joseph, par son testament reçu à la Vauzelle le 22 juin 1655, par Doré et Gosnel, notres. sous la juridiction de Brilhac, donne tous ses biens meubles et immeubles aux enfants issus du mariage de sa fille Madeleine avec François Prévost, Ec., sgr de Puybottier.

5° Marthe, mariée, par contrat du 14 janv. 1586 (Defaux et Guilloteau, notres à Confolens), à Charles Guyot, Ec., sgr de la Mirande.

4. — **Barbarin** (Jean), Ec., sgr du Bost, reçut, le 17 avril 1597, les provisions de juge-sénéchal des justices de l'Ile-Jourdain et de St-Germain-sur-Vienne. (Robert du Dorat.) Il avait épousé Elisabeth Barbade, d'après une transaction passée le 23 juill. 1601 entre lui, Marie Barbade, femme de Jean Paudin, d'une part, et les religieux Carmes de N.-D. de Mortemart, d'autre part. (Robert du Dorat prétend à tort qu'il aurait épousé Catherine de Razes, comme il ressort, dit-il, de l'acte de partage de la succession de feu Nicolas de Razes avec François de Razes, Ec., sgr du Chô.) C'est son fils, qui fut :

5. — **Barbarin** (Isaac), sgr du Bost, conseiller au Présidial de Poitiers en 1620, rendait aveu au Roi, le 5 sept. 1629, de ses terres de Joussé et de Peyroux, fut maire de Poitiers en 1645. Le 14 août 1651, Emmanuel du Breuil-Hélion, Ec., sgr de Combes, lui fit aveu de cette sgrie relevant de sa terre de Joussé. Il fut envoyé, le 31 oct. 1651, avec deux autres échevins de Poitiers, à Chauvigny pour y saluer le Roi à son passage, de la part du corps de ville. Il mourut en 1662. D'après une constitution de rente en date du 25 févr. 1646, il épousa, le 27 févr. 1620, Catherine de Razes, fille de Nicolas, Ec., sgr du Chô, et d'Iseult Gabriau. Quoi qu'il en soit, ses enfants furent : 1° Pierre, qui suit ; 2° Isaac, tige de la seconde branche du Bost, rap-

portée au § II; 3° MARIE, épouse de Jean Jaumier de St-Gouard.

6. — **Barbarin** (Pierre), Ec., sgr du Joussé, fut conseiller au Présidial de Poitiers en 1651, président en 1657, rend aveu au Roi de sa terre de Joussé en 1676. (Arch. N.) Marié à Catherine JALLAIS, il laissa pour enfants: 1° PIERRE-FRANÇOIS, né le 25 mars 1662, paraît être décédé jeune; 2° CATHERINE-MARIE, religieuse à l'abbaye de Ste-Croix de Poitiers en 1685, était, le 27 sept. 1738, sous-prieure et maîtresse des novices; 3° PAUL, qui suit.

7. — **Barbarin** (Paul), Chev., sgr de Joussé, d'abord lieutenant au régiment de milice du Poitou, était, en 1716 et 1721, capitaine au régiment de Beaujolais, d'après des aveux de la terre de Joussé. (Arch. Nat.) Il eut pour héritière CHARLOTTE-RADÉGONDE, sa fille? qui porta la terre de Joussé à Pierre de Mancier, son mari. Ils la vendirent, le 20 août 1755, à Pierre de Magne, Chev. de St-Louis, et à Marie Regnault, son épouse.

§ II. — DEUXIÈME BRANCHE DU **BOST**.

6. **Barbarin** (Isaac), fils puîné d'Isaac et Catherine de Razes (5e deg., § I), Ec., sgr de Mondenaud, demeurant au Bost près de Brillac, passait à Poitiers, le 13 nov. 1660, un bail à complant, et assistait, le 18 févr. 1693, au partage de la succession de feu Marie de Chamborand, Chev., sgr du Vignaud, etc. (Gén. de Chamborand.) Marié, le 7 nov. 1655, à Jeanne PAPON, fille de Léonard, Ec., et de Honorée de Chamborand, il en eut: 1° PIERRE, qui suit; 2° JOSEPH, tige de la branche de la Rye, § III.

7. — **Barbarin** (Pierre), Ec., sgr du Bost et de Joussé, était, en 1709, débiteur d'une créance envers MM. Babaud de la Grenouillère. Marié, le 16 janv. 1700, à Marie-Michelle DE St-MARTIN, fille de Guillaume-Alexandre, Chev., sgr de Bagnac, et de Marie Sornin, il en eut deux fils: 1° GUILLAUME-ALEXANDRE, qui suit; 2° PIERRE-LÉON, Ec., sgr de la Rose.

8. — **Barbarin** (Guillaume-Alexandre), Chev., sgr du Bost, page du Roi, 1718, était, le 22 sept. 1722, en procès avec divers membres de la famille Prévost.

Barbarin (N.), sgr du Bost, n'assista pas, bien que convoqué, à la réunion des nobles de la Basse-Marche pour nommer des députés aux États généraux de 1789. (Nob. de la Basse-Marche, 8.)

§ III. — BRANCHE DE LA **RYE**.

7. — **Barbarin** (Joseph), Ec., sgr de la Rye, fils puîné d'Isaac et de Jeanne Papon (6e degré du § II), épousa à Poitiers, le 31 mai 1698, Madeleine BONNIN, fille de René, Ec., sgr des Forges, et de Hilaire Augron (Gie Bonnin), dont il eut: 1° PIERRE, né le 4 et baptisé le 28 août 1702, à St-Eutrope du Vigean, et 2° JOSEPH-MARIE, baptisé même église le 29 janv. 1704. C'est peut-être celui qui suit.

8. — **Barbarin** (Joseph), Ec., sgr de la Rye, était, le 21 juill. 1744, époux de Marie-Silvine DE LA TOUCHE, fille de Hubert, Ec., sgr de la Guittière, et de Marie Joubert. Elle était décédée, sans laisser de postérité, avant le 7 mai 1771. (Gie de la Touche.)

§ IV. — **BARBARIN DE LA RESNIÈRE** (SANS JONCTION).

Barbarin (Mathieu) devint sgr de la Resnière par adjudication de cette maison noble et du fief de la Barangerie pour le prix de 10,000 liv., le 11 déc. 1606; il était dès lors conseiller au Présidial de Poitiers et assesseur criminel depuis 1599. Le 21 janv. 1619, il transigeait avec René Berloton, prieur-curé de Mezeaux, au sujet du droit de dîmes des agneaux, etc., prétendus par ce dernier sur l'hôtel de la Resnière. (M. A. O. 1882, 288.) Il fut maire de Poitiers en 1603. En 1614, il fut mêlé à toutes les brigues et émeutes qui eurent lieu dans la ville de Poitiers. Allié aux Ste-Marthe, il les suivit dans leur retraite et ne revint avec eux qu'en 1616. Leurs biens, qui avaient été confisqués, leur furent rendus; ils furent réintégrés dans leurs charges. (V. pour détails Thibaudeau, Histoire du Poitou, chap. VII et VIII, et Essai sur l'histoire de Poitiers, par M. Ouvré, professeur d'histoire au lycée. M. A. O. 1855.) Mathieu était mort le 12 mars 1638. Il avait épousé Dlle Catherine DE Ste-MARTHE, dont il eut: 1° LOUIS, qui, d'après l'acte de partage du 10 juin 1643, eut dans son lot la maison de la Resnière pour la somme de 24,000 liv. Il consentait, le 23 juill. 1652, un bail à rente à Jean Pavin, Ec., sgr de Beaumont, échevin de Poitiers, son beau-frère; 2° LOUISE, mariée à Jean Pavin, précité. Ils étaient décédés l'un et l'autre le 19 mai 1677, date du partage de leurs biens; 3° RENÉ, décédé sans hoirs; 4° JEAN, qui suit.

Barbarin (Jean), Ec., sgr de Train, Nouzières, épousa Marie SAPINAULT, fille de feu René, Chev., sgr de l'Herbergement-Ydreau (psse Ste-Florence-de-l'Oie, Vendée), et d'Hélène Jarno, le 14 nov. 1648 (Horsant et Nicolas, notres), obtint une confirmation de noblesse le 15 avril 1666 de M. Barentin, et fut taxé à une somme de 700 liv., qu'il versa entre les mains de E. Jehannot, garde du trésor royal. Il fut convoqué au ban de 1674, et était décédé avant 1676, d'après le testament de sa veuve en date du 20 janv. de cette année. Il avait eu: 1° LOUIS-FRANÇOIS, qui suit; 2° MARIE, femme d'Adrien-César Brethé, Chev., sgr de la Guibretière, auquel elle porta la terre de Train; 3° HÉLÈNE, religieuse Ursuline.

Barbarin (Louis-François), Ec., sgr de Train, naquit à Poitiers le 20 août 1656 (St-Porchaire). Le 26 avril 1686, il épousait Marie-Madeleine DE MONTSORBIER, fille de Mess. Mathurin, Chev., sgr du Gd-Plessis (psse d'Aizenay), et d'Antoinette Robert. Le 14 mars 1680, il partagea la succession de ses père et mère avec son beau-frère A.-C. Brethé (Morland et Merland, notres de la Bnie des Essarts); le 18 déc. 1684, il faisait hommage au Mis de Dangeau de son hôtel noble de la Coquinerie, qu'il tenait de sa mère, et mourut en 1687, laissant: 1° LOUIS-RENÉ, qui suit; 2° LOUISE-MARIE, 3° SUSANNE-RADÉGONDE, religieuse au couvent du Val de Morière.

Barbarin (Louis-René), Chev., sgr du Gd-Plessis, né à la Plotterie (psse du Poiré-sur-Vie), le 1er juill. 1682, épousa Louise-Marguerite Buon, fille de Louis-Gabriel, Chev., sgr de la Chanollière, et de Marguerite de Rivaudeau, le 5 févr. 1714 (Loyeux, not. royal). En 1717, il rendait un aveu du Gd-Plessis et autres fiefs nobles à M. de la Tour, sgr d'Aizenay. Il mourut vers la fin de 1729, et sa veuve fut nommée, le 8 janv. 1730, tutrice de leurs enfants mineurs. Ils étaient: 1° GABRIEL-FRANÇOIS, né en 1721, mort avant son père; 2° RENÉ-ROBERT, mort enfant; 3° MARIE, femme de Jean-François-Victor Morisson, Chev., sgr de la Braulière; 4° ALEXANDRE, qui suit; 5° LOUISE-MARGUERITE, mariée à Louis Payreau, docteur en médecine; 6° LOUIS-RENÉ, Chev., sgr du Gd-Plessis, marié à Jeanne-Louise Buon, fille de Gabriel, Chev., sgr de la Vergnaie, et de Rose-Louise Cailleau, dont ANDRÉ, MARIE-LOUISE, ROSE et LOUISE, décédés sans postérité.

7° ADRIEN, qui fut capitaine aux grenadiers de France.

Barbarin (Alexandre), Chev., sgr du Gd-Plessis, naquit vers 1729, et mourut 4 ans après son mariage avec Gabrielle PIERRES, fille de François, Chev., sgr de Pont-de-Vie, contracté le 26 juin 1748 (Danyau et Gouin, notres de la Bnie de Belleville), ne laissant qu'un fils, qui suit.

Barbarin (Alexandre-Louis-Aimé), Chev., sgr du Gd-Plessis, naquit le 18 juin 1751, était âgé de 11 mois lors de la mort de son père ; il épousa, le 17 janv. 1777, Jeanne-Bénigne BODIN, fille de Charles-Louis, Chev., sgr des Couteaux, et de Jeanne-Marie-Elisabeth Le Mastin.

Nommé, le 1er mars 1779, lieutenant de la Cie des canonniers garde-côtes de la division de Luçon, il y servit jusqu'en 1790. Emigré en 1791, il se réunit le 17 oct., à Bitch, à la noblesse du Poitou, et fit la campagne de 1792, dans la troisième compagnie noble de la province, se trouva en févr. 1793 à la défense de Maëstricht. En 1794, il tenta, sans pouvoir y réussir, de passer en Angleterre et de là en Vendée, pour y rejoindre l'armée de Charette ; voyant ses efforts inutiles, il rejoignit en oct. 1795 l'armée de Condé, dans laquelle il servit jusqu'à son licenciement, époque à laquelle il était capitaine dans le régiment noble à cheval d'Angoulême, fut reçu Chev. de St-Louis le 21 janv. 1798, dont le brevet lui fut délivré le 7 févr. 1801 par le prince de Condé, avec son certificat de service, fut décoré du Lys en 1814. En 1815, et malgré son grand âge, il servit dans la division des Sables, commandée par M. Nicolas des Abbayes. Enfin en 1816, lors de la réorganisation de la garde nationale de la Vendée, il fut nommé chef de légion du canton du Poiré-sur-Vie, grade correspondant à celui de colonel.

Ses enfants furent : 1° RENÉE-BÉNIGNE, massacrée à Nantes avec sa mère ; 2° AIMÉ-CHARLES, qui suit ; 3° CONSTANT-AIMÉ, dont la postérité sera rapportée après celle de son frère ; 4° LOUISE-ADÉLAÏDE, mariée à Louis-Joseph-Constantin Le Meunier des Graviers ; 5° LOUISE-MARIE-PRUDENCE, femme de Henri Macé de la Barbelais.

Barbarin (Aimé-Charles de), né à Luçon le 17 déc. 1774, épousa Victoire-Adélaïde DE BUOR DU PETIT-MARAIS, fille de Samuel-Guillaume-Aimé, Chev., sgr du Petit-Marais, dont : 1° ASPASIE, mariée à Hippolyte Arnault de la Grossetière ; 2° AUGUSTE, mort jeune ; 3° JUSTINE-EMILIENNE, mariée, le 4 juin 1833, à Louis-Hippolyte de Buor de la Voie.

Barbarin (Constant-Aimé, dit le Chev. de) était en 1799 officier de cavalerie dans la division des Sables-d'Olonne, sous les ordres de M. Leverrier de Beaumanoir. En 1815, nommé capitaine dans la même division, assista aux combats de l'Aiguillon-sur-Vie et d'Aizenay. Il épousa, le 2 thermidor an XII (2 juill. 1804), Madeleine-Victoire BORGNET, fille de Victor-Gabriel, Chev., sgr de la Vieille-Garnache et de la Giraudinière, et de Marie-Anne de la Tribouille. (Delaroze et Gobin, notres à Aizenay.) Il est mort le 3 juill. 1847, ne laissant que deux filles : 1° ALEXANDRINE-AIMÉE-MARIE, qui épousa, le 24 nov. 1833, Gabriel-Henri-Onésippe de Tinguy de la Giroulière (Gobin et Gautier, notres) ; 2° VICTOIRE-ADÉLAÏDE-PIERRE, mariée, le 19 janv. 1835 (Gobin et Gautier, notres), à Gabriel-Victor de Tinguy, frère de son beau-frère.

Nous devons la majeure partie des notes relatives à la branche de la Resnière à l'obligeance de M. Théoph. de Tinguy.

§ V. — BRANCHE DU CHAMBON-PAULTE (SANS JONCTION).

1. — **Barbarin** (N. de) eut pour enfants : 1° PIERRE, qui suit ; 2° GABRIEL, qui fit une vente le 29 déc. 1508 devant Boivin, not. à la Rochefoucauld.

2. — **Barbarin** (Pierre de), Ec., sgr du Chambon-Paulte, eut pour enfant AIMERY, qui suit.

3. — **Barbarin** (Aimery de), Ec., sgr du Chambon-Paulte, qui fit son testament (Marand et Chevalier, notres) le 23 août 1524, dans lequel il demande à être enterré dans le cercueil et tombeau de son père Pierre? et institue ses enfants pour héritiers, qui sont : 1° JACQUES, 2° FRANÇOIS, tige de la branche de la Garde, § VII ; 3° JEAN, qui passèrent une transaction en qualité d'héritiers de leur père le 2 sept. 1539. Jean avait rendu un hommage, comme sgr du Chambon-Paulte, à Jacques de la Chambre, le 4 déc. 1523. (O. Régnault.)

4. — **Barbarin** (Jacques), Ec., sgr du Chambon, marié à Françoise DE SINGARREAU, rendait en 1555 un hommage à Godefroy Chasteigner, Ec., sgr du Lindois, pour un fief sis psse de Massignac. (G. Chasteigner.) Il eut pour enfants : 1° JEAN, qui suit ; 2° RENÉ, sgr de Listrac, la Rye, eut postérité ; 3° JACQUES, forme la branche de la Borderie, § VI ; 4° ANNE, mariée, le 28 nov. 1584 (Pellouet et Delord, notres à Chabanais), avec Philippe Régnaud, Ec., sgr de Villognon et de Massignac (G. Régnaud) ; 5° FRANÇOISE, mariée en 1573 à Jean Barbarin, sgr du Ponteil.

5. — **Barbarin** (Jean), Ec., sgr du Chambon-sur-Charente, eut une fille, MADELEINE, qui, vers 1600, était épouse de Nicolas Chasteigner, Chev., Bon des Etangs. (G. Chasteigner.)

Barbarin (Pierre), sr du Chambon, épousa Anne D'ALLOUE à Chizé en 1615. (Leur fille ANNE fut présentée au baptême protestant (1619) par Charles d'Alloue, sgr des Ajots, et Anne d'Orfeuille.)

Barbarin (N.), Chev., sgr du Chambon, avait épousé, vers 1650, Marie DE LA CHATRE, veuve de Benjamin du Vissel, Chev., sgr de St-Pierre-des-Etoufs, et fille de René, Ec., sr de Builbaut, et de Silvie de Longbost. (G. de la Châtre.)

Barbarin (Marie) fut inhumée à Amsterdam le 30 mai 1785. (Enschédé.) Peut-être était-elle une descendante de Pierre Barbarin et de Marie d'Alloue, qui professaient la religion réformée et dont les enfants auraient quitté la France à la révocation de l'Édit de Nantes.

§ VI. — BARBARIN, BRANCHE DE LA BORDERIE.

5. — **Barbarin** (Jacques), Ec., sgr de la Borderie (fils puîné de Jacques, 4e degré du § V), épousa Gabrielle PASTOUREAU, fille de Jean, Ec., sgr d'Ordières, et de Jeanne Travers, dont : 1° JEAN, qui suit ; 2° CATHERINE, mariée, le 15 juill. 1614, à Philippe de St-Martin, Ec., sgr de Bagnac.

6. — **Barbarin** (Jean), Ec., sgr de la Borderie, épousa, le 9 juin 1611, Catherine DE ROCQUART, dont : 1° FRANÇOIS, qui suit ; 2° CASIMIR, Ec., sgr de la Garde et de Fonteyroux, assiste comme parent de la future, le 9 juill. 1635, au contrat de mariage de Jehan de Montfrebœuf et de Marie Pastoureau. Il dut servir pour le sr Dumontet, au ban de la noblesse d'Angoumois de 1635.

7. — **Barbarin** (François), Ec., sgr de la Borderie, assiste au contrat de mariage de Jehan de Montfrebœuf avec Marie Pastoureau, comme parent de la future,

9 juill. 1635; il épousa en 1637 Philippe DU PIN, dont :

8. — **Barbarin** (Jacques) épousa Marie DASSIER-DESBROSSES, dont il eut :

9. — **Barbarin** (Jean), sgr de la Borderie, marié, par contrat du 2 mars 1758, avec Louise DE TRYON, dont il eut :

10. — **Barbarin** (Joseph-Gabriel), marié, le 10 nov. 1790, avec Louise BINET, de Moulin-Neuf, dont deux filles, l'une mariée à M. N. de Berthomé, l'autre religieuse, et deux fils jumeaux : GUSTAVE, habitant l'Angoumois, marié, le 16 janv. 1832, avec Dlle Anne ROUSSEAU, de Magnac, et FRANÇOIS-CASIMIR, qui suit.

11. — **Barbarin** (François-Casimir) épousa, le 12 juill. 1836, Dlle Anatolie LAURENT DE REYRAC, dont il a eu deux fils.

§ VII. — BRANCHE DE LA GARDE ET DE FONTEYROUX.

4. — **Barbarin** (François), sgr de la Garde en Angoumois et y demeurant, cru fils d'Aimery sgr du Chambon (3e degré du § V), se fait remplacer comme homme d'armes, le 27 janv. 1574, par Jean de Montignac, sr de la Rez.

5. — **Barbarin** (Jean), Ec., sgr de la Garde, St-Maurice, fut exempté de servir au ban de 1577, parce qu'il était homme d'armes de la compagnie du sgr de Connor. Peut-être le même que le Jean qui suit.

6. — **Barbarin** (Jean), Ec., sgr de la Garde et de Fonteyroux du chef de Françoise PASTOUREAU, sa femme, rendait aveu à l'abbé de Charroux de sondit lieu de Fonteyroux. (D. F.) Il laissa pour enfants : 1° ABEL, qui suit ; 2° SUSANNE, femme de N. Charreyron, Ec., sgr de Chasserue, comme il ressort d'un acte du 26 juin 1601, cité plus bas ; 3° FRANÇOISE, relatée dans ledit acte.

7. — **Barbarin** (Abel), Ec., sgr d'Ordières, vendait le 26 juin 1601, tant en son nom qu'en celui de son père et de ses sœurs, la maison noble de Fonteyroux. (D. F.) Il rendait, le 10 juill. 1603, aveu de quelques héritages à l'abb. de Charroux. (Id.)

§ VIII. — BRANCHE DE LA BRUEILLE.

Barbarin (Pierre de), Ec., sgr de la Brueille, épousa Françoise DASSIER, dont il eut JEAN, qui suit.

Barbarin (Jean de), Ec., sgr de la Brueille, épousa, par contrat du 8 févr. 1556, Marie DE SÉRIS, fille de Jean, Ec., sr de la Motte, et de Anne de la Porte, dont il eut GABRIEL, qui suit.

Barbarin (Gabriel de), Ec., sgr de la Brueille et de Font-Chauveau, épousa (contrat du 25 oct. 1580, Benoist, not.) Louise FROTTIER, fille de Jean, Ec., sgr du Cluseau, et de Anne Tizon. Il passa une transaction le 1er avril 1601 avec Charles Guyot, Ec., sr de la Mirande, et laissa comme enfant YOLANDE, mariée, par contrat du 14 nov. 1617 (Vallet, not. à Angoulême), à François Green de St-Marsault, Ec., sgr de Pudry. A cette époque Gabriel de Barbarin était décédé. (G. Régnault.)

BARBARIN. — Autre famille.

Blason: de gueules à un barbarin (poisson) d'argent mis en fasce. (Conf. d'Aguesseau.)

§ Ier. — BRANCHE DU CLUSEAU.

Barbarin, srs du Cluseau, du Monteil (ou Pouteil ?) et de Marasseau, psse de Confolens, élect. d'Angoulême, firent preuves de noblesse devant d'Aguesseau en 1666.

Barbarin (Jean) eut pour enfant :

Barbarin (Bertrand), qui épousa, par contrat du 2 févr. 1556, Marguerite DU MOSNARD, dont : 1° JEAN, qui suit ; 2° ANNE, mariée avec Pierre Jourdanneau. Jean, frère de la future, lui constitue une dot par son contrat de mariage daté du 13 août 1587, ce qui indiquerait que Bertrand, leur père, était décédé avant cette époque.

Barbarin (Jean), Ec., sgr du Monteil, fut témoin du contrat de mariage (8 févr. 1616) de Charles de Barbezières et de Marie Carion. Marié à Gasparde MAIGNAT, il en eut :

Barbarin (Louis), qui, par contrat du 26 août 1627, épousa Marguerite DESPREZ, dont : 1° FRANÇOIS, qui suit ; 2° JEAN, 3° RENÉ, lesquels se partageaient, le 20 avril 1659, les successions de Jean, leur aïeul, et de leur père.

Barbarin (François), Ec., sgr du Monteil, épousa, le 7 août 1651, Marie BAUDIER. Il était, ainsi qu'un autre FRANÇOIS Barbarin, Ec., sgr de la Borderie, partie dans un procès, selon une sentence de la sénéchaussée d'Angoulême du 24 juill. 1671.

§ II. — BRANCHE DU MONTEIL.

Barbarin (Jean), Ec., sgr du Montet (du Monteil) en Limousin, assiste comme homme d'armes au ban du Poitou de 1574.

Barbarin (Léonard), sgr du Monteil, psse de Brigueil, assistait en 1651 à l'assemblée des nobles du Poitou réunis à Poitiers pour nommer des députés aux Etats de Tours ; est porté au Catalogue des gentilshommes de la généralité de Poitiers qui ont obtenu des ordonnances de maintenue.

Barbarin (François), sgr du Monteil, servit dans la 4e brigade de l'escadron de Vassé, au ban de 1758 convoqué à St-Jean-d'Angély.

Barbarin (N.), Ec., sgr du Monteil, eut de Marie DE SALIGNAC, son épouse, VALÉRIE, dame de Puyfraigneau, qui fut la seconde femme de Jacques de Chamborand, Ec., sgr de Chamborand, qu'elle épousa le 14 juin 1764.

Barbarin du Puyfraigneau (N.) émigra, servit d'abord dans le corps de la gendarmerie, puis ensuite dans la légion de Damas-Infanterie, et fut tué à l'affaire du canal de Louvain, le 15 juill. 1794.

BARBARIN DE VOSSAC, Psse DE RIGNAT, ÉLECTION DE SAINTES.

Nous relevons dans le Nobiliaire du Limousin (1re édit., t. I, p. 134, 291) le fragment de généalogie suivante, mais en faisant l'observation, d'après M. Théoph. de Bremond d'Ars (Bans d'Angoumois, p. 12), que le nom de cette famille est écrit ordinairement Barberin et non Barbarin.

Blason. — Les Barbarin de Reignac portaient en 1667, d'après la maintenue : d'argent à 3 abeilles de sable et une étoile de gueules posée en chef. Depuis, ils ont pris les armes des Barberini (d'azur à 3 abeilles d'or).

1. — **Barbarin** (Jean) épousa

Marguerite DE LA CHASSAIGNE. — Testament en faveur de son fils du 11 mai 1566.

2. — **Barbarin** (Jean), conseiller en la cour des aides de Périgueux, épousa : 1° Honorette DE BORDAS, dont JEAN, qui suit; 2° Marie DE MERLE.

3. — **Barbarin** (Jean), conseiller au Parlement de Périgueux (Bordeaux?), gentilhomme ordinaire de la chambre du Roi, épousa Marie RICHAUD, dont JEAN, qui suit, et JACQUES, en faveur desquels il faisait un testament le 12 déc. 1605, dans lequel il dispose d'un legs pour N. sa fille et Gabrielle ARNAUD DE LA BORIE, sa seconde femme, fille de Pierre, s[r] de la Borie, et de Jeanne Tricard, qu'il épousa le 7 juill. 1596.

4. — **Barbarin** (Jean) épousa Marquise DE MONTARDY (contrat du 4 nov. 1607), dont: 1° MARC-ANTOINE, qui suit; 2° MARIE, 3° JEAN, cités tous les trois dans une quittance du 22 juill. 1648.

5. — **Barbarin** (Marc-Antoine) épousa Gabrielle NOURIGIER (contrat du 10 mars 1649), dont: 1° LOUIS, 2° FRANÇOIS, capitaine au rég[t] de Navarre.

6. — **Barbarin** (Louis) dit le Cte de Reignac, brigadier des armées du Roi, commandeur de St-Louis, etc., épousa en 1684 Marie-Marguerite DE RARECOURT DE LA VALLÉE DE PIMODAN, fille de Charles-Christophe, dont CHARLES.

BARBASTE ou **BARBASTRE**. — Ancienne famille du Poitou dont on trouve trace dès le XIIe siècle.

Blason : d'argent semé d'étoiles d'azur, au léopard de gueules. (Reg. de Malte.)

Barbata (*Aimericus*) fut témoin du don fait, vers 1173, par Aimery Vte de Thouars à l'abb. de St-Jouin-lès-Marnes du droit de fromentage qu'il levait sur les hommes de ce monastère. (Cart. St-Jouin. D. F. 13.)

Barbasta (*Willelmus*), témoin en 1144 du traité fait entre Geoffroy de Rocany (Rancon) et l'abb. de la Trinité de Poitiers, au sujet de la terre de Nieuil-l'Espoir. (D. F. 17.)

Barbasta (*Ramnulfus*) fut témoin en 1148 d'un don fait à l'abb. de N.-Dame de Saintes par Foulques Chareus. (D. F. 25.)

Barbaste (*Ademarus*) est nommé dans différents dons faits par des membres de la famille de la Trémouille à l'abbaye de la Colombe en 1231, 1240 et 1271. (D. F. 15.)

Barbastre (Aimery), de la p[sse] de St-Lienne de la Roche-sur-Yon, se plaint de ce que Hélye de Navarre et Baudouin de Boves ont fait détruire sa maison pour la construction du château, 1245. (A. N. J. 87. 1. 129.)

Barbate (*Philippus de*) était décédé avant le 2 juill. 1248. A cette date, JEANNE, sa veuve, assigne au Chapitre de St-Hilaire-le-Grand une rente de 10 sous sur sa maison sise à Poitiers, rue Terrière, pour la fondation d'un anniversaire pour son mari défunt. (M. A. O. 1847.)

Barbaste (Jeanne de) reconnaît, le 21 mai 1265, avoir arrenté à Jehan de Galardon, prévôt de Poitiers, une maison sise à Poitiers, entre la rue de l'Aiguillerie et le cimetière neuf, etc. (Arch. de la ville de Poitiers. M. A. O. 1882, 300.)

Serait-ce la même qu'une *Johanna de Barbate* dont il est parlé dans une charte de St-Hilaire-le-Grand du 20 mars 1262, qui avait possédé une maison *in rua Fabrili*, et avait eu un frère nommé *Johannes Savaricus* (M. A. O. 1847, 298), ou qu'une *Johanna de Barbate* qui est dite défunte avant le 3 oct. 1271, et près de la maison de laquelle les chapelains de l'évêque de Poitiers avaient *quœdam trillia* ? (Id.)

Barbate (*Juliana*) est nommée dans l'acte de restitution d'une maison faite au Chapitre de St-Hilaire-le-Grand par Girard de la Motte, qui avait été châtelain de Poitiers, 1271. (D. F. 11, 407.)

Barbastre (Jean), de Beauvoir-sur-Mer, fait, le 9 août 1297, un accord avec Maurice de Belleville, sgr de Montaigu et de la Garnache, au sujet du fief de Lorière, appartenant audit Jean, du consentement de Létice DE BEAUVOIR, sa mère, veuve d'ANDRÉ, son père. (D. F. 83.)

Barbastre (Bertrand) servait en 1337, accompagné de 2 écuyers.

Barbaste (N.), Ec., est tué par Lyon Chabot, Ec., qui l'accusait d'avoir connu charnellement une de ses parentes, 1445. (A. N. J. Reg. 177, 213.)

Barbastre (Arthus), Ec., sgr de la Grange, avait pour épouse, le 18 avril 1478, Marie CHASTEIGNER.

Balbastre (Pierre) sert en brigandinier au ban du Poitou de 1488. (Doc. inéd.) C'est sans doute le même qui, lors de la convocation du ban de 1489, fut désigné pour la garde de la Rocheservière. (Id.)

Barbaste (André) fut désigné avec Pierre qui précède pour faire partie de la garnison de la Rocheservière en 1489. Il avait servi comme brigandinier du sgr de L'Aigle au ban de 1467. (F.) Serait-ce le même qui fut dispensé de servir au ban de 1491 comme pauvre et parce qu'il était blessé au bras? Il habitait la châtellenie de la Rocheservière. (F.)

Barbâtre (Catherine) était en 1535 veuve d'Antoine Savary, sgr de la Relatière, et tutrice de leur fils. (F.)

Barbaste (Jacques), Ec., sgr de la Rossière (p[sse] de St-Fulgent, Vend.), fit partie du ban de 1557. (F.)

Barbastre (Marie) épousa, le 29 août 1558, Jacques des Villates, Ec., sgr de la Tour-Blanche. (G[ie] des Villates.)

Barbastre (Barbe), de la maison de *la Grange-Barbastre*, fut femme de Jacques Chasteigner, Chev., sgr de la Grollière. Ils vivaient en 1558.

Barbastre (Geoffroy), Ec., sgr de Puyrousseau, époux de Julienne CHASTEIGNER, vivait vers la même époque.

Barbastre (Tanneguy), Ec., sgr de Puyrousseau, fils de Geoffroy? assista, le 18 juin 1574, au contrat de mariage de Marie Chasteigner avec Laurent Mesnard. Il y est dit cousin germain de la future. (F.)

Barbastre (Marguerite) était, le 8 févr. 1600, veuve de Philippe de Vandel. (Gén. de Vandel.)

Barbastre (Johanne), femme de Louis Torodes, est citée dans le contrat de mariage de son fils Claude avec Louise Clérembault, 1601. (D. F. 25.)

Barbade (Renée) (peut-être Barbastre) était en 1615 dame de la sgrie de la Davière.

Dans le commentaire de Barraud sur la Coutume de Poitou, on voit qu'un Barbade (Tigny ?) a possédé le fief Tabarit (ce doit être un Barbastre), et dans un fragment de généalogie sans date donné par du Chesne dans son ouvrage sur la maison de Chasteigner, on voit que PÉRETTE Barbaste épousa Gilles de la Lande dit de Machecoul, sgr de St-Etienne, gouverneur de Talmont.

BARBAUD ou **BARBAULT**. — Nous trouvons ce nom occupant dès la fin du XVIe siècle une place honorable parmi la bourgeoisie poitevine. Nous devons une grande partie des renseignements qui vont suivre à M. H. Aubugeois de la Ville du Bost, qui les a relevés dans les registres de la ville de Poitiers.

Nous donnons ensuite la généalogie de la famille Barbault de la Motte, dont nous devons les principaux éléments à feu M. Poulard du Palais, complétés encore par les relevés de M. Aubugeois.

Blason. — On trouve dans l'Armorial du Poitou de d'Hozier les énoncés suivants :

Election de Poitiers : Barbaud (Marie), veuve de Jean Le Roy, Ec., sgr de Cloistre, pair et échevin de la maison commune de Poitiers, doyen des docteurs, a présenté l'armoirie suivante : « de sinople à une fasce d'argent accompagnée de 3 étoiles d'or, 2, 1 ».

Election de St-Maixent : Barbault (Jean), orfèvre à St-Maixent : « de gueules à une croix d'or barbée ». — Daniel Barbault, maître chirurgien à Torigné : « barbée d'or » ; — et Barbaud (Martin), bourgeois de la p[sse] de St-Lasue (S. Eanne) : « de sinople à la croix barbée d'or ». — Ces dernières armoiries, qui se rapportent à la famille Barbault, sont évidemment de fantaisie.

Barbaud (François), avocat au Présidial de Poitiers, était parrain les 15 juill. 1596 et 4 mars 1604, qualifié de docteur ès lois en l'Université de Poitiers le 28 sept. 1615 ; était, le 8 oct. 1620, époux de Marie GARNIER.

Barbault (Madeleine) était marraine le 7 avril 1625 et le 29 noût 1627 ; elle est dite femme de Jacques Barillet, Ec., maître des eaux et forêts de Poitiers.

Barbaud (François), avocat en Parlement et au Présidial de Poitiers, épousa, le 26 févr. 1620 ; Marguerite POUSSINEAU. Dans un acte de l'état civil du 5 juin 1629, il est qualifié de noble homme, s[r] de Cloistre.

Barbault (Jeanne) était, le 19 déc. 1632, épouse de Johan Papon, Ec., s[r] des Bardonnières, dont elle était veuve le 8 nov. 1655 ; elle-même était morte le 8 déc. 1657.

Barbault (Marie) était, le 5 juin 1655, femme de Jean Le Roy, Ec., sgr de la Grange, régent de l'Université de Poitiers. De ce mariage un fils, dont René Barbault, qualifié d'Ec., s[r] de Cloistre, était parrain.

BARBAULT DE LA MOTTE. — Famille originaire de la Mothe-St-Héraye (D.-S.).

§ Ier.

1. — **Barbault** (Antoine), huissier royal, épousa Jeanne CONZAY, dont il eut : 1° HENRI-ANTOINE, qui suit ; 2° JEAN, rapporté au § II ; 3° JEAN-AUGUSTIN, rapporté au § III ; 4° HENRI, rapporté au § IV.

2. — **Barbault** (Henri-Antoine), né à la Mothe-St-Héraye en 1743, fut procureur au Présidial de Poitiers (30 août 1766), secrétaire-greffier de l'assemblée d'élection de Poitiers (1787), fut délégué par le Tiers-Etat de la ville de Poitiers pour nommer des députés aux Etats généraux (mars 1789), était en l'an IV commissaire du pouvoir exécutif près le tribunal correctionnel, et fut installé en l'an VIII, président au tribunal civil de Poitiers ; il mourut dans cette ville le 3 mai 1803. Il laissa de Anne-Marguerite-Catherine LERIDON, son épouse, fille de Denis et de Anne Péronnet : 1° LOUIS-HENRI, né le 4 juin 1768 ; 2° DENIS, qui suit ; 3° N., fille, décédée le 13 floréal an XI, à l'âge de 60 ans.

3. — **Barbault** (Denis), né à Poitiers (St-Porchaire) le 14 juill. 1769, débuta dans la magistrature par être avocat et avoué près le tribunal de première instance de Poitiers, puis conseiller à la cour d'appel (18 janv. 1810), membre du Corps législatif (mai 1815), président de chambre le 17 déc. 1818, Chev. de la Légion d'honneur le 30 avril 1821. Il est mort à Poitiers le 29 août 1850, laissant de Flore COLLIER ou GOLLIER, fille de Charles-Guillaume et de Jeanne Villeneau, qu'il avait épousée le 9 août 1795, HENRI-DENIS-EUGÈNE, qui suit.

4. — **Barbault de la Motte** (Henri-Denis-Eugène), né à Poitiers le 30 janv. 1796, fut autorisé par décret du 24 mars 1860 à joindre à son nom de Barbault celui de la Motte, sous lequel son père et lui étaient depuis longtemps connus ; nommé conseiller auditeur près la cour royale de Poitiers le 14 avril 1819, il devint conseiller, puis président de chambre près cette cour et Chev. de la Légion d'honneur le 4 mai 1845. Il épousa en juin 1821 Marie-Louise-Henriette PERREAU, fille de Charles-Louis-Honoré et de Aimée-Henriette-Adélaïde Chandoré, sa femme. M. Barbault de la Motte est décédé à Poitiers le 18 mai 1862, laissant : 1° DENIS-EUGÈNE-ALFRED, qui suit ; 2° HONORÉ-HENRI-EDMOND, né le 31 mai 1823, juge au tribunal de première instance de Poitiers (19 janv. 1853), décédé à Nice le 13 avril 1868, sans laisser d'enfants de Pauline-Marie BARBEDETTE, fille de Firmin, avocat, et de Louise-Constance Andrault, qu'il avait épousée le 21 févr. 1854 ; 3° LOUISE-PAULINE-GABRIELLE, née le 18 févr. 1827, mariée, le 7 août 1844, à Pierre Corderoy du Tiers.

5. — **Barbault de la Motte** (Denis-Eugène-Alfred) naquit le 9 mai 1822, lieutenant-colonel le 29 janv. 1869, colonel 30 nov. 1870, officier de la Légion d'honneur le 11 mai 1871, aujourd'hui à la retraite, épousa Clotilde-Augustine DAURIER, décédée, dont il n'a eu qu'une fille, MARIE-GABRIELLE-GENEVIÈVE, née en 1865, mariée à Nancy, le 3 mars 1885, à Marie-Jacques-François de Label, Baron de Lambel.

Le colonel Barbault de la Motte a fondé en 1882 un prix de 50 fr. de rente 3 p. 0/0 à décerner sous le nom de *Prix de Barbault de la Motte*, lors de l'inspection générale, au sous-officier, brigadier ou gendarme désigné par le sort parmi les 40 plus anciens militaires de la compagnie de la Vienne.

§ II.

2. — **Barbault** (Jean), second fils d'Antoine et de Jeanne Conzay (1er deg. du § I), né en 1746, postulant près la juridiction consulaire, puis avoué près le tribunal civil, mourut à Ligugé le 25 août 1791. Il avait épousé Susanne-Thérèse DEMONT DE LA MILLERIE, dont : 1° JEAN-SILVESTRE, né le 31 déc. 1769 ; 2° HENRI, né le 20 juin 1771, morts enfants, ainsi que 3° THÉRÈSE-ANNE, née le 11 août 1772, et 4° PIERRE, né le 6 juin 1774 ; 5° JEAN-DENIS, né le 29 déc. 1776, ancien avoué près le tribunal civil de Poitiers, mort à Ligugé le 9 févr. 1854 ; 6° MARIE-PLACIDE, morte enfant ; 7° ANNE-HENRIETTE, née le 16 févr. 1781, morte à Ligugé le 22 avril 1864 ; 8° SIMON, né le 13 déc. 1783, mort le 3 janv. 1861, à Ligugé.

§ III.

2. — **Barbault** (Jean-Augustin), 3e fils d'Antoine et de Jeanne Conzay (1er deg. du § I), procureur au Présidial de Poitiers, naquit à la Mothe-St-Hérayc le 13 févr. 1752 et mourut à Poitiers le 28 sept. 1806; il épousa Victoire-Marguerite-Aimée-Geneviève MERLET, dont il eut : 1° HENRI-AUGUSTIN, né à Poitiers (St-Didier), le 25 sept. 1786; 2° ANNE-VICTOIRE, née le 7 juill. 1788, mariée à Poitiers, le 21 janv. 1807, à Pierre-Louis Gillaizeau, avoué près la cour d'appel de Poitiers, morte le 30 oct. suivant; 3° JACQUES-AUGUSTIN, mort enfant.

§ IV.

2.—**Barbault** (Henri), dernier fils de Antoine et de Jeanne de Conzay (1er deg. du § I), procureur au Présidial (8 janv. 1785), greffier du tribunal civil (an IV), puis de la cour d'appel (1800), naquit à la Mothe-St-Hérayc en 1759, et mourut à Poitiers le 12 sept. 1828. Marié à Poitiers, le 18 oct. 1785 (St-Porchaire), à Marie-Louise BROQUEREAU, fille de Marc, ancien trompette de la maréchaussée, pensionné du Roi, et de Marguerite-Françoise Cuvillier, il en a eu : 1° MARC-HENRI, né et mort en 1786 ; 2° HENRIETTE, morte le 5 mai 1790, âgée de deux ans ; 3° ANNE, née le 28 févr. 1790, mariée à Poitiers, le 12 févr. 1814, à Jean Fouquet ; 4° JULIENNE, née le 2 mars 1791, mariée à Poitiers, le 26 avril 1815, à Louis-Philippe-Fidèle-Bonaventure Ginot, qui succéda à son beau-père dans l'office de greffier en chef de la cour d'appel ; elle est morte à Poitiers le 9 nov. 1867 ; 5° MARC-HENRI, né et mort en 1793 ; 6° CHARLOTTE-VIRGINIE, née le 3 août 1796, mariée à Poitiers, le 1er sept. 1813, à Jacques Petit, avocat et avoué à la cour d'appel, morte le 2 avril 1880 ; 7° ADÈLE, née le 24 juill. 1798, mariée à Poitiers, le 18 janv. 1820, à Paul-Marguerite Rouillé, avocat et avoué à la cour d'appel.

BARBE. — Ce nom se trouve mentionné dans les chartes dès le XIe siècle. Il a été porté par plusieurs familles, dont l'une, après avoir donné un maire à la ville de Poitiers et un avocat du Roi à la sénéchaussée de cette ville au XVe siècle, s'est continuée, à ce qu'on croit, dans les sgrs de l'Age-Courbe (pisse de Lathus, Vienne).

Noms isolés.

Barba (*Tethaudus*) fut témoin de la confirmation de la donation du fief du Plessis fait en 1049 à l'abb. de St-Maixent par Peloquin. (D. F. 15. Doc. St-Maixent. A. H. P. 16.)

Barba (P.) était au nombre des feudataires de l'abb. de St-Maixent, vers 1075. (Id. id.)

Barba ou **Barbe** (*Garinus*) est témoin de la restitution de quelques héritages faite en 1088 à la même abbaye, et en 1096 d'une autre charte concernant ce monastère. (Id. id.)

Barbe (*Willelmus*) est compris dans une liste des feudataires de l'abb. de St-Maixent dressée vers 1115. (D. F. 15. A. H. P. 16.)

Barba (*Gaufridus*) est un des signataires de l'acte par lequel G. de *Branleis* restitue au Chapitre de St-Hilaire-le-Grand ses droits sur la terre de Luzais, 1127. (M. A. O. 1847, 127.)

Barba (*Durannus la*), habitant de Poitiers ? était tenu vis-à-vis l'abbaye de St-Cyprien au droit de fourche et de paisseau, vers 1110. C'était un simple artisan. (A. H. P. 3.)

Barba (*Ostencius*), clerc, fut témoin de la vente de maisons, etc., au bourg de St-Hilaire de Poitiers, faite par Hélie, abbé du Pin, à un chanoine du Chapitre de St-Hilaire-le-Grand, 1162-1163. (M. A. O. 1847.)

Barbe (*Johannes*) est témoin du don fait au Chapitre de St-Hilaire par Etienne de Furné, en 1178, de tout ce qu'il possédait à Frontenay (Vienne) et à Mazeuil. (Id.)

Barbe (Jean) donne en 1189 une baillie à l'abb. de Boisgrolland. (D. F. 1.)

Barbe (*Girandus*) est témoin d'un don fait en 1196 à l'abb. de Maillezais par Pierre de Volvire. (D. F. 25.)

Barbe (*Petrus*), *serviens*, est privé de son héritage par décision des commissaires enquêteurs d'Alphonse en Poitou en 1258, en raison de sa révolte. (Hist. d'Alphonse, Ledain.)

Barbe (*Johannes*) *de Viveone* est un des témoins du testament de Jeanne Marchande, veuve d'un bourgeois de Vivonne, 1264. (D. F. 22.)

Barbe (Pierre), Chev., est cité dans un mandement du Roi adressé, le 24 août 1323, à tous justiciers pour faire restituer à Jean L'Archevêque, sire de Parthenay, ses biens précédemment saisis, comme s'étant porté caution pour plusieurs autres. (A. H. P. 11.)

Barbe (Jean), sr du Soucy, JEAN et GUILLAUME, ses enfants, font, le 31 mai 1330, un échange avec Guillaume Mathoras, valet, passé sous la cour de Thouars. (D. F.)

Barbe (Simon), Chev., vivait en 1346. (F.)

Barbe (Jean) était sénéchal de Thouars en 1416. (F.)

Barbe (Jean) était sénéchal d'Etables pour le Chapitre de St-Hilaire-le-Grand de Poitiers le 25 avril 1434. (M. A. O. 1847.)

Barbe (N.), Ec., servait le 24 avril 1495.

Barbe (Loys), gentilhomme du Poitou, homme d'armes, attaque un convoi avec quelques-uns de ses camarades, 1540. (A. N. Reg. 253 *bis*, p. 228.)

Barbe ou plutôt **Barbier** (Jean) était avocat du Roi en 1556. (De Gennes. Notice sur le Présidial, M. A. O. 1860, 526.) Il mourut en 1569.

Barbe (Jeanne) avait épousé, vers 1650, Aubin Horsaut, sr de Petit-Bourg. Elle était sa veuve en 1688 (26 juin), date du mariage de leur fille Jeanne avec Etienne Bertineau, Ec., sgr de St-Eloi.

Barbe (N.), capitaine de cavalerie en retraite, officier de la Légion d'honneur, épousa, vers 1810, Armande DES ROCHES DE CHASSAY, fille d'Alexis et de N. de Théronneau.

BARBE EN CHATELLERAUDAIS.

Dès le XIe siècle on trouve parmi les chevaliers de la vicomté de Châtellerault plusieurs personnages portant le surnom de Barbe. Quelques-uns ont possédé les seigneuries d'Oiré et de Pleumartin, et paraissent avoir formé la maison d'Angle (voir ce nom) ; d'autres, peut-être de familles différentes, sont mentionnés dans divers titres du XIe au XIVe siècle.

Barba (N.) eut plusieurs enfants qui firent don à l'abbaye de St-Cyprien de divers domaines près Bellefont (Vien.), au sujet desquels ils étaient en procès avec l'abbé Rainaud (vers 1073-90). C'étaient : 1° GAUTHIER,

2° Froger, qui suivra; 3° Rainaud, qui épousa Almodie ; celle-ci concéda, vers 1090, le don de droits sur les églises de Naintré et Sénillé, fait à St-Cyprien par Guillaume Goscelin, son parent, en présence de Boson Vte de Châtellerault et de Froger Barbe; 4° Guy, 5° Payen; ce dernier avec Rainaud fut témoin du don fait à l'abbaye de Noyers par Froger Barbe (vers 1131); 6° plusieurs filles qui ne sont pas nommées.

Barbe (Froger), *vir nobilis incola Castri-Airaudi*, fit don en mourant à l'abbaye de Noyers où il voulait se faire moine; mais sa femme s'y refusa. Il donna ses droits *in foresta de Molri* et 2 sols de cens dus par les moines de Bussière, en présence d'Aimery Vte de Châtellerault et de Gaudin, abbé. Ce don fut ratifié par sa femme Pétronille, son fils Gauthier et ses autres enfants qui ne sont pas nommés, en présence de Payen Barbe et Rainaud Barbe frères (qui étaient frères ou neveux dudit Froger). Ce Froger Barbe avait été témoin de divers dons faits à St-Cyprien par Hugues de Chistré (vers 1080), Boson Vte de Châtellerault (1088), et Guillaume Goscelin (vers 1090). Son fils aîné fut :

Barbe (Gauthier), qui fit un don à Noyers, à la mort de son père, 1131, et fut témoin avec Aimery Vte de Châtellerault du don fait par Adémar Le Sec, frère d'Hélie de Chistré, des dîmes de Vouneuil et Mongamé, cédées à St-Cyprien (sous Guillaume, évêque de Poitiers, vers 1130-40).

Barbe (Payen), frère de Gauthier, Froger, Rainaud et Guy, donna avec eux les domaines de Bellefont à St-Cyprien, sous l'abbé Rainaud, vers 1080. Il fut témoin de divers dons faits du lieu des Grèves (*de Grevis*) par plusieurs seigneurs : Eschivard (de Preuilly), Hugues Le Brun (de Lusignan), sgr d'Angle, et autres, vers 1100-1136. (Cart. St-Cyprien.) On le trouve aussi présent au don fait par Froger Barbe, mourant, à l'abbaye de Noyers (vers 1131).

Barbe (Guy), frère de Gauthier, Froger, Rainaud et Payen, donne avec eux les domaines de Bellefont à St-Cyprien, vers 1090. Peut-être fut-il père de :

Barbe (Soudan), appelé aussi Soudan d'Angle, vivant vers 1120-30, qui fut le chef de la maison d'Angle, et eut pour enfants : 1° Guy, qui suit; 2° Guichard Barbe ou d'Angle (dont les descendants jusqu'au XIIIe siècle sont souvent appelés dans les actes tantôt Barbe, tantôt d'Angle, et ont possédé Pleumartin).

Barbe (Guy), appelé quelquefois Guy d'Angle, fut témoin avec son père de plusieurs dons faits à la Merci-Dieu, vers 1150-1180. Il paraît avoir été sgr d'Oiré.

Barbe (Regnaud), Chev. de la p^sse^ d'Ingrande, se plaint en 1240 des violences exercées dans sa maison par Raoul Flotte, sergent royal à Châtellerault, auquel il devait de l'argent. (A. N. J. 97, 1, 115.) C'est lui sans doute qui est nommé dans un compte pour 1256 : *Raginaldus Barbe miles, est plegius Johannis de Castro-Ayraldi pro* II^c^ *libris solvendis.* (A. H. P. 4.)

Barbe (Payen), Chev, est nommé dans une enquête faite au nom du Comte de Poitou, au sujet de St-Remy-sur-Creuse (vers 1253), où figure comme témoin « *Stephanus Guvenœus homo consuetudinarius domini Paen Barbe* ».

Barbe (Antoine), que l'on croit sgr de la Barbelinière? Courcoué? épousa, vers 1350, Marguerite de Beaumont, fille de Guillaume, Chev., sgr de Beaumont près Châtellerault, dont il eut Jeanne, mariée : 1° vers 1370, à Jean de Mondion, Ec., sgr de Chêne; 2° vers 1379, à Jean de La Lande, Ec. (Du Chesne, vol. 33, p. 113, 321, etc.)

BARBE a Poitiers.

Blason : de sable au chevron d'or accompagné de 3 barbes de même, au chef cousu d'azur et chargé de 3 besants d'or. — Les descendants de cette maison ont depuis retranché les barbes de leurs armes. (Arm. Poitou, Goujet.)

Barbe (Jean) était avocat du Roi à la sénéchaussée de Poitiers, et il assista en cette qualité à l'installation de l'Université, en 1431. Il fut maire de Poitiers en 1439 et 1445, et en 1452 député à Tours près du Roi pour solliciter l'établissement à Poitiers d'une chambre du Parlement de Paris. Il avait doté richement et fait ériger en cure la chapelle de Ste-Opportune de Poitiers, qui fut consacrée le 6 mai 1446. Il y fonda la chapelle de St-Christophe, dans le caveau de laquelle il fut inhumé le 11 févr. 1458, en grande pompe. Déjà y reposait le corps de Jacquette, sa fille, et plus tard Guillemette Homaline, sa veuve, y fut déposée, le 6 mars 1467. En 1458, il avait rendu à la Tour de Maubergeon aveu pour son fief de Bonnillet. (A. H. P. 15. B. A. O. 1874, 139.)

BARBE. — Famille habitant les environs de Montmorillon, qui est peut-être la tige des sgrs de l'Age-Courbe, etc.

Barbe (Samuel), *miles*, et

Barbe (*Gauffredus*), *miles*, sont cités l'un et l'autre dans une transaction passée en 1195 entre Guillaume III, évêque de Poitiers, et Guibert et sa famille, au sujet de la dîme de Maillé, sur laquelle Guibert et les siens abandonnent tous leurs droits à l'évêque. (O.)

Barbe (*Guillelmus*) et

Barbe (*Petrus*) possédaient, vers 1240, *in nemore Montis Maurilii*. (A. H. P. 8.)

Barbe (*Petrus*), le même que ci-dessus? devait, en raison de sa terre sise *circa Montem Maurilii*, 17 liv. 10 s. à la Chandeleur 1246. (Id.)

Barbe (*Petrus*), *miles*, se trouve relaté dans plusieurs passages du cartul. de l'évêché de Poitiers (G^d^-Gauthier) comme vassal de l'évêque pour ses possessions dans la châtel^nie^ d'Angle (sur-l'Anglin, Vienne), Chauvigny, etc., en 1286-1306. (A. H. P. 10.)

Barbe (*Guido*), vassal de l'évêque de Poitiers comme sgr de Chauvigny, était décédé vers 1300, laissant pour veuve Bonaventure. (Id.)

Barbe (Guyot) tenait de la B^nie^ de Chauvigny son herbergement de la Mole, vers la même époque. (Id.)

BARBE DE L'AGE-COURBE, en Montmorillonnais, sgrs du Cher (ou du Chef), de Beauregard, de Voullon, de Boismorand, d'Ouince, de la Seigne, de l'Age-Courbe, de la Tour, etc. Cette famille fut maintenue noble en Berry en 1666, et en Poitou (branche de l'Age-Courbe) le 18 août 1667, par Barentin. Dans le Catalogue des nobles annoté, on la dit « issue de l'échevinage de Poitiers ancien ».

Blason. — Le plus exact paraît être : « d'argent au lion de gueules, ayant une tête humaine barbue ». — L'Armorial de Mervache (1505) dit que le s^r^ François Barbe, s^r^ du Cher, porte : « d'argent au lion de gueules rampant, portant une tête d'homme au naturel ». — Plus tard, sans doute par suite d'une confusion, on trouve : « d'argent au lion de gueules soutenant entre ses pattes une tête humaine barbue ». Cet énoncé bizarre vient de ce qu'on aura mal compris les termes de Mervache. — Ailleurs (notes de Maupeou) il est dit que les s^rs de l'Age-Courbe portent : « d'argent à 2 lions de gueules supportant un chef d'azur ». Cela doit être une erreur nouvelle de quelqu'un qui aura encore plus mal compris les termes de l'énoncé primitif. — Enfin, dans la maintenue de 1666 en Berry (branche d'Ouince), il est dit seulement : d'azur au lion d'or.

Noms isolés.

Barbe (Lucrèce) épousa, vers 1600, François Girard, Ec., sgr de la Ferrandière. (Gén. Taveau.)

Barbe (Gabrielle) était veuve, le 3 janv. 1674, de N. Petitpied, Ec., s^r d'Ouzilly. (O.)

§ Ier. — *Filiation.*

1. — **Barbe** (Léonnet), Ec., s^r de la Font, Champrouet? épousa, vers 1460, Charlotte Mercier? dont il eut : 1° François, qui suit ; 2° Bertrand, chef de la branche de l'Age-Courbe, § III ; 3° Jacques, marié, le 24 juin 1490, à Anne Richard, fille de Foucaud, Ec., s^r de la Mondie.

2. — **Barbe** (François), Ec., s^r du Cher (ou du Chef), partagea avec ses frères le 4 févr. 1496. Il épousa, paraît-il, en 1493, Marguerite? (ou Marie) du Cher, et eut, croyons-nous, pour fils, Pierre, qui suit.

3. — **Barbe** (Pierre), Ec., s^r du Cher (appelé par erreur David dans la maintenue de noblesse de 1666), épousa : 1° vers 1530, Marie de Moussy, fille de Louis, Ec., s^r de Boismorand, et de Françoise de Cluys ; 2° Catherine David. Il eut du 1er lit : 1° Pierre, Ec., s^r du Cher, qui partagea avec ses frères le 18 sept. 1550 (acte passé à Poitiers). En 1579, il se dit l'un des 100 gentilshommes de la maison du Roi et tuteur de Gillette Barbe, sa nièce ; il obtint arrêt aux Grands Jours de Poitiers, le 6 oct. 1579, contre divers qu'il poursuivait en crime de rapt. Il fut nommé gentilhomme de la chambre du Roi le 16 juin 1582 ; mais nous ne savons pas s'il se maria et s'il eut postérité ; 2° Robert, qui suit ; du 2e lit : 3° Philippe, chef de la branche de Voullon, § II.

4. — **Barbe** (Robert), Ec., s^r de Beauregard, assista, le 14 janv. 1565, au mariage de René du Cher. Il épousa, le 10 juin 1554 (not. à Montmorillon), Blanche de Mingarguer? (ailleurs Maingarques?), qui était veuve en 1576 (procès au Parlement, 7 avril), dont il eut : 1° Désiré, qui suit ; 2° probablement Gillette.

5. — **Barbe** (Désiré), Ec., s^r de Beauregard, Boismorand, Ouince, etc., échangea le Grand-Boismorand pour la sgrie d'Ouince, le 12 mai 1604, avec Guy d'Aloigny. On le trouve qualifié capitaine de 200 hommes de pied en 1590. Marié, le 29 sept. 1577, à Louise d'Aloigny, fille de Pierre, Ec., s^r de Rochefort, et de Marguerite de Salignac, il eut pour enfants : 1° Guy, qui suit ; 2° Pierre, 3° et 4° deux filles, qui partagèrent avec leurs frères, par acte passé à Buzançais, le 4 déc. 1637.

6. — **Barbe** (Guy), Ec., s^r d'Ouince, etc., épousa à St-Savin, le 22 févr. 1625, Marie Vézien, dont il eut : 1° Anne-Pierre, qui suit ; 2° Charles, maréchal des logis des gendarmes du Dauphin en 1666.

7. — **Barbe** (Anne-Pierre), Ec., sgr d'Ouince, maintenu noble en Berry en 1666 (âgé de 34 ans), épousa (not. à Angle) Marie d'Arnac, veuve de René de Mauvise, Ec., s^r des Cars, et fille de Pierre, Ec., s^r de la Millaudière, et de Jacqueline de Ternes (sa 3e femme), il en eut, croyons-nous : 1° Marie, qui épousa, le 21 sept. 1700, Antoine Mangin, sgr de Chizé ; 2° Gillette, mariée le même jour à François Mangin ; peut-être aussi 3° Louis.

Barbe (Louis), Ec., s^r des Bordes, qui épousa Renée de Mauvise, veuve de Jacques Vézien, Ec., s^r de la Ferrandière. (Ils avaient procès en 1704 contre le prieur de la Trimouille.)

§ II. — Branche de **VOULLON**.

4. — **Barbe** (Philippe), Ec., s^r de Voullon, fils de Pierre et de Catherine David, sa 2e femme (3e deg., § Ier), transigea avec son frère Pierre le 18 sept. 1550. Il servit au ban de 1557 et épousa, le 4 mai 1565, Antoinette Foucaud, sœur de Gabriel, Ec., dont il eut : 1° Roland, qui suit ; 2° René, marié à Désirée Lescot? dont deux filles.

5. — **Barbe** (Roland), Ec., s^r de Voullon, épousa, le 17 févr. 1613, Françoise Brossin, dont il eut :

6. — **Barbe** (René), Ec., s^r de la Tour, Voullon, etc., fit partie en 1651 de l'assemblée des nobles du Poitou pour les Etats généraux. Il épousa, le 30 nov. 1657, Marie Lhuilier. Nous ne savons pas s'il eut postérité.

§ III. — Branche de **L'AGE-COURBE**.

2. — **Barbe** (Bertrand), Ec., s^r de Chaurouet (Champrouet), fils puîné de Léonnet et de Charlotte Mercier? (1er deg., § Ier), épousa, le 26 janv. 1493, Marguerite du Cher, dont il eut François, qui suit.

3. — **Barbe** (François), Ec., s^r de la Soigne? testa le 5 oct. 1559, mentionnant ses 7 fils. Il avait épousé, le 29 mars 1529, Anne Richard, fille de Pierre, Ec., s^r de la Tour, dont il eut : 1° Philippe, 2° Jean, 3° François, 4° Claude, 5° Jean, Ec., s^r de la Soigne, était homme d'armes de M. de Montpensier en 1577 (ban de la Marche) ; 6° Pierre, 7° François, qui suit.

4. — **Barbe** (François), Ec., s^r de l'Age-Courbe, servit comme homme d'armes sous M. d'Aumont. Il épousa, le 5 févr. 1583, Susanne de la Gélie (ou l'Age-Elie), fille de René, Ec., s^r de l'Age-Courbe, et de Françoise Gourdin, dont il eut, croyons-nous, Robert, qui suit.

5. — **Barbe** (Robert), Ec., s^r de l'Age-Courbe, fit accord, le 15 oct. 1628, avec François Richard, Ec., s^r du Cluseau, et Renée du Breuil, son épouse. Nous pensons qu'il eut pour fils Henri, qui suit.

6. — **Barbe** (Henri), Ec., s^r de l'Age-Courbe, maintenu noble en Poitou le 18 août 1667, épousa Marie Chevalier, fille de Philippe, Ec., s^r du Thais, et de Louise de Marcirion. Il était veuf en 1641. (Notes d'Orfeuille.) Nous ne connaissons pas sa postérité.

BARBE. — Autre famille.

Barbe (Aimery), chevalier, qui servait dans les guerres de Saintonge avec 7 écuyers, sous les ordres de Savary de Vivonne, en 1345, portait : 3 lions losangés (*sic*), (peut-être en champ losangé?) (Gaignères, v. 773, p. 107.)

BARBELIN, sgr de la Barbelinière (Chatelleraudais).

Barbelini (*Guillelmus*) fut témoin, vers 1150, d'un don fait à la Merci-Dieu par Hugues Vte de Châtellerault et ses enfants. (Gaignères, 678, 165.) Il fut aussi témoin de la cession de la dîme de Ringère concédée à St-Hilaire-le-Grand par Foucher Achard, en présence de l'archiprêtre de Châtellerault et de divers seigneurs, l'an 1157. (M. A. O. 1847, 161).

BARBER ? (peut-être **BARBIER** ou **BARBE**.)

Barbère (Jeanne), D^e de Leignes près Chauvigny, épousa, vers 1350 ? Humbert de Séris, Ec., s^r de Leignes. Elle reçut aveu en 1380 de Jean Petit, Ec., mari de N. Bonneau, pour un fief sis à Pouzioux. (Pièc. orig. vol. 80, Appelvoisin, n° 349. — Titres, évêché de Poitiers.)

BARBÈRE (DE LA), EN BAS-POITOU.

Barbère (Pierre de la) vivait en 1230 et possédait près de la forêt de Chazay, Vendée. (F.)

Barbère (Michel de), Ec., sgr de la Louissais, Lépierdière, p^sse de la Mormaison (Vendée), était, le 27 juin 1739, tuteur de René Deschamps, Chev., sgr de la Jarrye.

Barbère (Sophie de) épousa en 1788 Louis de Tinguy. (Gén. de Tinguy.)

BARBERIE DE SAINT-CONTEST. — Famille originaire de Paris.

Blason : d'azur à 3 têtes d'aigle d'or.

Barberie de Saint-Contest (François-Dominique), sgr de la Chasteigneraye (Vendée), conseiller au Parlement de Paris en 1724, décédé en 1754, eut pour fils :

Barberie de Saint-Contest (Henri-Louis), sgr de la Chasteigneraye, la Montagne (Ardin), 1743.

BARBEROUX EN MONTMORILLONNAIS.

Il y avait un fief appelé le Quéroux-Barberoux, p^sse de Sillards, relevant du château de Montmorillon.

Barberoux (Jean de), Ec., était décédé le 26 avril 1385, date d'un accord passé entre ISABELLE, sa fille, et Hugues et Jean Baudiceau. (D. F. Arch. de St-Savin.)

BARBEYRAC DE SAINT-MAURICE. — Famille originaire de Montpellier, établie en Saintonge.

Barbeyrac de Saint-Maurice (Charles), Chev., sgr de Souvigné, épousa, le 16 janv. 1766, Angélique-Pauline DE BEAUCHAMP, fille de René, Chev., sgr de Souvigné, et de Marie-Sophie Renaudet ; leur fille N... épousa, le 7 juill. 1789, Jean-Charles-Remy de Touzalin.

BARBEZIÈRES. — Famille noble et ancienne, originaire de la principauté de Marcillac, où se trouve une paroisse de Barbezières située sur les confins du Poitou et de l'Angoumois, dont elle a pris le nom.

Ses nombreuses alliances en Poitou, les terres importantes qu'elle y a possédées, lui assignaient sa place dans notre Dictionnaire.

La majeure partie des notes qui nous ont permis d'écrire ce qui suit, sont extraites du 82e vol. de D. Fonteneau ; nous en avons également puisé quelques-unes dans le Nob. du Limousin et dans un article sur cette famille, de B. Jourdan, de la Rochelle, qui nous a été communiqué par M. de Richemond, archiviste de la Charente-Inférieure.

Blason : fuselé, *aliàs* losangé d'argent et de gueules. (Vertot.)

On trouve aussi : d'argent à 6 fusées de gueules en fasce ; ou : d'argent à une fasce fuselée de gueules de 5 pièces (Barentines) ; ou : d'argent à 3 fusées et 2 demi-fusées accolées en fasce de gueules.

Quant à celui que la Vraie et parfaite Science des armoiries attribue à la branche de la Roche-Chemerault, on ne doit retenir que le 1er quartier qu'elle blasonne d'argent à une fasce losangée de 3 pièces et demie de gueules. Nous dirons la même chose de celui que, d'après le P. Anselme, portait Méry de Barbezières, Chev. du St-Esprit.

Barbezières (le sgr de) obéit à la semonce donnée par Philippe le Bel pour se rendre aux armées en 1303. (Bib. Nat.)

Barbezières-Chemerault (Jacques), habitant la sgrie de Civray, servit comme archer au ban des nobles du Poitou en 1492. (Renseignement erroné donné par Robert du Dorat.)

Barbezières (Madeleine) épousa, le 9 sept. 1507, François Frougeard, Ec., sgr de la Loubrie, p^sse de Parsac, élect. de Niort.

Barbezières (Philippe de) était, en 1531, prévôt des maréchaux ? du sgr de la Trémoille, dans l'île de Ré ; il était huguenot, et faisait partie en 1534 de la maison du Vte et de la V^tesse de Thouars. (Chart. de Thouars.)

Barbezières (le sgr de) promet de servir le Roi de sa personne, à défaut de Jean Acarie, sgr du Fief-Archier, le 30 mai 1536, au ban de Saintonge tenu par M. de Morthemer.

Barbezières (Françoise de) avait épousé Bernon Joubert, Ec., sgr de Nyeuil, comme il appert du contrat de mariage de leur fils Léonard avec Jeanne de la Béraudière, le 5 mars 1540. (O. Regnault.)

Barbezières (N. de) était, le 1er août 1549, gouverneur de Taillebourg. (A. H. P. 12.)

Barbezières (Catherine de) épousa en 1550 Jean de Lestang, Ec., sgr de Rulles.

Barbezières (Anne) épousa, vers 1550 ? Jean Bouhier, Ec., s^r de Beauregard (d'après le Reg. de Malte, Rochefoucauld-Bayers, 1638.)

Barbezières de Bois-Berthon (Jean de) fut reçu Chev. de Malte en 1550. (Vertot.)

Barbezières (Jeanne de), dame de la Chaume, devait aide à François de Pontlevin, Ec., sgr de la Tablerie, pour le service du ban de Saintonge convoqué en 1553.

Barbezières (François), de St-Martin, autre

Barbezières (François) et

Barbezières (Jean) servaient en archers dans la compagnie de 50 lances sous les ordres de M. de Gonnord, qui fit montre à Chauvigny le 15 janv. 1555. (O.)

Barbezières (Antoine de), Ec., sgr de St-Mary et de Cherdo en partie, était en 1557 homme d'armes dans la compagnie du duc de Montmorency.

Barbezières-Chemerault, Chev. de l'ordre du Roi, et ses deux fils, concoururent à la défense de Poitiers en 1569. (Liberge.)

Barbezières (N. de), habitant la Rochelle, a livré en 1569 à la ville, pour le service de la cause protestante, deux cloches qu'il gardait en sa maison.

Barbezières (Renée de), veuve en premières noces de René Gauthier, Ec., sgr du Fresne, épousa, le

31 mars 1571, André de Montalembert, co-sgr de Vaux et sgr d'Estrades. (G. Montalembert.)

Barbezières (Louis de), Ec., sgr de Mongeret, épousa, le 27 mai 1570, Antoinette DE ROCHECHOUART, fille de Claude et de Jacqueline de Baudot. Elle mourut le 15 janv. 1571. (G. Rochechouart.)

Barbezières (Pierre) était archer du vice-sénéchal d'Angoumois en 1578.

Barbezières (Sébastien de), s^r de Bourgon, au C^té de la Rochefoucauld, épousa Jacquette DE PARTENAI, fille d'Achille Bon de Nuaillé (Aunis), terre qu'elle porta à son mari. JEANNE, leur fille aînée, dame d'honneur de la Reine, se maria, le 17 déc. 1515, avec Claude Le Mastin, Chev. de l'ordre du Roi, sgr de la Favrière et du Chastelier-Berle, auquel elle porta la terre de Nuaillé.

Barbezières (Judith) épousa, vers 1580, Jacques de Poivre, Ec., s^r de Tuffas (Rancogne, Char.).

Barbezières (Marie de) épousa Paul de Massougnes, Ec., le 19 janv. 1603. (Mesnard, not. à Marcillac.)

Barbezières (Louise de) épousa Brice Graffart, trésorier provincial de l'extraordinaire des guerres en Angoumois, Saintonge, etc.; sgr, à cause d'elle, de Cramahé, il en rendait aveu à l'évêque de Maillezais le 18 janv. 1601. Louise était veuve le 27 sept. 1617. (D. F.)

Barbezières (N. de) fut tué le 7 janv. 1616 près de Nanteuil, dans un engagement avec l'ennemi. (D^re univ. de la noblesse, I, 459.)

Barbezières (Marie d') épousa, le 15 janv. 1624, Isaac de Beauchamp, Ec., s^r de Guignebourg. (Nob. limousin.)

Barbezières (Pierre de), Ec., s^r de l'Esbaupin, épousa Marguerite PHILIPPIER, dont il eut : 1° RENÉ, Ec., s^r de l'Esbaupin; 2° HUBERT, Ec., s^r de la Cour d'Arcenac, marié à Charlotte RENAULT, qui partage, étant veuve, le 8 juin 1621. (A. Charente, E. 952.)

Barbezières (Charles de), Ec., s^r du Puy-Chaussot, épousa Anne GANCHON, qui était veuve et tutrice de ses enfants le 27 fév. 1710 (acte passé par Boylevin, not. à Montignac).

NOTA. — Dans les dossiers de d'Hozier, conservés à la bibl. de Rouen (fonds Martainville), on trouve un tableau généalogique assez complet des Barbezières-Chemerault, et nous suivrons ce travail, en corrigeant les erreurs qui s'y trouvent. Les 1ers degrés sont conformes à ceux présentés par Méry de Barbezières, Chev. de l'ordre du St-Esprit en 1585; mais nous croyons qu'ils sont erronés, car les actes authentiques conservés aux archives de la Charente ne concordent pas. Voici comment ces premiers degrés sont établis :

1. — **Barbezières** (Perrot de) épousa Catherine DE BOURGON, fille de Guillaume, Ec., s^r dudit lieu, p^sse de Vautouze? en Saintonge. (On trouve ailleurs qu'il épousa une Clermont d'Amboise : ce qui est une erreur manifeste.) — D'après une note mal rédigée, dont nous ne pouvons vérifier la teneur, il semble que Perrot de Barbezières eut 2 fils, qui partagèrent le 28 mai 1436 : 1° JEAN, qui suit; 2° PERRET (*aliàs*, ce Perret serait oncle de Jean et frère puîné de Perrot).

2. — **Barbezières** (Jean de) eut, paraît-il, par partage de 1436, l'hôtel de Barbezières pour son droit d'aînesse. Il épousa Jeanne SALLEBRACHE, que l'on croit fille du sgr de St-Mary, Vitrac, Montembeuf, l'Age-Chasseneuil, dont il eut JEAN, s^r de Bourgon, St-Mary.

Ces renseignements paraissent être inexacts, et nous établirons la généalogie telle qu'elle nous semble résulter des pièces authentiques actuellement connues, sans cependant en garantir l'exactitude complète.

§ Ier. — BRANCHE DE **BARBEZIÈRES**.

1. — **Barbezières** (Pierre de) aurait épousé Catherine GUINÉE, qui était veuve en 1426 (note tirée d'un tableau généalogique); ailleurs elle est appelée Catherine DE BOURGON, fille de Guillaume, Ec., s^r dudit lieu, p^sse de Vautouze? en Saintonge. (Notes d'Hozier.) Il eut 2 fils, qui partagèrent le 28 mai 1436 : 1° JEAN, qui suit; 2° PERRINET, qui forma la branche de Montigné, § IV.

On trouve aux archives de la Vienne, dans les titres de la commanderie de Beauvoir-sur-Matha, un accord du 10 juill. 1439 et un procès de 1445 contre Pierre et Jean de Barbezières, écuyers, d'où il semble que Pierre était l'aîné.

2. — **Barbezières** (Jean de), Ec., s^r dudit lieu, eut le fief de Barbezières pour son droit d'aînesse en 1436. Il se maria, pensons-nous, 2 fois (à moins qu'il n'y ait eu 2 Jean), et en 2es noces, vers 1450, à Amice LHERMITE, que l'on croit sœur du grand prévôt de Louis XI. Il eut pour enfants : 1° JEAN, qui suit; 2° JACQUELINE, mariée à Guillaume Desmier, Ec., s^r de St-Amand; 3° BERNARDE, mariée à Guillaume de la Porte, qui sont connus par un accord du 27 oct. 1489 et un partage du 27 mai 1490. (D. F. 82.) On trouve ailleurs : 4° AMICE, mariée, le 14 nov. 1476, à Antoine Valentin, Ec., s^r de Gerneville; 5° JEANNE, mariée à Bernard d'Abzac, Ec., s^r de la Rue; 6° LOUISE, mariée à Antoine de Soubsmoulins; 7° LIETTE, mariée à Hélie de Soubsmoulins. (Comme ces 4 dames ne sont pas mentionnées en 1489 et 1490, nous pensons qu'elles étaient déjà décédées; peut-être aussi seraient-elles filles d'un 1er Jean, père de celui qui épousa Amice Lhermite.)

3. — **Barbezières** (Jean de), Ec., s^r de Barbezières et d'Estrades? était décédé dès 1485. Il avait épousé Clémence D'ORGEMONT, mariée en 2es noces à Pierre Desmier, Ec., s^r de Mirande. Dans les notes de D. Font., 82, on trouve une procuration donnée le 24 juin 1485, par Amisse Vermite de Barbezières (*sic*, mal écrit pour Amice Lhermite) et Clémence d'Orgemont, tutrices des enfants de feu Jean de Barbezières, pour terminer leurs querelles et procès. En 1489, ces enfants étaient sous la tutelle d'André de Barbezières, Ec., s^r de Vitrac (qui devait être leur oncle breton), et celui-ci fit en leur nom un partage avec Guillaume Desmier et Jacqueline de Barbezières, sa femme, Guillaume de la Porte et Bernarde de Barbezières, sa femme, qui étaient oncles et tantes des mineurs. (D. F. 82.) Les enfants de Jean de Barbezières furent : 1° PHILIPPE, qui suit; 2° LOUIS (peut-être est-ce lui qui servait en archer au ban du Poitou de 1491-92, en remplacement de son beau-frère); il habitait la sgrie de Marcillac; 3° BERTRAND, mentionné en 1489 et 1490, sur lequel nous n'avons pas de renseignements; 4° CATHERINE, qui épousa, le 30 avril 1501, François Desmier, Ec., s^r de Chenon.

4. — **Barbezières** (Philippe de), Ec., sgr de Barbezières, Estrades? etc., reçut commission du Roi le 10 mai 1516 pour chasser et punir les malfaiteurs qui infestaient l'Angoumois. Il fit un accord, le 18 août 1515, avec Jean de Barbezières, Ec., sgr de Bourgon. (D. F. 82.) Marié, le 23 janv. 1497 (contrat passé devant J. Johannon, clerc, garde du scel à St-Jean-d'Angély), à Hélène DE FONSÈQUE, fille de Rodrigue, Chev., sgr d'Egré, et de Louise de Clermont, il eut 16 ou 17 enfants inscrits sur le livre d'Heures d'Hélène de Fonsèque (note du vol. 1084, p. 355. Cab. titres) : 1° MARGUERITE, 2° un fils décédé jeune; 3° JEANNE, 4° GABRIEL, 5° MARGUERITE, 6° CHARLES, qui suit; 7° NICOLAS,

8° Guyot, 9° Charles, 10° Jeanne, 11° Jean, 12° Anne, 13° Jean, 14° Marie, 15° Jacquette, mariée, le 4 sept. 1541, à René Poussard, Ec., sgr de Vandré ; 16° Antoinette, et d'après le registre de Malte : 17° Jacques, chef de la branche de Nogeret, § III.

5. — **Barbezières** (Charles de), Chev., sgr de Barbezières, Péré, capitaine de Taillebourg, fut tuteur des enfants de son frère Jacques et rendit son compte de tutelle le 18 déc. 1571. (D. F. 82.) Il épousa, le 13 juill. 1534, Jeanne Poussard, fille unique de Guy, Chev., sgr de Péré, et de Jeanne de Pontville (dans les notes de D. Font. on a écrit par erreur Laurent-Charles et Poulhe au lieu de Poussard), dont il eut : 1° Charles, qui suit ; 2° Bardouine, mariée, le 6 oct. 1552, à Charles Goumard, Ec., sr de la Funelière.

6. — **Barbezières** (Charles de), Chev., sr de Barbezières, Péré, maintenu noble par les commissaires du Roi en Poitou le 19 avril 1599, comme chef de sa maison, avait prêté ses titres à Méry de Barbezières-Chemerault, son parent, nommé chevalier du St-Esprit en 1585. Il épousa : 1° le 24 janv. 1580, Jeanne de Gontaut-Biron, fille d'Arnaud Bon de Salaignac et de Jeanne de Salaignac ; 2° le 10 sept. 1603 (contrat par Arnaudeau, not. à St-Jean-d'Angély), Marie Robert. (D. F. 82.) Il eut du 1er lit : 1° Pierre, qui suit ; 2° Absalon, Ec., sr de Vraigné, qui paraît être décédé sans postérité ; 3° Jeanne, 4° Charlotte ; du 2e lit, il eut : 5° Salomon, chef de la branche de la Talonnière, § II.

7. — **Barbezières** (Pierre de), Chev., sgr de Barbezières, Péré, fit accord, le 29 juin 1614, avec ses frères et sœurs, au sujet des dettes laissées par leur père ; et le 12 mai 1618, conjointement avec Louis de Barbezières, sgr de Nogeret, son cousin, il fit bail à rente d'une maison sise à Barbezières. Il épousa Jeanne de la Cave (D. F. 82) et mourut, dit-on, sans postérité. Nous pensons cependant qu'il eut une fille, mariée à Henri de Scheurman, *aliàs* des Cherments, qui était sgr de Péré en 1666.

§ II. — Branche de la Talonnière.

7. — **Barbezières** (Salomon de), Ec., sr de la Talonnière (cne de Chef-Boutonne, D.-Sèv.), fils de Charles, sgr de Barbezières, et de Marie Robert, sa 2e femme (6e deg., § I), fut baptisé le 31 déc. 1604 (parrains Salomon de Livenne, Ec., sr du Plessis, et Marie du Sauvage, signé Tagault). (D. F. 82.) Il épousa, le 1er avril 1628 (reçu Lotte et Babin, not. à Marcillac), Florence de Lastre, fille de Louis, Ec., sr des Salles, et de Jeanne Rabion, dont il eut : 1° Charles, qui suit ; 2° Catherine.

8. — **Barbezières** (Charles de), Ec., sr de la Talonnière, fit avec sa sœur un accord, en date du 10 mai 1666, avec Henri des Cherments? Ec., sr de Péré, auquel ils cédèrent leurs droits en l'hérédité de feu Pierre de Barbezières, sgr de Péré, leur oncle, qui était débiteur de feu Salomon, leur père. (D. F. 82.) Il épousa à Angoulême, le 25 août 1667, Anne-Prudence de Couvidou, fille de Bernard, Ec., sr de Rayneau, et de Catherine de la Pommeraye, dont il eut : 1° Bernard-Charles, mort chanoine d'Angoulême, qui signa le contrat de mariage de son neveu avec Marie-Jeanne Chasteigner de Rouvre ; 2° Jean-Louis-Pierre, jésuite ; 3° Charles, qui continue la descendance ; 4° Jeanne, morte sans postérité.

9. — **Barbezières** (Charles de), Chev., sgr de la Talonnière et de la Fenêtre, épousa, le 8 févr. 1705 (Charraudeau et Royer, not. à Poitiers), Marie-Jeanne Chasteigner de Rouvre, fille de Jean, Ec., sr de Rouvre, et de Jeanne Sochet ; et en 2es noces Marie de Massougnes, fille de Jean, Ec., sr des Fontaines, et de Françoise Dubois. Il eut du 1er lit : 1° Charles-Antoine, qui suit ; 2° François, chanoine régulier ; 3° Jean-Charles, chanoine d'Angoulême, assista au contrat de mariage de Charles-Antoine, son frère, le 23 avril 1735 ; 4° Jean-César, Chev., sgr de la Talonnière, Péré, etc., capitaine de grenadiers au rég. de Mailly, Chev. de St-Louis, décédé à St-Maixent le 11 déc. 1788. (Aff. Poitou.) Il avait épousé Anne-Gabrielle Lévêque, veuve de Jean-Charles Eschallé, Chev., sgr de Linazay, dont il eut deux garçons, morts en bas âge, et une fille, Marie-Anne, mariée à St-Maixent, le 18 juill. 1789, à Louis-Marie-Joseph-Sévère de Cumont, lieut. au régiment d'Aquitaine (Aff. Poitou) ; 5° et 6° Jeanne et Anne-Prudence, l'une et l'autre mortes dans leur enfance.

10. — **Barbezières** (Charles-Antoine de), Ier du nom, Chev., sgr de la Talonnière, la Chapelle-Marcillac, Brettes, Souvigné (Charente), etc., officier au régiment de Pons, épousa à Angoulême, le 23 avril 1735 (Bernard et de Rouvelle, not.), Marie de Livenne, fille de François, Chev., sgr de la Chapelle, et de Marie Tesnier, dont il a eu un grand nombre d'enfants ; les cinq suivants ont seuls survécu : 1° Charles-Antoine, 2° N..., enseigne de vaisseau ; 3° François, lieut. au régiment de Talaru ; 4° Jacques, 5° N..., fille.

11. — **Barbezières** (Charles-Antoine de), IIe du nom, Chev., sgr de la Chapelle-Marcillac, Brettes, Souvigné en partie, ancien chef de bataillon, Chev. de St-Louis, s'est trouvé à l'assemblée de la noblesse du Poitou, réunie à Poitiers en 1789 pour nommer des députés aux États généraux ; il fut du nombre des rédacteurs des cahiers de l'ordre de la noblesse, et nommé commissaire pour la correspondance dans l'enclave d'Angoumois. Il émigra en 1791, et fit la campagne de 1792 dans l'armée des Princes frères du Roi, en qualité de commandant en second de la quatrième compagnie de la noblesse du Poitou-Infanterie. Il avait épousé à Angoulême (Mallat et Bourguet, notres royaux), le 9 févr. 1770, Françoise-Josèphe de Nesmond, fille de Philippe, Chev., sgr de Brie, et de Jeanne-Marguerite Garnier. De ce mariage sont issus : 1° Pierre-Jacques-Philippe, né le 25 juill. 1784, décédé à l'âge de 18 ans ; 2° Philippine, décédée en 1821, sans postérité ; 3° François-Hélène-Joseph, qui suit.

12. — **Barbezières** (François-Hélène-Joseph de), né à la Chapelle, le 19 mars 1781, décédé à St-Loubès, le 12 mai 1833, avait épousé Éléonore du Rousseau de Ferrières, dont sont issus : 1° Joseph-Charles-François, qui suit ; 2° Marie-Aimée-Célestine, née le 7 mars 1824, et décédée le 9 mars 1837.

13. — **Barbezières** (Joseph-Charles-François Mis de) habitait Bordeaux en 1842 ; il a épousé Marie de Jousselin.

§ III. — Branche de Nogeret.

5. — **Barbezières** (Jacques de), Ec., sgr de Nogeret, 3e fils de Philippe de Barbezières et de Hélène de Fonsèque, rapportés au 4e deg., § I, épousa Jeanne de Moussy, fille de Regnaud, Ec., sgr de St-Martin-l'Ars, et de Marguerite de la Touche, dont il eut : 1° Louis, qui suit ; 2° Jean, Chev. de Malte, 1566 ; 3° Joachim, 4° Anne, 5° Jeanne, 6° Hélène.

6. — **Barbezières** (Louis de), Chev., sgr de Nogeret, fut marié : 1° le 27 mai 1570 à Antoinette de Rochechouart, 2° en 1574 à Charlotte de Boulainvilliers, veuve de Pierre Belcier, baron de Cozes ; il eut pour fils unique :

7. — **Barbezières** (Louis de), sgr de Noyers,

épousa, le 19 juin 1605, Jeanne DE JOUSSERANT, fille de René, Ec., sr de Londigny, et de Renée Robin, dont il eut : 1° JEAN-BAPTISTE, né pssе de Barbezières, le 19 févr. 1618, sans doute mort jeune, car il n'en est plus question ; 2° CHARLOTTE, mariée d'abord à Charles du Chesneau, sgr du Jussay, puis en 1631 à René d'Escoubleau, Ec., sgr de Sourdis ; 3° RENÉE, qui fut mariée à Louis de Livenne, sgr de la Ronde, morts sans lignée ; 4° JEANNE, mariée, le 29 mai 1635, à Charles Plumaut, sgr de Baillac (Babin, notre à Marcillac).

§ IV. — BRANCHE DE **MONTIGNÉ**.

2. — **Barbezières** (Pierre de), Ec., sr de Montigné, était fils puîné de Pierre (1er deg., § I) et sans doute de Catherine Guinée. Il partagea avec son frère aîné Jean en 1436, et se maria peut-être 2 fois, d'abord avec l'héritière de Montigné (on trouve aux archives de la Charente (E. 17) un aveu fait en 1435, par Perrinet de Barbezières, des biens de feu Mériot de Montigné, et (E. 593) un accord entre Perrinet de Barbezières, sgr de Montigné, et Perrinet du Bois, mari de Marguerite de Montigné, qui était petite-fille d'Héliot de Montigné et de Jeanne de Barbezières (peut-être sœur dudit Pierre), au sujet du fief de Montigné) ; et en 2es noces, avec Marguerite D'AUTHON. Il eut, croyons-nous, du 1er lit : 1° PIERRE, qui suit ; du 2° : 2° ANDRÉ, chef de la branche de St-Mary, § VI ; 3° JEANNE, mariée à Montigné, le 22 sept. 1464, à Jouin Horry (Horrie), Ec., sr de la Courade ; 4° autre JEANNE, mariée à Guichard Garnier, Ec., sr de Villeneuve (d'après le Rég. de Malte, Puyrigaud), 1535.

3. — **Barbezières** (Pierre), Ec., sr de Montigné, est, croyons-nous, celui qui fit accord le 29 oct. 1456 avec le sr de la Rochefoucauld (acte reçu Chambaud et Chalant, notres à St-Jean-d'Angély). On trouve mention de cet acte où il est appelé Louis (peut-être faute du copiste) dans un inventaire fait le 9 juin 1724, pour la succession de François de Barbezières, sgr de Montigné. On y trouve aussi mention d'un accord passé en 1457 par Pierre de Barbezières, Ec., sr de Sonneville, qui est sans doute le même. Nous trouvons dans une enquête de 1480, au sujet des dîmes de Barbezières réclamées par le commandeur de Beauvoir-sur-Matha (Arch. Vien.), qu'il a dû épouser Guyonne ESCHALLÉ, qui eut pour fils LOUIS, qui suit.

4. — **Barbezières** (Louis de), Ec., sr de Montigné, Estrades ? avait avec sa mère procès pour les dîmes de Barbezières en 1480. (Arch. Vien.) Il servit en archer au ban d'Angoumois en 1491 et reçut aveu, le 12 nov. 1492, de Jean Corgnol, pour des fiefs tenus de Montigné. Il épousa : 1° Catherine GUITAUD ; 2° le 20 oct. 1528, Marguerite REGNAUD, veuve de Julien Jay, Ec., sr de Montonneau. Il est mentionné comme noble habitant pssе de Couturcs, dans l'enquête faite pour la contribution à la rançon de François Ier en 1529. (M. Stat. 1860, 81.) De son 1er mariage il eut : 1° HERCULE, qui suit ; 2° ANNE, mariée, le 20 mai 1517, à Jacques Odart, Ec., sr de la Fuye ; 3° MARIE, qui épousa en 1528 François Jay, Ec., sr de Montonneau ; 4° LOUIS (d'après une note).

5. — **Barbezières** (Hercule de), Ec., sr de Montigné, épousa, le 20 oct. 1528 (Maingarniau, notre à Angoulême), Guillemine JAY, fille de Julien, Ec., sr de Montonneau, et de Marguerite Regnaud (remariée à Louis de Barbezières, son père). Le 6 juill. 1541, il fit accord avec Hercule Jay, son beau-frère, pour la dot de sa femme, et eut pour fils : 1° JEAN, qui suit ; 2° LOUIS, qui partagea avec son frère le 9 mai 1581 (Mesnard, not. à Marcillac).

6. — **Barbezières** (Jean de), Ec., sr de Montigné. Son existence ne nous est révélée que par le partage du 9 mai 1581, déjà mentionné, et par le contrat de mariage de son fils Jérémie, où l'on voit qu'il avait épousé Dlle Marie DE LA FAYE.

7. — **Barbezières** (Jérémie), Ec., sgr de Montigné, Boisroux, Villesion, etc., épousa, le 11 nov. 1594 (Bion, notre à la Rochelle) — le mariage religieux ne fut célébré que le 4 juin 1595, dans un des temples de cette ville (F.) — Marie THÉVENIN, fille de François, Ec., sgr d'Azay. Il laissa de son mariage : 1° ETIENNE, qui suit ; 2° JEAN, chef de la branche de Boisroux, § V, et, dit-on, 3° LOUIS, Ec., sr de Villesion, qui épousa en 1639 Marie PINGAULT.

8. — **Barbezières** (Etienne de), Ec., sgr de Montigné, marié, le 2 mai 1622 (Galliot, notre), à Dlle Florence CORGNOL, fille de Isaac, Ec., sgr de Maigné, et de Renée d'Alloue, ses père et mère. Il était mort le 1er janv. 1659, époque à laquelle sa veuve partagea (Hugon, notre à Marcillac) les biens provenant de sa succession, avec ses 2 fils : 1° LOUIS-CHARLES, Ec., sgr de Montigné, qui partagea en 1659, marié, le 2 janv. 1667, à Marguerite ANDRÉ, maintenue noble, veuve sans enfants, en 1700, à la Rochelle ; 2° FRANÇOIS, qui suit ; 3° FLORENCE, mariée à René Coulaud, Ec., sr du Vignault.

9. — **Barbezières** (François de), Ec., sgr de Montigné, la Touche, mentionné avec son frère dans le partage de 1659 précité ; il fut maintenu noble par M. de Maupeou, le 13 janv. 1700, et fit partie du ban de la noblesse du Poitou convoqué en 1690. Il avait épousé : 1° le 6 juin 1662 (Hugon, notre à Marcillac), Marie ARNAULT ; 2° le 23 nov. 1670, Anne DE PIOT (Frioi et Chauvigneau, not. à Champagné-St-Hilaire). (On dit qu'il épousa en 3es noces Marie-Anne GUY ; mais ce doit être plutôt son fils, car il aurait été trop âgé.) Il eut, croyons-nous, du 1er lit : FRANÇOIS, qui suit ; du 2e, MARIE-ANNE, mariée, le 26 juin 1707, à René Rochier, Ec., sr des Vallées.

10. — **Barbezières** (François de), Ec., sr de Montigné, la Touche, que l'on a, croyons-nous, confondu avec son père, décéda en 1724. (Inventaire de ses biens, 9 juin 1724.) Il épousa, le 10 janv. 1709, Marie-Anne GUY, fille de René et de Jeanne de Fleury, dont il eut :

11. — **Barbezières** (Etienne de), né à Montigné en 1711 et décédé le 15 nov. 1765. Il avait épousé à Courbillac, le 7 janv. 1733, Marie-Anne DE LAISNÉ DE FRANCHEVILLE, dont : 1° FRANÇOIS-DE-SALES, mort en 1770 ; 2° MARGUERITE, née en 1734, mariée, le 9 janv. 1773, à Jean de Chevreuse, Ec., sgr de Tourtron ; 3° MARIE-ROSE, mariée, le 20 mai 1776, à Alexandre Bernard, sgr de Javrezac, Vve de Monsauson ; elle est morte à Rouillac le 21 sept. 1827.

§ V. — BRANCHE DE **BOISROUX**.

8. — **Barbezières** (Jean de), Ec., sr de Boisroux ou Bois-aux-Roux, fils puîné de Jérémie et de Marie Thévenin (7e deg., § IV), épousa, le 28 déc. 1632, Louise DE LA PORTE, fille de Pierre, Ec., sr de la Valade, et de Louise de Livenne, dont il eut, croyons-nous :

Barbezières (Jean de), Ec., sr de Boisroux, marié, le 7 déc. 1656, à Catherine DE MARSAY. (Dans le Nob. du Limousin, il est dit qu'il n'y eut qu'un seul Jean, marié 2 fois ; mais il est plus croyable qu'il y a eu 2 générations.)

§ VI. — BRANCHE DE **SAINT-MARY**.

3. — **Barbezières** (André de), Ec., sr de Vitrac, fils de Pierre, Ec., sr de Montigné (2e deg.,

§ IV), et peut-être de Marguerite d'Authon, fit bail à cens, au nom de son père, le 7 févr. 1452, pour des terres à la Charlotière, p^sse de Vitrac. (A. Charente, E. 645.) Il servit au ban d'Angoumois en 1467 comme homme d'armes et fut en 1490 tuteur des enfants de Jean de Barbezières et de Clémence d'Orgemont (pour les partages qu'ils avaient à faire avec leurs tantes). Il épousa Jeanne DE FRONDEBEUF, fille de Jean, Ec., s^r de St-Mary, Rouillac, Vitrac, et de Jeanne Sallebrache (partage, 1450, avec Jean de Frondebeuf, Ec., son beau-frère. A. Charente, E. 643), dont il eut, croyons-nous: 1° PIERRE, 2° JEAN, seigneurs de St-Mary en partie, qui avaient procès en 1483 contre Jean de Frondebeuf, Ec., s^r de St-Mary, qui revendiquait le titre de sgr chemier dudit fief. De ces 2 frères, Jean suivra. Pierre, qui était l'aîné, Ec., s^r de St-Mary, Vitrac, l'Age-Chasseneuil, fut peut-être marié 2 fois. Sa succession fut partagée à Chasseneuil (Charente), le 30 déc. 1516 (Arch. Charente, E. 550), en présence de noble et puissant Jean de Barbezières, Ec., s^r de Bourgon (frère? dudit Pierre). Dans cet acte sont mentionnés: Yvonne DE CARQUELLENAUT (*sic*), qui est dite veuve dudit Pierre et jouissant de St-Mary, et ses enfants: *a.* JACQUES, décédé sans hoirs avant 1516; *b.* GUILLEMETTE, épouse de François de Nourrigier; elle était décédée en 1516, et ses enfants partagent comme branche aînée — (ces deux-là étaient peut-être d'un 1er lit); *c.* CATHERINE, mariée à François Dauphin, Ec., s^r de la Garde; *d.* MARQUISE, femme de Pierre de Villars, Ec., s^r de Minzac; *e.* JEANNE, mariée à Guillaume Desmier, Ec., s^r de St-Amant, qui partagent tous en 1516.

4. — **Barbezières** (Jean de), Ec., s^r de St-Mary, Bourgon, servait comme lieutenant de la compagnie du prince d'Orange, dans les guerres de Charles VIII. Il donna quittance le 31 juill. 1492 (sceau: écartelé de 3 fusées en fasce, et de deux fasces — notes de Gaignères). Il se maria, dit-on, 2 fois : 1° avec Françoise DE MONTALEMBERT, D^e de Ferrières, fille de Christophe, Ec., s^r de Neuchèze, et de Pernelle de Dercé ; 2° le 1er oct. 1506, avec Jacquette DE LA BÉRAUDIÈRE, veuve de Jean Chauvet, Ec., s^r de Fredaigne, fille de Gilles, Chev., s^r d'Ursay, et de Marguerite de Pérusse des Cars, D^e de Chemerault. Il eut du 1er lit: 1° GUILLAUME, qui suit, et du 2e lit: 2° GEOFFROY, chef de la branche de Chemerault, § VII, et probablement 3° GERMAIN, chef de la branche de Bois-Breton, § IX.

5. — **Barbezières** (Guillaume), Ec., s^r de St-Mary, partagea, le 1er avril 1518, avec Jacquette de la Béraudière, veuve de son père, qui était tutrice de ses enfants du 2e lit. Il eut, croyons-nous, pour fils : 1° ANTOINE, qui suit, et 2° SÉBASTIEN, Ec., s^r de Bourgon, marié à Jacquette PARTHENAY, fille d'Achille, Ec., s^r de Nuaillé, dont il eut JEANNE, mariée, le 17 déc. 1575, à Claude Le Mastin.

6. — **Barbezières** (Antoine), Ec., s^r de St-Mary, Chérac, servait comme homme d'armes de la compagnie du duc de Montmorency en 1557. Il eut sans doute pour fils ANTOINE, qui suit.

7. **Barbezières** (Antoine de), Ec., s^r de la Soudière, Villeneuve, St-Mary en partie, est sans doute le s^r de la Barbonelière qui épousa Jeanne DE GRANY ; il se maria ensuite à Louise de POYRIGAULT. Elle était veuve le 28 nov. 1633, lorsqu'elle fit aveu à Robert de Lezay, Chev., sgr des Marais, pour le fief de Vérines. Il eut de Jeanne de Grany : 1° ELISABETH, mariée, le 27 août 1597, à Jean de Massougnes, et peut-être 2° CHARLES, qui suit ; 3° RENÉE, mariée, le 16 mai 1609, à Joseph de Villedon, Ec., s^r de Pierrefont.

8. — **Barbezières** (Charles de), Ec., s^r de la Soudière, Villeneuve, Limalonges, épousa : 1° Henriette PIDOUX, 2° le 8 févr. 1626 (Duboy, not. à Confolens), Marie CARION, veuve de Louis Regnaud, Chev., s^r de l'Age-Bertrand. Il eut du 1er lit : 1° LOUISE, D^e de la Soudière, mariée à Pierre Regnaud, Chev. s^r de l'Age, et 2° MARIE, qui épousa, le 19 avril 1637, Robert d'Asnières, Ec., s^r de Maisonnais, la Chapelle.

§ VII. — BRANCHE DE CHEMERAULT.

5. — **Barbezières** (Geoffroy de), Chev., s^r de Chemerault, la Roche-de-Bord, fils de Jean, sgr de St-Mary, et de Jacquette de la Béraudière, sa 2e femme (4e deg., § VI), fut nommé chevalier de l'ordre du Roi le 21 juin 1568, et servit avec ses 2 fils au siège de Poitiers en 1569. Il avait épousé, le 4 févr. 1533, Catherine DE VIVONNE, D^e de Brejeuille, fille de Jean, Ec., sgr de Marigny, et d'Honorée d'Authon, dont il eut : 1° FRANÇOIS, qui suit ; 2° GENEVIÈVE ou GERMAINE, mariée à Méry Légier, Ec., s^r de Vounant ; 3° FLORENCE, mariée à René d'Alloue, Chev., s^r de Chastellus, gentilhomme de la chambre du Roi ; 4° AYMERI ou MÉRY, honoré de l'amitié particulière de Henri III, et chargé par ce prince et par Charles IX, son prédécesseur, de missions difficiles et qui exigeaient une confiance entière de la part de ces souverains.

Lorsque le frère de Charles IX fut nommé roi de Pologne, il voulut emmener avec lui Aymeri ; mais la reine-mère s'y opposa : « Allez, mon fils ; il vous portera bientôt de mes nouvelles. »

Le roi Charles IX, pour récompenser les deux frères de Barbezières des bons et loyaux services qu'ils lui avaient rendus, leur donna la jouissance des revenus de l'abbaye de Celles. Ce fut Aymeri qui fut chargé par le duc de Montpensier de démolir les fortifications du château de Lusignan, lorsque ce prince se fut rendu maître de cette place importante par la capitulation du 25 janv. 1575. Il ne mit aucun retard à remplir cette triste mission, car, dès le 10 févr. suivant, il convoquait charpentiers, maçons et pionniers, pour accomplir son œuvre de destruction. (J^al Le Riche, 217.) C'était lui ou son frère François qui, selon le même annaliste, accompagnait la reine-mère à son passage à St-Maixent, le 11 nov. 1586. (Id. 464.)

Le Roi envoya plusieurs fois Aymeri de Chemerault à Poitiers, en 1589. Cette ville était alors fortement agitée par les factions. « Les chefs cherchaient à amuser « les envoyés du Roi par de belles paroles, en leur « assurant que la ville serait toujours fidèle à Sa « Majesté ; mais qu'il fallait excuser l'emportement « d'un peuple qui, dans la crainte des protestants, « prenait feu au moindre bruit et ne pouvait être facile- « ment apaisé. » (Hist. du Poit. 2.)

Le 31 déc. 1585, Aymeri de Barbezières fut compris dans la promotion des chevaliers du St-Esprit, faite par Henri III dans l'église des Augustins de Paris. Il fut le quinzième. Il était à cette époque grand maréchal des logis de la maison du Roi. Ce fut en cette circonstance que Charles de Barbezières aida son parent des titres qu'il possédait pour qu'il pût faire les preuves de noblesse exigées par les statuts de l'ordre du St-Esprit.

Aymeri de Barbezières, épousa, en 1590, Claude DE L'AUBESPINE, fille de François et de Marie Coton, dont il n'eut point d'enfants. Le 26 mai 1596, les commissaires du conseil lui vendirent, à faculté de rachat à perpétuité, tant pour lui que pour la dame de l'Aubespine, son épouse, les domaines, terres et seigneuries de Civray, Usson, Melle et dépendances, pour la somme de 16,438 écus un tiers. En vertu de ce contrat, Aymeri prenait le titre de Cte de Civray. Il est mort le 5 mai 1609.

5° MADELEINE, connue sous le nom de Mlle de Chemerault, vivait à Poitiers en 1590. Elle fut l'un des beaux esprits du XVIe siècle, et sacrifia aux muses françaises quelques-uns de ses loisirs. Il paraît que sa verve poétique s'employa à célébrer la Ligue (Bib. du Poitou de Dreux du Radier) ; 6° ANNE, Ec., tué à Jarnac ; 7° ACHILLE, Ec., tué au siège de Brouage ; 8° PIERRE, tué au combat de St-Denis. (Ces 3 derniers sont mentionnés seulement dans quelques généalogies.)

6. — **Barbezières** (François de), Chev., sgr de Chemerault, fut particulièrement chéri par le roi Charles IX. Ce prince, en considération des services que François et son frère Aymeri lui avaient rendus, leur accorda, ainsi que nous l'avons vu, la jouissance des revenus de l'abbaye de Celles, et ce même prince créa l'aîné des deux frères guidon dans sa compagnie de gendarmes. Plus tard, François devint le lieutenant de ce corps qu'il a commandé pendant plus de 25 années. Il avait épousé, le 4 déc. 1583, Françoise DE CONSTANCE, veuve de Paul de la Tour-Landry, et fille de Guillaume, Chev., s^r de Baillon, et de Renée d'Azay, dont il eut une nombreuse postérité : 1° FRANÇOIS, qui suit ; 2° GABRIEL, Chev., sgr de Marigny, d'Auge ou d'Ausse, épousa Françoise DE LA HAYE. Il mourut en 1648, et sa femme en 1657 ; ils reposent dans le même tombeau à Beaulieu près Parthenay ; 3° GEOFFROY, tige de la branche de la Roche-Chemerault, § VIII ; 4° CATHERINE, s'allia en 1603 avec Gilbert Bertrand, Chev., sgr du Lys-St-Georges ; 5° FRANÇOISE, épousa, le 13 févr. 1608, Jacques Thibault, Ec., sgr de la Carte ; 6° MARIE, qui épousa en 1616 Jacques de Ponthieu, Ec., s^r de Beaupuy ; 7° JEANNE, religieuse, était abbesse de la Trinité du Dorat vers 1650 ; 8° CLAUDE, religieuse à Ste-Croix de Poitiers, 1604 ; 9° et 10° deux autres filles, aussi religieuses.

7. — **Barbezières** (François de), Chev., sgr de Chemerault, sgr engagiste du comté de Civray, mourut à Rochechouart le 22 sept. 1638. Son corps fut conduit à Civray et de là à Marigny-Chemerault, où il fut inhumé. Il avait épousé Charlotte DE FONTLEBON, fille de Charles et de Catherine Tizon, dont il eut 3 fils : 1° FRANÇOIS, sgr de Chemerault, servit au ban de 1635 des nobles de la Basse-Marche, prenait le titre de comte de Civray et de sgr de Fontlebon en partie ; il fut fiancé à la fille aînée du s^r de St-Maigrin, mais mourut peu après. On trouve en 1664 Anne DE LA CHASTRE, qui est dite veuve de François de Barbezières-Chemerault ; 2° CHARLES, qui suit ; 3° ACHILLE, reçu Chev. de St-Jean-de-Jérusalem le 20 nov. 1626, était, le 6 mai 1648, sgr engagiste des domaines de Civray, Melle et Usson, et prenait le titre de Cte de Civray. (Plumitif du bureau des finances de Poitiers.) Il mourut au siège de Crémone, en 1648.

8. — **Barbezières** (Charles de), Chev., sgr de Chemerault, Cte de Civray, d'abord nommé abbé de Celles, succéda à son frère vers 1640. C'est de lui que parle l'intendant du Poitou Colbert, dans son rapport au Roi : « Il est, dit-il, gouverneur du château de Lusignan et seigneur engagiste du domaine de cette ville. C'est un gentilhomme d'esprit, dont les affaires ne sont pas en fort bon état. Il a quelques 4,000 liv. de rente. Il a épousé une Bruneaux-Rabastelière, dont il n'a eu que trois filles, dont l'aînée a été fille d'honneur de la Reine-mère et la cadette fille d'honneur de Madame. » Il épousa en 1641 Marie BRUNEAU, fille de Charles, sgr de la Rabastelière, et de Susanne Tiercelin, dont il eut : 1° CHARLOTTE, mariée en 1665 à Paul Portail, sgr de Chatou, conseiller au Parlement de Paris ; 2° MARIE, qui épousa Euverte Forcadel ; 3° ANNE, mariée, le 15 août 1671, à Jacques Sauvan, Ec., sgr d'Aramon.

§ VIII. — BRANCHE DE LA **ROCHE-CHEMERAULT**.

7. — **Barbezières** (Geoffroy de), Chev., sgr de la Roche-Chemerault, 3e fils de François et de Françoise de Constance, 6e degr., § VII, fut nommé abbé de Celles, dont il touchait les revenus, d'après la concession faite par Charles IX à son père et à son oncle. Plus tard il la résigna entre les mains d'un ecclésiastique qui consentit à lui en servir les fruits. Cet abus subsistait encore en 1613, et ne prit fin que par un long procès, à la suite duquel Louis de la Rochefoucauld, évêque de Lectoure, fut reconnu comme seul abbé de ce monastère, mais à la charge néanmoins de payer à Geoffroy de Barbezières une pension de 3,000 livres et 36,000 livres pour les arrérages du passé. Il épousa, le 22 août 1615 (Patraud et Houlyer, not^res à Melle), Louise DE MARANS, veuve de Louis de Vernou, et fille de Pierre de Marans, Chev., sgr des Ormes-St-Martin, et de Renée Thibault. Il prenait dans son contrat de mariage le titre de haut et puissant Chev., sgr de la Roche-Chemerault. De ce mariage sont issus 6 enfants : 1° GEOFFROY, sgr de la Roche-Chemerault, qui était, le 15 juin 1666, époux de Marie GILLIER, veuve de François Levesque, Chev., s^r de Marconnay, et fille d'Urbain Bon de Marmande et de Marie Chabot. Il en eut des enfants qui étaient mineurs sous la tutelle de leur mère en 1676, mais qui sans doute décédèrent jeunes ; 2° CHARLES, qui suit ; 3° FRANÇOIS, sgr de la Bazinière, qui eut la tête tranchée pour avoir suivi le parti du prince de Condé et porté les armes contre le Roi. Il avait eu de Marguerite BERTRAND DE LA BAZINIÈRE, fille de Macé, trésorier de l'épargne, un fils nommé CHARLES-LOUIS, exempt des gardes du corps en 1675, et depuis, dit-on, lieutenant-général des armées du Roi, mort sans postérité.

4° LOUIS, mort sans enfants ; 5° LOUISE, fille d'honneur de la Reine, mariée en 1644 à Macé Bertrand de la Bazinière ; 6° HENRI, tué à Nordlingen en 1645.

8. — **Barbezières** (Charles de), sgr de Turny, de la Roche-Chemerault. Voici ce qu'en dit Colbert : « C'est un jeune gentilhomme qui a servi et suivi M. le prince de Condé, fort vaillant et fort craint, toujours contraire au service du Roi, au fait de la taille. » Il épousa Madeleine TABOURET (ou TABOUROT), fille de Martin, sgr de Turny, secrétaire du Roi, et de Madeleine Canto, dont il eut (suivant un tableau généalogique) : 1° CHARLES-MARTIN, exempt des gardes, tué à Senef en 1674 ; 2° AUGUSTIN, mort au siège de Candie en 1668 ; 3° FRANÇOIS, page du Roi, 1675 ; 4° JEAN-NOEL, qui suit.

9. — **Barbezières** (Jean-Noël de), Cte de Chemerault, servait en qualité de brigadier dans l'armée de Catalogne, qui, sous le commandement du duc de Vendôme, s'empara de la ville de Barcelone (10 août 1697). Chemerault fut chargé de porter au roi Louis XIV la nouvelle de ce succès. Arrivé le 15 août à Versailles, il reçut du Roi 12,000 livres de gratification et le grade de maréchal de camp. En 1702, il faisait partie de l'armée de Flandres, commandée par le duc de Bourgogne, et profitant des dispositions favorables du grand bailli de Gand, il s'empara de cette ville le 4 juill., par un heureux et hardi coup de main. En récompense de ce beau fait d'armes, il fut revêtu de la charge de lieutenant-général, grade avec lequel il figure en Italie en 1702 ou 1703. Le duc de Vendôme ayant envoyé Chemerault pour

conférer avec le duc de Bavière sur divers projets relatifs à la campagne qui allait s'ouvrir, Chémerault, afin de traverser avec plus de sûreté les pays ennemis, se déguisa en paysan; mais il fut pris près du lac de Constance, conduit à Inspruck, jeté dans un cachot, puis gardé à vue. Ne sachant comment donner de ses nouvelles, et craignant d'être pendu comme espion, il prétendit être sérieusement malade, et demanda un capucin afin de remplir ses devoirs de religion. Quand il fut seul avec le moine, il le saisit par la barbe pour s'assurer qu'elle n'était point fausse, et que le capucin pouvait recevoir sa confession. Il lui avoua alors son nom et ses titres. Ce dernier, gagné par ses confidences, avertit secrètement le duc de Vendôme. Le prince écrivit aussitôt au Cte de Starembeg, commandant l'armée ennemie, qu'il traiterait le commandant et la garnison de Verceil, selon que Barbezières, qu'il savait bien être lieutenant-général des armées du Roi, serait traité lui-même. Cette menace sauva probablement la vie à Chemerault; mais il ne fut rendu à la liberté que longtemps après. Sorti de prison, il se rendit auprès du duc de Vendôme et le suivit dans ses campagnes.

D'après le duc de St-Simon, Chemerault eut une grande part au gain de la bataille de Cassano, où le prince Eugène fut battu (16 août 1705). Il fut tué à Malplaquet, le 9 sept. 1709.

Voici le jugement que porte sur Chemerault St-Simon dans ses Mémoires (t. 14, p. 40, éd. Delloye): « Chemerault, dit-il, étoit excellent officier général, fort dans « le grand monde et honnête homme, quoique dans la « liaison la plus intime de M. de Vendôme. »

Pour qui connaît l'acharnement avec lequel St-Simon poursuit en toutes circonstances le duc de Vendôme et même ceux qui lui étaient attachés, le peu de mots qu'il consacre à notre compatriote valent un grand éloge.

Chemerault avait épousé en 1696 Louise-Françoise DE MOREUIL, fille d'Alphonse Cte de Moreuil et de Hélène Fourré de Dampierre, dont il n'eut point d'enfants.

§ IX. — BRANCHE DE **BOIS-BRETON.**

5. — **Barbezières** (Germain ? de), Ec., sr de Bois-Breton, était issu de la branche de Chemerault, d'après les notes de Clérembault, et nous le croyons fils de Jean, sgr de St-Mary, et de Jacquette de la Béraudière (4e deg., § IV). Il épousa Françoise LE GRAND, fille de François, Ec., sr de Massac, et de Catherine Lavohe? dont il eut: 1° JEAN, Chev. de Malte en 1547 (d'après une note), et sans doute 2° CHARLES, qui suit.

6. — **Barbezières** (Charles de), Ec., sr de Bois-Breton, servait, le 3 févr. 1573, comme écuyer d'écurie de la Reine. (Pièces orig.) (Son sceau porte un écu fuselé.) Il était en 1583 gentilhomme du roi de Navarre. Marié à Claude D'ALLOUE, fille de René, Ec., sr de Chastellus, et de Florence de Barbezières, il la laissa veuve vers 1600, et elle épousa en 2es noces César de Lestang, Ec., sr de Rulles (1607). Nous ne savons pas si Charles de Barbezières eut postérité, mais cette branche était éteinte avant la fin du XVIIe siècle.

BARBICON.

Blason: d'argent à 3 barbes de sable, 2, 1. (Maires de Poitiers, fantaisie ?)

Barbicon (Guillaume) fut maire de Poitiers ès années 1263, 1268, 1271 et 1281. (Hist. Poitou. D. F. etc.)

BARBIER. — On trouve en Poitou un grand nombre de familles de ce nom, dont quelques-unes ont peut-être la même origine. Nous donnons en commençant les noms isolés, fruit de nos recherches, et terminerons par la filiation suivie de la famille de Civray, dont les éléments nous ont été fournis par M. Dauphin-François-Aimé Barbier, ancien conseiller à la cour de Poitiers.

Blason: mi-parti d'argent et de gueules, au bassin d'or en abîme. (D'Hozier et cachet du XVIIIe siècle.)

Barbier-Montault : écartelé de gueules au chevron d'or, accompagné de 3 étoiles (ou molettes) de même, et d'azur à 2 mortiers d'artillerie d'argent, posés en pal l'un sur l'autre. (Montault.)

Noms isolés.

Barbier *(Barbitonsor)* (Jean) se plaint, en 1240, que le prévôt du Roi à Poitiers l'ait fait arrêter pour avoir battu, *non enormiter*, sa femme. (A. N. J. 974, 123.)

Barbier (Guillot et Thomas) sont l'objet, en 1245, d'une réclamation de Denise Bonin, ve à Loudun, qui se plaint de leur avoir payé une somme qu'ils prétendaient avoir prêtée à son mari. (B. N. J. 974, 140.)

Barbitonsor *(Guillelmus) de Rocha* doit, en 1260, 5 sous de rente pour sa maison de la Roche-sur-Yon. (Hom. d'Alph.)

Barbitonsor *(Stephanus)* est également cité dans les Hommages d'Alphonse comme habitant la Roche-sur-Yon.

Barbier (Guillaume), Pierre Garnier et Pierre Aleman, exécuteurs testamentaires de Girard de Reims, maire de Poitiers, font un don de 20 sous de rente, sur les maisons où se vendait le pain au marché neuf de la commune de Poitiers, le 12 mars 1286. (Arch. de la ville de Poitiers.)

Barbier (Michel) avait vendu, dès avant 1294, des terres à l'abbaye de Montierneuf, sises dans la mouvance du Roi. (F.)

Barbier (Guillaume), barbier à Champdeniers, est cité dans la ratification d'une sentence d'absolution rendue par Aimery de Chandeniers, Chev., ou son sénéchal, en faveur de Guillaume de la Bretonnière, arrêté à la suite d'une rixe avec Guillaume Arnaut (août 1330). (A. H. P. 11.)

Barbier (N.) était arbalétrier à pied le 1er janv. 1378. (Montres et Revues.)

Barbier (Richard) avait fondé, avant 1400, une chapelle dans l'église de St-Paul de Poitiers. (F.)

Barbier (Mathé). En 1441, se trouvant chez Frère Guillaume des Aubues prieur de Savigné-sous-Faye, Guillaume des Aubues de Châtellerault, cousin du précédent, revenant du siège de Pontoise, joue aux cartes avec Barbier; bataille. (A. N. J. 176, 400.)

Barbier (Colas) a fait partie du ban des nobles du Poitou en 1467 et y a servi comme brigandinier du sr de L'Aigle. (F.)

Barbier (Robert), sr de la Grimaudière, fut, en 1517, l'objet d'un attentat, de la part de Nicolas Gentil et de Pierre Tirebourg. (M. A. O. 1869.)

Barbier (Jean), avocat du Roi à la sénéchaussée de Poitiers, assiste en cette qualité en 1559 au procès-verbal de la réformation de la Coutume. Nous voyons dans le Commentaire de Constant qu'il fut anobli en remplissant les fonctions d'échevin de la commune de Poitiers en 1560. Il fut envoyé avec M. Aubert et Jean de Brilhac, le 22 nov. 1559, au-devant du Roi à Châtellerault; ils assistèrent au conseil, et il leur fut dit que le Roi remettait, pour le passé, toutes les fautes, tant de la religion que de la sédition de Poitiers. Le 26 du même mois, accompagné du grand aumônier de la Reine et de plusieurs autres personnes, ils délivrèrent 27 prisonniers. Il avait, avant cette époque, épousé N. RASSETEAU, dont il n'eut que deux filles ; l'une épousa N. Robert, l'autre N. de Brilhac de la Riche. (F. et A. H. P. 15.)

Barbier (Hilaire) fut marraine de Jean de Lauzon le 21 janv. 1600. Le 15 août de la même année, elle rend hommage pour son fief de la Badonnière. (M. A. O. 1882.)

Barbier (François) fut élu en l'élection de Fontenay en 1650. (F.)

Barbier (Marie) épousa, par contrat passé pardevant Denis et Bodin, notres de la châtellenie de Bessay, le 7 févr. 1651, Victor Le Roux, Chev., sgr de la Sivrenière et de la Corbinière. (Gle Le Roux.)

Barbier (Pierre), greffier en la chambre des sacs? de la cour prévôtale de Poitiers, rend aveu à la Tour de Maubergeon pour une rente foncière en grain, argent et volailles sur le village et tènement du Breuil-Fortin, en 1657. (Noms féod. 60.)

Barbier (Anne) et Bonaventure Guyot, son époux, procureur au Présidial de Poitiers, rendent aveu à la Tour de Maubergeon pour la maison et fief de la Jarrie, au bourg de St-Georges-lès-Baillargeaux. (Id. 510.)

Barbier (Pierre), procureur en la cour ordinaire et présidiale de Poitiers, avait épousé Dlle Catherine LYET, dont il eut, entre autres enfants, MARIE, qui se maria, le 31 juill. 1694 (Bourbeau et Decressac, notres à Poitiers) à Mre Philippe Mauduyt, sr de la Grève, docteur régent de la Faculté de médecine de Poitiers.

Barbier (Louise) et

Barbier (Charles), prêtre, ont signé à ce contrat. (Gle Mauduyt.)

Barbier (Marie), épouse de Louis Jourdain, Ec., sr de l'Houmède, figure dans un acte du 3 mai 1698. Elle était décédée le 31 mai 1708, époque à laquelle son mari se remarie avec Catherine Béchemille. (Gle Jourdain.)

Barbier (Isaac), procureur du Roi à Civray, mourut en 1710.

Barbier (N.) avait épousé Mre Louis Payen de la Pinodière, dont une fille, mariée, le 10 mai 1728, à Honoré-Toussaint Griffon. (Gle Griffon.)

Barbier (Louise), ve de Mre René de la Porte, sgr du Teil, épousa en secondes noces, le 27 janv. 1722, René de Blom, sgr de Maugué, et lui apporta en dot sa maison de Chalet, psse de Busserolles, la métairie de la Popelinière, psse de Terves, et deux maisons à Poitiers. Étant devenue veuve pour la seconde fois, elle convola en troisièmes noces avec Mre Emery Pignonneau, brigadier du tabac à Poitiers, comme on le voit par un acte de 1729 concernant la répartition entre divers créanciers du produit de la vente de Tranquart, appartenant au sr Marrot, demeurant à Marnay. (M. A. O. 1875.)

Barbier (N.) était, le 31 juill. 1730, abbé commandataire de l'abbaye de Montierneuf, et

Barbier (N.), son neveu, en était sacristain. (A. H. P. 15.)

Barbier (Olivier) fut nommé consul des marchands de Poitiers le 25 nov. 1757. (Id.)

Barbier (N.), ingénieur des ponts et chaussées à Poitiers en 1767, fait un rapport, le 25 juin 1768, sur les réparations à faire à la tour de la grosse horloge de cette ville. (B. A. O. 1844, 46.)

Barbier (N.) était procureur fiscal d'Alloue en 1777. (F.)

Barbier (Jacques), propriétaire à Alloue, ainsi que plusieurs autres de ce nom délégués par leurs communes, ont assisté à l'assemblée tenue à Poitiers en 1789 pour nommer des députés aux États généraux. (F.)

Barbier (Jean), avocat du Roi à Poitiers, épousa Dlle Jeanne DE SAUZAY, fille de Loys, sr de Vesses, et de Anne Grasseteau, dont il eut une fille, JEANNE, qui épousa en premières noces Philippe Robert, contrôleur des finances, et en deuxièmes noces N. Cotel, conseiller au Parlement de Paris. (Sans date. Gle de Sauzay.)

Barbier (Pierre), marchand au bourg de St-Jacques-lès-Thouars. (F.)

Les noms qui suivent sont ceux d'une famille Barbier qui a habité les environs de Confolens et d'Angoulême, dont nous n'avons pas pu trouver la filiation.

Barbier (Jehan), avocat au siège présidial d'Angoulême, juge assesseur du comté de Confolens, épousa Dlle Marguerite DE LA GRANGE, dont il a eu, entre autres enfants, MARGUERITE, qui épousa, le 28 juill. 1614 (Dutiers, not.), Jehan Mondot, Ec., sgr de la Crozo, fils de feu Maurice, Ec., sgr de Lalou, et de Dlle MARIE Barbier. Ils font leurs testaments le 24 mars 1634 et donnent leurs biens à leurs enfants. Marguerite était veuve le 27 avril 1635, comme on le voit par un échange fait par elle à cette époque avec François Mondot, sr de la Vergne, et le 4 janv. 1650 elle était remariée à Joseph de la Borderie, sr de Chez-Bonneau.

Barbier (François) l'aîné, sgr de Landremie, a signé comme parent de Marguerite précitée au contrat du 28 juill. 1614.

Barbier (Jehan), Ec., sr de la Grange, conseiller au siège présidial d'Angoulême, assiste comme oncle maternel du futur au contrat de mariage de Jehan Mondot, Ec., sgr de Lalou, avec Dlle Anne Riffaud, le 20 oct. 1650.

Barbier (Marie) épousa, par contrat du 7 août 1651, François de Barbarin, Ec., sr du Cluseau.

Barbier (Jean), Ec., sgr d'Ezigniat, demeurant au lieu noble de la Grange, psse et juridiction d'Ouzet en Angoumois, fait un acquêt, le 10 juill. 1651, de Anne Riffaud, veuve de Jean Mondot, et de Jean et Pierre Mondot.

Barbier (Etienne), sr de Landremie, habitait Ambernac le 26 déc. 1657, comme on le voit par un acte de cette époque, dans lequel il est témoin.

Barbier (François), avocat en Parlement, épousa, en 1761, Dlle Marie-Françoise BABAUD, fille de Jean, sr du Mas de la Roche, et de Françoise Borreau des Costes. (Gle Babaud.)

Barbier (Susanne), des environs de Confolens, épousa, vers 1800, Charles-François-Gabriel Prévost-Sansac Mis de la Vauzelle. (Gle Prévost-Sansac.)

§ Ier. — PREMIÈRE BRANCHE.

1. — **Barbier** (Nicolas), bourgeois de la ville de Civray (originaire d'Anjou ? et de la religion réformée), vint s'établir dans cette ville lorsque les huguenots s'en emparèrent et y élevèrent un temple, au plus tard en 1576. Il épousa Pérette CAILLABOEUF, sœur de François, Ec., sgr de la Rente, lieutenant du vice-séné-

chal de la Cté de Civray, dont : 1° FRANÇOIS, qui suit ; 2° FRANÇOISE, mariée à N. Vaugelade ; 3° JACQUES, qui sera rapporté au § VI.

2. — **Barbier** (François), Ier du nom, bourgeois de Civray, marié en juin 1618 à Catherine SANSAULT, fille de Jean et de Catherine David, dont : 1° FRANÇOIS, qui suit ; 2° JACQUES, marié à N., dont postérité éteinte avant la fin du XVIIIe siècle.

3. — **Barbier** (François), IIe du nom, bourgeois de Civray, marié, le 9 févr. 1647, à Madeleine DUPONT, qui mourut le 30 avril 1650 ; en secondes noces il épousa, le 12 févr. 1653, Marquise DUMAS, veuve de Pierre Ingrand, sr de la Fontenelle ; il eut pour enfants, du premier lit : 1° FRANÇOIS, qui suit ; du second : 2° FRANÇOISE, célibataire ; 3° AYMÉ, qui sera rapporté au § III ; 4° MARIE, née en 1668 et morte le 10 août 1694.

4. — **Barbier** (François), IIIe du nom, bourgeois de Poitiers, où il vint se fixer, épousa, le 12 janv. 1668, Marquise INGRAND, fille de Pierre, sr de la Fontenelle, et de Marquise Dumas, sa belle-mère, dont FRANÇOIS, qui suit.

5. — **Barbier** (François), IVe du nom, bourgeois de Poitiers, né le 14 nov. 1672, mort le 14 nov. 1744 ; il avait épousé, le 30 juill. 1703, Susanne BERTON, née en 1680, décédée à Poitiers le 1er août 1739, dont il avait eu : 1° MARIE-SUSANNE, née le 1er juin 1704, morte le 20 sept. 1766, mariée, le 15 févr. 1729, à Jean-Baptiste Faulcon, imprimeur du Roi à Poitiers ; 2° MARIE-MARTHE, née le 27 nov. 1706, décédée en 1787 ; 3° AYMÉ-FRANÇOIS, qui suit ; 4° FRANÇOISE, née en 1709, décédée le 10 août 1713 ; 5° JOSEPH, né le 17 juill. 1710 ; 6° JEANNE, née le 23 oct. 1712 ; 7° FRANÇOIS, né le 10 mars 1714 ; 8° MARIE-ANNE, religieuse ; 9° FRANÇOIS-OLIVIER, qui sera rapporté au § II.

6. — **Barbier** (Aymé-François), baptisé le 20 févr. 1708, fut s'établir à Rennes, où il épousa en 1res noces N., dont plusieurs enfants morts sans postérité ; 2° Jeanne DUFOUR, dont : 1° AYMÉ-NICOLAS, qui suit ; 2° FRANÇOIS-JULES-OLIVIER dit DUPUIS ; 3° GASPARD-AUGUSTIN, agent de change à Nantes, marié à N., dont une fille, N., qui épousa N. Pépin de Bellisle ; 4° MARIE-MARTHE-AGATHE, mariée à Pierre Jagault de Couësnon ; 5° AIMÉE-MARIE-JEANNE, mariée à Théodat Jausions ; 6° EULALIE-MARIE, mariée à Félix-Julien-Jean Bigot de Préameneu, Cte de l'Empire.

7. — **Barbier** (Aymé-Nicolas), marié à N., dont : 1° AYMÉ, qui suit ; 2° AMÉDÉE.

8. — **Barbier** (Aymé), né en 1793, mort à Rennes le 20 janv. 1871, marié à N. PAILLARD-DUBIGNON, dont : 1° EDOUARD, qui suit ; 2° N., mariée à Albert Marchand.

9. — **Barbier** (Edouard), avocat à la cour d'appel de Rennes, mort avant 1871, marié à N., dont un fils, AYMÉ.

§ II. — DEUXIÈME BRANCHE.

6. — **Barbier** (François-Olivier), fils puîné de François IVe et de Jeanne Berton (5e deg. du § Ier), fut baptisé le 29 oct. 1719 à Poitiers. Il fut juge chef de la juridiction consulaire et bourgeois de la maison commune. Il épousa Judith-Victoire LAURENCE, fille de Louis et de Judith-Victoire Babault, dont il eut : 1° SUSANNE-VICTOIRE, née le 30 oct. 1748 ; 2° JEAN, qui suit.

7. — **Barbier** (Jean), sr de la Planche, naquit le 3 avril 1750, acquit, le 29 mai 1774, de M. Condonneau du Jacquelin la charge de président en l'élection de Poitiers. Il épousa, le 15 janv. 1776, à Poitiers, Marie GASCHET, fille de Jacques-Joseph, avocat en Parlement, et de Louise Berland, et mourut le 20 févr. 1817, laissant de son mariage : 1° MARIE-LOUISE, mariée : 1° le 26 nov. 1800, à André Pérotteau, médecin, et 2° le 11 juin 1808, à Pierre-André de Veillechèze de la Mardière, et décéda au mois d'oct. 1819 ; 2° JEAN-AIMÉ, né le 3 sept. 1786, secrétaire de la Faculté de droit à Poitiers ; il épousa, le 20 nov. 1813, Dlle Catherine DROUET DE SURVILLE, fille de Louis et de Catherine de Choral, dont il a eu : *a*. HÉLÈNE, née le 5 sept. 1814, mariée, le 12 déc. 1837, à Emmanuel Parent de Curzon, et décédée le 28 déc. 1875 ; *b*. MARIE-EMMELINE, épousa : 1° le 25 nov. 183., Antoine-Marie Favre-Rollin, ingénieur des ponts et chaussées de la Vienne ; devenue veuve le 24 août 1843, elle se remaria peu après à Henri-Edme Bouchard, avocat à la cour d'appel de Poitiers.

3° THÉODAT, né le 3 août 1791, mort au passage de la Bérézina, le 27 nov. 1812, servant dans les gardes d'honneur ; 4° DOROTHÉE, née en 1789, épousa Jacques-Marie Favre, chef d'escadron d'état-major, aide de camp du général Rivaud de la Raffinière ; 5° MARIE-SOPHIE, née le 10 oct. 1796, mariée, le 5 janv. 1814, à Pierre-Célestin Brothier de Rollière, et morte le 6 mars 1850 ; 6° MARIE-AUGUSTINE, née le 13 févr. 1798, épousa, le 5 janv. 1814, Eloi-Pierre Manière, notaire à Ribérac ; elle mourut le 28 avril 1842 ; 7° JOSEPH, qui suit.

8. — **Barbier** (Joseph), né en 1800, épousa, le 27 juill. 1827, Adélaïde MONTAULT, fille de N. et de N., qui mourut le 5 juill. 1865. Joseph Barbier est décédé le 5 avril 1880, laissant de son mariage : 1° MARIE, née en 1828, épousa en 1857 Stanislas Arlin ; 2° XAVIER, né à Loudun en 1830, prélat de la maison de Sa Sainteté Pie IX, référendaire au tribunal de la signature, primicier de l'Église et Université de St-Sauveur, chanoine d'honneur d'Anagni, de Tarentaise et de Langres, Comte de Latran, Grand-Croix de l'ordre royal de François Ier, commandeur de l'ordre pontifical du St-Sépulcre, Chevalier de St-Silvestre et de l'Éperon-d'Or, en Italie, officier d'académie, correspondant du ministère de l'instruction publique pour les travaux historiques, membre de plusieurs sociétés savantes, etc., a publié un très grand nombre d'ouvrages d'Archéologie, de piété, d'Histoire ecclésiastique, etc, etc, etc. ; 3° ELISABETH, née en 1831, mariée en 1856 à Charles Grand ; 4° CAROLINE, née en 1833 ; 5° ALOÏSIA, née en 1834 marié le 12 janv. 1858 à Henri Joubert ; 6° AMÉDÉE, qui suit ; 7° DOLLY, mariée, le 12 janv. 1858, à Paul Brothier de Rollière ; 8° OCTAVIE, née en 1839, mariée en 1862 à Léon Joubert, avocat ; 9° NOÉMI, née en 1840, morte en 1841 ; 10° HÉLÈNE, mariée, le 14 avril 1869, à Victor Carré ; 11° JULIA, visitandine à Poitiers ; 12° CHARLES, dont la postérité sera rapportée après celle de son frère ; 13° LOUISE, 14° MARIE-BERTHE, mariée, en sept. 1864, à Paul Person, décédée le 19 janv. 1888 ; 15° CÉLINIE, 16° HENRI.

9. — **Barbier** (Amédée), lieutenant au 32e régiment d'infanterie, épousa Dlle Joséphine BOURGOUIN, dont : 1° MARIE, née en 1869 ; 2° EDMÉE, 3° JOSEPH, 4° VICTOR, né en 1878 ; 5° MARIE-THÉRÈSE, née en 1879 ; 6° MADELEINE, née en 1880.

---

9. — **Barbier** (Charles), fils puîné de Joseph et de Adélaïde Montault, épousa Pauline JÉGO, dont il a : 1° RAOUL, né en 1873 ; 2° MARIE, 3° HENRI, né en 1878.

§ III. — TROISIÈME BRANCHE.

4. — **Barbier** (Aymé), sr de Cornac, fils puîné de François, IIe du nom, et de Marquise Dumas (3e

deg. du § Ier), fut nommé, le 28 déc. 1690, par Louis XIV capitaine-major des bourgeois et habitants de Civray, fut successivement capitaine-major et lieutenant-colonel de la milice de Civray, et décéda à Cornac en 1740. Il avait abjuré le protestantisme dès sa jeunesse et avait épousé en 1res noces, le 15 mars 1695, Marie-Jeanne Garnier, fille de Thomas et d'Elisabeth David, dont il eut : 1° François-Aymé, baptisé le 2 oct. 1696 ; il avait épousé, le 14 mai 1724, Marguerite Dupont ; il alla s'établir à Rennes, où il mourut sans enfant, le 6 mai 1767 ; 2° Françoise, baptisée le 17 oct. 1697, mariée à Pierre Imbert ; 3° Thomas, qui suit ; 4° Aymé, qui sera rapporté au § IV ; 5° Jeanne-Madeleine, baptisée le 22 janv. 1700 ; elle épousa : 1° Pierre Cartault de la Bussière, 2° le 7 juin 1731, François Mauflastre ; 6° Elisabeth, morte le 5 mars 1729 ; elle avait épousé, le 28 nov. 1723, Louis Tesnon ; 7° Marie, décédée sans postérité ; 8° Marquise, baptisée le 9 avril 1704 et morte sans postérité. Marie-Jeanne Garnier étant décédée en 1715, Aymé Barbier épousa en 2es noces, le 7 janv. 1716, Marie Dupont, fille de Pierre et de Madeleine Prévost, dont il eut : 9° Elisabeth, mariée à Jean de Pressac, Ec., sgr des Iles ; elle mourut en 1742 ; 10° Jeanne, née en 1721, mariée à Civray, le 3 avril 1742, à Jean-Félix Faulcon, imprimeur du Roi à Poitiers ; elle décéda le 8 août 1787. Marie Dupont était décédée dès le 23 mars 1752.

5. — **Barbier** (Thomas), s[r] du Gazeau, baptisé le 21 nov. 1698, capitaine-major de la milice de Civray, épousa, le 28 sept. 1723, Marie-Jeanne Vaugelade, fille d'Isaac, s[r] de Breuilhac, et de Marie Favre, dont il eut : 1° Jacques-Isaac, avocat et procureur du Roi aux traites de Civray, mort sans postérité ; 2° Susanne, mariée, le 16 févr. 1746, à Louis-François Pressac, Ec., sgr de la Chagnaie, avocat ; 3° Jacques, qui suit ; 4° Marie-Julie, baptisée le 9 avril 1730, et 5° autre Marie-Julie, baptisée le 22 oct. 1732, mortes enfants ; 6° Marie-Anne, mariée à Civray, le 24 nov. 1756, à Jean Blanchet, avocat ; 7° Marie, née à Civray le 13 avril 1735 ; 8° Pierre-Marie-Aymé, né à Civray le 20 mai 1736, prieur-curé de St-Romain-des-Champs, curé de Mazières, et archiprêtre de Melle ; 9° François, né à Civray le 29 mars 1738 ; 10° Jeanne-Susanne, née à Civray le 24 avril 1739.

6. — **Barbier** (Jacques), s[r] de la Maison-Neuve, baptisé à Civray le 14 avril 1729, épousa Susanne Sureau de la Mirande ; il eut de son mariage : 1° Marie-Anne, 2° Norbert, morts sans postérité.

§ IV. — Branche de la Coudre.

5. — **Barbier** (Aymé), sgr de la Coudre, garde-étalons du Roi, fils puîné d'Aymé et de Marie-Jeanne Garnier (4° deg. du § III), naquit en 1701, et décéda le 30 avril 1785. Il avait épousé, le 26 févr. 1726 (Vallée, not. à Flers), Elisabeth Motheau, fille de Jean, sgr de la Coudre, et de Jeanne de Labourt. De ce mariage naquirent 21 enfants, dont 9 seulement sont connus : 1° Elisabeth, mariée à Baptiste Leveillé, médecin à Civray ; 2° Aimé, né en 1736, décédé à Civray en janv. 1750 ; 3° Marie, célibataire ; 4° Pierre, garde-étalons du Roi, marié à Marie Daniau, dont Joséphine, née le 7 janv. 1789, mariée, le 20 nov. 1816, à François Lévêque, et décédée le 21 nov. 1845 ; 5° Marguerite, née le 27 sept. 1742, décédée le 3 août 1782 ; 6° autre Elisabeth, née le 6 févr. 1744, célibataire ; 7° Jeanne, née en 1745, mariée à Linazay, le 12 juill. 1769, à Jacques Nicollas, s[r] de Maison-Neuve ; elle décéda le 8 juill. 1787 ; 8° Marie-Anne, née à Civray le 17 juin 1746, mariée, le 6 mai 1788, à Pierre Debourdeau, maire de Mairé-l'Evescault, et décédée le 23 juill. 1811 ; 9° François, qui suit.

6. — **Barbier** (François), avocat en Parlement, juge sénéchal à Couhé, puis imprimeur du Roi à Poitiers, né à Civray, le 9 sept. 1748. Il épousa à Poitiers, le 9 mars 1775, sa cousine germaine Radégonde Faulcon, fille de Jean-Félix, imprimeur du Roi, et de Jeanne Barbier. Il mourut le 17 mai 1818, et sa veuve le 3 oct. 1823. Il avait eu de son mariage : 1° Madeleine-Thérèse, née le 7 juin 1779, décédée, célibataire, le 3 mars 1833 ; 2° Pierre-Félix, né le 13 août 1780, décédé le 13 sept. 1784 ; 3° Jeanne-Rose-Chantal, née le 3 août 1781, morte le 26 déc. 1786 ; 4° Jeanne-Constance, née le 1er juin 1783, morte enfant ; 5° François-Aymé, qui suit ; 6° Jean-Dauphin, dont la postérité sera rapportée § V ; 7° Jean-Édouard, né le 7 juin 1787, décédé à Poitiers le 26 juill. 1857, sans avoir été marié ; 8° Thérèse-Pauline, née le 22 déc. 1788, décédée le 26 nov. 1789 ; 9° Hippolyte, né le 7 août 1790, décédé, célibataire, le 26 oct. 1854.

7. — **Barbier** (François-Aymé), imprimeur du Roi, né à Poitiers le 21 sept. 1784, épousa dans cette ville, le 27 nov. 1811, Joséphine Bourbeau, fille de Pierre et de Françoise-Catherine Vincent. Il mourut, veuf, le 6 févr. 1861 ; il avait eu pour enfants : 1° Dauphin-François-Aymé, qui suit ; 2° Pierre-Hippolyte, inspecteur des forêts, en retraite, né à Poitiers le 26 juill. 1815, marié, le 9 oct. 1838, à sa cousine germaine Radégonde-Eléonore Barbier ; 3° Marie-Thérèse-Joséphine, née à Poitiers le 14 août 1816, épousa, le 13 mai 1839, Charles Drot, inspecteur d'académie, Chev. de la Légion d'honneur ; 4° Alexandre-Edouard, né à Poitiers le 31 déc. 1819, mort le 6 avril 1837 ; et 3 enfants : Jean-Félix, Alexandre-Edouard et Antoinette-Amélie, morts enfants.

8. — **Barbier** (Dauphin-François-Aymé), conseiller honoraire à la cour d'appel de Poitiers, né à Poitiers le 12 janv. 1814, épousa, le 29 avril 1844, Marie-Mathilde Tripart, fille d'Alexandre-Jean-Baptiste-Sylvain et de Thérèse-Elisabeth Canolle, laquelle décéda le 24 déc. 1876. Leurs enfants furent : 1° Françoise-Marie-Thérèse, née le 22 juin 1845, mariée, le 21 juin 1876, à Laurent-Théobald Leroux ; 2° Marie-Radégonde-Joséphine, née le 8 nov. 1846 ; 3° Marie-Joseph-Edouard, qui suit ; 4° Marie-Edmée, née le 19 juin 1849, mariée, le 17 août 1876, à Hyacinthe-Joseph Gaillard ; 5° Marie-Jérémie-Emmanuel, né le 5 mars 1851, prêtre de la Cie de Jésus ; 6° Marie-Pauline-Elisabeth, née le 4 avril 1853, religieuse de la Mère de Dieu, décédée le 11 mars 1889 ; 7° Marie-Henri-Léon-Etienne, né le 3 juill. 1854, marié, le 10 nov. 1885, à Marie-Elisabeth Fréchou ; 8° Marie-François-Hilaire, né le 4 mai 1857 ; 9° Marie-Jean-Baptiste, né le 25 juin 1859, not. à St-Maixent, marié, le 24 mai 1887, à Jeanne-Marie-Berthe Pelisson ; 10° Marie-Charlotte-Germaine, née le 26 mai 1861 ; 11° Marie-Mathilde-Radégonde, née le 16 août 1863.

9. — **Barbier** (Marie-Joseph-Edouard), né le 27 janv. 1848, ancien magistrat, avocat à la cour de Poitiers, épousa à Châteauroux, le 6 mai 1879, Anne-Louise-Marie Corbin, fille de Philippe et de Sophie Bernardeau, dont il a : 1° Marie-Madeleine, née à Parthenay le 15 févr. 1880 ; 2° Marie-Philippe-Aymé-Joseph, né à Poitiers le 5 oct. 1882.

§ V.

7. — **Barbier** (Jean-Dauphin), conseiller honoraire à la cour d'appel de Poitiers, fils puîné de François

et de Marguerite Faulcon (6e degré, § V), né le 24 déc. 1785, épousa à Civray, le 20 déc. 1814, Elisabeth-Éléonore Pontenier de la Girardière, fille de Pierre-Charles, président du tribunal de Civray, et de Jeanne-Marguerite-Eléonore Rivaud ; il décéda à Alençon le 23 avril 1864. Ses enfants furent : 1° Jean-Aymé, né à Poitiers le 8 oct. 1815, décédé le 26 déc. 1828 ; 2° Radégonde-Eléonore, née à Civray, le 25 mai 1817, décédée le 26 sept. 1868, après avoir été mariée à Poitiers, le 9 oct. 1838, à son cousin germain Hippolyte Barbier ; 3° Charles-Félix, juge d'instruction à Rochefort, né à Civray le 13 juill. 1818, marié à Paris, le 8 janv. 1850, à Marie-Pauline-Jeanne Lascoux, fille de Jean-Baptiste, conseiller à la cour de cassation, commandeur de la Légion d'honneur, et de Pauline de Malleville, dont il a eu Jeanne-Marie-Pauline, née à Paris le 4 mars 1851, et décédée le 13 sept. 1865. Son père était décédé dès le 2 oct. 1850 ; 4° Léopold-Charles, qui suit ; 5° Marie-Hector, né à Poitiers le 9 juin 1821, et décédé le 24 mars 1877, se maria à Loudun, le 20 juin 1847, à Emilie Letourneau, dont : *a*. Jeanne-Emilie-Marguerite, née à Champs, le 2 avril 1848 ; *b*. Charles-Félix-Etienne, juge d'instruction à Blois, démissionnaire en 1882, né à Loudun le 7 févr. 1851 ; *c*. Marie-Thérèse, née à Loudun le 3 oct. 1863.

8. — **Barbier** (Léopold-Charles), inspecteur des forêts, en retraite, né à Poitiers le 19 déc. 1819, mort le 23 mars 1873, épousa à Paris, le 26 janv. 1852, Thérèse-Jeanne Lascoux, fille de Jean-Baptiste, conseiller à la cour de cassation, etc., et de Pauline de Malleville, dont il a eu : 1° Marie-Jean-Baptiste-Joseph, qui suit ; 2° Jeanne-Marie, née le 15 juill. 1854, épousa à Paris, le 26 juin 1878, Abel Métairie, maire de Châteauneuf, conseiller d'arrondissement de Donzy (Nièvre) ; 3° Marie-Paul-Hector, né le 7 janv. 1858.

9. — **Barbier** (Marie-Jean-Baptiste-Joseph), procureur de la République à Senlis, né à Paris le 29 janv. 1853, épousa à Armaillé (Meurthe-et-Moselle), le 7 mai 1884, Marie-Louise-Ursule Huot, fille de Frédéric et de Louise de Faultrier, dont : 1° Marie-Adolphe-Louis, né à Senlis, le 17 avril 1885, décédé à Paris le 17 mars 1886.

§ VI.

2. — **Barbier** (Jacques), fils puîné de Nicolas et de Pérette Caillabœuf (1er deg. du § Ier), eut de N. Jacques, qui suit.

3. — **Barbier** (Jacques), IIe du nom, épousa Marguerite Régnier, dont il eut : 1° Jacques, qui suit ; 2° Marie, née en 1667, mariée à Civray, le 4 nov. 1693, à Jean Sauvestre ; 3° Madeleine, mariée au même lieu, le 17 nov. 1694, à Jean Jacqueau.

4. — **Barbier** (Jacques), IIIe du nom, lieutenant du premier chirurgien du Roi en Poitou, naquit en 1663, et mourut le 28 juill. 1748 ; épousa à Civray, le 5 août 1699, Gabrielle Vaugelade, sa cousine, fille de Jean, sr de la Grenotière, cer du Roi et procureur aux traites de Civray, et de Jeanne Tabourdin, dont il eut Marie-Anne, mariée, le 26 mars 1746, à Charles Bricault de Verneuil, avocat du Roi à Civray.

§ VII.

Cette branche ne peut se rattacher aux précédentes.

1. — **Barbier** (Pierre), procureur au Présidial de Poitiers et greffier de la cour vers 1630, épousa Anne Fauveau, dont il a eu : 1° Christophe, qui suit ; 2° Thérèse, baptisée le 20 oct. 1629 ; 3° Jehanne, baptisée le 24 juin 1631 ; 4° Pierre, avocat au Présidial, marié à Catherine Liet, dont Marie, baptisée le 17 avril 1669 ; 5° Louise, baptisée le 24 janv. 1638, mariée à Poitiers, le 5 juin 1656, à Aaron Gaultier, not. à Poitiers.

2. — **Barbier** (Christophe), procureur au Présidial, né à Poitiers en oct. 1627, marié à Poitiers, le 12 avril 1646, à Marie Carré, dont : 1° Pierre, baptisé le 26 févr. 1647 ; 2° Christophe, qui suit ; 3° Marie, baptisée le 28 sept. 1650 ; 4° autre Marie, baptisée le 28 déc. 1651 ; 6° Anne, baptisée le 22 févr. 1652, célibataire.

3. — **Barbier** (Christophe), avocat au Présidial, baptisé le 3 août 1649, mort le 15 juin 1708, marié à Poitiers, le 8 avril 1674, à Catherine Delafons, dont Jeanne-Catherine, née en 1676, épousa, le 23 avril 1709, Jean-Hilaire Villard, Ec., sgr de St-Clair, et décédée, veuve, le 15 déc. 1739.

BARBIER à Poitiers.

Blason : d'azur au chevron d'or accompagné de 3 barbes de même. (Arm. des échevins.)

Barbier (Jean), procureur du Roi en la sénéchaussée de Poitou, fut échevin de Poitiers en 1581. (D'après les notes d'un Armorial des maires de Poitiers, sa postérité subsistait en 1660.) Peut-être parmi ses descendants doit-on compter :

Barbier (François), Ec., conseiller du Roi, prieur de St-Michel-les-Thouars, qui fit aveu du fief de Luzay? en 1682 à Philippe de Courcillon, Bon de Bressuire, sgr de Luzay. (Arch. D.-S.)

BARBIER à Fontenay-le-Comte.

Blason : (peut-être) d'argent à 2 cœurs réunis de sable, au chef d'azur chargé d'un croissant entre 2 étoiles d'or. Ainsi déclaré à l'Arm. du Poitou, 1696, par Marguerite Bouton, vve de Charles Barbier, avocat à Fontenay.

Le 28 déc. 1652, François Barbier, sr du Beugnon, élu à Fontenay, Charles Barbier, sr de la Guérinière (au nom de sa mère Antoinette Arnaudeau, demeurant à Moutiers-les-Mauxfaits), et Victor Le Roux, Ec., sr de la Sivrenière, la Corbinière, époux de Marie Barbier, partagent les marais du Sableau avec François Arrivé, sr du Sableau. (Carrés d'Hozier, 35.)

BARBIN. — Nous ignorons d'où cette famille est originaire (probablement des environs de Loches), et nous n'avons trouvé en Poitou, où elle s'est alliée et où elle a possédé une terre importante, que peu de traces de son passage.

Blason : d'argent au chevron d'azur accompagné de 3 tourteaux de même. (Gén. Gillier.)

Barbin (*Andreas*), chanoine de Ste-Radégonde de Poitiers, fut présent à l'échange, passé entre l'évêque de Poitiers et Guillaume de Lezay, de la châtnie d'Angle pour la terre de Villefagnan, du 9 avril 1227. (D. F.)

Barbin (Pierre) rendait en 1310 un hommage à l'évêque de Poitiers, comme sgr d'Angle, de son fief de Bors, près la Rochepozay. (A. H. P. 10.)

Barbin (Jean). On trouve ce nom cité dans les procès-verbaux de l'établissement de l'Université de Poitiers (1431). Nous pensons que c'est le même qui, avocat du Roi au Parlement séant à Poitiers, épousa, le 28 déc. 1432, Françoise Gillier. Au mois d'oct. 1434, Charles VII l'autorisa à fortifier son château du Puygarreau, qu'il avait acheté le 14 mai. Jean fut également intendant général des finances et mourut en 1469; il fut inhumé aux Cordeliers de Poitiers. Il n'eut pas d'enfants de son mariage, et la terre du Puygarreau resta dans la maison Gillier, en vertu d'une donation mutuelle que les deux époux s'étaient faite le 25 oct. 1463.

Françoise Gillier, sa veuve, fonda à Poitiers, le 7 janv. 1478, le collège dit du Puygarreau, où l'on devait entretenir un maître et prieur, huit boursiers dont un prêtre et six pauvres écoliers, dont trois devaient étudier les arts et trois la théologie. Une somme de cent livres tournois était affectée à l'entretien de chacun des écoliers. Voir pour plus de détails B. A. O. 1841, 43, 211, etc.

BARBOT. — Famille du Bas-Poitou, qui, croyons-nous, est allée s'établir en Anjou à la fin du XVIIe s[e].

Blason : d'argent à 3 barbeaux de gueules posés en fasce l'un sur l'autre. (Preuves de St-Cyr, Le Tourneur, 1702.)

D'Hozier donne d'office à Louis Barbot, s[r] de la Petitière : de sable à la croix barbée d'argent.

Barbot (Frère Guillaume), du Poitou, fut du nombre des templiers qui comparurent en 1309 devant les commissaires du Pape. (A. N. Mss. des Templiers, 75.)

Barbot (Louis), receveur des tailles de Mauléon, était décédé avant 1596.

Barbot (Antoine) demeurait au Bordage près Ste-Hermine (Vendée); il vivait à la fin du XVe s[e], et avait épousé Renée Beguier. Ils faisaient ensemble une acquisition le 8 avril 1630.

Nous avons tout lieu de croire que ses descendants allèrent s'établir à Angers, où ils furent connus sous le nom de Barbot s[rs] du Bordage et firent partie du barreau du Présidial de cette ville. V. Armorial d'Anjou.

Barbot (Louis), s[r] de la Petitière, commissaire examinateur à Mauléon en 1698, avait épousé, le 21 janv. 1696, Marie-Rose Beau, fille de feu Charles, s[r] de la Restière, sénéchal de la Châteigneraye, et de Marie de Vexiau.

Barbot (Renée), mariée, le 16 oct. 1686, à Séraphin Le Tourneur, Ec., sgr de Grenoble, était veuve et demeurait audit lieu, p[sse] du Boupère, le 3 nov. 1708.

BARBOTIN. — Nom commun à plusieurs familles.

Blason : Barbotin en Touraine : d'argent à 3 grenades de gueules tigées, feuillées de sinople. (Arm. Tour.)

Barbotin (Guillaume), partant pour l'Espagne avec d'autres fidèles, vers 1226, pour y aller — dit la charte — combattre les Philistins, fait des donations à divers monastères. (D. F.)

Barbotin (Guillaume) est poursuivi, en 1245, par Geoffroy de la Chassagne, Chev., bailli du Roi en Poitou, pour avoir reçu dans son hôtel d'Aytré Hugues d'Allemagne qui faisait la guerre au Roi. (A. N. J. 971, 133.)

Barbotine (Jehanne) était, le 3 avril 1396, femme de Pierre N... témoin, à la même époque, du testament de Philippe du Puy-du-Fou, veuve de Thibault de Surgères, sgr des Granges. (G[le] de Surgères.)

Barbotin (Philippe) servait en archer le 10 oct. 1485. (B. N. Montres et Revues.)

Barbotin (Guillaume), Ec., sgr de St-Martin de Mygronneau, avait épousé Jehanne de Barre, qui était sa veuve le 23 mai 1547, comme il ressort d'une vente de terre faite à cette date par Jacques Barbotin, Ec., sgr de St-Martin de Mygronneau, leur fils, et sa femme Françoise Laurens. (O.)

Barbotin (J.), chanoine prébendé de la cathédrale de Poitiers, fut un des signataires de l'acte passé le 21 déc. 1610 avec le facteur Crespin Carrelier, qui s'engage à fournir un orgue à cette église. (M. A. O. 1849, 310.)

Barbotin (Philippe) était en 1615 l'un des pairs de la commune de Niort.

Barbotin (Jacques) remplissait les mêmes fonctions en 1620.

Barbotin (Catherine) épousa Pierre de Savignac, Ec., sgr des Roches, dont une fille, Catherine, à laquelle elle fait une donation le 10 sept. 1624 (Violette et Martin, not[res] à Niort). Elle existait encore le 16 mai 1646, assistant au mariage de Marie Chalmot, sa petite-fille, avec Daniel Peuffet (Pellerin, not[re] à Chef-Boutonne).

Barbotin (Marguerite), femme de André Belet, et autres sont condamnés par arrêt des Grands Jours de Poitiers, du 4 janv. 1635, à être bannis pour 3 années de la prévôté de Paris et de la sénéchaussée de Poitou, et en 280 liv. parisis d'amende, en réparation des meurtres d'Emmanuel Barillault et de Louis Olivier. (M. Stat. 1878, 300.)

Barbotin (Marie), veuve d'Abraham Duchesne, s[r] de Boislardière, p[sse] St-Rémy, élection de Châtellerault, est maintenue noble par sentence de M. Barentin du 1er sept. 1667.

Barbotin (Pierre), s[r] du Chef, des environs de Challans (Vendée), époux en premières noces de N. Bonnin, était en 1703, le 27 avril, partie dans un procès dans lequel on relate l'existence d'une chapelle dite des Barbotin, fondée par le testament de Julienne Buchet, sans doute femme d'un autre Barbotin.

Barbotin (N.), prêtre de Fontenay, était aumônier de l'armée vendéenne; il assista à la prise de cette ville et y célébra un service religieux, le 25 mai 1793. (Poit. et Vend., Fontenay, 86.)

BARCAULT (Nicolas), Ec., sgr de Boisloudun, du ressort de Fontenay-le-Comte, servit en archer au ban de 1533. (F.)

BARDE (de la). — Famille noble et ancienne, dont on ne trouve plus trace à partir de la fin du XVIIe s[e].

Blason. — Gabriel de la Barde, Chev., sgr d'Ardilleux en 1698, portait : « Ecartelé aux 1er et 4e d'or à une fasce fuselée de gueules de 3 pièces et deux demies; aux 2e et 3e d'or à 3 coquilles de sable, posées 2 et 1, et au chef d'azur chargé d'une molette d'or. (D'Hozier.) — De la Barde : d'argent au sautoir de gueules chargé en cœur d'une molette (ou étoile) d'or, et accompagné en chef d'une merlette de sable. (Nob. du Limousin.)

Barde (Guillaume de la) est cité dans un recueil de montres et revues comme arbalétrier en 1372.

Barde (Jean de la), noble homme, était, le 20 mai 1398, chargé de la procuration de dame Pernelle Chenine (Chenin), D[e] des Touches, près Lussac. (F.)

Barde (Antoine de la) et Marguerite DE MAILLÉ, sa femme, font une transaction le 19 août 1432. (F.)

Barde (Guillemin de la) a servi au ban des nobles du Poitou de 1467, comme homme d'armes du sr de la Grève, et comme brigandinier à celui de 1488. Il fut remplacé, comme vieux et infirme, à celui de 1491, par Regnauld de la Roche. (F.)

Barde (Laurens de la), Ec., rendit aveu, le 25 sept. 1468, au sgr de la Trémoille, de ses terres du Courry et de Tollet. (D. F.)

Barde (Pierre de la), Ec., sgr dudit lieu, épousa, vers 1480, Christine DE LA LANDE, fille de Maurice et de N. Béchard. (G. de la Lande.)

Barde (Philippe de la), Ec., archer de l'ordonnance, frère utérin de Jean Charpentier, sgr de Beczay? tue un laboureur qui l'avait appelé bossu, « combien qu'il ne le fut pas », 1480. (A. N. J. Reg. 208, 150.)

Barde (André de la) servit en archer au ban des nobles du Poitou de 1489. (Montres et Revues.)

Barde (Philippe de la), sr de la Serpaulière près Angle, se réunit à Jean Bernier et Guillaume Chevalier pour faire un archer qui servit à ce même ban de 1489. (F.)

Barde (Nérigné ou Negon de la), Ec., sgr dudit lieu situé psse de Journet, avait épousé Dlle Antoinette DU PLESSIS, fille de Jean, échanson du roi Charles VI, et de Catherine Frétard, dont il eut un fils, qui suit. (Gie de Moussy.)

Barde (Guillaume de la), fils du précédent, avait épousé, avant 1495, Dlle Marguerite DE MOUSSY, fille de Jean et d'Antoinette Gavarret; il eut avec son beau-père un long procès qu'il perdit. (Id.)

Barde (Séguis de la), Poitevin, portant burelé de sable et d'or de 12 pièces, assistait à un tournoi à Mons, au XIVe se. (B. A. O. 1886.)

Barde (Antoine de la), docteur régent en l'Université de Poitiers, fait, le lundi avant Pâques 1503, ainsi que Pierre Régnier et Jean de Haulcourt, aussi Drs régents, un règlement avec les maire et échevins dudit Poitiers, concernant les heures des cours, les jours de vacance, les honoraires des professeurs, les rétributions dues par les gradués, etc. (M. A. O. 1882.)

Barde (Pierre de la) rendit un aveu au sgr de Thors le 7 janv. 1529. (F.)

Barde (Guy de la), sans doute son fils, rendit le même aveu le 10 mai 1540. (F.)

Barde (Louis de la), sr de la Thibaudière, avait épousé Dlle Jeanne MASSON, dont il a eu une fille, LOUISE, qui épousa à Poitiers, le 4 mars 1549, Jean Poign, licencié en droit. (Mss. Gille de la Coudre.)

Barde (René de la), vraisemblablement fils de Guy, rendit également un aveu au sgr de Thors le 15 févr. 1580. (F.)

Barde (Jehan de la), Ec., sgr de la Hurtelle, et Dlle Isabeau DE CHANIN, son épouse, vendent, le 6 janv. 1611, la moitié de la terre et sgrie de Pilloué, sise en la psse de Chiré-en-Montreuil (Vienne), à François Alexandre, Ec., sgr du Vivier.

Barde (Jeanne de la) avait épousé Joachim de Cumont, Ec., sgr des Galloires; elle était décédée le 13 oct. 1616. (F.)

Barde (François de la) avait épousé Catherine FROGIER; il était décédé le 12 août 1623, comme on le voit dans un procès où elle est en cause.

Barde (N. de la) épousa Marie VÉZIEN; celle-ci, étant devenue veuve, se remaria, au mois d'avril 1625, avec Gilbert de Bresoles, Ec., sgr des Bastides.

Barde (Isaac de la), juge sénéchal de la Bnie de Couhé, avait épousé Dlle Marie INGRAND, dont il eut plusieurs enfants, entre autres : 1° GABRIEL, qui suit; 2° HENRIETTE, qui épousa, par contrat du 20 nov. 1633, Samuel Bertrand, sr de la Pommeraye, avocat au Présidial de Poitiers; 3° MARGUERITE, qui reçoit en donation de son frère Gabriel tout ce qu'il possède dans les villages de Brion et de Beaulieu, le 4 déc. 1633.

Barde (Gabriel de la), sr de Manceaux, procureur en Parlement, signe au contrat de mariage de sa sœur avec Samuel Bertrand.

Barde (Jean de la) est cité dans une requête présentée par M. Dreux au chancelier de France, au sujet de la confection du sceau en 1634. (M. A. O. 1883.)

Barde (Joseph de la), Ec., sgr de Mons et Ouzilly, épousa Elisabeth DE MARSANGES, dont il eut : 1° GABRIELLE, mariée, par contrat du 12 mai 1648, à François Charon, Ec., sgr de la Mothe et du Repaire ; 2° croyons-nous, FRANÇOIS, Ec., qui rendit un aveu de la terre de la Barde le 4 août 1648 ; 3° CHARLES, qui signe au contrat de mariage de Gabrielle avec François Charon. (Gie de St-Georges.)

Barde (Denis de la) était évêque de St-Brieux en 1652 ; il vint à Poitiers au mois de janvier de la même année, pendant le séjour du Roi et du cardinal de Mazarin dans cette ville. (A. H. P. 15.)

Barde (Anne de la) avait épousé Joachim de Chamborant, Ec., sgr de Droux, veuf de Catherine des Vaux. On ne connait son mariage que par un partage du 17 déc. 1652, dans lequel elle est qualifiée de veuve de Joachim, et dans une notification à elle faite à la requête de François Prévost, Ec., sgr de Puybotier, etc., au sujet d'une cession qu'on lui fit en nov. 1609. (Gie de Chamborant.) Elle fut maintenue noble par M. Barentin en 1667.

Barde (Gabriel de la), Chev., sgr d'Essé, demeurant à Ardilleux, avait épousé Dlle Marie LÉVESQUE DE MARCONNAY, dont il eut entre autres enfants MARIE, qui épousa, le 2 août 1658, Louis Frottier, Ec., sgr de la Coste et des Ouches. Gabriel possédait en 1670 le fief de la Forest, relevant de Pouffonds. Il est cité dans divers actes de 1694 à 1699.

Barde (N. de la) était chanoine théologal de la cathédrale de Poitiers au mois de juill. 1661. Ce fut lui qui fit l'oraison funèbre de Mgr Gilbert de Clérembault, évêque de Poitiers. (A. H. P. 15.)

Barde (César-François de la), Ec., sgr de Chilly et de Pouzieux, passa, le 19 janv. 1666, une transaction avec René de Brossard, Ec., sgr de la Rondière, et son père. (Gie Brossard.)

Barde (Jean et Abel de la) font avec leurs épouses un acquêt et un arrentement à François Garnier, signé Lhoumeau, notre à Lezay, le 19 juill. 1695.

Barde (Pierre de la) épousa à Mortemart, au XVIIe siècle, Marie ROBERT, fille de Jacques et de Jeanne Le Fèbvre. (Gie Robert du Dorat.)

Barde (Jeanne de la), De du Mazelier, épousa Jacques de Brisay, sgr de Beaumont, Chev. de l'ordre et lieutenant-général pour le Roi en Bourgogne, veuf d'Avoye de Chabanes. (Gie de Brisay.)

Barde (N. de la), procureur fiscal de Mortemart, a épousé Dlle N. DE NOSLET, fille de Jean, Ec., sgr du Mas-du-Bost, et de Claude Thomas. (Gie de Noslet.)

BARDEAU. — Nom commun à plusieurs familles du Haut-Poitou. Une des charges de receveur des décimes du diocèse de Poitiers a été héréditairement exercée par l'une d'elles pendant plus d'un siècle et jusqu'à la Révolution.

Blason. — Bardeau (à Poitiers) : d'argent au chevron de gueules accompagné de 2 étoiles d'azur en chef, et en pointe d'un croissant de sable soutenant une rose de gueules, tigée, feuillée de sinople. (Arm. des échevins, Bib. Poitiers.) L'Armorial du Poitou dit le champ d'azur et les pièces d'or.

Bardeau (Jude), procureur fiscal de la Bnie de Montaigu en 1700 : de sable à un mulet d'argent. (D'Hozier, d'office.)

Bardeau (Simon) et

Bardeau (André), prêtre, sont cités dans un titre de 1472, passé à..... près de Montmorillon. (F.)

Bardeau (Pierre), habitant la châtnie de Montmorillon, se présenta au ban de 1489 et fut désigné pour tenir garnison à Clisson, sous M. de la Châteigneraye. (Doc. inéd.) Au ban de 1491, il remplaça Urbain de Lanet, sgr de Champeaux, et il lui fut enjoint d'avoir un autre homme en habillement d'archer, au premier voyage à se pourvoir de gantelets, hallebarde ou arbaleste, et au premier arrière-ban de servir en homme d'armes.

Bardeau (N.). Le fief et sgrie du Vieux-Coussais, mouvant de Civray, est saisi sur lui, attendu qu'il professe la religion réformée. (N. féod. 60.)

Bardeau (Claude) fut chargé en 1650 par le bureau des finances de Poitiers du contrôle général des tailles de la généralité.

Bardeau (Claude), peut-être le même, fut reçu, le 9 avril 1660, receveur des décimes du diocèse de Poitiers, charge qu'il transmit à ses descendants. Il épousa Florence Fauveau, dont il eut plusieurs enfants, dont nous ne connaissons d'une manière certaine que : 1° Marie, qui épousa, par contrat du 5 févr. 1687, Barthélemy Mayaud, Ec., sgr des Groges, docteur-régent en l'Université de Poitiers. Les deux époux se faisaient, le 27 avril 1687, une donation mutuelle, et Marie décéda le 12 mars 1720 ; 2° Barthélemy, prieur de Grand'Chaume et sous-doyen du Chapitre de St-Hilaire-le-Grand, sur la résignation faite en sa faveur, le 12 oct. 1749, par Etienne Riffault.

Bardeau (N.) et

Bardeau (Catherine) sont au nombre des signataires du contrat de mariage de Marie Bardeau avec B. Mayaud.

Bardeau (Anne), fille du receveur des décimes de Poitiers (lequel ?), épousa en 1700 Joseph Alquier, sr de Lardonnière, sénéchal de la Flocellière.

Bardeau de Clairé (Claude), receveur des décimes de l'évêché de Poitiers, épousa, vers 1700, Radégonde Bourgnon, fille de Jean et de Susanne Nicolas.

Bardeau (Robert), prêtre, curé de St-Cyr, était décédé en 1741 ; le 10 déc., sa succession est partagée entre Claude, cer du Roi, échevin de la maison commune de Poitiers, et la famille Mayaud. (Peut-être était-il frère de Marie, épouse de Barthélemy Mayaud.)

Bardeau (Louis), sr de Clairé, échevin de Poitiers, épousa, le 8 janv. 1743, N. Chauvet du Theil, dont il eut plusieurs enfants. Deux embrassèrent l'état ecclésiastique, d'autres moururent célibataires ; un seul se maria avec Dlle N. Joussant, dont il n'eut que deux filles. Il était, au moment de la Révolution, échevin à Poitiers.

Bardeau (J.-Claude) était décédé vers 1755, laissant pour veuve Catherine Buignon.

Bardeau (Claude), cer du Roi, signe au contrat de mariage de Henri Filleau avec Françoise-Charlotte Mayaud, le 7 nov. 1756.

Bardeau (François), prieur de Grand'Chaume et sous-doyen de St-Hilaire-le-Grand au moment de la Révolution, mourut à Poitiers en 1810.

Bardeau (N.), vivant vers la fin du xviiie siècle, était moine O. S. B. de l'ancienne observance.

BARDET. — Famille qui, dans ces derniers temps, habitait le Bas-Poitou.

Blason. — Bardet des Gléreaux, à la Rochelle : de gueules au chef d'argent chargé de 3 étoiles d'azur. (Pièce orig.)

Bardet (Guillaume) était prieur de St-Paul de Poitiers en 1409.

Bardet (Jacques), receveur de l'élection des Sables, donna quittance le 27 mars 1619. (Orig.)

Bardet (Charles), Ec., sr de Bonneau, capitaine de vaisseau le 12 janv. 1675, époux de Marie Tesmits, eut pour fils :

Bardet (Charles), Ec., sr des Glèreaux, né à la Rochelle, enseigne de vaisseau.

BARDIN (de). — Plusieurs familles nobles de ce nom ont habité le Poitou.

Bardin (Jean) devait au château de Mirebeau un aveu pour un herbergement sis au village d'Agaçay (Agressay, cne de Thurageau, Vienne), 1454. (N. féod. p. 61.)

Un recueil de montres et revues, déposé à la Bibliothèque Nationale, nous a fourni les noms suivants :

Bardin (Jean), homme d'armes, et un autre, archer, portant le même prénom, firent montre le 9 févr. 1474.

BARDIN (de) **DU RIVAULT ET DE LA SALLE.** — Cette famille noble habitait les environs de la Trimouille. La généalogie suivante est transcrite sur celle dressée en août 1764 par P.-L. d'Hozier, juge d'armes de France, pour l'admission de Henri Bardin de la Salle comme page de la Reine, femme de Louis XV. Nous y avons ajouté les notes particulières que nous possédons. On nous fait remarquer que les 3 premiers degrés ne sont rattachés qu'hypothétiquement aux suivants. N'ayant aucun moyen de contrôler cette observation, nous la mentionnons sous toutes réserves.

Blason. — Bardin du Rivault : d'argent à l'aigle éployée de sable.

Filiation suivie.

1. — **Bardin** (Florent), sgr de Gérac, vivait, ainsi que Dlle Anne Rabier, son épouse, le 4 mars 1398, ainsi qu'il résulte d'un contrat d'échange de certains héritages et domaines lui appartenant. Il laissa au moins un fils, qui suit.

2. — **Bardin** (René), Ec., sgr de Gérac, épousa Dlle Sylvine DE MORAN. Cette union est prouvée par un acte entre-vifs du 16 sept. 1436, passé entre eux.

René de Bardin rendit en 1440 hommage du fief de Gérac, dont il était seigneur. De son union naquirent : 1° FRANÇOIS, qui suit ; 2° et 3° MARIE et ANNE, qui partagèrent noblement avec leur frère, le 8 nov. 1485, la succession de leurs père et mère.

3. — **Bardin** (François de), Ec., sgr de Gérac, épousa, par contrat du 22 févr. 1460, Dlle Louise DE RAU, dont un fils, GUILLAUME, qui suit (?).

4. — **Bardin** (Guillaume), Ec., sgr du Rivault, assista au ban et arrière-ban, suivant certificat du 20 août 1527, signé Gamargin. Il épousa, le 17 mai 1492, Dlle Gabrielle DE CORBIÈRES, dont il eut :

5. — **Bardin** (Guillaume de), IIe, Ec., sgr du Rivault. Il épousa Françoise DE BAUNEUIL, qui faisait, le 25 mai 1541, à Guillaume, leur fils aîné, une donation de divers biens. Il obtint un certificat du sgr du Puy-du-Fou, gouverneur de Nantes et commissaire départi pour la montre des nobles du ban et de l'arrière-ban.

6. — **Bardin** (Guillaume de), IIIe, Ec., sgr du Rivault, épousa, par contrat du 4 mars 1546, Sylvine BOURDE. Il figure dans des actes du 5 oct. 1551 et de 1556, et passa une transaction avec Louis de Bardin, receveur de M. de la Trémouille. Nous ignorons quels étaient leurs liens de parenté. Guillaume eut au moins deux fils : 1° ANTOINE, qui suit; 2° RENÉ, qui partagea, le 8 avril 1566, avec son frère la succession de leurs père et mère.

7. — **Bardin** (Antoine de), Ec., sgr du Rivault et de la Massotière, épousa, par contrat du 20 oct. 1569, Dlle Louise DE CORAL, fille de Léonet, Ec., sgr du Mazet. De ce mariage naquirent : 1° LOUIS, qui suit ; 2° FLORENT.

8. — **Bardin** (Louis de), Ier du nom, Ec., sgr du Rivault, du Poiron et du Mas, fit diverses acquisitions les 29 mars 1617 et 22 janv. 1619. Il avait épousé, le 1er févr. 1606, Dlle Marguerite DE BROSSARD, fille de Léonard, Ec., sgr de Jauvard, et de Dlle Aimée de Bourde. De ce mariage naquirent : 1° LOUIS, qui suit ; 2° et 3° MARGUERITE-ANNE-LOUISE et OLYMPE, qui partagèrent noblement avec leur frère les successions de leurs père et mère, le 21 juill. 1636.

9. — **Bardin** (Louis de), IIe, Ec., sgr du Rivault et du Poiron, épousa, par contrat du 13 mai 1640, Jeanne JACQUEMIN, laquelle, après la mort de son mari, fut déclarée veuve de gentilhomme par arrêt du conseil d'Etat du Roi du 28 sept. 1672. De ce mariage naquit :

10. — **Bardin** (Jacques de), Ier du nom, Ec., sgr du Rivault, du Poiron et de la Salle-d'Archigny, par suite de son mariage avec Gabrielle GRUGET, fille de Nicolas Gruget, Ec., sgr de la Salle-d'Archigny, et de Dlle Judith Guillon, qu'il épousa le 20 août 1673; il fit hommage de la sgrie de la Salle-d'Archigny, au chât. de Montoiron, le 4 juin 1688.

Il fut maintenu dans sa noblesse le 11 mars 1698, par ordonnance de M. de Maupeou, intendant en Poitou, ainsi qu'il l'avait été déjà par arrêt du conseil d'Etat du Roi du 28 sept. 1672. Il eut pour enfants : 1° JACQUES, qui suit; 2° MARIE, 3° GABRIELLE.

11. — **Bardin** (Jacques de), IIe, Ec., sgr du Rivault, du Poiron et de la Salle, baptisé le 24 juin 1682, épousa, le 5 juill. 1715, Jeanne DE LA VERGNE, et fut maintenu dans le droit de prendre la qualité de noble et d'écuyer par ordonnance de M. des Galois de la Tour, du 19 sept. 1717.

12. — **Bardin** (Claude de), Ec., sgr du Poiron, de la Salle, Liglet, Courtevrault, etc., fils du précédent, né le 10 févr. 1719 et baptisé le même jour, épousa, le 8 juin 1748, Gabrielle DU LIGONDÈS, fille de messire François, Chev., sgr du Plessis, et de dame Marie-Rose de la Barre. Il se maria en 2es noces, le 7 avril 1761, avec Susanne BOUTOU, fille de Maximilien, Chev., sgr de la Baugissière. Il servit au ban des nobles du Poitou, en 1758, dans la 3e brigade de l'escadron de Vassé. (F.)

Ses enfants furent : 1° HENRI, qui suit; 2° CHARLES, dit le Chevalier de Bardin, sgr de l'Ile-de-Mauvière, obtint en 1784 une pension de 300 liv. comme capitaine en second au régiment de Brie-Infanterie, en considération de ses services, du zèle qu'il a montré à bord du vaisseau du Roi *l'Auguste* et des blessures qu'il y a reçues ; il assista à l'assemblée de la noblesse du Poitou tenue en 1789 pour l'élection des députés aux Etats généraux. Ayant émigré en 1791, il fit la campagne dans l'armée des Princes, comme chef de section dans la compagnie formée par les officiers de son régiment, servit ensuite dans le cadre d'Allonville, destiné à passer dans la Vendée, et mourut au château du Plessis (Indre), en 1802. Il avait épousé, le 10 juin 1789, psse d'Appelvoisin, près Buzançais, Françoise-Charlotte DE MENOU, de la branche du Méc, qui est décédée au Blanc le 25 sept. 1841, sans postérité.

13. — **Bardin** (Henri de), Ec., sgr du Poiron, de la Salle, Liglet, Courtevrault, etc., né le 10 mars 1749, au château du Plessis, psse de Tendue en Berri, baptisé le 12 du même mois, fut admis au nombre des pages de la Reine, femme de Louis XV, sur le vu des titres produits devant Louis-Pierre d'Hozier, juge d'armes de la noblesse de France. Il servit dans les chevau-légers de la garde du Roi, et assista en 1789 à l'assemblée de la noblesse tenue à Poitiers pour l'élection des députés aux Etats généraux, et fut un des commissaires désignés pour transmettre la correspondance dans l'arrondissement du Blanc. Ayant émigré, il servit dans l'armée des Princes comme maître de la 2e compagnie noble d'ordonnance. (F.)

Il avait épousé, par contrat du 19 mars 1774 (Duchastenier, not. royal à Poitiers), Charlotte-Angélique-Radégonde JANVRE, fille de N., Chev. de St-Louis, et de Dlle N. de Menou, décédée depuis à Béthines, le 12 déc. 1838. De ce mariage naquirent : 1° CHARLES-HENRI-MARCELLIN, qui suit ; 2° HENRI-HIPPOLYTE, né le 13 août 1778, élève de la marine à l'école de Vannes, fut reçu dans l'ordre de Malte le 21 sept. 1783 (St-All. 4), servit sous l'Empire dans le corps du génie militaire. Il était poète et musicien.

14. — **Bardin** (Charles-Henri-Marcellin de), Chev. de St-Louis, né à Poitiers, le 20 avril 1776, d'abord élève de la marine à l'école d'Alais, fut admis dans l'ordre de Malte le 27 juin 1780. (St-All. 4.) Ayant émigré avec son père, il servit comme lui dans l'armée des Princes, comme maître de la 2e compagnie noble d'ordonnance. (F.) Sous la Restauration, il fut officier dans la légion de l'Indre.

Il a épousé, le 8 févr. 1810, Dlle Louise-Agathe DE LAGE, fille de messire Antoine, Ec., ancien officier d'infanterie, et de dame Thérèse-Julie de Gigou. De ce mariage sont issus : 1° MARIE-RADÉGONDE, née le 11 févr. 1811, mariée, en nov. 1831 (Bodin, not. au Blanc), avec M. Adrien de Régis ; 2° CLARISSE-JULIE, née le 8 janv. 1813, mariée, le 16 nov. 1839 (Rossignol, not. à la Trimouille), avec M. Stéphane de Morineau, docteur en médecine, décédée le 28 janv. 1889 ; 3° HENRI-FRANÇOIS-ERNEST, qui suit.

15. — **Bardin** (Henri-François-Ernest Cte de), né

le 19 mars 1823 à Liglet (Vienne), engagé volontaire au 16e léger le 8 févr. 1844, reçu élève à St-Cyr le 2 déc. 1845, nommé sous-lieutenant au 13e chasseurs (1er oct. 1847), sous-lieutenant-élève à l'école de Saumur (1er oct. 1847), lieutenant (2 févr. 1853), capitaine (30 mai 1855), capitaine adjudant-major, (29 févr. 1857), capitaine commandant (20 juill. 1866), mis en non-activité pour infirmités temporaires (15 mai 1867), retraité (16 sept. 1870), a fait en Afrique les campagnes de 1861 à 1865, Chev. de la Légion d'honneur du 12 août 1864; marié, le 16 sept. 1867, à Alix-Marie-Marguerite-Victoire de Carles, dont: 1° René-François-Marie, né le 4 sept. 1868 à St-Magne (Gironde), engagé volontaire au 3e régiment d'infanterie de marine (8 oct. 1886); 2° Jeanne-Marie-Françoise-Germaine, née le 7 avril 1870 à St-Magne, ainsi que 3° Henri-Jules-Octave, né le 13 oct. 1871, et 4° Marie-Henriette-Yvonne, née le 28 juin 1876.

BARDIN. — Autre famille.

Bardin (Guillaume), religieux de St-Cyprien, chapelain du Crucifix, donna quittance le 27 juin 1514. Son sceau porte un écu chargé d'une bande et 6 coquilles? (ou fleur de lis) en orle. (Pièc. orig. 192.)

BARDON. — Nom de famille que l'on trouve très anciennement en Poitou.

Blason. — Il existe dans les collections de la Société de Statistique des Deux-Sèvres un scel d'environ 1300, dont l'exergue est: St. Ugues Bardon valet, et portant dans le champ de... à trois aiguières de...

Bardon de St-Maixent: d'azur à une main d'argent tenant un guidon d'or. (D'Hozier.) Ce sont ces dernières que l'Armorial des maires de Niort attribue à Hélie Bardon, échevin en 1620. (M. St. 1865, 66.)

Bardon (Jean), sr de la Boisaudière, élect. de St-Maixent, portait: de sable coupé d'or, à deux bourdons de l'un dans l'autre. (D'Hozier, d'office.)

Bardon (Hugues) fut en 1181 un des témoins de la confirmation faite par Richard Cœur-de-Lion à l'abbaye de St-Maixent, des dons que ses prédécesseurs avaient faits à ce monastère. (D. F. 16. A. H. P. 16.)

Bardon (*Hugo*), *prior domus helemosinariæ de Surgeriis*, et

Bardon (*Willelmus*), *prior de Peiré*, sont relatés l'un et l'autre dans les lettres de 1197, par lesquelles Othon duc d'Aquitaine donne à l'aumônerie de Surgères tous les cens et droits qui lui appartenaient dans sa terre, et la met sous sa protection. (D. F. 25.)

Bardon (*Reginaldus*), *hospes levans et couchans* du Vte de Châtellerault, fut un des témoins de l'enquête relative aux prétentions émises par le Vte au sujet d'un droit d'usage dans la forêt de Moulière, au profit de sa maison de Bonneuil, 1253-1259. (A. H. P. 8.)

Bardon (*Hugo*) possédait *apud Vilers* (Villiers-sur-Chizé, D.-S.) un fief devant au chât. de Chizé 4 sextiers d'avoine de rente (milieu du xve se). (A. H. P. 7.)

Bardon (*Petrus*) habitait à la même époque la psse des Fenestreaux, et était un des censitaires du chât. de Chizé. (Id.)

Bardon (*Petrus*), habitant Lusignan, relaté dans la confirmation d'un accord conclu, en juill. 1327, entre le commissaire du Roi et Etienne Denis, chapelain, au sujet d'une chapelle fondée dans l'église de Poitiers par Aimery Guichard, relativement à la taxe imposée sur les acquisitions faites au profit des églises. (A. H. P. 11.)

Bardonne (Jeanne) était épouse de Nicolas Faye en 1385; ils possédaient dans la psse de Boismé. (Hist. Bressuire, 220.)

Bardon (Raoulet), de Palluau, cité dans le rapport d'un huissier du Parlement de Paris, au sujet des violences commises par le Vte de Thouars et autres contre l'abb. de St-Michel-en-l'Herm. (D. F. 18.)

Bardon (Laurent), notaire-juré de l'official de Niort, était pair de la commune de cette ville en 1491. (M. Stat. 1865, 77.)

Bardon (Hélie) était en 1565 juge-consul à Niort. (D. F. 20.)

Bardon (Jean), habitant St-Maixent, était, le 24 juin 1573, dizainier dans la Cie de Michel Le Riche. (Jal Le Riche, 142.)

Bardon (Catherine), épouse de Adam des Fontaines, fondateur du collège protestant de Melle, y mourut en 1603, âgée de 85 ans.

Bardon (Hélie), sr de Lambertière, maître apothicaire à Niort, fut juge et président de la cour consulaire en 1616, échevin en 1620, pair en 1638; avait été receveur de la commune en 1625. (D. F. 20. M. Stat. 1865, 77.)

Bardon (Pierre) eut de Florimonde Sachier, sa femme, entre autres enfants Gabrielle, qui épousa Pierre de Veillechèze, président en l'élection de St-Maixent; elle était veuve lorsqu'elle mourut avant le 1er janv. 1627. (Gille de la Coudre.)

Bardon (Pierre) assiste, le 19 mars 1626, au contrat de mariage de Jean Faure, sr du Chiron, son cousin germain, avocat au siège royal de Fontenay, avec Dlle Elisabeth Viete. (O. B. Fillon.)

Bardon (Catherine) et son époux Jacques Favier, docteur en médecine, se font une donation mutuelle le 31 mars 1631. (Greffe de St-Maixent.)

Bardon (Pierre), médecin à Poitiers en 1632, se qualifiait de sgr de Séville; il était, le 23 juin 1647, époux de Marguerite Girard, fille de feu Pierre, procureur au Présidial de Poitiers, et à cause d'elle sgr de l'Orberie, psse de St-Michel-Montmalchus (Vend.).

Bardon (Jean), sergent royal à St-Maixent, et Louise Jamet, son épouse, se font une donation mutuelle le 12 févr. 1632 (Coudré, not.). (Greffe de St-Maixent.)

Bardon (Jeanne) épousa André Brunet, sr de la Sibaudière, lieutenant particulier criminel et premier conseiller au siège royal de Niort, le 31 déc. 1642 (Vaslet et Desmoulins, notres à Niort). (Gie Brunet.)

Bardon (Alexandre), sr du Linault, avocat à St-Maixent, existait le 30 nov. 1650.

Bardon (Jean), sr de la Mesnardière, était veuf de Marie Fonteny, lorsque, le 6 juin 1672, il épousa (Coudré, not.) Marguerite de Neuville, fille de feu Barthélemy et de De Jeanne Baugnay. (Greffe de St-Maixent.) Marguerite était veuve le 26 mars 1674, date d'une donation qu'elle fit à Pierre Amyrault, adjoint aux enquêtes, et à Jeanne Boullet, sa femme. (Id.)

Bardon (Samuel), sr du Linault et de l'Airaudière, avocat en Parlement, était décédé avant le 20 nov. 1679 (Agier, not. à St-Maixent), date d'une donation faite par Catherine de Médicis, sa veuve, à Charles de Linet, fils naturel de feu son mari. Par un autre acte du 19 sept. 1698, elle lui donna tous ses effets mobiliers. (Greffe de St-Maixent.) Ce Charles de Linet devint avocat en Parlement, substitut du procureur du Roi et avocat de Sa Majesté au siège royal de St-Maixent, et obtint au mois de sept. 1700, sur la demande de Catherine de Médicis et de Catherine Bardon, sa fille, dès lors veuve de Jean Palardy, seule héritière dudit Samuel, des lettres de légitimation, dans lesquelles on voit qu'il était fils de Samuel Bardon, précité, et de Madeleine Thibault, veuve alors de Jacques Houdry, élu à St-Maixent. (Id.)

Bardon (Barthélemy) eut de Isabelle Texier, sa femme, entre autres enfants, Marie et Mathurine, qui sont inscrites sur la liste des nouveaux convertis de la généralité de Poitiers imprimée en 1682.

Bardon (Jeanne) épousa Guillaume Le Riche, prévôt de la maréchaussée de St-Maixent ; le 27 févr. 1685, ils mariaient leur fille Elisabeth avec François Cochon.

Bardon (Madeleine) épousa François Aymon, bourgeois et échevin de St-Maixent ; elle était sa veuve le 20 sept. 1686, lorsqu'elle fit son testament. (Greffe de St-Maixent.)

Bardon (Jacques), avocat, et Jacquette Prousteau, sa femme, signent comme cousins germains de la future au contrat de mariage de Charles-Maixent Servant et de Madeleine Gascou. (Id.)

Bardon (François-Michel), sr de l'Airaudière, avocat, est nommé échevin à St-Maixent en 1765-1766.

Bardon (N.), avocat, est revêtu de la même charge. (M. A. O. 1869, 433.)

Bardon (Vincent), sr de la Briaudière, présentait, vers 1785, une requête au lieutenant-général de la sénéchaussée de St-Maixent.

BARDONNEAU.

Bardonnea (N.) transige, vers 1401-1402, avec Jean Choupin ou Choppin, chapelain de la chapelle du Châteauneuf de Luçon, pour un droit de complant. (M. et Ev. de Luçon.)

Bardonnelle (Louise) avait épousé Jean Marchand, sr de Poupin, qui, à cause de sa femme, rend au Cte de Penthièvre aveu de la maison de la Ligence, au bourg de St-Hilaire, et de l'hôtel d'Aubigné ou de la Martinière, le 4 mai 1472. (M. A. O. 1869, 200.)

Bardonneau (Jeanne), veuve de Jacques Buor, rendit un aveu, le 18 janv. 1486, au sgr de la Chaize-Giraud. (F.)

Bardonnelle (Marguerite), femme de Girard Chrétien. Ils étaient morts sans doute l'un et l'autre le 2 sept. 1526, car, ce jour-là, leurs enfants opéraient le partage de leurs biens. (M. A. O. 1869, 201.)

BARDONNET. — Dans cet ouvrage destiné à rappeler en partie l'histoire du Poitou, nous devons dire au moins quelques mots de l'érudit qui a consacré le meilleur de sa vie à l'étude de celle de notre province.

Bardonnet (Henri-Gonzalve-Abel), fils de François-Lucien et de Marie-Radégonde-Adèle Benoist, naquit à Niort le 22 sept. 1834. Sa famille était, dit-on, originaire du Bourbonnais, où elle portait le titre de Vicomte. Il fut porté par goût vers l'étude de l'histoire, après avoir été, dans sa jeunesse, un musicien passionné.

Les titres seuls des ouvrages qu'il a publiés donnent la mesure de l'importance de ses travaux :

1° *Niort et la Rochelle*, tirage à part d'une série d'articles publiés dans la Revue de l'Aunis, de la Saintonge et du Poitou.

2° *Procès-verbal de délivrance à Jean Chandos, commissaire du roi d'Angleterre, des places françaises abandonnées par le traité de Brétigny.* (Mém. de la Soc. de Statist. des Deux-Sèvres, 2e partie du tome 16, 1866.)

3° *Hommages d'Alphonse* Cte de Poitou (1260). (Niort, Clouzot, 1872).

3° *Comptes d'Alphonse*, t. 4 et 8 des Archives du Poitou.

5° *Registre de l'Amirauté de Guyenne au siège de la Rochelle*, 1569-1570. (Archives du Poitou, t. 7.)

6° *Le Grand Fief d'Aunis.* (Mém. de la Soc. des Ant. de l'Ouest.)

7° *Ephémérides historiques de la ville de Niort*, publiées dans le *Mémorial des Deux-Sèvres*, 1867-1868, ont été réunies dans le volume des Mém. de la Société de Statistique de 1884.

Il fut l'un des fondateurs de la Société des Archives du Poitou, où il a rempli les fonctions de membre du conseil d'administration. A la Société de Statistique, il a tenu à diverses reprises et toujours avec distinction la plume de secrétaire, et a donné tous ses soins aux vitrines de son médailler, qu'il a augmenté d'une manière notable.

Nous n'avons rien à dire de l'homme privé, aussi remarquable par son aménité que par ses vertus domestiques. Sa mort, arrivée le 25 mai 1883, a été une perte pour la ville de Niort et la science, et a laissé parmi ses confrères un vide qui n'a pas encore été comblé. (V. pour plus de détails *M. Abel Bardonnet*, par Jos. Berthelé, Bul. Soc. de Stat. D.-S., t. 5, 272 et suiv.)

BARDONNIN. — Famille noble habitant la Basse-Marche. La filiation que nous donnons est extraite du Nobiliaire du Limousin. Nous avons ajouté à ce travail un certain nombre d'articles, résultat de nos propres recherches.

Blason : d'azur à 3 molettes d'éperon d'or, 2, 1. (Barentine.)

Bardonnin (Françoise) épousa François Pastoureau, sgr de la Rochette en Marche, procureur général au Parlement de Bordeaux. Ils vivaient en 1494.

Bardonnin (Adrien), Ec., sgr de la Grange-Bardonnin, le fief du Pont, du Port, etc., fut exempté de se trouver au ban de la Haute et Basse-Marche convoqué le 20 juill. 1577, comme servant alors en archer dans la compagnie du sgr de Sansac, employée au siège de Brouage.

Bardonnin (Jean), Ec., sgr de Bois-Buchet, ne s'étant pas trouvé à ce ban, il fut donné défaut contre lui. Le même ou un autre de son nom de Jean fut taxé en 1620 pour indemniser les députés de la Basse-Marche de leurs dépenses aux Etats de 1614 et 1615.

Bardonnin (Marguerite) épousa Jean Jourdain, Ec., sgr de l'Houmède, à la fin du XVIe siècle.

Bardonnin (Jean), Ec., sgr de Langellerie, rend, le 23 janv. 1592, aveu à haut et puissant Pierre Frottier, Chev. de l'ordre du Roi, sgr de la Messelière, etc., pour ce qu'il possédait près du village du Fougeré. (O.) Nous le croyons père ou aïeul de Gaultier, qui suit.

Bardonnin (Gaultier), Ec., sgr de Langellerie, Langelière ou Logerie, Queaux, Juignol, demeurant psse de Queaux, rendit en 1615 un aveu au sgr du Vigean, fut taxé en 1620 à la somme de 10 liv. pour indemniser les députés de la Basse-Marche des dépenses faites par eux aux États de 1614 et 1615. Il avait épousé Eléonore de Blom, qui était sa veuve lorsqu'elle fut confirmée dans sa noblesse avec leur fils Gaspard, qui suit, par sentence de M. Barentin du 1er sept 1667.

Bardonnin (Gaspard), Ec., sgr de Langellerie, p^sse de Queaux, rendait, le 21 déc. 1639, un aveu à Gaspard de Feydeau, Ec., sgr de Ressonneau. (O.) Le 27 juill. 1654, il faisait une donation au couvent de la Ballerie près le Fougeré (Gouex, Vien.).

Filiation suivie.

1. — **Bardonnin** (François), s^r de Sommerville, de Sansac et de Bois-Buchet, dans la Basse-Marche, servait en homme d'armes dans la compagnie de trente lances fournies des ordonnances du Roi, sous la charge de M. de la Vauguyon, qui fit montre à Civray le 27 janv. 1574. Dans cette compagnie, on voit au nombre des archers un JEAN Bardonnin, dit sgr de « Bois-Buchet, paroisse de Laissacq, pays de Poictou ». François Bardonnin avait épousé, le 8 sept. 1556, Jeanne DE COUCHÉ, dont il eut au moins un fils, qui suit.

2. — **Bardonnin** (François), Ec., sgr de Bois-Buchet et de Cloire, fut taxé à 30 liv. pour rembourser aux députés de la Basse-Marche les dépenses par eux faites aux Etats généraux de 1614 et de 1615. (Nob. de la B.-Marche.) Le 12 oct. 1599, il épousa Gabrielle BROUARD, qui, le dernier févr. 1644, partageait la succession de son mari avec ses enfants qui étaient : 1° FRANÇOIS, qui suit ; 2° JEAN Cte de Sansac, dont la veuve, Madeleine DE BOISSE DE PARDAILLAN, rendait en 1665 et 1669 des aveux à François de Roye de la Rochefoucauld (N. féod. 831) ; 3° JACQUES, dont la postérité sera rapportée après celle de son frère ; 4° autre FRANÇOIS ; 5° FÉLIX, mariée à René de Fleury, Ec., sgr du Vert.

3. — **Bardonnin** (François), Ec., sgr de Sonneville, élection de la Rochelle, épousa, le 18 déc. 1638, Olive DE VILLOUTREYS. Ce fut lui, ou son fils, nommé aussi FRANÇOIS, qui comparut au ban de la noblesse d'Angoumois de 1635.

4. — **Bardonnin** (François), Ec., sgr de Sonneville et de St-Romain, épousa, le 8 oct. 1658, Marie-Anne DE FLEURY, et fut maintenu dans sa noblesse par Barentin, le 1er sept. 1667.

---

3. — **Bardonnin** (Jacques), fils puîné de François et de Gabrielle Brouard, rapportés au 2e degré, Ec., sgr de Leures, p^sse de Montignac, élect. de Cognac, fut maintenu noble par d'Aguesseau, intendant du Limousin.

BARDONT (Savary), sgr de la Proustière, du ressort de Fontenay, servit en archer au ban de 1533.

BARDOU (N.), curé de la p^sse de St-Cybard de Poitiers, fils d'un menuisier de cette ville, se livra à la poésie dans sa jeunesse et obtint un prix à l'Académie d'Angers. Dreux du Radier lui a consacré un article, auquel nous renvoyons nos lecteurs.

BARDOUL (originaire de Bretagne ?). Voir le Nobiliaire de Bretagne de Pol de Courcy.

Blason : d'argent au chien limier passant de sable et 3 molettes de gueules, 2 et 1.

Bardoul (Me Laurent), licencié ès lois, sgr de Montbail près la Roche-sur-Yon, fit accord, le 18 juill. 1558, avec Gilles Buor, Ec., sgr du Plessis. (Chérin, Gén. Chalon.)

BARDOUS (Alain), habitant la sgrie de Fontenay-le-Comte, servit en archer au ban de 1491, au lieu d'Aliénor de la Vergne, tutrice de ses enfants. (F.)

BAREAU. — Voir **BARREAU**.

BARET ou **BARRET**. — Ce nom est commun à plusieurs familles.

Baret (Jehan) est remplacé à l'arrière-ban de 1488, comme brigandinier, par Raoulet Gilbert. (Doc. inéd.)

Barette, gentilhomme du Poitou, de la religion protestante, fut tué à la bataille de Jarnac, en 1569.

BARET DE ROUVRAY. — TOURAINE ET POITOU.

Blason : d'azur à 3 bars ou barbeaux d'or, posés en fasce l'un sur l'autre, celui du milieu contourné. (Arm. Tour.)

1. — **Baret** (René), Ec., s^r de Rouvray, maître d'hôtel du Roi, obtint des lettres de noblesse en juill. 1635, sur perte de ses titres. Il épousa Marie DE GENNES, dont : 1° LOUIS, 2° MADELEINE, mariée à Gabriel de Grateloup, Bon de Sonnevières.

2. — **Baret** (Louis), Ec., s^r de Rouvray, Grandmont, Jussay, eut procès à Poitiers en 1652, contre Charles Babinet, marchand. Il épousa à Berthegon, le 14 août 1647, Anne DE VAUCELLE, remariée ensuite à Alexandre Haincque, Ec., s^r de Boisy, fille de Pierre, Ec., s^r de la Chaume, et de Anne de Quinemont, dont il eut :

3. — **Baret** (Pierre-Marie), Ec., s^r de Rouvray, marié à Preuilly, le 14 sept. 1671, à Charlotte DE GRAY, fille de Robert, Ec., s^r de Chambon, et de Marie Fouquet, dont : 1° CHARLES, 2° CHARLOTTE, mariée à François du Pinel ?

4. — **Baret** (Charles), Ec., s^r de Rouvray, Chambon-sur-Creuse, épousa, le 7 nov. 1723 (not^re à Chauvigny), Marguerite DE MARANS, fille de Nicolas, Ec., s^r du Tartre, et de Marie Pignonneau, dont : 1° FRANÇOIS-CHARLES, qui suit ; 2° LOUIS, chanoine de Candé ; 3° NICOLAS-HUBERT, Ec., s^r de la Gerbaudière (Vaux), capitaine au rég^t de Touraine, Chev. de St-Louis, comparut à la réunion de la noblesse du Poitou, en 1789 ; 4° ANNE, 5° MARGUERITE, 6° MADELEINE, 7° HENRIETTE.

5. — **Baret** (François-Charles), Chev., sgr de Rouvray, capitaine au rég^t de Touraine, épousa à Châtellerault, le 10 mai 1750, Susanne-Luce OCHER DES GIRAUDIÈRES, fille de Jean-Charles, Ec., s^r de Piffon, et de Françoise Pellot, dont CHARLES-FRANÇOIS-LOUIS.

6. — **Baret de Rouvray** (Charles-François-Louis) épousa, le 17 mars 1798, Charlotte DE FERRIÈRES, fille de Charles-Elie Mis de Ferrières et d'Henriette de Monthiel d'Hus. Elle décéda le 10 mai 1798. Il se maria en 2es noces à N. et eut pour fils :

7. — **Baret de Rouvray** (Charles-Eugène), né en 1800, décédé le 18 janv. 1885, général de brigade, commandeur de la Légion d'honneur ; il a eu 3 filles : 1° MARGUERITE, mariée, le 12 janv. 1865, à Elzéar Cte de Tristan ; 2° ANTOINETTE, mariée à Charles Mis Frotier de la Messelière ; 3° ANNE.

BARFIÈRE (Guyon) était, le 24 juin 1498, sgr de Cherves (Vienne). (D. F. Arch. de l'abb. de Ste-Croix de Poitiers.)

BARGÈS. — Famille d'ancienne noblesse du pays de Gâtine.

Barges (*Claretus de*) fait don en 1139 à l'abb. de l'Absie du quart de sa dîme de Massigné, en présence de Sebrand Chabot, son seigneur. (Bib. Nat. fonds Dupuy, 204, 5.)

Barges (Renaud-Claret de) fait un don à l'Absie sous l'abbé Raiuier, qui est confirmé par ses fils Guillaume et Aimery, vers 1180.

Barges (Aimeri de), Chev., sgr de Leigné (Lhoumois, D.-S.), rendait un aveu au sgr de Parthenay en 1252.

Le fief de Barges (Beceleuf, D.-S.) relevait à hommage lige ou plain de la Bnie de Parthenay. (Gâtine.)

BARGUIN (Victor), sgr de Montifray, Vaufourneau, receveur des tailles à Loudun, fut maire de Tours en 1529.

BARICHER. — Famille collateur d'une chapelle de ce nom, située dans la pssc de Mauzé-Thouarsais. (Pouillés du diocèse de Poitiers, 1782, 1869.)

BARILLEAU. — Il y a eu des familles de ce nom en Gâtine et dans la Bnie de Mirebeau.

Barilleau (Bonaventure), Ec., sgr de la Huguetière, fit aveu au sgr du Bois-Chapeleau en 1555.

Barilleau (Loys) servit en brigandinier à l'arrière-ban du Poitou de 1488. (Doc. inéd.)

Barilleau (Bernard) tenait en 1508 un herbergement à Liaigue, lequel devait 5 sous d'aide à la Bnie de Mirebeau dont il relevait. (M. A. O. 1877, 195.)

Barilleau (N.), élu à Richelieu, était décédé avant le 5 juin 1638.

Barilleau (Jean), élu à Richelieu, épousa, avant 1650, Marie Pallu, fille de Mathurin et de Marie Paviu. Ils habitaient la terre de Beauregard (psse de Champigny-sur-Veude). (Gie Pallu.)

Barilleau (Joseph) fut archiprêtre de Mirebeau de 1690 à 1720.

Barilleau (Claude), frère puîné du précédent, n'étant encore que clerc tonsuré, fut présenté par M. de Lestang de Ry, le 28 juin 1687, à l'évêque de Poitiers pour chapelain de la chapelle ou stipendie perpétuelle de Ste-Anne du Lizon, desservie en l'église d'Ayron. En 1721, Claude succéda à son frère Joseph, comme archiprêtre de Mirebeau. Dans un acte du 3 mars 1721, on le qualifie de chevecier et archiprêtre de l'église séculière et collégiale de N.-Dame de Mirebeau, bachelier en droit canon. Il mourut en 1748.

Les Archives du département de la Vendée contiennent plusieurs titres sur une famille du même nom.

BARILLER.

Bariller (Jean) fait une donation à Jean Chasteigner, Chev., sgr de la Meilleraye, de biens que celui-ci vendit, en 1313, à Huguet Moreau. (Duchesne.)

Bariller (Jean Le) l'aîné était en 1340 membre du corps de ville de Poitiers. (F.)

Bariller (Jean Le), Ec., faisait montre le 4 oct. 1412. (Bib. Nat.)

BARILLET.

Barillet (Jean), sgr de la Bousle, Courgé, fit aveu de Courgé (Vançay) à Lusignan, le 29 déc. 1620.

Barillet (Jacques), Ec., maître particulier des eaux et forêts en Poitou dès 1615, épousa Madeleine Barbault, qui fut marraine à Poitiers en 1625 et 1627.

Barillet (Jean) était en 1657 maître des eaux et forêts triennal en Poitou. (Bureau des finances de Poitiers.)

Barillet (Jacques), Ec., sr de Courgé, maître particulier des eaux et forêts du Poitou, fit faire adjudication des bois de Breuil-Patry, appartenant au Chapitre de Poitiers, vers 1700. (A. Vien. G. 271.)

Barillet (Elisabeth-Angélique) épousa, vers 1750, Jean Mauflastre, qui était veuf, tuteur de ses enfants en 1773. (Aveu de la Bertinière [Sommières] à Civray.)

BARILLON. — Cette famille d'une noblesse ancienne habitait l'Anjou et le Poitou dès le xve siècle.

Blason. — Barillon de Somploire : de gueules à trois barillets couchés d'or, cerclés de sable, posés 2 et 1. (Arm. d'Anjou et de Bretagne.)

Barillon (Marguerite), dame de la Boucherie en Bas-Poitou, vivant vers 1698 : d'argent à un baril de sable. (D'Hozier, d'office.)

Il existe aux Archives du département de la Vendée un dossier contenant divers titres.

Noms isolés.

Barillon (Jean) eut de Catherine Cerutte, son épouse, une fille, Jeanne, mariée à Vincent Robert, Ec., sgr de la Baritaudière ; ses parents lui font, le 6 août 1452, une cession de biens pour compléter sa dot.

Barillon (Guillaume) servait au ban de 1467 comme brigandinier du sgr de L'Aigle ; il comparut à l'arrière-ban de 1489, et fut attaché à la défense du chât. d'Aspremont. (Doc. inéd.)

Barillon (Jehan) servit en brigandinier à l'arrière-ban de 1488. (Id.)

Barillon (Louis), sr de St-Lot, habitant dans la terre de Thouars, servait comme archer au ban de 1491, ainsi que

Barillon (Pierre), habitant dans la terre de Parthenay, qui remplaçait Louis Barillon, son père.

Filiation suivie.

La généalogie qui va suivre est établie sur des titres relevés par D. Fonteneau, dans le trésor du château de la Flocellière.

(Les 2 premiers degrés sont fort suspects; la filiation probable ne commence qu'au 3e degré.)

1. — **Barillon** (Guillaume), Ec., sgr de Bonnefons, psse d'Ardelais en Poitou, épousa Alix de Fonsèque, d'une branche de la maison de La Rochefoucauld. Ils vivaient en 1340. (Cette alliance est évidemment fausse, car les Fonsèque ne vinrent qu'au xve siècle en France. Voir Gie de La Rochefoucauld, branche de Fonsèque.)

2. — **Barillon** (Pierre), Ec., sgr de Bonnefons, marié en 1373 à Révéronte de Mervent, dont il eut : 1° Jean, qui suivra ; 2° Marguerite, morte sans postérité ; 3° Philippe, mariée à Laurent Jaillard, Ec., sgr de la Marronnière.

3. — **Barillon** (Jean), Ier du nom, Ec., sgr de Bonnefons, épousa en 1416 Françoise du Plessis de la Bourgonnière, fille de Mess. Jacques et de Alnette Chapron, sgr et dame dudit lieu du Plessis, de la Bourgonnière, de Somploire, Gué-Ste-Flaive, etc. Françoise eut en partage les terres et sgries de Somploire, du Gué-Ste-Flaive, de la Bruloire, du Plessis-Tizon et de Minières.

Ils eurent pour enfants : 1° Jean, qui suit ; 2° Jeanne, mariée à Jacques Mauvreteau, Ec. ; 3° Françoise, mariée à Olivier de Broon, Ec.

4. — **Barillon** (Jean), IIe, prenait le titre de noble et puissant sgr, s'allia, par contrat du 8 sept. 1448, avec Marie de la Muce, fille de Jean, sgr de Villedor, et alla habiter le château de Somploire, psse dudit lieu, en Anjou. Ils eurent pour enfants : 1° Louis, qui suit ; 2° Renée, dont la vie ne nous est pas connue ; 3° Marie, mariée à N. Le Maignan.

5. — **Barillon** (Louis), Chev., épousa, par contrat du 25 janv. 1483, Marguerite Gordeau. Ils eurent pour fils aîné :

6. — **Barillon** (René), Chev., épousa, par contrat du 4 août 1511, Marguerite de Peillac. C'est lui ou son fils Thomas, que l'on trouve au nombre des témoins d'une transaction passée entre des membres de la famille de Daillon, au sujet des droits honorifiques à exiger dans l'église des Cerqueulx. (D. F.)

7. — **Barillon** (Thomas) épousa, par contrat du 14 nov. 1544, Anne Chambret, fille de Jean et de Hardouine Colas, dont : 1° Joachim, qui suit ; 2° Olive, qui partagea avec lui, le 3 août 1587, les biens de leurs père et mère.

Thomas, paraît-il, fut assassiné, car la cour des Grands Jours de Poitiers, par arrêt du 5 déc. 1578, condamna Claude d'Aubigny, Chev. de l'ordre du Roi, à avoir la tête tranchée, pour raison des excès commis à coups de harquebuses et pistolles sur les personnes de Thomas Barillon, Ec., sgr de Puygarreau, et autres. (M. Stat. 1878, 190.)

8. — **Barillon** (Joachim), Ec., sgr de Somploire, rendit hommage, le 15 sept. 1575, à René Cte de Sanxay, Chev. de l'ordre du Roi et son chambellan, mais tout en protestant contre ledit hommage. Il épousa, par contrat du 7 nov. 1575, Charlotte du Bois d'Argonne, fille d'Antoine et de Françoise de la Curee.

L'usage avait établi dans la terre de Somploire quelques-uns de ces droits plus ou moins bizarres (introduits par la grossièreté des mœurs ou par des coutumes aujourd'hui mal comprises), que nos Parlements proscrivaient avec la plus grande rigidité, lorsque les seigneurs annonçaient la prétention de les faire revivre. En 1600, Charlotte du Bois, veuve de Joachim Barillon, prétendit être fondée en titres et en possession du droit de faire prendre par son sergent, de chaque courtisane passant dessus sa chaussée, 4 deniers ou la manche du bras droit de sa robe ; ou de faire à sa volonté de ladite courtisane, une fois à son choix. Elle se disait également fondée à réclamer l'exercice du droit d'après lequel les vassaux habitant son fief étaient obligés, lorsqu'il s'agissait de faire une noce, d'appeler son sergent huit jours d'avance pour y assister, si bon lui semblait. S'il jugeait convenable de s'y rendre, il devait se placer devant la mariée, ayant à ses côtés deux chiens courants et un lévrier, auxquels on devait servir à dîner comme à leur maître ; et, après le dîner, le sergent donnait la main à la mariée et disait la première chanson. Par sentence du Présidial d'Angers du 4 mars 1600, Charlotte du Bois fut déboutée de ses demandes. Il fut ordonné que l'article concernant les courtisanes serait rayé de ses aveux, et défenses lui furent faites de demander les autres droits. Mais, par arrêt du Parlement de Paris du 6 mars 1601, ladite dame ayant déclaré auparavant acquiescer à la première sentence, en ce qui regardait l'article des courtisanes, le Parlement fit droit sur ses autres demandes, et la confirma dans la possession et jouissance de ses autres prérogatives.

Charlotte du Bois avait eu de son mariage avec Joachim Barillon : 1° François, qui suit ; 2° et 3° Renée et Marie, avec lesquelles il fit, par acte du 3 mai 1618, le partage des biens de leurs père et mère.

9. — **Barillon** (François), Chev., sgr de Somploire, fut un des cent chevau-légers ordinaires du Roi, et rendit aveu de sa sgrie de Somploire à la comté de Maulévrier le 24 avril 1618. Il avait épousé, par contrat du 25 juill. 1610, Jeanne Thévenin, dame de Beauchesne et de la Pigerie, psse de Cerisay, fille de Claude, Ec., sr de la Roche, et d'Antoinette Prévost, dont il eut : 1° Charles, qui suit ; 2° Françoise, mariée à René de Granges, Chev., sgr de Puyguyon, Beauchesne, etc. : elle était sa veuve en 1666 ; 3° Louise, qui épousa, le 10 janv. 1656, René Cantineau, Chev., sgr de la Buttière, alors veuf ; 4° Marguerite, mariée, le 31 janv. 1656, à Charles Brochard, Chev., sgr de la Roche.

10. — **Barillon** (Charles), Chev., sgr de Somploire, Chev. des ordres de Notre-Dame-du-Mont-Carmel et de St-Lazare en 1669, fut maintenu noble par les commissaires de l'élect. de Montreuil-Bellay le 12 avril 1641, et confirmé par arrêt du 19 nov. 1668. Il était né le 4 mars 1623, et épousa, le 31 janv. 1656, Jeanne Hupel.

BARILLON (Henri), évêque de Luçon (voir la Chronologie des évêques de ce diocèse), appartenait à une famille originaire d'Auvergne qui n'avait avec celle dont nous venons de nous occuper d'autres rapports que le nom. (V. de la Fontenelle, Hist. du monastère et des Évêques de Luçon et l'Histoire des évêques de Luçon de M. l'abbé du Tressay.)

Ce prélat portait : d'azur au chevron d'or accompagné de deux coquilles d'argent en chef et d'une rose d'or en pointe.

BARION et **BARRION**. — Nom assez commun en Gâtine.

Barion (N.) (peut-être **Barillon**) était archer en 1470 dans la compagnie d'ordonnance du sénéchal de Poitou.

Barion (Mathurin) fut dépositaire d'un concordat signé à Pouzauges, le 4 déc. 1567, par un nombre considérable de personnages de la religion protestante. (Décisions catholiques de J. Filleau.)

Barion (N.), archiprêtre de Parthenay lors des guerres de religion, fut martyrisé par les protestants qui, après l'avoir crucifié sur son plancher, incendièrent sa maison et le firent brûler vif avec les titres et papiers du prieuré. (G. Cossin.)

Barion (Pierre), bourgeois de Ste-Radégonde-des-Marais, est inscrit d'office à l'Armorial du Poitou de 1700 : « de gueules au griffon d'or ».

Barion (Pierre), bourgeois d'Hérisson, est inscrit d'office au même Armorial : « de sable à 2 barres d'argent ».

BARITAUD ou **BARITAULT**. — Il y a eu plusieurs familles nobles de ce nom ; l'une d'elles existait au XIIIe siècle dans le Bas-Poitou, où elle a donné son nom à une terre importante (les Roches-Baritaud), qui fut longtemps possédée par la branche Poitevine de la maison de Chasteaubriand.

Baritaldus (*Gaufredus*), témoin des donations faites, en sept. 1099, au monastère de la Chèze-le-Vicomte par Herbert Vicomte de Thouars et ses barons. (D. F, 26.)

Baritault (Aymery), Chev., défunt. Son fils tient en 1253, à la Baritaudière, de Mess. Aimery Gilluns, Chev., une masure de terre à plaict de mortemain et à cheval de service. (Arch. Nat. J. Reg. 24, f° 13, 3.)

Baritaud (Jean), prieur de Ligugé, y reçut le pape Clément V, en 1305-1307.

Baritaud (Guillaume), avocat, assiste à une sentence d'absolution prononcée, le samedi après la Toussaint 1333, par le sénéchal de Poitou tenant ses assises à Fontenay, en faveur de Regnaut d'Allonne, valet. (A. H. P. 13.)

Baritaut (Guillaume). Le Vte de Thouars l'établit, le 5 nov. 1340, son sénéchal dans l'étendue de sa vicomté, et lui confère le droit d'acquérir dans ses fiefs et arrière-fiefs. En 1343 (28 juillet), il lui confirme les donations que lui avait octroyées Amaury de Craon et le dispense de l'hommage, et enfin plus tard il lui fait don de la terre de la Motte-Jaudouin. (A. H. P. 13.)

Baritault (Jean) et le procureur du Roi de la sénéchaussée de Poitiers font ajourner en 1350 au Parlement de Paris, pour maléfices, Guy de Vernon, Chev., et ses complices. Cette affaire fut renvoyée devant le sénéchal de Poitou le 21 avril de la même année. (A. H. P. 13.)

Baritaut (Guillaume) étudiait à Paris lorsque, à l'instigation du sgr de Bazôges, deux Brabançons s'emparèrent de vive force de son herbergement de la Peyraudière. Retenu à Paris par ses études, il obtint de Philippe de Valois que son affaire fût évoquée par le Parlement de Paris, qui, le 4 août 1352, rendit un jugement de défaut contre ses adversaires qui furent condamnés aux dépens. (A. H. P. 13.)

Baritault (Martin) prenait en 1356 le titre de valet.

Baritault (Guillaume et Pierre) frères, fils de Guillaume, Chev., furent emprisonnés, mis aux fers et transportés en divers lieux par Jacques de Surgères, Chev., et ses complices, qui les accablaient de mauvais traitements pour les forcer à donner quittance audit de Surgères de certaines sommes que sa mère avait empruntées de Guillaume Baritault, leur père. Le 5 avril 1361, le Roi accorde rémission à Jacques de Surgères et à ses adhérents de ces divers crimes. (F.)

Baritault (Guillaume), sgr de la Baritaudière, celui qui précède ? reçut, le 6 mai 1377, de l'abbé de la Grenetière un aveu pour quelques menus objets. (D. F. Trésor de la Grenetière.) Il épousa Marie Drouelin ou Droslin. (Cab. tit. carton 1375, la Grenetière, Duchesne, 33, 201.) Il eut peut-être pour fils :

Baritault (Guillaume), sgr de la Baritaudière, Thénies, la Drolinière de St-Mars, de la Chevallerie, de St-Porchaire et des Roches-Baritaud, laissa de Louise ou Denise de Beaumont-Bressuire, son épouse, une fille, Marguerite, qui épousa en 1380 Guillaume Foucher, auquel elle porta la terre de Thénies. (Gén. Foucher.) Il eut aussi un fils nommé Guillaume.

Baritault (Guillaume), sgr de la Baritaudière, devait à la sgrie des Villates un hommage plain pour des biens sis en la pssе de Chantonnay, valant environ 15 liv. de rente, et courant en rachat envers le sgr des Villates. (Aveu de la sgrie des Villates à la châtnie de Chantonnay, du 9 nov. 1395. Gie des Villates, p. 40.)

Baritault (Guillaume), sgr de la Baritaudière, mineur, fait, le 24 août 1402, sous l'autorité de Hugues de Beaumont, son curateur, un traité au sujet de quelques rentes avec Guillaume, peut-être frère de Marguerite, épouse de Guillaume Foucher ? (F.)

Baritaud (Guillaume), Chev., est témoin du paiement fait à Talmond par Nicolas Boschet, Chev., sgr de St-Cyr, en janv. 1411, de certains droits de rachat entre les mains de Guillaume Taveau, Chev., Bon de Mortemer, sénéchal de cette principauté pour le Vte de Thouars. (Fillon, notes sur St-Cyr, p. 25.)

Bariteau (Hervé) fut remplacé comme brigandinier par Jean de Chantefain, au ban de 1488 ; à celui de 1489, il servait en archer à la place de ce même Jean de Chantefain. (Doc. inéd.)

Bariteau (Grelet) possédait en 1482 le Cormenier en Neuvy, arrière-fief relevant de Châteauneuf-en-Gâtine. (Ledain, Gâtine.)

BARLES (de) en Chatelleraudais.

Barles (Geoffroy de) laissa un fils mineur sous la tutuelle de Guillaume Benoît, cité dans une enquête de 1399, à propos d'une maison sise à Châtellerault, ainsi que les enfants de feu Simon de Barles, alors sous la tutelle de Giraud Barbier.

BARLON (Guillaume) d'Aspremont s'est trouvé au ban des nobles du Poitou de 1491 et y a servi accompagné de deux archers. (F.)

BARLOT. — Ancienne famille du Bas-Poitou, qui a formé les branches de la Tremblaye-Barlot et du Chastellier-Barlot. (Bib. Nat. fonds Dupuy, 220, p. 295.)

Blason : de sable à trois croix pattées d'argent. (Bib. de l'Arsenal.)

Barlot (Jean), clerc, prit à rente, en 1287, le domaine du Verger (psse du Pin), vendu par Guillaume du Verger.

Barlot (Jean) de la Tremblaye était en 1425 sgr de la Barboire en Courlaye, mouvant du prieuré de St-Cyprien de Bressuire. (Hre de Bressuire, p. 240.)

Barlot (Jean), Ec., sgr du Chastelier, fait acquêt d'une pièce de bois de Pierre et Etienne Babin frères, par acte passé le 4 avril 1482, par Foucquet, prêtre.

Barlot (René) servait comme brigandinier, en remplacement de Jean son père, aux bans de 1488 et 1489. (F.)

Barlot (Jean), habitant sur la terre de Ste-Hermine, servit comme archer au ban de 1491, où il remplaça son père qui fut dispensé à cause de son grand âge. (Id.)

Barlot (René), Ec., sgr de la Capelle, fit, le 2 déc. 1492, un échange avec Gauvaing de la Fourest, Ec., sgr de la Fresière. (D. F.)

Barlot (Bertrand), Ec., sr du Pin, avait pour sœur Yvonne, mariée à Mathurin Bastard, Ec., sr de Massoles. Ils étaient neveux de Dlle Renée Barlot (vers 1530).

Barlot (René) et

Barlot (Jacques), époux de Jehanne de Bressuire ? sont nommés dans un accord passé, le 17 févr. 1523, entre Audet et Guillaume Durcot frères.

Barlot (Gilles), Ec., sr de Grenier, épousa, vers 1530, Jeanne Prévost, fille de Jean, Ec., sr de la Roche de Brulain, et de Françoise de Queray.

Barlot (Mathurin), Ec., sgr du Chastelier-Barlot, épousa en 1538 Catherine de Cumont, fille de Gilles, sr de St-Philbert, et de Perrine de Tillac. (Gén. de Cumont.)

Barlot (Renée), veuve de feu Gilles de Laval, comparut au procès-verbal de la réformation de la Coutume de Poitou en 1559, comme dame usufruitière et en partie propriétaire de la baronnie de la Mothe-St-Héraye.

Barlot (Renée), dame de Puypapin, rendit un aveu au sgr de Bretignolles le 13 mars 1581. (D. F.)

Barlot (Renée), dame des Nouhes, qui avait épousé Jean de la Brunetière, n'existait plus le 13 avril 1581. (D. F.)

Barlot (Louise), sœur de la précédente, était elle-même décédée avant le 16 juin 1605, date du partage de sa succession. (D. F. 8.) L'une et l'autre devaient descendre de Jehan Barlot et de Jeanne Audebaut.

Barlot (Jeanne du Chastelier), veuve d'Antoine Rolland, sr de Basseville, épousa Pierre Guyon.

Barlot (Loyse du Chastelier) a épousé Maurice de Sauzay, Ec., sgr de Beaurepaire.

§ Ier. — Branche de la TREMBLAYE.

1. — **Barlot** (André), clerc, paroissien de Mauléon, est qualifié sire de la Tremblaye, dans un acte de 1366. Il passa bail à rente en 1343 et 1350 et testa le mardi après la St-Michel 1367 (sépulture, église de Mauléon). Il avait épousé (vers 1340) Catherine, dont il eut : 1° Jean, qui suit; 2° et 3° deux filles, qui étaient déjà mariées en 1367 ; 4° Isabeau, 5° Pétronille (ou Pernelle), qui épousa Geoffroy Prévost ; 6° et 7° deux fils qui étaient chanoines réguliers de Mauléon en 1367.

2. — **Barlot** (Jean), Ec., sr de la Tremblaye (psse du Pin), partagea avec son beau-frère Geoffroy Prévost en 1383. Il fit bail à cens pour une maison à Cerisay, le 19 juin 1398, et passa acte le 17 juill. 1408. Marié, vers 1370, à Catherine Boucher (Boscher ?), il eut pour fils Pierre, qui suit.

3. — **Barlot** (Pierre), Ec., sr de la Tremblaye, la Barboire, fit aveu à Pierre de Meulles, sgr du Fresne-Chabot et de la Roche, près Cerisay, le 15 oct. 1426, et passa divers actes de 1419 à 1451. Marié, vers 1400, à Thomine Morin, fille de Guy, Chev., sgr du Chastelier, il eut pour enfants : 1° Jean, qui suit; 2° Marguerite, mariée à Jean de L'Estenduère, Ec. (nommé dans un procès, 1471-80), ailleurs appelé Pierre Buznin? sgr de L'Estenduère.

4. — **Barlot** (Jean), Ec., sr de la Tremblaye et du Chastelier (près la Tour-Landry), épousa Marie Clavelle (Claveau), dont il eut : 1° Guyon, qui suit; 2° Guillaume, chef de la branche du Chastelier, § II.

5 — **Barlot** (Guyon), Ec., sr de la Tremblaye-Barlot, fit acquêt le 21 déc. 1472, et rendit hommage au sgr du Fresne-Chabot le 8 juin 1482. Marié, en 1466, à Louise du Puy-du-Fou, fille de Jacques, Ec., et de Louise de la Roche (remariée plus tard à Louis de Boutillac? Ec., sr de la Marvalière), il eut pour enfants : 1° Jean, qui suit ; 2° Alexis, décédé sans hoirs (procès pour sa succession, 1548); il épousa peut-être Jeanne de Souvigné ; 3° Catherine, mariée (d'après un acte du 27 déc. 1507) à Pierre Dieulefit, clerc.

6. — **Barlot** (Jean), Ec., sgr de la Tremblaye-Barlot, servit en archer au ban de 1491, à la place de son père trop âgé, et fit aveu au sgr du Fresne-Chabot le 22 juin 1496. Marié, vers 1490, à Marguerite de la Cimetière, puis à Louise Bastard, veuve de Payen Le Taut, Ec., sr de Seminne? il eut pour enfants, du 1er lit : 1° Jean, qui suit; 2° Marguerite, mariée, le 9 janv. 1530, à François Ratault, Ec., sr de la Maison-Neuve ; 3° René, Ec., sr de la Tremblaye (par droit de vinge), qui eut procès en 1543 avec son neveu ; il épousa Louise de Daillon, fille ou sœur? de Joachim, Ec., sr de la Roche (nous ne savons pas s'il eut postérité) ; 4° Anne, mariée à Joachim de Terves, Ec. ; 5° Renée, qui testa le 29 juill. 1586 ?

7. — **Barlot** (Jean), Ec., sgr de la Tremblaye-Barlot, la Cibretière, Villegay, etc., fit accord avec son père et ses frères en 1518, et servit en homme d'armes au ban de 1533. Marié, le 21 janv. 1517, à Jeanne Audebaut, fille de René, Ec., sr de Villegay, et de Renée de Souvigné, il en eut : 1° Jean, qui suit ; 2° Louise, mariée, le 20 mai 1549, à François Rigault, Ec., sr de Millepied ; 3° Renée, mariée à Jean Barlot (Dupuy, 820, 296), puis à Jean de la Brunetière, Ec., sr de Puypapin, le 23 mai 1550.

8. — **Barlot** (Jean), Ec., sr de la Tremblaye-Barlot, Villegay, eut procès avec son oncle René en 1543, fit aveu au sgr du Cast, 16 nov. 1565 (D. F.), et testa le 22 mars 1568, pour ses deux filles. Marié, vers 1550, à Jeanne de Montours, il en eut : 1° Louise, De de la Tremblaye ; 2° Renée, De de la Cibretière.

§ II. — Branche du CHASTELIER.

5. — **Barlot** (Guillaume), Ec., sgr du Chastelier, fils puîné de Jean et de Marie Claveau (4e deg., § I), épousa Aliette Charuyau de Montorgueil, dont il eut :

6. — **Barlot** (Joachim), Ec., sgr du Chastelier, servit comme archer au ban de 1533. Il avait, le 20 juin 1565, des propriétés dans la mouvance de Belleville en Thouarsais. Il avait épousé Renée de Barazan, fille de Pierre, Ec., sgr de la Salmondière près Niort, et de Jeanne de Pruhec, vers 1530. Il eut de ce mariage :

7. — **Barlot** (René), Ec., sgr du Chastelier, épousa Marie Bodet, fille de René, sgr de la Fenestre, et de Renée de Montrichard. Il fut père de : 1° Antoine, qui suit (Gd-Pré d'Aquitaine) ; 2° Renée, dont il est parlé dans le testament d'Antoine son frère, relaté plus loin.

8. — **Barlot** (Antoine), Ec., sgr du Chastelier-Barlot, la Gorronière, etc., était marié, le 26 mai 1581, à Renée de la Vergne, fille de Jean, Ec., sr de la Simatière? et de Guillemette Robert. Il rendit, à cause d'elle, hommage à la Bnie de Brandois pour la Gorronière, le 20 août 1598. Il prenait aussi le titre de sgr du Buignon. Étant tombé malade à Nevers, il y fit son testament le 24 août 1616. Il en avait fait un autre le 15 févr. 1613, en faveur de Léon, son fils aîné, ordonnant à ses autres enfants d'exécuter sa volonté, choisissant pour ses exécuteurs testamentaires Pierre Robert, Ec., sgr de Lézardière, et Loys Marchand, Ec., sgr de la Mulenière. Ses enfants étaient, outre Léon précité : 2° Antoine, 3° René, reçu Chev. de l'ordre de St-Jean-de-Jérusalem le 17 août 1606 ; 4° Pierre, 5° Louis, Chev., sgr de Jonzac, gentilhomme ordinaire de la chambre du Roi, présida au partage de la succession de son frère Léon, le 25 mars 1646 ; 6° Hélène, mariée à Jacques Foucher, Chev., sgr du Gué-Ste-Flaive, gentilhomme ordinaire de la chambre du Roi ; elle était décédée avant 1628. Le 4 nov. de cette année, son mari cédait à leur fils les biens qui lui provenaient de la succession de sa mère.

7° Jeanne, mariée, le 27 mai 1607 (Prévost, notre de la châtnie de Villiers), à Louis Jourdain, Ec., sgr de Villiers-en-Plaine ; elle était sa veuve et fut déclarée tutrice de leurs enfants mineurs le 14 mai 1633 ; le 16 juin suivant, elle rendait, au nom de Bertrand Jourdain, son fils mineur, aveu de la sgrie de Villiers-en-Plaine, au château de Parthenay, et était décédée le 30 nov. 1654 ; 8° Renée, qui épousa Arnoul Porcheron, Ec., sgr de St-James et de la Tour, lequel assistait au conseil de famille des mineurs Jourdain, comme oncle maternel par alliance ; 9° Gilberte et 10° Marie, religieuses.

9. — **Barlot** (Léon) du Chastelier, Chev. des ordres du Roi, conseiller en ses conseils d'Etat et privé, gentilhomme ordinaire de sa chambre, premier maréchal des camps et armées du Roi, sgr du Chastelier-Barlot, de Pouillé et de l'île de Bouin, naquit le 14 mars 1582. Nous ne suivrons pas Dreux du Radier dans l'éloge historique de ce guerrier qui fait honneur au Poitou. Nous dirons seulement qu'après avoir consacré ses premières années aux études spéciales des mathématiques et de l'art des fortifications, il embrassa, dès l'âge de 12 ans, le parti des armes ; à peine âgé de 15 ans, il se trouva à une assemblée de la noblesse du Bas-Poitou, convoquée par M. de Malicorne, gouverneur de la province, pour aviser aux moyens de faire cesser les troubles qui l'agitaient ; et il montra dans cette réunion une telle sagesse, que le gouverneur lui confia le commandement absolu et la surveillance dans un rayon de 7 à 8 lieues autour du château du Chastelier.

Il se rendit ensuite au siège d'Amiens, et après la paix de Vervins (1598), il s'attacha à la cour. En 1609, du Chastelier-Barlot obtint le commandement de la 3e compagnie du régiment levé pour le Dauphin ; mais l'assassinat de Henri IV rendit cette faveur sans effet ; il fut mis à la tête d'un régiment d'infanterie de dix enseignes, et peu de jours après, il fut créé mestre de camp, se trouva aux sièges de St-Jean-d'Angély et de la Rochelle, et fut confirmé en 1622 dans son grade de mestre de camp. Étant avec son régiment en Savoie, il reçut ordre, en 1630, d'aller à Conflans pour en forcer les faubourgs. Afin d'abréger son chemin, « il franchit des roches escarpées et des précipices affreux, en se laissant glisser du haut en bas, avec 5,000 hommes, ce qui fit dire au secrétaire d'Etat de la Vrillière qui accompagnait le Roi, qu'il avait bien ouï dire que les oiseaux franchissaient les montagnes, mais non pas les armées avec armes et bagages ». Conflans fut pris dans la même nuit.

Le huitième jour après la journée de Castelnaudary, en 1632, du Chastelier-Barlot se rendit maître de Pézenas et de Béziers. En 1633, Nancy ayant été prise par l'armée que le Roi commandait en personne, ce fut à du Chastelier que ce prince confia les fonctions de gouverneur pendant qu'il séjournerait dans cette ville.

En 1635, quoique malade, du Chastelier-Barlot partit pour l'armée de Flandre, où le Roi lui conféra le titre de premier maréchal de camp et le brevet de général, dans le cas où les maréchaux de Châtillon et de Brézé, qui étaient à la tête de l'armée, ne pourraient, par quelque cause que ce fût, continuer d'exercer leur commandement.

Louis XIII ayant résolu de lever de nouveaux régiments d'infanterie, et de leur donner le drapeau blanc, ainsi que le nom des provinces où ils seraient levés, ordonna à du Chastelier-Barlot de former le régiment du Poitou, qui, dans le principe, était entièrement composé de Poitevins, et a toujours tenu un rang distingué dans l'infanterie française.

Du Chastelier-Barlot mourut le 6 janv. 1646, dans son château de Payré, où il s'était retiré depuis 1636, et sans avoir obtenu le bâton de maréchal, auquel ses services lui donnaient droit, ayant indisposé contre lui le cardinal de Richelieu, qui voulait tout d'abord élever son château de Richelieu dans les propriétés de notre Poitevin, qu'il lui proposait d'acheter, et pour prix de sa complaisance, il lui offrait en même temps le bâton de maréchal. A cette demande, du Chastelier-Barlot répondit fièrement : « Monseigneur, un bâton de maréchal ne se vend pas, on le gagne ». Fière réponse, qui indisposa à jamais contre notre Poitevin le tout-puissant cardinal.

Il prit l'initiative de poursuites contre les meuniers de l'île de Bouin qui pressuraient ses vassaux, et obtint de la sénéchaussée de Poitiers un arrêt qui mettait un terme à leurs exactions.

Du Chastelier-Barlot est l'auteur de mémoires qui ont paru sous ce titre : « Mémoires pour servir à l'histoire, « tirés du cabinet de messire Léon du Chastelier-Barlot, « Chev. de l'ordre du Roi, conseiller en ses conseils d'Etat « et privé, etc., depuis l'an 1596 jusqu'en 1636. Fontenay, Pierre Petit-Jean, 1643 (petit in-4°). » Plusieurs extraits de ces Mémoires se trouvent dans les Affiches du Poitou de l'année 1784, nos 42, 47, 49, 51, 52, etc. Il a été donné une nouvelle édition plus complète de cet ouvrage, il y a peu d'années.

Du Chastelier-Barlot avait épousé Dlle Jeanne Bouhier, fille de Robert, Ec., sgr des Fenestraux, et de Louise Rousseau. Il laissa de son mariage : 1° René, qui suit ; 2° autre René, Chev., sgr Bon de Pouillé, qui partagea avec son frère aîné, le 25 mars 1646 (Bernard et Lecomte, notres à Fontenay), les successions de leurs père et mère. Nous ignorons s'il se maria et s'il eut postérité.

10. — **Barlot** (René), titré Mis du Chastelier, prenait en 1646 les titres de Chev. des ordres du Roi, mestre de camp au régiment de Poitou, sgr du Chastelier-Barlot, Bon de Brillacq et des châtnies de Voluire, la Touche, le Bois-Bougné, Langlé, le Boisbretin, la Boissière, Bainey, etc. Il épousa Louise Porcheron, fille d'Arnoul, Ec., sr de St-James, et de Renée Barlot. Il fut confirmé le 25 sept. 1667, dans sa noblesse par M. Barentin. Il habitait alors psse N.-D. de Foussay, élect. de Fontenay. Il eut entre autres enfants Armand, qui fut reçu Chev. de Malte le 6 juill. 1677.

Voici comment B. Fillon raconte dans *Poitou et Vendée*, au § Armes trouvées dans la Vendée, p. 3 et 4, la triste fin du dernier représentant de la famille Barlot :

« Son nom s'éteignit dans la personne d'un pauvre diable, qui finit ses jours à l'abri d'une masure dépendant du Chastelier, qu'on lui avait abandonnée lorsque le domaine fut vendu par autorité de justice, à la requête de Jean de Creil-Bournezeau, intendant de la généralité d'Orléans, qui s'en rendit acquéreur.

« Si on en croit la tradition, le nouveau châtelain, homme assez mal famé, ayant offert sa fille en mariage à l'infortuné gentilhomme, afin de reporter sur les siens quelque peu de la considération dont avaient joui les Barlot, celui-ci, pour toute réponse, détourna la tête, enfonça son chapeau sur ses yeux et se coucha dans son taudis, où il ne tarda pas à mourir de faim. »

BARLOTIÈRE (de la). — Famille noble du Montmorillonnais.

Blason. — De la Barlotière porte : de sable à trois fasces d'argent et à trois chevrons d'azur brochant sur le tout. (Maintenue de noblesse. Goujet.)

Barlotière (René de la), sgr dudit lieu, psse de Lathus, et

Barlotière (Emmanuel de la), sr de Peu-Martin, psse de St-Remois (St-Remy, Vienne l'un et l'autre élect. de Poitiers, sont maintenus nobles par sentence du 31 déc. 1667 de M. Barentin.

Barlotière (Robert de la), Ec., sr dudit lieu, eut pour fille Sylvine, mariée à Hubert de Volvire, Ec., sr de Brassac (vers 1680).

Barlotière (Marie de la), veuve de N. de L'Espine, Ec., sr de Lambretière, fit, le 2 nov. 1685, un arrentement près de la psse de Lathus.

Barlotière (Jean de la), Ec., sgr de la Gibertière, psse de St-Remy, sénéchaussée de Montmorillon, assiste en personne à l'assemblée de la noblesse du Poitou tenue en 1789 pour nommer des députés aux Etats généraux.

BAROLLON (N.), Ec., sgr de Pontmare, psse de Champagné-St-Hilaire, ancien major d'infanterie, Chev. de St-Louis, et ancien propriétaire au Canada, meurt en oct. 1783.

BARON. — Ce nom a été porté à Poitiers, Fontenay, Pouzauges, etc., par plusieurs familles qui ne nous paraissent avoir entre elles aucune relation d'origine.

Blason. — Baron, sr dudit lieu et de Vaujalais, maison ancienne, originaire de Picardie, à présent de l'Ile-de-France, élection de Senlis, porte : d'azur au lion d'or lampassé de gueules issant d'un chevron d'argent, accompagné en pointe d'une étoile d'or. (Preuves de 1312. Arm. Goujet.) Cette note est erronée. Pierre Baron, maire de Poitiers en 1657, portait de même, avec cette devise : *Stat fortior æthere virtus*.

Famille habitant Poitiers.

Baron (Eguinard), jurisconsulte, a publié *Institut. civilium ab Justiniano Cæsare, per Eguinarium Baronem, J. C. Pictavis, ex officinâ Marnefliorum.* 1546. Vol. in-4°.

Baron (Jean), licencié ès lois, avocat, est cité dans la sentence rendue par la cour de l'élection de Poitiers, maintenant les chanoines de St-Hilaire-le-Grand de cette ville dans le privilège de lever certains droits sur les marchandises qui se vendaient aux foires de St-Hilaire, et de celles qui se tenaient dans la ville de Poitiers. (D. F. 12.)

C'est sans doute le même qui était sénéchal du bourg et juridiction de St-Hilaire-le-Grand en 1546 (20 oct.). (M. A. O. 1852, 214-215.)

Baron (Georges), sr de Cussay, avocat au Présidial de Poitiers, assiste en cette qualité au procès-verbal de la réformation de la Coutume de Poitou de 1559. Sa capacité reconnue lui avait mérité le surnom d'*Oracle de la province*. Un Georges Baron, sans doute le même que le précédent, rendait une déclaration au sgr des Groges pour le lieu de la Rivière-aux-Chirets. J. Filleau, dans son Commentaire sur la Coutume, dit que Georges Baron, Ec., sgr d'Ecussé, était avocat depuis 45 ans ; il fut nommé échevin de la commune de Poitiers en 1583, et mourut en 1598, d'après les uns ; cependant d'autres prétendent qu'il existait encore en 1600. Ne serait-ce point son fils aîné, nommé Georges comme lui ? C'est à coup sûr l'un ou l'autre qui, le 27 juill. 1577 et en 1585, était sénéchal au bourg de St-Hilaire-le-Grand à Poitiers. (M. A. O. 1842. Doc. inéd.) Nous croyons qu'il eut pour enfants, au moins : 1° Georges, qui suit ; 2° Raoul, procureur au Présidial de Poitiers, et l'un des bourgeois de la maison commune qui, le 4 févr. 1585, recevait de Philiberte Goupil, veuve de feu Pierre Mayaud, une déclaration de domaines relevant de son fief de la Rivière-aux-Chirets. Raoul avait épousé Jeanne Maurat, qui était sa veuve le 27 mai 1611 ; 3° Jean, prêtre, succéda à son frère Georges dans sa charge de conseiller au Présidial de Poitiers ; il fut grand hebdomadier de St-Hilaire-le Grand, et reçu écolâtre de cette église en 1620 (d'après Rapaillon) ; 4° Jeanne, qui épousa Charles Dupont, sr du Vivier, cer au Présidial de Poitiers, était décédée le 10 mai 1627 ; 5° Françoise, qui en 1617 était épouse de Jean Blacwod, pair et échevin de la ville de Poitiers, et cer au Présidial, dont on partageait la succession le 3 mars 1642.

Baron (Georges) était conseiller au Présidial en 1593. Peut-être est-ce lui qui occupait, en 1600, une place d'échevin de Poitiers, dans laquelle il aurait succédé à son père ; toujours est-il que nous lisons dans une liste des maires et échevins de Poitiers donnant quelques degrés de leurs descendances : « De Georges Baron, échevin en 1600, — Dlle Baron, femme du sr Cothereau, cer à Poitiers, et une autre Dlle Baron, veuve de défunt sr de Millon ».

Baron (Jeanne) avait épousé, avant le 1er mai 1591, François Herbert, IIIe du nom, Ec., sgr de Bellefonds, conseiller au Présidial de Poitiers, qui en 1596 était héritier, du chef de sa femme, de feu Louis Baron. (Gén. Herbert et F.)

Baron (Antoine) était chanoine de St-Hilaire-le-Grand en juill. 1609. (D. F. 2.)

Baron (Etienne), sr des Vaultes ? épousa, vers 1620, Marie Cothereau, décédée à Availles le 29 oct. 1637, dont il eut entre autres enfants : 1° Pierre, né en 1621 ; 2° Marie, née en 1621 ? ; 3° Jean, né en 1636.

Baron (Etienne), bourgeois de Poitiers, et autres constituent, le 17 janv. 1624, une rente de 75 liv. au profit de Jehan Filleau, vicaire général de l'évêque de Poitiers. (O.)

Baron (Jacques) obtint, le 10 févr. 1643, un jugement du Présidial de Poitiers contre Gilles Baron. (Constant, sur la Coutume de Poitou.)

Baron (Catherine) était, le 12 juin 1644, femme de Paul Ogeron, Ec., sgr de Moiré. (Arch. de Moiré.) Le 7 juin 1669, Jacques de la Salle, sr de la Martelière, fut condamné par défaut par le Présidial de Poitiers à lui payer la somme de 1,280 liv. (Arch. Soc. Aut. O. 122.)

Baron (Jeanne) épousa (par contrat du 12 janv. 1684, reçu Métadier, notre royal) François Harpedanne de Belleville, Ec., sr de Razes. (G. Harpedanne.)

Baron (Pierre), Ec., sgr de Vaujalais, procureur du Roi aux eaux et forêts du département de Poitou, fut nommé maire de Poitiers le 17 juin 1657, et mourut échevin vers 1669. Lors de l'enquête dirigée par Barentin, intendant de Poitou, sur l'administration des forêts domaniales, il fut condamné en l'amende de 1,000 liv. et à aumôner la somme de 500 liv. Il lui fut enjoint, de plus, de se défaire de son office de procureur du Roi dans le délai de six mois, pour le prix être employé en restitution, dommages et intérêts qui seront jugés contre lui, par arrêt de la chambre de réformation séant à Fontenay, le 23 mai 1667. (Réform. des forêts, 170, 172, 215.)

Pierre Baron avait épousé Susanne de la Salle (Delasalle ?), fille de Pierre, sr de la Martelière, et de Adrienne du Douet, qui était veuve le 20 févr. 1700. Il en eut : 1° N., prêtre, qui fut curé de Verrières ou de Saivres ; 2° Susanne, qui, mariée à Pierre Milon, Ec., sgr de la Touche, cer au Présidial de Poitiers, le 6 juill. 1684 et encore en 1691, rendait aveu du fief

Maingot à la Tour de Maubergeon (F. — N. féod. 64) ; 3° Geneviève, née en 1668, mariée à Jean Cothereau, conseiller au Présidial (serait-ce elle dont les biens situés p^sse de Choüppes étaient saisis par décrets le 4 janv. 1693 ?) ; 4° N., fille non mariée en 1697.

Autres familles.

Baron (Pierre), *aliàs* Le Ber, bailli du Roi en Poitou, avait, en 1242, Pierre Baalon, Chev., pour *alloué*. (Arch. Nat. J. Reg. 4,911, etc.)

Baron (Jean), de la p^sse de Ternay ; ses plaintes contre Pierre des Moustiers, officier royal, pour extorsion d'argent (1245). (Arch. Nat. J. 971, 139.)

Baron (Guillaume) servit comme brigandinier au ban et arrière-ban de 1488. (Doc. inéd.)

Baron (Georges), sgr de Sauzay, est cité dans le contrat de partage des biens de Bonaventure Gillier, Chev., et de Marie Babou, sa femme, opéré le 15 févr. 1589. (D. F. 25.)

Baron (N.), procureur au siège royal de Melle en 1662. (Doc. inéd.)

Baron (Marguerite) épousa Mathurin Collon ; leur fille, Marie, épousa Pierre Cossin, le 11 nov. 1680.

Baron (Jacques) était procureur fiscal de Vouvant en 1698.

Baron (N.), prieur de Bouillé, fit inscrire son blason à l'Armorial de Niort, 1698 : « d'azur au sautoir d'or, et 2 bâtons de même, posés en croix ».

Baron (Pierre), bourgeois de Bressuire, est inscrit d'office à l'Armorial du Poitou de 1700. On lui attribue le même blason qu'à Pierre Baron, sénéchal de Pouzauges (Voir plus bas).

Baron (Jeanne), veuve de Philippe de la Haye-Montbault, sgr de la Sevrie, épousa en secondes noces, vers 1750, Jean-Charles Cte d'Hector, lieutenant-général des armées navales. (G. Hector.)

Baron (Hugues-François-Susanne), curé de St-Hermand, assiste à l'assemblée du clergé réunie à Poitiers pour nommer des députés aux États généraux en 1789.

Baron de la Dabazière (Jean-Jacques) épousa, le 25 juill. 1838, D^lle Méline-Amélie de Bessay, fille de Paul-Isaac-Marie-Félix Cte de Bessay et de Geneviève-Mélanie de Chateigner.

BARON, sénéchaux de Pouzauges.

Blason : d'azur au chevron d'argent et 3 roses d'or ; ou d'argent au chevron d'azur et 3 roses de gueules (cachet).

1. — **Baron** (Pierre), s^r de Rez ou des Riz, juge civil et criminel du marquisat de Pouzauges (1698), sénéchal de la ville de Pouzauges, 1716 (N. féod., p. 64), est inscrit d'office à l'Armorial de la généralité de Poitiers en 1698 : fascé d'argent et de gueules de 6 pièces à 3 armes d'or brochant sur le tout. Nous le croyons père de

2. — **Baron** (Pierre), avocat au Parlement, succéda à son père dans sa charge de sénéchal de Pouzauges ; il épousa à Maulévrier, en 1726, Jeanne Rocquet, fille de Nicolas, s^r de la Brunière, et d'Angélique Thibault, dont entre autres enfants sont issus : 1° Joseph, qui suit ; 2° Louise-Jeanne, qui était veuve de Pierre-Blaise Baury ou Borie, s^r du Breuil, lorsqu'elle assista, le 10 nov. 1783, au contrat de mariage de sa nièce Marie-Louise Baron avec M. des Nouhes ; 3° Pierre-Jean, lequel avait épousé Marie-Hélène Fenvre, dont il eut Pierre-Henri et Jeanne ; cette dernière était mineure le 8 juin 1776, époque à laquelle Pierre-Jean était décédé.

On retrouve Jeanne, célibataire, signant au contrat de mariage de sa cousine germaine Marie-Louise avec M. des Nouhes.

Il paraît que Pierre eut encore d'autres enfants de son mariage avec Jeanne Rocquet ; mais nous ne connaissons ni leurs noms, ni leur destinée.

3. — **Baron** (Joseph), sgr de St-Martin, licencié ès lois, épousa Marie-Louise Maillot, et fut père de Marie-Louise, mariée, le 10 nov. 1783 (Jublin et Payneau, not^res à Pouzauges), à Louis-Gabriel-André-Paul des Nouhes, Éc., sgr de la Cacaudière, gendarme de la garde du Roi.

BARON DE VERNON.

Blason. — La famille Baron de Vernon : d'argent au chevron de sable, accompagné en chef de 2 roses de gueules, et en pointe une hure de sanglier arrachée du second et armée du premier ; — *aliàs* d'argent au chevron d'azur, et 3 roses de gueules. (Cachet, 1763, Luçon.)

Baron (Jacques), receveur des eaux et forêts de Fontenay-le-Comte et de Parthenay, rend aveu au chât. de Vouvant du fief et métairie de la Grange-Cagouilleau, *aliàs* Cagaud, ensemble du fief des Gilbertières, *aliàs* Vernon. Il était devenu sgr engagiste de ce dernier fief en 1705. (N. féod. 64.) Il eut, croyons-nous, pour fils ou petit-fils :

Baron (Alexandre), Éc., sgr de Vernon et des Granges, docteur en médecine de la Faculté de Paris, rend, le 16 avril 1776, aveu au chât. de Vouvant de son fief de Vernon. Il laissa de son mariage avec D^e Marie-Perrine de la Lande :

Baron (Alexandre-François-Xavier), Éc., sgr de Vernon, né à Luçon, le 3 déc. 1736, Chev. de St-Louis, émigra et servit à l'armée des Princes, comme maréchal des logis de la première compagnie noble d'ordonnance. Il avait épousé (par contrat reçu Rousseau, not^re royal à Luçon), le 6 mars 1764, Claire-Charlotte Soudeau de Beauregard, fille de Simon, greffier en chef de la chambre des comptes de Bretagne, et de Marie Bourdon, décédée à Poitiers le 20 mars 1780. Ils ont eu pour enfants : 1° N., qui suit ; 2° Claire-Charlotte-Euphémie, mariée, le 13 pluviôse an III, à Simon-Ferdinand-Fleury de la Caillère, son cousin germain.

Baron (N.), Éc., émigra avec son père, fit la campagne de 1792 à l'armée des Princes, compagnie du régiment de Saintonge-Infanterie, a été fait Chev. de St-Louis, et s'est occupé de littérature.

BARON, originaire de Fontenay.

Baron (N.), sgr de la Touche, épousa, vers 1750, Anne Pichard, fille de René, sgr de la Roche, et de Françoise Grignon. Il a eu, pensons-nous, pour fils :

Baron La Touche (N.), père de : 1° Léonidas, qui suit ; 2° Julien, rapporté après son frère.

Baron La Touche (Léonidas), ancien député de la Vendée, a eu pour enfants : 1° Gustave, qui a postérité ; 2° N., mariée à Alfred Power, capitaine d'artillerie, Chev. de la Légion d'honneur ; 3° Edgard, qui a postérité.

Baron La Touche (Julien), né en 1803, décédé à Maillezais, le 19 janv. 1876, épousa à Poitiers, le 22 avr. 1845, Eugénie JOLLY, fille de N., avoué à la cour royale, ancien maire de Poitiers, et de N. Vincent, dont : 1° EMILE, juge à Fontenay-le-Comte (a des enfants) ; 2° PIERRE-JULIEN-HENRI, conseiller de préfecture à St-Lô, décédé le 28 juin 1883.

BARON, sr DE BEAUROUX. — Famille originaire Marennes, établie à St-Jean-d'Angély au XVIIe siècle.

Blason : d'hermine à la fasce de gueules, chargée de 3 fers de lance d'argent.

Baron (Jacques), sr de Beauroux, fit enregistrer son blason à l'Armorial de 1698.

BARONNEAU.

Baronneau (Colas), habitant Lusignan, rendait, le 24 janv. 1404, aveu de son herbergement de Lausonnière au chât. de Lusignan, pour lequel il devait faire guet et garde à la porte marchande dudit château pendant 40 jours et 40 nuits, payer 50 sous de simples aides, et 100 sous de doubles aides. (Liv. des fiefs.)

Baronneau (N.) signe comme notaire un hommage rendu au chât. de Lusignan par Jean de Morthemer, sgr de Couhé et du Plessis-Sénéchal, 18 mai 1407. (Id.)

Baronneau (Pierre) était prieur claustral de l'abb. des Chastelliers le 23 févr. 1469. (D. F. 5, 285.)

BAROT. — Nom assez commun en Poitou, quelquefois confondu avec Baret, Barro, Barreau.

Barot (Pierre), demeurant dans la sgrie de Châteaumur, fut taxé en 1437, pour n'avoir pas été aux armées, bien qu'il se dît noble. (Bib. Nat. Gaignères, Poitou.)

Barot (Jean du) était capitaine du château et place forte de l'abb. de la Grenetière, vers le milieu du XVe se (peut-être de Barro).

Barot (Jean du) était abbé de ce monastère en 1453 (peut-être de Barro ou Barreau.)

Barot (Guillaume), procureur à St-Maixent, fut suspendu de ses fonctions par le lieutenant du siège royal, le 14 nov. 1572, comme faisant profession de la religion réformée. (Jal Le Riche, 118.)

Barot (Pierre), d'abord receveur du domaine à Loudun, 1594, puis président de l'élection de cette ville, donne quittance, 1595.

Barot (N.) signe une offre d'hommage faite à René Ysoré, Bon d'Airvau, par le Chev. de Linax, Ec., sgr de la Sallière et du fief d'Orbezouze, le 20 mai 1598.

Barot (Pierre), sr de la Bessardière, possédait dans la Bnie de Pouzauges, le 16 juill. 1650, des biens au sujet desquels il était en procès en 1651. (Reg. du parquet du Présidial.) Il avait, en 1622, été fait prisonnier par le sr de Rouville, comme ennemi du Roi, et mis en liberté par ordre de M. de La Rochefoucauld, gouverneur de Poitou. (O. B. Fillon.) Il avait eu de N., son épouse, une fille, FRANÇOISE, qui, mariée à Jean Baligan, sr de la Choltière, était décédée avant le 19 janv. 1650.

Barot (Jacques de) était chanoine de l'église de St-Hilaire-le-Grand en 1684. (M. A. O. 1852, 346.) Inscrit d'office à l'Arm. du Poitou : « de sinople à 2 barres d'argent ».

BAROT ou **BARAULT**, LOUDUN.

Barot (François), praticien à Loudun, assistait en cette qualité, en 1518, au procès-verbal de réformation de la Coutume du pays loudunais.

Barot (Pierre), d'abord receveur à Loudun, fut ensuite président de l'élection, en 1595.

Barot (N.) était président de l'élection de Loudun lors du procès d'Urbain Grandier. Il était oncle du prêtre Mignon.

Barot (Isabelle), religieuse Ursuline de Loudun, fut exorcisée le 17 août 1633, à la grille du parloir du couvent. « Elle ne fit pas grand'chose que de japper comme un chien », dit un chroniqueur. (A. H. P. 15.)

BAROTEAU ou **BARROTEAU.** — Famille noble du Bas-Poitou.

Blason : 1° de vair au lion de... ; ou vairé d'argent et de sable, au lion de sinople. (D'Hozier, notes.)

Baroteau (Jean), Ec., rend aveu du fief du Tréhant le 7 juin 1376, qui lui avait été cédé pour lui tenir lieu d'une rente de 30 liv. à lui due comme fils de Marguerite DU TRÉHANT. (Orig. chât. de l'Estenduère. D. F.)

Barroteau (Jeanne) épousa Jean Pascault, Ec., lequel, dans un aveu rendu au sgr de la Sausaye le 20 mai 1397, donne à sa femme le titre de Dame du fief du Tréhant.

Barotea (Jean) est cité parmi les Chev. de l'ordre du Tiercelét qui fondèrent une messe dans l'église des Jacobins de Fontenay-le-Cte, laquelle devait se dire le jour de l'Assomption. Cette fondation est dite remonter au règne de Charles V. (Hist. Fontenay, p. 91.)

BAROTIÈRE (DE LA).

Baroterià (*Fulcherius et Reginaldus de*) sont témoins, en 1176, d'une donation faite à l'abbaye de la Grenetière par N. Chabot de Montaigu.

Barotière (Jean de la) laissa de Marie DE LA ROCHE, son épouse : 1° MARGUERITE, qui épousa, en 1395, André Foucher, Ec., sgr de l'Esmontruère. Ils étaient décédés en 1416 ; 2° JEANNE, qui, en 1430, était épouse de Mathieu de Montours.

BAROTIN ou **BARROTIN.** — Il y a eu plusieurs familles de ce nom.

Barotin de la Faye (Jean), paroissien de St-Vincent-la-Châtre, fit aveu du fief de la Barotinière, le 25 juill. 1394, au sgr de Boissec. (A. D.-S.)

Barotin (Pierre), procureur au Présidial de Poitiers, est inscrit d'office à l'Armorial de 1698 : « de gueules à une bande componée d'argent et de sable ».

Barotin (Alexandre), bourgeois, aussi inscrit d'office : « de gueules à la barre retraite d'argent ».

BARRA (DE). — Voir **DE LA BARRE.**

BARRABIN ou **BARABIN.** — Famille noble et d'ancienne chevalerie, habitant les confins du Poitou et de l'Aunis, aujourd'hui éteinte. Une partie des notes qui vont suivre sont extraites de l'Histoire des Chasteigners de Duchesne, p. 72. Nous indiquerons les autres sources auxquelles nous aurons puisé. Le fief de la Grange-Barrabin était dans le bourg de Surgères, près des fossés du château.

Barabin (Guy) et ses frères avaient procès, en

1109, contre Hélie de Nuaillé, *de Nobiliaco* en Aunis, pour des portions de marais. (F.)

Barrabin (Guillaume), *miles*, est mentionné dans plusieurs passages des Comptes d'Alphonse, Cte de Poitou, 1243-1247. (A. H. P. 4.) On y voit qu'il s'était porté caution pour Raoul de Mauléon, et dans le compte présenté *per Stephanum Parisiensem, pro terris Maranti et Mausiaci, pro duobus roncinis* 6 *libris.* Il avait épousé Marie DE REXE, dame de St-Georges de Rexe et d'Amuré. Le 26 mars 1251, Regnaud de Pressigny renonça, tant en son nom qu'en celui de notre Guillaume, aux droits qu'ils avaient sur la succession d'un bourgeois de la Rochelle, mort sans héritiers. Il eut pour enfants : 1° GUY, mort jeune ; 2° GUILLAUME, qui suit ; 3° JEANNE, mariée à Gislebert Chasteigner, Chev., sgr de la Meilleraye, auquel elle porta la terre de St-Georges ; 4° PERNELLE, femme de N. Jousserant. Marie de Rexe, qui avait épousé en 2es noces Jean de Parençay, Chev., légua en 1271, par son testament, 25 sous pour acheter 2 sous de rente annuelle pour fonder, dans l'église de St-Pierre de Mauzé, un service anniversaire. (M. A. O. 1855, 140.)

Barrabin (Guillaume), fils du précédent, vivait en 1271.

Ce qui jette une grande incertitude sur la filiation de cette famille, c'est que, pendant plus de deux siècles, les aînés ont tous porté le nom de Guillaume. Nous suivrons donc seulement l'ordre chronologique, ne pouvant établir d'une manière certaine la séparation des degrés.

Barrabin (Guillaume), valet, était en 1287 vassal de Hugues de Surgères, pour ce qu'il possédait en la ville de Corgnollée. (Gle de Surgères, p. 71.) Il vivait encore en 1296.

Barrabin (Guillaume), qualifié Monseigneur, et Madame

Barrabyne (Jeanne) sont nommés dans la confirmation, en avril 1313, de la composition pécuniaire conclue entre Hugues de la Celle, commissaire du Roi en Poitou, et Pierre et Guillaume Aymer, de Mauzé, pour nouveaux acquêts. (A. H. P. 13.) Ce Guillaume est peut-être le même qui épousa plus tard Alix RAYOLE, dame d'Arçay, qui, devenue veuve, fit aveu d'Arçay en 1330, et se remaria ensuite à Hugues Ratault.

Barrabin (Guillaume), Chev., sgr d'Arçay en partie, du chef de sa mère, rendit aveu au chât. de St-Maixent vers 1380, et le 10 fév. 1407, d'un herbergement assis à Boisragon, tenu à 30 liv. de devoir et 6 liv. pour deux chevaux de service. (Livre des fiefs.) Il épousa Marie DE PEYRÉ (de la maison de Ciré en Aunis), vivant en 1427.

Barrabin (Pierre) fut témoin d'un traité passé le dimanche après la Trinité 1341, à Fontenay, sous le scel du roi de Navarre, sgr de cette ville, entre Jeanne de Mons, veuve de Jean de Granges, et Thebaud de Granges, son beau-frère. (Gle de Surgères.)

Barrabin (Hugues), valet, fut témoin du partage fait entre Thebaud de Granges, IIIe du nom, sgr de Granges, la Gord, Puychenin, et son frère Jehan, de la succession de leur père. (Gle Surgères.)

Barrabin (Guillaume), valet, est témoin d'un acte du 31 déc. 1343, concernant la famille de Jousserant, justifiant de son alliance avec la famille de Granges. (Gén. Surgères, 117.)

Barabin (Jean), Ec., sr du Breuil, épousa, vers 1420, Louise ROGRE, fille de Jean, Ec., sr de Teillé, et de Louise Claveau.

Barrabin (Gillette) épousa Etienne Chenin, Ec., sgr de Beauregard. Ils vivaient en 1521, ainsi que :

Barrabin (Françoise), De de la Grenouillère, femme de Jean Chenin.

BARRAUD. — On trouve en Poitou un grand nombre de familles portant ce nom, orthographié tantôt Barraud, Barrault ou Barreau. Sauf la famille des sgrs de la Rivière, sur laquelle nous avons pu réunir des documents un peu plus précis, nous classerons tous ces noms dans l'ordre chronologique, en conservant à chacun d'eux la manière dont ils sont écrits dans les documents dans lesquels nous les avons recueillis.

Divers.

Barrault (Guillaume) est porté comme témoin dans la confirmation du privilège accordé en 1188, par Richard Cœur-de-Lion, Cte de Poitou, à Geoffroy Berland et à ses héritiers, privativement à tous autres de louer des magasins aux marchands de draps qui viennent déballer à Poitiers, à la foire du Carême, avril 1323. (A. H. P. 11.)

Barraud (Micheau) était échevin de Poitiers en 1324. (F.)

Barraud (Jacques), sr du Riz, était juge sénéchal du fief, terre et sgrie de Vaurois le 7 sept. 1624. (O.)

Barraud (Pierre), Ec., sgr de la Rivière-de-Mouzeil et de St-Martin, et

Barraud (Pierre), Ec., sgr de la Longeais, et Judic DE BESSÉ, veuve de

Barraud (Jacob), sont maintenus nobles par sentence de M. Barentin, du 29 avril 1667.

Barraud (Alexandre), Ec., sgr de la Lardière, de fils Pierre, sgr de la Longeais, épousa, le 15 nov. 1671 (Berthon et Domède, notres de la principauté de Talmond), Bénigne RAGLET. Il fut confirmé dans sa noblesse par ordonnance de M. de Maupeou, le 10 nov. 1699.

Barraud (Nicolas), cer et aumônier du Roi, sgr de Grissé et de Chenceché, reçoit un aveu le 30 janv. 1637, pour le Moulin-Ravard, qui lui appartenait. (M. A. O. 1882, 281.)

Barraud (Louis), cité dans la transaction entre les associés du desséchement des marais de Champagné et le sr Clémenceau.

Barraud (Marguerite de) épousa, en 1660, Jacques François, Ec., sgr de la Pouzardière.

Barraud (Claude), sr de la Frappinière, et Gilberte DU MAGNOU, sa femme, habitaient, en 1688, la psse de Dangé (Vien.).

BARRAUD ou BARRAULT, POITIERS

Barraud (François), enquesteur à Poitiers, eut procès, vers 1470-78, à St-Georges-les-Baillargeaux. (Tit. N.-D.-la-Grande. A. Vien. G. 1190.) Il épousa Marie MAIGNEN, fille de Maurice, sgr d'Aillé, et de Louise Berland.

Barraud (Pierre), Ec., sgr de Forges (St-Georges-les-Baillargeaux), fit aveu de ce fief en 1530, et le vendit, en 1544, à N. Mathé. Il épousa, le 11 août 1535, Catherine DE LA CROIX, qui eut don de Forges de Dlle de Rion.

BARRAUD ou BARRAULT ou BARRAUT.

Blason : d'azur au chevron d'argent (ou d'or), chef d'argent chargé d'un ciboire de gueules, entre 2 étoiles de même (Goujet) ; *aliàs* chef ondé d'argent, chargé d'un monde (sphère) de gueules, soutenu d'un croissant et accosté de 2 étoiles de même. (Arm. échevins.)

Barraud (François), enquesteur, fut nommé échevin de Poitiers en 1587 (postérité éteinte). Ailleurs, il est dit originaire de Touraine, et cousin de Jacques Barraud, commentateur de la Coutume.

BARRAUD — Famille de Poitiers.

Blason. — Barraud portait : d'azur à la croix d'or cantonnée de 4 soleils de même (*aliàs* 4 étoiles ? d'argent).

Les noms qui suivent appartiennent, à la famille de Jacques Barraud, le commentateur estimé de notre Coutume, que Dreux du Radier, dans sa Bibliothèque historique, prétend d'origine tourangelle, mais qui, pensons-nous, appartient à notre province et à la ville de Poitiers, où ce nom se retrouve dès le XVIe siècle.

Barraud (Jean) achète en 1565, conjointement avec Pierre Aubert et autres, le droit du huitième du vin qui se vendait à Lussac-le-Château, et par un acte du 17 avril 1568, il paraît qu'il avait une fille qui, à cette époque, était femme de Michel Barreteau.

Barraud (François) était, en 1578, enquesteur-examinateur à Poitiers. Il était, dit-on, originaire de Touraine, et cousin du commentateur, qui suit. Il fut reçu échevin de Poitiers en 1587, et décéda sans hoirs en 1595.

Barraud (Jacques) naquit à Poitiers ; après avoir fait ses études à Toulouse, où il fut reçu docteur, il revint à Poitiers. Il y publia un Commentaire de la Coutume de Poitou, ouvrage dont Dreux du Radier fait un grand éloge, fit partie en 1594, comme représentant l'ordre des avocats, de la députation envoyée à Henri IV par la ville de Poitiers, pour lui prêter serment de fidélité. Il était un des 75 bourgeois de sa ville natale, charge qu'il résigna le 15 sept. 1621, en faveur de son fils Pierre (M. A. O. 1882, 40), et mourut en 1626, laissant de N. Nicolat, sa femme : 1° Jacques, qui suit ; 2° Pierre, avocat à Poitiers. Il adressa, selon l'usage d'alors, une pièce de vers à son père, à propos de la publication de son Commentaire, qu'il signa : *P. Barraud C. patr. et urbis defensor ant. fil.* Il fut, comme nous l'avons dit plus haut, l'un des 75 bourgeois du corps de ville. Il avait épousé Marie Santerre, dont il aurait eu : *a.* Jacques, baptisé le 14 nov. 1611, et *b.* Pierre, le 11 févr. 1613. Le 20 août 1637, Pierre fut député par le corps de ville pour aller avec plusieurs autres saluer, au chât. de Richelieu, la duchesse d'Aiguillon, nièce du Cardinal.

3° Françoise, femme de Nathanaël Adam, sr de Sichard, qui réunit sa poésie à celle de ses beaux-frères pour fêter la publication du Commentaire de la Coutume.

Barraud (Jacques), fils aîné du commentateur, était, le 21 sept. 1628, docteur en droit et sénéchal de la sgrie de Vauray ; il disputa une chaire de droit canon en l'Université de Poitiers, et y fut installé le 11 août 1633 ; et à cette occasion il publia un petit ouvrage de jurisprudence. Marié à Gabrielle Coulard, fille de René, Ec., sr du Soucy, et de Dlle Florence Citoys, il décéda le 26 oct. 1638, et fut inhumé le 27 dans l'église de St-Savin de Poitiers, laissant de son mariage : 1° Jacques, baptisé le 15 janv. 1621, dans ladite église, ainsi que ceux qui suivent ; 2° Jean, baptisé le 8 nov. 1627, et 3° Charles, le 31 mars 1636.

Barraud (Jacques), avocat au Présidial, avait épousé Françoise Busseau, qui, en qualité de sa veuve, reçut d'Etienne Macquenon, maire de Poitiers, le 20 nov. 1635, un certificat pour jouir des exemptions que leur conférait leur qualité d'habitants de cette ville.

Autres familles.

Barraud (Jérôme) fut receveur des tailles en l'élection de Poitiers, 1574. (M. A. O. 1883, 395.)

Barraud (N.) était notaire royal à Poitiers le 25 oct. 1607 et en avril 1644. (A. H. P. 15.)

Barraud (Jean), avocat, fut l'un de ceux qui adressèrent des vers à Antoine Citoys, à propos de son ouvrage *Des Actions publiques*, 1619.

Barraud (Jean) était, en 1622, l'un des 75 bourgeois de l'Hôtel-de-Ville de Poitiers ; il fit partie en cette qualité d'une députation envoyée à M. de St-Georges, gouverneur de la ville, lors de sa première entrée.

Barraud (Pierre) était, en 1655, procureur à la police de la ville de Poitiers. (A. H. P. 15.)

Barrault (N.) était, vers la même époque, épouse de Jean Goyault-Texier. (Id.)

Barraud (Pierre) était, en 1632, receveur gal des domaines du Roi en Poitou ; décéda avant 1641.

BARRAUD ou BARRAULT (en Bas-Poitou, peut-être originaire de la Rochelle).

Blason : d'azur à l'écureuil grimpant d'argent, onglé de sable. (Barentin.) — Dans l'Arm. du Poitou, on a donné d'office à Louis Barrault, Ec., sr de la Grange : « de sinople à 6 barres d'or ».

Noms isolés.

Barrault (Jacques) fut échevin de la Rochelle vers 1400.

Barrault (Payen), Ec., sgr de Sermayue ? épousa, vers 1470, Louise Bastard, fille de Guillaume, sgr de la Cressonnière, et de Andrée Cresson.

Barraud (René), sr de la Cantinière, né à Talmont (qui était frère de Mme de la Noue), fut arrêté à l'île de Ré, en s'expatriant en 1686, après la révocation de l'Edit de Nantes. Il fut condamné aux galères, où il mourut, en juin 1693. — V. La France protestante, qui donne le texte d'une lettre remarquable écrite par lui, le 25 mai 1693, à M. de la Place.

Barraud de Saint-Hilaire (N.), officier vendéen, attaché à l'état-major, fut fait prisonnier à Noirmoutier, et fusillé le 7 janv. 1794.

§ Ier. — Branche de la Rivière.

1. — **Barraud** ou **Barrault** (N.), paraît avoir été père de : 1° Charles, qui suit ; 2° Joachim, chef de la branche de St-Martin, § IV.

2. — **Barraud** (Charles), Ec., sgr de la Rivière-Mouzeuil, épousa, vers 1570, Perrette Chasteigner, veuve de François Ortie, Ec., sr de la Barre, fille de Jacques, Ec., sr du Breuil, et de Nicole Mauclerc, dont il eut entre autres enfants : 1° Pierre, qui suit ; 2° Jean (peut-être fils aîné), nommé avec son père dans une vente faite par Jean Brisson, sr de la Boissière, en 1590.

3. — **Barraud** (Pierre), Ec., sr de la Rivière-Mouzeuil, connu par des titres de 1609 et 1629, pour des terres à Palluau, eut entre autres enfants : 1° Charles, qui suit ; 2° Claude, Ec., sr de la Barre, présent à la tutelle de Jean Gourde, en 1630 ; 3° Pierre, chef de la branche de la Longeais, § III.

4. — **Barraud** (Charles), Ec., sr de la Rivière-Mouzeuil, possédait des terres à Mareuil en 1634, et

reçut aveu le 20 avril 1637, comme sgr de la Rivière. (Dans cet acte, il est qualifié haut et puissant sgr.) Sa veuve et ses enfants furent maintenus nobles en 1667. Il se maria, paraît-il, 2 fois, d'abord (vers 1620) à Marie Citton, fille de Jean, sgr des Barres, et de Anne de la Forest (elle décéda sans postérité) (notes Querqui); 2° vers 1630, à Judith de Bessay, fille de Josias et de Louise Chateigner, dont il eut : 1° Pierre, qui suit; 2° Louis, chef de la branche de la Grange, § II.

5. — **Barraud** (Pierre), Ec., sgr de la Rivière-Mouzeuil, maintenu noble en 1667, avec son oncle Pierre, sgr de la Longeais, eut, paraît-il, pour fils, Louis, qui suit.

6. — **Barraud** (Louis), Ec., sgr de la Rivière-Mouzeuil, abjura le protestantisme vers 1680, avant la révocation de l'Edit de Nantes. Il fit inscrire son blason à l'Armorial du Poitou en 1698. Il épousa, croyons-nous, vers 1680, Jeanne de Bessay. (Nous ne savons pas s'il eut postérité.)

§ II. — Branche de la **Grange**.

5. — **Barraud** (Louis), Ec., sgr de la Grange ou des Granges, etc., cru fils puîné de Charles et de Judith de Bessay, 4e deg., § I, épousa Susanne Carel, fille de Me Jean, sr du Peux, et de Renée Pascaud qui, étant veuve, obtint un jugement à Fontenay, le 13 juin 1684); il en eut, croyons-nous, Louis, qui suit.

6. — **Barraud** (Louis), Ec., sgr de la Grange, la Rivière, assista comme cousin germain, le 28 août 1684, au mariage de Mathurin Brisson, sr de la Pagerie, avec Marie Papin. Il eut sans doute pour fils N., qui suit.

7. — **Barraud** (N.), Ec., sgr de la Grange, la Rivière, tua, vers 1735 (dans une rixe ?), Gabriel des Nouhes, sgr de Beaumont-Pally, et fut poursuivi criminellement pour ce meurtre. (V. Notice par M. René Vallette, M. A. O. 1884, 309.)

§ III. — Branche de la **Longeais**.

4. — **Barraud** (Pierre), Ec., sr de la Longeais ou des Longeais (psse St-Pierre-du-Chemin), fils puîné de Pierre, sgr de la Rivière, 3e deg., § I, maintenu noble avec ses neveux (enfants de Charles, sr de la Rivière), le 29 août 1667, assista comme parent à l'émancipation de Jacques Gourde, le 2 avril 1664. (Notes Grimouard de St-Laurent.) Il eut, pensons-nous, pour enfants : 1° Pierre? qui suit; 2° Alexandre, Ec., sgr de la Lardière, marié le 15 nov. 1671, à Bénigne Raclet.

5. — **Barraud** (Pierre?), Ec., sgr de la Longeais, eut, croyons-nous, pour fils : 1° Louis-Alexandre, qui suit; 2° Alexandre-Benjamin, Ec., sr de Garensay ? qui fit inscrire son blason à l'Arm. du Poitou, en 1698.

6. — **Barraud** (Louis-Alexandre), Ec., sgr de la Longeais, Boisbaudron, épousa, vers 1700, Marie Girard, fille d'Eusèbe, Ec., sgr de Beaurepaire, et de Françoise Maynard, (elle était veuve le 14 août 1716, et fit aveu de Boisbaudron au chât. de Vouvant. Noms Féod.); il en eut : 1° Céleste, 2° René-Susanne (*aliàs* Henriette-Rose), mariée, vers 1730, à Jean-Baptiste de Loynes, Chev., sgr de la Coudraye, gouverneur de Fontenay-le-Comte.

§ IV. — Branche de **Saint-Martin**.

2. — **Barraud** (Joachim), Ec., sr de St-Martin (probablement fils puîné de N..., 1er deg., § I), épousa Jacqueline de Chateaupers, dont il eut : 1° Jean, qui suit (peut-être fils d'un 1er lit); 2° Joachim, baptisé à la Rochelle, oct. 1574 (eut pour parrain Charles Barraud, sgr de la Rivière); 3° Josias, baptisé à la Rochelle en 1575, (eut pour parrain Joachim du Bouchet, Chev., sgr du Villiers-Charlemagne); 4° probablement Guillaume, Ec., sr de Châteaupers qui épousa Madeleine Papin (elle était veuve en 1644). Nous ignorons s'il eut postérité.

3. — **Barraud** (Jean), Ec., sgr de St-Martin, épousa Claude d'Angliers, fille de Claude, Ec., sr de la Saulsaye, la Gord, dont il eut entre autres enfants Claude, qui suit.

4. — **Barraud** (Claude), Ec., sr de St-Martin, Pautrot, les Fosses, baptisé à la Rochelle (févr. 1589), fit aveu à Chizé, le 14 nov. 1595, sous la tutelle de Claude d'Angliers, son aïeul. (Nous ne savons pas s'il eut postérité.)

Barraud à Chauvigny.

Barraud (François), commissaire aux saisies réelles à Chauvigny, déclara son blason à l'Armorial du Poitou, en 1698 : « d'argent au palmier de sinople et une campagne (ou terrasse) ondée d'argent, chargée de 4 barres d'azur.

BARRAULT, BARRAUD ou BARREAU.

Barrault à Fontenay.

Blason : d'argent à 2 fasces de gueules et un tourteau de même posé en abîme, au chef aussi de gueules, chargé de 3 étoiles d'argent.

Barrault (Pierre), commissaire aux saisies réelles à Fontenay-le-Comte, fit enregistrer son blason à l'Armorial du Poitou, en 1698.

Barrault Divers.

Barrault (Michel de), homme d'armes du Cte de St-Pol, est passé en revue et reçoit 15 liv. pour ses gages d'un trimestre, 1472. (A. N. J. cart. 1039, 1.)

Barrault (Jean) remplace au ban de 1491 Léon Charasson; il lui fut enjoint d'avoir gantelets et hallebarde.

Barrault en Chatelleraudais.

1. — **Barrault** (Guillaume), Ec., sr de Morière? était en 1492 sgr de la Chèze-St-Remy, du chef de Antoinette du Bois, sa femme, fille de Regnaud, Ec., sr de la Chèze, et de Philippe d'Avinu. Ils eurent pour fils :

2. — **Barrault** (Jean), sgr de la Chèze-St-Remy, 1525 et 1529, qui eut pour fils :

3. — **Barrault** (Guillaume), Ec., sgr de la Chèze-St-Remy en 1560, décéda avant 1574. Il avait épousé Françoise de la Rocque, qui passa accord en 1579 avec Benoît de la Tercerie? Ec., et Françoise Guynouf, sa femme.

La Chèze-St-Remy passa, vers cette époque, à d'autres familles, probablement par héritage des Barrault.

Barrault ou Barraut en Anjou.

Blason : d'argent à 3 corbeaux de sable. (Reg. Malte.)

Barraut (Marguerite), des sgrs de Nazé en Anjou, épousa, vers 1480, Pierre Bodio, Ec., sr de la Coudre.

Barraut (Martin), Ec., sr du Pin, épousa, vers 1500, Anne du Roussay, dont Blanche, De du Pin, mariée, le 8 oct. (ou 6 déc.) 1530, à Antoine Audebert, Ec., sr de l'Aubuge (leur petit-fils, Jean Bérault, de Beauvais-Riou, fut reçu Chev. de Malte en 1628).

BARRAUD ou **BARRAULT** (Bas-Poitou). — V. **BARRO**.

BARRE (de la). — Nom que l'on trouve en Poitou dès le XIe s., mais qui est commun à beaucoup de familles, dont plusieurs sont pour ainsi dire écloses dans notre province.

On trouve dans le *Dictionnaire de la noblesse* la généalogie d'une famille de la Barre originaire du pays chartrain, puis établie en Poitou. Nous supprimerons ce qui n'a aucun rapport avec notre province, et ne commencerons notre travail qu'à la branche de la Guessonnière, après avoir relaté tous les noms, et ils sont nombreux, que nous n'avons pu classer dans les diverses filiations.

Noms isolés.

Barra (*Cadelo de*), nommé dans la donation faite, vers 1081, à l'abb. de St-Cyprien, par *Audebertus Constantinus*, de tout ce qu'il possédait à Ansoulesse. (D. F. 7. Cart. St-Cyprien. A. H. P. 3.)

Barra (*Petrus de*), *monachus*, est nommé dans des actes concernant l'abb. de St-Cyprien, datés de vers 1080 à 1120. (Id. id.)

Barra (*Goscelinus de*), cité dans un acte de vente consenti en 1137 par Guillaume, doyen de St-Hilaire-le-Grand. (D. F. 10. M. A. O. 1847.)

Barra (*Petrus de*) est cité dans deux actes de l'an 1174, relatifs à l'abb. de la Trinité de Mauléon. (Id. 17.)

Barre (Simon de la), prêtre, possédait, avant 1280, une maison à Loulay, dans le doyenné de Mareuil, en Bas-Poitou. (A. H. P. 10.)

Barre (Guillaume) et autres sont relatés dans un don de rentes fait en 1224 à l'abb. des Châtelliers par Hugues de Lezay. (Cart. des Châtelliers. M. Stat. 1867, 41.)

Barre (Pierre de la), de la pssc de la Chandelière, à Poitiers, porta plainte contre Pierre Garain et Jean de Gallardon, officiers royaux à Poitiers, pour extorsions d'impôts, 1240. (A. N. J. 97, 1, 123.)

Barra (*Hugo de*), habitant la terre de Luçon, est indiqué comme ayant payé 7 liv. dans le compte fourni, à la Toussaint 1259, par Thibault de Neuvy, sénéchal de Poitou. (A. H. P. 8.)

Barra (*Petrus et Stephanus de*) sont relatés dans l'enquête faite, vers 1255, au sujet de services militaires que le sgr de Parthenay réclamait des habitants de Xaintray.

Barre (David de la) devait hommage, pour la Naudière, à Jean du Perron, valet, qui vendit son fief, en 1297, à Guy de Liniers, en Thouarsais. (B. N. Fonds Franç. 20230, 267.)

Barre (Guillaume de la), serviteur du Roi, chargé de la défense du château de Lusignan, refusa d'en remettre les clefs à Hugues de Montfaulcon, envoyé, le 20 nov. 1308, par l'évêque de Poitiers, pour s'en saisir et en prendre possession, après la mort du comte de la Marche. (A. H. P. 10.)

Barre (Guillaume de la), clerc, et Aloye, sa femme, firent un échange avec Jean Tyndo, clerc, et Tiphaine, sa femme, « le dimanche avant l'hosanne 1310 », sous le scel de Fontenay.

Barre (Guillaume de la) était, avant 1323, archiprêtre de Parthenay.

Barre (Jean de la) était procureur de la commune de Poitiers le 17 déc. 1345, l'était encore le 12 juin 1364. (Invent. des arch. de Poitiers. M. A. O. 1882.)

Barre (Jean de la). Ses héritiers se trouvent compris, en 1363, dans l'aveu rendu au prince de Galles par les abbé et religieux de St-Maixent, parce que ledit Jean possédait dans leur mouvance le fief d'Alere.

Barre (Mess. Jehan de la) était clerc, garde du scel « de excellent seigneur Mgr le prince de Guienne et de Galles à Montmorillon ». Ce fut par-devant lui que, le 27 sept. 1366, noble homme Mons. Joscelin de Lezay, Chev., sgr de l'Ile-Jourdain, d'une part, et Guille Boucher des Vaux et Jehanne Richarde, *aliàs* Aynelle, sa femme, vendirent, d'autre part, la seigneurie des Vaux, etc. (O. comm. par M. de la Porte du Theil.)

Barre (Jean de la), Ec., figure dans un acte du 15 mars 1379. C'est peut-être le même qu'un Jean de la Barre cité dans le Répertoire des privilèges, etc., de la ville de Poitiers comme ayant transigé le 12 juin 1364 en qualité d'héritier sous bénéfice d'inventaire de Guillaume de la Barre.

Barre (Nicolas de Touffou dit de la) rendit au Roi, le 1er mars 1403, son aveu pour son herbergement de Marit, relevant de la Tour de Maubergeon, au devoir d'un homme de pied armé, etc. (Liv. des fiefs.)

Barre (Guillaume de la) fut commandeur de St-Antoine de la Lande, Ordre de St-Antoine de Viennois, de 1417 à 1458. (Gâtine.)

Barre (Nicolas de la) était maître des requêtes du Parlement de Poitiers en 1423.

Barre (N. de la) était présent au ban des nobles du Poitou dont le sénéchal de Toulouse passa la revue le 13 avril 1453.

Barre (Jean de la) était en 1470 archer dans la Cie d'ordonnance du sénéchal de Poitou. (A. H. P. 2.)

Barre (Guillaume de la) est nommé dans l'acte de donation d'une maison sise à Poitiers, près la porte de la Tranchée, faite à l'abb. de Montierneuf, le 2 janv. 1486. (D. F. 19.)

Barre (Guy et Jehan de la) servirent en brigandiniers à l'arrière-ban de 1488. (Doc. inéd.)

Barre (Jean de la), sgr de la Vernay, dans la sgrie de Mauléon, servit comme archer au ban des nobles du Poitou de 1491 (de la famille de la Barre de Loudières?).

Barre (N. de la) fut capitaine des gentilshommes qui ont été à Vitré, et était homme d'armes au ban de 1491, en aide du sgr de la Tour-aux-Cognons.

Barre (Claude de la) était, le 10 oct. 1492, prieur du prieuré de N.-Dame de Niort. (D. F. 20.)

Barre (Jean de la), Ec., fit, le 23 juin 1499, une vente dans la mouvance de l'abbaye de Ste-Croix de Poitiers. Guillaume de la Barre lui consentait une rente le 12 nov. 1502.

Barre (N. de la) était abbé de St-Hilaire de la Celle de Poitiers le 14 janv. 1512.

Barre (Simon de la) est témoin du partage de la succession de Simon de Marconnay, IIIe du nom, entre ses petits-enfants, qui se fit le 6 mai 1516.

Barre (Louis de la) transigeait le 11 sept. 1526 avec Françoise de la Touche, veuve de Joachim de Mondion (acte reçu Le Barbier et de Mandé, not., sous la cour de Chinon).

Barre (Renée de la) épousa, vers 1500? Charles de Varie, Ec., sgr de l'Ile; Renée étant morte peu après, il se remaria ensuite avec Gabrielle de Culant.

Barre (N. de la), ministre protestant à Lusignan, fut condamné en 1559 à la peine capitale par la sénéchaussée de Poitiers.

Barre (N. de la) fut l'un des capitaines catholiques qui reprirent en 1569 le château de Lusignan. Nous ignorons si c'est le même dont parle Liberge dans son Histoire du siège de Poitiers, et qu'il appelle *la Barre de Valize.*

Barre (Anne de la) épousa, vers 1580, René de la Bodinière, dont une fille, Louise, mariée à François Boussay, Ec., sgr de la Tour de Charrais (en Mirebalais).

Barre (Guy de la), Ec., sgr de Marans? eut de Yvonne DE ROHAN, son épouse, YOLANDE, qui se maria à Guillaume de la Jaille, Ec., sgr de Marsilly, etc., avant 1599.

Barre (N. de la) entra au Carmel en 1605, sous le nom de Sœur Marguerite de la Trinité.

Barre (Luce de la) et noble et puissant Philippe de Neuport, son époux, marient, le 4 févr. 1608, Dlle Renée de Neuport, leur fille, avec Pierre Tutault, Ec., sgr de la Creuse. (Favier et Devallée, notres.) (Greffe de St-Maixent.)

Barre (Raoul de la), Ec., sgr de la Teissière, demeurant en sa maison noble de l'Ile, psse de Roiffé (Vienne), fut présent au contrat de mariage de Madeleine de Marconnay avec Gabriel Prévôt, Ec., 11 avril 1615. (G. de Marconnay.)

Barre (N. de la) était en 1616 gendarme dans la Cie du duc d'Epernon. (Th. de Bremond d'Ars, Rôles Saintongeais.)

Barre (N. de la) avait épousé René Germier, Ec., sgr de la Pitardière et de la Tudelière. Il était veuf en 1623.

Barre (Claude de la) était en 1634 aumônier ordinaire du Roi, abbé de P... doyen de l'église royale et collégiale de St-Mesme de Chinon, et prieur de N.-Dame de Niort, d'après un bail des biens de ce prieuré daté du 9 déc. de cette année.

Barre (Marguerite de la) épousa, le 11 fév. 1649 (Thibault et Genty, notres sous la cour d'Airvau), Jacques Foucher, Chev., sgr de la Tourneryе. (Gie Foucher.)

Barre (Catherine de la) épousa, le 27 févr. 1650, Henri de Couhé de Lestang, Ec. (Elle était sans doute de la branche de L'Age.)

Barre (Marie de la) était, à peu près vers cette même époque, femme de Pierre de Brilhac, Ec., sgr de Lonchard.

Barre (Françoise de la), habitant le Loudunais, avait vendu, le 31 déc. 1651, le fief de la Jaille, psse de St-Marsolle, à Adolphe de Borstel, Chev., gentilhomme de la chambre du Roi. (N. féod. 190.)

Barre (Judith de la) et François Le Coq, Ec., sgr de Rouillé, son époux, se font, le 17 mai 1655, par acte passé à Melle, une donation mutuelle de leurs meubles, acquêts et conquêts, et de la tierce partie de leurs autres biens. (Greffe de St-Maixent.)

Barre (Cassandre de la) avait épousé, avant 1660, Pierre Vergnault, Ec. (Gie Vergnault.)

Barre (Charles de la), Ec., sgr de la Couture, rendit hommage le 1er août 1664 au sgr d'Airvau, comme curateur des enfants mineurs de feu Pierre Maynard, Ec., sgr de la Fortinière, et de De Marie du Plantis. (Arch. du Mat d'Airvau.)

Barre (René de la), Ec., sgr de Beaumont, vivait en 1675.

Barre (Jeanne de la) et Philippe Chalmot, Chev., sgr de Ste-Rhue et du Breuil-d'Aigonnay, son époux, se font une donation mutuelle le 14 févr. 1692 (Le Liepvre, notre royal au Breuil-d'Aigonnay). (Greffe de St-Maixent.)

Barre-Coutray (Charles de la), Chev., sgr de la Guyonnière, Chev. de St-Louis, maréchal des logis des chevau-légers de la garde du Roi, était en 1711 époux de Anne Louise RADAULT.

Barre-Coutray (Philippe-Charles de la), mestre de camp de cavalerie, était en 1732 sgr de la Guyonnière et de Beaulieu.

Barre (Anne de la) était en 1734 veuve de Mess. Charles-Daniel de N., Chev., sgr de la Bialière.

Barre (Jean de la) a servi au ban des nobles du Poitou réuni en 1758 à St-Jean-d'Angély, dans la 3e brigade de l'escadron de Boisragon.

Barre (Siméon de la), fils de JOSEPH-SIMÉON et de Marguerite D'ESCOUBLEAU, son épouse, était en 1776 sgr du Chaffault, psse de Bouin-et-Traye. (Gâtine.)

Barre (N. de la), lieutenant au régiment de Piémont, servit à l'armée de Condé.

Barre (N. de la), le même? était chef d'escouade de la 2e compagnie du régiment noble à pied de l'armée de Condé, lors du licenciement en 1801.

BARRE (DE LA) **DE LA GUESSONNIÈRE, DE L'AGE**, etc. — Cette famille est originaire de la Beauce. (Voir une notice généalogique dans le Dict. de la noblesse. — Les 1ers degrés sont tout à fait incertains.) Elle a formé plusieurs branches, dont une, venue en Poitou à la fin du XVe siècle, a produit plusieurs rameaux, qui paraissent être tous éteints aujourd'hui.

Nous prenons là filiation rectifiée dans le vol. 15 de Chérin (Cab. des titres), sur des preuves faites en 1755.

Blason. — La Barre de la Guessonnière, de l'Age, d'Artige, etc. : d'argent à une bande (*aliàs* barre) d'azur chargée de 3 coquilles d'or, accompagnée de 2 merlettes de sable, l'une en chef, l'autre en pointe.

§ Ier. — BRANCHE DE LA **GUESSONNIÈRE.**

1. — **Barre** (Jean de la), Ec., sgr de la Vaubernard (originaire de Dourdan, diocèse de Chartres), était fils puîné de JEAN, sgr de Rinville, et de Marie DES MAZIS. Il fut archer de la garde du Roi, et épousa à la Verrerie de Couhé, le 12 oct. 1492, Jeanne POISPAILLE ou POUPAILLE, fille de Pierre, Ec., et de Roberte d'Amaury ? (Elle eut en dot le fief de Batut, Champagné-St-Hilaire.) De ce mariage vinrent : 1° JACQUES, qui suit ; 2° JEAN, chef de la branche de L'Age, § II ; 3° MARIE, qui assista au mariage de sa nièce Charlotte en 1584.

2. — **Barre** (Jacques de la), Ec., sr de Valenfray, partagea avec son frère puîné Jean le 14 sept. 1548. (Chérin.) Il prend dans divers actes de vente des 6 sept. 1527, 5 mars 1531 et 1er mars 1532, les titres d'Ec., sgr de la Barre et de Valenfray. Il épousa, le 12 avril 1527, Nicole DE MALLEVAULT, fille de Magdelon, Ec., sr de la Mangotière, la Varenne, et de Pernelle Vigoron, dont : 1° FRANÇOIS, qui suivra ; 2° LOUIS, Ec., sgr de la Jarrie, marié à Joachime BERLAND, eut pour enfants : *a.* JEAN, Ec., sr de la Jarrie ; *b.* MARIE, qui épousa en 1598 Louis Vidard, Ec., sr de la Ferrandière.

3° Jacques, Ec., sgr du Petitbois, qui souscrit au contrat de sa sœur ; il reçut quittance, le 15 sept. 1584, de la somme de 283 écus un tiers que lui donnait Pierre Yndré, Ec., sgr de Fieffranc, laquelle somme faisait partie de la dot de sa sœur Charlotte. Il donna une déclaration de domaines roturiers à René Pidoux, abbé de Valence, le 12 juill. 1605. Jacques se maria et eut une fille, Anne, qui épousa en 1584 Louis de Coullon, Ec., sgr de Voutry, qui vendait, le 11 mars 1626, sous le scel de la baronnie de Couhé, un pré à Pierre de la Barre, son cousin ; 4° Charlotte, qui épousa, par contrat du 3 sept. 1584 (Bernier, not[re], sous la cour de Couhé), Pierre Yndré, Ec., sgr de Fieffranc ; 5° Anne, *aliàs* Marie, mentionnée dans le contrat de mariage de sa sœur ; elle partagea avec ses frères en 1582 ; 6° Antoine, Ec., s[r] de la Grange, cité dans un acte de 1580. (Chérin.)

3. — **Barre** (François de la), Ec., sgr de la Barre et de Vaution, fit aveu de ce fief à Civray, 30 avril 1601 ; il partagea avec ses frères et sœurs le 5 mai 1582. Il obtint des sentences de maintenue par les commissaires des tailles en 1584 et 1598, sur le vu de ses titres remontant à 1492, et mourut avant 1603, car sa veuve fit divers actes à cette époque.

Il avait épousé, le 24 oct. 1578 (J. Rochier et Jean Chaillier, not[res] à Civray), Marie Landry, fille de feu Jean, Ec., s[r] du Sault, Vaution, et de Junienne de Puyvert. A ce contrat fut présent Maurice de la Barre, Ec., s[r] de la Salle, gentilhomme ordinaire de Monsieur frère du Roi, comme porteur de procuration de Nicole de Mallevault, mère du futur. Il eut de ce mariage : 1° Pierre, qui suit ; 2° Louise, qui épousa Gabriel de Fleury, Ec., s[r] de la Raffinière ; 3° Samuel, Ec., s[r] de la Leigne, la Boulaye, qui épousa, le 24 janv. 1618 (Maurigen et Morin, not[res] à Montreuil-Bonnin), D[lle] Marie de la Cour, fille de Philippe, Ec., s[r] de la Boulaye, et de Catherine Claveurier. De ce mariage il eut un fils, Louis, Ec., s[r] de la Boulaye, maintenu par Barentin le 23 août 1667, et qui testa, le 19 juill. 1668, en faveur de sa femme Madeleine Salbert.

4. — **Barre** (Pierre de la), Ec., s[r] de Vaution, Brilhac ? Bois-de-Luché, fit aveu de Vaution à Civray, le 31 mars 1611. D'après les notes de M. d'Orfeuille, il a dû se marier 2 fois : 1° en 1607, avec Louise Blanchard, fille de feu René, Ec., s[r] du Boust, et de Anne de Beaumont (ce mariage n'est pas mentionné par Chérin). D'après une note, Maurice de la Barre, Ec., s[r] de la Salle, reçut procuration de Marie Landry pour assister à ce contrat, datée du 4 juill. 1607 ; 2° le 30 juill. 1617, avec Judith de Pellard, fille de Nachor, Ec., s[r] de Montigny, la Guessonnière, et de Judith de Petit-Creux. Il ne paraît pas avoir eu d'enfants du 1er mariage, ou ils sont morts jeunes. Du 2e lit, il eut : 1° Jean, qui suit ; 2° Anne, qui épousa Jacques Couraudin, Ec., s[r] de Chastelard ; 3° Catherine, mariée, le 6 août 1646, à Charles Gourjault, Ec., s[r] de la Berlière ; 4° Pierre, Ec., s[r] du Bois-de-Luché, Vaution, Aubanie, partagea avec son frère le 20 mai 1653. Il épousa, le 1er mars 1655, Susanne du Fay, fille de Louis, Ec., s[r] de Souché, et de Susanne de Mairé, dont il eut Susanne, D[e] d'Aubanie, mariée à Josué Malleray, Ec., s[r] de Lareeau.

5. — **Barre** (Jean de la), Ec., s[r] de la Barre de Rom, Bois-de-Luché, partagea avec ses frère et sœurs le 20 mai 1653, et fut maintenu noble par Barentin le 7 sept. 1667 (sur titres depuis 1492). Il épousa, le 18 juill. 1644, Catherine de Marconnay, fille de Louis, Chev., s[r] de Villiers, et de Marie Gourjault, dont il eut : 1° Louis, qui suit ; 2° Elisabeth, 3° Susanne, 4° Jean, Ec., s[r] du Coudret ; 5° Olivier, Ec., s[r] du Courtiou, (Nous n'avons pas de renseignements sur eux. Nous croyons cependant que de l'un d'eux descendait Marie-Catherine de la Barre, mariée en 1758 à Charles-Remy de Touzalin.)

6. **Barre** (Louis de la), Ec., s[r] du Bois-de-Luché, la Guessonnière, partagea avec ses frères le 15 nov. 1686, et décéda avant 1695. Il épousa, le 20 janv. 1676, Marguerite de Pellard, fille de Pierre, Ec., s[r] de la Guessonnière, et de Jeanne Gault, dont il eut : 1° Olivier, qui suit, et d'autres enfants qui ne sont pas bien connus, entre autres ; 2° Estelle, décédée à Rom, le 3 févr. 1689 ; 3° Catherine, mariée en 1700 à Jean-Louis Bellivier, Ec., sgr de Prin ; 4° Gabriel, Ec., sgr de la Jarrie, décédé vers 1743 ; 5° Jean, Ec., s[r] de Bois-de-Luché, marié, le 5 févr. 1714, à Françoise de Pellard, qui était veuve et tutrice en 1731, et dont il eut : *a*. Louis, présent comme cousin, en 1739, au mariage d'Olivier de la Barre, sgr de la Guessonnière, et probablement *b*. Jean, aussi présent à ce mariage.

7. — **Barre** (Olivier de la), Ec., est omis dans la généalogie de Chérin ; mais nous pensons que c'est une erreur, car il y a eu 2 Olivier : le 1er, né vers 1680, marié, vers 1710, à Marie de Pellard, qui était sa veuve en 1725 ; il a dû avoir pour fils l'autre Olivier, qui suit, et peut-être pour fils aîné Jean-Louis, Ec., s[r] de la Guessonnière, décédé à Rom le 17 août 1731, âgé de 20 ans (épitaphe qui était en l'église de Rom en 1858). (Note.)

8. — **Barre** (Olivier de la), Chev., sgr de la Guessonnière, d'après la généalogie de Chérin, qui semble avoir sauté une génération, est dit fils de Louis (6e deg.) ; il épousa, le 17 avril 1739, Henriette-Madeleine-Elisabeth Gourjault, fille d'Olivier, Ec., sgr de Mauprié, et de Elisabeth-Esther Lauvergnat, dont il eut : 1° Louis-Olivier, qui suit ; 2° Catherine-Henriette, mariée, le 30 sept. 1771, à Léon-Charles Bellin de la Liborlière ; 3° Françoise-Angélique, mariée, vers 1776, à Jean-Marie Chevalier, Ec., s[r] des Essarts.

9. — **Barre** (Louis-Olivier) dit le Mis de la Guessonnière, Chev., sgr de Maupríé, la Guessonnière, Bois-de-Luché, d'abord chevau-léger de la garde du Roi (sur preuves faites en 1755), puis capitaine au rég[t] d'Orléans-Cavalerie, Chev[r] de St-Louis, décéda sans alliance au chât. de Maupríé, en 1785.

§ II. — Branche de **l'Age.**

2. — **Barre** (Jean de la), Ec., s[r] de Valenfray, était fils cadet de Jean, Ec., s[r] de la Vaubernard, et de Jeanne Poispaille (1er deg., § Ier). C'est par erreur qu'on le trouve placé comme aîné dans quelques généalogies, car, dans le partage du 4 sept. 1548, il est dit frère puîné de Jacques. (Notes de Chérin.) Il fut archer de la garde du Roi, et épousa, le 8 févr. 1544 (not. à Château-Larcher), Etiennette de Maizé, fille de François, Ec., s[r] de la Salle d'Archigny, et de Jeanne Patry, dont il eut : 1° Maurice, qui suit ; 2° Georges, qui figure avec son frère aîné dans un acte pour l'arrière-ban en 1568 ; 3° François, Ec., s[r] de Chavasson, qui testa en faveur de son frère Maurice en 1585 ; 4° Bertrande, qui épousa Aimery Rasseteau, Ec., s[r] des Patinaux.

3. — **Barre** (Maurice de la), Chev., sgr de la Salle et de l'Age, l'un des 100 gentilshommes de la maison du Roi, reçut le don de l'office de lieutenant de robe courte du Boulonnais le 11 sept. 1572 ; il fut nommé capitaine de Châteauneuf-Charente en 1573 et assista au mariage de son cousin François de la Barre, le 24 oct. 1578. (Dans cet acte, il est dit gentilhomme de la chambre de Monsieur, frère du Roi.) Il acquit le fief de

l'Age, le 13 avril 1605, et décéda la même année. Marié, le 13 févr. 1577, à Claude DE L'AGE, fille de François, Ec., sr de l'Age, et de Rose Vigier, il en eut : 1° un fils décédé jeune ; 2° HENRI, qui suit ; 3° MADELEINE, mariée à Pierre d'Aux, Ec., sr de la Rabaudrie (ils transigèrent le 12 févr. 1616).

4. — **Barre** (Henri de la), Ec., sr de l'Age, la Salle d'Archigny, etc., partagea avec sa sœur en 1619 et fit diverses ventes en 1618, 1619. Il avait épousé (vers 1619) Renée D'ALOIGNY, fille de François, Chev., sr de la Groye, et de Jacquette du Plessis, dont il eut HENRI, qui suit.

5. — **Barre** (Henri de la), Chev., sr de l'Age, l'un des 100 gentilshommes de la maison du Roi (a été confondu avec son père dans la généalogie du Dict. de la noblesse). Il épousa, le 25 mars 1641 (not. à Chinon), Renée LE MERRE ou LE MAIRE, fille de René, Ec., sr de la Bonnelière, et de Renée de Razine, dont il eut : 1° HENRI-JOSEPH, qui suit ; 2° RENÉE, mariée à François de Rigné, Ec., sr de Venier ; 3° ANNE, 4° BÉNIGNE, mariée le 10 sept. 1685 à Louis de la Châtre, sgr de Piégu, décédée le 10 juin 1715 ; 5° FRANÇOIS, Ec., sr de la Boiselière, qui se maria et eut pour fils LOUIS, Ec., sr de la Croix, vivant en 1701.

6. — **Barre** (Henri-Joseph de la), Chev., sr de l'Age, Artige, Loubressay, servit dans les Mousquetaires et fut ensuite lieutenant des maréchaux de France en Haut-Poitou. Il comparut aux bans du Poitou de 1693, 1695 et 1703, et acquit le fief d'Artige, le 24 déc. 1684, de Charles de Bellanger et Marie Bellivier, son épouse. Marié à Baugé, le 21 août 1670, à Françoise DE PRÉZEAU, fille de Gilles, Ec., sr de la Guiltière, et de Madeleine de Mauviel, il eut pour fils JOSEPH, qui suit.

7. — **Barre** (Joseph de la), Chev., sgr de l'Age, Loubressay, Artige, Mousquetaire de la garde du Roi, épousa, le 21 août 1701 (not. à Chinon), Madeleine MANGOT, fille de Pierre, secrétaire du Roi, et de Marie de Lucr, dont il eut : 1° FRANÇOIS-JOSEPH, qui suit ; 2° PIERRE (chef de la branche d'Artige, § III) ; 3° MARIE-ROSE, mariée, le 9 août 1724, à François du Ligondes, Chev., sr du Plessis ; 4° HENRIETTE, religieuse ; 5° JACQUES, baptisé le 2 juil. 1713 à Bonnes (Vienne), Chev., sr de la Guérivière, appelé d'abord, l'abbé de la Guérivière, servit au ban du Poitou en 1758, et assista à l'assemblée de la noblesse en 1789. Il mourut sans alliance.

8. — **Barre** (François-Joseph de la), sgr de l'Age, capitaine au régiment de Richelieu le 17 juill. 1731, ensuite commandant de bataillon, Chev. de St-Louis, mourut au château de Loubressay, psse de Bonnes, le 2 déc. 1780. Il avait épousé, le 16 janv. 1738, Marie-Jeanne DE BLOM, fille de Sylvain, Chev., sgr de Beaupuy, et de Jeanne Jacquemin, dont : 1° GASPARD-ALEXIS-THIBAULT-JOSEPH, qui suit ; 2° HENRI-THIBAULT, ou JOSEPH-ALEXIS-THIBAULT, dit le Chevalier de la Barre, élève de l'école militaire, Chev. de l'ordre de St-Lazare, puis officier au régiment de Lanaut-Dragons, passa à St-Domingue, et lorsque la révolution éclata dans cette île, se réfugia dans la Nouvelle-Angleterre, où il se maria ; 3° MARIE-JEANNE-DOROTHÉE, chanoinesse du Chapitre noble de Neuville, mariée, le 7 mai 1770, à René-Antoine Raity de Villeneuve, Mis de Vitré, Chev. de St-Louis, ancien colonel de cavalerie, commissaire de la noblesse, alors veuf ; 4° MARIE-VICTOIRE, baptisée à Bonnes le 14 sept. 1751 morte élève à l'abbaye royale de St-Cyr, où elle avait été reçue le 17 juin 1761 ; elle eut aussi un brevet de chanoinesse de Neuville, daté du 10 août 1761.

9. — **Barre** (Gaspard-Alexis-Thibault-Joseph de la), Chev., sgr de l'Age et de Loubressay, dit le Comte de la Barre, a été page du Roi en 1748, puis commandant de la compagnie colonelle du régiment des hussards de Chamborant, et chevalier de St-Louis en 1785. Il assista par procureur à l'assemblée de la noblesse tenue à Poitiers en 1789, et mourut peu après à l'île St-Domingue. Il avait épousé, le 9 août 1770, Catherine-Geneviève LEVESQUE, originaire de St-Domingue, morte le 7 nov. 1812. Il a eu de ce mariage : 1° GASPARD-CHARLES-MARIE, dit le Comte de la Barre, émigré en 1791, a fait la campagne dans l'armée de Condé, légion de Mirabeau, et est mort en allant à St-Domingue, en 1794 ; 2° HÉLÈNE, qui contribua puissamment, de concert avec Mlle Henriette Aymer de la Chevalerie (voir cet article), à la fondation de l'Ordre de l'Adoration perpétuelle. Elle devint supérieure de la Grand'Maison de Poitiers, où elle est morte le 16 mai 1829 ; 3° THÉRÈSE-PAULINE-MARGUERITE, a épousé Charles Raity de Villeneuve, comte de Vitré, son cousin germain (Bourbeau, not.), le 30 déc. 1800 ; 4° ANTOINETTE-FÉLICITÉ-CONSTANCE, morte, célibataire, le 28 mars 1795 ; 5° EMILIE, inhumée à l'âge de 18 mois, le 16 mars 1780, à Bonnes.

Les trois degrés qui suivent (Extraits des registres de la paroisse de Bonnes) n'ont point été connus de nos devanciers.

Joseph-Henri doit être un des enfants de Henri-Joseph et de Françoise de Prézeau (6e degré).

Barre (Joseph-Henri de la), Chev., sgr de l'Age, épousa Anne NORMAND, dont il eut : 1° JOSEPH, qui suit ; 2° CATHERINE, baptisée le 9 avril 1706.

Barre (Joseph de la), Chev., sgr de l'Age, épousa, le 16 août 1724, Marie JOURDIN, fille de Pierre et de Louise Pichault, et décéda, âgé de 52 ans, le 23 mai 1732, et fut inhumé le lendemain à Ste-Radégonde-en-Gâtine, laissant LOUIS-JOSEPH, qui suit.

Barre (Louis-Joseph de la), Chev., sgr de l'Age, fut baptisé le 22 mai 1728.

§ III. — BRANCHE D'ARTIGE.

8. — **Barre** (Pierre de la), sgr d'Artige, connu sous le nom de Chevalier de l'Age (fils puîné de Joseph de la Barre et de Marie-Madeleine Mangot, rapportés au 7e deg., § II), servit au ban de la noblesse du Poitou, en 1758, dans la 2e brigade de l'escadron de Vassé. Il a eu de Marie Doré, qu'il avait épousée avant 1745 : 1° PIERRE-FRANÇOIS, qui suit ; 2° MARIE-JULIE, morte célibataire ; 3° et 4° deux autres fils morts en bas âge.

9. — **Barre** (Pierre-François de la), Chev., sgr d'Artige, né en 1747, garde du corps du Roi, chevalier de St-Louis, assista en personne à l'assemblée de la noblesse du Poitou, réunie à Poitiers en 1789 pour nommer des députés aux États généraux. Emigré en 1791, il reçut, à la rentrée du Roi, le brevet de lieutenant-colonel, et est mort le 18 févr. 1817. Il avait épousé (Delabadonnière, notre à Poitiers), le 3 déc. 1787, Marie-Catherine IMBERT DE LA CHOLTIÈRE, fille de Pierre-Joseph-Antoine-Jacques, Ec., sgr de Lavoux, etc., trésorier de France honoraire au bureau des finances de Poitiers, et de dame Marie-Radégonde Ingrand. De ce mariage sont nés : 1° PIERRE-JOSEPH-HENRI, qui suit ; 2° CAROLINE, née le 10 avril 1802, mariée (par contrat reçu le 12 avril 1828 par Me Tripart, notre à Poitiers) avec Joseph-Charles de Martel, Chev. de St-Louis.

10. — **Barre** (Pierre-Henri-Joseph de la), né le 7 mai 1789, Chev. des ordres de St-Louis et de la Légion d'honneur, a servi avec distinction dans les guerres de

l'Empire. Il a épousé, le 17 juill. 1813 (Niccolo Ginggioli, notre à Sienne, Toscane), Vittoria Petrucci, fille de Saverio-Jovanni, commandeur de l'ordre de St-Etienne, et de Maria-Francesca Babaldini. De ce mariage sont issus: 1° Louis-Marius-François-Jean-Xavier-Marie, né le 5 mai 1814, officier d'infanterie légère; 2° une fille morte en bas âge; 3° Charles-François-Ernest-Henri, qui suit.

11. — **Barre** (Charles-François-Ernest-Henri de la), né le 10 août 1818, devint chef de bataillon (retraité en 186.), Chev. de la Légion d'honneur (décoré en Crimée), et fut lieutenant-colonel des mobiles de la Charente-Inférieure en 1870. Il est décédé à St-Jean-d'Angély, le 19 juill. 1882, sans postérité. Il avait épousé, le... 1856, Marie-Thérèse-Clotilde de Raity-Villeneuve de Vitré, fille de René-Jules, Mis de Vitré, et de Marie-Claudine-Aglaé du Bois de St-Mandé.

BARRE (de la), Sgrs de Londières, Psse de St-Germain-de-Longue-Chaume (D.-S.) — Cette famille paraît être originaire de la Gâtine ou du Bas-Poitou. Les éléments de la filiation nous ont été communiqués par M. Ed. de Fouchier.

Blason: de gueules à la croix d'argent, à une barre ou cotice d'azur mise en bande.

Jacques-René de la Barre, Ec., sgr de Londières et de Lussays (*sic*), élect. de Thouars, portait: « de gueules à une croix alaisée d'argent, à une barre de même brochant sur le tout, et à la bordure aussi d'argent ». (D'Hozier.)

§ Ier.

1. — **Barre** (Hugues de la), Chev., sgr de Londières, épousa en 1428 ou environ Brunissande du Retail, dont il eut: 1° Antoine, qui suit; 2° Françoise, 3° Hardouin.

2. — **Barre** (Antoine de la), sgr de Londières, épousa en 1446 Jacquette Greffin, qui le rendit père de:

3. — **Barre** (Guillaume de la), Ec., sgr de Londières et du Cloudiz, qui de Marie Lambert, qu'il avait épousée en 1496, eut: 1° Etienne, qui suit, et 2° N.

4. — **Barre** (Etienne de la), sgr de Londières, du Cloudiz, épousa, vers 1528, Marguerite Guichard, dont sont issus: 1° Antoine, qui suit; 2° Arthus, dont la postérité sera rapportée au § II; 3° Louis, 4° Jean, 5° Perrine, dont nous ne connaissons que les noms.

5. — **Barre** (Antoine), Ec., sgr de Londières, était décédé le 19 juill. 1623. A cette époque, sa veuve Renée Giboreau rendait une déclaration roturière pour quelques immeubles à Barthélemy Maynard, Ec., sgr du Petit-Puy et de la Gourbellière, comme tutrice de ses enfants mineurs (Arch. du Mnt d'Airvau), dont nous ne connaissons que Daniel, qui paraît être décédé sans postérité.

§ II.

5. — **Barre** (Arthus de la), Ec., sgr du Cloudiz et de Londières, frère puîné du précédent, épousa, vers 1566, une autre Dlle Giboreau, nommée Renée comme sa belle-sœur. Il en eut: 1° René, qui suit; 2° Jeanne, 3° autre René, 4° Louise, 5° Balthazard.

6. — **Barre** (René de la), Ec., sgr de Londières, épousa, en 1604, Renée Mesnard, et fut père de: 1° Charles, qui suit; 2° Marguerite.

7. — **Barre** (Charles de la), Ec., sgr de Londières, Luzay, la Bouchardière, etc., fit, le 1er août 1664, un hommage des fiefs de Jaunasse et de Roche-Gabard au sgr d'Airvau, comme curateur des enfants mineurs de feu René (*aliàs* Pierre) Maynard, Ec., sgr du Petit-Puy et de la Fortinière, et de Marie du Plantis. Il avait épousé, en 1641, Louise de Beaumont, fille de René, Ec., sgr des Dorides, Luzay, et de Lucrèce Le Gras. Il était veuf avant le 23 avril 1657, ayant des enfants mineurs qui étaient: 1° René, qui suit; 2° autre René, dont la postérité sera rapportée au § III.

8. — **Barre** (René de la), Ec., sgr de Londières, Luzay, Sazai, la Geffardière, épousa, vers 1670, Charlotte de la Salle, qui se remaria à Charles de Rangot, Ec., sgr de Barrou. René fut père de Jacques-René, qui fit insérer son blason dans l'Armorial général du Poitou, élect. de Thouars, 1698.

§ III.

8. — **Barre** (René de la), frère puîné de celui qui précède, Ec., sgr de Beaumont, épousa en 1672 De Gabrielle de Gain, dont il eut: 1° Julien, qui suit; 2° Charles, mort sans postérité; 3° Marie, femme de N. de Rangot.

9. — **Barre** (Julien de la), Ec., sgr de Londières, épousa en 1703 Marie Rousseau, et fut père de: 1° Claude-Alexis, qui suit; 2° Louise, 3° Marie-Charlotte, qui épousa François Charles, Ec., sgr de Beaulieu.

10. **Barre** (Claude-Alexis de la), Ec., sgr de Londières, Puydoré, le Fort-de-Doux, marié en 1709 à Dlle Henriette le Maignan, qui le rendit père de: 1° Jean-François, sgr de Puydoré, passa à la Martinique en 1758, s'y maria 2 fois et mourut en 1773, laissant deux enfants: *a.* Jean, né vers 1761 (1er lit), et *b.* Catherine (2e lit). Il était décédé avant le 5 nov. 1766; 2° Alexis, qui suit; 3° Madeleine, 4° Louise-Agnès-Antoinette, à laquelle, dans un transport et vente, fait par Alexis son frère, de leur portion dans le fief de Pont-Moreau, du 5 nov. 1766, il est alloué une somme de 400 liv.; 5° Jean-François, 6° autre Alexis, 7° Henri.

11. — **Barre** (Alexis de la), Chev., sgr de la Martinière, la Boursière, etc., épousa, le 29 mai 1760, Henriette Fouchier de Pontmoreau, fille de François-Xavier et de Marianne de Rangot, dont il partage la succession, le 7 juill. 1763, avec Augustin-François de Fouchier, l'un de ses beaux-frères. Il était veuf le 22 janv. 1768, époque où il fit un partage, tant en son nom qu'en celui de ses enfants mineurs, avec André-Maxime et Augustin-François de Fouchier. Il eut pour enfants: 1° Augustin-Henri, qui, d'après une liste de St-Allais (t. 18), fit ses preuves pour l'école militaire en 1782, et sur lequel nous n'avons aucun autre renseignement; 2° N., qui devait être présenté au chapitre des comtes de Lyon. Allard de la Resnière fit en 1780 un mémoire sur ses preuves établissant la filiation ci-dessus.

BARRE (de la) **DE CHARGÉ LA MAISON-BLANCHE.** — Famille originaire Touraine, mais alliée et possessionnée en Poitou.

Nous puisons une partie des éléments de cet article dans la minute des confirmations de noblesse de cette de branche, que nous avons entre les mains.

Blason: « d'argent (ou d'or) à six croissants montant de sable, posés 3, 2, 1 ». (Arm. d'Anjou.)

1. — **Barre** (Guillaume de la), Ec., rend au Roi, le 7 oct. 1429, aveu de ses terres de Mons et de Chargé (près la Roche-Clermaut), mouvantes du chât. de Chinon. (Lautier, notre à Loches.) Il eut pour fils:

2. — **Barre** (René de la), sgr de la Baraudière et de Chargé, en rendit hommage le 1er janv. 1484 et fut père de FIACRE, par lequel commence la filiation donnée par la confirmation de Maupeou.

3. — **Barre** (Fiacre de la), Ec., sgr de la Baraudière, épousa, le 2 févr. 1526 (Bourru, notre à Maillé), Catherine DU PLESSIS, et en eut : 1° HARDOUIN, Ec., sgr de la Baraudière; 2° FRANÇOIS, qui suivra ; 3° JACQUETTE, qui épousa, le 2 févr. 1526 (Bourru, notre à Maillé), Pierre Duzès? Ec., sgr de la Ferrière. Ils transigent tous les trois, le 17 août 1548 (Picot, notre à Tours), sur la succession de leur père.

4. — **Barre** (François de la), Ec., sgr de Chargé, épousa, le 25 août 1544 (Perseval, notre à Chaumont-sur-Loire), Georgette DES SOURBIER, dont il eut :

5. — **Barre** (Nicolas de la), Ec., sr de Chargé, Rabaté, qui épousa, le 3 nov. 1575 (Chauvin, notre à Chinon), Guionne DU FÉ, ou DU FAY, *aliàs* D'USSÉ. Il résulte d'un certificat du 2 mai 1532, signé Le Roy, sgr de Chavigny, Cte de Clinchamps, que Nicolas de la Barre faisait partie des dix gentilshommes ordonnés par S. M. en la garnison du château de Chinon ; il était un des cent gentilshommes de la maison du Roi, suivant un certificat du lieutenant-général de Tours, qui le dispense de l'arrière-ban pour cette raison. Il eut pour fils :

6. — **Barre** (Pierre de la). La filiation de Pierre et son mariage ne nous sont prouvés que par les contrats de mariage de ses deux enfants, et par un décret des terres de Chargé et de Contré, fait au bailliage de Chinon, le 7 sept. 1644, sur Nicolas et Pierre de la Barre, Ec., et par lequel il paraît que Pierre de la Barre est fils de Nicolas et de Guionne du Fé. Il avait épousé Louise D'ANSELON ou D'ANCELON, de laquelle il eut : 1° CLAUDE, Ec., sgr de Contré et de Chargé, maintenu noble en Touraine le 30 août 1666, fut lieutenant-colonel du régiment de Périgord, servit sous le maréchal de Guébriant et fut aide de camp du Cte d'Harcourt. Il est mort à Champigny-sur-Veude, et y fut inhumé le 8 mai 1680. Il avait épousé, par contrat du dernier févr. 1636 (Chollet, notre du Msat de Mézières), Françoise BAUDICHON, fille de Guillaume, Ec., sgr de Villeret, et de Marie Bizay, dont il eut CHARLES, qui, en 1680, était cornette de la compagnie de chevau-légers du Mis du Coudray-Montpensier ; il avait épousé LOUISE-PHILIPPE, fille de N., sgr du Retail, dont il eut MARIE-CHARLOTTE, baptisée à Pamplie le 20 déc. 1666, et qui fut enterrée le 26 du même mois ; 2° PHILIPPE, qui suit.

7. — **Barre** (Philippe de la), Ec., sr de la Maison-Blanche, épousa en premières noces, le 2 juill. 1646 (Vernon, notre royal de la châtnie de Chaumont-sur-Loire), Marguerite LE COMTE ; il n'eut point, à notre connaissance, de postérité de ce mariage, et il épousa en secondes noces Dlle Elisabeth DE LA FOREST, dont il eut entre autres enfants :

8. — **Barre** (Philippe-Charles de la), Ier du nom, Ec., sgr de la Maison-Blanche, né le 25 mars 1663 (psse de Marsec). Il épousa, le 10 déc. 1689 (Gaudré, not. à Chinon), Dlle Marie RABAUD, fille de Gédéon, Ec., sr de Mathefelon, et de Marie Ladvocat. On voit par une pièce de procédure du 29 août 1736 qu'il était commun en biens avec sa femme, dont il était légataire universel. Il était, le 5 mars 1699, un des deux cents chevau-légers de la garde. Le 21 juill. 1700, il fut confirmé dans sa noblesse par ordonnance de M. de Maupeou, intendant de Poitou. Marie Rabaud étant morte, il se remaria, le 15 juin 1729 (Micheau et Boutheron, notres du duché de la Meilleraye), avec Dlle Renée-Florimonde DE VILLEDON, fille de feu Amable, Chev., sgr de Sansay, et de Anne Jousseaume, qui, veuve, se remariait, le 28 juill. 1738, avec Louis-Claude Janvre, Chev., sgr de la Moussière. Philippe-Charles se qualifia, dans son contrat de mariage, de Chev., sgr de la Maison-Blanche, Chev. de St-Louis, mestre de camp, 1er maréchal des logis des chevau-légers de la garde du Roi.

BARRE (DE LA) **DE LA BROSSE.** — Famille qui paraît être originaire des environs de Chinon ; elle a possédé plusieurs fiefs en Loudunais. On trouve des renseignements sur elle dans le Registre de Malte, prieuré d'Aquitaine (Bibl. de l'Arsenal, Paris), dans des notes de M. de la Mothe-Baracé, d'après les archives de son château du Coudray-Montpensier (près Chinon), et les dossiers de la biblioth. de Rouen, fonds Martainville.

Blason. — La Barre de la Brosse : « d'argent à 3 lions de sable, armés, lampassés, couronnés d'or » (Reg. de Malte) ; *aliàs* les lions de gueules. (Notes de d'Hozier).

§ Ier. — BRANCHE DE LA **BROSSE**.

1. — **Barre** (Guillaume de la), Ec., s de la Brosse (en Anjou), la Tuffière, les Hayes (L[illegible]unais), vivait au commencement du XVe siècle, suivant des notes peu sûres ; il testa, le 14 mars 1432, en faveur de sa femme. (Nous pensons qu'il y a là une erreur ; c'est peut-être un autre Guillaume de la Barre, père de celui-ci ; ou du moins la date est erronée ; car on trouve une sentence de Berthelot, lieutenant-gal de Touraine, en date du 20 janv. 1459, pour Guillaume de la Barre, contre Guillaume de Gordeau, sr de Fourchaux. Parmi les vassaux de Jean de Chateaubriant, sgr de Verrières en Loudunais, on trouve en 1450 et 1476 Guillaume de la Barre.) (N. féod.)

Il épousa, le 13 janv. 1438, Jeanne DU PUY, fille de Guyon, Ec., sr de Baché, et de Isabeau de Chevillé, dont il eut JEAN, qui suit.

2. — **Barre** (Jean de la), Ec., sgr de la Brosse, St-Clair et Montbrillais. (Ce degré est omis dans les preuves de Malte, mais c'est un oubli et le résultat d'une confusion, le père et le fils portant le même prénom.)

Jean comparut au procès-verbal de la Coutume du Loudunais en 1518. Il épousa, suivant la généalogie de Rouen, Renée QUIRIT, dame de Monbuez (psse de Veniers) en Loudunais, dont il eut : 1° JEAN, qui suit ; 2° THOMINE, qui épousa honorable homme Pierre Bourreau (qui transigeait, comme tuteur de ses enfants, le 1er mai 1507).

3. — **Barre** (Jean de la), Ec., sr de la Brosse, des Hayes, Monbuez, etc., se maria 2 fois (suivant le Reg. de Malte) : 1° avec Marguerite DE BRIE (des Brie-Serrant d'Anjou) ; 2° avec Mathurine DE LAUNAY, fille de Jean, Ec., sr de Long-Mortier ? et de Jeanne Gouffier. Il eut du 1er mariage : 1° JEAN, qui suit ; 2° JACQUES, qui transigeait avec son frère aîné le 31 oct. 1540, au sujet des successions de leurs père et mère ; et du 2e lit ; 3° CHARLOTTE, dont le mari, Jean de Champelais, Ec., sgr de la Bourdillière, transigeait avec Jean, son beau-frère, le 3 août 1548, au sujet d'un partage ; 4° CLAUDE, mineure en 1548, sous la tutelle de sa mère.

4. — **Barre** (Jean de la), Ec., sgr de la Haute-Brosse, Monbuez, etc., reçut le 5 nov. 1541, des élus de Baugé, un acte constatant qu'ils ont vérifié ses titres de noblesse, et le 8 mars 1551, un certificat de René de

la Jaille, capitaine général du ban et arrière-ban, attestant qu'il s'est présenté ledit jour à la convocation de l'arrière-ban du pays loudunais, où il fait sa continuelle demeure et résidence, pour faire service en personne en état d'archer. Jean avait épousé, par contrat du 6 août 1542, Marguerite Bourré, fille de feu Charles, Chev., sgr de Sarzé, et de Jeanne de la Jaille. Il eut pour enfants : 1° Jean, qui suit ; 2° Madelon, Ec., sgr de la Tuffière, qui transigeait avec son frère Jean le 1er mars, au sujet de la succession de leurs père et mère ; il épousa Renée le Gras, et eut pour fils Raoul, sgr de la Tuffière et de l'Isle, marié à Jeanne de Boucher ; 3° Claude, Ec., sgr de la Tuffière, lequel partageait, le 15 août 1600, avec Antoine Le Vacher, époux de Eléonore de la Barre, au mariage de laquelle il est qualifié de cousin germain paternel ; 4° Marguerite, qui était décédée avant le 1er mars 1575, et dont Jean et Madelon, ses frères, se partagèrent la succession ; 5° Antoine, chef de la branche de Saulnay, § II.

5. — **Barre** (Jean de la), Chev., sgr de la Brosse, des Hayes, de Brion (Anjou) et de Monbucz (Loudunais), etc., épousa, le 21 févr. 1570 (Rouillard, not., sous la cour de Tiffauges), Louise du Rivau, fille de René, Chev. de l'ordre du Roi, et de Renée de la Haye, sgr et dame de Villiers-Boivin. Il est à croire que dès cette époque il avait attiré sur lui l'attention du souverain par quelque signalé service, car, le 16 juin de cette même année, Charles IX lui écrivait pour lui annoncer qu'il voulait l'associer à la compagnie de son ordre de St-Michel, et qu'il envoyait pouvoir au vidame du Mans pour le recevoir audit ordre. Il ne jouissait pas d'une moindre faveur à la cour de Navarre, où il paraît qu'il avait été élevé par le père de Henri IV. Il existe encore deux lettres que ce prince lui adressa les 22 sept. 1575 et 27 avril 1585. (On peut les lire au tome 8, p. 287 et 350, du Recueil des Lettres missives de Henri IV.) Elles témoignent de l'affection que lui portait ce prince et de la confiance qu'il avait en lui.

C'est au même sans doute que s'adressait la lettre suivante (sans date) :

« Mons. de la Brosse, l'assurance que je toujours eu de la bonne volonté que portez à toutte nostre maison y ayant pris noriture, me faict vous envoyé ce gentilhomme présent porteur, lequel, je vous prie de croire ce qu'il vous dira de ma part et vous assuré que six me faytes en cela preuve de vostre amitié, que tout le bonheur quy me viendra de Dieu et de ma fortune je le feray commun avecq vous et vous feray tousjours paroistre que je suis vostre affectionné meilleur amy. — François de Bourbon. »

Les originaux de ces trois lettres, dont la dernière doit être du prince de Conti, se trouvaient aux archives du chât. du Coudray. En 1589, le 2 juill., Jean de la Barre recevait du Roi commission de lever cinq cents hommes de pied. Au mois de mars de cette même année, le même prince lui avait accordé une sauvegarde, l'exemptant du logement des gens de guerre, et le 20 juill., étant au camp devant Pontoise, il le charge de veiller à la garde des maisons de Jarzé et du Plessis-Bourré. Il fut dispensé par lettre du 3 nov. 1591, signée de François de Bourbon, de se rendre aux armées, y étant déjà remplacé par François du Persil, Ec., sgr de la Brisse. Il était décédé avant le 7 févr. 1598, date de lettres de sauvegarde accordées par le Roi à Louise du Rivau, sa veuve, dans lesquelles ce prince, qui le qualifie de gentilhomme de sa chambre, reconnaît qu'il lui a rendu de grands services, données à Paris, signées Henri, et plus bas Ruzé. De son mariage sont issus : 1° Louis, qui suit ; 2° Eléonore, qui épousa, le 15 août 1600 (Guérineau, not. à Saumur), Antoine Le Vacher, Ec., sgr de la Chèze, gentilhomme ordinaire de la chambre du Roi et du duc de Nemours, lequel partageait avec son beau-frère, le 1er déc. 1608, la succession de Jean de la Barre et de Louise du Rivau ; 3° Jacques, décédé avant le 1er déc. 1608, ainsi que 4° Charles. (On partage leurs successions en même temps que celle de leurs père et mère.)

6. — **Barre** (Louis de la), Chev., sgr de la Brosse et des Hayes, était déjà, lors de son mariage, Chev. de l'ordre du Roi. Il épousait, le 4 nov. 1610 (Fuzelier, not.), Marguerite de Chambes, fille de haut et puissant sgr Charles Cte de Montsoreau, Chev. de l'ordre du Roi, et de haute et puissante dame Françoise de Maridor. Le 28 févr. 1613, il obtint un brevet de retenue de gentilhomme ordinaire de la chambre du Roi, charge dont il prêta serment le 31 mars 1613, entre les mains de Henri de Lorraine, duc de Mayenne et d'Aiguillon, grand chambellan de France. En 1614, il fut chargé de faire une enquête sur une demande que les marchands français et étrangers, trafiquant le long de la côte de Guyenne, adressaient au Roi pour obtenir la levée de quatre compagnies de gens de guerre à pied, et de leur concéder l'autorisation d'armer « 4 barques de guerre », le tout à leurs frais, pour défendre les vaisseaux échoués sur ces côtes par l'effort de la mer, « contre les paysans qui se tiennent sur ladite côte avecq barques, pour piller et tuer les conducteurs et marchands et mettre le feu dans lesdits vaisseaux », etc. Nous ignorons quel fut le résultat de cette enquête.

Louis de la Barre était décédé le 28 juin 1634. De son mariage sont issus : 1° Françoise, qui, par contrat passé à Tours par Partai, épousa, le 15 août 1634, Henri de Maillé, Mis de Benehart. Françoise avait obtenu, le 28 juin de la même année, une sentence de confirmation de noblesse des élus de Baugé et, devenue veuve, elle se remaria, le 9 déc. 1652, à Charles de la Haye, Ec., sgr de la Godelinière ; 2° Anne, qui était mariée à René de Jussac, Chev., sgr de la Morinière, lors d'un partage qu'elle fit avec ses trois sœurs de la succession de leurs père et mère, le 29 mai 1645 ; 3° Susanne, dame de la Borde ; 4° Charlotte, mariée à Hercule de Maillé, Ec., sgr de la Guéritaude.

§ II. — Branche de SAULNAY.

5. — **Barre** (Antoine de la), Ec., sr de Saulnay, Angliers ? la Chortière (fils puîné de Jean, sgr de la Brosse, et de Marguerite Bourré, 4e deg., § Ier), partagea, le 17 mars 1598, avec la veuve de son frère aîné, la succession de Charles Bourré. Il épousa, le 16 juin 1588, Hélène de Razilly, fille de Gabriel, Ec., sr dudit lieu, et de Jeanne du Raynier, dont il eut entre autres enfants René, qui suit.

6. — **Barre** (René de la), Ec., sr de Saulnay, etc., épousa (vers 1625) Françoise de Maillé, fille d'Elie, Chev., sr de la Guéritaude, et de Madeleine de Chérité, dont il eut : 1° François, qui suit ; 2° Léonor, reçu Chev. de Malte en 1653 ; 3° Claude, né le 24 avril 1628, chanoine de St-Mesme de Chinon, maintenu noble en 1667 ; 4° Gabriel, jésuite ; 5° Madeleine, 6° Françoise, 7° Marie, toutes trois religieuses.

7. — **Barre** (François de la), Ec., sr de Saulnay, etc., maintenu noble à Tours le 6 févr. 1667, épousa, le 10 nov. 1667, Renée-Louise Aubéry, fille de Louis, sgr du Maurier, et de Marie du Buisson, dont il eut plusieurs enfants, entre autres René-Gabriel, né en

1677, reçu Chev. de Malte en 1680. Cette branche a continué de subsister, mais nous n'avons pas de renseignements sur la suite.

BARRE (de la) du Châtelleraudais, sr de la Massonnière, Villiers-Ste-Radégonde (Bibl. de Rouen, fonds Martainville). C'est probablement une branche de la Barre de la Brosse.

Barre (Simon de la), Ec., sr de la Massonnière, fit aveu de ce fief au sgr de Mondion le 9 déc. 1478. Il fit accord avec ses enfants le 12 févr. 1495, et fut témoin du partage des biens de Simon de Marconnay, le 6 mai 1516. Il eut pour enfants : 1° Mathurin, qui suit ; 2° Jean, 3° Christine, 4° Marie, 5° Catherine.

Barre (Mathurin de la), Ec., sr de la Massonnière, fit accord le 19 mars 1524 avec Jean de Lorri ? Nous pensons qu'il eut pour fils : 1° Adrien, qui suit ; 2° François, qui transige, le 11 sept. 1526, avec Françoise de la Touche, veuve de Joachim de Mondion.

Barre (Adrien de la), Ec., sr de la Massonnière, est cité dans l'aveu de ce fief fait par son petit-fils en 1595. Il eut pour fils : 1° Jacques, qui suit ; 2° Mathurin, 3° Pierre, 4° Florent.

Barre (Jacques de la), Ec., sr de la Massonnière, Villiers-Ste-Radégonde, fit cession de biens à ses frères ? le 16 déc. 1580. Marié, vers 1560, à Françoise de Nouzières ? il en eut : 1° Jean, qui suit ; 2° Jacquette, 3° Marie, 4° Marguerite. (Ils eurent procès à Châtellerault le 4 mai 1598, pour partage.)

Barre (Jean de la), Ec., sr de Villiers-Ste-Radégonde, fit aveu, comme représentant de son aïeul Adrien, le 7 août 1595, au sgr de Mondion. Il décéda vers 1630 ; ses enfants partagèrent ses biens le 10 sept. Marié, le 7 juin 1590, à Marie de Mondion, il en eut : 1° Charles, 2° Marie.

Barre (Charles de la), Ec., sr de Villiers-Ste-Radégonde, la Massonnière, chevau-léger de la compagnie de M. de Beauvau, fut maintenu noble en Touraine le 10 mai 1635. Il comparut en 1651 à la réunion des nobles du Poitou pour nommer les députés aux Etats généraux. (Nous n'avons pas de renseignements sur sa postérité.)

BARRE (de la). — Famille noble qui habitait les confins de la Bretagne et du Bas-Poitou. On trouve un fragment de sa filiation dans un arrêt de la cour des aides, du 19 juin 1679. (Bibl. de Rouen, fonds Martainville, et vol. 202, Pièc. orig., Bibl. Nat.)

Blason : d'azur à trois fasces d'argent.

Barre (Pierre de la), éc. sgr du Mortier-Boisseau, était en instance à la sénéchaussée présidiale de Poitiers en 1641. (Registre des conclusions du parquet.)

§ Ier. — Branche de la **COUTARDIÈRE**.

1. — **Barre** (Jean de la), Ec., donna procuration le 15 juill. 1554 ; il est dit gentilhomme de François de Vendôme, vidame de Chartres. Il avait épousé Marie du Hamel, dont il eut :

2. — **Barre** (Bertrand de la), Ec., épousa, le 8 août 1565, Hiéronyme de Gastinaire (remariée, le 10 janv. 1581, à David de Ramsay), fille de Raymond, Ec., sr de Meslay, et de Catherine Morin, dont il eut : 1° Daniel, né en 1566 ; 2° Jacques, 3° Pierre, 4° Samuel, qui suit ; 5° Elie, qui a eu postérité (§ II) ; 6° Gédéon, 7° Paul, 8° Isaac, 9° Susanne, 10° Paul, né en 1577.

3. — **Barre** (Samuel de la), Ec., passe acte le 26 mai 1591, et fait accord avec son frère le 3 août 1598. Il épousa, le 2 févr. 1597, Elisabeth Bigot, fille de Michel, Ec., dont : 1° Gédéon, 2° Enoch, qui suit ; 3° Henri, 4° Jeanne, mariée à François de Goulaine ; 5° Paul, 6° Marie, qui épousa, croyons-nous, Elie Royrand ?

4. — **Barre** (Enoch de la), Ec., sr de la Reneaulière, fit accord avec les parents de sa femme le 21 sept. 1650, et fut maintenu noble à Bazôges-en-Paillers, élect. de Mauléon (Vendée), par Barentin, le 7 sept. 1667. Marié, le 12 juill. 1635, à Anne de Montsorbier, fille de Jean, Ec., sr de la Braillère, et de Jacqueline de L'Espinay, il en eut : 1° Hélie, qui suit ; 2° Marie.

5. — **Barre** (Hélie de la), Ec., sr de la Coutardière ou Coytardière (psse de Bazôges-en-Paillers), maintenu noble avec son père, obtint arrêt en cour des aides contre les habitants de Bazôges, en 1679 ; il fit partie du ban de 1690 et servit dans le 2e escadron de celui de 1695. Marié, le 8 mai 1663, à Marie de Goulaine, fille de Gabriel et de Louise Maistre, nous pensons qu'il eut pour fils :

6. — **Barre** (Henri de la), Ec., sr de la Reneaulière, fit inscrire son blason à Fontenay en 1698. Il épousa Marie-Bénigne le Geay. Le 25 sept. 1709, il assistait, comme cousin du futur, au mariage de Gilles Durcot, Ec., sgr de la Maison-Neuve, et de Renée Marin.

§ II. — Branche du **MORTIER-BOISSEAU**.

3. — **Barre** (Elie de la), Ec., sr du Mortier-Boisseau (fils puîné de Bertrand, 2e deg., § I), fut tuteur de ses neveux en 1610. Marié, le 15 déc. 1592, à Judith Perrin (remariée depuis à Adam Marin, Ec.), fille de Pierre, Ec., et de Jeanne Gaillard ? il en eut : 1° Pierre, 2° Susanne.

4. — **Barre** (Pierre de la), Ec., sr du Mortier-Boisseau, épousa : 1° le 16 déc. 1632, N. ; 2° le 15 janv. 1655, Madeleine Simon, fille de Thomas, Ec., et de Marie de La Rochefoucauld, dont il eut : 1° Louis, Ec., sr de Mortier-Boisseau, né en 1675, marié à Jeanne Proust (nous ne savons pas s'il eut postérité) ; 2° René, qui suit.

5. — **Barre** (René de la), Ec., sr du Chastelier, épousa, le 19 déc. 1693, Anne Dupas, fille de Michel et de Louise Cossard, dont il eut :

6. — **Barre** (René de la), Ec., sr du Chastelier, né le 20 août 1698, maintenu noble, par arrêt de la cour des aides août 1735), épousa, le 24 août 1731, Jeanne Bernard, fille de N., Ec., sr de Grand-Maison, maître des comptes à Nantes, dont : 1° François-René, né à Nantes le 15 juill. 1738 ; 2° Jacques-Claude-Elie, né le 7 févr. 1745, page du Roi en 1759.

BARRE (de la) en Loudunais.

Barre (François de la), orfèvre-joaillier de la Reine-mère, fit aveu de la sgrie de la Jaille au château de Loudun de 1637 à 1669. (N. féod.)

BARRE (de la). — Autre famille.

Les notes qui suivent nous ont été communiquées par feu M. de Gennes-Sanglier.

Blason : d'azur à la bande d'or, accostée de deux croissants montant d'or.

Barre (Jean de la), sgr de Lestanget d'Avon, suivit du Guesclin dans sa campagne en Espagne et devint plus tard bailli du Lude : il eut un fils, Aymeri, lequel fut tué à la bataille de Maupertuis, fut inhumé chez les Cordeliers de Poitiers, et dont la descendance aurait donné deux lieutenants-généraux, trois lieutenants particuliers et deux lieutenants criminels au siège de Chinon, un conseiller au Parlement de Paris, un aumônier de la reine Marie de Médicis. (Tous ces renseignements sont erronés.)

Barre (François de la), Ec., s[r] de Vov (Vaon ? p[sse] des Trois-Moutiers), lieutenant particulier au bailliage de Chinon, épousa Marie SANGLIER, qui était veuve en 1698 (fille de Gilles, Ec., s[r] de la Nobleye). Ils eurent 3 filles : 1° ANNE, 2° MARIE, 3° JEANNE.

BARRE (DE LA), VICOMTES DE BRIDIERS. — Cette famille est d'origine étrangère au Poitou.

Blason : d'argent au chevron de gueules et 3 étoiles (ou molettes) de sable. (Mais on doit ajouter un chef d'azur, *aliàs* de gueules.)

Antoine de la Barre, évêque d'Angoulême et archevêque de Tours, 1528, ajoutait un chef d'azur et une bordure engreslée de sable. (Arm. de Touraine.) Mais son sceau en 1526 ne porte point cette bordure ; on y voit seulement un chef. (Bibl. Nat. Fonds Franç. 20879, n° 69.)

Barre (Jean de la), (fils d'un secrétaire du Roi et petit-fils de Jean de la Barre, huissier du Parlement), fut Chev., Cte d'Estampes, Vte de Bridiers, Bon de Veretz, chambellan du Roi, garde de la prévôté de Paris, etc. (frère ? de l'évêque d'Angoulême) ; épousa Marie DE LA PRIMAUDAYE, fille d'un secrétaire du Roi, dont il eut : 1° MARGUERITE, mariée à François de Courtenay, sgr de Bléneau ; 2° DENISE, V[tesse] de Bridiers, mariée à Jean d'Estouteville ; elle fut appelée à comparaître à la réformation de la Coutume du Poitou en 1559, comme dame de la V[té] de Bridiers ; 3° RENÉE, mariée à Jean de Varie, Chev., sgr de l'Ile-Savary, dont les enfants possédèrent la vicomté de Bridiers.

BARRÉ. Voir **LA BARRE** ET **BARRET**. — On trouve ce nom très anciennement et un peu partout dans notre province. Nous allons, autant que possible, distinguer les familles qui l'ont porté, après avoir donné les noms des personnes que nous n'avons pu rattacher à aucune des filiations qui vont suivre.

Disons aussi que très souvent il est difficile de distinguer Barre de Barré, l'accent, dans les anciennes copies, n'étant pas toujours placé sur l'*e* final. Nous avons établi les deux noms, lorsque nous étions incertains du véritable.

Barré (Béraud), Chev. Son fils, nommé HUGUES-MESCHIN, fait en 1190 don de plusieurs héritages à l'abb. de Ste-Croix de Poitiers. (D. F. 5.)

Barré ou **Barre** (Guillaume), Chev. Le comte de Poitou lui rend ses terres qui avaient été laissées sans culture dans son fief près de la forêt de Vasles, 1264. (A. N. c[on] 190, 196.)

Barré ou **Barre** (Guillaume), Chev., avait, le 16 mars 1278, des propriétés dans les p[sses] de Cuhon et de Bournezeaux, conjointement avec Pierre de Taunay, valet, et Thibaud Grimaud, Chev. (D. F.)

Barre ou **Barré** (N.), Chev., est nommé dans des lettres d'Yolande, dame de Mirebeau et de Blason, du 16 mars 1278. (D. F. 11.)

Barre (Laurent), prêtre. Pierre Viete le présente comme chapelain de l'antique chapelle de St-Thomas à Parthenay. Il fut un des témoins du testament de ce Pierre Viete (1281.)

Barre de Gruin (Bernard), mort assassiné. La cour du sgr de Parthenay condamne ses meurtriers, 1322. (Ledain, Gâtine.)

Barre (Jean) fut remplacé à l'arrière-ban du Poitou convoqué en 1489 par Jehan Mesmeteau. (Doc. inéd.)

Barré (N.), sgr de Villeneuve, eut une fille, ISABEAU, qui, en premières noces, épousa, vers 1540, René d'Argence, Ec., sgr du Soucy, et se remaria, vers 1580, à Jean Chasteigner, sgr d'Izeure.

Barré (Marie), mariée à Jean Poussard, accoucha, p[sse] de Sayvre, le 4 avril 1621, d'un fils baptisé au temple de St-Maixent, le 20 mars 1623 ; elle eut un autre enfant, qui fut baptisé au même lieu.

Barré ou **Barre** (Madeleine) et Antoine Fareval, Ec., son époux, se faisaient donation le 1er sept. 1640 (Groisson, not[re] royal à la Mothe-St-Héraye). (Greffe de St-Maixent.)

Barré (Samuel), s[r] de Thoiré, fut assassiné par Denis David, comme il ressort d'une plainte présentée par N. BRETHÉ, sa veuve, le 1er juin 1656, et des conclusions du ministère public. Ladite Brethé est déclarée roturière dans le Catalogue annoté des gentilshommes de la généralité de Poitiers (1667).

Barré (Pierre et Jean) furent persécutés comme protestants par l'intendant du Poitou, en 1681. (Notes de Richemond.)

Barré (Isaac), s[r] du Négrier, et

Barré (Pierre), s[r] de Chassivolle, l'un et l'autre bourgeois, demeurant p[sse] de Rom, sont portés sur la liste des nouveaux convertis imprimée en 1682.

Barré (Marc), procureur au siège de Châtellerault, eut de Marie BLAY deux filles, MARIE et LOUISE, qui, en 1686, rendent aveu au sgr de Châtellerault de leur terre de Mauléon ? relevant du chât. dudit lieu. (N. Féod. 65.) Leur père avait rendu le même aveu le 20 juill. 1671. (Bur. des finances.)

Barré (René) assiste comme oncle du futur au contrat de mariage de Raymond Sabouraud, s[r] des Planches, avec D[lle] Marie Parenteau, célébré le 4 juill. 1695, à N.-Dame de Fontenay.

Barré ou **Barre de la Grange** (Louise) épousa, vers 1730, Luc Bouhier, Ec., sgr de la Davière, major de l'Ile de Noirmoutiers.

Barré (Pierre), prêtre, fonda une chapelle dans l'église d'Augé. (Pouillés 1782 et 1860, sans date.) Il y avait aussi une chapelle des Barré p[sse] de Paizay-Naudouin, Charente. (Id.)

BARRÉ. — Il a existé à Poitiers, à des époques différentes, deux familles de ce nom qui n'ont entre elles aucun rapport. La première, qui a donné à cette ville un maire au milieu du XIVe siècle, paraît s'être éteinte peu après. La seconde, originaire de Mirebeau, ville où elle jouissait d'une certaine notoriété, n'est venue s'y établir qu'au milieu du XVIIe s[e]. Ses représentants ont honorablement marqué dans la corporation des marchands.

Blason. — L'Armorial des maires de Poitiers attribue à Barré, maire en 1333 : d'azur au chevron d'argent (ou d'or), accompagné en chef de 2 croissants d'argent, et en pointe d'un cygne de même. Ce doit être une confusion avec le blason des Barré de Mirebeau au XVIe siècle.

Barré ou **Barre** (Jean) était en 1333 porteur du scel royal à Poitiers, l'était encore en 1348 et 1352. Il fut maire de Poitiers de 1346 à 1348. Ce fut pendant sa mairie que la ville fut prise par le Cte de Derby. Il paraîtrait qu'il remplissait les mêmes fonctions en

1350, d'après un mandement qu'il donnait en cette qualité, le 18 avril de cette année, à Pierre Le Benon, receveur à l'aide, de donner à Mess. Jehan de Lille-Ogier, sire de St-Mars, lieutenant du Roi en Poitou, la somme de 400 liv. tournois, pour payer les gens d'armes sous ses ordres. Scellé d'un scel en cire brune représentant une fleur de lis. (Arch. D.-S.)

Jean était mort avant le 12 juin 1362, date d'un accord passé entre Guillaume Barré, son frère et son héritier, et Jean de la Barre, clerc, procureur de la ville de Poitiers, au sujet d'une somme de 420 liv. que Jean Barré devait à la ville. Guillaume céda à la commune tous ses droits à la succession de son frère, moyennant la somme de 25 guyennois d'or. (Arch. de Poitiers. M. A. O. 1882, 111.)

Barré (Jean) était en 1389 garde du scel royal à Poitiers pour le duc de Berry Cte de Poitou. (F.)

Barré (Jean) épousa, vers 1450, Jeanne Mouraud, fille de Simon, échevin de Poitiers.

Barré (Jean), marchand, mourut à Poitiers au mois de juin 1525, à l'âge de 25 ans. Jean Bouchet lui consacre une de ses épitaphes, dans laquelle il fait son éloge, ajoutant qu'il était *très joli garçon*.

Barré (Charles) était en 1571 l'un des enquesteurs examinateurs en la sénéchaussée de Poitou. (F.)

BARRÉ. — Famille qui est venue de Mirebeau s'établir à Poitiers.

La majeure partie des détails qui vont suivre sont extraits du Journal d'Antoine Denesde et de Marie Barré, sa femme, publié par M. Bricault de Verneuil dans le tome XV des Archives Historiques du Poitou.

Blason : d'azur? au chevron d'argent? accompagné en chef d'une croisette d'or à dextre, d'un croissant d'argent à senestre, et d'un cygne de même en pointe. (Journal Denesde.)

Barré (Baptiste), gardien des Cordeliers de Mirebeau, fut l'un des opposants à l'établissement des PP. Recollets dans cette ville, 7 mai 1615. (D. F. 18.)

Barré (Jean), marchand drogeur? fut nommé consul le 11 janv. 1629.

Barré (Gabriel), s^r du Fougerais (probablement fils aîné d'Yves ; voir filiation suivie), conseiller du Roi à Mirebeau, était décédé avant le 13 oct. 1659, laissant pour veuve Claude Cabaret, qu'il avait épousée le 26 juin 1633.

Barré (Marie), que nous croyons sœur de Gabriel, était morte avant le 18 oct. 1652. Elle avait épousé François Ragonneau, s^r du Temple, élu en l'élection de Richelieu.

Filiation suivie.

1. — **Barré** (Yves), sgr du Fougerais, avocat à Mirebeau, épousa Anne-Marie Béraudin, dont il eut : 1° (sans doute) Gabriel (voir noms isolés) ; 2° Pierre, qui suit.

2. — **Barré** (Pierre), né p^sse de N.-Dame de Mirebeau, le 13 août 1593, vint s'établir à Poitiers, où il exerça la profession de marchand de draps et soies. Il jouissait sans doute de l'estime de ses concitoyens, car il fut à plusieurs reprises nommé juge et consul de sa corporation (1622, 1625, 1636) ; en 1630, fut un des marchands qui, lors de la disette, achetèrent les blés nécessaires à l'alimentation des ouvriers et habitants pauvres de Poitiers. Il fut chargé à deux reprises de l'honorable et dangereuse mission de l'administration et surveillance de l'hôpital des pestiférés (1631, 1638). Il mourut à Paché, le 13 juill. 1662, à l'âge de 69 ans, laissant de son mariage avec Marie Pommeraye : 1° François, né à Poitiers le 4 sept. 1620, prit possession, le 27 juin 1642, du prieuré de St-Porchaire, fut nommé, en oct. 1664, chanoine de la cathédrale de Poitiers. Il fut exilé à Guéret, par lettre de cachet du 2 juin 1660, sur la plainte de l'évêque avec lequel le Chapitre était en dissentiment. Il y resta un mois.

2° Marie, qui épousa, le 14 janv. 1638 (Bourbeau, not.), Antoine Denesde, marchand ferron, auteur du Journal dont nous avons parlé plus haut. Marie continua l'œuvre de son mari décédé le 1er janv. 1659, jusqu'à son propre décès survenu en juin 1691. Le 11 dudit mois, elle fut inhumée dans la chapelle St-Clair de l'église de N.-Dame-la-Grande, près de son époux. « Sa rédaction, nous dit M. Bricault de Verneuil (*l. c.*), nous paraît supérieure à celle de son mari ; on devine en elle une personne d'une instruction sérieuse, à laquelle vient s'unir beaucoup d'esprit et de bon sens. »

3° François, qui suit ; 4° Renée, née le 20 mars 1626, épousa, le 4 févr. 1648, Pierre Thomas, procureur au Présidial de Poitiers ; 5° Hélène, née le 17 mars 1630, mariée, le 8 févr. 1655 (Bourbeau, not.), avec André Manduyt, docteur en médecine de l'Université de Montpellier. Elle était décédée le 30 janv. 1712, date du partage de sa succession entre ses enfants.

3. — **Barré** (François), né le 16 août 1627, marchand à Poitiers, marié, le 25 janv. 1656, à Françoise Pellerin, fille de Nicolas, procureur au Présidial, et de Anne de Fouasseau. Il eut de ce mariage entre autres enfants un fils, François, qui fut nommé curé de Mazières, sur la démission de M. Varin ; et peut-être Gabriel, qui suit.

4. — **Barré** (Gabriel), avocat au Présidial de Poitiers, vivait en 1700 ; inscrit d'office à l'Armorial du Poitou : « Barré d'or et de gueules de 5 pièces ».

BARRÉ, originaire de Couhé.

Barré (Pierre), s^r de Reigné, l'un des six-vingt chevaucheurs de l'écurie du Roi, fit vente à Rom, en 1612 ; il épousa, vers 1600, Marie Delasalle. Il décéda en 1621, sénéchal de la sgrie de Boissec. Inventaire fut fait de sa succession en présence de ses enfants : 1° Madeleine, mariée, le 21 avril 1620, à Pierre de Lugré, docteur en médecine ; 2° Isaac, sénéchal de Montreuil-Bonnin ; 3° Judith, mariée à Jacques Vynu ; 4° Susanne, mariée à François Goirin ; 5° Anne, épouse de René Baudouin. (A. Vien. E² 233.)

Barré (Pierre), sgr de Chassignole (probablement petit-fils du précédent), officier des chasses de S. A. R. le duc d'Orléans, épousa, vers 1680, Marie Desanges, dont il eut Marie-Anne, mariée, le 6 août 1709 (not. à Couhé), à Charles-Claude d'Anché, Ec, s^r de la Guerrière.

BARRÉ à Niort et Fontenay.

Blason : « d'argent au sautoir de sinople et un lambel de gueules en chef ». (Arm. Poitou. Déclaré en 1698 par Jean Barré, sénéchal de Vouvant.)

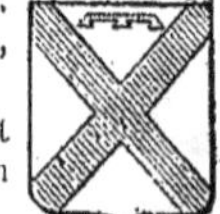

1. — **Barré** (Jean) fut pair de Niort en 1615, puis sénéchal de Vouvant. On le croit père de

2. — **Barré** (Michel), sgr de la Thibaudière, la Sourderie, lieutenant de robe courte du vice-sénéchal d'Aunay, marié à Hélène Boutureau fille de Mathurin, élu à Fontenay. (Partage, 1640. A. Vien. G. 968.) On pense qu'il eut pour enfants : 1° Jean, qui suit ;

2° JEANNE, mariée à François Bocquier, s^r des Essarts.

3. — **Barré** (Jean), sgr de la Thibaudière, sénéchal de Vouvant, épousa Catherine DUBOIS, fille d'André-Roland, sénéchal de Vouvant, et de Jeanne Dejean ; elle était sa veuve en 1712.

BARRÉ, SEIGNEUR DE LA RICOTTIÈRE (p^sse de Puymaufray, Vendée). — Famille noble, dont nous avons pu suivre (hypothétiquement), grâce à de bienveillantes communications, la filiation du XVIe au XIXe siècle.

Blason : (peut-être) d'argent au sautoir de sinople, accompagné d'un lambel de gueules en chef. — L'Armorial du Poitou attribue d'office à Marie Barré, femme de François Sochet : « Barré de gueules et d'argent de 6 pièces, à l'aigle d'azur brochant sur le tout. »

Noms isolés.

Barré (Jeanne), femme de Jean Imbert, vivait en 1517.

Barré (Marie) avait épousé, le 15 janv. 1662, Jean Foucher, Ec., sgr de la Fumoire. (G^ie Foucher.)

Barré (François), s^r de la Gobinière, demeurant en la maison noble de la Ricottière, rend aveu au chât. de Fontenay-le-Cte, en 1674, de la terre et sgrie de Lavau, saisie par décret sur Elisée de la Valade et Marie Genays, sa femme. (N. Féod. 65.)

Barré (Pierre), Ec., sgr de Bourneuf, fut inhumé, le 30 janv. 1671, dans l'église de Puymaufray. (Reg. parois.)

Barré (Julien), Ec., sgr de Bourneuf, est cité dans un acte de 1691 des Reg. de la p^sse de St-Hilaire-du-Bois (Vendée).

Barré (Marie) était en 1693-1701 femme de François Sochet, sgr de Serville, capitaine de vaisseau.

Barré (François), Ec., sgr de la Ricottière (peut-être celui relaté plus haut, 1674 ?), fut inhumé, le 23 oct. 1693, à Puymaufray ; il était âgé de 50 ans. (Reg. de Puymaufray.)

Filiation suivie.

1. — **Barré** (Jacques), Ec., sgr de la Ricottière, épousa Jacqueline DES OULLIÈRES, fille d'Antoine, Ec., sgr du Puitumer, et de Guillemine Pelloquin. Le 26 juin 1590, ils transigeaient avec Octavien Brochard de la Roche-Brochard et Isabeau des Oullières, sa femme. Jacques Barré et sa femme sont cités dans un arrêt rendu en 1597 par la sénéchaussée de Poitiers en faveur du Chapitre de Luçon, pour des droits de fiefs. (Constant, sur la Coutume de Poitou.) Ils eurent plusieurs enfants, dont nous ne connaissons que : 1° GILLES, qui suit ; 2° JEANNE, mariée à René Gervier, Ec., sgr de la Pitardière ; 3° N., dont le fils GUILLAUME, sgr de la Maison-Neuve, assistait Philippe de Chateaubriand, Cte de Grassay, dans un acte de rétrocession passé entre lui et Giron de Bessay, Ec., sgr des Granges, en date du 14 avril 1615 (Robert, not. à Fontenay), (O. B. Fillon) ; fut présent et qualifié de cousin germain au contrat de mariage de Catherine Barré, fille de Gilles, qui suit.

2. — **Barré** (Gilles), Ec., sgr de la Ricottière, épousa Jacqueline DE LA COURT, fille de René, Ec., sgr du Fenioux, dont il eut : 1° PIERRE, tué en Piémont, au service du Roi ; 2° NICOLAS, qui suit ; 3° CATHERINE, mariée, par contrat du 18 févr. 1636 (Prélereau, not. royal à Bournezeau), à Pierre Simonneau, Ec., sgr de la Barre-Fourbault ; elle est morte au chât. du Puitumer, le 4 août 1674, âgée de 79 ans ; 4° MARIE, D^e du Paleron, qui épousa Pierre Gonnaud, sgr du Vignault ; 5° et 6° RENÉ et FRANÇOIS, moines, qui assistèrent au contrat de mariage de leur sœur Catherine. (G^ie Simonneau.)

3. — **Barré** (Nicolas), Ec., sgr de la Ricottière, né en 1619 à la Ricottière, fut déclaré incapable de gérer son bien, à la requête de ses deux sœurs, qui se partagèrent ses biens. L'une eut la terre de la Ricottière, l'autre celle du Puitumer, moyennant une pension alimentaire qu'elles devaient payer à l'interdit. Mais celui-ci, au bout de 6 années, trouva un avocat qui fit annuler l'interdiction, et l'on prétend qu'en reconnaissance Nicolas épousa la fille de son défenseur, dont on ne donne pas le nom, ce qui pourrait faire douter de la vérité de l'anecdote; toujours est-il qu'on lui donne pour fils JULIEN, qui suivra. Nicolas mourut à l'âge de 60 ans, en 1679, et fut inhumé dans l'église de St-Martin-Lars, sous le banc du sgr du Puitumer.

4. — **Barré** (Julien), Ec., sgr de la Ricottière, épousa Françoise-Thérèse BASTARD, dont entre autres enfants :

5. — **Barré** (Philippe-François), Ec., sgr de la Ricottière, marié, le 3 mai 1726, à Marguerite DE CHAMPIGNY, fille de Jacques et de Marguerite Talin ou Ralin (Perrel, not. à Ste-Hermine). De ce mariage est issu :

6. — **Barré** (Philippe-Jacques-Julien), Ec., sgr de la Ricottière, Chev. de St-Louis, né audit lieu le 24 mai 1726, a servi dans les gendarmes de la garde, et fit toutes les campagnes de la guerre de Sept Ans. Il est mort dans son château de la Ricottière en 1818, sans laisser de postérité, bien qu'il se fût marié deux fois : 1° à N. PASTOUR, 2° le 14 avril 1785, à Luçon, à Charlotte CITOYS, fille de Louis, Ec., sgr de Biron, et de Françoise-Charlotte de la Forest.

BARRÉ DE SAINT-VENANT, DE CHABANS, ETC. — Famille établie à Niort au XVIIIe siècle.

Barré de Chabans (Alexis-Louis-Paul-Benjamin), colonel d'infanterie, Chev. de St-Louis, officier de la Légion d'honneur, épousa Cécile-Elisabeth Mono MALIPINO, fille d'Alexandre, amiral vénitien (de la famille de Christophe Moro, doge au XVe siècle), dont il eut : 1° MARIE, qui a épousé, le 24 août 1842, Charles Rouget La Fosse ; 2° JOSÉPHINE-CORALIE-CÉSARÉE, mariée, le 29 avril 1844, à Georges de Grimouard.

BARREAU. — V. **BARRAUD, BARRAULT, BARRO, BARROU.** — Le nom de la famille de Barro ou de Barrou en Thouarsais est souvent écrit de Barreau.

Barreau (Mathée) était en 1280 épouse du s^r de Rorthais. (G. de Rorthais.)

Barreau (Pierre) est cité dans une transaction en vertu de laquelle Regnaud Bertrand, commandeur de Montgauguier, est maintenu en possession des droits de haute, moyenne et basse justice à Montgauguier, 2 mars 1284. (Doc. inéd.)

Barreau (Jean), tenant en parage divers domaines du fief de Bors (ou Bours), p^sse d'Ambières en Châtelleraudais, est nommé dans un aveu de 1363. Il paraît avoir eu pour fille :

Barreau (Jeanne), mariée à Charlot de Jaunay. Ils tenaient en parage le fief de Bours en 1388.

Barreau (Jehan) dit Verdon, rappelé dans un aveu rendu au duc d'Anjou le 16 juill. 1409 par Guillaume de Craon. (M. A. O. 1871, 440.)

Barreau dit de Poitiers et N. Bois-du-Trait, hommes d'armes. Combat entre eux et Pierre Voiron, sgr de Vauroux, vers 1556. (A. N. J. Reg. 263, 561.)

Barreau (Mathurin) était receveur des tailles dans l'élection de Thouars, en 1587 et 1596. (M. A. O. 1883, 395.)

Bareau (Ambroise) fut femme de Léon Pignonneau. Leurs biens se partageaient entre leurs enfants le 3 mars 1589. (Gén. Pignonneau.)

BARREAU EN CHATELLERAUDAIS.

Barreau (Pierre), sr de la Frappinière, ne fut pas maintenu noble en 1667. (St-Romain-sur-Vienne.)

Barreau (Claude), sr de la Frappinière, habitant Dangé en 1688, épousa Gilberte du Magnou.

BARREAU EN LOUDUNAIS, écrit souvent BARRAULT et BARRAUD.

Barraud (Jean), sgr de Mauluy, fut chargé par Hélène Gouffier, veuve de L. de Vendôme, prince de Chabanais, de faire en son nom au Vte de Thouars l'hommage de la terre de Pouzauges, le 13 avril 1531. Il était sénéchal de Monchamps et du Parc, et le 30 juin il prenait la qualité d'Ecuyer et se disait sénéchal de St-Paul-en-Pareds. Le 22 sept. 1530, il fut nommé arbitre au sujet des droits honorifiques que se disputaient Pierre et Jacques de Daillon dans l'église de Serqueux. (D. F.)

Barreau (N.) eut pour enfants : 1° Vincent, 2° Françoise, mariée à Me François Lebrun, demeurant à Mauluy. (Ils donnent procuration sous le scel de Faye-la-Vineuse, 16 avril 1612.)

Barreau (Vincent), avocat au Parlement de Paris, fut héritier avec sa sœur de Me Claude Lussault. Il donne quittance le 19 janv. 1617, signée Bareau. (Bibl. Nat. Pièc. orig. 195.)

BARRÈRE ou BARRIÈRE.

Barrère (Jean-Pierre ? de), sgr Bon de Ste-Gemme de Luçon, mourut en 1738, gouverneur et commandant les armées du Roi.

Barrère (Antonin de). Son frère fut tuteur honoraire des enfants du défunt.

Barrère (Françoise-Marguerite de), sœur du précédent, était, le 1er août 1740, épouse de Jacques Leblois, conseiller au Parlement de Navarre.

BARRES (des).

Barres (Jean des), Chev. poitevin qui, lors de la déroute de l'armée anglaise à Saintes (1242), se précipita dans cette ville avec six autres chevaliers, où ils furent faits prisonniers par les Anglais.

Barres (Marguerite des) fait, le 28 avril 1289, une donation « *à son cher seigneur* » Girard Chaboz, Chev., sgr de Rais et de Machecou. Acte scellé à la Roche-sur-Yon.

Barres (Antoine des) fut abbé commendataire de l'abbaye de St-Hilaire de la Celle de 1494 à 1514. (Gall. Christ.)

Barres (Bernard des), Ec., cousin de l'abbé de Fontgombauld, et Gilles du Breuil, Ec., sgr de Tessonnières, son beau-père, demeurant à Bosse-Borde ? en Poitou, combattent en 1493 contre les religieux de l'abb. d'Angle. (A. N. J. Reg. 226, 135.)

Barres (François des), sgr des Roches, épousa Anne de St-Michault, fille de Jean, élu à Fontenay, et de Elisabeth Viete, dans la première moitié du xviie s°.

BARRET. — V. BARRÉ. — Nom que l'on trouve très anciennement cité dans les chartes du Poitou. Une famille Barret a été sgr de Clessé (D.-S.), dans la mouvance d'Airvau, de 1399 à 1475. Peut-être est-ce la même qui a donné son nom au Breuil-Barret.

Barret (*Gaufridus*) est relaté dans plusieurs chartes de l'abb. de St-Cyprien, vers 1085, et fait lui-même divers dons à ce monastère. (D. F. 7. A. H. P. 3.)

Barret (Robert), *miles*, témoin de la renonciation faite en 1180, par Aymar Cte d'Angoulême, à ses prétentions sur l'abbaye de Bassac en Saintonge. (D. F. 1.)

Barret (*Willelmus*), *miles*, témoin d'une cession faite à l'abb. de Ste-Croix par Marguerite de Berrie, veuve de Hugues d'Amboise, en avril 1216. (Id. 5.)

Barret (A.) disputait quelques dîmes au maître-école de St-Hilaire de Poitiers, prieur de St-Aubin près Parthenay. Une sentence arbitrale d'Arbert, archidiacre de Thouars, met en 1224 un terme à ce différend. (D. F. 19.)

Barret (Guillaume), Chev., donne en 1226 une rente d'un septier de seigle à l'abb. de Chambon, pour le repos de l'âme d'Aimeri VII, Vte de Thouars. (Cart. de Chambon. M. Stat. 1873, 226.)

Barret (*Odo*), *miles*, est cité dans le testament d'Eustache de Mauléon du mois de févr. 1243.

Barret (Simon), valet, était seigneur suzerain de fiefs situés à Bouin et Neuvy, près Airvau, donnés à Bourgueil en 1274.

Barret (Jehan). Son nom se trouve relaté dans les statuts de l'abb. de Montierneuf dressés le 11 nov. 1302. (D. F. 19.)

Barret (Ithier) servait en homme d'armes au mois de déc. 1341.

Barret (Pierre), Ec., sgr de la Chèze près Latillé (Vienne), rendit, le 13 juin 1378, hommage de ce fief au sgr de Montreuil-Bonnin, auquel il devait un homme d'armes dans les guerres entre Loire et Dordogne, pendant 40 jours et 40 nuits, à ses propres dépens. (Livre des fiefs.) Il en rendit un autre, le 20 juin 1406, à Jehan de Berry Cte de Poitou, comme sgr de Montreuil-Bonnin.

Barret (Guillaume), valet, sgr de la Barretière, tenait divers fiefs relevant de la sgrie de Leigné près Parthenay, au xive siècle.

Barré (Jehan), sgr de Clessé, rend un aveu à Louis Chenin, Chev., sgr de l'Ile-Bapaume et d'Airvau, du chef de Marie de Chaussenoye, sa femme, le 20 fév. 1399. (Arch. d'Airvau.) Il figurait dans une transaction passée, le 29 sept. 1400, entre le sgr de Parthenay et Guy d'Argenton.

Barret (Jean), licencié ès lois, fut l'un des mandataires de Catherine de la Haye, dame de Santerre et de Thors, pour faire, le 18 juin 1431, hommage à la Vté de Thouars, alors aux mains du Roi, des sgries de la Fougereuse et de Riblère.

Barret (Guillaume), Chev., habitant la Vté de Thouars, fut du nombre des trente lances appelées par le Vte en 1440 pour les conduire, sur l'ordre du Roi, à la conquête de la Normandie. D'après une transaction datée du 15 août 1449, il paraît qu'il se fit remplacer par Pierre de Boussay.

Barret (Gilles), Ec., sgr de Clessé, rendait en

1450 un aveu à Maubruny de Liniers, sgr d'Airvau. (Arch. d'Airvau.)

Barret (Jean), Ec., rendait, comme administrateur de JEAN, son fils, un aveu au sgr évêque de Luçon, le 27 juin 1450.

Barret (Jean) servit au ban du Poitou de 1467, comme brigandinier du sgr de Soubise.

Barret (Jean) est qualifié de châtelain dans les lettres de Louis XI du 8 juill. 1482, qui réunissent les assises, siège et ressort de St-Maixent, Parthenay, Vouvant, Morvent et ressort de Gâtine, dans la ville de St-Maixent. (D. F. 16.)

Barret (Jean), sgr de Bois-Luneau, dans la sgrie de Vouvant, servait comme archer au ban de 1491.

Barret (Pierre), Ec., sgr du Fief-Barret, décéda en 1563. (Chron. Fonten. 81.)

Barret (Bonaventure), s^r du Chambin, demeurant en la ville d'Airvau, vend, le 4 oct. 1596 (Berthonneau, not^re à Airvau), une maison sise à Mouilleron et autres objets à noble homme Pierre Gentet, s^r de la Turquaisière. (O.)

BARRET à Poitiers.

Barret (Pierre), avocat au Présidial de Poitiers, était en sept. 1792 commissaire du pouvoir exécutif près le tribunal criminel de la Vienne. Il fut ensuite administrateur du département, et il eut le courage d'être l'un des signataires d'une dénonciation adressée à la Convention par une partie de cette administration contre les membres du comité révolutionnaire, qu'ils ne craignaient pas de qualifier de *buveurs de sang*, d'*oppresseurs de la patrie*, etc. Le 25 vendémiaire an IV (3 sept. 1795), il fut nommé par le collège électoral du département, juge au tribunal de district de Poitiers, et est décédé le 7 sept. 1797. (F.)

BARRET DE LA LIOLIÈRE, Bas-Poitou.

1. — **Barret** (Hélie), Ec., s^r de la Liolière, fit aveu à cause de sa femme au sgr de Voluire, le 13 sept. 1408, et fit accord avec les habitants du Langon, pour les droits honorifiques de l'église, le 14 nov. 1431; épousa, vers 1400, Louise Rouault, fille de Lancelot, Ec., s^r de la Liolière, dont :

2. — **Barret** (Jacques), Ec., s^r de la Liolière, fit aveu de ce fief en 1447, 59, 69. Il eut sans doute pour fils :

3. — **Barret** (Jean), Ec., s^r de la Liolière, Prédorin, fit aveu de ce fief en 1501, et eut, pensons-nous, pour fille unique CATHERINE, D^e de la Liolière, mariée, vers 1500, à Jean Eveillard, Ec.

BARRIER.

Barrier (Laurent), sgr des Touches (Mignaloux, Vien.), bourgeois de Poitiers, fit aveu de son fief en 1508. (Il devait être petit-fils ou gendre de Jean Favre, sgr des Touches en 1505.)

Barrier (Louis), sgr des Touches, garde du scel royal à Poitiers, fit aveu de son fief en 1526 et en 1561 (ou un fils du même nom).

Barrier (Laurent), Ec., sgr de Tessec et des Touches, fit aveu en 1595. Il eut sans doute une fille ou une sœur, mariée à N. Chevalier, car le fief des Touches appartenait, en 1643, à Jean Chevalier, Ec., s^r des Touches.

BARRIÈRE (de), seigneurs de Saveille.

— Cette famille était collateur d'une chapelle desservie dans l'église de Paizay-Naudouin, représentée en dernier lieu par la famille Ithier. (Pouillés 1782, 1869.)

Blason (probable) : d'or à une fasce de gueules et 6 fleurs de lis d'azur, 3 en chef, 3 en pointe. (Sceau de Guillaume Barrière, 1349.)

Barrère (Arbert), Chev., et GUILLAUME Barrère, son frère, s'accordent avec l'abbé de Noaillé, vers 1230, au sujet de la division en trois parties de la terre de la Chapelle et de Poulioux. (D. F. 22.)

Barrière (*Arbertus*), *valetus*, est relaté dans le don fait, le 29 janv. 1275, par Julienne de Villefagnan, femme de Joscelin Guasquet, à Pierre de Faubert, Ec., et aux siens, en raison des services qu'il lui avait rendus. (D. F. 23.)

Barrères ou **Barrez** (Guillaume et Hugues), *milites*, rendent en 1307 un hommage à l'évêque de Poitiers, sgr de Villefagnan, pour les fiefs qu'ils possédaient dans sa mouvance. (Cart. de l'évêché de Poitiers. A. H. P. 10.)

Barrière (Guillaume), Chev., sgr de Savoille, fit aveu à l'évêque de Poitiers en 1307, pour les dîmes de Villefagnan. Il possédait une rente sur une vigne au fief de M. Hugues Cleret, Chev., qu'il vendit, vers 1310, à Jean Potin, bourgeois de St-Jean-d'Angély. (A. H. P. 12.) Il eut sans doute pour fils :

Barrière (Pierre), valet, sgr de Saveille, qui fit aveu de dîmes à Villefagnan en 1333. Il épousa Marguerite CHASTEIGNER, fille de Gilbert, sgr de la Mosleraye, et eut pour fils :

Barrière (Jean), Ec., sgr de Saveille, fit aveu des dîmes de Villefagnan en 1363. Il eut pour fille (ou sœur) JEANNE, D^e de Saveille, mariée, vers 1360, à Jean de Montalembert, Chev., sgr dudit lieu. (Dans la gén. Montalembert, on la dit nièce du cardinal Pierre Barrière, évêque d'Autun ; mais cela paraît être une erreur.)

BARRIÈRE (de) en Saintonge ?

Barrière (Etienne de), Ec., sgr du Portault épousa, vers 1620, Marianne CHITTON (remariée depuis à Pierre de la Bussière, Ec., sgr de la Plattère), dont il eut SUSANNE, mariée, le 25 janv. 1645, à David Gazeau, Ec., s^r de St-André.

Barrière (Madeleine de) épousa, le 23 avril 1651 (Horry, not^re royal en Saintonge), René de St-Légier, Ec., sgr d'Orignac. (G. de St-Légier.)

Barrière (Angélique de) était veuve de François de Verteuil, Ec., sgr de Boismasson, lorsqu'elle rendait aveu de sa terre de Murzeau au chât. d'Aunay, en 1688. (N. Féod.) Peut-être est-ce elle qui, le 1er avril 1698, était marraine de Jean-Baptiste de Jourdain.

BARRIÈRE (de la). — Voir **PALLU D'ESCRAVAYAT.**

Barrière (Guillaume de la), Chev., sénéchal de Poitou, 1345, après avoir été sénéchal de Périgord (paraît être originaire du Rouergue). Son sceau à une quittance du 7 oct. 1349 porte une fasce et 6 fleurs de lis (d'or à la fasce de gueules et 6 fleurs de lis d'azur, 3 et 3).

BARRO. — Voir **BARROU, BARREAU.**

BARRO (de) ou **DE BARROU**, souvent écrit **DE BARREAU** et **BARRAUD.** — Famille noble et très ancienne, originaire des environs de Thouars, où se trouve le village de Barrou (c^ne de Soulièvre, arrond^t de Parthenay, D.-Sèv.), qui, dans les premiers temps, portait le nom de Barro ; mais on dit aujourd'hui Barrou.

Blason. — De Barro en Thouarsais : d'azur à 3 sceptres d'or posés en barre et une bande de gueules brochant sur le tout. (Le Reg. Malte écrit de Barreau.)

Barro (*Martinus de*) était lieutenant des baillis royaux en Poitou ; plaintes portées contre lui en 1240. (A. N. S. 97, 1, 113.)

Barro (Frère Jehan de), commandeur de la Lande (O. de St-Jean-de-Jérusalem), arrente, de concert avec Guillaume du Mail, grand prieur d'Aquitaine, le jeudi après le dimanche *Invocavit* 1331, des terres à Guy de Liniers, Chev. (Bibl. Nat. titres d'Airvau.)

Barro (Aimery de) rendit, le 26 janv. 1398, un aveu au Vte de Thouars pour divers menus droits.

Barrou (Aimery de), sgr de la tour et herbergement de Châtillon (c^ne de Boussais, D.-S.), est relaté dans un aveu rendu au duc d'Anjou, le 14 juill. 1409, par Guillaume de Craon. (M. A. O. 1881, p. 433.)

Barro (Jean de) rendait aveu au Vte de Thouars le 12 janv. 1417.

Barro (Jean de), Ec., rendait aveu à Maubruny de Liniers, sgr d'Airvau, du Breuil de Geay, pour raison de la prévôté de la Maucarrière et autres objets situés p^sse de Tessonnière. (G^le de Liniers.) C'est le même qui est cité dans des lettres royaux du 29 mars 1441, comme un des adhérents de Marie de Rieux, V^tesse de Thouars, dans son attaque contre la ville d'Airvau. (M. A. O. 1857, 198.)

Barrou (Jean de), Ec., rendait aveu au Vte de Thouars le 5 nov. 1456. C'est peut-être ce même Jean qui servit comme brigandinier du seigneur de Bressuire au ban du Poitou de 1467.

Barrou (Jean) servait en homme d'armes du sgr de Bressuire à ce même ban de 1467.

Barro (Jean), de Mauléon, rendit, le 31 juill. 1470, un aveu à Nicolas d'Anjou, Vte de Thouars, pour son hôtel de Baugé-sous-Varannes. (M. St. 1870, 175.)

Barro (Maître Jean de), Ec., rendait, le 11 nov. 1476, un aveu au Vte de Thouars comme mandataire de Guyonne d'Appelvoisin, dame de Nuchèze. (F.)

Barro (Jehan de), Ec., sgr de la Guyonnière, rend, le 9 oct. 1477, un aveu à Guillaume Bigot, pour son hôtel de la Forêt de Brion.

Barrou (Jean de), Ec., fut présent aux obsèques de la reine Marie d'Ecosse à St-Laon de Thouars, en 1479.

Barro (Jehan de), convoqué au ban de 1489, fut désigné pour tenir garnison à Mauléon.

A ce même ban se trouve un autre

Barro (Jehan de), désigné pour la garde de Thouars.

Barro (Jehan de), habitant sur la terre de Mauléon, se fait remplacer au ban de 1491 par Méry Quatrès, qui servit en archer.

Barro (Jehan de), sgr dudit lieu, servit à ce même ban avec deux archers, « ainsi qu'il était accoutumé de faire ». C'est probablement le même qui rendait, le 17 août 1497, aveu au Vte de Thouars de sa terre de Barro.

Barro (Jacques de), licencié ès lois, était, le 20 oct. 1504, commis (lieutenant) du sénéchal de Nueil-sous-les-Aubiers, et le 13 juin 1521 il rendait une sentence où il prenait le titre d'écuyer, licencié ès lois et commis du sénéchal de Thouars.

Barro (René de), Ec., rend, le 20 mai 1527, au Vte de Thouars trois hommages, et

Barro (Jean de), Ec., rendait au même, le 14 août 1527, aveu de la moitié par indivis de son hôtel de Barro.

Barro (Jehan de) était chevalier de St-Jean-de-Jérusalem et reçut comme tel les preuves, faites le 21 juin 1528, pour Louis de Granges de Surgères le jeune. (Gén. de Surgères, 134.)

Barro (Marie de) épousa, le 6 sept. 1548 (not. à Lardonnière), René Baison, Ec., s^r de l'Espinay, veuf de Julienne Gibot.

Barrou (Jehanne de), dame de Barrou, épousa Jean de L'Espronnière, Ec., qui, le 27 juin 1577, rendait, au nom de sa femme, aveu au Vte de Thouars de sa terre de Barrou.

Barro (Catherine de), mariée à Claude Marchand, Ec., sgr de la Chesnelière, était veuve et tutrice des enfants en 1572.

Barrou (Jeanne de), mariée à Philippe Rousseau, Ec., sgr de la Chimbaudière, de la Guyonnière et de Barrou, hôtel dont il possédait la moitié par indivis, du chef de sa femme, et dont il rendait aveu au Vte de Thouars le 21 juill. 1598. Il existait encore le 28 nov. 1609, d'après un arrêt cité par Barraud, dans son Commentaire sur la Coutume.

§ Ier. — Branche de la **Frébaudière**.

1. — **Barro** (Jean de), Ec., sgr de la Frébaudière, eut ce fief par Jeanne de Barro (sa sœur ou sa tante), veuve et donataire de Miles Escageau, Ec., son 1er mari, et remariée, dit-on, à François de Nouzillac (Gén. Boussiron). Il épousa lui-même Isabeau Richelot et eut sans doute pour fils :

2. — **Barro** (Jean de), Ec., sgr de la Frébaudière, marié, vers 1480, à Michelle Chabot, fille de Jean, Ec., sgr de la Turmelière, et de Catherine de Sainte-Flaive, dont il eut : 1° Jacques, qui suit ; 2° Pierre, abbé des Fontenelles dès 1528, se démit en 1561 ; 3° probablement Jean, chevalier de Rhodes, vers 1520.

3. — **Barro** (Jacques de), Ec., sgr de la Frébaudière, fut tué, vers 1523, dans une querelle au sujet d'un partage, par François de Karaleu, époux de Renée Petit. (A. N. J. 235, 455.) Marié, vers 1500, à Perrette Gautier, il eut pour enfants : 1° Louis, qui suit ; 2° Renée, mariée, vers 1530, à Louis Reorteau, Ec., sgr de la Crestinière.

4. — **Barro** (Louis de), Ec., sgr de la Frébaudière, St-Chartres, partagea avec son beau-frère François de Karaleu en 1523, et eut querelle à ce sujet. On le trouve en 1543 donnant sa procuration à son oncle l'abbé des Fontenelles. Marié, vers 1520, à N. Petit, fille de N., Ec., sgr de St-Chartres, il eut pour enfants : 1° Jean, qui suit ; 2° Louis, abbé des Fontenelles en 1561, par démission de son oncle Pierre, mourut l'année de son installation. L'abbaye fut donnée à son neveu Jean, alors en bas âge.

5. — **Barro** (Jean de), Ec., sgr de la Frébaudière St-Chartres, servit à la défense de Poitiers en 1569. (Liberge l'appelle des Barres.) Il épousa sa cousine Jeanne de Barro, dont il eut sans doute un ou plusieurs fils décédés jeunes, et : 1° Jeanne, D^e de la

Frébaudière, St-Chartres, mariée, le 10 août 1583, à Lancelot du Raynier, Chev., sgr de la Tour, puis en 2es noces à Pierre Vasselot, Ec., sgr de Lhortet; 2° Jean, abbé des Fontenelles en 1567 (en bas âge), fut ensuite doyen du Chapitre de Luçon, 31 oct. 1582, et mourut le 22 août 1593.

§ II. — Branche de la **Vergnaye** (sans jonction).

1. — **Barro** (N. de) eut pour enfants : 1° Jean, qui suit ; 2° Catherine.

2. — **Barro** (Jean de), Ec., sgr de la Vergnaye (ou Vrignaye), se fit remplacer au ban de 1455. Il épousa, vers 1430, N. de Viesque, fille ou petite-fille de Médard de Viesque et de Jeanne de la Haye, De de Bournizeaux (Bibl. Nat., fonds Franc. 20232, 132), dont il eut Jean, qui suit.

3. — **Barro** (Jean de), Ec., sgr de la Vergnaye, épousa Catherine Rufineau, dont il eut :

4. — **Barro** (Hardy de), Ec., sgr de la Vergnaye, Champfleury, etc., épousa, le 5 févr. 1491, Marguerite Carrion, dont il eut :

5. — **Barro** (René de), Ec., sgr de la Vergnaye, fit accord, le 4 févr. 1542, avec Etienne Jamin, chanoine de Poitiers; il épousa Perrine de la Fournerie ? dont il eut : 1° René, qui suit ; 2° Jacquette, mariée, le 6 févr. 1546 (not. à la Rocheservière), à Jean de la Fontenelle, Ec., sgr de la Viollière ; 3° Laurent, Ec., sgr de la Chefretière, la Maison-Neuve, fut convoqué au ban de 1561 et à celui de 1587, maintenu noble le 2 déc. 1599, à Poitiers. (Bibl. Nat. Pièc. orig. vol. 205.)

6. — **Barro** (René de), Ec., sgr de la Vergnaye, épousa, vers 1550, Charlotte Bertrand, fille de Roland, Ec., sgr du Chastenay, et de Robinette Maignen. (Nous ne savons pas s'il eut postérité.)

BARRO (de), Sgrs de Barro ou Barrou, près Ruffec.

Blason (probable) : d'argent au chef de gueules chargé de 3 étoiles (ou molettes) d'or (ou d'argent) (Bibl. Nat. Pièc. orig. vol. 205, dossier 4522, n° 5), attribué à Anne de Barro, Dlle de Sans. Ailleurs on trouve le chef d'azur.

Barro (Guyot de) fut témoin, le 6 mai 1390, du mariage de Perrot Cleret, Ec., avec Margot de Montalembert, fille de Jean, sgr de Saveille.

Barro (Fouquet de), Ec., sgr d'Ampuré, etc., fut en 1392, à cause de sa femme, l'un des héritiers de Catherine Séneschal, dame de Morthemer, épouse de Jean Harpedanne, Chev., sgr de Belleville. Il fit accord avec l'évêque de Poitiers, le 24 févr. 1404, pour des terres à Villemain (Con de Chef-Boutonne). Vers 1380, il avait épousé Agnès de Bons.

Barro (Simon de), Ec., épousa, vers 1440, Marguerite Foucher, veuve de Jean La Personne, sgr de Varèze, et fille de Guillaume, sgr de Thénies. Le 24 mars 1468, ils firent accord avec Antoine Foucher, sgr de Thénies, et avec

Barro (Giraud de), frère dudit Simon, époux de Marie la Personne, fille de Jean, sgr de Varèze, et de Marguerite Foucher. (D. F. 23.)

Barro (Jean de), Ec., sgr de Lunie ? (neveu de Simon), eut procès avec l'abbé de Nanteuil-en-Vallée, terminé par accord du 5 juin 1476.

Barro (Jean de), Ec., sgr de St-Martin (le même?), eut procès à Cognac, en 1498, à cause de sa femme, ayant droit des Guynandeau, contre René d'Appelvoisin. (Pièc. orig. 80, 247.) Ils firent accord le 15 oct. 1509. Son épouse était la fille de Henri Joussen, Ec.

Barro (Simonne de) et Jean Corgnol, Ec., son mari, font une vente le 20 nov. 1498.

Barro (Jeanne de), dame de St-Martin de Migronneau, épousa Guillaume Barbotin, Ec., dont elle était veuve le 23 mai 1547. (O.)

BARROT (du). — Un fief de ce nom, psse de Puy-de-Serre, relevait de Vouvant (Vend.).

Barrot (Nicolas du), Ec., sgr du Barrot, fit aveu de son fief le 31 mai 1398. Il épousa Catherine Bartholomé, dont il eut :

Barrot (Guillaume du), Ec., sgr dudit lieu, et de Puy-Chabot, fit aveu de ces fiefs à Vouvant en 1405 (étant mineur) et le 27 mai 1423.

BARROTIN ou **BAROTIN**. — Famille du pays mirebalais, où plusieurs de ses membres ont occupé des charges de judicature.

Barrotin (Jehan), sénéchal du chât. de Brizay, tient les assises, le 19 mai 1496, dans la maison de Charles Guilgault, prêtre.

Barrotin (Jean), licencié ès lois, était, le 29 oct. 1502, sénéchal de la terre de la Bonninière, comme il ressort d'un hommage rendu à Charles de Marconnay, sgr de cette terre.

Barrotin (Jean), châtelain de Mirebeau, tenait, en 1508 du château de cette ville, le fief de Vauroux, du chef de Catherine Delafons, sa femme. (M. A. O. 1877, 255. Bnie de Mirebeau.) Lors de la rédaction de la Coutume en 1508, il était encore juge-châtelain et sénéchal de Mirebeau ; il demanda l'abolition du partage égal des biens entre personnes nobles. (A. H. P. 8.)

Barrotin (Jean), ou celui qui précède, recevait, le 26 mars ou mai 1510, une déclaration en qualité de juge-sénéchal de la sgrie du Lizon ; il est qualifié de licencié ès lois. (O.)

Barrotin (François) est déclaré tenir le fief de Vauroux du chât. de Mirebeau, le 1er déc. 1534, dans l'aveu de cette baronnie par François de Blanquefort. Il y succédait à Jean Barrotin, châtelain de Mirebeau. (D. F. 18.)

Barrotin (Jean) était receveur des tailles en l'élection de Poitiers de 1580 à 1594. (M. A. O. 1883, 382.)

Barrotin (Alexandre), sr de Vauroux, sénéchal et juge ordinaire à Mirebeau, comparut en cette qualité au procès-verbal de la Coutume du pays mirebalais en 1571. (F.)

Barrotin (Jean) l'aîné, avocat à Mirebeau ;

Barrotin (Jean) le jeune, avocat audit siège, et

Barrotin (René), aussi avocat, sont également portés audit procès-verbal. (F.)

Barrotin (Alexandre), sgr de Bargo (ou Borc), épousa Marguerite Mausole, dont : 1° Marguerite, qui, le 6 févr. 1627, épousa Guillaume Filleau, sgr de la Grange; 2° Catherine, mariée, le 29 sept. 1639, à Louis de Mousseaux, élu à Poitiers. En 1645, il assistait à la curatelle de Jean et de Catherine Leproux.

Barrotin (Catherine) était veuve de Philippe Cabaret, procureur du Roi à Mirebeau, lors du mariage de leur fille Claude avec Gabriel Barré, élu à Mirebeau, le 26 juin 1633. (O.)

Barrotin (Pierre-Paul) de la Barre avait épousé Anne-Geneviève Delauzon, fille de Pierre, sénéchal de Chauvigny, et de Marguerite Ryot. Il assistait, le 2 sept. 1742, à l'entérinement du testament de cette dernière.

Barrotin (Jehan) épousa Françoise Baraudin, fille de Martin, sgr de Juché, et de Jehanne Rechier. (O.)

BARROU (de). — Voir **BARRO**.

Barrou (Henri ou Aimery) servait comme écuyer sous Guichard d'Angle, sénéchal de Saintonge, et donna quittance de ses gages à St-Saturnin près Taillebourg, le 19 juin 1359. Son sceau porte un écu chargé d'une croix ancrée et d'une étoile? de six raies au 1er canton. (Pièc. orig. vol. 205.)

BARTON. — C'est sans contredit une des familles les plus considérables de la Marche. Elle a possédé dans l'étendue de l'ancienne province de Poitou la vicomté de Montbas (psse de Gasjoubert, Hte-Vienne), qui relevait du chât. de Montmorillon. « Elle peut répudier sans regret, nous dit M. le Cte de Maussabré dans le *Nobiliaire du Limousin* (1re édit., t. I, 299), les fictions dont certains généalogistes ont cherché à embellir son origine », en la prétendant originaire d'Angleterre ou d'Écosse (lieu cité, t. I, p. 151 et suivantes).

Ce nom de Barton, dit ce même écrivain, est un de ceux qui, d'abord personnels, sont devenus patronymiques. On trouve en Berry un Barton dès 1229, en Auvergne en 1415, et en Limousin en 1444. (Id. p. 299, 300.)

Plusieurs généalogistes se sont occupés de cette maison : 1° d'Hozier en a donné l'histoire dressée sur titres vérifiés avec soin ; 2° le Dictionnaire de la Noblesse de la Chesnaye des Bois, t. II ; 3° l'abbé Nadaud, dans son Nobiliaire du Limousin, corrigé et annoté par MM. l'abbé Roy-Pierrefitte et le Cte de Maussabré. Enfin il en existe une autre manuscrite de MM. Robert du Dorat, qui se trouve au tome 29 des Mss. de D. Fonteneau, à la Bibliothèque publique de Poitiers. Nous ne donnerons donc ici que des détails très succincts sur chacun de ses membres, renvoyant aux ouvrages précités les personnes désireuses d'avoir des renseignements plus complets.

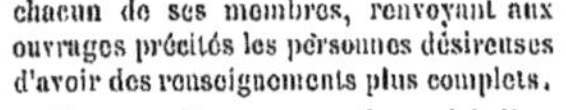

Blason : d'azur au cerf couché d'or, onglé et ramé de même, au chef échiqueté d'or et de gueules de trois traits.

Filiation suivie.

1. — **Barton** (Jean) licencié ès lois, secrétaire de Jean de Bourbon et son chancelier dans la Marche dès 1420. Il avait épousé, vers 1415, Berthe de Bonnac, dont il a eu : 1° Jean, évêque de Limoges, et archevêque de Nazareth, mort en 1497 ; 2° Etienne, abbé de Conques ; 3° Pierre, qui suit ; 4° Jacques, protonotaire du Pape, vicaire général de Limoges en 1468, archiprêtre de Gimel, etc. ; 5° autre Pierre, abbé du Dorat en 1457 ; 6° Mathurin, cer du Roi en la chambre sur le fait des aides, lieutenant-général de la Basse-Marche, marié à Isabeau de St-Julien, tige de la branche de Massenon, dont nous ne parlerons pas, attendu qu'elle n'a pas de rapports d'alliances ou de propriétés avec le Poitou ; 7° Philippe, fut chanoine de l'Église de Poitiers et archidiacre de Thouars, vicaire général de Bourges et abbé du Dorat ; 8° Catherine, femme de Mathelin Bonnichaud, sr de Grassevaux ; 9° Antoinette, mariée à Guillaume de Vic, cer au Parlement de Paris.

2. — **Barton** (Pierre), Vte de Montbas, sgr de Lubignac et du Fay, chambellan du Roi, chancelier de la Marche. Il est mort le 26 mars 1491 ; avait été, d'après MM. Robert du Dorat, président de la chambre du Parlement établie à Béziers par Charles VII, chambre qui fut réunie plus tard au Parlement à Poitiers, etc. Il laissa de Perrette le Fèvre, qu'il avait épousée le 18 août 1444 : 1° Jean, évêque de Limoges, mort en 1510 ; 2° Guillaume, évêque de Lectoure ; 3° Bernard, qui suit ; 4° Etienne, pannetier de Charles de Bourbon Cte de la Marche, mort sans hoirs en 1506 ; 5° Pierre, abbé de St-Augustin-lès-Limoges.

3. — **Barton** (Bernard), licencié ès lois, Vte de Montbas, sgr de Lubignac, etc. Il épousa : 1° le 22 déc. 1476, Françoise Trousseau, fille de Jacquelin Vte de Bourges et de Perrette Cœur, fille de Jacques ; 2° il se remaria, le 22 janv. 1479, avec Marie de Seuly ou Sully, fille de Guillaume, sénéchal de Rhodez, et de Marguerite de Beaujeu.

Nota. — C'est à Bernard que La Chesnaye des Bois commence la filiation de cette maison. Il n'eut d'enfants que du second lit ; ce furent : 1° Pierre, qui suit ; 2° Jean, évêque de Lectoure, archevêque d'Athènes et abbé du Dorat, mort le 21 sept. 1544 ; 3° François, abbé de St-Augustin-lès-Limoges, etc. ; 4° Roland, abbé de Solignac ; 5° Pierre, abbé du Dorat ; 6° Jeanne, mariée, le 5 nov. 1509 (Touzault et Mengault, notres à Poitiers), à François de la Bérandière, Ec., sgr de l'Ile-Rouhet ; 7° autre Jeanne, femme du sgr de St-Vaulry ; 8° Marie, épouse de Louis de la Touche, sgr de Montagrier ; 9° Perrette, qui épousa, par contrat du 7 sept. 1506, Hélion de la Châtre, sgr de Breuilbault.

4. — **Barton** (Pierre), IIe du nom, Chev., Vte de Montbas, sgr de Lubignac, gentilhomme de la maison du duc de Bourbon en 1508. Il testa le 30 juill. 1556. Il avait épousé, le 17 nov. 1509, Isabeau de Levis, fille de Jacques, sgr de Châteaumorand, et de Louise de Tournon. Elle mourut le 22 mars 1547. De ce mariage sont issus : 1° Guillaume, évêque de Lectoure, député au Concile de Trente, se retira en 1569 et mourut en 1573 ; 2° Jean, gentilhomme ordinaire de la chambre du Roi, épousa, le 12 juin 1541, Jeanne Poussard, De du Vigean ; 3° Pierre, qui suit ; 4° François, tige de la branche de Fayolles, étrangère au Poitou ; 5° autre François, abbé de Seillères ; 6° Gilberte, abbesse de Cusset, morte en 1594 ; 7° Anne, mariée, en 1535, à Pierre Le Long, sr de Chenillac ; 8° Jacquette, mariée à Jean de Bridiers, Ec., sgr de Gardempe et de l'Estang, qui était veuve et comparut comme tutrice de ses enfants mineurs en 1559, à la réformation de la Coutume du Poitou ; elle testa le 19 déc. 1594.

5. — **Barton** (Pierre), IIIe, Vte de Montbas, sgr de Lubignac et de Fayolles, Chev. de l'ordre du Roi et son lieutenant-général, fut exempté à ce titre de comparaître à l'arrière-ban convoqué le 14 juill. 1562. Il fut inhumé au Dorat le 26 févr. 1598, ayant épousé, par contrat du 4 avril 1554, Anne de Naillac, fille unique de Bertrand, Ec., sgr de Naillac, etc., dont il eut : 1° François, qui suit ; 2° Catherine, mariée à Amable de Sens, sgr de la Faye, puis, le 18 nov. 1592, à Hector Ajasson ; 3° Antoinette, mariée, le 16 sept. 1591, à Pierre de Lavau, Ec., sgr de Brouille, qui meurt le 17 déc. suivant, et ensuite le 30 sept. 1597, à Jacques de Burges, Ec., sgr de Champrenaud ; elle testa en sept. 1599 ; 4° Marguerite, femme de Pierre de la Croix, Ec., sgr de Champmoreau ; 5° Françoise, qui épousa, le 18 janv. 1598, Denis de Castillon, Ec., sgr de Longbost ; 6° Jacquette, femme de N. Charon ; 7° Louise, morte au Dorat le 16 mai 1591 ; 8° et 9° Madeleine et Françoise, vivantes en 1599.

6. — **Barton** (François), Vte de Montbas, sgr de Lubignac, du Deffan, etc., gentilhomme de la chambre du Roi, épousa, le 17 sept. 1583, Diane DE BONNEVAL, fille de Gabriel Bon de Bonneval, Chev. de l'ordre du Roi, et de Jeanne d'Anglure, et 2° le 24 août 1596, Jeanne DE BEYNAC. Les enfants du premier lit furent : 1° PIERRE, qui suit ; 2° DIANE, mariée, le 9 févr. 1614, à Pierre de Feydeau, Chev., sgr de la Mothe de Persac et de la Tour d'Oranville ; elle était veuve en 1665. Ceux du second lit furent : 3° JEAN, s^r^ du Deffan, mort jeune ; 4° ISAAC, s^r^ d'Avisac, marié à Françoise D'AUCHIAC, fille de François Bon de Montenat ; 5° ANTOINE, s^r^ du Bois, capitaine de 100 hommes d'armes des ordonnances du Roi, qui épousa, le 24 août 1636 (du Ris, not^re^ à Confolens), Anne FABERT, v^e^ de Nicolas du Jardin, sœur du maréchal et fille d'Abraham, Chev. de l'ordre du Roi, s^r^ du Moulin, et d'Anne des Bernards ; 6° CHARLES, 7° MADELEINE, 8° ANNE.

7. — **Barton** (Pierre), IVe du nom, Vte de Montbas, Monthomar, Puirésnier, Chev. de l'ordre du Roi, capitaine de 100 chevau-légers (juill. 1620), gentilhomme de la chambre (23 janv. 1624), grand réformateur des eaux et forêts de Normandie. Le 18 juill. 1611, il épousa Jacquette BONNIN, fille de François, Ec., sgr de Monthomar, et de Jeanne Vidard de St-Clair. De ce mariage sont issus : 1° FRANÇOIS, qui suit ; 2° PIERRE, né en 1615, reçu Chev. de Malte le 24 mai 1631, tué aux armées ; 3° SÉBASTIEN, né en oct. 1601, reçu Chev. du même ordre le 22 juill. 1631, tué en 1644 en combattant contre les Turcs ; 4° JEAN, d'abord tonsuré, prit plus tard le parti des armes, devint mestre de camp. Ayant épousé, le 24 mars 1646, Cornélie GROOT, fille de Hugues Groot, le savant plus connu sous le nom de Grotius, il fut amené à prendre du service dans les troupes des États de Hollande et y parvint au grade de commandant de corps d'armées ; mais ayant déplu au prince d'Orange, il fut arrêté et passa en jugement. M. de Montbas s'évada, et évita ainsi la mort qui le menaçait. Il publia à cette occasion un écrit sous le titre de *Mémoires de M. le Cte de Montbas sur les affaires de Hollande, en réponse aux calomnies de ses ennemis* (Utrecht, 1678). Devenu veuf en 1687, il épousa en Normandie Louise DE BRINON. Il eut du second mariage une fille, morte sans alliance, comme celle du premier lit qui était décédée à l'âge de 22 ans.

5° FRANÇOIS dit le Bon de Montbas, fut à plusieurs reprises chargé de négociations importantes. Il mourut, jeune encore, à Melun, en juill. 1652 ; 6° FRANÇOIS-JEAN-SÉBASTIEN, tonsuré en 1643 ; 7° JEAN-FRANÇOIS, servit avec distinction dès l'âge de 14 ans, époque où il quitta la soutane, et parvint au grade de brigadier des armées du Roi (1688), et de la cavalerie légère (1690). Le Roi lui avait donné (1681) la commanderie de Tournay en Flandre (Ordre de St-Lazare). Le 18 févr. 1692, il avait épousé Louise GUYOT, fille de Jean, Chev., sgr d'Asnières, et de Marguerite d'Asnières, dont il n'eut point d'enfants. Devenu veuf, il se remaria, le 3 sept. 1706, à Catherine D'OIRON, fille de feu Robert B^on^ de St-Pierre de Chérignac et d'Isabeau Barton, dont PIERRE, Mis de Montbas, sgr de Corbeil-le-Cerf et le Deffan, décédé en 1737, qui avait épousé Jeanne-Armande DE LA BÉRAUDIÈRE, fille de François-Anne et de Madeleine Le Texier de Hautefeuille, dont une fille unique, JEANNE, mariée, en févr. 1771, à Marie-Charles du Chilleau, capitaine au régiment du Roi ; elle mourut la même année.

8° MARIE, qui épousa, par contrat du 4 sept. 1631, Mathieu Guyot, Ec., sgr d'Asnières, major dans les chevau-légers ; elle était morte le 11 mai 1654 ; 9° FRANÇOISE, mariée à François Estourneau, Bon de Riz, sgr de la Mothe de Tersanne ; 10° MARIE-LOUISE, religieuse au Dorat ; plus 6 autres enfants morts en bas âge.

8. — **Barton** (François), IIe du nom, Vte de Montbas, sgr de Lubignac, Monthomar, etc., élevé page du cardinal de Richelieu, fut successivement mestre de camp du régiment Royal-Cavalerie (1er août 1643), maréchal de camp, commissaire d'artillerie (3 avril 1644), gentilhomme de la chambre du Roi (8 mars 1649) et lieutenant-général (10 juill. 1652) ; au moment où il allait être nommé maréchal de France, il mourut à Melun, le 10 janv. 1653, âgé seulement de 39 ans.

Il avait épousé, le 8 mai 1638, Denise DE MAILLÉ, fille de René Mis de Benehard, capitaine de 50 hommes d'armes et des chasses du Maine, et de Dorothée de Clausse, décédée le 12 janv. 1669. Leurs enfants furent : 1° PIERRE, capitaine de cuirassiers, tué à 29 ans à Senef, en 1674 ; 2° RENÉ, capitaine de cavalerie, mort en 1674 en Hollande ; 3° FRANÇOIS, qui suit ; 4° DOROTHÉE, mariée d'abord à Pierre de Nuchèze, Chev., sgr de Persac, mort assassiné le 23 oct. 1654, fut confirmée dans sa noblesse par M. Barentin ; elle épousa en secondes noces Théophile de Béziade-d'Avaray, grand bailli d'Orléans, et encore 3° Guillaume Millet, sgr de Janvre ; 5° MARIE, religieuse à l'abb. du Lys près Melun, en 1656.

9. — **Barton** (François) dit le Cte de Montbas, Chev., sgr de Lubignac, fut page de la Reine. Il épousa, le 19 janv. 1671, Anne AUBERT, fille de Renaud Vte d'Argeville en Brie, etc., et de Marie Bouvot ; elle était veuve de René de Jussac, Ec., sgr de la Morinière. Elle mourut en 1693, ayant eu : 1° FRANÇOIS, né le 12 avril 1673, mestre de camp au régiment de Montbas-Cavalerie, tué à la bataille de la Marsaille, le 4 oct. 1693 ; 2° autre FRANÇOIS, capitaine, puis mestre de camp au régiment de son frère, le 30 oct. 1693, mort à Paris des blessures reçues à la Marsaille, le 8 févr. 1694 ; 3° PIERRE, qui suit ; 4° et 5° DOROTHÉE et ANNE, mortes célibataires.

François avait épousé en secondes noces Elisabeth TISSERAND DE CHALANGE, veuve d'Alphonse de Guerribout, grand bailli de Melun.

10. **Barton** (Pierre), V^e^ du nom, dit le Cte de Montbas, né le 25 mars 1681, sgr d'Oranville et de Monthomar, servit dans la seconde compagnie des Mousquetaires, et mourut à Montbas, le 12 janv. 1756. Il avait épousé Louise RAYMOND, fille de Gabriel-François, Ec., lieutenant-général de la Basse-Marche à Bellac, et de Catherine Sanguinière. De ce mariage naquirent : 1° PIERRE-LOUIS-JEAN, qui suit ; 2° GABRIEL-FRANÇOIS-XAVIER, né le 30 juill. 1711, capitaine aide-major au régiment de Nivernais, Chev. de St-Louis, retiré avec pension en 1755, mort à Bellac en 1762, sans alliance ; 3° FRANÇOIS-DE-SALES-PIERRE, né à Bellac le 8 août 1720, capitaine au même régiment, marié, le 22 juin 1751, à Toulon, à Claire-Françoise DE CHANTELOT, fille de feu Etienne, ancien capitaine de vaisseau, Chev. de St-Louis, et de Anne de Gombaud, dont : *a.* Louis, né le 6 sept. 1761, et *b.* ANNE-MARIE-CLAIRE, décédée à Toulon.

4° MICHEL-JOSEPH-ELME, mort, tonsuré, en 1742 ; 5° DOROTHÉE-CATHERINE, née en 1708, nommée en oct. 1759 abbesse de la Trinité à Poitiers, où elle mourut le 1er avril 1760 ; 6° FÉLICITÉ-PERPÉTUE-MARGUERITE, mariée à Gaspard Martin de la Bastide, de Nantiac, sgr de Fredaigue ; 7° LOUISE-GENEVIÈVE, 8° MARIE-THÉRÈSE-MARGUERITE et 9° AGNÈS-RADÉGONDE-BARBE, religieuses à l'abb. de la Trinité ; 10° ELISABETH-CÉCILE, religieuse à l'abb. de Ste-Croix de Poitiers.

11. — **Barton** (Pierre-Louis-Jean), Vte de Mont-

bas, sgr d'Oranville, Monthomar, etc., naquit le 3 avril 1710, fut page aux petites écuries le 20 mars 1725, et cornette au régiment Dauphin-Cavalerie en 1729. Il épousa, par contrat du 16 avril 1775, Marie-Anne Forien, fille de Thibaud, Ec., ancien maire de Poitiers, sgr des Touches, Thorus et St-Juire, et de Radégonde de Montenay, dont: 1° Pierre-Thibaud-Marie, qui suit; 2° Jean-Thibaud-Louis, né le 21 mars 1737, enseigne, lieut. et capitaine au régiment de Nivernais. Il épousa Marie-Thérèse de Servet, dont: *a.* Pierre-Antoine, Chev., qui servit aux chevau-légers de la garde du Roi en 1814 et 1815, avait épousé en 1805 Aline-Angadrème Lignaud de Lussac, fille de Antoine Mis de Lussac et de Adélaïde-Jeanne-Charlotte de Carvoisin, dont un fils, Antoine; *b.* Marie-Marguerite.

3° Félicité-Perpétue-Dorothée-Catherine, née le 21 nov. 1738, morte célibataire en 1777; 4° Gabriel-François-Xavier, garde-marine en 1759, était enseigne de vaisseau lorsqu'il épousa, à Rochefort, le 18 oct. 1771 (Gauthier et Mérillon, notres), Marie-Madeleine Harangeb du Mesnil-Rolland, veuve de Jean-Jacques d'Abbadie, commissaire général de la marine; reçut en 1779 un brevet de pension de 300 liv. pour récompense de la conduite qu'il a tenue sur la corvette *L'Etourdie*, qu'il commandait, et la part qu'il a prise à la conquête de la Dominique. Le brevet lui donne le titre de Mis de Montbas. Il était alors lieutenant de vaisseau, et en 1786 Chev. de St-Louis et capitaine de vaisseau; 5° Pierre-François-de-Sales, né le 23 déc. 1742, lieutenant au régiment de la Marche-Prince en 1760, mort le 8 oct. 1761; 6° Gaspard-Simon, né le 11 déc. 1744, lieutenant au régiment de Bigorre en 1760. En 1789, il avait été pensionné (500 liv.), en considération de ses services et pour sa retraite comme ancien capitaine commandant au régiment Royal-Infanterie.

12. — **Barton** (Pierre-Thibaud-Marie), Cte de Montbas, épousa en 1767 Marie-Geneviève-Victoire de Marconnay (fille de Louis-Michel, Ec., sgr de Mornay, et de N. de Charbonneau), qui mourut à Poitiers le 27 nov. 1811; elle était veuve à cette époque.

Nous trouvons encore les personnages suivants, qui se rattachent à notre province.

Barton (Marie), 3e enfant de Léonard Barton, Ec., et de Eléonore de Chauvigny de Blot (9e degré de la branche de Massenon), était religieuse au prieuré de l'Aveine (O. C.) en Auvergne, lorsqu'elle fut nommée, le 27 avril 1778, abbesse commendataire de St-Jean de Bonneval-lez-Thouars (O. S. B.). Elle mourut en 1781 et fut remplacée par Jeanne Barton, qui en exerça les fonctions jusqu'en 1786. (M. Imbert, M. Stat. 1870, p. 383, donne à Marie le prénom de Jeanne.)

Barton (Joachim-Thibault), Vte de Montbas, a comparu en personne à l'assemblée de la noblesse de Poitou réunie à Poitiers en 1789 pour nommer des députés aux Etats généraux.

Barton de Montbas (Alfred), célibataire, habitant le château de Montbas, est décédé vers 1870.

BASCHE (Jacques Le), prêtre, et Léonard Lingès fournissent un brigandinier au ban de 1483. (Doc. inéd. 205.)

BASCHER.

Bascher (Perrine) était en 1657 veuve de Jacques Girault, sr de la Martinière.

Bascher (Marie-Madeleine) était veuve, le 22 mars 1708, de Louis Haward, Ec., sgr de la Blotterie, juge général et maître des eaux et forêts de la ville et baronnie de Montreuil-Bellay. (G. Haward.)

Bascher (Louis) avait épousé Madeleine Guiry, qui fut marraine le 15 avril 1680.

Bascher (Madeleine), de la ville de Doué, épousa René Bineau de Rosny, dont une fille, Marie-Thérèse, mariée, le 10 juill. 1711, à Marie-Charles Durant de la Pastellière.

BASCHER ou **BASCHÉ** (V. **BACHÉ**). — Famille qui a possédé pendant plusieurs siècles le fief des Baschers ou Baschés, psse d'Iteuil.

Bascher (Guillaume), fils d'Antoine, fit aveu du fief des Baschers à Lusignan le 27 oct. 1498.

Bascher (Mathurin), homme de condition servile, fit aveu du fief des Baschers en 1515 et 1547.

Bascher (Simon). Même aveu, 1561.

Bascher (Pierre). Même aveu, 1565.

Bascher (Jean). Même aveu, 1594.

Bascher (Médard). Même aveu, 1644.

Bascher (Frédéric), déclaré roturier en 1667, épousa Louise Rolland, qui fit aveu des Baschers en 1669; paraît avoir eu pour fille:

Bascher (Marie), ve de Julien Guérin, rend aveu en 1713, au chât. de Lusignan, du fief des Baschers de Mougon, psse de Vivonne. (N. Féod. 500.)

BASCHER DE BEAUMARCHAIS. — Cette famille originaire de Bretagne est venue s'établir en Poitou au commencement de ce siècle et a joué un certain rôle dans les guerres de la Vendée, où plusieurs membres se sont distingués. Les documents qui nous ont servi à dresser cette généalogie nous ont été communiqués par M. Th. Bascher de Beaumarchais.

Blason : Ecartelé aux 1er et 4e d'argent, au chêne arraché de sinople; aux 2e et 3e d'argent à 3 quintefeuilles aussi de sinople. (Cachets de famille.)

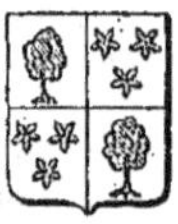

Nous trouvons dans le Nobiliaire de Bretagne de M. P. de Courcy (1re édition): Bascher, officier supérieur, anobli sous la Restauration, porte: d'argent à la croix fleuronnée de sinople, chargée d'une épée d'or posée en pal et cantonnée aux 1er et 4e de 3 quintefeuilles d'azur, aux 2e et 3e d'un chêne arraché de sinople.

Filiation suivie.

1. — **Bascher** (Joseph), né en 1538, fut trésorier de France à Tours; il eut de son mariage avec N.: 1° Pierre-Joseph, qui suit; 2° Louis, sr de Stateville, mort sans postérité; 2° Joseph-Alexandre, mousquetaire, mort sans postérité.

2. — **Bascher** (Pierre-Joseph) naquit en 1631, et eut pour fils:

3. — **Bascher** (Jean), né en 1673, et mort en 1717, épousa Marie le Bascle, dont il eut: 1° Joseph-Julien, qui suit; 2° Jeanne, épouse de Joseph de Guillermo, sr de la Pinaudais, morte sans postérité; 3° Pierre, sr du Préau, né à Nantes en 1724, conseiller du Roi, auditeur en la chambre des comptes de Bretagne en 1752, mort sans postérité.

4. — **Bascher** (Joseph-Julien), né à Nantes en 1723, lieutenant part. de l'Amirauté au siège de Nantes, épousa en 1748 (contr. de Bougainville, not. à Paris)

Dlle Geneviève Marrier de Voscery, fille de Jean, doyen des conseillers de la cour des Monnaies à Paris, dont il eut 10 enfants, dont 7 garçons : 1° Marie-Pierre-Charles, qui suit ; 2° Joseph-Jean, prieur des Chartreux, mort en 1801, réfugié à Trieste ; 3° Vincent-de-Paul, aumônier de la reine Marie-Antoinette, puis émigré ; 4° François-Alexandre, emprisonné et émigré comme son frère, vicaire général capitulaire de Nantes, à la mort de Mgr d'Andigné, fut le premier supérieur des Missionnaires de Nantes (Pères de l'Immaculée-Conception). Vincent-de-Paul et François-Alexandre, tous deux membres du Chapitre de la cathédrale de Nantes, y moururent vénérés de tous ; 5° Julien, sr de Boisgely ; 6° Augustin, sr de Tercé ; il émigra à St-Domingue avec son frère Julien qui précède ; 7° Joseph, prit une part active à la guerre de la Vendée et aux soulèvements de 1815 et 1832. Emigré d'abord en Angleterre, il revint en Vendée avec une mission du Comte d'Artois (juill. 1795), fut nommé colonel et Chev. de St-Louis en 1815. Il épousa Dlle Sophie Symon de Souché, dont il eut : *a*. Joseph, officier de la garde royale, se distingua dans la guerre d'Espagne en 1823 ; *b*. Charles, massacré en Vendée en 1832.

5. — **Bascher** (Marie-Pierre-Charles), né à Nantes en 1750, lieutenant part. de l'Amirauté au siège de Nantes, se distingua avec ses frères par son dévouement à la royauté et à la religion. Sous la Terreur, ils furent tous emprisonnés, ou émigrés, ou combattants de la Vendée. Il épousa Dlle Thérèse Razeau de Beauvais, dont il eut Pierre-Paul, qui suit.

6. — **Bascher** (Pierre-Paul) naquit à Nantes le 12 avril 1790. Champion, comme son père et ses oncles, de la cause royaliste, il remplit une mission périlleuse en Vendée en 1814. En 1815, il commanda en second la cavalerie du corps de Suzannet. Ils étaient cinq de la même famille en ce moment sur les champs de bataille. Marié, le 19 oct. 1814, à Marie-Emilie Lenfant de Lanzil, fille de feu Jean-Baptiste-Louis-Honoré, capitaine au 6e de ligne, Chev. de St-Louis, et de Françoise-Susanne Lemoyne de Beaumarchais (ce qui motiva l'entrée des Bascher en Poitou), il eut de ce mariage : 1° Marie-Théophile, qui suit ; 2° Marie-Emilie, épouse de Louis-Hilarion Vicomte de Becdelièvre ; 3° Marie-Fidèle-Geneviève, épouse de Armand-Hippolyte Bon de Blair, et plusieurs autres enfants morts sans postérité.

7. — **Bascher de Beaumarchais** (Marie-Théophile), né le 11 juin 1829 à Nantes, a épousé, le 5 févr. 1862 (contr. Dufour, not. à Paris), Dlle Mélanie Guillaume, dont : 1° Marie-Angéline, née le 21 déc. 1862, mariée, le 6 nov. 1883, à Victor-Marie-Hubert de Scourions de Beaufort, capitaine de cavalerie ; 2° Anne-Marie, née le 18 juill. 1864 ; 3° Louis-Marie-Joseph, né à Nantes le 19 juin 1868.

BASCLE (Le). — Famille dont un membre fut maire de Poitiers au xvie siècle.

Blason. — Bascle (Joseph Le), maire de Poitiers : de sable à 3 étoiles d'or. (Cat. des maires de Poitiers et Hist. du Poitou.)

Bascle (Michel Le) transigeait, le 14 juill. 1516, avec Laurent Labbé, sr des Champs, et Guienne Chaumont, son épouse. (Jourdain, not. de l'archiprêtré de Savigné.)

Bascle (Guy Le), licencié ès lois, enquesteur en Poitou dès le 2 août 1540, fut maire de Poitiers en 1545, échevin la même année, mourut en 1576. Il avait épousé Madeleine Aubert, fille de Pierre, des sgrs d'Avanton, et de Jeanne Pasquier. Ceux qui suivent sont peut-être ses descendants.

Bascle (Joseph Le) fut reçu docteur ès lois le 10 juin 1560, était l'un des capitaines commandant les six compagnies que les habitants de Poitiers avaient formées pour la défense de leur ville, lorsqu'il fut nommé maire dans les menaçantes prévisions que présentait l'année 1569. Scévole de Ste-Marthe a célébré le courage de Le Bascle pendant le siège, et Libérge et Thibaudeau dans son Histoire de Poitou ont rendu toute justice à son énergie. Réélu maire en 1588, dans des circonstances non moins difficiles, il sut apaiser et calmer ses concitoyens prêts à en venir aux mains. Il mourut dans le cours de cette seconde mairie, le 19 janv. 1589, et fut inhumé en chevalier (comme maire de Poitiers), aux dépens de la ville, en l'église St-Didier. (V. Dreux du Radier, Thibaudeau et le Journal de René de Brilhac, A. H. P. 15.) Son épitaphe que nous a conservée Dreux du Radier, était placée au-dessous de son portrait peint sur toile dans l'église de St-Didier.

Bascle (Joseph Le), peut-être cousin du précédent, docteur-régent en l'Université de Poitiers, sr des Deffends, pourvu de l'office de lieutenant au siège royal de St-Maixent, dont il prit possession le 13 mai 1575. M. de la Fontenelle, dans une note sur ce passage du Journal de Le Riche, pense que ce Joseph est le même que le maire de Poitiers précité. Il est dans l'erreur, trompé par la similitude des prénoms. Il avait épousé Marguerite Estivalle, qui mourut à Poitiers au mois de janv. 1578. Son épitaphe, qui se lisait au pied de son portrait placé dans l'église St-Didier, dit le 18 janvier. Cependant le Journal de Le Riche dit qu'on apprit son décès dès le 15 du même mois. « Ce fut dommage, dit cet annaliste, car elle était prudente mère de famille et discrète. »

Joseph Le Bascle fut élu échevin à St-Maixent en 1580, et se démit de cette charge en 1586, à la suite sans doute d'une mésintelligence qui s'éleva entre lui et ses collègues, le 15 avril. (V. Jal Le Riche, 446.)

Du mariage de Marguerite Estivalle et de J. Le Bascle sont issus : 1° Catherine, 2° Madeleine, qui furent fiancées le 9 mai 1581, la première à Jehan Jouslard aîné, Ec., sgr de Mortefonds, l'autre à Philippe son frère (le Jal de Le Riche dit Louis), sgr des Ombres ; mais les contrats de mariage n'en furent faits à St-Maixent et elles ne furent épousées que le mardi 5 janv. 1582 (Jal Le Riche, 342, 346) ; et d'après l'auteur du Journal, Joseph Le Bascle épousait en même temps Mathurine Yver, mère desdits srs Jouslard. Nous ne savons s'il eut postérité.

Bascle (Madeleine Le) est dénommée dans un acte de vente fait par ses serviteurs le 9 juin 1575. (Lubin et Cartier, notres, sous les cours de Touffou et de Celles-l'Evescault.)

Bascle (Joseph Le). Nous trouvons un personnage de ce nom sénéchal de l'abb. de la Trinité de Poitiers le 28 oct. 1586, relevé dans le procès-verbal dressé par Pierre Rat, lieutenant-général de Poitou, au sujet de l'établissement d'un économat dans ce monastère. (D. F. 27, 429.) Nous ne savons de qui il est fils.

Bascle (Marguerite Le) épousa, par contrat du 14 avril 1592, Antoine du Bouchet, Ec., sgr de Montigny. M. Allard de la Resnière, dans la Généalogie de la famille Joubert, la dit fille de Joseph, maire de Poitiers, et de Marguerite Estivalle. On voit, d'après ce qui précède, que c'est une erreur, Marguerite Estivalle ayant été la femme du lieutenant au siège royal de St-Maixent, et non du maire de Poitiers. Thibaudeau (Hist. du

Poitou) est tombé dans la même erreur. Elle fut enterrée à Cissé en 1637.

Bascle (Madeleine Le), que M. Filleau croyait fille unique du maire de Poitiers, épousa Charles Herbert, Ec., sgr de Bellefonds, dont elle était veuve le 16 juin 1660, date d'une donation qu'elle faisait à François, son fils. (Gén. Herbert.)

BASCLE (Le). — Il existe en Touraine une famille Le Bascle d'Argenteuil, dont L'Hermite-Souliers a donné la généalogie. Elle a contracté plusieurs alliances avec les familles poitevines. Nous allons relever celles que nous avons trouvées, ainsi que les autres personnages du même nom habitant le Poitou que nous ont procurés nos recherches.

Blason : de gueules à 3 macles d'argent.

Bascle (Jean Le), sgr du Puybascle près l'Ile-Bouchard, de la Martinière, de Varennes en Loudunais, épousa en 1440 Yolande LE MAIRE, fille de Jean, sgr de la Rochejacquelein, et de Jeanne de Quatrebarbes, dont : 1° GUY, doyen de Gergeau; 2° HUGUES, 3° PIERRE, sgr de la Martinière ; 4° FRANÇOIS, sgr de Varennes, cer et maître d'hôtel ordinaire de Charles VIII, gouverneur de l'Ile-Bouchard. Les 3 frères Hugues, Pierre dit Perrot et François faisaient partie de la compagnie d'hommes d'armes de Jean d'Amboise, sgr de Bussy, qui fit montre à Auxonne le 22 juin 1482. (Bibl. Nat.)

Bascle (Jean Le), Ec., sgr de Vaulx, épousa, par contrat passé à Bressuire, le 27 janv. 1517, Marie DE PUYGUYON, fille de Jacques, Chev., sgr dudit lieu. Assistaient à ce mariage : Louis Le Bascle, curé de Beaulieu, et HARDOUIN Le Bascle, ses frères.

Bascle (Hardouin Le), frère de Jean, sgr de Vaulx, précité, était en instance devant les Grands Jours de Poitiers de 1531, qui le renvoient devant le sénéchal de Poitou. (M. Stat. 1878, 58.) Il épousa Yolande DE LA VOYRIE.

Bascle (Antoine Le) était en 1545 sgr de Varennes en Loudunais.

BASCLE (Le) EN THOUARSAIS.

Blason : d'argent au chevron de sable et 3 hures de même (ou mieux d'or au chevron d'azur et 3 hures de sable). (Gén. Gibot. Arm. Touraine.)

Bascle (Colas Le), habitant Airvau, est nommé dans le jugement du commissaire du Parlement de Paris, qui autorise c sgr de cette ville et les religieux du monastère à la aire clore de murs, 23 sept. 1445. (D. F. 26.)

Bascle (Jeanne Le) avait épousé Colin Fumée, Ec., sgr de la Ferrière, etc. Leurs biens se partagent le 13 avril 1463. (Le Gasne, notre à Thouars.)

Bascle (Guy Le), sénéchal de la Forest d'Argenton, donne acte en 1533 à Nicolas Clabat pour l'hommage de Baudenc.

Bascle (Antoine Le), châtelain d'Argenton, épousa Françoise DUMONT, dont il eut MARIE, qui épousa, le 11 mai 1561, Laurent Chantereau, Ec., sr de la Morière?

Bascle (Philippe Le). Nous ignorons de qui elle était fille. En 1561, étant veuve de Guillaume de la Court, Ec., sgr du Fonteniou, elle épousa François de la Porte, Ec. (Ledain, Gâtine.)

Bascle (Mathurin Le) fut chargé, le 17 août 1562, de procuration par la dame de Surgères pour rendre un aveu au sgr de Thouars. Est-ce le même qui était prévôt des Essarts (dignité du Chapitre de Luçon) et décédé avant 1559 ?

Bascle (Antoinette Le), dame de Beaurepaire, épouse de Jean Le Tourneur, Ec., sgr de la Baussonnière, vivant encore en 1590, et

Bascle (Marie Le), femme du sr des Loges, sont l'une et l'autre dénommées dans le testament de Pierre Clabat, Ec., sgr de la Route, en date du 26 nov. 1576. (O. Arch. de la Vienne.)

Bascle (André Le) était en 1580 et en 1606 procureur fiscal de la terre de Belleville en Thouarsais. (F.)

Bascle (Mathurin Le) était décédé avant le 23 juin 1607, lorsque sa veuve, Florence BOUSSARD, fit aveu des Lussaudières à Claude Buignon, Ec., sgr de la Rablais.

Bascle (Renée ou Marie Le) était, le 24 mars 1666, veuve de Charles Cabaret, Ec., sgr de Luché-Thouarsais.

Bascle (N. Le), procureur fiscal de la sgrie de la Pommeraye, était décédé avant 1698. Sa veuve, Marie ROUGEON, est inscrite à l'Armorial du Poitou.

Bascle (sire René Le), demeurant à Bressuire, fit échange le 7 janv. 1754 (ou plutôt 1654) avec René Chambret, Ec., sgr de Blanche-Coudre.

Bascle (Michel Le) fonda une chapelle à St-Martin de Sanzay, appelée chapelle des Le Bascle (sans date). (Pouillés de 1782 et 1869.)

Filiation.

1. — **Bascle** (Philippe Le), Ec., sgr de la Haye, conseiller, secrétaire du Roi, vendit la Roche-Gabart à Pierre Maynard, sgr du Petit-Puy, le 30 août 1655. Il était veuf et curateur de ses enfants le 12 févr. 1659. Marié, vers 16... à Elisabeth MARILLET, fille de François, Ec., sgr de la Frébaudière, il en eut : 1° PHILIPPE, qui suit ; 2° ANNE.

2. — **Bascle** (Philippe Le), Ec., sgr de Rozay, la Frébaudière, conseiller au Présidial de Tours, fit vente, comme unique héritier de son aïeul, le sgr de la Frébaudière, le 22 oct. 1663, à Annibal de la Trémoille (Fonfrège et Rigot, notres à Thouars), et fit aveu de la Frébaudière (sise au bourg de Tourtenay), le 12 avril 1669, au duc de Thouars. Marié à Elisabeth PARIS, il en eut MARIE-ELISABETH, mariée, le 21 févr. 1677, à René-Luc Gibot, Ec., sgr de la Perrinière.

BASILE. — V. **BAZILE.**

BASIN ou **BAZIN.**

Basin (N.), prévôt de Château-Guillaume en 1215. Guy de la Trémoille lui donne pour lui et ses héritiers la prévôté du Vazoir, à la charge de quelques legs pieux.

Basin (Jean) fut en 1431, lors de l'établissement de l'Université de Poitiers, élu procureur de la Nation Française, l'une des quatre formées par les étudiants. (F.)

BASLON. — V. **BALLON.**

Blason : d'argent à une bande fuselée de gueules (Gén. Lanet); *aliàs* d'argent à 3 fusées d'azur, 2 et 1

Filiation.

1. — **Baslon** (Mathurin), Ec., sgr de la Neufville, épousa en 2es noces, le 20 mars 1509, Philippe DU CHASTENET. Il avait eu du 1er lit : 1° CLAUDE, qui

suit ; 2° JULIEN, Ec., sgr de la Neufville, l'un des cent gentilshommes de la maison du Roi, 1544.

2. — **Baslon** (Claude), Ec., sgr de la Neufville, Villayne, fit accord avec son frère le 19 mars 1544. Marié : 1° le 20 mars 1509, à Philippe DE PEYSELLE? et 2° à Marie DU MOSNARD, il eut pour enfants : 1° FIACRE, qui partage avec ses frères le 1er avril 1577 ; 2° CLAUDE, qui suit ; 3° FRANÇOIS, 4° JACQUES, 5° JEAN, 6° MADELEINE, mariée à Jacques Guillaumet, Ec.

3. — **Baslon** (Claude), Ec., sgr de Villayne, testa le 3 août 1572 en faveur de ses 2 fils. Il avait épousé Anne VERINAUD, dont : 1° JEAN, qui suit ; 2° JACQUES.

4. — **Baslon** (Jean), Ec., sgr de Villayne (demeurant à St-Barbant), fut maintenu noble par les commissaires du Roi en Poitou en 1599, à Bellac. (Bibl. Nat. Pièc. orig. vol. 209.) Il épousa, le 24 oct. 1582, Madeleine BOYLÈVE, fille de feu François, Ec., sgr d'Aloigny, et d'Antoinette d'Aloigny.

BASMAISON (Louis de) était bailli de la sgrie de Montaigu en 1530. (F.)

BASOGES (DE). — V. **BAZOGES**.

BASOUIN EN MIREBALAIS.

Basouin (Pierre), valet, fit aveu à Mirebeau en 1329 pour son hébergement d'Amberre, tenu en parage par Guillaume d'Amberre. (N. Féod.)

BASSAC (DE).

Bassac (Jehan de), Ec., sgr de Laillé (peut-être Bessac), épousa Marie VIGIER, fille de Jehan, sgr de Cornay, et de Marie Mourault. Ils partageaient avec leurs cohéritiers, le 13 oct. 1559, la succession de Antoine Mourault (Meuestrier, not.) Leurs enfants furent : 1° JACQUES, Ec., sgr de Laillé, qui, le 10 janv. 1549, donne décharge de sa curatelle à Jacques Théronneau. Il fut nommé par les habitants de Civray, ville qu'il habitait, le 4 juill. 1574, l'un des commissaires chargés d'aliéner certaines rentes dues, tant à la fabrique de St-Nicolas, qu'aux confréries de St-Blaise et de St-Nicolas, pour le produit de ces ventes être employé à mettre l'enceinte de la ville en état de défense. (Faye, sur Civray, B. A. O. 1847, 453.)

2° GUY, mort à Poitiers en 1564, docteur en médecine (F.); 3° GUILLEMETTE, 4° MARGUERITE.

Bassac (François de), Ec., sgr de Boisredon, eut de Guyonne DE JAUBERT DE CUMONT, son épouse, JEANNE, qui, le 1er janv. 1602, épousa Jean de L'Age, Ec. (Gie de L'Age.)

BASSALIN EN THOUARSAIS.

Blason : d'azur à 3 tours d'argent girouettées d'or.

Bassalin ou **Basalin** (Anne), épouse de Jean de Cornelon, Ec. (à Thouars, 1698).

BASSEREAU. — Famille de Loudun.

Bassereau (Daniel), Ec., sgr de Beauvais, eut 3 enfants : 1° MARIE, épouse d'Antoine Olivier, sr de Moulin-Neuf, avocat à Loudun ; 2° JEANNE, mariée à Samuel Mereau, Ec., sgr des Fontaines (demeurant à Lautrais, psse des Trois-Moutiers, en 1660) ; 3° FRANÇOISE (ou FRANÇOIS).

BASSES (DE) EN LOUDUNAIS.

Blason : « 3 lions? rampants, 2 et 1 ».

Bancis (*Petrus de*), *miles, vir nobilis*, donne à Fontevraud, en 1218, sa terre « *de Viabunde* », concédée aussi par *Stephanus de Baacis*, *clericus*, et *Aimericus de Baacis*, ses frères, et aussi par sa femme JEANNE. Le sceau porte un écu à 3 lions (ou 3 chiens) — titres du prieuré St-Mathurin de Loudun. (Fonds Lat. 5480¹, p. 410.)

BASSET.

Basset (Raoul), Chev., souscrivait dans des titres de 1140.

Basset (Louis) et autres, appelants d'une sentence rendue par défaut contre eux par le sénéchal de Poitou, sont condamnés par arrêt des Grands Jours du 19 nov. 1531 à cent sols parisis d'amende, et renvoyés devant le sénéchal pour plaider au fond. (M. Stat. 1878, 58.)

Une famille de ce nom habitait Poitiers à la fin du siècle dernier et y était représentée par

Basset (N.), religieux capucin, gardien du couvent de son ordre, et

Basset (André-Louis), son frère, chanoine de St-Hilaire-le-Grand, et encore par

Basset (Marie-Radégonde), fille de JEAN, proc. au Présidial, mariée, le 2 août 1752, à Julien-Joseph Nicolas, cer au Présidial de Poitiers, puis au conseil supérieur ; elle est décédée en 1817.

Basset (Emilie) épousa en 1802 Josué-Louis Pandin de Lussaudière. (Gie Pandin.)

BASSETIÈRE (DE LA). — V. **MORISSON**.

BASTARD. — Ce nom fut très répandu dans notre province ; on le trouve dans le Haut et Bas-Poitou, à Niort et à Poitiers. Nous allons donner les notes que nous avons pu recueillir sur ceux qui l'ont porté, en commençant, selon notre usage, par établir les personnes que nous n'avons pu rattacher aux filiations par lesquelles nous terminerons cet article.

Bastardi (*Benedictus*), cité dans un don fait par Ulric, vers l'an 1000, à l'abb. de St-Cyprien de Poitiers, de terres sises *in villa Gragoni*, dans la *vicaria Salvinse* (Vienne). (A. H. P. 3.)

Bastardi (*Radulphus*), cité dans un don fait en 1025 ou 1026 par *Hucbertus*, prêtre, au même monastère. (Id.)

Bastardus (*Johannes*), *miles*, est cité dans une notice de donation faite, vers 1070, de biens situés à Longré (Charente) et à Coutures-d'Argenson (D.-S.), à l'abb. de St-Florent. (Id. 2.)

Bastardi (*Stephanus*) est cité dans un don fait, vers 1080, à l'abb. de St-Cyprien par *Petrus Jumellus* et ses frères. (Id. 3.)

Bastard (Foucher), *miles*, fut un des témoins de la vente du faubourg et de l'église de St-Paul de Parthenay, faite, vers 1070, par Herbert, fils de Maingarède et de Corinthie, sa femme, au monastère de Cormery ; il signe également la charte de fondation du prieuré de Secondigny (même époque). (Id.)

Bastardi (*Willelmus*), cité dans le don fait au même monastère par *Willelmus comes*, de la Coutume de *Daulli* (Dœuil, Ch.-Inf.), 1073 à 1087. (Id. 3.)

Bastard (Guillaume) donne à l'abbaye de Noaillé la part du péage qu'il prélevait à Mauzé. (D. F. 11.)

Bastard (*Rainaudus*) est cité dans le don fait en 1122, à l'abb. de St-Florent, *de terra Spineta et medietate prati Faschau*. (A. H. P. 2.)

Bastardi (*Willelmus*) est cité dans un don fait, vers 1140, à l'abb. de St-Cyprien, par *Alcardus*, de la 8e partie de *Sti Cirici*. (Id. 3.)

Bastardus (*Johannes*) est relaté dans la confirmation par Bernard de Machecou de tous les dons faits ou à faire à l'ordre du Temple, dans sa terre de Machecou (1211). (A. H. P. 2.) Peut-être est-ce le même auquel Raoul, sgr de Machecou, donne, en 1212, les terres de la Rouciniére, etc. (Id.)

Bastard (Pierre) et ses héritiers, libres et exempts de tous droits, sont donnés en 1223 à l'abb. d'Orbestier par Savary de Mauléon. (Id. 6.)

Bastarz (B. et P.) sont cités dans le compromis passé, le 13 mars 1224, entre le Chapitre de St-Hilaire-le-Grand et B. de Marle, sgr. de Montreuil-Bonnin, au sujet du droit de haute justice qu'ils se contestaient sur la terre de Benassais. (M. A. O. 1847, p. 236.)

Bastard (Aimery) est cité dans le testament du 9 déc. 1270 de Hugues, bourgeois de Marans, en faveur de l'abb. d'Orbestier. (A. H. P. 6.)

Bastardi (*Gaufridus*) est témoin dans une enquête faite pour savoir si le Vte de Châtellerault a droit de chasse dans la forêt de Moulière, XIIIe se. (Arch. Nat. cart. 103, 9.)

Bastard (Guillaume), fils de feu Jean, demeurant à Chitré, est cité dans un aveu rendu, le 8 avril 1300, à l'évêque de Poitiers. (Cart. de l'évêché de Poitiers.)

Bastard (Colin) reconnaît, le 25 avril 1329, devoir une mine de seigle à Guillaume Achard. (A. H. P. 6.)

Bastard (Jean Le), Ec., servait le 1er mai 1375. (Bib. Nat. Montres.)

Bastard (André), clerc-juré et notaire de la cour du scel de la châtnie d'Olonne, signe le don fait, le 16 janv. 1381, par Thibault de la Girardière de la nue propriété de tous ses biens à l'abb. d'Orbestier, et un autre le 20 mai 1386. (A. H. P. 6.)

Bastard (Pierre et Nicolas) sont rappelés dans une obligation souscrite le 19 nov. 1386 par Pierre Rabeis ou Pierre Bérard. (Id.)

Bastard (Nicolas) était, vers 1395-1400, époux de Isabelle Boutaut. (Maynard-Mesnard, 98.)

Bastard (Jeanne) était veuve de Simon de St-Maixent, lorsque Aimeri Alexandre, légataire de son mari, venant chercher ses titres de famille, emporta en même temps les coffres renfermant divers objets à son usage, 1395. (A. N. J. Reg. 149, 162.)

Bastard (Guet), clerc, neveu de feu Mess. Helyot Bastard, naguère archer de St-Maixent, témoin d'un échange fait entre Guillaume Marteau, Ec., et Guillaume, fils de Guyard Bellivier, valet, 20 mars 1407.

Bastard (Nicolas), procureur, est cité dans une visite des marais salants, ordonnée sur procès, faite le 28 nov. 1410. (A. H. P. 6.)

Bastard (Georges Le) servait en écuyer en 1418. (Bib. Nat.)

Bastard (Jean), présent au concordat passé entre Robert Poitevin, trésorier de St-Hilaire-le-Grand, et le Chapitre de cette église, au sujet de certaines obligations.

Bastard (André) fut échevin de St-Maixent de 1450 à 1470. (M. A. O. 1869, 433.)

Bastard (Jean) était conseiller au Parlement de Paris et commissaire.

Bastard (Thibaud) servait en archer en 1470, dans la compagnie d'ordonnance du sénéchal de Poitou. (A. H. P. 2, 300.)

Bastard (Jean) fut mandataire de plusieurs habitants de Poitiers (8 mars 1473), pour comparaître en leur nom devant les commissaires des francs-fiefs. (M. A. O. 1882, 320.)

Bastard (André) reçut, en juin 1474, commission du sénéchal de Poitou, pour contraindre les commissaires ordonnés sur la saisie du temporel de l'abb. des Châtelliers, de rendre leurs comptes aux religieux de ce monastère, etc. (M. Stat. 1867.)

Bastard (Marc), clerc pour le Roi sur le fait des huitièmes et paiement des gendarmes en Poitou, donne une quittance, le 3 févr. 1477, à Jehan Bourdin. (Arch. des D.-S.)

Bastard (Jean) était échevin de Poitiers en 1479 et mourut en 1489. (Arch. Poitiers.)

Bastard (Jacquette) avait épousé Guillemin Couraud, qui mourut en 1483. (Gén. Couraud.)

Bastard (Loys), habitant la châtnie de Ste-Hermine, assiste au ban de 1488 et sert en archer à celui de 1491.

Bastard de Jalenssac (Loys), de la châtellenie de Châteaumur, comparait pour son père au ban de 1489.

Bastard (Jean) est désigné pour la garde de Niort (1489).

Bastard (Méry) comparait au même ban et fait partie de la garnison du chât. de Lusignan, en remplacement de N. de Rechignevoisin.

Bastard (Pierre), habitant la châtnie de Gençay, remplace son père à ce même ban. Ils sont désignés pour tenir garnison à Parthenay. C'est encore lui qui remplaça, au ban de 1491, son père trop âgé pour servir.

Bastard (Thomas), est exempté de se présenter au ban de 1491, comme vieux et malade ; mais il lui est enjoint de se rendre à la première montre. Son fils Pierre s'y présente.

Bastard (Guillaume), habitant la sgrie de Bournezeaux, sert comme archer à ce même ban.

Bastard (Madeleine) était, vers 1500, épouse de Jacques de Loubes, Ec., sgr de Gastevine.

Bastard (André) rend deux aveux à l'évêque de Poitiers, pour son fief de la Vicane, les 20 mars 1494 et 22 janv. 1500. (B. A. O. 1874, 144.)

Bastard (N.) était, le 27 oct. 1513, veuve de feu Jean Masson, Ec. (Gén. Masson.)

Bastard du Palleix (N.), accusé de pilleries, excès, rébellions, etc., est ajourné devant la cour des Grands Jours de Poitiers de 1531, par arrêt du 13 oct. (M. Stat. 1878.)

Bastard (Louis), docteur et gardien des PP. Capucins de St-Maixent, fait, le 2 févr. 1542, un service pour le repos de l'âme de Jean Bastard, avocat à Poitiers, son parent? décédé 8 jours auparavant. (Jal Le Riche, 40.)

Bastard (Jean), Ec., sgr de Puy-Pallier, épousa Simonne Pasquier, dont Catherine, mariée à Philippe Gazeau, Ec., sgr de la Fontaine, vers 1540. (Reg. Malte.)

Bastard (Clément) eut de Michelle Marot un fils, Pierre, qui épousa, vers 1598, Louise Compaing, fille de Mathurin et de Catherine Bors.

Bastard (Isaac), marchand à Mauzé, épousa, vers 1620, Marie Rondeau. Un de leurs descendants, Henri, fils d'André, né à Niort en 1742, épousa en 1769 Elisabeth-Perside Michelin, et fut un des anciens de l'église du Désert de Niort ; s'établit à la Jarne près la Rochelle, en 1803, et y mourut en 1811. Cette famille est représentée par

Bastard (Louis-Henri), ancien maire de la Jarne, marié, en juin 1853, à Marie Guillème, dont 3 filles.

Bastard (Françoise-Thérèse) épousa, vers 1760, Julien Barré, Ec., sgr de la Ricottière.

Bastard de Crissay (Pauline) épousa en 1814 Etienne-François de Moschinet, maire de St-Etienne-la-Cigogne, juge de paix de Beauvoir (D.-S.).

BASTARD DE LA BASTARDIÈRE

BASTARD DE LA BASTARDIÈRE (p^sse de Gorge près Nantes). — Cette famille, que M. de Bastard d'Estang, dans sa généalogie des Bastard, croit la tige de toutes les familles de ce nom en Poitou, Berry, Maine, etc., leur est tout à fait étrangère, comme elles-mêmes n'ont aucun lien entre elles ?

Blason : d'argent à 3 fasces de gueules. (Bibl. Nat. Pièces orig. vol. 213, dossier 4807.)

1. — **Bastard** (Jean), Ec., sgr de la Bastardière, épousa, vers 1450, Jeanne de la Rivière, dont :

2. — **Bastard** (Jean), Ec., sgr de la Bastardière, marié avec Jeanne de Butay, dont il eut : 1° Jean, qui suit ; 2° Guillaume, marié à Jeanne Houst, De de la Prenille ? dont il eut Françoise, mariée en 1506 à César de Gattinara, puis en 1519 à Jean de Goulaine. (Maynard-Mesnard, 127.)

3. — **Bastard** (Jean), Ec., sgr de la Bastardière, eut plusieurs enfants : 1° N., qui suit ; 2° paraît-il, François, chanoine de St-Malo de l'Ile ?

4. — **Bastard** (N.), Ec., sgr de la Bastardière, eut pour fils :

5. — **Bastard** (Georges), Ec., sgr de la Bastardière, marié à Françoise de la Boucherie, dont Prégente, mariée au temple de la Rochelle, le 29 sept. 1587, à Isaac de Culant, Ec., sgr de Ciré.

BASTARD DE LA CRESSONNIÈRE

BASTARD DE LA CRESSONNIÈRE. — La généalogie de cette famille a été dressée sur des notes qui nous furent communiquées en 1843 par M. le Vte de Bastard d'Estang, conseiller à la cour d'appel de Paris, et qui furent placées, dans la 1re édition, au mot la Cressonnière, n'étant parvenues qu'après la publication de l'art. de Bastard. Cette généalogie de la maison de Bastard, nous dit-on, est tout à fait erronée, et on a réuni un grand nombre de familles totalement étrangères les unes aux autres ? Voici comment cette notice établit la filiation :

BASTARD. — Cette maison, originaire du Comté nantais, au XIe siècle, et où la branche aînée, dite de la Bastardière et du Pèlerin, s'éteignit au XVIIe siècle, appartient par une de ses divisions au Poitou. Cette dernière rentrant dans notre cadre, nous en parlerons avec détail et ne dirons des autres que ce qui établit leur rapport avec la nôtre. Des sgrs de Bastardière sont sortis : les sgrs d'Elforde, etc., établis depuis la conquête en Angleterre où ils subsistent encore ; — les sgrs de la Porte du Bastard en Bretagne ; — les Vtes de Fussy et de Terland, établis en Berry au commencement du XIIIe siècle, d'où sont sortis les sgrs du Bosq, établis en Armagnac au XVe siècle ; — les Ctes d'Estang, issus des sgrs du Bosq ; — les Bons de St-Denys en Agenois ; — les sgrs de la Fitte en Languedoc ; — les Vtes de Soulangis en Berry ; — les Mis de Dabert et de Fontenay, dans le Maine, issus au XVe siècle des Vtes de Fussy ; — les sgrs de Croces et des Moulins-Bastard, en Berry ; — et enfin la branche des sgrs de Masseille, de Fougeroux, Mis de la Cressonnière et Bons du Petit-Château, établie en Poitou au XIVe siècle.

Blason. — Bastard de la Cressonnière portait : d'argent à l'aigle de sable membrée et becquée de gueules. M. de Bastard d'Estang prétend que c'est celui de Cresson la Cressonnière attribué par erreur aux Bastard de la Cressonnière, et dit que ces derniers écartelaient aux 2e et 3e d'or (ou d'argent), à l'aigle d'empire mi-parti d'azur, à la fleur de lis d'or qui est de Bastard (du Maine et du Berry) ; mais nous n'avons trouvé aucune preuve de cette assertion.

§ Ier. — BASTARD DE LA CRESSONNIÈRE.

1. — **Bastard** (Guillaume), Ier du nom, Ec., fils cadet de Macé de Bastard, Vte de Fussy, premier maître d'hôtel du duc de Berry, et de Théophémie des Guerres, fut lieut.-général du sénéchal en Berry en 1390-1415, gouverneur de la grosse tour de Bourges en 1412, accompagna le Régent (Charles) à Poitiers en 1412, où il acheta l'hôtel d'Evreux. Il épousa Marie de Cambray, fille de Jean, maître d'hôtel du duc de Berry et nièce de l'archevêque de Bourges, dont il eut : 1° Guillaume, IIe du nom, qui suit ; 2° Gillet, sgr de la Botaillerie et du moulin du Pont-d'Usson, qui épousa Jeanne du Puy-Pallier, dont on croit qu'il eut : *a*. Pierre I, qui habitait la châtnie de Civray et servait au ban du Poitou de 1488 ; il fut père de Thomas, qui le représenta au ban du 12 déc. 1491 ; *b*. Pierre II, qui habita Civray, servit au ban du Poitou et fut père de Pierre III, Ec., qui le représenta au ban du 26 nov. 1491. Pierre III épousa Marguerite de Berry, fille de Pierre, Ec.

Vivaient alors deux sujets que l'on peut croire frères ou cousins des précédents : Nicolas, prêtre du diocèse de Poitiers, lequel, ayant été arrêté, fut relâché par arrêt du Parlement en 1435, sur la réclamation de l'évêque ; Guillaume, qui habitait Villedieu au comté de la Marche, et qui épousa Marie du Genest, veuve de Michel d'Haultebesse.

2. — **Bastard** (Guillaume), que M. de Bastard d'Estang croit fils du précédent, Ec., sgr de Masseille du chef de sa femme et de Fougeroux, rendait aveu de l'hôtel de Masseille au chât. de Mirebeau, 1458. (N. Féod. 69.) Etant venu habiter le Haut-Poitou, il y mourut en 1458. Il épousa N. Bourr, fille de Jehan, d'une famille qui a donné des magistrats au Berry, dont il eut : 1° Guillaume, qui suit ; 2° autre Guillaume, cité avec ses frères et sœurs comme parageurs de Masseille, dans un hommage de 1458, fut chanoine de la cathédrale de Poitiers et official du diocèse ; 3° Jehan, chanoine de St-Hilaire de Poitiers, rappelé dans une bulle de Nicolas V du 2 avril 1452 ; 4° Jehan dit le Jeune, rapporté au § II ; 5° Colme (sans doute Nicole) ; 6° Françoise, qui était en 1504 veuve de Louis Thoumayreau, lors du partage de la succession de Guillaume Bastard, sgr de Fougeroux ; 7° autre Colme ou Nicole.

3. — **Bastard** (Guillaume), sgr de Masseille,

Fougeroux et de la Cressonnière (p^{sse} de Cezay) du chef de sa femme, naquit en 1411. Il servit au ban du Poitou et rendit pour lui et ses parageurs, en 1458, hommage au roi René, pour la terre de Masseille, relevant du chât. de Mirebeau. Etant âgé de 80 ans, il fut représenté au ban du Poitou du 30 sept. 1491 par Jacques Gourdeau. Il est encore rappelé en 1492 dans un arrêt du sénéchal de Poitou. Il avait épousé Andrée CRESSON dite CRESSONNE, D^e de la Cressonnière, fille de Louis, Ec., sgr de la Cressonnière, capitaine du château du Buron, et de Marie Helyes, dont il eut : 1° GUILLAUME, Ec., sgr du Fougeroux et de la Cressonnière, dont la succession fut partagée en 1504 ; 2° LOUIS I, qui suit; 3° LOUIS, sgr du Fougeroux, nommé, avec son neveu Louis, dans un contrat de 1526 ; 4° NICOLE, D^e de St-Jean-Buygri et du Fief-Lucas, rapportée au partage de 1504 ; elle avait épousé Martin de la Forest, sgr du Bois-Pethiau, puis N. de Chavernes ; 5° LOUISE, également citée dans le partage de 1504, et qui épousa Payen Barrault, Ec., sgr de Sermayne, *aliàs* Le Taut.

4. — **Bastard** (Louis), Ier du nom, sgr de Fougeroux et de la Cressonnière, partage en 1504 la succession de son frère Guillaume ; habitait auparavant le lieu de la Mothe près Ste-Hermine, et était archer de la garnison noble de Tiffauges, à la revue de 1491. Il eut pour enfants : 1° LOUIS, qui suit ; et peut-être 2° RENÉE, qui épousa René Durcot, Ec., sgr de la Roussière. M. de Bastard ajoute, à tort croyons-nous, 3° JULIENNE, qui épousa Antoine d'Aloigny, sgr de la Peyre (*aliàs* de la Chèze), veuf de Louise de Vouvans, puis N. Chasteigner.

5. — **Bastard** (Louis), IIe du nom, sgr de Fougeroux, de la Cressonnière, échange avec Charles de Rinecourt ? diverses rentes payables à l'hôtel noble de Fougeroux, par acte fait à la Cressonnière en 1526. Il est cité dans un arrêt du sénéchal de Poitou du 7 oct. 15... Il doit être le premier qui embrassa la réforme prêchée à Poitiers en 1533, et était décédé en 1539. Il eut pour enfants : 1° RENÉ, qui suit ; 2° CLAUDE, qui possédait un fief dans la B^{nie} de Mortagne. Dom Fonteneau le dit par erreur sgr de la Cressonnière, son frère aîné l'étant depuis 1539. Il prit part à la guerre religieuse, en opposition avec son frère, et servit avec les catholiques. Ce fut lui qui fut laissé à Tiffauges en 1569, après la prise du château, auquel il mit le feu pour qu'il ne servît pas de retraite aux protestants ; et peut-être 3° MARIE, qui épousa, avant 1553, Jehan Boutault, sgr de Lambouynière ; 4° autre MARIE, qui épousa François Allard, Ec., sgr de Bois-Imbert ; 5° troisième MARIE, qui épousa Jehan Limousin, sgr du Bouildroux. (Ces trois dames sont peut-être de familles différentes.)

6. — **Bastard** (René), Ier, sgr de Fougeroux, la Cressonnière, plus connu sous le nom de René de la Cressonnière. Il fit bâtir en 1566 le grand portail de la Cressonnière, servit dans l'armée protestante et s'y distingua par sa bravoure et son humanité. Ce fut lui qui sauva la vie au vice-amiral du Landreau, après la prise des Sables, en 1570. C'est encore à lui que Nicolas Rapin, maire de Fontenay, dont les jours étaient menacés après la prise de cette ville, eut recours. La Cressonnière le fit évader le 28 janv. 1570 et mourut peu de temps après. Il avait épousé Geneviève GIRARD, fille de Guillaume, sgr de la Roussière, et de Marie Burgère ? dont il eut : 1° RENÉ, IIe du nom, qui suit ; 2° AUDETTE, qui épousa en déc. 1559 Gilles Gourdeau, Ec. ; 3° LOUISE, qui épousa, le 13 janv. 1566, Jehan de Ploner, sgr de la Chopinière ; 4° d'après M. de Bastard d'Estang, GABRIELLE, religieuse au Val-de-Morière. (Peu croyable, puisque ces Bastard étaient protestants.)

7. — **Bastard** (René), IIe du nom, dit de la Cressonnière, Ec., sgr de Fougeroux, la Cressonnière, le Bouildroux, etc., échangea en 1577 avec J. Limousin le Fougeroux contre le Bouildroux. Il embrassa avec ardeur la cause de la Réforme et combattit à côté de son père qui en était un des chefs. Ayant échappé à la Saint-Barthélemy, il se rangea sous la bannière de La Noue et dut assister à la prise de Fontenay-le-Comte, dans la nuit du 23 févr. 1574. Il s'enferma dans le château de la Forêt-sur-Sèvre, lors du siège, où François Bigot, son beau-père, fut tué.

Est-ce bien René qui fut l'auteur du meurtre de François Bigot, comme le dit M. de la Fontenelle en annotant le passage du Journal de Le Riche qui, sous la date du 15 août 1581, annonce que René Bastard, seigneur de la Cressonnière, fut tué près de Richelieu, lequel, ajoute l'annaliste, avait été condamné à mort par arrêt des Grands Jours de Poitiers ? N'est-ce point à tort qu'il est accusé ? car, dit M. de Bastard, rien dans les titres des archives de la Cressonnière, ni dans la teneur des arrêts du Parlement de Paris des 19-20 nov. et 2 déc. 1579, confirmant une sentence de mort prononcée le 17 févr. 1579, par le sénéchal de Fontenay, contre René et ses adhérents, ordonnant la démolition de ses châteaux de la Cressonnière et de la Mesnardière, n'indique qu'il eût été accusé de cet homicide. Bien plus, un arrêt de la cour des Grands Jours de Poitiers, du 7 nov. 1579, ordonne l'exécution de la sentence du sénéchal de Fontenay précitée, motivée par le meurtre commis par René de la Cressonnière et autres sur la personne de Michel Vincendet, procureur à Fontenay, et non par l'assassinat de François Bigot.

René épousa Charlotte BIGOT, fille de François, Chev. de l'ordre du Roi, et de Jehanne de la Brunetière. Il mourut avant le 20 août 1581. Ses enfants furent mis d'abord sous la tutelle de leur mère, et ensuite sous celle de Me Artus Clémenceau. Ils étaient : 1° PAUL, qui s'attacha au roi de Navarre, lequel, devenu roi de France, le nomma capitaine de 50 cavaliers, le 13 mars 1593. Il fut tué la même année ; 2° CLAUDE, mort jeune ; 3° HENRI, qui suit ; 4° MARIE, dame de Noireterre, passa en 1627 le bail de Vaudoré ; elle épousa, le 26 sept. 1594, Salomon de Bromond, Chev., sgr de Balanzac et de Vaudoré, un des chefs du parti protestant ; elle est rappelée comme veuve dans un arrêt du Parlement de 1656, avec Marie Pasquier, D^e de la Brangelie ; elle testa le 3 mars 1646, et mourut en 1658 ; 5° JEHANNE, qui épousa Jacques Hélyes, sgr de Surin et de la Chasteigneraye ; 6° CHARLOTTE, dont la succession fut partagée le 8 janv. 1600.

8. — **Bastard** (Henri), Chev., B^{on} et Mis de la Cressonnière, Bon du Petit-Château, etc. Henri IV, auquel le Mis de la Cressonnière s'était attaché, le nomma gentilhomme de sa chambre, Chev. de son ordre et gouverneur de l'Ile et du château de Maillezais. Henri fut député de la noblesse de Poitou aux assemblées protestantes de la Rochelle en 1612, 1616 et 1620, de Grenoble en 1615. Voir sur le rôle qu'il jouait au moment de la prise d'armes de Soubise, le tome 5 des Arch. Hist. du Poitou. C'est celui dont parle Besly à l'occasion d'un manuscrit précieux qu'il devait à son amitié. (J Besly, Hist. Franç., t. IV, préface.) Il mourut avant le 26 août 1625, après avoir eu de son mariage avec Louise DE PONTLEVOY, fille de Louis et de Françoise de Broé, qu'il avait épousée le 5 déc. 1595 : 1° HENRI, Bon de la Cressonnière, embrassa le parti protestant. Soubise le choisit pour son lieutenant. Il assista à la reddition de St-Jean-d'Angély et à la prise des Sables, et fut tué à la rencontre de Mareuil, fort regretté des siens, le 1er févr. 1622 ; 2° RENÉ dit dans sa jeunesse

Bon du Petit-Château, et après la mort de son père Mis de la Cressonnière, sert sous Soubise, est dangereusement blessé près de son frère, à la rencontre de Mareuil, quitte les armes et se retire au château de Bourneau, où il mourt sans alliance, le dernier mâle de sa branche, avant le 31 janv. 1655. Thibaudeau et B. Fillon disent qu'il fut tué avec son frère à Mareuil, dans la rencontre des troupes de Soubise avec Chateaubriand des Roches-Baritaud; 3° Gabrielle, fut dame d'honneur de la reine Anne d'Autriche et épousa Louis de Grivel, sgr de Granoves et de St-Aubin, mestre de camp d'infanterie; elle mourut après 1651; 4° Louise, qui rendit plusieurs hommages au Roi et épousa, le 25 janv. 1637, Louis Maistre, Chev., sgr de la Papinière, d'Aizenay, et qui mourut avant le 14 déc. 1669; 5° Françoise, morte sans alliance avant 1637; 6° Jehanne, née à la Mesnardière le 5 févr. 1599, meurt sans alliance avant le 17 sept. 1666; 7° Henriette, mariée, étant très-âgée, le 9 déc. 1666, à René d'Escoubleau Cte de Sourdis, Chev. de l'ordre du Roi, et décédée le 13 juin 1681; 8° Marguerite, épousa, également âgée, le 6 août 1656, René Chenu, sgr de St-Philbert. Elle était sa veuve dès le 1er août 1672, lorsqu'elle donna 6,000 liv. aux PP. Jésuites de Fontenay. En 1674, elle vendit la terre du Petit-Château à Alexandre de Baudéan Cte de Parabère, et décéda avant 1678, la dernière de sa branche.

§ II. — BASTARD à Poitiers.

Blason. — Le maire de Poitiers portait: d'azur à 3 glands de chêne d'or, 2, 1. (Arm. des maires de Poitiers. Thibaudeau.)

3. — **Bastard** (Jehan) dit le jeune, que M. de Bastard croit, sans preuve, fils puîné de Guillaume, IIe du nom, et de N. Bouer, dont il a été parlé au 2e degré du § Ier, parageur de Massoille.

Peut-être celui-ci est-il le même que Jehan Bastard, sgr de la Benastonnière et du Petit-Maure, Ier du nom, auquel un arrêt du Parlement de 1464, confirmant une sentence de sénéchal de Poitou, adjuge la Benastonnière. Il fut conseiller du Roi et son procureur sur le fait des aides ordonnées pour la guerre en Poitou, 1474, 1477. Ce Jehan était un des 75 bourgeois administrateurs de la ville de Poitiers, et un des 25 échevins. Il mourut en 1489. Il avait épousé Simonne Pasquier; il en eut: 1° Jehan, IIe du nom, qui suit; 2° Louis, docteur, gardien du couvent des Capucins de Poitiers, qui fit faire le service funéraire de son frère Jehan en 1542; 3° Jeanne, qui épousa Guillaume Thibault, sgr du Breuil-l'Abbesse; 4° Catherine, mariée, vers 1540, à Philippe Gazeau, Ec., sgr de la Fontaine. (Reg. de Malte.)

4. — **Bastard** (Jehan), IIe du nom, sgr du Petit-Maure, suivit la carrière de la magistrature, fut élu (1501, 1506) membre du corps de ville de Poitiers, et maire en 1517. Une place d'échevin ayant vaqué, il la réclama par droit de chaire, et remplaça un des 75 décédé; le conseil reconnaît son droit de nomination. Il mourut en 1542. Le 22 juill. 1536, il avait été exempté de se trouver à la convocation du ban et arrière-ban. — Certificat délivré par François Doyneau, lieutenant-génal de la sénéchaussée et commissaire en cette partie. (M. A. O. 1882, 95.) Il avait épousé Bonaventure Bomeu, dont il eut plusieurs enfants, mineurs en 1532, et dont on ne connaît que Jehan, IIIe du nom, mort curé de Ste-Opportune de Poitiers, le 1er nov. 1573. En lui finit cette famille.

§ III. — Familles BASTARD de Niort.

Plusieurs familles du même nom ont existé à Niort, sans que nous ayons pu trouver leur auteur commun. Nous allons donner leur filiation, en les faisant précéder des noms que nous n'avons pu rattacher à aucune d'elles.

Blason. — Bastard (Pierre), procureur au siège royal de Niort, portait: de gueules au château sommé de trois tours d'or. (D'Hozier, d'office.)

Bastard (Pierre et Jean) sont témoins du bail des fermes du domaine royal situées dans la ville et châtellenie de Niort, donné pour une année à partir du 24 juin 1494. Pierre le signe comme commis du greffe audit bail.

Bastard (Jean), licencié ès lois, échevin de Niort dès 1535, fut l'un des députés envoyés à Nantes, en 1537, vers le Roi, pour obtenir dispense du ban et arrière-ban pour les membres du corps de ville.

Bastard (Richard) était habitant de Niort le 30 janv. 1536.

Bastard (Jean) était conseiller du corps de ville en 1557.

Bastard (François), pair, se démet le 26 oct. 1601 en faveur de Guillaume Manceau. (Briquet.)

Bastard (Philippe), élu et pair, se démet de ses charges le 28 sept. 1601 en faveur de Jean, son fils. (Id.)

Bastard (Jean) dit le jeune était pair le 19 juin 1602. (Id.)

Bastard (Guillaume), Ec., sgr de Boulhé, fit déclaration à St-Hilaire-sur-l'Autize, vers 1620.

Bastard (André) était receveur des tailles à Niort en 1633. (M. A. O. 1883, 188.)

Bastard (Pierre) dit Marigné fut présenté comme assesseur le 23 avril 1636, mais refusé.

Bastard (Etienne) fut nommé collecteur le 24 déc. 1637.

Bastard (René), maître apothicaire et président de la cour consulaire, fut nommé échevin en 1725. (M. Stat. 1865, 74.)

BASTARD (première famille). — La filiation a été établie par des notes fournies par M. de Bastard et sur les pièces produites à M. de Maupeou en 1700. Mais elle est évidemment incomplète et peu exacte.

Blason. — L'auteur de l'Armorial des maires de Niort donne à Jean Bastard, maire: « d'azur à 3 têtes de léopard d'or », s'autorisant de l'Armorial des maires de Poitiers donné par Bouchet. Cependant, d'après Thibaudeau, les armes de ce maire étaient: d'azur à 3 glands de chêne d'or, posés 2, 1, armes qui étaient peintes sous son nom dans la grande salle de l'hôtel de ville de Poitiers. On les voyait à la clef de voûte d'une chapelle que J. Bastard avait fondée en l'église de St-Paul de Poitiers. C'est aussi l'avis de l'abbé Aubert. (B. A. O. 1862, 162.)

1. — **Bastard** (Pierre), pair et membre du corps de ville de Niort en 1499, épousa Françoise Constantineau. On le peut croire père de: 1° Jean, qui suit; 2° François, sr de Cours, Parelle, curé de St-Léger (St-Maixent), 1520, aux gages de 20 liv. (30 mars 1524).

2. — **Bastard** (Jean), Ier du nom, avocat du Roi à Niort et échevin pendant les années 1535, 1554 et 1562, fut exempté du ban par François du Puy-du-Fou, gouverneur de Nantes et commissaire en Poitou; il assista à la réformation de la Coutume du Poitou en 1559 et mourut après 1562. Il épousa, croyons-nous: 1° Marie Constantineau, 2° Mathurine Pastureau,

veuve d'Antoine Vezinet, et eut du 1er lit : 1° JEAN, IIe du nom, qui suit ; 2° MARIE, qui épousa Crespin Brisset, d'une famille qui a donné des maires à Niort ; et 3° FRANÇOISE, mariée à Pierre Migot.

3. — **Bastard** (Jean), IIe du nom, Ec., sr de la Melaiserie, conseiller de ville en 1557, puis échevin. Il mourut dès le 10 avril 1606. Il avait épousé Marie VIGNOT (ou VEZINET), dont : 1° JEAN, IIIe du nom, qui suit ; 2° JACQUES ; on croit qu'il épousa Nicole DESTREMANS, dont MARGUERITE, née le 1er févr. 1613.

3° PHILIPPE, sgr de la Courtardière, pair et membre du conseil de ville, épousa Marguerite RICHER, dont PHILIPPE et MARIE. Philippe naquit le 3 juin 1604 et épousa Elisabeth LE GOUX, dont il eut une fille, MARGUERITE, née le 22 avril 1642.

4° GUILLAUME, qui épousa Françoise TOUPPEI (TOUPET), De de la Roche-Crusée ; 5° LOUIS né le 12 janv. 1553.

On croit que Jehan et Marie Vignot eurent encore : 6° JEAN, marié à Françoise DE VILLIERS, dont MARGUERITE, qui épousa, le 18 févr. 1631, Pierre Jouyneau. Il épousa en secondes noces Anne BRISSET, dont un fils, né le 15 juin 1599.

7° FRANÇOISE, prit alliance avec Philippe Desmiers, et 8° MARIE, qui épousa Jehan Baron.

4. — **Bastard** (Jean), IIIe du nom, Ec., sgr de la Melaiserie, la Remondière et Champ-Huguet, élu à Niort, maire en 1613, installé le 11 juin, déclara, le 29 août, qu'il vivait noblement. Les Capucins sont établis à Niort par brevet du Roi, du 21 oct. 1613, sous sa mairie. Une place d'échevin ayant vaqué, il la réclame par droit de chaire. Il fut envoyé complimenter le roi Louis XIII à Châtellerault en 1615, fut nommé (1616-1625) capitaine d'une des six compagnies catholiques de la ville. Il se trouva encore à la tête de la ville en 1631, comme premier échevin catholique, fut convoqué au ban de 1635, où il fut remplacé par son fils, et mourut le 11 nov. 1638 ; il fut enterré aux Cordeliers. Il avait épousé Julienne VIAULT, dont il eut : 1° JEAN, IVe du nom, qui suit ; 2° MARIE, née le 12 mars 1606.

5. — **Bastard** (Jean), IVe du nom, Ec., sgr de la Melaiserie, la Remondière et Begrolle, servit aux bans de 1635, 1636 et 1643, comme on le voit par trois certificats du comte de Parabère. Il épousa Jeanne VIAULT, dont il eut PHILIPPE, qui suit.

6. — **Bastard** (Philippe), Ec., sgr de Remondière ou Raymondière, pair en 1638, échevin en 1660, fut maintenu dans sa noblesse, et contraint en 1661 de payer 333 livres pour être de nouveau maintenu. Il épousa Jeanne HOULYER, dont il eut : 1° JEAN, maintenu noble en 1667, mort sans alliance ; 2° ALEXIS, qui suit ; 3° LOUISE, née à Niort le 17 mai 1632, maintenue noble en 1694, et maintenue de nouveau le 18 mai 1700 par M. de Maupeou.

7. — **Bastard** (Alexis), Ec., sgr de Begrolle et de la Maison-Neuve, fut maintenu dans sa noblesse en 1667, servit au ban des nobles du Poitou de 1690, fut maintenu encore dans sa noblesse en 1696, et épousa : 1° le 22 août 1657, Marie GORIN ; 2° Catherine DE LA BRUNNE. Il eut du premier lit FRANÇOISE-THÉRÈSE, dite Mlle de Champagné, née le 23 mai 1669, qui fut confirmée dans sa noblesse le 18 mai 1700 par M. de Maupeou. En elle s'éteignit cette famille qui comptait plus de deux siècles d'existence.

BASTARD (SECONDE FAMILLE).

La filiation suivante est établie d'après les notes qu'a bien voulu nous communiquer feu M. Piet La Taudrie, ancien vice-président du tribunal de Saintes, un des représentants de cette famille éteinte.

1. — **Bastard** (Mathurin), qui vivait au milieu du XVIe s., laissa de N. BAZIN, son épouse : 1° N., femme d'Etienne de Bonnay ; 2° N., qui n'a pas laissé de descendance masculine ; 3° ISAAC, qui suit.

2. — **Bastard** (Isaac) fut baptisé le 20 juin 1565 à N.-Dame de Niort. Il épousa Susanne BRISSET, fille de Pierre, huissier, et de Marguerite Bonnet, par contrat reçu Gastauld, not. à Niort, le 9 janv. 1585. Il succéda à son beau-frère et laissa de son mariage 10 enfants, dont 5 moururent en bas âge ; lui survécurent : 1° MARGUERITE, née le 12 nov. 1588, mourut sans postérité de son mariage avec Gilles Leffroy ; 2° NOEL, né le 13 sept. 1599 ; marié à N., il en eut 2 enfants : *a*. GILLES, marié à Catherine GUILLEMIN, et *b*. JEHANNE, qui épousa François Guillemin.

3° JEHANNE, née le 3 avril 1604, mariée à François Gastauld ; 4° MADELEINE, née le 6 mars 1608, femme de Tristan Boutolleau, mourut en 1647 ; 5° FRANÇOIS, qui suit.

3. — **Bastard** (François) naquit à Niort le 1er janv. 1611, y fut maître apothicaire. Il épousa, le 20 oct. 1636, Catherine CHAUVEGRAIN, fille de René et de Catherine Moreau. Ils eurent 16 enfants, dont six moururent en bas âge ; les autres furent : 1° FRANÇOIS, né le 18 août 1637, se fit jésuite à Rome et mourut à Poitiers, le 7 sept. 1695, après être resté 30 ans en Italie ; 2° NOEL, né le 27 oct. 1638, n'a pas eu d'enfants de Madeleine FERRÉ, qu'il avait épousée en 1660 ; 3° CATHERINE, née le 20 mai 1641, épousa Pierre Allonneau, procureur au siège royal de Niort, par acte reçu Thibault, not., le 26 avril 1667 ; elle est décédée le 9 mai 1716, et fut inhumée le 10 à St-André ; 4° MARIE, née le 2 mai 1642, épousa en 1672 Guillaume Laffiton, marchand ; 5° JACQUES, né le 6 avril 1643, prêtre, fut chantre de N.-Dame de Niort, et pourvu des chapelles de la Cagouette et des Fouchers-Mesnagers ; il mourut à Niort le 13 août 1694. Par son testament il avait légué 160 liv. à la confrérie des Pèlerins de Niort ; 6° PIERRE, qui suit ; 7° RENÉ, né le 24 oct. 1646, marié, en 1677, à Marguerite RACAPÉ, dont : *a*. RENÉ, maître apothicaire, juge consulaire en 1714, échevin en 1715, eut de Madeleine MADIEU un fils et une fille ; *b*. LOUIS, sr des Hardières.

8° THOMAS, né le 18 juin 1650, connu sous le nom de Bastard de la Morinerie, fut économe de l'Hôpital général de Poitiers ; marié à Marie PAILLÉ, il en eut une fille, mariée à Nicolas Chevreuil, avocat à Saintes ; lui-même est mort à Poitiers en sept. 1709.

9° FRANÇOISE, née le 12 oct. 1654, épousa, en 1675 ou 1676, Charles Hurtebize, sr du Portal, marchand à Niort.

4. — **Bastard** (Pierre) naquit à Niort le 25 sept. 1645. Le 23 nov. 1665, il épousa Louise ALLONNEAU, fille de Jacques, procureur au siège royal de Niort, et de Anne Clémanson, fut lui-même procureur audit siège pendant 56 ans, était en même temps procureur et greffier de l'élection, greffier de la maîtrise des eaux et forêts, des juges-consuls, etc., et fut en 1675 nommé pair de la ville, échevin en 1700. Des 11 enfants issus de son mariage, 5 moururent jeunes. Les autres sont : 1° CATHERINE, laquelle, née le 8 oct. 1666, épousa, en janv. 1691, Louis Clémanson, sr de la Garde ; 2° ISAAC, né le 26 août 1667, fut pourvu en 1700 des chapelles de la Cagouette et des Fouchers-Mesnagers, sur la démission de François son frère, qui en avait été pourvu au décès de Jacques, leur oncle. En 1723, il fit élever à St-Martin-lès-Niort, pour le service de sa chapelle de la Cagouette, une chapelle sous le vocable de N.-D. de

Pitié, qui fut bénie le 8 nov. 1723. Isaac est mort le 8 juin 1786; 3° Noel, naquit le 21 mars 1671, se fit Capucin le 8 déc. 1698, fit profession à Poitiers le 9 déc. 1699, passa à Tours, en devint gardien et y mourut le 25 févr. 1718; 4° Marguerite, née le 29 mai 1674, épousa, le 16 sept. 1696, Jean Pict, sr de Grand'-Maison, procureur au siège royal de Niort; 5° Françoise, née à Niort le 12 juill. 1675, fut religieuse Bénédictine au monastère de la Trinité de Niort, sous le nom de Sœur de la Présentation, le 22 févr. 1702; 6° François, qui suit.

5. — **Bastard** (François), né le 16 nov. 1678, fut pourvu par le curé de N.-Dame, étant clerc tonsuré, des chapelles de la Cagouette et des Fouchers-Mesnagers. Il quitta la soutane, se maria en 1706, à Chaillé-lès-Marais, à Françoise-Catherine Denis, dont il n'eut qu'une fille, morte en bas âge. Dans son acte de baptême du 27 oct. 1709, il est qualifié de procureur aux consuls. François est mort le 12 déc. 1714.

BASTARD (troisième famille).

1. — **Bastard** (Abraham), marchand, épousa Renée Valvod. Il était en 1722 fermier général du duché-pairie de Rohan-Rohan. Il eut pour enfants : 1° Susanne-Renée, mariée, en 1738, à Louis Allonneau, était veuve en 1743. Elle était en 1750 trésorière des Dames de la Miséricorde à Niort; 2° Pierre-Isaac, juge des consuls à Niort en 1770, épousa N. Gerbier; 3° Abraham-Thomas.

2. — **Bastard** (Abraham-Thomas), maître apothicaire à Niort, consul des marchands en 1759 et juge consulaire en 1766, épousa Marie-Françoise Chabot le 9 sept. 1743, et mourut le 13 juill. 1778, âgé de 64 ans, laissant : 1° Marie-Françoise, mariée à Emmanuel-Jean Savignac, notaire à Niort; 2° Marie-Susanne-Renée, née le 3 nov. 1744, épousa Pierre Frappier de la Poiraudière, négociant, par contrat du 15 sept. 1765, reçu Laffiton, not. à Niort; 3° Marie-Jeanne, mariée à François-Michel-Pierre Jousseaumet; 4° Marguerite-Henriette, religieuse Hospitalière, en religion Sœur St-François, décédée à Niort en 1815; 5° Jacques-Gabriel, sr de la Poupaudière, marchand, naquit à Niort le 22 avril 1764; il se maria à Bénigne Foucaud et mourut sans postérité à Longeville (Vendée), le 29 mars 1834; 6° Pierre-Isaac, mort avant son frère, ne laissant qu'une fille, Victoire-Alexandrine.

BASTARD à Loudun.

Bastard (Jacques et Paul) sont cités dans l'acte de fondation du monastère de Lussinge près Loudun, xviie siècle.

Bastard (Roland), sr de la Perrière à Turzay (Claunay), grenetier du grenier à sel de Loudun, eut pour fils :

Bastard (Roland), Ec., sgr de la Rolandière, la Perrière, vétéran des gendarmes du Roi. En 1680, la Perrière fut saisie sur lui et adjugée à René Bastard, sr du Pont. Il avait épousé Catherine de Cerisiers.

Bastard (René), sr du Pont, acquit la Perrière, 1630. Il était grenetier du grenier à sel de Richelieu, et avait procès contre Jacques Lebrun, Ec., sgr de la Brosse, vers 1660-80. (Arch. Vien., G. 933.)

Bastard du Pont (Charles-Jean) assista en 1775 au mariage de François Dumoustier, Ec., sgr de la Fond, avec Rosalie Cossin.

BASTIDE. — Famille qui a occupé à Montmorillon, aux xviie et xviiie siècles, des charges de judicature.

Blason : D'azur à 2 chevrons d'or et une rose d'argent en pointe. (Notice sur Persac.)— D'azur à la tour d'argent. (Lainé, Gén. Magnin, d'après d'Hozier, d'office.)

Bastide (Léonard), conseiller à Montmorillon : d'argent à la fasce bastillée de gueules. (D'Hozier, d'office.)

Bastide (Marguerite) était, vers 1560, épouse de Jacques Richard, lieutenant-général civil et criminel au siège royal de Montmorillon.

Bastide (Léon) était conseiller audit siège en 1663.

Bastide (Jeanne) épousa, le 26 juill. 1672, Jean Mangin, élu au Blanc.

Bastide (Anne) épousa, le 21 juill. 1673, René Mangin, sr de Beauvais.

Bastide (Léonard) était conseiller à Montmorillon, 1700.

Bastide (Jean), sr des Rosiers, élu au Blanc, 1700, fut inscrit d'office à l'Armorial du Berry.

Bastide (Jacques), sr du Pêcher, était procureur du Roi à Montmorillon dès 1748, et honoraire en 1783.

Bastide d'Aublères (Jean-Hilaire) était lieutenant de police au même siège en 1758.

Bastide (Laurent), cer du Roi à Montmorillon, président aux traites foraines de la vicomté de Brosse, eut de Louise-Anne-Madeleine Montois : Anne-Elisabeth, mariée, par contrats du 21 janv. 1749 et du 21 sept. 1767, reçus Nouveau, notre à Montmorillon, à Jean-François Augier, Ec., sgr de Moussac, lieutenant-général audit siège. A ce mariage assista Jeanne Bastide, veuve de Me Martin de Cornette (tante?).

Bastide (Anne), De de Villemureau, épousa, vers 1740, François Lecomte de Villenon.

Bastide (Jean-Hilaire) fut reçu en 1785 lieutenant-général de police à Montmorillon et membre du directoire du département de la Vienne en 1790-1791.

Nous ne savons si les personnes qui suivent sont de la même famille.

Bastide (Silvie) épousa Pierre Jaumier, Chev., sgr de Savennes, par contrat reçu Vezien, notre à Poitiers, le 13 mars 1685.

Bastide (Charlotte) était procureuse des Dominicaines du couvent de Ste-Catherine à Poitiers le 1er sept. 1771. (O.)

Filiation présumée.

1. — **Bastide** (N.) eut pour enfants : 1° N., qui suit; 2° Jean, procureur en 1667 (*aliàs* prêtre).

2. — **Bastide** (N.), sr du Pêcher, procureur à Montmorillon, fut chargé en 1667 de faire faire le terrier d'une seigneurie appartenant à S. A. R. Mademoiselle. Il eut pour enfants : 1° Jean, qui suit; 2° Léonard, conseiller à Montmorillon en 1677, au lieu de Jean Bastide, son frère; il épousa Marie Moreau.

3. — **Bastide** (Jean), sgr du Pêcher, conseiller à Montmorillon, décédé en 1677, paraît avoir épousé : 1° Anne de Maillasson, 2° Jeanne Moreau. Il aurait eu du 1er lit Gabriel, du 2e lit Jacques, qui suit.

4. — **Bastide** (Jacques), sgr du Pêcher, émancipé âgé de 19 ans, en 1695, lieutenant de la maréchaussée

de Montmorillon, épousa Catherine Richard, fille? de Louis, lieutenant criminel, et de Louise Gauthier; il eut pour fils :

5. — **Bastide** (Jacques), sgr du Pêcher, la Ronde, procureur du Roi au siège de Montmorillon dès 1748, était honoraire en 1783. Il épousa Marie Delouche de Boisrémond, et eut : 1° Marie-Julie, mariée, le 18 juill. 1783, à Louis-Sylvain Mangin de Beauvais, et, croyons-nous, 2° François-Jacques, qui suit.

6. — **Bastide de Maillezac** (François-Jacques), procureur du Roi à Montmorillon, ancien garde du corps du Roi, assista à l'assemblée de la noblesse du Poitou réunie en 1789 pour nommer des députés aux Etats généraux ; fut nommé en 1791 membre du tribunal du district de Montmorillon.

BASTIDE (de la). — Il y a eu plusieurs familles de ce nom. Les Joubert de la Bastide de Cognac et Châteaumorand sont souvent désignés sous le seul nom de la Bastide. (V. **JOUBERT**.)

Bastide (Jean de la), Ec., serviteur de Pierre de Brion, Chev. (Poitou-Marche), ayant eu des rapports avec une femme amoureuse nommée la Béarnaise, est assailli par Jean Poultier, qu'il tue, 1454. (A. N. J. Reg. 191, 166.)

Bastide (Philippe de la), de la châtellenie du Blanc, est désigné au ban de 1489 pour aller tenir garnison à Clisson. (Doc. inéd. 72.)

Bastide (Mathieu de la) fait un échange, le 5 mai 1564, avec le sgr du Chambay, par lequel il lui abandonne la terre du Cros. (O.)

Bastide (Agathe), pour répondre à la convocation du ban et arrière-ban de la Basse-Marche en 1577, offre de contribuer pour son fief du Vignault et accuse un revenu de 12 liv. (Nob. de la Basse-Marche, 25.) Nous pensons qu'elle avait épousé Louis du Rivaud ; ils étaient décédés l'un et l'autre le 21 juin 1596, date du partage de leurs biens.

BASTIER à Niort.

Bastier (Jean), s^r de la Mort-Martin, fut maire de Niort en 1440, procureur syndic, échevin et candidat à la mairie, maire en 1443, fut encore présenté au choix du sénéchal en 1454, 1455 et 1456, est mentionné dans les privilèges de noblesse accordés par Louis XI aux maires de cette ville, au mois de nov. 1461. Jean Bastier mourut en 1487, léguant une rente à la Charité de la Blée ou Aumônerie de St-Georges. (A. Bonneau, Maires de Niort. M. Stat. 1865, 141.)

Bastier (Jean), Ec., sgr de St-Denis et de St-Coutant près Aunay, reçut, le 28 juin 1448, à raison de cette terre, un hommage du sgr de Beaulieu. Peut-être est-ce le même que

Bastier (Jean), élu en Poitou, bourgeois et échevin de Niort, présentait, le 2 mai 1458, une complainte contre l'abb. de Ste-Croix de Poitiers, à propos d'un acte de seigneurie exercée par elle sur la terre de la Revêtizon-Chabot. (D. F.) Il était sgr de la Motte-d'Aiffre et fit aveu de ce fief à Niort, le 21 sept. 1460 et en 1465.

Bastier (Jean) était en 1463 sgr de la Bouardière, p^sse de St-Ouenne. (Ledain, Gâtine.)

Bastier (Etienne) était, le 1er août 1559, homme d'armes dans la compagnie de M. de la Trémoille.

BASTON. — Il y a plusieurs familles de ce nom ; l'une d'elles, d'origine féodale, paraît avoir donné son nom à la Chapelle-Bâton (D.-S.).

Baston (Martin et Thomas) figurent au nombre des bourgeois et habitants de Parthenay, dans une transaction avec Guillaume L'Archevêque, en 1372. (Ledain, Gâtine.)

Baston (Pierre), abbé de St-Maixent de 1402 à 1436, année de sa mort. Lors de la fondation de l'Université de Poitiers en 1432, il inaugura le cours de droit canon, dont il resta régent jusqu'à sa mort. Le 11 févr. même année, il fut nommé conservateur des privilèges apostoliques de l'Université, et grand recteur des religieux de St Benoît et de St Bernard.

D. Etiennot le croyait à tort de la famille Barton de Montbas. M. A. Richard croit pouvoir l'identifier avec Pierre Baston, *Petrus Baculi*, moine et grand chantre de l'abb. de la Chaize-Dieu. (Pour détails, voir vol. des Documents sur St-Maixent, A. H. P. 16.)

BASTY en Bas-Poitou.

Basty (Christophe), notaire à Chavagne, 1700, est inscrit d'office à l'Armorial du Poitou : d'argent au bastion de gueules maçonné de sable.

Basty de la Foy (Jacques), sénéchal de la baronnie de Châteaumur en 1765. (F.)

BATAILLE. — Famille que l'on trouve au xve siècle habiter dans le ressort de Montmorillon, et que nous présumons éteinte depuis de longues années.

Blason. — Bataille (Guillaume), Chev., chambellan du duc d'Orléans, sénéchal d'Angoumois en 1403 et 1410, avait pour sceau : un écu à 3 coquilles surmontées d'un lambel. (Pièc. orig., v. 242.)

Bataille (Jehan) servit en brigandinier au ban de 1488 ; mais en celui de 1489, Antoine de Lescorce est dit servir pour ledit Jehan, *pauvre*, et pour lui-même. (Doc. inéd. 53, 77.)

Bataille (Méry) sert en brigandinier au ban de 1488.

C'est peut-être lui et Jehan qui précède qui, au ban de 1491, fournirent un archer.

Bataille (Pierre) est remplacé à l'arrière-ban de 1489 par André Juillet, qui est désigné pour tenir garnison à Clisson. Pierre habitait la châtellenie de Montmorillon.

Bataille (Jeanne) épousa, le 12 mai 1598, Claude de Pelard, Ec., sgr de la Touche. (Gén. de Pelard.)

Bataille (N.), Ec., sgr de Maillezac, fut taxé en 1618 pour indemniser les députés de la Basse-March de leurs dépenses aux Etats généraux de 1614.

Bataille (N.) assiste au contrat de mariage de Nicolas Richard, Ec., sgr des Groix, avec D^lle Louise Chessé, passé à Poitiers, le 19 août 1642. (O.)

Peut-être le personnage suivant, que l'on trouve mentionné dans un recueil de montres et revues (Bib. Nat.), appartient-il à la même famille.

Bataille (Jehan) faisait montre comme écuyer le 2 avril 1365.

BATE (de la). — V. **GAULTRON**.

BATELER (N.) était prévôt de la terre de Lussac avant 1156. (F.)

Batalterius *de Mortemario*, que nous croyons pouvoir traduire par Bateler, habitant de Mortemer, fut présent à une manumission faite en 1162 par Guillaume Chenin, sgr de Mortemer. (F.)

BATERNAY (N.) était prévôt de la terre de Lussac-le-Château avant 1156. (F.)

Baternay, pour **Bastarnay** (Imbert de), Ec., sgr du Bois-de-Preuilly, a assisté comme seigneur dudit lieu au procès-verbal de la rédaction de la Coutume du pays loudunais en 1518. (F.)

BATONIE (DE LA). — Dans l'Armorial poitevin de Mervache, il est dit que le s^r de la Batonie porte : d'argent à 3 corbins de sable, au chef de même chargé de 3 coquilles d'argent.

BAUÇAY (DE) ou **BAUSSAY**, EN LOUDUNAIS.

La baronnie de Bauçay-le-Noble (aujourd'hui Baussay, c^ne de Mouterre-Silly, Vienne) était la 1re des quatre B^nies du Loudunais. Elle a été possédée, pendant 3 ou 4 siècles, par une puissante famille féodale, dont certains membres ont tenu un rang considérable en Anjou et même à la cour des rois de France. La généalogie de cette famille n'a jamais été faite sérieusement, et plusieurs auteurs ont copié une esquisse généalogique pleine d'erreurs (sautant 3 ou 4 générations et confondant plusieurs homonymes). Nous n'avons pu malheureusement recueillir les titres nécessaires pour établir exactement cette généalogie, très difficile à débrouiller, plusieurs notes trouvées dans divers auteurs présentant des erreurs évidentes de noms et de dates. Nous avons essayé de rétablir la filiation telle qu'elle nous semble résulter des documents actuellement connus ; mais bien des points restent obscurs, et nous n'avons pu les éclaircir. Les manuscrits de Dom Fonteneau, à la Bibl. de Poitiers, contiennent une généalogie de la maison de Loudun (par le Cte de Ste-Maure), qu'il prétend dressée d'après les Ste-Marthe, mais qui est remplie d'erreurs. Le Cte de Ste-Maure, qui croyait sa maison issue de celle de Loudun, pensait que les Bauçay étaient une branche de cette famille (à cause de certaines expressions d'une charte, mal comprises, V. Hugues I, filiation suivie). C'est aussi par erreur que l'on croyait la famille de Loudun possédant la seigneurie de cette ville (qui a toujours appartenu aux comtes d'Anjou). La famille de Loudun était une race chevaleresque, dont le fief féodal se trouvait dans l'enceinte de Loudun, et qui a été désignée par le nom de la ville qu'elle habitait, suivant un usage du temps, comme nous le montrerons au mot *Loudun*.

Le nom de Bauçay est ordinairement écrit *de Bauchaio*, *de Bauzaio*, *Baucaio* ; mais on trouve aussi *Bauceio* et *Bocé*. A partir du XIVe siècle, on trouve Baussay et quelquefois Beaussay. M. Paul Guérin, dans les Archives Hist. du Poitou, vol. 9, 11, 13, 17, 19, a publié plusieurs documents et des notes très importantes sur la famille de Bauçay.

Blason : de gueules à la croix ancrée d'or. (Généalogie de la maison de Loudun.) — Duchesne dit d'or à la croix ancrée de gueules. (Hist. des Chasteigner.) — Tous les sceaux portent la croix ancrée ; mais les puînés brisaient soit d'un lambel, soit d'un filet en bande. (Sceau des Arch. Nat.) Dans l'inventaire de ces sceaux, on a traduit par erreur le mot *Bauzaio*, *Bauchaio*, par Bauché, en Berry. On a aussi confondu parfois les Bauçay avec les sgrs de Baux (*de Baucio*) en Provence.

Noms isolés.

Bauçay (Philippe de), Chev., fit don à l'abbaye de Bourgueil en faveur de son fils BOSON, qui y était moine, par acte passé en l'église de St-Léger de Montbrillais, entre les mains de Aimery, prieur de Bourgueil ? (ou de St-Léonard?), XIIe siècle. (D. Housseau, n° 1096.)

Bauçay (Agnès de) aurait épousé, vers le milieu du XIIe siècle, Amaury de Coué, sgr de Bois-Rogue. (De Gennes-Sanglier.)

Bauçay (Foucaud et Jean de), gens d'armes, servirent à l'ost de Bouvines (d'après une note très erronée, qui suppose qu'il s'agit de la bataille de 1214, sous Philippe-Auguste ; mais comme elle ajoute que la veuve de Foucaud, ÆLIS, se remaria à Guillaume Odart, il y a erreur d'un siècle, ce dernier ne vivant qu'en 1341. Il s'agit peut-être ici de la guerre de Flandres, au commencement du XIVe siècle).

Bauçay (Guy de) fut abbé de Charroux au XIIIe siècle : dans la généalogie de la maison de Loudun, on dit vers 1260 ; d'après le *Gallia Christ.*, on le trouve vers 1282-95.

Bauçay (Yves de), Chev., sgr de Champigny-sur-Veude. (V. 9e deg., § II. C'est le même personnage dont le nom a été défiguré par les copistes dans des titres transcrits pour D. Fonteneau.)

Bauçay (Hugues de), Chev., sgr de Baslon, fut père de HUE, marié à Alix DE DOUCELLES? et de DENISE, mariée en 1318 à Patry de Chourses. (D. F.). Il s'agit sans doute de Hugues de Bauçay, sgr de Blou.

Bauçay (Catherine de), épouse de Guy Aménart, sgr de Chanzé, vivait en 1300. (Note de Gennes-Sanglier, peut-être erronée quant aux noms.)

Bauçay (Hugues de) dit le Grand, vivant au milieu du XIIIe siècle, et mort en 1270, aurait eu, d'après la généalogie erronée, un grand nombre d'enfants d'Alix DE CHATILLON ? sa femme. On lui donne 8 fils et 8 filles. (Plusieurs de ces enfants sont nés bien postérieurement, d'un autre Hugues, neveu d'Hugues le Grand ; quelques-uns sont issus certainement d'autres membres de la famille de Bauçay.) On ajoute plusieurs filles mariées à Jean III Cte de Vendôme, au sgr de Chasteaubriant, au sgr de Bressuire, au sgr de Mauldvrier. (Nous n'avons pas trouvé trace de ces alliances.)

Bauçay (Marguerite de), veuve de Guy de la Forest, et tutrice de leur fils GUYON, plaidait en 1343-46 contre Josselin de la Forest, qui l'accusait d'avoir fait piller son hôtel de Salondriau ? Elle fit accord avec Pierre de Chemillé vers la même époque ; elle est dite cousine de Péan de Maillé, ce qui prouverait son origine de la maison de Bauçay.

Bauçay (Agathe de) épousa : 1° Jean de la Porte, 2° Bouchard, sgr de l'Ile-Bouchard, vivant en 1340. (Note de Gennes-Sanglier, dont nous n'avons pu contrôler l'exactitude.)

Bauçay (Marie de), D^e de Chalandray, fit aveu, le 1er avril 1384, au sgr de Montreuil-Bonnin. (Livre des fiefs.)

Bauçay (Jeanne de) aurait été 3e femme de Jean de Chourses, sgr de Malicorne. (D. F.) Nous n'avons pas la date, probablement XIVe siècle ; mais peut-être y a-t-il confusion de noms.

Bauçay (Pierre de) figure parmi les vassaux nommés par Hardouin de Maillé dans un aveu de la sgrie de Bauçay, fait à Saumur en 1416. (N. féod.) On sait que dans les aveux on copiait souvent les plus anciens sans changer les noms, et nous croyons qu'il s'agit ici de Pierre de Bauçay, vivant au XIVe siècle.

§ Ier. — *Filiation suivie (présumée).*

1. — **Bauçay** (Hugues de), sgr de Bauçay, donna, dit-on, aux moines Bénédictins de Loudun l'église de St-Pierre du château de Loudun et celles de Ste-Marie et de St-Jean en ladite ville, en avril 1060 (ou 1063), en demandant des prières pour le Comte d'Anjou, son suzerain. (M. A. O. 1846, 100.) Les expressions employées ont fait croire qu'Hugues de Bauçay était seigneur de Loudun, parce qu'il donnait une église située dans le château de cette ville ; mais il s'agit seulement de la partie fortifiée de Loudun, appelée le Château, où plusieurs seigneurs possédaient des terrains érigés en fief. Dans une note (fonds Franç. 20242, 53), il est dit que le couvent des Cordeliers, l'église St-Pierre et le monastère des Carmes étaient construits dans le fief de Bauçay, à Loudun, mais que la porte des Cordeliers était bâtie dans le fief des Odart.

Cet Hugues de Bauçay du XIe siècle, qui devait déjà être âgé en 1060, lorsqu'il fit cette donation, est appelé par les généalogies Hugues Ier, et on le fait par erreur aïeul de Hugues de Bauçay, vivant au XIIIe siècle. On a évidemment sauté 3 ou 4 générations.

Cet Hugues Ier aurait épousé, probablement vers 1030, Arsende, inhumée au prieuré de Cunaux (*de Cunaldo*), et aurait eu pour enfants : 1° Hugues, 2° Thibault, 3° Pierre. (D. F.)

2. — **Bauçay** (Hugues de), IIe du nom, décédé avant son père, aurait été inhumé près de sa mère, à Cunaux. Il aurait été marié vers 1060 et aurait eu pour enfants : 1° Hugues, 2° Denis, 3° Jean (sur lesquels nous n'avons rien trouvé).

3. — **Bauçay** (Hugues de), IIIe du nom. Les généalogies l'ont confondu par erreur avec Hugues le Grand, qui ne pouvait être que son arrière-petit-fils (puisqu'il vivait au XIIIe siècle). Hugues IIIe, petit-fils de Hugues Ier (vivant en 1060), a dû vivre au commencement du XIIe siècle, et se serait marié vers 1100. Il faut donc, croyons-nous, ajouter 2 degrés intermédiaires.

4. — **Bauçay** (Hugues de), IVe du nom, vivant au XIIe siècle, marié vers 1130.

5. — **Bauçay** (Hugues de), Ve du nom, marié vers 1150.

6. — **Bauçay** (Hugues de), VIe du nom, Chev., sgr de Bauçay, fut l'un des plus puissants seigneurs du Loudunais. Il naquit dans le milieu du XIIe siècle (probablement vers 1160) et mourut fort âgé, car dans une enquête, au sujet des droits de l'évêque de Poitiers sur la châtellenie de Civray, il déclara devant l'official de Paris, le 7 juin 1245, qu'il « *avait vu* » le château de Civray tenu pour le roi Henri d'Angleterre, par Aimery, fils d'Yvon, puis pour le roi Richard et ses successeurs. (Layettes, Trésor des Chartes.) On le trouve témoin du don fait à Boisgroland par Maxence, fille de Pierre de Bouil (*de Bullio*), épouse de Guillaume de Chantemerle (vers 1200). Il est qualifié Chev. banneret de Touraine, sous Philippe-Auguste, dès le commencement du XIIIe siècle. En sept. 1209, il se fit garant envers le Roi de la fidélité de Gaudin de Romefort, Chev., par acte passé à Loudun, sous son scel, portant une croix ancrée : *S. Hugonis de Bauzaio* (mal traduit par Bauché, en Berry, dans l'inventaire des sceaux des Archives nationales). La même année, il fut témoin d'un don fait au prieuré de Bogenost ? par Savary de Mauléon. Le jeudi 18 sept. 1214 (D. F. 25), on trouve Hugues de Bauçay parmi les grands seigneurs garants de la trêve conclue à Chinon, entre les rois de France et d'Angleterre. Il fut arbitre de Jeanne de Craon, en 1226, pour régler certains droits de l'office de sénéchal héréditaire d'Anjou, qu'elle possédait en fief. (Hist. de Sablé.) En 1233, il fut caution de la dot promise à Isabeau de Craon, épouse du sgr de Fougère, et en sept. 1235 il signa à St-Denis, avec les grands seigneurs de France, les plaintes adressées au Pape contre les empiètements des prélats.

Hugues de Bauçay, très âgé, comme on l'a dit plus haut, déposa dans l'enquête sur la châtellenie de Civray faite en 1245. Il a dû mourir vers le milieu du XIIIe siècle. Une note de D. Fonteneau dit qu'il fit don en 1240 au prieuré de Gaisne (Fontevraud). D'après l'ordre des temps, il a dû se marier vers 1180, et il eut pour enfant Hugues, qui suit.

7. — **Bauçay** (Hugues de), VIIe du nom, Chev., sgr de Bauçay, Ste-Néomaye, etc., né vers la fin du XIIe siècle, est souvent confondu avec son père, et il est difficile de distinguer les actes qui le concernent personnellement. Cependant, d'après une note de M. de Gennes-Sanglier, il confirma en mars 1228 le don de la dîme de Bournan, fait à Fontevraud par Herbert des Champs, Chev. Dans cet acte il est appelé le jeune. Voici la copie de cet acte, tel qu'il nous a été communiqué pour notre 1re Edition : *Omnibus ad quos litteræ pervenient Godefridus Dominus de Argento et Hugo de Baucaio junior milites,... Johannes... quod cum Herbertus de Campis miles decimam suam de Bournan invadiaverit abbatissæ et monialibus Fontis Ebraldensis tenendam pacifice et quiete donavit eisdem triginta librarum turonensis quas ab eisdem de mutuo recipit plenarie satisfecit secundum tenorem carte quam eis unde fecit et quas in bona fide promisimus et in manu cepimus tanquam plegum quod Ecclesia Fontis-Ebraldi indemnis conservabit et à cujuslibet exactione.... illius invadiationis erit libera et immunis et... inter se divisæ et per cartas, confirmatæ bone et fideliter tenebuntur. In cujus rei testimonium litteris presentibus sigilla nostra duximus apponenda. Actum anno MCCXXVIII mensis martii.* En juin 1244, il attesta au Roi que Guillaume d'Angle avait fait son hommage. (A. Nat. J. 190, 8388.) C'est lui sans doute, plutôt que son père, qui figure dans un acte passé à Orléans, par des seigneurs angevins, en mai 1246, pour régler un point de la Coutume d'Anjou. Son sceau porte une croix ancrée : *S. Hugonis de Bauchaio.* Dans les reg. du Parlement, on trouve un procès du 2 mai 1247, au sujet d'un droit d'usage en la forêt de Saure ? (L'Hermitain, D.-S.), pour son hôtel de St-Maixent et sa maison de Ste-Néomaye. Il dut mourir vers le milieu du XIIIe siècle ; car dans les Hommages d'Alphonse (1260) il est dit que Hugues de Bauçay tenait jadis le fief des Cartes, dépendant de Bernegou. La Dame de Bauçay, sa veuve, possédait alors des fiefs à Ste-Néomaye, Longué, en la sgrie de Guillaume de Gordon, Chev. Il avait épousé (probablement vers 1210) Arsende, qui était peut-être l'héritière de Ste-Néomaye ; car, dans un aveu fait à Charles de Turpin, Cte de Vihiers, sgr de Ste-Néomaye, par Pierre-Michel de Sauzay, Ec., sgr du Breuil-Mayraud, en date du 18 juin 1685, il est dit que « feue Hersant, déguerpie feu Heuget de Baussay, jadis sgr de Ste-Néomaye », avait fait don à l'abbaye des Châtelliers. D'après les notes du Cte de Ste-Maure, Geoffroy de Loudun, évêque du Mans, aurait donné à Arsende, veuve de Hugues de Bauçay, son parent, ses domaines situés en Loudunais, en 1234. Cette date est évidemment erronée, et nous n'avons pu vérifier l'exactitude de ce renseignement.

De ce mariage vinrent : 1° Hugues, qui suit ; 2° Pierre, Chev., sgr de Chénéché, Coulonges-les-Royaux (Hom. d'Alphonse), fit accord avec le Chapitre de St-Martin de Tours en 1246 (samedi après la Pentecôte), au sujet des fiefs de ce Chapitre situés à Blaslay. (D. Housseau, n° 2954.) A l'assemblée des barons d'Anjou, tenue à Saumur le 1er mars 1251, en présence du comte Charles, Pierre de Bauçay et son frère Guillaume sont nommés des premiers après le sgr de Vendôme. (Marchegay, Archives d'Anjou.) Il vécut fort âgé, car en 1285 il est nommé dans le contrat de son neveu Pierre. Nous n'avons pas trouvé le nom de sa femme, mais, d'après une note de D. Housseau (n° 3213), il eut pour fils Robert, qualifié valet, qui confirma en 1261 le don fait par son père à l'abbaye de Bourgueil, d'une rente à Montgoyon près Loudun. (Nous croyons que ce Robert n'eut pas de postérité, et que Chénéché passa à ses cousins ; cependant il ne serait pas impossible que la branche de Chénéché fût issue de ce Pierre ; mais jusqu'ici la filiation que nous établissons plus loin nous paraît plus vraisemblable.)

3° Guillaume, Chev., figura avec son frère à l'assemblée des barons d'Anjou le 1er mars 1251. On trouve dans les Cartulaires de Noyers qu'en 1248 *Guillelmus de Bauchaio, miles*, devait des rentes en blé, sur les redevances de feu Bertrand de Mondeon ? (de Mondion), à Moncontour. (Soc. archéol. Touraine, 22.) En 1254, il donna à Fontevraud des terres à la Fougère près Sammarçolle, avec Eustache, sa femme, par acte scellé portant la croix ancrée surmontée d'un lambel de 4 pendants. (Cart. Fontevraud, I, p. 418. Bib. Nat.) Dans les Hommages d'Alphonse, vers 1260, Guillaume de Bauçay est dit tenir des fiefs à la Mocherie, dans la seigneurie d'Hervé Ratier, à Châteautizon et Régné ; 4° Guy, chef de la branche de Champigny, § II.

8. — **Bauçay** (Hugues de), VIIIe du nom, Chev., sgr de Bauçay, St-Michel-sur-Loire, etc., probablement né vers 1210, est celui que les généalogies appellent le Grand. Il figure dans les Hommages d'Alphonse comme possédant des fiefs à Sérigny, St-Liguaire, dans la seigneurie de Boveron près Fontenay-le-Comte. En 1269 et 1270, avec sa femme Alpide ? il donna Restigné à St-Martin de Tours. (D. Housseau, nos 3222-34-37.) Dans une note de Dom Villevieille, il aurait avec sa femme Alix donné Restigné à St-Martin, en mars 1269 et en mars 1279. (Nous croyons que cette dernière date est une faute de copiste.) Cet Hugues de Bauçay fut un des généraux du comte d'Anjou, et le chroniqueur l'appelle « *miles strenuissimus* ». Pendant la guerre de Flandres en 1254, il fut chargé de garder Valenciennes, et l'on parle de lui comme d'un capitaine renommé. Il suivit le comte Charles d'Anjou à la conquête du royaume de Naples, et il assista à la bataille de Bénévent, 26 mai 1266. Hugues de Bauçay adressa, dit-on, e récit de ce combat aux chevaliers d'Anjou et de Touraine. C'est lui qui, d'après la tradition, fonda les Cordeliers de Loudun, dans le lieu où était l'ancienne chapelle de St-Georges, ayant ramené deux de ces religieux, à son retour de la croisade. En 1270, lorsque saint Louis partit pour Tunis, Hugues de Bauçay, avec son frère Guy, suivit le Roi en Afrique et périt glorieusement dans un combat, avec son frère et son fils, suivant la chronique de Primat. (Historiens de France, 23.)

Il avait épousé (probablement vers 1240) Alix ou Alpide ? (*Alpidia*). Quelques auteurs disent qu'elle était de la maison des Châtillon ; mais Duchesne ne l'a pas trouvée dans les titres de Châtillon-sur-Marne. Elle était peut-être d'une des familles de ce nom qui habitaient l'Anjou et la Touraine. Il eut un fils, Hugues ? tué avec lui en Afrique, car la succession de Bauçay paraît être passée aux enfants de son frère Guy.

§ II. — Branche de CHAMPIGNY-SUR-VEUDE.

8. — **Bauçay** (Guy de), Chev., sgr de Champigny-sur-Veude, Blou (en Anjou), Nuaillé, Biaurot ? en Aunis, était fils puîné de celui que nous appelons Hugues VIIe (7e deg., § I). Il suivit le comte d'Anjou à la conquête de Sicile et prit part aux croisades de saint Louis en Egypte et en Afrique.

D'après les Hommages d'Alphonse, il possédait des fiefs à Auzances (Migné, Vienne) en 1260. En 1261, il affranchit des terres à l'Anglenure ? en faveur de l'abbaye de Grâce-Dieu, en Aunis. Il fit accord avec l'abbé de Bourgueil en 1262, à cause de sa femme, pour divers domaines situés dans son fief de Couziers, donnés à l'abbaye par Guillaume de Vauzèles. En juill. 1265, il transigea ainsi que sa femme, fille héritière d'Aimery de Blou, avec l'abbaye de Loroux en Anjou, au sujet des dîmes de Pontigné. (D. Houss. nos 3153, 3160, 3184.) Dans les registres du Parlement de Paris, on trouve qu'il fut débouté en 1267, au sujet de réclamations pour une rente donnée par le Roi à son beau-père, en échange de domaines occupés par Savary de Mauléon. (Invent. Parl. 1164.) Il périt avec son frère Hugues, en 1270, à la croisade de Tunis. Il épousa, vers 1240, Emma de Blou, fille d'Aimery, Chev., sgr de Champigny-sur-Veude, Blou, etc. (M. de Gennes-Sanglier dit avoir trouvé un compte de l'an 1254, par un Aimery de Gennes, portant un rachat dû par Hugues de Bauçay, pour Champigny-sur-Veude ; il doit y avoir là quelque confusion de nom) ; il en eut : 1° Hugues, qui suit ; 2° Pierre, qui épousa à Chinon, le vendredi après Noël 1285, Marguerite d'Ussé, veuve de Guy Turpin, sr de Crissé, et fille de Baudouin, sire d'Ussé. Cet acte fut passé en présence de Hue de Bauçay, frère du futur, et de Pierre de Bauçay, son oncle. C'est sans doute ce Pierre qui fut nommé exécuteur testamentaire d'Hardouin de Maillé, au camp devant Perpignan, le 15 mai 1285. C'est lui aussi qui figure dans un procès en Parlement de 1299, au sujet d'un droit de rachat féodal sur Geoffroy de Vallée, jugé par le bailli de Touraine aux assises de Loudun. (Olim, II, 426.) (D'après une note, Pierre de Bauçay aurait été sgr de Coulonges-les-Royaux et aurait eu une fille, Marguerite, mariée au sgr de Montejean.)

3° Guy, chef de la branche de Chénéché, § III ; 4° Jeanne, mariée, vers 1270, à Hardouin de Maillé (veuf d'Isabeau de Chasteaubriant). Ils firent accord en 1288 avec Philippon Ysoré, pour certains droits dus à son hôtel de Varennes, et Jeanne fit en son propre nom don au prieuré de Gaisne, le 14 juin 1292. (Dans un procès en 1318, leur fils Péan de Maillé est dit neveu de Guy de Bauçay.)

5° Hardouin, chef de la branche de la Motte-de-Bauçay, § IV ; et peut-être 6° autre Jeanne, mariée, vers 1290, à Guy Odart, Chev., sgr de Baslon. (Ailleurs elle est dite fille de Hardouin, sgr de la Motte-de-Bauçay ; mais dans un testament de 1325, une autre Jeanne de Bauçay, fille de cet Hardouin et épouse de Hugues du Bellay, appelle Guy Odart son cher oncle ; par conséquent il aurait épousé la sœur et non pas la fille de Hardouin.)

9. — **Bauçay** (Hugues de), IXe du nom, Chev., sgr de Bauçay, Champigny-sur-Veude, Blou, etc., est souvent appelé Hue (transformé par erreur en Yves). Il fit don à l'évêque d'Angers, en 1276, de divers domaines

à Chapes, en sa seigneurie de Blou, en récompense de services rendus. Il concéda à Bourgueil les droits et rentes qu'il avait sur le prieuré de St-Aubin-du-Dolet (St-Jean-de-Sauves) en Mirebalais, en 1291. (D. Houss. 3381.) En 1290, il fut, à cause de sa sgrie de Blou (*de Bloudio*), l'un des 4 barons qui portèrent l'évêque d'Angers à son intronisation. Il fit accord avec le Chapitre de St-Mexme de Chinon en 1298, au sujet de divers devoirs à rendre le jour de l'Ascension, à cause de son fief de Blou près Chinon. Il transigeait en 1301 avec l'abb. de la Grâce-Dieu comme tuteur des filles de Simon de Lavau. (D. F.) En 1302, il fit accord avec l'abb. de Marmoutiers et le prieuré de Loroux près Loches. (D. Villevieille.) Dans les années 1303 et 1304, il reçut plusieurs convocations pour la guerre de Flandres et fut chargé en 1305 de réunir les chevaliers d'Anjou. Il mourut avant 1309, car il est dit décédé dans un acte fait par son fils pour une chapelle de Chinon. (On a cru que c'était lui qui avait été chargé par le Pape de remettre la Sicile au roi d'Aragon, en 1382 ; mais c'est Hugues de Baux [*de Baucio*], Cte d'Avellino.)

Hugues de Bauçay paraît s'être marié vers 1270 et avoir eu pour enfants : 1° Hugues, qui suit ; 2° Eustache, De de Benais, mariée à Guillaume d'Usage, puis à André de Laval ; 3° Denise, mariée en 1318 à Patry de Chourses (elle est dite fille de Hugues de Bauçay, sgr de Balou [probablement Blou], et sœur de Hue) ; 4° Guy, Ec., qui avec ses frères eut de grands procès avec les Odart en 1309-1313 ; il paraît être décédé sans postérité ; 5° Guillaume, Chev., sgr de Nuaillé, la Motte-Fresneau, qui figure dans le procès des Odart en 1309, et mourut sans postérité vers 1355. Ses biens de Saintonge, occupés par le sire d'Aubeterre, partisan des Anglais, furent donnés en mai 1370, par le roi Jean, à Jean de Bauçay, Chev., sgr de la Motte-de-Bauçay, son cousin ; mais en 1374 Charles V les rendit à Jeanne de Bauçay, nièce héritière de Guillaume, décédé intestat. (A. H. P. 19, p. 224.) C'est ce Guillaume, croyons-nous, qui, se disant donataire de feu Geoffroy de Brocc, valet, reconnut les droits de Guillaume de Taunay, clerc, sur l'hébergement et moulin de Fresnay, par donation de Guillaume Alemant. (Note sans date. O.)

10. — **Bauçay** (Hugues de), Xe du nom, Chev., sgr de Bauçay, Champigny-sur-Veude, Blou, Ste-Néomaye (souvent appelé Hue, Huet, Huon), confirma, le 1er févr. 1309, la fondation d'une chapelle à Chinon, faite par Michel Lhuilier, et déjà autorisée par son père décédé. Avec ses 2 frères il eut de grands procès en Parlement, au sujet de l'étang de Champigny, avec Guy Odart, Chev., et Aimery Odart, Ec. (frère ou neveu de Guy ; dans les notes il est désigné de ces deux façons). Les Odart avaient détruit la chaussée d'un étang construit par les Bauçay et maltraité Guillaume de Mausson, Ec., qu'ils avaient chargé de sa garde. Le samedi avant les Brandons (le premier dimanche de carême) 1310, les Bauçay furent condamnés à payer 520 liv. de dommages-intérêts, et un arrêt du samedi après St-Martin d'été 1311 les débouta de leurs demandes en dommages-intérêts contre les Odart, réservant toutefois les poursuites criminelles à l'occasion des violences exercées sur G. de Mausson. Cet arrêt fut confirmé par un autre de 1315. (Olim, nos 3987, 4038.)

Dans ces actes, Hue de Bauçay et ses frères sont qualifiés damoiseaux ou écuyers.

Quelques années après, on le trouve qualifié chevalier, obtenant du Roi des lettres pour établir un marché à Champigny, juin 1317. Le 5 juill. suivant, il reçut ordre de surseoir à son départ pour l'armée, où il était convoqué ; mais il devait se tenir prêt à partir avec 15 hommes d'armes. Il fut encore convoqué par lettres du 12 nov. 1318 pour l'octave de la Chandeleur à Paris. Il plaidait en Parlement, le 10 fév. 1321, contre Guillaume de la Barre. En 1338, il obtint des lettres du Roi pour construire un étang à Foulant ? Nommé exécuteur testamentaire de Guy de Bauçay, sgr de Chénecché, il transigea en 1333 avec la commune de Poitiers, au sujet d'une rente due par le défunt. Le 7 juin 1349, il fut convoqué à l'armée qui devait se réunir à Arras le 5 août, et on le trouve qualifié Chev. banneret en 1340, pour l'ost de Bouvines. (Hist. d'Harcourt.) Il vivait encore en 1355, d'après les notes de M. Guérin. D'après la généalogie de Chourses, il aurait épousé Alix de Doucelles ? ailleurs on dit Jeanne Odart, fille de Guy, sgr de Baslon ? et de Jeanne de Bauçay. (Dans une généalogie du cab. des titres, on trouve Marie d'Archiac, dite fille d'Aymar et de Marguerite de Rochechouart. Ce dernier renseignement est erroné et se rapporterait plutôt au père de cet Hugues.)

Il eut pour fille unique Jeanne, De de Bauçay, Champigny-sur-Veude, Ste-Néomaye, mariée d'abord à Geoffroy de Beaumont, sgr du Lude, chambellan du Roi, décédé avant 1355, puis, vers 1357, à Charles d'Artois, Cte de Longueville et de Pézenas. Ayant hérité, de son oncle Guillaume, des sgries de Nueillé, la Motte-Fresneau en Aunis, vers 1355, elle en fit don avec son mari, le 4 fév. 1366, à Charles de Surgères et Marie de Laval, son épouse. Plus tard ces terres, occupées par le sire d'Aubeterre, partisan des Anglais, furent données par le roi de France, en mai 1370, à Jean de Bauçay, cousin de ladite Jeanne. Mais ce don n'eut pas d'effet, et le Roi les rendit à Jeanne de Bauçay, le 31 janv. 1374. Il y eut procès en Parlement contre Jean Raymond, sire d'Aubeterre, qui prouva que lesdites terres avaient été données par Charles d'Artois et sa femme à Gadicile, épouse de Gardras Raymond, sire d'Aubeterre, son frère, arrêts 22 janv. 1377, 5 mars 1379. (Notes Guérin. A. H. P. 19.) Le 18 févr. 1371, Charles d'Artois et sa femme transigèrent avec Guyot de la Touche, Ec. Ils avaient donné le château de Ste-Néomaye en gage à Raymond de Montaut, sgr de Mussidan, en récompense de ses services. Ce dernier étant partisan des Anglais, Alain de Beaumont, capitaine de St-Maixent, s'empara de ce château en 1373, et le duc de Berry lui en fit don, confirmé par le Roi, mars 1373. Jeanne de Bauçay décéda en 1402, au château de la Rajace (Largeasse, D.-S.), suivant Trincant. (Gén. de Savonnières.) Elle avait vendu Champigny-sur-Veude à Louis de France Cte d'Anjou. Sa succession donna lieu à divers procès. La sgrie de Bauçay passa à Jeanne de Bauçay, sa cousine, héritière de la branche de la Motte-de-Bauçay. D'après Chalmel, Hist. de Touraine, elle aurait fondé 2 chapelles, dotées de 30 liv. de rente à prendre sur son château de Loudun ? Elle fit aveu de Bauçay, en 1391, au château de Loudun.

§ III. — Branche de CHÉNECHÉ.

9. — **Bauçay** (Guy dit Gomon de), Chev., sgr de Chénecché (que nous croyons né vers 1260, fils puîné de Guy, sgr de Champigny, et d'Emma de Blou, 8e deg., § II), fut attaché à la cour du Roi, qui lui fit plusieurs dons considérables. En déc. 1288, il avait procès en Parlement contre le Chapitre de Ste-Radégonde de Poitiers, qu'il perdit le 11 nov. En 1303, il eut concession d'un droit d'usage dans la forêt de Montreuil-Bonnin et les bois de Montbeil, qui fut changé plus tard en 200 liv. de rente sur la châtellenie de Montreuil. Dans des lettres du 4 fév. 1308, le Roi le qualifie « *miles noster* », car il faisait partie des chevaliers attachés à la suite du Prince, et on lui assigne 200 liv. de rente sur le Breuil-Mingot, Ayron

Chenay. En 1310, il était l'un des chevaliers du Régent (Philippe le Long). Le 9 nov. 1317, qualifié sgr de Chéneché, il reçut du Roi un don de 200 liv. de rente, et le même mois, don du fief de Guillaume de Curzay, sgr de Laudonnière, sis en la châtellenie de Lusignan. Convoqué avec les barons poitevins pour se rendre à l'armée du Roi, par lettres du 9 nov. 1317, il fut, avec l'abbé de Charroux et le sire de Craon, nommé commissaire royal en Poitou, le 16 janv. 1317. Il obtint de nouvelles lettres du Roi en avril 1318, pour faire assiette de ses 200 liv. de rente; mais il mourut avant 1324, car son fils obtint alors d'autres lettres pour le même objet. Parmi les procès qui paraissent concerner ce Guy de Bauçay, on trouve, le 20 mai 1309, une saisie faite par lui sur les biens de Pierre Charbonneau, Ec., sgr de Boussay, et le 3 août 1309, un paiement à lui fait par l'évêque de Poitiers. (A. H. P. 9.) D'après les registres du Parlement, Guy de Bauçay, Chev., fut condamné à l'amende en 1313, parce que son sergent avait envahi la maison de Geoffroy de Montbason, bourgeois de Poitiers (n° 4043). En 1322, il avait procès contre Hugues de Conflans, Chev., et en 1323 il fut débouté de ses réclamations au sujet de domaines cédés à l'abbaye de Maillezais, par Pierre de la Rivière et sa femme Catherine, qui en avaient eu don de Hugues d'Allemagne, sgr d'Andely (Andilly?) en Aunis (n°s 6694 et 7302). En 1342, Hugues de Bauçay et autres exécuteurs testamentaires de Guy de Bauçay, sgr de Chéneché, passèrent transaction avec la commune de Poitiers. Guy dut se marier vers 1280, et eut 3 fils et 4 filles, d'après un procès au sujet de Chéneché, en date du 4 juill. 1393. (Note Guérin, A. H. P. 19.) Malheureusement ces enfants ne sont pas tous nommés dans l'acte; mais seulement : 1° Guyon, Ec., qui figure dans une liste des officiers de la maison du Roi en 1317; il mourut jeune avant 1323, sans postérité.

Ce Guyon ou Gouyon de Bauçay est dit le jeune et écuyer dans un procès de 1324, fait par sa veuve, alors remariée en 2es noces, réclamant son douaire. (C'est par erreur qu'on l'a confondu avec Guy de Bauçay, Chev., sgr de Chéneché, son père.) Il avait épousé, vers 1315? Mahaud ou Mathilde de Clisson, remariée avant 1323 à Savary de Vivonne, Chev., sgr de Thors, fille d'Olivier, sire de Clisson, et d'Isabeau de Craon.

Savary de Vivonne avait procès en Parlement, à cause du douaire de sa femme, le 13 févr. 1323, contre Guy et Foucaud de Bauçay, frères, et dans un arrêt de 1324 il est dit que le douaire de la veuve de Guy de Bauçay le jeune avait été assigné par Guyonnet de Bauçay (qui doit être le frère de Foucaud). (Duchesne, 52, f° 82.)

2° Guy dit Guyonnet, qui suivra; 3° Foucaud, Chev., appelé ailleurs Foulques et Fouquераud, figure avec son frère Guy dans le procès de 1323, pour le douaire de Mahaud de Clisson. (Duchesne, 52, 82.) En juin 1328, il reçut 750 livrées de terre dans le grand fief d'Aunis, sur la succession de Guy de Lusignan, Cte de la Marche. Marié, vers 1320, à Alix (dont nous n'avons pu retrouver le nom de famille), il décéda avant le 23 juin 1339. Sa veuve, alors remariée à Guillaume Odart, Chev., sgr de Préaux? plaidait en 1339, 1343, contre les exécuteurs testamentaires de Guy de Bauçay, sgr de Chéneché, car elle réclamait les droits de sa fille en cette succession. Cette fille unique, nommée Jeanne, épousa, le mardi après l'Épiphanie 1340, Louis de Machecoul, sgr de Chantocé, la Benaste; elle décéda le 2 (ou le 13) avril 1344, et son mari le 7 sept. 1366. (D. F.)

4° Jeanne, qui épousa Hugues, Vte de Thouars, qui décéda le 11 mai 1333. (On dit qu'il était veuf, en 1res noces, d'Isabeau de Noyers.) En 1321, Guillaume du Puy et Guillaume d'Appelvoisin furent chargés d'assigner la dot promise à Jeanne de Bauçay par son père. Nous pensons qu'on doit placer ici 5° Marguerite, mariée, vers 1315? à Guy de Montléon, Chev., sgr de Touffou, qui testa en 1318 et en 13.. Dans les anciennes généalogies, on dit qu'elle se maria 4 fois; mais nous croyons qu'on l'a confondue avec une nièce du même nom, malgré certaines notes de la gén. de Montléon (Duchesne, 52, 112-18), qui semblent dire que cette Marguerite se serait remariée 3 autres fois. En 1361, Renaud de Montléon, qui semble être son petit-fils, fit accord avec Charles d'Artois, époux de Jeanne de Bauçay, et reçut 100 liv. de rente pour les droits qu'il avait en la succession de Pierre de Bauçay, sgr de Chéneché, qui avait légué ses biens à Hugues de Bauçay père de ladite Jeanne.

10. — **Bauçay** (Guy de), Chev., sgr de Chéneché, Grassay, fut appelé d'abord Guyon et Guyonnet; il était seulement écuyer, en 1323 et 1324, lorsqu'il plaidait avec son frère Foucaud, au sujet du douaire de Mahaud de Clisson. (Duchesne, 52, 82.) C'est lui qui obtint des lettres du roi Charles le Bel en juin 1324, après le décès de son père, pour faire faire une nouvelle assiette des 200 liv. de rente données par le roi Philippe le Long.

Dans les Archives de Poitiers (M. A. O. 1882), il est dit que Guy de Bauçay, Chev., sgr de Chéneché, transigea le 8 févr. 1333, avec le maire de Poitiers, au sujet d'une somme d'argent qu'il devait, par-devant Ithier de Puy-Aymar, bailli de Touraine, et que le dimanche « *Invocavit* » suivant, il prit engagement de payer cette somme à une époque déterminée. Ces deux actes sont de l'année 1334 (n. style), postérieurs à un acte daté du 16 mai 1333, où le sire de Bauçay, Jean de Maillé, sgr de Clervaux, et Frère Guy Pépin, des Frères-Mineurs, comme exécuteurs testamentaires de feu Guy de Bauçay, Chev., sgr de Chéneché, font accord avec le maire de Poitiers, au sujet d'une rente constituée jadis par Jaudouin de Fongeoffroy. (Il y a ici une difficulté impossible à résoudre, à moins qu'il ne s'agisse, dans l'acte du 16 mai 1333, du testament de Guy de Bauçay, le père, décédé en 1324, ou bien que les dates du 8 févr. 1333 et *Invocavit* 1333 ne soient celles de vidimus postérieurs à l'acte primordial.) Guy de Bauçay, sgr de Chéneché et de Grassay, paraît s'être marié vers 1320 et avoir eu pour enfants : 1° Pierre, qui suit; 2° Marguerite, De de Chéneché, qui fut déclarée seule héritière de Guy de Bauçay (son père), par arrêt du 14 mai 1350, malgré le testament de Pierre de Bauçay, son frère, et par accord du 12 mars 1352. (A. N. X1a 12, 461; X1c 7. Notes Guérin.)

Cette Marguerite est, croyons-nous, distincte de celle qui épousa Guy de Montléon. Elle se maria : 1° vers 1340? à Guillaume Trousseau, Chev., sgr de Veretz, qui lui constitua douaire par acte passé à Touffou près Chauvigny, le 1er juin 1343; 2° vers 1363, à Simon Burleigh, chevalier anglais, sgr de Brouhe et Chassors, en Saintonge, gouverneur de Londres, qui périt décapité par ordre du duc de Glocester, le 5 mai 1388 (ils sont nommés ensemble dans l'aveu de l'abbaye de St-Maixent, fait au prince de Galles le 15 déc. 1363); 3° vers 1389, à Lestrange de St-Gelais, veuf d'Aiglive de Chaunay, qui mourut en 1392. Marguerite de Bauçay testa le 6 sept. 1394. (Original, Arch. de la Vienne, Cordeliers.) Dans cet acte, elle ne nomme que ses 2 derniers maris; mais c'est sans doute que les fondations pieuses faites pour Guillaume Trousseau étaient déjà terminées depuis longtemps. Elle y rappelle sa tante Marguerite.

Dans une note tirée de D. Fonteneau, il est dit qu'elle aurait épousé, le 16 août 1388, Jean de Sancerre. Il s'agit sans doute d'un accord ou d'un contrat qui n'put pas de suite. En 1367, Marguerite, conjointement avec Jeanne de Bauçay, V^tesse de Thouars (sa tante), fit cession d'une rente de 400 liv. à Pierre de Craon. (D. F.) En 1383, comme dame de Villiers(-en-Plaine) près Niort, elle donna quittance de 1,000 livres payées par le duc de Berry, en échange de ses droits sur Grassay et la forêt de Chaceport. (A. N. J. cart. 181. — V. notes de M. Guérin, A. H. P. vol. 13 et 19.)

11. — **Bauçay** (Pierre de), Ec., sgr de Chénéché, Grassay, mourut jeune sans postérité, et probablement sans être marié, vers 1349. Par son testament il institua héritier du tiers de ses biens et de la sgrie de Chénеché son cousin Hugues, sire de Bauçay, qui eut à ce sujet de grands procès avec la sœur de Pierre, qu'il perdit par divers arrêts du Parlement.

C'est ce Pierre de Bauçay qui se trouve mentionné parmi les vassaux de Hardouin de Maillé, sgr de Bauçay, dans un aveu en 1416. (N. féod.) Mais c'est parce que son nom avait été laissé dans les actes après sa mort.

§ IV. — Branche de la MOTTE-DE-BAUÇAY.

9. — **Bauçay** (Hardouin de), Chev., sgr de la Motte-de-Bauçay, etc., que nous croyons fils de Guy et d'Emma de Blou, 8e deg., § II, épousa, vers 1270, Aumur (*Almuria*) de l'Ile-Bouchard (peut-être remariée ensuite à Guy Odart, sgr de Verrières), fille de Barthélemy et d'Eustache de Doué, dont il eut : 1° Hardouin, qui suit ; 2° Jeanne, mariée, dit-on, vers 1300, à Guy Turpin, sgr de Crissé, puis en 1323 à Hugues, sgr du Bellay ; elle eut, dit-on, en dot, à ce dernier mariage, 100 liv. de rente de la part de son père et 600 liv. en argent de sa mère. Elle testa en 1325 en faveur de son mari, nommant pour exécuteurs sa nièce et son cher oncle Guy Odart ; 3° Jean, marié, dit-on, à la fille de Guillaume de la Rajace ; 4° Jeanne, qui épousa, vers 1290, Guy Odart, Chev., sgr de Baslon.

10. — **Bauçay** (Hardouin de), dit le jeune Chev., sgr de la Motte-de-Bauçay, Sammarçolle, possédait aussi le fief Besson, à Champ-Montel près Niort. Il épousa, le 22 avril 1305, Isabeau de Chasteaubriant, fille de Jean, Chev., sgr des Roches-Baritaud, et de Isabelle Prévost. (Dans plusieurs généalogies, on la dit à tort fille de Brideau de Chasteaubriant et de Marguerite de Parthenay.)

L'original du contrat de mariage existe aux Archives Nat. K 1217. Elle était veuve dès 1319 et fit aveu au château de Loudun le 3 sept. de cette année, pour ses fiefs de la Motte-de-Bauçay, Chastenoy, Martray, Sammarçolle (Vienne). Dans cet acte sont nommés François (Foucaud) et Hardouin de Bauçay, qui, dans des notes peu sûres, sont dits ses fils, mais que nous croyons plutôt beau-père et cousin de ladite Isabeau, et probablement tuteurs de ses enfants mineurs. Nous pensons qu'elle eut de Hardouin de Bauçay le jeune : 1° Amaury, qui suit ; 2° Jeanne, qui aurait épousé un du Bellay ; 3° dit-on, Isabeau, mariée au sgr de Montejehan (ailleurs on dit la D^e de Montejehan fille d'un Pierre de Bauçay, sgr de Coulonges-les-Royaux) ; 4° peut-être Catherine, mariée à Payen Aménart, sgr de Chanzay, vivant, dit-on, en 1360.

11. — **Bauçay** (Amaury de), Chev., sgr de la Motte-de-Bauçay, etc., donna en 1334 un terrain pour fonder les Carmes de Loudun. En 1341, avec Jean de Bour, Chev., et une troupe de gens armés, il envahit une grange près Chinon, appartenant à l'évêque de Tours ; celui-ci fit un procès au Parlement de Paris qui dura plus de 3 ans. La même année 1341, il entra dans un hébergement à Concourson avec plusieurs jeunes seigneurs et y fit des barbacanes ? il fut poursuivi criminellement pour ce fait. Le 23 mars 1347, il y eut un arrêt en cour de Parlement, dans un procès intenté, par les exécuteurs testamentaires de Guillaume de Ste-Maure, à Isabeau de Chasteaubriant, veuve de Hardouin de Bauçay, et à Amaury de Bauçay, son fils (ladite Isabeau étant décédée pendant le cours du procès).

Dans les notes de Dom Villevieille, on trouve plusieurs actes de 1348, 1349, 1350, 1351, au sujet d'un procès soutenu par Amaury, comme tuteur du fils de sa femme, contre le Chapitre de St-Maurice d'Angers, à cause du fief de Joué. Le 4 sept. 1361, Amaury de Bauçay prêta 3 serments de féauté, pour lui et sa femme, entre les mains de Jean Chandos, commissaire du roi d'Angleterre ; mais il revint au parti du roi de France, car celui-ci donna des lettres, en mai 1371, pour faire restituer à Amaury de Bauçay et Jean son fils, chevaliers, leurs terres de Poitou et Saintonge confisquées par les Anglais. Cependant la Motte-de-Bauçay, qui avait été restituée à Amaury après avoir été reconquise sur les Anglais, et qu'il avait perdue une 2e fois, n'ayant pas su la défendre, fut donnée par le roi de France, le 6 juin 1371, à Guillaume Le Cuens ? (A. H. P. 19.)

Amaury de Bauçay paraît être mort vers 1372. Il avait épousé (probablement vers 1340) Aumur ou Ænor de Maillé, veuve de Guillaume Pierres, Ec., sgr du Plessis-Baudouin, fille de Jean, sgr de Clervaux, et de Jeanne de Parthenay, dont il aurait eu : 1° Jean, qui suit ; 2° Hippolyte, mariée d'abord à Aimery Sudre, bourgeois de la Rochelle, puis à Thibaud Le Jau ? 3° Amaury, 4° Jean, 5° Jeanne. (M. Bardonnet dit qu'Amaury de Bauçay eut 3 fils et 2 filles, mais il ne les nomme pas. — M. Stat. 1866, p. 240.)

12. — **Bauçay** (Jean de), Chev., sgr de la Motte-de-Bauçay, Nuaillé, etc., était déjà Chev. en 1370, lorsqu'il reçut don du Roi des fiefs de la Motte-Fresneau et Nuaillé en Saintonge, jadis possédés par Guillaume de Bauçay, son cousin, et occupés par le sire d'Aubeterre, partisan des Anglais. En 1372, par lettre du 26 sept., le Roi lui fit rendre divers domaines qu'Aimery de Bauçay avait dû abandonner à Gautier Spridlington, Anglais. Plus tard, à cause de sa femme, il eut divers procès en Parlement de Paris, vers 1380-1382, contre Jacques Poussart, professeur ès lois (originaire de la Rochelle). D'après une note, Jean de Bauçay aurait été principal héritier de sa cousine Jeanne de Bauçay, Ctesse de Pézenas, décédée en 1404. Marié à Amette ou Guillemette Sudre, fille d'Aimery, bourgeois de la Rochelle (probablement d'une 1re femme, car Aimery Sudre paraît avoir épousé en 2es noces Hippolyte de Bauçay), il n'eut que 2 filles : 1° Jeanne, D^e de Nieul (en Aunis), mariée à Guillaume des Prez, Chev. (peut-être sans postérité) ; 2° Marie, D^e de la Motte-de-Bauçay, Sammarçolle, qui épousa d'abord Jean d'Ausseure, Chev., puis Guillaume de Chaunay, Chev., sgr de Chandenier, Javarzay, dont elle était veuve en 1430 et 1437 (aveu à Saumur). Suivant Dom Estiennot, elle fit divers dons à N.-D. de Loudun, comme ses prédécesseurs.

BAUCHIER (Jean) s'est trouvé au ban des nobles du Poitou de 1467 et y a servi comme brigandinier du s^r de la Grève. (F.)

BAUCHERIE (Gilles de la) fournit 2 archers au ban de 1491, et il lui fut enjoint d'être suffisamment en point à la prochaine montre, suivant ses facultés, ce qui indique que, pour cette fois, c'était par grâce, si l'on n'exigeait pas davantage de lui. (F.). — Voir **LA BOUCHERIE**.

BAUCHEVILLER (Renaud de), Chev. du Roi de France, fut sénéchal de Poitou en 1325 et 1327. Hôtel de ville de Niort et A. H. P. 11.)

BAUD. — V. **LE BAUT, BEAU.**

Baud (Philippe) acquit en 1440 le fief de la Touche-Bouchereau, relevant du château de Couhé.

Baud (Pierre), fils? du précédent, fut forcé de céder la Touche-Bouchereau, par suite d'un retrait lignager.

Baud (Jean) figure dans une sentence du bailli de Gâtine en date du 20 mai 1523, pour un procès du prieur de la Rochefaton.

BAUDÉAN. — Illustre maison qui tire son nom de la vallée de Baudéan (Bigorre), et que l'on dit être issue des anciens rois de Navarre (ce que nous ne saurions nier, ni affirmer).

Cette famille, bien qu'étrangère au Poitou par son origine, y a possédé de trop belles terres et rempli de trop grandes charges pour que nous puissions la passer sous silence.

La branche aînée s'est éteinte dans celle de Momas; celle de Parabère existait et possédait encore en Poitou en 1789; c'est d'elle dont nous allons nous occuper.

Blason. — La famille de Baudéan-Parabère porte : écartelé aux 1er et 4e d'or à l'arbre de sinople qui est de Beaudéan; aux 2e et 3e d'argent à 2 ours en pied de sable, qui est de Parabère.

Baudéan (N. de), dame des Jannetières, élect. de St-Maixent, porte: d'azur au bras d'or mis en pal, accosté de deux billettes de même. (D'office, faux.)

§ Ier. — *Filiation suivie.*

1. — **Baudéan** (Simon de), sgr de Parabère, co-seigneur de Rabasteins, sénéchal de Bigorre, eut de Françoise DE MOMAS, sa femme: 1° N., mort jeune; 2° ARNAUD-GUILLEM ou ARNAUD-GUILLAUME, qui suit.

2. — **Baudéan** (Arnaud-Guillaume de), sgr de Parabère et co-seigneur de Rabasteins, eut de Christine D'ANDOINS, sa femme:

3. — **Baudéan** (Louis), sgr de Parabère, tué au siège de Pampelune, étant colonel d'un régiment d'infanterie au service du roi de Navarre. (Ces princes traitaient de cousins les membres de la maison Baudéan.) Louis eut de Catherine DUFOUR, sa femme:

4. — **Baudéan** (Bertrand de), sgr de Parabère, laissa de Jeanne DE CAULIOT, sa femme : 1° PIERRE, sgr de Parabère, gouverneur de Beaucaire, où il fut assassiné; 2° JEAN, qui suit.

5. — **Baudéan** (Jean de), Cte de Parabère, sgr de la Mothe-St-Héraye, St-Sauvant, la Mothe-Ruffin, etc., résidait déjà en Poitou dès 1595; car, le 9 janv. de cette année, il donnait quittance à François Girard, Ec., sgr des Echardières. Il se qualifie dans cet acte, qu'il renouvelait en 1596, de capitaine de 50 hommes d'armes des ordonnances du Roi et de lieutenant-général en Bas-Poitou. Plus tard Henri IV, qui l'honorait de sa bienveillance et de sa confiance, lui confia les deux lieutenances générales de la province. Le 11 févr. 1599, il donnait à l'église réformée de St-Maixent deux maisons sises, l'une rue Calabre, l'autre rue du Plat-d'Étain, joignant le temple. (Greffe de St-Maixent.) Le 11 févr. 1609, il achetait la terre de Château-Tizon, qu'il réunit à celle de la Mothe-St-Héraye. Il avait donné sa démission de lieutenant-général en Poitou le 20 juill. 1613, comme il ressort d'une lettre de Louis XIII. (A. H. P. 14.) Il fut nommé maréchal de France le 14 sept. 1622, et Chev. de l'ordre du St-Esprit, mais non reçu, étant mort en 1631, peu après sa conversion au catholicisme. Le 16 janv. 1621, il avait fait son testament. (Greffe de St-Maixent.) Il avait épousé en 1591 Louise GILLIER, veuve de François de Ste-Maure, sgr de Montausier, qui testait le 2 juin 1621. Leurs enfants furent : 1° HENRI, qui suit; 2° CHARLES, Cte de Neuillan, dont nous parlerons au § II; 3° N., fille, mariée à Jean de Gallard de Béarn, Cte de Brassac.

6. — **Baudéan** (Henri de), Cte de Parabère, Mis de la Mothe-St-Héraye, Bon de Pardaillan, etc., Chev. des ordres du Roi de la promotion du 14 mai 1633, lieutenant-général de ses armées, gouverneur de Poitou (provisions du 15 fév. 1633), lieutenant-général pour le Roi ès provinces d'Angoumois, Saintonge et Aunis, gouverneur des villes et citadelles de Cognac, Eauzan, Mancie, etc., fut installé le 5 mars 1613 dans sa charge de gouverneur du chât. de Niort, avec le cérémonial accoutumé (M. Stat. 1884, 264), et mourut le 11 janv. 1653. Il avait épousé en 1611 Catherine DE PARDAILLAN D'ARMAGNAC, fille et héritière de François-Jean-Charles et de Jeanne de Tignonville, dame d'honneur de la duchesse de Bar. Henri et son épouse fondèrent à la Mothe-St-Hérayé, le 30 oct. 1646, un couvent de femmes (O. S. B.), dont une de leurs filles fut la première abbesse. Le 25 oct. 1659, Catherine de Pardaillan fait un acte par lequel elle donne ses biens à Jean, son fils aîné, et dans le cas où il viendrait à mourir sans enfants, à Alexandre, son second, et à défaut de celui-ci, à César, son 3e fils; à son défaut, à Henri, son 5e fils, et à leur défaut, elle ordonne le partage de sa succession entre Mesd. d'Azerac et de St-Martin, ses filles. Cet acte n'ayant été insinué au greffe de St-Maixent que le 28 janv. 1662, nous pensons que la testatrice vécut jusqu'à cette époque. Henri avait fait son testament le 16 mars 1639.

Les enfants d'Henri et de Catherine de Pardaillan furent: 1° JEAN, Cte de Parabère, Mis de la Mothe-St-Hérayé, premier baron d'Armagnac, baron de Pardaillan et de Montault, lieutenant-général du Haut-Poitou, mort le 12 mars 1695, sans enfants de Henriette DE VOISIN DE MONTAULT, fille de François, Ec., sgr de Montault et de Grammont, et de Jacquette de Beauxoncles, qu'il avait épousée à Bordeaux, par contrat reçu Le Bataillard, et qui mourut à Paris en 1680; ni de Françoise DE SANCERRE, sa seconde femme. Le 10 janv. 1671, se trouvant à la Mothe-St-Hérayé, il avait fait don (acte reçu Tastreau, not. royal) à Antoine-Alexandre de St-Pol, capitaine au régiment du Dauphin, de la métairie de la Gunnetière, située dans l'enclave de la Martinière, en réservant toutefois la jouissance à MARIE de Baudéan, dont nous ignorons le degré de parenté avec le donateur.

2° ALEXANDRE, qui suit; 3° PHILIPPE, Chev. de l'ordre de St-Jean-de-Jérusalem, reçu en 1637, tué à Retimo en Candie en 1647, dans le bataillon que l'Ordre avait envoyé au secours des Vénitiens; 4° CÉSAR, abbé de St-Vincent de Metz, de la Réole en Bigorre et de Noyers, camérier du cardinal Mazarin, mort en 1678; son frère Jean lui fit, le 16 juill. 1660, abandon des droits qu'il pouvait avoir sur la métairie de la Sibaudière. César est qualifié dans cette donation de conseiller du Roi en ses conseils d'Etat et privé (Greffe de St-Maixent); 5° CHARLES-LOUIS, Cte de Neuillan, mestre de camp de cavalerie, mort sans alliance; 6° ACHILLE, Chev. de l'ordre de Jérusalem, tué en duel; 7° HENRI, dit le Chev. de Parabère, capitaine de cavalerie au régiment de Mestre-de-camp-général, mort sans alliance en 1678; 8° LOUISE, mariée en 1633 à David Cte de Souilhac, Mis d'Azerac; 9° CATHERINE-BÉRÉNICE, mariée, le 1er avril 1649, à Louis Bouchard d'Aubeterre (Mis de St-Martin ?); 10° MARIE-CHARLOTTE, religieuse au couvent de la Mothe-St-Hérayc, dont elle fut la première abbesse, 1646; 11° DOROTHÉE-ANGÉLIQUE-DE-JÉSUS, religieuse au même couvent, 1646; 12° CATHERINE, religieuse à la Mothe-St-Héraye.

7. — **Baudéan** (Alexandre de), Cte de Pardaillan et de Parabère, sgr de Vouvans? Antigny, la Rousselière, Bazôges et de la Fosse, lieutenant-général des armées du Roi et du gouvernement du Haut et Bas-Poitou, mourut le 22 juill. 1702 à la Rousselière, âgé de 83 ans. Il avait épousé Jeanne-Thérèse MAYAUD, fille unique de Jacques, Ec., sgr du Mersay, procureur du Roi au Présidial de Poitiers, et de Jeanne de Razes. Il en eut : 1° JEAN-HENRI, Mis de Parabère, capitaine au régiment du Roi-Cavalerie, mort à Namur en déc. 1692; 2° CÉSAR-ALEXANDRE, qui suit; 3° ALEXANDRE, dit le Cte de Pardaillan, mestre de camp du régiment de Parabère-Cavalerie; 4° HENRI, Mis de Parabère, premier brigadier des armées du Roi le 20 févr. 1734, chef de brigade au corps royal des carabiniers, quitte le service en 1735 et meurt le 28 juill. 1741, âgé de 59 ans. Il avait épousé, le 8 févr. 1720, Marie-Andrée FAUGÈS, morte en couches, le 7 déc. de la même année, de deux jumeaux qui sont aussi décédés.

5° et 6° ESCLARIMONDE et JEANNE-THÉRÈSE, religieuses à Cerisiers (O. de Fontevraud); 7° et 8° HENRIETTE-DOROTHÉE et MARIE (dite Marguerite par le P. Anselme), religieuses à l'abb. de Ste-Croix de Poitiers.

Il y a certainement erreur de nom pour ces deux dernières, car on voit dans la liste des abbesses de ce monastère : « MARIE-THÉRÈSE-RADÉGONDE de Baudéan de Parabère fut nommée le 8 avril 1726, et elle remplit ces fonctions jusqu'en 1742 ».

8. — **Baudéan** (César-Alexandre de), Cte de Parabère, mestre de camp d'un régiment de cavalerie, brigadier des armées du Roi, mort de la petite vérole le 13 févr. 1716 et enterré à Paris, aux Minimes, laissa de Marie-Madeleine DE LA VIEUVILLE (la trop fameuse M[ise] de Parabère de la Régence), fille de René-François Mis de la Vieuville et de Marie-Louise de la Chaussée d'Eu, sa seconde femme : 1° ALEXANDRE, qui suit; 2° HENRI-LOUIS, né le 15 mars 1715, ecclésiastique, puis marin, dit le Chev. de Parabère, fut lieutenant de vaisseau et major général de l'escadre du duc d'Anville; mourut le 28 sept. 1746; 3° GABRIELLE-ANNE, née en oct. 1716, attachée à Mme la princesse de Conti, mariée le 18 ou 19 juill. 1735 et veuve depuis 1752 de Frédéric-Rodolphe Cte de Roffembourg, mestre de camp de cavalerie en France; 4° MARIE-MADELEINE, 3° abbesse de N.-Dame de Saintes le 10 oct. 1754, morte en 1793.

9. — **Baudéan** (Alexandre), Cte de Parabère, Bon du Petit-Château, terre qu'il avait achetée en 1674 de Marguerite de la Cressonnière, veuve de Mess. René Chenu, Chev., sgr de St-Philbert, né le 14 mars 1714, est qualifié de Cte de Pardaillan, lieutenant-général des armées du Roi, gouverneur du Bas-Poitou, de la ville et chât. de Lusignan, dans un aveu que lui rend pour sa terre du Petit-Château Henriette de la Cressonnière, veuve de René d'Escoubleau Cte de Sourdis, le 6 juill. 1679. Il épousa successivement : 1° N. DE GOURGUES, 2° N. DE CUGNÉ-DE-PÉRIGNY. Il eut de l'une ou de l'autre postérité, car cette famille était représentée en Poitou en 1748 par

Baudéan (Louis-Barnabé de), Cte de Parabère et de Pardaillan, Bon du Petit-Château, sgr de la Rousselière-Rouhault, Bazôges, etc., Chev. de St-Louis, ancien capitaine de carabiniers, qui donnait quittance d'une somme de 6,000 liv. à M. Barthélemy-René Mayaud, avocat en Parlement, le 2 mars 1748 (O.), et comparut par procureur à l'assemblée de la noblesse du Poitou convoquée en 1789 pour nommer des députés aux Etats généraux.

§ II. — DE BAUDÉAN, BRANCHE DE NEUILLAN.

6. — **Baudéan** (Charles de), Cte de Neuillan, sgr de St-Sauvant, la Roche-Ruffin, St-Martin de Pamproux, B[on] de Ste-Soline et des Moulières, conseiller d'Etat et privé, capitaine de 50 hommes d'armes des ordonnances du Roi, gouverneur des ville et chât. de Niort, fils puîné de Jean et de Louise Gillier (5° degr., § I), était mort avant le 19 avril 1670. Il avait épousé Françoise TIRAQUEAU, v[e] d'Eusèbe du Puy-du-Fou, sgr de la Severie, et fille de Adam, Ec., sgr de Lombiers, gouverneur de Vouvant, et de Susanne Gobin. De ce mariage sont issus : 1° FRANÇOIS, et non Charles, Cte de Neuillan, sgr de la Roche-Ruffin, élevé enfant d'honneur de Louis XIV, devint gouverneur des ville et chât. de Niort, capitaine d'une compagnie de chevau-légers, et mourut à Arras le 11 sept. 1648, sans alliance, à l'âge de 19 ans, des suites des blessures reçues à la bataille de Lens; 2° SUSANNE, mariée, en févr. 1651, à Philippe de Montault de Benac, duc de Navailles et de la Valette, pair et maréchal de France, fut la marraine de la célèbre Françoise d'Aubigné M[ise] de Maintenon; 3° ANGÉLIQUE, mariée à Charles Cte de Froulay, Chev. des ordres et grand maréchal des logis de la maison du Roi. Elles furent l'une et l'autre D[es] d'honneur de la Reine régente.

Avant la Révolution, on voyait dans la chapelle de la Résurrection dite des Neuillan (église de N.-Dame de Niort) les mausolées élevés à la mémoire de François de Baudéan-Parabère, Cte de Neuillan, de Françoise Tiraqueau, et de Charles de Baudéan, son époux, par les soins de Mmes de Navailles et de Froulay, leurs fille et sœur. Ces monuments, grâce à l'intervention de M. Bernard d'Agessy, peintre distingué, qui fit pour une partie des œuvres d'art de Niort ce que M. Lenoir faisait pour Paris, furent sauvés de la destruction et placés en 1833 dans l'église de N.-D., sous la tribune de l'orgue, au lieu de les remettre dans la chapelle qu'ils occupaient primitivement. On en trouve la description et un relevé des inscriptions qui les accompagnaient dans les Affiches du Poitou, année 1778, p. 159, 160. — Voir M. A. O. 1885, p. 499 et suivantes, une notice de M. de Lastic St-Jal sur M. de Parabère et sa famille, dans laquelle il reproduit les épitaphes qui existaient dans l'église de N.-D. de Niort.

BAUDET. — V. **BODET**. — Plusieurs familles.

Baudet (Adhémar) restitue en 1099 à l'église de St-Hilaire-le-Grand de Poitiers quelques biens qu'il avait usurpés sur cette église, dans la p[sse] de St-Hilaire-sur-l'Autize.

Baudet (Jean) était en 1421 l'un des échevins de la ville de Poitiers.

Baudet (Bastien) servait en archer le 22 juin 1482.

Baudet (Pierre) servait aussi en archer le 12 déc. 1485.

Baudet (Victor), notaire à Villiers-en-Plaine, inscrit d'office à l'Armorial du Poitou (1700): d'or parti de sable à un âne d'argent brochant.

BAUDETROBAS (Martin) était homme lige de l'abbaye de St-Maixent en 1115. (F.)

BAUDIMENT. — Famille noble, éteinte depuis plusieurs siècles et qui prit son nom du château de Baudiment (com. de Beaumont, canton de Vouneuil-sur-Vienne, arrond^t de Châtellerault, Vienne).

Blason. — Baudiment en Poitou porte : d'argent à 3 merlettes de sable, 2, 1, d'après le G^d Dictionnaire de la noblesse (t. II, 573), lequel dit plus loin : d'or à trois aigles éployées de sable ou de sinople. — L'Armorial de Mervache dit : d'or coupé de gueules, au lion coupé de l'un en l'autre. (Très incertain.)

Baldimento (*Lansbergæ de*) *et Ricardus et Alcardus filii ejus* font en 1060 don de terres à l'église *S^ti Philiberti pro fratre suo Rainaldo, defuncto.* Au nombre des témoins on trouve un *Fulcaudus de Baldimento.* (Cart. St-Cypr. A. H. P. 3, et D. F. 6.)

Baldimento (*Willelmus de*) souscrit dans des actes de 1060 concernant l'abb. de St-Cyprien. (A. H. P. 3 ; D. F. 6.)

Baudiment (André de), moine de Pontigny, fut, d'après D. Estiennot, premier abbé de Trizay, en 1124.

Baudiment (*Alcardus*) fait, vers 1170, don à l'abb. de Nouaillé de la terre de Johec (Jouhé), *timens discutionem districti judicii.*

Baudiment (Hugues de). Le Cte de Poitou lui vend plusieurs cens dont il jouissait à Vilaines et à St-Laurent, et pour lesquels Hugues rendait aveu à Philippe de Beaumont, Chev. (Arch. Nat. 190, 8, 4.)

Baudiment (Simon de) eut procès avec l'abbé de Notre-Dame de Poitiers au sujet du droit de mettre des mesures ; sur quoi intervint une sentence arbitrale, le 27 nov. 1259. (D. F.) Il eut un fils :

Baudiment (Hugues de), qui avec sa femme Catherine faisait un traité le mercredi après le dimanche *Oculi* 1270 (19 mars). (D. F.)

Baudiment (Simon), Chev., fut choisi par l'abb. de Noaillé, en janv. 1276, pour être leur arbitre dans le différend qu'ils avaient avec Jean d'Acre, bouteiller de France, fils du roi de Jérusalem. Il eut un fils :

Baudiment (Pierre de), qui faisait un accord en 1297 avec Jean, sire d'Harcourt, sgr de Châtellerault, au sujet des devoirs qu'il prétendait sur la terre de Baudiment.

Baudiment (Perrot de) vivait en 1331. (Note. Fonds Franç. 20228, 70.)

Baudiment (Isabeau de), héritière de cette terre, épousa, vers 1362, Jean, sire de Thornes, ou Thorus près Château-Larcher.

La famille de Baudiment est tombée en quenouille.

Nota. — Ces dernières notes sont extraites de Nicolas de Ste-Marthe. (Gén. de Nuchèze.)

BAUDIFIER.

Baudifier (Jean) fit aveu à Civray en 1498, pour le fief de la Chau (St-Saviol).

BAUDIN (V. **BODIN**). — Ce nom est assez répandu en Poitou, où on le trouve dès le XIIe siècle.

Blason. — Une famille Baudin portait : bandé d'argent et de gueules de six pièces ? (Incertain.)

Baudin (*Rollandus*) fut témoin d'une donation faite en 1126 à l'abb. de St-Florent par *Paganus* et son frère *de Campo Aufredi*, à l'époque où le Cte *Fulco* fut roi de Jérusalem. (A. H. P. 2, 39.)

Baudin (Jean), de la p^sse de la Gaubretière (c^ne de Mortagne, Vendée), se plaint des exactions commises contre lui par Jean Le Prévost, bailli du Roi, 1245. (A. N. cart. 190, 14, 19.)

Baudin (Guillaume) était échevin de Poitiers en 1372. Il est cité dans le don d'une petite place sise près de l'église de N.-Dame-la-Grande, fait au Chapitre de cette église par Jean duc de Berry et Cte de Poitou, le 16 janv. 1385. (D. F. 20, 602.) Il vivait encore en 1388.

Baudin (Jean) rendait, le 15 févr. 1405, au château de Civray, aveu et dénombrement du domaine de Chigeloup, qu'il tenait du chef de Jeanne Milonelle, sa femme. (Livre des fiefs.)

Baudin (André) servait comme écuyer de la compagnie de Guillaume Taveau, sgr de Mortemer, à St-Jean-d'Angély, le 10 juin 1405. (Sceaux, 105, f. 8170.)

Baudin (Guillaume) était échevin de Poitiers en 1419. (F.)

Baudin (Jean) fut désigné à la revue du ban de 1489 pour tenir garnison à Niort. (Id.)

Baudin (Naulet), qui, en compagnie de plusieurs autres, avait fait ôter du vitrail placé au-dessus de la grande porte de l'église de Ste-Hermine les armoiries de François Boutaud, prêtre, Ec., sgr de Laubouynière, qui était pour une moitié fondateur de cette église, avec le sgr dudit lieu, est condamné par sentence de la sénéchaussée de Poitiers, du 5 mai 1520, à les rétablir. (Doc. inéd. 87.)

Baudin (Jehan), sgr des Coustez, fut pair de la c^ne de Niort de 1491 à 1535. C'est probablement le même qui l'était encore le 19 juin 1545.

Baudin (Louis), procureur ès cours royales de St-Maixent, avait épousé Marguerite Roux, dont un fils, Pierre, qui suit. Louis était décédé le 5 déc. 1598, jour du mariage de son fils.

Baudin (Pierre) exerçait la même profession que son père ; il se maria, le 5 déc. 1598 (contr. reçu par Caillon, not^re à St-Maixent), à Marie Grès, fille de François, s^r de Crezesses, avocat du Roi en l'élection de St-Maixent, et de feu Marie Granouil. (Greffe de St-Maixent.)

Baudin (Louis), procureur à St-Maixent, y fut parrain d'Adonis Denyort, le 18 oct. 1599.

Baudin ou **Bodin** (Marc), Ec., sgr de Pouchault et du Recloux, rendait en 1612 et 1620 des aveux au sgr de Vivonne, comme époux de Jacquette le Roux.

Baudin ou **Bodin** (Claude), Ec., sgr de la Salle, était en 1762 époux de Susanne Boutou, et possédait à cause d'elle dans la p^sse de Pairé-sur-Vendée. (F.)

Baudin ou **Bodin** (Marguerite) était décédée avant le 3 sept. 1768, et était, au jour de sa mort, veuve de feu Mess. Henri de Chivré, Mis de la Barre. (O.)

BAUDINEAU. — Plusieurs familles.

Baudineau ou **Baudinot** (Ebles), Chev., fut nommé avec Pierre du Plessis, Chev., exécuteur testamentaire de Hugues de Surgères, sgr de la Bouqueraigue, par acte du 2 avril 1298.

Baudineau (Jean), Ec., sgr de la Nolière, fit bail de terres à la Raymondière (Chapelle-Hermier) le 8 juill. 1429, et accord, le 9 oct. 1438, avec Jean Guibert. Marié à Louise des Villates, il eut pour filles: 1° Louise, mariée, le 20 juill. 1470, à Jean Mauclerc, Ec., sgr de la Nolière; 2° Jeanne, mariée à Jean Buor, Ec.

Baudineau (Jeanne), près Montmorillon, était femme de Pierre de Chaume; leurs biens furent partagés entre leurs enfants le 24 mai 1636.

Baudineau (autre Jeanne) épousa, par contrat du 1er févr. 1637, Jean de Chaume.

Il y avait dans la paroisse d'Antoigné près Châtellerault une chapelle du nom de Baudineau. Le Pouillé de 1782 ne donne ni la date ni aucuns détails sur sa fondation. (F.)

BAUDINIÈRE (La). — Voir **BODIN DE LA BODINIÈRE**.

Blason. — (En Mirebalais): fascé d'hermine et de sable; ou d'hermine à 3 fasces de sable.

Baudinière (Etienne de la) servit au ban de 1467 comme brigandinier du sgr de Soubise.

Baudinière (Mathelin et Adam de la) servaient comme archers le 15 sept. 1506. (Bibl. Nat.)

Baudinière ou **Bodinière** (N. de la) était sgr suzerain de la Mothe-de-Beaumont, lorsque cette terre fut acquise en 1614 par le sgr de Beaumont.

Baudinière (Catherine de la) épousa Jacques Dumont, Ec., sgr du Perchay, qui était décédé le 31 janv. 1643, date du mariage de leur fils Henri. (Gén. Dumont.)

Nous trouvons dans le registre du G^d Prieuré d'Aquitaine (Bibl. de l'Arsenal, Paris) le fragment de généalogie qui suit.

1. — **Baudinière** (Gabriel de la), s^r de la Massonnière, Dandesigny, eut de Susanne de Pougé ou Pouzé:

2. — **Baudinière** (Madelon de la), s^r de la Massonnière, qui laissa de Françoise de Tremolaye, fille de Pierre, Ec., sgr de la Rotardière, et de Jeanne Frétard, une fille, Renée, laquelle épousa René de la Jaille, Ec., sgr du Touchault, dont René de la Jaille, reçu Chev. de St-Jean-de-Jérusalem en 1599.

BAUDION (Jean) avait épousé Isabeau Prévoste. Elle était veuve en 1454, et D^e du fief de la Brousse-Comporté. (F.)

BAUDOUIN (*Baldoinus*, *Balduinus*). — Nom commun à un grand nombre de familles du Poitou. Nous ferons suivre les noms isolés que nous avons recueillis par la généalogie des Baudouin sgrs de la Leigne, etc.

Noms isolés.

Balduinus (N.) est cité dans un don fait en 827 à l'abbaye de Noaillé de divers héritages situés à *Mesgone* (Mougon) près de la Clouère (Vienne.) (D. F. 21.)

Balduinus (N.), cité dans un échange fait en mars 924 entre Ebbon, abbé de St-Paul de Poitiers, et Rotard, abbé de Noaillé. (Id.)

Balduinus (*Petrus*), cité dans le don fait, vers 1056, à l'abb. de Maillezais par Thibaud Lunels. (Id. 25.)

Baudoinus (*Stephanus*) est relaté dans le don fait, vers 1090, à l'abbaye de St-Cyprien par *Rotbertus Pictavinus*, sa femme et sa fille. (A. H. P. 3.)

Bauduinus (*Willelmus*), cité dans le don fait à l'abb. de St-Cyprien, vers 1087, de l'église de St-Ambroise près le chât. de Riez. (Id.)

Baudouin (Jean) fut témoin de la donation d'une vigne faite, vers 1095, par Pierre et Raoul de St-Jean, à l'église de St-Faziol. (A. H. P. 3.)

Baldoini (*Geraldus*) est en 1290 doyen de Thouars (D. F. 2.)

Baldoin (*Giraldus*), le même que le précédent? était, le 21 sept. 1294, *Archidiaconus Briocensis*. (Id. 27.)

Baudoin (*Guillelmus* et *Matheus*) sont témoins dans une enquête faite pour le Cte de Châtellerault, au sujet du péage du pont de Longesve (c^{ne} de Beaumont, Vienne), au milieu du XIIIe s^e. (A. H. P. 8.)

Baudouin (Jean), archiprêtre de Rom avant 1300, possédait quelques terres dans la mouvance de Celle-l'Evescault.

Baudouin (Jean), prêtre, faisait en 1303, le 7 juin, donation à l'abb. de Noaillé de quelques héritages sis dans la sgrie de Couhé. (F.)

Baudouin (N.) était en 1315 chapelain de Philippe de France Cte de Poitou. (A. H. P. 11.)

Baudouin (Pierre) était en 1333 commandeur de St-Antoine de la Lande, Ordre de St-Antoine de Viennois. (Ledain, Gâtine.)

Baudouin (Michel) faisait, dès le 29 sept. 1400, partie des notables officiers de justice de la Gâtine; en 1419, il était châtelain de Parthenay et prit une grande part à la défense de cette ville. Il occupait encore cette place en 1429, et était à cette époque un des conseillers du connétable de Richemont. Il habitait à Parthenay une maison sur la place des Grands-Bancs. (Ledain, Gâtine.)

Baudouin (Jean) était en 1430 prieur de l'abb. du Bois d'Aslonne. — (Ledain, Gâtine.)

Baudouin (Me Michel) possédait l'hôtel de Verrines, tenu en fief de la sgrie de Vernay (D.-S.). Il eut pour fille Louise, mariée à Guillaume Darrot, qui était veuf et tuteur de ses enfants en 1453. (B. A. O. 1877, 454.)

Baudouin (Jean) relevait de Jean de Chateaubriand, sire de Léon, à cause de sa forteresse de Verrières en Loudunais, 1450, 1476. (N. féod. 256.)

Baudouin (Jean), Ec., tenait, ès années 1534 et suivantes, l'hôtel de Puy-Sallé de la B^{nie} de Mirebeau, du chef de Jehanne de Lestang, sa femme, fille de Héliot, Ec., sgr de Ry, et de feu Perrette Foucher, dont il partageait les successions le 4 févr. 1465. Elle lui avait apporté en outre les fiefs des Fontaines-Soudées, la Grimaudière, etc. (M. A. O. 1877, 190, 243, N. féod. 78, etc.)

Baudouin (autre Jehan), fils de celui qui précède, est dit sgr de l'hôtel de Puy-Sallé en 1501, 1534. (Id. 243.)

Baudouin (Jean), Ec., sgr de Pain-Perdu, assiste au contrat de mariage de René de Marconnay avec Louise des Hayes ou des Hées, passé le 9 janv. 1460.

Baudouin (Mathurin) servit au ban de 1467, comme brigandinier du s[r] de Rochechouart.

Baudouin ou **Baudoyn** (Jean) servait en archer le 22 juin 1482. (Montres et Revues, Bibl. Nat.)

Baudouin (Jean), prêtre. Dispute, au sujet du fief de la Guionière, entre ledit Baudouin, Jean Alonnet et plusieurs autres, qui se termine par un combat, 1488. (A. N. J. Reg. 219, 162.)

Baudoyn (Mathurin), capitaine de Prahec. Le 13 mai 1492, la ville de Niort lui alloue 3 écus d'or, « pour ses *poynes et sallaire d'avoir apporté, deschargé et acquit et fournit en la ville de Nantes les vivres ordonnez être menés en ladite ville pour l'avitaillement des gens darmes* ». (M. Stat. 9, 39.)

On trouve cités dans l'état de l'aide extraordinaire offert à M. de la Trimoille, pour la rançon de François Ier, 1529 :

Baudouin (Guillaume), Ec., payera 10 sols pour un revenu de 5 liv.

Baudouin (J.), bourgeois de Niort, sgr de Lesson, payera 30 s. pour un revenu de 15 liv.

Baudouin (Nicolas), Ec., sgr de la Voulte, payera 32 s. pour un revenu de 16 liv. (M. St. 1860, 62, 63.)

Baudouin (François), prêtre, fonda en 1532 une chapelle de son nom p[sse] de Brion près Thouars, laquelle resta à la collation de sa famille. (Pouillés 1782, 1869.)

Baudouin (Foucaud), Ec., sgr de la Berlière (Brulain), fit aveu à St-Maixent en 1539. (A. N. P. 558.)

Baudouin (Pierre), s[r] du Bois, épousa Henriette Cailler, fille de Lancelot et de Marie Rapin.

Baudouin (Perrette) avait épousé Antoine Couraud, Chev., sgr de Châtelaillon ; ils vivaient dans la seconde moitié du XVIe siècle, ainsi que

Baudouin (Marguerite), femme de François Pastureau, Ec., sgr d'Ordières.

Baudouin (Antoine) était en 1572 chanoine et receveur du Chapitre de Ste-Croix de Parthenay. (Ledain, Gâtine.)

Baudouin (Jeanne), dame de Puycondron, était en 1609 veuve de Mathurin Sacher, échevin de Niort.

Baudouin (Jean), Ec., sgr de la Plantinière, époux de Marie Conan, assiste au contrat de mariage de Françoise Bernon et de Paul Prévôt, Ec., sgr de la Vallée, le 16 juin 1633.

Baudouin (Jacques) était sénéchal de St-Martin-de-Ré le 1er mars 1642.

Baudouin (Jean), Ec., sgr de Villeneuve, eut pour fille Anne, qui épousa Pierre de Puyguyon, Ec., sgr de la Voûte (vers 1650).

Baudouin (Susanne) était, le 24 avril 1651, créancière de la succession de François Tiraqueau, Ec., sgr de la Grignonnière, pour une somme de 700 liv. (B. Fillon.)

Baudouin (Nicolas et François), avocats, Michel Baudouin, procureur, et François Baudouin figurent, le 11 avril 1685, parmi les habitants de Parthenay réunis pour la fondation de l'hôpital. Nicolas et François précités figurent encore, le 15 mars 1692, parmi les notables réunis pour l'établissement des Dames de l'Union-Chrétienne. (Ledain, Gâtine.)

Baudouin (Marie) avait épousé, vers le milieu du XVIIe siècle, Julien Boux, Ec., sgr de St-Mars. (Gén. du Chaffault.)

Baudouin (Marie) avait épousé Jacques Gaillard, Ec., sgr du Fief-Gaillard, vers la même époque.

Baudouin (Jacques), ancien élu à Niort, était pair et contrôleur de la commune en 1712. (M. St. 1865, 78.)

BAUDOUIN, Sgr de la Leigne (Charente-Inférieure).

Nous devons la généalogie de cette famille à M. Th. de Tinguy, qui l'a dressée d'après les documents conservés au chât. du Plessis-Gastineau, appartenant au Mis de Gazeau de la Brandannière. On trouve aussi des renseignements dans les notes de M. Jourdan (Bibl. de la Rochelle).

Blason : d'argent au chevron de gueules accompagné de 3 hures de sanglier arrachées de sable, mirées et allumées au premier.

§ Ier. — Branche de la Leigne et de Beloeil.

1. — **Baudouin** (Pierre), Ec., sgr de la Leigne, la Voûte, Roussillon, le Péré, Guy-sur-Creuse, etc., donne, par son testament passé par Grignard, sous la cour de l'archiprêtré de Benon et cour royale de la Rochelle, le 24 avril 1514, la terre de la Leigne à François, son fils aîné, et celle de la Voûte à Nicolas, son puîné, qu'il avait eus de Philippe Burelle (Bureau), son épouse, fille ? de N., ancien maire de la Rochelle en 1448.

Nicolas, Ec., sgr de la Voûte, fut capitaine de Benon ; transigeait, le 12 janv. 1552, avec Antoine Boucquet et sa femme, pour certains devoirs qu'ils devaient à sa terre de la Voûte (Prahec), le 12 janv. 1552. Le 30 avril, il achetait diverses terres. (Daguin, not., sous la cour de Prahec, D.-S.)

2. — **Baudouin** (François), Ec., sgr de la Leigne, servit dans les armées de François Ier. Marié à Denise Bernegoyau, il eut entre autres enfants : 1° Pierre, qui suit ; 2° Mathurin, dont la filiation sera rapportée § IV.

3. — **Baudouin** (Pierre), Ec., sgr de Belœil, épousa Madeleine Baudu, fille de Pierre, Ec., sgr de Belœil. Le 6 avril 1538 (Pitard et Moyne, not.), ils en rendent hommage à François Bouchard d'Aubeterre. De ce mariage six enfants : 1° Nicolas, qui suit ; 2° Louise, mariée à Guillaume Texier, Ec., sgr des Fraignes, maire de la Rochelle en 1574 ; 3° Jeanne, femme de Jean Huot, Ec., sgr du Passage ; 4° Mathieu, Ec., sgr du Treuil et du Peux, marié, le 20 févr. 1574, à Claudine Charpentier, puis, le 10 mars 1576, à Jacquette Tarquise (Tarquex), dont il eut : *a*. Marie, née en 1577, qui épousa, le 17 juill. 1594, Gabriel Guyet, puis, le 18 févr. 1605, Alexandre Dexmier, Ec., sgr d'Olbreuse ; *b*. Jeanne, née en 1578 ; *c*. Mathieu, né en 1579, Ec., sgr du Parc, qui épousa Elisabeth Duval ; *d*. Elisabeth, née en 1580 ; *e*. Esther, née en 1581 ; *f*. Josué, né en 1586 ; *g*. Jacquette, née en 1588.

5° Hector, Ec., marié, le 23 déc. 1571 (Duichet, not. à Marennes), à Anne Bremaud, dont : *a*. Jean, *b*. Madeleine, mariée à Samuel Vallant, médecin ; *c*. Marie, épouse de Thibaut Sauvaget.

6° Susanne, femme de Jacques Clothou, Ec., sgr des Loges.

4. — **Baudouin** (Nicolas), Ier, Ec., sgr de Belœil, prévôt-juge châtelain de la Rochelle, faisait, le 23 mai 1578 (Dugereau et Naudin, not. à la Rochelle), partage avec ses frères et sœurs de la succession de leur mère, et le 10 juill. 1584, il rendait hommage de sa terre de Belœil à la seigneurie de Pauléon. Il épousa : 1° Marthe Viau et 2° le 25 juill. 1574 (Georges de la Rivière, not. à la Rochelle), Perrette Augier (*aliàs* Ogier ou Ogée), veuve de François du Jau, Ec., sgr de Trénaut, receveur des traites en Saintonge, etc. Ses enfants furent, du 1er lit : 1° Aaron, et autres morts jeunes ; du 2e lit ; 2° Nicolas, qui suit ; 3° Perrette, mariée à Jacques Razin, Ec., sgr de St-Constant, receveur des domaines du Roi en Saintonge, le 24 sept. 1600 (Jouyre, not. à la Rochelle) ; 4° Etienne, Ec., avocat au Présidial de la Rochelle, assiste au contrat de mariage de Nicolas, son frère, avec Susanne Bizet, en 1604 ; il épousa en 1611 Marie Cholet et eût pour fils un autre Etienne ; 5° Jean, tige de la branche de la Lyère (§ III) ; 6° Madeleine, née en 1583, mariée, le 14 nov. 1609, à Jacques Tallemant, puis à Louis Salbert, Ec., sgr des Forges ; 7° Marie. (Dans une généalogie par M. Jourdan, bibl. de la Rochelle, on dit qu'elle épousa Gabriel Guyet, puis Alexandre Desmier d'Olbreuse ; n'est-ce point une erreur ?)

5. — **Baudouin** (Nicolas), IIe, Ec., sgr de Belœil, juge-prévôt de la Rochelle après son père, épousa (contr. du 8 déc. 1604, Hilaire Péronneau, notre à la Rochelle), au temple, le 17 févr. 1605, Susanne Bizet, fille de Pierre, Ec., sgr de la Bazonnière, échevin de la Rochelle, et de Marguerite Chaulmin, dont : 1° Nicolas, qui suit ; 2° Susanne, mariée à Jehan de Couraudin, Ec., sgr des Fougères et de l'Isle, le 23 févr. 1651 (J. Cousseau, notre à la Rochelle) ; 3° Marie, qui épousa Benjamin de Cadars ? Ec., sr de la Voûte ; 4° Pierre, branche de la Noue, § II.

6. — **Baudouin** (Nicolas), IIIe, né en 1576, Ec., sgr de Belœil, partage avec ses frères et sœurs les biens que leur délaissait leur père, le 26 janv. 1650. (Moreau, notre royal à la Rochelle.) Lui et son frère Pierre furent déclarés nobles et de noble extraction par la cour des aides, sur le vu des enquêtes faites par-devant Georges Renaud, avocat du Roi à la Rochelle. Marié, le 4 sept. 1657 (Jean Lambert, notre de la Bnie de l'île de Ré), avec Madeleine Chanet, fille de Daniel, ministre de la religion prétendue réformée, et de Anne Valleau, il en eut : 1° Nicolas, qui suit ; 2° Madeleine, 3° Susanne, décédés sans postérité.

7. — **Baudouin** (Nicolas), IVe, Ec., sgr de Belœil, fut sous la tutelle de son oncle Pierre. Ici s'arrêtent nos renseignements sur la branche aînée.

§ II. — Branche de la **Noue**.

6. — **Baudouin** (Pierre), Ec., sgr de la Noue (fils de Nicolas et de Marie Bizet, 5e deg., § I), servit dans le régiment français entretenu par le Roi en Hollande et fut nommé enseigne le 22 mars 1646 ; revenu en France en 1653, il épousa, le 7 sept. 1662 (Cherbonnier, notre à la Rochelle), Marguerite de Mangoyaque ? (peut-être Mandosse), puis en 1674 Henriette le Goux. Il eut pour fils (peut-être du 2e lit) : 1° Pierre-Auguste, qui suit ; 2° Josué, né en 1675.

7. — **Baudouin** (Pierre-Auguste), Ec., sgr de la Noue, eut pour fils :

8. — **Baudouin** (Henri-Auguste), Chev., sgr de la Noue, Vieux-Fief, marié en 1746 à Marie-Thérèse de Culant, fille de René-Alexandre, Chev., sgr de Ciré, et de Jeanne d'Agnières.

§ III. — Branche du **Payré** et de la **Lyère**.

5. — **Baudouin** (Jean), Ec., sgr du Payré, fils puîné de Nicolas et de Perrette Augier (4e deg., § I), épousa Louise Jousselin, fille de Jacques, Ec., sgr de Marigny, élu aux Sables, et de Renée Bouhier (le 20 mai 1620, Massé et Bourry, notres aux Olonnes). Il était mort en 1632, comme il résulte d'un acte de cette époque. De son mariage sont issus : 1° René, qui suit ; 2° Renée, qui épousa Alexis Masson, Chev., sgr de la Guyonnière, du Plessis-Buet, etc., d'après une transaction passée, le 18 nov. 1649, entre ledit Masson et Jean Jousselin, ci-devant curateur de ladite Renée. Il ne paraît pas y avoir eu d'enfants de ce mariage, car les biens de Renée se partagèrent entre les enfants de son frère.

6. — **Baudouin** (René), Ec., sgr du Payré, fut maintenu dans sa noblesse par M. Barentin, le 24 sept. 1667 ; il épousa d'abord Louise de Rorthays, fille d'Yves, Chev., sgr de la Rochette et de Beaulieu, et de Anne Aymon (le 23 nov. 1653, Gouin et Chabot, notres de la chnie de Beaulieu-sous-la-Roche) ; puis Marie-Anne Baudry, fille d'Ulysse, Ec., sgr de Lestang, la Burcerie, et de Anne de Ste-Cécile, d'après l'inventaire des biens provenant de sa première communauté, le 5 janv. 1666. René mourut au commencement de 1689, laissant du 1er lit : 1° Marguerite, dame des Arpents ou Erpents, mariée à Henri de Morais, Chev., Mis de la Flocellière (le 18 août 1692, Blayneau et Jousseaume, notres de la Chèze-le-Vte) ; 2° Charlotte, mariée à Paul Régnon, Chev., sgr de la Gautronnière, puis avec Abraham Buor de la Lande, Chev., sgr de la Durandrie, 30 sept. 1678 ; 3° Renée-Louise, mariée, le 24 févr. 1688, à N., Chev., sgr de Layraudière.

Du second lit sont issus : 4° René-Théodore, qui suit ; 5° Alexandre, Chev., sgr des Arpents, baptisé le 20 juin 1675 en l'église de N.-D. des Sables, mourut sans alliance ; 6° Louise, baptisée dans la même église le 6 févr. 1669, mariée en 1702 à Charles de la Guérinière, Chev., sgr de la Jurairière, dont elle était veuve en 1711.

7. — **Baudouin** (René-Théodore), Chev., sgr de la Lyère, en rendit aveu, le 6 fév. 1692, à la Bnie du Gué-Ste-Flaive. Il fut capitaine garde-côtes en Bas-Poitou et servit au ban de 1691, avec le grade de colonel de milice. Le 30 sept. 1699, avec Alexandre et Louise Baudouin, ses frère et sœur, il fut maintenu noble par M. de Maupeou. Le 24 sept. 1692, il avait épousé (Rivière, not. à la Rochelle) Marie-Anne du Bouchet, dont il eut : 1° Adrien-Théodore, qui suit ; 2° René-Louis, Ec., sgr de la Lyère, marié, avant le 19 août 1739, à Anne de la Cantinière ; 3° Marie-Anne-Charlotte, mariée d'abord à René-François Poitevin, Chev., sgr de la Tousche, puis à Yves-Calixte de Rorthays, Chev., sgr de la Rochette ; et enfin à Jean-Baptiste du Vau de Chavagnes, Chev., sgr de la Barbinière.

8. — **Baudouin** (Adrien-Théodore), Chev., sgr de la Lyère, reçut, le 1er mai 1748, le brevet de capitaine de fusiliers dans le bataillon garde-côtes des Sables-d'Olonne, ne comparut pas au ban de la noblesse du Bas-Poitou convoqué en 1758 à Fontenay-le-Cte. Il avait épousé, le 2 juin 1726 (Pommeray et Gaudin, notres à la Mothe-Achard), Jeanne-Marie Robert, fille de Claude, Chev., sgr de la Jarrye, et de Marie-Anne Taillefer de Montauzier. Devenu veuf, il se remaria à Louise-Bonne Aymon de la Lansonnière. Du 1er mariage il eut Jeanne-Marie-Louise, femme de Gabriel Gazeau de la Boissière, Chev., sgr de la Brandannière et de Landraire.

Du second lit il eut aussi une fille, Marie-Louise-

AIMÉE, qui fut mariée à Josué-Alexandre Buor, Chev., sgr de la Jousselinière et de l'Héraudière.

§ IV. — BRANCHE DE **LOUAILLE**.

3. — **Baudouin** (Mathurin), sgr de Louaille, la Brochardière (fils puîné de François et de Denise Bernegoyau, 2e deg., § 1er), assesseur à la Rochelle, 1552, épousa : 1° Marie LACAILLE, vve de René Gibouin ; 2° le 30 oct. 1564, Isabeau GUYET, vve de Jean de Lescalle. Il eut pour enfants : 1° FRANÇOIS, qui suit ; 2° PERRETTE, mariée à Antoine Courault, sgr de Châtelaillon, et peut-être 3° PIERRE, avocat, marié, le 2 oct. 1575, à Antoinette CAILLE, dont : *a.* LÉA, *b.* MARIE, *c.* PIERRE, *d.* SUSANNE, mariée à Emmanuel Angevin, sr de la Rochelin ? (de Niort).

4. — **Baudouin** (François), sgr de Louaille, la Brochardière, conseiller au Présidial de la Rochelle pendant 40 ans, épousa : 1° en 1578, Françoise BECHET ou BRECHET, 2° le 7 déc. 1593, Marie GENSE ou GÉOSSE, veuve de Michel Pocqueteau ; 3° en 1596, Jeanne BERNE. Il eut beaucoup d'enfants, qui ne sont pas bien connus : 1° MARIE, née en 1580 ; 2° FRANÇOIS, né en 1581 ; 3° JEAN, né en 1583 ; 4° ANDRÉ, né en 1584 ; 5° JACQUES, né en 1587 ; 6° DÉBORA, née en 1588 ; on croit qu'elle épousa Jean Beaumay ou de Bonnay ; du 2e lit : 7° MARIE, née en 1594 ; 8° HENRI ; du 3e lit : 9° SAMUEL, qui suit ; 10° DANIEL, marié à Françoise LE GOUX, qui épousa en 2es noces Josias de Bessay (1628).

5. — **Baudouin** (Samuel), sgr de Louaille, la Brochardière, épousa Anne DE MAYRÉ (qui était veuve en 1655 ; elle fut maintenue noble le 24 sept. 1664 ?) dont il eut : 1° FRÉDÉRIC, qui suit ; 2° SAMUEL, Ec., sr de la Brochardière, qui obtint un arrêt de la cour des aides, le 30 sept. 1678, pour confirmation de noblesse ; 3° ANNE, 4° MADELEINE, 5° ESTHER, 6° HENRIETTE, De du Treuil-Gros, mariée à Jacques Abynet ? et peut-être 7° SUSANNE, mariée, le 29 janv. 1660, à Pierre Guillaudeau, Ec., sgr de Villegoux.

6. — **Baudouin** (Frédéric), Ec., sgr de la Brochardière, protestant, passa en Frise vers 1680 avec ses enfants ; épousa : 1° le 1er août 1670, Anne THÉVENIN, décédée en 1674 ; 2° en 1679, Henriette BRUNET. Il eut plusieurs enfants des 2 lits : 1° ANNE, 2° FRÉDÉRIC, 3° HENRI, 4° HENRIETTE, 5° MADELEINE, 6° DAVID, 7° JULIE.

BAUDOUIN DE FLEURAC. — Famille noble très ancienne de l'Angoumois.

Blason : de gueules à la croix d'argent (pattée). Dans le Nobiliaire du Limousin, on dit « besantée ».

Baudouin (Alain), Ec., sgr de Fleurac, marié en 1581 à Françoise DE LA ROCHEFOUCAULD-MONTENDRE, puis, le 10 oct. 1584, à Renée DE PUYRIGAUD, eut pour enfants : 1° LÉON, qui suit ; 2° LOUISE, mariée, le 27 janv. 1614, à César de Boscal de Réals.

Baudouin (Léon), Ec., sgr de Fleurac, Nitrac, Salvert, marié, le 13 nov. 1619, à Luce DES BORDES, fille de Jean-Louis, Ec., sgr de Nitrac, et de Marguerite de Rippes, eut pour enfants : 1° FRANÇOIS, qui suit ; 2° EMERIE, mariée à Gabriel de Fonteneau, Ec., sgr de Perron ; 3° LOUISE, mariée au sr de Meillac ; 4° MARGUERITE, 5° LÉON, Ec., sgr de Salvert, capitaine au régt de Piémont, tué à Maëstricht.

Baudouin (François), Ec., sgr de Fleurac, épousa Louise DE LIVENNE, et eut pour fils :

Baudouin (François), Ec., sgr de Fleurac, qui vendit ce fief en 1695 ; il avait épousé Anne PÉLOQUIN. Nous ne savons pas s'il eut postérité.

BAUDOUIN A PARTHENAY.

Une famille de ce nom au XVIIe siècle portait pour blason : d'argent au cœur enflammé de gueules, accosté de 2 palmes de sinople passées en sautoir et 2 étoiles de gueules en chef.

Baudouin (Nicolas), avocat, déclara son blason à l'Armorial du Poitou en 1698.

BAUDOUIN EN AUNIS.

Blason : de sable au lion d'or lampassé d'azur, au franc-canton senestre d'hermines.

Baudouin (Jacques), sr des Marattes, bourgeois de la Rochelle, est inscrit, avec le blason incorrect placé ci-dessus, dans la série des blasons mal expliqués de l'Armorial d'Aunis, en 1700.

BAUDRIER, TOURAINE.

Baudrier (Macé Le) fit aveu du fief du Puy au chât. de Chinon, 1398. (N. féod.)

BAUDRIÈRE (DE LA) EN ANJOU.

Blason : d'argent semé de fleurs de lis de gueules. (Reg. de Malte. Chapron, 1629.)

Baudrière (Anne de la) épousa, vers 1520, Mathurin des Rouziers, Ec., sgr de la Guérinière en Anjou. (Leur petite-fille épousa, vers 1570, Jean Chapron.)

BAUDRY. — Famille noble et ancienne, dont nous regrettons de ne pouvoir, faute de documents suffisants, donner la généalogie complète.

Blason. — D'après Vertot, l'Armorial du Poitou et les notes fournies pendant l'émigration à M. Filleau par Jacques-Gabriel Baudry d'Asson : « d'argent à trois fasces d'azur ».

Plusieurs membres de cette famille ayant négligé de produire leurs armoiries pour l'Armorial de la généralité de Poitiers, d'Hozier ou ses commis leur en créèrent d'office. Ainsi ils attribuent à :

René Baudry, Ec., sgr du Château-d'Asson, psse de St-Martin-Lars : « de gueules à un baudrier d'argent ». (Fantaisie.)

Gabriel Baudry, Ec., sgr de la Burerie : « mi-parti au 1er, fascé d'argent et d'azur de six pièces, coupé d'un tranché d'argent sur azur ; et au 2e d'azur à deux chevrons d'or accompagnés en pointe d'une étoile de même, soutenu d'un taillé d'or. » — Ce blason incomplet et incorrect devait être un écartelé au 1er quartier Baudry, aux 3 autres de blasons d'alliance.

Baudry d'Asson (Renée), veuve de N. de Puymain : d'azur à 3 fasces d'argent. (Inexact quant aux couleurs.)

Baudry (Pierre-Claude), Ec., sgr de la Tizonnière : de gueules à un baudrier d'or. (Fantaisie.)

Noms isolés.

Baudricus (*Guillelmus*) est cité dans une charte de vers 1090 du cartre de l'abb. de St-Cyprien de Poitiers. (A. H. P. 3, 565.)

Baudris (*Gaufridus*) fit don au prieuré de Bram vers 1150, pour son fils Guillaume, décédé. (Id.)

Baudry (Jean), époux de Marcie, fille de Hugues Garat, Chev., consent au don que fait sa femme en 1236 à l'abb. de Boisgrolland de tout ce qui lui appartenait à la Couardière et à la Favrelière. Ils avaient à cette époque un fils nommé Hugues.

Baudry (Michel), prieur de l'abb. de Maillezais, auteur d'un *Manuale sacrarum cœremoniarum;* vivait vers 1317.

Baudry (Guillaume). Sa fille Pernelle épousa Simon Le Charron. Dans une charte de l'abb. d'Orbestier, ils sont déclarés bienfaiteurs de ce monastère, le 14 janv. 1333. Dans cet acte paraît Johanne Baudrie, sœur de Pernelle. (A. H. P. 6.)

Baudry (Léger), clerc, fut témoin d'un acte passé le 9 juill 1353. (Id.)

Baudry (Pierre), clerc, est témoin d'un acte du 11 mai 1394. (Id.)

Baudry (Nau), sgr de Lardouynière. Catherine Sevelonne était sa veuve le 1er juin 1440 et rendait un aveu à Jean de Champ-de-Fin, Ec., sgr de la Brunère, de son hébergement de Laumondère. Il fut taxé en 1437, pour ne pas s'être rendu aux armées et n'avoir pas payé. (Bib. Nat. Portefeuille intitulé Poitou.)

Baudry (Jacques), Ec., sgr de la Conterie (psse de la Jumelière), épousa, par contrat du 16 juill. 1440, passé à Angers, Hardouine de la Béraudière, fille de Mathe et de Jeanne de Pierres.

Baudry (Jeanne), veuve de Guillaume Richelot, rendit, le 25 nov. 1475, aveu de son fief de la Pois-Légère au sgr de la Flocellière. (D. F.)

Baudry (Jean), Ec. de Tiffauges, homme d'armes de la compagnie de M. de Beaumont, acquit un harnais de guerre à Tours en 1492.

Baudry (Charles), Ec., sgr du Chastellier, passa une transaction le 2 juill. (1537).

Baudry (Charles), Ec., sgr du Chastellier, psse St-Martin-l'Ars, au ressort de Tiffauges, vendit, en qualité de père et loyal administrateur de Jean, son fils mineur, partie de la terre du Sault à Jean Morault, Ec., sgr de la Vacherie, le 25 juin 1544. (Orig.)

Baudry (Prégent), Ec., sgr de St-Eusèbe, psse du dudit lieu, assiste au ban de 1557. (La Roque.)

Baudry (Michelle) épousa, vers 1656, Mathurin Grolleau, Ec., sgr de la Maison-Neuve.

Baudry (Anne), fille de Louis, Ec., sgr de la Gilbretière et de la Turpinière, psse de St-Aubin-de-Luigné, épousa, par contrat du 7 mai 1665, Philippe Gazeau, Ec., sgr du Plessis-Florentin. A ce mariage assistaient:

Baudry (Philippe et Michel), Ec., sgrs de la Turpinière et de la Contrie, ses frères, et

Baudry (Marie), sa sœur.

Baudry (Ulysse ?), Ec., sgr de l'Estang, Garsilière, était décédé en 1667. Sa veuve, Dlle Claire Clouer (Plouer?), habitait St-Christophe du Ligneron.

Baudry (Philippe) est mentionné dans le Catalogue annoté des nobles de la généralité de Poitiers, comme ayant été maintenu par arrêt des commissaires généraux.

Baudry (Marie-Anne) épousa, vers 1666, René Baudouin, Chev., sgr du Pairé.

Baudry d'Asson (Charles) avait épousé, avant 1664, Renée d'Aux, fille de Claude, Ec., sgr de la Chaume, et de Diane de Couhé, qui était sa veuve et présentait une demande en garantie au sénéchal de Poitou, contre Henri Gaborin, Ec., sgr de Princy, Charles Baudry d'Asson, Chev., sgr de la Grèze, et Gilles Baudry d'Asson, Chev., sgr de la Brossardière. Elle mourut avant le 22 avril 1694, époque où ses neveux partageaient sa succession. (Gle d'Aux.)

Baudry d'Asson (Gilles, peut-être pour Gilbert), et

Baudry d'Asson (N.), sgr du Chastellier, servirent dans la seconde brigade du ban de 1689.

Baudry d'Asson (N.), Ec., sgr de la Grèze, y servit dans la 3e brigade qui se réunit à la Châtaigneraye le 26 mai 1689.

Baudry (Esprit), Ec., sgr d'Asson, servit au ban de 1690.

Baudry d'Asson (N.), sgr de la Grèze, servit comme maréchal des logis dans l'escadron de la Louerie, au ban de 1758.

Baudry (N.), Ec., sgr de la Burcerie, servit à ce même ban.

Baudry (Radégonde) épousa, le 11 juin 1766, Alexis Cousseau de l'Epinay, cer du Roi en l'élection de Châtillon-sur-Sèvre.

Baudry (Anne-Aimée) épousa, par contrat du 14 janv. 1780, reçu Robineau, notaire à Blois, Pierre Pinault, Chev., sgr de Bonnefonds, qui mourut en oct. 1800, à son retour de l'émigration.

Baudry d'Asson (N.) fut nommé en 1787 procureur syndic de l'assemblée de l'élection de Châtillon-sur-Sèvre.

Baudry d'Asson (Jacques-Gabriel), Chev., sgr de Chassenon, assista à l'assemblée de la noblesse convoquée pour nommer des députés aux Etats généraux (1789).

Baudry (Jacques-Louis-Gabriel), sgr de la Burcerie, y comparut par procureur, ainsi que

Baudry d'Asson (Charles-Antoine), Ec., sgr de Puiravault;

Baudry (Charles-Esprit-Marie-Nicolas), sgr de Coudelière;

Baudry d'Asson (Gabrielle-Pélagie), veuve de Henri, sgr de Beauvais, et

Baudry (la veuve de N.), sgr de Laudetière.

Baudry d'Asson (N.), dit le Chevalier, émigra et fit comme volontaire dans la 3e compagnie du Poitou-Infanterie la campagne de 1792, à l'armée des Princes.

Baudry d'Asson (Gabriel), Ec., sgr de Brachain, assista par procureur à l'assemblée de la noblesse de 1789, fut un des premiers à se soulever contre la tyrannie républicaine. Ayant appris qu'un mouvement venait d'éclater à Bressuire, il se mit à la tête de la garde nationale de Brachain, dont il était le commandant; il se réunit à Delouche, et, de concert, ils tentèrent d'enlever Châtillon-sur-Sèvre; ils échouèrent et furent, quelques jours plus tard, complètement mis en déroute près de Bressuire. Baudry se tint caché pendant près de dix mois dans un souterrain près de son château de Brachain. Lors de la levée générale, il fut placé à la tête d'une division. Son fils qui l'accompagnait fut tué à l'attaque de la ville de Saumur; lui-même eut le même sort à l'affaire de Luçon (14 août 1793). Un domestique dévoué qui le suivait se précipita pour l'enlever; mais il tomba lui-même mortellement blessé et expira sur le corps de son maître. Et funeste conséquence des guerres civiles, son frère Esprit de Baudry d'Asson, qui commandait dans la Vendée un corps républicain, avait mis à prix la tête de son frère!

Gabriel avait épousé Henriette GABORIN, dame de Puymain, dont: 1° GABRIEL, tué, comme nous l'avons dit, à l'attaque de Saumur; 2° VICTOIRE, qui se maria à François-Prosper Pyniot; 3° ANNE-MARIE-YOLANDE-HYACINTHE, mariée en 1810 à Jean-Baptiste-Désiré Guignard de Germond; elle mourut veuve à Poitiers, le 23 août 1858, âgée de 78 ans.

Baudry d'Asson (Renée-Monique), épouse de Charles Beufvier, Chev., sgr de la Louerie.

§ Ier. — *Filiation suivie.*

Cette filiation, rédigée sur les preuves faites en 1618 pour faire recevoir deux membres de la famille Baudry dans l'ordre de St-Jean-de-Jérusalem, sera complétée depuis cette époque par des documents malheureusement insuffisants pour nous mettre à même de donner une généalogie complète.

1. — **Baudry** (Médor ou Amator), valet, sgr de la Raynerie, épousa, par contrat passé sous la cour royale de Poitiers, le 11 juin 1410, par Martineau et Guernaudeau, not^{res}, Guillemette BOUQUIN, fille aînée de Guillaume, valet, sgr de la Féflière? et de Jeanne de la Verrye, dont il eut entre autres enfants: 1° HUGUES, qui suit, et peut-être 2° JEAN, s^r de la Raynerie, qui épousa Jeanne Buor (de la maison noble du Plessis-Buor); ailleurs on trouve BUET.

2. — **Baudry** (Hugues), Ec., sgr de la Raynerie, fils du précédent, épousa, par contrat passé sous la cour de Tiffauges, le 12 déc. 1433, Anne DE LA HAYE, fille de Hardy, Ec., sgr de Montbault, et de Marguerite Carion. Il assista au ban de 1478, comme le prouve son acte de convocation, en date du 13 sept., signé Jacques de Beaumont.

3. — **Baudry** (Jean), Ec., sgr de la Raynerie, fils du précédent, épousa Louise LE MASTIN, D^e du Chastellier, fille aînée de Jean, Ec., sgr de la Rochejacquelein, et de Jeanne Jousseaume (par contrat passé sous la cour de Mauléon, par Moreau et Pille, not^{res}, le 7 sept. 1467). Il servit comme brigandinier du sgr de la Grève, reçut, le 9 août 1479, une convocation pour assister au ban convoqué en cette année, et c'est peut-être lui qui, au ban de 1489, fut désigné pour la garde du chât. de Tiffauges. Il laissa de son mariage:

4. — **Baudry** (Amaury), Ec., sgr du Chastellier, marié avec Nicole DE TERVES, fille de Geoffroy, Ec., sgr de Blanche-Coudre, et de Jeanne de la Taillandière (par contrat passé sous la cour de la châtnie de Bressuire, par Perreau et Gronon, not^{res}, le 30 avril 1499). Il eut pour enfants: 1° CHARLES, qui suit; 2° RENÉE, mariée à Jean? Richelot, Ec.; 3° FRANÇOISE, mariée à Thomas des Vallées.

5. — **Baudry** (Charles), Ec., sgr du Chastellier, marié avec Andrée GUYNEUF, fille aînée de Mess. Louis, Chev., sgr de Bouillères, et de Claude de l'Hébergement (par contrat passé sous la cour de Thouars, par Raubry, not^{re}, le 12 janv. 1535). Il eut pour enfant:

6. — **Baudry** (Jean), Ec., sgr du Chastellier, épousa, par contrat du 26 mai 1566, passé sous la cour de Tiffauges, par Fradin et Griffon, not^{res}, Christine DE CARADREUX (ou KARADEUC), D^e de la maison noble d'Asson, fille aînée de noble et puissant René, et de feu Renée du Breuil. Le 20 juill. 1584, il rendit aveu à la grie de Beaumont de ses terres du Chastellier, du Goullot, etc., signé Jean Baudry, et Lefebvre, not^{re}. Il laissa de son mariage:

7. — **Baudry** (René), Ec., sgr d'Asson, qui épousa, par contrat du 28 mai 1597, passé sous la cour et B^{nie} de Tiffauges, par Guerry et Vincent, not^{res}, Renée JOUSSEAUME, fille aînée de Louis, Ec., sgr de Launay, et de Gabrielle du Puy-du-Fou. Le 26 juill. 1603, il rendit aveu au sgr de la Renardière, à cause de sa sgrie de la Mothe-Gestin, de la partie de la terre d'Asson sise en Poitou. Il eut un grand nombre d'enfants, savoir: 1° ESPRIT, qui suit; 2° PIERRE, rapporté au § III; 3° CHARLES, Ec., sgr de la Gouère, marié, le 7 nov. 1642, à Marie GOURDEAU, puis à Renée D'AUX, veuve de Louis Dorineau, et fille de Claude, Ec., sgr de la Droictière, et de Diane de Couhé; 4° GABRIEL, rapporté au § IV; 5° LOUIS, reçu Chev. de Malte le 12 févr. 1618; 6° RENÉ, reçu Chev. de Malte en 1617; 7° ANTOINE, s^r de St-Gilles d'Asson, prêtre, embrassa avec ardeur les doctrines de Port-Royal, où il se retira en 1667. Lors de la dispersion des *solitaires* de cette maison, il se retira avec MM. de Ste-Marthe et de Pont-Château rue Buffroy, au faubourg St-Antoine, et y mourut en 1668. On lui attribue quelques ouvrages dont Dreux du Radier et Moréri donnent le détail. Son épitaphe, due à Hamon, se trouve dans le catalogue de Port-Royal. (V. aussi Merland, Biographies vendéennes, et l'article d'Hillerin, III, 229.) D'après cet auteur, ce serait Baudry d'Asson qui aurait été chargé de la publication des *Lettres provinciales*.

8. — **Baudry** (Esprit), Ec., sgr d'Asson, qui épousa: 1° Jeanne DE NAYE? décédée en 1635; 2° par contrat du 11 nov. 1641, Marie ATTON ou HATTON, fille de Pierre, sgr de la Mazure, et de Servage Forzoni. Le 27 août 1654, il était remarié 3° à Claude DE THURIN, date d'un aveu rendu en leurs deux noms à Pierre Doufer, s^r des Orières. Il était décédé avant le 22 févr. 1695, époque du partage de ses biens entre ses enfants, qui étaient: 1° GILBERT, qui suit; 2° GABRIEL (qui, d'après des notes, serait l'auteur de la branche de la Burcerie, § VI), *aliàs* dit Ec., sgr de Persimont, assistait au partage provisionnel fait, le 14 févr. 1680, entre Marie Pillot, veuve de son frère Gilbert, et ses enfants, et au contrat de mariage de Pierre-Claude, son neveu, avec Marie Saudelet. Il épousa successivement Charlotte QUIRIT avant le 20 sept. 1681, dont il eut: *a.* CHARLOTTE, mariée à Charles Saudelet, Ec., sgr du Rétail; *b.* MARIE; puis Catherine BROCHARD, dont le rendit père de: *c.* RENÉ-GABRIEL; et enfin Anne LUCQUAS, dont il n'eut point d'enfants. Il mourut en 1714.

3° PIERRE-CLAUDE, partage avec ses frères la succession de son père; 4° GUY-LOUIS, Ec., sgr de la Rondardière, était capitaine au régiment de la Carte, lors du partage des biens de son père, le 22 févr. 1695; il assistait au contrat de mariage d'Esprit Baudry, son neveu, avec Marie Eveillard, le 7 févr. 1714.

9. — **Baudry** (Gilbert), Ec., sgr de Caradreux, était décédé lors du partage des biens de son père, le 22 févr. 1695, auquel il fut représenté par son fils Esprit-Pierre. Marié, le 25 juill. 1662, avec Marie PILLOT, fille de René, Ec., sgr de la Tizonnière, et de Marie Durcot (elle était, dès le 14 févr. 1680, remariée à Gabriel Charbonneau, Ec., sgr de St-Vincent), il en eut: 1° ESPRIT-PIERRE, qui suit; 2° GUY, qui fit un partage provisionnel avec sa mère et ses frères le 14 févr. 1680; 3° PIERRE-CLAUDE, branche § II.

10. — **Baudry** (Esprit-Pierre), Chev., sgr d'Asson, fut confirmé dans sa noblesse le 7 sept. 1667; servit

au ban de 1690, et épousa, le 9 août 1695, Catherine JOUSSEAUME, fille de Louis, Chev., sgr de la Bretesche, et de Catherine de Launay, dont il eut ESPRIT-MARIE, qui suit.

11. — **Baudry** (Esprit-Marie), Chev., sgr d'Asson, Chavigny, Barrou, Tessonnières, né le 10 déc. 1708, p^sse de la Boissière, page du Roi en 1723, épousa, vers 1740, Marie-Gabrielle-Brigitte PETIT, fille d'Alexis-Henri, Chev., sgr de la Guierche, et de Renée-Julie Le Lièvre. Il eut, pensons-nous, pour enfants: 1° N., qui suit; 2° GABRIELLE-PÉLAGIE, mariée à Henri Goulard de Beauvais (était veuve en 1789).

12. — **Baudry d'Asson** (N.), Chev., sgr d'Asson, officier au régiment des gardes françaises, épousa, le 4 août 1778, dans la chapelle du chât. de l'Estenduère, Pélagie D'ESCOUBLEAU DE SOURDIS, fille de Jacques, Chev., Cte de Sourdis, et de feu Louise-Catherine de Gibot de la Périnière.

§ II. — BRANCHE DE LA RAIRIE.

10. — **Baudry** (Pierre-Claude), Ec., sgr de la Tizonnière (fils puîné de Gilbert et de Marie Pillot, 9e deg., § 1), épousa, le 15 fév. 1684, par contrat reçu Séguin, not^re, Marie SAUDELET, fille de Charles, Ec., sgr de la Roussière, et de Marie Gourdon. Devenu veuf avant le 6 juill. 1691, il se remaria, par contrat reçu le 30 déc. 1699 par Caillart, not^re à Commequiers, avec Marie DARNAULT, veuve de Pierre Macé, Ec., sgr du Plessis, de laquelle il n'eut point d'enfants. Du premier lit sont issus: 1° ESPRIT, Ec., sgr de la Rairie, marié, par contrat reçu le 7 févr. 1714, Le Brethon, not^re, avec Gabrielle EVEILLARD, fille de Jacques, Chev., sgr de la Roussière, et de Françoise Mourain. Nous ignorons s'ils ont eu postérité; 2° ESPRIT-PIERRE, qui suit; 3° CATHERINE-MARIE, qui, par contrat reçu Musset et Séguin, not^res aux Landes-Genusson, le 6 nov. 1719, épousa Charles Le Maignan, Ec., sgr des Cloudiz. Elle était décédée avant le mois de mars 1744, époque où sa succession était ouverte.

11. — **Baudry** (Esprit-Pierre), Ec., sgr de la Rairie, épousa Marie IMBERT, qui, en juillet 1744, était veuve et agissait comme mère de MARIE-ESPRIT Baudry, femme de Louis-Daniel Sapinault, et tutrice de CHARLOTTE-PÉLAGIE, son autre fille, mineure; elle présentait requête au sénéchal de Machecoul en leur nom et comme seules héritières de feu Catherine-Marie, épouse Le Maignan, pour l'envoi en possession de sa succession. Marie-Esprit épousa, par contrat du 26 janv. 1739, Louis-Daniel Sapinault, Ec., sgr d'Aubert, auquel elle porta la terre de la Rairie. Quant à sa sœur, nous ignorons si elle se maria.

§ III. — BRANCHE DU CHASTELLIER.

8. — **Baudry d'Asson** (Pierre), Ec., sgr du Courneau, le Chastellier, la Brossardière, second fils de René, Ec., sgr d'Asson, et de Renée Jousseaume (7e degré du § Ier), fut confirmé dans sa noblesse par M. Barentin et épousa, le 1er sept. 1634, Renée CHEVALIER, dont il a eu: 1° GILBERT, qui suit; 2° PIERRE-GILBERT, *aliàs* GABRIEL, Ec., sgr de la Brossardière, mort en 1702; 3° N., s^r de la Pelletrie, mort jeune; 4° RENÉE, mariée, le 16 juin 1660, à Henri Gaborin, Chev., sgr de Puymain; 5° LOUISE, mariée à Louis-Henri Le Maignan, Ec., sgr de Monchenin, lequel renonce, le 9 févr. 1690, à la succession de son beau-père.

9. — **Baudry d'Asson** (Gilbert), Chev., sgr du Chastellier, eut de sa femme, dont le nom nous est inconnu, RENÉ, qui suit.

10. — **Baudry d'Asson** (René), Chev., sgr du Chastellier, la Brossardière, eut de Louise LE MAIGNAN DE L'ESCORCE, son épouse, CATHERINE-MARGUERITE, mariée en 1718 à Isaac de Bessay, Ec., sgr de la Vouste.

§ IV. — BRANCHE DE LA GREZÉE.

8. — **Baudry** (Gabriel), Ec., sgr de la Roudardière (fils puîné de René, Ec., sgr d'Asson, et de Renée Jousseaume, rapportés au 7e degré, § 1), épousa, le 27 oct. 1649, Anne CHARBONNEAU, fille de Louis, Ec., sgr de l'Eschasserie, et de Catherine de Plouer, dont: 1° CHARLES-ESPRIT, qui paraît être décédé sans hoirs; 2° CHARLES, qui suit.

9. — **Baudry** (Charles), Ec., sgr de la Grezée, etc., assista en 1691 et 1693 aux bans de la noblesse du Poitou convoqués à cette époque. Il avait épousé Anne JOINTEAU, le 7 janv. 1670, dont il eut, croyons-nous, un fils, CHARLES-ESPRIT, qui suit.

10. — **Baudry d'Asson** (Charles-Esprit), Ec., sgr de la Grezée, paraît être le fils de Charles. Il se maria vers 1700, et paraît avoir eu pour enfants: 1° JOSEPH? qui suit; 2° RENÉ-ESPRIT, rapporté § V.

11. — **Baudry d'Asson** (Joseph?), Ec., sgr de la Grezée, servit comme maréchal des logis au ban de 1758, et épousa Marie-Anne BUON. Nous ne savons pas s'il eut postérité.

§ V. — BRANCHE EXISTANTE.

11. — **Baudry d'Asson** (René-Esprit), Chev., sgr de Landelière, Beaumanoir, la Boissière-lez-Montaigu (paraît être le fils puîné de Charles-Esprit, s^r de la Grezée, 10e deg., § IV), mourut avant le 28 déc. 1769. Il épousa, vers 1740, Anne-Françoise-Hyacinthe DE GOULAINE, fille de Louis-Samuel et de Marguerite Jacques de Chiré, dont: 1° CHARLES-MARIE ESPRIT-NICOLAS, Ec., sgr de la Coudelière, marié avec N. GOUNIARD, dont il eut deux filles, comparut en 1789 par procureur à l'assemblée de la noblesse tenue à Poitiers pour nommer des députés aux Etats généraux; 2° ANNE-MARIE-YOLANDE, qui épousa d'abord N. Servanteau de l'Echasserie, puis, en 1775, Philippe Guignard de Germont; 3° JACQUES-GABRIEL, qui suivra; 4° SAMUEL, dit l'abbé de Beaumanoir; 5° CHARLES-ANTOINE-RENÉ, Ec., sgr de Puyravault, comparut par procureur à l'assemblée de la noblesse tenue à Poitiers en 1789; marié à Anne-Charlotte LE BOEUF, fille de Florent, Ec., sgr des Moulinets, il a eu CHARLES-ALPHONSE, décédé sans alliance; 6° ALPHONSE-RENÉ, né, p^sse de la Boissière près Montaigu, en 1755, garde du corps du Roi, comparut par procureur à l'assemblée de la noblesse de 1789, émigra, et fit la campagne de 1792 dans les gardes du Roi, compagnie de Luxembourg. Il épousa N. BUON, fille de Louis-Alexandre, Chev., sgr de la Jousselinière, et de Marie-Céleste Robineau.

12. — **Baudry d'Asson** (Jacques-Gabriel), sgr de Landelière, de Beaumanoir, etc., naquit, p^sse de la Boissière près Montaigu, le 22 févr. 1749; épousa, le 22 avril 1777, par contrat passé par Giraudière, not. à Luçon, Charlotte-Aimée DE MAURAS. Avant la Révolution, il servait dans les gardes du corps du Roi; ayant émigré, il a fait la campagne de 1792 dans la compagnie de Luxembourg. Il a laissé de son épouse: 1° CHARLES-LUBIN, qui suivra; 2° HENRIETTE-CHARLOTTE, née le 29 juill. 1785, mariée, à son retour

de l'émigration, à Benjamin-Bonaventure de Maynard; 3° Madour? né le 19 sept. 1790, officier, mort en 1812 dans la campagne de Russie.

13. — **Baudry d'Asson** (Charles-Lubin), né le 14 janv. 1783, épousa, le 1er juin 1808, Charlotte-Aimée-Marie de Goullard, fille de Louis-Augustin, Chev., sgr du Rétail, et de Aimée-Emilie Audayer, dont il eut: 1° Charles-Léon, qui suivra; 2° Charles-Aimé-Louis, né le 5 juin 1817; 3° Léontine-Emilie, née le 15 mars 1809? mariée, le 16 oct. 1826, à Adolphe-Joseph de Braucourt, décédée en 1887; 4° Elisabeth-Aimée-Marie, née le 30 juin 1819, mariée, le 4 août 1840, à Marie-Henri-Germain de Billon.

14. — **Baudry d'Asson** (Charles-Léon), né le 13 août 1810, page du Roi en 1826, marié, le 25 août 1835, avec Alodie-Pauline-Marie-Louise de Mauclerc, dont est issu Léon-Charles-Armand, qui suit.

15. — **Baudry d'Asson** (Léon-Charles-Armand Mis de), né le 15 juin 1836, député de la Vendée, commandeur de St-Grégoire-le-Grand, marié, en sept. 1860, avec Marie-Constance-Alexandrine de la Rochefoucauld-Bayers, fille du Cte Henri, ancien attaché à la maison de Charles X, et de N. de la Cholletière, dont: 1° Marie-Antoinette, née le 1er mai 1861, mariée, le 31 janv. 1883, à Gaston-Pierre-Marie Cte de Coral, ancien officier de cavalerie; 2° Armand-Charles-Marie-Aimé, né le 26 oct. 1862, nommé en mai 1886 camérier secret de cape et d'épée par Sa Sainteté le pape Léon XIII; 3° Aimée-Constance-Alodie, née en 1865, mariée, le 30 avril 1884, à Paul Bégignard de la Plante (d'une ancienne famille du Maine); 4° Charles-Adolphe-Marie, né le 10 avril 1866; 5° Anne-Marie, née le 8 avril 1872.

§ VI. — Branche de la BURCERIE

(dont la jonction n'a pu être justifiée).

1. — **Baudry** (N.), sgr de la Burcerie? (peut-être fils de Jean, sr du Chastellier, et de Christine de Caradreux, 6e deg., § I), marié vers 1590, eut, croyons-nous, pour enfants: 1° Ulysse, qui suit; 2° Louis, branche de la Turpinière, § VIII.

2. — **Baudry** (Ulysse), Ec., sgr de l'Estang, la Burcerie, etc., épousa: 1° en 1621, Claude de Plouer, 2° Anne de Sainte-Cécile. (Ils furent séparés par sentence du prévôt de Paris, le 10 déc. 1644, mais renoncèrent à cette séparation par acte passé devant Martin Pelletier et Pierre Langeron, notres à Commequiers, le 9 févr. 1646.) Anne de Ste-Cécile testa le 30 avril 1669 (Adrien Paineau et Joseph Caudriau, notres du comté des Olonnes). (Notes de M. Théoph. de Tinguy.)

Du 1er mariage vinrent: 1° Gabriel, qui suit, et probablement 2° Ulysse, Ec., sgr de l'Estang, la Garsilière, marié à Claire Clouer (Plouer?), qui était veuve en 1667. Du 2e lit naquirent: 3° Marie-Anne, mariée, vers 1660, à René Baudouin, Ec., sgr du Pairé; 4° Philippe, Ec., sgr de la Moussière, présent, le 5 janv. 1666, à un acte de la famille Baudouin.

3. — **Baudry** (Gabriel), Ec., sgr de la Burcerie (Nieul-le-Dolent, Vendée), fut maintenu noble en 1667. Il épousa, le 21 sept. 1664 (Cleure et Neuillée, notres), Marguerite Pichot, dont: 1° Gabriel, qui suit; 2° Jacquette, qui épousa N. Porchier; et peut-être d'un autre lit: 3° Pierre, branche de la Vesquière, § VII; 4° Charles, prieur des Moutiers; 5° Jean, prieur de la Boissière.

4. — **Baudry** (Gabriel), Ec., sgr de la Burcerie, etc., baptisé le 21 déc. 1670, fut confirmé dans sa noblesse par Maupeou le 28 sept. 1699. Il fit enregistrer son blason à l'Armorial du Poitou en 1698 (mais mal déclaré, confondu avec des quartiers d'alliance; v. *Blason*). Marié, vers 1700, à Louise Gazeau, fille de Louis-Pierre, Ec., sgr de la Brandaunière, et de Aspasie-Gabrielle-Berthe Bertrand, il en eut: 1° Gabriel-François-Alexis, qui suit; 2° N., qui épousa N. de la Routière?

5. — **Baudry** (Gabriel-François-Alexis), Chev., sgr de la Burcerie, servit au ban du Poitou en 1756, escadron de la Louerie. Marié à Susanne de Busca, fille de Jacques, Ec., sgr de Boismaçon, et de Susanne Légier de la Sauvagère, il en eut 5 enfants, vivants en 1763; mais on ne connaît que: 1° Jacques-Louis-Gabriel, qui suit; 2° Gabriel, Ec., sgr de la Chesnelière; 3° Gabriel, 4° Jacques-Joseph, nommés dans un acte de 1791; 5° N.

6. — **Baudry** (Jacques-Louis-Gabriel), Chev., sgr de la Burcerie, comparut à l'assemblée de la noblesse du Poitou en 1789. Nous ne savons pas s'il eut postérité.

§ VII. — Branche de la VESQUIÈRE.

4. — **Baudry** (Pierre), Ec., sgr de la Vesquière, devait être fils de Gabriel, sr de la Burcerie (3e deg., § VI), car il fut curateur des enfants de Gabriel, sgr de la Burcerie, et de Louise Gazeau, qui sont dits ses neveux dans un acte passé sous le scel des Moutiers, le 6 nov. 1722, où figurent également Charles et Jean Baudry, prieurs des Moutiers et de la Boissière, oncles desdits mineurs. Il eut sans doute pour fils:

5. — **Baudry** (René), Ec., sgr de la Vesquière, épousa, vers 1750, Jeanne Hillairet, et eut sans doute pour fils:

6. — **Baudry** (Marie-Gabriel-René), Chev., sgr de la Vesquière, la Fromentinière, comparut à l'assemblée de la noblesse du Poitou en 1789. Il avait épousé en 1779 Marie-Charlotte de Mouillebert, fille de Charles-Auguste, Chev., sgr de Puissec, et de Marie Brunet, dont il eut Marie-Charlotte-Esther, mariée, le 18 févr. 1800, à Pierre-Armand-Constant de Grimouard.

§ VIII. — Branche de la TURPINIÈRE.

Baudry (Louis), Ec., sgr de la Gilbretière, la Turpinière (pssc St-Aubin-de-Luigné) (que nous croyons frère d'Ulysse, sgr de l'Estang, 2e degr., § VI, mais qui pourrait être aussi le fils de René, sgr d'Asson, et de Renée Jousseaume, 7e deg., § I), reçu Chev. de Malte en 1618, se maria vers 1630, et eut pour enfants: 1° Philippe, qui suit; 2° Anne, mariée, le 7 mai 1665, à Philippe Gazeau, Ec., sgr du Plessis; 3° Marie, 4° Michel, Ec., sgr de la Contrie, qui assista au mariage de sa sœur en 1665.

Baudry (Philippe), Ec., sgr de la Mauricière (Talmont), la Turpinière, est mentionné dans le Catalogue des nobles du Poitou en 1667. Nous ignorons s'il eut postérité.

BAUDRY (la Rochelle, Fontenay).

Blason: d'or au chêne de sinople terrassé de même, chef d'azur chargé de 3 étoiles d'or. (L'Arm. du Poitou ajoute: coupé de gueules au croissant d'argent; mais ce doit être un quartier d'alliance.)

1. — **Baudry** (N.), sgr de la Marterie, conseiller au Présidial de la Rochelle, épousa, vers 16.., Marie Brunet, fille de Gabriel, sgr de la Rialière, et de Elisabeth Alcaume, dont il eut Pierre, qui suit.

2. — **Baudry** (Pierre), sgr de la Marterie, marié, vers 16.., à Jeanne BERTINEAU (ou BRETINEAU), dont il eut MARIE-ANNE, mariée, le 12 août 1668, à Fontenay, avec Gabriel Brunet, sgr de Sairigné. (Étant veuve, elle déclara son blason à l'Armorial du Poitou, en 1698, Fontenay.)

BAUDRY (EN CHATELLERAUDAIS?).

Baudry (Isabeau) épousa en 1304 Pierre dit Ringuet de Brizay.

Baudry ou **Boudery** (Perrot), Ec., marié, vers 1320, à Jeanne DE MONTLÉON, fille de Léonnet, sgr de la Roche-Amenon, et de Thomasse de Marsay, eut pour fille EUSTACHE, mariée, vers 1350, à André du Bellay.

BAUDUÈRE (DE LA) EN BAS-POITOU.

Bauduère (Nicolas de la) était procureur de Talmond et d'Olonne en 1411. (St-Cyr en Talmondais, p. 25. B. Fillon.)

Bauduère (Colas de la) eut une fille, FRANÇOISE, qui épousa Jehan Boutaud, Ec., sgr de la Papaudière, qui faisait son testament le 16 déc. 1454. (Maynard-Mesnard, p. 98.)

Bauduère (Louis de la), de la ville d'Olonne, descendant de Nicolas qui précède? servit au ban de 1491.

Bauduère (Louis de la), Ec., épousa, par contrat du 25 mai 1482, Marie BÉGAUD, fille de Souvestre, sgr de la Bégaudière, et de Marie Nicolle. (Cie Bégaud.)

BAUDUS (DE). —

Famille originaire de la ville de St-Antonin, dans le Rouergue, où se trouvait jadis une montagne appelée Baudus. A la suite des guerres de religion, les Baudus se réfugièrent à Cahors pour se soustraire aux vexations des protestants. L'un d'eux, conseiller au Présidial de Cahors, fut nommé par Louis XIII conseiller en la cour souveraine des Aydes, établie en 1639.

Blason : de gueules à une foi d'argent (issant de 2 nuages de même), tenant 3 épis d'or posés 1 en pal et 2 en sautoir. (Arm. de France, 1698.) Devise : *A fide robur*.

Noms isolés.

Baudus (Pierre de), conseiller à la cour des Aydes de Cahors, vivait en 1661 lorsque son petit-fils JOSEPH lui dédia une thèse soutenue le 17 juill. de ladite année, avec cette dédicace : « *Illustrissimo clarissimoque viro domino dom. Petro de Baudus supremi subsidiorium, senatus Cadurcensis senator integerrimus, Josephus nepos observantissimus DD. D.* Cette thèse porte le blason de la famille avec la devise « *A fide robur* ». Imprimée chez François Pons.

Baudus (Guillaume de), né d'une branche cadette, conseiller du Roi et son médecin ordinaire, épousa à Cahors, vers 1670, Jeanne DE BOUCHUT, dont il eut 7 fils ; l'aîné fut trésorier de France à Montauban ; le cadet, BERNARD-GUILLAUME, né à Cahors, le 12 oct. 1693, chanoine et vicaire général de Cahors, décéda le 1er déc. 1773 ; sa vie a été écrite par l'abbé de Marin, curé de Gourdon, et imprimée en 1778, chez Pedeilhe, à Villefranche-du-Rouergue.

§ Ier. — *Filiation suivie.*

1. — **Baudus** (N. de), capitoul de Toulouse en 1741, épousa N. DE BAUDUS, sa cousine, dont il eut :

2. — **Baudus** (Hugues-Joseph-Guillaume de), né à Cahors en 1725, lieutenant particulier au Présidial de Cahors, assista à la réunion de la noblesse du Quercy comme procureur fondé de noble de Baudus, mari de Jeanne DE PARIEL et sgr de Montfermier. (Procès-verbaux de l'assemblée du Quercy en 1789, publiés par Combarieu, archiviste du Lot, 1878.) Il périt guillotiné à Paris le 4 juil. 1794. (V. Hist. générale de l'Eglise, par le Bon Henrion, XII, 31, 6e édit.)

Marié, le 24 mars 1759, à Anne-Marie DE MAURÈS DE MALARTIC, fille de Pierre-Hippolyte-Joseph, Cte de Montricoux, et de Antoinette-Charlotte de Savignac de St-Urcisse, il eut pour enfants : 1° MARIE-JEAN-LOUIS-AMABLE, qui suit ; 2° CHARLOTTE, mariée à M. de la Romiguière, 3° ELISABETH ; 4° HIPPOLYTE, qui a eu 2 fils : *a.* HIPPOLYTE, père d'ELISE ; *b.* ALEXANDRE, père de deux filles.

3. — **Baudus** (Marie-Jean-Louis-Amable de), né à Cahors, le 8 sept. 1761, avocat du Roi au Présidial, assista à la réunion de la noblesse du Quercy en 1789 et fut nommé Procureur général syndic du Lot. Il émigra ensuite, et fut rédacteur à la *Gazette de Leyde*, puis au *Journal d'Altona* et au *Spectateur du Nord*, publié à Hambourg. Nommé résident près de la Diète de Ratisbonne en 1802, il rendit de grands services à la ville de Strasbourg et reçut du sénat strasbourgeois des lettres de bourgeoisie pour lui et ses descendants avec 3 médailles d'or. Il revint à Cahors en 1803 et depuis fut nommé Chev. de la Légion d'honneur. Il mourut à Poitiers le 18 sept. 1822. (V. Biographie générale de Michaud, 1834, vol. 57.) Marié en 1784 à Dauphine-Françoise-Thérèse FORIEN, fille de Jean-Élie, Ec., sgr de la Rochesnard et du Palais de Croutelle, receveur des tailles à Poitiers, et de Catherine-Dauphine de la Gauderie, dont : 1° MARIE-ELIE-GUILLAUME-ELZÉAR, qui suit ; 2° MARIE-JOSÉPHINE-DELPHINE (née en 1785, décédée le 2 févr. 1840), mariée, le 26 juill. 1810, à François de Blom ; 3° URSULE-CHANTAL, née en 1791, décédée le 9 janv. 1860, religieuse ; 4° MARIE-THÉRÈSE CHARLES, mort sans alliance.

4. — **Baudus** (Marie-Elie-Guillaume-Elzéar de), né à Cahors en 1786, décédé à Ligny-le-Ribault (Loiret) le 3 sept. 1858, lieut.-colonel en retraite, Chev. de St-Louis, officier de la Légion d'honneur, a écrit 2 volumes d'études sur Napoléon Ier (Paris, Debécourt, 1841) et épousa, le 14 janv. 1822, Marie-Thérèse-Pauline DE TASCHER, fille de Pierre-Jean-Alexandre Cte de Tascher, pair de France, dont : 1° MARIE-JEAN-DE-DIEU-CAMILLE, qui suit ; 2° GASTON-JEAN-MARIE-JOSEPH, rapporté § II ; 3° MARIE-CLAIRE, née à Orléans le 7 sept 1831, décédée à Poitiers le 6 juin 1874, mariée, le 8 avril 1856, à Etienne-Charles Geay de Montenon ; 4° DAUPHINE-MARIE-VALÉRIE, religieuse, Fille de la Sagesse ; 5° FRANÇOIS-MARIE-EMMANUEL, rapporté § III.

5. — **Baudus** (Marie-Jean-de-Dieu-Camille de), marié à Blois, le 5 juin 1854, à Marie-Joséphine-Blanche DROUIN DE BOUVILLE, fille d'Anatole-Charles Vte de Bouville et de Marie-Anne-Delphine Porcher, dont : 1° MARIE-GUILLAUME-MAURICE, qui suit ; 2° MARIE-THÉRÈSE-RADÉGONDE-CHARLOTTE, née à Blois le 27 juin 1852, décédée à Poitiers le 27 août 1888.

6. — **Baudus** (Marie-Guillaume-Maurice de), né en 1857 à Blois, a épousé au chât. de Puybarbeau (Lignerolles, Indre), le 18 avril 1882, Jeanne-Marie-Marguerite DE MAUSSABRÉ, fille de Philippe-Ferdinand Cte de Maussabré et de Marie-Julie-Joséphine d'Auvergne, dont: 1° MARIE-BLANCHE-JOSÉPHINE-JEANNE, née le 6 mai 1883; 2° MARIE-JOSÉPHINE-GERMAINE, née à Poitiers le 1er déc. 1885.

§ II.

5. — **Baudus** (Gaston-Jean-Marie-Joseph de), né en 1827, a épousé à Montmorillon, le 26 janv. 1857, Marie-Anne-Françoise-Claire GUILLEMIN DE MONTPLANET, fille de Sylvain-Victor et de Marie-Hortense de Culon de Trois-Brioux, dont: 1° MAXIME, qui suit; 2° MADELEINE, 3° JOSEPH, ingénieur des chemins de fer de l'Ouest.

6. — **Baudus** (Maxime de), lieutenant au 1er régt de dragons, a épousé, le 25 sept. 1889, Jeanne DE FRANSURES.

§ III.

5. — **Baudus** (François-Marie-Emmanuel de), né en 1838, habitant au château des Bretesches (Ligny-le-Ribault), marié à Isabelle MIGNON, a eu pour enfants: 1° LUDOVIC, 2° ELIE, 3° MARIE-THÉRÈSE.

BAUDY. — Famille originaire de Châtellerault, ville où elle a occupé pendant de longues années l'office d'avocat du Roi.

Blason. — Baudy: d'azur au phénix d'or essorant, posé sur un bûcher d'argent, fixant un soleil d'or posé en chef au premier canton. (Dessin du XVIIe siècle.) — D'Hozier lui donne d'office: de gueules à un âne (baudet) contourné d'argent. — Hre Châtellt, I, 452, donne: d'argent à l'aiglon éployé (pour phénix), posé sur un carreau, visant le soleil, au chef d'hermines posées 3, 4.

Noms isolés.

Baudy (René) était en 1630 échevin de la ville de Châtellerault. (Lalanne, 2, 134.)

Baudy (Michel) était en 1641 et 1656 receveur général des domaines à Poitiers.

Filiation suivie.

Une partie de la généalogie suivante a été établie sur un mss. du XVIIe s. communiqué par M. H. de Boismartin, le surplus sur des notes communiquées par M. Compaing de la Tour-Girard.

§ Ier.

1. — **Baudy** (Odet), marchand à Châtellerault, épousa, vers 1439, Marguerite BARBE, fille de Jean, avocat du Roi à la sénéchaussée de Poitiers et échevin de cette ville, dont il eut: 1° JEAN, chanoine de N.-D. de Châtellerault et curé de Pouthumé; 2° GÉNIN, qui suit; 3° LEGIÈRE, femme de Pierre Grasseteau, marchand; 4° JEANNE, mariée à Jean Brochard.

2. — **Baudy** (Génin), sr de Chavigny et d'Aubeterre (St-Sauveur-d'Abournay), intendant des affaires de la maison du duc de Nemours, sgr de Châtellerault, épousa Jeanne AYTON, fille de Jean, receveur du domaine de Châtellerault, et fut père de: 1° FRANÇOIS, qui suit; 2° MARIE, femme d'Honoré Baron, avocat; 3° MARTHE, femme de Jean Allard, marchand; 4° PIERRETTE, mariée à Jacques Boislagon, sr de Barillet.

3. — **Baudy** (François), marchand et prévôt à Châtellerault, acquit rente, le 9 nov. 1535, de René d'Auton, Ec., sgr de Charlée; il épousa Claire DAVID, dont sont issus: 1° JEAN, qui suit; 2° MADELEINE, mariée à N. de la Vergne; 3° JEANNE, femme de Mathieu Roy, marchand; 4° FRANÇOISE, mariée à Mathurin Moutard, sr des Chirons; 5° CLAIRE, femme de Mathieu Leygné, sr de la Briqueterie.

4. — **Baudy** (Jean), sr de Bignoux, épousa, vers 1580, Marie RASSETEAU, fille d'Aymé, sr de Laymé, élu à Châtellerault, et de Jeanne Gaudète, dont il eut: 1° DOMINIQUE, religieux Jacobin; 2° PIERRE, marié à Jeanne MARCHAND, fille d'Yves, mort sans postérité; 3° MICHEL, marié à Marie ROFFAY, mort sans hoirs; 4° LOUIS, qui suit; 5° RENÉ, rapporté au § II; 6° JEAN, rapporté au § IV; 7° MARTHE, mariée à Guillaume Dupleix, sr de Remouhet; 8° MADELEINE, épouse de Pierre Vautelon; 9° CLAIRE, femme de André de Lusier, procureur à Poitiers.

5. — **Baudy** (Louis), procureur à Châtellerault, épousa à Poitiers Anne GAUCHER; il en eut: 1° RENÉ, qui suit; 2° LOUIS, qui se fit Bénédictin et mourut en odeur de sainteté; 3° ANNE, mariée à René Philippe, avocat à Poitiers.

6. — **Baudy** (René), procureur à Châtellerault, épousa, le 7 juin 1644, Florence MASSONNEAU, fille de Pierre, conseiller du Roi à Châtellerault, dont il eut: 1° LOUIS, qui suit; 2° FRANÇOISE, mariée, le 8 févr. 1672, à Cyprien Martin, docteur-médecin; 3° MARIE, femme de Jacques Aubert, procureur à Poitiers; 4° FLORENCE, décédée le 25 juin 1671. René est décédé le 8 mars 1682.

7. — **Baudy** (Louis), avocat à Châtellerault, épousa, le 13 févr. 1673, Catherine THÉODORE, fille de Jean, avocat en Parlement, et de Jeanne Berton, dont: 1° LOUIS, baptisé le 25 févr. 1674, décédé le lendemain; 2° MARIE-CATHERINE, baptisée le 4 avril 1676, mariée à René Martin; 3° ANNE-FLORENCE, baptisée le 10 févr. 1679, mariée à N. Boisdin, de Parthenay; 4° LOUIS, baptisé le 20 juin 1679; 5° CATHERINE, baptisée le 8 févr. 1683, mariée à N. Desmonts, Ec., sr de la Pézardière; 6° MADELEINE-JEANNE, baptisée le 21 oct. 1688, mariée à N. Lebon, de Parthenay.

§ II.

5. — **Baudy** (René), sr de Niallières, fils puîné de Jean, sgr de Bignoux, et de Marie Rasseteau (4e degré du § I), épousa avant 1639 Jeanne MASSONNEAU; devenu veuf et sans enfants, il épousa en secondes noces, le 25 nov. 1660, Renée DELAVAU, fille de Louis, procureur, et de Marie Faulcon, dont il eut: 1° RENÉ, baptisé le 4 nov. 1661, prit du service, fut chef d'escouade de la compagnie des gentilshommes de Besançon, puis capitaine au régt de Saintonge; prenait le titre d'Ec., sr de Niallières; mort sans hoirs; 2° RENÉE, baptisée le 17 nov. 1662, mariée, le 2 août 1679, à Philbert Paris, sr de la Brunetière; 3° JEAN-RENÉ, qui suit; 4° LOUISE, baptisée le 1er juin 1665, décédée le 22 juin 1679; 5° LOUIS, baptisé le 1er sept. 1666, sr de Namboiron, marié, le 22 sept. 1687, à Renée PAPILLAULT, fille d'Isaac et de Renée Pichereau, dont il eut: *a.* JEAN-RENÉ, prêtre, décédé le 7 nov. 1760, curé de St-Romain de Châtellerault; *b.* PIERRE, marié à Marie-Marguerite DELAVAU; on ignore s'il eut postérité. Devenu veuf

Louis se remaria à Madeleine Vallée, dont il eut : *c.* Madeleine, mariée, le 4 oct. 1717, à Jean Hesnin ; *d.* N., fille célibataire ; *e.* N., mariée à N. Thenault. Louis fut inhumé le 13 oct. 1694.

6° Marguerite, baptisée le 22 juill. 1668 ; 7° Jeanne, baptisée le 22 août 1669, mariée à Michel Rassetéau, assesseur ; 8° Marie-Anne, mariée à Alexandre Babin, doct.-médecin. René fut inhumé à Châtellerault le 22 nov. 1672.

6. — **Baudy** (Jean-René), licencié ès lois, puis conseiller et avocat du Roi à Châtellerault, fut baptisé le 21 janv. 1664, et épousa, le 28 avril 1687, Louise Contencin, fille de Pierre, s^r de la Coudraye, et de Louise Pichereau ; il en eut : 1° René-Jean, qui suit ; 2° Louise, baptisée le 1er mai 1689, mariée en nov. 1721 à Louis-François Tranchant, avocat en Parlement ; 3° Renée-Louise, baptisée le 14 sept. 1690, religieuse aux Filles de N.-D. de Châtellerault, meurt en 1780, âgée de 90 ans ; 4° Jean-René, rapporté au § III ; 5° Louis, baptisé le 18 mai 1694 ; 6° Paul, baptisé le 27 avril 1699, décédé le 4 juill. 1704 ; 7° Pierre-Michel, baptisé le 23 juin 1700 ; 8° Jean-Alexandre, baptisé le 19 juill. 1701 ; 9° Marie-Anne-Françoise, née vers 1703 et mariée à Hilaire Papillault, avocat en Parlement. Jean-René Baudy décéda veuf et fut inhumé le 21 août 1749.

7. — **Baudy** (René-Jean), baptisé le 14 avril 1688, fut reçu procureur du Roi en l'élection de Châtellerault en janv. 1701 et maire de cette ville en 1730 (Lalanne, II, 418) ; il épousa, le 1er août 1720, Jeanne Loriot, fille de feu Jean, procureur du Roi, et de Marie Loriot, qui décéda sans enfants le 7 févr. 1722. Il se remaria, e 11 déc. 1724, avec Marie-Alix Faulcon, fille de Fortuné, conseiller du Roi au siège royal, et de Marie Ouvrard. René-Jean fut inhumé le 2 janv. 1753, laissant de son mariage : 1° Marie-Elisabeth, née le 10 août 1726 ; 2° René-Fortuné, né le 18 sept. 1727, décédé le 6 avril 1752, sans hoirs ; 3° Marie-Alix, née le 25 mai 1730, mariée à François Gilbert ; 4° Louis, qui suit, et plusieurs autres enfants morts en bas âge.

8. — **Baudy** (Louis), né le 4 avril 1739, épousa Elisabeth Loriot, fille de N., s^r des Cartes ; il en eut : 1° Renée-Elisabeth, née le 29 août 1767 ; 2° Louis-René-François, né le 26 oct. 1768 : on ignore sa destinée ; 3° Marie-Elisabeth-Françoise, née le 17 déc. 1769, décédée jeune. Devenu veuf, il épousa en secondes noces, le 17 oct. 1770, Geneviève Contencin, fille de Claude, procureur, et de Marie-Anne Milault, dont il n'eut pas d'enfants.

§ III.

7. — **Baudy** (Jean-René), s^r de Feuillé, avocat du Roi, 2e fils de Jean-René, s^r de Niallières, et de Louise Contencin (6e degré du § II), naquit le 23 mai 1693, devint lieutenant des eaux et forêts, et épousa en 1736 Radégonde-Thérèse Bourgnon, fille de François, lieutenant des eaux et forêts à Poitiers, et de Marie-Thérèse Orré, qui était sa veuve en 1788, dont il eut : 1° Jean-René, né le 10 mai 1738, était avocat du Roi en 1777 ; il épousa Radégonde-Rose Faulcon, dont Marie-Modeste-Radégonde, née le 24 févr. 1776, mariée à N. Piorry ; 2° René-Jean-François, qui suit ; 3° Marie-Radégonde-Jeanne, née le 24 juin 1751, mariée à Jean-Pierre Rivière.

8. — **Baudy** (René-Jean-François), s^r de la Rembertière, licencié ès lois, naquit le 23 mars 1743 et épousa, le 8 févr. 1767, Marie-Jeanne Botereau, fille de Hilaire, s^r du Planty, et de Françoise Roger, dont : 1° Jean-René-Marie-François, qui suit ; 2° Radégonde-Thérèse-Adélaïde, née le 15 oct. 1770, mariée à Bernard Hérault, médecin ; 3° Jean-Charles, né le 3 janv. 1774, percepteur à Scorbé-Clairvaux, épousa, le 5 pluviôse an XII (26 janv. 1804), Rose Liot, v^e de François-Joseph Meslin, et décéda veuf et sans enfants le 30 oct. 1826 ; 4° Joseph, né le 8 sept. 1779.

9. — **Baudy** (Jean-René-Marie-François), né le 26 mars 1768, ancien chef de bataillon, épousa à Thuré Radégonde Barbottin, fille de René et de Marie Arnault, qui lui donna : 1° René, mort jeune ; 2° Marie-Adélie, morte jeune ; 3° Zoé-René, qui suit.

10. — **Baudy** (Zoé-René), né le 9 sept. 1807, épousa, le 14 juin 1828, Eléonore Beaufoil, fille de Honoré, docteur-médecin, et de Eléonore Brunet, dont il eut : 1° Zoé-Eléonore, née le 3 oct. 1829, mariée, le 23 sept. 1852, à Michel Compaing de la Tour-Girard, inspecteur général des ponts et chaussées ; 2° Emile-René, né le 5 nov. 1835, décédé sans hoirs le 20 août 1856 ; 3° Marie-Emma, née le 10 sept. 1840, décédée le 2 déc. 1855.

§ IV.

5. — **Baudy** (Jean), procureur à Poitiers, fils puîné de Jean s^r de Bignoux et de Marie Rasseteau (4e degré du § I), épousa Catherine de Marçay, dont : 1° Jean, prêtre, prieur de Senillé ; 2° René, qui suit, et plusieurs autres enfants morts jeunes.

6. — **Baudy** (René), avocat à Poitiers, épousa Marie de la Noue, qui lui donna pour enfants : 1° Jean, qui suit ; 2° Jean-Joseph, prieur de Senillé, rend aveu, comme héritier présomptif de sa mère, en 1717, au chât. de Châtellerault, de la terre et sgrie de la Jarrie (Coulombiers) (N. Féod. 73) ; 3° René, prêtre de l'Oratoire, supérieur du séminaire de Tours et chanoine de Monthléry ; 4° N., qui fut prieur de Senillé, après son frère ; 5° N., mariée à N. Hébert, procureur à Poitiers ; 6° N., mariée à N. Piault, not. à Poitiers.

7. — **Baudy** (Jean) épousa N. Deforge, dont il eut : 1° N., prêtre, chanoine de N.-D. de Châtellerault et curé de Pouthumé ; 2° Geneviève, 3° Renée, 4° Jacquette, 5° Jeanne. L'une d'elles épousa N. Hérault, receveur du château de Targé.

BAUGÉ (de) en Mirebalais.

Blason : d'azur à la croix engreslée d'argent. — Maintenue de noblesse Barentin, 1669. (On trouve ailleurs le champ de gueules.)

Baugé (Philippe de), valet, fit aveu au château de Loudun en 1319 pour les « *Feurs* », des p^sses de Cissé, Messé, St-Julitte (Vienne).

Baugé (François de), Ec., et autres, accusés de vols, pilleries, etc., sont ajournés par la cour des Grands Jours de Poitiers le 7 oct. 1531. (M. St. 1878, 23.)

Baugé (René de), Ec., sgr de la Touche, épousa Louise du Fay, qui était sa veuve le 31 mai 1585 (*aliàs* 1685).

Baugé (Jacques de), Ec., sgr de Chamerolles, la Chaussée, eut procès avec Hector de Vinceneuil, Ec., sgr du Lizon, suivant un acte du sénéchal de Mirebeau en date du 1er oct. 1578. Il était parageur d'André de la Chaussée (son beau-père ou son beau-frère), suivant un aveu rendu par ce dernier au sgr du Lizon. En 1593, il fit lui-même aveu le 14 juill. audit sgr du Lizon, où il se qualifie sgr de la Chaussée. Il épousa Andrée DE LA CHAUSSÉE, dont il était veuf en 1601, d'après un aveu du 30 juin, rendu par André de la Chaussée. Il avait alors 2 enfants mineurs, qui sont nommés avec leur père dans un aveu du 13 oct. 1619 : 1° RENÉ, 2° HECTOR, Ec., sgr du Pastureault, assista, le 17 nov. 1617, au mariage de René de Préaux avec Marie Bonnin. Il est cité dans un aveu fait au sgr de Richelieu le 24 mars 1666.

Baugé (René de), Ec., sgr de la Chaussée, épousa, croyons-nous, Madeleine LE BLANC, et paraît avoir eu pour enfants : 1° JACQUES, 2° RENÉ, maintenu noble par Barentin le 9 sept. 1669, avec François de Baugé, Ec., sgr de la Motte.

Baugé (Jacques de), Ec., sgr de la Chaussée, est mentionné dans un aveu du 24 mars 1666, fait au sgr de Richelieu. (Cet acte nomme aussi René de Baugé et Hector de Baugé.) Il eut sans doute pour fils RENÉ.

Baugé (René de), Ec., sgr de la Chaussée, mentionné dans un aveu au sgr du Lizon, le 4 juin 1698. Il fit inscrire son blason à l'Armorial de Touraine, vers 1700. (Nous pensons que c'est lui qui est appelé ailleurs René de Baugé, Ec., sgr des Touches, parrain à Loudun en 1682 et marié à Charlotte DE CÉRISIERS, dont il eut, croyons-nous, JACQUES.)

Baugé (Jacques de), Ec., sgr du Puy-d'Arçay, marié à Loudun, en 1723, à Louise OLIVIER DE MOULINNEUF, qui paraît avoir eu pour enfants : 1° MARIE, épouse de Jacques Thubert, Ec., sgr de Boussay; 2° ANTOINETTE, D^lle, demeurant à Agrissay (Thurageau), en 1741.

Baugé (François de), Ec., sgr de la Motte (p^sse de Jaunay), obtint sentence de maintenue de noblesse le 9 sept. 1669, conjointement avec René de Baugé, Ec., sgr de la Chaussée.

BAUGIER (PAYS DE CIVRAY).

Baugier (Pierre), valet, sgr des Roches (p^sse d'Usson?), fit aveu à Naudin Badestrand, valet, sgr de Combes, en 1392. (A. Vien. E² 233.)

BAUGIER (NIORTAIS).

Famille que nous croyons originaire de St-Maixent et qui plus tard vint s'établir à Niort. Nous n'avons pu retrouver la date de ce changement de résidence, et devons à M. Sauzé fils la majeure partie des notes qui nous ont servi pour établir la filiation qui va suivre.

Blason : de gueules à une main dextre d'argent tenant une croix d'or accompagnée en pointe de 3 trèfles de même. Ainsi décrit à l'Armorial du Poitou en 1698, pour Catherine Fradin, veuve de Pierre Baugier, procureur du Roi à St-Maixent. (Mais primitivement, suivant les règles héraldiques, les trèfles devaient être posés 2 en chef, 1 en pointe.)

Noms isolés.

Baugier (Marie) et Charles Denyort, son mari, se font une donation mutuelle le 15 oct. 1630. (Chicard et Jonnet, not. à Bois-Pouvreau). (Greffe de St-Maixent.)

Baugier (Pierre) fut avant 1644 sénéchal du marquisat de Laval-Lezay (D.-S.). (F.)

Baugier (Pierre) fut maire de St-Maixent en 1644 et 1649. (M. A. O. 1869, 426.)

Baugier (Louis) était notaire héréditaire à St-Maixent; il donna sa démission avant le 7 juin 1650. (Greffe de St-Maixent.)

Baugier (Louise), âgée de 15 ans, abjura le protestantisme le 20 août 1650? (O.)

Baugier (Catherine), veuve de Jacques Catineau, Ec., sgr de la Boissclière, abjura le protestantisme dans la chapelle de l'évêché de Poitiers, le 15 juin 1685, avec les 5 enfants issus de leur mariage. (O.)

Baugier (Marie-Françoise), épouse de Louis-Jean-Joseph Laurence, ancien juge consul de Poitiers, mourut le 18 déc. 1788.

Baugier (Louis) a rempli les fonctions de notable de la commune de Niort de 1790 à 1792.

Baugier (Pierre) fut notable de la ville de Niort de 1790 à 1795.

Baugier (Pierre) fut officier municipal de la même ville en 1794.

Baugier (Louis-Noël), conseiller-auditeur à la Cour d'appel de Poitiers (1811), puis conseiller (17 déc. 1818), épousa Florence-Radégonde CHOCQUIN, et est mort à Poitiers, âgé de 68 ans, le 4 oct. 1840, laissant :

Baugier (Elmire), mariée en 1839 à Laure SUPERVIELLE, de la ville d'Airvault. Il est décédé à Poitiers en 1856, ne laissant qu'une fille.

§ Ier. — *Filiation suivie.*

1. — **Baugier** (Louis), s^r de la Flécherie, fut père de : 1° PIERRE, qui suit; 2° LOUIS, sgr de la Marandière, laissa de Péronne DE GONDIN DE MALLEVILLE : *a.* MARIE, femme de Pierre Poitevin, procureur fiscal de la sgrie de Salles; *b.* CLAIRE-CLÉMENCE, qui fut demoiselle de la Mlle de St-Martin ; *c.* FRANÇOIS, chirurgien.

2. — **Baugier** (Pierre), s^r de la Flécherie, fut échevin de St-Maixent de 1651 à 1661. Il était dès lors procureur du Roi au siège royal de cette ville. (M. A. O. 1869, 433), l'était encore en 1697. (F.) Mais il était décédé avant le 13 janv. 1698, date d'une procuration donnée par Catherine Fradin, sa femme, à Jean Jacques, Ec., sgr de Chiré, son beau-frère. (G^ie Jacques.) Elle était fille de Hélie, lieutenant criminel en l'élection de St-Maixent, et de Catherine Cantineau. Il eut pour enfants : 1° FRANÇOIS, qui suit; 2° JEAN, dont nous parlerons au § II ; 3° N., mariée à N. Huet ; 4° JEANNE, femme de Jean Desnoulhes, s^r de Mouré.

3. — **Baugier** (François), s^r de Chanscoing, se maria d'abord à Louise PINET, dont : 1° GÉDÉON, marié, le 3 mai 1673 (Bertineau, not. à la Mothe-St-Héraye), à Catherine BARTHET, fille de Paul et de Catherine Burjault ; 2° LOUISE, femme de Jean Frère. En secondes noces il épousa Marthe ESSERTEAU, en déc. 1646 (Arnaudeau, not. à Niort). Il en eut : 3° MARIE, femme de Hélie Baudouin; 4° FRANÇOIS, qui suit ; 5° ALEXANDRE, s^r de la Verrie, marié à Rose CHAMEAU, dont il eut : *a.* FRANÇOISE, née à la Mothe-St-Héraye le 10 juill. 1684, et mariée à Louis Lucas, le 8 févr. 1718 ; *b.* MARIE-ROSE, mariée, le 3 nov. 1706, à Pierre Bonneau ; elle est morte, âgée de 34 ans, le 8 mai 1715.

6° CATHERINE, mariée, le 7 mai 1673 (Guillon, not. à la Mothe-St-Héraye), à Jacques Berland, s^r du Breuil ; 7° MARTHE, qui épousa, le 29 sept. 1676 (même notaire), Barthélemy Boncenne, maître chirurgien.

4. — **Baugier** (François), s^r de Puybachier, mort à la Mothe le 27 août 1688, était porté, ainsi que son frère Alexandre, sur la liste des nouveaux convertis de la généralité de Poitiers publiée en 1682. Il avait

épousé en 1680 (Tastreau, not. à la Mothe) Catherine Freté, fille de Jean et de Catherine Montagny, qui le rendit père de : 1° Jean, né à la Mothe, le 16 juin 1682, marié à Pamproux, le 17 oct. 1708, à Louise Gastineau, fille de Jean et de Marie Pain ; 2° François, né le 5 juin 1685 ; 3° Louis, né le 17 juin 1688 ; 4° Pierre, marié, le 25 mai 1715, à Louise-Charlotte Sardin, fille de Louis, maître chirurgien, et de Louise Bonnet (Pierre Marsault, not. à Lezay). Postérité inconnue.

§ II. — Seconde Branche.

3. — **Baugier** (Jean), s[r] de la Thibaudière, fils puîné de Pierre et de Catherine Fradin (2° deg., § 1), épousa Catherine Fraigneau, et fut père de : 1° Jean, qui suit ; 2° Marie-Anne, mariée, le 6 juin 1663 (Tastreau, not. à la Mothe), à Pierre Vasselot, Ec., sgr de la Barre ; ils professaient la religion protestante ; 3° Louis, s[r] de St-Claud, marié à Elisabeth Pain ; ils se font, le 12 juil. 1672, un testament mutuel ; — postérité inconnue ; 4° Catherine, épousa : 1° Jacques Cathineau, Ec., sgr de la Boisselière ; était veuve et habitait la maison noble de la Martinière (Vouhé, D.-S.) lorsqu'elle fit abjuration du protestantisme, le 15 juin 1685, en la chapelle du palais épiscopal à Poitiers. (O.) Elle se remaria à Jacques Rabault, Ec., sgr de la Châteigneraye ; 5° Marguerite, femme de Jean Janvre, Ec., sgr de Quinchamps, le 15 déc. 1671 ; 6° Louise, qui se maria, le 21 déc. 1668 (Tastreau, not. à la Mothe), à Isaac de la Porte, greffier des présentations du Présidial de Poitiers ; elle était âgée de 45 ans lorsqu'elle abjura le protestantisme, le 18 août 1685, dans l'église St-Didier de Poitiers. (O.)

4. — **Baugier** (Jean), s[r] de la Thibaudière, marié à Jeanne de la Porte, mourut à St-Eanne, le 29 oct. 1707, laissant pour enfants : 1° Jeanne, née à la Mothe le 22 avril 1682 ; 2° Marie, née à la Mothe le 10 mai 1701, mariée à Jacques Palate ; 3° Jeanne, mariée à Salles, le 22 févr. 1700, à Hercule Roy.

Nous n'avons pu, malgré nos instances, obtenir les documents nécessaires pour rattacher Antoine Baugier à la filiation qui précède.

Baugier (Antoine) naquit à Niort en 1809. Orphelin à seize ans, malgré son jeune âge, il se consacra résolument à l'étude et cultiva avec succès la musique, le dessin et les lettres.

Il débuta dans la politique et fut l'un des fondateurs et le gérant de l'*Indépendant*, organe des idées républicaines, qui furent celles de toute sa vie, et prit une part active à la fondation de la Société de Statistique, Belles-Lettres, Sciences et Arts du département des Deux-Sèvres, et les publications de cette Société contiennent de Baugier plusieurs mémoires sur différents sujets de géologie et d'histoire. Il fut conseiller municipal de 1843 à 1852. Doué d'une vaste intelligence et d'une grande facilité, et justement apprécié par ses concitoyens, il a joui constamment de leur estime et de leur confiance, et fut un des édiles les plus écoutés de la cité niortaise. Aussi, dans les circonstances difficiles et périlleuses, en 1846, 1847, 1848, fut-il mis en avant, et par sa fermeté, son énergie, l'autorité et l'influence de sa parole, il parvint à plusieurs reprises à conjurer tous les dangers.

La Révolution de 1848 fit sortir Baugier de sa réserve et reprendre la vie politique active. Élu député du département des Deux-Sèvres à la presque unanimité des suffrages, « ses votes, dit un de ses amis, furent constamment consciencieux, indépendants et toujours favorables à la liberté ». En 1852, fidèle à ses convictions politiques, il donna sa démission de la modeste place de bibliothécaire de sa ville natale, lorsqu'on l'invita à prêter serment à l'Empire. Il est mort le 12 sept. 1863, à Ste-Pezenne, et fut inhumé dans le cimetière de Niort.

« Pour résumer notre pensée, dit l'écrivain que nous avons déjà cité, les lettres, les sciences et les arts perdirent en lui un habile interprète ; la liberté, un défenseur sage, éclairé, consciencieux, désintéressé ; Niort, un de ses premiers citoyens. » Ajoutons que les principaux titres qui conserveront son souvenir, et le recommanderont toujours aux amis de l'histoire et de l'archéologie monumentale, c'est sa collaboration aux *Monuments religieux, civils et militaires des Deux-Sèvres*, ce sont les beaux dessins dont il a enrichi, éclairé le texte de Ch. Arnault, et le *Catalogue* de la bibliothèque de la ville de Niort, auquel il a eu la plus grande part et auquel il continua de donner tous ses instants, bien qu'il eût abandonné la direction de cet établissement ; ce sont ces travaux qui feront vivre le nom de Baugier. L'homme politique passe, mais l'écrivain, le bibliophile resteront.

Le conseil municipal de Niort a donné en 1876 le nom de Baugier à l'une des rues de cette ville, décision que ratifia l'opinion publique. (Voir, pour plus de détails, l'Étude biographique qu'a consacrée M. Chabaudy à Antoine Baugier. — Niort, Mercier, 1864, in-8°.)

BAUGIS, Sgrs de la Baugisière en Bas-Poitou. — (Il y a eu peut-être plusieurs familles de ce nom.)

Baugis (Jean) était en 1250 chanoine de l'église de St-Hilaire de Poitiers.

Baugi (Guillaume), Chev., est cité dans un recueil de montres et revues le 22 juin 1356. (F.)

Baugys ou **Baugi**, du pays de Fontenay, fut remplacé au ban des nobles du Poitou, en 1491, par Jean Blanchet. (Id.)

BAULT (Le). — Noble et ancienne famille, que l'on a quelquefois confondue avec les Le Beau, par erreur, selon nous ; elle a longtemps possédé des terres importantes dans les environs de Thénezay, (D.-S.). Elle habite aujourd'hui l'Anjou.

Blason : d'argent au cerf passant de gueules (ou naturel). Barentin dit : « Le Bault porte : d'argent au cerf passant au naturel, soutenu par deux aigles de sable ». Cette expression est inexacte ; les deux aigles étaient seulement les supports de l'écu.

Noms isolés.

Bault (Georges) servit au ban de 1467 comme brigandinier du s[r] de la Grève. (F.)

Bault ou **Baudet?** (Jehan). Guy de Cousdun, Ec., sgr de Chaillé près Melle, ayant voulu faire effacer, dans l'église de St-Savinien du B..., où sont peintes les armoiries des gentilshommes, *les trois jambons?* de ses armoiries, celui-ci, étant survenu, combat contre Cousdun, qui le tue, 1483. (A. N. J. Reg. 210, 131.)

Bault (Jean Le) l'ancien est remplacé par Mathurin Luneau, qui sert en brigandinier au ban de 1488. (Doc. inéd. 203.)

Bault (Jean Le) est désigné au ban de 1489 pour la garde du chât. de la Flocellière. (Id. 62.)

Bault (autre Jean Le) représentait à ce même ban Alexis de la Pastelière, et fut désigné pour tenir garnison à Mauléon, sous la charge de M. de la Chasteigneraye. (Id. 76.)

Bault (Georges) fut exempté de servir au ban de 1491, à cause de sa pauvreté. (F.)

Bault (Gabriel Le) était en 1517 archer de la compagnie de M. le Cte de Villars.

Bault (Marc Le) était en 1557 archer dans la compagnie de M. de la Trémoille.

Bault (N. Le), Ec., sgr du Plessis, commandait en 1589 au chât. d'Oyron; en janv. 1590, il abandonne cette position pour se retirer en Bretagne.

Bault (Isaac), Abbé de St-Laon de Thouars, fut nommé, le 12 mars 1602, aumônier ordinaire de la maison de Condé.

Bault (Joseph Le) était, vers 1650, marié à Anne Roucher.

Bault (Charles Le), Chev., sgr de la Grange, la Chaussée, capitaine de chevau-légers, rendait hommage en 1699 au château de Parthenay de son fief de la Chaussée-Faubert, comme héritier de son aïeul Joseph Le Bault, Chev., sgr dudit lieu. (N. Féod.)

Bault (Charles Le), Ec., sgr de la Chaussée, peut-être le même que le précédent, eut pour enfants de Marie d'Ellène, son épouse: 1° Charles, Ec., sgr du Peux; 2° Marie, qui, le 25 juin 1737, épousa François Joubert, Ec., sgr de la Gourjaudière; 3° Gabrielle, mariée, le 9 juin 1741, à Louis-Jacques Chabot, Chev., sgr de la Chapelle et du Vollier.

Bault (Jacques Le), Ec., sgr du Thay? avait épousé Claude Arnault, qui était sa veuve lorsqu'elle fut maintenue noble, le 10 déc. 1667, avec

Bault (Joseph Le), Ec., sgr de la Chaussée.

Bault (Jean Le), sr du Plessis, demeurait en 1685 à la Baudonnière, et

Bault (Jacques Le), sr de la Forest, demeurait à la Touche-Morisson, psse d'Oroux, à la même époque.

Bault ou **Beau** (Jean Le), sgr de Grezeau, épousa Susanne Arnauldet, qui déclara son blason à l'Arm. du Poitou, 1700.

Bault (Jean Le), Ec., sgr du Plessis, eut une fille, Anne, qui rendait, le 14 juill. 1697, un aveu à Charles Guischard, Ec., sgr d'Orfeuille.

Bault (Jean Le), Ec., sgr de Beaufort, et Renée Foucher, sa femme, sont inscrits à l'Arm. du Poitou, 1700.

Bault (Jacques Le), Ec., sgr de la Forest, y est aussi inscrit. (Élect. des Sables.)

Bault (Catherine Le) était femme de haut et puissant Charles Acquet en 1704.

Bault (autre Catherine Le) fut, le 11 janv. 1704, marraine d'une fille de Catherine, épouse Acquet.

Bault (Marie Le) signe l'acte de décès dudit Charles Acquet, rédigé le 9 janv. 1719. (Reg. paroissiaux de Lhoumois.)

Bault (N. Le), Ec., sgr du Plessis, assiste à l'enterrement de N. Gorret, sr de la Montournerie, dans l'église de Lhoumois, le 2 juill. 1745. (Id.)

Bault (Louise Le), veuve de noble homme Jean Guérin de la Diverdière, sgr du Grand-Launay, ancien échevin de la ville d'Angers, fut inhumée psse de St-Maurille de cette ville, le 17 juill. 1773. Elle était née le 29 sept. 1685, avait perdu toutes ses dents à l'âge de 70 ans; à 75, elles lui revinrent, et elle les a conservées jusqu'à sa mort. (Aff. d'Angers de juill. 1773.)

Bault (N. Le), Chev., sgr de la Morinière, a comparu par procureur à l'assemblée de la noblesse du Poitou tenue à Poitiers en mars 1789, pour nommer des députés aux Etats généraux.

Bault (Charles), Ec., sr du Peux, épousa Marie-Anne-Louise Pidoux, suivant un titre de St-Hilaire-le-Grand de Poitiers (probablement xviiie siècle). (A. Vien. G. 684.)

Filiation suivie.

Nous avons dû une partie des notes qui suivent à M. Emmanuel Le Bault de la Morinière, qui représentait alors (1844) cette ancienne famille.

1. — **Bault** (Guillaume Le), Ec., sgr de Boisgaillard, servit au lieu de son père infirme au ban de 1491. Le 3 août 1503, il rendait aveu de cette terre au sgr du Pin. Nous pensons qu'il eut pour fils:

2. — **Bault** (Jean Le), Ec., sgr du Thay, rendait hommage, le 26 juin 1525, à G. de Luains, Ec., sgr de Puisant. (B. A. O. 1853, 232.) Il avait un oncle prêtre du nom de Jean, lequel vivait en 1527. Il épousa, le 2 déc. 1527, Catherine de Vandel, dont il eut: 1° René, qui suit; 2° Catherine, qui épousa Pierre du Meslay, par contrat reçu, le 7 juill. 1556, par J. Bernard et Legendre, notaires sous la cour de Mauléon.

3. — **Bault** (René Le), Ec., sgr du Thay, fut maintenu dans sa noblesse par sentence des élus de Poitiers du 9 mars 1585, qui le déclarait noble et issu de noble lignée. Il était décédé avant le 31 sept. 1601. A cette époque, Jeanne de Soussay, sa femme, rendait à Pierre d'Orfeuille, sgr de Foucault et de Puisant, hommage pour une *borderie de terre non herbergée*. Il s'était marié le 25 mars 1557 et laissa pour enfants: 1° Pierre, marié à Hélène de Clervaux, par contrat du 8 janv. 1592, reçu Goyet et Jamin, not. à St-Maixent, dont il eut quatre enfants, dont les noms et la destinée sont ignorés; 2° Charles, qui suit.

4. — **Bault** (Charles Le), Ec., sgr de la Lande, épousa, le 20 janv. 1614, Renée de Dammartin (contrat reçu Bardin et Lombard, not. à Parthenay), dont il eut: 1° Charles, qui suit; 2° Jacques, Ec., sgr de la Forêt, qui assista à la réunion des nobles du Poitou convoqués à Poitiers pour nommer des députés aux Etats généraux de Tours. C'est lui, croyons-nous, qui épousa Catherine de Crozé, fille de Charles, sgr de Clesmes, et de Marthe Audemont, dont il partageait les biens avec ses cohéritiers le 20 juin 1672; il eut un fils nommé Jacques comme lui.

3° Jean, Ec., sgr du Plessis, qui eut une fille du nom d'Anne; 4° autre Jacques, Ec., sgr du Magnoux.

5. — **Bault** (Charles Le), Ec., sgr du Peux, partageait noblement avec ses frères les successions de leurs père et mère le 2 sept. 1665; fut maintenu dans sa noblesse le 10 déc. 1667. Il épousa, le 9 juill. 1648, Catherine Regnault (contrat reçu Sorin, not. à la Roche-sur-Yon). Il avait assisté en 1651 à la réunion pour nommer des députés aux Etats de Tours. Il eut pour enfants: 1° Charles, qui suit; 2° Armand-Charles, sr du Peux, capitaine au régiment du Roi. Il épousa Marguerite de Pezay, qui en 1746 était veuve en 2es noces de Joseph David, chirurgien à Poitiers. (A. Vien. E² 233); 3° Pierre-Jean, prêtre, curé de Venansault; 4° Charlotte, dite Mademoiselle de la Forêt, a épousé N. de la Barre, qui paraît dans un partage du 10 déc. 1704; 5° Catherine, 6° Anne, femme de Charles de Cabaret, Ec., sgr de Nantilly.

6. — **Bault** (Charles Le), Ec., sgr du Fief, partagea avec ses frères et sœurs les successions de leurs père et mère le 26 oct. 1691, et il épousa, par contrat reçu le 30 janv. 1679 par Seguin et Cacault, not. sous la cour de la Gaubretière, Charlotte DE LA BOUCHERIE, dont il eut :

7. — **Bault** (Charles Le), Ec., sgr du Peux, marié, le 21 oct. 1709, à Marie AMAURY, dame de Migaudon, fille de André, Ec., et de Hyacinthe des Herbiers, eut pour enfants : 1° RENÉ, qui suit; 2° JACQUES, mort sans hoirs; 3° CHARLES, Chev., sgr du Peux, qui épousa Marie-Michelle DE LA VILLE; 4° LOUIS, 5° HENRI, 6° JEAN, morts sans postérité.

8. — **Bault** (René Le), Ec., sgr de Migaudon du chef de sa mère, major du bataillon de milice de Fontenay-le-Comte, épousa, le 26 janv. 1749, Susanne-Anne DE CICÉ (contrat reçu Villeneau, not. du duché de Thouars), dont il eut :

9. — **Bault** (René-Marie-Michel Le), Ec., sgr du Peux, Migaudon, la Brosse et St-Varent, marié, le 9 août 1774 (Deville, not. à Angers) à Marie PISSONET DE BELLEFONDS DE LANCREAU, fille d'André-Edouard, Ec., sgr de Lancreau, et de Claude-Honorée Le Febvre de Chasles, et se fixa en Anjou au château de la Morinière (Soulaives, Maine-et-Loire). Ayant émigré en 1791, il mourut à Essen (Westphalie), en 1792, laissant : 1° MARIE-ROSALIE, décédée sans alliance le 30 mai 1816; 2° RENÉ-MARIE, qui suit.

10. — **Bault de la Morinière** (René-Marie Le), né le 18 juin 1786, épousa, le 18 août 1810, Marie-Rosalie GAUTREAU, fille de François, ancien Conseiller correcteur à la Cour des comptes de Bretagne, dont : 1° THÉOPHILE-STANISLAS-MARIE, mort sans alliance le 9 mars 1884; 2° CHARLES-FRANÇOIS-EMMANUEL-JACQUES, qui suit; 3° PAUL-ALPHONSE, marié, le 15 janv. 1850, à Hermine DE L'ESPRONNIÈRE DE VRITZ, fille du marquis Antoine-Marie-Jacques et de Elisabeth-Marie-Céleste de la Bintinaye; 4° MARIE-ROSALIE, morte sans alliance le 16 mars 1856; 5° LOUIS-RENÉ-ÉMILE, marié en févr. 1849 à Marie-Charlotte DE LA FOREST-D'ARMAILLÉ, fille de Félix-Augustin-Médard Mis d'Armaillé et de Marie Poisson de Gastines.

11. — **Bault de la Morinière** (Charles-François-Emmanuel-Jacques Le), marié, le 14 mai 1850, à Camille-Marie-Mélanie DE LA FOREST-D'ARMAILLÉ, sœur de sa belle-sœur, dont entre autres enfants RENÉ-MARIE-STANISLAS, officier de cavalerie démissionnaire, marié, le 28 juin 1881, à Jeanne DUGAS, fille de Victor et de Alice de Couson, et décédé en 1885.

BAUSSAC (Hugues de) fut député de la noblesse du Poitou aux Etats tenus à Tours en 1583. (F.)

BAUSSAN (François de), Chev., sgr de Blanville, la Motte, la Picottière, etc., fut intendant de justice, police et finances de la généralité de Poitiers de 1728 à 1732. (F.)

BAVET (Jean), licencié ès lois, était, le 6 sept. 1417, juge-châtelain de Thouars. (D. F.)

BAVEUX (Regnault Le), Chev. servant dans les guerres de Touraine, Poitou, Saintonge, au XIVe siècle, portait : « de gueules à 2 chevrons d'argent », d'après l'Armorial de Calais (fonds Dupuy, 259, 48). — Ailleurs on trouve : « fascé d'argent et de paille de 6 pièces, bordure de gueules ». On a dessiné les fasces chargées de 3 besants croisetés ? Il semble que ce soit le blason des Tesson. (Fonds Franç. 24920.)

BAYAT (Pierre de), s^r de Vantru, fut condamné comme roturier par Barentin à 600 l. et à 2 sols par livre d'amende.

Bayat (Jeanne de) avait épousé avant 1600 Jean de Villumo, gentilhomme habitant dans la sénéchaussée de Montmorillon. (F.)

BAYE. — Famille du Bas-Poitou, depuis longtemps éteinte.

Blason : De gueules à 3 cors de chasse d'argent, 2 et 1, chargés chacun de cinq mouchetures d'hermine. (D'Hozier.)

Baye (Michel) avec Jacques Bignet, archidiacre de Pareds, et 2 autres solliciteurs en cour de Rome, sont chargés de faire homologuer les statuts du Chapitre de Luçon, ce qui fut fait en 1472-1473. (Hist^re du monastère de Luçon.)

Baye (Jean), Ec., sgr de la Jaunière, servit en homme d'armes au ban de 1488 pour Jean et Jacques Le Mastin, et encore en homme d'armes à celui de 1489, pour le sieur de la Roche Le Mastin, et fut désigné pour tenir garnison à Clisson. (Doc. inéd.) D'après une transaction du 27 mai 1494, passée au sujet d'une rente que Jean Le Mastin (précité ?), Ec., sgr de la Rochejacquelein, avait promis de payer à GUILLAUME Baye et à Marie LE MASTIN, sa fille, on pourrait croire que ces deux derniers sont les père et mère de Jean précité.

Baye (Françoise) avait épousé, vers la fin du XVe siècle, Jean de la Haye, Ec., sgr de la Godelinière.

Baye (Rolland), Ec., sgr de la Jaunière, ayant assassiné Jean d'Escoubleau, Ec., sgr de Sourdis, avant le 29 déc. 1494, son fils FRANÇOIS fut condamné, par arrêts du Parlement de Paris des 26 mai et 15 sept. 1542, à élever et doter une chapelle dans l'église de St-Jouin-sous-Châtillon-sur-Sèvre (D.-S.), en expiation de ce meurtre. (D. F. 17.)

M. de Longuemar, dans son Epigraphie du Haut-Poitou, a donné, au n° 209, d'après M. de la Tourette, une copie d'une inscription existant dans cette chapelle et relatant les motifs de son érection ; mais cette copie est évidemment fautive, car elle fait remonter le meurtre de Jean d'Escoubleau au XIVe s^e, lorsque ce dernier ne vivait qu'à la fin du XVe. Cette inscription se lisait, avant la Révolution, dans la sacristie de l'église de St-Jouin-sous-Châtillon (et non Châtillon-sur-Sèvre), p^sse dans laquelle était située la terre de Sourdis.

Baye (Roland), Ec., sgr de St-Jean-d'Aubance, épousa, vers 1640, Barbe GOULARD, fille de René, Chev., sgr de la Voulte, et de Jeanne de Tusseau.

Baye (René), Ec., sgr de Lestang, servit au ban des nobles du Poitou de 1691. Nous pensons que c'est lui qui épousa, après 1710, Madeleine-Louise DE LA HAYE-MONTBAULT, fille de Pierre, Chev., s^r de la Merlatière, et de Anne Petit. Elle était alors veuve de André Legeay, Ec., sgr de la Greslière. Ce fut le même sans doute qui fit insérer ses armoiries à l'Armorial de la généralité de Poitiers, qui les blasonne ainsi qu'il est dit plus haut.

BAYLENS (DE). — Famille originaire du Béarn, dont quelques membres ont habité le Poitou.

Blason : d'or au lévrier rampant de gueules, colleté d'argent, écartelé d'azur à 3 cannettes d'argent. (Poyanne.)

Baylens (Antoine de), Mis de Poyanne, sénéchal de Landes, gouverneur de Navarreins, épousa à Niort, en 1684, Marie-Bérénice Avice, fille de Aubin, Ec., sgr de Mougon, et de Arthémise de Nesmond, dont il eut :

Baylens (Philippe de), Mis de Poyanne, marié : 1° en 1710 à Marie-Anne Martin, fille de Jean-Louis, sgr d'Aurielles, fermier général ; 2° le 2 mai 1717, à Marie-Anne de Gassion, dont postérité.

BAZELET (René), s[r] de la Forest, p[sse] de St-Julien-des-Landes, Bas-Poitou, fut confirmé dans sa noblesse en 1667 par Barentin. N'est-ce point une faute de copie, et ne devrait-on pas lire Buzelet ?

BAZIER (Famille niortaise).

Bazier (Marie) épousa Pierre Leduc, Ec., sgr de Pouzay. Ses héritiers tenaient en 1668 un fief mouvant de Chaillé (près Niort).

Bazier (Marguerite) épousa en 1690 Alexandre Teillé, Ec., sgr de Bounes ?

BAZIN. — Famille qui était connue dans le Mirebalais avant 1356. (B[nie] de Mirebeau. M. A. O. 1877, 111.)

Bazin (Luc) était procureur fiscal de Moncoutant le 9 mai 1738.

BAZILE ou **BASILE** et **BASILE (LE)**. — On trouve plusieurs familles de ce nom en Loudunais, Thouarsais, Gâtine.

Basile (N.) était doyen du Chapitre de la Ste-Chapelle de Champigny-sur-Veude au moment du procès d'Urbain Grandier.

Basile (N.), chanoine de Ste-Croix de Parthenay, veut en 1782 faire démolir ce qui restait du chât. de cette ville ; M. Giraudeau de Germon l'en empêche.

Bazile (N.), sgr de la Brosse, était lieutenant particulier à Richelieu au milieu du XVIIIe siècle.

Bazile (Olympe), de Loudun ? épousa en 1842 Charles-Armand de Mondion.

BAZOGES ou **BASOGES**. — Il y a eu plusieurs familles poitevines de ce nom originaires du Bas-Poitou, où il existe deux localités : Bazôges-en-Pareds et Bazôges-en-Paillers (Vendée). On en trouve aussi en Anjou et en Bretagne.

Noms isolés.

Bazôges (*Anterius de*), *miles*, et Guy Chotard, valet, font un traité le 8 mars 1263 avec l'abbaye de la Grenetière, au sujet de leurs droits respectifs sur les hommes de Rochetemer. (D. F. 9.)

Bazôges (René de) eut une fille, Aliénor, qui épousa Gauvain du Plantis, IIIe du nom, sgr de la Guyonnière, veuf d'Isabeau de Noireterre, qu'il avait épousée en 1315. Elle était parente de Anne de Bazôges, qui épousa Jean de Montespedon. (Gén. du Plantis.)

Bazôges (Hugues de) avait épousé Marguerite de Buon, fille de Maurice, Ec., sgr de la Mothe-Freslou ; ils vivaient en 1356. (Gén. Buor.)

Bazôges (Aliénor de) fait en 1357 un échange avec Guillaume Foucher de fiefs et devoirs de cens spécifiés dans l'acte, et par lequel ladite Aliénor s'oblige de tenir dudit Guillaume et des siens les choses qu'elle reçoit en échange, « tant que lignage se pourra pré-compter entre eux ». (Gén. Foucher.)

Bazôges (Regnaud de) et

Bazôges (Jean de) étaient vassaux de Jean de Montespedon, Ec., sgr de Beauvau-Bazôges, pour la baronnie de Beaupréau, 1468. (N. Féod. 668.)

Bazôges (Jehan de) comparut à la montre de Vihiers, Maulévrier, Vezins, Chemillé, Beaupréau, etc., faite les 21.... févr. 1471. Il déclara tenir 70 livres de rente, et servira en brigandinier et à deux chevaux. (O. M. de la Béraudière.)

Bazôges (Giraud), sgr de Bazôges, épousa Adrienne-Jeanne de Cossé, fille de René, sgr de Brissac, et de Charlotte Gouffier, milieu du XVIe siècle. (Moréri, v° Cossé.)

BAZOGES (de)-EN-PAILLERS.

Blason. — Dans un vieil Armorial manuscrit du temps de Charles VII (fonds Franç. 24920), on trouve Bazôges en Paliers : d'azur à 3 écussons d'or. — D'Hozier dit : d'argent à 3 écussons d'azur. (Cab. tit. vol. 670.) — On voit dans l'Armorial d'Anjou de Gaignère, fonds Franç. 20083, p. 79, un dessin des armes de Bazôges : écartelé : 1° trois chevrons, 2° trois besants (ou tourteaux), 3° une croix fleuronnée, 4° une croix ancrée ?

Filiation.

Le vol. 4 du fonds Duchesne, p. 77, contient un fragment de généalogie que nous suivons en partie.

1. — **Bazôges** (Regnaud), Chev., sgr de Bazôges (-en-Paillers), Rochetemer, épousa (peut-être en 2es noces), vers 13.., Isabeau de Noireterre (probablement veuve de Renaud Foucher, et depuis remariée en 3es noces à Gauvain du Plantis) ; elle était fille de Guy, Chev., sgr de Noireterre, et de Denise de Beaumont (d'après la généalogie Foucher).

Il eut, croyons-nous, du 1er lit : 1° Regnaud, qui suit ; du 2e : 2° Aliénor, mariée, vers 1320, à Gauvain du Plantis, Ec., sgr de la Guyonnière ; puis, vers 1340, à Jean de Montfaucon, Chev., sgr de St-Mesmin. Elle fit accord en 1357 avec Guillaume Foucher, et testa le 7 juill. 1382, fixant sa sépulture devant *le grand aultier* de l'église des Brousils.

2. — **Bazôges** (Regnaud de), Chev., sgr de Bazôges, Rochetemer, est le premier nommé par la généalogie de Duchesne, qui le dit marié à Jeanne Garnier, dont il eut : 1° Regnaud, qui suit ; 2° Jeanne, mariée, vers 1350, à Jean de Montfaucon, Chev., sgr de St-Mesmin.

3. — **Bazôges** (Regnaud de), Chev., sgr de Bazôges et des Montils en 1405, épousa Jeanne Boivin (dont il aurait eu, d'après Duchesne, Gilles, que nous croyons seulement son petit-fils). Nous pensons qu'il eut plusieurs enfants, dont l'aîné fut Jean, qui suit, et sans doute Marie, qui épousa en 1403 Nicolas de Volvire, sgr de Nieuil-sur-l'Autize.

4. — **Bazôges** (Jean de), Chev., sgr de Bazôges, Beaupréau (en 1430, après la mort de Marie de Beaupréau, femme de Jean de Laval, sa cousine), épousa, vers 1420, Aliénor des Roches, fille de Jean, Ec., sgr de Longué, et de Jeanne de Beaupréau, dont il eut, croyons-nous, Gilles, qui suit.

5. — **Bazôges** (Gilles de), Chev., sgr de Bazôges, Rochetemer, Beaupréau, etc., mourut en 1463. Il avait épousé, le 26 juin 1449, Anne le Roux, fille de Hardy, Chev., sgr de la Roche-des-Aubiers, et de Marie Odart

dont il eut Anne, D^e de Bazôges et de Beaupréau, mariée en 1471 à Jean de Wast de Montespedon.

BAZOGES-EN-PAREDS. — Le sceau de cette seigneurie portait un écu à 3 fasces, celle du milieu fleurdelisée et contre-fleurdelisée de 3 pièces (ou chargée de 3 fleurs de lis brochant). Cet écusson est sculpté au donjon de Bazôges.

BAZOGES. — V. **GIRARD, IRLAND, LUNEAU.**

BEAGAIS (Jean) rendit, le 13 août 1396, un aveu à la V[tesse] de Thouars, pour son hébergement du Pui à Luzais. (F.)

BEAU. — On trouve plusieurs familles de ce nom dans notre province, en Bas-Poitou et Bressuire, dans le Mirebalais, à Niort. Nous allons faire en sorte de les distinguer, en relatant d'abord ce qui concerne les noms que nous n'avons pu classer dans les divisions sus-indiquées.

Beau (N.), Chev., fut tué à la bataille de Maupertuis, dite de Poitiers (1356), et inhumé dans le cloître des Jacobins.

Beau (Pierre) était homme d'armes en 1364. (Bib. Nat.)

Beau (François) servait en brigandinier au ban des nobles du Poitou en 1488 (Doc. inéd. 202.)

Beau (Louise) avait épousé Hubert Vincendeau, sergent royal. Ils mariaient leur fille Michelle avec Jean Denfer, par contrat du 1er juillet 1564, reçu Marchandeau, notaire.

Beau (Françoise) avait épousé François Viete, comme il paraît par la signification du testament de Marie Viete, épouse Codereau, faite en 1586 aux enfants de ladite Françoise et à René Beau, avocat en Parlement, son frère ou neveu. (O. c. p. B. Fillon.)

Beau (Marie) épousa, le 15 juin 1598, par acte reçu Bion, not. à la Rochelle, Josué Robineau, Ec. (Gén. Robineau.)

Beau (Louis), greffier de la p[sse] de St-Ouen-des-Gats, élect. de Mauléon, 1700, reçut d'office pour blason : « d'azur à une teste d'ange d'or ». (Arm. Poitou.)

BEAU (Bas-Poitou).

Beau (Monseigneur Nicolas), Chev., sgr de Ste-Gemme et de Bourgneuf, fut arbitre entre Dreux de Mello, sgr de Ste-Hermine, et Pierre de la Vérie, abbé de Luçon, au sujet des droits de péage, d'étalage, etc., à percevoir au minage de Luçon, 12 avril 1309. (D. F.)

Beau (Nicolas), de Beaurepaire, en la p[sse] de Terves, eut pour enfant :

Beau (Jean), valet, qui transigeait avec Simon de la Forêt-Montpensier, valet, époux de Jeanne Beau, sa sœur, par acte passé sous le seel de Bressuire par Jehan du Verger l'aîné, le 15 déc. 1355. (O.)

Belle [Beau] (Jeanne) épousa Jean des Sotz, Ec., sgr dudit lieu, qui, à cause d'elle, rendait aveu de la terre de la Melère au sgr du Fresne-Chabot, le 9 juill. 1437. Devenue veuve, elle se remaria à Jean Le Gay, Ec., sgr de la Guimonnière, qui rendait en 1462 et 1482 un aveu de la même terre.

Beau (Clément), sgr du Pré et du Moulin-Papault, relevant de la sgrie de Bressuire, vivait en 1383. (Hist. de Bressuire, 232.)

Beau (Jean), Ec., marié, vers 1350, à Macée de Cerqueux, fille de Guillaume, Ec., sgr de la Sevrie, et de Perrette Goion, eut pour fille Philippe, mariée : 1° à Brandelis de la Salle ; 2° vers 1390, à Miles de Beaumont, Ec., sgr de Glenay.

Beau (Jean), Ec., sgr du Verger-Beau, terre à laquelle sa famille avait donné son nom, était, le 16 déc. 1464, mandataire de Jean Chauderier, Ec., sgr de Cirière, Noireterre, etc., et chargé de recevoir les aveux de ses vassaux. (D. F.)

Beau (François), fils du précédent? servit au ban de 1467 comme brigandinier du sgr de Bressuire. Le 4 fév. 1486, il recevait l'hommage de Jacques du Vergier pour le lieu noble de la Jacquelinière.

Beau (Renée), héritière du Verger-Beau, épousa Pierre Mehée, Ec., sgr de Barraut ; elle partagea avec ses sœurs Iseult et Louise le 10 juill. 1504. (Preuves St-Cyr, Mehée, 1694.)

Beau (Eustache), sgr de l'Espinay, habitant la terre de Bressuire, servit en archer au ban de 1491.

Beau (Georges) fut condamné, par sentence de la sénéchaussée de Poitiers du 5 mai 1520, à faire rétablir au vitrail placé au-dessus de la grande porte de l'église de Ste-Hermine les armoiries de François Boutaud, Ec., sgr de Laubouynière, fondateur de cette église avec Louis de la Trémouille, que lui et plusieurs autres avaient enlevées. (Doc. inéd.)

Beau (René), Ec., sgr de l'Espinay, servait en archer au ban de 1533.

Beau (N.), licencié ès lois, était sénéchal de Bressuire en 1547. (Hist. de Bressuire, 205.)

Beau (René), Ec., sgr de la Jordronnière, eut un fils, Antoine, dont Claude Audebaut, Ec., sgr de la Grallière, était tuteur et rendait comme tel, le 7 mai 1578, un aveu au sgr de Belleville ; et une fille, Renée, dame de la Jordronnière, qui rendait aveu du même fief le 29 mars 1588. Elle était mariée, le 20 juin 1604, à Théophile Prévost, Ec., sgr de la Vallée.

Beau (Jeanne, *aliàs* Josèphe), fille de René, sgr de la Brosse-Moreau, épousa avant 1584 Jean Meschinet, sénéchal de Bressuire. Elle était décédée avant 1605. (Hist. Bressuire, 213.)

Beau (Jean) fut procureur fiscal de Bressuire en 1588. (Hist. Bressuire, 207.)

Beau (Jean), Ec., sgr de la Thibaudière, épousa Anne de la Coussaye avant 1592. Le 11 avril 1611, ils furent mis en demeure pour accepter ou renoncer à la succession de Jean de la Coussaye. (Gén. de la Coussaye.)

Beau (Anne), peut-être leur fille, dame de la Thibaudière, vivait en 1605.

Beau (Jean) était sgr de la Rabinerie et de la Limousinière en St-Porchaire, dite plus tard le Mazerit, 1605. (Hist. Bressuire, 226.)

BEAU — Famille du Mirebalais. C'était, nous dit M. de Fouchier dans son Mémoire sur la B[nie] de Mirebeau, une famille de chevalerie mirebalaise avant 1356. (M. A. O. 1877, 111.)

Beau (Bertrand) possédait en 1376 un herbergement à Craon (Vienne), vassal de Mirebeau. (Id. et N. Féod. 76.)

Beau (Geoffroy) rendait aveu du même herbergement en 1431. (N. Féod. 76.)

Beau (Pierre) était également sgr de Craon, dans la mouvance de Mirebeau, 1508. (M. A. O. 1877, 165.)

Beau (Léon) était en 1534 sgr du même herbergement. (Id. 165.)

BEAU. — Famille de Niort.

Blason. — Dans l'Armorial des maires de Niort, on attribue à Mathurin, maire de cette ville en 1555 : d'azur à un buste d'or. (D'Hozier. Fantaisie.)

Beau (Mathurin), s^r de St-Jacques, fut maire de Niort en 1555, puis conseiller de 1557 à 1571. Le 30 déc. 1565, il avait assisté à la première réunion des bourgeois et marchands de cette ville convoquée pour nommer les premiers juges consuls. (M. Stat. 1863, 53 ; 1865, 29.)

Beau (François), s^r de St-Jacques et des Combaudières, fils de Mathurin, fut échevin après son père. (M. Stat. 1865, 78.) Il épousa, vers 1540, Josèphe Viete, fille de François, marchand à Fontenay.

BEAU. — Famille qui a rempli à plusieurs reprises diverses fonctions judiciaires. La généalogie suivante a été établie sur titres et nous a été communiquée par M. Ferdinand de Failly.

Blason véritable inconnu. — On trouve dans l'Armorial du Poitou : Beau (N.), greffier des rôles de la ville de Thouars, et Beau (Claude), greffier des rôles de la Flocellière : d'azur à un soleil de carnation, rayonné d'or. (D'Hozier d'office.)

Noms isolés.

Beau (René), sgr de la Séguinière en 1537.

Beau (Guillaume), s^r de la Séguinière et de Robineau en 1573.

Beau (René), s^r de la Thibaudière en 1562.

§ Ier. — *Filiation suivie.*

1. — **Beau** (Mathurin), s^r de la Restière, y vivait en 1580. Perrette Béné, sa femme, devenue veuve vers 1597, se remaria avec René Fraigneau. Ils avaient eu : 1° René, qui suit ; 2° Marie, qui épousa Pierre Bonnault avant 1603.

2.— **Beau** (René), s^r de la Restière, épousa d'abord Anne Brossard, puis Catherine Robert, comme il ressort d'un partage de l'an 1604 ; il vivait encore en 1625, et eut deux enfants : 1° René, qui suit ; 2° Renée, mariée à Jean Hamelin, s^r de Quingé, le 28 août 1629 (Barrion et Gaultreau, not. de le chât^nie de St-Mesmin).

3. — **Beau** (René), époux de Renée Moreau, fille de René, s^r du Marillet, sénéchal de la Châteigneraye ; il mourut vers 1637. Sa veuve, tant en son nom que comme tutrice de ses enfants mineurs, rendit en 1639 aveu au sgr de la Péuissière de son fief des Justices. De ce mariage sont issus : 1° Jean, qui suit ; 2° Charles, dont la filiation sera rapportée § II ; 3° Renée, qui épousa, le 13 févr. 1650, Louis Brunet, Ec., sgr de la Salle et de la Broue, président en l'élection de Fontenay; elle testa le 30 août 1652 en faveur de son mari.

4. — **Beau** (Jean), s^r des Granges, épousa Marie Benestreau, fille de noble homme François, d'après un acte de partage du 18 juill. 1675. Il mourut vers 1678, laissant : 1° Jean, qui suit ; 2° Louise, femme de Jacques Fèvre ; 3° Susanne, épouse de Jean Grégoire ; 4° Marie, célibataire.

5. — **Beau** (Jean), s^r des Granges, greffier des rôles de la ville de Thouars, marié, le 15 mars 1679, à Marguerite Beau, fille de François, s^r de la Crespolière, et de Marguerite de Granges, dont il n'eut que Renée, morte sans alliance.

§ II. — **BEAU**, Branche de la **Restière**.

4. — **Beau** (Charles), fils puîné de René, s^r de la Restière, et de Renée Moreau (3e deg., § I), naquit en 1635, mourut le 9 sept. 1675, et fut inhumé dans l'église de la Châteigneraye. Il était avocat en Parlement, sénéchal de la Châteigneraye ; il avait épousé, le 18 sept. 1662, Marie Vexiau, fille de Toussaint, s^r de la Passutière, sénéchal de Loge-Fougereuse, et de Françoise-Marie Collardeau. Ils se faisaient une donation mutuelle le 21 juill. 1663. Leurs enfants furent : 1° Charles, qui suit ; 2° Julien-Léon, s^r de la Passutière, docteur en médecine, né à la Châteigneraye le 4 sept. 1665 et mort le 12 nov. 1707 ; 3° Jean, né le 10 sept. 1666, et décédé le 23 janv. 1667, inhumé dans l'église du Breuil-Barret ; 4° François, né le 5 mars 1668, mort le 30 août 1676 ; 5° René, né le 4 juin 1669, mort le 17 fév. 1677 ; 6° Nicolas-François, tige de la branche de Chenevière, rapportée au § III ; 7° Louis, né le 7 oct. 1671, ne vécut pas ; 8° Marie-Rose, née le 9 oct. 1672, mariée, le 21 janv. 1696, à Louis Barbot, s^r de la Petitière ; 9° Jeanne, née le 5 déc. 1673, morte enfant ; 10° Françoise-Marie, née le 6 nov. 1675, morte le 16 août 1743.

5. — **Beau** (Charles), s^r des Granges, avocat en Parlement, juge sénéchal de la B^nie de Loge-Fougereuse et du Breuil-Barret, de la sgrie de St-Paul en Gâtine, puis de la Châteigneraye, épousa, le 13 sept. 1689, Gabrielle Garnier, fille de noble homme André, avocat du Roi en l'élection de Thouars, et de Catherine Chabert. Il est mort le 19 janv. 1723, laissant : 1° Charles-Gabriel, né à Thouars le 29 juin 1690, prêtre, curé des Moutiers, testait le 20 janv. 1742, et mourut le 6 sept 1769 ; 2° Marie-Catherine, née le 13 juin 1691, testa le 10 mars 1742 ; mourut célibataire le 25 avril 1756 ; 3° Rose-Jeanne, née le 3 sept. 1692, décédée le 25 oct. 1705 ; 4° Françoise-Marie, née le 1er juill. 1694, morte le 16 oct. 1739 ; 5° Jean-François-Claude, s^r de la Passutière, né le 8 août 1695, procureur au Parlement de Paris, 22 mars 1723 ; marié, le 14 nov. 1718, à Léonore-Charlotte Vaudive, mourut le 8 mars 1743, laissant : *a*. Nicole-Denise, mariée jeune ; *b*. Jean-François-Claude, *c*. Léonore-Charlotte, morts sans hoirs.

6° Louis-Marie, né le 8 nov. 1697, mort enfant ; 7° Joseph-Léon, qui suit ; 8° Jacques-Madeleine, né le 24 févr. 1701, mort en 1702 ; 9° et 10° René et Charles-Mathias, jumeaux, nés le 24 févr. 1703 ; 11° Nicolas, né le 7 août 1703 ; 12° N., fille ; 13° François, né le 25 mai 1705 ; 14° Angélique, née le 27 mars 1707 : ces six derniers morts en bas âge ; 15° Marie-Thérèse, née le 7 sept. 1710, mariée à Jean-Gabriel Draud, Ec., sgr du Douet, morte en couches le 29 sept. 1742.

6. — **Beau** (Joseph-Léon), s^r des Granges, né le 21 déc. 1698, épousa en 1733 Catherine Belliard, veuve en premières noces de Claude-Calixte Paillou, s^r des Mansaudières. Il est mort le 3 févr. 1749, laissant : 1° Catherine-Radégonde-Françoise, qui testa le 30 sept. 1785 ; 2° Marie-Françoise-Urbaine, avait testé le 9 pluv. an IX (29 janv. 1801), lorsqu'elle mourut célibataire le 22 août 1806, à la Châteigneraye ; 3° Joseph-Léon, qui suit.

7. — **Beau** (Joseph-Léon), s^r des Granges, né le 4 sept. 1734, avocat en Parlement, nommé sénéchal de Chantemerle par le duc de Cossé-Brissac, 4 sept. 1771, fut nommé, le 8 août 1766, avocat du Roi au bailliage de Vouvant, place qu'il occupa jusqu'en 1791. Jurisconsulte éminent, il est mort à Parthenay, célibataire, le 1er févr. 1806. En lui s'éteignit cette famille Beau.

§ III. — **BEAU**, BRANCHE DE LA **CHENEVIÈRE**.

5. — **Beau** (Nicolas), s^r de la Chenevière (6e fils de Charles et de Marie Vexiau, 4e degr., § I), né à la Châteigneraye le 26 mai 1670, reçu en 1701 lieutenant-général civil et criminel au siège de Vouvant, épousa à Secondigny, le 3 mars 1710, Françoise-Catherine AUGER, dont il eut : 1° MARIE-CATHERINE, née le 5 mars 1711, mariée à N. Le Noir ; 2° NICOLAS-RENÉ, qui suit ; 3° CATHERINE-FRANÇOISE, née le 14 juin 1713 ; 4° ROSE-JEANNE, née le 14 févr. 1715, l'une et l'autre mortes enfants ; 5° JEAN-FRANÇOIS, né le 19 août 1717 ; 6° FRANÇOISE-STÉPHANIE, née le 21 août 1718, morte jeune.

6. — **Beau** (Nicolas-René), s^r de la Chenevière, naquit le 11 mars 1712, épousa Jeanne CHARPENTIER, dont il n'eut qu'une fille, morte sans alliance.

BEAU, SGRS DE LA CRESPELIÈRE.

Les quelques degrés qui suivent nous ont été communiqués par M. Ferdinand de Failly.

1.— **Beau** (François), s^r de la Crespelière, marié, le 15 mars 1679, à Marguerite DE GRANGES, fille de Louis, sgr de la Cubonnière, et de Elisabeth de Rohan, dont : 1° MARGUERITE, femme de Jean Beau, s^r de Granges ; 2° AIMÉE, épouse de Charles de Failly, s^r du Pont ; 3° FRANÇOIS-SALOMON, qui suit.

2.— **Beau** (François-Salomon), s^r de la Crespelière, marié, le 11 janv. 1711, à Louise BEJU ; il mourut le 1er mars 1740, laissant : 1° RAYMOND-LOUIS, né le 12 juin 1703, mort le 12 mars 1762, ne laissant qu'une fille de Madeleine CHRÉTIEN, son épouse ; 2° FRANÇOIS-DENIS, qui suit ; 3° LOUIS, né le 6 déc. 1708 ; 4° LOUISE, née le 11 juin 1711, et 5° AIMÉE-MARIE, née le 8 janv. 1719.

3. — **Beau** (François-Denis), qui épousa, le 2 nov. 1737, Françoise ALLARD, dont : 1° MODESTE-AGATHE, 2° JEAN-PIERRE-DENIS, 3° RENÉ-LOUIS.

BEAU (LE). — On a confondu, à tort selon nous, cette famille qui a toujours habité les environs de Montmorillon (Vienne), avec celle des Le Bault. Voici les quelques notes que nous avons pu recueillir.

Blason. — Le Beau de Sanzelles : « d'azur à une fasce d'or accompagnée de trois coquilles d'argent en chef et d'un croissant de même en pointe ». (Malte.)

Bault (Georges), du ressort de St-Benoît-du-Sault (Indre), servit en brigandinier au ban de 1488 (Doc. inéd. 178) et en archer à celui de 1491. (F.)

Beau (Paul Le) était vassal du chât. de Montmorillon pour son fief de l'Age-Rouil, vers 1550. (Domaine royal en Poitou.)

Beau (Paul Le), sgr de la Barde, devait rente au Chapitre N.-D.-la-Grande (probablement XVIIe siècle). (A. Vien. G. 1098.)

Beau (Louis Le), Ec., sgr de la Barde, gentilhomme ordinaire de Monsieur frère du Roi, rend hommage au château de Montmorillon pour son fief de l'Age-Rouil, en 1685. (N. Féod. 76.)

Beau de la Barde (Elisabeth Le) fut prieure triennale du prieuré Fontevriste de Villesalem de 1728 à 1731, et

Beau de la Barde (Gabrielle Le) fut également prieure triennale de Villesalem de 1760 à 1762. (M. A. O. 1868, 413, 416.)

Filiation.

1. — **Beau** (François Le), sgr de Sanzelles, marié, vers 15.., à Jeanne ROBERT, eut pour fils :

2. — **Beau** (Louis Le), Ec., sgr de Sanzelles, Issoudun-sur-Creuse, sénéchal de Montmorillon, comparut au procès-verbal de réformation de la Coutume du Poitou en 1559. Il fit aveu au château d'Angle le 11 nov. 1564 pour le fief d'Issoudun. (Fonds Lat. 17041, 18.) Marié, vers 1550, à Marguerite JOYÉ ? fille de Jean, s^r de Lasserie, et de Madeleine Lucas, il eut entre autres enfants : 1° RENÉ, qui suit ; 2° MARGUERITE, mariée, vers 1570, à Claude de la Pouge, Ec., sgr du Bois, lieutenant en la sénéchaussée de Basse-Marche ; 3° ANDRÉ, hérita de la charge de son père, s'attira la haine des protestants, dont à plusieurs reprises il avait repoussé les attaques ; mais en 1584 ou 1585 ils réussirent, malgré sa défense énergique, à pénétrer dans Montmorillon. Traqué de toutes parts, Le Beau se retira dans l'église de N.-Dame, où il se barricada ; mais les protestants brisèrent les portes à coups de canon et s'étant emparés du sénéchal, ils le poignardèrent, sans respect pour le lieu saint, et auraient fait subir le même sort à sa femme, si elle n'eût pris la fuite. Elle s'appelait Jeanne THOMAS, et était fille de Léonard et de Eléonore Vigier. Devenue veuve par le meurtre de son mari, elle se remaria à Louis Lamirault, s^r de la Badonnière, c^er du Roi et maître des requêtes de la reine Marguerite de Valois. Du premier lit était issu : PAUL, qui fut reçu, vers 1621 ou 1622, sénéchal de Montmorillon, s'allia avec N. MAHAULD, dont il a eu plusieurs enfants.

3.— **Beau** (René Le), Ec., sgr de Sanzelles, Issoudun, nommé lieutenant-général de la sénéchaussée de Basse-Marche, se démit de cette charge sans l'avoir exercée, en 1580. Il fut depuis maître des requêtes et eut pour fille GENEVIÈVE, D^e d'Issoudun, mariée, vers 1600, à Pierre Boucher, Ec., sgr d'Orsay.

BEAU (LE). — Autre famille.

Beau (Philbert Le), prêtre, avait fondé avant 1585 une chapelle dans l'église de St-Grégoire de Poitiers. (Pouillé 1789.)

BEAUBLE (Pierre), *utriusque juris doctor et professor* à Poitiers, assista comme témoin aux actes de foi et hommage rendus par le sgr de Parthenay au sgr évêque de Poitiers en 1364, et ensuite à ceux rendus au même en 1387 par le sire de Clisson. (F.)

BEAUCAIRE (DE).

Blason : d'azur au lion d'or (ou léopard) rampant, écartelé d'azur à la croix ancrée d'or.

Beaucaire (Jean de), Chev. de l'ordre du Roi, baron de la Forest, St-Mayrant, sgr de Puyguillon, était, d'après la liste de M. de Beufvier, grand sénéchal du Poitou en 1559. Mais, d'après le Papier rouge du

Présidial (A. H. P. 12), il aurait remplacé depuis le 12 févr. 1573 Melchior des Prez, s[r] de Montpezat.

BEAUÇAY. — V. **BAUÇAY et BEAUSSAY**

BEAUCÉ (DE). — Famille bretonne, qui a contracté quelques alliances en Poitou.

Blason : d'argent à l'aigle de sable becquée, membrée de gueules, au bâton d'or brochant sur le tout (en bande). (P. de Courcy, Nob. de Bretagne.)

Beaucé (Judith de), fille puînée de Jean, sgr du Plessis-Beaucé, la Fontenelle, etc., et de Jacqueline de la Boexière, épousa, le 21 oct. 1596, Philippe Berland, sgr de la Guitonnière, président au Parlement de Bretagne; elle avait une sœur, JEANNE, décédée avant elle. (D. F. 1.)

BEAUCÉ. — V. **MARTIN.**

BEAUCHAMP. — V. **ROBERT.**

BEAUCHAMPS (DE). — Il y a eu plusieurs familles de ce nom, l'une en Montmorillonnais, une autre fixée depuis plusieurs siècles sur les confins du Poitou, de l'Angoumois et de la Saintonge.

Blason : d'azur à l'aigle d'argent (souvent à 2 têtes).

Bello-Campo (*Aimericus de*) est cité dans des chartes de l'abb. de Noaillé de 1087 et vers 1112. De cette dernière on peut inférer qu'il habitait les environs de Lussac-le-Château. (D. F. 21.)

Bello-Campo (*Aimericus et Allerius de*) sont cités dans la donation de la moitié de l'église de Benet (Vendée) à l'abb. de Montierneuf de Poitiers, faite en mars 1088 par Pierre *de Niorto* et son frère Etienne. (D. F. 19.)

Bello-Campo (*Airaudus de*) est cité comme membre d'une confrérie instituée par Pierre II, évêque de Poitiers, en 1107, en faveur de la Maison-Dieu de Montmorillon. (D. F. 24.)

Bello-Campo (*Airaudus de*). OZANNA, sa femme, et HUGO, leur fils, accensent un petit jardin sis à Gençay aux religieuses du couvent de Montazay. (Id. 18.)

Bello-Campo (*Philippus de*) était homme lige du Cte de Poitou à cause de son château de Chizé, *de feodo de Selent* (Soligné, c[on] de Brioux, D.-S.) *debet* c *solidos de placitis et unum servientem peditem in exercitum comitis iturum et homines de Selente debent facere baucheiam unam de porta versus Almosneriam* du chât. de Chizé. (Censif de Chizé. A. H. P. 17.)

Bello-Campo (*Aimericus et Willelmus de*) devaient au Cte de Poitou, à cause dudit château, *sextaria avene* payables le dimanche après la fête de St Michel, *et unum servientem peditem in exercitu et equitatione comitis ad custium proprium*, pour ce qu'ils possédaient à Marcelonne (c[ne] de Secondigné, c[on] de Brioux.) (Id.)

Bello-Campo (*Dominus Willelmus de*), *homo ligius comitis Pictavensis de hoc quod tenet a Boveron apud Sanctum Remigium ad t. lib. de placito et ad unam unciam auri*, 1253. (A. N. J. Reg. 24, f° 22, 1.)

Bello-Campo (*Dominus Petrus de*) *tenet terram in feodo domini Boeron, videlicet prope S[tum] Macrium ad homagium ligium et* v *solidos de placito*, 1253. (Id. J. 24, 22, 6.)

Bello-Campo (*Symon de*) possédait des terres à Marçay, dans le fief de *Hugo de Altimonia*, 1253. (Id. J. Reg. 24, f° 23, 3.) Il était décédé en 1258, lorsque ÆNOR, sa veuve, reçoit une indemnité pour l'occupation injuste de ses terres *de Jaurnasio* et *de Molendino* par les agents du comte. (A. N. cart. 194, 18.) (Ledain, Cte Alphonse.)

Bello-Campo (*Gaufridus de*), témoin d'un échange passé, le 10 févr. 1257, entre le Chapitre de St-Hilaire-le-Grand de Poitiers et le sgr de Vivonne, au sujet de droits d'usage dans les bois de Champagné, appartenant audit Chapitre. (M. A. O. 1847, 283.)

Bello-Campo (*Guillelmus de*) *tenet a dicto Boveron illud quod habet apud Fregnea, Sepiacum et Niortum, videlicet in hominibus, censibus, terris, ad homagium ligium.* (Hom. d'Alphonse, 34.)

Beauchamps (Geoffroy de), ayant été en Angleterre (pendant la guerre du Cte de la Marche), laisse au Cte de Poitou son indemnité pour levées faites pendant 14 ans sur sa terre *de Leequ*, que ledit comte lui rend, 1258. (A. N. cart. 190, 3, 7.)

Beauchamps (Guinet de) est témoin d'une transaction passée entre Jeanne de la Sauzée, veuve de Hugues de Surgères, Chev., sgr de la Bougueraine, qui était en procès avec Guy de Surgères, son fils, et les exécuteurs testamentaires de son défunt époux. (Gén. Surgères, 75.)

Beauchamps (Jean de) est cité dans un acte du mardi après la Ste-Luce 1349.

Beauchamps (Jean de) prêta serment de loyauté au roi d'Angleterre entre les mains de Jean Chandos, le 11 sept. 1361, à Châtellerault. (M. Stat. 1866, 241.)

Beauchamps (Rogier de), Chev. du roi d'Angleterre, fait hommage au roi de France le 26 juill. 1362, à l'occasion de 2,000 florins à l'écu de rente annuelle que ce prince lui avait donnés. (D. F. 8.)

D. Fonteneau met en note au-dessous de la copie de cette pièce : « Il y a encore en Saintonge des gentilshommes du nom de Beauchamps qui disent être sortis d'*Angleterre* et descendre des C[tes] de Warwick. — Ils sont connus sous le nom de MM. de Grand-Fief. »

Il y avait en effet en Angleterre une illustre famille de ce nom ; mais les nôtres en descendent-ils, ou est-elle d'origine française ? C'est ce que nous ignorons. Mais son blason est tout différent de celui des Beauchamps de Saintonge.

Beauchamps (Jean de), valet, rend, le 20 oct. 1363, un hommage au Prince de Galles, à cause de son chât. de St-Maixent, pour une masure de terre sise p[sses] d'Aigonnay et de Romans. (Livre des fiefs.)

Beauchamps (Guillaume de), Ec., sgr de Marsigeau, fit aveu de ce fief à Angle en 1363 à cause de sa femme Jeanne LETEN, dont il eut JEANNE, mariée à Jean des Mothes, Ec.

Beauchamps (Jean de) est cité dans la commission donnée, le 19 oct. 1384, par Charles VI aux sires de Partenai et de Thors, de faire observer la trêve qu'il venait de conclure avec le roi d'Angleterre. (D. F. 20.)

Beauchamps (Raoul de), Chev., fit montre le 19 juill. 1378. (Bib. Nat. Montres et Revues.)

Beauchamps (Jeh[illegible] de) était, le 2 déc. 1434, veuve de feu Guillaume [illegible]vier, Ec.; elle avait à cette époque le bail de leurs enfants mineurs, et transigeait en cette qualité avec divers membres de la famille de son époux, au sujet des successions de Guyard de Liniers et de Jehanne de Mayré, son épouse.

Beauchamps (Pierre de) servait en archer dans la compagnie d'ordonnance du sénéchal de Poitou qui fit montre à Poitiers le 5 mai 1470. (A. H. P. 4.)

Beauchamps (Marguerite de) avait épousé Mess. Antoine de Massougnes, Ec., dont un fils, Jean, marié en 1431. (Conf. Maupeou.)

Beauchamps (Simon de) est le 14e témoin du partage passé à Colombiers, le 6 mars 1516, entre Louis de Marconnay, IVe du nom, son frère et ses sœurs.

Beauchamps (Catherine de) était en 1567 veuve de Jean Rat, échevin de Poitiers. (F.)

Beauchamps (Anne de) épousa, le 26 juill. 1652 (Martin, notre), François de Lestang, Ec., sgr du Vivier.

Beauchamps (Louis de) signe au contrat de mariage de Jacques de Chevreuse avec Catherine de Villedon, du 16 janv. 1642.

Beauchamps (de), de Souvigny (Souvigné ?), est un gentilhomme du Bas-Poitou de la religion P. R.; il porte aussi le nom de *Pastelière*, qui est une terre d'environ 1,000 liv. de rente. Il a 3 garçons et 2 filles. Ces trois garçons, avec le baron de Toucheprès, assommèrent le Cte de Mauléon, il y a environ un an. Ce sont des jeunes fous et furieux. Le cadet, qui a été quelque temps à l'armée, est le plus brutal, 1662. (Mémoire par Colbert, intendant de Poitou.) Voir **DE LA PASTELIÈRE**.

Beauchamps (Gabriel de), Ec., sgr de Saleignes, passait acte l'an 1663 (J. Pellerin, not. à Chef-Boutonne).

Il fut poursuivi par la chambre de réformation des forêts pour avoir commis des actes de malversation dans la forêt d'Aunay, et par arrêt donné à Fontenay-le-Comte, le 27 mai 1667, il est ordonné que les poursuites commencées contre lui seront continuées. Il fut également impliqué comme complice dans les poursuites dirigées en 1674 contre Charles de Beauchamps, sgr de Charbonnières, inculpé d'assassinat (V. 9e deg. du § II), et obtint, comme lui, des lettres de grâce en juin 1675.

Beauchamps (Jeanne de), veuve de Pardoux de Cumont, Ec., sr des Lainières, passe avec ses enfants un acte de partage reçu le 26 juin 1677 par Giraud et Mauguillon, not. à Tusson.

Beauchamps (N. de) se réfugia en Frise pour cause de religion.

Beauchamps (Marie de) épousa Gabriel Fleury, Chev., sgr de Villenouvelle, par contrat du 27 avril 1689, reçu Babin, not. à Aunay.

Beauchamps (Henriette de). Enregistrement au bureau de contrôle de Chef-Boutonne d'un appel interjeté par N. Chalmot contre une sentence rendue à son profit le 9 déc. 1694.

Beauchamps (Mathurin de), prêtre. Enregistrement, etc., le 27 déc. 1694, du procès-verbal constatant la prise de possession de la cure de la Bataille, dressé par Rigault, not. apostolique.

Beauchamps (Marie de). Enregistrement, etc., le 17 juin 1695, d'une procuration donnée par elle à autre MARIE de Beauchamps et reçue par Ayrault, not. royal en Angoumois.

Beauchamps (Jacques Thibault sieur de), Ec., sgr du Cimetière (cne de Cherigné, con de Brioux), etc., passe en 1734 ... ferme dans l'étude de Me Crampé, not. à Chef-Boutonne. Voir **THIBAULT**.

Beauchamps des Charbonnières (N. de) était, vers 1735, sgr du Teil-Estancelin et de Tournesac ou Tournefor. (Dom. Royal en Poitou.)

Beauchamps (Isaac de), Ec., sgr de Bussac, fils de feu LOUIS de Beauchamps, Ec., sgr dudit lieu et de Grand-Fief, vivait en 1738. (D. F.)

Beauchamps (Louis de) assiste comme cousin germain au mariage, en 1740, de Mathurin Fardeau, sr de Bois-Joli, avec Marie du Rochier. (Registres d'Aubigné.)

Beauchamps (Guillaume de), Ec., sgr de Souvigné, consent une baillette d'un mas de terre sis à la Fragnée, psse de Hanc (Deux-Sèvres), le 23 sept. 1742. Il avait fait une déclaration de cette pièce de terre, le 23 juin 1741, à RENÉ de Beauchamps, Ec.

Beauchamps (Alexis de), sr du Breuil, et

Beauchamps (René de) assistent au ban de la noblesse de Saintonge en 1758.

Beauchamps (Jacques de), décédé le 13 nov. 1758, date d'une déclaration faite par De Angélique de la Laurencie à Louis de Corguol, Ec., sgr de Tessé et de Couturette.

Beauchamps (Antoine de), Chev. de St-Louis, pensionné, ancien porte-étendard des gardes du corps du Roi, était décédé le 24 déc. 1779. De Thérèse BERNARD, sa veuve, faisait, ce jour, cession d'une rente de 300 liv. à Françoise-Marguerite Sureau, veuve de feu François Sureau de Lamirande.

Beauchamps (N. de) faisait partie de la 5e compagnie du régiment noble à pied, lors du licenciement de l'armée de Condé, 1801. (Th. Muret.)

Beauchamps (Louisa, Vareilles, Magdalena et Olympia de) figurent sur une liste de protestants français fugitifs naturalisés en Angleterre. (De Richemond.)

Beauchamps (Marthe ou Anne de) épousa, vers 1720, René de la Coussaye, Chev., sgr de Chaume.

Beauchamps (Louise-Charlotte de) épousa Charles du Bois de St-Mandé, Chev. de St-Louis, capitaine au régiment d'Orléans-Dragons, fils de Pierre-Jacques et de Henriette de Beauchamps, rapportés au 11e degré § II.

Filiation suivie.

§ Ier.

La généalogie qui suit est dressée sur les preuves de noblesse produites devant M. d'Aguesseau, intendant du Limousin, le Nobiliaire du Limousin, les documents recueillis par D. Fonteneau (82) dans le chartrier du chât. de Grand-Fief, les manuscrits du Cte de Ste-Maure, une généalogie communiquée par M. Th. de Brémond-d'Ars et enfin les notes que M. Filleau et nous-mêmes avons recueillies, sans que nous ayons la prétention d'avoir reconstitué d'une manière complète la généalogie de toutes les branches de cette famille, très nombreuse et très étendue.

Notre travail remonte à :

1. — **Beauchamps** (Guillaume, *aliàs* Jean de), Ier, Ec., sgr de Souvigné, qui, le 31 déc. 1403, recevait un hommage comme seigneur de cette terre ; il rendait, le 16 fév. 1407, un hommage à Jean de Granges, et avait eu pour enfants : 1° GUILLAUME, qui suit ; 2° MARGUERITE, mariée à Antoine de Massougnes.

2. — **Beauchamps** (Guillaume), IIe, recevait divers hommages les 8 avril 1434, 3 août 1435 et 20 août 1450. Lui-même rendait, le 4 mai 1464, dénombrement de son fief de Villeneuve à Geoffroy Taveau, sgr de Mortemer. Il aurait épousé, suivant la tradition,

JEANNE DE LA MADELEINE, dont : 1° PIERRE, qui suit ; 2° NICOLAS, marié à Marguerite DE LOUBES, fille de Guillaume, Ec., sgr de Regny ? et de Jeanne de Poix.

3. — **Beauchamps** (Pierre de), Ec., sgr de Villeneuve et de Souvigné, qui, le 26 juill. 1423, rendait au nom de Guillaume, son père, un aveu au prieur d'Aunay. Il en recevait un pour son propre compte le 8 janv. 1490, et, le 15 mai suivant, en rendait un pour sa terre de Villeneuve à Léonnet et Mathurin Taveau, sgrs de Mortemer, transigeait en 1497 avec Jean de Mussoignes, et enfin donnait, le 22 juill. 1512, procuration à GEOFFROY, son fils, issu de son mariage avec Mabille ENVOY. Il eut aussi JEANNE, mariée à René Chabot, Ec., sgr de Laleu.

4. — **Beauchamps** (Geoffroy de), Ec., sgr de Villeneuve, Souvigné, etc., rendait un hommage au prieur d'Aunay le 24 juill. 1523. Il avait épousé, le 11 juin 1509, Michelle DE VIRON, et n'existait plus en 1550, laissant : 1° FRANÇOIS, qui suit ; 2° MARIE, mariée en 1532 à Christophe de Ponthieu, Ec. ; et 3° (probablement) LOUISE, mariée en 1542 à Pardoux de Cumont.

5. — **Beauchamps** (François de), Ec., sgr de Bussac, Villeneuve, Souvigné, Maisonnais, Chastenet-le-Rond, etc., rendait en 1550 un aveu au Roi, comme Vte d'Aunay, de la sgrie de Bussac, à lui obvenue par son mariage avec Marie DE PONTHIEU, sa première femme, et au nom de leurs enfants mineurs. Le 27 sept., il en rendait un autre à Marguerite de Poix, dame de Germain, pour sa sgrie de Chastenet-le-Rond. (O.)

De ce premier mariage il eut : 1° LOUIS, qui suivra ; 2° RENÉ, Ec., sgr de Maisonnais (qui, par contrat du 31 déc. 1587, épousa Fleurance DESMIER, fille de Alain, Ec., sgr de Chenon, et de Anne Jay, et veuve de Jean Mangot, Ec., sgr de la Cheze). Il était mort avant le 10 nov. 1536, époque à laquelle sa veuve était remariée avec Georges d'Hautefois. Nous ne connaissons pas la postérité qui serait issue de ce mariage.

En secondes noces il épousa, le 12 oct. 1553, Tholomée DE CHERGÉ, qui lui donna : 3° OLIVIER, tige d'une branche, § IV, et 4° JACQUES, dont la postérité sera rapportée au § V.

En troisièmes noces, François épousa le 13 janvier 1558 Catherine CORGNOL, veuve de N. Corgnol, Ec., sgr de Maigné, dont : 5° MARIE, relatée dans une requête présentée au Roi, le 5 août 1591, par Isaac Corgnol, Ec., sgr de Maigné et de Fontenilles ; et 6° d'après une généalogie et des maintenues de noblesse de 1674 et 1697 à la Rochelle, ROLAND, rapporté au § VI.

Et enfin, il épousa, le 19 juin 1578, Françoise DE MASSOUGNES, qui lui donna : 7° DANIEL, dont nous parlerons § VII. François fit son testament le 10 nov. 1586.

6. — **Beauchamps** (Louis de), Ec., sgr de Bussac, Grand-Fief, St-Georges-des-Couteaux, est nommé dans le testament de son père (1586) comme étant déjà décédé. Il avait épousé Françoise VIGIER, dame de St-Georges-des-Couteaux, qui, le 13 juin 1587, prend le titre de mère tutrice ayant la garde noble de ses enfants mineurs, qui étaient : 1° ISAAC, qui suit ; 2° GABRIEL, baptisé au château de Bussac le 8 déc. 1577, dont la succession se partageait le 16 juill. 1615 ; 3° SILVIE, née le 18 mai 1570, était en 1606 femme de Jean Mathé, Ec., sgr de la Souzaye, gouverneur de Taillebourg ; elle se remaria à Jacques de Jaucourt ; 4° SUSANNE, laquelle, dans un acte du 10 juill. 1608, prenait le titre de dame de Villefollet ; sa succession se partageait avec celle de Gabriel, son frère ; 5° LOUISE, qui, le 10 juill. 1608, était femme de Jean Chesnel, Ec., sgr de Migré, et était veuve le 5 sept. 1629 ; en secondes noces elle épousa (22 janv. 1635) Gédéon de Pressac de Lyonnat, Chev., B^on de l'Isle. Elle vivait encore le 26 juill. 1644 ; 6° HÉLIE, dont nous parlerons au § II.

7. — **Beauchamps** (Isaac de), Chev., sgr de Bussac, né le 22 mai 1575, fit, le 15 mars 1599, la représentation de ses titres de noblesse ; il y est fait mention de son mariage avec Esther DES GRANGES, fille de Gabriel, Ec., sgr de Beauvais, et de Marguerite des Francs (contrat du 8 janv. 1597, Payraudeau, not. à Thouars.) Il était en 1601 en procès avec René de L'Estang et partageait, le 16 juill. 1615, avec son frère Hélie, les successions de Gabriel et Susanne précités. De son mariage il eut : 1° LOUIS, Ec., sgr. de Bussac, décédé sans postérité, marié en 1644 à Anne DE MONTAIGNE, fille de Raymond, sgr de Courbiac ; 2° ALEXANDRE, qui suit ; 3° ANNE, qui, le 7 janv. 1645, faisait un échange avec son frère Alexandre ; elle demeurait à Fleury, c^ne d'Aubigné, c^on de Chef-Boutonne. Depuis, elle épousa Pierre Chalmot, Ec. ; 4° GABRIEL, Ec., sgr. de Salcigne ? marié à Olive VARIGET ? dont LOUIS, né le 24 fév. 1652.

8. — **Beauchamps** (Alexandre de), Ec., sgr de Bussac, la Valade, etc., avait épousé, le 23 mai 1636, Marie MARTIN, fille de Pierre, s^r du Magnou, et de Marie Pèlerin, son épouse. Il fut maintenu dans sa noblesse le 14 juin 1667 par d'Aguesseau, intendant du Limousin. Il était maître ancien alternatif des eaux et forêts, attaché à la forêt d'Aunay, et avait été condamné le 27 mai 1667, par arrêt donné à Fontenay, à 4,000 liv. d'amende envers le Roi, et à se défaire de sa charge dans les 6 mois, pour avoir malversé dans ses fonctions. De leur mariage sont issus : 1° RENÉE, en faveur de laquelle testait, le 27 avril 1645, Marie Marignat (J. Pellerin, not. à Chef-Boutonne) ; 2° ALEXANDRE, qui suit ; 3° CHARLES, garde marine à Toulon, décédé en 1688.

9. — **Beauchamps** (Alexandre de), Chev., sgr de Bussac, Souvigné, épousa, le 8 août 1671, Françoise de SARRAGAND, fille de Jean, Ec., sgr du Breuil, et de Jeanne Texereau, dont : 1° ALEXANDRE, Ec., sgr de Souvigné, lequel transigeait le 29 mai 1734, tant en son nom qu'en celui de René, son frère, avec Marie de Coustin de Bourzolles de Caumont, veuve de Louis-François Mis de Lostanges, au sujet de sommes dues à ladite dame comme mère tutrice de son fils, et qu'elle avait droit de répéter sur ledit Alexandre, leur père. En 1722 et 1725, il avait rendu hommage des sgries de Bussac et Rochefollet au chât. d'Aunay (N. Féod. 78) ; 2° RENÉ, qui suit ; 3° FRANÇOISE, mariée en 1699 à Blaise de Cascq ; 4° LOUISE, mariée en 1700 à Richard Massiot, Ec., sgr de la Mothe.

10. — **Beauchamps** (René de), Ec., sgr de Souvigné et du Breuil-Sarragand, enseigne des vaisseaux du Roi, est rappelé dans la transaction passée, le 29 mai 1732, par son frère Alexandre et la veuve du Mis de Lostanges. Il avait épousé, le 12 juill. 1714, Marie-Sophie RENAUDET, fille de Joseph, maire perpétuel de Saintes, fut dispensé, en raison de son grand âge, de servir au ban de 1758, et laissa de son mariage : 1° LÉON, qui suit ; 2° JOSEPH, chev. de St-Louis, capitaine de grenadiers, marié à Élisabeth FAUCHER DE LA LIGERIE ; 3° EMMANUEL, Chev. de St-Louis, capitaine au rég^t d'Orléans ; 4° ANGÉLIQUE-PAULINE, mariée le 18 janv. 1766, à Charles de Barboyrac de St-Maurice ; 5° MARIE-ANGÉLIQUE-SOPHIE.

11. — **Beauchamps** (Léon de), Chev., sgr de Souvigné, né en 1725 et marié à Pons, le 8 févr. 1766, à Marie-Agnès DE MARIOL, fille de Barthélemy, capitaine de vaisseau, Chev. de St-Louis. Léon était en 1766 capitaine au régiment d'Artois-Infanterie et Chev. de St-Louis. Etant décédé avant 1789, sa veuve fut re-

présentée pour l'élection des députés aux Etats généraux. De ce mariage sont issus : 1° ANNE-JOSEPH, né le 20 nov. 1767, fit ses preuves devant Chérin le 25 mai 1782 pour être reçu aspirant garde-marine ; 2° LÉON-LOUIS, qui suit ; 3° N., mariée à Louis-Alexis-Jean Pallet de Blanzais ; 4° N., fille, habitant Pons vers 1850.

12. — **Beauchamps** (Léon-Louis de), né le 1er août 1770, officier au régiment de Normandie en 1785, se maria, le 4 fructidor an X (22 août 1802), à Jeanne GUENON DE St-SEURIN, dont : 1° LÉON-CHARLES, qui suit ; 2° JOSÉPHINE, mariée à N. du Bousquet d'Argence.

13. — **Beauchamps** (Léon-Charles, Mis de), né le 4 fév. 1703, ancien officier de marine, épousa, le 27 fév. 1825, Adélaïde-Eudoxie MARTIN DE BONSONGE, fille de Henri-André et de Louise Fresneau de la Gastaudière, dont : 1° HENRI-DIEUDONNÉ-GUIDON, qui suit ; 2° JULES, mort en 1849 ; 3° THÉOPHANIE, mariée à N. de Payen ; 4° THÈCLE. Léon-Charles est mort à St-Sernin, cne de Belluire, le 18 févr. 1867, et en lui s'est éteinte cette ancienne maison.

14. — **Beauchamps** (Henri-Dieudonné Guidon Mis de), né le 16 avril 1831, décédé, sans postérité, à Bomarsund, officier au 52e régiment d'infanterie, le 19 août 1854.

§ II. — BRANCHE DE CHARBONNIÈRES.

7. — **Beauchamps** (Hélie de), Ec., sgr de Bussac et de Grand-Fief, fils puîné de Louis et de Françoise Vigier (6e deg., § 1er), épousa, le 27 sept. 1606, Antoinette CHESNEL, fille de Guy, Ec., sgr de Migré, et de Anne de Pouliguac. En 1615 (le 16 juill.), il partageait avec son frère Isaac, et la terre de Grand-Fief lui fut échangée contre la sgrie de la Valade, qui passa à Isaac. Il eut de son mariage : 1° JEAN, qui suit ; 2° BENJAMIN ; 3° LOUIS, sgr de Charbonnières, rapporté au § III.

8. — **Beauchamps** (Jean de), Ec., sgr de Grand-Fief, épousa, le 5 nov. 1629 (les cérémonies religieuses devant être célébrées suivant les formalités de l'Eglise réformée de France, dont faisaient profession les époux), Hélène GIRAUT ou GIRHAUD, fille de Benjamin, Ec., sgr de Blanzay et d'Antraize, et de feu Marguerite Bidault. Le 6 oct. 1636 se faisait l'inventaire de sa succession à la requête de sa veuve qui avait eu de lui deux enfants : 1° HENRI, Ec., sgr de Grand-Fief et du Treuil-Estancelin, est qualifié de haut et puissant sgr dans son contrat de mariage du 9 févr. 1653 avec Marguerite DE PONTHIEU, fille de Pierre, Ec., sgr de Chives et de Champdeniers (Aunis), et de feu Françoise de Beaunay. Au mois de mars 1682, il faisait abjuration de la religion réformée, qu'il professait comme ses parents, ce qui lui attira de nombreuses poursuites de la part de ses créanciers protestants, sur quoi il obtint du Roi, le 26 mai 1685, des lettres de surséance. Il avait été maintenu noble par d'Aguesseau le 14 juin 1667 ; il prit part à l'acte de tutelle des enfants mineurs de son frère Charles, qui eut lieu le 2 janv. 1675, vivait encore en 1699, mais était décédé avant 1705 (N. Féod. 58) ; 2° CHARLES, qui suit.

9. — **Beauchamps** (Charles de), Ec., sgr de Charbonnières, épousa, le 9 mai 1658 (Perraud, not. de la Bnie de Chizé), Marie GROUSSARD, fille de noble homme Etienne, sgr d'Angle, et de Marie Ripault, fut maintenu noble par d'Aguesseau le 14 juin 1667, et encore par l'intendant de la Rochelle le 17 déc. 1699.

Il eut plusieurs graves démêlés avec la justice. Le 26 nov. 1671, un décret de prise de corps fut lancé contre lui par le sr Imbert, prévôt de la maréchaussée de Civray, au sujet d'une rencontre à main armée qui avait eu lieu entre lui et Jean de Lostanges, sgr de Paillé, et dans laquelle il fut prouvé que c'était le sr de Charbonnières qui avait été l'agresseur. Cette affaire n'eut probablement pas de suite ; mais, trois ans après, les 14 avril et 9 juin 1674, il fut condamné par contumace à avoir la tête tranchée sur la place du Marché-Vieil à Poitiers, en 1,000 liv. d'amende envers le Roi, et conjointement avec Isaac et Daniel de Beauchamps, etc., ses complices, en la somme de 3,000 liv. pour faire construire à la conciergerie un appartement pour loger les femmes séparément des hommes, en 500 liv. pour les pauvres infirmes, 200 liv. aux religieuses hospitalières, 200 liv. aux Frères de la Charité, et à tous les frais du procès, et ce pour avoir attenté aux jours des enfants de Charles des Arnauds, Ec., sgr de Boisseuil, et à ceux de Jacques Gaudin, sr de la Cour. Mais il obtint des lettres de grâce au mois de mars 1675, motivées sur l'abandon que fait le dernier plaignant des poursuites faites à sa requête, moyennant une somme de 12,000 liv. payées au sr de la Cour et 50 liv. aux Frères de la Charité, pour faire prier pour le repos des âmes des enfants dudit sr de la Cour, et qu'il paiera tous les frais du procès. Mais il avait été considéré comme mort civilement, et par un acte de curatelle passé le 2 janv. 1675, Henri Groussard, son beau-frère, avait été nommé tuteur de ses enfants, qui étaient : 1° HENRI, qui suit ; 2° CHARLES, lequel était en 1699 enseigne des vaisseaux du Roi ; 3° BENJAMIN, 4° MARIE, 5° HÉLÈNE-BÉNIGNE, qui était mariée en 1706 à Henri Isle, sgr de la Touche ; 6° SILVIE.

10. — **Beauchamps** (Henri de), IIe, sgr de Charbonnières, était lieutenant au régiment de la Reine-Dragons, lorsqu'il épousa, le 25 janv. 1699, Catherine LEFEBVRE, fille de Mathieu, en dernier lieu prêtre et chanoine du Chapitre de Ste-Radégonde de Poitiers, et de feu Marguerite du Breuil, son épouse. Le 24 janv. 1714, et encore en 1723, il rendait hommage au chât. d'Aunay de sa sgrie du Breuil-Chiguey, le Teil-Estancelin, etc. (N. féod. 78.) Leurs enfants furent : 1° HENRI-CHARLES, qui suit ; 2° MARIE-CATHERINE, 3° ELISABETH, 4° JEANNE-ALEXANDRINE, toutes les trois célibataires en 1704.

11. — **Beauchamps** (Henri-Charles de), Chev., sgr de Charbonnières, Grand-Fief, etc., fut dans sa jeunesse destiné à l'état ecclésiastique et était chanoine de l'église de Ste-Radégonde de Poitiers, lorsqu'il résigna ses bénéfices entre les mains du Pape, le 31 mai 1719.

Il fit partie du ban de la noblesse de Saintonge convoqué en 1758 (Rôles Saintongeais), et on le trouve cité en 1752 dans un état du Domaine royal du Poitou. (D. F.) Il avait épousé, le 4 août 1724, Madeleine-Dorothée DE LESCOURS, fille de Louis-François Mis de Paranzay et de Elisabeth Green de St-Marsault, dont : 1° BALTHAZAR-LOUIS, né le 2 sept. 1729, décédé jeune ; 2° HENRIETTE, mariée à Pierre-Jacques du Bois de St-Mandé, capitaine au régiment d'Orléans-Dragons, Chev. de St-Louis. Ils vivaient en 1778, et le 28 nov. de cette année, ils comparaissent dans un acte relatif à la visite du prieuré de St-Léobon de Lavairé ; et peut-être 3° CHARLES-GRÉGOIRE, qui suit.

12. — **Beauchamps** (Charles-Grégoire Mis de), sgr de Grand-Fief et de Champ-Fleury, né le 25 juill. 1751, se fit remplacer à l'assemblée de la noblesse du Poitou de 1789 par M. Louis-Charles du Breuillac, et fut nommé député de la noblesse aux Etats généraux par le bailliage de St-Jean-d'Angély. Il fut l'un des signataires de la protestation du 21 juin 1790 contre le décret du 10 juin de la même année, proclamant l'abo-

lition de la noblesse. Entré de très bonne heure au service, il s'était trouvé à la bataille de Rosbach, cornette dans le régiment des Cars-Cavalerie ; il y reçut quatre blessures, ce qui ne l'empêcha pas de rapporter son étendard. Plus tard, il émigra, et servit à l'armée des Princes. Après le licenciement, il se rendit dans ses terres du pays de Liège, qu'il tenait du chef de sa femme, et donna asile dans son château à un grand nombre d'émigrés. Il se rendit caution pour la nourriture de ceux qu'il ne pouvait pas loger, et pour les fournitures que les marchands leur consentaient sur sa garantie. Bientôt tous ses biens furent confisqués en France et dans le pays de Liège, après l'occupation par l'armée française. Lorsqu'il fut rentré dans sa patrie, il supporta avec résignation la perte d'une fortune dont il avait fait un si noble usage, et mourut en 1817. Il avait épousé Louise-Hélène B^ne DE ROSEN, dont il n'eut pas d'enfants, non plus que d'un second mariage contracté plus tard.

§ III. — BRANCHE DES BERNARDIÈRES.

8. — **Beauchamps** (Benjamin de), fils puîné de Hélie et d'Antoinette Chesnel (7e deg., § II), Ec., sgr du Breuil, des Bernardières, de la Cabourne, épousa à Taillebourg, le 17 mai 1645, Silvie de la ROCHEFOUCAULD, fille de Isaac, Ec., sgr de Voussac, Salignac, etc., et de Jeanne de Pons, qui testait le 10 juill. 1657. Benjamin fut maintenu noble par M. d'Aguesseau le 14 juin 1667, fit partie de l'assemblée de famille convoquée le 24 mai 1675 pour nommer un curateur aux enfants mineurs d'Alexandre de Beauchamps, son cousin germain (8e degré du § I), et faisait son testament le 24 juill. 1676. Ses enfants furent : 1° ISAAC, qui suit; 2° ALEXANDRE, rappelé avec son frère Isaac dans le testament de leur mère du 10 juill. 1657 ; 3° SILVIE, citée dans le testament de son père.

9. — **Beauchamps** (Isaac de), Ec., sgr des Bernardières, la Cabourne, maintenu noble avec son père, fut impliqué dans les poursuites dont Charles, son cousin, avait été l'objet (9e deg. du § II), et comme lui condamné à avoir la tête tranchée sur la place du Marché-Vieil à Poitiers (arrêts des 14 avril et 9 juin 1674); mais il obtint des lettres de grâce au mois de mars 1675. Marié, le 15 fév. 1667, à Marie DE BEAUCHAMPS, il eut pour fils ALEXANDRE, sur lequel nous n'avons pas de renseignements.

§ IV. — BRANCHE DE GUIGNEBOURG.

6. — **Beauchamps** (Olivier de), Ec., fils puîné de François et de Tholomée de Chergé, sa troisième femme (5e deg., § I), épousa, le 10 mars 1587, Marthe ARNOUL, dont il eut :

7. — **Beauchamps** (Isaac de), Ec., sgr de Guignebourg, se maria, le 15 janv. 1624, à Marie DE BARBEZIÈRES, dont : 1° CHARLES, qui suit ; 2° MARTHE, mariée, le 19 mars 1668, à Pierre Valentin, Ec., sgr de Germeville ; 3° GABRIELLE, mariée à Jean de Lesmerie.

8. — **Beauchamps** (Charles de), Ec., sgr de Guignebourg, épousa, le 4 mars 1645, Marie LÉRIGET, dont sans doute plusieurs enfants, entre autres ÉLISABETH, mariée à Thomas de Ponthieu.

§ V. — BRANCHE DE LA GRANGE.

6. — **Beauchamps** (Jacques de), 2e fils de François et de Tholomée de Chergé (5e degr du § I), Ec., sgr de Bussac, était huguenot et fut condamné à mort en 1569 par le Parlement de Bordeaux. C'était dans son chât. de Bussac que les pasteurs de Saintes allaient célébrer leur culte. (N. de Richemont.) Le 11 oct. 1595, il épousa Marie D'ANCHÉ, dont :

7. — **Beauchamps** (Charles de), sgr de la Grange, marié, le 4 mars 1641, avec Anne NICOLAS.

§ VI. — BRANCHE DE LA BRIASSE.

6. — **Beauchamps** (Roland de), Ec., sgr de la Maisonneuve, est dit fils de François et de Marie (*sic*) pour Catherine Corgnol (5e deg., § Ier) d'après la maintenue de noblesse accordée à ses descendants par l'intendant de la Rochelle en 1697. (Cependant nous devons observer que dans des lettres de rescision obtenues en 1591 par Isaac Corgnol, Ec., sgr de Maigné, petit-fils, d'un premier lit, de ladite Catherine Corgnol, il n'est aucunement fait mention de ce Roland, mais seulement de Marie de Beauchamps, fille, du 2e lit, de Catherine Corgnol. Roland épousa, le 10 sept. 1584, Suzanne DE BEAUMONT, dont il eut : 1° ROLAND, qui suit ; 2° ISAAC, 3° OLIVIER, 4° FRANÇOIS.

7. — **Beauchamps** (Roland de), Ec., sgr de la Briasse, épousa, le 14 août 1611, Sara DE LA BRETONNIÈRE, dont il eut SAMUEL, qui suit.

8. — **Beauchamps** (Samuel de), Ec., sgr de la Briasse, épousa, le 7 juil. 1646, Marie DE BEAUCHAMPS. Etant veuve, elle fut maintenue noble en 1674 avec ses 2 fils : 1° JACQUES, Ec., sgr de la Briasse, marié, le 10 août 1671, à Marie DE FRETEL, maintenue noble étant veuve en 1697 à la Rochelle ; 2° ROLAND, qui suit.

9. — **Beauchamps** (Roland de), Ec., fut père de : 1° FRANÇOIS, 2° JEAN, maintenus nobles à la Rochelle le 8 août 1697.

§ VII. — BRANCHE DE VILLENEUVE.

6. — **Beauchamps** (Daniel de), Ec., sgr de Villeneuve, fils de François et de Françoise de Massougnes, sa 4e femme (5e deg., § I), épousa, par contrat du 25 oct. 1604 (Laprade, not.), Isabeau CHASTEIGNER, fille de René, Ec., sgr du Lindois, et de Claude de Salignac. Le 17 févr. 1633, ils se faisaient un testament mutuel dans lequel ils donnaient par préciput à Isaac, Ec., sgr du Parc, leur fils aîné, certains objets, etc. Ils avaient eu de leur union : 1° ISAAC précité ; 2° LOUISE, qui, le 29 sept. 1768, était veuve de Pierre Pèlerin, sr de la Verrie, et remariée en 1675 à René de Cumont, Ec., sgr de Fief-Brun, lequel faisait compte, le 7 déc. 1675, avec Isaac de Beauchamps, son beau-frère.

7. — **Beauchamps** (Isaac de), Ec., sgr du Parc, Villeneuve, épousa, par contrat du 24 août 1633, Marie D'ANCHÉ, fille de Jean, Ec., sgr de Bossé, fut maintenu noble par ordonnance de M. d'Aguesseau du 14 juin 1667, et le 7 oct. 1675 faisait compte avec René de Cumont, son beau-frère, d'une somme de 1,243 liv. 12 s., qui leur revenait sur la succession de René de Beauchamps, Ec., sgr de Maisonnais. Il eut pour fils JACQUES, qui suit.

8. — **Beauchamps** (Jacques de), Ec., sgr de Villeneuve, marié vers 1670, eut pour fils BALTHAZAR qui suit.

9. — **Beauchamps** (Balthasar de), Ec., sgr de Villeneuve, les Bernardières, Chastenay, né en 1675, devait cens et rentes à l'abbaye des Alleuds. Il épousa, vers 1700, Marie-Anne GIRARD, fille d'Abraham, Ec., sgr du Pinier, et de Renée d'Aitz, et mourut à

Javarzay, le 30 mai 1754, âgé d'environ 80 ans, laissant de son mariage : 1° PIERRE-JOSEPH, qui suit ; 2° JEANNE-GABRIELLE, dame de Chastenay, laquelle assistait au mariage de sa sœur Marie-Charlotte, le 13 sept. 1751 ; elle testa le 19 sept. 1752 en faveur de sa sœur Angélique, qui, le 25 janv. 1763, renonçait au bénéfice de cette donation ; elle fut inhumée dans l'église de Javarzay, le 12 nov. 1762, à l'âge de 54 ans ; 3° ANGÉLIQUE, dont nous venons de parler, dame de Chastenay-le-Rond, arrentait certaines pièces de terre en 1775 et vendait en 1783 la terre et sgrie de Chatenet-le-Rond, p^sse de St-Vincent-la-Châtre, moyennant 22,000 liv., à Gabriel-Benjamin de Mallevault ; 4° MARIE-CHARLOTTE, qui, le 13 sept. 1751, épousa à Javarzay Jean du Boulet, Ec., qui testait le 16 oct. 1755.

10. — **Beauchamps** (Pierre-Joseph de), Chev., sgr de Boissacq ou Roissac, vendait, conjointement avec ses sœurs précitées, à Gabriel Viollet, garde du prince de Conti, le 19 sept. 1758, une maison sise à Javarzay, dite anciennement la Pagerie. Il eut, paraît-il, une fille, mariée à François-Fabrice Regnault de la Soudière, Bon de Roissac.

BEAUCHÊNE (DE). — V. **ISLE**.

BEAUCHET. — Famille originaire de la ville de Paris, qui est venue s'établir en Poitou au commencement du siècle. Nous pouvons justifier la filiation depuis :

1. — **Beauchet** (Philippe), décédé à Paris le 26 janv. 1774, laissant de Nicole PARIS, sa femme, un fils, qui suit.

2. — **Beauchet** (Philippe-Nicolas), né à Paris le 1er août 1757, servit d'abord au régiment de Mestre-de-Camp-Général-Dragons du 19 juin 1775 au 15 sept. 1779. Entré au ministère des finances, il fut attaché aux bureaux de la liquidation générale de la dette publique du 1er février 1791 au 19 juin 1810, en qualité de chef du second bureau du secrétariat (1802), et le 17 juill. de cette année fut nommé garde des Archives de la liquidation, poste qu'il occupa jusqu'à sa mort (21 mai 1816). De son mariage avec Marie-Josèphe D'AUSTRY DE CANEVILLE, fille d'Antoine et de Marie-Josèphe Malais, sont issus plusieurs enfants décédés en bas age, sauf :

3. — **Beauchet** (Philippe-Gabriel-Eugène), né à Paris le 20 oct. 1789, entré à St-Cyr le 24 janv. 1811, en sortit sous-lieutenant au 12me cuirassiers, avec lequel il fit la campagne de Russie, reçut deux blessures au passage de la Bérézina, fut encore blessé au siège de Dantzick, où il se trouvait renfermé ; fait prisonnier de guerre lors de la capitulation de cette place, il ne revint en France qu'en sept. 1814. Le maréchal Rapp, commandant à Dantzick, l'avait nommé lieutenant le 2 nov. 1813 et proposé pour la croix de la Légion d'honneur, dont il ne reçut le brevet que le 17 janv. 1815. Démissionnaire le 12 avril suivant, il entra dans le service des postes à Poitiers (22 déc. même année) ; contrôleur le 2 avril 1819, il fut nommé, lors de la guerre d'Espagne de 1823, inspecteur des postes militaires (21 fév.) et attaché au 4me corps (armée de Catalogne). Il était depuis longues années sous-inspecteur des postes à Poitiers, lorsqu'il fut révoqué à la suite des événements de 1830. Il est mort à Paris, le 22 oct. 1839, laissant de son mariage avec Anne FILLEAU, fille de Henri, conseiller à la Cour royale de Poitiers, et d'Etiennette-Michelle-Anne d'Aligre qu'il avait épousée le 3 déc. 1817, un fils unique qui suit.

4. — **Beauchet-Filleau** (Eugène-Henri-Edmond), né à Poitiers le 22 sept. 1818, officier de l'instruction publique (27 avril 1867), correspondant de ce ministère pour les travaux historiques (26 juill. 1847) et de la Société des Antiquaires de France (14 janv. 1865), membre de plusieurs sociétés savantes, a publié de nombreux travaux sur l'histoire et la géographie du Poitou, dans les Mém. des Sociétés des Antiquaires de l'Ouest, de Statistique des Deux-Sèvres et aux réunions de la Sorbonne, en dehors desquels il a donné : 1° Tableau des Emigrés du Poitou ; 2° Nouvelle édition annotée de la relation du siège de Poitiers de Liberge ; 3° Petit Glossaire du patois poitevin parlé dans le canton de Chef-Boutonne ; 4° Pouillé du diocèse de Poitiers ; 5° Pièces inédites rares et curieuses concernant le Poitou et les Poitevins ; 6° avec Paul, un de ses fils, De Ruffec à Niort, notes de voyage ; 7° Tiers-Etat du Poitou en 1789 ; 8° Dictionnaire historique, biographique et généalogique des Familles de l'ancien Poitou, que lui avait légué son aïeul Henry Filleau, et dont il publia la 1re édition de 1840 à 1854, avec le concours dévoué d'un ami comme on en voit peu, M. Charles de Chergé ; au perfectionnement duquel il a consacré la meilleure partie de sa vie, et dont il publie la seconde édition avec le concours de trois de ses enfants et de plusieurs membres de sociétés savantes du Poitou ; enfin un grand nombre d'articles sur divers sujets dans différents journaux ou revues.

Il avait été nommé juge de paix du canton de Chef-Boutonne le 28 mars 1857, et le 25 mai 1880 il fut admis, sans l'avoir demandé, à faire valoir ses droits à la retraite, révocation déguisée, motivée par ses opinions politiques et religieuses, car il n'avait aucun droit à les faire valoir, d'après les règlements.

H. Beauchet-Filleau a épousé, le 1er févr. 1842 (Granier-St-Aubin, not. à Chef-Boutonne), Rosalie-Eugénie GILBERT DU DEFFANT, fille de Anselme, ancien maire de Chef-Boutonne et ancien conseiller général de ce canton, et de Hélène-Rosalie Chabot de Potonnier. De ce mariage sont issus : 1° HENRI-ANSELME-ALEXANDRE, né le 1er déc. 1842, moine bénédictin de la Congrégation de France à l'abb. de Ste-Marie-Madeleine de Marseille, l'un des collaborateurs à l'œuvre du Dictionnaire, a réédité en 1878, à Poitiers, la Preuve des Litanies de Ste Radegonde, ouvrage de Jean Filleau, l'un de ses aïeux ; 2° EUGÈNE-LÉON, né à Poitiers, le 17 avril 1844, marié à Bordeaux, le 19 oct. 1869, à Céleste-Marie-Michelle TATIN, fille de Louis et de Françoise-Honorine de Marin, dont GERMAINE-MARIE-EUGÉNIE, née le 27 avril 1889 ; 3° MARIE-ANNE-CLÉMENCE, née à Poitiers le 2 janv. 1846, décédée à Chef-Boutonne le 7 sept. 1861 ; 4° EUGÉNIE-HÉLÈNE-LYDIE, née à Poitiers le 27 mai 1847 ; 5° JEAN-BAPTISTE-EDMOND, né à Chef-Boutonne le 26 nov. 1848, a fait la campagne de 1870 dans les volontaires de Cathelineau ; 6° GEORGES-HENRI, né à Chef-Boutonne le 10 janv. 1852, moine bénédictin de la Congrégation de France (abb. de Ligugé), l'un des collaborateurs à l'œuvre du Dictionnaire ; 7° MAURICE-HENRI, né à Chef-Boutonne le 10 juin 1853, marié à Bordeaux, le 5 juin 1882, à Marie-Elisabeth OLIVIER, fille de Jacques-Alexandre et de Louise-Amélie Dutilh ; 8° HENRI-FERDINAND, né à Chef-Boutonne le 2 nov. 1854, marié à Lesparre, le 7 mai 1884 (Rolland, not.), à Marie-Thérèse DUBREYE, fille de Henri-Victor et de Catherine-Françoise-Marie Monségur. De ce mariage sont issues : *a*. CLOTILDE-MARIE-HENRIETTE, le 12 nov. 1885, *b*. MARIE-CLOTILDE-EDITH, née le 7 nov. 1888 ; 9° PAUL-HENRI-FERDINAND, né le 13 févr. 1856 à Chef-Boutonne, collaborateur de son père pour la rédaction du Guide de Ruffec à Niort ; du Tiers-Etat du Poitou en 1789 et de la seconde édition du Dictionnaire, ancien sergent-major au 90e régiment d'infrie ; 10° JEAN-CHARLES, né à Chef-Boutonne le 1er déc. 1858, élève à l'école militaire de St-Maixent, puis sous-lieutenant au 138e régiment d'infrie, actuellement lieutenant au 95e régt d'infrie; 11° JEANNE-LYDIE, née à Chef-Boutonne le 26 nov. 1859; et deux autres enfants morts en bas âge.

BEAUCORPS (DE). — Famille noble et ancienne, originaire de Bretagne, établie dans la Beauce, en Saintonge et Poitou. (V. cab. des titres, fonds Chérin, 19, et une généalogie imprimée en 1854-55, aux 1er et 2e vol. de l'Armorial de la noblesse de d'Auriac.)

Blason : d'azur à 2 fasces d'o.

La filiation suivante est donnée d'après une généalogie dressée au XVIIIe siècle. (Bibl. de Nantes, manuscrit 54777, fonds Bizeul.)

§ Ier. — BRANCHE AÎNÉE.

1. — **Beaucorps** (Geoffroy de), Ec., l'un des combattants du fameux combat des trente, 1350, marié à Jeanne DE GOUYON, aurait eu : 1° GEOFFROY, qui suit; 2° JEANNE, mariée à Alain Gouyon, qui aurait pris le surnom de Gouyon de Beaucorps. (Il paraît plus vraisemblable que Jeanne de Beaucorps fut héritière de la branche aînée de sa famille, et porta le fief principal à son mari, dont la postérité posséda Beaucorps.)

2. — **Beaucorps** (Geoffroy de), marié à Jeanne DE KERANRAIS, aurait eu :

3. — **Beaucorps** (Geoffroy de), marié à N. DE TINTENIAC, qui aurait eu pour fils :

4. — **Beaucorps** (Guillaume de), Ec., sgr de Guillonville et Pruneville (en Dunois), est le premier sur lequel on ait des renseignements certains, et devait être un cadet (ou issu d'une branche cadette) passé en Beauce par suite des guerres. Il figure dans des actes de 1454-1456 (donation entre-vifs) et de 1479 (ce dernier fut produit en 1667). Marié, vers 1450, à Agnès DE BARNIÈRES, fille de N. et de Perrine d'Escauville ? il en eut : 1° GEOFFROY, qui suit; 2° ISABEAU, mariée à Philibert de Mouillebert (aveu 1477) ; 3° GUILLAUME, sgr d'Escauville, marié à Blanche DE LA FOREST, dont il eut JACQUES, sgr de Pruneville.

5. — **Beaucorps** (Geoffroy de), marié à N. ROUSSELET, partagea avec ses frère et sœur la succession maternelle en 1504. Il eut pour enfants : 1° LOUIS, qui suit; 2° JEAN, chef de la branche de Saintonge, § II; 3° MARIE.

6. — **Beaucorps** (Louis de), marié à Jeanne DE LA FOREST (que l'on croit sœur de Blanche), eut : 1° GEOFFROY, 2° JACQUES, qui suit; 3° JACQUETTE.

7. — **Beaucorps** (Jacques de), marié en 1567 à Louise DE FRESNE. (Nous ne savons pas s'il eut postérité.)

§ II. — BRANCHE DE **SAINTONGE**.

6. — **Beaucorps** (Jean de), Ec., sgr de Guillonville, fit aveu de ce fief le 27 juin 1548 (était fils puîné de Geoffroy, 5e degr., § I). Il fut tué en 1565 au siège de St-Jean-d'Angély. Marié à Jeanne LE MARESCUAL, il en eut : 1° ANTOINE, qui suit; 2° JEANNE (ou ANNE), mariée à Gaspard St-Rheme (St-Remy ?), Ec., sgr de Bruneville; 3° N.

7. — **Beaucorps** (Antoine de), Ec., sgr de Guillonville, capitaine dans l'armée du prince de Condé, partagea avec ses sœurs le 19 nov. 1578, et se distingua à la défense de Brouage en 1577. Il épousa : 1° le 26 janv. 1571, Isabeau DE Ste-HERMINE, veuve du sr de Châteaubardon; 2° le 5 nov. (*aliàs* 25 déc.) 1585, Dorothée DE LA JAILLE, De d'Aunezay, fille de René, Ec., et de Jeanne Bouchard. Il eut du 1er lit : 1° HENRI, Ec., sgr de Guillonville, marié en 1608 à Esther GARNIER, dont il eut : *a.* MARIE, qui épousa, le 26 août 1641, François de la Rochefoucauld, Ec., sgr de Fontpastour; *b.* HENRIETTE, mariée vers 1630 à Daniel du Vergier, Ec.; *c.* ELISABETH, mariée à Jean des Marais; *d.* ESTHER, mariée à Marc Hilairet, Ec.

2° DAVID, qui suit; 3° LÉA, 4° DOROTHÉE. Du 2e lit il eut : 5° PIERRE, chef de la branche de Guillonville, § III. (D'après les notes de Chérin, tous les enfants seraient du 1er lit.)

8. — **Beaucorps** (David de), Ec., sgr de la Bastière, épousa, le 19 janv. 1625, Jeanne AFFANEUR, fille de Jacob, Ec., sr de la Jarrie, Cantenceuil, et de Marthe Marchez, dont : 1° LOUIS, qui suit; 2° JUDITH, mariée en 1652 à Joachim de Beaucorps, Ec., sgr de Guillonville (9e deg., § III); 3° HENRIETTE.

9. — **Beaucorps** (Louis de), Ec., sgr de la Bastière, né en 1637, épousa : 1° le 19 août 1671, à Salles, Madeleine VACHEREAU, veuve de Pierre Blandin, Ec., sgr de Lerbaudière, et 2° le 18 mai 1681, Jeanne-Elisabeth HUSSON, fille d'Etienne et de N. Taillourdeau, dont il eut : 1° SUSANNE, 2° ELISABETH, mariée, le 4 avril 1695, à Elie de Beaucorps (10e deg., § VI).

§ III. — BRANCHE DE **GUILLONVILLE**.

8. — **Beaucorps** (Pierre de), Ec., sr de la Baraudière, la Grange, fils d'Antoine et de Dorothée de la Jaille (7e deg., § II), épousa : 1° le 17 sept. 1617, Françoise RAVAUX (ou RAMARD, *aliàs* DE RAMOND), fille de noble homme Isaac et de Judith Huet; 2° à Tonnay-Charente, le 4 janv. 1639, Gabrielle DE VILLEDON, fille de Ruben, Ec., sr de Magezy, et de Jeanne de Lestang. Il eut du 1er lit : 1° JOACHIM, qui suit; 2° DOROTHÉE, mariée à Henri de Joubert; 3° AMAURY, Ec., sr de la Grange, marié, le 3 févr. 1655, à Louise JACQUES, fille de Achille, Ec., sr de la Besserie, et de Renée Machecoul; eut peut-être postérité; 4° HENRI, sr de l'Espineuil, rapporté au § V; du 2e lit : 5° HECTOR, 6° GABRIELLE, 7° CHARLES, rapporté au § VI.

9. — **Beaucorps** (Joachim de), Ec., sgr de Guillonville, marié, le 10 nov. 1652, à Judith DE BEAUCORPS, fille de David et de Jeanne Affaneur (8e deg., § II), dont il eut CHARLES.

10. — **Beaucorps** (Charles de), Ec., sgr de Guillonville, marié : 1° le 3 avril 1691, à Marie-Madeleine DE CORNACQ? 2° le 14 févr. 1705, à Bénigne DE MEAUX DU FOUILLOUX, eut du 1er lit ELISABETH; du 2e lit, CHARLES-LOUIS, qui suit.

11. — **Beaucorps** (Charles-Louis de), Ec., sgr de la Bucherie, né le 20 mai 1708, épousa : 1° le 30 août 1730, Marie GRÉGOIREAU DE LA PILÉNERIE, et 2° Madeleine BÉRAUD. Il eut du 1er lit HENRI-CHARLES, qui suit; du 2e, PIERRE-PHILIPPE-CÉLESTIN, rapporté au § IV.

12. **Beaucorps** (Henri-Charles de), sgr de la Bucherie, Bon de l'Isleau, marié, le 18 juill. 1767, à Marie-Anne-Marguerite POITEVIN, dont il eut : 1° GUILLAUME-CHARLES, sgr de la Bucherie, Bon de l'Isleau, marié à N. DUPIN DE BELUGARD, sans postérité; 2° MARIE-AGATHE-BÉNIONE, mariée à Louis-René Cte Potier de Pommeray.

§ IV.

12. — **Beaucorps** (Pierre-Philippe-Célestin de), fils puîné de Charles-Louis et de Madeleine Béraud 11 deg., § III), épousa Marie-Anne Guérin de Lestang, dont

13. — **Beaucorps** (Charles-Louis de), marié à Marie-Adélaïde Boucher, dont :

14. — **Beaucorps** (François-Prosper de), sous-commissaire de la marine à Rochefort.

§ V. — Branche de **L'Epineuil**.

9. — **Beaucorps** (Henri de), Ec., sgr des Crouillères, fils de Pierre et de Françoise Ravaux (8e deg., § III), épousa, le 14 sept. 1654, Marie de Bertenet, dont il eut :

10 — **Beaucorps** (Pierre de), Ec., sgr des Crouillères, Beaulieu, émancipé le 25 déc. 1682, épousa, le 23 janv. 1707, Catherine Labbé, dont Jean-Jacques, qui suit.

11. — **Beaucorps** (Jean-Jacques), Ec., sr de l'Epineuil, marié, le 31 mars 1736, à Françoise Poirier, eut pour fils :

12. — **Beaucorps** (Guillaume Cte de), sgr de l'Epineuil, comparut à l'assemblée de la noblesse de Saintonge en 1789 et fut incarcéré à Brouage pendant la Révolution. Né à Cozcoury le 5 août 1737, il épousa, le 23 juin 1763, Marie Pauté, dont il eut :

13. — **Beaucorps** (Jean-Jacques de), capitaine de dragons, Chev. de St-Louis, marié en 1801 à Françoise de Lambert, dont :

14 — **Beaucorps** (Marie-Guillaume-Théophile de), habitant Terrefort près Saintes, marié en 1824 à Julie-Delphine Pelletreau, dont : 1° Jean-Félix-Gustave, 2° Antoinette, mariée à N. Savary, conseiller à la cour de Poitiers ; 3° Jules-Ludovic, 4° Marie-Camille, épousa N. Ordonneau.

§ VI. — Branche de la **Bastière**.

9. — **Beaucorps** (Charles de), Ec., sgr de Boisroux (fils de Pierre et de Gabrielle de Villedon, 8e deg., § III), épousa, le 4 janv. 1665, Anne Rivet, fille d'Etienne, ministre à St-Just, et de Jeanne Baudouin, dont il eut : 1° Elie, qui suit ; 2° Marie-Anne.

10. — **Beaucorps** (Elie de), Ec., sgr de Cherves, la Thiberdrie, marié, le 4 avril 1695, à Elisabeth de Beaucorps, fille de Louis, Ec., sr de la Bastière, et d'Elisabeth Husson (9e deg., § II), eut : 1° Louis-Charles, qui suit ; 2° Jacques-Elie, Ec., sr de la Grange ; 3° Henriette, 4° Madeleine-Elisabeth.

11. — **Beaucorps** (Louis-Charles de), Chev., sgr de la Bastière, Sigogne, fit aveu de ce fief à Rochefort en 1739. (N. Féod.) Marié, le 17 févr. 1727, à Marie-Sylvie-Henriette de Roquefeuil, fille de Jean, Chev., sgr de la Salle, et de Marie-Henriette de Gombaud, il en eut : 1° Pierre, qui décéda sans hoirs ; 2° François, qui suit ; 3° Pierre-Louis, Cte de Beaucorps, sgr de Sigogne, St-Sornin-la-Marche, capitaine de dragons, marié en 1771 à Marie-Angélique-Félicité-Mélanie-Adélaïde de Lambertye, fille d'Emmanuel-François Mis de Lambertye et de Marie-Jeanne d'Anché ; il décéda sans postérité ; 4° Louise-Henriette, mariée à Armand-Louis-Philippe du Fay, Chev., sgr de la Taillée et de Vandré ; 5° Jacques, officier de marine, décédé sans alliance.

12. — **Beaucorps** (François Mis de), Chev., sgr de la Bastière, le Fresne, Cherves, Annezay, Parençay, partagea avec son frère et sa sœur le 27 juin 1755. Il était écuyer ordinaire du Roi et chevau-léger de la garde. Marié, le 20 mars 1761, à Marie-Madeleine-Elisabeth-Victoire-Charlotte du Souchet, fille de Charles, Ec., sgr de Maqueville, Villard, et de Marie-Angélique Joubert, il eut pour enfants : 1° Pierre-Louis, qui suit ; 2° N., page de la Ctesse d'Artois, décédé jeune ; 3° Henri-Madeleine, qui a formé la 2e branche des Mis de Beaucorps de la Bastière, § VII ; 4° Armand-Angélique, Chev. de St-Louis, émigré en 1791, marié à Joséphine Huguetéau de Chaillé, sans enfants ; 5° Marie-Françoise-Angélique, mariée, le 7 janv. 1783, à Louis Louveau, Ec., sgr de Guigneraye ; 6° Henri-Charles-Marie, a formé la branche de Parençay (§ IX) ; 7° Auguste-François, a formé la branche § XI.

13. — **Beaucorps** (Pierre-Louis Cte de), sgr de la Bastière, fut 1er page de Louis XVI, capitaine de dragons ; il mourut en émigration en 1793. Marié en 1784 à Henriette-Marie-Jeanne de Milon de Mesme, fille de N. et de Anne-Madeleine de Créqui, il en eut : 1° Auguste-Ferdinand, qui suit ; 2° Alexandrine-Marie, qui épousa en 1803 Henri-Madeleine de Beaucorps (son oncle, 13e deg., § VII).

14. — **Beaucorps-Créqui** (Auguste-Ferdinand Cte de), capitaine des grenadiers à cheval de la garde royale, Chev. de St-Louis et de la Légion d'honneur (fut autorisé, le 11 oct. 1815, à joindre à ses nom et armes les nom et armes de Créqui). Marié, le 23 juin 1812, à Elisabeth Hurault de St-Denis, il en eut : 1° Victor-Geoffroy-Raoul, né en 1820, décédé en 1857 ; 2° Anna-Emilie, mariée à James de Marolles ; 3° Louise-Léa, mariée à Anselme Cte de Monspey ; 4° Mathilde-Aglaé, mariée à Henri de Beaucorps-Parençay (14e deg. § IX).

§ VII. — Deuxième Branche de la **Bastière**.

13. — **Beaucorps** (Henri-Madeleine Cte de), fils de François et de Madeleine du Souchet (12e deg., § VI), officier au régt de Royal-Pologne, fit plusieurs campagnes à l'armée des Princes et sous le prince de Condé pendant l'émigration. A l'époque de la Restauration, il fut nommé chef de bataillon et Chev. de St-Louis. Marié, le 17 sept. 1807, à Alexandrine-Marie de Beaucorps, fille de Pierre-Louis et de Henriette-Marie-Jeanne de Milon de Mesme, (13e deg. § VI,) il en a eu : 1° Edouard, qui suit ; 2° Eugène-Henri-Ferdinand, officier de chasseurs, marié à Eugénie-Marie de Gyvès ; 3° Albert-Estève-Geoffroy, rapporté au § VIII.

14. — **Beaucorps** (Edouard Mis de) a épousé, le 1er févr. 1833, Adèle de la Poussière de Près de Fains, dont : 1° Henri-Marie, 2° Robert-Marie, qui suit ; 3° Valentine-Marie, mariée en oct. 1851 à Fernand de Tailfumyr Cte de St-Maixent.

15. — **Beaucorps** (Robert-Marie Cte de), marié en 1877 à Marie de Gaalon, dont : 1° Pierre, 2° Henri, 3° Jean, 4° Adèle.

§ VIII. — Troisième Branche de la **Bastière**.

14. — **Beaucorps** (Albert-Estève-Geoffroy Vte de), fils puîné de Henri-Madeleine et de Alexandrine-Marie de Beaucorps (13e deg., § VII), a épousé Euphémie de Gyvès, dont : 1° Geoffroy-Marie, qui suit ; 2° Berthe-Marie.

15. — **Beaucorps** (Geoffroy-Marie Vte de) a épousé en 1879 Marie de l'Abadie d'Aydren, fille du général, dont postérité.

§ IX. — Branche de **PARENÇAY.**

13. — **Beaucorps** (Henri-Charles-Marie Cte de), sgr de Parençay, fils puîné de François et de Madeleine du Souchet, 12e degr., § VI, né le 8 sept. 1771, fit ses preuves devant Chérin pour entrer dans la marine, le 27 fév. 1789. Il fut reçu chevalier de Malte en 1790. Pendant la Révolution, il servit à l'armée des Princes et fut nommé Chev. de St-Louis. Marié, le 5 nov. 1804, à Anne-Louise du Vergier de la Rochejacquelein, fille de Henri-Louis-Auguste, Mis de la Rochejacquelein, et de Constance-Lucie Bonne de Caumont d'Ade de Milteau, il en eut : 1° Henri, qui suit ; 2° Octave, chef de la branche X ; 3° Constance, mariée à Eugène des Bordes de Jouzac ; 4° Eveline, religieuse.

14. — **Beaucorps** (Henri Cte de) épousa en 1844 sa cousine Mathilde-Aglaé de Beaucorps-Créqui, fille d'Auguste-Ferdinand et d'Elisabeth Hurault de St-Denis (14e deg. § VI), dont il eut : 1° Yvon, qui suit ; 2° Eveline, mariée au Bon de St-Géniès ; 3° Yolande, mariée, le 4 nov. 1873, à Charles-Louis Cte Aymer de la Chevalerie.

15. — **Beaucorps** (Yvon Cte de) a épousé en 1884 Laura Cannon, dont postérité.

§ X.

14. — **Beaucorps** (Octave Vte de), fils puîné de Charles et d'Anne du Vergier de la Rochejacquelein (13e degr., § IX), épousa en 1835 Elisabeth Boucher de Molandon, dont il eut : 1° Maxime, qui suit ; 2° Octavie, mariée au Cte de Troguindi ; 3° Adalbert, officier.

15. — **Beaucorps** (Maxime Cte de), marié en 1852 à Thérèse Soudeau de Beauregard, a eu : 1° Henri, 2° Geoffroy, 3° Charles, 4° Remy, 5° Elisabeth, 6° Marie.

§ XI.

13. — **Beaucorps** (Auguste-François de), dernier fils de François et de Madeleine du Souchet (12e deg., § VI), reçu Chev. de Malte en 1790, servit dans la guerre de la Vendée et fut fait Chev. de St-Louis. Marié à N. Machat de Pompadour, il en a eu : 1° Auguste, marié à Antoinette de Villedon ; 2° Gustave-Adolphe, qui suit ; 3° Henriette, mariée à Laurent-Alexandre-Charles Chebrou du Petit-Château.

14. — **Beaucorps** (Gustave-Adolphe de), marié à N. de Merville, a eu pour enfants : 1° Geoffroy, qui suit, 2° Caroline, mariée à N. de Rebouh.

15. — **Beaucorps** (Geoffroy Vte de) épousa en 1860 Berthe Arnault de Guenyveau, fille d'Alexandre et de N. de Chateigner, dont il a eu : 1° Geoffroy, 2° Guy, 3° Marie-Louise, mariée à N. de Belleville ; 4° Caroline.

BEAUFILS ou **BEAUFILZ.**

Beaufilz (Jean) était en 1420 sgr des Bordes ou Gaignerie du Breuil-en-Boismé, arrière-fief relevant du Poyron. (Hre Bressuire.)

Beaufils (Jacquette), fille de noble homme René, Ec., sgr des Garronnières, épousa, par contrat du 10 juin 1424, noble homme Pierre de Boissard, Ec., sgr de la Rigauderie, de la province d'Anjou. (F.)

Beaufilz (Jean), fils de Nicolas et de feu Jeanne de Linax, était en 1433 sgr de la Garondonnière, la Gautonnière, etc., fiefs relevant de Chiché. (Hre Bressuire).

Beaufils (Pierre de), fils du plus riche bourgeois de Loudun, servit, le 23 août 1454, comme archer dans une montre composée pour la plupart de gentilshommes du Poitou. (Cabinet de Gaignière.)

Beaufilz (Marie) était prieure de Villesalem en 1527. (B. A. O. 1856.)

BEAUFINE (N.) était sénéchal du Chapitre de St-Hilaire de Poitiers en 1780. (F.)

BEAUFORT (de). — V. **SCOURIONS.**

BEAUFOSSÉ (René de), Ec., sgr de Largerie, porte : « échiqueté d'argent et d'azur ». (D'Hozier, d'office.)

BEAUGÉ (René de) porte : de gueules à la croix d'argent engreslée. (Arm. de l'élection de Loudun.)

BEAUHARNAIS. — Cette maison originaire d'Orléans était issue de Guillaume, sgr de Miramion, marié, par contrat du 20 janv. 1390, avec Marguerite de Bourges. Elle était représentée en Poitou par la branche des Roches-Baritaud, qui suit.

Blason : d'argent à la fasce de sable surmontée de 3 merlettes de même.

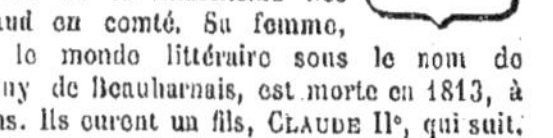

Beauharnais (Claude de), chef d'escadre des armées navales, obtint du Roi (lettres patentes du mois de juin 1750) l'érection de la châtellenie des Roches-Baritaud en comté. Sa femme, connue dans le monde littéraire sous le nom de Comtesse Fanny de Beauharnais, est morte en 1813, à l'âge de 75 ans. Ils eurent un fils, Claude IIe, qui suit.

Beauharnais (Claude de), IIe du nom, Cte des Roches-Baritaud, officier aux gardes françaises, a assisté par procureur à l'assemblée de la noblesse tenue à Poitiers en 1789 pour nommer des députés aux Etats généraux. Il fut créé pair de France par Louis XVIII, le 4 juin 1814, et mourut en 1819, sans postérité mâle.

Il avait épousé d'abord Claude-Françoise-Gabrielle-Adrienne de Marnezia-Lezay, fille du Mis de Marnezia, dont il eut Stéphanie-Louise-Adrienne, née le 28 août 1789, mariée, le 8 avril 1806, au duc Charles-Louis-Frédéric de Bade, et veuve le 8 déc. 1818. En secondes noces Claude épousa N. Fortin, fille d'un ancien capitaine de cavalerie, dont il eut Joséphine-Désirée, mariée, le 7 novembre 1832, à Adrien-Hippolyte Mis de Quiqueran de Beaujeu. (Borel d'Hauterive.)

BEAUJAU (Pierre) était garde-scel du prince d'Aquitaine et de Galles à Poitiers le 3 avril 1369. (F.)

Beaujau (Phelippon), Ec. Aimeri Rataud lui céde, moyennant 12 deniers de devoirs, l'hommage que Pierre Froaut de Bouçay lui faisait à raison de son herbergement de Boussay, le 6 avril 1365. (B. A. O. 1877, 439.)

BEAUJEU. — Il a existé en Poitou plusieurs familles de ce nom.

Beaujeu (Guillaume de) fut témoin de l'abandon fait à l'abb. de St-Cyprien par divers seigneurs, vers 1088, de droits et coutumes qu'ils prétendaient sur la terre de Bellefonds. (D. F. 7.)

Beaujeu (Marc de), Ec., sgr de St-Martin, teste

le 30 mai 1591 à Fontenay (Grignon et Symonneau, not.), en faveur de Baptiste Buor, Ec., sgr de la Lande, pour les bons services qu'il lui a rendus. (O. B. Fillon.)

Beaujeu (Michel), sr de la Vergnaye, transige le 2 sept. 1700, comme étant aux droits de Marie-Anne de Caillo, veuve de Antoine Jousseaume, Ec., sgr de la Chalonnière, avec des membres des familles Brunet et Palustre, au sujet du partage des biens de feu Marguerite Palustre, épouse en son vivant de feu François de Caillo, Ec., sgr de Beauvais.

BEAUJEU, SGRS DE LA JALLIÈRE (psse de la Boissière en Gâtine, D.-S.).

Beaujeu (Guillaume), vivant en 1310, eut un fils :

Beaujeu (Guillaume), sr de la Villenière, qui vivait en 1328.

Beaujeu (Jean), fils de PIERRE, cède la Jallière à Jean L'Archevêque, sire de Parthenay, le 3 avril 1335, lequel la donne à Philippot de Biars, son écuyer. (Ledain, Gâtine.)

Beaujeu (Marie de), fille de GUICHARD, était dès 1330 épouse de Jean L'Archevêque, sire de Parthenay, qui, le 26 déc. 1333, transigeait avec sa belle-mère. Marie existait encore le 30 sept. 1357. (Ledain, Gâtine.)

BEAULIEU (DE). — Plusieurs familles de ce nom ont habité le Poitou.

Blason : Simon de Beaulieu, archidiacre de Poitiers, 1268, puis archevêque de Bourges, fit la visite du diocèse de Poitiers en 1282. On le dit d'une famille noble de la Brie : d'azur à 7 besants d'or, posés 3, 3, 1, au chef d'or chargé d'un lion issant de gueules.

Bello Loco (*Petrus de*), témoin de l'acte par lequel Pierre II, évêque de Poitiers, confirme, en 1092, les priviléges accordés à l'abb. de Talmond par son prédécesseur. (D. F. 26.)

Bello Loco (*Pascaudus Saurius de*), cité dans l'établissement de la cne de la Rochelle en 1199, par Aliénor d'Aquitaine. (D. F. 25.)

Bello Loco (*Raginaudus de*), témoin d'un don fait aux Templiers de Coudrie par Pierre II, sgr de la Garnache, etc., de cens, qu'il possédait dans le marais de Sallertaine. (A. H. P. 11.)

Bello Loco (*Petrus de*), témoin de l'acte par lequel Ebles, sgr de Mauléon, reconnait en 1174 que c'est à l'abbé et au Chapitre de la Trinité de Mauléon qu'appartient la nomination du prieur de St-Pierre. (D. F. 17.)

Beaulieu (Guillaume de) est témoin de la charte par laquelle Richard Cœur-de-Lion, Cte de Poitou, confirme l'abbaye du Pin dans ses possessions, 1193-1194. (D. F. 5.)

Beaulieu (Maurice de) fait don en 1225 de quelques vignes à l'abb. de Talmond. (D. F. 14.) Est-ce le même qui était cette même année en différend avec Pierre Meschinot, différend au sujet duquel intervint un jugement de Philippe, évêque de Poitiers ? (A. H. P. 6.)

Bealoco (*Willelmus de*), *miles*, relaté dans une donation faite vers 1230 à l'abb. de la Grenetière par Raoul et Guillaume de Mauléon frères. (D. F. 9.)

Beaulieu (Pierre de) devait à l'abb. d'Orbestier, en 1239, une rente d'un quartier de froment sur les terrages du Bernard. (A. H. P.)

Beaulieu (Guillaume de). Pierre Ailgembourse, bailli des ressorts de Touraine, Poitou, Anjou et Maine, ordonne, le 25 juin 1380, une information contre lui et contre Jean de Beaumont, sgr de Bressuire, accusés de divers excès (Arch. de Poitiers. M. A. O. 1882, 49.)

Beaulieu (Jehan de), varlet, demeurant à Beaumont, transige avec le Chapitre de Notre-Dame-la-Grande de Poitiers, au sujet de la propriété d'un pré qu'ils se disputaient, et sur lequel ledit Jean abandonne ses droits, moyennant un royal d'or que le Chapitre lui donne à cause de sa vieillesse et *povreté*, 10 juillet 1432. (O.)

Beaulieu (Olivier de) était un des capitaines des troupes que le duc de Bretagne avait envoyées à son frère le connétable de Richemond, qui lui confia le commandement du chastel de Châteaumur, et par lettres du 22 févr. 1434 il lui donne 60 liv. pour ses bons services. Lui et Isabeau LA RIGAUDE, sa femme, sont relatés dans un acte du 10 juill. 1437 concernant certains anniversaires fondés dans l'église de Châteaumur. (Ledain, Gâtine, et D. F. 25.)

Beaulieu (Jean de) est également nommé dans l'acte de 1437 précité.

Beaulieu (Jean de) sert en brigandinier au ban de 1488. (Doc. inéd. 176.)

Beaulieu (Alexandre de), Ec., sgr de Lavau, épousa, le 21 fév. 1579, Anne PICARD, fille de Nicolas, sgr de Cosnay, et de Marguerite Vigier. (G. Picard.)

Beaulieu (Jehan de), capitaine de 200 hommes de pied. Est-ce lui qui est rappelé dans la correspondance du Cte du Lude, et envoyé vers Charles IX au sujet des menées du lieutenant-général La Haye? (A. H. P. 12.)

C'est lui, peut-être, qui commandait en 1569 une des compagnies de gens de guerre levées par les ordres de François de Scepeaux, maréchal de Vieilleville, et qui étaient à cette époque près du Cte du Lude. (A. H. P. 12.)

Jean de Beaulieu fut assassiné par Jacques de Pailly, sgr de Vaugnérin, qui pour ce meurtre fut condamné, par arrêt de la cour des Grands Jours de Poitiers, du 24 oct. 1579, à avoir la tête tranchée et à 600 livres d'amende envers Jehanne HURAULT, veuve de sa victime. Sa tête fut portée à Tours et placée sur un poteau, au *carrefour de Jean de Beaulieu*. (M. Stat. 1878.)

Beaulieu (N. dit le capitaine), accompagnait le prévôt des maréchaux le 29 nov. 1584, lorsqu'il arrêta, par le très exprès commandement du Roi, le sr de Ste-Soline. (A. H. P. 15.)

Beaulieu d'Outreleau servit au ban de 1703. (F.)

Beaulieu (N.), prêtre résidant à Poitiers et vivant vers 1750, est auteur de poésies insérées dans le Journal de Verdun, an. 1743, p. 425, et 1746, p. 343.

Beaulieu (Charles-Guillaume de), conseiller au bailliage de Loudun et âgé de 53 ans, fut un des témoins appelés pour les preuves de noblesse faites le 27 août 1763 par René-Dominique de Messemé, pour entrer dans l'ordre de Malte. (Gén. de Messemé.)

Beaulieu (N.), le même ? était encore conseiller du bailliage de Loudun en 1777, et honoraire en 1787.

Beaulieu (N.), général au service de l'Autriche, que l'on a prétendu être né dans le Bas-Poitou. Sa biographie a été écrite par Jouyneau des Loges dans l'Athénée de Poitiers, an XIII, nos 60 à 63.

BEAUMANOIR. — Nous ne savons si tous les personnages cités ci-dessous appartiennent bien à la même famille, bien que portant le même nom.

Blason : d'azur semé de billettes d'or.

Beaumanoir (Philippe de), Chev., était sénéchal du Poitou en 1284, 1285 et 1286. (D. F. et F.)

Beaumanoir (Marie-Anne de) épousa Gilles Le Mastin, Ec., sgr de la Rochejacquelein, lequel vivait en 1320. (Gén. Le Mastin.)

Beaumanoir (N. de), Chev. Pierre de Pontlevoy, son mandataire, déclare qu'il tient 60 livres de rente et servira en brigandinier et à deux chevaux. (Montres de Vihiers, Maulévrier, etc., févr. 1471.)

Beaumanoir (Claude de), sgr de la Mothe de Mossemé, gouverneur du Maine, du Perche, épousa en sept. 1643 Marie DE NUCHÈZE, dame de Baudiment, fille de Jacques, sgr de Baudiment, et de Jeanne de Launay. Claude mourut en 1676 ; il fut enterré dans la cathédrale du Mans, laissant comme fille unique MARIE-CLAUDE, D[e] de Beaudiment, mariée en 1680 à Pierre-Emmanuel Thibaud Mis de la Rochethulon.

BEAUMARCHAIS (DE). — V. **BASCHER, BOUHIER, LEMOINE.**

Beaumarchais (Eustache de), Chev. (*de Bellomarchario, Bellomarchesio*), fut sénéchal de Poitou de 1269 à 1276, d'après la liste de M. Filleau. On trouve dans le fonds Latin 17147, f° 387, ancien Gaignière, 677, un extrait d'acte tiré des archives des chapelains de St-Hilaire-le-Grand, où « *Eustachius de Bellomarchesio, miles, senescal. Pictav.* », avec Regnaud de Précigné et Ithier de Magnac, aussi Chev., reconnaît devoir 100 sols à Colin Berruer et Martin Lambert, citoyens de Tours, dimanche *Oculi* 1269. Le sceau d'Eustache de Beaumarchais attaché à cet acte portait d'un côté un cavalier armé, de l'autre un écu chargé d'un chevron. (Dessin de Gaignière.)

BEAUMEL (N.), officier vendéen, fit toujours partie de l'armée commandée par Charette ; il passait pour en être le plus bel homme. Après que Prudent de la Roberie, commandant la cavalerie de l'armée de Charette, eut été tué, ce général lui confia ce poste important. Il fut un de ceux qui périrent glorieusement le 21 févr. 1796, en défendant leur général blessé et surpris par trahison à Froidefond. (F.)

BEAUMETZ OU PLUTOT **BOMETS.** — V. ce nom.

BEAUMONT-D'AUTICHAMP. — La maison de Beaumont d'Autichamp, originaire du Dauphiné, est une des plus illustres et des plus anciennes de cette province, ainsi que le constatent son existence prouvée depuis huit cents ans, et une filiation non interrompue depuis six siècles.

Blason. — La famille de Beaumont-d'Autichamp porte : « de gueules à la fasce d'argent chargée de trois fleurs de lis d'azur ».

La tradition de la famille est qu'elle portait anciennement trois roses ou trois losanges, et que les fleurs de lis mises à la place sont une concession du roi Philippe de Valois, en récompense des services rendus à la France par Amblard de Beaumont, principal ministre du dauphin Humbert, aux talents duquel la France doit le Dauphiné. Cette tradition respectable ne porte que sur des probabilités tirées de la convenance des faits, et n'est constatée par aucun monument du temps.

Le cri d'armes est : Beaumont, Beaumont ! La devise adoptée et justifiée par le trop fameux baron des Adrets était : *Impavidum ferient ruinæ.* (Hist. gén. de la maison de Beaumont, 1779.)

Nous allons donner la filiation de la branche des représentants actuels, tout en négligeant les divers rameaux.

Filiation suivie.

§ Ier. — SEIGNEURS DE **BEAUMONT.**

1. — **Beaumont** (Artaud de), Ier du nom, Chev., sgr de Beaumont, né vers 1200, figure dans plusieurs actes de 1240 à 1263. Il eut d'AMBROISE, sa femme : 1° ARTAUD, qui suit ; 2° AMÉ ou AMÉDÉE, dont postérité ; 3° FRANÇOIS.

2. — **Beaumont** (Artaud de), IIe du nom, Chev., sgr de Beaumont, de la Frette et du Louvet, figure dans plusieurs actes historiques très importants de 1250 à 1310, époque de sa mort. Il eut pour femmes : 1° AMBLARDE N... ; 2° PHILIPPE N... Du premier lit il eut : ARTAUD, qui suit ; et du second lit, quatre autres enfants.

3. — **Beaumont** (Artaud de), IIIe du nom, damoiseau, sgr de Beaumont, de la Frette, du Touvet, etc., etc., obtint, dans le partage de 1302, *castrum de Bellomonte cum ejus edificio et sedili*, etc. ; ratifia les donations de son père, de son oncle et de son aïeul à la Chartreuse de St-Hugon, et mourut vers 1322. Il eut pour femmes : 1° MARGUERITE N. ; 2° AGNÈS, qui paraît être de la maison DE BELLECOMBE. Du premier lit : 1° ARTAUD, qui suivra ; 2° BÉRARD ; du second lit, neuf autres enfants, parmi lesquels on remarque AMBLARD, Chev., principal ministre du dauphin Humbert II, à la sagesse duquel la France dut le Dauphiné.

4. — **Beaumont** (Artaud de), IVe du nom, Chev., sgr de la Frette, des Adrets, etc., figure dans plusieurs actes de 1326 à 1349 ; signe en 1343 le premier traité du transport du Dauphiné à la France ; rend hommage au nouveau dauphin en 1349, et meurt vers 1360, laissant de N.... DE ROCHEFORT DE PÉLAFOL, sa femme, FRANÇOIS, qui suit, et quatre autres enfants.

5. — **Beaumont** (François de), Ier du nom, Chev., sgr de la Frette, des Adrets, etc., a de graves démêlés avec François de Sassenage, qui l'enlève et le fait prisonnier ; recouvre sa liberté par l'entremise du roi Charles V ; fait en 1373 un pacte de famille avec Amblard, son oncle ; rend hommage à l'évêque de Valence et au comte de Genève, fait la guerre à Louis II de Poitiers, comte de Valentinois, et meurt en 1417, laissant de Polie DE CHABRILLAN D'AUTICHAMP : 1° ARTAUD, qui a continué la branche de la Frette ; 2° HUMBERT, qui suit.

6. — **Beaumont** (Humbert de), Ier du nom, Chev., sgr de Pélafol, de Barbières, d'Autichamp, etc., capitaine de gens d'armes, conseiller du duc de Savoie, etc. ; se distingue dans la carrière des armes. Il combat tour à tour pour ses intérêts privés (de 1389 à 1405), pour ceux du roi Charles VI, auquel il rend d'éminents (services de 1711 à 1418), est excommunié par le pape pour excès de pouvoirs et exactions ; s'attache à la Maison de Savoie dont il devient vassal, et meurt en 1436. Ce chef de la branche d'Autichamp est appelé, dans les chartes où il figure, *strenuus, spectabilis miles.*

Il eut pour femmes : 1° Perronnette DE CORDON, 2° Brunissende DE CORNILHAN. Du premier lit il eut : 1° LOUIS, qui suivra ; du deuxième lit : 2° ANDRÉ ou ANDRIEU, qui a formé la première branche d'Autichamp, laquelle s'étant éteinte en la personne de Humbert, petit-fils de Louis, la terre d'Autichamp passa à Antoine, son cousin (10e degr.).

7. — **Beaumont** (Louis de), Ier du nom, mourut en 1439, laissant de Louise DE GROLÉE DE NEYRIEU : 1° GUILLAUME, qui suit ; 2° HUMBERT.

8 — **Beaumont** (Guillaume de), Ier du nom, rend hommage à l'évêque de Valence en 1441, au duc de Savoie en 1466 ; donne procuration à 77 personnes différentes pour l'administration de son immense fortune, et meurt à l'âge de 80 ans, le 14 avril 1515, au château de la Bastie-Rolland. Il eut de sa femme Antoinette ALLEMAN DE CHAMP : 1° CLAUDE, qui suivra, et trois autres enfants.

9. — **Beaumont** (Claude de), Ier du nom, damoiseau, accompagne, selon Allard, le roi Charles VIII dans son expédition d'Italie ; teste le 8 oct. 1515, demandant à être enseveli avec son père. Il avait épousé, le 10 mars 1498, Radégonde D'URRE, dont : 1° JEAN, 2° ANTOINE, qui suivra, et six autres enfants.

10. — **Beaumont** (Antoine de), Ier du nom, Chev., sgr de Pélafol, de Barbières, etc., homme d'armes dans la compagnie de cent lances que commandait en Italie, le 24 oct. 1523, le fameux Bayard, sous les ordres duquel il fit ses premières campagnes, sert avec distinction dans les guerres d'Italie, en 1552, sous le nom de capitaine Barbières. Après quelque temps de repos, il offre, quoiqu'il fût alors âgé de 70 ans, ses services au roi de France, qui le fit chevalier de l'ordre de St-Michel, au mois de mars 1570. Antoine meurt avant 1574, tué, selon toutes les probabilités, lorsque Lesdiguières reprend d'un coup de main la ville de Corp, qu'il avait enlevé auparavant aux protestants. C'est lui qui devint sgr d'Autichamp, et qui continua cette branche après la mort de Humbert III, dernier mâle de la branche d'Autichamp, en vertu de la substitution portée au testament de Humbert, sgr d'Autichamp, son trisaïeul.

Marié à Marguerite DE MONTEUX DE MIRIBEL, Antoine de Beaumont en eut GASPARD, qui suit, et trois autres enfants.

11. — **Beaumont** (Gaspard de), Ier du nom, sgr de Barbières, Pélafol, etc., passe sa vie à combattre, à vendre ses terres et à faire des testaments. Aussi, après avoir testé en 1574, en 1595 et en 1600, il ne garde de la fortune immense de ses ancêtres que la terre d'Autichamp, et laisse même des dettes à sa mort, arrivée en 1617. Il avait épousé, par contrat passé au Crest, le 26 nov. 1578, Antoinette DE VILLETTE DU MEY, dont ANTOINE, qui suit, et cinq enfants.

12. — **Beaumont** (Antoine de), IIe du nom, sgr d'Autichamp, par cession de Louis, son frère aîné, épouse, le 1er sept. 1609, Françoise DE FLORANCE DE GERBEYS, et meurt avant le 9 juill. 1644, laissant : 1° FRANÇOIS, qui suivra ; 2° CHARLES, et deux autres enfants. Charles se distingua dans la carrière des armes, et fut employé avec succès dans des négociations difficiles. Nommé en 1666 pour commander la ville et le château d'Angers, il y mourut en 1692, emportant avec lui des regrets universels.

13. — **Beaumont** (François de), sgr d'Autichamp, de Gerbeys, etc., fut maintenu dans sa noblesse par jugement rendu le 5 déc. 1667 par M. du Gué, intendant du Dauphiné ; fit son testament le 6 janv. 1681, et mourut avant le 14 sept., laissant de Louise-Olympe DE BRESSAC : CHARLES-JUST, qui suit, et quatre autres enfants.

14. — **Beaumont** (Charles-Just de), sgr d'Autichamp, titré marquis d'Autichamp, servit en qualité de cornette au régiment de cavalerie d'Armagnac, en 1675 ; lieutenant de la même compagnie en 1678, puis au régiment de Villeneuve, en Catalogne. La mort de son père le rappela dans ses foyers, et il épousa, au mois d'oct. 1681, Dlle Gabrielle DE LA BAUME-PLUVINEL, fille d'Antoine et de feu Alexandrine de Tertulle de la Roque, dont ANTOINE, qui suivra, et six autres enfants.

15. — **Beaumont** (Antoine de), IIIe du nom, titré Mis d'Autichamp, sgr de la Roche-sur-Grane, St-Martin, etc., capitaine de cavalerie, lieutenant du Roi en la province d'Anjou, commandant les ville et château d'Angers, Chev. de St-Louis, fit son testament le 7 avril 1753. Il avait épousé, par contrat du 16 juin 1710, Jeanne-Olympe BINET DE MONTIFRAY, fille de Pierre, Chev., sgr de Montifray, et de Louise-Olympe de Beaumont-d'Autichamp, dont LOUIS-JOSEPH.

16. — **Beaumont** (Louis-Joseph de), sgr d'Autichamp, de Roche-sur-Grane, etc., titré Mis d'Autichamp, colonel-lieutenant du régiment d'Enghien, et lieut. du Roi dans la province d'Anjou en survivance, naquit à Angers le 24 août 1716, servit avec distinction, et fut tué, à l'âge de 31 ans, à la bataille de Lawfeld, gagnée le 2 juill. 1747. Il avait épousé, par contrat du 24 juin 1737, signé du Roi, de la Reine, du Dauphin et de Mesdames, Marie-Céleste-Perrine LOCQUET DE GRANDVILLE, fille de Charles et de Marie-Céleste de Gaubert, dont il laissa : 1° JEAN-THÉRÈSE-LOUIS, sgr d'Autichamp, de Roche-sur-Grane, de St-Rambert, de Miribel, d'Aunay, de Château-Gonthier, etc., titré Mis d'Autichamp, né à Angers, le 17 mai 1738. Entré au service dès l'âge de onze ans, dans le régiment du Roi, il fit les premières campagnes de la guerre de Sept Ans, devint colonel du régiment de dragons qui prit son nom, et une action d'éclat lui valut, à 24 ans, la croix de St-Louis. Nommé brigadier des armées (1770), puis maréchal de camp (1780), il se distingua dans ces grades et acquit la réputation d'excellent officier de cavalerie. Il était maréchal des logis de l'armée réunie sous les murs de Paris, et qui pouvait sauver le malheureux Louis XVI, si ses plans n'eussent pas été repoussés avec dédain. Ce fut alors qu'il émigra avec le prince de Condé, dont il était écuyer. En 1792, M. d'Autichamp créa un corps de cavalerie qu'il dirigea dans l'expédition de Champagne. Après cette campagne, il contribua par sa valeur et par sa sagesse à la levée du siège de Maëstricht, assiégée par l'armée française. Les tentatives qu'il fit pour pénétrer dans le Midi de la France et dans la Vendée furent toujours rendues inutiles par les événements désastreux de Lyon et de Quibéron, et il se retira d'abord en Angleterre, puis en Russie, où il fut appelé par Paul Ier, qui l'accueillit avec distinction et lui confia des dignités éminentes dans son armée. La faveur du monarque fut continuée au Mis d'Autichamp par son successeur.

A l'époque de la seconde Restauration, M. d'Autichamp, revenu en France, y recouvra son grade de lieutenant-général et fut nommé gouverneur du Louvre. Lorsque les ordonnances de juill. 1830 servirent de prétexte à l'insurrection parisienne, M. d'Autichamp, âgé de 92 ans, était alors retenu au lit par une indisposition fort grave, quand il entendit les premiers coups de fusil tirés le 27 au soir, dans les chantiers du côté de la rue du Chantre. Il oublie alors toutes ses souffrances, et prévoyant l'importance du poste qui lui est confié, il revêt son uniforme, et, incapable de marcher, il se fait transporter aux différents postes qu'il inspecte en personne; et quand ses dispositions sont prises, il se place dans un fauteuil à la colonnade. Là, surmontant la faiblesse de l'âge et les souffrances de la maladie, il dirige la défense et commande le feu à quelques Suisses restés dans le palais. C'était moins dans l'espoir de résister aux efforts de la multitude des assaillants que pour mourir à son poste.

Dix-neuf Suisses tombent morts ou blessés à ses côtés, lui-même est atteint légèrement d'une balle par ricochet; c'est alors qu'après avoir adressé, mais en vain, au maréchal Marmont des rapports d'heure en heure, pour lui demander des chirurgiens, des munitions et des vivres, il est remplacé, dans la nuit du 28 au 29, par un autre général. C'est avec peine que le comte Adrien de Beaumont, son parent, parvient à le faire transporter hors du Louvre envahi par les insurgés.

Retiré à St-Germain-en-Laye, ce courageux vieillard y mourut le 12 janv. suivant, sans laisser de postérité de dame Marie-Charlotte DE MAUSSION DE LA COURTAUJAY, son épouse, et sans avoir reçu les récompenses que ses services avaient méritées, quoi qu'en aient dit les auteurs de quelques biographies partiales et mensongères.

2° FRANÇOIS-CHARLES-ANTOINE, né à Angers le 30 mai 1739, chanoine de l'église de Paris, puis vicaire général de l'archevêché de Toulouse, fut arrêté en 1793 et guillotiné quatre jours avant la chute de Robespierre. L'interrogatoire qu'on lui fit subir devant le tribunal révolutionnaire est, selon la biographie de Michaud, un des plus odieux de cet affreux tribunal.

3° ANTOINE-EULALIE-JOSEPH, qui suit.

17. — **Beaumont** (Antoine-Eulalie-Joseph de), titré Cte d'Autichamp, sgr de Montmoutier, etc., né à Angers le 10 déc. 1744, capitaine de dragons, puis colonel en second du régiment d'Aquitaine, servit sous le maréchal de Broglie, et en Corse sous le maréchal de Vaux; fut blessé à Ponte-Nuovo, revint en France, et passa en Amérique à la suite du régiment d'infanterie d'Agénois. Il se distingua au siège d'York-Town et à la prise de St-Christophe, et devint maréchal de camp, gouverneur de la partie sud de St-Domingue. M. d'Autichamp émigra en 1792 et servit sous les Princes. Rentré en France après le 18 brumaire, il vécut dans la retraite. En 1814, Louis XVIII lui rendit son grade de maréchal de camp, et lui donna le gouvernement de St-Germain, où il mourut en mars 1822.

Il avait épousé, le 16 juin 1765, Agathe-Jacquette GREFFIN DE BELLEVUE, fille de Pierre-Louis, capitaine des milices de St-Domingue et Chev. de St-Louis, et de dame Marie-Louise du Vivier. De cette union naquirent : 1° MARIE-LOUIS-JOSEPH-JACQUES, né en 1766, servit avec distinction dans le régiment d'Aquitaine, dont son père était colonel. Pendant la guerre d'Amérique, une action d'éclat lui valut, à l'âge de 17 ans, la croix de St-Louis. Un détachement de 800 Français, dont il faisait partie, rencontre trois mille grenadiers anglais, et malgré l'infériorité du nombre, les attaque. Tous les officiers français sont tués. M. d'Autichamp, resté seul d'entre eux et blessé d'un coup de feu, continue le combat, lorsqu'une seconde balle l'atteint et le renverse. Là encore, l'épée à la main, il encourage les siens; mais, écrasés par le nombre et privés d'officiers, les Français commencent à plier. M. d'Autichamp allait rester sur le champ de bataille, lorsqu'un soldat l'enlève, le charge sur ses épaules et l'emporte du milieu de la mêlée. Dans cet état aussi pénible que critique, le sang-froid et le courage de M. d'Autichamp ne l'abandonnent pas; il donne encore des ordres au peu de soldats qui lui restent, et les dirige dans leur retraite. A peine remis de ses blessures, se trouvant à la bataille de la Guadeloupe, sur l'un des vaisseaux du Cte de Grasse, il fut emporté par un boulet de canon, sous les yeux de son père.

2° MARIE-JEAN-JOSEPH-JACQUES, né le 7 juill. 1767, major de cavalerie, émigra avec son oncle le Mis d'Autichamp, le suivit à Turin, en Champagne et en Angleterre, puis servit dans un corps d'émigrés en Portugal. Après sa dissolution, il rejoignit en Vendée son frère Charles, auquel il porta les ordres du Cte d'Artois. En 1814, il fut créé sous-lieutenant des gardes du corps, et maréchal de camp le 14 juill. En 1815, il se rendit en Espagne auprès du duc d'Angoulême, reçut de lui une mission pour la duchesse, qui était à Londres, et qui lui donna ses ordres pour la Vendée, où il assista à quelques affaires sous les ordres de MM. de Coislin et Dessoles. Il rejoignit ensuite son frère Charles, sous lequel il servit.

Nommé en août 1815 commandant du département de la Vienne, puis premier lieutenant de la compagnie des gardes du corps de Noailles, il mourut en 1826 ou 1827. Il avait épousé Mlle Eugénie DE LA GALESIÈRE, dont une fille, Zoé, mariée à M. le Mis du Plessis-Châtillon.

3° CHARLES-MARIE-AUGUSTE-JOSEPH, qui suit.

18. — **Beaumont** (Charles-Marie-Auguste-Joseph de), Mis d'Autichamp, naquit au château d'Angers le 8 août 1770. Entré comme simple volontaire, en 1782, dans le corps de la petite gendarmerie, sous-lieutenant au régiment Dauphin-Dragons (1785), capitaine de Royal-Dragons (1787), aide de camp du Mis d'Autichamp, son oncle, même année, il suivit sa famille dans l'émigration en 1792, et revint presque immédiatement en France pour entrer comme adjudant-major dans la garde dite constitutionnelle de l'infortuné Louis XVI. Après le licenciement de cette garde, averti de la part du Roi que ses services pouvaient encore être utiles, il resta au château. Plusieurs autres gentilshommes de la garde, qui avaient reçu le même avis, continuaient leur service en habit bourgeois. De ce nombre était Henri de la Rochejaquelne, qui s'était lié d'une étroite amitié avec M. d'Autichamp.

A la funeste journée du 10 août 1792, lorsqu'après une défense opiniâtre et désespérée, le palais eut été envahi par la populace, plusieurs des royalistes tentèrent une sortie par une issue secrète donnant dans le jardin des Tuileries, au-dessous du pavillon de Flore. MM. d'Autichamp et Henri de la Rochejaquelein étaient du nombre. Une décharge faite à bout portant par des gens embusqués près du Pont-Royal, ayant tué une trentaine de leurs camarades à leurs côtés et dispersé les autres, Henri de la Rochejaquelein suivit la terrasse du bord de l'eau et sauta sur le quai, puis de là sur le bord de la Seine, qu'il traversa dans un bateau, et arriva sans encombre au faubourg St-Germain, où tout était tranquille.

M. d'Autichamp, moins heureux, s'était dirigé vers la terrasse des Feuillants pour tenter de pénétrer à la Convention, où était le Roi. Ne pouvant réussir à percer les rangs serrés des Suisses qui en gardaient les approches, il continue sa route jusqu'au bout du jardin. Une fusillade partie de la rue St-Florentin lui fait rebrousser chemin. Il veut alors escalader le mur du jardin des Feuillants; mais, sur le point de s'élancer dans son enceinte, il voit plusieurs de ses camarades pourchassés par les hordes sanguinaires; il descend, et parvient quelques instants après, à traverser le couvent, dans le jardin duquel il a la douleur de reconnaître les cadavres de huit de ses infortunés camarades. En sortant dans la rue St-Honoré, un homme se précipite sur lui pour l'égorger. M. d'Autichamp étend cet homme mort d'un coup de pistolet. A l'instant même une foule hideuse se précipite sur lui, déchire ses vêtements et le blesse de trois coups de sabre sur la tête. Il tombe baigné dans son sang. Un garçon boucher, armé d'un long couteau, le saisit par les cheveux et l'entraîne le long de la rue St-Honoré, à travers le Petit et le Grand-Carrousel jonchés de cadavres, et tout le long du quai jusqu'à la place de Grève, sur laquelle une populace furieuse massacrait de tous côtés les malheureux Suisses de la garde. M. d'Autichamp, à la vue du sort qui lui est réservé, recueille toutes ses forces, et, profitant du moment où l'attention du garçon boucher qui le tenait est distraite par la vue de cet horrible spectacle, il le terrasse, lui arrache son coutelas, le lui plonge dans la poitrine, et, ramassant un morceau d'habit rouge d'un Suisse égorgé, il se sauve dans la foule en tenant d'une main le couteau ensanglanté, et de l'autre ce lambeau dégouttant de sang qui devient pour lui un trophée protecteur.

Parvenu en lieu de sûreté, le premier soin de M. d'Autichamp est de s'informer du sort de son ami, Henri de la Rochejaquelein, puis s'étant concertés ensemble sur leurs projets ultérieurs, ils sortent de Paris et se rendent à Orléans. Là, M. d'Autichamp ayant acheté une barque, ils se déguisent tous les deux en bateliers et conduisent eux-mêmes leur petite embarcation; ils descendent le cours de la Loire jusqu'au château de Ste-Gemmes, qui appartenait au père de M. d'Autichamp. Henri de la Rochejaquelein, après y avoir séjourné quelques semaines, alla retrouver M. de Lescure, son cousin, à Clisson. M. d'Autichamp rejoignit les Vendéens à Saumur, emmenant avec lui 300 jeunes gens des environs d'Angers. Cette petite troupe forma le noyau des compagnies angevines de l'armée de Bonchamp, auquel se rallia M. d'Autichamp, dont il était le cousin germain.

Le siège de Nantes fut témoin des premiers succès de M. d'Autichamp, qui se mit à la tête d'un colonne de l'armée (27 juin 1793). A l'attaque du bourg de Nort, qu'il emporta, il eut un cheval tué sous lui. Pendant la retraite qui suivit ce fait d'armes, il eut un second cheval tué sous lui, et il ne dut son salut qu'à sa présence d'esprit. Ayant saisi aussitôt la queue du cheval de Forestier, il s'élança derrière le cavalier, et revint ainsi monté rallier les Vendéens, auxquels il fit reprendre leur position. Le 17 juill. 1793, il se distingua au combat de Martigné-Briant; le 26, il s'empara, à la tête de l'avant-garde, des hauteurs d'Erigné, en avant du pont de Cé, pénétra dans la ville, fit couper le pont et prit position en deçà du fleuve, suivant les ordres formels qu'il avait reçus de Bonchamp. Dans cette affaire, il eut encore un cheval tué sous lui. Bonchamp, sûr désormais de la capacité militaire et de la bravoure de son cousin, lui confia la défense d'une partie de l'Anjou, que ses blessures ne lui permettaient pas de protéger lui-même. Le 5 sept., M. d'Autichamp attaqua le général Lecomte, campé à Chantonnay. L'armée républicaine, forte de 20,000 hommes, en perdit 4,000, et le reste se dispersa. Lors des funestes défaites de Cholet et de Beaupréau, M. d'Autichamp occupait St-Florent avec les compagnies bretonnes. Il crut alors devoir opérer une diversion sur la rive droite de la Loire, et il passa ce fleuve; mais il revint bientôt après sur la rive gauche pour y recevoir les ordres de Bonchamp. Cet illustre général, blessé mortellement, mourut bientôt dans les bras de son cousin, en lui recommandant de sauver la vie à 5,000 républicains renfermés dans l'abbaye de St-Florent, et que les Vendéens irrités se disposaient à faire périr. Ce vœu du mourant fut rempli avec une religieuse exactitude, et M. d'Autichamp eut la gloire d'associer son nom à l'acte généreux qui honora les derniers moments de Bonchamp et la cause royaliste.

L'armée vendéenne tout entière ayant passé la Loire dans l'espoir d'occuper un port qui la mît en état de recevoir les secours de l'Angleterre, cette tentative échoua; mais elle fournit à M. d'Autichamp l'occasion de prendre une part brillante à toutes les affaires qui eurent lieu. Nommé commandant de l'une des cinq grandes divisions de l'armée, il forma avec cette division l'avant-garde, sur la bravoure de laquelle le général en chef pouvait compter. Quoique blessé dans une affaire précédente, par la chute de son cheval tué sous lui, M. d'Autichamp fut chargé de tourner l'ennemi à la bataille du Mans, et il parvint, à la tête de sa division, à prendre les républicains en flanc et à les enfoncer. Malgré ce succès, l'armée vendéenne ayant été culbutée, M. d'Autichamp ne dut la vie qu'à l'hospitalité de Mme de Bellemar et à la générosité du colonel de hussards républicains Vidal, qui, blessé comme d'Autichamp, et logé dans la même maison que lui, le sauva en l'admettant dans son régiment en qualité d'instructeur. M. d'Autichamp remplit quelque temps ces fonctions sous le faux nom de Villemet. Il se trouvait avec son régiment à Anvers, lorsqu'il apprit la pacification conclue par Stofflet; il se fit alors connaître aux représentants du peuple, et obtint l'autorisation de retourner en Vendée. Député par Stofflet au comte d'Artois à l'Ile-Dieu, il refusa la croix de St-Louis que ce prince lui offrit en reconnaissance de ses services, disant qu'il ne l'accepterait qu'après le rétablissement de la monarchie.

Après la mort de Stofflet, M. d'Autichamp, nommé général en chef des restes de l'armée d'Anjou et de Haut-Poitou, agit en cette qualité dans les négociations qui eurent lieu, et députa à cet effet l'abbé Bernier à Londres, comme agent général des armées de l'Ouest.

Lorsque la mort de Charette désorganisa l'armée qu'il commandait, M. d'Autichamp, sentant qu'il était impossible de tenir, avec les troupes démoralisées dont il pouvait disposer, contre le général Hoche, traita avec ce général et signa le traité de pacification, ainsi que les autres chefs vendéens. Il vivait en paix depuis cette époque, lorsque, se voyant menacé de l'application de la loi des otages, il se réfugia au milieu des Vendéens de la rive gauche, dont il réunit les débris (1799). Les beaux jours de la gloire vendéenne étaient passés: il ne restait plus des grandes armées compactes de 1793 et 1794 que quelques bandes éparses soumises à un trop grand nombre de chefs pour qu'une direction unique pût leur être imprimée; la campagne qui s'ouvrit n'eut aucun résultat, et après l'affaire des Aubiers, MM. d'Autichamp, de Châtillon et de Bourmont conclurent un armistice qui se changea en paix définitive au mois de décembre suivant.

M. d'Autichamp s'était retiré dans ses terres, après avoir refusé les offres brillantes qui lui furent faites par Bonaparte, lorsqu'en 1813 il fut appelé à se mettre à la tête des Vendéens soulevés en Anjou. Ce mouvement fut rendu inutile par l'entrée de Louis XVIII à Paris. M. d'Autichamp, accueilli par le monarque avec tous les égards dus à ses services, fut nommé lieutenant-général, commandeur de l'ordre de St-Louis et commandant de la 14e division militaire.

Lorsqu'il apprit le retour prodigieux de l'exilé de

l'île d'Elbe, M. d'Autichamp se rendit dans l'Anjou pour y organiser une nouvelle résistance, et bientôt la gendarmerie dut évacuer le pays. Le 15 mai 1815, un mouvement eut lieu, et M. d'Autichamp, à la tête de 5,000 hommes, força bientôt les partisans de l'empereur à rétrograder, et fit son entrée à Cholet à la tête de 14,000 hommes. Il reçut bientôt une invitation de se joindre à M. de la Rochejaquelein sur les côtes de la mer, pour y recevoir des munitions; mais il apprit en arrivant à Legé que les corps de Suzannet et de Sapinaud avaient refusé de pénétrer dans le Marais et s'étaient débandés, tandis que des colonnes ennemies se dirigeaient de tous les points sur les troupes vendéennes. Dans une telle situation, les trois généraux écrivirent à M. de la Rochejaquelein quels étaient les motifs qui les empêchaient de se joindre à lui, et qui leur faisaient une loi impérieuse de défendre le pays confié à leur fidélité. Les troupes impériales, à l'approche de la division de M. d'Autichamp, se replièrent sur Angers et sur les côtes, où le général les suivit. Après un léger avantage obtenu à la Grolle, M. d'Autichamp fit sa jonction avec MM. de Suzannet et Sapinaud; mais leurs forces réunies succombèrent sous les efforts du général Lamarque, et au combat de la Rocheservière, où M. de Suzannet fut tué. Rentré une seconde fois dans son canton, M. d'Autichamp ne prit point part au traité de pacification conclu le 26 juin 1815 entre le général Lamarque et Sapinaud, et il continua à occuper militairement l'Anjou jusqu'à la fin de juillet. Cette attitude donna lieu aux bruits qui circulèrent sur son compte, et auxquels il donna un démenti formel par un ordre du jour signé de tous ses officiers, et dans lequel il déclara qu'il était faux qu'il se fût réuni à l'armée de la Loire commandée par le prince d'Eckmulh.

Après la seconde Restauration, M. d'Autichamp ne fut point oublié par le roi Louis XVIII; il fut nommé, par ordonnance du 26 juill. 1815, président du collège électoral de l'arrondissement de Beaupréau, et par ordonnance du 17 août suivant, membre de la Chambre des pairs.

Nommé commandant de la division militaire à Tours, et appelé bientôt après au commandement de celle de Bordeaux, il fut chargé de former d'abord le cordon sanitaire qui, établi sur les Pyrénées, lorsque la révolution éclata en Espagne, fut ensuite transformé en corps d'observation, lorsque Louis XVIII, décidé à replacer Ferdinand VII sur le trône d'Espagne, déclara en 1823 la guerre aux révolutionnaires de ce pays. La première division de l'armée, commandée par le Mis d'Autichamp, entra en Espagne, exécuta le passage de la Bidassoa, et soumit successivement les villes qui se trouvèrent sur la route, depuis Vittoria jusqu'à Madrid. Après la mort du général d'Almeyras, qui l'avait remplacé à Bordeaux pendant la guerre, M. d'Autichamp fut de nouveau désigné pour reprendre son ancien commandement.

Les travaux de la Chambre des pairs appelaient souvent à Paris M. d'Autichamp; mais alors, étranger aux intrigues et aux coteries, il ne se rallia jamais systématiquement à aucun ministère, et ses votes furent constamment le résultat de ses convictions et de l'inspiration de sa conscience.

Lorsque la révolution de 1830 éclata, M. d'Autichamp se trouvait à Angers, par suite des élections. A la première nouvelle des dangers qui menaceut le trône, il part et arrive à St-Cloud lorsque le roi quittait cette ville pour gagner Rambouillet. M. d'Autichamp le suit, obtient une audience, et presse le monarque de se rendre dans la fidèle Vendée, entraînant toutes les troupes qui se trouveraient sur sa route, et s'emparant des munitions que renfermaient plusieurs villes, et en particulier le château de Saumur. Le Roi goûte ce projet, qui alors offrait des chances de réussite; mais des insinuations perfides, dont on a connu depuis les motifs criminels, l'ayant fait changer de détermination, M. d'Autichamp, désespéré, se retire et va rechercher dans sa terre de la Rochefaton le repos de la vie privée.

En 1832, il quitte cette habitation pour aller, d'après les ordres de Mme la duchesse de Berri, se mettre à la tête du mouvement vendéen sur la rive gauche de la Loire. Mais alors les chances étaient loin d'être aussi favorales qu'en 1830, car le nouveau gouvernement avait entre ses mains les troupes et les moyens d'action que possédait encore à la première époque la royauté légitime.

Instruit par une longue expérience, M. d'Autichamp, qui prévoyait un échec fatal à la cause royale, s'opposa avec toute la force de sa conscience au projet de soulèvement immédiat, et conseilla de se borner à faire des préparatifs pour profiter des circonstances, prévues ou imprévues, que les événements pourraient offrir. Ses représentations n'ayant pas été écoutées, il donna une nouvelle preuve d'abnégation personnelle et de dévoûment, en se soumettant sans murmurer à l'avis des imprudents conseillers de la duchesse de Berri.

L'ordre de prendre les armes lui est envoyé; quoique malade et incapable de marcher et de monter à cheval par suite d'une plaie que dévorait la gangrène, M. d'Autichamp, à l'âge de 62 ans, se fait porter de bois en bois, de chaumière en chaumière, cherchant par tous les moyens possibles à rallier ses braves Vendéens.

L'événement ne justifia que trop les funestes prévisions du général. Lorsqu'il eut appris la retraite de Madame à Nantes, M. d'Autichamp, après bien des périls et sous le coup d'une accusation capitale, parvint à quitter la Vendée, puis la France. Condamné à mort par contumace, il expia par sept années d'exil ses derniers témoignages de dévoûment à la légitimité. Au bout de ce temps de cruelle épreuve, le désir de revoir sa patrie lui fit braver les dangers d'un jugement contradictoire, et il comparut devant la Cour d'assises d'Orléans. Il ne voulut point cependant acheter de ses juges sa grâce par la moindre concession des principes qu'il se faisait gloire d'avoir professés toute sa vie; il avoua franchement sa participation aux événements de 1832, reconnut sa proclamation et ses actes, se confiant à la loyauté de ses concitoyens pour apprécier la sienne; il ne s'était pas trompé: sa franchise, aidée du talent de Me Janvier, son défenseur, le fit acquitter par le jury le 3 nov. 1838.

Depuis cette époque, M. le Mis d'Autichamp vécut retiré dans sa terre de la Rochefaton près Parthenay, où il est décédé le 6 octobre 1859.

Il avait épousé, le 8 août 1797, Mlle Marie-Elisabeth-Charlotte-Henriette-Julie DE VASSÉ, fille du Mis de Vassé, ancien capitaine au régiment des gardes françaises ; sont issus de ce mariage : 1° MARIE-CHARLES-PIERRE-JACQUES-ANTOINE, né à Angers le 1er sept. 1798, Chev. de Malte, capitaine au 1er régiment de carabiniers avant la révolution de 1830, décédé sans postérité le 20 mai 1873 ; 2° MARIE-ANTOINE-PAUL-CÉSAR-ACHILLE, qui suivra ; 3° MARIE-ELISABETH-URBAINE-ANTOINETTE-HENRIETTE, née le 4 oct. 1802, mariée, le 28 sept. 1825, à Auguste-Balthazar-Charles de Pelletier Cte de la Garde, pair de France, maréchal de camp, ancien ambassadeur près la cour d'Espagne ; elle est décédée le 23 janv. 1862 ; 4° ARMANDINE-MARIE-JEANNE, née le 24 juin 1805, morte sans postérité ; 5° MARIE-GABRIEL-JOSEPH-AMBLARD, né le 24 juin 1813, marié, le 27 avril 1843, à Marie-Antoinette-Adeline AGARD DE MAUPAS, fille de Auguste-Marie Mis de Maupas, lieut[t]-colonel, ancien sous-gouverneur du Cte de Chambord, et de Geneviève-Stéphanie-Félicité-Cécile de Martiny, dont il a eu Marie-Charles-Louis, né en 1853, décédé en 1855, et Marie-Augustine, mariée, le 14 déc. 1865, à Henri-Joseph-René Cte Aymer de la Chevalerie.

6° Marie-Charles-Anatole, formera branche au § II.

19. — **Beaumont** (Marie-Antoine-Paul-César-Achille de) Cte d'Autichamp, né le 1er avril 1800, lieutenant des lanciers de la garde royale avant 1830 et mort en 1848, avait épousé en janv. 1833 Félicie-Marie-Gabrielle de Suzannet, fille du Cte de Suzannet, général vendéen, dont il a eu : 1° Marie-Charles-Adhémar, qui suit ; 2° Marie-Louise-Noémie, mariée, le 2 janv. 1856, au Cte Henri de Cumont ; 3° Marie-Charlotte-Clémentine-Emma, mariée au Vte Bienvenu d'Estienne d'Orves, le 4 nov. 1863, à Orléans.

20. — **Beaumont** (Marie-Charles-Adhémar de) Mis d'Autichamp, marié, le 4 nov. 1863, à Louise-Marie-Mathilde-Antonie de Nugent, fille de Simon-Joseph-Sigismond Cte de Nugent et de Marie-Hortense-Mathilde d'Anquetil, dont un fils, Marie-Humbert, né le 17 déc. 1870.

§ II. — Branche cadette.

19. — **Beaumont** (Marie-Charles-Anatole de) Cte d'Autichamp, fils puîné de Charles-Marie-Auguste-Joseph et de Elisabeth-Charlotte-Henriette-Julie de Vassé, 18e degré du § I, né le 17 mai 1819, marié, le 25 févr. 1848, à Anne-Charlotte-Gabrielle Janvre de Bernay, fille de Philippe-Hubert-Charles Vte de Bernay, officier aux hussards de la garde royale, et de Anne-Louise-Eléonore-Charlotte de Salaberry, dont : 1° Marie-Charles-Louis-Hubert-Anatole Vte d'Autichamp, né le 26 mars 1849 ; 2° Marie-Charles-Christophe-Adrien, qui suit ; 3° Marie-Hubert-Stanislas-Gabriel-Hippolyte Vte d'Autichamp, né le 4 août 1851, marié, le 23 avril 1878, à Jeanne Poute de Nieuil ; 4° Marie-Charles-Louis-Amblard-Anatole Vte d'Autichamp, né le 15 sept. 1852 ; 5° Henry-Marie Vte d'Autichamp, né le 28 déc. 1854.

20. — **Beaumont** (Charles-Marie-Christophe-Adrien de) Vte d'Autichamp, né le 30 juill. 1850, mort à Poitiers le 13 août 1889 d'un accident de cheval, avait épousé, le 17 juill. 1878, Marie-Antoinette-Louise-Marthe de la Borie de Campagne, fille d'Arthur Cte de Campagne et de Félicité des Francs, dont : 1° Gabrielle-Marie-Félicité-Thérèse, née le 8 mai 1879 ; 2° Jean-Marie-Arthur-Hubert, née le 1er janv. 1884.

Beaumont (Arthur Cte de) de la branche de Verneuil-Autry, a épousé le 17 oct. 1853 Geneviève-Louise-Mélanie de Bessay, fille de Paul-Marie-Benjamin, Cte de Bessay et de Nelly Gazeau de la Boissière ; dont 1° Amblard ; 2° N., mariée à Henri de Guerry de Beauregard ; 3° Jeanne, mariée en févr. 1889 à Pierre-Hippolyte de Cougny.

BEAUMONT-BRESSUIRE. — Grande famille féodale qui tenait le premier rang parmi les vassaux de la vicomté de Thouars et qui a produit plusieurs personnages distingués. Nous donnons ici sa généalogie telle qu'elle nous paraît établie par les documents connus jusqu'à ce jour, sans pouvoir en garantir la complète exactitude, surtout pour les temps primitifs. Nous avons suivi en partie le travail de M. Ledain dans sa savante Histoire de Bressuire et les notes de M. Guérin, Archives Hist. du Poitou, Trésor des Chartes. Mais nous avons dû modifier plusieurs points d'après les cartulaires et les manuscrits. On trouve dans le Diction. de la noblesse une généalogie incomplète et inexacte des Beaumont-Bressuire, et M. de Courcy en a imprimé une également erronée dans le tome IX supplémentaire de l'Histoire des grands officiers du P. Anselme. Ce dernier auteur place à tort la généalogie des Beaumont-Bressuire après le nom de Raoul de Beaumont, grand Queux de France, 1298-1315. Ce personnage appartenait à une famille étrangère au Poitou.

Nous avons également consulté avec fruit pour notre travail une généalogie de cette famille dressée par M. le Mis de Razilly, dans laquelle nous avons puisé quelques utiles renseignements.

L'origine des Beaumont-Bressuire paraît se rattacher à celle des sgrs de Glazay (jadis Flazay). Dans cette paroisse se trouve un ancien fief appelé la Motte, qui, dit-on, portait jadis le nom de Motte-de-Beaumont. M. Ledain pense que cette famille tirait son nom du château de Beaumont, à Nueil-sous-les-Aubiers. Henri-Louis Chasteigner, évêque de Poitiers, écrivant à Duchesne, vers 1640, dit que le domaine primitif était le fief de Beaumont situé dans le bourg de Luzay. (Duchesne, 33, p. 176.) Mais nous croyons qu'il s'agit seulement d'un fief possédé par la branche des Dorides et appelé de son nom. Dom Fonteneau croit que les Beaumont sont originaires d'une seigneurie de ce nom située près de Mortagne et Tiffauges, cela paraît peu probable. On trouve aussi le village et les bois de Beaumont, psse de Glenay. Mais nous ne croyons pas que ce soit le fief originaire des Beaumont-Bressuire.

Quelques auteurs rattachaient les Beaumont-Bressuire à la famille des vicomtes de Thouars; mais cela doit s'entendre seulement par alliance, et l'origine probable de cette famille doit être rapportée plutôt à l'un des principaux officiers des Vtes de Thouars du xe siècle, qui aura obtenu d'eux plusieurs fiefs. Cependant nous pensons que Bressuire a dû venir seulement par alliance aux Beaumont, sans cela ils auraient porté de préférence le nom de ce fief, bien plus important que les autres.

Blason : de gueules semé de chausse-trapes d'or (ou d'argent), à l'aigle d'or. Sur d'anciens sceaux et dessins, l'aigle a le vol abaissé. — On trouve sur des manuscrits le champ semé d'hermines ; mais on sait que la forme des chausse-trapes se rapproche un peu de celle des mouchetures d'hermine. — Quelques auteurs modernes disent de gueules à l'aigle d'or, à l'orle de chausse-trapes de même (ou 9 fers de lance d'argent). Ces énoncés sont inexacts, car les anciens dessins trouvés par M. Ledain portent le champ semé, suivant l'usage antique du blason. Dans un manuscrit de 1440, les chausse-trapes sont dessinées en forme de croissants. La branche de la Forest portait écartelé de la Haye-Jousselin (de gueules à la croix tréflée d'hermines). (Sceaux. Pièc. orig. 246, 146-148.)

Noms isolés.

Beaumont (Constantin de) est nommé dans une charte du prieuré de la Roche-sur-Yon de l'an 1092. (Peut-être d'une autre famille.)

Beaumont (Richard de) accompagnait en Orient, en 1135, Raymond, fils du Cte de Poitou, qui allait épouser Constance, fille de Bohémond, prince d'Antioche, et fut un des signataires d'une charte passée à Antioche en avril 1140, par laquelle Raymond et sa femme confirment au profit de l'église du St-Sépulcre des droits qu'elle possédait à Antioche. (Hist. Bressuire. D. F. 83.) Nous ne savons pas si ce personnage était Poitevin.

Beaumont (Geoffroy de) fut témoin d'une transaction passée en 1138, à Thouars, entre les moines de St-Florent et l'abb. de Fontevrault. (Cart. La Chaise, 31.)

Beaumont (Raymond de), témoin en 1195 d'un accord passé devant Carin de Passigné, sénéchal de Thouars, entre Seignorel de Villeneuve et le prieuré de Vallettes, p^sse^ d'Assais près Airvau, dépendant de Fontevrault. (Fonds Lat. 5480, 139.) Paraît être des Beaumont près Chinon.

Beaumont (Guillaume de) et Marguerite, son épouse, font, le 3 mars 1258, un don à l'abb. de St-Laon de Thouars. (Cart. St-Laon, M. St. 1875, 81.)

Beaumont (Guillaume de), Chev., passe accord à Thouars, en 1324, avec un grand nombre d'habitants de diverses paroisses des environs de Bressuire qui reconnaissent lui devoir, comme à ses prédécesseurs, des droits de diverses natures. (Hist. Bressuire, 87.) Peut-être est-ce le même qui faisait montre en 1328. (Bib. Nat.)

Beaumont (Geoffroy de), Chev. servant avec un autre Chev. et un Ec., faisait partie de la compagnie de gendarmes de Regnault de Pons, qui fit montre le 26 mars 1350. (Était probablement des Beaumont de Saintonge.)

Beaumont-Bressuire (Louise de) avait épousé Guillaume Baritaud, sgr de Théniès; leur fille épousa Guillaume Foucher, vers 1400. (Gén. Foucher.)

Beaumont (François de), Chev., sgr de Marron, était en 1438 (19 nov.) mandataire de Louis Chabot, Ec., sgr de la Grève et de Chantemerle, dans un accord avec Guy de Beaumont, sire de Bressuire. (Hist. Bressuire, 113, n. 1).

Beaumont (Louis de), Ec., sgr de Marron, témoin, le 30 déc. 1440, de la vente de Prossigny et Ferrière, faite par les Chabot. (D. Villevieille.)

Beaumont (Antoine et Louis de) servent au ban de 1467, sous les ordres de Jacques, sgr de Bressuire, leur parent. (Hist. de Bressuire, 123.)

Beaumont (Antoine de), Ec., sgr de la Rivière-Juliot (p^sse^ des Aubiers, D.-S.), obtint, le 2 oct. 1579, un arrêt de la cour des Grands Jours de Poitiers ordonnant l'arrestation de Gilles de la Forêt, sgr de Treilly, etc. (M. Stat. 1878, 140.)

On trouve quelques titres où sont mentionnés au xve siècle des Beaumont sgrs de la Couraizière. Nous pensons que ces personnages appartenaient à la famille des Beumont ou Benfmont, qui habitait la Gâtine à cette époque.

Origine présumée.

D'après le cartulaire de St-Cyprien (publié dans les Archives Hist. du Poitou, III), il semble que l'origine de la famille des Beaumont-Bressuire pourrait se rapporter à un certain *Rorgo, Arberti vicecomitis, fidelissimus*, qui donna l'alleu de Clazay vers 960. (Cart. n° 161.) Raoul Flamme (*Radulfus, Flamma cognominatus*), avec Arsende, son épouse, Thibaud, son fils, et Laon ou Launon, son frère, donna les 3 églises de Boismé, vers 1020, en présence de Geoffroy Vte de Thouars. Ce Thibaud Flamme fut témoin sous le roi Robert, l'abbé Adalgise et Geoffroy Vte de Thouars, d'un acte concernant le domaine de Chavigné (Smarves près Poitiers), fief qui avait été donné à la même abbaye par les vicomtes de Thouars. Nous pensons que c'est lui qui se trouva présent, sous le nom de Thibaud, fils de Raoul, à la donation des coutumes de Clazay (*Flaiciaco*) faite par Raoul Vte de Thouars, vers 1010 (n° 164). Ces noms de Raoul et Thibaud, joints à la coïncidence des lieux, font penser que ces personnages sont les vrais ancêtres des Beaumont-Bressuire.

§ Ier. — *Filiation suivie.*

1. — **Beaumont** (N. de), sgr de Bressuire, qui pourrait être le Thibaud Flamme cité plus haut, eut pour enfants : 1° Thibaud, qui suit; 2° Guillaume, nommé avec son frère dans une charte d'Aimery Vte de Thouars, en faveur de St-Cyprien, vers 1060. (Cart. n° 166.)

2. — **Beaumont** (Thibaud de), sgr de Bressuire, nommé dans la charte du Vte de Thouars, vers 1060, figure dans une liste des chevaliers qui auraient suivi Guillaume, duc de Normandie, à la conquête de l'Angleterre, en 1066. (Cette liste aurait été composée, en 1199, par Jean Brompton, abbé de Forval? — V. Revue anglo-française, 1, 38, et fonds Dupuy, 690, 58.) Thibaud de Beaumont fut témoin, en 1069, d'un don fait par Geoffroy d'Argenton à l'abbaye de Bourgueil. Il donna lui-même avec ses enfants (qui ne sont pas nommés), en 1088, l'étang et les moulins de Bressuire à l'abbaye de St-Cyprien de Poitiers (n° 268), et confirma, vers 1090, le don d'une église située à Bressuire, fait par Raoul de la Futaye (*de Fusteia*), moine de l'abbaye de St-Jouin-les-Marnes. Lui-même donna à la même abbaye les églises de Chiché; ce don fut confirmé par Aimery Vte de Thouars, vers 1090. Dans cette charte on trouve à la fois *Theobaldus Bellimontis*, sgr de Bressuire, et *Theobaldus Pulchrimontis*, que M. Ledain croit être deux personnages distincts, mais qui nous paraissent plutôt n'être que le même Thibaud, nommé deux fois sous ces formes différentes. (Cartul. St-Jouin.) Le 15 janv. 1093, Thibaud de Beaumont fut présent à Poitiers à l'acte de fondation du prieuré de la Chaise-le-Vicomte; mais il paraît être décédé peu après. Il eut des fils et des filles, qui firent don avec lui à St-Cyprien, mais qui ne sont pas nommés dans la charte. On connaît seulement : 1° Jean, qui suit; 2° Guillaume, mentionné avec son frère Thibaud dans une charte de 1122 du cartulaire de Fontevrault. (Fonds Latin 5480, II, 62.)

3. — **Beaumont** (Jean de), sgr de Bressuire, est souvent appelé simplement Jean de Bressuire dans les chartes. On doit croire qu'il était fils aîné de Thibaud de Beaumont, puisqu'il lui succéda dans son fief. Il fut présent, en 1097, au jugement de l'évêque de Poitiers rendu à Parthenay, le 8 des calendes de février, contre Maurice de Pouzauges. (Villevieille, Trésor généalogique, XI, 108.) Jean de Bressuire donna 10 sous de rente au prieuré de la Chaise-le-Vicomte, comme les autres vassaux du Vte de Thouars, le 7 déc. 1099. (Cartul. de la Chaise, p. 22, 23.) Dans un récit de la conquête de Jérusalem en 1098 (fonds Colbert, 9816), on trouve mentionné le sgr de Bressuire; mais comme Jean de Beaumont figure dans des chartes de 1097 et 1099, en Poitou, il semble peu vraisemblable qu'il ait fait partie de la 1re croisade. Cependant il se pourrait qu'un ou plusieurs de ses frères aient pris part à cette expédition. Il est aussi possible que Jean de Beaumont ait suivi le Vte Herbert de Thouars, qui accompagna le Cte de Poitou en Palestine, en 1101-1102. Mais il revint dans sa patrie, car on le retrouve donnant à Fontevrault, le 7 des calendes de janv. 1122, le fief de la Porraire près Bressuire. Dans cette charte sont nommés 2 fils, Geoffroy et Renoul (*Ranulfus*.) Il est mentionné comme sgr suzerain d'Odon de Doué, dans le don fait par ce dernier à Guillaume, abbé de l'Absie, du temps de Grimoard, évêque de Poitiers, vers 1135. (Cart. Absie, n° 302.) D'après le cartul. de St-Laon de Thouars, Jean de Bressuire, pour obtenir des prières en faveur de sa

femme Marguerite et de ses fils Geoffroy et Raoul, décédés, confirma (probablement vers 1130) une donation, faite par Regnaud Le Roux, de domaines situés à la Touche-au-Noir. Dans cet acte sont nommés Thibaud et Jean, ses fils alors vivants. (M. Stat. D.-S., 1875, 55.)

Ces documents établissent que Jean de Beaumont marié, vers 1080, à MARGUERITE, eut pour enfants : 1° croyons-nous, THIBAUD, qui suivra; 2° GEOFFROY, qui donna en 1125 les terres de la Touche-au-Noir à l'abbaye de St-Laon (cart. p. 7) et qui confirma ce don plus tard, *dum Partiniaco jaceret egrotus infirmitate vulneris capitis*. (Cart. p. 27-28.) Cette donation fut confirmée en 1140 par Pierre de Beaumont et *Archeureus* ses frères. Geoffroy décéda avant son père, d'après le même cartulaire de St-Laon ; mais, d'après le cart. de la Chaise-le-Vte, il aurait été présent en 1138 à un accord entre les abb. de Fontevrault et St-Florent. (Peut-être y a-t-il eu 2 Geoffroy, cousins et contemporains.)

3° RAOUL, décédé avant son père, d'après le cart. St-Laon. Nous pensons qu'il est distinct de 4° RENOUL ou RENAUD (*Ranulfus*), qui assista avec son frère Geoffroy au don de la Perraire fait par leur père en 1122 à Fontevrault. Nous pensons que c'est ce personnage qui est appelé Renaud de Clazay? (*de Craciaco, Crachiaco*) dans deux chartes de St-Jouin, en 1139 et 1151 (cart. p. 35-36), et qui fut seigneur de Bressuire (par droit de viage ou retour), vers la même époque, d'après une charte de Bourgueil, où le don de Noëres? fut fait au prieuré de Beaulieu par un seigneur nommé Guérin, *tempore Raginaldi de Craciaco, qui illis diebus dominus de Brochorii erat*. (Cart. Bourgueil.) Cette charte est sans date, mais elle paraît être du milieu du XIIe siècle, d'après une autre de Geoffroy d'Argenton, qui y fait allusion. Dans une charte de l'Absie, Renaud de Clazay est dit frère de Guillaume de Beaumont.

5° GUILLAUME, mentionné dans la charte du don fait par Jean Geslin à Guillaume, abbé de l'Absie, vers 1140, avec *Raginaudo de Tracai, fratre suo* (n° 135). Il fut témoin du don fait par Robert de Moncontour à Jean, prieur de l'Absie, vers 1140. (Cart. Absie, n° 391). Peut-être est-ce lui qui est appelé *Archeureus*, dans une charte de Pierre de Beaumont, qui suit ;

6° PIERRE, dit frère de feu Geoffroy, qui, avec son frère *Archeureus*, confirma en 1140 le don de la Touche-au-Noir, jadis fait par le défunt à l'abbaye de St-Laon. (Il se pourrait cependant que les susdits Geoffroy, Pierre et *Archeureus* ne fussent pas les enfants de Jean de Beaumont, mais seulement ses neveux ou cousins, fils d'un frère ou d'un oncle; car, d'après une charte du cartulaire de la Chaise-le-Vicomte, Geoffroy de Beaumont aurait été présent, en 1138, à un accord entre les abbayes de St-Florent et Fontevrault ;

7° JEAN, dit fils de Jean et de Marguerite, dans la donation de la Touche-au-Noir faite par son père. Il fut présent, vers 1140, au don de Clazay fait par Renaud *de Chasserea*? (Chausseraye ?) à l'abbaye de St-Cyprien, et au don fait par Gautier de Terve? (*de Tarva*) à Guillaume, abbé de l'Absie, vers la même époque (cart. Absie, n° 68); 8° peut-être encore JACQUETTE, qui en 1135 était épouse de Geoffroy de la Flocellière, d'après une note de Dom Fonteneau, titres de la Flocellière (si toutefois la date est exacte).

4. — **Beaumont** (Thibaud de) est, pensons-nous, celui qui succéda à Jean de Bressuire, parce que ce nom de Thibaud se trouve le plus fréquemment employé parmi les seigneurs de Bressuire ; mais nous n'avons aucun document qui puisse nous renseigner sur ce sujet, et la famille a pu être continuée par Raoul ou quelque autre des enfants de Jean. Quoi qu'il en soit, Thibaud est nommé comme fils aîné vivant dans la charte par laquelle Jean de Bressuire donne la Touche-au-Noir à St-Laon, pour sa femme et ses fils décédés. (Cart. p. 55.) Il eut sans doute pour enfants : 1° RAOUL, qui suit; 2° JEAN, qui dans un acte est dit petit-fils de Jean de Bressuire. Ils étaient mineurs vers le milieu du XIIe siècle, et leur oncle Renaud de Clazay posséda la sgrie de Bressuire (par droit de viage), après le décès de leur père.

5. — **Beaumont** (Raoul de), sgr de Bressuire, donna avec ses enfants et ses petits-enfants, vers 1180, une charte d'affranchissement aux habitants de Bressuire, les exemptant de certaines redevances et leur concédant divers droits, entre autres celui de se faire remplacer pour le service militaire, excepté en temps de guerre. Cette charte importante fut signée par les principaux vassaux de la seigneurie, et confirmée par le Vte de Thouars, suzerain. On voit par cet acte que Raoul de Beaumont était alors très âgé, puisque ses petits-fils étaient déjà grands à cette époque. Il fit, à la fin de sa vie, un traité avec Aimery Vte de Thouars, au sujet des droits d'hommage et de rachat dûs pour les seigneuries de Bressuire et de Chiché. Cet accord fut conclu par la médiation de Barthélemy, archevêque de Tours. Une charte du Vte de Thouars, datée du jour des Sts-Simon et Jude 1190, constate que le sgr de Bressuire a payé 20,000 écus pour le rachat de ses fiefs, et que Thibaud de Beaumont, son fils aîné, a fait l'hommage dû au suzerain. D'après ces documents, on voit que Raoul de Beaumont, marié vers le milieu du XIIe siècle, eut pour enfants : 1° THIBAUD, qui suit; 2° GUILLAUME, cru chef de la branche de Glenay, § VIII ; 3° AIMERY, Chev., nommé dans la charte d'affranchissement de Bressuire vers 1180. Il fut peut-être père d'un autre AIMERY de Beaumont, qui possédait des fiefs à Antigny et St-Sulpice-en-Pareds, vers 1260. (Hommages d'Alphonse.)

6. — **Beaumont** (Thibaud de), Chev., sgr de Bressuire, nommé avec son père et ses frères dans la charte d'affranchissement de vers 1180, fit hommage au Vte de Thouars en 1190. En 1194, avec sa femme et ses 2 frères Guillaume et Aimery, il confirma une donation faite à l'Absie par leur père décédé. Pendant la guerre entre les rois de France et d'Angleterre, il suivit le parti de son beau-père le Vte de Thouars, et resta attaché à Jean-sans-Terre jusqu'en 1202. Passant alors au parti du roi de France, il prit part au siège de Niort en 1205. Mais l'année suivante, lorsque le roi Jean débarqua à la Rochelle, il se réunit de nouveau au Vte de Thouars et aux barons poitevins qui s'attachèrent aux Anglais jusqu'à la prise d'Angers. Une trêve fut alors conclue à Thouars le 26 oct. 1206, et pendant quelques années le Vte de Thouars et le sgr de Bressuire demeurèrent en paix. Mais en 1214 ils reprirent les armes pour soutenir Jean-sans-Terre débarqué de nouveau en Poitou. C'est alors que Bressuire fut attaquée par l'armée du roi de France et livrée aux flammes. Thibaud de Beaumont fit divers dons aux prieurés du pays : en 1209 à la Perraire, le 8 déc. 1215 à Pugny, et la même année aux Templiers de Mauléon. En 1217, il fonda le prieuré de Bandouille près Bressuire, en faveur de l'Ordre de Grandmont, et fit un don à l'abbaye de Chambon en 1226. Lorsque le roi de France attaqua les Anglais en Poitou en 1224, le Vte de Thouars et le sgr de Bressuire se soumirent par un traité fait au mois de juin, à Montreuil-Bellay. Mais en 1230, quand le roi d'Angleterre Henri III fut débarqué en Poitou, le Vte de Thouars se rallia encore une fois aux Anglais, avec les barons du pays, entre autres Jean

et Raoul de Beaumont, probablement fils ou proches parents du sgr de Bressuire, qui s'engagèrent par traité à soutenir le roi Henri. (Rymer, I, 312.) Après le départ de celui-ci, les Poitevins se soumirent de nouveau au roi de France, et l'on trouve Thibaud de Beaumont convoqué en 1236 pour la guerre contre le Cte de Champagne. Il mourut vers cette époque, car en 1242 sa veuve Alix de Thouars et Guillaume de Beaumont, son frère ou son neveu, furent convoqués par Louis IX à l'ost rassemblé à Chinon, pour combattre le Cte de la Marche. Dans le cartulaire de Fontevrault (fonds Latin 5480, p. 96), on trouve un sceau de Thibaud apposé à un acte de 1209 ; il porte un cavalier tenant un faucon, et au revers un écu chargé d'un aigle, brisé d'un lambel de 7 pendants.

Thibaud de Beaumont épousa, vers 1170, Alix DE THOUARS, fille d'Aimery Vte de Thouars et de sa 1re femme Sibile (de Laval). Il en eut plusieurs enfants qui ne sont pas bien connus : 1° JEAN, qui suit ; 2° RENAUD, nommé avec son frère aîné dans la charte d'affranchissement de Bressuire, donnée par leur aïeul vers 1180 ; 3° probablement RAOUL, que nous croyons chef d'une branche rapportée au § VII.

7. — **Beaumont** (Jean de), Chev., sgr de Bressuire, fils aîné de Thibaud et d'Alix de Thouars, d'après la charte d'affranchissement donnée par son aïeul vers 1180, était déjà assez grand à cette époque pour être nommé dans cet acte. C'est lui sans doute qui, avec Raoul de Beaumont, signa le traité fait avec le roi d'Angleterre, en 1230. (Rymer, I, p. 362.) Le 17 août de la même année, il reçut du prince anglais une lettre, écrite à St-Georges en Saintonge, lui annonçant une trêve de 15 jours. Dès 1225, on trouve un Jean de Beaumont recevant avec le sénéchal du Poitou une déclaration d'Hélie Rudel refusant de faire hommage au roi de France. (D. F. 17.)

On trouve, dit-on, des chartes de 1233 1236, où Jean de Beaumont serait qualifié sgr de Bressuire. Comme son père Thibaud vivait encore à cette époque, nous pensons qu'il y a eu quelque erreur dans la transcription des titres ou dans les notes prises sur ce sujet. Thibaud mourut vers 1240, et son fils Jean ne paraît pas lui avoir succédé comme sgr de Bressuire ; peut-être mourut-il avant son père. En tout cas, il ne fut pas longtemps seigneur de Bressuire, car, vers 1242, on trouve Raoul de Beaumont qualifié sgr de Bressuire (probablement par droit de viage). M. Ledain, Hist. de Bressuire, avait pensé que le Jean de Beaumont, oncle du maréchal Guillaume de Beaumont, nommé par Joinville dans le récit de la croisade de 1249, était le sgr de Bressuire ; mais le maréchal et son oncle appartenaient à la famille des sgrs de Beaumont-sur-Oise. Nous croyons que Jean de Beaumont, sgr de Bressuire, eut pour fils THIBAUD, qui suit, qui succéda vers 1265, comme sgr de Bressuire, à Raoul de Beaumont, que nous croyons son oncle.

8. — **Beaumont** (Thibaud de), Chev., sgr de Bressuire, Chiché, figure parmi les barons poitevins qui signèrent en mai 1269, avec le Cte Alphonse, la charte fixant le droit de rachat des fiefs. Il vivait encore en 1287, mais était décédé en 1290. Marié, vers 1270, à Agnès CHABOT, fille de Gérard, sire de la Motte-Achard, et d'Eustache de Rais, il eut pour fils : 1° THIBAUD, qui suit, et probablement 2° N... chef de la branche de la Forest, § IV.

9. — **Beaumont** (Thibaud de), Chev., sgr de Bressuire, était mineur sous la tutelle de sa mère et la garde noble de Gérard Chabot, sire de Rais, son oncle, en 1290, 1295 et 1299. Mais il était majeur en 1300 et passa divers actes le 15 mars et le 27 avril de ladite année. Il fut convoqué à l'ost de Flandre en 1318-1319, et fit accord avec le prieur de Bandouille en 1320 et 1322, mais décéda avant 1324. Il avait épousé : 1° vers 1297, Almodie DE LA FLOCELIÈRE, fille de Geoffroy et de Jeanne de Châteaumur. Elle était sa parente, car il fallut dispense pour le mariage. Ils n'eurent point d'enfants, et elle testa le vendredi après la St-Barnabé 1310, faisant diverses fondations pieuses et des legs à Pierre et Marguerite de Beaumont, enfants de feu Raoul, qui devaient être ses neveux ou cousins ; 2° vers 1315, Aliénor DE DERVAL, fille du sire de Derval en Bretagne. (Le sceau de cette dame mis à un acte de 1332 porte un écu parti de Beaumont et d'un fascé de 5 pièces. — Fonds Franç. 20226, 69.) En 1348, on la trouve ayant procès, comme héritière de son frère, contre Bonabes de Rougé.

De ce 2e mariage naquirent : 1° JEAN, qui suit ; 2° dit-on, THIBAUD, qui assista avec Jean en 1344 au mariage de Gilles de Liniers avec Mathurine Cherchemont, d'après une note (Fonds Franç. 20226, p. 69.) Nous pensons qu'il mourut jeune et sans postérité, puisqu'il ne succéda pas à son frère par droit de viage, en 1361. (Mais ce Thibaud peut être un cousin.)

10. — **Beaumont** (Jean de), Chev., sgr de Bressuire, était sous la tutelle de sa mère dans les années 1324, 1326, 1332. Mais en 1346 il était majeur et soutenait un procès contre l'abbé de l'Absie. En 1353, 1355, il fut poursuivi criminellement avec ses complices pour faits de guerre. (A. H. P. 13.) Il eut aussi procès en Parlement à cause de sa femme, le 17 avril 1354, contre la dame de Maillé, sa belle-mère ? et mourut avant 1361.

On manque de renseignements sur son existence ; mais il a dû prendre part aux guerres contre les Anglais qui eurent lieu à cette époque. Marié, vers 1340, à Isabeau DE MAILLÉ, fille d'Hardouin, sire de Maillé, il eut pour enfants : 1° LOUIS, qui suit ; 2° ALIÉNOR, qui épousa Jean de Mathas, sire de Danville (d'après une note, fonds Franç. 20228, 32) ; 3° JEAN, qui a formé la branche de Bury, § II.

11. — **Beaumont** (Louis de), Chev., sgr de Bressuire, succéda à son père en 1361, sous la tutelle de sa mère qui décéda en 1364. Il eut ensuite pour tuteur Thibaud de Beaumont, sgr de la Forêt, qui n'était pas son oncle propre, puisque par le droit de viage il eût succédé à la sgrie de Bressuire après le décès de Jean de Beaumont, père de Louis, mais qui était probablement oncle breton du mineur. A cette époque, Jean Sauvestre, sgr de Clisson, capitaine de Bressuire pour l'Angleterre, enleva le jeune Louis et sa sœur pour les marier, contrairement aux intentions du tuteur. Ce fait est constaté par des lettres de rémission, données par le prince de Galles, le 13 févr. 1368. L'année suivante, le roi de France confisqua les biens du sgr de Bressuire situés en Touraine (Morains et Souzay), parce qu'il suivait le parti des Anglais, et les donna à Pierre Sevin, écuyer, châtelain de Tours, par lettres du 30 nov. 1369.

Les *baillistres* du sgr de Bressuire, mineur, Jean d'Avaugour et Jeanne d'Harcourt sa femme, réclamèrent contre cette donation, et cette affaire fut poursuivie plusieurs années par ladite Jeanne, remariée à Guillaume Paynel, sgr de Hambuye. C'est à cette époque, le 13 mars 1371, que Bressuire fut pris par du Guesclin. A la paix conclue en 1373, après la capitulation de Thouars, le 30 nov. 1372, il fut convenu que les biens confisqués seraient rendus à leurs anciens possesseurs, et par accord du 16 avril 1374, Louis de Beaumont, encore mineur, transigea avec Pierre Sevin, au sujet des fruits perçus par celui-ci pendant sa jouissance des terres de Morains et Souzay. (Notes Guérin, A. H. P. 19.) Louis de Beaumont assista avec l'armée du roi de France à la prise de Mortagne-sur-Sèvre, dernière forteresse occupée par les Anglais en Poitou, en 1373. En 1379, on le trouve à Niort à la suite du duc de Berry, devenu Cte de Poitou. Il fut cité avec Jean de Beaumont (son frère), Guillaume de Beaulieu et autres leurs complices, aux assises tenues à Luçon, par Jean d'Aillembourse, bailli de Touraine, le 25 juin 1380, pour répondre de divers excès commis pendant les troubles. Il vécut jusqu'en 1387, et son frère Jean lui succéda par droit de viage dans la sgrie de Bressuire à cette époque.

Marié, en 1368, à Louise de Thouars, fille de Miles, sgr de Pouzauges, et de Jeanne de Chabanais, il eut pour enfants : 1° Guy, qui suit ; 2° Isabeau, *aliàs* Louise, mariée à Miles Rouault, Chev., sgr de la Motte ; elle mourut le 9 oct. 1448 et fut inhumée aux Cordeliers de Bressuire.

12. — **Beaumont** (Guy dit Guyart de), Chev., sgr de Bressuire, Sigournay, la Barotière, ces dernières sgries du chef de sa mère, ne succéda pas tout d'abord à la sgrie de Bressuire, occupée par son oncle Jean, par droit de viage. On le trouve prenant part à la fondation des Cordeliers de Bressuire, faite par son oncle en 1405 ; mais il lui succéda vers 1414, et en 1415 pour faire face aux armements que l'état de guerre existant en Poitou lui nécessitait de faire, il leva, du consentement des habitants, un octroi ou aide sur sa ville et châtellenie de Bressuire. Il soutenait alors le parti du sgr de Parthenay contre le Cte de Richemont, jusqu'au traité d'Angers du 2 juill. 1417, où il est nommé. Passé ensuite à l'armée du Dauphin, il servit au siège de Parthenay, en 1419, avec 16 écuyers et 6 archers de sa compagnie. Nommé chambellan du Dauphin en 1420, on le trouve faisant montre avec 2 chevaliers, 16 écuyers et 7 archers à cheval, dans une revue passée à Saumur, le 25 avril 1421. Pendant la guerre entre les Penthièvre et les Montfort pour le duché de Bretagne, il suivit le parti des premiers et fut nommé par eux capitaine de Champtoceaux, qu'il défendit pendant 3 mois contre les Bretons (1420). Le 8 janvier de cette année, Charles VII lui avait octroyé l'érection d'un marché, le mardi de chaque semaine, dans le bourg de Chiché ; le 8 oct. suivant, il l'autorisa à lever pendant deux ans une taxe d'un dixième sur le vin vendu à Bressuire, pour en appliquer le produit aux réparations des fortifications et à acquérir des canons et autres engins de guerre. En 1425, le sgr de Bressuire accompagna le connétable de Richemont, qui conduisait le Roi, de Bourges à Poitiers. Jean de Beaumont perdit son fils en 1431, condamné à mort par le Parlement. Cependant on le trouve en mars 1434 dans l'armée du connétable de Richemont pour l'expédition de Sillé-le-Guillaume contre les Anglais. (Mémoires de Guil. Gruel, III, 200.) Il fit un échange en 1437 avec le prieur de St-Cyprien de Bressuire et mourut avant le mois de mai 1440. Il avait obtenu en 1439, par lettres données à Poitiers le 22 févr., le renouvellement de l'impôt du dixième du vin, pour en employer les deux tiers aux fortifications de la ville et l'autre tiers à la défense du château.

Il avait épousé : 1° par contrat du 16 janv. 1402, Marie Chabot, fille de Thibaud, sgr de la Grève, et d'Amice de Maure ; 2° vers 1435, Marguerite du Tréhant ? à laquelle il fit donation du tiers de ses biens, et qui transigea plus tard à ce sujet avec les petits-enfants de son mari. Du 1er lit vinrent : 1° André, qui suit ; 2° Marie, qui épousa Jean de Montfaucon, Chev., sgr de St-Mesmin ; 3° Françoise, mariée, en fév. 1432, à Philibert de Ste-Flaive, sgr de Languiller, auquel elle porta la sgrie de Sigournay. Du 2e lit : 4° Catherine, mariée, le 23 avril 1452, à Pierre de La Haye-Monbault, sgr du Coudray. (Une note de Trincant aux Archives d'Angers ajoute, du 1er lit, Isabeau, mariée, vers 1430, à Jean de Razilly, Chev., sgr de Langlée, Marray, la Bardinière.)

13. — **Beaumont** (André de), Chev., sgr de Lezay, de la Mothe-St-Héraye et La Haye à cause de sa femme, ayant suivi le parti du connétable de Richemont contre La Trémoille, favori de Charles VII, fut arrêté traîtreusement avec Antoine de Vivonne, dans une entrevue entre Parthenay et Poitiers. Conduit prisonnier dans cette dernière ville, il fut accusé devant le Parlement de divers crimes et faits de guerre, commis contre le tout-puissant ministre, et condamné à mort, sous prétexte de lèse-majesté, le 8 mai 1431. Il fut décapité à Poitiers, avec le sr de Vivonne, le 8 ou le 9 mai 1431. Il épousa, vers 1425, Jeanne de Torsay, fille aînée, principale héritière de Jean, Chev., sgr de Lezay, sénéchal de Poitou, grand maître des arbalétriers de France, et de Marie d'Argenton (après la mort d'André de Beaumont, elle se remaria à Jean de Rochechouart, sgr de Mortemar, puis à Philippe de Melun, sgr de la Borde). Il eut de ce mariage : 1° Jacques, qui suit ; 2° Jeanne.

14. — **Beaumont** (Jacques de), Chev., sgr de Bressuire, Lezay, la Mothe-Ste-Héraye, la Haye en Touraine, placé sous la tutelle de son aïeul, lui succéda comme sgr de Bressuire en 1440, à peine âgé de 20 ans. S'étant attaché au Dauphin (le futur Louis XI), il suivit ce prince en Dauphiné, et celui-ci, devenu roi, nomma Jacques de Beaumont son chambellan par lettres de déc. 1461, le traita toujours comme l'un de ses principaux confidents et vint même le voir dans son chât. de Bressuire, dans les derniers mois de 1462. Chargé de nombreuses missions par son maître, le sgr de Bressuire fut souvent l'exécuteur trop fidèle des machinations perfides de l'astucieux monarque. On peut voir dans l'Histoire de Bressuire, de M. Ledain, les nombreuses lettres qu'il reçut du Roi et les étranges commissions qu'il dut exécuter. Ayant pris une part active à la spoliation du Vte de Thouars et de ses héritiers, il en fut récompensé par la charge de lieutenant-général du Roi en Poitou et le gouvernement de la vicomté de Thouars. Cependant, malgré le rôle odieux joué par Jacques de Beaumont dans les intrigues de Louis XI, il ne perdit point la faveur de la Cour, à la mort de ce prince, et la régente Anne de Beaujeu le maintint dans ses charges. En 1484, il fut l'un des principaux témoins dans l'enquête relative à la spoliation de Thouars, et son récit dévoile entièrement l'odieux caractère de Louis XI. (V. ce récit dans l'Hist. de Bressuire.) Après la prise de Parthenay, 28 mars 1487, Charles VIII nomma le sire de Bressuire garde des places de la Gâtine enlevées à Dunois, par lettres du 7 avril 1487. Envoyé en Guyenne, contre Alain d'Albret, Jacques de Beaumont assista, en 1488, à la célèbre bataille de St-Aubin-du-Cormier et fut ensuite nommé conservateur de la trêve conclue avec le duc de Bretagne. En 1489, il devint sénéchal de Poitou à la place d'Yvon du Fou, et en cette qualité commanda le ban et l'arrière-ban des années 1489 et 1491. Jacques de Beaumont décéda le 15 avril 1492, au château de la Mothe-St-Héraye, qui avait été érigé en baronnie par Charles VIII, en récompense de ses services. Il fut inhumé en grande pompe, d'après d'anciens comptes, mais le lieu de sa sépulture n'est pas indiqué. Le sceau de Jacques de Beaumont porte les armes pleines de sa famille : supports, 2 lions; cimier, une tête de bœuf? dans un vol bannerel, quittance 8 fév. 1473. (Pièces orig. 246, fo 148.

Marié, le 26 janv. 1451, à Jeanne de Rochechouart, fille de Jean, Chev., sgr de Mortemar, et de Jeanne Turpin, il n'eut que 3 filles, qui héritèrent de ses domaines : 1° Jeanne, dame de Bressuire, mariée, le 9 nov. 1472, à Thibaud de Beaumont, sgr de la Forest, son cousin; elle décéda sans postérité en 1508; 2° Philippe, dame de Lezay, puis de Bressuire, mariée à Pierre de Laval (Montmorency), Chev., sgr de Loué, Benais, etc.; 3° Louise, mariée, le 3 avril 1475, à André de Vivonne, Chev., sgr de la Châteigneraye, et décédée sans postérité.

§ II. — Branche de BURY.

11. — **Beaumont** (Jean de), Chev., sgr de Souzay, puis de Bressuire (par droit de viage après le décès de son frère aîné, vers 1388), était fils puîné de Jean et d'Isabeau de Maillé (10° deg., § I). On le trouve cité à comparaître avec Louis, sgr de Bressuire, et autres leurs complices, aux assises de Luçon, tenues par le bailli de Touraine, le 25 juin 1386. Devenu à son tour sgr de Bressuire, il fonda avec sa femme le couvent des Cordeliers de cette ville, le 3 juin 1405. D'après les notes de Dom Villevieille, il fit accord avec le prieur de Souzay, dépendant de Marmoutiers, le 28 août 1403, et donna acte à Aimery de Montours, Ec., sgr de St-Clémentin (Villevieille); il vivait encore le 25 janv. 1411, mais était décédé en 1414. Peut-être assista-t-il à l'assemblée des États du Poitou tenue à Bressuire en 1412. Il avait épousé Mathurine d'Argenton, fille de Geoffroy, Chev., sgr de Gourgé, et de Jeanne de Vernou, inhumée aux Cordeliers de Bressuire, où on lui érigea un tombeau en pierres sur lequel elle était représentée. De ce mariage vinrent : 1° François, qui suit; 2° Françoise, dont nous ignorons la destinée, mentionnée seulement dans une pièce de procédure où se trouvent consignés les renseignements sur cette branche. (B. N. Pièces orig. 246, 85.)

12. — **Beaumont** (François de), Chev., sgr de Bury, etc., fut sous la tutelle de Guillaume d'Argenton, ce qui donna lieu à divers procès terminés par un accord en 1444. Mais ensuite il se fit donner les sgries de Gourgé et Souvigné en 1461, par Antoine d'Argenton mourant, sous prétexte de terminer son compte de tutelle. Philippe de Commines, héritier par sa femme du sgr d'Argenton, eut de nouveaux procès à ce sujet avec François de Beaumont et son fils, et obtint du Roi des lettres, en date du 15 mars 1497, ordonnant le renvoi en Parlement. (Pièces orig. vol. 246, f° 85.) C'est lui, croyons-nous, qui fit aveu du Bois de Sanzay au sgr de Montreuil-Bellay, le 1er avril 1486. Nous n'avons pas trouvé le nom de la femme de François de Beaumont ; cependant nous pensons qu'il épousa peut-être en 2es noces, vers 14.., Marguerite Butaut ou Boutaud, veuve de Guillaume Papin, Ec., sgr de la Coumaillère, fille de Pierre, Ec., sgr de Laubouinière, et de Catherine de la Roche. (Maynard-Mesnard.) Il eut pour enfants : 1° Antoine, qui suit ; 2° Jean, chef de la branche du Bois de Sanzay, § III.

13. — **Beaumont** (Antoine de), Chev., sgr de Bury, Chef-Boutonne, continua les procès de son père contre les héritiers d'Antoine d'Argenton et plaidait en 1494 contre Philippe de Commines, pour le fief du Regnier en St-Clémentin, qu'il lui céda à réméré le 15 mai 1509, et dont il fit rachat le 10 mai 1511. (Mémoires de Commines, p. 106-107.) Le 15 févr. 1486, il donna quittance au receveur de Normandie, pour une pension de 400 liv., donnée par le Roi. Son sceau mis à cet acte porte les armes pleines de Beaumont : supports, 2 lions ; cimier, une tête de lion. Il donna aussi une autre quittance le 20 oct. 1491. (B. N. Pièces orig. 246, p. 86, dossier 5423, nos 13 et 14; dossier 5427, nos 3 et 4.) Nous n'avons pas d'autres renseignements sur lui. Il épousa Marie Malet de Graville, De de Chef-Boutonne, fille de Jean, Chev., sgr de Graville, et de Marie de Montberon, sa 2e femme, et eut pour fille unique Jeanne, De de Chef-Boutonne, mariée, le 4 févr. 1513 (La Chesnaye des Bois dit 24 août 1505), à Germain de Bonneval. Elle céda ses droits sur le Regnier à Jean de Beaumont, sgr du Bois de Sanzay, que l'on dit oncle de ladite dame?

§ III. — Branche du BOIS de SANZAY.

13. — **Beaumont** (Jean de), Ec., sgr du Bois de Sanzay, paraît avoir été fils puîné de François, sgr de Bury (12e deg., § II), d'après des mémoires du procès avec Philippe de Commines, sgr d'Argenton. Il est dit que Jean de Beaumont ayant les droits cédés de sa nièce Jeanne de Beaumont, De de Chef-Boutonne, fille unique d'Antoine, Chev., sgr de Bury, sur le fief du Regnier en St-Clémentin, fit vente de ce fief le 7 mai 1513. (Mém. Commines, p. 106-107.) Il fut exécuteur testamentaire de Thibaud de Beaumont, sgr de la Forest, le 28 juin 1510. (Fonds Franç. 20226, 69.) Nous n'avons pas d'autres renseignements sur lui ; mais il paraît avoir eu pour fils François, qui suit.

14. — **Beaumont** (François de), Ec., sgr du Bois de Sanzay, Maisontiers, etc., fut décrété d'arrestation avec ses complices, par arrêt de la cour des Grands Jours de Poitiers du 16 oct 1531, à la requête de Joachim de Vallée, Ec., sgr de Passay ? (M. Stat. D.-S. 1878, 33.) Il épousa Jacquine Legay? fille de Jean, Ec., sgr de la Hamonière, et de Jeanne Legay. Le contrat fut passé sous la cour de St-Laurent-des-Mortiers? mais la date est déchirée (B. N. Pièce orig. 246, p. 86.) Nous ignorons s'il y eut postérité de ce mariage.

§ IV. — Branche de la FORÊST.

9. — **Beaumont** (N... de) paraît avoir été fils puîné de Thibaud et d'Agnès Chabot (8e deg., § I). Nous n'avons rien trouvé sur lui, mais nous le croyons père de :

10. — **Beaumont** (Thibaud de), Chev., sgr de Vallans. On l'a confondu parfois avec Thibaud, fils de Thibaud et d'Aliénor de Derval; mais comme il ne succéda point à la seigneurie de Bressuire en 1361, après le décès de Jean de Beaumont, il ne peut être le frère de ce dernier, mais seulement son cousin. Il fut tuteur des enfants de ce Jean, après le décès de leur mère, arrivé en 1364, et garda cette tutelle jusqu'en 1370. Pendant ce temps, ses pupilles furent enlevés par Jean Sauvestre, sgr de Clisson, capitaine de Bressuire, qui maria, vers 1368, le jeune Louis, héritier de Bressuire, contre le gré du tuteur, à la fille de Miles de Thouars, sgr de Pouzauges, partisan des Anglais. Thibaud de Beaumont avait épousé en 1363 (d'après des notes) Yolande d'Argenton, De de Vallans (remariée depuis à Jean Baraton), fille de Geoffroy, Chev., sgr d'Argenton, et de Jeanne de Surgères, De de Vallans, dont il eut, suivant l'ancienne généalogie : 1° Geoffroy, qui suit ; 2° Guillaume, chef de la branche des Dorides, § V; 3° Guyart ou Guichard, nommé dans le contrat de sa nièce, mariée en 1430. (Fonds Franç. 20228, 32.) Ils sont nommés tous trois dans un jugement du sénéchal de Poitou du 18 avril 1461. (Pièc. orig. 246, 66.)

11. — **Beaumont** (Geoffroy de), Chev., sgr de la Chapelle-Thémer, Vallans, etc., se trouvait, le

20 sept. 1414, avec Pierre d'Amboise Vte de Thouars. (Poitou-Vendée, St-Cyr-en-Talmondais, 25.) Il testa en 1414 et fut inhumé à la Chapelle-Thémer, suivant l'ancienne généalogie, qui donne aussi son alliance avec Catherine (*aliàs* Louise) DE LA HAYE, De de Fougeray, fille de Hardouin, Chev., sgr de la Haye-Jousselin, Plessis-Macé et de Anne de Launay, dont il eut : 1° GUY, qualifié sgr d'Argenton dans l'ancienne généalogie, décédé sans hoirs ; 2° GUILLAUME, décédé jeune ; 3° LOUIS, qui suit ; 4° MARIE, De de Vallans, qui épousa en 1430 Guy de Chourses, Chev., sgr de Malicorne. Ils eurent procès devant le sénéchal du Poitou le 18 avril 1461.

12. — **Beaumont** (Louis de), Chev., sgr de la Forêt-sur-Sèvre, Plessis-Macé, la Fougereuse, Motte-de-Beaumont, Riblères, chambellan du Roi, occupa plusieurs charges importantes sous Charles VII. En 1440, il était lieutenant du Roi en Poitou, et de 1452 à 1460, il fut sénéchal de cette province. Pendant la 2e expédition de Charles VII en Guyenne, il fut chargé d'assiéger Gensac et assista à la fameuse bataille de Castillon, 17 juill. 1453. Au siège de Bordeaux, il fut l'un des négociateurs de la capitulation et reçut en récompense le château de la Brède. Chargé par le Roi, en 1462, de régler diverses questions relatives aux Marches communes de Poitou et de Bretagne, il fut, après la mort de Charles VII, également employé par Louis XI, qui lui confia plusieurs missions et le nomma l'un des 15 premiers chevaliers de l'ordre de St-Michel, en 1469. Louis de Beaumont fut chargé, en 1471, de passer la revue des troupes réunies à Mantes. Il avait épousé en 1440 Jeanne JOUSSEAUME, De de la Forêt-sur-Sèvre, fille de Jean, Chev. sgr de Ste-Hermine, la Forêt, Commequiers, et de Jeanne de l'Ile-Bouchard, De de Gonnor. (Jeanne Jousseaume testa par codicille du 12 juin 1478.) De ce mariage vinrent : 1° THIBAUD, qui suit ; 2° LOUIS, sgr de Riblères (qui ailleurs est dit fils aîné) ; il fut clerc et nommé évêque de Paris en 1473, grâce à la faveur du Roi. Après avoir gouverné son diocèse « avec prudence et piété », il mourut le 28 juin 1492 ; 3° CATHERINE, dame de la Chapelle-Thémer, mariée, le 21 nov. 1461, à Eustache du Bellay, Chev., sgr de Gizeux, et décédée avant 1489, date d'un aveu fait au sgr de Luçon par son mari, alors tuteur de leurs enfants mineurs, qui héritèrent de tous les biens de cette branche de Beaumont ; 4° ANNE, 5° RENÉE, 6° NICOLE, nommées dans l'ancienne généalogie et sans doute décédées jeunes.

13. — **Beaumont** (Thibaud de), Chev., sgr de la Forêt-sur-Sèvre, Plessis-Macé, Gonnor, Commequiers, puis de Bressuire et Chiché après son mariage, fut chambellan du Roi et gouverneur d'Anjou. Il fit hommage de Bressuire au Vte de Thouars le 17 févr. 1493, et testa le 20 juill. 1520, faisant divers legs aux Cordeliers de Bressuire. Il mourut en septembre de la même année, étant veuf sans enfants depuis 2 ans. Ses biens passèrent à ses neveux du Bellay, sauf Bressuire et Chiché, revenus dès 1508 à Philippe de Beaumont, épouse de Pierre de Laval, sœur de sa femme, Jeanne DE BEAUMONT, fille aînée, principale héritière de Jacques, sgr de Bressuire, et de Jeanne de Rochechouart, qu'il avait épousée le 9 nov. 1472.

§ V. — BRANCHE DES DORIDES.

11. — **Beaumont** (Guillaume de), Ec., sgr des Dorides, est dit fils puîné de Thibaud et de Yolande d'Argenton (10e deg., § IV), dans l'ancienne généalogie. Il fut sgr du Bouchet et de Luzay près Thouars, à cause de sa femme, et fit aveu de ces fiefs, le 24 mai 1424, au Vte de Thouars. Etant devenu veuf, il renouvela cet aveu, comme tuteur de ses enfants, le 1er mars 1427. Marié, vers 1400, à Jeanne D'APPELVOISIN, fille de Jean, Chev., sgr des Dorides, et d'Espérance du Fontenioux, il eut pour enfants : 1° ANDRÉ, qui suit, 2° JEANNE mariée à Jean de la Chaussée, Ec., (Elle n'eut pas de postérité sans doute, car elle donna la sgrie de Louin à sa nièce Marie, en 1476.)

12. — **Beaumont** (André de), Ec., sgr des Dorides, du Bouchet, Luzay, fit aveu de ces derniers fiefs au Vte de Thouars le 8 nov. 1439. (Pièc. orig. 246, dossier 5423, n° 16.) Il épousa, le 15 déc. 1441 ? (*aliàs* 1431), Catherine DE LA FOREST, fille de Jean, Chev., sgr de la Forest-Montpensier, et de Catherine de la Forest, dont il eut : 1° ANTOINE, qui suit ; 2° MARIE, qui épousa, le 31 juil. 1477, René Sauvestre, Ec., sgr de Clisson. Elle reçut en don la sgrie de Louin de sa tante en 1476.

13. — **Beaumont** (Antoine de), Ec., sgr des Dorides, Luzay, figure dans une sentence rendue, le 7 mars 1465, en faveur de Jacques du Vergier. (D. F. 83.) Il servit au ban de 1467, sous les ordres de Jacques de Beaumont, sgr de Bressuire, son cousin. Ensuite il fut maître d'hôtel de ce grand seigneur qui tenait un rang considérable à la cour, et donna quittance en cette qualité le 1er déc. 1473. (Pièc. orig. v. 246.) Il figura aux obsèques de Jacques de Beaumont (14e deg., § I) en 1492 et est nommé dans les pièces qui se rapportent à cet événement. Le 13 juill. 1470 et le 21 avril 1495, il fit aveu à Thouars pour les fiefs du Bouchet et Luzay, et mourut vers la fin du XVe siècle. Nous n'avons pas trouvé le nom de sa femme, mais il eut pour fils FRANÇOIS, qui suit.

14. — **Beaumont** (François de), Ec., sgr des Dorides, Luzay, fit aveu à Thouars pour le fief de Luzay, le 1er mars 1505. Thibaud de Beaumont, sgr de la Forest, le nomma l'un de ses exécuteurs testamentaires le 28 juin 1510, et il décéda lui-même vers 1520. Marié, le 11 août 1507, à Louise AUDAYER, fille de Pierre, Ec., sgr de la Maisonneuve, et de Jeanne Grignon, il eut pour enfants : 1° JEAN, qui était mineur sous la tutelle de sa mère le 20 juin 1520 et le 6 juill. 1522, et paraît être décédé sans alliance ; 2° PHILIPPE, qui suit ; 3° PIERRE, reçu, dit-on, chevalier de Rhodes en 1526 ; et probablement 4° ANTOINE, prieur de Courron, chanoine de St-Hilaire-le-Grand ; 5° CLAUDE, Ec., sgr du Chiron, qui était héritier d'Antoine en 1582.

15. — **Beaumont** (Philippe de), Chev., sgr des Dorides, Luzay, Chev. de l'ordre du Roi, a dû jouer un certain rôle dans les guerres du temps ; mais nous n'avons pas de renseignements sur lui. Il vivait encore en 1582 et est dit, avec Claude, sgr du Chiron, héritier d'Antoine, prieur de Courron, d'après une pièce de procédure du 2 déc. 1582. (A. Vien. G. 1085.) Il épousa, vers 1530, Marie MACAIRE, fille de Denis, Ec., sgr de la Macairière, dont : 1° FRANÇOIS, qui suit ; 2° PHILIPPE, qui a formé la branche de Luzay, § VI ; 3° ANTOINE, que l'on dit Chev. de Malte (*aliàs* clerc) ; 4° ANNE, mariée à François de Champlais, Ec., sgr de Cerveau.

16. — **Beaumont** (François de), Chev., sgr des Dorides, la Macairière, fut, dit-on, Chev. de l'ordre du Roi et gentilhomme de la chambre de S. M. Il épousa, vers 1570, Nicole CHASTEIGNER, De de la Jarrie, la Merlatière, fille de René, Ec., sgr du Breuil, et de Françoise Faguelin, dont il eut : 1° JACQUES, qui suit ; 2° SUSANNE, mariée, le 13 déc. 1594, à Louis de la Rochefoucauld-Bayers.

17. — **Beaumont** (Jacques de), Chev., sgr des Dorides, la Jarrie, la Merlatière, décéda sans postérité vers 1610. Ses biens passèrent à sa sœur qui vendit

les Dorides en 1610 à Jean des Herbiers, sgr de la Ferrière. (D. F. 8.) Il avait épousé, le 1er août 1601, Françoise d'Appelvoisin (remariée ensuite à René de St-Offange, sgr de la Frappinière), fille de Charles, Chev., sgr de la Roche-du-Maine, et de Claude de Chastillon.

§ VI. — Branche de **Luzay**.

16. — **Beaumont** (Philippe de), Ec., sgr de Luzay, la Rivière-Juliot, la Pommeraye (fils puîné de Philippe et de Marie Macaire, 15e deg., § V), fut, dit-on, Chev. de l'ordre du Roi ; mais nous croyons qu'on l'a confondu avec son père. Nous n'avons pas de renseignements sur lui.

Il fit cession de ses biens à son fils le 21 sept. 1580. Nous ignorons le nom de sa femme, mais il fut père d'Antoine, qui suit.

17. — **Beaumont** (Antoine de), Ec., sgr de Luzay, la Rivière-Juliot, la Pommeraye, par cession de son père en 1580. Il obtint un arrêt de la cour des Grands Jours de Poitiers contre Gilles de la Forest, et décéda avant 1597. Sa veuve fit aveu à Thouars, comme tutrice de leur fils aîné, le 3 juill. 1602. (D. F.) Marié, vers 1580, à Lucrèce le Gras ? il en eut au moins 2 fils : 1° Philippe, qui est dit fils aîné en 1602, et périt en Flandre ; 2° René, qui suit.

18. — **Beaumont** (René de), Ec., sgr des Loges, Luzay, fit aveu à Thouars le 5 juill. 1602, pour le fief de Luzay. D'après la généalogie des La Barre de Londières, c'est lui qui aurait épousé Lucrèce le Gras (il y a là une erreur que nous ne pouvons éclaircir, faute de documents), dont il eut Louise, De de Luzay, mariée en 1641 à Charles de La Barre, Ec., sgr de Londières.

§ VII. — Branche du **Bois-Charruyau**.

7. — **Beaumont** (Raoul de), Chev., sgr de Bressuire vers 1242, est, croyons-nous, fils puîné de Thibaud et d'Alix de Thouars, 6e deg., § I, et posséda seulement par droit de viage la sgrie de Bressuire après le décès de Jean, que nous croyons son frère aîné. En 1230, il suivait le parti des Anglois et figure comme tel dans un traité conclu par le roi d'Angleterre. Mais il se soumit au roi de France, et en 1242 il jura fidélité au Cte Alphonse de Poitou, par acte donné au camp de Vouvent, scellé de son sceau portant un cavalier en habit de chasse, et au revers un écu chargé d'un aigle. (Dupuy, 204, 103.) Le 7 avril 1243, il fut l'un des garants de la trêve conclue entre les rois de France et d'Angleterre. (Trésor des Chartes.) On le trouve aussi garant d'une trêve conclue en 1255. (Rymer.) Il fit accord, en mars 1260, avec Geoffroy Beau, prieur de la Porraire, confirmant une fondation faite par ses aïeux en 1122. Il paraît être mort vers 1265 et eut pour successeur, en la seigneurie de Bressuire, Thibaud de Beaumont, 8e deg. § I, que nous croyons son neveu plutôt que son fils. Nous pensons que ce Raoul fut père d'un autre Raoul, qui suit.

8. — **Beaumont** (Raoul de), sur lequel nous n'avons pas de renseignements, est mentionné comme père de : 1° Pierre, qui suit ; et de 2° Marguerite, dans le testament d'Almodie de la Flocellière, épouse de Thibaud de Beaumont, en date de 1310.

9. — **Beaumont** (Pierre de) eut legs, avec sa sœur, d'une somme de 100 sous par le testament d'Almodie de la Flocellière. Cette dame n'avait pas d'enfants de son mariage avec Thibaud de Beaumont, sgr de Bressuire. Elle était sans doute parente de Pierre et Marguerite de Beaumont, auxquels elle fit des legs. Nous n'avons pas d'autres renseignements sur ce personnage, mais nous pensons qu'il eut pour enfants : 1° Pierre, qui suit ; 2° Jeanne, mariée à Jean des Bouchaux, Chev. Dans la généalogie des Foucher, il est dit qu'une Denise de Beaumont, fille d'un Pierre de Beaumont, aurait épousé, vers la fin du XIIIe siècle, Guy de Noireterre. D'après les dates, il semble que ce dernier Pierre de Beaumont doit être différent de celui qui était fils de Raoul.

10. — **Beaumont** (Pierre de), Chev., sgr du Bois-Charruyau, Nueil ? mentionné dans un titre du 8 mai 1364, fit accord en 1365 avec l'abbé de la Grenetière, au sujet d'une fondation faite en 1356 par Jean des Bouchaux, son beau-frère. Il épousa probablement, vers 1330, Jeanne Martelle ? dont il eut : 1° Hugues, qui suit ; 2° Jeanne, mariée d'abord à Berthelon de la Haye, sgr de Passavant, puis à Louis de Parthenay-L'Archevêque, sgr de Taillebourg (elle fit un partage entre ses enfants des 2 lits le 15 juin 1395) ; 3° Marguerite, qui testa le 27 déc. 1419. (D. F.) Elle fut inhumée aux Cordeliers de Bressuire ; 4° Eutesse, qui vivait en 1423 ; 5° Jeanne, mariée à Gilles Le Mastin, Ec. (des sgrs de la Rochejacquelein), dont elle n'eut pas d'enfants, dit-on. Elle fit partage avec sa sœur et son neveu en 1423, et testa le 20 nov. 1433. (D. F.) (Dans une généalogie des Le Mastin, insérée dans l'Annuaire de la noblesse de 1846, on dit que le mariage de Jeanne de Beaumont eut lieu le 12 mai 1399 et qu'elle testa en 1433, instituant son mari, son fils et son gendre exécuteurs testamentaires. La date de ce mariage paraît peu exacte, car elle ne concorde pas avec les documents authentiques concernant cette branche des Beaumont.)

11. — **Beaumont** (Hugues de), Chev., sgr du Bois-Charruyau, figure dans la liste des chevaliers poitevins de l'ordre du Tiercelet institué vers 1370. (Voir Affiches du Poitou 1781.) Il fit accord, le 26 juill. 1394, avec Thibaud Baraton, sgr de Tournelais, au sujet d'une rente (D. F.), et avait procès en 1399 contre Jean de Vivonne, veuf de Marie de Beaumont et tuteur de ses enfants. (Duchesne, 52, 91.) Il reçut aveu de Jean de Meulles, Ec., sgr du Fraigno, le 15 mai 1413. (D. F.) Marié à Jeanne Chaperon, fille de Jean, sgr de la Chaperonnière ? il décéda, sans postérité, avant 1419. Dans un accord fait, le 6 août 1423, entre Jean de la Haye-Passavant et ses tantes Eutesse et Jeanne de Beaumont, on voit que ledit Jean était héritier de son oncle Hugues de Beaumont et des autres membres de cette branche.

§ VIII. — Branche de **Glenay**.

6. — **Beaumont** (Guillaume de), sgr de Glenay fils puîné de Raoul, sgr de Bressuire, 5e deg., § I, (est, suivant une généalogie manuscrite, qui paraît assez exacte, l'auteur des seigneurs de Glenay. (Fonds Franç. 20226, f° 96.) Ce Guillaume figure dans la charte d'affranchissement de Bressuire donnée par son père, vers 1188. Il fut témoin d'une charte de la reine Aliénor en faveur de l'abbaye de Ste-Croix de Poitiers, signée à Montreuil-Bonnin, le 5 mai 1199. (D. F. 5.) Il figure aussi dans l'acte de fondation du prieuré de Baudouille (Chiché, D.-S.), établi par son frère aîné Thibaud en 1222. On le trouve convoqué à l'ost réuni à Chinon en 1242 par le Roi de France pour faire la guerre au Cte de la Marche. Il testa le vendredi avant les Rameaux, l'an 1245, instituant héritier son fils aîné Guillaume ou celui de ses fils qui lui survivra, et fondant le prieuré de la Motte-Beaumont.

(Original, B. Fillon.) D'après cet acte, Guillaume de Beaumont a dû partir pour la croisade, et M. Ledain avait pensé, comme nous l'avons déjà dit, que le maréchal Guillaume de Beaumont, nommé par Joinville dans l'Histoire de saint Louis, pourrait être notre Poitevin. Mais le sceau du maréchal conservé aux Archives nationales prouve que ce personnage appartenait à la famille des Beaumont-sur-Oise (écu gironé). On croit que Guillaume de Beaumont-Bressuire épousa l'héritière des sgrs de Glenay, dont il eut plusieurs enfants, entre autre Guillaume, qui suit. (Dans la généalogie des Pantin d'Anjou, on dit qu'une fille de ce Guillaume, nommée Adèle, aurait épousé Raimond Pantin, Chev., sgr de la Hamelinière, d'après une charte de 1228. (Lainé, Arch. de la noblesse, VIII.) Mais cette généalogie est peu sûre.)

7. — **Beaumont** (Guillaume de), Chev., sgr de la Motte-de-Beaumont, épousa en juin 1242 (d'après la généal. manuscrite) Marguerite Chabot, fille de Thibaud, Chev., sgr de Chantemerle, et d'Œnor de Brosse, Dᵉ des Essarts. On croit qu'il suivit saint Louis à la croisade, car on ne trouve plus trace de lui. D'après la généal. manusc., il eut pour enfants : 1° Guillaume, qui suit ; 2° Œnor, mariée à Pierre de St-Maixent ; 3° Olive, 4° Thibaud. (Ce dernier est confondu par l'ancienne généalogie avec Thibaud de Beaumont, sgr de Bressuire en 1269 ; mais nous croyons qu'il y a erreur et que ce sont deux personnages distincts.) D'après M. Ledain, Hist. de Bressuire, p. 95 (2ᵉ édit.), on trouverait un Jean de Beaumont, sgr de Glenay, en 1319. Ce personnage non mentionné dans l'ancienne généalogie pourrait être un fils puîné de ce Guillaume de Beaumont, qui aurait possédé Glenay par doit de viage. Il se peut aussi que ce Jean ait continué la filiation au lieu de Guillaume ; aussi nous donnons ces degrés sous forme dubitative.

8. — **Beaumont** (Guillaume ? ou Jean de), sgr de Glenay, la Motte-de-Beaumont ? vivait à la fin du XIIIᵉ siècle, et, d'après l'ordre des temps, a dû se marier vers 1270. (L'ancienne généal. le confond avec son fils qui suit et saute un degré qui paraît indispensable, suivant la chronologie.) Il eut pour fils Guillaume, qui suit.

9. — **Beaumont** (Guillaume de), Chev., sgr de Glenay, fit accord avec les paroissiens de Boismé, Terves, Noireterre, sous l'arbitrage de Guillaume d'Appelvoisin, en 1324. Cet acte fut ratifié par Pierre Raymond de Rabastens, sénéchal du Poitou. (Hist. Bressuire, 95.) Guillaume de Beaumont, qualifié Chev., servait dans les armées en 1328. Il épousa vers 1300 ? Marguerite Brossard, Dᵉ de la Brossardière, qui testa en 1352 (suivant l'ancienne généalogie). De ce mariage : 1° Guillaume, qui suit ; 2° Aude, 3° Amice, 4° Eliette, mariée à Fouquet Petit, Ec., sgr de Puyoger. (Aveu des Brosses de Chiché, 1371.)

10. — **Beaumont** (Guillaume de), Chev., sgr de Glenay, épousa, vers 1330, Marie de Montfaucon, remariée ensuite à André Rouault, sgr de Boisménard ; il en eut : 1° Jean, qui suit ; 2° Marguerite, mariée, vers 1360, à Guyon Goulard ; 3° Amice, mariée à Marquis Jousseaume, sgr de Montigny ; 4° Marie, qui épousa Jean Boutou, l'aîné, sgr de la Baugissière, veuf de Sibille Voussard. Cette Marie fit accord en forme de partage, le 4 juill. 1387, avec Jean de Beaumont, son neveu. (D. F.) (Dans la généalogie de la Ville, par St-Allais, on ajoute une Jeanne, mariée en 1346 à Geoffroy de la Ville ; alliance douteuse.)

11. — **Beaumont** (Jean de), Chev., sgr de Glenay, épousa, vers 1360, Agnès du Sault, fille de Pierre, Chev., et de Jeanne de Rorthais (dans une généal. manuscr, on dit qu'elle était veuve de Jean du Pont, Chev., sʳ dudit lieu et de Poizay), dont il eut : 1° Jean, Ec., sgr de Glenay, qui était mineur en 1382, sous la tutelle de Geoffroy du Sault. (A. H. P. 17.) Il fit partage avec sa tante Marie, épouse de Jean Boutou, le 4 juill. 1387, et épousa, dit-on, en 1378 (ou plutôt 1387), Perrette de Vivonne, fille de Hugues, sgr de Fors, et de Jeanne de Gourville ; puis, le 12 juin 1407, Isabeau de Cambiès ? fille de Jean, Chev. ; il mourut sans postérité (d'après d'autres notes, il aurait épousé d'abord Isabeau de Cambies, puis en 2ᵉˢ noces Perrette de Vivonne ; mais nous croyons ces notes inexactes) ; 2° Miles, qui suit ; 3° Hardouine, mariée à Guy de la Rochefaton, Ec., sgr de Saveilles, la Gosselinière ; 4° Guillaume (mentionné dans l'ancienne généal., mais sur lequel nous n'avons pas de renseignements).

12. — **Beaumont** (Miles de), Chev., sgr de Glenay, épousa, le 22 janv. 1388 (d'après l'ancienne généal.), Philippe Belle (Beau), fille de Jean, Ec., et de Marie des Cerqueux. (D'après une note, elle était veuve de Brandélis de la Salle. — Duchesne, 8, 55.) Elle testa en 1445. De ce mariage, Guyard, qui suit (d'après l'ancienne généal., qui paraît exacte). La Chesnaye des Bois a embrouillé cette branche peu connue.

13. — **Beaumont** (Guyard de), Ec., sgr de Glenay, épousa par contrat du 16 juin 1416, ratifié en 1418, Marguerite d'Appelvoisin, fille de Louis, Chev., sgr de Chaligné, et de Jeanne Chasteigner, dont il eut : 1° Jean, qui suit ; 2° Jeanne, mariée, le 22 août 1448, à Jean de Faye, Ec., sgr de Marsay ; 3° Louis, Ec., sgr de la Brossardière et du Fraigneau (Ménomblet, Vendée), qui servit en archer au ban de 1467 ? probablement décédé sans postérité.

14. — **Beaumont** (Jean de), Ec., sgr de Glenay, Fraigneau, reçut aveu, le 15 mars 1465, de Jean du Vergier, Ec., sʳ dudit lieu. (Reg. 14, 678.) Il fit lui-même aveu du Fraigneau le 17 août 1468, et de la dîme de Rebec (Pierrefitte, D.-S.) et autres fiefs, à Thouars, le 13 juill. 1470. Marié, le 12 janv. 1441, à Louise Rouault, fille de Jean, Chev., sgr de Boisménard, et de Jeanne du Bellay, il en eut : 1° Jean, qui suit ; 2° Jacques, clerc ; 3° Jacquette, mariée à N... (nom effacé) ; 4° Marguerite, mariée à Jean Million ? sʳ de la Gilleraye ; 5° Joachine, mariée, le 5 oct. 1487, à Jean Chaudrier, Ec., sgr de Noireterre ; 6° Louise, religieuse ; 7° Antoine, Ec., sgr de la Brossardière, la Moulière. (Confondu par La Chesnaye des Bois avec Antoine, sgr de Bury, rapporté au § II, deg. 14.)

15. — **Beaumont** (Jean de), Chev., sgr de Glenay, servit comme homme d'armes au ban du Poitou en 1489. Il fit aveu au Vᵗᵉ de Thouars, le 1ᵉʳ août 1497, pour une maison située dans cette ville, et commanda, dit-on, le ban des nobles de Thouars, en 1491-92. Marié : 1° vers 1480, croyons-nous, (d'après l'anc. généal. le 11 nov. 1497 ?) à Catherine Ratault, fille de Jacques, Chev., sgr de Curzay ; 2° à Rose de Goulaine, veuve de Guillaume Le Porc, Ec., sgr de Larcher ? fille de Christophe, sgr de Goulaine, et de Louise de la Jumelière (ce mariage aurait eu lieu le 16 janv. 1495, d'après la gén. de Goulaine ?), il eut de Catherine Rataut : 1° Madeleine, Dᵉ de Glenay, mariée, le 25 mai 1509, à Merlin de St-Gelais, Ec., sgr de St-Séverin ; 2° Louise, mariée à Jean de Montbron, Ec., sgr de Fontaines ; 3° Jeanne, mariée, le 20 juin 1510, à Philippe de la Roche-Chandry. (D'après l'anc. gén., Jean de Beaumont aurait eu : 4° un fils décédé jeune, soit du 1ᵉʳ, soit du 2ᵉ lit.) Dans la généalogie des Acton et le

reg. de Malte, il est dit que Jacques Acton, sgr de Limons, épousa, vers 1500, JEANNE de Beaumont-Glenay. Cette alliance n'est pas mentionnée par l'ancienne généalogie.

BEAUMONT (DE) EN CHATELLERAUDAIS, SEIGNEURS DE LA TOUR DE BEAUMONT. — On trouve quelques notes fonds Dupuy, 205, fol. 285, 291-92; Duchesne, 33, p. 321.

Blason. — Un sceau de Geoffroy de Beaumont attaché à un acte de 1257 mentionné dans le cartulaire de Fontevrault, porte un écu bandé avec un franc-quartier de vair? (Fonds Latin 5480 [1] 1376 et 385.) D'après une note de Besly, le sceau de la sgrie de Beaumont portait un écu, parti 1° un lion, 2° une croix potencée. (Dupuy, 205, 285.) Ailleurs on dit un écu chargé d'une croix ancrée. (Pièces orig. 246, 156.)

Beaumont (Constantin de) fut témoin à Poitiers, en 1092, d'un accord conclu entre les chanoines de St-Hilaire-le-Grand et l'abbaye de Marmoutiers. (M. A. O. 1847, 109.)

§ Ier. — *Filiation.*

1. — **Beaumont** (Philippe de), époux de MARIE, nièce de Guy de Chauvigny, sgr de Chénéché, fut témoin en 1128 d'une donation faite par ce seigneur. Il eut pour fils ou pour petit-fils:

2. — **Beaumont** (Philippe de), nommé dans un titre 1183. (Hist. de Châtellerault), père de: 1° PHILIPPE qui suit; 2° PIERRE, qui fut père de GUILLAUME, nommé dans un acte de 1263 avec Philippe de Beaumont, son oncle? 3° GEOFFROY, rapporté au § II.

3. — **Beaumont** (Philippe de), Chev., sgr de la Tour de Beaumont, eut procès en 1237 avec le Chapitre de N.-D.-la-Grande de Poitiers, au sujet de l'hommage de son fief qu'il voulait faire au Vte de Châtellerault. (A. Vien. G. 1176.) Le 21 nov. 1349, il fit aveu de la Tour de Beaumont à Pierre, abbé de N.-D.-la-Grande, et transigea avec ce Chapitre le jour de St-Matthieu 1263, au sujet des droits de justice de la paroisse de Beaumont. Dans cet acte figure un GUILLAUME de Beaumont. On trouve Philippe de Beaumont comme témoin dans l'enquête faite au sujet du droit de chasse réclamé par le Vte de Châtellerault, dans la forêt de Moulière, et il obtint lui-même restitution de son droit d'usage en ladite forêt, par acte du Cte Alphonse de Poitou en 1258. La même année 1258, il fit accord avec Hugues de Baudimont, au sujet de cens au lieu de Villaines. (A. N. cart. 190, 8, 11.) D'après un acte mentionné par Dom Villevieille (t. 14 bis), Philippe de Beaumont ratifia en 1239 un don fait à St-Florent de Saumur par sa femme PÉTRONILLE, fille de Foucher de Melloy, Chev., de rentes en blé au territoire de Prince. (Prinçay?), ou la seigneurie de Faye-la-Vineuse. Besly ne nomme pas la femme de Philippe de Beaumont; mais il dit qu'il eut pour enfants: 1° ADAM, décédé sans postérité, marié à Marie DE MONTCOUART, dame du Pineau (remariée plus tard à Raoul Herbert, Chev.); 2° JEAN, qui suit.

4. — **Beaumont** (Jean de), sgr de la Tour de Beaumont, partagea avec son frère en présence de Guillaume de Chargé, Chev. Il vivait en 1277, d'après l'Hist. de Châtellerault. Marié, vers 1250, à Thomasse D'ANEMORT? veuve de Pierre de Craon, et fille d'Aimery, Chev., et de Marie de Chambon, il eut pour enfants: 1° GUILLAUME, qui suit; 2° JEANNE, 3° PERNELLE 4° PHILIPPE; 5° MARGUERITE.

5. — **Beaumont** (Guillaume de), Chev., sgr de la Tour de Beaumont, fut caution, vers 1280, pour Guillaume et Jean de Colombier, prisonniers du Chapitre N.-D.-la-Grande. (A. Vien. G. 1188.) Il partagea avec ses 4 sœurs en 1301 et décédu vers 1340. Ses enfants furent 1° JEAN, qui suit; 2° MARGUERITE, D^e de Beaumont, mariée 3 fois, d'abord à Antoine Barbe, sgr de la Barbelinière, puis à Pierre de Montbérard (Montbrard), Chev., qui eut procès en 1356, avec N.-D.-la Grande, au sujet du fief de Beaumont; enfin à Guillaume de Montendre, Chev., sgr de Grisse; 3° PHILIPPE, mariée, vers 1350, à N... de Coué.

6. — **Beaumont** (Jean de). Ec., sgr de la Tour Beaumont en 1346, obtint des lettres du Roi, données à Nîmes, 8 févr. 1347, au sujet de son château de Beaumont, brûlé par les Anglais. Il décéda peu après, sans postérité.

§ II.

3. — **Beaumont** (Geoffroy de), fils puîné de Philippe, 2° deg., § I, fit avec sa femme AGATHE don à Fontevrault de plusieurs prés à Baudimont, joignant à ceux de Hugues de St-Martin, Chev., par acte scellé de sceau, le jeudi après St-Nicolas 1257. (Fonds Lat. 5480[1],525.) Il figure dans la liste des vassaux du Cte de Poitou (Comptes d'Alphonse. A. H. P. 4.) Ses enfants furent: 1° AIMERY, qui suit; 2° PHILIPPE, clerc? 3° PIERRE, prieur de St-Romain de Châtellerault; 4° PHILIPPE, mariée à Etienne de Montcouart.

4. — **Beaumont** (Aimery de) fut plège pour Amenon, sgr de la Roche, vers le milieu du XIIIe siècle. D'après une note, il aurait eu postérité, et nous pensons que son fils fut:

5. — **Beaumont** (Aimery de), qui, en 1324 devait rente à Pierre-Raymond d'Aux.

BEAUMONT (DE) SEIGNEURS DE Ste-NÉOMAYE.

Blason: d'argent à 3 pieds de biche de gueules? Le sceau d'Alain de Beaumont porte en outre une cotice posée en bande, l'écu sommé d'un heaume cimé d'un vol et d'un pied de biche. (Sceaux de Clairambault, Hist. de Bretagne.)

Beaumont (Alain de), chevalier breton, neveu de Bertrand du Guesclin, suivit le connétable en Poitou en 1371 et se distingua à la prise de Melle, Lezay, Chef-Boutonne, St-Maixent (1er sept. 1372). Nommé capitaine de cette dernière ville, il s'empara vers la même époque du château de Ste-Néomaye, possédé par le sire de Mussidan, partisan des Anglais, et le Roi lui fit don de cette châtellenie par lettres de mars 1373, confirmées le 10 févr. 1377. Alain de Beaumont assista à la bataille de Chizé, le 21 maie (ou) mars 1373, et fut nommé peu après sénéchal de Poitou. Mais il ne paraît pas avoir gardé longtemps cette charge. On retrouve Alain de Beaumont combattant les Anglais en Guyenne, Normandie, etc., jusqu'à la fin du XIVe siècle. Mais il ne conserva en Poitou que la châtellenie de Ste-Néomaye, pendant une quinzaine d'années. (Notes Guérin A. H. P. 19.)

BEAUMONT-GIBAUD (DE). — Cette maison, établie en Saintonge, a toujours porté mêmes armes et mêmes noms que les seigneurs de Luzarches du nom de Beaumont, qui étaient issus de la maison de Beaumont-sur-Oise, et jusqu'aux dernières générations qui ont ôté la bordure, elle a porté ces armes brisées d'une bordure d'azur, ce qui indique qu'elle était une branche cadette des sgrs de Luzarches.

La généalogie qui suit a été dressée et continuée par

M. Th. de Bremond d'Ars sur le manuscrit de Mgr Léon de Beaumont, évêque de Saintes.

Blason : d'argent au lion de gueules, armé, lampassé et couronné d'or (anciennement bordé d'azur).

§ Ier. — Branche de **Rioux**, de **Cravant**

1. — **Beaumont** (Renaud de), Chev., sgr de Rioux, de Cravant, de Chastenet et de la Matterière en Saintonge, vivait en 1302 et 1312. Il paraît issu de la maison de Beaumont-sur-Oise, dont il portait le nom et les armes brisées d'une bordure d'azur, et dans laquelle se trouvaient à cette époque deux Renaud. Il devait être l'un de ces deux Renaud, et les châtellenies de Rioux et de Crevant lui furent données par Philippe le Bel, en vertu d'une confiscation faite sur les anciens sgrs de Didonne. Il acquit Chastenet et la Matterière en 1302. Sa femme fut probablement Marguerite Boussarde ou Poussarde, car le fils de celle-ci, nommé aussi Guillaume, valet, consent avec sa mère (Marguerite Poussarde) au mariage de Marguerite, leur sœur et fille, avec Guillaume de Condène ? (Gondens) en 1325. Il eut encore Guillaume, relaté plus haut, qui reçut divers hommages en 1327 et 1330. On ignore s'il fut marié, mais il mourut sans enfants; et enfin Geoffroy, qui suit.

2. — **Beaumont** (Geoffroy), Chev., sgr de Rioux, gouverneur, pour le Roi, de Mortagne-sur-Gironde en Saintonge, en 1328. On ignore le nom de sa première femme, mais il épousa en secondes noces Philippe d'Ambleville, veuve de Guibert de Didonne, dont il n'eut pas d'enfants. Du premier lit il eut un fils, que l'on croit être Geoffroy, qui suit.

3. — **Beaumont** (Geoffroy de), Chev., sgr de Rioux, Cravant, comparaît avec un écuyer à la montre des gens d'armes sous la conduite de Renaud de Pons, le 26 mars 1350. Ce doit être le même qui fut présent à un accord fait à Jarnac-Champagne, diocèse de Saintes, en 1351, avec Robert de Mastas, sgr d'Anville, et plusieurs autres chevaliers. Il épousa Marguerite de Didonne, fille de Guibert, sgr de Rioux, et de Philippe d'Ambleville, cette dernière remariée avec son père. Ces deux mariages paraissent avoir été faits pour accorder les diverses prétentions que ces deux familles avaient sur la terre de Rioux et plusieurs autres. Leurs enfants furent : 1° Guillaume, qui suit; 2° Philippe, fille nommée dans un acte de 1374.

4. — **Beaumont** (Guillaume de), Chev., sgr de Rioux, Cravant, etc., reçut plusieurs hommages en 1390, 1391, 1395, 1399, 1407 et 1412. En 1405, il rend hommage au Roi pour sa terre et sgrie de Rioux, la baronnie de Didonne, dont cette châtellenie était un fief, étant alors possédée par le Roi, en vertu d'anciennes confiscations.

Dom Fonteneau (t. 14, p. 19, Cart. de Luçon) cite une transaction du 5 fév. 1374 (1375) devant l'archidiacre de Saintes, entre Guillaume, fils de Geoffroy de Beaumont et frère de Philippe De de Beaumont, d'une part, et le prieur de N.-D. de Mortagne en Saintonge, d'autre part, au sujet de rentes et devoirs dus par ledit Guillaume à ce prieur.

De sa femme, dont le nom est ignoré, Guillaume eut : 1° N..., mort sans doute avant son père, laissa une fille, Jeanne, qui transigea en 1454 avec Jean de Beaumont, sgr de Rioux, et en 1470 avec Méry de Beaumont, sgr de Cravant, tous deux enfants d'Ithier de Beaumont, au sujet de certains droits provenant de la succession de feu Guillaume son aïeul; 2° Ithier, qui suit.

5. — **Beaumont** (Ithier de), Chev., sgr de Rioux, Cravant, etc., reçut plusieurs hommages en 1421 et 1422 et vivait en 1441. Il avait épousé Marguerite Pigonne, dont il eut : 1° Jean, qui suit; 2° Méry ou Aimery, rapporté au § IX; 3° Isabeau, mariée à Guillaume de Montbouyer; 4° Marie, religieuse et aumônière de l'abbaye de N.-D. de Saintes, à laquelle les héritiers de Jean de Beaumont, sgr de Rioux, payaient une rente.

6. — **Beaumont** (Jean de), Chev., sgr de Rioux, de Romefort, de Thezac, etc. Un arrêt du Parlement de Paris en 1454 énonce qu'il avait servi le Roi, *sans varier*, et qu'il fut cause de la réduction de Cosnac, dont la garnison *Anglesche* tirait de grandes contributions ou *appatis* sur le pays. En 1464 et 1466, il partagea avec ses cohéritiers, qui lui cédèrent tout ce qu'ils pouvaient prétendre ès paroisses, lieux, terres et sgries de Rioux, Cravant, Gémozac, Mortagne, St-Serrin, Grésac, Tanis, St-André-de-Lidon, Villars, Jazennes, St-Simon et ailleurs, entre les rivières de Gironde et de Charente. Jean se maria 3 fois : 1° à Jeanne Héraud, dame de Romefort, descendant de Hugues, cité dans une donation faite en 1102 au prieuré de Ste-Gemme en Saintonge; 2° à N... de Vivonne, dite de Fors, fille de Savary dit de Fors, écuyer d'écurie du duc de Bretagne et son ambassadeur auprès du Roi; 3° à Louise de Vaux. Du premier lit il eut : 1° Jean, qui suit; 2° Louis, sgr de Romefort, marié en 1475 à Marguerite la Personne, fille de Nicolas, sgr d'Ussaut, de Torfou en Saintonge; 3° Verdun, rapporté au § II; 4° Anne, nommée aussi Agnez, mariée à Jean Barrabin, sgr de Beauregard, lieutt-général et depuis maître de l'artillerie de France. Du 3e lit : 5° René, sgr de Clérian, ne paraît pas avoir été marié; 6° Marie, De de Lauron, épousa François La Personne, sgr de Varaize.

7. — **Beaumont** (Jean de) mourut avant son père; il avait épousé Jeanne Barrabin, d'une ancienne famille de Saintonge, dont il eut Pierre, qui suit.

8. — **Beaumont** (Pierre de), sgr de Rioux, etc., épousa Marie de Ballodes, dont il eut : 1° François, qui suit; 2° Pierre, Chev. de St Jean-de-Jérusalem, fit don de ses biens à François, son aîné, par acte du 27 juill. 1513, étant déjà reçu dans cet ordre; 3° Charles, religieux de l'Ordre de St-Benoît; 4° Antoine, dont on ne retrouve que le nom; 5° Claire, mariée à Charles Le Tord, Ec., sgr de la Salle en Nivernais.

9. — **Beaumont** (François de), Chev., sgr de Rioux, etc., fut tué, suivant la tradition, à la bataille de Pavie, commandant une cie de cent gentilshommes. Il avait épousé, par contrat du 22 mai 1516, Catherine de la Suze ou de Souza de Portugal, qui écartelait ses armes de celles du Portugal. Dans le contrat, il est dit que ce mariage se fait par le commandement et ordonnance de Madame, mère du roi François Ier. Leurs enfants furent : 1° Louis, sgr de Rioux, mineur à la mort de son père, reçut hommages de ses vassaux, tant par sa mère tutrice que par son sénéchal de Rioux, notamment en 1529; ceux de Loubat du Gua, Ec., sgr de Mons; Etienne Foreau, sgr de Tesson, en 1530; en 1534, celui de Jean de Châteaubardon, Ec.; en 1540, celui de François de Bremond, Ec., sgr d'Ars et de Tesson. Il ne s'est pas marié et institua son héritier universel Jules, son frère puîné; 2° Jules, qui suit; 3° Marguerite, mariée, par contrat du 10 avril 1540 (Herpin, notre à Saintes), à François de Bremond, sgr d'Ars, Tesson, etc. Devenue veuve, elle se remaria à François de Boschier, Ec., sgr de la Ronde; 4° Louise, religieuse à l'abbaye de Jouarre en Brie.

10. — **Beaumont** (Jules de), Chev., sgr de Rioux, etc., fut gentilhomme de la chambre du Roi et, selon quelques mémoires, chevalier de son ordre; fut tué à la bataille de Jarnac en 1569. Il avait épousé :

1° en 1546 Renée Izave, dame du Pin, de la Valladière, etc., fille de François et de Jeanne de Ballodes; 2° Madeleine de Cruc, dame de Gondeville, fille de N..., sgr de Gondeville en Angoumois, et de Catherine de Brigolanges. Il eut pour enfants : 1° Jacques, Chev., sgr de Rioux, Lauron, etc., gentilhomme de la chambre du Roi, marié en 1579 à Jeanne de la Porte, fille de Germain, sgr de Champniers en Périgord, et de Madeleine de Cruc, qui lui apporta en dot, non compris ses biens maternels, la somme de 13,333 écus d'or. Jacques mourut sans enfants et fort endetté, car à sa mort on vendit la terre et châtellenie de Rioux; il avait été député par les protestants de Saintonge à l'assemblée de Loudun en 1596, puis à Vendôme et à Saumur, enfin en 1605 à Châtellerault, en 1608 à celle de Gergeau, et à Saumur en 1611; 2° Daniel, qui suit; 3° Marguerite, veuve de N... en 1582, se remaria en 1586 à Robert Goumard, sgr de Pougnes; 4° Judith, épousa, le 30 déc. 1589, François de Verrières, sgr de Fontpatour et de la Renaudie; 5° Anne, 6° David, né du second mariage, mort jeune.

11. — **Beaumont** (Daniel de), sgr du Pin, de la Salle-d'Ardennes et du Maine-Vigier, par partage fait avec son frère aîné et ses sœurs l'an 1582, épousa : 1° Anne d'Asnières, fille de Jean, sgr de Marvillars, le Mesnil, et de Françoise Gua; 2° Jacquette de Commarque, dame de la Grossière, issue de la maison de Commarque en Périgord. Il eut du premier lit : 1° N..., mariée à Louis de Bonnefoy, Chev., sgr de St-Fort; 2° Rachel, non mariée; 3° Jacques, né en 1590; 4° Jules, né en 1597; du second lit : 5° Françoise, mariée en 1646 à Louis de Monceau, Chev., sgr de Champeaux, de St-Christophe de Maillé en Poitou; 6° Marie, mariée à Jacques Gaillard de St-Dizant du Bois, Ec., sgr de St-Marc.

§ II. — Branche d'Ussaut.

7. — **Beaumont** (Verdun de), Ec., sgr de Thézac, Ussaut, de Chadon et de Torfou en Saintonge, fils puîné de Jean et de Jeanne Héraud, sa première femme (6e deg., § Ier), épousa, le 10 mars 1475, Catherine la Personne, fille de Nicolas, sgr d'Ussaut et de Torfou. Verdun fit plusieurs traités en 1487, 1492 et 1497, avec Pierre de Beaumont, son neveu, fils unique de Jean, son frère aîné, concernant le droit et apanage qui lui était échu dans la succession de feu Jean de Beaumont, père dudit Verdun. Pour ce droit, Pierre lui céda la terre de Thézac, sans rien réserver, sauf le droit de guet; Verdun lui céda à son tour tous les droits qu'il pouvait avoir ès paroisses de Rioux, Lidon, Restaut, etc... Il eut pour enfants : 1° Antoine, qui suit; 2° François, chanoine régulier de l'Ordre de St-Augustin, au prieuré de Sablonceaux, dont il fut prieur avant 1539; 3° Françoise, mariée, dit-on, à Guy Goulard, Ec., sgr du Brandar.

8. — **Beaumont** (Antoine de), sgr d'Ussaut, de Torfou et de Chadon, eut un procès, en 1508, contre les héritiers de Pierre de Beaumont, sgr de Rioux, son parent, prétendant que Pierre avait trompé Verdun, son père, dans les traités qu'il avait faits avec lui. Il épousa, le 3 juill. 1503, Antoinette Hérignon, sœur de Léon, sgr des Ardillières en Aunis, dont il eut : 1° Jean, qui suit; 2° autre Jean, rapporté au § VI; 3° autre Jean, protonotaire et chanoine de Soubise en 1546-1582, eut en partage une partie de la terre d'Ussaut, qu'il échangea avec Marie, sa sœur, pour la sgrie de Torfou. Il se maria dans la suite avec Isabeau Bernard, avec laquelle il vivait en 1564, et mourut sans hoirs; 4° Claire, mariée à François Méhée, sgr de Lagiraud; 5° Marie, échangea avec son frère Jean, chanoine de Soubise, la terre de Torfou pour une partie de celle d'Ussaut qu'elle vendit en 1582 à François de Beaumont, sgr de Gibaud, fils de Jean, son autre frère. Elle épousa Nicolas de Blois, sgr de Bernessart.

9. **Beaumont** (Jean de) mourut avant son père qui lui avait donné la jouissance de la terre de Torfou, située dans les paroisses de St-Porchaire et de Romegou en Saintonge. Il avait épousé, par contrat du 5 nov. 1534, Jeanne de Ferrières, fille de Guy, sgr de Fargues en Saintonge, et de Marguerite Gua, dont il eut : 1° Jacques, qui suit; 2° Joachim, rapporté au § V; 3° Pierre, mort sans alliance en 1561; 4° Marguerite, morte sans alliance en 1561; 5° Claire, mariée, le 9 janv. 1559, à Jean Vigier, Ec., sgr de Luchet; 6° Antoine, sgr de Trapes, de la Vigerie, de St-Fort, épousa Hélie de Beaumont, sa parente. On ne sait à quelle branche elle se rattache; il en eut René, sgr de Trapes, la Vigerie, vivant en 1602 et mort célibataire.

10. — **Beaumont** (Jacques de), sgr d'Ussaut, servait en 1568 dans la compagnie de 30 lances du sgr de Bateresse; il avait épousé, le 26 juin 1560, Renée d'Alloue, fille de Louis, Ec., sgr de Chatellus, et de Jeanne de Montalembert, dont il eut : 1° Gilles, qui suit; 2° Michel, rapporté au § III; 3° Anne, mariée à François de la Croix, Ec., sgr de la Croix, de la Garde, etc.; 4° Susanne, épousa Jean de Granges ou de Surgères, sgr de Boissonnet.

11. — **Beaumont** (Gilles de), sgr d'Ussaut et du Brandar, partagea avec ses frère et sœurs le 23 oct. 1590, fit partie des gentilshommes réunis à Pons en 1593, pour députer à Mantes un représentant des églises réformées de Saintonge, et mourut fort endetté, après avoir vendu la terre du Brandar qu'il avait eue de sa femme. La terre d'Ussaut fut aussi vendue après sa mort et fut achetée par François de Beaumont, sgr de Gibaud, son parent. Il avait épousé, le 2 mai 1587, Judith de l'Isle, fille de Pierre, sgr de St-Maurice, du Brandar, et de Marie Baudouin, des sgrs de Fleurac. Il se remaria à N. (dont le nom est ignoré). Du 1er lit il eut : 1° Jean, né en 1590; 2° Daniel, sgr de Féolles, né en 1597, se retira en Poitou : on ne connaît pas le nom de sa femme, dont il eut Henri, vivant en 1645 et mort avant son père; il ne paraît pas avoir été marié; 3° Samuel, dont on n'a trouvé que le nom dans quelques arrêts; 4° Jacques, qui suit; 5° Judith, mariée à Arnaud Mome ou Moine, Ec., sgr de la Touche; 6° Marie, du second lit 7° Anne-Marie, qui épousa : 1° en 1624 Léonard Souvignon, sgr de Laurière, maire de la Rochelle; 2° Jacques Cordelier, Ec., sgr de Jamart en Brie.

12. — **Beaumont** (Jacques de), sgr de la Roche-d'Ussaut, né en 1594, épousa, le 23 mai 1626, Susanne Gallais, fille de Pierre, conseiller et procureur du Roi à la Rochelle, et de Elisabeth Souvignon, dont : 1° François, Chev., se qualifiait de sgr de Beaumont, quoiqu'il ne possédât aucune terre de ce nom, capitaine de cavalerie dans le rég^t de Ferrières, s'établit ensuite à Niort avec Renée Isambert, sa femme, et mourut sans postérité; 2° Daniel, qui suit.

13. — **Beaumont** (Daniel de), Chev., sgr des Bochaudières, épousa : 1° le 6 janv. 1651, Charlotte Regnauld, fille de Benjamin, Ec., sgr de Mézac, et de Gabrielle de Sarberisse; 2° Judith de Colincourt (Caulaincourt ?), d'une famille noble de Picardie. Il n'eut du premier mariage qu'une fille, Anne-Charlotte, mariée à Isaac de La Rochefoucaud, sgr du Parc d'Archiac et de Sorlut.

§ III. — Branche du **Pont d'Ussaut.**

11. — **Beaumont** (Michel de), sgr du Pont d'Ussaut, fils puîné de Jacques et de Renée d'Alloue (10e deg., § II), était mineur à la mort de ses père et mère et eut pour tuteurs Joachim et Antoine de Beaumont, ses oncles paternels, et pour curateur André Arnoul de St-Simon, sous l'autorité duquel il fit ses partages le 23 oct. 1590 avec ses frères et sœurs. Il épousa, le 5 juin 1593, Anne de St-Mauris, fille d'Odet, Ec., sgr de Rochaves, etc., et de Claire de Beaumont, dont il eut : 1° Daniel, sgr du Pont d'Ussaut, du Maine de Vaux, assista à l'assemblée protestante tenue à Jarnac en 1594, pour députer un représentant à l'assemblée de Ste-Foy; partagea avec ses frères et sœur le 11 fév. 1638 et mourut sans enfants de Jeanne de Vaux. La terre de Pont d'Ussaut fut vendue et achetée par François de Beaumont, IIe du nom, sgr de St-Germain et Gibaud; 2° Anne, qui suit; 3° Raphaël, 4° Susanne, mariée à François de Tustal, sgr de la Motte-Tustal.

12. — **Beaumont** (Anne de), sgr du Poux et de Corcé, épousa, 1° le 25 nov. 1640, Gabrielle d'Ageais, fille d'Antoine, sgr de la Motte, et de Philippe du Chemin, 2°, le 14 mai 1661, Marie Ozias, dont il eut : 1° Louis, qui suit; 2° Jean, rapporté au § IV.

13. — **Beaumont** (Louis de), Ec., sgr du Peux, Corcé, né le 17 fév. 1665, capitaine de dragons, Chev. de St-Louis, servit sous les ordres du duc de La Feuillade, au siège de Turin. Marié, le 26 sept. 1705, à Catherine de la Guiolle ; il eut entre autres enfants : Charles-Louis, né à Lyon, en 1712, reçu page du Roi, en 1724 (Preuves des pages. Cabinet titres).

Nota. — Cette demoiselle de la Guiolle aurait été fille d'un banquier de Lyon et bisaïeule ou grand'mère de N... de Beaumont, marié à N... de Beaupoil de St-Aulaire de la Dixmerie, lequel vote en 1789 et mourt en 1830, laissant : 1° N..., marié, sans enfants, à N... de Beaumont; 2° Louis-Charles-Antoine, dit le Chev., puis le Cte de Beaumont, marié à Jeanne-Anne-Henriette de Larrard, habitait Tugeras près Jonzac, est mort veuf en 1861. Ses enfants sont tous morts, 2 fils célibataires, dont l'un s'appelait Léon.

§ IV. — Branche de **Cercé.**

13. — **Beaumont** (Jean de), sgr de Corcé, fils puîné de Anne et de Marie Ozias (12e deg. § III), acquit les droits que Louis, son frère aîné, avait sur cette terre. Il avait été destiné à l'état ecclésiastique, mais il se maria à Saintes et eut un fils qui suit et plusieurs filles.

14. — **Beaumont** (N... de), sgr de Corcé, sans doute Jean de Beaumont du Peux, qui comparaît au ban de 1758, cornette de dragons dans le régiment de Colonel-Général, s'est marié en Saintonge et n'a eu que des filles.

§ V. — Branche de **Pellouelle.**

10. — **Beaumont** (Joachim de), sgr de Trapes et de Pellouëlle, fils puîné de Jean et de Jeanne de Ferrières (9e deg., § II), tuteur des enfants de Jacques de Beaumont, son frère aîné; il eut de nombreux procès, ainsi que ses enfants, à cause de cette tutelle; il laissa beaucoup de dettes, et ses biens furent saisis et vendus après sa mort. Gilles et Michel ses neveux achetèrent la terre de Pellouëlle. Il avait épousé, le 11 fév. 1572, Jeanne de Ballodes, qui mourut le 17 août 1597, laissant : 1° Jacques, qui suit; 2° André, est nommé avant Jacques, son frère, dans plusieurs actes; cependant Jacques a eu un droit d'aînesse ; André avait épousé Charlotte de la Lande, dont il n'eut pas d'enfants; 3° Josias, épousa Marguerite de Beaumont, que l'on suppose avoir été la même que Marguerite de Beaumont, femme de Tite Clavier, sgr de Boucheaux, vers l'an 1608.

(St-Allais, dans la généalogie de Courbon, dit que Jeanne de Courbon, fille de Guy, sgr de St-Léger, et de Bonaventure Vigier, étant veuve de François de Guignanson, Ec., épousa, le 1er oct. 1609, Josias de Beaumont.) Quoi qu'il en soit, Marguerite de Beaumont était femme de Josias en 1626 et n'en eut pas d'enfants.

4° Pierre, dont on ne retrouve que le nom. Ce doit être lui qui passa en Hollande avec Jacques son frère aîné et qui devint gouverneur de Zutphen. Il était mineur en 1606. On ignore s'il s'est marié; 5° Rachel, baptisée au temple de la Rochelle en 1586, mariée à Joseph de la Rivière; 6° autre Rachel; 7° Anne, mariée : 1° à Jean Brun, Ec., sgr du Claux; 2° en 1618, à Comte de la Valade ou Vallade, sgr de St-Georges; celui-ci se remaria, le 18 oct. 1659 (Chabosseau, notre au Maine de Vaux), à Louise de Beaumont; 8° Jeanne.

11. — **Beaumont** (Jacques de) passa avec un de ses frères en Hollande, au service des États généraux, alors alliés de la France; devint colonel d'un régiment de cavalerie et dut se marier en Hollande. Le nom de sa femme est inconnu. Il eut une fille unique, Anne, mariée à Aimé Carré, sgr des Ombres et de la Motte d'Usseau près Châtellerault.

§ VI. — Branche de **Gibaud.**

9. — **Beaumont** (Jean de), sgr de Gibaud et de Cardis en Saintonge, etc., fils puîné d'Antoine et d'Antoinette Hérignon (8e deg., § II), fut gouverneur de Mézières, gentilhomme de la maison du roi de Navarre, et grand maître de sa fauconnerie. Il était zélé catholique, ce qui l'obligea à abandonner toutes les charges qu'il occupait à cette cour, lorsqu'elle devint protestante. Il ne conserva que la qualité d'homme d'armes de la compagnie du prince de Navarre. Il avait épousé Anne de Caussa, fille d'honneur de la reine de Navarre, issue des anciens vicomtes de Marsan, depuis comtes de Bigorre, dont il eut : 1° François, qui suit; 2° Claire, mariée : 1° en 1567 à Odet de St-Mauris, sgr de Rochaves; 2° François Filleul, Ec., sgr de Chanteloup; 3° Guy Martin, Ec., sgr du Breuil; 3° Marie, mariée en 1575 à Charles de l'Isle, sgr de St-Maurice.

10. — **Beaumont** (François de), Chev., sgr de Gibaud, d'Ussaut, St-Germain, etc., etc., rendit hommage au Roi le 8 juin 1608, pour ses fiefs, terres et sgries de Morzac, Boissegnin et autres, mouvant des comté de Saintonge et duché d'Angoulême. Il acquit en 1621 la terre d'Ussaut, saisie sur feu Gilles de Beaumont, son parent, et épousa : 1° le 24 juin 1583, Jeanne Vigier, De de St-Germain, fille de Antoine, sgr de Maumont, et de Marthe Raymond ; 2° Marguerite d'Ingrandes, dame du Breuil, de Bonneuil, de Morzac et de Rouffignac, qui lui donna tout son bien à lui et aux siens, n'ayant point eu d'enfants. (D'après St-Allais, gén. de la Cropte, Marguerite d'Ingrandes aurait eu pour héritier en 1608 René de la Cropte, Ec., sgr de la Mothe.) François eut du premier lit : 1° François, qui suit; 2° Charles, sgr de Beaulieu et de la Galacherie, avait été destiné par les testaments de ses père et mère à entrer dans l'ordre de Malte. Il se maria à Marie Moine, avec laquelle il vivait en 1638, mais il n'eut pas d'enfants; 3° Jean, sgr de

Morlut, rapporté au § VIII; 4° Lucrèce, épousa, le 11 fév. 1607, Charles de Livenne, sgr de la Chapelle; 5° Hippolyte, mariée, le 11 déc. 1608, à Charles de Corlieu; 6° Anne, religieuse dans l'abbaye de St-Ausone, à Angoulême.

11. — **Beaumont** (François de), IIe du nom, Chev., sgr de Gibaud, St-Germain, de Juignac, d'Ussaut, du Breuil, etc., etc., épousa, le 8 sept. 1614, Catherine de Belcier, fille de Louis Bon de Cozes et de Charlotte Goumard, dont il eut : 1° Henri, qui suit; 2° Louis, dit le Chev. de Gibaud, fut tué au siège de Saintes pendant les guerres civiles, sans avoir été marié; 3° Marie, mariée, le 10 fév. 1656, à François de Massacré, Chev., sgr de Bioussac; 4° Octave, baptisé le 22 mai 1627.

12. — **Beaumont** (Henri de), Chev., sgr de Gibaud, d'Ussaut, de St-Germain, etc., etc., en partie d'Eschillais, maréchal des camps et armées du Roi, fut, étant jeune, aide de camp de Monsieur Gaston de France duc d'Orléans, fut fait capitaine d'une compagnie franche de 90 chevau-légers et maréchal de bataille de 1650 à 1651. Le Roi lui donna le commandement d'un régiment de cavalerie et le nomma maréchal de camp en 1652, n'ayant alors que 36 ans. Il avait épousé, le 23 fév. 1653, Marie de Salagnac ou Salignac de la Motte-Fénelon, fille de Pons, Chev., Bon de la Motte-Fénelon, et de feue Isabeau d'Esparbès d'Aubeterre, dont il eut : 1° François, qui suit; 2° Léon, évêque et sgr de Saintes, auteur de cette généalogie, décédé le 10 oct. 1744, âgé de 80 ans, et inhumé le 12 dans l'église des PP. de la Mission à Saintes; 3° Henri-Joseph, Chev., sgr du Fort, de Verrières, capitaine de dragons dans le régiment de la Reine, épousa : 1° Gabrielle-Félice de Chastel de Pontaut, fille de Gabriel, sgr de Fort, de Verrières, et de Marie de Châteauneuf de Randon; 2° Charlotte-Louise de Nesmond, fille de François et d'Arthémise de Caumont. Du premier lit il eut : *a.* Léon-Gabriel, mort très jeune de la petite vérole, étant capitaine au régt de Bigorre; *b.* N..., morte très jeune, sans alliance; du second lit : *c.* N..., née en 1724.

4° Joseph-Henri, rapporté au § VII; 5° Louis, tué dans un combat naval à 15 ans; 6° Jean-Hippolyte, Chev. de St-Louis, exempt des gardes du corps du Roi, mestre de camp ou colonel de cavalerie, épousa Louise-Thérèse de Béon, fille de N... Mis de Boutteville et de Marie de Cugnac de Dampierre; 7° Catherine, mariée à Louis Rochan, sgr de Puicheny; 8° Louise, épouse de Charles-François Poussard du Vigean, Mis de Liguières; 9° Marie-Anne, dit Melle de Gibaud; 10° Antoinette, prieure du couvent des religieuses Bénédictines de Cognac; 11° Hippolyte-Angèle, mariée: 1° à François de Joumard-Achard de la Brangelie, sgr de Balanzac; 2° à Hélie de Frugie, sgr de la Motte St-Privat; 12° Anne-Marguerite, épouse de Pierre de Liniers d'Hervaut, Chev. de St-Louis; 13° Madeleine-Geneviève, mariée: 1° à Henri-Benjamin de Valois dit le Mis de Mursay, colonel des dragons de la Reine, tué au combat de Steinkerke; 2° à Adrien-Pierre de Chevry, 3° à René de Cordottan Mis de la Noue, maréchal de camp; 14° Isabelle-Thérèse, mariée à Pierre Viaud, Chev. de St-Louis.

13. — **Beaumont** (François de), IIIe du nom, Chev., sgr de Gibaud, d'Ussaut etc., mourut six mois après son père en 1694. Il avait épousé Henriette de Mendose, fille unique de François, Chev., sgr du Vernoux près Blaye, et d'Anne Poussard du Vigean, dont il eut : 1° Henri, qui suit; 2° Catherine-Angélique-Hippolyte, mariée à Alexandre de Boscal de Réals, lieutt de vaisseaux, Chev. de St-Louis, décédée à Saintes le 26 oct. 1766 et inhumée en l'église St-Pierre.

14. — **Beaumont** (Henri de), Chev., sgr de Gibaud, d'Ussaut, du Vernoux, etc., capitaine de dragons au régiment Dauphin, épousa en janv. 1707 (*aliàs* 5 mars, Armaud, notre à Saintes), Marie-Angélique Guinot, fille d'Antoine, Chev., sgr de Boisrond, etc., et d'Elisabeth de St-Léger-Boisrond, dont il eut : 1° Jean, capitaine de cavalerie en 1744, légataire de son grand-oncle Léon de Beaumont, évêque de Saintes; 2° Pierre, qui suit; 3° Elisa, mariée au Cte de Courtomer; 4° Marie-Elisabeth, mariée, le 4 déc. 1735, à Claude-Anselme de Feuillans, Cte de Montierneuf, morte à Munich en 1797.

15. — **Beaumont** (Pierre de), Cte de Gibaud, sgr d'Ussaut, de Marignac, comparut au ban de Saintonge en 1758 et fut inhumé dans l'église des Cordeliers de Paris, le 22 sept. 1769, âgé de 54 ans, laissant de Catherine Prévost, Léon, qui suit.

16. — **Beaumont** (Léon de), Comte de Gibaud, sgr de Marignac, d'Ussaut, ancien mousquetaire de la garde du Roi, fut marié 2 fois : 1° à Marthe-Madeleine de St-Mathieu des Touscнes, fille de Paul-Sidrac, Chev., sgr des Touscnes et de Villars en Saintonge et de la Traverserie en Poitou, et de Catherine de Malvin de Montazet; 2°, le 8 août 1780, Jeanne de la Faurie de Montbadon, fille de Christophe, sgr Bon de Montbadon, et de Jeanne de la Lande. Il eut du premier lit : 1° Léon, mort en émigration; 2° Marie-Louise-Antoinette-Hippolyte-Madeleine, chanoinesse, comtesse de l'Argentière, morte à Saintes le 30 juill. 1836, à 61 ans; 3° Gabrielle-Sophie-Marie-Louise, mariée à Jeudi de Grissac, et décédée à Saintes le 26 mars 1818, âgée de 42 ans. Du second lit: 4° Léon, ancien officier, célibataire, mort à Saintes le 20 nov. 1861; 5° Marie-Élisabeth-Jeanne-Léontine, mariée le 2 mai 1803, à Charles-Gaëtan Mis d'Aiguières; 6° Marie-Cécile-Laurentine, décédée sans alliance à Saintes, la dernière de son nom, le 3 avril 1867, âgée de 83 ans; 7° Marie-Jeanne-Séraphine, mariée : 1° à Pierre-Augustin Raboteau, procureur du Roi à Rochefort, le 27 janv. 1817; 2° le 11 févr. 1838, à Alexandre le Gardeur de Tilly, capitaine de frégate, Chev. de St-Louis et de la Légion d'honneur, et décédée à Saintes le 27 avril 1860; 8° Louise-Pauline, morte au château de Gibaud, le 5 déc. 1848, âgée de 59 ans, après avoir été mariée à N... de Vallée, ancien officier, Chev. de St-Louis et de la Légion d'honneur.

§ VII. — Branche d'Eschillais.

13. — **Beaumont** (Joseph-Henri de), Chev. de St-Louis, sgr d'Eschillais, capitaine des vaisseaux du Roi, fils puîné de Henri et de Marie de Salagnac (12e deg., § VI), s'est marié 2 fois : 1° le 25 mai 1697, à Fontenay-le-Comte, à Gabrielle de la Croix, fille de François et de Marie de Hollande, veuve de Gabriel Helie, Chev. sgr du Chatenay, et dont il n'eut pas d'enfants; 2° à Victoire de Gabaret, fille de N..., gouverneur des Antilles, dont il eut : 1° Charles, qui suit; 2° N..., fille; 3° Marie-Victoire, mariée, vers 1725, à Henri-Alexandre Guiton de Maulevrier, officier de marine.

14. — **Beaumont** (Charles de), enseigne des vaisseaux du Roi en 1749, Cte d'Eschillais, marié à Anne Gentil de Brassaud, dont il eut : 1° Jeanne-Elisabeth Mise d'Eschillais, baptisée le 20 mars 1749, mariée, le 20 juin 1773, à François-Dominique Aymer de Marsilly; 2° Anne-Pétronille, mariée en 1769 à François-Armand de Manès.

§ VIII. — Branche d'Augé.

11. — **Beaumont** (Jean de), Chev., sgr de Condéon, de Morlut, d'Augé, fils puîné de François et de

Jeanne Vigier (10e deg., § VI), avait été destiné à l'état ecclésiastique par le testament commun de ses père et mère ; mais il se maria 2 fois : 1° le 24 juill. 1627, à Charlotte Ancelin, fille de Louis, sgr de Gardespée, et de Marie de Bingière ; 2° le 15 mai 1634 (contrat du 25, Motheau, notre à la Garenne-Aubert), à Elisabeth Bidaut, fille de Jean, Ec., sgr d'Anville, d'Augé, etc., et de Jeanne Méhée. Il eut du premier lit : 1° Catherine, mariée : 1° le 7 fév. 1641, à Raimond de Forgues, Chev., sgr d'Argence ; 2° à Jean de la Chétardie, Chev., sgr dudit lieu. Du second lit : 2° Henri, qui suit ; 3° Jean-Louis, sgr de Morlut, capitaine au régiment de Piémont, mort sans alliance en 1673.

12. — **Beaumont** (Henri de), Chev., sgr d'Augé, de Lauron et Boisroche, épousa, le 5 juill. 1659, Marie Aimar, De de Lauron, fille de Jacques, conseiller du Roi en ses conseils d'État et privé, sgr du Péron, Lauron, et de Renée Urvoy, dont il eut : 1° Jean-Louis, Chev., sgr d'Augé et de Lauron, non marié en 1719 ; 2° Louis-Ignace, fut tué en 1690 à la bataille de Fleurus, capitaine dans le premier bataillon du régiment de Champagne ; 3° Marie-Catherine, mariée, le dernier fév. 1687 (9 avril, d'après Moréri), à Jean-Edme de Choiseul, Chev., dit le Mis de Choiseul ; 4° Elisabeth, religieuse Carmélite du grand couvent de Bordeaux ; 5° Henriette, religieuse Bénédictine dans l'abbaye de Notre-Dame de Saintes ; 6° Angélique, mariée en 1714 à Jean-Léon de Livenne, Chev., sgr du Breuil.

§ IX. — Branche de CRAVANT.

6. — **Beaumont** (Méry ou Aimery de), sgr de Cravant, fils puîné d'Ithier et de Marguerite Pigonne (5e deg., § I), fit plusieurs traités en 1464, 1466 et 1470, au sujet des biens qui lui échurent en partage, tant avec Jean, sgr de Rioux, son frère aîné, qu'avec Louis, son neveu, qui avait les droits d'Isabeau de Beaumont, sa tante. Il épousa Marie Héraud, sœur de Jeanne, femme de Jean de Beaumont, son frère, dont il eut : 1° Jean, qui suit ; 2° autre Jean, chanoine régulier de St-Augustin ; 3° François, rapporté au § XI.

7. — **Beaumont** (Jean de), marié à Gillette Goumard, fille de Foucaud, Chev., sgr d'Eschillais, et de Françoise Herberte, dont il eut : 1° François, qui suit ; 2° Jean, rapporté au § X.

8. — **Beaumont** (François de), sgr de Cravant ainsi qualifié dans une transaction passée le 29 juill. 1490 avec Charles de Coëtivy, sgr Cte de Taillebourg. On ignore le nom de sa femme, mais il eut pour enfants : 1° Guillaume, qui suit ; 2° Françoise, épouse de Nicolas Guinot, Ec. ; 3° Jean, sgr de Cagouillac, fief qui semble venir de la maison de Goumard, vivait en 1508 ; il épousa Marguerite Guinaudeau, dite Guinaudelle. On ignore s'il y eut postérité.

9. — **Beaumont** (Guillaume de), sgr de Cravant, en 1518, eut des procès contre Louis et Jules de Beaumont, sgrs de Rioux, petits-fils de Pierre, son cousin. Il épousa Françoise Arnaud, fille de Jean, Ec., sgr de Gibran, et de Mabile La Personne, dont il eut Perrette, dame de Cravant, mariée à Jacques de Rabaines, sgr de Jazennes, avec lequel elle vivait en 1552.

§ X. — Branche de BEAUMONT et de CRAVANT.

8. — **Beaumont** (Jean de), sgr de Cravant en partie, 1498-1506, fils puîné de Jean et de Gillette Goumard (7e deg., § IX), eut de N... dont le nom est ignoré : 1° Gilles, qui suit ; 2° Nicolas, chanoine de l'église cathédrale de Saintes, prieur de St-Savinien, vicaire général de Julien Soderini, évêque de Saintes, construisit un château qu'il nomma Beaumont dans un partage, auquel il joignit un fief considérable qu'il acquit en 1543 de François de Bremond, sgr d'Ars et de Tesson. C'est pourquoi lui et Gilles, son frère qui fut son héritier, se qualifièrent depuis sgrs de Beaumont ; 3° Charles, chanoine de l'église cathédrale de Saintes.

9. — **Beaumont** (Gilles de), sgr de Cravant en partie, appelé depuis Beaumont, est ainsi qualifié dans des actes de 1550, 1551 et 1572. Il épousa en 1550 Anne Vigier, fille de Henri, Ec., sgr de Luchet, et de Françoise de Barbezières, dont il eut : 1° Frédéric, qui suit ; 2° Françoise, dame de Beaumont ou de Cravant en partie, après son frère, épousa, le 20 mai 1572, René de Beaumont, sgr de Cruc, son parent (9e deg., § XI), dont elle fut veuve en 1596.

10. — **Beaumont** (Frédéric de), sgr de Beaumont ou de Cravant en partie, épousa, le 4 juin 1583, Florence de Bremond, fille de Charles, Chev. de l'ordre du Roi, sgr d'Ars, capitaine de 50 hommes d'armes, etc., et de Louise Albin de Valsergues, dont il n'eut pas d'enfants. Sa veuve se remaria, le 10 oct. 1688, avec Lancelot de Donnissan, Chev. de l'ordre du Roi, sgr de Donnissan et de Citran.

§ XI. — Branche de CHASTENET.

7. — **Beaumont** (François de), sgr de Chastenet, fils puîné de Méry et de Marie Héraud (6e deg., § IX), épousa Marguerite de Rabaines, ainsi qu'il résulte d'un acte de partage fait entre les enfants de Jean, son fils aîné, qui suit ; il eut en outre Louise, mariée à Gilles de Chaulme, Ec., sgr de Fournezay.

8. — **Beaumont** (Jean de), sgr de Chastenet et de Grissac, épousa : 1° Françoise de la Couet, sœur de Pierre, Ec., sgr de la Coëtterie, au pays du Maine, qui vivait encore en 1523 ; 2° Charlotte du Val. Du premier lit il eut : 1° Elie, qui suit ; 2° Marguerite, mariée à Cristophe Dexmier, Ec., sgr de la Tour-Blanche ; 3° Jacques, sgr de la Garrillière, épousa : 1° Françoise d'Isave, dame d'Orignac, fille de Jean, Ec., sgr de Sonignac, dont il n'eut pas d'enfants ; 2° Charlotte de Cruc, fille de Guiscard, sgr de la Maubergière, et de Marie d'Authon, dont il eut : *a*. Susanne, mariée à Roland de Beauchamps, Ec., sgr de Maisonneuve ; *b*. Marguerite, dame de la Garrillière, mariée à Jean de la Tour, Ec., sgr des Aigronnières ou Raigronnières.

Du second lit : 4° Isabeau, épouse de Jean de Bonnevin, Ec., sgr de Coustol ; 5° Antoinette, mariée à Guiscard de Cruc, Ec., sgr de la Carde ; 6° Méry, sgr de Grissac, partagea avec ses frères et sœurs en 1555 ; il eut un fils, Bertrand, sgr de Grissac, qui vendit cette terre à Pierre du Breuil, sgr de Théon, par contrat du 28 avril 1582. On ignore s'il s'est marié.

9. — **Beaumont** (Elie de), sgr de Chastenet, gentilhomme de l'hôtel du Roi, servit en Italie sous le commandement de François de Lorraine duc de Guise, ce qui fut cause de son premier mariage à Ferrare avec Diane des Ariostes, fille de Nicolas, gentilhomme de Ferrare. Elie se remaria à Claire de la Tour. Il eut du premier lit : 1° Pierre-Paul, prieur de Jarnac-Champagne en Saintonge, Ordre de St-Benoît, en 1573 ; 2° Paul, qui suit ; 3° René, marié : 1° à Jeanne de Cruc, fille de Foucaud, Ec., et de Jeanne de Tustal ; 2° à Françoise de Beaumont, fille de Gilles, sgr de Beaumont, et de Anne Vigier (9e deg., § X). Il eut du premier lit : *a*. Méry, mort sans avoir été marié ; *b*. David, mort sans alliance ; *c*. Esther, épousa, croyons-nous, Léonnet de Chambes, avec lequel elle vendit ce qui lui ap-

partenait dans la terre de Cravant à Jacques de Beaumont, sgr de Rioux.

Du second lit : 4° Marc, mineur en 1589, mort sans alliance.

10. — **Beaumont** (Paul de), sgr de Chastenet, l'un des cent gentilshommes de l'hôtel du Roi, épousa, le 5 mai 1578, Jeanne de l'Estang, fille de Jean, Ec., sgr de Rulles, et de Catherine de Barbezières, dont il eut : 1° Jean, qui suit ; 2° Louise, mariée : à Joseph de la Tousche, Ec., sgr de Morneau ; puis à Paul de Rabaines, sgr de Jazenues ; 3° Marguerite, épouse de Bertrand de la Marre, Ec., sgr de Courbin ; 4° Anne, sans alliance ; 5° Antoine, mentionné dans une procédure faite en 1627 par Jean de Laigle, Ec., sgr de Lancrivière, tuteur des enfants mineurs de Jean de Beaumont, II° du nom, sgr de Chastenet.

11. — **Beaumont** (Jean de), II° du nom, sgr de Chastenet, épousa, le 18 oct. 1602, Louise de Poquières, fille de Gabriel, Ec., sgr de la Besne, et de Jacquette du Breuil de Théon, dont il eut : 1° Joseph, qui suit ; 2° René, mort sans alliance ; 3° Catherine, morte fille.

12. — **Beaumont** (Joseph de), sgr de Chastenet, épousa en 1640 Anne Mercier de Hautefaye, fille de Jean, Ec., sgr de la Montagne, et de Marie de Mercy, dont il eut : 1° Pierre, qui suit ; 2° Louis, religieux de l'Ordre de St-François dans la réforme des Recollets ; 3° Joseph, mort jeune, sans alliance.

13. — **Beaumont** (Pierre de), sgr de Chastenet, de Jauvelles, etc., épousa, le 5 mai 1667, Françoise Richard, dont il eut : 1° Joseph, sgr de Jauvelles, marié, le 5 mai 1698, à Jeanne Huon, fille de François, sgr de Brillouard, et de Marie Béraud, mort sans postérité ; 2° Pierre-Eutrope, sgr de Morlut, prêtre, prieur-curé de Chavenac, docteur en théologie ; 3° Marie-Anne, dame de Chastenet ; 4° Catherine, née le 15 déc. 1669 ; 5° Françoise-Claire, mariée en 1697 à François de Greffin, gentilhomme de Picardie ; elle dut se marier deux fois, car en 1733 elle est dite veuve en secondes noces de M. de Greffin ; 6° Madeleine, religieuse aux Filles de N.-D. de Saintes, est sans doute la même que Marie-Madeleine, née le 6 nov. 1675 ; 7° autre Catherine, née le 17 avril 1673 ; 8° Jacques, né le 24 oct. 1677.

§ XII. — Branche de VAUXJOMPES et de SAINT-SULPICE

(sans jonction).

On ne trouve que fort peu de documents sur la branche des sgrs de Vauxjompes et de St-Sulpice près Cognac, issus de la maison de Beaumont.

Nous donnons ici quelques extraits de ces titres ou documents et d'un mémoire du temps.

Ce mémoire porte que les terres de Bury, de Vauxjompes et de Ballan furent partagées par trois sœurs du nom de Seurre ou d'Ausseure, dont l'une épousa un Beaumont, auquel elle porta la terre de Vauxjombes.

Beaumont (Jacques de), sgr de Vauxjombes, fit quelques traités en 1425 et 1430 avec Ithier de Beaumont, sgr de Rioux (5° deg., § I) et avec N... de Coucis, sgr de Bury. Ce doit être lui qui épousa Huguette de Coucis, dont il eut : 1° Jean, sgr de Vauxjompes et de St-Sulpice, fit hommage de ces deux terres en 1480 au Cte d'Angoulême à cause de son château de Cognac. On voit par ces actes qu'il était fils de Huguette de Coucis ; il mourut sans enfants, et on ignore s'il fut marié ; 2° Isabeau, épousa Louis de St-Gelays, sgr de Morton, qui rendit hommage des terres de Vauxjompes et de St-Sulpice au Cte d'Angoulême en 1483. Ce mariage est prouvé par des titres mentionnés dans l'inventaire original et authentique des titres de Rioux.

BEAUMONT. — V. BONIN DE LA BONINIÈRE, CARRÉ, IRLAND.

BEAUNAYE (Jeanne de) et Mathieu Beslou, valet, son mari, de la paroisse de Quinçay (Vien.), font, le 9 juin 1341, une vente de quelques bois et autres héritages. (Cart^re de St-Hilaire-le-Grand.)

BEAUPLAIN (Jean de) se trouve compris dans une ordonnance de Jean duc de Berry du 25 mars 1373, par laquelle il accordait aux principaux habitants de la ville de Poitiers le droit de tenir des chevaux dans la ville. (F.)

BEAUPOIL. — Famille originaire du Châtelleraudais, où elle est encore aujourd'hui honorablement représentée.

Blason : d'argent à la bande de gueules ; déclaré par Pierre Beaupoil de Boisgoulard, maître particulier des forêts à Châtellerault, à l'Armorial du Poitou, en 1696. Le même Armorial attribue d'office à Beaupoil (Jean), procureur au Présidial de Poitiers : d'azur à une perruque d'or, et à Beaupoil (N), médecin à Châtellerault : d'or à un sanglier de gueules.

Beaupoil (Job) était en 1625, nous dit Constant dans son Commentaire sur la Coutume de Poitou, propriétaire dès 1625 du fief de Beaupoil, dans la sénéchaussée de Châtellerault.

Beaupoil (Pierre), marchand, fut nommé échevin de Châtellerault le 30 août 1653. (H^re Châtellerault, II, 182.)

Beaupoil (Paul), s^r du Plantis, marchand à Châtellerault, acquiert, le 13 mars 1663, diverses rentes de Joachim Orillard, Ec., lieutenant de la maréchaussée audit lieu. Il avait épousé Sara Perot, qui, âgée de 50 ans, fait, le 19 oct. 1685, abjuration du protestantisme entre les mains de P. Baudry, prieur de Sénillé, ainsi que Esther, sa fille, âgée de 19 ans, et Léger, son fils, de 15 ans. Le 27 août précédent, leur époux et père avait fait la sienne dans l'église de St-Sauveur d'Abournais.

Beaupoil (Marie) et Claude Escottier, sgr de la Ménaudière, son mari, font abjuration de l'hérésie de Calvin dans l'église de Cissé, le 8 oct. 1685. (Reg. de Cissé.)

Beaupoil (Rachel) avait épousé René de Forges, employé aux gabelles à Vicq, comme il appert du baptême de leur fils Jean-Louis, le 19 mai 1691. (Reg. paroiss. de Vicq.)

Beaupoil (Pierre), procureur au Présidial de Poitiers, épousa, le 22 févr. 1700, à Cissé, Françoise Bourseau ; il fut inhumé dans l'église de Cissé, le 3 nov. 1713. (Reg. paroiss.)

Beaupoil (Jeanne-Rose), fille de Louis, sgr de Prévalon, et de Jeanne Rossay, épousa, le 7 févr. 1715, Henri-Charles d'Argence, Ec., sgr de la Fond et du Soucy.

Beaupoil (Madeleine-Marthe) et

Beaupoil (Marie-Anne) prononcèrent leurs vœux aux Filles de N.-Dame de Châtellerault, après 1731, sans que l'auteur ait précisé davantage. (Hist. Châtellerault, II, 169.)

Beaupoil (Marguerite) avait épousé Pierre-Michel Creuzé, conseiller du Roi, receveur général des consignations à Poitiers, comme il appert du mariage de leur fille Catherine-Claire, mariée le 18 nov. 1754. A cette époque, Marguerite était veuve. (Reg. de Charrais.)

Beaupoil (N...) était curé de Brux en 1765 (Reg. de Brux.)

Beaupoil (Louis), sr de Lépaudière et de la Massardière (vers 1702) du chef de sa femme Aimée Tricault, fille de Charles, sr de la Massardière, et de Catherine Phelippon, dont il eut : 1° N..., garçon, décédé sans s'être marié ; 2° Anne, épousa : 1° N... Frémond, 2° Pierre Delavau, sr de Treffort ; 3° Jeanne, mariée en Bas-Poitou ; 4° Rose, épouse de N... Leigné.

Beaupoil de Boisgoulard (Pierre), maître particulier des eaux et forêts de Châtellerault, épousa vers 1700 Marie-Anne Frémond, fille de Antoine, sr de la Merveillère, et de Jeanne Phelippon, dont il eut : 1° Louis, moine à la Merci-Dieu ; 2° Marc-Antoine, marié à N... Torterue, sans hoirs ; 3° Louise, fut prieure à Lencloître (O. de Fontevrault) ; 4° N..., religieuse à Châtellerault. (Notes Compaing de la Tour-Girard, sans date.)

Beaupoil (Marie-André), femme de Claude Creuzé, greffier en chef du bureau des finances de Poitiers, était sa veuve lorsqu'elle mourut le 10 juin 1782.

Beaupoil (Honoré), docteur en médecine, était en 1817 propriétaire de la Tour de Naintré, comme époux de Eléonore Brunet.

Beaupoil (Louis-Auguste), docteur en droit, était en 1845 maire de Naintré et époux de Marie-Eugénie Vézien. (Hist. de Chât. I, 435.)

BEAUPOIL DE St-AULAIRE. —

Famille originaire du Périgord, qui s'est répandue en Limousin et en Saintonge.

Nous ne donnons que la filiation des branches de la Gorre et de Mareuil, qui ont eu les plus fréquents rapports avec le Poitou. (Nob. du Limousin.)

Blason : « de gueules à trois accouples de chiens d'argent posés en pal, 2 et 1, les liens d'azur tournés en fasce ».

§ Ier. — Branche de la GORRE.

7. — **Beaupoil de St-Aulaire** (François), fils cadet d'autre François et de Françoise de Volvire (6e degré de la branche aînée), embrassa l'hérésie de Calvin. Il épousa, le 4 sept. 1573, Jeanne du Barry, fille aînée de Geoffroy, sgr de la Renaudie, chef de la conspiration d'Amboise, dont il eut : 1° Jean, qui suit ; 2° Marie, mariée, le 1er mai 1611, à Jean de Brie, sr de Ballangis ; il épousa en secondes noces, en 1598, Marguerite d'Amelin, fille d'Augier, sgr de Rochemorin, et de Marie de St-Astier? dont : 3° François, qui épousa, le 17 janv. 1621, Jeanne de Charrières, et fut père de Claude, marié, le 16 oct. 1651, à Louise Dexmier, fille de Guy, Bon de Blanzac et de Renée de Fournaux, auteur des branches de Brie et de la Dixmerie.

4° Marguerite, qui rentra dans le sein de la religion catholique et mourut le 20 mai 1661.

8. — **Beaupoil de St-Aulaire** (Jean), Ec., sgr de Quinsac, de Gorre, du Barry, etc., épousa : 1° Marie Prieur-Poitevin, 2° Antoinette de Pourten, dont :

9. — **Beaupoil de St-Aulaire** (Jean), Ec., sgr de Quinsac (Périgord), testa le 23 juin 1683 et mourut le 25 mars 1687, laissant de Anne-Claude Dalvaix de St-Alban, fille de feu Antoine et de Susanne de Bonneval, son épouse : 1° Gabriel, qui suit ; 2° Antoinette, 3° Léonarde, 4° Maurice, 5° Jean, 6° autre Jean, peut-être le même que celui qui fut tué sur le chemin de Gorre, le 3 déc. 1701 ; 7° Henri, 8° Madeleine, décédée à l'âge de 30 ans, le 6 déc. 1694, et 7 autres morts en bas âge.

10. — **Beaupoil de St-Aulaire** (Gabriel), Chev., sgr de Gorre, épousa, le 30 sept. 1677, Marie-Denise du Rousseau de Ferrières, fille de Gabriel, Chev., sgr des Soychères, et de Léonarde Rampnoulx : d'eux naquirent, entre autres enfants : 1° Louis, qui suit ; 2° Jean.

11. — **Beaupoil de St-Aulaire** (Louis) mourut en avril 1762 et fut inhumé à Gorre. Il avait épousé en 1713 Françoise Guingand de St-Mathieu-Gensignac, dont : 1° Marie-Reine-Denise, née le 7 janv. 1714, nommée par son frère, l'évêque de Poitiers, prieure perpétuelle du couvent de St-Sauveur de Puyberland (O. S. B.), dignité dont elle fut investie le 26 juin 1774 ; elle y mourut à la fin de 1784 ou au commencement de 1785 ; 2° Jacques-Gabriel, décédé à Vitré en Bretagne, major au régiment royal ; 3° Thérèse-Gabrielle, mariée, le 22 sept. 1744, à Jean de Marsanges, Ec., sgr de Vaulry, auquel elle porta les biens de sa branche ; 4° Martial-Louis, né le 1er janv. 1719, Abbé de St-Taurin, au diocèse d'Evreux, de 1753 à 1790 ; nommé évêque de Poitiers le 24 mars 1759, fut sacré le 13 mai de la même année. Présidant l'assemblée préparatoire de l'ordre du clergé du Poitou, il y prononça deux discours remarquables par la netteté des vues émises et la profondeur de leurs appréciations (v. Clergé du Poitou). Nommé député du clergé du Poitou aux Etats généraux de 1789, malgré les efforts d'une cabale acharnée à la tête de laquelle se trouvait le trop fameux Jallet, curé de Chérigné, il sut prendre dès l'origine une attitude honorable dans cette assemblée. Il fut du nombre des protestataires contre le décret du 13 avril 1790 concernant la religion ; — contre le rapport de la procédure au Châtelet fait à l'Assemblée le 29 oct. 1790, au sujet des attentats commis à Versailles les 5 et 6 oct. 1789 ; — contre le décret du 28 mars 1791 qui prononçait la déchéance du Roi en certains cas ; — contre les décrets qui avaient rendu le Roi et la famille royale prisonniers sous la garde de soldats sur lesquels le Roi n'avait aucune autorité ; — contre les projets de décrets qui devaient enlever au Roi le droit de présider à l'éducation de l'héritier présomptif de la couronne. — Lors du serment exigé par l'Assemblée dite Constituante à la fameuse *Constitution civile du clergé*, lorsqu'il se dirigea vers la tribune, la majorité se persuada que, dans un âge avancé, ce prélat, accablé d'infirmités et de souffrances, allait se réunir à elle ; mais, à peine monté à la tribune, le vénérable prélat, réunissant toutes les forces que lui donnaient ses nobles convictions, s'écria avec énergie : « Je ne souillerai pas mes cheveux blancs en prêtant un serment auquel ma conscience se refuse ». Après la dissolution de l'Assemblée nationale, Mgr de St-Aulaire se retira en Suisse, où il mourut dans un âge très avancé, à Fribourg, le 17 janv. 1798.

5° Henri, qui suit ; 6° Pierre, dit le Chevalier de St-Aulaire, capitaine commandant du régiment de Boufflers-Dragons, Chev. de St-Louis ; 7° Charles-Denis-Jacques, né le 16 nov. 1723, Abbé de St-Taurin d'Evreux (O. S. B.) en 1753, vicaire général de Rouen, archidiacre de Tarbes, aumônier du Roi, archidiacre et vicaire général de Poitiers, prieur de N.-Dame de Niort, etc., etc., décéda à Lucienne le 1er avril 1788.

12. — **Beaupoil de St-Aulaire** (Henri), Mis de St-Aulaire, né le 25 déc. 1719, Chev. de St-Louis, sgr de Gorre, du Barry, etc., aide-major de la 1re compagnie des gardes du corps du Roi, avec rang de mestre de camp de cavalerie, épousa, le 17 oct. 1775, Adélaïde-Claudine-Françoise-Marie-Anne THIBAULT DE LA ROCHETULON, dont il eut au moins LOUISE, nièce de l'évêque de Poitiers, qui fit profession le 24 nov. 1778, au couvent de St-Sauveur de Puyberland, dont sa tante était abbesse.

§ II. — BRANCHE DE **MAREUIL**.

La généalogie de cette branche, insérée au Nobiliaire du Limousin, p. 304, est due à M. Frédéric de Chergé.

1. — **Beaupoil de St-Aulaire** (Simon) faisait des acquêts les 11 févr. 1555 et 22 déc. 1557; marié cette dernière année, il eut au moins trois enfants : 1° SIMON, 2° GABRIEL, qui suit; 3° MARGUERITE, qui épousa Pierre Saulnier, Ec., sgr de la Mothe-d'Entragues ou des Rapes. Ils se faisaient une donation mutuelle le 15 janv. 1622, et elle était sa veuve le 5 avril 1627.

2. — **Beaupoil de St-Aulaire** (Gabriel) épousa, le 23 nov. 1595, Marquie (Marthe ?) SAULNIER, dont : 1° CHARLES, 2° CHARLOTTE, mariée à Daniel Poussard, Ec., sgr de St-Brix-sur-Charente.

3. — **Beaupoil de St-Aulaire** (Charles), Ec., sgr de Tiersac et de Mareuil, épousait, le 21 juill. 1634, Marie DE LA SERVE, dont : 1° LOUIS, qui suit; 2° PIERRE, Ec., sgr de Bazôges, condamné à mort le 5 avril 1690 pour avoir tué en duel Jean Blouin, capitaine au régiment de Béarn-Infanterie (arrêt qui resta sans effet); 3° ALEXANDRE, Ec., sgr du Maine; 4° ANGÉLIQUE, 5° GABRIELLE. En secondes noces il se maria à Marie ROBINET, dont il était encore veuf le 6 mars 1656; et enfin en troisième lieu il épousa Eléonore HORRIC, fille d'Aaron, Ec., sgr de la Barounière, et de Marie de Ribier, qu'il laissa veuve avant le 12 juin 1660. Il eut du second lit des enfants dont le nom n'est pas connu. Nous ne croyons pas qu'il y eût postérité de son troisième mariage.

4. — **Beaupoil de St-Aulaire** (Louis de), qui épousa, le 10 sept. 1650, Madeleine DECESCAUD, fille de René, Ec., sgr de Fontpalais, et d'Eléonore Horric, troisième femme de Charles son père, fut maintenu dans sa noblesse par M. d'Aguesseau, intendant de Limoges, en 1667, et vivait encore le 14 avril 1693. Ses enfants furent : 1° EUTROPE, qui suit ; 2° GABRIEL, Ec., sgr de Bazôges ; 3° ALEXANDRE, Ec., sgr du Maine; 4° GABRIELLE, femme de Elie Horric, Ec., sgr du Burguet; 5° JEANNE ; 6° MADELEINE ; 7° MARIE, religieuse au couvent des Filles N.-Dame à Saintes ; 8° ANGÉLIQUE ; 9° LÉONORE, mariée, le 18 mai 1694, à Charles Frétard, Ec., sgr d'Anvilliers. Les sœurs de la future (sauf Marie) assistaient au contrat de mariage.

5. — **Beaupoil de St-Aulaire** (Eutrope de), Ec., sgr de Mareuil, épousa Marie-Anne NICOLLON, fille unique de François, Ec., sgr des Brétonnières, et de Claude Duval. De ce mariage sont issus : 1° LOUIS-EUTROPE, qui suit; 2° MARIE ; 3° MARIE-ANNE ; 4° JEANNE ; 5° FRANÇOISE, toutes demeurées célibataires.

6. — **Beaupoil de St-Aulaire** (Louis-Eutrope de), Ec., sgr de Mareuil, marié à Voulon, le 5 juill. 1725, à Anne DE COUVIDON, fille de feu Alexandre, Chev., sgr de Fleurac, et de Anne-Françoise Aubanneau de Villenon, dont sont issus : 1° ANNE-FRANÇOISE, baptisée le 23 avril 1726, mariée, par contrat du 22 sept. 1755 (Roux, not^re royal), à Henri de Montalembert, Ec., sgr de Coulonges; 2° LOUIS-ALEXANDRE, qui suit; 3° FRANÇOIS-EUTROPE.

7. — **Beaupoil de St-Aulaire** (Louis-Alexandre de), Ec., sgr de Mareuil, le Petit-Beauvais, baptisé à Voulon le 7 févr. 1727, se maria : 1° à Anne-Honorée DE LA COUR, fille d'André, Ec., sgr de Pernaud; 2° à Marie-Louise D'OUTRELEAU, fille de François, Ec., sgr de Laubuc, et de Marie-Louise Pignonneau. Il mourut le 4 janv. 1800, à Mareuil. Du premier lit sont issus : 1° LOUIS-ALEXANDRE-AIMÉ, mort jeune ; 2° CHARLES-ANDRÉ, gendarme du Roi, marié à Jeanne-Françoise DU VIGIER DE MIRABAL, mort en émigration (eut des enfants) ; 3° ANDRÉ-ALEXANDRE, dit le Chev. de Mareuil, mort à Dampierre-en-Saintonge ; 4° ALEXANDRE-DAVID, qui suit.

8. — **Beaupoil de St-Aulaire** (Alexandre-David de), Ec., sgr de Mareuil, épousa Marie-Charlotte-Désirée DE CÉRIS, fille de Jean-Alexandre, Chev., sgr de Chenay. De ce mariage sont issus : 1° CHARLES-CLÉMENT, qui suit; 2° ALEXANDRE-VICTOR, né en 1804, capitaine au long cours; entré dans la marine royale comme enseigne, il mourut peu après, à Brest, laissant de N..., son épouse, 4 enfants.

3° CHARLES-CAMILLE, né en 1804, agent comptable de la marine à Toulon ; 4° LOUISE-SOPHIE, née en 1801, à Couture-d'Argenson, morte à Poitiers, le 26 oct. 1876, mariée à Jean Pélisson, docteur en médecine.

9. — **Beaupoil de St-Aulaire** (Charles-Clément de), né le 21 déc. 1803 aux Cours près d'Aigre, a épousé aux Plans, c^ne de la Faye (Charente), le 3 sept. 1833 (Demondion, not^re à Ruffec), Marie-Geneviève-Séraphie DE CHERGÉ DE VILLOGNON, fille de Charles-Frédéric et de Marie-Geneviève Jacques, dont : 1° CHARLES-FRÉDÉRIC, né aux Plans le 13 févr. 1837, sortit de St-Cyr en 1857 sous-lieutenant dans l'infanterie de marine ; 2° MARIE-GENEVIÈVE-ALDÉGONDE-DELPHINE, née le 19 mars 1834, mariée, le 11 févr. 1852, à Gaspar-Philippe-Joseph de Labouret.

BEAUPRÉ DE LA CHASSELENDIÈRE (N... et N...) furent tués dans le parti protestant, en combattant sous la Cressonnière, lieutenant de Soubise, contre le sgr des Roches-Baritaud et autres gentilshommes catholiques du Bas-Poitou, 1622.

BEAUPRÉ (DE). — V. **BOUIN**.

BEAUPUY. — Ce nom est commun à plusieurs familles poitevines. La principale est celle des anciens seigneurs de Beaupuy en Montmorillonnais. Une autre a figuré dans l'échevinage de Poitiers. Nous ne possédons que des renseignements incomplets sur ces anciennes familles éteintes depuis plusieurs siècles.

Blason. — Beaupuy (Jean), échevin de Poitiers 1389, portait : d'or à un puy (puits) d'argent maçonné de sable. (Arm. du Poitou, publié par Goujet, 208. Fantaisie.)

Bellum-Podinnum (*Goscelinus*), cité dans un don d'églises et d'héritages situés dans les environs de Verrue (D.-S.) à l'abbaye de St-Maixent, en 1091. (D. F. 15.)

Bello-Podio (*Andreas de*), ayant embrassé la cause du Cte de la Marche contre le roi de France, vit ses terres sises dans la châtellenie de Montmorillon confisquées et affermées pour le compte du trésor du Cte Alphonse, pour trois années à partir de la St-Jean-Baptiste 1243. Dix ans plus tard, en 1253, *Guillelmus Rotundus* se déclare *homo planus Comitis Picta-*

vensis, ratione terre quam Andreas de Bello-Podio forefecit et tenet ab eo vineas suas in masso Grant. (Arch. Nat. J. Reg. 24, f° 55, 1.) Enfin, dans un compte rendu en 1259 par Thibauld *de Noviaco*, sénéchal de Poitou, on lit ce passage : *Minuta expensa,... Relicte Andree de Bello-Podio pro tercio dotis uxoris sue* XLVI *sol.* VIII *denarios.* (A. H. P. 8, 29). En 1258, les enquesteurs d'Alphonse restituent à SIBILLE, veuve d'André, 7 livres de rente payable par le prévôt de Montmorillon. (Hist. d'Alphonse, Ledain.)

Bello-Podio (*Guillelmus de*), *homo ligius Comitis Pictavensis et tenet ab eo Bellum-Podium et quicquid habet in castellania Montis Maurilii,* 1253. (Arch. Nat. J. Reg. 24, 53, 4.)

Bello-Podio (*Symon de*) devait à la Roche-sur-Yon III *solidos* de rente.

Bello-Podio (*Ozanna*) en devait autant, et

Bello-Podio (*relicta Gauterii de*) devait 12 liv. de rente. Ce Beaupuy est situé dans la p^sse de Mouilleron-le-Captif (Vendée). (Hom. d'Alphonse, 1001.)

Beaupuy (Guillaume de), Ec., déclare en 1271 qu'il doit service d'ost et de chevauchée pendant 40 jours, pour la défense du comte de Poitou.

Beaupuy (Adhémar de), clerc, était garde-scel du comte de Poitou à St-Maixent en 1317.

Beaupuy (Aymar de) fut l'un des bourgeois de Poitiers chargés par le sénéchal de Poitou, le 16 janv. 1341, de procéder à la visite des fortifications de cette ville. En 1391, il fut un des trois commissaires chargés de recevoir et d'examiner les comptes de Pierre Chartras, receveur de la ville, et ce sont sans doute ses hoirs qui, dans l'hommage rendu au Cte de Poitou, le 8 déc. 1404, par Légier de Thorigné, sont dits tenir de lui à 20 sous de rente le *fournage* de Poitiers. (Arch. de Poitiers. M. A. O., 1882. Livre des fiefs.)

Beaupuy (Jean de) reçoit avec Hilaire Larchier et autres procuration de la majeure partie des habitants de Poitiers, le 16 août 1388, pour acheter un *gobelet* ou autre joyau d'or d'une valeur de 1,000 liv. ou au-dessus. Il était échevin de Poitiers en 1389 et 1392. Le 2 août 1391, il transigeait avec la commune de Poitiers et lui cédait, en échange d'une rente de 30 sous dont était grevée la maison qu'il habitait, rue de la Regratterie, des rentes d'égale valeur qui lui étaient dues sur des maisons de la même ville. (Arch. de Poitiers. M. A. O. 1882.)

Beaupuy (Guillaume de) rendait en 1328 un aveu au Roi pour sa terre de Beaupuy, mouvante de Montmorillon.

Beaupuy (Jeanne de), des sgrs de Beaupuy (près de Montmorillon), épousa en 1382 Jehan de Blom, Ec., et lui porta cette terre, étant sans doute la dernière représentante de cette ancienne maison.

Beaupuy (Bernard de) se trouve servir en archer dans une montre de 1485. (Bibl. Nat.)

BEAUPUY (DE). — Ce nom a encore été porté par plusieurs membres des familles de Blom, de Ponthieu.

BEAUREGARD. — Nous allons donner les quelques renseignements que nous avons pu recueillir sur les personnes de ce nom qui nous paraissent avoir appartenu à des familles différentes.

Blason. — Louis, s^r de Champnoir : « de sable au chevron d'or accompagné de 3 têtes de lamproie d'or marquées (ou mirées) d'azur »; (Arm. Poit. 1678). — d'or à la bande d'azur accompagnée de trois lamproies (têtes) de sable 2, 1, (ou une demi-lamproie en chef et deux en flanc de la bande.) (Barent.) Énoncé inexact. — Le vrai type est d'or à 3 têtes de lamproie de sable et une cotice d'azur en bande, brochant.

Le Catalogue des gentilshommes de la généralité de Poitiers publié en 1669 donne les noms suivants. Nous reproduisons en italique les annotations de M. de Maupeou.

Beauregard (Jean de), s^r des Molles, p^sse de Chiré-en-Gençay ;

Beauregard (Louis de), s^r de la Mothe-Cotillon, p^sse de Queaux ;

Beauregard (Pierre de), Ec. ; Louise GUITTEAU, sa veuve, p^sse de St-Laurent-de-Jourdes ;

Beauregard (Jean de), s^r de Milly ; Perrette DE GENOUILLÉ, sa veuve, *tous maintenus nobles par sentence de M. Barentin du 9 sept. 1667.*

Beauregard (M. de), p^sse de St-Remy, élect. de Châtellerault, *condamné roulurier.*

Beauregard (René), s^r de Mondon, fut parrain, le 7 mars 1674, d'Alexandre Courtinier. (Reg. de Berthegon, Vienne.)

Beauregard (Marie de), *honnête demoiselle,* est nommée dans un acte de 1676. (Reg. d'Amberre, Vienne.)

Beauregard (Louis de), Ec., sgr de la Motte-de-Jourdres, p^sse de Bouresse (Vien.), eut un fils, JEAN, qui suit.

Beauregard (Jean de), sgr de la Motte-de-Jourdres, a fait partie du ban des nobles du Poitou convoqué en 1690. Il avait rendu hommage de cette terre aux sgries de Civray et de Melle le 14 janv. 1679.

Beauregard (Pierre de), Ec., sgr de Chambron, assiste comme oncle maternel de la future au contrat de mariage de Achille Jourdain, Ec., sgr de Maisonnais, avec Marie-Anne de Rechignevoisin de Guron, le 8 oct. 1680.

Beauregard (Philippe-Hélie de), lieutenant de dragons, rend aveu au chât. de Partenai en 1700 des fiefs du Peyré, de la Lambertière, etc., comme tuteur des enfants mineurs de feu Pierre Pain et de feue Françoise Olivier. (N. Féod. 83.)

Beauregard (Marguerite de), rend aveu en 1705 au chât. de Civray du fief de Leigné, p^sse de Champniers. (Id. 83.)

Beauregard (Gabrielle de) fut marraine, le 25 déc. 1706, de Gabrielle Desmier, à Champagné-St-Hilaire ; elle épousa Mathurin de Monsorbier et fut inhumée, âgée de 70 ans, à Champagné-St-Hilaire, le 26 janv. 1735. (Reg. parois.)

Beauregard (Catherine-Angélique de) reçoit, le 14 nov. 1720, un certificat pour son mariage avec François Pouste, Chev., sgr de St-Sarnin. (Reg. de Queaux.)

Beauregard (Pierre de) reçoit, le 24 nov. 1720, un certificat pour son mariage avec Anne NÉGRIER. (Id.)

Beauregard (Marie de) reçoit, le 21 sept. 1722, le même certificat pour son mariage avec Jean-François Faydeau, Ec., sgr de Ressonneau. (Id.)

Beauregard (Louis-Armand de), Ec., âgé de 17 ans, est inhumé à Berthegon, le 20 mars 1785. (Reg. de Berthegon.)

Filiation suivie.

1. — **Beauregard** (Pierre de), Ec., sgr de Champnoir, avait épousé Catherine DE LAGE, fille de René, Ec., sgr de Varreuil, et de Catherine Ferré, sa femme. Pierre était décédé avant le 17 juin 1643, date du désistement d'un procès que sa veuve soutenait contre Jean Binaudon, Ec., sgr de Chaleur ; elle était à cette époque remariée à Honoré Riveau, procureur près le Présidial de Poitiers. Nous pensons qu'il fut père de :

2. — **Beauregard** (Pierre de), Ec., sgr de Champnoir, fut confirmé dans sa noblesse en 1667 par M. Barentin ; il s'était marié, le 17 févr. 1653, à Jacqueline DU PIN, fille de Gabriel, Ec., sgr de la Guérivière, et de Louise de Mahnoury, dont entre autres enfants : 1° MARIE, mariée, le 14 mars 1694, à François d'Hillaire, Ec., sgr du Rivault ; et peut-être 2° LOUIS, Ec., sgr de Champnoir, qui suit.

3. — **Beauregard** (Louis de), Ec., sgr de Champnoir, fit enregistrer son blason en 1697. Il se maria, paraît-il 2 fois, et, en secondes noces, avec Marie BARATTE, qu'il laissa veuve et tutrice de plusieurs enfants. (Il eut peut-être du 1er lit.) 1° RENÉ, qui suit ; 2° LOUIS, qui, d'après une note, fut père de MARIE-ANNE, mariée, à Champagné-St-Hilaire, le 25 janv. 1755, à Charles Desmier, Ec., sgr de la Carlière, puis, le 24 avril 1759, à Pierre de Pons, Ec.

4. — **Beauregard** (René de), Ec., sgr de Champnoir, brigadier dans la 4e brigade de l'escadron de Boisragon, au ban de 1758 réuni à St-Jean-d'Angély. Il avait été lieutt dans le régiment de la Reine-Cavalerie, pensionné du Roi, inhumé, âgé de 66 ans, le 18 mars 1772 ; épousa, le 11 avril 1738, Madeleine-Charlotte FRANÇOIS. (Reg. de Champagné-St-Hilaire.) Elle fut inhumée, le 15 mars 1773, dans la chapelle St-Antoine. (Id.)

5. — **Beauregard** (René de), Ec., sgr de Champnoir, (probablement fils du précédent,) ancien lieutenant de cavalerie, est décédé à Poitiers le 11 février 1779, étant alors veuf de Madeleine-Charlotte-Françoise D'ARCEMALLE, morte elle-même en 1773.

BEAUREGARD (DE) EN CHATELLERAUDAIS. L'essai de généalogie suivante est relevée dans les confirmations de M. de Maupeou et les notes de M. de Gennes-Sanglier.

§ Ier. — BRANCHE DE LA **MAISONNEUVE.**

Blason. — L'Armorial de la généralité de Poitiers attribue à Charles de Beauregard, Ec., sgr de la Cour d'Orches près Châtellerault : d'argent au chevron d'azur accompagné de trois roses de gueules, 2, 1. Ailleurs, on trouve :

De Beauregard de la Maisonneuve de Mépied : de gueules au chevron d'argent et 3 quintefeuilles de même.

1. — **Beauregard** (Cosme de) Ec., sgr de la Durandière, fut, par arrêt du conseil du Roi, du 13 sept. 1669, signé Letellier, confirmé dans ses privilèges de noblesse, et déchargé d'une amende de 500 liv. à laquelle il avait été condamné par jugement de M. Voisin de la Noiraye, intendant de Touraine, du 2 mai 1667. Il avait épousé, en 1627, Renée DES ESCOTAIS, fille d'Ambroise, Ec., dont il eut : 1° AMBROISE, né en 1628 ; 2° RENÉ, qui suit ; 3° MARIE, née en 1632 ; 4° BENJAMIN, Ec., sgr de Grandecour, né en 1633.

2. — **Beauregard** (René de), Ec., sgr de la Pocquelière, épousa, le 12 juin 1657 (N..., notre de la baronnie de Mirebeau), Marguerite COUTINIER, fille de Charles. Ec., sgr de la Milanchère et de Marguerite Thoreau, dont il eut : 1° RENÉ, qui suivra ; 2° CHARLES, sgr d'Orches, baptisé le 27 août 1671, comme il appert de son extrait baptistaire. Il épousa, le 1er juill. 1685, Marie-Anne DADINE, fille de Joseph, sgr d'Hauteserre ; il était du 1er escadron des nobles de la sénéchaussée de Poitiers convoqués au ban de 1693, et fut confirmé dans sa noblesse par sentence rendue par M. de Maupeou, le 22 févr. 1698. Il est qualifié dans cette pièce d'Ec., sgr de la Cour d'Orches, y demeurant, psse d'Orches, élect. de Châtellerault ; 3° RENÉE, mariée à Vendeuvre, le 8 janv. 1682, à Jacques Thubert, Ec., sgr de la Tour de Boussay, décédée avant le 1er oct. 1696, date à laquelle son mari convole en secondes noces. 4° MARIE, mariée, le 13 oct. 1681, à Berthegon, à René de Fourny, sgr de Beaulieu et de la Rivière.

3. — **Beauregard** (René de), Ec., sgr de Mondon, baptisé le 5 mai 1658, comme il appert de son extrait baptistaire. Il épousa, par contrat du 23 juin 1679, Dlle Honorée-Françoise LE BEL DE BUSSY, fille de Paul, Chev., sgr de Bussy, et de Marie-Louise Deu. Il fut confirmé également dans sa noblesse le 22 févr. 1698 par sentence de M. de Maupeou. Il eut pour enfants : 1° RENÉ, né en 1682 ; 2° JULIE, De de Mondon, baptisée le 16 mai 1683 ; 3° CHARLES, qui suit ; 4° PHILIPPE-MARIE, né le 7 déc. 1685, mort enfant. (Reg. de Vendeuvre.)

4. — **Beauregard** (Charles de), Ec., sgr de la Maisonneuve (psse de Saire) et de la Rivière, né le 1er déc. 1684, a eu pour parrain CHARLES de Beauregard, Ec., sgr de la Cour d'Orches et épousa Renée-Perrine ACQUET DE RICHEMONT, que l'on croit fille de René, Ec., sgr de Richemont, et de Renée Sanglier, dont il eut : 1° CHARLES-RENÉ-JULES, qui suit ; 2° JEAN-LOUIS, sgr de Mépied (§ II) ; 3° RENÉE-JULIE, mariée, le 10 juin 1746, à Charles-Guy d'Aloigny de Rochefort, Chev., sgr de Lignières-Charsais.

5. — **Beauregard** (Charles-René-Jules), Chev., sgr de la Maisonneuve, épousa en 1752 Jeanne-Marie SANGLIER, fille de Henri, sgr du Haut-Vougnet, et de Marie-Anne de Mondion. Il en eut : 1° JEAN-CHARLES-LOUIS, qui suit ; 2° LOUIS-DÉSIRÉ, né le 20 mars 1762.

6. — **Beauregard** (Jean-Charles-Louis de), sgr de la Maisonneuve et de la Rivière, épousa, le 13 août 1781, à Thouars, Jeanne-Baptiste D'ALOIGNY-ROCHEFORT, fille de Charles-Guy, Chev., sgr de Lignières, et de Renée-Julie de Beauregard. Il est mort en 1788, à l'âge de 33 ans, laissant un fils, qui lui-même est décédé sans postérité, en 1816 ou 1817.

§ II. — BRANCHE DE **MÉPIED.**

5. — **Beauregard** (Jean-Louis de), Chev., sgr de Mépied, fils de Charles et de Renée-Perrine Acquet de Richemont (4e deg. § I) ; marié à N..., en eut :

6. — **Beauregard** (Jean-Pierre de), Chev. de St-Louis, marié à Angélique-Modeste-Madeleine ONSON DE FORVILLE, dont il a eu JULIE-CHARLOTTE-MODESTE-ROSE, morte le 4 mai 1788, âgée de 16 à 17 ans.

BEAUREGARD. — V. **BONNEAU, BRUMAULT, DIEULEFIT, ESPÉRON, GUERRY, PANDIN, SAVARY, SOURDEAU,** etc.

BEAUREPAIRE (DE). — Ce nom a été porté par plusieurs familles. L'antique maison féodale des seigneurs de Beaurepaire en Bas-Poitou paraît s'être éteinte dès le XIVe siècle.

Beaurepaire (Madeleine de) avait épousé Guy de la Rochefaton, sgr dudit lieu. Ils vivaient en 1200.

Beaurepayre (*Johannes de*) est cité dans un échange d'héritages fait le 15 janv. 1230 entre l'abbé de Montierneuf et le prieur de St-Hilaire de la Celle de Poitiers. (D. F. 12, 659.)

Beaurepaire (Jacques de) était archer de la compagnie de l'amiral Bonnivet en févr. 1519. (C'était probablement un Girard.)

Beaurepaire (Anne de) épousa Claude Rollin, Ec., sgr du Bouchaux, dont une fille, Silvie, mariée, le 15 nov. 1664, à Claude de la Celle. (G^{ie} de la Celle.)

On trouve encore :

Beaurepaire (N.), conseiller en l'élection de Fontenay, lequel épousa N... BICHON, fille de N... et de Catherine Rabeau.

BEAUREPAIRE (DE). — V. **GIRARD, PIET, DE SAUZAY.**

BEAUSOBRE. — Sans nous arrêter aux origines plus ou moins hypothétiques attribuées à cette famille, que les uns font venir de la Provence (La Chesnaye des Bois), les autres du Limousin (Dreux du Radier, t. V, p. 505), nous suivrons l'opinion de M. H. Bordier, qui, dans son édition de la France protestante, s'étayant d'une déclaration du bisaïeul du ministre Beausobre, la dit originaire de la Guyenne, de la petite ville de Langon (Gironde), ce qui concorde par certains points avec ce que dit Dreux du Radier, d'après un mémoire d'un M. Falconnet.

Nous utiliserons, pour éclaircir l'histoire de ceux de cette famille qui ont habité Niort, les notes que D. Fonteneau (t. 82) devait à M. Armand, curé de St-André de Niort, détenteur des registres de cette paroisse.

Blason. — Beausobre portait : de gueules à une étoile à 16 raies d'argent, coupé d'azur, chargé de deux chevrons d'or croisés à contre-sens, la pointe de l'un en haut et celle de l'autre en bas, appuyé sur la pointe de l'écu.

D'après la pièce publiée par M. Bordier, la filiation s'établit ainsi qu'il suit.

1. — **Beausobre** (Léonard de), habitant Langon, épousa Catherine DE BABEL, et eut pour enfants : 1° ARNAULT, qui suit ; 2° JEAN, 3° PIERRE, 4° GUILLAUME, 5° ODET, 6° GUALARDIÈNE, 7° JEANNE, 8° HÉLÈNE.

2. — **Beausobre** (Arnault de), qui fut promis en mariage avec Clémence ABRAHAM, le 22 janv. 1573 ; ils furent fiancés en l'église de Sonlieu, le 2 août 1576 ; il partit avec sa fiancée pour se rendre à Genève (le motif de ce départ n'est pas donné) le 5 sept. 1576, où ils se marièrent.

Clémence Abraham étant morte vers la fin de juill. 1578, Arnault se remaria ; mais le nom de sa seconde femme n'est pas donné. Du second lit naquit ISAAC, qui suivra ; du premier lit il avait eu un fils, né le 17 juill. 1577, et une fille dont la naissance (26 juill. 1578) coûta la vie à sa mère, et qui elle-même décéda le 27 sept. suivant.

3. — **Beausobre** (Isaac de), né à Morges (Suisse) le 13 déc. 1605, rentra en France et vint s'établir à Niort, où il ouvrit une officine d'apothicaire ; il y mourut le 17 mars 1662. Il s'y était marié, le 16 janv. 1633, à Marie MARTIN, qui fut inhumée le 10 oct. 1676, dont il eut : 1° ISAAC, qui suivra ; 2° MARTIN, né le 4 janv. 1636 ; 3° MARIE, née le 31 août 1637, mariée à Jean Pinet, régent ; 4° ISABEAU ou ELISABETH, née le 18 mars 1640 ; 5° LOUISE, née le 26 juill. 1643 ; 6° PHILLIPPE, né le 10 août 1646 ; 7° JEAN, dont la postérité sera rapportée au § II.

4. — **Beausobre** (Isaac de), IIe du nom, apothicaire à Niort, naquit le 28 mai 1634, et fut ancien du consistoire de cette ville (6 sept. 1665). Il mourut le 26 oct. 1682, âgé de 49 ans.

Il avait épousé Louise GACHET, dont il eut : 1° ISAAC, qui suivra ; 2° MARIE, née le 13 janv. 1661, morte enfant ; 3° BENJAMIN, né le 10 nov. 1663, baptisé le 14 suivant, suivit son frère en Prusse, s'y fixa et forma souche ; 4° LOUISE-ELISABETH, née le 28 avril 1666, mariée à Christophe Augier de la Terraudière ; 5° JEANNE, née le 13 janv. 1670, mariée, vers 1703, avec Jean de Beausobre, son oncle ; 6° MARIE, née le 14 oct. 1677, morte fille, dans un âge assez avancé, et inhumée dans l'église de Notre-Dame de Niort, ce qui prouve qu'elle avait abjuré le protestantisme ; 7° CLAUDE, né le 31 mai 1669, mort en bas âge.

5. — **Beausobre** (Isaac de), IIIe du nom, naquit le 8 mars 1659, fit ses études théologiques à Saumur, prenait, le 20 août 1679, le titre de proposant en théologie, fut fait ministre à 24 ans, au dernier synode de Loudun ouvert le 2 juin 1683, et fut d'abord pasteur à Châtillon-sur-Indre, où il reçut l'imposition des mains le 19 juil. 1683.

Forcé de s'expatrier, pour s'éviter de faire une amende honorable à laquelle il avait été condamné, il se réfugia en Hollande et arriva à Rotterdam au commencement de nov. 1683 ; l'année suivante, il se rendit en Allemagne, où il fut placé en qualité de ministre de la cour du prince d'Anhalt-Dessau. Il y resta 8 ans ; en 1694, il se rendit à Berlin, où il devint successivement pasteur des réfugiés, chapelain du Roi, inspecteur des églises et du collège des Français, etc. Il est mort le 6 juin 1738, à l'âge de 79 ans, laissant un grand nombre d'ouvrages, tant manuscrits qu'imprimés, dont le plus important est l'Histoire du Manichéisme.

Il avait épousé, étant à Châtillon, Louise ARNAUDEAU, fille de Claude, ministre de Lusignan, dont il eut : 1° LÉOPOLD, colonel d'un régiment d'infanterie et depuis lieutenant-général en Russie ; 2° CHARLES LOUIS, né à Dessau en 1670, qui ne se fit ministre que pour plaire à sa mère, fut pasteur à Buklots, à Hambourg, et vint trouver son père à Berlin, où il fut fait conseiller privé du roi de Prusse, membre de l'Académie des sciences ; il y est mort en 1753. Il publia plusieurs ouvrages de théologie et de controverse. 3° ALBERT, tué à 22 ans au siège de Belgrade ; 4° MARIE, épouse de M. de Mauclerc, ministre de Prusse à Stettin ; 5° N..., fille, dont nous ignorons la destinée. De son second mariage avec Charlotte SCHWARTZ sont issus : 6° LOUIS, né à Berlin en 1730, fut élevé aux frais du prince royal de Prusse (Frédéric le Grand), entra au collège français de Berlin, vint en France pour se perfectionner dans ses études ; revenu en Prusse, il entra à l'Académie des sciences et devint conseiller privé. Il mourut à Berlin le 3 déc. 1783. Lui aussi a beaucoup écrit, tant sur la littérature, que la philosophie et la jurisprudence. Nous ignorons s'il se maria ; et 7° LÉOPOLD-EMILIUS, dont la destinée ne nous est pas connue.

§ II.

4. — **Beausobre** (Jean de), 7e fils d'Isaac et de Marie Martin, rapportés au 3e degré de la filiation suivie, naquit le 11 juill. 1649. Etant passé en Suisse à une époque que nous ne pouvons préciser, nous le retrouvons en 1699 enseigne dans l'un des régiments suisses au service de la France et, contrairement à l'opinion qui veut qu'il se soit marié en Suisse, nous préférons voir en lui le capitaine Jean de Beausobre qui, au dire de D. Fonteneau, épousa *clandestinement*, dans la pssse de *Mozé*, diocèse de la Rochelle (Mauzé-sur-le-Mignon), Jeanne DE BEAUSOBRE, fils d'Isaac, son frère, et de Louise Gacher. Il en eut JEAN-JACQUES, qui suit.

5. — **Beausobre** (Jean-Jacques), baptisé en l'église de St-André de Niort, ce qui prouverait que son père était revenu à la religion catholique. Jean-Jacques était en 1704 (époque où D. Fonteneau recueillait ses notes) maréchal de camp et colonel d'un régiment de hussards au service de la France. Nous ignorons s'il eut postérité.

BEAUSSAY ou **BEAUSSAIS** (DE), quelquefois écrit **DE BEAUÇAY**. — Famille noble des environs de St-Maixent, que l'on confond parfois avec les Bauçay du Loudunais, qui possédaient aussi des fiefs à St-Maixent et à Ste-Néomaye.

Le nom patronymique des seigneurs de Beaussais paraît avoir été GIRARD ou GIRAUD. On trouve dans les Hommages d'Alphonse (p. 60) : *Uxor P. Giraudi de Baucayo defuncti, homagium plenum de campo Sancti Pauli*, etc. (vers 1260). Mais ordinairement ils sont seulement appelés du nom de leur fief.

Blason. — D'après une note de Ste-Marthe (fonds Franç. 20228, fo 46) : de gueules à 3 fleurs de lis de vair, ou d'argent. (Notes d'Hozier.)

Beaussay (Pierre **Girard** de). Sa veuve devait aveu du champ St-Paul, sis à Beaussais, vers 1160, au château de St-Maixent.

Beaussay (Jeanne de) était, vers 1380, épouse de Jacques Chenin, sgr de Lussac, Puymorin, dont elle n'eut pas d'enfants. (Note Clabault.)

Beaussay (Marie de), De de Chalendray, fit aveu le 1er avril 1384 au château de Montreuil-Bonnin.

Filiation.

1. — **Beaussay** (Jean **Girard** dit de), Ec., sgr de Beaussay vers 1350, épousa peut-être (d'après une note de Duchesne, 8, 43) : 1o Marie DE LEZAY, fille de Simon, Chev., sgr de Lezay, et de Jeanne Chercheмont, et 2o Marguerite BÉLIARD, qui fit aveu, comme tutrice de son fils, au prince de Galles, à cause du château de St-Maixent, en 1263, dont il eut :

2. — **Beaussay** (Jean **Girard** dit de), Chev., sgr de Beaussay, Galardon, la Motte-Bigot, fit aveu de ce dernier fief au sgr de Gascougnolles le 25 déc. 1365, et de Baussay, à St-Maixent, le 29 avril 1389. D'après une note de Ste-Marthe, il épousa : 1o (probablement vers 1360), suivant une note de Besly (fonds Duchesne, 8, 52), Aiglantine PICHER, De de Galardon, la Motte-Bigot, et croyons-nous, 2o (vers 1380) Thomasse DE VAUD ? De de Mallevaud. Il paraît avoir eu du 1er lit : 1o JEANNE, De de Galardon, Beaussay, mariée, vers 1390, à Jean de Montfaucon, Chev., sgr de St-Mesmin, qui fit aveu à cause d'elle, le 2 oct. 1389 et en 1404, au château de Lusignan, pour la Grallière, et le 24 août 1407, comme héritier de son beau-frère, pour les fiefs de Beaussay et la Touche-de-Villiers près Chastenay ; du 2e lit : 2o JEAN, qui suit ; 3o JEANNE, De de Mallevaud (Cherveux), mariée en 1410 à Jean Chasteigner, Ec., sgr de Prinçay, puis en 1430 à Guillaume Maynaud, dit Souschier, Ec., sgr de Gagemont près Melle.

3. — **Beaussay** (Jean de), Ec., sgr de Beaussay, dit fils de feu Jean, Chev., fit aveu le 5 mai 1402, pour son fief de Beaussay, au château de St-Maixent. Il décéda, probablement sans alliance, au château de Melle, vers 1407. Sa sœur aînée Jeanne eut la sgrie de Beaussay, qui passa aux Montfaucon, puis aux Rochechouart et aux Chabot.

BEAUSSÉ. — Famille qui a donné un maire de Poitiers, au commencement du XVIe siècle. Elle s'éteignit au milieu du XVIIe.

Blason. — Jacques Beaussé, maire de Poitiers en 1500, portait, d'après Thibaudeau (Hist. Poit.) : de gueules au bourdon en pal d'or, à 2 cordons lacés d'argent, à 2 houppes, péris en pointe, et deux coquilles d'or en chef. Et d'après Chenu : de gueules au bourdon en pal d'or, à deux cordons lacés d'argent péris en pointe, à deux houppes d'or, au chef cousu d'azur, chargé de deux coquilles d'or. — L'Armorial du Poitou publié par M. Goujet dit : de gueules à un bourdon en pal d'or, enlacé de haut en bas de deux cordons d'argent terminés en pointe de deux houppes d'or et sommés de deux coquilles de même.

1. — **Beaussé** (Jacques) fut maire de Poitiers en 1500 et fait échevin en cette même année. Il fut très probablement père de :

2. — **Beaussé** (Jean), qui de Marguerite DE MAUCOURT ? laissa :

3. — **Beaussé** (François), marié à Isabeau BRETHÉ, dont il eut : 1o JEAN, qui suit ; 2o ESTHER, qui, le 11 juill. 1575, épousa Jean Taveau, baron de Mortemer, dont elle fut la seconde femme ; elle était sa veuve le 10 févr. 1609 et faisait une donation le 1er fév. 1629 en faveur de son fils aîné, demandant d'être inhumée dans l'église de Mortemer ; 3o ISABEAU, qui en 1587 était épouse de Blaise de Madronnet, Ec., sgr de la Gastinalière, contrôleur des guerres.

4. — **Beaussé** (Jean), sgr des Bernardières, grand maître des eaux et forêts de Poitou, épousa Renée DESCHAMPS, dame de la Fougerayе, qui décéda vers 1591, laissant : 1o CHARLES et 2o GASPARD, morts jeunes et sans alliance ; 3o CATHERINE, mariée à Pierre Royrand, Ec., sgr de Vauray, dont elle était veuve en 1629 ; 4o ANNE, mariée, par contrat reçu Chesneau et de la Fuye, notres à Poitiers, à François du Breuil-Hélyon, Ec., sgr de Combes, et qui était décédée le 28 nov. 1629 ; 5o SUSANNE, mariée à Emery Légier, Ec., sgr de Vounant près Vivonne. (Reg. du Gd-Prieuré d'Aquitaine. Gén. du Breuil-Hélyon.)

BEAUSSIGNY (Louise), veuve de Georges d'Aigret, sr de la Marche, habitant la paroisse de Marigny-Marmande (élect. de Châtellerault), est maintenue noble par sentence de M. Barentin, non expédiée. (Catalogue annoté.)

BEAUVAIS. — (NOMS DIVERS.)

Blason. — Une famille de ce nom portait : d'argent au chef de gueules.

Beauvais (Fremont, Jean et Michelet de), Ec., sont cités dans une montre du 8 sept. 1410. (Bib. Nat.)

Beauvais (Jean de) servait en homme d'armes le 14 avril 1471. (Id.)

Beauvais (François de) servait en homme d'armes le 24 août 1495. (Id.)

Beauvais (Jean de) servait en archer en 1517, dans la compagnie de Louis d'Ars. (Id.)

Beauvais (Antoine de) servait en homme d'armes dans la compagnie de M. de La Trémoille, qui fit montre le 8 avril 1519. (Id.)

Beauvais (N... de), Ec., sgr dudit lieu près Thouars, attaché à la maison du dauphin et du duc d'Orléans, enfants de François Ier, prisonniers en Espagne, fit en 1528 une tentative pour les faire évader et ramener secrètement en France. Cette entreprise ayant échoué, les princes furent plus étroitement resserrés ; on leur ôta tous leurs domestiques français ; mais Beauvais s'était heureusement échappé ; tombé malade peu après son retour en France, il mourut bientôt, par suite des fatigues qu'il avait éprouvées. L'armorial de Mervache dit qu'il portait : d'argent à 2 chevrons de gueules et 6 aiglettes d'azur, posées 2 en chef, 3 entre les chevrons et 1 en pointe.

Beauvais (Marie de) épousa Jean Pelard, sgr de Montigny, vers 1530.

Beauvais (Susanne de) épousa Olivier Charron, Ec., sgr de la Mothe et du Repaire, par contrat du 14 avril 1621. (Gie Charron.)

Beauvais (N... de) était, le 22 juin 1659, époux de Françoise Guyot.

Beauvais (Charles de) était en 1674 parrain dans la psse d'Aubigné. (Reg. parois.)

Beauvais (Claude), héritier en partie de feu Étienne et de Françoise Beauregard, épousa (Geoffroy, notre à Lusignan) Anne Malvau, fille de feu Jean, avocat en Parlement, et de Madeleine Borreau, sa veuve. A ce contrat assistait un Bernard Beauvais, prêtre.

BEAUVAIS DE LÉPAUDIÈRE. — Deux membres de cette famille ont émigré ; l'un d'eux a été tué à l'affaire du 8 déc. 1793, servant dans l'infanterie noble, à l'armée de Condé.

Beauvais (N... de) a fait partie des armées vendéennes où il était officier.

BEAUVAIS (de). — V. **LESTERPS, MANGIN, POIRIER.**

BEAUVAU (de). — La généalogie de cette très ancienne et très noble famille originaire de l'Anjou a été dressée par MM. de Ste-Marthe (2 vol. in-fo); on la trouve également dans Moréri. Nous ne donnons ici que les branches qui intéressent notre province soit par leurs alliances, soit par leurs possessions. Nous avons ajouté au travail de Moréri, que nous avons sous les yeux, quelques notes et quelques dates puisées surtout dans une généalogie dressée pour les ordres du Roi, et dont l'original existait (1843) dans les archives du château du Coudray-Montpensier, et qui nous fut gracieusement communiquée par M. de La Mothe-Baracé. Il en existe également une autre manuscrite à la bibliothèque d'Angers, que l'on croit être de Trincant.

Blason. — La famille de Beauvau portait : d'argent à quatre lionceaux cantonnés de gueules, armés, couronnés et lampassés d'or. — Devise : *San départir.* — Cri de guerre : *Beauvau.*

Filiation.

1. — **Beauvau** (Geoffroy de) donne entre autres choses en 1060 à l'abb. de St-Serge d'Angers, dont il est considéré comme le bienfaiteur, la chapelle de St-Martin de Beauvau. (Pièce no 177 du 1er cartulaire de St-Serge.) Il eut pour fils :

2. — **Beauvau** (Jean de), sgr de Beauvau et de Jarzé, souscrivit la donation précitée. Il épousa Berthe de Mayenne, fille de Geoffroy, sgr de Mayenne, et de Gervaise de Châteaumur, et fut père de :

3. — **Beauvau** (Geoffroy de), IIe du nom, sgr de Beauvau, épousa Euphrosine du Lude, dont :

4. — **Beauvau** (Foulques de), Ier du nom, épousa Jeanne de Boissé-le-Chatel, testa en 1137, laissant pour enfant :

5. — **Beauvau** (Foulques de), IIe du nom, tué à la guerre contre les infidèles, laissant pour veuve Claudine de Landevis ou Landry, qui, vers 1200, fit don d'une maison aux Frères de la Pénitence d'Angers. Il avait eu pour fils :

6. — **Beauvau** (Robert de) eut procès avec le prieur de St-Martin de Beauvau, qui le fit condamner par sentence du 11 août 1214 à rebâtir cette église, et mourut en 1227. Il épousa Judith d'Acigné, dont il eut : 1° Baudouin, qui suit; 2° Agathe, dite aussi Agatie, mariée, d'après une généalogie dressée pour les ordres au Roi, à N... de Voyer, sgr de Paulmy en Touraine.

7. — **Beauvau** (Baudouin de), IIe du nom, sgr de Beauvau. Ses biens furent saisis par arrêt du Parlement en 1259, faute d'avoir rendu au Roi les hommages qu'il lui devait. Il avait épousé Jeanne de la Jaille, dont il eut :

8. — **Beauvau** (René de), sgr de Beauvau, accompagna Charles Cte d'Anjou à la conquête de Naples, dont il fut nommé connétable, et où il mourut en 1266 des suites des blessures qu'il avait reçues; il y fut inhumé dans une chapelle qu'il avait fondée en l'église de St-Pierre. On y lisait son épitaphe ainsi conçue : « *Hic jacet Regnatus de Bellavalle co... bilis N... polis et Siciliæ qui vulneris in pect... re sed victor semper vixe... obiit die tertia... endarium et ano Domini* m° c°c° lxvi°. »
Il laissait de Jeanne de Preuilli, son épouse : 1° Mathieu, qui suit, et 2° N..., qui s'établit en Calabre. (V. Gie par MM. de Ste Marthe.)

9. — **Beauvau** (Mathieu), sénéchal d'Anjou, décéda le 4 mai 1328 et fut inhumé aux Cordeliers d'Angers avec Jeanne de Rohan, sa femme, dont il eut : 1° Jean II, qui suit; 2° Jamet, mort sans hoirs; 3° Mathieu, tige de la branche de la Bessière et du Rivau, § IV.

10. — **Beauvau** (Jean de), IIe du nom, épousa Jeanne de Coulaine, dont : 1° Jean, 2° Jamet, lieutenant du gouvernement de Tarente, et 3° Marie, femme de Louis Gilbert, Ec., sgr de Fontaine.

11. — **Beauvau** (Jean de), IIIe du nom, gouverneur de Tarente, rendit de grands services aux rois de Naples Louis I et Louis II, épousa Jeanne de Tigny, fille de Jean, sgr de Tigny en Anjou, et de Agnès du Plessis, dont : 1° Pierre, qui suit; 2° Bertrand, tige de la branche de Précigny, § II.

12. — **Beauvau** (Pierre de), sgr. de la Roche-sur-Yon en 1423, par acquisition, épousa Jeanne DE CRAON dont : 1° LOUIS, qui suit ; 2° JEAN qui a eu postérité.

13. — **Beauvau** (Louis de), sgr de la Roche-sur-Yon, Champigny-sur-Veude, épousa, 1° Marguerite DE CHAMBLY, 2° Jeanne DE BAUDRICOURT, 3° Jeanne DE BEAUJEU. Il n'eut que des filles : 1° ISABEAU, mariée le 9 nov. 1454 à Jean de Bourbon Cte de Vendôme ; 2° ALIX, mariée à René de Beauvau, sgr de la Bessière.

§ II. — BEAUVAU, BRANCHE DE PRÉCIGNY ET DE PIMPÉAN.

12. — **Beauvau** (Bertrand de), 2° fils de Jean III et de Jeanne Tigny (11° degr. du § I), fut Bon de Précigny, chambellan du Roi, premier président laïc de la chambre des comptes en 1462, encore grand maître d'hôtel du roi René, et sénéchal d'Anjou. C'est lui et Françoise de Brézé, sa femme, qui firent élever le château de Ternay (Vienne), comme il ressort d'une inscription relatée par M. de Longuemar (n° 122 des Inscriptions du Haut-Poitou. M. A. O. 1863). Bertrand mourut le 30 sept. 1474 à Angers, ayant épousé successivement Jeanne DE LA TOUR-LANDRY, Françoise DE BRÉZÉ, Ide DU CHATELET, et enfin Blanche D'ANJOU, dame de Mirebeau. Sont nés du 1er lit : 1° LOUIS, mort sans postérité ; 2° ANTOINE, qui continue la branche de Précigny ; 3° JEAN, évêque d'Angers ; 4° CATHERINE, mariée à Philippe de Lenoncourt ; 5° CHARLOTTE, alliée à Yves de Scepeaux ; 6° MARGUERITE, mariée à N... de Magneville, sgr de la Haye-du-Puy.

Du second lit : 7° JEAN, mort sans alliance ; 8° JACQUES, mort sans postérité de Hardouine DE LAVAL, fille de Guy et de Charlotte de Ste-Maure ; 9° CHARLES, tige de la branche de Tigny, § III ; 10° ISABEAU, mariée à Pierre de la Jaille, puis à Arthur de Vélor.

Cette branche s'est éteinte dans son dernier représentant Jean-Baptiste, mort en 1597, sans laisser postérité de Françoise DU PLESSIS, sœur du cardinal de Richelieu.

§ III. — DE BEAUVAU, BRANCHE DE TIGNY.

13. — **Beauvau** (Charles de), 3° fils de Bertrand, Bon de Précigny, et de Françoise de Brézé (12° degr., § II), se maria deux fois, d'abord à Bonne DE CHAUVERON, dont il n'eut point d'enfants ; puis à Barbe DE TALANGES, dont : 1° JACQUES, qui suit ; 2° JEANNE, femme d'Edmond de Prie, Bon de Buzançais ; 3° ISABEAU, mariée en 1512 à Jean de Seraucourt, sgr de Belmont, et 4° CHARLES, sgr de Passavant, qui eut postérité de Barbe DE CHOISEUL, fille de Nicolas, sgr de Praslin, et d'Alix de Choiseul.

14. — **Beauvau** (Jacques de) dit Tigné ou Tigny, sgr de Tigné, Ternay, etc., prenait le titre de sgr de Ternay dès 1515 et encore en 1543. Il avait épousé, avant le 27 avril 1530, Anne D'ESPINAI, fille de Henri et de Catherine d'Estouteville, dont : 1° JACQUES, qui suit ; 2° MARTHE, femme de Jacques Gabori, sgr du Pineau et de la Chaltière.

15. — **Beauvau** (Jacques de) dit de Tigné, II° du nom, Chev., sgr de Tigné et de Ternay, reçoit des aveux pour cette dernière terre de 1543 à 1564 ; avait rendu hommage au Roi, à cause de son chât. de Loudun, le 23 juin 1561, pour sa sgrie de Ternay. Il épousa : 1° Anne DU PLESSIS, fille de Charles, sgr de la Bourgonnière, et de Louise de Montfaucon, et 2° Marguerite BIGOT, fille de Charles, sgr d'Islay. Il eut du 1er lit : 1° CLAUDE, qui suit, et du second, 2° ESTHER, femme de Gilles de Jupilles, sgr des Moulins-Carbonnels ; 3° JACQUELINE, mariée à François Mesnard, Ec., sgr de Toucheprès ; 4° MARGUERITE, femme de Charles de Brie, sgr de Serrant.

16. — **Beauvau** (Claude de) dit de Tigny. Ayant assassiné Jacques d'Arsac, Chev., sgr du Chesne, fut poursuivi à la requête de Mathurine Le Riche, épouse de sa victime, et condamné à mort par contumace par le prévôt des maréchaux de Thouars, le 16 sept. 1578, sentence qui fut confirmée par un arrêt des Grands Jours de Poitiers du 30 oct. 1579. Mais Claude n'ayant pu être arrêté, la terre de Ternay, confisquée sur lui et les siens, passa aux descendants de Jacques d'Arsac, qui la possèdent encore aujourd'hui.

Claude avait épousé Anne DE CHEZELLE, fille de Charles, sgr de Nueil-sous-Faye, et de Philomène de Cussé, dont il eut : 1° JACQUES, qui suit, mort en 1611, sans postérité, à l'âge de 32 ans ; 2° CLAUDE, mort à 20 ans en 1604 ; 3° CHARLES, qui suit ; 4° ANGÉLIQUE, morte sans alliance en 1612 ; 5° RENÉE, femme de Ancel Chesnel, sgr de Cresillon.

17. — **Beauvau** (Charles de) dit de Tigny, sgr de Tigné, laissa de Perrine GUÉRINEAU, sa femme : 1° CHARLES, qui suit ; 2° CLAUDE, mort sans alliance.

18. — **Beauvau** (Charles de) dit de Tigny, sgr de Tigny, mort en 1690, avait épousé en 1645 Jeanne DE SESMAISONS, dont : 1° CLAUDE-CHARLES, qui suit ; 2° CHARLES-RENÉ, tué à la Marsaille ; 3° FRANÇOISE-ELISABETH, qui épousa, le 5 janv. 1675, Guillaume de L'Aage, Ec., sgr de la Bretollière ; 4° CHARLOTTE, mariée à Vincent Bouhier, sgr de la Roche-Guillaume.

19. — **Beauvau** (Claude-Charles de), dit de Tigny, Mis de Tigny, mousquetaire de la garde, entra le premier dans Valenciennes en 1617 et fut blessé à Fleurus. Marié en 1699 à Thérèse-Eugénie-Placidie LE SÉNÉCHAL, fille de Hyacinthe-Anne Mis de Kerkado et de Louise de Lannion, dont trois garçons et deux filles.

§ IV. — DE BEAUVAU, SEIGNEURS DE LA BESSIÈRE ET DU RIVAU.

Pour cette branche, nous avons consulté et parfois suivi le supplément à l'ouvrage du P. Anselme.

10. — **Beauvau** (Mathieu de), II° du nom, 3° fils de Mathieu et de Jeanne de Rohan (9° deg., § I), décéda le 3 juin 1382 et fut inhumé aux Cordeliers d'Angers. Il avait été précédé dans la tombe par son fils GUILLAUME, qui suit, issu de son mariage avec Marguerite LE ROUX, fille de Hugues, sgr d'Expoti, et de Alix Mauvoisin.

11. — **Beauvau** (Guillaume de), sénéchal et gouverneur d'Anjou, épousa Marguerite DE ROHAN, qui reposa aux Cordeliers d'Angers, près de son mari décédé en 1380. Ils laissaient : 1° MATHIEU, qui suit ; 2° JEANNE, mariée à Jean Le Boul, Ec.

12. — **Beauvau** (Mathieu de), Chev., sgr de la Bessière, écuyer d'écurie de Louis II, roi de Naples et de Sicile, capitaine du château de Tarente au royaume de Naples et de celui d'Angers, gouverneur du C[té] de Roucy, mourut le 28 déc. 1421, et sa femme Jeanne BESSONNEAU, dame de la Béchère et de la Bessière, fille de Guillaume, Ec. tranchant du duc d'Anjou, le 22 août 1429 ; elle fut inhumée dans le tombeau de son mari, aux Dominicains d'Angers. Ils laissaient : 1° PIERRE, qui suit ; 2° LOUISE, mariée à Pierre, *aliàs* Raimon dit d'Agoult, Cte de Saulx en Provence.

13. — **Beauvau** (Pierre de), sgr de la Bessière, du Rivau, naquit vers 1405, fut Chev. de l'ordre du Croissant, chambellan du Roi, gouverneur de Provence, capitaine des gens d'armes du duc du Maine, servit dans la guerre contre les Anglais, mérita d'être remarqué comme l'un des grands capitaines de son siècle, et mourut des suites des blessures qu'il avait reçues à la bataille de Castillon (1453). Pierre avait épousé Anne, *aliàs* Antoinette DE FONTENAY, fille d'Ambroise, sgr de St-Clair et St-Cassien en Loudunais, et de Marguerite du Puy, des sgrs de Baché, par contrat du 23 août 1438. Il en eut : 1° RENÉ, qui suit; 2° JEAN, chanoine d'Angers; 3° RENÉE, élevée fille d'honneur de la reine Marie d'Anjou, puis mariée à Philippe de La Rochefoucauld, sgr de Melleran; 4° CATHERINE, mariée, le 27 août 1470, à Guillaume de Prunelé, sgr d'Herbault; 5° FRANÇOISE, mariée en 1472 à Jacques de Brizay, sgr de Doussay.

14. — **Beauvau** (René de), Ec., sgr de la Bessière et du Rivau, B^{on} de St-Cassien, écuyer de Charles d'Anjou Cte du Maine, gouverneur de Mayenne-la-Juhel, mourut le 25 mars 1510. Il épousa : 1° le 16 janv. 1481, Antoinette DE MONTFAUCON, fille de Guy, sgr de St-Mesmin, et d'Anne Sauvestre; 2° Alix DE BEAUVAU, sa cousine, fille de Louis de Beauvau et de Marguerite de Chamblé; et 3° Anne DE BEAUJEU.

Du premier lit sont issus : 1° FRANÇOIS, sgr de la Bessière, le Rivau, et capitaine de 50 hommes d'armes, tué à Pavie, mourut sans hoirs de Jeanne DE BEAUVILLIERS; 2° CHARLES, frère jumeau du précédent, protonotaire apostolique; 3° ANNE, mariée en 1516 à Jacques de Parthenay, sgr du Retail; 4° LOUISE, femme de Philippe de Vernon, sgr de Grassay ou Granzay; 5° MARIE, qui épousa, le 7 fév. 1518 ou 3 mars 1519, Hervé Errault, sgr de Chemans.

Du second lit vinrent : 6° ANTOINE, qui suit; 7° JACQUES, sgr de Courville, mort sans postérité.

15. — **Beauvau** (Antoine de), sgr de la Bessière, du Rivau, etc., épousa, par contrat passé à Baugé le 23 juill. 1526 ou 1528, Jacqueline DE LA MOTHE-BARACÉ, fille de Mathurin, Chev., sgr des Aulnais, et de Françoise Fresneau, qui mourut à Angers le 23 juill. 1560, laissant un fils unique.

16. — **Beauvau** (Gabriel de), Chev., sgr du Rivau, la Bessière, etc., Chev. de l'ordre du Roi, écuyer de son écurie, combattit à la bataille de St-Denis (1567), et mourut avant 1588. Il épousa : 1° par contrat passé à Champigny-sur-Veude, le 8 fév. 1548, Marguerite FOUCAULD, fille de Pierre, sgr de la Salle, et d'Antoinette Gourjault; 2° Françoise DU FRESNE, fille de René Bon de Vaux et de Marguerite de la Mothe; et 3° Françoise DE LA JAILLE. Ses enfants furent : du premier lit : 1° FRANÇOIS, tué à Jarnac (1569), sans alliance; 2° JACQUES, qui suit; 3° LOUIS, tige de la branche de Rivarennes, § V.; 4° GABRIELLE, mariée en 1540 à Charles d'Allemagne, Chev., sgr de Nalliers; elle était veuve dès 1612, mais existait encore le 14 août 1627, et transigeait au sujet du fief de la Grand'Maison relevant de sa sgrie des Murs.

Du second lit : 5° MARGUERITE, qui épousa, le 8 juin 1549, Jacques ou René de Vasselot, sgr d'Annemarie.

Du troisième lit : 6° GABRIEL, mentionné dans le partage des biens de son père, fait en 1583.

17. — **Beauvau** (Jacques de), sgr du Rivau, la Bessière, etc., servit avec distinction sous Henri III et Henri IV, fut tué le 6 mars 1594, près de Poitiers, par un parti de ligueurs, avant d'être reçu Chev. des ordres du Roi. Marié à Françoise LE PICARD, fille de Joachim, sgr du Boille, et de Françoise du Fresne, il en eut : 1° JACQUES II, qui suit; 2° RENÉE, mariée en 1606 à Charles de L'Hospital Mis de Choisy; 3° FRANÇOISE, mariée, le 10 août 1609, à Jean de la Baume-le-Blanc, sgr de la Gasserie et de la Vallière; 4° LOUIS, sgr de la Bessière, marié, le 10 mai 1621, à Louise DOLLÉ, dont : *a.* LOUIS, prêtre; *b.* FRANÇOIS Bon de la Bessière, lieut^t au régiment de Piémont, puis prêtre; *c.* GABRIELLE, mariée d'abord à Bonaventure Gillier, B^{on} de St-Gervais, puis à Jacques ou René de Champagné, s^r de la Motte-Ferchault; et *d.* LOUISE, femme de François d'Aloigny, sgr de la Groye.

18. — **Beauvau** (Jacques de), IIe du nom, Chev., sgr de la Bessière, du Rivau, gentilhomme ordinaire de la chambre du Roi, lieutenant-général en Poitou et gouverneur de Châtellerault, servit sous Henri IV et Louis XIII. Il épousa : 1° Renée D'APCHON, fille de Charles et de Louise de Châtillon-d'Argenton, morte sans enfants en 1619; 2° Isabeau DE CLERMONT, fille de Charles-Henri Cte de Tonnerre et de Catherine-Marie d'Escoubleau, qui lui donna pour enfants : 1° JACQUES III, qui suit; 2° PIERRE-FRANÇOIS, évêque de Sarlat, mort en 1701; 3° JOSEPH, reçu Chev. de Malte en 1650; 4° LOUIS, reçu Chev. de Malte en 1651; 5° CLAUDE, tous les trois morts jeunes; 6° HENRI, Bénédictin; 7° FRANÇOISE, mariée à Jacques de Voyer, Vte de Paulmy; 8° MADELEINE, mariée d'abord à Denis Thevin, puis à Antoine du Bellay, sgr de la Combe; 9° ANTOINETTE, religieuse à St-Paul; 10° CATHERINE, et 11° MARIE, mortes en bas âge. Le Supp^t du Père Anselme ne lui donne que 4 enfants, les n°s 1, 2, 7, 8.

19. — **Beauvau** (Jacques de), Mis du Rivau, maréchal des camps et armées du Roi, capitaine des gardes suisses. Sa terre du Rivau fut érigée en marquisat en sa faveur, par lettres du 14 juill. 1664, sous le nom de Beauvau-du-Rivau. Il mourut en 1702. De Marie ou Diane DE CAMPET, fille de Samuel-Eusèbe, Bon de Saujon et de Marthe Viau de Chanlivau, il laissa : 1° JACQUES-LOUIS, enseigne de la gendarmerie, mort sans alliance; 2° GASTON-JEAN-BAPTISTE, mort sur mer; 3° GABRIEL Mis du Rivau; 4° PIERRE-MADELEINE, qui suit; 5° RENÉ-FRANÇOIS, commandeur des ordres du Roi, évêque de Bayonne en 1700, de Tournay en 1707, archevêque de Toulouse en 1713 et de Narbonne en 1719; il y mourt le 4 août 1739; 6° LOUIS-HENRI, et 7° JOSEPH, capitaines de vaisseau, morts sur mer; 8° MARIE-CATHERINE, mariée, le 18 avril 1680, à Claude de Bullion Mis d'Atilly; 9° ISABELLE, dite Mlle de Beauvau. Le Supp^t du P. A. ne lui donne que 3 enfants (n°s 4, 5 et 8).

20. — **Beauvau** (Pierre-Madeleine de) Mis du Rivau, maréchal des camps et armées du Roi, capitaine-lieutenant des chevau-légers du duc de Bourgogne, inspecteur général de la cavalerie légère française, naquit le 2 mai 1663; il épousa en 1711 Marie-Thérèse DE BEAUVAU, fille de Gabriel-Henri Mis de Beauvau, etc., capitaine des gardes du corps du duc d'Orléans, et mourut à Douai, dont il était gouverneur, le 30 mai 1734, ne laissant que MARIE-GABRIELLE, née à Paris le 31 janv. 1712, mariée, le 4 mai 1730, à Paul-Louis de Rochechouart, prince de Tonnay-Charente.

§ V. — DE BEAUVAU, BRANCHE DE RIVARENNES.

17. — **Beauvau** (Louis de), 3e fils de Gabriel et de Marguerite Foucauld, sgr des Aulnais, Bugny et Rivarennes (16e degr., § IV), servit sous Henri IV, épousa Charlotte DE BRILLOUET, fille de Jacques, sgr de Riparfonds, et de Guyonne Baraton. Il en eut : 1° LOUIS, qui suit; 2° GABRIEL, évêque de Nantes en 1636, mort en 1678; 3° ANNE, mariée d'abord à Antoine d'Appel-

voisin, sgr de la Châteigneraye, puis à Jean de Boué, sgr de Larmond ; 4° Antoinette, qui épousa avant 1625 Jacques d'Allemagne, Chev., sgr de Nalliers ; ils existaient encore en 1644 ; 5° Françoise, alliée à Léonard du Mesnan ou Mesnard, sgr de Venteuat.

18. — **Beauvau** (Louis' de), IIe du nom, sgr de Rivarennes et des Aulnais, capitaine des chevau-légers, mourut à l'armée, à Turin, le 6 janv. 1641, laissant de sa femme Charlotte de Fergon, fille de Martin, sgr de la Mothe-d'Usseau : 1° François, qui suit ; 2° Jean-Louis, prieur de N.-Dame-du-Pré, au Mans ; 3° Louis, sgr de Courquoi, qui de N... de la Chesnaye, De de la Brosse, laissa Louis, sgr de la Brosse, dont une fille unique, mariée au Cte de Lucé.

19. — **Beauvau** (François Mis de), sgr de Rivarennes, né en 1624, épousa Louise de la Baume-le-Blanc de la Vallière, fille de Jean et de Françoise de Beauvau du Rivau, dont : 1° Martin, tué à Senef ; 2° Jacques, capitaine des gendarmes du duc d'Orléans, tué à Cassel ; 3° Gilles, évêque de Nantes, 1777, mort le 6 sept. 1817 ; 4° Gabriel-Henri, qui suit ; 5° Anne-Louise, et 6° Thérèse-Agathe, religieuses, l'une Visitandine, l'autre Carmélite.

20. — **Beauvau** (Gabriel-Henri de), Mis de Beauvau et de Montgoger, capitaine des gardes du duc d'Orléans, épousa en 1682 Marie-Angélique de St-André, fille de Pierre, trésorier général de la marine, et de Marie-Aimée Dieu, et ensuite, en 1694, Marie-Madeleine de Brancas, fille de Louis-François duc de Villars et de Madeleine Girard, sa femme. Il eut du premier lit : 1° Marie-Thérèse, mariée en 1711 à Pierre-Madeleine de Beauvau, Mis du Rivau (branche du Rivau, 15e degré) ; et 2° Henriette-Louise, mariée en 1711 au Cte de Choiseul. Du second lit sont issus : 3° Gabriel-François, 4° Henri, mort jeune ; 5° Anne-Marie-Thérèse, 6° Anne-Agnès, mariée, le 3 juin 1717, à Agésilas-Gaston de Grossolles, Cte de Flamarens.

BEAUVILLAIN. — Famille originaire du Châtelleraudais, où elle a formé plusieurs branches.

Blason. — D'après la généalogie de la famille de Gréaulme : fretté d'or et d'azur à la bordure de gueules ; — Jacques de Beauvillain : de gueules au chevron d'or accompagné de trois étoiles de même, 2, 1, celle de pointe surmontée d'un croissant d'argent. (Arm. du Poitou.)

Beauvillain (Louis), Ec., sr de Bellebat, prévôt de la maréchaussée du duché de Châtellerault en 1662, fut déclaré par Barentin en 1667 exempt de la taille, en raison de sa charge. Il avait épousé Françoise le Lièvre. Nous pensons qu'ils eurent pour fils Jacques, qui suit.

Beauvillain (Jacques), Ec., sgr des Vaux, prévôt de la maréchaussée du duché de Châtellerault (provisions du 25 janv. 1674), fut confirmé dans les exemptions, privilèges et prérogatives de sa place, conformément à la déclaration du Roi du 6 mai 1692, qui maintenait les prévôts dans la faculté de prendre les titres de noble et d'écuyer, et par ordonnance du 27 févr. 1698 de M. de Maupeou. Le 24 août 1694, il payait au trésor royal la somme de 1,000 liv. pour augmentation des gages attribués à son office.

Beauvillain (Marthe de) est, le 14 mai 1660, épouse de Paul de la Mazière, sr du Mansays, not. de la baronnie d'Angles ; elle fut inhumée le 5 janv. 1695. (Reg. de Vicq.)

Beauvillain (Marie de) est, le 23 janv. 1663, marraine de Jean de la Mazière. (Id.)

Beauvillain (Pierre), Ec., sgr de la Tour-de-Brou, des Aubus, capitaine de cavalerie appointé dans la compagnie des gendarmes du Roi, eut de Elisabeth ou Isabelle de Mériers, son épouse, au moins une fille, Isabelle ou Elisabeth, qui épousa, le 17 août 1678 (François Saulnier, notre royal à Saumur), Henri-François de Gréaulme, Chev., sgr de la Clielle. Elle était décédée avant 1706.

BEAUVISAGE. — Cette famille vint s'établir en Poitou au XVIIIe siècle, et elle s'est éteinte à la 3e génération.

1. — **Beauvisage de Montaigu** (Adrien) était, le 24 août 1758, commissaire des poudres et salpêtres à Poitiers, puis directeur des fermes de la généralité de Poitiers. Il est décédé le 18 juin 1781, laissant pour fils, de Marie-Ambroise Tanqueray, son épouse :

2. — **Beauvisage de Montaigu** (Ambroise-Jacques), Ec., né à Poitiers le 24 août 1737 (Ste-Opportune), fut pourvu, le 14 mars 1764, d'un office de trésorier de France au bureau des finances de Poitiers, reçut des lettres d'honneur le 12 août 1787, et est décédé le 6 juin 1827. Il avait épousé, le 16 oct. 1764, Jeanne-Joseph Desvaux, fille de Joachim, sgr de la Fougeassière, directeur du domaine du Roi à Poitiers, et de Anne-Angélique Gallois, son épouse, dont il eut plusieurs enfants, entre autres : 1° Anne-Marie, qui épousa, le 16 août 1785, Jacques de Portal, sgr du Vignaud ; 2° Victoire, née le 7 déc. 1766 ; 3° Louise-Renée-Emilie, née le 7 févr. 1768, décédée en 1778 ; 4° Alexandrine-Elisabeth, mariée à Nouaillé, le 1er juil. 1818, à Pierre-François Nonet ; 5° Julie-Chantal, 6° Louis Lubin, né le 27 déc. 1772, décédé jeune ; 7° Cyr-François, qui suit ; 8° Auguste-Alexandre, décédé le 20 mai 1784 ; 9° Charles-François, né en 1789 ; 10° Marie-Aglaé, mariée, le 26 nov. 1805, à Lubin Mauduyt.

3. — **Beauvisage de Montaigu** (Cyr-François), Chev. de St-Louis, émigra et fit la campagne de 1792 à l'armée des Princes, dans la 1re compagnie du Poitou-Infanterie ; puis, étant passé à l'armée de Condé, il eut un bras fracassé à l'affaire d'Oberkamlack, servant comme volontaire dans la 7e compagnie de l'Infanterie-Noble. Il a épousé en 1802 Marie-Victoire Dutillet, dont Marie-Pauline-Hélène, mariée à Nouillé, le 11 avril 1831 (contrat du 25 mars, Bonnin, notre à Poitiers), à Louis-Benjamin de Céris, et il décéda le 5 mai 1836.

BEAUVOISIN. — Ancienne famille bourgeoise de Parthenay.

Beauvoisin (Philippe) fut un des témoins appelés en 1237 pour justifier des immunités dont jouissaient les habitants du faubourg St-Jacques de Parthenay, exemptés de tout péage. (Ledain, Gâtine.)

BEAUXONCLES. — Famille originaire du Maine, dont quelques membres ont habité le Poitou.

Beauxoncles (Etienne de), Chev., sgr de Bois-Ruffin, mestre de camp d'un régiment d'infanterie et capitaine d'une compagnie de chevau-légers, eut de Renée du Retail, entre autres enfants, Louise, qui, le 2 mai 1640, épousa à Bois-Ruffin (au Perche) Philippe de Picher, Chev., sgr de la Roche-Picher et du Plessis. Le 7 juin 1644, ils se faisaient une donation mutuelle (Le Febvre, notre), et elle était sa veuve le 2 nov. 1663.

BEAUVOLLIER. — Cette maison noble et ancienne, dont les membres se sont distingués dans les guerres de la Vendée, tire son origine, dit le chevalier L'Hermite (Inventaire de Touraine), des vieilles masures du château de Beauvollier, p^sse^ Ste-Julitte près Oblerre; la branche aînée s'étant éteinte, les cadets de cette maison, sgrs des Mallardières en Loudunais, dont nous donnons la généalogie d'après M. le Mis de Razilly, ne peuvent justifier par titres leur généalogie que depuis l'an 1370. M. Lainé, (Dictionnaire véridique des origines), ne fait remonter la branche poitevine des Mallardières qu'à Gilles de Beauvollier, vivant en 1505.

Blason. — De Beauvollier : « de « gueules à deux fers de lance mornés et « contrepointés d'argent, posés en pal. » (Inventaire de Touraine.) — Les membres de cette famille étaient collateurs de la chapelle des Thaureaux, à Loudun.

Beauvollier (Jeanne de) était veuve de Charles de Signy lorsqu'elle épousa, le 10 mai 1518, François de Ferrière, Ec., sgr de Champigny-le-Sec.

Filiation suivie.

§ Ier. — BRANCHE AÎNÉE.

1. — **Beauvollier** (noble homme Girard de), Ec., sgr des Mallardières, donnait, le 2 mai 1377, une quittance sur parchemin à François du Puy, sgr de Baché et des Vaux, de trois cents écus d'or pour la dot de Mathurine du Puy, sa femme. Il rendit aveu au château de Loudun, en 1399, de sa terre de Grigné, et à la même époque un JEAN de Beauvollier, que nous présumons frère de Girard, rendit aussi aveu au château de Loudun de sa terre de la Roche-Rigault, (Livre des aveux de la sg^rie^ de Loudun). Girard eut de Mathurine DU PUY, sa femme : 1° JAUDOUIN, qui suit; 2° JEHAN, dont la destinée est ignorée.

2. — **Beauvollier** (Jaudouin de), Ec., sgr des Mallardières, épousa, le 19 juin 1403, Radégonde DE SARDENNES, fille de Gilles, Chev., et cousine germaine de Simon de Gramaud, patriarche d'Alexandrie, évêque de Poitiers. Ce prélat la dota de la terre et seigneurie de Bourcany en Loudunais. De ce mariage sont issus : 1° JEAN, qui suit; 2° PIERRE, Ec., sgr de Raye, qui vendit, le 4 mars 1449, à Jean d'Oultrelavoye, Ec., sgr de la Motte-Messemé, pour le prix de 12 écus d'or, 2 septiers de froment de rente que lui devait Jean Orry, de la Chapelle-Bernoin. Il eut des enfants, et l'on trouve SIMON de Beauvollier, Ec., sgr de la Raye, qui parut comme témoin, le 31 janv. 1494, au contrat de mariage de sa cousine Bertrande de Beauvollier avec Antoine de la Touche.

3. — **Beauvollier** (Jean de), Ec., sgr des Mallardières et Bourcany, vendit, le 23 avril 1440, à Jehan d'Oultrelavoye le jeune, Ec., sgr de la Motte-Messemé, pour le prix de 110 écus d'or et avec le droit de réméré pendant 3 ans, une rente de 10 écus assise sur ses hôtels et terre des Mallardières et Bourcany. Il épousa Jeanne DE LESPINAY, D^e^ de Lespinay et de Beaurepaire, qui, étant devenue veuve, se remaria à Pierre Chenu, Ec., sgr de Beauregard, et transigea, le 16 févr. 1477, avec Girard, son fils aîné, au sujet de son douaire. Jean de Beauvollier eut pour enfants : 1° GIRARD, qui suit; 2° GILLES, auteur de la branche des Mallardières, § II; 3° JACQUES, Ec., auquel sa mère donna procuration le 29 août 1491, ainsi qu'à Gilles son frère, pour, au nom des enfants mineurs de leur frère aîné Girard, rendre aveu des terres de Bourcany et des Mallardières; 4° RENÉE, qui épousa Maxime de Pingeault, Ec., sgr de la Tour-d'Avon; 5° JEHANNE, femme de Henri du Loup, Ec.; 6° autre JEANNE, qui épousa Jehan de la Mothe, Ec.; 7° GUILLEMINE, mariée à Jehan Goguier, Ec.; 8° BERTRANDE, mariée, le 31 janv. 1494, à Antoine de la Touche, Ec., sgr du Petitpont.

4. — **Beauvollier** (Girard de), Ec., sgr de Bourcany, Lespinay et de Boysbertin, épousa Marguerite MOREAU, dont il eut : 1° PIERRE, qui suit; 2° FRANÇOIS, 3° ACHILLE, 4° JEAN, religieux à St-Florent.

5. — **Beauvollier** (Pierre de), Ec., sgr de Bourcany, Lespinay, Boysbertin, qui partagea avec ses oncles et tantes les successions de ses grand-père et grand'mère; il assista, le 24 oct. 1503, à la vente d'une rente faite par Jean Gourmeau à Guy du Puy, sgr de Bascher. Il avait épousé, le 6 avril 1494, Catherine PANETIER, fille de Geoffroy, Ec., sgr de Rohez, et de Martine, sa femme, dont il eut : 1° VINCENT, qui suit; 2° GABRIELLE, qui épousa Antoine Navintault, Ec., sgr de la Durandière; 3° PERRINE, mariée le 1er juill. 1538, à René de Bruzac, Ec., sgr des Goursaudières.

6. — **Beauvollier** (Vincent de), Ec., sgr de Bourcany, Lespinay, Boysbertin, maître d'hôtel ordinaire du cardinal de Lorraine, épousa, le 25 juin 1548, Jehanne DE LAVAL, fille de Girard ou Evrard, Chev., sgr de Ferocourt, dont il eut : 1° PIERRE, qui suit; 2° GILLES, Ec., sgr de Lespinay et de Jallet, qui épousa, le 20 oct. 1585, Louise AUDESPIN (ODESPUNG), fille de feu Antoine, Ec., sgr de Jallet, et de Rose de Biars, sans postérité connue. Il vendit, le 21 juin 1586, la terre de Jallet à Louis du Puy, B^on^ de St-Médard.

7. — **Beauvollier** (Pierre de), Ec., sgr de Bourcany, Boysbertin, gouverneur du château et ville d'Ancenis, par brevet de Charles de Lorraine duc d'Elbeuf du 23 févr. 1589, enseigne de la compagnie des gens d'armes du duc d'Elbeuf, comme on le voit par le certificat qu'il lui donna le 23 mai 1595; il avait en outre la charge d'un vol des oiseaux de la chambre du Roi, sous le même duc d'Elbeuf, et le Roi le qualifie de cette fonction dans ses lettres du 3 févr. 1596. Son frère Gilles et lui furent dispensés, par lettres du 16 août 1598, du ban et arrière-ban que le Roi venait de convoquer, et cela en récompense d'avoir réduit sous son obéissance la ville d'Ancenis. Il rendit foi et hommage de sa maison de Bourcany à Claude de la Trimoille, duc de Thouars, à cause de sa baronnie de Berrie. Il épousa Anne AUDESPIN (ODESPUNG), qui donna, le 21 janv. 1602, procuration à son mari pour traiter du mariage de leur fils aîné VINCENT, qui suit. Ils ont eu aussi N., mariée le 22 déc. 1598 à Henri de la Touche, Ec., sgr de la Guittière.

8. — **Beauvollier** (Vincent de), Ec., sgr de Boysbertin, qui épousa, le 20 juill. 1609, Florence DE GAILLARD, fille de feu François, Ec., sgr de Bournet, et de feue Renée de Baignon, dont il eut : 1° GABRIEL, qui suit; 2° ANNE, baptisée le 9 janv. 1612.

9. — **Beauvollier** (Gabriel de), Ec., sgr de Mur-du-Val, p^sse^ d'Antoiny-le-Tillard, épousa Madeleine DE VONNES, fille de feu Pierre, Ec., sgr du Breuil, gentilhomme de la chambre du Roi, et d'Antoinette de la Martinière, dont :

10. — **Beauvollier** (Gabriel de), Ec., sgr de Mur-du-Val, épousa, le 5 août 1677, Marie DE LA VIALLIÈRE, fille d'Etienne, Ec., sgr de Rigny, et de Claude de Villiers.

§ II. — Branche des **Mallardières.**

4. — **Beauvollier** (Gilles de), Ec., sgr des Mallardières, second fils de Jean, sgr des Mallardières, et de Jeanne de Lespinay (3e degré du § Ier), épousa Catherine de Messemé, fille de Christophe, Ec., sgr de la Tour-Legat, et de Antoinette Pellisier. Le 27 oct. 1502, il vendait, de concert avec sa femme, à son beau-frère Louis de Messemé, les droits qu'ils avaient dans les successions desdits Christophe et de son épouse. Il épousa en 2es noces, le 14 juill. 1505, Renée Fidélis, fille d'Ambroise, Ec., sgr de Ferroles, et de Catherine de Langres. Il eut pour enfant Guillaume, qui suit.

5. — **Beauvollier** (Guillaume de), Ec., sgr des Mallardières, archer de la garde du Roi sous M. de Chavigny, fut présent, le 22 juill. 1539, au contrat de mariage de sa cousine Catherine de Beauvollier avec Antoine Navintault; il épousa, par contrat passé à l'Ile-Bouchard, le 21 juill. 1533, Gabrielle de Razilly, fille de feu Georges, Ec., sgr de Beauchêne et de la Fuye en Loudunais, et de Louise de Monléon, dont il eut :

6. — **Beauvollier** (Louis de), Chev., sgr des Mallardières et de Marigny, homme d'armes de la compagnie du Mis de Rothelin devant la Rochelle le 27 mai 1573, gouverneur de Montreuil-Bellay le 24 juin 1585, gentilhomme ordinaire, puis conseiller et maître d'hôtel de la maison de Marie de Bourbon, fut un des cent gentilshommes de la maison du Roi sous la charge de M. de Chavigny, comme on le voit par le certificat de ce dernier du 5 févr. 1588. Il assista avec sa femme, le 21 sept. 1596, au contrat de mariage de leur fille Renée. Il épousa, par contrat du 27 juin 1572 (Langlois, notre à Orléans), Marie de Bousonval, fille de feu René, Ec., sgr de Gondreville, psse d'Andouville en Beauce, et de Marie d'Ays, dont il eut : 1° Emery, qui suit; 2° Anne, mariée, par contrat du 8 nov. 1584, à Claude de Lestenou, Ec., sgr de Boufferré; 3° Renée, mariée, par contrat du 21 sept. 1596, à Claude des Sorbiers; elle partagea avec son frère le 22 déc. 1607.

7. — **Beauvollier** (Emery de), Ec., sgr des Mallardières, de Marigny et du Grand-Lésigny, intendant et maître d'hôtel du duc de Longueville, par brevet du 23 déc. 1594.

Voulant aider son beau-frère François de Razilly dans son essai de colonisation à Maragnan, le 20 juill. 1611, il vendit à réméré, conjointement avec lui et en se portant fort de leurs femmes, à Jacques Poitraz, Ec., sgr de Périers, la terre et sgrie de Razilly, les Mallardières et la sgrie de Lésigny, moyennant 800 l. Le 21 mars 1613, il rendit aveu à Jean-Louis de Rochechouart, Chev. des ordres du Roi, à cause de la Motte de Bauçay, de ses sgries des Mallardières et de Lésigny (cette dernière psse de Couzières près Loudun). Il avait épousé, le 10 sept. 1601, Marie de Razilly, fille de feu François, Chev. de l'ordre du Roi, gentilhomme de la maison du Roi, et de Catherine de Villiers, dont il eut : 1° Louis, qui suit; 2° Catherine, qui épousa, par contrat du 11 nov. 1641, Joseph de Sornin, Ec., sgr du Mazet; elle fit partage avec son frère le 5 mai 1643 de la succession de leur mère; 3° Marie, religieuse aux Ursulines de Loudun. En renonçant aux successions de ses père et mère, elle s'était réservé en faveur de son couvent une rente de 65 livres, remboursable à 1,050 l., et dont sa sœur Catherine eut la charge.

8. — **Beauvollier** (Louis de), Chev., sgr des Mallardières et de Marigny, commença par servir au siège de la Rochelle, comme capitaine d'un petit navire de la brigade du Cte de Charost, prit part à la défaite des Anglais dans l'île de Ré, au siège de Pignerolles, etc. ; servit également en Italie, en Savoie et en Lorraine, remplissant les fonctions de premier capitaine au régiment de Périgord ; vendit conjointement avec sa femme, le 16 mai 1654, à Pierre de Vaucelle, Chev., sgr de la Bonnetière, la terre et sgrie des Mallardières et le Grand et le Petit-Launay. Il épousa, par contrat passé à Saumur le 25 juin 1633, Renée de Sazilly, fille de feu Abel, Ec., et de Madeleine Fardeau, dont il eut : 1° Pierre, Ec., sgr de la Ronde, qui, étant encore mineur, reçut, le 3 déc. 1653, un don de son grand-oncle Claude de Razilly; il épousa : 1° le 6 août 1662, Marie Laurencin, fille de Bernard, avocat au Parlement et au siège présidial de Tours, et de Marie-Lucrèce Pallu ; bien que ce mariage eût été régulièrement contracté, les parents de sa femme en demandèrent la nullité; 2° le 26 avril 1667, Marguerite Bonneau, fille de Louis, Ec., sgr de la Ronde, et de feue Marguerite Baudry; il fut tué au service du Roi dans la compagnie des Dauphins, sans laisser d'enfants; 2° François, qui suit; 3° Pierre, 4° Jehan, 5° Louis, dont la destinée est ignorée.

9. — **Beauvollier** (François de), Ec., sgr des Mallardières et de Marigny, fut nommé, le 3 juill. 1675, lieutt de la Cie franche des fusiliers du sr de la Brosse, et le 21 nov. 1677, lieutt du Roi au gouvernement de la Fère. Il épousa, le 5 août 1669, à Loudun, Dina de Cordouan, fille de Georges, Chev., sgr de St-Cyr, et de feue Louise de Farou-Sammarçolle, dont il eut : 1° Jacques, qui suit; 2° Marie, baptisée le 22 juill. 1671 et reçue dans la maison de St-Cyr en 1687; 3° Renée, femme de Charles de Blosset, Ec., sgr du Moulin-de-Chazais. Ils sont parrain et marraine, le 20 mars 1727, dans l'église de Montgauguier.

10. — **Beauvollier** (Jacques de), Ec., sgr des Mallardières, baptisé le 29 mars 1686 à Sammarçole, épousa, le 29 août 1728, Barbe-Louise Roy, fille de Louis, Ec., et de Barbe N..., dont il eut Pierre, Ec., qui fut baptisé le 31 déc. 1734, et fut père des 3 frères Beauvollier que l'histoire de la Vendée place au rang de ses chefs les plus distingués :

Pierre-Louis Cte de Beauvollier, sgr de Sammarçole, ancien page de Louis XVI, né à Bouxe près Loudun, le 14 juin 1761, rejoignit en 1793 l'armée vendéenne, où le chevalier son frère l'avait déjà précédé, et où il fut bientôt suivi par le plus jeune. Le comte fut nommé intendant et trésorier général de l'armée; cet emploi de confiance si honorable l'affligea pourtant, parce que ces fonctions, se trouvant plutôt administratives que militaires, l'empêchaient trop souvent, à son gré, de partager les dangers de ses frères d'armes. Après s'être particulièrement distingué dans les trois guerres, il fut mis à la retraite avec le grade de maréchal de camp, à l'époque de la Restauration. Il avait été de ceux qui, à la reprise d'armes de 1815, avaient formé à Loudun un petit noyau de sujets dévoués aux Bourbons, qui se portèrent encore une fois dans la Vendée. M. de Beauvollier est décédé au Mans, le 11 mai 1842, laissant une fille de Marie-Julie Rolland, son épouse.

Le chevalier de Beauvollier Jean-Baptiste, son frère puîné, baptisé à Bouxe le 1er janv. 1774, avait été nommé, dès les premiers rassemblements, commandant en second de l'armée dite du Poitou, et blessé à l'attaque de la Châtaigneraye, le 13 ou 14 mai 1793. Il fut encore blessé à Laval, et du nombre de ceux qui échappèrent lors de la déroute de Savenay. Il gagna avec quelques Vendéens la forêt de Garre; mais, surpris par les républicains à Mantrelais près Varades, et conduits à Angers, ils furent fusillés, le 22 nivôse an II (11 janv. 1794). Le plus jeune, qui avait également donné, dans toutes les occasions, des preuves de la plus grande bravoure, a péri dans la retraite ou sur l'échafaud.

MM. de Beauvollier avaient deux sœurs : l'aînée, mariée à Laurent-François Langlois, ancien procureur du Roi aux eaux et forêts de Chinon, commissaire aux vivres dans l'armée vendéenne, l'autre, à N... Soudan.

BEAUX (Christophe des), sgr d'Ajou, habitant la sénéchaussée de Montmorillon, a servi comme arbalétrier au ban des nobles du Poitou de 1533. (F.)

BÉC (du). — Famille étrangère au Poitou, mais dont quelques membres sont venus s'y fixer, ou ont contracté des alliances dans cette province.

Blason : losangé d'argent et de gueules.

Bec (Jean du), Chev., était, le 6 août 1480, commandant des forteresses de Jean L'Archevêque. (Montres et Revues, Bib. Nat.)

Bec (Françoise du) était dès 1498 femme de Jacques de Brizay, veuve et dame douairière dudit lieu de Brizay ; elle présentait, le 14 janv. 1542, au Chapitre de St-Georges-de-Faye, Mre Marc du Bec, Ec., clerc tonsuré, comme chapelain de Brizay. Elle existait encore en 1567 et transigeait avec Mre René Mesnager, prêtre, qui avait remplacé Marc du Bec en 1557, au sujet de divers cens et prêts d'argent.

Bec (Christophe du), s^r de Planté, enseigne de la compagnie d'hommes d'armes de François de Vendôme, vidame de Chartres. Il épousa, vers 1540, Madeleine de Launay, fille d'Olivier, intendant de la reine de Portugal, et de Béatrix de Monfranc, dont il eut Pierre-Gilles, Chev., sgr de la Motte-d'Usseau-sur-Gartempe, terre qui passa à leurs descendants.

Bec (Antoine du), Ec., sgr de la Motte-d'Usseau, assistait en 1559 à la réformation de la Coutume du Poitou ; il obtint en 1566 de Charles IX la légitimation de deux filles naturelles. (A. N. J. Reg. 264, 398.)

Bec (Anne du) était en 1566 veuve de François Parthenay, Ec., sgr du Retail (Allonne, D.-S.), et tutrice de Marc, leur fils. (Ledain, Gâtine.)

Bec (Guillemine du), épousa, vers le milieu du xvie siècle, Jehan de la Touche.

Filiation suivie.

1. — **Bec** (Geoffroy du) Ec., sgr de de la Motte-d'Usseau, en Châtelleraudais (1449) fit aveu de ce fief le 24 août 1452. Il était secrétaire du Roi Charles VII et épousa Marie Postel, dont il eut : 1° Guillaume, qui suit ; 2° Jean s^r de Bandilliers ; 3° Pierre, chanoine.

2. — **Bec** (Guillaume du) Ec., sgr de la Motte-d'Usseau, épousa Catherine de Brilhac, fille de Georges, sgr de Courcelles, dont il eut : 1° Gilles qui suit ; 2° Charles, évêque de Bayeux ; 3° Jean sgr du Bourris, qui a formé la branche des Mis de Vardes.

3. — **Bec** (Gilles du) Ec., sgr de la Motte-d'Usseau, épousa Françoise de Faye, fille du sgr de Marsay (Touraine) dont : 1° Guy, *aliàs* Gilles, décédé sans hoirs ; 2° Antoine sgr de la Motte-d'Usseau, fit aveu le 19 nov. 1544 ; protonotaire du St-Siège ; 3° Christophe, sgr de la Plante, Courcoué, tué au siège de Metz en 1552, épousa Madeleine de Launay, remariée à Geoffroy de Nuchèze, puis à Jacques d'Uriel (Il n'eut pas de postérité suivant une ancienne généalogie) ; 4° Marc, qui suit.

4. — **Bec** (Marc du) Ec., sgr de Courcoué, St-Aubin-du-Plain, Verger de Beaulieu (près Bressuire), épousa Renée du Vergier, fille de Guy, Ec., sgr de St-Aubin du Plain et de Louise de la Haye, dont il eut : 1° Marie, mariée à Charles du Bec sgr de Villebon ; 2° Esther, D^e de la Motte-d'Usseau, mariée à Martin de Fergon, Ec., sgr de la Pataudière ; 3° Anne, épouse de Hector de Préaux, capit. de Châtellerault ; 4° Judith, mariée à René de Gain, Ec., sgr d'Availles ; 5° Sara, qui épousa le 4 oct. 1596 Florimond de la Chesnaye Ec., sgr des Pins ; 6° Marguerite, mariée à Antoine de Vieux, Ec., sgr de la Cour-Châtillon (Boussay, Deux-Sèvres).

BECHET. — Famille que nous croyons originaire de la Saintonge, nous fondant sur ce que les premières notions qui la concernent se trouvent relatées dans les chartes de cette province. Cependant une tradition longuement exposée, *avec titres à l'appui*, dans un ancien mémoire domestique, veut qu'elle soit sortie d'un cadet des V^tes de Châtellerault de la maison de la Rochefoucauld. Raoul, second fils du Vte Aimery, aurait été son premier auteur ; Hugues, son fils, aurait eu en partage la *ville ? de Vouillé* (Vouillé-sur-Niort, D.-S.) et le fief Béchet (Vouillé, D.-S.) ; il aurait pris le nom de ce fief, selon l'usage du temps. Ce mémoire ajoute que la famille Bechet a possédé longtemps des terres venant des V^tes de Châtellerault, et que ses armes sont les mêmes que celles de ces seigneurs ; elle portait, dit-il, autrefois : d'or au lion de gueules, à la bordure de sable chargée de 5 ou 7 besants d'or. Mais plus tard elle a abandonné la bordure. Nous avons cru devoir mentionner cette tradition, qui reposait, dit-on, sur des titres aujourd'hui perdus.

La généalogie qui suit nous a été communiquée par M. E. de Lioncourt dernier représentant de la famille.

Blason : d'azur au lion lampassé d'or (Nob. du Limousin) ; ou : au lion de... à la bordure de... chargée de 4 besants de... (Gén. de Surgères, 56) ; ou : d'azur au lion d'or. (Th. de Brémond, Noblesse d'Angoumois, 1635.) Mais la famille ne reconnaît pour ses véritables armes que d'or au lion de gueules.

Noms isolés.

Bechet (*Aimericus*), témoin dans une charte de St-Jean-d'Angély (vers 1050), et cité dans le don de Champdolent, fait par Ostend Constantin, de Taillebourg (cart. f. 162). D'après la *Gallia Christiana* II, 1100, il donna l'église Ste-Marie de Genouillé (*de Genuaaco*) à l'abbaye de Cluny, mais son fils Aimery ne confirma pas ce don et céda cette église à St-Jean d'Angely, sous l'abbé Odon, Rannulfe étant évêque de Saintes (1083-1106.)

Bechetus (*Aimericus*) est cité dans la relation de la fondation de l'abb. de Tonnay-Charente et du don qui en est fait à celle de St-Jean-d'Angély par Geoffroy de Tonnay-Charente, 1090. (D. F. 13.)

Bechet (*Petrus*), *miles*, est cité dans le traité fait, le 4 mai 1150, entre l'abb. de N.-Dame de Saintes et des sgrs de l'île d'Oleron, au sujet de dîmes (D. F. 25.)

Bechez (*Aimericus*), cité dans l'accord passé entre l'abb. de Noaillé et Hugues Chabot, lequel cède à ce monastère tout ce qu'on lui devait dans la dîmerie de St-Gaudence, de Chantignec, etc. (1164) (D. F. 21.)

Bechet (*Petrus*) est cité parmi les habitants de la p^sse de Villers (Villiers-Couture), qui devaient au châ-

ou Chizé ?

teau de Chizé *talliam altam et bassam*. (Consif de Chizé. A. H. P. 7.)

Bechet (Aimery), Chev., sgr de Lodières et de Noilliac, reconnaît devoir au Cte de Poitou 750 livres, pour lesquelles il oblige ses terres, 1269 (A. N. J. cart. 192, 53.)

Bechet (Aimery), Chev., sgr des Landes, Vouillé, fit emprunt, au comte de Poitou : en 1269. Son sceau porte un cavalier avec un bouclier blasonné ; au revers, un écu chargé d'un lion entouré d'une bordure besantée. (Arch. Nat.)

Bechet (Aimery) « *Chevalier le Roi notre sire* », donna quittance de gages militaires à Arras en 1302 et 1303. Son sceau porte un écu au lion et bordure besantée (sceaux de Clairambault, 12. 769.)

Bechet (Gaspard), Ec., sgr des Landes, donne quittance pour la garde de la forteresse de Genouillé, 26 oct. 1349 ; sceau, lion couronné, bordure besantée (id. 12, 765.)

Bechet (Guillaume) fit montre le 17 avril 1416 (B. Nat. Montres et revues).

Bechet (Marguerite) avait épousé François Louer ; ils vivaient vers 1575. (Bibl. de l'Arsenal, Reg. de Malte.)

§ Ier. — *Filiation suivie.*

1. — **Bechet** (Aimery), Ier, Chev., sgr dudit lieu et de Vouillé (D.-S., car Vouillé, Vienne, dépendait depuis longues années déjà du Chapitre de Ste-Radégonde de Poitiers), relaté dans le contrat de mariage de son fils qui suit.

2. — **Bechet** (Aimery), IIe, Chev., sgr dudit lieu et de Vouillé, figure dans un rôle de la chambre des comptes de 1271, où il reconnaît devoir hommage au Roi pour ce qu'il possède dans la châtnie de Tonnay-Charente. (A. N. J. cart. 1040, 38.) Il fut une des cautions pour 300 l. d'Aimery de Rochechouart envers Marguerite de Bourgogne, et en reçut décharge le dimanche avant la St-Georges 1274. Il devait encore hommage à l'évêque de Poitiers à cause de sa Bnie d'Angles, *de castro de Rocha Pozay*. (Cartul. de l'évêché de Poitiers, A. H. P. 10.)

Aimery épousa en 1240 Létice DE SURGÈRES, fille de Maingot VI, sgr de Surgères, et de Sédille de Chevreuse dont : 1° ARNAUD, qui suit ; 2° GUILLAUME, fait un accord le mercredi avant Pâques 1298 avec la veuve d'Hugues de Surgères et Guiart, son fils. Nous ignorons s'il eut postérité.

3. — **Bechet** (Arnaud), Chev., sgr de Bechet, Vouillé, Ribemont, etc., épousa en 1273 Marguerite DE ROCHECHOUART, peut-être fille d'Aimery, sgr de Brigueil, et de Jeanne de Tonnay-Charente. Il en eut : 1° AIMERY, dont nous ignorons la destinée ; 2° GUILLAUME, qui suit.

4. — **Bechet** (Guillaume), Chev., sgr de Bechet, Vouillé, Ribemont, les Landes, etc., épousa Mathilde DE LA VILLE, fille de Guy, Chev., et de Sibille de Vivonne. De ce mariage : 1° GUILLAUME, qui suit ; 2° AIMERY, 3° FRANÇOISE, 4° SIBILLE, 5° JEANNE.

5. — **Bechet** (Guillaume), IIe, Chev., sgr de Bechet, Vouillé, Ribemont, les Landes, Genouillé, vend, le 10 mai 1385, à Aimery de Rochechouart, son cousin, la *ville* de Vouillé et partie du fief Bechet (Vouillé, D.-S.) ; recevait, le 10 nov. 1398, un aveu de Jean Gilbert, et transigeait le 20 mai 1410 avec Poinsonnet Herbert ; il était mort avant 1415. Il avait épousé : 1° Perronnelle ROUAULT, fille de Louis, Ec., sgr de Boisménard en partie, et de Jeanne de Thorigny, dont il n'eut pas d'enfants ; 2° Alix DE MORNAY, qui était sa veuve le 19 mai 1419. A cette date, elle faisait foi et hommage à Geoffroy de Rochechouart, au nom de ses enfants, pour sa châtellenie des Landes. Ces enfants étaient : 1° BERNARD, qui suit ; 2° PIERRE, chef de la seconde branche § II ; 3° JEAN, 4° LOUISE, De de Ribemont, mariée à Maurice de Kerloeguen. Ils partagèrent le 2 fév. 1436. (D. F. 82.)

6. — **Bechet** (Bernard), Chev., sgr des Landes, fit foi et hommage, le 16 oct. 1440, à Foucauld de Rochechouart, pour sa châtnie des Landes de Tonnay-Charente. Le nom de sa femme est inconnu. Il eut pour fils :

7. — **Bechet** (Pierre), Chev., sgr des Landes, qui, dans un acte du 30 oct. 1479, est qualifié de principal héritier de Bernard et rendait hommage en cette qualité de sa terre des Landes. Il vivait encore en 1482. Sa postérité ne nous est pas connue.

§ II. — **BECHET**, SECONDE BRANCHE.

6. — **Bechet** (Pierre), Chev., sgr de Genouillé, Fief-Bechet en partie, les Landes, Ribemont, reçut un hommage de Poinsonnet Herbert, Ec., sgr du Fresne, le 13 août 1416. Il est qualifié de noble et puissant sgr dans une sentence du 8 mai 1432 : il testa le 13 avril 1438, et était décédé avant 1444. Il avait épousé Catherine POUSSARD, fille de Jacques, Chev. de Peré, sénéchal du Poitou, et de Catherine de Vivonne, dont : 1° JEAN, qui suit ; 2° GUILLAUME, Ec.

7. — **Bechet** (Jean), Chev., sgr de Genouillé, les Landes, Ribemont, eut dispute et se battit avec Savary Girard, fils du sgr de Bazôges, 1472 ; rémission. (A. N. J Reg 195, 333.) Il faisait le 20 nov. 1496, une donation à André son fils. Il avait épousé Guyonne DE COUSDUN, fille de Guillaume, Chev., sgr des Ouches, et de Marie de Clermont, dont : 1° ANTOINE, mort jeune ; 2° ANDRÉ, qui suit ; 3° FRANÇOISE, mariée, le 16 août 1484, à Briant Boutou, Chev., sgr de la Baugisière.

8. — **Bechet** (André), Chev., sgr de Genouillé, les Landes, Ribemont, épousa, le 25 nov. 1495, Françoise DE LA BROUSSE, et était mort avant le 17 déc. 1522, date à laquelle sa veuve transportait à Louis, leur fils aîné, demeurant au logis noble du Fief-Bechet, tout ce qui pouvait lui appartenir dans ce fief du chef de son mari. Leurs enfants furent : 1° LOUIS, qui suit ; 2° ANTOINE, rapporté au § III ; 3° MARIE, qui, le 9 juill. 1516, paya 300 liv. pour taxe du ban et arrière-ban.

9. — **Bechet** (Louis) Ec., sgr de Genouillé, épousa Antoinette AGARIE, fille de Renaud, Ec., sgr du Fief, et de Antoinette de Culant. Il paraît avoir eu pour enfants : 1° ANTOINE, sgr de Genouillé ; 2° MARIE, mentionnés dans un rôle du ban de Saintonge, en 1553.

§ III. — BRANCHE DE **BIARGE**.

9. — **Bechet** (Antoine), Chev., sgr de Biarge (Charente), fils puîné de André et de Françoise de la Brousse (8e deg. § II), fut convoqué le 11 juin 1534 à la réunion du ban de Saintonge et d'Angoumois. Il testa le 13 sept. 1575. Il avait épousé en 1555 Catherine DE CAULNIS, fille de Louis, Chev., sgr du Chaillou et de St-Pardou, et de Jeanne Gombault. Il en eut : 1° DAVID, qui suit ; 2° SAMUEL, connu par le testament de son père.

10. — **Bechet** (David), Chev., sgr de Biarge, St-Pardou, Chantemerle, etc., figure le 16 janv. 1576 au partage des biens de Léon de Caulnis, son oncle

maternel. Il avait épousé en premières noces Françoise DE MASSOUGNES, dont il n'eut pas d'enfants, puis, le 17 sept. 1601, Jeanne DE BEAUCHAMPS, fille de François, Chev., sgr de Bussac, dont : 1° CHARLES, qui suit ; 2° HENRI, Ec., sgr de Chantemerle, Brauges ou Branges (les Adjots, Charente), fit partie du ban d'Angoumois de 1635. (Th. de Brémond d'Ars.) Il épousa, le 28 févr. 1630, Charlotte BOUYER, d'une famille rochelaise protestante, fille de Pierre, Ec., et de Marie Chalmot, dont: *a.* JEAN, sgr de St-Pardou, marié à Jeanne BECHET, sa cousine germaine, mort sans hoirs, et dont la succession fut partagée le 14 janv. 1692 entre ses neveux et nièce ; *b.* HENRIETTE, mariée, le même jour que son frère, à Alexandre Bechet, son cousin germain ; et *c.* d'après Nadaud, CHARLES, s^r de Chantemerle, qui aurait épousé Marie DE COLINCOURT.

3° ISAAC, mort jeune ; 4° ANNE, 5° LOUISE, 6° JULIE, femme de Jean de la Porte, sgr de Lignières, etc.

11. — **Bechet** (Charles de), Chev., sgr de Biarge, Berenger, le Bouildroux, la Cour, St-Etienne, fit, le 15 juin 1628, le partage noble des biens paternels avec son frère Henri et ses sœurs. Le 5 juill. 1634, il fut confirmé dans sa noblesse par les commissaires départis pour le régalement des tailles, puis, le 23 juill. 1667, par M. d'Aguesseau, intendant de Limoges. Le 3 mai 1621, il avait épousé Susanne DE GUMONT, fille de David, Ec., sgr du Clion, et de Marie Rat de Salvert, dont : 1° DAVID, Ec., sgr des Forgettes, marié, le 21 oct. 1653, à Marie PANDIN, fille de Gaspard, Ec., sgr des Martres, et de Anne d'Argy, son épouse. Elle est dite ailleurs fille de Jean V^e, Ec., sgr de Beauregard, et de Hélène Lecocq. David est mort sans enfants.

2° CHARLES, qui suit ; 3° ALEXANDRE, sgr de la Cour, le Maine, le Bouildroux, etc., fut confirmé dans sa noblesse, le 9 sept. 1709, par M. Bégon, intendant de la Rochelle. Il avait épousé, le 2 oct. 1667, Henriette BECHET, sa cousine germaine, fille de Henri, Ec., sgr de Chantemerle, et de Charlotte Bouyer ; 4° ANNE, mariée d'abord à Jean de la Porte, Ec., sgr du Courtiou, puis, le 13 mai 1658, à Jean Rochier, Ec., sgr des Groix ; 5° JEANNE, mariée, le 2 oct. 1667, à Jean Bechet, Ec., sgr de St-Pardou, son cousin germain.

12. — **Bechet** (Charles de), Chev., sgr de Biarge, la Cour, Chantemerle, St-Etienne, naquit en 1639, épousa, le 14 juin 1661, Marie DE COLINCOURT, dont il n'eut pas d'enfants ; devenu veuf, il se remaria, le 2 oct. 1681, à Jeanne THUBIN, fille de Hélie, Ec., s^r de Hauteroche, et d'Esther de Morineau.

Comme nous l'avons dit plus haut, Nadaud, dont le travail s'arrête à David (10e degr.), ne mentionne pas le mariage de Charles, frère de Henri, mais donne pour femme à un autre Charles qu'il dit fils de cet Henri, Marie de Colincourt.

Jeanne Thubin était veuve le 28 févr. 1690, et habitait Luçon, son mari, qui était protestant, s'étant retiré en Bas-Poitou, où sa femme possédait des biens importants. Du second lit il eut un fils, né posthume, qui suit.

13. — **Bechet** (Charles-Paul de), Chev., sgr de Biarge, Nalliers, l'Ileau-lès-Tours, le Bouildroux, etc., né le 31 mars 1684. Le 20 fév. 1727, il rendait aveu à l'évêque de Luçon du fief des Bruets ; il avait acquis, le 5 févr. 1712, de Marie-Angélique d'Arcemalle, veuve de N. Rorthais, la sgrie de l'Ileau-lès-Tours. Il servit au ban du Bas-Poitou, dans la 1re division de la seconde brigade de l'escadron de Buzelet. C'est peut-être lui qui est porté au rôle de la capitation de l'élection de St-Jean-d'Angély (1750) pour la somme de 5 liv. Le 13 mars 1714, il épousa Marie-Anne ARRIVÉ, fille de Pierre, s^r de Boisfontaine, le Sableau, l'Hermitage, etc., et de Jeanne Bouchereau, son épouse. Il en eut : 1° JEAN-FRANÇOIS-ALEXANDRE, qui suit ; 2° PIERRE-CÉLESTIN-MARIE-CHARLES, dit le Chev. de Biarge, né le 22 fév. 1726, Chev. de St-Louis, capitaine au régiment de Piémont, épousa, à Nantes, le 11 mars 1786, Marie-Renée DE BRAUCOURT, fille de Eugène-Joseph, contrôleur général des fermes du Roi, et de Françoise-Renée Cadou, mais n'eut pas d'enfants ; il comparut en 1789 par procureur à l'assemblée de la noblesse pour nommer des députés aux Etats généraux. Il habitait alors la p^sse de la Vineuse (Vendée).

3° CHARLES, né le 24 juin 1731, chanoine et grand vicaire de Luçon, archidiacre de Pareds ; 4° MARIE-ANNE, née le 12 déc. 1720, morte célibataire le 16 prairial an II ; 5° MARGUERITE, religieuse Carmélite ; 6° MARIE-MADELEINE, née le 25 mai 1727, épousa d'abord Gabriel-Jean de la Fons, Chev. de St-Algis, capitaine au régiment de Condé-Cavalerie, puis Charles-François-Venant Pichard, Ec., sgr de la Cressonnière, lieutenant-général civil et criminel au siège royal de Fontenay.

14. — **Bechet** (Jean-François-Alexandre de), dit le Mis de Biarge, Chev., sgr de Nalliers, l'Ileau, Montreuil, la Grenouillère, la Lanfraire, etc., né le 13 mars 1717, obtint, le 12 déc. 1739, des lettres de bénéfice d'âge. Il s'est marié deux fois : le 16 mai 1752, avec Marie-Anne PORTAIL, fille de Antoine, Ec., sgr de la Boullaye, ancien capitaine de milice à la Guyane ; celle-ci étant décédée le 1er déc. 1765, il se remaria, le 20 oct. 1777, à Marguerite L'ALLEMENT, fille de François-Denis, Ec., ancien conseiller au conseil supérieur de St-Domingue, et de Françoise de Nozereau.

Du premier lit : 1° JEAN-BAPTISTE-HENRI, né le 5 oct. 1764, mort à l'âge de 5 ans ; 2° MARIE-CATHERINE-CÉLESTE, mariée, le 24 nov. 1776, à Charles-Eusèbe-Gabriel de Girard, Chev., sgr de Beaurepaire, etc. ; 3° GABRIELLE, morte en 1765.

Du second lit : 4° CHARLES-MARIE, mort à 4 ans ; 5° FRANÇOISE, née le 6 août 1778 ; le 3 mai 1794, elle épousa, à Bordeaux où elle s'était réfugiée avec sa mère, Gilles-Louis-Alexandre-Marie Trubert de la Chapelle. La cérémonie religieuse fut célébrée secrètement, au mois de juin suivant, au chât. de Fousspis. Elle est morte le 17 nov. 1853, la dernière de sa maison.

BECHET. — Autre famille.

Bechet (Pierre), receveur des aides à Mauléon, vivant vers 1698.

D'Hozier lui donne pour armoiries : de gueules à quatre fusées d'argent, posées en fasce.

BÉCHILLON (DE). — Famille noble et très ancienne, installée à Epanes en Aunis, dès le XIIIe siècle. Il existait autrefois en Poitou, dans la Vendée actuelle, un *castrum* de Mareuil et de Béchillon dont il est fait mention dans les Layettes du Trésor des Chartes. T. III, p. 385. La généalogie qui suit a été extraite de titres et actes authentiques, tels que contrats de mariages, testaments, preuves de noblesses, brevets, etc., etc., conservés dans la famille et communiqués par feu M. l'abbé de Béchillon, vicaire général du diocèse de Poitiers. Quelques articles seulement proviennent d'autres sources que nous aurons soin d'indiquer.

Blason : d'argent à 3 fusées de sable posées en fasce :

§ Ier. — *Filiation suivie.*

1. — **Béchillon** (Robert), Chev., vivait au XIIIe siècle à Epanes et fut inhumé dans l'église de ce lieu. Son sceau a été retrouvé il y a quelques années, lorsqu'on a réparé l'église. Il porte un écu chargé de 3 fusées posées en fasce et de 2 étoiles, avec cette légende : « S. ROBERTI BECHELLON MILITIS ». Il est possédé actuellement par le chef de la famille. (D'après la forme du sceau et des caractères de la légende, on juge qu'il date de la 2e moitié du XIIIe siècle.)

Ce scel a fait l'objet d'une note due à la plume de M. l'abbé A. Bouillet, professeur au petit séminaire de Paris, membre de la Société française d'archéologie et de l'Association normande, et insérée dans le n° de juin 1889 de la *Revue Poitevine et Saintongeaise.*

Le chevalier dont il s'agit, d'après les notes de famille, est présumé père du suivant, connu par plusieurs documents authentiques.

2. — **Béchillon** (Jean), Ec., sgr d'Epanes, né au XIIIe siècle.

Nous le trouvons mentionné avec sa femme CATHERINE dans un acte du 23 mai 1300 (B. Stat. 1888), par lequel il vend à l'abbaye des Châtelliers la partie appartenant à lui et à sa femme du droit d'hommage lige dû par Aimery Goumard, Chev., du chef de Sébille, sa femme, pour raison de la moitié de la dîme du fief de Chaban (Epanes, D.-Sèv.). Il figure dans un accord conclu entre le Roi, représenté par Hugues de la Celle, et le prieur de St-Gilles de Surgères, le 8 févr. 1313, pour des terres tenant au fief dudit Jean. (Arch. Hist. Saintonge, XII.) En 1336, le mardi après l'Annonciation, Jean Béchillon, Ec., s[r] d'Epanes, acquit les domaines de feue D[e] Durande, femme de Mess. Jean de Verruyes, et les paya à Jean de Hayrou, acte passé devant Pierre Jousseaume, garde du scel à Frontenay-l'Abattu. (Original possédé par la famille.) D'après le testament de son fils Jean fait en 1392, Jean Béchillon eut pour enfants : 1° JEAN, qui suit; 2° THIBAUT, décédé sans hoirs, avait acquis un hébergement aux Aigrots, qui fut donné en 1392 pour la fondation et la dotation de la chapelle Ste-Catherine en l'église d'Epanes.

3. — **Béchillon** (Jean de), IIe du nom, Ec., sgr d'Epanes et d'Irlaud, naquit vers 1325 et mourut en 1392 ou 1393, car son testament est de 1392, (texte publié par M. l'abbé Bouillet. Ouvr. cité.) et toutes les formalités canoniques relatives aux fondations pieuses qu'il avait faites avaient été remplies en 1393. Il épousa Jeanne DE SAUVAIRE, fille de Pierre, sgr de Sauvaire, Beaumanneau, St-Valet et Irlaud; chargée par Jean de veiller à l'exécution de ses dernières volontés, elle lui survécut peu et mourut certainement avant le mois de janv. 1400. Parmi ces volontés se trouvaient la fondation précitée d'une chapellenie à l'autel de Ste-Catherine de l'église d'Epanes, ainsi que l'affectation de plusieurs pièces de terre au service de cette fondation et à l'entretien du chapelain. Jean fit plusieurs autres legs pieux et établit sa sépulture devant ledit autel de Ste-Catherine. Sa fondation s'est maintenue jusqu'à la Révolution.

Jean laissa 3 enfants : 1° PIERRE, qui suit; 2° JEANNE, épousa, avant 1400, Messire Geoffroy d'Aziré, Ec., s[r] de Faugery, qui testa le 18 avril 1427 (c'est d'Aziré, p[sse] de Bennet, Vendée). Il lui fut attribué « l'hôtel, hébergement, terre et seigneurie de Beaumanneau, venant « du chef de sa mère », situés sur le territoire de St-Georges de Rexe, dont elle fera hommage à son frère Pierre, à cause de sa seigneurie d'Irlaud. Devenue veuve, elle épousa en secondes noces Messire Aimery de Charay, dont elle était veuve en 1448, et dont elle avait eu postérité, puisque, le 21 sept. de cette année, elle rendait hommage au seigneur de Surgères comme mère tutrice de ses enfants; 3° MARIE, eut pour sa part d'héritage l'hôtel et seigneurie de Sauvaire, sis au village de ce nom, avec extension dans les paroisses de Nieuil et d'Oulmes.

4. — **Béchillon** (Pierre de), Ec., sgr d'Epanes, Irlaud, le Vanneau, etc., etc., qui était mineur quand il perdit son père et qui l'était encore en 1400, fut mis sous la tutelle de Mess. Aimery Eunay ? Il épousa : 1° le 8 janv. 1400, Perrette HÉLYE, fille d'Aimery, Ec., sgr de Faugery. Il ne paraît point qu'il ait laissé de postérité de ce 1er mariage. Le 22 juill. 1405, il reçut de Jean de Vouhé, sgr du Vanneau, la donation de tous ses biens quelconques, à la charge de la provision de son corps (Boutin, not[re], par-devant Jean Martineau, portant le scel à Frontenay pour Marguerite de Thouars), et de le loger, nourrir, chauffer, soigner sain et malade, vêtir, enterrer, etc., etc. Pierre épousa : 2° vers 1410 Guillemette DE NEUCHÈZE, dont il eut 4 enfants : 1° GUILLAUME, qui mourut aux armées, en mars 1452, au service du roi Charles VII, auprès duquel il avait conduit une compagnie de cent hommes armés et équipés à ses frais; 2° MATHURIN, qui suit; 3° JEANNE, qui épousa Louis Maintrolle, Ec., sgr de Ruffigné; 4° N.

Pierre survécut à Guillemette de Neuchèze et épousa en troisièmes noces, le 14 déc. 1430, Jeanne DE VIVONNE, fille de Jean, IIe du nom, sgr d'Oulmes, etc., etc., et d'Isabeau de Ste Flayve; elle était veuve de Pierre de Michuset (peut-être Neuchèze), sgr de Vert-Moulin, dont elle avait eu deux filles. C'est à tort que, dans la 1re édition (généalogie de Vivonne), on a, d'après le P. Anselme, traité cette assertion d'erronée et rattaché Jeanne-Marguerite à la branche de Bougouin. L'acte de partage relatif à Guillaume son fils, dont nous venons de relire encore l'original, que possède la famille de Béchillon, suffit pour mettre notre assertion hors de doute, indépendamment de l'incohérence absolue des dates dans l'hypothèse du P. Anselme, lequel fait en cela confusion avec une autre alliance qui se fit plus tard entre Bertrand de Vivonne, de la branche de Bougouin, et Marie de Béchillon, fille d'un autre Pierre, alors sgr d'Epanes. Pierre eut aussi d'elle 4 enfants : 5° GUILLAUME, qui fonda la branche d'Irlaud (§ III); 6°, 7° et 8° MARGUERITE, CATHERINE et ISABEAU, qui épousèrent Jacques, Savary et Mathurin Tartarin, tous les trois frères.

Par testament en date du 5 sept. 1447, (texte donné par l'abbé Bouillet. Ouvr. cité,) Pierre institua Jeanne de Vivonne son exécutrice testamentaire, avec Guillaume son fils aîné; confirma la fondation et dotation d'une chapellenie faite par son père dans l'église d'Epanes. Il est mort en 1448.

A la date du 18 oct. 1440, le Cartulaire de l'abbaye des Châtelliers contient l'analyse d'une procédure qui eut lieu entre Pierre et Guillaume, l'aîné de tous ses enfants, et les religieux de ladite abbaye, à l'occasion de certains faits dont aurait eu à se plaindre Mathelin Belin, procureur de l'abbaye, de la part des sires d'Epanes. Peut-être ce conflit avait-il eu lieu au sujet de la perception de rentes dont Pierre avait fait échange avec les mêmes religieux, le 18 mai 1406, d'après une charte qui est reproduite dans le même Cartulaire.

5. — **Béchillon** (Mathurin de), Ec., sgr d'Epanes, naquit vers 1415. Après la mort de son frère aîné Guillaume, décédé sans enfants en 1452, il adressa une requête au roi Charles VII, en 1453, pour être autorisé au retrait d'une rente, au capital de 60 écus

d'or, que son dit frère avait aliénée et vendue au s^r Jourdain, afin de servir le Roi en son voyage et armée de Guyenne, au territoire de Tartas. Le requérant représente que, Guillaume étant mort à la guerre, n'avait pas pu user du droit de retrait qui lui était donné par la loi, et que lui-même faisant partie de cette même expédition où il avait dépensé grande somme d'argent, n'avait pas pu faire valoir ses droits dans les délais voulus. Justice fut rendue à Mathurin. Il ressort de là que les deux frères ont pris part aux expéditions entreprises sous l'inspiration de Jeanne d'Arc, pour l'expulsion des Anglais. En 1467, Mathurin fit partie du ban des gentilshommes alors convoqués pour le service du Roi. Le 8 janv. 1468, il fut l'un des témoins du mariage de Marguerite, sa sœur consanguine, avec Jacques Tartarin. En 1474, il assista au contrat de mariage, passé le 4 déc., au lieu noble d'Epanès, entre D^lle Souveraine Ravard, fille du sgr d'Oriou et Mre François de Laurière; et il existe dans les archives du château d'Epanes un acte d'aveu et dénombrement fourni aux sgrs de Pauléon par Mathurin, en 1489.

Le 6 déc. 1495, il fit son testament et institua ses exécuteurs testamentaires son fils aîné Pierre, et Louis Maintrolle, son beau-frère, acte dont la famille de Béchillon possède l'original. Il élit sa sépulture dans l'église d'Epanes, ajoute aux fondations faites par ses prédécesseurs pour assurer le service religieux de la chapelle de Ste-Catherine. Mathurin, mort en 1501, avait épousé Huguette MAINTROLLE, dont il eut : 1° PIERRE, qui suit; 2° JEAN, qui fonda la branche d'Oriou (§ II); 3° ANDRÉE, mariée, le 14 févr. 1486, à Antoine Thibault, Ec., s^r de Bessé. (Preuves St-Cyr, 1694.)

6. — **Béchillon** (Pierre de), Ec., sgr d'Epanes, Ruffigny, figura au ban de 1488 comme brigandinier, à la place de Louis Maintrolle, et au ban convoqué à la Rochelle le 22 août 1503. Il assista au mariage de Guillaume de Béchillon, de la branche d'Irlaud, avec Marie de Vieillesegle, en 1532, et plus tard, ledit Guillaume étant mort en 1547, il fut associé à sa veuve dans la tutelle de leurs enfants mineurs. Il ne fut relevé de cette fonction qu'en 1559, étant alors âgé de 99 ans, et nous pensons que ladite année 1559 fut celle de sa mort. Il épousa Louise DE LA ROCHEFATON (notes Jourdan), dont il eut un fils, PIERRE, qui suit.

7. — **Béchillon** (Pierre de), IIe du nom, Ec., sgr d'Epanes, Ruffigny, naquit avant 1530 et mourut en 1591. Il laissa sa seigneurie d'Epanes à sa fille, MARIE, qui avait épousé Bertrand de Vivonne, de la branche de Bougouin. Il paraît qu'une deuxième fille épousa Guillaume de Logan.

§ II. — BRANCHE D'ORIOU.

6. — **Béchillon** (Jean de), Ec., sgr d'Oriou, 2e fils de Mathurin, s^r d'Epanes, 5e degr., § I, naquit vers 1455 et eut un fils, JACQUES, qui suit.

7. — **Béchillon** (Jacques de), Ier du nom, Ec., sgr d'Oriou, eut un fils, nommé également JACQUES, qui suit.

8. — **Béchillon** (Jacques de), IIe du nom, sgr d'Oriou, épousa Susanne RIBOUR, dont il eut un fils dont nous ne connaissons pas le prénom. La famille possède une pièce signée de plusieurs témoins et de laquelle il résulte que Jacques acheta, le 16 oct. 1618, à son cousin Samuel, pour 276 livres tournois, un cheval bai âgé de 4 ans. Il mourut en 1631.

9. — **Béchillon** (N... de), seigneur d'Oriou, eut une fille, FRANÇOISE, qui épousa Jean Marchet et vécut de 1650 à 1694.

Cette branche, sur laquelle nous n'avons que des renseignements incomplets, tomba ainsi en quenouille au XVIIe siècle.

§ III. — BRANCHE D'IRLAUD.

5. — **Béchillon** (Guillaume de), Ec., sgr d'Irland et du Vanneau (D.-S.), fils de Pierre et de sa 3e femme Jeanne de Vivonne (4e degr. § I), naquit vraisemblablement en 1431 ou 1432, le 3e mariage de son père ayant eu lieu en 1430. Il apparaît dans plusieurs actes de Jeanne de Vivonne, sa mère, notamment le 10 oct. 1450, dans la procuration qu'elle donne pour la représenter dans toutes les affaires litigieuses que pourrait occasionner la tutelle de ses enfants dont elle était demeurée chargée. Le 10 août 1464, il partagea avec Jean de Vivonne, IIIe du nom, la succession de Jean de Vivonne, IIe du nom, et d'Isabeau de Ste-Flayve. Le 8 janv. 1468, il assista au mariage de sa sœur Marguerite avec Jacques Tartarin. Il avait épousé, vers 1465, Perrette LAYDET, qu'il laissa veuve en 1493, puisque, dans un acte du 1er août de cette année, elle agit comme ayant la tutelle de ses enfants mineurs. Perrette Laydet vécut, du reste, longtemps après lui, car elle figure en qualité de veuve dudit Guillaume sur l'état des nobles du Poitou qui contribuèrent au rachat de la rançon du roi François Ier, après la bataille de Pavie, et elle fit, vers 1532, dans l'église de Notre-Dame de Niort, à l'autel de St-Jacques et de St-Roch, la fondation d'une chapellenie, enregistrée dans les différents pouillés sous le nom déformé de chapellenie des Laidais. Ce petit bénéfice est toujours demeuré à la charge et à la collation des seigneurs d'Irlaud.

Guillaume eut 4 enfants de son mariage avec Perrette Laydet : 1° JACQUES, qui suit; 2° GUILLAUME, qui mourut jeune; 3° JEAN, qui fut Chev. de St-Jean-de-Jérusalem. Le 6 juill. 1493, il vend, cède et transporte tous ses droits de succession, tant advenus qu'à venir, à Jacques, son frère aîné, et à Perrette Laydet, sa mère, moyennant une somme de 625 écus d'or payés comptant à Frère Antoine Charron (?), commandeur de St-Remi, receveur et procureur général de l'ordre en la nation d'Aquitaine, langue de France, et une rente de 26 écus d'or, etc.; 4° MARIE, épousa par contrat passé à Niort, le 28 nov. 1496, François Bidaud, sgr des Nouppichaux. Dans cet acte, il est fait mention, à trois reprises, de feu Frère Jean, chevalier de St-Jean-de-Jérusalem, susmentionné, mort de 1493 à 1496.

6. — **Béchillon** (Jacques de), Ier du nom, Ec., sgr d'Irlaud, le Vanneau, etc., naquit vers 1470. Le 28 nov. 1496, il assista au mariage de sa sœur Marie, avec laquelle il avait réglé en 1493 la question d'héritage de leurs parents. Quelque temps après, il devint conseiller du Roi et lieutenant du grand sénéchal de Poitou à Niort. L'Armorial des maires de cette ville rapporte la dernière de ces nominations à 1539 et compte Vallans parmi les seigneuries de Jacques : double erreur, car Vallans n'est entré dans la famille de Béchillon qu'en 1650. Il avait eu pour femme Louise ROYRAND, fille de François et de Marie de Janailhac, étant veuve elle contribua au rachat de la rançon de François Ier. Sur une requête du 20 mars 1507, Jacques avait obtenu, le 13 avril 1508, de Guillaume Joubert, lieutenant-général du gouverneur de la ville de la Rochelle, une sentence de condamnation contre « Jean Goumard, soi-disant seigneur de « Blanzay, et Jean Acarie, soi-disant seigneur du Fief « et du Puy-du-Fou, son beau-frère, lesquels, armés

« et embastonnés d'arbalestes, jourlmes, brigandines, « épées et autres bâtons, assistés de sept à huit compa- « gnons aussi armés et embastonnés, avaient rompu et « détruit en deux endroits, et fait ouverture à passer « charrette, les fossés que le seigneur d'Irlaud avoit « fait faire, il y avoit plus d'un an et jour, pour enclore « un beau et grand fief, de belle et grande étendue, « et le préserver des bêtes ; duquel fief, dépendant de « la sgrie d'Irlaud, il étoit en possession, en vertu « d'édits royaux, et avoit joui par un, deux, quatre, six, « dix, vingt, trente, quarante et cent ans, lui ou ses « prédécesseurs, au vu et au su de tout le monde, et « des susdits Goumard et Acarie; dans laquelle (sei- « gneurie) il avoit jurisdiction haute, moyenne et basse, « avoit bâti et fait planter des arbres de diverses « espèces pour décoration et amélioration. » La sen- tence le maintient en possession du fief et de tous ses droits, et condamne Goumard et Acarie aux frais et dépens. Jacques mourut peu après cette aventure. Il y avait autrefois dans la chapelle St-Jean de l'église Notre-Dame de Niort un monument partie en sculp- ture, partie en peinture, avec inscription, armes et couronne. Quand des réparations récentes mirent au jour les restes mutilés de ce monument, on y re- connut sûrement l'écusson de la famille de Béchillon, et quelques-uns ont cru que le conseiller du Roi avait eu là sa sépulture. A l'article « des Vieillesèigle », l'Armorial de Niort parle de ce monument et l'appelle le tombeau des de Béchillon de Vieillesèigle. S'il portait réellement ce nom, ne s'agirait-il pas plutôt du tombeau du fils de Jacques, qui épousa plus tard une Vieillesèigle ?

Jacques eut de Louise Royrand : 1° Madeleine, laquelle épousa, le 3 nov. 1522, Michel Darrot, sgr de la Popelinière ; elle mourut avant 1553; 2° Guillaume, qui suit; 3° Jeanne. Dans le contrat de mariage de Guillaume son frère, en date du 7 avril 1532, il est dit qu'elle étuit morte à cette époque.

7. — **Béchillon** (Guillaume de), Ec., sgr d'Ir- laud, le Vanneau, la Clisse, etc., etc., né vers 1500 et mort en 1547. Il épousa, le 7 avril 1532, Marie de Vieillesèigle, fille de Guillaume, sgr de Racquidort et des Jacquetières, lieutenant du sénéchal de Poitou au siège de Niort, et de Guillemette Sacher. D'après un hommage fait, le 16 mars 1547, par Marie de Vieille- seigle, en sa qualité de tutrice de ses enfants, pour les sgries de la Clisse et de St-Georges des Cousteaux en Saintonge, relevant du château de Saintes, Guillaume était mort à cette date, laissant quatre enfants mineurs : 1° Jacques, qui suit; 2° Pierre, qui fonda la branche de la Clisse (§ IX); 3° Jean, qui fonda la branche de la Girardière (§ X); 4° Claude, mort en bas âge.

8. — **Béchillon** (Jacques de), Bon d'Irlaud, sgr du Vanneau, naquit vers 1536. Le 10 févr. 1563, il épousa Pentecôte Hélye, fille de feu Bertrand, sgr de la Rochesnard, et de Dlle Claude de Bremond. Le 14 nov. 1570, il fit avec ses frères le partage de la succession de leur père et renonça à ses droits de primogéniture par rapport à la sgrie de la Clisse, sise en Saintonge, qu'il laissa à Pierre, et par rapport à celle de la Girar- dière, située en Bas-Poitou, qu'il laissa à Jean. Il mou- rut quelques années après, car un conseil de famille constitué, le 22 déc. 1576, à son fils Samuel, prouve qu'il était mort à cette époque. Sa veuve acheta en 1595 la terre noble et sgrie d'Allery en Aunis, à Louise de la Béraudière, dame de Plaisance, l'une des dames d'hon- neur de la Reine, veuve du Bon d'Estissac : cette sei- gneurie relevait de Frontenay-l'Abattu. En 1601, Pente- côte Hélye fit une importante annexe à sa nouvelle terre et mourut avant 1605, époque du mariage de son fils unique, Samuel, qui suit.

Il résulte d'une lettre adressée, le 20 juill. 1620, au- dit Samuel, fils de Jacques, par Marie, Reine de France et de Navarre, mère du Roi, que Jacques était Bon d'Ir- laud. Cela résulte également, d'ailleurs, d'une autre lettre envoyée à Samuel, le même jour, par le prince de Rohan, lieutenant-général pour le Roi dans le Haut et le Bas-Poitou.

9. — **Béchillon** (Samuel de), Bon d'Irlaud, sgr du Vanneau, Allery, l'Epinoux, etc., etc., est né vers 1570. Le 30 janv. 1605, il épousa, au château de Bois- ragon, Dlle Renée d'Elbène fille de Guillaume, Ec., sgr de l'Epinoux en Haut-Poitou, et d'Yzieux Chamarre, et veuve en 1res noces de Georges Chevalleau, sgr de la Tiffardière et de Boisragon. Par lettres patentes du roi Louis XIII et de la Reine-Mère, en date du 4 mars 1614, il fut nommé gentilhomme ordinaire de la chambre du Roi ; le procès-verbal de sa réception et de sa pres- tation de serment en ladite charge est du 24 mars. En 1615, 1616, 1617 et 1618, il fut chargé par lettres de Louis XIII et de Marie Reine-Mère de lever et de fournir pour le service de S. M. une compagnie de cent hommes de guerre à pied, et de la commander sous les ordres du duc d'Epernon, colonel général de l'infanterie de France. Par une autre lettre datée d'Angers, le 20 juill. 1620, et signée de la Reine-Mère, il fut enjoint audit Samuel de Béchillon d'Irlaud, fils de M. le Bon d'Irlaud, « de lever et mettre sur pied incontinent et le « plus diligemment que faire se pourra une compagnie « de cent hommes de pied, pour servir sous les ordres « du sr de Touville, mestre de camp du régiment des « gardes de la Reine. » Il reçut du Roi et de Marie de Médicis plusieurs lettres particulières, qui témoignent de la considération dont il jouissait à la cour, et de la confiance qu'on avait en son dévouement. Une lettre du Roi, écrite à Fontainebleau le 26 juin 1617, est ainsi conçue : « A Monsieur d'Irlaud. — Je sais et reconnois « par effet le soin et l'affection que vous portez tou- « jours à ce qui est de mon service, dont je demeure « bien content, et m'en ressouviendrai aux occasions « qui se présenteront de vous gratifier et reconnoître. « Cependant je vous prie de continuer à me tenir tou- « jours informé de ce que vous apprendrez. Le por- « teur vous dira toutes nouvelles de deçà. Et sur ce, je « prie Dieu, etc... Louis. » Une autre lettre de la Reine, mère du Roi, écrite de Blois, le 20 nov. de la même année, porte pour suscription : « A Monsieur d'Ir- « laud, gentilhomme de la chambre du Roi, Monsieur « mon fils. » Le 25 oct. 1629, Benjamin de Rohan, sgr de Soubise et duc de Frontenay, le nomma grand maître de sa forêt d'Etampes. Lorsqu'il mourut, le 12 déc. 1629, il était capitaine d'une compagnie de cent hommes de pied français entretenus pour le service de S. M. dans la ville et île de Brouage; il laissait dix enfants, dont l'aîné seul était en âge de majorité. Le conseil de famille, assemblé le 20 janv. 1630, lui donna pour curateur aux causes René d'Aitz, Ec., sgr de Gaultret, et désigna pour partager avec Renée d'Elbène les soins de la tutelle de ses autres enfants, Etienne Jouslard, Ec., sgr de la Règle. Dans ce conseil figuraient comme parents René de Béchillon, sgr de la Girardière; Guil- laume de Mauvert ? Jacques Hélye ; Amable, Jacques et Louis de Bosquevert, et Jacques Jouslard.

Les enfants de Samuel se nommaient : 1° Charles, qui suit; 2° Claude, née en 1609, et morte le 9 nov. 1644, d'après son épitaphe (église de Prissé près Beau- voir, D.-Sèv.); elle épousa Messire Pierre de Castello, Chev., sgr du Tosson et de Thorigny ; 3° Antoinette, bapt. à Vallans le 7 mai 1611, fut reçue religieuse aux Ursulines de Poitiers le 25 mars 1628; 4° JACQUES, mort en bas âge; 5° MARIE-LOUISE, née le 12 nov. 1612, dame des Roches; elle épousa en 1648 François de Liniers, sgr de St-Pompain et de Château-Musset, et mourut avant 1673; 6° MARIE, née le 20 mai 1616, fit profession au couvent des Ursulines de Saumur, le 17 déc. 1634, et 27 ans plus tard y occupait l'emploi de Mère procuratrice; 7° LOUIS, chef de la branche de l'Epinoux, § IV; 8° PIERRE, né le 18 sept. 1620, entra à l'Absie en Gâtine (O. S. B.) le 18 sept. 1645, et fit profession le 3 oct. 1646; 9° MARGUERITE, morte en bas âge; 10° CHARLOTTE, née le 22 oct. 1625, fut reçue, le 3 mars 1641, au couvent des Ursulines de Niort, sous le nom de Sœur St-Charles, puis sous celui de Mère d'Irlaud, après avoir fait profession au mois de févr. 1643. Elle mourut vers 1700.

10. — **Béchillon** (Charles de), Bon d'Irlaud et de Sèvres, sgr d'Allery, de Vallans, du Vanneau, etc., etc., fut baptisé le 18 janv. 1607. Il fut chargé par lettre du Roi du 20 févr. 1632 de lever sur ses terres cent hommes de pied. Il avait précédemment fait partie du ban convoqué en 1629, et avait servi dans l'armée de Lorraine, tant en son nom qu'en celui de Renée d'Elbène, sa mère, pour leurs biens situés en Aunis, Saintonge et Poitou. A la mort de son père, il le remplaça dans sa charge de grand maître de la forêt d'Estampes. Le 16 oct. 1636, il épousa Susanne DE COURDON, fille de Charles, sgr de St-Léger, Bryaine, etc., Bon de Sèvres, Vte de St-Sauveur, et de Gabrielle Dagest. Elle lui apporta en dot la baronnie de Sèvres, que, par suite d'arrangements de famille, il céda plus tard à l'un des frères de sa femme. Le 10 janv. 1650, il acheta la châtnie de Vallans à Charles du Bellay, Mis de Touarcé, sgrie qui relevait de la Bnie de Surgères. Le 6 août 1667, il fut maintenu dans sa noblesse par M. d'Aguesseau, intendant de Limoges. Il mourut le 18 oct. 1692 et fut inhumé dans le chœur de l'église de Vallans le 19 du même mois.

Ses enfants furent : 1° CHARLOTTE, née vers 1638, morte le 23 sept. 1688, célibataire; 2° CHARLES-FRANÇOIS, qui suit; 3° ANGÉLIQUE, née vers 1644, religieuse Ursuline à Saumur le 29 mai 1663; 4° URSULE, naquit vers 1646, religieuse Hospitalière, elle prit l'habit de cet Ordre au couvent de la Rochelle le 21 janv. 1662; elle y occupa les emplois de Mère-vicaire et de prieure, et mourut à la fin de 1725; 5° RENÉE, professe au couvent des Ursulines de Niort en 1666; elle y porta le nom de Sœur et Mère de la Nativité; 6° LOUISE, entra chez les Ursulines de Niort le 3 nov. 1666, y prononça ses vœux le 15 août 1667 et porta en Religion le nom de Sœur Angélique; 7° MARIE, naquit vers 1652 et épousa Messire François de Sennectorre, sgr de la Touche-Brésiliac, qu'elle perdit en 1710; 8° HENRI, baptisé le 20 mars 1654 et admis, le 17 déc. 1671, à faire ses preuves de noblesse pour être reçu Chev. de Malte; sur vérification, il fut reçu, le 29 juin 1672, chevalier dudit Ordre, et, plus tard, pourvu successivement des commanderies de la Guierche et de Bourneuf; il mourut fort âgé; 9° GABRIELLE, naquit vers 1656, appelée Mlle de Vallans, morte sans alliance; 10° ANNE, née vers 1658, mourut vers 1727; 11° FRANÇOIS-AUGUSTIN, sgr d'Allery, naquit vers 1659. Il fut nommé en 1689 cornette de la compagnie de dragons de Lescours, du régiment de St-Frémont. En 1690, il était enseigne de la compagnie de Ferrières; mais il paraît avoir renoncé à la carrière militaire dès 1692, par suite de la mort de son père. Il avait épousé avant 1693 Hélène SAPINAUD, veuve de Philippe-Marc Angron de Saligny, et fille de René, sgr de l'Abrègement, et de Susanne de Gastinaire; elle donnait une quittance, le 1er juill. 1693, à Jean Chevalier de la Coindardière. François-Augustin mourut sans enfants le 5 août 1746, et fut inhumé dans l'église de Vallans, devant l'autel de la Ste-Vierge.

11. — **Béchillon** (Charles-François de), Bon d'Irlaud, sgr de Vallans, du Vanneau, etc., naquit en 1640. Le 15 janv. 1689, il fut nommé aide-major au régiment de dragons de St-Frémont, et, le 1er oct. 1690, capitaine au même régiment; la mort de son père le détermina à interrompre sa carrière en 1692. Le 28 mars 1704, il fut chargé, par le maréchal de Chamilly, de commander une brigade d'infanterie formée, sous la dénomination de brigade de Niort, des régiments de Niort, de Prahecq et de Villiers-en-Plaine. Il mourut en 1720 et fut inhumé, comme son frère François-Augustin, devant l'autel de la Ste-Vierge de l'église de Vallans. Le 23 août 1702, il avait épousé Marie-Anne DE CHASTEIGNER, fille de feu Roch, Cte de St-Georges, sgr de Touffou, de la Meilleraie, etc., et de Dlle Anne de Guynaudeau; il devint ainsi sgr de Villars, de Fougères, des Grandes et des Petites-Touches. Il eut de ce mariage 3 enfants : 1° ROCH-FRANÇOIS, mort en bas âge; 2° HENRI-JOSEPH, mort à 16 ans; 3° PIERRE-CHARLES, qui suit.

12. — **Béchillon** (Pierre-Charles de), Mis de Vallans, Bon d'Irlaud, sgr du Vanneau, d'Allery, de Villars, de Fougères, des Grandes et des Petites-Touches, etc., né en juill. 1703. Il fit partie du ban des nobles du Poitou convoqué à St-Jean-d'Angély en 1758 et y servit dans l'escadron de Villedon. Ayant hérité d'une grande fortune par suite de la mort de sa mère, il en employa une partie à augmenter l'importance de sa sgrie de Vallans : c'est à cette occasion qu'il obtint le titre de Mis de Vallans. Il resta célibataire, et n'ayant pas d'autres héritiers naturels que le maréchal de Sennectorre et le Mis de St-Georges, il donna, le 10 avril 1776, sa sgrie d'Allery à Marie-Françoise de Béchillon, et sa sgrie de Vallans à Marie-Félicité de Béchillon. Ladite donation est mentionnée dans les Affiches de Poitou (1779, 107). Il mourut le 3 avril 1781 et fut inhumé dans l'église de Vallans, devant l'autel de la Ste-Vierge, auprès de son père et de son oncle François-Augustin.

La branche d'Irlaud s'éteignit avec lui, et le titre de Mis passa, à sa mort, dans la branche de l'Epinoux, en la personne de Charles de Béchillon.

§ IV. — BRANCHE DE L'ÉPINOUX.

10. — **Béchillon** (Louis de), Chev., sr de l'Epinoux (Jardres) près Chauvigny, fils puîné de Samuel, Bon d'Irlaud, et de Renée d'Elbène (9e degr., § III), a été baptisé à Vallans le 20 nov. 1617. Mineur et à peine âgé de 12 ans à la mort de son père, il demeura sous la tutelle de sa mère et d'Etienne de Jouslard. Le 11 févr. 1662, il épousa Marie BUIGNON, fille de Jacques, Ec., sgr de Bellefois, conseiller au Présidial de Poitiers, morte à Jardres le 23 avril 1702; il en eut 5 enfants : 1° CHARLES, qui suit; 2° GEORGES, qui fonda la branche d'Aillé (§ V); 3° JACQUES, qui fonda la branche de Pressec (§ VI); 4° MARIE, qui épousa Gui Mayaud, Ec., sgr du Charrault, du Poisron et des Groges; elle était veuve et retirée à Poitiers en 1736; 5° ELISABETH, mariée, le 7 mars 1707, à François-Honorat de Boislinard. Le 20 sept. 1667, Louis de Béchillon obtint une ordonnance de maintenue de noblesse. Il mourut en 1680.

11. — **Béchillon** (Charles de), Ec., sgr de l'Epinoux, Chev. de St-Louis, naquit vers 1663. Il fut, comme ses deux frères Georges et Jacques, qui fondèrent les branches d'Aillé et de Pressec d'une bravoure

exceptionnelle, dont le souvenir est resté très longtemps vivant dans le pays, au témoignage des Affiches de Poitou de 1779 (page 107). Il suivit la carrière des armes depuis la mort de son père décédé en 1680, jusqu'à la mort de sa mère, et épousa, le 4 oct. 1701, Marie-Gabrielle CLABAT DE LA GALONIÈRE. En 1720, il fut tuteur des enfants mineurs de son frère Georges, et mourut le 10 févr. 1731. Il fut inhumé dans l'église de Jardres, où sa pierre tombale se voyait encore dans ces derniers temps. Il avait eu de son mariage : 1° CHARLES-AUGUSTIN, qui suit; 2° MONIQUE-ELISABETH, née le 16 déc. 1703, qui épousa, le 26 août 1726, à Jardres, Jean Constant, Ec., sgr des Chezeaux.

12. — **Béchillon** (Charles-Augustin de), sgr de l'Epinoux, est né en 1702. Il épousa en 1730 D^{lle} Marie-Elisabeth GARNIER DE VILLEDON, qui mourut le 8 nov. 1746 et fut inhumée dans l'église de Jardres, où sa pierre tumulaire se voit encore devant l'autel de la Ste-Vierge. Après la mort de sa femme, il embrassa la carrière militaire et devint, en 1747, cornette de la compagnie de Ferrières au régiment de mestre de camp général des dragons, en 1748, lieutenant de la compagnie Duplessis, dans le régiment d'infanterie du Roi, et en 1755 capitaine d'une compagnie dans le même régiment. En 1758, il s'est trouvé au ban convoqué à St-Jean-d'Angély et y a servi dans la 3e brigade de l'escadron de Vassé. Il mourut en 1768, laissant un fils, CHARLES, qui suit.

13. — **Béchillon** (Charles de), sgr de l'Epinoux et de la Livraie, fut baptisé le 6 juill. 1740. Il était capitaine au régiment du Roi-Infanterie lorsque, le 17 févr. 1761, il épousa N... BOIVINET DE LA GUITONNIÈRE, qui mourut le 29 mars de l'année suivante, après avoir mis au monde un enfant mort-né. Le 21 juill. 1763, il épousa en 2es noces Lucrèce BOINET DE LA TOUR DE LA FRÉMAUDIÈRE, fille d'Antoine-François et de N... Venault, dont il n'eut pas d'enfants, et qui, devenue veuve, se retira à Poitiers, où elle fut marraine d'une cloche à l'usage de l'église de St-Hilaire. Elle mourut le 9 févr. 1807.

Charles devint Mis, chef du nom et des armes de la famille, le 3 avril 1781, par suite de l'extinction de la branche d'Irlaud en la personne du Mis Pierre-Charles. Il continua cependant à porter le titre de Cte de Béchillon, sous lequel il était alors connu, et il figure avec ce titre à l'Almanach de Versailles des années 1788 (f° 207) et 1789 (f° 193), en qualité de conservateur des chasses du Poitou, faisant partie de la maison de Mgr Comte d'Artois.

La branche de l'Epinoux s'éteignit avec lui, et les titres de Mis et de chef du nom et des armes de la famille passèrent dans la branche d'Aillé, sur la tête de René de Béchillon.

§ V. — BRANCHE D'AILLÉ.

11. — **Béchillon** (Georges de), 2e fils de Louis, s^r de l'Epinoux (10e deg., § IV), et de Marie Buignon, d'abord sgr de Pressec, puis d'Aillé quand son frère Jacques laissa son titre de sgr de St-Georges pour prendre celui de sgr de Pressec, est né vers 1665. Le 20 oct. 1689, il fut nommé cornette de la compagnie de dragons du sgr de St-Georges, son oncle, lieutenant du Roi au Fort-Louis du Rhin. En 1690, il remplaça ledit sgr de St-Georges en qualité de capitaine de la même compagnie, sous les ordres du Mis de Boufflers, colonel général des dragons. En 1702, il devint major dans le même régiment et passa ensuite avec le même grade dans le régiment de dragons de la Bâtie-Versel. Il était d'une rare bravoure et Chev. de St-Louis.

En 1715, il épousa Marie-Anne DE STRAGAN, qui mourut le 13 août 1719, et fut inhumée dans l'église de St-Georges-les-Baillargeaux, où l'on voit encore sa pierre tumulaire. Il mourut lui-même en 1720, laissant ses enfants mineurs sous la tutelle de Charles, sgr de l'Epinoux, son frère aîné. Ces enfants étaient au nombre de deux : 1° GEORGES-DOMINIQUE, qui suit; 2° JACQUES-ALEXANDRE, né vers 1718, assista en 1739 au mariage de son frère. Il fut nommé, par brevet du 13 avril 1748, cornette de la compagnie de Ferrières dans le régiment de dragons, et périt, sans doute, dans quelque expédition militaire, car nous ne trouvons plus mention de sa personne dans les papiers des années suivantes.

12. — **Béchillon** (Georges-Dominique de), Ec., sgr d'Aillé, naquit vers 1716 et épousa, le 19 janv. 1739, Marie-Anne DE RABREUIL, fille de Jacques et de Marie-Anne Babinet. Il était en 1758 au ban de la noblesse convoqué à St-Jean-d'Angély et servit dans la 3e brigade de l'escadron de Vassé. Il mourut le 26 janv. 1782. Il eut 8 enfants : 1° GEORGES-ALEXANDRE, né vers la fin de 1739, reçut la tonsure le 16 sept. 1753, n'étant âgé que de 14 ans, et nommé chanoine de St-Pierre-le-Puellier, il mourut tragiquement dans un accès de fièvre chaude, étant encore fort jeune, et fut inhumé à St-Hilaire-entre-les-Eglises, le 26 juill. 1755; 2° RENÉ, qui suit; 3° MARIE-THÉRÈSE, qui épousa Georges Chaubier, sgr de Mazais; 4° MARIE-LOUISE, mariée à Alexandre Le François de la Poussardière; 5° JEANNE-MONIQUE, mariée à Jean Piou; 6° N....., religieuse Bénédictine au Ronceray d'Angers; 7° LOUIS-MODESTE, mort enfant; 8° HENRI-ARMAND, décédé le 12 mars 1758.

13. — **Béchillon** (René de), sgr d'Aillé, naquit en 1741, servit plusieurs années dans l'arme des dragons, fut ensuite ordonné diacre le 1er juin 1765, puis prêtre le samedi saint 29 mars 1766, et devint successivement chanoine de St-Pierre-le-Puellier et chanoine de la Cathédrale à Poitiers. Privé de ces deux titres par la Révolution, il n'y fut pas réintégré lors de la nouvelle organisation du diocèse en 1803; il demeura simple membre honoraire du Chapitre et se retira dans sa terre d'Aillé, où il mourut en 1823.

Lors de l'extinction de la branche de l'Épinoux et par suite de la mort de son frère aîné, Georges-Alexandre, il était devenu Mis, chef du nom et des armes de la maison de Béchillon, et à sa mort le titre passa dans la branche de Pressec.

§ VI. — BRANCHE DE PRESSEC.

11. — **Béchillon** (Jacques de), 3e fils de Louis, s^r de l'Epinoux, et de Marie Buignon (10e deg., § IV), Ec., sgr de St-Georges, titre qu'il porta longtemps, puis de Pressec, naquit vers 1667, entra fort jeune dans la carrière des armes, où il se distingua par une valeur à toute épreuve (V. Affiches de Poitou, t. II, page 107), qui lui valut la croix de St-Louis. Le 16 janv. 1689, il fut nommé cornette de la compagnie de dragons de Lescours, dans le régiment de St-Frémont. Le 15 août 1690, il devint capitaine d'une compagnie dans le régiment royal d'infanterie de la marine. Le 26 nov. 1704, il passa à la compagnie des grenadiers du même régiment, avec le même grade, et le 21 déc. 1709 il fut promu au grade de major dans le même régiment. Le 11 mai 1710, il fut admis à la retraite, motivée par son état de santé et ses blessures, avec pension de 400 livres. L'année suivante, le 2 juill. 1711, il épousa D^{lle} Elisabeth CYTOIS, fille de Mathieu Cytois,

Ec., sgr de Sèvres, prêtre depuis la mort de Marie Goudon, sa femme. Dans le partage qui se fit entre les cinq enfants de Louis, sgr de l'Épinoux, à la date du 25 mai 1702, Jacques avait eu la maison noble, terre et sgrie de Pressec, p^sse de Jardres (Vienne). Il mourut au mois de juill. 1739, et sa veuve lui survécut jusqu'en 1761. De leur mariage étaient nés : 1° Jacques-Charles-Louis, qui suit; 2° Gabrielle-Elisabeth, baptisée le 5 juill. 1712, qui épousa, le 15 sept. 1733, (Ligonnier et Garlier, not^res à Poitiers), Antoine-Honoré Fumée, sgr du Charrault de Boussec; 3° Marie, baptisée le 5 nov. 1715, mariée en 1738 à Philippe Le Maye, sgr de Moizeau et de Château-Garnier, morte en 1761.

12. — **Béchillon** (Jacques-Charles-Louis de), Ec., sgr de Pressec, baptisé dans l'église de Jardres le 19 juill. 1720, était déjà au service du Roi quand il perdit son père en 1739. (Certificat signé du colonel et des officiers du régiment de la Marche, où il avait le grade de lieutenant, daté le 6 nov. 1742, du camp de Plutanoff.) Il épousa, le 28 août 1746, Claude-Sylvine-Rosalie du Ry, fille de Sylvain, Ec., sgr du Charrault de Flex, et de Marie-Rosalie Deluzines. Il mourut le 28 mai 1755; sa veuve lui survécut jusqu'en 1793. Ils avaient eu de leur mariage cinq enfants : 1° Charles-Sylvain, qui suit; 2° Jean-Jacques, né le 23 déc. 1750, connu sous le nom de Chevalier de Béchillon. Il entra dès l'âge de 16 ans dans le corps des gardes de marine et en remplit pendant 6 ans les fonctions dans les ports de Rochefort, Brest et Toulon. Il passa à St-Domingue en 1773 et servit dans le régiment du Port-au-Prince, dans lequel il remplit divers grades jusqu'à celui de capitaine, qu'il occupait encore lorsque son régiment fut rappelé en 1792 en France, où il reçut la désignation de 110e régiment. Jean-Jacques y conserva ce grade, et était capitaine de grenadiers quand il fut destitué en 1793. Voici dans quels termes était conçu l'avis qui lui fut donné de sa destitution : « Un arrêté de « la Commune générale vous enjoint, citoyen, de quitter « l'île de Ré dans les vingt-quatre heures. Il vous sera déli-« vré un passeport dans lequel il sera fait mention de la « cause de votre destitution. St-Martin de Ré, 6 oct. 1793, « l'an II de la République française Une et Indivisible. » A cet avis était joint ce passeport : « Au nom de la loi, « laissez passer le citoyen Jean-Jacques Béchillon, ci-« devant capitaine au 110e régiment d'infanterie, des-« titué pour cause de noblesse, âgé de 42 ans, taille de, « etc. etc., » Ce passeport est revêtu du visa de la « municipalité de Poitiers. Presque tous les membres de sa famille ayant été dispersés par l'émigration, Jean-Jacques de Béchillon forma le projet de retourner à St-Domingue; mais il ne put l'exécuter qu'en 1796. Il partit à la suite du général Hédouville, et demeura six ans en qualité de capitaine attaché à l'État-major, puis de capitaine de gendarmerie en la ville et place des Cayes, prenant part à tous les combats livrés contre les nègres révoltés et contre les Anglais. Fait prisonnier par ceux-ci en 1803 et emmené à la Jamaïque, il fut peu après relâché sur parole et rentra en France en 1804. Il y reprit du service dans les pionniers blancs, où il conserva son grade, et fut enfin mis à la retraite le 21 juin 1810. Il était alors âgé de 60 ans, dont il avait passé 44 au service. Pendant son premier séjour à St-Domingue, n'étant que lieutenant sous-aide-major, faisant les fonctions d'aide-major dans le régiment du Port-au-Prince, en la place des Cayes, il avait épousé, par contrat du 28 mai 1782, dame Marie-Reine Veilleux, veuve de Jean Coumeau, dont il n'eut pas d'enfants. Il était propriétaire d'une magnifique terre sise au quartier de la Roche-à-Bateaux, paroisse des Coteaux, exploitée par 84 colons. Depuis sa retraite, il demeura à Vallans, où il avait retrouvé une partie de sa famille. Il fut nommé Chev. de St-Louis par brevet du 29 mars 1816 et mourut le 9 fév. 1822.

3° Marie-Françoise, née à Pressec le 1er sept. 1749, mariée, le 10 avril 1776, à Michel-César Boscal de Réals, lieutenant au régiment de Penthièvre-Cavalerie. Le Mis Pierre-Charles de Béchillon de Vallans lui donna par contrat le château et la terre d'Allery, qui passèrent par elle dans les mains de la famille de Boscal de Réals. Elle est morte au chât. d'Allery le 4 janv. 1833, à l'âge de 84 ans; 4° Rose-Catherine, née à Pressec en 1751, religieuse Hospitalière à Chauvigny, où elle fit profession le 15 févr. 1773. Elle y mourut peu de temps après; 5° Marie-Félicité, née au château de Pressec, le 13 mars 1752, admise, par brevet du 23 mai 1763, en qualité d'élève, à la maison royale de St-Cyr; elle y demeura plusieurs années et fut mariée, le même jour que sa sœur aînée, à Mess. Louis Boscal de Réals, officier au régiment de la Sarre-Infanterie, frère de Michel qu'épousait sa sœur. Elle reçut en dot du Mis de Béchillon la terre et le château de Vallans, et mourut le 12 fév. 1829, à Saintes.

13. — **Béchillon** (Charles-Sylvain de), Chev., sgr de Pressec, etc., était né au château de Pressec le 21 sept. 1747. Il avait à peine huit ans quand il perdit son père et demeura sous la tutelle de sa mère jusqu'à l'âge de 17 ans. Il entra alors dans la carrière des armes, fit la campagne de Corse, et avait le grade d'aide-major au régiment de Picardie-Infanterie en 1777. Il était connu pour sa fermeté à faire observer la discipline, et des officiers du même régiment racontaient encore, il y a 40 ans, que la dernière menace qu'ils faisaient à leurs soldats pour les rappeler à l'ordre, était celle de les incorporer dans la compagnie du capitaine de Béchillon. Il donna sa démission en 1777, et deux ans après il épousa (contrat du 14 juin 1779) Marie-Hélène Venault, fille de Charles-Joseph-Marie, sgr de Bourleuf, conseiller au Présidial de Poitiers, et de Louise Bouthet-Durivault. La bénédiction nuptiale leur fut donnée le 22 juin, à St-Pierre-l'Hospitalier, par l'abbé de Béchillon, chanoine de l'Église de Poitiers. Pierre-Charles de Béchillon, Mis de Vallans, dernier représentant de la branche d'Irland, qui avait doté ses deux sœurs en les mariant, lui légua une rente de 1,400 liv. En 1789, Charles-Sylvain assista à l'assemblée de la noblesse du Poitou; il émigra au mois de sept. 1791, laissant deux enfants en bas âge. Il fit ensuite la première campagne (1792) dans la première compagnie de la noblesse du Poitou. Quoique grièvement blessé à un bras, il ne cessa de prendre une part active aux opérations de l'armée. « C'est égal, à la fin, disait-il, selon « une formule qui lui était familière, il me reste encore « un bras au service de mes Princes. » Ce fut sans doute à l'occasion de cette blessure qu'il entra dans les Vétérans du corps de la Châtre, connu sous le nom de Loyal-Émigrant, où il fut présenté aux Princes par un de ses oncles maternels, en même temps que vingt-trois autres gentilshommes poitevins, tous ses cousins. Il faisait partie de la funeste expédition de Quiberon, à la suite de laquelle il fut condamné à mort, le 10 thermidor an III de la République (28 juill. 1795), et exécuté dans les 24 heures, à l'âge de 47 ans. Son nom se lit sur le monument du Champ des martyrs. Sa veuve lui a survécu 40 ans; elle est morte le 7 sept. 1835, âgée de près de 80 ans, laissant à ses enfants et petits-enfants les doux souvenirs d'une vie pleine de vertus et de bonnes œuvres. Étaient issus de leur mariage : 1° Charles-Sylvain, qui suit; 2° Jacques, forme branche § VIII.

14. — **Béchillon** (Charles-Sylvain de), IIe du nom, est né à Poitiers le 10 avril 1780 et est mort à Belleroute, paroisse de Béruges (Vienne), le 23 avril 1831. Il devint Mis de Béchillon par l'extinction de la branche d'Aillé Il épousa, le 12 juill. 1803, D[lle] Louise-Pauline Venault, fille d'Etienne et de Marie-Louise Jacques des Plans, qui est décédée à Poitiers le 20 janv. 1868. De ce mariage sont issus : 1° Jacques, né le 2 juill. 1805 et mort célibataire à Belleroute, le 16 juin 1838; 2° Frédéric, qui suit; 3° Amédée, né à Poitiers le 4 fév. 1809, a fait ses études au collège de la Grand'-Maison, à l'école des clercs de la rue du Regard, à Paris, dans les petits séminaires de Montmorillon et de St-Maixent, et au grand séminaire de St-Sulpice. Mgr de Bouillé, évêque de Poitiers, lui a conféré l'ordre sacré de la prêtrise le 27 mai 1832, l'a appelé à son grand séminaire, où il a enseigné la théologie dogmatique pendant 25 ans. Chanoine honoraire après ses deux premières années d'enseignement, il fut appelé au conseil épiscopal par Mgr Guitton, qui le nomma Official diocésain. Mgr Pie lui donna des lettres de grand vicaire en 1856 et le fit agréer par le Gouvernement dans ce même titre en 1861, et Mgr Bellot des Minières l'a maintenu dans ces mêmes fonctions en 1881. Il avait été vicaire capitulaire pendant la vacance du siège, après le décès du cardinal Pie, et est mort à Poitiers le 28 mai 1886. C'est à lui que nous devons, en presque totalité, les renseignements fournis dans la présente notice, et qui sont le résultat de travaux aussi longs que consciencieux effectués sur des titres authentiques; 4° Charles, né le 16 juill. 1811, a été reçu bachelier de bonne heure et a épousé, le 26 avril 1842, Emilie de Fouquet, fille de François, Chev. de St-Louis, et de Sylvie-Emilie de Mangin. Quatre enfants sont issus de ce mariage : *a*. Charles-Sylvain, mort à l'âge de 13 ans; *b*. Emile, né le 21 nov. 1845, licencié en droit, curé de Gizay; *c*. Caroline, née le 15 fév. 1848; *d*. Angèle, née le 22 oct. 1852. Charles est mort le 11 déc. 1879, après avoir rempli les fonctions de percepteur dans plusieurs localités, en dernier lieu à Châtellerault. 5° Louis-Alexandre, forme branche § VII; 6° Toussaint, né le 1er nov. 1818, élève de l'Institution de St-Louis fondée à Versailles par la duchesse d'Angoulême et supprimée en 1830, puis du petit séminaire de Montmorillon et du grand séminaire de St-Sulpice, où il reçut les saints Ordres, à l'exception de la prêtrise. Mgr Guitton le nomma professeur de philosophie à St-Maixent et l'ordonna prêtre en 1842. Toussaint a pris devant la délégation provinciale de Bordeaux, canoniquement instituée, les grades de bachelier et de licencié en théologie, et est allé à Rome subir avec succès l'épreuve du doctorat. Mgr Pie le nomma, à son retour, chanoine honoraire et, en 1862, curé-doyen de St-Maixent; y est décédé le 17 fév. 1887; 7° Marie-Louise-Agathe-Caroline, née le 5 fév. 1821, morte à Poitiers le 29 avril 1885.

15. — **Béchillon** (Frédéric Mis de), né à Poitiers le 23 avril 1807, bachelier, entra dans l'administration des Contributions indirectes, qu'il a quittée, comme employé supérieur, pour se retirer à Nogent-sur-Marne, où il est mort, le 9 août 1887. Il avait épousé, le 4 févr. 1840, D[lle] Clarisse Ogeron de Ligron, fille de Henri, ancien officier de l'armée vendéenne, et d'Adélaïde Cordier, décédée à Loudun, le 23 nov. 1871. De ce mariage sont issus : 1° Frédéric, qui suit; 2° Marie, née à Vihiers, le 10 août 1843, a épousé, le 4 sept. 1883, Augustin Bouton, chef de bureau à la direction générale des Chemins de fer de l'Est, dont elle n'a pas d'enfants; 3° Eugène, né à Brioux, le 2 juin 1845, bachelier ès lettres, a été officier des mobiles de la Vienne pendant la guerre 1870-1871 et a pris part en cette qualité à la défense de Paris; il a embrassé la même carrière que son père et son frère aîné, et est aujourd'hui sous-chef au Ministère des Finances. Il a épousé à Lorient, le 3 mai 1871, D[lle] Anna Vibert, fille de Raoul, employé supérieur des Contributions indirectes, et d'Anna Hubert; il en a 2 enfants : *a*. Jean, né le 5 juin 1873 ; *b*. Yvonne, née le 10 août 1881.

4° Gabrielle, née à Brioux le 3 nov. 1851, a contracté mariage, le 18 nov. 1874, avec Gabriel Vibert, frère de ses deux belles-sœurs, maintenant rédacteur principal au Ministère des Finances.

16. — **Béchillon** (Frédéric Mis de), né à Vihiers, département de Maine-et-Loire, le 25 oct. 1840. Aussitôt après avoir été reçu bachelier, en 1858, il entra dans la carrière que son père avait suivie, fut nommé en 1870 dans les bureaux du Ministère des Finances, et y parcourut successivement plusieurs grades à la Direction générale des Contributions indirectes, au secrétariat général, au sous-secrétariat d'Etat et au cabinet du Ministre, devint ensuite directeur de la garantie, à la Monnaie. Cet emploi ayant été supprimé en 1889, il est actuellement, sur sa demande, Directeur des Contributions Indirectes des Basses-Pyrénées, à Pau. Il a épousé : en premières noces, à Lorient (Morbihan), le 3 mai 1871, D[lle] Marie Vibert, sœur d'Anna et de Gabriel, inscrits à l'article précédent, qui mourut à Paris le 23 sept. 1876, lui laissant trois enfants : 1° Robert, né à Paris, le 8 avril 1872; 2° Alfred, né le 22 oct. 1873; 3° Charlotte, née le 5 nov. 1875; et en 2es noces, à Gray (Haute-Saône), le 9 oct. 1879, D[lle] Berthe Lamarche, fille de Jean, chevalier de la Légion d'honneur, et d'Odette Charnotet. Il a d'elle cinq enfants, savoir : 4° Joseph, né le 15 oct. 1880 ; 5° Jacques, né le 20 déc. 1881; 6° René, venu au monde le 14 fév. 1883 ; 7° Pierre, né le 13 oct. 1884 ; et 8° Marie, née le 3 mai 1886.

§ VII. — Deuxième Branche actuelle.

15. — **Béchillon** (Louis-Alexandre de), fils puîné de Charles-Sylvain et de Louise-Pauline Venault (14e deg., § VI), né le 1er fév. 1816, docteur en médecine, est décédé à Poitiers le 5 janv. 1884. Il avait épousé, le 16 oct. 1843, Adrienne de la Faire, fille d'André et de Célestine Irland, morte à Poitiers, le 28 mai 1889 et dont il a eu : 1° Gabriel, qui suit : 2° Raoul, né le 6 fév. 1852, licencié en droit; 3° Caroline, née le 20 févr. 1854; 4° Pauline, née le 12 sept. 1855; 5° Berthe, née le 5 août 1857.

16. — **Béchillon** (Gabriel de), né le 23 juill. 1845, marié, le 15 avril 1874, à Marie-Louise Gaget-Dupuy, fille de Ernest, dont il a eu : 1° Gabriel, né le 5 nov. 1875 ; 2° Omer, né le 25 avril 1877.

§ VIII. — Troisième Branche actuelle.

14. — **Béchillon** (Jacques de), fils puîné de Charles-Sylvain et de Marie-Hélène Venault (13° deg., § VI), dit le Chevalier de Béchillon, né à Pressec le 10 sept. 1784, épousa, le 7 sept. 1808, D[lle] Clotilde de Mangin, fille de M. Joseph de Mangin de Joumé et de dame Thérèse Delauzon, et mourut le 26 juill. 1868, à Chauvigny, laissant : 1° Clotilde, née le 2 juin 1811, mariée, le 15 mars 1830, avec Victor Thévenard, morte à Charroux le 30 janv. 1880 ; 2° Philippe, qui suit ; 3° Henri, né le 26 déc. 1815, qui a épousé, le 28 mai 1839, Fanny Richard de la Tour, dont il n'a pas d'enfants.

15. — **Béchillon** (Philippe de), né le 20 janv. 1813, marié, le 18 sept. 1837, à Henriette-Gaspardine

DE MANGIN, fille de Louis-Joseph et de Thérèse-Antoinette-Armande de Gébert, a eu : 1° JACQUES-GASPARD-LOUIS-MARIE, qui suit ; 2° HENRI, né le 31 oct. 1842, décédé au chât. de Loubressay, le 11 juin 1871 ; 3° JEAN, né le 23 juill. 1848, licencié en droit, fut lieutenant des mobiles de la Vienne en 1870-71, puis conseiller de préfecture ; marié à Aix-les-Bains, le 8 mars 1881, à Adèle D'ESPINE, dont il a : *a.* ANNE-MARIE, née le 17 janv. 1882 ; *b.* ALPHONSE, né le 19 janv. 1883 ; *c.* HÉLÈNE, née le 13 sept. 1884 ; *d.* JACQUES, né le 10 mai 1886, à Poitiers.

16. — **Béchillon** (Jacques-Gaspard-Louis-Marie de), né le 30 juill. 1841, a servi dans les dragons, marié le 22 avril 1884 à Eugénie-Alexandrine-Hélène COUMEAU. De ce mariage est issu : BERNARD né à Poitiers le 7 juin 1887.

§ IX. — BRANCHE DE LA **CLISSE**.

8. — **Béchillon** (Pierre de), Ec., sgr de la Clisse, de la Picherie et de la Croix-Blanche, 2° fils de Guillaume de la branche d'Irlaud et de Marie de Vieillesciglc (7° deg., § III), naquit vers 1542. Il épousa Anne ROQUARD DE LA PICHERIE et en eut une fille, SUSANNE, qui dut naître vers 1572 et épousa, le 1er août 1591, Jean de Mandosse, Ec., sgr de Gignan.

Pierre obtint du roi Henri IV, à la date du 1er déc. 1599, des lettres, enregistrées par la Cour de l'élection de Saintes, qui le déclaraient issu de noble race et le confirmaient, lui et les siens, dans tous leurs droits et privilèges de noblesse. Il mourut en 1609 ; en lui s'éteignit la branche de la Clisse.

§ X. — BRANCHE DE LA **GIRARDIÈRE**.

8. — **Béchillon** (Jean de), Ec., sgr de la Girardière en Bas-Poitou, paroisse du Tablier, 3° fils de Guillaume (de la branche d'Irlaud) et de Marie de Vieillesciglc (7° deg., § III), naquit en 1544 ou 1545 et épousa, vers 1570, Catherine BOISSEAU. De 1585 à 1592, il fournit annuellement des actes d'aveu au sgr des Gerbaudières et mourut entre 1592 et 1597, laissant un fils, MICHEL, qui suit.

9. — **Béchillon** (Michel de), Ec., sgr de la Girardière et de Lorengeois, est né vers 1572. Il épousa, vers 1596, Susanne DE SALIGNÉ, fille de Louis, Ec., sgr de la Lardière, Bon de la Chaise-le-Vicomte et de Barbe Comte. Il mourut en 1627, après avoir eu de son mariage : 1° RENÉ, qui suit ; 2° MADELEINE, qui épousa en premières noces Mess. Charles Leroux, sgr de la Barbière, et en secondes noces, le 1er sept. 1631, Abraham Buor, Ec., sgr de La Voy et de la Jarrye ; 3° MARIE-BARBE, mariée en 1618 à Louis Buor, Ec., sr de la Jousselinière.

10. — **Béchillon** (René de), Ier du nom, sgr de la Girardière, de Lorengeois et du Plessis-d'Angles, naquit vers 1600. Ce fut sans doute vers 1627 qu'il épousa Jeanne YVON DE LA LEU, car sa mère quitta la Girardière vers cette époque, pour élire domicile dans sa sgrie du Plessis-d'Angles. Le 26 janv. 1630, il fit partie du conseil de famille assemblé pour établir la curatelle des enfants de Samuel de Béchillon, son cousin. Le 8 fév. 1631, il vendit sa sgrie de Lorengeois à René d'Aitz, sgr de Gaultret. Il mourut vers 1660, laissant deux enfants : 1° RENÉ II, qui suit ; 2° FRANÇOISE, née en 1630, qui épousa, le 10 juill. 1653, François de Bessay, comte de Crémault et de Travarzay, conseiller du Roi, mestre de camp de cavalerie, qui devint plus tard lieutenant-général ; 3° HÉLÈNE.

11. — **Béchillon** (René de), IIe du nom, sgr de la Girardière, de la Brédurière, de Boissonnet, de la Roquerie, etc., naquit vers 1628. Maintenu noble le 20 sept. 1667, il servit au ban de 1680, 1689, 1695. Il avait épousé en 1662, 1° Françoise CHARBONNEAU ; 2° N... LE PETIT DE VERNO, fille de Louis Le Petit de Verno, Mis de Chausseraye et d'Anne de la Porte, et en eut une fille, CATHERINE, réputée une des plus belles femmes de son temps, née en 1663 et mariée en 1681 à Séraphin Beufvier, Mis des Palignies ; plus tard, grand sénéchal du Poitou.

BEDALLON (Pierre), demeurant dans la terre de St-Benoît-du-Sault, a servi comme archer au ban des nobles du Poitou de 1491. (F.)

BEDEAU DE L'ÉCORCHÈRE (Guillaume-Laurent) a assisté en personne à l'assemblée de la noblesse du Poitou tenue en 1789. Il habitait la paroisse de la Guyonnaire. (F.)

Bedeau (N.) a émigré et servi dans une des armées aux ordres des Princes frères du Roi. (F.)

BEFS (Raoul de) était procureur du Roi au siège de Montmorillon lors de la convocation du ban des nobles du Poitou de 1491. (F.)

BÉGA (N...) était notaire à Poitiers en 1583. (Répertoire des privilèges, statuts, etc., de la ville de Poitiers.)

BEGAUD. — Ancienne famille noble du Bas-Poitou qui remonte aux premières années du XIVe siècle. Nous avons pu établir sa filiation suivie d'après une mainlevée de saisie de fief ordonnée sur le vu de ses preuves de noblesse et une confirmation de M. de Maupeou.

Blason : de gueules à 6 fleurs de lis d'or posées en pal, 3 et 3, et au franc quartier de sable cachant une fleur de lis et chargé d'un lion d'or couronné, lampassé et armé de gueules. (Scels et d'Hozier.) On trouve ailleurs les fleurs de lis posées en deux rangées l'une sur l'autre (3 et 3).

Noms isolés.

Begaud (Denise) était en 1354 et 1358 femme de Geoffroy Fouchier, Ec., qui à cause d'elle était un des parageurs de Jehan de Montauban.

Begaud (Pierre) rendait, le 12 janv. 1395, aveu au sgr de Mouchamps pour un hébergement sis à Mouchamps.

Begaud (Jean), prêtre, fut chargé en 1401, de faire hommage du fief Orson, au nom de Galhot de Ploer.

Begaud (Jacquette) et Jean Linger, son époux, étaient décédés avant le 17 avril 1555, date du partage de leurs biens.

Begaud du Pérou (Marie) épousa, le 26 août 1555, Simon de Curzay, Ec., sgr de St-André.

Begaud (Gabrielle) épousa, vers 1590, Claude de la Jaille, Ec., sgr des Blonnières-Touchaud et de Beauvais.

Begaud (Philippe), Ec., sgr de Baussais, est parrain, le 6 sept. 1639, de Jacqueline de Ferrières. (Reg. de Champigny-le-Sec (Vienne).

Begaud (Charles), sgr de Baussais, figure dans des actes de 1679 à Cuhon (Vienne).

Begaud (Louise) fut marraine, le 24 oct. 1701, de Pierre-Jean, fils de Pierre de la Porte, Ec., sgr des Vaux, et de Louise Taveau.

Begaud (François), sgr de l'Estant, figure dans les registres de Millac (Vienne) en 1734.

Begaud de Baussais (Antoine) était caporal dans la 4e c^{ie} du 2e bataillon du 93e rég^t d'infant^{rie} en garnison à Véronne (Italie), le 15 fév. 1807. Depuis ce temps-là, on n'en a plus eu de nouvelles.

Begaud de Baussais (Antoine-Théophane), mort à Limoges le 4 juill. 1850.

§ Ier. — *Filiation suivie.*

1. — **Begaud** (Pierre dit le Vieil), valet, testait le mercredi avant la Nativité de N.-Dame 1301. Il laissa de Andrée, sa femme : 1° Jean, qui suit; 2° Philippe qui partageait avec son frère la succession de leurs père et mère le mercredi après la Chandeleur 1316.

2. — **Begaud** (Jean), valet, épousa, le jeudi après la St-Denis 1310, Colette de la Chapelle. Il testait le mercredi après la Ste-Agathe 1327, et laissa de son mariage : 1° Geoffroy, qui suit; 2° Nicolas, et 3° Jean ; le samedi après le dimanche *Oculi* 1349, les trois frères faisaient un partage ; 4° Gillette, qui à son tour partageait en 1355 avec son frère Geoffroy.

3. — **Begaud** (Geoffroy), valet. Le nom de sa femme nous est inconnu ; nous trouvons seulement qu'il eut pour fils :

4. — **Begaud** (Sauvestre, *aliàs* Silvestre), valet, lequel transigeait le 13 févr. 1374 avec Colette et Jeanne Morelle (Moreau ?). Il eut de Isabeau Buor, fille de N..., sgr de la Lande et de la Roussière-Buor : 1° Jean, valet sgr de la Begaudière et de la Chapelle-Chauché, qui rendait un avou, le 12 nov. 1400, à la sgrie du Plessis-Vaslin ; on y voit que les héritiers d'un Pierre et d'un André Begaud tenaient partie de leurs terres en gariment. Le 30 novembre 1440, il obtint une sentence des élus en Poitou portant défense aux collecteurs des tailles d'imposer le métayer dudit Begaud ; 2° Sauvestre, qui suit; 3° Colette, qui transigeait le 14 sept. 1458 avec son frère Sauvestre, au sujet des successions de leurs père et mère et de Jean, leur frère aîné, elle épousa Jean Aymon, Ec., sgr de la Petitière.

5. — **Begaud** (Sauvestre), Ec., sgr de la Bégaudière, qui de Marie Nicolleau, fille de Tristan, sgr du fief du Poiré, et de Jehanne Pasquaud, eut pour enfants : 1° Jean, qui suit; 2° Pierre, lequel partageait le 13 mars 1485 avec son frère aîné ; 3° Dauphine, mariée, par contrat du pénultième févr. 1472, du consentement de Jean son frère, à François Marin, Ec., sgr de la Caduère ; 4° Marie, mariée à Louis de la Bauduère, le 25 mai 1482.

6. — **Begaud** (Jean), Ec., sgr de la Bégaudière, eut de Marie Aymon, fille de Jean et de Jeanne Gourdeau, sgr et dame de Pesse et de Loucherie : 1° Christophe, qui suit; 2° Marie, qui partageait le 11 juill. 1507, avec son frère la succession de leurs père et mère.

7. — **Begaud** (Chistophe), Ec., sgr de la Bégaudière, qui eut de Renée Desnamé, fille de Jean, sgr du Breuil et de la Poitevinière près Montaigu, et de Jouyne Poitevin : 1° Jean, qui suit; 2° Jacques, 3° Pierre, 4° Anne, 5° Guyonne, lesquels partageaient les successions de leurs père et mère le 28 oct. 1548, et encore 6° Louise, dont les précités se partageaient la succession par le même acte.

8. — **Begaud** (Jean), Ec., sgr de la Bégaudière, lequel épousa, le 28 nov. 1531, Madeleine Mauclerc, fille de Guy, Ec., sgr de la Muzanchère, et de Catherine Chabot. Il eut pour enfants : 1° René, qui suit ; 2° Claude, tige de la seconde branche.

9. — **Begaud** (René), Ec., sgr de la Bégaudière, la Poitevinière et la Chapelle-Begouin, *aliàs* Chauché, vit ses terres saisies par ordonnance des commissaires généraux sur le fait des francs-fiefs, comme non noble ; mais ayant fait la preuve de sa noblesse par la production des titres sus-énoncés, il obtint mainlevée de cette saisie le 27 avril 1582. Il fut un des principaux chefs des protestants dans cette partie du Bas-Poitou, et voici ce qu'en dit Généroux dans son Journal : « Les sgrs de St-Etienne, Touvaye, son frère puisné, Bessay et Bégaudière, tous fils et gendres du sgr de Vieille-Vigne, furent faits prisonniers le 16 sept. 1574, lors de la reprise de Fontenay par les catholiques, et la pluspart d'iceux menés au château de Loches, dont ils furent délivrés après la pacification faite. » Il avait épousé, le 10 janv. 1566, Marguerite de Machecoult, fille de Jean, sgr de Vieille-Vigne, et de Bonaventure d'Avaugour. En 1596, étant veuf, il assistait comme oncle du futur au mariage de René de Machecoult avec Louise de Talensac. Ses enfants furent : 1° Pierre, mort en bas âge ; 2° Gilles, qualifié sgr de St-Fulgent, fut député au synode national protestant, fit en sept. 1623 une acquisition pour les pasteurs anciens et chefs de famille de la religion reformée. On ignore s'il a été marié ; 3° Susanne, 4° Adrienne, 5° Bonaventure, épouse de Charles Viaud, Ec., sgr de Lestouère, qui fut mise sous la sauvegarde du Roi par arrêt de la cour des Grands Jours de Poitiers du 13 nov. 1634. En elle s'éteignit la branche aînée de la famille Begaud.

§ II. — Branche de **Cherves**.

9. — **Begaud** (Claude), Ec., sgr de la Tour de Travarzay, fils puîné de Jean et de Madeleine Mauclerc (8e degré, § I), partageait le 13 oct. 1577 avec René, son frère aîné, les successions de ses père et mère (Neau et Bedour, not. à Montaigu). Il épousa, (contrat du 16 janv. 1580), Lucrèce Alliday, D^e de Cherves, fille de Pierre, Chev. de l'ordre du Roi, dans lequel contrat il est qualifié de haut et puissant sgr; il est dit en 1598 sgr de la Gloriette et était, à l'époque de sa mort (vers 1600), Chev. de l'ordre du Roi et l'un des cent gentilshommes de sa chambre. Le 26 avril 1601, sa femme fut nommée tutrice de leurs enfants mineurs qui étaient : 1° Madeleine, 2° Jean, qui suit ; 3° Louise, 4° Jacques, Ec., sgr d'Angellet ; tous mentionnés dans l'acte de vente dont il est parlé plus loin ; 5° Philippe, rapporté au § III.

10. — **Begaud** (Jean), Ec., sgr de Cherves et d'Angellet, acquit de ses frères, le 1er juil. 1632, la maison de la Jarrie provenant de la succession de leur mère. Il épousa : 1° Susanne Bruneau de la Rabastelière, 2° Marie Courtinier et 3° vers 1632, Elisabeth de Marconnay, fille de Lancelot, Chev., sgr dudit lieu de Marconnay, et de Catherine du Chesneau, qui seule lui donna postérité. Jean était décédé le 18 nov. 1693 ; il fut inhumé le lendemain à Cherves. Ses enfants furent : 1° René, qui suit ; 2° Jacques, Ec., sgr de la Fromentellière et d'Angellet, rendit aveu en 1698 au château de Parthenay pour sa sgrie de Nazay, et fit inscrire ses armoiries à l'Armorial de la généralité de Tours. En 1699, il fut l'un des témoins de Charles de Tudert pour son admis-

sion dans l'ordre de Malte. Il avait épousé Marie SAVARY, dont il eut : *a.* MARIE, baptisée le 19 sept. 1684 à Montgaugier, ainsi que ses frères et sœurs ; elle fut marraine de Marie-Jacquette d'Aviau le 4 juill. 1701 et inhumée à Montgaugier le 7 fév. 1710 ; *b.* PIERRE, baptisé le 8 oct. 1685 ; *c.* GABRIELLE, baptisée le 14 oct. 1686, marraine, le 22 avril 1730, de Gabriel-Charles des Francs, épousa, le 16 avril 1731, Charles Acquet, Chev., sgr des Noues ; fut marraine, le 18 juin 1758, de la cloche de Cherves, et fut inhumée dans l'église de Montgaugier le 20 sept. 1762 ; *d.* CHARLES, baptisé le 9 févr. 1688, fut parrain, le 22 avril 1730, de Gabriel-Charles des Francs, son neveu, et fut inhumé, le 19 sept. de la même année, à Montgaugier ; *e.* RENÉ, baptisé le 7 mars 1689 ; *f.* ELISABETH, baptisée le 1er mai 1690, était mariée, avant le 2 juin 1728, à Pierre des Francs, Ec., sgr de St-Denis, époque du baptême de leur fils Pierre-Vincent, et fut inhumée à Montgaugier le 17 févr. 1757 ; *g.* ANTOINE, baptisé le 20 janv. 1692. Jacques avait 80 ans lorsqu'il mourut, et fut inhumé dans l'église de Montgaugier, le 16 nov. 1711 : il était veuf depuis le 9 sept. 1708.

3° GABRIELLE, qui signa au contrat de mariage de Marie de Marconnay, sa tante.

11. — **Begaud** (René), Ec., sgr de Cherves, qui de Marquise CHARBONNEAU, sa femme, fille de Gabriel, Ec., sgr de l'Echasserie et de Jeanne de Cadoran, n'eut que LOUISE, mariée, le 4 févr. 1657, à Charles d'Aviau, Chev., sgr du Bois-de-Sanzais.

§ III. — BRANCHE DE LA **JARRIE**.

10. — **Begaud** (Philippe), Ec., sgr des Champs et des Mées (fils puîné de Claude et de Lucrèce Alliday, 9e degré du § II), vendait, de concert avec Claude son frère, le 17 juill. 1632, la terre de la Jarrie à Jean, leur frère aîné. Le 18 févr. 1653, il achetait de Louis-François d'Aviau, sgr de Piollant, la sgrie des Mées, psse de Mazeuil (Vienne), dont il rendait hommage au Bon de Mirebeau le 12 avril 1658. Marié d'abord, le 25 juill. 1623 (Auvinet et Olliveau, not. à Mirebeau), à Jeanne CHEVALLIER, fille de Jacques, Ec., et de Michelle Savary, il en eut : 1° CLAUDE, qui suit ; 2° DIANE, fut marraine à Cuhon le 13 août 1657, mariée à Gilbert de Couhé, Ec., qui partageait avec son frère le 9 juill. 1674 ; 3° PIERRE, Ec., sgr des Champs et des Mées, terre à lui attribuée par le partage de 1674, et qu'il échangea le 28 avril 1676 à Michel-Urbain Le Fèvre de Caumartin, cer au Parlement de Paris ; il fut inhumé dans l'église de Massognes le 9 oct. 1705, âgé de 76 ans. Il avait épousé Catherine DE COUHÉ DU CHIRON, dont LOUIS-CHARLES, marié à N..., puis le 7 févr. 1689, à Marie-Anne CHABOT, fille de Louis, Chev., sgr d'Amberre, et de Madeleine Bonneau, dont il eut MARIE, née en 1695, baptisée à Availles, le 30 oct. 1700 ; 4° MARGUERITE, mariée le 15 juil. 1663, à François de la Porte ; 5° FRANÇOIS, rapporté au § IV.

Philippe épousa ensuite Perrine MÉTAIS, laquelle, comme tutrice de son fils LOUIS-CHARLES, prenait part au partage du 9 juill. 1674. Ce Louis-Charles, Chev., sgr de Baussais et du Fresne, fut l'un des témoins de l'abjuration des Dlles Chevalleau de Boisragon, qui eut lieu le 1er mars 1686. Il avait épousé Aimée DE LESCONCE, qui était sa veuve le 3 févr. 1735.

11. — **Begaud** (Claude), Ec., sgr de la Jarrie, épousa Louise DE LA ROCHEBEAUCOURT. Il faisait partie du conseil de famille réuni le 29 avril 1679 pour faire le partage de la succession de Gabriel de Marconnay et de Marie Rogier, sa femme. Il eut de son mariage : 1° BENJAMIN, qui suit. Claude fut inhumé le 28 avril 1724 à Montgaugier, à l'âge de 77 ans.

12. — **Begaud** (Benjamin), Ec., sgr de la Jarrie, fut baptisé le 20 avril 1665 dans l'église de Mazeuil, et habitait la psse de Courcoué, élect. de Mauléon, lorsqu'il fut confirmé dans sa noblesse par ordonnance de M. de Maupeou du 6 juill. 1700.

§ IV. — BRANCHE DE **BAUSSAIS**.

11. — **Begaud** (François), Ec., fils puîné de Philippe et de Jeanne Chevallier (10e deg. § III), eut pour enfants : 1° NICOLAS, qui suit ; 2° LOUISE.

12. — **Begaud** (Nicolas), Ec., sr de l'Estang, épousa Marie-Anne DE LA HAYE, dont il eut pour enfants : 1° JEAN-FRANÇOIS, qui suit ; 2° MARIE-ANNE, marraine, en 1749 ; 3° FRANÇOIS, décédé vers 1735. (Arch. Vien. E. 2238).

13. — **Begaud** (Jean-François), Ec., sgr de Baussais, né vers 1716, servit dans la 3e brigade de l'escadron de Boisragon, au ban de 1758 ; il épousa Jeanne-Louise DE COURRIVAULT et fut inhumé le 4 juill. 1780 au Vigean, âgé d'environ 64 ans, laissant pour enfants : 1° GABRIEL, baptisé à Availles, le 7 août 1749, qui reçut un certificat de noblesse le 24 avril 1775, signé de quatre gentilshommes du Poitou ; 2° MADELEINE-LOUISE-CHARLOTTE, baptisée le 2 juill. 1750 ; 3° JEANNE-LOUISE, baptisée le 28 juin 1751, décédée le 3 mai 1760 ; 4° MADELEINE-MARIE, baptisée le 4 déc. 1752 ; 5° JEAN, baptisé le 22 fév. 1754 ; 6° PIERRE-JEAN, baptisé le 5 nov. 1755 ; 7° JEANNE-CATHERINE, baptisée le 28 nov. 1757 ; 8° ANTOINE-LOUIS, qui suit ; 9° JEANNE-MADELEINE, baptisée le 27 juill. 1762.

14. — **Begaud de Baussais** (Antoine-Louis), Ec., sgr de Baussais, fut baptisé à St-Martin-Lars le 11 sept. 1758. Il épousa Anne LOUNADOUR et est décédé à Availles-Limousine le 9 févr. 1830, laissant : 1° MARIE-GABRIELLE, née au Vigean le 25 juin 1786 ; 2° MARIE-ANNE, mariée à N... Charraud et décédée à Availles le 21 avril 1855 ; 3° MARGUERITE-ROSETTE, décédée au même lieu en 1849 ; 4° ANTOINETTE, décédée religieuse à Chartres vers 1871 ; 5° ALEXIS, décédé à la Rochebeaucourt (Dordogne) le 14 août 1856.

(Ces derniers renseignements nous ont été fournis par M. l'abbé Vigneau, curé de Brux, petit-fils de Mme Charraud).

BÉGAUD. — Autre famille.

Bégaud (Jehanne), épouse de Hélie Fauveau, fut inhumée dans l'église de Jardres le 26 janv. 1626. (Reg. par.)

Bégaud (Pierre), notaire d'Auzances, était, le 22 nov. 1646, époux de Anne BOUET, qui était marraine d'une cloche à Migné. (Id.)

Bégaud (Pierre), greffier et notaire d'Auzances, épousa Louise DES EFFES, dont une fille, MARIE, baptisée le 6 oct. 1651 à Migné. Pierre fut inhumé à Migné le 24 sept. 1656. (Id.)

BEGEON. — Famille de l'Anjou, qui a possédé en Bas-Poitou et y a contracté des alliances.

Blason : d'argent à la fasce dentelée de gueules et à trois merlettes de même, 2, 1. (La Chesnaye des Bois.) — L'Armorial d'Anjou dit : de Begeon de Villemainseul : d'argent à la fasce de gueules dentelée de sable, accompagnée de trois étoiles de gueules posées 2, 1. (Plus exact.)

Begeon (Jean). Typhaine COUSTANELLE (COUSTANEAU) était sa veuve en 1401. Leurs enfants furent GUILLAUME et PERRETTE, qui, conjointement avec leur mère, vendaient quelques héritages à Mouchamps.

Begeon (Guillaume), Ec., sgr de la Roche-Froissard, épousa Jeanne DE CHAMPEAUX, fille de Louis et de Marie Contesse. Le 4 nov. 1493, il partageait les biens de son beau-frère avec ses cohéritiers. (D. F.)

Ils avaient eu une fille, RENÉE, qui épousa, le 6 août 1504, Jean Le Febvre, s[r] de la Brossardière, en présence de JEAN Begeon, prêtre, sieur de la Roche-Froissard, son oncle.

Begeon (François), Ec., sgr de la Roche-Froissard, eut deux enfants, FRANÇOIS et JEAN, qui, le 30 avril 1541, se partageaient la succession de leur père. (D. F. 19.)

Begeon (Ambroise) était alliée, avant le 10 oct. 1532, à René Petit, Ec., sgr de la Roussière et de la Guierche. Devenue veuve, elle partagea avec ses enfants les biens de leur père le 25 oct. 1573, et n'existait plus le 13 nov. 1582.

Begeon (François), Ec., sgr de la Roche-Froissard, eut de Jehanne DU PLESSIS, entre autres enfants:

Begeon (François), Ec., sgr de la Roche-Froissard, qui épousa Ambroise DE TUSSEAU, fille de Jean, Ec., sgr de Maisontiers, et de Marguerite Luard, transigeait avec sa belle-mère le 28 juill. 1581 (acte reçu au Plessis-Cherchemont, par Coyreau, not[re], sous la cour de Bois-Pourreau); et sa femme renonce par cet acte aux successions de ses père et mère.

BÉGUIER.

Blason : Béguier (Pierre), notaire royal à Poitiers : d'or à un coq de sable becqué d'or. (D'Hozier d'office.)

Béguier (Jeanne) était en 1659 veuve de Gabriel Girard, s[r] de la Maisonneuve et de Toucheroux, président en l'élection de Poitiers.

Béguier (Marie), veuve Joussant, signe au contrat de mariage de Etienne-Luc Pélisson, en date du 26 août 1704.

Béguié (Renée-Catherine) avait épousé Pierre-Olivier Fraigneau ; elle fut inhumée le 1er nov. 1779, âgée de 72 ans, à Lusignan. (Reg. parois.)

BÉGUIN DES VAUX.

— Famille qui habite le Loudunais et n'est plus représentée que par Mlle Léonie Béguin des Vaux, sans alliance. On la croit originaire de Champagne et sortie des Béguin sgrs de Coegny, Chalons-sur-Vecsles, Savigny, Bancourt, etc. ; mais nous n'avons pu trouver le point de jonction ; aussi ne donnons-nous que les quelques renseignements qui concernent le Poitou et qui sont venus à notre connaissance.

Blason : de...... au cigne d'argent surmonté d'un croissant aussi d'argent, accosté de 2 roses de même. (Notes de famille.)

§ Ier.

1. — **Béguin des Vaux** (Marc) épousa Marie BLANCHAIS, dont il eut : 1° GUSTAVE, qui suit ; 2° CHARLES, 3° MARCELLIN, qui assistèrent au contrat de mariage de leur frère.

2. — **Béguin des Vaux** (Gustave), avocat, juge suppléant au tribunal de Loudun, adjoint au maire, puis président audit tribunal, épousa, le 25 mai 1819, à Loudun, Zoé POIRIER, fille de Alexandre et de feue Julie-Geneviève Proust, et décéda le 3 févr. 1858, laissant : 1° GUSTAVE, qui suit ; 2° LÉONIE, sans alliance et dernière survivante.

3. — **Béguin des Vaux** (Gustave), né en 1820, ancien maire de Loudun, conseiller général, est décédé à Loudun, célibataire, en 1883.

§ II. — BRANCHE DE MONLAVÉ

(SANS JONCTION AVEC LA PRÉCÉDENTE).

Blason : d'azur à 3 rocs d'argent, celui du milieu sommé d'une tour crénelée, maçonnée et ajourée de sable.

1. — **Béguin de Monlavé** (N...) eut pour enfants : 1° RENÉ, qui suit ; 2° JOSEPH, clerc tonsuré du diocèse d'Angers ; 3° MARIE, 4° ELISABETH.

2. — **Béguin de Monlavé** (René) épousa Marie THIBAULT, à Vernandes près Saumur, dont RENÉ, qui suit.

3. — **Béguin de Monlavé** (René) épousa, le 4 sept. 1758, Jeanne DÉMEAUX, dont il eut : 1° FRANÇOIS, tué à Clisson le 18 mars 1793 ; 2° JEANNE-MARGUERITE, mariée à Jean-Pierre de la Barre des Aulnays, sous-préfet de Saumur, et décédée en 1833.

AUTRE FAMILLE.

Béguyn (Jean) rendit, le 12 juin 1404, aveu et dénombrement au château de Gençay de son hébergement du Rochereau ou la Rochère, au devoir de garde audit château pendant 40 jours et 40 nuits, etc. (Livre des fiefs.)

Béguin (Françoise de), dame dudit lieu, avait épousé Gilbert de Moussy, sgr de la Lande, vivant en 1498.

BÉHARD (Jeanne) avait épousé Gillet de Cujaux, qui, le 9 mai 1403, rendit aveu au château de Civray à cause de ladite Jeanne, son épouse, pour la tierce partie du péage de Rom. (Livre des fiefs.)

BÉJARRY (DE).

— Famille noble et ancienne qui paraît être originaire des environs de Ste-Hermine (Vendée), où elle existait dès le XIIIe siècle.

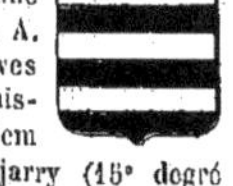

Blason : de sable à 3 fasces d'argent.

Cette généalogie a été dressée sur une notice que nous avait communiquée M. A. de Béjarry de la Roche, sur des preuves de noblesse faites en 1780 pour l'admission dans l'ordre de St-Jean-de-Jérusalem de Anne-Gaspard-Bonaventure de Béjarry (15e degré § IV), et enfin sur des notes que nous possédons dans notre cabinet.

La filiation des premiers degrés est établie d'après les indications fournies par une sentence du sénéchal de Poitou, Geoffroy d'Estissac, au sujet d'un différend entre Pierre Béjarry et son cousin Maurice. Cet acte est très important ; malheureusement la note qui nous a été communiquée n'est pas clairement rédigée ; aussi nous ne pouvons donner le commencement de la filiation que sous toutes réserves, d'autant plus que, d'après une autre note (sur un contrat de Jean Béjarry, fils de Guillaume, qui est dit fils de Michel), il semblerait que l'ordre des branches a été interverti.

Noms isolés.

Béjarry (N...) avait épousé Jean Prévost, Ec.

fils de René, Ec., sr de la Fenestre, et de Catherine de la Blanchardière. Ils vivaient en 1434. (St-Allais, Gén. Prévost.)

Béjarry (Maurice), époux de Jeanne Texier, fit aveu, avec elle, en 1505, au sgr des Essarts.

Béjarry (Gillette) épousa en 1es noces Nicolas de La Bruère, Éc., sr de Launay, et en 2es Louis Prévost, Ec., sr de Damiette. Elle vivait en 1520.

Béjarry (N...), sr de la Guesmenière, frère cadet de Mr de la Louerie, épousa, vers 1640, Françoise Genays, fille de Michel, sr du Pin, et de Catherine Faure. Ils sont cités dans un arrêté de compte du 22 oct. 1647.

Filiation suivie.

Nota. — les 1ers degrés sont hypothétiques, car les renseignements fournis sont peu intelligibles.

§ Ier. — Branche aînée.

1. — **Béjarry** (Thibauld), valet, est nommé dans une sentence du sénéchal de Poitou de 1250, et fit accord au sujet d'un procès en 1260. (Ces actes étaient cités dans une sentence de 1431, rapportant plusieurs titres anciens de la famille Béjarry.) Si ces dates sont exactes, Thibauld fut l'aïeul et non pas le père du suivant. D'après une note, il aurait épousé Jeanne Traveis ?

2. — **Béjarry** (Pierre), valet, fit aveu, le 25 juin 1340, au duc d'Athènes, sgr de Ste-Hermine. (Marchegay, vol. 21.) Épousa, dit-on, en 1306 (date suspecte, car l'ordre chronologique suppose une génération de plus), Catherine Vingendeau (sans doute fille d'André), dont il eut 2 enfants : 1° Michel, qui suit ; 2° Guillaume, chef de la 2e branche, § II.

3. — **Béjarry** (Michel) partagea avec son frère Guillaume, le 6 sept. 1379, les successions de ses père et mère et celle de la fille d'André Vincendeau (tante ou cousine).

D'après cet acte, Michel aurait eu pour partage, en droit d'aînesse, l'hôtel de la Louerie ; mais cela paraît inexact, puisque ce fief fut donné à Guillaume par Jeanne d'Eu, dame de Ste-Hermine. Il épousa Catherine des Nouhes, fille de Jean et de de Jeanne Montois, *alias* Motais.

Michel Béjarry transigea, le 14 févr. 1367, avec sa belle-mère, au sujet de la dot de sa femme, et eut en partage la Roche-Gueffier. Il eut pour fils Guillaume, qui suit.

4. — **Béjarry** (Guillaume), sgr de la Roche-Gueffier, fut tuteur de son cousin Jean Béjarry, ce qui donna lieu à un procès jugé en 1431 par le sénéchal de Poitou, et terminé par une transaction du 15 juin 1447, et un partage du 16 avril 1448. Il épousa, dit-on, vers 1380, Jeanne Bonnet, dont il eut Pierre, qui suit.

5. — **Béjarry** (Pierre) fut condamné par sentence du sénéchal de Poitou, en 1431, à rendre compte de la tutelle exercée par son père pendant la minorité de Jean Béjarry. Il transigea avec le fils de ce Jean, en présence de plusieurs parents, le 15 juin 1447 ; dans cet acte il est qualifié sgr de la Louerie, et son cousin sgr de Damiette. Nous pensons qu'il eut pour femme Marie Boutaud, fille de Jean, Ec., sr de Lauboinière, et de Jeanne du Vergier. (Maynard-Mesnard.) On ne sait pas s'il eut postérité.

§ II. — Branche de la **Louerie**.

2. — **Béjarry** (Guillaume), sgr de la Louerie, etc., fut avocat de la Ctesse d'Etampes, dame de Ste-Hermine, qui, en considération de ses services, lui fit don de divers domaines à la Louerie, le 7 août 1365. (D. F.) Ce Guillaume Béjarry est cité dans les Chron. Fontenaisiennes (p. 40). Il partagea avec son frère Michel le 14 sept. 1379, et se trouve mentionné dans plusieurs actes de 1377 (arrentement d'une maison à Luçon), 1378 (échange avec Geoffroy Raffin), 1379 (donation par Nicolas Picard, d'une rente acquise de Guillaume d'Appelvoisin). Il épousa Jeanne Ouvrard, fille de Jean et de Catherine des Nouhes. Ce mariage fut sans doute contracté lorsqu'il était déjà âgé, car il mourut peu après, laissant un fils de 2 ans.

3. — **Béjarry** (Jean), sgr de la Louerie, Damiette, etc., mineur de 2 ans à la mort de son père, fut placé sous la tutelle de Guillaume Béjarry, son cousin germain, comme on le voit par le procès de 1431. Il épousa, vers 1398, Catherine Spriette, fille de Guillaume, et transigea, le 7 févr. 1398, avec Nicolas Suriette, Ec., sgr d'Aignette ? Jacques et Pierre Suriette, ses beaux-frères, pour la dot de sa femme. Il mourut peu après, âgé de 21 ans, suivant les termes du procès de 1431, laissant pour fils Maurice, qui suit.

4. — **Béjarry** (Maurice), Ec., sr de la Louerie, etc., eut procès en 1431 contre Pierre Béjarry, fils de Guillaume, au sujet du compte de tutelle de feu Jean Béjarry, son père, et termina l'affaire par accord du 15 juin 1447 et partage du 16 avril 1448. (Gautreau et Savarin, sous le scel de Ste-Hermine.) Il épousa Jeanne Goujon ou Goion (de la famille sans doute des sgrs de Puyoria), suivant une donation mutuelle qu'ils se firent le 27 janv. 1449 (Maynard et Rivallaud, notres à Ste-Hermine). Nous pensons qu'il eut pour fils Guillaume, qui suit ; 2° Maurice, qui fit aveu à Bournezeau, le 13 janvier 1471 et le 24 avril 1472, pour la Roche-Gueffier. Il paraît avoir épousé Jeanne Texier.

5. — **Béjarry** (Guillaume), Ec., sr de la Louerie, etc. (qui, d'après l'ordre des temps, paraît être fils de Maurice, mais qui, à la rigueur, pourrait être son frère), épousa, le 14 févr. 1448, Marie Grignon, fille d'André, Ec., sgr de la Grignonnière, et de Jeanne Dubois. Ce contrat fut passé en présence de plusieurs parents, entre autres Maurice Béjarry, Ec., qui pourrait être le frère de ce Guillaume. La terre du Châtelier fut donnée en dot à Marie Grignon. Nous pensons qu'il eut pour enfants : 1° Maurice, qui suit ; (probablement,) 2° Gillette, mariée à Nicolas de la Bruyère, Ec. Elle est nommée dans une sentence de 1531, rendue en faveur de Guillame Béjarry (7e degré).

6. — **Béjarry** (Maurice), Ec., sgr de la Louerie, la Roche-Gueffier, fit hommage, le 13 janv. 1471 et le 24 avril 1472, à la sgrie de Bournezeau, pour les fiefs de Launay et la Roche. Il fit aveu à cause de sa femme, le 4 janv. 1498, à la veuve du sgr de Ste-Flaive, pour le fief de la Gilardière, et le 25 fév. 1509, au sgr du Simon ? pour le fief de la Louerie. Il servit en archer au ban de 1491. Il épousa, vers 1480, Jeanne Berne, fille d'André, Ec., sr de Ponsay, et de Marie d'Oiron. (Le 11 mars 1500, il fit un retrait lignager conjointement avec André Berne et Jean Grignon, mari de Perrine Berne.) Jeanne Berne, étant veuve, fit un don testamentaire à son fils aîné, le 29 nov. 1523. Ils eurent pour enfants : 1° Guillaume, qui suit ; 2° Robert, chanoine de Luçon, qui est nommé dans le contrat de son frère Guillaume du 13 mai 1511, et dans celui de son neveu René Béjarry, en 1541 ; et probablement ; 3° Perrine, qui épousa René de la Bruyère (ils figurent dans un retrait lignager du 26 mai 1539) ; peut-être aussi 4° N..., femme de Pierre de Thorigné,

Ec., s[r] du Rocept, qui vend un pré en 1537 à René Béjarry.

7. — **Béjarry** (Guillaume), Ec., sgr de la Loucrie, la Guesmenière, Maisonneuve, la Roche-Gueffier, se qualifiait sgr de ces terres, dans un acte du 21 avril 1525. Il épousa, le 13 mai 1511 (Bonneau et Guilloteau, not[res] à Pouzauges), Gillette DE PUYTESSON, fille de Michel, Ec., sgr dudit lieu, et de Andrée Guischarde. Guillaume obtint, les 16 févr. 1525 et 29 août 1528, des lettres du Roi pour obliger Louis d'Oiron, sgr des Bouchaux, à lui payer les droits qu'il lui devait sur le Moulin-Neuf (Mouchamps, Vendée), sis dans la mouvance de sa terre de la Guesmenière, et il obtenait sur ce sujet un arrêt du sénéchal du Poitou le 3 juin 1531. Le dernier acte qui le concerne est un échange fait avec l'abbaye de Trizay, le 17 févr. 1536 (Barré et Mescher, not[res]). Il eut un fils, RENÉ, qui suit.

8. — **Béjarry** (René), Ec., sgr de la Loucrie, la Guesmenière, le Châtellier et la Roche-Montravers, épousa, le 13 mai 1541, au chât. du Parc (Barré et Barbet, not[res] à Ste-Hermine), Marguerite DU BRUGNON, fille de Christophe, Ec., s[r] de Largerie, et de Catherine de Pannes ou Palug ? Il rendit deux aveux à la sgrie de Bournezeau, les 29 sept. 1542 et 12 févr. 1548. Le partage de ses biens eut lieu le 7 juill. 1576, par acte reçu à Ste-Hermine par Bouhier et Boisseut, not[res], entre ses 2 fils. Sa veuve épousa en 2es noces Abraham Gentil, Ec., s[r] des Touches. Il eut de son mariage : 1° JACQUES, qui suivra ; 2° JEAN dit Bras-de-Fer, qui fut un des chefs protestants du Bas-Poitou dans les guerres de religion. D'Aubigné, dans ses Mémoires, en parle fréquemment en le désignant, ainsi que son frère aîné, sous les noms de la Loucrie et de la Guesmenière. Il occupa longtemps le château de la Grève, aida la Noue à s'emparer des Sables-d'Olonne en 1570. Il avait été condamné à mort par le sénéchal de Fontenay-le-Comte, et cette sentence fut confirmée par un arrêt de la cour des Grands Jours de Poitiers du 7 nov. 1579, qui le déclare défaillant et contumax. (M. Stat. 1879, 169.) Jean mourut sans postérité ; probablement 3° LOUISE, femme de Jean-Baptiste Briaut, Ec., s[r] de la Billerie.

9. — **Béjarry** (Jacques), Ec., sgr de la Roche-Gueffier, la Guesmenière, le Châtellier, la Roche-Montravers, épousa, le 13 janv. 1570, (Pauvreau, not[re] à la Rochelle), Renée DE PLOUER, fille de Jean, Ec., sgr de la Chopinière, et de Renée Grossard. Le 7 juin 1573, il rendit aveu à la sgrie de Bournezeau de la terre de la Roche Gueffier. Comme son frère, il fut un des principaux chefs du protestantisme dans le Bas-Poitou. Il est désigné, dans les auteurs ses contemporains, sous le nom de Béjarry de la Roche-Loucrie, accourut au secours de la ville de Niort assiégée par les catholiques, et contribua à en faire lever le siège. A la journée de Ste-Gemme, le 15 juin 1570, il était à la tête d'un corps de cavalerie. Le 31 mars 1573, il obtint un sauf-conduit du duc d'Anjou. Suivant la tradition, Jacques Béjarry ayant été surpris au Langon, avec un de ses frères, y fut massacré pendant une trève. Il était mort avant le 17 mai 1578. Sa veuve se remaria à Jean Limousin, Ec., sgr de la Bironnière et de Fougeroux. Les enfants mineurs furent placés sous la tutelle de Jean-Baptiste Briaut, Ec., s[r] de la Billerie, qui rendit compte de sa gestion le 11 juin 1590.

Il avait eu : 1° SAMUEL, qui suit ; 2° FRANÇOIS, chef de la branche de la Roche-Gueffier, § IV ; 3° ELISABETH, qui partage avec ses frères le 4 mars 1592 et le 21 sept. 1604. Nous pensons qu'elle épousa Charles Maingarnaud, Ec., sgr de la Chevillonnière.

10. — **Béjarry** (Samuel), Ec., sgr de la Loucrie, la Roche, la Guesmenière, obtint de Jeanne de Cugnac, femme de François de la Trémoille, Bon de Bournezeau, des lettres érigeant la Roche-Gueffier en châtellenie (en date du 19 sept. 1596). Il fit aveu de la Pinelière en 1617 aux enfants de René d'Oiron, sgr des Bouchaux, et mourut la même année. Il avait épousé, le 22 mars 1594, Susanne DU BREUIL, fille de Louis, sgr du Doré et de Cursay, et de Françoise Lepetit de Vauguyon. Devenue veuve, elle se remaria, dit-on, à Abraham Gentil, Ec., s[r] des Touches. Samuel Béjarry eut pour enfants : 1° JACQUES, qui suit ; 2° ELISABETH, mariée, le 30 déc. 1619, à Louis des Hommes, Ec., sgr du Plessis ; 3° LOUIS, chef de la branche du Poiron, § III.

11. — **Béjarry** (Jacques), Ec., sgr de la Loucrie, la Roche-Gueffier, Lairaudière, suivant un acte du 21 oct. 1647, possédait aussi des biens dans la sgrie de Tiffauges. Il épousa en 1622 Marie DURCOT, fille de Pierre, Bon de la Grève et de Jeanne Chasteigner, dont il eut beaucoup d'enfants : 1° SAMUEL, qui suit ; 2° ALEXANDRE-HECTOR, 3° POLYCARPE, qui fut chargé de la procuration de son frère Josué, le 17 nov. 1673 ; 4° JOSUÉ, Ec., qui épousa Catherine LE GEAY, dont il n'eut pas d'enfants ; 5° ANTIPAS, 6° JONATHAN, 7° MARIE, 8° FRANÇOISE. Tous furent maintenus nobles par M. Barentin le 14 août 1667 ; mais on manque de renseignements sur leur sort.

12. — **Béjarry** (Samuel), Ec., s[r] de la Roche-Grignonnière, présenta ses titres à M. Barentin le 14 mai 1667. Nous n'avons pas retrouvé son alliance ; mais il fut père de : 1° POLYCARPE, qui suit ; 2° LOUIS-HORTAX, vivant en 1694.

13. — **Béjarry** (Polycarpe), Chev., sgr de la Loucrie, Lairaudière (est mentionné dans une sentence des commissaires des francs-fiefs en date du 22 avril 1694, avec un Louis-Hortax Béjarry, qui est dit son frère, et tous deux fils de Samuel). Polycarpe servit au ban de 1689, au 3e escadron, réuni à la Châteigneraye le 26 mai, et aussi au ban de 1695. Il épousa, le 20 avril 1692, Marie-Anne DE PÉRUSSE DES CARS, dite la jeune, fille de Charles Mis de Montal et de Charlotte-Françoise Bruneau de la Rabastelière. Il n'eut pas d'enfants et fit donation à sa femme, qui porta la Loucrie à son 2e mari, Jean-Josué Adam, Ec., sgr de Loires.

§ III. — SEIGNEURS DU **POIRON**.

11. — **Béjarry** (Louis), Ec., sgr du Poiron et de St-Vincent, fils puîné de Samuel et de Susanne du Breuil (10e deg., § II), habitait la Corbinière, près des Moutiers-sur-le-Lay. Il est nommé dans un procès criminel au Présidial de Poitiers en 1644. (D. F.) Il était décédé en 1667, lorsque ses enfants furent maintenus nobles. Marié en 1631 à Catherine THOMAS, fille de Jacob, Ec., s[r] de la Roche, et de Catherine Bonnin, il en eut : 1° RENÉ, qui suit ; 2° SAMUEL, Ec., sgr du Poiron et de la Roche-Gueffier, était absent pour le service du Roi lors de la maintenue de 1667. Il hérita de son frère René et vendit le Poiron au sgr de Bournezeau, et la Roche-Gueffier à Alexandre Béjarry, sgr de la Roche-Grignonnière, son cousin, le 10 nov. 1717. Il habita quelque temps Beaufort-en-Vallée (Anjou) et y épousa Marthe VALLET, dont il n'eut pas d'enfants ; 3° SUSANNE, 4° FRANÇOISE, 5° BÉNIGNE, qui habitèrent quelque temps à la Rousselière de Nesmy et qui sortirent de France pour cause de religion, vers 1686.

12. — **Béjarry** (René), Ec., sgr du Poiron, épousa, vers 1670, Jeanne AYMER, fille de René, Ec., s[r] du Cornion, et de Julie d'Angliers. Ils se firent donation mutuelle le 14 sept. 1677 (acte passé au Poiron, sous la

cour de la Chaize-le-Vicomte). Ils moururent sans postérité.

§ IV. — SEIGNEURS DE LA **ROCHE-GUEFFIER.**

10. — **Béjarry** (François), Chev., sgr de la Roche-Gueffier, la Louerie, la Grignonnière, la Guesmenière, etc. (fils puîné de Jacques et de Marie de Plouër (9e deg. du § II), partagea avec ses frères et sœurs, les 4 mars 1592 et 21 sept. 1604, les biens de leurs père et mère. Il fut probablement obligé de sortir de France pour cause de religion, car nous le trouvons en 1640 mestre de camp, capitaine et gouverneur pour MM. les Etats généraux de Hollande. Il avait épousé, le 8 févr. 1608 (Giraud et David, notres sous la cour de Vouvant), Marguerite DE PONTLEVOY, fille de Louis, Chev., sgr de la Mothe, Bon du Petit-Château, et de Françoise de Broc. Le 20 sept. 1645 (Brisseteau et Sabourin, notres), il était procédé au partage de leur succession entre : 1° SAMUEL, qui suit ; 2° ELISABETH, mariée en 1637 à Jacques Foucher, Sgr. de Circé ; 3° MARGUERITE, qui plus tard épousa Hector Gentils, Chev., sgr des Touches de Chavagnes, et était veuve le 1er sept. 1667, lorsqu'elle fut maintenue dans sa noblesse par M. Barentin.

11. — **Béjarry** (Samuel), Chev., sgr de la Roche-Gueffier, la Louerie, etc., était mineur le 20 juin 1633 ; le 10 avril, il rendait un aveu à la sgrie de Bournezeau. Le 15 mars 1642, par acte passé à la Rochelle (Couseau, notre), il épousa Renée DU JAU, fille de feu Jean, Ec., sgr de Maupertuis, cer du Roi au gouvernement et Présidial de la Rochelle, et de Léonne Guillemin d'Aistré (ou Aystré), et le 20 sept. 1645, il partagea avec ses sœurs les successions de leurs père et mère, et eut pour son préciput et droit d'aînesse la terre de la Grignonnière. Il eut pour enfants : 1° LOUIS-HORTAX, qui suivra ; 2° FRANÇOIS-LOUIS, Chev., sgr de la Rocardière ; 3° RENÉ-HENRI, Chev., sgr de Ste-Gemme ; 4° OLIVIER, 5° ABIMÉLECK, 6° GABRIEL-REGOND, 7° CHARLES-BALDA, 8° MARIE-BÉNIGNE, 9° ELISABETH, tous mentionnés dans le contrat de partage des biens de leurs père et mère, passé sous signatures privées, le 23 avril 1671 ; 10° ANGÉLIQUE, mariée, vers 1668, à Daniel Janvre, Chev., sgr de la Touche-Bouchetière, veuf de Renée Aymer. (Il n'est pas fait mention dans cet acte de POLYCRATE, qui est désigné comme frère de Louis-Hortax dans un arrêt du 22 avril 1694 des commissaires généraux sur le fait des francs-fiefs, qui les maintiennent l'un et l'autre dans leur noblesse, comme fils de Samuel de Béjarry.) D'après une note de M. de Bernon, on voit que deux des enfants de Samuel furent tués au siège de Limerick (Irlande), fait par Guillaume, prince d'Orange, qui venait, en chassant son beau-père, de monter sur le trône d'Angleterre. Il ajoute que la cadette des filles est décédée en Hollande.

12. — **Béjarry** (Louis-Hortax), Chev., sgr de la Roche-Gueffier, épousa, le 15 avril 1681, Renée-Charlotte CHATEIGNER, fille de Roch, Chev., sgr de Cramahé, et de Johanne Herbert (Drouineau, notre à la Rochelle) ; il en eut : 1° ALEXANDRE, qui suit ; 2° HENRIETTE-CÉLESTE, qui épousa, le 4 févr. 1704, Pierre-Louis Green de St-Marsault.

13. — **Béjarry** (Alexandre), Chev., sgr de la Roche-Gueffier, la Grignonnière, etc., rendit un aveu au prieur de Mouilleron le 3 sept. 1710, et, le 16 nov. 1717, foi et hommage à la sgrie de Bournezeau, pour sa terre et châtnie de la Roche. Le 2 avril 1715, il avait obtenu de M. de Richebourg, intendant du Poitou, une confirmation de noblesse, sur le vu de ses titres. Il avait épousé, le 19 août 1703, Marie DE PELARD, fille d'Olivier, Chev., et de Stéphanie Maire. De ce mariage sont issus : 1° CHARLES-ÉTIENNE, qui suit ; 2° CHARLES-LOUIS, 3° PIERRE-HENRI, 4° MARIE-MARGUERITE, 5° MARIE-STÉPHANIE. Nous pensons que c'est elle qui, le 26 juill. 1745, était femme de Pierre Draud, Ec., sgr de la Roche-Treuil. Tous les susnommés partagèrent, le 3 oct. 1731, les successions de leurs père et mère, par acte sous signature privée.

Nous devons faire observer que, dans plusieurs actes authentiques, Alexandre et son fils, qui suit, sont qualifiés du titre de marquis de la Roche-Grignonnière.

14. — **Béjarry** (Charles-Etienne), Chev., sgr de la Roche-Gueffier, de la Grignonnière, de Ste-Gemme, les Bruyères, St-Vincent, Port-du-Lay, eut pour son droit d'aînesse, lors du partage de 1731, les terres et sgries de la Roche et de la Grignonnière. Il épousa, le 11 mai 1727 (Caillé et Touchault, notres à Vouvant), Elisabeth PINAULT, fille de Quentin, Chev., sgr de la Joubertière, et de Françoise d'Escoubleau de Sourdis. Leurs enfants furent : 1° CHARLES-FRANÇOIS, qui suit ; 2° CHARLOTTE-FRANÇOISE, 3° ISRAÉLITE-AUGUSTINE, et 4° JEANNE-JULIE, qui, le 18 mai 1756, partageaient les successions de leurs père et mère.

15. — **Béjarry** (Charles-François), Chev., sgr de la Roche-Gueffier, du Gay et de la Grignonnière, ancien page du Roi, était mineur lorsqu'il épousa, le 17 avril 1757 (Chaignon et Fourneau, notres à Luçon), Marie-Françoise-de-Paule DE REGNON DE CHALIGNY, fille de Henri-Paul, Ec., sgr de Chaligny, et de Susanne-Marie Bernard de Marigny. Il rendait hommage, le 24 août 1758, à l'abb. de Trizay, et le 30 mai 1760 à la sgrie de Bournezeau, servit au ban qui se réunit le 14 juin 1758 à Fontenay-le-Cte, dans la 2e brigade de l'escadron de la Salle, et assista en 1789 à l'assemblée tenue à Poitiers pour nommer des députés aux Etats généraux. De son mariage sont issus : 1° CHARLES, lieutenant de vaisseau, mort en 1769, dans l'expédition d'Entrecasteaux ; 2° PROSPER, mort en 1792, pendant l'émigration ; 3° ANNE-GASPARD-BONAVENTURE, baptisé le 14 juill. 1762, était sous-lieutenant au régiment de Maréchal-de-Turenne, le 17 août 1780, lorsqu'il fit ses preuves pour être reçu chevalier de justice de l'ordre de St-Jean-de-Jérusalem ; 4° ACHILLE-BALDA-HENRI-LOUIS, reçu, le 13 sept. 1784, chevalier de Malte (St-All.) ; 5° AUGUSTE, qui suit ; 6° AMÉDÉE, dont nous parlerons § V ; 7° ARMAND, dont la filiation sera rapportée au § VI ; 8° ANTOINETTE, 9° SOPHIE, 10° AIMÉE, 11° DÉSIRÉE, morte dans les prisons du Mans, sous la Terreur ; 12° AGATHE, 13° BENJAMIN, né à Luçon le 3 avril 1775, émigra en 1791, fit toutes les campagnes des Princes, dans une compagnie de la noblesse du Poitou-Infanterie, se rendit ensuite à l'armée de Condé et y faisait partie de la compagnie n° 21 des chasseurs nobles, lors du licenciement. Il fut nommé Chev. de St-Louis en 1815 ; il avait épousé, au mois de juin 1812, Marie-Anne-Charlotte-Cécile DE SUYROT DU MAZEAU, fille de Charles et de Marie-Gabrielle de Goullard, dont : *a* ERNESTINE-MARIE-BENJAMINE, *b* MÉLANIE-JULIE-AUGUSTINE-CHARLOTTE, mariée en juin 1838 à Alfred de Châteigner, ancien officier au régiment de la Reine.

16. — **Béjarry** (Auguste de), Chev. de St-Louis, officier vendéen distingué, commanda des divisions dans l'armée dite du Centre, sous les ordres de M. de Royrand. Il passa la Loire, et fut assez heureux, après les désastres du Mans, pour échapper à tous les périls et

pour rentrer dans son pays. Marié avec Dlle Susanne du Fay, il est mort en 1824, laissant pour enfants : 1° Théobald, qui suit ; 2° Nancy, 3° Valérie, mariée à M. de Verteuil.

17. — **Béjarry** (Théobald de), Ier du nom, épousa sa cousine Caroline de Béjarry, fille d'Amédée et d'Henriette d'Aubenton (16e deg., § V) ; elle était veuve avant 1877. Leurs enfants furent : 1° Théobald, qui suit ; 2° Antoinette, née le 1er janv. 1844, mariée, le 30 janv. 1877, à Charles Galbaud du Fort, major au 116me de ligne ; 3° Gabrielle.

18. — **Béjarry** (Théobald, Mis de) né le 12 avril 1847, épousa, le 14 janv. 1874, Berthe de Tinguy, fille de Louis et de Georgine-Henriette-Françoise de Chabot, dont : 1° Théobald, né le 26 fév. 1875 ; 2° Pierre, né le 6 nov. 1876 ; 3° Xavier, né le 27 juin 1878 ; 4° Marie, née le 17 janv. 1880 ; 5° Yvonne, née le 4 juin 1882 ; 6° Joseph, né le 17 mai 1884 ; 7° Anne, née le 8 janv. 1886.

§ V. Deuxième branche actuelle.

16. — **Béjarry** (Amédée de), Ec., né le 25 janv. 1730, (fils puîné de Charles-François, 15e deg. § IV,) Chev. de St-Louis et de la Légion d'honneur, officier général des armées catholiques et royales, faisait partie de l'armée lorsqu'elle passa la Loire et eut part aux principales affaires qui l'illustrèrent sans pouvoir la faire triompher. Il fut un des deux officiers envoyés à Paris pour traiter de la paix avec la Convention, et plénipotentiaire au même titre à Nantes en 1797. Nommé député en 1816 et 1824, il fut aussi membre du conseil général de la Vendée. Marié en 1806 à Marie-Henriette d'Aubenton, fille d'Ambroise, chef d'escadre, et de Marie-Marthe de Lory, il a eu : 1° Amédée, 2° Antoinette, 3° Caroline, née en 1814, mariée à son cousin germain Théobald de Béjarry. Elle est décédée le 29 août 1883.

17. — **Béjarry** (Amédée, Cte de), né en 1808, auditeur au conseil d'État et sous-préfet de Beaupréau avant 1830, avait épousé Élisabeth de la Chalonnyie de la Blottaye, fille d'Armand-Fortuné et de Marie-Anne d'Escoubleau de Sourdis. Il est mort le 27 août 1883. De son mariage sont issus : 1° Amédée, qui suit ; 2° Isabelle, morte à Rome, religieuse chez les Dames Réparatrices ; 3° Elisabeth, 4° Marie-Mathilde, mariée à Anatole-Alban, Vte de Villeneuve-Bargemont.

18. — **Béjarry** (Amédée, Cte de), IIe, né le 30 juin 1840, officier de cavalerie, ex-chef de bataillon des mobiles de la Vendée, ex-lieutenant-colonel du 83e régiment territorial, Chev. de la Légion d'honneur en 1871 et sénateur de la Vendée le 2 mai 1886, fut blessé à Champigny, puis au pied de la redoute de Montretout. Il a épousé, le 12 févr. 1871, Marie-Elisabeth-Rhingarde de Sibeud de St-Ferréol, fille du Cte Louis et de Rheingarde de Montboissier de Beaufort-Canillac, dont : 1° Amédée, né le 10 déc. 1874 ; 2° Isabelle, née le 20 oct. 1879 ; 3° Gabriel, né le 3 mars 1882 ; 4° Marguerite, née le 4 mars 1885 ; 5° Jean, né le 9 avril 1887.

§ VI. — Troisième branche actuelle.

16. — **Béjarry** (Armand de), fils puîné de Charles-François (15e deg. § I.), reçu page du grand maître de l'ordre de Malte le 2 déc. 1784, avait quitté en 1797 l'île de Malte, 6 mois avant sa prise par le général Bonaparte. Il épousa, le 4 avril 1798, Marie-Susanne de Bernon, fille de Henri-Pierre-Benjamin et de Pélagie Racodet, dont : 1° Armand, qui suit ; 2° Valentine, née au chât. du Puytumer, le 6 déc. 1803, mariée, le 19 nov. 1836, à François-Alexis des Nouhes ; 3° Aimée, mariée en 1837 à Léon de Tinguy.

17. — **Béjarry** (Armand de), né au chât. du Puytumer le 3 avril 1800, officier au 48e de ligne, épousa, en oct. 1826, Louise-Madeleine de Nossay, fille de Charles Cte de Nossay et de Victoire de Massougnes de St-Symon, dont : 1° Edmond-Armand-Gaspard, qui suit ; 2° Angèle, née le 8 oct. 1829, mariée en 1856 à Anatole Jannot de la Baudière ; 3° Blanche, mariée en 1857 à Ernest Rampillon des Magnils ; 4° Edmond, tige de la branche § VII.

18. — **Béjarry** (Armand-Jean-Baptiste de), marié en oct. 1859 avec Honorine Rampillon de la Largère, dont : 1° Henri-Honoré, qui suit ; 2° Marie, née en 1861, mariée, le 29 juill. 1884, à Joseph de Bernon.

19. — **Béjarry** (Henri-Honoré de), né en févr. 1863, marié, le 13 oct. 1886, par Sa Grandeur Mgr Richard, archevêque de Paris, à Emilianne Querqui de la Pouzaire, fille de feu Armand et de Armande Buor de la Voye.

§ VII. — Quatrième branche actuelle.

18. — **Béjarry** (Edmond-Armand-Gaspard de), fils puîné d'Armand (17e deg. § IV), marié, le 20 avril 1864, à Hélène Cailleau, fille de Jean-Baptiste et de Marie-Victoire de Foucaud, dont : 1° Armand-Jean-Baptiste, né le 15 janv. 1867 ; 2° Louis-Gaspard, né le 15 mars 1868 ; 3° François-Xavier, né le 15 déc. 1870 ; 4° Marie-Victoire, née le 17 mars 1865, mariée, le 1er août 1882, à Henri de Suyrot.

BEL (Le). — Plusieurs familles de ce nom ont existé dans notre province. Nous donnerons à chacune un article séparé, après avoir mentionné les noms isolés que nous ne pouvons rattacher aux deux filiations qui suivront.

Noms isolés.

Bel (Pierre Le), sr de la Jallière, signe au contrat de mariage de René Cuissard, Ec., sr du Pin, avec Antoinette Bouteiller, le 5 fév. 1579. (Gie Cuissard).

Bel (Louise Le) fut la seconde femme de Antoine de Ferrières, Ec., sgr de Champigny-le-Sec. (Gie de Ferrières.). Elle vivait en 1622 et 1626 (reg. de Champigny.)

Bel (N... Le) de la Vareille avait épousé, avant le 20 janv. 1773, Amable-Gaspard Pouto, Chev., sgr de la Ville-du-Bois. (Gie Pouto.)

Bel (Françoise Le) épousa, à la fin du XVIe siècle, François de Sallenove. (M. A. O. 1850, 482.)

BEL DE BUSSY (Le). — Famille du Bas-Poitou.

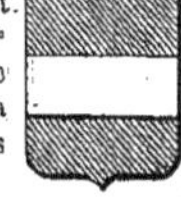

Blason : de sinople à la fasce d'argent. (Barentin.) L'Armorial de Mervache, XVIe siècle, dit que Philippe Le Bel, sgr de Grancourt ? porte écartelé ; de sinople à la fasce d'argent, et d'argent à 3 trèfles de sinople.

Filiation.

1. — **Bel** (Antoine Le), Ec., sgr de Laubonne, valet de chambre du Roi, contrôleur général de la marine du Ponant, en 1575 ; épousa Élisabeth Chéreau, dont il eut Guillaume, qui suit.

2. — **Bel** (Guillaume Le), Ec., sgr de Bussy et des Maisonneuves, maître d'hôtel ordinaire du Roi, épousa

Catherine Blacvod, fille d'Adam et de Marie Courtinier, dont : 1° Honorée, marraine de Haly, Turc, le 31 oct. 1638, à Marigny-Brisay (Reg. parois.), elle épousa Jules de Loynes, lieutenant des gardes du duc d'Orléans ; 2° Paul, qui suit ; 3° Cyprien, prieur de Châteaumur.

3. — **Bel** (Paul Le), Ec., sgr de Bussy, p^{sse} de Vendrennes (Vendée), maintenu noble par sentence de M. Barentin du 9 août 1667, était maréchal de bataille des armées du Roi et lieut^t-colonel au régiment de Vervins. Il épousa Marie-Louise d'Eux, *aliàs* le Deu ou Deu, et fut inhumé à Vendeuvre, âgé de 56 ans, le 2 janv. 1669, laissant : 1° Honorée-Françoise, mariée, le 3 juill. 1679, à René de Beauregard, Chev., sgr de Mondon ; 2° Paul, baptisé le 9 mai 1666 ; 3° Marguerite, baptisée le 14 déc. 1667 ; 4° Jacques-Jules, qui suit. (Id.)

4. — **Bel** (Jacques-Jules Le), Ec., sgr de Bussy, baptisé le 11 sept. 1668, capitaine des vaisseaux du Roi, épousa, le 24 nov. 1695 (Darnot et Caron, not^{res} au Châtelet de Paris), Gabrielle de Loynes, fille de Jean-Baptiste, conseiller au Parlement de Metz, et de Elisabeth Mesnardeau. Ils sont relatés dans un acte du 2 avril 1717, relatif à la succession de Denis de Sallo, Ec. (G^{le} de Loynes). Nous ignorons s'ils ont eu postérité.

BEL (Le), Seigneur de Joussigny, des Fosses, etc. — Famille originaire des environs de Niort. Nous avons pu dresser une généalogie assez complète de cette famille, grâce aux communications de M. l'abbé Péret, secrétaire général de l'évêché de Poitiers.

Blason : d'azur au lion d'argent, armé et lampassé de gueules. D'Hozier attribue d'office à Louis Le Bel, s^r des Fosses : de gueules au chef barré d'or et de sinople de 8 pièces.

Filiation suivie.

1. — **Bel** (Philippe Le), Ec., s^r de Joussigny, épousa Marguerite Pelletier, dont il eut Louis, qui suit.

2. — **Bel** (Louis Le), Ec., s^r de Joussigny, épousa en 1499 Antoinette Tiphayne, dont il eut : 1° François, Ec., sgr de la Fraignaie ; 2° Nicolas, qui suit ; 3° Jeanne, 4° Louise.

3. — **Bel** (Nicolas Le), eut, croyons-nous, pour fils un autre Nicolas, qui suit.

4. — **Bel** (Nicolas Le), Ec., s^r de Joussigny, suivit les armées, d'après les certificats qui lui furent donnés en 1564 par le Bon de Vezins, lieut. du Mis de Villars ; en 1571-1572, par les contrôleurs des guerres Mondoucet et Roux ; en 1593, par le Cte de Brissac, gouverneur du Poitou. Il reçut en 1585 commission de M. de Malicorne, gouverneur du Poitou, de garder plusieurs places pour le service du Roi contre les huguenots, et un certificat du même en 1598, attestant qu'il avait bien servi contre les ennemis de la religion et du Roi. Il se maria en 1576 à Radégonde d'Assagny, dont il eut : 1° Guy, qui suit ; 2° Jacques, Ec., sgr de la Ruffinière, marié en 1606 à Renée Paumier, fille de Pierre, s^r des Fosses, obtint, le 1er juin 1620, une sentence de la sénéchaussée de Civray contre un s^r Pierre Raoul. Nicolas mourut en 1609, âgé de 79 ans, et fut enterré dans l'église des Fosses.

5. — **Bel** (Guy Le), Ec., sgr de Joussigny, servit dans la compagnie des ordonnances du Roi sous le maréchal de Lavardin, ainsi qu'il résulte d'un certificat de 1612 signé Belot et Cartan, commissaires. Il épousa en 1606 Marie Paumier, sœur de sa belle-sœur, dont il eut : 1° Louis, Ec., s^r des Fosses, servit dans les armées du Roi, obtint plusieurs certificats de ses bons et loyaux services, et en particulier une attestation de M. de Sourdis, archevêque de Bordeaux, lieut^t-général des armées navales du Levant, pour avoir bien et fidèlement servi le Roi en la présente année 1640, comme enseigne à bord du vaisseau *la Perle*, commandé par le s^r de Lusseret. Il fut déclaré roturier, ainsi que Pierre Le Bel, Ec., sgr des Courances, son frère, par ordonnance de Barentin du 16 août 1667, et condamné à 500 livres d'amende. Ils en firent appel au conseil le 31 déc. 1667, consignèrent, le 21 juill. 1668, la somme de mille livres, et produisirent leurs titres par-devant les commissaires du conseil le 27 mars 1669 ; mais cette affaire n'était pas encore jugée le 30 mai 1699, car, par ordonnance dudit jour, l'intendant Maupeou renvoyait encore devant cette juridiction Louis Le Bel, son fils, Pierre Le Bel, s^r de Seneuil, et Guy Le Bel, s^r du Loignon, ses neveux, représentant leur père. Il avait rendu en 1665, au château de Chizé, hommage de sa terre des Fosses (*aliàs* la Ligence) ; il prétendait en 1665, ainsi que Jacques Thébaut, son gendre, avoir droits d'usage dans la forêt de Chizé, lors de l'enquête faite en 1667 par M. Barentin. Il avait épousé : 1° Marie Blandin, fille de Pierre, Ec., sgr de l'Herbaudière, dont il n'eut pas d'enfants ; 2° Renée Braud, *aliàs* Béraud, qui était sa veuve en 1680, dont il eut : *a*. Louis, cité plus haut pour justifier de sa noblesse devant M. de Maupeou, épousa Louise de Fleury, fille de Gabriel, sgr de Villenouvelle, dont il n'eut pas d'enfants ; il rendit hommage en 1717, au château de Chizé, de la sgrie des Fosses ou la Ligence (N. *féod.* 88) ; *b*. François, s^r de Joussigny ; *c*. Gabriel, s^r de la Ligence ; *d*. Marie, qui épousa, avant 1667, Jacques Thébault, Ec., sgr de la Tour-la-Plesse, qui décéda veuve le 18 févr. 1684 et fut inhumée à Mazières-sur-Béronne, deux jours après.

2° Pierre, qui suit ; 3° Louis, s^r de Seneuil, prieur de Villiers-sur-Chizé.

6. — **Bel** (Pierre Le), Ec., s^r des Courances, embrassa la carrière des armes comme son frère ; il se distingua au siège d'Arras et en Allemagne, après le siège de Thionville, où il perdit ses équipages, ainsi qu'en fait foi un certificat de Parèsé-Fontaine, maréchal de camp, ajoutant qu'il a fait dix campagnes dans la compagnie des gendarmes du duc de Tresmes, 1669. Un autre certificat du duc de la Vieuville atteste que le s^r des Courances, de l'escadron des gentilshommes de Niort, est actuellement à cheval pour la défense des côtes de la province du Poitou. Comme nous l'avons vu plus haut, il fut déclaré roturier par M. Barentin et renvoyé, en la personne de ses deux fils Pierre et Guy, par M. de Maupeou, le 30 mai 1699, devant les commissaires du conseil pour fournir ses titres de noblesse. Il épousa en 1646 Jeanne Besnier, fille de Jacques, s^r de la Chauvinière, dont il eut : 1° Pierre, Ec., sgr de Seneuil, cité plus haut, épousa : 1° en 1681, Florimonde Giraudeau, 2° Françoise de Cumont. Il servit dans le 1er escadron au ban de 1693 et rendait en 1722 un aveu au château d'Aunay pour sa terre et sgrie de Girard, p^{sse} de la Villedieu d'Aunay. (N. féod. 89.) Le 16 mars 1727, il assistait comme cousin au 3e degré du futur au mariage de René-Benjamin de Cumont, Ec., sgr de Luché, avec Susanne de Mallevault ; 2° Guy, qui suit ; 3° Louis-Pierre, Ec., s^r de Joussigny, qui servit sous le Mis de Vérac ; 4° Marie, 5° Madeleine, 6° Françoise.

7. — **Bel** (Guy Le), s^r de Lougnon, cité avec son frère dans l'article précédent, épousa : 1° en 1685, Anne de Massougnes, fille de René, lieut^t de vaisseau,

Ec., sgr de la Tour de Breloux, et de Susanne-Renée Mauras de Chassenon; 2° en 1695, Marie CHASTEIGNER, fille de Charles, Ec., sgr de la Roche-Udon et de la Plissonnière. Il eut du 1er lit : 1° JACQUES, qui suit; du second lit : 2° PIERRE, Ec., sgr de la Plissonnière, servit dans la 4e brigade de l'escadron de Villedon, au ban de 1758, et épousa en 1720 Marie LAUVERGNAT, fille de Jean, sr de la Grange, dont il eut : *a.* MARIE-ANNE, née en 1721, mariée en 1754 à Louis-Hubert de Savatte, Chev., sgr de la Mothe, capitaine de cavalerie; *b.* JACQUES-LOUIS, Ec., sgr de la Cognardière, né en 1722, mourut à Ypres, lieutt dans le régiment de Poitou-Milice, en 1743.

8. — **Bel** (Jacques Le), Ec., sr de Joussigny, épousa Jeanne COCHON, fille de Jacques, sr de la Touche, et de Catherine Hersant, avant le 9 avril 1718, époque où ils se faisaient une donation mutuelle. Ils eurent pour enfants : 1° PIERRE, qui suit; 2° JEANNE-CATHERINE-MONIQUE, religieuse de l'Union-Chrétienne; 3° MARIE.

9. — **Bel** (Pierre Le), Chev., sgr du Vieux-Romans, capitaine au régiment de Rohan-Infanterie, se fixa à Montreuil-sur-Mer en Picardie, où il épousa Marie DE SENEVOL ou SESSEVOL, dont il eut : 1° MARIE-JULIE, mariée à Louis-Antoine de Dixmude, Chev., sgr de Ham; 2° MARIE-FRANÇOISE, mariée à François-Isidore Le Roy, Chev., sgr de Barde; 3° JEANNE-FRANÇOISE, mariée à N... de Roquigny, Chev., sgr de Fazel.

BELABRE (DE). — V. LE COIGNEUX, FRADIN.

BELARBRE, *de Bella Arbore.* — On trouve ce nom de famille porté en Poitou à des époques fort reculées.

Bella-Arbore (*Radulphus de*), *valetus*, devait au Cte de Poitou 10 liv. de rente pour les terres qu'il possédait dans la sgrie de St-Savin, XIIIe s. (A. N. J. cart. 698.)

Belarbre (*Hugo*), *miles*, « *est homo ligius domini Comitis Pictavensis ratione terre forisfactæ ab Ayraudo de Sto Savino et tenet a Dno Comite herbergamentum de la Ripoire ratione uxoris sue filie Gaufridi Ripoi militis defuncti* », 1253. (Id. J. Reg. 24, fo 49.)

Belarbre (Pierre de) était garde-scel à Civray le 26 juin 1401. (D. F. 17.)

Belarbre (Ithier de) se fait remplacer au ban de 1467 par Paul Pouthier, qui y sert comme brigandinier du sgr de Soubise. (F.)

Bellabre, Ec., est déclaré noble par les fabriqueurs de la psse de Couture, lors de l'enquête faite en Poitou pour la rançon de François Ier, 1530. (B. S. 1, 495.) Il était sgr de Guidiers, et c'est probablement le même qui servait en arbalétrier au ban de 1533.

Bellabre ? (Antoine de). Sa veuve Johanne PYNEAU est inscrite au chapitre des veuves, ne pouvant servir au ban des nobles de la Basse-Marche, convoqué en 1577.

Bellarbre (François), Ec., sgr de Guidiers, épousa, le 5 nov. 1588, Renée CHASTEIGNER, fille de Geoffroy, sgr de Rouvre, Mallevault, etc., et de Jeanne des Francs.

Belarbre (Hector de) assiste en qualité de cousin germain au contrat de mariage de Jacques Levesque, sr de Maisonneuve, et de Catherine Masson, passé le 15 avril 1626. Il épousa, en 1613, Jeanne CHAILLOT, fille de Jean et de Élisabeth Rivet (St-Maixent).

BEL-CASTEL ou BELCASTEL D'ESCAYRAC (DE).

— Cette famille, noble et ancienne de la province de Rouergue, établie avant 1300 dans celle de Quercy, a fourni une branche importante qui est venue se fixer en Poitou, où elle a contracté de nombreuses alliances. Elle est connue dans les titres latins sous la dénomination *de Bello-Castello*. Elle a fait ses preuves tant pour les chapitres nobles de Lorraine que pour la maison royale de St-Cyr, l'école militaire de Paris, l'ordre de Malte et les cours d'Allemagne.

La généalogie de la branche poitevine, qui suit, a été complétée à l'aide de notes que feu M. B.-A. de Belcastel a bien voulu nous communiquer, renseignements qui nous ont permis de rectifier plusieurs erreurs commises par St-Allais dans son Nobiliaire.

M. de St-Allais donne pour chef à la branche de Mont-Fabes (devenue poitevine) Jean-Baptiste, qu'il dit fils de Jean, IIe du nom, Chev., sgr d'Escayrac, et de Marguerite de Mauléon, tandis qu'il n'est que son petit-fils. Nous restituerons le degré qui a été ainsi oublié, à l'aide d'un acte authentique du 26 janv. 1762, passé à Caussade en Quercy, signé de Belcastel, Brandon et Vaisse, témoins; Delpech et Souliagou, notres, par lequel noble François de Belcastel de Montvaillant reconnait comme cousin un des petits-fils de Jean de Belcastel d'Escayrac et de Marguerite de Mauléon.

Blason. — La famille de Belcastel porte : « écartelé « au 1 et au 4 d'azur à la tour d'argent, « sommée de trois donjons du même, cré« nelés, ajourés et maçonnés de sable, « qui est de Bel-Castel; aux 2 et 3 de « gueules à trois lances d'or en pal, qui « est de Montvaillant. »

Filiation suivie.

BELCASTEL (DE), BRANCHE POITEVINE DITE DE MONT-FABES.

1. — **Belcastel** (Jean de), Ec., sgr d'Escayrac, fils de Jean de Montvaillant, Chev., sgr d'Escayrac, et de Marguerite DE MAULÉON, qu'il avait épousée le 27 janv. 1597, eut pour femme Catherine DE MONTET; il est connu par l'acte de 1762 sus-mentionné, et laissa pour fils :

2. — **Belcastel** (Jean-Baptiste de), Chev., sgr de Ferrières, né psse de St-Cyprien, juridiction de Castelnau-de-Montratier en Quercy; capitaine au régiment de Guiche, depuis Meuse; il épousa à Phalsbourg, en Alsace, où il tenait garnison, Anne-Gabrielle FOIS ou FOSS, fille de Nicolas, Chev., sgr de Forcaumoulin; eut de ce mariage :

3. — **Belcastel** (Antoine de), Ec., Chev. de St-Louis, baptisé le 23 nov. 1682 à Phalsbourg, fut successivement premier capitaine de grenadiers au régiment de la Fond, incorporé dans celui de Périgord en 1714, ensuite aide-major, avec le brevet de commandant, de la ville de Sarrelouis, et mourut à Sarrelouis le 14 juill. 1768, à l'âge de 86 ans. Il avait épousé, le 2 avril 1737, Marie-Jacobé LÉONARDY, fille de Jean-Henri, officier d'artillerie à la résidence de Phalsbourg. Il eut de ce mariage : 1° MATHIEU-SÉBASTIEN, né le 13 sept. 1745, entra à l'école royale militaire de Paris le 15 mars 1755, après avoir fait les preuves requises ; est mort à St-Domingue, capitaine au régiment de Royal-Auvergne; 2° JEAN-BAPTISTE, dont l'article suit

3° Marianne-Charlotte, née le 3 avril 1738, fut nommée, le 21 juill. 1761, dame d'honneur de Son Altesse la princesse de Soubise. Elle passa de là à la cour de Hesse-Cassel en 1783, dit St-Allais ; mais il y a erreur dans les dates, car, d'après une lettre datée du 23 oct. 1776, on voit que Mlle de Belcastel était déjà attachée depuis quelque temps à la princesse Philippine de Prusse, landgrave de Hesse-Cassel. Voici cette lettre, à laquelle nous laissons sa physionomie franco-allemande ; elle est adressée à la mère de Mlle de Belcastel :

« Ma bien chère maman,

« J'espère que vous me tenez conte de vous céder « votre fille pour quelque temps, quoique je lui est « donné mon agrément bien à contre cœur ; l'aiment « comme ma parente, je me flatte que la chère Lolotte « cera contente de moi, de même que la bonne chère « maman. Je vous prie de lui parler souvent de moi, « l'attachement et l'amitié qu'elle a pour sa digne « mère me fait craindre qu'elle me pourroit oublier ; « d'ailleurs je suis convaincue de son attachement. « J'avoue que le temps me paraîtra long d'être privez « de cette charmante amie ; je vous prie pour tout au « monde de la bien soingner, qu'elle ne tombe pas « malade ; je souhaiterez de tout mon cœur de faire « votre connaissance ; ma bonne chère maman, soyez « bien persuadée que je saisirez toutes les occasions « de vous prouver mon sincère amitié : avec ses sen- « timents je cerez toute ma vie, ma bien chère maman, « votre très-dévouée et bien attachée amie. — Philip- « pine, Landgrave de Hesse, née princesse de Prusse.

« P.-S. Soyez bien assurez, ma chère maman, que « ne abandonnerez de ma vie votre chère fille, et que « je resterez toujours sa seconde mère. »

« Weissenstein, le 23 oct. 1776. »

Bientôt après, sur les preuves d'ancienne noblesse produites par Marianne-Charlotte, la Landgrave l'éleva au poste de confiance de grande maîtresse de sa cour.

La famille de Belcastel possède deux lettres autographes de l'infortunée reine Marie-Antoinette, qui témoignent de l'intérêt particulier qu'elle lui portait, et des sollicitations faites par la Landgrave de Hesse en faveur de Mathieu-Sébastien et de Jean-Baptiste, frères de la grande maîtresse. Cette dernière a épousé, en 1781, Henri, baron de Schonfeld, général-colonel des gardes du Landgrave, son grand écuyer, lieutenant général de cavalerie, au service de Frédéric-Guillaume II, roi de Prusse. Il avait été envoyé par le roi de Prusse comme résident auprès des Princes français émigrés, ainsi qu'il résulte d'une lettre du Cte de Provence (depuis Louis XVIII), dans laquelle ce prince témoigne de son estime pour le général.

4° Marianne, née le 31 juill. 1743, morte le 29 juin 1761 à la maison de Saint-Cyr.

Bel-Castel d'Escayrac de Mont-Fabes (Jean-Baptiste de), IIe du nom, Chev., sgr de Lairé, Linazay, la Cibillière et autres lieux, né le 26 oct. 1748, entré à l'école royale militaire de Paris le 23 nov. 1756, en est sorti le 1er sept. 1765, décoré, selon l'usage, de l'ordre royal et militaire de Notre-Dame du Mont-Carmel et de Saint-Lazare de Jérusalem, pour entrer sous-lieutenant au régiment d'Auvergne ; fut fait lieutenant de la Colonelle, passa dans le régiment de Gâtinois, qui prit le nom de Royal-Auvergne, après la guerre de l'Amérique ; passa capitaine dans le régiment de Royal-la-Marine le 28 fév. 1778, a été fait chevalier de St-Louis en 1791. Nommé major à Coblentz en 1792 par les Princes frères du Roi, il fut choisi par eux pour organiser et commander le cantonnement des bourgeois, grenadiers et soldats émigrés ; et la même année ils le placèrent en qualité d'adjudant près de son beau-frère, le lieutenant-général baron de Schonfeld. Il est entré au service de Prusse en qualité de major-adjudant-général et de gouvernement le 15 août 1794 ; il y a servi jusqu'en 1802, époque à laquelle il est rentré en France. M. de Belcastel a servi activement pendant 40 ans.

Le 31 mai 1792, il avait été nommé chambellan de S. A. R. Amélie-Philippine, Landgrave de Hesse-Cassel. Il a épousé : 1° le 17 mars 1778 (Daveux et Houdart, notres à Civray), Henriette-Catherine de Jousserant de Lairé, veuve d'Éléonore Jousseraut de la Voulernie, et fille unique du haut et puissant sgr Mess. François Bon de Lairé, Chev., sgr de Linazay, de la Cibillière et autres lieux, et de Jeanne-Catherine de Vaucelles ; 2° le 14 nov. 1805, Jeanne-Françoise du Vigier, veuve d'André de Beaupoil, Mis de St-Aulaire, etc., fille de Jean-Marie, Chev., sgr de Mirabal en Quercy, du Teinturier et des Fontenelles en Poitou, et de dame Marguerite de Beaufort. Du premier lit sont issus : 1° Charles-Auguste, dont l'article suit ; 2° Charlotte-Henriette, mariée en 1808 à Jean-Baptiste Saillard, ancien officier au régiment de cavalerie de la Reine, aux chevaliers de la couronne et au régiment de cavalerie noble de l'armée de Condé, etc.

Bel-Castel d'Escayrac (Charles-Auguste de) de Mont-Fabes, Chev., sgr de Lairé, né le 14 juin 1780. Son parrain fut M. Olivier de St-Georges, ministre plénipotentiaire près de l'Impératrice de Russie, et sa marraine, Philippe-Auguste-Amélie, Landgrave régnante de Hesse-Cassel.

Il épousa, au mois d'avril 1804, Sophie de Courtus, fille de Jean-Baptiste, Chev. de St-Louis, capitaine au régiment de Royal-Étranger-Cavalerie, général de division dans la première guerre de la Vendée, et de dame Gabrielle-Marie du Chilleau, et mourut à Lairé le 10 janv. 1848. Il a eu de son mariage : 1° Jean-Baptiste-Désiré, nommé à une place d'élève du gouvernement à l'école militaire de la Flèche, le 10 févr. 1815, décédé à Cherbourg le 5 mai 1827 ; 2° Baptiste-Adolphe, né à Lairé le 28 oct. 1807, mort célibataire à l'Etang près Civray, le 16 oct. 1875 ; 3° Charlotte-Lidie, morte le 5 mai 1868 ; 4° Céleste, morte en bas âge.

Les lettres relatées plus haut et bien d'autres encore de personnages éminents ont été vendues le 15 oct. 1885 aux enchères, en l'étude de M. Pierron, notre à Civray.

BELET. — Ce nom est commun à plusieurs familles. Il est souvent écrit Belez, Bellet et Blet. (V. ces noms.)

Belet (*Ucbertus*) fut témoin, vers 1040, du don du four de St-Germain-d'Isernay, cédé à St-Maixent par Aubouin, chevalier. (D. F. 15.) Il fut probablement père du suivant.

Belet (Frotier) signa, vers 1080, la charte de Maingo de Melle donnant à St-Jean-d'Angély l'église St-Hilaire de Melle. (Cart. f. 100.) Il donna lui-même, avec ses 2 fils aînés, l'église de St-Faziol à St-Cyprien de Poitiers vers 1095 ; et en 1104, avec tous ses enfants, il fit divers dons à St-Maixent, pour un de ses fils qui avait été reçu moine dans cette abbaye. On le trouve mentionné dans plusieurs chartes jusqu'en 1124. Il avait épousé Rohenge, dont il eut : 1° Humbert, qui suit ; 2° Pierre, appelé *Petrus Froterii* (peut-être chef de la famille des Frotier) ; 3° Rainaud, moine de St-Maixent en 1104 ; 4° Hugues, dit Drullard ; 5° Hélie, surnommé *Bucca*, et plusieurs filles dont le nom est inconnu.

Belet (Humbert), signe avec son père, en 1104, le don de divers domaines situés à Pamprou, cédés à l'abbaye de St-Maixent.

Belet (Thibaut) possédait un jardin à Mounée, qui fut donné le 23 sept. 1120 à l'abbaye de St-Maixent. (D.-F. 15.)

Belet (Gérard), Chev., possédait divers fiefs à Champagné-St-Hilaire en 1257. On le trouve mentionné dans un accord conclu entre Philippe, trésorier de St-Hilaire-le-Grand et Guillaume le Fort, sgr de Vivonne.

Belet (Pierre), Chev., sgr de la Reinière, testa en 1323 et fit divers legs à plusieurs églises, aux frères mineurs et aux Jacobins de Poitiers, St-Maixent, Fontenay, Niort, etc. Il fixa sa sépulture en l'église de Fontaine-le-Comte, près du tombeau d'Agnès, jadis dame du Cimau. Il avait épousé Hilaire DE FORGES, mais n'eut pas d'enfants. (Dom Chamard, Hist. Ligugé, 194.)

BELEZ (Guillaume), Chev., possédait en 1230 des terres dans la mouvance de celle de Grand-Chaume, dont Pierre Forbaudie et A. Gauduns, son frère, chevaliers, firent don, à cette même époque, à l'abbaye de Charroux. (F.) Il avait un fief à la Bancelière, près Vivonne, qui fut donné en 1220 au prieuré de Jouarennes dépendant de Nouaillé, par Aimery le Fort, sgr de Vivonne.

BELGRAND DE VAUBOIS. — Nous ne plaçons ici cette famille, originaire de la Champagne et connue depuis Blaise Belgrand, gruyer de l'archevêque de Reims au commencement du XVIIe s^e, que parce que l'un de ses descendants, le général de Vaubois, fut pourvu, sous le premier empire, de la sénatorerie de Poitiers, et doté à ce titre de la terre d'Angliers (Vienne), où il fit parfois sa résidence.

Blason : de gueules à la bande componnée d'argent et de sable de six pièces, franc-quartier de comte, sénateur. (D'azur au miroir d'or, avec un serpent d'argent tortillé autour du manche et se mirant la tête.)

Belgrand (Claude-Henri), Cte de Vaubois, naquit à Clairvaux le 1er oct. 1748, entra dans l'artillerie et y était capitaine-commandant au moment de la Révolution. Nommé général de brigade à l'armée des Alpes en 1793, et de division le 8 mai 1806, il fit avec distinction en Italie les campagnes de 1793 à 1797, commanda en Corse en 1798, d'où il fut appelé pour faire partie de l'expédition d'Egypte, prit une part active à la prise de Malte (juin 1798), où il fut laissé avec 4,000 hommes seulement; malgré l'insuffisance de cette garnison, il sut résister pendant 18 mois aux attaques des forces anglaises, portugaises et napolitaines combinées, et aux tentatives insurrectionnelles des habitants; et ce ne fut que quand tous les vivres furent épuisés, et qu'il vit ses troupes à bout de forces, décimées par le typhus, qu'il réunit le conseil de défense pour traiter de la reddition de la place; décidée le 3 sept. 1800, elle fut exécutée le 5. Le Gal Vaubois, rentré en France, fut créé sénateur et pourvu de la sénatorerie de Poitiers ; puis créé Cte et grand-officier de la Légion d'honneur le 14 juin 1804. Louis XVIII le nomma pair de France (4 juin 1814) et Chev. de St-Louis (8 juill. suivant).

M. de Vaubois épousa d'abord Ursule DE BARTHÉLEMY, dont : MARIE-THÉRÈSE, mariée, le 12 fév. 1808, à Georges-René-Barthélemy Aubert du Petit-Thouars, puis 2° N... DE VEIGNY ? dont N..., mariée à Charles-Casimir Poittevin de la Croix, conseiller à la Cour d'Agen, qui, en 1826, fut autorisé à porter le nom de Vaubois.

La famille Belgrand est encore représentée par les branches des Marets et de Montgimons.

BELHOIR (DE). — Ancienne famille de Poitiers (Quelquefois écrit Belloir).

La majeure partie des notes qui suivent nous ont été communiquées par feu M. Poulard du Palais et par M. Ernest Oré.

Blason : d'azur semé d'étoiles d'argent à un chef d'or chargé d'une croix pattée de gueules, accostée de 2 mouchetures d'hermines de sable. (D'Hozier.)

Noms isolés.

Belhoir (Jean de) épousa, le 19 avril 1768 (St-Didier), Marguerite DYNEZAC.

§ Ier. — *Filiation suivie.*

1. — **Belhoir** (Jacques de), procureur au Présidial de Poitiers, rendit aveu à la Tour de Maubergeon en 1697 pour sa maison noble de la Payre et le fief de Chassigny, tenu à hommage lige, en la paroisse de Chasseneuil. (N. féod. 89.) Marié vers 1640, il eut pour enfants : 1° JACQUES, qui suit; 2° DOMINIQUE, chanoine du Chapitre de N.-D.-la-Grande, parrain, le 8 juill. 1677, de son neveu René de Belhoir; 3° RENÉ, recteur de l'Université de Poitiers, parrain, le 15 mars 1704, de sa nièce Henriette-Geneviève de Belhoir.

2. — **Belhoir** (Jacques de), Ec. ? sgr de la Payre et de Chassigny, procureur au Présidial de Poitiers, rendit à la Tour de Maubergeon le même aveu que son père et pour les mêmes terres en 1701 (N. féod. 89) ; décéda le 31 mars 1701 ; avait épousé : 1° le 23 févr. 1661, Jeanne MESNARD, décédée le 9 août 1691 ; 2° le 16 mars 1692, Claude-Marie SICARD, dont il n'eut pas de postérité. Ses enfants furent : 1° JOSEPH, né le 10 mai 1663; 2° DOMINIQUE, né le 5 août 1664; 3° RADÉGONDE, née le 6 sept. 1665, mariée, le 9 mai 1689, à Adrien Chenier, s^r de Cherpreau, conseiller au Présidial; 4° JACQUES-HILAIRE, qui suit; 5° MARIE, née le 28 juill. 1667; 6° AUGUSTIN, né le 5 sept. 1668; 7° JEAN-GEORGES, né le 23 avril 1671 ; 8° LOUISE, née le 4 juill. 1672 ; 9° RENÉ, né le 8 juill. 1677; 10° HENRI-IGNACE, rapporté au § II. Tous nés à Poitiers, p^sse de St-Paul.

3. — **Belhoir** (Jacques-Hilaire de), Ec., sgr de la Fond, né le 14 août 1666, marié, le 9 janv. 1702, à Jacquette AUBBREAU, fille de Mathieu, avocat au Présidial, et de Charlotte Maxias, dont il eut : 1° JACQUES-PIERRE, qui suit; 2° HENRIETTE-GENEVIÈVE, née le 15 mars 1704 (St-Michel de Poitiers).

4. — **Belhoir** (Jacques-Pierre de), Ec., sgr de la Fond, bourgeois de l'Hôtel-de-Ville de Poitiers, né le 29 nov. 1702, décédé le 9 sept. 1754 ; marié, le 6 juin 1730, à Marguerite-Rose RAGOT, fille de Florent-François, avocat au Présidial, et de Marie de Veillechèze, en eut : 1° MARIE-JACQUETTE-ROSE, née le 2 avril 1731, religieuse de l'Union-Chrétienne, décédée le 3 févr. 1790 ; 2° HENRI, né le 18 févr. 1732, curé de St-Didier de Poitiers le 18 mai 1773, a assisté en cette qualité à l'assemblée du clergé réuni à Poitiers en 1789, et est décédé le 16 avril 1793, vicaire de la cathédrale; 3° MARIE-JEANNE, née le 28 avril 1733 ; 4° PIERRE-JOSEPH, né le 21 mars 1735, garde du corps du Roi, compagnie de Noailles, décédé le 7 déc. 1788 ; 5° MARIE-THÉRÈSE, née le 18 avril 1736, décédée le 30 août 1803 ; 6° MARIE-ANNE-RENÉE, née le 26 juill. 1737 ; 7° PIERRE-HENRI, né le 8 janv. 1739, mort le 26 déc. 1746 ; 8° THÉRÈSE-ANGÉLIQUE, née le 28 janv. 1741, morte le 13 janv. 1747 ; 9° JEAN-POLYCARPE, qui suit; 10° FRANÇOIS-LANDRY, né le 27 avril 1745, mort le 30 août 1751 ;

11° Henri-Aimé, né le 5 mars 1747. Tous les enfants furent baptisés p^sse St-Didier.

5. — **Belhoir** (Jean-Polycarpe de), Ec., sgr de la Fond, garde du corps du Roi, compagnie de Noailles, né le 22 mars 1742, décédé le 27 mai 1781, avait épousé, le 20 janv. 1767, Jeanne de Belhoir, sa cousine, fille de Jacques, Ec., sgr de la Payre, et de Marie Masson (4e degré du § II); il en eut : 1° Jacques-René, né le 7 juin 1769; 2° Marie-Julie, née le 30 sept. 1771; 3° Louis-Alexandre, né le 2 juin 1773; 4° Grégoire, né le 2 mai 1774; 5° Clotilde, née le 11 avril 1779, décédée le 12 nov. 1780, à Mignaloux. Ils furent tous baptisés à St-Didier.

6. — **Belhoir de la Fond** (N. de), l'un des enfants de Jean-Polycarpe, épousa N. Butault, qui était veuve, avec des enfants, en 1815.

§ II. — Branche de la **Payre**.

3. — **Belhoir** (Henri-Ignace de), Ec., sgr de la Payre, fils puîné de Jacques et de Jeanne Mesnard (2e degré du § Ier), avocat au Présidial et échevin de la maison de ville de Poitiers, rendit aveu en 1716 à la Tour de Maubergeon pour sa maison noble de la Payre et le fief de Chassigny. (N. féod. 89.) Il était né le 5 oct. 1678 et décéda à Chasseneuil le 15 nov. 1737, après avoir épousé : 1° le 18 sept. 1701, Marie Chicard, fille de Sébastien, avocat au Présidial, et de Louise Liet; 2° le 23 mars 1734, Marie-Madeleine Garnier. Il laissa du 1er lit : 1° Jacques, qui suit; 2° Marie, née le 23 déc. 1708, décédée le 22 août 1711; 3° Marie-Radégonde, née le 16 déc. 1715, religieuse à la Visitation de Poitiers, décédée le 20 janv. 1736; du second lit : 4° René, né le 11 févr. 1736, curé de St-Etienne en 1774, assista en cette qualité à l'assemblée du clergé réuni à Poitiers en 1789, vicaire de la cathédrale, décédé le 21 mai 1805; 5° Jeanne-Charlotte-Madeleine-Henrie, née le 31 déc. 1737 (p^sse St-Savin). Tous les autres baptisés paroisse St-Paul.

4. — **Belhoir** (Jacques de), Ec., sgr de la Payre et de Villeguay, ancien garde du corps du Roi, capitaine d'Invalides, naquit le 27 févr. 1704 et décéda le 17 mai 1770, après avoir épousé, le 30 juill. 1736, Marie-Anne Masson, fille de Alexis, échevin de l'Hôtel-de-Ville, et de Jeanne Rochier. Jacques rendit, le 1er juin 1740, aveu à la Tour de Maubergeon pour son fief de Cloistres. En mai 1771, Marie-Anne Masson épousa en secondes noces Etienne de May de Fontafret, ancien officier, Chev. de St-Louis, et rendit un autre aveu le 11 févr. 1775. Les enfants de Jacques et de Marie-Anne Masson furent : 1° Pierre, né le 17 juin 1738; 2° Marie-Anne, née le 26 déc. 1739, décédée le 1er mars 1742; 3° Jeanne, née le 20 févr. 1741 (p^sse St-Paul, ainsi que les précédents), mariée à Jean-Polycarpe de Belhoir, son cousin (5e degré du § Ier); 4° Pierre-Toussaint, qui suit; 5° Jacques, né le 23 sept. 1744; 6° Henri, rapporté au § III; 7° Marie-Julie, née le 17 oct. 1747 à Chasseneuil, ainsi que les deux précédents; 8° Jean-Prudent, né le 28 déc. 1748; 9° Claude-Louis, né le 29 juin 1750; 10° N..., 11° Alexandre, rapporté § IV.

5. — **Belhoir** (Pierre-Toussaint de), Ec., sgr de la Payre, gendarme de la garde du Roi, né le 16 juill. 1743, décédé le 12 août 1787, avait épousé, le 4 juin 1771, Marie-Angélique Durand, fille de François-Vincent, procureur au Présidial, et de Thérèse-Victoire-Gabrielle Montois, dont il a eu : 1° Françoise-Victoire, née le 16 mars 1772 (St-Michel), décédée le 7 août 1772 à Avanton; 2° Thérèse-Marguerite-Sophie, née le 14 mai 1773 (St-Didier), mariée, le 8 nov. 1796, à Louis Gilbert, médecin à Neuville, décédée veuve à Poitiers le 11 août 1851; 3° Victoire, née le 28 févr. 1775 (St-Didier), mariée, le 9 déc. 1794, à Joseph-Thomas Bouchet dit Le Riche; 4° Alexandre-Augustin, né le 30 déc. 1779 (St-Didier), décédé le 26 déc. 1781.

§ III. — Branche actuelle.

5. — **Belhoir** (Henri de), Ec., sgr de la Payre, fils puîné de Jacques et de Marie-Anne Masson, rapportés au 4e deg. du § II, né le 17 nov. 1746, gendarme de la garde, décédé en 1774, avait épousé en 1771 (N.-D. de la Chandelière) Marie-Susanne Lecomte, fille de François, conseiller du Roi, échevin de l'Hôtel-de-Ville de Poitiers, et de Susanne-Marie Souchay. Susanne Lecomte se remaria, le 10 nov. 1778, à François-Louis Maisondieu, sgr de la Séguinière. Henri de Belhoir eut pour enfant François-Henri, qui suit.

6. — **Belhoir** (François-Henri de), Ec., sgr de la Payre, maire de Gizay, né en 1772, décédé le 25 déc. 1846, avait épousé : 1° Anne-Susanne Mauduyt, fille de Pierre et de Anne-Susanne Babinet; 2° le 23 fructidor an XII (10 sept. 1804), à Champigny-le-Sec, Marie-Irénée Ginot, fille de feu Pierre-René-Alexis, ancien procureur au Présidial de Poitiers, et de feue Jeanne-Charlotte Jacquanet; 3° le 18 août 1812, à Serres, c^ne d'Abzac (Charente), Catherine Prévost-Maisonnay, fille de Jean et de Françoise Corderoy-Dubreuil. Il a laissé du 1er lit : 1° Henri, décédé au Breuil de Pressac en 1878, laissant de Julie Labajaudrie : *a.* Gabrielle, mariée à Alfred Girard; *b.* Anaïs, épouse de Constant Martin-Bouchaud.

2° Adèle, mariée à N... Machet de La Martinière (ces deux enfants nés à Gizay). Du troisième lit : 3° Marie-Ernestine, née à Vitré, c^ne de St-Secondin, le 13 nov. 1813, mariée à Honoré-Armand Jozeau-Marigné, et décédée à Civray, le 19 mai 1888; 4° Anastasie-Fanny, née le 25 déc. 1814 à Montedon, c^ne de Mauprevoir, mariée : 1° le 28 déc. 1831, à Charroux, à Louis Bourdier; 2° en 1836, à Charles-Martial-Maxime de Vezeaux de Lavergne; 5° Louis-Charles, qui suit.

7. — **Belhoir** (Louis-Charles de), né à Montedon en 1817, décédé à l'Erable de Savigné le 28 mai 1875, avait épousé, le 7 févr. 1842, Marie-Anne Albert, fille de Joseph et de Anne Imbert, dont il a eu : 1° Marie-Louise-Ernestine, née le 2 avril 1844, mariée en 1873 à Jean-Baptiste Guillaud-Vallée, docteur-médecin à Civray; 2° Henri-Armand, qui suit.

8. — **Belhoir** (Henri-Armand de), né à l'Erable de Savigné le 11 nov. 1845, est actuellement conseiller d'arrondissement du canton de Civray.

§ IV. — Deuxième branche de la **Payre**.

5. — **Belhoir** (Alexandre de), Ec., sgr de la Payre, lieutenant des chasses du Roi de la grande louveterie de France, né le 7 avril 1757, décédé le 26 sept. 1832 à Dissais, avait épousé : 1° le 18 avril 1780, Marie-Anne-Victoire Hennet, fille de Charles-François, sgr en partie de Vouneuil-sous-Biard, c^er du Roi, et de Marie-Anne Morillon, décédée le 1er août 1782; 2° le 30 sept. 1782, à Dissais, Constance-Jeanne Duffaux, fille de Jacques et de Jeanne Turquand. Il eut du second lit : 1° Jeanne-Constance, née à Poitiers (Ste-Opportune) le 15 oct. 1783, mariée, le 15 mai 1804, à Léonard-Pierre-Alexis Rogues de Chabannes, conseiller à la cour de Poitiers; elle est décédée le 28 sept. 1853; 2° Victoire-Aglaé, née à Dissais le 26 oct. 1792, mariée, le 7 janv.

1812, à François-Nicolas Galletier; elle est décédée à Neuville le 13 mai 1835.

Par décret du 7 juill. 1885, M. Marie-Louis-Auguste Touchois a été autorisé à ajouter à son nom celui de Belhoir, en raison du mariage de son père avec Marie-Aglaé-Sidonie Galletier, fille des précédents.

BELHOMME (N...), receveur des tailles à Loudun, était de la religion protestante et fut député du Tiers-Etat de cette ville auprès du roi Louis XIII, en 1614. (F.)

BELIARD. — V. **BELLIARD.**

BELIN. — V. **BELLIN.** — On trouve sous cette forme :

Belinus (*Guillelmus*) possédait un domaine qui fut donné au prieuré de la Chaize-le-Vicomte en 1099, par le Vte de Thouars.

Belin (Michel), clerc, est rappelé dans un acte de 1324, où l'on dit que sa maison, près la porte Chalon de St-Maixent, était en possession de Robin Le Peuvrer (Arch. de la Barre).

Belin (Savinien), Ec., sgr de Perruaud ? près Aunay, maître d'hôtel de la reine Catherine de Médicis, capitaine du château de Chizé, épousa, vers 1550, N., Jay, que l'on croit fille de Philippe, Ec., sgr de Boisseguin, et de Charlotte Boutou, dont il eut : Jacquette, mariée, vers 1580, à Edmond Chasteigner, Ec., sgr d'Audonville.

BELINEAU. — V. **BELLINEAU.**

BELJEAN ou **BELLEGENT** (Laurent) était en 1598 avocat au Présidial de Poitiers, où il exerçait depuis plus de trente ans. (Coutume de Poitiers de Jean Filleau.)

Bellegent (Paul), avocat au Parlement de Paris, mais originaire du Poitou, où il possédait des terres au village de Charenton, p^sse de Savigny-l'Evescault (Vienne), était décédé avant 1641, laissant deux filles, Marguerite et Louise, vivantes en 1648. (O.)

BELLANGER. — Famille qui paraît être originaire de la Champagne. Une branche établie en Poitou au XVIIe siècle s'est éteinte vers la fin du XVIIIe dans les La Rochebrochard. La branche de Champagne fit ses preuves au mois de mai 1668 devant M. de Caumartin, intendant de cette province, et fait remonter sa noblesse à Simon Bellanger, maître d'hôtel du prince de Condé

anobli par Henri IV au mois de nov. 1607, pour ses belles actions et services rendus notamment à la bataille d'Ivry. Il paraît avoir été l'auteur commun de diverses branches qui ne forment qu'une seule famille; leurs armoiries sont les mêmes.

Blason : d'azur au chevron d'or.

Noms isolés.

Bellanger (Jean) servait en archer le 9 févr. 1474.

Bellanger (Jean) était homme d'armes en 1485. (Montres et Revues. Bibl. Nat.)

Bellanger (Marie) épousa, le 12 mars 1585. (Le Camus et Chantemerle, not^res), noble homme Audebert Midorge, secrétaire de la chambre du Roi.

Bellanger (Jeanne) était en 1649 femme de Henri Morault, Ec., sgr du Pin et de Cromilles.

Bellanger (François), Ec., sgr de Launay, p^sse de St-Mars (Vendée), épousa, le 21 nov. 1667 (Musset et Badereau, not^res à Montaigu), Renée Buor, fille de Charles, Ec., sgr de la Lande, et de Anne Garipaud. Il fut maintenu dans sa noblesse par ordonnance de M. Barentin du 5 sept. 1667.

Bellanger (Françoise) épousa, par contrat du 22 mars 1715, Alphée de Moncis, Chev., sgr d'Ordières, veuf de Jeanne d'Auché.

§ Ier. — Branche de **CHAMPAGNE.**

1. — **Bellanger** (Simon), Ec., s^r de la Douardière, du Plessy-Chesnois, maître d'hôtel du prince de Condé, anobli par lettres patentes de Henri IV du mois de nov. 1607, confirmées par Louis XIII le 18 août 1625, et registrées en Parlement le 28 avril 1629, épousa D^lle Rachel de Brachet, dont il eut Philippe, qui suit; et sans doute Simon, rapporté au § III.

2. — **Bellanger** (Philippe), Ec., s^r de la Douardière, gentilhomme servant du prince de Condé, rendit un aveu et dénombrement, comme héritier de sa mère, de la sgrie du Plessis-Chesnois au sgr de Langon (de Torcy, not^re r^al à Vitry-le-François) le 29 sept. 1631. Il en rendit un autre au même pour le fief Raudin (Raulleau et Louchan, not^res royaux à Langon), le 14 févr. 1637. Il avait épousé, le 8 août 1603 (de la Barde et Cochereau, not^res au Châtelet de Paris), Jaël de Tournotte, fille de feu Claude, Chev., Bon de Tourotte, sgr de Blacy, et de Marie de Brabant, dont il eut : 1° Claude, qui suit; 2° Philippe, dont la postérité sera rapportée au § II; 3° Rachel, 4° Marie, maintenue par M. de Caumartin.

3. — **Bellanger** (Claude), Ec., sgr de Blacy et Fontenay, fut émancipé, ainsi que ses frère et sœurs, le 27 oct. 1631, sous la curatelle de leur père. Il rendit un acte de foi et hommage, tant en son nom que pour ses frère et sœurs, pour la sgrie de Blacy mouvante du Roi, à cause de son chastel de Vitry, pardevant Messieurs les Trésoriers de France en Champagne, le 18 sept. 1632; partagea le 31 janv. 1632 la succession de Claude de Tourotte, son aïeul, et rendit foi et hommage au duc de Luxembourg pour partie de la sgrie de Fontenay, le 25 oct. 1632. Il avait épousé, avant le 3 juin de la même année, Marguerite de Riancourt, dont il eut : 1° Charles, qui suit; 2° Louis, maréchal des logis dans une compagnie de cavalerie du régiment royal, par lettres patentes du 14 mars 1665, non marié, fut maintenu au mois de mai 1668 par M. de Caumartin, intendant de Champagne. Claude était décédé avant le 11 avril 1653.

4. — **Bellanger** (Charles), Ec., s^r de Blacy et Fontenay, était mineur le 11 avril 1653, époque à laquelle eut lieu le partage de la succession de Philippe Bellanger, Ec., s^r de la Douardière, entre Marguerite de Riancourt, veuve de Claude Bellanger, agissant comme tutrice de Charles et Louis, ses enfants et dudit défunt, et Philippe, Rachel et Marie Bellanger, enfants dudit Philippe, et par lequel la terre de Fontenay a été accordée par droit d'aînesse à Charles et Louis Bellanger, comme enfants de feu Claude, leur père. Charles épousa, le 28 mars 1663 (Sevestre et Nouvat, not^res à Beaufort), Antoinette de Sanglier, fille de Jean, Ec., s^r du Pont, et de Edmée Le Picart, dont il eut : 1° Louis, 2° Marie. Nous ignorons la suite de sa filiation. Charles fut également maintenu par M. de Caumartin.

§ II.

3. — **Bellanger** (Philippe), IIe du nom, Ec., sgr de Tourotte, Blacy, Fontenay et la Douardière, fils

puîné de Philippe, Ec., s^r de la Douardière, et de Jaël de Tourotte (2e deg. § Ier), était en 1649 capitaine de chevau-légers et devint en 1665 maréchal de bataille ès armées du Roi, capitaine major dans le régiment de cavalerie du Roi. Il rendit un acte de foi et hommage au bureau du domaine en Champagne pour la sgrie de Blacy, le 4 juill. 1665. Il était décédé avant le 28 fév. 1668, comme on le voit par l'acte de tutelle de ses enfants mineurs en faveur de D^e Marie LE FEBRE, sa veuve, qu'il avait épousée et dont il eut : 1° JACQUES, 2° PHILIPPE, 3° MARIE, 4° ELISABETH, 5° ANNE-MARIE, qui furent tous maintenus avec leur mère en 1668 par M. de Caumartin. Nous ignorons la suite de cette filiation.

§ III. — BRANCHE DU **PLESSIS-HOUSTELIN.**

2. — **Bellanger** (Simon), Ec., sgr du Plessis-Houstelin, probablement fils puîné de Simon (1er deg. § I), a dû se marier vers 1620 et avoir pour enfants: 1° SIMON, qui suit ; 2° HENRI, rapporté au § IV ; 3° FRANÇOIS, Ec., sgr de Launay, p^sse de St-Mars (Vendée), épousa le 21 nov. 1667 (Musset et Badereau not. de Montaigu) Renée BUOR, fille de Charles, Ec., sgr de la Lande et de Anne Garipaud. Il fut maintenu dans sa noblesse par ordonnance de M. Barentin le 5 sept. 1667 et paraît être décédé sans postérité. — 4° ISABEAU, nommée dans un acte du 28 oct. 1661.

3. — **Bellanger** (Simon), Ec., sgr du Plessis-Houstelin (ou d'Estrichy) p^sse de Sigournay, Astreu? fief de la Bretière, Launay, assista comme beau-frère au mariage de Daniel Regnier, Ec., sgr du Plessis-Busseau, le 21 août 1653, et sa veuve partagea avec ledit Daniel, son frère, le 21 déc. 1668. Il avait épousé vers 1650, Philotée REGNIER, fille de Louis, Ec., sgr du Plessis-Busseau et de Marie Vinet, dont il eut: 1° HENRI, qui suit; 2° MARIE-AIMÉE, mariée vers 1690 à René Mesnard de Toucheprès.

4. — **Bellanger** (Henri de), Ec., sgr du Plessis-Houstelin, épousa, vers 1680, Marie MARCHEGAY, fille et héritière d'Ozée, s^r des Tuileries, avocat en Parlement, et de N... Querqui. Il se trouva au ban des nobles du Poitou convoqué en 1691. Les deux époux n'existaient plus le 12 déc. 1698. René Mesnard de Toucheprès, Chev., etc., fut nommé curateur de leurs enfants mineurs dont nous ne connaissons que :

5. — **Bellanger** (Henri de), Ec., sgr du Plessis-Houstelin, etc., sans doute leur fils aîné demeurant au château des Noyers, p^sse St-Paul-en-Pards (Vend.), était mort avant le 14 août 1719.

§ IV. — BRANCHE DU **LUC.**

3. — **Bellanger** (Henri de), Ec., sgr du Luc et de la Brachetière, probablement fils puîné de Simon (2e deg. § III), avait épousé, vers 1650, Elisabeth SOYNOT, dame du Mazeau, fille de Louis, Ec., sgr de la Sécquetière et de Marguerite de Meulles. Il fut confirmé dans sa noblesse par M. de Barentin le 5 sept. 1667; il laissa de son mariage : 1° LOUIS-HENRI, qui suit; 2° HENRI, Chev., sgr de Guéré et de Laudouardière, épousa, le 25 janv. 1695 (Lacroix, not^re de la châtellenie de Bussereau), Anne REIGNER; il fut confirmé dans ses privilèges de noblesse le 12 mars 1699 par M. de Maupeou; à cette époque, il habitait sa terre de Guéré, p^sse du Langon, élect. de Fontenay; 3° NICOLAS, Ec., sgr de Boisbassel, qui signa, le 19 nov. 1683, le contrat de mariage de son frère Louis-Henri avec D^lle Du Bois.

4. — **Bellanger** (Louis-Henri), Chev., sgr du Luc et de la Brachetière, se trouva au ban des nobles du Poitou convoqué en 1690. Il servit dans le 1er escadron à celui de 1653, et dans le 3e, à celui de 1703. Le 12 mars 1699, il fut confirmé dans sa noblesse par ordonnance de M. de Maupeou. Le 14 janv. 1706, il acheta de M^r et Mme de Broglie la terre de Champdeniers. Cette terre avait été érigée en châtellenie en faveur de François Ier, Cte de Rochechouart, en 1490. Louis XIV lui confirma ce titre en faveur de Louis-Henri Bellanger, par lettres patentes du mois de juill. 1708. Il reçut, le 25 août 1707, le dénombrement de la sgrie de la Pile par Jacques Manceau, Ec., sgr de Boissoudan. Il avait épousé Julie-Elisabeth Du Bois, fille de Gédéon, Ec., sgr de la Touche-Levrault, et de Elisabeth Tinguy de Nesmy, le 19 nov. 1683. Il en eut : 1° LOUIS-HERCULE, sgr de Champdeniers, mort sans enfants ; 2° HENRI, qui suit; 3° GÉDÉON-HONORÉ, Ec., sgr de Boisbasset, était capitaine au régiment de Bourbon-Cavalerie lorsqu'il épousa, le 24 oct. 1718, Susanne LOUVEAU, fille de Emmanuel, Ec., sgr de Mairé, et de Gabrielle Jouslard, laquelle testa le 9 juin 1739 et était décédée avant le 15 mars 1745, date du partage de sa succession entre son mari et ses héritiers, ce qui prouve qu'elle n'eut pas d'enfants. Gédéon-Honoré fut curateur de Gabriel-Joseph de Gourjault et existait encore en 1755 ; 4° MARC-ANTOINE, Chev., sgr de St-Marc, avait épousé Marie GERMAIN, laquelle était sa veuve et assistait comme telle au mariage de Marie-Madeleine, sa nièce, avec M. de la Rochebrochard.

5. — **Bellanger** (Henri), Chev., sgr de Champdeniers. Il prenait aussi le titre de sgr de Puychabot, p^sse de l'Orberie, et rendit hommage de cette terre à la B^nie de Vouvant le 12 mai 1723. Marié à Marguerite-Barbe JOUAUT, il n'est resté de ce mariage qu'une fille unique et héritière, MARIE-MADELEINE, mariée, le 24 sept. 1754, à Louis-Joseph Brochard, Chev., sgr de la Rochebrochard, auquel elle porta la terre de Champdeniers. Elle est morte à Niort le 29 juill. 1780.

BELLANGER. — AUTRE FAMILLE.

Il existe ou a existé dans la province du Maine une famille de Bellanger, sgr de Bizerais en la p^sse de Spay et du Gué, qui, le 10 mai 1599, obtint une ordonnance de confirmation de noblesse des commissaires généraux chargés du règlement des tailles, dans la personne de Nicolas Bellanger, sgr de Bizerais et du Gué. Son arrière-petit-fils Charles Bellanger, Ec., sgr de Lussais ou Lucé, épousa, par contrat du 1er oct. 1658 (Hunault, not^re), Marie-Jacquette BELLIVIER, fille de Pierre, Ec., sgr de la Forest, et de Eléonor de la Jaille, qui lui apporta en dot les terres d'Artige près Chauvigny, qu'ils vendirent, le 21 déc. 1684, à Henri-Joseph de la Barre, et celle de la Forest et de Fontmorte, que leurs enfants : PIERRE, sgr de Bizerais; JACQUES, prêtre, prieur-curé de Verneil (dioc. du Mans), et MARIE-THÉRÈSE, avaient vendues et dont ils se partageaient les prix, le 4 juill. 1720. L'Armorial du diocèse du Mans (Cauvin, 1840) mentionne bien la famille de Bellanger seigneurs de Bizerais en Spay, mais n'indique pas quelles furent ses armoiries. Tout en donnant deux énoncés, d'après le trésor héraldique et La Chesnaye des Bois, il ne précise pas si l'un d'eux peut s'appliquer à la famille dont nous venons de dire quelques mots, d'après les documents extraits des archives du chât. du Coudray-Montpensier, qui nous furent communiqués par feu M. de La Mothe-Baracé.

BELLARD (Judith), femme d'Isaac Barré, s^r de Négrier, demeurant paroisse de Rom, fait partie de la liste des nouveaux convertis de la généralité de Poitiers imprimée en 1682. (F.)

Bellard (Claude) épousa en 1671 Jeanne DE CHARGÉ. (Deg.-S.)

BELLAUDEAU (Jean) était sous-doyen de l'Eglise de Poitiers en 1520 et 1534. (F.)

Bellaudeau (Médard), chanoine de l'Eglise de Poitiers, mourut en 1551. (F.)

BELLAY (DU). — Famille angevine qui s'est illustrée dans les armes, les lettres et la politique. Si l'on en devait croire ce que dit Moréri de son origine d'après divers auteurs, elle descendrait des C^tes^ de Poitou. Ce n'est pas comme conséquence d'une origine aussi problématique, pour ne pas dire davantage, mais en raison de ses grandes possessions en Poitou, que nous croyons devoir lui donner place au milieu des familles de cette province.

Nous ne donnerons, d'après Moréri, la généalogie de cette maison que d'une manière très succincte, et ne parlerons avec quelques détails que des personnages qui se rattachent au Poitou d'une manière quelconque. Nous relaterons d'abord les noms que nos recherches nous ont procurés et qui ne sont pas mentionnés dans la filiation suivie.

Blason : d'argent à la bande fuzelée de gueules, accompagnée de trois fleurs de lis d'azur en chef, posées 2, 1, et 3 en pointe, posées en bande.

D'après l'ordonnance de confirmation de noblesse de M. Barentin, les fleurs de lis sont posées en orle, trois en chef et trois en pointe.

Noms isolés.

Bellay (Géral du) assista à la bataille de Bouvines en 1214 comme Chev. banneret.

Bellay (Catherine du) épousa, le 20 juill. 1300, Jean Tiercelin.

Bellay (Robert du) était en 1491 morte-paye dans la compagnie de Louis d'Ars.

Bellay (Louis du), sgr de la Coffardière et de Montenay, obtint en 1546 du roi François Ier l'établissement de foires dans ses sgries. (A. N. J. Reg. 257, 225.)

Bellay (Zacharie du), Ec., sgr du Plessis-Bellay, Belleville en Thouarsais, la forteresse de Piogé, avait épousé avant 1620 Jeanne HERBERT DE BELLEFONDS, fille de François, Ec., sgr de Bellefonds, et de Jeanne Baron. Le 10 sept. 1628, il transigeait avec François Herbert, son beau-frère, sur le partage des biens nobles des père et mère de Jeanne, sa femme. Il était décédé avant 1646, faisant cette dernière sa légataire. Nous avons relevé dans un registre du parquet, sous la date du 27 févr. 1657, que Claude du Bellay, Ec., sgr d'Anché était, ainsi que Jeanne Herbert, sa mère, demandeur en crime d'assassinat commis par les nommés Frouard, père et fils sur les personnes de Charles, Ec., sgr de Lésigny, et Timothée, sgr des Rochettes, leur fils et frères, et s'opposait à l'entérinement des lettres de rémission obtenues par lesdits Frouard. Jeanne Herbert rendit une déclaration roturière à la sgrie de Champagné de 1640 à 1658 (Inv. des Arch. de la Vienne); elle vivait donc encore à cette époque. Zacharie, outre : 1° CLAUDE, qui suivra; 2° CHARLES et 3° TIMOTHÉE, précités, eut encore : 4° CHARLOTTE, mariée d'abord à Louis de Granges, Ec., sgr de Montfermier, puis, le 29 juill. 1646, à Charles Fouquet, s^r^ de Bournizeau (Fousiège et Ragot, not^res^ à Thouars); 5° ELÉONORE, qui, mariée, le 24 nov. 1658, à Jean ou Jean-Louis Rogier, Ec., s^r^ de Belleville, était veuve le 16 déc. 1698, époque où elle fut maintenue noble, par M. de Maupeou; 6° THÉODORE, sgr de Grenouillon, p^sse^ de Moutiers-sur-le-Lay, de Montbrelais et de Piogé, fut maintenu noble avec ses frères par M. Barentin, quitta la France pour cause de religion, car en 1697 M. de Rogier, son beau-frère, était en possession desdites terres en vertu de l'édit de 1689.

Bellay (Claude du), Ec., sgr d'Anché, fils de Zacharie et de Jeanne Herbert, fut maintenu noble par M. Barentin avec son frère Théodore. Le 12 mars 1666, il avait comparu au partage des successions de feu Louis de Marconnay et de Catherine Gourjault, ses proches parents.

Bellay (Hugues du) était, le 30 oct. 1631, infirmier de l'abb. de St-Savin. (D, F. 25.)

Bellay (Charlotte du) était, le 5 nov. 1644, veuve et donataire de Louis de Beauchamps, Ec., sgr de Bussac.

Bellay (Judith du), épousa Charles Barraud, Ec., s^r^ de la Rivière; leurs enfants sont maintenus dans leur noblesse en 1667.

Bellay (Henri du), sgr du Plessis, p^sse^ d'Anché, était décédé en 1667, laissant pour veuve Jeanne BERTRAND, maintenue dans sa noblesse en 1667.

Bellay (Jean-Baptiste du), Ec., sgr de la Vaize, habitant Poitiers, vend, le 4 déc. 1710, à Louis Taveau, Ec., sgr de l'Age-Bourgot, la métairie de la Renaudière.

Bellay (Catherine-Félicité du) épousa Anne-Auguste de Montmorency, prince de Robecque, Chev. de la Toison d'or, Grand d'Espagne de 1re classe, etc., Bon de la Forêt-sur-Sèvre, sgr de la Bouatière. Ils vivaient en 1740.

Bellay (Renée du) épousa Hélie du Tillet, Chev., sgr de Marsay, lieutenant-colonel, dont une fille, MARIE-ANNE, mariée, le 10 janv. 1766, à Charles-Léon de Ferrières.

D'après la généalogie insérée dans Moréri, la famille de Bellay fait remonter son origine à Berlay, sgr de Montreuil, prétendu fils d'Adelelme, fils d'Emmenon, Cte de Poitou. Mais c'est une erreur, car les sgrs de Montreuil et les du Bellay forment 2 familles très distinctes. Les du Bellay tirent leur nom du fief du Bellay près Chinon. (Voir Dict. de Maine-et-Loire, de Célestin Port, les notes de Marchegay, etc.) Nous ne commencerons la filiation qu'à partir de Hugues du Bellay, qui forme le 7e degré de la fausse généalogie de Moréri; mais les chartes de Fontevrault font connaître plusieurs autres du Bellay antérieurs à celui-ci.

§ I. — SEIGNEURS DU BELLAY.

1. — **Bellay** (Hugues du), Ier, prétendu 3e fils de Brelay V^e^ et de Marguerite DE THOUARS (Moréri), fut témoin, en 1203, 1214, 1223 et vivait en 1227; marié à N... il en eut : 1° JEAN, mort sans postérité; 2° HUGUES, qui suit; 3° FOULQUES, sgr de Méaulne, qui eut postérité.

2. — **Bellay** (Hugues du), IIe, mourut en 1260, laissant de Tiphaine LE FOURNIER : 1° HUGUES, qui suit; 2° JOSSELIN, 3° LORONNIN ? 4° SIBILLE, prieure de Fontevrault, et 5° GUYONNE, abbesse de Nioiseau.

3. — **Bellay** (Hugues du), IIIe, épousa Isabeau DE PORCÉ (ou POCÉ), dont : 1° HUGUES IV, mort sans enfants de Agnès DE VILLEQUIER; 2° autre HUGUES, qui suit; 3° GUI, mort sans postérité de Philippe DE LA JUMELIÈRE; 4° OLIVIER, sgr de la Roche-Liot; 5° MAR-

guerite, femme de Macé de Ramefort; 6° Isabeau, et 7° Béatrix, religieuses à l'abb. de Fontevrault.

4. — **Bellay** (Hugues du), V°, mourut en 1325, laissant de Jeanne de Villequier, sœur d'Agnès, femme de son frère, Hugues : 1° Hugues VI, qui suit ; 2° Jean, sgr de Courtemanche, mort en 1390 sans enfants de Jeanne de Chancé, sa femme; 3° Isabeau, épouse de Foulques d'Averton; 4° et 5° Isabeau et Aline, religieuses à Fontevrault.

5. — **Bellay** (Hugues du), VI°, sgr du Bellay et de Villequier, vivait en 1373. Il épousa : 1° Jeanne de Bauçay, fille de Hardouin II et de Isabelle de Chasteaubriand; elle était veuve de Guy Turpin, sgr de Crissé; 2° Aliénor de Doué, dame de Gizeux, dont: 1° Jean, qui suit; 2° autre Jean dit le jeune, mort sans alliance.

6. — **Bellay** (Jean du), sgr du Bellay et de Gizeux, mourut en 1382. Il avait épousé en 1361 Jeanne Souvain, fille de Pierre et de Jeanne d'Anconis, dont: 1° Hugues VII, qui suit; 2° Olivier, prieur de Doué; 3° Jean, nommé évêque de Poitiers par Charles VII, en opposition avec le chapitre de la Cathédrale, qui avait élu Léon Guérinet; aussi Jean du Bellay n'est-il mentionné que sur un petit nombre de catalogues des évêques en Poitiers; et 6 filles, dont Jeanne, mariée à Louis Carrion, Chev., sgr de la Griscé.

7. — **Bellay** (Hugues du), VII°, sgr du Bellay et de Gizeux, fut tué à Azincourt en 1415. Marié à Isabeau de Montigny, il en eut: 1° Jean, chambellan de Charles VII, tué à la bataille de Crévant; 2° Bertrand, tué à Azincourt près de son père; 3° Pierre, tué à la bataille de Verneuil; 4° Jean, qui suit; 5° autre Jean, moine à St-Florent de Saumur en 1416, abbé de ce monastère en 1431, élevé sur le siège de Fréjus en nov. 1455, puis de Poitiers en 1461, y fit son entrée en juin 1462; meurt à St-Florent le 3 sept. 1478 et y fut inhumé.

6° Jeanne, femme de Jean Rouault, Ec., sgr de Boismenard, vivait en 1465; et 7° Philippe, abbesse du Ronceray.

8. — **Bellay** (Jean du), III°, chambellan de Charles VII et de René d'Anjou, roi de Naples, Chev. de l'ordre du Croissant, commandait en 1453 une compagnie de gendarmes et d'archers presque entièrement composée de Poitevins et d'Angevins; il mourut en 1481, ayant épousé Jeanne de Logé? dont il eut : 1° Eustache, qui suit; 2° Louis, qui fut ordonné sous-diacre dans l'église des Cordeliers à Poitiers, le 9 août 1474; il était dès lors prieur de St-Laurent du Mottay (dioc. d'Angers); 3° René, abbé du Chapitre de N.-D.-la-Grande et chanoine de la cathédrale de Poitiers; 4° Jean, tige des sgrs de la Flotte; 5° Martin, était chanoine de l'Eglise de Poitiers le 31 oct. 1476, et, le 20 août 1497, chantre de ce Chapitre, lorsqu'il refusa de recevoir l'absolution *à cautele* du Chapitre par lequel il avait été excommunié, excommunication dont il avait appelé devant le Parlement de Paris, 20 août 1497 (D. F. 22); il fut aussi prieur de St-Michel de Thouars; 6° Louis, sgr de Langei, et cinq filles.

9. — **Bellay** (Eustache du), Chev., sgr du Bellay, conseiller et chambellan du Roi, épousa en 1470 Catherine de Beaumont, fille de Louis, sgr de la Forêt-sur-Sèvre, gouverneur du Maine, et de Jeanne Jousseaume, devenue leur unique héritière par la mort de Thibault, son unique frère, elle porta à son époux les terres de la Forêt, Commequiers, etc. Sa femme étant décédée, Eustache se fit prêtre et mourut en odeur de sainteté, laissant: 1° René, qui suit; 2° Louis, archidiacre de Paris; 3° Thibault, moine de St-Florent; 4° Louise (*aliàs* Hardouine), mariée à Olivier Mérichon, gouverneur de la Rochelle et du pays d'Aunis, rendit divers aveux au nom de son mari au chât. de Taillebourg ; 5° Jean, sgr de Fontferau et de Gonner, épousa, le 12 oct. 1504, Renée, *aliàs* Anne Chabot, fille de Guillaume, Ec., sgr de la Turmelière, dont postérité.

10. — **Bellay** (René du), Chev., sgr du Bellay et de la Chapelle-Thémer, Bon de la Forêt-sur-Sèvres, etc., recevait, le 31 mars, un aveu de Louis Bigot, Ec., sgr de Dissay, et, le 17 mai 1515 un autre de Louis Ronsard, Ec., sgr de la Possonnière, pour son hôtel de Noireterre qu'il tenait du chef de Jeanne Chaudrier, sa femme. René laissa de Marguerite de Laval, sa femme, fille de Pierre, sgr de Loué, et de Philippe de Beaumont: 1° Gilles, qui servait en 1517 en homme d'armes dans la compagnie de M. de la Tremoille, mort en 1533, sans postérité; 2° François, qui suit; 3° Pierre, et 4° François, morts jeunes; 5° Louis, Bon de Commequiers, mort otage en Angleterre; 6° Eustache, Evêque de Paris, mort en 1564; 7° Jacques, dont la postérité sera rapportée au § II; 8° René, conseiller au Parlement de Paris; et six filles, dont l'une, Jeanne, épousa, par contrat du 5 nov. 1518, Tristan de Chastillon, Chev., sgr baron de la Grève-Argenton et de Montcontour; elle reçut en dot la sgrie de St-Hilaire-le-Vouhis (Vendée) et 150 liv. tournois. Elle se remaria ensuite à Charles du Bouchet, sgr de Puy-Greffier, et mourut en 1571; et une autre Catherine, mariée, vers 1515, à Jacques Turpin, sgr de Crissé.

11. — **Bellay** (François du) était en 1538 sgr de la Forêt-sur-Sèvre, le Plessis-Macé, Commequiers, Riblères, la Haye-Jousselin, la Fougereuse, etc.; il mourut en 1553, ne laissant de Louise de Clermont-Tonnerre, son épouse, qu'un fils, François-Henri, lequel vendait, le 31 août 1541, à Claude Gouffier, la terre de la Fougereuse, et mourut sans alliance avant le 7 mai 1555.

§ II.

11. — **Bellay** (Jacques du), sgr du Bellay et de Thouarcé, Chev. de l'ordre du Roi, (fils puîné de René, 10° deg. § I), fut gouverneur d'Anjou. Il comparut en 1559 au procès-verbal de la réformation de la Coutume de Poitou, comme sgr des B^nies de la Forêt-sur-Sèvre et des Ch^nies de la Chapelle-Thémer, la Goffardière, la Mothe-de-Beaumont, Riblères, Jousseaume et Missé. La plupart de ces terres furent reprises à titre de douaire par Louise de Clermont, veuve de François, et remariée à Antoine de Crussol.

Jacques mourut en 1580, laissant de Antoinette de la Pallu, fille d'Olivier, sgr de la Pallu, et de Marguerite d'Arquenay: 1° René, qui suit; 2° Eustache, tige de la branche de la Courbe, dont nous dirons quelques mots après la filiation de celle qui nous occupe; 3° Jeanne, mariée à Pierre de Thouars, puis à François de Vauchin.

12. — **Bellay** (René du), Bon de la Lande, Chev. de l'ordre, député aux États généraux en 1588, mourut en 1611, laissant de Marie du Bellay, princesse d'Yvetot, dame de Langei, etc., fille de Martin du Bellay, sgr de Langei, et d'Isabelle Chenu, princesse d'Yvetot: 1° Jacques, mort jeune; 2° Pierre, Bon de Thouarcé, mort sans enfants de Madeleine d'Angennes; 3° Martin, qui suivra ; 4° Claude, abbé de Savigny; 5° Marie, femme de Georges Babou de la Bourdaizière; 6° Anne, mariée à Antoine d'Appelvoisin, sgr de la Châteigneraye, vivait en 1637; 7° Renée, épousa, le 15 juill. 1599 (Baugé et Bourdin, not^res), Gilbert de La Haye, Chev., sgr du

Chastelier; 8° ANNE, abbesse de Nioiseau; 9° ISABELLE, prieure de Beaulieu.

13. — **Bellay** (Martin du), prince d'Yvetot, Chev. des ordres du Roi, c[er] d'Etat et privé, maréchal des camps et armées, lieut[t] de Roi en Anjou, sgr de Commequiers, la Forêt-sur-Sèvre, la Haye-Joussclin, le Châtelier; vendit à Philippe de la Trémoille la B[nie] de Commequiers pour 115,000 livres. Il mourut en 1637, ayant épousé avant 1589 Louise DE SAVONNIÈRES, dame de Mons en Loudunais, fille de Jean, sgr de la Brotesche, et de Guyonne de Beauvau du Rivau; elle lui apporta aussi la terre d'Aubigny et Faye, où, à cause d'elle, il donnait, le 23 janv. 1625, des provisions de notaire à René Abeslard, praticien; elle était veuve de René de Villequier. Martin, devenu veuf, se remaria à Louise DE LA CHATRE, dont il n'eut point d'enfants. Ceux du 1er lit furent: 1° RENÉ, Bon de la Forêt-sur-Sèvre et de Thouarcé, sgr du Plessis-Macé, Riblères, Missé, le Châtelier, prieur d'Yvetot, etc., Chev. de l'ordre du Roi, lieutenant du Roi en Anjou, rendait aveu au Vte de Thouars le 11 mars 1698, mourut sans postérité de Antoinette DE BRETAGNE, fille de Charles d'Avaugour, Cte des Vertus, et de Philippe de St-Amadour; 2° CHARLES, qui suit; 3°, 4°, 5° un garçon et deux filles, morts jeunes.

14. — **Bellay** (Charles du), prince d'Yvetot, mort sans postérité d'Hélène DE RIEUX, qu'il avait épousée en 1622.

La famille du Bellay a formé en outre 4 branches, sur lesquelles nous ne dirons que quelques mots, étant entièrement étrangères à notre province.

La branche de la Courbe et de la Fouillée, formée par Eustache, second fils de Jacques et de Antoinette de la Palu, existait encore en 1651. Elle s'est alliée aux familles d'Orange, de Thou, des Rotours, de Pluvinel, de Beauvau, etc.

La branche des sgrs de la Palu, sortie de celle de la Courbe, n'a formé que deux degrés; alliée aux familles Marveillau et d'Acigné.

La branche des sgrs de la Flotte, sortie de Jean, fils puîné de Jean et de Jeanne de Logé, 8° degré de la filiation suivie, s'est alliée aux familles de Villiers, de Maillé, de Souvré, et s'est éteinte dans celle d'Hautefort.

La branche des sgrs de Langei, qui a fourni les hommes remarquables de cette illustre maison, n'a formé que deux degrés, s'est alliée aux Cheuu, qui lui ont transmis la principauté d'Yvetot, et s'est fondue dans la branche aînée, comme nous l'avons vu, par le mariage de Marie avec son cousin René du Bellay, 11° degré.

BELLEAU. — Famille noble de l'élection de Mauléon.

Blason. — D'Hozier donne à Jacques Belleau, Ec., sgr de la Generie : d'azur à 3 bourdons d'argent rangés en pal, celui du milieu surmonté d'une étoile d'or, accompagné de trois molettes d'argent, deux aux flancs et l'autre en pointe. Les molettes de flancs pourraient être placées de chaque côté du bourdon du milieu.

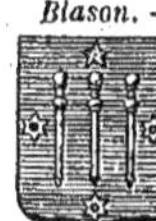

La maintenue de noblesse dit merlettes, au lieu de molettes.

Belleau ou Bellaut (Pierre), habitant de Poitiers, est compris dans une ordonnance, datée de 1373, de Jean duc de Berry, Cte de Poitou, par laquelle il autorise les principaux citoyens de cette ville à y tenir chevaux.

Belleau (Pierre) servait comme brigandinier du sgr de Belleville au ban de 1467.

Belleau (Germain) servait en brigandinier en remplacement de Pierre (précité ?) son père, sénéchal de Brandois, aux ban et arrière-ban de 1488 et 1491; à celui de 1489, il fut désigné pour la garde de la Chaize-le-Vicomte.

Belleau (Luce) était en 1546 épouse de Jacques Buot, Ec., sgr de la Repouste. (A. N. J. Reg. 257 *bis*, 227.)

Belleau (Charles), Ec., sgr de la Brandière, et Marie ROBERT, sa femme, transigent le 2 janv. 1582, au sujet des successions de François Robert, Ec., sgr de Lézardière, et de Pierre et Guillaume, ses enfants.

Belleau (Pierre), Ec., possédait en 1633 dans la B[nie] de Mareuil.

Belleau (Jacques), Ec., sgr de la Generie et de la Bouraudière, p[sse] de Rosnay, élect. de Fontenay, fut maintenu noble le 9 août 1668.

Belleau (Jacques), Ec., sgr de Lingrenière, et

Belleau (Jacques), Ec., sgr de Laugrenière, ont servi l'un et l'autre dans le 2° escadron du ban de 1695.

BELLEFONDS (Etienne de) était homme d'armes de la compagnie de M. de la Trémoille en 1492. (F.)

BELLEFONTAINE (N. de) était, vers 1608, époux de Marie DE MARCONNAY, attachée à dame Eléonore de Saulx de Tavanes, femme de Aymé de Rochechouart, Chev., sgr de Tonnay-Charente. (F.)

BELLÈRE (DE) ou **BELHÈRE** ET **BELLAIRE.** — Famille de l'échevinage de Poitiers, venue d'Angleterre. Une branche passa en Touraine et subsista jusqu'au XVIII° siècle. La majeure partie des notes suivantes sont extraites d'une notice écrite en 1697 et communiquée à M. Filleau en 1824 par M. G. de la Brosse.

Blason. — César de Bellère, Ec., sgr du Tronchay, élect. de Thouars : de sable au porc-épic d'or. (D'Hozier.) L'armorial des échevins de Poitiers donne à Robinet Bellère : d'azur à 12 étoiles d'argent, 4, 4, 3, 1. (Fantaisies.)

Bellère (Espande), Ec., sgr de Vaires, était l'un des lieutenants du prince de Galles. Lorsque ce prince eut gagné la bataille de Maupertuis, il resta en Poitou comme lieutenant de son souverain et s'allia à Louise MACÉ, parente d'un Guy de Lusignan. Plus tard, lorsque Poitiers fut redevenu français, il se fit naturaliser, fonda une chapelle dans l'église cathédrale, se réservant des droits considérables pour lui et les siens. De ce mariage est issu :

Bellère (Raymond de), marié à Silenne ou Silvine DE LAUNAY, d'où sont issus MM. de Bellère de Cangy près Limeray, aînés de la famille.

Bellère (Odet de), Ec., sgr de Cangy et de Larnay, épousa Perrine DE TRANCHELION.

Nota. Ces renseignements traditionnels ne reposent sur aucunes preuves certaines.

Bellère (Robinet), bourgeois de Poitiers, fit aveu du fief de Larnay au sgr de Beaumont, en 1408. (A. V., titres de Notre-Dame, G. 1167.) Il fut échevin vers 1420, et sa veuve fit aveu de Vaires au château de Chauvigny, en 1433. (Fonds Lat. 17041, p. 3.) Il avait épousé Catherine DAUSSEURE, dont il eut : 1° HUGUET, qui suit ; 2° JEAN, sgr de Larnay, qui a eu sans doute postérité, et 3° JEANNE, Dᵉ de Guignefolle et des Roches-de-Quinçay, épousa Jean Chaverot, qui fut condamné, par sentence de la sénéchaussée de Poitiers, du 7 nov. 1437, à rendre hommage au Roi de l'hôtel de Guignefolle, tant à cause de sa femme que comme tuteur de HUGUET et JEAN de Bellère, ses beaux-frères. (Liv. des fiefs.) Jeanne paraît avoir épousé, en 2ᵉˢ noces, Guillaume Vouzy ou Voulry.

Bellère (Huguet), sʳ de Guignefolle, Larnay, fit aveu de ce dernier fief en 1487. Il eut un accord, vers 14.. avec Guillaume Vouzy, sgr de Vaires, son beau-frère ou son neveu. Il avait épousé avant 1486 Louise CHAILLÉ, fille d'André, échevin de Poitiers, et de Marie Boylève. (B. A. O. 1887, 298.)

Bellère (Michel de) épousa N. DE SALIGNAC, fille de Pons, sgr de la Roche-Belusson et des Bastides, par contrat du 13 sept. 1528. Ils eurent pour fils :

Bellère (Gilbert de), Ec., l'un des cent gentilshommes de la maison du Roi, qui épousa (contrat du 8 mai 1553) Renée DE SÉJOURNÉ. Il était au camp de Sᵗ-Dizier en 1568.

Bellère (Pierre de), sgr de Guignefolle, avait épousé Claude DES AGES ou des AIGES, qui en 1530 ou 1531 rendait aveu au Roi de cette sgrie. Ils eurent un fils, qui suit.

Bellère(Gaspard de), qui assistait en 1559 au procès-verbal de la réformation de la Coutume de Poitou, comme sgr de la Liardière, de Guignefolle et de Vaires. (Verie, cⁿᵉ de Sᵗ-Georges, Vienne.)

Bellère (N. de), Ec., sgr de Vaires, est compris comme sgr de cette terre dans une sentence de la sénéchaussée de Poitiers du 5 févr. 1540.

Bellère (Jacques de) fit aveu de Vaires le 31 mai 1567 à Chauvigny.

Bellayre (Jacques de) Ec., (le même?), est confirmé dans un droit d'usage qu'il prétendait dans la forêt de Moulière pour sa maison de Vaires, par sentence du 3 févr. 1579, et le 6 mars 1588, il faisait sommation au receveur des domaines de recevoir les arrérages d'un denier de rente annuelle, qu'il devait au Roi pour ce droit d'usage, etc. (Réform. des forêts, 93.)

Bellère (N. de) et N. POUPART, sa femme, présentent en 1590 à une chapelle fondée dans l'église de Sᵗᵉ-Opportune de Poitiers par Pierre Laydet, conservateur des privilèges royaux de l'Université de Poitiers, chapelle à laquelle le sgr de Puygrenier présenta en 1616. Cette terre appartenait dès 1590 à la famille de Bellère ?

Bellère (François de), Ec., sgr de Cangy, vendit le fief de Vaires en 1594 à Pierre Rogier. Il passa en Touraine et épousa Madeleine DE RUFFI.

Bellère (François de), Ec., sgr de la Gaudeterie, fut l'un des cent gentilshommes de la maison du Roi. Il épousa, le 17 janv. 1589, Françoise DE Sᵗ-JULIEN, dont : 1° URBAIN, qui suit ; 2° FLORIMOND, dont on ignore la destinée.

Bellère (Urbain de), Ec., sgr de la Gaudeterie, fit devant les commissaires du Roi la présentation de ses titres de noblesse. Il se maria, le 11 déc. 1618, à Gabrielle MAYNIER ou MESNIER, dont deux filles ; l'aînée FRANÇOISE, épousa, le 3 avril 1641, Emmanuel de Lostenou, Ec., sgr de Boufferé près le Grand-Pressigny en Touraine ; la cadette, Charles Maynier ou Mesnier, demeurant pˢˢᵉ de Leigné-les-Bois.

Bellère (Vénérable-Alexandre de) fut parrain le 14 sept. 1644 de Michelle de Malmouche. (Reg. d'Amberre, Vienne.)

Bellère (César de), Chev., sgr du Tronchay, cousin germain de la future, assiste au mariage de Marie-Anne Bodet avec Raymond de Montfrebœuf, Chev., sgr de Beauregard, le 2 févr. 1697. (Gén. Bodet.)

Bellère du Tronchay (Louise de), après être restée à Loudun attachée à une œuvre de charité, vint se fixer à l'hôpital de Parthenay, vers 1675, où elle est morte en odeur de sainteté, le 1ᵉʳ juill. 1694, âgée de 55 ans. Voir sa Vie par D. Maillard (Paris, 1732), et D. Chamard, Saints d'Anjou.

Bellère (Gabriel de), Chev., sgr du Tronchay, Bonnevaux, etc., colonel d'artillerie, Chev. de Sᵗ-Louis, épousa en 1763 Marie-Pélagie-Nicolle DE LA VILLE DE FEROLLES, fille de Charles-René Mⁱˢ des Dorides et de Françoise Fumée.

Bellère du Cazau (N.), prieur-curé de Sᵗ-Saviol de 1746 à 1748, curé de Lizant de 1748 à 1775, fut inhumé dans cette dernière paroisse le 8 mars 1775, âgé de 72 ans. (Reg. parois.)

Filiation suivie.

1. — **Bellère** (N. de) eut pour enfants : 1° ROGER, qui suit ; 2° Pierre-ISAAC, curé de Sᵗ-Aubin du Dolet ; et probablement 3° PIERRE, Ec., présent au mariage de 1664.

2. — **Bellère** (Roger de), Chev., sgr de Chaligny, épousa Marie DE JAROGEAU ou DE GARASON, demeurant à la Mothe, pˢˢᵉ de Chouppes. Ils eurent entre autres : 1° LOUIS, qui suit ; 2° ANGÉLIQUE, baptisée le 2 mars 1631 ; 3° CATHERINE. (Reg. de Chouppes.)

3. — **Bellère** (Louis de), Ec., sgr de Chaligny, marié, le 6 août 1664, à Marie ACQUET, fille de feu Pierre, Chev., sgr de la Vergne et de feue Françoise Eschallard. A ce mariage assistaient du côté de l'époux PIERRE-ISAAC de Bellère, son oncle ; FRANÇOIS, PIERRE, MARGUERITE, LOUISE et MARIE de Bellère, peut-être ses frères et sœurs? Il fit partie du ban du haut Poitou de 1693, 1ᵉʳ escadron, et eut de son mariage plusieurs enfants baptisés à Chouppes : 1° GABRIELLE, baptisée le 27 oct. 1674, âgée de 22 mois et 15 jours ; 2° FRANÇOISE, baptisée le 30 mars 1675, mariée, le 16 juin 1711, à Verrue (Vienne), à Jean-Baptiste de Chergé, Ec., sgr de la Martinière ; le 3 juin 1720, elle consentait l'amortissement d'une rente ; 3° LOUISE, baptisée le 30 juill. 1676 ; 4° autre LOUISE, baptisée le 21 nov. 1681 ; 5° LOUIS, qui suit ; 6° MARIE-ELÉONORE, marraine le 18 mars 1704 de Louis-Paul Chabot (reg. d'Amberre, Vienne) et mariée le 9 juin 1706 à Jacques Chabot, Ec., sgr de la Chapelle ; 7° CHARLES, sgr du Tronchay, cité dans l'acte de mariage de sa sœur Marie-Eléonore (Reg. de Chouppes) ; 8° RENÉ, Ec., sgr de Chaligny (probablement fils aîné), épousa Anne de MAUSSON, fille de N., Ec., sgr de la Fouchardière ; elle était veuve en 1646 lorsqu'elle fit donation à Louis-Armand de Sauzay (Arch. Vien. G. 857).

4. — **Bellère** (Louis de), Ec., sgr de Chaligny, la Mothe, baptisé le 20 août 1683, épousa, le 8 janv. 1705, Marie-Anne DES FRANCS, fille de César, Ec., sgr de Sᵗ-Denis, et de Renée Aguillon (reg. de Cherves), qui fut inhumée à Chouppes à l'âge de 22 ans, le 16 déc. 1706, ayant eu une fille, MARIE-ANNE, inhumée à Cherves, le 2 déc. 1706. Louis de Bellère se remaria vers 1709 à Marie DE RANGOT et décéda le 18 nov. 1733 à Chouppes, laissant plusieurs enfants baptisés à Chouppes : 1° LOUIS, baptisé le 31 janv. 1711 ; 2° MARIE-ELISABETH-ÉLÉONORE, baptisée le 5 nov. 1712, marraine

le 12 mai 1742 de sa nièce Marie-Elisabeth, 3° JEAN-MARIE, qui suit; 4° CHARLOTTE, baptisée le 13 août 1716 et décédée le 16 sept. 1718; 5° CLAUDE-LOUIS, baptisé le 4 janv. 1718; 6° JACQUES-RENÉ, baptisé le 22 juill. 1733. (Reg. de Chouppes.)

5. — **Bellère** (Jean-Marie de), Chev., sgr de Chaligny, la Mothe, Pouzioux (Chouppes), baptisé le 3 déc. 1714, épousa, le 2 juin 1741, Susanne-Marguerite DE ROUGEMONT, dont il eut: 1° MARIE-ELISABETH, baptisée à Chouppes le 12 mai 1742; 2° JEANNE-MARGUERITE, baptisée à Cherves le 1er mars 1746.

BELLET. NOMS DIVERS. V. **BLET**.

Bellet (Jean), habitant de Niort, est cité dans la commission donnée, le 19 oct. 1384, aux sires de Parthenay et de Thors par Charles VI pour faire observer en Poitou les trêves conclues avec le roi d'Angleterre. (D. F.)

Bellet (Pierre) était pair de la cne de Niort en 1535. (M. Stat. 1865, 79.)

Bellet (Loys), habitant Thurageau, était décédé avant le 26 mai 1565, date de la vente d'une vigne faite par Jehanne DE LA RICHARDIÈRE, sa veuve, à Pierre Savary, sr de la Roussière. (O.)

Bellet (Louis de), Ec., sr de la Moussolière, et Marie FOUQUET, son épouse, étaient débiteurs d'une somme de 900 liv. envers Jehan Filleau, Ec., sr de la Boucheterie, le 28 mars 1637. (O.)

Bellet (Sébastien), marchand à St-Maixent, laissa de Marie TASTREAU, son épouse: 1° FRANÇOIS, qui suit; 2° MARIE, qui, par contrat du 29 nov. 1641, reçu Poitevin et Tastreau, notres, épousa Isaac Ferruyau, chirurgien.

Bellet (François), sr de la Citonnière, fils du précédent, épousa, le 17 févr. 1641 (Guilbard, notaire royal), Judith BARBADE, fille de feu Daniel, Ec., sgr de la Clie, et de Susannne Texier. De ce mariage est issue, entre autres enfants, JEANNE, mariée à la Mothe-St-Héraye, le 12 juill. 1672 (Guillon, notre), à Jean Ochier, sr de Ripaille; elle était veuve le 20 avril 1698.

Bellet (Antoine), sr de Chandenin, commissaire aux revues des troupes qui passent à Champagné-St-Hilaire, épousa Susanne MOUSSET, dont: 1° ANTOINE, baptisé le 20 août 1698; 2° PHILIPPE, baptisé le 6 août 1699; 3° SUZANNE-MARGUERITE, baptisée le 10 juill. 1701, mariée, le 9 mai 1730, en présence de sa mère et de son frère Philippe, à François-Philippe de Fricon, Ec., sgr de la Bouleur; devenue veuve, elle fut inhumée le 22 mai 1758. (Reg. de Champagné-St-Hilaire.)

Bellet (Jean), Ec., sgr de Lamaury et des Charçons, épousa Marie-Elisabeth RABOURET, dont CHARLES, qui suit.

Bellet (Charles), Ec., Chev. de St-Louis, lieutenant-colonel réformé, inspecteur général des haras de la généralité de Paris, veuf de Geneviève DE CHOUPPES, épouse, le 24 mars 1721, Geneviève DE FOUCHIER DE PONTMOREAU, fille de François, Ec., et de Geneviève Mauduyt. (Reg. de Mirebeau, Vienne.)

BELLETIÈRE (N. de la), Ec., de la religion réformée, habitant de la paroisse de Pouzauges. Il fit en 1567 un acte d'union avec plusieurs autres gentilshommes et un grand nombre d'habitants de cette paroisse et de celle du Vieux-Pouzauges, en présence de leur pasteur, pour l'avantage de leur religion. (F.)

BELLEVILLE (DE). La sgrie de Belleville près la Roche-sur-Yon a été possédée successivement par 3 familles qui en ont porté le nom.

Au XIIe siècle, Agnès, De de Belleville, héritière de sa famille, épousa d'abord Bernard Chales (ou fils de Châlon) de La Roche-sur-Yon, qui, vers 1170, donna avec ses 3 fils une rente en blé, sur sa cour de Belleville, à Aimery, prieur de La Roche-sur-Yon, pour lui, les siens et les âmes des Guarat. Ce don fut confirmé en 1212 par Briant de Montaigu, 2e mari d'Agnès, qui fut à cause d'elle sgr de Belleville. Leurs enfants héritèrent de ce fief dont ils prirent le nom.

Cette 2e famille de Belleville s'éteignit au XIVe siècle, et la sgrie passa par alliance à la famille anglaise des Harpedane, qui depuis le XVe siècle a porté de préférence le nom de Belleville. (V. HARPEDANE.)

La filiation des Montaigu-Belleville est très difficile à établir, et malgré toutes nos recherches, nous n'avons pu jusqu'ici retrouver des documents nécessaires pour éclaircir les difficultés présentées par cette généalogie.

Dans le Dict. de la noblesse, généalogie de Savonnière, à propos d'une alliance avec une Dlle de Sanzay, il est dit qu'elle était fille de Mgr de Belleville, chevalier; mais il s'agit ici de Belleville en Thouarsais et des Sanzay qui se disaient issus des comtes de Poitou.

Blason. — Gironné de gueules et de vair de 12 pièces.

Filiation présumée.

1. — **Montaigu et de Belleville** (Briant de), Chev., sgr de Commequiers, Belleville, était fils puîné de Maurice de Montaigu, sgr dudit lieu et d'Héloïse de la Garnache. (V. gén. Montaigu.) Il naquit vers 1150.

On le trouve ordinairement appelé Brient de Montaigu dans un grand nombre de chartes du bas Poitou. (Marchegay.) Cependant, dans une charte du prieuré de Machecoul, dépendant de Marmoutiers, datée de l'an 1214 (Morice, Hist. de Bretagne, preuves, p. 826), et dans une charte de Ste-Croix de Talmont de l'an 1216, il est appelé Brient de Belleville. (Cart. Talmont, n° 448. M. A. O. 1872.) On le trouve qualifié sgr de la Garnache dans un titre de l'abbaye des Fontenelles daté de l'an 1216. (D. F. 8, 419.) Mais cette seigneurie appartenait à sa nièce, fille de son frère aîné, Maurice de Montaigu, et s'il la posséda, ce fut seulement en partie, ou provisoirement, après le décès de son frère, en attendant règlement d'héritage maternel. On trouve un sceau de Brient de Montaigu dans une charte du prieuré de Fontaines, dépendant de Marmoutiers, de l'an 1225; il porte un écu gironné de 12 pièces, dont 6 de vair, au revers une main. *S. B. Domini de Monte Acuto.* (Cart. Marm. II, p. 353.)

Brient de Montaigu-Belleville mourut vers 1225-30. On trouve dans le cartulaire du prieuré de La Roche-sur-Yon 2 chartes qui donnent l'état de sa famille, l'une datée du 6 des calendes de mai 1212, où il figure avec sa femme et ses 5 enfants, l'autre de l'an 1225, où il nomme également les membres de sa famille. (Marchegay, Cartulaires du bas Poitou.)

Il avait épousé, vers 1180, AGNÈS, De de Belleville, veuve de Bernard Chales, de La Roche-sur-Yon, dont il eut: 1° JOSSELIN, Chev., sgr de Belleville, Commequiers, qui fit don avec son père en 1212, 1218 et 1225 au prieuré de La Roche-sur-Yon. D'après le cartulaire d'Orbestier (n° 43. A. H. P. 6), il fit cession, en 1230, à cette abbaye du droit de viguerie qu'il réclamait sur Maupertuis. Dans cette charte, il dit qu'ayant appris la vérité, au sujet de ces droits, de la bouche de son père

Brient de Belleville, il confirme les dons faits par ses prédécesseurs. (Brient de Montaigu-Belleville était cependant déjà mort, croyons-nous, lors de la signature de cet acte.) En 1235, Josselin de Belleville assista avec son frère Maurice à un jugement rendu en la cour de Challans en faveur du prieuré de Sallertaine ; cet acte fut scellé des sceaux des 2 chevaliers. (Marchegay.) Nous n'avons pas trouvé d'autre document concernant ce personnage qui nous paraît être décédé sans postérité. (Mais il se pourrait cependant que Maurice II établi plus loin (degré 3) fût fils de ce Josselin.)

2° Girard, qui fit don avec son père à La Roche-sur-Yon en 1212, mais qui décéda avant 1225 ; 3° Arbert, qui figure dans les chartes de 1212 et 1225, sur lequel nous n'avons pas d'autres renseignements; 4° Maurice, qui suit ; 5° Hélvoise? nommée dans les chartes de 1212 et 1218 ; 6° Catherine, mentionnée dans une charte de 1218 où Brient de Montaigu nomme ses enfants.

2. — **Belleville** (Maurice de), Chev., sgr de Belleville, Commequiers, Montaigu, la Garnache, etc., fit don à La Roche-sur-Yon avec son père en 1212, 1218, 1235. Il assista en 1235 avec son frère Josselin, au jugement rendu à Challans en faveur du prieuré de Sallertaine, scellé de leurs 2 sceaux, portant des écus gironnés (Dom Villevieille, v° Belleville.) Avec sa femme Guiburge, il fit cession à l'abbaye des Fontenelles de divers droits, p^sse de Ste-Flaive, en 1239. (D. F. 24.) Le 28 mars 1241, il fit don à Geoffroy de la Flocellière d'une rente de 40 livres, en récompense de ses services (d'après une note).

Nous pensons que ce Maurice de Belleville se maria 2 fois : d'abord, vers 1210, avec une dame dont le nom est inconnu, puis vers 1230, à Guiburge Boscher (ou Boucher), D° de la Boucherie. Elle est nommée dans une charte des Fontenelles de l'an 1241. (Sommier des Fontenelles, p. 228. Notes Marchegay, vol. 17, n° 517. Nouv. fonds franc. 5037.) Marchegay pense que cette dame mourut sans postérité parce qu'on trouve au même Sommier (p. 176) que Guillaume Le Roux, sgr de la Boucherie, héritier en partie, *proportionaliter hæres*, de ladite Guiburge, confirma le don d'une rente de 15 livres, qu'elle avait fait à l'abbaye des Fontenelles. Ce don fut aussi confirmé par Guillaume de Sonay? autre héritier en partie de cette dame, l'an 1245. (Sommier, p. 195. — Marchegay, 17, p. 228 et 514.) Il pourrait se faire cependant que ces personnages fussent des gendres de Maurice de Belleville et de ladite Guiburge. Nous pensons qu'il eut d'un 1er mariage Maurice, qui suit.

3. — **Belleville** (Maurice de), IIe du nom, Chev., sgr de Belleville, Montaigu, la Garnache, Beauvoir-sur-Mer, Commequiers, La Roche-sur-Yon, Luçon (que nous croyons fils ou neveu du précédent), paraît être né vers 1210.

Les documents retrouvés jusqu'à ce jour ne donnent que des renseignements incomplets sur les seigneurs de Belleville et nous ne donnons cette filiation que d'une manière fort hypothétique, car il est impossible de distinguer les actes qui concernent spécialement chacun des divers Maurice qui ont possédé Belleville.

Les seigneuries de Montaigu, la Garnache, ancien domaine des Montaigu, passèrent à la branche de Belleville vers 1253, après le décès de Pierre de Droux dit de Braine, veuf de Marguerite de Montaigu, héritière de la branche aînée de la famille.

D'après l'ordre des temps, il semble que ce Maurice II se maria d'abord vers 1230 à une dame dont le nom est inconnu.

En 2es noces, il épousa, vers 1240, Jeanne de Thouars, D° de La Roche-sur-Yon et Luçon, veuve d'Hardouin de Maillé et fille unique d'Aimery, Vte de Thouars et de Béatrix de Machecoul, D° de La Roche-sur-Yon. Dans les comptes des revenus du comté de Poitou en 1246-47, on trouve que Maurice de Belleville devait (probablement à cause de sa femme) un droit de rachat de 1,000 livres et qu'il était plège, aussi pour 1,000 livres, du droit de rachat dû par Raoul de Mauléon. En 1249, Maurice de Belleville et sa femme firent hommage au Cte Alphonse de Poitou et lui cédèrent le droit de garder le château de La Roche-sur-Yon pendant 5 ans. Le comte avait précédemment échangé avec eux les droits qu'il réclamait sur La Roche-sur-Yon, avec ceux de Jeanne de Thouars sur Tonnay-Boutonne. On trouve un don fait au prieuré de La Roche-sur-Yon par Maurice de Belleville et Jeanne sa femme en 1256 ; et en 1256-57, ils firent accord avec Marmoutiers au sujet du cheval monté par l'abbé à sa 1re visite au prieuré de La Roche-sur-Yon, que le seigneur réclamait par droit féodal. (Dom Villevieille.) Jeanne de Thouars mourut vers 1258, car dans une charte de ladite année, Maurice de Belleville fit don à l'abbaye des Fontenelles des biens légués par sa défunte femme. (Sommier 175. — Marcheg. 17, 523.)

En 3es noces (1258), il épousa Isabelle de Lusignan, dite de la Marche, veuve de Geoffroy de Rancon, sgr de Taillebourg, Marcillac, fille aînée de Hugues, Cte de la Marche et d'Angoulême, et de Yolande de Dreux. Cette dame possédait Marcillac à titre de douaire, et Maurice de Belleville fit hommage à cause d'elle, le 11 juin 1267, au Cte d'Angoulême. (Sociét. Archéol. Charente, 1860, p. 307 et 526.) Après la mort de Maurice de Belleville en 1277, Isabelle de la Marche posséda en douaire Commequiers et Beauvoir-sur-Mer, et fit plusieurs dons au prieuré de la Lande-Beauchêne, dépendant de Fontevrault, en 1303, acte scellé de son sceau, portant l'effigie d'une dame entre 2 écussons, l'un mi-partie de Belleville et de Lusignan, l'autre burelé (Lusignan). (Cart. Fontevrault. Fonds Latin 5480 ¹, p. 119.)

Maurice de Belleville ne paraît pas avoir eu d'enfants de Jeanne de Thouars et d'Isabelle de Lusignan ; mais peut-être en eut-il d'une 1re femme Maurice ? qui suit. (On trouve dans la Gén. de Marconnay une Marguerite de Belleville, qui aurait épousé, vers 1250, Philippe de Marconnay, dont le fils Renaud était sgr de Luçon, en 1273.)

4. — **Belleville** (Maurice ? de) paraît être décédé jeune, mais avoir épousé, vers 1260, Jeanne ? de Chateaumur, qui était probablement fille unique de Geoffroy, sgr de Châteaumur. De ce mariage sont nés sans doute : 1° Maurice, qui suit; 2° Guillaume (ou peut-être Geoffroy), Chev., qui, dans un accord du mois d'août 1396 avec Jeanne de Châteaumur, D° de la Flocellière, Olive de Châteaumur et Olivier Fonteneux ? est dit avoir promis une dot à Désirée épouse d'Arbert Frappier. (D. F. 8.) Dans la collection Joursanvault, il y avait le testament d'Anne de Brillouet, veuve de Geoffroy de Belleville, et épouse de Geoffroy de Chasteaubriant, daté de l'an 1310. Nous pensons que ce Geoffroy pourrait être le même que le Guillaume de Belleville de Dom Fonteneau. (Marchegay, 17, p. 592.)

5. — **Belleville ou de Châteaumur** (Maurice de), Chev., sgr de Belleville, Montaigu, la Garnache, etc., fut appelé dans sa jeunesse Maurice de Châteaumur. Dom Morice (Preuves, Hist. de Bretagne, 1047) mentionne un acte de l'an 1277, par lequel Maurice de Belleville confirme les dons qu'il a déjà faits à Maurice de Châteaumur, valet. Rien n'indique des liens de parenté entre le donateur et le donataire. Mais nous pensons que Maurice de Châteaumur devait être petit-fils de Maurice de Belleville. En effet, en 1281, Maurice

de Châteaumur, Ec., sgr de Montaigu, la Garnache, fit accord avec Guillaume de Sonay, au sujet d'un droit de rachat. (D. F. 70.) En 1292, le jour de Pâques fleuries, Maurice de Belleville, sgr de Montaigu, la Garnache, Beauvoir, fit accord avec l'abbesse de Fontevrault, par acte scellé de son sceau portant un cavalier avec les armes de Belleville et *S. Mauricii de Bellavilla D^ni de Castro Murt.* (D'après une note de Marchegay, vol. 17, p. 614.) Maurice de Belleville, Chev., eut procès aux assises de La Roche-sur-Yon, le 22 sept. 1289, avec le commandeur de Launay, p^sse de Ste-Cécile (de l'hôpital de St-Jean-de-Jérusalem), au sujet du droit de h^te justice au bourg de l'hôpital à Montaigu, et il fit accord sur ce différend avec frère Ithier de Nanteuil, grand prieur de France, le 16 juin 1294. (A. H. P. 1.) Le 20 mars 1292, il fit don au prieuré de La Roche-sur-Yon, et la même année rendit hommage de Montaigu au Vte de Thouars. En 1297 (le 9 août), il fit accord avec Jean Barbastre pour le fief de Lorière. (D. F. 70.)

Dans les Preuves de l'hist. de Bretagne, I, 1116, il est dit que Maurice de Belleville, comme tuteur de son fils Maurice, né de Sibille de Chasteaubriant, échangea la sgrie de Candé en Anjou, avec Geoffroy de Chasteaubriant, qui céda divers domaines à Luçon et Champagné-les-Marais (févr. 1296). En 1301, comme exécuteur testamentaire de Girard Chabot, il donna attestation au prieuré de Bademorière, dépendant de Fontevrault, pour des legs faits à ce couvent. En mai 1302, il fit don au prieuré de la Lande de Beauchêne, et céda Boisvert à la Trinité de Mauléon, le 30 janv. 1303. (D. F. 17, 291.)

La même année, Maurice de Belleville fut convoqué avec les barons poitevins pour la guerre de Flandre et en juill. 1304, il fit accord avec le prieuré de la Lande-Beauchêne, pour des maisons situées à Beauvoir-sur-Mer. Nous pensons qu'il mourut à cette époque et que les actes postérieurs doivent être attribués à son fils.

Il se maria au moins 2 fois : 1° à Sibille DE CHASTEAUBRIANT, fille de Geoffroy et de Belleassez de Thouars. Ils étaient cousins au 4e degré, et le contrat fut signé le jeudi après Noël 1286 (d'après une note de Dom Villevieille, tirée des archives de Laval) ; 2° à Letice DE PARTHENAY, fille de Guillaume L'Archevêque, sire de Parthenay, et de Jeanne de Montfort, qui, d'après les mémoires produits dans un procès au Parlement de Paris, au milieu du XIVe siècle, a survécu à son mari. (Marchegay, 17, 624.) Il eut du 1er lit, MAURICE, qui suit ; du 2e, JEANNE, dame de Belleville (après la mort de son frère), célèbre héroïne des guerres de Bretagne au XIVe siècle, qui épousa en premier lieu, 1312 ? Geoffroy de Chasteaubriant, décédé en 1328 ; puis, en 1330, Olivier de Clisson, Chev., sire dudit lieu, décapité à Paris le 2 août 1343 ; enfin, vers 1345, Gauthier de Bentley, chevalier anglais. (Ils reçurent plusieurs dons du duc de Bretagne et du roi d'Angleterre, en 1345, 1349, 1356. (Preuves, Hist. Bretagne.)

6. — **Belleville** (Maurice de), Chev., sgr de Montaigu, la Garnache, Châteaumur, Fief-l'Evêque, Cayeu, paraît avoir succédé à son père vers 1306. D'après une note de Dom Fonteneau, il fit accord le 17 janv. 1306 avec Jeanne de Châteaumur, D^e de la Flocellière, pour assigner une rente en échange d'un bois qu'il avait cédé à la dame de Chantemerle. (Titres de la Durbellière.) Dans cet acte, il est qualifié valet. Le 3 mai 1307, comme sgr du Fief-l'Evêque, il fut l'un des 4 barons qui portèrent l'évêque Arnaud d'Aux, à sa 1re entrée à Poitiers. En mai 1311 et en 1314 (étant qualifié chevalier), il reçut divers aveux à cause de sa 2e femme. On le trouve convoqué en 1320 avec les autres barons de France pour la croisade projetée par le Roi. Il testa la même année à La Roche-sur-Yon, et légua Champagné-les-Marais, Luçon, la Charrie, à Guillaume et Raoul Chabot, ses cousins, suivant un procès jugé du Parlement le 23 juill. 1344. (Villevieille.) Il avait épousé : 1° vers 1300, Eschive DE ROCHEFORT, veuve de Savary de Vivonne, Chev., sire de Thors, et fille d'Ebles, sgr de Rochefort-sur-Charente, et de Œnor Chabot. (En 1323, Hugues de Vivonne, tuteur des enfants de Savary, eut procès contre Geoffroy de Chasteaubriant et Jeanne de Belleville sa femme, sœur héritière de Maurice, au sujet de l'usufruit légué par Eschive à son 2e mari. (Duchesne, 50, p. 297 ; 120, p. 490.) 2° Vers 1305, Béatrix DE CAYEU, dame dudit lieu, en Picardie. Étant devenue veuve, elle se fit religieuse à St-Louis de Poissy, et eut divers procès en Parlement au sujet de son douaire, en 1336-1340. (Notes Guérin. A. H. P. 13.)

BELLEVILLE (DE). — Famille qui habitait Poitiers, au XVIe siècle. Elle s'est distinguée au barreau de son Présidial et lui a fourni un maire en 1592. La majeure partie des notes qui suivent nous ont été communiquées par feu M. Pallu, juge au Mans ; nous y avons réuni le résultat de nos propres recherches.

Blason. — Mathurin de Belleville, maire de Poitiers, portait : « d'azur au chevron d'or à trois « losanges d'argent, deux en chef et « l'autre en pointe, avec cette devise : « *Honor et æterna quies.* » On trouve aussi le chevron chargé de cinq aigles de sable.

Belleville (Maurice de). Sa profession nous est inconnue, ainsi que le nom de sa femme ; cependant il est présumable qu'il était attaché au barreau de Poitiers, et qu'il vivait au commencement du XVIe siècle. Il a laissé deux enfants : 1° MATHURINE, qui épousa Pierre Jarry ; 2° MICHEL, qui suit.

Belleville (Michel de), avocat au Présidial de Poitiers, épousa Marie TUSSEAU ou DE TUSSEAU ; ils eurent pour enfants MATHURIN, qui suit.

Belleville (Mathurin de), avocat au Présidial de Poitiers, est cité dans un acte de notoriété comme exerçant cette charge depuis 33 ans. Membre du conseil de la Ligue à Poitiers en 1589, il fut créé par elle pair et échevin, et enfin, en 1592, maire de cette ville. Il était encore pair et échevin en 1611, et signait avec ces titres le contrat de mariage de son neveu Jean Sauriau. Il avait épousé Catherine COTHEREAU, dont il a eu quatre enfants : 1° JEAN, qui est le même, croyons-nous, qu'un Johan de Belleville se qualifiant d'écuyer, avocat au siège présidial de Poitiers, sénéchal de la baronnie d'Airvault, qui recevait le 8 juin 1611 en cette dernière qualité, et comme représentant le sgr dudit lieu, l'aveu du fief de la Gorbière de Marie Bodet, veuve de Charles Darrot, Ec., sgr de la Poupelinière. Il est mentionné en 1630 comme possédant quelques héritages dans la terre d'Airvault ; 2° MADELEINE, qui prit le voile dans l'abbaye de la Trinité, où elle était encore le 8 nov. 1634, protestant contre l'union de ce monastère à la congrégation du Calvaire ; 3° N..., religieuse dans la même abbaye ; 4° CATHERINE, mariée à Alexandre de la Lande, contrôleur du domaine du Roi en Poitou ; 5° JACQUETTE, marraine à Saint-Benoît, en 1610.

Belleville (N... de), juge à St-Loup, probablement parent du sénéchal d'Airvault, fut en 1614 un des rédacteurs des cahiers pour le tiers état qui devaient être présentés aux États de Tours.

BELLEVILLE (DE). AUTRE FAMILLE.

Belleville (Pierre de), Ec., sgr de Razes, demourant à Coulon, est nommé comme exempt dans un rôle de tailles de 1654. Il fut poursuivi avec le chevalier de Chassemont, son beau-frère, et autres, à la requête de Louis Légier, Ec., s^{r} de la Sauvagère, en 1660 (Arch. la Barre) ; condamné roturier par M. Barentin, « appelant et déchargé et maintenu noble par arrêt de MM. les commissaires généraux ; porte : d'argent à deux orles en rond d'azur, jointes en dehors chacune de huit pièces à l'escarboucle passée à huit mises de gueules brochant sur le tout. »

L'Armorial du Poitou publié par M. Goujet blasonne ainsi ces armoiries : d'argent à deux roues de Ste Catherine appointées de couteaux ou rasoirs, l'une dans l'autre, à l'escarboucle à six raies de gueules florencées brochant sur le tout.

Nota. — On ne s'explique pas d'où peut venir ce blason bizarre, car ce Pierre de Belleville appartenait à la famille de Harpedane.

BELLIARD. — Cette famille, originaire de Pau, commune de Longève, près de Fontenay-le-Comte (Vendée), tire son illustration de la part que l'un de ses membres a prise aux grands événements politiques et militaires qui ont signalé le cours de notre époque.

Blason. — Augustin-Daniel comte Belliard portait, suivant les lettres patentes du 9 mars 1810, scellées le 16 du même mois, qui lui ont conféré le titre de comte de l'Empire : « écartelé au 1er « d'azur à l'épée haute d'argent « garnie d'or, qui est des comtes « tirés de l'armée ; au 2e, de « gueules aux ruines d'argent ; au « 3e, de gueules au palmier terrassé d'argent, adextré d'une « pyramide et senestré de deux « autres aussi d'argent ; au 4e, « d'or au cheval libre cabré en bande et soutenu de « sable. »

Filiation suivie.

1. — **Belliard** (N...) eut deux fils : 1° Augustin, qui suivra ; 2° N..., qui eut quatre enfants : N..., marié avec N... Lemercier ; N..., marié avec N.. Gaudicheau ; N.., mariée avec N... Genty ; N..., appelée Mlle Lamacardière.

2. — **Belliard** (Augustin), procureur au siège royal de Fontenay-le-Comte, puis juge de paix du même canton, épousa D^{lle} N... Robert-Morinière, dont il eut : 1° Augustin-Daniel, qui suivra ; 2° Marie-Louise-Angélique, épouse de M. Mathieu-Joseph-Séverin Pervinquière, baron de l'Empire, président de chambre à la cour royale de Poitiers.

3. — **Belliard** (Augustin-Daniel), comte de l'Empire, pair de France, lieutenant-général, grand-aigle et grand-cordon de l'ordre de la Légion d'honneur, commandeur de la Couronne-de-Fer, grand-croix de l'ordre de la Réunion, et chevalier de l'ordre de St-Louis, l'un des hommes les plus distingués que vit surgir l'Empire, naquit à Fontenay-le-Comte le 25 mai 1769. Lors de l'invasion étrangère, en 1792, il partit avec le grade de capitaine dans le 1er bataillon de la Vendée. Attaché bientôt à l'état-major de Dumouriez, il enleva, à la bataille de Jemmapes, plusieurs redoutes à la tête des hussards de Berchouy, et fut nommé adjudant-général dans la journée de Norwinde. Arrêté et destitué après la défection de Dumouriez, il reprit du service comme simple volontaire, et alla reconquérir son grade sous le général Hoche, dans les champs malheureux de la Vendée.

A l'armée d'Italie, il contribua, dans la journée du 15 oct. 1796, au succès du combat de St-Georges, près Mantoue, où il fut blessé, et mérita d'être signalé par une lettre du général en chef adressée au Directoire. A la sanglante journée d'Arcole, Belliard eut deux chevaux tués sous lui, et Bonaparte, qui dut la vie à son dévoûment, le nomma général de brigade sur le champ de bataille.

Désigné pour faire partie de l'expédition d'Egypte, il y justifia la confiance qu'avaient inspirée ses débuts. Ce fut contre le carré d'infanterie commandé par Belliard que vinrent se briser au pied des Pyramides la première charge, et la formidable réputation des Mameluks. Il s'avança par la vallée du Nil jusque dans la Nubie, et protégea les recherches des savants, dont les travaux devaient être le seul fruit de tant de fatigues et de tant de gloire.

Lorsque Desaix quitta l'Egypte pour aller chercher à Marengo la victoire et la mort, Belliard lui succéda dans le gouvernement de la haute Egypte. Nommé commandant du Caire après les désastres de l'armée (25 avril 1799), il sut avec 6,000 hommes décimés par la peste contenir à l'intérieur la population, et se défendre contre les Turcs et les Anglais qui menaçaient ses murs.

Réduit à la dernière extrémité, et obligé de capituler pour sauver les faibles débris de sa garnison, il dicta plutôt qu'il ne subit les conditions de la retraite, et il ramena en France, aux dépens des alliés, ses blessés, ses armes, ses bagages, les savants et les artistes attachés à l'expédition, et les monuments précieux qu'ils devaient léguer à la science. Récompensé de sa conduite par le grade de général de division, Belliard alla en 1801 conquérir dans le gouvernement de Bruxelles l'affection qu'il devait payer, 30 ans plus tard, par de nouveaux services.

Il fut nommé chef de l'état-major du corps de cavalerie commandé par Murat, en 1805, et fut créé grand-officier de la Légion d'honneur le 26 déc. 1805, pour sa belle conduite à la bataille d'Austerlitz.

Chef de l'état-major de l'armée d'Espagne en 1808, Belliard contribua beaucoup à la reddition de Madrid, dont il fut nommé gouverneur. Après avoir déployé tous les talents d'un administrateur habile, il y donna l'exemple du courage civil joint à la bravoure du soldat, en comprimant par sa seule présence et par son sang-froid une insurrection terrible dont les suites pouvaient causer à la France les plus cruels désastres. Ce fait est un des plus honorables de sa glorieuse vie.

Créé commandeur de la Couronne-de-Fer en 1809, puis comte de l'Empire le 9 mars 1810, Belliard rejoignit à la grande armée, en 1812, Murat, devenu roi de Naples, qui lui confia le commandement d'une division de cavalerie. Il la commanda à Ostrowna, où il sauva l'artillerie de la division Delzons, et à la Moskowa, où il eut un cheval tué sous lui. Colonel-général des dragons (5 déc. 1812), en remplacement de Gouvion-St-Cyr, créé maréchal de France, Belliard fit la campagne de 1813, et à Leipsick il eut deux chevaux tués sous lui et le bras gauche fracassé par un boulet de canon. Nommé aide-major général de l'armée française, créé grand-croix de l'ordre de la Réunion (3 avril 1813), il commanda le grand quartier général de l'armée (janv. 1814). Nommé au mois de mars commandant en chef de la cavalerie à la place du général Grouchy, il reçut de Napoléon, au moment de son abdication, le grand aigle de la Légion d'honneur.

Après le départ de Napoléon, Belliard, ayant adhéré aux actes du gouvernement provisoire (avril 1814), fut créé pair de France et chevalier de St-Louis (14 et 18 juin), puis grand-cordon de la Légion d'honneur (27 août). Nommé major général du corps d'armée commandé par Mgr le duc de Berry (16 mars 1815), il suivit, après le retour de Napoléon, les princes jusqu'à Beauvais, où il les quitta après avoir reçu d'eux l'ordre de revenir à Paris.

Chargé par Napoléon d'une mission pour le roi de Naples Murat, Belliard s'embarqua à Toulon (24 mai 1815); mais il fut forcé de prendre terre à Ischia et de revenir en France, où il reçut le commandement du corps d'armée de la Moselle.

Après Waterloo, Belliard, qui était resté en France, fut emprisonné pendant quelque temps. Il perdit les riches dotations qui lui avaient été faites par Napoléon en Hanovre, Espagne et Pologne. Rappelé à la Chambre des pairs par S. M. Louis XVIII, le 5 mars 1819, ses titres furent vérifiés le 9, et sa réception ainsi que la prestation de son serment eurent lieu le 13 du même mois.

La révolution de juill. 1830 vint lui ouvrir une autre carrière; il fut choisi par le nouveau chef de l'Etat pour représenter la France auprès du gouvernement que les journées de septembre avaient fait surgir en Belgique. L'histoire pourra dire, sans être taxée d'exagération, que si ce pays figure aujourd'hui sur la carte de l'Europe comme royaume indépendant, il le doit en grande partie à l'activité, au zèle et à la courageuse intervention de l'ambassadeur français, qui ne craignait point de compromettre son caractère et sa vie au milieu des combats, pour consolider l'œuvre qu'une irruption terrible des Hollandais menaçait d'anéantir après quelques mois d'existence.

Ce fut aussi à son humanité que la ville d'Anvers dut sa conservation. Belliard pénétra dans la citadelle, et il obtint du général Chassé, qui avait servi sous ses ordres en Espagne, la promesse que les batteries prêtes à écraser la ville ne tireraient pas sur cette malheureuse cité, en échange de la neutralité qu'elle s'engageait à garder.

Aussi, lorsque la mort vint frapper le général Belliard, le 28 janv. 1832, ce triste événement fut regardé par les Belges comme une calamité publique, et, ne pouvant conserver les restes du général, leur reconnaissance lui éleva de nombreux monuments.

Le corps municipal d'Anvers donna le nom de Belliard à une rue nouvelle qui était alors en confection, et une souscription, à la tête de laquelle se placèrent toutes les notabilités du pays, fournit à l'artiste Geefs les moyens d'exécution du beau monument qui décore aujourd'hui la place Isabelle, près du parc de Bruxelles, presque en face de l'hôtel qu'avait habité l'ambassadeur français.

La ville de Fontenay-le-Comte ne resta pas étrangère à ces manifestations; elle donna le nom de Belliard à la place qui est devant la maison où était né le général, et fit placer son buste en face de cette maison.

Ces sentiments s'expliquent vis-à-vis de celui dont un des diplomates les plus distingués d'Angleterre (lord Ponsomby) a pu dire, après avoir rendu hommage à ses brillantes qualités militaires et diplomatiques : « Il était un de ces hommes auxquels je ne songe jamais sans me complaire à l'idée de les revoir. » — V. pour plus de détails la Notice historique écrite par M. Merland, insérée dans les Bulletins de la Société d'Emulation de la Vendée, et l'ouvrage de M. l'abbé Staub.

BELLIARD. — Parmi les personnes du nom de Belliard qui suivent, il en est qui bien certainement n'appartiennent pas à la famille du général, tandis que d'autres peuvent peut-être s'y rattacher; nous les donnons tels que nos recherches nous les ont procurés.

Belliard (Jean) et autres se plaignent en 1245 de Gavin d'Ainçay ou Dainçay, prévôt royal à Loudun. (A. N. J. 97, 1, 139.)

Beliard (Laurent, Simon et Jehan) furent successivement prieurs claustraux de l'abb. de St-Maixent de 1621 à 1643. (J^{al} Le Riche, 520.)

Belliard (Renée) épousa Pierre Sabourin, avocat au siège royal de Niort, dont une fille, Marie, qui épousa, le 11 févr. 1646, Jean France, Ec., sgr de la Voûte.

Belliard (Simon), qui était président au siège royal de St-Maixent dès le 16 mai 1639, est nommé maître des requêtes ordinaire de M. le duc d'Anjou par lettres données à Paris, le 3 avril 1657. Il y est qualifié de conseiller du Roi en ses conseils. Il était encore président du siège royal de St-Maixent en 1679. (B. Stat. 7.)

Belliard (Catherine), veuve en 1es noces de Claude-Calixte Paillon, sgr des Marsaudières, épousa en 1733 Joseph-Léon Beau, sgr des Granges. (G^{ie} Beau.)

Belliard (Hilaire), capitaine de la brigade de Jaulnay, eut de N... POITEVIN un fils, JEAN, baptisé le 1er nov. 1688 à Jaulnay. (Reg. paroiss.)

Belliard (N...), vicaire de Cherves en 1706. (Id.)

Beliard (Charles-Isaïe), avocat à Parthenay, figure le 5 mars 1726 dans une assemblée pour les réparations de la ville. (Gâtine, Ledain.)

BELLIN. — Cette famille, originaire des environs de St-Maixent, habitait à une époque déjà reculée cette ville, qu'elle abandonna lors de la révolution de 1789, pour venir s'établir à Poitiers, où résidaient déjà quelques-uns de ses membres.

Les documents que nous avons sur cette famille sont dus en grande partie aux communications bienveillantes de M. le président Garnier, de Melle, et aux notes prises sur des pièces originales.

Blason : d'or au lion de gueules, au chef, d'azur chargé de 3 étoiles d'or.

Noms isolés.

Bellin (Guillaume), habitant de la Mothe-St-Héraye, acquiert, le 3 mai 1450 (F. et P. Lucas, not^{res}), de D^{e} Jeanne de Torsay, femme de Philippe de Melun, dame de la Mothe, la 1re partie de la grande dîme de St-Eanne pour le prix de 40 écus d'or. (Arch. D.-S.)

Belin (Marin) fut assassiné par Gillet de Sirgnet dit La Tousche, qui, pour ce crime et autres *delictz par luy commis*, fut condamné par arrêt de la cour des Grands Jours du 27 sept. 1531 à avoir la tête tranchée à Poitiers et à 60 liv. parisis d'amende. (M. Stat. 1871, 55.)

Bellin (Jean), chanoine de Menigoute, est nommé dans un échange du 28 août 1467.

Bellin (Susanne) était, le 2 oct. 1612, femme de Pierre Bretz, lequel assistait au contrat de mariage de Jacques Bellin avec Angélique de Bessac.

Bellin (Jeanne) et Simon Bonnet, s^{r} de la Maisonneuve, du Petit-Bois, se font une donation mutuelle le 25 déc. 1639. (Olivier, not^{re} à Vivonne.)

Bellin (Etienne), marchand, épousa Françoise RAYMON, et eut un fils, PIERRE, procureur en l'élection de St-Maixent, qui se maria, le 17 juill. 1651, par contrat reçu Faidy, not^{re}, à Marie AUDETEAU.

Belin (Louis), s^{r} de Grands-Champs, épousa, par

contrat du 25 déc. 1651, Marie VASSELOT, à laquelle, par sentence rendue au siège royal de Lusignan, il fut fait défense de ne plus prendre à l'avenir le nom et de porter les armes de Vasselot, mais de prendre le nom d'Annemarie, etc., à la requête de M. Louis de La Chesnaye, Chev., sgr de la Roche, et de Louise Vasselot, son épouse. (O.)

Bellin (Pierre) reçoit du maréchal de la Meilleraye, le 27 juin 1652, sur la démission de Pierre Taffoireau, les provisions de l'office non héréditaire de procureur au siège royal de St-Maixent.

Belin (N...), s^r^ de la Motte, eut de Jeanne FOURNIER : 1° MARIE-MADELEINE, baptisée le 2 mai 1653; 2° JEANNE, baptisée le 20 juin 1655. (Reg. de Dissais.)

Filiation suivie.

§ Ier.

1. — **Bellin** (Jean) est mentionné dans le contrat de mariage de sa petite-fille Catherine avec Etienne de Veillechèze, en date du 12 nov. 1536. Il eut pour fils :

2. — **Bellin** (Jacques), s^r^ de Rochemillet, marié d'abord à Jeanne MARTIN, puis en 1521 à Perrette BACHOUER ou BRACHOUER, qui était veuve de N... Thibault.

Il est mentionné avec ses 2 femmes dans une sentence du 23 nov. 1622, où sont cités tous ses descendants pour un partage collatéral. Il eut du 1er lit : 1° PIERRE, qui suit; 2° PHILIPPE, mariée 2 fois, d'abord à N... Faure, puis à Jean Launay; 3° CATHERINE, l'aînée, mariée, par contrat du 12 nov. 1536, à Etienne de Veillechèze, s^r^ des Essarts. Du 2e lit : 4° RENÉE, mariée à François Aymon, s^r^ de Chambord ; 5° FRANÇOIS, chef de la branche de la Boutaudière-Mauprié, § II; 6° PERRETTE, mariée à Philippe Salbert, Ec., s^r^ de la Contentinière, puis, le 2 oct. 1600, à Jean Geoffrion, avocat du Roi à Niort, sans postérité; 7° CATHERINE, la jeune, mariée, à N... Beau, puis à Jean Muhoul, s^r^ de Roussillon; 8° JACQUES, sgr des Touches, qui paraît avoir eu pour fille SUSANNE, mariée, vers 1620, à Pierre Groisson; 9° JEAN, sgr d'Erry ? marié à Françoise LAVIE, dont il eut JACQUES, s^r^ d'Erry, marié, le 20 oct. 1612, à Angélique DE BESSAC, fille de Mathieu, Ec., s^r^ de la Feuilletrie, et de Jeanne Girard, dont il eut JACQUES, et PERRETTE, décédés jeunes, après leur père; leur succession fut partagée entre toutes les branches issues de Jacques Bellin, s^r^ de Roche-Millet, par sentence du 23 nov. 1622.

3. — **Bellin** (Pierre), s^r^ d'Estrapeau, habitait Niort; il eut pour enfants : 1° PIERRE, qui suit; 2° N..., mariée à Pierre Doreil; 3° N..., mariée à Jean Cherbonnier; 4° N..., mariée à N... Planchon; 5° N..., mariée à Philippe Durand; 6° N..., mariée à Vincent de la Mavière; 7° RICHARD, 8° PHILIPPE (tous mentionnés en 1622, sans que l'on puisse savoir s'ils sont fils ou petits-fils dudit Pierre).

4. — **Bellin** (Pierre), s^r^ d'Alluy, épousa Jeanne AUDOUARD, dont il eut PIERRE, qui suit.

5. — **Bellin** (Pierre), s^r^ d'Alluy, fit avec sa mère cession de ses droits en la succession de feue Perrette Bellin, D^e^ de la Contentinière, sa tante, par acte du 14 sept. 1617, reçu Tastreau, not^re^ à St-Maixent. Il est mentionné dans la sentence du 23 nov. 1622. Il épousa Jeanne GAUTHIER, et vivait avec elle en 1649, à St-Thibault, enclave de la Martinière. Ils reçurent le 14 juill. mainlevée de saisie d'une maison à Melle. (Nous ne connaissons pas sa postérité.)

§ II. — BRANCHE DE LA **BOUTAUDIÈRE**.

3. — **Bellin** (François), sgr de la Boutaudière, fils puîné de Jacques et de Perrette Bachouer (2e deg., § I), marié en 1572 à Catherine AUGRON, fille d'Antoine, s^r^ de Gadebourse; il était mort avant 1613, car à cette époque (le 19 septembre) il fut fait partage entre ses enfants des biens dépendants de sa succession. Catherine Augron lui survivait. Il laissait : 1° MARIE, femme de Pierre Clément; 2° JEAN, qui suit; 3° JEANNE, mariée, le 8 juin 1605, à Jean Clément, s^r^ de la Boitrie; 4° PHILIPPE, épousa Moïse Guiteau, sénéchal de la Mothe; tous nommés dans l'acte de partage de 1613 et dans une sentence du 23 nov. 1622.

4. — **Bellin** (Jean), sgr de la Boutaudière, fut un des copartageants de la succession paternelle; il prend dans cet acte le titre de licencié ès lois, et est qualifié sgr de la Boutaudière dans un grand nombre d'actes. Il épousa, le 18 juin 1614 (Dupuys, not^re^ royal à St-Maixent), Catherine LEVESQUE, fille de Léon et de Françoise des Hayes. De ce mariage sont nés : 1° JEAN qui avec Léon et Jeanne, ses frère et sœur, céde à Charles Clément, lieutenant criminel au siège royal de St-Maixent, leur cousin germain, fils de feue Jeanne Bellin, leur tante, le 11 juin 1647 (Poiraud et Robin, not^res^ royaux à St-Maixent), le droit de patronage et de présentation à la chapelle de l'Arceau. Jean Bellin, maire de la ville de St-Maixent, fut reçu et prêta serment en cette qualité au Parlement de Paris, le 9 déc. 1692 (certificat signé du Tillet). Il avait acquis cette charge 8,000 liv., et les deux sous pour livre; il la céda pour 10,750 liv. à Jean-François Clément, président en l'élect. de St-Maixent, par contrat du 17 févr. 1693, et du consentement de ce dernier, il le revendit aux mêmes conditions à Hilaire Cogué, qui en fut pourvu; 2° ESTHER, mariée en 1664 à Jean Bonneau; 3° LÉON, qui suivra; 4° JEANNE, nommée dans la cession, du 11 juin 1647, précitée; peut-être est-ce la même qui, le 22 fév. 1648, épousa (Rousseau, not^re^ royal à St-Maixent) Louis Miget, procureur audit lieu.

5. — **Bellin** (Léon), 1er du nom, s^r^ de la Boutaudière, épousa, le 27 sept. 1645 (Robin et son confrère, not^res^ à St-Maixent), Marguerite BONNEAU, fille de Pierre, s^r^ du Chesne, et de Jeanne Berland, son épouse. Sont issus de ce mariage : 1° LÉON, qui suit; 2° CATHERINE, femme de Louis de Regnier, Ec., sgr de Champeaux; 3° MARGUERITE, mariée, le 5 avril 1682, à Charles Aymer de la Chevallerie. Ils se faisaient une donation mutuelle (Ayrault, not^re^ à St-Maixent), insinuée le 24 mai 1683; 4° JEAN.

6. — **Bellin** (Léon), IIe du nom, Ec., sgr de la Boutaudière, fut conseiller du Roi, rapporteur et vérificateur des défauts au siège de St-Maixent, vendit cette charge pour la somme de 1,700 liv. à Jean Lévêque, s^r^ de Tourtron, avocat.

Il lui fut accordé, en conséquence de l'édit du mois de mars 1696, des lettres d'anoblissement qui furent enregistrées en la cour des comptes de Paris le 16 avril 1697. (Mss. de François de Soudre. Bibl. de l'Arsenal.)

Le 20 juill. 1700, Léon obtint une sentence de René Reveau, lieutenant particulier et assesseur civil au Présidial de Poitiers, qui le mettait en possession des biens délaissés par la dame Bonneau, sa mère, par sa sortie du royaume en 1685. « D'autant, est-il dit dans la « sentence, que ledit Bellin a fait abjuration de la re- « ligion protestante pour professer la catholique, etc., « etc. »

Le 27 sept. de cette même année, il présenta au sénéchal du prieuré de Pamproux une requête dans laquelle il exposait que Léon de la Boutaudière, son père, étant mort protestant, et ayant été enterré comme tel, il lui était impossible de trouver le registre qui constatait son décès. Il fut fait droit à sa requête, et la mort de son père fut légalement constatée par une enquête.

Léon Bellin avait épousé en 1682 D^lle Susanne-Henriette GUILLARD, fille de Louis, s^r de Montaigu. De ce mariage sont issus : 1° LOUIS, s^r de la Liborlière, capitaine au régiment de Bresse-Infanterie, mort célibataire ; 2° LÉON, qui suivra ; 3° SUZANNE-HENRIETTE, qui épousa en 1722 ou 1723 René-François Le Vacher, Ec., sgr de Montigny, la Brunoterie, etc., comme on le voit d'après le projet de contrat de mariage dressé le 3 nov. 1722 ; 4° CHARLES-HENRI, prêtre, chanoine de Ménigoute. Tous nommés dans l'acte de partage des successions de leurs père et mère, reçu à Pamproux, le 21 oct. 1728, par Palat et Biard, not^res royaux.

7. — **Bellin** (Léon), IIIe du nom, Ec., sgr de la Boutaudière et de la Robertrie, né en juin 1695, fut capitaine d'infanterie au service du roi d'Espagne, Philippe V. Laissé pour mort sur un champ de bataille, il n'échappa au sort cruel d'être enterré tout vif que grâce au hasard qui le fit glisser du chariot sur lequel il avait été jeté avec plusieurs cadavres. Plus tard il entra dans les gardes du corps du roi de France, et fut décoré de la croix de St-Louis. Les lettres d'anoblissement obtenues par son père furent révoquées par l'édit du mois d'août 1715 ; mais, sur l'exposé fait au Roi par Léon Bellin, « S. M. ayant égard à la requête du suppliant, et vu ses services militaires et autres rendus à l'État, le rétablit dans la qualité de noble, etc., etc., par lettres du mois de juin 1751 ; elles furent insinuées à Poitiers le 23 août 1752. Il avait épousé, en 1730, Henriette CLÉMENT, fille de François, sgr de la Boistrie, président en l'élec. de St-Maixent. De ce mariage sont issus : 1° MARIE-ANNE, D^lle de la Boutaudière, morte fille le 8 mai 1796 ; 2° LÉON-CHARLES, qui suit ; 3° JEAN-PHILIPPE, sgr de la Boutaudière et de Boischatant, dont la postérité sera rapportée au § IV ; 4° RENÉE-FRANÇOISE, dite de la Cantinière, morte fille le 29 nov. 1805 ; 5° MARIE-RADÉGONDE, dite de Mirande, morte fille le 23 juin 1812.

8. — **Bellin** (Léon-Charles), Chev., sgr de la Liborlière, mousquetaire noir, capitaine de cavalerie, Chev. de St-Louis, fut nommé en 1787, par l'assemblée de l'élection de St-Maixent, procureur syndic de l'ordre de la noblesse, fonctions qu'il n'accepta pas ; assista en 1789 à l'assemblée de la noblesse du Poitou pour la convocation des États généraux, et fut un des commissaires rédacteurs des cahiers de cet ordre. Ayant émigré en 1791, il se trouva le plus ancien des mousquetaires noirs, et fut nommé maréchal des logis de la seconde compagnie noble d'ordonnance. Il mourut de maladie à Luxembourg, à la fin de 1792. Il avait épousé, le 30 sept. 1771, Catherine-Henriette DE LA BARRE, fille d'Olivier, sgr de la Guessonnière, et de Madeleine-Elisabeth Gourjault de Mauprié. De ce mariage sont issus : 1° LÉON-FRANÇOIS-MARIE, qui suit ; 2° LOUIS-RENÉ-LÉON-HENRI, rapporté au § III ; 3° JEAN-MARIE-HENRI dit de la Guessonnière, né à St-Maixent en 1779, mort célibataire à Poitiers, le 12 janv. 1858 ; 4° RADÉGONDE-HENRIETTE-FRANÇOISE-JEANNE, morte fille à Poitiers, le 16 oct. 1825.

9. — **Bellin** (Léon-François-Marie), Chev., sgr de la Liborlière, né à St-Martin-lès-St-Maixent le 25 mars 1774, émigra en 1791, servit avec son père dans la seconde compagnie noble d'ordonnance, puis dans le régiment d'infanterie anglo-français de Viomenil, depuis sa formation jusqu'à son licenciement. Il épousa, le 5 févr. 1805, Anne-Elisabeth-Joséphine DE GOURJAULT, fille de Charles-François et de Perrine-Françoise-Marie-Thérèse-Eulalie Pioger de Pontigné. Nommé, lors de la formation de l'Université impériale en 1809, inspecteur de l'académie de Poitiers, il fut promu en 1815 aux fonctions de recteur de la même académie, et admis à la retraite, sur sa demande, en août 1830. Chev. de la Légion d'honneur en 1821, membre du conseil général du département de la Vienne en 1824, et démissionnaire en 1830, M. de la Liborlière a droit à une mention particulière comme écrivain ; il est en effet auteur de plusieurs ouvrages de littérature estimés, parmi lesquels : 1° *Célestine, ou les Époux sans l'être*, roman imprimé à Hambourg en 1798 (3 éditions successives) ; 2° *Anna Greenvil*, roman historique du siècle de Cromwell ; 3° *La Nuit anglaise, ou les Aventures de M. Dabaud, marchand de la rue St-Honoré*, 2 vol. in-12, Hambourg, 1799 (deux éditions) ; 4° *la Cloison*, comédie en un acte et en prose, jouée avec succès en 1803 ; cette pièce fit longtemps partie du répertoire du Théâtre-Français ; 5° *Histoire élémentaire de la monarchie française*, 1 vol. in-12 (3 éditions) ; 6° *Histoire élémentaire des principaux peuples de l'Europe*, 1 vol. in-12, Poitiers, 1827 (2 éditions) ; et enfin, en 1846, ses *Vieux souvenirs du Poitiers d'avant 1789*, ouvrage plein d'humour et de détails curieux sur les monuments et les hommes de cette époque.

Membre de la Société d'agriculture, sciences et arts de Poitiers, fondée en 1818, (dont il fut le 1er président) et de celle des Antiquaires de l'Ouest, il inséra dans les publications de ces deux Sociétés savantes d'intéressants mémoires sur différents sujets.

M. de la Liborlière est décédé à Poitiers le 27 avril 1847, sans laisser de postérité ; sa veuve est décédée le 14 mai 1869.

V. pour plus de détails le Supplément à la Bibliothèque littéraire de Dreux du Radier, par M. de Lastic St-Jal, p. 661.

§ III. — BRANCHE DE **MAUPRIÉ**.

9. — **Bellin de Mauprié** (Louis-René-Léon-Henri), fils puîné de Léon-Charles et de Catherine-Henriette de la Barre, (8e deg. § II,) né à St-Maixent le 22 juill. 1776, épousa, le 26 mai 1798, Marie-Thérèse-Alodie GAULTIER DE LA MOINERIE. Il est mort le 19 avril 1863, laissant : 1° THÉOPHANE, qui suit ; 2° MARIE-FRANÇOISE-NICÉE, née à Poitiers, comme toutes ses sœurs, le 20 juin 1804, décédée le 20 juin 1825 ; 3° MARIE-RADÉGONDE-HERMINIE, née le 27 août 1806, mariée, le 4 nov. 1835, à Marie-Henri-Barthélemy Bon de Constant, elle est morte au Palais de Croutelle le 9 juill. 1842 ; 4° MARIE-CHARLES-JULES, mort enfant ; 5° MARIE-PHILIPPE ou PHILIPPINE-ANGÉLIQUE-ALODIE, née le 6 sept. 1813, morte célibataire à Poitiers, le 24 juin 1842 ; 6° MARIE-THÉRÈSE-ANTOINETTE, née le 5 juill. 1814, décédée célibataire à Poitiers le 15 juill. 1885 ; 7° MARIE-FRANÇOISE-CLÉMENCE-THÉODORE, née le 6 août 1818, célibataire.

10. — **Bellin de Mauprié** (Théophane), né à Poitiers le 20 août 1801, épousa en 1res noces Anne-Marie-Antoinette DE CONSTANT, dont : 1° MARIE-JEAN-HILAIRE-LÉON-THÉOPHANE-OCTAVE, qui suit ; 2° MARIE-RADÉGONDE-ANTOINETTE-LÉONIE, née au Breuil (c^ne de Bernac, Charente), décédée le 28 août 1865, mariée en 1854, à Charles Chable, officier de gendarmerie, officier de la Lég. d'hon. le 21 mars 1872. En secondes noces, Théophane épousa Eléna DE CHERGÉ, veuve du Vignaux, et enfin Blanche de GATTEBOIS, veuve Montaguac. Il est décédé au Breuil le 25 août 1881.

11. — **Bellin de Maupré** (Marie-Jean-Hilaire-Léon-Théophane-Octave) naquit au Breuil en 1834, épousa, le 22 juill. 1867, Marie-Léopoldine DE SAVATTE DE LA MOTTE, décédée à Expendant près Vorteuil (Charente) le 15 juin 1868, laissant une fille, MARIE-MARGUERITE, née le 11 juin 1868.

§ IV. — BRANCHE DE LA **BOUTAUDIÈRE.**

8. — **Bellin** (Jean-Philippe), Ec., sgr de la Boutaudière, des Côtes et de Frozes (Vien.), fils puîné de Léon et d'Henriette Clément (7e deg. du § II), mort à Poitiers le 20 juin 1819, avait été garde du corps du Roi, capitaine de cavalerie, Chev. de St-Louis. Il assista en 1789 à l'assemblé de la noblesse du Poitou pour la convocation des Etats généraux. Marié à Poitiers, le 15 avril 1776, à Marie-Thérèse DE BLACWOD, fille de Simon-Xavier, Chev., sgr du Pinier, et de Marie-Thérèse de la Chesnaye, il avait eu de ce mariage 7 enfants, tous nés à Poitiers : 1° HENRI, né vers 1777, marié à Honorine-Anne GABORIT DE MONTJOU, fille de Jean-Baptiste et de Jeanne-Marie Nazaire, dont : *a.* ANNA, femme de N... Chasseloup de Châtillon ; *b.* ALEXANDRINE-HONORINE-EMILIE, mariée, le 1er févr. 1842, à Ferdinand-Joseph Guyot de Montserand.

2° JOSEPH-ALEXANDRE, né le 8 avril 1779, marié à Poitiers, le 31 janv. 1807, à Adélaïde ALLONNEAU, fille de Pierre Paul et de Madeleine-Geneviève Giret ; elle est décédée le 6 févr. 1819, et lui-même mourut le 16 mars 1861, laissant : *a.* MARIE-ADELINE, née le 25 janv. 1808 et décédée à Châtellerault le 20 avril 1886, veuve de Paul-Henri Gaultron de la Bâte, receveur des Contributions directes ; *b.* HENRIETTE-EUPHÉMIE, née à Poitiers, ainsi que sa sœur, le 28 janv. 1814.

3° MARIE-LÉON, né le 30 août 1788, marié à N... MAUMILLON DE LA PAILLERIE ; 4° MARIE-HENRIETTE-CHARLOTTE, née le 7 juin 1783, décédée à Poitiers le 24 nov. 1862, célibataire ; 5° MARIE-RADÉGONDE, née le 14 juill. 1785, mariée, le 3 sept. 1821, à Jean-Benoît-Gédéon Blanchard de Maffe ; 6° N..., s^r des Côtes, mort célibataire ; 7° ANNE-EULALIE, née le 9 janv. 1789, épousa à Poitiers, le 18 oct. 1819, Jacques de Mantier, ancien chevau-léger de la garde du Roi, lieutenant de cavalerie.

BELLINEAU.

Blason : d'azur à trois têtes de béliers arrachées d'argent et une étoile de même en chef. (Barentine.)

Bellineau (Marie) avait épousé avant 1518, 28 mai, André Aubert, sgr de la Normandelière, sénéchal des Essarts.

Bellineau (Olympe) épousa Jacques du Trehant, Ec., sgr de la Judaizeric. LOUISE, leur fille, se remaria à Gilles Durcot, sgr de Puitessou. A leur contrat de mariage du 7 sept. 1632, signèrent, avec ladite Olympe, RENÉ, PIERRE, LOUISE et ANNE Bellineau, ses frères et sœurs ?

Bellineau (Pierre), Ec., s^r de la Monnière, p^{sse} de Commequiers, élect. des Sables, était décédé lorsque Françoise DE BESSAY, sa veuve, fut maintenue noble avec FRANÇOISE et MARGUERITE, ses filles, par ordonnance de M. Barentin, du 7 sept. 1667.

Bellineau (Louise) était veuve de Isaac de Bessay, Chev., sgr des Granges, en 1668.

BELLION, EN GATINE.

Bellion (Jean), curé de St-Denis, et **Bellion** (Pierre), curé de Mouchamps, fondèrent et dotèrent, par acte du 5 nov. 1465 (Pellegay et Gellera, not.), une chapelle de 3 messes par semaine, en l'église de St-Denis, chapelle qui fut transférée, le 10 mars 1490, dans l'église de Champdeniers, à l'autel de St-Pierre. Dans l'acte par lequel les habitants de Champdeniers acceptent cette translation, nous voyons le nom de :

Bellion (Michelle), nièce des fondateurs, épouse de Jean Saulnier, leur exécuteur testamentaire. (B. Stat. II, 9.)

BELLIVIER DE PRIN. — Famille noble et ancienne, originaire des environs de Lusignan. Elle a formé plusieurs branches qu'il est difficile de distinguer entre elles. N'ayant eu sous les yeux que des notes incomplètes et peu sûres, nous ne pouvons donner la filiation que d'une manière douteuse, quoique tous les personnages mentionnés aient réellement existé.

Blason : de gueules à 3 fers de lance d'argent, 2 et 1 (on dit parfois : fers émoussés et même otelles).

Noms isolés.

Bellivier (Thomassin) eut pour sœur CATHERINE, mariée, le 17 mai 1431, à Laurent Prévost, Ec., s^r de Chandenier. (Gén. Prévost de Gagemont.)

Bellivier (Jean), de la châtellenie de Lusignan, servit en archer au ban de 1491.

Bellivier (Marie), de la branche de la Forest ? épousa Briand des Gittons, qui vivait en 1495 et 1510. (Mau. Garnier. Reg. Malte.)

Bellivier (Louise) épousa, vers 1500, Antoine de Puyvert ; leur petit-fils fut chevalier de Malte en 1547.

Bellivier (Jacques) était, vers 1647, prieur de St-Germain-d'Isernay, dépendant de St-Maixent.

Bellivier (Jeanne) épousa, vers 1660, Benjamin de Clervaux, Ec., s^r de Vanzay.

Bellivier (Marguerite) épousa Jacques de la Barre, Chev., s^r dudit lieu ; elle assista comme tante, le 5 févr. 1714, au mariage de Jean de la Barre, Ec., s^r du Bois-de-Luché, avec Françoise de Pellard.

Bellivier (Jeanne-Monique), d'une branche établie près de l'Isle-Jourdain, épousa, vers 1780, Joseph Bernardeau de Monterban ; elle décéda veuve, âgée de 90 ans, le 11 janv. 1840.

Bellivier (Jacques), Ec., sgr de la Serre (que nous croyons fils de JEAN-LOUIS, sgr de la Serre, 4e fils du 10e degré du § II), épousa Anne AUDEBERT, dont il eut GABRIEL, Ec., sgr de la Serre, qui épousa, le 26 avril 1746, à Voulême, Marie-Anne GUIOT, veuve de N... des Avaroux. Gabriel était veuf le 25 août 1764 (Reg. parois.) et épousa en 2es noces, le 9 mai 1781, Madeleine-Agathe BRICAULT DE VERNEUIL, fille de Charles et de Geneviève Bonneau.

Filiation suivie.

§ Ier. — BRANCHE DE **PERS.**

1. — **Bellivier** (Guyard), Ec., s^r de la Forest, St-Sauvant, les Tours-de-Pers, prêtait à Lusignan, le 28 sept. 1361, serment de féauté au nom de Jeanne DE MAINÉ, sa femme, à Jean Chandos, commissaire du roi d'Angleterre. Guyard laissa pour enfants : 1° JEAN, dit l'aîné, qui partagea avec autre JEAN, son neveu, fils de Pierre, son frère, la succession de Guyard, leur père

et aïeul. Le 2 déc. 1434, il arrentait certaines terres à son neveu GUILLAUME et à sa nièce MARGUERITE, alors épouse de Jean Véger, par acte reçu L'Officeau et Grelatier, not^res à St-Maixent. Nous ne connaissons pas sa postérité ; 2° PIERRE, qui suit; 3° GUILLAUME, chef de la branche de la Forest, § III.

2. — **Bellivier** (Pierre), sgr de Pers, rendait un aveu en 1410 au château de Lusignan, pour son herbergement de Pers et ses dépendances (Livre des fiefs) ; était décédé avant le 16 juin 1419, lors du partage de la succession de son père Guyard, laissant, d'après cet acte : 1° JEAN, dit le jeune, qui prit part à ce partage tant pour lui que pour 2° LOUIS, son frère mineur, dont il avait le bail.

3. — **Bellivier** (Jean), Ec., s^r de Pers, fit aveu de ce fief à Charles Dauphin de France et paraît avoir eu pour fils :

4. — **Bellivier** (Pascault), Ec., s^r de Pers, fit aveu de ce fief le 30 avril 1431, et servit au ban de 1467, comme homme d'armes du sgr de l'Ile-Jourdain. Il était décédé avant le 12 mai 1499, date d'un jugement de Guillaume Paen, sénéchal de St-Maixent, qui condamne Jean, François et Marie, ses enfants, à payer des dommages-intérêts à Jean Vasselot, Ec., s^r de la Chesnaye, pour trouble causé à la jouissance d'un pré. Il épousa, avant 1445, Jeanne BRULON, fille de Hugues, Ec., s^r de la Brulonnière (Persac), et de Marguerite Savary, dont il eut, croyons-nous : 1° PASCAULT, Ec., s^r de Pers, qui fit aveu de ce fief à Lusignan, le 4 juill. 1499. (Pièce orig. A. Vienne.) Il décéda sans doute sans postérité ; il n'est pas mentionné dans la sentence du 12 mai 1499 ; mais l'affaire ne le concernait pas sans doute ; 2° JEAN, Ec., s^r de Paller, marié à Jeanne JOUSSERAND, fit vente avec elle, le 3 mars 1504, acte passé à Pers (A. Vienne) ; 3° MARIE, mentionnée dans la sentence de 1499 ; 4° FRANÇOIS, qui suit.

5. — **Bellivier** (François), Ec., mentionné dans la sentence donnée à Lusignan, le 12 mai 1499, est présumé père de : 1° JACQUES, qui suit; 2° FRANÇOIS, qui partagea avec son frère le 17 sept. 1515. (Carrés d'Hozier, 81, p. 121.)

6. — **Bellivier** (Jacques), Ec., s^r de Pers, est dit (dans les titres vus par d'Hozier) père de : 1° ROBERT, Ec., s^r de Pers, fils aîné, fit aveu de Pers le 12 sept. 1527 ; 2° JEAN, qui suit.

7. — **Bellivier** (Jean), Ec., s^r de Pers, fit aveu de ce fief le 4 mai 1548 et le 19 juin 1561 ; épousa, le 16 juin 1550 (contrat reçu par Verudot, not^re de la cour de St-Maixent), Jeanne DE GAIN, fille de Gabriel, sgr d'Oradour, qui donna quittance pour sa dot le 3 déc. 1554. Il était décédé avant le 31 juill. 1575, et sa veuve fit aveu de Pers, comme tutrice de ses enfants dont nous ne connaissons que PONTUS, qui suit.

8. — **Bellivier** (Pontus), Ec., s^r de Pers, fit aveu de ce fief le 31 mai 1603 ; il épousa, le 24 août 1590, Esther CHEVALIER, fille de François, Ec., s^r de la Frapinière, et de Jacquette Partenay (ils se firent don mutuel le 24 avril 1591, Dupuis et Ouder, not^res à St-Maixent), dont il eut JEAN, qui suit.

9. — **Bellivier** (Jean), Ec., s^r de Pers, fit aveu de ce fief le 19 mars 1619. Il fut maintenu noble par sentence des élus de Poitiers du 28 juin 1634, et épousa, le 1er févr. 1615, Isabeau DES GITTONS, sans doute fille de Gabriel, Ec., s^r de la Baronnière, et de Jacquette de Puyvert, dont il eut : 1° ROBERT, qui suit; 2° JACQUES (branche du Palais, § II); 3° CATHERINE, mariée, le 13 juill. 1643, à Antoine Gaudin, Ec., s^r de la Peire.

10. — **Bellivier** (Robert), Ec., s^r de Pers, partagea avec son frère le 3 sept. 1657; il avait été son tuteur de 1649 à 1653. (Dans l'acte de 1657 il y est parlé d'un partage avec Catherine Gaudin, leur nièce.) Il fut maintenu noble en 1667 et eut sans doute pour fils :

11. — **Bellivier** (Jean), Chev., s^r de Pers, fit aveu de ce fief le 3 déc. 1688. Il épousa Suzanne AMIRAULT. (Nous ne savons pas s'il eut postérité, car le fief de Pers appartenait, en 1702, à la veuve de Louis Moysen, Ec., s^r de Laugerie.)

§ II. — BRANCHE DU PALAIS.

10. — **Bellivier** (Jacques), Ec., s^r du Palais, fils puîné de Jacques et d'Isabeau des Gittons (9° deg., § I), maintenu noble en 1667 (sur titres depuis 1363), épousa, le 16 avril 1657 (not^re à Limalonges), Catherine DE PUYGUION, fille de Pierre, Ec., s^r de la Voûte, et de Jeanne Garnier, dont il eut, entre autres enfants : 1° MARIE-ANNE-SYLVESTRE, née au Vigean, le 31 janv. 1664, bapt. le 27 janv. 1665 ; 2° JEAN-JACQUES, né au Vigean, le 19 janv. 1665, bapt. le 27 ; 3° PIERRE, qui suit ; 4° JEAN-LOUIS, Ec., s^r de la Serre, fit aveu au sgr du Vigean le 16 janv. 1710 ; il naquit le 4 août 1668 (parrains Jean-Louis Bellivier et Marie Bellivier) ; 5° CHARLES, né le 4 févr. 1669 ; 6° ARMAND, né le 12 févr. 1670 ; 7° JACQUES, né le 4 nov. 1671.

11. — **Bellivier** (Pierre), Ec., s^r du Palais, épousa, le 9 janv. 1701, Elisabeth DE CHANTILLAC, fille de Pierre, Ec., s^r de Ste-Marie, et de Françoise des Monstiers, dont il eut : 1° MARIE, née à Bussière-Boffy, le 17 avril 1706, reçue à St-Cyr en 1716 ; 2° LOUISE, mariée, le 25 mai 1726, à Abzac, à Jean Landays, Ec., s^r de Vérac.

§ III. — BRANCHE DE LA FOREST.

2. — **Bellivier** (Guillaume), Ec., s^r de la Forest (était fils puîné de Guyart et de Jeanne de Mairé, 1er deg., § I, d'après le partage du 26 juill. 1419) ; il était décédé à cette époque, et sa veuve agissait au nom de ses enfants mineurs ; mais les 2 aînés étaient majeurs. Il épousa, dit-on, en 1396, Jeanne DE BEAUCHAMP, dont il eut : 1° GUILLAUME, qui suit ; 2° MARGUERITE, mariée à Jean Verger, Ec. ; en 1434 elle arrenta, conjointement avec son frère Guillaume, des terres possédées par Jean Bellivier l'aîné, leur oncle ; peut-être 3° MATHELIN, 4° FRANÇOIS, 5° JEAN, 6° PIERRE, qui est dit posséder un hébergement près celui de son frère Guillaume. Peut-être est-ce lui qui épousa Marie PALLAYRE ? dont PHILIPPE, MARIE, MARGUERITE, NICOLE, qui sont dits mineurs dans un accord du 1er mars 1483.

3. — **Bellivier** (Guillaume), Ec., s^r de la Forest, Luché, etc., fit aveu, le 24 janv. 1447, à Jean du Cher, pour son hôtel de la Forest, touchant à celui de Pierre Bellivier le jeune. Le 1er juin 1431 et en 1457, il fit aveu de Luché à Marie Faydit, veuve de Pierre d'Orfeuille, et le 10 mars 1457, il fit retrait lignager sur Pierre de Vaulx, par acte reçu D. Gaudin et P. Joubert, not^res à Montmorillon. Il épousa Jeanne DU BOUCHAUD, dont il eut : 1° N..., qui suit; 2° FRANÇOIS, curé de Pliboux, décédé avant 1483; 3° JEANNE, qui épousa vers 14.., Pierre du Chilleau. Elle fit accord le 2 mai 1483 avec son neveu Pierre, agissant pour lui et ses frères et sœurs, pour la succession de feu François, curé de Pliboux, son frère.

4. — **Bellivier** (N...), Ec., s^r de la Forest,

Luché, eut pour enfants Pierre, qui suit, et autres mentionnés en 1483, mais qui ne sont pas nommés.

5. — **Bellivier** (René), Ec., sr de la Forest, Luché, fit accord en 1483; il épousa, vers 1490, Marguerite d'Orfeuille, remariée ensuite à Guichard Aubanneau, Ec., qui fit aveu le 15 juin 1503, comme ayant le bail des enfants du 1er lit de sa femme, qui étaient : 1° Hugues, qui suit; 2° René, 3° Marie.

6. — **Bellivier** (Hugues), Ec., sr de la Forest, épousa en 1511 Jeanne Arembert, fille d'Etienne et de Liette de Janailhac, dont : 1° Pierre, 2° Françoise, mariée à Jean Peloquin; 3° Marie, qui épousa en 1545 Pierre Vasselot, Ec., sr de Gascougnolle.

7. — **Bellivier** (Pierre), Ec., sr de la Forest, Luché, épousa en 1545 Jeanne du Courret, dont il eut Gabriel, qui suit.

8. — **Bellivier** (Gabriel), Ec., sr de la Forest, Luché, etc., épousa, dit-on, en 1565 (peut-être 1575), Marie Gillier, fille d'Eustache, Ec., sr de Fortranche, dont : 1° Jacques, Ec., sr de Fontmorte, la Cimalière, la Forest-St-Sauvant, fit aveu de ce fief à Couhé, en 1602; il épousa, vers 1600, Françoise Angély, remariée, vers 1615, à Jacques Vasselot, Ec., fille de François, Ec., sr de la Couture, la Cimalière, dont il n'eut pas de postérité; 2° Pierre, qui suit; 3° Robert, Ec., sr de la Fortranche; 4° Jacquette, mariée en 1620 à Pierre Chopin, Ec., sr de Moulin-Ferme; 5° François, Ec., sr de la Genesto, qui épousa Marie ou Marguerite de Mondion, et eut pour fille Eléonore, qui fut légataire de sa tante Jacquette, le 16 avril 1667.

9. — **Bellivier** (Pierre), Ec., sr de la Geneste, de Fontmorte, Luché, la Forest, fit aveu de Fontmorte à l'abb. de St-Maixent, comme fils aîné de Gabriel (après décès de son frère Jacques), le 20 juin 1623 et le 13 avril 1627; il a dû se marier 2 fois, et en 2es noces en 1629 ? à Eléonore de la Jaille, dont il eut 2 filles : Jacquette, mariée, le 1er oct. 1658, à Charles Bellanger, Ec., sr de Lussay, et Charlotte, religieuse. Il a dû avoir du 1er lit Jacques, qui suit.

10. — **Bellivier** (Jacques), Ec., sr de Luché, Fontmorte, est dit fils de Gabriel dans plusieurs documents, entre autres la maintenue Richebourg de 1715; mais il y a eu sans doute confusion avec l'autre Jacques, son oncle.

Il épousa, le 4 août 1642, Marguerite du Pin, fille de Gabriel, Ec., sr de la Guérivière, et de Louise de Maunoury, dont il eut : 1° Robert, qui suit; 2° François, né le 29 oct. 1644 (St-Sauvant); 3° Jacques, né le 14 août 1646; 4° Catherine, née le 26 déc. 1647, décédée le 28 nov. 1706; 5° Pierre, né le 15 févr. 1650; 6° Gabriel, né le 13 avril 1651; 7° Antoine, né le 5 oct. 1652; 8° René, né le 20 nov. 1653; 9° François, Ec., sr de Lauges, né le 8 sept. 1656, décédé en 1679; 10° Isabelle ou Elisabeth, née le 5 juill. 1660, décédée le 19 nov. 1713; 11° Jean, Ec., sr de Fontmorte, capitaine de dragons, né le 28 mars 1663, décédé le 19 janv. 1742; il épousa, paraît-il, Anne Mallet; 12° Jacques, né le 28 mars 1663.

11. — **Bellivier** (Robert), Chev., sgr de Luché, né à St-Sauvant le 28 mai 1643, eut pour parrains Robert de Lezay, sgr des Marais, et Eléonore de la Jaille; assista, le 6 oct. 1680, au mariage d'Achille Jourdain, Ec., sr de Maisonnais, avec Marie-Anne de Rechignevoisin. Il fut maintenu noble en 1667 et servit au ban du Poitou en 1693 et 1703. Il décéda à St-Sauvant le 30 oct. 1721. Il avait épousé en 1672 Louise le Roy de Montaupin, décédée le 30 mars 1696, dont il eut : 1° Marguerite, née en 1673, décédée le 18 nov. 1731, veuve de François de Mézieux; 2° Pierre, né le 19 janv. 1675; 3° Jean-Louis, qui suit, et sans doute : 4° Charles, Ec., sr de Prin, décédé sans postérité de Madeleine de Lauzon, fille de Louis-Jean-Auguste, Ec., sr de Charroux, et de Perrine Chein, qui épousa en 2es noces, le 17 juin 1709, Pierre-Louis Louvart de Pontlevoy.

12. **Bellivier** (Jean-Louis), Ec., sr de Prin, de la Forest, Luché, etc., assiste comme beau-frère du futur, le 5 févr. 1714, au mariage de Jean de la Barre avec Françoise de Pellard. Il épousa : 1° en 1700, Catherine-Marguerite de la Barre, fille de Louis, Ec., sgr de la Guessonnière, et de Marguerite de Pellard, et 2° le 14 juin 1707, Marguerite Simon, fille de Guillaume, Ec., sr de la Morillonnière, et de Catherine Picoron.

Il eut du 1er lit : 1° Robert-Louis, qui suit; 2° Marguerite, née en 1704, décédée en 1707; et peut-être du 2e lit : 3° Jean-Louis, Ec., sr du Grand-Breuil; 4° Jeanne-Marie, qui épousa Charles de Bonnetie; 5° Anne-Gabrielle, religieuse Ursuline.

13. — **Bellivier** (Robert-Louis), Ec., sr de Prin, Luché, servit au ban du Poitou en 1758, dans la 4e brigade de l'escadron de Boisragon, et mourut le 30 juin 1779, à St-Sauvant. Il épousa à St-Sauvant, le 11 juill. 1733, Marguerite-Gabrielle Garnier, fille de Pierre, Ec., sr de Courmorant, et de Gabrielle-Elisabeth Levesque de Boisgrollier, dont : 1° Jean-Louis, Ec., sgr de la Barre, né le 15 sept. 1734, comparut en 1789 à l'assemblée de la noblesse du Poitou; 2° Jean-Olivier, qui suit; 3° Marguerite-Gabrielle, née le 20 juill. 1738, décédée le 4 août 1753.

14. — **Bellivier** (Jean-Louis-Olivier), Ec., sr de Prin, Faljoie, etc., né le 22 mai 1736, mort le 28 mai 1809, épousa, le 19 avril 1773, Marie-Anne-Angélique de Bosquevert, fille de Joseph-Alexis, Ec., sr du Chaigne, et de Catherine Sauzeau, dont il eut : 1° Catherine-Louise-Angélique, née le 9 fév. 1774, décédée le 28 févr. 1854, sans alliance; 2° Gabriel-Joseph, né le 6 juin 1776, décédé sans alliance le 11 janv. 1848; 3° Joseph-Louis-Gabriel, qui suit; 4° Louise-Rosalie, née le 6 déc. 1777, morte enfant, en 1780.

15. — **Bellivier de Prin** (Gabriel-Louis-Joseph, ou Joseph-Louis-Gabriel), né le 4 déc. 1777, décédé le 13 avril 1864, à Poitiers, épousa, le 16 août 1809, Jeanne-Pauline de Brouilhac, fille de Jacques-Charles et de Louise-Claire Lemoyne de Sérigny (elle est décédée à Poitiers le 20 oct. 1870), dont : 1° Gabriel-Armand, décédé jeune; 2° Charles-Alexis-Amable-Emile, qui suit; 3° Gabriel-Alexandre-Paulin-Eugène, dit le Chevalier de Prin, né le 19 janv. 1818, marié, en sept. 1846, à Françoise-Marie-Caroline de Tisseuil du Cerier, fille de Pierre-Eugène et de Charlotte-Delphine de Lostang de Furigny, dont il a eu : *a*. Marie-Gabrielle, mariée, le 1er juin 1869, à Adrien de Gigou; *b*. Pauline-Louise-Marie, mariée, le 26 janv. 1875, à Léopold de Fouchier.

4° Louis-Henri-Théodore-Jules (a fait branche, § IV); 5° Charles-Henri-Paul, marié à Alix-Marie-Geneviève Lecomte de Teil, fille de Marc-Félix et de Renée-Henriette de Rodays, dont Robert, né en 1865, et Armand, né en 1870.

6° Marie-Henriette-Alexandrine, née le 29 mai 1810; sans alliance.

16. — **Bellivier de Prin** (Charles-Alexis-Amable-Emile), né le 1er févr. 1814; marié en 1839 à Marie-Louise-Anna de la Cropte-St-Abre, fille d'André, Cte de St-Abre, et de Marie-Adélaïde de Lhuilier, décédée le 14 mai 1873, a eu : 1° Joseph-André-Stéphane, décédé jeune; 2° Louis-Jacques-Anatole, décédé jeune;

3° ALBERT-EUGÈNE-CHARLES, qui suit ; 4° MARIE-MARGUERITE-JULIETTE, décédée le 27 avril 1865.

17. — **Bellivier de Prin** (Albert-Eugène-Charles), né le 9 août 1843 ; marié : 1° le 30 déc. 1875, à Madeleine-Marguerite BODIN DE St-LAURENT, décédée le 18 janv. 1879 ; 2° le 1er août 1883, à Marie-Alexandrine-Sara RICHARD DE LA TOUR ; a eu du 1er lit : 1° ANNE-MARIE-MARGUERITE, née en 1876 ; 2° MARIE-MADELEINE-YVONNE, née en 1878.

§ IV. — **BELLIVIER DE PRIN**, BRANCHE CADETTE.

16. — **Bellivier de Prin** (Louis-Henri-Théodore-Jules) (fils puîné de Gabriel-Louis-Joseph et de Jeanne-Pauline de Brouilhac, 15e deg., § III), capitaine d'artillerie, naquit le 15 déc. 1819 et est décédé à Poitiers le 24 janv. 1865, à 45 ans ; il avait épousé, en 1852, Adélaïde-Sophie-Scipiola DE BOCK, fille de N..., Bon de Bock, et de N... Dumaftz de Gaimpy, dont : 1° HENRI-JUST-JOSEPH, né le 8 juill. 1853 à Brizay (Indre-et-Loire) ; 2° MARIE-CHARLOTTE-PAULINE, née en 1854, mariée à l'Ile-Bouchard, le 9 juin 1875, à Joseph-François-Gaston Augier de Moussac ; 3° CHARLES-OLIVIER, 4° BERTHE-MARIE-ALEXANDRINE, mariée à Georges du Pont de Romémont ; 5° ALFRED-MARIE-THÉODORE.

BELOT. — Plusieurs familles de ce nom ont existé en Poitou. N'ayant recueilli que peu de renseignements sur chacune d'elles, nous ne croyons pas utile de les distinguer par articles séparés.

Belotus *Dominus Rofiaci* est cité dans un traité passé en 1147 entre le Chapitre de St-Hilaire-le-Grand de Poitiers et les sgrs de Ruffec, au sujet des droits qu'ils prétendaient mutuellement dans la terre de Courcôme. (M. A. O. 1847. D. F. 10.)

Belot (Pierre), Chev., était prévôt de Loudun en févr. 1326. (A. H. P.)

Belot (Robert de) servait comme Ec. en 1364. (Bib. Nat. Montres et Revues.)

Bellot (Perrot), sire de la Bellotière, rendait aveu de cette terre au sgr de la Flocellière le 28 mars 1376. (D. F.)

Bellote (Jehan), valet, fut choisi le 8 oct. 1407 par André de Meules, Ec., sgr de Maltravers, pour l'un de ses exécuteurs testamentaires. (D. F. Arch. de la Durbellière.)

Belot (André), Ec., sgr de la Belotière, rend à son tour hommage de cette terre au sgr de la Flocellière, le 17 févr. 1436. (Id.)

Bellot (Jehan) servit comme brigandinier à l'arrière-ban du Poitou de 1488. En 1489, il fut désigné pour la garde de la Flocellière. (Doc. inéd. 62.) C'est lui sans doute qui, sgr de la Belotière, rend aveu au sgr de la Flocellière le 5 janv. 1491. (D. F.)

Bellot (Mathieu) servait en archer au ban de 1491, remplaçant René de Poullé, habitant dans la terre d'Argenton.

Bellot (N...) était curé d'Adilly de 1584 à 1598. (B. A. O. 1847, 415.)

Bellot (Jean) épousa Françoise DEVALLÉE, qui était veuve de Jean Baillif, vers 1630.

Bellot (Jean), prêtre, était aumônier du château de Guron le 22 mai 1666. (Reg. de Payré.)

Bellot (J.) était vicaire de Payré de 1667 à 1669. (Id.)

Bellot (René) était consul des marchands à Poitiers en 1698 et 1711, et fut juge en 1713. (A. H. P. 15.)

Bellot (Jean), prêtre, prieur claustral de l'abb. de Moreaux en 1698, fut inhumé le 9 nov. 1700 dans ladite abbaye comme prieur, en présence de N... Bellot, prieur de Civaux, son cousin. (Reg. de Champagné-St-Hilaire.)

Bellot (Marie), mariée, le 4 mars 1715, à Louis Admirault, notaire et procureur fiscal de Celles-l'Evescault.

Bellot (François-René), marchand de fer, fut consul des marchands de Poitiers en 1758 et 1797, et juge en 1772. (A. H. P. 15.)

Bellot (Pierre), notaire à Celles-l'Evescault, épousa Radégonde DE LA BARRE, dont il eut, entre autres enfants, PIERRE, qui suit. (Reg. de Payré.)

Bellot (Pierre), marchand, épousa, le 20 août 1771, Jeanne GASCHET, fille de Jean et de Louise Vinet. (Id.)

Bellot (Augustin) (peut-être frère du précédent), notaire et procureur du marquisat de Couhé, épousa Catherine PAQUAY, *aliàs* PAQUIER, dont il eut : 1° MARIE-ANNE, baptisée le 17 janv. 1785 ; 2° JACQUES-AUGUSTIN, baptisé le 14 févr. 1786 ; 3° MARIE-ANNE, baptisée le 30 juill. 1787 ; 4° LOUIS, baptisé le 6 févr. 1790 ; 5° LOUISE, baptisée le 9 juill. 1792. (Reg. de Couhé.)

Bellot (Jean-Baptiste) fut à Poitiers juge au tribunal civil en l'an V de la République, et en brumaire an VI il était attaché comme juge au tribunal criminel.

Bellot (François) laissa de Elisabeth CHABOT une fille, MARIE-SUSANNE, qui épousa, le 7 avril 1832, par contrat reçu Tripart, not^re à Poitiers, Eugène-Louis de Fouchier, docteur-médecin à Lencloître.

BELLOT DES MINIÈRES.

Blason. — Mgr Bellot des Minières portait : d'azur semé d'étoiles d'or, au sautoir alaisé d'argent.

Bellot des Minières (Henri) naquit à Poitiers le 15 nov. 1822, était secrétaire général de l'archevêché de Bordeaux lorsqu'il fut préconisé évêque de Poitiers, le 13 déc. 1880, et sacré à Bordeaux, le 30 janv. 1881, par Mgr de la Bouillerie, coadjuteur de S. Em. le cardinal Donnet, archevêque de cette ville ; mort à Paris le 15 mars 1888.

BELLOUIN. — V. BLOUIN.

Bellouin de Marsay (N...) a servi au 3e escadron des nobles du Poitou convoqué au ban de 1689 et réuni le 26 mai à la Châteigneraye.

Bellouin (Françoise) était vers 1696 femme de François Chauvin, Ec., sgr de Chour. L'Armorial du Poitou lui donnait d'office : « d'azur à 5 pals d'or et un lambel de 3 pendants de sable, brochant sur le tout. »

BELLUCHEAU. — Famille de Poitiers, où elle a occupé des charges dans la magistrature et l'échevinage, et que nous croyons depuis longtemps éteinte.

Blason : d'azur à une rose d'argent boutonnée de gueules, au chef d'argent à une tulipe fermée de gueules, tigée de sinople, *aliàs* un artichaut. (Gonjet.)

Bellucheau (Jean), bourgeois et échevin de Poitiers, acquiert, le 20 déc. 1525, pour le prix de 1.500 écus d'or au soleil, de Jean Chasteigner de la Rochepozay, la terre et seigneurie de Cremault.

Bellucheau (Claude), arrière-petite-fille ? du précédent, était veuve de Gabriel du Reignier, gentilhomme de la chambre du Roi, sgr de Clermont, lorsqu'elle rendit aveu de ladite terre de Cremault, le 4 mars 1611.

Bellucheau (Jean), procureur du Roi de l'Hôtel-de-Ville de Poitiers, fut reçu échevin en 1539 et fit partie, comme tel, de la députation du corps de ville qui alla complimenter à Dissay le cardinal de Givry, évêque de Poitiers. Il avait épousé avant 1539 Anne DE SAUZAY, fille de Guillaume, Ec., sgr de Toutifault et de Beaurepaire, et de Catherine Cavé, et veuve de Aimé Brochard, dont il eut ANNE, mariée à N... Masparault, s^r de Busseuil. Nous pensons que c'est lui qui est nommé dans une sentence rendue à la sénéchaussée de Poitiers en 1540, au sujet de la navigation du Clain, à laquelle il était un des rares opposants.

Bellucheau (François) comparut comme conseiller de la sénéchaussée de Poitiers au procès-verbal de la réformation de la Coutume de Poitou en 1559.

Bellucheau (N...), échevin de Poitiers, accusé d'avoir avec le maire Herbert favorisé l'entrée des protestants en 1562, prit la fuite lors de la reprise de cette ville par le maréchal de St-André, échappa aux condamnations qui atteignirent ses complices, et ne fut exécuté qu'en effigie.

Bellucheau (Claude), dame de Clermont, vivait, d'après Constant (Commentaire sur la Coutume de Poitou), en 1594; et il y eut à cette époque un arrêt du Parlement rendu contre elle en matière de succession.

Bellucheau (François), s^r de la Renaudière, était conseiller au Présidial de Poitiers en 1570. (A. H. P. 7.)

Bellucheau (François), Ec., sgr de la Renaudière et de Brégion, épousa, le 6 mars 1584, Marguerite D'AUTHON, D^e de Brégion. — Ce François doit être ou le précédent ou son fils. — On voit par deux jugements rendus aux sièges de Civray et de Lusignan, les 2 et 13 oct. 1589, que François était décédé et laissait des enfants mineurs dont nous ne connaissons que

Bellucheau (Gabriel), Ec., sgr de Brégion, qui, le 3 janv. 1623, faisait faire sommation à Marie d'Authon, sa mère, remariée et veuve de Mre Jacques de Constant, Ec., sgr de Chaillé, de lui rétrocéder la moitié de la sgrie de la Mothe-de-Melle, qu'il lui avait vendue, ainsi qu'à son second époux.

BELLY (Jean-Baptiste du), Ec., sgr de la Vaize, habitait Poitiers le 4 déc. 1710. (F.)

BELON ou **BELLON** et **BESLON**. — Il y a plusieurs familles de ce nom dont on ne trouve plus trace depuis environ deux siècles.

Belon (Guillaume) possédait en 1389 la terre de Poix (Cubon), du chef de Jeanne DE DENCÉ, sa femme. (B^{nie} de Mirebeau, — de Fouchier.)

Belon (Guillaume et André), habitant à la Jarrie et à Tonnay (Char^{te}-Inférieure), transigeaient, vers 1310, avec Hugues de la Celle, pour ce qu'ils devaient au Roi pour acquêts de biens nobles. (A. H. P. 11.)

Belon (Jean), Chev., avait vendu à Guy Mauvoisin, Ec. du Roi, la terre de Rivoire, que ce dernier revend au duc d'Anjou en 1375. (N. féod. 626.)

Bellon (Johanne de) était veuve de feu Olivier Grimault, Ec., sgr du Lizon, et tutrice de leurs enfants mineurs, le 24 mars 1465; à cette date, elle recevait un aveu de Méry Babin en cette double qualité, à cause de ladite terre du Lizon. (Id.)

Bellon (Ithier) servait en homme d'armes dans la compagnie du sénéchal de Poitou qui fit montre à Poitiers le 5 mai 1479.

Belon (Honorat), habitant Châtellerault, fut chargé de réclamer, le 10 mai 1591, de Lidoire de Massougnes, serment de fidélité à Henri IV.

Bellon (François de), Ec., sgr de la Roche-Bernard, était héritier de Bonne DE PARTHENAY, sa mère, qui elle-même l'était de Sibille de la Chaussée, laquelle était parageur de Charles du Chesne, Ec., sgr de la Chaulme, 5 juin 1338. (O.)

Belon (Lazare) était 1er élu et assesseur en l'élection de Châtellerault en 1642. (F.)

Belon (Louis de), sgr de la Resrie, épousa Marie DE GRÉAULME, dont RADÉGONDE, mariée à Denis de Massougnes, s^r de Fontmoreau. Jacques de Gréaulme fut le fondé de pouvoir de Louis, lors du partage de la succession de René de Vandel, le 4 oct. 1675.

BELON. — Famille de l'Orléanais, dont un membre habita le Poitou.

Blason. — Le scel de Jehan Belon portait un écu chargé de trois tourteaux de... le premier chargé d'un lion passant. (Arch. Nat. Domay.)

Belon (Jean), Chev., capitaine de la Roche-sur-Yon pour le duc d'Anjou, livra cette place aux Anglais. Arrêté peu après et conduit à Angers, il y fut noyé dans la Maine par ordre du prince, vers le 12 févr. 1370, et ses biens confisqués. Il avait d'abord servi en 1343 sous les ordres de Jean de l'Isle, capitaine pour le Roi en Poitou, puis en 1363 en qualité de maréchal-lieutenant du Roi en Anjou, Maine et Touraine, et comme capitaine (gouverneur) de la ville de Vendôme. (A. H. P. 17, 369; 19, 53.)

BELOSSAC (DE). — Famille noble de Bretagne, quelquefois écrit de Blossac.

Blason: de vair à la fasce de gueules.

Belosac (Emery de) fut châtelain de la Garnache pour le sire de Clisson; son scel fut refait en 1374. (A. N. J. Reg. 105, 561.)

Bellosac (Marguerite de) épousa, vers 1401, Jean Buor, Ec., sgr de la Lande.

Bellosac (Jacquette de), dame de la Gibonnière, épousa Jacques Voussard, Ec., sgr du Boisrousseau, et leur petite-fille épouse en 1615 Hélie Levesque.

BELUTEAU. — Famille qui paraît avoir habité la Gâtine aux XVe et XVIe siècles, et dont nous n'avons plus trouvé de traces dans la suite.

Beluteau (Jean) rendait un aveu à Manbruny II de Liniers, Chev., sgr de la Meslerayé et de St-Sauveur, le 2 août 1424.

Beluteau (Jean), *serviteur* de Moysen, capitaine du château de Mervent pour le connétable de Richemont, avait promis de livrer cette place aux ennemis du connétable. Cette trame ayant été découverte, il fut condamné à mort et exécuté à Fontenay le 20 mars 1432.

Beluteau (Jean) le jeune rendait aveu à Michel de Liniers, B^{on} d'Airvau, pour le fief du Chiron-Bernou, comme tuteur de François Vigor, fils mineur de feu Simon Vigor, le 13 mars 1457. C'est sans doute le même qui habitait Airvau le 27 déc. 1470, possédant des terres relevant du fief d'Hérisson, et qui partageait certaines dîmes avec le prieur de St-Généroux, le sgr de

Riblères, etc. Il eut, croyons-nous, entre autres enfants :

Beluteau (Mathurin), fils aîné de Jean, rendait des aveux les 5 déc. 1481 et 30 août 1488, à Michel de Liniers, B^on d'Airvau.

Belluteau (Marie) était, à la fin du xve s^e, épouse de Jacques Viault, Ec., sgr de l'Estortière (la Chapelle-Seguin). (Ledain, Gâtine.)

Beluteau (Jean) servait en archer en 1519 dans la compagnie de M. de la Tremoille.

Belluteau (N...) était procureur du Roi à Parthenay. Il présente en 1540 à François Doyneau, lieutenant-g^al de la sénéchaussée de Poitiers, les réclamations des habitants de Parthenay. (Ledain, Gâtine.)

Belluteau (Marie) était, 1540-1547, épouse de Pierre Sabourin, sgr du Plessis-Prévot, *aliàs* Proust (Gourgé). (Id.)

Beluteau (Marie) avait épousé Etienne Cossin, sgr de la Boutrochère, d'après une transaction reçue le 20 déc. 1561 par Bon, not^re à Parthenay. En secondes noces elle se remaria à François Garnier.

Beluteau (Marie), dame de Chantemerle, épousa Jacques Juchereau? Ec. Ils vivaient le 20 juin 1565. Elle était aussi dame de Beaugé.

Beluteau (François) faisait un aveu, le 1er juill. 1602, à Louis Goulard, Ec., sgr de la Geffardière.

BENAC ou **BEINAC**. — Famille originaire du Périgord.

Blason : Marie-Claude de Benac, Dame d'Aubigny, portait : burelé en fasce d'or et de gueules. (D'Hozier.)

Benac (Simon de), s^r du Courcet, du ressort de Montmorillon, servit en arbalétrier au ban de 1533.

Benac (François de), Ec., sgr de Pagerol? père et loyal administrateur de N..., sa fille, et de feu Elisabeth Joumard, son épouse, est cité dans une transaction du 30 mai 1692.

Benac (Marie de) était, le 28 mai 1697, veuve et donataire de René Robert, sgr d'Aubigny. (D. Font. Arch. de l'Ev. de Luçon.)

BENACHIN. — V. **BARACHIN**.

BENAIS, BENAY, BENEST, BENEZ. — Il a existé en Poitou plusieurs familles de ce nom, dont la principale a possédé la terre de la Fontaine, c^ne de Dangé (Vienne).

Blason : d'or à l'aigle éployée de gueules.

Benais (Jehan de), valet, sgr de la Fontaine-Dangé, vivait en 1329.

Benais (Guillaume de), Ec., épousa Jeanne Collère (Collier ?); il eut un procès, le 25 janv. 1374, avec Thomas Laurent et Marguerite Collère, pour un banc en la boucherie de Châtellerault.

Benais (Prégent de), Ec., était, en 1565, sgr de Varennes, relevant de Belleville en Thouarçais.

Benais (François de), Ec., sgr de la Rivière, fut inculpé d'avoir excédé à coups d'épée Nicolas Pingault. Un décret de prise de corps lancé contre lui à Châtellerault n'ayant pas été exécuté, par crainte de ses amis, et de la peur qu'il inspirait, la cour des Grands Jours de Poitiers évoqua le procès par devant elle, par arrêt du 20 oct. 1579. (M. Stat. 1878, 140.)

Benais (Bertrand de) est condamné, par arrêt de la cour des Grands Jours du 28 nov. 1579, à avoir la tête tranchée, pour avoir pendu et étranglé Louis Bernier, et, par un autre arrêt du même jour, la cour ordonne que garnison sera mise dans les châteaux du condamné. (Id. 184.)

§ Ier. — Branche de la **FONTAINE**.

1. — **Benais** (Jean de), Ec., sgr de la Fontaine-en-Dangé, épousa, le 19 juin 1446 ? Marie Postel, fille de Robert, sgr de Bés ? et de Marie Lhermite, dont il eut : 1° Jean, qui suit ; 2° Charles, chanoine de St-Martin de Tours, 1486 ; 3° Hector, qui a formé la branche de la Rivière, § III.

2. — **Benais** (Jean de), Ec., sgr de la Fontaine, épousa, vers 1480, Renée de Montléon, fille de René, Chev., sgr de Toufou, et de Guillemine de Maillé, dont il eut : 1° François, qui suit ; 2° Prégent, Ec., sgr de Chézelle-Savary, qui vendit en 1537 la Berthelière, p^sse de Monts en Loudunais, au commandeur de la Foucaudière. Il épousa Marthe Coulart, et eut peut-être postérité ; 3° Pierre, Ec., sgr du Donjon ? et du Pin, épousa Anne d'Aigreville, et eut des enfants, entre autres : Jean, qui eut postérité ; 4° Françoise, mariée à Jean de la Couste, Ec., s^r de Pontloy. On trouve aussi : 5° Guy, 6° Aymar, mineur en 1500.

3. — **Benais** (François de), Ec., sgr de la Fontaine, Chargé, etc., épousa Marie Pot, fille de François, Ec., sgr de Chassingrimont, et de Renée de Montléon (ailleurs dite fille de Guyot et d'Isabeau de Saffré). Mais François de Benais partagea avec François Pot, le 9 mars 1544. Il eut pour enfants : 1° René, qui suit; 2° Louis, a formé branche, § II ; 3° Jacquette, mariée, le 7 déc. 1545, à Bertrand de Moussy, Ec., sgr de la Contour, puis à François de Lizo ? sgr de Beauregard; 4° Bertrand, Ec., sgr de Chargé, marié à Lucrèce de la Touche, fille de François, Ec., sgr de Chincé, et de Sylvine Déry ? dont il eut : Sylvine, mariée à Jacques Martin, Ec., sgr de la Goutteberuard.

4. — **Benais** (René de), Chev., sgr de la Fontaine, Chev. de l'ordre du Roi, épousa Bertrande du Puy, fille de René, Chev., sgr de Bagneux, et d'Antoinette du Puy-Basché, dont il eut : 1° Honorat, qui suit ; 2° Renée, mariée à Yves Rogier, Ec., sgr de la Vau-Martin.

5. — **Benais** (Honorat de), Ec., sgr de la Fontaine, enseigne de la compagnie de l'amiral de Villars, partagea avec sa sœur. Nous n'avons pas d'autres renseignements sur lui.

§ II. — Branche de **CHARGÉ**.

4. — **Benais** (Louis de), Ec., sgr de Razinc, Chargé, Vaucouleurs, capitaine d'arquebusiers, fils puîné de François et de Marie Pot (3e deg., § I), épousa Françoise Davy, fille de Jacques, Ec., s^r des Fontenelles, et d'Adrienne le Bigot, dont il eut : 1° François ; 2° Jacques, 3° René, 4° Marguerite, 5° Louise, mariée, le 26 oct. 1607, à Alain de Blet ; 6° Perrine. (D'après d'autres notes, il y aurait eu 2 Louis, père et fils, et celui-ci serait le 2e.)

§ III. — Branche de la **RIVIÈRE**.

2. — **Benais** (Hector de), Ec., sgr de la Rivière (fils puîné de Jean et de Postel, 1 deg., § I), fit aveu de Chastre, tenu des sgries de St-Romain, Vellèches, à l'abbaye de Ste-Croix, le 1er sept. 1482. Marié à Esme ? du Puy, il en eut : Jean, qui suit.

3. — **Benais** (Jean de), Ec., sgr de la Rivière, épousa en 1526 ? Jeanne DE MAUSSON, fille de Jean, Ec., sgr de Martigny, et d'Antoinette de Maulay, dont : 1° FRANÇOIS, qui suit ; 2° HÉLÈNE, mariée à François du Puy ; 3° JEAN, Ec., sgr de Mourry.

4. — **Benais** (François de), Ec., sgr de la Rivière, épousa en 1578 Jeanne DE RIGNÉ, fille de Georges, Ec., sgr de Villiers, et de Marie de Beauvollier, dont il eut : 1° ANTOINE, qui suit ; 2° LOUISE, mariée à Charles de Magnon ? sgr de Chezelles ; 3° RENÉ.

5. — **Benais** (Antoine de), Ec., sgr de la Rivière-en-Dangé, Mourry, etc., épousa, en 1617, Jeanne DE LESTANG, fille de Louis, Ec., sgr de Villaines, et de Antoinette Le Brun, dont il eut ANTOINETTE, mariée en 1654 à Laurent Brusle ? sgr de Fontaine, exempt de la Prévôté des Monnaies.

BENAIS ou **BENEZ**. — AUTRES FAMILLES.

Benays (N...) vendait au roi Philippe le Bel une rente de 30 sous à prendre sur les revenus de la Prévôté de Poitiers (1304). (Arch. Nat. J. 181, 51.)

Bennez (Pierre de), clerc, fut d'abord garde-scel pour le Roi à Niort, puis juge de la Prévôté, et enfin pair et maire de cette ville en 1428. (Guillemeau.)

Benest (Jean), pair et receveur des deniers de la commune de Niort, fut maire de cette ville en 1429. (Id.)

Benez (Etienne) assista aux réunions qui eurent lieu en 1432, au sujet de l'érection de l'Université de Poitiers ; c'est peut-être le même personnage qu'un

Benez (Etienne), chanoine de St-Hilaire-le-Grand (1423), chanoine de ce Chapitre en 1448, qui fut excommunié par l'assistant de l'official de l'évêque de Poitiers, pour n'avoir pas payé 6 écus d'or qu'il devait à ce prélat. Excommunication qui fut levée le 10 juin 1452, en vertu d'une commission émanant de Jean Breton, doyen du Chapitre de St-Martin de Tours, conservateur des privilèges de celui de St-Hilaire-le-Grand.

BENASTON. — Voici ce que Henri de la Citardière (B. Fillon), dans son travail sur la famille de Maynard, dit de cette famille Poitevine, éteinte depuis plus de trois siècles, et qui a laissé peu de traces dans nos annales :

« Les Benastons ont donné leur nom à la Benastonnière, qu'ils possédaient ainsi que différents autres fiefs au delà de la Roche-sur-Yon et aux environs de Montaigu. La petite forteresse d'origine gallo-romaine de Benaston, située près de Chavagnes-en-Paillers, fut probablement baptisée par eux au XIe ou XIIe siècle. Au XVe ils étaient également seigneurs de la Brunetière, p^sse de Chavagnes-les-Redoux, dans la mouvance de Bazôges, et ils s'éteignirent sous Louis XI ou Charles VIII, dans la personne de JEANNE, femme de Guillaume Ruffineau, Ec.

« Les Benastons furent seigneurs de St-Cyr, v. 1300, par achat ou héritage de Geoffroy de Charimay (Poitou et Vendée. St-Cyr, 10.)

Benastum (N...) fut témoin du don *d'un plaisset* d'Avrillé, fait à l'abbaye de Boisgrolland, v. 1180, par Emengarde, sœur d'Aimery de Moric, et Babins, son fils. (Cart. Boisgrolland.)

Benastum (N...) peut-être le même, donne au même monastère *quidquid juris habebat in domo Fredure*, en présence de Benoît, abbé, Radulphe, prieur, et autres, don confirmé par son fils Pierre, v. 1180.

Benaston (Pierre), sgr de la Benastonnière, passa, le 16 juin 1322, un accord avec Marie et Guy Mazoer ou Mazouer, paroissiens de St-Cyr, au sujet d'un droit d'usage dont ces derniers s'acquittaient envers le sgr de Poiroux, et qu'il prétendait lui être dû à cause de son fief de Fougeret-en-St-Cyr. (B. Fil.)

Benaston (Jean), ayant fortifié son hôtel de la Cour, p^sse de St-Sornin, en 1350, le Roi donna l'ordre de le démolir. (Id.)

Benaston (Agathe) avait épousé Jehan Guibert, clerc ; ils fondèrent, le 15 déc. 1373, le prieuré dit du Grand-St-Cyr. (Id.)

Benaston (Nicolas), valet, rend aveu à Mme Catherine de la Haye, le 21 juin 1407, « pour certains *airauds* qui jadis furent maisons en la ville de la Chèze-Giraut ». (D. F. 82.)

Benaston (Jeanne) était mariée, v. 1420, à Guillaume de la Pintrollière, dit Ruffineau, Ec., sgr de la Pintrollière et de la Benastonnière, cette dernière terre du chef de sa femme. (F.)

BENCE. — Famille étrangère du Poitou, qui y posséda des fiefs.

1. — **Bence** (Adrien), secrétaire du Roi, épousa Jeanne DE CHASTILLON ? Il eut pour enfants : 1° PIERRE, qui suit ; 2° (JEANNE-PHILIPPE), baronne d'Oulmes en Poitou, dame de Criqueville, mariée, le 28 juin 1667, à Claude de la Fond, sgr de la Beuvrière, secrétaire du Roi, puis intendant en Franche-Comté, Roussillon et Alsace en 1698. (F.)

2. — **Bence** (Pierre), Chev., sgr baron d'Oulmes, fit aveu de ce fief à Fontenay-le-Comte, le 16 janv. 1763. Il était conseiller au Parlement de Paris.

BENET ou **DE BENEST**. — Famille du pays de Civray.

Benest (Charlotte de) assistait au baptême de François Bausse, à Charroux, le 22 févr. 1610.

Benest (Jean de), s^r de la Renaudière, existait en 1652, à Romagne. (Reg. parois.)

Benest (Louise de) avait épousé Jean Agier, chirurgien, s^r de la Rataillère, comme il appert du baptême de leur fils Charles, le 23 oct. 1664, à Romagne. (Id.)

Benest (Jean de), notaire royal à Voulême, épousa Aimerie ARNAULT, dont il eut : 1° FRANÇOISE, baptisée le 4 août 1669 ; 2° JEAN, baptisé le 5 nov. 1670. (Reg. de Voulême.)

Benést (Jeanne) avait épousé Nicolas Vétault, comme on le voit par le mariage de leur fils René, le 15 janv. 1693. (Reg. de Romagne.)

BENEST EN NIORTAIS.

Benet ou **Benest** (Jean) de Châteaumur fut taxé en 1437 pour ne s'être pas rendu aux armées, quoiqu'il se dît noble. (F.)

Benest (Jean), bourgeois de Niort, vivait en 1475.

BENOIST ou **BENOIT**. — Nom devenu patronymique et très commun.

Nous donnons ici ceux que nous croyons avoir marqué par leur naissance ou leurs actions bonnes ou mauvaises.

Benoist (Geoffroy) donne une terre sise à la Grassetière à l'abbaye de l'Absie, vers 1120.

Benoist (N...), de la Gâtine, fait le voyage de Jérusalem, vers 1120, et a le bonheur de revenir dans son pays.

Benoist (Herpin) fait don à l'abbaye de l'Absie de la terre de la Vellonnière, sous Guillaume, 2e abbé, 1135-1146. (Gâtine, Ledain.)

Benoist (N...), abbé de Boisgrolland. Pierre de Voluyre, voulant partir pour Jérusalem, lui donne et à ses religieux la 4e partie du *Pasquerium* de leur maison située au Poiré de Curzon, 1182, et comme le donateur n'avait pas son sceau, il le fait sceller par Guillelme, abbé de Luçon. (Hist. des Ev. et M. de Luçon. La Fontenelle.)

Benoist (Jehan) servit au lieu de Claude Cadru, de Poitiers, à l'arrière-ban du Poitou de 1489. (Doc. inédits.)

Benoît (N...) était, en 1548, notaire à Thouars.

Benoist (Etienne), orfèvre, demeurant place Notre-Dame-la-Petite, à Poitiers, fut l'un des principaux agents de la fonte des matières d'or et d'argent provenant du pillage des églises et monastères de Poitiers par les protestants (1562). Le produit de ce pillage devait s'élever à des sommes considérables, car l'évaluation des pertes éprouvées par le seul Chapitre de St-Hilaire-le-Grand fut portée à plus de cent mille livres monnaie d'alors, et cela sans compter une grande quantité d'or monnayé en pièces anciennes dont on ne connaissait ni le nombre, ni la valeur.

Benoît (Pierre de), habitant Bressuire, est dit en 1665 sgr de la Barangerie en Boismé.

Benoît (René), sr de la Billaudière, et Catherine Vignaud, sa femme, fille, de feu André, sr de la Plante, vendent la terre du Petit-Billy à Louis Dorineau, Ec., sgr de la Bassetière, le 3 janv. 1665.

Benoist (François), sr de la Courrière, psse de Beaulieu (Angoumois), épouse, le 26 juill. 1656, Catherine Chonlaud. (Reg. de Pressac.)

Benoît (Louis), sr du Vignault, vivait en 1670, d'après un registre de Champigny-le-Sec (Vienne).

Benoît (Georges), procureur à Poitiers. Marie Baron, sa femme, était veuve et âgée de 80 ans, lors de son inhumation, le 22 avril 1676, à Champigny-le-Sec, en présence de Jean, leur fils.

Benoist (N...), chapelain du château de la Meilleraye, surveille, le 14 mai 1681, l'inhumation de Charles de la Porte, sgr de la Meilleraye. (Ledain, Gâtine.)

Benoist (Pierre) eut de Marie Claveau, sa femme, une fille, Marguerite, mariée, le 3 janv. 1698, à Pierre Pallu, 2e du nom, sr de Beaupuy. Elle était décédée avant le mois de mai 1702.

Benoist (Jean), prêtre doyen de la collégiale de Sainte-Croix de Loudun, le 18 févr. 1706. (Arch. Loudun.)

Benoise (Marguerite-Françoise) était, en 1703, veuve de Louis-François Le Peultre, Chev., sgr du Puy-carré. (N. féod. 744.)

Benoist (Elisabeth) avait épousé Gabriel de Gérard, dont une fille, baptisée à Villemain, le 17 nov. 1755.

Benoît (Marie), de la Charlotterie, était épouse de Jean-Antoine Piet-Berton, bourgeois et ancien échevin de Niort, le 26 mars 1761.

Benoît (Louis), peintre, époux d'Elisabeth Hervé, meurt âgé de 50 ans environ, le 14 août 1694, et fut inhumé dans le cimetière de St-Pierre de Montfort, laissant:

Benoît (Antoine-Louis), sr de Guinebault, membre de l'Académie royale de peinture, naquit à Paris, psse St-Sulpice, domicilié à Poitiers, paroisse Ste-Triaise, et marié, en l'église de Montgauguier (Vienne), à Marguerite Maillard, fille de Paul, Ec., sgr de Grand-maison, et de Françoise Pain; de ce mariage sont issus : 1° Paul-Louis, baptisé le 4 sept. 1709 ; 2° René, baptisé le 22 avril 1712, en l'église de Champigny-le-Sec.

BENOUET ou **BENOIST**. — Famille habitant Poitiers au xviiie siècle.

1. — **Benouet de la Chillerie** (N...) eut pour enfants : 1° Côme-Gabriel, qui suit ; 2° N..., mariée à N... Martineau. Elle décéda à Beauvoir, près Poitiers, en 1783.

2. — **Benouet de la Chillerie** (Côme-Gabriel), officier au régiment de Vezin, épousa Marguerite de Morineau, fille de Hilaire et de Marie-Anne Loisillon de Boisjoly ; elle épousa ensuite, le 6 nov. 1781, Louis-Joseph-Charles de Savatte de Genouillé. Côme-Gabriel eut : 1° Marie-Anne, mariée, le 9 juill. 1776, avec Gabriel-Augustin-Pierre-Hilaire de Savatte, dit le chevalier de Genouillé, officier d'infanterie ; elle fut inhumée à Poitiers le 7 sept. 1842 ; 2° Marie-Anne-Prudence, son autre fille, épousa, le 23 nov. 1790, Philippe-Jean de Guillon, Chev., sgr de la Rouartinière, mort pendant l'émigration. Côme-Gabriel avait été inhumé à Lavoux, le 7 avril 1774.

BENSEVEST (Clément), dit ailleurs *Qui bene se vestit*, *Bene se vestiens*, nom dérivé d'un sobriquet, abandonna à l'abbaye de l'Absie, en 1183, tous ses droits sur le fief du Frêne moyennant que les moines célébreront son anniversaire après sa mort. (Gâtine, Ledain.)

BÉON. — Famille du Limousin que nous citons pour ses alliances.

Blason : écartelé aux 1er et 4e d'azur à 2 lions passant l'un sur l'autre ; aux 2e et 3e d'argent à 3 fasces de gueules. (Nobil. du Limousin.)

Béon (Charles de), Ec., sgr de Bières, épousa Louise de Tusseau ; ils étaient décédés l'un et l'autre le 28 janv. 1686, époque du mariage de leur fils, qui suit.

Béon (Jean de), Ec., sgr de Bières, épousa, le 20 janv. 1686, Françoise de St-Fief, fille de feu Jean, Ec., sr de St-Paul, et de Louise de Coral (Reg. d'Availles-Limousine) ; ils eurent peut-être pour fils Jean, qui suit.

Béon (Jean de) a fait partie du ban des nobles du Haut-Poitou, convoqué en 1758, et y a servi dans la 4e brigade de l'escadron de Vassé. (F.)

BÉRA.

Béra (Louis), procureur et notaire de Romagne, épousa, le 14 nov. 1748, Françoise Fradin, dont il eut un grand nombre d'enfants, entre autres Joseph-Charles, qui suit.

Béra (Joseph-Charles), né le 4 nov. 1758, reçu avocat au Présidial de Poitiers en 1780, fut nommé commissaire national en 1792, destitué en 1793. Nommé en l'an IV commissaire du pouvoir exécutif près les tribunaux civils et criminels du dépt de la Vienne, et en l'an VIII, commissaire du gouvernement près le tribunal d'appel de Poitiers, n'a pas été compris dans l'organisation judiciaire en 1811, mais fut décoré ensuite de la croix de la Légion d'honneur. Il a fait partie de la chambre des députés des 100 jours en 1815. A fait imprimer en 1812, en un volume in-4°, un recueil de ses œuvres, comme magistrat ou jurisconsulte. On a enfin de lui un ouvrage de circonstance, au moment où il était député, intitulé: *Propositions d'un électeur du départ. de la Vienne*, in-8°, 1815. (F.) Il avait épousé, le 23 avril 1781, Marie PINEAU, fille de feu François, marchand, et de Marie Taupin. (Reg. St-Saviol.)

BÉRANGER (de). — Plusieurs familles qui ne nous paraissent avoir aucune relation entre elles ont existé en Poitou. Avant de donner ce que nos recherches nous ont procuré sur chacune d'elles, nous allons réunir les noms des personnages que nous n'avons pu classer dans ces généalogies.

Noms isolés.

Béranger (Raymonde) avait possédé une terre dont Audebert (Gaudin), doyen de Commequiers, fit un don à l'abbaye de St-Cyprien en 1136.

Béranger (Pierre) et AUDEBERT, son frère, vivaient en 1160. — Pierre souscrivit comme témoin dans une donation faite au monastère de Montazay en 1170. On le trouve aussi comme souscripteur dans d'autres titres de 1167 à 1178.

Béranger (*Berengarius miles*) vivait en 1205. ARSENDIS, sa fille, fit en 1238 une donation à l'abbaye de Charroux sous le scel des vénérables archiprêtres de Gençay et d'Ambernac; elle était alors veuve *Rainaudi burgensis de Karoffo*.

Béranger (Isambert), Chev., eut une fille, AYE, qui épousa Johan Yzoré, comme on le voit d'après le début d'une charte française du mois de mars 1243, dont l'original, qui nous fut communiqué par feu M. B. Fillon, commence ainsi qu'il suit : *Ge Ysores d'Aitre fait assaver à tos ceaus qui ceste presente chartre veiront et oiront que ge ob lotrei et ob la volonté de Guillaume Ysore clerc et de Johan Ysore mes fils et de Aye femme au dit J. Ysore mun fil laquelle Aye fut fille fahu Isembert Béranger Chevaler, ai vendu à sire Pierre, abb. de St-Maissent.* (V. aussi A. H. P. 18, 70.)

Béranger (Perrot) figure parmi les bourgeois et habitants de Parthenay transigeant avec Guillaume Larchevêque. (Ledain, Gâtine.)

Béranger (Jean), Ec., sgr de Fontenilles, élect. de St-Maixent, fut taxé en 1437, pour ne s'être pas présenté armé, comme il le devait être. (Bib. Nat.)

Béranger (Martin) servait pour lui et son père au ban de 1467, comme brigandinier du sgr de Bressuire.

Béranger (Clément), bachelier, et autres étudiants de l'Université de Poitiers, s'amusant à corner d'un cor de terre sur la place du Marché-Vieil pour assembler les chiens, par manière de passe-temps, d'autres écoliers surviennent; dispute et combat, 1477. (Arch. Nat. J. Reg. 1465, 1666.)

Béranger (Paule) était femme de Jean du Rousseau, Ec., sgr de Maranda, comme il résulte du contrat de mariage de Junien, leur fils, au 18 mai 1540.

Béranger (Alexandre) servait dans la compagnie de St-Offange, qui fit montre à Rochefort en 1592.

Béranger (Jean), sieur de la Vionnière, dont la sœur, MARGUERITE, épousa André Garipault, Ec., sgr de la Fournière ; leur fils Jean fut maire et capitaine de Fontenay-le-Cte, en 1616.

Béranger (Jeanne) était veuve, le 30 avril 1621, de Pierre Bretin, sr des Noyers, dans la sgrie de Sigournay.

Béranger (Jean), Ec., avait épousé, malgré l'opposition de son père, une fille de basse extraction. Le père, outré de colère, poursuivit son fils en crime de rapt, sur quoi les parties furent mises hors de cour. Le père exhéréda JEAN, son fils aîné, et donna toute sa fortune à JACQUES, son fils puîné ; mais, par jugement de la sénéchaussée de Poitiers du 16 févr. 1634, le testament du père fut cassé, et le partage fut ordonné suivant la coutume.

Béranger (Jacques), sr de Girondor, psse de Boufferé, élect. de Mauléon (Vendée), fut condamné roturier en 1000 liv. d'amende par Barentin, sentence dont il appela au Conseil.

Béranger (Christophe de), sgr de Girondor, fils du précédent ? fut renvoyé devant le Conseil pour se voir confirmer dans sa noblesse ou condamner comme usurpateur de ce titre par ordonnance de M. de Maupeou, le 21 juill. 1697.

Béranger (N...), sr du Liet, a servi dans la seconde brigade au ban de 1689.

Béranger (Marie) était veuve de François Chaigneau, le 19 mai 1766.

Béranger de Nantilly (Françoise) épousa, dans la seconde moitié du XVIIe s°, Jean Frottier, Ec., sgr de l'Espinay, capitaine au régiment de Brouage.

Béranger (N... de), demoiselle, fait, le 16 sept. 1778, avec ses frères, un traité portant partage des successions de ses père et mère.

BÉRANGER. — Les notes concernant la famille qui suit nous ont été communiquées par M. de Gouttepagnon qui les a extraites des archives de la famille Querqui de la Pouzaire.

Blason : Béranger (Jean), Ec., sgr de la Boullaye : d'argent à une main dextre appaumée de gueules, accostée des lettres S B de sable (d'Hozier). Un écusson sculpté à la Mainborgère (St-Hilaire-le-Vouhis) porte : une main accompagnée en chef de 2 roses, entre 2 hermines, en flanc de 2 losanges et en pointe d'un croissant.

§ Ier.

1. — **Béranger** (Louis), sénéchal des Bnies du Puybelliard, Chantonnay et Sigournay, en 1572 ; il épousa Perrette BUREAU et eut plusieurs enfants, dont :

2. — **Béranger** (Jean), qui était à la même époque fermier de ces sgries ; peu de temps auparavant, il s'était rendu acquéreur du fief de la Baritaudière en Chantonnay. Le 13 juin 1600, il était tuteur des enfants mineurs de Gabriel Roy et de Louise Béranger, sa fille, et rendait aveu en leur nom à la sgrie de St-Hilaire-le-Vouhis. Jean est décédé en 1603, laissant de Louise CACAUD, sa première femme : 1° MATHURIN, qui possédait en 1604 la terre de la Baritaudière mouvante de Chantonnay et Puybelliard, ne paraît pas s'être marié et vivait encore en 1609 ; 2° PIERRE, qui suit ; 3° LOUISE, mariée à Gabriel Roy, Ec., sgr de la Mainbourgère, la Cambaudière, les Vieilles-Forges de St-Hilaire-le-Vouhis.

Jean épousa en secondes noces sa belle-sœur, Jeanne ROBIN, veuve de Mathurin Cacaud, dont il eut : 4° JEAN, Ec., sgr de la Vergne, Vergnaye ou Vergnée, qui vendait, le 6 mai 1615, la sgrie de Ludernière et la métairie noble de la Bretonnière à Pierre, son frère. Le 19 février 1618, il servait de témoin à Suzanne Garipault, sa nièce, lors de son contrat de mariage avec Jacob Rouault, Ec., sgr du Buignon. Jean laissa de Marie LAMBERT, son épouse, une fille, JEANNE, mariée en premières noces à François Doyneau, Ec., sgr des Places, et en secondes, vers 1640, à Alexandre Desmier, Ec., sgr d'Olbreuse.

3. — **Béranger** (Pierre), s^r du Tail, devenu l'aîné par suite du décès de Mathurin, avait acquis la sgrie de la Mainbourgère en St-Hilaire-le-Vouhis (Vendée), le 15 mai 1629, de René Cacaud et de Claude Roy, sa femme ; il en rendait aveu au sgr de St-Hilaire le 12 mai 1635. En 1641, il avait fait hommage au sgr de Sigournay de son herbergement de la Ramée, et rendit hommage de la terre de la Baritaudière jusqu'en 1644, époque de sa mort. Il a laissé de N... son épouse ; 1° Pierre, qui suit; 2° Jean, dont la descendance sera établie § II ; 3° Jacques, tige de la branche de Ludernière, § III ; 4° Louis, tige de la branche de Beneste, § IV ; 5° Daniel, Ec., sgr du Tail, était en 1692 commissaire aux saisies réelles, épousa Marie Gobert, fille de René, s^r de Montpouet, avocat à Poitiers, et de Jeanne Pain ; il mourut sans enfants ; 6° Charles, Ec., sgr des Forges en St-Hilaire-le-Vouhis, épousa Jeanne Gobert, sœur de Jeanne, comme il ressort d'un partage du 18 janv. 1648 (Arch. Vienne). De ce mariage sont issus : *a.* Jeanne, *b.* Jacques et *c.* Suzanne, héritière en partie de la famille Gobert.

4. — **Béranger** (Pierre) IIe, Ec., sgr de la Baritaudière, fils aîné et principal héritier du précédent, paraît dans un acte du 7 avril 1656 ; de 1644 à 1667 il rendit hommage de son fief de la Baritaudière au sgr des B^{nies} du Puybelliard, Chantonnay et Sigournay. Pierre habitait Poitiers.

5. — **Béranger** (Pierre) IIIe, Ec., sgr de la Baritaudière, rendit hommage pour ce même fief de 1668 à 1691. Il épousa Elisabeth Pain, fille de Isaac, banquier à Poitiers, et d'Elisabeth Fourreau, dont il a eu : 1° Jean, Ec., sgr de la Baritaudière, décédé en 1719 ; 2° Suzanne-Marie, D^e de la Baritaudière ; après la mort de son frère Jean, elle vendit ce fief à Louis-Jacob de Lespinay et fut inhumée le 4 nov. 1743, âgée de 86 ans ; elle s'était mariée à Isaac-Jacques Pain, sgr des Forges et des Barillères, dont elle était veuve en 1719. Elle avait abjuré la religion protestante à l'âge de 23 ans, le 15 nov. 1685, entre les mains de F. Coustin, curé de Journet, ainsi que 3° Françoise, sa sœur, femme de Isaac Pignonneau, Ec., sgr des Mintières. (O.)

§ II. — Seconde Branche.

4. — **Béranger** (Jean), Ec., sgr de la Boulaye, la Mainbourgère, la Maisonneuve, fils puîné de Pierre et de N... (3e deg., § I), s'allia à Marie Chaigneau ; les deux époux firent leur testament le 3 mars 1698 (Jacques Auger et Jacques Roulleau, not^{res} au Puybelliard). Ses enfants furent : 1° Jeanne, mariée, par contrat du 26 nov. 1696, à Joseph Boujeu, Ec., sgr de la Poupelière, garde de la porte du Roi décédée en 1717 ; 2° Louise, mariée, le 11 janv. 1694, à Louis Nau, s^r de la Bigotrie, juge au siège royal de Melle, auquel contrat a signé Pierre-Louis Béranger, cousin de la mariée ; 3° Samuel, mort jeune.

§ III. — Branche de Ludernière.

4. — **Béranger** (Jacques), Ec., sgr de Ludernière, 3e fils de Pierre et de N... (3e deg., § I), épousa Marie Basché et mourut en 1668, laissant : 1° Jean, Ec., s^r de Ludernière, avocat, décédé en 1730 sans postérité de Jeanne Vexiau, son épouse, laquelle avait assisté au mariage de Louise Béranger et de Louis Nau, le 11 janv. 1694. Jean Béranger figure dans un acte de partage du 9 mars 1708 ; 2° Jacques, Ec., sgr des Margattières et de Fief-Fontaine, mourut en 1706, servant dans la compagnie de cavalerie de la milice bourgeoise de Chantonnay ; 3° Marie, femme de Pierre Marchegay, s^r d'Essiré ; 4° Louise et 5° Bénigne, mortes célibataires.

§ IV. — Quatrième Branche.

4. — **Béranger** (Louis), Ec., sgr de Beneste, 4e fils de Pierre (3e deg. du § I), épousa Anne Moussiau, fille de Jean, s^r de la Pouzaire, et de Marie Balligou. De ce mariage sont issus : 1° Pierre-Louis, qui suit ; 2° Marie-Anne, femme de Jean Bousseau, s^r de la Cholletière ; 3° Suzanne-Aimée, dame de la Bessonnière, religionnaire fugitive, peut-être la personne désignée sous le seul nom de Suzanne, dite réfugiée à Genève en 1686-1710. (N. de Richemond.)

5. — **Béranger** (Pierre-Louis), Ec., sgr de Beneste, figure en 1692, dans un inventaire, comme curateur de sa nièce Françoise-Aimée Bousseau. S'étant expatrié après la révocation de l'Edit de Nantes, il se retira en Angleterre et décéda à Southampton, laissant une certaine fortune dont hérita sa fille Elisabeth, laquelle se maria à Jean Lanoue, et décéda sans postérité. Pierre-Louis avait testé le 29 mai 1731 en faveur, en partie du moins, de ses neveux, MM. Querqui de Challais et du Chatellier. Après la mort de sa fille, sa fortune passa aux mains de ses coreligionnaires fixés en Angleterre, auxquels de son vivant il avait donné d'importants secours.

BÉRANGER. — Autre famille.

Famille originaire d'Anjou, passée en Bas-Poitou au XVIIe siècle. (Note du vol. 20241 (Fonds Français), f° 67 de la Bib. Nat.)

Blason : gironné d'or et de gueules de huit pièces. (Arm. d'Anjou.)

1. — **Béranger** (N...), Ec., épousa, par contrat du 8 avril 1456, Louise de Ronzay, dont il eut :

2. — **Béranger** (Charles de) se maria à Louise du Pineau, dont : 1° Jean, qui suit ; 2° Antoine, qui partagea avec son frère.

3. — **Béranger** (Jean de), Ec., sgr de la Guitterie, partageait avec son frère le 4 août 1567. Marié le 4 oct. 1549 à Marie de la Roussardière, elle lui donna :

4. — **Béranger** (Martin de), Ec., sgr de Guitterie, avait été baptisé à St-Florent-le-Vieil le 15 févr. 1574 et maintenu noble le 8 janv. 1600 par les commissaires du Roi à Poitiers. Il habitait Boufferré-les-Montaigu.

BÉRANGER ou BÉRANGIER, autre famille.

1. — **Béranger** (André de), Ec., sgr de la Pipiette, donna procuration le 7 avril 1589, sous le scel de Chamdeniers, pour faire l'hommage du péage de Bussière-Poitevine, en Basse-Marche. Il était marié à Françoise d'Albanie, et paraît avoir eu pour fils :

2. — **Béranger** (N... de), Ec., sgr de... épousa Franguine de Sonneville, dont entre autres enfants, Nicolas, qui suit.

3. — **Béranger** (Nicolas de), Ec., sgr de la Pipiette, épousa, le 13 sept. 1575, Marie des Francs, fille de Silvestre, Ec., sgr de la Bretonnière, et de Catherine Chevalier. Le 7 oct. 1600, il assistait avec sa femme et Léon Béranger, Ec., sgr de la Brande, son cousin germain, au mariage de René de Castello avec Catherine des Francs ; son arrière petit-fils, fut :

Béranger (Hector de), Ec., sgr de Sonneville, qui, le 6 juin 1669, rendait aveu de son fief de l'Estermière au sgr de St-Hilaire-le-Vouhis (Vendée), fut maintenu en 1667 dans sa noblesse par M. Barentin, et faisait un échange avec M. du Chesnel, acte reçu Mathurin Gouraud, notre à Montaigu. Il était marié dès lors à Marguerite MACÉ, dont il eut : 1° MARGUERITE, mariée : 1° à Jean Guibert, Ec., sgr de la Fresterie avant 1682 ; 2° à Jacques Gourdault, Ec., sgr de la Croix, avant 1691 ; 2° EULALIE.

C'est de cette Marguerite, sans doute, dont il est question dans l'anecdote suivante, rapportée par M. Bardonnet (M. Stat. 1884, p. 348), sous l'année 1673 :

Plainte en tentative d'assassinat portée devant Augier de la Terraudière, maire de Niort, par Hector de Béranger, sr de Souillé et de Souville, demeurant en la maison de l'Estermière, psse St-Hilaire-le-Vouhis. Béranger arrive à minuit tout en sang à la maison du maire, poursuivi qu'il est par Guibert, garde des traites foraines, qui aurait enlevé la fille du suppliant, la retenait à Niort dans sa maison, vivant avec elle comme sa femme. Béranger était venu pour tâcher de la ramener et l'avait décidée à le suivre, quand Guibert l'a reprise, et l'a si maltraité...... L'instruction de l'affaire devait être faite devant l'intendant de Marillac.

BÉRANGIER. — Ce nom peut être facilement confondu avec celui de Béranger qui précède. Nous le donnons tel que nous l'avons trouvé écrit.

Bérangier était en 1350 chapelain d'une chapelle fondée, v. 1335, dans l'église de Ste-Opportune à Poitiers. Il mourut le 18 août 1366 et fut inhumé dans cette chapelle. (A. H. P. 15.)

Bérangier ou **Béranger** possédait en 1510 (23 juin) une maison située rue Notre-Dame-la-Petite à Poitiers. (Arch. de la Barre.)

Bérangier (Marie) et Alexandre Roullins, Ec., sgr de la Mortmartin, vendent à Louis Legier leur portion dans le fief de St-Sauveur le 24 nov. 1651. (Id.)

BÉRANGIER. — Famille originaire de l'Anjou, qui paraît être venue en Poitou vers 1604.

Les notes généalogiques suivantes sont extraites du registre du Grand-Prieuré d'Aquitaine. (Bibl. de l'Arsenal.)

Blason : d'azur à 3 croissants d'argent.

1. — **Bérangier** (Jean), Ec., sgr de la Rouille, épousa Louise DE MONTPEZAT, fille de Pierre et de Yvonne de Verac, dont :

2. — **Berangier** (Olivier de), Ec., sgr de la Branchoire, la Perrotière, L'Herbergement-Ydreau, marié à Marguerite GUYNEUF, fille de Louis, Ec., sgr de L'Herbergement, et de Claude de L'Herbergement (d'une branche légitimée de la Trémoille). Il en eut : 1° BARBE, dite fille aînée et principale héritière, épousa Jean Bouhet, Ec., puis était le 15 avril 1581 femme de Pierre de Plouer, Ec. ; elle n'existait plus le 6 mai 1594 ; 2° JOACHIME, mariée en 1570 à René Poitevin, Ec., sgr de la Bidollière ; 3° CLAUDE, De de L'Herbergement, mariée à René Sauvestre, Ec., sgr de Quingé.

BÉRARD ET BÉRART. — Nous n'avons pu recueillir qu'un bien petit nombre d'indications sur les personnes portant l'un et l'autre nom, qui peut même être le même, vu la légère différence dans la manière de l'écrire.

Bérard (*Goffredus*) est relaté dans la charte-notice par laquelle Geoffroy III, Cte d'Anjou, se désiste en 1061, en faveur de l'abb. de Noyers, de ses prétentions sur la terre de Charzay. (D. F. 20.)

Berardus (*Petrus*) est témoin du don de l'église de St-Vincent de Chénéché, etc., fait à l'abb. de St-Cyprien de Poitiers, v. 1080, par un nommé Louis, Marguerite sa femme, et leur fils Emenon. (D. F. 7. A. H. P. 4.)

Berardus (*Willelmus*), témoin d'un don fait à la même abbaye par un chanoine de l'Église de Poitiers et son frère. (Id. id.)

Berardus (*Aimericus*), *capellanus de Monte-Adezio* (Montazay), est cité dans des chartes concernant ce prieuré Fontevriste, de 1167, 1187 et 1195. (D. F. 18.)

Bérart (*Willelmus*), *de Pontiniaco*, est cité dans un échange de terres fait entre les abbayes de Moreille et de la Grenetière en 1251. (Id. 9.)

Bérard (*Guillelmus*) est témoin dans l'enquête faite v. 1255, au sujet du service militaire que le sgr de Parthenay réclamait des hommes de Xaintray et de la haute justice qu'il prétendait sur eux. (Doc. inédits, 28, 35.)

Bérart (*Guillelmus*). Hilarie sa veuve obtient en 1258, pour restitution de sa dot, le tiers d'une terre sise *prope Frontigniacum*. (Ledain, Alphonse de Poitiers.)

Bérart (Johan), témoin du traité passé entre le prieur de Fontenay et les habitants, par lequel il renonce au droit de passage qu'ils prétendaient sur une terre dépendant de son prieuré. (D. F. 22.)

Bérard (Guillaume), Ec., fut banni du royaume, par arrêt du 1er déc. 1343, pour avoir pris part à la trahison d'Olivier de Clisson. (A. H. P. 13.)

Bérart (Jeannin) servait en écuyer le 10 oct. 1370. (Bib. Nat.)

Bérart (Robinet) servait de même en 1373. (Id.)

Bérart (Jean), sgr de la Renouardière, épousa Marguerite DE SALIGNÉ, fille de Moulet, Ec., sgr de la Touche, et de Marguerite Gosselin, qui vivaient en 1410.

Bérard ou **Vérard** (Johan) fut témoin d'un acte de partage des biens, châteaux, forteresses, etc., appartenant aux St-Gelais-Lusignan, passé le 24 mars 1435.

Bérart (Pierre), clerc, maître d'hôtel du roi Louis XI, acheta de Louis d'Amboise la terre d'Oiron, vers 1460, pour 7,000 écus d'or, et fut témoin du simulacre de vente que ce même sgr fit à Louis XI, de sa Vté de Thouars et de ses Bnies de Mauléon et de Berrie. (D. F. 26.)

Bérard (François) de la Renouardière déclare tenir 200 liv. de rente, et servira en deux brigandiniers et à..... chevaux. (Montres de Maulévrier, Vihiers, etc., faite le 26 févr. 1471.)

Bérart (Jean) était, en 1491, mortepaye dans la compagnie de Pierre d'Aux, et en 1492, archer dans celle de M. de la Trémoille. (Bib. Nat.)

Bérard (Madeleine) et Michel Guillemeau, sr de Fougerie, marchand, se faisaient une donation mutuelle de leurs biens meubles, le 7 juin 1628.

Bérard (Jean), sr de la Billonnière, avocat en Parlement, eut de Jeanne BRAIGNEAU, sa femme, une fille, CATHERINE, qui, le 2 mai 1660, épousa René Duplex, sr de Remouhet, sénéchal des Sables-d'Olonne. (Gie Duplex.)

Bérard (Johan) fut échevin de St-Maixent, de 1512 à 1514. (M. A. O. 1869, 433.)

Bérard ou **Bérart** (Jacques), sgr de Bleré en Touraine, épousa (contrat du 14 mars 1520) Madeleine Chasteigner, fille de Guy, sgr de la Rocheposay, et de Madeleine Dupuy.

Bérard (André), s^r de Gibourne, avait épousé Marie-Elisabeth Croisé, qui étant veuve, le 10 juill. 1737, rendait aveu au chât. d'Aunay, comme tutrice de sa fille, pour sa terre du Fief.

Bérard (Anne-Julienne) épousa, avant le 14 janv. 1782, Claude-Jean Normand, Ec., secrétaire du Roi et receveur des impositions, à St-Jean-d'Angély.

Bérard (Louise) épousa Pierre Angignard, lieutenant-général à Thouars, qui mourut en 1784.

BÉRAUD ou **BÉRAULT**. — Nom commun à plusieurs familles ; nous allons donner par ordre chronologique les noms Béraud et Bérault que nous n'avons pu coordonner en généalogie, et nous les ferons suivre de tous les Béraud de Niort et de Fontenay.

Beraldus (N...), *Judex*, témoin d'une vente faite en mai 974 à Rainulfe, abbé de St-Maixent, de vignes sises dans la viguerie de Sauves, *in villa Burgundio*. (D. F. 15.)

Beraldus (*Raimondus*), témoin d'un don fait à l'église de St-Pierre de Muniaud (Menoaux en Agennais) et à l'abb. de St-Cyprien par Pérégrin et Ponce, son frère, v. 1092. (D. F. 7. A. H. P. 3.)

Beraldus (*Bernardus*), témoin d'un des dons faits, v. 1120, à l'abb. de St-Cyprien, par divers seigneurs de domaines sis à Chénesché, etc. (Id. id.)

Beraldus (*Gaufridus*), *archypresbyter*, témoin des dons faits au même monastère par Hugues de la Celle, de la dîmes de St-Georges, dépendant du chât. de Vivonne, v. 1120, et encore d'un autre don fait en 1136 par le même à la même abbaye et au prieuré d'Usson. (Id. id.)

Beraldus (*Hugo*) fut témoin de l'acte de 1120 précité.

Beraudi (*Aricaudus*, *Ostericus* et *Seguinus*), ainsi que :

Beraudi (*Petrus*), *miles*, sont cités dans les confirmations (15 sept. 1137), par les sgrs de Taillebourg, de donations faites à l'abbaye de N.-Dame de Saintes. *Aricaudus* est rappelé dans une charte de la même abbaye de l'an 1144. (D. F. 25.)

Beraudus (H.) est cité dans l'acte de vente d'un moulin, fait en 1160, au Chapitre de St-Hilaire-le-G^d de Poitiers. (M. A. O. 1847, 164.)

Beraudus (*Gilbertus*) était, en 1161, chanoine de St-Hilaire-le-G^d. (Id. 171.)

Beraudi (*Petrus*) est cité dans l'acte énumérant les acquêts faits par l'abb. de Montierneuf de Poitiers, dans les mouvances du Roi, du 5 juill. 1294. (D. F. 19.)

Béraud (*Guillelmus*) est relaté dans la déclaration faite le 28 juill. 1295, par le curé de Chiré, des dons et legs faits à son église depuis 18 ans. (Doc. inédits, 151.)

Béraud (Girot) était en 1339 décédé, laissant une fille, Jeannette, dont était tuteur un nommé Guillaume Saunier. (A. H. P. 18.)

Béraud (Johan) est cité dans l'acte du mois de juin 1328, qui assigne à Renaud de Pons des terres à prendre dans le grand fief d'Aunis dépendant de la succession de Guy de Lusignan, Cte de la Marche.

Béraut (Lucas) est relaté dans la confirmation d'un bail à cens de terrains situés à la Rochelle, passé en janv. 1358, au nom du Roi, par Guichard d'Angle, sénéchal de Saintonge, à Laurent Poussard. (A. H. P. 16.)

Bérault (Jean) était sénéchal du duc d'Anjou, en la châtel^nie de Talmond en 1377.

Béraut (Jean) rend aveu au Roi pour un emplacement sis à la Roche-sur-Oyon (Roche-sur-Yon), 1389. (N. féod. 96.)

Bérault (Geoffroy) de Montbail rend aveu au Roi, pour une maison sise à la Roche-sur-Yon, 1408. (N. féod. 96.)

Bérault (Robin de) était archer en 1410. (B. Nat.)

Bérault (Jean) fit, le 14 mai 1442, un bail pour le Moulin-Vieux, moyennant certaines redevances, avec Louis de Marconnay, sgr du Grand-Velours et de Lougny. (Gén. de Marconnay.)

Bérault (Jean) servait en archer le 29 févr. 1489. (Bib. Nat.)

Bérault (Clément) a servi en 1467, au ban des nobles du Poitou, comme brigandinier du sgr de Soubise. Ce fut probablement lui qui, sous le nom de Clément Bérault de Villiers, fit défaut au ban de 1491.

Bérault (Gauthier) avait épousé D^lle Catherine de Montferrand, laquelle, étant devenue veuve, épousa en secondes noces, le 21 janv. 1531, Jacques de Bridieu. (G^ie de Bridieu.)

Bérault (Fronton) avait épousé D^lle Anne de la Barre, comme il appert du mariage de Catherine, leur fille, v. 1560, avec Jacques de Pérusse d'Escars, Chev., sgr de Merville, etc., chevalier du St-Esprit.

Bérault (Marie) épousa Robert Papion, s^r de Beaulieu, dont l'arrière-petit-fils, Philippe Papion de Nouzillac, fut reçu Chev. de Malte en 1594.

Bérault (Frédéric), avocat à la Cour du Parlement de Paris, s^r de la Randonnière, rendait hommage à Jeanne de Saulx de sa maison de la Randonnière, le 3 nov. 1595. (M. A. O. 1875, 441, Château-Larcher.)

Bérault (Joachim), Ec., et Elisabeth Thibault, son épouse, assistent, le 20 mai 1600, à une transaction relative à la succession de Jean des Francs, Ec., s^r de la Maisonneuve.

Bérault (Noël), s^r de Puymollet, est cité dans un aveu rendu, le 27 juin 1602, à Isabeau de Vivonne, par Charles Micheau, s^r de la Baillanchère, pour des terres sises p^sse de Xaintray.

Bérault (Simon), s^r du Fief-Lavergne (sénéchaussée de Montmorillon), fit, le 8 mars 1607, une rente à Mathurin Petit-Pied.

Béraud (N...), marchand à Poitiers, tenait de la Tour de Maubergeon en 1671 : 1° l'hôtel noble de Fressanges, p^sse de Genest-d'Ambières, et 2° en 1689 le fief de la Cour de Forges, p^sse de St-Georges-lès-Baillargeaux, acquise de Louis Massard, Ec. ; ce dernier tenu au devoir d'un homme de pied, armé en guerre.

Bérault (Renée) était, le 30 déc. 1677, veuve de Louis Le Bel, Ec., sgr des Fosses, et transigeait à cette date avec Marie Le Bel, v^e de Jacques Thébault, Ec., sgr de la Plesse, et Catherine de Villiers, v^e de François Angevin, Ec., sgr de Pallée.

Béraud (Pierre), ministre protestant, réfugié à Amsterdam le 27 mars 1686. Etait-il Poitevin?

Bérault (Jeanne-Perrine) était veuve de Nicolas Chaubier de Mazay, professeur à la Faculté de droit de Poitiers, lorsqu'elle obtint, le 15 févr. 1711, de M. Roujault, intendant de Poitou, décharge de diverses impositions.

Bérault (N...), abbé, était mort en 1723 ; sa mère était Anne Poitevin ; ses héritiers plaidaient pour sa succession, à cette époque.

Béraud de Langle (N...), Chev. de St-Louis, a servi au ban des nobles du Poitou de 1758, comme lieutenant, dans l'escadron de Buzelet. C'est sans doute le même qui a comparu par procureur à l'assemblée de la noblesse du Poitou, convoquée à Poitiers en 1789.

Béraud de Vignaud (N...) a servi au ban de 1758, dans la 2e division de la seconde brigade du chevalier de la Salle.

Béraud (Charles-Marie), baron de Courville, Chev. de St-Louis et de Malte, est mort à Poitiers, le 21 août 1845. Cette famille porte : d'azur à la bande d'or.

BÉRAUD. — Famille qui existait au XIVe s^e^ dans le Mirebalais, où elle est relatée dans des aveux dès avant 1356, dit M. Ed. de Fouchier. (B^nie^ de Mirebeau. M. A. O. 1877.) Travail dont nous avons extrait la majeure partie de ce qui va suivre.

Béraud (Jean), sgr de l'herbergement de Poix, Poëz ou Poué, en rendait aveu au chât. de Mirebeau en 1322, 1326, 1327.

Béraud (Hugues) paraît en 1329, 1373 et 1380, parmi les principaux tenanciers de Guillaume de la Chaussée, comme lui devant 100 sous de rente.

Béraud (Pierre), habitant dans le faubourg de Vezelay, à Mirebeau, est cité dans l'amortissement d'une rente de 15 l. tournois affectée à la dotation de la chapelle de Ste-Catherine, fondée dans le chât. de Mirebeau (août 1329). (A. H. P. 13.)

Béraud (Aimery), dit Gauthier, qui avait succédé, dans la possession de l'herbergement de Poué, à Jean Béraud, son père ? précité, était aussi présent à cet acte. Il fut père de :

Béraud (Aimeri), dit Gauthier, lequel rendait des aveux du même herbergement de Poëz, de 1356 jusqu'en 1406. (N. féod. 95.)

Béraud (Guillaume) et

Béraud (Perrotin) tenaient en parage la moitié de l'herbergement de Poëz, de 1356 à 1389.

Béraud (Pierre) tenait en 1389, 1397, en parage à 7 sous à muance de seigneur, une pièce de terre sise à la Moix, mouvant de la sgrie de Liaigues.

Béraut (Etienne) tenait vers 1407, à cause de Gillette Parchaude, sa femme, en parage à 2 sous 6 deniers d'aide, la terre de la Lande, arrière-fief de Mirebeau, valant 60 sous de rente.

Béraut (Johan) et Guillaume de Mauge tenaient en 1440 la pièce de terre sise à la Moix, que possédait Pierre Béraut, en 1389 et 1397.

Béraud (Gilles), de Pouez, rendait aveu au chât. de Mirebeau d'un fief sis au territoire de Lestrange, en 1447.

Béraud (Hélène) avait épousé Charles Herbault, procureur à Mirebeau, comme on le sait par le baptême de leur fille Marie, le 14 nov. 1648. (Reg. parois.)

Béraud (Pascalle) avait épousé Barthélemy Pain, principal du collège de Mirebeau, comme on le voit par le mariage de leur fils Jean, le 9 juin 1693. (Id.)

BÉRAUD. — Famille de Niort.

Béraud (François) était consul à Niort dès le mois d'oct. 1565. (D. F. 20.)

Béraud (Pierre) était pair de l'Hôtel-de-Ville de Niort, en 1615. Il eut deux fils : Gabriel, l'aîné, était pair en 1675, l'était encore en 1680, ainsi que son frère François, procureur au siège de Niort, qui était en 1672 secrétaire de la maison commune.

Bérault (Pierre), s^r^ du Coutault, habitait en 1642 la p^sse^ de St-André de Niort ; peut-être est-ce le Pierre précité ?

Béraud (Jean), pair de la maison commune de Niort en 1651.

BÉRAUD DU PÉROU. — Famille de la Saintonge dont la généalogie est dans St-Allais.

Blason : d'azur à 3 chevrons d'or, accompagnés de 3 étoiles d'argent, 2 et 1 (Courcelles).

1. — **Béraud du Pérou** (Joseph), Chev., brigadier des armées du Roi, épousa, le 5 sept. 1725, Catherine Huon, dont il eut : 1° Marie-Catherine, mariée, le 26 août 1755, à Simon de Curzay, Ec., sgr de St-André ; elle décéda à Versailles, en 1794 (G^le^ de Curzay) ; 2° Joseph-Ignace, Ec., sgr du Pérou (Ch^te^-Inf^re^), sous-aide major des armées navales à Rochefort, enseigne de vaisseau, servit au ban de Saintonge de 1758 ; marié : 1° à Saintes, le 5 oct. 1767, à Jeanne-Victoire d'Aulnis de Chézac ; 2° à Victoire de Beaupoil de St-Aulaire. Assista par procureur à l'assemblée de la noblesse de Saintonge à Saintes en 1782, fut remplacé, ainsi que son autre frère et sa sœur, par son frère François, et mourut sans postérité ; 3° François, qui suit ; 4° Charles-Jérémie, prêtre, représenté par son frère François pour son fief d'Auvignac, et périt en 1792, dans le massacre des Carmes à Paris.

2. — **Béraud du Pérou** (François), dit le Chev., sgr de Montils, la Ferrière et en partie du Pérou, d'Orville, de Jartac et d'Auvignac, capitaine de vaisseau, Chev. de St-Louis, mort à Montjoie, duché de Juliers, le 17 déc. 1792. Il avait assisté à l'assemblée provinciale, assista en personne à l'assemblée de la noblesse de Saintonge à Saintes en 1789, où il représenta ses frères et sœur. Il eut de son mariage avec Marie-Justine Bidé de Maurville, fille de Bernard-Hippolyte, lieut^t^-général des armées navales, vice-amiral, grand'croix de St-Louis, et de Marie-Anne-Louise de Brach, un fils qui suit.

3. — **Béraud du Pérou** (Hippolyte-Charles), né le 7 févr. 1782, inspecteur général des finances, directeur du cadastre, Chev. de la Légion d'honneur le 28 avril 1821, est décédé sans postérité de Marie-Louise Otard de la Grange, qui est morte le 17 janv. 1885 à Cognac.

BÉRAUDIÈRE (de la). — Il y a eu plusieurs familles de ce nom en diverses provinces.

La principale paraît être originaire d'Anjou, mais plusieurs de ses branches ont habité longtemps le Poitou. Aussi nous établirons sa généalogie d'après divers titres et les documents du vol. 294. Pièces originales. (Cab. tit.)

On trouve, en Touraine et Berry, une autre famille de la Béraudière, connue par des chartes de l'abbaye de Villeloin, sur laquelle nous n'avons que très peu de renseignements.

Béraudière (Pierre de la), valet de la p^sse^ de Journet, près Montmorillon, fit emprunt à Pierre Painchaud, citoyen de Poitiers, en 1237. (Lat. 17041, p. 108.)

Béraudière (Renaud de la), valet, cité dans un titre de Villeloin, 1279.

Béraudière (Jean de la), paroissien de Noéant, fit don à Villeloin, 1315.

Béraudière (Geoffroy de la) est cité dans un titre de 1320.

Béraudière (Guillaume de la), valet, fit don à Villeloin avec sa femme AGNÈS, en 1331. (Pièc. orig. 294, p. 110.)

A cette famille devait se rattacher :

Béraudière (Catherine de la), fille de GUILLAUME, damoiseau, sgr dudit lieu, qui épousa, en 1415, Jean de Moussy, sgr de Peyroux. (Famille de Moussy, preuves pour les honneurs de la cour.) — D'après une généalogie de la famille de Moussy, que nous a communiquée M. Aymer de la Chevalerie, Catherine épousa seulement Stevenot (Etienne), fils de Jean, contrat reçu Robinette et J. Dupleix, not[res] de la châtellenie d'Aigurande en Berry, le 27 oct. 1415; et, en faveur de ce mariage, Marguerite de Malval constitua en dot à ladite Catherine les cens et rentes qu'elle possédait sur le lieu de Buxière.

BÉRAUDIÈRE (DE LA). — Famille noble et très ancienne en Anjou et Poitou.

Blason. — « Ecartelé d'or à l'aigle à 2 têtes de gueules, couronnée de sinople, et d'azur à la croix d'argent alaisée et fourchée de 3 pièces. » On trouve aussi le contraire : 1er et 4e la croix, 2e et 3e l'aigle (sceau de 1409); mais les branches du Poitou portaient au XVIe siècle : écartelé de l'aigle et de la croix ; la branche de Monts chargeait en cœur du blason de Pérusse des Cars. L'un des quartiers est, dit-on, le blason d'Ozillé? mais on ne peut savoir si c'est la croix ou l'aigle.

L'article qui suit a été rédigé sur un mémoire de famille, sur des preuves faites pour l'ordre de Malte, sur un assez grand nombre de pièces originales dues à l'obligeance de M. le Cte J. de la Béraudière, et des notes qui nous ont été remises dans ces derniers temps, qui sont dites extraites des documents existant à la Bibl. Nationale. Nous les distinguerons, lorsqu'elles différeront des nôtres par cette abréviation. (N. de F.) Suivent les noms que nous ne pouvons rattacher à la filiation directe.

Béraudière (Jean de la) prit part à la troisième croisade, ainsi que le prouve une reconnaissance de Jean de la Béraudière pour sa portion d'un emprunt contracté solidairement par lui et par quatre autres seigneurs croisés, sous la garantie de Juhel de Mayenne, pendant l'expédition de Philippe-Auguste en Syrie, au mois d'octobre de l'année 1191.

Cette pièce a servi à faire placer le nom et les armes des La Béraudière dans la seconde salle carrée des croisades, au musée de Versailles.

« *In presencia testium subscriptorum, nobilis Johannes de Beraudería, confessus est mutuo recepisse a me, Ugheto de Bozo, Pisano cive, pro sociis suis agente, viginti marcas argenti pro parte sua centum marcarum argenti cum quatuor sociis suis in solidum receptarum, et ad festum omnium Sanctorum et proximo instans in annum reddendarum.*

« *Quarum viginti marcarum de quinque contentus est, et reliquas recipit quando litteras garrandie domini Juhelli de Meduana michi tradiderit. In cujus rei testimonium signo suo se subscripsit.*

(Ici, le seing manuel de Jean de la Béraudière, figuré par une croix.)

« *Testes sunt domini G. de Saliaco, R. de Blue, milites; N. Barbi et G. Pizardi. Actum apud Joppen, anno Domini M° C° XCI, mense octobris.*

« *Universis præsentes litteras inspecturis ego Juhellus, dominus de Meduana, notum facio quod ego erga Jacobum de Jhota, Huguetum de Bozo et eorum socios, Pisanos cives constitui me plegium in centum marcas argenti pro karissimis dominis Juhello de Mota, Maceo de Barra, Francisco de Vimorio, Renato Artus et Johanne de Beraudería, ita quod, si dicti domini a solucione, prefate quantitatis, terminos per ipsos notatis, deficerent, ego camdem pro ipsis infra tres menses postquam essem super hoc requisitus, solvere tenerer. In cujus rei testimonium, præsentes litteras sigillo meo sigillari feci. Actum apud Joppen, anno Domini millesimo centesimo nonagesimo primo, mense octobris.* »

Cette charte est scellée en cire verte d'un écu chargé de six écussons, posés 3, 2 et 1, et portant chacun une étoile à 6 rais, avec la légende [S]IGILLUM JUHEL [LI D] E MEDUANA; pour contre-sceau, un lion contourné, avec la légende : SIGILLUM JVHELLI DE DINAN.

Béraudière (Guillaume de la), précepteur de l'Ordre du Temple à l'Ile-Bouchard, réclamait, en juin 1243, certains droits appartenant à son Ordre. (N. de F.)

Béraudière (Michel de la) assistait à l'arrière-ban de 1488 en brigandinier, au lieu et place de N..., son père.

Béraudière (Agnès de la) avait épousé Jean de Thorodes, sgr de Gastines, comme on le voit par le mariage de Jean de Thorodes, leur fils, avec Marie du Vergier, vers 1490. (De Courcelles, Du Vergier de la Rochejaquelein.)

Béraudière (Catherine de la) avait épousé Bertrand Estourneau, Ec., sgr de Chantrezac, dont elle était veuve le 12 mai 1559?

Béraudière (Anne de la), vivant vers 1520, avait épousé Jacques de Lavault.

Béraudière (Françoise de la) avait épousé Roland de St-Fief, Ec., s[r] de la Rivière de Litrac, ainsi qu'il appert d'un aveu rendu pour le fief de Litrac, p[sse] de Messignac, en 1554, à Geoffroy Chasteigner, Ec., s[r] du Lindois.

Béraudière (Madeleine de la) était, le 25 févr. 1558, veuve de René de Ripousson, Chev., sgr d'Artron, des Roches et de la Madre. (Rob. du Dor.) Madeleine épousa en 2es noces Jean de Chamborand, Ec., s[r] de Droux.

Béraudière (Marguerite de la), dame du Breuil-Barret, épousa, le 1er févr. 1634, René Mesnard, Chev., s[r] de Toucheprès ; leur fille épousa, en 1656, Jacques de la Sayette.

D'après une note (pièces orig. v. 294, p. 107, cab. tit.), il est dit que Louis de La Béraudière, sgr dudit lieu et d'Ursay, décéda en 1252, et fut inhumé à l'abbaye de Ferrières. Il avait épousé Marguerite D'OZILLÉ? et leurs enfants écartelèrent leur blason de celui de leur frère.

§ Ier. — PREMIÈRE BRANCHE.

Les quatre premiers degrés sont établis d'après des notes de d'Hozier.

1. — **Béraudière** (Guillaume de la), Chev., sgr de la Béraudière, Chanteloup, et ses frères et sœurs donnent, le mercredi après la St-Nicolas 1280, à l'église de Chanteloup, un champ et une vigne pour entretenir dans ladite église une lampe pour la rédemption de leurs

âmes et de celles de leurs antécesseurs. (Acte passé sous la Cour d'Angers.) D'après d'Hozier, Guillaume aurait épousé Anne DE RAVENEL en 1273, et aurait été père de :

2. — **Béraudière** (Jehan de la), Chev., sgr de la Béraudière, conseiller et maître d'hôtel du Roi. Le 15 août 1305, le roi Philippe IV assure au prieuré de Thouarcé le payement de 140 sols tournois que lui devait feu Guillaume de la Béraudière et de 100 sols tournois que devait également Jehan fils de Guillaume. Le jour de la N.-Dame 1308, Jehan de la Béraudière paye à Guillaume Odart 70 liv. pour la dot de SÉBILLE, sa fille. Il aurait épousé, suivant d'Hozier, Marguerite DE PLESSIS, dont il avait eu :

3. — **Béraudière** (Guillaume de la), Chev., sgr de la Béraudière, St-Hilaire, etc. En nov. 1346, par lettres datées du Pont-St-Maxence, Philippe VI donne à son amé et féal écuyer Guillaume de la Béraudière, fils de feu Jehan de la Béraudière, au temps qu'il vivait conseiller et maître de son hôtel, pour les bons et agréables services qu'il lui a faits et fait encore de jour en jour, la terre de St-Hilaire d'Anjou, venue en ses mains par les forfaitures de Jehan d'Aubigny. Le 15 avril 1387, le maréchal de Sancerre ordonna à Jehan le Flament, trésorier, de payer la revue de M. Guillaume de la Béraudière, Chev., d'un autre Chev., et de 13 écuyers de sa compagnie. D'après d'Hozier, Guillaume aurait épousé Yvonne D'AUBIGNY, par acte de 1350, et fut père de :

4. — **Béraudière** (Jehan de la), Chev., sgr de la Béraudière, St-Hilaire, Sourches, Chanteloup, Ursay, Assay, etc., chambellan de Charles de France duc d'Orléans, reçut de ce prince, le 16 oct. 1397, le don de 100 livres d'or. Le 15 oct. 1401, Jehan rendait hommage au Roi pour sa terre de St-Hilaire, jadis donnée à son père, et pour une rente de 125 liv. tourn. qu'il doit toucher sur le trésor à Paris. Le 22 nov. 1429, lui et Jehanne, *aliàs* Louise CAMION, sa femme, fille de Louis, valet, sgr de la Grise, Noirlieu, et de Jeanne du Bellay, font un échange avec religieux homme Jehan Busay, prieur du Coudray, pour des rentes qu'ils se devaient mutuellement. Il eut de son mariage : 1° JEAN, qui suit ; 2° JEANNE, mariée à Pierre de Maligné, sgr dudit lieu.

5. — **Béraudière** (Jean de la), IIIe du nom, Chev., sgr de la Béraudière, de Sourches, d'Azay, d'Ursay, la Boussionnière, le Plessis-Thierry, est mentionné dans une convocation de ban et arrière-ban des gentilshommes du Poitou et de l'Anjou. Il épousa Dlle Berthelonne SERPILLON, Dme de la Roche (Coron, Maine-et-Loire), peut-être la Roche-des-Aubiers. Il rendait, le 7 mars 1402, à Hardy de la Porte, sgr de Vezins, aveu de sa terre du Buignon qu'il possédait du chef de sa femme, héritière de feu Jehan Serpillon, Chev., sgr de la Girardière. Lui et sa femme avaient fait, le 13 mars 1416, une donation à Marthe ou Mathe, leur fils puîné. (Martin Tigeru ou Tigera et Loys Juditheau, not. sous la cour d'Angers.) Il laissa de son mariage : 1° JEAN, qui suit ; 2° MARTHE ou MATHE, dont la postérité sera rapportée au § II ; 3° LOUISE, religieuse professe à l'abb. royale du Ronceray d'Angers, sur preuves de noblesse fournies, le 15 avril 1436, par-devant Hardouin, évêque d'Angers. *Nota.* Il pourrait se faire que les deux Jean portés aux IVe et Ve degrés ne fussent qu'un seul personnage qui se serait marié deux fois.

6. — **Béraudière** (Jean de la), IVe du nom, Chev., sgr de Sourches, qualifié Chev. dans la liste du ban et arrière-ban convoqué en 1464, épousa, en 1419, Dlle Huberde ODARD.

C'est lui sans doute qui est désigné, dans la montre du ban de 1471, pour les sgries de Chemillé, sous l'énonciation suivante : « Messire Jehan de la Béraudière, chevalier, âgé de 70 ans, a déclaré tenir 600 « livres de rente, et servira en homme d'armes. »

Il laissa de son mariage : 1° JEAN, qui, suivant le mémoire généalogique, fut le chef des branches de l'Ile-Jourdain en Poitou (ce qui paraît inexact ; vr § V) ; 2° LOUISE, qui épousa, par contrat du 24 mai 1464 ou 1466, Jean de Pierres, Chev., sgr du Plessis-Baudouin.

§ II. — BRANCHE D'OZAY.

6. — **Béraudière** (Marthe ou Mathe ou Mathieu de la), sgr de la Roche-Serpillon, la Boussionnière, etc., fils puîné de Jean et de Berthelonne Serpillon (5e degré du § Ier), reçut, comme nous l'avons dit, des dons de ses père et mère, les 13 mars 1416 et 31 mai 1417. (Tigera et Juditheau, not.) Le 3 juin 1423, il épousa Jehanne DE PIERRES, fille puînée de Jamet, sgr de la Sorinière et du Plessis-Baudouin. Le 9 déc. 1436, il acquérait (Presse, not.) quelques terres sises pssc de Nesmes, de Hardy de l'Esperonnière, Ec., sgr dudit lieu.

De son mariage sont issus : 1° HARDI, qui suivra ; 2° SIMONE, mariée à Jean de Villeneuve, Chev. ; 3° HARDOUINE, qui épousa, par contrat du 16 juill. 1440, passé sous la cour d'Angers, Jacques Baudry, sgr de la Couterie.

7. — **Béraudière** (Hardy de la), Ec., sgr d'Ozay, la Roche-Serpillon, le Plessis-Thierry et la Boussionnière, est mentionné, ainsi qu'Eustache son fils, dans la montre de 1471, précitée (6e deg., § I), sous l'indication suivante : « Hardy de la Béraudière a dé- « claré tenir, tant pour lui que pour son fils, 200 livres « de rentes, et servira de deux brigandines à deux « chevaulx. »

Le 28 janv. 1453 (contrat reçu sous la cour de Thouars, J. Georgeau, not.), il épousa Marie DES TOUCHES, fille de Guillaume, Ec., sgr de Puiraveau, laquelle, en 1487, ratifia une transaction passée le 19 janvier de la même année entre son mari et leur fille Perrette, d'une part, et noble homme Louis Buault, Ec., tendant à rompre les promesses de mariage qui s'étaient faites lesdits Louis Buault et Perrette de la Béraudière.

Le 10 mai 1470, Hardy transigea avec François de la Porte, sgr de Vezins, etc., pour certains droits qu'il prétendait sur des bois et vignes appartenant audit de la Porte ; le 13 avril 1472, il rendait un aveu à haut et puissant Jacques Rouhault, Chev., sgr du Petit-Riou.

Il laissa de son mariage : 1° EUSTACHE, qui suivra ; 2° PERRETTE, qui, son mariage avec Louis Buault étant rompu, épousa, le 30 déc. 1489, Pierre de la Bouslaye, Chev., sgr dudit lieu et de Coron ; 3° JACQUES, sgr de la Coudre, présent à la curatelle de Gabriel de la Béraudière, son petit-neveu, en 1525.

8. — **Béraudière** (Eustache de la), Chev., sgr de la Roche-Serpillon, Ozay, la Boussionnière, la Coudre, etc., épousa, le 4 décembre 1472 (contrat reçu sous la cour de Chemillé, par G. Pâris, not.), Johanne BAHOURD, fille de Jean, Ec., sgr de la Guischère. Il se marie en qualité de fils aîné et principal héritier ; Louis XI le nomma son chambellan le 20 fév. 1477. Il mourut jeune encore, et avant son père, laissant de son mariage : 1° ETIENNE, qui suit ; 2° ANTOINE, chanoine de l'Église d'Angers, et curé de St-Martin, partagea avec son frère Etienne le 15 janv. 1515, et fut un des curateurs nommés, le 9 mars 1525, à Gabriel son neveu ; 3° ROULINNE, épouse d'Alain Chomard, Ec. ; 4° CARDINNE, mariée à Louis de Châteauneuf, Chev., sgr de Lombard.

9. — **Béraudière** (Etienne de la), Chev., sgr d'Ozay, la Boussionnière, la Gruchère, la Coudre et Chanteloup, épousa, le 18 janv. 1497, Dlle Madeleine du Chesne ; il existait encore le 15 janv. 1515, époque à laquelle il partageait avec son frère Antoine ; mais était mort avant 1525, date de la nomination d'un curateur à Gabriel, son fils aîné. Il laissait : 1° Gabriel, qui suit ; 2° Marquise, mariée à André de Portebize, Ec., sr du Bois ; 3° Suzanne, mariée, le 3 janv. 1531, à Nicolas Goulard, Chev., sgr de la Vergne et de la Vernière ; 4° Jehanne, qui épousa (par contrat du 25 août 1528, reçu sous la cour de Martigné-Briant, J. Duboys et J. Pellegant, not.), noble homme Loup ou Louis du Bois.

10. — **Béraudière** (Gabriel de la), Chev., sgr d'Ozay, de la Boussionnière, était mineur en 1525.

Il passa un grand nombre d'actes de 1531 à 1561, entre autres, un partage en date du 5 mars 1541 avec Antoine Robin de la Tremblaye, et une déclaration rendue le 25 mai 1541 à N... de la Porte, sgr de Vezins.

Il avait épousé (contrat passé le 9 déc. 1527, sous la cour de la Motte-de-Beaumont, par Devaille et Dubreuil, not.), sa cousine Renée de la Béraudière, fille de François, sgr de l'Ile-Jourdain, et de Jeanne Barton (rapportés au 3e deg., § V). De ce mariage sont issus : 1° Thibault, qui suit ; 2° René, auteur d'une branche rapportée au § III ; 3° François, marié à N... de la Planche, qui n'a point eu d'enfants ; 4° Anne, mariée, vers 1566, à Pierre de Chambes, sgr de Montsoreau et Boisbaudran ; 5° Renée, épouse de Claude de la Cressonnière, Ec., sgr dudit lieu et de Mozé (1548) ; était veuve en 1586 lorsqu'elle fut maintenue noble par les commissaires départis pour le régalement des tailles ; 6° Perrine, mariée à Jean de la Gaubretière, Ec., sgr de la Roche-Allard, qui donna quittance, le 14 nov. 1572, à Renée de la Béraudière, alors veuve de Gabriel, tant en son nom que comme curatrice de Gabrielle de la Béraudière, sa petite-fille, d'une somme de 300 liv. sur celle de 700 liv., qui lui était due, aux termes de son contrat de mariage.

11. — **Béraudière** (Thibault de la), Ec., sgr d'Ozay et de la Boussionnière, épousa, le 29 août 1553, Catherine de la Cressonnière, fille de Roland, Ec., et de Françoise Lebreton. Il mourut peu de temps après, ne laissant que deux filles : 1° Gabrielle, qui se maria le 22 nov. 1578 (Blandin et Falloux, notres, sous la cour d'Angers) avec René de Vaugiraud, Ec., sgr de Bouzillé ; elle était veuve en 1592 ; 2° N..., dont l'existence ne nous est pas connue.

§ III. — Branche de **Maumusson**.

11. — **Béraudière** (René de la), Chev., sgr de la Coudre, Chanteloup, deuxième fils de Gabriel de la Béraudière et de Renée de la Béraudière (10e degré du § II), Chev. de l'ordre du Roi et gentilhomme de sa chambre, épousa : 1° le 20 nov. 1574, Louise Bouuillaud, et 2° le 21 déc. 1596, Renée Du Boys d'Argonne, fille d'Antoine, Chev., sgr d'Argonne, et de Françoise de la Curée. Il vivait encore en 1606. Ils ont laissé :

12. — **Béraudière** (Jacques de la), Chev., sgr de la Coudre, Chanteloup, né le 6 mai 1600, cornette de la compagnie colonelle du régiment de Beauce, se trouva au siège de Thionville, où il fut blessé et fait prisonnier.

Il épousa, le 19 févr. 1620 (Fouquet, not., sous la cour de Chemillé), Françoise Descollins, fille de Isaac, Chev., sgr du Plessis-Bauvreau, et d'Espérance Duchesne. Il fit entrer, par acquêt, en 1628, la terre de Maumusson dans sa famille, fut maintenu dans sa noblesse en avril 1641 par les commissaires royaux, et testa le 15 nov. 1648. Le partage de ses biens se fit le 20 déc. 1658, entre ses enfants qui étaient : 1° Philippe, qui suivra ; 2° Louis, mort célibataire ; 3° Jacques, page de M. le duc d'Orléans, tué au siège de la Rochelle étant aide de camp du cardinal de Richelieu ; 4° Marie, reçue religieuse à l'abb. royale du Ronceray le 22 juillet 1640, morte jeune avant 1661 ; 5° Gabrielle, religieuse au couvent du Puy-Notre-Dame, dont elle devint supérieure.

13. — **Béraudière** (Philippe de la), Chev., sgr de la Coudre, Chanteloup, Maumusson, capitaine de cavalerie au régiment de Jarzay, fit la guerre de la Fronde, se trouvait auprès du prince de Condé lors du combat de la Porte-St-Antoine, et joua dans le parti de ce prince un rôle assez important pour être compris nominativement dans l'amnistie accordée par Louis XIV. Le 18 avril 1667, M. Voysin de la Noraye, intendant de Touraine, le confirma dans sa noblesse ; il était mort avant le 15 nov. 1679. Il avait épousé, le 3 août 1656 (Charon, not. sous la cour d'Angers), Anne Rigaud, fille de François, sgr de Milpied, et de Anne de la Poëze, dont : 1° Jacques-René, qui suit ; 2° Marie-Anne, morte fille ; 3° Françoise, mariée à Joseph du Bois d'Argonne, Chev. de Laujardière, lieutenant de vaisseau.

14. — **Béraudière** (Jacques-René de la), Chev., sgr de Maumusson, Bouzillé, Melay, Milpied et du Marais en Bretagne, naquit le 11 déc. 1669. Garde-marine à 13 ans, il fut à 14 ans garde du corps de Louis XIV, compagnie de Luxembourg, et breveté du grade de capitaine de cavalerie à 17 ans ; il fut blessé aux batailles de Steinkerque et de Nerwinde, et gratifié d'une sous-lieutenance dans la même compagnie de Luxembourg, où il avait déjà servi ; il se retira avec la promesse d'un bâton d'exempt. Il épousa, le 7 juillet 1702 (contrat reçu sous la cour d'Angers, par Bouclier, not.), Charlotte Davy de la Fautrière, fille de Charles, conseiller du Roi, et de Dlle Catherine Cholard, dont : 1° Jacques-Charles, qui suit ; 2° Philippe, dit le Chev. de Maumusson, baptisé le 6 février 1724, à Melay en Anjou, nommé, le 8 déc. 1747, aide-major du régiment de Vivarais, le 20 sept. 1756 capitaine au régiment de Brissac-Infanterie, fut chevalier de St-Louis (9 sept. 1758), et le 7 février 1761 sergent-major au régiment de Lemps-Infanterie, et en 1763 major de celui de Dunkerque-étranger. Chargé de régler et de diriger toutes les opérations relatives à la réforme de ce régiment, il s'en acquitta avec tant de zèle et de talent, que le duc de Choiseul, par une lettre du 3 sept. 1763, que nous regrettons de ne pouvoir reproduire en entier, lui annonça que le Roi, pour ses bons et loyaux services, convertissait la pension de 800 livres en une de 1,200 livres sur les fonds de la marine, et ajoutait une autre pension, de 300 liv., sur la caisse des invalides de la marine, et une gratification extraordinaire de 1,200 liv. Le 4 août 1771, Philippe fut remis en activité, et promu au grade de lieutenant-colonel du régiment d'Alençon, et mourut en 1779, au moment où il allait être nommé maréchal de camp ; 3° Anne-Sophie-Adélaïde, décédée le 10 oct. 1785 ; 4° Jeanne-Marie-Victoire, morte fille en 1778 ; 5° Julie, religieuse et prieure à l'abb. royale du Ronceray d'Angers, morte en 1794 ; 6° Elisabeth-Charlotte, religieuse et supérieure au couvent de Vezins, morte en 1780 ; 7° Marie-Charlotte-Angélique, morte fille en 1765 ; 8° N... dit le chevalier de la Béraudière, mort en 1733, âgé de 15 ans.

15. — **Béraudière** (Jacques-Charles de la),

Chev., sgr de Maumusson, Bouzillé, Melay, Beligné, naquit le 30 juillet 1704 ; épousa, le 11 janvier 1732 (David, not. à Angers), Marie-Placide-Eugénie DE COLLASSEAU, veuve de Jean-Baptiste de Racapé, et fille puînée de Marc-Prosper, Chev., sgr de la Machefollière et de Bouillé, et de Marie-Françoise le Vacher de Montigny ; il fut maintenu dans sa noblesse par arrêt du 28 sept. 1744 de l'intendant de Touraine.

Il a laissé de son mariage : 1° JACQUES-MARIE-FRANÇOIS, qui suivra ; 2° GABRIEL-HARDY, dit le Chevalier de la Béraudière, né en 1736, fut d'abord enseigne, puis capitaine au régiment de Brissac ; mourut à Clèves en 1757, des suites de blessures reçues à la bataille de Rosbach ; 3° PROSPER-HENRI-AUGUSTIN, clerc tonsuré, soutint au séminaire de St-Sulpice ses thèses de philosophie et de licence ; mais, ayant obtenu le grade d'enseigne aux grenadiers de France, il rejoignit ce corps en Westphalie, dans la campagne de 1761 ; ayant eu le bras fracassé par un boulet de canon, il mourut à Fulde des suites de cette blessure, âgé de 20 ans ; 4° MARIE-PLACIDE-CHARLOTTE-RENÉE, née en 1735, mariée à François du Verdier, Ec., sgr de la Perrière, en 1758 ; mourut en 1794 dans les prisons de Montreuil-Bellay ; 5° AGATHE, morte novice aux Hospitalières de Baugé, en 1788 ; 6° MARIE-FRANÇOISE-MARTHE, morte fille en 1788 ; et six autres enfants morts en bas âge.

16. — **Béraudière** (Jacques-Marie-François de la), Chev., sgr de Bouzillé, Melay, Maumusson et Beligné, naquit le 15 octobre 1738 ; fut reçu page du Roi à la petite écurie ; et successivement enseigne, sous-lieutenant, lieutenant et capitaine au régiment du Roi ; fit en cette qualité les quatre premières campagnes de la guerre de 1757. Lors des assemblées provinciales (1787), il fut nommé procureur général syndic du clergé et de la noblesse des trois provinces de la généralité de Tours, et choisi par le duc de Penthièvre pour être porteur de sa procuration à ce bailliage. Il figure dans tous les actes de ces assemblées avec le titre de comte. Ayant émigré, il fit la campagne de 1792 sous les ordres du duc de Bourbon. Rentré dans la Vendée en 1796, il y servit avec ses fils sous les ordres du général d'Autichamp et mourut à Fontainebleau le 8 mai 1809. Il avait épousé, le 15 févr. 1759 (Deville, not^re^), Henriette-Elisabeth-Françoise LECHAT DE VERNÉE, qui décéda le 21 août de la même année ; il épousa en 2es noces, le 19 août 1765 (Gervaise, not^re^ à Tours), Louise-Françoise-Renée GILLES DE FONTENAILLES, fille d'Hercule-Victor, Chev., sgr de Fontenailles, ancien aide-major d'artillerie, et de Louise-Françoise Ronjou de Beauvais, qui mourut dans les prisons de Blois le 26 févr. 1794.

De ce mariage sont issus : 1° JACQUES-PHILIPPE, qui suit ; 2° GEORGES, né le 30 août 1769, reçu, le 1er juill. 1783, page de Monsieur, frère du Roi, admis dans l'ordre de Malte sur preuves faites en oct. 1787, fut sous-lieutenant au régiment de Colonel-Général (infanterie). A l'époque de la Révolution, il émigra, fit les campagnes de l'armée de Condé, suivit son père en Vendée, où il combattit jusqu'à l'amnistie de 1799 ; fut nommé, en 1815, colonel de la Légion du Nord, depuis 23e régiment de ligne, fit avec ce régiment la campagne d'Espagne, en 1823, et resta à sa tête jusqu'en 1826, époque de sa mort. Il était Chev. de St-Louis, de la Légion d'honneur, et de St-Ferdinand d'Espagne ; 3° AUGUSTE-HARDY, né le 15 décembre 1772, sous-lieutenant au régiment de Vivarais-Infanterie au moment de l'émigration, rejoignit à cette époque l'armée de Condé, passa dans la Vendée, avec son père et ses frères, et reçut à la Restauration la croix de St-Louis et le grade de chef de bataillon. En 1832 il fut mis à la tête des Vendéens du canton de Chemillé, et fut condamné à mort par contumace ; il est décédé le 9 janvier 1843.

4° JACQUES-VICTOR (a formé la 2e branche actuelle, § IV) ; 5° MARIE-LOUISE-VICTOIRE, née le 21 déc. 1766, mariée, le 29 janv. 1788, à Louis-Constantin Gourreau de Chanzeaux, Ec., s^r^ de Chanzeaux, capitaine au rég^t^ de Beauce, devint, étant veuve, une des dignitaires de la maison de St-Denis ; 6° ELISABETH, née le 27 janv. 1778, décédée en 1794, au sortir des prisons de la Terreur ; 7° MARIE-PLACIDE, née le 10 mars 1780, mariée, le 17 août 1808, à Marin-Gilles Bon de la Barbée, ancien colonel de hussards.

17. — **Béraudière** (Jacques-Philippe de la), né le 3 nov. 1767, décédé le 23 janvier 1863 au château de Beauvais (Indre-et-Loire), page du Roi en sa petite écurie, sous-lieutenant au rég^t^ des Trois-Evêchés-Cavalerie, ensuite incorporé au régiment des chasseurs à cheval ; émigra, servit dans l'armée de Condé ; rentré dans la Vendée en 1795, il fut nommé, le 1er janv. 1796, Chev. de St-Louis et colonel commandant la division de Chollet. Il épousa, cette même année 1796, D^lle^ Rose-Pulchérie DE RECHIGNEVOISIN DE GURON, fille de Pierre-Gabriel Mis de Guron et de Hélène-Pulchérie de la Tullaye. Il a eu de son mariage : 1° JACQUES-RAYMOND, qui suivra ; 2° PULCHÉRIE-AGATHE-HÉLÈNE, née à Ciorzay (Maine-et-Loire), le 4 vendémiaire an VII (25 sept. 1798), mariée, le 25 septembre 1820 au chât. de Beauvais (Indre-et-Loire), à Charles Gilles de Fontenailles, son oncle à la mode de Bretagne, ancien capitaine de la garde royale, décédée le 5 mars 1834 au chât. de Fontenailles (Indre-et-Loire) ; 3° VICTORINE, née le 24 février 1800, décédée le 23 août 1802, mariée à Baptiste-Gabriel-François Mis de la Bigne, ancien lieut^t^-colonel d'infanterie.

18. — **Béraudière** (Jacques-Raymond Cte de la), né le 27 févr. 1809, fut page de Charles X, puis officier de cavalerie, donna sa démission en 1830. Il épousa le 24 août 1834, au chât. de Vendouvre (Sarthe), Gasparine-Marie-Charlotte DE LOYAC, fille de Charles-Antoine Mis de Loyac, sous-intendant militaire, et de Gasparine de Cambis, dont sont issus : 1° JACQUES-HENRI Cte de la Béraudière, né le 11 juin 1835, ancien zouave pontifical, combattit à Castel-Fidardo et fut fait prisonnier à Gaëte ; 2° JULES-MELCHIOR, Vte de la Béraudière, né le 18 juin 1841 ; n'est pas marié.

3° DELPHINE, née le 4 févr. 1852, mariée le 14 sept. 1874, au chât. de Beauvoir, à François-Hippolyte-Marie-Pierre de Sarcé, son neveu à la mode de Bretagne, assassiné près de Juarez (République-Argentine), le 9 décembre 1884.

§ IV. — 2° BRANCHE ACTUELLE.

17. — **Béraudière** (Jacques-Victor de la), fils puîné de Jacques-Marie-François et de Louise-Françoise-Renée Gilles de Fontenailles (16e deg., § III), naquit le 9 juill. 1774 ; la Révolution le trouva élève de la marine royale, où il était entré à l'âge de 11 ans. Ayant émigré, il fit plusieurs campagnes à l'armée de Condé. Rentré en Vendée en 1795, il commanda les chasseurs de Stofflet, et fut chargé par ce général de plusieurs missions auprès du Cte d'Artois, à l'Ile-Dieu ; nommé chevalier de St-Louis le 1er janv. 1796 ; il reçut en même temps le grade de colonel.

En 1815, au moment des Cent-Jours, Jacques-Victor, à la sollicitation de ses amis, et dans la persuasion où il était lui-même que l'heure désignée pour la prise d'armes en Vendée était mal choisie, accepta du gouvernement, de concert avec MM. de Malartic et de Flavigny, la délicate mission de faire des offres de paix aux chefs des Vendéens, en déclarant toutefois à Fouché que, si ses propositions étaient repoussées, il irait rejoindre ses frères Georges et Auguste, qui se trouvaient dans l'armée de M. d'Autichamp.

Il avait épousé, le 3 octobre 1807 (Péan de St-Gilles, not. à Paris), Alexandrine-Guillemine-Hélène VALLADON DE LA GRIVELLE, fille de Alexandre-Nicolas, secrétaire du Roi, et de Anne de la Flèche, duquel mariage sont nés : 1° le 23 nov. 1808, LOUISE-ALEXANDRINE-HÉLÈNE, Ctesse de la Béraudière, comme chanoinesse de l'ordre royal de Thérèse de Bavière, morte en 1832 ; 2° GEORGETTE-ALEXANDRINE-MARIE, mariée, à Paris, le 2 sept. 1834, avec Amable-François, baron de Rechignevoisin, décédée à Paris, le 10 mai 1841 ; 3° HÉLÈNE-ALEXANDRINE, titrée Ctesse de la Béraudière, comme chanoinesse de l'ordre royal de Thérèse de Bavière, décédée à Paris, le 6 mai 1842 ; 4° JACQUES-VICTOR, qui suit.

18. — **Béraudière** (Jacques-Victor, Cte de la), né en 1819, bibliophile distingué, mort à Paris, le 2 janv. 1885, laissa de Calixte-Henriette DE BEAUSSIER DE CHATEAUVERT, fille de Louis et de Albine-Cécile Duveling, qu'il avait épousée le 23 juill. 1843 : 1° MARIE-JACQUELINE, née en 1846, mariée, le 21 avril 1868, à Jean-Anne de Goth, Mis de Cazau, et morte le 21 août 1888 ; 2° HENRIETTE-HÉLÈNE-ALEXANDRINE-VICTOIRE-ALDINE, mariée, le 24 avril 1875, au Cte Louis-Antoine Ferrand ; 3° CALIXTE-JEANNE-HÉLÈNE, mariée, le 3 févr. 1879, au Vte Louis-Marie-Jacques Ferrand ; 4° JACQUES, fut en 1884 volontaire d'un an dans l'artillerie ; 5° MARIE-ANNE, célibataire (1889).

§ V. — BRANCHES DU POITOU.

D'après le mémoire généalogique de la famille de la Béraudière, ces branches auraient été formées par Jean de la Béraudière, fils aîné d'autre Jean et de Berthelonne Serpillon (5e deg., § I) ; ce Jean aurait épousé Huberte Odart en 1419. Mais, d'après des notes du vol. 294 des pièces orig. (Cab. des titres), la jonction des branches ne pouvant être établie d'une manière certaine, nous recommencerons ici la série des degrés.

1. — **Béraudière** (Jean de la), Chev., fit aveu, le 3 juin 1447, du fief de Parné ou Parrené, à Baugé en Anjou (Noms féod.) ; c'est le seul titre authentique qui soit connu de lui. On trouve encore un Jean de la Béraudière, Chev., parmi les vassaux de Montreuil-Bellay en 1454, et parmi ceux de Doué en 1443-1445, puis 1455 et 1460 (Noms féod.), qui doit être le même personnage ; peut-être est-ce lui qui épousa Jeanne ODART en 1419, dont le contrat existe entre les mains de la famille. Mais, d'après le vol. 294 (Pièces orig. et Carrés d'Hozier, 83), il aurait épousé (peut-être en secondes noces) Marguerite GARRION ; dont il eut : 1° JEAN, qui suit ; 2° GILLES, chef des branches d'Ursay, Monts, etc., rapportées § VII.

2. — **Béraudière** (Jean de la), Ec., sr de Sourches, Ursay, Parné, épousa, vers 1463, Néomaye DE COMBAREL, fille de Pierre, Chev., et de Huguette de l'Isle-Jourdain, qui, étant veuve vers 1475, épousa en 2es noces Jean Cotet, Chev., sr de la Roche, qui, en 1476, fit aveu du fief de Parné à Baugé, au nom des enfants du 1er lit de sa femme, qui étaient : 1° FRANÇOIS, qui suit ; 2° RENÉE, qui épousa, vers 1480, René de la Roche, Ec., sr de la Vallée-Rochereau.

3. — **Béraudière** (François de la), Chev., sgr de Rouet, Motte-de-Beaumont, Sourches, l'Ile-Jourdain en partie, du chef de sa mère, était mineur en 1480, sous la tutelle de son oncle Gilles de la Béraudière, Ec., sr d'Ursay, qui fit aveu en son nom à Baugé, pour le fief de Parné. En 1486, il était sous la tutelle de son beau-frère René de la Roche, qui fit encore aveu de Parné. (Noms féod.) Il épousa d'abord, par contrat passé à Amboise, vers 1490 (Chesneau, notre), Madeleine DU BOIS, fille de Jousselin, Chev., sgr de Chabannes (appelé à tort Joachim sgr de Chabonnat, dans un Mém. généalog.) ; elle mourut sans postérité, sans doute, quoique le mémoire lui donne, par confusion, pour fils un JEAN-FRANÇOIS. Il épousa ensuite, le 5 nov. 1499 (Mengault, notre à Poitiers), Jeanne BARTON, fille de Bernard, sgr de Monthas, et de Marie de Seully, dont il eut (suivant le Mém. généal.) : 1° FRANÇOIS, qui suit ; 2° RENÉ, chef de la branche de l'Ile-Rouet, § VI.

3° RENÉE, mariée, le 9 déc. 1527, à Gabriel de la Béraudière, Ec., sr d'Ozay (v. § II, 10e deg.) ; 4° FRANÇOISE, mariée à Jean Bonnet, Ec., sr du Breuillac ; 5° MARC, Chev., sr de Millac, Mauvoisin, Chev. de l'ordre du Roi, capitaine de 50 hommes d'armes des ordonnances, fut longtemps lieutenant de la compagnie de M. de la Tremoille et servit aux batailles de Dreux, Jarnac, etc. Il est auteur d'un ouvrage intitulé « *Combat seul à seul en champ clos* », dédié au Roi et imprimé en 1608. Il se maria à Renée DE CHIRON (N. de F.) et eut pour fille JEANNE, dame de Mauvoisin, qui épousa Philibert de Moroy, sgr de la Grange (N. de F.), Chev., dont elle était veuve en 1634, lorsqu'elle fit aveu à Châtellerault ; 6° PIERRE, Ec., sgr de Tenis, fut tuteur de son neveu François, en 1566. (Arch. Vienne.)

4. — **Béraudière** (François de la), Chev., sr de Sourches, l'Ile-Jourdain (d'après le Mémoire généal.), aurait épousé Jeanne DE TOURNEMINE, fille de Jacques Mis de Coetmur et de Lucrèce de Rohan, dont il aurait eu : 1° LOUIS, qui suit ; 2° PHILIPPE, que ledit Mémoire prétend par erreur être le sgr d'Ursay (rapporté au 4e deg., § VII).

5. — **Béraudière** (Louis de la), sgr de Sourches, l'Ile-Jourdain (connu seulement par le Mém. généal.), aurait épousé Louise DE LA GUICHE, fille de Louis, sgr de la Guiche, et tante d'Henriette, mariée au duc d'Angoulême, dont il aurait eu : LOUISE, que le Mémoire dit mère de Charles de Bourbon, évêque d'Angoulême, bâtard d'Antoine, roi de Navarre (ce qui est une erreur, d'après les pièces originales) ; si ce Louis et cette Louise ont existé, ils sont morts sans postérité.

§ VI. — BRANCHE DE ROUET.

4. — **Béraudière** (René de la), Chev., sgr de Rouet, fils de François et de Jeanne Barton (3e deg., § V) était pannetier ordinaire du Roi en 1554. Il comparut au procès-verbal de la Coutume de Poitou en 1559. Il avait obtenu du Roi, en 1546, un droit de foires à l'Ile-Jourdain ; marié : 1° le 23 déc. 1533, à Madeleine DU FOU, fille de François, sgr du Vigean, et de Louise de Polignac ; puis 2° à Catherine HERBERT, De de Sigon, veuve déjà de Pierre de Chabannes (du Bois) et de Jean d'Amboise, fille de François, Ec., sgr de Bellefont, et de Catherine Daniau ; elle testa le 11 août 1560. (A. Vien. E 2, 110.) Du premier lit, il eut 4 enfants, mentionnés dans un accord du 14 juin 1561, comme héritiers de Madeleine du Fou (Cab. tit., Pièces originales 294, n° 100) : 1° FRANÇOIS, qui suit ; 2° MELCHIOR, 3° LOUISE, fille d'honneur de la reine, puis dame d'atours (qui eut, fort jeune, un fils naturel, d'Antoine de Bourbon, roi de Navarre, Charles de Bourbon, évêque de Comminges). Elle épousa en 1573 Robert de Cambault ; (le Mémoire généalogique la prétend fille de Louis, sr de Rouet, et de Louise de la Guiche (Vr plus

haut, 5e degré, § V; — le P. Anselme, Hist. des Gds officiers de la couronne, t. I), et les pièces originales prouvent qu'elle était fille de René) ; 4° Antoinette.

Du 2e lit naquit : 5° François, sgr de Sigon, institué héritier universel de sa mère. Il fut reçu conseiller au Parlement de Paris le 12 janv. 1587, dit Blanchard, et occupa sa charge 18 ans. Il fut sans doute pourvu, fort jeune, du titre d'abbé de l'Etoile, et fut accusé par les Religieux d'avoir enlevé ce qui restait dans cette abbaye, ruinée par les protestants. Il se maria, le 13 avril 1587, à Isabeau des Dormans, fille de Charles, sgr de Bièvre, et de Marie de Marillac. Après la mort de sa femme, il entra dans les Ordres, et fut nommé, en 1597, abbé de Nouaillé, où il introduisit la réforme de St-Maur, et le 8 févr. 1598, doyen de la cathédrale de Poitiers. Il y prononça, le 21 juin 1610, l'oraison funèbre de Henri IV. Nous croyons devoir donner l'exorde de ce morceau oratoire comme échantillon de l'éloquence de la chaire à cette époque:

« L'excellent et ingénieux Beseliel, duquel, par le « commandement de Dieu, Moïse se servit en la cons- « truction de l'arche de son alliance, n'embellit jamais « de tant d'ornements divers, ni la bouquetière Gliscera « ne changea oncques en tant de diverses sortes la « disposition et mélange des fleurs qu'elle mettait en « ses bouquets comme *ce même Dieu* fait à tous mo- « ments ressentir aux mortels... C'est de quoi j'ai à « vous entretenir... » (D. du Radie.)

François fut nommé évêque de Périgueux en 1614, diocèse qu'il administra pendant 32 ans avec zèle ; il mourut en 1646, D. du Radier, dans sa Bibliothèque historique, a donné la liste de ses ouvrages réunis dans un volume in-4°, imprimé à Périgueux en 1635 sous le titre de *Otium episcopale*.

5. — **Béraudière** (François de la), Chev., sgr de Rouet, l'Ile-Jourdain, Chev. de l'ordre du Roi (dès 1579), gentilhomme de sa chambre, servait comme guidon de la compagnie de M. de Montpezat en 1564-1565. Il fut lieutenant de la vénerie du Roi, gouverneur du Châtelleraudais, etc. Il épousa Jeanne de Lévis, fille de Claude Bon de Cousans et de Héliette Des Prés de Montpezat. Il eut pour enfants : 1° Philibert-Emmanuel, qui suit ; 2° Héliette, mariée, le 16 mai 1595, à Christophe de Blom, Ec., sgr de Beaupuy ; 3° Léonor, abbé de l'Étoile, vers 1590-1616, d'après le Gallia, puis du Pin, 1620-1649 ; et sans doute 4° Eléonore, mariée, le 10 févr. 1609, à Pierre Taveau Bon de Morthemer (elle est dite dans une généalogie Taveau, fille de François et de Gabrielle Bonnin, mais cela doit être une erreur, à cause de la date) ; 5° François, Ec., sgr du Plessis, Sourches, marié, le 12 août 1610, à Élisabeth Taveau, veuve de Georges Chessé, sgr d'Ingrandes, et fille de Jean baron de Morthemer et de Esther Beaussé.

6. — **Béraudière** (Philibert-Emmanuel de la), Chev. de l'ordre du Roi, capitaine de 50 hommes d'armes de ses ordonnances, lieutenant de la vénerie, nommé de l'ordre du St-Esprit le 10 févr. 1633 (N. de F.), sgr de l'Ile-Jourdain et de Rouet, gouverneur des ville et château de Concarneau, fut taxé en 1620 pour payer les frais des députés de la noblesse de la Basse-Marche aux États généraux de 1614 et 1615. D'après les mémoires de famille qui nous ont été communiqués, Philibert-Emmanuel ne se serait marié qu'une fois. MM. Robert du Dorat lui donnent avec raison deux femmes. La première fut sans contredit : 1° Françoise Taveau, fille de Jean baron de Morthemer et de Louise de Longuejoue, qu'il épousa le 15 déc. 1593 (Chesneau, notre à Poitiers); elle était dame du Plessis-Rideau, Chousé, Orval et Basse-Rivière. De ce mariage sont issus: 1° François, qui suit; 2° N..., baron de Rouet, maintenu noble à Poitiers, en 1667, avec son frère François. Il avait épousé Jeanne Maguenon (elle fut marraine à N.-D.-la-Petite le 2 nov. 1647) ; 3° Gaspard, Chev., sgr du Plessis, reçu de minorité chevalier de Malte, le 23 août 1611, au Gd-Prieuré de France. Il quitta l'Ordre, et épousa Esther de Nuchèze, sans doute fille de Melchior, sgr de Badevilain (elle transigea le 21 juill. 1674 avec la veuve de Jacques de Nuchèze, sgr de Badevilain). Gaspard de la Béraudière avait été accusé d'un crime commis contre le curé de Fleuré, et condamné à mort par contumace en 1640 (Reg. du parquet de Poitiers) ; mais ce jugement ne fut pas exécuté. Il fut tué au siège de Montpellier. (N. de F.) D'après Robert du Dorat et N. de F., Philibert-Emmanuel se remaria, le 17 avril 1614, à Jeanne de Tournemine, fille de Jacques, Mis de Coëtmur, et de Lucrèce de Rohan, dont sont issus des fils et quelques filles, sur lesquelles nous n'avons pas de renseignements. 4° Emmanuel-Bernard, docteur en Sorbonne, fut abbé de Nouaillé et mourut à la fleur de l'âge, le 30 juill. 1651 (Gallia Christ.) (on trouve ailleurs Joseph-Bernard) ; 5° Balthasar, Ec., sr de Lescoult, était lieutt-colonel du régt de Bretagne, en 1663. (Pièces. orig.) On trouve divers actes de Philibert-Emmanuel qualifié Chev. de l'ordre du Roi, gentilhomme de sa chambre, capitaine de 100 hommes d'armes des ordonnances en 1612, 1618, etc... En 1629, il fit un emprunt avec Jeanne de Tournemine, sa 2e femme. (Pièc. orig. 274, n° 34.)

7. — **Béraudière** (François de la), Mis de l'Ile-Jourdain et de Rouet, fut nommé Chev. du St-Esprit, par brevet du 13 juillet 1652 (Catalogue des Chev. du St-Esprit, p. 304), servit au ban de la Marche en 1635. — Maintenu noble à Poitiers en 1667, avec son frère, le Bon de Rouet, il s'est sans doute marié 2 fois : 1° avec Françoise de Machecoul, veuve de Daniel d'Avaugour, Mis de Kergrois, dont il n'eut pas d'enfants (comme dit Robert du Dorat); puis 2° vers 1660, à Marie-Gabrielle Bonnin de Messignac, fille de René, Mis de Messignac, et de Judith Bernard. Il mourut vers 1670, car sa veuve fit aveu de Rouet en 1672. Elle vivait encore en 1700 et est mentionnée dans l'Armorial du Poitou avec un blason de fantaisie. De ce mariage naquit : François-Anne, qui suit (le Mémoire généalogique de la famille ajoute deux filles, l'une mariée à M. de Blom ? l'autre, à un de Mérinville).

8. — **Béraudière** (François-Anne de la), Mis de l'Ile-Jourdain et de Rouet, était capitaine de dragons au régt de Languedoc en 1697, lorsqu'il fit aveu de Rouet. Il fit encore aveu du fief de Mauvoisin, à Châtellerault, en 1703, et renouvela celui de Rouet en 1723. Marié, vers 1710, à Madeleine le Texier d'Hautefeuille, il n'eut que 2 filles : 1° Marie-Anne-Jeanne-Armande, qui épousa vers 1730 Pierre Barton, Mis de Montbas, sgr de Gorbeil ; 2° Françoise-Marguerite, dite Mlle de Rouet, née le 20 avril 1717, resta célibataire, comparut par procureur à l'assemblée de la noblesse du Poitou en 1789, et mourut à Rouet, le 8 sept. 1800 ; elle fut inhumée dans la chapelle de ce château.

§ VII. — Branche d'URSAY, MONTS.

2. — **Béraudière** (Gilles de la), Ec., sgr de la Roche-de-Bord, Bonnillet, Ursay, Lardière, était, d'après une note (Pièces orig. 294, p. 107), fils de Jean et de Marguerite Carrion ; peut-être celle-ci était-elle 2e femme de ce Jean, qui, de Huberte Odart, sa 1re femme, aurait eu Jean, sr de Sourches (II° deg., § V), car Gilles de la Béraudière était, en 1486, curateur de François de la Béraudière, qui est dit son neveu, et

reçut, en son nom, divers hommages pour la terre de l'Ile-Jourdain appartenant à son pupille. Il existait aux archives du château de Vigean un aveu du 10 mai 1483, dans lequel Gilles prenait le titre de sgr de l'Ile-Jourdain, sans doute comme tuteur, car, le 29 nov. de la même année, il se dit seulement loyal administrateur de François de la Béraudière, Ec., son neveu, sgr dudit lieu de l'Ile-Jourdain. Dans un état des « devoirs, amendes et compositions advenues au roy », en l'année 1478, on lit : « De Gilles de la Béraudère, Escuier à cause de damoiselle de Marguerite de Perusse, sa femme, la somme de 8 liv. 5 s. tournois, à laquelle il a fixé et composé en jugement pour les frais par luy ou autres prins à mallefays, à cause du droit qu'il prend sur les bestes à pié fourchée, vendues, revendues et eschangées en la ville de Poitiers, depuis le trespas de feu Jehan de Perusse, en son vivant seigneur dudit droit, et pour toute amende de saisines brisées et paravant qu'il en eust fait son homaige qu'il a puis naguaire fait. » (Arch. Deux-Sèvres?)

Il épousa, vers 1460, Marguerite DE PÉRUSSE, fille de Jean, Ec., s^r de la Roche-de-Bord, et d'Isabeau Asse, dont il eut : 1° MATHURIN, qui suit ; 2° MARIE, qui épousa Pierre de Lezay, Ec., s^r de Surimeau, puis Pierre Achard, Ec., s^r de Romefort ; 3° JACQUELINE, mariée d'abord à Jean Chauvet, Ec., s^r de Frédaigne, puis, le 1er oct. 1506, à Jean de Barbezières, Ec., s^r de Bourgon (ces 3 enfants mentionnés dans une note, pièces orig. 294, p. 107) ; 4° autre MARIE, qui épousa Pierre de Marray, Ec., s^r de Chémerault, 1507.

3. — **Béraudière** (Mathurin de la), Ec., s^r d'Ursay, la Roche-de-Bord (d'après les notes. Pièces orig., 294, p. 107 et v. 80, Appelvoisin), épousa, vers 1500, Marguerite DE CONFOLENS, fille de Jean, Ec., s^r de Villechèze et de Louise d'Ars, dont il eut : 1° PHILIPPE, qui suit; 2° ANASTASIE, mariée à Guillaume d'Appelvoisin, Ec., s^r de la Roche-de-Gençay ; 3° RENÉ, qui a formé la branche de Villechèze, § IX.

Des notes de famille donnent encore à Mathurin les enfants dont les noms suivent : LOUIS, ecclésiastique; BASTIEN, qui fut abbé de St-Lary en Médoc, et MARGUERITE, religieuse à St-Ozanny.

4. — **Béraudière** (Philippe), Chev., s^r d'Ursay, Monts, Villenon, Villechèze (est dit neveu de Marc de Lezay, Ec., s^r de Surimeau (Pièc. orig., N. 294, 107), capitaine de 50 hommes d'armes de ses ordonnances, fit, dit-on, présentation à l'évêque d'Angers pour la chapelle d'Ambillou, le 23 sept. 1548. Il épousa, vers 1530, Françoise DE VIVONNE, D^e de Bréjeuilles, fille de Jean, Ec., s^r de Marigny, et d'Honorée d'Authon, dont il eut : 1° GABRIEL, qui suit ; 2° LOUISE, mariée à Louis de Madaillan, baron d'Estissac, Ec., s^r de Lesparre et de la Rochelle; elle était veuve le 9 mars 1594, époque à laquelle elle fit un accord avec Christophe de Blom, Ec., sgr de Beaupuy ; (D. F.) 3° FRANÇOIS, chef de la branche de Villenon, § VIII) ; 4° peut-être, PERRINE, mariée à Antoine de Livennes? Ec., s^r de Roiche. Elle reçut aveu, étant veuve, de Guyot Parthenay, Ec., s^r de la Foye de Pers en 1551.

5. — **Béraudière** (Gabriel de la), Chev., s^r de Monts, Ursay, Bréjeuilles, Chev. de l'ordre du Roi, était capitaine du ban et arrière-ban de Poitou en 1562 et 1567, enseigne de la compagnie du Cte du Lude en 1568-74. Il fut exempté du ban de Basse-Marche, convoqué le 9 janvier 1577, comme étant à la cour du Roi. (Rob. du Dorat.) Il épousa, vers 1560, Barbe DE HAUTEMER DE FERVAQUES, fille de Jean, Chev., s^r de Fervaques, et d'Anne de la Baulme, dont il eut : 1° CATHERINE, D^e de Monts, Bréjeuilles, mariée, vers 1580, à Louis Arembert, Chev., s^r des Ouches ; 2° JACQUELINE, mariée d'abord, vers 1580, à René Levesque, Ec., s^r de Marconnay, puis à René Jourdain, Ec., s^r des Forges, enfin à Pantaléon de Moussy, Chev., sgr de St-Martin-l'Ars (vers 1605); 3° JEANNE, mariée, vers 1580, à Bernard de Rechignevoisin, Ec., s^r des Loges. (La Gén. de Rechignevoisin et des notes de famille la disent fille de Philippe et de Françoise de Vivonne; mais, d'après les dates, il paraît qu'elle était plutôt fille de Gabriel.)

§ VIII. — BRANCHE DE VILLENON.

5. — **Béraudière** (François de la), Chev., sgr de Villechèze, Villenon, Bréjeuilles, chambellan du duc d'Alençon, frère du Roi, était (d'après les pièc. orig. 294, p. 107) fils de Philippe et de Françoise de Vivonne (4° deg., § VII); il servait, en 1563, comme guidon de la compagnie de M. de Montpezat. Il épousa, vers 1570, Adrienne FROTIER, veuve de Jacques d'Archiac, Ec., sgr d'Availles, fille de François, sgr de la Messelière, et de Antoinette Goumard, dont il eut : 1° NICOLAS, qui suit; 2° CATHERINE, D^e de Villenon, Bréjeuilles, etc., mariée à Jean de Grandseigne, Ec., s^r de Marcillac, et 3° JEANNE, femme de Jean Guy, sgr du Breuil. (N. de F.)

6. — **Béraudière** (Nicolas de la), Chev., sgr de Villenon, gouverneur de Civray, passe acte en 1614 et 1622 (reçu Pontenier, not^re. Pièc. orig. 294, p. 96-98) et paraît être décédé sans postérité. Il avait épousé, vers 1600, Marie DU BOIS, fille de Louis, Chev., s^r des Arpentis, et de Claude Robertet.

§ IX. — BRANCHE DE VILLECHÈZE.

4. — **Béraudière** (René de la), Chev., s^r de Villechèze, fils puîné de Mathurin, Ec., s^r d'Ursay, et de Marguerite de Confolens (3° deg., § VII), vendit, avec son frère aîné, la terre d'Ars, en Berry, le 17 janv. 1545. Il épousa, vers 1550, Jeanne DE SINGARREAU (les notes de famille disent Madeleine DE PRESSAC, peut-être en secondes noces), dont : 1° RENÉE, mariée, le 20 déc. 1572, à Jean Chevaleau, Ec. ; 2° FRANÇOIS, Ec., s^r de Villechèze, qui en 1577 était guidon de la compagnie d'ordonnance du Vte de la Guerche, sans doute décédé jeune; 3° JOSEPH, qui suit.

5. — **Béraudière** (Joseph de la), Chev., s^r de Villechèze, épousa, vers 1580, Marie PORCHERON, dont : 1° LOUISE, mariée, le 15 août 1611, à Pierre Goulard, Ec., s^r de Granzay ; elle testa en 1630 et nomma sa sœur tutrice de ses enfants; 2° MARGUERITE, qui épousa le s^r de Brie (René Mesnard de Touchéprés). (Not. de Fam.)

De l'une de ces dernières branches pourraient être issues les deux personnes qui suivent :

Béraudière (Barbe de la), qui, le 12 mai 1531, fut religieuse professe, et le 15 janv. 1531, prieure du monastère de St-Ausone d'Angoulême. (Arch. Charente, E. 1060-1171.)

Béraudière (Jeanne de la), qui avait épousé, avant le 8 janv. 1580, Alain de Céris, Ec., sgr de la Mothe-St-Claud ; est dite, dans un acte de 1591, Dame douairière de Nieul. (Id. 1293.)

BÉRAUDIN. — Famille du Mirebalais, que nous croyons éteinte depuis le commencement du dernier siècle.

Blason : d'azur à 3 fasces d'or et 3 besants d'or en chef (confirmation de 1670). (D'Hozier.) L'Armorial de l'élection de Richelieu dit les fasces d'argent.

Noms isolés.

Béraudin (Pierre) était enquesteur à Mirebeau en 1571, époque de la rédaction de la Coutume du pays Mirebalais. (F.)

Béraudin (Michel), s[r] de la Vouge, était mort avant le 19 oct. 1600, laissant pour veuve Anne ou Jehanne Le Bert, marraine à cette époque. (Reg. de Mirebeau.)

Béraudin (Joseph), honorable homme, s[r] de la Vouge, eut de Madeleine, *aliàs* Renée Auriau : 1° Jeanne, baptisée le 9 avril 1607; 2° autre Jeanne, le 10 nov. 1609 (Reg. de Mirebeau); 3° Anne, le 12 sept. 1611. — Joseph mourut en 1612 et fut inhumé le 12 fév. (Reg. de Champigny-le-Sec.)

Béraudin (Pierre), s[r] de la Bourlière, fut parrain à Mirebeau, le 7 nov. 1608, de Louise Barotin. (Id.)

Béraudin (Renée) était, le 7 déc. 1608, femme de Clément Barotin, s[r] de Villevert, not[re] de la B[nie] de Mirebeau. Elle fut inhumée en la sépulture des Béraudin, sise dans la chapelle Ste-Anne de Notre-Dame de Mirebeau. (Id.)

Béraudin (Pierre), curé de St-Chartres (Vien.), fut parrain le 7 déc. 1608. (Id.)

Béraudin (Jeanne), Dame de la Touche-Baudry (environs de Sauves), était, le 6 juin 1608, femme de Pierre Chevron, Ec.

Béraudin (Madeleine) fut inhumée le 9 sept. 1610. (Id.)

Béraudin (Anne) était, le 3 févr. 1613, femme d'honorable homme Pierre Trochon, maître ès arts à Poitiers. (Id.)

Béraudin (Marie) était, le 26 sept. 1619, épouse de Antoine Jacquet, docteur en médecine. (Id.)

Béraudin (Louis), sgr de la Tour, vivait en 1624. (Id.)

Béraudin (Louis), sgr de la Tonnière, fut parrain le 17 juin 1631.

Béraudin (Pierre), curé de St-Hilaire de Mirebeau, avait été parrain le 12 sept. 1611. Il fut inhumé dans l'église de N.-Dame de cette ville, le 22 mars 1635.

Béraudin (Anne) épousa Charles Chabot, Ec., sgr de Doullé; en eut un fils, baptisé le 22 sept. 1661; elle fut enterrée en l'église de Champigny-le-Sec, le 18 juin 1711. (Champigny-le-Sec, Vien.)

Béraudin (N.), fils de Henry, Chev., sgr de la Taunière, baptisé à Cuhon, le 24 mars 1667.

Béraudin (Jean de), Ec., sgr de la Tour et du Moulin de Charrais, est nommé dans un registre de 1669 de Champigny-le-Sec.

Béraudin (Jeanne-Marie) de la Taunière de Puzay, assiste, le 26 févr. 1700, au mariage de Anselme Alliday. (Id.)

Béraudin (René), prêtre habitué à Ouzilly, en 1705, était aumônier de la Tour-Signy, en 1713. (Id.)

Béraudin (Marguerite), veuve de René de Blosset, fut marraine le 27 avril 1717. (Id.)

Béraudin (Rose) était, le 19 juill. 1730, veuve de Jean Richard, Ec., sgr de la Brunalière. (Conclusions au parquet du présidial à cette date.)

Béraudin (Marie), veuve de N... Thoreau, Ec., sgr des Girardières, fut inhumée dans l'église de Champigny-le-Sec, le 11 août 1737. (Reg. de Champigny.)

§ Ier. — Branche de **Puzay**.

1. — **Béraudin** (Pierre), Ec., sgr de Puzay ou Puzé (Champigny-le-Sec, Vien.), épousa en 1484 Catherine de Marconnay, et était décédé le 31 déc. 1551, date à laquelle la terre de Salvert (Doussay, Vien.) fut vendue à sa veuve *à titre de grâce par les hoirs de Marconnay.* (Gén. de Marconnay.) Ils testèrent le 11 déc. 1532 en faveur de leur fils aîné Pierre, qui suit.

2. — **Béraudin** (Pierre), Ec., sgr de Puzay, la Taunière, eut pour enfants : 1° Jean, chanoine de N.-D.-la-Grande de Poitiers ; 2° Louis, qui suit. (Ils partagèrent le 30 déc. 1555.)

3. — **Béraudin** (Louis), Ec., sgr de la Taunière et du Breuil, épousa Cyprienne Girard, fille de Paulin, Ec., sgr du Breuil, et de Françoise Richer, dont il eut : 1° Louis, qui suit ; 2° Jeanne, mariée à Jean Guillot, Ec., sgr de la Cartolière, archer de la garde du Roi.

4. — **Béraudin** (Louis), Ec., sgr de la Taunière (Cuhon, Vien.), fut maintenu noble à Poitiers le 8 janv. 1599. Il obtint aussi un arrêt de la cour des aides, le 13 avril 1633, avec son fils Hercules. Il avait épousé le 17 nov. 1588 Marie Courtinier, fille de Pierre, Ec., sgr de Valançay, et de Jeanne Desmier, dont il eut : 1° Hercules, qui suit ; 2° Renée, qui épousa Marie-René Chappron, Ec., sgr de Vieilmont ; 3° Catherine, marraine à Mirebeau le 2 nov. 1625 ; et probablement 4° Louis, rapporté § III, à moins que ce Louis, 2° du nom, ne se soit marié 3 fois, ce qui paraît peu croyable à cause des dates.

5. — **Béraudin** (Hercules), Ec., sgr de Puzay, était, en 1625, gouverneur des ville et chât. de Mirebeau ; il épousa, le 28 déc. 1617, Louise de Boisy, fille naturelle de Louis Gouffier, duc de Roannez ; il fut inhumé à Cuhon, le 22 févr. 1647, laissant de son mariage : 1° Louise, baptisée comme ses frères et sœurs à Cuhon, le 2 nov. 1625, mariée à René Richard, conseiller au bailliage de Loudun ; 2° Renée, baptisée le 3 févr. 1627, décédée le 8 fév. 1693, à Champigny-le-Sec ; 3° Marguerite, baptisée le 24 avril 1628 ; 4° Henri, qui suit ; 5° Louis, rapporté au § II ; 6° Catherine, baptisée le 4 août 1633.

6.— **Béraudin** (Henri), Chev., sgr de Puzay, fut baptisé à Cuhon le 3 août 1631, épousa à Fontenay, le 13 déc. 1666, Marie Poitevin, fille de Charles, Ec., sgr de la Florencière, et de Suzanne Regnon de Chaligny ; il fut inhumé le 21 août 1681, âgé de 53 ans ? Il eut plusieurs enfants morts en bas âge et de plus : 1° Henriette, baptisée le 23 mars 1676, reçue à St-Cyr en 1689, sur preuves de sa noblesse ; 2° Marie, baptisée le 28 juin 1669, mariée, le 18 mars 1708, à Claude Poulain, Ec., sgr de Mouchy, Chov. de St-Louis et lieutenant-colonel d'Infanterie; 3° Claude, baptisée le 3 juill. 1681 ; et 4° Louise, le 8 févr. 1682, fut inhumée le 22 févr. 1716.

§ II. — Branche de **l'Estang**.

6. — **Béraudin** (Louis), Ec., sgr de l'Estang (fils puîné d'Hercules et de Louise de Boissy, 5° deg., du § Ier), fut inhumé, le 30 janv. 1690, dans l'église de Cuhon, laissant de Marie Repin, sa femme : 1° Marie, baptisée le 14 juin 1665 ; 2° Louis, baptisé le 13 juil. 1666 ; 3° Paschal, le 6 avril 1670 ; 4° Hilaire-Hercules, le 3 févr. 1675 ; 5° Marguerite, le 16 nov. 1677 ; 6° Radégonde, le 15 avril 1688. (Reg. de Cuhon.)

§ III.

5. — **Béraudin** (Louis), Ec., sgr de la Taunière (que nous croyons fils puîné de Louis et de Marie Courtinier, 4° deg. du § Ier), marié à Antoinette de Lestang, fille de Louis, Ec., sgr de Villaine, et de Antoi-

nette Lebrun, eut entre autres enfants : 1° Marie, née le 3 août 1632 à Mirebeau ; 2° Catherine, baptisée le 6 janv. 1633 ; 3° Pierre, baptisé le 4 nov. 1644 ; 4° une fille mariée, dit-on, à N... Chappron, Ec., sgr de Ladelin.

6. — **Béraudin** (Pierre), Ec., que nous croyons fils du précédent, était décédé avant le 26 juin 1700, époque où Marguerite Limoges se disait sa veuve. Ils eurent pour enfants : 1° Marie-Marguerite, baptisée à Champigny-le-Sec ; 2° Pierre, baptisé le 28 juin 1691 ; 3° Charles, inhumé audit lieu le 10 sept. 1713. (Reg. de Champigny.)

BÉRAUDIN DE VERRINES. — Cette famille se croyait issue des Béraudin de Puzay, mais elle paraît être plutôt une branche des Béraudin de la Rochelle, car, d'après l'armorial manuscrit des Baudy de Châtellerault, alliés aux Grasseteau, elle portait de.... au cerf passant et un chef d'or, chargés de 3 tourteaux d'azur. Postérieurement elle paraît avoir pris le blason des sgrs de Puzay.

§ Ier. — Branches de la **Bourlière**.

1. — **Béraudin** (Louis) était mort avant le 18 janv. 1534, date du partage de sa succession entre les enfants issus de son mariage avec Marie Yvon, fille de feu Jean, habitant de Clervaux, qui furent : 1° Jean, lequel était, en 1535, tuteur de ses frères et défendait à une action en retrait lignager, que Philippe de Marconnay, tuteur des mineurs de feu Jean Fouchier, intentait à la succession dudit Louis son père, au sujet de certains *héritaux* acquis par Louis Béraudin dudit Jean de Fouchier; 2° Martin, qui, marié à Jeanne Richier, en eut : *a.* Madeleine, mariée à Guillaume David ; *b.* Françoise, femme de Jean Barrotin ; *c.* Louise, épouse de Jacques Carreau, procureur à Poitiers.

3° Barthélemy, qui suit; 4° Jeanne ou Marie, mariée à Valentin Grasseteau, morte avant le 16 juin 1535 ; 5° Isabelle-Françoise, décédée également avant cette époque, laissant des enfants mineurs de son mariage avec Jean du Paillier, Ec., sgr de la Trappière.

2. — **Béraudin** (Barthélemy), Ec., sgr de Vérines, était mineur le 16 juin 1535 et sous la tutelle de Jehan, son frère aîné, qui lui rendait un compte de tutelle le 13 mars 1544 (Lafond, notre) ; de Renée Lemaistre, sa femme, il laissa : 1° Pierre, qui suit; 2° Joseph, tige de la branche de Vérines, rapportée au § II; 3° Marie, épouse de Yves Barré, dont elle était veuve lors de son décès, arrivé le 8 oct. 1617 ; leurs successions se partagèrent le 3 janv. 1609.

3. — **Béraudin** (Pierre Ier), Ec., sgr de la Bourlière ou Bourrelière (Cuhon, Vienne), président en l'élection de Mirebeau, épousa, le 3 oct. 1568 (Guignovreau, notre à Mirebeau), Hilaire Vallet. Il fut inhumé le 10 oct. 1609 « en la chapelle qu'il a ci-devant fait rétablir, ayant lui mesme faict apporter sa tumbe. » (Reg. N.-D. de Mirebeau.) La succession de sa femme se partageait, le 17 juin 1643, entre leurs enfants qui furent : 1° Pierre, qui suit; 2° Renée, mariée à noble Pierre Gazil, sieur de Messay, sénéchal de Mirebeau ; ils étaient l'un et l'autre décédés avant le 17 juin 1643.

4. — **Béraudin** (Pierre IIe), Ec., sgr de la Bourlière, passait avec sa sœur une transaction portant partage des successions de leurs père et mère, acte en vertu duquel il a perçu les droits que la coutume accordait à l'aîné de la famille. Et le 6 janv. 1611 (Ragonneau, notre à Mirebeau), il épousa Catherine Raymond ou Remon, fille d'Etienne, sr des Péranches, et de N... Bauday, laquelle, devenue veuve, se remaria à Louis Chabot, Ec., sgr d'Amberre et de Bourgaillard.

Leurs enfants furent : 1° Urbaine, baptisée à Mirebeau, ainsi que ses frères et sœurs, le 8 juill. 1614; 2° Pierre, qui suit; 3° Urbain, le 6 oct. 1617 ; 4° autre Urbaine, le 6 déc. 1618 ; 5° Anne, le 14 sept. 1619; 6° Etienne, le 3 févr. 1622, était, en 1645, président en l'élection de Richelieu et fut parrain le 12 févr. de cette année ; 7° René, le 24 juin 1629; 8° Louis, le 17 juin 1631, qui fut maintenu dans sa noblesse par arrêt de la cour des aides du 5 févr. 1664 ; 9° Marie, baptisée le 3 août 1632 ; 10° Anne, le 22 août 1633. Pierre fut inhumé le 8 janv. 1644.

5. — **Béraudin** (Pierre IIIe), Ec., sgr de la Bourlière, né le 3 janv. 1616, fut élu président en l'élection de Richelieu, juge sénéchal, et juge ordinaire de la ville et baronnie de Mirebeau. Il partagea avec ses frères et sœurs le 17 juin 1653 ; s'était marié, le 10 janv. 1639, avec Catherine Haynault, dite aussi Honorée Henault ; fut maintenu dans sa noblesse par l'arrêt de la cour des aides précité. Le 9 déc. 1664, il présentait au bénéfice de la chapelle du Crucifix desservie en l'église de St-Aubin-le-Clou, Hardouin, son fils aîné. C'est sans doute lui qui est dit être décédé de mort violente, et qui fut inhumé, le 24 mai 1669, dans la chapelle des Béraudin, devant l'autel Ste-Anne en l'église N.-Dame de Mirebeau, car ce ne peut être de lui dont il est question dans l'acte de décès daté du 6 janv. 1664, d'un Pierre Béraudin, sieur de la Bourrelière, président en l'élection de Richelieu, puisqu'il présentait son fils Hardouin le 9 déc. de cette année.

Ils eurent entre autres enfants : 1° Hardouin, qui suit ; 2° Jeanne, baptisée le 19 juillet 1641.

6. — **Béraudin** (Hardouin), Ec., sgr de la Bourlière, était clerc tonsuré du diocèse de Poitiers lorsqu'il fut présenté par son père pour le bénéfice de la chapelle du Crucifix, le 9 déc. 1664. Mais peu après il renonça à l'état ecclésiastique, devint lieutenant particulier, et assesseur au siège royal de Châtellerault. Le 2 juin 1668, il épousa (Baud, not. à Châtellerault), Marie Pidoux, fille de René, Ec., sgr du Verger, lieutenant particulier et assesseur audit siège, et de Marie Phélippon. Le 10 déc. 1670, il fut confirmé dans sa noblesse par M. Rouillé. De son mariage, il eut plusieurs enfants, dont un prêtre, qui devint chapelain de la chapelle des Rasseteaux à Châtellerault. Hardouin fut inhumé à Marigny-Brizay, le 23 janv. 1518.

§ II. — Branche de **Vérines**.

3. — **Béraudin** (Joseph), sr de Vérines, fils puîné de Barthélemy et de Renée Le Maistre (2e deg., § Ier), était, dès le 1er avril 1584, élu à Mirebeau, et donna quittance à Me François Le Proust, receveur des tailles à Loudun. Il assistait, comme oncle maternel des mineurs Barré, au partage des biens de Marie, sa sœur, et de Yves Barré, son époux, qui eut lieu le 3 janv. 1619. Marié à Renée Genebault, il en eut : Joseph, qui suit ; et peut-être des filles.

4. — **Béraudin** (Joseph), sr de Vérines, fut baptisé à Mirebeau le 5 nov. 1600 ; mais il paraît être né plusieurs années avant. Dans son contrat de mariage, il est dit fils unique. Il était en 1622 conseiller au présidial de Poitiers, et assesseur du juge conservateur des privilèges royaux de l'Université de Poitiers. Il avait épousé, le 1er fév. 1615, à Airvau, Catherine Picault ou Picquault, qui se remaria, et était, le 16 juillet 1634, épouse de François de la Chétardie, Ec.,

sgr du Pavier ; elle était fille de François, s^r^ de la Couthe, et de Gabrielle Ogier. Il laissa entre autres enfants : 1° Joseph, qui suit ; 2° Catherine, baptisée à Mirebeau, le 13 mars 1622.

5. — **Béraudin** (Joseph III°), Ec., sgr de Vérines, né le 10 juin 1629 et baptisé le 16, à Mirebeau, épousa, le 26 janv. 1653, Marguerite de Tusseau, fille de François, Ec., sgr de Maisontiers, et de Marguerite Bonnin, dont il eut une fille, Catherine, baptisée le 24 août 1654 (Reg. de Mirebeau), mariée à René de Menou, Ec., sgr de Billy.

BÉRAUDIN. — Autre famille.

Famille originaire de la Rochelle, anoblie par lettres patentes données à Poitiers en 1651, registrées au Parlement de Paris en 1655, dans la personne de Jean Béraudin, s^r^ de Beaurepaire, pour services rendus à la royauté pendant la Fronde.

Blason : d'azur au cerf courant d'or. (D'Hozier.)

Les quelques degrés de filiation qui suivent sont empruntés à la France protestante, publiée sous la direction de M. Louis Bordier, et aux Rôles Saintongeais, p. 143, 153, de M. Th. de Bremond d'Ars.

Filiation suivie.

1. — **Béraudin** (Jean), marchand et bourgeois de la Rochelle, épousa Marie Gaschot. Il était protestant, et laissa de son mariage : 1° Jean, baptisé au temple, le 5 mars 1563, fut membre du corps de ville en 1584, et épousa Jeanne David (postérité inconnue) ; 2° Marie, mariée en 1584 à Simon Thévenin ; 3° Benjamin, qui suit.

2. — **Béraudin** (Benjamin) épousa, en 1592, Marie Thévenin, fille de Macé, sgr de Vaujouin, nommé pair en 1597 ; il eut 6 enfants, entre autres : 1° Anne, mariée à Jacques Sicault, s^r^ de Genouillé ; 2° Jean, qui suit.

3. — **Béraudin** (Jean), s^r^ de Beaurepaire, l'anobli, l'un des plus riches négociants de la Rochelle, épousa en juill. 1641 Marguerite Brunet, qui était sa veuve en 1688, dont il eut : 1° Bénigne, mariée à Jacques Manceau, Ec., sgr de Boissoudan ; 2° Suzanne, mariée à Anastase Huet, Chev., sgr du Rivault, capitaine de vaisseau ; 3° Gabriel, qui suit.

4. — **Béraudin** (Gabriel), Ec., sgr de Granzay, Passy-Rompsay, né en 1644, lieutenant-général au Présidial de la Rochelle, mort en 1695, s'était marié en 1675 avec Suzanne Husson, fille d'Etienne, avocat au Parlement, s^r^ de Bussay, et d'Elisabeth Taillandeau ; il abjura le protestantisme entre les mains de l'Evêque de la Rochelle, en 1673, et fut nommé en même temps conseiller du présidial. Il avait eu pour enfants : 1° Gabriel, qui suit ; 2° Marie-Suzanne, mariée, le 10 déc. 1703, à Louis-Charles Vernou de Bonneuil, Ec., sgr de Melzéard ; le 3 mars 1734, étant veuve, elle rendit hommage au château de Melle du fief de la Rivière-Bonneuil ; 3° Paule, mariée à Jean Donat, Ec., et directeur de la Monnaie, à la Rochelle.

5. — **Béraudin** (Gabriel), Ec., sgr de Passy-Rompsay, né en 1682, lieutenant-général au présidial de la Rochelle, dès 1716, fut maire de cette ville en 1718, et, en 1750, porté au rôle de la capitation de l'élection de la Rochelle, ainsi qu'un s^r^ Béraudin, lieutenant de l'amirauté, qui était, sinon son fils, du moins son proche parent. Gabriel mourut en 1770.

BÉRAULT DE LA BELLERIE.

— Famille habitant Poitiers, au xviiie siècle.

Blason : Bérault (Alexandre), trésorier de France, portait : d'or à la fasce engrelée d'azur, accompagnée en chef de 2 étoiles de gueules. (Arm. de la G^té^ de Poitiers ; d'office.)

Bérault (Alexandre), Ec., sgr de la Bellerie, trésorier de France, au bureau des finances de Poitiers, par provision du 25 août 1687, fut président doyen de la compagnie de 1725 à 1740. (M. A. O. 1883, 340, 362.) Il avait épousé Jeanne Fumée, fille de Claude et de Françoise de Sanzay, vers 1680, dont il eut une fille, N..., baptisée à Châtellerault, le 19 mars 1689. (Arch. Châtellerault.)

Bérault (Pierre), Ec., sgr de la Bellerie, assiste avec sa femme Françoise Léger, fille d'Yves, directeur général des domaines du Roi, au baptême de Jean-François Léger, le 24 fév. 1727. (Reg. paroiss.)

* **Bérault** (François), Ec., sgr de la Fenestre, est relaté dans un registre au parquet du Présidial de Poitiers, comme portant une plainte, le 6 oct. 1743.

Bérault (François), Ec., sgr de la Bellerie et de la Fenestre, est inhumé dans l'église de Biard, en 1745. (Reg. paroiss.)

BÉRAULT DE BEAUVAIS-RIOU.

Les notes qui suivent sont extraites d'une notice généalogique sur la famille Petit, mémoire présenté pour faire recevoir un membre de cette famille dans l'ordre de Malte. (D. Fonteneau, v^e^ Petit.)

Blason : de gueules au loup cervier d'argent, à 3 crouzilles ou coquilles de même, 2 et 1 (D. F. v^e^ Petit), ou de gueules au lion passant d'or. (Nob. de Bretagne, manuscrit.)

1. — **Bérault** (Jamet), sorti cadet de la maison de la Tour-Blanche Bourdille, en Périgord, avait épousé D^lle^ Benoîte de Fesque, ce qui est prouvé par la démission faite par ladite demoiselle de la jouissance de tous ses biens, pour 9 années seulement, à noble homme Jean, son fils aîné, le 4 février 1483 ; peut-être encore : 2° Samuel.

2. — **Bérault** (Samuel), fils ou plutôt frère de Jamet qui précède, ne nous est connu que par le contrat de mariage de Jean, son fils, qui suit.

3. — **Bérault** (Jean), Ec., sgr de Saugé, épousa, le 5 juillet 1486 (Lespondre et P. Girard, not. sous la cour de Passavant), D^lle^ Mathurine Regnart, fille aînée et principale héritière de Jean, Ec., et de Marie de Baire, sgr et dame de Beauvais-Riou. C'est par ladite Mathurine que cette terre de Beauvais-Riou est entrée dans la famille Bérault. Ils laissèrent de leur mariage : 1° Claude, qui suit ; 2° Louis, auquel, par partage du 1er mars 1520, Claude donne pour sa part, dans les successions paternelle et maternelle, la terre d'Aubigné.

4. — **Bérault** (Claude) reçut, le 29 avril 1529, à cause de sa terre de Beauvais-Riou, du fondé de pouvoir de Mess. Louis de Clermont, un aveu signé Bourgnault, pour sa terre de Presgné. Il avait épousé, le 29 septembre 1521, Luce Savari, fille de feu René, s^r^ de la Grillouère, et de Marguerite du Hamel, du pays d'Anjou. Claude était mort avant 1536, car le 9 mars de cette même année, Luce Savari, se qualifiant sa veuve, mère tutrice et garde noble de Claude Bérault, Ec., son fils, et autres ses enfants, rendait aveu au baron de

Vezins, en Anjou, des terres et seigneuries de Beauvais et du Coudray-Raguenault. De ses enfants, nous ne connaissons que Claude, qui suit.

5. — **Bérault** (Claude), IIe du nom, Ec., sgr de Beauvais et de Coudray-Raguenault, épousa, le 25 janvier 1544, Françoise Guibert, fille de Christophe et de Guillelmine la Corbière. Il fit, le 30 mars 1589, ses partages entre Jean, son fils aîné et principal héritier, qui va suivre, et Isaac et René, ses fils puînés.

6. — **Bérault** (Jean), Chev., sgr de Beauvais-Riou, Monchemin et le Coudray-Raguenault, épousa, le 18 mai 1589, Claude Audebert, fille de Louis, Chev., sgr de Laubuge et du Pin, et de Renée du Breil, dame de Monchemin, la Gaudière et du Boisbuteau, veuve en 1634. Il en eut un grand nombre d'enfants : 1° Hardy, qui suit ; 2° Claude, Ec., sgr du Coudray, marié à Jeanne Loyau ; 3° Charles, Ec., sgr de Lauberdière ; 4° Nicolas, Ec., sgr de Beaulieu ; 5° Michel, Ec., sgr de Beauvais ; 6° Robert, religieux à l'abbaye de Savigny en Normandie (O. de Cluny) ; 7° Jean, Chev. de Malte, tué à la prise de Sainte-More ; 8° Louise, religieuse à Lencloître ; 9° Renée, religieuse à Bressuire ; 10° Catherine, religieuse à la Regripière, près Clisson.

7. — **Bérault** (Hardy), Chev., sgr de Riou, prit, après la mort de son père, le titre de seigneur de Monchemin, Beauvais, la Gourrière, etc. ; il fut marié deux fois : 1° le 18 août 1616, à Marie Martel, dame du Plessis, fille aînée d'Olivier Martel, Ec., et de feu Françoise Bernard, sgr et dame de la Malbonnière, la Haye, etc. Devenu veuf le 30 janvier 1637, il épousa en secondes noces Françoise Suchet. Il n'existait plus en 1665, et il ne paraît pas qu'il ait eu d'enfants de son second mariage.

Il eut du premier lit : 1° Olivier, qui suit ; 2° Louise, mariée (contrat du 29 déc. 1640) à Charles Petit, Chev., sgr de la Guierche-St-Amand, écuyer ordinaire de M. le Prince. Elle était veuve dès le 2 sept. 1665, et testa les 21 mars et 23 avril 1671.

8. — **Bérault** (Olivier), Chev., sgr de la Haye, de Lavau, épousa Guillemette de Constance ; elle était sa veuve en 1673, et tutrice de leurs enfants : 1° Hardi, qui suit ; 2° Louis, 3° Léon, 4° Valentin.

9. — **Bérault** (Hardi), Ec., sgr de Beauvais, épousa, vers 1686, N... Bidé, dont une fille mariée au sr de Lescut, président au Parlement de Rennes.

BERCHORIUS (Pierre). — V. **BRESSUIRE**.

BERCHOU. — V. **BRÉCHOU**.

Berchou (Thomas) rendit, le 29 avril 1338, aveu de son fief de Malatroit à Jeanne de Surgères, dame de Dampierre-sur-Boutonne.

Berchou (Jean), Ec., sgr de la Rochesnard, rendit, à cause de Jeanne de Viron, sa femme, aveu du fief de Prissé, le 3 juillet 1381, à Mme de Surgères, dame de Dampierre-sur-Boutonne. (F.)

BERDON (Jean de), Ec. (peut-être Besdon), rendit un hommage au château de Montreuil-Bonnin, le 4 sept. 1391, pour son hébergement de Fontfroide, au devoir de 40 jours et 40 nuits, avec cheval et armes, entre Loire et Dordogne, à cause de Jeanne Deville, sa femme, dame dudit lieu. (Bureau des Finances, Poitiers.) (F.).

BÉREAU ou **BÉRAULT**. — Famille du Bas-Poitou, qui a tenu un certain rang à Fontenay.

Blason. — Louis Béreau, sieur de la Jouissière, président en l'élection de Fontenay, portait : parti au premier d'azur, à une tour d'argent maçonnée de sable, au second d'argent, au lion de sinople lampassé et armé de gueules, tenant de sa patte dextre une moucheture d'hermines de sable, au franc-canton, coupé d'azur, chargé d'une étoile d'argent. (Armorial du Poitou.) Le 1er parti est probablement le blason des Béreau, le 2e doit être une alliance.

Béreau (Guillaume) possédait des terres près de l'herbergement de Ladoyt, avant le 27 juin 1482, époque où Jean Tiraqueau rendait aveu de ce fief au sgr de Ste-Flaive.

Béreau (Joachim), sr de la Mothe, transige le 11 juin 1590 avec Baptiste Bryand, Ec., sgr de la Mothe, curateur des enfants mineurs de feu Jacques de Béjarry, Ec., sgr de la Louerie.

Béreau (Pierre) acquit en 1590 de Pierre Le Tourneur, sgr de la Baussonnière, les terres du Grand-Launay et du Plessis-Houstelin, psse de Sigournay ; rendait aveu de cette dernière au sgr de Sigournay le 16 oct. 1594.

Béreau (René), sr de la Frenière, épousa, vers 1604, Renée Chocquet, fille de Pierre, sr du Maureau, et de Marie Boucher.

Béreau (Louis), Ec., sgr de la Jouissière, assiste, en qualité de cousin germain de la future, au mariage de Jeanne Garipault avec Jacob Rouault, lequel eut lieu le 19 févr. 1618.

Béreau (Madeleine), épouse de Raoul Blouin, Ec., sr de Marsay, était décédée en 1670.

Béreau (Louis), sr de la Jouissière, président en l'élection de Fontenay, vers 1696, puis conseiller en la sénéchaussée de cette ville, rendait au Roi de nouveaux aveux, comme sgr du fief et sgrie de Puyviault-Claveau, en 1698, fut reçu en 1700 garde du scel de ce siège ; marié à Suzanne Gandouart, il en a eu : 1° Louis, qui suit ; 2° Nicolas, sr de Puyviault, qui était, en 1714, président de l'élection de Fontenay ; 3° Marie-Françoise, qui, le 11 oct. 1736, était femme de Amable-Louis de Villedon, Chev., sgr de la Charbonnière.

Béreau (Louis), sr de la Jouissière, fut, comme son père, président en l'élection de Fontenay. En 1722, Françoise de Rié, se disant sa veuve et donataire, rendait aveu de sa terre de Puyviault-Claveau au chât. de Vouvant.

Béreau (Suzanne) était veuve de Pierre Bernardeau, Ec., sgr de la Briandière, et tutrice de leurs enfants mineurs, le 23 nov. 1709.

Béreau (Madeleine) avait épousé Jean Malveau, avocat en Parlement, dont une fille, Anne, qui, le 9 nov. 1721, se marie avec Claude Beauvais.

Béreau (Marie), sœur de Madeleine, assiste au mariage de sa nièce, Anne.

Béreau (Suzanne) assiste à ce mariage.

Béreau (Marie-Anne-Modeste) épousa, le 16 déc. 1737, Claude de Mahé, sgr de la Gueffardière, receveur des tailles à Fontenay, son cousin germain.

Béreau (N...), sr de Puyviault, est cité comme vivant noblement, dans un inventaire dressé en 1737.

Béreau (Augustin-Edouard), sgr de Langle, fut électeur de la noblesse, à Fontenay, en 1789.

Il existe, aux archives de la Roche-sur-Yon, un dossier concernant cette famille.

Voici, pour terminer, quelques degrés de généalogie que nous devons à l'obligeance de M. de Lioncourt (de Caen).

Filiation suivie.

1. — **Béreau** (Mathurin), s^r des Fenestres et Moranville, épousa en premières noces Louise Bernon, fille de Jacques, s^r de St-Cyr des Gats, et de Marie Texier, et en seconde noces, le 10 janv. 1577, Marie Amonry, fille de Guyon, s^r de la Bondrée et de la Bruchère, et de Louise Ramfray. Du premier lit sont issus : 1° Mathurin, qui suit ; 2° Raoul, s^r de Loyvierre ; 3° Jacques, s^r de la Rouchaire et de la Vrignonnière, avocat et poète, habitait Fontenay sur le marché aux Porches. B. Fillon Maisons de Fontenay, p. 10, n.) dit qu'il a laissé des poésies médiocres, dans lesquelles il chante les bords du Lay, et se plaint de sa mauvaise fortune. Dreux du Radier dit au contraire que parmi ses vers, il en est un grand nombre qui valent bien ceux de ses contemporains. La Revue de l'Aunis, etc., a donné dans son n° du 25 oct. 1868 la dédicace de son ouvrage à Mgr Tiercelin, évêque de Luçon, et une de ses églogues. Aux personnes désireuses de juger par elles-mêmes de l'œuvre de notre Poitevin, nous leur indiquerons la nouvelle édition donnée en 1884 par MM. J. Howyn de Tranchère et René Guyot (Paris, librairie des Bibliophiles). La première édition, imprimée à Poitiers par Bertrand Noscreau, était excessivement rare.

Du second lit sont issus : 4° Jonathan, 5° Isaac, s^r de l'Estremière, avait acquis, avant le 23 mars 1599, l'office de conseiller assesseur du Prévôt des Maréchaux du Bas-Poitou, à Fontenay et à Niort ; 6° Raoul, 7° Judith, femme de Jean Bodin, s^r des Roustaires.

2. — **Béreau** (Mathurin), s^r de Fief-Breton, épousa, le même jour que son père et par le même contrat, Louise Amonry, sœur de la seconde femme de celui-ci, et était décédé avant le 8 juin 1615, date du partage de sa succession. Il eut pour enfants : 1° Jean, s^r du Plantis et de Puyhault (Puyviault), mort sans hoirs ; 2° Pierre, s^r des Marchelières, qui eut une fille, Esther, mariée à Jean Barbot, s^r de Curzay ; 3° Marie, femme de Jean Clavier, s^r de la Forest ; 4° Suzanne, mariée le 29 nov. 1599, suivant le rite protestant, à Jean Thabarit, s^r de St-Sébastien ; 5° Esther, femme de André Morineau, s^r de Laché ; 6° Isabeau, mariée à Hilaire Gaignault, s^r du Fonteniou.

BÉRENGER, hérésiarque célèbre que les uns font naître à Tours, en 998, et que les autres disent être natif de Poitiers, avait été disciple d'Abeilard, fut maître-école (*scolasticus*) à Tours et devint archidiacre d'Angers (1039). Il attaqua dans ses ouvrages les dogmes de l'Eucharistie et de la transsubstantiation. Condamné à deux reprises différentes, il reconnut enfin ses erreurs au concile de Rome (1078) et vint mourir près de Tours en 1088, à l'âge de 90 ans. V^r tous les ouvrages de biographies et Dreux du Radier, dans sa Bibliothèque du Poitou.

BERGEAU (Guillaume), échevin de Poitiers, 1412. On lui a donné pour blason, dans l'Armorial des échevins, de sinople au berger d'or, entouré de moutons d'argent (Gouget), *aliàs* de sinople à 3 moutons d'argent (fantaisie).

BERGER (Guillaume Le), maire de Poitiers. On trouve son nom écrit Laubergier dans un acte par lequel Jeanne Barbate reconnaît avoir arrenté une maison à feu Jean de Galardon, prévôt de Poitiers, maison que Martin, fils de Jean précité, avait vendue à Guillaume Laubergier, ancien maire de Poitiers, et approuve ladite vente, le 21 mai 1265. (M. A. O. 1882.)

Blason. — Les armoiries des maires de Poitiers qui décoraient la grande salle de l'hôtel de ville donnaient pour armes à Guillaume Le Berger : d'argent à un berger d'or saboté de sable, debout dans une bruyère de sinople sous un hêtre de même, tenant en sa main dextre un rameau de gueules, et appuyé de l'aisselle senestre sur une houlette de même, regardant en la partie dextre de l'écu un soleil levant d'or dans un nuage d'azur, et accompagné de deux moutons accolés, l'un d'argent, l'autre de sable.

Blason de fantaisie, inventé au xvie siècle.

Berger (Jean Le), élu en l'élection de Loudun, avait épousé Marguerite Maurat (ou Mauhat), vers la fin du xvie siècle, dont les héritiers vendirent, avant 1617, le fief des Lourdines à Jean Joly, procureur au Parlement de Paris. (N. féod. 540.)

BERGEON servit au ban de 1491, en remplacement de Laurent Foucrant, renvoyé à cause de son grand âge et povreté. (F.)

BERGEREAU (Jehan) a servi comme homme d'armes du sgr de Bressuire, au ban de 1467; il servit également comme brigandinier à celui de 1488. (F. et Doc. inédits.)

Bergereau (Pierre) contribue à l'achat d'un calice d'argent pour la paroisse de St-Jacques de Busserolles en 1600. (Reg. parois.)

BERGERON.

Bergeron (Hilaire), habitant du Vieil-St-Mesmin, combat contre Thomin Guischard, à Mauléon, 1464. (Arch. nat. J. Reg. 178-51.)

Bergeron (François), sculpteur à Poitiers, fait marché avec le Chapitre de St-Hilaire-le-Grand de cette ville pour faire le *contretable* de l'autel de l'église dudit Chapitre. (D. F.)

Bergeron (René de), procureur au Présidial de Poitiers, rend aveu pour sa maison noble de la cour des Bassonnières qu'il tient de la Tour de Maubergeon, du chef de Marie-Jacquette Genone, sa femme, 1669, 1673. (N. féodaux, 99.) Marie-Anne, qui, veuve de Jacques Mesnard, rendait, le 15 avril 1712, le même aveu pour la même terre, pourrait être leur fille. (Id. 186.)

Bergeron (Marie) épousa Jean Debarot, qui, le 26 nov. 1693, fut inhumé près d'elle, proche l'autel St-Thibaud, dans l'église Ste-Triaise à Poitiers. Marie avait été inhumée dans la même église, le 9 oct. 1683.

Bergeron (Antoine de), Ec., sgr de la Goupillière, ci-devant intendant des armées du Roi et de la province de la Sarre, laissa de Claude Scarron, son épouse, entre autres enfants Ambroise-Marie-Armande-Claude, qui, le 15 mai 1719, épousa Charles-Paul-Joseph de Bridieu, Ec., sgr de la Baron (Gén. de Bridieu), et Marie-Geneviève, vivant le 19 mai 1721, marraine le 19 nov. de la même année de Charles-Joseph-Marie de Bridieu, son neveu.

Bergeron (N...) était vicaire de Chaunay de 1784 à 1790. (Reg. parois.)

BERGIER, nom très ancien en Poitou. A la suite des noms isolés, nous donnons quelques degrés de la généalogie de la famille Bergier du Plessis, originaire de Vouillé (Vienne).

Bergier (*Willelmus, Reginaldus et Johannes*)

de la Foye-Montjaut sont cités dans le censif de Chizé, vers 1250. (A. H. P. 7.)

Bergier du Montet (Jean) rend aveu au chât. de Civray, le 9 févr. 1405, de la dîme et dîmerie de Genoylhé (Genouillé), à cause de feu Philippe du Montet, sa mère. (Livre des fiefs.)

Bergier (Jean), curé de la p^sse St-Jean-Baptiste de Poitiers, plaidait en 1482 contre Guillaume Bouschet, abbé de St-Jean.

Bergier (Jean) servait en qualité de chevalier, le 1er avril 1488. (Bib. Nat.)

Bergier (François), de Mareuil, fut remplacé au ban de 1491 par Jean Mestaier, que la liste dit être son frère (demi-frère ?) qui servit en qualité d'archer.

Bergier de Montembœuf (Bertrand), natif de Poitiers, maître ès arts, prévôt de la Nation d'Aquitaine, et poète, que Joachim du Bellay traite de « poète bédonnique, bouffonique », en le maltraitant sans miséricorde. Il est mort vers 1550. (Vr Dreux du Radier.)

Bergier (Jean du), Ec., époux de Marguerite Joubert, 1550, fut condamné à des dépens envers Hugues Berland, avocat du Roi à Poitiers; l'exécutoire fut prononcé le 7 juin 1513. (D. Font. I, 171.)

Bergier (Marie) épousa, le 26 fév. 1691, Jacques Escottières, sr de la Caillerie. (Reg. d'Ayron.)

Bergier (Françoise-Charlotte) assiste, le 6 avril 1696, à la sépulture de Gabrielle-Françoise Marquet. (Id.)

Bergier (Pierre et Jean), frères, font aveu du fief et sgrie de la Chagnée, p^sse de St-Hilaire-sur-l'Autize, tenu du chef de Renée Poitin, leur mère, au château de Vouvant, 1703, 1717. (N. féod.)

Bergier (François), not. royal, sr de la Soisteliière, est inhumé, le 1er oct. 1739, près l'autel de la Ste-Vierge, dans l'église d'Ayron. (Reg. parois.)

Bergier (Marie-Madeleine) épousa à Ayron, le 31 mai 1740, François Lambert, sergent royal. (Id.)

Filiation suivie.

1. — **Bergier** (Mathieu), sr de la Vacherie, marié, vers 1680, à Marie Pineau, eut pour enfants : 1° Jacques, qui suit ; 2° Marie, femme de Jacques Catin ; 3° René, qui épousa Judith Girardin, dont postérité, vivant en 1714.

2. — **Bergier** (Jacques), sr de la Maisonneuve, épousa, le 15 août 1666 (Duplex et Guerry, notres), Marie Ruffin, fille de Jacques, sr de la Nougeraye, et de Marguerite Cacaud. Le partage de ses biens eut lieu, en 1716, entre sa veuve et leurs enfants, qui furent : 1° Mathieu, qui suit ; 2° Jacques, sr des Plants, qui, le 3 fév. 1733, était marié à Thérèse Landais, fille de N... procureur au Présidial de Poitiers ; 3° Jeanne, qui épousa, le 4 mai 1716, Louis Venault (ailleurs Minault), Ec., sgr de Pouffons ; Jeanne était décédée avant 1758, date du partage de sa succession.

3. — **Bergier** (Mathieu), sr de la Grand'Maison de Vouillé, officier de la vénerie de la maison du Roi, né le 25 oct. 1672, se maria, vers 1720, à Marie-Judith Caillet, fille de Louis, sr du Plessis-Viete, et de Madeleine Joubert, dont il a eu : 1° Mathieu, qui suivra ; 2° Radégonde-Marie, mariée, le 7 fév. 1745 (Guérin, not. à Chénéché), à François-Joseph Joubert de Cissé ; elle était veuve dès le mois d'oct. 1781, et comparut, par procureur, à l'assemblée de la noblesse de 1789.

4. — **Bergier** (Mathieu), Ec., sgr du Plessis, né en 1725, servit pendant 22 ans dans les gardes du corps du Roi, fut reçu, le 6 juillet 1772, Chev. de St-Louis, avait été admis à l'hôtel des Invalides, le 13 juillet 1769, en qualité de capitaine de seconde classe. Il avait épousé Gilberte Le Roy, fille de Jean-Joseph, Ec., sgr de la Galmanderie, et de Madeleine-Geneviève Audebert des Embasmat ; meurt à Poitiers, le 5 sept. 1806, âgé de 81 ans. De son mariage sont issus : 1° Joseph-Mathieu, Ec., sgr du Plessis, mort à 26 ans, le 25 juillet 1791, cne de la Chapelle-Reine, con de Nemours, officier au régiment d'Artois-Dragons, célibataire ; 2° Geneviève-Julie-Elisabeth, mariée, le 20 oct. 1785, à François-Alexandre Taveau, Ec., sgr de Coursec, morte à Paris, le 24 floréal an VI (5 avril 1798), à l'âge de 40 ans ; 3° Radegonde-Gilberte, dite Mlle de la Gibolière, qui assistait au mariage de sa sœur.

BÉRIAUT.

Bériaut (Pierre), bourgeois de Parthenay, d'une notable et ancienne famille de la Gâtine, est nommé dans un acte de 1372, dans lequel figure Guillaume Larchevêque, et le 19 juillet 1380, dans une transaction passée entre le même seigneur et Guy d'Argenton. (Ledain, Gâtine.)

BERLAND.

— Nom commun à plusieurs familles du Poitou, qui n'ont entre elles aucuns rapports. Nous donnerons la généalogie de celle qui posséda les Halles de Poitiers et fonda l'église des Augustins de cette ville, après avoir relevé les noms que nous n'avons pu classer dans cette partie de notre travail.

Blason : d'azur à 2 merlans d'argent, le champ semé d'étoiles d'or. La branche de la Louère portait le champ de gueules.

Noms isolés.

Berland (Rad) fut témoin d'une rente faite, en 1157, par Foucher Achard, à Pierre Blanchard, archidiacre de l'Église de Poitiers de sa part, dans la dîme de Ringère, dont la moitié appartenait à l'église de St-Hilaire-le-Grand. (M. A. O. 1847, 165.)

Berland (A.) fut témoin d'un compromis passé, le 13 mars 1224, entre le Chapitre de St-Hilaire-le-Grand de Poitiers et H. de Marle, sgr de Montreuil-Bonnin, au sujet de l'exercice de la hte justice dans la terre de Benassais. (M. A. O. 1847, 231.)

Berland (Geoffroy) figure dans divers actes faits avec les maires de Poitiers, dans les années 1280 et 1286.

Berland (Hugues) possédait en 1294 une pièce de terre dans le territoire d'Auxances.

Berland (Pierre) habitait Surin. L'évêque de Poitiers obtint, vers 1300, un jugement contre lui, en sa qualité de sgr de Ste-Pezenne.

Berland (Jean) fut témoin d'une vente faite aux enchères, en nov. 1338, par le prévôt et fermier général de Montmorillon, de biens saisis sur Pierre Bilbrot. (A. H. P. 13.)

Berland (Migronnet), dit Aimery de Montberlon, familier de Aimori de Tyac, fut assassiné par Pierre Le Charpentier, de Saivres, près St-Maixent, qui obtient des lettres de rémission au mois de juin 1359, (A. H. P. 17.)

Berland ou **Bellant** (N...), bourgeois de Poitiers, est cité dans des lettres royaux, portant donation de terres, etc., confisquées dans les châtnies de

Loudun, de Mirebeau, etc., à Jean Cte de Sancerre, sgr de Charenton, Mermande, Faye-la-Vineuse, etc. (A. H. P. 16.)

Berland (Raoul) est nommé dans un acte d'échange, du 20 mars 1379, passé entre deux particuliers de Mirebeau et de Poitiers.

Berland (Pierre), Ec., était en 1431 sgr de l'hôtel et fief de St-Flou, à Châtellerault. (Hist. Châtellerault, I, 115 n.)

Berland (Jean) dit, dans un titre du 4 août 1489, *de nobili genere procreatus*, était religieux de l'abbaye de Montierneuf, et prieur d'Aubigné (D.-Sèv.).

Berland (Jean), Ec., sgr des Voubes (Vendeuvre), vivait en 1450. (Titres de l'Evêché de Poitiers. Fonds Latin 17041, 53.)

Berland (Louise) était, vers 1460, épouse de Maurice Maignen, sgr d'Aillé (St-Georges-les-Baillargeaux). (Arch. Vienne, G. 1190.)

Berland (Jean) servit comme homme d'armes du sgr de l'Isle, au ban du Poitou de 1467. (F.)

Berland (Michau) fut, au même ban, brigandinier du sgr de Montreuil-Bonnin. (Id.)

Berland (Mathurin) prenait le titre d'Ec., sgr des Places, et rendit aveu, en 1469, à Pierre Chasteigner, Chev., sgr de la Roche-Posay, pour son hébergement de Rouvre. Ils eurent pour fils Julien, qui suit.

Berland (Julien), du ressort de Fontenay-le-Comte, servit en brigandinier, au ban de 1488, pour Mathelin son père, ainsi qu'à celui de 1491, où il servait en archer. Il lui fut enjoint d'avoir un hoqueton. Il avait aussi servi à l'arrière-ban de 1489. Marié à Philippe de Sezay? Étant veuve, elle fit acquêt en 1516 de Joachim Berland, Ec., sgr des Places, peut-être son beau-frère.

Berland (Hugues) se présente au ban de 1489, et est désigné pour la garde de Niort. (F.)

Berland (Jacques), licencié ès lois, sénéchal de Bénets, pour Mess. Jean d'Aumont, sgr dudit lieu, reçoit au nom dudit sr, le 10 mai 1521, un aveu de la terre de Boulyé, de Antoine du Fouilloux.

Berland (Guyon), sr de Jeu, du ressort de Montmorillon, Jean Berland et

Berland (Julien), pour Mathurin son père, servirent, comme archers au ban des nobles du Poitou, en 1533. (F.)

Berland (Jeanne) était, le 5 oct. 1556, femme de Jean du Bois, Ec., sgr de St-Mandé.

Berland (Baptiste) était procureur du Roi à Niort, le 3 oct. 1566. (Bardonnet.. Ephémérides.)

Berland (Andrée) était, en 1570, femme de N.... Rageau. (Filleau, Comment. sur la Coutume de Poitou.)

Berland (François), sr du Reignier, lieutenant du prévôt des maréchaux en Poitou, passait un échange de terre le 15 août 1596.

Berland (Marie) était chevecière de l'abbaye de Ste-Croix de Poitiers, le 6 janv. 1597. (D. Font. Cartre de Ste-Croix.)

Berland (Charlotte) était, à la fin du xvie se, épouse de François Garnier.

Berland (Claude) avait épousé François Lebrun, Ec., sgr de la Brosse, gouverneur de Mirebeau, comme on le voit par le baptême de leur fils Claude, le 19 juin 1608. (Reg. de Mirebeau.)

Berland (Catherine) épousa, le 12 mai 1605, François Boisnet, Ec., sgr de la Frémaudière ; ils étaient décédés avant le 24 déc. 1628.

Berland (Pierre) paraît avoir été poursuivi en 1613, par le juge de Ste-Souline, comme auteur de crimes et excès. (Lelet, sur la Cout. du Poitou.)

Berland (N...), huissier? fut à diverses reprises le chef d'une partie de la population de Poitiers, qu'il fit se mutiner contre l'autorité. Il était à la tête de ceux qui chassèrent de la ville le maréchal de Biron ; c'est lui qui avait fait tirer le canon sur la tente du roi Henri III, élevée à la Chauvinerie, et força ainsi ce prince à s'éloigner, et qui, enfin en 1614, s'opposa à ce que les députés que la ville envoyait au prince de Condé, se rendissent près de ce prince.

Berland (Jeanne) était, le 2 avril 1614, épouse de Nicolas Chaubier.

Berland (Jacques), praticien, reçoit, le 4 mars 1616, les provisions de sergent royal, à Niort, et fut reçu dans cet office le 28 mai suivant.

Berland (Jeanne), dame de Jallays, comparaît à un acte du 29 mai 1616.

Berland (Bernard), chanoine de l'Église de Poitiers, donne au couvent des Feuillants de cette ville, le 11 janv. 1619, le prieuré de la Trinité de Coulon.

Berland (Mathurin), paroissien de St-Pardoux, épousa Perrine Allonneau, qui testa en 1625. (Constant, sur la Cout. du Poitou, 331.)

Berland (Etienne et Nicolas) sont relatés dans le dénombrement de la terre de la Clielle, rendu le 4 juill. 1625, par Isaac Brochard, à René de Rochechouard.

Berland (Marie) était, le 28 juin 1633, femme de Claude Suire, Ec., sgr de Bourgneuf.

Berland (Louise) épousa Pierre Ferruyau, dont un fils, Isaac, qui le 27 nov. 1641 épousa Marie Bellet.

Berland (Jacques), sergent royal à la Mothe-St-Héraye, assista à ce mariage.

Berland (Philippe), sgr de Léglise. Suzanne Dupont, qu'il avait épousée en secondes noces, était sa veuve en 1643.

Berland (Jacques) eut, de Marie Tasterеau, une fille, Jeanne, *aliàs* Marie, qui épousa, vers 1640, Pierre Bonneau, sr du Chesne, fermier général du prieuré de Pamproux. Ils étaient décédés, le 5 juin 1670, date du partage de leurs biens. Ils eurent également un fils, Jean, marié à Suzanne Chameau, fille de Pierre et de Marie Bellin. (Gie Chameau.)

Berland (Philippe), sr de la Roche-Fremin, assista à l'assemblée tenue à Poitiers par la noblesse du Poitou en 1651, pour nommer des députés aux États de Tours.

Berland (Jean) assiste, le 27 sept. 1654, au mariage de Marguerite Bonneau, sa cousine, fille de Pierre, sr du Chesne, et de Jeanne Berland, avec Léon Bellin, sr de la Boutaudière.

Berland (Jean) épousa Marie Cadet, qui était décédée lors du mariage de Marie, leur fille, avec Jacques Gastineau (le 16 juin 1665).

Berland (Philippe), sr de Puimuret, habitant la ville de Niort, et

Berland (Hélie), sr de la Faucherie, pisse de Chavagnes, élect. de Mauléon, obtinrent le 3 sept. 1667 des ordonnances de maintenue.

Berland (Jacquette) épousa, le 13 févr. 1703, Louis Baraud. (Reg. parois.)

Berland (Marie) épousa le 29 juill. 1747 Pierre Tollet, not^{re}. (Id.)

Berland (N...) est cité comme témoin dans un titre de l'abbaye de Montierneuf en 1757.

§ Ier. — BRANCHE DES SEIGNEURS DES **HALLES**.

Nous croyons, grâce à de nouveaux documents, pouvoir faire remonter la filiation suivie à

Berland (Geoffroy), auquel Richard Cœur de Lion, Cte de Poitou, permit en 1188 d'élever, à Poitiers, des halles, où les marchands venant à la foire de la Mi-Carême seraient tenus d'étaler leurs marchandises et non ailleurs, et lui attribuer pour fils :

Berland (Hilaire), lequel fut maire de la ville de Poitiers de 1216 à 1221, lequel aurait eu pour fils :

Filiation suivie.

1. — **Berland** (Herbert), Ier du nom, bailli du Roi à Châtellerault en 1247, exerçait des poursuites contre un nommé Pierre Durand. (Arch. Nat. Reg. 97, 1.109.) Serait-ce le même qui, qualifié de bourgeois de Poitiers, est cité comme défunt dans le testament de Jean de Coussay, chanoine de St-Hilaire-le-Grand, daté du 29 nov. 1263 ? Il paraît avoir eu pour enfants: 1° HERBERT, qui suit; 2° N..., mariée à Jean de Neuvy (*de Novlaco*), qui est appelé frère (pour beau-frère) dans le testament d'Herbert II en 1326 ; il avait alors une fille nommée ISABEAU, légataire de son oncle; 3° (probablement) JEAN, citoyen de Tours, rappelé dans le testament de 1326. Il avait deux fils : JEAN, père de MARGUERITE, qui eut legs en 1326, et PIERRE, tous deux témoins dudit testament.

2. — **Berland** (Herbert), IIe du nom, fut anobli par Philippe le Long, par lettres données à Poitiers en juillet 1324. (A. H. P. 13.)

Au mois d'avril 1323, il avait obtenu la confirmation du privilège concédé à son ancêtre par Richard Cœur de Lion. Et en dédommagement des pertes qu'il avait éprouvées lors de la prise de Poitiers par les Anglais, il obtint que la foire dite de la Pierre-Levée, qui se tenait autour du dolmen de ce nom et hors de la ville, fût établie à l'avenir, pendant 3 jours consécutifs, dans son fief des Halles. (A. H. P. 13). Le 2 juin 1326, il faisait son testament commençant par ces mots: *Herbertus Berland, miles, civis Pictaviensis*, etc. Le choix de ses exécuteurs testamentaires est la preuve du rang élevé qu'il tenait dans la province, et le nombre de ses legs donne une idée de sa fortune. (V^{r} D. F.1) Il institue pour ses exécuteurs testamentaires Jean Cherchemont, chancelier de France ; Jean Maintrolle, chanoine de l'Église de Poitiers ; Denyse de Pont-Levoy, sa femme ; Herbert Berland, son fils ; Hélie de Talmont, son gendre ; etc. Il paraît qu'il avait plusieurs enfants, car, après avoir établi les noms de ses exécuteurs testamentaires, il dit : « *Si vero aliquis aliorum meorum* « *liberorum contradicat, aut si rebellis, vel impe-* « *diens, adeo quod Herbertus filius meus non possit* « *habere et percipere libere, et pacifice, et integre* « *prædictas*, etc. » Suit une clause pénale.

Ce testament nous apprend que Herbert s'était marié deux fois ; d'abord avec Philippe LANIÈRE (ailleurs LANQUIER), dont il eut deux enfants; puis avec Denise DE PONT-LEVOY, de laquelle il ne paraît pas avoir eu de postérité. Berland habitait à Poitiers son hôtel des Halles, situé au-dessus du bâtiment des halles actuelles. A l'époque de la Révolution, il existait encore une porte murée, flanquée de deux tours, qui faisaient avant-corps dans la rue, en face des Trois-Piliers.

Herbert II eut pour enfants : 1° HERBERT, qui suit ; 2° N..., mariée à Hélie de Talmont, bourgeois de la Rochelle ; 3° (probablement) LOUIS, qui donna quittance à Poitiers, le 10 févr. 1341, au nom de Hélie de Talmont. (Cette pièce munie de son sceau [écu semé d'étoiles à deux poissons] existe actuellement dans le vol. 299. Pièces originales ; Cab. titres.)

3. — **Berland** (Herbert), IIIe du nom, Chev., sgr des Halles, né vers 1300, fit aveu à Chauvigny, le mardi avant l'Exaltation de la Sainte-Croix 1328, pour le fief de Tessé, à cause de sa première femme. (Dans cet acte, il est qualifié clerc. Fonds Lat. 17041, 80.) Il fonda, le 14 août 1345, l'église des Augustins à Poitiers, testa le 18 sept. 1356 et est qualifié de chevalier. (D. F. 1.)

Il épousa : 1° vers 1320, Tiphaine OGIER, fille de Jean, clerc de Vivonne, et de Jeanne Cheville ou Cherelle? (Lat. 17041,80) ; 2° vers 1330, Jeanne D'AUX (sœur ou nièce de Fort, évêq. de Poitiers). On voit, par le testament d'Herbert III, qu'il eut pour enfants du 1er lit : 1° HERBERT, qui suit ; et probablement, 2° JEAN, rapporté § III ; 3° PIERRE, rapporté § VI ; du second lit : 4° PHILIPPE, mariée avant 1356 à Josselin de Lezay, sgr de Montoiron ; 5° CATHERINE, 6° JEANNE, mineures en 1356. (D'après un acte de 1405, une CATHERINE (Berland, celle-ci sa fille ou sa nièce, veuve de Jean de Taunay, bourgeois de Poitiers, fit conjointement avec Herbert Berland et Simon Berland un arrentement de terres, p^{sse} de Marçay.)

4. — **Berland** (Herbert), IVe du nom, Chev., sgr des Halles, était poursuivi en Parlement de Paris par Philippe Gillier, trésorier du duc de Normandie en Dauphiné, sur de prétendus excès, maléfices, etc., d'après un mandement du sénéchal du Poitou du 6 fév. ; mais la véritable cause était la possession du domaine des Forges que Gillier prétendait avoir acquis. Herbert épousa, vers 1350, Guillemette DE TALMONT (probablement sa cousine), d'après un titre des Archives de la Vienne (G. 846), dont il eut : 1° HERBERT, qui suit; 2° SAUVAGE, rapporté au § II ; 3° (probablement) JEAN, qui, le 25 avril 1377, étant chanoine de St-Hilaire-le-Grand de Poitiers, fut témoin avec Herbert Berland, son frère (?) d'un traité passé le 18 avril entre Bertrand de Maumont, évêque de Poitiers, et Louis d'Harcourt, Vte de Châtellerault. Jean fut reçu chantre du Chapitre de St-Hilaire le 10 mars 1391, et fonda en 1392, en l'église de St-Hilaire, à l'autel Ste-Catherine, une chapelle à la présentation du sgr des Halles.

4° CATHERINE (peut-être celle mariée à Jean de Taunay, qui, en 1403, possédait indivis avec Herbert et Sauvage Berland, les fiefs des Halles et de Tessé).

5. — **Berland** (Herbert), V^{e} du nom, Chev., sgr des Halles, né vers 1350, épousa d'abord vers 1380 Andrée DE VIVONNE, fille de Hugues, Chev., sgr de Fors, et de Jeanne de Gourville, puis vers 1400 Catherine DE CHAUSSERAYE (remariée vers 1420 à Huet de St-Mars, Ec.), fille de Payen, sgr d'Airvau, et de Marguerite de la Porte. Il eut du premier lit : 1° HERBERT, 2° JACQUES, qui décédèrent jeunes, d'après un partage du 9 juin 1404 entre Guy de Vivonne et Jacques Poussard. (Franç. 20223.) On voit, par une enquête faite le 10 fév. 1424, qu'il n'eut pas d'enfants du second lit. (Latin 17129, 537.)

§ II.

5. — **Berland** (Sauvage), Ec., s^{r} de Tessé? fils puîné d'Herbert IV et de Guillemette de Talmont (IVe deg., § II), était en 1403 seigneur indivis des Halles

de Poitiers et de Tessé, conjointement avec Herbert et Catherine, qui possédaient chacun un quart de ces fiefs, tandis que Sauvage en avait la moitié (d'après une transaction au sujet de Tessé, en date du 2 juin 1605). Il possédait un hôtel à Châtellerault, rue Saint-Jacques, tenant au Palais. (Invent. des titres de Châtellerault.) Il était décédé en 1424, lors d'une enquête faite à la demande de Huet de Saint-Mars, 2e mari de Catherine de Chausseraye, contre Agnette Ysoré, veuve dudit Sauvage Berland (dans laquelle il est dit que de Jacquette BOYLÈVE, fille de Simon, Sauvage aurait eu pour fils TURPIN, qui suit.) Le texte de la note étant mal rédigé, on ne peut savoir exactement si ladite Boilève fut réellement la femme de Sauvage ou seulement celle de Turpin. Sauvage épousa certainement Agnette YZORÉ, fille de Jean, Chev. (que l'on croit sgr de Pleumartin. Lat. 17129, 549).

6. — **Berland** (Turpin), Ec., testa le 25 nov. 1421, d'après une note de Duchesne (vol. 32, 158), mais vivait encore en 1424.

Il épousa peut-être Jacquette BOYLÈVE (vr plus haut) et paraît avoir eu pour filles : 1° JEANNE, De des Halles, mariée à Jean Mérichon, maître des comptes du Roi, et 2° GUILLEMINE, De des Halles, en partie, mariée à François Guérinet, Ec., sr du Verger, général des Aides en Poitou.

§ III. — BRANCHE DE LA SAVINIÈRE.

4. — **Berland** (Jean), fils puîné d'Herbert III et peut-être de sa pre femme (3e deg., § Ier), eut, par le testament de son père en 1356, les fiefs de la Jalutte et de la Savinière, en commun avec son frère Pierre. (De sorte que nous ne savons pas exactement lequel des deux frères forma la branche de la Savinière.) Nous pensons qu'il se maria vers 1360 et qu'il eut pour enfants : 1° PIERRE, qui suit ; 2° GUILLEMETTE, mariée vers 1400 à Etienne Bigot, qui possédait en partie les fiefs de la Savinière et Charlée en 1447, et peut-être 3° JEAN, sgr de Jeu, rapporté § IV.

5. — **Berland** (Pierre), Ec., sr de la Savinière, Charlée, etc., fit aveu de la Savinière le 13 août 1431 (seul) et le 27 mars 1447, en commun avec François Guérinet et sa femme et Guillemette Berland, veuve d'Etienne Bigot (titres de Châtellerault, A. Vien. Pérusse des Cars). Il eut sans doute pour fils un autre PIERRE (car il a dû se marier vers 1480).

6. — **Berland** (Pierre ou Perrin), sgr de la Savinière, Charlée (pourrait être celui qui fit aveu en 1447); il fit échange de Tarnay, le 17 fév. 1451, avec la veuve d'Etienne Bigot. D'après l'ordre des temps, il a dû se marier vers 1420.

7. — **Berland** (Jean), Ec. sgr de Charlée, etc., possédait une dîme près Châtellerault, le 4 juill. 1464. Il épousa, vers 1470, Isabeau DE COUHÉ, veuve de François Chasteigner, Ec., sr de Bourdigale, et fille de Jean, Ec., sgr de la Roche-Aguet, et d'Ithière Berland, dont il eut : 1° LÉONNET, qui suit ; 2° JEANNE, 3° MADELEINE, mariée le 1er juill. 1505 à Louis de la Touche, Ec., sgr de la Massardière. (Arch. de la Barre.) Ces 3 enfants sont mentionnés dans une note de Duchesne (vol. 33, p. 200). Nous croyons pouvoir y ajouter : 4° MARIE, qui était abbesse, en 1511, du monastère de Ste-Croix de Poitiers. Elle fut déposée et chassée, dit Thibaudeau, pour n'avoir pas voulu y admettre l'institut et l'habit des religieuses de Fontevrault. L'abbé Dutemps ajoute, dit l'auteur précité, qu'elle fut rétablie peu après par les religieuses, qui quittèrent alors l'habit et l'institut de l'Ordre de Fontevrault, ce qui serait une erreur, d'après le mémorial des abbesses de Fontevrault : les auteurs du Gallia Christiana disent au contraire qu'Isabelle de Beauvau, gouverna le monastère de Ste-Croix, pendant l'absence de Marie Berland, qui était exilée de sa communauté dès 1524, et qui mourut, dans son exil, à Fontevrault, le 23 mars, en 1532, et fut inhumée dans l'église, devant l'autel de Ste-Radégonde. 5° ANNE, née en 1484, était chevecière de l'abbaye de Ste-Croix en 1505 ; son épitaphe se trouvait dans une chapelle près le lieu où étaient déposées les reliques.

« Cy-devant gist le corps, dont Dieu ayt l'asme, d'Anne Berland, religieuse dame, en son vivant, de St-Romain prieure, et de çians chevessière soigneuse, bien servant Dieu, dévote et charitable, gardant la règle St-Benoist notable, s'elle fut niepce de révérende dame Jeanne de Couhé, de cette maison dame, et abbesse, fort sage en son vivant, et sœur germaine de Marie Berland, à présent de ce monastère abbesse, mère des pauvres, aux indigents doulce, l'an mil cinq cent dix-huit, onzième mois, dimanche au soir, en janvier vingt-trois, ses sœurs présents, plourans et regrettans, en son aage de trente-quatre ans, rendit à Dieu son âme immortelle, en repos soit, et en gloire éternelle, requiescat in pace. Amen. »

8. — **Berland** (Léonnet), Ec., sgr de Charlée, décéda sans postérité ; ses biens passèrent à sa nièce, Françoise de la Touche, qui fit vente comme héritière de son oncle, le 15 août 1535.

§ IV. — BRANCHE DE JEU.

5. — **Berland** (Jean), Ec., sr de Jeu, que nous croyons fils puîné de Jean, sr de la Savinière (4e deg., § III), aurait épousé, d'après une note, Jeanne DE JEU, dont il eut : 1° JEAN, qui suit ; 2° ITHIÈRE, mariée, le 15 janv. 1426, à Jean de Couhé, Ec., sr de la Roche-Aguet ; 3° MARIE, mariée à M. Pierre Prévost. Ces 3 enfants partagèrent les biens de leur père le 7 avril 1432. (Arch. de la Barre.)

6. — **Berland** (Jean), Ec., sgr de Jeu, né en 1387, est nommé dans un acte judiciaire de 1447, comme ayant avec ses fils tué, dans un combat particulier, Jean de la Gaubretière, qui lui disputait la métairie de la Brosse. (A. N. Reg. 1718, 185.) Il était alors âgé de 60 ans. Marié vers 1420 à Catherine DE JEU, il eut pour enfants : 1° JEAN, qui suit ; 2° OLIVIER, tous les deux poursuivis avec leur père en 1447.

7. — **Berland** (Jean), Ec., sgr de Jeu, épousa vers 1445 Marie DE COMBAREL, fille de François, Chev., sgr de Nouille et de la Chèze, capitaine de Chauvigny, et de Jacquette de Monts, dont il eut, entre autres enfants, JEAN, qui suit.

8. — **Berland** (Jean), Ec., sgr de Jeu, épousa vers 1470 Marie DE MONTALEMBERT, fille de Gilles, Ec., sgr de Granzay, et de Marie Claveau, dont il eut : 1° GUYON, qui suit ; 2° JACQUETTE, mariée, le 5 avril 1493, à Guillaume du Breuil-Hélion, Ec., sgr de Combes. Elle fut dotée de 1000 liv. (G. Lhéritier et J. Mionneau, notres) ; 3° (croyons-nous) RENÉE, mariée vers 1500 à François Charpentier, Ec., sr de Buzay. (Dans les preuves de Malte de Charles Frotier du Fougeré (1613), elle est dite fille de Guyon, mais nous pensons que c'est une erreur de copiste, à cause des dates ; elle devait être sœur de ce Guyon qui la dota.)

9. — **Berland** (Guyon), Ec., sr de Jeu, dota sa sœur Françoise en 1493 ; il se maria vers 1500, et paraît avoir eu plusieurs enfants, entre autres FRANÇOIS, qui suit.

10. — **Berland** (François), Ec., sgr de Chennevelles, fit aveu le 4 févr. 1539, à Châtellerault, à cause de sa femme. Il avait épousé vers 1530 Antoinette DE SIGNY, fille de Robert. Il paraît avoir eu pour fils : 1° JEAN, qui suit ; et 2° PIERRE, rapporté § V.

11. — **Berland** (Jean), Ec., sr de Jeu, fit un paiement le 31 juill. 1565 à M. Grasseteau, sr de la Lande. Nous pensons qu'il se maria vers 1550 et qu'il eut pour fils :

12. — **Berland** (René), Ec., sgr de Jeu, épousa vers 1570 Catherine DE BRUZAC, fille de René, Ec., sgr de la Goursaudière, et de Perrine de Beauvolier (A. Vien. E² 234) ; elle était veuve en 1583 et donna procuration le 11 déc. pour un procès contre Jean de Chambes, sgr de Montsoreau. (B. A. O.) Ils eurent pour enfants : 1° PIERRE, qui suit ; 2° CHARLOTTE, qui épousa vers 1600 Charles d'Argence, Ec., sgr de Leugny ; 3° RENÉE, mariée à Jean Leriche, sgr des Dormans.

13. — **Berland** (Pierre), Ec., sgr de Jeu, décéda sans postérité avant 1623, car, à cette époque, Charles d'Argence fit aveu de ce fief, comme son héritier.

§ V. — Branche de la LOUÈRE.

11. — **Berland** (Pierre), Ec., sgr de Poussec ? ou Pressec, que nous croyons fils de François, sgr de Jeu (10e deg., § IV), servait comme homme d'armes dans la compagnie de M. le prince Dauphin, le 31 déc. 1581. Il était alors qualifié sgr de la Tour de Signy. (Pièc. orig. vol. 299, dossier 6538,10.) Il avait épousé la veuve de M. de Signy, Ec., sgr de la Tour, dont il eut : PIERRE, qui suit.

12. — **Berland** (Pierre), Ec., sgr de Pressec ? eut procès à Châtellerault, le 20 avril 1595, conjointement avec Charles de Signy, Ec., sr de la Tour (son frère utérin), contre Dlle Anne Chabot. (A. Vien. fonds Bernay, 1.) Il épousa vers 1585 Marie ROGIER, dont il eut : 1° ANTOINE, baptisé à Marigny-Brizay, le 26 fév. 1589 ; 2° PHILIBERT, qui suit ; 3° CHARLES, Ec., sr de Poussec, Lerbouine, avocat en Parlement, eut procès aux requêtes du Palais, le 30 sept. 1617. Il fut ensuite conseiller aumônier du roi, prieur de St-Denis-de-la-Chartre à Paris, agent général du clergé de France. (Pièc. orig. 299.)

13. — **Berland** (Philibert), Chev., sgr de la Louère, la Tour-Chabot, Bon de Maulay ? fit vente d'une maison au sgr de Chaurais, le 22 mai 1645. Il épousa, vers 1620, Françoise ROGIER, fille d'Yves, Ec., sgr de la Vau-Martin, Tour-Chabot, et de Renée de Bénais, dont il eut : ANTOINE, qui suit ; et peut-être d'autres enfants.

14. — **Berland** (Antoine), Ec., sgr de la Tour-Chabot, épousa, le 25 janvier 1649, Françoise-Marie DE LINIERS, fille d'Hippolyte, Chev., sgr de la Bourbelière, et de Diane Frezeau. Nous pensons qu'il eut pour fils : 1° RENÉ, qui suit ; 2° N..., Chev., sgr de Maulay, présent au contrat de Louis-Pierre de la Chesnaye, le 8 juin 1701.

15. — **Berland** (René), Chev., sgr de la Louère, Maulay, assista, le 8 juin 1701, au mariage de Louis-Pierre de la Chesnaye avec Marie-Agnès de Montléon. Il fit enregistrer son blason à l'Armorial de Touraine en 1698 (champ de gueules) et paraît avoir épousé Marguerite-Françoise DE MAULAY (qui fit enregistrer son blason à l'Armorial de Poitou en 1698, semblable à celui des Berland, champ de gueules), ce qui nous fait croire que c'est le blason de son mari ; dont il aurait eu : MARIE-LOUISE-ANGÉLIQUE, De de la Tour de Signy, qui épousa, le 3 mai 1742, Charles-Félix de Ste-Marthe, capitaine de cavalerie au régiment de la Vieuville (Reg. de Chénéché) ; elle fut inhumée, étant veuve, le 4 déc. 1779, à Vendeuvre. (Reg. paroiss.)

§ VI. — Branche de CHATELLERAULT.

4. — **Berland** (Pierre), fils puîné d'Herbert III, et peut-être de sa 1re femme (3e deg., § Ier), eut, par le testament de 1356, les fiefs de la Jalatte et de la Savinière, conjointement avec son frère Jean. (Peut-être est-ce lui qui forma la branche de la Savinière. Dans ce cas, les branches des § III, IV et V descendraient de lui, au lieu de venir de son frère Jean. Peut-être eut-il pour fils SIMON, qui suit.

5. — **Berland** (Simon), valet, conjointement avec Herbert Berland, Chev., sgr des Halles, et Catherine Berland, veuve de Jean de Taunay, bourgeois de Poitiers, fit un arrentement de terre, pssé de Marçay, en 1405. D'après un inventaire des titres de Châtellerault (A. Vienn., fonds Pérusse des Cars), il acquit une rente, le 2 sept. 1406, de Jean de Lezay, sgr de Montoiron, qui lui avait déjà vendu le droit de maille sur les bourgeois de Châtellerault. Peut-être eut-il postérité.

§ VII. — Branche de NIORT.

Cette branche a été rattachée par erreur à la branche de la Savinière. On a confondu un Jean Berland, qui vivait à Niort au milieu du xve siècle, avec Jean, fils d'Herbert III, qui vivait un siècle auparavant. Dans une maintenue de noblesse accordée aux Berland de Niort, le 21 avril 1599, par les commissaires au régalement des tailles en Poitou (Pièc. orig., vol. 299), on confond Jean Berland, qui testa en 1466 (5e deg., § VII), avec Jean, sr de la Savinière (4e deg., § III), qui était né vers 1330, s'était marié vers 1360, et était mort vers 1400. Il est difficile d'admettre que Hugues (degré 6, § VII), qui s'est marié vers 1470, soit le petit-fils de Jean Berland, qui se serait marié vers 1360 ; il manque au moins une génération. Aussi nous croyons que les titres présentés par les Berland, de Niort, pour se faire reconnaître issus d'Herbert Berland, sgr des Halles, (3e deg., § Ier), sont loin d'être authentiques et qu'ils ont été admis trop légèrement par plusieurs commissaires royaux, peu ferrés sur les dates. Cependant nous laissons ici la généalogie, telle qu'elle se trouve rapportée dans le recueil de pièces conservé à la Bibl. de Poitiers, n'ayant pas le moyen de contrôler la véracité de ces documents.

4. — **Berland** (Jean), Ier du nom, Ec., sgr de la Savinière ? cru fils puîné de Herbert Berland, IIIe du nom, et de Jeanne d'Aux (3e degr., § Ier), faisait partie du conseil de Jean, duc de Berry, Cte de Poitou. Il est nommé comme tel dans les lettres patentes de ce prince, du 22 sept. 1393, par lesquelles il autorise le droit de barrage pour réparations au port et aux fortifications de la ville de Niort ; est rappelé dans le testament de son fils Jean, qui suit, et dans lequel il est dit sgr de la Sommières, au lieu de la Savinière. Le nom de sa femme ne nous est pas connu.

5. — **Berland** (Jean), IIe du nom, Ec., sgr de Lyé, fit son testament, daté de sa terre des Grois, le 15 nov. 1466 (Le Maçon, notre). Il élit sa sépulture dans l'église des Augustins, près celle de Mess. Herbert Berland, Chev., sgr des Halles de Poitiers, son aïeul, et de Jean Berland, Ec., sgr de la Savinière, son père. Il institua pour ses héritiers HUGUES, son fils aîné, GUY, son second fils, et HÉLIE, sa fille ; nomma pour son

exécuteur testamentaire Thomine Chauvère, sa femme, fille de feu Pierre, praticien en la ville de Melle, et lui recommande de faire continuer les études à ses enfants mâles, ce qui prouve qu'ils étaient alors fort jeunes (par conséquent, il s'était marié vers 1440. D. F. 1). D'après cette pièce, il eut pour enfants : 1° Hugues, qui suit; 2° Guy, bachelier ès lois, lors du partage du 2 juin 1484; 3° Hélie, mariée en 1484 à Pierre Balleron.

6. — **Berland** (Hugues), licencié ès lois, sgr des Grois, partagea noblement avec son frère et sa sœur le 2 juin 1484, eut l'hôtel, terre et sgrie du Bouchet-Lupsault et l'hôtel des Grois. Il se maria à Niort, vers 1470, à Jeanne Laydet, fille de Jean, Ec., sgr de la Grange-Laydet, et de Françoise Raymond, fut l'un des échevins et maire de cette ville en 1479 et en 1488. Il était aussi avocat du Roi au siège de Poitiers en 1512, et peut-être beaucoup plus tôt. Il obtint le 12 mars 1514 des titres de confirmation de son office, lors du joyeux avènement de François Ier au trône de France, et assista en cette qualité au procès-verbal de vérification de l'ancienne Coutume de Poitou, en ladite année 1514. De son mariage il eut : 1° Jacques, qui suit; 2° Perrette, qui avait épousé en 1499 Etienne de Villiers, Ec., sgr de Prinçay, et était morte en 1520; 3°, 4° et 5° André, Jean et Françoise, mariée à André Jau, qui prirent part à un partage du 26 sept. 1520, dans lequel Etienne de Villiers paraît en qualité de curateur de ses enfants mineurs.

7. — **Berland** (Jacques), sgr de St-Méard, licencié ès lois, fut nommé procureur du Roi à Niort par lettres du 14 nov. 1500. Il épousa, le 1er nov. 1507 (Bussereau et Boteau, notres à Poitiers), Guillemette Rogier, fille de feu Antoine, bourgeois de la ville de Poitiers, et de noble femme Guillemette Rousse (Roux). Il fut maire de Niort en 1509 et 1529, et assista comme procureur du Roi au siège de cette ville à la réformation de la Coutume du Poitou, en 1514. Fut taxé ainsi qu'il suit, tant pour lui que pour Guillemette Roux, sa belle-mère, lors de l'aide extraordinaire allouée en Poitou pour la rançon de François Ier, en janv. 1526, « Pour Guillemette Roux, revenu 123 liv., le dixième 12 liv. 6 s. et pour ledit Jacques revenu 138 liv. dixième 13 l. 17 s. 8 d. ».

Il eut de son mariage : 1° Philippe, qui suit; 2° Bernard, dont la postérité sera rapportée au § VIII; 3° Jacquette, mariée à Etienne de Villiers (dans un acte authentique elle est dite sœur de Philippe); 4° probablement Pierre, rapporté au § X.

8. — **Berland** (Philippe) fut pourvu de l'office de procureur du Roi à Niort, en survivance et pour l'exercer en l'absence de son père, par provisions du 29 avril 1540; épousa, le 26 févr. 1535, Jeanne Vieilleseigle, fille de noble homme Guillaume, sgr de Ratqui-dort, lieutenant particulier au siège de Niort, et de feu Guillemette Sacher. Il céda par la suite à son frère Bernard son office de procureur du Roi, et il comparut en 1559 au procès-verbal de la réformation de la Coutume du Poitou, comme lieutenant particulier assesseur au siège de Niort, dont il avait été maire en 1536. Dans le partage que firent ses enfants de sa succession, il est qualifié d'Ec., sgr de la Guytonnière, lieutenant particulier de Fontenay. Il rendit aveu de la Guytonnière, le 25 mai 1564, au sgr des Ousches-en-Périgné. Cette terre lui était venue du chef de Guillemette Roux, sa grand'mère. Il eut pour enfants : 1° Jacques, conseiller au Parlement de Bretagne, qui suivra; 2° Bertrand, Ec., sgr de la Sergentière, procureur du Roi au siège royal de Niort et échevin de la commune en 1570; 3° Philippe, Ec., sgr de St-Méard, conseiller de ville à Niort en 1551, épousa, vers 1600, Catherine Fumée, fille de François, Ec., sgr de la Faye, et de Jacquette Rigaud; il paraît avoir eu postérité; 4° Jeanne, mariée à Pierre Brisson, sr du Palais, sénéchal de Fontenay-le-Comte, maître des requêtes ordinaires de la maison de Mgr; elle était morte lors du partage de 1579; 5° Louise, femme de Mathurin Pastureau, sr de Charais, d'après un autre acte de partage du 2 mai 1559.

9. — **Berland** (Jacques), Ec., sgr de la Guytonnière, était conseiller au Parlement de Bretagne en 1579. Nous trouvons dans D. Fonteneau, 1er vol., p. 61, un traité qu'il fit avec les Augustins de Poitiers, le 4 juin 1596, pour avoir une sépulture pour feu dame Catherine Lyrot, son épouse.

Il épousa : 2° à Rennes, le 21 oct. 1596, Judith de Beaucé, fille puînée de feu noble homme Jean, sgr du Plessis-Beaucé, la Fontenelle, etc., et de Jacqueline de la Boucxière, dame de Beauvais, le Bourg-Barré.

Le 21 avril 1592, il obtint des srs de Montmagny et de Ste-Marthe, commissaires députés pour le régalement des tailles en Poitou, une sentence qui le reconnut noble et issu de noble race.

Il eut pour enfants : 1° Philippe, qui suivra; 2° Suzanne, 3° Françoise.

10. — **Berland** (Philippe), qualifié de haut et puissant Chev., sgr de la Guytonnière, St-Méard, les Ousches, la Sergenterie et Mairé, demeurant au château de la Guytonnière, psse de Périgné, épousa, par contrat du 8 janv. 1632, Françoise Thibault, fille de Jacques Thibault, Chev., sgr de la Carte, etc., et de Françoise de Barbezières. Le 10 avril 1651, il testa à Rennes (Berthelot et Durand, notes).

Voici un extrait de cette pièce :

« J'ordonne, en quelque lieu que je meure, que je « sois inhumé dans l'église des Augustins de Poitiers, « dans le caveau où j'ai fait transporter les cendres de « feu Mess. Jacques Berland, mon père, de dame Judith « de Beaucé, ma mère, et de feu Mess. Albert Berland, « mon fils, etc., etc. »

Philippe eut de Françoise Thibault : 1° Albert, qui précéda son père dans la tombe; 2° Françoise, qui épousa, vers 1660, François Thibault, son cousin, Chev., sgr de la Carte, la Guytonnière, Beauvais, Bourg-Barré, etc.; ces trois dernières sgries du chef de sa femme. Elle était morte avant 1685, époque à laquelle son mari fit une donation en faveur de François-Gabriel, son fils puîné; 3° Henriette-Eustache-Calliope, De de St-Méard, mariée à Rennes, le 21 sept. 1677, à Auguste Fournel, Chev., sgr de Puyseguin.

§ VIII. — Branche d'Oriou.

8. — **Berland** (Bernard), licencié ès lois, fils puîné de noble homme Me Jacques Berland, procureur du Roi à Niort, et de Guillemette Rogier (8e degré, § VII), épousa, à Niort, le 4 août 1553, Philippe Guilhon ou Guilhem, fille de feu sire François, échevin de Niort, et de Louise du Viguier; laquelle était veuve en premières noces de feu sire Jean Brotheron. Il fut aussi procureur du Roi au siège de Niort, et comparut en cette qualité au procès-verbal de la réformation de la Coutume du Poitou, en 1559; fut maire de Niort en 1567; il prenait le titre de sgr de Bretignolles et du Plessis. Ils eurent trois enfants : 1° André, qui fut sgr de la Cour d'Augé, Bretignolles, etc.; 2° Jean, qui suit; 3° Philippe, dont la postérité sera rapportée au § IX; 4° Jacques, 5° Bernard, 6° Louise, mariée à Guillaume Piot, sr de Bois-Regnon, (ces enfants firent ensemble une vente le 8 juin 1578). (Arch. Vien. E² 233.)

9. — **Berland** (Jean), fils du précédent, sgr d'Oriou, demeurant à Bretignolles, p^sse Saint-Maxire, épousa, par contrat passé à Niort, le 19 déc. 1590, et dans lequel il est qualifié noble homme, Marie Arnault, fille de Philippe, marchand à Niort, et de Thomasse Thevin. Ils eurent pour enfants : 1° Jean, qui suivra ; 2° Pierre, né à St-Maxire, le 16 mai 1601, fut prieur du prieuré de St-Genès-des-Habites et doyen du Chapitre de l'Église de Poitiers, mourut le 8 févr. 1668. Il fut inhumé dans la chapelle de son prieuré, aujourd'hui transformée en grange ; on y lit, non sans peine, son épitaphe (B. Stat. IV) ; 3° N..., qui reçut l'offerte, lors de l'enterrement de son frère, le chanoine de Poitiers.

10. — **Berland** (Jean), Ec., sgr d'Oriou, né le 30 nov. 1597, qui épousa, le 27 févr. 1634, contrat passé dans la juridiction de Villiers, Barbe Picot, fille de noble homme Pierre, échevin de la ville de Niort, et d'Anne Bonnyot, sa veuve, en présence de M. Pierre Berland, chanoine de l'Église de Poitiers, son frère. Jean avait été taxé comme non noble et usurpateur des prérogatives de la noblesse ; il justifia de sa filiation depuis Herbert Berland, en 1326, prouva qu'il n'avait jamais été fait aucun acte de dérogeance, qu'il avait même servi le Roi dans ses armées, et fut déchargé des taxes prononcées contre lui, le 1er juin 1658.

Il n'eut que deux filles de son mariage : 1° Catherine, baptisée à St-Maxire, le 8 janvier 1643, mariée, le 29 févr. 1667, à Léon Jourdain, Chev., sgr de Mussigny ; elle eut pour son préciput et droit d'aînesse la terre d'Oriou (partage du 11 févr. 1677) ; elle fut inhumée le 4 mai 1696 ; 2° Madeleine, qui épousa en juin 1675 Jacques de Châteauneuf, Chev., sgr de Pierre-Levée ; elle mourut vers 1685.

§ IX. — Branche du Plessis.

9. — **Berland** (Philippe), sgr du Plessis, p^sse de Ste-Pezenne, 3e fils de Bernard et de Philippe Guilhon (8e deg. du § VIII), fut reçu échevin de Niort en 1567. Il épousa Jeanne Duboys, fille de Jean, élu à Fontenay. Elle mourut le 20 oct. 1594, laissant plusieurs enfants mineurs, entre autres : 1° Jacques, qui suit ; 2° Philippe, Ec., sgr de Puylizet, conseiller au siège royal de Niort en 1634, maire de cette ville en 1639, maintenu noble en 1667 ; 3° Louise.

10. — **Berland** (Jacques), Ec., sgr du Plessis. Il paraîtrait, d'après le commentaire de la Coutume du Poitou par J. Filleau, qu'il avait été élu à Poitiers, où il faisait sa demeure. Il testa le 31 mai 1659, et était alors veuf de Madeleine Carré, qui était décédée avant le 3 juin 1651. Il demanda à être inhumé dans le tombeau de ses aïeux, aux Augustins. Il donne le nom de ses enfants, savoir : 1° Philippe, qui suit ; 2° Jean, décédé depuis sa mère ; 3° André, mort chanoine de la cathédrale de Poitiers ; 4° François, religieux de Montierneuf ; et prieur de St-Romain de Châtellerault ; 5° Madeleine, religieuse ; 6° Marguerite, religieuse ; 7° Marie, qui épousa Henri Morault, sgr de Cremille, le 3 juin 1651 ; elle était sa veuve en 1673 ; 8° Françoise, mineure en 1659, et mariée, le 23 octobre 1660, avec Pierre de Bridieu, Chev., sgr de la Baron, de la Soulaye et de la Jalletière, dotée d'une somme de 30,000 liv. Ils furent séparés, quant aux biens, par sentence du 31 août 1666.

11. — **Berland** (Philippe), Ec., sgr du Plessis, fils aîné du précédent, testa le 7 déc. 1675, et fit des legs aux Augustins de Poitiers, etc. ; il ne parle dans son testament, ni de sa femme, ni de ses enfants, ce qui fait croire qu'il était célibataire à l'époque de son décès. Ce qui porterait à croire également qu'il était le dernier de son nom, c'est l'existence dans le trésor, au chât. de Le Baron, des plus anciens titres de sa famille, où D. Fonteneau les a transcrits.

§ X. — Branche de Genouillé.

8. — **Berland** (Pierre), sgr de Genouillé, que nous croyons fils de Jacques et de Guillemette Rogier (7e deg. du § VII), eut pour enfants : 1° Denis, Ec., sgr de Genouillé, y demeurant p^sse du Breuil de Chizé en 1615 ; 2° Philippe, qui suit ; 3° Pierre ; 4° Jean, décédé avant 1592.

9. — **Berland** (Philippe), Ec., sgr de Beauchamps, ayant vendu ses droits successifs à Philippe Berland, s^r de St-Méard, le 3 févr. 1592, celui-ci les céda à Denis Berland, sgr de Genouillé, qui fit accord à ce sujet en 1615. (Arch. Vien. E² 233.) Philippe épousa Suzanne Thibault, mais nous ne savons pas s'il eut postérité.

BERLAND DE PARTHENAY.

Berland (Claude), licencié ès lois, était en 1545 lieutenant-général du bailli de Gastine. (Ledain, Gâtine.)

Berland (François) était sénéchal du prieuré de la Madeleine, à Parthenay, en 1562. (Ledain, H. de Parthenay et Gâtine.)

Nous trouvons dans un manuscrit du XVIIe siècle, intitulé Descendance des Hyver de Céris, les détails suivants :

Berland (Jacques), Ec., sgr de la Guypousière, épousa vers 1500 Madeleine du Doret, fille de Jehan et de Claudine Martineau, dont il eut : 1° Claude, Ec., sgr de la Pinaudière, marié à Perrette Baillargeau, dont postérité ; 2° Léonarde, mariée à Bernard Goybaud, s^r de la Grange, sénéchal de Champdeniers ; 3° François, mort sans hoirs, ainsi que : 4° Jacques, 5° Marie, qui épousa François Garnier, s^r de Maurivet.

BERLAND DE CHAMPAGNÉ-St-HILAIRE.

Berland (Aymé), s^r de la Pommeraye, eut de Madeleine le Chasseur, entre autres enfants, Gabrielle, baptisée le 4 juill. 1603 ; il décéda et fut inhumé, le 8 févr. 1702, âgé de 72 ans. (Reg. de Champagné-St-Hilaire.)

Berland (François), s^r de la Carelière, et Elie Berland, s^r de la Francherie, p^sse de Romagne, vivaient en 1668.

Berland (François), juge-sénéchal de Champagné-St-Hilaire, fut inhumé le 14 janv. 1680, en présence de sa fille Gabrielle. (Reg. parois.)

Berland (N...), tante de Mlle Desmier du Roc, fut inhumée le 13 janv. 1682. (Id.)

Berland (Pierre), procureur et notaire à Champagné-St-Hilaire, inhumé le 10 mai 1701, eut de Marie Girard un fils, Pierre, baptisé le 14 avril 1688. (Id.)

Berland (Gabrielle) épousa Louis Desmier, Chev., sgr du Roc ; elle fut inhumée le 19 avril 1694, âgée de 59 ans, à St-Gaudent. (Id.)

Berland (Renée) fut marraine, le 9 sept. 1698, d'Antoine-Simon-François (id.) ; c'est peut-être la même qui, veuve de Martial de Poivre, Ec., sgr de Raudas, fut inhumée le 22 mai 1701. (Id.)

Berland (Louis), s^r de la Carelière, près Vivône, chancelier de l'ordre de Malte au Grand-Prieuré d'Aquitaine, meurt en avril 1782, laissant deux filles : 1° Louise, épouse de Jacques-Joseph Gaschet, avocat au Présidial, morte en novembre 1766 ; 2° Jeanne, mariée le 6 nov. 1759 avec Jean-Alexandre Babinet, s^r du Peux, morte en 1818.

BERLIÈRE ou **BELLIÈRE** (de la). — Famille que l'on trouve en Poitou dès le milieu du XIIIe siècle.

Berlère (Geoffroy et Aimery de la), Chev., sont nommés dans des titres de l'abbaye de St-Maixent, dès 1115. (F.)

Belleria ou **de la Bellière** (*Aymericus et Gaufridus* de), frères, sont mentionnés dans les documents suivants : *Guillelmus Ortis tenet a domino Gaufrido de la Bellière, hoc quod habet in feodo de Veceria, hoc quod Aymericus de Belleria habet in feodo de Feole et tenet a Gaufrido fratre meo, parte mittende et parte capiente.* (*Arch. Nat. J. Reg. 24, f° 42, 1.*) *Gaufridus de Belleria est homo ligius comitis Pictavensis, pro medietate nemoris de Veceria, et item quod Aymericus de Belleria, habet in Grosso-Bosco* (*id. id. id. f° 41, 8*). *Dominus Rogue et Domina la Vigière tenent et habent, a Gaufrido de Belleria in garimento, quidquid habent in feodo de Grosso-Bosco* (*id. id. id. f° 41, 7*). *Aymericus de Belleria miles est homo ligius comitis Pictaviensis de feodo de Belleria, et homo planus de feodo de Maulay* (*id. id. id. f° 38, 2*). *Guillelmus de Forcio, frater uxoris domini Aymerici de Belleria militis, debebat garire feodum de Charreria, et est istud homagium, ratione terre conqueste super comitem Marchiæ* (*id. id. id. 38, 3*).

Berlière (Aimery de la), marié à N... de Fors, eut pour fille Bienvenue, mariée vers 1250 à Hugues Poupart, Chev. (Titres de St-Maixent.)

Bellaria (*Gaufridus de*), *valetus*, est cité dans une sentence d'un commissaire du lieutenant de Jean de St-Denis, sénéchal de Poitou pour le roi de France, au sujet d'un procès, 2 oct. 1299. (D. F. 16.)

Berlère (Hugues de la), *Hugo de la Berleria*, vendit, le 23 août 1265, quelques héritages à l'abbé de Moreaux. Le 19 déc. 1269, il fit un don d'héritages, pour récompenses de services, à Jean Bérugea, de concert avec Julienne sa femme. (D. F.) Le même, prenant le titre de valet, fit une vente, le 9 janvier 1284. (Arch. chât. du Vigean.)

Berlère (Aimery de la), Chev., rendit aussi un hommage à l'abbaye de St-Maixent, en 1267. (F.)

BERLOUIN. — Famille qui a donné deux maires à la ville de Niort.

Blason : Jean Berlouin, s^r de la Couture : d'azur au chevron d'argent, chargé de 3 hures de sanglier de sable. (D'Hozier, d'office.)

Berlouin (Jacques), Ec., sgr de la Voute, juge consul en 1565, à Niort, puis pair de l'hôtel de ville, et enfin maire de cette ville en 1597, eut pour enfant, d'après le Cte Bonneau (Armorial des maires de Niort, M. Soc. Stat. 1865) :

Berlouin (Jacques), Ec., sgr de la Voute, qui fut pair et procureur syndic de la commune de Niort, puis maire de cette ville en 1620 ; il eut pour fils :

Berlouin (Jacques), Ec., sgr de Malmouche, capitaine au régiment de la Meilleraye ; était pair de la commune, quand il servit pour son père, au ban de 1635.

Berlouin (Eléonore) avait épousé, vers 1580, Jean Pelletier, dont une fille, Françoise, qui, le 22 sept. 1610, épousait Jean Chaillot.

Berlouin (Françoise) épousa Jean Gastineau, marchand. Ils eurent un fils, Jean, marié, le 17 juillet 1660, à Perrine Huet.

Berlouin (Jean), s^r de la Couture, se maria avec Antoinette Blouin, fille de Antoine, Ec., sgr de Marçais, de Bourneuf, et de Anne des Roches. Il était décédé, avant le 4 mai 1726, époque où sa veuve se remaria à Michel Caron.

Berlouin (N...) avait épousé Marie Chaillot, dont il a eu : Renée, mariée à Jean Coyault, et Hélène, épouse de Rolland Texier.

BERMONDET. — Famille du Limousin, qui a possédé, en Poitou, plusieurs belles terres, et que nous croyons encore existante. Le Nobiliaire du Limousin (2e édition), dont cette famille est originaire, a donné une généalogie assez complète de cette famille ; nous en extrairons ce qui concerne le Poitou.

Blason : d'azur à trois mains gauches de carnation, renversées en pal (Barentin. Inexact), ou : d'azur à trois mains appaumées, 2 et 1. (Nobiliaire du Limousin.) L'auteur du Supplément du P. Anselme dit : « d'azur à 3 mains d'argent ».

Bermondet (Pierre) était décédé avant 1524, laissant pour veuve Marie Germain ou Gervain, qui, sous la curatelle de M. Jean Bermondet (son beau-père ou beau-frère), partagea, à Poitiers, la succession de Jeanne de Janailhac, épouse de Guillaume Chabot, Ec., sgr de Vaires. (Arch. Vienne.)

§ Ier. — Branche d'ORADOUR.

1. — **Bermondet** (Martial) était lieutenant de Roi et consul à Limoges, lorsqu'il eut l'honneur, le jeudi 5 mars 1438, de recevoir, à sa table, le roi Charles VIII. Il souscrivait, en 1450, un acte avec Jean de Maumont. Il laissa pour fils :

2. — **Bermondet** (Pierre), qui fut père de : 1° Pierre, qui suit ; 2° Jean, chantre et chanoine de l'Église de Limoges, archiprêtre de Nontron, acquit, le 8 avril 1552, la B^{nie} de Fromental, relevant du Roi, à cause de la Tour de Maubergeon, à Poitiers.

3. — **Bermondet** (Pierre), IIe, sgr du Boucheron, la Quintaine, St-Sauveut-sur-Gorre, lieu^t g^{al} en la sénéchaussée de Limoges, fut assassiné, en 1543, par les gens du Vte de Rochechouard. Il avait épousé Anne Petrot, dont il eut : 1° Jean, qui suit ; 2° Gauthier, auteur de la branche de la Quintaine, rapportée § IV ; 3° Jeanne, qui épousa, vers le 29 mai 1530, Pierre de St-Martin, Chev., sgr de Bagnac. Ils étaient décédés l'un et l'autre avant le 9 janvier 1573, date du partage de leur succession.

4. — **Bermondet** (Jean), qualifié noble, Chev., sgr du Boucheron, partagea avec son frère et sa sœur la succession de leur oncle Jean. Il avait été reçu conseiller au Parlement de Paris, le 23 août 1538, assista en 1559 au procès-verbal de la réformation de la Coutume de Poitou, et fut inhumé à St-Etienne-du-Mont. Il laissait de Isabeau de Selve, fille de Jean, qui fut successivement premier président des parlements de Bordeaux, de Rouen et de Paris (elle lui apporta la terre de Cromière) : 1° Georges, qui suit ; 2° Jacques,

décédé sans alliance ; 3° RENÉE, veuve, avant le 20 fév. 1585, de Foucaud de Gaing ; 4° LOUISE, mariée à Gérald de St-Mathieu, Ec., sgr de Roillac.

5. — **Bermondet** (Georges de), Ec., sgr du Boucheron, d'Oradour, qui vendait, en 1575 et 1576, la seconde partie de la sgrie de Pennevayres. Il servit aux armées, et mourut le 12 mai 1614 ; marié, le 3 avril 1581, à Catherine AREMBERT, fille de Gabriel, Ec., sgr de Teillé, et de Catherine Chabot, il en eut : 1° DANIEL, qui suit ; 2° LOUIS, Ec., sgr de St-Basile, archiprêtre de Nontron, et curé d'Oradour ; 3° PIERRE, Ec., sgr de La Tour ; 4° RENÉE, mariée à Charles de Lapisse, Ec.

6. — **Bermondet** (Daniel de), Ec., qualifié ht et pt sgr Bon d'Oradour et du Boucheron, etc., épousa Jeanne DE CHAMPLAIS, fille de François et de Jehanne de Beaumont, sgr et De de Cerveau, qui mourut avant son mari, décédé en 1628, en revenant du siège de la Rochelle, où il servait dans l'armée royale. Ils laissaient : 1° GEORGES, qui suit ; 2° LOUIS, Ec., sgr de St-Basile, auteur de la branche de Cromières, § II ; 3° ISAAC ; 4° JEANNE ; 5° CATHERINE, femme de Charles du Rousseau, Ec., sgr de la Vene ; 6° GABRIELLE, entrée religieuse au couvent de Ste-Claire à Nontron ; 7° MADELEINE, religieuse au même couvent ; 8° et 9° ISABEAU et ANNE, entrées aux Clarisses de Limoges le 7 mai 1640.

7. — **Bermondet** (Georges de), Chev., Bon, puis Cte d'Oradour, Bon du Boucheron, etc., fut capitaine au régiment du Mis de la Meilleraye, lieut gal dans l'artillerie, et maréchal des camps et armées du Roi. Il reçut, le 18 juillet 1651, une pension de 3,000 l. Il fut maintenu dans sa noblesse par Barentin, et mourut, le 20 mars 1670, à l'arsenal à Paris, où il habitait. Il avait épousé Françoise GARNIER, fille de Mathieu, sgr de Montereau, trésorier de l'extraordinaire des guerres. Elle mourut le 30 juillet 1724, lui ayant donné : 1° MADELEINE, qui épousa, le 9 ou le 15 janvier 1672, Louis de Bourbon, Cte de Busset, etc., lieutt gal de l'artillerie de France ; 2° BONNE-MADELEINE, religieuse à Ste-Geneviève à Paris, qui testa le 3 fév. 1694, instituant ses héritières, ses sœurs ; 3° MARIE-ANNE, mariée à Oradour, le 15 avril 1687, à François de Coustin, Mis du Masnadaud.

§ II. — BRANCHE DE CROMIÈRES.

7. — **Bermondet** (Louis de), fils de Daniel et de Jeanne de Champlais, rapportés au 6e degré du § I, épousa, le 4 sept. 1645, Jeanne DE LA MOUSNERIE, fille de Jean, Ec., sgr de la Boneschie ? et de Marie d'Escravayac, dont il eut : 1° JEAN, qui suit ; 2° CATHERINE, De de St-Basile.

8. — **Bermondet** (Jean de), Chev., sgr Mis de Cromières, épousa, le 26 mars 1695, Jeanne DE COUSTIN, fille de Charles-Antoine, Mis de Masnadaud, dont, entre autres enfants, il eut

9. — **Bermondet** (Charles-Armand de), Mis de Cromières, sgr de Cussac, la Fougeraye, du Mas, etc., épousa, à Payroux, le 17 avril 1720, Marie DE VIVONNE, fille de François, Ec., sgr de Moye, et de Anne de Lambertye, morte veuve, le 13 fév. 1777, au chât. de la Fougeraye, psse de Payroux. Ils eurent : 1° N..., mort capitaine de dragons, en 1763, sans postérité de Gabrielle LE COIGNEUX, sa femme ; 2° PHILIPPE-ARMAND, qui suit ; 3° FRANÇOIS-CHARLES, vicaire général d'Autun, chanoine de St-Honoré, à Paris, assiste en 1789, à Poitiers, à l'assemblée du clergé tenue pour la nomination des députés aux Etats généraux ; mort le 12 juin 1817, âgé de 86 ans ; 4° CHARLES-FRÉDÉRIC-ANNET, dit le Cte de Bermondet, Chev. de St-Louis, colonel de dragons, mort à Paris, sans postérité, vers janv. 1778 ; c'est son portrait au pastel que possédait M. Bonsergent, dans ses précieuses collections, acquises par la Société des Antiquaires de l'Ouest ; 5° ANTOINETTE-AMABLE, veuve en 1777 de François-Emmanuel de Brun, capitaine au corps royal de l'artillerie, chevalier de St-Louis, morte le 15 août 1785 ; 6° ANGÉLIQUE-ANNE, mariée, le 13 nov. 1772, à Louis Poignand des Grois, Chev. de St-Louis, morte veuve le 15 août 1811, âgée de 84 ans ; 7° LOUISE-MARIE, qui reçut en 1787, sur les fonds de la guerre, une pension de 150 liv., en considération des services du feu sr de Brun, son beau-frère ; 8° GABRIELLE-HENRIETTE. Elle ou sa sœur fut élevée à St-Cyr.

10. — **Bermondet** (Philippe-Armand de), Mis de Cromières, né au chât. de Cromières, le 27 juill. 1730, mestre de camp de dragons, ancien lieut des gardes du corps de Monsieur, frère du roi, Chev. de St-Louis, fut blessé à Fontenoy ; comparut à l'Assemblée de la noblesse poitevine, réunie à Poitiers en 1789, et mourut à Cromières le 6 sept. 1806. Il avait épousé, par contrat passé à Paris, et signé à Versailles, par Leurs Majestés et la famille royale, le 27 août 1775, Marie-Hortense MOREAU DES ISLES, fille de Marthe-Jérôme, ancien capitaine d'infanterie à St-Domingue, et de Marie-Nicole Légurie, dont : 1° ARMAND-PHILIPPE-ASTOLPHE-RENAUD, qui suit ; 2° AMABLE-HORTENSE, née le 20 mai 1780, mariée, en janvier 1813, à Alexis Gay de Nexon, Chev. de St-Louis ; 3° MARIE, née le 7 sept. 1781, mariée, en mai 1813, à Alexandre d'Arondeau de Chareyroux, Chev. de St-Louis ; 4° LOUIS-ANNIBAL-FRÉDÉRIC, né le 6 sept. 1785, élève de l'école militaire de Fontainebleau, fut nommé, à 23 ans, capitaine d'artillerie, et nommé Chev. de la Légion d'honneur, à Gratz, en Styrie, où 1,000 hommes en battirent 10,000 ; fit les campagnes d'Italie et de Russie, cette dernière en qualité d'aide de camp du général Delzons ; mourut célibataire en 1813, à l'âge de 28 ans, étant lieut-colonel, proposé pour le grade de colonel ; 5° FRÉDÉRIC, rapporté au § III.

11. — **Bermondet** (Armand-Philippe-Astolphe-Renaud de), né et baptisé le 6 juin 1778, inscrit aux gardes du corps en 1789. Entra au service, dans l'état-major du général Verdières, passa ensuite dans celui de Bernadotte, à l'armée de l'Ouest ; à la Restauration, maréchal des logis des gardes du corps, fut enfin nommé chef d'escadrons et chevalier de St-Louis. Il épousa, le 28 nov. 1812, Clémentine DE TRYON-MONTALEMBERT, fille de Louis-François-Bonaventure, chambellan de Napoléon, et de N... Regnaud de la Soudière, dont : 1° MARIE-CLÉMENCE, née le 15 août 1813, mariée, le 6 août 1839, à Jean-Baptiste de Galard de Béarn, officier de marine démissionnaire ; 2° MARIE-LUCIE, née le 22 oct. 1814, mariée, le 12 janv. 1835, à Prosper Rousseau de Magnac ; 3° MARIE-CAROLINE, née le 23 avril 1817, mariée, le 18 août 1840, à son cousin germain, Alexis-Hippolyte de Bermondet de Cromières ; 4° MARIE-AMABLE, née le 11 août 1821, mariée, le 16 fév. 1846, à Pierre-Louis-René de Bremond d'Ars.

§ III. — BRANCHE EXISTANTE.

11. — **Bermondet** (Frédéric de), fils puîné de Philippe-Armand et de Marie-Hortense Moreau (10e deg. du § II), Chev. de St-Louis et de St-Ferdinand d'Espagne, officier de la Légion d'honneur, le 30 avril 1836, médaillé de Ste-Hélène, naquit le 24 juillet 1787 ; engagé volontaire (1807), au 24e régiment de chasseurs ; il y est devenu officier, a fait les campagnes de Prusse, Autriche et Russie, a

cu, à Wagram et Essling, trois chevaux tués sous lui, et reçut plusieurs blessures ; a fait la campagne d'Espagne (1823) comme capitaine de gendarmerie, y est passé chef d'escadron, puis lieutenant-colonel de la garde municipale de Paris en 1834, et enfin colonel de la IIe Légion de gendarmerie, le 27 mai 1842. Il a épousé, en 1818, Zélie-Elisabeth DEVAUX, morte le 9 juill. 1836, dont :

12. — **Bermondet de Cromières** (Alexis-Hippolyte de), marié, le 18 août 1840, à sa cousine germaine, Marie-Caroline DE BERMONDET DE CROMIÈRES, fille de Armand-Hippolyte-Astolphe-Renaud et de Clémentine de Tryon de Montalembert, dont il a eu : 1° RENAUD, né le 17 avril 1843 ; 2° THÉRÈSE-CLOTILDE, née le 27 déc. 1847 ; 3° PROSPER-MARC, né le 10 mai 1850.

§ IV. — BRANCHE DE LA **QUINTAINE**.

4. — **Bermondet** (Gauthier de), second fils de Pierre, et de Anne Petit, rapportés au 3e degré du § I, sgr de St-Laurent-sur-Gorre et de la Quintaine, fut lieutenant gal au Présidial de Limoges ; il obtint en 1568, du roi Charles IX, l'établissement de foires dans sa sgrie de St-Laurent-sur-Gorre, et laissa : 1° JEAN, qui suit ; 2° MARGUERITE, *aliàs* CATHERINE, mariée à Jean de Singarreau, sr de Pressac ; 3° SUZANNE, mariée à Jean de Mérignac ; 4° LÉONNE, mariée à Jean de Feydeau, Ec., sgr de la Mothe de Persac.

5. — **Bermondet** (Jean de), Ec., sgr de St-Laurent et de la Quintaine, épousa Marguerite DE LA JAUMONT, qu'il laissa tutrice de ses enfants, qui furent : 1° PIERRE, qui suit ; 2° ANNE, mariée en 1603 avec noble Léonard de Seigne, Ec., sgr d'Epied.

6. — **Bermondet** (Pierre de), Ec., sgr de la Quintaine et de St-Laurent, eut, le 25 juillet 1612, cession et transport de biens, par sa mère.

BERNABÉ (DE). — Famille de l'Anjou, qui a possédé en Poitou et y a contracté plusieurs alliances. Nous allons donner les quelques notes que nous avons recueillies sur elle en ce qui concerne le Poitou. (Voir Dict. de la noblesse.)

Blason : d'azur à la croix d'or, accompagnée de quatre colonnes de même.

1. — **Bernabé** (Sébastien de), sgr de la Boullaye et de la châtnie de la Haye-Fougereuse, fut anobli par lettres données à Paris en 1616, registrées en la cour des Aydes, en vertu de lettres de jussion, le 1er mars 1617, en considération des services qu'il a rendus pendant 24 ans, tant à la guerre, « s'étant trouvé aux sièges de Bessac en Limousin, de Montmorillon, de Mirebeau et de Salles en Berry, à la bataille de Craon en Anjou, et depuis au siège de la Fère », qu'en plusieurs voyages et négociations pour moyenner des trêves et traités de paix, ès années 1594, 95-96-97 et 1598 avec le duc de Mercœur et le maréchal de Bois-Dauphin, etc. (M. de la Bib. de l'Arsenal, Paris.) Le 23 juin 1623, il recevait de Nicolas Jouineau, sgr de Villeneuve, psse de la Chapelle-Gaudin, aveu de cette sgrie qu'il venait d'acquérir par décret du 20 févr. 1625 ; il fut père de :

2. — **Bernabé** (Claude de), Chev., sgr baron de la Haye-Fougereuse, etc., reçut, le 30 juillet 1656, aveu de René Bilhac, Doctr en médecine, de la sgrie de Villeneuve, psse de la Chapelle-Gaudin. Il eut pour fils :

3. — **Bernabé** (Louis de), sgr de la Boullaye, Bon de la Haye-Fougereuse, Ec. ordinaire du Roi, était, le 27 juin 1664, époux de Madeleine GILLIER, fille unique de Jean, sgr de Passau, et de N..., son épouse. Les 4 sept. 1674, 6 sept. 1695 et 21 juillet 1696, il reçut des aveux de la terre de Villeneuve, rendus par René Clisson, Ec., sgr de la Rivonnière. Il laissa de son mariage :

4. — **Bernabé** (Joseph de), Chev., sgr de la Boullaye, Bon de la Haye-Fougereuse et du fief L'Évêque qui lui était uni, épousa, le 15 janv. 1701, Renée-Angélique DE LA HAYE-MONTBAULT, fille d'Antoine, capitaine de vaisseau, et de Marie Guyraud. Il était mort avant 1756 ; sa veuve était alors tutrice de : 1° ALEXIS-JOSEPH, qui suit, et 2° MARIE-JEAN-BAPTISTE, Vte de la Haye, né, psse de St-Maurice, en 1751, ancien capitaine au régiment Royal-Bourgogne-Cavalerie ; émigra et servit à l'armée des Princes, dans le corps de la marine. Il avait épousé à Nantes, en 1789, Marie CLAUCHY, d'une famille d'origine irlandaise.

5. — **Bernabé** (Alexis-Joseph de), Bon de la Haye-Fougereuse, et sgr de la Boullaye et de St-Gervais, épousa N... LUTHIER DE LA RICHERIE, dont il eut entre autres :

6. — **Bernabé** (Marie-Alexis de), Chev., sgr de la Boullaye, Bon de la Haye-Fougereuse, assista par procureur à l'assemblée des nobles du Poitou de 1789, émigra et servit dans les gardes de S. A. R. le Cte d'Artois.

BERNARD. — Ce nom se trouve répété un grand nombre de fois dans les chartes de presque tous les monastères du Poitou, et cela dès les premiers siècles. Nous avons relevé tous les renseignements que nos recherches nous ont procurés sur les personnes du nom de Bernard, et nous donnerons, dès maintenant, les armoiries que nous n'avons pu attribuer aux familles dont nous allons nous occuper.

Blason. — Bernard, maire de Poitiers, portait, d'après Thibaudeau, d'azur au chevron d'or, à 3 crouzilles ou coquilles de gueules ? 2, 1. (Énoncé inexact.) C'est d'argent au chevron d'azur à 3 coquilles de gueules (Arm. des maires, Manuscrit, D. F. 82).

Bernard (Jean), sénéchal de Chauvigny en 1430, portait sur son sceau un écu chargé de 3 lions et d'une bordure engreslée. (Lat. 17041, 7.)

Bernard (N.), prêtre d'Aulnay, et son fils CLÉOPHAS, font don à St-Florent de l'église de Sept-Fonts, diocèse de Poitiers, en 1072. (Cart. de St-Florent.)

Bernard (Hélye). Le Cte de Poitou lui confirme l'exemption de tout péage que lui avait concédée le roi d'Angleterre, juillet 1241.

Bernardi (*Johannes*), *miles*, fut témoin dans l'enquête poursuivie vers 1255, pour établir les devoirs auxquels étaient tenus les habitants de Xaintray, vis-à-vis du sgr de Parthenay.

Bernard (Guillaume), bourgeois de Parthenay, 1257. (Ledain, Gâtine.)

Bernardi (*Hugo*), *preceptor de Rupibus*, et

Bernardi (H.), *frater Templarii*, sont relatés l'un et l'autre dans le testament de Hugues de Lusignan, Cte de la Marche. (Cart. des Châtelliers. M. Stat. 1867.)

Bernard (Guillaume) fut maire de Poitiers en 1223 et continué en 1228.

Bernard (Ythier) fut maire de cette ville en 1302 et 1331. Bouchet prétend même qu'il remplit ces fonctions en 1332.

Bernard (Guillaume) fut échevin à Poitiers de 1309 à 1333.

Bernard (N...), clerc de Guy de Lusignan, sgr de Couhé, est nommé dans le testament de ce seigneur, reçu le 4 juin 1309. (A. H. P. 11.)

Bernard (Jean). Le duc de Berry, Cte de Poitou, ayant accordé aux principaux habitants de Poitiers certaines prérogatives, Jean fut du nombre des privilégiés ; il était échevin en 1388 et existait encore en 1416. On le croit de la même famille que les maires qui précèdent, et on lui attribue les mêmes armoiries.

Bernard (Pierre) était, en 1329, sgr de Vernay et de la Roche de Chisais, du chef de sa femme Jehanne de N... (Bnie de Mirebeau. M. A. O. 1877, 227.)

Bernard (Arnaud), dit Soudan de Pressac, avait acquis les biens confisqués sur feu Guillaume de Marmande, pour cause de rébellion. Le Roi les restitue à ses héritiers en janv. 1336.

Bernard (Guillaume) était abbé de N.-Dame de Poitiers en 1361 ; l'était encore en 1374. (D. F.)

Bernard (Jean), l'un des précédents? était, le 27 oct. 1380, receveur des deniers destinés aux réparations de l'enceinte de la ville de Poitiers. Et le 16 août 1388, il fut fondé de procuration par les habitants, avec d'autres, pour acheter un gobelet ou autre joyau d'or du prix de 1,000 liv., etc. (Arch. de Poitiers. M. A. O. 1882.) C'est peut-être le même qui, le 1er mai 1401, qualifié de *Burgensis Pictavensis, filius defuncti Johannis Bernardi*, fait une fondation à St-Hilaire de la Celle, pour le repos de son âme et de celles de ses parents, et qui fut reçu conseiller de ville en 1419, échevin en 1416, et mourut en 1448.

Bernard (Jeanne). Jean Charpentier, son mari, rend, à cause d'elle, aveu au chât. de Lusignan, le 18 mai 1409, pour des terres sises près de Theil, psse de Chenay. (Liv. des fiefs.)

Bernard (Nicolas) est relaté comme tenant du chef de Margot Quaquiaude, sa femme, certains domaines de Guillaume de Craon, dans l'aveu rendu, le 14 juillet 1409, au duc d'Anjou.

Bernard (Jean) était, en 1416, sous-prieur du prieuré et aumônerie de la Madeleine, de la Maison-Dieu de Parthenay. (O. de St-A. fondé au XIIe s.) (Ledain, Gâtine.)

Bernard (Philippe), dame de Bouchinafrarit, veuve de feu Pierre de Janvre, rend aveu au chât. de Melle pour un herbergement sis audit lieu, le 7 juill. 1423. (Liv. des fiefs.)

Bernard (Jean) fut chargé, avec Maurice Claveurier et autres, par le roi Charles VII, de faire rendre compte de la recette et dépense des deniers communs. (Arch. Poit. M. A. O. 1882, 214.) Peut-être le même que le receveur de 1380.

Bernard (Jean), lieutenant du maire au gouvernement de l'échevinage, donne quittance de 100 sous pour ses gages d'une année (id. id. 186). Serait-ce le même que le précédent, et qu'un Jean, qui était habitant de Poitiers en 1430 ? (M. A. O. 1840, 424.)

Bernard (Jean), Ec., sgr de la Clavelière, psse de Mervant, épousa, le 9 févr. 1435, Mathurine Chasteigner, fille de Simon, sgr de Réaumur, et de Jeanne Bouton. (Gie Chasteigner.)

Bernard (Jean), sr de la Vacherie, fut témoin du contrat de mariage de Delphine de Marconnay avec Aimery Repousson, le 27 nov. 1446.

Bernard (Pierre), abbé des Châtelliers, se démet de son abbaye. Le monastère dut lui payer une pension de 100 liv. Lettre de Charles VII, du 10 mai 1455, pour obliger les moines à solder cette redevance et l'arriéré. (Cart. des Châtelliers, 188.)

Bernard (Jehan) eut une fille, Jeanne, qui était, le 4 juill. 1462, femme de Pierre de Frozes, Chev.

Bernard (Regnault) servit au ban de 1467, comme homme d'armes du sgr de Bressuire, ainsi que :

Bernard (Antoine) qui servit comme brigandinier du même sgr, et

Bernard (Jacques) comme brigandinier du sgr de Jarnac.

Bernard (Jean), moine, nommé prévôt de Fontenay et chanoine prébendé de Luçon, 1463-1469. (Hist. du monast. de Luçon.)

Bernard (Huguette), veuve en premières noces de Pierre de Frozes, Chev., épousa en secondes noces Jehan Vigeron, Ec., sgr de Chiré, avec lequel elle constituait, le 15 avril 1469, une rente au profit de Gilet Cythoreau, pâtissier, paroissien de St-Hilaire de la Celle de Poitiers; et ils transigeaient le 5 mai 1475 avec Louis Masteau, curé de Massougnes, au sujet des dispositions testamentaires de Pierre de Frozes précité. (Nota. Cette Huguette ne serait-elle point la même que la Jeanne qui était en 1462 femme de Pierre de Frozes ?)

Bernard (Robinet) servait en homme d'armes dans la compagnie du Cte de St-Paul, et reçut 15 l. t. pour ses gages d'un trimestre à la montre de 1472.

Bernard (Jean) était échevin de Poitiers en 1486.

Bernard (Jacques) et Mathurin ou Paul, son neveu, et

Bernard (Jehan) servaient en brigandiniers à l'arrière-ban du Poitou de 1488. (Doc. inéd. 179, 185, 198.)

Bernard (Antoine) servait en brigandinier à l'arrière-ban de 1488 et fut désigné en 1489 pour tenir garnison à Clisson, sous les ordres de M. de la Châteigneraye. (Id. 73.) Peut-être le même que

Bernard (Antoine), sr de la Coustelière, du ressort de Parthenay, qui fut remplacé, au ban de 1491, par Jean Trois-Boisseaux, qui y servit comme archer ; le 28 juill. il rendait un aveu au sgr de St-Pompain.

Bernard (N...) était, fin du XVe siècle, femme de Antoine Maintrolle, Ec., lequel devait à cause d'elle plusieurs hommages au chât. de Niort. (M. Stat. 1875, 264.)

Bernard (Pierre) passa revue comme homme d'armes dans la compagnie de l'amiral Bonnivet, 29 mars 1518.

Bernard (Pierre), appelé à St-Maixent pour la montre de l'arrière-ban (1523), veut s'emparer d'une chaise que gardait pour un des commissaires, Pierre de Torves, Ec., sgr de Boisgirault, parent et serviteur de Artus Ratault, Chev., sgr de Curzay, chargé de la conduite de l'arrière-ban en remplacement d'André de Vivonne, sénéchal du Poitou, empêché par son grand âge et le gouvernement du Dauphin. Bernard, sur son refus, lui perce la cuisse d'un coup de dague, et est tué par Ratault. (Arch. Nat. J. 236, 423.)

Bernard (François), Ec., sgr de la Bourrière, inculpé de crimes et délits ; la cour des Grands Jours de Poitiers donne défaut contre lui, le 17 oct. 1531. (M. Stat. 1878, 87.)

Bernard (N...), sr de Fougeray, eut un fils, Louis, qui fut baptisé le 7 juill. 1559.

Bernard (Anne) était veuve de feu Barthélemé Mesnard, Ec., sgr de la Sorinière, le 27 avril 1583.

Bernard (Jehan), gentilhomme, servait dans la compagnie de gendarmes commandée par M. de St-Offange, passée en revue à Rochefort, en 1592.

Bernard (Antoinette) épousa par contrat du 14 janv. 1593, reçu Delaville et Carlouet, notres, Jean-Gédéon de Montbielle d'Hus, dont elle était veuve le 15 mai 1613.

Bernard (Pierre) était en 1594 (21 oct.), abbé de Lieu Dieu en Jard.

Bernard (Guillaume) était sgr de la Clergerie en Cirières, comme chapelain de la chapelle de St-Pierre, desservie en l'église de Boismé (1605). (Hre Bressuire, 217.)

Bernard (Anne), Dame de la Crespelle et de la Savarière, tenait, en 1605, ledit lieu de la Crespelle, du sgr de la Pastelière. (D. F.)

Bernard (Hilaire) était receveur des tailles à Fontenay-le-Cte de 1633 à 1643. (M. A. O. 1883, 387.)

Bernard (Gilles) était, en 1633, receveur des tailles.

Bernard (Jacques) était receveur particulier des décimes ecclésiastiques, au diocèse de Luçon, en 1643. (M. A. O. 1883, 398.)

Bernard (noble Charles), sr du Chaigne, prête une somme de 900 liv. à Pierre et Jean Arouet, frères, le 7 mai 1648. (Delaville, notre à Thouars.) (O.)

Bernard (Henri), fils de Louis, Ec., sgr de Fougeray, et de Madeleine de Razines, fut baptisé le 15 janv. 1664.

Bernard (René), Ec., sgr la Turmelière, était veuf le 13 déc. 1664 d'Anne Buor. (D. F.)

Bernard (Pierre), sr de Chevalleraud, épousa, le 16 août 1666, Françoise Ronsard, fille de Philippe, Ec., et de Jeanne Blouin.

Bernard (Judith), veuve de René Bonnin, Ec., sgr de Messignac, cne d'Adriers, fut confirmée dans sa noblesse par M. Barentin en 1667.

Bernard (Pierre), sr de la Venassière, avait épousé Jeanne de la Brune, qui fut marraine, le 23 février 1676, de Jacquette Simonneau. (Gie Simonneau).

Bernard (Elisabeth) épousa : 1° Jacques Brunet, sr de Montreuil, cer du Roi, avec lequel elle vivait le 28 août 1684, et 2° avant le 25 avril 1723, Louis Regnault, sgr de la Barre-St-Juire.

Bernard (Pierre), sr de Razes ou Razet, habitant psse de Pierrefitte, fit abjuration du protestantisme le 5 sept. 1685, ayant deux enfants, Suzanne, âgée de 30 mois, et Charles, de 6 ans, entre les mains du sr Rogier de Monays, official du diocèse de Poitiers. (O.)

Bernard (Marie), épouse de N... de Pontlevain, est citée dans un acte du 21 avril 1687. (Gén. de Magne.)

Bernard de Torcy (Bernard), Chev., sgr de Minery, époux de Marie-Thérèse Le Tonnelier, donataire de Marie Ostran, son aïeule, rend aveu au chât. de Châtellerault du fief et sgrie d'Abain, psse de St-Genest, 1703. (N. féodaux, 101.)

Bernard (Samuel-Jacques), sgr de Grosbois, Cte de Coubers, surintendant de la maison de la reine, épousa, le 23 août 1715, Elisabeth-Olive-Louise Frottier de la Coste, fille de Benjamin-Louis et de Elisabeth-Olive de St-Georges de Vérac. (Son blason était : d'azur à l'ancre d'argent, sénestrée en chef d'une étoile de même rayonnante d'or.)

Bernard (Yves), avocat à Poitiers, marié à Andrée Thibault, en eut Marie, qui épousa, le 25 nov. 1691, François Girault, avocat du Roi au bureau des finances de Poitiers.

Bernard de la Barre (Françoise-Guy), épousa, en 1719, Claude Raoul, Chev., sgr de la Maurouzière.

Bernard (N...), de Parthenay, fit insérer dans le Journal de Verdun, du mois de mars 1751, p. 218-219, une fable française intitulée *l'Aigle et le Perroquet.* (Jouyneau des Loges, Suppt à D. du Radier.)

Bernard (Thérèse), veuve de Louis Mauflastre, épousa, en secondes noces, Antoine de Beauchamps, chev. de St-Louis, ancien porte-étendard des gardes du Roi, avant le 14 déc. 1779.

Bernard (N...) était, en 1787, procureur fiscal de St-Hilaire-le-Vouhis.

Bernard (Geneviève) épousa, le 7 mars 1789, par contrat reçu Rousseau, nre à l'Isle-Jourdain, Pierre Descollards, Chev.

Bernard (Pierre-Louis), prieur-curé de St-Germain de Longue-Chaume, et

Bernard (Philippe-Ignace), chanoine de Ste-Radégonde de Poitiers, et professeur de philosophie au collège royal de Ste-Marthe, assistent l'un et l'autre à l'assemblée du clergé réunie en 1789 pour nommer des députés aux Etats généraux.

Bernard (N...) avait épousé, à son retour de l'émigration, Mathieu-Narcisse de Gennes, sgr du Breuil-Beauregard, qui la laissa veuve le 20 mars 1824.

Bernard (Louise) épousa, le 18 déc. 1842, Philippe Garran de Balzan, inspecteur des contributions directes à Poitiers.

Nous devons les notes suivantes, relatives à des personnages du nom de Bernard, suivant la religion protestante, à l'obligeance de M. de Richemond.

Bernard (Bertrand), sr de Boisgaillarde, 1685, 1687.

Bernard (Elisabeth), femme de noble homme Eveillard, etc.

Bernard (Charles), sr de Festilly, époux de Marie Pineau, 1699. (Registres de la Rochelle.)

Bernard (Jacques), sr de Javrezac, époux d'Anne Broussard, veuve de Nicolas Brunet, sr de Lussandière.

Bernard (Pierre), réfugié à Londres, 1705.

Bernard (Suzanne), de Lusignan, veuve de Jacques Bernard, réfugiée à Londres, 1706.

BERNARD (au pays de Civray).

Famille qui fonda le prieuré de Montazay (Ordre de Fontevrault), prieuré qui ne disparut qu'à la suppression du culte, après plus de 600 ans d'existence.

Bernard (Aimery de), *Aimericus Bernardi*, était un des principaux sgrs des environs de Civray et appartenait à l'une des plus anciennes familles du Poitou, dit M. Faye (Notice sur Montazay. M. A. O. 1853, 90 et sues); il donna à Fontevrault, de 1117 à 1119, son domaine de Montazay. D'après le même auteur et une charte à laquelle D. Fonteneau assigne la date de vers 1120, il donna à St-Cyprien, vers 1095, les droits qu'il possédait sur l'église de Gençay, à cause de sa femme Amélie, fille de Guillaume, dit le Chauve, que l'on croit membre de la puissante famille des Mortemart.

Bernard (Pierre de), frère d'Aimery, qui avait consenti à la donation de Montazay, ajouta de nouvelles possessions avant 1130 et lui donnait, vers 1140, un four qu'il possédait dans la ville de Civrai.

Bernard (Amélie de), que M. Faye (lieu cité) dit être veuve d'Aimery Bernard, fut la première prieure du monastère fondé dans le domaine donné par son époux, auquel elle survécut plus de 25 ans.

Bernard (Bondenier) habitait, en 1139, le pays de Charroux. (D. F., 18.)

Bernard de l'Isle (Guillaume) fit, v. 1150, une donation au monastère de Montazay (id.).

Bernard (Arnoult) fut témoin, en 1210, d'une donation faite au même monastère (id.).

BERNARD, Sgrs de la Bernardière.

La sgrie de la Bernardière, à laquelle cette famille a donné son nom, est située c^{ne} de Tessonnières (Deux-Sèvres). Les documents qui relatent les faits qui suivent ont été extraits par M. B. Ledain des Archives des chât. de Maisontiers et de Vernay (Bull. Ant. O. 1877, 449, 451 etc.).

Blason : Bernard de la Bernardière : de gueules à trois coquilles d'argent. (Registre de Malte.)

Cette famille paraît originaire de Coulonges-Thouarsais. Le premier connu est :

1. — **Bernard** (Perrot), dit de Colonges, dans un acte du 15 août 1359, par lequel, du consentement de Colin Bernard, fils de feu Maître Jean Bernard, il donne à cens des terres à Laurent Sauhion. Il paraît comme sgr de la Bernardière en 1366.

2. — **Bernard** (Jean), peut-être fils de Perrot, lui succéda dès 1402 ; c'est probablement le même qu'un Jean Bernard, Ec., sgr de la Bernardière, qui, en 1434, recevait une procuration de Jeanne Bonnelle (Bonneau). Il existait encore en 1455, et est dit à cette date sgr du fief des Gélinottes.

3. — **Bernard** (Regnaud), que l'on trouve sgr de la Bernardière de 1462 à 1485, est probablement fils de Jean ci-dessus ; il eut sans doute pour fils : Jean, qui suit.

4. — **Bernard** (Jean), Ec., sgr de la Bernardière (1486), le Plessis d'Augé, la Coustière, épousa Jeanne Poussard, dont il eut :

5. — **Bernard** (Antoine), Ec., sgr de la Bernardière, le Plessis d'Augé, Coustière et du fief des Gélinottes, laissa de Marie Gairon ou plutôt Carrion, croyons-nous : 1° Jean, qui est dit fils aîné dans le contrat de mariage de sa sœur Guyonne ; 2° Pierre, qui suit ; 3° Guyonne, mariée, par contrat du 12 juillet 1507, à René de Tusseau, Ec., sgr de la Millanchère, dont elle était veuve le 1er janvier 1551, dans la famille duquel elle porta la terre de la Bernardière, par suite sans doute du décès de ses frères sans postérité mâle ; 4° Catherine, dame du Plessis d'Augé, mariée à Philippe Pichier, Ec., sgr de la Roche.

Bernard (Jeanne), qui, en 1490, était veuve de Louis Lunart, et dont Geoffroy Guischart est dit héritier à cette époque.

6. — **Bernard** (Pierre), Ec., possédait en 1519 le fief des Gélinottes. Il épousa N... Guyot, fille de Jean, Ec., sgr de Touvois, et de Catherine Chevalier, mais ne paraît pas avoir eu d'enfants.

A cette famille devait appartenir aussi :

BERNARD, Sgrs de Villeneuve, c^{ne} de la Chapelle-Gaudin (Deux-Sèvres).

Bernard (Nicolas), Ec., rend aveu, le 17 août 1508, à Loys Chasteigner, Ec., sgr de Réaumur, pour son hôtel et métairie de Villeneuve, à cause de Louise de Villeneuve, sa femme.

Bernard (Etienne), Ec., sgr de Villeneuve, rend, le 28 mai 1548, un aveu à Claude Gouffier, Chev. de l'Ordre, sgr d'Oiron.

Bernard (Nicolas), Ec., sgr de Villeneuve, avait épousé Jeanne Martinet, qui était sa veuve le 2 juillet 1546. Ils eurent pour fils :

Bernard (Bonaventure), Ec., sgr de Villeneuve et de Rothemont du chef de Pierre Martinet, son aïeul, et dont il se disait sgr le 19 nov. 1583, ainsi que du fief des Huberdes. Il épousa Claude Audebaud, dame de Luché-Thouarsais, et rendait, à cause d'elle, en 1602, un hommage à la sgrie de Hérisson ; le 26 août 1607, il rendait encore un aveu à Louis Gouffier, sgr d'Oiron, duc de Roannais, et était décédé avant le 4 juillet 1613, date d'un traité entre ladite Audebaud, sa veuve et donataire, et leurs enfants qui suivent : 1° François, fils aîné ; 2° Charles, puîné, qui suit ; 3° Geneviève, 4° Françoise, mineure à cette époque.

Bernard (Charles), Ec., sgr de Rothemont et de Villeneuve, était décédé le 24 juin 1619 ; ce jour, Marguerite Prévôt, sa veuve, rendait un aveu, comme tutrice de François, leur fils, à Louis Gouffier, duc de Roannais.

Bernard (Françoise) avait épousé Nicolas Marcault, Ec., sgr de Ste-Gemme, qui agissait, le 25 oct. 1632, comme tuteur de Françoise, sa fille mineure, et de sa défunte épouse.

BERNARD (à Parthenay).

Bernard (Simon) possédait, au XIIIe siècle, plusieurs domaines à la Coussinière et à la Barangère. Il eut pour fils :

Bernard (Pierre), père lui-même de : 1° Jean et 2° probablement : Simon, qui était marié en 1360.

Bernard (Jean) céda, le 31 août 1356, les domaines de la Coussinière, etc., à Huet Eschalart, en reconnaissance de services rendus. (Cab. tit. Pièces orig. 304, dossier 6615.)

Bernard (Jean), qualifié maître, épousa Marie Rougne (peut-être Roigne), dont il eut : 1° Nicolas, 2° Marie, qui épousa Nicolas Pelletier ; 3° Jeanne, mariée à François Viete ; 4° Françoise, épouse de Colas Pelletier. (Tous firent accord et partage, le 29 juil. 1520, à Thouars.)

BERNARD DE PRÉCHAPON.

Préchapon, p^{sse} de Saivres (Deux-Sèvres).

Nous avons relevé dans un manuscrit intitulé « Tableau ancien de la généalogie des Hyver de Céris », etc., qui nous a été communiqué par M. Louis-Félix Cossin de Maurivet, l'essai de généalogie suivante dont nous avons en partie vérifié l'exactitude par les notes recueillies dans divers documents. D'après ce manuscrit, cette famille serait originaire de la Rochelle, et se rattacherait à un Hugues Bernard qui fut maire de cette ville en 1222.

« *Blason*... De... à la cotte de maille de..... et 3 étoiles, 2, 1 ». Elles se voyaient à droite à l'épitaphe de Geoffroy Bernard, dans l'église de Champdeniers. (Nota. — Les couleurs ajoutées au dessin l'ont été par erreur.)

1. — **Bernard** (Emery) eut de Jeanne CHAPDEIN DU PONT D'ANDALE? (peut-être CHAPELAIN DE PERDONDALE) : 1° EMERY, qui de Jeanne GORRON eut une fille, ANNE, mariée à Guillaume Manceau; 2° GUILLAUME, sr de Préchapon, châtelain de Parthenay, épousa Françoise DU DOUET, fille de François et de Madeleine Sicard, dont il eut : MARIE, femme de Jacques Petit, sgr de la Roche et de Vieillemon, et JEHANNE, mariée à Guillaume Guitton, sr de la Verguaye; 3° MARIE, dont nous ne connaissons que le nom; 4° GEOFFROY, qui est qualifié d'écuyer, sgr de Préchapon, dans son épitaphe qui existe en l'église de Champdeniers (Monuments des Deux-Sèvres; et L. Desaivre, I, Bull. Stat., 142); elle nous apprend qu'il est décédé le 28 mars 1535. Il avait épousé Marie, *aliàs* Françoise SAULNIER, de concert avec laquelle il légua une rente à l'église de Champdeniers pour leur « *remembrée* » (anniversaire). Il contribua, pour sa part de revenus, à la rançon de François Ier. Il n'eut, comme ses frères, qu'une fille, qui avait épousé Jacques du Vignault, sr de la Bouchollière. Elle mourut le 22 juin 1573, et fut « enterrée fort honorablement en l'église Ste-Croix de Parthenay...... ; elle avait été huguenotte plus de 25 ans, mais elle mourut bonne chrétienne. » (Jal de Généroux.)

BERNARD, SGRS DE LA FENESTRE.

C'est à M. Pallu, du Mans, que nous devons les notes concernant cette famille.

Bernard (Simon), sr de la Fenestre, était, le 15 août 1582, prévôt provincial en Poitou et pays circonvoisins; il épousa Julienne COTHEREAU, veuve de Thomas Suire. De ce mariage :

Bernard (N...), sr de la Moussetière, lequel laissa deux filles, dont N..., dame de la Fenestre, mariée à N... Coutaucheau, sr du Moulin-du-Duc.

BERNARD DE MARIGNY (DE). — La famille de Bernard de Marigny, originaire du canton de Martré, département de l'Orne, remonte, par titres authentiques, jusqu'en 1450, époque à laquelle Jean de Bernard, VIe du nom (ce qui suppose cinq degrés sur lesquels nous n'avons point de documents), épousa Dlle Louise de Souvray. Nous ne rapporterons ici que la branche du général Gaspard-Augustin-René de Bernard de Marigny, qui se rattache au Poitou.

Blason. — La famille de Bernard de Marigny portait : « d'azur à 3 ondes d'or. »

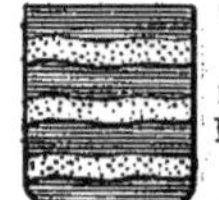

1. — **Bernard** (Jean), VIe du nom, épousa Louise DE SOUVRAY en 1450. De ce mariage :

2. — **Bernard** (Olivier), qui épousa en 1480 Philippine DU FAY, dont :

3. — **Bernard** (Pierre), marié à Françoise DE CORNEGRUE en 1496, dont trois fils : 1° PIERRE, mort sans postérité; 2° ALAIN, qui n'a eu qu'un fils du même nom, mort sans postérité; 3° CHARLES, qui suit. Dlle Françoise de Cornegrue ayant apporté en dot à son époux le fief de Marigny, qui était de ceux qualifiés de *fief de Haubert*, la famille Bernard ajouta depuis à son nom celui de cette terre.

4. — **Bernard** (Charles), Ier du nom, épousa en 1525 Blanche MAISSARD, dont deux fils : 1° RENÉ, qui n'eut qu'une fille; 2° OLIVIER, qui suit.

5. — **Bernard** (Olivier), IIe du nom, épousa en 1568 Guillemotte DE MONDIÈRE, dont :

6. — **Bernard** (Noël), Ier du nom, marié en 1596 avec Louise DE NOCÉ, en eut trois fils : 1° GASPARD, qui suit; 2° HENRI, 3° CLAUDE, curé de Marigny.

7. — **Bernard** (Gaspard), sgr de Marigny, épousa Dlle Françoise DE PAULMIER en 1624; il est l'auteur commun des branches modernes, qui toutes descendent de ses enfants : 1° GASPARD, qui continue la filiation de la branche aînée, illustrée par le vice-amiral Charles-René-Louis de Bernard de Marigny, mort le 25 juill. 1816, commandant de la marine à Brest, grand'croix de l'ordre royal et militaire de St-Louis, qui avait épousé en 1782 Alexandrine-Gabrielle DE COETNEMPREN, veuve d'Alexandre Potier Bon de Courcy. Branche éteinte en la personne de M. de Bernard de Marigny, inspecteur de la marine en retraite, chevalier de St-Louis, officier de la Légion d'honneur, décédé à Brest le 14 nov. 1849, qui de son mariage avec Dlle Pauline LÉGER n'a eu qu'une fille; 2° FRANÇOIS, qui suit; tige de la branche de la Motte, qui vint s'établir en Poitou; 3° PIERRE, prêtre, curé de la psse de Marigny; 4° NOEL, dont la branche représentée en 1840 par M. de Bernard de Marigny, ancien capitaine au 24e régiment de ligne, habitant Lougny (Orne), était près de s'éteindre en sa personne, et en celle de deux filles d'un de ses frères aînés, déjà décédé.

8. — **Bernard** (François), Ec., sgr de la Motte, épousa, le 28 janv. 1646 (Lambert et Maupeloy, notres à Corderay), Marie DE CORDAY, fille de Thomas de Corday, Ec., sgr dudit lieu, et de Dlle Renée Prouvers. De ce mariage sont issus quatre fils : 1° GASPARD, qui suit; 2° THOMAS, prêtre, curé de Montmartin-en-Graine; 3° PIERRE, prieur de St-Jacques de Lourays; 4° JACQUES, chanoine en l'église collégiale de St-Etienne de Matignon, qui, le 14 mars 1694 (Daupeley, notres), partagèrent noblement la succession de leur père.

9. — **Bernard** (Gaspard de), Ec., sgr de la Motte et Marigny, obtint le 17 févr. 1716 une confirmation de noblesse de l'intendant de la Rochelle, sur le vu de ses titres. Il avait épousé, par contrat du 26 mars 1712 (Micheau et Marchand, notres à la Rochelle), Suzanne BERNON, veuve en premières noces de Pierre Harouard, directeur général des vivres de l'armée du Roi en Italie, et fille de André, négociant armateur, et d'Esther du Pont-des-Granges. De ce mariage sont issus : 1° SUZANNE-MARIE, qui épousa en 1732 (14 juill.) (Girard et Pernel, notres), Mess. Henri-Paul Regnon, Chev., sgr de Chaligny, etc.; 2° GASPARD-PIERRE-ALEXANDRE, qui suit.

10. — **Bernard de Marigny** (Gaspard-Pierre-Alexandre de), Ec., épousa, le 5 mars 1753 (Fayau, notre à Rochefort), Marie-Marthe-Monique DE RAYMONT, fille de feu Charles, Ec., sgr de l'Etang, Chev. de St-Louis, capitaine au régiment de Provence, et de Louise de Girardin. Il était à cette époque enseigne de vaisseau et mourut avant le 23 mars 1775, laissant : 1° GASPARD-AUGUSTIN-RENÉ, qui suit; 2° RENÉ-FRANÇOIS, lieutenant de vaisseau, mort naufragé en 1792; 3° MONIQUE-HONORÉE, mariée en 1791 au Mis de Varès du Fauga, morte en 1801; 4° MARIE-LOUISE-FLORE, mariée en 1785 à Joseph-Bernard-Elisabeth baron de Mont-de-Benque, officier de cavalerie.

11. — **Bernard de Marigny** (Gaspard-Augustin-René de), appelé à tort, dans la Biographie uni-

versello de Michaud, Augustin-Etienne-Gaspard ; né à Luçon en 1754, servait dans la marine royale, et commandait le parc d'artillerie de Rochefort, lorsqu'éclata la Révolution française. Il était sur le point d'émigrer avec M. de Lescure, son parent, lorsqu'arrivé à Paris ils y restèrent, sur l'invitation de Louis XVI. Revenus dans la Vendée, ils furent arrêtés et conduits à Bressuire ; mais, à la prise de cette ville, ils recouvrèrent leur liberté (mai 1793). Marigny fut nommé un des chefs de l'armée vendéenne, et chargé du commandement de l'artillerie, conquise par les bâtons des Vendéens sur les troupes de la Convention. Il rendit, dans ce poste, de grands services aux sièges de Thouars et de Saumur ; mais à Luçon sa conduite lui mérita le blâme d'une partie de l'armée, bien que Mme de la Rochejaquelein attribue son arrivée tardive sur le champ de bataille à ce qu'il s'était égaré dans sa marche. Il se distingua à Laval, Dol et Antrain. Aussi ne peut-on s'expliquer son empressement à fuir à la bataille du Mans. Mais il fit oublier ce moment de faiblesse à Savenay par des prodiges de valeur qui ne purent sauver l'armée. Après avoir erré longtemps sur la rive droite de la Loire, et avoir vainement essayé de soulever les Bretons, il repassa le fleuve (mars 1794) et se vit bientôt à la tête d'une armée connue sous le nom d'armée du Centre ou du Poitou ; mais l'influence qu'il avait acquise excita la jalousie de Stofflet et, dit-on, de Charette même ; cependant ils consentirent enfin à l'admettre dans leurs conseils, et convinrent de ne se séparer qu'après avoir chassé les Républicains de la rive gauche de la Loire. Une clause pénale, la mort, sanctionnait cette convention ; Marigny la signa, sans prévoir qu'il signait sa condamnation. Ses soldats, éloignés de leurs paroisses, négligés par les autres généraux, désertèrent, et Marigny eut le tort de se retirer à leur suite.

Un conseil de guerre fut aussitôt réuni, où Charette remplit les fonctions de rapporteur. Marigny, absent, fut condamné à mort. On doit à la mémoire de Charette et des juges qui prononcèrent l'arrêt fatal, de dire que leur intention n'était pas de faire exécuter un jugement qui dans leur pensée n'avait d'autre but que d'amener Marigny à résigner son commandement. Mais, au bout de trois mois, Bernier, qui détestait Marigny, profita de l'ascendant qu'il exerçait sur Stofflet, pour lui arracher l'ordre de faire fusiller le condamné.

Celui-ci était malade dans un château près de Cerisay ; malgré les avis qu'il reçut, il refusa de prendre la fuite. Arrêté par des Allemands aux ordres de Stofflet, Marigny, voyant sa mort inévitable, demanda les secours de la religion qui lui furent refusés, et bientôt après il tombait mort, commandant lui-même le feu, et protestant de son innocence. (Juillet 1794.)

Cette mort, l'une des plus déplorables de celles qui ensanglantèrent nos discordes civiles, fut surtout le résultat de la jalousie et de la haine, malgré quelques fautes réelles qu'on ne saurait nier.

BERNARD. — Famille qui a donné à la ville de Niort plusieurs échevins, un maire et un grand nombre de juges consuls, etc.

Noms isolés.

Bernard (Jean) fut pair de la commune de Niort en 1379.

Bernard (Jean) était collecteur-consul des marchands de Niort en 1678.

Bernard (Jacques), fermier du prieuré de Niort, était consul des marchands en 1726-1729, et juge en 1732. C'est sans doute le même qui, en 1720, en qualité de curateur des enfants mineurs de Jean Chantecaille et d'ANNE Bernard, suivait une instance contre les légataires universels d'Anne ROBY, seconde femme de JEAN Bernard, marchand à Niort, et JEAN Bernard, clerc tonsuré, leur fils.

Bernard (Jacques), sr de la Ducquerie, consul des marchands, fut pair de la ville de Niort en 1723.

Bernard (François), sr de la Chambinière, pair de la ville de Niort en 1740, était, dès lors, consul des marchands, le fut encore en 1761, 1762 et jusqu'en 1765.

Bernard (Guyonnet-Jacques-Louis) était consul des marchands à Niort en 1789, juge en 1796, notable en 1790 et 1791, et conseiller municipal de 1815 à 1819.

Bernard (Augustin), consul des marchands à Niort en 1769 et de 1770 à 1772.

Bernard (N...) fut conseiller de préfecture en Vendée de 1804 à 1806, puis sous-préfet à Montaigu en 1809.

Bernard (Alexandre) était membre du tribunal de commerce à Niort de 1813 à 1814.

§ Ier. — *Filiation suivie.*

Presque toutes les notes précédentes sont extraites du XIIIe vol. (1re sie) des Mémoires de la Société de Statistique. La généalogie qui va suivre nous a été communiquée par feu M. A. Monnet, ancien député et ancien sénateur, allié à la famille.

1. — **Bernard** (Pierre) laissa de Marie MOREAU :

2. — **Bernard** (François), marié le 27 août 1684 à Catherine JUIN, et fut consul des marchands en 1695. Il eut de son mariage :

3. — **Bernard** (Jean), né le 14 juillet 1686, fut consul des marchands à Niort en 1721, premier consul en 1727, et juge en 1733. Il avait épousé à Parthenay, en 1709, Charlotte GUILLEMAIN, dont il eut : 1° JEAN-NICOLAS, qui suivra ; 2° FRANÇOIS, tige de la seconde branche, § II ; 3° JACQUES, rapporté au § IV ; 4° AUGUSTIN, dont il sera parlé § VI ; 5° CATHERINE, morte célibataire ; 6° JEANNE-MARGUERITE, religieuse Ursuline ; 7° URSULE, mariée à N... Piet de Boisneuf ; 8° MARIE, morte célibataire.

4. — **Bernard** (Jean-Nicolas), échevin de la ville de Niort en 1739, fut président des consuls, consul en 1750 et juge en 1754. Il laissa de Jeanne-Elisabeth MAÎTREAU : 1° N..., mort curé de St-Liguaire ; 2° N..., femme de M. Delavault-Souché.

§ II. — **BERNARD-CHAMBINIÈRE.**

4. — **Bernard** (François), sr de la Chambinière, fils puîné de Jean et de Charlotte Guillemain (3e deg., § I), fut officier municipal en 1790 et de 1792 à 1795, et membre du tribunal de commerce de 1804 à 1812, sans interruption. Il eut de N... DE SAVIGNAC : 1° JEAN-JACQUES-FRANÇOIS-NICOLAS, qui suivra ; 2° N... Bernard de la Ruffinière, célibataire ; 3° N..., chanoine de l'Église de Bayeux, mort à Ste-Pezenne en 1833 ; 4° N..., mariée à N... Lepillier.

5. — **Bernard-Chambinière** (Jean-Jacques-François-Nicolas), banquier, né le 21 oct. 1760, fut conseiller municipal, adjoint, puis maire de Niort du 16 août 1812 au 3 juillet 1815, date de sa mort ; marié, le 11 janv. 1791, à Elisabeth BASTARD, décédée elle-même le 6 avril 1835, dont : 1° ELISABETH-ZÉLIA,

née le 24 janv. 1802, mariée à Jean-Pierre-Ferdinand Bernard (4e deg., § IV), décédée le 14 nov. 1873, âgée de 71 ans; 2° Emile, qui suit ; 3° Félix, né le 12 mai 1797, célibataire ; 4° Auguste, rapporté au § III; 5° Sincère, né le 19 août 1791, mort célibataire le 29 oct. 1835.

6. — **Bernard-Chambinière** (Emile), né le 8 mai 1795, sortit de l'École polytechnique dans l'artillerie; rentré dans la vie civile, fut successivement banquier à Niort, conseiller municipal de 1834 à 1837, juge au tribunal de commerce en 1829, 1830, 1833 et 1837 et président en 1828, et de 1843 à 1846, conseiller général du département des Deux-Sèvres; il est mort le 28 févr. 1851, laissant de N... Bernard (de Paris): 1° Emma, née le 6 janv. 1831, mariée, le 21 mai 1851, à Alfred Monnet de Lorbeau, ancien maire de Niort, ancien député et sénateur des Deux-Sèvres; 2° Edmond, né le 27 sept. 1829, époux de Alicie Prieur-Chauveau des Roches, dont : *a.* Marthe, née le 12 oct. 1858, mariée, le 14 sept. 1880, à N... Rautlin de la Roy, ingénieur civil; *b.* Marguerite, née le 28 mai 1861, mariée le 24 juillet 1888 à Paul-Louis-Joseph de la Lande, lieutenant de cavalerie; *c.* Emile, né le 18 déc. 1862, maréchal des logis au 17e dragons, officier-élève à l'école de Saumur du 9 sept. 1889.

§ III. — Branche cadette.

6. — **Bernard-Chambinière** (Auguste), fils puîné de Jean-François-Nicolas (5e degré du § II), né le 11 mars 1793, banquier, conseiller municipal de Niort, de 1830 à 1832, juge titulaire au tribunal de commerce en 1827, 1828, 1831, 1832, 1835 et 1836, en fut le président de 1839 à 1842; il est mort le 10 sept. 1863, laissant de N... Elie, son épouse: 1° Olinda, née le 14 avril 1820, mariée à Jules-Edmond Bernard (de Paris), conseiller de préfecture des Deux-Sèvres, et décédée le 3 oct. 1878; 2° Auguste, qui suit.

7. — **Bernard-Chambinière** (Auguste), né le 17 juill. 1817, marié le 4 févr. 1844 à N... Bove, est décédé le 24 déc. 1865, laissant : 1° Maurice, qui suit; 2° Mathilde, née le 11 févr. 1852, épouse de N... Reiss.

8. — **Bernard-Chambinière** (Maurice), né le 10 juill. 1846, qui de N... Veniel a eu : 1° Susanne, 2° Jean, 3° Germain.

§ IV. — BERNARD-LAQUERAYE.

4. — **Bernard** (Jacques), la Ducquerie, fils puîné de Jean et de Charlotte Guillemain, rapportés au 3e degré du § I, naquit en 1726 ; consul des marchands en 1762, 1767, juge en 1768 ; avait épousé, en 1756, Renée Allonneau, fille de Louis sr de Château-Gaillard, et de Renée-Suzanne Bastard, dont: 1° François-Alexis, marié en premières noces à Stéphanie Denfer, en secondes à Amélie Baudet, et mort à Nantes sans postérité en 1837; 2° N... Bernard-Lussay, marié à Aimée Godet, décédé à Mareuil (Vendée) sans enfants ; 3° Honoré-Jean-Baptiste, qui suit ; 4° Emmanuel-Martial, rapporté au § V; 5° N..., mariée à Isaac Guillet, morte à Auzay (Vendée), en 1806; 6° Julie, mariée successivement à Auguste Guillet et à Louis Perreau, morte à Auzay en 1824; 7° Elise, décédée célibataire à St-Pezenne en 1824.

5. — **Bernard-Laqueraye** (Honoré-Jean-Baptiste), conseiller municipal à Niort de 1815 à 1823, est mort à Niort en 1826, ayant épousé : 1° Emilie Delavault, 2° Eustelle-Pélagie Doret, et laissant du premier lit : 1° Edouard, qui suit; 2° Marcellin, mort célibataire en oct. 1873; 3° Honorée, décédée sans alliance en 1836 ; et du second lit : 4° Elisabeth-Estelle-Zélina, mariée à Baptiste-Amédée Lériget.

6. — **Bernard-Laqueraye** (Edouard) épousa Rose-Clémentine Geoffrion, dont il a eu: Marie-Antonine, née en 1829, mariée : 1° à Jean-Joseph Cte Maurin; 2° le 26 mars 1859, à Paul-Amable-Gabriel Maurès, Cte de Malartic, veuve le 30 janv. 1889.

§ V. — BERNARD.

5. — **Bernard** (Emmanuel-Martial), fils puîné de Jacques et de Renée Allonneau (4e deg. du § IV), est décédé à Auzay, laissant de Rose Robert-Baudu-zière : 1° Urbain, mort en 1816; 2° Herminie, mariée à Charles Geoffrion ; 3° Aurélie, décédée célibataire en 1833; 4° Louise, décédée en 1875, célibataire ; 5° Evariste, marié à N... Robert du Botneau; 6° Alexis, mort en 1823 ; 7° Rosine, morte sans enfants.

§ VI. — BERNARD.

4. — **Bernard** (Augustin), fils puîné de Jean et de Charlotte Guillemain (3e deg., § I), épousa Henriette Jouneau, de Parthenay, dont: 1° Hippolyte, directeur des domaines, marié, à Rouen, à N... Biard; 2° Alexandre, marié à N... Banion, dont une fille, mariée à N... Monteuil; 3° Jean-Pierre-Ferdinand, marié à Elisabeth-Zélia Bernard-Chambinière, fille de Jean-Jacques-François-Nicolas et de Elisabeth Bastard (5e deg., § II) ; il est décédé à Niort, le 28 oct. 1852, laissant: *a.* Paul-Emile, né à Niort, le 26 nov. 1834, receveur de l'enregistrement, marié à Chef-Boutonne, le 2 oct. 1865, à Mailia-Alexandrine-Constance-Julia Sicard, fille de feu François-Constant, ancien maire de Chef-Boutonne, et de Charlotte-Mailia Corrier. Il est décédé le 24 févr. 1870, laissant deux filles : 1° Marie-Elisabeth-Mailia-Amélie, née le 1er déc. 1867, et mariée, le 2 mars 1886, à Louis-Albert Main de Boissière, docteur en droit ; 2° Marguerite-Marie-Blanche, née le 26 avril 1869 et mariée le 18 juin 1889 à Romain-Charles-Ernest Oré, ingénieur des arts et manufactures ; *b.* Amélie, mariée à Gusman Serph, député du départt de la Vienne; *c.* Blanche, femme de Auguste Tonnet, docteur-médecin, décédée.

4° N... Bernard de la Barre, habitant la Tenaille, près Pons, y est décédé sans enfants de N... de la Guérivière ; 5° Prosper, qui suit; 6° Jean-Charles-Henri-Augustin, rapporté au § VII; 7° Denis-Samuel, né à Niort, le 9 oct. 1773, Chev. de la Légion d'honneur, fut un de ceux qui inaugurèrent l'Ecole polytechnique, se livra à l'étude de la chimie, et fut l'un des 19 savants qui firent partie de l'expédition d'Egypte ; fut directeur de la monnaie au Caire, puis nommé membre de l'Institut d'Egypte. A son retour en France, il fut nommé sous-préfet d'Annecy, 3 mai 1802, puis de la Rochelle (17 déc. 1802), emploi qu'il occupa jusqu'au 4 mars 1816. Nommé à la direction de la monnaie de cette ville, le 9 juin 1827, il fut ensuite appelé à celle de Paris, le 31 juillet 1827, puis chef de la correspondance ; fut promu chef des bureaux le 1er juillet 1834, et fut mis à la retraite le 1er janv. 1849 ; il se retira à la Rochelle, où il est mort en 1853.

Il y avait épousé, le 31 juillet 1817, Thérèse-Françoise-Jeanne Chauvot, fille d'un administrateur des forêts de la Couronne. Outre les deux mémoires sur les poids arabes et les monnaies égyptiennes, insérés dans le grand ouvrage, de l'Institut d'Egypte, Samuel Bernard a écrit plusieurs ouvrages en prose ou en vers, qui sont restés manuscrits (Vr Bul. de la Société de Stat. t. VII, p. 413, un article de M. L. Desaivre sur ce savant trop peu apprécié.)

Ses enfants furent : *a.* Alexandre, officier supérieur de cavalerie en retraite ; *b.* Paul, garde général des forêts, mort à Bouzonville, à l'âge de 32 ans, marié d'abord à N... Hartmann, puis à N... de Lastic St-Jal ; il fut père de Henri.

8° Elise, mariée à Jules Fournier, est morte à St-Nazaire ; fut un peintre de portraits assez habile ; 9° Eléonore, 10° Angèle, 11° Jean-Augustin-René, docteur en Sorbonne, vicaire général de l'évêque de Poitiers, chanoine de St-Hilaire-le-Grand de Poitiers, déporté en Espagne, où il est mort le 23 avril 1792, à Burgos, et inhumé dans l'église des SS. Côme et Damien.

5. — **Bernard** (Prosper), sous-préfet de Fontenay en 1812, Chev. de la Légion d'honneur, marié à N... Guillet, dont : 1° Laure, née en 1801 ; 2° Marie-Aline, morte célibataire en 1877 ; 3° Elisa, 4° Stéphanie ; 5° Prosper, né à Auzay, marié à N..., dont Marie, célibataire, et Prosper, docteur en médecine.

6° Théoline, religieuse à Chavagnes ; 7° Paul, mort à Amiens ; 8° Léon, marin, mort dans un voyage autour du monde ; 9° Jules, qui suivra ; 10° N... mort enfant ; 11° Hippolyte, officier supérieur, marié à N... Blanchard ; 12° N..., fille, morte enfant.

6. — **Bernard** (Jules), mort à Châtillon, laissant de son épouse : 1° Jules, mort sans enfants ; 2° Amédée, qui suit ; 3° Marie.

7. — **Bernard** (Amédée), marin, décédé en laissant de N... un fils.

§ VII. — BERNARD D'AGESCY.

5. — **Bernard d'Agescy** (Jean-Charles-Henri-Augustin), fils puîné de Augustin et de Henriette Jouneau (4° deg. du § VI), né à Niort, le 11 mars 1756, fut en Italie pour s'y perfectionner dans la peinture, art dans lequel il acquit un talent réel et une réputation méritée ; mais ce qui doit rendre surtout sa mémoire chère aux amis des arts et de l'Archéologie, c'est que, marchant sur les traces d'Albert Le Noir, il sauva non sans danger parfois, une quantité d'œuvres d'arts placés dans les édifices religieux ou les châteaux des personnes mises hors la loi, menacés d'une entière destruction. Malheureusement ce musée fut dispersé plus tard. Bernard d'Agescy est mort à Niort, le 26 juillet 1829, laissant de Joséphine Poullet, qu'il avait épousée à la Rochelle, un fils unique, Silvain, resté célibataire. Voir sur Bernard d'Agescy, outre une notice biographique, due à M. Ravan, archiviste à Niort (Revue littéraire de l'Ouest, n° 38, à laquelle on reproche d'être incomplète), les Mémoires de la Société de Statistique des Deux-Sèvres (t. VI, 3° série).

BERNARD DU LANGON.

Nous ne devons pas oublier, parmi les familles du nom de Bernard, celle de l'humble chroniqueur du Langon, qui, en écrivant l'histoire de cette paroisse du Bas-Poitou, nous a conservé le souvenir de tant de faits intéressants et précieux pour l'histoire des guerres de religion, dans cette partie de la province. Précieux ouvrage, dont nous devons la publication à M. de la Fontenelle de Vaudoré.

1. — **Bernard** (Jean), notaire du Langon, eut de Hilaire Bourdin, sa femme : 1° Antoine, qui suit ; 2° Hilaire, également notaire.

2. — **Bernard** (Antoine), né en 1528, fut aussi notaire du Langon ; ce fut lui qui consigna, pendant tout le cours de sa vie et jusqu'à sa mort, arrivée le vendredi 30 nov. 1581, outre les faits concernant la petite paroisse qu'il habitait, tous ceux venus à sa connaissance, depuis le commencement du XIII° siècle. Il avait épousé Marie Perreau, dont il eut entre autres :

3. — **Bernard** (André), notaire du Langon et de la commanderie de Champgillon, commis du sénéchal du Langon, procureur à Ste-Hermine, et sergent royal en Poitou, qui continua l'œuvre de son père, et la poursuivit jusqu'à son décès, survenu le 12 juin 1609. Il avait épousé Françoise Godin. Les représentants de cette famille existaient encore, dit-on, il y a peu d'années.

BERNARD D'ESTIAU.

— Famille d'Anjou, alliée en Poitou.

Blason : d'argent à 2 lions passants de sable, langués de gueules. (D'Hozier.)

Bernard (Perrette), fille de Jean, sgr d'Estiau, maire d'Angers en 1485, épousa vers 1500 René Goulard, Ec., sgr de la Ville, Chambrette.

Bernard (Hélie), sgr d'Estiau, assiste au contrat de mariage de Renée Goulard avec François Goulard, Bon de Touverac, passé le 6 août 1560. (Gie Goulard.)

BERNARDEAU.

— Plusieurs familles ont porté ce nom dans notre province.

Bernardeau (*Guillelmus*), âgé de 25 ans, est témoin dans l'enquête faite par le châtelain de Poitiers et les forestiers de la forêt de la Moulière (1253), au sujet des droits que le Cte de Poitou et le sgr de Bonneuil-Matours prétendaient sur des herbergements sis à Travarzay. (A. H. P.)

Bernardeau (Pierre) était sgr de la Millière en 1438.

Bernardeau (A.) était, le 27 juin 1473, notaire de la cour de St-Malo, près Mortagne.

Bernardeau (N...) était notaire de la Vté de Thouars le 25 mai 1513.

Bernardeau (Perrine) épousa Mathurin Champion, comme on le voit par le mariage de leur fille Madeleine, veuve de Jacques de Couguac, avec Jean Cossin, en date du 19 mars 1594.

Bernardeau (Jean-Pierre), sgr de la Frémaudière, épousa, à la fin du XVI° s°, Jeanne Dreux, veuve de N... Briault et fille de Mery et de Charlotte de la Coussaye.

Bernardeau (Suzanne) était, le 7 nov. 1609, femme de Pierre Malleray, avocat à Poitiers. Elle avait une sœur mariée à N... Loyseau ? (Notes sur le Bois-Chapeleau.)

Bernardeau (Louis), Ec., sgr de la Chassaigne, François et Joseph, ses frères, furent confirmés dans leur noblesse par arrêt du conseil du 22 juillet 1615.

Bernardeau (Henri-Joseph), Ec., sgr d'Aigne, et

Bernardeau (Honoré), Ec., sgr de la Cossonnière, assistèrent par procureur à l'assemblée de la noblesse réunie à Poitiers en 1789 pour nommer des députés aux États généraux.

Bernardeau (Geneviève) épousa Pierre Descollards, colonel de cavalerie, Chev. de St-Louis, dont entre autres une fille, Geneviève, née en 1803.

BERNARDEAU, à Poitiers.

Blason : A l'Armorial du Poitou en 1698, Renée Bernardeau, veuve de Joseph Charlet, Ec., sgr de la Poupardière, déclara son blason : d'azur au chevron d'or, accompagné de 2 étoiles en chef et d'un soleil en pointe de même.

On trouve aussi : d'argent au chevron d'azur, accompagné de 2 étoiles de gueules en chef et d'un soleil de même en pointe.

Dans les Preuves de St-Cyr (Boynet), on dit : d'argent au chevron de gueules accompagné de 3 étoiles de même en chef. (Enoncé suspect.)

Bernardeau (Marie) fit profession au couvent des religieuses de Ste-Catherine (O. de St-Dominique) de Poitiers en 1633.

Bernardeau (Pierre), noble homme, avocat en Parlement et au Présidial de Poitiers, fut un des mandataires de Charles Pineau, Ec., conseiller au Présidial, pour le paiement d'une somme de 940 liv. à Lucas Gabriau, Ec., sgr de la Garrelière. Il épousa Marguerite GALIPEAU, dont il eut : SUZANNE, mariée le 27 janv. 1648 à François Boynet, Ec., sgr de la Frémaudière.

Bernardeau (François), époux de Marie BERNARDEAU, dont une fille, RENÉE, mariée, le 21 juillet 1678, à René-Philippe Jouslard, Chev., sgr d'Yversay.

Bernardeau (Renée) (peut-être la même) épousa Joseph Charlet, Ec., sgr de la Poupardière, capitaine au régiment de la Couronne, dont elle était veuve en 1698.

Bernardeau (Claude) laissa de Louise BILLON :

Bernardeau (Etienne), docteur ès lois, avocat au Présidial de Bourges, puis professeur des Institutes à la Faculté de droit de Poitiers en 1680, épousa, le 6 avril 1682, Catherine JARDEL, fille de Pierre, avocat au Présidial de Poitiers, et de Thérèse Ayrault. Ils eurent pour enfants : 1° LOUISE, en faveur de laquelle, le 29 déc. 1719, étant novice au couvent des religieuses Hospitalières de St-Joseph à Poitiers, nommée en religion Sœur de l'Enfant-Jésus, ils constituent une rente de 95 liv. au capital de 2000 liv. pour être reçue dame de chœur, et ce, du consentement de CHARLOTTE, MARIE-MADELEINE et RADÉGONDE Bernardeau, sœurs d'Etienne; 2° MARIE-MADELEINE, mariée à Jean Delaunay, docteur ès lois, puis à Joseph Fournier, Ec., sgr de Monselais; 3° RADÉGONDE, mariée à Joseph de Menou, Ec., sgr de Billy; 4° CHARLOTTE, mariée le 18 juin 1732 à Etienne-Nicolas de Blacvod, Ec., sgr du Marchais. Elle était veuve le 12 mars 1766; à cette époque, Louis-Olivier de la Barre, Chev., sgr de Mauprié, lui constituait une rente de 100 livres. (Lomdé et Chastenier, not^res à Poitiers.)

Bernardeau (Gabriel) fut consul des marchands en 1688 et 1692.

BERNARDEAU, SGR DE LA BRIANDIÈRE.

Blason : de sable à trois croix ancrées d'argent (d'Hozier). La Barontine dit les croix de gueules.

BERNARDEAU (Marguerite), femme de Claude-Prosper Guignardeau, Ec., sgr de la Guignardière; BERNARDEAU Marie et BERNARDEAU (N...), s^r des Gats, portent : d'argent à la fasce coupée de 3 pièces d'azur d'or et de gueules. (D'Hozier, d'office.)

Bernardeau (Pierre), s^r de la Fenestre, et Hélène CHAILLOT, son épouse, fille de Jean et de Elisabeth Oudet, se firent une donation mutuelle le 5 mai 1630. (Greffe de St-Maixent).

Bernardeau (Pierre), s^r de la Carte, et Elisabeth DENYORT, son épouse, se font une donation mutuelle de leurs biens meubles, acquêts et conquêts, reçue Faidy, not^re royal, le 7 juin 1646. (Greffe de St-Maixent.)

Bernardeau (Jean), s^r de la Barre, et Marie BRUNET, son épouse, se firent une donation mutuelle le 1er mai 1674 (Chamyer, not^re royal). (Id.)

Bernardeau (Mathurin), s^r de la Briandière, était décédé lorsque. Catherine CHAILLOT, sa veuve, assiste au partage des biens de Mathurin Chaillot et de Marie Cruzeron, qui eut lieu le 20 févr. 1609. Nous croyons qu'ils eurent pour fils :

Bernardeau (Pierre) qui avait épousé Marguerite CHAILLOT, dont les biens se partageaient, le 6 avril 1637, entre : 1° PIERRE, s^r de la Briandière, pour lui et Anne CHAILLOT, sa femme (à cause d'elle); 2° autre PIERRE et d'autres personnes. Pierre avait assisté, comme oncle maternel de la future, au contrat de mariage de Jean Goulard, Ec., sgr de Rochepaillère, et de D^lle Elisabeth Mothais.

Bernardeau (Pierre), s^r de la Briandière (p^sse de Puy-de-Serre, Vendée), qui reçut des lettres de noblesse, en considération des services par lui rendus à la guerre, tant au siège de la Rochelle et de l'île de Ré, qu'à l'armée de Lorraine, sous la conduite de M. de Parabère. Lettres données à Paris au mois de mars 1645, et registrées en la Cour des Aides, le 20 mai 1647, à la charge de payer 150 liv. d'aumônes et d'indemniser les habitants de la p^sse de Puy-de-Serre. (Bibl. de l'Arsenal, Mss. de B. Boutin ; extraits des registres de la Cour des Aides.) Il épousa Anne CHAILLOT, dont il eut : 1° PIERRE, 2° JEAN (peut-être tige des sgrs de la Graslière ou Grollière), nommé dans une quittance du 27 mai 1645. (Pièces orig., v. 305.)

Bernardeau (Louis), sgr de la Briandière, p^sse de Puy-de-Serre.

Bernardeau (Pierre), s^r de Champeaux. (Il épousa Catherine GEAY, qui abjura le protestantisme à Mirebeau le 28 juil. 1673.)

Bernardeau (Louis), s^r de la Graslière.

Bernardeau (M.), D^lle, sœur du précédent, tous de l'élection de Fontenay, sont établis dans le Catalogue des nobles de la généralité de Poitiers annoté, comme anoblis pour services rendus par leur père, « capitaine de vaisseau ».

Bernardeau (N...), sgr de la Grollière, p^sse de Mouilleron-en-Pareds, recevait, en 1645, diverses déclarations pour des terres relevant de cette sgrie.

Bernardeau (Pierre), Chev., sgr de la Briandière, recevait un aveu en 1651 ; dans l'acte, il est qualifié de haut et puiss^t messire. (D. Puichault.)

Bernardeau (Louis), Ec., sgr de la Briandière, recevait, le 13 nov. 1664, quittance du rachapt de la métairie de la Roullière, provenant de la succession de Marie Esteau, D^e de la Coudraye.

Bernardeau (Pierre), Ec., sgr de la Briandière, avait épousé Suzanne DURCOT, qui était sa veuve le 3 avril 1662. (D. Font.)

Bernardeau (Gabriel), sieur de Rosnay, recevait un aveu en 1670.

Bernardeau (Jean-Louis), Ec., sgr de la Briandière, constitue de concert avec Jean Grimouard, Ec., sgr de Villefort, une rente de 50 liv. au profit de François Brisson (27 déc. 1665), rente pour laquelle Suzanne

Bereau, veuve de Pierre Bernardeau, Ec., sgr de la Briandière (fils de Jean-Louis?), agissant tant en son nom que comme tutrice de ses enfants mineurs, donne un titre nouvel le 23 nov. 1709.

Bernardeau (Pierre), Ec., sgr de la Briandière, était décédé avant 1714, lorsque Suzanne Draud, sa veuve et tutrice de leurs enfants mineurs, Louis et Jeanne-Esther, rend des hommages de la Briandière au chât. de Vouvant, en 1716, et le 21 mai 1717, Suzanne Draud procédait au partage de la métairie noble de la Ferté, dont partie avait été donnée à ses enfants par Catherine Geay, veuve de N... Guignard, et le 26 févr. 1734, elle passe un acte de reconnaissance en forme de compte dans lequel intervient Henri-Charles de Bullion, Ec., sgr de Montlouet, agissant tant en son nom qu'en celui de Jeanne-Esther Bernardeau, sa femme, fille de Pierre et de Suzanne Draud précitée.

Bernardeau (Louis), Ec., sgr de la Briandière, eut pour fils Louis-Philippe, qui suit.

Bernardeau (Louis-Philippe), Chev., sgr de la Briandière, de Lauron et du Chantreau, naquit le 15 sept. 1731 et épousa le 26 août 1755 Suzanne-Charlotte de Bullion de Montlouet, sa cousine. Il rendit aveu de la Briandière au château de Vouvant, le 21 nov. 1776, et mourut laissant de son mariage: 1° Suzanne-Henriette, née le 27 mai 1756, mariée le 11 mai 1774 à Denis Chevalier, sgr de Nantillé; 2° Louise-Gabrielle, née le 23 janv. 1758, morte le 12 fév. 1838; 3° Marie-Anne, née le 21 mai 1759, mariée en 1781 à Jacques-Léonard Bon Muller, lieut[t]-général des armées du Roi, inspecteur général de l'infanterie, Chev. de St-Louis, et commandeur de la Légion d'honneur, décédée à Saintes en 1840; 4° Louis-Philippe, né le 27 mai 1761, décédé le 6 août suivant; 5° Angélique-Henriette-Silvie, née le 24 févr. 1765, décédée le 7 sept. 1804; 6° Guillaume-Armand, né le 3 juillet 1762, décédé en bas âge.

Bernardeau (Jacques-Henri), s[r] de l'Espinay, servit au ban de 1758, convoqué à Fontenay, le 14 juin, dans la 1re division de la 1re brigade de l'escadron de la Louherie. Il avait épousé Marie-Madeleine Le Maignan, qui est décédée sa veuve le 8 mai 1778. Ils eurent pour enfants : 1° Henri-Calixte, Ec., sgr de la Guibonnière (demeurant à Puy-de-Serre en 1787); il était marié; 2° Marie-Anne-Agathe, 3° Henri-Charles-Joseph-André, Ec., sgr de la Guibonnière (et peut-être d'Aigne en 1789); 4° Louise-Julie, 5° Honorée-Françoise, 6° Madeleine-Marguerite-Cléophas.

Bernardeau (N...) de l'Espinay, épousa, en 1814, Marie-Jules-Jean-Simon, Chev. d'Orfeuille, ancien officier de marine, Chev. de St-Louis.

BERNARDEAU DE MONTERBAN, DE VALENCE, DE SALVERT.

— Famille des environs de Montmorillon, qui a fourni plusieurs gardes du corps et officiers supérieurs de maréchaussée.

Blason. — Les branches de Monterban et de Salvert portent: d'azur à deux épées d'argent en sautoir, accompagnées, en chef, d'un cœur enflammé d'or, et en pointe, d'un soleil de même. (Cachets et argenterie de famille.)

Celle de Valence porterait : d'azur au chevron d'or, accompagné, en chef, de deux étoiles, et en pointe d'un soleil de même. Voir à Bernardeau de Poitiers.

On trouve aussi d'argent au chevron d'azur accompagné en chef de 2 étoiles de gueules, et en pointe, d'un soleil de même.

Noms isolés.

Bernardeau (Pierre), s[r] de la Millière en 1438.

Bernardeau (Hyacinthe) était en 1611 sgr de Passac.

Bernardeau (Marguerite) épousa, vers 1700, Marc Bouthier, sgr de Mons.

§ Ier. — *Filiation suivie.*

1. — **Bernardeau** (François), sénéchal de Plaisance en 1650, fut marié vers 1650; on le croit père de :

2. — **Bernardeau** (François-Gabriel), licencié ès lois, Ec., sgr de Monterban, fut juge sénéchal des sgries de Plaisance, Entrefin, l'Isle-Jourdain, en 1680 et 1699; marié vers 1680 à Perette (dite Louise dans certains actes) Le Roy (de Lenchères ?), fille de Louis, sgr du Chambon; il en eut : 1° Bonaventure, docteur en théologie, prieur du couvent des Jacobins de Poitiers; 2° François-Gabriel, qui suit; 3° François-Hyacinthe, rapporté au § II; 4° Louise, baptisée en mars 1690, mariée le 9 sept. 1715 à Marc Gervais, s[r] de la Fond ; elle fut inhumée à l'Isle-Jourdain le 8 janv. 1742. François-Gabriel, devenu veuf, se fit prêtre, et le 8 juill. 1726 donnait la bénédiction nuptiale à François-Gabriel, son fils aîné, dans l'église d'Adriers, ainsi qu'à sa fille Louise.

3. — **Bernardeau** (François-Gabriel), sgr de Valence, né le 27 sept. 1692, fut sénéchal d'Adriers et, le 8 juill. 1726, il épousa Anne Naudain, ou Naudin, fille de feu Antoine et de Anne Gaujoux. Ce fut son père, comme nous venons de le dire, qui lui donna la bénédiction nuptiale, et lorsque, 50 ans plus tard, il célébra ses noces d'or, ce fut son fils Marc-Antoine qui officia. Il mourut le 19 janv. 1779, âgé de 86 ans, laissant : 1° Marc-Antoine, prieur de St-Cyr et curé d'Anché; 2° Joseph-Antoine, conseiller à Montmorillon, épousa le 8 nov. 1762, Marguerite-Geneviève Goudon, D[e] de l'Age-Rouil (Reg. de St-Cybard de Poitiers); 3° Jean-Baptiste, qui suit; 4° Anne, née le 12 août 1740, mariée avant 1759 à Joseph-Armand Joslé, avocat en Parlement et au Présidial de Poitiers ; elle est décédée à Poitiers le 26 sept. 1799.

4. — **Bernardeau de Valence** (Jean-Baptiste), gendarme de la garde du Roi, épousa d'abord le 15 janv. 1767 Catherine Thomassin de Plamont, et ensuite Marie Picherie des Cars; du premier lit sont issus : 1° Marie-Anne, morte enfant; 2° Anne, mariée à N... Barrot, chirurgien à Gençay; 3° Jean-François-Louis, qui suit; 4° Suzanne, née en 1773, femme de Jacques Clémot (de Gençay), morte à Poitiers le 31 juill. 1849; 5° Jean-Louis, bachelier en théologie.

5. — **Bernardeau de Valence** (Jean-François-Louis), percepteur à Neuville, naquit à Persac (Vienne), le 19 fév. 1776 ; marié à Abzac-sur-Vienne (Charente) le 30 pluviôse an VIII (19 fév. 1800) à Françoise-Radégonde Barbier de Chardat, il en eut : 1° Louis-François, bachelier ès lettres et curé de Chiré-en-Montreuil (Vienne), décédé le 14 fév. 1839; 2° Nicolas-Louis, qui suit; 3° Flavie, mariée à Hyacinthe Richard, décédée le 15 mars 1874; 4° Françoise-Julie, née le 6 juin 1803, mariée à Poitiers, le 30 avril 1837, à Jean George, sous-lieut[t] au 7e chasseurs à cheval, Chev. de la Légion d'honneur.

6. — **Bernardeau de Valence** (Nicolas-Louis), né à Abzac-sur-Vienne, le 28 nov. 1807, percepteur des contributions directes, épousa, le 10 sept.

1833, à Périgné (Deux-Sèvres), Louise-Françoise LEJEUNE, fille de Parfait-Dieudonné et de Louise Chabot, dont il eut : 1° ERNEST-LOUIS-FRANÇOIS-MARIE, qui suit; 2° MARIE-LOUISE-FLAVIE, née à Neuville le 8 déc. 1836, mariée en août 1871 à Gustave Merveilleux, docteur en médecine à Fontaine-Chalendray (Charente-Infre); 3° LOUIS-MARIE-CHARLES, né à Neuville le 8 déc. 1838, percepteur à la Chaize-le-Vicomte (Vendée), marié, le 29 oct. 1866, à Belabre (Indre), à Louise-Albertine LEJEUNE, sa cousine germaine, dont : CHARLES, né le 10 oct. 1867; 4° LOUIS-MARIE, né à Neuville (Vienne), le 3 janv. 1841, notaire à Dissay-sur-Courcillon (Sarthe), puis à Tournon-St-Martin (Indre); marié, le 9 avril 1872, à Emélie BRUN, il en a : *a*. LOUISE, née le 7 avril 1876; *b*. JACQUES, né le 1er juin 1878; *c*. CHARLES, né le 8 juin 1880.

5° LOUISE-ALPHONSINE, née à Neuville, le 24 déc. 1843, célibataire.

7. — **Bernardeau de Valence** (Ernest-Louis-François-Marie), né à Périgné, le 5 août 1834, capitaine retraité au 89e régt d'infrie, Chev. de la Légion d'honneur du 30 juill. 1878, épousa à Poitiers, le 28 mai 1874 (Genesteix, not.), Valérie DE CÉRIS, fille de Louis-Benjamin, officier de cavalerie, et de Pauline-Hélène Beauvisage de Montaigu, dont : 1° LOUIS-MARIE-HENRI, né le 25 fév. 1875; 2° BENJAMIN-ALFRED-GUY, né le 23 janv. 1879.

§ II. — BRANCHE DE MONTERBAN.

3. — **Bernardeau** (François-Hyacinthe), fils puîné de François-Gabriel et de Perrette Le Roy (2e degr. du § Ier), baptisé à Adriers le 19 fév. 1690, gendarme de la Reine jusqu'en 1720, fut prévôt de la maréchaussée de Poitou à Montmorillon (charge créée héréditaire par l'édit du mois de mars 1720), Chev. de St-Louis, fév. 1770; épousa, vers 1725, Marguerite GOUDON, fille de Pierre, Ec., sgr de la Vandelle, et de Marie-Fleurance-Marguerite Ladmirault; il était lieutenant de la maréchaussée à Montmorillon; ses enfants furent : 1° JOSEPH-FRANÇOIS-HYACINTHE, qui suit; 2° JOSEPH-MARIE-FRANÇOIS, tige de la branche de Salvert, § III; 3° MARGUERITE-MARIE, née le 27 mars 1728, décédée le 18 fév. 1803, à Millac; 4° JOSEPH, né le 22 sept. 1731.

4. — **Bernardeau** (Joseph-François-Hyacinthe), Ec., sgr de Monterban, né le 24 oct. 1727, servit neuf ans dans la seconde compagnie des mousquetaires du Roi, et de 1757 à 1759, en qualité d'officier, fit les campagnes de 1761 et 1762, succéda à son père le 1er mars 1769, fut comme lui lieutenant de la maréchaussée à Montmorillon et en 1791 fut nommé colonel de gendarmerie; il était Chev. de St-Louis depuis 1785. Il épousa vers 1750 N... dont il eut : 1° ALEXANDRE, qui émigra avec son père et fit la campagne de 1792 à l'armée des Princes, dans la 1re compagnie noble du Poitou; marié d'abord le 28 oct. 1776 à Anne-Gabrielle GOUDON DE L'AGE, puis vers 1800 à Marie-Pauline TAVEAU, fille d'Antoine-Joseph, Ec., sgr de Vaucourt, dont il n'eut qu'une fille, MONIQUE-ALEXANDRINE, mariée le 7 fév. 1823 à Gaspard-Antoine-Armand de Blom; 2° JOSEPH, qui suit.

5. — **Bernardeau** (Joseph), Ec., sgr de Monterban, épousa vers 1780 Jeanne-Monique BELLIVIER DE PRIN, qui décéda veuve, âgée de 90 ans, le 11 janv. 1840, laissant : JOSEPH-PRUDENCE, qui suit.

6. — **Bernardeau de Monterban** (Joseph-Prudence), né en janv. 1784, décédé le 2 mars 1858, avait épousé en 1832 Alexandrine PERRY DE NIEUIL, fille de Michel-Olivier-Isaac Mis de Nieuil, capitaine de vaisseau, et de Henriette des Monstiers de Mérinville, dont : 1° MARIE-SÉRAPHINE, née le 7 juin 1834, à Adriers, mariée le 13 mai 1859 à Amédée Le Clerc de Vaumorin; 2° MARIE-SIDONIE, née à Adriers, le 10 déc. 1836, mariée en août 1860 à Albert Verrier du Mureau; 3° ANGÈLE, mariée, à Adriers, le 18 fév. 1867, à Etienne Rousseau de Magnac; 4° MARIE-AUGUSTIN-JOSEPH, qui suit.

7. — **Bernardeau de Monterban** (Marie-Augustin-Joseph), né à Adriers le 20 juin 1848, a épousé, à Niort, le 16 juill. 1879, Marie-Mathilde CORDEROY DU TIERS, dont : 1° MARIE-ANNE-GENEVIÈVE, née le 4 oct. 1880; 2° MARIE-SIDONIE-CÉCILE-JEANNE, née le 23 fév. 1885.

§ III. — BRANCHE DE SALVERT.

4. — **Bernardeau** (Joseph-Marie-François), Ec., sgr de Salvert et de Puyferrier, fils puîné de François-Hyacinthe et de Marguerite Goudon (3e degré du § II), maréchal des logis des gardes du corps du Roi, compagnie de Luxembourg, chevalier de St-Louis du 19 mars 1777, brigadier le 28 sept. 1779, émigra et fut fusillé à Quiberon. Il avait épousé le 18 juill. 1758 Julie-Madeleine FALLOUX, fille de N... et de Julie Légier de Puyraveau, dont il eut : 1° FRANÇOIS-BONAVENTURE, dit M. de Puyferrier, qui émigra et mourut à Asnois (Vienne), sans alliance, le 26 juin 1835; 2° HENRIETTE, née en 1760, mariée à St-Paixent, le 28 juill. 1788, à Pierre de Londeix, Ec., sgr de Champagnac; 3° JULIE-MADELEINE, dite Mlle de la Guichardière, née, à Asnois, le 8 juill. 1769, décédée sans alliance le 1er déc. 1836; 4° MARIE-AGATHE, dite Mlle du Cluzeau, née le 28 août 1773, à St-Paixent, mariée le 11 fév. 1822 à Claude-Gilbert de Lassat de Ste-Marie; 5° AUGUSTE, qui suit; 6° MARIE-ROSALIE, née à St-Paixent le 11 juill. 1776, mariée le 30 août 1821 à N... Lancereau de Boisolivier.

5. — **Bernardeau de Salvert** (Auguste), né le 21 avril 1775, à St-Paixent, décédé le 24 janv. 1869; avait épousé en 1827 Amélie GIRARD DE PINDRAY, dont il avait eu, croyons-nous, un fils, AUGUSTE, décédé à Millac le 14 juill. 1842.

BERNARDIN, religieux capucin et gardien du couvent de Châtellerault, naquit à Poitiers, d'après D. Fonteneau et M. d'Orfeuille.

Il est auteur d'un ouvrage de controverse intitulé : « *Thèses royales adressées à MM. de la Religion prétendue réformée*, qui leur montre clairement par leurs propres principes que « sans blesser les loix de leur salut et conscience, ils peuvent se réduire à la religion du Roi, qui est l'Eglise romaine ».

Le P. Bernardin laissait à ses confrères le plaisir de débiter des injures plutôt que des raisons. Il allait droit au but, s'attachant uniquement aux moyens de ramener ses adversaires à sa croyance. — Cet ouvrage est du reste écrit avec clarté et jouissait d'une assez grande faveur pour arriver jusqu'à sa huitième édition.

Dreux du Radier ne l'avait pas connu, ou du moins ne lui a consacré aucune notice.

BERNARDIN. — Famille de Melle. La majeure partie des notes qui suivent sont extraites des *Archives politiques du Dépt des Deux-Sèvres*, de M. Emile Monnet.

Bernardin (Jean-Baptiste) naquit à Melle en 1768; il y commença ses études et les termina à Paris, où il assista en 1789 à la prise de la Bastille; fut nommé en 1790 avocat en Parlement. Il revint ensuite dans son pays, où il fut nommé président de l'administration du district de Melle, puis le 12 janv. 1791 accusateur public près le tribunal de cette ville ; enfin en 1793 il fut appelé comme membre du Directoire du département à Niort. Mais ses idées modérées lui firent employer son influence au service des émigrés et des proscrits.

Il fut administrateur du département pendant toute la durée du gouvernement du Directoire, se rallia à la fortune de Bonaparte, et sous le Consulat devint conseiller de préfecture. Il fut nommé le 2 nov. 1811 conseiller à la cour de Poitiers. Après avoir fait partie pendant longtemps du Conseil général des Deux-Sèvres, il fut nommé, pendant les Cent Jours, membre de la Chambre des représentants ; sous la Restauration, il retrouva son siège à la cour royale de Poitiers ; étant juge dans le procès Berton, il fut frappé d'apoplexie au sortir de l'audience et dut prendre sa retraite. Il mourut en 1827 ; il avait épousé N... Aymé, fille de Jean-Baptiste, s[r] de la Levée, et de Louise Violiet-Préneuf, dont il eut un fils qui suit et 3 filles.

Bernardin (Conradin) épousa N... Aymé, fille de Jean-Baptiste, s[r] de Cantaux, et de Rosalie Nicolas, et décéda à St-Jean-d'Angély, laissant un fils, Hector, qui a lui-même un fils qui habite aujourd'hui près de Bordeaux.

BERNAY ou **BERNEY**.

Bernay (Adinet de), Ec., servait le 5 sept. 1371.

Bernay (Grégoire de) servait en archer le 22 juin 1482.

BERNAY (de). — Voir **BRILHAC**, **JANVRE**.

BERNAZAY (Drogon de), chanoine de l'Église de Poitiers, fut un des signataires de la charte (10 avril 1121) par laquelle Guillaume Ier, évêque de Poitiers, accorde à Rainulfe, abbé de St-Maur, le service religieux de l'église de St-Maur de Loudun. (Marchegay, Cart. de St-Maur.) Voir **BERNEZAY**.

BERNE. — Plusieurs familles de ce nom.

M. Moisgas, feudiste qui a exploré les archives de plusieurs châteaux du Bas-Poitou, à la fin du siècle dernier, dans une lettre insérée dans les *Affiches du Poitou* (année 1778), dit avoir eu entre les mains une information faite en 1441, inscrite sur un rouleau de parchemin d'environ « 2 aulnes et demi de long », fait à la requête de Jean Berne, Ec., sgr de la Guesmenière et de Ponsay, en vertu de lettres royaux. Plusieurs notables gentilshommes y déposent que ledit Berne est extrait de noble et ancienne lignée, que lui et ses prédécesseurs ont toujours servi le Roi, et qu'il a fait plusieurs voyages dans lesquels il a dépensé une grande somme de deniers, etc. C'est le premier sur lequel nous ayons recueilli quelques détails. Le 5 nov. 1445, il rendait aveu au sgr de Ste-Flaive de son herbergement de la Gaillardie.

Berne (André) rendait aveu au sgr de Puybéliard, le 26 avril 1465, de son hébergement de Ponsay, et servait comme brigandinier du sgr de Soubise au ban de 1467. Marié à Marie d'Oiron, il en eut : 1° Jeanne, mariée à Maurice de Béjarry ; 2° Péronne, femme de Jean Grignon, Ec., sgr de la Plissonnière.

André existait encore le 11 mai 1500 et opérait un retrait lignager de concert avec ses gendres et leurs femmes. Jeanne, précitée, faisait son testament en faveur de Guillaume de Béjarry, son fils aîné, le 29 nov. 1520. Elle avait eu en partage la terre de la Guesmenière. Perrine était veuve en 1514 et décédée le 4 oct. 1541.

BERNE. — Famille de la Rochelle. (V. la France protestante.)

Blason : d'argent à l'ours de sable, au chef d'azur chargé d'un aigle d'or (issant, d'après quelques notes). On trouve, ailleurs, de pourpre à l'ours de sable, surmonté d'un aigle de même. (Enoncé inexact.)

Berne (Jean), Ec., sgr d'Angoulins, Lhommée, maire de la Rochelle en 1619, épousa : 1° Jeanne Marion, 2° Marie Mousnereau, fille de Jacques, sgr de Pommereux ; il eut 2 fils et 4 filles ; entre autres : 1° Jacques, Ec., sgr de Lhommée, Angoulins, maintenu noble en 1667 ; 2° Jeanne, mariée à René de la Varenne, Ec., sgr d'Oriou (en Poitou) ; et du 2° lit : 3° N... appelé Mousnereau-Berne, sgr d'Angoulins, maintenu noble en 1667.

BERNES (de) ou **BERNEZ** et **BERNETZ**. — Famille de Picardie.

Blason : d'or à 3 chevrons de gueules.

Bernes (Gabriel de), sgr de Targé (en Châtelleraudais), maître d'hôtel du Dauphin, épousa Jeanne de Targé, veuve de Pierre de Maillé et peut-être, dit M. l'abbé Lalanne (Hist. de Châtelleraud, 1, 472), fille de Pierre et de Marguerite Rabelin. Cette terre était en 1453 à Eustache de Nourroy ou Norroy, ce qui fait supposer qu'ils n'avaient point eu d'enfants.

BERNEGOYAU. — Famille de Poitiers, éteinte dès le XVIIIe s[e].

Blason. — De gueules au bâton d'argent en pal entouré d'un serpent d'or.

Bernegoyau (Jean), Ec., licencié ès lois, était, dès 1562, enquesteur examinateur en la sénéchaussée de Poitou ; il fut fait échevin de Poitiers en 1564 et prenait le titre de sgr de la Brouille ; fut nommé, par le maire, gouverneur du château de Poitiers en 1575, et mourut en 1596, laissant un fils, Jacques, Ec., sgr de la Brouille, vivant en 1600.

Bernegoyau (Denise) avait épousé François Baudouin, Ec., sgr de la Leigne, vers 1550. Il était de la Rochelle.

BERNER (Alain de) fut l'un des témoins d'une transaction passée, le vendredi après la Chandeleur 1302, entre les moines de Luçon et Guillaume l'Escuyer, mandataire du Roi, au sujet de l'île et de la ville de Chousseaux. (De la Fontenelle, Hist. de Luçon.)

Berner (Jehan) était juge châtelain de St-Aubin-du-Plain, le 17 oct. 1419. (D. Font.)

BERNEUIL (de) en Montmorillonnais.

Bernoil ou Vernoil (Rainaud), Chev., assistait en 1216 à un compromis passé entre l'abbé de Noaillé et le sgr de Lussac-les-Châteaux.

Berneuil (Pierre de), Chev., était décédé en 1282 ; sa veuve avec sa fille Marie vendent le Breuil, près Angles, à Philippe Aguayt, la même année. (Bibl. Nat. Fonds Latin 17041, p. 20.)

BERNEZAI ou **BERNEZAY**. — Originaire de Bernezay, Trois-Moutiers (Vienne), l'une des plus anciennes familles du pays Loudunais, d'après Duchesne. (Quelquefois écrit **BRENEZAY**.)

Blason : de gueules à 3 lions d'argent. (N. de Ste-Marthe, Cie de Nuchèze.) Renaud de Bernezay, Chev., servant dans les guerres de Saintonge en 1330, ajoutait au blason de sa famille une bande de vair? (ou componée?) (Sceau. Arch. nat.)

Bernezai (Simon de) signe un compromis passé en 1112 entre Simon de Clervaux et l'abbé de Bourgueil.

Bernezaio (*Benedictus de*) est cité dans la charte de donation du domaine de la Puye (Vienne) fait par plusieurs sgrs à l'abb. de Fontevrault, au XIIe siècle. (D. F. 8.)

Bernezaio (*Almericus de*), témoin d'une transaction passée en 1160 entre les chanoines de St-Laon de Thouars et Bertrand de Cossé, au sujet d'une donation faite autrefois à cette abbaye par Laidet Chabud. (Cart. St-Laon.)

Bernezai (*Guido de*), témoin de la confirmation d'un don fait vers 1180 par Aimery Vte de Thouars à l'abbaye de St-Laon. (Id.)

Bernezai (*Willelmus de*), *presbyter*, fut témoin d'une charte relative à une contestation entre Aimeri de Thouars et *Johannes de Alnisio*.

Bernezay (Aimery de), Chev., reconnaît que quand il aura recouvré sa terre, il rendra à Alphonse, Cte de Poitou, 80 liv. de rentes sur les terres de Hélie Hébert, de Niort, qui lui avaient été concédées en échange de la sienne qui avait été confisquée (mars 1245). (Arch. Nat., J., cart. 192, 10.)

Bernezais (*Johannes*) devait hommage à l'abb. de St-Maixent, pour ses fiefs mouvants de ce monastère. Liste des fiefs de l'abb. dressée le 5 mars 1261. (D. F. 16.)

Bernezais ou **Barnezay** (G.), demeurant à Mareuil, devait vers 1290 une rente à l'évêque de Poitiers. (Cart^{re} de l'évêché de Poitiers.)

Bernezais (Guillaume et Emory de) sont cités dans une vente faite du consentement de PIERRE de Bernezay, leur père? le 28 juillet 1303. — On trouve encore Guillaume, cité dans un acte du mois de février 1329. (A. H. P. 11.)

Brenezay (Marguerite de) avait épousé Jean Gastineau, Chev. Ils eurent une fille, MARGUERITE, qui, le 30 oct. 1359, fut fiancée à Sylvestre du Chaffault.

Brenezay (Isabeau de), fille de HUET, Chev., et de Isabeau PAPIN, épousa Pierre de la Haye, auquel elle porta les terres de Montbault et du Coudray; son mari souscrivait, en 1379, une quittance en sa faveur. Elle se maria trois fois ; nous ne connaissons que son 3e époux qui, d'après une transaction du 6 déc. 1408, se nommait Guillaume Gueffard.

Brenezay (Marie de) et Jean Guischard l'aîné, son mari, fondèrent, vers 1380, une chapellenie à l'autel de St-Michel et de Ste-Catherine, en l'église de St-Jean de Parthenay.

Bernezay (Isabeau de) épousa, au milieu du XIVe siècle, Briand d'Aubigné.

Brenezay (Jeanne de) épousa Aimery Turgis, sgr des Fontaines, comme il appert du mariage de Jeanne, leur fille, avec Jean de la Haye, Ec., sgr de Beauregard, le 26 juillet 1412.

Brenezay (Jean de), Ec., signe au contrat de mariage de Jean de L'Espronnière, sgr de la Roche-Bardoul, avec Jeanne de la Touche, passé le 3 janvier 1425.

Bernezay (Pierre de), Ec., marié à Jeanne MAYNIÈRES, réclame les biens de sa femme au sgr d'Authon, oncle de celle-ci, qui les donne en garde à Guinot du Chastenet. (Arch. Nat. J. Reg. 178, 166.)

Bernezay (Jacques de), sgr de Jarris, relevait en 1448 de la chât^{nie} de Berrie et en 1454 de celle de Montreuil-Bellay. (Noms féod. 14, 512. — Arch. Nat. Reg. P. 333, 98.)

Brenezay (noble homme François de), Ec., sgr de la Maisonneuve, était, le 23 févr. 1449, époux de Marguerite DE LA ROCHEFATON. Le 14 mai 1450, il vendait à Nicolas, abbé de St-Laon, huit écus d'or de rente. (Cart. St-Laon, M. Stat. 1875, 108.)

Barnezay (Bernezay? N...) fit partie du ban de 1467.

Bernezay (Olivier et Colin de) sont relatés dans l'aveu rendu à Jehan de Surgères par l'abbé de St-Laon de Thouars, le 21 déc. 1480, comme possédant des terres dans sa mouvance. (Cart. de St-Laon.)

Bernezay (Jean de) servit en brigandinier à l'arrière-ban convoqué en 1488.

Bernezay (Albert de) servit pour son père, au ban de 1489.

Brenezay (Jean de), Chev., sgr de la Barbauche, servit en archer au ban de 1491. Il lui fut enjoint d'avoir des gantelets.

Brenezay (autre Jean de), y servit aussi en archer.

Brenezay (Guillaume de), s^r de Lingremière, bien que convoqué au même ban, y fit défaut; tous les trois habitaient la terre de Secondigny. Il épousa Marie LUNARD, et eut procès en 1483 avec Jean Aymer, sgr de Lalier.

Brenezay (Abel de), Ec., sgr de la Maisonneuve, rendit, le 8 août 1496, aveu au Vte de Thouars de son herbergement du Cloux, p^{sse} d'Availles-Thouarsais. Au mois de févr. 1500, il était tuteur de Renée Marcirlon, fille de Joachim et de Françoise des Hommes, sa femme.

Bernezay (Jeannette et Robine de) furent prieures de Secondigny, en Gastine, membre dépendant de l'abb. de la Trinité de Poitiers, à la fin du XVe et au commencement du XVIe s^e. (D. F. 17.)

Brenezay (Thibaud de), Chev., sgr de Lingremière, épousa Jeanne DE NUCHÈZE, fille de Guillaume et de Catherine des Frances. Thibaud, nous dit Nicolas de Ste-Marthe, était gouverneur de Vouvant et Mervent, et de l'une des plus anciennes familles du Loudunais. Il eut de son mariage deux fils : CHARLES et THIBAUD, qui vivaient en 1535 ; ils moururent sans postérité.

Bernezay (Françoise de) épousa Jean d'Aubigné, Ec., sgr du Coudray ; ils vivaient vers 1550.

Bernezay (Catherine de), fille de N... et de N... BUFFETEAU de la Coudraye, épousa Jean Poussard, Ec., sgr de L'Houmelière, dont un fils reçu Chev. de St-Jean-de-Jérusalem en 1585.

Bernezay (Charles de), Ec., sgr dudit lieu, vivait vers 1620.

Brenezay. — Nom d'une chapelle fondée, en 1652, dans l'église des Trois-Moutiers (Vienne), par un membre de cette famille.

BERNIER. — Nom commun à plusieurs familles du Poitou, lesquelles, croyons-nous, n'ont aucun rapport entre elles.

Bernier (Jean), l'aîné, était procureur fiscal de la B^{nie} de Bressuire en 1445 et 1446.

Bernier (Jean), habitant la terre d'Angles, se fit représenter au ban de 1489 par Philippe de la Barde.

Bernier (Jean), Ec., eut une fille, JACQUETTE, qui, le 25 oct. 1496, était femme d'Olivier de Laspaye, Ec. Ils devaient foi et hommage à Catherine de La Jaille, pour un hôtel sis à Chassoignes (Vienne).

Bernier (Pierre), praticien à Loudun, comparut à ce titre à la réformation de la Coutume du pays loudunais en 1518.

Bernier (Jean) était consul à Niort en 1565. (D. F. 20.)

Bernier (François), époux de Françoise DE FONTBRENER, dame de la Croix et de Moiré, présenta, le 7 juin 1524, à l'évêque de Maillezais, Adrien de Fontbrener, clerc, au bénéfice de la chapelle de St-Eutrope de Moiré.

Bernier (Pierre), sr de St-Germain, est condamné, avec ses complices, à avoir la tête tranchée, par arrêt de la cour des Grands Jours du 28 nov. 1579, pour le meurtre commis sur la personne de Louis Bernier.

Bernier (Jean), habitant Niort ou les environs, transigeait en 1584 avec Pierre Coutocheau.

Bernier (François), sr de la Brousse, né en Poitou, poète tragique. Dreux du Radier fait un triste tableau de ses capacités dramatiques. Nous renvoyons à cet auteur les personnes désireuses de faire plus ample connaissance avec cet écrivain qui publia aussi deux *Bergeries* en 1619.

Bernier (Michel) était pair de la cne de Niort en 1615.

Bernier (Elisabeth) était épouse de N...? François, Ec., sgr du Parc et de la Poupardière, lequel vivait en 1630 et 1643.

Bernier (René), sr de la Roullière, époux de N... SENAUD, était poursuivi criminellement en 1644 par des habitants de Chauvigny.

Bernier (Thomas), Ec., sgr de la Dornière, âgé de 38 ans, habitant Ingrande, près Châtellerault, abjure le protestantisme, le 9 avril 1685, entre les mains de l'évêque de Poitiers, en sa chapelle épiscopale; sa femme Anne DE SALVERT figure parmi les convertis au catholicisme, le 10 oct. 1685.

Bernier (Louise) avait épousé François du Tivol? Ec., sr de la Rousselière, comme il appert du mariage de leur fille MARTHE, le 27 nov. 1687. (Reg. de Vicq.)

Bernier (Pierre-Ambroise) figure comme premier assesseur dans le projet de composition du corps municipal de Loudun, en 1786; il fut, la même année, par arrêt du conseil d'Etat, interdit de ses fonctions pendant 6 mois, à la suite de désordres. (Arch. Loudun.)

Bernier (Louis-Jacques), notaire, était greffier-secrétaire de la commune de Niort et de la juridiction consulaire en 1790.

BERNON. — Nous n'essaierons pas de rattacher à la famille rochelaise, tige, comme on va le voir, de la famille actuellement poitevine, les Bernon, Ctes de Mâcon, dont l'un fonda la célèbre abbaye de Cluny, non plus que ceux qui ont donné leur nom à un bourg du département de l'Aube, ni les sgrs de la Seyne et de la Garde dans le Languedoc, que nous croyons éteints; ni les Bernon de Montélegier, dont le dernier représentant, Achille-Adolphe, Vte de Montélegier, est décédé le 2 nov. 1825 à Bastia, étant lieutenant-gal, commandant supérieur de l'île de Corse, premier gentilhomme de Mgr le duc de Bordeaux, gd officier de la Légion d'honneur, commandeur de St-Louis et de Bavière; il était fils unique de Jean, Cte de Montélegier, ancien maréchal de camp, commandeur de St-Louis, décédé, à l'âge de 99 ans, en 1839, en son château de Montélegier, près de Valence.

Nous donnerons d'abord les noms isolés, puis la filiation des Bernon de l'Isleau, établis en Bas-Poitou, puis celle des Bernon de la Rochelle, enfin celle des Bernon de Puymérigou en Basse-Marche, famille que l'on avait cru pouvoir rattacher aux Bernon de l'Isleau. Une famille de Bernon existe également à Paris.

Blason : Bernon du Bas-Poitou porte : d'azur au lion d'or armé et lampassé de gueules; devise : *Virtutem a stipe traho.*

Noms isolés.

On trouve en Poitou ce nom de Bernon porté par des personnes vivant dès le xe siècle. (Cart. de St-Cyprien. A. H. P. 3.) Mais ce nom n'est employé que comme personnel à l'individu et nullement patronymique.

Bernon (Jean), Ec., figurait dans une montre de chevaliers et d'écuyers, passée le 19 juillet 1369.

Bernon (Jean) servit comme brigandinier au lieu de Jean Bodet, à l'arrière-ban du Poitou de 1488.

Filiation présumée.

Bernon (Raoul) servit avec distinction dans les guerres de son temps. D. Morice (Hist. de Bretagne, 195) dit qu'un Raoul Bernon (est-ce bien le même?) fut nommé sénéchal de la Roche-Derrien par Guy de Bretagne, sire de Penthièvre, et qu'il reçut deux commandements, en 1318, dudit G. de Bretagne, et le 18 août 1339, de Jean, duc de Bretagne.

Il épousa Charlotte DE TALMONT, fille de Hélie, ancien maire de la Rochelle, dont il eut entre autres: 1° NICOLAS, qui suit; 2° THOMAS, moine à l'abb. de Cluny où il est mort.

Bernon (Nicolas), élu maire de la Rochelle en 1357. Il épousa Jeanne DE MAULÉON, fille de Jean, ancien maire. Nicolas étant mort dans l'exercice de sa charge, on lui fit de magnifiques funérailles. Il eut: 1° JEAN, qui suit; 2° RAOUL, moine de Cluny; 3° ETIENNE, qui fut abbé de Fleury, ou St-Benoît-sur-Loire, mort à l'abb. de St-Frond, au pays de Trèves; 4° CHARLES.

Bernon (Jean) fut aussi maire de la Rochelle en 1398; sous sa mairie fut terminée la tour de Moreilles, dite plus tard des Recollets, comme le témoignait une inscription gravée sur une pierre de cette tour. Il épousa en 1390 Jeanne TRONZURE, d'une famille patricienne de la Rochelle; de ce mariage sont issus: 1° JEAN-THOMAS? qui suit; 2° JACQUELINE, mariée à Jean de Rorthais.

Une tradition de famille donne bien à Jean Bernon deux enfants, mais leur nom et leur destinée ne sont pas ceux que nos recherches personnelles, appuyées sur les notes de M. le Cte d'Orfeuille, nous ont procurés. D'après cette tradition, il aurait eu: JEAN-RAOUL, mort dans un naufrage, et une fille, JEANNE, mariée à un JEAN-THOMAS Bernon qui aurait *abandonné ses terres de Bourgogne pour venir épouser sa cousine?*

C'est à partir de ce Jean-Thomas que nous établirons les degrés de la filiation, laquelle nous paraît mieux justifiée à partir de cette époque; cependant nous ferons remarquer que jamais on ne donnait deux prénoms au baptême, avant le commencement du XVIIe siècle.

§ Ier. — Branche de **L'ISLEAU.**

1. — **Bernon** (Jean-Thomas ?), Ec., marié en 1435 à Marie Marais ou Marois. Il avait acheté le 17 mars 1416 les terres et fiefs des Arbuissans, du Boissaut (Beselu, not^re à la Rochelle), dont *vidimus* fut délivré le 16 oct. 1612 par Savarit, not^re.

C'est peut-être ce Jean-Thomas qui fonda le petit chât. de la Bernonnière près Pouzauges, porté sur la carte de Cassini, mais détruit depuis longtemps, et dans l'île de Ré une autre gentilhommière nommée Bernonville.

Il eut pour enfants : 1° André, qui suit ; 2° Pierre, mort à Cluny ; 3° Jean, qui suivit Charles VIII en Italie et avait épousé N. Durand, à Lyon.

2. — **Bernon** (André), Ec., sgr des Arbuissans, du Boissaut, de la Bernonnière, épousa le 3 mars 1476 Louise Sarot, dont : 1° Pierre, qui suit ; 2° Jean, qui embrassa le calvinisme et se maria à Perrette Dorin, dont : *a.* André, *b.* Françoise, mariée à Jacques Vincent, ministre ; *c.* Colette.

3. — **Bernon** (Pierre), s^r du Boissaut, la Bernonnière et de l'Isleau, épousa le 8 janvier 1519 Françoise Geffard, dont : 1° Jean, qui suit ; 2° Anne, épouse d'André Carré, s^r du Bois ; 3° Guillemine, mariée le 15 oct. 1567 à Nicolas Marois ; 4° Scipion, que l'on a cru à tort tige des Bernon du Puymérigou. (Voir plus loin.)

4. — **Bernon** (Jean), Ec., sgr de l'Isleau, épousa le 15 juin 1557 Perrette Annonay ; il commandait la milice bourgeoise de la Rochelle, lorsque le prince de Condé la passait en revue en 1577. Bernon lui en ayant offert le commandement, le prince répondit qu'il voulait être reçu auparavant bourgeois de la ville. (Barbot, La Popelinière.) De son mariage sont issus : 1° Benjamin, qui suit ; 2° Françoise, mariée en 1576 à André Foucher, Ec., sgr du Plessis ; 3° Anne, qui épousa en 1574 Antoine Marchand, Ec., sgr de la Darotière (Paris, not^re à l'île de Ré) ; 4° Marie, mariée en 1598 à Nicolas Conan, Ec., sgr du Roch. (*Nota.* D'après une notice de la France protestante, on ajoute :) 5° Léonard, que l'on fait tige des Bernon de la Rochelle. (Voir plus loin.)

5. — **Bernon** (Benjamin), Ec., sgr de l'Isleau, né en 1561, calviniste comme son père, fut député à l'assemblée de Saumur de 1611, puis nommé échevin de la Rochelle en 1619 ; il reçut plusieurs lettres de Henri IV (1594-1596-1597), la première adressée à M. de la Guillemandière, ce qui prouve que c'est par lui que cette terre est entrée dans la famille.

Il épousa, le 2 mai 1602 (Jacques Dubet, not^re à la Rochelle), Marie Guillemin, D^e des Grollières, fille de Pierre, s^r d'Aytré, et de Marie de Brie (on trouve ailleurs Jeanne Viéte), dont : 1° Gabriel, qui suit ; 2° Pierre, dont la descendance sera rapportée § II ; 3° Jean, tige de la branche existant encore en Bas-Poitou, § III ; 4° Samuel, né à la Rochelle en 1612, officier au régiment de la Couronne (infanterie), tué au siège de Philisbourg en 1644 ; 5° Daniel, s^r de Puiridon, né à la Rochelle en 1614, y épousa le 3 mai 1656 Madeleine Bouchet, dont il a eu Benjamin, dont nous ne connaissons pas la destinée.

6° Benjamin, s^r de l'Isleau, né le 16 avril 1621, se maria le 13 mars 1650 à Gabrielle Nicolas, fille puînée de Jean, Ec., sgr des Corailles, et de Françoise Dupin (J. Cousseau, not^re à la Rochelle), dont un fils.

7° Anne, née et baptisée au temple de St-Yon par le ministre Duportault, épousa le 13 oct. 1633 (J. Cousseau, not.) Marc Pineau, Ec., sgr du Fief-Moulinard, officier de marine ; 8° Marie, née à la Rochelle en 1610, épousa Jean d'Artiganoue ; 9° Françoise, née à la Rochelle en 1615, épousa le 16 juin 1638 (J. Cousseau, not^re) Paul Prévôt, Ec., sgr de la Vallée.

6. — **Bernon** (Gabriel), Ec., s^r de l'Isleau, né à la Rochelle en 1607, épousa le 29 déc. 1643 (J. Cousseau, not^re royal), D^lle Esther Pineau, fille de feu Marc et de Esther Ducasse, dont il eut : 1° Alexandre, qui suit ; 2° Marie, née le 12 mars 1645, baptisée au temple, mariée à Richard de Rozemont, c^er au Parlement de Paris ; ils passèrent en Angleterre, à la révocation de l'édit de Nantes ; 3° Esther.

7. — **Bernon** (Alexandre), Ec., B^on de l'Isleau, né à la Rochelle, le 9 mai 1651, garde-marine (21 nov. 1666), lieutenant de vaisseau (1672), promu au commandement de la frégate *la Subtile*, obtint une pension de 600 liv. (brevet du 12 mars 1688), fut chargé d'une mission secrète en Angleterre (10 nov. 1688), nommé au commandement de la frégate *l'Aimable* (22 oct. 1694). Puis, après avoir commandé successivement les vaisseaux *l'Heureux* (22 févr. 1696), *le Superbe* (1696), *le Saint-Esprit* (22 déc. 1702), fut nommé capitaine de vaisseau (commission du 1er janvier 1703) et chargé du commandement du vaisseau de ligne *le Bourbon* (3 mars 1703) ; le 20 mars 1706, monta la frégate *la Gaillarde* avec une mission secrète.

Louis-Alexandre de Bourbon, grand amiral, avait en grande estime le capitaine de Bernon, et ils entretenaient une active correspondance.

Le 10 nov. 1710, le prince lui annonçait qu'en récompense de ses services, il venait d'être inscrit sur la liste des capitaines de vaisseau, auxquels le Roi accordait une pension de 1,000 liv. M. de Bernon, plus sensible à l'honneur qu'à l'argent, lui répondit qu'il eût préféré la croix de St-Louis ; le brevet lui en fut expédié en même temps que celui de la pension (25 nov. 1712). Le 25 oct. 1720, il lui fut accordé une haute paye de 300 liv. par mois. Le 11 mai 1725, il reçut un brevet de pension de 1,800 liv. avec le grade honorifique de chef d'escadre. Le baron de Bernon mourut à Rochefort le 26 févr. 1726, à l'âge de 75 ans, après 60 ans de service, et fut inhumé dans l'église de St-Louis, où l'on voyait sa pierre sépulcrale avant la Révolution. Il avait épousé en 1697 Marguerite Bonneau, dont il n'eut que :

8. — **Bernon** (Charles), Ec., sgr de l'Isleau, né à la Rochelle, suivit la carrière maritime, nommé garde-marine (le 4 nov. 1715), enseigne (1727), lieutenant de vaisseau (9 nov. 1731), Chev. de St-Louis (1741). A la suite d'une forte altercation avec M. Barentin, intendant, il faillit être mis à la Bastille, et mourut dans la citadelle de l'île de Ré, le 2 déc. 1742.

§ II. — Branche des **GROLLIÈRES.**

6. — **Bernon** (Pierre), s^r des Grollières, Fiefbran, Menu-Fief, etc., fils puîné de Benjamin et de Marie Guillemin (5e degré du § I), naquit à la Rochelle en 1610, servit dans les milices provinciales et devint colonel-commandant de celles de Saintonge et d'Aunis. Il épousa d'abord, le 5 juillet 1649 (J. Cousseau, not^re à la Rochelle), Anne Nicolas, fille de Jean, sgr des Corailles, et de Françoise Dupin, dont il n'eut point d'enfants ; puis vers 1650 Marie Pittard, fille de Jacques, sgr des Bernardières. Le 1er oct. 1682, il abjura le protestantisme dans l'église de la Jarrie, en présence de son fils aîné. Pierre mourut le 5 juin 1685 et fut inhumé dans l'église de la Jarrie, où l'on voyait encore sa tombe dans ces derniers temps.

Il laissait de son second mariage : 1° Pierre, qui suit ;

2° Anne, née aux Bernardières, vers 1655, épousa Jacob Pasquier, Ec., sgr de la Roche-Berthier.

7. — **Bernon** (Pierre), Ec., sgr des Grollières, naquit à la Jarrie en 1664, servit comme son père dans les milices et devint comme lui commandant de celles de la Saintonge et de l'Aunis; marié en 1681 avec Jeanne Ballanger, il en a eu : 1° Pierre, qui suit; 2° Richard, né à la Jarrie, le 24 juin 1697; 3° Jeanne, née audit lieu le 14 oct. 1693, décédée à Niort en 1703; 4° Marie, née à la Jarrie, le 15 avril 1682.

8. — **Bernon** (Pierre), Ec., sgr des Grollières, né à la Jarrie, le 21 mai 1695, servit aussi dans les milices provinciales; marié à N. Follet, il est mort sans postérité, le 5 avril 1754, et fut inhumé dans l'église de la Jarrie.

§ III. — Branche du Bas-Poitou.

6. — **Bernon** (Jean), Ec., sgr des Maretz, de la Bernonnière, 3° fils de Benjamin et de Marie Guillemin (5° deg. du § I), naquit le 19 oct. 1613, et fut baptisé au temple de St-Yon, par Colonet, ministre. Entré au service en 1630 dans le régiment d'Hauterive, il fut obligé de se retirer par suite des blessures reçues près de Berg-op-Zoom en 1632, et abjura le protestantisme dans l'église de Marsais entre les mains du gardien des capucins de Fontenay. Il épousa, le 10 août 1653, à Marsais, Jeanne Blouin, D^e de la Couraizière, fille d'Hilaire, sgr de la Rairie, et de Gabrielle Boisson (Aubry, not^re de la B^nie de Boisroux). Il testa le 11 nov. 1663 (Bernard, not^re à Boisroux), et mourut le 7 août 1664, au chât. de la Mouraudière. Il fut inhumé dans l'église de Marsais. Sa veuve obtint deux confirmations de noblesse, de Colbert en 1666, de Barentin en 1667. Elle avait eu : 1° Frédéric-Henri, qui suit; 2° Hilaire-Jean, Ec., sgr de la Mouraudière, marié le 14 août 1684 à Jeanne Gousse, dont Jean, décédé sans hoirs.

3° Hilaire, Ec., sgr de Levaudière, né en 1662, marié à Jeanne Dardre, dont postérité, entre autres : François, né en 1689, mort le 21 juin 1709. Jeanne Dardre mourut le 29 juin 1709 et fut inhumée dans l'église de Marsais, près de son mari et de ses enfants. (Reg. de Marsais.)

4° Marie-Anne, mariée à Jean Thomas, Ec., sgr de la Chaudarière.

7. — **Bernon** (Frédéric-Henri), Ec., sgr des Maretz, la Bremaudière, naquit et fut baptisé le 28 déc. 1659. Il n'était âgé que de 15 ans lorsqu'il fut nommé guidon dans le régiment de Schomberg-Dragons, compagnie de Juigné. Il fut blessé à Messine et obtint son congé le 19 nov. 1676, servit aux bans du Poitou convoqués en 1690, 93, 94, 95, 1702 et 1703, reçut un certificat des plus honorables du Cte de La Massais, lieutenant-général des armées du Roi, le 28 mai 1702, et obtint une confirmation de noblesse, le 25 déc. 1720, signée Clairembaut.

Il avait épousé, le 27 mars 1681 (Billon, not^re à la Rochelle), Susanne de Puyrousset, fille de Paul, Ec., sgr de Villefollet, et de Susanne de Launay. Il mourut à la Bremaudière, et fut inhumé dans l'église de Thouarsais le 17 nov. 1734, laissant de son mariage : 1° Pierre, qui suit; 2° Françoise, née le 9 fév. 1685, morte jeune; 3° Marie-Aimée, née le 17 nov. 1687, décédée en 1760; 4° Gabrielle, née le 15 fév. 1686, décédée à Fontenay, le 11 août 1717; 5° Jacques, né le 10 mars 1692, dit le Chev. d'Œstreville, fut blessé mortellement à Malplaquet, officier dans le régiment de Maillé-Infanterie, et mourut à Bergues le 1er nov. 1709; 6° Henriette, née le 20 fév. 1697; 7° Charles, marié à N. Guillot de la Cour, le 3 mars 1732 (Chaignon, not^re à St-Maixent), n'eut point d'enfants et mourut à la Brémaudière, le 24 déc. 1755; 8° Charlotte, née le 17 nov. 1702, décédée jeune, ainsi que 3 autres filles.

8. — **Bernon** (Pierre), Ec., sgr des Maretz, naquit au château de la Mouraudière le 14 janv. 1683. Entré au service à l'âge de 15 ans, était à 20 ans capitaine au régiment de Maillé-Infanterie; blessé à Malplaquet, près de son frère, il y perdit presque toute sa compagnie, qu'il fut obligé de compléter trois fois dans le cours de cette guerre désastreuse, fit toutes les campagnes de Flandre et de Hollande, fut reçu Chev. de St-Louis. Marié à Louise Simonneau, fille de Charles, Ec., sgr du Puythumer, et de Louise de Hanne de la Saumorière, le 20 janv. 1705 (Bouteville, not^re à Ste-Hermine), il mourut au chât. du Puythumer, le 20 août 1739, laissant : 1° Frédéric-Henri, qui suit; 2° Henriette-Louise, née le 18 janv. 1707, à Thouarsais; 3° Marie-Rose, D^lle d'Œstreville, née le 6 janv. 1708, morte au Puythumer, le 15 août 1781; 4° Louise, née le 9 juin 1711, morte à la Rochelle, en 1775, supérieure de l'hôpital St-Etienne de cette ville; 5° Jeanne-Louise, née le 20 juin 1712; 6° Marguerite-Charlotte, née le 18 nov. 1714, morte religieuse; 7° Charles-Auguste, Ec., sgr d'Œstreville, né le 21 janv. 1716, marié à Jeanne Servent, dont il n'eut point d'enfants; 8° Pierre, né en 1717, servit au ban de 1758 et mourut en 1793.

9. — **Bernon** (Frédéric-Henri), Ec., sgr de la Barre, né le 4 fév. 1706, entra dans le corps des cadets-gentilshommes de la marine à Rochefort; blessé dans une querelle particulière, il dût cesser son service, se retira dans ses foyers et se maria le 17 juill. 1743 (Thevet, not^re à Ste-Hermine) à Louise Jallais, fille de Pierre, Ec., et de Françoise Marchand. Il servit au ban de 1758, dans la 1re brigade, escadron de la Louerie, et mourut au chât. du Puythumer, p^sse de St-Martin-l'Ars (Vendée), le 24 mai 1785, laissant : 1° Henri-Pierre-Benjamin, qui suit; 2° Isaac-Bénigne-Isidore, né le 27 sept. 1746, mort jeune; 3° Marie-Françoise-Charlotte, née le 29 sept. 1744, mariée le 23 nov. 1779 à Louis-Charles-Désiré de Gyvès, Ec., sgr de Champ-Giraud, officier d'artillerie; 4° Marie-Louise, née le 26 mars 1749, décédée jeune; 5° Marie-Louise-Charlotte, née le 25 avril 1752, décédée en 1788.

10. — **Bernon** (Henri-Pierre-Benjamin), Ec., sgr du Puythumer, né le 25 nov. 1745, entra à 15 ans dans le régiment de Tressigné-Cavalerie, fut nommé lieutenant le 15 janv. 1760, capitaine en 1779, major et commandant le fort et l'île d'Aix en 1786, fut présent à Poitiers à la nomination des députés aux Etats généraux (1789). Emigra en 1791, servit à l'armée des Princes, dans la première compagnie noble d'ordonnance, passa en 1795 à l'armée de Condé, dans la 9° compagnie de l'infanterie noble, y fut nommé Chev. de St-Louis, le 25 août 1795; passa dans le premier régiment de cavalerie noble d'Angoulême, y fit les campagnes de 1797 et 1798, 1799 et 1800. Rentré en France après le licenciement de l'armée en 1801, il rapportait les certificats les plus honorables du prince de Condé, etc.

Il avait épousé, le 1er avril 1772 (Pelland, not^re), Pélagie Racodet, fille d'Alexandre-François, Ec., sgr de St-Martin, et de Suzanne de Mauras, dont : 1° Henri-Charles-Fortuné, qui suit; 2° Marie-Suzanne-Bénigne, née le 14 avril 1773, mariée en 1798 à Armand de Béjarry; 3° Thérèse-Jeanne-Stéphanie, née le 26 août 1774, décédée à Luçon en janv. 1856, mariée, le 12 août 1802, à Eléonor-Louis-Alexandre de Buor, chef d'escadron; 4° Aimé, né le 1er sept. 1780, mort jeune.

11. — **Bernon** (Henri-Charles-Fortuné Baron de), né le 8 juill. 1775, mort le 16 janv. 1866; entra à l'école militaire de la Flèche en 1786, fut sous-lieutenant du régiment d'Artois-Dragons, émigra, servit avec son père à l'armée des Princes et à l'armée de Condé, dont il fit toutes les campagnes; faisait, lors du licenciement, partie de l'escadron-chef du 1er régiment de cavalerie noble. En 1814, il fut un des premiers à offrir son concours au duc d'Angoulême, à Bordeaux, puis se rendit à Paris, où S. A. R. Monsieur (Cte d'Artois) le reçut Chev. de St-Louis, le 24 août, et le nomma le même jour chef d'escadrons. A la rentrée de Napoléon, M. de Bernon ne dut qu'à la reconnaissance du capitaine de gendarmerie Michel de n'être pas incarcéré.

A la rentrée des Bourbons, après Waterloo, il fit partie de la députation envoyée par le dépt de la Vendée pour féliciter Louis XVIII de son retour. Voulant rentrer dans l'armée, il demanda la place de chef d'escadrons de gendarmerie qu'il ne put obtenir, mais fut nommé, le 24 juill. 1816, major commandant la place de Briançon. Après 1830, M. de Bernon fut, comme tant d'autres, l'objet de nombreuses vexations, que lui attirèrent ses opinions politiques bien connues. Il avait épousé, le 30 août 1807 (Chalopin, notre à Saumur), Agathe Pitatouin de la Coste, fille de Louis-Jean-Madeleine, ancien capitaine de cavalerie, Chev. de St-Louis, et de Jeanne Jacob de Tigné, dont : 1° Aimé-Henri-Fortuné, né le 20 août 1808, décédé le 27 sept. de la même année; 2° Clémentine-Honorée, née le 22 déc. 1809, décédée le 2 avril 1869; 3° Thaïs, née le 31 mai 1811, mariée le 4 avril 1837 (Le Nepveu, notre) au Cte Léopold de Marcé des Louppes; 4° Justine-Thérèse-Agathe, née le 16 oct. 1812, mariée le 12 juin 1843 à N. de la Triboulle; 5° Laure-Louise-Stéphanie, née le 27 mai 1814, et 6° Henri-Louis-Odo, né le 10 fév. 1820, morts enfants; 7° Ange-Armand-Paul-Servant-Dieudonné, qui suit.

12. — **Bernon** (Ange-Armand-Paul-Servant-Dieudonné Baron de), né le 29 sept. 1821, marié en premières noces, le 20 mai 1850, à Mlle Blanche de Bonans, fille de N., Cte de Bonans, et d'Alphonsine de Montaigne; en secondes noces, le 17 nov. 1869, avec Mlle Béatrix des Garets d'Ars, fille de N., Cte des Garets d'Ars, et de Justine du Colombier. Du premier mariage sont nés : 1° Pauline, née le 15 juill. 1851, mariée à N., Cte de Kermellec, le 21 avril 1874, décédée le 20 sept. 1870; 2° Blanche, née le 15 oct. 1853, mariée à Gabriel Vte de Kermenguy, le 23 juillet 1878; 3° Sigismond-Joseph-Marie, né le 19 août 1855, mort jeune; 4° Joseph, qui suit; 5° Jeanne, née le 10 nov. 1860, morte le 4 oct. 1876.

13. — **Bernon** (Joseph Baron de), né le 22 août 1858, marié le 29 juill. 1884 à Marie de Béjarry, fille de Armand-Jean-Baptiste et d'Honorine Rampillon de la Lorgère, a pour enfants : 1° Geneviève-Anne-Marie-Joseph, née le 9 sept. 1885; 2° Paul-Armand, né le 21 nov. 1886.

BERNON DE LA ROCHELLE

Cette famille, ou plutôt cette branche de la famille de Bernon (car on a vu qu'avant de s'établir en Poitou cette maison habitait la Rochelle), cette branche, disons-nous, après avoir embrassé le calvinisme, y resta toujours fidèle; elle n'a pas quitté sa ville natale, où elle a exercé le haut négoce et vécu riche et considérée. Elle donna, en 1529, 800 liv. pour la rançon de François Ier, et en 1589, fit passer à Henri IV, par l'entremise de Du Plessis-Mornay, 300 liv. pour lui aider à conquérir son royaume. Sa généalogie, que nous n'avons pu nous procurer, et qui eût fixé nos incertitudes, a été dressée par Joseph Crassous, notre, et imprimée à la Rochelle en 1782.

Blason : d'azur à un chevron d'argent, surmonté d'un croissant de même, accompagné en chef de 2 étoiles d'or, et en pointe d'un ours passant de même. (Déclaré à l'Armorial de la Rochelle.)

D'après les notes de M. Jourdan, la filiation serait établie de la manière qui suit; mais, selon une notice de la France protestante, Léonard, mis ici au 2e degré, aurait été fils puîné de Jean Bernon, sr de l'Isleau (4e degré, § I); et ses 2 fils André et Jean, marchands bourgeois de la Rochelle, assistèrent comme cousins au mariage d'une fille d'André Foucher et de Françoise Bernon, sœur de Benjamin, sr de l'Isleau (5e deg., § I), qui eut lieu en 1609.

§ Ier.

1. — **Bernon** (André), marié en 1545 à Catherine Bouchet, aurait eu pour fils :

2. — **Bernon** (Léonard), marié en 1578 à Françoise Carré, dont : 1° Jean, sr de Bernonville, qui eut postérité; 2° André, qui suit.

3. — **Bernon** (André), marié à Jeanne Lescour ? puis en 1605 à Marie Papin, aurait eu : 1° N..., marié à N... d'Hariette; 2° André, qui suit.

4. — **Bernon** (André) épousa Suzanne Guillemard, dont il eut 10 enfants, entre autres : 1° André, qui suit; 2° Jean, sgr de Feusses et Fief-Levreau, pasteur de St-Just, abjura en 1685; il déclara son blason en 1698, étant qualifié docteur en théologie; 3° Samuel, rapporté au § II; 4° Gabriel, marié à Esther Leroy; 5° Suzanne, mariée à Paul Depont.

5. — **Bernon** (André), banquier à la Rochelle, épousa, le 30 déc. 1664 (Langlais, notre à la Rochelle), Esther Depont, sa cousine, fille de sire Jean, marchand, et de Sarah Gombault, dont : 1° André, qui a continué cette branche à la Rochelle; 2° Marie-Suzanne, qui étant veuve de Pierre Harouard, directeur général des vivres de l'armée française en Italie, épousa, le 26 mars 1712 (Marchand et Micheau, notres), Gaspard Bernard, Ec., sgr de Marigny; 3° Sarah, mariée à Paul Depont, sgr des Granges; 4° Esther, mariée à François Petit, Ec., sgr du Petitval.

§ II. — Branche de Poitiers.

5. — **Bernon** (Samuel), Ec., sgr de Salins, du Plessis, des Barbotières (fils puîné d'André et de Suzanne Guillemard, 4e deg. du § I), fut pourvu le 10 sept. 1694 de la charge de trésorier de France au bureau des finances de Poitiers. Il est mort le 17 août 1717, laissant de Marie Cottiby, fille de Samuel, ministre protestant, célèbre par son abjuration solennelle, faite le 25 mars 1660 : 1° Samuel-René, qui suit; 2° Marie-Marthe, qui épousa Jacques Payrault, Ec., sgr de la Chèze; 3° Marie-Anne, mariée à Louis Le Texier, Ec., sgr de Lirec, conseiller au Présidial de Poitiers; 4° Esther-Jeanne; 5° Suzanne-Henriette.

6. — **Bernon** (Samuel-René) succéda à son père dans sa charge, dont il fut pourvu par lettres du 17 fév. 1718, avec dispense d'âge, et décéda en 1722.

A cette famille se rattache :

Bernon (Achille-Guillaume), Ec., sgr de Salins, ancien capitaine de gendarmerie à Poitiers, Chev. de St-Louis et de la Légion d'honneur, démissionnaire en

1830 par refus de serment, est mort la même année, sans alliance. Il a eu un frère tué à l'armée de Condé, et une sœur qui se maria à Chalon-sur-Saône.

BERNON DU PUYMÉRIGOU.

Cette famille de la Basse-Marche a été rattachée sans aucune preuve aux Bernon de l'Isleau par un Scipion Bernon que l'on croyait fils de Pierre et de Marie Goffart (3e degré, § 1).

Comme rien n'est venu, à notre connaissance, justifier cette assertion, nous ne la mentionnons qu'avec le signe du doute.

Blason : Inconnu. Dans l'Armorial du Poitou, on attribue d'office à Étienne Bernon : de gueules à 4 roses d'or posées en pairle.

Les renseignements qui suivent sont extraits d'une confirmation de noblesse datée de 1715.

Bernon (Etienne), sgr de Marans, que l'on donne pour fils à Scipion (fils de PIERRE, Ec., 3e deg. du § Ier), et qui ailleurs est dit fils de JEAN et de Marie GADOIN? (Chérin, vol. 24), fut l'un des cent gentilshommes de la maison du Roi; et, d'après l'ordonnance de Blois de 1579 (§ 6, art. 260), nul ne pouvait être reçu parmi les cent gentilshommes ordinaires s'il n'était de noble race. Il avait épousé Marie DE MARANS, dont : 1° PIERRE, qui suit; 2° MARIE, femme de Pierre Plument; 3° JEANNE, mariée à Pierre de Plaisance.

Bernon (Pierre), Ec., épousa, en janvier 1641, Louise BABAUD, dont :

Bernon (Etienne), sgr de Puymérigou, p^{sse} de Briguеil-l'Aîné, fut sénéchal de cette sgrie; il était né en 1643 et marié en 1675 à Marie D'HUGONNEAU, qui était sa veuve en 1715, et fut poursuivie comme usurpatrice du titre de noble; mais ayant prouvé que l'aïeul de son mari avait été attaché à la maison du Roi, et produit l'art. de l'ordonnance de Blois précitée, elle fut maintenue par sentence du 27 déc. Elle avait, en 1715, trois enfants : 1° PIERRE, Ec., sgr de Marans, avocat en Parlement dans la p^{sse} de Brigueil-l'Aîné; 2° PIERRE-ETIENNE, Ec., sgr de la Courterie; 3° JEAN, Ec., sgr de Puivinard.

Bernon (Catherine de) épousa en 1733 Ignace Babaud, sr de Baracon, lieutenant en l'élect. de Confolens.

Bernon (Marie de), fille d'ETIENNE, sgr de Puymérigou, et de feu Louise DE NOLLET, épousa, le 12 fév. 1775 (F. Plaisance, notre à St-Junien), Jean de St-Garreau (ou Singarreau), Chev., sgr de la Barre, Chev. de St-Louis.

Bernon (Jean), Ec., sgr de Puymérigou, assista par procureur à l'assemblée de la noblesse tenue à Poitiers pour la nomination des députés aux Etats généraux; il avait épousé, par contrat du 6 fév. 1775, Louise-Sylvine-Marie DU BREUIL-HÉLYON, fille de Antoine-Amable, Chev., sgr de la Guéronnière, et de Marie-Silvine Robert de Villemartin; il périt sur l'échafaud révolutionnaire, laissant cinq fils, tous morts à l'armée de Condé et durant l'émigration, et une fille, MARIE-AIMÉE-FÉLICITÉ, mariée, par contrat du 17 nov. 1800, à son cousin germain Hubert du Breuil-Hélyon de la Guéronnière.

BEROUARD.

Berouardi (*Guillelmus*), *presbyter, homo ligius domini comitis Pictavensis, de suo herbergamento de la Beroardère et de tercia parte foresterie de foresta de Rocha debens estagium, in suo herbergamento.* (Arch. Nat. Reg. 24, 14, 4.)

Berrouart (Etienne), habitant la p^{sse} d'Archigny (Vien.), devait un aveu à l'évêque de Poitiers, pour le fief de la maison du Breuil. (17 juin 1309.) (Cart. de l'évêché de Poitiers.)

BERRIE (DE).

BERRIE (DE). — Le fief de ce nom, p^{sse} de Nueil-sur-Dive, formait la sgrie la plus considérable du Loudunais. Il fut possédé, aux XIe et XIIe siècles, par une puissante famille dont l'héritière épousa un cadet des sgrs d'Amboise. Trincant, dans ses notes sur le Loudunais, s'est complètement trompé en disant que Jean de Berrie avait épousé l'héritière d'Amboise, à la fin du XIIe siècle, et que leurs enfants avaient formé la 2e maison d'Amboise. Les chartes de Fontevrault, du Liget, etc., prouvent au contraire l'extinction des Berrie dans la maison d'Amboise.

Blason : bandé de 6 pièces d'or et d'azur. (Note de Ste-Marthe. Fonds franç. 20157, p. 186).

Le sceau de Jean d'Amboise, appelé Jean de Berrie, porte, d'un côté, un cavalier tenant un bouclier pallé de 6 pièces (d'Amboise), et au revers un écu bandé de 6 pièces (que l'on croit Berrie). Cependant un sceau de Rainaud de Berrie, mis à une charte de 1206, porte un écu chargé d'une bande losangée, et 6 ou 8 besants posés en orle. (Cart. Fontevrault, fonds latin 5480, p. 359.)

C'est à tort que le Cte de Ste-Maure, dans sa généalogie de la maison de Loudun, attribue aux Berrie le blason « de gueules à la bande d'or » qui appartenait aux Loudun.

Noms isolés.

Chalmel, dans l'Histoire de Touraine, donne plusieurs noms des sgrs de Berrie, sans indiquer la source d'où il a tiré ses renseignements.

Berrie (Béranger de) vivait au Xe siècle, en même temps que Corbon des Roches.

Berrie (Gautier de) vivait en 1010, époque de la mort d'Effroi de Preuilly.

Berrie (Robert de), contemporain de Herbert Eveillechien, Cte du Mans. (Vers 1015-36.)

Berrie (Centurier de) servait outre-mer vers 1090.

Berrie (Raimond de) signe la charte d'Etienne de Berrie donnant Raslay à Fontevrault, vers 1150? (Cart. Font. f. 765. Fonds lat. 5480, p. 61.)

Berrie (Normand de), Chev., qualifié *Templarius*, fut témoin d'un don fait à Fontevrault par Robert de Blou et ses fils, vers 1180, au prieuré des Loges (fonds lat. 5480, 218), et d'un don fait par Gervais de Montsoreau (Cart., f. 72), du temps de Mathilde, abbesse, vers 1180. (V. CHALMEL.)

Berrie (Raimond de) donne à Fontevrault une rente, p^{sse} de Souzé? (*Souzeio*) en 1206, par acte scellé de son sceau, écu chargé d'une bande losangée, et de 6 besants en orle. (Fonds lat. 5480, p. 359.)

Filiation présumée.

1. — **Berrie** (N. de), vivant à la fin du XIe siècle, eut pour enfants : 1° PIERRE, qui suit; 2° AIMERY, dit Le Roux, qui se fit moine à Montierneuf de Poitiers. Vers 1120-40, il conduisit sa nièce à Fontevrault et donna en même temps le fief de Raslay, que son frère avait promis en dot à sa fille.

2. — **Berrie** (Pierre de) fut témoin d'un don fait par Gauthier de Clisson au monastère de Fontevrault, sous la prieure Pétronille, vers 1110. (Cart., f. 892. Lat. 5480², 77.) Il épousa SARRAZINE, dont il eut : 1° ETIENNE, qui suit ; 2° ODON, surnommé Potin, qui fit don à Fontevrault avec ses frères, lorsque leur sœur s'y fit religieuse ; 3° AIMERY, qui fit le même don ; 4° N., religieuse à Fontevrault, vers 1130 ? pour laquelle ses frères et son oncle donnèrent Raslay. (Cart. Font. 444 et 765. Lat. 5480², 33 et 61.)

3. — **Berrie** (Étienne) est appelé *Salnerius* (peut-être mal écrit pour *Stephanus*), dans une charte de Fontevrault. Il confirma avec ses frères le don de Raslay fait à Fontevrault pour leur sœur, vers 1130, en présence de leur oncle Aimery Le Roux et de RAIMOND de Berrie, dont la parenté n'est pas indiquée. (Cart., f. 444 et 765. Lat. 5480², p. 33 et 62.) Nous n'avons pas d'autres renseignements sur lui, mais on pense qu'il fut père de : 1° N., qui suit ; 2° GUILLAUME, abbé de St-Aubin d'Angers en 1174.

4. — **Berrie** (N. de), que l'on a confondu avec Raimond ou Renaud de Berrie, mais qui nous paraît être un personnage différent, a dû se marier vers 1160. Il eut pour fille unique MARGUERITE, De de Berrie, mariée, vers 1180, à Hugues d'Amboise, fils puîné de Hugues et de Mathilde ; de ce mariage vinrent 6 enfants qui portèrent le nom de Berrie. (V. **AMBOISE**.)

BERRURIÈRE DE SAINT-LAON (DE LA). — Famille du Loudunais, dont nous ne trouvons trace qu'à partir du XVIIe siècle.

Nous ne nous arrêterons pas à discuter les prétentions émises par certaines personnes qui, écrivant ce nom tantôt Berruyer, tantôt Le Berruyer, veulent la faire descendre d'une branche cadette des Princes des Aquitains Francs d'Austrasie ? Nous nous contenterons de donner les renseignements que nous avons pu recueillir, en faisant remarquer que le blason porté par cette famille est celui des Le Berruyer de Bretagne.

Blason : d'azur à trois aiguières d'or, 2 et 1.

Noms isolés.

Berrurière (Pierre de la), Ec., sgr de Villefranche, est cité, en 1656, dans les registres paroissiaux de Montgauguier.

Berrurière (Urbaine de la) était, en 1788, épouse de Jean-Baptiste de Laugerie, commissaire de la marine, mousquetaire de la garde du Roi et son conseiller.

§ Ier. — *Filiation suivie.*

1. — **Berrurière** (Pierre de la), Ec., sgr des Mées (cne de Mazeuil, Vienne), demeurant à St-Laon, épousa Elisabeth NEPVEUX, dont il eut : 1° JACQUES, qui suit ; 2° LÉONNE, citée dans des actes de Massognes et de Montgauguier, de 1658 à 1661, avait épousé Honoré de Fougère, Ec., sr des Essarts, comme on le voit par le mariage de leur fille MARIE, le 9 mai 1695. (Reg. Migné.)

2. — **Berrurière** (Jacques de la), Ec., sgr de la Motte-Bureau (cne de Montgauguier), épousa, le 4 février 1665, Marie-Marguerite CHABOT, fille de Jacques, Chev., sgr de la Chapelle et du Volier, et de Renée Laigne, dont il eut JACQUES, qui suit.

3. — **Berrurière** (Jacques de la), Ec., sgr de St-Laon-sur-Dive, épousa Catherine DE GUIGNARD, décédée, le 6 déc. 1739 ; il fut inhumé dans l'église de St-Laon, laissant ANDRÉ, qui suit :

4. — **Berrurière** (André de la), Ec., sgr de St-Laon, épousa, à Massognes, le 3 juil. 1744, Marie-Marguerite DE GRALEUIL, fille de feu Jacques, sgr de Rouchelay, et de feu Elisabeth Le Viel, dont il a eu URBAIN-LOUIS, qui suit.

5. — **Berrurière** (Urbain-Louis de la), Ec., sgr de St-Laon, garde du corps du Roi, capitaine de cavalerie, assista, en 1789, à l'assemblée de la noblesse de Loudun, et décéda le 13 mai 1820, laissant de son mariage, avec N. DUFOUR, fille de Joseph, colonel d'infanterie : 1° URBAIN-JULES-LÉON, qui suit ; 2° ALEXANDRE, rapporté au § II.

6. — **Berrurière de Saint-Laon** (Urbain-Jules-Léon), né le 19 janv. 1793, à St-Laon, décédé le 29 janv. 1869, capitaine d'état-major retraité, Chev. de la Légion d'honneur, avait fait les campagnes de Russie, Silésie, Belgique, années 1812, 1813 et 1814. Il avait épousé en 1820 Blanche-Clotilde DIOTTE DE LA VALETTE, dont il eut : 1° JULES-JEAN, né en 1820, maire de St-Laon, dont il fut le bienfaiteur, décédé célibataire, le 10 avril 1868 ; 2° BLANCHE-CLOTILDE, née en 1833, décédée à Loudun, le 8 sept. 1879, mariée, le 21 sept. 1851, à Louis-Paul d'Espinay ; 3° ALFRED-PIERRE, qui suit.

7. — **Berrurière de Saint-Laon** (Alfred-Pierre de la), né à Loudun, le 22 avril 1835, décédé à Poitiers, le 15 août 1879, fut officier dans la garde impériale ; il avait épousé, le 12 janv. 1863, à Mignaloux, Louise-Marie-Bérengère DE MAILLÉ DE LA TOUR-LANDRY, fille de Gustave-Fortuné, Mis de la Tour-Landry, et de Louise-Désirée de Hanne de la Saumorière, dont il a eu : 1° RAOUL, qui suit ; 2° LOUIS-URBAIN, né à Mignaloux, le 19 mars 1865 ; 3° FRANÇOIS-JACQUES, né au même lieu, le 26 avril 1867.

8. — **Berrurière de Saint-Laon** (Raoul de la), né à Poitiers, le 10 oct. 1863, a épousé, en juin 1888, au château de Lohan (Côtes-du-Nord), Marie DE LOHAN, petite-fille du Cte de la Boissière.

§ II. — BRANCHE CADETTE.

6. — **Berrurière de Saint-Laon** (Alexandre de la), fils puîné de Urbain-Louis, et de N. Dufour (5e degré du § Ier), naquit le 17 avril 1806 ; il est décédé le 8 avril 1887, laissant de son mariage avec Marthe-Agathe DROUYNEAU DE LA CITADRIE, JOSEPH-JEAN, qui suit.

7. — **Berrurière de Saint-Laon** (Joseph-Jean de la), né en 1844, a épousé : 1° Louise-Thérèse PIMBERT ; 2° le 25 juillet 1879, à Aix, Louise-Thérèse-Roseline DE VILLENEUVE-ESCLAPON. Du premier lit, il a eu : 1° RENÉ-LOUIS-FRANÇOIS-MARIE-JOSEPH, nommé sous-lieutenant de cavalerie le 1er oct. 1889 ; du second lit : 2° ANDRÉ, 3° HENRI.

BERRUYER (Antoine) était sénéchal de la Bnie de Mirebeau en 1495.

Berruyer (Jean), Ec., sgr de Taffenau, épousa, en oct. 1516, Suzanne DE CONYGHAM, fille de Jean et de Catherine de Chastelus.

Berruyer (Catherine), veuve de feu Guillaume de Launay, Ec., sgr de la Vaumartin, dame de Madère et de la Goneraye, fait, le 15 sept. 1581, une vente à un nommé Jean Guet.

Berruyer (Suzanne) épousa Jacques Frezeau, Chev., sgr de la Frezelière ; elle était décédée lors du mariage de leur fille Diane avec Hippolyte de Liniers, Ec., sgr de la Bourbelière, le 7 avril 1620.

Berruyer (Louis), chapelain de St-Michel, régent principal du collège d'Availles, fut inhumé à Availles-Limousine, le 24 mars 1735 ; il avait épousé Jeanne Brun, dont une fille, Catherine, née le 24 juil. 1710, mariée, le 10 juil. 1732, à Armand Ducourtieux. (Reg. d'Availles-Limousine.)

Berruyer (Anne) épousa, le 12 nov. 1730, François-Xavier Babinet de Santilly, garde du corps du Roi, Chev. de St-Louis. Elle est décédée en janvier 1776.

BERRYER (Nicolas) fut intendant de justice, police et finances de la généralité de Poitiers, en 1743. (F.) Il portait pour blason : d'argent au chevron de gueules, accompagné de 2 quintefeuilles d'azur en chef et d'un aigle de même (ou de sable) en pointe.

BERSEUR (Robert Le), Ec., vint du Poitou en Normandie, avec les troupes du roi Louis VIII. Elles étaient destinées à contenir cette province, nouvellement réunie à la couronne. Il s'y établit, et épousa, au mois de mars 1266, Catherine de Lithaire, fille de Jean, Ec., sgr dudit lieu et de la Rouche.

Les noms des père et mère de Robert Le Berseur sont inconnus, ses descendants n'ayant point son contrat de mariage ; mais, d'après divers actes, son fils Colas épousa, vers 1286, Marguerite de Chanteloup, fille de Jean, Chev., sgr dudit lieu et de Baudreville. Sa postérité existe en Normandie ; on assure que les degrés sont justifiés par les contrats de mariage, ou titres équivalents. Nous ignorons s'il existe encore, en Poitou, quelques membres qui puissent rattacher leur filiation à cette famille. (D. F.)

Blason : d'azur à une fleur de lis d'or, soutenue d'un croissant d'argent.

BERSUIRE. — V. BRESSUIRE ET BEAUMONT-BRESSUIRE.

BERTAULT ou BERTHAULT. — Nous réunirons sous un seul et même article les quelques notions, classées par ordre chronologique, que nous avons pu recueillir sur les personnes portant ces noms.

Bertaudus (*Stephanus*) est cité dans des chartes de l'abb. de St-Maixent de 1130. (Interdit sur la terre de Hugues de Rochefort, 1132 et 1133. D. F.)

Berthault (*Gaufridus*), *miles*, *et Bucharda uxor ejus*, *filia Buchardi miles*, sont qualifiés, dans un titre de 1205, de bienfaiteurs de l'abb. de la Blanche. (D. F.)

Bertault ou **Berthault** (Guillaume) fut témoin, en 1224, d'une donation faite à l'abb. de Boisgrolland par Guillaume d'Aspremont, Chev. (Cart. Boisgrolland.)

Bertaud (Philippe), Chev., habitant de la Roche-sur-Yon, porte plainte contre Raymond de Navarre, bailli du Roi, au sujet du tort qu'il lui a fait éprouver, lorsque lui, plaignant, était châtelain de Beaulieu (sous la Roche-sur-Yon ?) pour Raoul d'Aspremont, Chev., 1248. (Arch. Nat. Reg. 97, II. 1, 128.)

Bertaudus (*Guillelmus*) fut témoin d'une donation de biens faite, vers 1268, à l'abbaye de la Réau par Jourdain, sgr de l'Isle-Jourdain, et son fils Boson. (D. F. 24.)

Bertaud (Jean de) était, au moment du procès des Templiers (1307), précepteur de la préceptorie de la Boissière en Gâtine. Il fut arrêté et conduit à St-Maixent et à Poitiers, où il fut interrogé, et transféré à Paris (1314).

Berthault (Henri) épousa Madeleine de Luains. Ils sont cités dans le testament de leur père et beau-père (1513).

Berthault (Jacques), serviteur de Me de Ste-Gemme, fut assassiné, le 3 mars 1568, dans les rues de Parthenay, par le sire de la Borillère. (Ledain, Gâtine.)

Bertault (Simon) était consul des marchands de Poitiers en 1586.

Berthaud (François), sr d'Epannes, chirurgien-barbier à Champdeniers, testa le 23 fév. 1599, mourut le 23 fév. 1600, et fut inhumé dans l'église, où il était représenté dans un tableau, sous l'habit de St-François ; au-dessous, se trouvait un écusson de... chargé de trois chevrons d'or. De l'inscription de ce tableau, on voit qu'il laissait de Jeanne Aymon, sa femme, une fille, Marie, qui épousa Michel de Tusseau, Chev., sgr de Borc.

Berthaud (N.) signe au contrat de mariage de Nicolas Viète, sr de la Groix de Pissotte, avec Jeanne Alléaume, du 6 juin 1609.

Berthaud (Marie), héritière de Catherine Berthaud, veuve d'Antoine Gauthier, rend aveu à la Tour de Maubergeon du fief et sgrie de la Mortmartin, 1674.

Berthaud (Gabrielle), Ve de Jean Dupont, sr de la Jonchère, rend aveu du même fief en 1696. (N. féod. 104.)

Bertault (Mathurin), sr de la Pajollière, vivait en 1668.

Bertault (François), Ec., sgr de la Grisce, eut de N., son épouse, une fille, Françoise, qui se maria à Charles Blondé du Champ de Lovaux, avocat à Saumur ; Françoise, devenue veuve en 1693, mourut en 1696.

Bertault (Renée) épousa, le 4 juin 1697, Antoine Galletier. (Reg. de Vendeuvre.)

Bertault (Pierre) épousa Vincente Condonneau, dont : 1° Pierre, qui épousa, le 10 juil. 1728, Marguerite Marchand, fille de Pierre et de Catherine Chevalier, dont postérité ; il était décédé en 1750 ; 2° N., décédée à la même date, épouse de Joseph Nivard ; 3° N., épouse de Etienne Boissard ; 4° N., épouse de Vincent Limouneau ; 5° N., femme de N. des Murs, qui sont tous cités dans le partage des biens de Vincente Condonneau, leur mère, veuve de Pierre Berthault, qui eut lieu à Poitiers, le 29 avril 1750. (D.)

Bertault de Chanteraine (Claude), président trésorier gal de France à Poitiers, par provision du 30 nov. 1734, reçut ses lettres d'honneur le 13 juillet 1748 (M. A. O. 1883, 267) ; avait acheté en 1710 la sgrie de Chincé. (Id. 1874, 219.)

Il avait épousé Perrine Salmon, dont un fils, Pierre-Claude, inhumé à Jaulnay, le 21 sept. 1739.

Bertault (Jeanne) épousa Alexandre Babinet, sr du Peux, dont elle était veuve le 10 juin 1776.

Bertault (N.) fut l'un des juges du tribunal criminel du département de la Vienne.

BERTENYE (Antoine) servit, en brigandinier du sgr de Belleville, au ban de 1467.

BERTHAULT. — V. BERTAULT

BERTHE ou **BERTHÉ**. — Voir **BRÉTHÉ**. — Le peu de renseignements que nous avons pu recueillir sur les familles de ce nom nous fait craindre de les avoir confondues dans un seul et même article.

Blason. — Berthé, sr de la Chevrie, portait : d'argent à trois merlettes de sable. (Armorial du Poitou. — Goujet, p. 203.)

Berthe (Guillaume). Le 11 juin 1469, il est fait une enquête à sa requête ; il habitait la ville de Poitiers.

Berthe (Jean) était procureur de la ville de Poitiers le 15 janv. 1541 ; il fut en cette qualité exempté de servir au ban et arrière-ban convoqué cette année. (Arch. Poitiers, 96.) Ce fut lui sans doute qui fût élu maire de Poitiers en 1533, reçu échevin le 18 fév. 1554 ; il est mort en 1555 ; il est dit sgr de la Chevrie.

Berthe ou **Brethe** (Jacques) était, en 1559, bourgeois du corps de ville de Poitiers.

Berthé (Jacques), sr de la Chevrie, était décédé en 1666, d'après un aveu rendu cette même année.

Berthé (Henriette) était, en 1741, femme de Alexandre de Messemé. (Doc. Puichaud.)

Berthé (Dorothée) épousa, le 29 sept. 1808, Joseph-Armand Brisson.

Filiation suivie.

1. — **Berthe** (Joachim), Ec., sgr de Chailly (Thurageau), fit aveu, le 28 avril 1540, à Antoine Chapeau, Ec., sgr de Champabou. Il épousa : 1° (vers 1530) Louise Poupart, fille de René, Ec., et d'Antoinette de Mondion, et 2° Anne Berthe ? (Il fit à cause d'elle aveu de la Richardière à Ste-Maure en 1557.) Du 1er lit il eut : 1° René, qui suit ; 2° Michel, qui eut procès à Mirebeau en 1567 ; et peut-être 3° Jeanne, mariée à Simon Tortreau, Ec.

2. — **Berthe** (René), Ec., sgr de Chailly, Pilleron, épousa : 1° Renée Marans ? 2° En 1574, Jeanne de Mondion, fille de Charles, Ec., et de Madeleine Fresneau. Il eut du 1er lit : 1° Gabriel, Ec., sgr de Pilleron, qui partagea avec ses frères sous le scel de Châtellerault en 1583 ; 2° Louis, Ec., sgr de la Vieillardière. — Du 2e lit : 3° Claude, qui suit.

3. — **Berthe** (Claude), Ec., sgr de Chailly, épousa à Loudun, le 22 nov. 1610, Claude de Vieilmont, fille de Mathurin, Ec., et de Charlotte Chapron, dont : 1° Charles, qui suit ; 2° Madeleine.

4. — **Berthe** (Charles), Ec., sgr de Chailly, maintenu noble en Touraine en 1667, épousa : 1° le 3 juin 1641, à Loches, Anne d'Augustin, fille d'Annibal, Ec., sgr du Mignon, et d'Anne Brachet ; 2° Marie Testereau. Du 1er lit il eut : 1° Louis, qui continua peut-être la famille ; du 2e, 2° Marie-Anne, baptisée à Amboise le 13 fév. 1675, reçue à St-Cyr en 1686.

BERTHE ou **BRETHÉ** à Poitiers.

Berthe (François) fut nommé échevin à Poitiers par les ligueurs le 14 mars 1590. Il portait pour blason : d'argent au chevron d'azur, accompagné en chef de deux cœurs de gueules et en pointe d'un taureau passant de sable. (Arm. des échevins et Goujet.)

BERTHELIN. — Famille originaire de Niort, où elle a occupé, à la fin du xve s. et au commencement du xvie, les importantes fonctions de maire.

Blason. — La famille Berthelin de Monbrun portait : « d'argent au chevron « d'azur, accompagné en chef de deux « fleurs de lis de même, et en pointe « d'une moucheture d'hermine de sable. » (D'Hozier. La Barentine ajoute un chef de gueules, chargé de 3 coquilles ou crouzilles d'argent.)

Noms isolés.

Berthelin (J.) signe une attestation sous la date du 13 août 1461, avec P. Le Moyne et Jean Salmon, docteurs régents de l'Université de Poitiers. (Privilèges de Poitiers.) C'est probablement le même que le Jean qui mourut en 1482.

Berthelin (Mathurin) est cité dans des lettres du sénéchal du Poitou, du 24 mai 1512, par lesquelles il ordonne que le marché d'Aunay se tiendra les jeudis de chaque semaine, et non le samedi. (D. F. 17, 645.)

Filiation suivie.

La généalogie suivante, dressée, pour les cinq premiers degrés, sur l'épitaphe historique et généalogique de J. Berthelin, procureur du Roi à Châtellerault, est complétée par les notes que M. le Cte Louis de la Rochebrochard a bien voulu relever pour nous sur des titres originaux ; et c'est grâce à son obligeance que nous avons pu continuer la filiation d'une manière exacte et justifiée, jusqu'à l'extinction de cette maison. Nous y avons joint les notes que nos recherches personnelles nous ont procurées.

1. — **Berthelin** (Rodolphe), Ec., avait épousé Madeleine du Vergier. Il eut de ce mariage :

2. — **Berthelin** (Guillaume), Ec., mari de Marguerite d'Arnac, dont :

3. — **Berthelin** (Jean) Ier, sgr d'Aiffres, licencié ès lois, pair de la cne de Niort en 1493, fut échevin en 1499 et maire et capitaine en 1503 ; il mourut échevin en 1532. Il avait épousé Jeanne Desmonts ou des Monts, qui est rappelée comme aïeule des copartageants dans l'acte de partage du 12 janv. 1559 entre Jean et Jacques Berthelin, enfants de Jean II et de Perrette Maynier. Il eut pour fils :

4. — **Berthelin** (Jean), IIe, Ec., sgr d'Aiffres, né en 1491, fut en 1554 commissaire des francs-fiefs pour le Roi en Poitou, échevin de la ville de Niort, maire et capitaine en 1544. Il épousa Perrette ou Pétronille Mesnier ou Magnier. Il en eut : 1° Jean IIIe, auquel, par acte de partage du 12 janv. 1559, il fut attribué la sgrie d'Aiffres ; fut à diverses reprises maire de Niort, dont il était échevin depuis longtemps ; se disait, en 1576, sgr de St-Florent, et mourut âgé de plus de cent ans, sans avoir été marié ; 2° Jacques, qui suit.

5. — **Berthelin** (Jacques), Ec., sgr de Romaigne. Ce dernier, après avoir suivi la carrière militaire, se distingua dans un grand nombre de combats, mais fut forcé d'abandonner le métier des armes, par suite de blessures reçues devant Pavie (1525). Il fut nommé procureur du Roi à Châtellerault. Jacques Berthelin assista en cette qualité au procès-verbal de la réformation de la Coutume de Poitou, en 1559, et mourut en 1586.

On voyait autrefois sa très longue épitaphe latine incrustée dans la muraille de la chapelle des fonts baptismaux de l'église paroissiale de St-Jacques de Châtellerault. Nous n'en donnerons que la traduction publiée, ainsi que le texte latin, par Jouyneau des Loges, dans les *Affiches du Poitou* (ann. 1777, p. 26) ; les personnes désireuses de vérifier la fidélité de cette traduction pourront ainsi la conférer avec l'original :

« *Cy gît Jacques Berthelin, Ec., sgr de Romaigne, tirant son nom et son origine de la Mothe de Berthelin en Aiffres, près Niort, en Poitou, fils puîné de Jean, sgr dudit lieu, et de Pétronille Magnier ; petit-fils de Jean et de Jeanne des Monts ; arrière-petit-fils de Guillaume et de Marguerite d'Arnac ; arrière-petit-fils du fils de Rodolphe et de Madeleine Duvergier ; qui tous ont été dans leur temps des militaires distingués, et sont morts en différents combats et rencontres pour leurs rois. Lui-même, étant très jeune, fut grièvement blessé à la main gauche par l'atteinte d'une balle à la bataille de Pavie en Italie, et obligé de renoncer à la profession de ses aïeux pour se livrer aux douceurs de l'étude. En considération de quoi et des services de ses pères, le roi François Ier, qui connaissait sa valeur, et qui avait été témoin de sa blessure, lui donna gratuitement l'office de son procureur en cette ville, avec promesse d'une plus grande récompense dans un autre temps : office dans l'exercice duquel il a vieilli. Il avait épousé Adrienne, fille aînée de Pierre de Bosnay et de Jeanne Turquant, de laquelle il eut vingt-quatre fils, dont vingt-deux furent de son vivant tués à la guerre pendant les troubles qui agitaient alors le royaume. Il mourut beaucoup plus que septuagénaire, le 6 novembre 1586 ; Adrienne, sa chère épouse, deux fils, Jean, actuellement procureur du roi, et Jacques, lui survivent.* »

Des 24 enfants qu'eut Jacques d'Adrienne DE BOSNAY, nous ne connaissons que : 1° JEAN, précité, procureur du Roi à Châtellerault, qui, le 20 mai 1601, partageait avec son frère ; 2° JACQUES, qui suit.

6. — **Berthelin** (Jacques) IIe, qui, le 8 juin 1579, passait au nom de son père un échange de pièces de terre avec André Dabillon, sr de Limbaudière et de Pascouinay. Il est mort à Poitiers le 6 nov. 1613. Marié à Catherine BRUNEAU, il eut : 1° MICHEL, qui suit ; 2° JACQUES, sgr de la Fourneraye, qui, le 15 sept. 1626, agissant sous l'autorité de Jacques Ogier, son curateur, partageait, devant César d'Aumont, sénéchal de Châtellerault, la succession de son père avec son frère et sa sœur JEANNE, épouse d'André Richard, lieutenant-général de la sénéchaussée de Montmorillon. Le 29 oct. 1659, Jeanne fut marraine de Simon Berthelin, son petit-neveu ; son mari et elle fondèrent en 1652, dans la psse de Sauigé, une chapelle sous le vocable de St-Jacques, qui plus tard fut à la collation du sgr de Lanet. Jacques mourut sans enfants mâles.

7. — **Berthelin** (Michel), Ec., sgr d'Aiffres, en rendait aveu au Roi le 30 août 1622 et hommage au chât. de Niort, le 2 sept. 1643. Il avait épousé, le 29 août 1627, Marie PASTUREAU, fille de Guillaume, Ec., sgr de Vaumoreau, et de Marie Martin, dont il partageait les successions le 18 août 1651 ; nous ne lui connaissons qu'un fils, JACQUES, qui suit.

8. — **Berthelin** (Jacques), Ec., sgr d'Aiffres et de Romagne, le Cluseau-Bonneau, etc., né le 19 juill. 1628, mourut le 22 sept. 1698, et fut enterré dans l'église de Pindray (Vienne). Il assistait, en 1657, au contrat de mariage de Jean Chasteigner, Ec., sgr de Rouvre, avec Jeanne Sochet, dont il était l'oncle du côté maternel, et habitait le Cluseau, psse de Lathus, lorsqu'il fut confirmé dans sa noblesse avec sa mère par M. Barentin, le 10 sept. 1667. Le 16 déc. 1650, il avait épousé Françoise SERIZIER, fille de Julien, Ec., sgr de Lespine et du Cluseau, et de Marie Dreux. En 1682, lors du mariage de son fils Simon, il commandait un escadron de la noblesse du Poitou, envoyé sur les côtes pour s'opposer aux descentes des Anglais. On trouve dans l'ouvrage de D. Bettancourt, au mot *Berthelin*, p. 105 : « Berthelin (Jacques), sgr de Romagne, et Françoise CLERGEAU, son épouse : Châtellerault, terre et sgrie de Clouseau, *aliàs* Cluzeau, ensemble la Mothe (Berthelin ?), terre et sgrie d'Aiffres ; et pour Françoise TAVEAU, son épouse, veuve de François Ferré, Chev., la terre et sgrie de Pindré (Pindray ?) 1653 ad 1672. » Jacques se serait-il donc marié 3 fois : à Françoise Serisier, Françoise Clergeau et Françoise Taveau ? L'extrait ci-dessus des *Noms féodaux* semblerait l'indiquer. N'ayant aucuns moyens d'éclaircir le fait, nous nous contenterons de le constater.

Jacques laissa : 1° SIMON, qui suit ; 2° FRANÇOIS, qui était majeur de 25 ans avant le partage du 28 janv. 1685, et avait vendu sa portion dans la succession de ses parents à Simon, son aîné ; 3° PIERRE, qui fut un vaillant capitaine, très aimé de Louis XIV, qui, au lieu de le désigner par son nom, l'appelait *Mon brun* : sans doute en raison de la teinte bronzée de son teint, titre qu'il lui donne même dans ses brevets ; ce fut à cette occasion et à dater de cette époque que la famille ajouta ce nom de Monbrun à celui de Berthelin. (Notes de famille.) Il était, le 18 juin 1685, lieutenant dans la compagnie de Simon son frère, et ce jour partageait avec ses cohéritiers la succession de leur père.

4° JACQUETTE, mentionnée au partage en 1685, rendait, en 1702 et 1717, comme mandataire de ses sœurs, Françoise, femme de Charles de Marconnay, Ec., et Radégonde, un aveu au chât. de Niort pour la terre et sgrie d'Aiffres. (N. féod. 104.)

5° MARIE, qui, lors du partage de 1685, était pensionnaire au couvent des Dames de Saint-Joseph à Montmorillon, mandataire de ses deux sœurs ; 6° FRANÇOISE, qui, d'après les aveux rendus par Jacquette, était mariée à Charles de Marconnay ; et 7° RADÉGONDE, dite dame d'Aiffres dans le partage de 1685 et les aveux de 1701 à 1717.

9. — **Berthelin de Monbrun** (Simon), Chev., sgr du Cluseau, de Lathus en Poitou, naquit à Boussigny (psse de Lathus), le 1er nov. 1651, épousa le 31 janv. 1682, par acte reçu Carrière, notre à Villeneuve-d'Agen, Marguerite DE CIEUTAT, fille de Arnaud, Chev., baron de Pujols, et de Claire de Baynac. Il était, à cette époque, capitaine au régiment de Chastillon-Cavalerie. En 1685, il rendait aveu, au chât. de Montmorillon, de la terre du Cluzeau, et mourut le 8 oct. 1693, à Namur, des suites de blessures reçues à la bataille de Nerwinde. Mme de Berthelin testa le 18 août 1725, et était remariée à Raymond de Beynac, Chev., sgr de la Poumarède en Périgord ; elle fit son légataire universel son petit-fils, Raymond de St-Ours, fils de Claire sa fille, et renonça en faveur de Joseph, son fils et principal héritier, aux jouissances du douaire auquel elle avait droit de prétendre. Ses enfants furent : 1° JOSEPH, qui suit ; 2° CLAIRE, mariée à François-Louis de St-Ours, Chev., sgr de Bellet, capitaine au régiment de Forest-Infanterie.

10. — **Berthelin de Monbrun** (Joseph), Chev., sgr de la Mothe-Berthelin, d'Aiffres, du Cluzeau et de Lathus, rendait hommage, au chât. de Montmorillon, du fief du Cluzeau, le 12 mars 1713. Il épousa vers 1720 Marie-Charlotte HARPEDANNE DE BELLEVILLE, fille de Claude, Ec., sgr de Coulon-lès-Razes, et de Catherine du Breuil, dont il eut : 1° GABRIEL-JEAN-SIMON, qui suit ; 2° SUZANNE-MARGUERITE, dame du Cluseau-Bonneau, qui avait épousé François de Brach, Chev. de St-Louis, capitaine des vaisseaux du Roi, mort à

Cadix au mois d'octobre 1780, où il commandait alors *le Magnifique*, vaisseau de 74, faisant partie de l'escadre de M. le Cte de Guichen; 3° MARIE-ÉLISABETH, décédée à Aiffres, le 10 janv. 1733; 4° ANGÉLIQUE-JULIE, née à Aiffres, le 20 mars 1734.

11. — **Berthelin de Monbrun** (Gabriel-Jean-Simon), Chev., sgr d'Aiffres, Coulon, Bon de Goudail, fut nommé cornette au régiment de St-Jal-Cavalerie par brevet du 22 mai 1758, capitaine au régiment Royal-Cavalerie le 6 juillet 1762; rendait aveu au chât. de Niort de sa sgrie d'Aiffres, et le 13 nov. 1767, recevait plusieurs hommages dûs à sa métairie noble de la Mérandière (au bourg d'Aiffres). Il avait épousé: 1° le 16 avril 1760, Marie-Thérèse-Henriette BROCHARD DE LA ROCHEBROCHARD, fille de Louis-Joseph, Ec., sgr de Surin, etc., et de Marie-Madeleine Bellanger, et 2° Anne DE BRUCHARD.

Du premier lit sont nés: 1° HENRIETTE-JULIE, baptisée à Aiffres, le 18 avril 1770, décédée le 28 juin 1782; 2° MARIE-AGATHE, née le 4 fév. 1771, mariée le 16 nov. 1795 à Emmanuel-Armand-Jean-Bénédict de Ste-Hermine, depuis pair de France, morte à Poitiers, le 1er mai 1844, à l'âge de 67 ans; 3° CÉCILE, née le 8 nov. 1778, mariée, le 19 oct. 1802, à Philippe-Xavier Brochard de la Rochebrochard, son parent. Le 12 juin 1795, elles avaient traité avec la seconde femme de leur père au sujet de son douaire qui s'élevait en argent à 189,082 fr. 10, et en propriétés à 16,246 fr., au total à 205,328 fr. 10. Le 14 févr. 1802, elles partagèrent la succession de leurs père et mère; 4° HENRI-JOSEPH, né le 8 sept. 1782, décédé le 8 sept. 1789. En eux s'éteignit l'ancienne famille Berthelin de Monbrun.

Gabriel-Jean-Simon n'assista que par procureur à l'assemblée de la noblesse du Poitou, tenue en 1789 pour nommer des députés aux Etats généraux; mais il lui fit remettre un mémoire dont nous allons présenter une courte analyse de l'original que nous possédons.

Dans ce mémoire, M. de Monbrun réclamait « l'abolition des dîmes payées aux ecclésiastiques, ainsi que du casuel, et proposait d'y suppléer par un traitement de 3,000 liv. pour les prêtres desservant des paroisses situées dans des villes, et 800 liv. au moins pour les paroisses de campagne.

« Il demandait la suppression des justices seigneuriales et des offices de notaires qui y étaient attachés, se fondant sur ce que, bien loin d'accélérer la marche de la justice, les justices seigneuriales ne servaient qu'à l'embarrasser; que, quant aux notaires de ces justices, ces praticiens, n'étant soumis à aucune surveillance efficace, employaient sans pudeur tous les moyens les moins honnêtes pour se procurer de l'argent, objet de leur rapacité; puis juges et notaires élevaient l'édifice de leur fortune sur la ruine des malheureux paysans, qui seuls avaient habituellement affaire à eux. Pour obvier à ces graves inconvénients, il demandait que les sièges royaux jugeassent en dernier ressort jusqu'à 2,000 liv., les présidiaux jusqu'à 4,000 liv., et que, vu l'éloignement du Parlement de Paris dont relevait le Poitou, il fût établi à Poitiers un conseil supérieur ou grand bailliage, qui pût connaître de tous les appels de la province en dernier ressort jusqu'à la somme de 40,000 liv.

« Il réclamait au moins dans la province de Poitou l'unité de mesure pour les grains.

« Il réclamait contre la négligence de l'administration, qui laissait dans un état affreux les chemins de communication, et contre l'abus dès lors général de la chasse; à ce sujet il demandait qu'au moins la chasse ne fût permise qu'à partir du moment où les récoltes sont rentrées jusqu'à l'époque des semailles.

« Abordant les hautes questions gouvernementales, il demandait pour le Poitou une députation permanente, par qui serait faite la répartition des impôts, par qui serait dirigée l'administration des routes et chemins, l'entretien des haras, etc.

« Il demandait l'abaissement des impôts déjà accablants; et, pour combler le déficit que cette réduction devait opérer dans les recettes, il réclamait une nouvelle répartition faite sur des bases plus justes, et l'abolition des pensions, dont le nombre était si considérable, et dont la majeure partie n'étaient dues qu'à l'intrigue, au crédit, à la protection ou à l'alliance des ministres.

« Il demandait aussi que chaque ville fût chargée de la perception des impôts, ce qui diminuerait de beaucoup les frais d'administration générale. »

Après ces observations qui dénotaient un homme à la hauteur des besoins de son époque, M. de Monbrun terminait par des considérations qui feront peut-être sourire de pitié quelques Brutus modernes, mais qu'on ne saurait trouver ridicules dans la bouche d'un vrai gentilhomme.

« La noblesse, disait-il en substance, qui de tout temps a été la pépinière des officiers, et qui a pris sa source dans l'état militaire, se distinguait autrefois des autres ordres par l'épée, qu'elle seule avait le droit de porter; mais, depuis que cette licence s'est même étendue jusqu'aux valets de chambre, intendants et maîtres d'hôtel de tous les évêques de France, etc., cette marque distinctive autrefois d'un gentilhomme en est, pour ainsi dire, devenue une méprisable. L'ecclésiastique et le magistrat ont une couleur affectée à leur état; la noblesse seule est confondue avec ce qu'il y a de moins distingué; et il serait cependant utile à l'éclat du trône que le Roi daignât accorder à cette partie de ses plus fidèles sujets le droit de se faire reconnaître par un signe particulier, etc. »

BERTHELOT. — Il y a eu plusieurs familles de ce nom. L'une d'elles jouissait dès le XVIe siècle d'une grande considération dans le Poitou.

Blason. — Berthelot, maire de Poitiers, et Berthelot du Fief-Clairet, portaient: d'or à 3 aiglettes éployées d'azur, membrées de gueules.

Berthelot (Gabriel) était chanoine de Luçon dès le 27 oct. 1463, qu'il prenait part à la rédaction de l'acte par lequel l'évêque de Luçon revendique, contre les prétentions du sénéchal de Poitou, le droit de nommer à la capitainerie au chât. de Luçon, et encore à la rédaction des statuts du diocèse, le 7 nov. 1472. (D. F. 14, Liv. Luçon, 11, 7.)

Berthelot (Denis), prêtre, et Olivier Joulain, son clerc, aident Jean et Guillaume Nicolas, habitants de Mons, à faire de fausses lettres de Maurice de Belleville, ancien seigneur de la Garnache, pour exempter les habitants de Mons, de Corps, etc.; fait qui est révélé à Louis de Rezay et à M. Loys Tyndo, capitaine de la Garnache, et pour lequel les délinquants obtiennent rémission, 1470. (Arch. Nat. J. Reg. 196, 170.)

Berthelot (Jean), conseiller en Parlement, est relaté dans l'exposé, dressé le 22 mai 1508, des faits d'un procès, pendant en Parlement, contre la ville de Poitiers et l'abb. de Montierneuf de cette ville, au sujet des chaussées que les moines avaient construites près de la porte St-Lazare, et que le corps de ville fit démolir. (D. F. 19.)

Berthelot (Guillaume) était, le 9 juillet 1510, receveur. (Id. 27.)

Berthelot (Peronelle) était, avant 1511, femme de Mathurin de Cors ou de Goret, Ec., sgr de Fontelor. (K. 1, Poitou, 2, 99.)

Berthelot (Pierre) était échevin de la ville de Poitiers en 1412.

Berthelot (Françoise) avait épousé Johan Cathus, dont le frère, Pierre, amortissait, le 19 août 1518, une rente constituée par son frère.

Berthelot (Charlotte) était religieuse de l'abb. de la Trinité de Poitiers, lors de l'introduction de la réforme dans ce monastère, 19 janvier 1520. (D. F. 27.)

Berthelot (René), sgr de Fief-Clairet, d'Anguilard, licencié ès lois, conseiller au Parlement de Paris dès avant 1533, lieutenant criminel à la sénéchaussée présidiale de Poitiers, et l'un des bourgeois de cette ville, fut élu maire en 1529. Il avait été fait échevin peu auparavant, au lieu et place de Pierre de Péréfixe, décédé. Les armes des Berthelot étaient sur la porte intérieure d'une maison que le maire avait fait bâtir en 1529. Cette maison, qui portait, en 1843, le n° 24, dans la rue de la Chaîne, est d'une architecture remarquable, témoignant de la magnificence et du bon goût de son premier propriétaire.

Trois faits hors de ligne signalèrent l'administration de Berthelot, et lui méritèrent la reconnaissance de ses concitoyens. Le premier fut lors d'une hausse excessive dans le prix du vin et du blé ; le deuxième, l'invasion de la peste qui, aux environs de Pâques (1529), commença à exercer ses ravages dans la ville ; Berthelot put prendre des mesures énergiques et efficaces pour prévenir la famine qui menaçait ses administrés, et combattre le fléau qui allait les décimer.

Le troisième fut une taxe de 10,000 liv. imposée à la ville de Poitiers, pour sa part contributive dans la rançon du roi François Ier. Berthelot employa son crédit avec tant de succès, qu'il fit réduire cette taxe à 6,000 liv.

Berthelot fut un des quatre anciens maires, ou échevins de Poitiers, qui portèrent le dais sous lequel l'empereur Charles-Quint fit son entrée dans la ville. Il avait rendu, le 4 nov. 1538, un aveu à l'abbesse de Sainte-Croix, pour son hôtel de Montgauguier.

Il prenait le titre de noble homme, dans l'acte de fondation d'une chapelle qu'il fondait dans l'église de St-Germain de Poitiers, et il est cité, avec le titre de sgr de Guignefolle, dans une sentence rendue à la sénéchaussée de Poitiers, le 23 janvier 1539, au sujet de la navigation du Clain. Il avait épousé Jeanne D'AUSSEURE, fille de René, Ec., sgr des Roches de Vendeuvre, et de Marguerite Tyndo, le 1er fév. 1529 (N. Chaigneau et N. Rousseau, not^res^ à Poitiers). L'un et l'autre testaient le 3 mars 1541 (Ogeron et Dihard, not^res^) ; par cet acte ils se faisaient une donation mutuelle ; on y voit qu'ils étaient sur le point de quitter Poitiers. René était décédé avant le 19 juillet 1561, date d'un aveu dans lequel J. d'Aussoure se qualifie sa veuve.

De ce mariage sont issus : 1° JEANNE, qui épousa, le 20 août 1554 (contrat du 8), Jacques du Fouilloux, le joyeux veneur ; le 6 sept. 1554, Jeanne recevait une donation de ses père et mère, et mourut en 1569 ; 2° CHARLOTTE, dame de Sazières, mariée, par contrat du 20 juin 1570, à François, bâtard légitimé de la Tremoille.

Berthelot (Philippe) était, le 6 juin 1639, veuve de Jacques Ogier, châtelain de Bressuire ; elle était, à cette époque, tutrice de Jean Ogier, son fils mineur. (D. F.)

Berthelot (N.), sergent, est relaté, dans la complainte adressée par le Chapitre de St-Hilaire-le-Grand, au sujet du pillage de leur église par les Gascons et les protestants, en 1562. (D. F. 12.)

Berthelot (Lucrèce) était créancière de Charles de Cahiduc, Chev., sgr de Trèves (Maine-et-Loire), auquel il est ordonné « d'ouvrir sa maison pour souffrir exécution », pour le payement de ladite rente, par arrêt de la cour des Grands Jours de Poitiers, du 13 oct. 1579. (M. Stat. 1878, 155.)

Berthelot (Gaspard de), Ec., sgr de Maibranche, prend part à la délibération du corps de ville de Loudun, en date du 12 juillet 1597, sur les moyens de résister aux pilleries, et exactions de la garnison de la ville de Mirebeau. (D. F. 18.)

Berthelot (Etienne) était notaire de la châtel^nie^ de Veluire près Fontenay ; la cour des Grands Jours de Poitiers ordonna, par arrêt du 30 oct. 1636, d'informer contre Jacob de Medon, lieutenant criminel à Fontenay, et autres, qui s'étaient livrés à des excès et violences sur sa personne. (M. Stat. 1878, 264.)

Berthelot (Marie) épousa Antoine Texier, s^r^ du Plessis, dont une fille, Jeanne, mariée le 12 juillet 1717, à Jean Fleury, Ec., s^r^ de la Caillère.

Berthelot (N.), s^r^ de la Tranchardière, officier de la vénerie du Roi, est remplacé dans sa charge, par André-Donatien Pays-Meslier (1er août 1729).

Berthelot (Renée), veuve de Claude Voisin, licencié ès lois, assiste, (comme sœur ?) du futur, au contrat de mariage de Mathias-Joseph Pays-Meslier avec Marie Grillon, le 29 mars 1729.

Berthelot (Renée), de Villeneuve, épousa, avant 1734, Pierre-Henri Filleau, Ec., sgr de la Ville-aux-Fourniers.

Berthelot (René), s^r^ du Breuil, et Marie SIMON, sa femme, font une vente, le 23 janvier 1747, à N. de Lauzon.

Berthelot du Paty (N.), docteur régent de la Faculté de médecine d'Angers, décéda en février 1772.

Berthelot (Claude), de la Sauvagère, fut le premier mari de Marie-Honorée THOREAU DE LA MARTINIÈRE, d'après une transaction du 21 déc. 1775.

Berthelot (Mathurin), de la Chauvetière, fut reçu dans l'office de sénéchal civil et criminel de police et gruerie de la B^nie^ de Ste-Hermine, auquel il avait été nommé par Louis-Constantin Jousseaume, Cte de la Bretesche, Mis de Ste-Hermine, par provision du 1er juillet 1780, et prêta serment le 4 juillet 1780. C'est peut-être le même qui fut sénéchal de Luçon en 1780.

Dans une note communiquée par M. Compaing de la Tour-Girard, on voit que :

Berthelot (Louis), s^r^ d'Archigny, épousa Gabrielle PARIS, fille de René et de Florence Bion, dont une fille et un fils qui fut sénéchal de Chauvigny, et épousa N. DORÉ, de Poitiers, dont 6 garçons et 6 filles ; cinq des garçons se firent prêtres, le 1er carme, le 2e chanoine à Chauvigny, le 3e curé de St-Michel de Poitiers ; le 4e, prieur-curé de St-Aigny en Berry, mourut à Chauvigny le 15 août 1778, âgé de 75 ans ; le 5e curé de B... ? près de Paris, est sans doute celui qui fut instituteur des enfants de France, et qui mourut à Versailles en mars 1778, dans un âge très avancé. Le 6e mourut jeune et sans enfants. Deux des filles moururent jeunes, deux furent religieuses, l'une à Poitiers, l'autre à Chauvigny. LOUISE, l'aînée, était, le 3 juin

1776, veuve d'Antoine de Luzines ou Deluzines, avocat et sénéchal de St-Hilaire-le-Grand à Poitiers; l'autre épousa en 1res noces N., et en secondes N. Pignonneau, Ec., sgr de la Brière.

Berthelot (François-André), Chev., sgr de la Plotterie, lieutenant d'infanterie au régiment d'Auvergne, eut de Angélique-Louise DE LA RUE DU CAMP DE CHAMPCHEVRIER, son épouse, une fille, MARIE-MADELEINE-CÉCILE, qui avait épousé, avant 1808, Joseph de Crozé.

Berthelot (N.), propriétaire à Lizières, fut nommé, en 1787, membre pour les communes dans l'assemblée d'élection tenue à Thouars.

Berthelot (N.), docteur en médecine à Bressuire, a fait partie de l'assemblée tenue à Poitiers, en 1789, pour nommer des députés aux États généraux.

En 1778, M. Moisgas, avocat feudiste à Mortagne (Bas-Poitou), annonçait dans les *Affiches du Poitou* qu'il avait entre les mains plusieurs liasses de titres concernant MM. Berthelot, Ec., sgrs de Fief-Clairet, de 1529 à 1554. Nous ignorons ce qu'ils sont devenus.

BERTHELOT. — Famille de Touraine alliée en Poitou.

Blason : d'azur à la fasce bandée d'or et de gueules, et un aigle naissant, en chef.

Nous possédons dans notre collection de documents sur les familles du Poitou une note généalogique de l'écriture du XVIIe siècle, adressée par un membre de la famille Berthelot à l'un de ses parents ; nous croyons pouvoir la donner ici, elle fait connaître d'intéressants détails sur les alliances de plusieurs familles.

« GILLES Berthelot feust conjoinct par mariage à la fille du baron de Pouilly en Touraine, de laquelle il eust trois fils, l'un qui s'en rendit chartreux à la Chartreuse près Tours ; l'autre, nommé GIRARD, fut marié avec la sœur du sieur des Fontaines et de Maran nommé Dubois, trésaurier des mennuz plaisirs du feu Roy Charles VIIIe, père et mère de feu GILLES Berthelot garde des sceaulx de la Duché de Bretagne, vivant la feue Royne Anne, et PERNELLE recepveuse de Loches, JEHANNE recepveuse de Xaintonge, ville et gouvernement de la Rochelle et dame de Lavau en Anjou, et MATHURINE procureuse du Roy et dame de Visay, l'autre fils fut sieur d'Azay-le-Bruslé en Touraine père de feu Monsieur Dazay président ès comptes de Paris, qui laissa son héritière Madame de Lautrec mère de feu Monsieur le général de Lautrec et de Mademoiselle la Baillive de Touraine. Quant à PERNELLE Berthelot, elle n'eut qu'une fille, qui fut mariée au recepveur du Roy de Loches, quant à JEHANNE, mariée à Michel de Cherbec (ou Cherbée), Escuier recepveur et sieur de Lavau, dont elle eut trois filz l'aisné lieutenant criminel de la Rochelle et sieur en partie de Ronchay et Panny, l'autre juge du scel pour le Roy en la Rochelle et sieur de Chevillan, l'autre comptable de Bourdeaulx et sieur de Romefont les Painctres. Du premier de ses filz est issu Jehan de Cherbée s^r de Faussillon et de la Voulte, et trois filles l'une mariée avec Jacques de Lyon, Escuier, sieur du Grand-Fief, l'autre..... Escuier s^r de la Basse et l'aultre avec Jacques de la Dunie, Escuier, sieur de Ponceuse du second filz, est yssue une seule fille mariée avec Joseph Levesque, qui a laissé une seule fille espouse de l'eslu Laurans de Mat dont a ung seul filz, du tiers y a eu cinq filles, l'aisnée mariée avec Dast Escuier comptable de Bourdeaulx. La deuxième avec Robert de Chouppes, s^r de Baudeau, et les trois aultres en la maison de Plessac en Périgort. Je ne récite les *desdandins* (*sic*) de Madame ma tante de Vizay pour briesveté et pour ce que en estes descendus et les scavez mieux que moy et fault noter que les dites « Marthimoune » ? furent toutes deux mariées en même jour avec les deux cousins germains filz chascun d'une Franchère l'une âgée de 12 ans et l'autre de xy (*sic*), et furent toutes deulx menées ou conduites au moutier par le feu Roy Charles qui assista à la Messe qui fut célébrée par feu Monsieur le cardinal de St-Malo leur cousin germain luy ministrant les Évesques de Meaulx et de Lodesve ses filz. »

« Item ledit GILLES Berthelot premier eust huict filles à chascune desquelles il donna en mariage IIII mil livres et oultres amandèrent chascune d'elles de sa succession III livres de rente en domaines et III mil livres chascune en debtes le bon homme assistoit au service paroichial. »

« Item l'aysnée des dictes filles fut mariée avec Brissonnet père de mondit sieur le cardinal et garde des sceaulx de France et dont sont descendus les Brissonnets de Paris. »

« Item la seconde fille fut mariée avec le général Ruzé qui eust IIII filz l'ung lieutenant civil de Paris, deux conseillers en la court de Parlement à Paris et l'aultre général sieur de Beaulieu, dont sont yssus Messieurs de Beaulieu-Ruzé fort favory du Roy et Monsieur l'evesque d'Angiers confesseur du Roy ; eust aussy ledit Ruzé deulx filles l'une mariée avec feu Monsieur de St-Blançay (Samblançay) dont sont nepveus en ligne directe le s^r de St-Blançay à present et Madame femme de Messire Adam Fumée Chev. maistre des requestes et conseiller en la court de Parlement et Mademoiselle de Beaulieu mariée avec feu Monsieur Le Febvre advocat du Roy au comptes, frère de vostre ayeul et les Roberthotz d'une aultre fille, la seconde dudit Ruzé fust mariée avec le grand Fumée maistre des requestes du vivant du feu Roy le Roy Loys douzième et François le premier dont sont yssus les Roberthotz. »

« Et ay entendu que feu Monsieur de Chiverny général de France et père de Monsieur le garde des sceaulx qui est aujourd'huy espousa une fille de feu mondit sieur de St-Blançay et eut de ladite Ruzé ce que pourrez véritablement entendre de mondit s^r de Beaulieu. »

« Les trois aultres filles subséquentes furent mariées l'une aux Droux de Lodun dont avez meilleure cognoissance que moy l'aultre aux Brachets d'Orléans et l'autre à un Spifame quant aux aultres trois, je nen say aulcune, mais du tout vous pourrez avoir entière cognoissance par la liste que jay veue chez feu mondit sieur de Lautrec. »

« J'ay oublié de vous déduire que feu Monsieur de Fontaines et de Maran nommé du Boys a laissé ung filz sieur susdit qui a ung filz secrétaire des finances qui a esté employé en Ambassade pour le Roy marié avec une fille dung Febvre président des (*sic*), or sa mère estoit fille de Monsieur Fortia trésaurier des parties casuelles et son ayeulle estoit cousine germaine de feu Monsieur le Chancelier du Prat et sœur de feu Monsieur le général Boucher sieur de Chenonceaulx lequel fut marié avec une des filles dudit cardinal aussi que Monsieur Dautré (ou Dantrée) conseiller en Parlement à Paris a espousé la fille de feu Monsieur le premier président Briçonnet au comptes filz dudit feu cardinal lesquelz j'ay veus en la maison de feue ma dite Dame ma mère. »

Berthelot (Jean) fut maître de la chambre aux deniers du Roi, sgr d'Azay-le-Rideau. Il eut, entre autres enfants, de Pétronille THOREAU, sa femme : 1° GILLES, sgr d'Azay-le-Rideau, conseiller-secrétaire du Roi, maire de Tours en 1520 ; ce fut lui qui fit démolir et reconstruire le château d'Azay-le-Rideau ;

2e Jeanne, qui épousa Jean Briçonnet l'aîné, dit le père des pauvres, sgr de Varennes, Chaufreau, la Koërie et le Portault, d'une famille de Touraine. Elle fut la mère de Robert, cardinal-archevêque, duc de Reims, chancelier de France ; elle est décédée en 1510. (Hist. de Touraine, Chalmel.)

Berthelot (Mathurine), nièce de la précédente, épousa avant 1498 Guillaume le Fèvre, sgr de Bizay et d'Estrepied, procureur du Roi à Loudun. Le roi Charles VIII honora la cérémonie de sa présence. La messe fut célébrée par le cardinal Guillaume Briçonnet, cousin germain de Mathurine, et fut servie par les deux fils du prélat, qui furent ensuite, l'un évêque de Meaux, et l'autre de Lodève. (Le cardinal avait été marié avant d'entrer dans l'état ecclésiastique.)

BERTHERON (Guillaume) fut maire de la ville de Niort en 1557 ; il était alors conseiller de la ville.

Bertheron (André) prenait, en 1598, le titre de trésorier général de France.

Bertheron (Jeanne) était, en 1609, femme de Jacques Chargé, sr des Forges ; elle était fille de Guillon Bertheron, échevin. (F.)

BERTHON et BERTON. — Malgré la différence qui existe aujourd'hui dans la manière d'écrire ces deux noms, nous croyons devoir les établir dans un même article, en raison de ce qu'autrefois on les orthographiait tous avec ou sans l'H.

Avant de donner la généalogie de la famille Niortaise des Berthon, nous établirons dans l'ordre chronologique les notes recueillies sur les personnes de l'un ou l'autre nom qui ont habité le Poitou.

Berto *vel Bertonus* (N.) est témoin d'une donation d'héritages sis vers Chauvigny, faite vers 1083 à l'abb. de St-Cyprien. (D. F. 7.)

Berthon (*Petrus et Michaël*) rendirent à l'évêque de Poitiers, sgr de Ste-Pezenne près Niort, aveu de ce qu'ils possédaient dans la dîme de Benet (Vend.) (v. 1310). (Cart. de l'évêché de Poitiers. A. H. P. 10.)

Berton (James Le) était, en 1301, membre du corps de ville de Poitiers.

Berton (Pierre) était, en 1410, sgr du Fief-Mindrault. (Ledain, Gâtine.)

Berton (Olivier Le) servit comme brigandinier du sgr de Rochechouart au ban de 1467.

Berton (N. Le), décédé avant 1588, avait été greffier en chef au bureau des finances de Poitiers.

Berthon (Charlotte) avait épousé, avant 1592, Emery du Puy, sgr de Buxeuil.

Berton (Marie) épousa, le 21 nov. 1618, Jacques Coin. (Fruchard et Amirault, notres.)

Berthon (Jean), Ec., sgr de Logerie, possédait dans la terre de Ste-Hermine, le 15 sept. 1632.

Berthon (Marguerite) épousa, vers 1640, Pierre Morienne, sr de la Vallée, Ec., Exempt des gardes du corps du Roi, reçu, en 1651, Chev. de l'ordre de St-Michel.

Berthon (Hélie) était receveur des tailles à Châtellerault en 1649. Il avait épousé Rachel Daniau, qui était sa veuve en 1658.

Berthon (Aimé), peut-être fils des précédents, était à la même époque commis à la recette des tailles de cette élection ; fut pourvu de l'emploi de receveur des tailles mitriennal le 12 mai 1659, et fut écroué à la prison du Fort-l'Evêque à Paris, le 30 mars 1660, à la requête de Pierre Bitton, receveur général des finances de la généralité de Poitiers, pour déficit dans ses comptes de 1656 et 1658 ; mais le bureau des trésoriers de France, après examen de ces comptes, le fit élargir le 7 avril suivant. (M. A. O. 1883, 384.) Il se fit ensuite pourvoir d'une charge d'élu dans la même ville. Marguerite Liège était sa veuve en 1663.

Berthon (Samuel) était élu à Châtellerault en 1649.

Berton (Michel), élu en l'élection de Châtellerault, était décédé avant le 2 juill. 1661, laissant pour veuve Madeleine Deslandes.

Berthon (Renée) était femme de Paul Granier, le 11 déc. 1673.

Berthon (Marie) avait épousé François Massonneau, dont la fille Catherine épouse, le 26 nov. 1703, Pierre Faulcon.

Berthon (Suzanne) était, le 15 janvier 1729, épouse de François Barbier, de Poitiers.

BERTHON (à Fontenay).

Il existait, à Fontenay-le-Comte, une famille Berthon qui y a rempli les premières charges municipales.

Berthon (Jacques), sr de Fontbriand, était maire et capitaine de cette ville en 1614 ; il mourut, ou un personnage du même prénom, peu après.

Berthon (Jacques), sr de Fontbriand, assesseur de la maréchaussée de Fontenay, achète, en avril 1618, la sgrie du Bois-Chapeleau, pour la somme de 34,000 liv. Paul de Vendée la retira par retrait lignager ; il fut maire de Fontenay en 1619 et consentit à l'établissement des Capucins en cette ville, de concert avec le conseil de ville.

Berthon (Jean), Ec., sgr de Logerie, la Fenestre, Guignefolle, etc., vice-sénéchal, prévôt provincial, lieutenant criminel de robe courte et chevalier du guet ès ressorts de Fontenay-le-Comte, Niort et Bas-Païs de Poitou, épousa Marie Pothier dont il a eu : 1° Catherine, mariée, le 9 janv. 1641 (Jouyneau et Berthon, notaires), à Bertrand Jourdain, Chev., sgr de Villiers-en-Plaine, etc. ; 2° Claude, qui, en 1649, était femme de Jacques d'Arcemalle, Bon du Langon.

Berton (Pierre-Venant-Joseph), avocat en Parlement, que nous croyons appartenir à la famille fontenaisienne, était, le 22 avril 1775, sénéchal de Coulonges-sur-l'Autize et de Villiers-en-Plaine.

BERTHON. — Famille habitant Niort, originaire de Parthenay.

Blason : d'azur au chevron d'or, accompagné de 2 étoiles d'argent en chef et d'une abeille de même en pointe. (Arm. des maires de Niort.)

Berthon (Nicolas), sr du Temple, lieutenant au bailliage de Parthenay en 1547, frère de N. Berthon, mariée à Raoul de la Porte, aïeule du maréchal de la Meilleraye, avait eu : 1° Marie, qui épousa Juste du Douet, sr du Chillouas, qui était décédée le 2 nov. 1574 ; 2° Jeanne, mariée en 1560 à Nicolas Poignand, sgr de la Touche-Ory ; à cette époque, Nicolas Berthon était décédé.

Berton (Françoise) épousa André Clemançon, dont une fille, Anne, qui épousa Jacques Allonneau, le 2 fév. 1642.

Filiation suivie.

1. — **Berthon** (Antoine), marchand, demeurant à Parthenay, vivait en 1655 ; il épousa Catherine Popinot ou Poupinot, dont : 1° Renée, femme de Pierre Bouthollcau, sergent royal ; 2° Catherine, 3° Laurent, qui suit.

2. — **Berthon** (Laurent), marchand à Niort, fut consul en 1669 ; il épousa, le 30 août 1643 (Jousselin, not[re] à Fontenay), Nicolle Roy, fille d'honorable homme Pierre, marchand à Bessines, et de Jeanne Richard. Le 23 mai 1644, ils se faisaient une donation mutuelle. Laurent mourut dans le commencement de 1655 ; il avait été consul à Niort. (D. F. 20.) Le 25 févr., il fut procédé à la tutelle et curatelle de ses enfants mineurs par-devant François Lauraus, s[r] de Beaulieu, lieutenant-général civil, etc., au siège de Niort. Laurent laissait : 1° Jeanne, célibataire, qui testa le 15 mai 1691 (Thibault et Clemançon, not[res] à Niort), en faveur de son frère Antoine, à la charge de donner à chacun des enfants de sa sœur Marie 1,000 liv., et fit un codicille le 19 févr. 1693 ; 2° Marie, mariée à Noël Piet de la Maison-Neuve, not[re] royal à Niort, le 15 févr. 1665 (Chauvegrain, not[re]) ; elle mourut le 21 mai 1678 et fut inhumée dans l'église N.-Dame de Niort ; 3° Antoine, qui suit.

3. — **Berthon** (Antoine), baptisé à N.-Dame le 13 sept. 1646, marchand de draps et soie à Niort, fut nommé consul en 1674. Juge en 1694 et échevin la même année ; le 10 janvier 1693, il avait été nommé appariteur de la cour conservatoire des privilèges de l'Université de Poitiers par commission signée Bottereau, *Rector*. Ayant acheté (3,500 liv., plus 350 liv. pour deux sols par livre) en 1712 la charge d'avocat du Roi à l'élection de Niort, il en reçut les provisions le 16 sept. et fut installé le 16 oct. suivant ; mais, par édit du mois d'août 1715, cette charge fut supprimée. Antoine resta célibataire, et donna tous ses biens à ses neveux, faisant aussi un legs aux dames de la Miséricorde, et un autre aux pauvres mendiants. Il mourut le 7 sept. 1719 et fut inhumé en l'église de Notre-Dame.

BERTHON, Seigneurs de Piégu.

Ce fragment de généalogie est justifié par les contrats de mariage et un état de production de pièces devant M. Quentin de Richebourg, mais nous n'avons pas l'ordonnance de cet intendant.

Ces pièces font partie des archives du chât. de Roigné et nous ont été gracieusement communiquées.

1. — **Berthon** (Henri), Ec., sgr de Piégu (Bussière-Poitevine, Haute-Vienne), de la Mothe et des Chazeaux, eut de Marie de Prinsault, son épouse, fille de Jacques, Ec., et de Jacquette de Moulin, Thomas, qui suit.

2. — **Berthon** (Thomas), Ec., sgr de Piégu et de la Mothe, épousa, le 20 août 1530 (Pinault, not.), Marguerite Guyot, fille de Nicolas, Ec., sgr du Repaire, et de N. de la Lande ; il fut père de :

3. — **Berthon** (Thomas), Ec., sgr desdits lieux, marié le 29 sept. 1575 à Marguerite Guyot, fille de François, Ec., sgr du Repaire, et de Renée Pot, dont il eut : 1° Pierre, qui suit ; 2° N., mariée en Bourbonnais, au s[r] de Brilhac.

4. — **Berton** (Pierre), Ec., sgr desdits lieux, marié, le 5 juillet 1622 (J. Cardinault, not.), à Aimée Mizard, fille d'Antoine... ; puis en secondes noces, le 29 juin 1656, à Anne de Guillon, veuve de Jean-Isaac Baudineau, Ec., sgr de la Vallade. Pierre testa le 3 sept. 1673 (Dumas, not.), élisant sa sépulture dans l'église de Bussière-Poitevine, « sous le banc des sgrs de Piégu. » D'après cet acte, Pierre avait eu pour enfants : 1° Jean, qui suit ; 2° Pierre, 3° Marguerite, 4° Charlotte, et une autre fille, morte avant lui. Nous n'avons rien recueilli sur ces derniers.

5. — **Berthon** (Jean), Ec., sgr de la Mothe-Gargilesse, fils du premier lit du précédent, était âgé de 25 ans ou environ, lorsque, le 26 juillet 1636 (Nouveau, not.), il épousa Anne Ferré, fille de Jacques, Ec., sgr des Ages ; nous lui connaissons un fils, Jacques, qui suit.

6. — **Berthon** (Jacques), Ec., sgr des Ages, Piégu, etc., épousa : 1° au Vigean, le 6 juillet 1695 (Lauradour et Redondy, not.), Jeanne Guérin, fille de Charles, Ec., s[r] des Plais, en présence de Sylvain Berthon, Ec., s[r] de Launay ; 2° le 9 janv. 1710 (Pougeard et Pougeard, not.), Françoise de Nuchèze ; 3° à Millac, le 30 déc. 1720, Marie de la Roche. C'est ce Jacques qui présenta ses pièces à M. de Richebourg pour se faire confirmer dans sa noblesse.

BERTHONNEAU. — Des personnes de ce nom ont habité le Haut et Bas-Poitou.

Bertonneau (Pierre) était, en 1402, sgr des Aumondières, p[sse] de St-Pardoux (D.-S.). (Ledain, Gâtine.)

Berthonneau (Jean), *Joannes Bertonelli*, chanoine régulier de l'ordre de St-Antoine de Viennois, commandeur de la maison d'Isenheim, en Alsace, procura aux Antonins un établissement dans cette ville, et y fit bâtir une église dans laquelle se lisait l'épitaphe suivante : « *Anno Domini M.CCCC.LXX, die mercurii X octobris obiit reverendus Pater et dom. Dom Johannes Bertonelli, natione Pictavus, magister in artibus ac decretorum Baccalaureus ; Domus S[ti] Antonii in Isenheim præceptor, necnon hujus basilicæ constructor et totius curiæ reparator. Cujus anima requiescat in pace. Amen.* » Au bas de l'épitaphe se voyait un écusson chargé d'un écu en abîme. (Aff. Poit., 1780, n° 50.)

Bertonneau (Jehan), aumônier de l'abb. d'Airvau (1466), combattait contre un nommé Fressart ; Aymer d'Exea, homme d'armes de l'ordonnance du Roi, intervient dans la querelle, et se bat contre Pierre Jobert, sergent du monastère. (Arch. Nat. Reg. 194, 182.)

Bertonneau (Guillaume) possédait, le 20 ma 1468, le fief d'Ussoau, *aliàs* d'Allemaigne. (B[nie] de Mirebeau.)

Berthonneau (Jacques) est cité dans une enquête faite le 3 janv. 1503, établissant qu'il y avait autrefois des religieux obédientiels dans les bénéfices dépendant de l'abb. de la Trinité de Mauléon. (D. F. 17.)

Berthonneau (Olivier), Ec., sgr de Puiguillaume et de Puimorin, rendait le 23 fév. 1513 un aveu au sgr de la Flocellière à cause de Jeanne de Montournois, sa femme, et était mort le 6 juin 1517.

Berthonneau (Amaury) laissa de Michelle Olivier, son épouse, Pierre, qui dès le 10 mars 1534 était chanoine hebdomadier de l'Église de Poitiers, fut député en 1577 près de Henri III, pour savoir si la Ligue devait être reçue à Poitiers ; il était, dès janv. 1574, official et archidiacre de l'Église de Poitiers, et chargé, en 1582, de la recette des revenus du collège de Montanaris de cette ville. Il fut aussi député en 1594 près de Henri IV, après son abjuration.

Berthonneau (N.) faisait partie du conseil

particulier de la Ligue établi à Poitiers, le 18 avril 1589.

Berthonneau (François), s[r] de la Grelière, demeurant à Oyron, était mandataire de Louis Gouffier, duc de Roannais, en janv. 1613.

Berthonneau (Marguerite), de la p[sse] de Lusignan, épousa, le 21 déc. 1634, François Brunet, avocat en Parlement.

Berthonneau (René) était notaire à Poitiers en 1657, et avait épousé Louise Martin ; ils étaient décédés l'un et l'autre avant le 27 oct. 1670, date d'un partage provisoire passé entre Pierre, René, Jacques, Nicolas et Marguerite-Jeanne, leurs enfants, lequel fut rendu définitif le 25 avril 1684. Marguerite-Jeanne, précitée, était, le 6 mars 1712, femme de Marc Courrivaud de la Logerie, capitaine d'infanterie. Elle renonçait, de concert avec Thérèse, fille majeure, sa sœur, à la succession de Jean Bouthier, curé du Vigeant, leur frère utérin, etc.

Berthonneau (René), un des frères de Marguerite-Jeanne, avait épousé Catherine Chabon, qui était veuve le 16 juin 1720, et donnait quittance à Marc Courrivaud d'une somme de 800 liv. qui revenait à son mari, comme supplément de partage de la succession de René Berthonneau, leur père et beau-père ; ils avaient eu un fils, René, qui fut inhumé, âgé de 8 jours, le 30 mars 1687. (Reg. Vouneuil-sous-Biard.)

Berthonneau (Pierre), notaire et greffier au Présidial de Poitiers, fait bâtir une chapelle dans sa maison noble de Vaurais, p[sse] de Vendeuvre, laquelle est bénite le 21 mai 1680. (Reg. de Vendeuvre.)

Berthonneau (Geneviève-Thérèse), épouse de Abraham Proveraud, Ec., sgr de Nitrac, était décédée avant le 3 avril 1733, date du partage de sa succession entre son époux, qui était son donataire, Gabriel Berthonneau, directeur des aides de l'élection du Pont-de-l'Arche, et Marguerite-Jeanne, épouse Courrivaud. Ces derniers héritiers chacun pour une moitié de la défunte.

BERTHRE DE BOURNIZEAUX.

— Famille du pays Thouarsais, qui a occupé pendant plusieurs générations la charge de receveur des tailles (receveur particulier).

La généalogie suivante a été dressée sur des notes communiquées par MM. Aug. Thonnard du Temple et Poulard du Palais, et celles que nous possédions déjà.

Blason : d'azur à une grappe de raisin d'or, accompagnée en chef de deux mouches à miel renversées de même. (D'Hozier.)

Filiation suivie.

1. — **Berthre de la Rue** (Henri), né le 25 fév. 1652 et mort le 11 mai 1732, fut reçu receveur des tailles de la ville et duché-pairie de Thouars, le 30 sept. 1686. Il eut deux enfants : 1° Gilles-Henri, qui suit ; 2° Henriette, mariée, par contrat du 4 janv. 1716 (Darbez, not[re] à Poitiers), à Joseph-François Mignot d'Houdan, Ec., capitaine au régiment de Richelieu.

2. — **Berthre** (Gilles-Henri), Ec., sgr de Bournizeaux (c[ne] de Pierrefitte, D.-S.), la Cour-de-Geay, le Breuil, la Chopinière, Villeneuve, etc., né le 11 août 1698, mourut le 22 oct. 1784 ; gentilhomme ordinaire de la grande fauconnerie, receveur des tailles ancien à Thouars, fut pourvu de cet office le 29 janv. 1733. Il fut aussi subdélégué de l'intendant. En 1749, Jeanne Chabot était sa veuve.

Il eut pour enfants : 1° Pierre-René, qui suit ; 2° Jeanne-Adélaïde-Victoire, mariée, en 1756, à Charles-Hilaire-Hector de Préaux Mis de Châtillon ; 3° Marie-Henriette, qui épousa, en 1756, Joseph-Louis-Vincent de Mondion, Chev., sgr d'Artigny, lieu[t] des maréchaux de France.

3. — **Berthre de Bournizeaux** (Pierre-René), né le 1er mars 1736, décéda en 1784, receveur des tailles de l'élection de Thouars. Il eut pour enfants : 1° Pierre-Victor-Jean, qui suit ; 2° Marie-Charlotte-Françoise, mariée à Jean Thibault.

4. — **Berthre de Bournizeaux** (Pierre-Victor-Jean), juge de paix du canton de St-Varent (D.-Sev.), naquit à Thouars, le 1er juill. 1769, et y est mort le 24 déc. 1836. Poète, moraliste et historien, M. de Bournizeaux, a beaucoup écrit ; ses principaux ouvrages sont : 1° une Héroïde ; 2° une traduction de l'*Aminte* du Tasse ; 3° Précis de l'histoire de la Vendée ; 4° le Charlatanisme philosophique dévoilé ; 5° l'Histoire des guerres de la Vendée ; 6° Histoire de la ville de Thouars ; 7° Histoire de Louis XVI, etc. Il a laissé en manuscrit : 1° Tableau des mœurs de la cour de France sous la deuxième race des Valois ; 2° l'Espion napolitain, roman historique ; 3° traduction des Épigrammes de Martial en vers français. (V. le Supplément à D. du Radier par M. de Lastic St-Jal, 3e vol. 24.) Il a eu pour enfants de Marie-Julie du Mege, son épouse : 1° Auguste, qui suit ; 2° Zoé, épouse de M. Dubourg Syvainée, avoué à Loudun ; 3° Esther, mariée à Prosper Thonnard du Temple, percepteur des finances ; elle est décédée à Morthemer (Vienne), le 13 juin 1872.

5. — **Berthre de Bournizeaux** (Auguste), officier supérieur de cavalerie, ancien garde du corps du Roi, Chev., de la Légion d'honneur, mort à Abbeville le 20 oct. 1874, âgé de 78 ans, laissant pour veuve Charlotte-Françoise de Hesment ou Hémant (sa 2e femme), qui est morte le 22 déc. 1877. Il avait épousé en 1res noces une sœur de cette dame.

BERTIN DU BREUIL-BERTIN.

— Ancienne famille qui a donné un sénéchal au Poitou.

Blason. — Bertin du Breuil-Bertin portait, d'après un fragment de sceau : pallé de 6 pièces ...... dont 3 semées de trèfles. (D. F. 82.)

Bertin (Pierre). Après avoir servi Gui de Thouars, sgr d'Oiron, qui se croisa en 1147, il s'attacha aux rois anglais Henri II et Richard Cœur-de-Lion ; ce dernier prince lui donna en 1190 la terre d'Andilly et le franc-fief dit de son nom le Breuil-Bertin, et le nomma la même année sénéchal du Poitou. En 1187, n'étant encore que *Præpositus Benconis* (prévôt de Benon), il avait été témoin de la charte par laquelle Othon, duc d'Aquitaine et Cte de Poitou, confirma tous les dons faits par ses prédécesseurs et autres à l'abbaye de la Grâce-Dieu en Aunis. (D. F. 9.) Il paraît encore dans la charte par laquelle la reine Aliénor concède le droit de commune à la ville de Poitiers. Fut en 1200 un des bienfaiteurs de l'abb. de Maillezais. Il eut un fils du nom de Pierre et une fille N..., mariée à N... d'Allemagne, qui hérita de son frère Pierre, décédé sans postérité.

Bertin (Pierre), Chev., était tout enfant lors de la mort de ses père et mère, puisque l'on voit qu'il resta plus de 15 années en tutelle. En 1243, il faisait une donation à l'abb. de la Grâce-Dieu. Bien jeune encore (il était mineur), il avait été fiancé à Guénon, fille de Guy de Rochefort, qui l'eut alors pour pupille. Pierre fut tué à la funeste bataille de Mansourah (1250), sans laisser de postérité. C'est probablement de ce même

Pierre qu'il s'agit dans un passage du censif de Chizé, où il est dit que les fiefs de Villiers (sur Chizé ou en bois ?), Availles (sur Chizé) et Ensigné sont aux mains de Templiers, « *qui habent totum feodum jam dicti Petri Bertin accensatum.* » (A. H. P. 7.) Il est également mentionné dans le terrier du grand fief d'Aunis : « Sire Père Bertin, de la p^sse d'Andillé. »

Bertin (Guillaume) devait au chât. de Chizé 2 deniers de cens pour son pré de Parçay (v. 1250). (Id.)

BERTIN. — AUTRES FAMILLES.

Bertin (Pierre) était châtelain de Melle au mois de sept. 1333. (Id. 11.)

Bertin (Pierre) se trouve cité parmi les officiers de justice de la Gâtine qui figurent dans une transaction du 29 sept. 1400 entre le sgr de Parthenay et Guy d'Argenton. (Ledain, Gâtine.)

Bertin (Aimery), sgr de Vanssay, devait hommage au chât. de Civray pour terres attenantes à la garenne de l'hôpital de Saulzé. Il était décédé le 28 mai 1403, lorsque Hugues de Chenay, Ec., rendait ledit hommage en son lieu. (Livre des fiefs.)

Bertin (A.) était, le 22 déc. 1410, notaire de la sgrie de Châteauneuf.

Bertin (Philippe), du couvent des Frères-Mineurs de Fontenay, frère de Méry, qui va suivre, fut brûlé vif le 7 mai 1448, pour cause d'hérésie, par sentence du sénéchal de cette ville. (Poit. et Vendée, Fontenay, 42.)

Bertin (Méry), habitant à Fontenay ou aux environs, sgr de la Mothe de Boësse, recevait en 1448 pour son fils François le dénombrement de Guignefolle. Il avait épousé Catherine TOREIL, TOURBILLE ou TOURVAILLE, qui fonda à Fontenay le couvent des Sœurs du tiers-ordre de St-François, établi au Puy-St-Martin en 1459 ; elle lui survécut. Il laissa pour enfants : 1° FRANÇOIS, qui suit ; 2° CHRISTINE, pour laquelle sa mère avait fondé le couvent, à la condition qu'à la mort de Christine elles y résideraient au moins 12.

Bertin (François), sgr de la Grangerie, la Mothe de Boësse, et de la moitié de la sgrie de Grissay, recevait, le 8 août 1451, de Jehan Vergereau, sgr de Guignefolle, un aveu pour sa moitié dans le fief de Grissay. François épousa Marguerite P....., dont il eut : 1° CATHERINE, mariée à Arthur Le Roux ; 2° PERRETTE, femme de Jean Chevredent ; 3° LOUISE, qui épousa Jehan Laydet, lieutenant du sénéchal de Poitou à Niort, s^r de Rimbault, etc. Par son testament François fonda dans l'église de Notre-Dame de Fontenay les chapelles de Ste-Catherine de la Pouillerie, *aliàs* des Bertin. Après son décès, sa mère Catherine Toreil en institua une autre en 1462 ; et en 1479, ses filles en établirent une troisième ; ces chapelles, qui devaient être à la présentation des descendants du fondateur, passèrent dans la famille Laydet, Loyse Bertin étant la seule des trois sœurs qui eut postérité.

Bertin (Jean) servait en archer le 9 fév. 1474. (Bib. Nat.)

Bertin (Pierrequin de) servait aussi en archer le 12 déc. 1485. (Id.)

Bertin (Gilles) remplaça au ban de 1491 Antoine de Pindray ; il lui fut enjoint d'avoir gantelets et hoqueton, à la prochaine revue. Il le remplaçait encore en archer à celui de 1492, et les mêmes injonctions lui furent adressées.

Bertin (Julien) était curé de St-Etienne de Courcoué lorsque les Huguenots vinrent piller son église ; ses plaintes, le 16 mai 1564. (D. F. 14.)

Bertin (Gédéon de), Ec., sgr de Courdault, rendait, le 24 fév. 1596, un aveu à Catherine de Parthenay, dame du Parc-Soubise.

Bertin (François) était vicaire de Marigny-Brizay, de 1599 à 1636.

Bertin (N., homme, Pierre), s^r de Noyers, était mort avant le 20 avril 1621, laissant pour veuve Jeanne BÉRANGER. Leur fils JEAN, s^r des Noyers, fit aveu à Chantonnay, en 1628, pour le fief du Cloux.

Bertin (Marie) et Charles-François Cherbonneau, son mari, acquièrent le fief de la Martière, p^sse de Secondigny, en 1787. (Ledain, Gâtine.)

BERTHINEAU. — V. **BERTINAULT, BRETINAULT** ET **BRETINEAU.**

BERTINEAU ou **BERTHINAUD.** — Voici le peu de notes que nous avons pu réunir sur les personnes de ce nom, qui ont habité le Poitou.

Blason : Jeanne Hersant déclara en 1698, à l'Armorial du Poitou : d'azur au chevron d'or, accompagné de trois cerfs passant de même, posés 2 et 1. (D'Hozier.)

Bertigneau (Olivier), Bertineau ? servit en brigandinier à l'arrière-ban du Poitou de 1488. (Doc. inéd. 193.)

Berthineau (Isaac) et Gabrielle DENIORT, son épouse, se font une donation mutuelle le 1er mai 1632 (Reveillaud, not. à St-Maixent).

Bertineau (Gilles), Ec., sgr de Lambertière, assista au contrat de mariage de Antoine Gallot, docteur en médecine, avec Anne Picoron, passé le 14 juillet 1688.

Filiation suivie.

1. — **Bertinaud** (Jean), Ec., sgr de la Faye, habitant St-Eloy, élect. de la Rochelle (issu de l'échevinage de cette ville), fut maintenu noble en 1667 par Barentin, intendant du Poitou (ainsi que la veuve et les enfants de feu CLAUDE Berthinaud). Il eut, pensons-nous, pour fils :

2. — **Bertinaud** (Gilles), Ec., sgr de St-Eloy, marié à Renée COUILLAUD (ou COUILLEAU), eut pour fils : 1° ETIENNE, qui suit ; 2° MARIE, qui assista au mariage de son frère en 1682 ; et peut-être : 3° JEAN, Ec., sgr de St-Eloy, maintenu noble à la Rochelle le 2 juin 1701, qui eut procès à Civray, les 11 fév., 22 juin 1701, contre Louis Martin, sgr de Marclain, et Arthus Roulin, s^r de la Ferrière, époux de Jeanne Martin.

3. — **Bertinaud** (Étienne), Ec., sgr de St-Eloy, épousa le 26 juin 1688, à la Vallée de Brulain, Jeanne HERSANT, fille de feu Aubin, sgr de Petit-Bourg, et de Jeanne Barbe ? Elle fut maintenue noble, comme veuve, en 1713, par M. de Richebourg. De ce mariage vint JEANNE-MARIE, qui épousa à Lezay, le 26 avril 1714, Claude Lauvergnat, Ec., sgr de Miauray.

BERTINIÈRE (DE LA). — Famille noble qui habitait Sommières.

Bertinière (Aimery de la) fut un des bienfaiteurs du monastère de Montazay en 1184. (F.)

BERTON. — V. **BERTHON.**

BERTONNEAU. — V. **BERTHONNEAU.**

BERTRAM (Corneille-Bonaventure), né à Thouars, en 1531, d'une famille que quelques auteurs ont dit être alliée à la famille de la Trémoille. MATHIEU Bertram, son père, jurisconsulte protestant distingué, l'envoya à Poitiers commencer ses études, puis à Paris pour y suivre les leçons de langues orientales du célèbre Ange Canisius. A son retour dans son pays natal, il n'y fit qu'un court séjour et après avoir réalisé la succession de son père, il se rendit à Cahors en 1570, et y étudia l'hébreu sous François Roaldez. Echappé au massacre de Toulouse, il se réfugia à Genève, y fut nommé pasteur de Chamy en 1562, de la ville en 1566, professeur de langues orientales en 1567. Joignit en 1572, à la chaire d'hébreu, celle de théologie; se retira à Frankental en Palatinat, d'où il fut appelé à Lausanne, où il occupa la chaire d'hébreu jusqu'à sa mort arrivée en 1594; il était âgé de 63 ans. Il avait épousé, à Genève, Geneviève DENOSSE, nièce de la première femme de Théod. de Bèze, qui estimait dans Bertram « le plus savant professeur de son temps » ; il en eut : 1° CORNEILLE, 2° JEAN-CORNEILLE, 3° THÉOPHILE et 4° JEAN.

Bertram a publié plusieurs ouvrages dont on trouve la liste et l'appréciation dans presque tous les recueils bibliographiques, Dreux du Radier, Biographie universelle, France protestante.

BERTRAM ou BERTRAND. — Famille de Thouars ou des environs.

Blason : Bertram ou Bertrand de Thouars d'azur à une fuie d'argent sommée d'un pigeon, accompagnée de 2 étoiles d'or en chef, et de 2 roses tigées, feuillées d'argent, posées en flanc. (Arm. Poitou.)

Bertrand (Louis), s^r de la Fréminière, épousa Catherine BROSSEAU, fille de Jean, marchand à Thouars; étant veuve, elle fit vente de domaines à Taizé, aux Jésuites de Poitiers, possesseurs du prieuré de N.-D. du château de Loudun.

Bertrand (Charles-François), s^r de la Fréminière, eut un procès en 1674, pour avoir chassé sur les terres du prieuré de Taizé.

Bertrand (François), Ec., s^r de la Fréminière, Chev. de l'ordre militaire du St-Esprit de Montpellier, fit aveu du fief de Varaise à Taizé, 1729. Il fit donation, le 9 janvier 1725, à Catherine Denfert, sa petite-nièce.

Bertrand (Pierre), sgr de Beaumont, p^sse de Glenay, était greffier de l'élection de Thouars en 1740.

BERTRAND. — Il a existé en Poitou plusieurs familles de ce nom. Nous avons consacré à chacune d'elles un article séparé, autant qu'il nous a été possible de les distinguer. Pour les noms que nous n'avons pu leur rattacher, nous les classons tout d'abord par ordre chronologique.

Bertrannus (*Aimericus*) est cité dans les donations faites, en 1060, à l'abb. de St-Cyprien de Poitiers et au prieuré de Château-Larcher, par divers seigneurs (Cart. de St-Cyprien. A. H. P. 3.)

Bertrannus (*Aimericus*), témoin d'un traité passé, au mois d'août 1084, entre l'abb. de Nouaillé et Bernard de *Auderius*, au sujet de certains héritages. (D. F. 21.)

Bertrand (*Iterius et Gauterius*) sont cités dans le don fait à l'abb. de St-Cyprien, par Aimeri de Rancon, de la terre de Boësse, 1087. (A. H. P. 3.)

Bertrannus (*Gaufridus*) est cité dans le désistement fait par plusieurs seigneurs, en faveur de l'abb. de St-Cyprien, v. 1088, des droits qu'ils prétendaient sur la terre de Bellefont. (D. F. 7, et A. H. P. 3.)

Bertrannus (*Goffredus*), témoin d'un don fait à l'abb. de Nouaillé par Guillaume Barthélemy de ce qu'il avait *in Lempnis de Arzilio*. (D. F. 21.)

Bertrand (Bertrand) est au nombre des habitants de Vendeuvre qui, d'après un état dressé vers 1101, devaient des cens à l'abb. de St-Cyprien. (A. H. P. 3.)

Bertrand (Aimery) et Giraud de Blavete contestent la restitution de la dîme de Gourgé faite à l'abb. de Bourgueil, possesseur du prieuré de Gourgé (D. S.), par Normand des Granges, prétendant avoir reçu de ce Normand la même libéralité. Transaction avec ce monastère, en 1133; la dîme reste indivise entre les parties.

Bertrannus (*Petrus*), témoin d'une donation faite, vers 1140, par une femme à son mari et ratifiée par Guillaume, abbé de Nouaillé. (D. F. 21.)

Bertrand (Aimery et Achille) font une première donation au prieuré de Montazay, v. 1172. Aimery souscrit un grand nombre de chartes relatives à ce monastère depuis 1172 jusqu'en 1205, et cette même année il fait à ce monastère un nouveau don avec FLORENCE, fille d'Achille, décédé, de ELISABETH, sa veuve, et de Hugues de Claver, son second mari. (D. F. 18.)

Bertrandus (*Gaufridus et Iterius*), ce dernier clerc, témoins d'un don fait en 1210, à Montazay, par Aiglive, femme de Rainuffe de Brigueil, etc. (Id.)

Bertrandi (*Petrus*), Chev., fut témoin en 1196, à St-Hilaire-sur-l'Autize. (Latin. 17147, 361.)

Bertrandi (*Petrus*) est relaté dans le censif de Chizé comme possédant des biens à la Charrière, v. 1240. (A. H. P. 7.)

Bertrangnus (*Petrus*), *aliàs Bertrandus*, cité dans le même censif comme possédant dans la p^sse du Cormenier, et :

Bertrangnus (*Johannes*), comme possédant à la Ville-Nouvelle, v. 1240. (Id. id.)

Bertrangnus (*Aimericus*) est cité dans le don fait, le 23 avril 1248, par Hugues de la Roche, de terres sises à Beaumont, situées sur le domaine de Maison-Dieu de Montmorillon. (A. H. P. 7.)

Bertrand (Itier). Il lui est fait en 1261 restitution de 2 fiefs qui se trouvaient dans les environs de Poitiers. (Ledain, Hist. d'Alphonse.)

Bertrand (Aimery). Un pré lui ayant appartenu est donné en 1268, après son décès, aux Frères de la Maison-Dieu de Montmorillon. (A. H. P. 7.)

Bertrand (Regnaud), Chev. de St-Jean-de-Jérusalem, commandeur de Montgauguier, transige, le 2 mars 1284, avec Thibault de Bomez, sgr de Mirebeau, qui le maintient dans l'exercice de la haute justice à Montgauguier, Maisonneuve et la Ronde de Craon. (Doc. inédits, 98.)

Bertrand (Hugues) fait, en 1294, don à l'abb. de Montierneuf d'un pré dans le territoire d'Auzances. (D. F.)

Bertrand (Jean), clerc, eut don, en 1300, de Regnaud de Brachechien, valet, d'un fief près la Chasteigneraye, pour services rendus.

On trouve dans un recueil de montres et revues (Bib. Nat. Gaignères) :

Bertrand (Mondon), Ec., 1er fév. 1371, et **Bertrand** (Guillaume), 27 janv. 1377.

Bertrand (Héliot), qualifié Mess. et Ec. le 15 fév. 1386, l'est de Mess. et de Chevalier bachelier le 15 sept. de la même année. (Arch. Nat. K. 53, 45.)

Bertrand (Philippe) était maître de la Verrerie du parc de Mouchamps en 1399, comme il ressort d'une lettre du roi Charles VI. (Poitou et Vendée. Verriers du Poitou, 3.)

Bertrand (Denise), *de Pliboz* (Pliboux) ; ses héritiers rendent, le 31 déc. 1403, un aveu au chât. de Civray pour un herbergement qui lui avait appartenu.

Bertrand (Macé) était, en 1406, greffier de la cour du sénéchal de Poitiers.

Bertrand (Jacques), moine de l'abb. de St-Maixent, y remplissait les fonctions de prévôt. (Lettres royaux du 30 mai 1450. D. F. 6.)

Bertrand (Bertrand) servait au ban des nobles du Poitou de 1467, comme brigandinier du s[r] de L'Aigle.

Bertrand (Antoine), de Ste-Hermine, fut remplacé comme archer, au ban de 1491, par Jean Pellet, son neveu.

Bertrand (Jean) servit au même ban comme archer, pour lui et pour Jacques Bertrand, son frère.

Bertrand de St-Hilaire (N...) servit en brigandinier, pour lui et sa mère, au ban de 1488 ; c'est lui, sans doute, qui, le 22 avril 1504, rendait un aveu à la châtt[nie] de Montaigu. Il était à cette époque sgr de l'Ecornené.

Bertrand (Antoine), habitant Chizé, fut remplacé, au ban de 1491, par Gilles Duval.

Bertrand (Odon) passa revue comme archer de M. de la Trémoille, le 16 déc. 1492.

Bertrand (Marguerite) avait épousé Guillaume Girard, sgr de la Roussière, dont un fils marié en 1503.

Bertrand (Gillebert) était homme d'armes de la compagnie de Louis d'Ars, 1517.

Bertrand (Jeanne) fut mariée à Jean Maigret, Ec., sgr de la Roche. Ils étaient décédés l'un et l'autre avant le 14 novembre 1552, date du contrat de mariage de leur fille. (D. F.)

Bertrand (Nicolas), Ec., sgr de la Barillère, se fit décharger de la tutelle de N. Maigret, fille de Jeanne Bertrand et de Jean Maigret, le 14 nov. 1552, en la mariant. Nicolas fit le 8 mai 1555 une donation entre-vifs à Jacquette et Ambroise Bertrand, ses filles. (Arch. de l'abb. de la Grennetière. D. F.)

Bertrand (Jeanne) épousa en 1559 Pierre Brisson, s[r] du Palais, lieutenant criminel, puis sénéchal de Fontenay-le-Comte ; vivait encore en 1596.

Bertrand (Gillette) vendait, de concert avec François Ducar, son mari, le 28 oct. 1584, la terre et sgrie de la Roche de Sommières à Pierre Rat, président au Présidial de Poitiers.

Bertrand de Salbane (N...) fut confirmé par arrêt du grand conseil du 5 sept. 1594, dans la charge de contrôleur général des ports et fortifications de Guyenne, Poitou, Saintonge, la Rochelle et Châtellerault. (Arch. de Châtellerault.)

Bertrand (J.) était conseiller au Présidial de Poitiers le 2 juillet 1637, comme il ressort de l'installation des Bénédictines à Civray.

Bertrand (René), sgr de Beaumont, épousa, par contrat du 12 juin 1638, Marie de la Celle, fille de François, Ec., et de Silvine de Chamborand.

Bertrand (Jacques), chanoine hebdomadier de l'Eglise de Poitiers, prend part à une transaction passée entre l'Evêque, ce Chapitre et celui de St-Hilaire, au sujet de leurs rangs dans les processions générales, le 26 févr. 1639.

Bertrand (Josias), Ec., était décédé en 1642, et Daniel de Ferré, Ec., sgr de la Goupillière, était tuteur de ses enfants mineurs.

Bertrand (Jeanne et Marthe) assistent au contrat de mariage de Charles Fouquet, Chev., sgr de Bourneszaux, avec Charlotte du Bellay, du 29 juillet 1646.

Bertrand (Louis), Ec., sgr de la Grassière, habitait, en 1656, dans l'étendue de la terre de Mortemart.

Bertrand (Françoise) était, vers 1660, femme de François Thibault, Ec., sgr de la Carte.

Bertrand (René), sgr du Ligneron, p[sse] de Montaigu ;

Bertrand (René), sgr du Ligneron, demeurant p[sse] de la Garnache, et

Bertrand (Renée), veuve de René d'Escoubleau, sgr de Courtry, p[sse] de Chambretault,

Sont tous inscrits sur le Catalogue des nobles de la généralité de Poitiers, publié après la confirmation de noblesse de Barentin.

Bertrand (Jeanne), veuve de Henri du Bellay, s[r] du Plessis, p[sse] d'Anché, élect. de Poitiers, fut confirmée dans sa noblesse par arrêt du conseil.

Bertrand (Suzanne) épousa, par contrat reçu le 18 oct. 1673 (Bignonneau et Mallet, not. de la chât[nie] de Moutiers-les-Maufaits), Jean Marin, Ec., sgr du Genest.

Bertrand (Suzanne) était, le 19 septembre 1682, veuve de Jacob Dupont, Ec., sgr de Boismusson, et était défenderesse à une demande de droits de francs-fiefs, à laquelle son mari avait été taxé. (F.)

Bertrand (Marthe) était, le 18 mai 1692, veuve de Daniel Janvre, Ec., sgr de Lussay ; elle faisait, ce dit jour, une donation en faveur de ses beaux-frères.

Bertrand (Aspasie-Gabrielle-Berthe) épousa, vers 1670, Louis-Pierre Gazeau, Ec., s[r] de la Couperie, veuf de Marie Espinasseau.

Bertrand (Jeanne), fille de Jean et de Françoise Collasson, épousa, le 30 janv. 1766, Jean-Pierre de Feydeau, Ec. (Reg. de Payroux.)

Bertrand (Marie-Anne) épousa Joseph Picoron de la Pichonnière, avocat au Présidial de la Rochelle (vers 1780).

BERTRAND DE LA ROCHE-HENRI.

Cette famille noble du Bas-Poitou paraît avoir la même origine que les Bertrand de St-Fulgent ; mais elle avait un blason différent (l'une de ces familles ayant peut-être pris les armes d'une alliance).

Blason : d'argent à 3 merlettes de sable. (Reg. de Malte.)

Noms isolés.

Bertrand (Jeanne) épousa avant 1470 Charles de Montalembert, Ec., sgr d'Essé.

Bertrand (Jean), sgr de la Roche (probabl. Roche-Henri), eut pour fille MARGUERITE, mariée vers 1500 à Louis de la Guérinière, Ec. (Reg. Malte.)

Bertrand (Jacques), s^r de la Vrignonnière, eut pour fille ANTOINETTE, mariée, le 8 mars 1612, à Charles Gazeau, Ec., s^r du Plessis.

Bertrand (Josias), Ec., sgr de la Picardière, épousa par contrat passé à la Merlatière, le 1er nov. 1633, Suzanne DUPONT.

Filiation.

1. — **Bertrand** (Armand ?), Ec., s^r de la Roche-Henri, épousa, vers 1520, Jeanne BRUNEAU, dont il eut :

2. — **Bertrand** (Guyard), Ec., s^r de la Roche-Henri, épousa, vers 1550, Marie BOUTIN, fille de François, Ec., s^r de la Proustière, et de Marie de Pontdevie, dont :

3. — **Bertrand** (Pierre), Ec., s^r de la Puissonnière, marié vers 1580 à Marguerite BUOR, fille de N., Ec., s^r de la Bousle, et de Louise de Daillon, dont MARIE, qui épousa vers 1620 Pierre de la Guérinière, Ec., s^r de la Gobinière (leur petit-fils, Chev. de Malte en 1669).

BERTRAND DE St-FULGENT.

Famille noble originaire des environs de Montaigu en Bas-Poitou. Nous avons pu dresser sa généalogie partielle, d'après les archives du Châtenay (Saint-Denis-la-Chevasse, Vendée).

Blason : de gueules au lion d'argent, la queue nouée passée en sautoir. (Barentine.)

1. — **Bertrand** (Jean), sgr de la Roche-Boursault, fut présent au mariage de ses filles en 1440 (original) ; il épousa vers 1420 Guillemette DE PRUILLE (ou POILLÉ), fille de Jean, sgr de la Roche-Boursault, dont il eut : 1° PIERRE, qui suit ; 2° MATHELINE, mariée le 26 janvier 1440 à Pierre Chasteigner, Ec., s^r de Daon ; 3° MARIE, qui épousa, le même jour, Jean Chasteigner, Ec.

2. — **Bertrand** (Pierre), Ec., s^r de la Roche-Boursault, assista au mariage de ses sœurs en 1440. Il fit échange le 20 mars 1455, pour lui et ses frères et sœurs, de l'hébergement de Puyrezeau, p^sse de la Boissière, qui fut à ses père et mère Jean Bertrand et Guillemette. Il a dû se marier vers 1440 et avoir pour enfants : 1° PIERRE, sgr de la Roche-Boursault, qui, avec son frère Bertrand, fit vente à Chauché le 8 nov. 1465 ; il paraît être décédé sans postérité vers 1475 ; 2° BERTRAND, qui suit ; 3° GUILLEMETTE, 4° ISABEAU, qui, avec leur frère Bertrand, passent acte en 1479.

3. — **Bertrand** (Bertrand), Ec., s^r de la Roche-Boursault, servit comme brigandinier du s^r de L'Aigle, au ban du Poitou en 1467. Il fit retrait lignager en 1479 d'une rente vendue par son frère Pierre et se trouve cité dans des actes jusque vers 1511. Il épousa, vers 1480, Marguerite FOUQUERANT, fille de N., sgr de la Chalonnière, et de Françoise Marchand, dont il eut : 1° RENÉ, qui suit ; 2° MARIE, qui fut mariée en avril 1512 (on ne dit pas avec qui) ; 3° CHARLES, Ec., s^r de la Gasserie ? qui figure dans un acte du 20 janvier 1538 avec René, son frère ? Il eut procès en 1560 avec Roland Bertrand, son neveu ?

4. — **Bertrand** (René), Ec., s^r de la Roche-Boursault, est qualifié maître et bachelier ès lois, dans un acte de 1512, et vivait encore en 1538 ; mais mourut peu après. Il épousa (d'après une note) N. DE REZAY, dont il eut :

5. — **Bertrand** (Roland), Ec., s^r de la Roche-Boursault et du Châtenay ; il fit aveu en 1542, et fit accord sur procès, le 17 oct. 1560, avec Charles Bertrand, Ec., s^r de la Gasserie. Marié vers 1540 à Robinette MAIGNEN, il en eut : 1° CHRISTOPHE, qui suit ; 2° JEAN, décédé jeune ; 3° RENÉE, décédée avant 1579 ; 4° MARIE, qui épousa, le 12 août 1572, André Marveilleau, Ec., sgr de Laubaninière ; 5° CHARLOTTE, mariée à Jean de Barro, Ec., s^r de la Vrignaye.

6. — **Bertrand** (Christophe), Ec., sgr du Châtenay, partagea avec ses sœurs le 28 févr. 1579, et est qualifié, dans plusieurs actes, de noble et puissant seigneur ; marié, en 1579, à Charlotte CHASTEIGNER, dame de St-Fulgent, fille de Gilles, Ec., s^r de St-Fulgent, et de Gabrielle de la Noue (Clabault), il en eut : 1° JACQUES, qui suit ; 2° PAUL, Ec., sgr de la Méraudière et du Plessis, fut marié à Renée BRUNEAU, fille de Jacques, Ec., sgr de la Roche, du Puirousseau, etc., et de N. du Puy-du-Fou, dame de Ramberge. Elle était veuve en 1666, et fut confirmée dans sa noblesse par Barentin ; 3° ANNE, mariée en 1605, par contrat reçu Boiceau et Arnaudeau, not. de la châtnie de St-Fulgent, à Benjamin de Tinguy, sgr de Nesmy et des Audairies (Clab.), fut en 1654 marraine d'une fille de Philippe Tagau et de dame Lucrèce Tinguy, sa petite-fille ; 4° N..., morte sans postérité de Charles Bodin, sgr de la Rollandière et de la Nouzière. (Clab.)

7. — **Bertrand** (Jacques), Ec., s^r de St-Fulgent, Châtenay, la Roche-Boursault, épousa, par contrat du 14 sept. 1613, Jeanne DURCOT, fille aînée de Pierre, Chev., sgr de la Roussière, la Grève, etc., et de Jeanne Chasteigner. (Clabault.) Il était de la religion réformée. A sa mort, le 8 sept. 1626, il fut inhumé en quelque sorte à main armée dans l'église St-Denis-de-la-Chevasse. Peu de semaines après, le 18 nov., intervint un arrêt du Parlement de Paris, qui ordonna son exhumation : le défunt, qui faisait profession de la religion protestante, ne devait pas être enterré dans une église catholique ; grâce aux précautions prises, l'exécution de cet arrêt ne fut pas troublée, comme devaient le faire craindre les menaces des gentilshommes protestants, parents du défunt.

Jacques Bertrand eut plusieurs enfants qui ne sont pas connus, excepté : 1° RENÉ, qui suit ; et peut-être 2° JEANNE et 3° HÉLÈNE, qui signèrent le contrat d'Anne Tinguy, le 3 nov. 1632.

8. — **Bertrand** (René), Ec., s^r de St-Fulgent, Châtenay, la Roche-Boursault, Grandry, etc., épousa, vers 1640, Susanne BOUSSIRON, fille de Jacques, Ec., s^r de la Brochetière, Grandry, dont il eut :

9. — **Bertrand** (René), B^on de St-Fulgent, sgr du Châtenay, Roche-Boursault, Grand-Ry, maintenu noble par Barentin en 1667 ; épousa, vers 1665, Marie LOISEAU, fille de René, s^r de Maurivet, et de Françoise Amproux.

Voici en quels termes l'intendant de Poitou Colbert de Croissy, dans son rapport au Roi, flétrit la conduite de ce René, dont M. R. Vallette, dans la Revue de la Société archéologique de Fontenay (1re Livraison de la 3e année), a fait un si épouvantable portrait sous le nom du *Gilles de Retz* de St-Fulgent :

« Le sieur Bertrand de St-Fulgent, âgé de 25 ans ou environ, professe la religion prétendue-réformée ; mais en effet il ne connoit ny Dieu ny de religion. Quand il est hors de vin, il paroist aucunement raisonnable, mais il est presque toujours yvre, et dans le vin il est capable de toutes sortes de cruautés, de violences et de vexations. Il en a tant commis et commet encore tous les jours de différentes manières dans sa terre de

St-Fulgent et aux environs, qu'à bon droit on le peut appeller le tyran et le fléau des pauvres de ce pays-là. Il est toujours accompagné de boémiens, à qui il donne retraite chez lui pour partager leur butin. Il a encore avec luy plusieurs sergens faussaires, qui font tous les jours mille méchancetés et friponneries aux pauvres paysans supposant de fausses debtes, de faux exploits et de fausses sentences, en vertu desquelles ils enlèvent de celuy qu'ils veulent piller tout ce qui leur plait, sans que celuy qui soufre puisse ou ose se plaindre. Enfin c'est un homme contre lequel la Province s'escrie si généralement et si unanimement, que nous nous sentons obligé, après avoir tiré un mémoire, que nous avons, du détail de ses principaux crimes, de dire qu'il est de la bonté et de la justice que le roy doit à ses peuples, de les débarasser de ce fléau. La terre de St-Fulgent est à 3 lieues environ de Mauléon. Il ne jouit que de 3,000 l. de rente, sa mère jouissant du surplus. Il est parent du s^r du Bouchage. »

René, Baron de St-Fulgent, et Marie Loiseau, son épouse, n'existaient plus le 12 mai 1700, laissant 3 filles : 1° Madeleine-Victoire, D^me de St-Fulgent, fille aînée et principale héritière, femme de Louis-Pierre Gazeau, Chev., s^r de la Brandannière ; 2° Jeanne-Renée, D^e du Châtenay, mariée à Jean-François Mauclerc de la Musanchère ; elle décéda sans postérité ; 3° Marie-Bénigne, D^me de Grand-Ry et de Bouchaux en 1700, mariée à Christophe-François Prévost, Chev., s^r de la Boutetière.

BERTRAND DE VITRAC. — Famille noble d'Angoumois. (Voir Nobiliaire du Limousin.)

Blason : d'azur à trois chevrons d'or.

Nous trouvons dans notre manuscrit des confirmations de noblesse faites par M. Barentin, les mentions suivantes :

Bertrand (Charles), Ec., s^r de la Broue ;

Bertrand (Claude), Ec., sgr de Lesfoug ;

Bertrand (Jean), Ec., sgr de Lauriac, habitant tous les trois p^sses de Vitrac, élect. de Poitiers..., ont été confirmés par Barentin, le 3 sept. 1668, dans leur noblesse.

BERTRAND, Seigneurs de Villemor.

Famille noble du Berry, sgrs du Chassain, du Lys St-Georges, de Beuvron. (Voir la généalogie partielle dans l'Hist. du Berry de la Thaumassière.) Elle a possédé plusieurs fiefs en Montmorillonnais.

Blason : losangé d'hermine et de gueules.

Bertrand (Jean), Ec., sgr de Villemor, vendait une propriété à Christophe de Chamborand, sgr de l'Age-Meillat, le 10 mars 1527.

Bertrand (N.), Ec., sgr de Courtevrault, faisait, le 3 juillet 1527, hommage au sgr de la Trémoille de ce fief qu'il tenait du chef de Marguerite de Bressolles, sa femme.

Bertrand (Georges), Ec., sgr de Boisvert, eut de Françoise Ajasson, son épouse, Jean, marié, le 26 juillet 1637, à Isabelle de Chamborand, fille de Pierre, Ec., sgr de la Clavière, et de Diane de Gentils.

Bertrand (Yves), Ec., sgr de la Villate et de la Borde, gouverneur pour le Roi de la citadelle de l'île d'Oléron, laissa de Jeanne Taquenet, sa femme, entre autres enfants : Catherine, qui, le 28 juillet 1647, épousa Louis de la Celle, IIe, Chev., sgr de Laris.

BERTRAND DE LA BAZINIÈRE. — Cette famille est d'origine étrangère au Poitou, mais elle y a possédé plusieurs fiefs au XVIIe siècle.

Blason : d'azur au chevron d'or (ou d'argent), accompagné de 3 roses d'or. Il est à remarquer que ces armes ont une grande analogie avec celles de Pierre Bertrand ou *Bertrandi*, fait cardinal en 1331, qui étaient : d'argent au chevron d'azur, accompagné de 3 roses de gueules. Le Roi de France, lors de sa promotion au cardinalat (1331), lui accorda le droit de placer 3 fleurs de lis d'or sur le chevron d'azur.

Bertrand (Macé), s^r de la Bazinière, secrétaire du Roi le 9 fév. 1623, et anobli comme tel, devint ensuite conseiller du Roi en ses conseils d'État et privé et trésorier de l'Epargne. Il épousa Marguerite Verthamont, dont il eut plusieurs enfants, entre autres : 1° Macé, qui suit ; 2° Marguerite, enlevée par François de Barbezières, Ec., sgr de la Grande-Boissière, qui l'épousa, et fut décapité en place de Grève, le 5 oct. 1657, pour avoir suivi le parti du prince de Condé.

Bertrand (Macé), Chev., sgr de la Bazinière et de Clichy-la-Garenne, baron de Vouvant et de Mervent, Mouilleron et le Grand-Pressigny, conseiller du Roi en ses conseils, trésorier de l'Epargne, prévôt et maître des cérémonies de l'ordre du Roi, épousa, le 2 mai 1644, Louise de Barbezières, fille de Geoffroy, Ec., sgr de la Roche-Chemerault, et de Louise de Marans, dont il eut cinq enfants : 1° Louis, Baron de Vouvant, mestre de camp ; 2° Claude, sgr du Grand-Pressigny, capitaine au service du Roi ; 3° Alexis, capitaine, tous les trois morts sans avoir été mariés ; 4° Marguerite, mariée à Antoine-Jean de Mesme, Cte d'Avaux, président à mortier au Parlement de Paris ; 5° Marie-Anne, épousa, le 20 sept. 1683, Claude Droux, Cte de Nancré, gouverneur de la ville et citadelle d'Arras et pays d'Artois. Elle était veuve le 18 mars 1718, et rendit hommage en cette qualité au château d'Aunay de sa terre de Rocheroux.

BERTRAND DE St-BONNET. — Cette famille, ~~aujourd'hui éteinte~~, paraît originaire des environs de Couhé. Elle s'est divisée en deux branches, dont l'aînée s'est fait remarquer par son attachement à la religion protestante ; la seconde a suivi le parti des armes.

§ Ier.

1. — **Bertrand** (Samuel), s^r de la Pommeraye, épousa, vers 1600, Elisabeth du Bois, dont il eut : 1° Samuel, qui suit ; 2° Isaac, dont la postérité sera rapportée au § II.

2. — **Bertrand** (Samuel), sgr de la Pommeraye, avocat au Parlement et au Présidial de Poitiers, était sénéchal de la B^nie de Couhé en 1644 ; épousa, le 20 nov. 1633 (Charruyer, not^re royal), Henriette de la Barde, fille de feu Isaac, sénéchal de Couhé, et de Marie Ingrand ; de ce mariage sont issus : 1° Olivier, s^r de la Pommeraye, lequel, à la révocation de l'édit de Nantes, se retira d'abord à la Rochelle, puis à Angoulême, où il exerça la profession d'avocat ; nous ignorons s'il eut postérité ; 2° Isaac, s^r du Tuffeau, émigra en Hollande en 1685, et ses biens furent confisqués ; 3° Madeleine, réfugiée en Hollande ; 4° Henriette, mariée à Jacques Gousset, ministre protestant à Poitiers, puis à Dordrecht, et enfin professeur de théologie à Groningue.

§ II.

2. **Bertrand** (Isaac), s[r] de St-Bonnet, fils puîné de Samuel et de Elisabeth du Bois (1er deg. du § I), épousa, le 23 mars 1645, Françoise Dunoyer, fille de Pierre, procureur au siège royal de Civray, et de Françoise Caillabœuf, dont il a eu : 1° Louis, qui suit; 2° Samuel, dont nous ne connaissons que le nom; 3° Françoise, femme de N. Dunoyer de la Pigerie; 4° Marie, épouse de N. Bernard; 5° Jeanne, mariée à N. Gautreau.

3. — **Bertrand de St-Bonnet** (Louis) Ier avait été reçu avocat en Parlement, mais embrassa le parti des armes; il était capitaine au régiment de Picardie, lorsqu'il mourut au mois d'août 1696. Il laissa de Marie Duchasteigner, fille de Jacques et de Madeleine Thomas, qu'il avait épousée le 25 mars 1669 : 1° Louis, qui suit. Il se remaria à St-Gaudent, le 19 fév. 1689, avec Jeanne Brumault, fille de David, s[r] de la Quenouillière, et de Anne Gaschet, dont : 2° Jean, baptisé, le 23 sept. 1691, à St-Gaudent.

4. — **Bertrand de St-Bonnet** (Louis) II°, premier capitaine au régiment de Saintonge, puis de celui de l'Ile-de-France. Nous lisons à son sujet dans un mémoire de famille : « Dès son bas âge, en l'an 1684, M. de St-Bonnet était au service de Sa Majesté, et en l'année 1694, premier capitaine du régiment de Saintonge. Il y serait encore sans doute, sans la malice de ses ennemis de province qui lui suscitèrent une fausse accusation, au moyen de laquelle, en conséquence de lettres de cachet, il fut relégué au château d'Angoulême. »

Son innocence ayant été reconnue, il rentra au service dans le régiment de l'Ile-de-France. Il épousa, le 2 août 1706, au moyen de dispenses, sa cousine Madeleine Rivaud des Verdonnières, fille de feu Louis, premier assesseur de la maréchaussée et conseiller au siège royal de Civray, et de Marie Dunoyer; de ce mariage sont issus : 1° Anne-Madeleine, baptisée le 21 mai 1707; 2° Suzanne-Geneviève, baptisée à St-Gaudent, le 28 sept. 1708, mariée le 24 mai 1734 à Jacques Dupas de Chaumillon, et inhumée le 27 oct. 1767; 3° Louis-Jean, baptisé au même lieu le 28 mars 1710. Nous ignorons sa destinée.

BERVILLE (Georges), marchand, était, en 1598, sgr des Aumônières (St-Pardoux) (D.-S.), fief relevant à hommage lige ou plain de la B[nie] de Parthenay. (Ledain, Gâtine.)

BÉRY ou **BERRY**. — Famille de Poitiers qui a fourni trois maires à cette ville aux XIII° et XIV° siècles.

Blason : d'argent, semé d'hermines de sable. (Thibaudeau, Armorial des maires.)

Béry (Jean de) fut maire en 1252, 1253, 1258, 1265, 1298. Il fut l'un des deux députés chargés par la ville d'aller, en avril 1317, prêter serment au roi Philippe V.

Béry (Pierre) fut maire de Poitiers en 1297, 1312 et 1314. Il fut l'un des deux députés chargés par le corps de ville d'aller prêter serment de fidélité au roi Philippe V, avril 1317.

Béry (Guillaume de) fut maire en 1310, 1311.

Nous avons suivi, pour les noms de ces administrateurs et les dates de leurs exercices, la liste des maires de Poitiers insérée par M. Redet, ancien archiviste du département de la Vienne, dans l'Annuaire de ce département publié en 1846.

Berry (Yvon de) dit Molière, officier de la sénéchaussée de Poitiers, est accusé, par le Chapitre de Notre-Dame de cette ville, d'avoir provoqué les troubles qui eurent lieu pendant les Rogations en 1506. (D. F. 20.)

BÉRY. — Famille de la Gâtine aujourd'hui éteinte. Nous devons à M. le Cte de Grimouard communication de nombreux documents qui nous ont permis de rédiger la généalogie qui va suivre.

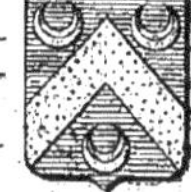

Blason : d'azur au chevron d'or, accompagné de trois croissants montants d'argent. (Bar.)

Ces armoiries sont gravées sur le portail du château de la Chenulière.

Noms isolés.

Béry (Jean) servait en archer le 4 oct. 1410; peut-être le même qu'un Jean Béry, qui transigeait en 1412 avec le sgr de Châteaumur, au sujet de quelques héritages.

Béry (Jean), prêtre, était, en 1425, sgr de la Taponière-en-Moncoutant et de la Rivière-des-Hommes (D.-S.).

Béry (Jean) fut brigandinier du sgr de Jarnac, au ban de 1467, et en 1470, servait en archer dans la compagnie du sénéchal du Poitou ? (F.)

Béry (René et Colinet), ce dernier agissant au nom de son père, servaient à l'arrière-ban de 1486. (Id.)

Béry (Louis et René) servaient en brigandiniers au ban de 1488. (Id.)

Béry (Aubert) servit en archer au ban de 1491, au lieu de son père, sgr de la Faye, châtelain de Ruffec. (Id.)

Béry (Pierre), de la ville de Niort, servit en archer au même ban. (Id.)

Béry (Pierre) comparut en archer à une montre de 1520. (Gaignères. Bib. Nat.)

Béry (Antoine, Louis, Nicolas et Guyon), frères, neveux de Louis, sgr de la Faye (La Foye ?), sont déclarés nobles par Jean Burgaut, fabriqueur de la p[sse] de Coutures-d'Argenson (D.-S.), lors de l'enquête faite pour l'assiette de l'aide imposée en 1525, pour payer la rançon de François Ier. (Bul. Stat. 149.)

Béry (Antoine), licencié ès lois, était, le 14 mars 1533, juge sénéchal de Mairé-l'Evescault.

Béry (André) possédait, le 9 juin 1568, dans la mouvance de la Forêt-sur-Sèvre.

Béry (Antoine) était en procès avec Jean Rogier, devant le Présidial de Poitiers, qui, par arrêt du 26 nov. 1574, adjugea le Moulin-Béraud (objet du procès) audit Antoine, lequel décéda avant 1611.

Béry (Hélène), dame des Coteaux, est dite, dans un acte de la fin du XVI° siècle, tante d'Hélène Chasteigner, femme de David Fourré.

Béry (Catherine) épousa Quentin Desprez, Ec., sgr de la Passée et du fief Mignon, dont une fille, Nicole, mariée, le 17 fév. 1608, à René de la Voyerie. Catherine était morte avant cette date.

Béry (Anne), dame d'honneur de Mme la Princesse(?), assistait, le 10 août 1620, au mariage de Marthe Palot, sa petite-nièce, avec Alexandre Durcot, Ec., sgr de la Grève.

Ier. — Branche de **LA BAUDONNIÈRE.**

1. — **Béry** (André), varlet, sgr de la Baudonnière, dit le jeune dans un acte de 1383, époux de Jeanne Rejasselle ou Rejanelle, était mort en 1383, laissant de son mariage :

2. — **Béry** (Jean), varlet, Ec., sgr de la Baudonnière, se dit fils d'André, qui précède, en rendant le 3 fév. 1383, à Yolande d'Argenton, veuve de Thibault de Beaumont, Chev., sgr de la Mothe-de-Beaumont, l'aveu de la Baudonnière, dont il faisait encore hommage les 15 mai 1383, 7 mai 1384 et 15 avril 1394. Il fut le père ou plutôt l'aïeul de Nicolas, qui suit; car bien des années (de 1394 à 1440, près de 50 ans) séparent ces deux degrés, et il se peut qu'il y ait eu deux personnes, le père et le fils, du nom de Jean, qui se sont succédé. Quoi qu'il en soit, l'un ou l'autre Jean eut pour enfant Nicolas, qui suit.

3. — **Béry** (Colas ou Nicolas), Ec., sgr de la Baudonnière, fils ou petit-fils de Jean qui précède, rend en 1440 un aveu entre les mains de Jehan Jarronceau, sénéchal de Loys de Beaumont, pour sa terre de la Mothe-de-Beaumont. En 1446, il affermait des terres dans la paroisse de Chanteloup (D.-S.). Marié à Marguerite de Granges, fille de Louis, Ec., sgr de Gervaux, et de Marguerite de Courdeault. Le 27 nov. 1477, il faisait offre de retrait lignager au nom de sa femme pour des bois vendus par sa belle-mère. Il eut, croyons-nous, pour enfants : 1° André, qui suit; 2° Marie, qui testait le 27 sept. 1528 en faveur de René Béry, Ec., sgr de la Baudonnière, et d'Olive Béry, ses neveu et nièce; 3° Perrine, que son testament désigne comme sa sœur décédée.

4. — **Béry** (André), Ec., sgr de la Baudonnière, fief pour lequel il rendit de nombreux aveux à la terre de la Mothe-Beaumont (1454, 1464, 1480, 1489, 1494, 1502 et 1505). Le 12 juillet 1472, Jacques de Beaumont-Bressuire (le confident de Louis IX) le chargea d'administrer, de concert avec Gilbert de Brachechien, des biens sis en Bas-Poitou, confisqués sur des seigneurs bretons, et que lui avait donnés le Roi. Le 30 mai 1475, André recevait un aveu de Jean Maynard l'aîné. Le 27 avril 1497, il comparaissait aux grandes assises tenues à Poitiers, et transigeait avec Gilles de la Forêt, Ec., mandataire de Jacques Aubin, et transigeait encore, le 3 janv. 1504, avec Denis Boscher, au sujet de la sgrie de la Touchotière. André fut, au ban de 1489, désigné pour tenir garnison au chât. de Clisson, et servit encore à celui de 1491. En 1503, il est dit âgé de 75 ans. André épousa Simone Prévost et reçut à cause d'elle un aveu de Jean de Beufvier, Ec., sgr de Laudraire, le 26 août 1491. (Carrés d'Hozier, 91.) Nous pensons qu'il eut pour enfants : 1° René, qui suit; 2° Olive, 3° Marguerite, mariée à François Gourbellier, Ec., sgr de la Salle (Tessonnières, D.-S.). Le 16 juin 1525, elle et son mari transigeaient au sujet de sa dot avec René, leur frère et beau-frère; 4° Perrine, mariée à Guillaume Suyrot, Ec., sgr des Champs; elle testa en 1537, élisant sa sépulture dans l'église de Chanteloup ou celle de Boismé, et faisant Johanne Gourbellier, sa nièce, fille de sa sœur Marguerite, une de ses légataires. Mais sa vie se prolongea, car par un nouveau testament daté du 2 déc. 1552, passé sous la cour de Vouvant, dans lequel elle se dit veuve dudit Suyrot, et se qualifie de dame de l'Espronnière, elle donne la métairie de Montpinson (St-Pierre-du-Chemin, Vend.) à René Béry, son frère, à Renée, sa fille, et à Mathurine Guignard, sa petite-nièce, fille de Jehan, Ec., et de Mathurine Gourbellier.

5. — **Béry** (René Ier), Ec., sgr de la Baudonnière, reçut, le 26 juin 1499, un aveu de Pierre Beufvier, Ec., sgr de Laudraire, pour la dîme de la Tardière. Il rendait des aveux à la Mothe-de-Beaumont les 17 août 1507, 21 juin 1514, 9 juin 1525, 15 mai 1538, et était mort avant 1546, date à laquelle son fils aîné, René, rendait le même aveu, par suite du décès de son père, y est-il dit. En 1544, il servit de témoin pour prouver la noblesse de Pierre Gourbellier, son neveu (?), qui voulait entrer dans l'Ordre de St-Jean-de-Jérusalem.

M. Bardonnet a eu en communication un certain nombre d'actes concernant cette famille; mais il n'en signale que la date dans une note signée de lui : 19 sept. 1504, 10 sept. 1516, 21 fév. 1517, 4 mai 1530, 28 sept. 1532.

Le 23 sept. 1527, René Béry transigeait avec Pierre des Nouhes, son beau-frère, au sujet de la succession de Jean des Nouhes, leur père et beau-père. Il avait épousé, le 30 déc. 1509, Perrine des Nouhes, de laquelle il eut : 1° René, qui suit; 2° Marie, qui, avant le 29 août 1548, avait épousé Bonaventure de Maillé; elle testa le 20 oct. 1566, étant veuve, puisqu'elle nomme son frère René pour tuteur à son fils mineur; 3° Perrine, 4° Etiennette, franciscaine; 5° Jeanne, religieuse à la Grande-Maison de l'Ordre de St-François à Bressuire, 4 août 1581; 6° Françoise, 7° Geneviève, mariée avant 1553 à René Girard, Ec., sgr de la Monbourgère, tous nommés dans des partages qui eurent lieu les 3 mai 1553 et 27 oct. 1589; 8° Renée, qui épousa Philippe Lefebvre, Ec., sgr de Grenouillon, auxquels René, leur frère et beau-frère, consent un acte de vente le 23 juill. 1583.

6. — **Béry** (René IIe), Ec., sgr de la Baudonnière, habitait la Girardière (Cheffois, Vendée). Les 3 mai 1553 et 27 oct. 1589, il prenait part au partage des biens de ses père et mère. Aux assises de la Mothe-de-Beaumont tenues en 1546 par Jacques Chauffour, bachelier ès lois, sénéchal dudit lieu pour François du Bellay, baron de la Forest, Méry Ogeron s'est présenté pour faire, au nom de René Berry, les foi et hommages liges dus à ladite sgrie par le décès et mutation de feu René Béry, Ec., sgr de la Baudonnière, son père. En 1547 et 1548, il rendit les mêmes aveux au seigneur de la Mothe-de-Beaumont pour sa terre de la Baudonnière, et en 1583 il en rendait un autre pour son fief de la Girardière à Charles de la Forest, sgr de Vaudoré (St-Jouin-de-Milly), à cause de sa sgrie de la Barotière. René épousa Isabeau Foucher, *aliàs* Fouchier, ce qui, vu la confusion qui a longtemps régné dans l'orthographe de l'un et l'autre nom, ne nous a pas permis de préciser de quelle famille était issue ladite Isabeau. Le 5 mai 1580, ils se faisaient une donation mutuelle; le 8 mai suivant, ils donnaient à René, leur fils aîné, l'hôtel noble de la Girardière, et le 25 mars 1583 ils lui donnent encore la métairie de la Grande-Girardière. Le 19 nov. 1583, eut lieu le partage de leurs meubles; mais celui de leurs immeubles ne se fit que le 19 mars 1588, entre leurs enfants qui étaient : 1° René, qui suit; 2° Jacquette ou Jacqueline, que M. Bardonnet a trouvée citée dans des actes des 27 mars 1597, 1607, 11 sept. 1617; 3° Françoise, relatée dans les mêmes actes que Jacquette, et encore les 27 août 1638 et 6 août 1640; ces deux sœurs se faisaient, le 16 fév. 1592, une donation mutuelle de tous leurs biens (Thouraine et Guergault, not. aux Mottes-Coupoux). Jacquette était morte avant le 19 fév. 1619, date d'une transaction passée entre Françoise

et ses cohéritiers, au sujet de sa succession. Celle-ci se qualifie dans cet acte de dame de la Timarière ; le 19 fév. 1619, elle achète de Louis de Maillé, Ec., sgr de la Chochonnière, une rente à lui léguée le 19 nov. 1609 par René Béry. Elle assistait en 1632 au mariage de Elisabeth Mothais, sa petite-nièce, avec Jean Goulard, Ec.

4° Renée, mariée à Jacques Mothais, Ec., sgr de la Chenullière. A ce mariage assistaient Antoine Béry, prieur de Pugny, et un Pierre Béry, dont les relations de parenté avec la future ne sont pas établies.

5° Perrette, qui, en 1605, était femme de André de Pugny, Ec., sgr de Puydoré. Nous la croyons décédée en 1640. A cette date, Toussaint de Maillé, Ec., sgr du Gast, dispose d'un legs qu'il avait touché à la mort de ladite Perrette, qui dès lors était veuve ; 6° Françoise.

7. — **Béry** (René III°), Ec., sgr de la Baudonnière et de la Girardière. Nous avons vu qu'en 1580 et 1583 ses père et mère lui donnèrent la Girardière ; cette générosité est motivée, dans l'acte de 1580, *pour reconnaître les grands services* qu'il leur avait rendus. Il était dès lors marié à Françoise Sauvestre, fille de François, Chev. de l'ordre du Roi et sgr de Glisson, et de Jacquette Grossin. Le 26 mai 1583, il transigeait avec Barthélemy Sauvestre, son beau-frère. Le 10 oct. 1584, il rendait aveu de son hôtel de la Girardière au sgr de la Burcerie. Le 21 août 1589, il rendait à Pierre de Rorthays aveu de la quatrième partie de la sgrie de la Chauvinière ; et le 3 juill. 1599, un aveu à Béatrix de Clisson, De de la Rivière, pour la sgrie de la Girardière. En 1602, il était curateur aux personnes et aux biens des enfants mineurs de feu René Béry, Ec., sgr de la Touchotière, son cousin, et de Renée de la Tigernière, dite, dans quelques actes, de la Tijouère, laquelle était remariée avec lui dès avant le 4 nov. 1588. Le 23 mai 1598, il reconnaissait que sa femme avait contribué de ses deniers aux réparations des fortifications de son château de la Baudonnière. Le 14 juillet 1604, ils partageaient leurs acquêts de communauté, et le 26 nov. 1608 René faisait son testament, élisant sa sépulture dans la chapelle St-Pierre de l'église de Chanteloup, et nommant Jacqueline et Françoise, ses sœurs, ses exécutrices testamentaires, leur laissant le soin de ses funérailles. On le trouve cependant encore, en 1616, rendant aveu de la Baudonnière à Duplessis-Mornay, comme sgr de la Mothe-de-Beaumont. Il mourut sans postérité, ayant eu un fils mort jeune du 1er lit.

§ II. — Branche de la Touchotière.

D'après une maintenue de noblesse du 1er mars 1599 (Pièces orig., vol. 308), la filiation prouvée est ainsi établie :

1. — **Béry** (René), Ec., sgr de la Touchotière, épousa Françoise de la Forest, dont il eut pour fils aîné :

2. — **Béry** (Jean), Ec., sgr de la Touchotière, marié le 26 sept. 1461 à Marguerite Vignerot, dont :

3. — **Béry** (René), Ec., sgr de la Touchotière, marié : 1° le 16 janv. 1517, à Catherine de la Pastellière, puis 2° à Perrette de Lestang. Il eut du premier lit Pierre, qui suit.

4. — **Béry** (Pierre), Ec., sgr de la Touchotière, épousa, le 15 juin 1549, Catherine de Rougemont, fille de Pierre, Ec., sgr de Vernay (Gâtine), et de Perrette Vergereau, dont il eut René, qui suit.

5. — **Béry** (René), Ec., sgr de la Touchotière, épousa, le 16 juill. 1576, Renée de la Tigernière, *alias* la Tijouère, peut-être fille de François, Ec., Chev. de l'ordre du Roi, et testa le 4 sept. 1584 ; sa veuve se remaria le 14 nov. 1588 à René Béry, Ec., sgr de la Baudonnière, qui en 1602 était curateur de ses enfants mineurs qui furent : 1° Léon, qui suit ; 2° Renée, mariée, le 13 mai 1603, à René Serin, Ec., sgr de la Cordinière ; 3° Mathurine, mariée à René de la Court, Ec., sgr de Belletouche, dont elle était veuve le 19 sept. 1621, lorsqu'elle transigea avec Jacqueline et Françoise Béry, ses parentes.

6. — **Béry** (Léon), Ec., sgr de la Touchotière, épousa, le 13 mai 1604, Marie Dorin, fille de feu René, Ec., sgr de la Leigne, et d'Hélène d'Appelvoisin. Il avait reçu la terre de la Girardière en dot ; le 17 juillet 1617, il vendait certains domaines à Olivier Richeteau. Il eut pour enfants : 1° Florence, qui le 18 oct. 1668 fut maintenue noble, avec Antoine-Hilaire Chomel, Ec., sgr de Tournelay, son mari ; elle eut la Touchotière en partage ; 2° Jeanne, qui épousa Jehan de Marois, Ec., sgr d'Auzay.

§ III. — Branche de l'Ouche et de la Proustière.

La filiation prouvée par la maintenue de noblesse du 1er mars 1599 est ainsi établie :

1. — **Béry** (François), Ec., sgr de l'Ouche, connu par des actes de 1447, 1458, 1463, eut pour fils :

2. — **Béry** (André), Ec., sgr de l'Ouche, qui fit aveu au sgr de St-Cyprien en 1460, 1463, 1493, et eut pour fils :

3. — **Béry** (Antoine), Ec., sgr de l'Ouche, fit aveu en 1505, 1516, 1541, et eut pour fils :

4. — **Béry** (Jacques), Ec., était sgr de l'Ouche, la Proustière en Moncoutant et des Forges (D.-S.), du chef de sa femme Jacquette de la Noue, qu'il avait épousée le 1er janv. 1551. Elle était veuve avant 1589, date à laquelle elle recevait un aveu de Jacquette Béry, mandataire de sa sœur Françoise. Ils eurent pour enfants : 1° Olivier, 2° René, qui suit ; 3° Isabeau, qui épousa Jacques Gentet, Ec. ; 4° Perrette.

5. — **Béry** (René), Ec., sgr de l'Ouche, la Proustière, des Forges d'Etrie, donnait une quittance de lods et ventes à Jacques Gentet, son beau-frère, et recevait, en qualité de seigneur chemier du fief, un aveu de René Mothais Ec., sgr de la Chenullière, pour la borderie deshesbergée (inhabitée) de la Chevallerie ? Il eut pour enfants : 1° Jean, qui suit; 2° Olive, dame de Beauvoir et de la Proustière, qui était, en 1640, femme de Jacques Raoul, Ec., sgr de la Proustière du chef de sa femme.

6. — **Béry** (Jean), Ec., sgr de la Bourrelière, l'Ouche, la Proustière, était décédé avant le 3 juillet 1646.

Nous ferons remarquer, en terminant cette généalogie, que le nom de René, qui fut porté par un si grand nombre de personnes de la famille Béry, jette parfois de l'incertitude dans le classement des degrés et de la filiation.

BESANATER (Jean) figure parmi les bourgeois et habitants de Parthenay, dans une transaction passée en 1372 avec Guillaume Larchevêque.

BESCHET. — Voir **BÉCHET**.

BESDON. — Famille originaire du Châtelleraudais. Le fief de Baidon (*villa Baidonis*) était situé cne de Marigny-Brizay, Vienne.

Blason : d'argent à 2 fasces d'azur accompagnées de 6 roses de gueules pointées de sinople, posées 3, 2, 1. (Barentin.)

D'après St-Allais (Gén. Cantineau) : d'argent à un loup et à un renard affrontés. (Erroné et d'office.)

Noms isolés.

Besdon (Jean de), valet, fait, le lundi après le dimanche où l'Église chante *Invoca me*, l'an 1337, un échange d'héritages situés dans la sgrie de Faye-la-Vineuse, avec Etienne de Messemé, valet.

Besdon (Jean et Guillaume de), Ec., passent une revue à Mirebeau, le 16 juill. 1371. (Bib. Nat.)

Besdon (Joseph de) était écuyer du duc d'Anjou le 27 janv. 1377.

Besdon (Jean de), Ec., rendait, le 4 sept. 1391, aveu, à cause de Jeanne de Ville, de son herbergement de Fontfroide, au chât. de Montreuil-Bonnin. (Liv. des fiefs.)

Besdon (Jean de), qualifié noble homme, sgr dudit lieu, transige le 4 oct. 1397 sur des arrérages de rente qu'il devait à Hilaire Larcher, bourgeois de Poitiers. (D. F.)

Besdon (Jean de), sgr du Doué, rend aveu de cette terre au chât. de Loudun en 1399. C'est le même sans doute qui, en 1403, rendait encore aveu au chât. de Loudun de son hôtel de la Tour de Dercé. (N. féod. 108.)

Besdon (Jeanne) était en 1430 femme de Robert de Messemé. Elle révoque le 22 janv. 1475, en faveur de Christophe, leur fils aîné, un don qu'elle avait fait précédemment en faveur des 4 filles de Christophe; elle est qualifiée dans cet acte de dame de la Raslière.

Besdon (Brault, Briant ou Bertrand), de Châtellerault, fut taxé en 1437 pour n'avoir pas servi, lorsqu'il en avait été requis, quoiqu'il se prétendit noble.

Besdon (N... de) est dit en 1437 sgr de la Tour d'Oiré, et avait épousé, le 20 janv. 1456, Marie DE RECHIGNEVOISIN, fille de Pierre, Ec., sgr de Guron, et de Jeanne de la Celle. (Hist. Châtellerault, 1, 410.) Il vivait encore en 1456.

Besdon (Jean de) était en 1461 sgr de la même terre. (Id.)

Besdon (Gilles), sgr de la Tour d'Oyré, fut l'un des témoins de l'accord conclu le 1er déc. 1490 entre Jean de Chergé, Ec., sgr de la Noraye, et Georges de Chergé, Ec., sgr de Buxeuil. (G^ie de Chergé.)

Besdon (Jean de), Chev., sgr de Traversay, épousa, v. 1460, Marguerite D'ALOIGNY, fille de Pierre, sgr de la Groye, et de Marguerite de Mondion.

Besdon (Denis de), parent de Loys de Pindray, combat avec lui contre Guillaume Bozier, qui usurpait sur lui des terres dans le fief des Bouchaux. (Arch. Nat. J. Reg. 209, 25.)

Besdon (Mathurin de) servit en brigandinier à l'arrière-ban de Poitou en 1488; fut remplacé à celui de 1489 par AUDOUYN de Besdon. (Doc. inédits, 73, 75.)

Besdon (Antoine de), de Châtellerault, servait en archer au ban de 1491. Serait-ce lui qui était, vers 1500, sgr de la Tour d'Oyré et mari de Françoise D'ALOIGNY? (Hist. Châtellerault, 2, 410.) Il assistait, le 20 mai 1527, au contrat de mariage de René de la Touche, Ec., sgr de Marigny, avec Marguerite de Marans.

Besdon (Jean de), de la famille des Besdon de Mousseaux, épousa en 1493 Guyonne DE MARANS, fille de Guy, sgr de Vaugodin, et de Antoinette de Pindray. (M. A. O. 1855, 227.)

Besdon (Jean de) et plusieurs autres gentilshommes combattent pour Françoise d'Amboise, veuve de Grisegonelle Frottier, Chev., sgr du Blanc, spoliée de ladite seigneurie par Pierre Frottier, archidiacre de Langres, et Charles Frottier, religieux de Cluny (1501). Rémission. (Arch. Nat. J. Reg. 235, 113.)

Besdon (Marguerite), fille de Louis, Ec., sgr de Mousseaux, et de N... DE PINDRAY, était, vers 1530, épouse de Jehan de Gréaulme, Ec., sgr du Merduval.

Besdon (Jacquette de) et Antoine de Parthenay, son mari, rendent, le 10 mai 1545, la terre de la Cour aux moines de la Foncaudière. (Hist. Châtellerault, 1, 403.)

Besdon (Jean de), Ec., sgr de la Tour de Pouillé, eut de Jeanne DE SAUSON, son épouse, une fille, ANNE, mariée, le 8 juin 1547, à Jean Cantineau, Ec., sgr de la Cantinière. (Duchesne, not^re en la cour du Grand-Vau-de-Verneuil.)

Besdon (Louis de), sgr de Falaise du chef de Jeanne DUSAULT, sa femme, qu'il avait épousée le 3 janv. 1552, vivait en 1567. Ils eurent une fille, LOUISE, qui était veuve et donataire de Georges David, Ec., sgr de la Maison-Neuve, et remariée, le 12 mars 1608, à Paul Péau, Ec., sgr de la Cour, gentilhomme ordinaire de la chambre du Roi et maréchal de ses camps et armées; elle était décédée en 1630.

Besdon (Jean) assista comme curé de Ste-Radégonde-en-Gâtine, près Chauvigny, au procès-verbal de réformation de la Coutume du Poitou, en 1559.

Besdon (Louis de), Ec., sgr de la Roche-d'Orillac (terre relevant de Civray), reçut le 27 oct. 1581, d'Ogier Ribier, le dénombrement de l'hôtel de Périssac et de la Couarde.

Le 26 avril 1620, le même Louis, ou un de ses enfants du même nom, rendit aveu au Roi, comme sgr de Civray, de la terre de la Roche-d'Orillac.

Besdon (François de), Ec., sgr de Mousseaux, est nommé dans l'acte d'une vente faite le 7 avril 1615 par Pierre de Chergé, Ec., s^r de la Noraye et de la Regnaudière (Cheyreau, not^re roy.). (Gén. de Chergé.)

Besdon (Philbert de) devait à cause d'un pré sis en la rivière de Coutillon, tenant au bois et au pré de Jehan d'Asnières, sgr de Launay, x sols et un chapon. (Sans date.)

Nous avons trouvé l'essai généalogique qui suit dans des papiers relatifs à la famille de Messemé.

De Jean de Besdon, Ec., sgr de Doué, et D^e Marguerite DE LUSIGNAN, sont issus : 1° ANTOINE, 2° JEAN, 3° DENIS.

Jean épousa Guyonne DE MARANS, dont ANNE, mariée à François Dutay, Ec., sgr de Leugny-sur-Creuse.

Denis de Besdon épousa Marcelle DE PINDRÉ, dont MARGUERITE, mariée à Petit-Jean de Gréaulme, Ec., sgr du Merduval; FRANÇOIS et MATHURIN, d'où sont issus ceux de Falaise et des Aubiers, ce qui est prouvé par des extraits de titres, signés Pillaud et Nivard, notaires, le 23 nov. 1663.

§ Ier.

1. — **Besdon** (Jean de), Ec., sgr d'Oyré, épousa, vers 1430, Marguerite DE LÉZIGNAC (contrat original, gén. Rechignevoisin), dont il eut : 1° JEAN, qui suit; 2° ANTOINE, marié, le 20 janv. 1456, à Marguerite DE RECHIGNEVOISIN, fille de Pierre, Ec., sgr de Guron, et de Jeanne de la Celle.

2.— **Besdon** (Jean de), Ec., sgr d'Oyré? Traversay, épousa, vers 1450, Marguerite D'ALOIGNY, D^e de Traversay, que l'on croit fille de Pierre, sgr de la Groye, et de Marguerite de Mondion, dont il eut, paraît-il : 1° ANTOINE, Ec., sgr d'Oyré, marié à Françoise d'Aloigny : 2° Jean, Ec., sgr d'Oyré, marié en 1493 à Guyonne de Marans, fille de Guy, sgr de Vaugodin, et de Antoinette de Pindray, eut pour fille Anne, mariée à François du Tay, Ec., sgr de Lésigny ; 3° Denis ou Louis, qui suit.

3. — **Besdon** (Denis ou Louis ? de), Ec., sgr de Mousseaux, épousa, vers 1480, Marcelle de Pindray, dont il eut : 1° François, qui suit ; 2° Marguerite, mariée, vers 1510, à Jean de Gréaulme, Ec., sgr du Merduval ; 3° Mathurin, rapporté § IV ; peut-être 4° Pierre, moine à St-Cyprien de Poitiers en 1542.

4. — **Besdon** (François de), Ec., sgr de Mousseaux, la Roche-d'Orillac, épousa, vers 1510, Louise de Poix, fille de Jean, Ec., sgr de la Roche-d'Orillac (St-Gaudent, près Civray), dont il eut : 1° Louis, qui suit ; 2° Pierre, rapporté § II ; 3° Philiberte, mariée, le 10 mars 1544, à N... (le nom n'est pas indiqué).

5. — **Besdon** (Louis de), Ec., sgr de la Roche-d'Orillac, Falaise, épousa, le 3 janv. 1552, Jeanne Dusault, fille de Jean, Ec., sgr de Falaise, et de Marguerite de Saniet ? (Hist. Châtellerault, 1, 512), dont il eut : 1° Eustache, Ec., sgr de la Roche-d'Orillac, gentilhomme servant de Monsieur, capitaine d'infanterie, qui fut tué en 1587 par Jacques de Villiers, sr de Lordoise ? (A. Vien. E² 233) ; 2° René, Ec., sgr de Falaise, qui, en 1587, poursuivait en justice le meurtrier d'Eustache ; 3° Louise, De de Falaise, mariée à Georges David, Ec., sgr de la Maison-Neuve, puis à Paul Péan, Ec., sgr de la Cour.

§ II. — Branche de MOUSSEAUX, des AUBIERS.

5. — **Besdon** (Pierre de), Ec., sgr de Mousseaux, fils puîné de François et de Louise de Poix (4e deg., § Ier), épousa : 1° le 6 mai 1556, Isabeau Dusault (sœur de la femme de son frère Louis) ; 2° le 31 août 1571, Françoise d'Argence (probablement veuve de René de Couhé, Ec., sgr de Châtillon, et fille de Charles, Ec., sr du Soucy). Il eut pour enfants (peut-être du 1er lit) : 1° François, qui suit ; du 2e lit, 2° Aimé, rapporté § III.

6. — **Besdon** (François de), Ec., sgr de Mousseaux et des Aubiers, épousa Anne du Mesnil, fille de Claude, Ec., sgr de la Pignolière, et de Jacqueline Sanson, dont il eut : 1° Joachim, qui suit ; 2° Nicolas, jésuite ; 3° René, cordelier ; 4° Louise.

7. — **Besdon** (Joachim de), Ec., sgr de Mousseaux et des Aubiers, fit aveu à Châtellerault, le 16 avril 1677, fut maintenu noble avec son fils en 1667 et mourut à Bonnes, le 1er mars 1681 (ou le 19 sept. 1687). Marié, le 27 janv. 1637, à Marthe de Couhé, fille de Jean, Ec., sgr de Loubressay, et de Charlotte de St-Martin, il en eut plusieurs enfants, entre autres : 1° Louis, né à Bonnes le 12 janv. 1638, décédé jeune ; 2° Jacques, qui suit.

8. — **Besdon** (Jacques de), Ec., sgr de Mousseaux, Loubressay, etc., maintenu noble en 1667, avec son père, épousa à Bonnes, le 1er janv. 1659, Marguerite du Lac, fille de Charles, Ec., et de Marguerite de St-Martin, dont il eut : 1° Joachim, décédé à Bonnes, le 19 sept. 1687 ? 2° Alexandre, décédé le 8 janv. 1683 ; 3° Marie-Elisabeth, De de Mousseaux, mariée, vers 1680, à Pierre Massonneau, sgr de la Forêt ; et probablement 4° François, qui suit.

9. — **Besdon** (François de), Ec., sgr de Loubressay, servit au ban des nobles du Poitou en 1703 (mal écrit Beudon). Il épousa, vers 1680, Gabrielle de Rechignevoisin, fille de Pierre, Ec., sgr de la Maison-Neuve, et de Gabrielle Morault, dont il eut Marie-Gabrielle, De de Loubressay, mariée à Bellefont, le 22 févr. 1707, à Claude de Lanet, Ec.

§ III. — Branche de LINGES.

6. — **Besdon** (Aimé de), Ec., sgr de Linges (en Berry), fils puîné de Pierre et de Françoise d'Argence (5e deg., § II), épousa, le 18 avril 1606, Louise Le Vaillant, dont il eut :

7. — **Besdon** (René de), Ec., sgr de Linges, maintenu noble en Berry en 1669 (cab. tit. Pièces orig. vol. 322), épousa : 1° le 6 juill. 1631, Madeleine des Roches ; 2° le 2 juill. 1652, Madeleine de Marans. Du 1er lit il eut une fille, Marthe (probablement mariée à Charles de Marigny, Ec., dont un fils baptisé à Châtellerault le 30 déc. 1688).

§ IV. — Branche de la JALAISIÈRE.

4. — **Besdon** (Mathurin de), Ec., fils de Denis et de Marcelle de Pindray (3e deg., § Ier), fut chargé en 1518 de la procuration de sa mère pour un procès. On pense qu'il eut pour fils :

5. — **Besdon** (René de), Ec., sgr de la Jalaisière (Archigny), fit aveu de ce fief à l'évêque de Poitiers, sgr de Chauvigny, le 24 mai 1547 ; il eut pour fils :

6. — **Besdon** (Jacques de), Ec., sgr de la Jalaisière, fit aveu le 16 avril 1567, et eut pour fille Françoise, De de la Jalaisière, mariée à Bertrand de Montlouis, Ec., qui fit aveu de la Jalaisière le 9 avril 1582. (Fonds latin, 17041, p. 2.)

BESGE (de la). — V. **LAURENS**.

BESLAY (de) en Chatelleraudais, originaire d'Anjou.

Beslay (Françoise), dame de la Motte-d'Usseau, portait : d'azur à un chevron accompagné en chef de deux étoiles, et en pointe d'un scorpion, le tout d'or. (Arm. du Poitou.)

BESLE (Hugues Le), Ec., sgr de la Rémigière, donne 100 liv. t. à Marguerite de Culant, dame de Montmorillon, pour ventes et honneurs de terres acquises dans sa mouvance. Il reçoit quittance le 14 juin 1424. (O.)

BESLON. — Famille (probablement d'origine anglaise) que l'on trouve citée dès avant 1356 parmi les vassaux de la Bnie de Mirebeau (de Fouchier, M. A. O. 1877, 111), est depuis longtemps éteinte. Philippe Balon, Ballons ? évêque de Poitiers au XIIIe siècle, appartenait, croyons-nous, à cette famille.

Blason... de... semé de merlettes, au franc canton de... (Mervache.)

Baalons (Philippe), sgr de Ringères, reçut un aveu du Chapitre de St-Hilaire-le-Grand de Poitiers, pour Masseuil, au XIIIe siècle. (Arch. Vien. G. 886.)

Beslon (Guillaume), damoiseau, habitant pssc de Quinçay, vendit, le 28 mars 1341, quelques rentes au Chapitre de St-Hilaire-le-Gd de Poitiers.

Beslon (Pierre), sgr de Ringères, transigeait le 17 juin 1352, sous la médiation de Guischard d'Ars, sénéchal de Poitou et de Limousin, avec le Chapitre de St-Hilaire-le-Grand, au sujet de certains devoirs, ou pour des héritages acquis par le Chapitre de Macé Beslon et autres, et qui étaient dans la mouvance de Guillaume Beslon, père et prédécesseur de Pierre. (D. F. 11.)

Beslon (Pierre), Chev., fait une donation à Jean Rivau, maître-école de St-Hilaire, d'un vieux *maseris* appelé la Saunerie, entre 1354 et 1404. (Inv. Arch. de la Vienne.)

Beslon (Guillaume), Chev., sgr de Ringères, rend, le 10 sept. 1422, un aveu et dénombrement au Chapitre de St-Hilaire de Poitiers.

Beslon (Isabeau) épousa Hélyot de Lavau, qui en 1433 et 1438 était, à cause de sa femme, sgr de l'hôtel et forteresse de Champigny. (M. A. O. 1877, 132.).

Beslon (Pierre), Chev., sgr de la Rabastière, en rendait aveu au chât. de Loudun en 1445.

Beslon (Gauvain) était en 1445 sgr du Monteil du chef de Jeanne Bessonnelle (Bessonneau), sa femme.

Beslon (Pierre) relevait en 1448 de Jean sire de Bueil, pour son fief de Faye-la-Vineuse. (N. féod. 197.)

Beslon (Huguet), s^r de la Cour dans le ressort de Montmorillon, fut donné pour aide à Georges Mathieu, afin de servir en archer au ban de 1491.

Beslon (Florence et Marie) étaient dames de la Sybillière, comme héritières de Angélique Bonenfant, le 8 févr. 1698. Florence était épouse de Pierre Adhumeau, s^r de Laubrière, et lui avait porté la terre de la Sybillière. (Hist. Châtellerault, 1, 416.)

§ Ier. — Branche de **Ringères**.

1. — **Beslon** (N...), sgr de Ringères, eut pour enfants : 1° Guillaume, qui suit ; 2° Pierre, Chev., père de Mathieu, valet, qui avec sa femme Jeanne de Beaunaye ? vendit des bois p^sse de Quinçay au Chapitre de St-Hilaire-le-Grand de Poitiers le 9 juin 1341.

2. — **Beslon** (Guillaume), sgr de Ringères, eut pour enfants : 1° Guillaume, Ec., sgr de Ringères, qui fit acquêt le 28 mars 1341 de Jean de Chambon, mari de Jeanne Poynte, et décéda sans hoirs ; 2° Pierre, qui suit.

3. — **Beslon** (Pierre), Ec., sgr de Ringères, fit accord avec le Chapitre de St-Hilaire le 17 juin 1352. (D. F. 11.) Il eut pour fils : 1° Guillaume, qui suit ; et peut-être, 2° Pierre, Chev., vivant en 1393.

4. — **Beslon** (Guillaume), Chev., sgr de la Beslonnière et du Poez, fit aveu de ce fief à Mirebeau en 1389, à cause de sa femme. En 1375, il servait à l'armée avec 5 écuyers de sa compagnie (quittance originale, 30 sept. 1375, sceau brisé). (Pièces orig. vol. 323.) Marié à Jeanne de Dercé, il eut pour enfants : 1° Pierre, qui suit ; 2° Gauvain, Chev., sgr du Poez et du Monteil, fit aveu de ce dernier fief à Mirebeau en 1445, à cause de sa femme Catherine Bessonnelle, dont il eut Marie, épouse de Guyot de Bruzac, et peut-être d'autres enfants.

5. — **Beslon** (Pierre), Chev., sgr de la Beslonnière, la Rabastière, Roche-de-Bascher ? fit aveu de ce fief à la sgrie de Pouant. (A. Vien. G. 930.) Il paraît s'être marié 2 fois et en 2es noces à Marguerite Rabaste, veuve de Louis de Couhé, Ec., sgr de la Guitière ? qui avait procès pour son douaire en 1422 avec les enfants de son 1er mari. Il eut sans doute du 1er lit : 1° Guillaume, qui suit ; et peut-être du 2e lit, 2° Pierre, Chev., sgr de la Rabastière, qui fit aveu à Loudun en 1445.

6. — **Beslon** (Guillaume), Chev., sgr de Ringères, fit aveu le 10 sept. 1422 à St-Hilaire-le-Grand. Il eut pour enfants : 1° Guillaume, Chev., sgr de Ringères, qui fit vente d'un bois à St-Hilaire-le-Grand en 1442 ; il épousa Louise de Montejehan, mais décéda sans postérité en 1474 ; 2° Jean, qui suit ; 3° Ithier, rapporté § II ; 4° Marguerite, D^e de Fougeré, qui épousa, le 26 juin 1450, Floridas Frotier, Ec., sgr de la Messelière.

7. — **Beslon** (Jean), Ec., s^r de la Poupardière, eut procès avec St-Hilaire-le-Grand pour droit de pêche sur l'Ausance à Quinçay (A. Vien. G. 890), et décéda avant 1474. Marié, le 12 août 1457, à Mathurine Vigeron, fille de Jean, Ec., sgr de Chiré, et de Charlotte de Marconnay, il en eut : 1° René, qui suit ; 2° Catherine, mariée à Louis de Pougnes, Ec. ; 3° Jeanne, mariée en 1489 à Annibal de Couhé.

8. — **Beslon** (René), Ec., sgr de Ringères, fit aveu en 1492 ; il acquit Bois-Firmin vendu par son cousin Geoffroy Beslon, et décéda sans postérité de Jeanne de St-Gelais, remariée depuis à Louis Aymar, Ec., sgr de la Roche.

§ II. — Branche de **Bois-Firmin**.

7. — **Beslon** (Ithier), Ec., sgr de Bois-Firmin, fils puîné de Guillaume (6e deg., § I), écuyer d'écurie du Roi, obtint des lettres pour fortifier son hôtel. Marié à N... de la Touche, il eut pour enfants : 1° Geoffroy, qui suit ; 2° Françoise, mariée à Yves de Conflans.

8. — **Beslon** (Geoffroy), Ec., sgr de Bois-Firmin, eut procès en 1498 contre St-Hilaire-le-Grand, et fut condamné à démolir les fortifications de son fief, qu'il vendit ensuite au sgr de Ringères, son cousin. (A. Vien. G. 892.) Nous ignorons s'il eut postérité.

BESLY. — Famille originaire du Bas-Poitou, illustrée par Jean Besly, que l'on peut, à juste titre, qualifier de créateur de l'histoire de notre province.

Blason. — N'ayant pour nous guider au sujet des armoiries que portait la famille Besly, que le dessin placé en tête du portrait de Jean se trouvant dans l'Histoire des Comtes de Poitou, nous dirons qu'il portait de... à 3 flèches de..... posées en fasce, la pointe en bas, à une rose de... feuillée de... posée en pointe. (Sur le cachet de Jean Besly, la rose est sans tige.)

Noms isolés.

Nous avons pu augmenter par nos recherches, dans une notable proportion, les noms isolés donnés dans la première édition, que nous devions à l'obligeante amitié de B. Fillon, et ajouter encore à ceux compris dans la notice sur la famille Besly que M. A. Briquet a placée en tête de l'édition des lettres du savant Poitevin, qu'il a publiée dans les Archives historiques du Poitou, t. IX. Nous désignerons ces derniers par les lettres A. B.

Besly (Michaud) était pair de la c^ne de Niort en 1460. (M. Stat. 1865, 80.)

Besly (Jehan) était sergent royal et notaire à Fontenay en 1490, comme il ressort d'une enquête faite par lui, au sujet d'un acte de violence commis dans l'église de la Chapelle-Thireuil par René d'Appelvoisin, sgr du

Bois-Chapeleau ; il exerçait encore en 1500, et eut un fils du nom de Louis, qui vivait en 1528. (Puichaud.)

Besly (Guillaume), charpentier, demeurant à St-Hilaire-sur-l'Autize, passait, le 7 sept. 1566, un marché avec N... Rapin.

Besly (Laurent), s^r^ de la Foucaudière, qui demeurait à l'hôtel noble de Bois-Ménard, p^sse^ du Vieux-Pouzauges, en 1581, eut un fils, Pierre, qui suit (Puichaud), et, croyons-nous, encore N..., dont il sera parlé après son frère.

Besly (Pierre), procureur au siège présidial de Poitiers en 1611, eut un fils du même nom de Pierre ? lequel fut nommé curateur de ses cousins germains, enfants mineurs de feu Jacob Besly, procureur à Fontenay, et d'Esther Chapon, sa femme.

Besly (N...), second fils de Laurent précité, eut lui-même un fils qui suit.

Besly (Jacob), s^r^ de la Foucaudière, procureur au siège royal de Fontenay, avait épousé Esther Chapon et décéda vers le 21 fév. 1648, dans une maison qu'il possédait faubourg des Loges, laissant sept enfants auxquels, le 2 mars 1648, fut nommé un curateur dans la personne de Pierre, leur cousin germain précité. A cet acte assistaient Jean Besly, l'historien, noble homme Isaac du Soul, ministre à Lusignan et docteur en théologie, cousin germain des mineurs par Aimée Besly, son épouse, et Jean Charelier, procureur au Parlement de Paris, à cause de sa femme Jeanne Besly. Esther Chapon fut nommée tutrice de leurs enfants qui étaient : 1° Paul, qui succéda à son père dans sa charge de procureur au siège de Fontenay et vivait encore en 1670 (Puichaud) ; 2° Jacob, âgé de 23 ans ; 3° Charles, âgé de 18 ans, qui fut procureur au Présidial de Poitiers ; 4° Esther, âgée de 15 ans ; 5° Gabriel, âgé de 13 ans ; 6° Pierre, âgé de 12 ans ; 7° Jacques, âgé de 4 ans et demi.

Besly (Mathurin) était sergent royal à Fontenay-le-Cte en 1587. (G^ds^ Jours de Poitiers. M. Stat. 1878, 86.)

Besly (Jacques), not^re^ des B^nies^ de Vouvant et de Mervent, demeurant à St-Hilaire-sur-l'Autize, passait une ferme avec Mathieu de Vendée, Ec., le 29 mai 1592.

Besly (Charles), qualifié *discrète personne* du diocèse de Luçon, peut-être fils de Jacob précité, fut reçu bachelier en droit le 24 oct. 1610 et licencié le 25. (Bul. Stat. 1, 209.)

Besly (Jean) était chirurgien à Fontenay en 1604. (A. B.)

Besly (François), s^r^ d'Arty — serait-ce le petit-fils de l'historien ? — est cité dans le J^al^ de Paul de Vendée, sous la date du 21 sept. 1618. (M. St. 1879, 242.)

Besly (Thomas), menuisier, demeurant aux Loges à Fontenay, marie sa fille Suzanne, le 2 fév. 1623, à André Escotais, tailleur d'habits. Jean Besly (l'historien), dont il était parent, fit la noce dans sa maison.

Besly (Pierre), qualifié de noble et discrète personne du diocèse de Poitiers, fut reçu bachelier en droit le 30 mai 1627, et licencié le 31. (B. Stat. 1, 211.) Serait-ce celui qui fut procureur à Poitiers de 1624 à 1634, et qui était tout à la fois parent et ami de Jean ? (A. B.)

Besly (Marguerite) est dite habiter Poitiers le 13 août 1651. Elle rendait, ainsi que d'autres personnes, un aveu à la commanderie de St-Remy.

Filiation suivie.

1. — **Besly** (François), époux de Marie Quellet, eut : 1° Mathurin, lequel habitait St-Michel-le-Cloud et qui épousa, le 28 oct. 1565, Marie Marchand, fille de Pierre, boucher, demeurant au faubourg de Ste-Catherine de Fontenay, et de Perrotte Vaudet ; 2° François, qui suit.

2. — **Besly** (François), que M. Briquet croit être le père de Jean (d'autres biographes lui donnent pour père et mère Jean et N... Arnault), fut marchand à Coulonges-les-Royaux et épousa Jeanne Augereau. Ils étaient l'un et l'autre décédés avant le 3 janv. 1596, laissant de leur mariage :

3. — **Besly** (Jean), né au mois d'oct. 1572, à Coulonges, commença ses études à Poitiers, les termina à Bordeaux et à Toulouse et revint à Fontenay en 1597 exercer sa profession d'avocat. Sa connaissance approfondie du droit le fit bientôt distinguer parmi ses confrères du barreau ; mais ce n'est point en cette qualité qu'il mérita l'épithète d'être l'*honneur de Fontenay*, que lui décerna le poète Nicolas Rapin. Pour bien apprécier les immenses travaux effectués par Besly, il faut, après avoir lu la notice que lui a consacrée D. du Radier, qui dit de lui avec tant de justesse : « On ne saurait refuser à Besly l'honneur d'avoir défriché le premier un terrain inculte et presque abandonné. On trouve sans doute du mécompte et quelques erreurs dans son Histoire [des Comtes de Poitou], mais on y trouve aussi bien des lumières qu'on n'avait point avant lui, et qu'on n'aurait peut-être jamais eues sans ses recherches et le travail prodigieux qu'elles ont dû lui coûter... » ; il faut, disons-nous, se reporter à l'Introduction que M. App. Briquet a placée en tête de sa publication des lettres de cet historien (A. H. P. 9), mais surtout parcourir sa correspondance qui prouve dans quelle estime notre Poitevin était tenu par les maîtres de la science historique ses contemporains, et avec quel abandon il les faisait profiter de son profond savoir.

Tout le monde connaît les œuvres de J. Besly, son Histoire des C^tes^ de Poitou et sa collection de documents sur les évêques de Poitiers ; mais il est regrettable qu'il n'ait pu en surveiller l'impression ; l'une et l'autre fourmillent de fautes, et les matériaux, parfois défigurés, y sont en général disposés sans plan ni méthode.

L'on ne sera pas étonné que nous ne parlions pas des œuvres poétiques de J. Besly, bien qu'il ait commis quelques pièces de vers, quand on connaîtra le jugement qu'il porte sur lui-même à cet égard, dans une lettre écrite en 1613 à Scévole de Ste-Marthe, dans laquelle il se traite « de pauvre villageois du Bas-Poitou, le plus disgracié des muses qui se puisse voir. »

Ajoutons encore, pour rendre compte de la vie publique de ce savant, qu'il exerça les fonctions de juge de deux châtellenies, qu'en 1609 il était devenu adjudicataire des offices d'avocat du Roi, de substitut du procureur du Roi et d'adjoint aux enquêtes près la sénéchaussée de Fontenay, qu'il fut député aux Etats généraux de 1614, et s'y montra un des opposants les plus ardents à la réception en France du concile de Trente, et enfin qu'il fut élu maire de Fontenay en 1620. Colletet a écrit une Vie de Besly, qui a été publiée dans l'*Annuaire de la Société d'Emulation* de la Vendée, 1877. J. Besly épousa, par contrat du 23 fév. 1599, Catherine Brisson, fille de feu Pierre et de Marie Letard, dont il eut : 1° Jeanne, née le 21 nov. 1600, mariée, le 23 juin 1622, à François Fradet, enquesteur à Fontenay, et veuve en 1637 ; 2° Jean, qui suit ; 3° Catherine, mariée, le 19 nov. 1623, à Jean Alléaume, s^r^ de la Chenullière ; elle mourut avant son père.

Devenu veuf en 1608, Besly épousa, le 17 sept. 1609, Claude du Boullay, fille de Jacques et veuve de Jean

Alléaume, belle-mère de sa fille Catherine, dont il n'eut point d'enfants, et il mourut le 24 mai 1644.

4. — **Besly** (Jean), s^r de la Gerberie, voulut d'abord se faire moine Augustin, succéda à son père dans sa charge d'avocat du Roi et fut à deux reprises maire de Fontenay. On n'est pas d'accord sur ses capacités. Les uns le représentent comme un fou, tandis que, d'après d'autres, il aurait possédé une érudition presque égale à celle de son père, des œuvres duquel il fut l'éditeur (maladroit tout au moins). Il épousa, en 1631, Marie Coppegache, et mourut en 1652, à l'âge de 50 ans. (A. B.)

Dreux du Radier a reproduit (Bibl. Hist. du Poitou) sa longue et élogieuse épitaphe, sans indiquer dans quelle église elle se trouvait; nous y renvoyons nos lecteurs.

Leurs enfants furent : 1° François, qui suit ; 2° Claude, qui malgré sa mère épousa aux Sables « un jeune garçon sans naissance et sans biens », à cause de quoi celle-ci la déshérita, et révoqua les donations qu'elle avait faites en sa faveur le 14 août. (A. Briquet.)

5. — **Besly** (François) est qualifié noble homme dans l'acte par lequel il résigna, le 7 mars 1653, l'office d'avocat du Roi en faveur de Vincent Fradet, son neveu ; puis, nous dit A. Briquet, il vécut et mourut dans l'obscurité. Cependant nous trouvons un François Besly qualifié de conseiller au siège de Fontenay-le-Cte, dans un acte du 23 mai 1655.

BESNARD. — Voici les quelques renseignements que nous avons pu nous procurer sur les personnes de ce nom.

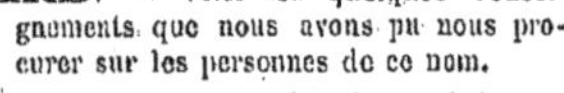

Blason. — Benard ou Besnard de Rezay : d'azur à 2 fasces ondées d'argent, au chef de sable chargé de 3 rocs d'échiquier d'or.

Besnard (Henri), Ec., sgr du Fougeré, habitant l'élection de Richelieu, portait : d'azur à une ancre d'argent, au chef d'or chargé de 3 étoiles de gueules. (D'Hozier.)

Besnard (Marguerite) avait épousé François Savary, comme il ressort du mariage de Jeanne, leur fille, avec Louis d'Aloigny, Chev., sgr de la Groye, qui eut lieu le 5 nov. 1540.

Besnard (Jehan) était doyen de l'Église St-Pierre d'Angers le 28 nov. 1614.

Besnard (S...), dit « le sergent sans pitié », habitant de Poitiers, fut condamné en 150 liv. d'amende pour avoir refusé, pendant la peste qui régnait en ville, d'ouvrir sa maison pour qu'on puisse emmener les malades à l'hôpital, 5 août 1629. (A. H. P. 15.)

Besnard (René), Ec., sgr du Fougeré, était, le 16 mai 1630, époux d'Esther Chaillou, veuve de Pierre de la Ville, secrétaire de M. le prince de Condé.

Besnard (Anne), fille du sgr de Rezay, épousa Pierre de Launay, Chev., B^on d'Hormet, sgr d'Onglée, qui décéda en 1633.

Besnard (Daniel) et

Besnard (Philippe), principaux habitants protestants de Mareuil-sur-le-Lay, furent poursuivis en 1660 par le syndic et les députés du clergé de Luçon. (Mon. et Ev. de Luçon.)

Besnard (Yves), mari de Andrée Thibault, était mort lors du mariage de Marie, leur fille, avec François Girault, avocat du Roi au bureau des finances de Poitiers, qui eut lieu le 25 nov. 1691 (contrat reçu Marot et Beguier, not^res). Marie avait été baptisée le 5 fév. 1666.

Besnard (N...) était essayeur de la monnaie à la Rochelle le 23 sept. 1784.

Une famille Besnard était collateur d'une chapelle de son nom p^sse d'Epieds.

BESSAC. — Famille originaire de St-Pierre-de-Retz en Bretagne (arrond^t de Paimbœuf, Loire-Inférieure), qui vint s'établir en Poitou vers 1420.

Blason : d'or au lion de sable lampassé et armé de gueules, accompagné de deux étoiles d'azur, l'une en chef et l'autre au flanc gauche de l'écu. (Barent.)

La noblesse de cette famille fut prouvée par une enquête faite en oct. 1445, consignée sur un rouleau de parchemin de 2 mèt. 63 cent. de long, contenant les dépositions de 10 témoins. Nous reproduisons les deux plus importantes.

« Olivier Coppegorge, escuier, seigneur de la Ville-Bessac, demourant en ladicte Ville-Bessac en la paroisse de Froczay au dyocèse de Nantes, ·ágé de cinquante et quattre ans ou environ, tesmoing juré..... approuvé par Olivier Bessac touchant le faict de sa noblesse et contenu en la dicte commission à l'encontre du dict Johan Brenart ; dict et dépose par son serment que feuz Jehan Bessac et Robert Bessac escuiers, demourants au temps qu'ils vivoient en ladicte paroisse de Froczay, estoient frères germains enfants de Guillaume de Bessac et d'une damoizelle fille de dame Heslaine de Marczoint, tante paternelle de Mons. Jehan de Maloux chevalier, et lequel Jehan de Bessac alla premièrement de vie à trépassement et lui demeura une fille nommée Johanne Bessac mineure de ans et dame dudit lieu de la Ville-Bessac de laquelle ledit Robert Bessac son oncle eut le bail, garde et gouvernement, come proche parent devers le père d'elle, duquel Robert et de mariage issut et fut noy feu Olivier Bessac qui fut conjoint par mariage avecques Marguerite Voyère, damoiselle, desquelx et de mariage yssurent et furent nés : Robert, Jehan, Perrine, Perrot, Olivier et Mery Bessac frères germains, leurs enfants, et dit celui qui parle qu'il vyt et ne congnut poinct lesdicts Robert et Jehan Bessac, si n'est ainxin (ainsi) qu'il oy dire par plusieurs foez à ses feuz père et mère et qu'il le trove par ses lectres et enseignements, mes bien vyt et congnut feu Olivier Bessac père dudict Olivier nommé en ladicte commission, qui estoit cousin germain de Johanne Bessac mère de lui qui parle.

« C'est assavoir ledict Olivier, yssu dudict Robert et de ladicte Johanne sa mère yssue dudict Jehan Bessac frère aisné dudict Robert seigneur en son vivant de ladicte Ville-Bessac et pour tielx se tenoient et portoient au temps qu'ils vivoient et de present lui qui parle en est seigneur à cause de sa dicte mère et laquelle Ville-Bessac, il tient noblement à foy et à rachapt et tous autres droiz appartenans et dépendans à noble et ancienne ancesorie de gentilhomme,........ Et dict oultre que par le temps qu'il a veu et congneu ledict Olivier Bessac père desdicts enfants, il estoit gentilhomme tant de père que de mère yssu de noble lignée et ancesorie ancienne et pour tel se portoit et gouvernoit durant le temps qu'il estoit demourant en ces parties, estoit monté et armé et servoit en armes le duc de Bretaigne son prince, comme les aultres nobles du pays..... et pour noble estoit tenu ledit Olivier Bessac, père de cet Olivier, qui à présent demoure en Poictou communément et notoirement par tous ceulx qui le congnoissoient nobles et non nobles et encore tout tenuz et repputez nobles les parents de par deçza qui sont yssus de ladicte Ville-Bessac, demourants à présent en divers lieux on diocèse de Nantes et estoit exempt ledict Olivier père de cest Olivier à présent demourant ou Poictou et nommé en ladicte commission et autres, ses frères dicts estre tenus et repputés de raison pour nobles et devant joir des privilèges de noblesse comme nobles qu'ils sont tant du côté du père que de la mère, plus n'en dit ne n'en deppose lui qui parle, de ce diligentement enquis et sur ce examiné ce vendredi 22e jour d'octobre 1445. »

« Clerette de la Brosse damoiselle veufve de feu Jehan Cholet sgr de la Claye âgée de quatre-vingt ans ou environ (9me témoin)..... recorde par son serment qu'il y a environ soixante dix ans que elle vyt et congneut Robert Bessac, qui père estoit et de mariage dudict feu Olivier Bessac et dit que celui Robert estoit et fut fils du sgr de la Ville-Bessac située en la paroisse de Froczay et oy dire le témoin par plusieurs foez à sa mère et autres ses prédécesseurs qui celui seigneur de la Ville-Bessac fut marié avecques une fille d'un chevalier nommé messire Jehan Marsesche seigneur de L'Angle situé en la paroisse du bourg Ste-Marie on diocèze de Nantes et de dame Ellaine de Marzaint et que de cielx sieur de la Ville-Bessac et fille du seigneur de L'Angle issyt et fut nez ledict Robert Bessac père dudict deffunt Olivier Bessac et auxi en yssirent Jehan Bessac frère aisné dudict Robert qui fut seigneur dudict lieu de Ville-Bessac et Thomas Bessac ; et dit le tesmoing que par aucun temps ledict Robert fut tuteur et curateur de Johanne Bessac, fille dudict Jehan Bessac qu'elle estoit dame dudict lieu de la Ville-Bessac et estoient cette Johanne Bessac et ledict deffunt Olivier Bessac cousins germains enffants des deux frères. Item recorde le tesmoing que ledict deffunt Olivier Bessac fut conjoint par mariage avecques Margarite Le Voyer damoiselle yssue de noble lignée et d'eix deux et de mariage yssit et fut filz cest Olivier Bessac nommé en ladicte commission et.... que tout le temps que ledict Olivier Bessac et ladicte Margarite sa femme demourèrent en cestes parties se gouvernoient noblement ainxin que les autres nobles du pais, tenoient hostel, donnoient à boyre et à manger à celx qui y venoient sans rien vandre ne acheter ; avoit ledict deffunct Olivier Bessac chiens-courants, levriers et levrières, alloit en gibier et courre en boays avec les chevaliers et autres nobles du pais, usoit de tous privileges de noblesse, estoient francs et exempts de tous devoirs, subsides rousturiers, et recorde le tesmoing par ce quelle a veu, congneu et oy dire ès temps passé tant à ces prédécesseurs que à autres que Olivier Bessac deffunct et ladicte Margarite Le Voyer sa femme estoient nobles yssus et extraits de nobles ancesories anciennes...... et que ledict Olivier estoit prochain parent et du lignage de plusieurs chevaliers et escuyers, dames et damoiselles tant du terrouer de Raiz que demourants en la comté de Nantes..... et par conséquent cest Olivier Bessac à présent demourant audict pays de Poictou.... est noble et extrait de noble lignée et de ancienne ancesorie..... Et fut ce present tesmoing examiné le samedi 27me jour dudit mois d'octobre, l'an dessus dict 1445. Signé C. Chollet et J. Arnault. »

Noms isolés.

Bessac (Jacques), Ec., fit une vente à Jehan Courgnol, Ec., sgr du Montet, le 4 avril 1514 (H. de la Grange et P. de Longis, notres).

Bessac (Ythier de), Ec., et Dlle Catherine Brune (Brun), sa femme, consentent une vente de terre le 25 oct. 1513 (Meneteau et Martin, notres) ; ils eurent un fils, Jacques, qui, par droit de retrait lignager, retira cette pièce de terre des mains de Jean Mauduit, l'acquéreur, en lui remboursant le prix de son achat.

Bessac (Cantion ou Cancion de), Ec., vendait le 22 nov. 1547, à Jean de Bessac le jeune, une maison noble, dont les dépendances touchaient aux biens de Jehan de Bessac l'aîné (frère de l'acquéreur), le 22 nov. 1547 (Pascault, notre à Civray).

Bessac (Gabriel de), Ec., sgr de la Feuilletrie (St-Saviol, Vienne), fut confirmé dans sa noblesse le 7 sept. 1668.

Bessac (Catherine de) épousa, vers 1680, René de Maumillon, Ec., sgr de la Chabourne, d'Abzac-sur-Vienne.

Filiation suivie.

Elle est établie sur les titres originaux et l'enquête précitée, qui nous furent communiqués par M. Fréd. de Chergé.

§ Ier. — Branche aînée.

1. — **Bessac** (Guillaume), sgr de la Ville-Bessac, eut de Marguerite Maresche, fille de Jean, Ec., sgr de L'Angle : 1° Jean, sgr de la Ville-Bessac, qui de N... sa femme eut une fille, Jehanne, mariée à N... Coppegorge, Ec., auquel elle porta la sgrie de la Ville-Bessac, père d'Olivier Coppegorge, premier témoin de l'enquête ; 2° Robert, qui suit.

2. — **Bessac** (Robert de), Ec., fut tuteur de Jehanne, sa nièce ; il eut un fils.

3. — **Bessac** (Olivier), Ec., passe vers 1420 en Aunis ; il laissa de Marguerite Le Voyer, sa femme : 1° Robert, 2° Jehan, 3° Perrine, 4° Perrot, 5° Olivier, qui suit ; 6° Méry.

4. — **Bessac** (Olivier), Ec., fit faire en 1445 l'enquête dont nous avons cité quelques fragments, pour justifier de sa noblesse. Olivier épousa Marie de Villiers ou Viriers, De de St-Saviol (Vienne), et il était mort avant 1466, date de l'amortissement d'une rente fait par un de ses enfants. Le 9 déc. 1483, sa veuve rendait aveu au chât. de Civray (signé Couillardin, notre) d'un herbergement sis à St-Saviol. Ils eurent pour enfants : 1° Bertrand, qui embrassa l'état ecclésiastique, était mandataire de sa mère, pour l'aveu rendu au chât. de Civray ; 2° Simon, qui suit ; 3° Marguerite, mariée à Jacques Courtin.

5. — **Bessac** (Simon de), Ec., sgr de St-Saviol du chef de sa mère, en rendit aveu le 28 oct. 1487. Le 15 mai 1466, il amortit une rente au capital de 50 écus d'or, constituée au profit de sa sœur Marguerite, lors de son mariage (Johan de Genoillé et Johan du Noyer, notres). Il servait au ban de 1467 comme brigandinier du sgr de Bressuire. Marié à Jeanne du Magnou, Simon eut pour enfants : 1° Jean, qui suit ; 2° Pierre, Ec., sgr de la Feuilletrie, qui épousa Jacquette Eschallé, qui mourut avant 1518. Pierre était mort longtemps avant le 5 sept. 1533. Ils eurent un fils, André, qui eut successivement pour tuteurs Gilles Eschallé (son oncle paternel), puis François, et enfin Jean de Bessac ; il fut émancipé le 5 sept. 1533.

3° Antoinette, qui testa le 5 oct. 1518 (Biraud, G. Marteau et de Mervache, notres) ; elle élit sa sépulture près Jacquette Eschallé, sa belle-sœur ; 4° Christophe, qui, le 14 fév. 1513, était marié à Catherine de Serbonne, qui était sa veuve le 20 avril 1520.

6. — **Bessac** (Jean de), Ier du nom, Ec., sgr de

St-Saviol, dont il rend aveu au chât. de Civray, le 6 mars 1500, avait épousé, avant le 15 mai 1422, Charlotte ESCHALLÉ, dame du Magnou ; à cette date ils vendaient 5 boisselées de terre sises au terrouer des Bessac (Vaugelade, not. à Civray). Il faisait, le 19 fév. 1530, une autre vente de concert avec sa femme, leur fils Jean le jeune et Marthe de Bessac, sa femme. Leurs enfants furent : 1° JEAN, II° du nom, dit l'aîné, qui suit ; 2° JEAN, dit le jeune, Ec., sgr de St-Saviol, qui épousa Marthe DE BESSAC ; le 18.... 1542, il fit une proposition de retrait lignager pour des terres vendues par André de Bessac, son cousin germain. Le 19 avril 1546, il faisait partie du conseil de famille de René de Lestang, Ec.

7. — **Bessac** (Jean de), dit l'aîné, II° du nom, Ec., sgr de St-Saviol, rend un aveu au Cte d'Angoulême. Il épousa : 1° Marthe DE LA FAYE, et 2° le 18 avril 1540, Jeanne DE St-JOUYN, fille de Guillaume et de Marie Leroux (Vaugelade et Guyrinaud, not^{res}). Le 20 avril suivant, il donne une quittance de droits de mutation, et était mort avant le mois de nov. 1576, date du partage de sa succession entre ses enfants qui sont : 1° FRANÇOIS, qui suit ; 2° MATHIEU, chef de la branche de la Feuilletrie, rapportée au § II ; 3° GUYONNE, 4° SUZANNE, qui avec sa sœur et Mathieu son frère faisait un partage le 10 nov. 1576.

8. — **Bessac** (François de), Ec., sgr de St-Saviol, épousa Jeanne DE St-FÉLIX ; ils se faisaient une donation mutuelle le 8 mai 1576 (Cacault et Guyot, not^{res} à Civray). Il fut confirmé dans sa noblesse par les élus de Poitiers le 7 janv. 1585, et le 8 oct. 1587 il vendit sa terre de St-Saviol à Jean Eschallé, Ec., sgr du Magnou (Pelisson, not^{re} à Civray). François se distingua dans la carrière des armes et servit sous Henri IV et Louis XIII, qui l'honorèrent de plusieurs lettres ; fut chargé par Henri IV de lever 200 hommes d'armes, et fut nommé gouverneur de Crécy-en-Brie, puis envoyé dans le Mâconnais ; il s'y maria avec Hélène DE LONGECOMBE. Du second lit sont issus 15 enfants : 1° PIERRE, sgr de Varennes près Mâcon, qui, après avoir servi dans les mousquetaires du Roi, obtint une compagnie dans le régiment de St-Luc ; il succéda à son père dans ses charges de lieutenant de Roi en Mâconnais, et de gouverneur de la ville de Pont-de-Vesle, devint chef du régiment de St-Luc, puis guidon des gendarmes d'Anjou, après son frère Henri, et enfin bailli ou sénéchal du Mâconnais ; 2° HENRI, servit, comme Pierre susdit, dans les mousquetaires du Roi, puis passa enseigne dans le régiment de Saulx-Lesdiguières, et était guidon des gendarmes d'Anjou lorsqu'il mourut ; 3° JEAN, entré au service du duc de Savoie, mourut étant maréchal de ses camps et armées, et gouverneur de la province de Carmagnole ; 4° HONORÉ, qui avait suivi son frère Jean au service du duc de Savoie, y fut tué à l'âge de 22 ans, capitaine au régiment de Félix ; 5° CLAUDE, qui suit ; plus 5 filles religieuses et 5 autres enfants dont nous ignorons le sexe et la destinée.

9. — **Bessac** (Claude de), Ec., sgr de Varennes, d'abord destiné à l'état ecclésiastique, rentra dans le monde, ses frères n'ayant point d'enfants. Il épousa Renée-Louise DE ROCHECHOUART DE MONPIPEAU, morte la première année de son mariage. Nous ne savons s'il se remaria et s'il eut postérité. Claude de Bessac est qualifié de comte de Varennes dans un arrêt du Conseil d'État du 3 août 1688, rendu dans un procès dans lequel il était intéressé.

§ II. — BRANCHE DE **LA FEUILLETRIE**.

8. — **Bessac** (Mathieu de), Ec., sgr de la Feuilletrie, fils puîné de Jean et de Jeanne de St-Jouyn (7° deg. du § Ier), obtint, le 18 oct. 1584, une confirmation de noblesse de M. Malon ; recevait, le 19 oct. 1587, les aveux de plusieurs tenanciers ; fut nommé, le 23 déc. 1588, curateur des enfants mineurs de Jean Eschallé, Ec., sgr de Linazay, et était décédé avant le 9 déc. 1608, date de la curatelle de ses enfants mineurs décernée à autre Jean Eschallé, Ec., sgr du Magnou. Mathieu avait épousé d'abord, le 13 oct. 1578, Jeanne GIRARD DE LA GERTILLIÈRE, dont : 1° LOUIS, qui suit ; 2° ANGÉLIQUE, mariée, le 20 oct. 1612 (Guyot, not^{re}), à Jean Bellin, s^r d'Erry. Mathieu se remaria à Antoinette DE BLOM, veuve de Pierre de Feydeau, Ec., sgr de la Mothe de Persac en partie, et fille de Léon, Ec., sgr de Ressonneau, et de Louise de la Croix. Nous ignorons s'il en eut postérité.

9. — **Bessac** (Louis de), Ec., sgr de la Feuilletrie. Le 4 mars 1612, il épousa (Lemas et Courrivaud, not^{res}) Yolande DE FEYDEAU, fille de feu Pierre et d'Antoinette de Blom, seconde épouse de Mathieu de Bessac, son père. Dès le 20 oct. 1606 il y avait eu un premier contrat passé entre les parties, mais le mariage n'avait pas eu lieu pour des considérations d'intérêts.

Louis était mort avant le 29 avril 1622, comme il ressort d'une quittance délivrée à Yolande de Feydeau, qui, le 9 juill. 1627, rendait au château de Civray aveu des terres qu'elle possédait dans sa mouvance ; elle fut maintenue noble le 30 juin 1634 avec ses enfants par les élus de Poitiers. Ses enfants étaient : 1° GASPARD, qui suit ; 2° CHARLOTTE, 3° MARIE, comme il ressort d'une donation que leur fait, le 7 mars 1628 (Pretaud, not^{re} à Civray), Jean Eschallé, sgr de la Febretière et du Magnou.

10. — **Bessac** (Gaspard de), Ec., sgr de la Feuilletrie, épousa Marie DU TEIL, comme il ressort d'une transaction passée avec ses sœurs, au sujet des successions de leurs père et mère, le 19 sept. 1669 (J. de Benest, not^{re} à Civray) ; le 21 sept. 1671, il achetait une pièce de terre, et figure au contrat de mariage de CHARLES, son fils, qui suit.

11. — **Bessac** (Charles de), Ec., sgr de la Feuilletrie, en rendit hommage au château de Civray en 1667 et en 1716, et mourut le 12 nov. 1723, âgé de 61 ans. Il avait épousé Elisabeth DE FLEURY, fille de Jean, Ec., sgr de la Raffinière, et de feu Madeleine de Reigner, dont il eut : 1° RENÉ, qui suit ; 2° PHILIPPE, Ec., sgr de la Feuilletrie, en rend hommage au château de Civray les 10 mai 1726 et 30 déc. 1733 ; il était décédé avant 1744, car il y eut cette année une saisie féodale faite, au nom du Roi, sur ses héritiers, pour défaut d'aveu rendu par eux, et le 7 août eut lieu l'adjudication des biens saisis. Nous ignorons s'il a eu postérité.

Charles de Bessac avait épousé en secondes noces Barbe-Renée DE VANNE, fille de Jacques, Ec., sgr de Peuchaux, comme on le voit par un compte fait entre elle et Philippe qui précède, le 16 avril 1731.

12. — **Bessac** (René de), Ec., sgr de St-Saviol, la Feuilletrie, partagea avec son frère le 26 juin 1724. Il épousa à Saint-Mâcoux, le 29 avril 1720, Jeanne MARTEAU ou MARSEAU, dont il eut : 1° PHILIPPE, baptisé, le 2 févr. 1721, à St-Mâcoux, ainsi que ses frères et sœurs ; 2° MADELEINE, baptisée le 12 nov. 1724 ; 3° RENÉE, baptisée le 5 févr. 1727, décédée le 3 oct. 1732 ; 4° RENÉ-JACQUES, qui suit ; 5° MARIE, mariée, le 17 juin 1749, à Etienne de Poisdebon, Ec., sgr d'Angles, et inhumée le 21 janv. 1758 à St-Mâcoux. René de Bessac mourut le 5 nov. 1729, et le 27 janv. 1730 eut lieu la curatelle de ses enfants mineurs.

13. — **Bessac** (René-Jacques de), Chev., sgr

de la Feuilletrie, St-Saviol, etc., baptisé le 19 oct. 1729, servit dans la brigade de l'escadron de Vassé, au ban de 1758 réuni à St-Jean-d'Angély, assista à l'assemblée de la noblesse convoquée à Poitiers en 1789, pour nommer des députés aux Etats généraux. Il avait épousé à Civray, le 25 juill. 1759, Marie-Elisabeth Motheau, fille de feu Louis, procureur, et de Marie Daniaud, dont il eut : 1° Marie-Elisabeth-Félicité, née le 12 juin 1760, mariée à Jean de Brilhac ; 2° Susanne, née le 22 oct. 1761 ; 3° René-Jacques, né le 5 oct. 1762 ; 4° Louis-Olivier, né le 18 oct. 1763, assista à la réunion de la noblesse en 1789 ; 5° Jeanne-Luce, née le 20 oct. 1764 ; 6° Marie-Victoire, née le 27 déc. 1765, décédée le 20 nov. 1767 ; 7° Jeanne-Euphrosine, née le 12 févr. 1768 ; 8° Charles, né le 12 fév. 1768, servit dans la gendarmerie, émigra en 1791, fit la campagne de 1792 à l'armée des Princes, dans la 4e cie noble du Poitou-Infanterie ; 9° Françoise-Antoinette, née le 30 mai 1769 ; 10° Jean-Modeste, né le 15 juin 1770, entré élève aux gardes françaises en 1781, mort le 2 avril 1783 ; 11° Madeleine ou Marie-Anne, née le 6 juin 1774, mariée à Louis-David Machet-Lamartinière, président de l'administration municipale du canton de Charroux ; elle vivait encore en 1843, dernière représentante (croyons-nous) de l'ancienne famille de Bessac.

BESSAY (de). — Maison d'ancienne chevalerie originaire de Bessay près Luçon ; elle a fourni, depuis des siècles, des membres distingués dans la carrière des armes, etc.

Cet article a été dressé : 1° sur une confirmation de noblesse accordée par M. Colbert de Croissy, intendant du Poitou, le 25 mars 1668, à François de Bessay, dans laquelle sont minutieusement relatés tous les titres de cette maison. Cette pièce se trouve imprimée dans un recueil classé dans la partie de la Bibliothèque de la ville de Poitiers dite *Bibliothèque Poitevine* ; — 2° sur une autre maintenue de noblesse émanée de M. de Maupeou, également intendant du Poitou, faisant partie de notre cabinet ; — 3° sur des notes dues à M. le Cte de Bessay, et enfin sur le résultat de nos propres recherches.

Blason : de sable à 4 fusées d'argent posées en bande. Devise : *Fac quod debes et non timeas.*

Noms isolés.

Bessay (Colette de) donna tous ses biens meubles et immeubles au monastère de Luçon, le samedi avant la St-Clément 1322. (Hist. des évêques de Luçon, 1, 343.)

Bessay (Ph. de), épouse de Taupin Clérambault ; ils partageaient le 16 sept. 1400, sous la cour de Mirebeau, au nom de Jean, leur fils, avec Philémon Vigeron, la succession de Guillemette de Luains, femme de Huguet Vigeron et mère de Philémon.

Bessay (Henriette de) épousa, le 5 août 1403, Jean de Ponthieu, Ec., sgr du Breuil de Chives et des Touches de Périgné.

Bessay (Jacques et Laurent de). La cour des Grands Jours de Poitiers prononce défaut contre eux par arrêt du 17 oct. 1531.

Bessay (Hélène de) épousa, par contrat reçu Jude, notre à Châtellerault, le 28 mars 1562, François Dupuy, Ec.

Bessay (Pierre de), Ec., sgr du Manteau, et Anne de Pellard, sa femme, assistent au partage de la succession de feu Gallois de Pellard, Ec., sgr de Montigny, leur père et beau-père, passé au bailliage d'Orléans, le 5 juill. 1595.

Bessay (Marie-Louise de) était doyenne des religieuses de la Trinité de Poitiers, vers 1620.

Bessay (Louise de) épousa, par contrat du 13 avril 1668 (Cherbonnier, notre roy. à la Rochelle), Jean Saragan, Ec., sgr du Breuil ; elle était veuve le 24 sept. 1667, époque à laquelle elle fut maintenue noble par M. Barentin.

Bessay (N... de) épousa, vers 1660, Pierre Acquet, Chev., sgr de la Vergne, capitaine au régiment de Richelieu.

Bessay (N... de), Ec., sgr de Montreuil, est cité dans un arrêt de la cour du Châtelet de Paris du 12 janv. 1673, relatif au marais du Petit-Poitou.

Bessay (N... de) était vicaire général de l'évêché de Poitiers en nov. 1710.

Bessay (Anne-Renée de) était veuve de Louis de la Roche-St-André, Chev., sgr de l'Epinay, le 25 avril 1744, époque à laquelle elle vendait à Alexandre Mesnard, sgr de Chasnay, les terres seigneuriales des Ardias, de la Prévoisière et de la Juraire. (Gén. Mesnard.)

Bessay (Alexandre de), probablement de la branche de la Ranconnière, épousa vers 1685 Marie-Claire de Bessay, fille de François, Cte de Bessay, et de Françoise de Béchillon. (V. 14e deg., § 1er.) Ils eurent pour fille N..., héritière de la sgrie de Bessay.

Bessay (Marie-Angélique de) épousa, vers 1705, Jacques-Louis-François Guzeau de la Brandannière, Chev., baron de Champagné. Elle est morte à Bessay, le 10 juill. 1779, âgée de 92 ans.

Filiation suivie.

Nous établissons les premiers degrés de la généalogie d'après d'anciens mémoires, qui ne présentent pas toute l'authenticité désirable, selon certains écrivains, lesquels traitent même de fable l'alliance des de Bessay avec la puissante famille de Lusignan. Admettons, si l'on veut, que ces alliances ne sont que de pures hypothèses ; mais comme elles sont consignées dans des chartes et rappelées dans des actes officiels, émanant de l'autorité royale, nous croyons pouvoir, en présence de cette *possession d'état*, les rappeler encore, d'après la tradition, telles qu'elles sont relatées dans la première édition de cet ouvrage.

§ Ier. — Branche aînée.

1. — **Bessay** (Elisabeth de), héritière de la terre de Bessay, et dont les ancêtres ne nous sont pas connus, épousa, vers 1200, Guy de Lezignem, puîné de cette illustre maison, en lui transmettant avec la sirerie de Bessay le nom et les armes de cette famille, selon la coutume de ce temps. Ce mariage est prouvé par plusieurs chartes et cartulaires de diverses églises et abbayes du Poitou, par les registres de la chambre des comptes et de la chambre du Trésor, par les lettres de réunion et d'érection en Cté des terres de Travarzay et de Cremault, accordées par le Roi à François de Bessay, en avril 1662, comme nous le verrons en son lieu, et par un grand nombre d'autres titres. Ils eurent pour enfants : 1° Geoffroy, qui, d'après les uns, aurait épousé Agnès de Bretagne, et aurait eu pour fils Hugues. En 1219, il fut un des témoins de la donation faite par Geoffroy de Frozes à l'abbaye de Moreilles.

Les renseignements puisés à d'autres sources ne fournissent aucuns détails sur son existence. D'après une assiette de rente de 1217 faite par Hugues de Bessay, Chev., à Renault Farsi, l'on voyait que Geoffroy, frère aîné dudit Hugues, était déjà décédé à cette époque. Adoptant l'opinion que Hugues était le frère de Geoffroy, nous dirons donc : 2° HUGUES, qui suit.

2. — **Bessay** (Hugues de), fils de Guy de Lezignem et d'Elisabeth de Bessay, succéda à son frère aîné, comme on le voit par l'acte de 1247 précité, dans lequel il est parlé de plusieurs domaines qui en 1665 étaient encore dans la maison de Bessay. Il eut d'Alix DE LEZIGNEM trois enfants : 1° GEOFFROY, qui suit; 2° THÉBAUD, valet, désigné comme fils de Hugues, ainsi que Geoffroy, dans l'acte de mariage de leur sœur; 3° AUDEARDE, qui épousa Henri Farsi, par contrat passé « souhs la cour du doyen de Mareuil, en garantie de vérité, l'an de l'Incarnation de Jésus-Christ 1254. » Ce contrat désigne également un grand nombre de lieux, qui relevaient encore en 1665 du château de Bessay.

3. — **Bessay** (Geoffroy de) est qualifié *miles* dans un titre de 1290. Il avait épousé D[lle] Jeanne DE LÉZIGNEM, et ils afferment en 1293 les fruits, rentes et revenus des p[sses] de Bournezeaux, des Pineaux, de Beaulieu, de Puymaufray et de Ste-Pezenne. Il avait eu plusieurs enfants : 1° THIBAULT, qui suit; 2° DENIS, mentionné dans un titre de 1321, où il est désigné, ainsi que Thibaud, son frère, comme enfant de Geoffroy. Il était en 1333 garde du scel à Talmond pour Louis Vte de Thouars, et donnait, le 19 oct. 1336, quittance de 50 liv. comme châtelain de Talmond ; l'était encore en 1339 (Arch. de la Vendée. Cart. d'Orbestier. A. H. P. 6) ; 3° JEANNE, qui se marie en 1291 à N..., et auquel son père Geoffroy assure en dot l'hôtel des Costeaux-Veillet et 14 livres de rente, qu'il lui promet asseoir en la p[sse] de Bessay, le tout moyennant qu'elle renonce à sa succession.

4. — **Bessay** (Thibault de), valet, sgr de Bessay, obtint, par une sentence de la cour de Mareuil de l'an 1335, que la haute justice de la terre de Bessay lui fût conservée. Il rendait hommage en 1348 à la Chauvelière pour un fief indivis entre lui et son beau-père. Il fut marié deux fois : 1° avec Jeanne DE THORIGNÉ ou THORIGNY, dont postérité ; 2° avec Catherine DU VERGIER, fille de Thibault, valet, sgr de Buchignon, dont il n'eut pas d'enfants. Par son testament, daté de 1365, et signé Thomas, il veut être enterré près de son père, de sa mère et de Jeanne de Thorigné, sa première femme ; il nomme ensuite ses enfants, qui sont : 1° JEAN, qui suit ; 2° OLIVE, 3° SIBYLLE, à qui il assure certaines rentes proches de Bessay.

5. — **Bessay** (Jean de), valet, s[r] de Bessay, partage en 1367 la succession de son père avec ses sœurs ci-dessus nommées (Gaillard et Ferrand, not[res]). Dans un titre en latin, de 1373, portant hommage rendu par Guillaume, évêque de Luçon, à Jean, s[r] de Bessay, ce dernier est qualifié de *scutifer*. Il rendit hommage au sgr de Mareuil le 14 juill. 1387, pour son hébergement de Bessay, ayant justice haute, moyenne et basse. Il servait dès 1355 comme homme d'armes dans la compagnie de Regnault de Vivône, sgr de Thors. Il s'est marié deux fois : 1° avec Catherine ROBERTET (peut-être ROBERT), qui fait son testament en 1370 (Gaynard, not[re]), acte par lequel elle donne à son mari et aux siens la tierce partie de ses immeubles. Ils n'eurent point de postérité.

Il se remaria avec Jeanne GRASSINE (GRASSIN). Il eut du second lit : 1° JEAN, II° du nom, qui suit ; 2° GRASSIEN, qui partage, par acte de 1407 (Degentis, not.), avec son frère Jean la succession de leur père; il eut une fille, MARIE, qui épousa, le 4 sept. 1439, Guyot du Vergier, Ec., sgr de Laurière ; 3° MARGUERITE.

6. — **Bessay** (Jean de), II° du nom, valet, sgr de Bessay, reçoit en 1410 l'aveu de l'hôtel de la Maison-Neuve, tenu de lui à foi et hommage plein. Jean mourut la même année, car nous trouvons un acte daté de 1410, par lequel Marie AUBINE (AUBIN), sa femme, est déclarée tutrice de leurs enfants qui sont : 1° JACQUES, qui suit ; 2° JEANNE, 3° THÉBAUD.

7. — **Bessay** (Jacques de), Ec., sgr de Bessay, reçut en 1423 de Pierre Bonnet, valet, son aveu pour l'hôtel des Costeaux-Veillet, passé sous le scel de Mareuil et la Vieille-Tour (Clément, not[re]). En 1424, il rendait aveu de sa terre de Bessay au sgr de la Trimouille (Clément, not[re] sous la cour de Mareuil). Il avait épousé, le 21 nov. 1416, Jeanne DE PONT-DE-VIE, fille de Jean, sgr de la Coutancière, St-Florent, Château-Fromage, la Ranconnière, etc., et de Jeannette de Bourg, comme il appert par des lettres du roi Charles VII, données à Poitiers en 1429. De ce mariage est issu FRANÇOIS, qui suit.

8. — **Bessay** (François de), Ier du nom, Ec., sgr de Bessay, épousa, par contrat de mariage passé en 1444 à Ste-Hermine, sous le scel de la Roche-sur-Yon (Contancin et Barrot, not[res]), Françoise JOURDAIN, fille de François, Ec., et de dame Andrée de Lévis? En 1460, une transaction avec André, évêque de Luçon, appointa le différend qu'ils avaient ensemble, réduisant à un seul hommage les deux que ledit évêque devait auparavant au sgr de Bessay (Lemaistre et Baunerie, not[res]).

François de Bessay servit comme homme d'armes du sgr de L'Aigle au ban de 1467. Il laissa pour son fils et successeur JACQUES.

9. — **Bessay** (Jacques de), II° du nom, Ec., sgr de Bessay, fut honoré en 1487 de deux commissions portant pouvoir de commander en toutes places du Bas-Poitou, les fortifier, assembler la noblesse et les gens de guerre, pour s'opposer aux entreprises du duc de Bretagne et du maréchal de Rieux ; l'une d'elles est signée de Jacques de Beaumont, gouverneur de Poitou. En 1487, il reçut, comme sgr de Bessay, de l'évêque de Luçon un aveu de l'hôtel et sgrie de Boissorin, et le 1er avril 1494, un aveu d'Antoine Foucher, Ec., de son hôtel noble de la Chevallerie. Jacques se maria deux fois : 1° avec Isabeau DE LEZAY ; 2° par contrat passé à la Coutancière, sous le scel de la Roche-sur-Yon (Samson et Permanday, not[res]), avec Françoise DU CHANEL, fille de Henri, sgr de Guerguenhonnant, et de Louise du Fou.

D'après une note, Jacques eut du 1er lit JEANNE, mariée, le 6 fév. 1514, à Charles de St-Gelais, Ec., sgr de Séligny ; du 2° lit : 1° JACOB, qui suit ; 2° LAURENT, auquel son père donna, par testament du 2 oct. 1517 (Bifard et Denis, not[res] à Mareuil), la tierce partie de ses biens, et qui partagea le 2 oct. 1525 cette succession avec son frère, et le 27 mai 1527 rendait hommage de la terre de la Ranconnière au sgr de Ste-Hermine ; 3° RENÉE, à qui son père assigne 200 liv. pour supplément de mariage ; 4° JACQUETTE, mariée en 1497 (Béraud, not[re]) à François Queyrand, Ec. ; 5° CATHERINE, qui épousa en 1502 Louis du Plessis, Ec. (Milon et Béraud, not[res]).

10. — **Bessay** (Jacob de), Ec., sgr de Bessay et de la chât[nie] de St-Hilaire, acheta, par acte du 26 sept. 1528 (Cailhaut et de L'Escorce, not[res]), divers domaines près du château de Bessay. Il se trouva aux guerres de Piémont sous le roi Henri II, qui le pourvut des gouvernement et capitainerie de Casal en 1554.

(Mémoires de François de Boyvin, baron de Villars, bailli de Gex.)

Il avait épousé : 1° le 14 nov. 1519, à Ardelay, Marguerite VOUSSARD, fille de Pierre, Ec., sgr de Brébaudet, et de Madeleine Chabot (Arch. des Ant. de l'Ouest), dont il ne paraît pas avoir eu d'enfants ; 2° à la Gerbaudière, le 24 déc. 1523 (Frogier et Le Jay, not^{res}), Gillette BUOR, fille aînée de François, Ec., sgr de la Gerbaudière, et de Gillette Jousseaume ; il mourut jeune, laissant sa femme veuve, et probablement tutrice de ses enfants mineurs, car à diverses époques (les 28 sept. 1531, 18 nov. 1534, 16 juin 1544, etc.) elle recevait des aveux comme dame de Bessay et veuve dudit Jacob. En 1555, elle fit un partage testamentaire de ses biens (Paraudeau, not^{re} à la Roche-sur-Yon) entre : 1° GIRON, son fils aîné et héritier principal, qui suit, et 2° JACQUETTE, mariée, vers 1560, à Baptiste Goulard, Chev., sgr du Boisbellefemme.

11. — **Bessay** (Giron de), Ier du nom, Ec., sgr de Bessay et de la Coutancière, fut un des principaux chefs protestants du Bas-Poitou, et prit une part active aux guerres civiles qui désolèrent cette province à cette époque désastreuse. Il fut du nombre de ceux qui, en 1562, s'emparèrent de Poitiers sous les ordres du s^{r} de Ste-Gemme, et y commirent de si affreux désordres. Il se trouva au combat de Ste-Gemme, donné le 15 juin 1570. Cette même année, le Roi donna, le 14 sept., commission pour lui faire son procès, attendu qu'il ne cessait de vexer les ecclésiastiques, malgré l'édit de pacification ; mais les troubles qui survinrent ne permirent pas d'y donner suite. (D. F. 14.) Il fut un des lieutenants de Puyviaud, commandant l'infanterie protestante. En 1574, il était à la tête des troupes qui, sorties de la Rochelle le 22 fév., s'emparèrent de Fontenay dans la nuit du mardi gras, et qui, sous la conduite de La Noue, en compagnie du s^{r} de Vieillevigne, son beau-père, et de son beau-frère le s^{r} de St-Etienne, poussèrent jusqu'à Port-de-Piles ; mais l'armée du Roi, commandée par le duc de Montpensier, vint investir la ville de Fontenay, et les obligea à revenir sur leurs pas. Le duc de Montpensier força bientôt cette ville à capituler ; mais, pendant que l'on était en pourparlers pour arrêter les clauses de cette capitulation, des soldats s'introduisirent dans la ville, la mirent au pillage, s'emparèrent des gouverneurs et capitaines, et le sgr de Bessay fut conduit à Montaigu, sous la garde de M. du Landreau. Il fut pourvu par Henri, roi de Navarre, suivant lettres patentes données à Nérac le 19 mars 1583, de la charge de vice-amiral de Guyenne, sous l'autorité dudit Roi, amiral de France.

Dans une commission concernant le fait de l'amirauté, donnée à Giron de Bessay, du 8 août 1583, il est qualifié de premier gentilhomme de la chambre du Roi. Au mois de févr. 1584, il reçut 800 écus pour l'indemniser de certaines dépenses par lui faites. Le dernier févr. 1591, il fut chargé du commandement d'une compagnie de cavalerie, avec mission de fortifier la ville de Talmont. A diverses époques il reçut des aveux pour des terres relevant de son château de Bessay (11 juin 1555, 1557, 1572, 1576, 1er juin 1578, etc.), et c'est à lui qu'il faut attribuer la construction de la belle tour qui existe encore ; elle date de 1577. Il avait épousé, le 22 mars 1559 (Rouveau et Bavinoz, not^{res} roy. à Nantes), Renée DE LA LANDE DE MACHECOUL, fille aînée de Jean, Ec., sgr de Vieillevigne, et de Bonne d'Avaugour. De ce mariage sont issus : 1° JONAS, qui suit ; 2° GIRON, IIe du nom, tige de la branche de la Ranconnière (§ IV), qui partage avec ledit Jonas et ses sœurs les successions de leurs père et mère, le 20 mai 1598 (Groussard et Bourcereau, not^{res}) ; 3° ANTOINETTE, mariée à N... Bodin, Ec., sgr de la Rolandière ; 4° MARIE, qui épousa Jean Mesnard, Ec., sgr de la Guignerayo ; 5° MARTHE, mariée, en nov. 1595, à Louis Regnon, Ec., sgr de Chaligny ; 6° JEANNE, épouse d'Isaac de Roussay ; 7° CHARLOTTE : toutes mentionnées dans l'acte de partage ci-dessus.

12. — **Bessay** (Jonas de), Ier du nom, Chev., sgr de Bessay, baron de St-Hilaire, sgr de la Coutancière, la Vouste, le Puymillet, etc. En considération des services rendus par son père, Henri IV lui fit don, au mois de mai 1592, d'une somme de 1,200 écus. Le 3 sept. 1594, fut clos et arrêté à la table de marbre, et signé Liviau et Lenfant, un compte qu'il avait présenté au Roi, des deniers que son père, Giron de Bessay, avait eus entre les mains comme amiral de Guyenne. Il fut nommé par Henri IV, le 31 oct. 1596, gouverneur de la ville de Talmont, en remplacement du feu s^{r} de St-Etienne de Machecoul, son oncle. Le 9 nov. 1599, il fit un nouveau partage (Bégaud, not^{re}) des biens de ses père et mère avec Giron, son frère, Jeanne, Marie et Charlotte, ses sœurs. Marthe n'est point nommée dans ce second partage, ce qui fait croire qu'elle était décédée avant cette époque.

Par lettre de Louis XIII, du 20 mai 1615, il fut enjoint à Jonas de Bessay d'agir de concert avec le duc de Sully, et de faire tout ce qui serait convenable pour le bien du service du Roi.

Jonas, entré de bonne heure dans la carrière militaire, fit partie de la compagnie des gens d'armes de Louis de la Trimoille, puis de celle de Claude ; et enfin nous le retrouvons vers 1615 ou 1620 lieutenant de celle de Henri de la Trimoille. Tous les historiens, Duplex entre autres, ont parlé de l'influence qu'exerçait Jonas de Bessay sur l'esprit des protestants ses coreligionnaires ; ils firent souvent choix de sa personne pour présider leurs assemblées. Il fut député à l'assemblée de Châtellerault en 1605, de Jargeau en 1608, au synode de Tonneins, à l'assemblée de Loudun en 1619 ; il mourut en 1630. (A. H. P. 5.)

Il avait épousé, le 28 avril 1594 (Simonneau et Chauveau, not^{res} roy. à Fontenay), Louise CHASTEIGNER, fille de feu haut et puissant Jean, sgr de St-Georges, etc., et de Jeanne de Villers. De ce mariage sont issus : 1° LOUIS, qui suit ; 2° JONAS, IIe du nom, auteur de la branche de la Coutancière, rapportée au § II ; 3° CHARLES, Ec., sgr de la Vouste, tué au siège d'Arras en 1640, à l'âge de 22 ans, après avoir donné des preuves d'un grand courage : « Je meurs content (disait-il, près de rendre le dernier soupir), je meurs pour mon Roi et la France, je remplis ma devise » (Fais ce que dois, et ne crains rien) ; 4° RENÉ, Ec., sgr de la Vouste après la mort de son frère, tige de la branche qui existe actuellement, rapportée au § III ; 5° LOUISE, qui épousa, en 1619, Salomon de Caillault, Ec., sgr de la Chevrotière ; elle était veuve dès 1646 ; 6° ANTOINETTE, mariée, le 12 avril 1614, à Louis de Roussay, Ec., sgr de la Fretière ; 7° HÉLÈNE, femme, en 1618, de Lancelot Tranchant, Ec., sgr de la Barre-Tranchant ; 8° FRANÇOISE, mariée, en 1638, à Pierre Belinaud, Ec., sgr de la Morinière ; 9° LÉA, femme de Zacharie Salbert, Ec., sgr de Soulignonne, en 1631, puis remariée, le 11 janv. 1639, à Jean Isle, Ec., sgr de Beauchêne ; 10° JUDITH, qui épousa Charles Barraud, s^{r} de la Rivière-Mouzeuil (Nalliers, Vendée), fut confirmée dans sa noblesse par sentence du 26 févr. 1667 ; elle était veuve à cette époque ; 11° RENÉE, épousa, le 11 mars 1636, René Jodouin, sgr de la Mothe-de-Frosse (Corps, Vendée).

13. — **Bessay** (Louis de), Ec., sgr de Bessay, St-Hilaire-de-Vouhis, Ste-Pezenne, Cremault, etc., Cte

de Travarzay (Bonneuil-Matours, Vien.), capitaine de cinquante hommes d'armes des ordonnances, etc., se distingua dans la carrière des armes. Sa vie entière se passa dans les camps. Dès 1620 il était en Moravie, prenant part à la guerre que l'électeur Frédéric V soutenait alors contre l'empereur d'Autriche. En déc. 1629, il fut gratifié d'une pension de 1,500 liv., en considération de ses services. En 1630, le Roi lui concéda par lettres patentes le titre de Comte; en févr. 1632, il fut chargé de lever un régiment d'infanterie de douze compagnies, qu'il conduisit en Picardie, Champagne et Allemagne. Il prenait, dès 1634, la qualité de chevalier des ordres du Roi et de gentilhomme ordinaire de sa chambre, de Cte de Travarzay, etc.

Louis commanda la noblesse du Bas-Poitou au ban et à l'arrière-ban conduit en Lorraine. (Rôle de 92 gentilshommes, certificats du duc d'Angoulême, des maréchaux de France de la Meilleraye et de la Force, donnés à Vic en Lorraine, le 11 nov. 1635, etc.)

En 1639, il se trouvait à l'armée de Roussillon, où il servit tant comme volontaire que comme commandant la noblesse du Languedoc, du Rouergue et de l'Albigeois. En 1640, ayant abjuré le protestantisme, il obtint un arrêt du Conseil d'État du Roi, portant défense de continuer l'exercice de la religion réformée dans l'étendue de ses terres. Le 3 juill. 1651, le Mis de la Roche-Posay (de Chasteigner) et le Cte Louis de Bessay furent nommés députés de toute la noblesse de Poitou aux États généraux. Quelque temps après, la cour étant à Poitiers, le Roi lui fit expédier un brevet de maréchal de ses camps et armées; il justifia bientôt par de nouveaux services la distinction dont on venait de l'honorer; et par commission du Cte de Harcourt, du 20 févr. 1652, il fut nommé commandant de la province du Périgord révoltée, pour soumettre les rebelles à l'obéissance de S. M. Il y demeura dix mois, et remplit sa charge à l'agrément du prince.

Il avait épousé, le 2 sept. 1627 (Royer et Porcheron, not. royaux à Poitiers), Marie REGNAULT DE TRAVARZAY, fille aînée d'Emeri, Ec., sgr de Travarzay, etc., conseiller du Roi, président au Présidial de Poitou, et de Gabrielle de La Lande, et laissa de ce mariage : 1° FRANÇOIS, qui suit; 2° LOUIS, qui embrassa l'état ecclésiastique, et mourut prieur commendataire de St-Denis. Il prenait, le 6 mars 1662, le titre de conseiller et aumônier du Roi, sgr de Bessay et de St-Hilaire-de-Vouhis; 3° ANNE-MARIE, mariée, le 7 juill. 1657, à Melchior de Carbonnières. On voit par cet acte que Louis de Bessay était mort à cette époque. Ses enfants se partagèrent ses biens le 27 avril 1661.

14. — **Bessay** (François de), Chev., sire de Bessay, baron de St-Hilaire-de-Vouhis, Cte de Cremault et de Travarzay, sgr de la châtnie de Ste-Pezenne, Rudepaire, etc., conseiller du Roi en ses conseils d'État et privé, mestre de camp de cavalerie et lieutenant général au service de S. M., naquit à Poitiers le 17 oct. 1628. Il avait eu, dès son enfance, une compagnie dans le régiment de son père. En 1646, il assistait à la prise de Lérida, et servait en qualité de volontaire à l'armée de Catalogne.

Antoine de Stainville, lieutenant général de l'armée du Roi, étant mort, le Roi donna au s^r^ de Bessay la compagnie de chevau-légers que commandait cet officier général, et la fit incorporer dans le régiment du mestre de camp général de cavalerie légère de France, par commission du mois d'avril 1647. François de Bessay succéda au Vte de L'Hôpital, tué à Réthel en 1652, dans la charge de premier capitaine de ce régiment, et fut nommé aide des camps et armées. Il commandait la cavalerie à la défense d'Ypres, où il se distingua. Il servit dans la charge précitée, à l'attaque de Mont-Rond en Berri, reçut, le 25 janv. 1653, commission pour commander en Bas-Poitou, en qualité de maréchal des camps et armées du Roi et de lieutenant de S. M., place vacante par le décès du s^r^ des Roches-Baritaud.

Il commandait le régiment de Clérembault-Cavalerie, aux sièges de Landrecies, St-Guilin et de Condé (certificat de service du 29 sept. 1655, signé Turenne).

Il fut fait conseiller du Roi en ses conseils d'État et privé, en avril 1657, en considération de ses services; et plus tard il fut honoré de la qualité de lieutenant-général, comme on le voit par plusieurs aveux à lui rendus en 1662, 1663, etc. Il fut confirmé dans sa noblesse le 25 mars 1665, par ordonnance de Colbert, intendant de Poitou. L'on voit au nombre des pièces produites des lettres du Roi, datées du mois d'avril 1662, par lesquelles ce prince lui accorde la transmission du titre de Comte accordé à son père. Ces lettres portent, entre autres mentions, que le Roi le reconnaît comme étant issu en ligne directe et masculine de la maison de Lezignem.

Il avait épousé à Bessay, le 10 juill. 1653 (Rigaud et Ribard, not^res^), Françoise DE BÉCHILLON, fille de René, Chev., sgr de la Girardière et du Plessis-d'Angle, et de Jeanne Yvon de La Leu, dont il aurait eu, d'après M. l'abbé Lalanne (Hist. de Châtellerault, 1, 443) : 1° PAUL-BERNARD, qui suit; 2° CLAIRE-THÉRÈSE, mariée, vers 1685, à Alexandre de Bessay (probablement de la branche de la Ranconnière).

15. — **Bessay** (Paul-Bernard de), Chev., sgr dudit lieu, Cte de Travarzay et de Boissorin, qualifié de très noble et puissant seigneur, rendit, le 5 août 1721, un aveu à l'évêque de Luçon. Le 7 mars 1714 et en 1717, il en avait déjà rendu d'autres au chât. de Châtellerault, pour ses seigneuries de Cremault et de Travarzay. (N. féod. 101.)

§ II. — BRANCHE DE LA COUTANCIÈRE.

Les notes suivantes sont extraites des confirmations de noblesse de M. de Maupeou, dont nous possédons les originaux.

13. — **Bessay** (Jonas de), IIe du nom, 2e fils de Jonas et de Louise Chasteigner (12e deg., § Ier), Ec., sgr de la Coutancière, p^sse^ de la Roche-sur-Yon, élect. des Sables, épousa, le 10 déc. 1628 (Charbonnier, not^re^ à la Rochelle), Françoise LE GOUX, fille de Paul, trésorier de Navarre. Il se distingua au service, et mourut avec le brevet de maréchal des camps et armées du Roi. Il avait été maintenu dans sa noblesse par sentence du 26 févr. 1667. Il laissa de son mariage JONAS, qui suit.

14. — **Bessay** (Jonas de), IIIe du nom, Ec., sgr de la Coutancière, épousa, le 25 nov. 1658 (Marteau et Ruchaud, not^res^ de la ch^nie^ de Vieillevigne), Renée JOYAU, dont il eut : 1° LOUIS-JONAS, Ec., sgr de la Coutancière, qui se maria, le 9 août 1689 (Thomasseau et Huet, not^res^ à Montaigu), avec Marie SAVARY. Il fit partie des bans de 1690, 1691 et 1695. Il fut confirmé dans ses privilèges de noblesse, sur le vu de ses titres et par sentence du 27 fév. 1700 de M. de Maupeou.

Renée Joyau étant morte, Jonas de Bessay se remaria, le 12 mai 1666 (Berland et Greffard, not^res^ à Brandois), à Anne DE LEPINAY, dont il eut : 2° SAMUEL, Chev., sgr de la Maison-Neuve, qui, le 18 mars 1694, partagea avec Louis-Jonas précité la succession de leur père (Baignes et Couturier, not^res^ à la Roche-sur-Yon). Samuel épousa, le 9 fév. 1695 (Jousmet et Mallet, not^res^, de la ch^nie de Moutiers), Marie DE BRION. Il est compris, ainsi que Anne de Lépinay, sa mère, veuve alors, dans l'ordonnance de maintenue sus-relatée.

Nous n'avons pu nous procurer d'autres renseignements sur cette branche tombée en quenouille.

§ III. — BRANCHE DE LA VOUSTE.

13. — **Bessay** (René de), Ier du nom, 4e fils de Jonas, Chev., sgr de Bessay, et de Louise Chasteigner (12e deg., § Ier), Chev., sgr de la Vouste, les Rochelles, la Maison-Neuve, etc., épousa, le 13 mai 1641, Louise GAUTREAU, fille de Henri, sgr de la Débutrie, et de Anne de La Forest; fut lieutenant-colonel du régiment d'infanterie de François des Moustiers de Mérinville, son cousin germain, puis passa capitaine d'une compagnie de chevau-légers, et se retira pensionné du Roi, après avoir commandé cette compagnie pendant près de treize années. Il laissa RENÉ, qui suit.

14. — **Bessay** (René de), IIe du nom, Ec., sgr de la Vouste, la Grange-Goulard et des Rochelles, servit quelque temps dans la marine, puis se retira dans ses terres. Il se maria deux fois : 1°, le 9 fév. 1669, avec Marie DE SCHOMBERG, fille de Henri-Christian, Ec., sgr de Fromac, et de Suzanne Gauvain. Sa femme étant décédée vers 1680, il se remaria, le 13 mai 1686, à Gabrielle-Henriette DE BRION, fille de Henri, Ec., sgr de la Coutaudière, et de Jeanne Thubin. (Dans quelques documents, la femme de M. de Bessay est dénommée Gabrielle-Henriette DE BUOR.)

C'est probablement lui qui servit dans la troisième brigade du ban de 1689, réunie à la Châteigneraye le 26 mai; il y est désigné sous le nom de Bessay des Rochelles. En 1669 et 1716, il rendit au Roi, comme sgr de Fontenay-le-Cte, aveu de son hôtel de la Boësse, appelé la Vouste, p^sse de St-Mars-des-Prés. (N. féod. 108.)

Il eut pour enfants, du premier lit : 1° RENÉ-HENRI, Ec., sgr de Beauregard, décédé sans alliance; 2° ANNE-BÉNIGNE; du second lit : 3° ISAAC, qui suit; 4° RENÉ-FRANÇOIS, Chev. de St-Louis, lieut.-colonel d'infanterie, décédé sans alliance, à Paris, le 17 juin 1749; 5° MARIE-HENRIETTE, mariée, le 14 juin 1714 (Bullard et Grain, not^res), à Daniel Châteigner, Chev., sgr du Bergeriou, des Oullières; puis, le 20 avril 1722, à René de Rorthays, Chev., sgr de la Gaubretière; 6° LOUISE-ELISABETH, mariée à Louis Barraud, Ec., sgr de Pougné? 7° JEANNE-HENRIETTE, Dlle de Sauvère; 8° MARIE, Dlle de Beauregard; 9° BÉNIGNE, Dlle de la Guitière, toutes deux religieuses de l'Union-Chrétienne de Fontenay.

15. — **Bessay** (Isaac de), Ec., sgr de la Vouste et autres lieux, entra au service dès 1708, en qualité de cornette au régiment de Châtillon-Dragons; passa ensuite capitaine dans le même régiment; il rend aveu au chât. de Vouvant, en 1722, de sa terre de la Tour de Sauveré. (N. féod. 108.) En 1718, il se retira du service pour épouser Catherine-Marguerite DE BAUDRY D'ASSON, fille de René, Chev., sgr du Chastelier, de la Brossardière, etc., et de Louise Le Maignan. Il en eut : 1° RENÉ-ESPRIT-ISAAC, qui suit; 2° LOUIS-PIERRE-HENRI, entré dans les pages de la grande écurie du Roi, obtint une cornette au corps des carabiniers, brigade de la Tour; était lieutenant et prêt à passer à la tête d'une compagnie, lorsqu'il mourut des suites de blessures reçues à Rosbach. Il avait reçu pour ses services 600 livres de pension; 3° ESPRIT-BENJAMIN, entré au service en 1761 au corps des grenadiers de France; fut pensionné de 300 l. en 1771 sur les fonds de la guerre, comme capitaine d'infanterie, puis en qualité de lieutenant réformé au corps des grenadiers de France. Ayant émigré, il commanda en second la 2e compagnie de la noblesse de Poitou-Infanterie en 1792, et servit dans les chasseurs nobles de l'armée de Condé. Rentré en France en 1800, il est mort à Angers en sept. 1824, sans laisser de postérité. Il était Chev. de St-Louis. Il avait sept sœurs, sur lesquelles nous n'avons aucuns renseignements.

16. — **Bessay** (René-Esprit-Isaac de), Ec., sgr du Chastelier, la Maison-Neuve, Reverac, la Brossardière, etc., nommé garde-marine le 6 août 1751; en octobre 1755, enseigne, et au mois de nov. de la même année, lieutenant d'artillerie; blessé dangereusement au visage et fait prisonnier dans un combat contre les Anglais, en 1757, il ne put revenir en France qu'en 1759. Ayant repris la mer, il fut fait lieutenant de vaisseau, puis capitaine d'artillerie de marine. En 1765, il servait sur le vaisseau *l'Utile*, commandé par M. du Chaffault, chef d'escadre, et se trouva à l'affaire de Larache. Nommé Chev. de St-Louis en 1771, il épousa cette même année Xavière-Apolline DE LANGLE, qui mourut sans enfants peu de temps après. Fait capitaine de vaisseau le 4 avril 1777, il épousa, le 29 juill. même année, aux Sables-d'Olonne, Marie-Jeanne-Louise-Aimée JAILLARD DES FORGES, fille de Paul-André, Chev., sgr des Forges, la Marronnière, capitaine général de la capitainerie garde-côte des Sables, et de Jeanne Dupleix. Le 28 mars 1778, il reçut ordre de se rendre à Brest pour s'embarquer en qualité de capitaine en second du Cte du Chaffault. Il assista au combat d'Ouessant (juill. 1778), où il commandait *l'Intrépide*, qui coula sous ses pieds; il monta alors sur le vaisseau *la Couronne*, dont il prit le commandement, et il fut tué peu d'heures après.

Sa veuve avait été inscrite en 1778 et 1779 sur les fonds du ministère de la marine pour deux pensions de 600 liv. et de 400 liv., en considération des services et de la mort glorieuse de son mari.

M. de Bessay laissait sa femme enceinte, qui, le 8 sept. 1778, eut PAUL-ISAAC-MARIE-FÉLIX, qui suit.

17. — **Bessay** (Paul-Isaac-Marie-Félix, Cte de) avait été inscrit sur les fonds de la marine pour une pension de 400 liv. en 1778, en considération des services de son père; il fit la guerre de la Vendée dans les années 1794, 1795, 1796, en qualité d'aide de camp du général de Sapinaud. Appelé le 4 mai 1815, par M. de La Rochejacquelein, pour protéger et aider le débarquement des poudres, il fit cette campagne en qualité de chef d'escadron. Appelé le 30 août 1815 à la sous-préfecture de Fontenay-le-Comte, il reçut pour récompense de ses services, le 22 mai 1818, la croix de la Légion d'honneur.

Il avait épousé, le 30 janv. 1800, Geneviève-Mélanie DE CHATEIGNER, fille de Daniel-Henri-Louis, Chev., sgr du Bergeriou, et de Marie-Thérèse Bourrey de Beauvais. De ce mariage sont issus : 1° JEANNE-CORALIE, née le 29 sept. 1801, mariée, le 28 nov. 1828, à Charles-Alexandre Durand de Coupé, inspecteur de l'enregistrement et des domaines; 2° PAUL-ISAAC-BENJAMIN, qui suit; 3° LOUIS-OSCAR, né le 21 sept. 1804; 4° MÉLINE-AMÉLIE, née le 6 mars 1807, mariée, le 25 juill. 1838, à Jean-Jacques baron de la Duhaisière; 5° PAUL-URBAIN, né le 31 août 1811, embrassa l'état ecclésiastique, et fut ordonné prêtre le 19 déc. 1840, chanoine honoraire de Luçon; 6° VICTOR-XAVIER, né le 17 mai 1814, décédé le 30 sept. 1873; 7° CHARLES-MARIE-ISAAC, né le 27 janv. 1822; 8° ELISABETH-FÉLICITÉ, née le 16 janv. 1824, mariée, le 2 mai 1848, à

Isidore-Gabriel de Morineau; 9° Octave, né le 30 sept. 1826.

13. — **Bessay** (Paul-Isaac-Benjamin Cte de) naquit le 7 oct. 1802 et mourut le 21 sept. 1888. Il avait épousé, le 17 oct. 1828, Geneviève-Nelly-Henriette Gazeau de la Boissière, dont une fille unique, Mélanie-Louise-Geneviève, née le 2 août 1829, mariée, le 17 oct. 1853, à Marie-Antoine-Arthur Cte de Beaumont de Verneuil d'Autry, ancien chambellan de l'empereur d'Autriche et ancien colonel d'état-major de l'armée pontificale. Elle est décédée le.....

§ IV. — Branche de **LA RANCONNIÈRE.**

12. — **Bessay** (Giron de), II° du nom, Ec., sgr de la Ranconnière, fils puîné de Giron, Ier du nom, et de Renée de La Lande de Mâchecoul (11° deg. du § Ier), partagea avec ses frères et sœurs la succession de leurs père et mère, les 20 mars 1593 (Groussard et Bourcereau, not^res) et 9 nov. 1599 (Begaud, not^re). Il épousa, le 6 avril 1606 (Normandin, not^re des chât^nies de Mareuil et la Vieille-Tour), Guye de Roussay, de laquelle il laissa : 1° Charles, qui suit; 2° Alexandre, Chev., sgr de Loulière, rapporté § V.

13. — **Bessay** (Charles de), Ec., sgr de la Ranconnière, épousa D^lle Judith de la Lande de Machecoul, fille d'Isaac et de dame Marthe Chabot. Il eut de son mariage Isaac, qui suit.

14. — **Bessay** (Isaac de), Ec., sgr de la Ranconnière, qui épousa D^lle Louise Bellineau, fille de Jacques, Ec., sgr de la Morinière, dont il eut Marie-Radégonde, mariée, vers 1690, à François-Romain-Luc de Mesgrigny, Mis de Bonnivet.

§ V. — Branche de **LOULIÈRE.**

13. — **Bessay** (Alexandre de), Chev., sgr de Loulière (fils puîné de Giron et de Guye de Roussay, 12° deg., § IV), est peut-être le même qu'un Alexandre de Bessay, sgr des Granges, décédé à Paris le 11 juin 1681 (France protestante). Il épousa vers 1640 Jeanne de la Forest, et eut pour fils : 1° Samuel, qui suit; 2°, 3°, 4°, 5°, dit-on, quatre autres fils (ailleurs on dit 5 filles).

14. — **Bessay** (Samuel de), Ec., sgr de Groix, confirmé dans sa noblesse le 26 févr. 1667, paraît avoir eu pour fils Alexandre, qui suit.

15. — **Bessay** (Alexandre de), Ec., sgr de Loulière, fit enregistrer son blason en 1698 à l'Armorial du Poitou (peut-être est-ce lui qui épousa vers 1685 Claire-Thérèse de Bessay, héritière de la branche aînée?). Mais, en 1698, il était marié à Louise Legay (ou Legeay).

BESSE. — Famille établie à Poitiers au XVII° siècle.

Blason. — Besse du Fresne (Joseph) : d'azur à un pin d'argent accosté de deux croissants de même, surmonté de 3 étoiles d'or. (Arm. d'Hozier.)

Besse (Jean) fut reçu procureur du Roi au bureau des finances de Poitiers le 30 mai 1680. Il se noya dans le Clain le 29 avril 1725.

Besse du Fresne (Joseph), conseiller au Présidial de Poitiers dès 1690, marié, avant 1725, à Anne-Marie Chamberlain, fille de Thomas, directeur des finances de la généralité de Poitiers, et de Jeanne de Morgnival, était décédé avant le 11 août 1730, date d'un jugement rendu contre sa veuve au profit de Jacques Chameau, conseiller du Roi.

Filiation.

1. — **Besse** (Joseph), c^er du Roi au siège royal de St-Maixent, laissa de Jeanne Guillon, son épouse :

2. — **Besse** (Pierre), qui fut nommé receveur des tailles en l'élection de St-Maixent, le 22 nov. 1671, par M. Louis du Coudray, intendant de la généralité de Poitiers, sur la présentation de M. Rioult, trésorier général des finances en cette généralité, et reçut une nouvelle commission, le 6 nov. 1693, de M. de Marillac. Il était receveur des tailles de l'élection de Poitiers lorsqu'il épousa, le 4 mai 1678 (Agier, not^re royal), Louise Bigot, fille de Léon, s^r de l'Ingremière, ancien garde du corps du Roi, et de Louise Le Riche. Pierre fut inhumé dans l'église de Cissé le 9 août 1716.

BESSÉ ou **DE BESSÉ** et **DEBESSÉ.**

Bessé (Jean de) était en 1605 sgr des Borderies-aux-Couldreaux et aux Giraudeaux du village de la Coudre de St-Marsault (D.-S.), vassales de la chât^nie de St-Marsault. (Hist. Bressuire, 238.)

Bessé (Jean de) fut commis à la recette des tailles de l'élection de Châtellerault par ordonnance du 30 janv. 1644.

Bessé (Pierre) était assesseur au Présidial de Poitiers en 1702.

Bessé (François de) épousa Jeanne Robert, dont il eut Jean, qui suit.

Bessé (Jean de) épousa, le 24 nov. 1750, Radégonde Millet, fille de feu Jean, s^r de Folet, capitaine au régiment de Quercy, Chev. de St-Louis, et de Julie Gesron, dont il eut : 1° Louis, né le 25 août 1751, assiste, le 9 nov. 1784, au mariage de sa sœur Henriette; 2° Catherine-Radégonde, née le 5 oct. 1752; 3° Henriette, née le 24 août 1755, mariée, le 9 nov. 1764, à Jean-François Daniau. Jean de Bessé fut inhumé le 28 juill. 1757. (Reg. de Brux.)

Bessé (Paul-Isaac), marchand de draps et soie, fut consul des marchands à Poitiers en 1758, 1764, et juge en 1774. (A. H. P. 15.)

Bessé du Pasty (N...), négociant à Fontenay, est du nombre de ceux qui vinrent à Poitiers en 1789 pour nommer des députés aux États généraux.

BESSÉ (de). — Famille des environs de St-Maixent, sgr du Breuil de Bessé, p^sse d'Augé.

Bessé (*Hugo de*), *miles*, tenait, en 1260, le fief de Bessé, relevant de St-Maixent.

BESSÉ (de). — Famille noble du pays de Ruffec.

Bessiaco (*Petrus de*), valet, rendit aveu et hommage lige à l'abb. de Charroux pour son hébergement *de Sancto Fremerio* (St-Fraigne, Charente), 14 juin 1399. (F.)

BESSINE (de). — Famille féodale des environs de St-Maixent.

Baisinia (*Girbertus de*) fit accord avec l'abbaye de St-Maixent, conjointement avec son fils, pour des domaines situés à Vérines, vers 1130.

Baisinia (*Guillelmus de*), fils de Girbert, figure au même acte.

BESSON. — Il y a plusieurs familles de ce nom en Poitou.

Besson (*Johannes*), Ec., cité avec plusieurs autres écuyers dans des lettres de l'évêque de Luçon, Regnaud de Thouars, 1339. (A. N. J. cart. 184, 97.)

Besson (Guillaume) épousa Marguerite DE COUÉ, fille de Hugues, sgr de Boisrogues, et de N... Goulard, qui fit son testament en 1349.

Besson (Pierre de), receveur de l'infanterie, paye à Poitiers, à Jehan Ogier, s^r de St-Mars, lieut. de Roi en Poitou selon sa quittance du 8 janv. 1349, 17 liv. tournois pour les gages des gendarmes de sa compagnie. (Arch. D.-S.)

Besson (Simon), s^r de la Martinière, p^sse de Fourie, teste le 13 févr. 1410, faisant un legs à sa nièce, fille de CATHERINE Bessonne, sa sœur, et un autre à son frère aîné, JEHAN Besson. (D. F.)

Besson (Jeanne) était veuve de Lancelot de St-Michcau, lorsqu'elle rendit foi et hommage au chât. de Lusignan, le 26 juin 1403, de sa terre et fief de Courgé. Elle en avait rendu un autre, dès le 2 mai de la même année, au chât. de Fontenay, pour le lieu de la Mothe de St-Michel-le-Cloux, et le 9 mai 1404, au même chât. pour sa terre de Beaumont.

Besson (Pierre), sgr de la Tabellonnière, était, le 23 oct. 1432, époux de Marguerite RADASTE, veuve de Loys de Couhé ; elle transigeait à cette date avec Mathée de Montendre.

Besson (André) transigeait avec l'abbé de la Grenetière le 13 juin 1435.

Besson (Abel), s^r de la Martinière, faisait en 1481 l'acquisition de quelques héritages p^sse de St-Pierre-des-Herbiers.

Besson (N...) l'aîné, gentilhomme du Poitou de la religion protestante, fut tué à la bataille de Jarnac en 1569.

Besson (Isaac) acquérait en 1623 la terre de la Pescherie de Guy Morisson, Ec., et de Charlotte Bouchet. Isaac existait encore le 8 mars 1650, prenant le titre de sgr de la Grange.

Besson (François) possédait, à la fin du XVIe s^e et au commencement du XVIIe, le fief de Martroys en St-Médard. V. **BESLON.**

BESSONNEAU. — Famille noble originaire de l'Anjou ? qui a donné un grand maître de l'artillerie de France.

Blason : d'or à 3 fasces de gueules, semé de macles de l'un en l'autre. (Gén. de Beauvau, par Ste-Marthe. Franç. 2303. Inconnu au P. Anselme.)

D'après une note sur un dessin de Gaignères, le tombeau de Mathieu de Beauvau, époux de Jeanne Bessonneau, aux Jacobins d'Angers, portait pour la femme, un écu « d'azur à 3 soleils d'or et un lambel de gueules à 3 pendants, en chef ».

Bessonneau (Guillaume), sgr de la Bessière, écuyer tranchant du duc d'Anjou, vivait en 1370. Il eut probablement pour enfants : 1° PIERRE, qui suit ; 2° JEAN, 3° JEANNE, D^e de la Bessière, mariée, vers 1400, à Mathieu de Beauvau.

Bessonneau (Pierre), Chev., fut grand maître de l'artillerie en 1420 et se démit en 1444, en faveur de Jean Bureau. Il fut aussi maître d'hôtel du duc d'Anjou et capitaine des Ponts-de-Cé. Il épousa Anne D'AUXIGNY (ou D'AUSSIGNÉ), qui était veuve en 1446 et reçut 200 livres de la part du Roi.

Bessonneau (Jean) possédait en 1389 le fief de Grézigné, tenu de Vieillevigne (Chouppes), à cause de sa femme Jeanne DE CHAVIGNY.

Bessonneau (Jean), Ec., s^r de Germignon, vivant en 1448, épousa, vers 1400, Jeanne POUHAULT (peut-être ROUHAULT), dont il eut MARGUERITE, mariée, vers 1430, à Jean du Fouilloux. Elle fonda un service à Parthenay en 1460.

Bessonneau (Jeanne) épousa Gauvain Beslon, Chev., qui devait avou à cause d'elle au sgr de Faye-la-Vinouse en 1441 ; il était aussi sgr du Monteil (Sauves).

Bessonneau (N...), Ec., s^r de Cerisier, la Ravardière, Grand-Feu, marié à Jeanne DE CHARTIER ? eut pour fille et héritière JEANNE, mariée, vers 1450, à Hardouin de la Touche, Ec., s^r de Meurs.

Bessonneau (Marie) était en 1467 épouse de Guillaume du Fouilloux. (Gâtine, Ledain.)

Bessonneau (Gillette) épousa, vers 1480, Jean des Herbiers, Ec., s^r de la Garde-aux-Valets.

BETAUX (Mairé ou Méry de) ou **DE BETEAU** fut reçu échevin de la ville de Poitiers le 1er juill. 1419. (F.)

Blason : de sable à 6 fusées d'argent, 3, 2, 1. (Goujet.)

BETOLAUD.

Betolaud (Rolland), lieutenant du sénéchal de la vicomté de Bridiers en 1592. (F.)

BETOULAT.

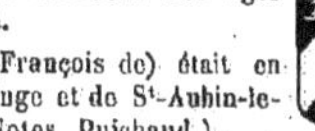

Blason : de sable au chevron d'argent, accompagné de trois chardons d'or tigés et feuillés de même.

Betoulat (François de) était en 1617 sgr de la Grange et de St-Aubin-le-Cloux en Gâtine. (Notes Puichaud.)

Betoulat (Renée de) était en 1630 veuve de René Gilbert, Ec., sgr de Châteauneuf (Largeasse, D.-S.). (Id.)

Betoulat (François de), Ec., sgr de la Petitière, fut parrain en 1630. (Id.) Il épousa Jacqueline PIZON, fille de Pierre, Ec., s^r de la Petitière ; il eut pour fils :

Betoulat (André de), dit Pizon-Betoulat (par substitution), Chev., sgr de la Petitière, 1657.

BEUFMONT. — Famille noble du pays de Gâtine.

Beufmont (Aimery), valet, fils d'AIMERY Beufmont de Réaumur, transigea en 1348 avec Simon Chasteigner, sgr de Réaumur. (F.)

Beufmont (Jean), sgr de la Courvaisière ? épousa, vers 1350, Tiphaine D'APPELVOISIN, fille de Guillaume, Ec., et de Jeanne du Puy-du-Fou, dont il eut MILES, qui suit.

Beufmont (Miles ou Millet), Ec., s^r de la Courvaisière, épousa Jeanne DE LA FOREST, dont il eut LOUISE, mariée, le 10 janv. 1430, à Pouzauges, à Nicolas Tortreau, sgr de la Tortrelière.

BEUFVIER ou **BEUVIER**. — Cette maison noble et ancienne, qui a fourni au Poitou ses quatre derniers grands sénéchaux, jouissait du droit de collation pour la chapelle de St-Michel de Bournezeau, p^sse de Thurageau (Vienne).

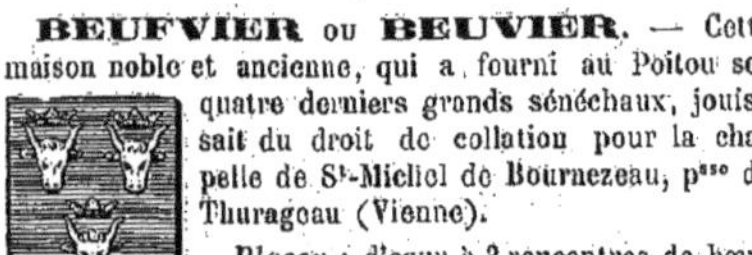

Blason : d'azur à 3 rencontres de bœuf d'argent couronnées d'or.

Noms isolés.

Beufvier (Renée) vivait en 1571, et fut mariée à René Doyron, sgr des Bouchaux. Elle n'existait plus, ainsi que son mari, le 15 avril 1615. (D. F.)

Beufvier (Louis-Modeste), ancien officier de marine, épousa, le 16 avril 1804, la nièce de Marie-Geneviève-Victoire DE MARCONNAY, veuve de Pierre-Marie Thibault, baron de Monthas. (Notice sur Château-Larcher, 504.)

§ Ier. — BRANCHE DE **LAUDRAYRE.**

1. — **Beufvier** (Jean), Ec., sgr de Laudrayre, donna procuration, le 26 août 1491, sous le scel de Cerizay, à son fils PIERRE, et à JEAN, fils (*sic*, peut-être pour frère) dudit Pierre, afin de faire aveu en son nom à André Béry, Ec., sgr de la Baudonnière, mari de Simonne Prévoste. (Carrés d'Hozier, 91.) Nous pensons que Jean eut aussi pour fils GUILLAUME, rapporté § II.

2. — **Beufvier** (Pierre), Ec., sgr de Laudrayre, servit au ban des nobles du Poitou de 1491, et fit aveu à René Béry, Ec., sgr de la Baudonnière, le 26 juin 1519. Il eut pour enfants : 1° NICOLAS, qui suit; 2° JEAN, prêtre, vivant en 1536.

3. — **Beufvier** (Nicolas), Ec., sgr de Laudrayre, épousa, le 5 juin 1507, Louise RACODET, fille de Nicolas, Ec., sgr de la Guinemandière, et de Laurence de Pelles ? dont il eut :

4. — **Beufvier** (Jean), Ec., sgr de Laudrayre, épousa, le 18 juin 1536, Jacquette AUDINEAU, fille de Mathieu, Ec., sgr de la Vérie, et de Jacquette Aymer (en présence de RENÉ Beufvier, Ec., sgr de la Frouardière, son parent.). Nous n'avons pas d'autres renseignements sur cette branche.

§ II. — BRANCHE DES **PALINIERS** OU **PALLIGNIES** (sans jonction).

1. — **Beufvier** (Guillaume), Ec., sgr de Villeneuve, épousa, le 30 oct. 1490, Jacquette NICOLAS, fille de Pierre, Ec., sgr de Puylotant, et de Catherine Goyon, dont NICOLAS, qui suit. (G^d-Prieuré d'Aquitaine. Bibl. de l'Arsenal.)

2. — **Beufvier** (Nicolas), Ec., sgr de la Villeneuve, épousa Jacquette GAZELLE (GAZEAU), (id.), dont : 1° RENÉ, qui suit; 2° JEANNE, mariée, le 18 juil. 1519, à Jacob de Mauras, Ec., sgr de Chassenon; 3° NICOLAS, prêtre ; 4° ANTOINE, 5° FRANÇOIS.

3. — **Beufvier** (René), s^r de Villeneuve, épousa Jeanne DE LA COURT (id.), fille de Pierre, Ec., sgr du Fonteniou (Gâtine), dont : 1° VALENTIN, Ec., sgr de la Frouardière ; 2° ARTUS, qui suit ; 3° MICHELLE, mariée à Louis Mauras, Ec., sgr de Chassenon ; 4° MARIE, 5° ANDRÉE, 6° ETIENNE, 7° RENÉ, 8° MATHIEU.

4. — **Beufvier** (Artus), Ec., sgr des Pallignies, épousa, le 16 nov. 1557, Jeanne GAULTRON, fille de Jean, s^r de Landebaudière, et de Jacquette de Meules (id.), dont :

5. — **Beufvier** (Alexandre), Ec., sgr des Pallignies et de la Villeneuve, servit sous les règnes de Henri III et de Henri IV ; il reçut plusieurs blessures au siège de Melle, étant sous les ordres du duc de la Trémoille. Il épousa, le 11 fév. 1603, Claude DE NOUZILLAC (D. F.), fille de René, Ec., et d'Yvonne Papion ; fut père de : 1° HILAIRE, qui suit ; 2° PHILIPPE. Ils servirent en 1635 dans le ban et arrière-ban de l'armée de Lorraine. Philippe fut reçu Chev. de Malte le 5 oct. 1627 (G^d-Prieuré d'Aquitaine) ; 3° ANTOINE, Ec., sgr de la Jarlaudrie, marié à Marguerite GERVIER, D^e du Puithumer, fille de René, Ec., sgr de la Pilardière, et de Jeanne Barré.

6. — **Beufvier** (Hilaire) épousa, le 16 nov. 1648, Anne DU CHAFFAULT, fille de Louis, Ec., sgr de la Sénardière, et de Eléonore du Plantis, dont il eut plusieurs enfants, avec lesquels elle fut maintenue dans sa noblesse par sentence du 23 sept. 1667, rendue par M. Barentin, entre autres : 1° SÉRAPHIN, qui suit ; 2° MADELEINE, mariée, le 24 août 1673, à René-Marc de Boisjourdain.

7. — **Beufvier** (Séraphin), Ec., sgr des Pallignies, fit les campagnes de Flandre et de Hollande sous Louis XIV, qui daigna l'accueillir après la paix de Nimègue. Il épousa, le 8 déc. 1681, Marie-Julienne-Catherine DE BÉCHILLON, fille de René, Ec., sgr de la Girardière, et de Catherine-Modeste Le Petit de Verno. Il se trouva au ban des nobles du Poitou en 1691, et commanda le 1er escadron aux bans de 1695 et 1696. Nommé grand sénéchal du Poitou en 1697, il succéda dans cette charge à Antoine-François de la Trémoille; car Sigismond de Montmorency, qui y avait été nommé, ne prit point possession. Il fut chargé de convoquer le ban de 1703 et se trouva à la tête de la noblesse assemblée pour accompagner dans la province du Poitou Philippe V, roi d'Espagne, et les ducs de Bourgogne et de Berri.

Séraphin de Beufvier eut de son mariage : 1° LOUIS-ALEXIS, qui suit ; 2° GABRIEL, Chev. de Malte et lieutenant au régiment d'Orléans-Cavalerie, mort à l'âge de 23 ans, et inhumé dans la chapelle des Béchillon, en l'église des Moutiers-sur-le-Lay ; 3° CHARLES-MODESTE, rapporté au § III.

8. — **Beufvier** (Louis-Alexis), Chev., Mis des Pallignies, sgr de Ry, la Bredurière, etc., capitaine dans le régiment de Châtillon-Dragons, et ensuite de Vaudray-Cavalerie, fut nommé en 1715 grand sénéchal du Poitou, et capitaine du château de Poitiers, sur la démission de son père. Il épousa, le 31 déc. 1714, Marie-Anne DAVID, fille de David, sgr de Ry, receveur pour le Roi en l'élection de Richelieu, et de Judith du Chesne, qui mourut le 16 nov. 1718, âgée de 30 ans. M. de Beufvier décéda le 21 août 1754, comme l'indique son épitaphe déposée aujourd'hui au musée de la Société des Antiquaires de l'Ouest :

« Ci-gît haut et puissant seigneur Louis-Alexis — Beuvier, Chevalier Marquis des Paliniers, grand sénéchal — chef de la noblesse et justice — du Poitou, capitaine du château — de Poitiers, décédé en son château — de Ry le 21 août 1754 — âgé de 70 ans. Priez Dieu — pour le repos de son âme. » Elle est accompagnée des armoiries des Beufvier.

De son mariage, Louis-Alexis de Beufvier eut : 1° MARC-ANTOINE, qui suit; 2° BERNARDE-MARIE-ELISABETH, baptisée dans l'église de Varennes (Vienne) le 4 nov. 1718, et mariée, le 3 fév. 1748 (Arnaud, not^re à

Mirebeau), à Philippe-Antoine de Liniers, Ec., sgr de la Bourbelière.

9. — **Beufvier** (Marc-Antoine), Chev., Mis des Pallignies, sgr de la Brédurière, Ry, la Forêt, né le 1er janv. 1716, succéda à son père en 1755 dans sa charge de grand sénéchal de la province, et mourut le 27 mars 1789, à l'âge de 73 ans. Il avait épousé, le 28 juill. 1747, Marie-Marguerite DE COUHÉ DE LUSIGNAN, fille de Charles, Ec., sgr du Mas et de Mornay, et de Marguerite de Mauson ou Mosson, dont il a eu : 1° ANASTASE-ALEXIS-EULALIE, qui suit ; 2° CHARLES-LOUIS-MODESTE, dit le Comte de Beufvier, baptisé le 7 août 1761, servit dans la marine et comparut en personne à l'assemblée de la noblesse du Poitou ; émigré, il fit la campagne de 1792 à l'armée des Princes, dans une compagnie du corps de la marine. Il se maria, le 26 avril 1809, à Hélène DE RAIGECOURT, fille du marquis de ce nom et filleule de Madame Elisabeth. Entrée plus tard dans l'Ordre de St-Thomas de Villeneuve, elle fonda à Draveil (Seine-et-Oise), dans l'ancienne demeure de son père, un couvent de son Ordre et un orphelinat où elle est morte, en janv. 1884, âgée de 93 ans. *Le Petit Moniteur* et *le Figaro* ont rappelé la vie de cette femme, tout entière consacrée au bien, dans deux articles reproduits dans le *Courrier de la Vienne* du 30 janv. 1884 ; 3° MARGUERITE-LOUISE, baptisée dans l'église de Varennes, le 26 août 1748, morte le 2 janv. 1806 ; 4° FRANÇOISE-PÉLAGIE-ANTOINETTE, baptisée dans la même église le 16 juill. 1760, morte le 31 mars 1797 ; et plusieurs autres enfants morts en bas âge.

10. — **Beufvier** (Anastase-Alexis-Eulalie), Chev., Mis des Pallignies, sgr de Ry, etc., ancien page du Roi et capitaine au régiment de Ségur-Dragons, fut baptisé à Varennes le 26 avril 1756 ; épousa, le 23 nov. 1784, Marie-Elisabeth CHEVALIER DE LA COINDARDIÈRE, fille de Charles, Ec., sgr de la Coindardière, Pilhouet, et de Marie-Susanne-Josèphe de Brilhac, qui mourut le 21 août 1785, sans lui laisser d'enfants. Il fut installé, sur la démission de son père, le 7 mars 1780, dans la charge de grand sénéchal du Poitou, et en cette qualité il présida l'assemblée des trois ordres de la province de Poitou, réunis dans la chapelle du collège le 17 mars 1789, puis les réunions de l'ordre de la noblesse, et reçut enfin, le 4 avril suivant, en assemblée générale, le serment des députés des trois ordres.

§ III. — BRANCHE DE LA LOUERIE.

8. — **Beufvier** (Charles-Modeste), Chev., sgr de la Louerie, la Sécherie, etc., 3e fils de Séraphin Beufvier et de Marie-Julienne-Catherine de Béchillon (7e deg. du § Ier), fut capitaine dans le régiment d'Orléans-Cavalerie, était en 1720 capitaine à la suite de ce régiment, et reçut en cette qualité une pension de 400 liv. ; commanda un escadron au ban des nobles réunis à Fontenay en 1758, nommé l'escadron de la Louerie. Il mourut le 13 mai 1781, à son château de la Sécherie, en Bas-Poitou, âgé de 87 ans ; il avait épousé Renée-Monique BAUDRY D'ASSON, dont il eut deux fils : 1° CHARLES-ALEXIS, Chev., sgr de la Sécherie, etc., chevau-léger de la garde du Roi, qui fit la campagne de Westphalie en 1761, fut un des premiers en 1792 à se grouper pour former le noyau de l'armée catholique et royale ; il avait eu procès avec le curé de la Sécherie au sujet du banc qu'il possédait dans l'église et que le curé avait fait enlever ; mais ce dernier perdit le procès et le banc fut replacé en 1785 ; 2° RENÉ-AUGUSTIN, dit le Chevalier de Beufvier, sgr de la Louerie, Chev. de St-Louis, lieutenant de vaisseau, obtint en 1755, après de longs services, une pension de 800 liv. pour sa retraite. Il comparut par procureur à l'assemblée de la noblesse de Poitou en 1789, et fut se réunir à l'armée vendéenne.

BEUGNON, BUIGNON ET BUGNON.

— Il règne une grande confusion dans l'usage de ces trois noms employés parfois simultanément pour désigner une même personne. N'ayant pu établir de filiation suivie, nous classons nos notes dans l'ordre chronologique. On y trouve quelques personnes de l'ancienne famille des srs du Beugnon. (V. **BUIGNON**.)

Blason. — Beugnon, habitant psse de Combrand, portait : d'or au chevron d'azur accompagné de 3 molettes d'éperon de gueules. (Bar.) — Paraît être le véritable — *alias* des molettes d'argent.

Buignon (Hugues) fit des donations à l'abb. de l'Absie vers 1120, qui le firent considérer comme un des bienfaiteurs du monastère. (Ledain, Gâtine.)

Buignon (*Oliverius*), *homo ligius Comitis Pictavensis et tenet ab eo quæ habet apud Sivrai et apud Villam-Novam, ratione baillii*, 1253. (Arch. Nat. J. Reg. 24, 44, 8.)

Bugnon (Perrot du), valet, relaté dans l'aveu rendu par Jean des Noers (des Nouhes ?) et Perrot de Hemon à Guy L'Archevêque, Chev., sgr de Taillebourg, le 3 avril 1335. (D. F. 32.) C'est le même, sans doute, qui, sous le nom de Pérot du Buignon, est cité dans un amortissement de rentes fait au mois de mars 1341, en faveur de l'abb. de N.-Dame-du-Jart. (A. H. P. 13.)

Buignon (Guillaume), clerc, est cité dans la confirmation de l'adjudication faite par le sénéchal de Poitou à Hugues de Nesde, collecteur du dixième biennal de la province de Bordeaux, des biens de Jean Pèlerin, sous-collecteur de cet impôt pour la ville et le diocèse de Luçon. (Id.)

Beugnon (Nicolas), sire de Fauconnière, fils de GUILLAUME, paroissien de Menomblet (Vendée), fait divers échanges avec André Chevallier, par acte reçu devant Helbert, garde du scel de Vouvant, le samedi avant la St-Cyprien 1379. Parmi les témoins de cet acte, on voit un JEHAN Buignon.

Buignon (Catherine) était en 1397 épouse de Jean Philippe, qui, le 23 mars de cette année, rendait à Jacques de Surgères, sgr de la Flocellière, hommage du fief de la Coussaye, qu'il tenait du chef de sa femme.

Beugnon ou **Buignon** (Brunissende du) épousa, vers 1440, Arnault Brochard, Ec., sgr de la Rochebrochard, dont elle était veuve le 10 fév. 1464, et rendait à ce titre aveu de la sgrie de la Roche au sgr de St-Pompain.

Beugnon (Jean) l'aîné, à Vouvent en Poitou, épousa : 1° Aumoine DE LA FORÊT-SUR-SÈVRE, et 2° Jehanne DE LA TOUCHE, dont il eut huit enfants. Un jour, il frappe GUILLAUME, l'un d'eux ; la mère intervient, est blessée accidentellement et meurt (rémission), 1444. (A. N. Reg. 177, 4.)

Buignon (Colas) était pair et aumônier de St-Jacques de Niort en 1457. (Mém. Stat. 1865, 85.)

Beugnon (Guyard), Ec., sgr de St-Malo, servit au ban du Poitou de 1467 comme brigandinier du sgr de Bressuire, et rendait, le 8 nov. 1476, aveu au Roi, comme sgr de Thouars, de sa terre de St-Malo qu'il tenait de Renée DE LA PERCHE, sa femme.

Beugnon (François), Ec., fils des précédents, servit au même ban de 1467 comme brigandinier du sr de L'Aigle, et fit montre comme écuyer le 17 avril 1471 ; le 30 mars 1495, il rendait un hommage au Vte de Thouars pour la terre de St-Malo, au nom de sa mère, lors remariée à André Fouchier.

Buignon (Jacques) l'aîné, bourgeois de Parthenay, rend, le 15 juin 1486, aveu à Jacques de Liniers, sgr d'Airvau, d'un fief de vigne dit les Rouchaudes, p^sse de Louin, qu'il tient de Jeanne MARTINELLE (MARTINEAU), sa femme.

Buignon (Jeanne) et Nicolas de la Roche (Poitou-Saintonge) obtinrent du Roi (1488) la légitimation de Jean de la Roche et Louis de la Roche, leurs enfants naturels. (A. N. J. Reg. 219, 1941.)

Beugnon (Anne du) et

Beugnon (Catherine du) furent remplacées au ban de 1488 par Mathelin de la Voierie, qui servit comme brigandinier. Cette dernière se présenta au ban de 1489, et fut désignée pour servir à la garde de Ste-Hermine. (Doc. inéd.)

Beugnon (François), sr de la Fontaine, habitant la terre de Vouvant, servit en archer au ban de 1491.

Beugnon (Jacques), Ec., sgr de la Fauconnière et de Barges, testa le 16 avril 1497 en faveur de Regnault de Meulles, Ec., sgr du Fresne, avec lequel il demeurait, comprenant dans cette donation les biens dont il avait hérité de Jean Beugnon et Jeanne DE LA TOUCHE, ses père et mère (V. *suprà*, au. 1444), et encore d'autre JEHAN, son frère aîné. Il avait eu une fille, HUGUETTE, qui avait épousé Constantin de St-Simon, lequel était veuf en 1499 et attaquait le testament de son beau-père au nom de ses enfants mineurs.

Buignon (Jacques) épousa Anne DE LA COUSSAYE, fille de Jean, Ec. ; il fut nommé par son beau-père (testament du 20 mars 1502) un de ses exécuteurs testamentaires.

Beugnon (Jacques), prêtre, rendait, le 4 mai 1512, un aveu à Tristan Serin, Ec., sgr de la Cordinière.

Beugnon (Etienne) prenait en 1513 et 1523 le titre de haut et puissant sgr de la Fauconnière et de St-Malo.

Buignon (Marguerite) était, le 20 avril 1556, femme de René Béjarry, Ec., sgr de la Louherie, auquel elle apporta la terre de la Gourbellière. (Arch. d'Airvau.)

Beugnon (René), sr de la Fauconnière, possédait 16 borderies relevant de la sgrie de Vendée, en 1561. (M. Stat. 1879, 175.)

Buignon (Guillaume) était en 1562 élu à Parthenay. (Hist. Parthenay, 299.)

Buignon (René) rendait, le 5 juin 1567, aveu au sgr de Mortagne de son hôtel de Puichauvet. Il épousa Catherine DE LA FOURNERIE et eut pour fils : ETIENNE, marié, le 17 janv. 1555, à Jeanne SUZANNET, fille de Jacques, sgr de la Forest, et d'Antoinette Girard.

Buignon (Françoise) avait épousé François de Fouquet avant le 19 déc. 1584. Elle vivait encore en 1590.

Beugnon (Anne) de la Razillière épousa Yves Rogier, Ec., sgr de la Tour-Chabot; elle vivait en 1585. *Blason* : d'argent à la levrette passante de sinople (sable). (Reg. Malte.)

Beugnon (Pierre) était receveur des tailles de Mauléon en 1594 et 1596. (M. A. O. 1883, 385.)

Beugnon (Marie) était, le 2 sept. 1601, veuve de Daniel Guignard, sr de Tain.

Beugnon (Pierre), sr de la Réate, est cité par Pierre Guillemard dans l'aveu qu'il rend au sgr d'Airvau, le 12 avril 1618, comme étant un de ses tenanciers. (Arch. d'Airvau.) Le 15 juill. 1644, il est dit relever de la terre de la Roche.

Buignon (Daniel), Ec., sgr de la Sevère et de la Girardière, obtient, le 28 avril 1640, de Frédéric de la Trémoille, Cte de Laval, en considération des services qu'il lui avait rendus, un droit de banc et de sépulture dans le chœur de l'église de St-Jean de Combrand, dont ledit sgr était fondateur, en qualité de baron de Mauléon. (D. F.)

Beugnon (Marie) était en 1641 (25 nov.) femme de Jacques de Baugé, Ec., sgr de la Chaussée. (Rég. de Thurageau, Vienne.)

Buignon (René), sgr de la Girardière, peut-être fils de Daniel qui précède, vivait en 1664. Il fut maintenu noble par sentence du 30 déc. 1667, ainsi que :

Beugnon (Jacques), sr de la Roussière, habitant Combrand.

Beugnon (Charles), sr de la Réate, p^sse de Vasles, porté au rôle arrêté au conseil le 14 mai 1697, comme roturier, et condamné, comme usurpateur du titre de noble, à 3,000 liv. d'amende par M. de Maupeou, le 24 juin 1700. En 1699, il avait rendu au chât. de Parthenay hommage de son fief des Granges-St-Aubin. (N. féod. 199.)

Buignon (N... du), sgr de Voierie, ne comparut pas, bien que convoqué, au ban du Bas-Poitou de 1758.

Beugnon (Françoise de) et Charles-René de la Chaussée, Chev., sgr de l'Allier, donnent, le 13 janv. 1776, procuration pour faire hommage au chât. de Vouvant du bois taillis de la Gde-Bourle, p^sse St-Etienne-des-Loges.

BEUGNON ou BUIGNON. — Autre famille, qui nous paraît étrangère aux personnages que nous venons de citer. Ces quelques notes nous ont été communiquées par M. Louis de Maurivet, avec la famille duquel celle-ci avait contracté alliance. Ne pouvant établir une filiation suivie, nous établirons les quelques fragments que nous avons pu réunir par ordre chronologique.

Beugnon (Jean), Ec., sgr de la Gascherie et de la Foucherie, donne à ferme, le 2 janv. 1458, certains droits. Il avait épousé Catherine DE MONTOURS, de laquelle il eut tout au moins : 1° JEAN, qui suit; 2° GUILLAUME, prêtre, sgr de la Naye, qui fit une donation à ROLLAND Beugnon, laquelle donna lieu à une transaction passée, le 13 sept. 1471, entre Jean II, son frère, Rolland Beugnon précité et un Louis Beugnon, peut-être frère des susdits; 3° RENÉ, qui partageait avec Jean II son frère les successions de leurs père et mère le 8 oct. 1507 (Gauffreteau et Limouzin, not^res à Poitiers); et 4° CHARLOTTE, mariée, le 23 déc. 1482, acte passé sous la cour de Maulevrier et St-Clémentin, à Jacques Cossin, lieut-général du bailli de Gâtine; par ce même acte elle renonce, sur l'invitation de son frère Jean, et moyennant six vingt liv. tournois une fois payées, à la succession de leur frère Guillaume, prêtre.

Beugnon (Jean), IIe du nom, Ec., sgr de la Foucherie, qui transigeait le 13 sept. 1471, comparaissait au contrat de mariage de sa sœur Charlotte, et partageait avec René son frère, le 8 oct. 1507, les successions de leurs père et mère; fut peut-être père d'un autre JEAN, qui suit.

Beugnon (Jean), IIIe du nom, Ec., sgr de la

Foucherie, qui, le 8 janv. 1500, agissant au nom de son père, et après avoir payé un droit de mutation, à cause d'autre Jean Beugnon son aïeul, rendait hommage de la terre des Roches-Goupin à Jacques Laurens, Ec., sgr du Buignon-Richer, à cause du Fief-Raymond, en présence d'ETIENNE Beugnon, Ec., sgr de Faubrognes (Echaubroignes ?), de qui ledit Laurens tenait le Fief-Raymond, et de ANDRÉ Beugnon, Ec., sgr de Pont-Buignon. Nous ne connaissons pas le degré de parenté qui unissait ces deux derniers à Jean Beugnon.

Beugnon (René), Ec., sgr de la Foucherie, fils sans doute de RENÉ, fils lui-même de Jean et de Charlotte de Montours, épousa Jacquette BÉORTEAU, dont il eut : 1° RENÉ, 2° MARGUERITE, et 3° JEANNE, qui était veuve de Pierre Esteau, s^r de la Ferté, dès avant le 30 juill. 1577; ils se partagèrent leurs biens le 2 juill. 1578, acte reçu Sureau, not^re à Maulevrier, en présence de JEAN Beugnon, sgr des Hayes. Nous ne savons comment expliquer qu'il se fit un nouveau partage de cette succession, le 11 déc. 1585, entre PIERRE Beugnon, qualifié de fils aîné, omis dans le partage du 2 juill. 1578, et Jeanne Beugnon, veuve Esteau, sa sœur, encore en présence de Jean Beugnon, Ec., sgr de la Roussetière.

Beugnon (Pierre), Ec., sgr de la Foucherie, fut témoin, le 10 avril 1600, lorsque Gabrielle de L'Esperonnière fit son testament. (Gén. de L'Esperonnière.)

Buignon (Claude), Ec., sgr de la Rablais, p^sse de St-Clémentin, et de la Tijouère, recevait, le 23 juin 1607, à cause de Louise DE PONTLEVOY, sa femme, un aveu de Florence Boussard, veuve de Mathurin Le Baselé, du fief de Lussaudière. En 1624, il rendait aveu de la Rablais à Louis de Champlais, et le 7 juin 1639, il était procédé par Bausire, notaire à St-Clémentin, à l'inventaire après décès de ses meubles et objets mobiliers, d'après lequel on voit qu'il avait eu pour enfants : 1° MATHURINE, qui épousa, le 27 sept. 1631 (Bernard, not^re à Mirebeau), Hector Grimault, Ec., sgr de la Vallée; puis en 2es noces, Jean du Tertre, s^r de Baugé; 2° FRANÇOISE, mariée à noble Louis du Tertre, s^r du Gravier; 3° LOUISE, dont Mathurine et Françoise, ses sœurs, se partageaient la succession le 26 sept. 1644; 4° MARIE.

BEUGNON (DU). — V. **PARENTEAU.**

BEURREY ou **BEURÉ.**

Beurrey de Beauvais (Nicolas), conseiller en la sénéchaussée de Fontenay en 1727. On lui doit plusieurs ouvrages sur la possession des biens temporels du clergé. (F.)

Beurrey de Beauvais (N...) était en 1779 doyen des conseillers en la sénéchaussée de Fontenay. (Id.)

Beurrey de Beauvais (Marie-Thérèse) épousa, le 22 sept. 1780, Daniel-Henri-Louis de Chasteigner, Chev., sgr du Bergeriou.

Beurrey de Châteauroux (N...) était conseiller en la sénéchaussée de Fontenay en 1789. (Id.)

Beurré (N... de) l'aîné a fait partie du 2e escadron du ban des nobles du Haut-Poitou assemblé le 15 juin 1703. (Id.)

BEYNAC ou **BEINAC** et **BENAC.** — Famille originaire de la Guyenne, qui habitait l'Aunis et le pays Niortais.

Blason. — De Beynac porte : de sinople, *aliàs* de gueules au lévrier grimpant d'argent. D'après une note de Chérin, vol. 28 (cab. titres) : « de gueules au lièvre rampant, courant d'argent. »

Beynac (Jean-Baptiste-Henri de), Chev., sgr du Bouqueteau, la Porte-Boutou, la Braudière, capitaine d'infanterie, épousa, le 1er juill. 1760, Renée-Marguerite DE VILLIERS, fille de Louis, Chev., sgr de la Porte-Boutou, et de Anne de La Fontaine, dont il eut : 1° HENRI-ALEXANDRE, né p^sse St-Laurent de Villiers en Poitou, élève de l'école militaire, sous-lieutenant au régiment de Beaujolais, émigra et fit la campagne de 1792 dans la compagnie formée par les officiers de son régiment; 2° JEAN-BAPTISTE-CHARLES, dit le Chev. de Beynac, élève de la marine royale, a fait la même campagne, dans la compagnie formée par les officiers du régiment de Beaujolais.

Beynac (Marie-Claude-Louise de), veuve en 1res noces de René Robert, Chev., sgr d'Aubigny, et en secondes de Jacques de Joncoux, ancien capitaine de vaisseau, fut inhumée le 18 juill. 1751, à 76 ans. (Reg. de Jaulnay.)

BEYSSAC (*Johannes* de), *serviens senescalli Pictavensis, saisivit occasione ballie de Briderio* (Bridiers, H^te-Vienne) *villas de Montibus et de Villa*, et en 1209 le Cte de la Marche présentait une requête à ce sujet au Parlement du Cte Alphonse. (Ledain, Hist. d'Alphonse.)

BEZANNE (DE). — Famille noble de Champagne, dont une branche habita le Poitou au XVIIe siècle.

Blason : d'azur semé de besants d'or et un lion d'argent brochant. (Chérin.) — D'après la Barentine : de sable à 3 gantelets d'argent. (Nous croyons à une erreur, et que ce blason est celui d'une famille alliée.)

Bezanne (Jean de), Ec., sgr de la Glosonnière, épousa Perrine DE TERVES, qui était sa veuve le 18 sept. 1635.

Bezanne (Jean de), s^r de la Verrie, p^sse de Maulais, élect. de Thouars, fut maintenu noble par M. Barentin en 1667. Il épousa Renée DE LA FONS, qui était veuve en 1682, et eut un procès pour un banc placé dans l'église de Luzay. Nous croyons qu'ils eurent pour fille MARIE-MADELEINE, mariée : 1° à Henri Le Moignan, Ec., s^r de Monthertin; 2° à René Acton, Ec., s^r de Dillon.

BEZEAU. — V. **BIZEAU** et **BLEZEAU** qui est le vrai nom.

BIAILLE. — Famille du Bas-Poitou, que l'on trouve également en Gâtine.

Biaille (Louis) fut reçu président en l'élection de Niort, au lieu de Nicolas Avice, le 4 déc. 1722; était l'un des notables de cette ville en 1734. (Bureau des finances.)

Biaille (Jean), s^r du Clos et de la Foy-Henri (p^sse de Vernou en Gâtine), rend hommage de cette dernière terre en 1732, comme époux de Jeanne-Françoise AUBRY, dont il eut ALEXANDRE, qui suit. (Arch. Vienne.)

Biaille (Alexandre), sgr de la Longenis et de la Foy-Henri, en rendit hommage les 23 août 1768 et 16 avril 1776. Il avait été parrain en 1762 à St-Philbert du Pont-Charrault. (Id.)

Biaille (Pierre-Thomas) fut reçu procureur du Roi aux eaux et forêts de Fontenay le 19 oct. 1743.

Biaille de la Grolerie (François-Gabriel) rendit hommage de la Tiercerie le 14 déc. 1744, comme mari et maître des droits de Susanne-Jeanne DRAUD, son épouse, fille de Pierre, sr de la Vasliniêre. (G. C.)

Biaille de Roullière (Frère Pierre) était commandeur de Féolette (O. de Malte) (pisse de St-Etienne de Brillouet) le 8 juin 1756. (Arch. Vienne.)

Biaille (Jean), Ec., sgr de Langebaudière, habitant Talmont, était en 1760 greffier en chef de la chambre des comptes de Bretagne. (N. Puichaud.)

Biaille (François-Gabriel). Sa veuve Jeanne-Elisabeth CAILLEAU fait offre d'hommage, le 29 mars 1770, à Vouvant et Mervent, pour la Jallerie et la Chouatière. (Arch. Vienne.)

Biaille de la Milletière (N...) soutenait en 1785 un procès contre le Chapitre de Luçon, au sujet de dîmes qu'il se refusait de lui payer, sur des terres qu'il tenait de la commanderie de Champgillon. (De la Fontenelle, Hist. de Luçon.)

Biaille (Pierre-Louis-Vital) était en 1786 sénéchal des sgries de St-Juire, Laubray, etc.

Biaille de Germond (François-Thomas), avocat au conseil supérieur de Poitiers, fut reçu procureur du Roi aux eaux et forêts à Fontenay le 31 déc. 1773, et fut l'un des délégués du Tiers-Etat de cette ville envoyés à Poitiers en 1789, pour nommer des députés aux Etats généraux. Il fut lui-même l'un de ces députés. Il avait épousé Susanne-Placide PICHARD, fille de Jean-Baptiste-Alexis, Ec., sgr de la Blanchère, et de Marthe-Susanne Masson. (Gle Pichard.)

Biaille de Germond (Charles-Armand) avait épousé Rose-Louise ROBERT DE BOISFOSSÉ, morte le 19 avril 184., âgée de 76 ans.

BIARD, BIARS ou BIART. — Nom que l'on relève en Poitou dès le XIVe s.

Biars (Phelippot de), écuyer de Jean L'Archevêque, reçoit de celui-ci, le 3 avril 1335, le fief de la Jallière, psse de la Boissière-en-Gâtine, et il en est encore sgr en 1346; fit partie de la montre de Guillaume L'Archevêque, reçue à Angoulême le 18 juin 1351. (Ledain, Gâtine.)

Biart (Jean de), Ec., est compris dans un état de montres et revues du 1er févr. 1372.

Biart (Jean) est compris dans le même rôle comme ayant servi en 1410.

Biard (Jacques de), Ec., sgr des Forges, avait épousé Marie DE VILLENEUVE, veuve de Louis de Liniers, Ec., sgr d'Amaillou, d'après une transaction du 21 mai 1554.

Biard (Jacques de), sgr Dembairre ? est cité dans l'entérinement des lettres d'émancipation de Charles, Loys, Rolland et François d'Appelvoisin, du 1er oct. 1571.

Biard (Renée) assiste au contrat de mariage de Louis de la Chesnaye, Chev., Bon de Puymaurin, avec Jacquine Lezineau, en date du 23 oct. 1684.

BIARD ou BYARD, A St-MAIXENT.

Byard (Pierre), échevin de St-Maixent, fut chargé en 1571 de l'aumônerie de cette ville; l'était encore les 21 oct. 1572 et 25 mai 1610, et c'est sans doute son fils dont il est question dans le Journal de Le Riche, lequel, dit-il, fut fait prisonnier avec plusieurs autres, le 15 août 1586, près de l'église de Pranzay de Lusignan, par des cuirassiers protestants (114, 142, 459, 478).

Biard (Jean) était dizainier dans la compagnie de milice commandée par Michel Le Riche à St-Maixent.

Biard (André) avait épousé Catherine DENYORT, laquelle testa, le 5 oct. 1618, à Charroux où elle était malade.

Biard (François), sr de Jaulnay, et Jeanne TEXIER, sa femme, se font une donation mutuelle le 6 juill. 1632. Devenu veuf, François se remaria, le 1er déc. 1645 (Piet, notre à St-Maixent), avec Marie CIVET, fille de feu Michel et de Susanne Gorrin, et le 5 janv. ils se faisaient une donation mutuelle.

Byard (Pierre) dit le jeune, résigne, le 4 juill. 1654, sa place de procureur au siège royal de St-Maixent.

Byard (Guillaume) avait été procureur au siège royal de St-Maixent; son fils GUILLAUME, qui avait été baptisé le 7 janv. 1674, lui succède et reçoit du Roi, le 16 janv. 1699, les provisions de son office.

Byard (Elisabeth) avait épousé Jean Brunet, dont une fille, Marie, qui épouse, le 5 oct. 1722, Jean-Auguste de Veillechèze.

Biard (Marie) était, le 9 févr. 1743, épouse de Siméon Rondier, notaire et procureur à Sauxay.

Byard (N...), peut-être Guillaume précité ? procureur à St-Maixent, fut un des rédacteurs du tarif des impositions de cette ville, dressé le 10 juill. 1747.

BIAUDOS DE CASTEJA (André Cte de) fut préfet de la Vienne sous la Restauration.

Blason : Ecartelé d'or au lion de gueules et d'argent à 3 merlettes de sable.

BIBARD.

Bibart (Jacques) figure le 22 janv. 1524 parmi les notables de Parthenay. (Ledain, Gâtine.)

Bibard (Michel) fait un bail à rente, le 27 mars 1548, à Nicolas Davignaud. (Chap. de St-Pierre-le-Puellier.)

Bibard (*Petrus*), *canonicus Beatæ Mariæ Majoris Pictaviensis*, est cité dans la présentation faite, le 12 août 1550, par Liette, dame du Puy-du-Fou, à l'une des douze vicairies de cette église. (D. F. 20.) Ce serait peut-être à lui que l'on doit attribuer la fondation d'une chapelle de son nom faite avant 1616 dans l'église St-Cybard de la même ville.

Bibard (Marguerite de) et Louis de N..., Ec., sgr de la Forest, se font une donation mutuelle le 24 sept. 1619.

Bibard (Alexandre), curé de St-Jean de Bressuire. Ses héritiers rendent compte des recettes et dépenses des revenus de la fabrique du prieuré de St-Cyprien de Bressuire, aux commissaires de l'évêque de la Rochelle, de 1756 au 11 sept. 1764. (Reg. de Bressuire.)

BICARTON (Thomas) naquit au XVIe siècle à St-André en Ecosse, et vint s'établir à Poitiers, où plusieurs de ses compatriotes l'avaient déjà précédé, et où il devint professeur d'éloquence et de poésie au collège du Puygarreau. On peut voir dans la Bibliothèque historique de Dreux du Radier la liste de ses ouvrages, dans lesquels le mauvais goût de l'époque à laquelle il vivait, se mêle à des passages qui décèlent chez l'auteur le talent d'un homme vraiment supérieur, ce que, du reste, indique suffisamment sa réputation de professeur de l'Université de Poitiers, dans un moment où elle était dans toute sa splendeur.

BICHE (DE LA). — Famille originaire de Limoges et alliée en Poitou. (Voir Nobiliaire du Limousin et Chérin, vol. 26, cab. titres.)

Blason : d'azur au chevron d'argent, accompagné de 2 étoiles d'or en chef et d'une biche de même en pointe. (Chérin.) Dans le Nobiliaire du Limousin, les couleurs sont mal décrites ; on ajoute que la biche passe sur une terrasse.

Biche (Pierre-Joseph de la), ancien officier, Chev. de la Légion d'honneur, marié à Marie-Justine DE LA LANDE DE L'AVAU St-ÉTIENNE, fille de Jean-Baptiste et de Marie de Manlmont, a eu plusieurs enfants, entre autres : 1° LOUIS, marié, le 12 avril 1842, à Marie-Louise-Esther DE TAVEAU, fille de Jean-Edmond et de Marie-Louise de Puyguion ; 2° CHARLES, qui suit.

Biche (Charles de la) a eu plusieurs enfants, entre autres :

Biche (Robert de la), marié à Vivonne, en 1877, à Thérèse GUILLET D'ESCRAVAYAC, dont plusieurs enfants, entre autres : CHARLES, né le 7 avril 1879.

Biche (N... de la), cousin des précédents, a épousé à Vouneuil-sous-Biard, en 188., Thérèse TORTERUE DE SAZILLY, fille de Henri et de Gabrielle Nicolas.

BICHIER. — Famille originaire du Berry, dont une des branches est devenue Poitevine, par suite de son établissement dans les environs de Montmorillon et la fondation à La Puye (Vienne) d'un Ordre religieux de femmes qui en peu de temps s'est étendu sur toute la France.

Blason : de sable à la biche passant d'argent, accolée d'or. (Pallot.)

Filiation suivie.

1. — **Bichier** (Maurice), Ier du nom, sgr de Chantegrelet, fut pourvu d'une charge de trésorier de France au bureau des finances de Bourges, par lettres du Roi du 13 mars 1656, et installé dans cette charge le 2 mai suivant, il exerça pendant plus de 20 ans. (Certificat du 15 avril 1777, signé Gaumier, commis-greffier dudit bureau.) Nommé échevin les 29 juin 1662 et 23 juill. 1663, il déclara vouloir vivre noblement, comme lui et ses prédécesseurs avaient toujours fait. (La Thaumassière.)

Il épousa Jeanne JACQUET, dont : 1° JEAN, dont la descendance s'est éteinte en la personne de JEANNE-MARGUERITE, fille de JACQUES, son fils, femme de Charles de Moussy, Chev., Cte de la Contour ; 2° MAURICE, qui suit ; 3° JULIEN, tué dans un combat naval.

2. — **Bichier** (Maurice), IIe du nom, sgr des Auzannes et des Ages, servit dans les gendarmes de la garde du Roi, fut pourvu de la charge de conseiller-procureur du Roi en la juridiction des gabelles de l'élect. du Blanc ; marié, le 30 oct. 1677 (Lefèvre, not^{re}), à Anne AUGIER, veuve de N... Dalest de Lavaud, et fille de Félix et de Marguerite Vrignaud, ses enfants furent : 1° ANTOINE, qui suit ; 2° FRANÇOIS, tige d'une branche qui se fixa à Abbeville, aujourd'hui éteinte. Maurice se remaria, le 27 fév. 1707, à Marguerite DAUPHIN, fille de François, procureur. (Arch. Châtellerault.) Nous ignorons s'il eut postérité de son second mariage.

3. — **Bichier** (Antoine), Ier du nom, sgr d'Alençon et des Ages, succéda à son père, dans sa charge de procureur du Roi, et l'exerça pendant près de 50 ans. Il mourut âgé de 86 ans. Il avait été compris et taxé au rôle arrêté le 7 mars 1730 pour la confirmation de la noblesse. Il épousa, le 21 déc. 1714 (Guignon, not^{re} à Montmorillon), Charlotte BILLETTE, duquel mariage est issu ANTOINE, qui suit.

4. — **Bichier** (Antoine), IIe du nom, Ec., sgr des Ages, a succédé à son père dans la même charge de procureur du Roi et commissaire des poudres et salpêtres au Blanc. Il a épousé d'abord Elisabeth, *aliàs* Jeanne ISNARD, avant le 26 avril 1754 ; puis le 20 janv. 1766 (Lhuillier, not^{re} à Montmorillon), Marie AUGIER DE MOUSSAC, fille de Laurent, Ec., sgr de Moussac, le Breuil, etc., et de Elisabeth Thoreau. De ce mariage sont issus : 1° ANTOINE, mort enfant ; 2° ANTOINE-MAURICE-LAURENT, Ec., sgr de Puybernier, né au Blanc en oct. 1768, émigra, fit en qualité de volontaire dans une compagnie à cheval de la province de Poitou la campagne de 1792, fut blessé le 15 juin 1794 dans la Légion de Damas. Il avait épousé, le 3 mai 1791 (Pinotière, not^{re} à St-Savin), Marie-Silvine-Claire GUILLEMOT DE LINIERS. Ses descendants existent encore en Berry ; 3° ANTOINE-FRANÇOIS, qui suit ; 4° JEANNE-ELISABETH-MARIE, connue en religion sous le nom de Sœur Marie-Elisabeth, fondatrice et première Supérieure générale des Filles de la Croix, dites Sœurs de St-André, naquit en 1774 au château des Ages.

Dès l'âge de neuf ans elle fut confiée aux soins des Hospitalières de Poitiers, chez lesquelles se trouvait Mme de St-Prosper, sa tante, et n'eut pas de peine à gagner l'affection de ses maîtresses et de ses compagnes, et comme si elle eût prévu sa destinée, elle se préparait dès lors par des mortifications aux épreuves qu'elle devait subir un jour. A peine sortie de pension, elle déploya toute la force et toute la tendresse de son âme dans les soins qu'elle prodigua à son père, auquel elle-même ferma les yeux.

Aussitôt délivrée des prisons de la Révolution, dans lesquelles elle avait été jetée en 1792 avec sa mère et Mme de Bardin, sa tante, comme sœur et mère d'émigré, elle pensa à satisfaire le penchant vers l'état religieux qu'elle avait manifesté dès son enfance, et sous la direction de M. l'abbé Fournet, qui venait de rentrer en Poitou, au prix de mille dangers, elle fit les premiers pas dans cette voie. Elle réunit un bien petit nombre de compagnes, et donna à cet Ordre naissant le nom de *Filles de la Croix* (1807), lors de leurs premiers vœux.

En 1811, au moment où elles vinrent se fixer à Maillé, elles n'étaient encore que 25 ; mais leur nombre augmenta rapidement, et leurs maisons s'étendant de proche en proche dépassèrent bientôt les limites du diocèse de Poitiers. Mme Bichier fut reconnue pour Supérieure générale sous le nom de Sœur Marie-Elisabeth, ou plutôt de la *Bonne Sœur*, nom affecté par les Constitutions aux Supérieures générales.

Mise en rapport en 1815, par suite de circonstances fortuites, avec la famille des Bourbons qui venait de remonter sur le trône de France, elle sut faire profiter, pour la protection et l'extension de son Ordre naissant, l'admiration et les sympathies qu'elle avait su inspirer. Elle fit lever les obstacles et les difficultés administratives contre lesquels elle eut à lutter, et à partir de cette époque, l'extension des *Filles de la Croix* ne connut plus de bornes. Mme Bichier fut enlevée à l'amour et à la vénération de ses filles, et de tous ceux qui la connaissaient, après une longue et cruelle maladie, le 16 août 1838. Elle repose près du P. Fournet, son collaborateur dans cette œuvre sainte, dans le caveau de la chapelle qu'elle avait fait construire pour recevoir les restes de cet homme de Dieu.

Voici le portrait bien ressemblant que l'un des contemporains de la Bonne Sœur, bien en position d'apprécier les vertus de Mme Bichier, a tracé d'elle :

« En la voyant, le premier sentiment que l'on éprouvait après avoir admiré la beauté de la nature dans son ouvrage, était celui du doux saisissement qu'imprime à l'âme une vertu tout à la fois imposante de dignité et ravissante de grâce ; la plus heureuse figure, un regard tendre et pur comme le cœur qui l'adressait si souvent au ciel, le plus doux sourire, un air non moins ouvert que recueilli, s'alliaient chez elle à une démarche grave, à un noble maintien, à une manière de saluer bienveillante et réservée. Si, après l'avoir vue pour la première fois, un attrait irrésistible vous faisait rechercher l'occasion de la revoir et de la visiter, elle vous recevait sans affectation et sans empressement ; elle craignait de répondre à la bonne opinion qu'elle avait fait concevoir pour elle par un accueil trop flatteur, qui eût pu l'entretenir et le faire croître. Mais la conversation une fois entamée, les plus suaves impressions vous étaient préparées, car si, pour plaire, elle n'avait besoin que de se montrer, pour charmer elle n'avait plus qu'à se faire entendre. »

Pour plus de détails sur la Bonne Sœur, voir l'*Histoire des Congrégations religieuses du diocèse de Poitiers*, par M. Ch. de Chergé, et surtout la *Vie de la Bonne Sœur Elisabeth*, écrite par le R. P. Rigaud, des Oblats de St-Hilaire de Poitiers.

5. — **Bichier** (Antonin-François), né le 25 juill. 1770, élevé comme ses frères à l'école royale et militaire de Pontlevoy, entra dans la marine en 1788, où il se distingua. Il faillit périr dans le naufrage de la frégate *la Pénélope*, à False-Baie, près du cap de Bonne-Espérance, le 16 oct. 1788. Il se trouvait aux Indes orientales au moment de la Révolution et de la mort de Louis XVI. Les Anglais ayant déclaré la guerre à la France, il ne put quitter immédiatement le service et fut fait prisonnier. A sa rentrée en France, sa mère et sa sœur étaient en arrestation, et les biens de sa famille sous le séquestre. Lui-même fut incarcéré et traduit comme suspect devant le tribunal révolutionnaire de Châteauroux. Acquitté par jugement du 31 août 1793, il renonça à la marine, épousa, le 18 thermidor an VI (5 août 1798), Anne-Lucie Goudon de la Lande, fille de Jean et d'Elisabeth Augier de Moussac.

De ce mariage sont issus : 1° Marie-Antoinette-Lucie, morte enfant ; 2° Antoine-Auguste, qui suit ; 3° Antoine-Charles-Laurent, qui suivra après la postérité de son frère aîné ; 4° Elisabeth-Hélène, née à Montmorillon le 17 oct. 1805, décédée en 1840, avait épousé, le 7 janv. 1835, Alphonse Thoreau de Molitard, lieutenant de vaisseau, Chev. de la Légion d'honneur et de l'ordre de St-Ferdinand d'Espagne de 1re classe ; 5° Elisabeth-Julie, née à Montmorillon le 23 nov. 1807 ; 6° Marie-Louise-Aglaé, morte en bas âge.

6. — **Bichier des Ages** (Antoine-Auguste), né au château des Ages, le 22 déc. 1801, fut tenu sur les fonts baptismaux par Mme Elisabeth, sa tante, fondatrice de l'Ordre des Filles de la Croix. Il suivait la carrière de la magistrature, lorsque la révolution de juillet 1830 lui fit donner sa démission.

Il épousa, le 28 janv. 1837 (Charlot, not^re à Cosne, Nièvre), Marie-Benoîte-Claudine-Clémentine Rameau de St-Père, dont : 1° Marie-Lucie-Claudine-Berthe, née à Cosne le 30 déc. 1837 ; 2° Marie-Caroline-Antoinette-Marthe, née à St-Père le 26 déc. 1839.

6. **Bichier des Ages** (Antoine-Laurent-Charles), né au château des Ages le 4 janv. 1804, entra à l'école polytechnique en 1822, fut classé dans l'artillerie. Démissionnaire le 3 août 1830, il épousa, le 24 nov. 1835, Elisabeth-Clémentine de Mondion, fille de Charles-Léopold et de dame Mélanie de Messemé. Il est décédé à Poitiers le 8 avril 1872, âgé de 69 ans. De ce mariage sont issus : 1° Antonine-Marie, née à Loudun le 10 sept. 1837, morte Religieuse au Sacré-Cœur, le 5 juin 1862 ; 2° Georges-Antoine, qui suit ; 3° Gabrielle-Marie, née le 11 déc. 1840, Religieuse au Sacré-Cœur ; 4° Blanche-Marie-Mathilde, née le 12 sept. 1842, morte en nov. 1855 ; 5° Thérèse-Marie, née le 22 mai 1844, mariée, le 3 févr. 1880, à Adolphe Pichon du Gravier ; 6° Lucie-Marie-Clémence, née le 16 oct. 1845, a consacré la riche imagination dont elle est douée et les qualités de style qu'elle doit à la forte éducation qu'elle a reçue, à combattre dans différentes revues les énervantes doctrines du siècle et les mauvais romans, dans une œuvre qui fit sensation lorsqu'elle parut (*Edith*. Poitiers, Oudin, 1885). Œuvre à laquelle les maîtres de la plume n'ont pu refuser d'être écrite dans une langue toujours correcte et élégante, avec une chasteté de langage bien rare à rencontrer aujourd'hui, une grande finesse d'observation, et enfin de présenter dans toutes ses pages une lecture attachante. « C'est un modeste volume, dit un des critiques qui ont eu l'heureuse chance d'être appelés à en rendre compte, qui fut écrit sous le regard de Dieu, et inspiré par les sentiments les plus délicats du cœur. »

7° Elisabeth-Marie, née le 25 mars 1847, mariée, le 14 avril 1880, à Jules Avenati ; 8° Marie-Antoinette, née le 7 juin 1848, mariée, le 20 juill. 1869, à Pierre-Ovide Babault de L'Epine.

7. — **Bichier des Ages** (Georges-Antoine), né le 30 mars 1839, marié, le 5 nov. 1861, à Marie Fournier, dont il eut : 1° Charles-Antoine, né le 7 juill. 1864 ; 2° Antoinette-Marie, née le 7 juill. 1864 (jumeaux) ; 3° Jeanne-Marie, née en 1874.

BICON (Etienne) était échevin de la commune de Poitiers en 1372. (F.) Les anciens armoriaux des échevins lui donnent pour blason : d'azur à 3 macles d'argent ; mais ces blasons sont souvent dépourvus d'authenticité.

BIDALLON (Pierre), s^r de la Ménardière, a servi comme archer au ban des nobles du Poitou en 1491. Il résidait dans la seigneurie de St-Benoist-du-Sault. (F.) Il avait également servi comme brigandinier à celui de 1488. (Doc. inéd.)

BIDAULT. — On trouve ce nom relaté assez anciennement en Poitou.

Les Bidault ou Bidaud, s^rs de Courpeteau en Saintonge, portaient, d'après la généalogie de Gillier : d'azur à 2 bars adossés d'argent.

Bidaut (Aimeri). Michel Vincent, prêtre et chapelain de N.-D. de Loches, lui était redevable en 1259 de 22 l. 4 sous. (Commanderie de Fretay, Arch. Vienne.)

Bidault (Jean), sgr de Mausac, bourgeois et échevin de St-Jean-d'Angély, et Jeanne Moneyre, son épouse, arrentent un moulin sis à Chantemerlière, par acte reçu Villeneuve, not^re royal à St-Jean-d'Angély, le 14 nov. 1419.

Bidault (Jean), Ec., sgr de Courpeteau, et François, son frère, vont lever les cens de leur seigneurie de Mourray, tant pour eux que pour Jean Moulin, « leur neveu », dont Jean Bidault était tuteur. Combat contre Jacques du Vergier, le sr de Beaumont, son gendre, et autres (1486). (A. N. J. Reg. 210, 233.)

Bidault (François), Ec., sgr de Nouppichoux, épousa, par contrat passé à Niort le 28 nov. 1496, Marie DE BÉCHILLON, fille de Guillaume, Ec., sgr d'Irland, et de Perrette Laydet.

Bidault (François), Ec., sgr de Courpeteau, rendit aveu le 27 juill. 1548 pour le Treuil-Augran et la Combe-du-Puy (Arch. Vienne), donna sa procuration pour en rendre hommage le 7 mars 1564. (Id.)

Bidault (Josias), Ec., sgr de la Norlière, épousa : 1° Renée RIBIER, à laquelle il faisait donation de ses meubles, etc. (Auboguin, notre à St-Jean-d'Angély); 2° Jeanne GILLIER, veuve de François de Lostanges, Bon de Paillé et Mauzé, et fille de Joachim, sgr de la Villedieu, et de Gabrielle Dupuis, par contrat passé par Voyer, notre à Mauzé, le 19 déc. 1597, en faveur de laquelle il avait testé dès le 5 déc. précédent (Collardeau, notre à Mauzé). Le 12 mars 1611, il faisait un nouveau testament en faveur de Jeanne Gillier et de Françoise Jarno, épouse de Benjamin-Pierre de Cahiduc; il mourut à la fin de 1619, car, le 4 nov. de cette année, on commençait l'inventaire de son mobilier au chât. de Mauvergne, à la requête de Henri de Beaucorps, Ec., sgr de Guillonville, mandataire de SARAH Bidault, veuve de Prégent Garnier, Ec., sgr de Champ-Mirouert, sœur et unique héritière de Josias, en présence du mandataire de Jeanne Gillier, sa veuve.

Bidault (Elisabeth) épousa, le 7 oct 1624 (Thévenet et Lhoumeau, notres de la Bnie de Damville), Jean Reignier, Ec., sgr de Champdevault.

Bidault (Marguerite) épousa Benjamin de Giraud, dont une fille, Hélène, mariée, le 5 sept. 1629, avec Jean de Beauchamps, Ec., sgr du Grand-Fief.

Bidault (Amédée) du Dognon épousa, vers 1720, Gratien de Montalembert, lieutenant-colonel du régiment de Vassé-Cavalerie.

Bidault (Antoine-Radégonde), procureur au Présidial de Poitiers, fut inhumé le 27 juin 1776. Il avait épousé Marie-Geneviève BAGET, dont il eut :

Bidault (Pierre-Marguerite), qui épousa, le 4 juill. 1774, Radégonde BOUIN, fille de Joseph et de feu Marie Jahan de la Sererie. (Reg. de Celle-l'Évescault.)

BIDAULT (A NIORT).

Nous n'avons trouvé aucun rapport de parenté entre ceux qui précèdent et ceux qui suivent, lesquels ont été anoblis par leur passage par l'échevinage et la mairie de Niort.

Blason : d'argent au cerf de gueules (au naturel), percé au flanc d'une flèche de sable, sortant d'un bois de sinople, terrassé de même. D'Hozier, dans l'Armorial de la généralité de Poitiers, attribue aux deux frères Charles Bidault de Fief-Clairet et Jean Bidault de la Barbinière des armoiries différentes; à Charles : d'azur à un cerf de gueules sortant d'un bois de sinople, blessé d'une flèche de sable ; et à Jean Bidault : de gueules au léopard d'or. M. le Cte Bonneau, Armorial des maires de Niort, donne, par erreur, ces dernières comme ayant été celles du maire Jean Bidault.

Bidault (André) était échevin de la cne de Niort en 1535; il fut, nous dit M. Filleau, père de RAOUL, père lui-même de JACQUES, qui eut pour fils un autre ANDRÉ, pair de cette commune en 1620 et 1631. L'auteur de l'Armorial des maires de Niort établit ainsi cette généalogie; au lieu d'ANDRÉ Bidault, il met Raoul, pair en 1635, puis :

1. — **Bidault** (André) l'aîné, procureur au siège royal, pair et procureur syndic de Niort en 1608, aumônier des aumôneries de St-Jacques et de St-Georges, et le plus ancien pair du corps de ville en 1629, qui eut pour enfant : JEAN, qui suit.

2. — **Bidault** (Jean), Ec., sgr du Fief-Laydet et de la Chauvetière, pair de la maison commune, fut nommé maire de Niort le 30 mai 1650, et installé après avoir prêté serment, le 11 juin de la même année; le 30 oct. suivant, il prit par droit de chaise la place d'échevin que laissait vacante la mort d'Aaron Mesmin, et déclarait, les 24 sept. 1650 et 28 juin 1658, son intention de vivre noblement; par un acte d'assemblée des maire et échevins du 28 juill. 1662, il paraît que Jean Bidault était décédé échevin. Il avait épousé Catherine BRUNET, dont il a eu : 1°. JEAN, qui suit; 2° ANDRÉ, 3° MARIE, ces deux derniers mineurs en 1651.

3. — **Bidault** (Jean), Ec., sgr de la Chauvetière, était l'un des pairs de la ville de Niort et enseigne au régiment royal de Niort en 1674 ou 1675; il avait épousé, par contrat du 12 avril 1651, reçu Jousseaume et Dumoulins, notres à Niort, Jeanne JANVRET, et fut confirmé dans sa noblesse par M. Barentin, ayant, le 1er sept. 1667, versé au Trésor royal la somme de 800 liv. pour être maintenu dans sa noblesse, et encore 200 liv. le 22 nov. 1692. Ses enfants furent : 1° CHARLES, qui suit; 2° JEAN, Ec., sgr de la Barbinière, marié, le 2 juill. 1696 (Sabourin et Chauvegrain, notres à Niort), à Renée GIRAULT. Nous ignorons s'il eut postérité. Il fit inscrire ou plutôt d'Hozier lui attribua des armoiries inscrites dans l'Armorial de la généralité de Poitiers.

4. — **Bidault** (Charles), Ec., sgr du Fief-Laydet et de la Chauvetière, épousa, par contrat passé le 3 oct. 1695 par Jousselin et Chauvegrain, notres à Niort, Renée COUMIER. Lui et son frère furent confirmés dans leur noblesse par M. de Maupeou, par ordonnance du 21 avril 1699. Il avait servi dans le 1er escadron au ban convoqué en 1695, et en 1758 faisait partie de la 1re brigade de l'escadron de Villedon.

Bidault de la Chauvetière (Jacques-Charles), descendant des précédents, a comparu par procureur à l'assemblée de la noblesse réunie à Poitiers en 1789 pour nommer des députés aux Etats généraux.

BIDERAN (DE). — Famille originaire du Périgord, établie à Poitiers au XVIIe siècle.

Blason (en Périgord) : de gueules au château de 3 tours d'or.

Bideran (Louis de), sr de la Martinière, épousa Marie BOURBEAU et eut entre autres enfants : 1° MARIE, née à Vouneuil-sous-Biard, le 8 sept. 1611, et 2° probablement MAURICE, qui suit.

Bideran (Maurice de), sgr de la Martinière, épousa Denise JAUDONNET, fille de René, sgr de la Roulière, échevin de Poitiers, dont il eut : 1° MARIE, née à Vouneuil-sous-Biard, le 13 août 1650 ; 2° JEANNE, *aliàs* ANTOINETTE, mariée en 1681 à son oncle Jacques Jaudonnet, Ec., sr de Lingrenière, auditeur des comptes à Nantes ; 3° FRANÇOIS-RENÉ, né à Payroux en 1651.

Bideran (Marguerite) était, le 29 mars 1636, épouse d'Etienne Boynet, Ec., sgr de la Foucaudière.

BIDOLEAU (Jean) figure parmi les bourgeois et habitants de Parthenay qui en 1372 transigeaient avec Guillaume L'Archevêque. (Ledain, Gâtine.)

BIDOUX (DE). — Famille noble de Touraine alliée en Poitou.

Blason : d'azur à 3 chevrons d'or, *aliàs* d'argent. (Reg. Malte.)

Bidoux (Briant de), Ec., capitaine de Blaye, épousa, vers 1500, Anne DE DERCÉ, Dᵉ du Coudray-Macouart, dont il eut : 1° CLAUDE, mariée, le 2 fév. 1526, à François de Chouppes, Ec. ; 2° RENÉE, mariée à Antoine de Château-Chalon.

BIENASSIS (Paul), médecin ou chirurgien, né à Poitiers vers 1500, nous dit Dreux du Radier, tandis que MM. Robert du Dorat, qui lui donnent le prénom de Pierre, le font naître dans un village de la Basse-Marche, sans désigner le lieu ni indiquer la date de sa naissance. Il a traduit en français, nous dit l'auteur de la Bibliothèque historique du Poitou, les deux livres d'Eucharis Rodion sur les accouchements et les divers accidents qui peuvent survenir, et les moyens de les conjurer, ouvrage imprimé deux fois à Paris, en 1563 et 1577. A cette traduction D. Fonteneau ajoute celle de l'ouvrage de Gouin sur les jeux. (V. les auteurs précités, pour plus de détails.)

Bienassis (Guillaume), sgr de Serzec, sénéchal de l'Epinette, fait, le 18 févr. 1537, une déclaration de terres au fief d'Amoulax. (Arch. Vienne.)

Bienassis (Paul) était, le 12 nov. 1587, prêtre et sacristain du Chapitre du prieuré de Ligugé. (Id.)

Bienassis (N...) était curé d'Iteuil en 1595. (Id.)

BIENVENU.

Bienvenu (Collinet) servait le 28 mars 1354 en qualité d'écuyer. (Bibl. Nat. Montres et Revues.)

Bienvenu (Thomas) se présenta au ban de 1489 à la place de Antoine de Cigny, et il fut désigné pour la garde du château de Clisson. (Doc. inéd.)

Bienvenu (Michel), chanoine hebdomadier de Sᵗ-Hilaire-le-Grand et aumônier de l'aumônerie de Sᵗ-Antoine de Poitiers, achète, le 3 mars 1524, de Nicole Maudinet, praticien, une rente sur le pré Babin, à Champagné-Sᵗ-Hilaire, qu'il donne à Notre-Dame-la-Grande, le 9 déc. 1553, pour la fondation de services anniversaires. (Chap. de N.-D.)

Bienvenu (Jean), architecte fontenaisien, construisit en 1545 pour Michel Tiraqueau une maison de campagne au-dessous du faubourg de Fontenay, d'une architecture assez remarquable, et vers 1608 quelques-unes des façades des maisons du Marché-aux-Porches de la même ville. (Poit.-Vend.-Fontenay, 53, 61.)

Bienvenu (Guillaume), aumônier de Notre-Dame de Poitiers, fait une transaction le 11 juill. 1550 avec Antoine Guillon dit Joyeux, au sujet d'une rente de 30 sous, sur une treille située derrière le jeu de paume de l'hôtellerie de Sᵗ-Jacques. (Chap. de N.-D.) Il avait légué audit Chapitre une maison sise rue de la Regratterie, en 1553, et décéda cette année, comme on le voit par l'article suivant. (Id.)

Bienvenu (Jean) fut pourvu en 1553 par le Chapitre de N.-D. de l'aumônerie et d'une prébende dont jouissait GUILLAUME Bienvenu. (Id.) Jean rendait ses comptes à l'évêque les 25 déc. 1556 et 25 déc. 1557 ; fut chargé, par acte capitulaire du 15 avril 1562, ainsi que Guy Chevalier, de régir les biens de l'aumônerie et d'employer les revenus à la nourriture des pauvres, à la desserte de la chapelle et à l'entretien des bâtiments. Jean résigna ses fonctions d'aumônier le 23 janv. 1564, et cependant fit comme tel, le 22 avril de la même année, un bail à rente à Joachim Prévost, Ec., sgr de Chaulmes. (Arch. Vienne. Chap. de N.-D.)

Bienvenu (François), chapelain et bachelier, rend ses comptes de 1611 à 1622. (Id.)

Bienvenu (Marie de), femme de Jacques de Maintrolle, Chev., sgr d'Orthon, assista comme parente du futur au contrat de mariage de Charles de Granges, sʳ de la Grégorière, avec Marie Lange, le 26 mars 1658. (F.)

Bienvenu (Alexandre), sʳ de Chérinville, pˢˢᵉ de Cernay, élect. de Châtellerault, est porté comme ayant été déclaré roturier par M. Barentin, dans le Catalogue « annoté » des gentilshommes de la généralité de Poitiers.

Bienvenu (Michel) était archer à Fontenay-le-Comte le 19 déc. 1678. (Bureau des finances.)

Bienvenu (Michelle) signe au mariage de René Dumont-Acquet, Chev., sgr de Richemond, avec Dˡˡᵉ Renée Sanglier, du 20 févr. 1691. (Gⁱᵉ Acquet.)

Bienvenu (Jean) était archer de la maréchaussée de Fontenay-le-Comte le 15 sept. 1701. (Bureau des finances.)

BIENVENU. — Une famille de ce nom était collateur de la chapelle des Bienvenu, pˢˢᵉ de Nueil-sous-Passavant.

BIÈREAU (Jean) a servi au ban des nobles du Poitou de 1467, comme brigandinier du sʳ de l'Isle. (F.)

BIGEON (Jean) a servi comme brigandinier du sgr de Bressuire au ban des nobles du Poitou, en 1467.

Bigeon (Jean), peut-être le même que le précédent, habitant sur la terre de Celles, servait comme archer à celui de 1491. (F.) Il avait déjà comparu à celui de 1489 et avait été désigné pour la garde de Clisson, sous la charge de M. de la Châteigneraye. (Doc. inéd.)

BIGEON DE COURCY. — Cette famille qui habitait Poitiers au milieu du XIXᵉ siècle, porte pour armes : d'argent au chevron de gueules et un lion de sable en pointe.

BIGET. — Une famille de ce nom existait dans les environs de Château-Larcher, où elle exerçait la profession de marchand dès le XVᵉ siècle. (L'abbé Drochon, Notice sur Château-Larcher. M. A. O. 1875, 464, 465.)

Blason. — Mathurin Biget, hôtelier à Couhé, déclara son blason à l'Arm. du Poitou en 1698 : d'azur au cygne d'argent.

On trouve encore une famille Biget collateur d'une chapelle dans l'église de Sᵗ-Jean de Parthenay. (Pouillés de 1782 et 1869.)

Biget (Jacques) était un des notables de Parthenay en 1692. (Ledain, Gâtine.)

Biget (Pierre), marchand en 1699, rendait au chât. de Parthenay aveu pour la sgrie de la Piaudière, pˢˢᵉ de la Chapelle-Bertrand.

Biget (Joseph-Marie), chanoine, était prévôt de Ste-Croix de Parthenay en 1767.

BIGNOLET. — Famille de Fontenay-le-Comte.

Blason : d'azur à 3 pattes de lion d'or posées 2 et 1 en chef, et en pointe un cygne d'argent, nageant sur une mer de même.

Bignolet (Jeanne) épousa vers 1500 ? Pierre Brunet, sgr des Bertrandières.

Bignolet (Isaac), Ec., sgr du Trée ? déclara son blason à l'Armorial du Poitou en 1698, élection de Fontenay.

BIGNON (Charlotte) était en 1556 femme de Victor Esteau, sgr de la Valinière (la Pératte, D.-S.). (Ledain, Gâtine.) (Probablement Beugnon ou Buignon.)

BIGOT. — Nom commun à plusieurs familles.

Noms isolés.

Bigoti (*Arnaldus*), témoin, dans plusieurs actes concernant l'abb. de St-Cyprien, vers 1080 et 1090. (A. H. P. 3.)

Bigotus (*Gaufredus*) fut témoin de deux actes relatifs à la même abbaye : le premier, 1117-1123 ; le second, 1120. (Id.)

Bigot (*Radulphus*). Ses biens furent saisis, en raison de ce qu'il avait pris les armes contre le Roi et le Cte de Poitou. Le *Boscus de Mailly*, sis dans la baillie de Niort, fut vendu, et ses autres terres situées près de St-Maixent et de *Vilers*? furent saisies, et l'on trouve dans les Comptes d'Alphonse (A. H. P. 4) son nom rappelé, de 1244 à 1248, dans les comptes des agents du prince.

« **Bigoti** (*Willelmus*), *miles, habet in feodo Comitis Pictavensis tres masuras terre pro quibus facit domino Comiti Pictavensi VII libras de placito, et IX solidos de servitio*, 1253. » En 1258, nous trouvons un Guillaume Bigot, Chev., probablement le même, qui, ayant été avec son épouse et son père dans le camp de Villers contre le roi St Louis et le comte de Poitou, est déclaré n'avoir point droit à prétendre indemnité pour les levées faites sur ses terres pendant la guerre. (A. N. J. cart. 1917, 3, 1, et A. H. P. 4.)

Bigot (*Johannes et Guillelmus*) sont relatés dans l'enquête faite, vers 1250, par le châtelain de Poitiers et les forestiers de la Moulière, au sujet de certains droits que le Cte de Poitou et le sgr de Bonneuil-Matours se disputaient sur des herbergements situés à Travarzay. (A. H. P. 8.)

Bigoti (*Guillelmus*), *miles*, était garant vis-à-vis du Cte Alphonse de *Aymericus de Pissole*, 1253. (A. N. J. Reg. 24, 42.)

Bigoti (*Willelmus*), *miles, habebat in feodo Comitis Pictavensis tres mensuras terre pro quibus facit domino Comiti V libras de placito et 60 de servitio*, 1253. (A. N. J. Reg. 245, 425.) C'est le même, sans doute, dont il a été question plus haut.

Bigoti (*Willelmus*), *miles*, et

Bigoti (*Hugo*), *valetus*, sont l'un et l'autre témoins d'un traité pour héritages entre des particuliers et Hugues Fromond, valet, passé en 1284. (Cart. des Châtelliers.)

Bigot (Regnault), chanoine de la cathédrale de Poitiers, achète une rente d'un septier de froment et d'un chapon, assise sur l'herbergement du Breuil, relevant du Roi et de Maingot de Melle. (B. A. O. 1838, 93.)

Bigot (*Raginaldus*), *presbyter*, relaté dans la réunion à l'abb. de la Trinité de Poitiers, faite le 15 sept. 1327, de quatre cures de ce diocèse. (D. F. 27.)

Bigot (Jean) était bailli de Touraine le 15 juin 1337, et fut anobli au mois de juill. 1348.

Bigot (Isabelle), fille de Guillaume Bigot, Chev., et épouse de Jean de Prahec, valet, fut guérie d'une paralysie par l'intercession de Gaultier de Bruges, évêque de Poitiers, suivant l'enquête faite pour la béatification de ce prélat, en 1339. (D. F. 5.)

Bigot (Raoul), Chev., sgr de Maillé, eut pour fils Pierre, Ec., sgr de Maillé, qui, en 1349, fit aveu à St-Maixent et, en 1363, pour un fief situé à la Chapelle-Bâton. (Arch. Nat. Reg. P. 1145, 107.)

Bigot (Josselin), Chev., épousa vers 1370 Jeanne Migot ou Mignot, fille de Guillaume et de Jeanne Laydet. Il eut pour fille unique Gillette, mariée vers 1400 à Guichard d'Appelvoisin, Ec., sr de la Jobetière, et décédée sans enfants en 1409. (Pièc. orig., vol. 80, p. 113.)

Bigot (Guillaume) fait montre le 1er fév. 1376. (Bib. Nat. F.)

Bigot (Jousselin), Chev., relevait de Jean Bréchou, sgr de Puissec, comme il ressort d'un aveu rendu par ce dernier, le 10 janv. 1401, au chât. de Fontenay-le-Cte.

Bigot (Margot-Marguerite) est dite décédée dans un acte d'échange du 20 mars 1407.

Bigot (Jeanne) épousa en 1434 Pierre Cuissard, Ec., sgr du Pain. (Gie de Cuissard.)

Bigot (Etienne) était en 1437 sgr de Charlée du chef de Guillemette Berland, sa femme. (Hist. Châtellerault, 1, 370.) Il eut pour fille Jeanne, mariée à Louis d'Authon, Ec.

Bigot (Jousselin) devait rente au père de Nicolas Girard ; ce dernier en réclame le paiement en 1438 à Henvé Bigot, fils de Jousselin. (Gie Girard.)

Bigot (César) est nommé dans le testament de Perrelle Partenaise (Parthenay), veuve de Geoffroy du Chilleau, le 20 juin 1441.

Bigot (Guillaume) fut remplacé au ban de 1488 par Pierre Hélineau et Johan Mareau, qui servent avec deux archers.

Bigot (Jeanne) était, vers 1500, femme de Jean Guindron, sgr de la Guindronnière. (Maynard-Mesnard, 76.)

Bigot (Pierre) était, vers 1505, époux de Louise Gibourelle (Gibourbau). (B. A. O. 1853, 200.)

Bigot (Charles). Acte par lequel Guyonne de Tulières, dame de la Bernardière, révoque, le 20 juin 1524, la donation qu'elle lui avait faite de la majeure partie de ses biens.

Bigot (N...), Ec., sgr de la Girardière, fut déclaré noble par les fabriqueurs de la Chapelle-Thénier, et devant être taxé comme tel pour la rançon de François Ier (1529). (B. Stat. 1, 493.)

Bigot (Catherine) était en 1537 épouse de Louis de Moussy, sgr de la Vallière. (Hist. Châtellerault, 1, 408.)

Bigot (François), Ec., sgr de Boismorand, était marié, le 20 mai 1542, à Antoinette Vergnaud, dame dudit Boismorand. Il se trouva au ban des nobles du Poitou de 1557.

Bigot (Vincent) assiste à la montre du ban de 1471 (4 août) comme remplaçant René Levrault; pendant la montre, il se retire, déclarant être malade et ne pouvoir plus servir pour ledit Levrault. (Bibl. Nat.)

Bigot (Simplicien ou Symphorien) était, le 14 mai 1565 et en 1583, abbé commandataire de la Ste-Trinité de Mauléon.

Bigot (Charlotte) était, le 2 janv. 1583, femme de René Grignon, Ec., sgr de la Mesnardière.

Bigot (Nicolas) rendit, le 23 mai 1632, aveu au sgr de Ste-Hermine, comme curateur d'Esmery Gourde, pour la maison noble des Ardilliers (Guillot, greffier). (Gie Gourde.)

Bigot (Catherine) épousa Samuel Meschinot, sr de Richemond, contrôleur de la maison du prince de Condé; leur fille Marie épousa, le 12 nov. 1603, Guillaume Rivet, ministre à Taillebourg. Catherine était décédée à cette époque.

Bigot (René) était religieux de l'abb. de la Sie (l'Absie) en Gâtine en 1694. (M. Stat. 1878.)

Bigot (Elisabeth), fille d'Etienne, Ec., sgr de la Chouardière, et de Jeanne de Saumaire, épousa, vers 1650, François Dujon, Ec., sgr de la Rajasse en Loudunais.

Bigot (N...) échangea la Bnie de Contremoret avec Etienne de Sauzay, Ec., sgr de Beaulieu, son beau-frère, pour la terre de Beaulieu, vers 1663.

Bigot (Léon), garde du corps du Roi, se maria avec Louise Le Riche, fille de Michel, juge au siège royal de St-Maixent, et de Louise Fradin, le 5 janv. 1664 (Coudré et Raidy, notres), dont une fille, Louise, mariée, le 4 mai 1678 (Agier, notre royal), avec Pierre Besse, receveur des tailles en l'élection de Poitiers.

Bigot (Bertrande) épousa Michel Chaboceau, sr de la Babinolière, dont une fille, Marguerite, mariée, le 9 sept. 1634, à Louis Lestrujon, sr des Touches.

Bigot (Jean) transige avec Vincent Symain, au sujet de la terre de Billy-Clairet, le 18 juill. 1672.

Bigot (Pierre) était pair de la ville de Niort en 1673. (Rev. Aunis 1868, 2e pie, 337.)

Bigot (Nicolas), Ec., sgr de Créon, était décédé avant le 26 avril 1680. Hélène Angeau était sa veuve et assistait à ce titre et comme parente, avec

Bigot (Renée), au mariage de Marin Cuissard, Ec., sgr de Mareil, avec Julienne Poitras, le 26 avril 1680. (Gie de Cuissard.)

Bigot (N...), habitant de Pouzauges, où le service du culte protestant avait été interdit par suite du retour au catholicisme du Mis de Toucheprès, sgr dudit lieu. A l'instigation de Bigot, les habitants tinrent une assemblée protestante le 24 janv. 1687, qui fut dispersée, et comme Bigot y avait rempli les fonctions de ministre, il fut pendu le 22 févr. 1687.

Bigot (Judith) était, le 13 déc. 1692, en procès devant le sénéchal de Luçon.

Bigot (Michel), rapporteur et vérificateur des défauts au siège royal de St-Maixent, était décédé avant le 20 août 1693. Ce jour, Louise-Catherine Pavin, sa veuve, vendait sa charge à Léon Bellin, sr de la Boutaudière.

Bigot (Marie) épousa, le 22 janv. 1696 (Guignet, notre), Jean Sabourin, notaire royal à Niort.

Bigot (Pierre) fut prieur de Busseau, vers la fin du xviie siècle.

BIGOT. — Cette famille noble et très ancienne est du nombre de celles dont les noms, se prêtant à une interprétation plus ou moins plausible, ont fourni matière à d'ambitieuses prétentions que rien ne peut justifier.

D'après une tradition, cette famille serait descendue des rois Visigoths du nom de Vigo, dont six auraient régné successivement sur le Poitou. Un de leurs descendants, échappé à la proscription qui, après la défaite d'Alaric, frappa leur race, serait resté dans le pays et devenu la tige de cette maison. D'autres, plus modestes, mais sans que leur opinion repose sur des fondements plus solides, veulent descendre des comtes de Poitou, prétendant que les armes portées par leurs aïeux sont les mêmes que celles de ces princes, chose que l'on n'aurait pas souffert, ajoutent-ils, s'ils n'avaient été du nombre de leurs descendants. Mais de quelles armoiries veut-on parler? Serait-ce de celles portées avant que les armoiries fussent en usage?

Ces armes que l'on prétendait être celles des comtes de Poitou étaient portées par Jean Bigot, chef du parti français qui appela du Guesclin à Poitiers en 1374 pour délivrer cette ville du joug des Anglais.

Charles V accorda en 1372 aux maires et échevins de la ville de Poitiers le privilège de la noblesse héréditaire; mais cette concession ne put profiter à la famille Bigot, disaient ses descendants, car elle était de noble race, ainsi que cela est prouvé *par les armoiries qu'elle portait* déjà?

Dans un Mémoire sur cette famille dressé vers 1645 par René Bigot, sgr de Brion (8e degré), et reproduit par D. Fonteneau (t. 82), il est dit qu'elle ne peut justifier par titres qu'elle soit réellement issue de l'ancien maire de Poitiers; que ce qui pourrait le faire présumer, cependant, c'est que les sgrs de Dillay (branche aînée) ont toujours porté de temps immémorial, comme Jean Bigot, les armes des anciens comtes de Poitou; c'est-à-dire échiqueté d'argent et de gueules. Or, dit-on, la branche de Brion (branche cadette) portait échiqueté d'or et de gueules. Cette différence dans les émaux s'explique précisément par l'usage où l'on était anciennement de distinguer ainsi les branches cadettes des branches aînées. « Cependant, ajoute-t-on, la filiation à partir de Jean Bigot, maire de Poitiers, serait justifiée s'il était prouvé qu'il eût pour femme, comme nous le présumons, Agnès de la Forêt, qui a apporté dans notre famille la terre de Brion. »

Mais, après avoir réduit à leur juste valeur toutes ces prétentions exagérées, on doit reconnaître tout au moins que la famille Bigot est fort ancienne.

Nous suivons la généalogie qui fut présentée aux commissaires de la noblesse de 1666, en faisant observer toutefois que les confirmations de noblesse de M. de Maupeou ne mentionnent point le premier degré, qui précisément est celui qui rattache la famille Bigot au maire de Poitiers.

Blason. — La branche de Dillay (aînée) portait : échiqueté d'argent et de gueules. Ce sont les armes que Vertot attribue à Philippe Bigot (de cette branche), reçu Chev. de St-Jean-de-Jérusalem en 1548; ce sont également celles que portait le maire de Poitiers.

La branche de Brion portait : échiqueté d'or et de gueules.

§ Ier. — Branche d'ISLAY ou DILLAY.

1. — **Bigot** (Jean), sgr de Clazay, fut maire de Poitiers en 1372, 1373, 1374. Ce fut lui qui, ainsi que

nous l'avons dit, contribua avec du Guesclin à remettre Poitiers à la France. Il s'allia, dit-on, mais sans que l'on puisse en administrer la preuve, avec Agnès DE LA FORÊT, dame de Brion. De ce mariage seraient issus : 1° JOUSSELIN, qui suit ; 2° RAOULET, Ec., sgr de la Barre, qui reçut, à cause de Marie POUVERELLE (POUVREAU), sa femme, un aveu rendu par Laurent Bourreau, pour son hôtel de la Bourelière (la Chapelle de Montreuil-Bonnin, Vienne), le lundi après le dimanche *Misericordia Domini* 1383 ; 3° ARMIN, qui est prouvé par un acte du 22 févr. 1404 être frère des deux précédents.

2. — **Bigot** (Jousselin), Chev., sgr d'Islay (Ardin, D.-S.), la Gillardie, terres qui ont appartenu de temps immémorial à la famille Bigot de Brion. Le 23 janv. 1394 et en 1410, Jousselin rendit, après le décès de sa mère, son hommage au sgr de Belleville en Thouarsais, pour cette terre de Brion. Il épousa Marquise DE RUFFEC, et n'existait plus en 1414, année dans laquelle fut payé le rachat de la terre de Brion, à raison de son décès. Ils eurent pour fils aîné : 1° HERVÉ, et peut-être 2° GILLES, qui vivait en 1423 (N. Puichaud); 3° PIERRE, qui en 1436 rendait aveu de la terre de Brion à Marie de Clisson, De de Belleville. (Id.)

3. — **Bigot** (Hervé), Ec., sgr d'Islay, la Gillardie, la Bourelière et de Brion, rendit, de 1425 à 1439, plusieurs hommages de la terre de Brion au sgr de Belleville en Thouarsais. Il eut de N... sa femme : 1° NICOLAS, qui suit ; 2° GUILLAUME, qui, après la mort de son frère, se qualifia sgr d'Islay, intenta même un procès à ses neveux, et obtint des lettres de rescision le 17 juill. 1481, pour parvenir à de nouveaux partages. On ne voit pas qu'il ait été marié ; il est à croire qu'il mourut sans lignée, car son neveu Guillaume porta le titre de sgr d'Islay, que son oncle lui avait contesté. Guillaume servit au ban des nobles du Poitou de 1465, comme brigandinier du sr de Soubise, et vivait encore en 1495. (N. Puichaud.)

Les registres du Grand-Prieuré d'Aquitaine dressés sur les preuves de noblesse faites par les familles donnent pour femme à ce Guillaume, Nanette DE POULIGNAC, dont il aurait eu CHARLES, rapporté au 7e degré, et que la généalogie que nous suivons dit fils de Louis.

3° JACQUETTE ? qui vers 1450 vendait une rente sur Brion à Guillaume de Volvire, Ec., sgr de Costeaux.

4. — **Bigot** (Nicolas), Chev., sgr de la Gillardie, la Bourelière et Brion, s'allia, avant 1439, à Françoise GOULARD, fille de Pierre, Chev., sgr de la Geffardière, et de Brunissende de la Court, dont il eut deux enfants : 1° GUILLAUME, qui suit; 2° JEANNE, mariée à Jean Guindron (Guidon ou Guerdon), (D. F. 82), Ec., sgr de Pairenard (D.-S.).

5. — **Bigot** (Guillaume), Ec., sr d'Islay, la Gillardie et de Brion, rendait hommage de cette dernière terre au sgr de Belleville en Thouarsais le 9 févr. 1466. Il se fit remplacer au ban de 1491 par François d'Estonay et Pierre Fradois. Le 31 mars 1503, il rendait un autre aveu à René du Bellay, Bon de la Lande; il épousa Françoise DU FOUILLOUX, dont il eut : 1° JEAN, mort jeune et sans lignée; 2° LOUIS, qui suit; 3° JEAN, chef de la branche dite de Brion, rapportée au § II.

6. — **Bigot** (Louis) conserva en qualité d'aîné, dans des partages sous la date du 29 avril 1525, les terres d'Islay, la Gillardie et la Bourelière; faisait, le 31 mars 1528, partie du conseil de famille de Jacques du Fouilloux. (A. H. P. 4.) Il servit comme archer au ban de 1533; les 11 mai 1531 et 5 juin 1538, il donna procuration à Jean, son frère, pour rendre en son nom et comme tuteur de François, son fils, sgr de Bourg-Bastard, de la Mesnardière et de la Chaussée, aveu de la grande dîme de Villeneuve-d'Assais à Gilles de Liniers, Bon d'Airvau, etc. (Goyard et son confrère, notres). Il avait rendu aveu le 29 janv. 1525 à la duchesse de Longueville du fief de la Chabocière.

L'on voit par ces pièces que Louis avait épousé Dlle Catherine DE GRIGNON, fille de feu François, Ec., sgr de la Mesnardière, Bourg-Bastard, la Chaussée. Leurs enfants furent : 1° CHARLES, qui suit; 2° FRANÇOIS, Ec., sgr de la Mesnardière, lequel commandait plusieurs compagnies d'arquebusiers en 1567. (M. Stat. 1865, 12.) En 1565, il avait obtenu de Charles IX la création de foires dans sa sgrie de la Mesnardière. (A. N. J. Reg. 263, 661.) En 1572, il était Chev. de l'ordre du Roi et vendait la maison et métairie de Lavau pour la somme de 5,000 liv. à Jean de la Haye. Voici ce que dit, de la mort de François Bigot, Généroux dans son Journal : « Environ ledit temps (mai 1574), fut tué au château de la Forêt-sur-Saivre, Messire François Bigot, Chev. de l'ordre du Roi, sr de la Maynardière, en parlementant et capitulant aux Huguenots qui le tenoient lors, étant entre les deux ponts, chose contre tout droit de guerre. On tient que le sr de la Cressonnière, son gendre, le fit ainsi traîtreusement tuer. » (V. à ce sujet l'art. **BASTARD**.)

François Bigot avait épousé, d'après B. Fillon, Jehanne DE LA BRUNETIÈRE, dont il eut : *a*. CHARLOTTE, qui épousa René Bastard, sr de la Cressonnière, et eut en partage la terre et sgrie de la Mesnardière-Grignon ; *b*. ANNE, qui épousa François Girard, Ec., sgr des Echardières, et eut pour dot les terres et sgries de la Gillardie et Bourelière, près Fontaine-le-Comte.

Au nom de sa femme il payait, le 9 déc. 1584, à Jeanne Devilliers des droits de rachat pour raison de fiefs mouvant de la sgrie de la Mesleraye.

7. — **Bigot** (Charles), Chev., sgr d'Islay, fut, d'après les registres du Gd-Prieuré d'Aquitaine (Bibl. de l'Arsenal), maître d'hôtel du roi de Navarre, et avait épousé Dlle Jacqueline PERRON, fille de Jean, Ec., sgr de Fouillou (Saintonge).

Dans ces registres, comme nous l'avons dit, on lui donne pour père un GUILLAUME Bigot, Ec., sgr d'Islay, époux d'une Dlle Nanette de Poulignac ? V. plus haut.

Charles laissa pour enfants : 1° CHRISTOPHE, qui suit; 2° PHILIPPE, reçu Chev. de Malte en 1548, fut commandeur de Moulins et de Loudun en 1567; 3° MARGUERITE, qui épousa Jacques de Beauvau, IIIe du nom, sgr de Tigné (alliance non mentionnée dans la généalogie de Beauvau); 4° N..., mariée à N... Poussard, sgr de Brisambourg en Saintonge. (Id.)

D'après des notes communiquées par M. Puichaud, Charles aurait eu pour enfants, outre ceux qui précèdent : FRANÇOIS, Ec., sgr d'Ardin et d'Islay, marié à Renée DANGLIÈRE, et vivant en 1543, dont : MADELEINE, De d'Islay et d'Ardin, femme de Prégent de Châteauneuf ; elle testa en 1594 ; GEOFFROY, Ec., sgr d'Islay; JACQUES, sgr de la Bernardière, vivant en 1579.

8. — **Bigot** (Christophe), sgr de la Braudière en Poitou. On croit qu'il eut deux enfants mâles : 1° N..., sur lequel nous n'avons aucuns documents; 2° JACQUES, Ec., sgr de la Babinière, demeurant psse de Durtal, au Maine, est décédé sans enfants mâles; en lui s'éteignit la branche d'Islay.

§ II. — BRANCHE DE **BRION**.

6. — **Bigot** (Jean), Ec., sgr de Brion, fils puîné de Guillaume et de Françoise du Fouilloux (5e degr. du § Ier). Dès le 28 juin 1526, il avait rendu hommage de

sa seigneurie de Brion au sgr de Belleville en Thouarçais, fit partie du conseil de famille de Jacques du Fouilloux du 31 mars 1528 (A. H. P. 4), et se maria à l'âge de 60 ans, le 9 févr. 1551 (de la Fon et Gazelle, not^{res} à Mirebeau), avec Renée DE CHARGÉ ou CHERGÉ. Dans les pièces produites devant M. Barentin, elle est appelée (contrat de mariage de son fils) Renée DE THORIGNÉ. Jean Bigot mourut en sa maison de Puirenard, près de Vaux; sa veuve se remaria à Louis Prévost, Ec., sgr de Laumondière. Ils avaient eu pour fils unique :

7. — **Bigot** (Louis), Ec., sgr de Brion ; il fut marié deux fois : 1° le 28 févr. 1578 (Guerry et Nardereau, not[res]), avec Jacquette DES NOUHES, fille de Thomas, Ec., sgr de la Tabarière, dont il n'eut point d'enfants; 2° le 5 août 1589 (Meunier et Fardillon, not[res] à Thouars), avec Madeleine DE LA ROCHEFOUCAULD, fille de François, Chev., sgr de Bayers. Par son contrat de mariage, il assignait le payement des deniers dotaux de la future sur sa maison noble de Brion.

Louis mourut le 16 mai 1604, et Madeleine le 9 avril 1621 ; ils furent inhumés dans l'église de Brion, et laissaient pour enfants : 1° RENÉ, qui suit; 2° JEAN, qui fut envoyé par le Roi à Genève avec le s[r] de Nesde; il fut tué par les Savoyards en 1603; 3° CLAUDE, tué au siège de Juliers; 4° SUSANNE, mariée en 1624 dans la maison de la Bastardière; 5° JEANNE, mariée avec René Prévost, Ec., sgr de la Garde.

8. — **Bigot** (René), Ec., sgr de Brion, fut marié dès l'âge de 12 ans, le 4 avril 1598 (Meunier et Chesneau, not[res] à Thouars), avec Renée SOCHET, âgée de 13 ans, qui lui apporta la terre du Bois-Dom-Girard (Clazay, D.-S.). Ils restèrent, jusqu'à leur majorité, sous la tutelle de leurs père et mère. Il rendit, le 16 avril 1604, époque de la mort de son père, hommage de la terre de Brion au sgr de Belleville en Thouarçais. Il possédait en 1643 la terragerie de Clazay, acquise des Bénédictins de St-Cyprien de Poitiers.

Il fut renvoyé, le 6 juill. 1624, par M. Amelot, intendant du Poitou, de l'assignation qui lui avait été donnée pour la représentation de ses titres de noblesse.

De son mariage sont issus quatre enfants : 1° BARTHÉLEMY, qui suit; 2° NICOLAS, sgr de Clazay, qui en 1633 possédait aux Moutiers-sur-le-Lay (Vendée). Il fut maintenu dans sa noblesse par M. Barentin le 12 août 1667; 3° LOUIS, sans doute mort jeune; 4° RENÉ, Chev., sgr de la Martelière, épousa Madeleine CABARET, le 5 juin 1649 (Jolivet, not[re] du C[té] de Passavant). Il partagea, le 13 janv. 1665 (Chazaud, not[re] à Montreuil-Bellay), la succession de son père avec Nicolas, son frère, et D[lle] Louise Gareau, sa belle-sœur, veuve de feu Barthélemy, son autre frère. De ce mariage sont issus : *a.* URBAIN, né le 30 mars 1634, se trouva aux bans de 1691 et 1695; il fut confirmé dans sa noblesse par ordonnance de M. de Maupeou, du 2 janv. 1699; *b.* RENÉE, qui partagea avec son frère le 21 mars 1673 (Chazaud, not[re] à Montreuil-Bellay); *c.* LOUISE.

9. — **Bigot** (Barthélemy), Chev., sgr du Bois-Dom-Girard, épousa, le 16 févr. 1637, Louise GAREAU. Celle-ci, devenue veuve, transigea avec Nicolas et René Bigot, Ec., ses beaux-frères, le 24 avril 1663, sur les successions des père et mère de feu son mari, et comme tutrice de ses enfants mineurs, savoir : 1° RENÉ, qui suit; 2° MARGUERITE, mariée, le 28 juin 1664, à Philippe Raoul, Chev., sgr du Soulier : elle était veuve le 3 mai 1679, et tutrice de leurs enfants mineurs.

10. — **Bigot** (René), Chev., sgr du Bois-Dom-Girard, etc., fut maintenu dans sa noblesse, le 12 août 1667, par M. Barentin. Il avait eu procès avec les religieux de St-Cyprien, au sujet du retrait des terrages de la Grange-de-Clazay. Nous n'avons aucuns renseignements depuis cette époque.

BIGOT (LE). — Nous n'avons recueilli que peu de renseignements sur cette famille, ne sachant même, faute de documents précis, si tous les noms que nous allons citer appartiennent à des personnes ayant entre elles quelques liens de parenté.

Bigot (Guillaume Le) et

Bigot (Jean Le), Chev., font montre le 1er févr. 1372. (F. Bib. Nat.)

Bigot (Colin Le) rendit, le 21 juin 1404, un aveu au château de Gençay en son nom et comme tuteur de JEAN, autre JEAN, REGNAULT, HUGUETTE et SIMONNE, ses enfants et de feu Agnès DE LA LANDE, sa femme, pour son herbergement du Bois. (Livre des fiefs.)

Bigot (Marguerite Le) épousa Jean de Thorodes, Ec., sgr de Gastine, dont une fille, N..., mariée à Jean de la Grue, vivant en 1450. (Gén. de la Grue.)

Bigot (Claude Le) épousa, le 3 févr. 1598, René Le Maignan, Ec., sgr de la Roche.

Bigot (Claude Le), peut-être la même que celle qui précède, se maria, le 18 juill. 1601, à Joachim de Terves ? (G[ie] de Terves.)

Bigot (Louis Le), Ec., sgr de la Salle près Montreuil-Bellay, présentait, le 4 août 1600, un titulaire à l'évêque de Poitiers pour une chapelle de St-Saturnin, fondée par le présentateur.

BILHÉ.

Bilhé ou **Billé** (Jean), valet, vendait, le 20 mars 1322, à l'abbesse de Ste-Croix la juzie ou viguerie d'Ayron, qui avait été indivise entre lui et feu Guillaume d'Ayron.

Bilhé (Jean) de Châtellerault fait une vente, le 2 avril 1371, au profit du Chapitre de N.-D.-la-Grande de Poitiers. (Chap. de N.-D.)

Bilhé (Pierre de), Ec., sgr de Faviers et de Limalonges, rendait, le 9 févr. 1409, aveu au chât. de Civray d'une garenne qu'il possédait dans la p[sse] de Limalonges (D.-S.).

BILLARD. — NOMS DIVERS.

Blason. — C'est par une attribution fantaisiste que l'Armorial des maires de Niort dit, d'après le Dictionnaire héraldique, que Bonaventure Billard, maire de cette ville, portait : d'azur au chevron d'argent.

Billard (Jean), abbé des Châtelliers, désigné sous le seul prénom de Jean Ier par le Gallia Christiana, gouverna ce monastère de l'année 1457 jusqu'à l'année 1476 qu'il fut pourvu à son remplacement, sur sa démission, par bulle du 8 mars 1476, nommant pour son successeur Louis de Beaumont, évêque de Paris.

Billard (André) était décédé le 3 mai 1507. (Arch. Vienne.)

Billard (François) était conseiller de la ville de Fontenay-le-Comte en 1562.

Billard (Bonaventure), receveur au siège et tablier de Niort. Perrette POICTEVIN était sa veuve le 23 avril 1566. Nous pensons qu'il fut père de :

Billard (Bonaventure), Ec., sgr de Vougué, receveur des tailles et taillon en l'élection de Niort, qui fut échevin, maire et capitaine de Niort en 1574 ; il remplissait encore son office de receveur en 1582 et 1585. (M. Stat. 1865, 33, 81.)

Billard (N..) était en 1585 receveur des droits que le duc de Montpensier avait établis sur le clergé du diocèse de Luçon, en 1585.

Billard (Bonaventure), peut-être le même que le précédent, était trésorier provincial des guerres en Poitou, Xaintonge et Aunis, le 20 oct. 1592 ; l'était encore en mars 1594.

Billard (Pierre) était conseiller au siège royal de Fontenay-le-Cte en 1625.

Billard (Jacques) était curé de St-Georges-de-Rexe le 30 oct. 1634. (M. Stat. 1878, 26, 43.)

Billard (Catherine), fille de Pierre, Ec., sgr de Natallat, capitaine de la châtellenie de Verneuil, et de Charlotte Constant, épousa Jacques de Chamborant, sgr de Chamblet, vers 1730.

BILLAUD, BILLAUT. — Nom assez répandu en Poitou. Les Billaud de Fontenay appartenaient à une famille de bourgeoisie qui, au XVIe siècle, occupait dans cette ville le premier rang. (B. Fillon.)

Blason : d'azur à trois billettes d'argent, 2, 1. (D'Hozier.) Déclaré par Marie Billaud, femme de Jean Garepault, Ec. (Fontenay.)

Billaut (N...), *homo ligius* de l'abb. de St-Maixent, est relaté dans un état des vassaux de ce monastère dressé vers 1075, sous le gouvernement de l'abbé Benoît. (D. F. 16.)

Billaudi (*familia Johannis*) devait cens à l'abb. de Sainte-Croix de Poitiers. (Rôle censier dressé le 7 août 1222.)

Billaut (*Willelmus*) est cité dans un traité passé entre le Cte Alphonse et l'abbaye de St-Maixent, au sujet de certains droits que ce prince lui disputait. (D. F. 16.)

Billaud (Raoul) fut tué en combattant contre les Anglais, vers 1450. (Poitou et Vendée, 34.)

Billaud (Jacques), sgr de la Juzie, rend aveu de cette terre à l'abbesse de Ste-Croix en 1454. Il était décédé en 1456, et Jean Guischard était à cette époque tuteur de ses enfants mineurs.

Billaud (Guillaume) a servi au ban de 1467 comme brigandinier du sgr de la Grève ; il était en 1458 sgr de la Reigle (Bécelœuf, D.-S.), et époux de Perrotte Couturier. (Lodain, Gâtine.)

Billaud ou **Billeau** (Jean) était en 1480 notaire juré sous la cour du scel établi à Luçon.

Billaud (François), procureur des religieuses de Ste-Croix, fit, le 22 juin 1482, une complainte en la sénéchaussée de Poitiers contre le s^r^ du Bois-Pouvreau. (Arch. Vienne.)

Billaud (Clément) rendait à l'abb. de Ste-Croix de Poitiers aveu de sa terre de la Juzie, en 1484 et 1494.

Billaud (Guillaume), de Parthenay, obtient rémission du crime d'avoir mis en circulation de la fausse monnaye, que lui remettaient Guillaume du Breuil et autres, 1485. (A. N. J. Reg. 211, 538.)

Billaud (Perrotte), veuve en 1res noces de Léonard Daguin et épouse de Mathurin Tafforin, rend aveu en 1515 pour son hébergement de Regnaud-Garnier. (G.-G.)

Billaud (Pierre) était avocat à Fontenay le 1er mars 1535. (Poitou et Vendée, Fontenay, 48.)

Billaud (François), acquéreur du fief de Pigace, que lui avaient vendu François et Louis Goionez, en rend aveu la terre du Breuilhac, aux assises tenues le 7 fév. 1565.

Billaud (Etienne), avocat au Présidial de Poitiers, et

Billaud (Mathurin) assistent à la réformation de la Coutume de Poitou en 1559, ce dernier comme représentant des habitants de Chaillac.

Billaud (Georges), habitant de Luçon, relaté dans une sentence du lieutenant-général de la sénéchaussée de Poitiers du 18 janv. 1570, relative au pillage des protestants. (D. F. 14.)

Billaud (Pierre) était conseiller de la ville de Fontenay-le-Cte le 20 mars 1687.

Billaud (Louise), veuve de Mathurin Dufresne, procureur au Présidial de Poitiers, possédait au village des Treilles, p^sse^ de St-Georges-les-Baillargeaux (Vienne), en 1590.

Billaud (Michelle) épousa en 1594 Etienne François.

Billaud (Catherine), veuve de François de St-Martin, Ec., sgr d'Aleheau et du Davy, rendait, le 15 mars 1599, aveu à Jean de Villeneuve de la sgrie de la Caillère.

Billaud (Toussaint), licencié ès droits, sgr du Moulin-Billaud, et Marie Gabriau, sa femme, étaient en 1605 sgrs de la Digonnière en Cirières.

Billaud (François) épousa, le 26 juin 1617, en l'église de St-Saturnin de St-Maixent, Jeanne Devallée.

Billaud (Susanne) était en 1620 femme de Jacques Poussard ; ils étaient protestants l'un et l'autre.

Billaud (Henri), conseiller en la sénéchaussée de Fontenay, achetait une maison en cette ville le 1er oct. 1661 ; vivait encore en 1670.

Billaud (Pierre), s^r^ du Moulin, recevait en 1663 de Charles Tiraqueau la somme de 489 liv. 10 s.

Billaud (Robert) était en 1669 procureur de la châtellenie de Boissoguin. (Reg. de Lizant.)

Billaud (Jean) rend aveu le 15 avril 1673 du fief Goyas et de la Villeneuve à Macé Bertrand, Chev., sgr de la Bazinière. (G.-G.)

Billault (Jean), s^r^ du Fief-Lambert, était en 1681 avocat en Parlement. (N. Puichault.)

Billaud (Jean) fut reçu président de la sénéchaussée de Fontenay-le-Comte en 1683.

Billaud (Onésime) était en 1688 juge royal à Usson.

Billaud (Jean) se marie en 1689, à Cissé, avec Marguerite de Ste-Marthe. (Reg. de Cissé.)

Billaud (Nicolas), président au siège de Fontenay-le-Comte, était décédé, et Marguerite Gaudouin était sa veuve à cette date.

Billaut (Marie-Anne-Charlotte), fille d'un ancien prévôt général d'Aunis et de Marie Picoron des Brosses, épousa en 1752 Charles-René d'Orfeuille, sgr de la Bufferie.

BILLÉ (de). — Famille des Marches de l'Anjou et du Poitou ?

Billé (Perrete de) épousa, à la fin du XIVe siècle, André de Tezé, Chev.

Billé (René de) comparut aux montres de Vihiers, Maulevrier, etc., et déclara tenir 300 liv. de rente et servira en lance fournie, 1471.

Billé (Perrine de), dame de la Varenne, épousa, le 27 juill. 1565, Jacques d'Aubigné, sgr de la Roche-Ferrière.

Billé (N...), chanoine de Luçon, relaté dans une

sentence du sénéchal de Luçon du 9 mai 1582 condamnant un nouveau marié à une amende pour n'avoir pas tiré à la quintaine, suivant l'usage. (D. F. 14.)

Billé (Blaise), de Montaigu, cité dans le procès-verbal dressé à propos de la rupture de la porte de l'église du Boufféré par des protestants, pour y faire l'inhumation de l'un de leurs coreligionnaires. (D. F. 14.)

Billé (René de), Chev., sgr de la Varenne, assistait à la criée de la terre de la Roullière, faite le 11 mars 1617.

BILLETET (Guillaume), valet, fut témoin d'un retrait lignager fait par Guillaume de Puyguyon, le 11 avril 1293. (F.)

BILLETTE.

Blason. — N... Billette, not. royal à Châtellerault : d'azur à huit billettes d'or, posées 3, 3, 2. (D'Hozier, d'office.)

Billette (Hélène) épousa Jacques de la Bosse, Ec., sgr de la G^{de}-Bosse, qui rendait, tant en son nom qu'en celui de sa femme, le 17 juin 1493, un aveu au sgr de la Roche-Mauropas (D.-S.).

Billette (Marie) était épouse de René Clisson, Ec., sgr de la Bironnière, la Brandière, etc., qui, le 4 août 1674, rendait un aveu à Louis de Bernabé, Chev., Bon de la Haye-Fougereuse.

Billette (Pierre), âgé de 75 ans, figure parmi ceux qui ont abjuré le protestantisme les 9 et 10 oct. 1685. (Arch Châtellerault.)

Billette (Anne) et Joachim Garnault, Chev., sgr de la Maillardière, capitaine au régiment de Champagne, vendaient, le 24 nov. 1689 (de Condonneau, not. à Mirebeau), quelques pièces de terre.

Billette (Jeanne) épousa, le 29 nov. 1720 (Restaud, not^{re} à St-Savin), Gabriel Guillemot de Liniers. (G^{ie} Guillemot.)

BILLETTES (DES). — V. **FILLEAU.**

BILLOCQUE. — Famille que nous croyons originaire de Lusignan. Elle a rempli à Poitiers diverses charges du corps de ville et a fourni quelques membres à l'élection de Poitiers.

Nous devons la majeure partie des notes qui suivent à l'obligeance de MM. de Morière et R. Barbier, et aux Registres paroissiaux de St-Hilaire-le-G^{d} et N.-D. de Chandelière de Poitiers.

Blason. — Billocque (Dominique), curé de Vernon, élect. de Civray : d'azur à deux lions affrontés d'or. (D'Hozier, d'office.)

Noms isolés.

Billocque (Madeleine), mariée vers 1660 à Louis Guérin, Ec., sgr de la Coustelière, meurt âgée de 61 ans, 9 oct. 1696, à Enjambes.

Billocque (Jean-Baptiste-Hippolyte), chapelain de la chapelle du château du Verger près Châtellerault, assista à l'assemblée du clergé du Châtelleraudais réuni en mars 1789 pour nommer des députés aux Etats-généraux.

Billocque (N...), chanoine de Ste-Radégonde, qui fut déporté sur le navire *les Deux Associés*, en rade de l'île d'Aix, pendant la Révolution.

Billocque (Etienne-Gaspard) épousa le 28 août 1794, à Cloué, Julie-Catherine POIGNAND DE LORGÈRE, fille de Jacques et de Françoise-Etiennette Irland, et veuve de François Bouin de Beaupré.

Billocque (Marie-Julie), veuve d'Etienne Mart..., meurt en..... âgée de 89 ans.

Billocque (Jacques), s^{r} de Mortflant, épousa Madeleine HASTRON, dont il eut PIERRE, qui suit.

Billocque (Pierre), s^{r} de Fombedoire, épousa, le 9 févr. 1707, Madeleine GOULARD, fille de Jean, not. de la baronnie de Celle-l'Évescault, et de feu Renée Thenault, dont il eut : 1° PIERRE, né le 26 oct. 1707 ; 2° ETIENNE, né le 6 nov. 1709 ; 3° JACQUES, né le 11 juin 1711 ; 4° JEANNE, née le 30 juill. 1712 ; 5° JEAN, né le 28 déc. 1714 ; 6° MADELEINE, née le 15 janv. 1716. (Reg. de Celle-l'Évescault.)

Billocque (N...), capitaine de vaisseau en 1885.

Filiation suivie.

1. — **Billocque** (Jean), s^{r} de Vérines, avait épousé Jeanne ROUSLIN ; il mourut, âgé de 38 ans, à Lusignan, et fut inhumé dans l'église le 5 nov. 1618. (Epitaphes, M. A. O. 1863, 3, 341.) Nous le croyons père de :

2. — **Billocque** (Jean), procureur du Roi au siège royal de Lusignan, qui décéda le 2 août 1651, à l'âge de 44 ans. Il avait épousé Renée BOUTE (BOUTHET ?) (id.), dont il eut, croyons-nous :

3. — **Billocque** (Jean), mort avant 1655, avait épousé Renée LEVRAUT, qui elle-même décéda après cette époque, laissant : 1° CHARLOTTE, mariée, le 4 oct. 1655, à Antoine Le Masson, puis à Charles Dupuy, Ec., sgr de la Badonnière ; 2° LOUISE, qui épousa, le 4 févr. 1660, Louis Gillegaud ou Guilgault, et qui vivait encore en 1670 ; 3° JEAN, qui suit.

4. — **Billocque** (Jean), procureur du Roi au siège de la police de Poitiers, était mort avant 1711, laissant de Marie PÉRIGORD, sa femme : 1° JEAN, qui suit ; 2° N..., mort enfant ; 3° MARIE, mariée, le 4 janv. 1711, à Philippe Dorigny, contrôleur des actes des notaires de la généralité de Poitiers.

5. — **Billocque** (Jean), avocat en Parlement et bourgeois de la maison commune de Poitiers, épousa Catherine CHARET. Il fut inhumé le 9 juill. 1746, laissant : 1° JEAN, qui suit ; 2° MARIE-CATHERINE, baptisée le 25 mars 1704 ; 3° MARIE, baptisée le 10 mars 1705 ; 4° MARIE-ANNE, morte enfant ; 5° MARC-ANTOINE, baptisé le 5 déc. 1707 ; 6° MARIE-AUGUSTINE, baptisée le 18 août 1712 ; 7° CATHERINE-JEANNE, baptisée le 17 sept. 1714 ; 8° CATHERINE, baptisée le 12 avril 1717, dont nous ne connaissons que les noms.

6. — **Billocque** (Jean) naquit en 1701, fut reçu en 1730 lieutenant civil et criminel en l'élection de Poitiers, était en 1731 conseiller et bourgeois de la maison commune de Poitiers. Il avait épousé, le 30 janv. 1730, Anne-Louise BABAUD DE LA CHENOUILLÈRE, dont : 1° ANNE-FRANÇOISE, mariée, le 4 sept. 1754, à Alexandre Babinet, sgr de la Cour, greffier des insinuations ecclésiastiques ; 2° JEAN, qui suit ; 3° N..., 4° N..., mariée avant 1772 à N... Rolland ; 5° MARIE-JULIE, mariée, le 5 juin 1769, à N... Morlon, contrôleur et garde-marteau à la maîtrise particulière des eaux et forêts de Poitou.

7. — **Billocque** (Jean) fut reçu en 1770 dans l'office qu'occupait son père ; à la même époque il était échevin de la maison commune de Poitiers.

BILLON.

Billon (Guichard ?) fut remplacé au ban de 1467

par Mathurin Savin, qui y servit comme brigandinier du s[r] de L'Ille.

Billon (Pierre) était en 1524 prêtre-curé de Challans (Vendée).

Billon (Madeleine) épousa Charles Thébault, Ec., sgr de Lavau-Grosbois, le 20 juin 1633 (Baudin et Texier, not[res] à St-Maixent).

Billon (René), sgr de Crouzière, p[sse] de Champagné-St-Hilaire, élect. de Poitiers, reçoit, le 12 févr. 1665, assignation aux fins de présenter ses titres de noblesse pour se faire exempter de la taille.

Billon (Marguerite) était, le 9 sept. 1667, veuve de Pierre Prévôt, s[r] de la Javelière (Ste-Cécile, Vendée).

Billon (Louise) était épouse de Claude Bernardeau; leur fils se maria, le 6 avril 1682, à Catherine Jardel.

Billon (N...) fut vicaire de Moussac-sur-Vienne de 1721 à 1723.

Billon (Louis) fut curé de S[t]-Pierre-l'Hospitalier de Poitiers du 7 janv. 1740 au 17 juill. 1762, et pourvu, le 16 juin 1761, d'une semi-prébende du Chapitre de S[t]-Hilaire-le-G[d] de Poitiers, qu'il résigna le 17 juill. 1762, en faveur de Jacques Lizabois.

Billon (Henriette de) épousa Jean-Jacob de Tigné, ancien Chev. de Malte, le 30 août 1807. (G[ie] de Bernon.)

BILLY. — Noble et ancienne maison Poitevine éteinte depuis longues années, que l'on trouve écrite dans des titres des XIVe et XVe siècles Bille, Bilhe et même Ville. Elle a donné son nom à deux seigneuries du Mirebalais (c[nes] de Chouppes et de St-Jean-de-Sauves, Vienne).

La première édition de notre Dictionnaire, en disant, d'après le Gallia Christiana et D. Fonteneau, que la famille de Billy-Prunay, qui a donné plusieurs abbés à des monastères du Poitou, était Poitevine, lorsque par le fait elle est originaire du pays Chartrain, a commis une erreur qu'il convient de rectifier. (V. Alf. Richard, M. A. O. 1886, 118.)

Blason. — Les Billy du Mirebalais : semé de billettes (sceau d'Aymeri de Billy, abbé de St-Cyprien, en 1350.— (Fonds Chérin, vol. 26. Cab. Titres.) L'Armorial d'Anjou dit : de gueules semé de billettes d'argent (Dénais). — Mre Jacques de Billy : d'azur à 3 croissants d'argent. (Mervache.)

Billy (Raymond), valet, avec sa femme PHILIPPE, fit accord avec le Chapitre de St-Hilaire-le-Grand en 1242. (Lat. 17147, 371.)

Billi (Guillaume de), valet, possédait un herbergement au Coudray de Thurageau (Vienne), en 1316. (M. A. O. 1877, 197.)

Bille (Renaud de), Chev., et

Bilhe (Pierre de) sont témoins des lettres royaux par lesquelles Philippe le Long constitue 200 liv. de rentes en terres au profit de Guy de Bauçay, sgr de Chéneché, avril 1318. (A. H. P. 11.)

Ville (Thibaud de), **Billy**, Chev., est relaté dans l'acte d'amortissement dressé en avril 1329 d'une rente affectée à la dotation d'une chapelle de Ste-Catherine, fondée dans le chât. de Mirebeau par J. de Pampelune. (A. H. P. 13.)

Billy (Julienne de) était en 1329 épouse de Guillaume de Chouppes, valet. (M. A. O. 1877, 150.)

Billy (Aimery de) était abbé de St-Cyprien en 1333. Il vivait encore en 1361. Son monastère fut presque entièrement détruit sous son administration, pendant le temps des guerres continuelles des Anglais et des Français.

Billy (Jean de) servait en 1337, avec treize écuyers, sous Jean L'Archevêque, sire de Parthenay. (Bib. Nat.)

Billy (Gaucher de) servait en 1364. (Ib.)

Billy (Etienne de), Ec., 21 sept. 1364. (Ib.)

Billy (Philippot de), Ec., 27 oct. 1364. (Ib.)

Nous ne pouvons affirmer que ces trois derniers personnages soient Poitevins.

Billy (Guyote de) avait épousé Geoffroy de Marconnay, Chev., comme il appert d'une assise tenue à Chinon, le mardi après la Fête-Dieu 1374, et d'un aveu ainsi conçu :

« Item s'ensuivent les chouses que dame Guyote de Billy, jadis femme de feu monseigneur Geoffroy de Marconnay, tient de Jean d'Argenton, à foy et hommage plein, et à un cheval de service du prix de 60 sols, rendables à mouvance de seigneur, dus pour l'hébergement de Billy, qui fut feu Mgr ADAM de Billy (père de Guyote). »

Guyote de Billy était décédée avant 1402, car, à cette époque, Geoffroy et Catherine de Marconnay, ses petits-enfants, se partagèrent cette année les biens provenant de sa succession. (G[ie] de Marconnay.)

Le Billy dont il est ici question est le Petit-Billy, *aliàs* Billy, qui appartenait au XIVe siècle à ADAM de Billé (*sic*), Chev., et à sa fille Guyote précitée.

Billy (Lyonnet de) rend un aveu à la baronnie de Mirebeau pour son hôtel de Billy, le 29 août 1385. Le 17 avril 1408, il en recevait un de Guyon de Marconnay, qui tenait de lui à hommage plein ce qu'il possédait à Billy, Puzeaux et Cragon (Vienne). Lyonnet avait épousé Perrette DE MARCONNAY, comme il est justifié par les accords faits entre son époux et Charles de Marconnay, Chev., qu'elle ratifia le 24 avril 1409. (Gén. de Marconnay.)

Il eut de son mariage : 1° ALEXANDRE, Ec., sgr de Châteauneuf ; 2° HUGUET, qui, le 30 sept. 1443, assistaient au mariage de Simon de Marconnay avec Jeanne Chaperon. (G[ie] de Marconnay.) Alexandre précité reçut, le 19 juin 1422, une commission des maîtres des requêtes de l'hôtel du Roi, obtenue par l'abbé et les religieux de St-Cyprien pour l'ajourner, parce qu'il avait fait enfermer leur meunier de Cragon pour le rançonner, avait enlevé le cheval sellé et bridé du procureur de l'abbaye, etc. (Arch. Vienne) ; 3° LÉONNET, Ec., sgr de Billy ; 4° CATHERINE, femme d'Olivier Poupart, Ec. ; 5° OLIVE, femme de Loys Fouchier, Ec., sgr des Mées. (M. A. O. 1877, 448.)

Billy (Jean de) rendait un aveu au XIVe s[e] pour le fief de Chouppes qu'il tenait du chef de sa femme. (M. A. O. 1877, 151.)

Le même, peut-être, qu'un

Billy (Jean de) figurant dans le procès-verbal de l'établissement de l'Université de Poitiers, en 1431.

Billy (Alix de) avait eu pour époux Louis Fouchier, Ec., sgr des Mées et de la Roche-Bourreau. Ils étaient décédés l'un et l'autre longtemps avant le mariage de Louise des Hayes, leur petite-fille, 9 janv. 1446, avec René de Marconnay. (G[ie] de Marconnay.)

Billy (Antoine de) servait comme homme d'armes le 17 avril 1471. (Bib. Nat.)

Billy (Huguet de), Ec., sgr de Thuré et de la Tour-d'Oiré (Vienne), maître d'hôtel de Charles d'Anjou, était en 1448 marié à Johanne Rouhaud, fille de Jean, sgr de Boisménard, et de Jeanne du Bellay, dont une fille, Isabeau, mariée, vers 1450, à Prégent Frottier, Chev., Bon de Preuilly, sgr du Blanc, avec lequel elle testuit en 1480. (Hist. Châtellerault, I, 476. (G^{ie} Frottier et Rouhault.)

Billy (Perrette de) était en 1468 femme d'Antoine Frétard, Ec., sgr de Sauves.

Billy (Jean) servait en archer le 22 juin 1482. (Bib. Nat.)

Billy (Hugues de), Ec., est relaté dans un aveu de la terre de Beauvais rendu, le 25 oct. 1512, par Antoine de Fouchier, époux de Marguerite de Billy, laquelle étant veuve le 7 août 1515, chargeait de sa procuration :

Billy (Guillaume de), abbé de St-Liguaire.

Billy (Lyonnet de) est nommé dans un partage entre les enfants de René de Marconnay et de Louise des Hayes, passé à Coulombiers le 8 mai 1516. On y voit qu'il devait à la Tour de Marconnay un hommage lige pour son hôtel de Chasteau-Neuf. (G^{ie} de Marconnay.)

C'est probablement lui qui, désigné comme seigneur des Ousches, en la V^{té} de Châtellerault, avait fait partie du ban de 1491.

Billy (Charles de) était abbé de Ferrières près Thouars, en 1521.

Billy (Hugues de) possédait en 1534 un herbergement au Coudray, p^{sse} de Thurageau. (M. A. O. 1877, 197.)

Billy (Pierre de) et Johan Renault faisaient, le 8 mars 1538, des échanges de terres et de maisons.

Billy (Pierre de), Ec., sgr de la Cognonnière, acquit, le 26 mars 1538, la terre de la Mauvinière de Lancelot de Lestang, Ec., sgr de Ry. (M. A. O. 1877, 244.)

Nous trouvons ailleurs que la vente fut faite par Charles et Jean de Lestang, père et fils, à Pierre de Billy, qualifié de sgr de la Girardière, le 23 févr. 1547, acte qui fut ratifié le 24 févr. 1552 par Françoise Nollais ou Nolloys, femme de l'acquéreur ; de leur mariage vint entre autres enfants : René, qui revendit la Mauvinière, le 12 juill. 1549, à Antoine de la Duguie. Ce même René vendait aussi des terres et des vignes, le 24 mars 1550, aux religieuses de Mirebeau. C'est encore lui qui, le 4 janv. 1596, donnait son consentement au mariage de Nachord de Pellard, Ec., sgr de Montigny, avec N... du Petit-Creux. René épousa Anne Coustard.

Billy (Clément de) était, le 23 nov. 1593, chanoine de l'Eglise d'Oyron. (O.)

Billy (Elie de), Ec., sgr de Montgaignard, de Rémeneuil (Vienne), etc., épousa, le 13 août 1663, Marie-Louise de Bridieu, fille d'Antoine, Ec., sgr de Linières, et de Louise de Chasteigner, dont une fille, Marie-Louise, mariée, le 6 nov. 1708, à Claude de Bridieu, Ec., sgr de Claveau.

Billy (Gabriel de), Ec., était décédé avant le 15 déc. 1685, date à laquelle Françoise Mayaud, sa veuve, donnait procuration pour ratifier des partages entre des membres de la famille.

C'est le dernier nom que nous avons retrouvé.

BILLY DE PRUNAY.

Les personnages suivants du nom de Billy, bien que n'appartenant pas à la famille Poitevine, méritent à divers titres de se trouver dans notre ouvrage. Ils étaient fils de Louis de Billy, gouverneur pour le Roi de la ville de Guise, et de Marie de Brichanteau, son épouse.

Blason. — Billy de Prunay : vairé d'or et d'azur à deux fasces de gueules.

Billy (Jean de) était abbé de St-Michel-en-Lherm dès 1535, de Ferrières en 1556, et aussi des Châtelliers, de l'île de Ré ; dégoûté du monde, il écrivit à Jacques, un de ses frères, que son dessein était de lui résigner ses abbayes de St-Michel-en-Lherm et des Châtelliers, et de se retirer chez les Chartreux. Il avait donné tous ses soins à l'éducation de ce jeune frère, et l'avait envoyé dès sa plus tendre jeunesse à Paris pour y faire ses études, puis à Orléans et Poitiers. En 1566, Jean lui résigna ses abbayes, exécutant le projet qu'il avait formé, et devint en 1569 prieur de Gaillon près Rouen.

Billy (Jacques de), né en 1535, eut beaucoup à souffrir pendant nos guerres civiles. Son abbaye de St-Michel-en-Lherm fut entièrement détruite par Pierre des Villates, sgr de Champagné. L'abbé se réfugia à Nantes; mais il se vit contraint, peu après, de sortir de cette ville, et pendant longtemps de mener une vie errante et cachée. Après avoir eu la douleur de voir périr quatre de ses frères dans nos guerres civiles, il mourut lui-même à Paris, le 25 déc. 1581, chez le Bénédictin Gilbert Génébrard, son ami. Il s'était livré à l'étude du grec et de l'hébreu; aussi, malgré les agitations continuelles qu'il éprouva, malgré son âge peu avancé lorsqu'il mourut, a-t-il laissé un grand nombre d'ouvrages très estimés, parmi lesquels on distingue une traduction de St Grégoire de Nazianze en prose et en vers, et une autre de St Jean Damascène. Deux Poitevins ont fait son éloge, Rapin et Ste-Marthe. Ce dernier, en parlant de Jacques de Billy, dit qu'il était littérateur, poète et théologien, mais qu'il n'usa de sa poésie que dans des ouvrages de piété.

Billy (Louis de), frère des précédents, était capitaine dans le régiment de Piémont; s'étant renfermé dans Poitiers en 1569 pour défendre cette ville contre les protestants, il eut une jambe emportée par un boulet de canon, le 23 août 1569, à la brèche du Pré-l'Abbesse, et mourut de cette blessure six jours après. L'historien du siège de Poitiers, Liberge, nous a conservé dans son ouvrage le texte des épitaphes (une latine et deux françaises) que la reconnaissance des Poitevins consacra à l'un de leurs plus braves défenseurs.

BINAUDON. — Nous ne trouvons cette famille en Poitou que pendant trois siècles.

Binaudon (Johan) fut le mandataire de Jean de Mortemer, sgr de Couhé, pour la transaction passée entre ce sgr et le Chapitre de St-Hilaire-le-Grand de Poitiers, au sujet des droits que réclamait ce Chapitre dans cette châtellenie, 20 nov. 1409. (M. A. O. 1852, 67.)

Binaudon (Pierre), Ec., rendit deux aveux de Payroux, le premier en 1494, le second le 8 mars 1498. (Arch. Vienne.)

Binaudon (Jean), s^{r} de Chaleur et de Valenfray, eut un fils du même nom; il avait rendu un aveu de Payroux le 3 avril 1526. (Id.)

Binaudon (André), Ec., sgr de Valenfray, était maréchal des logis de la compagnie d'ordonnance du Vte de Guerche, le 29 mai 1577. (Chérin, 26.)

Binaudon (Jean), Ec., sgr de Joussé, qui en

1589 épousa Marie de Moussy, fille de Georges, sgr de Payroux, et de Françoise du Theil; il recevait l'hommage de diverses pièces de terre d'Emmanuel du Breuil-Hélion, le 2 mai 1625, et assistait en qualité d'aïeul et de curateur au mariage de son petit-fils Jean Ferré, Ec., avec Dᵉ Marthe Taveau, le 7 mars 1630. Il rendit aveu de Payroux le 13 juill. 1601, et encore en 1615, obtint un délai de 3 mois pour fournir ses dénombrements et aveux (Arch. Vienne), et fut inhumé le 28 avril 1645 dans l'église de Payroux. Il eut de son mariage : 1° Jean, Ec., sgr de Chaleur, lequel mourut sans hoirs, et avait cédé sa terre de Joussé à Isaac Barbarin, sʳ du Bost, conseiller au Présidial de Poitiers. Le 21 oct. 1634, la cour des Grands Jours décerna contre lui un décret de prise de corps, à la requête de son père qui l'accusait d'avoir voulu l'assassiner. (M. Stat. 1878.) Il avait rendu aveu de Payroux le 12 mars 1624, et encore le 2 mars 1644. (Arch. Vienne.)

2° Madeleine, mariée, le 18 févr. 1613 (Bellaud et Grelier, notʳᵉˢ à Rochemeaux), à Jean Ferré, Ec., sgr de la Courade, auquel elle porta la terre de Payroux, dont il rendit aveu le 22 déc. 1646; 3° Anne, épouse de Mathurin Vigier, Ec., sgr de Chantemerle, comme il ressort du partage de la succession de son père, le 19 juin 1615 (Vaugelade, notʳᵉ à Civray); 4° Susanne, décédée avant le 19 juin 1645, car à cette époque sa succession était ouverte.

Nous avons trouvé encore :

Binaldon (Ythier), Ec., sgr de Valenfray, faisant, le 13 avril 1565, un partage en la ville de Charroux avec Vincende Binaldon (Binaudon), sa fille, et Guillaume de Pérault, Ec., demeurant à Sᵗ-Jary-le-Clou. Vᵗᵉ de Périgord, son mari. Ythier avait rendu aveu de Payroux le 27 juill. 1526.

Binaudon (Catherine), Dᵉ de Limors (Clussay), fief relevant de Melle, était, le 31 mai 1616, femme de Hiérôme de Massacré, Ec.

BINAULT, BINEAU et BINNEAU.

Binault (Pierre) était en 1669 prieur de l'abbaye des Fontenelles. (La Fontenelle.)

Binault (Pierre) fut procureur du Roi au siège royal de Niort.

Binault (Anne), veuve de N... Lucas, procureur au Présidial de Poitiers, épouse, le 12 févr. 1709, Jacques Fauveau, bourgeois de la maison commune de Poitiers. (Reg. de Biard.)

Bineau de Rosny (René) épousa Madeleine Dasceler de Doué, dont : 1° Marie-Thérèse, née en 1692, mariée, le 10 juill. 1711 (Richard, notʳᵉ à Saumur), à Charles Durant, Ec., sgr de la Pastelière; 2° René, qui en 1749 était subdélégué de l'intendant à Bressuire, et signait la conversion de tous les impôts qui se payaient en cette ville en un droit d'entrée ou d'octroi.

Bineau de Doué (N...) épousa, vers 1750, Marie de la Garde, fille de Uriel-Nicolas, maître chirurgien à Thouars, et de Marie Angignard.

Binneau (Jeanne) était, le 26 août 1738, veuve de Alexandre-Charles-Hilaire Pief, Chev., sgr de Beaurepaire, et tutrice de leurs enfants mineurs; elle habitait le chât. de Beaurepaire (Cléré, Maine-et-Loire).

BINEL, en Mirebalais.

Blason : d'argent à l'aigle éployée de gueules. (Gén. de Ferrières.)

Binel (Pierre), Ec., sgr de la Barre, eut de Catherine Briault, sa femme, entre autres enfants Isabelle, qui épousa le 1ᵉʳ févr. 1542 (Pin, notʳᵉ à Mirebeau) Thomas de Ferrières, Ec., sgr de Champigny-le-Sec. (Gén. de Ferrières.)

BINET. — Noms divers.

Binet (Pierre), sʳ de Ternay ? licencié ès lois, comparut au procès-verbal de la Coutume du pays Loudunais en 1518. (F.)

Binet (Elisabeth), veuve de N... Vivien, est citée dans un arrêt du Parlement de Paris du 7 juill. 1518, rendu entre les familles Goguet, Lambert et Vivien, et était à cette date tutrice de Anne et Catherine Vivien, ses enfants.

Binet (Pierre), prêtre, obtint, le 27 juill. 1537, collation de la chapelle de l'Annonciation, à l'entrée du chœur de l'église Notre-Dame de Poitiers. (Chap. de N.-D.)

Binet (Louis), Ec., sgr de Chemilly, laissa de Françoise Testu, sa femme, une fille, Louise, qui épousa, le 23 nov. 1663, Bernard Couraud, Ec., sgr de Bonneuil. (Gén. Couraud.)

Binet (Jeanne) avait épousé Philippe Roger, greffier en chef au bureau des finances de Poitiers, et le 27 juill. 1662 ils fondèrent une messe chantée avec diacre et sous-diacre, qui devait être dite par les chapelains et bacheliers au grand autel de l'église de Notre-Dame de Poitiers, la vigile de l'Assomption, moyennant 150 livres. (Chap. de N.-D.)

Binet (Isidore), capucin, né à Niort en 1693, et mort à Poitiers dans le couvent de son Ordre, en avril 1774, à l'âge de 81 ans, dont il avait passé 62 en religion, fut lecteur en théologie et deux fois provincial. Ce fut un prédicateur célèbre; il avait écrit un voyage en Italie rédigé pendant son séjour dans ce pays; sa modestie l'engagea à demander qu'il fût brûlé, ce qui est regrettable, dit Jouyneau des Loges, qui l'avait eu en communication. Binet a publié un ouvrage de controverse important : *Le Missionnaire controversiste, ou Cours entier de controverse* (Poitiers, J. Fleuriau, 1680), qui à son époque a joui d'une égale réputation chez les écrivains catholiques et protestants.

Binet (Charles), Chev., sgr de la Boissière, lieutᵗ d'artillerie, épousa Marie-Lucrèce Blanchard, Dᵉ de Bourg-Archambault. Une saisie réelle de la terre de Bourg-Archambault eut lieu le 31 mars 1699 sur leurs enfants mineurs, à la poursuite de Salomon Guillemot, bourgeois de la commune de Poitiers ; à cette époque, Marie-Lucrèce Blanchard était décédée. (Noms féod., et Arch. Vienne.)

Binet de Marconet (N...) épousa : 1° François de Saligné, Mⁱˢ de la Chèze, et 2° en 1706 Donatien de Maillé, Mⁱˢ de Carman.

Binet (Simon) était en 1734 pair et notable de l'Hôtel-de-Ville de Niort. (M. Stat. 1875, 81.)

Binet (Jean), sʳ de la Chaussée, épousa Françoise Lucquas, dont il eut entre autres enfants : Antoine, sʳ de la Chaussée, procureur au Présidial de Poitiers, qui épousa, le 27 août 1753, Marie-Anne Mauflastre, fille de N..., procureur au Présidial de Poitiers, et de Jeanne Chabot. (Reg. de Chaunay.) Antoine avait eu procès en 1742-1744 avec François de la Rochebrochard, en raison du droit d'agrier et autres droits seigneuriaux dus au commandeur de Villegats. (Arch. Vienne.)

Binet (Claude), commissaire receveur et contrôleur général des saisies réelles, établi au régime et gouvernement du fief de Bertaut, fait, le 13 juin 1767, une saisie réelle sur Jacques-Zacharie Guibal de Salvert, prévôt général de la maréchaussée du Haut et Bas-Poitou. (Arch. Vienne.)

Binet (Guillaume), Chev., sgr de la Blottière, Chev. de St-Louis, capitaine au régiment de Mailly, habitait Nantes le 16 mai 1769. (Notes diverses.)

BINOT. — Famille noble originaire de Bretagne et du Poitou, où vivait en 1427 Jean Binot, Ec., sgr de Chauché.

Elle fut confirmée dans sa noblesse et ses armoiries lors de la revision de 1670. M. Pol de Courcy a omis son nom dans son Nobiliaire de Bretagne (1re édition). Elle est venue se fixer à Paris au commencement du XVIIIe siècle.

Les notes qui vont suivre nous ont été communiquées par M. le Doct^r A. Thèze, de Rochefort-sur-Mer, représentant par son aïeule la branche des Binot de Blaincourt, dont il possède tous les titres. Le surplus des actes de la famille est entre les mains de M. Binot de Villiers.

Blason : d'azur à la bisse (serpent) d'argent, languée de gueules, tortillée en 8 de chiffre et posée en pal.

§ Ier. — Branche de **BLAINCOURT.**

1. — **Binot** (Nicolas), Chev., sgr de Touteville (Asnières-sur-Dive), Ste-Hermine et des Bosses, avocat au Parlement, gentilhomme de la chambre du Roi, lieutenant du grand louvetier de France, grand prévôt de la connétablie et des camps et armées du Roi, commandeur de N.-Dame du Mont-Carmel et de St-Lazare de Jérusalem, né en 1636 et mort le 28 févr. 1709, à Paris, fut inhumé dans l'église des Minimes, où il avait fondé une chapelle. Il laissait de Catherine d'Emery, qu'il avait épousée le 13 sept. 1669, 6 enfants, 5 garçons et une fille : 1° Louis-Gilles, Chev., sgr de Touteville, Rassy en Beauvoisis, de Chailly, etc., né le 25 févr. 1671, grand prévôt de la connétablie en 1714, en survivance de son père, et commissaire de la gendarmerie, brevet du 26 mars 1707, épousa en 1703 Marie-Christine Saconin de Bressolles, et mourut le 2 mars 1741, laissant un fils, Louis-Hyacinthe, né en 1704, mort le 30 mai 1719. (Branche éteinte.)

2° Jacques, Chev., sgr de Launoy, capitaine au régiment de Picardie, Chev. de St-Louis, né le 19 juill. 1673, et marié, le 4 juin 1701, à Marguerite Castin de Guérin; il est mort le 20 juill. 1737, tige d'une branche établie en Angoumois et qui s'est éteinte à Angoulême en 1879; 3° Philippe-Nicolas-Benoit, qui suit; 4° Henri, Chev., sgr de Chailly, commissaire des guerres en Hainaut, né le 22 avril 1678, marié à Henriette-Agnès Robin de Graveson, mort le 16 juill. 1732, dont un fils, Charles-Henri (cette branche est passée en Amérique; l'un de ses descendants est venu à Paris pendant la première république. On ignore si elle subsiste encore); 5° Antoine, rapporté au § II; 6° Madeleine, née le 25 juin 1683, mariée à Nicolas de Mansion, capitaine au régiment de Saillans-Infanterie, morte sans postérité.

2. — **Binot** (Philippe-Nicolas-Benoît), Chev., sgr de Blaincourt en Beauvoisis, capitaine au régiment de Bourgogne, naquit à Paris le 16 févr. 1675, épousa, le 17 sept. 1712, Marie de Ribeaux, et mourut à Navarreins en Béarn, laissant : 1° Pierre, qui suit; 2° Marie-Christine, née le 16 mai 1713, et morte sans postérité.

3. — **Binot** (Pierre), sgr de Blaincourt, capitaine au régiment de Bourgogne, né le 10 nov. 1711, marié, le 4 août 1738, à Cécile de Harguet, mourut le 29 juin 1790, laissant deux garçons morts sans postérité et 3 filles qui toutes se sont mariées, la première à Jean du Barbier de Linasne, capitaine au régiment de Bourgogne; la seconde, à Barthélemy de Nouailles, capitaine au régiment de Bourgogne, morte, comme sa sœur, sans postérité. Marguerite, la troisième, se maria à Jean Le Badeigt de Laborde, Chev. de St-Louis, dont la descendance est aujourd'hui représentée par Mme Adèle de Badeigt de Laborde, M^ise la Ctesse douairière de Villemain, le Cte Léopold de Villemain, M. Charles Thèze, propriétaire, et Alfred Thèze, docteur en médecine, médecin de la marine, Chev. de la Légion d'honneur, et enfin par M. René Bourguet, lieut^t au 11e bataillon des chasseurs à pied.

§ II. — Branche de **VILLIERS.**

2. — **Binot** (Antoine), Chev., sgr de Villiers, Touteville et de Ste-Hermine, fils puîné de Nicolas et de Catherine d'Emery (1er deg. du § Ier), né le 16 juill. 1680, épousa, le 16 juill. 1716, Marie-Marguerite Charpentier, décédée en 1748, fille de N..., sgr de Courcelles et d'Angy, intendant de l'hôtel royal des Invalides. Antoine est mort le 13 sept. 1744, laissant : 1° Antoine, Chev., sgr de Villiers, commissaire des guerres, lieut^t de cavalerie, tué au siège de Tournay, célibataire, en 1745; 2° Hyacinthe, qui suit.

3. — **Binot** (Hyacinthe), Chev., sgr d'Asnières, Touteville, né à Paris le 23 sept. 1719, nommé commissaire de la gendarmerie royale par brevet du 14 août 1749, marié, le 9 févr. 1750, à Françoise Pasquier, fille de Jean-Baptiste, avocat, fermier général des domaines de Lorraine, et de Marguerite-Madeleine d'Assulle, dont il eut : 1° Antoine-Hyacinthe, Chev., sgr de Touteville, né à Paris, le 2 sept. 1753, dont postérité; 2° François-Paul, né à Dreux, le 23 sept. 1758, mort enfant; 3° Françoise-Sophie, née à Paris, le 18 mai 1751, mariée, le 20 juin 1774, à François de Montholon, capitaine d'artillerie; 4° Adélaïde-Marguerite, née à Paris, le 19 mai 1756, religieuse à l'abbaye de Berthom (O. de Fontevrault); 5° Anne-Amélie, née et morte en 1775; 6° Amélie, née à Dreux, le 17 mai 1759, morte le 3 août 1780.

La branche des Binot de Villiers est actuellement représentée, à Paris, par Charles-Louis-Marie Binot de Villiers, avocat, né à Paris, le 27 juill. 1817, et son fils Georges-Charles, né à Paris, le 12 mars 1848, ingénieur des arts et manufactures.

BION. — Famille de Chatellerault.

Blason : M. Bion, curé-doyen du Chapitre de Châtellerault, déclara son blason en 1698 : parti d'azur à une étoile d'or, soutenue d'un croissant d'argent, et de gueules au coutelas d'argent manché d'or, posé en pal.

M. Bion, curé d'Antran et chanoine de N.-D., déclara aussi son blason : d'azur au lion d'or, la tête coupée ? accompagné d'un croissant d'argent au 1er canton, d'une étoile d'or au 2e canton, et d'une croisette d'argent en pointe.

M. Bion, s^r de Lavoux, lieutenant du dépôt à sel de Châtellerault : de sable à la fasce d'or, chargée de deux rocs d'échiquier de gueules. (D'Hozier, d'office.)

Bion (André et Perrot), bourgeois de Parthenay, figurent dans une transaction passée en 1372 avec Jean L'Archevêque. (Ledain, Gâtine.)

Bion (Jean) était chanoine de N.-Dame de Châtellerault en 1607, et fut délégué vers Joachim Descartes pour régler un différend existant entre le Chapitre et Pierre Brochard.

Bion (Jeanne-Marie), femme de Jacques Ingrand, était décédée en nov. 1775 ; procès entre ses héritiers et Pierre Bion, qui était défendeur évoqué, mais demandeur en garantie, etc., au sujet d'une rente appelée la Léza.

Bion (Florence), fille de François, av[t] à Châtellerault, épousa René Paris (s. d.).

BION. — Famille de Niort.

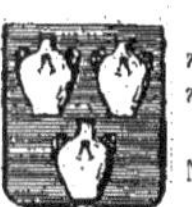

Blason : François Bion de Niort : d'azur à trois bues (buires) d'argent (d'Hozier).

Bion (Jean) était pair de la ville de Niort le 28 sept. 1651.

Bion (François), s[r] du Parc, juge des marchands à Niort en 1659, pair en 1675, élu conseiller du Roi et assesseur héréditaire en l'hôtel de ville en 1694, puis échevin de 1696 à 1704, eut un fils :

Bion (Jean-de-Dieu), s[r] du Parc, succéda à son père, était en 1719 échevin et substitut en la maréchaussée de Niort.

Bion (Jean-de-Dieu), s[r] de l'Herse, cousin de François qui précède, juge des marchands, fut échevin de Niort en 1717. Il eut un fils :

Bion (Jean-de-Dieu-René), archiprêtre de Niort et curé de N.-Dame de cette ville, fut un orateur des plus distingués ; plusieurs de ses discours furent imprimés dans le recueil intitulé *Journal chrétien*. En 1771, époque à laquelle il était échevin et conseiller du corps de ville de Niort, il lui légua sa bibliothèque, qui était choisie et nombreuse ; elle fut le point de départ de celle de cette ville. L'abbé Bion mourut à Niort le 7 mai 1774, à l'âge de 70 ans, regretté de tous ceux qui l'avaient connu, pour sa douceur, la candeur et la simplicité de ses mœurs, son zèle et sa charité. (Aff. Poit. 1774, 28. M. Stat. 1885, 81.)

Bion (Mathieu) était en 1720 élu en l'élection de Fontenay.

Bion (Florent) était en 1680 consul des marchands à Poitiers. (A. H. P. 15.)

Bion (Marie-Françoise) était en 1733 épouse de Jean-Alexis Palustre, sgr des Ardilliers, dont elle était veuve en 1786.

BION. — Famille de Loudun.

Bion (Jean-Marie), né en 1730, décéda le 30 sept. 1798, à Poitiers ; avocat au Parlement, substitut du procureur du Roi au bailliage royal de Loudun ; élu, le 14 mars 1789, député du Tiers-État du bailliage de Loudun aux États généraux, à la Constituante du 17 juin 1789 au 1er oct. 1791, puis à la Convention, au conseil des Cinq-Cents, dont il fut nommé secrétaire le 17 avril 1797. Il cessa de s'occuper de politique en 1798, et fut maire de Loudun. Il avait épousé Marie Maillard, qui fut inhumée le 10 oct. 1772, laissant : 1° Marguerite-Jeanne, née le 22 juin 1765 ; 2° Marie-Sophie, mariée, le 22 nov. 1790, à N..., 3° Louise-Adélaïde, mariée à Loudun, le 15 avril 1709, à François Besnard.

Jean-Marie Bion épousa ensuite Marie-Agnès Descazeaux, veuve de Augustin-Marc Richard de la Baudière, avocat à Nantes. Elle mourut à Poitiers, le 30 mars 1828.

BIONNEAU D'EYRAGUES. — Famille du Poitou qui a quitté cette province au milieu du XVIe siècle pour aller s'établir en Provence, où elle acquit, le 17 nov. 1628, le fief d'Eyragues, prit, en vertu de cette possession, le titre de Baron, et dans ces derniers temps celui de Marquis d'Eyragues.

Blason : d'azur à la fasce d'or chargée de deux croissants de gueules, accompagnée en chef de trois étoiles d'or, et en pointe d'un vol d'argent.

Cette famille a fourni des capitaines de terre et de mer, des chevaliers de St-Louis, et de nos jours un ministre plénipotentiaire à la cour de Bade.

Elle est aujourd'hui représentée par Etienne-Charles de Bionneau, Mis d'Eyragues, né à Falaise le 22 déc. 1854, dont le 4me aïeul, Etienne-Joachim, major au régiment de Durfort-Dragons, justifia de sa noblesse devant MM. de Suffren de St-Tropez et de Galiffet de Martigues, syndics de la noblesse Provençale, qui, sur le vu de ses titres remontant à André Bionneau, l'admirent au rang des gentilshommes du corps de la noblesse ayant voix délibérative aux États de Provence. (Hist. de Provence par Rascon, t. XII ; Annuaire de la noblesse de France de Borel d'Hauterive, an. 1855, p. 209, et Notes généalogiques sur la famille d'Eyragues, sa correspondance avec la famille de Saporta pendant l'émigration. Falaise, F. Montauzé, 1887, petit in-8° de 74 pages.)

BIRAC (Jean de) servit au ban de 1467 comme brigandinier du Cte de Jarnac, tant pour lui que pour Pierre Arnault.

Nous avons relevé à la page XIX du Cartulaire de N.-Dame de Saintes, par l'abbé Grasilier, une Perronelle de Birac qui en 1148 était religieuse dans ce monastère.

BIRAUD, BIRAULT.

Biraud (Louis) était accusé de plusieurs excès, ainsi que d'autres, ses complices. Il fut compris dans un arrêt, du 7 oct. 1534, de la cour des Grands Jours de Poitiers. (Mém. Stat. 1878, 23.)

Biraud (Ezéchiel), Ec., sgr de la Graillière, était, le 20 févr. 1609, époux de Marie Chaillot, fille de Mathurin, sénéchal des B[nies] de Vouvant et Mervant, et de Marie Cruzeron, époque à laquelle il partageait les successions de ses beau-père et belle-mère.

Biraut (Jean), praticien à Pamproux. Le 5 juill. 1614, Jean-Jacques Dousset lui ayant cédé (Motilles et Grandaye, not[res] au Châtelet de Paris) son office de notaire royal héréditaire au siège royal de St-Maixent, il obtient provision du Roi pour ledit office le 25 juill. 1614.

Biraud (N...) de la Gastière épousa Jacques-René d'Escoubleau, sgr de Courtery, veuf de Anne-Gabrielle Dollé, avec qui elle s'était mariée, en 1625.

Biraud (Catherine) avait épousé Gabriel Coquilleau ; leur fille Marguerite se maria à Isaac Cochon, s[r] de de Bénéon, le 22 déc. 1653.

Birault (Robert), s[r] de la Garde en 1660, fut inhumé le 15 janv. 1700, âgé de 70 ans. (Reg. St-Martin-l'Ars.)

Birault (Philippe), s[r] de Préneuf, marchand, fut pair et bourgeois notable de Niort en 1734. (M. Stat. 1865, 81.)

Birault (Jacques) était notaire de l'abb. Notre-Dame de l'Absie et y demeurait en 1750. Le même ? était notaire et fermier de la maison noble de Létorière en 1756, et en 1769 proc. fiscal de la sgrie de Vieilfond (N. Puichault.)

Birault de la Maison-Neuve (Henri-Radégonde), dem^t au Boupère, fut délégué du Tiers-Etat à Poitiers, pour nommer les députés de cet ordre aux Etats généraux de 1789.

BIRÉ EN BAS-POITOU. — NOMS DIVERS.

Blason. — De Biré : d'azur à la branche de grenadier d'or fruitée de 3 grenades, placées 2 en chef et une en pointe. — Ou d'azur à une branche de grenadier d'or en fasce fruitée de 3 grenades du même, ouvertes de gueules, bien ordonnées. (G^ie de Cornulier.)

Biré (Anne) épousa, le 24 mars 1589, Olivier Charron, Ec. (G^ie Charron.)

Biré (Perrette), veuve de Mathurin Beau, sgr de la Restière, qu'elle avait épousé vers 1580, se remarie, vers 1597, à René Fraigneau.

Biré (René de), Chev., sgr de la Senaigerie, etc., eut entre autres enfants de Marie BAUDOUIN :

Biré (René de), Chev., sgr de la Senaigerie, marié, le 26 juin 1753, à Marie-Rosalie DE CORNULIER, fille de Charlemagne, Ier du nom, sgr de la Caraterie, et de Marie-Rosalie Menardeau. (G^ie de Cornulier.)

Biré (Sainte de) était en 1767 femme de Jean-Augustin de Rorthays, Ec., sgr de la Fôtelière.

Biré (N...), précepteur de MM. Le Maignan de Lescorcière, prit part, quoique bien jeune encore, avec ses élèves à la guerre de la Vendée, et fut fusillé avec eux après la prise de l'île de Noirmoutiers.

Biré (Philippe de) épousa en 1800 Sainte-Augustine DE RORTHAYS. (Gén. de Rorthays.)

Biré (Marie-Henriette-Sainte de) épouse en 1808 Ambroise de Rorthays, sgr de la Savarière, Chev. de St-Louis. (Id.)

Biré (Marie de) de St-Thomas, femme de Charlemagne-Alexandre-René-Augustin de Cornulier, était décédée avant le 18 avril 1809, époque à laquelle son mari convole en secondes noces. (G^ie de Cornulier.)

BIRLY (Geoffroy de), grand sénéchal du Poitou en 1227, d'après D. Mazet. Erreur ; lisez Bully.

BIROCHE (Jean), prêtre et chapelain à Niort, vivait en 1370. (F.)

BIRON.

Biron (Jean) et PÉTRONILLE, sa femme, passent un bail à rente avec l'abbé et les religieux de St-Cyprien, le 31 mai 1332, d'une maison sise à Pouzoux, p^sse de Vouneuil. (Abb. de St-Cyprien.)

Biron (Etienne) a servi au ban des nobles du Poitou de 1467, d'abord comme brigandinier du s^r de Bressuire, et ensuite du s^r de Belleville ; il y remplaçait Laurent Prévoust ?

Biron de Salignac (Catherine de) était en 1628 abbesse du couvent de la Trinité du Dorat (O. S. Benoît).

BIRON (DE). — V. **GONTAUD DE BIRON.**

BIROT. — FAMILLE DE St-MAIXENT.

Blason. — Birot d'Ariomant : d'or à la bande d'azur chargée de 3 coquilles d'or. (D'Hozier.)

Birot (Pierre), marchand à Ste-Pezenne : d'or à une barre fascée d'argent et de gueules. (Id., d'office.)

Birot (André), procureur de la ville de St-Maixent, assista, le 4 avril 1534, à la montre des hommes d'armes et archers qui, sous les ordres du s^r de Bonneval, formaient la garnison de Lusignan. (J^al Le Riche, 2.) Serait-ce lui qui de 1545 à 1557 était juge prévôtal et échevin à St-Maixent ?

Birot d'Ariomant (Pierre) était lieutenant criminel de robe courte, prévôt et Chev. du guet près du siège royal de St-Maixent, en 1659 ; il mourut en 1666, laissant son fils ALEXANDRE pour héritier bénéficiaire. Il avait encore pour enfant CÉSAR-HENRI, qui suit.

Birot (César-Henri), Ec., sgr de la Chevalerie, fut reçu dans les mêmes charges, tant à St-Maixent qu'à Civray, en 1666. Est-ce le même que le suivant ?

Birot d'Ariomant (César-Henri), s^r des Côtes-de-Goux, de la Chevalerie et de Beauregard (Saivres, D.-S.), président du siège royal de St-Maixent, eut de son mariage avec Marie BONTEMPS, au moins une fille, MARIE-ANNE, qui, le 7 nov. 1695, épousa (Bruslon et Garnier, not^res), Jean-François Clément, s^r de la Boistrie, président en l'élection de St-Maixent ; elle était veuve le 13 mars 1724. César-Henri occupait encore son office de président en 1698. Il est désigné sous les prénoms de CHARLES-HENRI dans son testament du 28 févr. 1716, et codicilles des 1er août 1717, 11 févr. 1718 et 10 sept. 1719.

Birot (Charlotte), fille du précédent, épousa, le 16 mars 1709, Philippe Janvre, Ec., sgr de Lestortière, et assistait, le 31 août 1729, au mariage de sa nièce Renée-Françoise Clément avec Jean-Gabriel Levesque, Ec., sgr de Boisgrollier.

Birot (Jean), Ec., sgr de Brouzo, achetait, le 18 févr. 1693, de Louise de Lestang une rente noble qu'il revendait, le 2 déc. 1705, à l'abb. de St-Ausone d'Angoulême.

Birot (N...), de St-Maixent, était en 1698 titulaire d'une chapelle sous le vocable de Marie-Madeleine, desservie au village de Jaunay (Cherveux, D.-S.).

Birot (Jean) était procureur du Roi en l'élection de St-Jean-d'Angély, le 10 mars 1706.

Birot (Henri), président du siège royal de St-Maixent, fut maire de cette ville en 1714 et 1715.

Birot (Louis), marchand, est acquéreur du fief de la Cotinière, p^sse de Secondigny, en 1724.

Birot (Geneviève), fille de Pierre, s^r de Rocheroux, née le 16 fév. 1757, épousa, le 26 nov. 1778, Pierre Babinet, Ec., sgr de Rencogne, et mourut le 5 nov. 1834. (G^ie Babinet.)

BIROTHEAU. — FAMILLE DU BAS-POITOU.

Blason : de sable à une bande gironnée d'or et d'azur. (D'Hozier, d'office.)

Birotheau (Jean), bachelier en théologie, fut abbé confidentiaire de la Grennetière pour René Chasteigner, de 1571 à 1590.

Birotheau (Pierre-Joseph) de Laimosnerie était en 1775 sénéchal de la Chaize-le-Vicomte (Vendée).

Birotheau des Burondières (Augustin), curé de la Roche-sur-Yon, fut en 1787 membre du clergé à l'assemblée d'élection des Sables.

Birotheau (N...) était subdélégué de l'intendant du Poitou à Palluau, en 1789.

Birotheau des Burondières (Aimé-Calixte), avocat en Parlement, habitant St-Julien-des-Landes (Vendée), était membre des communes à l'assemblée d'élection des Sables (1787), délégué du Tiers-Etat à Poitiers pour la nomination des députés aux Etats généraux; il fut élu, puis nommé en 1811 président du tribunal des Sables. Il épousa Renée-Armande Bouhier, fille de René Bouhier, sgr de Bourg-l'Abbé, et de Catherine Geslin, décédée sa veuve le 12 juin 1840, en sa 85e année.

Birotheau (Pierre-Aimé-Calixte), avocat en Parlement, demeurant p^sse de la Chapelle-Hermier (Vendée), fut délégué à Poitiers en 1789, pour la nomination des députés aux Etats généraux.

BIS (de).

Bis (Guillaume de) fut nommé receveur d'un impôt par le duc de Berry, Cte de Poitou, vers 1390. (Ledain, Gâtine.)

BITAUD, BITAULT, BITAUT.

Bitault (Gabriel), s^r de Beaulieu, secrétaire du Roi, épousa, vers 1590, Françoise Bouhier, fille de Robert, Ier du nom, Ec., sgr de Roche-Guillaume, et de Marie-Anne Garreau. Ils vivaient encore en 1638, comme il ressort d'un aveu rendu, le 4 août de cette année, à Philippe de la Trémoille, Mis de Royan, par Yves de Rorthays.

Bitaud (Renée), veuve de Jean Ogier, Ec., sgr de Charcing et du Cerisier, rendait aveu de ce dernier fief au sgr de la Flocellière, le 20 juin 1594, agissant comme tutrice de leurs enfants mineurs. Elle vivait encore le 7 mai 1607, d'après des actes de procédure.

Bitaud (Gabriel), Ec., sgr de la Rousselotière, épousa, le 4 mai 1613, Marguerite de Vendée, fille de Mathieu, Ec., et de Perrette Goguet, et mourut six jours après son mariage.

Bitault (Jacques), Ec., sgr de la Bégaudière, l'un des gentilshommes de la maison du Roi, assistait, le 8 juin 1617, à la curatelle des mineurs Bouhier, enfants de André, Ec., sgr de la Voye, et de Jacqueline Sauvestre, ce qui doit le faire considérer comme descendant de Gabriel et de Françoise Bouhier.

Bitault (François), conseiller au Parlement de Paris, maître des requêtes de son hôtel, sgr de Vaillé-Rochereau en Anjou et des Touches, p^sse de Verché (Maine-et-Loire), terre qui fut érigée en châtellenie en sa faveur, du consentement du prévôt de l'Église de Poitiers, le 20 janv. 1640. Il avait épousé Renée de Charnières, dont une fille, Marie, qui épousa Jacques Le Coigneux, c^er au Parlement. Marie Bitault était morte avant le 20 déc. 1640, date du 3e mariage de son époux.

BITON.

Biton (Amable), receveur général des finances en Poitou en 1634, au lieu de Christophe de Lauzon.

Biton (Pierre), fils du précédent? fut reçu dans le même office en mars 1665. (F.)

BITTIER. — Famille de Poitiers.

Blason : de gueules au sautoir d'or, accompagné de 4 croissants de même. (Arm. des échevins.)

Bittier (Guyot Le) était échevin de la ville de Poitiers en 1412, et mourut en 1418.

BIZAC (de).

Blason : d'azur à trois chevrons d'or. (Catalogue annoté des gentilshommes de la généralité de Poitiers.)

Bizac (Françoise de) avait épousé Louis du Boys, Ec., sgr de la Morinière, et fut condamnée comme roturière le 3 août 1667, sa production ayant été jugée incomplète et insuffisante. François, son fils, ayant complété ses preuves de noblesse, fut déclaré et maintenu noble le 12 sept. 1668.

BIZARD.

Bizard (Raoul), *Radulphus Bizardi*, souscrit dans des titres de l'abb. de St-Maixent des années 1110 et 1133.

Bizard (Guillaume), chanoine de l'Église de Poitiers, fut un des témoins d'une fondation faite en 1421 par Simon de Cramaud, dans son église cathédrale.

Bizard (Hugues), pair et bourgeois de Niort en 1529, prêta serment pour ses fiefs. (M. Stat. 1865, 88.)

Bizard (Antoine), s^r de la Gazonnière, vivait en 1643, d'après un registre du parquet du Présidial.

Bizard (Anne) avait épousé Clément Le Musnier, dont une fille, Madeleine, mariée à Jacques de Raity, Mis de Vittré, le 15 mai 1663.

BIZEAU. — Famille qui habitait aux XVe et XVIe s^es les limites du Poitou et du Berry. — V. BEZEAU, BLEREAU, BLEZEAU.

Blason : Dans l'Armorial de Mervache (au XVIe siècle), le s^r de la Guitière porte : d'argent au chevron de sable et 3 tourteaux de même, chargés chacun d'une molette. L'Armorial de Touraine dit : Bizeau de la Guitière porte : d'azur à la fasce d'or, accompagnée de 2 étoiles de même en chef et d'un croissant d'argent en pointe.

Noms isolés.

Bizeau (Marguerite-Geneviève) était en 1781 épouse de Charles-François Bunault Mis de Montbrun.

Filiation présumée.

1. — **Bizeau** (Jean), Ec., sgr de la Guitière, prenait à rente de Marie des Chappelles l'hôtel du *Rival* (du Rivau ?), le 4 févr. 1432, et partagea en 1447 avec Guillaume Lecomte, mari d'Isabeau de Couhé. Il avait épousé vers 1430 Hippolyte de Couhé, fille de Louis, Ec., sgr de la Guitière, et eut pour fils Jean, qui suit.

2. — **Bizeau** (Jean), Ec., sgr de la Guitière, recevait, le 3 janv. 1481, de Jean Morineau déclaration de ce qu'il possédait, relevant de la Guitière, au village de la Marzelle. Jean était décédé avant 1490, laissant pour fils : 1° Jean, Ec., sgr de la Guitière, lequel fut remplacé au ban de 1491 par Bernard de Forges, attendu qu'il était paralysé des deux bras; et peut-être 2° Sylvain, qui suit; 3° Ithière, mariée, le 17 avril 1494, à Jean de l'Age, Ec.

3. — **Bizeau** (Sylvain), Ec., sgr de la Guitière, épousa, dit-on, vers 1485, N... de Couhé, fille de

Pierre, Ec., sgr de la Guitière? et de Antoinette d'Aloigny. Ils eurent pour fils :

4. — **Bizeau** (André), Ec., sgr de la Guitière, était en 1519 homme d'armes de M. de la Trémoille ; il vivait encore en 1531. Il épousa Paule Gastineau, qui était veuve en 1529, et fut père (probablement) de : 1° Antoine, Ec., sgr de la Guitière, qui recevait en cette qualité des déclarations des tenanciers de cette terre, en 1542, 1549 ; 2° François, qui suit.

5. — **Bizeau** (François), Ec., sgr de la Guitière, transigeait, le 7 oct. 1530, avec Joachim de Couhé, au sujet des droits dus par la Guitière à la Roche-à-Guet. Il épousa en 1546 (Philippon, notre à Châtellerault) Françoise de Vaucelle, fille de Mathurin et de Jeanne de la Touche, et était décédé avant 1600. Il eut au moins une fille, Renée, qui épousa en 1575 Pierre de la Touche, auquel elle porta la terre de la Guitière, et peut-être Madeleine, qui était, le 2 févr. 1617, veuve de René de Gray ou de Geay, Ec., sgr de Chambon, et vendait à Henri de la Touche la métairie de la Rivière (St-Pierre-de-Maillé, Vienne).

BIZEMONT (de). — Famille originaire de la Picardie dont quelques membres ont habité le Poitou au xixe siècle.

Blason : d'azur au chevron d'argent accompagné en chef de 2 croissants d'argent et en pointe d'une molette d'or.

Bizemont (Louis-Charles-Eugène Cte de), né à Collettes (Charente), le 11 déc. 1808, vint s'établir à Poitiers au moment de son mariage, et pendant de longues années fit l'édification de cette ville, par son zèle à propager et soutenir toutes les œuvres de piété et de charité. Président de la Conférence de St-Vincent-de-Paul, longtemps membre de la commission des hospices, etc., il fut plusieurs fois nommé conseiller municipal, spécialement pour s'occuper des œuvres de bienfaisance de la ville. Il est mort le 24 mars 1881 avec la réputation d'un véritable saint, et la ville entière assista à ses funérailles. Marié à Poitiers, le 21 nov. 1836, à Marie-Augustine-Delphine de Blom, fille de Jean-François, Chev. de Maugué, et de Marie-Joséphine-Dauphine de Baudus, il a eu plusieurs enfants qui n'habitent plus le Poitou, et dont 2 ont postérité, sauf Fernand, jésuite, en résidence à Poitiers ; et N..., prieure du Carmel de cette ville.

BLACHIÈRE (de la). — Famille qui a donné naissance à un ministre de la Religion protestante, qui a écrit des ouvrages de controverse.

Blason : d'azur au chevron d'argent, chargé de 3 aiglettes de sable, accompagné de 6 flammes d'or posées 3 en chef, mal ordonnées, 3 en pointe, 2 et 1, et aussi de 2 étoiles d'argent en chef et d'un croissant de même en abîme.

Blacherie (N... de la) (de la Blachière), Ec., sr de l'Ile : de gueules à sept macles d'argent, 2, 3, 2. (D'Hozier, d'office.)

Blachière (Louis de la), ministre de la religion réformée de Niort, est auteur d'un ouvrage publié à Niort en 1595, chez Thomas Porteau, dans lequel il prétendait prouver que la messe n'a point été instituée par Jésus-Christ, contre les assertions de Jules-César Boulanger, Jésuite, qui ne laissa pas cette attaque sans réponse. En 1596, de la Blachière répliqua à son adversaire.

On a également de ce ministre une lettre adressée de la Rochelle, le 20 déc. 1525, à l'église de St-Gelais, publiée dans le 1er volume du Recueil des choses mémorables advenues sous la Ligue, p. 593.

V. Dreux du Radier et de Lastic St-Jal, Rev. de l'Aunis, an. 1868 (1re ptie).

Blachière (Louis de la), Ec., sr de l'Isle (St-Gelais, D.-S.), épousa Jeanne du Chesne, dont il eut : 1° François, qui suit ; 2° Louise, qui, le 1er nov. 1651, assistait au mariage de son frère.

Blachière (François de la), Ec., sgr de l'Isle, commissaire ordinaire de la marine et de l'artillerie de France, épousa, le 1er nov. 1651 (Piet, notre à St-Maixent), Florence Audouin, fille d'Abel, Ec., sgr de la Bonardière, et de Anne du Chesne. Elle était sa proche parente, car il lui fallut obtenir des lettres de dispenses. Le 23 janv. 1651, ayant été déclaré roturier par les commissaires pour la vérification des titres de noblesse, il se pourvut au conseil, et en obtint un arrêt de maintenue le 24 nov. 1668.

Blachière (Louis de la), fils du précédent? Ec., sgr de l'Islé, assista à la curatelle des enfants mineurs de feu Samuel du Chesne et de Jacquette Aymer. Il épousa Françoise Frère, fille de René, sgr de Vairé, et de Catherine Deneufville, dont il eut Catherine, qui partagea en 1718.

BLACTOT.

Blason : d'azur au chevron d'argent accompagné de 3 étoiles de même, 2, 1. (D'Hozier.)

Blactot (Ambroise) fils, bourgeois de Coulonges : d'or au chevron de gueules chargé de deux épis de bled d'argent. (Id., d'office.)

Blactot (Jacques) de Neufchèze en St-Denis afferme, le 15 janv. 1649, les châtellenies et terres du Coudray-Salhart et de Bécoleuf au Mal de la Meilleraye. (Ledain, Gâtine.)

Blactot (René) était en 1666 assesseur de la maréchaussée de Thouars.

Blactot (Pierre), sr de la Gastaudière ou Galaudière, était élu à Niort le 21 janv. 1682, et en 1685 échevin de cette ville et capitaine au régiment royal ; fait inscrire en 1701 ses armoiries à l'Armorial général du Poitou. Il eut un fils, qui suit.

Blactot (Louis), lieutenant particulier de la maîtrise des eaux et forêts, fut également échevin de la ville de Niort en 1718 ; assistait, comme parent de la future, au contrat de mariage de Jean-Victor Chebrou de la Roullière et de Marie-Anne-Françoise Forrand, qui eut lieu le 18 janv. 1724.

Blactot (Pierre), sr du Vignault, demande et obtient l'entérinement des lettres de grâce qui lui avaient été accordées le 7 mai 1705.

Blactot (Pierre), sr de la Bousle, avocat, vivait en 1722.

Blactot (Louis-Athanase) fut reçu élu à Niort en sept. 1735.

Blactot de la Baillargère (Pierre-Antoine) était dès 1745 sénéchal de Bressuire, St-Porchaire (1745-1785), la Chapelle-Gaudin, etc., etc., et en 1758, de la châtnie de St-Aubin-du-Plain. Il fut subdélégué de l'intendance, charge qu'il passa à son fils, qui suit.

Blactot (Jean-Marie), avocat fiscal à Bressuire, et subdélégué de l'intendance — 1784-1790 — était aussi sénéchal de la sgrie du Bois-Dom-Girard. M. E. Cesbron, son arrière-petit-fils, a publié dans les Archives historiques du Poitou, une partie de la correspondance échangée entre M. Boula de Nanteuil, Intendant du Poitou, et son subdélégué (1784-1786).

Blactot (N...) était, vers 1750, curé de l'église St-Pierre de Melle.

Blactot de la Poupardière (Marie-Elisabeth), de la ville de Niort, avait épousé, le 17 déc. 1767, Jean-Baptiste Audebert de Fommaubert, trésorier de France en la généralité de Limoges. Elle et Jean-Baptiste Guichard de Gourgé, et Radégonde BLACTOT son épouse, N... du Verger, veuve et donataire de M. BLACTOT de la Billardière, tous héritiers de François Ferry, vivant prieur de St-Paul de Parthenay, faisaient procéder à une nomination d'experts.

BLACWOD ou BLAKWOOD. —

Cette famille, originaire d'Ecosse, vint se fixer à Poitiers vers le milieu du XVIe siècle.

Blason : d'azur à une fasce d'or accompagnée en chef d'un losange d'argent à dextre, d'une étoile d'or à sénestre, et en pointe d'un croissant d'argent, écartelé de gueules à une tête de cerf d'argent, posée de profil. (D'Hozier.)

Noms isolés.

Blacwod (Jean), écuyer du cardinal d'Amboise, mourut à Rome, et fut inhumé dans l'église de St-Augustin, au Champ-de-Mars. Dreux du Radier a donné son épitaphe d'après Gabriel Naudé, dans son Éloge de Adam Blacwod.

Blacwod (Marguerite) est citée dans la cession de la maison d'Evreux faite, le 31 août 1624, à l'abb. de Nouaillé, par François de la Béraudière.

Filiation suivie.

1. — **Blacwod** (Guillaume), le premier connu, mourut les armes à la main en défendant sa patrie contre les Anglais, laissant d'Hélène REÏD, son épouse, nièce de Robert Reïd, évêque des Iles Orcades, et chef du Parlement d'Ecosse : 1° ADAM, qui suit ; 2° HENRI, doyen de la Faculté de médecine de l'Université de Paris en 1592 et 1593, également savant en philosophie et en médecine, qui eut un fils, HENRI, lecteur royal en médecine et en chirurgie en 1624, lequel fut tout à la fois orateur, médecin, soldat, courtisan, voyageur, homme d'intrigue, et mourut à Rouen le 17 sept. 1634. On a de lui les *Pronostics d'Hippocrate*, traduits en latin. Paris, 1625, in-24.

3° GEORGES, professa d'abord la philosophie d'Aristote en 1571, puis la théologie, pour ne pas se rendre indigne, dit son biographe, des riches bénéfices dont il jouissait. Il est mort à Poitiers, et y fut inhumé dans l'église de St-Porchaire.

2. — **Blacwod** (Adam) naquit à Dumferling en Ecosse, en 1539. Il était à peine âgé de 10 ans lorsqu'il perdit sa mère. Robert Reïd, son grand-oncle, l'envoya à Paris. Etant retourné en Ecosse vers 1560 pour y recueillir les débris de sa fortune et n'y ayant trouvé que guerre, trouble et confusion, il revint en France continuer ses études. Marie Stuart, qui avait le Poitou pour son douaire, lui donna un office de conseiller au Présidial de Poitiers, où il épousa, le 31 mai 1576, Marie COURTINIER, fille de Nicolas, receveur général en Poitou ; il devint plus tard le conseiller secret et intime de cette malheureuse princesse, et se montra, au milieu de ses infortunes, son serviteur fidèle et dévoué.

On trouve la liste des œuvres latines et françaises d'Adam Blacwod qui furent réunies en 1644, par les soins de Gabriel Naudé, dans la Bibliothèque historique du Poitou de Dreux du Radier. — Voir aussi, Mémoires de la Société des Antiquaires de l'Ouest, ann. 1844, une intéressante Notice de M. le chanoine Aubert, au sujet d'un poignard qu'une tradition de famille disait être un don de Marie Stuart à son loyal serviteur.

Marie Courtinier était morte laissant 4 garçons et 7 filles. Adam se remaria, le 13 févr. 1600, avec Françoise BARON ; elle vivait encore le 4 mai 1627. (Filleau et Coustant sur la Cout. du Poitou.)

Adam Blacwod mourut à Poitiers le 16 avril 1613, âgé de 74 ans, et fut inhumé près de son frère, dans l'église de St-Porchaire. Il laissait entre autres enfants : 1° JACQUES, qui suit ; 2° N..., qui prit le parti des armes et fut tué à l'assaut de St-Paul de l'Amiate près Castres ; 3° HÉLÈNE, femme en premières noces de Georges Critton, professeur de grec à Paris, puis en secondes, en 1628, de François de la Motte-Le-Voyer ; 4° FRANÇOISE, mariée, le 29 janv. 1623, p^sse St-Porchaire, à Jacques Marchand, Ec., sgr de Puypaillé ; 5° autre FRANÇOISE, femme de César Certany, sgr de la Barbelinière, trésorier de France au bureau des finances de Poitiers, dont elle était veuve en 1649. Elle se remaria, le 20 nov. 1655, p^sse St-Porchaire, à Philippe Goybaut, s^r du Bois, membre de l'Académie française ; 6° CATHERINE, mariée à Guillaume Le Bel, Ec., sgr de Bussy. Du 2e lit : 7° GEORGES, baptisé à St-Porchaire le 6 nov. 1600.

3. — **Blacwod** (Jacques), Ec., sgr de Frozes (Vien.), fut reçu en 1610 conseiller au Présidial de Poitiers, l'était encore en 1629 (reg. de Champagné-le-Sec) ; se maria en 1612 à Robinette PROVOST, fille de N..., sgr de la Turcaidière, sénéchal de Châteaumur. Il vivait encore en 1644. Nous pensons qu'il eut pour enfants : 1° JACQUES, qui suit ; 2° GENEVIÈVE, dame de la Roche de Vouneuil, mariée, le 7 oct. 1651 (Johanne et Barraud, not^res à Poitiers), à Claude Legier, s^r de la Fougeray, conseiller au Présidial de Poitiers, dont elle était veuve le 1er mars 1696.

4. — **Blacwod** (Jacques de), Ec., sgr de Frozes, né le 15 nov. 1624, p^sse St-Porchaire, mort avant 1682, avait été reçu trésorier de France au bureau des finances de cette ville en 1630. Il avait épousé en 1655 Françoise DREUX, fille de François, Ec., sgr des Murs, et de Catherine Irland, qui agissait comme sa veuve le 2 janv. 1682. Il eut pour enfant :

5. — **Blacwod** (Jacques III de), Ec., sgr de Frozes, né le 18 déc. 1656, p^sse St-Porchaire, épousa, le 3 mai 1690, p^sse St-Porchaire, Françoise-Anne LE ROY, fille de Étienne, docteur-médecin, pair et échevin, et de Anne Chaubier, sa 1re femme. Il rendait un aveu au sgr. de Chiré le 2 oct. 1698, tant pour lui que pour sa femme. Il eut pour enfants : 1° SIMON-XAVIER, qui suit ; 2° ETIENNE-NICOLAS, Ec., sgr des Marchais, vivait en 1742-1743, et avait pour veuve, le 12 mars 1766, Charlotte BERNARDEAU ; il l'avait épousée, p^sse St-Cybard, le 18 juin 1732.

6. — **Blacwod** (Simon-Xavier de), Ec., sgr du Pinier et de Frozes en partie, garde du corps du Roi, Chev. de St-Louis, servit comme sous-brigadier au ban des nobles du Haut-Poitou, réuni à St-Jean-d'Angély en 1758. Il n'a eu de Marie-Thérèse DE LA CHESNAYE, sa femme (qu'il avait épousée le 28 mai 1754, et morte le 29 juin 1784), que trois filles : 1° MARIE-THÉRÈSE-CHARLOTTE, née le 25 sept. 1756, et mariée à Poitiers, le 15 avril 1776, à Jean-Philippe Bellin de la Boutaudière, Chev., sgr des Côtes, garde du corps du Roi, etc., morte à Poitiers le 15 févr. 1845 ; 2° MARIE-ANNE-

Rose, née le 6 avril 1760, morte célibataire le 19 nov. 1773 ; 3° Anne-Radégonde, née le 4 juill. 1761, épousa, e 8 janv. 1778, Joseph de Gaillard, Ec.

BLAIR. — Maison originaire d'Écosse et sortie des baron de Baltayock, comme il appert des lettres patentes de Charles II, roi d'Angleterre, en date du 7 juill. 1674, confirmées par arrêt du conseil de Louis XIV, du 18 mai 1700. Cette famille s'est établie en Poitou à partir de la seconde moitié du XVII° siècle, en la personne d'Alexandre de Blair, sgr de Blainville en Picardie, etc., et de la Mothe-du-Bois-Fayolles en Poitou (c^ne de Brulain, D.-S.), président à mortier au Parlement de Metz en 1683. (V. La Chesnaye des Bois, St-Allais et les archives de la Mothe-du-Bois, dont le relevé nous a été communiqué par M. L. de la Rochebrochard.)

Blason : de sable à une fasce d'or accompagnée de trois besants de même, un écu d'argent brochant sur la fasce, chargé d'un chevron ondé de sable, accompagné de trois tourteaux de même, posés 2, 1.

§ Ier. — Branche aînée.

1. — **Blair** (Alexandre de) eut de Madeleine Pitaut : 1° Alexandre, qui suit ; 2° Armand, qui fut président au Parlement de Metz en 1691 (La Chesnaye des Bois) ; 3° Melchior, rapporté § II ; 4° N..., qui épousa le baron d'Auriac, sans doute, Castagnet d'Auriac ? (La Chesnaye des Bois.)

2. — **Blair** (Alexandre de), sgr de Blainville en Picardie, etc., président à mortier au Parlement de Metz dès 1683, épousa, le 6 févr. 1669 (Nicolas et Hersant, not^res à Poitiers), Renée Mesmin, fille de Aaron, Ec., échevin du corps de la ville de Niort, sgr de la Mothe-Fayolles, et de Marthe Moret, dont il eut : 1° Jean-Alexandre, qui suit ; 2° Jean-Baptiste-Aaron, qui reçut de sa mère, en vertu de son testament du 20 juill. 1701, la terre de la Mothe-Fayolles qu'elle tenait de son père, après avoir donné autres choses sur ses biens à Jean-Alexandre, son autre fils, lors de son mariage. Jean-Baptiste épousa, le 29 nov. 1707, Jeanne de la Roche-Briand de Fronsac, fille de Pierre, Ec., et de Gabrielle Coton, dont il eut une fille unique, Catherine-Henriette, mariée, le 28 déc. 1748, à Pierre-Charles de Goullard d'Arsay, à qui elle porta la Mothe-du-Bois.

3. — **Blair** (Jean-Alexandre de), s^r de Fayolles, né le 1er déc. 1669, épousa en 1698 Marie-Anne-Théophile Le Fèvre de Guibermenil, morte en juill. 1739, fille de François, et de Marie-Philoctée Bourdin de Villaines, femme « poète et d'un génie supérieur » (P. Anselme, t. VI, p. 549). Jean-Alexandre mourut à Marseille en janv. 1730, laissant de son mariage : 1° Alexandre-Charles, qui suit ; 2° N.., fils, dont on ignore la destinée ; 3° Philothée (Philoclée ?), *aliàs* Amable-Suzanne-Philothée, mariée en 1742 à Joseph Mis de Lestranges, Bon de Maignac ; 4° N..., fille, dont on ignore la destinée.

4. — **Blair** (Alexandre-Charles de), sgr B^on d'Amburcs, Vte de la Roche-Briand, sgr de St-Loup, le Fougeroux, etc., receveur général des consignations de Provence, habitant ordinairement en la ville de Marseille ; il demeurait à Sézannes en 1753, époque où il donne procuration (30 mars) pour transiger avec son oncle Jean-Baptiste-Aaron de Blair, au sujet de la succession et comme l'un des héritiers de feu D^lle Marie-Marthe Moret de la Fayolle, décédée le 22 sept. 1738, dans sa terre de Teillou ou Tillou (Blaslay, Vien.). On ignore s'il s'est marié et s'il a eu postérité.

§ II. — Seconde Branche.

2. — **Blair** (Melchior de), 3° fils de Alexandre et de Madeleine Pitaut (1er deg. du § Ier), aurait servi dans la marine sous M. de Villette, suivant un livre de raison conservé dans les archives de la Mothe-du-Bois, et dressé par Alexandre de Blair de 1668 à 1674, qui porte en titre : « Mémoire des hardes que Mlle Pitaut, ma tante, m'acheta en octobre ou novembre 1668 », et contenant les faits importants de sa vie et ses dépenses journalières. « Parti de Paris, y est-il dit, le 4 avril 1672, en compagnie de mon frère, de Baltayock et de ma femme, fait état des dépenses des domestiques et du grand laquais de mon frère, qui allait à la Rochelle pour se mettre sur les vaisseaux, comme il s'y mit effectivement sous M. de Villette. » Melchior avait épousé Henriette de Brisson, dont il eut : 1° Louis-François, qui suit ; 2° N..., fille, D^e d'Apremont d'Ortès.

3. — **Blair** (Louis-François de), sgr de Cernay, d'Aunay, etc., conseiller au Parlement de Paris, épousa Catherine-Jeanne de Gons de Boisemont, dont :

4. — **Blair** (Louis-Guillaume de), sgr de Boisemont, intendant de la Rochelle en 1749, épousa, le 29 avril 1755, Jacqueline de Flesselle. (St-Allais.) Nous ignorons s'ils eurent postérité.

BLAIS, BLAY, BLAYS (de) ou LE BLAYS. — Familles diverses.

Blason. — De Blais, sgrs de Bouillé-Lorets, près Thouars : d'or à la fasce de gueules accompagnée de 6 merlettes de même, 3 en chef et 3 en pointe.

Blais (Marguerite de) épousa Jean de Savonnières, III° du nom, Chev., dont une fille, Marie, qui, vers 1424, était femme de Jean Buor, Ec., sgr de la Gerbaudière.

Blais (Yvon Le), Ec., sgr de la Ronde et paroissien de Vellèche, fit un traité avec l'abbesse de Ste-Croix de Poitiers, le 5 nov. 1466.

Blais (Gervais Le), fils du précédent ? Ec., sgr de la Ronde, rendait une déclaration d'héritages au même monastère, le 10 nov. 1484.

Blais (Guillaume Le), Ec., sgr de la Ronde, en rendait aussi une autre, le 26 avril 1486. (Arch. de Ste-Croix.)

Blays (François de) servit comme brigandinier à l'arrière-ban de 1488, et en 1489 il fut désigné pour aller tenir garnison à Thouars.

Blais ou **Blays** (René) fut un des échevins de la ville de Poitiers créés par la Ligue, le 14 mars 1590. Il est mort sans enfants mâles en 1608. V. **BLAYE.**

Blays (Mathurin), Ec., s^r de la Dorinière, épousa Françoise Tiraqueau, fille de Michel, et de Gabrielle de Brachechien. Ils étaient décédés l'un et l'autre le 13 nov. 1618, d'après un accord passé entre la famille de Châteauneuf et celle de Tiraqueau ; dans cet acte, il est fait mention d'un autre Mathurin Blais, demeurant en sa maison de Montorgueil, p^sse du Champ-St-Père, qui était peut-être fils des susnommés. (O. B. Fillon.)

Blais (André), Ec., sgr de Montigny, et Claude Descars, son épouse, se font une donation mutuelle le 5 nov., 1626.

Blais (Françoise) était religieuse à Fontenay-le-Cte, comme on le voit par l'acte d'ingrès de Catherine Tiraqueau du 1er juin 1634.

Blais (Jean), s^r de Boistevot, était commandant en l'île de Bouin en 1644.

BLAISON (DE). — V. **DE BLASON.**

BLALAY (Pierre de) figure dans une charte comme faisant partie du corps de ville de Poitiers en 1307.

BLANC, BLANC (LE). — Ce nom se trouve fréquemment en Poitou. N'ayant recueilli aucun document certain qui nous permette d'établir une filiation suivie, nous placerons dans l'ordre chronologique tous les personnages que nos recherches nous ont fait connaître.

Blason. — Pierre Le Blanc, maire de Poitiers en 1552 : d'azur au cygne d'argent patté et becqué de sable. (Armorial des maires.)

Blanc (François Le), sgr de St-Chartres, descendant du maire : d'azur au cygne d'argent picoté d'or. (Barentine.)

Blanc (François Le), lieutenant criminel à Thouars, et François-Jacques Le Blanc : d'azur au cygne d'argent. (D'Hozier.)

Catherine Le Blanc, dame de Riperoux : d'azur au croissant d'argent. (D'Hozier, d'office.)

Le Blanc (René), bourgeois aux Sables : de gueules au lion d'argent. (D'Hozier, d'office.)

Le Blanc (René), greffier de l'élection des Sables : de sable à une bande gironnée d'argent et de sinople. (D'office.)

Le Blanc (à Châtellerault) : d'azur au chevron d'argent, accompagné de 3 roses de même. (Gén. Sauzay.)

Blanc (Guillaume Le). *Martha, uxor Willelmi Albi, ad extrema veniens,* donne à l'abb. de Boisgrolland six aires de marais salants, don confirmé par *Willelmus maritus ejus et filius ejus et filia* : vers 1180 *ad* 1265. (Cart. Boisgrolland.)

Blanc (Nicolas Le), chanoine de Poitiers, était en janv. 1327, avec Guillaume Pouvreau, commissaire du Roi dans les sénéchaussées de Saintonge et d'Angoumois.

C'est sans doute le même qui reçut, par lettres royaux du mois de mars 1331, la permission d'acquérir une terre de 20 livres, et d'en doter des personnes ou des établissements ecclésiastiques. (A. H. P. 11.)

Blanc (Guillaume Le), Chev., eut pour fils PIERRE, aussi Chev., qui, vers 1380, devait une rente au Chapitre de St-Hilaire, à Masseuil. (Quinçay, Arch. Vien. G. 897.)

Blanc (Guillaume) et JEANNE, sa femme, sont mentionnés dans l'aveu rendu, le 15 oct. 1406, au chât. de Gençay par Huguet Boniface, Ec., pour certaines dîmes. (Livre des fiefs.) C'est probablement son fils JEAN qui fut condamné, vers 1404. (Inv. Arch. de la Vienne.)

Blanc (Pierre Le) fut brigandinier du sr de L'Aigle au ban de 1467.

Blanc (Jean Le) fut remplacé à ce ban par Jean Brun, qui servit en brigandinier du sgr de Jarnac.

Blanc (N... Le) d'Aubigny fournit à ce ban un archer qui y servit comme brigandinier du sgr de Bressuire.

Blanc (Ambroise Le), demeurant dans la sgrie de Lusignan, servit en archer au ban de 1491.

Blanc (Jean Le) et Hilaire des Loges, son gendre, fournirent deux archers à ce même ban.

Blanc (André Le), Chev., habitant la châtnie de Thouars, y servit en archer.

Blanc (Jean Le), fils de GUILLAUME, marchand à Bressuire, rend aveu, le 5 mai 1506, au sgr d'Hérisson de son hôtel de la Caduère (Luché-Thouarsais, D.-S.).

Blanc (Le Bastard Le) servait en homme d'armes en 1506. (Bibl. Nat.)

Blanc (Pierre Le) était en 1519 archer dans la compagnie de M. de la Trémoille.

Blanc (Marie Le) était en 1521 femme de Hélie Chambret, Ec., sgr de Ruau, Rigné. Ils fondèrent, cette même année, une chapelle psse de Taizé.

Blanc (Marie) épousa vers 1550 Ponthus de Thury, Ec., qui, à cause d'elle, fit aveu du fief de la Chenevolerie ? (Noiné, D.-S.) à la sgrie d'Aubigny en 1562.

Blanc (Pierre Le), sr de la Bazinière, conseiller au Présidial de Poitiers, fut maire de cette ville en 1552, et mourut en 1572.

C'est le même sans doute qui fut du nombre des magistrats qui s'opposèrent en 1566 à la réunion de la Bnie de Charroux et de la châtellenie de Rochemeaux au siège de la Basse-Marche, demandée par les juges du Dorat. Il possédait à la même époque dans la châtnie de St-Aubin-du-Plain.

Blanc (Jean Le) était chanoine, sous-doyen de Luçon, évêque de Salanine *in partibus* en 1551 et coadjuteur de Milon d'Illiers, év. de Luçon.

Blanc (Jean Le), Ec., sgr de la Maguère, achetait le 12 avril 1565, de Lancelot de Marconnay, Ec., sgr de Pilloué, une maison sise au Verger-St-Martin (Blaslay, Vienne). Il était avocat à Poitiers et épousa Eléonore DE LA RUELLE, qui testa en 1607 et fit un legs à N.-D.-la-Grande. (Arch. Vien. G. 997 et 1092.)

Blanc (Perrette Le) épousa Hilaire Coquet dit l'aîné, sénéchal de Talmond ; leur fils vivait en 1574.

Blanc (Hélène Le) épousa François Gaudin, sr de la Poussauge, avocat en Parlement, sénéchal de St-Gilles-sur-Vie (Vendée), dont une fille, Catherine, mariée, vers 1580, à Aimé-Laurent Dupleix, sénéchal des Sables.

Blanc (Antoine Le) était, le 15 janv. 1590, chanoine de St-Hilaire-le-Grand de Poitiers.

Blanc (Jacques Le), Ec., sgr de la Baillargère, prévôt provincial des maréchaux de France au duché de Thouars, rendit aveu de la Baillargère au seigneur de Thouars le 10 juin 1591. Il la tenait du chef de Françoise MAREUIL, sa femme, qui était veuve le 6 juill. 1599.

Blanc (Siméon ou Simon Le), Ec., sgr des Mortiers, président en l'élection de Poitiers avant 1600, avait épousé Catherine LE BRETHON, qui était sa veuve en 1606 et paraissait comme tutrice de leurs enfants mineurs à la distribution de deniers de la maison de la Coussaye, le 30 déc. de cette année. Au nombre de ses enfants fut CATHERINE, femme de Pierre Rousseau, lieutenant-général au siège de Niort, puis trésorier de France à Poitiers. Elle avait une sœur (Lelet et Filleau sur la Coutume de Poitou), MARIE, qui épousa, le 18 août 1614, Jean de la Haye, Ec., sgr de Lauderie, Noireterre et de Rigné (le 16 sept. 1627, elle était séparée, quant aux biens, d'avec son mari) ; et un frère, JEHAN, Ec., sgr de Sarzec, qui fut parrain le 27 sept. 1627 dans l'église de Thurageau (Vienne). (Reg. de Thurageau.)

Blanc (Marie Le) épousa, vers 1600, Pierre de Sauzay. (Gén. Sauzay, Arch. Vien.)

Blanc (Mathurin Le) était chanoine de St-Hilaire-le-Grand de Poitiers le 1er févr. 1602. (D. F. 12.)

Blanc (Pierre Le), Ec., capitaine du château de Dammartin, assiste et consent au mariage de Pierre Chopin, Ec., sgr de la Péraudière, avec Marie Savoye, le 17 juill. 1619.

Blanc (Elisabeth Le) épousa, le 8 sept. 1627 (Néau et Arnaud, notres à Brandois), François de Rion, Ec., sgr de Saugé, et le 23 déc. 1628 ils faisaient un partage avec Benjamin de Tinguy, sr des Auderies, ladite Le Blanc agissant alors comme représentante de Suzanne de Tinguy, sa mère. Le 7 nov. 1663, elle fut marraine de Daniel Janvre, baptisé dans le temple de St-Maixent.

Blanc (Jean Le), Ec., sgr de Lestang, d'Amberre et de Clessé, vivait au mois de mars 1630.

Blanc (François Le) avait pour épouse en 1631 Guyonne Guérin, dame du fief de la Renaudière, dans la sgrie de Chantemerle.

Blanc (Samuel Le), pasteur de l'église réformée de St-Maixent, fut poursuivi et condamné par arrêt du mois d'oct. 1634 de la cour des Grands Jours de Poitiers.

Blanc (Jean Le), Ec., sgr de la Baillargère, l'était aussi de Clessé en 1630 (Ledain, Gâtine), professant la religion protestante, fut condamné par arrêt du 2 déc. 1634 de la cour des Grands Jours de Poitiers; il fit aveu du fief de la Petite-Rochebeuf, à Vendeuvre, le 31 oct. 1629.

Blanc (Perrine Le) était femme de François Marbeuf, Ec., sgr de Champdoiseau, qui, le 8 juill. 1634, rendit aveu au sgr de Thouars, pour certains fiefs qu'il tenait du chef de son épouse. Ils étaient décédés l'un et l'autre le 27 juin 1643.

Blanc (Henriette Le) était, au mois de janv. 1634, veuve de Pierre de la Ville, sgr de Beaugé, sénéchal de Thouars. (Gén. de la Ville.)

Blanc (Renée Le) était femme de Paul Roland, Ec., sgr de Montrolland. Elle était donataire de Arthur Mariteau, Ec., sgr de Loiseau, en vertu du testament de ce dernier passé à la Rochelle le 11 févr. 1634.

Blanc (François Le) fut élu à Thouars en 1640.

Blanc (Samuel), ministre à St-Maixent (le même que celui relaté plus haut ou son fils) et Anne Angelin, son épouse, se font donation mutuelle le 2 janv. 1640 (Piet, notre à St-Maixent). Il y était encore pasteur en 1650.

Blanc (Louis Le), chanoine de N.-D.-la-Grande de Poitiers, chapelain de St-Louis, eut procès de 1640 à 1646, comme fils de feu Pierre Le Blanc, sr de la Baillargère, contre Catherine Barrière, veuve de Louis des Vergnes, et Jean des Vergnes, son fils, ses débiteurs. (Arch. Vien. Pap. Babert.)

Blanc (Catherine Le), femme de Pierre Rousseau, Ec., sgr du Plessis, fit un échange, le 28 févr. 1644, avec Madeleine Le Blanc.

Blanc (Théodore Le), Ec., sgr de Brieuil, l'un des pasteurs de l'église réformée de St-Maixent, et Jeanne Fauveau, son épouse, se font une donation mutuelle le 5 août 1648 (Mercier, notre à Tonnay-Charente). Il eut de son mariage une fille, dont fut parrain Samuel Le Blanc, autre pasteur de cette église, le 17 nov. 1649.

Blanc (Madeleine Le) était en 1650 femme de Henri de Vieux, Chev., sgr dudit lieu, demeurant à Thouars.

Blanc (Gabrielle Le) avait épousé Pierre Le Lieprve, Ec., sr de Vernelle, échevin de Poitiers, dont une fille, Gabrielle, baptisée le 20 janv. 1653. (Rég. de Liniers.)

Blanc (Jean Le), Ec., sgr d'Amberre, eut de Anne Mauclerc, sa femme, entre autres enfants, une fille, Charlotte, qui épousa, le 23 févr. 1653, Loys Chabot, Ec., sgr de Boday, gouverneur de Mirebeau. Ces Le Blanc étaient protestants. (Reg. d'Amberre.)

Blanc (François Le), Ec., sgr de St-Chartres (psse de Neuville, Vienne), issu de l'échevinage de Poitiers en 1552, fut maintenu noble par Barentin. Il avait épousé, le 12 févr. 1657, Jeanne Chaillon, fille de Pierre, sr de Pierre, et était décédé le 4 févr. 1698, laissant : 1° Françoise, née à Neuville (ainsi que tous les autres, sauf Joseph et René), le 21 juill. 1658; 2° Marguerite, née le 3 sept. 1661, mariée, le 1er févr. 1694, à Germain Pépin, Ec., sr de Millanée; 3° Marie, née le 12 avril 1664, mariée, le 24 janv. 1690, à Louis de Champigny, avocat au Présidial de Poitiers, décédée veuve le 20 oct. 1739; 4° Louis, né en 1666, décédé le 20 août 1678; 5° Joseph, qui suit; 6° René, né à Jaulnay, le 24 sept. 1670; 7° Madeleine, née le 23 juill. 1673; 8° Isaac, né le 1er janv. 1674, Chev., sgr du Chesne, de Musa, marié à Françoise de Chatillon, dont Jeanne, mariée, le 16 oct. 1755, à Jean-Jacques-René Thubert, Chev., sgr de la Vrillais; 9° Pierre, né le 13 févr. 1678. (Reg. paroissiaux.)

Blanc (Joseph Le), Ec., sgr de St-Chartres, né à Jaulnay le 27 avril 1668, marié, le 22 févr. 1694, à Anne Motet ou Mothet, fille de feu Pierre et de Philippe Devaut, décéda veuf le 23 mai 1744, laissant : 1° Anne-Antoinette, née à Neuville (comme ses frères), le 20 janv. 1695, mariée d'abord à Jean Rochier, échevin de Poitiers, puis, le 2 août 1763, à Pierre-François Chabot, Chev., sgr du Puy, et décédée le 1er mars 1765; 2° Joseph, né le 21 mai 1696; 3° François, né le 8 juill. 1698. (Reg. de Neuville.)

Blanc (Louis Le) eut procès de 1676 à 1703 contre François Mareuil, sr de la Barde, et ses enfants, au sujet d'une transaction intervenue le 7 oct. 1645 entre Louis Cœurderoy, sr des Buissons, François de Mareuil et François Cœurderoy, sr de la Vignasse, d'une part, et Jean Le Blanc et Bonaventure Acquet, sa femme, d'autre part, au sujet de sommes qu'ils devaient en commun à diverses personnes. (Arch. Vien. Pap. Babert.)

Blanc (Madeleine Le) épousa René de Beaugé, Ec., sgr de la Chaussée, dont une fille, Marie, née le 3 janv. 1664. (Reg. de Thurageau.) Madeleine fut inhumée à Jaulnay le 12 janv. 1701.

Blanc (Catherine Le) était, le 12 juin 1661, veuve de feu Louis des Francs, Ec., sgr de Resseyroux; elle fut maintenue dans sa noblesse avec son fils François, le 23 janv. 1699.

Blanc (François-Jacques Le) fut reçu lieutenant criminel au siège de Thouars le 1er déc. 1694 et était décédé avant 1712.

Blanc (François Le), Ec., sgr de St-Chartres, épousa, le 14 mars 1697, Madeleine de Guillon, dont Jean-François, né le 26 mars 1698, et décédé le 26 déc. 1703. (Reg. de Chasseneuil.)

Blanc (Jeanne Le) avait épousé, vers 1700, Antoine Guyot, Chev., sgr d'Asnières. (Gén. Guyot.)

Blanc (Jeanne Le), épouse d'Etienne Dubois, notaire à Mirebeau, est inhumée à Amberre le 5 juin 1760, âgée de 45 ans. (Reg. d'Amberre.)

BLANCHARD. — Noms divers.

Blason. — Blanchard (en Saintonge?) : d'or à l'ours en pied de sable, à la têtière d'argent (douteux).

Blanchard du Bourg-Archambault : de gueules à 3 besants d'or, au chef de même, chargé d'un aigle naissant d'azur. (Preuves de St-Cyr. Ravenel ; douteux.)

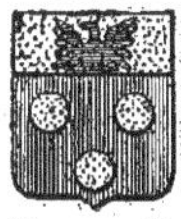

Blanchard (*Hugo*), *Blanchardus*, est cité dans un don de deux églises fait en 1084 à l'abb. de Charroux par Girard, évêque de Thérouanne. (D. F. 4.)

Blanchard (*Willelmus*) est relaté dans des donations faites, vers 1112, à l'abb. de St-Cyprien par Hugues de Mozeaux. (D. F. 7.)

Blanchardi (*Petrus*), *archidiaconus Thoarcensis*, est relaté dans un traité entre le Chapitre de Poitiers et l'abb. de Charroux, au sujet des églises de Mauprevoir et de Plouville, passé en avril 1167. (D. F. 2.)

Blanchardi (*Giraudus*) est relaté dans le don fait (de 1130 à 1178) par *Gauterius Prezeinart* aux Templiers, à la suite de leur établissement à Coudrie. (A. H. P. 2.)

Blanchard (Pierre), abbé de Charroux en 1229, inconnu aux nouveaux éditeurs du Gallia Christiana, est nommé dans la charte par laquelle Hugues Vte de Thouars confirme à l'abb. de la Blanche en Noirmoutiers le don de 20 septiers de froment, à prendre sur le fromentage d'Airvau, qu'il lui avait fait avant son élévation au vicomtat. (D. F. 1.)

Blanchard (N...) était chanoine de l'Église de Poitiers vers 1250. (D. F. 22.)

Blanchart (*Hugo*) *est homo planus domini Comitis Pictavensis, et tenet ab eo decimam partem juxtà la Blanchardère.* (A. N. J. Reg. 24, 43, 12.)

Blanchard (Ozanne); ses héritiers présentent en 1315 à une chapelle qu'elle avait fondée à St-Maixent. (Pouillé de Gauthier de Bruges.)

Blanchardi (*Johannes*), *archipresbyter*, est cité dans une bulle de Clément VII confirmant une transaction entre Pierre Prévost, abbé de N.-Dame-la-Grande de Poitiers, et son Chapitre. (D. F. 20.)

Blanchard (Jean) servait en écuyer en 1368. (F.)

Blanchard (Jehan) rendait aveu à Jean de la Muce, sgr de la Chèze-Giraud, le 16 juill. 1403. (D. F. 82.)

Blanchard (Michel) et

Blanchard (Robin) servaient en archers en 1410. (Montres et Revues. Bib. Nat.)

Blanchard (Olivier) faisait partie des notables habitants de Poitiers relatés dans le procès-verbal de l'établissement de l'Université de cette ville, en 1435.

Blanchard (Jeanne) épousa N... Lambert. Ils étaient morts l'un et l'autre avant 1463, date d'un aveu rendu par Julien Lambert, leur fils, au sgr de la Muce, dans lequel il s'intitule leur fils et principal héritier. (D. F. 82.)

Blanchard (Mathurin) servit au ban du Poitou de 1467 comme brigandinier du sgr de Jarnac.

Blanchard (Jean) était moine à l'abb. des Châtelliers le 13 août 1469. (M. Stat. 1867, 214.)

Blanchard (Jean), franc-archer, fils de Raoulet, est tué dans une querelle à Belleville, 1488. (Arch. Nat. J. Reg. 219, 177.)

Blanchard (Alexandre), habitant la chnie de Civray, sert en archer aux bans de 1489 et 1491, en remplacement de son père fort âgé.

Blanchard (François), habitant la sgrie de la Mothe-Achard, servit en archer au ban de 1491, où il remplaçait son père trop âgé pour faire ce service.

Blanchard (Hilairet) était pair de la commune de Niort en 1535. (M. Stat. 1865, 81.)

Blanchard (Louis), Ec., sgr du Bourg-Archambault, était, en 1564, curateur des enfants de la dame de Montorchon (sa fille ou sa sœur?).

Blanchard (Françoise) avait épousé Jacques Guérin, Ec., sgr de Montorchon, dont une fille, Hélène, qui en 1560 était épouse de Louis de la Faye, Ec.

Blanchard (Loys), sgr de la Rabastière, fut condamné au supplice de la roue par arrêts du Parlement de Paris du 1er févr. 1565, et de la cour des Grands Jours de Poitiers du 11 oct. 1567; de plus, à la confiscation de ses biens et à ce que son château de la Rabastière soit rasé, etc., pour le meurtre commis en la personne de Jean Girard, Ec., sgr de Bazôges-en-Pareds (Vendée). (M. Stat. 1878.)

Blanchard (Anne), fille de N..., Ec., sgr de Boux (psse de Romi), épousa, le 15 avril 1575 (J. Pineau et J. Guerry, notres à Civray), François du Pin, Ec., sgr d'Asnières.

Blanchard (Gilles) est condamné par arrêt de la cour des Grands Jours de Poitiers du 17 déc. 1579 à assister au supplice de Jacques Lebœuf, Ec., sgr de Ste-Cécile, et à être banni pendant neuf ans du ressort de la sénéchaussée de Poitou. (M. Stat. 1878, 196.)

Blanchard (François), Chev., sgr du Cluzeau, Bourg-Archambault, chambellan du Roi, capitaine de 50 hommes d'armes, l'un des chefs de la Ligue à Poitiers en 1591, épousa vers 1570 Anne de Fonlebon et eut pour fille :

Blanchard (Marguerite), mariée, le 18 déc. 1599, à Fleurant de Ravenel, Chev., sgr de la Rivière. (Gie Ravenel.)

Blanchard (René), Ec., sgr de Boux, eut de Anne de Beaumont : 1° Louise, qui épousa, le 4 juill. 1607, Pierre de la Barre ; 2° Gédéon.

Blanchard (N...), Ec., sgr du Bourg-Archambault, fut taxé en 1618 pour indemniser les députés de la Basse-Marche de leurs dépenses aux Etats généraux de 1614.

Blanchard (Madeleine), veuve en 1res noces de Gilles Péan, était, le 26 mai 1619, épouse de Louis Garreau.

Blanchard (Gédéon), Ec., sgr de Boux et de la Meschinière, épousa Catherine d'Aitz, fille de Jean, Ec., sgr de la Roche-Hélie, et de Judith de la Rochebeaucourt, le 6 janv. 1622.

Blanchard (Mathurin), Ec., sgr du Pont, eut de Suzanne Viard, son épouse, une fille, Antoinette, qui, par contrat reçu Boseault, notre, épousa Jacques du Carroy, Ec., sgr de l'Huillier, maître d'hôtel du duc de la Rochefoucauld.

Blanchard (Isabeau) fut exorcisée devant les Carmes, le 16 nov. 1633. (Jal Denesde. A. H. P. 15.)

Blanchard (Anne) épousa Jean Audouin, Ec., sgr de Villenne, dont une fille, Anne, mariée à Pierre de Puyguyon, le 16 juin 1642.

Blanchard (Jacquette) était en 1643 épouse de Louis Bouhet, Ec., sgr de la Pougnaire.

Blanchard (Louis), Ec., sgr des Ouches, est parrain le 5 mars 1650 à Payré.

Blanchard (Catherine) avait épousé Olivier du Chesneau, Ec., sgr de Champeaux; ils se faisaient une donation mutuelle le 14 févr. 1651 (Robert, notre royal).

Blanchard (Louis), Ec., sgr du Bourg-Archambault, ayant assassiné le sr de Chanteloube, son voisin, ou l'arrêta, et l'on trouva dans son château tous les instruments propres à la fabrication de la fausse monnaie. Blanchard donnait asile à une bande de faux monnayeurs, qui avaient inondé la contrée du produit de leur coupable industrie. Après être resté pendant quatre ans en prison, il fut enfin jugé le 14 nov. 1651, à Poitiers, et condamné à être décapité : sentence qui fut exécutée le jour même, sur la place de N.-Dame-la-Grande. Il avait épousé vers 1630 Jacqueline DE JUSSAC, fille de François, Ec., sgr de la Marinière en Touraine, et de Françoise de Valoger. (Lhermite-Soulier.)

Blanchard (René), not^{re} et procureur de Boisseguin, épousa Marguerite MILLANT, dont RENÉ, baptisé le 30 déc. 1652. Il fut inhumé le 11 juin 1681. (Reg. de Lizant.)

Blanchard (Marie), fille de PIERRE, sgr de Nourray, capitaine de cavalerie, et de N... BONFILS, épousa en 1658 Louis d'Aubigné, sgr de la Roche-Ferrière.

Blanchard (Jacquette) épousa Henri de Montsorbier, sgr de la Noue, vers 1665.

Blanchard (Louis), habitant la p^{sse} de St-Léomer (Vienne), et

Blanchard (Gabriel), Ec., sgr de Boux, p^{sse} de Rom, furent l'un et l'autre confirmés dans leur noblesse, et portés comme nobles au Catalogue des gentilshommes de la généralité de Poitiers, en 1667.

Blanchard (René), procureur au siège royal de Civray, épouse, le 16 juill. 1674, Jeanne FAUREAU, fille de feu Michel, juge bailli de la Roche-Pozay, et de Jeanne Dugay. (Reg. de St-Gaudent.)

Blanchard (Catherine) épousa Antoine Eschalard, Chev., sgr de Châtillon, Barge, la Grange, etc., et assistait au mariage de Frédéric Eschalard, fils du premier lit dudit Antoine, avec Marie-Henriette de Rochignevoisin, le 5 nov. 1679.

Blanchard (André) était employé des gabelles en 1690 à Jaulnay.

Blanchard (Marie-Lucrèce), dame du Bourg-Archambaud (cependant cette terre avait été saisie sur Louis Blanchard, lors de sa condamnation, et acquise par le maréchal de Foucaud), avait épousé Charles Binet, Chev., sgr de la Boissière, qui en rendit hommage en 1681, comme tuteur de leurs enfants mineurs, sur lesquels la terre du Bourg-Archambaud fut saisie de nouveau en 1702.

Blanchard (Jeanne), dame de Loullière, est relatée dans un arrêt du conseil d'État du 17 avril 1732 relatif au dessèchement des marais du Bas-Poitou, dans lesquels elle possédait.

BLANCHARDIN (Jean) a servi au ban des nobles du Poitou de 1467 comme brigandinier du sgr de Soubise. Il fut remplacé à celui de 1488 par Jehan Alexandrin, comme brigandinier.

Blanchardin (François), Ec., sgr de la Gaignolière, vivait en 1535 dans la sgrie de Thouars. (F.)

BLANCHEFORT. — Famille du Limousin. Nous n'établirons que les membres de cette maison qui se sont alliés ou ont possédé en Poitou.

Blason : d'or à deux lions passants de gueules. M. Ed. de Fouchier, à la suite de son travail sur la B^{nie} de Mirebeau, a donné, planche V, n° 11 *bis*, le dessin du scel de François de Blanchefort, Bon de Mirebeau au XVIe s^{e}.

Blanchefort (Perrot et Guyonnet de), Ec., servaient en 1355 l'un et l'autre en hommes d'armes dans la Cie de Regnault de Vivonne.

Blanchefort (Jean de), Ec., sgr de l'Airablée et de Launay, recevait, vers 1450, un aveu de l'abbé de Boisgrolland, à cause de sa terre de l'Airablée.

Blanchefort (Jean de) épousa Jeanne DE VAUCENAY, qui était sa veuve, et se remaria en 1452 à Abel Rouault, gouverneur de Valognes.

Blanchefort (Louise de), religieuse de l'abb. de la Règle en Limousin, est nommée par le Pape abbesse de la Trinité de Poitiers, et mise en possession le 25 oct. 1470. Louise siégea jusqu'à sa mort arrivée le 13 janv. 1485. (D. F. 37.)

Blanchefort (Jean de), frère de N..., abbesse de N.-Dame de Nieuil en Poitou, obtint de Louis XI l'établissement de foires dans ladite sgrie de Nieuil. (A. N. J. Reg. 209, 89.)

Blanchefort (Jean de) était en 1481 sgr de Targé et de Montoiron du chef de Andrée DE NOURROY ou NORROY, son épouse, dont il eut, entre autres enfants, LOUISE, mariée, le 20 févr. 1490, à Jacques Turpin, Chev., Cte de Crissé, auquel elle porta ces terres ; elle était veuve en 1503.

Blanchefort (Aynart) servit au ban de 1488, *comme il a accoustumé*. (Doc. inéd.)

Blanchefort (Jean de), conseiller et chambellan du Roi, maréchal de ses logis, maire de Bordeaux. Le duc de Nemours, Vte de Châtellerault, lui permet d'ajouter un troisième pilier à sa justice de Targé, mais lui interdit les autres droits de châtellenie. (Id.)

Blanchefort (Jeanne de) épousa Jean de Brachet, Chev., sgr de Magnac, par contrat du 13 juill. 1502.

Blanchefort (François de) devient Bon de Mirebeau avant 1530, ayant acquis de Gabriel de Culant tous les droits que le connétable de Bourbon avait autrefois cédés à son père, sauf le fief de Purnon, que Jeanne de France avait réuni au domaine. Il recevait des aveux de ses feudataires dès 1533, et en rendait lui-même un au Roi le 1er déc. 1534. Il eut un fils :

Blanchefort (Gabriel de), Bon de Mirebeau, lequel vendit cette terre, le 28 janv. 1572, à François de Bourbon, duc de Montpensier. (M. A. O. 1877, 267 et s.)

BLANCHET. — FAMILLES DIVERSES.

Blason : de sable à 3 cygnes d'argent, 2, 1. (Vraie et parfaite science des armoiries.) Ce blason n'est pas poitevin.

Blanchet (Michel), maître de navire aux Sables, portait : de sable au chef de gueules chargé d'un cygne d'argent. (D'Hozier.)

Blanchet de la Jalinière, en Bas-Poitou : d'argent à deux fasces d'azur et 3 losanges de gueules rangés entre les deux fasces. En Bretagne : d'argent à 3 losanges de gueules rangés en fasce, surmontés d'une jumelle de sable. (Pièc. orig. 364. Dossier 7874.)

Blanchet (Adenet), Ec., faisait montre le 23 juin 1356.

Blanchet (Jean) était sous la tutelle de Jean de Bretoncelles, valet, qui, au nom de son pupille, fils et principal héritier de Berthomée MERCIÈRE ou MEZIÈRE, sa mère, rendait au chât. de Fontenay, le 1er mai

1405, un aveu pour la prairie de St-Médard-des-Prés. (Livre des fiefs.)

Blanchet (Eustache) était en 1429-1442 maître-école et chanoine de Ste-Croix de Parthenay. Le Cte de Richemont et Marguerite de Bourgogne, sa première femme, ayant élevé un autel à St Jean-Baptiste, et fondé une chapellenie de 3 messes, donnèrent ce bénéfice audit Eustache, et aux maîtres-école ses successeurs.

Blanchet (Jacques et autre Jacques) servaient l'un et l'autre au ban de 1467, comme brigandiniers du sgr de Montreuil.

Blanchet (Girard) servit comme brigandinier au ban de 1488.

Blanchet (Jean) servit à l'arrière-ban de 1489, et fut désigné pour la garde de Maillezay. C'est probablement le même qui est dit habiter dans la sgrie de Luçon, et avoir servi en archer au ban de 1491, pour lui et pour Pierre Baugys, son frère?

Blanchet (autre Jean), demeurant dans la terre de Vouvant, servit à ce même ban. Il lui fut enjoint d'avoir gantelet et salade.

Blanchet (Louis), s^{r} du Pallys, habitant la sgrie de Fontenay, servit en archer au ban de 1533.

Blanchet (N...), Ec., sgr du Plessis, de Besné, eut de Jacquette Méré, son épouse, Marthe, qui épousa, le... mai 1642 (Cosson, not^{re}), Jacques du Chaffaud, Ec., sgr de la Motte. (G^{ie} du Chaffaud.)

Blanchet (Marie) épousa, vers le milieu du XVIIIe s^{e}, Marc-Félicité de Moudion.

BLANCHET. — Famille de Poitiers.

Blanchet (Jean) était, d'après un titre du 29 nov. 1394, paroissien de St-Hilaire de la Celle.

Blanchet (Pierre), avocat et poète, né à Poitiers, vers le milieu du XVe s^{e}. Doué d'un esprit caustique et enclin à la satire, il se livra avec passion à la composition des Mystères, dans lesquels il ne craignait point de mettre en scène tous les ridicules de ses compatriotes, sans égard pour leur rang et leur position sociale, et ne se faisait pas faute de monter sur les planches et de jouer les premiers rôles de ses sotties avec les clercs de la basoche. Il acquit une grande réputation dans ce genre de littérature, et on lui attribue, non sans apparence de vérité, la célèbre *farce* de *L'Avocat Patelin*, rajeunie par MM. Brueis et Palaprat.

A l'âge de 40 ans, Blanchet changea brusquement de conduite. Il se fit prêtre et mourut en 1519, à l'âge de 60 ans, ayant observé d'une manière édifiante les devoirs de son nouvel état.

Bouchet, son ami, lui a consacré une longue épitaphe, qui n'est par le fait qu'un éloge versifié de l'existence quelque peu agitée de Pierre Blanchet.

(V. pour plus de détails, l'article que contient la Bibliothèque historique du Poitou.)

Blanchet (Jean), imprimeur à Poitiers, s'était acquis dans son art une réputation méritée. Il était sans doute de la même famille que l'auteur dramatique.

BLANDIN. — Famille qui habitait Poitiers dès le XIVe siècle et y remplissait les fonctions d'échevin. On trouve aussi des personnages de ce nom soit à Niort, soit en d'autres lieux du Poitou.

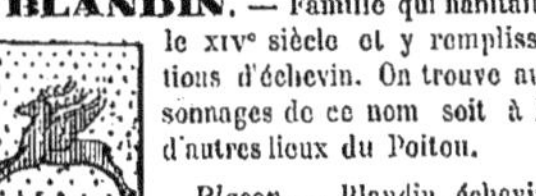

Blason. — Blandin, échevin de Poitiers en 1443 : d'or au cerf élancé et chevillé de sable de dix cors de même. (Arm. Goujet.)

Blandinus (*Willelmus*), *capellanus Episcopi*, est cité dans la cession faite, vers 1200, au Chapitre de St-Hilaire de Poitiers par Boson de Poent, Chev., de tous les droits qu'il prétendait sur la terre de Seneuil. (D. F. 11.)

Blandin (Jehan) tenait en 1383 un fief vassal de la terre de Jarzay, et Pierre Chauveau en tenait un en parage dudit Blandin. (M. A. O. 1877, 165.)

Blandin (Guillaume) était échevin de Poitiers en 1372, lorsque Charles V accorda la noblesse aux maires et échevins de cette ville.

Blandin (Geoffroy) fut témoin de la fondation faite le 10 avril 1391, par Thibaud du Chaffaud, d'une chapellenie dans le cimetière de St-Philbert.

Blandin (Henri), not^{re} et secrétaire du Roi, est cité dans un état de description de l'ancien amphithéâtre romain, dressé le 29 juill. 1442. (D. F. 22.) Il avait été désigné en 1427 par Arthur de Richemont comme receveur général de tous ses domaines en Poitou. (Ledain.)

Blandin (Henri) fut reçu échevin de Poitiers le 2 sept. 1443.

Blandin (Sivry) l'était aussi la même année.

Blandin (Hervé), élu en Poitou, l'était aussi en 1448.

Blandin (Henri), qui était élu en Poitou en 1448 et 1449, était échevin de Poitiers en 1455.

Blandin (Simon) était en 1463 échevin de Poitiers.

C'est peut-être sur lui et sur Perrette de Janoillac, son épouse, que fut saisie la maison dite d'Evreux et qui fut vendue, le 5 mai 1483, à Raoul du Fou, évêque d'Evreux et abbé de Noaillé.

Blandin (Etienne) était conseiller du Roi, lieut^{t}-g^{al} de la sénéchaussée de Poitou au siège de Niort, et procédait à une information le 5 avril 1541, à la requête de Charles de St-Gelais, au sujet de la succession de Claude Chevalleau. (O.)

Blandin (Etienne), licencié ès lois, assistait, le 3 mars 1553, à une visite du cours de la Sèvre niortaise, faite par Guillaume de Moragnes. (M. Stat. 1884, 225.)

Blandin (N...) achetait en 1710 de N... de Brilhac, cons^{er} au Présidial de Poitiers, la terre de Gastebourse, relevant du Chapitre de St-Hilaire-le-G^{d}, à cause de la terre de Frontenay (Vienne).

Blandin (Marie-Thérèse) épousa Louis-Charles Lenée, sgr de Danzay, premier conseiller au bailliage et siège royal de Clisson, dont une fille, Marie-Thérèse, mariée, le 13 janv. 1772, avec Jean-Armand de Rougemont.

Blandin (N... de) faisait, en juill. 1800, partie du dépôt du régiment noble à pied (armée de Condé).

BLANDIN DE CHALAIN. — Famille originaire de la Franche-Comté, anoblie par Louis XIII. Un des membres de cette famille, médecin, se distingua dans une terrible épidémie en soignant indifféremment Français et Espagnols. (La Franche-Comté appartenait alors à l'Espagne.) Le roi de France, pour le récompenser de son dévouement, lui donna des lettres de noblesse, dont ont joui depuis ses descendants. La branche aînée habite encore le château de Chalain (Châtel-sur-Ain).

Blason : de gueules à la bande échiquetée d'or et de sable de deux traits.

Blandin de Chalain (Victor-Maurice), né le 19 nov. 1797, à Fontenu (Jura), embrassa la carrière des armes ; ancien chevau-léger, capitaine de dragons, démissionnaire en 1830, Chev. de St-Ferdinand d'Espagne, marié, le 28 nov. 1827, à Poitiers, à Séraphine Frottier de la Messelière, fille de Joseph-Louis-Marie Mis de la Messelière et de Françoise-Séraphine de Ferrières. Il est mort à l'Epinoux (Jardres, Vienne), en 1880, laissant : 1° Georges-Maurice, qui suit ; 2° Gustave-Victor, dont la postérité sera rapportée après celle de son frère aîné ; 3° Blanche-Marie, née en 1843, mariée en 1865, à l'Epinoux, à Gabriel Boreau de Roincé ; 4° Marthe-Marie, née à Poitiers en 1844, décédée au chât. de Chalain en 1856 ; 5° Marie-Eugénie, née en 1848, célibataire ; 6° Marie-Séraphine, née en 1850, mariée à l'Epinoux, en 1872, à Amédée Mallet de Chauny.

Blandin de Chalain (Georges-Maurice), né en 1837, lieutenant-colonel d'artillerie en retraite, officier de la Légion d'honneur, de l'ordre de François II de Naples, décédé le 16 avril 1888 ; avait épousé en 1867, à Châtellerault, Marie-Juliette Creuzé, fille de Jules et de Félicie Supervielle, dont il a eu : 1° Pierre, né à Bône (Algérie) en 1868, sous-lieutenant à l'école de cavalerie de Saumur ; 2° Marthe, née à Alger en 1869 ; 3° Madeleine, née à l'Epinoux en 1872, décédée ; 4° autre Madeleine, née à la Rochelle en 1873 ; 5° André, né à Poitiers en 1875 ; 6° Jacques, né à Poitiers et décédé en 1877 ; 7° Thérèse, née à Angoulême en 1878, décédée en 1881 ; 8° Maurice, né à Poitiers et décédé en 1880 ; 9° autre Maurice, né à Poitiers en 1881 ; 10° Georges, né à l'Epinoux, en 1883 ; 11° autre Jacques, né à Douai, décédé à l'Epinoux en 1886 ; 12° Marie, née à l'Epinoux en 1887.

Blandin de Chalain (Gustave-Victor), frère puîné du précédent, né en 1840, Chev. de la Légion d'honneur, lieut.-colonel d'artillerie, épousa en 1872, à Gallius (Seine-et-Oise), Geneviève de Boutray, dont : 1° Jean, né à Gallius en 1873, 2° Cécile, née à Gallius en 1875 ; 3° Elisabeth, née à Vannes en 1878 ; 4° Renée, née à Vannes en 1880 ; 5° Denise, née à Orléans en 1883 ; 6° Joseph, né à Gallius en 1885.

BLANDIN de la Rochelle.

Voici les quelques notes que nous avons réunies sur cette famille qui a également habité la Gâtine.

Blason : d'azur au chevron d'or, à la belette passant d'argent en pointe, au chef de gueules chargé de 3 étoiles d'or. (Barentine. Arm. Goujet.)

Blandin (René), Ec., sgr de Lesraudière, époux d'Isabeau de Curzay, vivait encore le 8 nov. 1477 ?

Blandin (Amateur), lieutenant assesseur en la sénéchaussée de la Rochelle, assiste au contrat de mariage de Jean d'Angliers avec Louise, fille naturelle de Louis III de la Trémoille, du 23 avril 1555. (D. F. 26.)

Blandin (Isaac), sr des Herbiers, habitant l'île de Ré, assistait, le 4 août 1620, à l'entérinement des lettres de bénéfice d'âge obtenues par Jacques Ayrault. Il épousa Esther Genesteau, fille de Isaac et de Antoine Foucher.

Blandin (Pierre), Ec., sgr de Boisrenault et de l'Erbaudière, habitant psse de Secondigny en Gâtine, fut maintenu noble par Barentin en 1667. Nous croyons qu'il s'était marié avec Marie Martin, qui était veuve en 1668. Leur fille Marie épousa Louis Le Bel, Ec., sgr de Joussigny et des Fosses.

Blandin (Jean), sr des Frises, psse de Surgères, maintenu noble en 1667 par Barentin.

Blandin (Marie-Anne), habitant la maison noble de l'Erbaudière, psse de la Salle-en-Aunis, épousa, le 11 juin 1686 (Cellier, notre de la Bnie de Châtelaillon), Claude Suyrot, Chev., sgr du Coudreau, dont elle était veuve le 27 juin 1708.

BLANDY (Charles), sr du Châtellier, demt dans la sgrie de Mauléon, a servi comme archer au ban des nobles du Poitou de 1533. (F.)

BLANOSCO (*Petrus de*) ou *de Blanasio*, d'après D. Mazet, sénéchal de Poitou, connu depuis le 23 janv. 1288, jusqu'au 22 juill. 1294. On le trouve ainsi désigné dans un arrêt cité dans les *Olim*, II, 361, et rendu « *in pallamento Omnium Sanctorum* 1293. *Petrus de Blanosco miles senescallus Pictavensis et Lemovicensis* », qualification qu'il prenait encore en 1294. (D. F. 26, 38, etc.) En 1277, qualifié Chev., sire d'Ussolles et Foulin, il fit aveu à Bourbon-Lancy. Son sceau porte un écu de... au chef de..., chargé de trois roses de... (Arch. Nat.)

BLANQUET (Jean), Ec., sgr de Ferrières, épousa Catherine Garnier, et fut père de :

Blanquet (Jean), Ec., sgr de Ferrières, qui, le 24 août 1624, se mariait avec Louise de Marconnay, fille de René, Chev., sgr de Curzay, et de Marie Rataud.

BLASON ou **BLAISON** (de). — Ancienne et puissante famille de l'Anjou, alliée à la famille royale de France, qui a possédé l'importante baronnie de Mirebeau, et donné un évêque au siège de Poitiers.

La généalogie qui suit est en grande partie établie sur les documents mis en œuvre par M. Ed. de Fouchier, dans son intéressant Mémoire sur la Bnie de Mirebeau.

Blason : bandé d'argent et de gueules de six pièces ; ou d'hermines et de gueules. (M. A. O. 1877, pl. IV, nos 1, 3.)

Filiation suivie.

1. — **Blason** (Thibaud de) Ier fut cosignataire d'une charte de 1007 avec Foulques Nerra, Cte d'Anjou, Gosselin de Ste-Maure, dit le Poitevin, Juhard de Craon, et autres puissants seigneurs habitant les confins de l'Anjou et du Mirebalais ; il fut père de :

2. — **Blason** (Thibaud de) IIe, vivant en 1040, père de :

3. — **Blason** (Eudes de), *Eudo de Blasone dominus*.... (Besly, Ev. de Poitiers, 121, d'après le Cartulaire de St-Maur), époux de Tcheletis, fut père de : 1° Jean, qui suit ; 2° Hugues, vivant vers 1083 ; 3° Geoffroy, vivant en 1093-1105, *Godefridus de Blasone, cancellarius comitis Goffridis* (*loc. cit.*). Il est fait mention de ses fils dans une charte de Fontevrault de 1116 ; 4° Pierre, marié à Jacqueline, fille de Raoul Achard, 1113, 1134.

4. — **Blason** (Jean de) fournit en 1097, d'après Orderic Vital, des secours à Foulques Le Rechin contre le roi d'Angleterre ; il est qualifié de proconsul (vi-

comte). Il vivait encore en 1125, car, à cette époque, Foulques V, Cte d'Anjou, confirme à l'abbé Drogon, abbé de St-Maur, une donation faite par Jean-Thibaud, son fils, et Mathilde, femme de ce dernier. Parmi les témoins des moines était un *Gaufredus de Blazone*, dont la parenté avec Jean n'est point indiquée.

5. — **Blason** (Thibaud de) III°, sgr de Mirebeau, prit part à la donation précitée de vers 1125. S'étant joint à un grand nombre d'autres seigneurs angevins qui avaient levé l'étendard de la révolte contre Geoffroy le Bel, qui venait de succéder à son père, le Cte d'Anjou, après avoir pris et brûlé son château de Blason, l'assiégea dans Mirebeau, 1130, et, après un long siège, l'obligea de se rendre à la discrétion du vainqueur, qui le déposséda comme vassal coupable de félonie ; vers 1150, il donnait au monastère de St-Serge d'Angers toutes les tailles que lui devaient son oncle Pierre et Jacqueline sa femme, don qui fut confirmé par Guillaume, son fils. Peut-être, dit M. de Fouchier (lieu cité), ce Thibaud serait-il un Thibaud de Blason, qui était en 1131 abbé laïque du monastère de St-Jean-Baptiste, et peut-être mieux encore serait-il un Thibaud de Blason mentionné avec le titre de sgr de Mirebeau en 1135, dans une charte de l'abb. de Fontevrault.

Thibaud III eut de Mathilde, sa femme, fille de Guillaume de Mirebeau : 1° Guillaume, qui suit ; 2° Jean, dont on ne connaît que le nom ; 3° Thibaud, qui émigra en Espagne avec son frère aîné, y parvint (ou un fils du même nom) à une haute position près d'Alphonse, roi de Castille, qui le qualifie dans une lettre de l'an 1211 de *naturalem suum quasi inquilinum*. Resta-t-il en Espagne? nous l'ignorons ; 4° Théophanie, 5° Marguerite, et 6° Cécile, l'une desquelles était femme de Guy IV Vte de Limoges, en 1147. (Ste-Marthe et Duchesne (Gén. de Châtillon) disent, d'après la Chronique de St-Martial, que la V^{tesse} de Limoges était cousine de la reine de France, et fille de Thibaud, sénéchal de Poitou et de Valence, son épouse (8° deg.), et reculent l'époque de ce mariage jusqu'en 1243.)

6. — **Blason** (Guillaume de), souvent appelé Guillaume de Mirebeau, passé en Espagne après la défaite de son père en 1130, eut de Marie, sa femme, 1° Thibaud, qui suit ; 2° Maurice, évêque de Nantes, qui fut transféré à l'évêché de Poitiers, à la prière du Chapitre de cette ville, ainsi qu'il en est justifié par une bulle du pape Innocent III datée de 1198. D'après une copie du *Codex Gallerius* que nous possédons, datant de l'épiscopat de Mgr de la Rocheposay, faite avant la disparition des feuillets aujourd'hui manquants, on lisait sur l'original : *Mauricius de Blazon Pictavensis episcopus sedit 25 annos.* En 1202, Maurice érigea en collégiale l'église de N.-Dame de Mirebeau et y créa un Chapitre de chanoines, lui soumettant les deux autres églises. Maurice de Blason se trouve cité dans des chartes de 1213 et 1214. Le cartulaire de Fontevrault précise ainsi l'époque de sa mort : « *4 nonas aprilis migravit a seculo, dulcis memorie dominus Mauricius Pictavensis Ecclesie... regali prosapia ortus*, etc., etc. »

Maurice de Blason fut inhumé, dit la tradition, dans le chœur de l'église N.-Dame de Mirebeau, et son tombeau fut violé par les protestants pendant les guerres de religion

3° Marquise.

7. — **Blason** (Thibaud de), IV° du nom, fils de Guillaume et frère de Maurice, fut père de :

8. — **Blason** (Thibaud de), V° du nom, était un des principaux Chev. des armées de Philippe-Auguste, qui, pour récompenser ses services, le réintégra dans la terre de Mirebeau, dont son bisaïeul avait été dépossédé en 1130 par Geoffroy le Bel. Il en avait pris possession dès avant 1204, comme il est justifié par une donation faite par le Chapitre de N.-D. de Mirebeau au prieur de Vouzailles. Il fut, en 1207, l'un des signataires d'une charte constatant la cessation des hostilités entre Philippe-Auguste et Jean sans Terre. Il fonda en 1215 un anniversaire pour le repos de l'âme de son oncle Maurice, évêque de Poitiers. En 1229, il était chevalier banneret et sénéchal de Poitou, et mourut la même année. En 1228, St Louis lui avait concédé l'établissement de plusieurs foires annuelles dans sa ville de Mirebeau. En 1229, Valence, qui était sa femme dès 1218, se qualifiait sa veuve, et s'engageait envers le roi de France à ne pas se remarier à l'un de ses ennemis, et à livrer ses châteaux à celui qui lui présenterait un ordre de ce prince. Elle vivait encore en 1231, époque à laquelle, du consentement de Thibaud et de Guillaume de Blason, dits de Mirebeau, ses enfants ou neveux, elle donne en franche aumône, à l'abb. de Toussaints d'Angers, toutes les alluvions, etc., pouvant se former autour de l'île des Saints, sise sur la Loire.

D'après Ménage (Hist. de Sablé), le sénéchal n'aurait pas eu d'enfants, et d'après Duchesne (l. cité) et Nicolas de Ste-Marthe, une seule fille, qui, sur la foi de la Chronique de Limoges, aurait épousé en 1243 Guy IV Vte de Limoges. (V. *suprà* 5° degré.)

Que Guillaume et Thibaud fussent fils du sénéchal de Poitou et de Valence, ou seulement leurs neveux, toujours est-il qu'ils avaient une sœur, Marguerite, qui devint dame de Mirebeau par suite du décès, sans postérité, de ses deux frères, et porta cette terre dans la maison de Bomez à laquelle appartenait Thibaud, son premier mari, et par la suite à celle de Renoul II de Culant, qu'elle épousa en secondes noces. Guillaume susdit n'est connu que par l'acte de 1231 précité. Quant à :

9. — **Blason** (Thibaud de), son frère, qui lui succéda dans la B^{nie} de Mirebeau? on le trouve relaté le dernier des nombreux comparants à une charte, en tête desquels est St Louis, relative aux baux, gardes et rachats en Anjou et au Maine, etc. ; son scel y est encore pendant. (A. N. J. 178, n° 20.) Il prit part en 1218 et 1251 à divers actes et fit partie des nobles du Poitou rassemblés à Issoudun en 1253. En lui s'éteignit la famille de Blason sgrs barons de Mirebeau.

Nous n'avons pu classer dans la filiation qui précède les deux personnes suivantes :

Blason (Chalo et Philippe de), qui font en 1119 une donation du lieu dit S^{ti} *Carolefi* (St-Carlais?) au monastère de Fontevrault.

BLAVETE. — Famille noble de la Gâtine, depuis longtemps éteinte.

Blavete (Giraud de) et Aimeri Bertrand contestent la validité de la restitution de la dîme de la paroisse de Gourgé, faite aux moines de Bourgueil, possesseurs de ce prieuré, par Normand des Granges, prétendant que ce Normand leur avait fait la même libéralité ; en 1133, les parties transigent, et elles se partagent la dîme. (Ledain, Gâtine.)

Blavete (Jean), Ec., sgr de la Jallière (Boissière-en-Gâtine, D.-S.), vivait en 1359 ; peut-être fut-il père de (id.) :

Blavete (Philippot) était sgr de la même terre et de Villeneuve ; il eut un fils, qui suit. (Id.)

Blavete (Jean), Ec., sgr de la Jallière et de Villeneuve. Guillaume VII L'Archevêque lui fait remise, le

22 avril 1399, du rachat de ses deux terres qu'il était en droit d'exiger de lui, par suite du décès récemment arrivé de Phelippot, son père, qui, dit-il, avait été un de ses fidèles compagnons d'armes pendant la guerre des Anglais. (Id.) Le 18 oct. 1510, Jean Blavote rendait au chât. de Fontenay-le-Cte aveu de son herbergement de Guignefolle, sis près de cette ville. (Liv. des fiefs.)

BLAVETTE. — V. **CLÉMENT.**

BLAVO (Pierre de), Chev., fut chargé en 1294 par l'évêque de Poitiers de faire des poursuites contre un clerc, qui s'était approprié quelques biens dans la terre d'Angles. (F.)

BLAYE. — Il peut se faire qu'il y ait quelque confusion pour quelques-uns des noms qui suivent, avec ceux écrits Blais, Blays, etc. S'y reporter.

Blason : d'argent à un château aux trois tours girouettées, pigeonnées et crénelées de sable, une sentinelle d'or sur la porte.

Blaye (Aulbin), chanoine de Luçon dès 1571, fut chargé en 1579 de dresser des mémoires concernant la réception de René de Sallu, évêque de Luçon. (Mon. et Ev. de Luçon.)

Blaye (René) était échevin de Poitiers en 1600. Sa descendance est ignorée.

Blaye (André), Ec., sgr de Montigny et de la Bouinière, premier capitaine au régiment de M. de la Meilleraye, commissaire provincial de l'artillerie, et Catherine YONGUES, son épouse, se font une donation mutuelle (Greffier, notre roy. à S.-Maixent) le 19 mars 1642.

Blaye (Charlotte), peut-être fille du précédent, et Léon de St-Méry, Chev., sgr de St-Méry, se font une donation mutuelle le 27 sept. 1649 (Piet, notre roy. à St-Maixent).

Blaye (René), Ec., sgr de la Lande, était échevin de la ville de Poitiers le 21 janv. 1655, d'après un inventaire des titres de cette ville.

BLAYET (Mathurin), Ec., sgr de la Dorinière, épousa, vers 1600, Françoise TIRAQEAU, fille de Michel et de Gabrielle de Brachechien. (Gie Tiraqueau.)

BLAYREAU. — V. **BLÉREAU.**

BLAYS (V. **BLAIS**) EN GATINE.

Blason : d'argent à 4 anneaux de gueules, posés en canton. (Gie Tiraqueau ; douteux.)

Blays (N...), Ec., eut pour enfants : 1° ROLAND, père de JEANNE, mariée à Jean de la Court, Ec. ; elle partageait avec ses deux oncles le 2 juill. 1449 (Dom Villevieille) ; 2° JEAN, 3° EUSTACHE.

BLEDS (François de) était brigandinier du sgr de Bressuire, au ban des nobles du Poitou de 1467. (F.)

BLÉREAU. — V. **BEZEAU, BIZEAU** ET **BLÉZEAU.**

Bléreau ou **Blézeau** (Jean) épousa Ypolite DE COUHÉ, fille de Louis, ce qui ressort du partage des biens dudit Louis entre ledit J. Bléreau, Guillemot Le Comte et Estable de Couhé, sa femme. Bléreau eut pour sa part l'hôtel et forteresse de la Guittière, 12 mai 1417 (Guinebaut, notre à Angles). JEAN, ou son fils du même nom, habitant la chât^nie d'Angles, servit comme homme d'armes au ban de 1491. Il avait eu une fille, HILAIRE ou ITHIÈRE, qui, le 27 avril 1494, épousa Jean de L'Aage II, Ec., sgr de la Brotellière.

Bléreau ou **Blézeau** (Savin), Ec., rendit aveu, le 1er juin 1548, à l'abbé de St-Savin de son hôtel du Portal-Aälthis, situé dans cette ville.

Bléreau (Jacques), Ec., sgr de la Garde, convoqué au ban de la Basse-Marche en 1577, répondit qu'il était capitaine pour le Roi au chastel du Dorat, et demande en conséquence d'être exempté.

Voir encore le Nobiliaire du Limousin, pour les sgrs de Grasseveau (ou Graceveau) maintenus nobles par d'Aguesseau en 1667. (De la Porte, Noblesse de la Basse-Marche.)

BLET (DE). — Famille originaire du Berry, dont une branche est venue s'établir au nord du Poitou.

La filiation est suivie d'après des notes de M. de Gennes-Sauglier, relevées, dit-il, sur les titres dont était dépositaire Mme de Mauvise, née de Gebert, nièce du dernier représentant de la famille (sept. 1841).

Blason : de gueules à 3 feuilles de bettes d'argent, 2, 1 ; — d'argent à 3 feuilles de bettes de sinople, 2, 1 ; — d'azur à 3 feuilles de chêne d'or (divers) ; — d'azur à 3 feuilles de sauge d'argent (Confirmation de nobl. de M. de Mortangis) ; — de gueules à 5 épis de bled d'or, posés 3, 2. (D'Hozier, d'office.)

Noms isolés.

Blet (Guillaume de) était lieutenant-général en Berry en 1380.

Blet (Jean de) était procureur général en Berry en 1470.

Blet (Charles de), Ec., sgr du Palais, épousa, le 30 déc. 1536 (Barraud, notre), Isabeau DE GRÉAULME, fille de Jean dit Petit-Jean et de Marguerite de Bosdon, sa femme.

Blet (Pierre de) reçut, le 9 juin 1553, un aveu de Renée de Montsorbier, veuve de Florent de Blom.

Blet (N... de), volontaire dans une compagnie de l'infanterie noble de l'armée de Condé, fut tué à l'affaire du 8 déc. 1793.

§ Ier. — BRANCHE DE **L'EPINE.**

1. — **Blet** (Rolin de), Chev., Bon de Blet, sgr de Jussy, de la Chaize, de Mazières, etc., en Berry et Bourbonnais, grand maître d'hôtel de Jean duc de Berry, Cte de Poitou, puis lieutenant pour le Roi dans la Haute et Basse-Marche, le Limousin et l'Auvergne, épousa : 1° Alix DE LA CHARITÉ, 2° Alix DE GOURJAULT, dame de la Missellière et dame d'honneur de la duchesse de Berry. Il eut du premier lit : 1° JACQUELIN, dont la postérité s'éteignit dans la personne de ses petites-filles : *a.* GUILLEMETTE, femme de N... de St-Quintin, auquel elle porta la terre de Blet ; *b.* JEANNE, dont le nom seul est connu, et *c.* MARGUERITE, mariée en 1400 à Jean de Gamaches. Du second lit, Rolin laissa : 2° JEAN, qui suit ; 3° ETIENNE, Ec., sgr du Treuil, la Petite-Epine, etc., transigeait avec Jean, son frère, le 24 nov. 1429 (Pellerin, notre, et son confrère). Etant dans sa sgrie du Treuil, chnie de Vivonne, il fait chasser par son valet des pourceaux qui gâtaient son pré de la Barre ; le sgr et la dame de Goupillon le font menacer pour ce fait, et Jean de Curzay, leur fils, aidé d'un sr Bellet, viennent

assaillir ledit de Blet, qui le blesse ; il meurt. Aimeri de Rochechouart, sgr de Vivonne, fait emprisonner Etienne, qui obtient rémission, 1446. (A. N. J. Reg. 178, 159.) Le 31 août 1456, il rendait un aveu à Charles Cte du Maine, sgr de Civray ; et comme sgr de la Petite-Epine, terre qui lui était venue par Jeanne DE St-SAVIN, dame de la Tour-aux-Cognons, sa femme, il rendait un aveu à Guyonne de Coignac, dame de la Cour-d'Usson. Il fut inhumé dans la chapelle de l'Epine-d'Usson. Il n'eut point d'enfants, et, le 13 août 1483, Louis Aymard, petit-fils de Blanche, transigeait avec François de Blet (3e deg.) pour le partage de la succession dudit Etienne.

4° BLANCHE, mariée à Jean Aymard, sgr de la Roche-aux-Enfants, grand maître d'hôtel du duc Jean de Berry ; elle mourut et fut inhumée dans l'église de Gourgé.

2. — **Blet** (Jean de), Chev., sgr de la Chaize et de Mazières, fauconnier et pannetier de Louis XI, se maria, le 17 août 1430, avec Colette DE CAULERS, fille de Jacques, secrétaire du Roi (Chateaufort, notre à Bourges). Il avait transigé, le 24 nov. 1429, avec son frère Etienne. Lui et son épouse furent enterrés aux Jacobins de Bourges. Ils eurent : 1° FRANÇOIS, qui suit ; 2° RENÉ, prêtre, prieur de N.-D. de la Salle, chanoine de l'Eglise de Bourges et sgr de Mazières, qu'il donna à son neveu LOUIS, d'après son contrat de mariage du 23 janv. 1506.

3° JACQUETTE, 4° JEAN, marié à Agnès DE MALOUTE.

3. — **Blet** (François de), Chev., sgr de l'Epine-d'Usson, fut lieutenant de Jean de Beaumont, sgr de Bressuire, son parent, servit aux guerres de Bretagne sous Louis XI. Il se maria en 1483 avec Guillemette BONNIN, fille de Thébaud, Ec., sgr de Messignac, et de Jacquette de Theil. Il transigea, le 13 août 1483, avec Louis Aymard, son neveu, pour la succession d'Etienne, leur oncle ; il eut de son mariage : 1° LOUIS, qui suit ; 2° JACQUETTE, 3° ANTOINETTE, mariée, en 1505, à René Batin, sgr de Chantoulier ; 4° MARGUERITE.

4. — **Blet** (Louis de), Chev., sgr de l'Epine-d'Usson et de Mazières, fit la campagne de Naples comme enseigne dans la compagnie du sgr d'Aubigny, maréchal de camps, fut fait Chev. à la journée de Fornoue ; rend aveu de la terre de la Pte-Epine, le 22 sept. 1497, à Gaultier de Puifaulcon, Ec., sgr de la Cour-d'Usson. Il épousa, le 23 janv. 1506, Françoise MARTINET, De de la Frédelière, de la Baraudaie et du Bois-Aubert ; il reçut en faveur de ce mariage, de René, son oncle, la terre de Mazières, et transigeait le 1er févr. 1520 avec ses sœurs. De son mariage sont issus : 1° RENÉ, qui suit ; 2° PIERRE, Ec., sgr du Bois-Coursier, fit partie de l'armée française envoyée en Ecosse ; marié en 1557 à Marie D'ANCHÉ, fille de Pierre et de Françoise du Rivault, il eut 2 filles : FRANÇOISE, mariée à Thomas de la Myre, et ANTOINETTE ; 3° CHARLES, vivant en 1564.

5. — **Blet** (René de), Ec., sgr de l'Epine-d'Usson, de Mazières, de la Frédelière, etc., se maria en Nivernais à Marie D'ARMES DE RUGIÈRES, partagea avec son frère Pierre le 20 févr. 1543, fut exempté de se rendre au ban de 1557, parce qu'il faisait partie de la garnison du chât. de Lusignan, transigea avec son frère Charles le 31 déc. 1564, et passait procuration à son fils René le 13 mai 1569.

Il avait eu de son mariage, outre : 1° RENÉ, précité ; 2° MARGUERITE, mariée le 10 fév. 1578 à Pierre Chollet, sgr du Renard et de St-Audalin en Bourgogne, gentilhomme ordinaire du duc d'Alençon.

6. — **Blet** (René de), Ec., sgr des Brosses et de l'Epine-d'Usson, épousa, le 15 juill. 1572, Claude DE MAUSSON, fille de feu Claude, Ec., sgr de Martigny en Anjou, et de Louise Sénécault (Cuirblanc, notre royal à Usson). Etant mort en 1565 à Martigny, son corps y fut inhumé et son cœur porté à l'Epine-d'Usson ; il laissait de son mariage : 1° FRANÇOIS, Ec., sgr de l'Epine-d'Usson, transigeait, le 12 déc. 1607, avec ses frères Louis et Alain, pour la sgrie de l'Epine-d'Usson, et mourut sans postérité ; 2° LOUIS, qui suit ; 3° CLAUDE, Ec., sgr de Grandmont, mort en 1607, sans alliance, paraît-il ; 4° ALAIN, chef de la branche de Razines, rapportée au § II.

7. — **Blet** (Louis de), Chev., sgr des Brosses, de la Pichardière, la Fouquetière, épousa en 1651 Louise DE LA CHESNAYE, fille de Gilles, sgr de Barré, et de Madeleine Granger. Devenu veuf, il se remaria en 1639 à Louise DE PION, veuve de Joachim de Jousmier. Il eut du 1er lit : 1° RENÉ, qui suit ; 2° LOUIS, sgr des Brosses et de la Pichardière, marié en 1639 à Marguerite DE JOUSMIER, fille de Joachim, sgr de Montboulaud, et de Louise de Pion, dont : *a*. RENÉ-ANNE, Chev., sgr des Brosses, de la Pichardière, la Fouquetière, etc., marié, le 18 juill. 1667, à Anne LE VAILLANT DE CHAUDENAY ; il est confirmé dans sa noblesse par M. Tubeuf, intendant du Berry, le 28 août 1669.

3° HÉLÈNE, 4° MARIE.

8. — **Blet** (René de), Ec., sgr des Brosses, la Fouquetière, etc., épousa le 16 nov. 1648 Anne POITEVIN DU BOIS-D'AIS, dont il eut :

9. — **Blet** (René de), né le 21 janv. 1650, Ec., sgr du Puy-Bernard et des Brosses, marié le 2 juin 1672 à Elisabeth DE GUIMIER, puis, le 6 juin 1687, à Françoise LE VAILLANT DE CHAUDENAY. Il servit pendant 30 années et était capitaine au corps des cuirassiers, lorsqu'il fut tué sur le champ de bataille, laissant du 1er lit : 1° RENÉ, qui suit ; et du second : 2° MARIE-ANNE, née en 1691, mariée en 1718 à Charles Le Vaillant, Ec., sgr de Chaudenay, son cousin germain, et morte sans hoirs en 1744, à Châtillon-sur-Indre.

10. — **Blet** (René de), Chev., sgr des Brosses et du Puy-Bernard, naquit en 1673, et mourut subitement à Ardres, lieutenant d'une compagnie d'invalides, le 15 janv. 1739. Il avait été confirmé dans sa noblesse le 14 déc. 1715 par M. Foullé de Mortangis, intendant du Berry. En lui s'éteignit la première branche.

§ II. — BRANCHE DE RAZINES.

7. — **Blet** (Alain de), 4e fils de René et de Claude de Mausson (6e deg. du § I), capitaine dans les gendarmes du Roi, épousa, le 16 oct. 1607, Louise DE BENAIS, fille de Louis, Ec., sgr de Razines, Chargé, Haute-Claire, etc., et de Françoise Davy, dont il eut :

8. — **Blet** (Louis de), Ec., sgr de la Mauzelerie, Razines, Chargé, etc., fut aussi capitaine dans les gendarmes ; se maria : 1° à Marie DE FOUQUET ? et en secondes noces, le 12 juill. 1662, à Catherine LE VOYER (Beauvais et Gigaut, notres au Châtelet de Paris). Il est mort à Chargé et fut inhumé dans la chapelle du château. Il avait comparu à l'assemblée des nobles du Poitou, réunis à Poitiers pour nommer des députés aux Etats de 1651, et avait été maintenu dans sa noblesse par M. Voisin de Noiraye, intendant de Touraine, le 12 oct. 1668.

Il laissa : 1° LOUIS, décédé sans enfants ; 2° ARMAND-CHARLES, qui suit ; 3° ELISABETH, née le 28 avril 1666, mariée en 1688 à Jacques de Remigioux, Chev., sgr de la Fuye, de Chanteloup, etc.

9. — **Blet** (Armand-Charles de), Chev., sgr de Chargé, Razines, Vaucouleurs, Haute-Claire, etc., naquit

au chât. de Chargé, fut major dans le régiment de Thiérache, remplit les fonctions de major général dans les guerres d'Allemagne ; blessé à la bataille de la Marsaille, il fut nommé Chev. de St-Louis, gouverneur des châteaux de Richelieu et de Chinon. Il avait épousé, le 22 févr. 1691 (Gaillard, not^re à Richelieu), Gabrielle-Alberte DE SAUDELET, fille de François, Ec., sgr de Belle-Croix, et d'Antoinette de Petit-Jean. Il avait aussi épousé Marie TABOURET (contr. de mariage de Charles avec Mlle de Fouchier). De ces mariages sont issus : 1° ARMAND-FRANÇOIS, qui suit ; 2° CHARLES, Ec., sgr de la Maurie, lieutenant-colonel commandant le régiment de la Vieuville, était, dès le 16 mars 1707, époux de Marguerite DE CHOUPPES ; ils se faisaient une donation mutuelle le 4 fév. 1713. Devenu veuf, il se remaria, le 23 mars 1721 (Regnault, not^re), avec Geneviève DE FOUCHIER, fille de François, Ec., sgr de Pontmoreau, et de Geneviève Mauduit. Dans cet acte, il est qualifié de Chev. de St-Louis, lieutenant-colonel réformé, commissaire, inspecteur général des haras de la généralité de Paris. Il est mort le 1er avril 1731, au chât. de Chouppes, et fut inhumé dans la chapelle de N.-Dame.

3° LOUIS-JOSEPH, ou JOSEPH-RENÉ, abbé commendataire de N.-D. d'Issoudun. Sa belle-sœur, Geneviève de Fouchier, lui fit faire, le 19 avril 1731, signification de divers actes ; 4° JEAN-GABRIEL-VINCENT, sgr de Ponthoron, capitaine au régiment Royal-Cavalerie, fut fait Chev. de St-Louis le 28 juin 1749 ; il avait été blessé à la bataille de Lawfeld (1747) ; 5° FRANÇOISE, née à Paris, le 19 sept. 1693, se fit religieuse et mourut à Richelieu ; 6° JEANNE-PERRINE, dame de Haute-Claire et de Razines, épousa en 1718 Jean-Armand de Chauvery (Chauvirey), sgr de Milly, etc., Chev. de St-Louis ; elle était veuve quand elle mourut, le 27 sept. 1780 ; 7° ARMANDE-LOUISE, 8° CATHERINE-FRANÇOISE-ALBERTE, décédée le 24 janv. 1776.

10. — **Blet** (Armand-François de), sgr de Chargé, de Razines, naquit le 2 août 1692, capitaine au régiment Royal-Infanterie, Chev. de St-Louis, était, le 20 nov. 1732, gouverneur de la ville et chât. de Chinon. Il s'était marié en 1726 à Fulgence-Thérèse D'AUX, fille de René, Chev., sgr de Jardres. Devenu veuf le 19 déc. 1741, il épousa plus tard dans sa vieillesse Marie-Madeleine PERRIER, et mourut le 21 mars 1772. Il fut inhumé dans la chapelle du château près de sa première femme. Il avait eu du premier lit : 1° ARMAND-JEAN, qui suit ; 2° LOUIS-FRANÇOIS, né le 1er juin 1730 ; 3° ELISABETH-THÉRÈSE-FULGENCE, née le 26 août 1731, morte enfant ; 4° MADELEINE-ALBERTE, née le 30 déc. 1732, épousa René-Jacques du Trochet, sgr du Mont, de la Roche-Amenon ; 5° ARMAND-RENÉ, né le 9 nov. 1735, mort enfant ; 6° MARIE-THÉRÈSE, née le 22 juill. 1737 ; 7° GABRIELLE-ARMANDE-MARGUERITE, née le 15 sept. 1740, épousa, le 13 déc. 1767, François de la Porte, Ec., sgr du Theil, officier au régiment de la Vieille-Marine.

11. — **Blet** (Armand-Jean de), Bon de Blet, sgr de Chargé, Vaucouleurs, naquit le 20 févr. 1727, officier au régiment Royal-Cavalerie, gouverneur des villes et chât. de Richelieu et de Chinon, épousa, le 4 août 1749, à Razines, Armande-Marguerite DE CHAUVERY (Chauvirey), sa cousine germaine, dame de Haute-Claire, Razines, etc. ; elle mourut le 13 oct. 1787, et lui-même décéda le 19 fructidor an XII (6 sept. 1804), à Richelieu, laissant : 1° MARIE-ARMAND-JEAN, né le 6 juin 1757, capitaine au régiment Royal-Infanterie, mort sans postérité ; 2° ARMAND-PIERRE, Chev., né le 5 août 1762, au chât. d'Haute-Claire, émigra le 20 mars 1791, fit la campagne de 1792, dans une compagnie à cheval de la province du Poitou, entra à l'armée de Condé le 18 oct. 1794. Il servit dans la compagnie n° 7 des chasseurs nobles, y resta jusqu'au licenciement ; il avait été reconnu capitaine, à partir du 21 mars 1800. Nommé percepteur des contributions directes à Béville-le-Cte, Eure-et-Loir, le 15 févr. 1811, il fut créé Chev. de St-Louis le 7 mars 1815, fut nommé dans les gardes de la Porte, jusqu'au licenciement le 26 mars 1815, puis directeur des postes à Lons-le-Saunier. Il épousa Gabrielle-Virginie LA BICHE. Démissionnaire pour refus de serment en 1830, il est mort à Béville le 19 oct. 1835. En lui s'éteignit la famille de Blet.

3° MARIE-MADELEINE-ARMANDE-MARGUERITE, née le 12 juill. 1750 ; elle épousa, le 18 mars 1777, Jérôme-Augustin de la Porte, Ec., sgr des Vaux, officier de grenadiers au régiment de Paris, et fut inhumée à Millac, le 19 mai 1788 ; 4° MARIE-JEANNE, née le 30 août 1751 ; 5° LOUISE-FULGENCE-ALBERTE, née le 20 sept. 1752, mariée, le 20 sept. 1780 (Dugué, not^re à Richelieu), à Jean-René de la Bussière, Chev., sgr de Jutreau, major de carabiniers, Chev. de St-Louis, émigra avec son frère et son mari, qui servit à l'armée de Condé, et elle se retira avec lui en Angleterre, où elle mourut.

6° THÉRÈSE-ROSALIE, née le 29 janv. 1754, mariée, le 9 oct. 1780, à Isaïe de Gebert-de-Noyau, Chev. de St-Louis, capitaine de grenadiers royaux au régiment de Touraine ; 7° ALBERTE-PERRINE, née le 13 mars 1755, et décédée en 1833, à Richelieu ; 8° VICTOIRE-MARGUERITE, 9° ARMANDE-MARGUERITE, née le 11 janv. 1759, directrice des postes à Richelieu de 1815 à 1831 ; elle y est décédée le 11 févr. 1841.

BLOCHET (Jean), prêtre, demeurant dans la terre de Bressuire ; il lui fut enjoint de faire un archer pour servir au ban de 1491. (F.)

BLOIS (DE), en latin *de Blesis*. — Nom ancien de Bournezeaux, bourg du dép^t de la Vendée, et de cette famille qui l'a possédé.

Blois (Etienne de), *Stephanus de Blesis*, assiste au don de diverses terres fait en 1095 par Herbert Vte de Thouars au prieuré de la Chaize-le-Vte, et à la dédicace et dotation de l'église de ce monastère, qui eut lieu le 7 déc. 1099, à la requête du même Vte. (D. F. 26.)

BLOIS (LE). — V. **LEBLOIS**.

Une famille Le Blois habitait le Bas-Poitou au XVIIe s^e.

Blois (Marie le), veuve de Pierre Savary, Ec., s^r du Magny, déclara son blason à Fontenay-le-Comte, en 1698 : « d'azur à 3 gerbes d'or. »

BLOM (DE). — Ce nom que l'on trouve écrit dans les anciens titres *Blaom, Blaon, Blahon, Bloon*, appartient à une très ancienne famille du Haut-Poitou et de la Basse-Marche.

Cet article a été rédigé sur des pièces originales qui nous ont été communiquées, ou que nous possédons dans notre cabinet, relatives surtout aux branches de Beaupuy et de Maugué. Nous avons, pour la branche de Rossonneau, largement puisé dans le Mémoire de M. le B^on d'Huart sur la p^sse de Persac. (M. A. O. 1887.)

Bien qu'il soit évident que tous ces rameaux appartiennent à la même famille, nous n'avons pu remonter jusqu'à l'auteur commun.

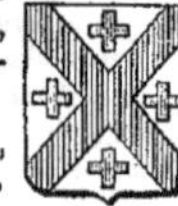

Blason : d'argent au sautoir de gueules, accompagné de 4 croisettes de sable. (Mervache les dit pommetées.)

La branche de Beaupuy portait : « d'argent au sautoir « de gueules cantonné de 4 croisettes de même. »

Louis de Blom, Ec., sgr de Maugué, portait les mêmes armes, sauf le sautoir qui n'y figure pas (par erreur). (D'Hozier.)

Noms isolés.

Blaun (Hélia de) fut témoin vers 1084 d'une donation faite par Foucaud de Chabannais à l'abbaye de St-Maixent.

Blom (Guy de) fut témoin d'un traité passé en 1165 entre Audebert Cte de la Marche et le Chapitre du Dorat, au sujet des foires et marchés de cette ville. (Persac, par le Bon d'Huart.) C'est peut-être le même que le Guy qui, vers 1160, ayant fait un pèlerinage en Terre-Sainte avec son père Imbert et son écuyer Bernard du Dorat, rapporta de Jérusalem de précieuses reliques qu'il envoya à l'église de St-Junien, et écrivit, à ce sujet, au prévôt et aux chanoines de cette église une lettre qu'on trouve dans les fragments de l'Histoire d'Aquitaine recueillis par Dom Etiennot. (Bibl. Nat. t. II, p. 99.)

Blaonnis (*Giraudus de*) fut témoin de diverses chartes relatives au prieuré de Montazay, de 1160 à 1178. (D. F. 18.)

Blaonnio (*Imbertus*) fait lui-même, vers 1178, un don à ce prieuré. (Id.)

Blom (Guy de) meurt en 1206 abbé du Dorat et prévôt de St-Junien. (Persac, par le Bon d'Huart.)

Blaon (Pétronille de) et Hélie Fouchet, Ec., son mari, vendent en 1309, pour 93 l., à Jean Brosseau, Ec., les cens, droits et devoirs seigneuriaux qu'ils possédaient dans la psse d'Availles. (Arch. D.-S. E. 28.)

Blaonnio (*Geraldus de*) était abbé de St-Genou en Berry, 1362. (Nob. du Limousin.)

Blom (Guédon de) fut choisi par Emery Coche, Chev., sgr de la Coste, pour l'un de ses exécuteurs testamentaires, 21 oct. 1366.

Blom (N... de) épousa vers 1400 Marie de Précigné? De du Mas-Godard, et eut pour fille Dauphine, mariée vers 1430 à Philippe Pothée, Ec., sgr du Mas-Godard, qui était veuf en 1476. (Gén. Guillaumot. Preuves de St-Cyr.)

Blom (Pierre de), Ec., sgr de Beaupuy, figure, sous la date du 7 déc. 1418, dans une série d'aveux et de dénombrements. (Arch. de la Vienne.)

Blom (Jeanne de) était, le 24 mars 1465, veuve d'Olivier Grimault, Ec., sgr du Lizon.

Blom (Marguerite de), veuve de Jacques d'Oyron, Ec., sr de la Gastinalière, fut inhumée, le 3 mars 1510, à la Merci-Dieu. Son blason peint sur le mur était « d'argent au sautoir de gueules, crénelé (engreslé), accompagné de 4 croisettes de sable. » (Gaignères, vol. 678, p. 179.)

Blom (François de), moine O. S. B. ? recevait en 1472 l'hommage des habitants du village des Plants.

Blom (N... de), capitaine de francs archers, figure dans un état des comptes de guerre de l'an 1474. (Notes de famille.)

Blom (Marguerite de) eut de Adam de St-Mathias, Ec., sgr de Puyfouraud et de Purcy, une fille, Jeanne, mariée, le 3 janv. 1565, à Jacques de La Rye.

Blom (Jean de), Ec., sgr de la Salle d'Arnac, fait défaut au ban des nobles de la Marche, convoqué le 29 juill. 1577.

Blom (Mondot de), Ec., sgr de la Salle, assistait en janv. 1592 au mariage de Gabriel de Marsange, Ec., sgr de Lavault, avec Judith de Coignac.

Blom (Marguerite de) épousa, le 16 mai 1598, Balthazard de Vérinaud, qui se remaria à Renée Guyot.

Blom (Gaspard de), Ec., sgr de la Brunetière (Château-Larcher, Vienne), et

Blom (Eléonore de), veuve de Gautier Bardonnin, Ec., sgr de Logerie, sont inscrits au Catalogue des nobles de la généralité de Poitiers (1668).

Blom (Marguerite de) épousa avant 1708 Louis du Drac, Ec., sgr de Bois-Rousseau.

Blom (Jeanne de) épousa Benoît Droubet. (Extrait de l'arbre généalogique des de la Laude de Cimbré.)

§ Ier. — Branche de **Ressonneau**.

Si nous la plaçons la première, ce n'est pas parce que nous la croyons l'aînée, mais en raison de ce que sa filiation remonte plus haut que celle de Beaupuy.

Blaon (*Guido de*) est relaté dans un aveu de la terre de Lezay, rendu à l'évêque de Poitiers, le 17 juill. 1442, par Hélie du Bois, tuteur des mineurs de Lezay. (D. F. 3.) C'est peut-être le même que *Guido* de Blom, qualifié de sgr de Roussaneu (Ressonneau), dont les héritiers rendaient aveu, le 17 juill. 1442, au même prélat, comme sgr de Celles-l'Evescault.

Blom (Jean de). Jean de La Lande exerce contre lui un retrait lignager, au sujet d'une vente de terres faite par Perrot de La Lande à Jean de Blom, sgr de Ressonneau, écuyer d'écurie de Louis XI.

Filiation suivie.

1. — **Blom** (Aimeri de), Ec., sgr de Ressonneau, vivait en 1292 et 1304. Marié à Agnès de Fougeray, fille de Jean, Ec., sgr de la Messelière, et de Philippe de Gignhès? de la Coste, qui fit à sa fille une donation le lundi après la fête de St Clément 1304, il eut de ce mariage : 1° Pierre, qui suit; 2° Jean, recteur de Quçaux, que son frère désigne en 1333 pour l'un de ses exécuteurs testamentaires.

2. — **Blom** (Pierre de), valet, sgr de Ressonneau, est connu par des titres de 1312 à 1334 ; il testa en 1333, instituant Guyot, son fils, son légataire universel. Il avait cependant encore deux filles et un autre fils, Jean, qui en 1406 était sgr de la Durboisière et de Magodat, vivait encore en 1406 et 1408, ayant eu lui-même un fils nommé Jean, sgr de la Durboisière, qui vivait en 1436, et une fille, Jeanne, qui, vers 1479, porta la terre de la Durboisière à Mérigot Chioche, son mari.

Ce premier Jean ne serait-il point un Jean de Blom qui, qualifié d'Ec., sgr de Ressonneau, arrentait, le 13 juin 1355, deux lopins de terre sis au Puyrobier ?

3. — **Blom** (Guyot de), Ec., sgr de Ressonneau et de Beaulieu, prétendant avoir à se plaindre du sgr de la Messelière, s'empara de son château, d'où il pillait et rançonnait le pays environnant, ce dont il obtint des lettres de rémission de Jeanne de Bourbon, Ctesse de la Marche, le 14 déc. 1357. (Arch. de la Vienne.) Il avait sans doute gagné ses éperons pendant la guerre des Anglais, car en 1378 il prenait le titre de chevalier et mourut en 1408. Guy était, le 12 mars 1391, marié à Coutour de Chanteloube, veuve de Guillaume de Beaulieu. En 1409, elle était veuve et rendait comme telle aveu de la sgrie de Beaulieu, qu'elle avait apportée à son mari. Ils eurent pour enfant :

4. — **Blom** (Jean de), Ec., sgr de Ressonneau et de Beaulieu, naquit en 1379 et mourut après 1449. Le 12 févr. 1408, il rendit aveu au Cte de Poitou de la moitié par indivis de la chnie de Champaigne, ayant droit de haute, moyenne et basse justice. (Livre des fiefs.) Le 11 mai 1433, il avait rendu aveu de la seigneurie de Beaulieu qu'il tenait de sa mère.

5. — **Blom** (Jean de), Ec., sgr de Ressonneau et de Beaulieu, épousa : 1° Jeannette DE St-SAVIN, fille de Pierre, sgr de la Tour-aux-Cognons, et 2° le 21 août 1447, Guillemette FROTTIER, fille de Colin, Chev., sgr de Chamousseau, et de Jeanne d'Usseau, et était décédé avant 1460, époque à laquelle Guillemette était remariée à Gilles de Chauvigny, Ec., sgr de Montberard. Il eut de l'un et l'autre lit : 1° JEAN, qui suit ; 2° N..., mort avant le 7 avril 1464, laissant un fils, JEAN, sgr de Beaulieu, décédé lui-même avant 1503 ; 3° MARIE, 4° FRANÇOISE, mortes avant 1503 ; 5° COLIN, Ec., sgr de Bagneux, vivant en 1457, meurt avant 1470.

6. — **Blom** (Jean de), IIIe du nom, Ec., sgr de Ressonneau et Beaulieu, écuyer d'écurie du Roi, et de la retenue de son hôtel, capitaine et commissaire des ordonnces de Charles VIII. Le 4 avril 1480, il rendait un aveu au Vte de Châtellerault de la sgrie de Magné, qu'il avait acquise de Briand de Razines. Il mourut vers 1495, laissant de son mariage avec Huguette DE COMBAREL, fille de Pierre, gouverneur de la Rochelle, et de Huguette de l'Isle-Jourdain : 1° GUILLAUME, qui suit ; 2° GUICHARD, mort célibataire avant 1503 ; 3° CATHERINE, mariée, le 20 déc. 1493, à Jacques de Marcillon ? (Marcirion ?) est dotée par son père de la terre de Magné en Gençay ; 4° MARIE, De de Beaulieu, épousa avant 1502 François Prévôt, Ec., sgr de la Bussière, maire de Poitiers en 1513, etc. En 1506 son mari rendait aveu de la sgrie de Ressonneau à la chnie de Calais. (N. féod. 780.) Elle mourut après 1548, et fut inhumée sous l'autel de St-Nicolas, dans l'église de Persac.

7. — **Blom** (Guillaume de), Ec., sgr de Ressonneau et de Beaulieu, rend en 1495 aveu de sa terre de Beaulieu ; figure dans une série d'aveux rendus en mars 1498. (Arch. de la Vienne.) Il était marié dès cette époque à Marguerite BAULON, fille de François, Ec., et de Marguerite de Passac, laquelle était remariée avant 1503 à Jean de Chauvigny, Ec., sgr d'Angliers. Guillaume était mort vers 1501, laissant : 1° JEAN, qui suit ; 2° JEANNE, mariée avant 1520 à François Audebert ; 3° FRANÇOISE, mineure en 1501 et morte avant 1520.

8. — **Blom** (Jean de), IVe du nom, Ec., sgr de Ressonneau, était mineur en 1503 ; il épousa, le 4 nov. 1532, Marie FAURE, fille d'Eustache, Ec., sgr du Fief-Girard, et de Catherine de Villedon. Il faisait en 1538 un échange avec Mathurin de Lezay, et vivait encore en 1562. Ses enfants furent : 1° LÉON, qui suit ; 2° RENÉ, et 3° MICHEL, vivants en 1595.

9. — **Blom** (Léon de), Ec., sgr de Ressonneau, marié à Louise DE LA CROIX, dame de Villars en partie, et de Puygervier, fille de Christophe, Ec., sgr de Villars ; elle était veuve en 1575, ayant pour enfants : 1° FRANÇOIS, 2° RENÉ, 3° LÉON, mineurs en 1575 ; 4° ANTOINETTE, dame de Ressonneau, épousa avant 1574 (elle était mineure) Pierre de Feydeau, Ec., sgr de la Mothe de Persac en partie, puis avant 1606 Mathieu de Bessac, Ec., sgr de la Feuilletrie, et enfin, le 29 déc. 1607, Pierre Vézien, Ec., sgr de Champagne, avec lequel elle vivait le 12 mars 1622.

Ce sont les derniers personnages de cette branche relevés par M. le Bon d'Huart.

§ II. — BRANCHE DE **BEAUPUY**.

1. — **Blaom** (Jehan de), Ec., sgr de Puirenaud et de Blaom, vivait en 1302, père de ?

2. — **Blaom** (Aimeri de), Ec., rendit hommage en 1377 au Cte de Poitou pour sa terre de Beaupuy ; il eut pour fils ?

3. — **Blahom** (Jean de), rendit aveu de la même terre de Beaupuy en 1391 au Cte de Poitou ; il avait épousé en 1382 Jeanne DE BEAUPUY, dont il eut :

4. — **Blom** (Jean de), Ec., sgr de Beaupuy et de Plaisance dès 1418, rend aveu au château de Montmorillon pour sa terre de Beaupuy. L'on voit par une transaction du 14 mars 1471 (J. Feyraud et Courivaud, notres à Mortemart), et une ratification de partage du 5 oct. 1485 (P. Sautereau et P. David, notres à Montmorillon et à Lussac-les-Châteaux), qu'il avait épousé Marguerite DU CHASTENET.

Il eut : 1° JACQUES, qui suivra ; 2° JEAN, dont l'existence n'est connue que par les actes de 1471 et de 1485 précités ; il eut deux filles : *a.* JACQUETTE, qui figure dans le premier de ces documents ; *b.* LOUISE, mentionnée dans le second.

5. — **Blom** (Jacques de), Ec., sgr de Beaupuy, reçut de la part de Jean son père l'hôtel de Beaupuy, le 2 juin 1454. Il figure dans un titre de 1436 avec la qualification de *vir nobilis*, et rendit en 1467 aveu de sa terre de Beaupuy. Il mourut peu après. Il avait épousé Catherine COUAIGNE, qui, dans l'acte du 14 mars 1471, cité plus haut, agit comme tutrice de ses enfants mineurs, qui étaient : 1° MONDOT, qui suit ; 2° REGNON, ainsi qu'il résulte des actes relatés au 4e degré, et d'une transaction du 4 oct. 1482, entre Catherine Couaigne, Mondot et Regnon de Blom, ses enfants (J. Gibusson et D. Halis, notres à Montmorillon). Regnon se maria, le 18 fév. 1491, à Isabeau CHASTEIGNER, fille de Jacques, Ec., sr du Verger, et de Jeanne Guerinet, dont il eut une fille, RENÉE. On trouve un JACQUES de Blom sgr de Fontaine, qui fit montre comme homme d'armes le 21 déc. 1485. C'est peut-être le sgr de Beaupuy.

6. — **Blom** (Mondot de), Ec., sgr de Beaupuy et de Plaisance, assista comme brigandinier à l'arrière-ban de 1488, et comme homme d'armes à celui de 1491. Le 12 janv. 1488, il avait épousé (J. Halis et L. Bardin, notres de Verneuil près Loches) Jeanne D'OYRON, fille de nobles personnes Jean, Ec., sgr de la châtellenie de Verneuil près Loches, et de feu Marguerite de la Rivière.

Trois de leurs enfants sont nommés dans un partage de biens qu'il fit le 9 sept. 1533 (Raguellet, notre) : 1° ANTOINE, qui suit ; 2° FLORENT, chef de la branche de Maugué, rapportée au § IV, et 3° JEAN, qui forma, croyons-nous, la branche de Mareuil, § VI. D'après d'autres titres, il eut encore : 4° CHRISTOPHE, religieux O. de S. B., prieur du Theil.

7. — **Blom** (Antoine de), Ec., sgr de la terre et maison forte de Beaupuy, fit montre comme homme d'armes le 12 déc. 1535 ; fut un des commissaires chargés de faire la montre de l'arrière-ban convoqué en Poitou en 1545. Il avait épousé Françoise DE MONTROCHER, dame de Puyregnaud ; elle était veuve en 1564, et mourut le 17 nov. 1583. De ce mariage sont issus : 1° MELCHIOR, qui suit ; 2° SUZANNE ou MARIE, qui épousa en 1550 Jacques Estourneau, Ec.

8. — **Blom** (Melchior de), Chev. de l'ordre du Roi, et sgr de Beaupuy et de la Remigère, figure, sous la date du 3 juill. 1561, dans une série d'aveux et dénombrements. (Arch. Vienne.) Il épousa, le 20 juin 1557

(Claveau et Thomas, not[res]), Marguerite DE GAING, décédée à Plaisance en 1602, fille de feu François, Ec., sgr d'Oradour et de Brueil, et de Jeanne de Montrocher. Melchior était mort en août 1583, laissant : 1° CHRISTOPHE, resté l'aîné, est-il dit dans un contrat, ce qui prouverait qu'il avait eu d'autres frères prédécédés ; 2° FRANÇOISE, morte fille, après avoir testé le 17 déc. 1586 ; 3° RENÉE, mariée, le 29 nov. 1583, à Pierre de Boislinards, Ec., sgr dudit lieu de Boislinards ; 4° autre FRANÇOISE, 5° JEAN.

9. — **Blom** (Christophe de), Ec., sgr de Beaupuy et de Plaisance, naquit en 1565 ; il épousa, le 14 sept. 1595 (Babin, not[re] à l'Ile-Jourdain), Héliette ou Liotte DE LA BÉRAUDIÈRE, fille de François, Chev. de l'ordre, sgr de Rouhet et de l'Ile-Jourdain, et de Jeanne de Lévis, d'avec laquelle il fut séparé de biens en oct. 1623 ; il est mort au mois d'avril 1628, laissant de son mariage : 1° MELCHIOR, Ec., sgr de Beaupuy, qui était mort sans postérité avant le 1er déc. 1650, date de l'inventaire de ses meubles ; 2° EMMANUEL, qui suit ; 3° ELISABETH, mariée à Jacques Estourneau, Ec., sgr de la Lochorie, avant le 10 avril 1650.

10. — **Blom** (Emmanuel de), Ec., sgr de Beaupuy, est inscrit dans le Catalogue imprimé en 1667 des gentilshommes de la généralité de Poitiers. Il avait épousé, le 18 mars 1654, Marguerite MORAULT, fille de Henri, Ec., sgr du Pin, de Cremilles, et de Marie Robin. Ils furent séparés de biens par sentence du 8 avril 1650, et moururent le même jour et à la même heure, ainsi que le constatait l'épitaphe qui se lisait sur une tombe devant le maître-autel de l'église de Plaisance :

« Cy-gissent messire Emmanuel de Blom, chevalier, « seigneur de Beaupuy, et dame Marguerite Morault, « son épouse, qui décédèrent tous deux à même heure « dans leur château de Beaupuy, le huitième jour de « mars 1680. *Requiescant in pace.* »

Ils eurent pour enfants : 1° GASPARD, qui suit ; 2° EMMANUEL-PIERRE, Ec., sgr de Sauigé, qui épousa, le 12 juill. 1682 (Veraz, not[re] à Montmorillon), Marie GOUDON, fille de Pierre, Ec., sgr de l'Hérandière, prévôt provincial en la sénéchaussée de Montmorillon, et de Marie de la Forêt, son épouse.

11. — **Blom** (Gaspard de), Ec., sgr de Beaupuy, servait en 1695 dans les gendarmes de la garde. Il s'était allié, le 31 janv. 1680, à Marie-Anne PETITPIED, fille de Pierre, Ec., sgr de l'Age-Courbe, et de Gabrielle Barbe, dont il eut : 1° SYLVAIN, qui suit ; 2° MARIE-FRANÇOISE, mariée, le 12 mars 1709, avec François Taveau, Chev., sgr de la Féraudière. Devenu veuf, Gaspard de Blom épousa, le 13 août 1695, Marie-Anne JACQUEMIN, dont il eut : 3° JEAN-GASPARD, Ec., sgr d'Ouzilly, lequel épousa, le 15 nov. 1729, Marie-Anne TAVEAU, fille de Louis, Ec., sgr de l'Age-Bourget, et de Marie de Mauviso ; le 27 juill. 1748, ils reçurent une déclaration roturière. Jean-Gaspard fit partie du ban des nobles du Haut-Poitou, convoqué à St-Jean-d'Angély en 1758, et fit deux codicilles, les 7 août et 5 oct. 1753, en faveur de Pierre et André, ses frères, et de ses sœurs religieuses à Montazay, et mourut sans enfants.

4° PIERRE, sgr de Lage, de Plaisance, etc., marié à N... GOUDON DE L'HÉRAUDIÈRE, dont deux filles : l'une, MARIE-ANNE, mariée, en 1762, à Martial de Fenieu, Ec., sgr de Vaubourdolles.

5° MATHURIN, prêtre ; 6° ANDRÉ, qui continuera la filiation, et sera rapporté au § III ; 7° et 8° N... et N..., religieuses à Montazay.

12. — **Blom** (Sylvain de), Ec., sgr de Beaupuy, épousa, le 15 août 1718, Jeanne JACQUEMIN, nièce de la seconde femme de son père, et fille de Pierre, maire de Montmorillon, et de Geneviève Goudon de la Lande. De ce mariage naquirent : 1° MARIE-JEANNE, mariée, le 16 janv. 1738, à François-Joseph de la Barre, sgr de l'Aûge, Chev. de St-Louis, et 2° N..., femme de N... des Marquets de Céré, auxquels elles portèrent la terre et sgrie de Beaupuy. Ce fut en leur nom que leur mère rendait hommage au château de Montmorillon de la terre de Beaupuy, et du fief de la Remigère, comme veuve et leur tutrice, le 2 sept. 1740.

§ III. — BRANCHE D'OUZILLY.

12. — **Blom** (André de), sgr de Boussigny, Ouzilly, etc., fils puîné de Gaspard et de Marie-Anne Petitpied, 11e deg. du § II, épousa, le 19 déc. 1735, Jeanne DE NÉGRIER, fille de Gilles-Rémi, dont :

13. — **Blom** (Jean-Gaspard de), né le 1er sept. 1740, épousa, le 27 fév. 1764, Marie-Marthe DE VÉRINE, fille de Jean, sgr de St-Martin-le-Mans ; vivait encore le 7 juin 1780, date d'une sentence rendue contre lui par le Présidial de Poitiers au profit de F. Taveau, Ec., sgr de Vaucourt ; il est décédé à Lathus, le 17 juill. 1792, et sa femme le 18 avril 1809. Il fut père de : 1° ANDRÉ-JEAN-MELCHIOR, qui suit ; 2° ANTOINE-ARMAND, marié à N... du Pin de St-Barban ; 3° LOUIS-GASPARD, ancien officier de cavalerie, Chev. de la Légion d'honneur, décédé à Darnac, c[on] du Dorat, le 16 sept. 1832, avait épousé Marie-Geneviève DE FOURNELLE DE PUGCY, dont une fille, MARIE-ANNE-SOPHIE, née à Darnac, le 14 déc. 1817, et mariée à Poitiers, le 21 juin 1841, à Jacques-François-Ernest de Moras, prop[re] ; 4°, 5°, 6° trois filles, dont une, MARIE-CATHERINE, née à Montmorillon, le 2 déc. 1775, mariée à Poitiers, le 21 avril 1827, à Louis-François Clergeau, ancien officier d'administration de la marine.

14. — **Blom** (André-Jean-Melchior de) épousa, le 26 août 1795, D[lle] Louise-Marguerite LAURENS DE LA BESGE, fille de Pierre, conseiller du Roi à la sénéchaussée de Montmorillon, et de dame Sylvine-Françoise Ranjon. Il est mort le 7 fév. 1798, laissant :

15. — **Blom** (Gaspard-Antoine-Armand de), né le 10 mai 1796, épousa, le 7 févr. 1823, D[lle] Monique-Alexandrine BERNARDEAU DE MONTERBAN, fille d'Alexandre, et de Pauline-Marie de Taveau de Vaucourt, dont : 1° MARIE-ANDRÉ-ALEXANDRE-ANATOLE, né le 26 nov. 1825, décédé en oct. 1879, sans alliance ; 2° LOUIS-JOSEPH-ALMON, né le 19 juin 1827, marié, le 7 sept. 1850, à Flavie-Marie-Radégonde-Esther SAUTEREAU, fille de Félix et de Marie-Julie Babaud de Marcillac, dont : MARIE-ANTOINETTE-ALEXANDRINE, mariée, le 3 sept. 1872, à Paul Bon de Lamberterie, Chev. de la Légion d'honneur, ancien député du Lot, et décédée le 12 sept. 1889. Almon était décédé le 8 juin 1854.

3° MARIE-ANNE-ALPHONSINE, née le 24 nov. 1828, mariée, le 5 mai 1852, à Marie-Benoît Cadoret de Beaupréau, décédée à Royan, le 27 avril 1887 ; 4° MARIE-LOUISE, née le 30 août 1830, mariée, le 22 avril 1851, à Xavier de Rechignevoisin, Cte de Guron, décédée à Pau, le 20 févr. 1859 ; 5° MARIE-EUGÈNE-ARSÈNE, qui suit.

16. — **Blom** (Marie-Eugène-Arsène de), né le 25 déc. 1832, marié, le 8 oct. 1855, à Louise-Lucile-Joséphine GUYOT D'ENVEAUX, fille de Constant et de Françoise-Florence Estourneau de Tersannes, est décédé le 13 août 1867, laissant un fils unique, GONTRAN, qui suit.

17. — **Blom** (Gontran de), né le 4 mars 1856, lieutenant de cavalerie de l'armée territoriale.

§ IV. — Branche de **MAUGUÉ**.

7. — **Blom** (Florent de), fils de Mondot de Blom et de Jeanne d'Oyron (6e degré du § II), épousa Renée de Montsorbier, fille aînée d'Antoine, Ec., sgr de Maugué et de la Beaumenière, et de Louise de Fay, le 11 févr. 1538 (Pinot, notre à Château-Larcher). Florent était mort avant le 9 juin 1553, date d'un aveu rendu à Pierre de Blet, dans lequel Renée de Montsorbier se dit sa veuve. Florent laissait pour enfants : 1° Aulbin, qui suit; 2° François, 3° Florent, qui firent leurs preuves de noblesse pour entrer dans l'ordre de Malte, le 28 août 1567. François servit dans la compagnie d'hommes d'armes de M. de Mortemart. Il était sgr de la Fardellière et de Chambonneau; fut fiancé en 1574 à Anne Frottier, qui lui apporta en mariage la terre de Chambonneau; mais le mariage n'eut lieu que quatre années plus tard. Ayant tué Jacques Chambert, Ec., sgr de Gizay, en se défendant contre ses attaques, il fut, à la requête de la veuve du défunt, condamné par arrêt du Parlement de Paris, du 12 juill. 1583, bien que reconnu innocent de toute préméditation, au bannissement du ressort de la sénéchaussée de Poitiers, pendant neuf années, et à payer douze cents écus à la veuve du sr de Gizay, ce qui l'obligea de vendre Chambonneau. Il obtint, le 4 avril 1586, de Henri IV des lettres de grâce, qui mirent un terme à son bannissement. (M. A. O. 1875, 472, 474.) Le 4 nov. 1598, il fut confirmé dans sa noblesse par Jehan Le Guay et Gaucher de Ste-Marthe, commissaires délégués par le Roi pour le fait de la noblesse.

4° Emery, prieur du Theil, assistait au contrat de mariage d'Aulbin, son frère ; 5° André.

8. — **Blom** (Aulbin de), Ec., sgr de la Fardellière, se maria, le 19 mars 1564 (Curée, notre de la châtellenie de Jouet), avec Anne de Gaver, fille de feu Pierre-Louis, Ec., sgr de la Brunetière, et de Catherine Dubois. Aulbin mourut avant 1586, laissant de son mariage: 1° Christophe, qui suit ; 2° Gaspard, qui transigea avec son frère Christophe le 12 juin 1603 (F. Mousnier, notre royal de la Bnie d'Usson) ; 3° René, et 4° Gabrielle, qui consentirent à une transaction sur partage noble, passée le 7 juin 1601, entre Christophe et Gaspard, leurs frères.

9. — **Blom** (Christophe de), Ec., sgr de Maugué, de la Bonnetière et de la Fardellière, obtint des lettres de bénéfice d'âge, qui furent entérinées à Poitiers, à la sénéchaussée, le 8 juill. 1587.

Christophe épousa, le 9 juin 1592, par contrat signé Nivard et L'Auvergnat, notres royaux à Lusignan, Dlle Elisabeth de Mallevau, fille de Jacques, Ec., sgr de la Maingottière, et de dame Marie David. Le 4 nov. 1598, il obtint une confirmation de noblesse de Jehan Le Guay et de Gaucher de Ste-Marthe, commissaires du Roi. Christophe laissa de son mariage : 1° René, qui suit ; 2° Jean, Ec., sgr de Mareuil, qui était, le 16 sept. 1632, époux de Aimée de Blom ; 3° Gabrielle, mariée à Guillaume de Mauraise, Ec., sgr de l'Esmallière, avant le 16 sept. 1632, comme il est prouvé par la renonciation faite à cette date par Elisabeth de Mallevau, veuve de Christophe de Blom, en faveur de René, Jean et Gabrielle de Blom, ses enfants.

10. — **Blom** (René de), Ec., sgr de Chambon, épousa, le 2 juin 1619, Marie Mareschau, fille de François, Ec., sgr de la Richardière, et de Elisabeth de Lauzenay. René obtint, le 1er juill. 1634, une sentence des élus le confirmant dans sa noblesse. Il était mort avant 1656, époque à laquelle Marie Mareschau, sa veuve, était remariée à Gaspard de Blom, Ec., sgr de la Bonnetière, et donnait procuration le 12 janv. pour être représentée au mariage de sa fille Gabrielle. René laissa de son mariage : 1° Louis, qui suit ; 2° Florent, 3° René, Ec., sgr des Crouzilles, qui partagea noblement avec son frère Louis le 3 juin 1665. Il fut confirmé dans sa noblesse, ainsi que son frère aîné, le 15 févr. 1665, par Colbert, intendant de Poitiers. Il épousa Catherine Tastreau, et eut un fils, René, né le 20 avril 1661 ; 4° Gabrielle, épousa par acte passé à Angers, le 20 janv. 1656, en présence de Louis et de Florent, ses frères, Jacques Jouet, Ec., sgr de la Saulaye, cer du Roi en ses conseils, maître des requêtes ordinaire de la Reine, et procureur du Roi en la sénéchaussée d'Angers.

11. — **Blom** (Louis de), Ec., sgr de Maugué, rendit aveu le 26 août 1672, comme héritier de ses père et mère, à Susanne Coquet, femme de Louis de Chasteigner, Chev., sgr de Riez, de l'Ile-Bapaume, etc. Il avait épousé Louise Jouet, fille de Jacques, Ec., sgr de la Saulaye, conseiller du Roi, et de Madeleine de Bois-Béranger, qui testa le 17 mai 1662. Le 13 avril 1667, sa femme transigeait, tant en son nom que comme fondée de pouvoir de son mari, avec Jacques Jouet, son frère, pour la succession de leur mère. Louis laissa de son mariage : 1° René, qui suit ; 2° Gabriel, Ec. ; 3° François, Ec., sgr des Crouzilles, rapporté § V ; 4° Florent, 5° Louise, dit Mlle de Maugué ; 6° Marie, 7° Angélique, dite Mlle de Chambon : ce qui ressort d'une procuration donnée à François de Blom, le 5 mars 1720, par ses frères et sœurs, pour le recouvrement de la succession de feu Jacques Jouet, Ec., sgr de Tessigny, et d'une transaction en forme de partage noble, du 21 févr. 1727, par laquelle ils partagent les successions de leurs père et mère, de Florent et de Marie de Blom, leurs frère et sœur décédés.

12. — **Blom** (René de), Ec., sgr de Maugué, épousa, le 4 févr. 1698, Françoise-Diane Pelisson, fille de Pierre, Ec., sgr de Marit, et de Claude Faucon. Devenu veuf, il se remaria, le 27 janv. 1722, à Louise Barbier, veuve elle-même en secondes noces de René de la Porte, Ec., sgr du Theil. Peu de temps après, René mourut, car en 1729 sa femme convolait en 3es noces avec Aimery Pignonneau, brigadier de la ferme des tabacs à Poitiers. De son premier mariage il eut, paraît-il, plusieurs enfants, mais ils sont décédés jeunes.

§ V. — Branche cadette de **MAUGUÉ**.

12. — **Blom** (François de), Ec., sgr de Maugué, Crouzilles, etc., fils puîné de Louis et de Louise Jouet, 11e deg. du § IV, servit longtemps, et eut le bras emporté à la bataille de Ramillies, à côté d'un de ses frères qui fut tué. Ils servaient tous les deux dans la seconde compagnie de mousquetaires. Il épousa, déjà âgé, le 23 mars 1738 (Bourdon et Duchastenier, notres), Jeanne-Angélique Texier, fille majeure de Jean, Ec., sgr de la Baraudière, et de Marie-Marguerite Grolleau. De son mariage sont issus : 1° François-Gabriel, qui suit ; 2° Françoise-Gabrielle, née le 17 sept. 1750, mariée, le 23 avril 1770, à Pierre-Emery de Messemé, Ec.

13. — **Blom** (François-Gabriel de), Chev., sgr de Maugué et de Chambon, né psse St-Cybard en 1739, nommé sous-lieutenant au régiment de Custines en 1757, capitaine en 1759 au régiment de St-Chamond-Infanterie. Il rentra ensuite dans le régiment de Custines, et se retira en 1773, Chev. de St-Louis et pensionné du Roi. Cette même année, il rendait à Charles-Olivier de St-Georges, sgr de Château-Larcher, le dénombrement de sa terre de Chambon. Il assista à l'as-

semblée de la noblesse tenue à Poitiers en 1789 pour l'élection des députés aux Etats généraux.

François-Gabriel avait épousé, par contrat passé le 29 déc. 1770, Marie DUPONT DE MOULINS, fille de Mathieu, Chev., sgr de Moulins, Chev. de St-Louis, ancien brigadier des mousquetaires du Roi, et de dame Catherine Taveau. De ce mariage sont issus : 1° JEAN-FRANÇOIS, lieutenant au régiment du Cap-Français, émigra, servit à l'armée du prince de Condé, et se noya dans le Rhin en 1793 ; 2° FRANÇOIS, qui suit.

14. — **Blom** (François de), dit le Chevalier, naquit en 1774 et mourut à Poitiers, le 22 mars 1829. Il avait émigré et fut grièvement blessé, servant comme volontaire dans un régiment autrichien, et fut nommé Chev. de St-Louis. Il épousa, le 26 juill. 1810, Marie-Joséphine-Dauphine DE BAUDUS, fille de Marie-Jean-Louis-Amable, avocat du Roi au Présidial de Cahors, et de Françoise-Thérèse Forien, dont il eut : 1° LOUISE-CAROLINE, née le 8 juin 1811 à Poitiers, et décédée à Paris, le 28 déc. 1880 ; elle avait épousé, à Poitiers, le 3 mai 1830, Emmanuel-Louis-Adolphe Hunault de la Chevalerie ; 2° MARIE-AUGUSTINE-DELPHINE, née le 29 nov. 1813, morte le 5 juin 1851. Elle s'était mariée, le 21 nov. 1836, à Louis-Charles-Eugène Cte de Bizemont.

§ VI. — BRANCHE DE MAREUIL.

7. — **Blom** (Jean de), Ec., sgr de Mareuil en la Marche, fils puîné de Mondot et de Jeanne d'Oyron (6e deg. du § II), fut condamné par sentence de la sénéchaussée de Montmorillon, du 9 sept. 1568, et par le Présidial de Poitiers, les 6 mars 1574 et 24 sept. 1576, à payer au sgr de la maison de Lignaud des droits de lods et vente, pour des biens par lui vendus à la Bussière. C'est ce Jean et ses enfants qui, sur la plainte de Samuel Spifame, prieur du Theil-aux-Moines, furent condamnés, les 10 et 14 oct. et 10 déc. 1579, par la cour des Grands Jours de Poitiers, sous le nom de Belon, à être décapités pour rébellion, et en 300 écus en restitution envers le plaignant, pour avoir, pendant deux années, indûment perçu les fruits et revenus dudit prieuré, dans les bâtiments duquel ils avaient placé 5 soldats. (M. Stat. 1878, 198.)

Les deux enfants dénommées dans l'arrêt ci-dessus, sont ARTAULT et MARGUERITE. En outre, on lui connaît une autre fille, GILLONNE, mariée en 1566 à Jean Chezeault ; mais il paraît avoir eu pour fils aîné MONDOT, qui suit.

8. — **Blom** (Mondot de), Ec., sgr de Mareuil, a dû se marier deux fois ; mais nous ne connaissons que sa 2e femme, Jeanne DE LEYRISSE, qu'il épousa vers 1575. Elle était veuve de Philippe de la Laurencie, et peut être fille de Claude, Ec., sr de la Couste, et de Louise de Guérault ? Nous pensons qu'il eut du 1er lit : JEAN, qui suit ; du 2e lit il eut : PIERRE, Ec., sr de la Fosse.

9. — **Blom** (Jean de), Ec., sgr de Mareuil (que nous croyons fils du 1er lit de Mondot, mais qui cependant pourrait être son frère) épousa vers 1570 (croyons-nous) Anne DE NAILLAC. Elle était veuve en 1587, ayant la garde noble de ses enfants (Pièc. orig. Vol. 370). Ils paraissent avoir eu pour fils aîné : JEAN, qui suit.

10. — **Blom** (Jean de), Ec., sr de Mareuil, habitant la pse de Brigueil-le-Chantre, épousa Louise DE CORMAILLON, dont sont nées JEANNE, le 12 mai 1606, et CHARLOTTE, qui était veuve de François du Mas lorsqu'elle mourut, et fut inhumée le 7 mars 1626. (Nob. du Limousin.)

BLONDÉ. — Famille qui a donné un maire à la ville de Poitiers, et deux trésoriers au bureau des finances de cette ville. La généalogie suivante est en partie dressée sur un tableau généalogique rédigé au siècle dernier, qui nous a été communiqué par M. Brothier de Rollière, et d'après nos notes personnelles.

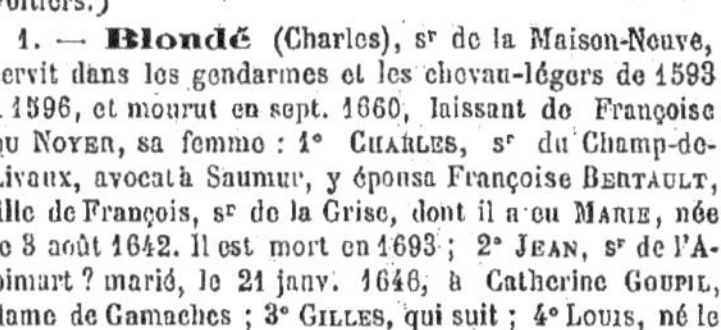

Blason : d'argent à une palme de sinople posée en pal, accompagnée de deux étoiles de gueules. (Arm. des Maires de Poitiers.)

1. — **Blondé** (Charles), sr de la Maison-Neuve, servit dans les gendarmes et les chevau-légers de 1593 à 1596, et mourut en sept. 1660, laissant de Françoise DU NOYER, sa femme : 1° CHARLES, sr du Champ-de-Livaux, avocat à Saumur, y épousa Françoise BERTAULT, fille de François, sr de la Grise, dont il a eu MARIE, née le 3 août 1642. Il est mort en 1693 ; 2° JEAN, sr de l'Abimart ? marié, le 21 janv. 1646, à Catherine GOUPIL, dame de Gamaches ; 3° GILLES, qui suit ; 4° LOUIS, né le 9 sept. 1615.

2. — **Blondé** (Gilles), sr de la Maison-Neuve, épousa Etiennette FALIGAN, fille du sgr de la Croix-de-Montreuil, dont il eut : 1° MARIE, née le 3 oct. 1658, mariée, le 1er août 1685, à Claude de L'Hopitault, sr de Grillemont ; 2° ANTOINE-CLAUDE, qui suit ; 3° GILLES, avocat à Saumur, y épousa, le 19 oct. 1675, Jeanne CHOLL, dame de Bagneux, dont il eut CHARLES, sr de Bagneux, qui de Madeleine BINAN laissa GILLES, président en l'élection de Saumur, et subdélégué de l'intendant, lequel épousa en 1707 N...

3. — **Blondé** (Antoine-Claude), sr de Messemé et de Gamaches, né le 3 mai 1660, épousa, le 21 sept. 1691, Madeleine-Susanne DUMOUSTIER. Il mourut le 7 mars 1738, laissant pour enfants : 1° ANTOINE-LOUIS, qui suit ; 2° CHARLES-FRANÇOIS, dont la postérité sera rapportée après celle de son frère aîné ; 3° HYACINTHE-CÉLESTE, née le 18 sept. 1697, mariée, le 8 juin 1723, à Georges Aubert, Ec., sgr du Petit-Thouars ; elle est morte le 25 sept. 1750 ; 4° MARIE, née le 23 juill. 1700 et morte le 28 oct. 1758.

4. — **Blondé** (Antoine-Louis), sr de Messemé, né le 15 août 1692, fut pourvu de la charge de trésorier de France, au bureau des finances de Poitiers, le 29 nov. 1725, fit ses chevauchées dans l'élection de Thouars en 1733 (M. A. O. 1883, 354), décéda avant 1767. Marié à Marie-Madeleine-Marguerite BABIN, il en eut : 1° ANTOINE-PHILIPPE, fut pourvu de l'office de son père le 8 févr. 1755, se retira à Paris où il s'est marié ; 2° MADELEINE-SUSANNE, mariée, le 18 avril 1755, à Jacques-Alexandre Normand du Fié, procureur du Roi en l'élection de Poitiers, et agent de l'ordre de Malte en cette ville ; 3° CÉLESTE, mariée, le 12 janv. 1766 (Baillargeau, notre au Puy), à Louis du Fay, Chev., sgr de la Maison-Neuve, gendarme de la garde du Roi ; 4° GOTHON, morte fille ; 5° GILLES, mort célibataire ; 6° LOUIS-CHARLES, sr de Gamaches, marié à Philippe-Marie MONTAULT-DES-ILES, fille mineure de feu Charles-Pierre, procureur du Roi en l'élection de Loudun, et de Elisabeth Rambault, son épouse ; les bans en furent publiés le 7 avril 1777. (Arch. Loudun.) Dont ELISABETH, mariée en 1801 à Louis d'Espinay.

4. — **Blondé** (Charles-François), sr de Gamaches et de Bourgneuf, naquit le 3 nov. 1693, fut reçu docteur en droit à la Faculté d'Angers, se pourvut et obtint un compulsoire au Parlement de Paris, le 21 janv. 1722, contre un décret de la Faculté de droit de Poitiers, qui avait adjugé à un concurrent une chaire de droit à la-

quelle il prétendait, chaire qu'il obtint plus tard ; fut maire de Poitiers de 1731 à 1734, puis échevin. Il épousa, le 14 févr. 1744 (Bourdault et Duchasteigner, not.), Anne-Louise Chambellain, fille de François, sgr du Lizon, Chev. de St-Louis, et de Louise Brun, et mourut le 9 mars 1759. De son mariage naquit une seule fille, Anne-Louise, à laquelle il fut accordé des lettres d'émancipation, le 17 mars 1759 (elle était âgée de 13 ans), et qui est décédée célibataire à Poitiers, en déc. 1825.

BLONDEAU.

Blondeau (Jean), gouverneur en 1369 de la ville et chât. de la Roche-sur-Yon, les livra à Jean Chandos en échange d'une somme de 6,000 liv. et se retira à Angers, où, convaincu de trahison, il fut condamné par le prince Louis, fils du roi Jean, à être lié dans un sac et précipité dans la Loire, ce qui fut exécuté. (B. A. O. 1847, 168.)

Blondeau (Ymbert), prêtre, est nommé dans le procès-verbal de l'élection de René Caillet, comme abbé de Montierneuf, le 18 août 1505. (D. F. 19.)

Blondeau (Jeanne) épousa en 1526 René Pallu, sr du Ruau.

Blondeau (Hélie), Ec., sgr du Parc, avait épousé Marie Pandin, dont il eut : 1° Jean, qui suit ; 2° Marie, qui assiste au mariage de son frère. A cette époque, Hélie était décédé.

Blondeau (Jean), Ec., sgr du Parc, épousa, le 7 juin 1728, Françoise Desmier, fille de Charles, Chev., sgr du Roc, et de Françoise Gaultier.

Blondeau du Parc (François), Ec., a servi au ban des nobles du Poitou en 1758, dans la 1re brigade de l'escadron de Boisragon.

Blondeau (Anne-Marie) avait épousé Louis-Benoît de St-Martin, ancien page du Roi à sa grande écurie ; elle était veuve le 13 juill. 1773.

Blondeau du Parc (Charles), Ec., demt psse de Clussais, comparut en personne à l'assemblée de la noblesse tenue à Poitiers en 1789, pour nommer des députés aux Etats généraux.

BLONDEL (Pierre-Marin), Loudunais, poète et médecin. Dreux du Radier, dans sa Bibliothèque du Poitou, se demande si cet écrivain ne serait pas le même personnage que Pierre Langlois, sgr de Belestat, en raison de ce qu'à l'époque à laquelle il vivait, les auteurs changeaient fréquemment de nom. (V. sur Blondel La Croix-du-Maine, etc.)

BLOSSAC (de). — V. LA BOURDONNAYE et BELLOSSAC.

BLOSSET (de). — Nous avons relevé, dans les registres paroissiaux des communes dont les noms sont cités dans le cours de cet article, les éléments du fragment de généalogie qui va suivre. (Cette famille est originaire du Nivernais.)

Blason : pallé d'or et d'azur de 6 pièces, au chef de gueules chargé d'une fasce denchée (ou vivrée) d'argent.

Noms isolés.

Blosset (Henriette de), mariée à Mazeuil, en août 1767, à Nicolas-Edouard Rocquet de Belleville; ils assistent au mariage de Marie-César-Antoine de Vernou, le 27 nov. 1779. (Chervès.) Elle était fille de N..., Ec., sr des Moulins de Charrais, et de N... de la Bernurière de St-Laon. (Gén. Rocquet.)

Filiation suivie.

1. — **Blosset** (René de), Ec., sgr de Rigale, épousa Marguerite Béraudin, qui, le 22 avril 1717, fut marraine de Marguerite Blosset, sa petite-fille. (Chervès.) Ils eurent : 1° Henri, mort enfant le 23 mai 1694 (Montgauguier) ; 2° Charles, qui suit ; 3° autre Henri, Ec., sgr du Moulin-Charrais, assistait, le 23 oct. 1731, au mariage de Françoise-Susanne, sa nièce, et était lui-même marié, avant le 30 janv. 1731, à Renée de Beauvolier, fille de François, Ec., sgr des Malardières, et de Dina de Cordouan. Nous ignorons s'il eut postérité. (*Nota.* — Dans la généal. Beauvolier, il est appelé Charles.)

2. — **Blosset** (Charles de), Ec., sgr de la Bourrelière, épousa, le 7 févr. 1714, Susanne Maillard, fille de N..., Ec., sgr de Grandmaison, et de Françoise Pain. Le 8 déc. 1726, il fut parrain de la cloche du prieuré de Ste-Croix de la Bourrelière, dépendant d'Airvau. (Massougne.) De leur mariage sont issus : 1° Françoise-Susanne, baptisée le 30 avril 1716, mariée, le 23 oct. 1731, à Louis de Marconnay, Ec., sgr de Châteauneuf (Chervès) ; 2° Marguerite, née le 21 avril 1717 ; 3° Charles-Claude, baptisé le 29 mars 1719. (Id.)

BLOTTERIE (de la). — V. HAWARD.

BLOU (de). — Grande famille féodale d'Anjou, qui a possédé des fiefs en Poitou aux XIIe et XIIIe siècles. La Bnie de Blou est près de Beaugé. Ce nom est souvent écrit de Blo, de Bloi, de Bleu.

Blason : un écu bandé de 6 pièces. — Le sceau d'Aimery de Blou, en 1246, porte au revers un écu pallé de 6 pièces, dont 3 de vair. (Charte pour la coutume d'Anjou, signée à Orléans. — Arch. Nat.)

Blou (Robert de), sgr de Champigny-sur-Veude, qualifié *illustris ac sapiens miles*, donna en 1129, à Marmoutiers, un droit de passage sur la Loire. Ce don fut fait du consentement d'Ermessende dite Marquise, sa femme, et de leurs enfants : 1° Goslin, 2° Robert, 3° Adenord, qui épousa, croyons-nous, Geoffroy de Loudun, mentionné dans la même charte (on trouve ailleurs Gauthier de Loudun, fils de Giroire).

Blou (Robert de), sgr de Champigny-sur-Veude, ratifie comme suzerain, en 1154, une donation de biens faite à Turpenay par Pierre de Pocé.

Blou (Goslin de) fut garant envers le roi de France, en 1210, de la fidélité de Guillaume de la Guerche. Il fit donation à la Merci-Dieu en 1220.

Blou (Aimery de), Chev., sgr de Champigny-sur-Veude, par une charte scellée de son sceau (écu à 3 bandes), reconnut que le Roi lui avait donné 50 liv. de rente, pour réparer les dommages que Savary de Mauléon avait commis sur ses terres. Il signa en 1246 la charte de la Coutume d'Anjou, y apposa son sceau et suivit St Louis à la croisade de 1248. Sa fille unique Emma épousa Guy de Bauçay.

BLOUÈRE (de la) en Bas-Poitou.

Bloère (Jean de la), Chev., tenait en 1260 un fief devant l'hommage lige à la Roche-sur-Yon.

BLOUIN. — Famille qui a habité le Haut et le Bas-Poitou, mais sur laquelle nous n'avons pu réunir que des renseignements fort incomplets.

Noms isolés.

Blouin (Louis), Ec., s^r de la Riballière, épousa à la Rochelle, vers 1589, Françoise Marcix, fille de Jacques, s^r du Bois, et de Françoise Geffard, dont une fille, Catherine, morte sans postérité en 1599.

Blouin (François), Ec., sgr de la Mouraudière, était en 1608 époux de Jeanne-Marguerite Imbert, dame de Puisset, dont Claude, né à St-Martin-l'Ars (Vendée), le 6 août 1628. (Reg. paroissiaux.)

Blouin (René) était en 1624 époux de Jeanne Jeudy.

Blouin (Antoine), sgr de la Gazelière, c^{er} en la sénéchaussée de Fontenay-le-Comte, épousa Françoise François, qui était sa veuve en 1633.

Blouin (Antoine), sgr de la Mouraudière, élu à Fontenay, marié, le 15 avril 1641, à Françoise Puyrousset, dame de la Brezelière.

Blouin (François), Ec., sgr de la Mouraudière, élu à Fontenay, assiste comme cousin germain paternel au mariage de Judith Huislard et de Gabriel Girault, le 26 mai 1646.

Blouin (Marie), veuve de François Thomas, s^r du Pinier, épousa, le 3 juin 1659 (S. Mesnard et Lymonneau, not^{res} à Fontenay), noble homme Hilaire de la Vernède, s^r de la Tour-Blanche, membre protestant de la chambre de justice de St-Jean-d'Angély.

Blouin (Françoise) épousa à la Chapelle-de-Pareds (la Jaudonnière, Vendée), le 16 févr. 1660, François Chauvin, s^r de Ghour.

Blouin (Françoise) se maria, le 6 févr. 1666, à Pierre Vinceneau, Ec.

Blouin (Jeanne), mariée, le 1er juin 1666, à Jean Dubois, Ec., sgr de St-Cyr.

Blouin (Pierre), curé d'Ardin, assistait à une enquête faite, le 28 avril 1671, au sujet de la chapelle de St-Genès-des-Habittes (S. Maxire, D.-S.).

Blouin (Renée) épousa, le 1er mars 1688 (Biennaud et Gilles, not^{res} de la chât^{nie} de Boisroux), Pierre de Mayré, Ec., sgr de la Babinière.

Blouin (Charles), Ec., sgr de la Baritaudière, épouse, le 7 juin 1709, Marie Godeveau.

Blouin (Marie) était en 1773 femme de Gaspard du Chastenet, Ec., sgr de Prailles, la Brunetière, ancien capitaine au régiment de Champagne-Infanterie.

Blouin (Isaac-Symphorien), chanoine honoraire de l'Eglise d'Angers, ancien curé de St-Jean et doyen de la Faculté des arts de cette ville, y décéda le 14 févr. 1774.

§ Ier. — Branche de **Bourneuf-Marsais.**

Blason. — Les seigneurs de Marsais portaient : de gueules au chevron d'or accompagné d'une lance couchée de même, et en pointe d'un lion d'or ; — ou de gueules au lion couronné d'or. (D'Hozier.) — On trouve aussi d'azur au lion d'or rampant contre une colonne d'argent à base et chapiteau d'or.

Bien que nous n'ayons pu établir la filiation des sgrs de Bourneuf, faute de documents suffisants, nous les groupons chronologiquement, pour faciliter les recherches. Cette branche donna, croyons-nous, naissance à celle de Léraudière, dont nous donnons plus loin la généalogie, d'après des notes communiquées par M. le baron de Bernon.

Blouin (N...) eut de Marie Guinebault :

Blouin (Jean), marié à Renée Denis. Sa succession et celle de Marie Guinebault, sa mère, furent partagées, le 11 mai 1587, entre leurs enfants qui étaient : 1° Louis, sgr de Bourneuf ; 2° Raoul, Ec., sgr de la Gazellerie, Marsais, Challais, Bois-Bouchaud, etc., qui, le 24 juill. 1587, rendait hommage de ces fiefs à Jacques Hélye, s^r de Boisroux ; 3° Renée, femme de Lancelot Tiraqueau, auquel elle porta l'hôtel de la Grignonnière ; 4° Anne, mariée à Charles Sacher, docteur régent en la Faculté de médecine de Poitiers, médecin du Roi, dont elle était veuve le 6 mars 1610.

Blouin (Pierre), qui doit être petit-fils de Jean et de Renée Denis, naquit en 1619 ; il épousa en premières noces, le 29 août 1653, Jeanne Imbert, fille de Jean et de Silvie de Puyroussét, dont il eut huit enfants. Devenu veuf, il se remaria, le 17 févr. 1667, à Madeleine Massiot, fille de Louis, avocat en Parlement, et de Marie Gaury, et mourut à St-Martin-l'Ars (Vendée), laissant du premier lit : 1° Renée, née à St-Martin-l'Ars le 20 nov. 1654, mariée, le 17 sept. 1674, à Gilles Viaud, sgr de Rellac, sénéchal de Luçon ; 2° Raoul, né à St-Martin-l'Ars le 8 juin 1656 ; 3° Marie, née audit lieu le 19 mars 1657 ; 4° Pierre, né le 10 août 1659 ; 5° Susanne, née en 1661, mariée à Etienne Collardeau, s^r de Villepreau.

Nous trouvons ailleurs que cette Susanne est dite fille de Pierre Blouin, s^r de Bourneuf, lieutenant de la maréchaussée en Aunis, et de Marguerite Le Vernes, et que le prénom de son mari était Venant, au lieu d'Etienne.

6° Emery, né à St-Martin-l'Ars en 1662 ; 7° Anne, née audit lieu le 7 févr. 1664, mariée, le 14 déc. 1692, à Didier Bernard ; 8° Gabrielle, née en 1666, morte en 1672. Du second lit sont issues : 9° Marie-Madeleine, née en 1668 ; 10° Marguerite, née le 7 avril 1669.

Blouin (Antoine), s^r de la Gazelière et du Gué-de-l'Hermenault, élu à Fontenay, épousa Jeanne Brunet, fille de Gabriel, Ec., sgr de la Riaillière, et de Elisabeth Alléaume ; il était mort avant le 28 avril 1648. De ce mariage sont issus : 1° Antoine, qui suit ; 2° et deux filles dont les noms nous sont inconnus.

Blouin (Antoine), s^r de Bourneuf-Marsais, rend aveu au sgr de St-Hilaire-le-Vouhis le 6 juin 1663 ; marié à Anne des Roches, il était mort avant le 24 avril 1698, date d'une ordonnance rendue par M. de Maupeou, intendant du Poitou, déchargeant sa famille de l'amende de 3,000 liv. qu'elle avait encourue pour avoir usurpé la qualité de noble, parce qu'il fut justifié qu'il avait toujours été employé au rôle des tailles de la paroisse de Marsais, et n'avait point pris la qualité d'écuyer. Nous avons trouvé cependant un Antoine Blouin qualifié d'Ec., sgr de Marsais, servant avec son père au ban des nobles du Poitou de 1690. Antoine eut de son mariage : 1° Pierre, né à Marsais en 1669 ; 2° Antoine, s^r de Bourneuf, né en 1672 ; 3° Catherine, 4° Antoinette, était veuve de Jean Berlouin, s^r de la Couture, lorsqu'elle se remaria à Michel Caron, employé des fermes.

Blouin (Jacques-Antoine), Ec., sgr de Marsais, se maria, le 15 août 1698, à Thérèse de Saint-Garreau (reg. Châtain). Il eut pour enfants : 1° Marie-Anne, D^e de Bourneuf, mariée, le 15 mai 1716, à François d'Aux, Ec., s^r du Colombier ; 2° Thérèse et 3° Catherine, mariée, le 14 mai 1725, à Simon Maureveau, était veuve en 1726.

Blouin (Marie-Anne) habitait en 1641 la paroisse de Marsais.

Blouin (Pierre), s^r^ de Bourneuf, assistait, le 10 août 1651, au contrat de mariage de Jeanne Blouin, sa cousine germaine, avec J. Bernon, Ec., sgr des Marais.

Blouin (Raoul), s^r^ de Marsais, fut nommé pair de la ville de Niort le 14 nov. 1658, puis maire en 1661. Il fut installé et prêta serment le 11 juin ; le 25 nov. suivant, il déclara vouloir vivre noblement, et était mort avant le 30 mars 1663. Raoul eut de Marie Cailleau, sa femme :

Blouin (François-Raoul), Ec., sgr du Plessis, qui épousa (contrat du 7 nov. 1680, Fournier, not., aux Essarts, Vendée), Renée Le Boeuf. Il fit partie du ban convoqué en 1690 et confirmé dans sa noblesse par M. de Maupeou, le 30 juill. 1700, et décéda à Thouarsais le 30 juill. 1714.

Blouin (Louise-Céleste), fille de Raoul, Ec., sgr de Marsais, et de Louise Bereau, son épouse, se maria en 1670 à Toussaint-François Racodet, Ec., sgr de St-Martin-l'Ars, la Guillemandière, etc. ; elle fut marraine le 2 févr. 1704.

Blouin (Marie-Anne), demeurant à la Rivière-des-Couardières (Marsais, Vendée), épousa, le 15 mars 1685, Daniel Vernède, Ec., sgr du Bouildroux.

§ II. — Branche de **Léraudière**.

1 — **Blouin** (Hilaire), Ec., sgr de la Rairie, lieut^t^-g^al^ en l'élection de la Rochelle, recevait, le 17 juin 1625, un aveu de Jean Bodin, Ec., sgr de la Cornetière, et assistait, comme cousin germain, au mariage de Judith Huislard avec Gabriel Girault, le 26 mai 1646. Il épousa, vers 1620, Gabrielle Boisson, dame de la Couraizière, dont il a eu : 1° Marie-Anne ou Jeanne, mariée, le 10 août 1653 (Aubry, not^re^), à Jean Bernon, Ec., sgr des Marais. Elle survécut à son mari décédé en 1664, et convola en secondes noces, en 1666, avec Philippe Roussard ; 2° Henri, qui suit ; 3° Gabrielle, qui assista au mariage de sa sœur avec J. Bernon.

2. — **Blouin** (Henri), Ec., sgr de Léraudière et du Buignon, épousa Marie Denfert, dont il a eu Henri-Hilaire, qui suit.

3. — **Blouin** (Henri-Hilaire), Ec., sgr de Léraudière, marié à Marsais, le 29 août 1694, à Susanne Roussineau, fille de Pierre, Ec., sgr de la Mothe, et de Henriette Desmé ; meurt à Marsais en 1705, laissant : 1° Henri-Hilaire, qui suit ; 2° Charles-Antoine, né à Marsais le 28 avril 1698 ; 3° Julie, née audit lieu le 18 oct. 1699 ; 4° René-Frédéric, né à Marsais le 6 janv. 1700 ; 5° Henriette, née à Marsais le 6 janv. 1702 ; elle épousa Pierre des Moulins, Ec., sgr du Breuil-Neuf.

4. — **Blouin** (Henri-Hilaire), IIe du nom, Ec., sgr de Léraudière, épousa à Marsais, le 17 juin 1739, Marguerite Draud, dont il a eu une seule fille, Julie-Elisabeth, qui, étant veuve de François-Salomon Giraudeau, épousa, le 14 févr. 1776, René-Jean-Baptiste Gaudin, sgr du Bouchaud ; elle est morte à Marsais en 1809. En elle finit la branche de Léraudière.

§ III. — Autre Branche.

Blouin (René), Ec., sgr de Léraudière, devait appartenir à la branche dont nous venons de parler ; mais nous n'avons pu le rattacher à la filiation ; il eut de Marie Bureau, sa femme, un fils, Louis, baptisé en 1669 à Marsais ? et une fille, Marie-Anne, qui épousa, le 13 avril 1702, Jacques Bouteville, s^r^ du Gaty.

BLOY (Le), capitaine, servit au ban des nobles du Poitou en 1491.

Bloy (Mathieu), membre du Chapitre de Luçon, assistait, le 10 oct. 1410, à une transaction passée entre Germain Morteau, sgr de la Bretonnière, et G. Paillard, évêque de Luçon, et son Chapitre.

Bloy (Françoise de) épousa François Jacques, comme on le voit par un partage du 30 mai 1577.

BLOYN ou **BLOIN** en Gatine.

Bloayn (Jean) fut témoin, le mardi avant la St-Cyprien 1319, de divers échanges faits entre André Chevalier et Nicolas Buignon. (B. Fillon.)

Bloyn (Jean), de St-Hilaire-de-la-Claye (Vendée), combat contre Jean Festiveau qui lui levait ses filets à prendre borgnes ou bourgnons en la rivière du Lay, 1447. (A. N., 178, 236.)

Bloyn (Jean de) servit au ban de 1471 convoqué dans les pays de Vihiers, Maulevrier, Chemillé, etc., et est déclaré tenir 30 liv. de rente et servira en brigandinier.

BOBE ou **BOBÉ**. — Noms divers.

Bobe (Françoise), veuve de Jean Pidoux, médecin du Roi, et François Pidoux, doyen de la Faculté de médecine de Poitiers, rendent aveu de la maison noble du Teillon en la p^sse^ de Vasles (D.-S.) à René Vaubert, sgr de Chouppes, le 26 oct. 1612. (Abb. de Ste-Croix de Poitiers.)

Bobé (Abel), procureur au Présidial de Poitiers, épousa, vers 1600, Anne Thoreau, qui épousa ensuite Daniel Pallu. Ils étaient décédés en 1647.

Bobe-Moreau (Jean-Baptiste). Ce médecin célèbre, né à Poitiers le 4 mars 1761, a terminé sa longue carrière à Saintes, le 15 mars 1849. Il fit ses premières études dans sa ville natale, et entra en 1781 à l'école navale de Rochefort, comme chirurgien de 3e classe ; fit le voyage des Antilles, où il se livra à l'étude des plantes et des animaux. Rentré en France, il fut nommé chirurgien de 2e classe à Rochefort ; nommé en 1793 pharmacien en chef de l'hôpital de marine, il succéda alors dans la chaire de botanique à M. Poché-Lafond. Membre de plusieurs sociétés savantes, il publia divers mémoires, pour lesquels il mérita d'être couronné. (Biog. Saintong. par Rainguet.)

Bobe (François-Olive), prêtre et vicaire à St-Benoît, se trouva, en 1789, à l'assemblée du clergé réunie à Poitiers pour nommer des députés aux Etats généraux. (F.)

BOBIN. — Nom assez commun en Poitou.

Bobin (Jean) rendit un hommage en 1483 au Chapitre de Ste-Radégonde pour le fief de Traversonne, à cause de Perrette Jouinet, sa femme. Ils eurent pour enfants, croyons-nous : 1° Pierre, qui rendit le même hommage en 1490 ; 2° Marie, mariée à Jacques de Brillac, lequel rendait le même hommage en 1495. (Chap. de Ste-Radégonde.)

Bobin (Françoise) épousa Pierre Saveteau, dont une fille, Marie, qui épousa, le 8 mai 1515, Robert Irland.

Bobin (Jean) fut consul des marchands de Poitiers en 1598.

Bobin (Gabriel), Ec., sgr de l'Age-Bouet (p^sse^ de Sillars), rend aveu le 5 fév. 1600. (Grand-Gauthier.)

Bobin (Guy), Ec., sgr de la Bobinière, c^er^ du Roi, assistait, le 26 mai 1646, au mariage de Judith Huislard avec Gabriel Girault.

Bobin (Jean), marchand à Poitiers, rendait aveu en 1671, au chât. de Châtellerault, de son fief et sgrie de Frenanges.

Bobin (Gédéon), son fils aîné, aussi marchand, rendait le même aveu le 15 janv. 1686. Il fut consul des marchands à Poitiers en 1714.

Bobin (Marguerite ou Françoise), veuve de Louis Moysen, Chev., sgr de la Roche-Laugerie, et tutrice de leurs enfants, rend aveu au chât. de Lusignan en 1702 du fief et sgrie de Pers.

Bobin (Noël), s^r^ de Bessé, épousa Marie Dupleix, fille de Guillaume, sgr de Remouhet, et de Marthe Baudy, au commencement du XVIIe s^e^.

BOBINEAU.

Bobineau (Mathurin) épousa, le 14 févr. 1511 (Jamet et Raoul, not^res^ à Niort), Marie Brochard de la Rochebrochard, fille de Jean, Ec., et de Marguerite Bourigleau.

Bobineau (Marie), de la famille de Pierre Bobineau, maire de la Rochelle en 1577, épousa, le 20 févr. 1578, Lancelot du Voësin, Ec., sgr de la Popelinière, célèbre capitaine protestant et chroniqueur.

Bobineau (N...) était gouvernante des pauvres de l'Hôtel-Dieu de Poitiers en 1731.

BOBINET ou **BOBYNET** (N...), Jésuite, s'appliqua à l'horographie. Nous connaissons de ce savant : 1° *L'Horographie curieuse*, ou *Des horloges et des cadrans* (La Flèche, G. Griveau, 1644) ; 2° *Le cadran des cadrans universel* (Paris, Hunault, 1649).

Bobinet (N...), curé de Buxerolles, mort à Poitiers en 1731, a laissé le manuscrit d'une nouvelle édition des Annales d'Aquitaine, poursuivie jusqu'en 1730. Cet ouvrage se trouve à la Bibliothèque publique de Poitiers, provenant sans doute du couvent des Cordeliers, auquel l'auteur avait en mourant cédé sa bibliothèque.

Bobinet a su rétablir dans le récit de son devancier un certain nombre de faits omis par lui, malheureusement en y mêlant des fables contre lesquelles il ne met pas toujours le lecteur assez en garde. Malgré tout, cet ouvrage est à consulter par toute personne voulant connaître l'histoire de notre province aux derniers siècles.

BOÇAY (Aimeri de), *miles*, était en 1267 en procès avec Guillaume de Vernou, Chev., pour la succession d'un fief. (Ledain, Hist. d'Alphonse.)

BOCE. — Famille d'origine féodale, qui habitait le Montmorillonnais au XIIIe siècle.

Boce (Thibaud), *Tetbaldus Boca*, est cité dans une donation faite à l'abb. de St-Maixent, vers 1050, par Vivien et Arsende, sa femme. (D. F. 15.)

Boce (Garnier), *Garnerius de Boca, Giraudus, Obellinus et Stephanus de Boca* sont cités dans une charte-notice datée de vers 1079, rapportant ce que fit Pierre, abbé de Mauléon, pour rentrer en possession de l'église des Aubiers. (D. F. 18.)

Boce (Giraud), *Giraudus Boca*, souscrit dans des chartes du prieuré de Montazay de 1140. Son fils Giraud souscrit également en 1166 et 1172, jusqu'en 1195. (Id.)

Boce (Aimeri), *Aimericus Boca*, est cité dans le don du moulin de Pérignè (Savigné, Vienne), fait à Montazay, vers 1150, par plusieurs gentilshommes du pays. (D. F. 18.)

Boce (Bernard), *Bernardus Boca*, cité dans la notice du don fait au même prieuré de terres sises au Fouilloux. (Id.)

Boce (Hugues), *Hugo Boca*, est cité dans un don de rentes dues sur le moulin du Breuil, fait en 1172 au monastère de Montazay, etc. (Id.)

Boce (Pierre), Chev., possédait des terres près du Blanc, *apud Oblinquum* ; elles furent confisquées sur lui vers le milieu du XIIIe siècle ; le Roi en fit don en 1261 à Guy Clérembault, qui en rend hommage. (A. N. cart. 190, 13, 3.)

Boce (Pierre), Chev., et Jeanne Chantolier (ou de Chantol), sa femme, faisaient un traité le 11 mars 1238, au sujet de rentes qu'ils devaient au prieuré de Mazerolles. (Titres de Nouaillé.)

Boce (Audebert), *Audebertus Boca frater Domus Dei Montis Maurilii*, est cité dans le titre supposé d'un don fait à la Maison-Dieu de Montmorillon, et autres de diverses terres et sgries, 18 avril 1303. (D. F. 24.)

Boce (Pierre), valet, avait en 1260 et 1281 des fiefs à la Haye-Rolland, Cormier, tenues de Montmorillon ; il devait un hommage pour la vigerie de Rillec, p^sse^ de Joce (Joué), qui fut cédée par le comte de Poitou à l'abbé de St-Savin, le 3 déc. 1260.

Boce (Aimeri) et autres vendent à l'abb. de la Trinité de Poitiers des rentes de froment sur des terres sises à Sèvres et à St-Julien (Vienne).

BOCEL (Hugues), habitant de Preuilly, fit en 1151 la donation de la terre de Bocheron, sise sur la petite rivière d'Anglo, pour y bâtir l'abbaye de la Merci-Dieu, qui fut d'abord appelée Charlieu. Eschivart de Preuilly et autres seigneurs souscrivirent comme témoins de cette donation. (F.) Il épousa Riverie d'Angle, et eut pour enfants : 1° Granolard (*sic*) ; 2° Aimery ; 3° N..., mariée à N... Sulinian ?

BOCHARD. — Ce nom, commun à plusieurs familles, se trouve mentionné dans des titres très anciens. (V. **BOUCHARD.**)

Bochard (Guillaume) fit don à Charroux en 1087, avec Guillaume Tudaboi, Chev. (D. F. 4.)

Bochard (Savary) et son fils Pierre avaient fait un don avant 1112 à l'abb. de St-Cyprien d'une dîme sise p^sse^ de St-Saturnin de Poitiers.

Bochard (Geoffroy) fait en 1150 une donation de dîmes à l'abb. de Boisgrolland, approuvée par *Petrus Bocardi*, son neveu, don confirmé par Aimery de Bul, Pierre et Aimery, ses fils.

Bochard (Pierre) est témoin de la donation d'un fief fait, vers 1171, à l'abb. de Boisgrolland par Jean d'Eudes, en présence d'Aimery, abbé de ce monastère.

Bochard (Humbert), *Bocardus* et *Zacharias frater ejus* sont témoins d'une transaction passée, en 1180, entre les abbayes de Charroux et de la Colombe. (D. F. 5.)

Bochard (Maingot), *Bocardus miles*, le 3e des 13 témoins signant, au mois de mai 1186, la charte de donation à l'abb. de Charroux de la forêt de Morselle. (Id.)

Bochard (Etienne), *Bocardus archipresbyter de Gonchaio* (Gençay, Vienne), fut témoin (le 4e) d'un don fait en 1216 à l'abb. de Ste-Croix de Poitiers, par Marguerite de Berrie, veuve de Hugues d'Amboise.

Bochart (Renaud), Chev., fut témoin d'un don fait en août 1224 à l'abb. de Boisgrolland, par Guillaume d'Asprémont, sgr de Poiroux et Rié.

Bochard (Guillaume), Chev., habitait Ruffec vers 1260.

Bochard (Guillaume), Chev., fait en 1387 des dons à l'abb. de Charroux.

Bochard (Nicole), docteur en théologie, official de l'Eglise de Poitiers en 1535, était en 1546 secrétaire de Mme Louise de Bourbon, abbesse de Fontevrault.

Bochart (Jacques), sr des Coux, fut témoin d'un échange à Lorbestour, près la Roche-sur-Yon, fait le 16 août 1450. (Arch. de la Barre.)

Bochard (Claude), fille de Antoine, sgr de Farinvilliers, cer au Parlement de Paris (d'une famille étrangère au Poitou), épousa, le 26 mars 1548, François de la Porte, sr de la Lunardière, avocat en Parlement.

Bochart (Joachim) épousa, vers 1600, Claude Chevalier de la Coindardière ; il était veuf en 1638.

BOCHE (Aimery) fut témoin d'une donation faite en 1218 à l'abbaye de St-Maixent par Gedouin, fils aîné de feu Aimery de Cursay, Chev., et de Eschive, sa veuve. (F.)

Boche (Pierre), *miles*, prit part à la révolte du Cte de la Marche contre le Cte Alphonse. (Ledain, Hist. d'Alphonse.)

Boche (Jean) vendait, vers 1264, au Chapitre de N.-D.-la-Grande de Poitiers, une rente que lui devait Philippe Boche sur des terres à Beaumont. Le jeudi avant la Purification, même année, il crée au profit du même Chapitre, avec Pétronille, sa femme, une rente sur leur herbergement de Vérines.

Boche (Pierre), Chev., servait avec deux écuyers à la bastide de Surgères, le 7 oct. 1353. Son sceau porte un écu chargé d'une bande. (Gaignères, 773, p. 555.)

BOCHERELLUS (*Whilelmus*) était doyen du Chapitre de St-Hilaire-le-Grand de Poitiers en 1136. (F.)

BOCHERUN (Pierre), Chev., fit une donation à l'abbaye de Boisgrolland au mois d'août 1282. (F.)

BOCHET. — V. **BOSCHET** et **BOUCHET**.

L'Armorial de Dom Mazet. (Manuscr. 305, bibl. Poitiers) dit que Bochet porte : « de... au lion de... bordure chargée de 4 (ce doit être 6 ou 8) besants de... »

BOCQUIER. — Famille noble des environs de Fontenay.

Blason : d'azur à deux fasces d'or accompagnées de 3 molettes de même, 2, 1.

Bocquier (Claude), époux de Elisabet Massé, était décédé vers 1630, époque du second mariage de sa femme avec René Théronneau.

Bocquier (Léon), Ec., sgr de la Franchère, habitant Fontenay ;

Bocquier (Gabriel), Ec., sgr de la Bougonnière, et

Bocquier (Marie), veuve de Charles de la Boucherie, Ec., sgr du Fief, furent maintenus nobles, le 29 août 1667, par M. Barentin.

Bocquier (François), Ec., sgr des Essarts, épousa Jeanne Barré, qui testait le 18 avril 1688.

Bocquier (Hélène-Jeanne) épousa René-Thomas des Nouhes, Ec., sgr de Pally, vers 1700.

BODARD (Louise) épousa Pierre Estivalle ; leur fille fut mariée en 1436 à Jean de Saligné. (Gén. Saligné.)

Bodard (Jacques), sr des Aubiers au pays de Montmorillon, était, le 26 janv. 1618, époux de Anne Martinet, avec laquelle il consentait un acte de vente.

BODET DE LA FENESTRE. — Famille noble et ancienne, originaire du Bressuirais, où elle est connue dès le XIVe siècle. Son nom est souvent écrit *Baudet* dans les titres anciens ; elle s'est répandue dans plusieurs provinces : Anjou, Touraine, Périgord. La généalogie que nous donnons ci-après est extraite du procès-verbal des titres présentés, en 1788, pour faire recevoir Marie-Françoise-Agathe Bodet au Chapitre de St-Antoine de Viennois (Ordre de Malte). Cette pièce nous a été communiquée par feu M. Pierre-Constant-Léonor Bodet de la Fenestre.

Blason : « d'azur à une épée d'argent « posée en pal, et à la fasce de gueules « brochant sur le tout ». On dit à tort une trangle posée vers le chef. C'était un blason mal dessiné.

Noms isolés.

Bodet (Jean) servit au ban de 1467 comme brigandinier du sr de Bressuire.

Bodet (Maurice), sgr des Loges et de la Fenestre, vivait en 1480.

Bodet (Bastien) passa revue comme archer, le 22 juin 1482. (Bib. Nat. Montres et Revues.)

Bodet (N...), sgr de la Fenestre (Chanteloup, D.-S.) et de la Garrelière, reçut, le 2 juin 1506, un aveu du sgr de Bois-Pouvreau. (Arch. Mest d'Airvau.)

Bodet (René), Ec., sgr de la Fenestre et de la Garrelière, recevait, le 31 mai 1515, un aveu de Jehan de Pouillé, prêtre, sgr de la Roche-Ligault (Lucas, notre sous la cour de St-Clémentin).

Bodet (Jacquette) épousa, vers 1530, Baptiste Goulard, Chev., sgr du Bois-Belle-Femme.

La liste chronologique des chevaliers de St-Jean-de-Jérusalem, de Vertot, nous fournit les noms suivants :

Bodet (N...), reçu chevalier vers 1523.

Bodet (Jacob), reçu en 1535.

D'après plusieurs actes qui furent produits en 1582 devant René Brisson, sénéchal de Fontenay, qui les mentionne dans sa sentence de maintenue de noblesse en faveur de Léon Bodet, Ec., sr de la Fenestre, on trouve dès 1304 Nicolas Bodet, valet, qui fait un aveu. (*Nota*. La date pourrait bien être erronée et avoir été mise pour 1404.)

§ Ier. — *Filiation suivie.*

1. — **Bodet** (Nicolas), qui est dit issu d'autre Nicolas dans un acte judiciaire de 1396, rendit au Vte de Thouars, le 26 oct. 1404, un aveu pour son hébergement de Luzais. Il en rendit un autre au même sgr, pour le même lieu, le 10 nov. 1424. Nicolas Bodet, qualifié *maître*, ce qui indique un homme de loi, assistait à la fondation du monastère des Cordeliers, fondé en 1405, à Bressuire, par Jean de Beaumont et Mathurine d'Argenton, son épouse. Il eut pour fils Nicolas, qui suit, d'après le contrat de mariage de ce dernier.

2. — **Bodet** (Nicolas), Ec., sgr des Loges et de la Fenestre, d'après les pièces produites en 1582 devant Pierre Brisson, sénéchal de Fontenay, fit ou reçut plusieurs actes d'hommage en 1431, 1434, 1444, 1459. Il se maria par contrat passé en 1434 (mais on ne dit pas avec qui); il figura à l'arrière-ban en 1448 et 1454 et aux assises de Bressuire en 1452. En 1431, il possédait le Bois-Pasquet en Pugny (Hist. Bressuire, 104, 201), et en qualité de sgr de la Garrelière recevait, les 7 juin et 24 juill. 1458, de Geoffroy de Pouillé, des aveux pour la borderie de la Roullière, et le 14 août 1441, un autre encore du sgr de Bourg-Bastard. (Arch. d'Airvau.)

On voit, par un accord de 1462 et un partage du 1er févr. 1508, signé P. Esquot et M. de la Ville, notres de la cour de Thouars, qu'il avait eu pour fils : 1° Pierre, qui suit ; 2° François, chef de la branche de Marterie, § III.

3. — **Bodet** (Pierre), Ec., sgr de la Fenestre, passa revue comme archer le 12 déc. 1485. (Bib. Nat., Montres et Revues.) Il épousa Jeanne de Thorigné, laquelle testa le 31 août 1493. (Chausseray et P. Riffault, notres à Bressuire.) Dès cette époque elle était veuve; entre autres dispositions, elle donne à Maurice, un de ses enfants, pour qu'il soit tenu de faire et accomplir les services et ordonnances, et acquitter les dettes contractées par feu André Bodet, son frère, tous les biens meubles échus par la mort dudit André, excepté 50 écus, desquels elle donne, savoir : 10 écus à Jeanne Moreau, fille de Pierre Moreau et de Françoise Bodet, sa fille, et le reste aux enfants de feu Jacques Bodet, son fils, Ec.

Les enfants que laissait Pierre Bodet sont : 1° Jacques, qui suit ; 2° Françoise, épouse de Pierre Moreau, Ec., sgr de l'Aumônerie ; dans le reg. de Malte elle est dite à tort fille de Robert Bodet ; 3° Jeanne, 4° André, déjà décédé à l'époque du testament de sa mère ; 5° Pierre, 6° Maurice, Ec., sgr des Loges, nommé dans le testament de Jeanne de Thorigné, sa mère, rendit aveu, le 7 sept. 1495, au Vte de Thouars, de son hôtel de Luzais. De ces six enfants, il ne restait que Françoise en 1508, lors du partage dont nous avons parlé.

4. — **Bodet** (Jacques), Ec., sgr de la F...estre, avait épousé Marguerite Jau, dame de la Geffardière. (Bibl. de l'Arsenal; Gd-Prieuré d'Aquitaine.) Il en eut : 1° René, qui suit ; 2° Jean, bachelier ès lois ; 3° Françoise, qui épousa d'abord, le 10 janv. 1501 (P. Guerry et A. Regnart, notres), Jean Cuillerot, Ec., sgr des Houlières et de Cutepraye ; puis Louis Goulart, Chev. de l'ordre du Roi, sgr d'Arçays et de la Geffardière, du chef de sa femme (transaction portant quittance donnée par ledit Louis Goulart à Maurice Bodet, son oncle, le 19 oct. 1503) ; 4° Jacquette ou Marie, qui épousa Mathurin Réorteau, Ec., sgr de la Crestinière, vivant le 12 déc. 1510. Tous les quatre sont nommés dans le partage du 1er févr. 1508.

5. — **Bodet** (René), Ec., sgr de la Fenestre, avait épousé Renée de Montrichard, comme il ressort d'une déclaration faite, le 7 mars 1557, par Jean Cassereau, mandataire de ladite dame de Montrichard, veuve dès cette époque, pour l'hôtel noble de la Fenestre, et les trente-six fiefs qui composent ladite terre; et de la ratification du contrat de mariage de Léon, son petit-fils, le 30 janv. 1553. Ils avaient eu pour enfants : 1° René, qui suit ; 2° Marie, qui épousa, le 5 mai 1550 (Pelouyn, notre de la Forêt-sur-Sèvre), René Barlot, Ec., sgr du Châtelier-Barlot ; 3° Jeanne, qui épousa Jean Dorin, Ec., sgr de Ligné. (Reg. du Gd-Prieuré d'Aquitaine.)

6. — **Bodet** (René), IIe du nom, fut l'époux de Geneviève Olivier, fille de Guillaume, Ec., sgr de Migallan. Il rendit plusieurs hommages, les 13 juill. 1545 et 11 mars 1546, pour différents fiefs situés psse de Courlay. Il avait eu de son mariage : 1° Léon, qui suit ; 2° Jacques, Ec., sgr de Pastorat, nommé dans le contrat de mariage de son frère Léon ; 3° Françoise, qui épousa, le 22 juill. 1544, Guillaume Pichier, Ec., sgr de la Roche-Pichier et du Plessis (Blouyn et Perrochon, notres ès cours de Brézé et de la Forêt-sur-Sèvre).

7. — **Bodet** (Léon), Ec., sgr de Migallan, la Fenestre et Tennessue, épousa, le 21 janv. 1553 (J. Mallet et Bonnineau, notres des sgries de Bressuire et Châteaumur), Louise de la Tiouère, fille de Christophe, sgr des Marchais, et de feu Apolline des Halles, laquelle était veuve en premières noces de Louis Audoyer, Ec., sgr de la Maison-Neuve. Léon rendit hommage à Bressuire pour divers objets, et un dénombrement au Roi à cause de la Tour de Maubergeon, le 30 mars 1580, pour raison de la tour et hébergement de Tennessue (Amaillou, D.-S.).

Il fut déchargé de l'obligation de paraître au ban et arrière-ban de 1574, comme faisant partie de la garnison d'Argenton-Château. (Lettre du duc de Montpensier, du 20 avril 1574, au Baron d'Argenton.)

Sur le vu de ces titres, et la présentation d'une sentence rendue le 13 juin 1582 par René Brisson, sénéchal de Fontenay, il fut déchargé de l'assignation à lui adressée ; et Claude Malon, commissaire du Roi en Poitou pour le réglement des tailles, le reconnut noble et issu de noble race, par sentence rendue à Poitiers, le 30 oct. 1584. Léon laissa de son mariage : 1° René, IIIe du nom, qui suit ; 2° Renée, épouse de François Mothais, sgr de la Roche et de la Guérinière, gouverneur de la ville et château de Mortagne. Elle partagea le 9 févr. 1591 (Bouvray, notre à Airvault), avec son frère aîné, les biens de leurs père et mère décédés ; ellemême était morte en 1633.

8. — **Bodet** (René), IIIe du nom, Chev., sgr de la Fenestre, Migallan, et du châtel et forteresse de Tennessue, épousa, le 21 sept. 1594 (J. Regnault et G. Richier, notres de la sgrie de Fougères), Aliénor de Montausier, dame de Beaulieu et de la Cour-de-Brem, fille de feu Jean, Chev. de l'ordre du Roi, sgr de la Charoulière, et de Madeleine de Chasteigner.

Il prenait en 1592 le titre de noble et puissant sgr de la Fenestre, des château et forteresse de Tennessue, et du fief d'Hérisson en Thouarsais. Le 10 juill. 1588, il avait rendu au Roi, à cause de sa Tour de Maubergeon, un dénombrement de sa forteresse de Tennessue ; au bas était appendu le scel de ses armes. Il scellait encore un autre aveu qu'il rendait à Jacqueline de la Trimouille, Bnne de Brandois, pour sa maison noble de la Cour-de-Brem. René mourut au mois de mai 1599, laissant pour fils unique :

9. — **Bodet** (François), Ec., sgr de la Fenestre

de Tennessue, de la Cour-de-Brem, était, lors de la mort de son père, mineur et sous la tutelle de François Mothais, son oncle, Ec., sgr de la Roche (dénombrement rendu pour lui au baron de Bressuire, de la maison noble de la Pastayre (Chanteloup, D.-Sèv.), le 26 janv. 1602; Griallot et Bilheu, not^res de la cour de Bressuire). Il épousa, le 16 mars 1635 (Brossard, not^re de la Forêt-sur-Sèvre), Madeleine DE GALLIOT, fille aînée de Jacques, Ec., sgr de la Saulaye et de la Baubinière, gentilhomme ordinaire de la chambre du Roi, et de feu Françoise de Montausier.

L'on voit, par un certificat du 13 nov. 1635 du Cte de Parabère, gouverneur du Poitou, que François Bodet s'était trouvé près de la personne dudit comte, dès le commencement du mois d'août 1635, en équipage d'armes et de chevaux, pour servir le Roi, comme il en avait été requis par la convocation des ban et arrière-ban, etc. Il était mort avant le 14 août 1661. Il laissa de son mariage : 1° JACQUES-LÉONOR, qui suit; 2° RENÉ, Ec., sgr de la Cour-de-Brem, nommé dans un acte du 11 mars 1665 (Touton et Royer, not^res royaux à Poitiers), passé entre lui, Jacques-Léonor et Jean, son frère, relatif au partage des biens de leurs père et mère; marié en 1681 à Anne JAUDONNET, fille de Jacques et d'Anne Léau, il eût, croyons-nous, pour enfants : *a.* RENÉ-JACQUES, Ec. de la Cour-de-Brem, qui fit aveu de Villeneuve en Neuvy en 1698, 1706 et le 28 juin 1731, au sgr d'Airvault ; il épousa, le 13 janv. 1706, Antoinette MARVEILLAU ; mais nous ne savons pas s'il eut postérité ; *b.* ANNE-CHARLOTTE, mariée, vers 1698, à René de la Haye-Monbault, Ec., s^r de la Roulière, qui fit aveu de Villeneuve en Neuvy, le 6 mai 1706, probablement comme seigneur en partie.

3° MARIE, religieuse professe au couvent de Monts ; 4° JEAN, né le 4 juin 1639, et baptisé le 20 févr. 1641, nommé dans l'acte de partage du 11 mars 1665 précité. On lui donne dans cet acte le titre d'écuyer, sgr de Brem. Il avait été reçu, le 6 mars 1656, Chev. de St-Jean-de-Jérusalem.

10. — **Bodet** (Jacques-Léonor), Ec., sgr de la Fenestre et de la Cour-de-Brem, eut, pour son préciput et avantage (partage du 11 mars 1665), deux parts dans le bien noble, et pour son droit d'aînesse, dans les successions de ses père et mère, la maison noble, terre et seigneurie de la Fenestre ; rendait au chât. de Civray, en 1688, aveu de la dîme du Breuil-aux-Bougoins (St-Pierre-d'Exideuil, Vienne). (N. féod.) Il avait épousé, par contrat du 14 août 1661, signé Charon, not^re royal à Angers, Marie DE VILLENEUVE, fille de feu René, Chev., sgr du Cazeau et du Bois-Grolleau, et de dame Françoise de Signy.

Le 24 sept. 1667, il obtint de M. Barentin, intendant du Poitou, une ordonnance de maintenue de noblesse. Il lui fut enjoint le 21 juin 1674 par le duc de la Vieuville, gouverneur du Poitou, de se tenir prêt à monter à cheval, pour s'opposer aux entreprises que les ennemis pourraient faire sur les côtes du Poitou.

Il eut de son mariage : 1° RENÉ-JOSEPH, qui suit ; 2° MARGUERITE, mariée, le 28 mai 1694, à Mess. Gabriel Regnault, Chev., sgr de la Proustière et la Bobinerie ; 3° MARIE-ANNE, qui épousa, le 2 févr. 1697 (de la Vau, not. à Bressuire), Raymond de Montfrebœuf, Chev., sgr de Beauregard. Ils partagèrent tous les trois les biens de leurs père et mère le 3 mai 1699 (Taulpier et Fillon, not^res royaux à Fontenay) ; 4° N..., fille, religieuse à la Trinité de Poitiers ; 5° N..., religieuse, décédée en 1699.

11. — **Bodet** (René-Joseph), Chev., sgr de la Fenestre, la Jaulay et Launay, était enseigne des vaisseaux du Roi, « flotte de France au département de Toulon », et en 1698 au département de Rochefort, comme il appert de plusieurs hommages rendus en son nom par Gabriel Regnault, son beau-frère, au sgr de Bressuire, le 6 mai 1695, signés Morin, greffier. Il fit aveu du Grand-Ry à Vouvant le 7 mai 1728. Marié, le 13 avril 1698 (Cardier et Perret, not^res à Fontenay-le-Comte), à Françoise SABOURIN, fille du premier mariage de François Sabourin, Ec., sgr de Dissay et de la Charoulière, etc., président au siège royal de Fontenay, et de Marie Denis. Le 11 mai 1715, il obtint de M. Quentin de Richebourg, intendant du Poitou, une sentence confirmative de celles de MM. Barentin et de Maupeou.

Il laissa de son mariage : 1° JACQUES-LÉONOR, IIe du nom, qui suit ; 2° MARIE-FRANÇOISE, 3° MARIE-ANNE-VICTOIRE, 4° FRANÇOIS-VICTOR, dont la filiation sera rapportée au § II ; 5° MARIE-JOSEPH, Ec., sgr de la Saulaye ; 6° MARTHE. Tous nommés dans le partage noble du 23 avril 1732. Lesdits François-Victor, Marie-Joseph et Marthe étaient mineurs émancipés à cette époque. Jacques-Léonor eut pour son droit d'aînesse la sgrie de la Fenestre, etc.

12. — **Bodet** (Jacques-Léonor), Chev., sgr de la Fenestre, rendit, le 8 avril 1732, aveu de différents fiefs situés p^sses de Chanteloup et Montcoutant (D.-S.), à la B^nie de Bressuire, signé Lozeau, greffier. Le 9 ou le 24 mars 1747, il épousa (Roquet et Jarry, not.) Elisabeth-Françoise DE LA HAYE, fille de Louis-François, Chev., sgr de Rigny, et de dame Elisabeth Girard. Il fut convoqué au ban de 1747, et faisait partie de la 2e division de la première brigade de l'escadron du chevalier de la Salle. Il était mort au mois d'oct. 1775, laissant de son mariage : 1° LÉONOR-LOUIS-CHARLES, qui suit ; 2° MARIE-ELISABETH, qui épousa Charles-Adrien-Henri Bodet, Chev., sgr de la Forêt-Montpensier, son cousin ; 3° MARIE-ROSE, mariée à Jacques-César-Alexandre de Buzelet, Ec., sgr de la Roche-Gourdon.

13. — **Bodet** (Léonor-Louis-Charles), Chev., sgr de la Fenestre et Chanteloup, né à Thouars, p^sse St-Médard, en févr. 1750, servit quelques années au régiment de Chartres-Infanterie, comme on le voit par plusieurs brevets des 1er sept. 1767, 26 juill. 1768, 3 sept. 1771, etc. Le 27 oct. 1778, il épousa (Cuisinier et Bourbeau, not^res royaux à Poitiers) Marie-Jeanne-Elisabeth IRLAND, fille de François-Hubert, Chev., sgr de Bazôges, Preuilly, etc., et de dame Elisabeth Constant, son épouse. Il assista en 1789 à l'assemblée de la noblesse du Poitou, réunie à Poitiers. Emigré en 1791, il se réunit aux compagnies rouges, et servit dans l'armée des Princes, frères du Roi, comme maître de la première compagnie noble d'ordonnance, fut nommé chef d'escadron et Chev. de St-Louis par brevet du 24 août 1814.

Il mourut à Poitiers en 1820, laissant de son mariage : 1° PIERRE-CONSTANT-LÉONOR, qui suit ; 2° MARIE-FRANÇOISE-AGATHE, baptisée le 31 janv. 1780, reçue chanoinesse du Chapitre de St-Antoine de Viennois (Ordre de Malte) en 1788, et morte le 18 janv. 1841 ; 3° MARIE-ZOÉ, mariée, le 30 juin 1819, à Jean-Adolphe du Pin de la Guérivière, morte en mars 1827.

14. — **Bodet de la Fenestre** (Pierre-Constant-Léonor), capitaine au corps royal d'état-major, Chev. de St-Louis, de la Légion d'honneur, des Sts-Maurice et Lazare de Sardaigne, eut la cuisse cassée à la bataille des Mathes, où il servait comme aide de camp de Louis de la Rochejacquelein. Il fut plus tard, à Marseille, aide de camp du baron de Damas ; retiré du service, il épousa, le 4 fév. 1823, Angélique-Zoé DE Ste-HERMINE, fille de Emmanuel-Armand-Jean-Bénédict Mis de Ste-Hermine et de Marie-Agathe Berthelin de Monbrun, dont :

15. — **Bodet de la Fenestre** (Marie-Emmanuel-Eléonor), né le 10 janv. 1824, décédé célibataire en 184 ?

§ II. — Deuxième Branche.

12. — **Bodet** (François-Victor), Chev., sgr de la Saulaye, fils de René-Joseph et de dame Françoise Sabourin (11e degré du § Ier), épousa Marianne Marveillau. De ce mariage est issu :

13. — **Bodet** (Charles-Adrien-Henri), Chev., sgr la Forêt-Montpeusier, Chev. de St-Louis, ancien capitaine commandant au régiment de Champagne-Infanterie, obtint deux pensions sur les fonds de la guerre, en considération de ses services et pour sa retraite ; il fit partie des nobles réunis à Poitiers en 1789 pour la rédaction des cahiers des États généraux. Il avait épousé Marie-Elisabeth Bodet, fille de Jacques-Léonor, Ec., sgr de la Fenestre, et d'Elisabeth-Françoise de la Haye, sa cousine germaine, dont est issue une fille, Louise-Charlotte, mariée à M. le baron Charles des Romans.

§ III. — Branche de **La Marterie**.

3. — **Bodet** (François), Ec., sr de la Marterie, fils puîné de Nicolas, sr de la Fenestre (2e deg., § I), fit accord en 1462 avec Jeanne de Thorigné, veuve de Pierre Bodet, son frère aîné, au sujet du droit de retour à lui obvenu par décès de son frère ; lui (ou son fils du même nom) eut procès en 1501 contre Mathurin Réorteau et Jacquette Bodet, sa femme, terminé par un accord passé à Niort, le 12 déc. 1520. Il épousa Catherine Chabot, fille de Louis, Ec., sr de Laleu, et de Jeanne Buffeteau, dont il eut : 1° Pierre, qui suit ; 2° Jacquette, femme de Pierre Ramfray ; 3° Joachime, mariée à Guyon de Lesbaupinay ; 4° Antoine.

4. — **Bodet** (Pierre), Ec., sr de la Marterie, rend, le 7 mai 1550, aveu du moulin de Drahé (St-Pompain, D.-S.) à François d'Orléans duc de Longueville. (G.-G.) Il paraît avoir eu pour fils :

5. — **Bodet** (Jean), Ec., sgr de la Marterie, qui épousa, vers 1550, Catherine de Frondeboeuf, fille de Marc, Ec., sgr du Bois-d'Ayré, et de Françoise de Clervaux ; rendait, le 6 juin 1578, aveu et dénombrement de sa terre de Beaumont, psse de St-Michel-le-Clou (Vendée). (G.-G.) Il eut pour enfants : 1° Jeanne, mariée, vers 1570, à François de Clervaux, Ec., sgr du Pin-d'Augé ; 2° Marie, qui épousa, le 21 juin 1593, Charles Darrot, Ec., sgr de la Poupelinière.

BODET DE LA CROIX (N...), habitant Soulans, fut nommé en 1787 membre du Tiers-Etat à l'assemblée d'élection des Sables, et délégué par le même ordre à l'assemblée réunie à Poitiers en 1789, pour nommer des députés aux Etats généraux. (F.)

BODET ou **BAUDET** de Thorigny. — Famille noble originaire des environs de Montbason, que l'on confond souvent avec les Bodet de la Fenestre, et à qui on en donne les armes, par erreur ; car leur vrai blason était : de gueules à une croix ancrée d'argent. (P. O. 453, Leboultz, 83.)

Bodet ou **Baudet** (Antoine), Ec., sr de Varenne, Thorigny, épousa, le 3 mai 1474, Jeanne Ysoré, fille de Jean, Chev., sr de Pleumartin, dont il eut : 1° François, qui suit ; 2° Louise, mariée, le 22 juill. 1492, à Jean Nouzillet, Ec., capitaine de Montbason, puis, le 6 juill. 1496, à Marsault Richard, Ec., sr de Puychault (près Vivonne) ; 3° Georges, Ec., sr d'Isernay, chargé en 1543-44 par Louis de Rohan, sgr de Montbason, de vendre ses bois de la Saisine (près Parthenay) (Arch. de la Barre) ; 4° Antoine, sr de Varennes, marié en 1506 à Marie de Bresseau, veuve de Philippe de Marsay, et fille de Jamet, Ec., sr de Bresseau, et de Jeanne du Plessis (n'eut que des filles).

Bodet ou **Baudet** (François), Ec., sr de Thorigny, épousa Jeanne Chevrier, dont Guillemette de Thorigny, mariée à Antoine de Nossay, Ec., sgr de la Forge. (Poitou.)

Bodet ou **Baudet** (François), Ec., sr de la Cour-de-Sazilly, frère puîné d'Antoine, sgr de Thorigny (ci-dessus), fut tuteur de sa petite-nièce Guillemette de Thorigny en 1515 ; il eut des enfants, entre autres : 1° Charles, Ec., sr de la Cour-de-Sazilly, qui vivait en 1560 ; 2° Marie, qui épousa en 1506 Michel de Rougemont, Ec., mort en 1515.

BODIN. — Ce nom se trouve très anciennement en Poitou. Nous pensons que les notes qui vont suivre se rapportent à diverses familles.

Blason. — Jacques Bodin, sr de la Bachelière, bourgeois de François (D.-S.) : d'or à une bordure de sable chargée de neuf merlettes d'or. (D'Hozier, fantaisie.)

Noms isolés.

Bodinus, *Præpositus*, est cité dans une charte de l'abb. de St-Florent de Saumur du 3 avril 1082. (A. H. P. 2.)

Bodinus (N...) et *Aldebertus*, son fils, sont cités dans le don fait par *Ugo de Chistré* aux moines de St-Cyprien, de tout ce qu'il possédait dans la terre de Chistré, vers 1090. (Id.)

Bodinus (*Aldebertus*, susnommé ?) est nommé dans la liste dressée, vers 1100, des propriétaires de Douil devant des cens à l'abb. de St-Cyprien. (Id. 3.)

Bodinus (*Paganus*), écuyer d'Hervé de Mareuil, était présent à la rédaction de la charte de fondation de l'abb. de Trizay, 1117. (Besly, Ev. de Poitiers.) Nous trouvons encore un *Paganus Bodinus* cité dans un don fait au prieuré du Libaut, de 1137 à 1139, par Pierre Travers. (A. H. P. 1.)

Bodinus (*Reginardus*) fut un des témoins de la charte de l'abb. de Trizay de 1117. (Besly, *loc. cit.*)

Bodinus (*Aimericus*) fait en 1140, de concert avec Sebrand Chabot, sgr de Vouvant, et Thibault Chasteigner, sgr de la Chasteigneraye, une donation à l'abb. de l'Absie. (Duchesne, Hist. Chasteigners.)

Bodinus (*Johannes*), Chev., habitant la sgrie de Bressuire, s'engage avec les autres sgrs de la Brie à faire respecter la charte concédée aux habitants de cette ville, en 1190, par Raoul de Beaumont et sa famille. (Hist. Bressuire, 66.)

Bodin (Philippe) d'Envigne donne, le mercredi après la St-Denis 1278, plusieurs pièces de terre à Tiphaine, sa fille, du consentement de Guillaume et de Vincent, ses fils ; puis, le mercredi après la St-Barnabé 1263, Philippe et Vincent, fils, promettent à Perrenelle, fille de Jean Bremeau, femme dudit Vincent, 1 septier de froment de rente, pour son douaire. Vincent était mort avant le mercredi de la Septembrèche 12..? (Nativité de N.-Dame), époque à laquelle Perrenelle délaisse 2 septiers de froment à Fouquet Badidis.

Guillaume et Vincent précités avaient abandonné, le

mercredi avant la Pentecôte 1282, à leur sœur Tiphaine, tous les héritages ayant appartenu à Pierre Poitevin de Montbrillais, etc. (G.-G. Bureau des finances.) Guillaume vivait encore en 1286. (Id.)

Bodin (Guillaume) est cité dans la déclaration faite le 28 juill. 1295, par le curé de Chiré, des dons et legs faits à son église, depuis 48 ans, devant Pierre de Beaumont, député par le Roi, pour la levée des finances du Poitou et Limousin. (Doc. inéd. 150.)

Bodin (Jean), de la p^{sse} de Prinçay, reconnaît, le mercredi avant *Lætare* 1305-06, avoir pris à rente 3 pièces de terre au Chapitre de Ste-Radégonde de Poitiers. (G.-G.)

Bodin (Marie). Martin son fils et sa femme Pétronille prennent à rente du Chapitre de St-Pierre-le-Puellier une maison moyennant 60 sous.

Bodin (Pierre), abbé de St-Jouin-lès-Marnes, fut en 1350 l'un des signataires du testament de la Ctesse de Dreux, V^{tesse} de Thouars. (D. F.)

Bodin (Jean) et sa femme vendent au prieuré de St-Cyprien de Bressuire tout ce qu'ils possédaient dans la p^{sse} de Clazay. Acte passé sous le seel du sgr de Bressuire, le 14 mars 1352. (D. F.)

Bodin (Pierre) de la Fuye de Bauday (Savigny-sous-Faye) reconnaît, le mardi après la Pentecôte 1363, avoir pris à rente pour huit ans un herbergement du Chapitre de Ste-Radégonde de Poitiers.

Bodin (N...) habitait Poitiers en 1373. Le duc de Berri, comte de Poitou, lui accorda, ainsi qu'aux principaux habitants de la ville, dévoués au roi de France, le privilège d'avoir un cheval chez eux. (Hist. du Poitou, 2.)

Bodin (P.), not^{re} à Chantonnay. On trouve aux archives de Thouars des actes signés de ce nom en 1402. On sait que l'exercice de ces fonctions n'emportait point dérogeance, et que ceux qui les exerçaient jouissaient d'une grande considération.

Bodin (Jean), habitant dans la B^{nie} de Mortagne, fut en 1431 taxé pour ne pas s'être rendu aux armées, bien que convoqué et se disant noble. (Bibl. Nat. Portefeuille intitulé Poitou.)

Bodin (Julien) servait au ban de 1467 comme brigandinier du s^{r} de L'Aigle, et lors de ceux de 1489 et 1491, il faisait partie de la garnison de Mortagne, ce qui l'empêcha d'y comparaître.

Bodin (Jean) était en 1483 receveur du prieuré de N.-Dame de Loudun.

Bodin (Jacques) se fit remplacer au ban de 1488 par N... Leclerc, qui servit en brigandinier.

Bodin (Jean), demeurant dans la sgrie de Sanzay, servit en qualité d'archer au ban de 1491.

Bodin (Régner) passa revue comme archer le 22 août 1491.

Bodin (Jacques), Ec., sgr du Plessis-au-Merle (diocèse de Luçon, Vendée), épousa, par contrat du 30 janv. 1497, Catherine Girard, fille d'Antoine, Ec., sgr de la Roussière, et de Marguerite Boutaud. Le 23 févr. 1505, il faisait un échange avec Anne de Ste-Flaive, D^{e} de St-Laurent de la Salle.

Bodin (René) fut élu abbé de Talmond le 10 oct. 1518. (Gal. Christ.)

Bodin (Barthélemy), chanoine de l'Église de Poitiers, docteur en décrets, professeur de théologie et vicaire général du cardinal de Givry, fut élevé par le pape Paul III à la dignité d'évêque d'Hébron (*in partibus infidelium*), le 25 févr. 1549, avec faculté d'exercer, avec le consentement du cardinal, les fonctions épiscopales dans le diocèse de Poitiers. Dès le 20 mars même année, il prend le titre d'administrateur du diocèse, etc. Il mourut en 1551 et fut inhumé dans la cathédrale, où il avait fondé un anniversaire pour le salut de son âme. (B. A. O. 1886, 72.)

Bodin (Jean), Ec., sgr de la Loge, épousa vers 1520 Anne de la Forest, fille de Martin, Ec., s^{r} du Bois-Pothiau, et de Nicole Bastard, dont il eut : 1° Marguerite, 2° Louise, mineures en 1546. (Pièc. orig.)

Bodin (Renée) avait été mariée à René de la Forêt, sgr de Beaurepaire, avant 1540. Ils étaient morts l'un et l'autre avant le 26 juin 1554. (Duchesne.)

Bodin (Jean), Ec., sgr de St-Léger, rend aveu, le 18 avril 1551, de Goizé, *aliàs* Terres-Nouvelles (St-Mandé, c^{ne} d'Aunay, Charente-Inf^{re}); il était mort avant le 17 mai 1582, époque à laquelle François Isle, son neveu, rend aveu des mêmes terres comme son héritier. (G.-G. Bur. des finances.)

Bodin (François), sgr de Léollière du chef de Jeanne Limbourg, sa femme, d'une famille de très riches marchands de la Rochelle, fut inhumé dans l'église du Langon, le 20 janv. 1564. Ils eurent une fille, Anne, mariée à Louis d'Arcemalle, Ec., sgr de la Blanchardière et du Langon; ils moururent le même jour (13 févr. 1606), et furent inhumés dans le même tombeau. (Chron. Fonten.)

Bodin (Marguerite) épousa, le 26 nov. 1550 (Mosnier et Martineau, not^{res} à Chantemerle), René Gentet, Ec., sgr de Trié.

Bodin (François), prieur de la Chapelle-Thireuil, fut un des commissaires ecclésiastiques chargés, le 26 janv. 1560, de régler la portion que devait payer le diocèse de Luçon dans les 1,600,000 liv. imposées au clergé de France.

Bodin (René) est cité dans une vieille chronique comme s'étant fait protestant et ayant participé au pillage de plusieurs églises et monastères en 1562. (Et. Vend. 1842, 107.)

Bodin (François). La cour des Grands Jours de Poitiers lui permet, par arrêt du 4 avril 1567, de faire incarcérer à Fontenay Jacques Hélyes, Ec., sgr de St-Simon, et renvoie le procès devant le sénéchal de cette ville. (M. Stat. 1878, 101.)

Bodin (Nicolas) était receveur pour le Roi à la recette de l'élect. de Thouars en 1571.

Bodin (Marie, *aliàs* Jeanne) avait épousé Jean Hours, Ec., sgr de la Bardonnière, qui rendait aveu aux Mothes le 16 févr. 1579. Elle était morte le 19 juill. 1601. (D. F.)

Bodin (Josué) était ministre à Fontenay en 1587. (B. Fillon.)

Bodin (Maurice), s^{r} du Monteil, fut témoin du partage des biens de Valère Foucher et d'Antoinette Petit, le 12 janv. 1597.

Bodin (Barthélemy), chanoine de l'église cathédrale de Poitiers, est désigné dès le 27 mars 1595 comme décédé, et inhumé en l'église St-Savin de Poitiers, près la porte d'entrée. (D. F. 12.)

Bodin (Catherine) était veuve de François de la Ville, s^{r} de Lardillière, et remariée à Jacques Gauvain, Ec., sgr de Puyraveau, le 7 mai 1607.

Bodin (Nicolas), Ec., sgr de la maison, fief et seigneurie de Thollé (St-Léger de Montbrun), de la maison et moulin de Vionnay (Missé, élect. de Thouars), faisait partie des gens tenant la maison commune de Niort, le 28 août 1609. (D. F. 20.)

Bodin (Jean), Ec., sgr de Vallers, épousa Renée d'Appelvoisin, veuve de feu Jean de Rohéan, sgr du Guenot, et il paraît en cette qualité, le 6 sept. 1616, au mariage d'Elisabeth de Rohéan avec Louis de Granges, Ec., sgr de la Forge. (D. F. 19.)

Bodin (Charles), Ec., sr de la Nouzière et de Vauzay (Mouzeuil, Vendée), épousa : 1° Charlotte Bertrand, fille de Christophe, Ec., sr du Chastenay, et de Charlotte Chasteigner ; puis 2° Renée Olivereau. Il vendit avec elle le fief de Vauzay, le 7 févr. 1613.

Bodin (Charles), Ec., sgr de la Nouzière, épousa, le 18 déc. 1616, Louise Jarno, dame de la Séguinière, fille de Marc, Ec., sgr du Pont, et de Hélène Vidard de St-Clair.

Bodin (Jean), qualifié de haut et puissant sgr de la Cornetière, était, le 3 sept. 1627, époux de Renée d'Appelvoisin, dame de la Coulgaste, et vivait en 1639.

Bodin (Nicolas), Ec., sgr de Tillé, avait épousé Jeanne de Villiers, qui était remariée avant 1635 à François Acton, Ec., sgr de Marsais ; elle était décédée avant le 15 juill. 1659.

Bodin (Marie), veuve de René Claveau, Ec., sr de la Plaine, était en 1635 en procès avec les religieux Antonins, au sujet de certaines terres, que ces religieux prétendaient avoir été usurpées sur leur prieuré de St-Antoine-du-Bois, psse du Bois, au diocèse de Saintes.

Bodin (Esther) épousa Claude Robineau, sgr de la Cantinière, dont une fille, Susanne, mariée, vers 1640, à Henri de Vendée.

Bodin (Françoise), épouse de Henri Gourdeau, Chev., sgr du Ressous, assiste au mariage de son beau-frère Charles Gourdeau avec Charlotte Chasteigner, le 23 déc. 1654 (Gén. Gourdeau) ; Françoise est portée au Catalogue des nobles en 1667.

Bodin (Charles), sr de Puchault ou Peuchault (Celles-l'Evescault), fut confirmé dans sa noblesse par sentence du 10 sept. 1667. (Barentinc.) Le 20 août 1676, il rend au chât. de Civray hommage de Chef-de-Loup (Chaunay, Vien.). Le 11 avril 1704, Elisabeth, sa fille, rendait le même aveu. (G.-G. Bur. des finances.) Elle était alors veuve de Jacques Dupas, sr de Vignault. Charles eut une autre fille, Marie-Anne, qui, le 15 avril 1714, était sous la tutelle de René Mignon, et le 14 janv. 1715 elle était mariée à Charles-Auguste Chitton, Ec. (Id.)

Le Catalogue des nobles de la généralité de Poitiers donne les noms suivants :

Bodin (Marie), veuve de Jean Buor, sgr de la Codelière, psse de la Limouzinière, élect. de Fontenay.

Bodin (Renée) avait épousé Pierre Robin, sgr de la Pagnerie ; elle était veuve en 1667, et fut confirmée dans sa noblesse de son chef par M. Barentin.

Bodin (Antoine), chanoine de St-Pierre-le-Puellier, concourut à la rédaction des statuts de cette église collégiale, concernant la discipline et police, 3 janv. 1687. (D. F. 23.)

Bodin (André) avait épousé Marie Gastineau, qui était veuve le 2 sept. 1726.

Bodin (Rose) épousa, vers 1750, Aimé de Tinguy, Chev., sgr de Saulette.

Bodin (Jacques), sr de la Chapelle. Saisie sur lui d'une maison sise rue des Quatre-Vents, chargée d'une rente envers le Chapitre de N.-D.-la-Grande.

Bodin (Mathurin), sr du Rocher, rend, le 15 juill. 1778, aveu et dénombrement au commandeur de Fougaret près Guérande (Loire-Infre). (Arch. Vienne.)

BODIN DE LA ROLLANDIÈRE, DES COUTEAUX. — Famille noble du Bas-Poitou.

Blason : d'azur à un écusson d'argent et 8 besants d'or en orle. (C'est là le vrai type.)

On trouve aussi : d'azur à 9 besants d'or posés 3, 3, 3 ; — d'azur à 9 besants d'or posés en orle (Arm. Goujet) ; — d'azur à 9 besants d'or posés 4 en pal à chaque flanc, et 1 en pointe. (Barentin). Ces énoncés sont tous erronés.

Noms isolés.

Bodin (Guillaume), valet, épousa Thomasse, qui paraîtrait lui avoir apporté la terre de la Rollandière ; elle était veuve en 1273 et fit, cette même année et le 24 juin 1284, des donations pour le repos de son âme à l'abb. de Maillezais. Elle eut de son mariage un fils nommé Maurice. (D. F.)

Bodin (Jean), fils et héritier principal de feu Jean, sgr de la Rollandière, transigeait le 12 févr. 1390, au sujet d'une rente en blé qu'il devait à un habitant de Pouzauges, et il est cité dans une transaction passée, le 31 juill. 1421, entre N... Mesnard, sgr de Toucheprès, et l'abbé de la Grennetière. (Id.) Il paraît avoir eu 2 fils : 1° Jean, l'aîné, Ec., sgr de la Rollandière, qui fut taxé en 1438 pour n'avoir pas servi à l'armée, et assista au mariage de Nicolas en 1447 ; 2° Jean, le jeune, qui suit.

Bodin (Jean) le jeune, Ec., sgr de la Rollandière, fut aussi taxé en 1438 à Pouzauges pour n'avoir pas rejoint l'armée. Il fut présent au mariage de son fils Nicolas, qui suit, en 1447.

Bodin (Nicolas), Ec., sgr de la Rollandière, rendit, le 16 nov. 1452, au sgr de Robineau, l'aveu d'un héritage qu'il tenait du chef de Louise Boschier, fille de Jean, Ec., sr des Échardières, et de Guillemette Chevalier (qu'il avait épousée le 27 déc. 1447). Ils eurent une fille, Marguerite, qu'ils marièrent le 5 nov. 1478 avec François des Herbiers le jeune, Ec., sgr de Vauvert. (D. F.) Nicolas servit aux bans de 1488 et 1491 comme archer, et à celui de 1489 il fut désigné pour la garde du chât. de la Flocellière. Serait-ce lui qui était sénéchal de Cerizais en 1488 et de la Flocellière en 1498 ? Il avait été un des exécuteurs testamentaires de Jacques de Surgères, sgr de la Flocellière.

Bodin (Jean), Ec., sr de la Rollandière, épousa, vers 1470 Isabeau de Bessay, qui était sa veuve, le 2 déc. 1462, et faisait un acquêt comme tutrice de leurs enfants mineurs.

Bodin (Michelle), De des Couteaux, était, vers 1500, épouse de Mathurin Gazeau, Ec., sgr de la Brandaunière et du Langon.

Bodin (Jacques), Ec., sgr de la Rollandière, rendit, le 26 avril 1529, aveu de deux pièces de terre au chât. de la Guierche-St-Amand. (D. F.)

Bodin (Nicolas), Ec., sgr de la Rollandière et de la Brunière, y demeurant (le Givre, Vendée), signe un acte relatif à une rente assise sur le Bois-Lambert.

Bodin (Jehan), Ec., sgr de la Rollandière, petit-fils d'autre Jehan Bodin, est nommé dans un aveu du 16 avril 1562, rendu au sgr de Champagné par Giron de Bessay, dont il était un des parageurs.

Bodin (René), Ec., sgr de la Rollandière, assiste comme parent, le 9 mars 1575, à l'acte par lequel Jean Rogier est nommé tuteur des enfants mineurs de feu Jean des Herbiers. (D. F.)

Bodin (Nicolas, *aliàs* Pierre), Ec., sgr de la Loge et des Vallées-de-Frozes, rend, le 10 mai 1603, un aveu au sgr de la Cour-de-Frozes.

Bodin (Bonaventure), Ec., sgr des Vallées-de-Frozes, y demeurant, faisait, le 10 mai 1640, la vente d'un droit de terrage.

Bodin (Claude), Ec., sgr de la Salle, épousa Susanne Boutou de la Baugisière, vers 1750.

Bodin (N...) des Couteaux fut détenu à Brouage en 1793.

Filiation suivie.

La généalogie qui suit, extraite des archives de la famille de Buor, nous a été communiquée par M. de Gouttepagnon. Nous y avons ajouté les notes que nous avons personnellement recueillies. Mais pour la première branche nous n'avons que des renseignements incertains.

§ Ier. — Branche de **la Rollandière.**

1. — **Bodin** (N...), sgr de la Rollandière et de la Brunière, peut-être marié 2 fois, était décédé en 1554, laissant veuve Jacquette de Mellan, qui fut citée à l'arrière-ban de 1554 comme tutrice de son fils Jean. (Pièc. orig. 372. Bodet, 17.) Nous pensons qu'il eut du 1er lit : 1° René, qui suit ; 2° Joachim, chef de la branche des Couteaux, § II ; et du 2e lit : 3° Jean, Ec., sgr de la Thibaudière, la Rollandière et du Fouilloux, lequel laissa de Yvonne Papion, sa femme : *a.* Léon, lequel est nommé dans une sentence arbitrale du 16 juin 1618 ; il y est dit qu'il lui fut donné la terre de la Bruère, dans la succession de son oncle Joachim ; *b.* Louise, ainsi qu'il ressort de divers aveux rendus au Vte de Thouars par Joachim Bodin, leur oncle et curateur, le 21 mai 1580. (Nous pensons que ce Jean Bodin est celui qui est dit petit-fils d'autre Jean, dans l'aveu fait, le 16 avril 1562, par Giron de Bessay, au sgr de Champagné.)

2. — **Bodin** (René), Ec., sgr de la Rollandière, la Brunière et de Lavau-Richer, gentilhomme ordinaire de la chambre du Roi, donnait, le 28 sept. 1604, une quittance de lods et vente à Olivier Richeteau.

Catherine de Parthenay, lors de la mort de M. de Rohan-Soubise, son mari, écrivit à René Bodin la lettre que nous transcrivons, et qui donne la mesure de l'estime et de la considération dont il jouissait dans l'esprit du défunt, de son épouse et de tout le parti protestant :

« Monsieur, je sais que vous avez tant affectioné M. mon mari, comme vous le lui avez témoigné de son vivant et à moi aussi, que je me promets que vous m'accorderez volontiers la requête que je vous fais, de vouloir honorer sa mémoire en accompagnant son corps, lequel je désire faire transporter de la Rochelle en ce lieu de Bleing, où il avoit esleu sépulture ; c'est le dernier office qu'on peut rendre à ceux qu'on a aimez, dont je prie bon nombre de mes amis, qui, je crois, ne m'en refuseront pas. Je vous en supplie bien affectionément en particulier, et pour cet effet, de vouloir prendre la peine de vous rendre le 13 d'octobre prochain à Fontenay, là où mon fils de Soubize se trouvera pour y recueillir et recevoir ceux qui lui feront ce bien de l'y vouloir accompagner, soit en tout le voyage, ou en une partie d'iceluy suivant ce que le sr des Cours vous fera plus particulièrement entendre, qui me gardera de vous en écrire davantage, sinon pour vous assurer que je vous aurai obligation de cet office, comme étant l'occasion du monde en laquelle mes amis me peuvent plus témoigner leur bonne volonté, et qu'en tous endroits où j'aurai moyen de le recognoître, et vous servir en récompense, vous m'y trouverez aussi disposée, comme l'effet dont je vous requiers le mérite, vous suppliant en faire état, et me tenir pour votre bien affectionnée amie à vous servir. (Signé) Catherine de Parthenay. De Bleing, ce 16 septembre 1599. » (Jou-Lo., Aff. Poit., 1781.)

Il épousa, vers 1580, Antoinette de Bessay, fille de Giron, Chev., sgr de Bessay, et de Renée de la Lande de Machecoul, dont il eut : 1° Charles, qui suit, et probablement 2° Jonas, Ec., sgr de la Brunière, partisan huguenot, dont le château fut saccagé le 28 juin 1621. (Dans Poitou et Vendée, St-Cyr, 31, B. Fillon le dit fils de Joachim, 2e deg. du § II ; mais nous croyons qu'il a confondu deux personnages du même nom.)

3. — **Bodin** (Charles), Chev., sgr de la Rollandière, la Brunière, Poiroux et St-Cyr, rendait aveu à St-Cyr, en 1627, de ces deux sgries. Il épousa, croyons-nous : 1° Charlotte Bertrand, fille de Christophe, Ec., sgr de St-Fulgent, et de Charlotte Chasteigner (Duchesne, p. 51), dont il n'eut pas d'enfants ; puis 2° Marthe Chabot, veuve de Isaac de la Lande de Machecoul, et fille de Christophe, Ec., sr du Chaigneau, et de Claude Gourdeau. Il transigeait avec Isaac Chabot, son beau-frère, le 6 juill. 1627 ? pour la terre de Nesmy, et échangea avec Louis Gouffier, duc de Roannez, la terre de Puyremeau, qu'il avait eue par sa 2e femme, pour les Bnies de Poiroux et de St-Cyr, par acte du 6 juill. 1627. Il mourut en 1640 et Marthe Chabot en 1645. Après son décès, ses biens furent saisis et acquis par Pierre Yvon, sgr de l'Ozière, conseiller d'Etat ; mais les parents de Charles Bodin les rachetèrent par droit de retrait lignager, et se les partagèrent le 30 août 1652. (B. Fillon, St-Cyr, 37, 38.)

Du 2e mariage, il eut un fils et une fille : 1° Christophe ? et 2° Anne, décédés jeunes, croyons-nous.

§ II. — Branche des **Couteaux.**

2. — **Bodin** (Joachim), Ec., sgr des Couteaux et de la Boucherie (que nous croyons fils puîné de N..., sgr de la Rollandière, 1er deg. du § Ier), faisait, le 12 nov. 1561, un échange avec le prieur de Bessay ; rendait, le 30 avril 1574, un aveu à la sgrie de Bessay, et le 6 juill. 1579, un autre à René Girard, Ec., sgr de la Roussière, comme tuteur de Léon Bodin, son neveu. Il avait acheté, le 18 déc. 1564, la terre de la Boucherie, et fut longtemps en désaccord avec les moines de Boisgrolland. (Ses héritiers suivirent ses errements et incendièrent deux fois ce monastère ; la dernière de ces catastrophes eut lieu en 1622, et amena la condamnation à mort par contumace de Philippe Bodin, partisan de Soubise. Il y eut plus tard une transaction entre Charles Bodin et les moines). (Poit. et Vendée, Poiroux, 5.)

Du mariage de Joachim et de Jeanne Amaury, fille de Joachim et d'Isabeau Raufray ? sont issus : 1° Jean, qui suivra ; 2° Hélie, 3° Jacques, Ec., sgr de la Barre, tige de la branche de la Barre, rapportée au § III ; 4° Isaac, décédé avant le 16 juin 1618 ; 5° Josué, Ec., sgr du Ponthet, faisait le 7 juill. une déclaration au nom de sa mère à la sgrie de la Bouchardière ; ses prétentions lors du partage de la succession de son père donnèrent lieu à une sentence arbitrale, prononcée le 16 juin 1618, entre lui et Jean son frère aîné, par Jacques, leur frère puîné ; 6° Anne, qui épousa, par contrat du 7 nov. 1601 (Bourget, notre), Antoine Chasteigner, Ec., sgr de la Salle et de la Mancellière. (Gén. Chasteigner.) Elle était en 1618 (16 juin) femme de Claude Le Roux, Ec., sgr de la Barbière. (On voit par la sentence arbitrale intervenue entre Jean et Josué, ses frères, qu'elle avait cédé tous ses droits dans les successions de ses père et mère.)

3. — **Bodin** (Jean), Ec., sgr des Couteaux et de la Boucherie, achetait, le 12 nov. 1598, diverses pièces de terre de François et Mathurin Chasteigner. Marié à Judith DESPEAUX ? il en a eu : 1° JACQUES, qui suit; 2° CHARLES, Ec., sgr de la Grollière ; 3° PHILIPPE, Ec., sgr de la Baronette ; 4° JONAS, Ec., sgr de la Boucherie; 5° SUSANNE, femme d'Antoine Boisson, Ec., sgr de la Roche-Léollière, décédée le 26 mai 1614; 6° RENÉE, morte où 1613. Le partage de sa succession donna lieu à un mémoire dans lequel nous avons puisé ce qui concerne Jean et ses enfants.

4. — **Bodin** (Jacques), Ec., sgr des Couteaux et de la Grollière, faisait un acquêt en 1624 et constituait, le 20 juill. 1635, avec Marie MARESCHAL, sa femme, une rente au profit de Christophe Mesnard, sgr de la Vergne-Peault, comme ayant charge de Claude Garnier, veuve de Louis Raymond, Ec., sgr des Champs. Il eut pour enfants : 1° CHARLES, qui suit; 2° SUZANNE mariée, le 17 juill. 1646, à Abraham Tinguy, Ec., s[r] de la Garde.

5. — **Bodin** (Charles), Ec., sgr des Couteaux, la Grollière et de la Boucherie, y demeurant, paroisse de Grosbreuil, Vendée, rendait, le 12 août 1650, un aveu à René Audayer, Ec., sgr de St-Hilaire. Il fut confirmé dans sa noblesse par M. Barentin le 9 août 1667. Le 2 juin 1653 (Brevet et Dalaubiet, not[res] des B[nies] de Sigournay, Chantonnay et Puybelliard), il épousa Marie MAUCLERC, fille de François, Ec., sgr de la Muzanchère, et de Françoise Le Geay. Leurs enfants furent : 1° FRANÇOIS, qui suit; 2° ABRAHAM, Ec., sgr de St-Bris, marié, le 19 déc. 1686, à Marie PYNIOT, fille de Moïse, Ec., sgr de Loumetait (Masson et Clémenceau, not[res] de la châtt[nie] du Bouildroux), se trouva au ban de 1690; 3° HENRI-CHARLES, Chev., sgr de la Touche, qui épousa, le 6 nov. 1687, Paule MIGAULT (Payneau et Bineau, not[res] de la châtt[nie] de Creil-Bournezeaux), servit aux bans de 1690 et de 1691 ; 4° SUSANNE, 5° CHARLOTTE.

6. — **Bodin** (François), Ec., sgr des Couteaux, capitaine au régiment du Dauphin-Cavalerie, partagea avec ses frères et sœurs le 24 août 1690 (Dugué, not. de Poiroux) ; épousa, le 17 nov. 1674 (Billaud et Paradis, not. de la ch[nie] de Bessay), Elisabeth-Henriette DE TINGUY, fille d'Abraham, Ec.; le 1er déc. suivant, il transigeait avec son beau-père, assisté de Pierre Grellier, Chev., sgr des Chaumes, son curateur. Il a eu : 1° CHARLES-HENRI, qui suit ; 2° CHARLES-MARIE, Chev., sgr de St-Bris, faisait donner, le 23 févr. 1729, une assignation ; il habitait Luçon à cette époque et signait avec plusieurs autres gentilshommes du Bas-Poitou un certificat pour Henri B[on] des Villattes, général-major au service des Provinces-Unies. Il faisait partie de la 1re division de la 4e brigade de l'escadron du Chev. de la Salle, au ban de 1758. Marié à Anne DE RORTHAIS, il décéda sans hoirs, avant 1767, date du partage de sa succession; 3° FRANÇOIS, Chev., sgr de la Boucherie, décédé sans postérité et dont la succession se partagea également en mars 1767.

7. — **Bodin** (Charles-Henri), Chev., sgr des Couteaux, épousa Rose-Aimée SAJOT, fille de Samuel-René, Ec., sgr de la Girardière, qui était sa veuve en 1744 ; il a eu de son mariage 3 enfants, qui en 1767 partagèrent la succession de leurs oncles. C'était : 1° CHARLES-LOUIS-MARIE, qui suit ; 2° ALEXANDRE, Chev., sgr de la Jaubretière, marié à Marie-Charlotte MAYNARD, dont il eut: *a.* MARIE-CHARLOTTE-FRANÇOISE, dite Mlle de la Jaubretière; *b.* ROSE-CHARLOTTE dite Mlle de la Louerie ; *c.* MARIE-LOUISE, qui étaient mineures, le 22 déc. 1779, lors du partage de la succession de Rose-Aimée Sajot, leur aïeule, acte auquel elles étaient assistées par Charles-Guy-Thomas de Maynard, Chev., sgr de la Claye, leur oncle maternel.

3° LOUIS-ABRAHAM, Chev., sgr de la Sayrerie, demeurant à la Dionnière (Thorigny), comparut par procureur à l'assemblée de la noblesse de Poitou en 1789. Il avait épousé N... RAMPILLON, qui lui apporta la Dionnière, et dont il n'eut pas d'enfants. Il vivait encore en 1797 et obtenait des certificats de résidence, délivrés au citoyen Bodin dit de la Sayrerie, réfugié dans la c[ne] de Bessay.

8. — **Bodin** (Charles-Louis-Marie), Chev., sgr des Couteaux, ancien capitaine au régiment de Navarre-Infanterie, capitaine général garde-côte de Luçon et St-Benoist, fut un des témoins appelés à déposer lors des preuves pour l'ordre de Malte, faites par Bonaventure de Béjarry, le 14 juill. 1762. Il était alors âgé de 50 ans. Il comparut par procureur à l'assemblée de la noblesse réunie à Poitiers en 1789, pour nommer des députés aux Etats généraux ; il avait épousé Aymée-Jeanne LE MASTIN, fille de César-Auguste, Chev. de S[t]-Louis, ancien major du régiment de Puységur-Cavalerie, et de Jeanne Gillon, et vivait encore en 1800 ; il n'eut qu'une fille, JEANNE-BÉNIGNE, mariée, le 17 janv. 1774, à Alexandre-Louis-Aymé Barbarin, Chev., sgr du G[d]-Plessis, qui fut massacré avec sa fille aînée à Nantes, pendant la Révolution.

§ III. — BRANCHE DE **LA BARRE**.

3. — **Bodin** (Jacques), Ec., sgr de la Barre, des Couteaux, fils puîné de Joachim et de Jeanne Amaury (2° deg., § II), donnait une quittance à Jehan Grolleau, habitant la Gormetière (St-Vincent), le 21 févr. 1601. Il épousa Eléonore CLAVEAU, qui, le 12 janv. 1622, était veuve et tutrice de leurs enfants mineurs qui étaient : 1° THÉOPHILE, qui suit; 2° JEANNE, mariée, le 22 janv. 1620, à Isaac Chabot, Ec., sgr du Chaigneau; ils se faisaient une donation mutuelle le 4 mai 1621.

4. — **Bodin** (Théophile), sgr de la Barre, St-Sornin, la Breticardière, était encore en 1622 sous la tutelle de sa mère et assistait, le 2 juin 1653, au mariage de Charles Bodin, Ec., sgr des Couteaux, son parent. Il épousa Marguerite FORIN ou FORAIN, fille de Bonaventure, Ec., sgr de la Bonninière, et de Marguerite de St-Georges. Ils se faisaient une donation mutuelle le 9 juill. 1648 (Brunet et Grignon, not[res] à St-Maixent), et lors du retrait lignager des biens saisis sur ses neveux et de leur partage, le 30 août 1652, il eut la terre de St-Cyr en Talmondais. (Fillon.) Nous ne lui connaissons qu'une fille, MARGUERITE, qui épousa Henri de Chivré, Bon de la Barre en Anjou, Bon de Meillant, aide de camp des armées du Roi, dont elle était veuve dès 1675, époque à laquelle, se qualifiant de dame d'Exoudun (D. S.), elle rendait, en 1675 et 1695, au chât. de Lusignan, aveu des fiefs et sgries de Saulgé et de Becceleuf. (N. féod. 123.)

S'étant expatriée pour cause de religion ? elle se fit naturaliser Hollandaise à la Haye le 30 oct. 1710, avec ses deux filles, Hélène-Marguerite et Cécile-Henriette, et sa tante Anna de Chivré. (N. due à M. Enschédé.) Le 29 sept. 1716, Louis-Roch d'Albin, prêtre, renonçait à ses droits dans la succession de ladite Marguerite (décédée ?) et autres, en faveur d'Alexandre d'Albin, Chev., sgr de Valsergues, son frère. (Gén. d'Albin.)

BODIN. — Famille probablement de l'échevinage de la Rochelle ou de Niort, sur laquelle nous n'avons pas de renseignements.

Blason : d'azur au cœur d'or percé de trois épées d'argent posées en pal, en bande et en barre. (Goujet.)

Bodin (Jacques), Ec., s[r] des Chaumes, était décédé en 1667; sa veuve Marie Boisson fut maintenue noble par Barentin le 8 sept., p[sse] St-Florent, élect. de Fontenay.

BODIN (Poitiers).

Blason : d'argent à un arbre de sinople posé sur une terrasse de même, chargée de 3 cannettes d'argent. (Arm. des échevins.)

Bodin (Guillaume) était échevin de Poitiers en 1372.

BODIN. — Autre famille habitant le Haut-Poitou, vers Poitiers ou Châtellerault.

Blason. — Bodin, notaire à Châtellerault : de sable à un entonnoir d'or. (D'Hozier, fantaisie.)

N..., avocat, et N..., procureur à Châtellerault : d'or à une gerbe d'azur. (Id. id.)

Bodin (Aymé), docteur en théologie de l'Université de Poitiers, curé de St-Germain-sur-Vienne : d'or au lion d'azur tenant dans sa patte dextre une croix de gueules.

Bodin (François), bourgeois de Châtellerault rend en 1464 aveu à l'abb. de Ste-Croix pour l'hôtel de Morri (Latillé, Vienne), qu'il tenait au devoir d'une *chevrette* à muance d'homme seulement. (Arch. de Ste-Croix.)

Bodin (Michel), notaire à Châtellerault, en 1550, fait l'inventaire des mobilier et livres de musique de Mre Etienne Martin, maître de psallette de N.-Dame de Châtellerault. (Doc. inéd.)

Bodin (Jacquette) était en 1534 épouse de François Delaveau. (Hist. Châtellerault, 445.)

Bodin (René-Victor), s[r] de la Giraudière, faisant tant pour lui que pour François, Nicolas et Marie-Elisabeth, ses frères et sœur, prend part au partage de la succession de feu Mathurin Grolleau, curé de Vouneuil-sous-Biard, le 26 janv. 1711.

Bodin des Perrières (Jean-Baptiste), ayant tué une jeune bergère qui faisait paître ses moutons sur ses terres, alla à Paris implorer sa grâce et l'obtint. Nommé par Louis XIV procureur au bailliage de Montlhéry, il y mourut après avoir fait son testament, le 25 août 1709, dans lequel, pour réparer son homicide, il fait des legs en faveur de 6 jeunes filles et 6 jeunes garçons pauvres. (Hist. de Châtellerault, II, 211.)

Bodin (Aymé), curé de St-Romain-sur-Vienne, possédait, à la fin du XVIIe s[e], la terre de la Martinière, qui était en 1721 aux mains de ses héritiers, gens de robe à Châtellerault. (Id. 397.)

Bodin (Marie-Anne) des Forestiés épousa Michel Descartes, lequel aspirait en 1722 au titre de Chev. de Malte et mourut en 1786.

BODIN DE LA BODINIÈRE. — Il existait en Mirebalais et aux environs une famille Bodin qui, à partir du XVIe siècle, n'est plus connue que sous le nom de la Bodinière. Les notes suivantes, qui la concernent, sont en grande partie tirées de la notice de M. E. de Fouchier sur Mirebeau. (M. A. O. 1877.) Cette famille était collateur d'une chapelle dans l'église de Braslou près Richelieu.

Blason : « fascé d'hermine et de sable de six pièces », ou « d'hermine à 3 fasces de sable », ou « fascé de sable et d'hermine de 6 pièces ».

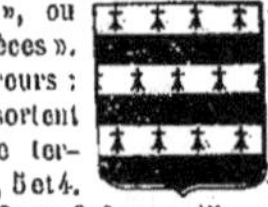

On trouve aussi, par suite d'erreurs : de sable à trois fasces d'or, d'où sortent 15 pointes d'épée posées en pal, se terminant en haut de gueules posées 6, 5 et 4. (Gén. du Cher); — de gueules à 2 ou 3 fasces d'hermine (Reg. Malte, preuves la Forest); — d'argent à 3 fasces de sable et 15 bouts d'épée de gueules, posés 5, 5, 5. (Malte.)

Bodin (Jean), sgr de la Bodinière, possédait en 1457 l'herbergement de la Roche de Chizais; il en rendait aveu au chât. de Mirebeau. (N. féod. 123.)

Bodin (Antoine), Ec., sgr de la Bodinière, de la Roche de Chizais en 1468; il était en même temps sgr de l'herbergement de Vernay en 1508.

Bodin (Gabriel), sgr de la Bodinière, épousa en 1479 Madeleine Ysoré, fille de Jean, chambellan de Louis XI, et de Jeanne de Combarel, dont il n'eut pas d'enfants. (Gén. Ysoré.)

Bodin (Pierre), bachelier de l'église collégiale de Mirebeau, prit part au concordat qui eut lieu entre les chanoines et les bacheliers de cette église, le 23 août 1480. (D. F. 18.)

Bodin (Jean), sgr de la Guillonnière, possédait en 1508 et 1534 un herbergement sis au-dessous du Pouez de Mazeuil.

Bodin (Gabriel) possédait, en 1508, l'hôtel de la Guillonnière, dont il rendait hommage le 1er déc. 1534 à François de Blanquefort, sgr de Mirebeau. (D. F. 18.)

Bodin (Regnaud) était sgr de Vernay en 1534.

Bodin (les hoirs de feu Antoine) devaient à François de Blanquefort, Bon de Mirebeau, pour leur hôtel de la Millonnière, sis à la Roche de Chizais, « 20 sous, aux loyaux aides et gardes pour l'étroit besoin », déc. 1534. (D. F. 18.)

Bodin (Jean), Ec., sgr de la Guillonnière, devait foi et hommage à François de Blanquefort, Bon de Mirebeau, pour son hôtel appelé Vernay, avec la fuie étant près, assis au village de la Roche-Chizais (St-Jean-de-Sauves, Vienne), le 1er déc. 1534. (Id.)

Bodinière (Jean de la), Ec., sgr de Frebouchère? épousa Jacquette de la Roche, dont Catherine, mariée, vers 1500, à René Prévost, Ec., s[r] du Verger.

Bodinière (Gabriel de la). Ses hoirs possédaient, en 1508, la 6me partie de la dîme de Gragon, relevant de Primeri. (M. A. O. 1877, 225.) C'est lui probablement qui, dans le Reg. de Malte, est dit s[r] de Dandesigny et marié à Susanne de Pouzé? Il eut pour fils :

Bodinière (Madelon de la), Ec., s[r] de la Mauvière, marié à Françoise du Tremblay, fille de Pierre, Ec., s[r] de la Raturdière? et de Jeanne Frétard, dont Jeanne, mariée à René de la Jaille, Ec., s[r] du Tronchay? vers 1560.

Bodinière (René de la), Ec., sgr dudit lieu, et Valère Fouchier, Ec., sgr de Pontmoreau, échangeaient diverses pièces de terre : acte passé sous la cour de Coussay, le 21 mars 1559, par Girault, not[re].

Bodinière (Guillaume de la), Ec., sgr de la Guillonnière, donne son consentement au mariage de Marguerite de Candelier, sa nièce, avec François du Cher, Ec., le 25 juin 1579. (Gén. du Cher.)

Bodinière (Marguerite de la), D[e] de Sanzay, assiste à ce mariage. (Id.)

Bodinière (René de la), Ec., sgr dudit lieu, marié à Anne DE LA BARRE, fille de Julien, sr de Marsilly, et de Jeanne de Berges? ils eurent une fille, LOUISE, qui, vers 1589, épousa François de Boussay, Ec., sgr de la Tour de Charrais.

Bodinière (Jean de la), sr du Puy-d'Arsay, était, en 1603 et 1637, vassal de la Bnie de Baussay. (N. féod. 852.)

Bodinière (Charles de la), Ec., sgr de Senessay (St-Jean-de-Sauves, Vienne), est rappelé dans une distribution de deniers, provenant de la vente de la maison noble de Taizé (7 mai 1607). Il vivait encore en 1615.

Bodinière (René de la), sgr de Senessay, assistait, le 29 avril 1658, au contrat de mariage de Pierre de la Fitte, Chev., sgr de Liesta et du Courteil, et de Marie Durat.

BODINATIÈRE (DE LA). — V. **APPELVOISIN.**

BOEMET (Herraud). On lui restitue, ainsi qu'à ses copartageants, *compartionariis ejus*, par suite d'enquêtes faites en 1255 et en 1261 la portion qu'ils avaient dans le fief de la Vergnie, de la valeur de 30 sous. (Ledain, Hist. d'Alphonse.)

BOENNIER (Pierre), marchand à Angers, époux d'Anne MINGON, était, en 1699, sgr du fief de la Grange-St-Denis (Ste-Oueune, D.-S.). (Ledain, Gâtine.)

BOER, BOET, BOUER, BOUERS.

Blason inconnu. La gén. de la famille de Bastard dit à tort : « de sinople au sautoir d'argent chargé de 5 fleurs de lis d'azur, cantonné de quatre têtes de bouc ou de taureau d'or »... Ce sont les armes d'une famille du Berry.

Bouers (Bertrand) fit, vers 1175, une donation au monastère de Montazay. Dans cet acte est nommé *Willelmus* Bouers. (D. F. 18.)

Boers (N...), *miles, dominus de Campolinario* (Champdeniers, D.-S.), donne, en 1177, à l'abb. de l'Absie droit de pressoir, et de bâtir des maisons à Champdeniers. (Ledain, Gâtine.) Il fut témoin, en 1195, de la donation faite par Maingot de Melle à l'abb. de Nouaillé. (D. F. 21.)

Boer (*Hilarius*) fut témoin de la cession faite par Pierre de Volvire de son marais à ses vassaux en 1211, moyennant certaine redevance. (Id. 25.)

Boer (A.), *sacerdos*, témoin de deux donations, en 1216 et 1217, faites à Nouaillé par des seigneurs de Mairé. (Id. 18.)

Boer (Aymeri) fut témoin de la cession du prieuré de Bois-Goyer à l'abb. de Fontevrault par Savary de Mauléon, sgr de Talmond. (Id. 20.)

Bouer (N...) était en 1390 femme de Guillaume Bastard, auquel elle avait porté la terre de Masseille. (Bnie de Mirebeau, 186.)

Bouère (Huguet) rend, en 1391 et 1439, aveu au chât. de Mirebeau comme ayant le bail de JEAN, son fils. (N. féod. 153.)

BOESSE (DE) ou **BOISSE** ET **BOISSY.** — Noble famille sortie sans doute des sgrs de Boësse en Thouarsais.

Boisse (*Guillelmus* de), *miles*, cité dans un règlement fait entre le Cte Alphonse et l'abb. de St-Maixent, au mois de juin 1270, relatif à des droits de haute, moyenne et basse justice, que chacune des parties contractantes prétendait lui appartenir. (D. F. 16.)

Boysse (Guillaume de), Chev., était, en 1274, présent à l'aveu rendu à l'abb. de St-Maixent par Jeanne de Châtellerault, veuve de Geoffroy de Lusignan. (D. F.)

Boisse (Jeanne de), épouse de Jehan de Marçay, est dite décédée dans l'aveu rendu à la dame de Mirebeau, le 6 fév. 1423, par Loys Fouchier, Ec., sgr des Mées.

(**Boisse** ou **Boisy** (Guillaume de), valet, épousa, vers 1333, Marguerite DE SURGÈRES, fille de Guy, Ec., sr de Bougueraine, et de Guillemine Gilbert.

BOET. — Nom commun à plusieurs familles du Poitou; parfois écrit **BOER, BOUET** et **BOUHET.**

Boet (Simon) fut témoin, vers 1180, d'une donation faite au temple de Mauléon par Aimery de Mortagne. (A. H. P. 1.)

Boet (Jean), valet, sr de Lezo? assista, en 1316, à la signature du testament de Guillaume de Marsay, valet. (Latin 17147, 69.) Il vivait en 1345 ; marié à Goupille? DE MARCONNAY.

BOEUF (LE), AUTREFOIS **BOS, LE BUEF, LE BUF.** — On trouve très anciennement ce nom cité dans des chartes du Haut et Bas-Poitou. Dans cette dernière partie de notre province, il existe encore une famille de ce nom, dont nous donnerons la généalogie après avoir relaté les personnages que nous n'avons pu rattacher à la filiation.

Noms isolés.

Bos (*Petrus*) est cité dans le don fait, vers 1085, à l'abb. de St-Cyprien de Poitiers, des églises de St-Pierre et de St-André de Montreuil-Bonnin. (D. F. 7.)

Bos (*Aimericus*) est cité dans la fondation du prieuré de Châtain près St-Barbant (châtnie de Champagnac, Basse-Marche), par Almodie, Ctesse de la Marche, et Audebert et Boson, ses enfants. (D. F. 24.)

Bos (*Willelmus*), relaté dans la donation faite au Chapitre de St-Hilaire-le-Grand de Poitiers, en 1178, par Etienne de Purne de tout ce qu'il possédait dans le territoire de Frontenay. (D. F. 11.)

Bos (*Petrus*) est cité dans un traité par lequel Rainaud Charnoteau cède à l'abb. de Nouaillé tous les droits qu'il prétendait dans le fief de *Turnea*. (D. F. 16.)

Bœuf (Audebert) et AVIS, son épouse, vendent, vers 1235, à l'abb. de Nouaillé tout ce qu'ils possédaient à Bouresse et aux environs. (D. F. 27.) Il est nommé aussi avec JOURDAINE, sa sœur.

Bœuf (Guillaume Le). Pétronille, fille de Guillaume de Sales, porte plainte au Roi contre lui et Guibert, bailli du prince à Baussay, 1240. (A. N. J. 97, 1, 118.)

Bovis (*Johannes*) était, vers 1260, un des tenanciers de Geoffroy de la Bellère? (Berlière) près St-Maixent. (A. N. J. 24, fo 41.)

Bovis (*Boso*), *valetus, homo ligius domini comitis Pictavensis*, vers 1260, *ratione terre quam forefecit Ylherius de Meignac, miles.* (Id. J. Reg. 24, fo 50, 5.)

Bovis (*Gaufridus*), *magister*, et

Bovis (*Johannes*), *frater ejus*. Pierre Hélye était homme lige du Cte de Poitou, tant pour ce qu'il possédait dans les psses de St-Remy et de Lathus (Vienne), qu'en raison des successions des susnommés.

Bœuf (Rainulfe Le), *Radulphus Bovis, miles*, Chev., rendait, le 22 nov. 1269, à l'abb. de Charroux aveu de tout ce qu'il possédait *in villa et parrochia de Lor* (d'Alloue), à cause de sa femme Agnès, fille de Guillaume de Fonteyron, Chev.

Bœuf (Jourdain), Ec., et Pétronille Raynaud ou Regnaud ? sa femme, autre Pétronille Raynaud, sœur de la précédente, et Guillaume Raynaud de la Soudière, traitent, le 23 sept. 1290, au sujet des successions de feu Constantin Raynaud, frère desdites Pétronille, et de Guillaume Raynaud, Ec., frère de Constantin et père de Guillaume. (D. F. 1, 11.)

Bovis (*Johannes*), *clericus*, est cité dans un acte d'acquêt fait par Guillaume, abbé de St-Maixent, de terres sises vers l'Ort-Poitiers, le 9 janv. 1296. (D. F. 16.)

Buef (Jeffroy Le), valet, était en 1309 homme lige du sgr de Foys, et relevait de Chauvigny en arrière-fief. (Gartre de l'évêché de Poitiers.)

Buef, Buf ou **Bœuf** (Baudinet Le) était en 1385 homme d'armes dans la compagnie de Regnault de Vivône, sgr de Thors.

Bœuf (Jean Le) servait comme homme d'armes le 2 nov. 1355. (Bib. Nat. Montres et Revues.)

Bœuf (Geoffroy Le), prêtre, fut témoin, le 30 mars 1357, d'un acte passé entre Louis Vte de Thouars et divers seigneurs. (D. F.)

Beuf (Guillaume, Arnault et Pierre Le) étaient hommes d'armes le 14 août 1358. (Bib. Nat. Montres et Revues.)

Buef (Josselin Le) servait avec Regnault, Ec., le 19 juill. 1369. (Id.)

Buef (Guillaume Le) servait aussi comme écuyer en 1378. (Id.)

Bœuf (Jean Le) était archer en 1482. (Id.)

Bœuf (Jean Le) servait comme homme d'armes le 12 déc. 1485. (Id.)

Bœuf (Jehannet Le) passa la revue comme archer le 22 déc. 1485. (Id.)

Bœuf (Claude Le) avait pour épouse, en 1534, Marie Le Bœuf. Un Charles Le Bœuf paraîtrait leur avoir succédé ; nous ignorons à quel titre. (Constant, sur la Coutume du Poitou.)

Bœuf (Catherine Le) était en 1573 femme de Charles du Bu.... (Maynard-Mosnard, 33.)

Bœuf (Perrette Le) épousa, le 7 juill. 1573 (Arnaud et Pelleteau, notres), Magdelon Théronneau, Ec., sgr de la Maynardière et de la Pépynière. (Gén. Théronneau.)

Bœuf (René Le), sgr de la Thibaudière (Vendée), est condamné par arrêt de la cour des Grands Jours de Poitiers, le 7 nov. 1579, comme *vrai* contumace.

Bœuf (N... Le) était, le 4 nov. 1778, femme de Joseph-Henri-Marie-Léon Gourdeau, Chev., sgr du Plessis-Laspoix.

Bœuf (N... Le) servait dans la 6e compagnie du régiment d'Angoulême-Cavalerie, à l'armée de Condé, lors du licenciement de cette armée en 1801.

LE BOEUF, Seigneurs de Ste-Cécile, des Moulinets, de la Noue-St-Martin, de St-Mars, etc.

Blason. — Le Bœuf des Moulinets portait : d'argent à une aigle éployée de sable, becquée et membrée de gueules. Devise : *Civis et miles*.

La généalogie de cette famille provient en grande partie de documents relevés par M. de Gouttepagnon dans les archives du château de la Noue-St-Martin, mises à sa disposition par M. Burot de Carcouet, héritier d'une branche de cette famille. Nous y avons joint les notes que nous possédons.

Cette famille Le Bœuf est originaire de Bretagne. On trouve dans l'Histoire des Grands officiers (du P. Anselme) que Nicole Le Bœuf, fille aînée de Briant Le Bœuf, Chev., sgr de Sans, Moréac (évêché de Vannes), avait épousé en 1235 Geoffroy, sire de Rieux, lequel mourut en 1275. De ce mariage est issu Guillaume, sire de Rieux, mort à Estella en Espagne, allant négocier le mariage de Jean, fils aîné du duc de Bretagne, avec Isabelle, fille du roi de Castille. Il avait hérité de son oncle Barnabé Le Bœuf, et Jean, sire de Rieux, son fils aîné, hérita de Susanne Le Bœuf, dame de Nozay, par représentation de son aïeule. (Ce Briant Le Bœuf fut inhumé à l'abbaye de Meilleraye en 1250. On voyait jadis son tombeau avec sa statue et ses armes (une croix entre 4 lions). Ce blason était peint de gueules à la croix d'or et 4 lions de même.) (Franç. 20895, 231.) Il est dit le vieux et qualifié chev., sire de Nozée et d'Icé, décédé en 1250. Sa femme, Pernelle de Rougé, décéda en 1285. On trouvee encore un Briant Le Bœuf témoin d'une donation faite à Buzay en 1289. (P. de Courcy, Nob. de Bretagne.) Il était sgr de Nozay et épousa Belleassez Chabot, fille de Gérard, sire de Raiz, décédée sans enfants, vers 1264. (Cart. de Raiz.)

Les documents pour établir la descendance de Briant Le Bœuf, sgr de Nozay, font défaut, et ce n'est que deux siècles plus tard que l'on retrouve en Bas-Poitou un Alexis Le Bœuf, Ec., venu de Bretagne et qui, par suite de son mariage avec Emilie de Chasteigner, s'établit dans notre province. (Notes de famille.)

§ Ier. — Branche de Ste-Cécile et des Moulinets.

1. — **Bœuf** (Alexis Le), Ec., épousa en 1428 Emilie de Chasteigner, dont : 1° Jean, qui suit ; 2° Patrice, mort sans postérité.

2. — **Bœuf** (Jean Le) s'allia en 1458 à Marie Guerry, De de l'Imonière, dont :

3. — **Bœuf** (Nicolas Le), Ec., sgr de la Thibaudière (St-Fulgent, Vendée), serait celui qui, désigné comme mineur sous le prénom de Colas, habitant la terre des Essarts, fut remplacé au ban de 1491 par Jupille, son curateur, qui y servit en archer. Nicolas épousa en premières noces Catherine du Plessis, fille de François et de Françoise Jousseaume ; devenu veuf, il se remaria avec Jacqueline Bretonneau. Du premier lit il eut : 1° Claude, qui suit ; 2° Julien, tige de la branche de la Noue-St-Martin, rapportée au § II ; 3° René, mort sans postérité connue, lesquels figurent dans une transaction du 8 août 1541 avec leurs parents maternels.

Et du second lit : 4° Tanneguy, décédé sans postérité ; 5° Colas, 6° Marguerite, mariée à Abel de la Gaubretière, veuf de Jeanne Linger.

4. — **Bœuf** (Claude Le), Ec., sgr de la Thibaudière, de Ste-Cécile et de l'Espinay, épousa en 15..

Marie DE LA GAUDRETIÈRE, fille d'Abel et de Jeanne Linger, son épouse. Ils eurent 4 enfants, lesquels figurent dans une transaction du 12 nov. 1556, relative au partage de sa succession. Ce sont : 1° JACQUES, Ec., s^r de Ste-Cécile, décédé sans postérité de Jacquette BOURILLEAU, sa femme; était, en 1579, détenu dans les prisons de Poitiers pour avoir occupé violemment la métairie de la Mignauldière; et malgré les lettres de rémission obtenues par l'accusé, et dont il fut donné communication à la cour, il fut condamné, par arrêt du 16 déc. 1579, à être décapité à Poitiers, et ordonné que sa tête sera mise sur un poteau à Fontenay-le-Comte. (Grands Jours de Poitiers. M. Stat. 1878.) Ce qui porterait à croire que la sentence fut exécutée, c'est que sa femme, était veuve le 20 juin 1583; 2° RENÉ, qui suit; 3° JEANNE, D^e du Plessis-Bellin (les Brouzils, Vendée), décédée sans alliance, après avoir testé, le 8 déc. 1607; 4° PERRETTE, mariée à N... des Nouhes, sgr de la Jonchière.

5. — **Bœuf** (René Le), Ec., sgr de la Thibaudière et de Ste-Cécile, épousa en 1552 Charlotte TIRAQUEAU, dont il eut : 1° JACQUES, mort sans postérité; 2° CHARLES, qui suit; 3° PIERRE, Ec., sgr de la Fuzonnière, mort sans alliance; 4° LOUISE, épouse de François Durgain, Ec., sgr de la Chouilère (Commequiers); 5° MARGUERITE, femme de Léon Boutinet, Ec., sgr de la Presse; 6° BARBE, comme il ressort d'un contrat de partage du 13 août 1606 (Gaborit et Denis, not^{res} de Beaurepaire).

6. — **Bœuf** (Charles Le), Ec., sgr du Rochais et des Moulinets, se maria, le 24 juill. 1603 (contrat passé aux Herbiers), avec Charlotte BOBXON, fille de François et de Renée Remigereau? fut maintenu dans sa noblesse par sentence du 12 janv. 1610, et vécut jusqu'en 1621. Il laissa de son mariage : 1° JACQUES, qui suit; 2° RENÉ, 3° JEAN, mort à l'armée; 4° FRANÇOIS, décédés tous les trois sans alliance.

7. — **Bœuf** (Jacques Le), Ec., sgr des Moulinets et du Bois-Porchet, épousa Louise CHAUMEL. Ils se font une donation mutuelle le 4 juill. 1627. De ce mariage sont issus : 1° PHILIPPE, qui suit; 2° CHARLES, bénéficier; 3° MARIE, religieuse à Cholet; 4° JACQUETTE, 5° MARIE-MADELEINE, D^e du Bois-Porchet, morte célibataire.

8. — **Bœuf** (Philippe Le), Ec., sgr des Moulinets (Ste-Cécile, Vendée), fut maintenu dans sa noblesse par sentence du 23 sept. 1667, et fit partie des bans de 1690 et 1691; il épousa, le 10 fév. 1685 (contrat passé sous la cour de St-Flaive), Susanne-Bonaventure FOUCHER, fille de François-Germain Bon du Gué-Ste-Flaive et de Marie de Goyon; il mourut en 1710, et sa femme en 1714. Leurs enfants furent : 1° PHILIPPE, qui dut fournir la preuve de sa noblesse en 1715; 2° BONAVENTURE, qui suit; 3° JACQUES, Ec., sgr de la Salmilinière; 4° CHARLES, célibataire; 5° ALEXIS-JACOB, dit l'abbé des Moulinets, clerc-minoré, fut pourvu, sans être dans les ordres, d'un bénéfice simple, et reçut la tonsure le 23 avril 1707; 6° MADELEINE, religieuse au couvent des Coriziers; 7° MARGUERITE, célibataire; 8° CHARLOTTE-LOUISE, D^e du Bois-Porchet, épousa, par contrat du 28 janv. 1737, Charles-Gabriel de Saudelot, dont elle était veuve le 19 sept. 1759.

9. — **Bœuf** (Bonaventure Le), Chev., sgr des Moulinets, Boispenaud, etc., épousa, le 27 sept. 1724, Anne-Florence DE LESPINAY, fille de Samuel-Florent, Chev., sgr de la Roche-Boulogne, et de feu Charlotte-Aimée de Montsorbier, sa femme; il était décédé avant 1742, laissant de son mariage : 1° BONAVENTURE-FLORENT, qui suit; 2° ALEXIS-AIMÉ, Chev., sgr du Fresne, qui de Anne-Eulalie DE MAYNÉ, son épouse, laissa JEAN-ALEXIS, Ec., sgr du Fresne et des Babinières (la Garnache, Vendée), garde du corps du Roi, comp^{ie} Ecossaise, qui épousa, le 5 déc. 1785, Victoire-Bénigne-Charlotte LE BŒUF DES MOULINETS, sa cousine, et mourut le 17 juill. 1801, à son retour de l'émigration, sans laisser postérité.

3° ANNE-FLORENCE, 4° LOUISE-ROSE, 5° PIERRE-LÉON, Chev., sgr du Bois, lequel comparut par procureur à l'assemblée de la noblesse réunie à Poitiers pour nommer des députés aux Etats généraux de 1789.

10. — **Bœuf** (Bonaventure-Florent Le), Chev., sgr des Moulinets, épousa : 1° le 4 nov. 1749, Charlotte-Aimée LE BŒUF, fille de Jean-Baptiste, sgr de la Noue-St-Martin, et de Louise-Aimée de Lespinay de Briort, qui décéda en 1754, et 2° le 13 sept. 1756, Bénigne-Madeleine MASSON DE LA PERRAY; il mourut à la fin de 1788. Le 15 janv. 1755, il avait rendu au sgr du Plessis-Suriette un aveu comme père et loyal administrateur des enfants mineurs de son premier mariage qui étaient : 1° CHARLES-BONAVENTURE, qui suit; 2° LOUIS-FLORENT, Chev., sgr de Villeneuve, le Bois-Coutaux, etc., célibataire; 3° ANNE-CHARLOTTE, mariée à Charles-Antoine Baudry d'Asson, Ec., sgr de Puyravault.

Du second lit il eut : 4° VICTOIRE-BÉNIGNE-CHARLOTTE, mariée : 1° le 5 déc. 1785, à son cousin Jean-Alexis Le Bœuf, Chev., sgr des Babinières, et 2° à Victor-Joachim Le Roux de la Corbinière; elle est décédée en 1824; 5° OLYMPE-AIMÉE, D^e de Villeneuve, mariée, le 23 nov. 1790, à St-Denis de la Chevasse, à N... de Tinguy, morte en 1793, dans la campagne au delà de la Loire, où elle avait suivi l'armée Vendéenne; 6° MARIE-CÉLESTE, née le 1er janv. 1764, et mariée, le 21 août 1787 (Chambellan, not. au Puybelliard), à son cousin Charles-Gabriel-Marie Masson, sgr de la Fumoire; elle est morte à Angers.

11. — **Bœuf** (Charles-Bonaventure Le), Chev., sgr des Moulinets, épousa, le 6 juin 1786, Victoire-Rosalie DE VAY, d'une famille de Bretagne; comparut par procureur à l'assemblée de la noblesse de Poitou réunie à Poitiers, en mars 1789, pour nommer des députés aux Etats généraux; resté aux Moulinets jusqu'en 1792, il se réfugia avec sa femme à l'île de Noirmoutiers, et prit probablement une part active à la défense de cette île; fait prisonnier, il fut fusillé en même temps que d'Elbée, en 1793. Sa femme, qui parvint à s'échapper, vint mourir aux Moulinets en sept. 1795, laissant deux filles : 1° ARMANDE-VICTOIRE-CÉCILE-JOSÉPHINE, mariée, le 3 sept. 1806, à Alexis-Gabriel Cte de Lespinay; 2° BÉNIGNE-ROSALIE-HENRIETTE, qui épousa, le 5 janv. 1808, Clément Burot de Carcouet.

§ II. — BRANCHE DE LA NOUE-St-MARTIN.

4. — **Bœuf** (Julien Le), Ec., sgr de St-Martin, fils puîné de Nicolas et de Catherine du Plessis (3° deg. du § I), épousa en 1562 Renée GUERRY, D^e de la Brosse, qui était sa veuve en 1578, et fut tutrice de leurs enfants mineurs, qui étaient : 1° RENÉ, lieutenant-colonel du régiment du Pied (Puy)-du-Fou, décédé sans alliance; 2° FRANÇOIS, qui suit; 3° CHARLES, qui mourut assassiné, à l'âge de 18 ans, dans la maison de la Brosse : on ignore dans quelles circonstances.

5. — **Bœuf** (François Le), Ec ; sgr de St-Martin, s'allia en 1588 à Susanne DE LOUVAIN, fille de François et de Catherine Masseau des Raoullins, qui lui apporta la terre de la Noue; elle était sa veuve dès 1605. Ils

eurent 5 enfants : 1° FRANÇOIS, qui suit; 2° CLAUDE, clerc tonsuré; 3° RENÉE, mariée à Paul Menanteau, Ec., sgr de la Rousselière; 4° GABRIELLE, femme de René Girard, Ec., sgr de l'Enclose; 5° ANNE, mariée à Macé de Morienne, Ec., sgr du Porteau (St-Martin-l'Ars, Vendée).

6. — **Bœuf** (François Le), IIe, Ec., sgr de la Noue-St-Martin, se maria deux fois : 1° à Marquise DOUALIN, 2° le 3 oct. 1634 (Trottin et Merland, notres aux Essarts), à Jeanne ARNAUDEAU; il mourut en 1644. Sa veuve fut maintenue noble par sentence du 23 sept. 1667 par Barentin. Il n'eut d'enfants que du premier lit, lesquels sont : 1° FRANÇOIS, qui suit; 2° SUSANNE, femme de Jacques Suzanneau, sr de la Raynard; 3° CHARLOTTE, religieuse au Val de Morière; 4° FRANÇOISE, décédée sans alliance.

7. — **Bœuf** (François Le), IIIe, Ec., sgr de la Noue-St-Martin, épousa en 1638 Hélène GUIGNARDEAU, fille de René, Ec., sgr de Puymay, et de Jeanne Sapinaud. Le 20 mai 1667, ils vendaient à Jacques Guerry, Ec., sgr de la Goupillière, leur terre de St-Martin-des-Noyers, laquelle, quelque temps auparavant (25 avril 1667), avait été érigée par Henri de la Haye-Montbault en fief de haubert, avec haute justice, siège pour notaires et autres officiers, le droit de planter un poteau de carcan, sans fourches patibulaires, etc. (Farcy et Rouault, notres de la chnie de la Mothe-Fresion). Le 24 sept. 1667, il fut confirmé dans sa noblesse avec sa mère, et servit dans la 3e brigade au ban de 1669. Devenu veuf en 1675, il était remarié en 1682 avec Claude-Elisabeth BADIN, veuve elle-même de Louis Cicotteau, sr de la Touche, et fille de Paul, sr de la Gière, échevin de Fontenay, et d'Elisabeth Brunet de la Riallière. Il mourut en 1695, laissant : 1° RENÉ, 2° CLAUDE, qui suit; 3° RENÉE, mariée, le 7 nov. 1680 (Fournier, not. aux Essarts), à François-Raoul Blouin, Ec., sgr du Plessis-Marçais.

8. — **Bœuf** (Claude Le), Ec., sgr de la Noue-St-Martin et de la Brosse-Millecent, etc., épousa : 1° Catherine DE LOUVAIN, peut-être fille de Daniel et de Julienne Ortye. De ce mariage une fille, RENÉE, qui en 1705 épousa Adam Pellard, Ec., sgr de Montigny; il se remaria, le 29 oct. 1686, avec Charlotte CICOTTEAU, fille de Louis, sr de la Touche, et de Claude Babin. Claude servit aux bans de 1690, 1691 et 1695, et mourut en 1708, et sa femme en 1739. Ils avaient eu pour enfants : 1° JEAN-BAPTISTE, qui suit; 2° GABRIEL-CÉLESTIN-BRIANT, dont la postérité sera rapportée au § III; 3° CHARLES-ALEXIS, dont nous parlerons au § IV; 4° HENRI-MODESTE, Chev., sgr de Puy-de-Frais et de la Noue, servit au ban de 1758, dans la 1re division de la 1re brigade de l'escadron de Buzelet; il avait épousé Henriette SADOURIN DE DISSAIS, morte à Poitiers en 1780. Il comparut à l'assemblée de la noblesse de 1789; 5° CHARLOTTE, morte célibataire.

9. — **Bœuf** (Jean-Baptiste Le), Chev., sgr de la Noue-St-Martin, épousa, le 21 oct. 1721, Louise-Aimée DE LESPINAY DE BRIORT, fille de Samuel, Ec., sgr de la Ruffelière, et de Louise de la Bussière. Il se qualifie, dans un aveu de 1748, de capitaine d'infanterie, major général garde-côte; sa femme décéda le 15 juin 1746 et lui-même le 5 janv. 1750, laissant deux filles : 1° CHARLOTTE-AIMÉE, qui épousa, le 4 nov. 1749, son parent Bonaventure Le Bœuf, Ec., sgr des Moulinets; 2° LOUISE-CÉLESTE, mariée, vers 1750, à Alexandre-Henri de Pellard, Chev., sgr de Montigny; elle rendait, étant veuve et tutrice de leurs enfants mineurs, deux aveux le 1er oct. 1775, l'un au chât. de Fontenay pour la sgrie de Boislambert, et l'autre au chât. de Vouvant pour la sgrie du Perthuis-Berton.

§ III. — BRANCHE DE St-MARS.

9. — **Bœuf** (Gabriel-Célestin-Briant Le), Chev., sgr de St-Mars, fils puîné de Claude et de Charlotte Cicotteau (8e deg. du § II), se maria, le même jour que son frère, avec Susanne-Françoise PIDOUX, fille de Pierre, Ec., sgr de Polié, et de Susanne-Henriette d'Aitz de Mesmy; le 5 sept. 1744, il rendait aveu à l'abb. de Ste-Croix de son fief de Pouillé. (Arch. Vienne, Ste-Croix.) Il mourut peu de temps après son mariage, laissant :

10. — **Bœuf** (Henri-Modeste-Briant Le), Chev., sgr de St-Mars, obtint des lettres de bénéfice d'âge le 2 août 1758, officier au régiment Royal-Vaisseaux, émigra, servit à l'armée des Princes, dans une compagnie à cheval de la province du Poitou, et mourut à Mons en Hainaut, en 1793. Il avait épousé Marie-Rose FLEURY DE LA CAILLÈRE, fille d'Etienne, sgr de Beauregard, secrétaire du Roi, maison et couronne de France, et de Marie-Rose-Charlotte Maynard de la Fortinière, dont il a eu : 1° HENRI-CALIXTE-FERDINAND, qui suit; 2° JOSÉPHINE, mariée à N... Sourisseau.

Madame de St-Mars, qui était restée en Vendée, suivit l'armée royale au delà de la Loire, où elle trouva la mort, et sa fille ne fut épargnée qu'à cause de son extrême jeunesse.

11. — **Bœuf de St-Mars** (Henri-Calixte-Ferdinand Le) n'avait que quinze ans lorsqu'il émigra et fit la campagne de 1792 à l'armée des Princes, dans la 4e compagnie de la noblesse du Poitou-Infanterie, puis gagna la Bretagne, entra ensuite dans l'armée française; fait prisonnier par les Anglais, il fut interné sur les pontons, puis, ayant été échangé, il prit part aux premières campagnes d'Italie; rentré dans sa famille en 1800, il épousa Cénie MAJOU DES GROIX, fille de Daniel et de Modeste Marchegay, dont :

12. — **Bœuf de St-Mars** (Daniel-Edouard-Calixte-Ferdinand Le) se maria à Agnès-Victorine ROBERT DES ROCHES, fille de Etienne et d'Alexandrine de Chapelle de Jumilhac, dont il n'a eu que deux filles : 1° ALEXANDRINE-EUGÉNIE, mariée, le 7 janv. 1851, à Alexis Mis de Lespinay; 2° MARTHE-MARIE, qui, le 17 juill. 1871, épousa Eugène Blanpain.

M. Daniel-Edouard-Calixte-Ferdinand Le Bœuf de St-Mars est décédé à Chantonnay le 29 nov. 1884, dernier représentant de la famille Le Bœuf. Par son testament olographe en date du 10 oct. 1883, « il donna (avec le consentement de la Mise de Lespinay, sa fille aînée) par préciput et hors part, conjointement avec droit d'accroissement de l'un à l'autre, à : 1° Marie-Joseph-Louis-Zénobe, 2° Marie-Joseph-Benjamin, 3° Marie-Thérèse Odile, 4° Marie-Marthe-Armande-Thérèse, et 5° Marie-Marthe-Geneviève Blanpain, ses petits-enfants, demeurant à la Salière, cne de St-Hilaire-du-Bois, avec leurs père et mère, la propriété du Fief-du-Cormier, cne de Chantonnay, imposant pour condition rigoureuse à ses légataires de prendre son nom et ses armes, et de faire toutes démarches auprès de la chancellerie pour qu'ils fassent substituer son nom au leur, ou ajouter le sien à ce dernier. »

§ IV. — QUATRIÈME BRANCHE.

9. — **Bœuf** (Charles-Alexis Le), Chev., sgr de la Bonnière et la Baritaudière (St-Hilaire-de-Riez), fils puîné de Claude et de Charlotte Cicotteau (8e deg., § II), servit au ban de 1758, dans la première division de la première brigade de l'escadron de Buzelet; il avait épousé, le 5 fév. 1742, Louise-Henriette PIDOUX, fille de

Pierre, Ec., sgr de Polié, et de Susanne d'Aitz de Mesmy, dont :

10. — **Bœuf** (Charles-Henri Le), Ec., sgr des Brunières, né le 27 juill. 1749 à la Chaize-le-Vte; il était capitaine de chasseurs au régiment d'Auvergne en 1785; le 22 fév., dite année, il vendait la terre de la Guillotière (Vausseroux, D.-S.); en 1781, il avait été capitaine commandant au régiment d'Austrasie; il fit la campagne d'Amérique, commandant un détachement du régiment d'Auvergne, dont le colonel, le Vte de Laval-Montmorency, le constitua le Mentor de son fils. A son retour, il fut nommé colonel du régiment d'Auxerrois et Chev. de St-Louis. Lors de la réorganisation de l'armée française, il fut mis à la tête du 22e de ligne, qu'il commanda jusqu'en nivôse an II, forcé qu'il fut par les événements de donner sa démission; il comptait 32 ans de services. Il est décédé à Niort le 24 sept. 1836, âgé de 88 ans.

« Entraîné par la loyauté et la droiture de son caractère, il avait partagé avec son élève, Mathieu de Montmorency, les illusions de son époque; mais le respect humain ne l'y a pas fait persister, et il est mort en vrai chrétien. » (Art. nécrologique publié dans un journal de Niort.)

BOEUF (Le). — Famille noble de Bretagne, alliée en Poitou.

Blason : d'azur à 2 chevrons d'or. (Reg. de Malte, preuves Le Roux, 1654.) — On trouve ailleurs : d'or à trois têtes de bœuf de gueules. Mais ce dernier blason paraît être une confusion avec une autre famille.

Bœuf (Jacques Le), Ec., sr de la Badaudière ou Bedaudière, épousa, vers 1550, Perrine Landeny ? dont il eut Gilles, qui suit.

Bœuf (Gilles Le), Ec., sgr de la Badaudière, eut de Jeanne de Chevreux, fille de Guillaume, Ec., sr de Baudière, et de Louise Louet, entre autres enfants, une fille, Antoinette, qui, par contrat passé à Nantes le 22 janv. 1576, épousa Hardy Clérembault, qualifié haut et puissant seigneur de Chantebusain, la Jordonnière, la Salle, la Forêt-Sauvage, etc. (Gén. Clérembault.)

BOEUF (Le) en Chatelleraudais.

Blason inconnu. C'est par erreur que M. Lalanne, Hist. de Châtellerault, I, 391, dit de gueules au bœuf d'or.

Bœuf (N... Le), vivant au xiiie siècle, eut pour enfants : 1° Jean, qui suit; 2° Guillaume, prieur de St-Lazare de Fontevrault; 3° Jeanne, prieuré de Lencloître; 4° N..., religieuse de Fontevrault.

Bœuf (Jean Le), Chev., de la pssе de Vendeuvre (Vienne), testa le mardi après *Quasimodo* 1285, en faisant des legs aux églises de Vendeuvre, St-Georges (Vienne), aux Frères-Mineurs de Poitiers, Châtellerault, Mirebeau, etc., élisant sa sépulture dans une chapelle qu'il fondait au prieuré de Lencloître. Il eut pour fils : 1° Philippe, qui suit; 2° probablement Hugues, valet, qui acquit le fief de Mestré près Montreuil-Bellay, et le donna à Fontevrault en 1281.

Bœuf (Philippe Le), valet, fut l'exécuteur testamentaire de son père en 1285. (Tit. Fontevrault. Bib. Nat. Lat. 5480, 225 et 63.) Il eut sans doute pour fils :

Bœuf (Jean Le), sgr de Chistré, vers 1310, peut-être époux d'Anne de Chistré, dont sans doute : 1° Philippe, qui suit; 2° Hugues, Ec., sr de Chistré en partie, 1332; ses biens furent confisqués par le Roi en 1340 parce qu'il suivait le parti des Anglais. (A. N. G. 1235.)

Bœuf (Philippe Le), Ec., sr de Chistré, était décédé dès 1325, laissant pour fils :

Bœuf (Guillaume Le), Ec., possédait rente à Chistré, 1325, avec son oncle Hugues.

Bœuf (Hugues Le), Ec., servait comme écuyer en 1354, 1357, sous Guichard d'Angle, sr de Pleumartin. Il fut exécuteur testamentaire de son beau-frère en 1360. Sa sœur Marguerite épousa, vers 1350, Pierre d'Aloigny, Ec., sr de Chagon.

BOEUF (Le). — Il y a eu plusieurs familles de ce nom en Montmorillonnais qui semblent originaires du Berry.

Blason inconnu. Un sceau de Mathieu Bœuf, Ec., qui donne quittance à Bourges en 1418, porte un écu écartelé 1 et 4, une fasce, 2 et 3, trois bandes.

On trouve une famille Bœuf ou Le Bœuf en Berry ? portant d'argent à 1 fasce vivrée de sable, au chef d'azur chargé de 3 étoiles d'or. (Preuves St-Cyr. Gain. 1693.)

Beuf (Guy), Ec., sgr de Lalande, psse de Moussac près Montmorillon, 24 juin 1496, 13 déc. 1504, 28 août 1515.

Beuf (René), Ec., sgr de Lalande, 3 juill. 1561.

Beuf (Pierre), Ec., sr de Lalande, 20 juin 1612.

Bœuf (Pierre), Ec., sr de Vallendry (Thollet), l'Hôtel-aux-Riffaud, fit aveu de ce dernier fief, le 20 août 1537, à Montmorillon; il épousa Louise de Genouillé, fille du sgr d'Availle, dont Catherine, mariée, le 7 juill. 1566, à Mathurin de Gain, Ec., sr d'Availle.

BOEUF (Le) en Montmorillonnais (divers).

Bœuf (Jean, *aliàs* Guyonnet Le), Ec., sire de la Rochablou, sise dans la châtellenie de Bridiers, et tenue de ladite sgrie, à foi et hommage lige, en rendit aveu le 17 juin 1405. Il possédait cette terre du chef de Jeanne Fonchère (Foncher ?), sa femme. (Livre des fiefs.)

Bœuf (Raoul Le) vendit, le 17 avril 1450, quelques héritages situés dans les environs de Lathus, ressort de Montmorillon.

Bœuf (Raoulet Le), châtelain (c'est-à-dire juge) de Montmorillon, et aussi substitut du procureur du Roi, fut remplacé au ban de 1491 par Jean de Nyau.

Bœuf (Guy Le), procureur du Roi au siège de Montmorillon, comparut en cette qualité au procès-verbal de la réformation de la Coutume du Poitou en 1514. (Constant.)

Bœuf (Raoulin Le) vendit quelques terres sises près Lathus à Dlle Marguerite Le Bœuf, veuve de Me Guillaume Maural (Vachier, not. du ressort de Montmorillon), le 6 juin 1529.

BOEUF (Le). — Famille du Saumurois et de l'Anjou, qui a eu des alliances en Poitou.

Blason : d'or à trois têtes de bœuf (rencontres) de gueules posées 2 et 1.

Bœuf (Jeanne Le) épousa (Chesneau, notre à Angers), le 9 juin 1621, Gilbert des Francs, Ec.

Bœuf (Louise Le) était, le 1er juill. 1638, femme de Georges de Faulcillon.

Bœuf (Anne-Diane Le) épousa Louis Haward de la Blotterie, à la fin du xviie siècle.

Bœuf (René Le) eut de Aubine Avril, sa femme, une fille, Jeanne, qui épousa en 1718 Louis Diotte, sr de la Valette, dont elle était veuve en 1749 ; elle-même mourut en 1755.

BOEXON ET AUSSI **BOIXON** OU **BOISSON** (souvent confondus). — Famille du Bas-Poitou qui paraît originaire de Bretagne.

Blason : d'or à l'aigle éployée de gueules. (Arm. Poit.)

Boëxon (Jacques), Ec., sgr de la Laudrière, licencié ès lois, était, le 4 oct. 1606, sénéchal de l'Etenduère et du fief du Tréhant. Il avait pour épouse en 1608 Gabrielle SAPINAUD.

Boëxon (François), Ec., sgr de la Martinière, et Renée REMIGEREAU ? peut-être VERGEREAU, sa femme, eurent : 1° JACQUES, Ec., sgr de la Laudrière ; 2° RENÉ, Ec., sgr de Lotardière, qui l'un et l'autre assistaient au mariage de leur sœur ; 3° JEANNE, laquelle épousa, le 8 janv. 1613, Gabriel de la Ramée, Ec. ; 4° CHARLOTTE, mariée, le 24 juill. 1603, par contrat passé aux Herbiers, à Charles Le Bœuf, Ec., sgr du Rochais et des Moulinets ; elle vivait encore en 1620 ; 5° MADELEINE, épousa, le 21 juin 1605, Charles Boisson, Ec., sr de Lespinay. (Fillon, St-Cyr.)

Boëxon (François), prieur du prieuré de la Gambuère, recevait à cause de son dit prieuré, le 20 fév. 1632, le dénombrement de diverses pièces de terre, passé sous la cour de St-Maixent.

Boëxon (René) prenait en 1639 le titre d'Ec., sgr des Arsais, et en 1668 celui de sgr des Rallières et de la Grande-Fausselière.

Boëxon (René), Ec., sgr des Rallières, épousa, vers 1665, Claude DE LA HAYE (remariée depuis à Germanicus du Planty, Ec , sr de Vonnan), fille de Louis, Ec., sgr des Herbiers et de la Godelinière, et de Noëlle de la Ville de Ferolles, dont il eut : 1° LOUIS, 2° RENÉ, Ec., sr de la Martinière, 1689 ; 3° RENÉE, mariée, vers 1680, à Claude Jousbert, Ec., sr de la Jarrie ; 4° CATHERINE, mariée, le 2 juill. 1680, à Gédéon Rouault, Ec., sr du Buignon ; 5° MARIE-ANNE, 6° CÉLESTE, 7° CHARLOTTE, 8° CLAUDE, Ec., tous présents au mariage de 1689.

Boëxon (Louis), Ec., sr des Rallières, assista au ban du Poitou en 1690.

Boëxon (Claude), Ec., sr des Rallières, fit inscrire son blason à l'Armorial du Poitou en 1698 (psse des Herbiers). Il épousa Marie-Anne DE GASTINAIRE, dont il eut : CLAUDE-HÉLÈNE, mariée, le 20 sept. 1725, à Jean-Baptiste Jourdain, Ec., sgr des Herbiers.

Boëxon (René), Chev., sr des Rallières, épousa : 1° Renée DE CUMONT, fille de Jean, Ec., sr de la Paillère, et de Florence de la Grue. Il fut aussi sgr de Bouillé-Lorets à cause de Françoise SURIETTE, sa 2e femme, fille et héritière de Marie de Colasseau. Il était, le 27 juin 1670, tuteur de leur fils FRANÇOIS-PROSPER, et était lui-même décédé le 4 fév. 1699. Du 1er lit, il avait eu RENÉ, mineur en 1667, et RENÉE, De de la Gde-Fausselière, les Rallières, qui en 1699 était femme de François-Gabriel Camus, Chev., sgr de Villefort.

Boëxon (Paul), Ec., abbé des Rallières, était oncle de :

Boëxon (Claude), femme de Joseph Rouault, Ec., sgr de Treguel et des Rallières du chef de sa femme, était, le 27 août 1750, son héritière et possédait alors la maison noble des Rallières, relevant de la Bnie de Commequiers. (Arch. Vendée.)

BOFFART (*Constantinus*) est nommé dans un don d'héritages fait, en 1076, à l'abb. de St-Maixent par Bouchard d'Aiffre, en se faisant religieux en ce monastère. (D. F. 15.)

Boffart (Guillaume et Simon) étaient en 1115 hommes liges de l'abb. de St-Maixent.

BOGAREL (Pierre et Hélie), *optimos de Mortuomare*, se portent caution, en 1112, ainsi que les autres principaux vassaux de la maison de Mortemer, de l'engagement pris par les enfants d'Engelelme de Mortemer, vis-à-vis l'abbaye de Nouaillé, de l'indemniser des torts que leur père et eux-mêmes lui avaient causés, et de lui restituer ses biens qu'ils avaient usurpés. Ils sont les premiers en tête de la liste. (D. F.)

Bogarel (Jean) épousa Alida BRULON, fille de Aimery, valet, dont ils partageaient la succession le 26 janv. 1400.

BOQUERAINE, **BOUGUERAINE** ? (Hugues de La), Chev., sgr dudit lieu, reçoit en don, le 28 janv. 1277, de Pierre Chabot de Genouillé, tous les biens qu'il avait eus d'Arsendis, sa femme, sis au lieu du Breuil. (D. F., d'après les Archiv. de la Flocellière.) Doit être un Surgères. Voir ce nom.

BOHAIN (Michel de), chanoine de St-Hilaire-le-Grand, était en même temps un médecin célèbre. Dreux du Radier, qui donne ce renseignement, ne dit pas qu'il fut Poitevin ; il mourut en 1504 et fut inhumé dans la chapelle de la Vierge de la collégiale de St-Hilaire ; son épitaphe, que l'on peut voir dans la Bibliothèque du Poitou, prouve que les contemporains de Bohain avaient en haute estime son talent médical.

BOICEAU ET **BOISSEAU**. — Plusieurs familles de ce nom en Poitou ; nous en connaissons une à St-Maixent qui est fréquemment mentionnée dans le Journal des Le Riche, une autre à Poitiers, qui a donné naissance, au XVIe se, à un jurisconsulte distingué, et dont la descendance existe peut-être encore dans les environs de Montmorillon, où elle habitait au commencement du siècle.

Nous n'avons pu rattacher les noms suivants à l'une ou l'autre de ces deux familles.

Boisseau (Pierre), débiteur envers Jean Nallondeau d'une rente, lui fait une cession. (Arch. Vienne, St-Pierre-le-Puellier.)

Boiceau (Guérin), abbé de St-Benoît de Quinçay en 1482. (Abb. de Montierneuf.)

Boiceau (Guillaume) fonde en 1501 une chapelle sous le vocable de N.-D. des Anges dans le cimetière de la Chapelle-Montreuil, et présente pour chapelain à l'abbé de Montierneuf PIERRE Boiceau, son neveu. Guillaume testa le 30 mars 1511. (Abb. de Montierneuf.)

Boisseau (Raoullet) était sgr de Travarzay le 5 juin 1497. (Réfon des forêts, 59.)

Boisseau (Jean), époux de Marie D'OYRON, morte en 1527, lui survécut. D. Bouchet, qui nous le fait connaître, le qualifie de son noble époux.

Boisseau (Jean), Ec., sgr de Magot, avait souscrit une obligation de 120 écus au profit de Josias Bidault, Ec., sgr de la Naslière, le 18 juill. 1599.

Boiceau (Jean), Ec., sgr de Pouzou, épousa Catherine MOREAU, dont il eut : 1° JEAN, Ec., sgr de Pouzou, habitant psse de Chef-Boutonne ; il était protestant ; ses biens furent confisqués et réunis au domaine, comme on le voit par l'affiche d'une ordonnance de M. Foucault, intendant du Poitou, rendue en 1689 (Arch. de la Vienne); 2° Jeanne, qui, le 14 oct. 1609, épousa Gabriel Goulard, Chev. des ordres du Roi, gentilhomme ordinaire de sa chambre, sgr du Breuil-Milon, la Mothe-d'Anville, etc.

Boiceau (Honorée) épousa en premières noces Jean de Tusseau, Ec., sgr de Malespine, puîné de la famille de Maisontiers. Devenue veuve, elle se remaria en 1618 à François Chasteigner, sgr de la Brosse-d'Izeure, et mourut à Poitiers sans postérité en 1631. (Constant, sur la Cout. du Poitou.)

Boisseau (Isaac), Ec., sgr de la Riffardière, cousin germain du futur, fut témoin du contrat de mariage de Jean Chevalleau, Ec., sgr de Boisragon, et de Dlle Catherine de Marconnay, 25 nov. 1652. Il fut maintenu dans sa noblesse en 1667.

Boiceau (Jeanne) épousa Balthazar Manceau, ministre à Melle; elle était veuve lors du mariage de leur fils Jean avec Catherine Chalmot, qui eut lieu le 16 août 1657.

BOICEAU. — Famille de St-Maixent.

M. A. Richard a donné dans les Mém. de la Société des Antiquaires de l'Ouest, année 1869, une liste des maires et échevins de la ville de St-Maixent, dressée sur les documents originaux, laquelle diffère de celle donnée par M. de la Fontenelle, à la suite du Journal des Le Riche. Nous y relevons les noms suivants :

Boiceau (Jean), maire en 1551.

Boiceau (André), maire en 1554.

Boiceau (André), maire en 1588.

Boiceau (Jean), échevin en 1538 et 1557.

Boiceau (André), échevin en 1548, mort en 1578.

Boiceau (Pierre), échevin en 1568, mort en 1583.

Boiceau (André), sr de Bois-Bourdet, échevin en 1583, mort en 1624.

Boiceau (Jean) était en 1538 échevin et administrateur de la Vieille-Aumônerie. (Le Riche.)

Boiceau (André) fut fait prisonnier le 5 août 1574 par les Huguenots qui battaient la campagne, et le 17 oct. suivant député près de M. de Montpensier, qui se trouvait à Poitiers, au sujet des réquisitions imposées à la ville de St-Maixent, pour les besoins de l'armée catholique. Il est décédé en 1624. (Le Riche.)

André fut père de :

Boiceau (Pierre), qui était échevin à St-Maixent en 1568 et mourut, revêtu de cette charge, le 10 juill. 1583; « il fut inhumé aux Cordeliers le lendemain; il était fils d'André Boiceau, homme d'honneur. Ledit Pierre s'immola en diverses et grandes affaires pour le public, dont il n'a jamais pu voir la fin. » (Le Riche, 379.)

Boiceau (François), marchand à St-Maixent, testait le 19 juill. 1573 en faveur de Gabriel Poybeau, curé de la psse de St-Léger.

Boiceau (honneste homme Jehan), marchand, était bourgeois et échevin de St-Maixent le 8 janv. 1581.

Boiceau (Antoine), marchand, et Jacquette Benest, son épouse, se font une donation mutuelle le 12 déc. 1612 (Favier, not. à St-Maixent).

Boiceau (Abraham), sr de la Bonninière. Jeanne Miget, sa veuve, testa le 4 mars 1628, donnant tout son mobilier à Catherine, sa fille, femme de André Douhet, doct. en médecine à St-Maixent.

Boiceau (Marie) était, le 8 juill. 1618, femme de François Baudot, sergent royal à St-Maixent.

Boiceau (Claude) et François Favier, son mari, se font, le 23 avril 1633, une donation mutuelle.

Boiceau (Claude) était veuve de Pierre Fouques, marchand à St-Maixent, lors du mariage de leur fils Pierre, le 3 sept. 1645, avec Jeanne Bouslaye.

Boiceau (Françoise) et Jean Le Riche, sr du Genest, conseiller examinateur au siège royal de St-Maixent, son époux, se font une donation mutuelle (Greffier, notre royal) le 30 août 1649. Le 25 janv. 1662, elle faisait une donation en faveur des enfants issus du premier mariage de son mari avec Anne Merceron.

Boiceau (André) fut maire de St-Maixent en 1683 (B. Stat. III, 62.) Mais, d'après le Journal Le Riche, c'était Charles Denyort qui l'était à cette date.

Boiceau (Catherine) faisait, le 25 janv. 1738 (Nosereau, not.), donation de tous ses biens aux religieuses dirigeant les écoles charitables de St-Maixent, à la charge par elles de la nourrir et entretenir.

Boiceau (Hélène-Philiberte). Joseph-Olivier Masson, avocat au siège royal de St-Maixent, son époux, teste en sa faveur le 11 sept. 1780.

BOICEAU. — Famille de Poitiers.

Boiceau (Yvonnet) fut emprisonné à Poitiers comme étant soupçonné d'être l'auteur des voies de faits et excès commis à l'encontre de Symonne Bourrue, pendant les Rogations de 1607. (Procès-verbal du 18 mai 1607. A. H. P.)

Boisseau (Jean et Guillaume) furent exemptés comme habitants de Poitiers d'assister au ban des nobles du Poitou de 1557.

Boiceau (Jean) était en 1587 avocat au Présidial de Poitiers.

BOICEAU et BOISSEAU d'Artige et de la Borderie. — Famille originaire du pays de Civray.

Blason. — Boisseau d'Artige : écartelé aux 1er et 4e d'azur à un aiglon éployé d'argent ; aux 2 et 3 de..... à 3 besants de sable posés 2 et 1. (Filleau, Emigrés au Poitou.) On trouve ailleurs : écartelé aux 1er et 4e d'azur à 3 boisseaux d'or; aux 2e et 3e d'azur à l'aigle d'argent. (Paraît être le plus exact.)

Boiceau de la Borderie : d'après la France Protestante : de.... au palmier de....

Boiceau (Jean), sr de la Borderie, en latin *Bossellius-Borderius*, l'un des jurisconsultes les plus distingués de ceux dont le Poitou s'honore, naquit le 14 avril 1583, d'après D. Fonteneau, psse de Châtain (arrondissement de Civray, Vienne), et selon MM. Robert du Dorat, dans la châtnie d'Ordières. Il fut un des premiers qui, d'après Florimond de Rémond, se laissèrent *enjôler et coiffer* par Calvin, dont il fut un des disciples les plus ardents. C'est à lui que l'on entendit raconter souvent « qu'un jour Charles le Sage contestant avec Calvin à Croutelle sur le sacrifice de la messe, Calvin ayant sa Bible devant lui, dit : C'est là ma messe, et jetant son bonnet sur la table, levant les yeux au ciel, s'écria : Seigneur, si au jour du jugement tu me réprends de ce que je n'ai été à la messe et que je l'ai quittée, je dirai avec raison : Seigneur, tu ne me l'as pas commandé ; voilà l'Ecriture que tu m'as donnée, dans laquelle je n'ai pu trouver aucun sacrifice, que celui qui fut immolé sur l'autel de la Croix. » — Mais il revint, vers la fin de sa vie, à la religion de ses pères. « Le samedi 4 mai 1591, mourut à Poitiers M. Jean Boiceau, s[r] de la Borderie, nous dit René de Brilhac dans son journal, fameux avocat, âgé de 78 ans. Il y a plus de dix ans qu'il avoit perdu la veüe, et toutesfois consultoit ordinairement. Quinze jours avant sa mort, il fit abjuration de l'hérésie dont il avoit fait profession depuis 30 ans, receut le St-Sacrement, et fut enterré en l'église de N.-Dame-la-Petite, sa paroisse. » (A. H. P. 15.)

Boiceau avait été député, avec M. Palustre, vers le roi de Navarre, avec lequel ils eurent une entrevue à Niort le 8 juin 1576. On peut voir dans la Bibliothèque historique du Poitou les titres des ouvrages de Boiceau, tant comme jurisconsulte que comme poète. Par suite du remaniement de la législation française, ses ouvrages de jurisprudence, qui, dans son esprit et celui de ses contemporains, devaient perpétuer sa mémoire, sont, pour la plupart du moins, tombés dans l'oubli, et ce sont ceux qui, pour lui, n'étaient qu'un délassement apporté à la gravité de ses travaux professionnels, qui font encore aujourd'hui vivre son nom, et l'ont placé au rang de ceux de nos meilleurs poètes, qui n'ont pas dédaigné de se servir du patois poitevin. Son *Meneologue de Robin lequeau a predu son procès* est un digne pendant de *l'Avocat Patelin*, dû à la plume de son concitoyen Blanchet. M. Gérasime Lecointre fils a lu à la Société des Antiquaires de l'Ouest, du 16 juillet 1857, une notice sur Boiceau de la Borderie (biographie qui n'a pas été imprimée, croyons-nous). Il avait épousé en 1537 Guyonne DE LA FAYE.

Boiceau (Pierre), Ec., sgr de la Borderie, Courteil, etc., fut taxé en 1618, pour rembourser aux députés de la noblesse de la Basse-Marche leurs frais aux États généraux de 1614. Le 23 févr. 1621, il rendit à l'abb. de Charroux aveu de son herbergement du Courteil. (Arch. Charente, E. 598.) En 1622, il vendit à Paul de L'Age, Ec., s[r] de Volude (son cousin), des dîmes provenant de la succession de 2 dames Françoise DE BRETTE, leurs mères, et le 26 juin de la même année, il vendait celles qu'il possédait du même chef dans la paroisse de St-Quentin. (Arch. Charente, E. l. 588.)

Boiceau de la Borderie (Marie) épousa, vers 1630, Daniel Bardon, s[r] de la Couraudière.

Boiceau (François), s[r] du Plantis, épousa Marguerite MARTIN, dont il eut MARIE, baptisée le 26 févr. 1652 par FRANÇOIS Boiceau, curé de St-Hilaire de Charroux. (Reg. de Lizant.)

Boiceau (Hélie), sgr de la Borderie (Benest, Charente), fils de Pierre, fit aveu du fief du Courteil, le 15 mars 1642, à Charroux. (Arch. Charente, E. 598.) Il fut condamné comme roturier, usurpateur du titre de noble, par sentence du 3 sept. 1667, ainsi que

Boiceau (Paul), s[r] du Courteil (St-Avaugour, élect. des Sables, Vendée).

Boiceau (Paul) obtint, le 17 août 1668, une ordonnance de maintenue, sur le vu de ses titres. (Arch. Vienne. Greffe du bur. des finances de Poitiers.)

Boiceau (Marie), âgée de 30 ans, demeurant p[sse] de Benest, est inscrite sur une liste des nouveaux convertis de la sénéchaussée de Poitiers en 1682.

Boisseau (Pierre), sgr des Gennetons, garde du corps du Roi, mourut à Tournay des blessures qu'il avait reçues au combat de Leuze.

Il laissa veuve dame Marie THIBAULT, son épouse, à laquelle il fut interdit de continuer à prendre le titre de noble, attendu, dit la sentence de M. de Maupeou du 27 juin 1697, que la qualité d'écuyer que le s[r] des Gennetons avait acquise comme garde du Roi, s'était éteinte avec lui.

Boiceau (François), avocat à Poitiers, et Jeanne MILCENDEAU, sa femme, ainsi que Louis Milcendeau, Ec., sgr du Bois-Doussé (Sèvres, Vien.), consentent, vers 1705, un acte en faveur de Jean Seyne, marchand paumier à Poitiers. (Arch. Vien., St-Hilaire de la Celle.)

Boiceau (Pierre), Ec., sgr de la Borderie, épousa Susanne DE CORET, dont il eut JEAN, Ec., qui épousa, le 11 août 1716, Jeanne PRESSAC, fille d'André, s[r] de Rossat, et de Françoise Cartier. (Reg. de Savigné.)

Boiceau (Pierre), Ec., sgr de la Tiffardière, obtint, le 16 mars 1721, commission pour contraindre Paul-François de Monéis à exhiber les aveux pouvant lui servir dans le procès qu'il soutient contre le prieur de Benest. (Arch. Charente, E. l. 877.)

Boiceau (Marie) de la Borderie, femme de Olivier Garnier, était morte avant le 8 mars 1742. (Arch. Charente, E. l. 598.)

Boiceau (Jean), Ec., sgr de la Borderie, la Tour de Courteil, était, le 27 août 1736, curateur aux causes des mineurs Henri et Catherine de Monéis, et, en 1770 il était en procès avec ledit Henri.

Boiceau (François), Ec., sgr de la Borderie, servit au ban des nobles du Poitou de 1758, dans la 4e brigade de l'escadron de Villedon, et assista à l'assemblée de la noblesse tenue à Poitiers en 1789.

Boisseau (Pierre-Amable), neveu de JOSEPH-FRANÇOIS Boisseau, sgr d'Artige et de Pinot (v[r] plus bas), parent de D[lle] Jeanne-Gabrielle de Chazaud, assiste avec lui au procès-verbal de la nomination des curateurs nommés à cette D[lle] interdite (1er fév. 1767).

Boiceau (Pierre), Chev., sgr de la Borderie et de la Tour, reçut, le 7 déc. 1776, une rente viagère de Catherine Duverrier de la Forest ; il avait épousé Jeanne DE PRESSAC. De ce mariage sont issus : 1° JEAN-PIERRE, Chev., sgr de la Borderie, de la Frénicardière et de la Fontaine en partie, marié en premières noces à Jeanne-Charlotte VALCHIER, dame de la Fontaine, et en secondes noces, le 22 août 1776, avec Marguerite-Louise FERRÉ DE PEYROUX, fille de feu Jean, Ec., sgr de St-Romain, et de Catherine-Jeanne-Madeleine du Breuil-Hélyon. Il assista par procureur à l'assemblée de la noblesse du Poitou en 1789 ; 2° FRANÇOIS, qui se fit moine à l'abbaye de Charroux, dont il fut le dernier abbé. Il a écrit sur son monastère une notice fort intéressante, qui se trouve à la bibliothèque de la ville de Poitiers.

Boisseau (Joseph-François), sgr de Pinot et d'Artige, p[sse] d'Antigny, a aussi assisté par procureur à l'assemblée de la noblesse du Poitou tenue à Poitiers en 1789. Il avait épousé Elisabeth CHOCQUIN, dont il a eu : 1° JOSEPH-MARIE, qui fut administrateur du district de Montmorillon en 1790 et 1791, et ensuite agent national de ce district en l'an III (1794-95) ; 2° JACQUES, Chev., sgr d'Artige, capitaine au bataillon de garnison de la Fère, s'est aussi trouvé en personne à l'assemblée de la noblesse du Poitou en 1789. Ayant émigré, il servit en 1792 dans la compagnie du régiment de Forez-Infanterie. S'étant ensuite rendu à l'armée de Condé, il fut blessé à l'affaire d'Ober-Kamlach, le 13 août 1796.

Boiceau (Jacques-Pierre), Ec., s[r] de la Borderie et de la Frénicardière, eut un procès contre le maire et les échevins de Civray, voulant se faire rayer du rôle des tailles de la p[sse] St-Nicolas de Civray, pour se faire porter sur celui de la p[sse] de Savigné, pour son domaine de la Frénicardière. Ses prétentions furent rejetées par sentence de l'élection de Poitiers du 14 janv. 1783, confirmée par arrêt de la cour des aides du 10 mars 1785. (Arch. Civray.)

Boiceau (Guillaume) fonda, à une date qui nous est inconnue, une chapelle sous le vocable de Notre-Dame-des-Anges, dans l'église de la Chapelle-Montreuil-Bonnin.

Boisseau d'Artige (Isabelle) a épousé vers 1870 Auguste de Vezeau de la Vergne (Civray).

BOICELLER (Jean) était en 1332 échevin du corps de ville de Poitiers.

BOIDE (*Hugo*), (peut-être Borde), valet, était en 1253 homme lige du comte de Poitou et tenait de lui, à cause de son épouse, deux parties de la dîme *de Podio-Ragut et Bosso Joco*. (A. N. J. Reg. 24, f° 49-4.)

Boide (Gilles) fit partie du ban des nobles du Poitou de 1467, comme brigandinier du sgr de Belleville.

BOILEAU. — Voici les quelques notes que nous avons réunies sur les personnes portant ce nom. (V. **BOILÈVE.**)

Boileau (Pierre), qui était prévôt de l'Église de Poitiers vers 1350, occupait encore cette dignité le 16 oct. 1403.

Boileau (Philippe), curé de la p[sse] St-Didier de Poitiers, était avec ses paroissiens en 1467 en instance devant la chambre des comptes de Paris contre Olivier Mérichon, lequel, comme sgr du fief des Halles, avait élevé des prétentions que le curé et les habitants de cette paroisse considéraient comme leur étant préjudiciables.

Boileau (Jean) était aussi curé de St-Didier le 6 avril 1478. (M. A. O. 1845, 70.)

Boileau (Guillaume) épousa Etiennette BOURDIN, fille de Jean, receveur général en Poitou, et fut s'établir à Nîmes, où sa femme mourut en 1494.

Boileau (Bernard) tenait en 1508 le fief de Mazeuil, au village de Puyrenon (Purnon), relevant de Verrue (Vienne.)

Boileau (Marguerite) épousa en 1603 René Allard, sgr de Vrines, avocat et procureur ducal à Thouars.

Boileau (Françoise), sœur de HENRI Boileau de Castelnaud, capitaine des grenadiers à cheval de Brandebourg, et de LOUISE, femme d'Abel de Sigournier, épousa Joseph Pandin, Ec., sgr des Jarriges, qui en 1685 se rendit en Prusse. La famille Boileau s'expatria également vers la même époque.

Boileau (Catherine), épouse de Mathieu-Pierre d'Armagnac, assistait, le 8 juin 1701, au contrat de mariage de Marie-Agnès de Mauléon et de Louis-Pierre de La Chesnaye.

BOILÈVE, BOYLÈVE, BOYLAIVE, ET MÊME **BOILEAU** (ce qui en fait est le même nom, *eau* se disant *esve* ou *aive* en patois poitevin). — Famille qui remonte très haut dans les annales de la ville de Poitiers, à laquelle elle a fourni quatre maires, et nombre de bourgeois et d'échevins. Malgré la ressemblance du nom et la proximité des deux provinces, nous ne pensons pas que nos Boilève aient la même origine que les Boilève de l'Anjou, dont les armoiries étaient tout à fait différentes. (V. De nais, Arm. d'Anjou.)

Blason : d'argent au chevron de gueules et 3 merlettes de sable.

D'après Thibaudeau (Hist. du Poitou), ces armoiries étaient gravées sur la cheminée d'une chambre haute de l'auberge de St-Etienne (Grand'Rue), maison qui avait sans doute appartenu à la famille qui nous occupe.

Noms isolés.

Boilayve (Martin), clerc, est cité dans l'acte de vente fait par Agnès Charbonneau à Barthélemy Messé et Thomasse, sa femme, de sa part dans la succession de sa mère, le 27 sept. 1315. (Cart. d'Orbestier. A. H. P. 6.)

Boilève (Aymeri) était vassal de l'abbaye de St-Maixent pour le fief Bertrand-du-Soc près Marsay. (Aveu au prince de Galles du 15 déc. 1363.) (D. F. 16.)

Boylève (Perrot) tenait, le 25 janv. 1379, des terres relevant du fief de Laubier, vassal de la Barre-Pouvreau ; il est nommé dans un registre d'assise de 1399 de ladite sgrie de la Barre, comme un de ses tenanciers. (Arch. de la Barre.)

Boilève (Jean) achète une rente de froment de Jean de Messemé, valet, par actes des 10 janv. 1393 et 12 nov. 1394 (Diemal, not[re]).

Boilaive (Jean), clerc, reçoit, le 10 août 1397, de Jean Mérignet et de Denise Daillec, sa femme, un verger sis à Poitiers, touchant « au chemin par lequel on va de la fontaine de Fontmerau aux moulins de la Celle, et à la fontaine de la Charière, à main droite, et par derrière aux grandes dubes (dunes) ».

Boylève (Thomas), marchand à Poitiers, et JEANNE, sa femme, font, le 11 mai 1403, échange de rentes avec le Chapitre de St-Pierre-le-Puellier. (Arch. Vienne. St-Pierre-le-Puellier.)

Boilaysve (N...), fille de JEAN et de Perrote ou Penote FONTIVE, épousa, le 7 oct. 1403, Pierre Prévost, s[r] de la Fenestre. (Maynard-Mesnard, 147.)

Boylesve (Pierre), prévôt du Chapitre de l'église Cathédrale de Poitiers, avait donné à cette église deux chandeliers d'argent, d'après un inventaire dressé en 1406. (M. A. O. 1849, 142.)

Boilesve (Guillaume) demeurait en 1408 rue de la Regraterie. (Arch. Vien. N.-D.-la-Grande.)

Boylesve (Catherine) était, le 7 avril 1410, veuve de Micheau Champdener ; elle était tutrice de leurs enfants mineurs. (Arch. de la Barre.)

Boylesve (Jean), fils de feu PERROT, bourgeois de Poitiers, donne, le 25 fév. 1418-19, au Chapitre de de N.-D.-la-G[de] une rente de 10 sous tournois, sur une maison et roche sise en la rue de la Coustellerie, p[sse] de N.-D.-la-Petite. (Arch. Vien. Chap. de N.-D.-la-Grande.)

Boilève (Jean), échevin de Poitiers en 1415, mourut en 1421.

Boilève (autre Jean) fut reçu échevin le 1er août 1421.

Boylève (Allain) avait la garde et gouvernement

de la place de la Garnache pour Edouard son frère, capitaine dudit lieu, 1444. Rémission. (A. N. J. Reg. 176, 212.)

Boilève (Jean), reçu échevin le 24 août 1444, fut l'un des députés de la ville envoyés à Tours en 1452 pour solliciter auprès du Roi l'établissement d'une chambre de Parlement de Poitiers.

Boylève (Geoffroy) possédait en 1446 près de la tenure de l'herbergement des Minauds. (Arch. de la Barre.)

Boilève (Clément), échevin de Poitiers en 1447.

Boylève (Jean) était maître de la Monnaie de Poitiers dès 1447 (M. A. O. 1882, 203), et fut maire de cette ville en 1460.

Boylève (Marie), fille de N..., lieutenant-général de la sénéchaussée de Poitiers? et de Jeanne Giraud, épousa d'abord Gervais Guerry, puis en 1451 Etienne Boynet, Ec. Ils fondèrent en 1455 un service à N.-D.-la-Grande. (Arch. Vien. G. 1232.)

Boilève (Marguerite) était, le 7 juill. 1458, épouse de Jean Barbe, avocat du Roi en Poitou; cedit jour, ils font une cession au Chapitre de St-Pierre-le-Puellier, pour s'affranchir du paiement d'une rente de 60 sous. (Arch. Vienn. St-Pierre-le-Puellier.)

Boilève (Charles) fut constitué, par acte du 4 août 1458, l'un des procureurs de la ville de Poitiers et chargé de la représenter; mais, ayant eu le malheur de devenir suspect au roi Louis XI, il fut cassé en 1466 de la place de procureur du Roi à la police, qui lui avait aussi été confiée, et mourut en 1479.

Boilève (P.) fut du nombre des commissaires chargés en 1462 d'arrêter les comptes du receveur de la ville, relatifs au *navigage du Clain*.

Boylesve (Pierre), Ec., et Marguerite, sa sœur, sont cités dans un registre d'assises de la Barre, en 1469. (Arch. de la Barre, 2.)

Boylève (Catherine) épousa, par contrat du 13 août 1468, Yves Charlet, sgr du Château, qui fut maire de Poitiers en 1486.

Boilève (Jean), sr de la Place, échevin de Poitiers en 1469, mourut en 1476.

Boilesve (*Jacobus*), *in juribus canonico et civili ac aliis graduatus et canonicus eccl. Sti Hilarii*, fut témoin de l'acte de la remise faite à ce Chapitre par Jean Haberge, chantre de cette église, d'une relique de St Omer, le 9 mai 1470, et prenait part, le 14 mai 1476, à la rédaction du règlement relatif au service des vicaires, choristes et chapelains de ladite église. (M. A. O. 1852.)

Boilesve (Philippe), maître ès arts, bachelier en décrets, chantre de N.-Dame-la-Grande et curé de St-Didier, fonde un anniversaire le 26 fév. 1476-77. (Arch. Vienn. Chap. N.-D.-la-Gde.)

Boylesve (N...). Sa pierre tumulaire a été trouvée en 1863 près de l'église de Notre-Dame-la-Grande. On y lisait l'épitaphe suivante: « Boyslève en son vivant « licenxié en loit et...... de l'église de céans jadis « maire de cette ville qui trépassa le quart jour de « septembre l'an de grace MCCCCLXXVIII. »

Boilève (Jean), sgr des Bodinières, reçu échevin en 1480, rendit, le 20 mars 1483, aveu de ce fief à Pierre de Salignac, Ec., sgr de St-Martin-l'Ars.

Boilève (Jean) avait épousé Renée Morin, laquelle rendait aveu à la Tour de Maubergeon, le 27 juill. 1486 pour sa terre du Rivau (Jaunay, Vienne). (G.-G. du bureau des finances.)

Boilaive (Pierre) rend, le 28 juin 1485, un hommage au sgr des Forges, comme mandataire de Catherine de Champdeniers.

Boilayve (Guillaume), sr de la Bourye, est cité dans un registre d'assises de 1486.

Boilève (Hilaire), maître de la Monnaie de Poitiers dès 1490, fut aussi maire de cette ville en 1496. Pendant sa mairie, il fit refaire ou tout au moins largement réparer le pont de Rochereuil et rétablir la plate-forme du *Gros-Horloge*; d'après un document des archives municipales, « il fit couvrir tout à neuf de plom et faire audit aulege un beau cadran tout neuf, le tout de plom avecques la lune et autres choses requises pour l'entretenement dudit cadran, tout ainsi par la forme et maniere qu'on le peut voir à l'œil : *Valeas felix seu longo tempore Fenix* ».

Un Poitevin a consacré à cette réparation le quatrain suivant :

> Quiou qui quio relogo a fait foaire,
> O l'est in moaire nommé Boeslève,
> A causo que les pouvres geans
> Gne sçaviant a quiou l'houre ilz disiant.

(Gente Poet'vinerie, édition 1660.)

Inculpé d'avoir à diverses reprises émis de la monnaie au-dessous du titre légal, Hilaire fut traduit devant la Chambre des monnaies de Paris, et incarcéré. Le 15 juin, il fut condamné à la question, ce qui eut lieu le 5 août suivant, le Parlement, par arrêt du 14 juill., ayant rejeté l'appel que l'inculpé avait interjeté de cette sentence. Puis enfin, le 12 août 1506, la cour des Monnaies le condamna : « 1° à être privé de sa maîtrise et mainferme de la Monnaie de Poitiers; 2° le déclare inhabile à tenir maîtrise ou autre office concernant le fait de monnaie, etc.; 3° à 800 livres d'amende; 4° à tenir prison jusqu'à plein paiement et satisfaction d'icelles; 5° à faire bons tous et chacuns les deniers courans par les bourses, excédans les remèdes qui sont acquis et confisqués au Roi; 6° à ce que la sentence soit publiée à son de trompe et en public à Paris, sur le Pont-au-Change, ès villes de Poictiers, Nyort et Fontenay. » Mais un fait nous semble à noter. Les échevins de Poitiers, ses concitoyens et ses confrères, ne l'éliminèrent point; il continua de siéger aux assemblées du corps de ville jusqu'au 6 juill. 1518, époque présumée de sa mort. Ceci ne signifierait-il point que ses concitoyens ne le croyaient pas aussi coupable que la sentence précitée pourrait le faire supposer? (V. Discours de M. Ducrocq sur Hilaire Boilève, M. A. O. 2e sie, t. 1, p. XXIII et suiv.)

Boislève (Jean) et

Boislève (Pierre) faisaient partie de la garnison de Lusignan, lors du ban de 1491.

Boislaive (Pierre), avocat du Roi à Poitiers, était sgr du Breuil, le 19 août 1494. Pierre Guérineau, lieutt des eaux et forêts, rend à son profit une ordonnance de délivrance de bois. (Réfon des forêts, 87.)

Boylesve (Jean) de la Constantinière, Ec., rend aveu, le 24 janv. 1498, à la Tour de Maubergeon, du Portail de la Porte-Niortaise à Civray, et le 28 du même mois, du fief de Fayolle, psse de St-Saviol (Vien.). (G.-G. Bur. des finances.) Lui et son frère Paul, licencié en décrets, prieur commendataire de Lezay et chanoine de St-Pierre-le-Puellier, consentent, le 8 août 1499, un bail à rente. (Arch. Vienne, Chap. St-Pierre-le-Puellier.) Il eut pour enfants : 1° Marin, qui suit; 2° Renée, femme de Louis Corgnon (Corgnol), qui le 11 avril 1562 rend aveu à cause d'elle, à la Tour de

Maubergeon, de la sgrie du Portail de la Porte-Niortaise à Civray.

Boilève (Marin), Ec., sgr de la Constantinière, marié vers 1520 à Bertrande Cognol, eut pour fille Marie, qui épousa vers 1540 N... de Puyrigaud, Ec., sgr de Cherment. (Arch. Vien. G. 979.)

Boislève (N...), moine de Montierneuf de Poitiers et *prior St Jovini de Fayâ Vinosâ*, prend part, le 30 août 1501, à l'élection de Louis de Rochechouart comme abbé de ce monastère. (D. F. 19.)

Boyslève (Jacquette) était en 1503 veuve de Pierre Roux et créancière de Jean de Pardaillan, sgr de Château-Larcher. (M. A. O. 1875, 266.)

Boylesve (Jean) rendait, le 17 mars 1511-12, un aveu à l'abbesse de Ste-Croix (id.), et le 31 déc. même année, aveu du Breuil-Mingot, psse St-Hilaire de la Celle, à la Tour de Maubergeon. (G.-G. Bur. des finances.)

Boylaive (Antoine), Chev., sgr de Forzon, faisait, le 5 déc. 1515, un échange avec Mathieu Robin, prêtre. (Arch. de la Barre.)

Il épousa Louise Goulard, dont il eut : 1° Louise, mariée, le 6 avril 1551 (Foucaud et Despinchard, notres à Celles-l'Evescault), à François du Pin, sgr de Courgé ; 2° Georges, qui acquérait de Jean du Pin la terre de la Guérivière, et la rétrocédait plus tard à Antoine du Pin, son neveu.

Boislève (Jean) possédait, le 1er déc. 1524, l'hôtel de Chaillé, relevant en arrière-fief de la Bnie de Mirebeau. (D. F. 19.)

Boislève (André), Ec., sgr de la Mothe, agit, dans le partage des biens de feu Pierre Petit, Ec., sgr de la Roussière, tant en son nom, que comme chargé de la procuration de ses sœurs : Madeleine, femme de Pierre Gautier, et Jeanne, veuve de Pierre Robin ; ledit partage en date du 22 juin 1528. (D. F. 9.)

Boylève (Jacquette) épousa, le 19 nov. 1531, Etienne du Pin ; elle était veuve le 15 oct. 1559, lorsqu'elle passait une transaction avec ses neveux François, autre François et Etienne du Pin.

Boislève (Marguerite) se maria à Joachim de Chergé, sgr de Buxeuil, dont une fille, qui épousa, le 22 mars 1541, François du Plessis.

Boylève (Paul) achetait, le 6 mai 1546, une rente de 67 liv. 6 deniers, 4 chapons et 4 poulets, assise sur une maison de Lusignan, de Jacques Le Comte, Ec., sgr de la Grange, et de Jeanne Troubat, son épouse.

Boilève (François), sr de Penaut, neveu de M. Olivier, chancelier de France, fut parrain de François Rogier le 4 juill. 1546. (A. H. P. 15.)

Boilève (Nicolas) était décédé avant le 26 août 1561, date où Séraphin Chollet, sr des Marlonges, rendait aveu à la Tour de Maubergeon du fief Cosson, ou du Ponthiou (Paizay-le-Tort, D.-S.), du chef de Jeanne Boilesve, sa femme, héritière dudit Nicolas.

Boislève (Renée) épousa, par contrat reçu le 16 juin 1580, sous la cour de Chéneché, Hector Grimaut, Ec., sgr de la Rinchère.

Boislève (Hector de), Ec., sgr de St-Sornin-la-Marche, mourut capitaine d'infanterie au Bourg-St-Martin en l'île de Ré, en mai 1631. Il avait épousé Renée d'Arcemalle, dont il avait eu : 1° Marie, femme de Jacques de Marsanges ; 2° Anne, mariée à Georges Adh..., Ec. (Nob. Limousin, 249.)

Boislève (Claude), conseiller du Roi en ses conseils et intendant de ses finances, fut condamné à payer au prieur d'Oulmes la dîme sur toutes ses terres, sises dans les psses d'Oulmes et de Gourdault, par sentence sur requête du Palais de 1664. (Arch. Vien. Abb. de St-Cyprien.)

On trouve dans une liste de nobles qui ont eu des ordonnances de confirmation de noblesse, vers 1668 :

Boislève (Sylvie), veuve de Jean de Magné, Ec., sgr de la Cigogne, et ses enfants. N'ayant vu figurer, depuis 1664, aucun personnage du nom de Boilève dans les nombreux documents qui sont passés sous nos yeux, nous présumons que Sylvie doit être la dernière héritière de cette ancienne famille, qui maintenant est éteinte.

§ Ier. — Branche de Ringères.

1. — **Boilève** (Thomas) dit « *l'Écrivain* », clerc de la paroisse de Vouillé, acquit les bois de Ringères (Quinçay, Vien.), le 9 août 1340, de Guillaume Point, valet. Il fit divers accords avec le Chapitre de St-Hilaire-le-Grand et mourut vers 1360, laissant : 1° Jean, qui suit ; 2° Perrot, rapporté § III. (Arch. Vien. G. 886.)

2. — **Boilève** (Jean), sgr de Ringères, fit aveu au Chapitre de St-Hilaire, le 1er août 1360, comme fils aîné de feu Thomas Boilève, agissant aussi au nom de son frère Perrot, son parageur. Il mourut vers 1375, laissant pour fils : 1° Thomas, qui suit ; 2° Jean, rapporté § II.

3. — **Boilève** (Thomas), *aliàs* l'Écrivain, clerc, fit aveu de Ringères le 4 mars 1375. Dans d'autres titres, il est dit l'aîné ou le vieux, et qualifié changeur de la monnaie à Poitiers. Il mourut vers 1400, laissant : 1° Thomas, qui suit ; 2° Catherine.

4. — **Boilève** (Thomas), sgr de Ringères, fit aveu de ce fief le 21 janv. 1401, étant mineur sous la tutelle de son oncle Jean. (Arch. Vien. G. 887.) Il fut échevin de Poitiers en 1419 et maire en 1448, qualifié de noble homme, honorable homme et saige maître ; fut un de ceux qui amenèrent Jean d'Authon, Ec., sgr de Béruges, et le prieur de ce lieu, à la transaction passée le 28 oct. 1424, au sujet de la dîme de Jallais. Le 1er mai 1449, il recevait, en présence de Jean Boylesve, maître de la Monnaie de Poitiers, et autres, les comptes de Jamet Gervain, receveur de la ville. Pendant sa mairie, il fit condamner à 60 sous d'amende Jehan Chanteclerc, bateleur, qui avait joué de la trompette dans la ville de Poitiers, « sans le congié du maire, et se voulant s'immiscer de jouer, en disant que le prévôt de la ville lui avoit donné congié de ce faire ». (D. F. 23.) Étant allé à Bressuire pour le compte de la ville avec Pierre Prévôt et Jamet Gervain, échevins, où s'étaient assemblés le sr de Belleville, des gens d'église et autres, il leur fut alloué 15 liv. comme indemnité et frais de voyage. Le 23 juin 1462, il fut chargé de l'estimation de l'hôtel des Claveuriers, à Poitiers, dépendant de la succession de Maurice Claveurier. (Arch. de la Barre.) Le 13 janv. de l'année suivante, il lui fut vendu par Nicolas Boyslève, maire de Poitiers, et François Herbert, délégués du corps de ville, pour la somme de 400 écus d'or, une rente de 40 septiers de froment et 40 sous, due à la ville, sise psses d'Amberre et de Charrais (Vienne) ; rente que lui racheta de ses deniers, le 20 juill. 1465, Jamet Gervain, qui la rendit à la ville. (M. A. O. 1882, 198, 203, 318, 319.) En 1453, il avait été chargé de présider à certains travaux relatifs aux fortifications de Poitiers. Il mourut en 1466. Il avait fondé la chapelle de St-Thomas à N.-D.-la-Grande, et eut de Jeanne Gauderon ? plusieurs

enfants, entre autres : 1° JEAN, qui suit ; 2° PHILIPPE, chanoine et chantre de N.-D.-la-Grande, curé de St-Didier, qui testa en 1417 ; 3° GUILLAUME, qui fit accord avec le Chapitre de St-Hilaire-le-Grand le 22 janv. 1463 (Arch. Vien. G. 889) ; 4° THOMAS, le jeune, qui épousa Guillemette ROUSSELLE (ROUSSEAU), fille de Jean et de Thérèse Tudert. Elle était veuve en 1470 et rendait en 1470 au château de Mirebeau aveu de son hébergement de Boussageau, dit l'hôtel de la Cour. (N. féod. 852.) Elle vivait encore le 1er déc. 1534 et possédait dans la Bnie de Mirebeau l'hôtel de la Chaussée, psse de Thurageau. (D. F. 18.) Ils avaient eu un fils, JEHAN, qui en 1508 est dit posséder, du chef de sa mère, le petit fief dit le Champ-à-la-Routine, ayant droit de basse justice, situé dans la Bnie de Mirebeau. (M. A. O. 1877, 254), et une fille, JACQUETTE, mariée à Pierre Roux.

5. — **Boilève** (Jean), sgr de Ringères, fit aveu de ce fief en 1467 et 1484. Il possédait aussi l'hôtel du Rivau, à Jaulnay, dont sa veuve fit aveu à la Tour-Maubergeon, le 27 juill. 1486. (G. Gauthier, Bureau des finances.) Il fut échevin de Poitiers en 1444 et mourut en 1485, laissant de Renée MORIN : 1° MATHURINE, mariée à Hugues Jamin ; 2° ANDRÉE, De de Ringères, mariée à Jean de Bonney, procureur des fiefs. (Arch. Vien. G. 890, 891, 892.)

§ II. — Branche du **BREUIL-MINGOT**.

Filiation dressée à partir du degré 4, par M. Alf. Richard, archiviste de la Vienne, d'après les titres déposés au chât. de la Barre.

3. — **Boilève** (Jean), clerc, fils puîné de Jean, 2e deg., § Ier, fut tuteur en 1421 des enfants de son frère Thomas, et fit aveu en leur nom de la sgrie de Ringères. (Arch. Vien. G. 887.) Le 26 juin 1423, il donna à St-Hilaire-le-Grand, sa part des bois de Ringères. Il habitait alors Châtellerault, et testa le 8 mai 1428. Il avait épousé Jeanne FERRON et paraît avoir eu pour enfants : 1° GUILLAUME, qui suit ; 2° MARGUERITE, mariée à M. Etienne de Lherberie, qui fit aveu de Bourneil, comme tutrice de ses enfants, le 17 juill. 1423, au sgr de Châtellerault.

4. — **Boilesve** (Guillaume) fut reçu échevin de Poitiers en 1415 ; Charles VII lui donne en 1426 commission avec Maurice Claveurier, maire de Poitiers, de se faire rendre compte de l'emploi des deniers communaux. (M. A. O. 1882, 214.)

Il fut nommé par Guillaume de Vaucoucourt, bourgeois et échevin de Poitiers, son exécuteur testamentaire le 1er fév. 1444. Il eut pour fils :

5. — **Boilesve** (Jean), sr de Puygrenier. Acquêt par Jehan *Boilesve* le jeune, fils de GUILLAUME Boileave, bourgeois de Poitiers, d'une maison sise psse N.-Dame-la-Grande, le 22 oct. 1434. Il avait soutenu un procès en 1451, parce que, se disant noble, il refusait de payer la taille (M. A. O. 1882, 93) ; fut nommé, le 9 déc. 1448, par le corps de ville receveur des deniers extraordinaires de la ville de Poitiers, aux gages de 30 livres par année, sur la démission de Jamet Gervain. Il était dès lors échevin. Il justifia, le 17 juill. 1449, des dépenses faites pour l'édification des Grandes-Écoles, et autres affaires de la ville. (Id.) Il fut avec Pierre Prévost, maire, et Jamet Gervain, échevin, député en 1454 vers le Roi qui se trouvait au château de Bridoré en Touraine, pour demander que les aides fussent supprimées en Poitou, et remplacées par un impôt moins onéreux pour les habitants. (Id. 105.) Il fut maire de Poitiers du 18 juill. 1460 au 14 juill. 1461 (est qualifié d'élu dans des titres de 1466). Il avait épousé, avant le 11 juin 1454, Perrette LUCAS, fille de Jean, marchand, et de Richarde Lymosine, sa femme, dont il eut : 1° NICOLAS, qui suit ; 2° CATHERINE, mariée, le 13 août 1468, à Yves Charlet, sgr du Château.

6. — **Boilesve** (Nicolas), chargé, le 31 déc. 1462, avec François Herbert, d'acquérir au nom de la ville de Poitiers, pour 9 années, la jouissance de la forêt de Colombiers, que le Roi cédait moyennant 1,000 écus, et d'aliéner les domaines et rentes lui appartenant, jusqu'à concurrence de 1,500 écus. Le 12 janv. 1468, comme procureur général de la ville, il fit faire, de concert avec Pierre Laydet, sommation aux chapitres de la Cathédrale et de St-Hilaire-le-Grand, de fixer un jour pour se concerter avec le corps de ville, pour la levée du barrage octroyé par le Roi. Il fut maire de Poitiers en 1476. (M. A. O. 1882, 118, 152.) Il avait épousé, par contrat du 14 déc. 1467, Marie DE JANAILLAC, ou mieux DE JANOILLAC, fille de Jean, licencié ès lois, échevin de Poitiers, procureur des fiefs du Roi en Poitou, et de Jeanne de Vaucoucourt, et était décédé avant le 16 mai 1480, date de la vente d'héritages sis à Mazay, faite par Marie de Janoillac, qui se dit sa veuve. Dans le partage des biens de ses beau-père et belle-mère (1er fév. 1495), il est dénommé *Nicolas Boileau*. Nous lui connaissons pour fils :

7. — **Boilesve** (Yves), sgr de la Brosse, reçu échevin de Poitiers en 1497. Il épousa, le 12 mars 1490, Radégonde DE MOULINS, fille de Jean, sgr de Rochefort, notaire et secrétaire du Roi et son avocat en Poitou, et de Louise Jamin. Par cet acte Jean de Moulins s'engage à donner à son gendre son office d'avocat du Roi. Yves mourut en 1501, laissant : 1° JEAN, qui suit ; 2° JACQUES, qui était en procès, le 8 janv. 1525, avec Louis Pallais, débiteur de 5 sous de rente à Jean, son frère ; 3° MARIE, qui, le 4 mars 1517, agissant sous l'autorité de ses frères Jacques et Jean, épousa Georges Rogier, licencié ès lois, sgr de la Tour-Chabot, lequel était décédé le 31 déc. 1539, lorsque sa veuve passait acte avec Jacques et Pierre, ses frères, et Louise, sa nièce, femme de Jean Claveurier, au sujet de la succession de leurs père et mère ; 4° PIERRE, religieux O. de St-François.

8. — **Boilesve** (Jean), sgr de la Brosse, bourgeois de Poitiers. C'est lui sans doute qui est dit licencié ès lois et sénéchal de St-André de Mirebeau. Le 12 mars 1518, il est qualifié d'honorable homme et saige maître, de conseiller du Roi et de sgr du Breuil-Mingot. Le 22 juill. 1519, il passait un bail à ferme de sa métairie et maison du Breuil-Mingot ; vers 1530, il tenait les assises de la sgrie de la Barre-Pouvreau pour Joanne Tudert, et mourut le 3 août 1531, âgé de 39 ans. C'était, dit Bouchet dans ses Epitaphes, un bon justicier, sobre à parler, instruit, etc. Le 7 avril 1533, on passait un accord au sujet de sa succession, et le 27 oct. 1537, Marie TYNDO, se disant veuve de Jean Boylesve, sgr de la Brosse, conseiller au Présidial de Poitiers, révoque en faveur de Louise Boylesve, sa fille, la donation qu'elle avait faite à André Favreau, son second mari, et à ses enfants, d'une maison sise à Poitiers et de son hôtel noble de Chantemerle. Nous croyons que cette LOUISE fut le seul fruit de l'union de Jean Boylesve et de Marie Tyndo.

Louise épousa : 1° Jean Claveurier, élu à Poitiers : on a vu plus haut qu'elle était sa femme dès avant 1537, et dès avant le 8 juin 1537, elle était remariée à Pierre de la Chapellerie, sgr de Rouilly, Chev. de l'ordre du Roi, comme il ressort d'un accord passé avec Yves Rogier, Ec., sgr de la Tour-Chabot, au sujet de la succession de Marie Boylesve, sa mère, tante de ladite Louise.

§ III. — Troisième Branche.

2. — **Boilève** (Perrot), fils puîné de Thomas l'Écrivain, 1er deg., § I, est dit parageur de son frère Jean pour la sgrie de Ringères dans l'aveu fait par ce dernier le 1er août 1360. Il eut pour enfants : 1° Jean, qui suit ; 2° Thomas, qui paraît être décédé sans postérité.

3. — **Boilève** (Jean), dit l'aîné, marchand drapier, fonda un service à N.-D.-la-Grande, pour ses parents et son frère Thomas, le 26 fév. 1418. Il fut, croyons-nous, échevin de Poitiers en 1415, et mourut en 1421. Il paraît avoir eu plusieurs enfants, entre autres Jean, qui suit.

4. **Boilève** (Jean) fut reçu échevin de Poitiers en 1421, au lieu de Denis Maignen. Nous pensons qu'il eut pour fils :

5. — **Boilève** (Perrot), dont la veuve (nom omis) est dite en 1451 tutrice de leurs enfants mineurs. Elle tenait alors l'hébergement de la Gaignerie relevant de la Barre. Nous trouvons dans un autre registre de 1463 un Pierre Boylève, Ec., et Marguerite, sa sœur, enfants? de Perrot Boylève. (Arch. de la Barre, 2.)

BOILÈVE ou **BOILEAU**. — Famille du Bas-Poitou, dont l'origine se rattache peut-être aux Boilève de Poitiers. (Notes de Duchesne, vol. 33, 258.)

1. — **Boilève** (Jean), Ec., sgr de la Motte-Boileau, épousa vers 1420 Tiphaine de La Ramée, fille de Jean, Ec., sgr de Bourneau, et de Catherine Suriette, dont :

2. — **Boilève** (Jean), Ec., sgr de la Motte, marié vers 1450 à Jeanne Jullié? dont : 1° Jean, qui suit ; 2° Catherine, mariée à Nicolas Doyneau.

3. — **Boilève** (Jean), Ec., sgr de la Motte, épousa vers 1480 Marguerite Petit, sœur ? de Pierre, sgr de la Roussière, dont il eut : 1° Marguerite, mariée à Me Pierre Gauthier ; 2° Jeanne, mariée d'abord à Pierre Robin, dont elle était veuve en 1528, puis à Jean Voussard ; 3° André, qui suit.

4. — **Boilève** (André), Ec., sgr de la Motte, décédé avant 1546, probablement sans postérité, partagea avec ses sœurs la succession de Pierre Petit, sgr de la Roussière, le 22 juin 1528. (D. F. 9.) Il est rappelé dans une sentence du Parlement en date du 27 nov. 1547, au sujet d'un procès commun avec ses sœurs. (Fonds Dupuy, 204, p. 247.)

BOINEAU (Jean) a rendu, le 28 avril 1404, l'aveu et dénombrement de son hébergement situé à la Croix-la-Comtesse, relevant du château de Chizé à hommage lige et 10 s. de devoir. (Livre des fiefs.)

BOIN. — Famille de Thouars.

Blason : d'or au pin de sinople fruité de sable de deux pommes pendantes.

Boin (Antoine), médecin à Thouars, déclara son blason à l'Armorial du Poitou en 1698.

BOIN ou **BOYN**. — Famille de la Gatine.

Blason : d'or à la croix fleuronnée de gueules, percée. (Gén. Puy-du-Fou.)

Boin (Guillaume), valet, fut témoin en 1297 d'un accord entre Jean de la Jarrie, Guillaume Cherchemont, professeur ès lois, et Guy de Liniers, Chev. (Fr. 20230, f° 267.)

Boin (Philippe), Chev., sr de la Boinerais, épousa, vers 1350, Marguerite de Chabanais, fille de Foucaud, sgr de Comporté.

Boin (Jean), Ec., fit aveu, le 11 fév. 1397, de son hébergement de Volvire à Eustache de Machecoul, sgr de la Touche de Volvire. (Carrés d'Hozier, 101.)

BOINET. — V. **BOYNET**.

BOIRE (de la). — V. **LA BOUÈRE**, sr de Bouillé-St-Paul.

BOIROT. — Famille alliée aux Thibault de Bessé.

Blason : d'azur au chevron d'or accompagné de 3 étoiles de même et surmonté de 2 oiseaux d'argent affrontés, posés en chef.

Boirot (Jean), sr de Villegenou, épousa, vers 1620, Anne Thibault, fille de François, Ec., sr de Villegenou, et de Jeanne de Rochechouart.

BOIS (du). — Ce nom appartient à bien des familles. Nous donnerons d'abord les noms isolés que nos recherches nous ont procurés, et nous terminerons en distinguant chaque famille, autant que possible.

Bois (Humbert du), *Umbertus de Bosco*, fut témoin le 13 déc. 1088 de la donation faite par Aimery IV, Vte de Thouars, à l'abb. de St-Florent, de l'église de St-Jean de la Chaize-le-Vicomte. (Cart. de la Chaize.) Il signe d'autres chartes de vers 1087, 5 août 1091, et encore vers 1095 ; est témoin d'une concession faite par Alboin d'Aspremont, fils d'un autre Alboin, au même monastère. (Id.)

Bois (Géraud du) fut témoin de la charte de fondation du prieuré et bourg de Parthenay-le-Vieux, signée audit lieu par Gelduin et Ebbon, le jour de St-Pierre-ès-liens (1er août 1092). (Ledain, Gâtine.)

Bois (Geoffroy du) fut témoin de la réconciliation d'Aimery Vte de Thouars et de Raoul de Beaumont, sgr de Bressuire, son vassal, qui eut lieu le jour de la St-Simon et St-Jude 1190. (Hist. Bressuire.)

Bois (Pierre du), Chev., fut l'un des signataires de la charte par laquelle Raoul de Beaumont, sgr de Bressuire, affranchit en 1190 les habitants de cette ville de diverses corvées ou obligations. (Id.)

Bois (Armand du) et plusieurs autres chevaliers croisés donnent à Acre, en juin 1250, une quittance à des marchands génois qui leur avaient avancé de l'argent sur les instances d'Alphonse Cte de Poitou, leur seigneur. (Noblesse aux Croisades, 128.) L'intervention du Cte Alphonse qui cautionne l'emprunt donne à croire que ce du Bois appartenait au Poitou.

Bois (*Hemeryeus* du), *de Boscho, miles comitis Marchiæ*, est rappelé dans une enquête faite à propos d'un hôpital bâti dans les *hayes de Poulios*, près la forêt d'Argenson, par Porteclie, sgr de Marans, vers 1229, que Savary de Mauléon, sgr de Mauléon, voulait faire démolir comme ayant été construit sur ses terres, pendant son séjour en Angleterre. (A. H. P. 7.)

Bois (Aimery du), Chev., ayant fait au prieuré du Bois de Secondigny des legs dépassant le tiers de son héritage, Béraud du Retail, son héritier, conteste la validité du legs ; mais il transige en 1243 avec le prieur moyennant une rente de 3 septiers de seigle, assise sur le Retail, au profit du prieur, qui, de son côté, s'engage à célébrer chaque année l'anniversaire d'Aimery.

Bois (Pierre du), Chev., *Petrus de Nemore*, tenait en 1260 un fief à Ste-Néomaye, relevant de St-Maixent.

Bois (Pierre du), chanoine de St-Pierre de Poitiers, donne, le jeudi avant la fête de St-Simon et St-Jude 1263, à Geoffroy de Frontyos, chanoine de la même Eglise, trois arpents de vigne situés sur la Roche-Doucet près Poitiers, dans la censive de l'abbaye de Ste-Croix de Poitiers. (Arch. Vienne.)

Bois (Pierre du) et Philippe, sa femme, créent au profit du Chapitre de Notre-Dame de Poitiers, pour 6 livres, une rente de 10 sous sur trois journaux de treille, situés près l'hébergement de Philippe de Mairé, le jour de la fête de l'Invention de la Sainte Croix 1272. Le mercredi après la Saint-Martin d'hiver 1285, il crée au profit du même Chapitre, pour 5 livres 4 sous, une rente de 12 sous, sur une pièce de terre contenant trois arpents, en la p^sse^ de Beaumont. (Chap. de N.-D.)

Bois (Hélie du) et Briant Chabot étaient en procès avec l'abbaye de Bourgueil. Guillaume VI L'Archevêque de Parthenay juge le différend en 1283.

Bois (Marguerite et Théophanie du), filles de Raoul du Bois et de Désirée, son épouse, donnent *die lune post Assumptionem B. Marie Virginis, anno Domini* 1289, à l'abb. de l'Absie tous les biens qui avaient appartenu à leurs père et mère. (Chart. de l'Absie, Arch. D.-S.)

Bosco (*Petrus de*) fut témoin d'une transaction passée entre Hugues Fromund et les moines de l'Absie, *die lune post festum Omnium Sanctorum* 1300. (Id.)

Bois (Aimery du) et Jeanne Compaignon, sa femme, reçoivent un don de Pierre Compaignon, frère de cette dernière, et de Laurence, sa femme, composé d'une maison située au Breuil-l'Abbesse, au lieu appelé les Lavardines, en la censive du prieuré de la Celle, p^sse^ de Beauvoir (Vien.), le samedi après la fête de St Vincent 1338. (Abb. de St-Hilaire de la Celle.)

Bois (Savary du), valet, fut témoin, le 14 nov. 1347, d'un accord et donation passés et faits entre Louis, Vte de Thouars, sgr de Talmond, et G. Grous, prieur du prieuré de Fontaines. (Cart. d'Angle, Vendée.)

Boys (Raoul du) fut témoin d'une transaction passée, le 3 déc. 1355, entre Catherine de Beaulieu et les moines d'Orbestier. (Cart. d'Orbestier. A. H. P. 6.)

Bois (Vincent du), témoin du don fait, le 15 juill. 1358, à l'abb. d'Orbestier par Etienne Marchand, prêtre, d'une rente sur la Girardière, p^sse^ de Ste-Foy. (Id. 244.)

Bois (Denise du) épousa Jean de Chaunay, Chev., sgr de Champdeniers et de Javarzay, lequel étant mort avant 1363, elle se remaria à Ithier Bonneau, Chev. (Bull. Stat. III, 69.)

Bois (Jehan) est nommé par Jacques de Surgères (29 sept. 1380) un de ses exécuteurs testamentaires. (Gén. de Surgères, 87.)

Bois (Hardouin du) épousa vers 14.. Marie Rouhault, fille de Renaud, sgr de la Mothe, et de Marie du Puy-du-Fou.

Bois (Jean du). Sa veuve Gillette de Thorigné fait, le 18 mai 1429, une offre d'hommage à Héliette Girard, D^e^ de la Mothe de Froces (Vendée). (Liv. des fiefs.)

Bois (Gillette du) épousa Jean Le Pauvre, Ec., sgr de Lavau et de la Vacherie, vers 1440.

Bois (Perrin du), Poitou, homme d'armes, sert le Roi dans ses guerres ; rémission pour avoir vécu sur le pays, 1446. (A. N. J. 178, 95.)

Bois (Louis du), Ec., s^r^ de la Pélissonnière, épousa Marguerite de la Ramée ; il eût pour fille Jeanne, qui était vers 1450 femme de Nicolas Grignon, s^r^ de la Forestrie.

Bois (Hardouin du), Ec., sgr de Muelles (Meulles ?), consentait une vente, en nov. 1453, à Nicolas Gadard, abbé de St-Laon ; il était décédé avant le 2 avril 1481, date à laquelle Marie Renaud, sa veuve, et Louis, son fils, signent dans des actes. (Cart. St-Laon.)

Bois (François du), grand-prieur d'Aquitaine (O. de M.), écrit, le 21 juill. 1461, à Pierre Templerie, commandeur de Clisson, pour l'inviter à venir au secours de l'Ordre attaqué et assiégé par les Turcs dans l'Ile de Rhodes. (Arch. Vienne.)

Bois (Hardouin du), Ec., sgr de la Vrignaie, rend hommage, le 13 août 1467, au mandataire de Bertrand L'Archevêque, Chev., comme administrateur de Anne de Parthenay, sa fille, à cause de ses châtellenies, terres et sgries de la Jaudonnière et de la Caillère. (Liv. des fiefs.)

Bois (Frère Jean du), prieur de la Madeleine du Bournais (p^sse^ de Sonillé), fait une cession à Pierre d'Aux, Ec., sgr du Bournais, de quatre boisselées de terre situées à Pont-Robert. (Abb. de St-Hilaire de la Celle.)

Bois (Regnault du) était, avant 1492, sgr de la Chaize-St-Romy, du chef de Marie-Philippe d'Aviau, son épouse, fille de Charles et de Jeanne de Baigneux ; leur fille Antoinette épousa Guillaume Barrault, qui en 1492 était sgr de la Chaize par sa femme. (Hist. Châtellerault, 1, 369.)

Bois (Eléonore du) avait épousé Claude de Gerqueulx, sgr desdits lieux ; ils marient leur fille Françoise à Antoine Gazeau, sgr de Gerfault, le 25 janv. 1524.

Bois (Léonard du), sergent du Roi, est chargé d'arrêter plusieurs personnes ; Raimonet Chioche lui vient en aide. Combat, 1528. (A. N. J. Reg. 251, 473.)

Bois (Louis du), Ec., sgr de Muflot. Sa fille Marguerite épousa François Rouhault, Ec., sgr de la Roussclière ; ils vivaient en 1513. (Hist. de Bressuire.)

Bois (Phelippon du), valet, est relaté comme possédant fief dans la p^sse^ de Gizay (Vienne), dans le dénombrement rendu, le 17 déc. 1550, par Jean Gourjault, Ec., sgr de la Millière, au sgr de Château-Larcher. (M. A. O. 1875, 432.)

Boys (Catherine du) épousa Pierre-Louis de Gaver, Ec. ; leur fille Anne se maria, le 19 mars 1564, à Aubin de Blom, Ec., sgr de Mauguó.

Bois (François du), s^r^ de la Maison-Neuve, achète, le 24 août 1606, des députés du clergé du diocèse de Poitiers, pour la somme de 15,000 livres, l'office de receveur héréditaire d'une moitié des décimes dudit diocèse, qu'exerçait Me Louis Chevreau (Rigoumier, not.).

Bois (Jean du), prêtre, curé commendataire de St-Léomer, rend aveu le 5 juill. 1611. (Liv. des fiefs.)

Bois (Marguerite du) épousa, le 11 sept. 1620, Amaury Gazeau, Ec., sgr du Plessis-Florentin ; elle était morte avant le 22 oct. 1628.

Bois (Philippe du), Ec., sgr de Touchabran, eut

de Marie Pandin une fille, Marie, qui épousa, le 17 janv. 1627, Jean de Volvire, Ec., sgr de Mortaigne.

Bois (Jean du), Ec., sgr de St-Cyr, rend hommage de la Resvelinière dont il venait de faire l'acquisition, le 28 juill. 1639, à Henri d'Orléans, duc de Longueville. (Liv. des fiefs.)

Bois (Louis du), Ec., sgr de la Prairie, veut rendre, le 13 juin 1650, hommage à Nicolas Mascot, prieur commendataire de St-Cyprien-lès-Bressuire, pour une borderie et demie de terre, au village de Puichaut, psse de St-Porchaire ; mais le sénéchal de la juridiction du prieuré refusa de recevoir l'hommage de Louis du Bois, faute par ce dernier de produire les titres en vertu desquels il se disait sgr de ladite borderie. (Abb. de St-Cyprien.)

Bois (Catherine du) épousa André Roubier, Ec., sgr du Retail, vers 1660.

Bois (Jeanne du) de la Grèze épousa en 1659 François de la Faye, Ec., sgr de la Martinie.

Bois (Jeanne du) avait épousé Jérôme Godereau, et lui apporta les sgries de la Roulière et de la Resvelinière, dont il rendit aveu à Macé Bertrand, Chev., sgr de la Bazinière, le 1er avril 1674 ; elle était veuve le 14 avril 1698, époque à laquelle elle rendit, comme telle, hommage au Roi, et était décédée le 14 sept. 1716. (Liv. des fiefs.)

Bois (François du), sgr de Madon en Languedoc, maria, en août 1684, sa fille Françoise à Simon Frotier, Ec., sgr des Ouches.

Bois (René du), Ec., sgr de la Morinerie, passe une transaction, le 22 sept. 1686, avec Jean Baudy, prieur-curé, au sujet d'arrérages de rente due sur le ténement des Illons, psse de Sénillé (Vien.). (Abb. de St-Hilaire de la Celle.)

BOIS (du) de St-Mandé.

Famille noble qui produit une filiation suivie depuis le XIIIe siècle. Nous avons en partie suivi St-Allais, pour la rédaction de cet article, et y avons ajouté les notes de notre cabinet.

Blason : d'or à 3 tourteaux de gueules, *aliàs* de sable.

§ Ier. — Première Branche.

1. — **Bois** (Hélie du), Chev., sgr des Chastelliers, marié vers 1280 à Isabeau de Gourville, vivait encore en 1304. Il eut pour enfants : 1° Hélie II, qui suit ; 2° Isabeau, mariée à Jean Pichier, le 31 janv. 1304, (Brun, notre à St-Maixent).

2. — **Bois** (Hélie du), IIe, Ec., qualifié de sgr du Port dans le contrat de mariage de sa sœur. C'est peut-être lui qui épousa, vers 1320, Margot de Granges, fille de Thébault, IIIe du nom, et de Marguerite Ratault, et parait avoir eu pour fils ou petit-fils un autre Hélie, qui suit.

3. — **Bois** (Hélie du), III, Ec., sgr du Port, rendait le dénombrement de cette terre, le 15 mars 1388. Il souscrivit un acte en 1381, et servait dans la compie du sr de Thors, Chev. banneret, qui fit montre à Poitiers le 1er août 1387 ; il se maria vers le milieu du XIVe siècle et eut pour fils Hélie, qui suit.

4. — **Bois** (Hélie du), IVe, Ec., sgr du Port, épousa vers 1400? 1420, Jude de la Rochechandry, et eut pour enfants : 1° Paonnet, qui suit ; 2° Jean, auquel sa mère, étant veuve, fit une donation, le 29 janv. 1448 (La Coussaye, not. à Fontenay-le-Cte) ; 3° François, Ec., sgr de Champgillon, fut présent à cet acte. En 1436, un Hélie du Bois, Chev., sgr des Chastelliers et du Vert, fit bail à rente de terres près Melle à Jean Archimbault (Pièc. orig. 384, dossier 8447, n° 46) ; c'est peut-être le même que Hélie IVe du nom ?

5. — **Bois** (Paonnet du), Ec., sgr du Port, épousa, par acte du 29 oct. 1443 (Collot, notre à Taillebourg), Marguerite de Toutessans, dame des Portes, dont il eut : 1° Guyot, qui suit ; 2° Hélie, Chev. de St-Jean-de-Jérusalem, commandeur de Beauvais, de Baigneux, de St-Jean du Port de la Rochelle et de Thévalle, en 1465 ; 3° Jean, prêtre, curé des Moutiers-sous-Chantemerle (D.-S.).

6. — **Bois** (Guyonnet du), Ec., sgr du Port et des Portes, épousa, le 2 juin 1466, Jeanne Bonnet, fille de Jean, Chev., sgr de la Chapelle-Bertrand, et de Marie de Vivône. Les 2 janv. et 24 mai 1465, il rendit aveu de ces deux fiefs, et était mort le 21 août 1482, laissant :

7. — **Bois** (Louis du), Ec., sgr du Port et des Portes, marié : 1° à Marguerite Bouchard d'Aubeterre, le 3 fév. 1492, et 2° par dispense du 20 fév. 1497, à Louise-Françoise du Bois, fille de Jousselin, Chev., sgr de Chabannes, Montmorillon, etc., pannetier, chambellan et maréchal des logis du Roi, bailli des montagnes d'Auvergne, et de Anne Asse. Il eut pour enfants : 1° Philippe, qui suit ; 2° Charles, époux de Jacquette Le Maréchal ; 3° Jean, chef de la branche de Ferrières, rapportée § IV ; 4° Louise, mariée, le 21 juin 1568 ? à Mathurin de St-Gelais.

8. **Bois** (Philippe du), Ec., sgr du Port et des Portes, partagea avec ses frères le 10 juin 1552 ; épousa Jacquette Prévost, qui, étant veuve, transigea, le 26 avril 1600, avec Charles du Bois, sgr de Ferrières. Leurs enfants furent : 1° Philippe II, qui suit ; 2° Renée, mariée à Lherbaudière, le 23 août 1604, à Louis Aymer, Ec., sgr du Corniou ; 3° Jacquette, mariée à René Lauvergnat, Ec., sr de Miauray, puis au sr de Ligourre.

Nota. — La maintenue de d'Aguesseau, qui nous a servi pour dresser partie de cette généalogie, ne mentionne que deux Philippe ; cependant nous croyons, en raison des dates, qu'il y en a trois, le 1er marié vers 1540, le 2e vers 1570, et le 3e en 1609.

9. — **Bois** (Philippe du), IIe, Ec., sgr du Port et des Portes, partagea avec ses oncles le 13 mars 1600, se maria, le 2 oct. 1609 (Perrin, notre à Preuilly), à Claude de Villemort, fille de René, Ec., et de Jeanne Ancelon de la Chaize. De ce mariage sont issus : 1° Jacques, qui suit ; 2° Charles.

10. — **Bois** (Jacques du), Ec., sgr du Port et des Portes, épousa, le 4 janv. 1634, Susanne d'Abillon, dont il eut : 1° Jacques, qui suit ; 2° Auguste, rapporté au § III.

11. — **Bois** (Jacques), Chev., sgr de St-Mandé, Coulonges, Verseraud, la Loigne, maintenu noble par Barentin, par ordonnance du 1er sept. 1667, se maria deux fois : 1° le 12 mars 1664, à Diane de Polignac, fille de Louis, Bon d'Argence, et de G. de Dampierre ; 2° à Marie-Anne de Galard de Béarn, fille de Alexandre et de Charlotte de la Rochefoucauld. Ses enfants furent : 1° Jacques-Alexandre, qui suit ; 2° Nicolas, capitaine de carabiniers, mort sans alliance ; 3° Charlotte, mariée en 1722 à Charles-Nicolas d'Exéa de St-Clément, lieutenant-colonel du régiment d'Orléans-Cavalerie.

12. — **Bois** (Jacques-Alexandre du), Chev., sgr de St-Mandé et de Courpeteau, capitaine au régiment d'Orléans-Dragons, Chev. de St-Louis, épousa, le 1er avril 1723, Marie-Marguerite LE GRAND, D^e de Courpeteau, dont : 1° GUILLAUME-ALEXANDRE, qui suit ; 2° CHARLES-AMÉDÉE, s^r de la Leigne et de Saleboeuf, lieutenant au régiment Dauphin, Chev. de St-Louis, épousa Louise CHASTEIGNER, dont il eut : *a.* ALEXANDRE-AMÉDÉE, né le 12 avril 1773, Chev. de St-Louis, commandant en 1815 la garde nationale de St-Jean-d'Angély, avait fait, le 2 oct. 1784, ses preuves pour entrer au service, émigra en 1792, fit toutes les campagnes de l'armée de Condé dans les chasseurs nobles ; *b.* ANGÉLIQUE, mariée en 1802 à Elisée-René-Auguste Perraudeau de Beaufief ; *c.* ROSALIE, religieuse à la Rochelle.

3° PIERRE-JACQUES, dont la postérité sera rapportée au § II ; 4° JACQUES-ANTOINE, Chev. de St-Louis, capitaine du corps des carabiniers, comparut par procureur à l'assemblée de la noblesse à Poitiers, en 1789.

13. — **Bois** (Guillaume-Alexandre du), Mis de St-Mandé, Chev. de St-Louis, capitaine au régiment d'Orléans-Dragons, fut blessé et fait prisonnier au siège de Fribourg, assista à presque toutes les batailles livrées par les maréchaux de Saxe et de Lowendal, présida en 1789 l'assemblée de la noblesse de St-Jean-d'Angély. Il mourut en 1791 et laissa de Françoise CONTY DE CHAMPIGNY, son épouse, qui fut détenue à Brouage en 1794 : 1° JACQUES-ALEXANDRE, qui suit ; 2° RENÉ, lieutenant de vaisseau, tué, le 3 sept. 1782, au combat de Trinquemale, dans l'Inde ; 3° JULIE, qui fut détenue avec sa mère, et mourut sans alliance.

14. — **Bois** (Jacques-Alexandre du), Cte de St-Mandé, lieutenant-colonel de cavalerie, Chev. de St-Louis, fut en 1789 l'un des commissaires de la noblesse à l'assemblée provinciale de St-Jean-d'Angély, et l'un des rédacteurs des cahiers de cet ordre, émigra en 1790 et servit aux armées des Princes et de Condé. Il épousa Marie-Maurice CHARIER, dont il eut : 1° GUILLAUME-ALEXANDRE, qui suit ; 2° JULIE-ELÉONORE, mariée, le 7 déc. 1813, à Charles-Philippe Jourdain de Villiers, lieutenant de cavalerie, décédée à Pourçay-Garnaud, le 1er oct. 1825.

15. — **Bois de St-Mandé** (Guillaume-Alexandre du) épousa en 1805 Anne-Céleste-Charlotte TURPIN DE JOUHÉ, fille de Claude-Jean-Baptiste et de Anne-Constance Achard-Joumard de la Brangelie, dont il a eu : 1° MARIE-CLAUDINE-AGLAÉ, née en 1806, mariée en avril 1830 à René-Jules Raity de Villeneuve, Cte de Vitré, officier au 18e chasseurs ; 2° LAURE, née en 1808, morte sans alliance ; 3° JACQUES-AMÉDÉE, qui suit.

16. — **Bois de St-Mandé** (Jacques-Amédée du), né en 1811, épousa Constance CASSOU DE St-MATHURIN, et mourut sans postérité.

§ II. — SECONDE BRANCHE.

13. — **Bois de St-Mandé** (Pierre-Jacques du), fils puîné de Jacques-Alexandre et de Marguerite Le Grand (12e deg. du § I), naquit à St-Jean-d'Angély, où il est mort, laissant de Henriette-Julie DE BEAUCHAMPS, fille de Charles, Chev., sgr de G^d-Fief, et de Dorothée de Lescours, qu'il avait épousée en 1763 :

14. — **Bois de St-Mandé** (Marie-François-Charles du), lieutenant au régiment d'Orléans-Dragons, né à St-Jean-d'Angély le 17 mai 1766, émigra, fit la campagne de 1792 à l'armée des Princes, dans le corps des chevau-légers, fut nommé en 1815 capitaine de cavalerie, Chev. de St-Louis ; il est mort à Corbeil, le 31 mai 1834, laissant de son mariage avec Charlotte DESNOGENS DE BEAUCHAMPS :

15. — **Bois de St-Mandé** (Charles du), né le 2 avril 1802, lieutenant au 13e régiment d'infanterie de ligne, démissionnaire en 1830, mort à Paris en 1873. En lui s'est éteint le nom des du Bois de St-Mandé.

§ III. — BRANCHE DE **LANDES**.

La généalogie de cette branche nous a été communiquée par M. A. d'Aussy, un des représentant de cette branche.

11. — **Bois** (Auguste du), Ec., sgr de St-Brix et de Landes, fils puîné de Jacques, sgr du Port et des Portes, et de Susanne d'Abillon (10e deg., § I), devint sgr de Landes en partie par suite de son mariage contracté le 30 juill. 1671 avec Polyxène GUYBERT, fille de Henri, sgr de Landes, et de Diane de Polignac, dont il eut : 1° AUGUSTE, qui suit ; 2° et 3° deux autres enfants, qui abjurèrent le calvinisme avec leur père le 24 nov. 1685.

12. — **Bois** (Auguste du), IIe du nom, Ec., sgr de Landes, épousa, le 27 mai 1698, Marie-Marthe DU VIGIER, fille de Jacques, sgr de Chauvin, et de Jacquette de Ste-Hermine. Devenue veuve vers 1723, elle se remaria à Charles de Talleyrand, sgr de Grignaulx. Auguste avait eu : 1° CLÉMENT-AUGUSTE, qui suit ; 2° JACQUES-ALEXANDRE, né à St-Jean-d'Angély le 4 sept. 1707 ; entré au service en 1724, nommé cornette le 3 nov. 1733, lieutenant le 11 juill. 1735, prit rang de capitaine le 1er nov. 1744, capitaine en pied le 29 mai 1749, chevalier de St-Louis le 24 juill. 1748. Retiré du service pour infirmités, suite de blessures, le 3 mai 1750, il mourut le 28 août 1776, laissant du mariage qu'il avait contracté, le 21 déc. 1758, avec Marie-Madeleine-Henriette MAICHIN DE LA PRADE, une fille unique, MARIE-MADELEINE-JULIE, mariée, le 10 juill. 1787, à César-Jean Joly d'Aussy, commissaire provincial des guerres, Chev. de St-Louis.

3° MARIE-CHARLOTTE, célibataire ; 4° MARIE, mariée, le 8 juin 1722, à François Gaillard, sgr de Fief-Gaillard ; 5° SCHOLASTIQUE, mariée à Gaspard de Castello, sgr des Tannières.

13. — **Bois** (Clément-Auguste du), Ec., sgr de Landes, épousa à Melle, le 21 oct. 1730, Charlotte COLIN, fille d'Abraham, lieut^t-général en la sénéchaussée de Melle, et de Marie Houlier de Beaulieu. Il mourut au mois de juin 1760, laissant : 1° JACQUES-ALEXANDRE, qui suit ; 2° HILAIRE-CLÉMENT, succéda à son frère aîné comme capitaine au régiment d'Orléans-Dragons (acte sous seing privé du 4 fév. 1784), se retira du service avec la croix de St-Louis, et mourut à Poitiers sans postérité en 18... Il avait épousé N... MENEUST DE BOISJOUAN ; 3° ALEXANDRE, sgr de St-Brix, épousa N... DE LA RANSONNIÈRE, dont il n'eut pas d'enfants, et mourut à Fontcouverte près Saintes ; 4° MARIE, mariée à Etienne de Salbert, Vte de Forges ; elle est morte, le 30 avril 1799, à Donaveschingen, dans le grand-duché de Bade, après avoir été plus de cinquante ans dame d'honneur à la cour du prince Xavier de Saxe et du prince de Furstemberg ; 5° MARIE-CHARLOTTE, religieuse à l'abbaye de Saintes, morte à Poitiers ; 6° CHARLOTTE, aussi religieuse à la même abbaye, avant la Révolution, morte carmélite à Versailles ; 7° THÉRÈSE, mariée à Léonard Machapt de Pompadour, sgr de la Jarlée en Saintonge ; 8° MARIE, non mariée.

14. — **Bois** (Jacques-Alexandre du), Ec., sgr de Landes, né à Melle, le 31 juill. 1731, entra à 16 ans au service, fut nommé cornette dans la compagnie de Montazet, au régiment d'Orléans-Dragons, lieutenant le 1er sept. 1755, dans la compagnie de Landes, que commandait son oncle, Chev. de St-Louis en 1775, premier lieutenant faisant fonctions de capitaine, le 5 avril 1780. Il prit sa retraite en 1783. Il avait épousé à Toul, le 3 janv. 1776, Ferdinande-Victoire d'Arthaud, fille de feu Bernard, capitaine au régiment de Commissaire-Général, et d'Anne-Françoise de Gicy.

Jacques-Alexandre et sa femme furent pendant la Révolution détenus comme suspects. M. de Landes mourut au château de Landes, le 28 janv. 1800, laissant : 1° Charlotte, née en 1786, morte célibataire en 1807 ; 2° Hortense, mariée, le 12 juill. 1803, à Louis Boubée de Lespin, recteur des académies d'Amiens, de Metz et d'Orléans, Chev. de la Légion d'honneur. Hortense, veuve en 1857, est décédée au château de Landes le 1er janv. 1871, âgée de 87 ans.

§ IV. — Branche de **Ferrières**.

8. — **Bois** (Jean du), Ec., sgr de Ferrières, fils puîné de Louis et de Françoise du Bois (7e deg. du § I), épousa Jeanne Berland ; il vivait le 5 oct. 1556 et eut pour fils :

9. — **Bois** (Charles du), Ec., sgr de Ferrières et de la Brosse, tenait du Roi, à cause de son chât. d'Aulnay, les fiefs de Rastin et de Contré. Il reçut avou le 4 juin 1585, du fief de Ry, de Jean Fradin, Ec., sgr de Bessé, Paizay-le Chapt. Il épousa Marie de Toutes-sans, De de la Brosse et de St-Hilaire-de-Laignes, transigeait le 7 fév. 1592, rendait avou de St-Hilaire-de-Laignes le 28 fév. 1597, et était mort avant 1626, comme il résulte d'une sentence de la sénéchaussée de Civray du 1er sept. Leurs enfants furent : 1° Jean, qui suit ; 2° Jeanne, mariée à Baptiste Algret d'Olède, Ec., sgr des Roziers, comme il appert d'un acte du 26 juin 1641.

10. — **Bois** (Jean du), Ec., sgr de St-Hilaire, mentionné dans une sentence rendue entre sa mère et Louis de Lostanges Bon de Paillé ; il rendit aveu de St-Hilaire, de Contré et du Fief-Ruffin, le 23 nov. 1623.

BOIS (du) en Bas-Poitou.

Dans une note de Poitou et Vendée (Fontenay, 27), B. Fillon dit que cette famille possédait plusieurs fiefs en Bas-Poitou et à Fontenay, et qu'elle s'éteignit au xve siècle, dans les sgrs de la Caillère et du Poiré de Volvire.

Bois (Hugues du), *Hugo de Luco*, chevalier de la cour de Pierre de Tannay, fit don avec Pierre de Volvire, Chev., des marais qu'ils possédaient près de Champagné (Vendée) à l'abbaye de Boisgrolland (fin du xiie siècle).

Bois (Hugues du), sgr de Chantemerle, et Agnès, sa femme, donnent en 1225 aux Templiers divers domaines situés au Theil. (A. H. P. 1.) Ils eurent sans doute pour enfants : 1° Hugues, Chev., exécuteur testamentaire de son neveu Raoul de Mauléon, en 1250 ; 2° Amable, qui épousa secrètement ? le fameux Savary de Mauléon. Ils eurent un fils, Raoul de Mauléon, dernier de sa race, décédé en 1250 sans alliance ; il hérita des biens de son père ; mais, après sa mort, le Cte Alphonse de Poitou s'empara de ses biens, en faisant déclarer que le mariage de son père n'était pas réel.

Bois (Hélie du), Chev., sr des Chastelliers, Volvire, partagea en 1444 la succession d'Eustache de Machecoul et eut Volvire. Il fut condamné à faire hommage à Jean de Vivonne, sgr d'Oulmes, par sentence du sénéchal de Fontenay, le 6 nov. 1440. Il épousa, avant le 6 mars 1440, Indie de la Roche, fille d'une dame de Machecoul. (Bib. Nat. fonds Dupuy, 204, p. 197.)

Bois (Hélie du), sans doute le même, ayant le bail de Jean et Hélie de Lezay, mineurs, fit en leur nom aveu de Lezay à Guillaume de Charpaigne, évêque de Poitiers, comme sgr de Celles-l'Évescault.

Bois (Hélie du), Chev., sr des Chastelliers, arrente des terres à Parigné qui dépendaient de St-Hilaire-le-Grand, xve siècle. (A. Vienne, G. 637, et 1080.) Il épousa Jeanne Mauvoisin, dite Mauvaise, sœur d'André Mauvoisin ; il eut pour fille Guyonne, qui épousa Jean de la Rochebandry, Chev., qui était veuf et tuteur de ses enfants en 1468. Cette Guyonne fit échange pour des terres à la Berlandière près Châtellerault avec le Chapitre de St-Hilaire-le-Grand.

BOIS (du). — Famille noble originaire de Vivonne, connue par des titres du xiiie siècle.

Bois (Hélie du), Chev., paroissien de Vivonne, testa en 1225, partant pour la Terre Sainte. Lui, ou son fils du même nom, fut témoin en 1216 d'un accord entre Hugues de Lusignan et l'Abb. de Nouaillé, pour le bois de Bourneau. (Lat. 5450, 121.) Il était frère de Hugues et d'Aimery du Bois. (D. Chamard. Cart. de Nouaillé.)

Bois (N... du) eut pour fils Rahier, abbé de Nouaillé vers 1210-1235 ; il était cousin de Raoul du Theil, qui fit don à Nouaillé en 1226. (L. 5450, 99.)

Bois (Hugues du), neveu de l'abbé de Nouaillé, fit accord en 1214 pour les droits qu'il tenait de sa femme. (L. 5450, 92.) Il avait épousé Béatrix de Maugué, dont il eut : 1° Rainaud, qui suit ; 2° Julienne, mariée probablement à Hélie? de la Vergne ; 3° Hilarie, 4° Arembourge. (Cart. Nouaillé.)

Bois (Rainaud du) consent avec ses sœurs l'accord fait par son père avec Nouaillé en 1214. (Id.)

Bois (Aimery du), frère de Hélie précité, fait, partant pour la Croisade (26 juin 1215), des dispositions en faveur de St-Michel de Vivonne, des abb. de Bonnevaux, de Fontaine-le-Comte, de Nouaillé et de Magné près Gençay où son père et sa mère étaient enterrés, etc. Il fait encore un don à son oncle *Rœrius*, abbé de Nouaillé ; il avait pour beau-frère Aimeri Rigault. (Cart. Nouaillé. Mém. Statist. D.-Sèvres, t. VII, 273.)

Bois (Rainaud du) était, en fév. 1221, du nombre des enfants élevés à l'abb. de Nouaillé ; il devait appartenir à une famille riche, car, en 1222, il donnait un calice d'argent à ce monastère, comme il ressort d'un inventaire. (Cart. Nouaillé.)

Bois (Jean du), valet, fut exécuteur testamentaire de Guillaume de la Vergne, valet, qui testa en 1273, et tuteur de ses enfants, au refus de Savary de Vivonne, Chev. (Latin. 5450, 93.)

Bois (Geoffroy du), Chev., est témoin, le 1er avril 1326, d'un compromis passé entre Audebert, abbé de Nouaillé, et Guy Sénéchal, Chev., sgr de Morthemer, au sujet de la juridiction sur le prieuré de St-Thibaud (Fleuré, Vien.), et sur les bourgs de Fleuré, etc. (Cart. Nouaillé.)

Bois (Jean du) fait un accord avec Guillaume Taveau, le 10 nov. 1398 ; figure dans cet acte Agnès du Bois, femme de Fouquet de Barro, comme héritière de Catherine Sénéchal, De de Lussac. (Id.)

Bois (Hélyot du) rend hommage, le 13 fév. 1403, au chât. de St-Maixent au nom et à cause de Marguerite PANIÈVRE, sa femme, du fief des Gris, paroisse d'Aigonnay (D.-S.). (Livre des fiefs.)

Bois (Jean du), sgr de Masbret? paroissien de Limalonges, rend hommage de cet herbergement au chât. de Civray le 1er fév. 1408. (Id.)

Bois (Jeanne du) épousa Constantin de Vezançay, Chev., qui possédait à cause d'elle 2 fiefs relevant de la sgrie de Trappe près Melle, XVe siècle. (A. N. P. 560, 18.)

BOIS (DU), SEIGNEURS DE LA TOUCHE-ORTIE, EN BAS-POITOU.

Blason: d'argent à 5 arbres de sinople posés 2, 2 et 1. (Reg. Malte. — Mauras.)

Bois (Jacques du) épousa, vers 1460, Jeanne RABASTEAU, dont :

Bois (Hugues du), Ec., sr de la Touche-Ortie, épouse, vers 1500, Catherine BEUFVIER, dont :

Bois (Mathurin du), Ec., sgr de Touche-Ortie, marié, vers 1530, à Françoise THIBAULT, fille de Guillaume, Ec., sr du Breuil de Bessé, et de Jeanne Bastard, dont CATHERINE, mariée, vers 1560, à Maixent Mauras, Ec., sr de Chassenon.

BOIS (DU) DE CHABANNES.

Blason: d'argent au chevron de sable, accompagné de 9 billettes de même en orle. (Arm. Mervache.) *Alias*, rangées 4 et 2 en chef, et 1 et 2 en pointe.

Dans le vol. 385, pièces originales (Cab. titres), on trouve la copie d'une quittance de Josselin du Bois, sur laquelle on a placé le dessin d'un sceau, portant un écu chargé d'un chevron, accompagné de 2 têtes de loup en chef, et d'un aigle en pointe. Mais la légende dessinée porte « *S. Loys du Bois* », ce qui donne lieu de croire qu'il y a eu erreur dans l'attribution de ce sceau.

Bois (Pierre du), valet, fit aveu, le 27 oct. 1452, du fief de Marigny, relevant de la sgrie de St-Fleur (Colombiers, Vien.), à Châtellerault.

Bois (Bertrand du) possédait en 1446 le fief de la Brunette, relevant de Mirebeau.

Bois (Josselin du) possédait la Brunette en 1469. Il est qualifié de sgr de Chatenet et de Montmorillon dans le traité d'Anconis passé entre Charles VII et les chefs du parti dit *du Bien public*, traité où il est cité. (Dom Chamard.) C'est le même que

Bois (Josselin du), Chev., sgr de Chabannes, Montmorillon, chambellan du Roi, maréchal des logis de son hôtel, grand bailli des montagnes d'Auvergne, fit aveu à Taillebourg en 1480. Il épousa (peut-être en 2es noces), vers 1470, Anne ASSE, fille de Constantin, Chev., sr de Sazay, et de Jeanne de Saumur. Il eut pour enfants: 1° CLAUDE (peut-être d'un 1er lit), qui suit; 2° FRANÇOISE, mariée, le 20 févr. 1497, à Louis du Bois, Ec., sr des Ports, veuf de Marguerite Bouchard d'Aubeterre; 3° MADELEINE, mariée à Amboise, vers 1490, à François de la Béraudière, Ec., sr de l'Ile-Rouet.

Bois (Claude du), Ec., sr de Chabannes, etc., épousa Louise DU BOIS, dont il eut: 1° FRANÇOIS, qui suit; 2° SUSANNE, mariée, le 23 déc. 1499 (contrat passé sous le scel de la Haye en Touraine), à Pierre d'Arsac, Ec., sr de Savoye, puis à Jacques de Plaisance, Ec.

Bois (François du), Ec., sr de Chabannes, transigea pour partage avec sa sœur le 19 déc. 1520; il vendit, le 1er sept. 1522, la sgrie de Fressines (psse de Toulon) à Jean de Châteaurocher, Ec., capite de Montmorillon, pour 1,200 livres.

Bois (Jean, *alias* Pierre du), Ec., sr de Chabannes, épousa, vers 1520, Catherine HERBERT, fille de François, Ec., sr de Bellefont, et de Catherine Daniau; il décéda sans doute sans postérité; sa veuve se remaria ensuite à Jean d'Amboise, puis à René de la Béraudière, Chev., sgr de Rouet; elle testa en 1566.

BOIS (DU) EN MONTMORILLONNAIS.

Bosco (*Perrotus de*), *valetus*, et *Guillelmus frater ejus* comparaissent *die jovis, in vigilia Nativitatis B. Marie Virginis* 1307, devant le garde-scel de St-Savin, et déclarent approuver la transaction faite entre eux; dans cette pièce on voit qu'ils avaient une sœur du nom de MARGOT, et un frère du nom de JEAN, décédés. (D. F. 23.)

BOIS (DU) EN MONTMORILLONNAIS ET BERRY.

Blason. — Du Bois de Foussac : d'azur au chevron d'or, accompagné de 9 billettes d'argent, rangées 4 et 2 en chef et 1 et 2 en pointe. — Dans la maintenue de noblesse de 1669 on dit, à tort, des dés. (Pièc. orig. 386.)

1. — **Bois** (François du), rappelé dans des lettres de grâce accordées par le Roi, le 17 juill. 1548, eut pour fils :

2. — **Bois** (Jean du), Ec., sgr de Chabanet ? qui obtint les lettres royaux de 1548. Marié à Béraude DU BOIS, il eut pour fils :

3. — **Bois** (François du), Ec., sr de Foussac, psse de la Bussière, relevant de la sgrie d'Anglo, rend un aveu, le 29 mars 1548 et sert au ban du Poitou de 1557. Marié à Charlotte CHAUVERON, il eut pour fils :

4. — **Bois** (Sylvain du), Ec., sr de Foussac, était mineur, le 21 juin 1582, sous la tutelle de François Chauveron, sgr de la Mothe, qui fit aveu pour lui à Anglo. (En 1618, le fief de Foussac appartenait à Cassandre Geoffroy, veuve de Fiacre de la Bussière.) (Bib. Nat. Fonds Lat. 17041, 19.)

Il épousa, le 10 nov. 1582, Françoise DE St-JULIEN, dont :

5. — **Bois** (François du), Ec., sgr de la Garde-Giron, épousa, le 5 mars 1528, Gabrielle D'ANGIER, dont : 1° HENRI, qui suit; 2° CHARLES, Ec., sr de la Tournerie, marié, le 30 oct. 1664, à Charlotte DE ROSIERS, dont SILVAIN.

6. — **Bois** (Henri du), Ec., sr de la Garde-Giron (Luzeret), maintenu noble en Berry en 1669, épousa, le 14 sept. 1658, Louise DE ROSIERS, dont il eut CHARLES.

BOIS (DU) DU FRESNE, DE LA GRÈZE, ETC. — Famille originaire de la Saintonge qui a eu quelques alliances avec des familles poitevines.

Blason: d'argent à l'aigle de sable, vol abaissé, becquée, pattée de gueules, *alias* tenant au bec un rameau de gueules.

BOIS (DU) D'ARGONNE (EN ANJOU).

Blason: de gueules à trois croix pattées d'argent. (D. Mazet, mss. 305, bibl. Poitiers.)

A cette famille appartenait, croyons-nous :

Bois (Jacques du), Ec., s^r du Fougeray, la Foucardière, qui eut pour fille RENÉE, D^e de la Foucardière, mariée, vers 1500, à Jean du Vergier, Ec., s^r de la Guillaumière.

BOIS (DU) DE LA FERRONNIÈRE. — Famille noble du comté Nantais, alliée en Poitou.

Blason : de gueules à 3 épées d'argent, pointe en bas, posées 2 et 1. (Reg. Malte.)

Bois (Louis du), Ec., s^r de la Ferronnière, épousa Françoise LE GAY, fille de Jacques et de Renée Chalopin, dont il eut JEANNE, mariée, vers 1600, à Gilles Linger, Ec. (du Poitou).

BOIS (DU) DE LA TOUCHE-LEVRAULT (BAS-POITOU).

Blason : d'or à une hure de sanglier de sable.

Bois (Claude du), Ec., sgr de la Touche-Levrault. Sa veuve Louise CHEVRAULT, D^e de Chantefain, rend aveu, le 11 sept. 1613, à Catherine de Gonzague, duchesse de Longueville. Leur fils JEAN rendit le même aveu le 27 août 1616. (Livre des fiefs.)

Bois (Gédéon du), Ec., sgr de la Touche-Levrault, épousa vers 1660 Elisabeth TINGUY DE NESMY, probablement fille d'Abraham, et de Susanne Bodin, dont il eut JULIE-ELISABETH, mariée, le 19 nov. 1683, à Louis-Henri Bellanger, Ec.

Bois (Abraham du), Ec., sgr de la Touche-Levrault, fit enregistrer son blason à l'Armorial du Poitou en 1698, à Fontenay. Il épousa Hélène SUZANNET, dont il eut ELISABETH, mariée en 1712 à Charles-Louis de Crugy-Marcillac.

Bois (Louis-Anne du), Chev., sgr de la Touche-Levrault, l'Aubraye, la Jaudonnière, la Caillère, etc., épousa Françoise-Marie DE CAUMONT D'ADE, dont MARIE-HENRIETTE-ELISABETH, mariée, le 28 janv. 1735, à Armand-Louis Jousseaume, Mis de la Bretesche.

BOIS (DU) OU **DUBOIS** EN CHATELLERAUDAIS.

Blason : d'or à 3 arbres de sinople rangés sur une terrasse de même, chef de gueules à 3 besants d'or.

Bois (Mathieu du), bourgeois de Châtellerault et receveur du taillon en cette ville, rendit aveu de la Besdonnière au Roi et à Henri de Bourbon, duc de Châtellerault, le 20 juin 1595. (Livre des fiefs.)

Bois (Sébastien du), Ec., sgr du Mée, Fief-Coulo (Châtelleraudais), fit inscrire son blason à l'Armorial du Poitou en 1698. Il épousa Marguerite DESMONTS.

BOIS (DU), SEIGNEURS DE DIRAC ET DE LA BERLANDIÈRE.

Le fragment de généalogie suivant nous a été communiqué, avec une généalogie de la famille de St-Georges, par M. P. Guillemot de Liniers ; il est précédé de ces quelques lignes :

« La filiation du nom de du Bois depuis près de 400 ans était en bonne forme dans un carton qui a péri dans l'incendie de Genouillé du 18 sept. 1762. Voici ce que j'ai ramassé à Dirac, au mois de mars 1764, sur des titres nominatifs. » Signé de St-Georges.

Blason : d'or au chevron de sable chargé de 3 étoiles d'or.

1. — **Bois** (Jean du), sgr de la Berlandière, avait épousé Catherine DE LA TOUR, d'où :

2. — **Bois** (Gilles du), sgr de la Berlandière, épousa Jeanne MICHAUD, D^e de Dirac, dont il eut :

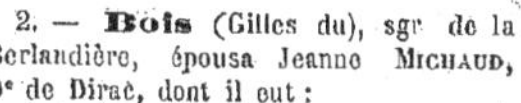

3. — **Bois** (René du), sgr de la Berlandière et de Dirac, avait épousé, le 2 janv. 1645, Marguerite DE MAGNÉ, d'où :

4. — **Bois** (Jacob du), sgr de la Berlandière et de Dirac, avait épousé Anne DE BRIQUEMAULT, d'une maison de Bourgogne, dont il eut : 1° CHARLOTTE, D^e de Dirac, la Berlandière, de Maisier et du Marais de Rochefort, qui épousa, par contrat du 21 oct. 1629 (Boudin, not.), Louis de St-Georges, sgr de Marsay, Loubigny ; et peut-être 2° SILVIE, qui fut marraine, le 15 sept. 1632, de Silvie de St-Georges, sa nièce, fille de sa sœur et de Louis de St-Georges.

BOIS DES ARPENTIS (DU). — Famille originaire de Touraine, qui a tenu un rang distingué au XVIe siècle. Nous ne donnons ces quelques degrés de filiation qu'en raison des alliances qu'elle a contractées avec des familles poitevines.

Blason : d'or à un écusson de gueules accompagné de 6 coquilles de sable mises en orle.

Bois (Philippe du), Ec., sgr des Arpentis en Touraine, laissa de Marie FRETARD, sa femme, entre autres enfants JEAN, qui suit.

Bois (Jean du), Chev., sgr des Arpentis, maître d'hôtel du duc de Guise en 1470, avait épousé en 1461 Louise DE BRISAY, fille d'Aimery et de Louise de la Lande, dont :

Bois (Louis du), Ec., sgr des Arpentis, épousa, vers 1480 ? Marquise D'ARGENCE, que nous croyons fille de Jehan, Ec., sgr de la Tour-d'Oyré, et de Catherine de Billy, dont :

Bois (Louis du), Chev., sgr des Arpentis et de Monteclerc, gouverneur de Nantes, marié avant 1501 à Louise DE SURGÈRES, fille de René, Chev., sgr de la Flocellière, Belleville en Thouarsais, et de Philippe de Belleville, son épouse ; ils reçurent, le 4 mars 1501, l'hommage de Jacques de Vernon, abbé de Chambon, à cause de leur terre de Belleville ; le 17 mai 1518, ils vendaient à Artus Gouffier, sgr d'Oyron, divers hommages assis en la p^sse d'Oyron, en présence de « Loys du Bois l'aîné et Loys du Bois le jeune, vendeurs ». (M. A. O. 1873, 269.) Louis était décédé avant le 18 sept. 1552, date d'un traité entre sa veuve et Louis de la Trémoille, Chev., sgr de Guignes, Taillebourg, au sujet de divers droits prétendus par Louise de Surgères dans les sgries de la Benaste et de Machecoul. (D. F. 8.) Ils avaient eu : 1° LOUIS, qui suit ; 2° AVOYE, mariée vers 1560 à Antoine Petit, sgr du Bois-Fichet, puis à François Mesnard, sgr de Touchepres ; 3° FRANÇOIS, rapporté après son frère.

Bois (Louis du), sgr des Arpentis, la Flocellière, la Coudraye de Luçon, Chev. des ordres du Roi et gouverneur de Touraine, épousa Claude ROBERTET, veuve de Scipion....? fille de Claude, général des finances de Normandie, et de Anne Briçonnet. Il en eut : 1° JACQUES, mort sans enfants ; 2° ANNE, mariée, le 21 nov. 1588, à Barthélemy de Balsac, s^r de St-Pau ; 3° MARIE, mariée vers 1600 à Nicolas de la Béraudière, Ec., sgr de Villenon.

Bois (François du), Chev., sgr de Belleville en Thouarsais, chambellan du duc d'Anjou, Chev. de l'ordre du Roi, etc., épousa Olive DE TÉLIGNY, fille de Charles, Chev., sr de la Salle, et de Françoise de Varie, dont il eut CLAUDE, mariée, vers 1600, à Roch du Puy, Bon de St-Médard.

BOIS (DU). — Famille probablement originaire de Fontenay. — V. **DUBOIS.**

BOIS (DU) OU **DUBOIS DE COURVAL.** — Cette famille parlementaire était possessionnée en Poitou au XVIIIe siècle.

Blason : d'azur à 3 fasces d'argent.

Bois (Mathurin du) fit enregistrer son blason à l'Armorial du Poitou en 1698 (d'azur à 3 fasces d'or).

Bois (Pierre-Alexis du), Vte d'Anisy et de Courval, président aux requêtes au Parlement de Paris (M. Ledain, Gâtine, dit au Parlement de Metz), acquit St-Aubin-le-Cloud, les Vrignaudières, la Braudière, en 1720, fiefs relevant de Châteauneuf-en-Gâtine, Secondigny. Il mourut le 10 fév. 1704.

Bois (Alexis du), Vte d'Anisy et de Courval, son fils, possédait ces domaines en 1767.

BOIS ET **BOYS**, QUELQUEFOIS **DU BOIS** (CHATELLERAUDAIS), SEIGNEURS DE PIOLANT.

Bois (Pierre), sgr de Piolant, valet de chambre de la Reine, 1505, paraît s'être marié 2 fois, et en 2es noces avec Catherine BEAUDIN, veuve de N... Penissault, et fille de Thomine de Boudeville. Étant veuve de Pierre Bois, elle fit hommage à Châtellerault le 4 fév. 1538 pour la Jarrye. Il eut sans doute du 1er lit : 1° JEAN, chapelain du Dauphin, qui fit aveu de Piolant le 4 fév. 1538, et peut-être 2° PIERRE, qui suit.

Bois (Pierre), sgr de Piolant ? épousa Renée DE BRASDEFER, dont il eut : 1° LOUISE, De de Piolant, mariée, le 25 janv. 1559, à François d'Aviau ; 2° JEAN, 3° ANTOINE, décédés sans postérité ; 4° TOBIE, qui suit.

Bois (Tobie), Ec., sgr de la Béraudière, partagea avec Louise, épouse de François d'Aviau, le 23 mai 1562. (Arch. Vien. E2 10.) Il épousa Françoise LAURIOT ? dont il eut LOUISE, mariée, le 23 août 1605, à Jacques Forateau, Ec., sr de Boisaudé.

BOIS (DU) OU **DUBOIS**, A POITIERS.

Blason : d'argent au lion de gueules et 3 glands de sinople posés 2 et 1 (*aliàs* rangés en chef).

Bois (Jean du) fut maire de Poitiers en 1590.

Bois (François du), conseiller au Présidial de Poitiers, épousa Renée LESUEUR D'OSNY, dont MARIE, qui se maria, le 21 oct. 1601, à Claude Tudert, Ec., sr de la Bournalière.

BOISAYRAULT. — V. **FOURNIER.**

BOIS-BÉRANGER (DU). — Famille noble du Maine, alliée à des familles poitevines.

Blason : d'argent à une bande de gueules. (Bibl. Nat. Franç. 22264, 14.)

BOIS-BERTRAND (DE) EN BERRY. — Très ancienne famille, éteinte au XVIIe siècle.

Blason : d'argent à 3 merlettes de sable.

Un manuscrit de d'Hozier (cab. tit.) dit : d'azur à la croix ancrée d'argent, cantonnée de 12 hermines d'or posées 2 et 1 en chaque canton.

Bois-Bertrand (Marguerite) épousa, le 15 déc. 1575, Jacques de Lauet, Ec., sgr de la Rousselière ?

BOIS-BOUCHARD (N...), habitant la sgrie de St-Maixent, sert en archer au ban de 1491, tant pour lui que pour Cybard Gastignon, son frère ? prêtre.

BOIS-BOURSAUD. — V. **BORSAUD.**

BOISCOURCIER. — Famille noble originaire d'Anché (Vien.). Il existe, cne de Marnay, cne de Vivonne, un château et une ferme de ce nom.

Boiscourcier (Milesende de), célerière de l'abb. de Ste-Croix, achète, le samedi avant Noël 1274, une rente de deux septiers de froment, mesure de Loudun. (Arch. Vien. Abb. de Ste-Croix.)

Boiscourcier (Jean et Barthélemy de), *de Bosco-Corserii*, frères, Ec., et ISABELLE, leur sœur, (qui fut mariée à Geoffroy Normandeau, valet), vendent, le 18 oct. 1317, les deux tiers d'un bois dit les Fayes-d'Anché, sis entre Boiscourcier et le village d'Anché (*nemora vocata les Fayes d'Anché sita inter Boscum-Corserii et villagium d'Anché*), à Jean de Monoc, chanoine de N.-Dame-la-Grande et de Ste-Radégonde de Poitiers. (D. F. 22.)

Boiscourcier (Jean de), chanoine de l'Eglise de Poitiers, fait en 1329 une donation par laquelle il lègue deux portions qu'il possédait dans le bois des Fayes-de-Paisay ou d'Anché.

Boiscourcier (Jean de), Ec., était décédé avant le 2 août 1330, et avait vendu à l'abb. de Nouaillé partie des bois des Fayes-d'Anché, que les enfants de Simon de La Lande, Chev., prétendaient pouvoir retirer par droit lignager.

Boiscourcier (Barthélemy de) est cité dans les lettres d'amortissement d'une rente constituée par Augier de Mercier, archiprêtre de Montmorillon, destinée à la fondation d'une chapelle, sept. 1345. (A. H. P.)

Boiscourcier (Jean de), valet, est cité dans un aveu rendu le 17 déc. 1550 à Jeanne de Rochechouart, De de Château-Larcher, par Jean Gourjault, Ec., sgr des Hautes-Vergnes, comme étant un de ses parsonniers et parageurs.

Boiscourcier (N... de), religieuse à l'abb. de Ste-Croix, est nommée par l'abbesse, le 7 août 1632, prieure du couvent de Ste-Croix de la ville des Sables. (De la Fontenelle, Hist. de Luçon, 473.)

BOISDON. — Famille de Thouars.

Boisdon (N...) était décédé en 1698. Sa veuve Philobel ? LEGORGUE déclara son blason à l'Armorial du Poitou : de gueules au B d'or.

BOIS-FOLLET (N... sr de), conseiller au Présidial de Poitiers, fut envoyé à Thouars en 1656 pour constater un assassinat.

BOIS-GARNAUD (DE). — Famille noble des environs d'Angle, qui existait aux XIIe et XIIIe siècles.

Boisgarnaud (Guillaume de) fut témoin, vers

1170, d'un don fait à la Merci-Dieu par Geoffroy de Crocée (*de Crocea*).

Boisgarnaud (Aimery de) fut l'un des témoins de la donation de la dîme de Bonnes, faite en 1203 au monastère de La Puye par Josselin de Lezay, du consentement d'Aynor, sa femme, de Simon et Geoffroy, ses enfants. (F.)

Boisgarnaud (Hubert de), Chev., était décédé en 1318; sa veuve fit, comme tutrice de ses enfants, aveu de la dîme de la Barrilière, p^sse^ de la Bussière. (Bibl. Nat. Lat. 17041, 23.) Il épousa Ameline, dont : 1° Guillaume, 2° Pétronille.

Boisgarnaud (Guillaume de), valet, fit aveu à Angles en 1328.

BOISGAUGEON (N... de), sgr de Redoix, dans la sgrie de Vivonne, a servi comme archer au ban des nobles du Poitou de 1491. (F.)

BOISGROLLIER. — V. GARNIER, LEVESQUE.

BOISGUÉRIN. — V. MARREAU.

BOISHORAND ou BOISORRAND, en Bas-Poitou.

Boishorand (Jean de), Chev., sgr de la Rigaudière, fit aveu en 1637 du fief de la Chesnelière (St-Hilaire-le-Voust), à Vouvant, comme tuteur de son fils aîné. Il avait épousé Catherine Marchand, fille de Christophe, Ec., sgr de la Métairie-la-Chesnelière, dont il eut plusieurs enfants, entre autres :

Boishorand (Pierre de), Ec., sgr de Boisjosly, la Chesnelière, qui vendit ce fief en 1659.

BOISJOURDAIN (de). — Famille noble du Maine.

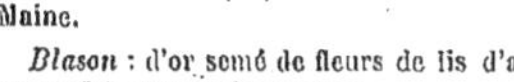

Blason : d'or semé de fleurs de lis d'azur et 3 losanges de gueules.

Boisjourdain (Fouquet de) passa revue comme Ec. le 16 nov. 1370. (Bib. Nat. Montres et Revues.)

Boisjourdain (Foulques de), Chev., sgr d'Azay-le-Rideau, épousa Catherine du Puy-du-Fou, dont il eut Jeanne, demoiselle d'honneur de la duchesse d'Orléans, mariée, le 8 fév. 1468, à Antoine Ysoré, Ec., sgr de Fontenay et de Amenon; elle était veuve en 1499. Elle avait une sœur du même nom de Jeanne, qui épousa Jacques du Bueil, Cte de Sancerre.

Boisjourdain (Junot de) était en 1508 propriétaire de la terre du Sault, p^sse^ de Louzy (D.-S.). Il était mort avant le 17 fév. 1539, lors de la vente de cette terre faite par Olivier Barengier et Marguerite Guyneuf, sa femme, à Jean Mourault, Ec., sgr de Puiraveau.

Boisjourdain (Anne-Hyacinthe de) épousa Charles-François Darrot, Ec., sgr de l'Huilière; ils vivaient en 1700.

Boisjourdain (Hyacinthe de) épousa en 1770 Marc-Prosper Girard de Charnacé, lieut^t^-colonel et Chev. de St-Louis.

Boisjourdain (Lancelot-Jacques-Marie de) fut reçu Chev. de Malte au grand-prieuré d'Aquitaine le 8 oct. 1786.

BOISLAINE et BOISLAIVE. — V. BOILÈVE.

BOISLINARDS et BOULINARDS (jadis **VERGNAUD**). — Famille originaire de la Basse-Marche, dont le nom primitif, d'après M. de Maussabré (Nob. du Limousin), aurait été *Vernhaud* ou *Vergnaud*, qu'elle aurait changé en celui de Boislinards, pour se distinguer des autres branches de sa famille, du nom d'un fief qu'elle possédait dans les environs de Rancon (en latin *de Bosco Linari*). Cette maison a elle-même projeté quantité de rameaux (M. de Maussabré en compte 18), tous éteints, à l'exception de deux, celui de Margoux, qui a produit au xviiie siècle un bailli, grand-croix de l'ordre de Malte, et le nôtre.

Nous allons donner la généalogie de la branche poitevine, extraite en partie : 1° des preuves de noblesse faites pour l'admission d'Alexandre Léonard aux pages de Mme la Ctesse d'Artois, des travaux de Thaumas de la Thaumassière ; 2° de notes diverses provenant de nos recherches.

Blason : d'argent au vergne de sinople et une bordure engreslée de gueules.

Noms isolés.

Boislinards (Pierre de), Ec., sgr de la Bastide, achetait une rente foncière de Jean de la Touche, sgr de Montagrier, le 6 juill. 1555 (Bouchard, not. sous la cour de Bellac).

Boislinards (Pierre de), Ec., sgr de la Tour de Rivarennes, épousa, le 24 févr. 1567, Louise Courault, fille d'Edmond, Ec., sgr de la Roche-Chevreux, et de Louise Chasteigner, dont N..., fils. Devenue veuve, Louise Courault se remaria en 1574 à François de la Marche, Ec.

Boislinards (Claude de), sgr de la Bastide, assiste comme parent de l'époux au contrat de mariage de Gaspard de Chamborand, Chev., sgr de Droux, avec Françoise Courault, du 28 févr. 1606.

Boislinards (Mercure de) épousa Françoise de Cougnac, fille de Marc, Ec., sgr du Repaire, et de Léonarde de Nespoux, dont une fille, vivant en 1611 ; son père et sa mère étaient décédés avant cette époque.

Boislinards (Jean de), Ec., sgr dudit lieu, fut témoin du testament de Gaspard de Chamborand, Chev., sgr de Droux, fait le 5 mars 1623.

Boislinards (François de), Ec., sgr de Margoux, y demeurant, p^sse^ de Rayzet, fut présent à l'acte d'ingrès de Madeleine de la Touche au couvent de Longpont (O. de Fontevrault), dressé le 13 août 1620.

Boislinards (Jean de), Ec., sgr dudit lieu, fit partie du ban de la Basse-Marche en 1635.

Boislinards (Charlotte de) épousa François de Vaillant, Ec., sgr de Baugé (Berri), le 24 juill. 1667. (Gén. Vaillant.)

Boislinards (Paule de), épouse de Henri de la Thuille, Ec., sgr de Lavernault, vivait en 1656. (V. 6e dég. du § II.)

Boislinards (Gilonne de) épousa Pierre Papon, Ec., sgr de la Grange, dont Diane, mariée, le 18 mai 1657, à François de St-Georges, Chev., sgr de Fraisse.

Boislinards (Pierre de), Ec., sgr de Sauves, vivait avant 1687.

Boislinards (Jean), Ec., sgr de Margoux et d'Ajoux, eut de Françoise de Vérines une fille, Marie, qui épousa, le 27 nov. 1696, Jean de Boislinards, Ec., sgr de l'Etang. (V. 7e deg. du § II.) Il était décédé avant 1680, et avait été curateur des mineurs d'Arnac. (Gie d'Arnac.)

Boislinards (Honorat de), Ec., sgr de Margoux, né en 1677, épousa, le 7 mars 1707, Elisabeth DE BÉCHILLON, fille de Louis, Ec., sgr de l'Epinoux-Pressec, et de Marie Buignon. (Gén. de Béchillon.)

Boislinards (Geoffroy de), sgr dudit lieu, époux de Elisabeth BLAHOR ? décéda le 15 mars 1702, à l'âge de 50 ans, et fut inhumé dans le tombeau de sa famille, devant l'autel N.-Dame, dans l'église de Rancon. Il laissait deux fils : 1° MATHIEU, et 2° PIERRE.

Boislinards (Mathieu de), Ec., sgr de Boislinards, était en procès en 1726, ainsi que son frère PIERRE, comme héritiers de GEOFFROY, leur père, avec Gaspard de Blom, Chev., sgr de Beaupuy et Ouzilly.

Boislinards (Jean de), Chev., sgr de Foix en Berri, épousa, le 11 sept. 1727, Madeleine-Angélique DE TURPIN-CRISSÉ, fille de Louis-Madelon, Cte de Vihiers, etc., et d'Angélique-Madeleine de Crevant, dont quatre enfants, et entre autres MARIE-MADELEINE, morte à Poitiers, le 3 avril 1811, âgée de 70 ans.

Boislinards (Marguerite-Marthe de) épousa, le 10 nov. 1732, François de la Faire, Chev. ; ils vivaient vers 1740.

Boislinards (N... de) prenait l'habit au prieuré de Villesalem (O. de Fontevrault) le 10 mai 1772.

Boislinards (Marie-Madeleine de), nièce de la marquise de St-Georges, fut une des légataires de cette dame, d'après son testament en date du 28 nov. 1775.

Boislinards (Léonard de), sr des Chezeaux, obtint en 1775 une pension de 97 liv. sur les fonds de la guerre, pour appointement de réforme en qualité de capitaine au régiment provincial de Châteauroux, pension dont il devait cesser de jouir, s'il était replacé ; il était en 1779 capitaine au régiment provincial de Berry. En 1720, lui et Anne-Louise DE QUINSSAC, sa femme, vendaient la part qui leur revenait dans la métairie et moulin dit le Moulin-Neuf. (Arch. de l'Indre, E. 1. 177.)

Boislinards (Armand-Gabriel de), sgr de la Romagère, obtint en 1775 deux pensions sur les fonds de la guerre : 1° de 200 liv. en considération de ses services de chevau-léger réformé ; la seconde de 210 l. pour appointement de réforme, laquelle sera supprimée s'il est replacé.

Boislinards (N... de) était en 1778 premier lieutenant, et en 1779 capitaine en second au régiment de Vivarais-Infanterie.

Boislinards (N... de) était en 1779 sous-lieutenant au régiment d'Orléans-Infanterie.

Boislinards (Jean-Alexis de) de Margoux, Chev., grand-croix de l'ordre de St-Jean-de-Jérusalem, commandeur de Mouchamps, bailli de Lyon, mourut en cette ville le 28 oct. 1786, âgé de cent un ans trois mois et douze jours.

Boislinards des Roches (Pierre de), Chev., ancien gendarme de la garde du Roi, lieutenant de cavalerie et pensionnaire du Roi, assiste, au Dorat, à la réunion de la noblesse de la Basse-Marche pour nommer des députés aux Etats généraux de 1789 ; il représentait :

Boislinards (Jean-Baptiste de), Chev. de St-Louis, capitaine de cavalerie, ancien maréchal des logis dans le corps de la gendarmerie. (A. de la Porte, Nob. de la B.-Marche.)

Boislinards (N... de) émigra, rejoignit l'armée de Condé, mais ne put servir, à raison de ses infirmités. (F.)

Boislinards (N... de) était à l'armée de Condé lieutenant au régiment d'Aquitaine.

Boislinards (Joseph de) faisait partie du dépôt du régiment noble à pied, lors du licenciement de cette armée, en juill. 1800.

Boislinards (N... de), directeur des contributions directes, est décédé le 24 mai 1883, laissant pour veuve Mélanie-Berthe DRAGON DE GOMECOURT.

§ Ier. — PREMIÈRE BRANCHE.

1. — **Boislinards** (François de), Ec., sgr dudit lieu, eut entre autres enfants : 1° MARGUERITE, qui épousa, le 10 mars 1544 (Debertac, not.), François de la Porte, Ec., sgr des Vaux ; elle contracta ce mariage de l'avis et en présence de 2° JOACHIM, son frère, qui suivra, qui lui donne les 600 liv. que leur père lui avait léguées en mourant ; de 3° CLAUDE, et 4° PIERRE, ses frères, et de JACQUES de Boislinards, son oncle. (Gén. de la Porte.)

2. — **Boislinards** (Joachim de), Ec., sgr de Boislinards, de Larivo et de Terrières, capitaine du château de Durtal, *aliàs* du Dorat, par lettres de Charles fils de France, du 9 juill. 1541, rendait un hommage au Roi le 17 avril 1545 (Nob. Limousin) ; porte-enseigne de cinquante lances des ordonnances du Roi, sous le commandement de M. de Bonneval. Il épousa Gabrielle DE MURAULT, dont :

3. — **Boislinards** (François de), Ec., sgr de Terrières, qui de Françoise DE LA GARDE, qu'il avait épousée le 28 janv. 1559, laissa : 1° JOACHIM, qui suit ; et peut-être 2° FRANÇOIS, chef d'une branche rapportée § III.

4. — **Boislinards** (Joachim de), IIe du nom, Ec., sgr de Terrières, marié, le 24 juill. 1585, à Marie DU BREUIL, dont il eut : 1° JEAN, qui suit ; 2° autre JEAN, dont la filiation sera rapportée au § II.

5. — **Boislinards** (Jean de), Ec., sgr d'Acho, épousa, le 9 févr. 1611, Marie DE FADAT. De ce mariage sont issus : 1° NOEL, 2° JEAN.

6. — **Boislinards** (Noël de), sgr de Mele, épousa, le 21 juin 1635, Marie PETIT, de laquelle est issu :

7. — **Boislinards** (Sylvain de), sgr de Terrières, marié, le 29 mai 1664, avec Susanne PÉRUSSAULT. Nous ne savons s'ils eurent postérité.

§ II. — BRANCHE DES **CHEZEAUX**.

5. — **Boislinards** (Jean de), Ec., sgr des Chezeaux, fils de Joachim et de Marie du Breuil (4e deg. du § Ier), partagea avec ses frères quelques immeubles provenant de la succession de leurs père et mère, le 6 oct. 1686 (Courauldin, not. à Issoudun). Il avait épousé, à St-Gaulhier en Berri, le 11 juill. 1623, Catherine PEYROT, fille de N..., élu de ladite ville. De ce mariage est issu :

6. — **Boislinards** (Jean de), IIe du nom, qui épousa, au château de Montaignon, psse de Paizay, généralité de Bourges, le 6 juill. 1656 (Pérussault, not.), Renée DE LA THUILLE, fille de Henri, Ec., sgr de Laverdault, et de Paule de Boislinards. De ce mariage sont issus plusieurs enfants, qui, le 10 mai 1692, partagèrent avec

leur mère (Pérussault, not. à St-Gauthier), les biens provenant de la succession de leur père, décédé ; ce sont : 1° LÉONARD, Ec., sgr des Chezeaux ; 2° JEAN, qui suit ; 3° autre JEAN, Ec., sgr du Breuil. Il est stipulé dans l'acte que Léonard, en sa qualité d'aîné, devait conserver tous les titres de noblesse de la famille.

7. — **Boislinards** (Jean de), IIIe du nom, Ec., sgr des Chezeaux et de l'Etang, naquit le 28 avril, et fut baptisé le 30 avril 1664, au prieuré-cure de St-Denis de Rivarenne. Il épousa, aux Nobles, psse de Muret-le-Feron, généralité de Bourges (Matheron, not.), le 27 nov. 1696, Marie DE BOISLINARDS, fille de Jean, Ec., sgr de Margoux, et de Françoise de Vérines. De ce mariage est venu :

8. — **Boislinards** (Léonard de), Chev., sgr de Terrières, etc., baptisé le 4 sept. 1700, épousa, le 30 sept. 1725 (Gaudeau, not. ducal à St-Aignan, généralité d'Orléans), Marie-Anne D'AUVERGNE, fille de Joseph et de Marie-Louise de Mauléon. Le 22 fév. 1759, il rendit aveu, à la veuve de M. de Vassé, du fief de Durtal, psse de Martizay, relevant à foi et hommage lige du Mrnt de Mézières-en-Brenne, moyennant *une livre de poivre* ? et 12 liv. payées annuellement. De ce mariage est venu :

9. — **Boislinards** (Léonard-Bertrand de), Chev., sgr de la Chaize, Terrières, la Pinolière, Larabrie, épousa, vers 1770 (Doucet, notre à Martizay en Touraine), Angélique DE CRÉMILLE, fille de Joseph-Maurice, Chev., sgr de Cléreuil, etc., et de Thérèse-Emilie d'Auvergne. Les 26 févr. et 8 août 1774, il reçut divers aveux pour raison de ses sgries de la Pinolière, Larabrie, etc., et laissa de son mariage :

10. — **Boislinards** (Alexandre-Léonard de), Chev. de St-Louis, né le 13 mars 1771, fit ses preuves pour entrer page dans la maison de la Ctesse d'Artois, suivant procès-verbal du 6 févr. 1786, signé Le Mercyer de Chezy, en l'absence de M. Le Maistre, généalogiste de la maison de Mgr le Cte d'Artois. Il se réunit aux armées vendéennes, avec lesquelles il prit part à la reprise des armes de 1815 ; épousa, le 21 avril 1819, Marie-Joséphine DE LA FAIRE, dont : 1° CHARLES-DENIS-ALEXANDRE, né le 29 janv. 1820 à Poitiers, marié, le 6 févr. 1844, à Marie-Bénigne-Françoise-Cécile BOSCAL DE RÉALS DE MORNAC, fille de François-Léon Cte de Mornac, et de Zoé Barbeyrac de St-Maurice. Il est mort le 18 juill. 1887 au chât. du Breuil près St-Savin, laissant CAROLINE, née en 1848, mariée, le 1er mai 1888, à Louis-Henri Martin de Bonsonge ;

2° LOUIS-ALFRED, qui suit ; 3° ANGÈLE, mariée, le 7 juill. 1845, à Alfred de Malinguehen.

11. — **Boislinards** (Louis-Alfred de), né le 17 févr. 1823, marié, le 16 oct. 1848, à Louise-Rosalie-Ismalie DE LA CHATRE, fille de Claude-Marcellin Bon de la Châtre, et de Louise-Ernestine des Collards, a eu pour fille CAMILLE, née le 8 août 1849, mariée, le 5 sept. 1871, à Pierre de Malinguehen.

De cette branche sont encore issus :

Boislinards (N... de), de Melo, Chev., sgr de Boubon près Belâbre. Il avait épousé N... DE VILLEMESSANT, de laquelle est né :

Boislinards (Jean-Louis de), Chev., sgr de Boubon, était sous-lieutenant au régiment de Poitou-Infanterie. Lorsqu'il émigra, en 1791, il servit à l'armée des Princes et à celle de Condé, et fut blessé à l'affaire d'Ober-Kamlach, le 13 août 1796. Il faisait en 1801, lors du licenciement, partie du dépôt des chasseurs Nobles-Infanterie.

§ III. — BRANCHE DE BOISLINARDS.

4. — **Boislinards** (François de), Ec., sgr dudit lieu et de la Bastide, peut-être fils puîné de François et de Françoise de la Garde (3e deg. du § Ier), fut l'un des cent gentilshommes de la maison du Roi, et en cette qualité exempté de se trouver au ban des nobles de la Haute et Basse-Marche, en 1577. Il eut pour fils aîné :

5. — **Boislinards** (Pierre, *aliàs* Jean de), Ec., sgr dudit lieu, marié, le 17 nov. 1583, à Renée DE BLOM, fille de feu Melchior, Chev. de l'ordre du Roi, sgr de Beaupuy, et de Marguerite de Gaing, transigeait le 28 août 1598 avec sa mère, au sujet d'une vente constituée au profit de M. de Mortemart ; et le 29 déc. 1625, lui et son fils Jacques, agissant pour Jehanne de Boislinards, leur fille et sœur, et comme héritiers de feu Renée de Blom, leur épouse et mère, consentaient une cession à Liette de la Béraudière, veuve de Christophe de Blom, Ec., comme on vient de le voir ; il laissait pour enfants : 1° JACQUES, qui suit ; 2° JEHANNE, rapportée dans l'acte de 1625.

6. — **Boislinards** (Jacques de), Ec., sgr dudit lieu. Il épousa Marie DE MONTBEL, qui était veuve en 1665, et avait eu pour enfants : 1° ANNE ou ANNET, Ec. ; 2° GEOFFROY, Ec., dont un fils, MATHIEU, vivant en 1726 ; 3° SYLVIE, mariée en 1687 à Pierre Teullet, archer à Bellac. Le Nobiliaire du Limousin lui donne pour fils unique LÉONARD. La suite de la filiation de cette branche ne nous est pas connue.

BOISLY (Jérôme), prêtre et fondateur d'une chapelle de son nom, paroisse de Boric-sur-Airvau. Le Pouillé du diocèse n'indique pas l'année. (F.)

BOISMAÇON (N... de), habitant psse St-Jean-de-Monts, diocèse de Luçon, se trouve inscrite dans la liste des nouveaux convertis, imprimée en 1682. (F.)

BOISMARMIN (DE). — Dans l'Armorial de Mervache, XVIe siècle, le sr de Boismarmin porte de gueules à la croix ancrée d'or.

BOISMARTIN. — V. **VEILLON**.

BOISMÉ (DE). — Famille noble du pays de Gâtine, éteinte depuis plusieurs siècles.

Boismé (Garin), *Garinus de Boimeo*, fut témoin en 1122 d'un don fait par Jean de Beaumont et ses fils Geoffroy et Ranulfe, à Fontevrault. (Cart. fo 35.)

Boismé (Aimery de) fut témoin d'un traité passé le jour de la fête des St Simon et St Jude (28 oct.) 1190, entre Aimeri Vte de Thouars et Raoul de Beaumont, sgr de Bressuire.

BOISMORAND. — V. **SCOURIONS**.

BOISMOREAU (Mathurin), chanoine et maître-école de Ste-Croix de Parthenay, mourut en 1632. (Ledain, Gâtine.)

Boismoreau (Pierre), peut-être frère du précédent, est le premier régent ou principal du collège de Parthenay, dont le nom soit connu ; il remplissait ces fonctions en 1624.

BOISMORIN. — V. **MORIN**, **THOMAS**.

Boismorin (Frédéric de), Ec., s^r du Breuil (St-Christophe-sur-Roc, D.-S.), servit comme chevau-léger au ban de 1557.

BOIS-NARBERT ET **BOISNERBERT**, c^ne de Limalonges, a donné son nom à une famille dont nous n'avons trouvé que cette seule mention :

Bois-Narbert (Jean du), sgr dudit lieu, vivait le 1er févr. 1408-09. (G.-G. Bur. des finances.)

BOISNARD ET **BOYNARD**.

Boynard (Jamet), de la p^sse de Thuzay ? élect. de St-Maixent, fut taxé en 1437 pour ne s'être pas rendu aux armées, bien qu'il se dît noble. (F.)

Boynard (Françoise) avait épousé Pierre Desayvre, s^r de la Bernardière ; elle était veuve le 23 avril 1594, lors du mariage de leur fils Hélye avec Jeanne Viète.

Boynard (Claude) était élu à Thouars en 1609 ; il est qualifié de sgr de la Raunière, Parsay, Villiers, dans des aveux à lui rendus les 6 févr. 1613, 17 mars 1618 et 3 mai 1666 ; le 1er mai 1617, il avait fait procéder à la vente à la criée des terres de Vaurenard, etc.

Boisnard ou **Bonnard** (René), Ec., eut une fille, SUSANNE, qui épousa, le 18 avril 1624, Esdras d'Asnières, Chev., sgr de Villefranche ; elle devint veuve en 1660, et fut nommée, le 11 janv. 1661, tutrice de ses enfants mineurs.

Boisnard (Jeanne), épouse de Gabriel de Rangot, Ec., sgr de Barrou, qui rend aveu au nom de sadite femme, le 14 oct. 1629, à François de Vignerot, Chev., sgr de Pont-Courlay, de son hôtel noble de la Maucarière.

Boynard (Michelle) épousa Uriel Richaudeau, archer de la maréchaussée de Thouars, dont Marthe, mariée à Gabriel de la Garde le 30 janv. 1680.

BOISNIER. — Famille originaire de la petite ville d'Aigre en Angoumois.

Boisnier (Pierre), s^r de la Richardière, sgr de St-Martin-d'Entraigues et du fief d'Epaillard, c^ne de Chef-Boutonne, comme héritier de feu PIERRE Boisnier, son père, transige le 20 oct. 1763 avec le Mis de Chef-Boutonne, au sujet des droits de chauffage, concédés aux sgrs de St-Martin par ses prédécesseurs dans sa forêt. Cette famille possédait la sgrie de St-Martin-d'Entraigues avant 1731.

Boisnier (Marie) était veuve en secondes noces de Jacques Masson, Ec., sgr de Guérigny, lorsqu'elle épousa Jean Babaud de la Chaussade, dont elle était veuve en 1766.

Boisnier de la Richardière (Louis), Chev. de St-Louis, obtint en 1786, sur les fonds de la guerre, une pension de 300 liv., en considération de ses services, et pour lui donner le moyen de les continuer comme capitaine commandant au régiment de Foix-Infanterie. Il avait épousé, vers 1775, Marie-Jeanne-Hyacinthe DE LAUZON, fille de François dit le Mis de Lauzon, sgr de Lorigny, et de Anne-Marie du Pas.

Boisnier (Jean-César), s^r de Crèvecœur, directeur de la poste à Aigre, fut un des délégués du Tiers-Etat envoyés à Poitiers en 1789, pour l'élection des députés aux Etats généraux.

Boisnier (Jeanne), veuve de Michel Creuzé de la Maison-Neuve, élect. de Châtellerault, d'une famille différente de celle ci-dessus, portait pour armes : d'argent au chef de gueules. (Arm. du Poitou, 170. D'Hozier, d'office.)

BOISRAGON. — V. **CHEVALLEAU**.

BOISROUSSEAU (DE). — Famille des environs de St-Maixent.

1. — **Boisrousseau** (François de), Ec., sgr du Petit-Breuil d'Aigonnay, eut pour enfants : 1° NICOLAS, qui suit ; 2° MADELEINE, mariée à Jean Martin, chirurgien à Mougon, qui fit accord avec son beau-frère le 23 avril 1606.

2. — **Boisrousseau** (Nicolas de), Ec., sgr du Petit-Breuil, inculpé dans l'assassinat de Jacques Raymond, fait entériner au Présidial de Poitiers des lettres de grâce, le 3 déc. 1639.

BOISSE (DE), BAS-POITOU.

Boisse (Olivier de) (*Oliverius de Boissa*), Chev., fut témoin en 1217 du don fait par Pierre de Volvire, Chev., sgr de Chaillé, et ses fils, aux abbayes de St-Michel-en-l'Herm, l'Absie, St-Maixent. (Bibl. Nat. Fonds Dupuy, 204, 72.)

BOISSE (DE). — Famille d'ancienne noblesse originaire du Limousin. Un cadet de cette maison fut maintenu noble par ordonnance de M. Barentin du 21 sept. 1667, sous le nom de Boesse. Cette famille possédait une chapelle à Fontenilles (D.-S.), XVIIe siècle. (V. Nob. du Limousin.)

Blason : de gueules à 3 fasces d'argent chargées chacune de 3 mouchetures d'hermine.

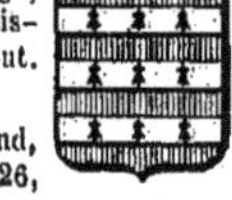

N... de Boisse, Ec., sgr de la Loge, portait : de gueules parti d'or au croissant de sinople brochant sur le tout. (D'Hozier, fantaisie.)

Boisse (Louise de), fille de Raimond, sgr de Chambret, épousa, le 9 fév. 1426, Geoffroy de Coral.

Boisse (Blaise de),

Boisse (Bertrand de) et

Boisse (Raymonnet de) servaient tous les trois en hommes d'armes dans la compagnie de M. de la Trémoille qui fit montre le 16 déc. 1492.

Boisse (Maryon de), Ec., sgr de la Boissière, demeurant à la Motecaille, p^sse d'Ecurais en Angoumois, épousa, le 16 mars 1621 (Guilhem, not.), Marguerite DE MÉNICOURT, D^e de la Foye (Couture-d'Argenson, D.-S.).

Boisse (Salomon de), Ec., sgr de la Foye de Couture, fut maintenu noble par Barentin le 1er déc. 1668. Il eut de Anne COULLAUT, son épouse, un fils, qui suit.

Boisse (Jean de), Ec., sgr de la Foye, épousa, le 4 fév. 1675 (Piet, not. à Niort), Catherine DESPREZ, et fut confirmé dans sa noblesse par M. de Maupeou le 8 juill. 1699. C'est lui, sans doute, qui, sur la démission faite entre ses mains par Jean Faubert, Ec., chapelain d'une chapelle desservie dans l'église de Fontenilles, le 19 sept. 1695, nomme à ce bénéfice, le 28 sept. 1695, Jean de Chevreuse.

Boisse (N... de) servait dans le 3e escadron au ban des nobles du Poitou en 1703.

Boisse (Anne de) était veuve de Anne de Chevreuse, Ec., sgr de la Bertinerie, le 3 juill. 1715.

BOISSEAU (V. **BOICEAU**), s^r de la Galernière. — Famille de l'échevinage de Niort ou de St-Jean-d'Angély.

Blason : d'azur à 3 boisseaux d'or. (Déclaré à l'Armorial de France en 1698.)

1. — **Boisseau** (Louis), s^r des Marais, échevin de St-Jean-d'Angély, épousa Madeleine Pelletier, dont :

2. — **Boisseau** (Louis), Ec., épousa, le 13 mai 1557, Jacquette Mothe? dont il eut plusieurs enfants qui partagèrent le 31 mai 1623 : 1° Paul, marié à Marguerite Isle, fille de Jean, Ec., s^r des Grais, et de Marie Guichard; 2° Jean, qui suit; 3° Jacques, 4° Rachel, 5° Marie, 6° Marthe.

3. — **Boisseau** (Jean), Ec., s^r de Laubertière, etc., épousa : 1° le 21 juill. 1603, Marguerite Saunier? et 2° le 8 avril 1619, Anne de la Grange. Il eut du 2e lit :

4. — **Boisseau** (Paul), Ec., maintenu noble à Limoges en 1674, marié, le 2 déc. 1646, à Marie du Breuil, dont :

5. — **Boisseau** (Théophile), Ec., sgr de la Galernière, fit enregistrer son blason en 1698, à St-Jean-d'Angély; eut pour fils :

6. — **Boisseau** (N...), Ec., sgr de la Galernière, marié, vers 1715, à Louise de Cugnac, fille de Jean-Louis, Ec., s^r du Bourdet, et de Jeanne-Marie-Antoinette de Châteauneuf.

BOISSEGUIN. — V. **JAY**.

BOISSEL ou **BOISSEAU** (Seigneurs de Linières).

Blason : d'azur à l'aigle éployée d'argent et une bordure de gueules.

Boissel (Pierre), Ec., s^r de Linières, capitaine du château de Bouteville, épousa : 1° Jeanne de Chazelles, 2° Marguerite d'Archiac, veuve de Joachim Poussart, Ec., s^r du Fresneau, Nieul ; il eut du 1er lit Amice, D^e de Linières, mariée, le 15 nov. 1445, à Henri Poussart, Ec., s^r de Mursay; puis à Guyot de Villars, Ec., s^r de Montcheuu.

BOISSERET (Jean), sgr du Vieil-Azay, était en oct. 1662, prieur commandataire du prieuré du Bois-de-Secondigny (D.-S.), et

Boisseret (Louis-Antoine), bachelier en théologie, le fut de 1665 à 1678. (Ledain, Gâtine.)

BOISSIÈRE (Isaac), s^r de Boisbrun, était, le 14 juin 1692, conseiller du Roi, son procureur et contrôleur des montres de la maréchaussée de Poitou; était décédé avant le 9 sept. 1701, dame Catherine de Rihier se portant son héritière bénéficiaire pour la délivrance du montant de ses gages.

BOISSIÈRE (de la) en Bas-Poitou.

Blason. — Une famille de ce nom, qui au xvie siècle habitait les environs de Nantes, portait : d'argent à 3 merlettes de sable.

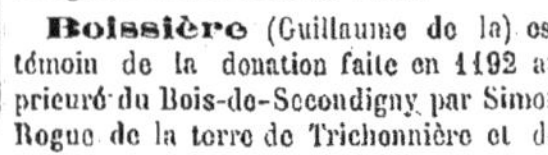

Boissière (Guillaume de la) est témoin de la donation faite en 1192 au prieuré du Bois-de-Secondigny par Simon Rogue de la terre de Trichonnière et de ce qu'il possédait dans le fief de Pressigny

Boissière (Hugues de la) contracte, le 10 juin 1333, une obligation envers Jean Combaut. (Cart^re d'Orbestier. A. H. P. 6.)

Boissière (Maurice de la) épousa, vers 1360, Marie Racodet, fille de Gilles, Ec., et de Sibille Guynemand.

Boissière (Eustache de la) fit aveu le 2 janv. 1458 à Jean de Verdun, Ec., s^r de la Perche, Volvire, la Touche-Breuillac. (Bib. Nat. Dupuy, 204, 198.) Il pourrait être le même qu'Eustache de Courdeaux?

Boissière (Jean de la), Ec., sgr du Pressis, eut de Louise Guinon, sa femme, une fille, Gabrielle, qui, par contrat du 11 juin 1535, épousa Denis Hurault, Chev., Bon du Ruel.

Boissière (François de la), commandeur du Temple près Mauléon (D.-S.), obtient, le 19 juin 1546, permission d'informer contre plusieurs individus qui l'avaient insulté à Courlay, le jour de la Pentecôte.

Boissière (Gabriel de la) était homme d'armes à la petite paye dans la compagnie du duc de Montpensier, qui fit montre à Anzac-sur-Charente le 19 oct. 1548.

Boissière (Pierre de la), Ec., sgr de la Roche, transigeait le 6 juill. 1577 avec Guillaume Barbarin.

Boissière (Anne de la), femme de François Martel, Ec., sgr de Vaudray, est citée dans le contrat de mariage du 10 juin 1589 de Olivier Martel et de Françoise Bernard. (D. F. 9, 478.)

Boissière (Thomas-François de la) épousa en 1797 Albertine Cantineau de Commacre, fille de Jean-Charles-Gabriel Cte de Commacre, et de Madeleine-Hilaire de St-Remy; ils sont décédés en 1828, et ont eu pour enfants : 1° Théodore, officier au 23e régiment de ligne ; 2° Cécile.

BOISSON. — Famille qui a habité le Bas-Poitou au moyen âge. On trouve son nom dès le xiiie siècle en Poitou. Ce nom a été souvent confondu avec celui de Boëxon. V. cet article.

Boisson (N...) et

Boisson (*Petrus*) sont cités l'un et l'autre dans le censif de Chizé comme habitant la p^sse de Villiers et devant hommage au chât. de Chizé, vers 1260. (A. H. P. 12.)

Boisson (Jehan), Ec., est cité parmi les écuyers de la compagnie de Miles de Thouars qui fit montre à Surgères le 6 août 1343. (A. H. P. 7.)

BOISSON. — Famille originaire du Bas-Poitou qui a figuré dans l'échevinage de Poitiers.

Blason : d'azur au chevron d'or chargé de 5 aiglons de sable, accompagné de 3 colombes d'argent membrées, becquées de gueules.

Boisson (René), s^r de la Boule, fut conseiller au Présidial de Poitiers en 1576, charge qu'il résigna en 1590. Constant lui donne le titre de *doctus et expers*. Il fut maire de Poitiers en 1584, et reçu échevin en avril 1580. Il fit placer ses armes sur la porte de sa maison située au-dessous de l'église St-Paul. C'est peut-être le même qui acheta en 1559 la sgrie de Boislambert de François Suzenet, Ec. (Chr. Fonten.)

Boisson (Antoine), Ec., sgr de la Roche-Léollière, épousa au temple de la Rochelle, en 1584, Louise du Clau. (N. de Richemond.)

Boisson (Aimery), Ec., sgr de la Léollière ou Liollière (Langon, Vendée), était décédé avant le 23 mars 1591, et Françoise Clériteau, sa veuve, rendait aveu à René de Montbert, sgr de Volvire. Ils laissèrent pour enfants au moins Pierre, qui, le 14 août 1603, était sous la tutelle de René Baraillcau, marchand. Il eut de N... une fille, Gabrielle, mariée, avant le 28 août 1623, à Hilaire Blouin, Ec., sgr de la Layrie. (G.-G. Bureau des finances.)

Boisson (René), Ec., sgr de la Grande-Léollière, en rend aveu à Antoine Barlot, sgr du Châtelier Barlot, Volvire, etc., le 15 mai 1606. (G.-G. Bur. des finances.)

Boisson (Bonne-Madeleine), du Plessis-de-la-Guierche, épousa Jean Théronneau, Chev., sgr du Tillac ; ils vivaient au commencement du XVIIe s[e].

Boisson (Barbe), épouse de Jacques Pinault, Ec., sgr de la Pinaudière, était décédée lors du mariage de Jean, son fils, avec Catherine des Prez, le 19 déc. 1605. (Gén. Béjarry.)

Boisson (Antoine), Ec., sgr de la Roche-Léollière, épousa Susanne Bodin, fille de Jean, Ec., sgr des Coutcaux, et de feu Judith Despeaux ? elle mourut le 26 mai 1614.

Boisson (Françoise) et Jean de la Voyrie, Ec., sgr des Aubertières, son époux, se firent des donations mutuelles les 16 juil. 1611 et 28 juin 1624.

Boisson (Antoine), Ec., sgr de la Léollière, était mort avant 1634. Le 30 sept., Marie Roy, sa veuve, était remariée à André Audoyer, Ec., sgr de St-Hilaire et de la Benastonnière. (G.-G. Bur. des finances.)

Boisson (Johanne) avait épousé Paul Huislard, Ec., et était veuve lors du mariage de Judith, sa fille, le 26 mai 1646, avec Gabriel Girault, Ec., sgr de la Fouchardière.

Boisson (Pierre), s[r] de Boislambert, fit en 1651 partie de l'assemblée des nobles du Poitou rassemblés pour élire des députés aux Etats convoqués à Tours. Il épousa Françoise Fauveau (ou Favereau), dont il eut : 1° Françoise, mariée, le 27 fév. 1654, à René de Couhé, Ec., sgr du Peux ; ils se faisaient une donation mutuelle le 12 mai 1658 ; 2° Louise, femme de Gabriel de Rechignevoisin, Ec., sgr de la Maison-Neuve, laquelle assiste au mariage de sa sœur.

Boisson (Hélie), s[r] de la Barre-Blanchère, p[sse] de St-Hilaire-le-Vouhis, maintenu noble le 13 oct. 1668, eut pour fils :

Boisson (François), Chev., sgr de la Couraizière, servit comme volontaire dans la compagnie de mestre de camp du régiment de Gassion (certificat de M. de Chamilly du 12 juil. 1672), et fit partie des bans des nobles du Poitou de 1689 et 1690 ; il était en 1694 cornette de l'escadron des gentilshommes du Bas-Poitou, et commandait à St-Gilles-sur-Vie. Le 2 juin 1689 (Renard et Bourdeau, not. à Luçon), il partagea avec Jean-François et ses autres frères et sœurs la succession de leur père. Il se maria, le 8 juin 1668 (Rotteau et Esnard, not[res] à la Roche-sur-Yon), à Marie Pierre, fille de François et de Hélène Foucher ; et, le 15 juill. 1697 il fut maintenu dans sa noblesse par M. de Maupeou. Il eut entre autres enfants Marie-Hélène, mariée à Louis Chappot, Ec., sgr de la Brossardière, Chev. de St-Louis, qui mourut le 21 mars 1740.

Boisson (Charlotte), dame de la Grollière, p[sse] St-Hilaire-le Vouhis, élect. de Fontenay, fut maintenue noble par ordonnance du 3 oct. 1668.

Boisson (Marie), veuve de Jacques Bodin, Ec., sgr des Chaumes, même p[sse], et

Boisson (Jacques), Ec., sgr de la Guierche, p[sse] de St-Mars-la-Réorte, élect. de Thouars (Vend.), obtinrent aussi une ordonnance de maintenue.

Boisson (Louis) était chanoine de St-Hilaire-le-Grand de Poitiers le 24 janv. 1684. (M. A. O. 1852, 346.)

Boisson (François), Ec., s[r] de la Boissière, s'est trouvé au ban convoqué en 1691.

Boisson (Antoine), Ec., sgr de Bussac, épousa Marie de la Rochefoucauld, dont Marie-Rose, qui était veuve de Jean de Lambertie lorsqu'elle épousa Jacques-Alphée de Goulard, Chev., sgr de St-Hilaire, le 3 juil. 1700.

Boisson (Jacob du) avait en 1703 demandé aux Etats généraux de Hollande un *viatique* (secours) pour passer en Allemagne. (Notes Enschédé.)

Boisson (René) fut naturalisé Hollandais à Amsterdam le 4 sept. 1709. (Id.)

Boisson (Jacques), Ec., sgr de la Martinière, vivait en 1738.

Boisson (Charles-Fortuné), Ec., sgr de la Couraizière, eut de Victoire-Susanne-Adélaïde Chabot, fille de Louis-François Cte de Chabot et de Catherine-Renée Jousseaume de la Bretesche, qui était sa veuve en 1770, un fils, Louis-Fortuné, lieutenant de vaisseau, Chev. de St-Louis, marié, le 14 oct. 1771 (Charrier, not. à Luçon), à Aymée-Geneviève-Prudence Racodet de St-Martin, fille de feu François-Alexandre, Chev., sgr de St-Martin, et de Susanne-Gabrielle de Mauras, et mort peu de temps après, le 8 juill. 1775. A son mariage avaient assisté ses sœurs Marie-Anne-Victoire-Joséphine et Anne-Bonne-Adélaïde : ces deux dames comparurent par mandataires à l'assemblée de la noblesse du Poitou convoquée en 1789, ainsi que leur tante paternelle Marie-Olympe Boisson de la Couraizière.

BOISSON ET BOISON, Anjou et Bas-Poitou.

Blason : de gueules à 3 faces d'argent. (Preuves St-Cyr.)

1. — **Boisson** (René), Ec., sgr de l'Epinay, épousa : 1° Marie Gibot, 2° le 6 sept. 1548, Marie Barro ; il eut du premier lit Jean, qui suit ; du 2°, René, Ec., s[r] de Maurepas.

2. — **Boisson** (Jean), Ec., sgr de l'Epinay, sénéchal de Mortagne-sur-Sèvre, partagea avec son frère le 10 mai 1584, et avec N... de Marbeuf, par acte passé à Thouars le 10 août 1587. Il épousa Léonore de Marbeuf, fille de Claude, Ec., s[r] de la Savinière, et de Marie Rideau, dont : 1° Charles, qui suit ; 2° Louis, Ec. de la Guierche, demeurant aux Herbiers en 1618.

3.— **Boisson** (Charles), Ec., partage avec son frère le 27 mai 1618. Il était en 1606 principal héritier de feu Denise Boisson, dont les biens étaient situés à St-Hilaire-le-Vouhis (Vendée). Il épousa, le 21 mai 1605, Madeleine Boexon, fille de François, Ec., s[r] de la Martinière, et de Renée Remigereau, dont il eut Charles.

4. — **Boisson** (Charles), Ec., sgr des Bégaudières (St-Mars-la-Réorte, Vendée), fit aveu du Plessis-Jourdain en 1637. Il épousa à Angers, le 10 janv. 1634, Louise Buoet, fille de François, Ec., s[r] de Beauchêne, et de Louise Sapinault, dont il eut Jacques.

5. — **Boisson** (Jacques), Ec., sgr de la Guierche, le Plessis-Jourdain, épousa : 1° à Maulevrier, Michelle Fnougen ; 2° à Saumur, le 30 juin 1667, Bonne du Laurent, fille de Jean-Bapt., Ec., sgr du Gazeau, et de Bonne Miron. Du 2° lit il eut Urbain, qui suit.

6. — **Boisson** (Urbain), Ec., s^r du Plessis, la Guierche, épousa, le 9 oct. 1706, à Angers, Marguerite Bourceau, fille d'Antoine, Ec., s^r du Plessis, et de Perrine Herbereau, d'où Gabrielle-Marie-Catherine, née à St-Mars-la-Réorte, le 30 avril 1709, reçue à St-Cyr en 1721.

BOISSOT, BOUSSEOT, BOUESSOT, quelquefois **BOISSEAU**, en Angoumois.

Blason : d'argent losangé de gueules, au franc-canton d'hermine.

Boissot (Pierre), Ec., s^r de Denac, possédait le fief de Limeurs (Courcôme, Charente), vers 1560, relevant de St-Hilaire-le-Grand. (A. Vienne, G. 796-98.)

Boissot (François), Ec., s^r de Denac et Limeurs, eut délai d'hommage vers 1570.

Boissot (Hélie), Ec., s^r de Denac, Limeurs (fief saisi sur lui vers 1580).

Boissot (Jacques), Ec., s^r de Limeurs, épousa Marie Regnaud, qui fit aveu en 1611-13, étant veuve.

Boissot (Claude), Ec., s^r de Puyrenault, Limeurs, fit aveu vers 1700.

Boissot (Louis), Ec., s^r de Puyrenault, Vanillac, fit enregistrer son blason à l'Armorial d'Angoumois en 1698.

BOISSY. — V. **BOISSE** et **BOISY**.

BOISVERT. — V. **BRILHAC, ROIGNE.**

Boisvert (Pierre du), Ec., sgr de Chezelles, fit déclaration à Etables vers 1580? (Titres de St-Hilaire-le-Grand. A. Vienne, G. 997.) Il épousa Sibille Baquelier.

Boisvert (Paul du), Ec., sgr de Chezelles, fit aveu à la sgrie de Chantelle, vers 16.. ? à cause de sa femme. Il épousa Julienne Peloquin, fille de François, Ec., sgr de la Saulière, dont il eut François, marié, le 30 juin 1630, à Catherine Barillault, fille de Pierre et d'Anne Baudon. (Et. civil Thurageau. Arch. Vien. G. 785.)

BOISVIGIER (de).

Boisvigier (François de) fit aveu en 1602 à Couhé pour le fief des Vignauts, à cause de sa femme; il assista, le 24 janv. 1607, au mariage de René Logier de la Sauvagère avec Anne Goulard, fille de Jeanne Levesque. Il avait épousé lui-même N... Levesque, D^e de la Courmorand, veuve de Charles de Blet, et fille de Jacques, Ec., s^r de la Courmorand et des Vignauts.

BOISY (de). — Nom de plusieurs personnages issus en bâtardise des Gouffier.

Blason : d'or à 3 jumelles de sable, au filet de même, posé en barre.

Boisy (Louise de), fille bâtarde de Louis Gouffier, duc de Roannais, épousa, le 28 déc. 1617, Hercule Béraudin, Ec., s^r de Puzay.

BOISY (de). — Famille d'Anjou alliée en Poitou. (Cab. tit. 2084, f° 56.)

Blason : d'or à 3 faces de sable. (Arm. d'Anjou.) Christophe de Boisy, Ec., s^r de la Courtaizière, fit inscrire son blason à l'Armorial général en 1698.

Filiation.

1. — **Boisy** (Tristan de), vivant en 1497, épousa Marthe de la Court, fille de Jean et de Jeanne Blois, dont :

2. — **Boisy** (Charles de) épouse en 1532 Marguerite Mangean ? dont :

3. — **Boisy** (Claude de), Ec., sgr de la Courtaizière, épouse en 1572 Renée de Daillon, D^e de Chartebouchère, dont : 1° Jacques, qui suit ; 2° Catherine, mariée à Jean de Montaigu, puis, en 1628 à Jean Goulard, Ec. Elle mourut le 6 nov. 1684, et fut inhumée devant le balustre du grand autel de l'église de Fourmantine.

4. — **Boisy** (Jacques de), Ec., sgr de Chartebouchère, épousa Françoise Liquet, fille d'Etienne, Ec., prévôt du Loudunais, et de Perrine Lelièvre, dont :

5. — **Boisy** (François de), Ec., sgr de Chartebouchère, épousa, vers 1650, Renée de Brilhac, fille de Pierre, Ec., s^r de Nouzières, et de Geneviève Dupré.

BOISY (de). — Une famille qui habitait le Bas-Poitou au XVIIIe siècle se rattachait, croyons-nous, aux Boisy de l'Anjou, bien qu'elle crût descendre des Gouffier.

Boisy (N... de) servit dans la 3e division de la 1re brigade de l'escadron de la Loucrie, au ban du Bas-Poitou réuni à Fontenay en 1703.

Boisy (Pélagie de) épousa, le 6 fév. 1786, Joseph de Tinguy (Maret, not^re à Bazoges-en-Paillers).

Boisy (Pierre-Prosper de, dit Boisy-Gouffier), Ec., sgr de Frangoudière ? la Borderie, comparut à l'assemblée de la noblesse du Poitou en 1789 (p^sse de la Gaubretière). Il épousa N... Pépin de Belile, dont il eut : 1° Armande, mariée, le 16 mars 1814, à N. Gourdeau-du-Vert, et sans doute 2° Marie-Susanne-Jacquette, mariée, vers 1810, à Pierre Burot, de Carcouet.

Boisy (N... de) de Landebaudière, ancien lieutenant de cavalerie, se joignit aux Vendéens ; placé à la tête d'une division de leur armée, il fut nommé en 1793 membre du conseil militaire des armées catholiques et royales, et avait en outre le titre de lieutenant de Roi dans les pays conquis sur les armées républicaines. Pris à Noirmoutiers avec d'Elbée, son ami, il fut fusillé le 7 janv. 1794.

BOITAULT de St-Maixent.

Blason : d'argent au croissant de gueules, soutenant une tige de fougère de sinople, au chef d'azur chargé de 3 étoiles d'or. (Arm. Poitou.)

Boitault (Charles) fut reçu procureur du Roi en l'élection de St-Maixent le 18 nov. 1674.

Boitault (Charles) fut reçu assesseur en ladite élection le 3 avril 1683. Peut-être est-ce le même qui fut reçu lieutenant en cette élection le 8 janv. 1689, et qui était, le 5 mai de cette même année, mandataire de Catherine de Courcillon, épouse de Jean Guischard, Mis de Péray.

Boitault (Charles), s^r des Jonchères, c^er du Roi, assesseur, premier élu en l'élection de St-Maixent, et procureur du Roi au siège royal de Melle, faisait saisir, le 15 juin 1685, la sgrie de Houssay, comme cessionnaire de Charlotte Guischard, veuve de Louis de Villereau, sgr de Villeneuve, contre Françoise de Cosne, veuve de François de Violle, Ec., sgr de Harescourt. Marié à Anne Paunier, il en eut : 1° Charles, Chev. de St-Louis et capitaine d'infanterie, s^r de la Roche-des-

Jonchères, transigeait le 8 août 1716 avec Alexis Marsault, mari de sa sœur; 2° Louis, s[r] de St-Thibau, et 3° autre Charles, s[r] de la Foye, qui tous les trois sont présents au contrat de mariage de leur sœur; 4° Catherine, qui épousa, le 17 juill. 1695 (Gardien, not[re] de la duché de la Meilleraye), Alexis Marsault, Ec., sgr de la Cailletière, maître particulier des eaux et forêts de Niort; elle mourut avant le 27 oct. 1734.

Boitault (Charles) épousa Charlotte Marsault de Parçay, fille d'Alexis, sgr de la Cailletière, et de Catherine Boitault. L'un et l'autre étaient décédés le 18 avril 1787.

BOITEAU. — Famille de l'Angoumois, alliée en Poitou.

Boiteau (Jean-Louis), Ec., sgr de la Pitardie, épousa, vers 1700, Marie-Louise de Puyguyon, fille de Pierre, Ec., sgr de la Voute, et de Anne Baudouin.

Boiteau (Jean), Ec., sgr de la Pitardie, marié, vers 1730, à Marie-Anne de Campet, eut une fille, Anne-Marie, qui épousa, vers 1760, Pierre de Puyguyon, Chev., sgr de la Gannerie.

Boiteau de ou **des Pouges** (Jeanne-Bénigne-Elisabeth) épousa, le 26 août 1776 (Matignon, not[re] à Lignières), Jean Guyot, Ec., s[r] du Repaire.

BOITET (Jehan) à Villefollet — Poitou. Rémission pour faits de guerre, 1445. (A. N. J. Reg. 177, 204.)

Boitet (N...), curé des Sables-d'Olonne, faisait en 1787 partie de l'assemblée d'élection des Sables.

BOIVIN et **BOYVIN**. — Il y a plusieurs familles de ce nom en Poitou; la principale est celle du Loudunais, dont nous avons trouvé les premières traces dès 1315, et qui s'éteignit à la fin du xve siècle. D'après une généalogie de la famille du Rivau, que nous communiqua M. de Lamotte-Baracé, et qui se trouvait faire partie des riches archives de son château du Coudray-Montpensier, cette maison, « fort ancienne », posséda pendant plusieurs siècles la terre de Villiers, qui pour cette raison fut nommée Villiers-Boyvin. Une grande partie des documents qui suivent proviennent des mêmes archives.

Blason : d'or à 2 chevrons de sable. (Reg. Malte. Chapron, Sceaux.)

Boivin (Gilbert), *Gilbertus bibit vinum*, fut témoin, vers 1120, d'un don fait par Gauvain de Chemillé à l'abb. de Fontevrault. (Lat. 5480[1], p. 108.)

Boivin (Jehan), valet, est nommé, le jeudi avant la Toussaint 1315, dans une cession de rente qui étaient assises sur certains héritages situés dans sa mouvance.

Boivin (Jean), Ec., et sa mère, soutenaient, le 28 mars 1351, un procès contre Jean Pascaud, prévôt de l'Eglise de Poitiers. (A. H. P. 13.)

Boyvin (Jehan) était en 1329 sgr de Villiers-Boyvin, d'après les termes de l'acte de vente d'une rente de 5 boisseaux de *seille* (seigle), mesure de Loudun, qui était dans sa mouvance (Lesaige, not[re] sous la cour de Loudun). Est-ce le même que

Boyvin (Jehan), valet, fauconnier du Roi, qui en 1333 partageait la terre de Villiers-Boyvin, à Loudun, sous la cour du Roi de France, avec Guillaume et Robin, ses frères ? Ce dernier donna quittance des gages de son frère Jean décédé, par acte du 2 fév. 1346, scellé d'un écu à 2 chevrons. (Clairambault, sceau n° 1179.)

Boyvin (Agnès) épousa, vers 1380, Huot Fretard, Ec., s[r] de Puzé ? dont la fille épousa Jean Gouffier, sgr de Bonnivet.

Boyvin (Pierre), Chev., sgr de Douise ? épousa Philippe Odart, fille d'Aymery, sgr de Chandoiseau, Bernezay; par acte du 27 mai 1394 elle renonça à son droit de justice et d'assise à Lamère ?

Boyvin (Perrot), sgr de Villiers, rendait, le samedi avant la St-Jean 1375, aveu de cette terre à Charles d'Artois, sgr châtelain du Coudray-Montpensier. Nous trouvons dans « la B[nie] de Mirebeau » un Perrot Boyvin qui épousa Margot Borelle (Marguerite Borreau ou Bourreau), fille de N... et de Jeanne de la Roche, sgrs de la Roche-Bourreau, qui sont cités dans un aveu rendu au roi de Jérusalem et de Sicile par Loys Fouchier, sgr des Mées, le 20 oct. 1414.

Boyvin (Jean), Ec., rendait, le 27 fév. 1395, l'aveu de Villiers-Boyvin à la royne de Jérusalem et de Sicile, lors dame du Coudray-Montpensier. C'est lui qui fut le pénultième seigneur du Coudray (dit la généalogie du Rivau). Il laissa : 1° Eustache, qui suit; 2° Robert, qui eut en partage la terre de Villiers, mais qui, trouvant son partage trop faible, la rendit à son frère, lequel lui donna, le 19 juillet 1427, la sgrie du Monteil-Boyvin et les dîmes en dépendant, près de Faye-la-Vineuse (Indre-et-Loire). Il tenait en parage en 1446 le tiers des terrages des Aleuz, p[sse] de Thénezay (D.-Sèv.), et il est nommé dans l'aveu rendu, le 8 janv. même année, au sgr de Mirebeau par Eustache de Luaims.

Boyvin (Eustache), sgr de Villiers-Boyvin (Chasseignes (Vienne), rendait aveu de sa terre en 1429 au sgr du Coudray. Il épousa Marie Guessaude ou Gueffaude (Gueffaud), dont il n'eut que des filles : 1° Françoise, qui, le 31 janv. 1449, partageait avec sa mère et ses sœurs la succession de leur père. Elle était dès lors épouse de Pierre Thibert, Ec., sgr de la Cour-au-Moine, qui rend aveu de Villiers-Boyvin en 1459, et mourut sans enfants. Elle se remaria avec Aymar Le Brun, qui était, le 27 août 1470, sgr de Villiers-Boyvin du chef de sa femme. Elle n'eut pas d'enfants de ce second mariage, et Villiers passa à 2° Simonne, sa sœur, qui le porta à Jean du Rivau, son époux, Ec., sgr des Jodans, ainsi que les terres de Chasseignes, l'Ile-Malo, le Moulin-Rompu, etc.; 3° Marie, qui était mineure lors du partage de 1449 précité.

Boyvin (Jeanne) épousa, vers 1470, Méry de Mons, Ec., s[r] de la Grimaudière; leur fille épousa en 1494 Mathurin de Moussy, Ec., sgr de Peyroux.

Boivin (Jacques), Ec., sgr du Monteil, se maria à Isabeau de la Touche, dont une fille, Jacqueline, mariée, vers 1550, à Jacques Chappron, Ec., sgr de Bourgneuf. (Leur arrière-petit-fils fut Chev. de Malte en 1620.)

Boivin (Hilaire), Ec., s[r] du Monteil-Boivin, était héritier paternel de Pierre Vézien en 1635 et vendit Juillé près Montmorillon, en 1653.

Boivin (Hilaire-René), Chev., s[r] du Monteil-Boivin, lieutenant du grand maître de l'artillerie, épousa Marie-Anne de Rigny, qui fit aveu, étant veuve, en 1754, à l'Ile-Bouchard, pour le Petit-Doussé.

BOIVIN. — Autre famille.

Boivin (François), receveur des aides à Confolens, eut de Jeanne Liot, son épouse, Jeanne-Marguerite-Cécile, mariée, le 1er sept. 1762, à Prailles (Berthon et Bellot, not[res] à Prailles, D.-S.), à Charles-Maixent Bouhet, bachelier en droit.

BOIXON. — V. **BOEXON.**

BOJÉU. — V. **BOUJEU.**

BOJU ET **BOUJU.** — Famille noble du Bas-Poitou et de la Bretagne.

Blason : d'azur à trois quintefeuilles ou roses d'argent.

Famille Boju, sgrs de la Ménolière, de la Joue, dont un président aux enquêtes du Parlement de Bretagne. Blason comme dessus. (De Courcy, Nob. de Bretagne.)

Noms isolés.

Boju ou **Bouju** (Sylvestre) épousa, vers 1420, Catherine DU VERGIER; leur fils JACQUES fit accord en 1454 avec Pierre du Vergier, son oncle.

Bouju (Antoine) faisait montre comme homme d'armes le 9 fév. 1474. (Bib. Nat. Montres et Revues.)

Bouju (Jeanne) épousa, vers 1480, Jean de Nouzillac. (Reg. de Malte.)

Bouju (Henri) servait en brigandinier à l'arrière-ban de 1488, ainsi que Guillaume Amelin, qui lui servait de second brigandinier. Au ban de 1489, il servait comme brigandinier du sr de L'Aigle. (F.)

Bouju (Pierre), Ec., sgr de la Ménolière ? fut père de :

Bouju (Jean), Ec., sgr de la Ménolière, nommé dans un aveu de 1519 comme tenant le fief de la baillie et sergentise de Vieille-Vigne.

Boju (Jacques) vendait une rente en blé, mesure de la Rocheservière (Vend.), à JEAN Boju, Ec., sgr de la Ménolière, en 1555.

Boju ou **Bouju de la Ménolière** (N...) était en 1556 Chev. de St-Jean-de-Jérusalem.

Bouju (Jean), sgr du Vivier, fut exempté de se trouver au ban de Poitou de 1557, étant employé pour le service du Roi et contribuant cette même année au ban de Bretagne. (F.)

Boju (René), Ec., sgr de la Gauronnière, le Plessis-Boju, fit signifier au greffe de la Rocheservière, le 10 fév. 1588, un acte d'acquêt des fiefs de Beaulieu et du Chiron.

Filiation suivie.

1. — **Boju** (Henri), Ec., sgr de la Ménolière (Boismé, D.-S.), d'après les preuves de Malte de Charles Boju en 1633, est dit père de :

2. — **Boju** (Olivier), Ec., sgr de la Ménolière, etc., épousa, vers 1520, Louise DU PLOYER, fille de Jean, Ec., et de Renée Croissard ? dont :

3. — **Boju** (Jean), Ec., sgr de la Ménolière, etc., épousa, vers 1550, Catherine GÉRALT, fille de Jacques, Ec., sr du Vivier, et de Madeleine de Sesmaisons, dont :

4. — **Boju** (Jean), Ec., sgr de la Ménolière, etc., épousa, vers 1570, Marguerite DE BOHAL, fille de Jean, Ec., et de Charlotte Celier, d'où LOUIS.

5. — **Boju** (Louis), Ec., sgr de la Ménolière, épousa, vers 1600, Louise SURIETTE, fille de Louis, Ec., sr de Mareuil, et de Françoise de L'Espronnière, dont : 1° LOUIS, qui suit ; 2° CHARLES, Chev. de Malte, diocèse de Luçon, 1631.

6. — **Boju** (Louis), Chev., sgr de la Ménolière, la Joue, la Vinière, etc. (est dit ailleurs fils de René Boju et de Louise Suriette). Il était président au Parlement de Bretagne en 1659. Il fut maintenu noble en Poitou en 1667, à Boismé, élect. de Mauléon. Marié à Louise DE CHASTEAUBRIANT, qui était veuve en 1671, il en eut : 1° JOSEPH, qui suit, et 2° (sans doute) JEANNE, mariée à Arthur de la Grée, Ec., sr de l'Oudière (mentionnés dans un acte de 1670).

7. — **Boju** (Joseph), Ec., sgr de la Joue, est mentionné dans un accord du 6 déc. 1670, entre Pierre Surineau, Ec., sr de la Guessière, et Jean Chitton, Ec., sr de la Davière, qui rétrocède la Ménolière.

BOLET.

Boletta ou **Boleta** (*Hugo*) a souscrit dans divers titres de l'abbaye de St-Maixent en 1091, 1092, 1099, jusqu'en 1110. (F.)

BOMEZ (DE) OU **BAUMEZ.** — Famille originaire de Berry ? qui a possédé la Bnie de Mirebeau à la fin du XIIIe se, par suite d'une alliance avec la dernière héritière de cette terre. (Bnie de Mirebeau, par Ed. de Fouchier. M. A. O. 1877, p. 70, 76, 79.)

Blason : écartelé d'or et de gueules, — *aliàs* d'argent et de gueules. (Note de d'Hozier, Cab. tit. 670.)

(En 1285, Thibaud de Bomez faisait usage d'un sceau parti au premier écartelé de... et de... qui est de Bomez ; au second, bandé de 6 pièces, qui est de Blason.)

Filiation suivie.

1. — **Bomez** ou **Baumez** (Thibaud de), Chev., épousa Marguerite DE BLASON, dite de Mirebeau, fille de Thibaud, sgr de Mirebeau, et de Valence, son épouse, qui lui apporta ses droits sur les terres de Blason, Mirebeau, etc. (elle épousa en 2es noces Raoul de Culant). Il eut de ce mariage : 1° ROBERT, qui suit ; 2° MARGUERITE, De de Châteaumeillant, mariée, avant 1280, à Louis de Beaujeu, puis en 1282 à Henri III de Sully ; elle mourut en 1323 (ailleurs cette Marguerite est dite fille de Raoul de Culant).

2. — **Bomez** (Robert de), sgr de Montfaucon, le Chemelier, Blason, Mirebeau, revendiqua au Cte d'Anjou les droits qu'il tenait de sa mère sur ces trois dernières sgries, et le 27 nov. 1260 le Cte Charles les lui remit, « sauf son fief et la seigneurie qui au fief appartient ». Robert vivait encore en 1266. On lui donne pour femme YOLANDE, qualifiée de De de Blason et de Mirebeau dans une charte du Chapitre de St-Hilaire-le-Grand de Poitiers, du 16 mars 1278. Était-elle veuve alors ? Ils eurent pour enfant :

3. — **Bomez** (Thibaud de) dit le Grand, sgr de Montfaucon, Blason, Mirebeau, etc., est connu de 1285 à 1292. Il épousa : 1° Marguerite DE COMMINGES, 2° Marguerite DE VILLEBÉON, et n'eut qu'une fille de chacune d'elles : du premier lit MARGUERITE, De de Blason et de Mirebeau, mariée : 1° à Jean de Bouville, sgr de Milly en Gâtinais ; 2° vers 1311, à Jean de Roucy, sgr de Braine et de Rochefort, dans la famille duquel elle porta les sgries de Mirebeau, etc.

Du second lit Thibaud eut MAHAUT, femme de Guillaume Crespin, sgr d'Estrepagny.

BOMOTH (Constantin) fut témoin d'un accord entre Hugues de Celle et le Chapitre de St-Hilaire-le-Grand (sous Guillaume, trésorier), vers 1080, fait en présence de Hugues de Lusignan. (Note Besly. Dupuy, 820, p. 59.)

BOMPART. — Famille noble du Mirebalais.

Blason. — Bompart (en Saintonge) : d'azur à 3 fremillets (boucles) d'or. (Mervache.)

Bompart (Hugues) était sous-doyen du Chapitre de St-Hilaire-le-Grand de Poitiers en 1230.

Bompart (Jean), décédé avant 1434 ; Catherine Gorreau, sa veuve, était à cette date tutrice de leurs enfants, et remariée à Guillot de Malessac. (M. A. O. 1877, 243.)

Bompart (Gilles), sgr de Villiers, fonda en 1521 la chapelle de St-Fulcy en l'église de St-Martin de Doussay. (Hist. Châtellerault, 1, 558.)

Bompart (Christophe), Ec., est cité dans l'aveu de la B^nie de Mirebeau rendu au Roi par François de Blanchefort, en 1534. (D. F. 18.)

BON. — Ce nom est commun à plusieurs familles.

Bon (Pierre) servit comme brigandinier du sgr de Belleville au ban de 1467, en remplacement de Pierre Bouceau.

Bon (Guillaume) servait en archer et fit montre le 24 août 1495. (Bib. Nat. Montres et Revues.)

Bon (Catherine) épousa Mathurin Compaing, dont une fille, Louise, mariée à Pierre Bastard le 5 août 1598.

Bon (N...) épousa Pierre Garreau ; leur fille Marie-Elisabeth épousa, vers 1700, René Cossin, sgr d'Oroux.

BONAFOS. — Famille noble de la Basse-Marche.

Blason : d'azur à 3 pals d'or. (Note d'Hozier. Cab. tit. 670.)

Bonafos (Pierre) tenait en 1365 un fief à Pleuville, mouvant de la sgrie de Guillaume de L'Age-Landry, qui le nomme parmi ses vassaux dans un aveu fait au sgr de St-Germain-sur-Vienne.

BONAMY. — Famille noble du Bas-Poitou, xve siècle.

Bonamy (Jean), Ec., s^r de la Coussinière, eut pour enfants : 1° Jacques, qui suit ; 2° Marguerite, femme de Jean Millet ; 3° Vincent, 4° Pierre.

Bonamy (Jacques), Ec., s^r de la Coussinière, fit accord avec ses frères, le 8 mars 1511, avec Bertrand Bertrand, Ec., s^r de la Rochebouursault. (Titres du Châtenay.)

Bonamy (Vincent), homme d'armes, servit au ban de 1489 pour M. d'Appelvoisin, et fut désigné pour tenir garnison au château de Clisson (Loire-Inf^re), sous les ordres de M. de la Châteigneraye.

Bonamy (Jacques), Ec., sgr de la Couperie en Bas-Poitou. Sa mère, Jacquette Bouchard, est remariée avec Savary Guymard, qui la maltraite parce qu'elle est *ancienne* et qu'il est *jeune*. Bonamy s'interpose. Combat où François Guymard, frère de Savary, est tué. (A. N. J. Reg. 211, 1.)

BONAMY. — Autre famille du Bas-Poitou, originaire de Maillezais. Plusieurs de ses membres y ont occupé la place de sénéchal, etc.

Bonamy (René) était, le 14 nov. 1664, receveur des deniers d'octroi d'Argenton-Château. (Arch. Vienne. Bur. des finances.)

Bonamy (Charles-Auguste-Jean-Louis) de Bellefontaine, avocat en Parlement, fut maître des eaux et forêts à Fontenay-le-Comte. (Provisions enregistrées au bureau des finances de Poitiers, le 24 janv. 1767. Arch. Vienne. Bur. des finances.) Il eut deux fils de Marie-Anne Alquier, fille de Jean-René et de Marie Seigneuriau : 1° Victor, émigra, fut Chev. de St-Louis et épousa Marie, *aliàs* Bénigne du Buon, fille de Jean-Charles-Thomas-Elie, sgr de Villeneuve, et de Rose-Victoire-Renée Arnault ; 2° Charles-Auguste-Jean-Baptiste-Louis-Joseph, qui suit, et plusieurs filles ; l'une, Marie-Françoise-Thérèse, née en 1731, épousa en 1res noces Jean-René Alquier, sénéchal de Talmont ; devenue veuve, elle se remaria à Laurent-Auguste Gerbier, ancien gendarme de la garde du Roi ; elle est décédée à la Rochelle le 22 avril 1817, âgée de 86 ans. Une autre fut mariée à N... Dodeteau, etc.

Bonamy (Charles-Auguste-Jean-Baptiste-Louis-Joseph), général de division, officier de la Légion d'honneur, Chev. de St-Louis, né à Maillezais en 1764, devait succéder à son père lorsque sa charge fut supprimée ; il s'engagea alors comme simple soldat et fut nommé lieutenant de cavalerie (juin 1792), combattit à Valmy, à la prise de Namur et à Nerwinde, servit dans les divers états-majors, et fut nommé adjudant général chef de bataillon (fructidor an II), et l'année suivante adjudant général chef de brigade ; se trouva au siège de Maëstricht et au blocus de Mayence. Après la mort du général Marceau, on voulut le rendre responsable de réquisitions faites pour les besoins de l'armée. Il passa en conseil de guerre et s'y justifia complètement ; il fit partie de l'expédition de Suisse, etc. ; nommé chef d'état-major du général Championnet, commandant en chef de l'armée de Rome, puis général de brigade après la prise de Rome. Le général Bonamy partagea la disgrâce de Championnet ; réintégré dans le service actif, il fut attaché à l'armée du Bas-Rhin et employé aux blocus de Philisbourg et de Kehl ; après quoi il conduisit à Bonaparte les renforts qu'on lui envoya, fut employé par lui à l'attaque de Plaisance, et s'opposa à la marche des Autrichiens qui descendaient de la haute Italie. Retiré du service, Bonamy se fixa en Vendée, y devint maire de sa commune, et fut élu candidat au Corps Législatif. L'Empereur lui ayant donné l'ordre de se rendre à la grande armée, il y commanda en 1812 la 1re brigade d'infanterie de la première division du premier corps. A Smolensk, sa division perdit en moins de deux heures 800 hommes et toute son artillerie, et éprouva encore de grandes pertes dans la journée du 6 sept. A la bataille de la Moskowa, il enleva la principale redoute à la tête du 30e de ligne ; il eut son cheval tué sous lui, et lui-même, percé de 20 coups de baïonnette, fut laissé pour mort et fait prisonnier. Il rentra en France le 17 août 1814, souffrant encore de ses blessures. Il avait été nommé officier de la Légion d'honneur par brevet daté du Kremlin, et général de division ; il fut chargé, le 4 juil. 1814, de sauver des mains des alliés les magasins de l'armée, etc., mission délicate qu'il remplit avec bonheur ; fut fait Chev. de St-Louis par Louis XVIII, qui cependant ne le rappela pas en activité. Il est mort au mois de sept. 1830, à la Flocellière (Vendée), où il s'était retiré, laissant de N... son épouse une seule fille, Louise, mariée à Jean-Ch... Alquier, chef de bataillon d'infanterie en retraite.

On a du général Bonamy une relation estimée sur les *Marches, positions et succès de l'armée française en Italie, sous les ordres du général Championnet.*

BONAMY DE LA PRINCERIE. — Famille dont la noblesse fut attestée par un certificat du 28 oct. 1773, délivré à Jacques-François-Jérôme et à

Pierre Bonamy frères, par les représentants des plus illustres familles nobiliaires de notre Poitou, le Cte de Moussy, le Cte de la Messelière, le Cte de Turpin, le Cte de la Chastre, de Mauvise, des Cars, de Liniers, etc.

Blason : d'azur (*aliàs* de sinople) à 3 roses d'argent.

Filiation suivie.

1. — **Bonamy** (Michel), sgr de la Chillerie, marié à Charlotte Dalonneau, eut de ce mariage :

2. — **Bonamy** (François), sgr de la Chillerie, qui épousa Esther Léau en 1574, et vivait encore le 15 août 1632 ; ils eurent :

3. — **Bonamy** (Joseph), Ec., sgr des Meures, qualifié, dans des actes du 24 nov. 1654 au 8 mai 1658, de gentilhomme ordinaire de la chambre du Roi, et de receveur en l'élect. du Blanc, eut pour femme Anne Gaudion. Il laissa de son mariage : 1° Jean-Joseph, qui suit; 2° François, 3° Pierre, sgr de la Longeais, marié, le 24 janv. 1682, à Jeanne Rempnoux, fille de Jacques, sgr de la Villate, et de Marthe Thenault.

4. — **Bonamy** (Jean-Joseph), Ec., sgr de la Princerie, abjura dès l'âge de 13 ans la religion protestante, qui était celle de sa famille, ce qui lui attira la disgrâce de son père. Le 26 mai 1694, il fut nommé commissaire aux revues et logements des gens de guerre, pour la ville de St-Savin. En 1704 et 1712, il servait dans les gens d'armes de la garde du Roi, et avait en 1705 vingt-sept ans de service.

Jean-Joseph avait épousé Catherine Vauquier, fille de Nicolas et de Marie Néret, comme il appert d'un partage fait avec Jean-Nicolas Vauquier, officier au grenier à sel de Ste-Vallerie, son beau-frère. Ils eurent de leur mariage : 1° N..., qui servit dans les régiments de Coupeaux et de Nivernais ; 2° N..., gendarme de la garde du Roi ; 3° Jacques-Joseph, qui suit.

5. — **Bonamy** (Jacques-Joseph), Ec., s^r du Prin et de la Princerie, enseigne de la compagnie de Pierre de Vaux au régiment d'infanterie de Caupos, par brevet du 1er avril 1706, passa ensuite dans la seconde compagnie des mousquetaires de la garde du Roi (certificat de service du 15 juin 1711) ; il fut nommé ensuite successivement lieutenant de milice dans le bataillon de Menou (1er févr. 1734), puis capitaine au régiment provincial de Châteauroux (24 mars 1742). Le 24 avril 1730, il avait épousé (Chasseloup, not^{re}) Marie-Anne-Thérèse Cœur-de-Roy, fille de François, s^r de Coignac, et de feu N... Bonnet. Il eut de ce mariage : 1° Jacques-François-Jérôme, qui suit ; 2° Pierre, Ec., sgr de Coignac, Chev. de St-Louis, capitaine d'infanterie, nommé, par brevet du 22 déc. 1768, Chev. de l'ordre de l'Eperon-d'Or.

6. — **Bonamy** (Jacques-François-Jérôme), Ec., sgr de la Princerie, fut successivement lieutenant et capitaine dans le régiment provincial de Châteauroux, puis capitaine de grenadiers royaux, et Chev. de St-Louis le 13 avril 1773 ; épousa, le 29 pluviôse, an VIII (19 janv. 1800) (Lavergne et Guignard, not. à Angles), Hilarie de Coste, fille de Philippe-Baptiste et de Susanne Thomas de la Caillerie, dont il eut :

7. **Bonamy de la Princerie** (Pierre-Philippe), ancien officier au régiment de la Reine, épousa, le 22 avril 1824, Louise-Caroline-Elisabeth de la Chatre, fille du feu baron Louis, colonel de cavalerie, Chev. de St-Louis, etc., et de dame Anne de Mauvise (L. Bodin et Bouchardon, not. au Blanc), dont est issu Oscar-Philippe, né le 4 juin 1827.

BONAVENTURE (le Père), jésuite, célèbre humaniste et auteur des Paraboles du Père Bonaventure. V. **GIRAUDEAU**.

BONCENNE. — Famille qui nous paraît originaire des environs de Celles-l'Evescault et de Benassais (Vienne). Elle figure du moins parmi les familles protestantes de cette contrée, converties au catholicisme à la fin du XVIIe siècle. Elle a fourni au barreau de Poitiers un de ses membres les plus éloquents, et à la science du droit un de ses interprètes les plus distingués.

Blason. — François Boncenne, avocat en Parlement, sénéchal du bourg St-Hilaire, à Poitiers, inscrit d'office à l'Armorial du Poitou en 1700 : « d'argent à une fasce ondée, échiquetée de gueules et d'or. »

Boncenne (Zacharie), qualifié de noble et discrète personne, fut reçu bachelier en droit le 30 août 1623 et licencié le 31 du même mois. (B. Stat. 1, 211.) Il fut procureur au siège royal de Lusignan en 1651. (Reg. parois.)

Boncenne (Pierre) épousa Marie Piot, don une fille, Marguerite, baptisée en 1663. (Id.)

Boncenne (Isaac), inhumé le 14 juil. 1694 à Bonnes, âgé de 45 ans. (Id.)

Filiation suivie.

1. — **Boncenne** (René), procureur à Poitiers, eut de Susanne Nau, qui était veuve le 11 nov. 1625 : 1° René, qui suit ; 2° Jeanne, femme de Joseph Dupont, procureur au Présidial de Poitiers.

2. — **Boncenne** (René), marié : 1° le 9 févr. 1627 (Roudier, not. à Sanxay), à Susanne Boutet, fille d'Isaac et de Philippine Cousseau ; 2° le 12 nov. 1635 (Maxias et Delafond, not. à Poitiers), à Marie Roy, fille de Pierre, avocat au Présidial, et de Jeanne Chénier ; il était alors lieutenant en l'élection de Thouars et mourut en 1674, ayant eu du second lit : 1° Jeanne, femme de Jean Clerville, s^r de la Rivardière, qui signe au contrat de mariage de Barthélemy Mayaud avec Marie Bardeau, le 5 févr. 1667 ; elle était veuve en 1682 et rendait aveu en cette qualité et cette année, à la Tour de Maubergeon, de son fief de la Picardière, p^{sse} de St-Georges-les-Baillargeaux. (N. féod. 136.)

2° Anne, épouse de Jean Girault, de Comblé ; 3° François, qui suit ; et peut-être 4° Renée, mariée, le 10 sept. 1687, à Jacques Geoffre, s^r de Lorme, ainsi que 5° Jeanne, mariée, le 22 sept. 1692, à Jean Roulleau, et décédée le 21 mars 1725 à Sanxay.

3. — **Boncenne** (François) laissa de Thérèse Corbin, son épouse : 1° Marie-Louise, femme de Jean-Amador Venault ; 2° Pierre, qui suit ; 3° Catherine, mariée, vers 1710, à Pierre Pallu, sgr de la Chapronnière.

4. — **Boncenne** (Pierre), procureur fiscal, époux de Marie-Jeanne Laurenceau, dont :

5. — **Boncenne** (Robert), né à Tusson en 1720, procureur au Présidial de Poitiers et substitut du procureur du Roi à l'élection de Poitiers, représentait le Tiers-Etat à l'assemblée d'élection de 1787; marié, le 5 nov. 1743, à Marie-Jeanne Défosse, fille de feu Joseph, marchand, et de Susanne Cabaud, il eut : 1° Toussaint, qui suit ; 2° Marie-Bénigne, qui épousa, le 27 avril 1775, Louis-Marie-René Arnault de la Ménardière, con-

seiller à la cour royale de Poitiers ; 3° ROBERT, qui de Marie DESJARDINS a laissé onze enfants ; il est mort à Poitiers le 2 mai 1851, âgé de 91 ans ; 4° MARIE-THÉRÈSE, baptisée à Vouneuil-sous-Biard le 14 sept. 1753.

6. — **Boncenne** (Toussaint) fut nommé en l'an IV administrateur du département de la Vienne, et remplit ces fonctions jusqu'à leur suppression ; devint alors conseiller de préfecture jusqu'en 1815, et est mort le 8 avril 1833, à Poitiers. Il avait épousé Jeanne-Marguerite BOURBEAU, fille de Pierre et de Marguerite Gaultier, dont il eut : 1° PIERRE, qui suit ; 2° MARIE-ROBERT, né le 25 mars 1776, marié à N..., dont postérité.

7. — **Boncenne** (Pierre), né à Poitiers le 14 sept. 1774, mort en cette ville le 22 févr. 1840, à l'âge de 65 ans, fit ses études au collège de Poitiers avec de grands succès. Entré, au commencement de la Révolution, au service militaire, il était aide de camp du général Desclozeaux, lorsqu'il fut mis à l'ordre du jour de l'armée pour une action d'éclat. A la paix, il s'improvisa *défenseur officieux* devant les conseils de guerre et commissions militaires. Encouragé par d'heureux débuts, il étudia les lois civiles. Sa réputation grandit rapidement. En 1806, il fut nommé, lors de la reconstitution de la Faculté de droit de Poitiers, l'un de ses professeurs suppléants. Il était conseiller de préfecture en 1815, et fit partie de la Chambre des députés pendant les Cent Jours ; mais il renonça bientôt aux luttes politiques pour se livrer tout entier à celles du barreau, où il acquit une incontestable renommée. En 1822, la chaire de procédure civile, qu'il professait déjà comme suppléant avec tant d'éclat, étant venue à vaquer à Poitiers, il concourut pour en devenir le titulaire, et le concours auquel il prit part, ne fut pour lui qu'une suite de glorieux triomphes. Plus tard, lorsque le besoin de repos qui se faisait sentir le força à renoncer aux plaidoiries, il se donna tout entier au professorat et à la composition du livre remarquable qui devait perpétuer son enseignement et mettre le comble à sa réputation de jurisconsulte.

En 1829, il avait été nommé doyen de la Faculté de droit, et fut décoré plus tard de la Légion d'honneur. Il fit partie du conseil général et de plusieurs sociétés savantes.

Pour mieux faire connaître cet homme remarquable à tant d'égards comme avocat et écrivain, nous répéterons les paroles prononcées sur sa tombe par un de ses plus dignes confrères :

« Des études solides et variées, une mémoire sûre, une imagination vive et féconde, une érudition qui ne se montrait qu'avec une sage réserve, mais qui lui fournissait sans effort tout ce qu'il lui demandait, une élocution facile, claire, élégante, une voix sonore et flexible qui se prêtait merveilleusement à exprimer toutes les affections, un geste énergique et naturel, et pardessus tout une âme de feu qui portait la chaleur et la vie dans tous ses discours : telles sont les qualités brillantes par lesquelles il dominait son auditoire dans les grandes causes, et qui lui ont conquis tous les suffrages de ceux qui l'ont entendu.

« Au talent de bien dire M. Boncenne joignait l'art non moins difficile de bien écrire. Ses Mémoires, quoique souvent improvisés entre deux audiences, auraient suffi pour faire la réputation d'un autre ; et son livre, dont la fin était désirée avec tant d'impatience, l'a classé depuis longtemps parmi les meilleurs écrivains. »

Dans la *Théorie de la Procédure civile*, Boncenne ne put traiter que les 326 premiers articles du Code de procédure ; il allait aborder le titre XVI, lorsque la mort vint lui faire tomber la plume des mains. Outre cet ouvrage et les nombreux mémoires qu'il publia dans les affaires qu'il eut à plaider pendant sa brillante carrière, nous connaissons encore son *Etude sur la canalisation du Clain* (Poitiers, avec carte), ce rêve si inutilement caressé des Poitevins, et que la création du chemin de fer rend maintenant irréalisable. Pour perpétuer la mémoire de cet homme remarquable, la ville de Poitiers a donné le nom de Boncenne à une de ses rues.

De son mariage avec Marie-Modeste FRADIN, qu'il épousa le 18 mars 1798, Boncenne laissa : 1° MARIE-ANNE, mariée en 1819 à Abel Pervinquière, avocat, professeur à la Faculté de droit de Poitiers ; 2° FÉLIX-MODESTE, qui suit.

8. — **Boncenne** (Félix-Modeste), né en 1806, décédé à Fontenay le 13 févr. 1889, âgé de 82 ans, avait été nommé juge suppléant près le tribunal civil de Poitiers (mai 1833), substitut près celui de Fontenay au mois de déc. suivant, juge d'instruction (mars 1835). Il exerça ces fonctions jusqu'en 1849, et à partir de cette époque il siégea comme simple juge jusqu'en 1876. Il fut mis alors à la retraite sur sa demande et nommé juge honoraire. M. Félix Boncenne a publié plusieurs ouvrages estimés sur l'horticulture ; le plus important est son *Cours élémentaire d'horticulture et de jardinage*, deux volumes avec gravures (4 éditions). C'est le résumé des leçons données par lui en 1858, tant au collège de Fontenay, qu'à l'école primaire de St-Médard-des-Prés. Ce fut à propos de la publication de cet ouvrage que M. Boncenne, sur la proposition de M. l'abbé Juste, recteur de l'académie de Poitiers, fut nommé officier d'Académie (31 déc. 1859). Citons encore le *Traité élémentaire d'horticulture pour tous, suivi de quelques cultures spéciales* (2 éditions). Il était membre de la Société des Antiquaires de l'Ouest, et présida pendant 25 ans la Société d'horticulture de Fontenay, dont il avait été le fondateur (1862) ; il était membre honoraire ou correspondant de celles de Nantes, Tours, Angers, etc. Il collabora longtemps à la Revue horticole, à la Revue des jardins, à l'Annuaire de la Société d'émulation de la Vendée, à la Revue de Bretagne, à celle des provinces de l'Ouest, dans laquelle il publia en 1859 une notice sur la sépulture du cardinal de Bourbon, le Charles X de la Ligue. Mgr Baillès, évêque de Luçon, ayant fondé une association pour la conservation des monuments chrétiens de son diocèse, y appela M. Boncenne, qui y lut ses *Recherches archéologiques sur Notre-Dame de Fontenay*, publiées en 1854.

M. Boncenne avait épousé, le 20 oct. 1835, Elisabeth-Julie-Léontine GENTILS, fille d'Augustin-François-Charles-Léon-Henri-Louis et de Julie-Clémentine Guillet, dont ERNEST-PIERRE-LÉON, qui suit.

9. — **Boncenne** (Ernest-Pierre-Léon) marche sur les traces de son père ; il est vice-président du syndicat des agriculteurs de la Vendée, et secrétaire général de la Société d'horticulture de Fontenay. Il a été primé dans plusieurs concours pour ses expositions de céréales, ses sujets de la race ovine, et ses animaux de basse-cour, et il collabore à la rédaction de plusieurs journaux agricoles. Marié, le 14 sept. 1878, à Marie-Anne-Adeline COUZINEAU, fille de François-Prosper-Emile, capitaine d'infanterie de marine en retraite, et de Marie-Anne-Romaine-Edmire Pouvreau, il a eu : 1° ANNE-MARIE-THÉRÈSE, née le 18 févr. 1880 ; 2° MARIE-FRANÇOISE-ELISABETH, née le 12 sept. 1885 ; 3° PIERRE-LÉON-JOSEPH, né le 18 sept. 1886 ; 4° PAUL-FÉLIX-HENRI, né le 14 mai 1888.

BONCHAMPS (DE). — Cette famille noble et ancienne est originaire du Châtelleraudais ; elle est connue par les titres depuis le XIVe siècle, mais sa grande illustration vient du célèbre général vendéen, dont le courage et la générosité ont fait l'admiration de tous les partis.

Blason : de gueules à 2 triangles d'or entrelacés.

Dans une enquête faite vers 1600 à la requête de René de Bonchamps, sgr de Pierrefitte, il était dit que l'on voyait dans l'église de St-Martin de Quinlieu les portraits peints de Louis, Michel et Guillaume de Bonchamps.

Noms isolés.

Bonchamps (N... de), sgr de Pierrefitte, fit, dit-on, aveu à Saumur en 1218 (c'est plutôt 1318).

Bonchamps (Renée de) était prieure de Villesalem, Ordre de Fontevrault, en 1607.

§ Ier. — Branche de **PIERREFITTE**.

1. — **Bonchamps** (Guillaume de), sgr de Pierrefitte, pssе de Berthegon (Vien.), fit aveu de ce fief à Saumur en 1312 ; il eut pour fils ou pour petit-fils :

2. — **Bonchamps** (Michel de), sgr de Pierrefitte, qui fit aveu en 1362, et eut pour fils :

3. — **Bonchamps** (Simon de), sgr de Pierrefitte dès 1396, fit aveu en 1411 ; il épousa Perrine de Chouppes (qui se remaria ensuite à Etienne de la Fouchardière, Ec. ; celui-ci fit aveu de Pierrefitte en 1440 et 1444), dont il eut Louis, qui suit.

4. — **Bonchamps** (Louis de), Ec., sgr de Pierrefitte, etc., épousa : 1° Jeanne des Hommes, décédée sans postérité ; 2° Guillemine de la Fouchardière, fille d'Etienne, dont il eut : 1° Bernardin, qui suit ; 2° Abel, prêtre, qui partage avec son frère en 1507.

5. — **Bonchamps** (Bernardin de), Ec., sgr de Pierrefitte, fit aveu en 1493 ; il épousa, le 22 déc. 1477, Jeanne de Vaucelles, De des Clouzeaux, dont il eut : 1° François, qui suit ; 2° Joachim, sgr des Clouzeaux, chef de la 2e branche. V. § II.

6. — **Bonchamps** (François de), Ec., sgr de Pierrefitte, etc., épousa (vers 1500) Jeanne de Crouail, dont Guérin, qui suit.

7. — **Bonchamps** (Guérin de), Ec., sgr de Pierrefitte, etc., épousa (vers 1530) Renée du Tail (des sgrs de Montessan en Touraine), dont il eut :

8. — **Bonchamps** (François de), Ec., sgr de Pierrefitte, prévôt provincial de Touraine, épousa, vers 1560, Rosine du Chesneau, dont :

9. — **Bonchamps** (René de), Ec., sgr de la Roustière, possédait des terres à Sossais, 1613 ; il épousa N... Bouret. (Nous ne savons s'il eut postérité.)

§ II. — Branche des **CLOUZEAUX** et des **MÉES**.

6. — **Bonchamps** (Joachim de), Ec., sgr des Clouzeaux (fils puîné de Bernardin et de Jeanne de Vaucelles, 5e deg., § I), fit aveu des Clouzeaux le 12 juill. 1518 à Joachim Gillier, sgr de Puygarreau et de Grand-Champ ; il épousa (vers 1500) Susanne du Quesne, dont : 1° Jacques, sgr des Clouzeaux, qui épousa à Angers, en 1556, Anne Guiot, dont il eut deux filles, Charlotte et Renée, religieuses ; 2° Charles, qui suit ; 3° Anne, mineure en 1564, épousa d'abord Louis de Cran, Ec., puis Jean Cantineau, Ec., vivant en 1572.

7. — **Bonchamps** (Charles de), Ec., sgr des Mées, etc., épousa, le 3 avril 1568, Renée d'Arsac, fille de Jacques, Ec., sr du Chesne, et d'Antoinette de Charbon, dont il eut Charles, qui suit.

8. — **Bonchamps** (Charles de), Ec., sgr du Breuil et des Mées, habitant psse de Berthegon, fut maintenu noble avec son fils aîné le 21 mars 1635. Il devait rente au Chapitre de Poitiers, sur la Fuye de Bauday. Il épousa en 1592 (not. à Loudun) Florie de la Grézille, fille de Claude, Ec., sgr de Bagnoux, Maurepart, et de Joachime Leclerc, dont il eut : 1° René, qui suit ; 2° Arthus.

9. — **Bonchamps** (René de), Ec., sgr de Maurepart, épousa en 1626 Marie Chevrier, veuve de Jacques de la Roche, sgr de la Baronnière, dont il eut : 1° René, qui suit ; 2° Pierre, chef de la branche d'Anjou, § III.

10. — **Bonchamps** (René de), Chev., sgr de Maurepart, épousa Catherine de Meulles, fille de N... et de Catherine Regnier. Le 6 mars 1672, il donne procuration pour rendre hommage du fief de Landouerie (Vendée), qu'il tenait du chef de sa femme, à Macé Bertrand, Chev., sgr de la Bazinière, puis un autre pour le même fief le 23 mai 1673. (G.-Gauthier. Bur. des finances.) De son mariage il eut : 1° Henri, qui suit ; 2° Marie-Anne, qui épousa Geoffroy de Culant, Chev., Ec. de St-Mesme ; 3° Marie-Louise.

11. — **Bonchamps** (Henri de), Chev., sgr de Maurepart, fit aveu, conjointement avec ses sœurs, du fief de Landouerie, psse d'Antigny, au château de Vouvant, en 1698. Il paraît n'avoir eu que des filles : 1° Marie-Anne, qui épousa en 1730 Nicolas du Clos ; 2° Julienne, mariée en 1731 à Louis-César Budan de Russé. (Cette famille a porté depuis les armes de Bonchamps.)

§ III. — Branche de **LA BARONNIÈRE**.

10. — **Bonchamps** (Pierre de), Ec., sgr de la Baronnière, fils puîné de René, sgr de Maurepart, et de Marie Chevrier (9e deg., § II), épousa à Angers en 1700 Hiacynthe Boilève, fille de Jacques, Ec., sgr du Planty, et de Jeanne Gohin, dont : 1° Anne-Arthus, qui suit ; 2° Hyacinthe, fille.

11. — **Bonchamps** (Anne-Arthus de), Ec., sgr de la Baronnière, épousa à Craon, en 1734, Marguerite-Elisabeth-Angélique de Farcy, fille de Charles-René et de Charlotte de la Douespe, dont il eut : 1° Louis-Charles-Arthus, qui suit ; 2° Jean-René-Hyacinthe, décédé ; 3° Pierre-Philippe, capitaine ; 4° Louis, 5° Joseph, 6° Françoise, 7° Marguerite-Céleste, qui épousa en 1776, à Angers, Louis-Thomas de la Croix.

12. — **Bonchamps** (Louis-Charles-Arthus de), Ec., sgr de la Coudraye, épousa : 1° en 1758 Marguerite Hellaut, fille de Melchior-François, Chev., sgr de Vellière, et de Marguerite Hullin ; 2° en 1767, Renée-Louise du Boys de Maquillé. Du 1er lit il eut Charles-Melchior-Arthus, qui suit, et 3 filles ; du 2e lit, une fille.

13. — **Bonchamps** (Charles-Melchior-Arthus de), Chev., sgr de la Baronnière, né en 1759, entré dans l'armée, fit la campagne avec les officiers français envoyés au secours des Etats-Unis. Il était retiré dans ses terres lorsque les Vendéens vinrent le trouver en avril 1793, pour le mettre à leur tête. Nous ne rappellerons pas tous les combats dans lesquels il versa son sang pour la cause de Dieu et du Roi, car, par suite de son

courage et de son dévouement, autant de batailles, autant de blessures, jusqu'à la fatale journée de Cholet (17 oct. 1793), où il fut frappé à mort. Mais « le dernier acte de cette noble vie devait être un acte d'humanité honorable pour lui, et pour la cause qu'il avait si loyalement défendue », en sauvant la vie aux cinq mille prisonniers républicains renfermés dans l'abbaye de St-Florent, que les Vendéens voulaient immoler aux mânes de leur général. Et David d'Angers, le statuaire républicain, en retraçant sur la tombe du général royaliste la scène de St-Florent, et les belles paroles qui s'échappèrent de ses lèvres mourantes, a mis à néant les dénégations intéressées, alléguées contre l'existence de ce trait magnanime, qui, du reste, avait eu trop de témoins pour n'être pas acquis à l'histoire, et pour que l'on puisse le contester.

Arthus avait épousé Marie-Renée-Marguerite DE SCEPEAUX, dont il eut CHARLOTTE-AGATHE-ZOÉ, mariée, par contrat du 27 févr. 1817, à Arthur-Philippe-Guillaume-Parfait de Bouillé du Chariol, capitaine d'état-major, Chev. de St-Louis et de la Légion d'honneur.

BONDONIER (Bernard), de Charroux, et ses enfants souscrivent dans un titre de 1139. (F.)

BONDET. — Une famille de ce nom portait, dit-on, pour blason : d'or, au chevron de gueules, accompagné de 2 croissants en chef, et en pointe d'un lion de même.

Bondet (Charles), sgr de Bellebat, et

Bondet (Charles), sgr de la Renaudière, demeurant p^sse de Chavagné, élect. de St-Maixent, sont déclarés roturiers par Barentin. (Catalogue des gentilshommes de la généralité de Poitiers annoté.)

Bondet de Beaupré (N...), veuve de N... Texier, sgr de Chaux, comparut à l'assemblée de la noblesse d'Angoumois en 1789.

BONEIN (Guillaume) figure parmi les bourgeois et habitants de Parthenay nommés dans une transaction avec Guillaume L'Archevêque en 1372. (Ledain, Gâtine.)

BONENFANT ET BONNENFANT (EN CHATELLERAUDAIS).

Blason : d'azur au chevron de gueules (*sic*) (ce doit être d'argent), accompagné de 3 merlettes d'argent et un lambel de 3 pendants en chef. (Hist. Châtellerault, 1, 415.)

Bonenfant (Loys) était receveur de toutes les finances ordinaires et extraordinaires pour la recouvrance des ville et château de Parthenay le 24 juill. 1419. (Hist. Parthenay, 64.)

Bonenfant (Loys) fit montre en archer le 9 fév. 1474. (Bib. Nat. Montres et Revues.)

Bonnenfant (Jacques), valet de chambre des Roi et Reine de Navarre, achète, le 7 juill. 1582, de François Delaveau, pour la somme de 1,800 liv., le fief de la Sibillière.

Bonnenfant (Pierre), fils du précédent? procureur du Roi à Châtellerault, possédait ce fief par héritage en 1627, et

Bonnenfant (Angélique), sa fille ? décédée en 1669, en avait été également propriétaire. (Hist. Châtellerault, 1, 415.) Elle eut pour héritières Florence et Marie Boslon.

Bonenfant (Pierre), s^r de Minerval, assesseur au siège royal de Châtellerault, fut maire de cette ville en 1632 et 1641. (Id. 417.)

Bonenfant (Sylvie), fille et héritière de feu JACQUES Bonenfant, du nombre des élus supprimés à Châtellerault, vivait en 1671.

Bonnenfant (Paul), s^r de la Vergne, et Marie DAGUIN, son épouse, se font une donation le 10 fév. 1637 (Megnier, not. roy.). Marie Daguin était, le 30 déc. 1644, veuve et remariée à Jean André.

BONENFANT. — Famille noble, originaire de Normandie, alliée à des familles poitevines.

Blason : de gueules à une fasce d'argent et 6 roses de même, 3 en chef, 3 en pointe.

Bonenfant (Louis), Chev., sgr de la Boutelaye, Baudiment, épousa : 1° Perrette BASTON, fille de N..., sgr du Treuil-Baston, pair de la Rochelle ; 2° LOUISE DE PREUILLY. Il eut du 1er lit FRANÇOISE, qui épousa, vers 1450 ? Jean Chaudrier, Ec., s^r de Cirières en Thouarsais ; elle était morte en 1497.

BONFILS. — Ce nom est commun à plusieurs familles en Poitou, Anjou, etc.

Bonfils (Jamet), qui se présenta à la montre de Vihiers, Maulevrier, Vezins, Beaupréau, au mois de févr. 1471, « déclara 30 liv. de rente et servira en brigandinier à deux chevaux. »

Bonfils (Antoine) a déclaré tenir 200 liv. de rente à la même montre et servira en homme d'armes.

Bonfils (autre Antoine) se présente à la même montre, déclare tenir 100 liv. de rente et servira en brigandinier.

Bonfils (François), Ec., sgr de la Ville-au-Febvre, était, le 22 juil. 1624, curateur de Raoul de la Louaire.

Bonfils (N...) épousa Pierre Blanchard, sgr de Houssay, capitaine de cavalerie ; leur fille Marie épousa en 1658 Louis d'Aubigné, sgr de la Roche.

BONIFACE. — Famille noble des environs de Charroux, possédait St-Martin-l'Ars (Vien.) au XIVe siècle.

Blason : — (peut-être un lion). On trouve un sceau de Guillaume Boniface, écuyer, à une quittance de 1419, pour un don à lui fait par le régent : écu au lion, brisé d'un lambel. (P. O. 404.)

Boniface (Huguet) rendait un aveu à l'abb. de Charroux le 1er juil. 1390, tant en son nom que comme curateur des enfants de feu Bertrand *Fedea, aliàs de Bello-Campo*, son beau-père. Il rendait en 1395 aveu du fief de St-Martin-l'Ars et de celui des Ages ; le 21 mars 1405, de la dîme de Pellevoisin, et le 15 sept. 1406, celui du terrage et dîme de Soudan, tant en son nom que comme tuteur de ses enfants. Marié, vers 1380, à Marguerite DE FEYDEAU, fille de Bertrand, Ec., s^r de la Mothe de Persac, il eut pour enfants PIERRE et GUILLAUME, qui suivent.

Boniface (Pierre), fils aîné, rendait aveu au chât. de Civray du fief des Ages le 4 févr. 1408, et tant pour lui que pour GUILLAUME, son frère, un autre aveu de la moitié de la dîme de Pellevoizin, comme héritiers de feu Aimery Vigier de Savignac.

Boniface (Guillaume) rendait un aveu de son herbergement de St-Martin le 4 janv. 1408, et un autre à l'abb. de Charroux le 26 juin 1420.

BONJOU (Colas) était verrier dans la p^sse d'Archigny (Vien.), et afferme avec plusieurs autres la verrerie de

Bichat, de Floridas Lunard, Ec., sgr de Marsugeau, le 15 juill. 1442, et la réafferma le 18 janv. 1464 de Perrette des Mathes, veuve dudit Lunard. (Poit. et Vendée, Verriers, p. 67.)

BONNAIRE (Mathieu et Jean de), coudamnés à mort en 1322 par la cour du baron de Parthenay comme étant du nombre des assassins de Bernard Barré. (Ledain, Gâtine.)

BONNAVIE pour **BONNEVIE** (Renée), veuve du s^r Gazeau de la Brandannière, demeurant p^{sse} de Dompierre, élect. de Mauléon, est inscrite dans la liste imprimée en 1667 des nobles du Poitou, qui avaient obtenu des ordonnances de maintenue de Barentin.

BONNARD. — Il y a plusieurs familles de ce nom en Poitou et Touraine.

Blason : d'or à 3 huchets de gueules enguichés d'azur virolés d'argent. (Arm. Poit.)

Bonnard (Jacques), Ec., prieur de St-Jean-de-Sauves (Vienne), fait faire une vente et adjudications aux enchères, le 3 fév. 1576. (Arch. Vienne, St-Cyprien.)

Bonnard (François), commandeur de la Guierche, en nov. 1580. (Id.)

Bonnard (René), Ec., sgr du Marais, épousa, vers 1588, Susanne Janvre, fille de Philippe, Chev., de l'ordre du Roi, etc., et de Madeleine de Thury. Il en eut Susanne, qui se maria, le 18 avril 1624 (Le Bourguignon, not. de la B^{nie} de l'Ile-Bouchard), avec Esdras d'Asnières, Ec., sgr de Villefranche.

Bonnard (Jean), Ec., sgr des Fontaines, et Françoise de Chergé, son épouse, figurent dans les registres de Marigny-Marmande sous la date du 16 déc. 1632.

Bonnard (Joseph), Ec., s^r du bourg d'Antigny, des Marais, la Raudière (Thénezay), épousa, le 26 avril 1605, Gabrielle Ayman, fille de Joachim, sgr de la Roche, et d'Anne de Montléon ; il vivait encore en 1619.

Bonnard (Timothée), Ec., s^r de Laubuge, des Marais, d'Antigny, etc., épousa, vers 1650, Marie Gazet, et fit enregistrer son blason à l'Armorial du Poitou en 1700 (Châtellerault).

Bonnard (Charles), Chev., s^r de Laubuge, assiste, le 3 fév. 1751, au contrat de mariage de Jean-Baptiste de Morineau avec Françoise-Aimée de Mondion.

Bonnard (Gabriel-Louis) épousa à la fin du XVIIIe s^e Adélaïde-Marguerite de Mondion, fille de Jean-Vincent et de Marie-Louis-Thérèse de la Châtre.

Bonnard de Fauvillars (N...) était en 1786 procureur fiscal du Bouchage (Charente).

BONNARDEAU ou **BONNAUDEAU**. — Famille de la Gâtine, XVe siècle.

Bonnardeau (Jean) est cité dans un acte du 18 janv. 1443 pour des choses tenues de lui à la Gasconnière. Il avait épousé Marie de la Bruhère. (Arch. D.-S. Titres de la Gasconnière.)

BONNEAU. — Nom qui se trouve très anciennement porté par un grand nombre de familles en Poitou et autres provinces. Dans la nôtre, on trouve entre autres : le *Courtil-Bonneau*, fief vassal du chât. de Civray, situé près de Montazay (Savigné, Vienne), et encore le *Cluseau-Bonneau* (Latus, Vienne), ancien fief qualifié de châtellenie en 1638 et relevant du chât. de Montmorillon, possédés l'un et l'autre par des personnes du nom de Bonneau, que nous n'avons pu rattacher à la généalogie des Bonneau de Beauregard, dressée sur les nombreuses communications, justifiées par l'indication des sources, dues aux représentants actuels de la famille, et sur les notes que nous ont procurées nos propres recherches.

Ajoutons que les représentants actuels de la famille Bonneau de Beauregard, et celle du Cte de Bonneau, dont la descendance des Bonneau de St-Hilaire-sur-l'Autize est clairement établie, ont toujours cru, sur la foi d'une tradition, que les cinq familles dont les articles vont suivre ont toutes un auteur commun, et que la question d'origine reste, à ce point de vue tout au moins, douteuse.

Noms isolés.

Bonellus (*Robertus*) souscrit comme témoin, en 1095, un don fait au prieuré de la Chèze-le-Vte par Herbert Vte de Thouars. (D. F. 26.)

Bonneau (Pierre), prieur de Pamprou et archiprêtre de St-Maixent, figure parmi les témoins des hommages rendus en 1115, à l'abb. de St-Maixent par les vassaux de ce monastère. (Id. 15.)

Bonneau (Aimery) paraît comme témoin dans un titre de l'abb. de Noaillé de 1140. (Id. 21.)

Bonellus (N...) était *custos ecclesiæ Sancti Hilarii* en 1215.

Boneas, Bonneau (N...) est cité dans le papier censaire de l'abb. de Ste-Croix de Poitiers, dressé en 1232. (Doc. inéd. 116.)

Boneas (*Stephanus*),

Boneas (*Petrus*) et *Simon filius ejus* sont cités dans l'enquête faite vers 1255 au sujet du service militaire, que réclamait le seigneur de Parthenay des hommes de Xaintray (D.S.). (Doc. inéd. 27.)

Bonneau (Pierre) fut docteur en décrets en Poitou, moine à Montierneuf de Poitiers, abbé de Bassac en Saintonge, puis de St-Aubin d'Angers, où il mourut le 27 sept. 1349. En 1309, il avait rendu un aveu à l'évêque de Poitiers. (Chron. de l'abb. de St-Aubin. Livre des fiefs.)

Bonneau (Hamelin), s^r de la Barre, est anobli en 1377. (Arch. Nat.). (Nous ne savons si ce personnage est bien Poitevin.)

Bonneau (Pierre) fit aveu le 5 juill. 1390, pour son hôtel du Gué-de-Veluire, à Jean de Machecoul, sgr de Veluire. (Dupuy, 204, 198.)

Bonneau (Guillaume), varlet, fut témoin d'un acte passé à Niort en 1404 (Jehan Birochea, garde du scel), en présence de Jehan Chardon, maire de Niort. (Id.)

Bonneau (Regnault), Ec., décédé avant 1407, avait été sgr du fief de la Tour (p^{sse} de N.-Dame de Niort), (Liv. des fiefs), et Laurent, son fils, rend aveu du même fief au duc de Berry en 1408. (Id.)

Bonneau (Thiphaine) est nommée dans un aveu rendu par Charlotte de Ponthieu, le 3 mai 1408, au duc de Berry, pour un herbergement sis à la Mothe d'Aiffres, qui avait appartenu aux Bonneau.

Bonneau (Nicolas), prieur de la Jonchère, figure dans un dénombrement d'héritages, en date du 6 nov. 1409, appartenant à l'abb. de Talmont. (D. F. 26.)

Bonnelle (Anne) (**Bonneau**) était, le

14 août 1415, épouse de Bertrand Goumard, Ec., sgr d'Echillais.

Bonneau (Jehan) était en 1415 sgr du fief de la Tour et pair de la c^ne de Niort.

Bonneau (Michea), Ec., fit aveu, le 6 juin 1429, au Vte de Thouars pour diverses pièces de terre. (D. F. 39.)

Bonneau (Pierre), veuf de feu Marie DE St-MICHEAU, rend aveu, le 2 oct. 1428, au Cte de Richemond pour le fief de la Chapelle-Béraud (p^sse de St-Michel-le-Clou, Vendée), mouvant du chât. de Vouvant. (Arch. de la Vienne.)

Bonnelle (Jeanne) (**Bonneau**) était, le 26 avril 1434, femme de Jean Bernard, Ec., sgr de la Bernardière, auquel elle donnait procuration de vendre, etc., les immeubles qu'elle possédait dans les p^sses de St-Martin-du-Gué et de Veluire (Vendée). (B. A. O. 1877, p. 449.)

Bonneau (Jean), habitant p^sse de Blaslay (Vienne), fut taxé pour ne pas s'être rendu au ban de 1437.

Bonneau (Simon), prêtre, chapelain de la Madeleine de St-Maixent, est nommé dans une fondation de messes, faite en 1438 par Méry de Maigné. (D. F. 16.)

Bonneau (Pierre), Ec., sgr de St-Michel-le-Clou, rend un aveu au Cte de Richemond comme sgr de Vouvant, les 2 oct. 1428, 20 août 1447, 10 sept. 1460 et 14 janv. 1469. (Arch. de la Vienne.) Le 21 avril 1448, il en rendait un autre à noble homme Mathurin de Maigné, Ec.

Bonneau (Pierre et Philippe) sont anoblis en 1454. (A. Nat.) On ne dit pas de quel pays ils étaient.

Bonneau (Guillaume) servit au ban des nobles du Poitou de 1467, comme brigandinier du s^r de Belleville.

Bonneau (Pierre) est cité dans un arrentement de quelques pêcheries fait le 8 avril 1472 par l'abb. de St-Michel-en-l'Herm. (D. F. 18.)

Bonneau (Mathieu) servait en brigandinier pour lui et ses frères au ban de 1488; il fut remplacé à l'arrière-ban de 1489 par Hugues de Marol, le 17 juillet.

Bonnaud (Morice) est relaté dans une sentence de la sénéchaussée de Poitiers du 5 mai 1520, maintenant François Boutaud, prêtre, Ec., sgr de Laubouynière, dans le droit de se dire fondateur par moitié de l'église de Ste-Hermine. (Doc. inéd. 87.)

Bonneau (Barthomé) était contrôleur des guerres à St-Maixent. Acte du 23 juill. 1528 (Bonizeau, not. à St-Maixent).

Bonneau (Jehan), Ec., sgr de la Roche de Marigné, reçoit, le 15 mai 1536, un aveu de Jehan Chapelle. (D. F. 40.)

Bonneau (Claude), enquêteur à Poitiers, est récusé, le 22 nov. 1558, d'après une procuration de Jeanne d'Argouges, femme de Gabriel de Raynier, Ec., sgr de Dorée (Touraine), parce qu'il est parent de la femme de la partie adverse, François Levesque, Chev., sgr de Marconnay, ayant épousé la fille du châtelain de Niort (Laurent ?). (Sébastien Fouquet, not^re à St-Maixent.)

Bonneau (Pierre), échevin à St-Maixent, eut une fille, JEANNE, mariée, d'abord à Tristan Prévost, Ec., sgr de la Mouhée et de la Jacquinerie, remariée à René de la Cour, Ec., sgr de la Bouslaye, et encore veuve le 26 juil. 1559, d'après un acte d'échange (Pontenier, not^re à Civray) entre Loys des Marais et Junyenne de Puyvert. Le 8 janv. 1588, elle partageait avec ses enfants du premier lit (Nourry et Marsac, not.). (Notes Bonneau.)

Bonneau (René) était, le 21 août 1564, receveur des tailles à St-Maixent (Caillon, not^re).

Bonneau (Antoine), s^r du Dauphin, passe, le 17 juin 1568, une procuration (Rocquet, not. à St-Maixent).

Bonneau (Jean), capitaine d'une compagnie de 200 hommes de pied aux ordres du Cte du Ludo, gouverneur et lieutenant-g^al en Poitou, fut du nombre des défenseurs de la ville de Poitiers en 1569.

Bonneau (Jean), frère du précédent, s^r des Verdus, c^er au Parlement de Bordeaux; son frère, avant de se renfermer dans Poitiers, lui fit donation de tous les biens qu'il possédait à St-Hilaire-sur-l'Autize, pour le cas où il viendrait à succomber pendant le siège. (N. Bonneau.)

Bonneau (Pierre), s^r de la Poupardière, était, le 8 mars 1587, ancien de l'église réformée de Foussay près St-Hilaire-sur-l'Autize. Il eut un fils, JEAN, s^r de la Poupardière, qui en 1601 épousa Anne VATABLE. (B. Fillon.)

Bonneau (Marie) fut la seconde femme de Christophe Pougnard; elle était morte en 1600.

Bonneau (Claude), élu en l'élection de Poitiers, était caution de Charles Coutet, Ec., s^r de Loucherie, en 1612.

Bonneau (René), marchand drapier, était consul des marchands à Poitiers en 1612. (J^al de Denesde, A. H. P. 15.)

Bonneau (Antoine), marchand à St-Maixent, et Jacquette BENEST, son épouse, se font une donation mutuelle le 9 févr. 1613 (Favier, not^re royal).

Bonnaud (Jean), s^r du Maze, est cité dans le partage des biens de feu René Lecaud, passé à Luçon le 8 juin 1615 (Dallet et Guesdon, not^res).

Bonneau (Jehanne) était épouse de N... Gorré; le 15 juin 1618, ils marient leur fille Perrette avec Jacques Chalmot, Ec.

Bonneau (René), s^r de Belair, était en 1621 échevin et sergent du régiment royal de Niort. (D. F. 20.) Il mourut sans alliance.

Bonneau (Jehan), Ec., sgr de Maison-Neuve, était sénéchal de Saumur; il rendait une sentence le 15 mars 1621.

Bonneau (François) épousa au temple de St-Maixent, le 15 juill. 1658, Marie AUDITEAU.

Bonneau (N...), fut témoin d'un règlement passé le 7 avril 1656 entre les associés pour le dessèchement des marais de Champagné, et le sgr dudit lieu de Champagné.

Bonneau (Marie), épouse de Jean Poignand, marie sa fille Marie avec Pierre Ochier, s^r de la Robertière, vers 1660.

Bonnault (Pierre), Ec., sgr de la Garette, fut nommé échevin de Niort, place vacante par la mort de Simon Texier, le 27 mai 1661.

Bonneau (Jeanne) était épouse de Louis Descollards, s^r des Hommes, le 18 juill. 1663.

Bonneau (Pierre), Ec., sgr de la Nouraye, était curateur d'Elisabeth Girault, mariée, le 19 déc. 1663, avec Daniel des Francs, Ec., sgr des Moulins.

Bonneau (René) était en 1670, d'après un acte du 9 nov., commis au dessèchement des marais de la Sèvre.

Bonneau (Catherine) et Jean Gobeil, maître chirurgien à St-Maixent, son époux, se font une donation mutuelle de leurs meubles le 10 oct. 1687.

Bonneau (Jeanne) et Jean Mouchaud, son époux, marchand bonnetier à St-Maixent, se font une donation mutuelle le 6 nov. 1687.

Bonneau (Louis), s^r de Loubigné (c^ne d'Exoudun, D.-S.), avait épousé Marie BONNEAU et était décédé lors du mariage (1er mai 1688) de MARIE, leur fille, avec Frédéric Rivet; ces derniers se faisaient une donation mutuelle le 25 avril 1689 (L. Guillon, not^re). (Reg. de la Mothe-St-Hérave, D.-Sèv.)

Bonneau (Jean), avocat à St-Maixent, époux de Jeanne GUYOT, était décédé lors du mariage (20 avril 1689) de PIERRE, leur fils, avec Catherine SAUZÉ, fille de Pierre et de Judith Mousnier. (Id.)

Ils eurent pour enfants: 1° JEAN, baptisé le 12 mars 1690, inhumé le 18 suivant; 2° MADELEINE, baptisée le 18 fév. 1691; 3° FRANÇOIS, baptisé le 28 déc. 1692; 4° PIERRE, le 22 nov. 1694; 5° JACQUES, le 19 juin 1696; 6° SUSANNE, le 9 oct. 1700. (Reg. de la Mothe-St-Héraye, D.-Sèv.)

Bonneau (Marguerite) épousa en 1696 Alexandre Bernon, sgr de l'Isleau.

Bonneau (Charles), s^r de la Garde, président du grenier à sel de Cholet, épousa Marie JAMET DE BEAUREGARD, dont LOUISE, mariée, le 16 juin 1717, à Louis Bouhier, Ec., sgr de l'Ecluse.

Bonneau (la dame N...) avait un droit de péage à Thouars, qui fut supprimé par arrêt du conseil du 10 juin 1753.

Bonneau (N...), avocat à St-Maixent, souscrit une requête des habitants, demandant à ce que les impositions levées sur cette ville soient converties en un octroi, 3 sept. 1748.

Bonneau (Marthe), femme de Pierre-André Ferron, bourgeois, habitant Pugny (D.-S.), assiste au mariage de leur fille Marie-Anne avec J.-M.-François Haward de la Blotterie, vers 1780.

Bonneau (Gabriel-Marie), dénommé *Duchaine ex-noble*, domicilié dans le dép^t de la Vendée, municipalité de Fontenay-le-Peuple, est porté sur la liste des émigrés de ce département.

BONNEAU. — Famille noble et ancienne des environs de Civray.

Blason: écu écartelé de 2 pleins. (Sceau d'Ithier Bonneau, Chev., en 1386. Collect. Clairambault, n° 1199.)

Bonellus (*Johannes*) souscrit la charte de restitution de la terre de Comblé, faite à l'abb. de Nouaillé en 1081, par Guillaume, fils de Samuel Cantor. (D. F. 21.)

Bonelli (*Adhemarus et Guido*), *fratres*, sont témoins de divers dons faits au prieuré de Montazay, 1160 ou 1174 et 1186. (D. F. 18.)

Bonelli (*Guido*), susnommé? fut témoin d'un don fait à ce prieuré, vers la même époque, par Guillaume de Couhé. (Id.)

Bonelli (N...), *clericus*, témoin d'un autre don fait au même en 1174, par Payen Potarz. (Id.)

Bonellus (*Benedictus*), également témoin dans deux autres chartes relatives au même prieuré, ès années 1210, 1215. (Id.)

Bonellus (*Johannes*) est témoin d'un don fait à Nouaillé par Guillaume Trobes. (D. F. 22.)

Bonneau (Hugues), Chev., fit accord en 1230 avec l'abbé de Nouaillé, pour la terre de Permeillan (Prémillant) qu'il possédait p^sse de Brux (Vienne), relativement à des rentes que l'abbé réclamait, comme lui ayant été léguées par feu GUY Bonneau, Chev., frère dudit Hugues. (D. F. 22.)

Bonneau (Jehan), prêtre, s^r de la Mauquantivière, l'Étang d'Availles, etc., était mort en 1358; ses héritiers, parmi lesquels figurent Pernelle DE SICÉ, sa mère, et PERNELLE Bonneau, sa sœur, se partagent ses biens, comme il résulte d'un traité passé cette même année avec Guillaume, abbé de Nouaillé. (D. Etiennot, 111, et D. F. 22.)

Bonneau (Pernelle), précitée, D^e du Courtil-Bonneau, était autorisée de Jean Gaudin, son mari, pour le partage des biens de son frère Jean. En mourant, 20 nov. 1393, elle donne sa terre du Courtil à la famille de son mari. (N. Bonneau.)

Bonneau (Ithier), Chev., s^r des Broces? lieutenant du sénéchal de Limousin dans les guerres de Guyenne, donna quittance le 4 déc. 1386, scellée de son scel; il épousa, vers 1360, Denise DU BOIS, veuve de Jean de Chaunay, Chev., et transigea en 1368 avec Guillaume de Chaunay, fils de ladite dame. Il fit à cause de sa femme aveu d'un fief au Breuil-Galery, le 10 mars 1368, au château de St-Maixent. Il eut peut-être pour enfants JEAN-ITHIER, qui suit, et MARIE, qui épousa en 1416 Bertrand Goumard. C'est le même, croyons-nous, qui épousa en 2es noces Marguerite D'ARCHIAC, fille de Foucaud, Chev., sgr d'Archiac, et qui reçut le 3 mai 1390 les fiefs de Morette et de Commorsat, de Aymar d'Archiac. (G^ie d'Archiac.)

Bonneau (Jean-Ithier), Chev., s^r des Broces, fit aveu, le 6 juin 1429, à Civray, pour l'Étang de la Boce, p^sse de Vieux-Cérier (Charente); il décéda avant 1435.

BONNEAU EN MONTMORILLONNAIS. — Famille noble qui possédait au XVe siècle l'Age-Bouet et le Cluzeau-Bonneau (elle était probablement la même que celle d'Ithier Bonneau des environs de Civray).

Bonellus (*Andreas*), *frater Domus Dei Montismaurilii*, est cité dans le vidimus du 18 août 1303 d'un titre supposé, par lequel on fait donner à la Maison-Dieu de Montmorillon diverses terres et sgries par Audebert Cte de la Marche et Etienne de Magnac. (D. F. 24.)

Bonneau (Berthomé), valet, possédait un fief à Pouzioux (Vienne); il avait pour fille JEANNE, mariée, vers 1380, à Jean Petit, valet, qui fit aveu de Pouzioux au sgr de Leigne (Vienne).

Bonneau (Guillaume), valet, rend aveu au chât. de Montmorillon le 16 juin 1404, pour l'Age-Bouet (Sillars, Vienne). (Arch. Vienne.)

Bonneau (Guillaume), Ec., rend aveu pour l'Age-Bouet les 22 mars 1493 et 23 déc. 1498. (Id.)

Bonneau (Hilaire) servit en archer au ban du 17 juill. 1489, à la garde de Montmorillon; il rendit aveu pour l'Age-Bouet les 1er avril 1508 et 31 juill. 1515. (Id.)

Bonneau (Pierre), Ec., sgr de l'Age-Bouet, en rend aveu le 12 nov. 1524. (Id.)

Bonneau (François), fils aîné de Pierre? Ec., sgr de l'Age-Bouet, rendit deux aveux les 30 mai 1552, et 25 juill. 1561. (Id.); il eut pour enfant JEAN, qui suit.

Bonneau (Jean), Ec., sgr de l'Age-Bouet, fit aveu de ce fief le 26 juin. 1567; il eut pour enfants : 1° GUY, qui suit; 2° N..., mariée à Gabriel Robin, Ec., sr de Montgeneau, qui fit aveu de l'Age-Bouet en 1600.

Bonneau (Guy), Ec., sr de l'Age-Bouet, fit aveu de ce fief en 1588, comme frère aîné (*sic*) de feu JEAN. (On dit qu'il fut chanoine de Châtillon?)

BONNEAU DU CHESNE, DE BEAUREGARD, DE LA GARETTE.

Nous allons donner, à titre de renseignement, l'énoncé des armoiries attribuées à différents personnages de cette famille, que nous avons relevés dans divers ouvrages, ou qui nous ont été communiqués.

Blason. — Bonneau du Chesne, lieut.-gal à Lusignan, portait : d'azur au rocher d'or, mouvant du flanc dextre de l'eau d'où jaillit une source d'argent, senestré d'un chêne d'or terrassé de même; au chef cousu de gueules, chargé de deux étoiles d'argent. (Cachet et argenterie de famille.)

Bonneau de la Touche (Pierre-Alexandre): d'azur au chevron d'or accompagné en chef de 2 étoiles d'argent, et en pointe d'un cœur de même. (Cachet.)

Bonneau de la Touche, trésorier de France à Poitiers: le même, sauf un croissant d'argent renversé en pointe. (Cachet.)

Bonneau de Maintru (Jacques), lieutenant-général à St-Maixent : d'azur à une fontaine d'argent. (D'Hozier.)

L'Armorial de la généralité de Poitiers, dressé en 1696, renferme un grand nombre d'énoncés d'armoiries attribuées à diverses personnes du nom de Bonneau; nous croyons inutile de les relever ici, attendu qu'ils sont tous émanés de la fantaisie du commis du traitant, et n'ont aucune authenticité. (V. l'Armorial général du Poitou publié à Niort, 1887, chez M. Clouzot, libraire.)

Bonnault (Théodore) portait : d'azur au chevron d'or accompagné en chef de deux étoiles d'argent, et en pointe d'un ant de même. (Arm. Poitou.)

Bonneau (Joseph), Ec., sgr. de Norron, porte 3 étoiles en chef. Ce sont les véritables armes de Pierre Bonneau de la Garette, maire de Niort.

On trouve encore : d'azur au chevron d'or accompagné en chef de deux étoiles de même, et en pointe d'une fontaine d'argent avec un jet d'eau de même.

Ce sont celles du Cte de Bonneau et de sa branche.

M. Sauzé, avocat à la cour de Poitiers, nous a fourni plusieurs notes sur la famille Bonneau.

§ Ier. — *Filiation suivie.*

D'après les notes de M. le Cte de Bonneau.

1. — **Bonneau** (Guillaume), sr de Beauregard, épousa en 1490 Marie ESPERON DE LA CHEVALERIE, qui lui apporta la terre de Beauregard (St-Hilaire-sur-l'Autize, Vendée), fut père de : 1° JEAN, qui suit; 2° autre JEAN, official de Niort, prieur de St-Martin-lès-Niort, était mort avant 1540, et fut inhumé dans le chœur de l'église St-Hilaire-sur-l'Autize; 3° FRANÇOISE, mariée à Jean de l'Escalle.

2. — **Bonneau** (Jean), sr de Beauregard, marié, vers 1515, à Perrette BOUSSERELLE (BOUSSEREAU), fille de Jean, sr de la Bertaudière (Brisset, notre à Niort); leurs enfants furent : 1° JEAN, sr de Beauregard, marié, dit-on, vers 1540, à Jeanne DE LA NOUHE, fille de Jean, sr de la Richardie, et de Jacquette Desmier. Il n'eut qu'une fille, MARIE, morte en bas âge; 2° JEAN, prieur de St-Martin-lès-Niort; 3° NICOLLE, morte sans alliance; 4° CLAUDE, prêtre, chapelain de la chapelle de Ste-Catherine de l'Orberie? et curé de St-Hilaire-sur-L'Autize, mort en 1595; 5° FRANÇOIS, qui suit.

3. — **Bonneau** (François), sr de la Béraudière, enquesteur au siège royal de St-Maixent, figure avec ses frères précités dans des actes reçus Brisset, notre à Niort, en juin 1548 (N. Bonneau) et 1594. Il avait épousé, vers 1565, N... AUDITEAU, dont il eut : 1° JEAN-ISAAC-PIERRE, qui suit; 2° PIERRE, tige de la branche du Chesne et du Colombier, rapportée au § II; 3° JEAN, auteur de la branche de Langevinerie, rapportée au § VI.

4. — **Bonneau** (Jean-Isaac-Pierre), sgr des Iles (Breloux, D.-Sèv.), fut sénéchal de la sgrie de Mayré, épousa vers 1600 Françoise DEGUILLES et fut père de :

5. — **Bonneau** (Pierre), sr des Iles et de la Garette, avocat en Parlement et procureur du Roi en l'Hôtel-de-Ville de Niort, fut nommé maire de cette ville le 11 juin 1660, et prit par droit de chaire, le 6 sept. suivant, la place d'échevin, vacante par la mort de François Assailly; le 3 sept., il avait fait au greffe de Niort déclaration de vivre noblement. Il mourut dans les premiers mois de 1672.

Pierre avait épousé, le 13 juin 1633, Antoinette DABILLON, fille de François, sr de Pascouinay, et d'Antoinette Rochereuil.

Il laissa pour enfants : 1° FRANÇOISE, née le 27 mars 1634 (N.-D. de Niort); 2° CÉSAR, né le 5 sept. 1635 (id.); 3° PIERRE, qui suit; 4° THÉODORE, née le 14 mai 1640, mariée, le 10 déc. 1659, à Pierre Huguetcau, sr de la Pivardière, conseiller au siège de Niort; 5° FRANÇOIS, né le 14 juin 1641 (N.-D. de Niort); 6° ANDRÉ, né le 26 sept. 1643 (id.); 7° CHRISTOPHE, né le 21 oct. 1644; 8° LOUISE, née le 5 avril 1646, religieuse; 9° JOSEPH, Ec., sr de Norron, né le 13 sept. 1647, eut de Anne GRANIER DE MAULÉON, sa femme, une fille, PERRINE, baptisée à Chenay le 16 août 1672 (Reg. de Chenay); 10° LOUIS, né le 6 nov. 1649; et peut-être 11° ELISABETH, mariée, vers 1660, à Pierre Follet, dont elle était veuve en 1668. Son fils se portait en 1668 héritier de François Dabillon.

6. — **Bonneau** (Pierre), Ec., sgr de la Moye, naquit le 15 mars 1638; épousa, le 15 avril 1660, Françoise ROUGEON, fille de Léon et de Françoise Averry. Ils moururent sans postérité? (N. Bonneau.)

§ II. — BRANCHE DU CHESNE, DU COLOMBIER, ETC.

4. — **Bonneau** (Pierre), sr de St-Jacques, fils puîné de François, sr de la Béraudière, et de N... Auditeau (3e deg. du § I), épousa vers 1600 Susanne MIGAULT, et en 2es noces Elisabeth MÉLIN. Il habitait Exoudun et laissa pour enfants du 1er lit : 1° PIERRE, qui suit; et peut-être du 2e : 2° DANIEL, qui assistait, le 2 sept. 1654, comme oncle de la future, au contrat de mariage de sa nièce Catherine avec Léon Bellin. Il épousa en 1641 Jeanne DURIVAULT, et eut un fils nommé JEAN; Daniel était marié en 2es noces, avant le 23 juin 1664, à N... FERRUYAU, fille de Pierre et de Louise Berland.

3° PAUL, 4° MARIE, qui épousa Jacques Berland vers 1640; 5° JEHAN, marié, le 5 oct. 1644, à Esther BELLIN, fille de Jean, sr de la Boutaudière, et de Catherine Lévesque (Biraud, notre à Pamproux). On trouve aussi : 6° ELISABETH, mariée d'abord à Jean Lévesque, puis, le 3 déc. 1631, à François Texier, sr de la Caillerie; enfin le 28 avril 1644, à Louis Régnier, sr de la Peschellerie.

5. — **Bonneau** (Pierre), sr du Chesne, épousa, le 21 mai 1628 (Challot, notre à la Mothe), Jeanne BERLAND, fille de Jacques et de Marie Tastereau, et fut père de : 1° DANIEL, médecin ordinaire du Roi; il se maria à Paris et laissa une fille, morte sans alliance à St-Germain-en-Laye; 2° JACQUES, qui suit; 3° PIERRE, rapporté au § III; 4° ELISABETH, mariée avant 1654 avec André Rivet, sr de la Coussaie; elle fut inhumée à la Mothe-St-Hérayc, le 10 nov. 1685; 5° MARGUERITE, mariée, le 27 sept. 1654 (Robin, notre à St-Maixent), à Léon Bellin, sr de la Liborlière, en présence de Jacques et Jean ses frères, Daniel et Jehan Bonneau ses oncles, Léon Bonneau son cousin germain, et Jacques Bonneau son cousin; 6° JACQUETTE, mariée, le 12 janv. 1667, à Philippe Chalmot, Ec., sgr du Breuil (Tastereau et Guillon, notres à la Mothe-St-Hérave); 7° JEAN, décédé avant 1667 ? car il ne figure pas dans l'acte du 29 avril 1667, par lequel son père partage ses biens entre ses enfants.

6. — **Bonneau** (Jacques), sr du Chesne et du Colombier, avocat en Parlement, sénéchal du marquisat de la Mothe-St-Hérave, épousa à Poitiers, le 21 mai 1657, Susanne DE LUGRÉ, fille de Pierre, docteur-régent de la Faculté de médecine de Poitiers, et de feu Madeleine Herbault. Il fut inhumé à la Mothe le 13 mars 1695 ; il était âgé de 60 ans. Il eut pour enfant :

7. — **Bonneau** (Jacques), Ec., sr des Marais, naquit en 1662, était licencié en 1684 et obtint une commission de capitaine au régiment de Picardie le 20 oct. 1690. Il était passé dans celui de Boulonais lorsqu'il épousa, le 23 fév. 1694 (Rigault, notre à Celles), Elisabeth CHABOT, fille de Jacques, sr de Moulin-Neuf, et de Jeanne Rivet. En 1695, il était gouverneur du château, haute et basse ville de Lusignan, gendarme de la garde du Roi le 4 oct. 1698, et maître d'hôtel du prince de Condé le 26 avril 1702, au lieu de François Petit, sr de Boisgarnier. Il est mort le 30 déc. 1736, âgé de 75 ans, laissant pour enfants : 1° JACQUES, baptisé le 9 juin 1695; 2° ABRAHAM, baptisé le 8 janv. 1713, morts en bas âge; 3° ANNE-MARIE, née en 1706, mariée, le 4 févr. 1738 (Reg. de la Mothe-St-Hérave), avec Joseph-Marie Esperon de Beauregard, Ec., trésorier de France au bureau des finances de Poitiers. Elle est décédée, âgée de 70 ans, à Poitiers, et fut inhumée psse de St-Didier, le 8 févr. 1776.

§ III. — BRANCHE DE LA TOUCHE, DU CHESNE, DE BEAUREGARD.

6. — **Bonneau** (Pierre), Ec., sr de la Touche, *aliàs* la Touche-Millet, fils puîné de Pierre, sr du Chesne, et de Jeanne Berland (5e deg. du § II), fut secrétaire du Cte de Parabère, lieut.-gal pour le Roi en Poitou, et gendarme de la garde du Roi; il épousa à Poitiers (la Celle), le 23 juin 1661, Marie FRETÉ, qui mourut le 26 févr. 1682. Il fut inhumé le 26 mars 1695, étant âgé de 58 ans. (Reg. de la Mothe-St-Hérave.) Il laissait : 1° ETIENNE, chanoine de Menigoute, signait comme tel un bail à ferme le 3 nov. 1732; 2° LOUIS, qui fut chanoine de la même église; 3° JEAN, qui suit; 4° PIERRE, tige de la branche de la Touche, rapportée au § V; 5° CHARLES, sr du Breuil, recevait, le 8 déc. 1700, de plusieurs personnes des reconnaissances de rentes. Il est qualifié de capitaine de grenadiers, dans un acte de baptême du 29 juin 1705. (Reg. de la Mothe.) Le 20 janv. 1699, il épousa Geneviève CAILLON, fille de Pierre et de Jeanne Sarson (Reg. de Salles); 6° JEANNE, baptisée le 28 août 1679, épousa, le 16 janv. 1697 (Tastereau, notre à la Mothe), Louis Legrand de Jouslard, Ec., sgr de Montaillon; 7° MADELEINE, mariée avec Samuel Deniveaue le 15 sept. 1699, fut marraine le 12 déc. 1698 ; elle est dite dans l'acte Bonneau de *Tresmont* (Reg. de la Mothe); et plusieurs autres enfants morts en bas âge.

7. — **Bonneau** (Jean), sr de Clérimault, docteur en médecine, naquit le 4 janv. 1667; épousa, le 15 nov. 1688, Susanne FRETÉ, fille d'Hélie, sr de Norbonneau, et de Catherine Desnoues, qui mourut le 18 sept. 1698, ayant eu : 1° MADELEINE, baptisée le 6 nov. 1690, mariée, le 23 oct. 1713 (Tastereau, notre à la Mothe), avec Michel Boujeu, sr de la Verguaye, élu à St-Maixent; elle se remaria à St-Maixent, le 25 fév. 1721, à Louis Depetit, Ec., sgr de la Salle, Chev. de St-Louis, et mourut au même lieu le 2 mai 1742; 2° CATHERINE, baptisée le 30 avril 1693, mariée, le 6 nov. 1713, à Claude Guillemeteau, sr de Belair (Reg. de la Mothe); elle mourut à Courbillac (Saintonge) le 12 oct. 1730; 3° PIERRE, qui suit.

Jean, devenu veuf, épousa successivement, le 4 sept. 1699 (Marot, notre à Poitiers), Elisabeth RIOT, fille de Pierre, sr de Chaulnes, et de Marguerite de Bideran, qui décéda le 15 juill. 1723, et enfin le 21 avril 1730 (Decressac, notre à Poitiers), Catherine DE LA PORTE, fille d'Isaac, sgr de Boucœur, greffier des présentations, et de Jeanne Jouard; lui-même mourut le 20 avril 1744, laissant de son 3e mariage (il n'avait pas eu d'enfants du second) : 4° JEANNE-LOUISE-CATHERINE, mariée avec Jacques Chevalier, doyen de l'Université de Poitiers; 5° JEAN-GABRIEL, tige de la branche de la Touche, rapportée § IV.

8. — **Bonneau** (Pierre), sr du Chesne, fut baptisé à la Mothe le 26 sept. 1694, reçu avocat en Parlement le 17 juil. 1717, et acquit, le 25 janv. 1723, la charge de cer du Roi, lieut.-gal civil et criminel au bailliage et siège royal de Lusignan. Il épousa en 1723 (Debussar, notre en Angoumois), Marie-Madeleine GUILLEMETEAU, fille de noble homme Daniel-François, sr des Esses, et de Susanne-Antoinette Pocque d'Odelan, laquelle était veuve de Philippe de Chièvres, Ec., sgr de St-Martin. Il mourut le 8 mars 1766, et sa femme le 27 août 1780, ayant eu dix enfants, presque tous morts en bas âge, sauf : 1° GABRIEL-BENOIT-MARIE, qui suit; 2° ANGÉLIQUE-BARBE-MARTHE-ROCH, baptisée le 22 juin 1733, religieuse aux Dames Hospitalières de l'Hôtel-Dieu de Lusignan, et décédée au même lieu le 28 mai 1758 (Reg. de Lusignan); 3° FRANÇOISE-SCHOLASTIQUE, née à Lusignan le 26 juin 1736, y épousa, le 18 déc. 1756, Pierre de Chièvres, Ec., capitaine au régiment de Rouergue-Infanterie, son cousin issu de germain.

9. — **Bonneau** (Gabriel-Benoît-Marie), sr du Chesne et du Retail, naquit à Lusignan le 11 févr. 1732, fut reçu avocat au Parlement de Paris le 12 janv. 1767, pourvu, le 21 du même mois, de l'office de lieutenant-général au siège royal de Lusignan, puis maire perpétuel de cette ville par suite de la mort de son père. Après la suppression de sa charge, il devint juge au tribunal du district de Lusignan et se retira peu après à Courbillac en Angoumois, où il mourut le 27 mars 1808. Le 9 août 1768, il avait épousé (Baraton, notre à Champdeniers) Marie-Anne GUILLON DE LA PALINIÈRE, fille de feu Pierre et de feu Marie-Brigitte Baubeau de la Gesnière, dont : 1° JACQUES-GABRIEL-MADELEINE, né à Lusignan le 22 juill. 1769, licencié en droit le 29 août

1789, capitaine au 2e bataillon des Volontaires de la Vienne (sept. 1792), adjudant général (15 oct. 1793), mort à l'hôpital d'Avesne, des suites de ses blessures (23 oct. 1793); 2° MARIE-ANNE-FÉLICITÉ, née à Lusignan le 6 juil. 1770, mariée, le 10 janv. 1792, à Jean Babinet, ancien conseiller au Présidial de Poitiers; 3° PIERRE, qui suit; 4° JEAN-BAPTISTE, de la Genière, né le 7 avril 1776, mort le 25 oct. 1782.

10. — **Bonneau du Chesne de Beauregard** (Pierre), né à Lusignan le 15 mars 1772, officier d'artillerie, épousa, le 27 nivôse an VII (16 janv. 1799) (Conjour, notre à Poitiers), Louise-Luce MALLET DE FOIS, fille de Jean, ancien conseiller au Présidial de Poitiers, et de Marguerite Chartier du Breuil; leurs enfants furent : 1° MODESTE-FLORENT, qui suit; 2° ANNE, décédée célibataire, à Poitiers, le 18 mars 1838; 3° LUCE-MODESTE, mariée, le 3 août 1829, à Joseph Babinet.

11. — **Bonneau du Chesne de Beauregard** (Modeste-Florent), né à la Rondelle le 5 frimaire an X (26 nov. 1801) (Reg. de Frozes), épousa au chât. de Ste-Verge (D.-Sèv.), le 29 déc. 1829, Jenny-Aimée-Emilie GUENYVEAU DE LA RAYE, fille de Nicolas, et d'Aimée-Clotilde Foucqueteau de Mortiers (Bellard, notre à Thouars), dont : 1° PIERRE-JULES, qui suit; 2° FLORENT-JOSEPH-LÉONCE, né à la Rondelle le 6 mars 1833, marié au chât. de Castets en Dorthe (Gironde), le 10 janv. 1866, à Marie-Alice-Suzanne DU HAMEL, fille du Cte Octave, et de Marie-Lydie de Magne (Peyres, notre à Castets). Elle est décédée à Poitiers le 2 mai 1886, laissant pour enfants : *a*. MARIE-MARGUERITE, née à Castets le 2 avril 1867, mariée à Poitiers, le 1er juil. 1886, à Henri Gaborit de Montjou; *b*. LOUIS-MARIE-ROGER, né à Poitiers le 28 août 1869; *c*. JEANNE-MARIE, née à Poitiers le 11 mai 1876.

12. — **Bonneau du Chesne de Beauregard** (Pierre-Jules), né à la Rondelle le 6 févr. 1831, épousa, le 14 nov. 1866, au chât. de Gabarret (Hte-Garonne), (Germain, not" à St-Gaudens), Sophie DURAN DE LAUVERGNAT, fille de feu Marcellin, et de Christine Rozier, dont : 1° HENRI, né à Poitiers le 5 oct. 1867; 2° MARIE, née à Poitiers le 20 janv. 1871; Mme de Beauregard est décédée le 13 août 1889, au chât. de Gabarret.

§ IV. — PREMIÈRE BRANCHE DE **LA TOUCHE**.

8. — **Bonneau** (Jean-Gabriel), sr de la Touche, fils puîné de Jean, sr de Clérimault, et de Catherine de la Porte, sa 3e femme (7e deg. du § III), naquit le 10 janv. 1735, fut avocat en Parlement, conseiller du Roi, rapporteur au point d'honneur du tribunal des maréchaux de France; épousa en 1753 Jeanne-Madeleine-Marie POULET, dont : 1° CATHERINE, mariée, le 1er sept. 1778, à Louis-Jean Ferruyau, Ec., trésorier de France à Poitiers; 2° JEAN-GABRIEL, qui suit.

9. — **Bonneau** (Jean-Gabriel), Ec., sgr de la Touche, trésorier de France à Poitiers, en 1785, ayant épousé Adélaïde-Charlotte-Elisabeth MOURAIN DU PATY, fille de Joseph-Louis-Félix, et de Jeanne Mourain, en a eu : 1° ARMAND-MARIE, né en 1794, marié en juil. 1824 à Nanine SARREBOURSE D'HAUTEVILLE, morte à Paris le 23 août 1855, sans postérité; 2° MARCEL, mort sans alliance; 3° FÉLIX, qui suit.

10. — **Bonneau de la Touche** (Félix), garde du corps, épousa à Nantes, en déc. 1824, Aurélie SARREBOURSE D'HAUTEVILLE, et fut père de : 1° MARIE, célibataire; 2° AURÉLIE, femme de N... Piet de Boisneuf.

§ V. — DEUXIÈME BRANCHE DE **LA TOUCHE**.

7. — **Bonneau** (Pierre), sr de la Touche, 4e fils de Pierre, et de Marie Freté, rapportés au 6e deg. du § III, était, le 23 sept. 1702, syndic perpétuel de la psse de Salles, et fut plus tard lieutenant-colonel de la milice; il épousa Marie CAILLON, morte à 31 ans, le 22 nov. 1706, et lui-même décéda le 19 déc. 1732, à l'âge de 61 ans (Reg. de Salles), laissant pour enfants : 1° MARIE-GENEVIÈVE, baptisée le 4 juil. 1697, et mariée, le 22 juil. 1715, avec Charles Bricault de Verneuil, lieut.-général de police à Civray (Reg. de Salles); 2° PIERRE, qui suit; 3° ELISABETH-RADÉGONDE, baptisée le 11 juin 1706, et mariée, le 21 juin 1723, à Gabriel de Sauzay, Ec., sgr du Breuil-Mayrault.

8. — **Bonneau** (Pierre), sr de la Touche, né le 11 mars 1700, se maria à Celles, le 14 juin 1723, avec Marie CHABOT, fille d'Abraham, sr de Boisrenoux, et de Françoise Pérot (Boifard, notre à St-Maixent); il mourut le 29 sept. 1734, laissant pour enfants : 1° JEANNE-FLORENCE, née le 3 avril 1726, qui figure avec son mari, le 15 oct. 1758, au contrat de mariage de Pierre-Alexandre, son frère; elle avait épousé Jean-Louis Depetit de la Salle, Chev. de St-Louis, capitaine de cavalerie, un des inspecteurs de la maréchaussée de France; 2° PIERRE-ALEXANDRE, qui suit; et d'autres enfants morts en bas âge.

9. — **Bonneau** (Pierre-Alexandre), sr de la Touche, naquit le 9 avril 1730, avocat en Parlement, prêta serment de lieutenant particulier et assesseur civil et criminel à Châtellerault, le 21 avril 1758. Il épousa, par contrat du 15 nov. 1758, Marie-Anne-Radégonde LAMBERT, fille de François, président du grenier à sel de Mirebeau, et de Geneviève Condonneau. Pierre-Alexandre était décédé avant le 31 mai 1766, date de l'inventaire de sa succession mobilière; il eut un fils, LOUIS, mort à 9 ans et inhumé à St-Didier le 6 mai 1773, et une fille, MARIE-ANNE-ROSALIE, mariée, le 3 nov. 1782 (Bouthet-Durivault, notre à Mirebeau), à Louis-Charles de Fouchier, Ec., ex-officier au bataillon de Poitou.

§ VI. — BRANCHE DE **Ste-CATHERINE, LANGEVINERIE**, ETC.

4. — **Bonneau** (Jean), sr de Ste-Catherine, fils de François, sr de la Béraudière, et de N... Auditeau (3e deg. du § I), juge sénéchal de la sgrie d'Annemarie, épousa, vers 1600, Delphine PELLERIN, fille de Jean, sénéchal de Chef-Boutonne, et de Madeleine de St-Aignant, comme il ressort du partage (12 fév. 1641) de leurs successions (Poitevin, notre à St-Maixent), entre leurs enfants qui furent : 1° JEANNE, mariée à Gabriel Chémerault, sr de Pousay ou Pioușay, le 5 déc. 1622 (Poitevin, notre à St-Maixent); 2° CATHERINE, qui épousa, le 19 janv. 1626 (même notaire), Paul Gogué, avocat à St-Maixent; 3° MATHIEU, marié, le 20 janv. 1630 (Texier, notre à St-Maixent), à Florence BARDON, fille de Pierre, sr de la Grange, et de Catherine Chalmot; 4° JACQUES, qui suit.

5. — **Bonneau** (Jacques), sr de Maintru et de Langevinerie, épousa, le 4 août 1641 (Poitevin, notre à St-Maixent), et au temple, le 28 sept., Florence BOUSSENEAU, fille de feu François, sr de la Bertaudière, et de Jeanne Bardon; était en 1658 greffier en chef du siège

royal de St-Maixent, dont il devint plus tard le lieutenant criminel, et abjura le protestantisme ; mais ayant rédigé et signé un mémoire par lequel les nouveaux convertis demandaient à retourner à l'exercice de la religion protestante, il fut déclaré incapable d'exercer aucune charge, et banni pour 3 ans du royaume. Sur la demande de Mme de Maintenon, à laquelle il était allié, il obtint du Roi, le 14 fév. 1683, d'être relevé de ces condamnations. Il fut père de : 1° Louis, qui suit ; 2° Elisabeth, mariée, le 9 oct. 1687, à Hercule Peign, sr de la Blanchardière, avocat en Parlement ; 3° Jeanne, mariée à Pierre Rivet, sr de la Garde ; 4° Catherine, mariée, le 8 juil. 1677, à André Brigault, sr de la Chauvinière, puis en 2es noces à Pierre Cochon, sr de la Bégaudière, lieut. particulier et assesseur à Niort ; 5° Jacques, sr de Maintru et des Cervetières, né en 1655, avocat en Parlement, conseiller au siège royal de St-Maixent le 23 août 1689, lieutenant-gal au même siège le 15 juin 1696, décédé le 31 juil. 1707. Il avait épousé, le 4 sept. 1701, Catherine Picoron de la Tour, fille d'Auguste, gouverneur du chât. de St-Maixent, dont il eut trois filles : *a.* Jacquette-Catherine, née le 31 janv. 1704 ; *b.* Marie-Louise, née le 4 août 1705 ; *c.* Elisabeth-Cécile, née le 17 août 1707 ; l'une d'elles épousa Louis Chaigneau, sr du Courtiou.

6. — **Bonneau** (Louis), sr du Vignault, Seneuil, Lange et Leigné, fut successivement lieut. au régiment du Roi, lieutenant criminel au siège royal de St-Maixent et greffier de la haute justice de la Bnie de Cherveux. Il épousa, le 10 août 1676 (Le Laurière, notre à Cherveux), Marie de Lestang, fille de feu Gédéon, Ec., sgr de Furigny, et de Marie Gourdry de Puyraveau, dont il n'eut que :

7. — **Bonneau** (Louis), sr de Lange, des Cervetières, Leigné, etc., naquit en 1678, fut inscrit dès l'âge de 3 ans, avec ses père et mère, sur la liste des nouveaux convertis ; le retour de son père au protestantisme lui ferma toutes les carrières. Il épousa, le 4 août 1704 (Thibault, notre à Cherveux), Marthe Rouget, fille de François, échevin et procureur en l'élection de Niort, et de Françoise Texier, et mourut en juil. 1740, laissant : 1° François-Etienne, sr des Cervetières et de Leigné, né en 1712, avocat en Parlement, fut juge sénéchal de l'abb. de St-Maixent, assesseur au siège royal de cette ville en 1765, échevin de 1768 à 1770, fut installé avocat du Roi, le 13 juil. 1750, charge qui fut supprimée en 1765 (M. A. O. 1869, 433, 447) ; marié, le 3 mai 1740, à Louise-Renée Agier, fille de François, sr de Grand-Champs, lieutenant criminel à St-Maixent, et de Françoise Bernardeau de la Briandière, il n'en eut pas d'enfants ; 2° Louis, sr de la Garongerie, dont la fille unique épousa Laurent Cochon, sr d'Alincourt ; 3° Pierre sr de Boisse, prieur de Breloux, mort en 1746 ; 4° René-Elysée, sr de la Goitrie, marié à Jeanne Pallardy, fut père de Pierre-Elysée, avocat au siège royal de Niort, mort le 8 oct. 1789, laissant, de Marie Chevallereau deux filles : Jeanne, mariée à Louis de Méré, et Sophie, femme de Isidore Petit.

5° Charles, sr de Bessé, marié en 1753 à Catherine Pérot de Belisle, fille d'Abraham et de Catherine Poudret de Sepvret, dont Louis-Julien, greffier au siège royal de Niort, marié en 1786 à Marie Bounolleau, et mort en 1818, laissant Marie-Marguerite, mariée à Claude-Alexandre Rodier, Chev. de la Légion d'honneur, maire de Marans, conseiller général, etc.

6° Françoise, femme de Pierre Orry, procureur en l'élection de St-Maixent ; 7° Jacques, qui suit.

8. — **Bonneau** (Jacques), sr de Langevinerie et du Peux, garde du corps du Roi, épousa, le 18 mai 1739 (Daubigné, notre à St-Christophe), Marie Mangou, fille de Louis, sr de la Pergellerie, subdélégué de l'intendant du Poitou, échevin de Niort, et de Renée Pilot de la Geneste. Il est mort le 27 juin 1770, laissant : 1° François, sr de la Marcelle, né au Peux en 1742, religieux génovéfain, prieur de Germon ; ayant refusé le serment de la Constitution civile du clergé, fut arrêté à Niort et déporté à Pampelune. Il mourut à Faliés (Navarre), le 25 nov. 1800, au moment de rentrer en France ; 2° Louis, qui suit ; 3° Marie, née en 1743, mariée, en 1774 à Pierre-Paul Corbin de St-Hilaire, décédée le 17 avril 1779 ; 4° François-Constant, tige de la branche de Langevinerie, rapportée au § VII.

9. — **Bonneau** (Louis), sr du Pairé, maire de Breloux, épousa, le 10 janv. 1767, Marie Devallée de la Brumaudière, dont : 1° Louis-Marie, époux de Marie-Louise Devallée de la Brumaudière, dont une fille, Angèle, mariée à son cousin Gaspard-Constant Bonneau (10e deg. § VI) ; 2° Charles-Constant, qui suit.

10. — **Bonneau** (Charles-Constant), maire de Breloux, qui de Jeanne Brée, son épouse, laissa : 1° Louis-Pascal, époux de Jeanne Rivet, mort sans postérité ; 2° Gaspard-Constant, marié à Angèle Bonneau, sa cousine, fille de Louis-Marie et de Marie-Louise Devallée de la Brumaudière (9e deg., § VI), dont il n'eut pas d'enfants ; 3° Adèle, femme d'Adolphe Maynier.

§ VII. — Branche de LANGEVINERIE, Comte romain.

9. — **Bonneau** (François-Constant), fils de Jacques et de Marie Mangou (8e deg. du § VI), épousa, le 30 janv. 1775 (Bion, notre à Niort), Catherine-Françoise Chabot de la Gerbaudie, fille de Jean-Baptiste, marchand et juge consul, et de Marguerite Pérot de Belisle, dont : 1° Louis-François-Pierre-Marguerite, maire, juge de paix du canton de Prahec, cer général des Deux-Sèvres, épousa Marie Bouhault des Harpents, dont : *a.* Victor, mort célibataire ; *b.* Louise, mariée à Etienne Corhin.

2° Marguerite-Bénigne, décédée sans alliance ; 3° Françoise-Marguerite-Lucile, mariée à Joseph Minault Maisonneuve ; 4° François-Victor, qui suit.

10. — **Bonneau** (François-Victor), né à Niort le 10 août 1795, fut longtemps membre du conseil municipal de Niort, adjoint en 1845, maire provisoire en 1847 ; a épousé, le 21 oct. 1821 (Bourbeau, not. à Poitiers), Julie-Hermance Pavie, fille de Jean-Joseph, président du tribunal de commerce de Poitiers, et de Rose-Madeleine Parthenay, dont : 1° Louis-Alfred, qui suit ; 2° Madeleine-Marguerite-Victorine-Emma, morte le 14 oct. 1825.

11. — **Bonneau** (Louis-Alfred), né à Niort le 23 mars 1823, créé Chev. de l'ordre de St-Sylvestre et Comte romain à titre héréditaire par S. S. le pape Léon XIII (bref du 4 févr. 1881), « en récompense, y est-il dit, des services rendus à l'Eglise par sa famille pendant plus de deux siècles, et afin de faire briller d'un lustre nouveau une noblesse déjà ancienne ». Le Cte de Bonneau a publié : 1° L'*Armorial des maires de Niort* (Mém. Stat. des D.-Sèv.) ; 2° la *Vie de Mme Bonneau de Rubelles, dame de Beauharnais et Miramion*, ouvrage couronné par l'Académie française en 1868, ainsi que 3° la *Vie de la duchesse d'Aiguillon, nièce du cardinal de Richelieu*, en 1879 ; 4° la *Vie de Fernand Caballero*, romancier espagnol ; 5° *Vies des neveux*

du cardinal de Richelieu. Il est décédé à Nice en janv. 1889.

Il avait épousé (contrat du 15 fév. 1846) Elisabeth-Emma-Laure AVENANT, fille de Jacques et d'Adèle Pavie, dont : 1° LOUIS-VICTOR-ALFRED-GAUDENT, né à Angers le 7 janv. 1847 ; 2° MARGUERITE-LAURE-ROSE-HERMANCE, née le 15 sept. 1850, mariée, le 5 juil. 1869, à Ernest Bellanger du Bocage, secrétaire d'ambassade, morte le 21 mai 1870.

BONNEAU ou **BONNAUD**. — Famille de l'échevinage de Poitiers qui a donné un maire en 1495.

Blason : d'azur à la fasce d'argent chargée de 3 roses de gueules boutonnées d'or, accompagnées de 3 étoiles d'or posées 2 et 1. (Arm. des maires.)

Bonneau (Regnault) arrentait, le 24 sept. 1376, de Geoffroy Prévost dit la Grollière, une maison près l'hôtel du Pin, sise à Poitiers, en la rue qui conduit de la Regratterie à Tranchepied (rue du Moulin-à-Vent). (Arch. Vien. Chap. de N.-Dame.)

Bonneau (Regnaud), clerc à Poitiers, vend, le 12 févr. 1380, à Guyot Trousse tous ses droits sur le fief de Bougeville, dépendant du prieuré de Vouneuil près Poitiers. (Arch. Vienne, abb. de St-Cyprien.)

Bonneau (Pierre), chanoine de Notre-Dame-la-Grande, le 5 juil. 1452. (Arch. Vien. Chap. de N.-Dame.)

Bonneau ou **Bonnaud** (Aimery), prêtre, chapelain à Ste-Opportune, se démit en faveur de son neveu JEAN Bonneau, sous-diacre, le 31 juil. 1456. (D. F. 19.)

Bonneau (Nicolas) était échevin de Poitiers en 1469. (Arch. Vienne.)

Bonneau (Charlot), bourgeois de Poitiers, rend aveu de l'hôtel de Mortier, le 8 févr. 1487, à Guillaume Rogre, abbé de St-Hilaire de la Celle, tenu à hommage lige, au devoir d'une paire *de fins gants de chevrotin, noirs par le dessus.* Le 25 janv. 1499, il en rend un autre : il était alors échevin. (Arch. Vienne, St-Hilaire de la Celle.)

Bonneau (Jean), procureur, fondateur des *Octaves* de la Conception N.-Dame, en l'église de Ste-Opportune de Poitiers, mourut le 15 nov. 1475.

Bonneau ou **Bonnaud** (Charles) fut maire de Poitiers en 1495 et mourut échevin en 1501. Il fut inhumé à Ste-Opportune. (D. F. 34.) Il avait rendu un aveu au Roi le 10 mai 1490 pour son fief de la Grimouardière, p^sse^ de Montamisé, et est cité dans des actes des 23 sept. 1491 et 14 sept. 1493. (Orig. c. par M. Bonneau de Beauregard.)

Bonneau ou **Bonnaud** (Louis), échevin de Poitiers, 1501. (Registre des délibérations.)

Bonneau (Noël), échevin de Poitiers, 1511. (Id.)

Bonneau (Pierre), échevin à Poitiers en 1586, 1589. (Id.)

BONNEAU A POITIERS, S^r^ DE BEAUREGARD, DE LA CHAGNÉE, LA RONDE, MONTBRILLAIS. — Une branche, dit-on, à St-Germain-sur-Vienne.

Blason. — Peut-être, d'après une note : de..... à une fontaine de.... accompagnée de 2 étoiles de.... en chef.

Bonneau (Claude), s^r^ de Beauregard, lieutenant en l'élection de Poitiers, eut pour fille CLAIRE, marraine à St-Porchaire de Poitiers le 29 août 1548.

Bonneau (David), noble homme, épousa Françoise VIDARD, dont MARGUERITE, baptisée à Ste-Opportune de Poitiers le 11 avril 1588.

Bonneau (Claude), enquesteur à Poitiers, était parrain à St-Didier le 17 nov. 1565 ; marié à Jacquette LAURENT, il eut : JACQUES, baptisé à St-Porchaire le 19 août 1568.

Bonneau (Charlotte), veuve de Jean Bonény, s^r^ de la Mérolière, fut marraine à St-Didier le 28 nov. 1566.

Bonneau (Claude), s^r^ de Beauregard, avocat, puis conseiller et lieutenant en l'élection de Poitiers, fut parrain à N.-Dame de Niort le 14 avril 1578, à St-Porchaire de Poitiers le 26 oct. 1593 et le 30 mars 1598, et encore à St-Jean-Baptiste le 11 juin 1583. Il épousa Renée COYTARD, dont : 1° CLAUDE, né le 27 nov. 1585 ; 2° CLAIRE, née le 11 mars 1589, qui eut pour parrain Daniel Coytard, lieutenant aux élus, et pour marraines CLAIRE et MARIE Bonneau ; elle a été elle-même marraine à St-Porchaire les 2 mars 1602 et 2 fév. 1608 ; 3° JEAN, né le 17 juil. 1592 ; 4° MARIE, née le 13 avril 1594 ; 5° LOUIS, né le 14 oct. 1595, fut parrain le 6 nov. 1602 à St-Porchaire : tous baptisés à St-Porchaire, ainsi que 6° MAURICE, né le 13 sept. 1597, dit fils de Bonaventure ? Bonneau, lieutenant aux élus, et de Renée Coutard ? Coytard.

Bonneau (Pierre), avocat au Présidial de Poitiers, fut parrain à St-Didier le 2 janv. 1583.

Bonneau (Claude), Ec., s^r^ de la Chagnée, conseiller en l'élection de Poitiers, obtint en 1630 de l'évêque de Poitiers permission de construire un four à la Ronde, près Dissais (Vienne). (Arch. Vienne, G. 8.) Marié à Françoise CHAUBIER, il en eut : 1° JEAN, baptisé le 2 sept. 1618 : parrain JEAN Bonneau, chanoine de Ste-Radégonde, qui l'avait déjà été le 4 oct. 1616 ; 2° NICOLAS, né le 6 sept. 1620 : marraine MARIE Bonneau ; 3° CLAUDE, né le 12 déc. 1621, qui suit ; 4° JACQUES, né le 28 nov. 1622 ; 5° PIERRE, né le 2 mai 1625 ; 6° MARIE, née le 16 févr. 1634 ; 7° JACQUETTE, née le 28 oct. 1638 ; 8° autre JACQUES, né le 8 févr. 1641 : tous baptisés à St-Jean-Baptiste ; plus 6 enfants nés à Dissay. (Reg. paroissiaux).

Bonneau (Claude), Ec., sgr de la Chagnée, c^er^ en l'élection de Poitiers, vendait en fév. 1663, comme héritier de son père Claude, une rente de 29 liv. 6 sols à Charles Lecouturier de Longchamps, en présence de Louis Bonneau, Ec., sgr de la Ronde (Bourbeau, not. à Poitiers). Il présenta requête au bureau des finances de Poitiers, le 29 avril 1655, en remboursement de son office supprimé.

Bonneau (Louis), Ec., sgr de la Ronde, épousa Marguerite BAUDRY, dont, entre autres, enfants MARGUERITE, mariée, le 26 avril 1667, à Louis de Beauvollier, Chev., sgr des Mallardières, veuf de Renée de Sazilly.

Nous classons dans ce § les noms qui suivent, en raison de ce qu'ils sont mentionnés dans les actes de l'état civil de Poitiers, ce qui nous fait supposer qu'ils appartiennent à des membres de la famille Bonneau de cette ville.

Bonneau (Marie) est marraine, à St-Cybard, de Pierre Liège, fils de Jean, conseiller au Présidial de Poitiers, le 4 juil. 1637.

Bonneau (Louis) eut de Catherine DE POIX, son épouse, un fils, PIERRE, baptisé à St-Jean-Baptiste, le 1er août 1640.

Bonneau (Madeleine) épouse à Ste-Radégonde, le 8 fév. 1656, Louis Chabot, Ec., sgr d'Ambrie (Amberre ?).

Bonneau (Susanne) épousa François de Marconnay ; leur fils Pierre épouse à St-Porchaire, le 6 juin 1661, Catherine Fradin.

Bonneau (Marie), veuve de Philippe Gillibert, sr de Bonnillet, sénéchal de Montierneuf, est inhumée à Ste-Opportune, en août 1676.

Bonneau (Pierre), diacre et chanoine de Ste-Radégonde, se démet de son canonicat le 6 sept. 1678 pour cause de maladie (Bourbeau. not).

Bonneau (Jeanne) épousa N... de Gennes, procureur au Présidial, dont un fils baptisé à St-Jean-Baptiste le 30 déc. 1688.

Bonneau (Catherine) avait épousé Pierre Liège, sr de la Ménardière, comme il appert du mariage de leur fille Marie avec Mathurin Mangin, Ec., sr de la Ronde, qui eut lieu à Ste-Radégonde le 17 mai 1706.

Bonneau (Marguerite), femme en secondes noces et veuve de Charles de Lage, sénéchal, est inhumée dans l'église de Notre-Dame-la-Petite, le 14 août 1709.

Bonneau (Guillaume). Sa veuve, Jeanne Audinet, est inhumée à St-Germain le 27 fév. 1745.

BONNEAU ou **BONNAULT**, Seigneurs de Purnon (Verrue, Vienne). — Famille originaire de Touraine.

Blason : d'azur à 3 grenades d'or ouvertes de gueules. (Arm. Touraine.)

Noms isolés.

Bonneau (Jacques), lieutenant-général au bailliage de Loudun, fut parrain en 1593 ; il eut sans doute pour filles : 1° Jeanne, mariée à Charles Le Riche, sgr de la Soudrie (d'où un fils né à Loudun en 1616) ; 2° Françoise, marraine de son neveu.

Filiation suivie.

1. — **Bonneau** (Urphin), sieur du Plessis-St-Antoine, procureur au Présidial de Tours. On le dit frère de Jean Bonneau, sr de la Maison-Neuve, sénéchal et maire de Saumur, qui fut anobli en 1587. Urphin épousa à Tours, vers 1560, Anne de la Forge, et fut nommé secrétaire du Roi à Tours, le 20 nov. 1566. Ses enfants furent : 1° Thomas, qui suit ; 2° Claude, sgr de la Roche, magistrat, marié en Touraine à Jeanne de Musset, dont il eut Claude, trésorier de France à Paris, marié, le 9 janv. 1639, à Marie de Gaullepied, dont une fille, Claude, qui en 1662 épousa Jean d'Origny, Ec., sgr de St-Pars.

3° Guionne, mariée à Jean Bernin, Ec., sgr de Valentinay.

2. — **Bonneau** (Thomas), Ec., sgr du Plessis-St-Antoine, de Rubelles, etc., échevin de Tours en 1598 et maire en 1604, épousa Susanne Robin ; il en eut : 1° Jacques, qui suit ; 2° Thomas, Ec., sgr du Plessis, reçu secrétaire du Roi le 7 oct. 1626, fermier général des gabelles à Tours, épousa Anne Pallu des Perrières et du Ruau, dont il eut : *a.* Jean, Ec., sgr du Plessis ; *b.* Michel, Ec., sgr de Valmer, maintenus nobles par lettres de 1671 ; *c.* Marie, qui épousa en 1660 Pierre Mis de Pleurre.

3. — **Bonneau** (Jacques), Ec., sgr de Rubelles, Bellefond, Purnon, etc., secrétaire du Roi, fermier des gabelles, marié en 1618 à Marie d'Ivry, famille des environs de Melun, dont : 1° Toussaint, Ec., sgr de Rubelles, né en 1621, conseiller au Parlement de Paris, père de : *a.* Claude, mariée en 1682 à Balthazard Le Breton Mis de Villandry ; *b.* Marie, mariée, le 11 sept. 1684, à Charles Fortin Mis de la Hoguette ; 2° Thomas, Ec., sgr de Bellefond, né en 1625, mort en 1682 ; 3° Marie, née à Paris le 26 nov. 1629, mariée, le 1er mai 1645, à Jacques de Beauharnais, Ec., sgr de Miramion, cer au Parlement de Paris, qui décéda peu après. Mme de Miramion consacra à Dieu et aux pauvres le reste de son existence, et fonda à Paris la maison de Ste-Pélagie et l'hôpital St-Louis ; elle devint supérieure de la communauté des filles de Ste-Geneviève dites *Miramionnes*, et mourut le 20 mars 1696. On a l'Histoire de sa vie écrite par Choisy, peu de temps après sa mort, et en 1868 par le Cte de Bonneau ; 4° Henri, Ec., sgr de Tracy, né en 1633, tué au siège de Landrecies, en 1655. Il était mestre de camp de cavalerie ; 5° Claude, qui suit.

4. — **Bonneau** (Claude), Chev., sgr de Purnon et de Marsay, né en 1635, mestre de camp de cavalerie, premier maître d'hôtel et chambellan du duc d'Orléans, acquit le château de Marsay de Poligny, et y mourut en 1721. Il avait épousé en 1703 Anne du Tillet, qui fut donataire de son mari et eut le château de Marsay, dont héritèrent MM. Frotier de la Messelière.

BONNEFILLEAU (Jean) était décédé le 15 sept. 1470 ; à cette date, Jeanne Pipière, sa veuve, rendait hommage à l'abb. de Ste-Croix du fief du Pellucher.

Bonnefilleau (Jean), fils du précédent? rendit le 18 août 1480 son hommage à l'abbaye de Ste-Croix, pour ses fiefs de Limbertière et Pellucher, psse de Cloué. (Abb. de Ste-Croix.)

BONNEFONDS (Etienne de) servit comme brigandinier pour Archambault Rataut, à l'arrière-ban du Poitou convoqué en 1488. (Doc. inéd. 184.) Au ban de 1491, il fut reçu en archer et arbalétrier, mais pour cette fois seulement, et il lui fut enjoint de fournir un homme d'armes au premier voyage ; il habitait alors la terre de la Motte-St-Héraye.

Bonnefonds (Huguet de) passe revue comme archer le 16 janv. 1520. (Bib. Nat. Montres et Revues.)

Bonnefons (Claude de), moine et aumônier claustral de l'abb. de St-Cyprien, en 1547, et encore en 1580. Le 12 avril 1574, il anoblit la métairie d'Ecussé, sise paroisse de St-Hilaire à Poitiers. (Arch. Vienne, abb. de St-Cyprien.)

BONNEGENS (de). — Famille de St-Jean-d'Angély.

Blason : d'azur au chevron d'argent, accompagné de 3 étoiles de même, celle en pointe soutenue d'un croissant aussi d'argent.

Bonnegens (Joseph de), sgr de Relay, président, lieutenant-général de la sénéchaussée de St-Jean-d'Angély, vivait en 1700. L'Armorial général lui donne un blason de fantaisie, ainsi qu'à :

Bonnegens (Elie de), lieutenant particulier à St-Jean-d'Angély.

Bonnegens (Jean de), prévôt de la maréchaussée de St-Jean-d'Angély, reçu en 1689, fut maire de cette ville en 1726. Il épousa Blanchefleur Baron, dont : 1° Pierre, qui suit ; 2° Jean, sr d'Aumont ; 3° Jean-Baptiste, sr des Hermitans, conseiller du point d'honneur.

Bonnegens (Pierre de), prévôt de la maréchaussée, épousa : 1° Marie Charier, fille de Charles-Louis, procureur du Roi ; 2° en 1725, Marguerite de Calais, fille d'Alexandre, Ec., sr de Mérillé, et de N...

Chevalier, dont il eut : 1° PIERRE-PAUL, qui suit ; 2° MARQUISE, née en 1726, mariée à Jacques de Gaalon, Ec.

Bonnegens (Pierre-Paul de), Ec., sgr d'Aumont, capitaine d'infanterie, partagea en 1777 la succession de Denis Horric, Ec., sgr de la Courade.

Bonnegens d'Aumont (Joseph de), avocat général à la cour de Poitiers, 1811, président de chambre, 1813, mourut en mai 1825, à St-Jean-d'Angély.

Bonnegens des Hermitans (Jean-Joseph de), lieutenant de la sénéchaussée de St-Jean-d'Angély en 1789, député du Tiers-Etat, fut plus tard président du tribunal, jusqu'en 1821 ; anobli le 4 fév. 1815, il eut de Anne TORCHEBOEUF-LECOMTE :

Bonnegens des Hermitans (Henri-Joseph de), Chev. de la Légion d'honneur et président honoraire du tribunal de St-Jean-d'Angély, décédé le 21 janv. 1890. Il avait épousé Alphonsine GAUTIER, dont entre autres enfants : MARIE-LOUISE-CAMILLE, née le 28 oct. 1840, mariée, le 10 sept. 1861, à Henri-Charles-Auguste-Marie des Bordes de Jansac.

BONNEMAIN. — Famille que nous trouvons en Mirebalais au XVe s^e et que nous croyons depuis longtemps éteinte.

Bonnemain (Nicolas de) fait en 1387 (mars) la vente d'un pré à Denys de Razay.

Bonnemain (Pierre de) avait épousé Jeanne DE LA TOURAINE, fille de Guillaume, Ec., qui était sa veuve dès 1440, et rendait aveu cette année au chât. de Mirebeau de la forteresse du G^d-Parigny, p^sse de Champigny-le-Sec (Vienne), et en 1442, du fief de la Touraine, qui lui était personnel, sis au village de Poix, p^sse de Cuhon (Vienne), et encore en 1456, de l'hôtel de Baudeau, p^sse de Doussay, mouvance de l'hôtel de Terrefort. Leurs enfants furent : 1° PIERRE, qui possédait en 1508 et 1534 l'hôtel de Baudeau, et 2° LYONNET, lequel était dès 1442 propriétaire de celui de la Touraine, et fit aveu de ce fief à Mirebeau en 1462. (B^nie de Mirebeau. M. A. O. 1877, 135, 177, 188.)

Bonnemain (Jean de) rend aveu au chât. de Mirebeau de l'herbergement et forteresse du Grand-Parigny en 1462. Il assista au ban de 1467 comme brigandinier du sgr de L'Aigle.

Bonnemain (Marie de) était en 1446 et encore en 1469 épouse d'Alexandre de Chouppes, Ec., sgr de Chouppes.

BONNERIER.

Bonnerier (René), s^r de Machefer, licencié ès lois, achetait, de concert avec Marsaude LE BRETON, sa femme, le 27 avril 1538, la terre de Targé de René de Bournan.

Bonnerier (Anne) épousa Jean Touret, sgr de Boine, sénéchal du Puy-N.-Dame ; leur fille Marguerite épousa Martial Roquet en 1575.

Bonnerier (Georges), s^r de la Voltrie. Françoise GOUSSÉE était sa veuve en 1669.

Bonnerier (André) était en août 1662 prieur de N.-Dame-du-Bois de Secondigny.

Bonnerier (Pierre) épousa, le 21 juil. 1689, Françoise BASTY, acte passé sous la cour de Moncontour par Devillière, not^re.

Bonnerier (Louis), s^r de la Voltrie, fut poursuivi en 1673 pour avoir chassé sur les terres de Taizé. (Arch. Vienne, N.-Dame-la-Grande.)

BONNESTAT ET BONESTAT.

Bonestat (Pierre) obtient que *l'exoine* (excuse) de son frère ETIENNE fût admise parce qu'il habitait la Sologne à l'époque du rassemblement du ban de 1467.

Bonestat (Olivier) fut, en 1602-1609, receveur général du taillon en Poitou. (M. A. O. 1883, 394.)

Bonestat (Jacques), licencié ès lois et avocat en Parlement, était, le 18 mars 1673, sénéchal de la chât^nie de St-Savin.

Bonnestat (Louise-Sophie) était, le 17 janv. 1728, épouse de Louis-Gabriel Gazeau, Chev., sgr de la Brandanuière.

BONNET ET BONET. — Nom commun à plusieurs familles poitevines.

Noms isolés.

Bonetus, *canonicus*, est le troisième des dix témoins présents à la donation des églises d'Availles-sur-Vienne, faite, vers 1092, à l'abbaye de St-Cyprien par Pierre II, évêque de Poitiers. (D. F. 7. Cart. St-Cyp.)

Bonette, femme de Jean Mareschal, donne au prieuré du Libaud cinq quartiers de terre sis « *juxta terram de Cormeria* ». Son mari et ses enfants ratifient ce don. (Cart. du Libaud, fin du XIIe siècle. A. H. P. 1, 65.)

Bonnet (Renaud) délaisse à l'abbaye de Bourgueil une certaine terre, sise à Vouzailles, qu'un de ses prédécesseurs, qui avait entrepris le voyage de Jérusalem, lui avait engagée pour 80 sous. Ce désistement est ratifié par la femme, la sœur et la fille de Renaud, et par son fils, nommé GARNIER Bonnet, vers le XIIe siècle. (Trincant. — Gén. de la maison de Savonnières.)

Bonnet (Thévenin), bourgeois de Poitiers, était garde du seel établi à Poitiers en 1240. (D. F. 11.)

Bonneti (*Johannes*) est témoin dans une enquête faite vers 1242, relative à ce que Pierre et Hugues d'Allemagne réclamaient d'Alphonse Cte de Poitou la restitution de la maison forte d'Andilly, qui avait été prise sur eux injustement par le Cte de la Marche, et que le Cte de Poitou retenait depuis la dernière guerre. (A. H. P. 7.)

Bonnet (*Johannes*) devait certaines redevances au chât. de Chizé pour des héritages situés *apud Cyconiam* (la Cigogne, D.-S.). Un autre du même nom, ou peut-être le même, habitant le village des Fosses, est également cité dans le censif de Chizé dressé vers 1242. (A. H. P. 7.)

Boneti (*Johannes*) *tenet a domina Ælina omne quod habet in prepositurâ de Maguet ad homagium planum, et ad* XX *solidos placito*. (A. N. J.)

Bonnet (Guillaume) était trésorier de l'Eglise d'Angers en 1288. (Degennes-Sanglier.)

Bonnet ou **Bonet** (Pierre) d'Archigny, clerc, rendait en 1309 hommage à l'évêque de Poitiers, comme sgr de Chauvigny, de plusieurs pièces de terre dans sa mouvance.

Bonnet (Jean), procureur du Roi en la sénéchaussée de Poitiers, fut, le 13 mars 1346, nommé par le Parlement de Paris arbitre entre Nicolas Charron, prêtre, et le sire de Parthenay. Quelque temps après, 18 mars 1348, il fut chargé du gouvernement de la châtellenie de Chantemerle (D.-S.), mise sous la main du Roi, comme étant en litige entre Thibault Chabot et Jeanne Pouvreau, veuve de Guillaume Chabot. (A. H. P. 13.) Dans ces missions et autres qui lui furent confiées et dans l'exercice de ses fonctions, il se rendit coupable de nombreux excès, abus de pouvoir et de malversations ; pour quoi il obtint des lettres de rémission le 15 mai 1350. (A. H. P.)

Bonetus (*Raymundus*), professeur de droit à Poitiers, est témoin d'une transaction passée, le 6 nov. 1343, entre Fort d'Aux, évêque de Poitiers, et Pierre, abbé d'Airvau, au sujet de la cure d'Yray. (D. F. 21.)

Bonnet (Raymond) passa revue comme Ec., le 14 août 1358. (Bib. Nat.)

Bonetus (*Guillelmus*) fut témoin de l'engagement que prit par devant notaires, le 28 sept. 1372, Alain de Beaumont, Chev., capitaine de la ville et château de St-Maixent, de rendre, pour la fête de St Luc évangéliste, à Guillaume, abbé de St-Maixent, les clefs de la porte Charraud, qui avaient toujours été sous la garde de l'abbé. (D. F. 16.)

Bonnet (Etienne) rend en 1402, à cause de Berthomée Brisson, sa femme, aveu du fief de Vignoles au Cte de Dunois, sgr de Parthenay. (G.-G. du Bur. des finances.)

Bonnet (Guillot) fait montre comme archer, le 4 oct. 1410. (Bib. Nat.)

Bonnet (Pierre), valet, rend à Jacques Ier, de Bessay, Ec., sgr dudit lieu, un aveu de l'hôtel des Coteaux-Voillet, sous le scel de Mareuil, 1423. (Gén. de Bessay.)

Bonnet (Arthur), Chev., rend, le 4 mai 1454, aveu au Cte de Richemond pour le fief de la Toux ou la Tour. (G.-G.)

Bonnet (Thévenin), bourgeois de Poitiers. Le 16 avril 1468, Guillemette Giraud, sa veuve, teste en faveur de l'aumônerie de Ste-Marthe. (Arch. Vienne.)

Bonnet (Etienne) servait comme archer le 24 août 1485. (F.)

Bonnet (Bertrand) servait comme archer le dernier fév. 1489. (Id.)

Bonnet, *aliàs* **Brunet** (Pierre), eut de dame Françoise de Ferrière, son épouse, Charlotte, qui épousa vers 1500 François de Brilhac, Ec., sgr de Choisy. (Gén. de Brilhac.)

Bonnet (Grand Jean) servait comme archer le 15 sept. 1506. (F.)

Bonnet (Yves) était archer de la compagnie de M. de la Trémouille le 4 mars 1517. (Id.)

Bonnet (Mathurin) rendit, le 22 mars 1518, un aveu au sgr de la Flocellière. (D. F.)

Bonnet (Jeanne), femme de Jean de Rorthays, Ec., sgr de la Durbellière. Ils reçoivent, le 27 juil. 1524, une quittance de Louis Goulard, Ec., sgr de la Bourbelière, et de Jeanne de Melun, sa femme. (Gén. Rorthays.)

Bonnet (Catherine) paraît comme épouse de Hugues Dubois dans des actes de procédure du 14 juin 1530.

Bonnet (Fazel) fit montre comme chevau-léger, le 7 sept. 1558. (Bib. Nat.)

Bonnet (le capitaine), protestant, s'empare de la ville de Melle dans la nuit du 4 au 5 janv. 1577, en y pénétrant par la brèche faite autrefois par le duc de Montpensier. (J^al Le Riche, 279.) M. de la Fontenelle met en note : « Ce capitaine Bonnet était de la famille du même nom qui existe encore à Melle ».

Bonnet (Gilles), s^r de la Bégaudière, fait, le 28 nov. 1614, opposition à la distribution des deniers provenant de la vente de la seigneurie de la Forest, saisie sur Gilbert Langlois.

Bonnet (Louis), avocat au siège royal de St-Maixent, acheta, par acte du 25 mars 1630 (Foucher, not.), de René Mesmin, l'office de commissaire receveur des saisies réelles dudit siège, pour la somme de 6,027 liv., et le résigna le 5 janv. 1648.

Bonnet (Simon), s^r de la Maison-Neuve, du Petit-Bois, et dame Jeanne Bellin, son épouse, se font une donation mutuelle le 25 déc. 1639. (Olivier, not. à Vivonne.)

Bonnet (Renée), demeurant p^sse de Clussais, (D.-S.), était, en 1667, veuve de N... de Pons, Ec., sgr de la Brunette.

Bonnet (Jeanne), née à la Milière en 1689, fut reçue Sœur converse au couvent des Dominicaines de Poitiers, où elle mourut en 1755.

Bonnet (Jacques), s^r des Forges, assesseur civil et criminel au siège de Montmorillon, épousa Jeanne Goudon de la Lande, qui, avant 1724, était veuve et remariée avec François Goudon. (N. féod. 480.)

Bonnet (N...) épousa François Cœur-de-Roi, s^r de Coignac, dont Marie-Anne-Thérèse, mariée, le 24 avril 1730, à Jacques-Joseph Bonamy, Ec., sgr de la Princerie; elle était décédée à cette époque.

Bonnet (N...) épousa vers 1750 François de Hillerin, Ec., sgr de la Braude, conseiller au Présidial de la Rochelle. (Gén. de Hillerin.)

Bonnet (Jacques), receveur des aides dans la banlieue de Poitiers, fils de Charles, s^r des Prez, et de Catherine Fouquault de la paroisse de Tusson (Angoumois), épousa Renée Pillot. A son mariage contracté, le 9 juin 1733, à Ayron (Vienne), assistaient Louis et Françoise, ses frère et sœur. (Reg. d'Ayron.)

Bonnet (Pierre), s^r de Couzay, nommé, le 3 juin 1735, maître particulier des eaux et forêts, en la maîtrise de Châtellerault, au lieu et place de feu Pierre Beaupoil de Boisgoulard ; lui-même était mort avant le 27 juil. 1736, date d'un aveu du fief de la Besdonnière (Naintré, Vienne), rendu par Catherine Massonneau, sa veuve, peut-être ? Il eut pour fils Jean, s^r du Couzay, qui, le 13 juin 1767, faisait enregistrer au greffe du bureau des finances de Poitiers ses provisions de l'office de garde-marteau en la maîtrise particulière des eaux et forêts de Châtellerault.

Bonnet (Jacques-Charles), curé de la Boissière-Thouarsaise, transigeait le 10 oct. 1784 avec Alexis de Liniers, Chev., sgr d'Amaillou (Petit et Pineau, not. d'Amaillou).

Bonnet (Marie-Louise), veuve de Joseph Mondain, et

Bonnet (Marie) de St-Prié ont comparu par procureur à l'assemblée de la noblesse tenue à Poitiers en 1789, pour élire des députés aux Etats généraux.

BONNET de Fontenay-le-Comte.

Bonnet (Pierre), de Fontenay, épousa Venante Chasseteau.

Bonnet (Mathurin), fils de Pierre, fit acquêt à Bonneuil vers 1530. Il épousa Jeanne Sapin. (A. Vienne, G. 964.)

Bonnet (Jacob), physicien, fit partie en 1558 d'une association formée à Fontenay pour fabriquer des faïences imitant celles d'Oiron, avec de la terre provenant de Faymoreau. (Poit. et Vendée, Céramique, 32.)

Bonnet (Henri) était conseiller de la ville de Fontenay-le-Comte le 26 déc. 1572. (B. Fillon.)

Bonnet (Christophe) épousa Claude Viete, fille d'Etienne et de Marguerite Dupont, le 17 juin 1568 ; il était veuf en 1573, et avait eu un fils, Mardochée, qui mourut en fév. 1573. (Id.) Christophe vivait encore en 1603.

Bonnet (Nicolas) était médecin à Fontenay le 30 déc. 1583. (Poit. et Vendée, Fontenay, 57.)

Bonnet (Germain), sgr de Bonnœil, échevin de Fontenay en 1587, s'enfuit de la ville avec plusieurs autres, à l'approche des troupes du roi de Navarre. (Hist. Fontenay, 184.)

Bonnet Michelle, épouse d'Hilaire Vernède, s[r] de Pierre-Blanche, décédée avant le 8 juin 1589. (B. Fillon.)

Bonnet (Catherine) épousa vers 1590 Simon Pichard, apothicaire à Fontenay.

Bonnet (Jehan) devint sgr de la Caillère en 1630, du chef de Marie Fradet, sa femme. (Hist. Fontenay, 72.) Le 30 août 1620, il rendait aveu de cette terre à Henri d'Orléans, duc de Longueville. (G.-G. du Bur. des finances.)

Bonnet (Pierre), notaire à Fontenay, eut de Anne Simonneau, sa femme, une fille, Françoise, qui épousa, le 18 oct. 1639, Isaac Cochon, s[r] de Lapparent. Elle était décédée le 22 sept. 1653.

Bonnet (Henri), sénéchal de la B[nie] du Petit-Château et procureur fiscal des B[nies] de Vouvant et Mervent, était aussi curateur aux causes de Charles Tiraqueau, Ec., sgr de la Grignonnière, le 19 oct. 1644.

Bonnet (François), procureur du Parlement de Paris, rend aveu en 1687, au chât. de Fontenay-le-Comte, de la terre et sgrie de l'Orberie. (N. féod. 1401.)

Bonnet (Jacques), avocat fiscal de Luçon, fils de Henri Bonnet, rend aveu, le 2 mai 1698, au chât. de Vouvant, de la sgrie de la Caillère. (Id. 140.) De N... Davinaud, sa femme : il eut : 1° Marie-Rose, qui épousa en 1733 Mathieu-Venant Pichard, docteur en médecine, premier élu de la maison commune de Fontenay, et 2° Jeanne ? mariée à N... Daviceau, vers 1720.

Bonnet (Alexis), nommé, le 20 déc. 1734, maître particulier des eaux et forêts de Fontenay, au lieu et place de N... Geoffrion. (Arch. Vienne, Bureau des finances.)

BONNET DE LA CHAPELLE-BERTRAND, DU BREUILLAC, etc.

— Famille noble et ancienne du Bas-Poitou, dont les membres figurent dans les titres du XIIe au XVIe siècle. Malheureusement les documents connus actuellement ne permettent pas de donner une filiation suivie, sinon pour quelques degrés.

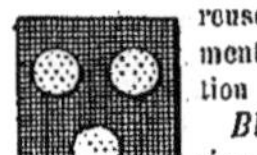

Blason : de sable à 3 besants d'or (d'Hozier, tit. 670); *aliàs* d'argent à 3 tourteaux de sable. (Gén. Savonnières.)

Noms isolés.

Bonet (Guillaume), « *Willelmus Boneti* », fut témoin du don fait par Aimery Ménars à l'abbaye de Boisgrolland, de domaines situés dans le fief d'Aimery de Bouil (*de Bullio*), vers 1180. (Cart. Boisgrolland.)

Bonet (Jean) est cité dans le compte de Thibaut de Neuvy, sénéchal de Poitou, en 1259, pour le domaine de la Roche-sur-Yon.

Bonet (N...) devait 12 sols 3 deniers aux Rogations et 7 sols à la St-Jean, au censif de Chizé, vers 1250.

Bonnet (Jeanne) épousa, vers la fin du XIIIe siècle, Guillaume Baugis, sgr de la Louerie. Ils figurent dans un acte du 4 fév. 1300.

Bonnet (Guillaume) est rappelé dans un acte de son fils Dreux, fait en 1340 à la Grennetière. (Du Chesne, 33, p. 204.) Il épousa Jeanne Boscher.

Bonnet (Dreux), Chev., fut présent avec d'autres chevaliers à un accord fait par Louis Vte de Thouars avec l'abbé de Mauléon, au sujet de plusieurs chapellenies, le 21 mai 1351. (Trés. des Chartes.) Il figure aussi dans une charte du même vicomte, au sujet de la fondation de la chapelle du Jard, en 1357. On trouve son nom parmi la liste des complices de Miles de Thouars, sire de Pouzauges, qui s'était emparé du château de Tiffauges, au préjudice de la veuve de Gaucher de Thouars (procès au Parlement, 1374). Les biens de Dreux Bonnet furent confisqués, avec ceux des autres partisans du prince de Galles, par le roi de France en 1369, et donnés à Berthelon de La Haye, sgr de Passavant. Il s'était marié vers 1340, car sa fille Louise épousa, le 8 mai 1364, Germond de Rorthays. Dreux Bonnet, Chev., figure dans la liste des chevaliers de l'ordre du Tiercelet. (Aff. du Poitou.)

Bonnet (Jean) figure dans la compagnie de Guillaume L'Archevêque, qui fit montre à Angoulême le 18 juin 1351.

Bonnet (Guillaume) servait comme écuyer sous Miles de Thouars, le 6 août 1353 ; il était chevalier en 1370.

Bonnet (Jeanne) épousa, vers 1380, Guillaume Béjarry.

Bonnet (Jean), Chev., figure dans la liste des chevaliers du Tiercelet, fin du XIVe siècle. (Aff. Poitou.)

Bonnet (Maurice) épousa Jeanne Bourelle et eut pour enfants : 1° Jean, 2° Béatrix, 3° Jeanne, épouse de Jean Goulard, Ec., s[r] de Billé ; ils partagèrent en 1404 et 1408.

Bonnet (Hugues), Ec., sgr de la Chapelle-Bertrand, Breuillac, Barges et de Ballier, épousa Jeanne Ouvrarde, dont Béatrix, qui épousa Jacques Goulard, Ec., sgr de Barges.

Bonnet, *aliàs* **Brunet** (Jeanne), D[e] de la Possière, la Place, etc., épousa, vers 1450, Jean Goulard, Ec., sgr de la Martinière.

Bonnet (Alexis) faisait partie de la garnison de Mortagne, lors du ban du Poitou en 1467.

Bonnet (Bastien, ou peut-être Bertrand) épousa Benoîte Harpedanne de Belleville, qui était sa veuve, et femme en 2es noces de Huchon Yvalles, Ec., sgr du Potrot, en 1481.

§ Ier. — Branche de LA CHAPELLE-BERTRAND.

1. — **Bonnet** (Jean), Ec., sgr de la Chapelle-Bertrand, la Boissière-en-Gâtine, St-Lin (il fit aveu de ces fiefs à Parthenay en 1437 et 1457), épousa, vers 1420, Marie de Vivonne, que l'on dit fille de Jean, sgr de Bougouin, et de Marquise de la Rochechandry, dont il eut : 1° Briant, qui suit ; 2° Jeanne, mariée, le 22 juin 1446, à Guyot du Bois, Ec., sgr du Port ; 3° Arthus, Ec., sgr de Couzay, St-Lin, Bouillé, le Retail-sur-Vendée, qui fit un accord, le 6 janv. 1456, avec Jean Mauseau, curé de Bouillé ; il fit aveu de St-Lin à Parthenay en 1473. Il épousa, vers 1440, Catherine Odard, fille héritière de Jean, Ec., sgr de Bouillé et du Retail,

et de Jeanne de Lenay (elle se remaria depuis à Jean Sanglier, Chev., sgr de Boisrogues), dont il eut JEANNE, D° de Bouillé, qui épousa, le 10 juill. 1468, Joachim Sanglier, Ec., sgr de Boisrogues. Elle testa le 2 janv. 1482; dans cet acte elle nomme Briant Bonnet, son parent; 4° HENRI, chef de la branche du Breuillac, § II.

2. — **Bonnet** (Briant), Ec., sgr de la Chapelle-Bertrand, etc., se fit remplacer au ban de 1488 par Christophe Travers, brigandinier; il épousa : 1° vers 1460, Jacquette DU PUY-DU-FOU, fille de Jacques, sgr du Puy-du-Fou, et de Louise de la Roche ; 2° (après 1467) Marie DU FOUILLOUX, veuve de Jean de Melun, Ec., s^r de Courtry, et fille de Guillaume, sgr du Fouilloux, et de Marie Bessonneau, et rend, le 10 mai 1476, à cause d'elle, un aveu au Cte de Dunois et de Longueville, sgr de Vouvant. (G. G. du Bur. des finances.)

Il eut du 1er lit : 1° VINCENT, Ec., sgr de la Chapelle, fait aveu de ce fief en 14.. et servit au ban de 1491 ; il paraît être décédé jeune; 2° JEANNE, D° de la Chapelle, mariée, vers 1490, à Louis de Melun, Ec., sgr de Courtry, et probablement en 2es noces à Jean de Rorthays.

§ II. — BRANCHE DU BREUILLAC.

2. — **Bonnet** (Henri), Ec., sgr de Breuillac (fils puîné de Jean et de Marie de Vivonne, 1er deg., § I), envoya un archer pour servir au ban de 1467; il se maria vers 1450 et eut pour enfants : 1° HENRI, qui suit; 2° probablement MARGUERITE, qui épousa, vers 1480, Louis de Vernou, Ec.

3. — **Bonnet** (Henri), Ec., sgr de Breuillac, servit au ban de 1467 comme archer, sous le sgr de Montreuil-Bonnin; il acquit divers fiefs à la Chapellière, de Georges Guiteau, Ec., sgr de la Touche-Ponpart, et fit aveu de la Donnelière, le 20 sept. 1507, au sgr de Faye-Aubigny. (Arch. du chât. de la Barre.)

Il épousa, le 29 janv. 1491, Jeanne DE SAVONNIÈRES, fille de Félix, Ec., sgr de la Bretesche, et de Marie de Brie-Sérant, dont il eut JACQUES, qui suit.

4. — **Bonnet** (Jacques), Ec., sgr de Breuillac, etc., fit aveu le 2 juil. 1515, après le décès de son père, du fief de la Chapellière. Il vivait encore le 3 juil. 1559 et fit aveu de la Donnelière à Faye (acte scellé, écartelé de... à 3 besants en fasce ? (Bonnet) et d'hermine à un chef (Vivonne). (Arch. du chât. de la Barre.)

Il avait épousé, vers 1530, Françoise DE LA BÉRAUDIÈRE, fille de François, sgr de l'Isle-Jourdain, et de Jeanne Barton, dont il eut : 1° PHILIPPE, qui suit; 2° ARTHUS, Chev. de Malte, 1559.

5. — **Bonnet** (Philippe), Ec., sgr du Breuillac, etc., épousa, vers 1570, Marguerite DARROT, fille de René, Ec., sgr de la Poupelinière, et de Jacquette de Luzières, dont il eut JACQUETTE, D° du Breuillac, héritière de sa branche, mariée, vers 1600, à Abel Viault, Ec., sgr de Lalier.

BONNET DE St-LÉGER.

Blason : d'azur à une ancre d'argent. (Arm. du bibliophile.)

Bonnet de St-Léger (Edme), Chev. de l'ordre de N.-D. du Mont-Carmel et St-Lazare, fut grand maître des eaux et forêts du Poitou, du 21 nov. 1732, et mourut en 1737. Il avait épousé Catherine-Aimée BALTHASARD DE GRANDMAISON, dont il eut : ANNE-MARIE-JEANNE, mariée, le 21 sept. 1720, à François-Nicolas Raffy, Ec., sgr de Bazancourt, qui fut grand-maître des eaux et forêts du Poitou.

BONNETIE (de la).

— Famille du Limousin, où elle posséda la terre de Champagnac. Voici les quelques renseignements que nous avons recueillis sur une de ses branches, qui est venue s'établir en Poitou.

Blason : d'azur à 2 tours d'argent, maçonnées et crénelées de sable de 4 pièces, au chef d'or, au lion passant de gueules (Nob. Limousin); — *aliàs*, le chef cousu de sable, chargé d'un lion d'or (Maintenue Barentin, 1667); — *aliàs*, le lion d'argent (Arm. Poit. et St-Cyr).

§ Ier. — BRANCHE DU LINAULT.

1. — **Bonnetie** (Jean de la) fit donation à ses deux fils nommés JEAN, le 4 févr. 1540; l'aîné resta en Limousin et le second vint s'établir en Poitou.

2. — **Bonnetie** (Jean de la) consentait avec son frère aîné des obligations les 12 fév. 1559 et 20 fév. 1571; il avait épousé, à Nexon, en 1564, Jeanne MONTCHAPEYS ? dont :

3. — **Bonnetie** (Jean de la), Ec., sgr du Linault, marié, le 11 avril 1595, à Antoinette LAMBERTHON, fille de François, Ec., sgr de la Couture, et de Louise Angely. De ce mariage : 1° JEAN, qui suit; 2° JACQUES ? Ec., sgr de la Garde, lequel assistait, le 7 sept. 1631, au mariage de son frère aîné; 3° JEANNE, D° de Chaillat.

4. — **Bonnetie** (Jean de la), Ec., sgr de la Couture, le Linault, épousa, le 7 nov. 1634 (Baudin et Texier), Madeleine de BOSQUEVERT, fille de Louis, sgr du Montet, etc., et de Renée Boynet, dont il eut : 1° RENÉ, qui suit; 2° PIERRE, Ec., sgr de la Bonnetie et du Linault, fut confirmé dans sa noblesse le 3 août 1667 ; il signe divers contrats de mariage en 1680, 1684, 1687, fait inscrire ses armoiries à l'Armorial du Poitou en 1698. Il épousa, le 23 sept. 1676, Marguerite LECOMTE, fille de René, et de Jeanne de Montalembert; 3° JACQUES, chef de la branche de la Tour, § II; 4° JEANNE, 5° MADELEINE, 6° LOUISE. Le 3 mai 1679, René, Pierre et Jacques susnommés partagent les successions de Jeanne et Madeleine, leurs sœurs, décédées.

5. — **Bonnetie** (René de la), Ec., sgr du Linault (Romans), était lieutenant au rég^t de la Ferté en 1670. Il épousa, le 30 mai 1667, Catherine D'ANCHÉ, fille de Claude, Ec., sgr de Bourneuf, et d'Elisabeth Thibault, dont : 1° JACQUES-RENÉ, qui suit; 2° MADELEINE, 3° MARIE-ANNE, 4° ANGÉLIQUE-CATHERINE; l'une d'elles épousa Jacques de Barazan.

6. — **Bonnetie** (Jacques-René de la), Ec., sgr du Linault, maintenu noble en Poitou, avec ses cousins, le 16 fév. 1715, épousa, le 25 janv. 1702, Elisabeth DU CHESNE, fille de Jean, Ec., sgr de Vauvert, et de Elisabeth Chalmot. Nous ignorons s'il eut postérité. On trouve cependant

Bonnetie (Charles de la), qui épousa, vers 1730, Jeanne-Marie BELLIVIER DE PRIN, fille de Jean-Louis, Ec., sgr de Prin, et de Marguerite Simon.

§ II. — BRANCHE DE LA TOUR, St-RUTH.

5. — **Bonnetie** (Jacques de la), Ec., sgr de Goizo, St-Ruth, fils puîné de Jean, et de Madeleine de Bosquevert (4° deg., § I), habitait à la Tour (Mazières-sur-Béronne, D.-S.). Il épousa, le 3 fév. 1671, Antoinette DE GIBOUST, veuve de René Sermenton, Ec., sgr de Péroux, Fauges, dont : 1° JACQUES, qui suit; 2° JACQUES-RENÉ.

6. — **Bonnetie** (Jacques de la), Ec., sgr de St-Ruth. Lui et son père vendaient, le 17 mai 1697, la

terre et sgrie de la Couture à Gédéon d'Auzy, Ec., sgr de la Beubetière. Il épousa, le 7 juil. 1692, Marie-Anne Thibault, fille de Charles, Ec., sgr de la Ruffinière, et de Jacquette de Poix, dont : 1° Jacques-Charles, qui suit; 2° Marie-Anne, née à Fosses, le 6 janv. 1709, reçue à St-Cyr en 1716. Le 14 déc. 1720, elle avait son père pour mandataire; 3° sans doute Antoinette, marraine en 1744.

7. — **Bonnetie** (Jacques-Charles de la), Ec., sgr de la Tour, St-Ruth (Mazières), né à Fosses, le 30 juil. 1702, épousa, le 11 nov. 1726, Jacquette Badin, fille de Philippe, Ec., sr de Rancogne, et de Françoise Mosnard, dont : 1° Jacques-Charles, né le 21 mars 1733 à Nevicq; 2° Françoise, née le 31 juil. 1735; 3° Jacques-Charles, né le 28 août 1740; 4° Marie-Antoinette, née le 13 avril 1744.

BONNETIÈRE (Milos de la) assista au ban de 1489, et fut désigné pour la garnison de Pouzauges. (Doc. inéd. 85.)

BONNETIÈRE (de la). — V. **MARREAU.**

BONNEUIL (de), a Bonneuil-Matours.

Bonneuil (Robert de) eut procès avec l'abb. de St-Maixent pour Montamisé, en 1081.

Bonneuil (Pierre de) fit aveu du fief du Port de Matours sur la Vienne, à Guy de Montléon, sgr de Touffou, le 24 oct. 1350. En 1365, ce fief appartenait à Jean de la Ruble, valet (sans doute son gendre). (Duchesne, 52, 112.)

BONNEVAL. — Maison qui a toujours passé pour une des plus nobles et des plus anciennes du Limousin. D'après Nadaud, on disait autrefois : *Richesse des Cars, Noblesse de Bonneval.* La généalogie de cette maison se trouve dans le Nobiliaire du Limousin, Moréri, La Chesnaye des Bois, etc.

Blason : d'azur au lion d'or, armé, lampassé de gueules.

Bonneval (Germain de), Chev., sgr de Chef-Boutonne, épousa le 24 août 1505, *aliàs* le 4 fév. 1513, Jeanne de Beaumont-Bressuire, fille unique d'Antoine, Chev., sgr de Bury, et de Marie Malet de Graville.

Bonneval (Henri II), Cte de Bonneval, sgr de Blanchefort, gentilhomme ordinaire de la chambre du Roi, aurait épousé, le 6 mars 1623, d'après La Chesnaye des Bois, Elisabeth Vigier de St-Mathieu, fille et unique héritière de Charles, dit de St-Mathieu, mort assassiné en 1616, et d'Isabeau Doyneau. Cependant Constant, dans son Commentaire sur la Coutume du Poitou, rapporte un arrêt du Parlement de Paris du 3 juil. 1642, duquel il résulte qu'en 1624 Henri de Bonneval était venu à Ringères, maison de campagne habitée par la dame veuve de St-Mathieu et sa fille, enfonçant les portes, escaladant les murailles; qu'il arracha de vive force la Dlle de St-Mathieu des bras de sa mère, qui poursuivit le ravisseur de sa fille, et le fit condamner à mort par contumace; puis, ayant appris plus tard que sa fille avait consenti à son enlèvement, elle déclara l'exhéréder si elle consentait à épouser son ravisseur, ce qui n'empêcha pas le mariage d'avoir lieu. Elisabeth Vigier mourut peu d'années après, laissant entre autres enfants :

Bonneval (Henri III de), qui prenait, le 6 juil. 1647, le titre d'héritier et de donataire de feu Isabeau Doyneau, son aïeule, qui, revenue à des sentiments plus maternels, avait révoqué son premier testament, et par le dernier avait tout donné à ses petits-enfants, privant le père de l'administration de ses biens. Henri de Bonneval fut aussi sgr de Bois-Ménard et du Vieux-Pouzauges.

Bonneval (César-Phœbus de), Chev., sgr dudit lieu, Blanchefort, sgr engagiste du domaine de Lusignan et châtelain de Montoiron, rend un aveu, le 17 avril 1730, en la chambre des comptes. (G.-G. Bur. des finances.)

BONNEVAL (de). — Autre famille.

Bonneval (Jean-Baptiste de), Ec., inspecteur général des manufactures du royaume, et Marie-Marguerite Besnard, son épouse, achètent, le 19 fév. 1754, le fief de St-Médard (arrt de Melle, D.-S.); ils en font hommage le 22 mai 1764. Il était inspecteur dès le 8 août 1708. De leur mariage, un fils, qui suit.

Bonneval (Elie-Jean-Baptiste de), négociant à Cadix, rend aveu de ce fief le 11 janv. 1772.

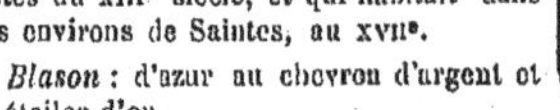

BONNEVIN (de). — Famille que l'on trouve citée en Poitou dans des actes du xiiie siècle, et qui habitait dans les environs de Saintes, au xviie.

Blason : d'azur au chevron d'argent et 3 étoiles d'or.

Noms isolés.

Bonnevint (*Aimericus*), *ratione uxoris suæ est homo ligius comitis Pictavensis.....* pour des terres sises « *apud la Brocardère* », 1253. (A. N. J. Reg. 24, 501.)

Bonnevin ou **Bonvin** (Hugues), Chev., appelé en 1271 à « l'Ost de Foix », déclara ne devoir servir que dans la comté de Poitiers, « et non hors. » (La Roque.)

Bonnevin (Jean), Ec., servait en 1385 comme homme d'armes dans la compagnie de Regnault de Vivonne, sgr de Thors.

Bonnevin (Jean) rendait hommage, au chât. de la Roche-sur-Yon, des maisons, prés et bois « et ensemble du lieu » appelé la Petite-Salle, sis en ladite ville, 1390. Jean eut un fils, Gillet, au nom duquel son tuteur Guillaume Bonnevin rendait, en 1408 et 1410, aveu des mêmes objets au même château. (N. féod. 142.)

Bonnevin (Guyon), marié, vers 1430, à Catherine Raslay.

Bonnevin (Adenet) fit partie, comme brigandinier du sr de Belleville, du ban du Poitou de 1467. Il épousa, vers 1460, Catherine Robert, fille de Pierre, sgr du Plessis, et de Catherine Bachelier, dont il eut : 1° Catherine, mariée à Ambroise Thomasset, Ec., sgr de la Teuillière; 2° Pierre, servant au ban de 1488 comme brigandinier, habitait, lors du ban de 1491, la terre de Mareuil, et, le 12 janv. 1512, transigeait avec Jean Robert, Ec., sgr de la Baritaudière, son cousin germain, au sujet d'un retrait lignager exercé sur des terres provenant de la famille Robert.

Bonnevin (Jean) servit au ban de 1488; il est dit, quand il comparut à celui de 1491, habiter la châtellenie des Essarts (Vend.).

Bonnevin (autre Jean) servit au ban de 1488 comme brigandinier. (F.)

Bonnevin (Guyon), Ec., sgr de la Sarrasinière, épousa, vers 1490, Catherine DROLLIN ou DROULIN, dont LOUISE, mariée, le 26 sept. 1519, à Antoine Gazeau de la Brandannière.

Bonnevin (Jeanne) était en 1506 veuve de Jacques Chabot, Ec., sgr du Chaigneau.

Bonnevin (Jean), Ec., sgr de la Ballinière et de la Barbière, rendait un aveu au sgr de Sigournay le 21 juin 1543.

Bonnevin (Jean) était chapelain de l'aumônerie de St-Christophe (hôpital de Civray) ; n'ayant pas fourni la déclaration exigée par les édits sur les francs-fiefs, le revenu de ce bénéfice est saisi ; il en obtint mainlevée le 24 déc. 1556. (B. A. O. 1847, 529.)

Bonnevin (Imbaude) épousa Pierre Hubert, dont une fille, Marguerite, mariée à Didier Méhée, Ec., sgr de Lestang, le 9 oct. 1565. (Gén. Méhée.)

Bonnevin (Charles), Ec., sgr de la Rastellière, épousa, le 4 avril 1571, Catherine CAILHAULT ; ils partageaient le 18 avril 1581, avec Gabriel Cailhault, les successions de leurs frère et sœur Charles et Renée ; c'est lui sans doute qui était remarié à Anne DE LA COMBE, laquelle était sa veuve en 1617. Il avait eu de l'un de ces mariages un fils, qui suit.

Bonnevin (Charles), qui de Catherine DE REGNON, sa femme, eut MARIE, aliàs RENÉE, D° de la Ranconnière et de la Rastellière, laquelle épousa : 1° Charles d'Auzy, sgr de Lestortière, avec lequel elle vivait en 1628 ; 2° René Gazeau, sgr de la Brandannière, dont elle était veuve le 16 juin 1670, et fut maintenue noble à cette époque. (Gén. Gazeau.) Le 2 oct. 1664, elle avait été marraine de Marie Chevalleau de Boisragon ; elle se qualifie D° de la Brandannière.

Bonnevin (Louis) signe au contrat de mariage d'Adrien de la Sayette, Ec., sgr dudit lieu, avec Catherine Bruneau, le 24 mai 1584.

Bonnevin (Pierre), Ec., sgr de la Davière, épousa, par contrat du 18 juil. 1595, Marie ROBERT DU VIVIER, fille de Claude, Ec., sgr de Lézardière, et de Anne Brisson ; rendait, le 30 août 1596, un aveu à Marie de Bourbon, duchesse de Longueville, de la terre de la Grange-du-Vivier, qu'il tenait du chef de sa femme. (G.-G. Bur. des finances.) Il était décédé avant le 5 août 1599, époque à laquelle sa veuve se remariait.

Bonnevin (Renée) et Gilles de Montausier, Ec., sgr de Château-Guibert, son mari, vendaient, le 31 oct. 1607, la terre de la Chapelle-Piniot, p°° de la Roche-sur-You (Vendée), à René Petit, s° de St-Amand. (D. F. 9.)

Bonnevin (Perrine), femme de Jacques de Grezillier, Ec., vivait le 20 juin 1634, et possédait dans la sgrie de Mareuil et la Vieille-Tour, la sgrie de Boisbuzain ; elle pourrait descendre d'Adenet et de Catherine Robert, relatés plus haut.

Bonnevin (Antoinette), D° de Laudouinière, fut, le 8 sept. 1667, marraine de Charles Chevalleau de Boisragon.

Filiation suivie.

Nous puisons partie des éléments de cette généalogie dans le Nobiliaire du Limousin.

1. — **Bonnevin** (F. ou Jean) ne put servir aux bans de 1488 et 1491, à cause de son grand âge. Il y fut remplacé par son fils qui suit.

2. — **Bonnevin** (Guyon) servit en 1488 comme brigandinier, et en 1491 pour son père ; il habitait la sgrie de la Rocheservière. Le 11 sept. 1497, il rendait un aveu au sgr de Belleville, à cause de Gillette CARADONNE (CARADEUC ?), son épouse, dont il avait eu : 1° JEAN, qui suit ; 2° MARIE.

3. — **Bonnevin** (Jean) épousa avant 1531 Françoise ROBERT, car, le 16 juin de cette année, il assistait comme parent à la curatelle des enfants mineurs de Jean Robert, Ec., sgr de la Baritaudière, et de Claudine de la Roche. Le 13 juin 1535, il partageait avec sa sœur Marie les successions de leurs père et mère. Nous lui connaissons pour fils :

4. — **Bonnevin** (Jacob), marié à Catherine D'HERVILLE ? Le 7 sept. 1545, ses père et mère firent en sa faveur un acte de donation, ce qui indiquerait qu'il n'était pas leur unique enfant. Le 10 déc. 1590, il figurait au contrat de mariage de Pierre Durcot, s° de la Roussière, avec Jeanne Chasteigner. Il eut : 1° FRANÇOIS, qui suit ; 2° RENÉ, dont les biens furent saisis le 4 janv. 1572.

5. — **Bonnevin** (François) épousa Isabeau DE LA TOUCHE ; ses biens furent également saisis avec ceux de son frère, à la requête de Sauvage de la Lande. On lui connaît pour fils :

6. — **Bonnevin** (Pierre), qui de Marthe BONNEVIN, qu'il avait épousée le 3 fév. 1618, eut :

7. — **Bonnevin** (François), s° de Jussac (p°° de St-Martin d'Arry, élect. de Saintes), marié à Charlotte POITIER le 28 mars 1647.

BONNEY (DE).

— Famille de l'échevinage de Poitiers au XV° siècle, depuis longtemps éteinte.

Blason : d'argent à 3 pommes de pin (*aliàs* fraises) de gueules renversées. (Goujet.)

Bonney (Landry de) est cité dans les comptes du 24 nov. 1315 de l'hôtel de Philippe de France, et de Jeanne de Bourgogne, sa femme, apanagistes du Poitou. (A. H. P. 11.)

Filiation suivie.

1. — **Bonney** (Jean de) fut témoin, le 28 juin 1400, d'un acte de M° Jean Eschalard ; il était décédé avant le 12 juil. 1403. Mathurine AUDOUARD, sa veuve, rend à cette date l'aveu d'un fief mouvant du chât. de Montreuil-Bonnin. (Livre des fiefs.)

2. — **Bonney** (Jean de) fit aveu à la Sauvagère le 10 mars 1431, pour le fief de la Légerie. Il paraît avoir eu pour fils ETIENNE, qui suit.

3. — **Bonney** (Etienne de), bourgeois de Poitiers, receveur ordinaire pour le Roi en Poitou à la fin du XV° siècle, mort avant le 26 nov. 1502, était représenté dans une instance par ses enfants, qui étaient : 1° LOUIS, qui donnait à son père, le 20 juil. 1495, quittance du paiement de ses gages, comme garennier (garde) de la garenne royale de Niort ; 2° JEAN, qui suit ; 3° PIERRE, 4° CATHERINE, 5° LOUISE, femme (1502) de Abel Militis ; 6° MARGUERITE, épouse de Guillaume de Cadotes. (Arch. du chât. de la Barre.)

4. — **Bonney** (Jean de), Ec., échevin de Poitiers, procureur du Roi ès fiefs en Poitou, sgr des Nazelles, fait rendre, le 20 mai 1520, par Louis de Rion, son mandataire, au chât. de la Barre, aveu de son fief de Laurière, aveu qu'il renouvelle en personne le 17 juil. 1527. (Id. p. 187.) Il paraît s'être marié d'abord à Andrée BOILÈVE, fille de Jean, sgr de Ringères, et de Renée Morin, dont il était veuf en 1510, puis à Jacquette GERVAIN, fille de Jamet, Ec., sgr du Treuil, et de Louise de

Moulins ; il en eut : 1° JEANNE, mariée, le 8 janv. 1527, à Louis Jourdain, Ec., sgr des Forges ; 2° FLORENCE, qui épousa, le 2 févr. 1541, Pierre Vasselot, Ec., sgr du Portault, dont elle était veuve en 1560.

BONNIN. — Ce nom est commun à plusieurs familles. On trouve dans Dom Fonteneau et dans les cartulaires du Poitou un grand nombre de personnages du nom de Bonnin, que nous plaçons ici par ordre chronologique. L'existence au XIIIe siècle d'une famille Bonnin, résidant dans l'importante seigneurie de Montreuil-Bonnin, nous porte à croire que cette châtellenie dut son nom distinctif à cette famille, qui l'aurait possédée à une époque encore plus reculée.

Noms isolés.

Bonnin (Fulgent) fit deux fois le voyage d'outremer. (Mss. Duchesne. Bibl. Nat.)

Bonnin (Hugues), sgr des Chasteliers, siège au conseil des Barons à Poitiers en 1160.

Bonin (*Hugo*), *miles*, est le 11e témoin de la donation faite par Hugues Meschin à l'abbaye de Ste-Croix de Poitiers, en 1190. (D. F. 5.)

Bonnin (Hardouin) vivant en 1198, 1212 et 1215, eut une fille JACQUETTE, mariée, le 23 juin 1218, à Hugues le Brun dit le Petit. (D. F.)

Bonin (*Willelmus*), *miles*, fut témoin d'un accord entre Aimery de Frasne et l'abbaye des Châtelliers, en 1219. (Id.)

Bonnin (Guillaume), Chev. Bochard de Marle, sgr de Montreuil-Bonnin, lui donne en 1225 cent sous de rente. (Arch. Vienne, abbaye de Ste-Croix.)

Bonin (Aymori) *est homo ligius Dni Roche-super-Oyum et tenet, ratione uxoris sue, in homagio ligio, 1 quarterium terre de la Brochadère, item de la Chaonère, item de la Fradonère*, 1253. » (A. N.)

Bonin (*Gualterius*) fit vente à l'évêque de Poitiers, vers 1260, de terres à l'Orme-d'Oyré (Vien.). (Pouillé de G. de Bruges.)

Bonin (Hugues), Chev., est privé en 1264 de son droit d'usage dans les bois de l'abbesse de Ste-Croix, ne pouvant produire ses titres. (A. N.)

Bonin (Hugues), Ec. Guillaume de Naintré, procureur de l'abb. de Ste-Croix, présente, le mercredi après l'Assomption 1270, une complainte contre lui, au sujet de droits qu'il avait usurpés sur le monastère. (Arch. Vien., abb. de Ste-Croix.)

Bonnin (Hugues), Chev., devait service au Roi pour 40 jours, en la comté de Poitiers, en 1271. (A. N.)

Bonnin (Etienne) et sa femme consentent, le samedi avant la Toussaint 1312, un bail à rente à Etienne Chemeo ? (Arch. Vien., abb. S-Cyprien.)

Bonnin (Simon), valet, et MARGUERITE, sa femme, vendent au Roi, en 1332, cent sous de rente qu'ils possédaient sur la châtellenie de Montreuil-Bonnin. (A. N.)

Bonnin (Robert) était prévôt royal à St-Maixent vers 1340. Divers seigneurs se plaignirent à cette époque de lui et de Guillaume de Mangecor, châtelain royal de ladite ville. (A. N.)

Bonnin (Hugues), Chev., est cité dans Bouchet, parmi les morts inhumés chez les Cordeliers de Poitiers, après la bataille du 19 sept. 1356. Il paraît être le même que Hugues Bonnin, Chev., maître d'hôtel de la Reine en 1349, dont le sceau porte un écu chargé de 3 pals. (Clairambault, n° 1163.)

Bonnin (Jean), clerc, était garde-scel à Poitiers pour le roi d'Angleterre, le 15 nov. 1361. Il est dit échevin de Poitiers. (M. Stat. 1866, 147.) Il existe une charte de 1344 signée de sa main.

Bonnin (Simon) rend un aveu à l'abbesse de Ste-Croix le mardi avant la Fête-Dieu 1362, pour les terres de la Bonninière et du Chilleau. (Arch. Vienne, abb. de Ste-Croix.)

Bonnin (Jean), valet, sgr de Brelou (Benassais, Vienne), promet, le 10 mars 1364, à Arnaud Friquet, curé de Vasles, de lui payer une rente de 3 septiers de seigle, sur le moulin à eau de Mailleroue, et sur le moulin à vent de Joubertet. Le 16 juin 1399, il transige avec le curé de Vasles au sujet du paiement de cette rente. (Id.) Mathurine ANDRAULT était sa veuve, et faisait aveu au chât. de Montreuil-Bonnin, le 12 juil. 1403. Ils eurent un fils, GUILLAUME, clerc, qui fit aveu en 1421 de la Guillonnière, comme héritier de son oncle Jean Andrault, sgr d'Aubigny. (Id. et Liv. des fiefs.)

Bonnin (Guillaume) servait comme arbalétrier le 1er févr. 1372. Son neveu Jean de Clervaux fit aveu, comme son héritier, le 23 févr. 1406, pour son fief sis à Lusseray près Melle (D.-S.).

Bonnin (Geoffroy) promet, le vendredi avant la St-Jean-Baptiste 1392, de payer une rente de 60 sous à un nommé Jean Bastard. (Arch. Vien. Chap. de St-Pierre-le-Puellier.)

Bonnin (Guillaume), peut-être le même, gentilhomme habitant les environs de Mion (Melle ?) en 1394, se prend de querelle avec Matholin de Gascougnolles, Ec., pour le fief de la Vossette, qui relevait de ce dernier. (A. N.)

Bonnin (Pierre) était chanoine de N.-D.-la-Grande en 1409. (D. F. 20.)

Bonnin (Geoffroy) était en 1414 sénéchal de Bois-Pouvreau, et en 1418 procureur de Mgr le Dauphin en la cour ordinaire de Poitiers. Il fut échevin de Poitiers en 1421, et est qualifié dans les listes de sgr de Marsay. (Cab. tit. Pièces orig. 404, dossier Bonin, n° 4.)

Le 15 mars 1426-27, il était en procès avec les chanoines de Ste-Radégonde. (Arch. Vienne, Chap. Ste-Radégonde.)

Bonnin (Hélie), chanoine profès du monastère de St-Antoine, est pourvu, le 14 sept. 1445, de la commanderie de St-Antoine-du-Bois par Pierre Léger, curé de St-Léger à St-Maixent, procureur général de l'administrateur de la commanderie générale de Bouthiers. (Arch. Vienne.)

Bonnin (Jean), verrier à Rouilly près Lavausseau, eut pour héritier PIERRE, vivant en 1447.

Bonnin (Françoise), religieuse de Ste-Croix, fut nommée chevecière de ce monastère, le 25 janv. 1518-19, par Marie Berland, abbesse. (Arch. Vien., Ste-Croix.)

Bonnin (Méry) est condamné, par sentence de la sénéchaussée de Poitiers du 21 avril 1535, à payer des droits de ventes et honneurs à Nicolas Martin, prieur de Vouneuil. (Arch. Vien., St-Cyprien.)

Bonnin (Denis) vend à l'abb. de la Trinité, en 1548, trois boisselées de terres sises près de la rivière des Roches. (Arch. Vien., abb. de la Trinité.)

Bonnin (François), gentilhomme de la chambre du roi Henri II en 1553, épousa Catherine DE KERPOISSON. (Arm. de Bretagne.)

Bonnin (Julien) fut curateur en 1571 des enfants de Valentin Aubinaye et de PERRINE Bonnin, peut-être sa sœur. Il habitait le Bas-Poitou. (Titres. Buor.)

Bonnin (Philippe) et Hélène TANTIN, sa femme, constituent, le 14 juin 1576, une rente de 25 liv. au profit du chapelain et bachelier du Chapitre de N.-D.-la-Grande. (Arch. Vien., Chap. de N.-D.)

Bonnin (Marie) épousa Pierre Doyneau, Ec., sgr de la Symonnière, puis N... Simonneau, vers 1580.

Bonnin (Perrette) épousa Pierre de Veillechèze, sr du Fontenioux, vers 1600.

Bonnin (Charles) était pair de la commune de Niort en 1620.

Bonnin (Jean), receveur du Chapitre de N.-Dame-la-Grande. Le 18 avril 1633, sentence de la sénéchaussée, qui le met en demeure de rendre ses comptes. (Arch. Vien. Chap. N.-D.)

Bonnin (Jacques), commandeur de Lavausseau (O. de Malte), est débouté, par une sentence de la sénéchaussée de Poitiers du 12 août 1633, des droits de fiefs qu'il prétendait, au détriment du Chapitre de Ste-Radégonde de Poitiers, sur le village d'Iversay (Vienne), à cause des rentes qu'il levait en ce lieu. (Arch. Vien., Ste-Radégonde.)

Bonnin (Pierre), sr de Château-Gaillard, procureur au siège de Niort, était pair, lieutenant de la maison de ville de Niort en 1674. (M. Stat. 1865, 82.)

Bonnin (Gabriel), sr de la Tonnelle, et Judith MESNARD, son épouse, se firent donation mutuelle le 9 oct. 1657. (Pichor, notre à Couhé.)

Bonnin (Michel), sr de la Chaussée, avocat à Poitiers, marié à Marie MESLE, eut pour fille RENÉE, baptisée à Jardres le 5 mai 1658.

Bonnin (Marguerite), veuve de Jacques Regnault, sr de la Lambertière (Mouzeil, Vend.), fut maintenue noble en 1667. (Elect. de Fontenay-le-Comte.)

Bonnin (Charles), sr du Pastis, épousa, vers 1680, Marie THÉRONNEAU, fille de René, Ec., sgr de la Cadussière, et de Madeleine Morisson. Sa veuve épousa en 2es noces Bernard d'Arcemale, Ec., sgr de la Blanchardière.

Bonnin (André), sr des Forges, psse de Messé (D.-S.), et son fils GABRIEL sont inscrits dans la liste des nouveaux convertis du Poitou en 1682.

Bonnin (Georges), sr de la Gazetière, était curateur de Jean-René Filleau le 13 juil. 1683.

Bonnin (Anne), fille? du précédent, signe au contrat de mariage de François-René-Rémy Filleau, Ec., sgr de la Bouchetrie, le 19 janv. 1729.

Bonnin de Grammont (Jean-Louis-Alexis), sgr de St-Maurice, assista par procureur à l'assemblée de la noblesse du Poitou en 1789. (Il était d'une famille originaire du Limousin.)

BONNIN. — Une famille Bonnin avait fondé à Fontenay-le-Comte une chapelle désignée sous le nom de *Bonnin-Grandmont* dans les comptes de N.-D. en 1600. Une famille de ce nom avait en 1644 droit de présentation à une chapelle de l'église de Prahec (D.-S.).

BONIN DE MESSIGNAC. — Famille noble et ancienne établie en Basse-Marche et en Poitou. On trouve dans Dom Fonteneau des notes de Robert du Dorat donnant une généalogie de cette famille ; mais elle est incomplète et inexacte. Au cab. des titres, no 93 (fonds Haudicquier, vol. 7), il y a aussi une généalogie des sgrs de Messignac, mais elle est également inexacte. Nous donnons ici un résumé de ces notes généalogiques, complété d'après nos documents particuliers, et les renseignements fournis par M. le Mis Bonnin de Frayssaix. (V. Fonds Lat. 17147, p. 66.)

Blason : de sable à la croix engreslée d'argent. Ainsi déclaré à l'Armorial de France, en 1698, par toutes les branches de Poitou et de Bretagne. Les Bonnin de Messignac portaient, au XVIIe siècle, écartelé de Marsay : « de sable semé de fleurs de lis d'or », et les Bonnin de Chalucet, écartelé de Maillé : « fascé, ondé d'or et de gueules ».

Les armes actuelles des Bonnin de Frayssaix sont : écartelé de Messignac, qui est d'argent à la croix ancrée de sable ; — de Frayssaix qui est d'azur à 3 fasces ondées d'or, et sur le tout de Bonnin : d'argent à la fleur de lis de gueules. Devise : *Du sang du Lys.* Cri de guerre : *Ibo.*

Noms isolés.

Bonnin (Joubert), Ec., sgr de Messignac, passe acte le 5 mars 1430. (Fonds Lat. 17147, 59.)

Bonnin (Denise), des srs de Messignac, épousa en 1430 Jean Jourdain, Ec., sr de Tralebost (douteux).

Bonnin (Foucher) fit, d'après une note, aveu du fief de Montaumar à Jean de Bourbon Cte de la Marche, le jeudi avant la Nativité de la Vierge 1455 ? (Cette date est erronée, car Jean de Bourbon ne fut Cte de la Marche que de 1361 à 1397.)

Bonnin (Jean), Ec., sgr de la Seppière? fit aveu le 5 fév. 1499 à Antoine Jay, Ec., sr du Coussot (Vautouse).

Bonnin (Jacquette), veuve d'Antoine Contensin dit Galeas, Ec., tutrice de leur fille, fit aveu au Dorat en 1506, pour le fief du Croz.

Bonnin (Thibault) était décédé avant 1445. D'après une note, ses biens furent partagés par ses 2 fils JEAN et LOUIS le 21 mars 1445. Nous croyons cette date erronée (pour 1485), ainsi que celle donnée par Dom Villevieille à un acte passé entre Thibault Bonnin, Jacques de La Lande, sgr de Bussières-Poitevine, et Louis Chieche. On a mis 29 juin 1540 ; ce doit être 1450.

Voici comment Robert du Dorat donne les premiers degrés de la filiation :

1. — **Bonnin** (Pierre), Ec., sgr de St-Germain et de St-Sulpice, eut pour fils :

2. — **Bonnin** (Jean), Ec., sgr de Monthomar et de St-Germain, marié à Marguerite PELARDI ? dont : 1° FRANÇOIS, marié à Jeanne DE PUYGIRARD ; 2° JOUBERT, qui suit ; et d'après une note de M. le Mis de Mérinville, 3° JEANNE, mariée en 1305 à Jean des Monstiers, Chev., sgr du Fraisse et de la Coste-de-Mézières.

3. — **Bonnin** (Joubert), Ec., sgr de Messignac, fut, dit-on, 1er écuyer de l'écurie du roi Jean, et tué près de lui à la bataille de Poitiers, le 19 sept. 1356. Il avait épousé Catherine BONNIN ? (peut-être du nom de son mari), dont il aurait eu : 1° THIBAULT, qui suit ; 2° JEAN, sgr de Monthomar, gouverneur de la Marche ? (Il aurait eu un bâtard nommé GUILLAUME, qui de Catherine THIBAUDIN aurait laissé PIERRE et MÉRY, qui prirent le nom de Bonnin) ; 3° JOUSSELIN, sgr de St-Sulpice, qui partagea avec Thibault la succession de leur frère Jean, décédé sans hoirs légitimes ; 4° JEANNE. (*Nota* : — Robert du Dorat place à la suite de cette filiation Thibault qui forme le 1er degré de la branche de Messignac. (V. § I.) Mais comme il y a près d'un siècle entre 1356 et 1450, date certaine du 1er titre authentique, et qu'il y a eu certainement plusieurs degrés

omis, nous établissons ainsi les degrés de filiation à partir de Thibault Bonnin, sgr de Messignac, vivant au milieu du xve siècle.

§ Ier. — Branche de **MESSIGNAC**.

1. — **Bonnin** (Thibault), Ec., sgr de Messignac, passa divers actes à Moussac-sur-Vienne, le 11 janv. 1450, le 20 oct. 1454, le 4 mars 1462 et le 19 févr. 1479. (Pièces mentionnées dans un Catalogue de documents vendus par Clouzot, libraire à Niort.) Il fit aveu aux Carmes de Morthemar pour le fief de la Rollandière, en févr. 1451, et du fief du Teil-Gaubert, le 15 juil. 1452, à Jean Jousserant, Ec., sgr de Lairé. Le 3 mai 1467, il assista aux assises de la châtellenie de Calais (à l'Ile-Jourdain), lorsqu'on enregistra l'acte de vente de la Tour-aux-Cognons. Marié, vers 1450, à Huguette du Teil, qui fit accord, étant veuve, avec le Chapitre de St-Hilaire-le-Grand, le 14 juin 1496 (fonds Lat. 17147, 340), il eut pour enfants : 1° Jean, qui suit ; 2° Louis, chef de la branche de Montaumar, § VI ; 3° Marie, qui épousa Arthus de la Chaussée, Ec.; 4° Antoinette ou Annette, mariée, le 17 juil. 1487, à Pierre de la Combe, Ec. ; 5° Guillemette, mariée en 1483 à François de Blet, Ec., sgr de l'Epine-d'Usson ; 6° Louise, mariée à Raymond Guyot, Ec. ; 7° Françoise, mariée à Hélie Mangon, sgr d'Andreville ; 8° Marguerite, mariée en 1494 à Huguet Quisarme, Ec., sgr de la Vigerie ; 9° Anne, mariée à Mathurin de Lousme, Ec.

2. — **Bonnin** (Jean), Ec., sgr de Messignac et du Teil-Gaubert, fit bail à rente, le 25 sept. 1493, à Moussac-sur-Vienne. Il partagea avec son frère Louis le 21 mars 1485 ? Dans un aveu fait à Civray le 30 janv. 1498, pour les fiefs de la Fuye, la Remigière, la Roche-de-Château-Garnier, il se dit fils aîné de feu Thibault Bonnin. Marié à Anne de Piedieu ou Piedru, fille du sgr de Ste-Fère (près Guéret), appelée Louise de Ste-Fère dans les Preuves de Malte, il en eut : 1° François, qui suit ; 2° Naulette, mariée à Paul de la Porte, Ec., sgr de Grésignac en Saintonge ; 3° et croyons-nous, Jean, Ec., sgr de Cipière, qui fit aveu au commandeur de Villegast et du Breuil près Cellefrouin, le 12 oct. 1537.

3. **Bonnin** (François), Ec., sgr de Messignac et du Teil, fit hommage du Teil-Gaubert à Jean Jousserant, Ec., sgr de Tassay, le 22 avril 1503, et reçut aveu de Florent de Lanet, curé de Lussac-les-Châteaux, le 24 juin 1521. Il fit lui-même aveu à Civray le 24 juil. 1521, pour le fief de la Fuye (comme fils aîné de Jean). Le 19 juin 1533, représenté par son fils André, il achète les biens d'Etienne Bonnin, de Françoise, fille de feu Jean Bonnin, et de François Bonnin, fils de feu Simon, tous demeurant à la Rollandière, et qui semblent appartenir à une autre famille. Marié à Léonarde, *aliàs* Marie Tiercelin, fille de Jean, Chev., sgr de Baslou en Loudunais, et de Jeanne de Marsay, il eut pour enfants : 1° François, qui suit ; 2° Louis, chef de la branche de la Reigneuse, § V ; 3° Jacquette, mariée à Louis Valentin, Ec., sgr de St-Maixent. (Il eut peut-être pour fils aîné André, mentionné dans l'acte de 1533, à moins qu'il n'y ait eu erreur de copiste)

4. — **Bonnin** (François), Chev., sgr de Messignac, Chev. de l'ordre du Roi, gentilhomme de sa chambre ? fut exempté du ban de la Marche en 1577, comme l'un des cent gentilshommes de la maison du Roi. Marié : 1° à Marguerite Repousson, fille de Pierre ? Ec., sgr d'Artron ; puis 2° à Louise Asse, fille de Pierre, Ec., sgr du Plessis-Asse, il eut du 1er lit : 1° René, qui suit ; du deuxième 2° Jacques, chef de la branche du Plessis-Asse, § III ; 3° Bonne ou Madeleine, qui épousa, le 9 déc. 1570, Nicolas de Moussy, Chev., sgr de Puy-bouillard (St-Martin-l'Ars).

5. — **Bonnin** (René), Chev., sgr de Messignac, Artron, la Rigaudière, Marsay, etc., gentilhomme du duc d'Anjou et Chev. de l'ordre du Roi. Marié, le 8 févr. 1575, à Renée de Marsay, fille d'Etienne, Bon du Poët, et de Prégente d'Ussay, D[e] de Chalucet, il eut pour enfants : 1° Claude, Chev., sgr de Messignac, Artron, Marsay (appelé le Mis de Messignac), Chev. de l'ordre du Roi, reçut comme fils aîné une procuration de sa mère, datée du 11 nov. 1629, et mourut sans postérité ; 2° René, qui suit ; 3° Jean-François, chef de la branche de Chalucet, § II ; 4° Marie, qui épousa, contrat du 17 nov. 1617, passé à Marsay par Jourdain, not. de Mirebeau (O.), René de Préaux, Chev., sgr du Riz ; 5° Louis, Ec., sgr de Courcelles, décédé sans postérité.

6. — **Bonnin** (René), Chev., sgr Mis de Messignac, fit partie du ban des nobles de la Basse-Marche en 1635. Il épousa Judith Bernard, fille de Jean, lieutenant-g[al] au Présidial de Chalon-sur-Saône. Elle était veuve en 1667, et fut maintenue noble le 22 sept. par Barentin, intendant de Poitou. (Il existe 2 procurations de René à sa femme, de 1636 et de 1655.) (Arch. Nob.) Dans le rapport au Roi par Charles Colbert, intendant de Poitou, en 1664, on lit : « Le s[r] Marquis de Messignac, « qui était chef de la maison de Bonnin-Messignac, « n'a laissé que 3 filles à marier ; le s[r] Chalucet, gou- « verneur du château de Nantes, est à présent chef « de cette maison. Le chevalier de Messignac en est « aussi. »

Les filles de René furent : 1° Marie-Gabrielle, mariée, vers 1666, à François de la Béraudière, Mis de l'Ile-Rouet, dont elle était veuve le 10 juil. 1682 ; 2° Elisabeth, mariée, le 28 juil. 1666, à Louis-Annibal du Breuil de Théon ; 3° Françoise-Renée.

§ II. — Branche de **CHALUCET**.

6. — **Bonnin** (Jean-François), Chev., qualifié dans les actes Mis de Chalucet, Cte et Vte de Montrevault, Bon de Bogars et Bohardy, sgr d'Artron, Thimars, Bonrepos, Vau-de-Chavaigne, etc. (fils puîné de René et de Renée de Marsay, 5e deg., § I), succéda à son frère comme chef de nom et d'armes de la maison de Bonnin-Messignac, vers 1664 ; il était conseiller du Roi en ses conseils, gouverneur du château de Nantes. Entré au service pendant la guerre contre les Impériaux, il se distingua comme lieutenant du Cte de Soissons, au siège de Dôle, à Ivoy, à Moranges et à Hesdin. (V. *Gazette de France* de Renaudot.) Le 4 juin 1636, le sieur de Chalucet, lieutenant du Cte de Soissons, apporte au Roi le bâton de commandement du général polonais pris au combat d'Ivoy. Le 19 juil. 1636, il est envoyé par le prince de Condé porter au Roi la nouvelle de la prise de Dôle, où il s'était extrêmement distingué. Le 6 août 1639, le s[r] de Chalucet, lieutenant du maréchal de la Meilleraye au gouvernement de Nantes, apporte à la Reine la nouvelle de la prise d'Ivoy et de la victoire de Moranges.

Le Mis de Chalucet fut nommé député de la noblesse du Comté Nantais aux Etats généraux de Tours en 1651, et mourut à Nantes le 27 mai 1670.

Il avait épousé en 1634 Urbaine de Maillé, fille d'Urbain Mis de Brezé, et de Nicole du Plessis de Richelieu, dont il eut : 1° Armand, qui fit aveu au nom de son père pour Montrevault et Bohardy en 1664 et 1670, et décéda sans alliance ; 2° Charles-Marie, qui suit ; 3° Madeleine-Claude, née le 14 oct. 1648 ; 4° Anne-

Louise, née en 1645, mariée, le 8 avril 1672, à Nicolas de Lamoignon, Cte de Launay-Courson (elle hérita en 1712 de son frère l'évêque de Toulon); 5° Françoise-Renée, née le 21 févr. 1649, décédée jeune; 6° Armand-Louis, sgr Mis de Chalucet, Cte de Montrevault, etc., sgr d'Artron (aveu de 1678 à Civray), abbé de Vaux-de-Cernay (nommé en 1673), et prieur d'Eyjaux en Limousin, fut nommé évêque de Toulon en 1684 et sacré en 1692. Il fut l'un des grands bienfaiteurs de sa ville épiscopale, et fonda l'hôpital civil et la maison des Dames de St-Maur. En 1707, il contribua par ses exhortations et son exemple à la défense de la ville de Toulon assiégée par le duc de Savoie, et à sa mort, en 1712, il légua presque tous ses biens aux pauvres de son diocèse. Sa statue a été placée devant l'église de l'hôpital, et la municipalité fit poser dans une salle de l'Hôtel-de-Ville une plaque de marbre noir portant cette inscription :

« A Monseigneur Armand-Louis Bonnin de Chalucet, « évêque de Toulon, pour avoir été intrépide pendant « que les Allemands, les Anglais, les Hollandais et les « Savoyards assiégeaient Toulon. Inébranlable parmi les « boulets, les bombes et les ruines de son palais; pour « avoir aidé les chefs de la ville de ses conseils et les « avoir soutenus par son exemple; pour avoir distribué « du blé et de l'argent au peuple. Les maire et conseils « et le conseil de ville, après la levée du siège, lui ont « consacré ce monument de leur reconnaissance — l'an « 1707. »

(Ce monument si honorable, conservé jusqu'à nos jours, a été enlevé récemment par l'administration radicale de la ville de Toulon.)

L'évêque de Toulon portait ordinairement son écusson écartelé des armes de Maillé : « fascé, ondé d'or et de gueules ». On trouve aussi écartelé de Marsay et de Maillé, sur le tout Bonnin. (Cab. tit. Pièces originales, vol. 413.)

7. — **Bonnin** (Charles-Marie), Chev., Mis de Chalucet, Cte de Montrevault, etc., fut maintenu noble avec son père le 16 juil. 1669, et lui succéda dans sa charge de gouverneur du château de Nantes. Marié, le 22 févr. 1670, à Marthe-Elisabeth Renouard, fille de César, Ec., sr de Drouges, Gesvre, maître des comptes à Nantes, et d'Isabelle Poulain, il n'eut pas d'enfants et mourut le 15 nov. 1698, laissant héritier son frère l'évêque de Toulon.

§ III. — Branche du PLESSIS-ASSE.

5. — **Bonnin** (Jacques), Ec., sgr du Plessis-Asse, Assay (D.-S.), etc. (fils de François et de Louise Asse, sa 2e femme, 4e deg., § I), épousa : 1° le 3 juil. 1583, au château de Lussac, Anne Boynet, fille de François, Ec., sr de la Frémaudière, et de Louise Chauvin. (Pièces orig. vol. 413); 2° Madeleine Darrot, veuve de N... Viault, Ec., sgr du Breuillac, et fille de René, Ec., sgr de la Roche, et de Jacquette de Lusivert ? Du 2e lit vinrent : 1° René, qui suit; 2° François, Ec., sgr de Barges; 3° Louise, mariée à Jacques de Crouail, Ec., sgr d'Abin; 4° Marie, religieuse; 5° Antoine, Chev., sr de Barges, 1628, lieutenant-général de l'artillerie en Provence, décédé sans hoirs; 6° Anne, mariée, le 23 janv. 1630, à Louis Doyneau, Ec., sgr de Tournemit, qui testa en sa faveur le 16 sept. 1661 ; elle était morte en nov. 1665, car le 12 de ce mois on faisait l'inventaire de ses meubles.

6. — **Bonnin** (René), Ec., sgr du Plessis-Asse, Forges, Assay, est dit sgr de la Guichardière, psse d'Adriers (Vienne) dans la taxe des nobles de Basse-Marche en 1615. Il épousa à la Courade, le 6 janv. 1609, Barbe Jourdain, veuve de Jean de Moussy, Ec., sgr de la Montagne, et fille de Pierre, Ec., sgr de Forges, et de Jacqueline de la Béraudière, dont il eut : 1° François, qui suit; 2° René, chef de la branche de Forges, § IV; 3° François, chanoine-trésorier du Chapitre de Menigoute; 4° Madeleine, Dlle, maintenue noble avec ses frères, en 1667; 5° Catherine, mariée, le 17 janv. 1634, à Gabriel des Monstiers, Chev., sgr d'Auby, dont elle était veuve avant le 22 sept. 1667, date à laquelle elle fut confirmée dans sa noblesse par M. Barentin.

7. — **Bonnin** (François), Ec., sgr du Plessis-Asse, Tessonnières, etc., maintenu noble en 1667 avec ses frères, épousa, le 19 juil. 1657, Anne Rousseau, dont il eut beaucoup d'enfants qui ne sont pas tous connus : 1° René, qui suit; 2° Françoise, née en 1666, baptisée à Sanxay, le 30 oct. 1670; 3° Marie-Louise, née en août 1667, baptisée à Sanxay, le 23 nov. 1671 ; elle y fut marraine d'une cloche en 1723; 4° René le jeune, Ec., sgr de Nezay, ou Denezay ? marié, le 7 sept. 1688, à Louise-Hélène Darrot, fille de René, Ec., sgr de la Boutrochère, et de Jacqueline Garnier ; meurt sans postérité connue.

8. — **Bonnin** (René), Ec., sgr du Plessis-Asse, fit inscrire son blason à l'Armorial du Poitou en 1698. Marié, le 29 juil. 1687, à Louise-Jacquette Darrot, fille de René, Ec., sgr de la Boutrochère, et de Jacqueline Garnier, il eut, croyons-nous, pour fils (d'après les archives de la Barre) :

9. — **Bonnin** (René), Ec., sgr du Plessis-Asse, Nezay, décédé sans postérité le 17 févr. 1714 (suivant un accord passé, le 7 nov. 1741, entre Louis Richer, Ec., sgr de la Faye, et Joseph-Jacques-Charles Darrot, Ec., sgr de la Boutrochère, au sujet de sa succession).

§ IV. — Branche de FORGES.

7. — **Bonnin** (René), Ec., sgr de Forges (fils puîné de René et de Barbe Jourdain, 6e deg., § III), décéda en 1678. Il avait épousé à Poitiers : 1° le 22 déc. 1647, Hilaire Augron, fille de Louis, sgr de Mailleroux, et de Louise Grugeт; 2° Marie Braconnier. Du 1er lit il eut : 1° Louis, qui suit ; du 2e au moins 4 enfants : 2° Elisabeth, 3° Madeleine, qui épousa, le 31 mai 1698, Joseph Barbarin, Ec., sgr de la Rye ; 4° Marie-Charlotte, née le 14 janv. 1679, à Sanxay; elle épousa, paraît-il, Pierre Groussaint ? 5° François, Ec., sgr de la Baubretière, marié à Catherine Cardin, dont il eut plusieurs enfants qui étaient mineurs le 17 juil. 1695. (Arch. de la Barre.) Ils sont probablement décédés jeunes; 6° Barbe, morte sans hoirs.

8. — **Bonnin** (Louis), Ec., sgr de Forges, était, les 6 déc. 1675 et 19 déc. 1685, en règlement de compte avec le Chapitre de N.-Dame-la-Grande de Poitiers (Arch. Vien.); servit au ban des nobles du Poitou en 1691 et 1703. Marié, le 23 févr. 1668, à Marie Vidard de St-Clair, fille de Mathieu, Ec., sgr de Busseroux, et de Charlotte Betoulat, il eut pour enfants : 1° Louis-Jean, né en nov. 1673, décédé jeune; 2° Antoine-Joseph, qui suit; 3° Louise-Marie, qui épousa N... de Vaucelle, puis René-Mathieu Guiot, Ec., sr de Ville-Champagne; 4° Marie-Françoise.

9. — **Bonnin** (Antoine-Joseph), Chev., sgr de Forges, né en févr. 1678, décéda vers 1760, sans postérité, faisant héritière sa femme (peut-être en 2es noces) Henriette-Marie du Breuil-Hélion de la Guéronnière, qu'il avait épousée le 16 août 1753, fille de Louis-Bernard, Chev., sgr de Combes, et de Madeleine Vidard de St-Clair. Elle se remaria, le 6 mai 1764, à Louis-Alexandre Chevalleau, Chev., sgr de Boisragon.

§ V. — Branche de **La Reigneuse**.

4. — **Bonnin** (Louis), Ec., sgr du Teil, la Reigneuse, etc. (fils puîné de François et de Marie Tiercelin, 3e deg., § I), épousa en 1553 Philippe Jousserant, fille de Paul, Ec., sgr de Loudigny, et d'Anne Tudert, dont il eut : 1° François, qui suit; 2° Jacques, Chev. de Malte en 1594, commandeur de St-Rémy en 1627; 3° Louis, Chev. de Malte en 1597; l'un ou l'autre était en 1607 receveur et trésorier de l'ordre du Gd-Prioure d'Aquitaine (Filleau, Arrêts et Règlements); 4° Louise, mariée, le 21 juin 1586, à Pierre-Raymond de Cours, sgr de Thomazeau.

5. — **Bonnin** (François), Ec., sgr de la Reigneuse, la Coudre et la Beaumenière (Brion, Vienne), rend aveu de cette dernière terre au chât. de Civray, le 11 juil. 1601. (Liv. des fiefs.) Il épousa Charlotte de Poispaille (d'après une note, vol. 413, Pièces orig.), dont il eut : 1° René, qui suit; et peut-être 2° Louise, mariée, le 10 oct. 1611, à François de Brouilhac, Ec., sgr de la Motte.

6. — **Bonnin** (René), Ec., sgr de la Beaumenière, la Reigneuse, épousa à Poitiers, le 17 janv. 1624 (Denesde et Porcheron, notres), Marie Jouslard, fille de Philippe, Ec., sgr des Ombres, et d'Anne Le Bascle, dont il eut : 1° René, qui suit; et, croyons-nous, 2° Françoise, mariée, vers 1645, à Louis d'Arcemale, Ec., sgr du Breuil.

7. — **Bonnin** (René), Ec., sgr de la Beaumenière, la Reigneuse, épousa en 1653 Renée de Céris, dont il eut Marguerite, Dme de la Beaumenière, la Reigneuse, mariée, le 17 sept. 1679, à Cerzé, psse de Mairé-l'Évescault, à Charles Desmier, Ec., sgr de la Coste-de-Chenon, dont elle était veuve le 18 mars 1716, lorsqu'elle rendait aveu au chât. de Civray du fief de la Beaumenière.

§ VI. — Branche de **Montaumar**.

2. — **Bonnin** (Louis), Ec., sgr de Montaumar ou Monthomar (psse de Lessac, Indre ?), Marsay, etc. (fils puîné de Thibault et de Huguette du Teil, 1er deg., § I), partagea avec son frère aîné Jean, le 21 mars 1485 ? Il reçut aveu, le 10 mars 1496, de Jean de Couhé, Ec., sgr de l'Estang. Marié, le 20 avril 1486, à Jacquette Jay, fille de Jean, Ec., sgr de Boisseguin, et de Marie Gentil, il eut pour enfants : 1° François, qui suit; 2° Philippe, Chev. de Malte, commandeur de la Villedieu près Poitiers, en 1567.

3. — **Bonnin** (François), Ec., sgr de Montaumar, etc., reçut aveu de François de Couhé, Ec., sgr de l'Estang, le 15 mars 1545, et en rendit un le 26 sept. 1561 pour la Fuye, etc., au chât. de Civray. (Liv. des fiefs. Carrés d'Hozier, 110.) Marié, le 24 févr. 1521, à Madeleine Raoul, fille de Louis, Ec., sgr de la Michelière, et de Françoise de Granges, il eut pour fils :

4. — **Bonnin** (Jean), Chev., sgr de Montaumar, la Goy, Chev. de l'ordre du Roi. Marié, le 6 juil. 1551, à Jacquette d'Archiac, fille de Jean, Ec., sgr de Montenac, et d'Anne des Monstiers, il eut pour enfants : 1° François, qui suit; 2° Marguerite, mariée, le 7 oct. 1580, à Jacques Ferré, Ec., sgr de la Courade, puis en 2es noces, à Adrien de Livron, Ec., sgr de Beaumont; 3° Louise, mariée, le 29 nov. 1574, à François de Villedon, Ec., sgr dudit lieu, puis, le 5 juil. 1588, à Antoine Guiot, Ec., sgr d'Asnières; 4° Marie, qui épousa, le 5 sept. 1580, Maurice Mondot, Ec., sgr de Laleu, puis Hippolyte Jaubert, Ec., sgr de Fontgrives; 5° Jacquette, mariée, le 25 juin 1600, à Louis de James, Ec., sgr de Quirielle, puis, le 19 juin 1603, à Isaac de L'Age, Ec., sgr des Essarts; 6° peut-être Jeanne, mariée, le 7 févr. 1602, à Pierre du Pont, Ec., sgr de la Garde.

5. — **Bonnin** (François), Chev., sgr de Montaumar, Puyrenier, épousa, vers 1580 (peut-être le 5 juil. 1588), Jeanne Vidard, fille de Jean, Ec., sgr de St-Clair, et de Françoise Huet. (Elle épousa, dit-on, en 2es noces François Barton, Chev., sgr de Montbas.) Il eut pour enfants : 1° Marguerite, mariée, le 21 juin 1610, à François de Tusseau, Chev., sgr de Maisontiers, puis à Paul d'Archiac, Chev., Bon de Montenac; 2° Jacquette, mariée, le 18 juil. 1611, à Pierre Barton, Chev., sgr de Montbas.

(Dans une enquête faite, le 11 juin 1637, pour le mariage de Louis de Tusseau avec Renée d'Archiac, il est dit que François Bonnin aurait épousé Jeanne d'Archiac, sœur de Pierre d'Archiac, aïeul de ladite Renée. Nous croyons qu'il y a eu là quelque confusion dans les noms.)

§ VII. — Branche de **Fraysseix**.

La généalogie de cette branche a été établie en 1868, depuis 1540, par M. Achille de la Barre, conseiller référendaire du sceau de France, sur pièces authentiques vérifiées et légalisées par le Conseil d'État.

Il n'a été fait aucune recherche sur les époques antérieures à 1540, mais le fief de Fraysseix paraît avoir été le berceau de la famille Bonnin; il appartient encore aux rejetons d'une branche cadette.

C'était Aimery de Fraisne ou de la Fradonère qui le possédait en 1253. Ce fief, suivant les changements du langage, s'est successivement appelé Fraxe, Fraise, Fraixes, Frasne, Frayssaix, Freissex. Geoffroy Bonnin, procureur du Dauphin en 1418, signait : « *Gaufridus Fraxinus de Bonniotellis* ».

1. — **Bonnin** (Jehan), sgr de Frayssaix, consul de Limoges sous le règne de François Ier en 1543, épousa Madeleine Grégoire de Roulhac. Il eut au moins deux fils : 1° Etienne, qui suit; 2° N..., se mit à la tête de toutes les milices de Limoges, de St-Léonard, d'Eymoutiers, etc., et assiégea le château de Chalucet, devenu le repaire des Huguenots, sous le commandement du sr de Ventadour, dont la fidélité au roi Henri III était fort douteuse; la place fut enlevée d'assaut le 19 avril 1577, et démantelée, bien qu'elle appartînt au roi de Navarre. Cette exécution, qui avait été ordonnée par les consuls de Limoges, mit fin aux excursions des Huguenots contre les catholiques, qui, dans leurs sanglantes rencontres, *se tuaient comme des bêtes*, au dire du P. Bonaventure de St-Amable.

2. — **Bonnin** (Etienne), sgr des maisons nobles des Grand et Petit-Frayssaix (psse d'Eyjaux, juridiction de Chalucet), acquiert, le 5 juin 1570, les droits seigneuriaux sur ces deux terres, fut consul de Limoges sous le règne de Charles IX en 1572, rend foi et hommage lige à la Royne de Navarre, haute justicière de Chalucet, le 8 janv. 1583, entre les mains d'Armand Gontault de Biron, son mandataire, et à partir de 1607, au roi de France, comme sgr de Chalucet. Etienne eut de Anne Peyroche, sa femme : 1° Jean, cer du Roi, consul de Limoges sous Henri IV, marié à N... des Cordes : postérité inconnue; 2° Gérald, mort avant le partage des biens paternels; 3° Martial, qui suit; 4° François, tige de la branche cadette de Frayssaix, § IX.

3. — **Bonnin** (Martial), Ier du nom, 3e fils d'Etienne, épousa : 1° Catherine de Petiot, 2° Catherine Léonard de Fressanges. Il eut au moins quatre

fils et quatre filles, dont nous ne connaissons que : 1° MARTIAL II, qui suit; 2° GABRIEL, qui était conseiller du Roi à Limoges en 1652.

4. — **Bonnin** (Martial), II° du nom, sgr de Fraysseix, naquit le 20 août 1603, épousa Marie PEIGNON DE BRIE, décédée le 27 mars 1675. Parmi leurs enfants nous connaissons : 1° CATHERINE, mariée au s^r Graud; 2° VALÉRIE, mariée à N... du Theil; 3° JACQUES-MARTIAL, qui suit; 4° JEAN, sgr du Verger, qui épousa Anne DE BOSNE.

5. — **Bonnin** (Jacques-Martial), sgr de Fraysseix, épousa Mathive NICOLAS DE LA REYNIE. Il eut entre autres enfants : 1° JACQUES, qui suit; 2° MARIE, née le 25 déc. 1671; 3° ETIENNE, sgr de la Malonye, qui épousa Marcelle SANSON DE ROYÈRES.

6. — **Bonnin** (Jacques), sgr de Fraysseix et de la Malonye, naquit le 26 sept. 1674, et mourut le 4 oct. 1738, ayant épousé Marguerite VERGNAUD, veuve de Gislain de Roziers, dont :

7. — **Bonnin** (Antoine), sgr de Fraysseix, de la Malonye et du Mausselet, naquit en 1705, hérita de sa mère en 1730, et décéda le 3 févr. 1763; il avait épousé, le 26 mars 1735, Marcelle MAZIÈRES, dont plusieurs enfants, parmi lesquels : 1° BERTRAND, sgr de Fraysseix et du Mausselet, qui, marié d'abord à Elisabeth HOUPIN, eut pour fils : *a.* FRANÇOIS, passé en Amérique lors du second mariage de son père. Bertrand se remaria à N... DANDALEIX DE FREMONT, dont *b.* MARCELLE, mariée à N... Brandy, sgr de la Croizille, dont plusieurs filles, l'une desquelles, ROSE, mariée au s^r de Beaune de la Gaudie, recueillit pendant la Révolution les archives de Fraysseix, qui se perdirent faute de soins et par négligence.

2° FRANÇOIS, curé de St-Pardoux-Corbier; 3° ANTOINE, qui suit.

8. — **Bonnin** (Antoine), sgr du Mausselet, succéda à Bertrand, son frère aîné; il naquit le 17 avril 1756 à la Malonye, p^sse de St-Pardoux-Corbier (Corrèze). Il épousa, le 4 oct. 1792, Jeanne-Marie DE VERDILHAC, fille de Gabriel, sgr du Loubier. Antoine mourut en 1808, laissant neuf enfants : 1° JEANNE, née le 22 juil. 1793, mariée, en janv. 1811, à François-Nicolas Dansays, mourut sans enfants le 19 déc. 1858; 2° ANTONIN, qui suit; 3° FRANÇOIS, né le 5 avril 1801, Chev. de la Légion d'honneur, recteur de l'académie de Limoges, épousa Elma DE MASFRANC, dont il a eu : *a.* BERTHE, mariée à Henri Colont de Coëtlogon, Chev. de la Légion d'honneur, sous-préfet de Narbonne et de Bagnères-de-Bigorre, commandant de mobiles en 1870, puis secrétaire général des préfectures de Marseille et de Bordeaux; *b.* LOUIS, attaché au ministère des finances.

4° ANTONIN-CELSE, né le 12 févr. 1805, mort le 10 oct. 1883, receveur des finances, s'était marié, le 22 janv. 1834, à Françoise-Pauline DUPIN DE LA RICHERIE DE BENAC, fille de François, Cte de Benac, duquel mariage est issu FRANÇOIS-PAUL, né le 18 nov. 1834, receveur des finances et capitaine dans l'armée territoriale. Il a épousé, le 18 nov. 1834, Marie PARAT.

5° JEAN-BAPTISTE-CASIMIR, rapporté au § VIII; et quatre filles mortes en bas âge.

9. — **Bonnin** (Antonin), Chev. de la Légion d'honneur, conseiller à la cour d'appel de Limoges, naquit à Buffières-Boffy (c^on de Mézières, H^te-Vienne), le 12 messidor an VII (30 juin 1799); épousa à Bourganeuf, le 24 oct. 1836, Françoise-Marie-Célie MOSNIER, dont :

10. — **Bonnin** (Jean-François-Albert), né le 27 juil. 1842.

§ VIII. — SECONDE BRANCHE DE FRAYSSEIX.

9. — **Bonnin** (Jean-Baptiste-Casimir), fils puîné de Antoine et de Jeanne-Marie de Verdilhac (8° deg., § VII), naquit le 13 juil. 1806, Chev. de la Légion d'honneur, préfet de la Vendée de 1835 à 1851, fut avec MM. de Puyberneau, conseiller général, et de la Rochejacquelein, sénateur, l'un des trois fondateurs de la compagnie du premier chemin de fer de la Vendée. Il naquit en 1806 et mourut en 1867. Marié à Anne-Alexandrine-Barnabé BRISSON, fille de Joseph-Armand, et de Dorothée Bréthé, il en a eu : 1° ETIENNE-ANTONIN-JOSEPH, qui suit; 2° ALEXANDRE-MAXIMILIEN-JOSEPH, né à Fontenay-le-Comte le 18 mars 1841, membre de la Société des artistes français; homme de lettres et peintre, il a débuté dans la presse parisienne sous les auspices du Vte de la Guéronnière, dont il fut le secrétaire, et dont il est resté le collaborateur au journal *la France* de 1862 à 1871, et à *la Presse* de 1871 à 1874; a écrit dans divers journaux comme critique d'arts, notamment dans le journal *l'Art*, et a exposé à divers Salons à partir de 1880.

10. — **Bonnin** (Etienne-Antonin-Joseph) naquit en 1838 à Fontenay-le-Comte, est aujourd'hui officier de la Légion d'honneur (1890); a repris, en vertu du décret impérial du 19 déc. 1868, rendu sur le rapport du garde des sceaux, les noms et titres portés par ses ascendants les marquis Bonnin de Fraysseix. Il a épousé, le 6 févr. 1872, Alice-Louise-Germaine D'HAUTPOUL, fille du Cte Alfred, et d'Elisabeth de Castellanne. Entré en 1855 dans la marine, il a pris part à toutes les campagnes de guerre, s'est distingué au Mexique, en 1863 et 1864, y a été fait officier de la Légion d'honneur, et lieutenant de vaisseau, officier d'ordonnance du ministre de la marine, aide de camp des amiraux Touchard et Krantz, et maintenant commandant le vaisseau le *St-Louis*.

Il est membre de la Société des artistes français (sect. de peinture), et est l'auteur des peintures murales qui décorent l'hémicycle du chœur de l'église de St-Flavien à Toulon, *Le Christ marchant sur les eaux*, dont il a publié la gravure chez Goupil, en 1881, et a doté en 1889 l'église St-Louis de la même ville d'une toile colossale représentant *le Débarquement de St Louis à Damiette*, dont le *Petit Marseillais* fit le plus grand éloge dans son numéro du 15 févr. 1889.

Le marquis de Fraysseix a publié plusieurs écrits relatifs à l'art nautique, et concernant les beaux-arts, puis un volume de poésies (chez Claye, en 1870) intitulé *Les Orages et les beaux jours*.

Il avait été prié en 1882, par le conseil de famille, de se charger d'élever, avec ses propres enfants, S. A. S. le prince Louis de Monaco, ce qui eut un commencement d'exécution, qui ne dura que six mois par ordre du ministre de la marine. Du mariage de M. le Mis de Fraysseix avec Alice-Louise-Germaine d'Hautpoul, sont issus : 1° LOUIS, né le 14 nov. 1872; 2° HENRIETTE, née le 18 sept. 1875; 3° YVONNE, née le 3 févr. 1877; 4° BERTHE, née le 24 juil. 1878; 5° PIERRE, né le 10 avril 1887.

§ IX. — BRANCHE CADETTE DE FRAYSSEIX.

3. — **Bonnin** (François), sgr de Fraysseix, 4° fils d'Etienne (2° deg. du § VII), épousa Catherine MARTIN DE LA BASTIDE, l'un des cent électeurs, fut consul de Limoges en 1607, 1616, 1637, et eut pour fils :

4. — **Bonnin** (Pierre), né en 1618, sgr de Frayseix, épousa Anne DE NANTIAT, dont :

5. — **Bonnin** (Léonard), sgr de Frayssoix, qui de Jeanne BARDON, fille de N..., sgr de Laymarie, eut pour fils :

6. — **Bonnin** (Pierre II), sgr de Frayssoix, né le 18 juil. 1685, épousa Madeleine ROMANET DE CAILLAUD, racheta de Mgr de Verthamont, évêque de Montauban, une portion des droits seigneuriaux du fief de Frayssoix, sortis de sa famille par héritage. Il eut pour fils :

7. — **Bonnin** (Jean-Baptiste-Joseph), sgr de Frayssoix, naquit le 20 déc. 1734, c^er^ du Roi, obtint, le 27 nov. 1754, des lettres royaux lui accordant le droit de prélation, sur la partie du fief de Frayssoix rachetée par son père de M. de Verthamont. Marié à Claire DE MONTAUDON, fille de Jean-Baptiste, sgr des Cordes et de Prelis, c^er^ du Roi, il n'eut qu'une fille, née en 1777, qui devint Mme Vivien, dont les descendants habitent Frayssoix.

Joseph était le doyen des conseillers du Roi en Limousin au moment de la Révolution; il avait rendu des hommages pour son fief de Frayssoix au Roi, le 7 juil. 1766, puis le 23 juin 1775 au Cte d'Artois, comme vicomte de Limoges et sgr de Chalucet.

BONNIN DU CLUZEAU. — Famille originaire du Berry ou du Nivernais, dont quelques membres ont habité le Poitou.

Blason : losangé d'or et de gueules à 5 pals d'azur brochants; *aliàs* pallé 1° d'or losangé de gueules, 2° d'azur. (Chérin, 31. Reg. d'Hozier, III.)

Bonnin (N...), Ec., sgr du Cluzeau, eut pour enfants : 1° FRANÇOIS, qui suit; 2° ANNE, mariée à Gabriel de Rechignevoisin, Ec., sgr de Guron, capitaine du château de Lusignan; elle périt en 1568, en voulant défendre son mari surpris par les protestants, qui avaient envahi le château par trahison ; elle était enceinte.

Bonnin (François), Ec., sgr du Cluzeau et de Monts (St-Genard, D.-S.), se trouvait au château de Lusignan au moment de l'entrée des protestants, et contribua à la défense de cette place en soutenant le s^r^ de Guron, son beau-frère. Il avait épousé Catherine DE RECHIGNEVOISIN, fille de Louis, Ec., s^r^ de Guron, et de Jeanne de Lestang.

BONIN ou BONNIN DE LA BONNINIÈRE DE BEAUMONT. — Famille de Touraine dont un membre habite actuellement le Poitou. Elle a donné son nom au fief de la Bonninière, et ce nom de terre, depuis le XVe siècle, a supplanté dans l'usage le nom primitif. Le marquisat de Beaumont-la-Ronce fut érigé par lettres patentes, en août 1757, en faveur de cette famille, dont la filiation authentique remonte au XIVe siècle.

A Versailles, dans la salle des croisades, on trouve Hugues Bonin qui avec Guillaume de Boussay et Raoul du Pont, chevaliers de Touraine, fit un emprunt à St-Jean d'Acre en 1191, pendant la croisade de Philippe-Auguste.

Blason : d'argent à la fleur de lis de gueules. Devise : *Virtute comite sanguine.*

Bonin de la Bonninière de Beaumont (René-Marie Cte), né au château de la Mothe (Sonzay, Indre-et-Loire), le 31 août 1835 (fils de Anne-Charles-Alfred Cte de Beaumont, ancien page de Charles X, Chev. de la Légion d'honneur, et de Caroline-Julie de la Rue de Champchevrier); a commandé, pendant le siège de Paris, le 2e bataillon des mobiles de la Vienne, et fut nommé Chev. de la Légion d'honneur le 16 janv. 1871. Il a reçu de S. S. Léon XIII la croix *Pro Ecclesia et Pontifice*, le 8 déc. 1888.

Marié à Persac (Vienne), le 15 janv. 1862, à Marguerite-Eléonore LAURENS DE LA BESGE, fille d'Emile-Marie-Joseph Vte de la Besge, et de Hermine-Emeraude de Siredey de Préfort, il a eu pour enfants : 1° JACQUES-CHARLES-MARIE, né à Persac, le 11 nov. 1862, reçu à St-Cyr en 1883, actuellement lieutenant au 32e de ligne (du 12 oct. 1889); 2° MARIE-THÉRÈSE-RADÉGONDE, née à Poitiers, le 1er févr. 1866, mariée, le 28 juil. 1886, à Pierre-Charles-Joseph-François-Marie Le Compasseur-Créqui-Montfort, Cte de Courtivron ; 3° PIERRE-MARIE-JOSEPH, né à Poitiers, le 16 déc. 1875.

BONINT. — Plusieurs familles de ce nom.

Boninth (N...), *magister scholarum* du diocèse de Saintes, est relaté dans un jugement rendu en 1178 par l'évêque de Saintes, reconnaissant que les églises de St-Hilaire et de St-Cyr au territoire d'Arçay (D.-S.) appartenaient au Chapitre de St-Hilaire-le-Grand de Poitiers. (M. A. O. 1852, table.)

Boninthi (*Constantinus*) était, dès 1178, chanoine de St-Hilaire-le-Grand; on le trouve sous-chantre de cette église depuis 1102 jusque vers 1120. (Id.)

Bonuint (*Johannes*), chanoine de St-Hilaire-le-Grand, est cité dans des chartes de 1198, 1211 et 1239. (Id.)

Bonint (*Andreas*), *subdiaconus*, est investi en 1222 par l'évêque de Saintes, de l'église de Saint-Hilaire-la-Palud (D.-S.), dont la nomination appartenait au Chapitre de St-Hilaire-le-Grand de Poitiers. (Id.)

Bonint (*Andreas*), *canonicus S^ti^-Hilarii*, est cité dans des chartes de 1226 à 1251. (Id.)

Bonnint (*Gaufridus*) est cité comme devant hommage à l'abb. de St-Maixent, le 5 mars 1267. (D. F. 16.)

Bonnint (Aimeri) dit Guillot, relaté dans l'aveu du péage perçu aux portes de St-Maixent, rendu à l'abbé, le 7 janv. 1366, par Jean Andraut. (Id.)

Bonnint (Guillaume) fut maire de Niort en 1373, et le fut encore en 1397.

Bonnyn (André) était en 1491-93 bourgeois et receveur pour le Roi en Poitou de la ville de Poitiers. (M. A. O. 1882, 204. Arch. de la Barre, 1, 7.)

Bonnynt (Anne) épousa Pierre Picot, échevin de Niort; elle était veuve le 27 févr. 1634, date du mariage de leur fille Barbe avec Jean Berland.

BONTEMPS. — Il y a eu plusieurs familles de ce nom.

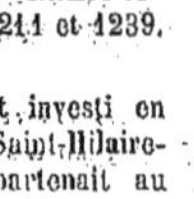

Blason. — Bontemps à Poitiers : d'azur à une gerbe d'or posée à dextre, un raisin d'argent à senestre, une étoile d'or en chef, et 7 pièces d'argent rangées en compte, en pointe.

Bontemps (Jean) passa revue comme archer le 22 juin 1482. (Bibl. Nat. Montres et Revues.)

Bontemps (Pierre) ayant fait défaut lors de la convocation du ban de 1491, il lui fut accordé délai jusqu'à Noël pour se présenter.

Bontemps (François), avocat à Poitiers, 1634.

Bontemps (René), s^r^ de la Chapelle, devait rente à N.-D.-la-Grande, 1638.

Bontemps (Hilaire), procureur au Présidial de Poitiers en 1638 (arrêt du 12 mars, rendu sur procès entre Jean Richeteau et Pierre de Brilhac), avait épousé Jeanne Moriceau, dont Marie, laquelle épousa, le 10 nov. 1646 (Pennot et Chauvet, notres à Poitiers), René Cothereau, docteur régent de la Faculté de médecine, dont elle était veuve le 28 août 1688, et le 24 sept. 1700 remariée à Claude Maisondieu, avocat à Poitiers. (Elle fit enregistrer le blason de son 1er mari à l'Armorial du Poitou en 1696.)

Bontemps (N...) était curé d'Amberre (Vienne) en 1692-1694.

Bontemps (Jeanne) épousa René Bottereau, avocat au Présidial de Poitiers, qui fut en procès de 1687 à 1691 avec l'abb. de Ste-Croix, au sujet du nonpayement de droits dus à ce monastère, pour l'acquisition du tènement de Rochebacon ou Pimpanneau (Poitiers). Jeanne était veuve le 17 janv. 1695, et rendait aveu de ce fief à l'abb. de Ste-Croix. (Arch. Vienne, abb. de Ste-Croix.)

Bontemps (Marie) épousa, vers 1680, César-Henri Birot d'Ariomant, président de la sénéchaussée et siège royal de St-Maixent, qui, les 28 févr. 1716, 1er août 1717, 11 févr. 1718 et 20 sept. 1719, testait en sa faveur.

Bontemps (François), sgr de la Jarrie (Vouneuil-sous-Biard), épousa Marie Tiboyeau, dont : 1° Pierre, sgr de la Jarrie, y décéda sans postérité en 1772; 2° Marie-Madeleine-Thérèse, mariée en 1715 à Louis Hurel, Ec., sgr des Piliers.

Bontemps (Jeanne) épousa, vers 1680, René Bottereau, docteur.

BONVALET. — Noms divers.

Bonvalet (Etienne), capitaine gouverneur des ville et château de Châtellerault, homme d'armes de la compagnie du duc de Mayenne, fit déclaration, le 23 juin 1585, à René de la Rochepozay, *aliàs* de Felins, Ec., prieur de St-Romain, pour une maison située à Châtellerault. (Arch. Vien. Prieuré de St-Romain.)

Bonvalet (Pierre Le), Ec., trésorier de France à Poitiers en 1677-1711, épousa Françoise Bachelier, fille de Michel, et de Françoise Hélyot, dont il eut :

Bonvalet (Jean-Baptiste Le), Ec., reçu trésorier de France à Poitiers en 1711, au lieu de son père.

BONY. — Famille dont la généalogie se trouve dans le Nobiliaire de Nadaud. Voici les noms de quelques-uns de ses membres qui ont habité le Poitou.

Blason : de gueules à 3 besants d'argent.

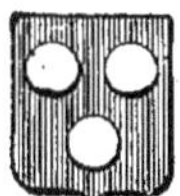

Bony de la Vergne (Pierre), Ec., sgr du Vergier, habitant le bourg de Liglet; Françoise de Forges était sa veuve le 23 déc. 1683.

Bony de la Vergne (Jean), Ec., sgr du Vergier, habitant la sénéchaussée de Montmorillon, fit enregistrer, vers 1698-1700, ses armoiries par d'Hozier qui les décrivit dans le registre de la généralité de Poitiers.

Bony Mis de la Vergne (Jean) comparut par procureur à l'assemblée de la noblesse du Poitou, convoquée en 1789, pour nommer des députés aux Etats généraux.

BOONE (Guillaume) fut présent en 1219 à des lettres données par Aimery de Thouars et Béatrix De de Machecoul et de Luçon, confirmatives de la donation d'un marais à l'abbaye de Boisgrolland.

BOR (de) ou BORC, BORS, BORT.

Bor (François de), Ec., sgr de Touraine (sceau : un lion, 1288. Arm. Touraine).

Bor (Jean de) le jeune, Chev. Il est fait mention de lui dans un acte du 24 avril 1344. (Arch. de l'Eglise de Poitiers.)

Bor (Jean de), Ec., rendit son hommage le 24 août 1364 à Edouard, fils aîné du roi d'Angleterre, pour des propriétés en Oleron. (F.)

Bor (Raimond ou Renaud de), Chev., servait dans les guerres de Saintonge en 1340. Il donna quittance à Poitiers, le 16 sept. 1340; son sceau porte un quintefeuille. Dans un autre acte, le sceau porte un écu parti : 1° 3 lions couronnés, 2 et 1, et au 2° un quintefeuille, avec un filet en bande brochant sur le tout. (Gaignères, 773, p. 140.)

Bor (Jean de) ou **de Bour**, Chev., le jeune, vend avec sa belle-mère une rente à Guillaume Gormont, valet, en 1344. (Tit. St-Pierre de Poitiers, Nouzillé. Lat. 17147, p. 306.) Il avait épousé Jeanne Hubert, fille de Guillaume, sgr de Nouzillé, et de Marguerite de Brezé, remariée à Jean Tade, Chev.; il eut pour fille Jeanne, qui épousa Guyard de Maumont, Chev., sgr de Tonnay-Boutonne.

BORC (de). — Famille de Gâtine, originaire de Borc-sous-Airvau. (V. BORS.)

BORDE ou BORDES et BOURDE. — Famille qui aux xiiie, xive et xve siècles, habitait les environs du Blanc et de Montmorillon. Nous n'en trouvons plus trace à partir du xvie siècle; elle possédait Courtevrault, (Liglet, Vienne).

Noms isolés.

Borde (Pierre) et ses enfants avaient fait don à l'abb. de la Colombe de la dîme de Lignac, don confirmé à ce monastère, en 1214, par Guy de la Trémoille. (D. F. 5.)

Borde (Guillaume) fait, en 1226, cession au prieuré de Villesalem de partie des terrages de Courtevrault et du fief de Bouters, en 1228. (D. F.)

Borde (*Hugo*), *valetus, tenet a comite Pictavensi duas partes decime bladi de Podio Raligos et de Bauge et antecessor suus faciebat homagium illis de Prisay*, 1253. (A. N. J. Reg. 245, 57, 6.)

Borde (Agnès), femme de Joubert Chynet de la Roche, et fille de Guillaume Borde (celui relaté plus haut, vivant en 1226 et 1228?). Le précepteur du prieuré de la Chatille, dépendant de la Maison-Dieu de Montmorillon, amortit, le 18 mai 1272, une rente de 10 sous que ce prieuré devait à ladite Agnès, qui le même jour, par un autre acte, fait donation à la Maison-Dieu de 10 sous de rente. (A. H. P. 8.)

Borde (Guillaume), valet, vivait en 1276. (Titre d'Anglo.) (F.)

Borde (Guillaume), sgr de Courtevrault et de M...? Son oncle Guyonnet Chevreux lui fait une donation le dernier févr. 1358. Il vivait encore en 1378 et se qualifiait d'écuyer.

Borde (Guillemin), peut-être Guillaume précité, est cité comme défunt dans un aveu rendu, le 26 juin

1408, à la Tour de Maubergeon par Guillaume Guenant, sgr du Blanc.

Borde (N...) servit comme homme d'armes du sgr de Montreuil-Bonnin au ban de 1467. (F.)

Borde (Guillaume), sr de Courtevrault du pays de Montmorillon, fit partie comme archer au ban de 1491; il lui fut enjoint d'avoir gantelets ou hallebarde. (Id.)

Borde (autre Guillaume), également de la sénéchaussée de Montmorillon, servit à ce même ban en qualité d'homme d'armes. (Id.)

§ Ier. — Branche de **COURTEVRAULT.**

1. — **Borde** (Guillaume), sgr de Courtevrault (psse de Liglet), eut pour enfants : 1° Jean, qui suit; 2° Louis, et peut-être une fille mariée à Jean Loube, qui est dit sgr de Courtevrault le 12 juil. 1420 (peut-être en partie, ou comme tuteur?).

2. — **Borde** (Jean), Ec., sgr de Courtevrault, fit bail à rente avec son frère, le 1er juil. 1400. Il eut, croyons-nous, pour fils Guillaume, qui suit :

3. — **Borde** (Guillaume), Ec., sgr de Courtevrault, fit aveu le 22 août 1452, à Pierre de Pocquières, sgr du Châtelier (signé Bardin). Il eut pour fils Adam, qui suit; et probablement pour enfant naturel reconnu, Guillemin, rapporté au § II.

4. — **Borde** (Adam), Ec., sgr de Courtevrault, reçut aveu de Guillemin Borde, bâtard de Courtevrault, sgr du Poiron, le 13 août 1461. Il eut pour fils :

5. — **Borde** (Guillaume), Ec., sgr de Courtevrault, fit accord en 1481 avec Pierre de Sacierges, commandeur de la Châtille, pour un arbitrage confié à Antoine Morelon, sgr du Fraigne, et à Guillaume Bardin, procureur à la Trémoille. Il paraît n'avoir eu qu'une fille, car Courtevrault passa aux de Brossolle, probablement par mariage.

§ II. — Branche du **POIRON.**

4. — **Borde** (Guillemin), sgr du Poiron (bâtard de Courtevrault), fils reconnu de Guillaume, 3e deg., § I, fit aveu de son fief le 13 août 1461. Il eut, croyons-nous, pour fils :

5. — **Borde** (Jean), Ec., sgr du Poiron, qui fit acquêt le 6 avril 1528, de Dauphine de la Vigne, veuve de Pierre du Quesnoy, Ec., sr de la Marcolière, et de Thomas du Quesnoy, son fils aîné. Il se maria peut-être 2 fois, et eut de Jeanne du Genest : 1° Marguerite, mariée, le 17 déc. 1530, à Raoul de Lanet, Ec. Il eut aussi pour enfants (peut-être d'une autre femme) : 2° Adam, qui suit; 3° Sylvine, mariée, le 4 mars 1546, à Guillaume Bardin.

6. — **Borde** (Adam), Ec., sgr du Poiron, fit acquêt en 1572 sous le scel de Belabre, et décéda sans doute sans postérité, car le Poiron passa aux Bardin. (Arch. de la Vien.)

BORDE. — Famille des environs de Civray.

Borde (Pierre), sergent royal à Charroux en 1667, y meurt en 1688. (Reg. Charroux.)

Borde (François), curé de Savigné, archiprêtre de Gençay de 1703 à 1743, était, le 18 déc. 1733, copropriétaire, avec les Augustins de Mortemart, du fief de Malepierre et de la Roderie (Charroux, Vienne); fut inhumé à Savigné, le 19 janv. 1744, âgé de 67 ans. (Reg. Savigné, Vienne.)

Borde (François), vicaire de Savigné de 1703 à 1742. (Id.)

Borde (N...), vicaire d'Availles-Limousine en 1737. (Reg. d'Availles.)

Borde (Pierre), curé de Savigné et archiprêtre de Gençay de 1743 à 1772, fut inhumé à Savigné le 23 juil. 1772, âgé de 60 ans. (Reg. de Savigné.)

Filiation suivie.

1. — **Borde** (David) épousa Marie Réauline, dont il eut entre autres enfants Jacques-Philippe, qui suit.

2. — **Borde** (Jacques-Philippe) épousa à Savigné, le 26 févr. 1710, Perrine Imbert, fille de feu Jacques, et de Perrine Michelet, et décéda le 23 janv. 1748, laissant : 1° Jacques-Philippe, baptisé le 26 déc. 1711; 2° Marie, mariée : 1° le 25 juin 1725, à Louis Albert, sr de Bellevue, avocat au siège royal de Civray; 2° le 8 août 1744, à Jean-André-Marie Surreau; 3° Pierre, baptisé le 11 févr. 1713; 4° Louis, qui suit; 5° Julie-Julienne, baptisée le 17 janv. 1722, mariée, le 23 août 1741, à François Dupont; 6° Madeleine, baptisée le 14 mars 1725, mariée, le 2 juin 1749, à Nicolas Corderoy, sr du Mas d'Isle. (Reg. de Savigné.)

3. — **Borde** (Louis), sr du Cron, contrôleur ambulant de la marque des fers, fit des plaintes en 1747 au sujet de violences exercées contre lui; il assista, le 2 juin 1749, au mariage de sa sœur Madeleine avec Nicolas Corderoy, et fut inhumé le 4 juil. 1788, laissant de Radégonde Corderoy, sa femme, fille de Hyacinthe, et de Jacquette Laurent, qu'il avait épousée le 21 août 1741 : 1° Pierre-Pascal, qui suit; 2° Pierre-Louis, chirurgien à Savigné en 1789; 3° Pierre, étudiant en droit, épousa à Chaunay, le 17 juin 1783, Luce Daniau, fille de feu Jean, notre royal, et de feu Madeleine Guyot; 4° Marie-Françoise, mariée à Genouillé, le 23 juil. 1770, à Louis-Jean Imbert de l'Hermitage; 5° Jacquette, mariée à Genouillé, le 21 févr. 1770, à Jean-Joseph Malaport; 6° Radégonde-Marie, mariée à Genouillé, le 3 juil. 1775, à Louis Chevallon, juge d'Availles; elle est, le 26 sept. 1797, marraine de Louis-André Albert. (Reg. de Savigné.)

4. — **Borde** (Pierre-Pascal), notaire royal, capitaine commandant la garde nationale de Genouillé, fait bénir un drapeau le 14 févr. 1790; il avait épousé à Savigné, le 25 nov. 1789, Françoise-Marguerite Fradin, fille de Pierre, bourgeois, et de Françoise Surreau. Nous ignorons s'il a eu postérité.

BORDE ou **DELABORDE** (Jean-Benjamin de la), d'origine étrangère au Poitou, fut pourvu, le 28 déc. 1757, de l'office de receveur général alternatif en Poitou, et y fut installé le 18 mai 1758. (M. A. O. 1883, 379.)

BORDE (de la) ou **DELABORDE.**

Blason. — N. de la Borde, Cte, de Béliard, habitait Châtellerault vers 1760-1780? Son cachet porte : un écu d'azur au chevron de..... accompagné de 2 étoiles en chef et d'une tête de licorne en pointe.

BORDERIE (de la). — Famille des environs de Civray. (V. aussi **BOICEAU DE LA BROUE-GENTY.**)

Borderie (Jacques de la) décéda avant 1629, laissant des enfants qui, à cette époque, étaient sous la tutelle de Pierre Regnault, Ec., sgr du Maslandry, époux de Marie de la Borderie (probablement sœur de Jacques).

Borderie (Joseph de la), décédé, le 26 avril 1669, à Pressac, avait épousé Marguerite Guimard dont il eut MADELEINE, baptisée à Pressac, le 5 mai 1658.

Borderie (N... de la) eut pour enfants : 1° PIERRE, qui suit ; 2° ANNE, mariée, le 7 janv. 1664, à Pressac, à Jacques de Lanet, Ec., sgr de Bellefont.

Borderie (Pierre de la), sgr de Champaignerie, épousa : 1° à Pressac, le 7 janv. 1664 Marie DE LANET (probablement fille de Jacques, Ec., sgr de Bellefont, et de Jeanne de Verrières, sa première femme) ; 2° le 17 fév. 1676, à Pressac, Antoinette GUICHARD, dont il eut PAUL, né le 7 juin 1677.

BORDES (DES). — On trouve ce nom en Poitou ; au XIV° s°, un des représentants de cette famille y occupait une haute position militaire.

Bordes (Aimery des) fut en 1157 présent à la vente d'une dîme à Ringères (Quinçay, Vienne). (Chartes St-Hilaire. Lat. 17147, 392.)

Bordes (Bertrand des), clerc. Isabelle, abbesse de Ste-Croix, lui concède, le 3 févr. 1307, pour sa vie seulement, à la charge d'une redevance annuelle de 100 sous, la maison ou grange d'Ardenne (Marigny, D.-S.). (Arch. Vienne, abb. de Ste-Croix.)

Bordes (Gilet, Perrot et Perrin des) figurent parmi les habitants de Parthenay, nommés dans une transaction passée en 1372 avec Guillaume L'Archevêque. (Ledain, Gâtine.)

Bordes (Guillaume des), capitaine d'une compagnie de 70 hommes d'armes, fit montre le 5 mars 1367 ; on le trouve encore faisant montre le 1er juil. 1368 de sa compagnie composée de 105 gens d'armes, 15 chevaliers, 68 écuyers et archers. Il est qualifié dans cette pièce de chambellan du Roi. Le 16 juil. 1371, il faisait montre de sa compagnie, qui ne comptait plus que 20 chevaliers bacheliers et 79 écuyers, et enfin, le 29 oct. 1379, il passait une autre revue. (Bibl. Nat. Montres et Revues.) Il reprit la Rocheposay sur les Anglais en 1369.

Bordes (Thibault des) servait comme archer le 24 juin 1482. (F.)

Bordes (Jean des) servit en brigandinier à l'arrière-ban du Poitou en 1488 ; à celui de 1491 il est renvoyé pour cause de pauvreté. (Doc. inéd. 172, 202.)

Bordes (le Bastard des) servait comme homme d'armes en 1520. (Montres et Revues.)

Bordes (Pierre des), sgr des Bordes, habitant la sénéchaussée de Niort, servit comme arbalétrier au ban du Poitou de 1533. (F.)

Bordes (Hector des), archer à la grande paye, et autre

Bordes (Hector des), archer à la petite paye, font l'un et l'autre partie de la compagnie du connétable de Montmorency, qui fit montre en 1543 au camp de Marolles en Hainault. (A. N. J. 10, 371.)

Bordes (Antoinette des) épousa François de la Loire ? Ec., sgr de la Mothe-Villain, vers 1520.

Bordes (Catherine des), mariée, par contrat du 26 avril 1587, à François du Pin, sgr du Mas-Joubert.

Bordes (Olive des) fut une des bienfaitrices des Bénédictines de Civray, d'après le procès-verbal de leur installation à Civray, le 2 juil. 1637.

BORDES DE JANSAC (DES). — Famille de la Saintonge qui a possédé en Poitou, et dont une branche habite actuellement la Vendée.

Blason : d'azur au chevron d'or, accompagné de trois arêtes de poisson d'argent, 2 et 1.

Noms isolés.

Bordes (François des), Ec., s^r de Montlhéry, Jansac en Saintonge, acquit le fief de Teillé, relevant de Boissec (Lezay, D.-S.). Il eut pour fils FRANÇOIS, qui suit.

Bordes (François des), Ec., s^r de Montlhéry, Jansac, Teillé, fut obligé, par sentence du sénéchal de Poitou, du 30 mars 1714, d'exhiber le contrat d'acquêt de Teillé au sgr de Boissec. (Arch. des D.-S., Boissec.)

Bordes de Jansac (Pierre des) fit partie du ban des nobles du Haut-Poitou réuni à St-Jean-d'Angély en 1758, et servit dans la 3e brigade de l'escadron de Boisragon.

Bordes de Jansac (Pierre des), p^{sse} de Verdille (Charente), ancien capitaine d'infanterie, assista à l'assemblée de la noblesse du Poitou, réunie à Poitiers en 1789.

Bordes (Jean-Baptiste des), Chev., sgr de Teillé, a comparu par procureur à cette même assemblée.

Filiation suivie (derniers degrés).

1. — **Bordes de Jansac** (François-Charles des), né en 1763 et décédé le 14 mai 1846, s'était marié trois fois : 1° vers 1780, à Anne DE MONTALEMBERT, fille de Jean, Ec., sgr de Cers, et de Françoise de Mauldé ; 2° à N... DE GALARD ; 3° à Joséphine LE PELLETIER, fille de Mathurin, et de Anne Boisnier. Du troisième lit il eut : 1° CHARLES, né en 1805, décédé en 1822 ; 2° LOUIS-ALEXANDRE-EUGÈNE, qui suit.

2. — **Bordes de Jansac** (Louis-Alexandre-Eugène des), né le 15 mars 1808, est décédé le 26 mai 1873. Il avait épousé, le 24 juin 1832, Constance-Marie DE BEAUCORPS, fille du Cte Henri-Charles-Marie, et de Anne-Louise du Vergier de la Rochejacquelein, dont il a eu : 1° MARIE-CAROLINE, née le 18 févr. 1833, religieuse de St-Vincent-de-Paul à Chasseneuil (Charente) ; 2° HENRI-CHARLES-AUGUSTE-MARIE, qui suit ; 3° HENRI-MARIE-JOSEPH, né le 25 juil. 1844, marié, le 18 févr. 1879 (Herbert, not^{re} à la Roche-sur-Yon), à Marie-Mathilde-Félicie AUGIER DE MOUSSAC, fille de Paul-François-Henri, et de Marie-Constance de Chabot.

3. — **Bordes de Jansac** (Henri-Charles-Auguste-Marie des), né le 20 déc. 1833, marié, le 10 sept. 1861, à Marie-Louise-Camille DE BONNEGENS DES HERMITANS, fille de Henri, et de Alphonsine Gautier. Il a pour enfants : 1° MADELEINE, née le 3 déc. 1865 ; 2° JOSEPH, né le 1er sept. 1870 ; 3° JEAN, né le 11 août 1875.

BORDET (*Aimericus*) fut témoin des dons faits à l'abb. de St-Cyprien de Poitiers, en 1025 ou 1026, par *Hucbertus, sacerdos*, et en 1088 par Boson Vte de Châtellerault et sa famille à l'abb. de St-Romain de cette ville. (A. H. P. 3. — D. F. 7.)

Bordet (*Stephanus*) signa, ainsi que AIMERICUS (le précédent ?), la donation faite au même monastère par Airaud de Montoiron, en 1080, et celle de Boson Vte. (Id. id.)

Bordet (*Giraudus*) fait en 1189 donation à l'abb. de St-Maixent de sa personne, et d'un four. (D. F.)

BORDIER. — NOM COMMUN A PLUSIEURS FAMILLES. (V. **BOURDIER**.)

Bordier (François), Ec., sgr de Marcil, épousa Marie DE PÉRÉFIXE, avec laquelle il passa obligation, au profit de Melchior Maurat, marchand, le 16 fév. 1583.

Bordier (François), Ec., s[r] de Coutures et des Marais, fit bail à rente du tènement du Coux, par acte passé à St-Maixent, le 16 juin 1592. (Arch. de la Barre.)

Bordier (René), procureur à Niort, épousa Marguerite Roy, fille de François, marchand à Niort; elle était veuve en 1680. (Id.)

BORDUEL (Geoffroy), Chev., fut, le 8 mars 1245, entendu dans une enquête relative à un usage, que Hugues de Frozes prétendait avoir le droit d'exercer dans les bois de Ste-Radégonde. (D. F.)

BOREAU. — Famille originaire de Confolens ? a fourni à cette ville, de 1534 à 1650, trois sénéchaux dans les personnes de François, licencié ès lois, Joachim, avocat en Parlement, et Simon, licencié ès lois.

Boreau (Philippe), sgr de Château-Guyon, sénéchal de Confolens, épousa, le 18 nov. 1629, Catherine Guyot, fille de François, Ec., sgr de St-Quentin, et de Jeanne de la Roche.

BOREAU DE ROINCÉ. — Famille de l'Anjou, établie a Poitiers.

Blason : d'azur au chevron d'argent, 2 coquilles d'or en chef, et une ancre d'argent en pointe.

Boreau de Roincé (Gabriel-René-Henri), marié à Jardres, le 24 janv. 1865, à Blanche-Marie Blandin de Chalain, fille de Victor-Maurice, et de Françoise-Séraphine Frotier de la Messelière, a eu pour enfants : 1° René-Marie-Alexandre, né à Poitiers, le 26 mars 1866; 2° Gabriel, né en 1869, à Jardres; 3° Maurice-Marie-Henri, né à Poitiers, le 4 avril 1874; 4° Marguerite-Marie-Radégonde, née à Poitiers, le 28 juin 1878.

BORELLUS. — Nom latin de la famille Borreau ou Bourreau. (V. ce mot.)

BORGET (Agnès) était en 1312 religieuse à l'abb. de la Trinité de Poitiers, et achetait de J. Bruère, pour la somme de 4 sous, une rente de deux septiers de froment. (Arch. Vienne, abb. de la Trinité.)

BORGINEA (Pierre) avait pour épouse Nive de Gastine. Celle-ci vendit, le 15 janv. 1252, quelques terres près Moncontour à un chanoine de St-Hilaire. (F.)

BORGLEAU (Louis) se fit remplacer au ban de 1467 par Jean Girault, qui y servit comme brigandinier, du s[r] de la Grève. (F.)

BORGNET. — Famille originaire des environs de la Garnache (Vendée). Nous la croyons éteinte.

Blason : d'argent, un sanglier passant de sable. — On le trouve aussi avec une moucheture d'hermine en pointe.

Noms isolés.

Borgnet (François), Ec., sgr de Belair, et Françoise Augizeau, son épouse, font la vente de leur maison de Belair, p[sse] de la Garnache, le 6 juin 1711 (Gaborit et Lebreton, not[res] à la Garnache).

Borgnet (Jean), Ec., sgr de la Gaborrière, faisait un acquêt le 8 mai 1744, acte reçu Gaborit et Tessier, not[res] à la Garnache.

Borgnet (Jean), Ec., sgr de la Gaborrière, était, le 31 oct. 1748, époux de Marie-Françoise Raquideau, veuve de Nicolas Remigeaud.

Filiation suivie.

Cette filiation est établie d'après une ordonnance de confirmation de noblesse rendue par M. de Maupeou, le 30 avril 1700, et sur des documents conservés dans les archives de M. Théoph. de Tinguy.

1. — **Borgnet** (Guillaume), Ec., était décédé le 9 janv. 1496, date du partage (Clément, not[re]) de sa succession entre ses enfants qui étaient, entre autres : 1° Julien, qui suit; 2° Pierre, qui de N..., son épouse, eut un fils, Nicolas, lequel transigeait le 30 juin 1513 (Bonbaut et Pallort, not[res]).

2. — **Borgnet** (Julien), Ec. Le nom de sa femme est inconnu; mais on sait par une transaction du 27 janv. 1551 (Bertrand et Borgnet, not[res]) qu'il eut pour fils :

3. — **Borgnet** (Jean), Ec., sgr de la Groissière, est dit fils de Julien dans l'acte de 1551 précité, avec autre Jean Borgnet, aussi Ec. Il épousa Julienne Mauclerc, et fut père de :

4. — **Borgnet** (Jean) II°, Ec., sgr de la Vieille-Garnache, épousa, le 18 janv. 1598 (Tardiveau et Losné, not[res] à la Garnache), Marie Bouvier, dont :

5. — **Borgnet** (Claude) Ier, Ec., sgr de la Gaborrière, épousa, le 27 sept. 1629 (Rodier et Drouin, not[res]. à la Garnache), Marie Mauclerc, sa cousine. Elle est établie comme noble et veuve de Claude Borgnet, sur le Catalogue annoté des gentilshommes de la généralité de Poitiers. Il eut entre autres enfants :

6. — **Borgnet** (Claude) II°, Ec., sgr de la Vieille-Garnache, qui, le 9 juin 1663, partagea noblement (acte reçu Fresneau et Nicoleau, not[res] à la Garnache) avec sa mère et ses puînés. Il est établi avec sa mère sur le Catalogue des gentilshommes du Poitou. Il avait épousé, le 4 oct. 1662 (Grolleau, not[re] du C[té] de Maulevrier), Anne Moricet, dont il eut : 1° Claude, qui suit; 2° Jean, Ec., sgr de la Jarriette, porté comme noble au Catalogue précité; il épousa Marie Jouneau; nous ignorons s'il eut postérité; 3° Louis, sgr de Launay; 4° Elisabeth, qui, le 28 avril 1693, transigeait avec ses frères (Gaborit et Bouhyer, not[res] à la Garnache); est citée dans une autre transaction passée entre lesdits Claude et Louis précités, le 2 sept. 1708, par A. Barreau et J. Mairais, not[res] à la Garnache; il en résulte qu'ils avaient une autre sœur; 5° Jeanne, D[e] de Lardoisière (p[sse] de la Garnache, Vendée).

7. — **Borgnet** (Claude) III°, né en 1665, servit au ban de 1691, fut confirmé dans sa noblesse par M. de Maupeou le 30 avril 1700. Il avait épousé, le 1er août 1688 (Loiauté et Balard, not[res] à Fontenay), Claude Esnard, dont il laissa :

8. — **Borgnet** (Jacques-Claude), Chev., sgr de la Gaborrière et de la Vieille-Garnache, servit au ban de 1758, et épousa Anne Billon, dont : 1° Pierre-Claude, Ec., sgr de la Vieille-Garnache, décédé sans postérité en 1788; 2° Victor, prêtre, curé de St-Sornin; à l'époque de la Révolution, il fut conduit à Fontenay, où il

resta pendant quelque temps soumis à l'appel quotidien; puis ayant refusé le serment constitutionnel, il fut incarcéré. Délivré lors de la prise de cette ville par les Vendéens, le 25 mai 1793, il était décédé le 23 thermidor an V (10 août 1797); 3° JEANNE-MARGUERITE, dite Mlle de la Vieille-Garnache; 4° MARIE-CLAUDE, qui épousa, le 18 févr. 1757, André-Prosper Mourain, sr de Monbail, officier major de la capitainerie de la Barre de Monts (R. Gaborit et M. Naud, notres du Mqsat de la Garnache), acte dans lequel sont relatés les frères de la future, ainsi que 5° ANNE-AUGUSTINE, dite Mlle de Lardoisière, et 6° ANTOINE, qui suit.

9. — **Borgnet** (Antoine), Chev., sgr de la Vieille-Garnache, de la Giraudinière, partage avec ses frères, beau-frère et ses sœurs précitées, par acte sous seings privés du 13 déc. 1763, les successions de leurs père et mère, oncles, tantes (dont nous ne connaissons pas les noms). Il épousa Madeleine-Hyacinthe-Elie BUOR DE LA LANDE, fille de Abraham, Chev., sgr de la Durandrie, psse des Brouzils, et de Gabrielle Joussons, qui était sa veuve le 16 nov. 1778; il en eut : 1° GABRIEL-VICTOR, qui suit; 2° PIERRE-CLAUDE-ABRAHAM, Chev., sgr de la Borderie, mort à Aizenay en 1822; 3° CHARLES-AUGUSTE-VICTOR, Chev., sgr de l'Espinay (psse de la Mormaison, Vendée), né à la Giraudière le 15 févr. 1763; émigré, a fait la campagne de 1792, à l'armée des Princes, comme sous-lieutenant de l'une des compagnies nobles du Poitou, s'embarqua pour la campagne de Quiberon, mais fut contraint de rester à Jersey. Il prit part à plusieurs tentatives de descentes en Vendée, se rallia à l'armée de Condé, et était au dépôt des chasseurs nobles lors du licenciement en 1801. Il reprit les armes en 1814 sous M. de Suzannet avec le grade de chef de bataillon, et reçut en 1816 la croix de St-Louis. Il est mort le 3 févr. 1848, sans laisser d'enfants de N... DE JOUSBERT DE LA COUR, son épouse.

10. — **Borgnet** (Gabriel-Victor), Chev., sgr de la Vieille-Garnache et de la Giraudinière, épousa Marie-Anne-Louise-Gabrielle DE LA TRIBOUILLE, fille de Alexis, Chev., sgr de la Gohardière, et de Louise de Busca. En 1793, après avoir disséminé sa nombreuse famille chez des paysans des environs de la Giraudinière, il rejoignit l'armée de Charette et y servit dans l'administration. Il est mort au camp de Belleville, le 24 mars 1795, âgé de 41 ans. Ses enfants étaient : 1° MARIE-CHARLOTTE, qui épousa Pierre-Joachim Robert de Lézardière des Chasteigners; 2° ANNE-LOUISE, décédée célibataire en 1867; 3° PIERRE-JOSEPH, qui suit; 4° CHARLES-GABRIEL, fit sous l'empire la campagne de Prusse, et reçut à Leipsick une blessure qui le fit réformer étant lieutenant, et mourut le 14 nov. 1820.

5° MADELEINE-VICTOIRE, mariée, le 2 thermidor an XII (21 juil. 1804), à Constant-Aimé Chev. de Barbarin (Delaroze et Gobin, notres à Aizenay); 6° MARIE-CLAUDINE, mariée à Jean-Etienne Petit; 7° ESTHER, 8° AVROLINE, toutes deux mortes jeunes.

11. — **Borgnet de la Vieille-Garnache** (Pierre-Joseph) prit les armes en 1814 et 1815, assista au combat des Mathes comme capitaine dans la division des Sables, fut nommé lieutenant d'infanterie le 15 mai 1815, entra dans la légion de la Vendée le 8 sept. 1817; démissionnaire en 1819, il rentra dans ses foyers, où il est mort le 9 nov. 1861. Il était le dernier représentant de sa famille.

BORIE DE CAMPAGNE (DE LA). —

Famille noble originaire du Périgord, dont une branche habite aujourd'hui le château du Fou (Vouneuil-sur-Vienne).

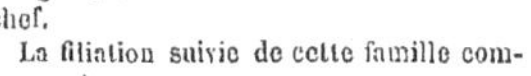

Blason : de gueules à 3 fers à cheval d'argent, et un croissant de même en chef.

La filiation suivie de cette famille commence à :

Borie (Bernard de la), originaire de Sarlat, qui eut pour enfants : 1° AIMERY, conseiller au Parlement de Bordeaux ; 2° ADHÉMAR, qui acquit vers 1460 la sgrie de Campagne-sur-Vezère, et a eu postérité de Jeanne DE BONALD, sœur de l'évêque de Bazas.

Borie (Géraud de la), Mis de Campagne, sous-préfet de Châtellerault sous la Restauration, épousa, vers 1820, Félicie DANSAYS DE LA VILLATE, fille de N... et de Marie-Perrine-Charlotte Lhuilier de la Chapelle, dont : 1° RAOUL Mis de Campagne, marié à Laure SIMARD DE PITRAY, fille de Louis-Antoine-Simon, et de Hélène de la Vincendière ; a eu 2 filles, MARIE et HÉLÈNE ; 2° FRANÇOIS-EMILE-ARTHUR-GÉRAUD, qui suit.

Borie (François-Emile-Arthur-Géraud de la) Cte de Campagne, né à Paris en 1825, décédé le 13 oct. 1876, avait épousé Henriette-Félicité DES FRANCS, fille de Louis-Henri Mis des Francs, et de Ernestine-Louise Piault, dont : 1° JEANNE-MARIE-AUGUSTINE-EMILIE, née le 17 oct. 1852, mariée, le 13 déc. 1874, à Guillaume-Casimir Cte de Laizer ; 2° LOUISE-MARIE-MARTHE-ANTOINETTE, née le 30 mars 1853, mariée, le 15 juil. 1878, à Marie-Charles-Christophe-Adrien de Beaumont Vte d'Autichamp ; 3° ETIENNE-ROGER-MARIE-FRÉDÉRIC, qui suit.

Borie (Etienne-Roger-Marie-Frédéric de la) Cte de Campagne, né le 27 mai 1857, a épousé à Poitiers, le 28 avril 1888, Catherine AUDAR, fille de Antoine-Charles, et de Catherine-Alphonsine de la Ville-sur-Illon.

BORILLEAU

BORILLEAU (Jeanne), De de la Rollerie en St-Aubin-le-Cloux (D.-S.), était en 1501 femme de Benoît Richier, Ec. (Ledain, Gâtine.)

BORLET. —

Famille ancienne habitant le pays de Mortemer et de Bouresse, éteinte depuis plusieurs siècles.

Borlet (Mangot) était au commencement du XIIe siècle un des principaux seigneurs, « *optimates* », de la sgrie de Mortemer ; il assistait en 1112 à la renonciation faite par Engelelme de Mortemer aux droits qu'il exerçait injustement sur les hommes de l'abb. de Nouaillé, dans les paroisses de Bouresse, Mazerolles et Fleuré. (D. F. 21.)

Borlet (*Maingodus, Samuel et Willelmus*) sont déboutés au profit de l'abb. de Nouaillé, de leurs prétentions sur les biens donnés à ce monastère par Audebert de Bouresse, par jugement arbitral de l'archidiacre de Poitiers, rendu en 1147. (Id.)

Borlet (*Petrus*), *miles*, prend part à un traité entre l'abb. de Nouaillé, Hélie du Teil, etc., au sujet des droits du sgr de Bouresse, 10 sept. 1229 (id. 22), et en 1235, ses héritiers Jean Gaillon et Hugues de Châteauvieux, Chev., renoncent, en faveur du prieur de Bouresse à des hommages qu'il leur devait. (Id. 227.)

BORMAUD ET BOURMAUD. —

Famille assez répandue en Poitou, et dont le nom se trouve écrit indifféremment *Bormaudus*, *Bormaus*, *Bormaut*, *Burmaldus* et *Burmaudus*. Elle a donné son nom au *feodum Bormaudi*, sis dans la c^ne^ de Frontenay (Vienne), qui au XIIIe s^e^ appartenait au Chapitre de St-Hilaire-le-Grand ; à l'ancien prieuré *S^ti^ Andreæ de Bosco Bormaudi* (c^ne^ de Noireterre, D.-S.), dont elle fut probablement la fondatrice; et encore au *feodum de la Bormaudère* près Champdeniers, rappelé dans une charte de l'abb. des Châtelliers, du 24 juin 1270.

Burmaudus (*Willelmus*) *de Musterollio* était mort avant 1085. Vers cette époque, *Petronilla de Botineo*, DE BOUTIGNY, sa veuve, donne à l'abb. de St-Cyprien ce qu'elle possédait à Availles, c^ne^ de St-Julien-l'Ars (Vienne). (Cart. St-Cyprien. A. H. P. 3.)

Bormaudus ou **Burmaudus** (*Willelmus*) fut témoin des donations faites à cette abb., vers 1100, par Guillaume et Normaud frères, et Maurice, en s'y faisant moines. (Id. id.)

Bormaudus, *judex*, témoin du don de vignes, fait en 1107 à l'abb. de St-Maixent par Garin de Botnai, et au mois de déc. 1108, d'un traité passé entre ce monastère et Garin de Niort, dit Chenet. (D. F. 15.)

Burmaldus, *miles*, témoin du don fait à St-Cyprien, de 1108 à 1155, de biens sis près St-Laurent-sur-Sèvre, par Jotard, sgr de Mortagne. (Cart. de St-Cyprien. A. H. P. 3.)

Burmaudus (*Helias*) était, vers 1110, propriétaire, par indivis avec l'abb. de St-Cyprien, d'un domaine sis « *in villa de Ussel* » (Usseau, c^ne^ de Taizé-Aizie, Charente). (Id. id.) Le même donnait, vers 1120, au prieuré de Montazay toute la dîme qu'il levait sur cette terre, et de concert avec Guillaume de Mairé, il lui cédait une terre sise devant le domaine des Forges, et le bois du Fouilloux. (M. A. O. 1853, 127.) Il est encore nommé dans un traité passé, en 1125, entre les abb. de Charroux et des Alleux, au sujet de la terre du Pin. (D. F. 4.)

Bormaud est cité dans la charte par laquelle Raoul de Mortemar confirme à l'abb. de Charroux tout ce que Guy de la Marche, son oncle, avait donné à ce monastère en s'y faisant moine, XIIe siècle. (Id. id.)

Bormaudi (*Heliàs*) fut présent à l'accord passé vers 1174 entre le prieur de Montazay et Jean Prévôt. (D. F. 18.)

Bormaudus, *præceptor eccl. S^tæ^ Radegundis Pictavensis*, présent à l'acquêt des dîmes de Vouillé fait par le doyen de ce Chapitre. (D. F. 24.)

Bormunda, *capiceria S^tæ^ Trinitatis Pictavensis*, est relatée dans deux chartes de ce monastère des années 1188 et 1199. (D. F. 27.)

Bormaud (Pierre), Chev., habitant dans la sgrie de Bressuire, signe avec les autres sgrs la charte d'affranchissement de corvées, accordée aux habitants de Bressuire par Raoul de Beaumont et sa famille, en 1190. (Hist. Bressuire, 66.)

Bormaut (*Willelmus*) est cité dans la charte de commune accordée par la reine Aliénor en 1199 aux habitants de l'île d'Oléron, et dans celle par laquelle, la même année, elle leur concède certains privilèges. (D. F. 18.)

Bormaud (Aimery de), diacre, fut témoin de la transaction passée en 1215 entre le précepteur du Temple près Mauléon, et Thibaud II de Beaumont, sgr de Bressuire. (Hist. Bressuire, 74.)

Bormaudi (*Heliàs*), *miles*, est cité dans un traité passé, en juil. 1216, entre Hélie de la Vergne, sgr de Lussac, et l'abbé de Nouaillé, au sujet de droits sur Bouresse. (D. F. 22.)

Bormaudus (*Hugo*), témoin du don de certains héritages fait en 1227 à l'abb. des Châtelliers par Hugues de Rochefort, Chev. (Cart. des Châtelliers. M. Stat. 1867.)

Bormunda, *uxor Willelmi de Prisciaco miles*, est nommée dans un traité passé, en juin 1231, entre ce Chev. et l'abb. de Nouaillé. (D. F. 22.)

Bormaut (*Philippa*), *filia Guiberti Bormaudi*. Jean de Curzay, chanoine de St-Hilaire-le-Grand de Poitiers, l'appelle dans son testament, en date du 29 nov. 1263, *cognata mea*, et lui lègue 100 *solidos ad maritandam*, etc. (M. A. O. 1847, 315.)

Bormaus (*Willelmus et Philippus*) sont l'un et l'autre au nombre des vassaux de l'abb. de St-Maixent, portés dans un état des hommages dus à ce monastère, dressé le 5 mars 1267.

Bormaudi (*Aymericus*) et FLANDRINE, sa femme, fille de feu Geoffroy du Teil, donnent, le 24 juin 1270, à l'abb. des Châtelliers une rente de 200 sols, sur des héritages sis dans le fief de la Bormaudière, près Champdeniers. (D. F. 5. M. Stat. 1867, 98.) Il fit un don à Sebran Chabot, son exécuteur testamentaire, et à Thibaud Chabot, par acte du 17 janv. 1268, passé à St-Maixent.

Bormaud (Hélie), Chev., sgr de Comporté près Civray, épousa, vers 1300, Agnès BONNELLE (BONNEAU), dont il eut JEANNE, D^e^ de Comporté, mariée, vers 1320, à Foucaud de Chabanais.

Bormaut (Hugues) épousa Philippe DU TEIL, et eut pour fils GUILLAUME.

Bormaut (Guillaume), châtelain de Lussac, écrivit à P. Gillier, trésorier de France, pour sa charge, fin du XIVe siècle. (Fr. 20437, 39.)

BORNAY (Guillaume de) devait en 1231 six deniers de cens à l'abb. de Nouaillé. C'est le même sans doute qui avait légué au prieuré de St-Hilaire de la Celle des biens pour lesquels le prieur paya l'amortissement au Roi en 1220.

Bornay (Guillaume de), valet, était décédé avant 1295 ; sa veuve AGNÈS fit don de terres sises à Mignaloux, à St-Hilaire de la Celle. (D. F. 12.) Il eut pour enfants : 1° HÉLIE, 2° GUILLAUME.

BORNAZAIC (Aimery de), sgr de Rochemaux, confirme, en 1236, à l'abb. de Charroux une donation précédemment faite par Guillaume de la Croix des terres de Maulny, etc. (D. F. 4.)

BORNE (Poinsonnet de), Ec., était en juil. 1388 sgr du Plessis d'Alonne. (Ledain, Gâtine.)

Borne (Jacques), Ec., fut installé le 5 mai 1688 trésorier au bureau des finances de Poitiers. Il portait pour armes : « d'argent à 4 pals de sable, et un chef d'azur. (D'Hozier, d'office.)

BORREAU ET BORREL. — V. BOURREAU.

BORS (DE) ou **BOURS**, EN CHATELLERAUDAIS ET LOUDUNAIS. — Un fief de Bours ou Pellegrolle près Ambières (Vienne) relevait de la châtellenie de Gironde (Lenclotre Vien.).

Blason (probablement) : un lion passant. (Sceau de Bertrand de Bors, Chev., 1409 ; titres St-Jouin-de-Marnes. — Lat. 5449, 67.)

Bors (Jean de), valet, possédait le fief de Pellegrolle au XIVe siècle.

Bors (Etienne de), valet, fit aveu à Chauvigny pour le fief de Flex, 1389, au lieu d'Etienne de L'Age (sans doute son beau-père). (Lat. 17041, 12.)

Bors (Huguet de), sgr du chastel de Bors, est rappelé dans la vente de ce fief, faite en 1391 par Perrot Gastineau à Charlot de Jaunay, Ec. (Arch. Vien. E² 245.)

Bors (Pierre de) possédait la Touche de Bors ; il est rappelé avec Jean dans l'aveu de Bors fait en 1393 par Jean d'Asnières.

Bors (Pierre de), de Vers ? (*sic*, Duchesne, 8, 53) fut tuteur de Jacques de Dercé, son neveu, en 1451. Il avait épousé Mathurine de Dercé, fille de Jean, sgr de St-Loup, et d'Isabeau Asse, dont Catherine, mariée en 1447 à Jean Eschalard, Ec. (Duchesne, 8.)

Bors ou **Bours** (Simon de), valet, fit aveu de la Salle d'Archigny le 1er juil. 1440.

Bors ou Bours (Guillaume de), Ec., sr de la Salle d'Archigny, fit aveu de ce fief, « qui fut à Guillaume d'Archigny », à Montoiron, le 10 juin 1503.

BORS (de). — Famille noble des environs de Châteaux-Larcher, qui possédait le fief de Bors, à la Clielle d'Andillé.

Bors (Guyot de), Ec., sgr de Bors, est rappelé dans les aveux de la Clielle. Sa fille ou sa sœur épousa Perrichon de Cujaux. (Hist. Château-Larcher, 455.)

Bors (Agnès de) épousa, vers 1380, Fouquet de Barro, Ec., sgr d'Ampuré ; elle fut héritière avec Sibylle de St-Martin, épouse de Guillaume Taveau, de Catherine Seneschal, Dᵉ de Mortemer, leur cousine, décédée vers 1390. Agnès de Bors passe acte à Ville-Romain en 1404.

BORSART (Geoffroy), Chev., fut présent, en 1218, à une donation faite par Savary de Mauléon, sgr de Talmont, à l'abbaye de Boisgrolland. (Cre de Boisgrolland.)

BORSAUD et BORSANT.

Borsant (Guillaume), Chev., fut témoin dans une donation faite en 1212, par Guillaume de Mauléon, sgr de Talmont et de la Roche-sur-Yon, à l'abbaye des Fontenelles. (F.)

Borsaud (Geoffroy), *Gaufridus Borsaudi*, ratifie le don que la veuve de Pierre, son fils, qui suit, avait fait de certains bois au prieuré d'Availles (O. de Grammont), (cne de Nouaillé, Vienne). L'évêque de Poitiers les retire plus tard.

Borsaudi (*Petrus*), dit *valetus* et *miles* dans deux paragraphes différents, était, vers 1300, propriétaire de partie de la forêt de Chirec (Chiré-les-Bois, cne de Vernon, Vienne), située dans le fief de l'évêque de Poitiers ; il vendit ce qu'il y possédait ; et plus tard Isabelle, sa veuve — dans cette partie de la notice, Pierre est dit *de Bosco Borsaudi* — ayant donné au prieuré d'Availles certaines portions de bois, de terres, etc., l'évêque de Poitiers Gauthier de Bruges les retire par puissance de fief. (Cart. de l'évêché de Poitiers, A. H. P. 10, 372, 374.)

BORSTEL (de). — Famille noble originaire d'Allemagne, qui possédait au xviiᵉ siècle des fiefs en Loudunais.

Blason : tiercé en bande d'or, de gueules et d'azur, le gueules chargé de 3 brosses d'argent à manche d'or, posées en bande. (Preuves St-Cyr.)

Borstel (Conrad de), Chev., sr de Gaslen, chambellan du prince d'Anhalt, épousa Anne Stoples, dont :

Borstel (Adolphe de), Chev., sgr de Sammarçole, né en 1591, gentilhomme de la chambre du Roi en 1624, avait été ambassadeur des princes allemands à la cour de France. Il épousa, le 31 mai 1631 (Alexandre, not. à Loudun), Charlotte de Farou, fille d'Isaac, Chev., sgr de Sammarçole, et d'Elisabeth Martin, dont :

Borstel (Adolphe de), Chev., sgr de la Jaille, Sammarçole, servit à l'escadron de Ternay, au ban du Loudunais de 1674 ; il épousa, le 12 juin 1675, Madeleine Tachereau, fille de Gabriel, Chev., sgr de Liniers, et de Madeleine Coleteau, dont il eut plusieurs enfants, parmi lesquels : 1° Marie-Madeleine-Armande, née en 1686, reçue à St-Cyr en 1693, mariée à N... de Pigemont, Ec. ; 2° Adolphe, lieut. de vaisseau, décédé sans alliance ; 3° Gabriel, qui suit ; 4° N..., mariée à N... de Beaumont, fermier général ; c'est peut-être Madeleine-Colombe, marraine, le 2 août 1722, à St-Pierre du Martray. (Loudun.)

Borstel (Gabriel de), maréchal de camp en 1744, lieut.-général de l'artillerie, mort à Plaisance, le 24 juin 1746, des suites de ses blessures, fut père d'une fille, nommée fille d'honneur de la reine d'Espagne, et qui se fit Carmélite.

BORU (Guyot) a servi au ban des nobles du Poitou de 1467, comme brigandinier du sr de L'Isle. (F.)

BORYL (Samuel) était conseiller en l'élection de Thouars en 1609. (F.)

BOSCAL de RÉALS de MORNAC. — Famille noble et ancienne, originaire des environs de Béziers, où elle a possédé longtemps la terre de Réals, située pˢˢᵉ de Murviolle. Comme elle s'est partagée en plusieurs branches établies en diverses provinces, nous ne relaterons en entier que les filiations de celles habitant le Poitou ou l'Aunis, en indiquant l'existence des autres rameaux.

Les documents que nous transcrivons nous avaient été communiqués par M. Boscal de Réals, Cte de Mornac, chef de nom et d'armes, et ont été complétés par M. Louis-Victor-Alexandre-César (15ᵉ dog., § II).

Blason : de gueules au chêne d'argent surmonté d'une fleur de lis d'or. — Quelquefois le fût de l'arbre est accosté de 2 croissants d'argent. (Titre de la Chaize-le-Vicomte.)

§ Ier. — Première Branche.

1. — **Boscal** (Guy), Ec., avait épousé Marie Despinas ; n'est connu que par le contrat de mariage de son fils, qui suit.

2. — **Boscal** (Raoul), Ec., épousa en 1390 Antoinette Bastel (Fourrière, not. à Béziers). De ce mariage :

3. — **Boscal** (Jean), Ec., qualifié noble homme dans son contrat de mariage avec Charlotte de Murviolle, passé en 1430 à Murviolle, diocèse de Béziers (Dufaric, not.). Ils eurent :

4. — **Boscal** (Bringon), Ec., sgr de Puisségur, marié en 1466 (Bonnaire et Forêts, not. au Sénéchal, diocèse de Béziers) à Placide de Réals, dont :

5. — **Boscal de Réals** (Hercule), Ec., sgr

de Réals et de Puisségur, épousa, le 12 janv. 1491, Barbe DE LINIAS, fille de Jacques, Ec., sgr de Fougères, et de Anne de Puisserier (Barthélemy Forêt, not. royal à St-Tuchan). De ce mariage :

6. — **Boscal de Réals** (Antoine), Ec., sgr de Réals et de Puisségur, marié, le 20 nov. 1524 (Bonnaire, not. à Béziers), avec Anne DE COSSÉ, fille de Guillaume, Ec., et de Catherine de Gep. En 1546, il fit son testament (Bonnaire, not. royal). Anne de Cossé prenait, en 1552, dans une donation qu'elle fait à Étienne, leur fils, le titre de veuve dudit Antoine. Ils laissèrent de leur mariage : 1° ÉTIENNE, qui suit ; 2° JOSEPH, et 3° LIONNE, qui épousa Jean Ebreuil, s^r de la Miniliaire, le 26 oct. 1578 (B. Bitardier, not. à Châteauneuf-de-Montmirail). Joseph y paraît comme fondé de pouvoir de sa sœur.

7. — **Boscal de Réals** (Étienne), Ec., sgr de Réals, épousa, le 3 janv. 1552 (Cathalan, not. royal à Béziers), Jeanne DE PRADINES, fille de Pierre, Ec., et de Jeanne de Gep. Étienne mourut en 1582, laissant : 1° FRANÇOIS, qui suit ; 2° PIERRE, qui, testa le 6 mai 1593 ; 3° GABRIEL, sgr d'Escales, marié à Marie DE CROUZET, sans postérité ; 4° CÉSAR, auteur de la branche de Saintonge, rapportée au § II ; 5° CONSTANTIN, qui vivait encore en 1602, sans postérité.

8. — **Boscal de Réals** (François), Ec., sgr de Réals, eut de Madeleine D'ESTORIAC, qu'il avait épousée le 3 déc. 1585 : 1° SÉBASTIEN, qui suit ; 2° GERMAINE, mariée, le 28 nov. 1635, à Germain de Bonafos.

9. — **Boscal de Réals** (Sébastien), Ec., sgr de Réals, épousa Charlotte DE GONDAL, fille de Henri, Ec., sgr de Graniès, le 5 mai 1632 ; fut maintenu dans sa noblesse par M. de Bezons, intendant de Languedoc, le 16 oct. 1670. Sa postérité était éteinte en Languedoc avant 1789.

§ II. — BRANCHE DE **SAINTONGE** ET DE **POITOU**.

8. — **Boscal de Réals** (César), Ec., sgr de Champagnac, la Motte et St-Laurent, fils puîné d'Étienne et de Jeanne de Pradines (7e deg., § 1er), fut gentilhomme ordinaire de la chambre du Roi, capitaine d'une compagnie de 200 hommes au régiment de Piémont (commissions données à Paris en date des 11 févr. 1606 et 11 févr. 1615) ; passa, le 16 janv., en la même qualité au régiment de Champagne ; fut tué, le 16 sept. 1625, commandant l'avant-garde de l'armée royale au combat livré aux Rochellais près d'Ars (île de Ré).

Il avait épousé en premières noces, le 5 avril 1606 (Gayot, not. à Périgueux) Marie DU FAURE, fille de Guillaume, Ec., sgr de la Motte, et de Anne de Nesmond ; devenu veuf, il se remaria, le 27 févr. 1614 (Brandy, not. royal), à Louise BAUDOUIN, fille de feu Allain, vivant sgr Vte de Fleurac et de Chazotte, et de Renée de Puirigault. Elle se dit veuve dans son testament, fait en 1631. De ce mariage sont issus : 1° MARIE, née le 5 févr. 1615 ; 2° JEAN-LOUIS, né le 5 août 1616, l'un et l'autre morts jeunes ; 3° LÉON, qui suit ; 4° LUCE, mariée à Cognac, le 12 avril 1641, à Philibert de Lubersac, Chev., sgr de Lubersac, du Verdin et de la Mosnerie.

9. — **Boscal de Réals** (Léon), Chev., sgr d'Anjac, Champagnac, etc., naquit le 22 juin 1617 ; épousa, le 18 avril 1641 (Barraud, not. à Cognac), Marguerite DE COURBON, fille de Louis, capitaine au régiment de Champagne, et de Anne Philippier. Il fut du nombre de ceux qui en 1652 défendirent Cognac contre le prince de Condé révolté, et fut député par la noblesse de Saintonge aux États généraux de 1649 et de 1651. En 1659, il acquit par échange la terre et baronnie de Mornac, et eut de son mariage : 1° JEAN-LOUIS, qui suit ; 2° CHARLES, tige de la branche de Bretagne, rapportée au § IV ; 3° ANNE-LOUISE, mariée à Charles-Auguste d'Achard, Chev., sgr de Théon, Vérac, etc.

10. — **Boscal de Réals de Mornac** (Jean-Louis), Chev., sgr baron de Mornac, épousa en premières noces, le 24 mai 1670 (Robin, not.), Marie DE VOYER, fille de René, sgr de Dorée, et de Diane-Marie Joubert ; et en secondes noces, le 19 juil. 1672, Anne THIBAULT DE LA CARTE, fille de feu Jacques, Chev., et de Françoise Chauvinière (Coudré, not. à St-Maixent). Il commanda la noblesse du gouvernement de Brouage, sous les ordres du duc de Gadagne, commandant pour S. M. à la Rochelle, et la conduisit à l'île de Ré, le 6 sept. 1674. De ce mariage est issu :

11. — **Boscal de Réals de Mornac** (César-Léon), Cte de Mornac, etc., né le 30 déc. 1676, brigadier des armées du Roi, Chev. de St-Louis, marié, le 15 avril 1704 (Billon, not. à la Rochelle) à Marie-Perrine DE SALIGNÉ DE LA CHAIZE, D^e de St-Florent, fille de Julien, Chev., Mis de la Chaize, et de Perrine de la Forêt d'Armaillé, qui était veuve en fév. 1733. Ils laissaient : 1° MICHEL-CÉSAR, qui suit ; 2° MARIE-MADELEINE, mariée à Bourigan-Dupé, Mis d'Orvault ; 3° CHARLES, capitaine de cavalerie, tué en Souabe en 1740.

12. — **Boscal de Réals de Mornac** (Michel-César), Chev., sgr baron de Mornac, Breuillet et autres lieux, servit dans la seconde compagnie des mousquetaires de la garde du Roi, et épousa, le 18 févr. 1740 (Maréchal, not. à Saintes), Marie-Françoise LE BERTHON, fille de Marc-Auguste, Chev., sgr de Bonnemié, et de Louise de Caseq. Il fut inhumé, le 18 janv. 1757, dans l'église de St-Jean de la Chaize-le-Vicomte. De ce mariage sont issus : 1° PIERRE, qui suit ; 2° MICHEL, Ec., sgr de la Baritaudière, Chev. de St-Louis, ancien lieutenant au régiment de Penthièvre-Dragons, émigra, fit la campagne de 1792 à l'armée des Princes, dans la première compagnie de la noblesse du Poitou-Infanterie, servit ensuite dans l'armée de Condé dans la compagnie noble, n° 7. Il avait épousé, le 16 avril 1776 (Pillard, not. à Mauzé), Marie-Françoise DE BÉCHILLON, fille de Jacques-Charles-Louis, Ec., sgr de Prssec, et de Claude-Sylvine-Rosalie Duris. Pierre-Charles de Béchillon, Mis de Vallans, Allery, etc., lui donna, par contrat de mariage, la terre d'Allery. De ce mariage : FÉLICITÉ, née le 16 janv. 1782, mariée, le 28 nivôse an X (14 déc. 1801), à Laurent-Alexandre Chebrou du Petit-Château. Elle avait été détenue à Brouage avec sa mère pendant la Terreur.

3° LOUIS, dont il sera parlé au § III ; 4° MARIE-FRANÇOISE, morte religieuse ; 5° MARIE-MADELEINE, mariée, le 5 sept. 1771, à René de Guinot.

13. — **Boscal de Réals de Mornac** (Pierre), Chev., sgr Cte de Mornac, Mis de la Chaize-le-Vicomte, Badiole, St-Florent-des-Bois, Thorigné, la Limousinière, la Cour-de-Givrand et Bonnefonds, capitaine au régiment de Piémont-Infanterie, Chev. de St-Louis, se maria deux fois : 1° avec Marie-Henriette LEMOUSIN, fille de Louis-Esaü, Bon de Nieuil-lès-Saintes, et de Eustelle Gentil de Brassaud ; et 2° le 9 fév. 1779 (Roger, not. à Luçon), il épousa Thérèse-Marguerite-Lydie LE ROUX DE LA CORBINIÈRE, fille de René-Victor, Chev., et de Marguerite-Charlotte-Jacquette-Jeanne Robineau. Il assista par procureur à l'assemblée de la noblesse du Poitou de 1789, émigra, et se trouva en 1793 au nombre

des défenseurs de Maëstricht. Il est mort en 1827, laissant de son second mariage :

14. — **Boscal de Réals de Mornac** (François-Léon), Cte de Mornac, suivit ses parents dans l'émigration, et prit du service en Autriche. Rentré en France, il épousa, le 29 mars 1813 (Huvet, not. à Saintes), Zoé Barbeyrac de St-Maurice, fille de feu Marc-Alexandre, et de Marie-Charlotte Huon. Il rejoignit l'armée vendéenne à la reprise d'armes de 1815, et fut chargé, avec le chevalier de St-Hubert, du commandement de l'armée du comte de Suzannet, après la mort de ce général. Il obtint ensuite le grade de colonel, et fut nommé Chev. de St-Louis, de la Légion d'honneur et de St-Ferdinand d'Espagne. Il a été pendant plusieurs années député de la Vendée sous la Restauration. De son mariage sont issus plusieurs enfants dont les noms suivent : 1° Marie-Charlotte-Louise, née le 7 nov. 1814, mariée, le 16 juil. 1839, à Prosper-Barthélemy-Gérard Dupré, capitaine au corps royal du génie, Chev. de la Légion d'honneur ; 2° Marie-Thérèse-Joséphine-Lydie, née le 24 juil. 1816, mariée, le 17 juin 1845, à Casimir-Louis de Montalembert de Cers ; 3° Marie-Charlotte-Léontine, née le 8 juil. 1817, religieuse ; 4° Marie-Bénigne-Françoise-Cécile, née le 12 oct. 1819, mariée, le 6 févr. 1844, à Charles de Boislinards ; 5° Marie-Céleste-Octavie, née le 1er oct. 1820, mariée, le 26 juil. 1842, à Achille-Charles-Alexandre de Goué ; 6° Marie-Caroline-Pauline, née le 21 oct. 1821, religieuse ; 7° Marie-Aimée-Louise-Zoé, née le 4 juil. 1823, religieuse ; 8° Marie-Alexandrine-Adèle, née le 29 mai 1825, mariée, le 29 nov. 1854, à Gustave-Adolphe-Antoine Bon Buirette de Verrières, chef de bataillon au 72e régiment d'infanterie, officier de la Légion d'honneur ; 9° Marie-Henriette-Louise, née le 20 sept. 1826, mariée, le 1er févr. 1853 (Gauduchaud, not.), à Marie-Léonard de Laborde-Lassale ; 10° Léon-Joseph-Charles, né le 17 mars 1828, lieutenant, décoré en Crimée, tué à l'assaut de la tour Malakoff ; 11° Louis-Victor-Alexandre-César, qui suit ; 12° Raoul-Alexandre-Gustave, né le 16 juil. 1830, ancien colonel d'artillerie, a été nommé général de brigade (1886) commandant l'artillerie du 17e corps d'armée à Toulouse, commandeur de la Légion d'honneur ; a épousé en 1881 Hélène de Cantalause, dont Michel et François ; 13° Marie-Anne-Françoise-Joséphine, née le 26 fév. 1832, religieuse de St-Vincent-de-Paul ; 14° Marie-Charlotte-Antoinette, née le 3 fév. 1833.

15. — **Boscal de Réals de Mornac** (Louis-Victor-Alexandre-César), Cte de Mornac, né le 9 mai 1829, retraité comme colonel d'infanterie, officier de la Légion d'honneur, est décédé le 6 janv. 1891. Il avait épousé en 1873 Alice Raffeneau de Lile, dont il a eu : 1° Léon, 2° Adrien, 3° Henri, 4° Victor, 5° Pierre.

§ III. — Deuxième Branche de SAINTONGE et de POITOU.

13. — **Boscal de Réals** (Louis), Chev., sgr de Badiole, Vallans, du chef de sa femme, et Chev. de St-Louis, 3e fils de Michel-César Boscal de Réals et de Marie-Françoise Le Berthon (12e deg. du § II), naquit en 1755, servit au régiment de la Sarre-Infanterie, émigra, fit la campagne de 1792 dans la première compagnie de la noblesse de Poitou-Infanterie, à l'armée des Princes, et se réunit ensuite à l'armée de Condé. Il est décédé le 23 janv. 1838, et avait épousé, le 17 avril 1776 (Pillard, not. à Mauzé), Marie-Félicité de Béchillon, sœur de Marie-Françoise, rapportée au 13e degré du § II. Elle reçut en dot de Pierre-Charles de Béchillon la terre de Vallans. De ce mariage sont issus : 1° Charles-François, qui suit ; 2° Léon-César, ancien directeur des contributions indirectes, épousa, le 7 juin 1819 (Ballanger, not. à St-Jean-d'Angély), Céleste Leveneur de Beauvais, dont André, marié à N... de Botmiliau, dont postérité.

2° Adèle, épouse d'Ignace-Alexis Bridault ; 3° Rosalie, femme de Jeudi de Grissac ; 4° Aglaé, décédée sans alliance.

14. — **Boscal de Réals** (Charles-François), officier de la Légion d'honneur, connu sous le nom de Cte de Réals, fut maire de la ville de Saintes depuis le 25 déc. 1815 jusqu'au mois d'août 1830, et député du département de la Charente-Inférieure depuis 1820 jusqu'au mois d'avril 1830 ; est décédé le 14 oct. 1866. Il avait épousé en premières noces, en mai 1799 (Bourdain, notre à Marennes, Charente-Infre), Jeanne-Louise Martin de Bonsonge, fille de Charles-Michel, et de Madeleine-Françoise-Adélaïde Godet ; et 2° le 16 août 1825 (Lévesque, not. à St-Maixent), Caroline de la Faire, veuve du chevalier de Bosquevert, et fille de Sylvain, et de Charlotte de Brouillac. Du 1er lit est issue Delphine, mariée, le 5 juin 1832, à M. Gaspard-Alphonse de la Porte ; devenue veuve en avril 1840, elle mourut en 1861.

§ IV. — Branche bretonne.

10. — **Boscal de Réals** (Charles-César), fils puîné de Léon, et de Marguerite de Courbon (9e deg. du § II), naquit en 1645 ; épousa, le 17 sept. 1679, Marie-Madeleine Thibault de la Carte, fille de François, et de Marie de Collaiseau-Dubou (Galletier et Maille, not.) ; capitaine de vaisseau (brevet du 21 mars 1673), commandait un vaisseau à la bataille de la Hogue et reçut une lettre de félicitations du Roi, en raison de sa belle conduite en ce combat ; il est mort à Rochefort le 19 janv. 1697, laissant de son mariage : 1° Pierre-Charles, qui suit ; 2° Alexandre-Jean, né en 1690, lieutenant de vaisseau en 1731, Chev. de St-Louis en 1738, mort en 1759, célibataire ; 3° Catherine, célibataire.

11. — **Boscal de Réals** (Pierre-Charles), né le 30 juin 1680, capitaine de vaisseau en 1741, Chev. de St-Louis le 23 janv. 1752, mourut à Rochefort le 17 nov. 1752 ; marié en 1res noces, le 2 août 1707, à Jeanne Poussart de Lignières, fille de Charles-François, Mis de Lignières, et de Louise de Beaumont (Bruneteau, not. royal), et en secondes, le 12 juin 1715 (Grenat et Pothier, not. à la Rochelle), à Anne Legoux, fille de Pierre, Chev., sgr de Périgny, et de Angélique de Queux. Du premier lit sont issus : 1° Marie-Marthe, religieuse au couvent de Lussan ; 2° Anne-Louise, mariée à Rochefort, le 23 janv. 1742, à Ignace de Karrer, colonel, propriétaire d'un régiment suisse de son nom ; 3° Charles-François, né en 1713, enseigne de vaisseau en 1738, mort sans postérité en 1765.

Du second lit : 4° Henri-César, qui suit ; 5° Charles-Louis-Léon, né à la Rochelle, le 2 avril 1727, lieutenant de vaisseau le 15 mai 1756, tué le 3 nov. 1758, dans un combat naval ; 6° Alexandre, né en 1729, lieutenant de vaisseau le 1er janv. 1761, mort à Rochefort, célibataire, le 1er juin 1761 ; 7° Marie-Anne, célibataire.

12. — **Boscal de Réals** (Henri-César), né à Rochefort, le 28 mars 1723, chef d'escadre le 7 janv. 1782, Chev. de St-Louis le 26 avril 1760, obtint 3 pensions sur les fonds de la marine : la première, de

236 liv., en 1752, en considération des services de son père, capitaine de vaisseau ; la seconde en 1762, de 372 liv., pour ses services dans l'Inde comme lieutenant de vaisseau sur le *Zodiaque*, et la troisième de 3,600 liv., pour ses services et sa retraite. Il épousa à Brest, le 1er juin 1762, Marie-Josèphe Moutier des Longschamps, fille de Pierre-Jérôme, et de Marie-Josèphe Mercier, et est décédé le 15 oct. 1795, laissant : 1° Marie-Henriette-Françoise, mariée : 1° le 14 déc. 1781, à Charles-Henri-Jacques Bardet des Claireaux, lieutenant de vaisseau, et 2° le 1er oct. 1798, à Louis-Casimir Causse de Vallongue ; elle est décédée en 1833 ; 2° Charles-Marie-César, né à Brest, le 16 mai 1764, lieutenant de vaisseau en 1786, mort célibataire le 24 févr. 1788 ; 3° Marie-Josèphe-Charlotte, mariée en 1787 à Félix-Toussaint de Charbonneau, morte en 1792 ; 4° Charles-Marie-Henri, qui suit ; 5° Marie-Élise-Charlotte, mariée, le 25 sept. 1798, à Louis de Parfourru, décédée en 1858.

13. — **Boscal de Réals** (Charles-Marie-Henri), né à Brest le 16 janv. 1770, capitaine au régiment de Bresse en 1790, marié, le 16 janv. 1798, à Henriette-Marie-Salomé de la Tullaye, fille de François-Henri, capitaine de vaisseau, brigadier des armées du Roi, Chev. de St-Louis, et de Anne-Corentine de Troërin. Il est décédé le 26 janv. 1826, laissant : 1° Casimir-Henri-Joseph, qui suit ; 2° Charles-Marie-Siméon, né le 29 déc. 1800, lieutenant d'artillerie en 1823, mort célibataire le 31 juil. 1826 ; 3° Henri-Louis-Marie, né le 6 avril 1804, enseigne de vaisseau le 23 mai 1825, mort en Grèce le 27 mars 1826, non marié ; 4° Félicie-Jeanne-Louise, née en 1806, mariée, le 14 nov. 1828, à Agathe-Antoine-René-Maurice de Rodellec du Porzic, lieutenant d'artillerie.

14. — **Boscal de Réals** (Casimir-Henri-Joseph) naquit le 28 janv. 1799, épousa, le 9 janv. 1826, Catherine-Marie-Josèphe de Kersaintgilly de St-Gilles, fille de Pierre-Marie-Ange-Louis, et de Félicité-Angélique de Lauzanne, et mourut le 26 mars 1856, laissant de son mariage : 1° Félicité-Marie-Charlotte, née le 8 oct. 1826, décédée célibataire le 26 fév. 1842 ; 2° Charles-Marie-Louis, qui suit ; 3° Henriette-Marie-Agathe, née le 24 nov. 1832, mariée, le 1er mai 1855, à Paul-Antoine-Marie du Vergier de Kerhorlay ; 4° Casimir-Marie-François, né le 8 sept. 1834, lieutenant d'infanterie, démissionnaire en 1863, lieutenant-colonel de l'armée territoriale en 1875, Chev. de la Légion d'honneur en 1870 ; marié, le 24 nov. 1863, à Alix-Armelle-Ernestine de Lesguern, fille de Armand-François, et de Caroline-Pauline Bernard de Marigny. De ce mariage : *a.* Alix-Françoise-Marie, née le 9 août 1864 ; *b.* Charlotte-Paule-Marie, née le 15 nov. 1865 ; *c.* Madeleine-Henriette-Marie, née le 6 nov. 1867, morte le 30 avril 1884 ; *d.* Casimir-François-Marie, né le 12 nov. 1878.

5° Raoul-Léon-Marie, né le 2 oct. 1838, capitaine d'infanterie, démissionnaire en 1876, marié, le 28 nov. 1876, à Marie-Philomène Le Saulx de Toulencoat, fille de Ange-Marie-Louis-René, et de Marie-Angélique-Armelle de Tinténiac.

15. — **Boscal de Réals** (Charles-Marie-Louis), né le 14 oct. 1830, ancien colonel breveté, commandant le 93e régiment d'infanterie, officier de la Légion d'honneur, marié, le 30 avril 1867, à Julie-Ernestine-Marie-Henriette Maillard de la Gournerie, fille d'Antoine-Paul, capitaine d'infanterie, tué en Kabylie en 1851, et de Louise-Susanne-Aménaïde de Gourdeau. De ce mariage : 1° Julie-Françoise-Marie-Henriette, née à Nantes le 28 mars 1868, mariée à Nantes, le 19 nov. 1889, à Arthur-Henri-Ferdinand de Cazenove de Pradines ; 2° Charles-Marie-François, né à Nantes le 14 déc. 1869, élève de l'école de St-Cyr en 1889 ; 3° Henri-Marie-Guy, né à Nantes le 21 avril 1872 ; 4° Marguerite-Marie-Ernestine, née à Plouvorn le 14 févr. 1875.

BOSCHAIN (Jean du). Marguerite N..., sa femme, étant devenue veuve, rendit, le 20 juin 1411, aveu de son fief du Rivault au sgr de Belarbre et du Chastellier. (F.)

BOSCHER. — V. **LA BOUCHERIE.**

BOSCHET. — V. **DU BOUCHET.**

BOSNAY. — Famille depuis longtemps éteinte, qui posséda et donna son nom au Plessis-Bosnay près Châtellerault. Les renseignements suivants sont extraits de « la Baronnie de Mirebeau », par M. de Fouchier. (M. A. O. 1877, 1er tableau, p. 39.)

1. — **Bosnay** (Athelin de) eut pour enfants : 1° Raoul, qui suit ; 2° Alon.

2. — **Bosnay** (Raoul de), frère d'Alon de Bosnay et époux d'Ermengarde, donna le moulin de Chargé en 1060 à l'abbaye de Noyers. Il est dit *vir nobilis de Fayta.* Il eut pour fils :

3. — **Bosnay** (Atholin de) fit don à l'abb. de Noyers en 1080. Il mourut à Poitiers, et fut inhumé à N.-D. la Grande ; mais plus tard, on le transporta à Noyers. (Cart. p. 395.) Il laissa de Raimsende, fille d'Arbert de St-Jouin, et de Thomasse Borrel :

4. — **Bosnay** (Raoul de) IIe, vivant en 1088, fit don à Noyers en 1126, sous Etienne et Gaudin, abbés. (Cart. Noyers, n° 452.)

BOSNAY (de). — Autre famille.

Bosnay (Pierre de), Ec., sr de la Parlotière, fit aveu de ce fief à Châtellerault en 1538. Il était receveur de la sgrie de Thuré.

BOSON.

Boson (Jean) fait en 1174 une donation à l'abb. de Fontevrault, du consentement de Jean, son fils, de sa prévôté dans les bois de Boson et de la Salle ; il avait déjà souscrit dans des titres de ce monastère dès 1172.

Le même ou autre Jean souscrivait dans des chartes du prieuré de Montazay.

Boson (Hugues de) et Lisoye, sa femme, sgrs de l'Orme-d'Oyré, faisaient en 1226 un traité avec Guillaume de Foye, Chev., en présence de Philippe, évêque de Poitiers, au sujet de quelques devoirs féodaux. (D. F. 3.)

BOSQUET (Pierre du), Ec., sr de la Fond, demeurant paroisse de Latillé (Vienne). Louise Guillegault était sa veuve en 1682, et elle fait partie de la liste imprimée cette année des nouveaux convertis de la généralité de Poitiers. (F.)

BOSQUEVERT. — Cette famille noble et ancienne, fixée à St-Maixent, est, dit l'auteur des Affiches du Poitou, d'origine anglaise.

Les renseignements qui suivent proviennent des recherches de D. Fonteneau, et de nombreux documents réunis par M. d'Orfeuille, lesquels nous avaient été communiqués par feu M. Garnier (de Mello).

Blason : « d'argent semé de glands de gueules, à la « bande ondée de même brochant sur le « tout, au chef cousu d'or, chargé de trois « merlettes de sable. » (La Thaum., Hist. du Berri.)

De Courcelles, Dictionnaire de la noblesse, t. IV, p. 304, dit : « d'or semé de glands de sinople, à la bande ondée de gueules brochant sur le tout, au chef cousu d'or, chargé de trois merlettes de sable. »

On trouve dans l'Armorial de la Rochelle (Marennes): d'argent semé de glands de gueules, à une fasce de gueules, surmontée de 3 merlettes de sable.

§ Iᵉʳ. — Première Branche.

1. — **Bosquevert** (Pierre de), Ec., sgr du Montet-de-Chéraud en Auvergne, eut pour fils :

2. — **Bosquevert** (Aimé de), Ec., sgr du Montet, qui épousa, le 10 févr. 1445, Marguerite de Fontanac ou de Fontenai, fille de Gilbert ou Maurice, Ec., sgr de Blandine ou de Bladinière. Il eut pour enfants : 1° François, qui suit ; 2° Guillaume, 3° Pierre, 4° Antoinette, 5° Philippe, qui, le 15 mars 1480, se partageaient les successions de leurs père et mère.

3. — **Bosquevert** (François de), Ec., sgr du Montet, fils aîné des précédents, épousa, le 23 janv. 1473, Isabeau de Blangis, fille d'Antoine, Ec., sgr dudit lieu. Guillaume et Pierre de Bosquevert, ses frères puînés, assistaient à son contrat de mariage, dont sont issus : 1° Charles, qui suit ; 2° Antoine, qui assiste au contrat de mariage de son frère, en 1499.

4. — **Bosquevert** (Charles de), Ec., sgr du Bladeux et du Montet, fut marié, le 4 mars 1499, à Antoinette de Rocheservière, fille de noble homme Baptiste, Ec., sgr dudit lieu. De ce mariage sont issus : 1° Michel, qui suit; 2° Gilbert, ainsi qu'il résulte des partages des successions de leurs père et mère, du 16 août 1537.

5. — **Bosquevert** (Michel de), Ec., sgr du Bladeux et du Montet, épousa, le 15 juin 1530, Antoinette Boudet, fille de Antoine, Ec., sʳ des Barres.

Il résulte de l'acte de partage de leurs successions, du 30 nov. 1571, qu'ils avaient pour enfants : 1° Michel, dont nous ignorons la lignée; 2° Amable, qui suit; 3° Jean.

6. — **Bosquevert** (Amable de), fils puîné des précédents, Ec., sgr du Montet, homme d'armes de la compagnie de Mgr le duc d'Anjou, obtint du roi Charles IX, le 11 mai 1572, le privilège de porter armes et pistolets. Il fut nommé commissaire ordinaire des guerres, le 15 mai 1573, et obtint en 1604 une sentence favorable des commissaires proposés à la recherche des usurpateurs de la noblesse. Amable a été marié deux fois : 1° le 27 mai 1575, avec Antoinette de Piahec, fille de François, Ec., sgr du Petit-Querray, et de Marie Prévost ; 2° le 17 déc. 1587, avec Madeleine Porcheron, veuve de Louis de Fay, Ec., sgr de Ribouard. Il ne paraît pas qu'il soit né d'enfants de cette seconde union. Il avait eu de son premier mariage : 1° Daniel, qui suit; 2° Esther, mariée, le 24 juil. 1600 (Jamin et Gounin, notʳᵉˢ), à Guillaume de Mauvise, Ec., sgr de Villars ; 3° Marguerite, qui, le 11 juin 1608 (Sabourin et Noyon, notʳᵉˢ à Niort), épousa Charles du Cher, Ec., sgr de la Brosse.

7. — **Bosquevert** (Daniel de), Ec., sgr du Montet et du Petit-Querray, obtint du roi Henri IV, le 12 juin 1595, une décharge d'arrière-ban, parce qu'il servait alors comme capitaine d'une compagnie de gens de pied au régiment du sʳ de Pougnac, ci-devant de Béroute. Il obtint, le 1ᵉʳ févr. 1619, une sentence favorable des commissaires chargés d'examiner les titres de noblesse, et, le 14 févr. 1625, la commission de lieutenant au gouvernement de Fontenay; il était alors qualifié d'aide des maréchaux de camp des armées du Roi. Il fut fait chevalier de l'ordre de S¹-Michel le 6 mai 1647. En 1628, il avait commandé en Bas-Poitou un corps de troupes sous les ordres du duc de La Rochefoucauld, et fut chargé par le Roi de raser le château de Talmont, le fort de l'Aiguillon, et de surveiller, avec les sʳˢ de Vignoles et de S¹-Chaumont la démolition des fortifications de la Rochelle. Il s'était marié, le 2 mars 1598, à Renée Boynet, fille de feu Etienne, Ec., sgr de Fressinet, conseiller du Roi en son grand conseil, et de Renée d'Elbenne. De ce mariage naquirent : 1° Amable, qui suit; 2° Jacques, qui sera rapporté au § II; 3° Autre Jacques, prieur de S¹-Pierre de Chail et chanoine de Menigoute; 4° Louis, sgr de la Roche-du-Montet, fut attaché toute sa vie à la maison de La Rochefoucauld; il fut parrain, le 8 oct. 1634, dans l'église de Chef-Boutonne, de Louis d'Hautefoys, et avait épousé, avant le 29 mai 1646, Marguerite de Savatte, Dᵉ de Loubigné et veuve de Pierre de la Couture-Renon; 5° Madeleine, qui, le 7 sept. 1631, épousa Jean de la Bonnetie, Ec., sgr de la Couture; 6° Samuel, et 7° Hélène, qui assistaient au contrat de mariage de Madeleine; elle épousa, le 19 avril 1635 (Assailly et Desmoulins, notʳᵉˢ), Pierre Viault, Ec., sgr de la Clervaudière (D.-S.).

8. — **Bosquevert** (Amable de), Ec., sgr de Bourneuf, se maria, le 6 août 1629, à Marie de Villiers, fille de feu Jacques, Ec., sgr de Prinçay, et de Renée Sacher. Le 15 mai 1630, ils se faisaient une donation mutuelle (Moulins, notʳᵉ à S¹-Maixent). Il fait partie de la liste imprimée en 1667 des nobles du Poitou qui avaient obtenu des ordonnances de maintenue.

D'après un acte de partage du 26 févr. 1669, Amable avait pour enfants : 1° Jacques-Armand, qui suit; 2° Louise, mariée à Jacques Claveurier, Chev., sgr de Lesteuil; 3° Anne, qui épousa Michel Claveurier, Ec., sgr de Fonbrun, capitaine au régiment de Normandie, le 12 févr. 1684, en l'église de S¹-Saturnin de S¹-Maixent; elle était veuve en 1675 et remariée à Etienne Jouslard, Ec., sgr de Lartuserie; 4° Marie-Anne, qui épousa, le 22 juil. 1652, Gabriel de Villedon, Chev., sgr de Sᵗᵉ-Rhue.

9. — **Bosquevert** (Jacques-Armand de), Chev., sgr de la Roche-du-Montet, servit dans le premier escadron des nobles du Poitou au ban de 1703, et s'est marié, le 12 févr. 1684, avec Catherine Chevalier, fille de feu Pierre, sʳ de la Chevallerie, assesseur en l'élection de S¹-Maixent, et de Jeanne Poussineau. Il est né de ce mariage : 1° Jacques-Alexis, qui suit ; 2° Anne-Catherine, née le 13 et baptisée le 15 oct. 1684, qui prit le voile chez les Dames Bénédictines de S¹-Maixent, vers 1700 ; à cette occasion, son père fit une cession de domaines auxdites religieuses, pour servir de dot à sa fille ; 3° Marie-Florimonde, baptisée le 6 juil. 1689 ; 4° Jean-Amable, né le 20, baptisé le 22 juin 1691 ; 5° Marie-Gabrielle, baptisée le 26 mai 1695 en l'église de S¹-Saturnin de S¹-Maixent, ainsi que tous ceux qui précèdent.

10. — **Bosquevert** (Jacques-Alexis de), Chev., sgr de Vandeloigne, y demeurant, épousa, le 2 avril 1715, Marie Pandin, fille de Gaspard, Chev., sgr du Chail, du Chaigne, etc., et de feu Anne Brunet. En secondes noces il épousa, le 15 févr. 1728, en l'église de S¹-Saturnin de S¹-Maixent, Gabrielle-Angélique de Villedon, fille

de Pierre-Gabriel et de Marie Gogué. Il mourut le 27 févr. 1749.

Il eut du 1er lit : 1° JOSEPH-ALEXIS, qui suit ; et du second, 2° GEORGES-ALEXIS, Chev., sgr de Bois-des-Prés, baptisé le 21 janv. 1729, pssc de St-Sulpice de St-Maixent, qui de Marie-Sophie PIDOUX DE POLIÉ eut : *a.* ANGÉLIQUE-URSULE-JULIE, baptisée le 9 févr. 1750, qui épousa Pierre-Louis Garnier de Boisgrollier ; *b.* MARIE-SUSANNE-HENRIETTE, baptisée le 13 mars 1751, et épouse de Louis de Savatte de Genouillé. Georges-Alexis mourut le 25 févr. 1757, et sa veuve en 1761.

11. — **Bosquevert** (Joseph-Alexis de), Chev., sgr du Chaigne, de Vandeloigne, etc., fit partie du ban de 1758, où il servit dans la deuxième brigade de l'escadron de Villedon ; s'allia, par contrat du 12 févr. 1745, à Catherine SAUZEAU, fille de Pierre, ancien maire perpétuel de St-Maixent, et de Marie Greffier, et mourut en 1781, âgé de 54 ans. Catherine Sauzeau était morte dès le mois de janv. 1780. De ce mariage étaient issus : 1° JOSEPH-ALEXIS, né et baptisé le 14 nov. 1746, Chev., sgr de Vandeloigne, capitaine au régiment d'Orléans-Infanterie, Chev. de St-Louis, a épousé N... PAGÈS DE FAILLIÈRES, fille du lieutenant de Roi à St-Martin de l'Ile-de Rhé ; 2° MAIXENT-GABRIEL, qui suit ; 3° MARIE-ANNE-ANGÉLIQUE, baptisée le 1er fév. 1749, pssc St-Saturnin de St-Maixent, qui épousa, le 19 avril 1773, Jean-Louis Bellivier de Prin ; 4° GEORGES-MARIE-JOSEPH, baptisé même pssc le 11 juin 1750, habitait la ville de Senlis le 13 avril 1792, et est mort sans alliance ; 5° MARIE-SOPHIE-FRANÇOISE-LOUISE, baptisée le 4 oct. 1751 ; elle épousa, par contrat du 15 juin 1779, Charles-Marie d'Orfeuille de Tourtron, Chev., sgr de St-Georges. Elle mourut au mois d'avril 1780, âgée de 38 ans, laissant une fille unique. On lisait sur sa tombe l'épitaphe suivante, dans laquelle on faisait l'éloge de ses qualités de mère, d'épouse et de femme chrétienne, éloge mérité, disaient ses contemporains :

« *Siste viator. — Conjugis oppressi, quæso,* « *partire dolorem. — In tumulo, juvenis conjux* « *ploranda quiescit — Artubus imbellis, sed cordis* « *dotibus impar — Ingenio potens, meritis ac nomine* « *clara, — Religionis amans, nulli pietate secunda,* « *jussa Dei servans nulli pietate secunda Cura suis,* « *mutuo dilexit amore parentes. — Sponsa beans* « *sponsum virtutis fœdere puro — Digna parens !* « *eheu, ni mors eita ruperat illud.* »

6° LOUISE-JEANNE, née le 29 oct. 1752, décédée avant le 24 nov. 1786, date du partage de sa succession ; 7° GABRIEL-JOSEPH, né le 29 sept. 1754, était officier au régiment d'Orléans-Infanterie en 1780 ; 8° PHILIPPE-BONAVENTURE, né le 14 juil. 1757, embrassa l'état ecclésiastique, fut chanoine de l'église collégiale de St-Hilaire-le-Gd de Poitiers, et mourut le 4 janv. 1794 ; 9° AMADIS-ALEXIS, Chev., sgr de Vandeloigne, capitaine au régiment d'Orléans-Infanterie en 1780, assista par procureur à l'assemblée de la noblesse de 1789.

12. — **Bosquevert** (Maixent-Gabriel de), né le 5 nov. 1747, était en 1780 officier au régiment de Conty-Infanterie ; il assista en personne à l'assemblée de la noblesse tenue à Poitiers en 1789 ; émigra, fut nommé chev. de St-Louis, épousa en premières noces, le 5 janv. 1784, Louise D'AITZ DE MESMY, fille de Jean-Charles Mis de la Villedieu, et de Susanne-Henriette Green de St-Marsault ; devenu veuf, il se remaria, le 24 nov. 1813, à Caroline DE LA FAIRE, fille de Sylvain, et de Charlotte de Brouillac. Il est mort en mars 1824, sans laisser de postérité.

§ II. — DEUXIÈME BRANCHE.

8. — **Bosquevert** (Jacques de), Ec., sgr du Montet, fils de Daniel de Bosquevert et de Renée Roynet (7e deg. du § 1er), est, croyons-nous, le même que Jacquart, marié vers 1630 (en 1res noces) avec Jeanne MAHOIS, fille de Jean, Ec., et de Jeanne Bery. Il épousa (en 2es noces), le 17 oct. 1638, Anne THIBAULT, fille de Pierre, Ec., sgr de Grosbois, gouverneur de la ville et château de St-Maixent, et d'Anne Vigier. Ils eurent de ce mariage :

9. — **Bosquevert** (Jacques de), Ec., sgr du Montet, qui épousa, le 6 févr. 1664, Marguerite SESTAIN. De ce mariage ne sont issues que deux filles : 1° MARGUERITE, mariée à Simon de Méritain ; 2° N..., morte célibataire.

BOSSA (*Johannes de*) était échevin de la commune de Poitiers en 1307. (F.)

BOSSATRAN (Pierre), ministre de Niort, est connu par ses controverses avec les catholiques et à propos d'une conférence qu'il eut entre autres avec l'abbé de Chalusset sur le sacrement de l'Eucharistie. Il publia à Niort en 1682 : « *L'union des fidèles avec J.-Ch. dans l'Eucharistie, ou Explication des passages de St Hilaire au 8e livre de la Trinité* ».

BOSSAY (Annibal de), Ec., était sgr de la Tour (Charais, Vienne) en 1557 et 1558. (Arch. Vienne abb. de St-Cyprien.)

BOSSE (Jacques de la), sgr de la Gde-Bosse rendit, le 17 juin 1493, un aveu au sgr de la Roche-Maurepas, tant en son nom qu'en celui d'Hélène BILLETTE sa femme.

Bosse (François de la) rendait, le 6 oct. 1520 aveu au chât. de la Guierche.

BOSSU (LE) EN CHATELLERAUDAIS ET LOUDUNAIS.

Blason : d'or à 3 têtes de Maure de sable, à bandeau d'argent.

Bossu (François Le), cer du Roi et correcteur en la chambre des comptes, acheta en 1629 de René du Rivau la terre de Villiers-Boyvin, que Claude d'Escoubleau, Ec., sgr du Coudray-Montpensier, fit saisir sur lui le 24 avril 1637.

Bossu (Jean Le), maître des comptes, épousa, vers 1638, Anne (ou Marguerite) FERRAND, fille de Pierre, sgr de Sossay, trésorier général de l'extraordinaire des guerres, et de Catherine Brochard. Le Catalogue des gentilshommes de la généralité de Poitiers, annoté par M. de Maupeou, porte, p. 114 : « Dlle Marguerite Ferrand veuve de François Le Bossu, correcteur des comptes, et leur fils Pierre, de la famille Le Bossu de Paris, maintenus nobles par sentence du 14 août 1667. »

Bossu (Pierre Le), Ec., sgr de Beaufort, gentilhomme ordinaire de la chambre du Roi, trésorier de l'extraordinaire des guerres en Poitou, fit aveu au sgr de Puygarreau en 1672 ; il épousa Elisabeth LE BOSSU, qui, étant veuve en 1698, fit enregistrer son blason à Châtellerault. Ils eurent sans doute pour fils :

Bossu (Pierre Le), Ec., sgr de Beaufort, cité dans un titre de 1741.

BOTER. — Famille de Gâtine, sur laquelle

M. Ledain donne les renseignements suivants dans son ouvrage sur ce pays.

Boterius (*Johannes*) souscrit dans divers titres en 1160.

Boter (Hymbert) était en 1180 maître des chevaliers du Temple en Poitou.

Boter (Jean) était bourgeois de Parthenay en 1219, et tenait un rang honorable dans le pays.

Boter (Guillaume) était, à la même date, chanoine du Chapitre de Ste-Croix de Parthenay.

Boter (Hymbert), neveu d'un chevalier du nom de Rataud, dans le fief duquel il possédait une maison dont jouissait paisiblement depuis plusieurs années le prieuré du bois de Secondigny (D.-S.); en 1219, il en confirme la possession à cet établissement religieux, en présence de Etienne Boter, clerc, et Pierre Boter, Chev., sans doute ses frères.

Boter (Pierre), Chev., le même que ci-dessus? remplissait, vers 1240, les fonctions de viguier à Xaintray pour le sgr de Parthenay; il y arrêta un nommé Breteingne, qui avait frappé d'un coup de couteau Robeschau, prieur de Xaintray.

BOTIER ET BOTHIER.

— Ce nom se trouve à diverses époques porté par plusieurs familles.

Bottier (François), s^r de la Beaujonnière, se trouva au ban de 1690.

BOTIGNÉ ou BOUTIGNY.

Botigné (Pétronille de), *de Botinec*, veuve de Guillaume Bourmaud, de Montreuil, fit don à St-Cyprien, vers 1085, de domaines situés à Availles (p^sse de St-Julien-l'Ars, Vien.). (A. H. P. 3.)

Botigné (Aimery de), Chev., assista, le 29 janv. 1283, à un contrat d'acquêt fait par le Chapitre de N.-Dame-la-Grande de Poitiers. (F.)

Botigné (Pierre-Johan de) est nommé dans un aveu rendu, le 14 juin 1309, à l'évêque de Poitiers par *Stephanus* Bérouard, comme ayant possédé des terres près de l'aumônerie d'Archigny. (Cart. de l'évêch. de Poitiers.)

Botigné (*Aymericus de*), *miles*, vendait, vers 1310, dix livres de rente à l'évêque de Poitiers, ainsi que tout le droit et la propriété qu'il pouvait avoir sur la métairie (*grangia*) dudit évêque à Archigny. (Id.)

BOTINE (*Alahardus de*) fut présent à une donation faite à l'abbaye de la Colombe, le 13 nov. 1198, par Guichard d'Angle, pour donner satisfaction de ses mauvais traitements envers cette abbaye.

La situation des lieux, le nom du donataire et celui de quelques-uns des autres témoins nous portent à croire qu'il y a faute de lecture, et que l'on devrait lire Béthines.

BOTTEREAU ET BOTTREAU.

— Les notes que nous donnons ci-dessous concernent plusieurs familles du même nom ; nous avons relevé dans les registres anciens de Mirebeau un grand nombre d'indications, mais malheureusement elles ne sont pas assez précises, pour nous permettre d'établir une longue filiation suivie. Nous donnerons d'abord les noms des personnes qui habitaient d'autres lieux.

Blason. — Bottreau de Poitiers : d'azur à une fasce d'or et six merlettes de même, trois en chef, trois en pointe.

BOTTEREAU DIVERS.

Botereau (Jean) servit en brigandinier à l'arrière-ban de 1488. (F.)

Botereau (Etienne) et autres furent condamnés, par arrêt de la cour des Grands Jours de Poitiers, à fournir une provision de 16 livres parisis à Anne Aubert, femme de Marc de la Roche, « que par leurs excès et voies de fait » ils avaient rendu incapable de gagner sa vie. (M. St. 1878.)

Bottereau (Pierre), Ec., sgr de Villiers, épousa Louise Chevreau, veuve de Gédéon de Lestang, Ec., sgr de Furigny. Elle décéda sans postérité vers 1660.

Bottereau (Marie) était, le 16 nov. 1762, épouse de Claude Guyot, avocat au Présidial de Poitiers et contrôleur des actes de cette ville.

Bottreau (N...) de Villardy, négociant à Châtellerault, fut reçu second échevin de cette ville en 1762. (Hist. de Châtellerault, 2, 245.)

Botereau (Marie-Jeanne), fille de Hilaire, s^r du Plauty, et de Françoise Roger, épousa, le 8 févr. 1767, René-Jean-François Baudy, s^r de la Rembertière. (Gén. Baudy.)

Botereau (Louis-Jean-Marie-Madeleine), Américain ? ex-officier au régiment d'Orléans-Infanterie, acheta en 1768 pour 9,437 liv. la terre de Bournais.

Bottereau (Louise-Josèphe), veuve de Marie-Noël Poirier, en son vivant assesseur au conseil supérieur de Poitiers, acheta cette terre de Bournais du précédent en 1774 pour la somme de 1,300 liv.

Botereau (Bonne) était, vers 1780, femme non commune en biens de Louis Renault de Moutiers.

BOTREAU ET BOTTEREAU, A MIREBEAU.

Botereau (Jean) était décédé en 1534 ; à cette date, ses héritiers possédaient la sgrie d'Usseau. (M. A. O. 1877, 261.) Son nom est relaté dans l'aveu de la baronnie de Mirebeau rendu au Roi, le 1er déç. 1534, par François de Blanchefort.

Bottereau (Madelon) est également mentionné dans cet acte.

Botreau (Jean), avocat à Mirebeau, comparut au procès-verbal de la Coutume du Mirebalais dressé en 1571. Est-ce le même qui est cité comme habitant en 1612 la p^sse de St-Hilaire de Mirebeau, et qui fut parrain dans cette ville, le dernier févr. 1601, et le 18 juil. 1610 ? (Reg. parois.)

Bottereau (Antoine), chanoine de N.-Dame de Mirebeau, fut, le 31 août 1599, parrain de Madeleine Raynaud. Il est cité dans une sentence arbitrale rendue, le 22 mai 1622, entre le Chapitre de N.-D. et le chantre de cette église. (D. F. 18.)

Bottereau (Charles), avocat à Mirebeau, épousa Jeanne Gazil, dont il eut : 1° Etienne, baptisé le 1er juin 1605 ; 2° Joseph, baptisé le 18 fév. 1609 ; 3° Madeleine, baptisée le 28 juin 1611.

Bottereau (Ytier), s^r de Fleury, fut inhumé à Mirebeau le 14 mars 1613.

Bottereau (Honorate), veuve de Pierre Gazil, avocat à Mirebeau, fut inhumée dans cette ville le 13 janv. 1618.

Bottereau (Jean), honorable homme, avocat à Mirebeau, fut inhumé le 7 déc. 1621. Il est dit père de :

Bottereau (Antoine), chanoine de N.-D. de Mirebeau en 1651, était en 1677 curé de St-André de cette ville; fut inhumé le 26 mai 1687 dans l'église de N.-Dame, près le grand bénitier ; il était, lors de son décès, âgé de 60 ans et sous-chantre de ce Chapitre. (Id.)

Bottereau (Pierre), chanoine de N.-Dame de Mirebeau, est cité dans une sentence arbitrale rendue, le 22 mai 1622, entre ce Chapitre et le chantre de cette église. (D. F. 18.)

Bottereau (Florence) était, le 9 janv. 1621, femme d'honorable homme Jean Ragonneau, s^{r} de Boisdouin, avocat à Mirebeau ; fut inhumée, le 27 avril 1678, dans le chœur de l'église de.... à Mirebeau. (Id.)

Bottereau (Clément), avocat à Mirebeau, décéda le 24 avril 1626.

Bottereau (Jean), s^{r} d'Almagne, avait épousé Marie RENCON, qui était sa veuve lorsqu'elle mourut le 8 juil. 1626.

Bottereau (Claude), veuve d'honorable homme Martin Doussot, s^{r} de Jacquelin, meurt le 20 nov. 1626.

Bottereau (Joseph), chanoine de N.-Dame de Mirebeau, fut parrain le 3 mars 1634.

Bottereau (François), avocat à Mirebeau, fut poursuivi devant la cour des Grands Jours de Poitiers, qui, par arrêt du 12 oct. 1634, le décrète de prise de corps en raison de « ses voleries, faucetés et autres crimes ». (M. Stat. 1878.)

Bottereau (Jean), s^{r} de la Coudraye, fut parrain le 25 juin 1641. (Reg. parois.)

Bottereau (Hélène) était, le 9 oct. 1650, épouse de Jean Sabourin, avocat à Richelieu. (Id.)

Bottereau (Marie) épousa, le 2 fév. 1693, Honoré de Monthéan, procureur au Présidial de Poitiers. (Id.)

Bottereau (Charlotte) était, le 18 août 1700, épouse de Pierre Arnault, procureur au siège de Mirebeau ; elle fut inhumée à Mirebeau le 15 juil. 1743, âgée de 73 ans. (Id.)

Bottereau (Jean), chirurgien, fut inhumé à Mirebeau, âgé de 17 ans, le 31 oct. 1706.

Bottereau (Joseph), chanoine de N.-Dame de Poitiers ; partage de sa succession le 8 mai 1737.

Bottereau (Charlotte) était mariée avant 1738 à Jean-Nicolas Curieux, s^{r} de la Mailletrie, lieutenant particulier au siège de Mirebeau ; elle était veuve lorsque, le 23 mars 1764, elle consentait une vente à Pierre-Jacques-Louis de Fouchier, Ec., sgr de Châteauneuf ; elle fut inhumée à Mirebeau le 8 déc. 1779, âgée de 65 ans.

Filiation.

1. — **Bottereau** (Jean), avocat à Mirebeau, fut, le 31 janv. 1619, parrain avec son fils CHARLES, qui suit, de Jean, leur arrière-petit-fils et petit-fils.

2. — **Bottereau** (Charles) dit l'aîné, avocat à Mirebeau, fut parrain avec son père qui précède et eut pour fils :

3. — **Bottereau** (Charles) dit le jeune, avocat à Mirebeau, s^{r} de la Rabatrie, mourut le 24 nov. 1631 ; il avait épousé, le 21 août 1617, Marie CABARET, fille d'honorable homme Philippe, procureur du Roi en l'élection de Mirebeau, dont il eut : 1° JEAN, baptisé le 31 janv. 1619, eut pour parrains, comme nous l'avons vu, son bisaïeul et son aïeul ; il était avocat lorsqu'il mourut âgé de 25 ans et fut inhumé le 22 déc. 1644 ; 2° CHARLES, baptisé le 17 févr. 1620, mort enfant ; 3° HÉLÈNE, baptisée le 18 déc. 1622 ; ce pourrait être la même Hélène qui était, le 9 oct. 1650, femme de Jean Sabourin, avocat à Richelieu ; 4° MARIE, baptisée le 25 mars 1624, inhumée le 1er mars 1671 ; 5° FRANÇOIS, baptisé le 29 sept. 1625 ; 6° ANTOINE, baptisé le 29 févr. 1627 ; 7° BARBE, baptisée le 2 oct. 1628 ; 8° autre CHARLES, qui suit.

4. — **Bottereau** (Charles), baptisé le 16 mars 1630, épousa, vers 1660, autre Marie CABARET ; leurs enfants furent : 1° MARIE, baptisée le 2 sept. 1663 ; 2° autre MARIE, baptisée le 14 janv. 1669 ; 3° ANNE, baptisée le 31 juil. 1670, inhumée à Champagné-le-Sec, le 10 mars 1671 ; 4° CHARLOTTE, baptisée le 2 mars 1672. Nous avons relaté plus haut deux Charlotte, l'une qui en 1700 était mariée à Pierre Arnault, et l'autre qui en 1738 était femme de J.-N. Curieux ; l'une des deux pourrait être celle dont nous nous occupons.

5° CHARLES, baptisé le 25 avril 1674 ; 6° ANNE, baptisée le 26 sept. 1674 ; 7° et 8° autre ANNE et MADELEINE (nées jumelles ?), baptisées le 19 juil. 1679.

La famille Bottereau a fourni pendant près d'un siècle des sergents royaux à la ville de Mirebeau. Voici les noms de ceux que nous avons trouvés inscrits sur les registres : ETIENNE, vivant en 1639, mort en 1652 ; JEAN, 1643-1676 ; RENÉ, 1653, mort en 1676 ; JEAN l'aîné, mort en 1660 ; HILAIRE, 1676-1701 ; LOUIS, 1688 ; JEHAN, fut sergent ordinaire de 1602 à 1639.

BOTTEREAU, À POITIERS.

Bottereau (René) fit ses études à l'Université de Poitiers. Est-il Poitevin ? C'est ce que nous n'avons pu découvrir. Toujours est-il qu'il était avocat au Parlement de Paris, fut reçu licencié en droit en 1657, docteur en 1658, et disputa en 1659 la chaire des Institutes à la Faculté de droit de Poitiers, qui se trouvait vacante ; mais les juges du concours lui ayant refusé leurs suffrages, la place fut donnée à son concurrent ; il déféra leur sentence au Parlement de Paris ; nous ne savons s'il y eut gain de cause ; son nom ne se trouve pas sur la liste des professeurs de la Faculté de droit, donnée par M. Pilotelle dans son Histoire de la Faculté de Poitiers. Mais Bottereau, pour prouver qu'il n'était pas indigne de siéger dans la chaire pour laquelle il avait concouru, publia sous le titre de « *Hadrianus legislator* » la Vie de l'empereur Adrien considéré comme législateur seulement, ouvrage qui démontre l'érudition profonde de l'auteur, et dans lequel l'étude de l'antiquité et de l'histoire éclaire constamment la jurisprudence.

Bottereau (René), s^{r} du Chasseur, avocat à Poitiers en 1666 et 1668, docteur en droit, était décédé avant 1697 ; de 1687 à 1691, il eut procès avec l'abb. de Ste-Croix, au sujet du tènement de Rochebacon ou Pimpanneau. (Arch. Vienne, Ste-Croix.) Il avait épousé Jeanne BONTEMPS, qui était sa veuve en 1698 ; elle fit enregistrer les armoiries de son mari à l'Armorial du Poitou. Leur fille MARTHE épousa, le 27 mars 1708, Philippe-Louis de Liniers, Chev., sgr de Soulièvre.

BOUARD (Jean), sgr de Beaulieu près Aulnay. Il reçut en cette qualité un hommage le 19 févr. 1426. (F.)

BOUCARD. — L'article suivant est extrait en grande partie de documents concernant la famille de Jourdain.

Boucard (Simon), clerc, rend à Nicolas d'Anjou, Vte de Thouars, le 13 juil. 1470, hommage au nom de

Marie JOLYE, sa femme, pour le droit de *mestriquet* qu'il levait dans la ville et banlieue de Thouars. (Hist. de Thouars, Imbert, 175.)

Boucard (André) rendait le même hommage à Loys de la Trémoille, Vte de Thouars. (B. Stat. 2, 392. — D. F. 3.)

Boucard (Antoinette) se maria près de Loches, le 4 oct. 1470 (Partain, not.), avec Antoine Jourdain, Ec. N... Boucard, oncle de la future, lui dota de 4,000 livres.

Boucard (Jean) était, dès le 9 juin 1504, chanoine de l'Église de Poitiers, trésorier du Chapitre de Menigoute, et sgr de l'hôtel et sgrie des Forges, qu'il donnait, le 8 janv. 1527, à Louis Jourdain, en faveur de son mariage avec Jeanne de Bonnay; il testa le 9 oct. 1531 (Dupuy-Vaslon et Partoy, not. à Poitiers). L'inventaire de sa succession se commença le 20 sept. 1533; au nombre de ses héritiers, on voit JEAN et LOUIS Boucard, qui, le 9 févr. 1541, comparaissent avec Louis Jourdain et autres devant François Doyneau, lieutenant-général en la sénéchaussée de Poitiers.

C'est à Jean Boucard que l'on doit la magnifique chapelle de Menigoute, un des chefs-d'œuvre d'architecture de nos contrées poitevines, en considération de quoi, le Roi lui amortit ses biens nobles et roturiers. (A. N. J. Reg. 243, 307.)

BOUCEAU (Jean), valet, habitait, en 1404, p[sse] de Croix-la-Comtesse (Charente-Inférieure). (G.-G. du Bur. des finances.)

Bouceau (Pierre) fut remplacé au ban des nobles du Poitou de 1467 par Pierre Bon, qui servit comme brigandinier du s[r] de Belleville. (F.)

Bouceau (Jean), Ec., sgr de la Boutelaye en Châtelleraudais, rendit un hommage, en 1500, à Guy Chasteigner, sgr des Baudiments.

BOUCHARD, BOCHARD, *Bocardus, Bochardus, Buchardus.* — Ce nom est commun à plusieurs familles, dont les plus connues sont celles de l'Ile-Bouchard en Touraine et d'Aubeterre en Angoumois. Nous donnerons seulement la généalogie de cette dernière qui a eu des alliances et possédé en Poitou.

Noms isolés.

Buchardus (*Helias*), *frater Petri Ulrici*, peut-être son frère utérin, concède avec lui, vers 1080, un don fait en leur fief à l'abb. de St-Jean-d'Angély. (Cart.)

Bochardus (*Willelmus*), *miles, et Willelmus Tudabol*, aussi Chev., donnent, vers 1087, des terres à l'abb. de Charroux. (D. F. 4.)

Bouchard (Renaud) est du nombre des barons du Talmondais qui, vers 1098, assistaient au combat que se livrèrent les champions des abb. de Talmont et de Fontaines, au sujet de la possession des marais de Chaon. (Poitou et Vendée.)

Bochardus (*Savaricus*). *Petrus* son fils et autres donnent, avant 1112, une dîme à l'abb. de St-Cyprien de Poitiers. (D. F. 7 et Cart.)

Bouchard (Jeanne), D[e] de Beaufort, fille de N..., sgr de Beaufort, et de Marguerite de NOYELLES-WION, épousa, vers 1140, Guy de Thouars.

Bochardus (*Gaufridus*) donne, vers 1160, à l'abb. de Boisgrolland, deux masures de terre sises *in feodo de Laudetem*, du consentement de *Petrus Bochardus nepos ipsius*, et de plusieurs autres. (Cart. Boisgrolland.)

Bochardus (*Petrus*), le neveu de *Gaufridus*? donne à son tour au même monastère, vers la même époque, 10 sous de rente que les moines lui payaient, sous la condition qu'ils élèveraient gratuitement deux de ses enfants, jusqu'à ce qu'ils soient en âge de prendre l'habit monastique. (Id.) Lui et N... son frère cédèrent encore à cette abb. le fief Bérault. (Id.) Pierre fut témoin en 1171 du don d'un fief fait par Jean Eudes. (Id.)

Bochardus (*Humbertus et Zacharica*) sont témoins d'une transaction passée, en 118., entre les abbés de Charroux et de Colombe, au sujet de quelques dîmes, et encore, en 1216, dans une cession d'hommages et de terres faite à l'abb. de Ste-Croix de Poitiers par Marguerite, D[e] de Berrie, veuve de Hugues d'Amboise. (D. F. 3.)

Bocardus (Maengot) donne, vers 1180, douze deniers angevins de rente à l'abb. de Charroux. Sa femme FLORENCE fait aussi don de diverses rentes. Maengot fut aussi présent au don de la forêt de Morselle, fait à ce monastère par Guillaume Maengot et Geoffroy, son frère. (Le nom patronymique de ce *Bocardus* ne serait-il pas Mangot ?)

Bochart (*Rainaudus*) fut témoin d'un don fait à l'abb. de Boisgrolland par *Maexendis filia Petri de Bullio*, en 1224. (Cart. Boisgrolland.) On trouve encore un *Rainaudus Bochart miles*, témoin d'un don fait au même monastère par Guillaume d'Aspremont, sgr de Poiroux et de Rié.

Bouchard (N...), D[e] du Plessis-Bouchard, veuve de Guillaume de Mauléon, Chev., fit en 1241 une donation à l'abb. de la Blanche, dans l'île de Noirmoutiers. (D. F.)

Bocharde (N...), D[e] *de Plassets*, tante maternelle de Guillaume de St-Vincent, Chev., p[sse] de Beaulieu-sous-la-Roche (Vendée), qui se plaint, en 1245, que le bailli de la Roche-sur-Yon ait dépossédé sadite tante de sa terre de Beaulieu. (A. Nat. J. Reg. 27, 1, 128.)

Bochart (*Reginaldus*) est relaté parmi ceux qui, vers 1250, *pacaverunt censum de Villa-Nova* (Villeneuve ?-le-Vert, D.-Sèv.). (Censif de Chizé. A. H. P. 7.)

Bochart (Alécart) est cité parmi ceux qui, vers 1250, *debent habere porpunctos cum aliis armis apud Fayam-Montjaut* (la Foye-Monjault, D.-S.). (Id. id.)

Bochart (*Petrus*) habitait, vers 1250, la Foye-Monjault. (Id. id.)

Bochard (Samuel) fut témoin d'un traité fait, le 14 mars 1273, entre Guy D..... Chev. de la Rochefoucauld, et le Chapitre de St-Hilaire-le-Grand de Poitiers, au sujet de la réception dans le Chapitre de l'un de ses enfants âgé de huit ans. (D. F. 11.)

Bouchard (Guillaume), poète et valet de chambre de Philippe le Long Cte de Poitou, vivant en 1322. Dreux du Radier, bien que Guillaume ait écrit ses poésies en provençal, prétend qu'il est originaire du Poitou.

Bouchard (Savari), sgr de la Gilbertière (Cours, D.-S.), épousa Marie DE NUCHÈZE, fille de Guillaume, IIe du nom, et de Jeanne Pouvrelle (Pouvreau); vivait en 1338, faisait en 1383, à cause de sa femme, un aveu à Guillaume de Nuchèze, et servait en 1385 comme Ec. dans la compagnie du sgr de Parthenay.

Bouchard (Héliot), Chev., fit aveu en 1361, au chât. de Chizé, du fief de Maillé (Villefollet, D. S.). (A. Nat. P. 520.)

Bouchard (Loys) fit aveu du même fief au même château. (Id.)

Bouchard (Catherine), Dᵉ de Raimbault (Rimbault, Marigny, D.-S.), épousa Jacques de Montalembert, qui, le 15 avril 1404, rendait au chât. de Chizé aveu de cette terre, qu'il tenait du chef de sa femme.

Bouchard (Louis), sgr d'Arsay, épousa Rose d'Aubigné, aliàs Aubin, dont Renaud, sgr d'Arsay, marié à Catherine Voyer, et ensuite à Catherine Bouchard précitée, veuve de Jacques de Montalembert, vers 1400 (douteux).

Bouchard (Louis), Chev., devait en 1412 une rente à l'abb. des Châtelliers. (Cart. des Châtelliers.)

Bouchard (Jeanne) était, le 30 oct. 1420, veuve de Guillaume Horry, Chev., sgr du Bouchet de Taizé près Thouars, et rendait au chât. de Taillebourg hommage pour certains de ses fiefs. En 1421, elle partageait avec Jean Rouault, Chev., sgr de Boisménart, les biens de feu Jean Morère ? (D. F. 39, 109.)

Bouchard (Jean) servait en 1467 en homme d'armes avec deux archers sous le sgr de L'Aigle. (F.)

Bouchard (Guillaume) servait en brigandinier au ban de Saintonge de 1467. (Id.)

Bouchard (Thomas), prieur de Chistré (Vienne). Il est taxé, le 26 nov. 1470, à cent sous pour droits de francs-fiefs par les commissaires. (Arch. Vien., St-Cyprien.)

Bouchard (Jean), habitant la Roche-sur-Yon, fut représenté au ban de 1481 par François Moquay, servant en archer.

Bouchard (Jacquette), veuve de N... Bonamy, remariée avec Savary Gaymard, *qui la maltraite parce qu'elle est ancienne*. Jacques Bonamy, son fils du premier lit, veut s'interposer et protéger sa mère ; combat, dans lequel François Gaymard, frère de Savary, est tué, 1483. (A. Nat. J. Reg. 21, 1.)

Bouchard (René) était archer dans la compagnie de M. de la Trémoille, qui passa revue le 28 août 1519. (B. Nat. Mont. et Revues.)

Bouchard (Françoise) épousait, en 1534, Aymard Prévôt.

Bouchard (Béatrix) épousa Jean Robert, Ec., sgr des Humeaux, vers 1560. (Gᵈ-Prieuré d'Aquitaine.)

Bouchard (Louis), Ec., sgr de la Robertière en Talmondais (Vendée), était, le 2 févr. 1567, poursuivi pour homicide commis par lui sur la personne de N... Girard, sgr de Bazöges. (B. Stat. 1, 301.)

Bouchard (Léonore) était, le 11 mars 1583, veuve de Jacques Maynard, vivant Ec., sgr du Petit-Puy et de la Gourbellière, et rendait, ayant la tutelle de ses enfants mineurs, hommage de la sgrie du Plessis-Neuf en Clessé (D.-Sév.). (Arch. Mˢᵃⁱ d'Airvau.)

BOUCHARD D'AUBETERRE. — La généalogie qui suit est dressée sur des notes que nous devons à l'obligeance de feu M. Théoph. de Bremond d'Ars, et celles données par la France protestante, 2ᵉ édit. D'après un travail dû à l'un de nos collaborateurs, nous ferons remarquer dans le courant de la filiation les divergences que présentent ces diverses rédactions.

Blason : losangé d'or et d'azur au chef de gueules. (C'est le vrai.)

Le sceau de Guy Bouchard, servant dans les guerres du Poitou en 1353, porte le chef chargé de 3 coquilles. (Pièc. Orig. 429, Dossier 9757, 46.) C'est lui qui épousa l'héritière de Raymond, sgr d'Aubeterre, qui portait de gueules à 3 lions passants d'or l'un sur l'autre. Les Bouchard d'Aubeterre, depuis cette époque, ont toujours porté leur écu écartelé 1ᵉʳ et 4ᵉ Bouchard, 2ᵉ et 3ᵉ Raymond, ou au contraire 1ᵉʳ et 4ᵉ Raymond, 2ᵉ et 3ᵉ Bouchard.

Hélie Bouchard, Chev., servant dans les guerres, vers 1360, ne portait qu'une coquille au 1ᵉʳ canton du chef; car ces coquilles étaient des brisures de cadets.

D'après la maintenue de d'Aguesseau, la branche des Plassons portait : écartelé aux 1 et 4 d'azur fretté d'or, au chef cousu de gueules, aux 2 et 3 de gueules à 3 léopards d'or, l'un sur l'autre passants.

Noms isolés.

Bouchard (Pierre), Chev., fut exécuteur testamentaire de Rorgue de Mastas en 1260. (Not. de Sᵗᵉ-Marthe.) Si ce fait est exact, il devrait être père ou aïeul de Pierre Bouchard, sgr de Cornefou en 1301, qui commence la filiation suivie.

Bouchard (Hilaire), mariée, vers 1340, à Gui de Gourville, Chev., sgr de Lestang en Limousin, est dite de la maison de Pauléon.

Bouchard (Jean), Ec., fit montre de sa Cⁱᵉ de gens d'armes devant Hélie de Bremond, Ec., servant sous la charge du maréchal d'Audeneham, en 1352.

Bouchard (Pierre), sgr de Bonne et de Chillais, plaidait au Parlement de Paris en 1467 contre Geoffroy du Puy-Bremond, sgr de St-Christophe, Sommières et Cumont.

Bouchard (Micheau), Ec., sgr de la Bouchardière, épousa vers 1470 Marie La Personne, fille de Guillaume, Ec., sgr de Varèze, et de Mathurine du Chasteuet. (Archives Charente-Inférieure, sⁱᵉ E, l. 10.)

Bouchard d'Aubeterre (Marguerite), mariée, le 3 févr. 1492, à Louis du Bois, sgr des Portes. (Gⁱᵉ du Bois de St-Mandé.)

Bouchard d'Aubeterre (François), sgr de Bezillac, était, vers 1500, époux d'Hélène du Puy-du-Fou, fille de Jacques, Ec., sgr dudit lieu.

Bouchard (Jeanne) épousa, le 22 juin 1520, Raymond du Clenest. (Nob. Limousin.)

Bouchard (Claire) était, vers 1530, mariée à François Perrot, Ec., sgr de la Mothe.

Bouchard d'Aubeterre (Nicolas) était, le 17 août 1548, doyen du Chapitre de St-Hilaire-le-Grand de Poitiers. (D. F. 12.)

Bouchard (Jean-Gaston), Ec., sgr de Vergord (Sérignac, Charente), était mort avant 1642, date du convol en secondes noces de Isabeau Faure, sa veuve, avec Jean du Pont, sʳ de la Garde, etc. Elle était fille de Marquis Faure, avocat en Parlement, juge sénéchal de Chalais, et d'Isabeau d'Audonary. De ce mariage est issu Adrien, qui était, le 26 avril 1652, sous la tutelle de Jean Green de St-Marsault, Ec., sgr de la Fouilletrie, lors de l'inventaire et partage de la succession de sa mère entre lui et Hugues du Pont, son frère utérin. (De Bremond.)

Bouchard d'Aubeterre (Jeanne) eut de Charles de la Rochefoucauld, sgr des Bernardières, une fille, Jeanne, qui se maria, vers 1670, à Renaud de Pons, Mⁱˢ de Thors. (Id.)

§ Iᵉʳ. — Branche d'**AUBETERRE**.

1. — **Bouchard** (Pierre), Chev., sgr de Corne...

fou, épousa Yolande DE ROCHEFORT. Le 11 juil. 1300, il procédait au partage des biens de Gilbert et d'Aimery de Rochefort, ses beaux-frères, et le vendredi après la fête de St Martin, même année, ils vendaient à Guillaume L'Archevêque, sgr de Parthenay, la tierce partie de la terre de Térisac, et le droit de mettre garnison dans le chât. de Rochefort. (Ledain, Histre Parthenay.) Ils sont encore relatés dans la vente du château de Rochefort, faite par ledit Guillaume au roi Philippe le Bel en 1301. (A. Nat. J. cart. 180, 43.) Le 18 mars 1306, ils exemptent l'abb. de la Grâce-Dieu de payer lods et ventes pour les biens qu'elle avait acquis dans le domaine d'Andillé, et ce jusqu'à la somme de 25 sous. (D. F. 80.) On trouve ailleurs qu'en 1301 ils avaient échangé la terre de Rochefort pour celle de Pauléon. Ils eurent pour fils :

2. — **Bouchard** (Pierre), Ec., sgr de Cornefou, Pauléon, épousa, vers 1320, Jeanne LESCUYER, fille du sgr de l'Isle-Bapaume, la Jarrie, dont :

3. — **Bouchard** (Guy ou Guimard), Chev., sgr de Cornefou, Pauléon, servit dans la guerre anglo-française avec 3 écuyers de sa compagnie, et donnait quittance à St-Jean-d'Angély, les 8 sept. et 7 oct. 1353, à la bastide St-Gilles de Surgères (écu losangé, au chef chargé de 3 coquilles); partageait en 1377 avec Gauvain Chenin, son frère utérin. Il avait épousé, vers 1340, Marie RAYMOND, fille de Pierre ou Jean (M. Th. de Bremond lui donne le prénom de Guichard), et de Marie de Castillon, sa femme. Elle lui apporta le grand fief d'Aubeterre en Angoumois, et lui donna pour enfant GUY, dit aussi GUICHARD, qui suit.

4. — **Bouchard** (Guy ou Guichard), Chev., sgr d'Aubeterre, Pauléon, Ozillac, St-Martin-la-Coudre, épousa, vers 1380, Jeanne CHENIN, fille de Gauvain, Chev., sgr de l'Ile-Bapaume. (M. Th. de Bremond ne fait qu'un seul et même personnage des deux Guy et dénomme Guymard l'époux de Marie Raymond, mais les dates prouvent qu'il y en a eu deux.)

De son mariage avec J. Chenin, Guy Bouchard laissa : 1° SAVARY, qui suit; 2° YOLANDE, mariée, en 1406, à Charles ou Claude de St-Gelais, auquel elle porta la sgrie de St-Jean d'Angle.

5. — **Bouchard** (Savary), sgr d'Aubeterre, Pauléon, Ozillac, St-Martin-de-la-Coudre, etc., épousa, le 3 oct. 1418, Marguerite DE MONTBERON, fille de Jacques, sénéchal d'Angoumois, maréchal de France, et de Marie de Maulévrier, sa première femme; elle eut, par transaction passée avec son frère le 10 avril 1456, la terre de Mantrule, pour ses droits successifs. Leurs enfants furent : 1° JOACHIM, qui mourut sans hoirs et que Bouchet (Annales d'Aquitaine, p. 291) dit par erreur père de François son frère, surnommé le *Chevalier sans reproche* ; 2° FRANÇOIS, qui suit; 3° ANTOINE, Ec., sgr d'Ozillac, fit aveu de ce fief au château de Saintes, le 18 juil. 1469. Il épousa, en 1466, Hélène DU PUY-DU-FOU, fille de Jacques, Ec., et de Louise de la Roche, dont il eut FRANÇOISE, De d'Ozillac, mariée à Guy de Mortemer, sgr du Plessis-Sénéchal; 4° LOUIS, rapporté § II; 5° AUGUSTE, marié à Eustache de Norroy, Ec., sgr de Targé. (Carrés d'Hozier.)

6. — **Bouchard** (François), Chev., sgr d'Aubeterre, sénéchal d'Angoumois en 1460, chambellan du roi Louis XI, dit le *Chevalier sans reproche*. D'après Bouchet (*l. c.*), « Il vesquit cent ans et tous lesquels « (Bouchard) furent seigneurs d'Aubeterre et aydèrent « très bien à chasser les Anglois du pays d'Aquitaine, « aussi seigneurs de plusieurs autres belles places... »

Il épousa, vers 1450, Catherine ODART, De de Rochemeau, fille de Guillaume, Chev., sgr de Verrières, et de Jeanne d'Ausseure. Le 20 oct. 1464, il faisait un arrentement comme sgr de Rochemeau. Il fut père de : 1° FRANÇOIS, décédé sans hoirs; 2° LOUIS, qui suit; 3° MARGUERITE, mariée à Guyot Poussard, Ec., sgr de Meursay.

7. — **Bouchard** (Louis), Chev., sgr d'Aubeterre, Rochemeau, marié, le 16 mars 1459, à Marguerite DE MAREUIL, fille de Guy, sgr de Mareuil, Bon de Villebois, et de Philippe Paynel. Ils eurent pour enfants (tous nommés dans le testament de leur père en date du 11 janv. 1506, Cab. tit. Pièc. Orig. 429. Dossier 9757, n° 36) : 1° FRANÇOIS, qui suit; 2° ANDRÉ, 3° ISABEAU, 4° GUY, évêque de Périgueux de 1554 à 1560; il avait eu dans sa jeunesse un fils bâtard, qui fut légitimé et a formé la branche des Plassons (§ III); 5° LOUIS, 6° FRANÇOIS, le jeune, sur lesquels on n'a pas de renseignements.

8. — **Bouchard** (François II), Chev., sgr d'Aubeterre, épousa, vers 1518, Isabelle DE St-SEIGNE, et en secondes noces Isabeau DE POMPADOUR. Ses enfants furent : 1° ROBERT, coseigneur d'Aubeterre, constituait, le 24 août 1566, une rente de 1,200 liv., etc., à Gabrielle Laurensanne, sa belle-sœur, dont le mari, François Bouchard, frère du donateur, compromis sans doute dans quelques trames calvinistes, s'était retiré à Genève, où il fabriquait des boutons, au dire de Brantôme. (V. la France protestante, pour la part prise dans les guerres de religion par la famille Bouchard.) Robert mourut célibataire.

2° FRANÇOIS, qui suit; 3° ANTOINETTE, mariée à Jean Parthenay L'Archevêque, sgr de Soubise. Le 3 mai 1573, elle était prisonnière de l'armée qui assiégeait la ville de Lyon ; menacée d'être conduite sous les murs de la ville et poignardée, ainsi que sa fille (la célèbre Catherine de Parthenay), si son mari, qui commandait dans la ville pour le prince de Condé, ne la rendait pas, elle lui écrivit de plutôt la laisser périr que de trahir sa cause (La Chesnaye des Bois); 4° SUSANNE, mariée, le 22 sept. 1556, à Gabriel de la Mothe-Fouquet (T. de B.) ; et peut-être 5° ANNE, mariée, le 21 fév. 1546, à Jannot de Lane, sgr de la Roche-Chalais, et en secondes noces à François des Plans, Chev.; elle était, comme son frère François, retirée à Genève, où elle passait un acte le 17 mai 1559.

9. — **Bouchard** (François III), Ec., sgr d'Aubeterre, épousa d'abord en 1548, « *au desceu de son père* », Florence GENTIL, fille de André, sgr des Bardines; puis à Genève ? avant 1566, Gabrielle LAURENSANNE, d'une famille suisse? possédant des biens dans le canton de Berne et en Savoie. Il prit une part active aux guerres de religion, et s'expatria, comme il est dit plus haut. Ce fut lui qui vendit la terre d'Aubeterre à Jacques d'Albon, maréchal de St-André, pour les fonds en provenant être employés à la réussite de la conjuration d'Amboise. François fut, dit-on, assassiné dans son lit en 1573. Il avait été condamné à mort en 1569 ou 1570 par le Parlement de Bordeaux comme un des chefs des religionnaires. Il eut du premier lit : 1° MARGUERITE, qui épousa Claude Achard, Ec., sgr de Vorac; et du second lit : 2° DAVID, qui suit; 3° JEAN, décédé jeune; 4° CHARLES, abbé de St-Cybard d'Angoulême, qui testa en 1595; 5° ISABEAU, femme de Isaac Taillefer, Ec., sgr de Mauriac; 6° MARTHE, mariée, en 1599, à Maurice du Bois, et ensuite à Claude de Magnac; 7° LOUIS, Chev., sgr Vte de Montbazillac, qui épousa, le 24 mai 1606, Marie DE BRISAY, fille de Jacques, Ec., sgr de Denonville, et de Jacqueline d'Orléans-Longueville.

10. — **Bouchard** (David), Chev., Bon d'Aubeterre, Chev. des ordres du Roi, avait épousé, vers 1557, Renée DE BOURDEILLE, fille de André, et de Jacquette

de Montberon. Il était né à Genève et abjura le protestantisme pour rentrer dans ses biens; ayant embrassé le parti de Henri IV, ce prince le nomma gouverneur du Périgord. Il fut tué devant l'Isle, le 10 août 1593, ne laissant qu'une fille, HIPPOLYTE, mariée, le 15 avril 1597, à François d'Esparbès, sgr de Lussan, auquel elle porta la terre d'Aubeterre. (Leurs enfants furent substitués aux nom et armes des Bouchard d'Aubeterre.)

§ II. — BRANCHE DE **St-MARTIN-DE-LA-COUDRE.**

(D'après les documents authentiques de Chérin et les Carrés d'Hozier. — (Cab. titres.)

6. — **Bouchard d'Aubeterre** (Louis), Ec., sgr de St-Martin-de-la-Coudre, Montchaude, Chevalon (fils puîné de Savary et de Marguerite de Montberon, 5e deg., § I), partagea avec ses frères le 18 mars 1460. Il épousa, le 16 mai 1459, Marguerite DE MAREUIL, fille de Jean, sgr de Mareuil, et de Jeanne Vernon. Elle testa le 28 juil. 1503 en faveur de ses enfants. (Carrés d'Hozier.) De ce mariage vinrent : 1° FRANÇOIS, qui suit; 2° ISABEAU, mariée à Méry Guiton, Ec., sgr de Longchamps; 3° BONAVENTURE, 4° FRANÇOIS, le jeune, Ec., sgr de Chevalon, décédé sans postérité légitime, laissant un bâtard appelé Jean de Chevalon.

7. — **Bouchard d'Aubeterre** (François), Ec., sgr de St-Martin-de-la-Coudre, Montchaude, Chevalon, Mallevau, etc., testa le 22 mai 1524. Il avait épousé en 1492 N... GOUMARD, fille de Jean, Ec., sgr d'Eschillay (Carrés d'Hozier), dont il eut : 1° JEAN, qui suit; et 2° croyons-nous, MÉRY, sgr de Montchaude, marié, en 1539, à Renée GILLIER, fille de François, sgr de la Villedieu, et de Louise de la Rochechandry, dont : *a.* FRANÇOISE, De de Montchaude, décédée sans hoirs; *b.* JACQUETTE, mariée, en 1576, à Jean de St-Gelais, Chev., sgr de Séligné; *c.* JEANNE, qui épousa Jean Goumard. On voit encore : *d.* MICHELLE, mariée à Gaspard Joumard-Achard.

3° JEANNE, mariée, le 7 août 1530, à Guy Faubert, Ec., sgr d'Oyé. (D. F. 23.)

8. — **Bouchard d'Aubeterre** (Jean), Chev., sgr de St-Martin-de-la-Coudre, Chevalon, Mallevau, Chev. de l'ordre du Roi, était, le 6 juil. 1546, exécuteur testamentaire de Jeanne de Pennevaire, veuve de Jean Hamon. Le 2 déc. 1559, il épousa Françoise, *aliàs* Jeanne HAMON, fille de François, Chev., sgr de Bonnet, et de Renée de Surgères. Jean eut pour enfants : 1° LÉON, qui suit ; 2° CLAUDE, qui eut Chevalon, serait, d'après La Chesnaye des Bois, l'auteur de la tige des Bouchard établie en Provence et encore représentée (1856) par M. Louis Bouchard d'Aubeterre, chef de bataillon au 3e régiment de la garde; Mais ce Claude est décédé sans postérité (note autographe de d'Hozier, Carrés, folio 219), 3° JEANNE, De de Roissac, des Bernardières, mariée d'abord à Louis de la Rochefoucauld, puis, le 1er févr. 1589, à Charles de Bremond, Chev., sgr d'Ars, et enfin à Jacques de Pons, sgr de la Caze.

9. — **Bouchard d'Aubeterre** (Léon), Chev., sgr de St-Martin-de-la-Coudre, épousa Jeanne DU LION, veuve de François Goumard, sgr d'Echillais, et fille d'Antoine, sgr de Preuilly et de Gentilly, conseiller au Parlement de Paris, et de Jeanne de Châteauneuf, dont : 1° JOSIAS, qui suit; 2° N..., mariée à N... de Belcier, Bne de Cozes.

10. — **Bouchard d'Aubeterre** (Josias), Chev., sgr de St-Martin-de-la-Coudre, Chev. de l'ordre du Roi, gentilhomme ordinaire de sa chambre, transigeait, le 8 nov. 1609, avec Robinette Hamon, sa cousine, au sujet d'une somme de 5,000 liv. jadis promise à Françoise Hamon, son aïeule. (D. F. 8.) Il épousa Jeanne DE RIVERY, le 24 août 1596, fille de Jean, Chev., sgr de Potonville, et de Guillemette de Créquy, dont il eut : 1° JEANNE, mariée, le 11 mars 1618, à Charles de Volvire, Bon d'Aunac, puis, dès 1641, à Antoine du Sault, Ec., sgr de Villards et de Villehonneur. Josias épousa en 2es noces, le 29 juin 1610, Anne GOULARD, fille de Jacques, sgr de Touverac, et de Françoise de la Touche, dont : 2° FRANÇOISE, De de Touverac, mariée, en 1626, à Alphonse de Jousserant, sgr de Génissac; 3° LOUIS, qui suit; 4° N..., mariée à Jean de Narbonne, Bon de Clermont. (Chérin.)

11. — **Bouchard d'Aubeterre** (Louis), Chev., sgr de St-Martin-de-la-Coudre, Gémozac, souscrit sur les registres de l'église protestante de Pons, vers 1630. Il épousa, le 1er août 1649, Catherine-Bérénice DE BAUDÉAN-PARABÈRE, fille de Henri de Baudéan, Cte de Parabère, Mis de la Mothe-St-Hérayé, et de Catherine de Pardaillan, et eut pour fille HENRIETTE-DOROTHÉE, mariée, le 2 nov. 1679, à Charles-Louis-Henri d'Esparbès (dit Bouchard d'Aubeterre).

§ III. — BRANCHE DES **PLASSONS.**

1. — **Bouchard** (Pierre), Ec., sgr des Plassons, fils de Guy, et de Tiphaine Perrot (7e deg., § I), légitimé par lettres patentes vérifiées en la chambre des comptes de Paris, en févr. 1559, puis anobli par autres lettres du mois de mai 1600, vérifiées en la cour des aides de Paris, le 2 nov. suivant. Pierre épousa, le 26 mai 1560, Françoise DE LESTANG, fille de Jean, sgr de Nalinaux, et de Françoise Esthève, dont : 1° JEAN, qui suit; 2° ANTOINE, sgr de la Brunetterie.

2. — **Bouchard** (Jean), Ec., sgr des Plassons, marié, le 5 oct. 1593, à Marguerite JOUMARD DES ACHARDS, fille de François, sgr de Champagné, et de Marguerite Jaubert de Cumond, dont PONCET, qui suit.

3. — **Bouchard** (Poncet), Ec., sgr des Plassons, marié, le 26 fév. (*aliàs* sept.) 1627, à Marthe LE ROY, fille de Poncet, sr de Lenchère, et de Marguerite Sonnyer, eut pour fils : 1° GASTON, qui suit; 2° FRANÇOIS, Ec., sgr de la Jallerie, lieutt-colonel de dragons, tué à Fleurus en 1690; 3° ADRIEN, Chev., sgr des Plassons, capitaine de Rambouillet, lieutt de Roi à Pont-de-l'Arche; 4° FRANÇOISE, religieuse à Ligueux.

4. — **Bouchard** (Gaston), Ec., sgr des Plassons, épousa, le 23 nov. 1659, Anne GRELON, fille de François, dont : 1° FRANÇOIS, qui suit; 2° JEAN, 3° CATHERINE, visitandine à Périgueux ; 4° MARGUERITE, mariée à Philippe de la Loubière. (Arch. de MM. Dujarric-Descombes et de St-Saud.)

5. — **Bouchard** (François), Cte des Plassons, brigadier des armées du Roi, lieutenant-colonel du régiment Dauphin-Dragons, marié, en 1746, à Marie-Françoise DE LAGEARD, fille de Pierre, Mis de Cherval, grand sénéchal d'Angoumois, et de Jeanne de la Porte de Lusignac. Il n'eut que des filles et sa femme se remaria, en 1770, à Raphaël de Lageard, Chev., sgr de Touche.

BOUCHARDIÈRE (DE LA), SEIGNEURS DE LA VIENNE PRÈS LE Gd-PRESSIGNY (TOURAINE).

Blason : d'argent à 3 hures de sable, 2 et 1. (Lat. 17129, 654.)

Bouchardière (Colas de la), habitant la châtnie de Gençay, servit en archer aux bans des nobles du Poitou de 1491 et 1492.

Bouchardière (René de la), Chev., sgr de Valence, épousa, vers 1660, Marguerite de la Ville, fille de Nicolas, sgr de Férolles; elle était veuve en 1687 et épousa ensuite Jean Berland, Ec., sgr de la Loue.

BOUCHAUD, BOUCHAUT. — On trouve plusieurs familles de ce nom en Poitou et Angoumois.

Bouchaud dit **la Picque**, Ec. Poitou-Limousin, obtint, à cause de ses services militaires, rémission pour faits de guerre, 1446. (A. N. J. Reg. 178, 129.)

Bouchaud (Jeanne de) épousa Guillaume Bellivier, Ec., vers 1450.

Bouchaut (Michel), Ec., sgr du Luc, fit hommage, les 28 oct. 1488 et 4 juil. 1496, au sgr de la Flocellière de son fief de la Guinaire. (D. F.)

Bouchaut (Jean), Ec., sgr du Luc, fit hommage du même fief au même seigneur, le 3 juil. 1498. (Id.)

Bouchaut (Jacques), Ec., sgr du Luc, rendait le même hommage à la Flocellière, le 20 mai 1500. (Id. Arch. de la Flocellière.)

Bouchaud (Etienne), s' du Moulin-Bastier, vivait en 1668.

BOUCHAUT. — Famille du pays de St-Maixent.

1. — **Bouchaut** (N...), Ec., eut pour fils : 1° André, qui suit; 2° Jean, tuteur des enfants d'André, en 1420.

2. — **Bouchaut** (André), marié à Philippe Rabier, décéda laissant ses enfants mineurs, qui firent aveu de l'hôtel des Savary, au château de St-Maixent, le 20 avril 1460. (Arch. Nat. P. 114. 1145.) Ses enfants furent : 1° Jacques, 2° Guillaume, 3° Aimery, 4° Jeanne.

BOUCHAUX (des) en Bas-Poitou.

Bouchaux (Jean des), Chev., fit don à l'abb. de la Grennetière en 1356. Il épousa Jeanne de Beaumont, sœur de Pierre, sgr du Bois-Charruyau. Ils eurent postérité, car en 1365 Jeanne de Beaumont, veuve, transige avec ses petits-enfants, qui ne sont pas nommés dans la note.

Bouchaux (Aliette des) est citée dans le testament de Silvestre du Chaffault, comme étant sa femme (29 nov. 1372); elle était veuve en 1378. (Gén. du Chaffault.)

BOUCHE. — Ce nom est assez commun dans les chartes.

Une famille Bouche portait pour blason : « losangé d'argent et de gueules au franc-canton de gueules ». (Arm. d'Anjou. Gaignères. Franç. 20083.)

Bouche (Thibaud) fit don à l'abb. de St-Jean-d'Angély avec ses fils Thibaud et René, vers 1080.

Bouche (Pierre), Chev. du roi de France, était son sénéchal en Poitou, en juin 1286 et mai 1289.

BOUCHER et BOSCHER. — Il existe en Poitou plusieurs familles de ce nom. N'ayant aucun moyen de les distinguer entre elles, nous classons par ordre chronologique les noms que nous ont procurés nos recherches. Les noms anciens du Bas-Poitou appartiennent à la famille de la Boucherie. (V. ce mot.)

Boscher (*Arbertus*) donne à l'abb. de Boisgrolland 5 sous de rente sur ses moulins de la Chaume, vers 1180.

Boschers (Guillaume), témoin de la fondation d'une messe quotidienne faite, vers 1201, dans l'abb. d'Orbestier par Guillaume de Mauléon. (Cart. d'Orbestier. A. H. P. 6.)

Bocher (Hugues), de la p^{sse} St-André de la Roche-sur-Yon, se plaint que Raymond de Navarre et Jean Hispano, sergents royaux, lui aient retenu pendant un an un cheval, soi-disant pour le service du Roi. (A. N. J. Reg. 79, 1, 129.)

Boscher (*Aymericus*), *est homo ligius comitis Pictavensis ad rachetum altum et bassum debens estagium apud Lucum*, et encore pour des terres qu'il tient de Guillaume Engibault, et qui furent à feu Aimery Boscher, 1253. (A. N. J. Reg. 24, 2, 14.)

Bosche (*Petrus*), *est homo ligius comitis Pictavensis ad rachetum altum et bassum debens estagium apud Lucum*, 1253. (Id. Reg. 2, 47.)

Bocher (Guillaume), Chev., achète, le 20 fév. 1285, de Jean Florent et de Jeanne, sa femme, tous les *soustres* ? et résidus des blés battus dans leur aire. (A. H. P. 4.)

Boucher (Jean), fils de Pierre, habitant la p^{sse} de St-Martin-l'Ars (Vendée), achète, le 5 juil. 1288, divers droits et héritages sis p^{sse} de Chaillé, d'Arnault de Montausier, Chev. (D. F. 25.)

Boucher (Guillaume Le) rendait, vers 1307, aveu de certains héritages à l'évêque de Poitiers, comme seigneur de Thuré. (Cart. de l'évêché de Poitiers. A. H. P. 10.)

Bocher (Aymery), valet. Le 10 mai 1310, Aimery Caifait lui cède tout ce qu'il possédait dans les p^{sses} de Beaulieu et du Martinet, etc., moyennant une rente perpétuelle de 30 sous. (Id.)

Bocher (Jean) épousa, en janv. 1314, Catherine Girard, fille de Guillaume, valet. (A. H. P. 4.)

Bocher (Guillaume), Ec., témoin de l'acte par lequel Jean de Villeneuve, clerc, reconnaît, en janv. 1320, devoir à l'abb. des Fontenelles 100 sous de rente, pour la ferme de certains bois. (D. F. 14.)

Bocher (Hervé) donne, au nom du Ct^{e} de Valois, quittance d'une somme de 50 liv. reçues pour usage dans la forêt de la Roche-sur-Yon, 1323. (A. N. J. cart. 179, 96.)

Boucher (Guillaume), sgr des Vaux, et Jeanne, *aliàs* Aynolle Richarde, sa femme, vendent, de concert avec Josselin de Lezay, Chev., sgr de l'Isle-Jourdain, la sgrie des Vaux (acte reçu le 27 sept. 1369, Jehan Barre, garde du scel pour le prince de Galles à Montmorillon).

Boucher, Bouscher ou **Bouschier** (Aymeri), Chev., possédait un herbergement à la Roche-sur-Yon, 1374. (N. féod. 158.)

Boucher (Geoffroy), Ec., sgr de la Fragaue (Fougereuse?), et Eutesse Chenin, sa femme, font, vers 1406, un partage avec Jean Goulard, sgr de St-Fleurant.

Boucher (Jean), Ec., fut exempté par lettres de Charles, Dauphin de France, du 23 mai 1421, d'aller au recouvrement de la Normandie occupée par les Anglais, parce qu'il était employé à la défense des places fortes du Bas-Poitou.

Boucher (Jean), Ec., sgr des Eschardières, demeurant p^{sse} de la Flocellière (Vendée), fut taxé en 1437 pour ne s'être pas rendu à l'armée, où il avait été convoqué comme noble.

Boscher (Jean), Ec., sgr des Eschardières, eut de Guillemette Chevalier une fille, Louise, mariée, le 27 déc. 1447, à Nicolas Bodin, Ec., sgr de la Rollandière. (Gén. Bodin.)

Boucher (Jean), Ec., sgr du Fraigne (Quinçay ?), fit bail (vers 1450) pour des terres à Ringères et Masseuil (Vien.). Il avait épousé Louise Affray. (A. Vien. G. 89, 1068.)

Boucher (Jean) ayant servi en Auvergne, Poitou, Berry, Orléanais, obtient rémission pour délits de guerre commis en ces provinces, 1446. (A. N. Reg. 9, 178, 59.)

Boucher (Simonnet) passa revue comme homme d'armes le 17 avril 1471. (F.)

Boucher (Pierre) servit comme brigandinier en 1488 pour Jehanne de la Mucc. (Doc. inéd. 206.)

Boucher (Maurice), demeurant dans la sgrie de la Rocheservière (Vend.), fit partie du ban de 1491, au lieu et place de Jacques, son frère, impotent et hors d'état de servir. (F.)

Boucher (Jean) passe revue comme archer de la compagnie de Mons. de la Trémoille, le 16 déc. 1492. (Bib. Nat. Montres et Rev.)

Boucher (Jacques), Ec , sgr de Puissec, épousa Jeanne Magaire, dont Claude, mariée, le 17 août 1517, à Jean Goulard, Ec., sgr de la Geffardière.

Boucher (Catherine) épousa, le 12 août 1517, Jacques Pyniot, Ec., dont une fille, Marie, qui épousa Jean Doyneau, Ec., sgr de la Symonnière.

Boucher (Antoine), Ec., sgr de la Boucherie, habitant vers Fontenay-le-Cte, servit au ban de 1533. (F.)

Boucher (N...) était en 1543 receveur particulier des décimes ecclésiastiques du diocèse de Luçon.

Boucher (Anne) était en 1570 De de Néon-sur-Creuse (Indre).

Boucher (Julien), inculpé de s'être rendu dans la maison de Nicolas Villeret, marchand à Poitiers, et d'y avoir commis « cruauté et homicide », voit le procès criminel intenté contre lui et ses complices évoqué devant la cour des Grands Jours de Poitiers, par arrêt du 18 sept. 1579. (Mém. Stat. 1878.)

Boucher (Marguerite) épousa, vers 1600, Louis Doyneau, Ec.

Boucher (Hélyas) reçut, le 12 déc. 1611, de Henri prince de Condé, provisions de l'office de son valet de chambre et porte-manteau ordinaire ; il devint plus tard secrétaire de ce prince et épousa Marie Amorry, dont:

Boucher (Jean), Ec., sgr de l'Aulnay, marié, le 7 nov. 1641 (Bonnet et Robert, notres à Fontenay), à Jeanne Viète, fille de Nicolas, Ec., sgr de la Groie de Pissote, et de Jeanne Alléaume. Il était mort avant le 8 févr. 1649.

Boucher (Charles), sr de la Touche, cousin du précédent, assiste à son contrat de mariage.

Boucher ou **Bouchet** (Jacques), chanoine de l'église de N.-Dame-la-Grande de Poitiers, possesseur de la moitié de la sgrie de Billy-Clairet, était décédé le 24 juil. 1620, date du partage de cette terre.

Boucher (Pierre-François), Chev., sgr de Flogny, eut de Georgette de Malain, Marie, qui épousa, le 14 déc. 1639, Henri Goulard, Chev., sgr de la Geffardière.

Boucher (Marie), femme de Laurent Moreau, Ec., sgr de Villers, contrôleur de la maison du Roi, fut, le 16 juil. 1704, marraine de J.-B.-Laurent de Hillerin.

Boucher (Jean), curé de la psse de la Résurrection à Poitiers, fonda une chapelle dans son église. (Pouillés 1783, 1869.)

BOUCHER (en Mirebalais et Touraine).

On trouve une ou plusieurs familles de ce nom depuis le xve siècle.

Boucher (Jean) l'aîné fit aveu au château de Mirebeau en 1456, pour un hébergement situé à Amberre. (N. féod.)

Boucher (Catherine) épousa Christophe de Vandel, Ec., sr de Machellée. Ils passèrent transaction le 21 nov. 1493 (signée Richaudeau, not.).

Boucher (Perrine), fille de N..., sgr de la Longée, épousa, le 23 déc. 1533, Jean de la Faye, Ec., sgr du Sable, psse de Jaunay près Richelieu.

BOUCHER ou LE BOUCHER, sr de Martigny.

— Famille qui paraît être originaire de Touraine.

Noms isolés.

Bouchet (Charles), Ec., sgr de Martigny, assista en 1651 à la réunion des nobles de Poitiers pour les États généraux.

Filiation suivie.

1. — **Boucher** (Antoine), Ec., sgr de Martigny (cnes d'Avanton et Chasseneuil, Vienne), décédé à Cissé, le 17 nov. 1635, à 76 ans (Reg. de Cissé), épousa, vers 1600, Madeleine Le Bascle, décédée à Cissé en oct. 1637, âgée de 64 ans, dont il eut : 1° François, qui suit; 2° Anne, mariée à Cissé, le 6 févr. 1640, à Charles Joubert, Ec., sgr du Puy-Marigny ; elle décéda à Cissé en 1700, âgée de 84 ans; 3° peut-être Simon, prieur-curé de Brelou ? décédé à Cissé en 1637, âgé de 30 ans.

2. — **Boucher** (François), Ec., sgr de Martigny et du Clou, épousa Jeanne Chrétien, dont François, né à Cissé en 1641, eut pour parrain Léonard de la Béraudière, abbé du Pin.

On trouve dans un inventaire des archives de la Vienne, coté E 17 et E 246-47, les noms suivants mentionnés sans date dans une liasse de titres de 1604 à 1788 :

Boucher (Louis Le), Ec., sgr de Martigny, époux de Marie Le Meusnier, fit accord avec Balthasar de la Place, époux de Françoise Le Meusnier, et Paul de Valadon d'Arcy, époux de Catherine Le Meusnier, pour le partage des biens de la De de Villenaut, mère desdites dames, peut-être veuve de René Le Meusnier, conseiller au Parlement.

Boucher (Joseph Le), Ec., sgr de Martigny, épousa Marie de Chapuiset. La terre de Martigny fut saisie sur lui.

Boucher (Auguste Le), Ec., sgr de Martigny, eut pour enfants Louis et une fille, qui firent une transaction entre eux.

Boucher (Louis Le), Ec., sgr de Martigny, Faudottes, peut-être celui mentionné ci-dessus, épousa Catherine Méhée, fille d'Etienne, Chev., sgr de l'Estang, dont il eut :

Boucher (Louis-Ambroise Le), Ec., sgr de Martigny, fut héritier de René Daugé d'Orsay, sgr de Grillemont, son oncle, et racheta Martigny qui avait été saisi. Il eut procès contre Geneviève du Perche, femme séparée de biens de Jacques Guibal de Salvert, prévôt général des maréchaux en Poitou. Il épousa, paraît-il, N... Hurault, fille du Mis de St-Denis.

BOUCHER (A Niort).

Blason: d'argent au chevron de sable accompagné de 3 étoiles de même. (Arm. Poitou.)

Boucher (Pierre) était pair de Niort en 1675.

Boucher (Pierre), contrôleur en chef à Niort en 1698, fit inscrire son blason à l'Armorial du Poitou.

Boucher (Pierre) était élu à Niort en 1716.

BOUCHER-DORSAY. — Famille originaire de Paris, qui a possédé des fiefs aux environs d'Angle (Vienne), au XVIIe siècle.

Blason: de gueules semé de croisettes d'argent au lion de même.

Boucher (Pierre), Ec., sgr d'Orsay, conseiller au grand conseil, fit aveu d'Issoudun-sur-Creuse, le 12 oct. 1633, au château d'Angle, à cause de sa femme, Geneviève Le Beau, fille de René, sgr de Sanzelles, Issoudun, maître des requêtes.

BOUCHEREAU (V. aussi **BAUCHEREAU** et **BOUHEREAU**).

Blason. — Louis Bouchereau, échevin de Poitiers, 1590: d'azur à la fasce d'argent chargée de 3 merlettes de sable, et accompagnée de 2 étoiles d'or en chef, et de 1 croissant d'argent en pointe.

Bouchereа ou **Bouchea** (Jean) rend à Johan de la Muce, les 8 août 1408 et 18 mai 1410, aveu de son fief de Lauberge.

Boucherelle (Jeanne), épouse de Guillaume Marveillaud qui, le 21 mars 1430, rendit à cause de sa femme un aveu à la sgrie de St-Marsault; elle était, le 3 janv. 1438, remariée à Mathurin Gaborin, Ec., qui à son tour rendait un aveu à Guillaume de la Muce, sgr de St-Marsault, de la Chèze-Giraud et de la Guterche. (D. F. 82.)

Bouchereau (Guillaume) donne au curé de Villegast une rente de 2 sous 6 den., 1451. (Arch. Vienne, Command. de Villegast.)

Bouchereau (Pierre) rend aveu en 1482 à Bruigne Caillaud. (Id.)

Bouchereau (André) servait comme brigandinier à l'arrière-ban de 1488. (Doc. inéd.)

Bouchereau (Louis), Ec., sgr du Theil, épousa Berthomée Chasteigner, veuve de Guillaume Grelier, sgr de la Grand'Ré, et fille de Guillaume, sgr de Réaumur, et de Marguerite de la Paintrolière; ils vivaient en 1506, et encore en 1518.

Bouchereau (Louis) fut nommé échevin de Poitiers par les ligueurs le 14 mars 1580.

Bouchereau (Charles) possédait, le 10 juil. 1601, quelques héritages dans la sgrie des Mottes-Couppoux.

Bouchereau (Gilles), conseiller au siège royal de Baugé, était fils de feu René et de Marie d'Averton, son épouse; il était en procès avec ses cohéritiers le 21 mai 1608.

Bouchereau (Laurent), s^r des Cartiers, marié à Catherine Cassin, fille de François, s^r du Persan, avocat en Parlement, et de Marie Pivert, eut une fille, Marie, qui épousa Guillaume Le Riche, avocat du Roi au siège royal de St-Maixent; ils se firent une donation mutuelle le 8 déc. 1612.

Bouchereau (Charles), Ec., sgr de l'Esglaudière, *aliàs* l'Eslancherie, eut deux enfants: Jacques, décédé avant 1630, et Marthe, femme de Michel Billan, qui rendait au nom de son épouse, le 21 oct. 1630, aveu de ladite terre de l'Esglaudière à Renée de l'Esperonnière, D^e de la Frelandière. (O.)

Bouchereau (Gabrielle de) épousa Jean Roy, sgr de la Bodinière, dont une fille, Jeanne, mariée, avant 1641, à Jean Couraud, sgr de Puy-la-Gorge.

Bouchereau (Jeanne) était religieuse au couvent de Fontenay-le-Comte le 1er juin 1633.

Bouchereau (Frédéric), sgr de la Choletière, p^{sse} d'Asnières, vivait en 1667.

BOUCHEREAU ou BOUHEREAU. — Autre famille dont le berceau paraît avoir été Foussay (Vendée). La filiation suivante a été dressée sur titres par M. E. de Lioncourt, qui représente cette famille par les Bechet, dont était son aïeule.

Filiation suivie.

Le premier connu est :

1. — **Bouchereau** (André), s^r de la Boulottrie, mentionné dans des actes de la fin du XVe s^e, fut père de :

2. — **Bouchereau** (Jean-Jacques), s^r de la Lanfraire, signait, le 7 févr. 1538, le contrat de mariage de Guillaume Joubert, s^r de l'Esguille, son cousin; il eut pour fils :

3. — **Bouchereau** (François), s^r de la Lanfraire, épousa Marie Encrevé, D^e des Encrevés, dont il eut : 1° Jacques, s^r de la Meynardière et des Encrevés, qui n'eut que deux filles : *a*. Marie, alliée à Daniel Prévost, s^r de l'Etorière; *b*. Jeanne, femme de Raoul Tiraqueau, s^r de la Vrignonnière et du Breuil-Baudet. 2° Etienne, qui suit; 3° Marie, D^e du Buignon, femme de Jacques Jousseaume, s^r de la Brechetière.

4. — **Bouchereau** (Etienne), s^r de la Lanfraire, la Boulottrie, la Meynardière en partie, partagea les biens de ses parents avec son frère et sa sœur le 11 nov. 1577. Il épousa à la Barbaizière, p^{sse} de la Pommeraye (Vendée), le 10 déc. 1571, Hélène Pougnet, fille de feu François, et de Catherine Pommeraye. De ce mariage il n'eut que :

5. — **Bouchereau** (Mathurin), s^r de la Lanfraire, élu en l'élection de Fontenay. Il épousa, le 23 sept. 1602, Agathe Martin, fille de Charles, s^r de St-Michel-le-Cloux, et de Nicole Morisset, et mourut le 13 juil. 1634, laissant : 1° Etienne, qui suit; 2° Catherine, D^e de Sérigné, née en 1606 et mariée, le 19 janv. 1625 (Pinaud et Meynier, not. à Fontenay), à Mathieu Brunet, Ec., sgr de la Riallière ; 3° Hélène, D^e des Loges, épousa Michel-Honoré Barre, lieut. de robe courte en la sénéchaussée d'Aunis.

6. — **Bouchereau** (Etienne), s^r de la Lanfraire, la Boulottrie, la Brechetière, etc., élu à Fontenay, provisions du 15 juin 1638, partagea l'héritage paternel avec ses deux sœurs le 10 févr. 1638. Il épousa : 1° à Paris, le 3 févr. 1638, Renée Le Verrier, fille de François, Ec., et d'Anne de Pierron ; et 2° à Foussay, le 30 mai 1662, Marie Moreau, fille de René, s^r de la Guedaizière, et de Marie Morisson. Il eut du second lit : 1° Etienne-Nicolas, qui suit ; 2° Catherine, D^e de Lisle; 3° Marie-Anne, D^e de la Guedaizière, mortes l'une et l'autre sans alliance; 4° Jeanne, D^e de la Roussière, femme de Pierre Arrivé, s^r de Boisfontaine, morte le 20 janv. 1699 ; 5° Marie-Françoise, fut émancipée

le 16 avril 1698; elle épousa André-Bernard Garipault, Ec., sgr de la Meynardière, et mourut en sept. 1727.

7. — **Bouchereau** (Etienne-Nicolas), s[r] de la Lanfraire, épousa, en 1690, Marie-Anne JOUBERT, fille de Jean, Chev., sgr des Arsonnières et de la Cressinière, et de Marie de Terves; il était mort en 1736, laissant : 1° ETIENNE-JOSEPH, qui suit; 2° ARMAND-LOUIS-MARIE, mort sans alliance; 3° ELÉONORE-RENÉE, religieuse franciscaine à Bressuire.

8. — **Bouchereau** (Etienne-Joseph), s[r] de la Lanfraire, garde du corps du Roi, mourut célibataire.

BOUCHERIE (Thibaud), présent à la montre de Vihiers, Maulevrier, Beaupréau, etc., faite au mois de févr. 1471, déclare tenir 25 liv. de rente, et vouloir servir en brigandinier.

BOUCHERIE (DE LA), JADIS **BOSCHER** ET **BOUCHER**. — Nom commun à plusieurs familles du Poitou. Nous donnons, par ordre chronologique, les notes que nous avons recueillies sur les personnes de ce nom, que nous n'avons pu classer dans les filiations qui suivront.

Boschière ou **Boschère**? (*Petronilla*), *domina de la Boschière, ratione Guillelmi Rufi, filii sui, cujus tutelam habet, est femina ligia de Rocha-super-Oyum de medietate forestarie magnæ forestæ de Rocha-super-Oyum et nemoris de Closellis, de herbergamento de Boscherie*, 1253. (A. N. J. Reg., 24. 6.) (Elle était sœur? de GUIBURGE, D[e] de la Boucherie, femme de Maurice de Belleville.)

Boucherie (Mathurin de la) était Chev. de St-Jean-de-Jérusalem et commandeur dès 1524.

Boucherie (Catherine de la) est dite avoir épousé Charles de St-Gelais, Chev., sgr dudit lieu, dans un aveu rendu au Roi le 29 janv. 1575, pour la sgrie de Payré, par François Chabot l'aîné, échevin de la ville de Niort. (Arch. D.-S.)

Boucherie (Pierre de la), sgr de Thor, assiste au mariage de Jean de la Boucherie et de Anne de Lastic, le 6 févr. 1614.

Boucherie (Marie de la), se maria, vers 1630, à Pierre Marin de la Motte-Belleville.

Boucherie (Jacques de la) était en 1666 avocat fiscal de la Roche-sur-Yon. Il est mentionné roturier dans les notes de M. de Maupeou, sur le Catalogue des gentilshommes de la généralité de Poitiers, qui porte les noms suivants comme ayant obtenu de M. Barentin des confirmations de noblesse, le 9 août 1667 :

Boucherie (René de la), Ec., sgr de la Grange (Mareuil, Vendée).

Boucherie (René de la), Ec., sgr du Guys, p[sse] de Luçon. (7° degré, § IV.)

Boucherie (René de la), Chev., sgr de la Roussière, épousa, vers 1680, Anne DE THÉRONNEAU, D[e] de la Brossardière, fille de René, et de Françoise Richard.

Boucherie (Mathurin de la), Chev., sgr de la Lonartière, la Rousselière, etc., époux de Marie DES HERBIERS, fille de Pierre, Chev., sgr de Laubonnière, et de Marguerite Vinet, assiste, le 12 mai 1682, au contrat de mariage de Renée des Herbiers, sa belle-sœur, avec Antoine de Martel, Ec., sgr de Landrepouste. (7° deg., § VI.)

Boucherie (Antoine-René de la), Ec., sgr de la Maison-Neuve, habitait, vers 1700, la ville de Luçon. Il épousa Marie THIBAUDEAU.

Boucherie de Fromenteau (N... de la) reçut une commission de garde-marine de M. de Pontchartrain le 1er mars 1705.

Boucherie (Pierre de la), Ec., sgr du Fief, possédait, le 5 mars 1707, dans la terre de Magnils, appartenant à l'évêque de Luçon.

Boucherie (N... de la), Ec., sgr de Lonnallière, était en 1721 époux de Marie DE RANGOT, fille de N..., et de Marie-Anne Marillet, à laquelle elle devait rente.

Boucherie (Marie de la) avait épousé : 1° Joachim Rampillon, lieutenant du prévôt général de Poitou, à la résidence de la Roche-sur-Yon, Vouvant, etc.; et 2° Pierre Gratton, prévôt de Vouvant. Elle était veuve lorsqu'en 1757 elle fit compte avec Henri de Barillon, évêque de Luçon, au sujet des revenus du prieuré de Fontaine, qui était entre ses mains, et que l'évêque appliqua *à la Charité* de la p[sse] du Bernard (Vend.).

Boucherie (N... de la), demeurant à la Châtaigneraye, bien que convoqué en 1758 au ban des nobles du Poitou, ne comparut pas.

Boucherie (Céleste de la), D[e] de la Louertière, et

Boucherie (N... de la), sgr de la Blouère, signent au contrat de mariage de Charles-Daniel de Sapinaud, Chev., sgr des Noues, et de Charlotte-Henriette Gaborin, passé le 19 sept. 1759.

BOUCHERIE-St-ANDRÉ (DE LA). — FAMILLE DONT LE NOM VÉRITABLE EST **BOSCHER**.

Blason : d'or au lambel de sable, de 3 pendants. (Note de d'Hozier, Cab. tit. vol. 670.)

Noms isolés.

Boscher (Guillaume), valet, témoin en 1312 du contrat de mariage d'Isabeau de Noirterre et de Gauvain du Plantis.

Boscher (Jean), Ec., fit aveu en 1334 au sgr de la Roche-sur-Yon.

Boscher (Jeanne) épousa Guillaume Bonnet, Chev. Ils sont nommés dans un accord fait en 1340 par leur fils Droux Bonnet avec la Grennetière. (Duchesne, 33, 201.)

Filiation suivie.

D'après les preuves de Malte de René-Gabriel de Morais, 14 juil. 1666. (Carrés d'Hozier, 113.)

1. — **Boscher** (N...), sgr de la Boucherie, eut pour enfants : 1° JACQUES, qui suit; 2° MAURICE, qui remplaça son frère infirme au ban de 1491 à la Rocheservière; il mourut sans postérité; ses neveux partagèrent ses biens en 1518.

2. — **Boscher** (Jacques), Ec., sgr de la Boucherie, épousa, le 27 oct. 1490, Marie ROBINEAU, fille de Renaud, Ec., s[r] de Chauvinière, et de Renée Girard, dont : 1° ANTOINE, qui suit; 2° CATHERINE, mariée, vers 1510, à Jacques Piniot, Ec.

3. — **Boscher** (Antoine), Ec., sgr de la Boucherie, fit partage avec son beau-frère le 27 sept. 1518, et fit accord, le 3 mars 1538, avec Jean Renault, Ec., sgr du Vignault, fils de René, et Léonne du Verger, au sujet

d'un procès au Châtelet de Paris. Il épousa Anne CHAON (probablement Robert de Chaon), dont il eut : 1° JACQUES, qui suit; 2° ANDRÉ, présent au mariage de son frère en 1550.

4. — **Boscher** (Jacques), Ec., sgr de la Boucherie, épousa, le 4 oct. 1550, Jacquette BUET, fille de Marc, Ec., sgr du Plessis-Buet, et de Anne Girard, dont il eut : 1° ANTOINE, qui suit; 2° GILLES, Ec., sgr de la Guyonnière, marié, le 5 avril 1566, à Marie RIVAUDEAU, fille de Robert, Ec., sgr de la Tallonnière, dont il eut : *a.* JACQUETTE, mariée à Jean Masson, Ec., sgr du Breuil; *b.* ANTOINETTE.

5. — **Boucherie** (Antoine de la), Chev., sgr de St-André, Plessis-Buet, Réaumur, obtint en 1615 le droit de foires à Réaumur. Il avait épousé Antoinette MASSON, fille de René, Ec., sgr de la Vaironnière, et de Louise Chasteigner, D^e de Réaumur, dont il eut :

6. — **Boucherie-St-André** (Julien de la), Ec., sgr du Plessis-Buet, Réaumur, eut des lettres patentes pour 4 foires à Réaumur, en sept. 1615. (D. F. 24.) Il épousa, vers 1620, Jacqueline SAUVESTRE, fille de Barthélemy, Ec., sgr de Clisson, et de Jacquette Hervé. (Elle était déjà veuve d'André Bouhier, Ec., sgr de la Verrie, et de Jean de Pierres.) Nous ne connaissons pas leur postérité.

BOUCHERIE (DE LA), DE FROMENTEAU ET DU GUYS.

Blason : d'azur au cerf passant d'or.

C'est grâce aux communications bienveillantes de M. L. de la Rochebrochard, qui a bien voulu relever pour nous un grand nombre d'actes de l'état civil, et dépouiller les nombreux documents mis à sa disposition par M. de Neufchaize, représentant de l'ancienne famille de la Boucherie par son aïeule, que nous avons pu dresser la généalogie qui va suivre. Mais les documents ainsi mis à notre disposition ne donnent pas le point de jonction des deux branches de Fromenteau et du Guys. Il paraît que la branche de Fromenteau était l'aînée, et qu'elle s'éteignit au milieu du XVIIe siècle.

§ Ier. — BRANCHE DE LA BOUCHERIE ET DE FROMENTEAU.

(D'après les titres authentiques et Cab. des titres, Carrés d'Hozier, 118.)

1. — **Boucherie** (Hugues de la), Ec., sgr de la Noue, la Merlatière, etc., rappelé dans le contrat de mariage de son fils, épousa, vers 1430, Catherine PAPIN, fille de Perrot, Ec., sgr de la Trévière ? et de Jeanne de Sauzay, dont il eut :

2. — **Boucherie** (Léonnet de la), Ec., sgr de la Noue, etc., fut capitaine du château de Nantes. Il épousa, le 6 août 1455, Marguerite SAUVAGE, fille de Léonnet, Ec., sgr du Plessis-Guerry, et de Marguerite de la Ramée, dont il eut, paraît-il : 1° ROLAND, qui suit; 2° JEAN, rapporté § III.

3. — **Boucherie** (Roland de la), Chev., sgr de la Boucherie (p^{sse} de Valets), Fromenteau, fit accord, le 18 juil. 1511, conjointement avec son fils et Jean de la Boucherie, sgr de la Noue, avec Tanneguy Sauvage, sgr Bon de Rais, au sujet de leurs droits respectifs en ladite baronnie. Lui et Gillette LE ROUX, *sa compaigne*, eurent procès en 1499, contre Anne Le Roux, veuve de feu Pierre de Beaumanoir, sgr de la Héardière, au sujet de la succession de Guillaume Le Roux, père desdites dames; et, le 12 juin 1503, eut lieu un arbitrage pour le même sujet entre lesdits Roland et sa femme, d'une part, et Guillaume Le Bascle, conseiller du Roi, second mari de Anne Le Roux. On leur connaît un fils qui suit.

4. — **Boucherie** (René de la), Chev., sgr de Rezay, la Boucherie, Fromenteau, était mort avant le 9 nov. 1542, date d'un règlement entre ses deux fils, au sujet de la dot promise à Roland le puîné, lors de son mariage avec Guyonne Chollet. Il se maria à Françoise ESCHALLARD, fille de N... et de N... du Puy-du-Fou (qui ne sont mentionnés ni l'un ni l'autre dans les généalogies de ces deux familles), dont il eut : 1° RENÉ, qui suit ; 2° ROLAND, rapporté au § II.

On voit une Catherine RATAULT, qui, le 16 mars 1533, se disant veuve d'un René de la Boucherie, Ec., sgr de Fromenteau, donne à un autre René de la Boucherie, sgr de Fromenteau, sans spécifier s'il est son fils, tous les acquêts et conquêts qu'elle a faits avant son mariage, en Bretagne, Anjou et Poitou. Serait-elle la seconde femme de René, 4e degré ?

René avait en outre : 3° une fille, GILLETTE, qui, le 18 oct. 1552, obtint des lettres de chancellerie, pour procéder au partage des biens de ses père et mère; elle était alors veuve de René Le Prestre, Ec., sgr de la Débaudière.

5. — **Boucherie** (René de la), Chev., sgr de la Boucherie, Fromenteau, d'après les titres authentiques cités dans la preuve de Malte de Gabriel Thibault de la Carte, en juin 1659 (Carrés d'Hozier, 118), épousa Charlotte GRIMAUD, dont :

6. — **Boucherie** (René de la), Chev., sgr de la Boucherie, Fromenteau, épousa, le 16 janv. 1557, Radégonde DU BREUIL, fille de Claude, Ec., sgr du Doré, et de Marie de Nouzillac (Boussiron), dont il eut RENÉE, D^e de la Boucherie-Fromenteau, mariée vers 1580 à Jean de la Touche, Ec., sgr des Planches, Curzon, Laudardière (Coex, Vendée). Leur fille, Diane, épousa, en 1607, René du Puy-du-Fou, aïeul du Mis Gabriel du Puy-du-Fou, auteur de la lettre citée au 7e deg. du § III.

§ II. — BRANCHE DU BOIS-CHOLLET.

5. — **Boucherie** (Roland de la), Ec., sgr de Bois-Brûlé, les Gazons, fils puîné de René, et de N... Eschallard (4e deg. du § Ier), était marié, avant le 9 nov. 1542, avec Guyonne CHOLLET, car ce jour-là il transigeait avec René, son frère aîné, au sujet de la dot qu'il lui avait promise; le 4 janv. de l'année suivante, il lui donnait quittance d'une somme de 205 liv. De son mariage est issu ROLAND, qui suit.

On lit dans le Journal de Généroux, p. 121, le passage suivant qui ne peut se rapporter qu'au Roland qui nous occupe: « Le 10 juin 1574, jour de la Fête-Dieu, le fils aîné et unique de Roland de la Boucherie, chevalier de l'ordre du Roi, et capitaine de cent arquebusiers à cheval pour le service du Roi, tua son père sortant de la messe à l'Herbergement en Bas-Poitou; ledit fils était huguenot, et fut tué malheureusement bientôt après. » La date du crime, les noms des personnages concordent assez bien avec la position de famille de Roland Ier, auquel on ne connaît en effet qu'un fils unique nommé Roland comme lui. Mais les renseignements sur cette branche sont fort incertains.

6. — **Boucherie** (Roland II de la), sgr du Bois-Chollet, Fromenteau, etc., guidon de la compagnie de gendarmes du Roi; paraît avoir eu pour fils :

7. — **Boucherie** (Claude de), Ec., sgr du Bois-Chollet, marié, vers 1580, à Françoise Guinebault, dont Guyonne, Dᵉ du Bois-Chollet, mariée, le 23 janv 1595, à René de Chévigné, Ec., sgr de Sᵗ-Viau.

§ III. — Branche de **La Noue** et de **Lastic.**

3. — **Boucherie** (Jean de la), Ec., sgr de la Noue, chambellan du duc de Bretagne, capitaine de Landal, etc. (fils puîné de Léonnet et de Marguerite Sauvage, 2ᵉ deg. du § Iᵉʳ), épousa, le 30 sept. 1492, à Nantes, Françoise de Malestroit, fille de Guillaume, Vᵗᵉ de Lauray ? et de Françoise de la Noé, dont :

4. — **Boucherie** (Jean de la), Ec., sgr de la Noue, la Ramée, etc., écuyer d'écurie du Roi, lieut. du château de Nantes, épousa, le 8 janv. 1539, Marguerite Gourdeau, fille de Jean, Ec., sgr de Sᵗ-Martin, la Clartière, et de Marguerite de la Boucherie, dont :

5. — **Boucherie** (Roland de la), Chev., sgr de la Noue, la Ramée, écuyer d'écurie du Roi, testa le 15 juil. 1590. Il avait épousé, le 18 oct. 1558, Jeanne de Talensac, fille de Jean, Chev., sgr de Laudrière, et de Marguerite de la Muce, dont il eut : 1° René, 2° Roland, qui suit.

6. — **Boucherie** (Roland de la), Chev., sgr de la Noue, lieutenant du château de Brest, épousa à Nantes, le 7 déc. 1588, Claude de la Roche, fille de Mathurin, Ec., sgr de la Desmerie ? et de Claude de la Boucherie, dont Jean, qui suit.

7. — **Boucherie** (Jean de la), Chev., sgr de la Noue, lieutᵗ au régᵗ de Piémont, capitaine du Château-Trompette à Bordeaux, épousa, le 27 déc. 1613, Anne de Lastic, fille et unique héritière de feu Thibault, Bᵒⁿ de Lastic, lieutenant de la compagnie d'ordonnance du duc de Montpensier, et de Anne de Chabannes. Ce mariage ne se fit que sous *l'expresse condition* que les enfants à naître de cette union prendraient et porteraient le nom et les armes des de Lastic, sauf, s'il leur plaisait, de joindre ensuite le nom et les armes de la Boucherie. Il paraît qu'il y eut plusieurs enfants, mentionnés dans la lettre suivante du Mⁱˢ du Puy-du-Fou à laquelle nous avons fait allusion dans le cours de cet article. Elle fut adressée à René de la Boucherie (6ᵉ degré de la branche du Guys).— « Du château de Pescheseul, pays du Maine, 27 juil. 1661. — Monsieur, je m'interesse à l'honneur de votre personne et de vostre maison, voilà pourquoi vous prendrés, s'il vous plaist, entière confiance en moy. M. le curé de Sᵗ-Denys du Payré m'a fait voir l'inventaire des titres qu'avez à produire par ou je ne demeure pas plus instruit que j'étois touchant votre maison dont je représente l'aisnée par mon ayeule maternelle (V. *suprà* 6ᵉ deg. du § Iᵉʳ) et dont encore j'ai tous les titres originaux depuis 300 ans. Je sçais donc de feu madame la marquise du Puy-du-Fou ma mère qu'elle vous reconnaissoit pour être véritablement des puisnés de la maison de la Boucherie et de Fromenteau, ainsi que M. de Lastic de la Boucherie et disoit qu'il ni en avoit plus d'autres de cette noble et ancienne maison du pays et comté de Nantes qui avec le nom de la Boucherie avoient pour armoiries l'escu d'azur au cerf passant d'or. De la famille de la Boucherie de Lastic, il n'y a plus qu'un gentilhomme mien parent qui n'est pas marié et demeure à ma maison depuis 16 ans en çà, ses frères estant morts sans avoir esté mariés et ont passé toute leur vie dans les armées du feu Roy, et le dernier mort étoit cappitaine de cavalerie dans le régiment de Rantzau....... Votre très humble serviteur et cousin. (Signé.) Le marquis du Puy-du-Fou. »
Entre autres enfants, nous trouvons : 1° Gaston, capitaine au régiment de Rantzau; 2° Jean, qui suit.

8. — **Boucherie** (Jean de la), Ec., sgr de Lastic, Bois-Chollet, épousa, le 20 mars 1669, Madeleine Noiret, fille de Pierre, Ec., sgr de la Glassonnerie, et de Renée Godebert, dont il eut plusieurs enfants; entre autres, Gabrielle-Marie-Renée, baptisée le 22 avril 1674, à Parcé (Anjou), reçue à Sᵗ-Cyr en 1686.

§ IV. — Branche du **Guys.**

1. — **Boucherie** (Maurice de la), Ec., rend un aveu à Maurice de Belleville le 17 août 1467 ; il était mort avant le 20 mai 1494, date du partage de sa succession et de celle de Marguerite Chollet, sa femme, entre ses enfants, qui étaient : 1° Gilles, Ec., sgr des Bouchauds, qui rendait aveu au sgr de Poiroux le 3 juin 1482 ; faisait assigner, le 20 mai 1486, François Aymon, Ec., sgr de la Petitière, et qui avait été en procès avec son frère Jean, au sujet de la succession de leur père. Il avait épousé Jacquette de Cousdun, fille de François, Ec., sgr de Chalié, puis Renée de la Guérivière. D'après la généalogie de Sᵗ-Gelais, il eut de Jacquette de Cousdun : *a.* Renée, qui en 1527 épousa Charles de Sᵗ-Gelais, Chev., sgr de Sᵗ-Jean-d'Angles ; et du second lit : *b.* Renée, mariée, le 26 févr. 1528 (Raoul et Brunet, not. à Cholet), à Simon de la Haye, Chev., sgr du Chastelier-Montbaud, dont elle était veuve le 9 juin 1575, et remariée à Jean de Vandel, Ec., sgr de l'Esbaupinay. (Dans d'autres notes il est dit qu'il y a eu deux Gilles, père et fils.)
2° Jean, qui suit; 3° Jeanne, à laquelle Gilles, comme aîné, donne 40 liv. de rente; elle épousa Christophe Bruneau, Ec., sgr de la Rabastelière. (Malte.)

2. — **Boucherie** (Jean de la), Ec., sgr du Guys (Sᵗ-Denis du Payré, Vendée), servit au ban de 1488 avec deux brigandiniers pour son frère Gilles ; reçoit, lors du partage de 1494, la sgrie du Guys, dont il rend aveu, le 28 févr. 1502, à la Bᵖⁿⁱᵉ de Poiroux ; avait obtenu, le 27 juin 1498, une sentence de André de Vivonne, sénéchal du Poitou, condamnant l'abbaye de Bois-Grolland, qui empiétait sur ses domaines; le 16 févr. 1509, il transigeait avec Gilles son frère. Il épousa, le 25 août 1510, Louise de la Roche, et rendit un aveu, le 31 janv. 1512, à Jacques de la Muce, Ec., sgr de la Berthonnière. Il était décédé avant le 9 juin 1519, car aux assises de Poiroux tenues cedit jour, Louise de la Roche y comparaît comme mère tutrice de ses enfants mineurs, qui étaient : 1° Gilles, qui suit ; 2° Robinette, mariée, le 5 janv. 1529, à Jacques Théronneau, Ec, sgr de la Traverserie (Cadet et Rigaudeau, not. sous la cour de Sᵗᵉ-Hermine). Le même jour (contrat passé par mêmes notaires), Louise de la Roche se remariait à François Théronneau, Ec., sgr de la Traverserie, père de Jacques, mari de Robinette.

3. — **Boucherie** (Gilles de la), Ec., sgr du Guys, était mineur et sous la tutelle de sa mère le 9 juin 1519. Il se marie le même jour qu'elle et sa sœur (contrat reçu par mêmes notaires) à Françoise Théronneau, fille de François, Ec., sgr de la Traverserie, et de Jeanne de Fellenets, sa première femme ; transigeait, le 23 mai 1544, avec Jacques de Roussay, Ec., et le 21 juin 1545 était mandataire de sa mère. Il eut de son mariage : 1° René, qui suit; 2° Jacques, Ec., sgr du Guys, la Grandinière, rendait, le 4 fév. 1550, aveu du Guys à Poiroux. Nous croyons qu'il mourut sans alliance.

4. — **Boucherie** (René Iᵉʳ de la), Ec., sgr du Guys, la Bréchaudière, rendait, le 23 mai 1553, aveu à la sgrie de la Flocellière (D.-S.) ; le 28 mai 1565, en

rendait un autre à la sgrie des Moutiers-sur-le-Lay, et le 9 juin suivant, un autre à celle de la Motte-Urson, pour sa terre de la Boutaudière.

Il épousa, le 28 oct. 1567, Claude D'ANGLIERS, fille de Claude, Ec., sgr de la Saulzay, Beauregard, la Salle-d'Aytré, gouverneur de la Rochelle, et de Catherine Joubert.

Ce René pourrait être le même qu'un de la Boucherie qui était gouverneur de Talmont, et fut fait prisonnier par les Huguenots, lorsqu'ils reprirent St-Martin de l'île de Ré. (Chron. Fonten. 394.) René était décédé avant le 16 juil. 1580, Claude d'Angliers étant dite sa veuve à cette date dans une signification qui lui est faite à la requête de François Théronneau, son beau-frère. René laissait pour enfants : 1° RENÉ, qui suit; 2° MARIE, qui épousa, le 2 mars 1593, *aliàs* le 7 févr. 1594 (Levesque et Merlot, not[res]), Paul de St-Mathieu, Ec., sgr de Soulignac; 3° ELISABETH, nommée dans une sentence du siège royal de Cognac, du 15 juil. 1605, rendue au profit de son beau-frère de St-Mathieu; elle était encore mineure le 23 juil. 1596, date du testament de sa mère; mais le 14 févr. 1608 elle était mariée à René de Couhé, Ec., sgr de Lesgonnière, Boistifray, qui transigeait avec René de la Boucherie, son beau-frère, au sujet de la dot de sa femme.

5. — **Boucherie** (René II de la), Ec., sgr du Guys, de la Grignonnière, etc., était mineur et sous la tutelle de sa mère le 12 mai 1582, à laquelle on accordait un sursis de six mois, pour justifier de la noblesse de son fils, et le 7 nov. suivant elle obtint mainlevée de la saisie qui avait été faite de ses biens pour défaut de production de ses pièces. Il était encore mineur lorsqu'il payait, le 7 juil. 1598, 4 écus 20 s. pour sa contribution au ban et à l'arrière-ban auquel il n'avait pu servir, en raison de son jeune âge. Il se maria, le 8 août 1600, avec Françoise DE LA MUCE, De de la Frogerie, fille de Joseph, sgr de Villedoc et de Revroc (Vend.), et de Françoise de Plouer (Landry et Marolleau, not[res] sous la cour de la Mothe-Achard et la Maurière, Vend.). Le 7 févr. 1602, ils se faisaient une donation mutuelle. Le 29 nov. suivant, René rendait aveu du Puy-Greffier à Louis d'Avaugour; le 18 avril 1603, il transige avec André Rousseau, au sujet du procès que leur avait légués leur père et beau-père; autre transaction le 18 mars 1604 avec ses beaux-frères, comme étant donataire de F. de la Muce, sa femme, et encore les 31 mai et 28 avril 1606, avec P. de St-Mathieu, aussi son beau-frère. Il était veuf dès 1604, date du partage de la succession de sa femme. Le 12 oct. 1612, il se remaria avec Marie LEVESQUE, fille de Moïse, sr de Barré et de la Boisinière, et de Marie Nicou. Le 4 mai 1616, il achetait sous le nom de Hugues Rousseau, son domestique, le navire *la Fortune*, armé de 6 pièces de canon, six pierriers et 25 mousquets, pour le prix de 3,000 liv.; en nov. 1616, il obtenait la création de 4 foires au bourg de St-Denis-du-Payré. En 1622, il fut accusé d'avoir suivi le parti de Soubise dans sa révolte; ses biens furent confisqués; mais ayant présenté un mémoire justificatif de sa conduite, dans lequel il exposait qu'à cette époque il était malade, revenant de Fontenay où il avait été se faire soigner, ayant une sauvegarde du Cte de la Rochefoucauld, gouverneur du Poitou, il avait été arrêté par les coureurs de M. de Soubise, lequel, le voyant malade comme il l'était, l'autorisa à rester dans sa maison de Luçon. Ses biens lui furent rendus. Il était décédé le 10 août 1630, car à cette époque Claude d'Angliers de Joubert paraît comme tuteur de ses enfants. René ne paraît pas avoir eu d'enfants du premier lit, mais seulement de Marie Levesque; ce furent : 1° RENÉ, qui suit; 2° CHARLES, rapporté au § V.

3° CLAUDE, rapporté au § VI.

4° GUY, Ec., sgr du Guys, n'est pas nommé dans les partages dont nous venons de parler, mais seulement dans un jugement rendu contre lui, sa sœur Marie et leur frère Claude, au profit de Marie Gohery, le 6 nov. 1651. (*Nota*. — Il peut y avoir dans cet acte une faute de copiste, qui aura mis Guy pour René.) 5° MARIE, qui, dès le 14 juin 1640, paraît comme épouse de Joachim Derabin ou de Rabins, Ec., sgr de Beauregard. Ils prennent encore part à la transaction du 1er août 1650; peut-être 6° ELISABETH, d'après un partage cité plus loin (degré 8).

6. — **Boucherie** (René III de la), Ec., sgr du Guys, St-Denis-du-Payré, etc., épousa, le 12 ou 15 août 1632, Anne JOUBERT, De du Brétonnier. Le 11 juil. 1634, il obtint un ajournement de six mois pour produire ses preuves de noblesse, attendu, est-il dit, que son curateur Claude d'Angliers ne les lui a pas encore remises, non plus qu'à ses autres frères, et que la qualité du suppliant n'est pas contestée. Le 8 juil. 1635, il recevait une commission du Roi pour lever une compagnie de 100 hommes de pied français pour servir sous l'autorité du duc d'Epernon, et le 20 août suivant il fut autorisé par Gabriel de Chasteaubriant, lieutenant-général en Poitou, à faire cette levée dans la province. Le 14 juil. 1648, il rendait aveu de son fief du Puy-Greffier à Anne Descartes, veuve de Louis d'Avaugour, tant en son nom qu'en ceux de ses jeunes frères. Il eut pour enfants : 1° RENÉ, qui suit; 2° autre RENÉ, Ec., sgr de la Grange et de Laurière, qui, le 1er juin 1661, transige avec son frère aîné au sujet du partage des successions de leurs père et mère. Il épousa, le 15 avril 1659, Renée ROUSSEAU; puis, le 10 sept. 1680, Marguerite BARILLON, veuve de Charles Brochard, Ec., sgr de la Rochebrochard. Il fut maintenu noble en 1667 et eut peut-être postérité.

7. — **Boucherie** (René IV de la), Ec., sgr du Guys, baptisé le 14 sept. 1651, se maria, le 11 janv. 1655, avec Marie GABORIN, fille de Jean-Jacques, Ec., sgr de la Persaudière, et de Susanne Robert. Le 27 oct. 1666, Marie Gaboriu transigeait au nom de son mari avec des membres de la famille Joubert, et elle était morte avant le 17 sept. 1674, et René l'était également le 9 févr. 1691, date du partage de leurs successions entre leurs enfants, qui étaient : 1° RENÉ, qui suit; 2° MARIE-ANNE, baptisée le 17 déc. 1655, De de St-Denis; elle était mineure émancipée lors du partage du 9 févr. 1691 précité; 3° JEANNE-MARIE, baptisée le 4 oct. 1656, mariée, avant le 17 juin 1690, avec Hector de la Cantinière, Chev., sgr dudit lieu, d'après un acte dans lequel il représentait sa femme; 4° SUSANNE-RADÉGONDE, baptisée le 14 août 1658; 5° SUSANNE, baptisée le 4 juin 1664; 6° MARGUERITE, baptisée le 26 avril 1671.

8. — **Boucherie** (René V de la), baptisé le 26 janv. 1660, Ec., sgr du Guys, était émancipé lors du partage de 1691. Le 7 janv. 1699, il obtenait des lettres de rescision d'une somme de 300 liv. pour laquelle il avait été indûment engagé pendant sa minorité, envers PIERRE de la Boucherie, au sujet de la succession d'ELISABETH de la Boucherie. Nous ne connaissons pas les liens de parenté unissant les deux derniers aux sgrs du Guys. Il épousa Elisabeth-Aimée GOURDEAU, dont il eut : 1° ALEXANDRE-BENJAMIN, qui suit; 2° CHARLOTTE-AIMÉE, mariée à Jean-Baptiste Théronneau, Chev., sgr de Bellenoue, avant le 29 août 1726; 3° MARIE, et 4° SUSANNE, rappelées dans un mémoire daté du 29 août 1726, rédigé pour un partage entre Alexandre-Benjamin et M. de Théronneau.

9. — **Boucherie** (Alexandre-Benjamin de la),

Ec., sgr du Guys, St-Denis-du-Payré, baptisé le 6 nov. 1691, épousa à Luçon, en 1714, Françoise Barraud, qui, le 17 juin 1714, testait en faveur de son mari, lequel testait lui-même en faveur de sa femme le 4 juin 1719, chargeant Paul Gourdeau, son oncle, s'il lui survenait des enfants, de pourvoir à leur éducation. Alexandre-Benjamin décéda avant le 4 août 1734, laissant : 1° Charles-Germain, qui suit ; 2° Susanne-Aimée, ou Susanne-Pauline, qui est dite âgée de 13 ans passés, dans les lettres d'émancipation du 19 sept. 1739 ; elle était veuve de Gabriel Brunet, sgr de Broue, lorsqu'elle partageait, le 16 mars 1789, avec Rose-Susanne Rampillon, veuve de Charles-Germain de la Boucherie, son frère, la succession de Joseph de Froment, Chev. de St-Louis, leur oncle.

10. — **Boucherie** (Charles-Germain de la), Ec., sgr du Guys, était âgé de 14 ans le 19 sept. 1739, lors de son émancipation, étant sous la tutelle de Gabriel-Jacques de la Cantinière, lequel, pour rendre son compte de tutelle, avait fait assigner son pupille et Pierre de la Boucherie, Ec., sgr du Margat, son curateur aux causes, le 24 févr. 1742. Le 29 mars 1778, il rend aveu de son fief de la Viaudière à la Bnie de Poiroux, et se maria, le 29 mars 1785, avec Rose-Susanne Rampillon, fille de François, sr de la Nicollière, et de Anne-Renée Bailly ; il était mort avant le 4 mars 1788, ne laissant qu'un fils qui suivra.

Le 9 juil. 1789, et postérieurement, Anne-Renée Rampillon, agissant au nom de son fils mineur, se dit veuve du sgr de Fromenteau. Serait-ce parce que la branche de ce nom étant éteinte, cette terre serait revenue à la branche du Guys ?

11. — **Boucherie** (Alexandre de la), baptisé le 1er juin 1786, épousa, vers 1810, Louise Donnès, fille de N..., et de N... Bodin de la Jaubretière, dont il eut : 1° Alexandre, décédé à l'âge de 14 ans ; 2° Rose-Caroline, morte à Niort, le 18 janv. 1878, âgée de 61 ans ; 3° Louise-Victoire, veuve de Jacques-Louis-Marie Thibault de Neuchaize (1889).

§ V. — Branche du **Fief.**

6. — **Boucherie** (Charles de la), Ec., sgr du Fief, la Touche-Morisson, fils puîné de René, sr du Guys, et de Marie Levesque (5e deg., § IV), fit un partage avec Claude et Marie, ses frère et sœur, le 14 juin 1640, et un autre le 1er fév. 1645. Il épousa en 1res noces, le 16 juin 1642, Jacquette Morisson, et en 2es, le 18 fév. 1650, Marie Bocquier. Du 1er lit vinrent : 1° Pierre, qui suit ; 2° Renée, 3° Marie, 4° Gabriel, Ec., sgr de la Touche-Morisson, et du 2e lit : 5° Charles (tous maintenus nobles par Barentin, le 9 août 1667).

7. — **Boucherie** (Pierre de la), Ec., sgr du Fief, fit inscrire son blason à l'Armorial du Poitou en 1698. Il épousa Louise Regnault, dont il eut :

8. — **Boucherie** (Pierre de la), Chev., sgr du Fief, Margat, épousa Elisabeth Proustrau, qui, étant sa veuve et tutrice de leur fils, Pierre-Paul, fit déclaration, le 14 mars 1721, au sujet d'un billet de banque provenant d'un remboursement de rente constituée au profit de Pierre de la Boucherie, père de son feu mari, le 15 janv. 1683. (Cab. titres, Pièces Orig. 437, n° 9824, 16.)

9. — **Boucherie** (Pierre-Paul de la), Chev., sgr de Margat, épousa, le 17 sept. 1725, Marie-Charlotte de la Ville de Ferolles, fille de Guy-René, Chev., sgr des Dorides, et de Marie Mauras de Chasseuon, dont, entre autres enfants, Marie-Eléonore-Elisabeth, qui épousa : 1° Jacques-Germanicus Maynard, Chev., sgr de Passy ; et 2° le 21 mai 1764 (Lasnonnier, not. des Bnies de Mareuil et la Vieille-Tour), Alexandre-Bonaventure de Mesnard, sgr de la Barottière, Chev. de St-Louis, ancien capitaine au régiment de Damas-Cavalerie, colonel, gentilhomme de la chambre de M. le Cte de Provence, etc.

§ VI. — Branche de **La Louartière.**

6. — **Boucherie** (Claude de la), Ec., sgr du Bouil ou du Breuil (fils puîné de René et de Marie Levesque, 5e deg., § IV), faisait, le 14 juin 1640, un partage de bestiaux avec Charles son frère et sa sœur Marie. Le 1er août 1656, il transigeait avec son neveu René, au sujet des successions de René et Marie Levesque et de Louis, Ec., sgr de Boisrousseau, leur frère et oncle. Il épousa, le 27 janv. 1649, Marie Jolliot, qui était sa veuve le 9 août 1667, lorsqu'elle obtint une ordonnance de maintenue de Barentin pour elle et ses enfants, dont nous ne connaissons pas les noms, sauf pour Mathurin, qui suit.

7. — **Boucherie** (Mathurin de la), Chev., sgr de la Louartière, etc., épousa, le 26 nov. 1680, Marie des Herbiers, fille de Pierre, Chev., sgr de Laubonnière, et de Marguerite Vinet, dont il eut : 1° Louis, qui suit ; 2° croyons-nous, Marin, Ec., qui fut parrain, le 3 déc. 1715, du fils de Louis.

8. — **Boucherie** (Louis de la), Chev., sgr de la Louartière, maintenu noble par Quentin de Richebourg, le 18 oct. 1715, épousa, en juin 1706, Marie de Rangot, fille de Jacques, Ec., sgr de la Roussière, et de Marie Parent, en présence de René de la Boucherie, Ec., sgr du Guys, son cousin germain, et autres parents. (Cab. titres. Pièces Orig. 437, n° 9824, 5 et 28.) De ce mariage vinrent : 1° Louis-Benjamin, qui suit ; et 2° croyons-nous Céleste, De de la Louartière, vivant en 1759.

9. — **Boucherie** (Louis-Benjamin de la), Chev., sgr de la Louartière, baptisé à la Gaubretière, le 3 déc. 1715, officier au régiment de Grassin, vers 1740.

BOUCHERIE (de la). — Famille de la Roche-sur-Yon, Fontenay.

Boucherie (Jean de la), notaire à la Roche-sur-Yon, passe un acte le 27 avril 1597. (Titres Robert, sgr de la Rochette. Carrés d'Hozier, 542, 264.)

Boucherie (René de la) était notaire à la Roche-sur-Yon en 1605, ainsi que :

Boucherie (Nicolas de la), qui signe au même acte. (Id.)

Boucherie (Jean de la), sénéchal de la baronnie de Luçon, puis lieutenant des eaux et forêts de Fontenay, publia en 1625 dans cette ville une traduction de la *Consolation de la sagesse* de Boëce, ouvrage d'une extrême rareté aujourd'hui. M. Dugast-Matifeux a publié une notice sur cet écrivain dans le vol. de 1883 de la Société d'Emulation de la Vendée. Une lettre de Pierre de Nivelle, évêque de Luçon, qui faisait partie de la collection Fillon, mentionnait une traduction de *l'Imitation* par Jean de la Boucherie ; mais nous ne savons si l'ouvrage a été imprimé ou même exécuté.

Filiation suivie.

1. — **Boucherie** (Jacques de la), sr du Bougnon, avocat en Parlement, lieutenant des eaux et forêts de Fontenay, eut de Jeanne Gauvin, son épouse : 1° Jean, prêtre ; 2° Nicolas, avocat en Parlement, mort célibataire ; 3° Charles, qui suit ; 4° Catherine, qui

épousa Jacques François, sr de la Chesnelière, dont une fille, mariée, le 22 nov. 1712, à Jean-Madeleine Chebrou du Petit-Château. Catherine était veuve à cette époque.

2. — **Boucherie** (Charles de la), conseiller au Présidial de la Rochelle, marié en premières noces à Anne Couzard, veuve de Julien Colardeau, dont Pierre-Charles, qui suit; et en secondes à Catherine Poisset, veuve de Jacques Defaye, mère de Charlotte.

3. — **Boucherie** (Pierre-Charles de la), sr de Varaize, conseiller au Présidial de la Rochelle, épousa Thérèse-Charlotte Bruslé, fille de Jacques, procureur du Roi, dont : 1° Pierre-Louis, conseiller au Présidial; 2° Antoine-Exupère, qui suit; 3° Jacques-Frédéric, conseiller du Roi; 4° Jean-François, prêtre; 5° Michel-Louis.

4. — **Boucherie** (Antoine-Exupère de la), épousa Charlotte-Elisabeth Béron, dont : 1° Antoine-Exupère, 2° Jacques, 3° Charles.

BOUCHERON.

Boucheron (Pierre) possédait en 1260 un fief relevant de celui de Geoffroy de la Berlière, à la Vexière (Bessière), près St-Maixent.

Boucheron (Bertrand), prêtre; lors de la convocation du ban de 1491, il obtint une exemption pour son père âgé de 80 ans, qui ne pouvait porter les armes, et était hors d'état de se faire remplacer.

BOUCHEROT. — V. BOUCHEREAU.

Boucherot (Jean), se disant noble, taxé en 1438 pour n'avoir pas servi à l'armée. (Châtellenie de Tiffauges.)

BOUCHET. — Nom très commun en Poitou.

Nous distinguerons autant que nous pourrons les familles, et nous donnons tout d'abord les personnages que nous n'avons pu rattacher à aucune d'elles.

Boschet (*Alraudus*) est témoin de la donation de la Puye et autres domaines faite à l'abb. de Fontevrault, vers 1122, par divers sgrs. (D. F. 8, 463.)

Boschet (Aynor du) vendit en mai 1271 au Chapitre de St-Hilaire de Poitiers tout ce qu'elle possédait à Chantemerle, pssc de Benassais (Vienne), de l'avis de Jeanne, Catherine et Philippe, ses sœurs, filles de Guillaume et de Stéphanie. La même vendait encore en janv. 1272, à Guillaume Morre, clerc, l'herbergement du Bouchet, pssc de Montreuil-Bonnin, dans le domaine du roi de France, pour le prix de 70 liv. (Cart. des Châtelliers. M. St. 1867, 100.)

Bochet (*Guillelmus*), *valetus ligius de castellania Sti Maxencii et debet unas caligas escarlate vel* xv *solidos et est in opcione domini comitis*, vers 1247. (Comptes d'Alphonse. A. H. P. 4, 60.)

Bochet (*Petrus*) est dit homme lige, dans l'hommage de Tonnay-sur-Boutonne et Tonnay-Charente.

Bouchet (Jeanne) épousa Jean Levrault, Chev., et lui porta la terre du Bouchet; leur fille Thomasse se maria à Pierre Ringuet de Brizay, qui vivait vers 1330.

Bouchet (René), Chev., fit à cause de Jeanne de Rougemont, sa femme, aveu en 1390 du fief du Chaffault (Secondigny, D.-S.). (Ledain, Gâtine.)

Bouchet (Gilet) était le 14 oct. 1462 argentier de la comtesse du Maine, et gouverneur de la ville et vicomté de Châtellerault. (Arch. Vienne, abb. St-Hilaire de la Celle.)

Bouchet (Gilles) fut en 1467 gouverneur pour le Roi du Châtelleraudais. (Hist. de Châtellerault, 2, 414.)

Bouchet (Jean) était dès 1480 licencié en décret, chanoine de N.-Dame-la-Grande, et curé de N.-Dame-la-Petite. (Arch. Vienne.) Le 13 juin 1481, il acquérait des immeubles de Jeanne Tantine (Tantin), veuve de Jean de Thouars. (Id.)

Boscher (Louis), Ec., sgr des Echardières, maître d'hôtel de Jacques de Surgères, Ec., sgr de la Flocellière, qui lui donne une reconnaissance le 22 déc. 1484.

Bouchet (Jacques) servit comme brigandinier à l'arrière-ban du Poitou de 1488. (Doc. inéd. 198.)

Boscher (Jacquette), De des Echardières, épousa Arthus de la Brosse, qui rendait, le 18 mars 1503, un aveu à cause d'elle au sgr de la Flocellière. (D. F. Arch. de la Flocellière.)

Bouchet (Hardouin du) était, le 4 mars 1517, archer dans la compagnie de M. de la Tremoille, ainsi que :

Bouchet (François), qui l'était encore le 8 août 1519.

Bouchet (Jacques), sr de Pugny et de la Roche-d'Appelvoisin, eut de Jeanne Macquaire, sa femme, une fille, Claudine, mariée à Jean Goulard, vers 1530. (Gd-Prieuré d'Aquitaine.)

Bouchet (Jeanne) épousa, le 12 févr. 1578, sous la cour de Civray, Guichard Labbé, sr de Grand-Champs.

Bouchet (Antoine), sénéchal de Vouillé, reçut, le 25 mai 1585, le serment de Robert Gendre, en qualité de sergent de cette châtellenie, et l'ajourne à six mois pour l'installer en l'office de notaire dont il avait été pourvu. Jacques Barraud, avocat à Poitiers, le remplace comme sénéchal de Vouillé le 16 nov. 1590. (Arch. Vienne, Chapitre de Ste-Radégonde.)

Bouchet (Isabeau) épousa Sébastien Ferruyau. Guillemette, leur fille, fut la femme de Jacques d'Appelvoisin, qui vivait en 1594.

Bouchet (Antoine du), Ec., sgr de Montigny, Cissé, épousa, par contrat du 14 avril 1592, Marguerite Le Bascle, fille de Joseph, sgr des Deffens, et de Marguerite Estivalle.

Bouchet (Julien), Chev., sgr de la Boscherie, la Véronnière, le Plessis-Buet, obtient en sept. 1615 l'établissement de quatre foires à Réaumur. (D. F. 24.)

Bouchet (Charlotte) eut en partage la terre de la Pescherie. S'étant mariée avec Guy Maussion, Ec., sgr de la Filatière, ce dernier vendit la Pescherie en 1623 à Isaac Besson.

Bouchet (Julien) signe au contrat de mariage de Jacques Robineau, Chev., sgr de la Vergne, avec Gabrielle Chasteigner, passé le 3 févr. 1624.

Bouchet (Robert) était religieux à la Scie-en-Brignon, en 1634. (M. St. 1878, 285.)

Bouchet (Jacques), Chev., sgr de la Proustière, Venansault, marié à Claude de Rorthays, dont Louise, mariée, le 22 janv. 1636, à Robert Regnault, Chev., sgr de la Motte-Bobinière.

Bouchet (Madeleine) épousa en 1640 Daniel Bernon, sr de Puiridon.

Bouchet (Anne) était en 1655 épouse de Charles Thomas, Ec., sgr de Boismorin. (Rég. de Marigny-Brizay, Vienne.)

Bouchet (Anne du), habitant p^sse de Liglet, était veuve du s^r de Raveuel lorsqu'en 1667 elle obtint une confirmation de sa noblesse par M. Barentin.

Bouchet (Timothée) était capitaine des gabelles en 1685 ; le 18 janv. 1695, il fit baptiser à Migné (Vienne) son fils René. (Reg. de Migné.)

Bouchet (Marianne du) épousa à la Rochelle (Rivière, not.), le 24 sept. 1692, Théodore Baudouin, Éc.

Bouchet (Geneviève) épousa, vers 1700, René Ferchault, sgr de la Forest, conseiller au Présidial de la Rochelle, dont naquit René-Antoine Ferchault de Réaumur, le célèbre physicien.

Bouchet (Jean-Venant), Jésuite, né à Fontenay-le-Comte, devint le chef des missions du Maduré.

C'était un orientaliste distingué ; on trouve plusieurs écrits de lui dans les « Lettres édifiantes. » Il refusa la dignité épiscopale à laquelle voulait l'élever le Pape Innocent VIII en 1723, et mourut dans l'Inde au milieu de ses néophytes, en 1724.

Bouchet (Louise), veuve de Jean-Baptiste Grimault, Ec., sgr de Rivallin, épousa, le 27 nov. 1754, René Desmier, Éc., sgr de la Carlière. (Reg. de Champagné-St-Hilaire, Vienne.)

Bouchet (Pierre) fut nommé le 21 juin 1750 greffier des droits de sortie en la ville de Montaigu (Vendée) ; exerçait encore le 31 janv. 1764. (Arch. Vienne. Bur. des finances.)

BOUCHET (du), Sgrs du Bouchet d'Aiffre.

Boschet (*Willelmus de*) *tenebat in ligencia domini comitis Pictavensis, in dominio de Ayfria terciam partem ad x. libras de placito ad æquitacionem et exercitum insimul cum domino de Ayfria*, 1253. (A. Nat. J. Reg. 24, 50, 33, 3.)

BOUCHET DE MARTIGNY, DE GRANDMAY.

— Famille de Niort qui a fourni aux armées et surtout à la garde du Roi de nombreux sujets, et plusieurs inspecteurs des haras royaux.

Blason : d'argent au chevron d'azur et 3 hures de sable. On ajoute une épée d'azur placée en abîme, *aliàs* l'épée de sable brochant sur le chevron.

Noms isolés.

Bouchet (Guillaume) était en 1410 procureur fabriqueur de l'église St-Gaudent de Niort. (Fonds Briquet.)

Bouchet (Pierre) exerça de 1600 à 1609 l'office de procureur et clerc des fiefs. (Arch. Vienne.)

Bouchet (Pierre), curé de Brûlain (D.-S.) en 1625. (Notes Laurence).

Bouchet (Pierre), ancien du consistoire protestant de Niort en 1671. (Id.)

Bouchet (Pierre), né vers 1652, marié, vers 1698, à Gabrielle Blactot, décéda le 13 déc. 1734, âgé de 82 ans ; était veuf à cette époque ; avait été élu à Niort. De ce mariage : Françoise, née vers 1699 et décédée le 29 mai 1779.

Bouchet (Antoine) était époux de Marie Acard, qui le rendit père de : 1° Jeanne-Agnès, née vers 1677 et décédée, âgée de 56 ans, le 21 mai 1733 ; 2° Geneviève, née vers 1683, mariée en premières noces à Alexandre Guignard de Gormond, Chev., sgr dudit lieu, et en secondes, le 10 nov. 1726, à André-Gabriel de Villedon, Chev., sgr de la Mortmartin, veuf de Marie-Madeleine Roullin. Geneviève fut inhumée le 19 août 1764 à N.-Dame de Niort, devant la chapelle de la Vierge, sépulture des Villedon. (Notes Laurence.)

Bouchet (Marie) était, le 16 mars 1695, femme de Pierre Delavault. (Reg. d'Aiffres.)

Bouchet (Henriette), mariée à Pierre Benoist, s^r de la Charlotrie, était morte avant le 6 déc. 1715, date du mariage de Marie, leur fille. Un des fils de Pierre Bouchet de Martigny et d'Elisabeth Collon (1er deg., § Ier) assiste à ce mariage, ce qui porte à croire que cette Henriette appartenait à la même famille. (N. Laurence.)

Bouchet (Moïse-Baptiste) assistait, le 26 août 1734, à l'inhumation de Pierre Bouchet, fils de Pierre et de Marie-Françoise Collon (2° deg., § Ier). (Reg. Aiffres.)

Bouchet (Gabrielle-Julie), marraine, le 7 mai 1741, à Aiffres, d'autre Gabrielle-Julie, fille de Pierre et de Marie-Françoise Collon. (Id.)

Bouchet (Marie) assiste, le 20 août 1750, au baptême de Timothée-Hippolyte Bouchet, fils des mêmes que ci-dessus, ainsi que

Bouchet de Martigny (Françoise) et

Bouchet (Gabrielle), qui fut marraine de l'enfant, et

Bouchet (Pierre), qui fut son parrain. (Id.)

Bouchet (Julie-Gabrielle) assiste, le 18 août 1763, à l'inhumation de Pierre Bouchet de Martigny, ainsi que

Bouchet du Plessis (Gabriel) et

Bouchet (Henriette-Marthe).

Bouchet, s^r de la Richardière, fut curé de Fontenay-Rohan-Rohan de 1765 à 1785. (N. Laurence.)

Bouchet (Claude), Chev., sgr de Bobène, l'Epinière, etc., épousa Sylvie de Tessinier, 1780 (Nouillers, Saintonge), dont : 1° Catherine, qui assiste au mariage de son frère ; 2° Bernard, Chev., sgr de Bobène, garde du corps du Cte d'Artois, épousa, le 11 avril 1780, Louise-Catherine-Céleste Bouchet, fille de Pierre, Ec., sgr de Martigny, et de Marie-Françoise Collon, dont Pierre-Alexandre, né le 13 févr. 1783.

Filiation suivie.

Cette généalogie est établie surtout d'après les registres de l'état civil des communes de Niort et d'Aiffres, sur des notes dues à l'obligeance de MM. Laurence et L. de la Rochebrochard, et le résultat de nos recherches personnelles.

§ Ier. — Branche de MARTIGNY.

1. — **Bouchet de Martigny** (Pierre), banquier à Niort, épousa Elisabeth Collon, et décéda en 1710, au mois de juin, car à cette époque on posa les scellés, et on fit inventaire du mobilier existant dans sa maison. (Arch. Vienne. Bur. des finances.)

Il eut pour enfants : 1° Pierre, qui suit ; 1° Moïse-Jean-Baptiste, dont la postérité sera rapportée au § II.

2. — **Bouchet** (Pierre), Ec., sgr de Martigny, succéda à son père dans sa charge de receveur alternatif des tailles, et l'était le 7 juin 1729. Le 22 nov. 1713, lui et son frère Moïse-Jean-Baptiste payèrent 225 liv. pour jouir, au lieu de Pierre Thibault, receveur alternatif des tailles de l'élect. de Niort, d'une rente de

111 liv. 5 sous d'augmentation de gages. (Arch. Vienne. Bureau des finances.)

Pierre épousa, le 2 mai 1729, Marie-Françoise Collon, fille de Pierre Collon-Ladulterie, et de Françoise Collon. Leurs enfants furent : 1° Pierre, né à Aiffres, le 1er janv. 1730, y fut inhumé le 4 oct. 1734 ; 2° Gabrielle-Marie-Françoise, née le 22 juin 1731, décédée le 8 déc. 1767 ; 3° Gabrielle, dite Mlle de Martigny, née le 13 mars 1733, mariée, le... mai 1764, à Charles-Jean Branchu, dont elle devint veuve avant 1780, et mourut à Niort à l'âge de 75 ans, le 8 mars 1808 ; 4° Pierre, qui suit ; 5° Henriette-Françoise, née le 30 avril 1738, vivait encore en 1787 ; 6° Gabrielle-Julie, baptisée à Aiffres, comme tous ses frères et sœurs, le 7 mai 1741 ; 7° Philippe-Auguste, sgr de Martigny et du Bouchet, baptisé le 4 mars 1743, fut garde du corps du Roi ; épousa, le 4 févr. 1777, Louise-Rose Essertéau, fille de Louis, sr des Antes, et de Marie Daguin. Nous ne savons s'il a eu des enfants.

8° Jean-Baptiste, Ec., sgr de Martigny, naquit à Aiffres le 11 et fut baptisé le 12 juin 1745 ; était capitaine commandant au régiment de Neustrie-Infanterie lorsqu'il épousa, le 17 avril 1787, Susanne-Esther Delavault, fille de Pierre, sr de François, du Coteau et de St-Maxire, et de Marie-Madeleine Martin. Il est enregistré dans son acte de décès du 29 déc. 1801 sous le nom de Bouchet-la-Chauvellière. Nous ne lui connaissons pour enfant que Pierre-Jules, né à Aiffres le 15 juil. 1798 et décédé à Aiffres le 22 janv. 1881, âgé de 82 ans.

9° Henri, dit aussi Henri-Louis-François, sr du Plessis, naquit le 12 mars 1748, fut porte-étendard des gardes du corps, Cie de Noailles, émigra et fit la campagne de 1792 à l'armée des Princes ; 10° Timothée-Hippolyte, né le 19 août 1750 et baptisé le 20, mourut le 28 mai 1760 ; 11° Catherine-Louise, *aliàs* Céleste, née le 10 sept. 1752, épousa, le 11 avril 1780, Bernard Bouchet de Bobène (Nouillers en Saintonge), garde du corps de S. A. R. le Cte d'Artois, et mourut à Niort le 20 oct. 1798 ; 12° Marie-Julie-Esther, dite Mlle de la Chauvellière, née le 18 mars 1755, vivait en 1767 (17 avril) ; 13° Louise-Esther, vivant en 1787 ; 14° Marie-Françoise, morte le 7 brumaire an III (28 oct. 1794).

3. — **Bouchet** (Pierre), Ec., sgr de Martigny, né le 12 mars 1736, baptisé le 13, était veuf de Louise-Marie Mottet, lorsque, le 17 prairial an IV (15 juin 1796), il épousa Susanne-Henriette-Sophie de Lastic-St-Jal, fille de Louis-Romain, et de Anne Thoreau, dont il eut :

4. — **Bouchet de Martigny** (Pierre) était âgé de 23 ans en oct. 1820. Marié à Marguerite-Danaé Martin-Monteuil, fille de Jean Martin-Monteuil, il en a eu : 1° et 2° deux filles du nom de Marie-Susanne-Cécile, mortes l'une et l'autre au berceau ; 3° Marie-Susanne-Amélie, née à Aiffres le 15 juin 1824 où elle se maria, le 12 déc. 1843, à Charles Mounier d'Availles ; 4° Henriette-Joséphine-Claire, épousa à Aiffres, le 12 juil. 1848, Achille-Joseph Mercier, capitaine commandant au 9e régiment de chasseurs à cheval ; 5° Pierre-Marie-Gustave, né à Aiffres le 28 août 1827 ; 6° Judith-Caroline, née à Aiffres le 7 sept. 1829, morte le 26 juin 1836 ; 7° Pierre-Raymond, né à Niort le 12 janv. 1831, marié à l'île Maurice, à N... de la Tour-St-Igest, sans postérité actuelle (1890) ; assistait avec son frère aux funérailles de sa mère le 2 janv. 1866 ; 8° Marie-Ernest, qui suit.

5. — **Bouchet de Martigny** (Marie-Ernest), né à Aiffres, le 29 août 1832, ancien maire d'Aiffres, marié, vers 1870, à Marie-Alexandrine Charlotte-Clémence Penavère, dont il a eu : 1° Marie-Amélie-Louise-Marguerite, née à Aiffres le 4 avril 1871, décédée en bas âge, ainsi que 2° Marie-Solange, née à Aiffres le 17 oct. 1876 ; 3° Marie-Henri-Georges, né à Paris, y est décédé le 27 févr. 1890.

§ II. — Branche de **Grandmay**.

2. — **Bouchet** (Moïse-Jean-Baptiste), sr de la Gestière du chef de sa femme, fils puîné de Pierre, et de Élisabeth Collon, rapportés au 1er deg. du § Ier, receveur des tailles et octrois de l'élection de Niort, contrôleur des guerres de la maison du Roi, 1736 et 1737, commissaire des ports et havres du Poitou, Aunis et Saintonge (1742, 1744), lieutenant de la milice en 1756, et enfin commissaire-inspecteur des haras du Roi en Poitou, Aunis et Saintonge (2 juil. 1761), avait épousé, le 29 mars 1724, Marie-Françoise Allard, fille unique de François, sr de la Gestière, lieutenant du prévôt de la maréchaussée du département de Niort, et de Louise-Marie Tardy ; elle mourut sa veuve en févr. 1776. Leurs enfants furent : 1° Marie-Gabrielle-Françoise, née vers 1724, morte célibataire à l'âge de 35 ans, le 7 déc. 1767, et inhumée à St-André de Niort ; 2° Gabrielle-Françoise, née le 8 mars 1725, dite Mlle de Lingremière, fut un des déclarants de la naissance de Jeanne-Élisabeth, sa nièce, le 29 prairial an VI (17 juin 1797) ; 3° Antoine-François, né le 18 juin 1727, Chev. de St-Louis, inspecteur des haras du Roi en Poitou, fut chargé par le gouvernement de parcourir l'Allemagne, l'Italie et la Turquie pour y faire choix d'étalons. En 1793, il reçut la même mission, et présenta au gouvernement d'alors un mémoire sur les diverses qualités du sol de la France, et la propagation des meilleures races de chevaux. Le gouvernement, jugeant ce mémoire de réelle importance, le fit imprimer en 1798. François-Antoine mourut à Paris en 1801.

4° Jeanne-Bénigne, née le 26 mars 1728 ; 5° Moïse-Thomas, né le 8 avril 1729, était dans les ordres dès le 7 nov. 1741, fut chanoine de Chartres, vicaire général du diocèse de Lavaur, abbé commandataire de l'abb. de Valence (Vienne) ; habitait St-Liguaire dans les derniers temps de sa vie, et vint mourir à Niort, le 30 sept. 1802, âgé de 74 ans.

6° Marie-Louise-Armande, dite Mlle de la Gestière, née le 11 avril 1730, mourt le 13 oct. 1777 ; 7° Marie-Anne, née le 1er oct. 1731 ; 8° Gabrielle ou Louise-Gabrielle, née le 6 avril 1733 ; 9° Pierre-Jean-Baptiste, qui suit ; 10° Louise-Armande, née le 5 juin 1736 et baptisée le 6 à Aiffres, morte à Niort, célibataire, le 8 juil. 1804 ; 11° François-Jean-Baptiste, ancien mousquetaire, mort à Paris en janv. 1776, Chev. de St-Louis ; 12° Jeanne-Charlotte, née le 29 sept. 1738 ; 13° François-Augustin, Ec., sgr de la Bretonnière et de la Gestière, naquit le 6 nov. 1740, sous-brigadier dans la 2e compagnie des mousquetaires, et Chev. de St-Louis, inhumé à Aiffres le 26 juil. 1761 ; 14° Jacques-Armand, Ec., sgr de Lingremière, né le 24 juin 1744, capitaine au régiment du Roi-Cavalerie, et inspecteur des haras du Roi en Poitou en 1786 ; vivait encore en 1797 ; avait assisté, ainsi que Jacques-Jean-Baptiste, son neveu, à l'assemblée de la noblesse réunie à Poitiers en 1789, pour nommer des députés aux États généraux.

3. — **Bouchet** (Pierre-Jean-Baptiste), capitaine de cavalerie, fut, lui aussi, inspecteur des haras royaux en Poitou ; il épousa Marie-Rose Merland de la Brunière. Il avait été baptisé à Aiffres le 8 oct. 1734, mourut le 29 sept. 1781, et fut inhumé à Aiffres le 30, laissant de son mariage : 1° Jacques-Jean-Baptiste,

qui suit; 2° Marie-Rose, née le 28 nov. 1764; 3° Pierre-Louis-Jean-Baptiste, Ec., sgr de Fontbriand, servit également dans la seconde compagnie des mousquetaires de la garde, Chev. de St-Louis, mourut à Paris en janv. 1776; 4° François-Gabriel-Auguste, né le 13 déc. 1766; 5° Charles-Thomas, né en 1772, était en 1793 capitaine de la 1re compagnie du bataillon de Niort; fut inhumé à Aiffres, le 8 floréal an III (25 avril 1795).

4. — **Bouchet** (Jacques-Jean-Baptiste), Ec., sgr de la Chauvière, Grandmay, était en 1787 et 1789 officier au régiment de Montmorency-Laval-Dragons, et en 1790 au régiment de chasseurs à cheval, dit des Evêchés. Il assista en 1789 à l'assemblée de la noblesse réunie à Poitiers pour nommer des députés aux Etats généraux; il mourut à Niort, le 11 nivôse an VII (10 janv. 1799). Il y avait épousé, le 15 mars 1786, Jeanne-Françoise Le Roux, fille de feu Pierre, Ec., sgr de Lens, Crespé, Galardon, et de feu Jeanne-Françoise Mangou, dont sont issus: 1° Louis-Hippolyte, baptisé à Aiffres le 7 août 1787; 2° Gabrielle-Pauline, baptisée le 9 mars 1790, mariée à Léonard Bouchier de Vignoras (habitant Périgueux), dont elle était veuve lors de son décès, survenu à Aiffres le 26 oct. 1852; 3° Charles-Armand, qui suit; 4° Jeanne-Elisabeth, *aliàs* dite Jenny, née à Aiffres le 29 prairial an V (17 juin 1797), mariée, en 1813, à Pierre-Frédéric de Boynot.

5. — **Bouchet de Grandmay** (Charles-Armand), né en 1793, élève de l'école de cavalerie de St-Germain, fit la campagne de Russie comme officier dans les chasseurs à cheval. Blessé et fait prisonnier, il ne revint en France qu'à la Restauration, et fut officier supérieur dans les dragons de la garde. Rentré à la vie privée en 1830, il se livra tout entier à l'agriculture, fut conseiller général, puis nommé en 1849 député des Deux-Sèvres à la Législative; il est décédé à Aiffres le 27 sept. 1872. Il avait épousé en 1819 Marie-Charlotte-Bathilde Guilloteau de Grandeffe, fille de Louis-Alexandre Cte de Grandeffe, et de Marie-Louise de Poix. Il n'a eu de son mariage qu'une fille, Jeanne-Elisabeth-Gabrielle, née à Aiffres le 8 juil. 1820, morte à Niort le 30 août 1830.

BOUCHET. — Famille de Poitiers qui a fourni plusieurs imprimeurs connus sous le nom des frères Bouchet. Ils se sont rendus célèbres par la netteté et la beauté des caractères qui distinguent les ouvrages sortis de leurs presses.

Nous plaçons ici les personnages qui nous paraissent originaires de Poitiers, ou avoir habité cette ville, et dont nous ignorons le lieu de naissance.

Blason : d'argent au chevron d'azur et 3 roses de gueules. (Antoine Bouchet, échevin de Poitiers, 1586. Goujet.)

Bouchet (Jean) traitait en 1345 avec la ville de Poitiers pour des terres qu'elle lui donnait à rente.

Bouchet (Jehan), official et chanoine de l'Eglise de Poitiers, rend, le 9 févr. 1366, une sentence arbitrale, au sujet de la justice du territoire de Lurai (Indre). (Arch. Vienne, abb. St-Cyprien.)

Bouchet (Guillaume) était chanoine de l'église cathédrale de Poitiers en 1497, lors des différends qui s'élevèrent à cette époque entre le Chapitre et le chantre. (D. F. 2, 357.)

Bouchet. — Il y a eu trois personnages de ce nom qui ont été successivement abbés de St-Jean-Baptiste à Poitiers; ce sont :

Bouchet (Guillaume), lequel fut condamné par sentence de la sénéchaussée de Poitiers, du 29 janv. 1482, rendue en faveur du curé de cette Eglise. Ce Guillaume ne serait-il point le même que le chanoine de la cathédrale nommé ci-dessus et official de l'évêque, mort en 1513 ?

Bouchet (Antoine), qui n'occupa cette dignité que bien peu d'années, car en 1515 on trouve :

Bouchet (Toussaint), qui subissait une nouvelle condamnation en faveur du curé de la paroisse St-Jean.

Bouchet (Antoine), avocat à Poitiers, a assisté en cette qualité à la rédaction du procès-verbal de la Coutume du Poitou, en 1559. Il fut reçu échevin le 18 sept. 1586, et mourut en 1590.

Bouchet (Jeanne) était femme de Jean Margot. Ils faisaient une vente, le 1er janv. 1596, au collège de Montanaris.

Bouchet (Guillaume), sr de Brocourt, naquit à Poitiers en 1526, et fut consul des marchands en 1583. Il se livra à la littérature, et nous avons de lui *les Sérées de Guillaume Bouchet*, qui ont eu dans leur temps un grand succès. Guillaume jouissait dans sa ville natale d'une grande considération; il était estimé de Scévole de Ste-Marthe, lié d'amitié avec Jean Boiceau, et mourut vers 1606, âgé de 80 ans. (D. du Radier.)

Bouchet (Guillaume), chanoine et official de l'Eglise de Poitiers, donna au Chapitre de N.-Dame une rente sur les moulins de Preuilly près le Grand-Pont, pour la fondation d'un anniversaire. Le 31 mars 1507, Antoine Bouchet et le même Guillaume donnent une somme de 100 liv. pour la même cause, et le Chapitre s'engage à célébrer à perpétuité cet anniversaire pour les fondateurs. (Arch. Vienne, Chapitre N.-Dame.)

Bouchet (Jean), bachelier ès lois, commissaire nommé par la sénéchaussée de Poitiers, fait enquête le 9 mai 1513, au sujet de droits de péage levés dans la sgrie de Lurai. (Arch. Vienne, abb. de St-Cyprien.)

Bouchet (Jean), curé de la pse de la Résurrection à Poitiers, testa le 19 juin 1514, donnant 10 écus d'or à un Guillaume Bouchet, avec lequel il vivait.

Bouchet (Jean-Antoine), peut-être de la même famille, né à Poitiers en 1555, montra, dès sa plus grande jeunesse, des dispositions extraordinaires et précoces pour les lettres et la poésie. Il mourut à l'âge de 19 ans et 8 mois, le 10 sept. 1573.

Mathurin Reys, son compagnon d'études, fit placer dans l'église de St-Paul, où il avait été inhumé, son portrait peint sur toile, accompagné de vers et de sonnets qui attestent la haute opinion que l'on avait des talents du défunt. Dreux du Radier nous les a conservés.

Bouchet (Pierre) tint de 1600 à 1609 la charge de procureur des fiefs en Poitou.

BOUCHET. — Famille de l'annaliste, originaire de l'Anjou, ainsi qu'il nous l'apprend dans l'épitaphe de son père.

Blason : d'argent à 3 anneaux de sable (dit-on).

Bouchet (Pierre) vint s'établir procureur à Poitiers, où il mourut des suites d'une fatale méprise, ayant mangé chez un de ses voisins d'un plat empoisonné que la femme de ce dernier destinait à son mari. Son épitaphe relatant ce tragique événement fait partie du recueil composé par son fils; Dreux du Radier l'a également publiée.

Bouchet (Jean) naquit le 30 janv. 1475, fut procureur comme son père; il consacrait à son goût pour l'histoire, les belles-lettres et la poésie tout le temps dont sa charge lui permettait de disposer; mais ses véritables titres à la reconnaissance de la postérité, c'est son grand ouvrage des « *Annales d'Aquitaine et antiquités du Poitou* », dans lequel, malgré les défauts inhérents à son époque, à laquelle la critique historique n'était pas encore née, l'auteur relate des événements dont il fut en quelque sorte le témoin, et se fait l'écho d'intéressantes traditions encore vivantes de son temps, et qui sans lui seraient tombées dans l'oubli.

Il devint en juin 1511 procureur de la maison de la Trémoille à Poitiers, au lieu et place de Denis Suzanne, fonction qu'il remplit jusqu'à sa mort. Cette position le mit à même d'écrire son meilleur ouvrage, après les Annales d'Aquitaine, *Panégyrique de Louis de la Trémoille, dit le Chevalier sans reproche*, dont le plus bel éloge est d'avoir mérité de faire partie de la collection des Mémoires relatifs à l'histoire de France.

Nous ne donnerons pas ici la longue liste des autres œuvres dues à la plume féconde de J. Bouchet; on la trouvera dans la Bibliothèque historique de Dreux du Radier, dans celle de Michaud, etc. Jean Bouchet fit jouer à plusieurs reprises à Poitiers des mystères, et peut-être même en a-t-il écrit quelques-uns. Sa réputation en ce genre était si bien établie, que l'on venait des villes voisines, Bourges ou Limoges? l'inviter à y venir organiser et présider ces représentations théâtrales. Il mourut estimé de tous les savants de la province, et même de ceux de la France avec lesquels il était en relation, et qui l'honoraient de leur estime. L'époque précise de son décès est ignorée, mais les Annales d'Aquitaine ayant été continuées à partir de 1552, par une autre main, on doit croire qu'il était décédé avant cette époque.

Le nom de sa femme est inconnu; on sait seulement qu'il eut 4 garçons et 4 filles : 1° Gabriel, l'aîné, fut procureur et notaire royal à Poitiers, à la suite de son père; il comparut au procès-verbal de la réformation de la Coutume de 1559, comme mandataire de l'abbé de St-Cyprien, et épousa Marie Chapelain; mais nous ignorons s'il eut postérité; 2° Joseph, dont Jean, son père, parle avec éloges dans ses épîtres familières, disant qu'il rima de bonne heure; 3° Louis, qui, d'après D. du Radier, s'adonna aussi à la poésie; son 4° garçon fut peut-être un Pierre Bouchet, auteur d'une traduction de Pandore, imprimée à Poitiers en 1554, bien que la Biographie universelle le fasse naître à la Rochelle.

Le nom de ses filles nous est inconnu. Nous croyons cependant pouvoir donner, comme une de ses descendantes, Renée Bouchet, femme de René Mayaud, chef de la branche dite de Vaucourt, laquelle passait un acte le 21 mai 1687.

BOUCHET d'Ambillou. — Famille du Saumurois, qui habitait Poitiers à la fin du XVIe siècle.

Blason : d'or au chevron d'azur et 3 fleurs de chardon au naturel.

Bouchet (Etienne), s^r d'Ambillou, conseiller à Saumur, épousa, vers 1560, Marguerite de Ste-Marthe, fille de Louis, Ec., sgr de Neuilly, et de Nicole Lefèvre, dont il eut : 1° René, qui suit; 2° Jacques, rapporté après son frère; 3° Nicole, mariée à Jean Grimaudet.

Bouchet (René), s^r d'Ambillou, naquit à Poitiers dans le XVIe siècle. Il exerça une charge de judicature en province, et se livra à son goût pour la poésie. L'abbé Goujet pense que ses œuvres en ce genre sont supérieures à celles de tous ses contemporains. Elles forment 6 vol. in-8° (Paris, Robert Etienne, 1609); elles comprennent *la Sivère*, pastorale; *les Amours de Sivère et de Pasithée*, etc., etc. *La Sivère*, pastorale allégorique à la louange du Roi et de la Reine, est en cinq actes, en prose et en vers. Il épousa Françoise Guérin, mais n'eut pas d'enfants.

Bouchet (Jacques), s^r d'Ambillou, avocat au Parlement de Bretagne, était aussi poète, et son frère lui a donné des éloges que l'on ne peut apprécier aujourd'hui, ses œuvres n'ayant pas été imprimées. Il épousa N... Prioleau, dont il eut Charles, qui suit.

Bouchet (Charles), sgr d'Ambillou, fut auditeur des comptes à Nantes; il a eu postérité.

BOUCHET (du) de Sourches, de Tourzel. — Cette maison est originaire du Maine; mais on a parfois attribué son blason aux du Bouchet du Poitou. Nous signalons seulement son existence à cause de ses alliances avec les familles Sauvostre de Clisson, de Chambes-Montsoreau et de Pérusse des Cars.

Blason : d'argent à 2 fasces de sable.

Bouchet (Honorat du) Mis de Sourches, Chev. des ordres du Roi, gentilhomme de sa chambre, eut de Catherine Hurault : Anne, mariée, vers 1620, à René Sauvostre de Clisson, sgr des Mottes-Coupboux, la Chapelle-St-Laurent, dont elle était veuve lorsqu'elle mourut en 1662. Elle fut inhumée dans l'église de la Chapelle-St-Laurent.

Bouchet (Louis-François du), Chev., sgr de Sourches, grand prévôt de France, auteur de mémoires intéressants publiés : 1° par M. A. Bernier, et 2° par M. le duc des Cars, épousa, le 21 sept. 1664, Marie-Geneviève de Chambes, fille de Bernard, Cte de Montsoreau, et de Geneviève Boivin. (Ces familles possédaient divers domaines en Poitou.)

Bouchet de Sourches (Charles-Louis-Yves) Mis de Tourzel épousa Augustine-Eléonore de Pons, dernière représentante de cette illustre maison Saintongeaise, dont il eut un fils, le duc de Tourzel, décédé sans postérité en 1845, et 3 filles, dont l'aînée, Augustine-Frédérique-Joséphine, épousa, le 27 juin 1817, Amédée de Pérusse Vte des Cars, depuis duc des Cars; Mme la duchesse des Cars habita longtemps la Roche-de-Brand près Poitiers.

BOUCHET (du), jadis **BOSCHET**. — Famille que Moréri dit à tort originaire de l'Auvergne, et qui est sortie du Bas-Poitou, où on la retrouve dès le XIIIe siècle.

Blason : semé d'hermine et de croissants de gueules. On dit à tort : d'hermine papelonné de gueules. (Sceaux.)

Noms isolés.

Boschet (*Petrus*), *prior Stæ Crucis de Olona*, est cité dans une enquête faite, le 21 avril 1330, à l'occasion du don fait à l'abb. d'Orbestier par Nicolas Paradeau, clerc, de sa personne et de ses biens. (Cart. d'Orbestier. A. H. P. 6.)

Boschet (Jehan), notaire, est cité dans une obligation consentie par Hugues de la Boissière à Jean Combault, le 10 janv. 1333. (Id.)

Boschet (Jean) ou **Bouchet**, doyen de Montaigu dit de Talmond, à partir du 7 avril 1339 jusqu'au 13 fév.

1341, intente un procès criminel à Joscelin de la Forêt, Chev., qu'il accuse d'injures et de maléfices. Procédures du 7 avril 1339 au 23 avril 1347. (A. H. P. 43.)

Bouchet (Guillaume du) fut exécuteur testamentaire de Pierre Trousseau, le 20 mars 1341. (Id.)

Bouchet (Jehan), valet, est cité comme garde-scel du château d'Olonne, du 23 avril 1349 au 31 déc. 1374. (A. H. P. 6.)

Boschet (Jean), Ec., est témoin dans l'enquête faite par ordre du prince de Galles, sur l'état mental de Louis Vte de Thouars, le 11 août 1364. (Cart. d'Orbestier. A. H. P. 5.)

Bouchet (Maurice) fut témoin de la constitution d'une rente de 6 liv. faite *die lune post festum Nativitatis beati Johannis Baptistæ anno Domini* M.CCC. *sexagesimo septimo,* à Tiphaine, sa nièce, religieuse à la Trinité de Poitiers.

Bouchet (Pernelle du), femme de Robert de Sanzay, fut inhumée dans l'église de Boësse, et son époux y fut placé près d'elle le 3 janv. 1374. (Aff. Poitou. — Note suspecte.)

Bouchet (Pierre), archiprêtre de Poizai ? rappelé dans la transaction confirmée par arrêt du Parlement de Paris du 3 déc. 1374, au sujet de la dotation de la chapelle de St-Mathurin, fondée dans l'église de Luçon, entre le chapelain et Thibault, Jean et Perrot de Ste-Flaive, fondateurs. (D. F. 23.)

Bocheti (*Petrus*), *decanus Lucionensis*, le même que le précédent ? est nommé dans les lettres en forme de décret, de vers 1375, de Guillaume, évêque de Luçon, au sujet de la chapellenie de St-Mathurin précitée. (Id.)

Boscher (Jean) était moine de l'abb. d'Orbestier le 26 mars 1386. (Cart. d'Orbestier. A. H. P. 6.)

Boschet (Mathurin), doyen de Talmond, est rappelé dans un arrentement de biens fait, le 14 janv. 1397, à Thibault de la Girardière. (Id.)

Boschet (Nicolas), sgr de Puygreffier et de Puy-Ogier, rend, le 12 janv. 1420, à Marie de Chausseraye, D^e d'Airvau, aveu de sa sgrie de Puy-Ogier. (Arch. d'Airvau.)

Boschet (Hector), Ec., sgr de Puygreffier et de Puy-Ogier, rend aveu de sa sgrie de Puy-Ogier au sgr d'Airvau, le 12 janv. 1424. (Id.)

Boschet (Etienne) était en 1425 sgr de la Massalière. (Hist. Bressuire, 230.)

Boschet (Guillaume du), Chev., sgr de la Chassée et de Puygreffier, épousa, vers 1430, Louise DE LA HAYE, veuve de Thibault de Rorthays, et fille de Pierre, Chev., sgr du Coudray, et de Marguerite Carrion. (V. 4e deg., § Ier.)

Boschet (Jean), prêtre, fut témoin, le 5 mai 1440, d'un arrentement de marais salants fait à Denis Olivereau, etc., par l'abb. d'Orbestier. (Cart. d'Orbestier. A. H. P. 6.)

Boschet (N...) épousa Jeanne DE LAVAL, dont MARGUERITE, femme de Maurice Milon. Leur fille Mathurine épousa, vers 1440, François des Herbiers, Ec., sgr de l'Estenduère. (Gén. des Herbiers.)

Boschet (Louis), sgr de Ste-Gemme, dont il rend aveu, le 27 mai 1469, à l'évêque de Luçon, servait comme homme d'armes du sgr de L'Aigle aux bans de 1467 et de 1491.

Boschet (Guyon du), homme d'armes, faisait montre en avril 1471. (Bib. Nat. Montres.)

Boschet (Jean du), sgr de Puygreffier, épousa, vers 1490, Françoise DE LA CHAUSSÉE, fille de Jean III, sgr de Bournezeau, et de Jeanne de Beaumont-Bressuire, dont une fille, MARIE, qui épousa Guyard de Liniers, dont elle était veuve en 1511. (G^{ies} de la Chaussée et de Liniers.)

Boschet (Françoise du) avait épousé Jacques de Villedon et était décédée avant le 10 déc. 1499. (Mss. du Cte de Ste-Maure.)

Boschet (René du), Ec., sgr de Puygreffier et de Piogier (Puy-Ogier, D.-S.), rend aveu au Vte de Thouars le 27 juin 1510 ; et le 10 déc. 1531, Charles du Bouchet, sgr de la Chassée, son cousin, rend aveu au chât. d'Airvau de la partie de la sgrie de Puy-Ogier relevant de cette terre. (Arch. d'Airvau.)

Bouchet (René du) était, en avril 1521, sgr de la Chaussée. (M. Stat. 1873, 243.)

§ Ier. — BRANCHE DE Ste-GEMME.

Duchesne (Histoire des Chasteigners) a donné un fragment de la généalogie de cette famille. B. Fillon, dans sa Notice sur St-Cyr en Talmondais (p. 21-34), ses Recherches sur les Mesnard-Maynard (p. 25-97), et Poitou et Vendée (v^o St-Cyr, La Popelinière, etc.), a éclairé bien des points restés obscurs dans le travail de ses devanciers. Nous y avons joint le résultat de nos propres recherches.

Le IIIe volume, nouvelle série des Mélanges (dans la collection des Documents Historiques), contient le texte du testament de Pierre Boschet, président au Parlement de Paris, en date du 12 juin 1410, avec une notice sur la famille de ce personnage. Ces renseignements permettent d'établir le commencement de la filiation ainsi qu'il suit :

1. — **Boschet** (N...) eut pour enfants : 1° JEAN, qui suit ; 2° autre JEAN, clerc, qui habitait Poitiers et qui se signala par son opposition aux Anglais lorsque ceux-ci occupèrent le Poitou, après la fatale bataille de Maupertuis. Emprisonné en 1370, sur la dénonciation de quelques Poitevins partisans des Anglais, il mourut en prison, par suite des mauvais traitements qu'il avait éprouvés ; et sa mémoire doit être honorée comme celle d'un martyr du patriotisme dans notre province. Il possédait divers domaines en Thouarsais et à St-Porchaire près Bressuire, qui furent donnés à Guichard d'Angle, Parceval de Cologne et autres partisans des Anglais. Mais le roi de France fit rendre plus tard tous ces domaines aux neveux du fidèle Poitevin.

2. — **Boschet** (Jean), sgr d'Avaux et du Sableau, sénéchal de Pouzauges, qui vivait sous Philippe de Valois (1328-1350), fonda une chapelle à St-Fulgent où il fut inhumé. Il fut père de : 1° JEAN, qui suit ; 2° PIERRE, Chev., sgr de St-Cyr et de St-Vincent-sur-Jard, la Chassée, Ste-Gemme (acquis en 1393, après saisie sur Guillaume Ancelon). Il fut conseiller au Parlement de Paris en 1372, prêta serment le 10 avril 1389, comme président en la grand'chambre, charge à laquelle il avait été nommé à l'unanimité, et s'il ne fut pas élu premier président, ce ne fut qu'en raison de son grand âge. Le 23 mai 1392, Pernelle V^{tesse} de Thouars lui donna le droit de moyenne et basse justice dans la p^{sse} de Rigné, en récompense des bons et agréables services qu'il avait rendus à elle et à ses prédécesseurs. (D. F. 1.)

Le 30 sept. 1404, il donnait à l'Église de Luçon, en l'honneur de Dieu et de la *benoiste* Vierge Marie, les moulins de Chamailland, etc., à la charge de célébrer deux messes par an à son intention. Son sceau porte un écu semé de croissants (les hermines effacées?) et une bordure chargée de besants, 7 nov. 1393. Il n'eut pas d'enfants, comme le prouvent son testament passé à Paris le 22 juin 1403 et son codicille daté du 16 janv. 1410.

3° Aymar, mentionné comme héritier de son oncle Jean, en 1374; 4° Maurice, aussi mentionné dans un procès en 1374; 5° Perrette, mariée à Pierre Grossin; 6° N..., qui épousa N... Rousseau. (Leurs enfants figurent parmi les héritiers de Pierre Boschet en 1403.)

3. — **Boschet** (Jean) II°, Ec., sgr d'Avaux, eut pour enfants: 1° Nicolas, qui suit; 2° Catherine, D° de la Nouhe près Talmond, qui épousa Jehan du Puy-du-Fou; 3° Jean, Chev., sgr d'Avaux, qui fut par lettres de Charles, régent de France, données au Mans le 23 mai 1421, exempté de se rendre aux armées en Normandie, ayant été placé par Jacques de Surgères dans l'un de ses châteaux pour le défendre. (D. F. 8.) Marié à Catherine d'Appelvoisin, fille de Guillaume, Chev., et de Ide de Montfaulcon, il n'en eut qu'une fille, Marie, qui épousa: 1° en 1417 (*alias* 1429) Hélie Chasteigner, sgr de la Vergne-Samoyau, et auquel elle donna en dot la terre d'Avaux; 2° Jean Renaudineau. Elle était morte le 30 août 1468.

Cependant en 1634 on trouve un Christophe du Bouchet, sgr d'Avaux, poursuivi pour des faits de rébellion devant les Grands Jours de Poitiers. (M. St. 1878, 235.)

4° et 5° deux filles mentionnées dans le testament de Pierre Boschet en 1403.

4. — **Boschet** (Nicolas), Chev., sgr de St-Cyr et de Puygreffier, rend hommage au sgr de Poiroux le 2 janv. 1411, et paya certains droits de rachat au Vte de Thouars entre les mains de Guillaume Taveau, Bon de Mortemer, son sénéchal. Il épousa Héliette de Montfaulcon, fille de Pierre, Chev., sgr de St-Mesmin, et de Jeanne de Bazôges, et laissa, lorsqu'il mourut vers 1424, plusieurs enfants, mentionnés, sans être nommés, dans le testament de Pierre Boschet en 1403: 1° croyons-nous, Guillaume, qui eut la Chassée, Puy-Ogier, etc., et épousa Louise de la Haye, fille de René, sgr du Coudray, et de Marguerite Carion (paraît être décédé jeune); 2° Hector, qui suit, à qui Pierre Boschet légua St-Cyr; et d'autres fils, légataires des conquêts de leur grand-oncle en 1403.

5. — **Boschet** (Hector), Chev., sgr de St-Cyr, Puygreffier, Ste-Gemme, qui rendait, le 31 mars 1424, aveu de sa terre de Puy-Ogier (Availles-Thouarsais, D.-S.) au Vte de Thouars, et le 11 janv. 1442 à l'évêque de Luçon de sa sgrie de Ste-Gemme; il mourut en 1454, laissant de Anne de Maumont, fille de Jean, sgr de Tonnay-Boutonne, et de Marie de Cousdun: 1° Aimery, 2° Nicolas? 3° Pierre, qui suit; 4° François, Chev., sgr de Ste-Gemme, Puy-Ogier, rendit un aveu au Vte de Thouars pour son hôtel du Bouchet (Taizé, D.-S.), le 3 août 1445, et de sa sgrie de Ste-Gemme (Vend.) à l'évêque de Luçon, le 8 mai 1455; autres aveux au sgr d'Airvau pour la partie de Puy-Ogier relevant de lui, les 8 juil. 1469 et 7 déc. 1483. Le 13 juil. 1470, il avait rendu aveu au Vte de Thouars pour Puy-Ogier et l'hôtel du Bouchet. Il servit au ban de 1467 comme homme d'armes du s^r de L'Aigle. On lui connaît un fils, Louis, qui fut sgr de Ste-Gemme.

6. — **Boschet** (Pierre), Chev., sgr de St-Cyr, Puygreffier et la Chassée, que l'on trouve dès 1456, eut en 1473 une violente contestation avec Philippe de Commynes, qui, en qualité de sgr de Curzon, réclamait de lui l'hommage de St-Cyr, que Pierre prétendait relever de la B^nie de Poiroux. Il vivait encore en 1475, et n'eut, croyons-nous, qu'un fils:

Nota. D'après d'autres notes, qui semblent plus conformes à la suite chronologique, François, qui suit, serait fils d'Hector.

7. — **Boschet** (François), Chev., sgr de Puygreffier, Ste-Gemme, Puy-Ogier et le Bouchet, dont il rendait aveu au Vte de Thouars le 13 févr. 1493. Le 22 mars 1492, il avait rendu le même devoir pour Puy-Ogier au sgr d'Airvau. L'année précédente, il avait servi au ban en homme d'armes accompagné de deux archers, il fit le même service à celui de 1492. Il épousa Isabeau du Puy-du-Fou et eut pour enfants: 1° Hector, sgr de Puygreffier, qui ne paraît pas avoir eu de postérité (1495); 2° Jean, qui suit; 3° Jeanne, mariée, par contrat du 3 sept. 1476, à Jacques de Montalembert, Ec., sgr de Vaux, la Rivière; 4° Anne, femme d'Abel Quéraud, Ec., sgr de la Pépinière; 5° Jacquette, mariée, le 15 janv. 1476, à Jean de Balodes, sgr d'Aigonnay.

8. — **Bouchet** (Jean du) est le premier qui ait écrit ainsi son nom, Chev., sgr de Puygreffier, Ste-Gemme, Puy-Ogier, St-Cyr, la Chassée, rendait aveu au Vte de Thouars pour sa forteresse de Puy-Ogier, le 14 févr. 1505. Il avait servi en homme d'armes pour François son père à l'arrière-ban de 1488, et encore en 1489, où il était accompagné de deux archers; cette année, il fut désigné pour tenir garnison à Parthenay. Il épousa Jeanne Bouer, de la maison de la Frogerie en Anjou. De ce mariage sont issus: 1° Charles, qui suit; 2° Joachim, dont la filiation sera rapportée au § II; 3° Tanneguy, sgr de Puygreffier, Bon de Poiroux, terre qu'il acquit le 5 juil. 1548 de Jean de Bretagne, B^on d'Etampes et de St-Cyr, nom sous lequel il est désigné dans les histoires de son temps. Il fit ériger cette terre en châtellenie. Tanneguy fut un des chefs protestants les plus influents, et l'un des chefs de la conjuration d'Amboise; le prince de Condé, après la journée de Dreux, lui donna le gouvernement d'Orléans, que l'on croyait menacé d'un siège par l'armée royale. Il amena les troupes de la Guyenne et du Poitou au secours du prince de Condé, après la bataille de St-Denis, et fut tué à celle de Moncontour (3 oct. 1569). D'Aubigné a donné les détails de la mort de cet intrépide chef de guerre. Condé l'avait nommé, quelque temps auparavant, gouverneur de la Rochelle. On ne lui connaît pas d'alliance. Il fut inhumé à St-Cyr en Talmondais. (V. B. Fillon.)

4° Marie, qui épousa, vers 1500, Jean d'Oyron, Ec., sgr de Verneuil; 5° Louise, mariée à Hugues Buor.

9. — **Bouchet** (Charles du), Ec., sgr de Puygreffier, Ste-Gemme, la Chassée, rendit, le 1er mai 1531, aveu au Bon de la Vieille-Tour de sa sgrie de St-Hilaire-le-Voust (Vend.), qu'il tenait du chef de Jehanne du Bellay, sa femme, veuve en premières noces de Tristan de Chastillon, qui en mourant lui avait donné de grands biens, source d'un procès terminé le 21 nov. 1556 par une transaction passée avec Claude de Chastillon, qui abandonna aux du Bouchet les sgries des Mottes-Couppoux et de la Mothe-Brisson. Le 10 déc. 1521, il avait rendu aveu à Gilles de Liniers, sgr d'Airvau, comme mandataire de René, son cousin germain, Ec., sgr de Puygreffier, la Forgerie, pour sa terre de Puy-Ogier; il servit en homme d'armes au ban de 1533 et dut faire un cheval-léger et fournir d'hommes à celui de 1557; il était décédé dès 1575.

De son mariage avec Jeanne du Bellay, sont issus: 1° Françoise, femme d'Artus de Cossé, sgr de Gonnor, maréchal de France, auquel elle porta la terre de St-Cyr; 2° Jeanne mariée, croyons-nous, à Jules de Harpedanne, sgr de l'Anguillier; 3° Marie, qui, le 6 nov.

1573, était veuve d'Antoine de Thory, Chev. de l'ordre du Roi, sgr de la Roullière.

En secondes noces, Charles épousa Madeleine DE FONSÈQUES, Dame de Bernezay, fille de Roderic, Chev., sgr de Surgères, et de Louise de Clermont, dont : 4° LOUIS, sgr de Bernezay en 1523 ; 5° FRANÇOISE, D° des Coudreaux, mariée à André de Foix, sgr d'Asparots, Chev. de l'ordre, et le 22 janv. 1542 à François de la Trémoille, Cte de Benon, Bon de Brandois. Il épousa en 3es noces Marguerite MILON, dont il eut : 6° LANCELOT, qui suit ; 7° RENÉE, femme de Pierre Maistre, sgr de la Papinière.

10. — **Bouchet** (Lancelot du), sgr de Ste-Gemme, nom sous lequel il est désigné dans les histoires du temps, qui le dépeignent comme un des plus farouches capitaines protestants. Il avait été commis avec Philippe du Breuil, sgr de Luzeau, et Antoine de Blom, sgr de Beaupuy, pour recevoir la montre de l'arrière-ban du 23 juin 1545. Il se distingua tellement en 1553 à la défense de Metz, où il commandait comme enseigne la compagnie d'hommes d'armes du maréchal de Cossé, son beau-frère, qu'il fut nommé Chev. de l'ordre et reçut une accolade du duc de Guise. Appelé au gouvernement de Poitiers par les capitaines protestants qui venaient de s'emparer de cette ville, il y favorisa l'entrée d'Antoine d'Aure Cte de Grammont et de ses Gascons qui mirent la ville au pillage, enlevèrent les trésors et les vases sacrés des églises et monastères, violèrent les tombeaux, brisèrent les autels et les monuments religieux. Ce fut à cette époque néfaste que fut brûlé le corps de Ste Radégonde... etc... Les historiens du temps et les manuscrits de D. Fonteneau nous ont conservé les détails des horreurs de toute nature et des spoliations commises à cette époque. Seul le château dans lequel s'était retiré Pineau, receveur général des deniers royaux, échappa à la rapacité des Huguenots. Peu de temps après, le Cte de Villars vint au nom du Roi sommer la ville de se rendre, ce que refusa Ste-Gemme. Le maréchal de St-André fit donner l'assaut et s'empara de la ville, massacrant tout ce qui était protestant et qui tomba sous l'épée de ses troupes. Lancelot échappa à la fureur du vainqueur ; mais on ne trouve plus trace de lui depuis cette époque ; il était mort avant 1571, ne laissant de Jeanne RATAULT, sa femme, veuve de Jean de Vivonne, sgr d'Oulmes, et fille de François, et de Louise de Montfaulcon, que deux filles : FRANÇOISE, D° de Ste-Gemme, mariée à Charles de Fonsèques, Bon de Surgères, dont elle n'eut pas d'enfants, et Ste-Gemme passa à JEANNE, femme de Claude d'Aubigny, sgr de la Jousselinière.

§ II. — BRANCHE DE VILLIERS-CHARLEMAGNE (AU MAINE).

9. — **Bouchet** (Joachim du), sgr de Villiers-Charlemagne, fils puîné de Jean, et de Jeanne Bouer, rapportés au 8° degré du § Ier, obtint, le 14 janv. 1570, l'évocation au conseil privé d'un procès qu'il soutenait contre le s^r de la Rongère. Il eut de Julienne MAISTRE : 1° JOACHIM, qui suit ; 2° GABRIEL, mort sans postérité ; 3° GABRIELLE, femme de Félix de Patras, sgr de la Roche-Patras, au Maine.

10. — **Bouchet** (Joachim du) II°, sgr de Villiers-Charlemagne, fut chargé en 1588 par le roi de Navarre de défendre Mauléon, qu'il fut forcé de rendre à l'armée royale. Il reçut, le 6 juil. 1594, un aveu de Josias de Sallo. Il avait épousé Renée VIGIER, dont il eut : 1° THÉODORE, mort célibataire ; 2° JOACHIM, qui suit ; 3° MADELEINE, femme de Baptiste Maréchal, sgr de Limbertière ; 4° MARGUERITE, épouse de Josué Robineau, Chev., sgr de la Chauvinière.

11. — **Bouchet** (Joachim du) III°, sgr de Villiers-Charlemagne, épousa en 1604 Marguerite RICHARD ; il est mort sans postérité.

BOUCHEUL. — Famille originaire du Dorat, dont est issu le dernier commentateur de notre Coutume du Poitou.

Aux notes que nous avions recueillies sur cette famille, M. Aubugeois de la Ville du Bost a bien voulu joindre le résultat de ses propres recherches.

Blason : d'azur à deux fasces d'or accompagnées en chef à dextre d'un croissant d'argent, à senestre et en pointe d'une étoile d'or ; *aliàs* d'argent à 2 fasces de gueules accompagnées en chef à dextre d'un croissant d'azur, à senestre et en pointe d'une étoile de même. (D'Hozier.)

Filiation suivie.

1. — **Boucheul** (Pierre), avocat et procureur fiscal de la ville du Dorat en 1560, assiste en 1572 au procès-verbal de la sénéchaussée de la Basse-Marche dans cette ville. (D. F. 24.) Marié à Marie THOMAS, il en a eu : 1° JOSEPH, qui suit ; 2° JEANNE, qui épousa, le 15 févr. 1587, Léonard Genard, not. royal ; 3° MARIE, mariée, le 26 févr. 1594, à Jean Javerdat, not. royal ; 4° CATHERINE, qui épousa, le 23 nov. 1603, Georges Merlin.

2. — **Boucheul** (Joseph), s^r de la Gaignerie, fut avocat au Parlement, procureur fiscal de la ville du Dorat, puis sénéchal dudit lieu. Il épousa, le 5 août 1586, Esther DE MARENT, fille de Gabriel, avocat et procureur fiscal du Mont et de Châtain, et de Florence Coustain, dont il eut : 1° MARIE, qui épousa, le 19 fév. 1612, Elie Junien, avocat ; 2° ELISABETH, mariée, le 20 juin 1616, à Jean Durrivaux, avocat ; 3° JEANNE, qui se maria en 1618 à André Guyot de St-Quentin ; 4° CATHERINE, mariée, le 4 août 1624, à Emmanuel-Philibert Bouthier, avocat en Parlement. Marie, Elisabeth et Catherine précitées étaient en 1651 en procès contre Louise FILLOUX, seconde femme de leur père. De ce second lit est issu : 5° JOSEPH, qui suit.

3. — **Boucheul** (Joseph), né posthume, s^r de la Gaignerie, avocat au Parlement, juge sénéchal de la B^nie du Riz-Chauveron, procureur fiscal de la justice seigneuriale du Chapitre du Dorat, puis de la même ville, fut, comme nous l'apprend la préface de son commentaire sur la Coutume du Poitou, « chèrement élevé « par une mère tendre qui fit cultiver avec soin les « talents supérieurs qu'il avait reçus de la nature ». On voit dans cette pièce quel fut l'homme dont nous nous occupons. Ce fut en 1627 qu'il donna les deux volumes de son « *Coutumier général ou corps et compilation de tous les commentateurs sur la Coutume des comté et pays de Poitou.* » La même année, il fit également paraître son *Traité des conventions de succéder, ou successions contractuelles* ». On a fait le plus grand cas et des éloges mérités de ces deux ouvrages qui, depuis la nouvelle législation, n'ont plus d'utilité pratique.

Marié : 1° à Madeleine DE LACOSTE, et 2° avec Anne DE LACOUDRE, il eut du premier lit : 1° JOSEPH, avocat en Parlement, conseiller au siège royal du Dorat, décéda sans hoirs issus de son mariage avec Mathurine VETELAY, qui, le 30 mai 1694, testait, demandant à être inhumée dans l'église St-Pierre.

Du second lit sont issus : 2° René, qui suit ; 3° Jean, tué en 1708 en Piémont, capitaine au régiment de Durfort-Infanterie ; 4° Joseph-Bernardin, religieux (O. de G.).

4. — **Boucheul** (René), s[r] de la Gaignerie, avocat au siège royal du Dorat, sénéchal de la B[nie] du Riz-Chauveron, épousa, le 18 janv. 1701, Marie-Jeanne Bricauld, fille de Charles, avocat du Roi au siège royal de Civray, et de Marie Marot ; leurs enfants furent : 1° Charles-René, qui suit ; 2° François, décédé chanoine théologal du Chapitre du Dorat ; 3° Antoine, capitaine au régiment de Laval, mort au service ; 4° Anne, qui épousa François Moulinier, s[r] du Moulin-Marteau, avocat ; 5° Marie-Jeanne, mariée au s[r] d'Essel. Nous citerons encore au nombre des enfants de René et de Marie-Jeanne Bricauld : 6° Joseph, baptisé à Civray le 12 nov. 1703, à St-Nicolas ; 7° Marguerite, baptisée même église le 2 mai 1705, morts tous les deux en bas âge.

5. — **Boucheul** (Charles-René), s[r] de la Gaignerie, avocat au siège royal du Dorat, sénéchal du Riz-Chauveron, épousa en 1736 Jeanne Desvaux, dont il eut neuf enfants, dont sept moururent en bas âge ; leur survécurent : 1° Catherine, mariée à Isaac-Jean-Baptiste Rigondaud, avocat, juge sénéchal de la V[té] de Brigueil-l'Ainé, des terres de Montrocher et de Montrollet ; 2° Charles, qui suit.

6. — **Boucheul** (Charles), marié, le 15 janv. 1771, à Marie Moreau, fille de Joseph, notaire royal au Dorat, et de Marie Dounet, dont il eut : 1° François-Joseph, mort sans hoirs ; 2° Joseph, qui suit ; 3° Pierre-Jean-Baptiste, 4° Marie, 5° Antoine, 6° Berthe, tous morts sans hoirs ; 7° Pierre, maréchal des logis, breveté lieutenant au 22° régiment des chasseurs à cheval, tué à la bataille de Friedland ; 8° Jean-Baptiste, qui épousa, le 28 janv. 1806, Marie-Madeleine Chapelet du Theil, fille de Louis, ancien brigadier des gardes du corps, Chev. de St-Louis, et de Anne Clavaud ; 9° Geneviève-Pauline, mariée en 1804 à Augustin Azay ; 10° Elie, Chev. de St-Louis, brigadier des gardes du corps, épousa en 1818 Victorine de Pertat, fille de Jacques, procureur du Roi au siège royal du Dorat, et de Anne-Marie Beauvisage ; fut père de : Annette, N... et Marie.

7. — **Boucheul** (Joseph) se maria : 1° le 30 mars 1799, à Marie-Jeanne Richard de Latour, fille de N..., Chev. de St-Louis ; et 2° le 26 août 1802, à Marie-Joséphine Suzer, fille de N..., notaire royal, et de N... Penissault, dont il eut : 1° Fanny-Marie-Thérèse, née le 7 sept. 1803, morte célibataire ; 2° Marie-Benjamin-Joseph-Elie, décédé enfant ; 3° Marie-Louise, née le 5 nov. 1807, mariée à Eugène de Labaudie, lieutenant ; 4° Marie-Joseph-Pierre-Aimé, né en 1809, marié à Anna Merle, est mort sans postérité ; 5° Marie-Joseph-Alphonse, qui suit.

8. — **Boucheul** (Marie-Joseph-Alphonse), né le 18 déc. 1815, a épousé en 1844 Marie-Anne-Clarisse Peyraud du Mazenet, dont : 1° Marie-Joseph, 2° Léonide-Albert, décédé tout enfant ; 3° Marie-Thérèse-Madeleine.

BOUCHIER. — Ce nom est commun à plusieurs familles ; on le trouve en Gâtine et en Anjou.

Bouchier (Pierre), Ec., demeurant à Chaillé ? en 1432, avait épousé Jeanne des Prez, fille du sgr de Jaunay près Cherveux (D.-S.).

Bouchier (Ambroise) possédait en 1428 la terre des Noues de Rodard en Boismé (D.-S.), fief relevant de Bressuire. (Hist. de Bressuire, 237.)

Bouchier (Louis) s'est trouvé au ban du Poitou de 1467 comme homme d'armes du sgr de Rochechouart. (F.)

Bouchier (Jacques) remplace à ce même ban Jean Bouchier comme brigandinier du s[r] de L'Aigle, 1467. (F.)

Bouchier (Frère Guillaume), prieur de St-Maixent-le-Petit (Haims, Vienne), membre dépendant de l'abb. de St-Cyprien, rend un aveu le 21 déc. 1498. (G.-G. du Bur. des finances.)

Bouchier (Pierre), Ec., sgr de Télines près Martigné-Briant, fit une vente le 12 mai 1526.

Bouchier (Marie), épouse de Nicolas Viète, ratifie une donation faite en faveur de Susanne Viète, le 16 avril 1612. (B. F.)

Bouchier (Marthe) était épouse de Michel Reillon, lequel rendait aveu au sgr de la Frelandière, le 19 nov. 1631, de la borderie de l'Esglandière. (O.)

Bouchier (Marie-Radégonde) épousa, vers 1750, François-Claude de la Faire, Chev., sgr du Rivault.

Filiation suivie.

1. — **Bouchier** (Louis), Ec., sgr de la Roche-d'Appelvoisin, était décédé avant le 1er juin 1498 ; à cette date, sa veuve et ses enfants transigent avec René d'Appelvoisin. (B. N. pièc. orig. 80, 246.) Il avait épousé Marguerite Bréchou, D[e] de Puissec, dont : 1° René, 2° Jacques, qui suit ; 3° Gilles, religieux ? 4° Jeanne.

2. — **Bouchier** (Jacques), Ec., sgr de la Roche-d'Appelvoisin, épousa, vers 1500, Jeanne Macaire, dont Claude, mariée, le 17 août 1517, à Jean Goulard, Ec., sgr de la Geffardière, auquel elle porta la terre de Puissec.

BOUCHIER (à St-Maixent).

Blason : d'azur au cœur d'or percé de 2 flèches de même, ferrées, empennées d'argent et placées en sautoir, le cœur chargé d'un croissant de gueules.

Bouchier (François), curé de Saivre, archiprêtre de St-Maixent (D.-S.), fit enregistrer son blason à l'Armorial du Poitou en 1698.

BOUCHORST (Florent), jeune Allemand venu pour étudier le droit à Poitiers, est auteur d'un petit poème latin intitulé : « *Urbis Pictavis tumultus, et ejusdem restitutio, variis aspersa allegoriis, sic ut totam fere historiam rei gestæ persequatur, carmine elegiaco reddita per Florentinum Bouchorstium* », dédié à Guy de Daillon, Cte du Lude, gouverneur du Poitou. Il retrace les pillages et dévastations commis dans les églises et monuments religieux de Poitiers, et les massacres de ses habitants lors de la prise de cette ville par les protestants en 1562. Il est à regretter que dans cet ouvrage, bien écrit et d'une latinité très pure, l'auteur n'ait pas fait connaître les noms des traîtres qui attirèrent sur leur ville natale tant de malheurs en introduisant dans ses murs ces bandes de pillards dont les chefs sont assez connus.

BOUCIRON. — V. BOUSSIRON.

BOUCOEUR. — Fief près Thouars, possédé par les Liniers, puis par les Rozemont, au XVIIe siècle.

BOUCRAN (Jean) a fait partie du ban des nobles du Poitou de 1467, comme brigandinier du s^r de L'Aigle.

BOUDET. — Nom commun à plusieurs familles.

Boudet (Jean) passé en revue comme écuyer le 1er fév. 1372. (Montres et Revues, Bib. Nat.)

Boudet (Pierre), de la Roche-sur-You, sert en 1491 en remplacement de Jean Jay, malade ; il lui est enjoint d'avoir un hoqueton ; il remplaça encore Jean Jay au ban de 1492.

Boudet (Antoine), Ec., sgr des Barres, eut une fille, ANTOINETTE, mariée, le 15 juin 1530, à Michel de Bosquevert ; elle était décédée le 30 nov. 1571.

Boudet (François), Ec., assistait au mariage d'Antoinette.

Boudet (Charles), Ec., sgr de la Renaudière, et Marthe DUPONT, son épouse, se font une donation mutuelle le 11 déc. 1660. (Greffe de St-Maixent.)

Boudet (Charles), Ec., sgr de la Renaudière, l'un des cent gardes du corps du feu duc d'Orléans, frère de Louis XIV, était décédé avant le 6 juil. 1691 ; sa veuve Madeleine HERBERT, demeurant à Chauray, obtint un arrêt de la cour des aides à cette date, et une sentence du siège de St-Maixent du 24 nov. 1699.

Boudet, *aliàs* **Baudet** (Catherine) et Jacques Cochon, s^r du Viviers, se firent une donation mutuelle le 13 mars 1685 (Charles, not. à Chavagné). Elle était décédée avant le 30 août 1698.

Boudet (Pierre), greffier de la maîtrise des eaux et forêts de Rochefort du 6 fév. 1709 jusqu'au 19 fév. 1728, époque à laquelle il fut remplacé.

Boudet (Marie-Charles) fut pourvu, le 27 mai 1757, de l'office de procureur du Roi des dépôts à sel de Montaigu et de Tiffauges. (Arch. Vienne, Bur. des finances.)

BOUDINIÈRE (DE LA). — Dans l'Armorial du Poitou de 1698, élection des Sables, on trouve la veuve du s^r de la Boudinière (Perrine JAMET), qui déclare son blason : « d'azur au chevron d'argent, accompagné de 2 étoiles d'or en chef, et en pointe d'une rencontre de bœuf d'or posée à dextre, d'une bécasse d'argent à senestre, et d'un croissant de même en abîme. »

BOUER. — V. **BOUHER.**

BOUER, BOER, BOUHER ET **BOUET.** — Famille noble de l'Anjou et de la Gâtine.

Blason : pallé d'or et de sinople (ou de sable) de 6 pièces. (Gén. du Puy-du-Fou.)

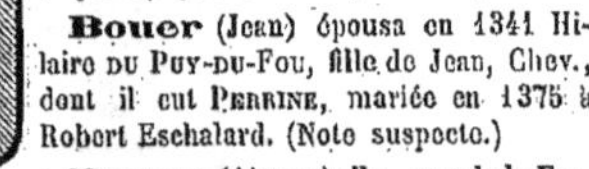

Bouer (Jean) épousa en 1341 Hilaire DU PUY-DU-FOU, fille de Jean, Chev., dont il eut PERRINE, mariée en 1375 à Robert Eschalard. (Note suspecte.)

Bouer (Aimery), Ec., sgr de la Frogerie, épousa Louise DE MATHEFELON, fille d'Amaury et d'Isabeau de la Jaille, dont GEOFFROY.

Bouer (Geoffroy), Chev., sgr de la Frogerie, épousa Guillemine TURPIN, fille d'Antoine, sgr de Crissé, et d'Anne de la Grézille, dont ANNE, mariée, vers 1470, à Jean de Chabanais, Chev., sgr de Comporté, et vers 1480 à François du Puy-du-Fou.

Bouer (Jean?), Chev., sgr de la Frogerie, épousa N... DU PUY-DU-FOU, dont JEANNE, mariée, vers 1480, à Jean du Bouchet, Ec., sgr de Puygreffier, et N... mariée, vers 1500, à Hugues Buor, Chev.

BOUÈRE (DE LA). — Famille noble originaire de Bretagne, qui se trouve citée dès la fin du XIIIe s^e dans les historiens de Bretagne, et s'est éteinte à la fin du XVIe s^e, dans une branche de celle de Gordon, à laquelle elle a légué son nom et ses armes.

Les documents sur lesquels repose la généalogie suivante étaient déposés dans les archives du château du Coudray-Montpensier, et furent communiqués par M. de Lamote-Baracé.

Blason : de gueules au lion d'argent armé, lampassé et couronné d'or.

Noms isolés.

Bouère (Pierre de la) fut du nombre des Chev. bretons, qui acceptèrent le changement proposé en 1280 par Olivier de Montauban, dans les biens des mineurs en rachat. (D. Lobineau, 1.)

Bouère (N... de la) rend aveu, le 7 août 1399, à Jean des Roches, Chev., sgr de Beaupréau et de Montreveau. (Id.) (V. deg. 1.)

Bouère (Artus de la) était serviteur du sgr de Rieux, d'après un mandement du duc de Bretagne du 1er oct. 1414. (D. Lobineau, 2.)

Bouère (Jean-Simon? de la), Ec., sgr de la Bouère, rend, le 8 févr. 1446, aveu de pièces de terre à Denise de Montmorency, D^e de Montreveau.

Bouère (Jean de la) fut élu en 1471 abbé de St-Jean-des-Prés (O. S. A.), au diocèse de St-Malo ; en 1460, il remplissait les fonctions de grand vicaire de ce diocèse, où il vivait encore en 1471. (Hist. de Bretagne de Dom Taillandier.)

Bouère (Jean de la) était lieutenant de M. du Bellay en 1489, et tenait garnison à Dinan le 17 oct., sous les ordres de Beaumont de Polignac, et commandait à 110 lances des compagnies du baron d'Avaugour. (D. Lobineau, 1.)

Filiation suivie.

1. — **Bouère** (Guillaume de la), Ec., fut un des sgrs bretons qui, le 20 avril 1381, signèrent l'acte d'hommage rendu à Charles VI par Jean de Montfort. Sa signature porte *Guillaume de la Bouyère*. (D. Lobineau, 2.) Le 7 août 1399, il rendait aveu de sa sgrie de la Bouère à Jean des Roches, sgr de Beaupréau et de Montreveau. Lui et Jeanne DE CHOUAISES, sa femme, se faisaient une donation mutuelle, le 13 févr. 1383, signée Brisourgueil. Ils laissèrent de leur mariage JEAN, qui suit.

Il doit y avoir lacune d'un degré entre Guillaume et Jean qu'on lui donne pour fils, ou bien l'existence de l'un ou de l'autre se serait prolongée au delà de la moyenne de la vie humaine.

2. — **Bouère** (Jean de la) laissa deux enfants : 1° RÉGNAULT, qui suit ; 2° JACQUES, qui partageait, le 30 oct. 1488, avec son frère la succession de leur père.

3. — **Bouère** (Régnault de la), Ec., sgr dudit lieu, testait en 1513, demandant à être inhumé en l'église de Jallais, près de Renée DE MONTPLANEY, son épouse, de laquelle il laissait :

4. — **Bouère** (Régnault de la) IIe, Ec., sgr

dudit lieu, recevait aveu avant le 7 juin 1518, de François de la Brunetière, Ec., sgr dudit lieu, pour sa maison de la Brissonnière (pisse de St-Pierre de la Poitevinière). Il rendait lui-même un aveu au sgr de Montreveau le 15 juil. 1519. Le 23 sept. 1523, il obtint un arrêt ordonnant que son nom serait biffé du registre des tailles, et le 28 mai il rendait un aveu au sgr de Monteschan.

Le 8 févr. 1513 (acte reçu Pasquier, not.), il épousa Françoise DE ROCHEREL ou ROCHEREUIL, dont: 1° RENÉ, qui suit; 2° ANNE, mariée (contr. du 8 fév. 1549) à Etienne de Cordon; 2° N..., qui partageait le 30 août 1567.

5. — **Bouère** (René de la), Ec., partageait le 8 fév. 1419 avec son frère puîné, rendait aveu à Montreveau, les 15 avril 1545, 27 mars 1558 et 1er juil. 1563; marié à Louise DE LA GRÈZE, il laissa:

6. — **Bouère** (Jacques de la), Ec., sgr de la Bouère, servit d'abord comme archer dans la compagnie du sr d'Estampes, et en homme d'armes dans celle de M. de Martigné. Il reçut, le 1er nov. 1588, une sauvegarde du roi Henri de Navarre, et une autre du duc de Mercœur, le 1er août 1589. Il avait épousé, le 15 janvier 1565, Jacquine DE LA RIVIÈRE, dont il n'eut point d'enfants; aussi, par son testament du 30 déc. 1567 (Mathurin Grudé, not. royal à Angers), donnait-il tous ses biens meubles à Charlotte Amoureux, fille d'Amaury, Ec., sgr de Vernusson, et de Jeanne de Juigné, testament confirmé par un codicille du 6 mars 1589, sous la condition expresse que si Charlotte se mariait et si des enfants naissaient de ce mariage, ils porteraient le nom et les armes de la Bouère, « *cessant quoy la donation n'eut été faite* ».

Jacques rendait encore un aveu à Charles de Turpin le 5 oct. 1609. Le 29 nov. 1602, il avait signé au contrat de mariage de Charlotte Amoureux avec Jacques de Cordon, fils d'Etienne et d'ANNE de la Bouère, qui porta dans cette maison le nom et les armes de la Bouère.

BOUERGUE (Jean de) fut brigandinier du sgr de Montreuil, au ban des nobles du Poitou de 1467. (F.)

BOUET ET BOUHET. — Nom commun à plusieurs familles du Bas-Poitou.

Boet de Valtona fut présent à une donation faite, en 1112, de l'église de Chiré et de dîmes à l'abbaye de Montierneuf, par Richard Fortbandit, en présence et du consentement de Guillaume de Passavant, son seigneur. (D. F.)

Boet (Jobert), cité dans une charte de vers 1130, relatant divers dons faits aux Templiers de la préceptorie de Coudrie. (A. H. P. 2.)

Boneth (*Aimericus cognomine*) souscrit un titre de Maillezais en 1166. D. Fonteneau croit que c'est le même qui avait précédemment souscrit dans des titres de St-Maixent et de St-Hilaire, en 1160, 1161.

Boetus est cité comme témoin du don fait, le 24 juin 1210, par Pierre de la Garnache à la préceptorie du Temple de Coudrie. (A. H. P. 2.)

Boet (*Johannes*) et

Boers? (*Martinus*) sont cités dans une enquête faite au sujet du service militaire que le sgr de Parthenay réclamait aux habitants de Xaintray, vers 1255, et de la haute justice qu'il prétendait avoir sur eux.

Boet (Gilles), gouverneur? de l'église de Louzy en Thouarsais, fut témoin de la quittance générale donnée, au mois de mai 1326, par Jean Vte de Thouars à Guillaume Biron, administrateur du domaine. (Trésor des chartes. A. H. P. 6.)

Bouet (Zacharie). Le règlement de sa succession donna lieu à des difficultés relatives aux biens qu'il avait acquis de Hugues d'Allemagne, sgr d'Andillé, difficultés aplanies par un traité passé, en janv. 1327, entre Nicolas Le Blanc, chanoine de Poitiers, et Guillaume Pouvreau, sénéchal de Saintonge. (Id. id.)

Bouet (Guillaume), *Guillelmus Boueti*, était garde du scel du roi de France à Fontenay-le-Comte en 1336.

Bouet (Jean) est cité dans une transaction passée entre Pierre Clavier, de Vairé, et autres, le 17 avril 1341. (Cart. d'Orbestier. A. H. P. 6.)

Bouhers (Guillaume et Perrot) frères sont témoins de l'arrentement d'une maison sise à Vairé (Vendée), fait, le 27 juin 1341, par l'abb. d'Orbestier à un nommé Pierre Giraud. (Id. id.)

Boet (Jean), sgr de la Boulaye, rendit son aveu, le 9 oct. 1350, au sgr de la Flocellière. Le 18 mai 1351, il fit des échanges dans la même sgrie. (D. F.)

Bouer de Champeloux (Jean) était décédé dès avant le 15 avril 1391, comme il ressort d'un échange de vignes entre divers particuliers. (Cart. d'Orbestier. A. H. P. 6.)

Bouer (Jean) consent, le 18 nov. 1467, une vente de terre à André Boulié, prieur de..... (Arch. Vienne, abb. de St-Cyprien.)

Bouer (François) et

Bouer (Guillaume) servirent à l'arrière-ban de 1489, et furent désignés pour tenir garnison à Niort. (Doc. inéd.)

BOUET DU PORTAL, QUELQUEFOIS ÉCRIT **BOUER, BOUHER** ET **BOUHET**. — Famille qui habitait la vicomté d'Aulnay en Poitou. (Preuves de St-Cyr.)

Blason: d'argent à 3 hures de sable défendues d'argent, posées en pal, et contournées. (St-Cyr.)

Filiation suivie.

1. — **Bouet** (Pierre), sgr de Couzay en Poitou, était veuf en 1539 d'Anne DE LA LANDE, dont il eut:

2. — **Bouet** (René), Ec., sgr de Couzay, marié, le 11 déc. 1539, à Andrée ROQUET, fille de Hugues, Ec., sgr des Essarts, et de N... Hervé, dont:

3. — **Bouet** (Jacques), Ec., sgr de la Vallée, épousa, le 31 janv. 1592, Charlotte BAUDOUIN, fille de Mathurin, Ec., sgr de la Rallière, et de Françoise Allard, dont:

4. — **Bouet** (François), Ec., sgr du Portal, servait comme homme d'armes sous M. de Vendôme en 1621, et testa le 18 août 1649. Il épousa, le 27 janv. 1621, Claude DES GITTONS, veuve de Antoine de la Serre, Ec., sgr de Mareuil, et fille de Gabriel, Ec., sgr de la Baronnière, et de Jacquette de Puyvert, dont: 1° RENÉ, qui suit; 2° CHARLOTTE, 3° GABRIELLE, religieuse à Cognac.

5. — **Bouet** (René), Ec., sgr du Portal, maintenu noble par sentence de l'élection de St-Jean-d'Angély, le 7 sept. 1673, sur le vu de ses titres depuis 1539, marié à Saintes, le 5 fév. 1671, à Charlotte DU BOURG, fille de Joachim, sr de la Porcheresse, et de Marie Berthus, dont FRANÇOIS, qui suit.

6. — **Bouet** (François), Ec., sgr du Portal, St-Coutant, la Charrière, fit aveu à Aulnay et à Niort en 1717. Il était né à St-Pierre-du-Get, le 7 fév. 1677, et fut capitaine au régt de Hesdin. Il épousa : 1° à Aulnay, le 30 janv. 1705, Marguerite FRÉTARD, fille de Alexandre, Ec., sgr de Rouville, St-Coutant, et de Marie-Blanche Charpentier; 2° à Pons, le 16 déc. 1724, Aimée DE LUCHET, fille de Charles-Auguste, Ec., sgr de Peudry, et de Judith Fresneau, qui était sa veuve le 21 avril 1740. Il eut pour enfants: 1° FRANÇOIS-RAYMOND, qui suit; 2° CHARLES-RENÉ, 3° MARIE-AIMÉE, 4° GENEVIÈVE-MARGUERITE, 5° MARIE-JEANNE, née le 23 janv. 1737 à St-Martin-du-Chay, reçue à St-Cyr en 1746.

7. — **Bouet** (François-Raymond), Ec., sgr du Portal, St-Coutant, la Charrière, fit aveu à Aulnay et à Niort le 18 juin 1768, et comparut à l'assemblée de la noblesse de Saintonge en 1789. Marié en 1758 à Françoise-Thérèse BRETINAULT DE St-SEURIN, fille de Pierre-Honoré, et de Anne-Charlotte Grégoireau, il en eut : 1° JOSEPH-BERNARD, qui suit; 2° FRANÇOIS-RAYMOND, décédé en émigration, marié à N... DE St-SEURIN, sans postérité ; 3° FRANÇOIS-CHRISTOPHE, capitaine de cavalerie, décédé à Saintes en 1843, sans postérité, marié en 1790 à Marthe DE St-LÉGIER ; 4° PAULINE, incarcérée à Brouage avec son père pendant la Terreur.

8. — **Bouet du Portal** (Joseph-Bernard), capitaine d'infanterie, Chev. de St-Louis, émigré en 1791, décéda le 1er mai 1835 ; marié, le 12 mai 1789, à N... FROGER DE LA RIGAUDIÈRE, il eut plusieurs enfants, dont un seul a eu postérité.

9. — **Bouet du Portal** (Jean-Baptiste), marié, le 30 août 1831, à Marie-Charlotte-Polymnie NOEL DE LA GRANGE, dont: 1° CHRISTOPHE-EDOUARD, 2° LOUIS-EDMOND, 3° MARIE-THÉRÈSE.

BOUEX (DU). — Maison titrée marquis, pour les honneurs de la cour ; on l'a dite originaire d'Ecosse ou d'Angleterre, et même, d'après quelques généalogistes, descendre des Ctes de Richemont. Quoi qu'il en soit de cette origine étrangère, elle était très noble et très ancienne dans la Marche, où elle a pris ou donné son nom à une terre située dans cette province.

Blason : d'argent à deux fasces de gueules.

§ Ier. — BRANCHE DE RICHEMONT.

1. — **Bouex** (Guillaume du), qui vint, dit-on, vers 1400 s'établir dans la Haute-Marche, épousa Marie DU MOUTIER, qui, après le décès de son mari, mort assassiné, obtint un arrêt du Parlement de Paris du 6 sept. 1449, coté aux registres dudit Parlement (fol. 43 v°), rendu contre Hugues de Chamborant et ses complices, comme coupables de meurtre commis en la personne de Guillaume du Bouex. Il laissait pour enfant GUILLAUME, qui suit.

2. — **Bouex** (Guillaume du), IIe du nom, Chev., sgr de Richemont en Marche, près d'Aigurande, fils du précédent, reçut, le 31 déc. 1459, comme seigneur de Richemont, aveu et dénombrement du fief de Rossière. Il eut de sa femme, dont le nom est inconnu : 1° ANTOINE, qui suit; 2° LOUIS, Ec., sgr de Richemont en partie, qui vivait en 1476; 3° MARGUERITE, mariée à Révérend Guérin, sgr d'Ouinze, le 5 juin 1461.

3. — **Bouex** (Antoine du), Chev., sgr de Richemont, fut marié, le 20 août 1461, à Isabelle GUÉRIN, fille de noble homme Olivier, sgr d'Ouinze, dont : 1° FRANÇOIS, qui suit; 2° LOUIS, sgr de Richemont en partie, nommé dans un acte de ratification du 11 janv. 1515, et d'une transaction du 5 mars 1519; 3° JACQUES, religieux de l'Ordre de St-Bernard.

4. — **Bouex** (François du), Ier du nom, Chev., sgr de Richemont, épousa Guillemette DE TAILLEFER, dont : 1° OLIVIER, Chev., sgr de Richemont en partie, mort sans postérité; 2° FRANÇOIS, qui suit; 3° JULIEN, dont l'existence est prouvée par les actes des 11 janv. 1515 et 5 mars 1519, cités plus haut.

5. — **Bouex** (François du), IIe du nom, Chev., sgr de Richemont, fut marié, le 7 août 1526, à Perrette DE St-MAUR-LOURDOUEIX, dont : 1° MICHEL, qui suit; 2° BALTHAZAR, qui épousa Claire DU CHER, ou DU CHIER, De de Champavillant, dont deux filles : CLAIRE, femme du sgr de Roches-Cougné (Couaigne), et MARIE, épouse du sgr de Chantiban.

3° CHARLES, 4° N... fille; 5° GABRIEL, dont la filiation sera rapportée § II.

6. — **Bouex** (Michel du), Chev., sgr de Richemont, épousa Jeanne DE BONNEVAL, dont : 1° OLIVIER, qui suit; 2° MARTIAL, reçu Chev. de Malte le 9 janv. 1574 ; 3° MARGUERITE, mariée, par contrat du 15 juin 1589, à Annet Esmoing, sgr de Jumillac; 4° GILLETTE, femme de Gaspard de Morrhu, sgr de la Graulière.

7. — **Bouex** (Olivier du), Chev. de l'ordre du Roi, épousa Avoise DE MALLESSET DE CHATELUS, dont il eut pour fille unique JEANNE, mariée, le 7 févr. 1633, à Pierre de Chauvelin, Chev., sgr de Luzeret, gentilhomme ordinaire de la chambre de Gaston, duc d'Orléans.

§ II. — BRANCHE DE VILLEMORT.

6. — **Bouex** (Gabriel du), fils puîné de François du Bouex et de dame Perrette de St-Maur (5e deg. du § Ier), Chev., sgr de Richemont, Villemort, Forges et de Roche en partie, Chev. de l'ordre du Roi, enseigne de cinquante hommes d'armes, puis capitaine d'une compagnie de chevau-légers, écuyer d'écurie du Roi, gentilhomme ordinaire de la maison et de la chambre de M. le duc d'Alençon, se distingua particulièrement aux batailles de St-Denis, de Jarnac et de Moncontour, sous le duc d'Anjou, qui l'attacha à sa personne, et l'emmena en Pologne, en qualité de son écuyer. Parvenu au trône de France, ce prince le ramena seul avec lui, et le chargea par la suite de missions importantes. Après l'assassinat du roi, il embrassa le parti de la Ligue. Le duc de Mayenne lui confia la garde de plusieurs places et châteaux conquis dans la Marche, et le chargea, en l'absence du Vte de la Guerche, du commandement supérieur dans l'étendue de la juridiction de Montmorillon et du Blanc; il contribua à la délivrance du duc de Guise, puis commanda le Berri sous M. le maréchal de la Chastre.

Le 13 mars 1599, il obtint des commissaires du Roi une ordonnance de maintenue de noblesse. Il avait épousé, le 20 mai 1585, Marguerite DE MOUSSY LA CONTOUR, veuve de Jean de Poix, Ec., sgr de Villemort et de Forges, et fille de Gamaliel, Ec., sgr de la Contour, et de Marie d'Allemaigne, de laquelle il eut : 1° CHARLES, qui suit; 2° FRANÇOIS, Chev., sgr de Villemort, qui reçut, dès le 2 mars 1638, une commission du Roi pour lever une compagnie française de cent hommes de pied. Capitaine commandant le régiment du Coudray-Montpensier, il fut blessé en 1651 en Champagne à la tête de ce régiment ; 3° JEAN, Chev., sgr Mis de Fermont, capitaine d'une compagnie de chevau-légers, gouverneur d'Ardres et du pays de Guignes, maréchal des camps et armées du Roi, servit toujours avec distinction. M. de Schomberg lui confia, en 1632, le commandement de la citadelle de Montpellier, et lui écrivait à ce sujet, le 25 déc. 1632, « qu'il croyait qu'il serait bien aise de servir le Roi en cette charge, et saurait bien considérer la grande confiance qu'il avait en lui, et qu'il mettait toute sa fortune entre ses mains. »

Successivement major et premier capitaine au régiment de Languedoc, Jean du Bouex contribua, sous M. de Schomberg, à la défense de plusieurs forteresses qu'il sauva par sa valeur; grièvement blessé dans ces affaires, il reçut à cause de ses belles actions une lettre du Roi, du 10 oct. 1637, dont nous extrayons le passage suivant : « J'ay bien voulu vous témoigner par cette « lettre que je vous sais tout le gré que vous méritez « du service signalé que vous m'avez rendu dans cette « occasion; et pour vous en reconnaître par dignes effets « de ma bonne volonté, je désire que vous vous rendiez « près de moi pour les recevoir, etc. »

Il reçut aussi, sous la même date, une autre lettre extrêmement flatteuse du cardinal de Richelieu, dans laquelle ce premier ministre l'assurait de sa protection spéciale auprès de S. M.

Le 22 nov. de la même année, il fut fait mestre de camp d'un régiment d'infanterie française, gouverneur de la ville d'Ardres et du pays de Guignes. On rappelait dans les lettres qui lui furent délivrées, ses titres à la faveur du Roi.

Promu au grade de maréchal de camp, il fut employé en cette qualité, notamment à l'armée de Flandre, commandée par Gaston, duc d'Orléans, en 1646. Il fut chargé de faire exécuter le passage de la Lys, fut employé aux sièges de Courtray, de Bergues et de Mardyk, et, blessé mortellement sous les murs de cette dernière ville, il mourut à Ardres. Il avait épousé Anne de Beauvau, de la branche du Rivau, dont il eut une fille unique, Marie, qui fut fille d'honneur de la Reine, et mariée à N... Chauvet, sgr de la Boutelaye.

7. — **Bouex** (Charles du), Chev., sgr de Villemort, Concremiers, etc., capitaine d'une compagnie de chevau-légers par une commission du 11 juin 1632, gentilhomme ordinaire de la chambre de S. M., enseigne d'une compagnie de ses ordonnances, se distingua comme ses pères, et fut tué au siège de Dôle en Franche-Comté. Il s'était allié, le 17 sept. 1618, à Marie Lhuillier, fille de François, sgr des Bas-Châteliers, gentilhomme ordinaire de la chambre, et de Jacqueline de la Chasteigneraye. De ce mariage sont issus : 1° François, capitaine au régiment de Mazarin, tué fort jeune, en 1644, aux combats devant Fribourg, où il commandait un corps de volontaires; 2° Robert, qui suit; 3° Charles, mort sans postérité; 4° autre François, Jésuite; 5° Silvine, mariée deux fois : 1° à Jacques de Poix, Chev., sgr de Forges; et 2° le 24 sept. 1668, à Charles de ou du Ligondès de Boisbertrand, Chev., sgr de St-Domet; 6° Marie, qui épousa en premières noces François Simonnot, Ec., sgr du Masvigier, et en secondes le sgr de Chaulibau.

8. — **Bouex** (Robert du), dit le Brave, Chev., sgr Mis de Villemort et Méré, était en 1646 capitaine d'une compagnie française de 100 hommes de pied; en 1656, capitaine commandant le régiment du Coudray-Montpensier; et par lettres des 5 oct. et 12 déc. 1656, gouverneur du château de Blois, et lieutenant-général pour S. M. en Blaisois, l'Orléanais et pays Chartrain, puis capitaine des chasses de S. M. dans les ressorts et baronnies de Montmorillon, Angles et Chauvigny. Ayant été nommé brigadier des armées du Roi, il commanda comme officier général une des quatre brigades de gentilshommes envoyés à Candie, en 1668, sous le commandement général du duc de la Feuillade. Il se distingua dans diverses occasions pendant le siège, et y fut tué dans une sortie, le 16 décembre.

Il avait obtenu, le 17 févr. 1668, une ordonnance de maintenue de noblesse. De son mariage conclu, le 29 sept. 1650, avec Marie d'Escoubleau, fille de Claude, sgr du Coudray-Montpensier, et de Charlotte Pot, sa femme, il laissa entre autres enfants : 1° François, mort très jeune; 2° Henri-François, Chev., sgr de Villemort, Mis du Coudray-Montpensier par sa mère, gentilhomme de la grande fauconnerie de France, né le 25 juil. 1654, servit à Candie en qualité de sous-brigadier de son père, et y fut blessé. Il fut maintenu dans sa noblesse le 6 avril 1716. Il avait épousé, le 6 août 1677, Marie-Thérèse Audebert, fille de Jacques, sgr de la Rouille, et de Marie Huet; 3° Charles-Éléonor, Chev., sgr de Beaucaire, né le 6 janv. 1656, servit dans la marine, commandait une frégate en 1683 sous Duquesne, qui, appréciant les talents de son subordonné, le chargea d'une expédition contre la ville d'Aquilée. Le chevalier du Bouex avait épousé Marie de Couhé de Lusignan, dont il n'eut point d'enfants; 4° Léonard, 5° Robert, qui suit; 6° Marie-Claude, morte jeune; 7° Jeanne, née le 6 avril 1653, fille d'honneur de Madame, et mariée à Alexis Dauvet, comte des Marets, grand fauconnier de France; 8° Sylvie, 9° Marie-Anne, religieuses à Villesalem (O. de Fontevrault); 10° Marie-Françoise, née le 4 sept. 1659.

9. — **Bouex** (Robert du), IIe du nom, Chev., sgr de Sermant, comte de Villemort et Fontmorand, colonel de deux régiments de son nom, brigadier des armées du Roi, Chev. de St-Louis, né le 30 janv. 1661, fut reçu Chev. de Malte le 19 janv. 1668, et capitaine au régiment de la Lande-Dragons, puis, le 28 août 1696, colonel d'infanterie du régiment de Villemort, précédemment Chatelaillon, et colonel d'un second régiment d'infanterie de son nom, créé le 9 janv. 1708. Il commanda la place de Nivelle pendant les quartiers d'hiver de 1703, fut brigadier des armées du Roi, brevet du 10 févr. 1704, et fut employé activement en cette qualité pendant cette année et les suivantes. En 1708, étant à l'armée de Flandre, il emporta d'assaut, dans la nuit du 10 au 11 juil., le fort de Plassendal. En 1709, il fut blessé et fait prisonnier en tentant de s'emparer par surprise de la citadelle de Tournay; ayant obtenu son échange, il continua à être employé dans les armées françaises jusqu'à la paix.

Il avait épousé, le 22 janv. 1713, Marie-Anne-Thérèse de ou du Ligondès, fille de François, Chev., sgr de Connives, et de Marie-Anne de l'Esperonnière, de laquelle il eut entre autres enfants : 1° Henri-Joseph, qui suit; 2° Marie-Perrette, mariée à François de Biencourt, Chev., sgr de la Fortilesse et du Moutier-Malcar, morte à Poitiers le 16 févr. 1816, âgée de 92 ans; 3° et 4° deux filles, religieuses carmélites.

10. — **Bouex** (Henri-Joseph du), Chev., sgr comte de Villemort, Fontmorand-Foussac, Vouhet en Poitou et Vouhet en Marche, né le 13 mars 1715, page du Roi en sa petite écurie, et capitaine au régiment Dauphin-Dragons en 1733, fit les campagnes d'Italie et de Bohême, et se trouva à la prise de Prague, dont il parle en ces termes, dans une lettre que nous croyons devoir citer ici, parce qu'elle donne des détails intéressants sur un fait historique peu connu :

« A l'armée de Bavière, 14 déc. 1741.

« ..... Vous plaignez donc beaucoup la reine de Hongrie, mon cher cousin? Je conviens qu'elle est malheureuse, mais je la regarde en même temps comme une entêtée (sauf le respect que je lui dois), qui ne sait pas céder au temps ; n'aurait-elle pas mieux fait de se mettre sous la protection de la France plutôt que de se laisser dépouiller de tous ses biens, comme il lui arrive aujourd'hui ? Si elle a sujet de se plaindre de quelqu'un, c'est, à mon avis, du roi de Prusse, qui par la dernière guerre a causé tous les malheurs de la maison d'Autriche ; mais les princes ne se conduisent pas selon les principes des autres hommes.

« Les commencements de cette campagne n'ont eu rien de bien intéressant, s'étant passés en marches qui ont beaucoup fatigué les troupes ; mais nous venons de la finir par un coup bien glorieux en emportant la ville de Prague d'assaut, où il y avait trois bataillons et toute la bourgeoisie sous les armes. Comme l'on craignait que le grand-duc, qui n'en était qu'à trois lieues, à la tête de 50,000 hommes, ne jetât une plus forte garnison, ce qui nous aurait tenus une partie de l'hiver, l'on tint, le 24 du passé, un conseil de guerre où il fut décidé que la nuit du 25 au 26 l'on tâcherait de surprendre la ville. Pour cet effet, M. de Polastron fut commandé pour faire une fausse attaque, tandis que le Cte de Saxe en ferait d'un autre côté une pareille pour favoriser la véritable que les Saxons devaient faire. M. de Polastron commença la sienne à 11 heures du soir avec d'autant plus de succès qu'il attira toute la garnison de son côté.

« Le Cte de Saxe, allant ensuite pour faire la sienne, trouva le côté qui lui était destiné si dégarni, qu'il résolut tout d'un coup d'une fausse attaque d'en faire une véritable et de tenter l'escalade. Sur-le-champ il fait prendre toutes les échelles que l'on peut ramasser, que chacun s'empresse de joindre les unes aux autres avec des mouchoirs et cordons de fourniment, et ordonne à quatre compagnies de grenadiers et à six cents dragons qu'il avait avec lui, du nombre desquels j'étais, de se jeter dans le fossé pour les attacher au rempart, qui était de 40 pieds de haut, et de l'escalader, ce qu'ils firent sans trouver beaucoup de résistance, après quoi ils furent ouvrir une porte à coups de hache au reste du détachement du Cte de Saxe. Les Saxons, entendant le feu et les cris qui viennent de notre côté, croient toujours que c'est une fausse attaque, et commencent la leur. Ils y font des merveilles, et entrent dans la ville, dont ils nous trouvent déjà les maîtres. Ils ont eu le lieutenant-général commandant leur attaque et quarante soldats tués, et cinquante blessés. Pour nous, nous n'avons eu que deux grenadiers tués et un dragon blessé ; mais les ennemis ont perdu plus de six cents hommes.

« Notre entreprise était bien téméraire, et doit être regardée comme le plus grand bonheur qui soit jamais arrivé ; car, si les ennemis eussent fait leur devoir, il est certain que bien peu de nous en auraient échappé. Nous avons trouvé, après être montés sur le rempart, deux pièces de canon encore chargées à cartouche, qui donnaient précisément dans l'endroit où nous étions. Le grand-duc, apprenant cette expédition, s'est retiré. La saison est trop avancée pour le suivre, etc. Signé : Villemort. »

Henri-Joseph du Bouex, mort à Villemort le 30 sept. 1781, avait épousé, le 14 mai 1741, Marie-Henriette-Julie PETIT DE LA GUIERCHE, dont : 1° ALEXIS-JOSEPH, né au château de St-Mesmin le 16 déc. 1743, mort jeune et sans postérité ; 2° MARIE-MESMIN, qui suit ; 3° HENRIETTE-JULIE, dite Mlle de Villemort, mariée à Charles Vte de Grimouard ; 4° MARIE-ALEXIS, admise au Chapitre noble de Malte de St-Antoine de Viennois, morte à Poitiers le 9 fév. 1868 ; 5° MARIE-SOPHIE, mariée à René de Couhé de Lusignan, sgr de Beauchamps ; 6° CHARLES-GABRIEL-ROMAIN, né le 9 août 1751, mort le 9 fév. 1752 ; 7° MARIE-ANNE, née en 1752, morte à Poitiers le 7 mars 1795 ; 8° ESPRIT-FRANÇOISE, admise au Chapitre noble de Malte de St-Antoine de Viennois, morte à Poitiers le 12 janv. 1819.

11. — **Bouex** (Marie-Mesmin du), Chev., sgr Mis de Villemort, Fontmorand, Foussac, Vouhet en Poitou et Vouhet en Marche, né le 15 déc. 1745, fut page de Louis XV en sa petite écurie en 1762, servit au régiment de Royal-Étranger-Cavalerie. Il fut élu en 1789 l'un des députés de la noblesse du Poitou aux États généraux, où il figura parmi les membres de la minorité de cette assemblée. Ayant émigré, il fit la campagne de 1792 dans l'armée des Princes, dans la compagnie formée par les officiers du régiment d'Artois-Dragons. Rentré en France, il est mort à Poitiers le 7 août 1815. Il avait épousé, le 15 nov. 1773, Charlotte-Marie-Dominique DE CARVOISIN, fille de Charles-Louis Mis de Carvoisin, sgr de la Mothe-St-Héraye, et de Renée-Jeanne-Charlotte d'Artaguette d'Iron, morte le 6 mai 1805, dont : 1° JOSEPH-MARIE, qui suit ; 2° HENRIETTE-MARIE-LOUISE, mariée, le 3 juil. 1804 (14 messidor an XII), (Duchastenier, not. à Poitiers), à Joachim-Augustin de Lauzon de Péré ; 3° ESTHER-MARIE-CHARLOTTE, mariée, le 27 janv. 1806 (Duchastenier, not. à Poitiers), à René-Cyprien-Gabriel de Terrasson ; 4° HERMINE-MARIE-ANTOINETTE, non mariée.

12. — **Bouex** (Joseph-Marie du), Chev., Mis de Villemort, né en 1774, sous-lieutenant au régiment d'Artois-Dragons, émigra, et servit en 1792 dans la compagnie formée par ce régiment ; créé chevalier de St-Louis sous la Restauration, il a embrassé, sur la fin de sa carrière, l'état ecclésiastique, et a reçu les ordres en 1839. En lui s'est éteint la famille du Bouex de Villemort.

BOUGIN (Jean), sgr de la Borderie, p^{sse} de la Verrie, eut de Bienvenue DE LA VOIRIE une fille, JEANNE, mariée, le 16 janv. 1655, à Jean du Vergier, Chev., sgr de Beaulieu. (D. F. Arch. de la Durbellière.)

BOUGOUIN. — Fief possédé du XIIIe au XVIe siècle par une branche des Vivonne qui portait écartelé 1 et 4 d'argent à 3 fasces de sinople, et 3 chevrons de gueules brochants, ou 2 et 3 de Vivonne. (Arm. de Mervache.) Le 1er écartelé pourrait être le blason des anciens sgrs de Bougouin.

BOUGUEREAU ou **BOGAREL** (Jean), varlet, épousa Alix BRUSLON, fille de Jean, et partageait, le 3 avril 1304, sous le scel établi à Gençay, les biens de feu Jeanne Bruslon. (Gén. Bruslon.)

BOUGRENET (DE). — Famille originaire du comté Nantais, alliée en Poitou.

Blason : d'or au lion de gueules, chargé de macles d'or (Arm. de Bretagne).

Bougrenet (René de), Ec., sgr de la Vergne-Ortie, St-Christophe-de-Ligneron (Vendée), épousa, vers 1560, Françoise ORTIE, D^e de la Vergne, dont une fille unique, FRANÇOISE, mariée à Aimery Gourde, Ec., sgr de la Seguinière, puis à Samuel Mauclerc, Ec., sgr de Marconnay, le 20 avril 1596. (Chérin, v° Mauclerc.)

BOUHAULT. — Famille de Niort, aujourd'hui éteinte, où elle a occupé pendant au moins un siècle des fonctions municipales. Nous puisons les notes qui suivent dans l'Armorial des maires de Niort. (M. St, 1865.)

Blason. — Dans l'Armorial du Poitou, d'Hozier donne d'office à N... Bouhault : « échiqueté d'or et de gueules. »

1. — **Bouhault** (Pierre), sgr de Belesbat, était en 1602 pair et administrateur des aumôneries de la ville de Niort ; eut pour fils :

2. — **Bouhault** (Simon), sgr de Belesbat et des Arpents près Prahec, pair de la commune de Niort en 1620 et 1638, fut procureur syndic et enseigne aux gardes, puis conseiller, échevin en 1624 ; père de :

3. — **Bouhault** (François), Ec., sgr des Arpents, échevin et capitaine au régiment royal de Niort, au lieu et sur la démission en sa faveur en 1695, d'Alexis Marsault, Ec., sgr de la Cailletière ; père de :

4. — **Bouhault** (Charles-Simon), Ec., sgr des Arpents, pair de la commune, était en 1702 lieutenant au régiment royal et désigné pour partir.

BOUHER. — V. **BOUER.**

BOUHEREAU. — V. **BOUCHEREAU.** — Famille originaire des environs de Fontenay-le-Comte.

Bouhereau (Laurent), sr de Puy-Robin, mourut à Parthenay le 6 sept. 1573.

Bouhereau (Jacques) est mentionné dans le Journal de Généroux comme ayant figuré parmi les acteurs de la tragédie de *Médée*, jouée par les habitants de Parthenay, le 1er juin 1572 ; il était alors enfant.

Bouchereau (Jacques et Etienne), demeurant à Foussay, firent acquêt le 29 nov. 1591. (A. V. G. 966.)

Bouhereau (Mathurin), sr de Lanfraic, élu à Fontenay, épousa Agathe MARTIN, dont : 1° ETIENNE, 2° CATHERINE, mariée, le 19 janv. 1623, à Mathieu Brunet, sr de la Rialière ; 3° HÉLÈNE, mariée à Michel Barré, sr de la Thibaudière, lieutenant de robe courte du vice-sénéchal d'Aunis. (Le vol. 437 des pièces orig., dossier 9823, nos 6 et 7, contient deux quittances signées par Mathurin Bouhereau.)

Bouhereau (Etienne), sr de Lanfraic, partagea avec ses sœurs vers 1640. Il était médecin à la Rochelle, et donna procuration, le 8 janv. 1651, pour un procès à Paris. (Pièc. orig. 437 et A. V. G. 968.)

BOUHET (V. **BOUET**). — Famille noble du Bas-Poitou, maintenue en 1667, inscrite à tort Bouchet.

Blason : d'azur au sautoir d'or chargé de 5 losanges de gueules. (Barentin.)

L'écu était entouré du collier de l'ordre de St-Michel, dont avait été décoré un membre de la famille.

Bouhet (Laurin) servait comme écuyer en 1371. (Bib. Nat. Montres et Revues.)

Bouet (Jean), Chev., fut témoin d'une lettre écrite par Tristan Vte de Thouars le samedi après la fête des apôtres St Pierre et St Paul 1395, au sujet de différends existant entre Nicolas de Puigné ? valet, et Pierre, Jean et Colas Brun.

Bouhet (Rogier) servait en 1415.

Bouhet (Pierre) était homme d'armes en 1427. (Bib. Nat. Montres et Revues.)

Bouhet (Jean), Chev., sgr de la Boulaye, étant mort vers 1437, cette terre passa à Jean Eschallard, comme fils de feu PERRETTE Bouhet, sœur dudit Jean. (D. F.)

Bouet (Pierre), sgr de la Buzonnière, rendit, le 30 mars 1437, aveu de cette terre à la dame de la Flocellière. (Id.)

Bouhet (Jeanne), épousa, vers 1440, Louis de la Brosse, Ec., sgr du Poiron (en Gâtine).

Bouhet (Guyon), mineur, sous la tutelle de Pierre de Daillon, son oncle, rendit aveu à la dame de la Flocellière, le 18 juin 1441. Il rendit, étant majeur, le même aveu, et celui de Langebaudière (le Châtelier, Vendée), au sgr de la Flocellière, en 1445 (D. F), et servit comme brigandinier du sgr de L'Aigle, avec un autre Bouhet, au ban de 1467. (F.)

Bouet (N...) est cité dans un état de défrichements exécutés dans la forêt d'Orbestier, dressé vers 1452. (Cart. d'Orbestier. A. H. P. 6.)

Bouhet (François), Ec., sgr de la Forgée, eut pour enfants : 1° HENRI, Ec., sgr de la Forgée, qui, le 20 août 1483, transigeait au sujet de la succession de son père avec Jeanne sa sœur et son beau-frère ; 2° JEANNE, qui épousa Jean Théronneau, Ec., sgr de la Boutherie.

Boete (Perrine) épousa, vers 1535, René de la Brosse, dont une fille, Anne, épousa Louis d'Estissac.

Bouhet (Pierre), Ec., épousa vers 1590 Perrine THÉRONNEAU, fille de Jacques, et de Françoise Lingier. Le 17 déc. 1613, il rendait hommage à cause de sa femme au Bon du Landreau.

Bouhet (Jeanne) était, le 4 mai 1594, femme de Jean Sapinaud, Ec., sgr de la Brethonnière et de l'Hébergement-Idreau, à cause de sa femme. Elle était fille de JEAN Bouet ou Bouer (ailleurs on trouve Plouer), et de Barbe Béranger.

Bouhet (Marguerite), épouse de Jacques Gautron, sgr de Landebaudière, était décédée avant le 13 août 1626, date du mariage de leur fille Marguerite avec Louis de Lestang, Ec., sgr de Seneuil. (Gie de Lestang.)

Bouhet (Louis), sgr de la Pougnaire, et dame Jacquette BLANCHARD, son épouse, vivaient en 1648.

Bouhet (Jean-Baptiste), sr de la Lardière, psse de St-Mars-la Réorte, élect. de Thouars, fait partie de la liste imprimée en 1667 des nobles du Poitou qui avaient obtenu des ordonnances de maintenue. Il s'est trouvé au ban des nobles du Poitou convoqué en 1690. (F.) Il épousa Philippe DE ROMAGNE, dont il eut des enfants placés sous la tutelle de Charles de Thalle, Ec., sgr de la Mailletière, en 1672. (Arch. Vien. E3, 234.)

Bouhet (Esprit-Jean-Baptiste), Chev., sgr de la Vergnaye et de la Lardière, épousa Marie-Anne JACQUES, fille de Jean, Chev., sgr de Chiré, et de Françoise de la Taupanne, qui obtenait, le 19 mars 1728, un arrêt contre Bonaventure et Louis Jacques. Ils eurent une fille, MARIE-ANNE, qui, le 11 déc. 1762, licitait avec BENJAMIN Bouhet, peut-être son frère, la succession de Jean-Louis Jacques, Ec., sgr de Chiré. En secondes noces, Esprit-Jean-Baptiste épousa Marie-Anne DU TRÉHAN, dont il était veuf en 1739. En 1745, on le trouve habitant la terre de la Vergnaye (Treize-Vents, Vendée).

BOUHET. — Famille de la Gâtine, que nous croyons éteinte en Poitou. Son nom s'écrivait aussi Boet, Bouet et Bouhetz.

L'Hermite-Souliers, dans son Inventaire de Touraine, donne la généalogie d'une branche de cette maison, de la dit originaire de l'Anjou.

Blason. — La famille Bouhet portait : d'azur au chevron d'or accompagné de trois roses de même. (Invent. de Touraine.)

Bouhet (Etienne), qui, selon le rapport des temps, pouvait être fils d'ALBERT Bouet, qualifié chevalier au titre intitulé *Carta Roberti de Cetone*, fut professeur en la Faculté de médecine de Paris, puis principal du collège de Ste-Barbe, dont il remplit les fonctions avec autant d'intégrité que de prudence jusqu'à sa mort, arrivée l'an 1497. On voyait jadis son épitaphe en l'église Saint-Etienne-des-Grecs. Outre cette épitaphe, que rapporte L'Hermite-Souliers, l'on voyait gravés sur la tombe d'Etienne Bouet son portrait en pied et ses armoiries. Etienne laissa pour fils ALEXIS, qui suit.

Bouet (Alexis), sr de Langebaudière, rendit au sgr de la Flocellière son aveu, les 27 mai 1477 et 15 mai 1492, pour ladite terre de Langebaudière et celle de la Varenne. (D. F.) Il avait épousé, par contrat du 4 mai 1483, Perrine ROBIN. Il acquit depuis la terre de la Noue, à une lieue de Tours, restée héréditairement dans sa famille.

Bouhet (Pierre), fils du précédent, Ec., sgr de la Noue, fut l'auteur de la branche fixée en Touraine. Nous ne suivrons pas plus loin la postérité de cette branche, qui est restée étrangère au Poitou. Nous dirons seulement qu'elle fournit un maire à la ville de Tours, en la personne de Charles Bouhet, dont les talents avaient été distingués par Henri IV, qui le chargea à plusieurs reprises de missions délicates dont il s'acquitta toujours avec honneur.

Bouhet (Jean), autre fils d'Alexis Bouhet et de Perrine Robin, resté en Poitou, est le premier de son nom, selon D. Fonteneau, qui prit le titre d'écuyer. Il était sgr de Langebaudière, dont il rendit aveu le 20 juin 1518 au sgr de la Flocellière. Jeanne DE PUIJOURDAIN, son épouse, était veuve dès avant le 6 oct. 1534, et était alors tutrice de RENÉ, leur fils mineur. Celui-ci prenait en 1561 le titre de sgr des Touches et de Langebaudière.

Bouhet (René), Ec., sgr de Chavagne-en-Pareds, Langebaudière, les Touches, né vers 1520, fit aveu le 3 août 1575 à Vouvant. Il n'eut sans doute qu'une fille, mariée à Hector de Gentils, Ec., sgr des Touches.

BOUHIER. — Ce nom dérivé du prénom *Boërius*, qui a été traduit, suivant les pays, par Boer, Bouer, Bouhor, Bouhier, Bouyer, est commun à plusieurs familles qui, à diverses époques, ont habité le Poitou.

Voir aussi : **BOER, BOUER, BOYER,** etc.

Bouhier (Françoise) épousa, par contrat du 9 déc. 1492 (Regnaud et Barbarie, not. à Niort), Jean Jouslard, sgr de Prauzay. Elle était veuve en 1529.

Bouhier (Hugues), natif d'Epannes (D.-S.), est dit en 1493 religieux de l'abb. des Châtelliers depuis 16 années. (Cart. des Châtelliers. M. Stat. 1867.)

Bouhier (Noël) était religieux de ce monastère en 1493. Il succéda comme abbé à Jean du Chilleau, qui mourut en 1503 ; et est désigné sous le nom de Noël Bouchier au procès-verbal de la réformation de la Coutume de Poitou en 1514. La dernière date à laquelle on le trouve comme abbé des Châtelliers est 1516. (Id.)

Bouhier (Anne), veuve de Jean de Chabanais, sgr de la Brousse, de Comporté, habitait, en 1494, le pays de Civray. (D. F. 41.)

Bouhier (Léon), sr de Vezançay, était pair et bourgeois de Niort en 1529. (M. St. 1865.)

Bouhier (Jean) était, en 1535, pair de la commune de Niort. (Id.)

Bouhier (Jehan), prêtre, se porte partie civile contre Micheau Henri, lequel est condamné par contumace, à la requête du procureur du Roi, le 5 sept. 1538, à 25 liv. d'amende.

Bouhier (Françoise) épousa Maurice Vernou ; leur fils Claude, élu en Poitou, se marie, le 25 avril 1541, à Nicole Claveurier. (Arch. de la Barre, I, 1. 77.)

Bouhier (Guyon), Ec., partagea avec son frère puîné Geoffroy en 1533.

Bouhier (Geoffroy), Ec., sgr des Champs, épousa, en présence de PIERRE Bouhier, Ec., sgr du Breuillac, par contrat du 3 nov. 1533, Léonne SUYROT, fille de Pierre, Ec., sgr de la Sauquetière, et de Catherine Jarousseau. (Gie de Suyrot.)

Bouhier (Guillaume) était receveur des tailles à Poitiers, le 11 fév. 1540. (Pièc. orig. 444.)

Bouhier (Renée) avait épousé, vers 1540, Mathieu de l'Hôpitault, Ec., sgr de Bellac. Le 23 févr. 1561, leur fils Louis épousa Marie de Granges. (D. F. 24.)

Bouhier (Augustine) épousa Simon Gauvain, qui fit aveu de Romazières à Aulnay en 1550.

Bouhier (Eustache) fit aveu de Romazières au Vte d'Aulnay, le 13 oct. 1564.

Bouhier (Guillaume) rendit foi et hommage au Roi, le 15 juil. 1578, comme Vte d'Aulnay, à raison de son grand fief du Puy-Marbaud, Romazières. (D. F. 42.) Il paraît avoir eu pour fille LOUISE, mariée à Etienne Bullier, sr de Romazières.

BOUHIER. — Famille connue en Bas-Poitou dès le xve siècle, dont plusieurs membres ont occupé de grandes situations et possédé des domaines importants.

Une branche, par suite d'alliance, s'est trouvée alliée à la maison royale de France, et compte aujourd'hui parmi les ascendants de M. le Comte de Paris.

Par suite de diverses confusions, la généalogie donnée dans notre 1re édition et celle qui se trouve imprimée dans le Supplément de d'Hozier, publié par Firmin-Didot, contiennent plusieurs erreurs considérables que nous avons dû rectifier, d'après les documents authentiques conservés aux archives de la Vienne, et les notes de M. Théoph. de Tinguy, rédigées d'après les titres possédés par la famille de Buor. Malheureusement nous n'avons pu retrouver tous les renseignements nécessaires pour établir la filiation complète des diverses branches de cette nombreuse famille, et nous sommes obligés de laisser bien des lacunes dans notre travail.

On trouve des Bouhier en Bourgogne et dans d'autres provinces ; mais ils nous paraissent tout à fait étrangers aux Bouhier du Poitou, car ce nom est assez commun et leurs armoiries sont très différentes.

Blason. — Les Bouhier de Roche-Guillaume, Beaumarchais, de la Vérie, etc., portaient : d'azur au chevron d'or accompagné de 2 croissants d'argent en chef et d'une tête de bœuf (rencontre) d'or en pointe. (Arm. du Poitou.) Quelques branches (Bouhier de l'Ecluse) ne mettent qu'un seul croissant au-dessus du chevron.

Laurent Bouhier, maire des Sables, déclara pour blason en 1698 : d'azur à une rencontre de bœuf d'or, surmontée d'une étoile de même. (On trouve ailleurs un croissant d'argent, quelquefois placé au bas de l'écu.)

Noms isolés.

Bouhier (François), chapelain de Ste-Anne à la Sicaudière, fit échange en 1549 avec N... Robert, sgr de la Rochette, et Perrine Privelle ? sa femme.

Bouhier (Marie) épousa, vers 1580, Pierre Choquet, sr de Moureau. (Gén. François.)

Bouhier (Françoise), épouse de Gabriel Bitault, fit retrait lignager en 1590 d'une maison à Olonne, vendue par René Bouhier, sgr de l'Ile-Bertin, son cousin germain, à Pierre Nicou, sr de la Nicollière. (Arch. Vien. E² 234.)

Bouhier (Marie) épousa René Louher ou Louer, Ec., sgr de la Guessière. Ils eurent une fille, qui fut mise en tutelle, le 20 fév. 1617, par le sénéchal du comté d'Olonne, en présence de René Bouhier, sr de l'Ile-Bertin. (Notes de Tinguy.)

Bouhier (Marguerite) épousa Etienne de Chévery, Chev., sgr de Sérigny, gentilhomme ordinaire de la chambre du Roi, gouverneur du Château de la Chaume (psse d'Olonne), qui fit cession, le 5 janv. 1637, à Ulysse Baudry, Ec., sgr de Lestang-la-Burcerie. (Id.)

Bouhier (Anne) épousa, vers 1610, François Gourdeau, Ec., sgr de la Flajvière ; leur fille avait pour curateur, le 2 mai 1631, André Bouhier, Ec., sgr de la Chevestelière. (Id.)

Bouhier (Jean), marchand, offre, le 16 mars 1655, de faire hommage à Pierre Maistre, Ec., sgr de la Papinière. (D. F.)

Bouhier (Thérèse) avait épousé Jacques Le Roux, Chev., sgr de Chef-Ballon. Ils vivaient en 1761.

Bouhier (Susanne) épousa Pierre-Alexandre Imbert, Ec., sgr de la Terrière ; leur fils Alexandre-Benjamin se maria à sa cousine Marie-Anne-Susanne Bouhier de la Davière, le 11 fév. 1765.

§ Ier. — Branche de **Roche-Guillaume**.

1. — **Bouhier** (Jean), dont le nom est souvent écrit Bouer et Bouher, sr de la Gourraudière et de la Bauduère (armateur aux Sables), avait procès à Fontenay-le-Comte le 13 fév. 1498, à cause de son hôtel de la Bauduère et du fief des Establais (psse d'Olonne). Il avait épousé Catherine Bouher, qui, étant veuve, fit bail à rente à la Bauduère le 30 janv. 1505. (Titres originaux. Arch. de la Vien. E² 234.) Ils eurent pour fils :

2. — **Bouhier** (René), sr de la Bauduère, qui se maria 2 fois et épousa en 2es noces, le 21 déc. 1517, Louise de la Coussaye, fille de Louis, sgr de la Forest. (D'après un titre conservé au château de Beaumarchais. — Note de M. de Beaufort.) Dans ce contrat, Anne, fille du 1er lit dudit René Bouhier, est fiancée à Olivier de la Coussaye, frère de Louise, le mariage fixé à 6 ans plus tard. Cette alliance projetée ne paraît pas avoir été réalisée, et Anne épousa Jean de Bourdigale, sgr de Laudonnière. De son 1er ou du 2e mariage, René Bouhier eut Robert, qui suit, et René, rapporté § VI.

3. — **Bouhier** (Robert), sr de la Bauduère, la Roche-Guillaume, Beaumarchais, armateur aux Sables, fit accord, le 19 fév. 1540, avec François Royrand, Ec., sgr de la Bauduère, et obtint sentence du sénéchal de Poitou en 1542. (Arch. Vien. E² 234.) Il acquit le château de Beaumarchais (Bretignolles, Vendée) le 21 mars 1562, de Clément Maynard, Ec., sgr de la Grégoirière, et de Marie de Granges, son épouse (D. F. 82), et fit aveu de la Bauduère, le 5 sept. 1576, à l'abbé du Jard. Marié, le 18 déc. 1541, à Anne Garreau, De de la Brosse, il eut pour enfants (dont l'ordre de naissance n'est pas exactement connu) : 1° Jean, qui suit ; 2° Robert, rapporté § II ; 3° Vincent, rapporté § III ; 4° André, rapporté § IV ; 5° Jacques, rapporté § V ; et peut-être 6° Renée, mariée à Jacques Jousselin, sgr de Maligny.

4. — **Bouhier** (Jean), Ec., sgr de la Combe et de la Roche-Guillaume, avait épousé, dès 1576, Marie Bourdigale fille de Vincent, et fit hommage, à cause d'elle, du fief de Rochère (psse d'Olonne) au sgr de la Motte-Achard, le 6 juin 1565. Il fit divers acquêts à la Rochère le 14 août 1576 et le 13 déc. 1579 (Notes de Tinguy), et eut pour enfants : 1° Vincent, qui suit ; 2° Marie, qui épousa, le 18 juil. 1595 (en présence de ses oncles nommés au contrat), Jacques Méauce, Ec., sgr de la Chardière ; 3° Françoise, mineure en 1598, sous la curatelle de Robert Bouhier, sgr des Fenestraux, son oncle, partagea avec ses frères et sœurs le 22 mai 1598. Elle épousa ensuite Jean Pidoux, Ec., sgr de Malaguet, lieutenant particulier au Présidial de Poitiers. (Notes de Tinguy.)

5. — **Bouhier** (Vincent), Ec., sgr de Roche-Guillaume et de la Grange-de-Longesve, vice-sénéchal de Fontenay, était gouverneur de Vouvant en 1602. Il épousa Marie Gallien, fille d'Abraham, Ec., sgr de la Grange-de-Longesve, et de Catherine Robin, dont il eut :

6. — **Bouhier** (Vincent), Chev., sgr de Roche-Guillaume, la Grange-de-Longesve, Bouillé, etc., gouverneur de Vouvant, épousa : 1° le 12 janv. 1632, Françoise de Launay, fille de Pierre Bon d'Onglée, sgr de Bouillé et du Fouilloux, et de Urbaine de la Haye (elle décéda en 1640) ; 2° Catherine d'Appelvoisin, De de St-Hilaire, fille de Henri, Chev., sgr de la Bodinatière, et d'Elisabeth Le Vacher. Du 1er lit il eut : 1° Marie-Urbaine, De de Bouillé, mariée, le 16 fév. 1661 (Baudon et Main, not. à Fontenay), à Jacques d'Appelvoisin, Chev., sgr de St-Hilaire ; 2° Foy, décédée sans alliance. Du 2e lit : 3° Placidiane, mariée à Vincent-Barthélemy Bouhier, Chev., sgr des Raillères ; 4° Vincent, qui suit.

7. — **Bouhier** (Vincent), Chev., sgr de Roche-Guillaume, épousa en 1695 Charlotte de Beauvau, fille de Charles, Chev., sgr de Tigny, et de Jeanne de Sesmaisons, et ne paraît pas avoir eu postérité.

§ II. — Branche de **Fenestraux**.

4. — **Bouhier** (Robert), IIe du nom, fils puîné de Robert, et de Anne Garreau (3e deg. du § Ier), prenait, d'après La Chesnaye des Bois, le titre de sgr des Fenestraux (Château-d'Olonne) et de conseiller-secrétaire du Roi.

Le 5 août 1596, il rendait au nom de Vincent Bouhier, trésorier de l'épargne, son frère, un aveu pour le fief de la Mayronnière. Il laissa de Louise Rousseau, son épouse : 1° Robert, qui suit ; 2° Jeanne, épouse de Léon Barlot, Mis du Chastelier, lieutenant général des armées du Roi.

5. — **Bouhier** (Robert), IIIe du nom, Ec., sgr des Fenestraux, conseiller à la chambre des comptes de Paris, eut de Elisabeth Mélissan, sa femme : 1° Vincent-Robert, sgr des Fenestraux, conseiller au Parlement de Paris en 1641, qui épousa Marie Viole, dont il n'eut point d'enfants (ailleurs on trouve Marie Le Bardier, qui était sa veuve en 1669) ; 2° Barthélemy, décédé avant 1667 (Pièc. orig. 444, n° 10017, p. 45) ; 3° dit-on, André, qui suit.

6. — **Bouhier** (André) Ec., sgr des Raillères, capitaine aux gardes, épousa, dit-on, Marie Le Barbier, dont il eut : 1° Etienne, sgr des Fenestraux, prêtre ; 2° Vincent-Barthélemy, qui suit.

7. — **Bouhier** (Vincent-Barthélemy), Ec., sgr des Raillères, commandant d'un bataillon au régiment du Roi, épousa Placidiane Bouhier, fille de Vincent, et de Françoise de Launay. De ce mariage est issue Placidiane, *aliàs* Anne-Placide, Dᵉ des Raillères, épouse de Charles-René de Cognac, Mⁱˢ de Naliers. Vincent-Barthélemy vivait encore en 1689. (N. Puichault.)

§ III. — Branche de BEAUMARCHAIS.

4. — **Bouhier** (Vincent), fils puîné de Robert Bouhier et de dame Marie-Anne Garreau (3ᵉ deg. du § Iᵉʳ), sgr de Beaumarchais, Cᵗᵉ de Chasteauvilain, baron du Plessis-aux-Tournelles, etc., sgr de la Chèze-Giraud, la Chapelle-Hermier, fut un des premiers à reconnaître à Henri IV ses droits au trône de France, que les ligueurs lui refusaient. Il sut se faire distinguer par ce prince, qui, devenu roi, l'attacha à sa personne, le plaça dans sa maison, et lui confia des fonctions importantes. Pourvu d'abord de la charge de trésorier de l'ordinaire des guerres (comme on le voit par un titre de 1579), il fut nommé successivement secrétaire du Roi, conseiller en ses conseils d'Etat et privé, trésorier de son épargne, chevalier et intendant de l'ordre du Sᵗ-Esprit. Ayant été accusé de concussion, après la mort de Henri IV, par les courtisans, jaloux de la haute faveur dont il avait joui sous le règne du feu roi (ils prétendaient entre autres choses qu'il avait ramassé 12,000,000 l. de fortune), Vincent, pour leur répondre et rendre le public juge entre lui et ses accusateurs, publia un mémoire qui se trouve à la bibliothèque nationale, salle des manuscrits (in-4°, vº Bouhier), et dont nous extrayons le passage suivant, prouvant qu'à cette époque le commerce maritime était loin d'être dédaigné par les familles nobles, qui y trouvaient une source honorable de richesses : « Je suis né de riches parents, qui ont eu l'honneur de recevoir plusieurs fois le défunt roi Henri le Grand en leur maison ; et il savait bien comment ils avaient acquis la plupart de leurs biens, par un trafic non sur la place du change, mais en mer, dans lequel m'étant jeté, j'ai véritablement acquis du bien honnêtement, et le possédais presque tout dès 1607, que la dernière recherche des financiers fut faite, de laquelle Sadite Majesté me voulut exempter par une connaissance toute particulière de ma fidélité ; depuis 55 ans que je suis officier, ayant toujours vécu honorablement, âgé que je suis de 78 ans, et fort fidèlement servi le Roi... »

Il n'eut que deux filles de Marie-Lucrèce Hotman, fille de François, sʳ de Morfontaine, ambassadeur en Suisse, et de Lucrèce Grangier de Liverdis, qu'il avait épousée le 15 juil. 1596, savoir : 1° Lucrèce, mariée, le 13 mars 1610, à Louis de la Trémoille, Mⁱˢ de Noirmoutiers, lieutenant général pour le Roi et gouverneur de Poitou, et en secondes noces, en 1617, à Nicolas de L'Hôpital, duc de Vitry, maréchal de France ; 2° Marie, qui épousa, le 7 fév. 1611, Charles, duc de la Vieuville, pair de France, conseiller du Roi en ses conseils. C'est par suite de ce mariage que cette branche de la famille Bouhier se trouvait alliée à la branche des Bourbons-Orléans. (V. Gén. de Noailles et de Penthièvre.)

§ IV. — Branche de LA VÉRIE.

4. — **Bouhier** (André), Iᵉʳ du nom, Ec., sgr de la Vérie, fils puîné de Robert, et de Anne Garreau (3ᵉ deg. du § Iᵉʳ), trésorier des menus plaisirs du Roi, et commissaire ordinaire des guerres, fut marié deux fois. Il épousa : 1° Jeanne de la Proise, veuve de Pierre Daniau, et 2° le 26 déc. 1611, Jacqueline Sauvestre, fille de Barthélemy, Ec., sgr de Clisson, de laquelle il laissa :

5. — **Bouhier** (André), IIᵉ du nom, Chev., sgr de la Vérie. Le 8 juin 1617, le conseil de famille lui donna pour curateur Jean Pidoux, Ec., sgr de Malaguet, lieutᵗ-général du Présidial de Poitiers, époux de Françoise Bouhier (sa cousine). Il épousa, le 9 juil. 1635, Charlotte de Chasteaubriand, fille de Gabriel, sgr des Roches-Baritaud, lieutᵗ-général du gouvernement du Bas-Poitou, et de Charlotte de Sallo, et eut :

6. — **Bouhier** (Charles-Gabriel), Chev., sgr de la Vérie et de la Braconière, mousquetaire du Roi, enseigne au régiment des gardes, capitaine de chevau-légers, fut blessé au siège de Lille. Il épousa : 1° le 14 janv. 1676, Renée Gabart, fille de Jean, Ec., sgr de la Moricière, et de N... Bonneau ; 2° N... Jousselin. Il eut, entre autres enfants : 1° Charles-René, qui suit ; 2° Jean ; 3° N...

7. — **Bouhier** (Charles-René), Chev., Mⁱˢ de la Vérie, né le 22 janv. 1679, colonel d'un régiment d'infanterie, se maria, le 25 mars 1704 (Sᵗ-Sulpice, à Paris), avec Marie-Louise Leclerc de Fleurigny, fille de Claude Mⁱˢ de Fleurigny, et de Claude-Catherine de Veeles de Passy, de laquelle il n'a eu que deux filles : 1° Marie-Anne-Jacqueline, née et baptisée à Fleurigny le 14 fév. 1707, mariée en 1727 à Claude-Gilbert Robert de la Salle de Lezardière, laquelle vivait en 1750 ; 2° N..., épouse de N... de Culant Mⁱˢ de Monceau.

§ V. — Branche de BEAUREGARD.

4. — **Bouhier** (Jacques), Ec., sgr de Beauregard, fils puîné de Robert, et de Anne Garreau (3ᵉ deg., § Iᵉʳ), fut, dit-on, secrétaire du Roi. En 1594, il se qualifie gentilhomme servant de Sa Majesté. Il épousa, le 10 avril 1588? Françoise Hélie, fille de Jean, sgr de Laubinière, et peut-être en 2ᵉˢ noces Marie Raclet. Il paraît avoir eu du 1ᵉʳ lit Jacques, qui suit, et du 2ᵉ, 4 filles qui passèrent acte avec leur mère en 1624 (Arch. Vien. E² 234) ; 2° Louise, mariée à Isnac du Raiffo, sʳ des Côtes, sénéchal de Talmont ; 3° Marie, qui épousa Jean Veillon, sʳ du Veillon (ils demeuraient à Beauregard en 1624) ; 4° Renée, mariée à Charles Mesnard, Ec., sgr de la Vesquière ; 5° Elisabeth, mariée à Charles Gourdeau, Ec., sgr de Carteblanchère.

(*Nota.* — D'autres généalogies donnent d'autres enfants à ce Jacques, mais les dates suffisent seules à prouver qu'il y a eu erreur dans leur rédaction.)

5. — **Bouhier** (Jacques), Ec., sgr de Beauregard et d'Argenvilliers, conseiller, maître d'hôtel du Roi, capitaine des toiles de chasse, tentes et pavillons de S. M. donna quittance le 10 juin 1628 à Renée Bouhier, Dᵉ de Marigny. (Notes de M. de Tinguy.) Peut-être eut-il postérité ?

§ VI. — Branche de L'ILE-BERTIN.

3. — **Bouhier** (René), Ec., sgr de l'Ile-Bertin, de la Forest, sénéchal ou président des élus aux Sables-d'Olonne, fils puîné de René, sgr de la Bauduère (2ᵉ degré du § Iᵉʳ), partagea avec son frère Robert le 26 mai 1564. (D. F. 82.) Il laissa de Marguerite Landreau, son épouse : 1° André, qui suit ; 2° René, rapporté au § VII ; 3° Marguerite, Dᵉ de la Guérivière ; 4° Marie, épouse de Guillaume Rougier, Ec., sgr de

Locreux, qui se partageaient sa succession le 9 déc. 1611.

4. — **Bouhier** (André), Ec., sgr de l'Ile-Bertin, la Chevestelière, etc., fut reçu le 22 mai 1596 conseiller-secrétaire du Roi, contrôleur général en la grande chancellerie de France. Il épousa Jeanne Mourin ou Mourain, et eut pour fils André, qui suit.

5. — **Bouhier** (André), II° du nom, Ec., sgr de la Chevestelière et de l'Ile-d'Olonne, épousa, vers 1630, Catherine Morisson, D° de la Chaboissière et du Retail, et laissa de ce mariage : 1° Robert, Ec., sgr de la Chevestelière, marié à N... Morisson, sa tante à la mode de Bretagne, dont il n'a point laissé de postérité; il vivait encore en 1667; 2° André, qui suit; 3° Renée, D° de la Chaboissière, mariée, le 21 janv. 1655, à François Buor, Ec., sgr de la Chauvalière; 3° Marguerite, mariée à Gabriel de Horthays, Ec., sgr de la Roche-Gaudouin, St-Révérend, maintenue noble en 1667 comme veuve.

6. — **Bouhier** (André), III° du nom, Ec., sgr du Retail, épousa Catherine Dubois, dont il ne laissa que Catherine, épouse d'André Buor, Ec., sgr de Villeneuve.

§ VII. — Deuxième Branche de L'ILE-BERTIN.

4. — **Bouhier** (René), Ec., sgr de l'Ile-Bertin, etc., fils de René (3° deg., § VI), gentilhomme ordinaire de la Vénerie du Roi, obtint, en juil. 1598 et le 14 oct. 1599, des exemptions du ban et arrière-ban, par privilège des officiers de la maison du Roi. (Notes de Tinguy.) Il assista, le 20 fév. 1617, à l'acte de tutelle de Marie Louer, fille de René et de Marie Bouhier. (Id.) Nous ignorons s'il eut postérité.

La famille Bouhier a formé plusieurs autres branches; mais le manque de renseignements certains ne permet pas de les rattacher à la tige principale.

§ VIII. — Branche de TALMONT.

1. — **Bouhier** (Jean), vivant au xvi° siècle, épousa Louise Guillemet, dont il eut : 1° François, qui suit; 2° Marie, qui épousa Pierre Bréchard, s^r de la Corbinière.

2. — **Bouhier** (François) épousa, le 23 janv. 1559, Madeleine de Raiffe, fille de Mathurin, sénéchal de Talmont, dont il eut : 1° Pierre, qui suit; 2° Louise, mariée à Hugues Pineau, sgr de la Motte.

3. — **Bouhier** (Pierre), sgr de la Ménardière, épousa Judith Pineau, D° de la Mothe; eut une fille, mariée à N... Merland.

§ IX. — Branche de LA GIRARDIÈRE.

Cette branche a été rattachée par erreur, dans plusieurs généalogies, à Robert Bouhier, sgr de Roche-Guillaume, marié en 1547; mais les dates prouvent évidemment qu'il y a eu confusion, et jusqu'ici nous n'avons pu retrouver le point de jonction pouvant rattacher ces Bouhier aux précédents; aussi nous recommençons ici la série des degrés.

1. — **Bouhier** (Jean), que l'on a confondu avec Jean Bouhier, fils de Robert (vivant 50 ans plus tôt), se maria, vers 1620, à Marie Teste, dont il eut : 1° Laurent, qui suit; 2° Marie, épouse de N... Bitault; 3° Renée, femme de René Morin (ou Mourain).

2. — **Bouhier** (Laurent), s^r de la Girardière, la Bergerie et l'Ecluse, armateur, mourut aux Sables-d'Olonne, âgé de plus de 80 ans, et fut inhumé dans l'église de cette ville. Il se maria trois fois : d'abord le 29 janv. 1652, à Marie Febvre, dont sont issus : 1° Jean, qui suivra; 2° Laurent, dont la postérité sera rapportée au § X; 3° Marie, épouse de Michel Moreau, armateur aux Sables; 4° Andrée, mariée à Guillaume Chevallereau, sénéchal de St°-Hermine. Le 26 fév. 1675, Laurent Bouhier se remaria à Marie Rousseau, dont il eut : 5° René, dont la postérité sera rapportée au § XI; 6° Pierre, s^r de la Bauduère ? en partie, à raison de son hôtel noble du Teil-de-Jars, subdélégué de l'intendant de Poitou, mort célibataire; 7° Jeanne, mariée à Jean Tortereau de L'Aubraye, contrôleur en l'élect. des Sables. Laurent Bouhier épousa en troisièmes noces, le 3 mai 1684, étant d'un âge fort avancé, Ozanne-Anne Guilloton, que nous croyons fille ou sœur de N... Guilloton de la Vergne, receveur des tailles aux Sables à la même époque. De cette 3° union naquirent : 8° André, s^r de la Gaudinière, né aux Sables le 12 août 1692, lieutenant de la capitainerie générale, garde-côte de St-Benoît (Vendée), qui épousa, le 15 juil. 1755, Louise Dupuy, dont un fils mort célibataire aux Sables en 1791; 9° Jean, s^r de la Bergerie, dont la filiation sera rapportée au § XII; 10° Louis, dont la filiation sera rapportée au § XIII; 11° Susanne-Marie-Anne, morte fille.

3. — **Bouhier** (Jean), II° du nom, s^r de l'Ecluse, qualifié également sgr de la Girardière dans quelques actes, fut marié deux fois : 1° le 25 nov. 1687, à Jeanne Tortereau de l'Aubraye, dont il n'a point eu d'enfants; 2° le 16 fév. 1698, à Susanne-Françoise Cardin, fille de Jacob, procureur au siège royal de Fontenay, et de Susanne de Lauspitault, dont : 1° Jean-Baptiste, né aux Sables le 13 nov. 1698, archidiacre et chanoine de Luçon; 2° André-Romain, mort célibataire; 3° Marie-Susanne, mariée, le 21 sept. 1722, à François de la Touche, avocat au Parlement; 4° Laurent, qui suit.

4. — **Bouhier** (Laurent), II° du nom, Ec., sgr de la Girardière, garde de la porte du Roi en 1749, épousa Marie-Elisabeth Costard, dont N..., qui épousa Julien Carreau de Nizeau.

§ X. — Branche de LA DÉDIÈRE.

3. — **Bouhier** (Laurent), III° du nom, s^r du Fief-Fouquet, fils puîné de Laurent, et de Marie Febvre, sa première femme (2° degré du § IX), reçu conseiller du Roi en l'élection des Sables le 9 août 1694, avait été nommé maire perpétuel le 27 fév. 1693, et major de la même ville; il épousa en 1689 Charlotte Saussier, dont il eut :

4. — **Bouhier** (Augustin-Joseph), Ec., sgr de la Dédière, né aux Sables, le 3 sept. 1690, garde du corps du Roi, fut nommé capitaine général de la capitainerie, garde-côte de Beauvoir et de la Barre-de-Mont (Vend.). Il fut aussi Chev. de St-Louis. Il épousa Marguerite Dorion, de laquelle il eut :

5. — **Bouhier** (N...), s^r de la Dédière, marié à N... de Loube, qui décéda sans postérité.

§ XI. — Branche de BOURG-L'ABBÉ.

3. — **Bouhier** (René), s^r de Bourg-l'Abbé, fils de Laurent, Ier du nom, et de Marie Rousseau, sa 2° femme (2° degré du § IX), fut reçu président des traites aux Sables le 5 juin 1705. Il épousa Marie Servanteau de la Brunière, de laquelle sont issus : 1° André, qui suit; 2° Marie-Jeanne, épouse d'Alexandre Duval de la Vergne, trésorier de France à Poitiers.

4. — **Bouhier** (André), III° du nom, s^r de Bourg-l'Abbé, président en l'élection des Sables, épousa

Catherine GESLIN, dont il n'a laissé que deux filles : 1° CATHERINE-ROSE-THÉRÈSE, mariée à Jacques-Gabriel Levêque, sénéchal de St-Gilles; 2° RENÉE-AMANTE-MARIE, qui épousa Pierre-Aimé-Calixte Birotheau des Burondières, député à la Convention et à la Constituante, président au tribunal des Sables, morte en cette ville le 12 juin 1840, dans sa 85e année.

§ XII. — BRANCHE DE **LA BERGERIE.**

3. — **Bouhier** (Jean), sr de la Bergerie, fils aîné de Laurent, et de Ozanne-Anne Guilloton, sa 3e femme (2e deg. du § IX), naquit aux Sables le 4 nov. 1689, et épousa, le 17 mai 1726, Madeleine-Nérie DUGET? dont : 1° FRANÇOIS, qui suit; 2° THÉRÈSE, décédée aux Sables en 1814, à 52 ans.

4. — **Bouhier** (François), sr de la Bergerie, marié à Jeanne FRICONNEAU DE LA MOTHÉRIE, dont : 1° FRANÇOIS, maire d'Olonne, mort célibataire en avril 1815; 2° MARIE-THÉRÈSE-JOSEPH, morte célibataire en 1826; 3° JEANNE, épouse de N. Macé, morte à la Salle (Olonne) en 1824.

§ XIII. — BRANCHE DE **L'ECLUSE.**

3. — **Bouhier** (Louis), sr de l'Ecluse, la Girardière, etc., fils puîné de Laurent, et d'Ozanne-Anne Guilloton, sa 3e femme (2e deg. du § IX), naquit le 2 juil. 1687; fut président au grenier à sel de Cholet. Il épousa, le 16 juin 1717, Louise BOISNEAU, *aliàs* BONNEAU DE LA GARDE, fille de Charles, président au grenier à sel de Cholet, et de Marie Jamet de Beauregard. De ce mariage sont issus : 1° CHARLES-LAURENT, Ec., sgr de Beauregard, lieutenant des gardes-côtes des Sables, puis maire de cette ville, fut reçu conseiller auditeur en la cour des comptes de Bretagne, le 21 janv. 1751; il mourut célibataire; 2° MICHEL-HENRI-MARIE, sr du Vivier, né aux Sables le 25 nov. 1724, échevin de la ville des Sables, armateur, décéda sans enfants; 3° ROBERT-ESPRIT-ANTOINE, qui suit.

4. — **Bouhier** (Robert-Esprit-Antoine), sr de l'Ecluse, la Girardière et Beauregard, échevin de la ville des Sables, naquit le 18 juin 1734; il épousa en 1799 Marie-Madeleine-Julie DE RORTHAYS DE St-HILAIRE, fille de Marie-Jean-Gilbert, Ec., sgr de St-Hilaire, et de dame N... Chauvin. Sont issus de ce mariage : 1° ROBERT-CONSTANT, qui suit; 2° VALÉRIE-LOUISE-PAULINE, mariée à Nantes, le 29 nov. 1821, avec Jean-Hippolyte Baillet de la Brousse, garde de la porte du Roi, puis officier au 13e de ligne, mort en 1831; puis à Constant de Rorthays, son cousin germain; 3° AMÉDÉE, mort jeune.

5. — **Bouhier de l'Écluse** (Robert-Constant), né aux Sables-d'Olonne le 18 oct. 1799, servit dans les volontaires royaux en 1815, et fut aide de camp du général inspecteur de la garde nationale de la Charente-Inférieure en 1816. Nommé substitut du procureur du Roi près le tribunal de Mantes (1822), de Chartres et de la cour d'assises d'Eure-et-Loir (1824), démissionnaire au mois d'août 1830; se fit inscrire parmi les avocats à la cour royale de Paris, et s'est constamment montré ardent défenseur des principes religieux et monarchiques. Nommé député de la Vendée en 1848, 1849 et 1852, il refusa de siéger après le coup d'Etat. Il est auteur d'un traité historique sur le célibat sacerdotal dans l'Église catholique, et le mariage des prêtres en France (Dentu), publié en 1831, à l'occasion du procès du prêtre Dumonteil; et d'un autre traité sur l'adoption par les prêtres, qu'il a réuni au premier, et publié sous le titre de *l'État des prêtres en France*, 1842, in-8°, Hivert, éditeur. Il est décédé en 1870, après avoir épousé : 1° à Nantes, en 1822, Virginie CHAUVIN, sa cousine, fille d'Emmanuel, inspecteur des eaux et forêts, et de Elisabeth Chabot, sœur du lieutenant-général baron Chabot, dont une fille décédée en bas âge; 2° à Chartres, le 16 août 1826, Anne-Louise-Léon LE CHAPELLIER DE LA VARENNE, fille de Louis-Michel, et de Louise-Madeleine Goislard de Villebresme. De ce 2e mariage sont issus : 1° MARIE-ÉUDOXIE, née à Chartres le 3 sept. 1827, mariée au comte Raoul de la Tullaye; 2° MARIE-LOUIS-THOMAS-ADRIEN, qui suit; 3° MARIE-THOMAS-LOUIS-RENÉ, né à Chartres le 10 nov. 1840, a servi dans l'armée pontificale en 1867; 4° et 5° deux enfants décédés jeunes.

6. — **Bouhier de l'Écluse** (Marie-Louis-Thomas-Adrien), né à Chartres le 20 juil. 1832, a épousé N... DE SAINT-JAMES.

§ XIV. — BRANCHE DE **NOIRMOUTIERS** (*sans jonction*).

1. — **Bouhier** (André). Quelques généalogistes le disent père de Robert Bouhier, Ier du nom. (Voir le 3e degré du § Ier.) Mais ce fait n'étant pas appuyé de preuves, nous dirons seulement qu'il épousa Marie THOMASSET, et qu'on le croit père de NICOLAS, qui suit.

2. — **Bouhier** (Nicolas), Ier du nom, établi à Noirmoutiers, épousa vers 1550 Jeanne DORINEAU. A son contrat de mariage figure, comme cousin, dit-on, un ANDRÉ Bouhier. Il laissa de son mariage :

3. — **Bouhier** (Nicolas), IIe du nom, sr de Gravoilleau, marié à Judith PAPION, fille de Jacques, Ec., sgr de la Simonière. De ce mariage est venu :

4. — **Bouhier** (Jean), Ier du nom, sr du Sableau et de Beaulieu, époux de Brigitte TAILLANDIER, fille de noble homme Pierre, sénéchal de St-Gervais et de Beauvoir, dont :

5. — **Bouhier** (Jean), IIe du nom, sénéchal de St-Gervais et de Beauvoir, marié à Hélène PLUMET, fille de Jean, sr des Boustreillères. De ce mariage sont issus : 1° LOUIS, sr de Beaupuy, marié à Marie-Anne DORINEAU; 2° JEAN, qui suit; 3° ALEXANDRE, chanoine de Luçon et prévôt de Fontenay-le-Comte; 4° BRIGITTE.

6. — **Bouhier** (Jean), IIIe du nom, sr du Sableau et de Beaulieu, capitaine au régiment de Moruac, épousa Susanne REBUFFÉ, fille de Pierre, sgr de Beaurepaire, dont :

7. — **Bouhier** (Luc), sr de la Davière, major de l'île de Noirmoutiers, marié à Louise BASSÉ ? DE LA GRANGE, dont : 1° LUC, gendarme de la garde du Roi; 2° FRANÇOIS-LOUIS-LAURENT, prêtre, reçu bachelier en Sorbonne en 1765; 3° JOSEPH-ALEXANDRE, qui suit; 4° MARIE-ANNE-SUSANNE, mariée, le 11 fév. 1765, à Alexandre-Benjamin Imbert de la Terrière, mort en 1792 à Castellaun, duché des Deux-Ponts.

8. — **Bouhier** (Joseph-Alexandre), sr de Maubert et de la Davière, naquit le 20 sept. 1744, fut chef de division des canonniers gardes-côtes à Noirmoutiers, chevalier de St-Louis, émigra en 1791, fit la campagne de l'armée des Princes, dans la 3e compagnie de la noblesse du Poitou, passa en Angleterre, fit partie de la funeste expédition de Quiberon où il trouva la mort. Il avait épousé : 1° Françoise BEVIER, 2° Marie-Georges LE CHOISNE DES GENTILS. De l'un ou l'autre de ces mariages il eut deux filles : 1° N..., épouse d'Alexandre Le Bourcier, officier supérieur dans la vieille garde impériale; 2° N..., mariée d'abord à Pierre Laudry de Vabres, Chev. de St-Louis, puis à Frédéric Le Mayer de Bresmann, en Allemagne.

§ XV. — Branche de **LA BREJOLLIÈRE**.

Nous n'avons que peu de renseignements sur cette branche établie à Nantes.

1. — **Bouhier** (Jacques), s^r des Arces, eut de Périne Naudeau, son épouse, Nicolas, qui suit.

2. — **Bouhier** (Nicolas), Ier du nom, s^r de la Brejollière, épousa, le 13 juin 1662, par contrat reçu Beru et Lemerle, not^res à Nantes, Gabrielle Millet, fille de Mathurin, s^r du Bois. Il a laissé de son mariage :

3. — **Bouhier** (Nicolas), IIe du nom, s^r de la Brejollière, qui avait épousé Charlotte de Goulaine, fille de Samuel, Mis de Goulaine, comme il est prouvé par un contrat de constitution de rente au profit desdits sieur et dame, reçu la Lande et Vatrin, not^res à Nantes. Ils laissèrent de leur mariage :

4. — **Bouhier** (Paul), qui épousa à Nantes, par contrat du 6 mars 1724, Madeleine Pontonier, dont :

5. — **Bouhier** (Paul-Martin), né le 7 nov. 1731, fut pendant trente ans contrôleur des actes et receveur des droits d'enregistrement ; marié, le 10 sept. 1776, à Madeleine-Anne Sabry de Montpoly, de laquelle il a eu : Madeleine-Perrine, mariée, le 7 déc. 1803, à M. le Vte Walsh, décédée en 1843.

BOUIL (de), *Bullio* (*de*). — Nom d'une famille que l'on traduit généralement ainsi. (D. Fonteneau, dans ses transcriptions des chartes de Boisgrolland et de Fontaines, écrit de Bueil, confondant ces deux maisons, bien que cependant jamais aucuns rapports n'aient existé entr'elles.)

On trouve les de Bouil tenant un des premiers rangs dans le Talmondais, où ils sont placés parmi les *proceres*, les *barones* du Bas-Poitou. Cette famille paraît avoir pris son nom d'un fief situé dans la paroisse de St-Vincent-sur-Jard (Vendée), et comme on trouve *S^tus Vincentius de Bullio*, il pourrait se faire que ce fût le nom primitif de cette paroisse.

B. Fillon, dans sa Notice sur St-Cyr-en-Talmondais, a donné la généalogie de cette famille dont il reparle encore dans Poitou et Vendée (v^r Poiroux et Bouillé). Nous avons suivi son travail, en y ajoutant certains détails négligés par notre devancier, et puisés dans les cartulaires des abbayes de St-Cyprien de Poitiers, de Ste-Croix de Talmond, de Boisgrolland, d'Orbestier, etc., dont les de Bouil furent les fondateurs ou les bienfaiteurs.

§ Ier.

1. — **Bouil** (N... de) laissa d'Hermessende, sa femme : 1° Ramnulfe, qui suit ; et peut-être 2° Hugolin, dont nous parlerons au § II.

2. — **Bouil** (Ramnulfe de) fait, d'après une charte du cartulaire de Ste-Croix de Talmond, une donation à ce monastère, « *pro sepultura matris sue Hermissendis*. Il avait été présent en 1049 (id. Cart. 1) à la fondation de cette abbaye par Guillaume dit le Chauve, sgr de Talmond. Lui ou peut-être son père qui aurait porté ce même nom de Ramnulfe, fut présent et signe, le premier après les donateurs, la charte par laquelle Arbert et son frère Bérenger donnent, vers 1040, à l'abb. de St-Cyprien de Poitiers les cinq églises de l'Ile-Dieu, et la moitié de toute la dîme qu'ils levaient dans l'église, (Cart. 587.) Il est désigné comme étant avec Ramnulfe, un de ses fils, au nombre des *fidèles* de Guillaume le jeune, sgr de Talmond, dans la donation faite des églises d'Olonne à Ste-Croix de Talmond. (Cart. n° 4.) On le voit reparaître en 1056 avec ses fils Ramnulfe, Pierre et Guillaume, dans une donation faite au même monastère par Guillaume le jeune. Notre Ramnulfe est le premier signataire de la charte par laquelle le comte de Poitou restitue à l'abb. de Ste-Croix les églises d'Olonne que la comtesse Agnès, sa mère, lui avait injustement enlevées. (Id. n° 52.)

D'après M. Fillon, il vivait en 1072 et fut le premier époux d'Ermolidis, dont il eut : 1° Pierre, qui suit 2° Ramnulfe, dont nous ne savons autre chose que ce qui est rapporté à l'article de son père ; 3° Guillaume, qui fut présent à la fondation du prieuré de Fontaines ; et dans la charte-notice d'un plaid tenu vers 1080, on s'exprime ainsi à son égard : *Willelmus filius Ramnulfi de Bullio a puero in curia Willelmi* (*Domini Talamonensis*) *nutritus et qui tempore longo spatarius* (porte-épée, garde), *actuum ejus, utpote semper præsens et conscius* (Cart. de Fontaines); 4° et peut-être, d'après Fillon, Aldéarde, qui épousa Ulric de Revroc ou Ruvroc, ce qui ne peut être qu'à moins que l'on ne déduise sa filiation de ce passage d'une charte datée vers 1080 (Cart. St-Cyprien, 575), relatif à l'origine des biens qu'elle possédait à St-Cyr, qui dit qu'elle en est propriétaire *jure paterno*, sans désigner le nom de son père ni sa famille.

3. — **Bouil** (Pierre de), Ier du nom, fut présent en 1049, comme nous l'avons vu, à la fondation de l'abb. de Ste-Croix de Talmond. Il est relaté à divers titres dans un grand nombre de chartes de cette abbaye, de St-Cyprien de Poitiers, etc. La charte-notice (n° 20, Talmond), datée *circa* 1074 *ad* 1127, débute ainsi : *Petrus de Bolio* (pour *Bullio*), *filius Ramnulfi, uxor ejus Maxentia, omnesque filii eorum acceperunt societatem in monasterio S^tæ Crucis.... cum monachis ibidem Deo militantibus* ; puis vient le détail des dons faits à ce monastère par les de Bouil. Parmi ces dons nous signalerons la construction d'une église à Poiroux. Plus loin, au paragraphe 3, dans le même document, nous trouvons ce passage qui nous fait connaître quel était à cette époque l'état de la famille de Bouil : *Dehinc vero in hoc conventu quem suprà retulimus concessit ipse et uxor ejus atque filii ejus Petrus-Brullars, Willelmus-Baudinus, Aimericus, Gaufridus, Arbertus*. Pierre était au nombre des barons du Talmondais présents au jugement ordonnant la restitution au prieuré de Fontaines de la terre d'Angle, que lui avait donnée Guillaume le jeune, sgr de Talmond. (D. F. 8.)

Vers 1080, lui et ses fils donnent à St-Cyprien de Poitiers (Cart. n° 571) *medietatem ecclesiæ S^ti Cyri prope Curzionem castrum* (St-Cyr en Talmondais), tout ce qui en dépendait, le four du château de Curson et la terre de Troussepoil. Les mêmes furent, la même année, témoins de deux dons faits de parties de la même église à cette abbaye (n°s 574-575). En 1095, il donnait au prieuré de Fontaines l'eau et la pêcherie d'Anglard. (D. F. 8.) Pierre donnait encore vers 1100 à Ste-Croix de Talmond la cour d'une maison sise devant la porte St-Laurent (porte du bourg ou du monastère?), en échange de quoi l'abbé lui donna 30 sous. Nous ne savons si cette charte émane de Pierre ou de son fils Pierre II.

Comme nous l'avons vu plus haut, Pierre I eut de Maxentia, sa femme : 1° Pierre, qui suit ; 2° Guillaume, dit Baudouin, qui vers 1087 fut témoin avec son frère Aimeri de la donation de l'église de St-Ambroise de Rié, faite à St-Cyprien (Cart. n° 585) ; et vers l'an 1100 il donne avec Aimeri, *in constructionem* de la même église, un marais situé *subtus* ce monument (n° 586).

Il confirme avec ses frères Aimeri et Geoffroy un don fait au même monastère de 1108 à 1115 (n° 575). Il ratifia le don fait vers 1101 à Ste-Croix de Talmond par son frère Aimeri partant pour la croisade. Puis en 1125, sentant la mort s'approcher, *dum ad mortem appropinquaret*, et de l'avis de son frère Aimeri, il donne à l'église St-Eutrope (de Poiroux ? Vendée) et aux moines qui la desservaient le moulin de Garnaud (Poiroux). (Cart. de Talmond, 267.) D'après une note, sa femme se nommait AMICE.

3° AIMERI, que nous avons cité plus haut avec son frère Guillaume. C'est en 1101 qu'il est dit prêt à partir pour Jérusalem (*iturus ad Jherusalem*). Sans doute il se réunit aux croisés poitevins et aquitains, qui cette même année se rendirent en Terre-Sainte sous la conduite de Guillaume duc d'Aquitaine et Cte de Poitou ; mais, plus heureux qu'un grand nombre de ses compagnons, il revit sa patrie, car nous le trouvons, vers 1125, près du lit de mort de son frère Guillaume, à moins que l'on ne suppose qu'effrayé des dangers du voyage il n'ait pas quitté son pays natal. Le 4e paragraphe de la charte du Cart. de Talmond, n° 20, nous montre Aimeri intervenant *cum aliis proceribus* dans un différend soulevé entre Guillaume son frère et le monastère de Ste-Croix, au sujet de la dîme de certaines terres.

4° GEOFFROY, omis par Fillon, bien que mentionné avec ses frères dans la charte n° 20 précitée du Cart. de Talmond, et qui vers 1108-1115, ratifie, avec Guillaume et Aimeri ses frères, une donation faite à St-Cyprien (Cart. 579) ; 5° ARBERT, nommé dans la charte de Talmond (n° 20). D'après Fillon, il mourut sans enfants d'AURELINA, sa femme.

4. — **Bouil** (Pierre de) dit *Meschinus*, d'après Fillon, fut, comme son père, un des plus puissants barons de la contrée. Vers 1099, lui ou son père est témoin d'un traité passé entre les abb. de Marmoutiers et de Talmond, au sujet des églises de Bram. En 1101, il ratifie la donation faite par Aimeri son frère *iturus ad Jherusalem*. Il est témoin et signataire de plusieurs actes passés à la même époque, et fut désigné par Pepin, sgr de Talmond, avec *Willelmus Achardi* et *Hugo de Casa, de baronibus suis*, pour vider un différend existant entre l'abb. de Ste-Croix de Talmond et un nommé Pierre dit *Meschinot*. (Cart. n° 216.) Vers 1100, nous voyons *Lecberga medietaria* de Pierre de Bouil, *quæ cum filio suo Ricardo itura ad SS. Egidium* (en pèlerinage sans doute à St-Gilles de Palluau ?), donner à l'abb. de Ste-Croix une sextorée de terre. Nous retrouvons encore Pierre vers 1105 témoin des règlements des difficultés existant entre l'abb. de Ste-Croix et les chanoines d'Angle (Vendée), au sujet des églises de N.-Dame de Longueville et de St-Martin du Bernard, dont ces derniers avaient disputé même *armata manu* la propriété à ce monastère. Il ne laissa qu'un fils, qui suit.

5. — **Bouil** (Aimeri de), sgr de St-Cyr et de Poiroux. Vers 1120, un sgr nommé *Racbertus, volens ire ad Jherosolimam*, le constitua son mandataire et lui confia la garde de ses biens. (Cart. Talmond, 2202.)

Vers 1140, il garantit à l'abb. de St-Cyprien la remise du don de la huitième partie de la dîme de Curson, que lui avait fait Aldéarde de Ruvroc, sa tante ? (V. 2e degré.). (Cart. 677.) Puis en 1149 il lui donne des vignes sises *in parochia Sti Saturnini de Curson* (St-Sornin, Vend.). (Cart 580.) Mais l'acte principal de son existence fut la fondation de l'abb. de Boisgrolland, vers 1109. Nous ne savons sur quoi s'est appuyé B. Fillon pour reporter la création de ce monastère au milieu du XIIe siècle. Vers 1160, il lui donnait *Lerce quæ est suprà stagnum de nemore Guichet*, donation qui fut ratifiée par son fils. Il paraît être décédé lorsque *Roaudus famulus ejus* fait un don à cette abb., acte portant le consentement de Pierre et Aimery, ses deux fils ; mais il avait eu d'autres enfants déjà décédés, suivant les expressions qui le terminent. *Hoc donum* (le don de Roaud) *factum est tempore quod Aimericus, uxor ejus et filii in ecclesia sunt tumulati.* (Cart. 3.) Les deux fils survivants furent : 1° PIERRE, qui suit; 2° AIMERY, ce dernier paraît dans un grand nombre de chartes du Cartulaire de Boisgrolland, soit comme témoin, avec son père et son frère, soit comme donateur lui-même. Dans l'une (n° 11), on voit qu'il avait épousé ÆLINA, dont il ne paraît pas avoir eu d'enfants, ce qui ressort d'un passage du n° 63 relatant le don qu'il fait *de lumine quodam, nomine Johanne* Machans de la Mauvezinière *et de heredibus suis.... ad luminare ecclesie.....* Nous croyons qu'il mourut peu après, puisque la charte se termine par la ratification de ce don, faite entre les mains de l'abbé Benoît qui gouverna l'abb. de Boisgrolland de 1180 à 1189, par Guillaume de Chantemerle comme époux de Maxentia, nièce du donateur. D'après M. B. Fillon, il serait décédé vers 1180.

6. — **Bouil** (Pierre de), sgr de St-Cyr et de Poiroux. Nous ne relaterons pas les nombreuses chartes de l'abb. de Boisgrolland dans lesquelles il est nommé soit comme présent, soit comme bienfaiteur. Nous citerons entre autres (n° 11) la donation de la personne de *Giraudus Girart*, en l'exemptant de tout service vis-à-vis de sa personne, et encore celle portée au n° 65 qui doit être datée vers 1160, par laquelle il donna des vignes à ce monastère, et relatant le don que fait en même temps Guillaume de Rié de XIV livres que Pierre lui devait *propter quemdam equum*.

Ad extrema veniens, Pierre donna encore *quatuor modios vini* à prendre *in feodo Garnauderie* (n° 34), ce qui fut ratifié par son frère. En mourant, il ne laissa qu'une fille, dite (cart. Boisgrolland, n°s 64, 71, 72) MAXENTIA, MAIENTIA ou MAENEDIS, qui, durant sa vie, ne fut pas moins généreuse que ses parents, vis-à-vis du monastère qui leur devait son existence. Elle donna à l'abbé Benoît (de 1180 à 1189) la forêt de la Garde ; puis (n° 74) elle lui donne encore *airaudus apud Jeoncherium ad edificandum domum* ; et enfin (charte sans date) *in ultima egretudine posita*, elle lui donne la personne de *Symon de Perosio, cum tenamento quod tenebat à domini Perosii.* Fillon donne l'année 1204 comme date de sa mort ; cependant la charte n° 72, plus haut citée, est datée de 1214. Elle avait épousé Guillaume de Chantemerle, mais n'eut pas de postérité (dit Marchegay). Les fiefs des de Bouil passèrent aux d'Aspremont ; on croit que la 1re femme de Guillaume d'Aspremont, Berthe, était une de Bouil.

§ II.

2. — **Bouil** (Hugolin de), peut-être frère de Ramnulfe (2e deg., § 1er), dit Fillon, note de la page 19, par rapport à l'époque où il vivait, étant contemporain de Vital, abbé de Ste-Croix de Talmond de 1042 à 1058 ou 1060). La charte n° 12 du cartulaire de cette abbaye énonce les nombreuses donations faites par Hugolin pendant sa vie, et *in separatione corporis et animæ dedit majora.* D'après un passage de celle portée au n° 6, on voit que Hugolin eut pour fils :

3. — **Bouil** (Hugues de), lequel (n° 6) fait de nouveaux dons à l'abb. de Talmond *pro sepultura ejusdem patris sui.* D'après le n° 12, on voit qu'il

avait épousé Maxentia, et qu'ils vivaient en 1075. Un passage de cette pièce pourrait faire supposer que, outre Guillaume et Jean, qui y sont clairement indiqués comme enfants de Hugues, ce dernier en aurait eu un troisième du nom d'Abel. Pour Guillaume, nous n'avons rien trouvé que son nom (n° 12). Quant à Jean, on le voit ratifiant avec *Hugo* son père les libéralités faites par son aïeul à l'abb. de Talmond.

BOUILLÉ, souvent écrit **BOULIÉ**. — Des familles de ce nom se trouvent en plusieurs provinces, notamment en Poitou, le Maine, l'Auvergne, etc. En Poitou, il y a eu les sgrs de Bouillé près Niort, les sgrs de Bouillé-St-Paul en Thouarsais, etc.

Bouillé (Hues de), Chev., chambellan du Roi, acquiert en 1302 de Pierre de St-Père, au nom de Girard de Thiais, de Poitiers, une rente de 15 liv. sur la prévôté de cette ville. (A. Nat. J. 180, 37.)

Bouillez (Guillaume de) fut témoin en 1315 et en 1321 d'accords passés entre Gauvain du Plantis, Chev., et Cuyard de Noiretcrre, au sujet de rentes aux Herbiers.

Boulié (François de), Chev., servait en avril 1388. (Bib. Nat. Montres et Revues.)

Bouillé ou **Boulié** (Huguet de), Ec., sgr dudit lieu, rend hommage, le 3 mai 1405, de son herbergement sis à St-Varent. (D. F.) Il épousa Louise de la Brosse, qui, étant veuve, fit aveu à Bressuire en 1416 pour le fief Cruhé, et en 1418 pour celui de Jouteau. Il eut pour enfants : 1° Marguerite, mariée en 1413 à Jean Foucher, Ec., sgr de l'Esmantruère; 2° Andouine, qui était en 1440 femme de Jean de Courdau, sgr de Cruhé en Noiretcrre (Hre Bressuire); 3° Marie, mariée à N... de Beaumont.

Bouillé (Andrée de) épousa Jacques Jourdain, Ec., qui fit aveu le 24 sept. 1435.

Boulyé (N... de), brigandinier du sgr de Montreuil-Bonnin au ban de 1467, y fut remplacé par les archers de Henri Bonnet. (F.)

Bouillé (Jean de) servait en archer le 9 fév. 1474. (Bib. Nat. Montres et Revues.)

Bouillé (Jeanne de), veuve de François de la Davière, épousa, le 29 janv. 1519, Jean d'Andigné, Ec., sgr du Bois-de-la-Court.

Bouillé (N... de) servit dans la 1re brigade de la noblesse du Poitou au ban de 1689. (F.)

BOUILLÉ (de) en Poitou, Seigneurs de Bouillé près Benet. (V. Poitou et Vendée.)

Bouillé (Eustache de), Dn de Bouillé, épousa, vers 1230, Etienne de Jaunay. (Leurs descendants prirent le nom de Bouillé.)

Bouillé (Jeanne de Jaunay, dite de) épousa, vers 1360, Maurice de Lenay.

BOUILLÉ (de). — Maison noble et très ancienne, connue en Auvergne depuis le xiie s°, que quelques auteurs disent originaire du Maine, où se trouve une terre de Bouillé, possédée pendant plusieurs siècles par une famille du même nom, figurant avec honneur dans la chevalerie du Maine, et dont plusieurs membres ont occupé des charges importantes.

Blason : de gueules à la croix ancrée d'argent. Devise : « *A vero bello Christi* ».

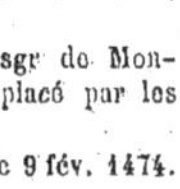

Les Bouillé d'Auvergne sont connus depuis Pierre de Bouillé, mentionné dans une charte de l'abbaye de Montpeyroux, datée de 1155.

Dalmas de Bouillé (*Dalmasius de Bollerii*), Chev., Croisé, figure dans un emprunt contracté à Damiette, le 2 nov. 1249, sous la garantie d'Alphonse, Cte de Poitou. (Salle des Croisades.)

Une généalogie composée en 1857 par le Cte de Bouillé sur d'anciens mémoires et les preuves faites devant Chérin, d'Hozier, etc., pour les honneurs de la Cour, établit une longue filiation depuis le xiie s°, et relate un grand nombre de personnages illustres, évêques, généraux, ambassadeurs, chevaliers de St-Michel, du St-Esprit et de divers ordres français, et de presque tous ceux de l'Europe, des chevaliers de Malte, des chanoines comtes de Lyon et de Brioude.

La branche de Bouillé du Chariol, d'où descendent ceux qui habitent le Poitou, s'est alliée aux maisons d'Urfé, de Lérins, d'Urgel, de Joyeux, de Langode, d'Estaing, de la Tour d'Auvergne, de Chabannes, de la Fayette, de la Roche-Aymon, de Lastic, de Goth, de Chauvigny-de-Blot, de la Faye-Montrevel, de Pons, de St-Nectaire, de Bourdeille, de Contades, de Bonchamps, de Tryon-Montalembert, etc.

C'est de cette branche qu'était issu François-Claude-Amour, Mis de Bouillé, lieutenant-général des armées du Roi, commandant les trois évêchés, la Lorraine, l'Alsace et la Franche-Comté, général en chef de l'armée de la Meuse, etc., qui, malgré ses efforts, ne put empêcher l'arrestation de la famille royale à Varennes. (V. Thiers, Révolution Française, I, chap. iv.)

Bouillé (Lucrèce de), des Bouillé du Maine, épousa Claude d'Aubigny, Chev., Bon de la Jousselinière et de Ste-Gemme. Leur fille Catherine se maria, le 21 janv. 1626, à René Gaborio, Chev., sgr de Travorsay. Lucrèce était veuve à cette date. A son contrat de mariage assistèrent René Mis de Bouillé, Chev. des ordres du Roi, Urbain de Bouillé, Cte de Créance, François de Bouillé, sgr de Bourneuf, Eléonor de Bouillé, Bon de Chelles, oncles maternels de la future.

Filiation suivie, prise au 19e degré de la généalogie composée par le Cte de Bouillé.

19. — **Bouillé du Chariol** (Joseph de), sgr d'Hautozat épousa : 1° Jeanne-Augustine du Crozet de Cumignat, 2° le 2 mars 1756, Marie-Madeleine Chalvet de Rochemonteix, fille de Claude, Ec., sgr de Nastrac, et de Marie-Barbe de Leautoing. Sont issus du 2e lit : 1° Claude, qui suit; 2° Jean-Baptiste, né le 6 juin 1759 à Pichauzet près Brioude, reçut les ordres sacrés au séminaire de St-Sulpice, fut peu après nommé aumônier de Marie-Antoinette, pourvu de l'abb. de Beaulieu (Limousin), d'un titre de chanoine Cte de Vienne, avec des lettres de vicaire général, dues à l'estime et à la confiance de l'archevêque Le Franc de Pompignan; émigra, et fut se fixer à Bade. Après la mort de Louis XVI et de la Reine, il suivit à la Martinique le Mis de Bouillé, où il desservit pendant longues années les paroisses de Ste-Luce, Le Vauclin et la Rivière-Pilote, où il s'était établi; revenu en France en 1818, afin d'y chercher un renfort de missionnaires, il fut retenu dans son pays natal par les instances de sa famille; il vit remonter les Bourbons sur le trône; nommé en 1815 aumônier de Mme la duchesse d'Angoulême, puis évêque de Poitiers le 8 avril 1817, il fut sacré dans l'église de St-Sulpice de Paris le 25 oct. 1819. Pendant les vingt-deux années de son épiscopat, il fut le modèle des pasteurs, pourvut la plupart des paroisses privées de leurs prêtres, aida de ses deniers la reconstruction de maintes églises, ou le rachat de celles vendues comme biens nationaux, créa pour ainsi dire son grand et ses petits séminaires. Tous

ses moments étaient consacrés à l'administration de son vaste diocèse, et malgré son grand âge, il ne recula jamais devant les fatigues de ses visites pastorales, au milieu desquelles la maladie qui devait l'emporter vint l'atteindre. Il est mort à Poitiers à l'âge de 83 ans, le 14 janv. 1842, et fut inhumé dans son église Cathédrale, où un monument lui fut consacré. Une épitaphe y rappelle les services qu'il rendit à la religion, et la douleur que ses diocésains ont ressentie de sa perte. En voici le texte :

D. A. D. et P. M. — Ill^mi ac Rev^mi in Christo patris D. D. Joan. Baptistæ de Bouillé — nobilis Arverni — quem — Regum Ludov. XVI et XVIII aula vidit sacerdotem — Martinica insula — dilexit pastorem — Pictaviensis ecclesia, — luget pontificem — obiit die XIV *Januarii an.* D. M.DCCCXLII — *ætatis* LXXXIII, *pontificatus* XXIII — *clerus, populusque Pictaviensis — veneratione et desideriis unanimes — orantes posuere.*

3° DURAND, officier au régiment de Viennois, né le 26 janv. 1761, décédé célibataire; 4° MARGUERITE-LOUISE, née en 1762, morte à Poitiers le 24 juin 1833, célibataire.

20. — **Bouillé du Chariol** (Claude de), Vte de Bouillé, Chev., sgr d'Hautezat, né le 10 déc. 1756, fit ses preuves et monta dans les carrosses du Roi en 1785, capitaine au régiment de Vexin, nommé Chev. de St-Louis en 1796, et colonel à la Restauration; il est mort le 8 oct. 1820. Il avait épousé en 1786 Marie-Guillemine PINEL DU MANOIR, fille de Guillaume, colonel du régiment de la Martinique, et de Reine d'Orzelle, dont : 1° FRANÇOIS-CLAUDE-AMOUR-RENÉ-ALBERT, qui suit; 2° ARTHUR-PHILIPPE-GUILLAUME-PARFAIT, dont il sera parlé après la postérité de son frère aîné.

21. — **Bouillé du Chariol** (François-Claude-Amour-René-Albert, Vte de), maire de Nevers sous la Restauration, Chev. de la Légion d'honneur, né le 25 sept. 1787, et marié, le 2 janv. 1813, à Rosalie-Pierrette DE FORESTIER, fille de François-Marie, sgr de Villers-le-Comte, maréchal de camp, Chev. de St-Louis, et de Claudine-Geneviève Sallonier d'Avrilly, dont il a eu : 1° CLAUDINE-GENEVIÈVE-ZOÉ, née à Nevers le 5 sept. 1814, mariée, le 14 oct. 1834, à Joseph-Marie-Victor Vte de Maumigny; 2° CHARLES, Cte de Bouillé du Chariol, officier de la Légion d'honneur, député, puis sénateur de la Nièvre, vice-président de la Société nationale d'agriculture de France, président de celle de la Nièvre, né le 30 août 1816, marié, le 21 sept. 1852, à Angélique-Gabrielle-Alix DU CROZET, fille de Charles-Marie-Adrien Mis du Crozet, Chev. de la Légion d'honneur, et de Louise-Gabrielle de Borne-St-Etienne-St-Cernin, propriétaire de la terre de Chitré près Châtellerault, dont : *a.* AMOUR-PIERRE-ADRIEN-RAOUL, né à Nevers le 22 mars 1854; marié, le 18 avril 1888, à Marie-Aimée DU BOURG DE PRAVIES, dont : MARIE-JEANNE-CHARLOTTE-THÉRÈSE, née le 13 mars 1889; *b.* AMOUR-FRANÇOIS-ALBERT, né à Villers-le-Comte le 5 juil. 1855, capitaine commandant au 29e dragons, marié, le 26 juin 1882, à Marie-Elisabeth-Sydonie-Camille D'AVESGO DE COULONGES, fille du Cte d'Avesgo, et de Hélène de Louvencourt. De ce mariage, CHARLOTTE-MARIE-JOSÈPHE-LOUISE, née le 22 mars 1886; et AMOUR-MARIE-JOSEPH-CHARLES, né le 24 juin 1889; *c.* ZOÉ-FRANÇOISE-ELIANNE, née au chât. de Cumignat, H^te-Loire, le 13 sept. 1856, mariée, le 22 sept. 1875, à Pierre-Edgard de Chargères, Mis du Breuil, décédé le 29 août 1887. Le Cte Charles de Bouillé est décédé le 8 juil. 1889.

3° JEAN-BAPTISTE-MARIE-AMOUR-ROGER, Vte de Bouillé du Chariol, né à Nevers le 14 avril 1819, a épousé, le 12 nov. 1850, Marie-Louise-Lucile-Léopoldine DE TRYON-MONTALEMBERT, fille de Jules-Louis-Pierre-Fortuné Mis de Tryon-Montalembert, ancien député de la Charente, Chev. de la Légion d'honneur, officier des chasseurs à cheval de la garde impériale, et de Françoise-Céline de Cressac, union bénie par Mgr Pie, évêque de Poitiers. Le contrat de mariage fut signé par M. le Cte et Mme la Ctesse de Chambord, qui en toutes circonstances témoignèrent à M. Roger de Bouillé la plus grande bonté, comme le justifient les nombreuses lettres qu'il possède, écrites de leur propre main. Mesdames les duchesses d'Angoulême et de Berry honorèrent également ce contrat de leurs signatures.

Mme de Bouillé est morte à Pau le 18 déc. 1875, laissant : *a.* LOUIS-PIERRE-AMOUR-MARIE-HENRI, né le 25 août 1851, et baptisé le 29 suivant par Mgr Pie, ayant pour parrain et marraine le Cte et la Ctesse de Chambord, qui avaient accueilli, avec le plus touchant empressement, la demande que leur en avait faite M. R. de Bouillé. Engagé volontaire aux zouaves pontificaux, il fit dans ce corps d'élite la campagne de 1870-1871, entra au 5e chasseurs à cheval; il parvint au grade de lieutenant, 1881 (15 avril), officier d'ordonnance du g^al Jacquemin (3 fév. 1886), capitaine au 5e hussards (4 mars 1887) et capitaine instructeur (1er juil. 1887); fut nommé par S. Sainteté Léon XIII (bref du 28 août 1883), chevalier de l'Ordre militaire de St-Grégoire-le-Grand.

Le 6 nov. 1877, Mgr Pie bénissait au chât. du Boisguillot (Loir-et-Cher) son mariage avec Henriette-Julie AKERMANN, fille de Paul-François, et de Anne-Marie Petau, de la famille du P. Petau, le *theologorum facile princeps*. Mgr le Cte de Chambord avait écrit le 25 juil. 1877 à son père pour le féliciter *chaudement* du mariage de son *cher filleul*, et voulut bien, ainsi que la Ctesse de Chambord, signer au contrat de mariage. Le St-Père, pour ajouter à tant d'honneurs, envoya sa paternelle bénédiction aux jeunes époux. De ce mariage sont issus : 1° HENRIETTE-MARIE-ROGÉE-LÉOPOLDINE, née le 12 mars 1879; 2° AUGUSTINE-MARIE, née et décédée le 16 avril 1882.

b. RENÉE-MARIE, née le 12 sept. 1852, mariée, le 5 oct. 1882, à Louis-Fernand Vte de Carbonnier de Marzac, capitaine adjudant-major du 6e bataillon de chasseurs à pied. Le Cte de Chambord, qui ne laissait échapper aucune occasion de témoigner au Vte Roger et à sa famille toute l'affection qu'il leur portait, lui écrivit le 14 sept. la plus aimable lettre, et le St-Père y joignit encore sa bénédiction. *c.* MARIE-PIERRETTE-YSEULT, née le 21 nov. 1855, mariée, le 12 nov. 1884, à Henri-Ernest de Villebonne. Le St-Père honora encore les jeunes époux de ses bénédictions que le cardinal Jacobini leur transmettait le 2 nov. 1884. Enfin *d.* PRAXÈDE-MARIE-RADÉGONDE-JEHANNE, née le 16 août 1862.

4° ARTHUR-FRANÇOIS-MARGUERITE-HENRI, né à Nevers le 13 mai 1824, général de division (mars 1881). L'espace nous fait défaut pour relater ici ses beaux états de services; nous donnerons seulement la liste de ses campagnes qui lui ont fait, pour ainsi dire, faire le tour du monde : 1854-1856, en Orient; — 1856-1859, Algérie; — 1859, Italie; — 1860-1861, Chine; — 1870-1871, France contre l'Allemagne; — 1871, armée de Versailles. Blessé à Patay d'un éclat d'obus, au côté droit, qui le mit hors de combat, commandeur de la Légion d'honneur (24 juin 1871), médaille de Crimée, d'Italie, de Chine, ordre du Medjidié, Chev. des Sts-Maurice-et-Lazare d'Italie, commandeur de l'ordre de Pie IX (11 août 1863), grand-croix de l'ordre de François-Joseph d'Autriche (1877); a épousé, le 11 juin 1862, Emma DE ROSSETTI ROZNOVANO, tante de la reine de Serbie, et est mort à Paris, le 21 juil. 1883, laissant : *a.* MARIE-ALBERTINE, née le 3 juil. 1863, mariée, le 6 août 1888, à Adolphe-Marie-Auguste Julien Vte de Courcelles; *b.* MARGUERITE-PIERRETTE, née le 7 août 1865, décédée le 16 sept. 1873.

5° BLANCHE-CHARLOTTE-ZOÉ, née à Nevers le 12 juil. 1827, mariée, le 8 mai 1849, à Pierre-Charles Andras, Vte de Marcy; 6° YSEULT-MARIE-CAROLINE-ZOÉ, née à Nevers le 26 janv. 1838, mariée, le 4 mai 1863, à Arnaud-Jacques-Henri-Félix-Gérard, Mis d'Aux de Lescout, décédé le 9 déc. 1884.

§ II. — BRANCHE CADETTE.

21. — **Bouillé du Chariol** (Arthur-Philippe-Guillaume-Parfait de), fils puîné de Claude et de Marie-Guillemine Pinel de Maunoir, Chev. de St-Louis, de la Légion d'honneur et de St-Ferdinand d'Espagne, naquit le 18 févr. 1790, entra en 1814 aux gardes du corps, devint un des aides de camp du maréchal Oudinot, major général de la Garde, capitaine d'état-major, a fait la campagne d'Espagne en 1823. Il épousa, par contrat du 27 févr. 1817, Charlotte-Agathe-Zoé DE BONCHAMPS, fille unique du général Vendéen, et de Marie-Renée-Marguerite de Scépeaux. De ce mariage sont issus : 1° LOUISE-THÉRÈSE, née le 17 mars 1818, tenue sur les fonts de baptême par Louis XVIII et Mme la duchesse d'Angoulême, mariée en 1846 (14 oct.) à Aristide-René-Marie Vte de Chevigné; elle est morte le 8 août 1847; 2° FERDINAND-LOUIS-MARIE-CLAUDE-ARTUS-HERMINIE, né le 8 mars 1821, servait aux Zouaves pontificaux comme simple soldat, engagé volontaire à 50 ans, et fut blessé mortellement à Patay. Il avait eu de son mariage avec Pélagie URVOY DE St-BEDAN, fille de Jacques-Olivier, et de Marie-Pélagie de Chevigné, contracté le 26 avril 1843 : *a.* JACQUES-MARIE-ARTUS-AMOUR, né le 4 mai 1844, tué à Patay en brandissant la bannière du Sacré-Cœur; son corps n'a jamais été retrouvé; *b.* MARIE-ANNE-GUILLEMINE-CLÉMENTINE, née le 27 juil. 1848, et mariée à Pierre-Marie-Edouard de Cazenove de Pradines, secrétaire du Cte de Chambord, député de la Loire-Inférieure, qui eut le poignet droit brisé à la bataille de Patay, au moment où son beau-père et son beau-frère tombaient sur le champ de bataille.

BOUILLON (Geoffroy), vivant au XIIe siècle, naquit à Mauléon (Châtillon-sur-Sèvre, D.-S.); ami de Geoffroy de Mauléon, son compatriote, il le suivit dans sa retraite et fut avec lui le fondateur de l'abbaye de Fontaines vers Châteaudun, au diocèse de Tours, où il finit sa carrière.

Vr les quelques lignes que Mgr Cousseau lui a consacrées dans l'art. biographique de Geoffroy de Mauléon, inséré dans les Mém. de la Société des Antiquaires de l'Ouest, ann. 1841, 164, 172.

Bouillon (François) fit partie, comme brigandinier du sgr de L'Aigle, du ban de 1467.

BOUILLOURT (René de), Ec., sgr de Ripefond, psse de St-Porchaire (D.-Sèv.), était mort avant le 26 mars 1544, laissant un fils, JACQUES, dont sa veuve, Catherine PRÉVOT, était tutrice.

BOUILLY (EN CHATELLERAUDAIS).

Blason : d'azur à la bande d'or, entre 2 croissants d'argent.

Bouilly (René de), Ec., sr du Rognon, épousa, vers 1630, Renée TURQUANT, fille de Jean, sgr d'Obterre, et de Judith Martin, dont :

Bouilly-Turquant (René de), Chev., sgr du Rognon et d'Obterre, 1681, légataire universel de Jean Turquant, sgr d'Obterre, maître des requêtes, son oncle.

BOUIN DE BEAUPRÉ. — Famille originaire de Ruffec, aujourd'hui éteinte.

Blason : d'azur au chevron d'or, accompagné de 2 étoiles de même en chef, et en pointe d'un mouton ? (*aliàs* un chien ou un âne) d'argent, passant sur une terrasse d'or. (Cachet.)

Noms isolés.

Bouin (François), sr de Beaupré, fils de JEAN et de Susanne JOLLY, de la paroisse de Taizé près Ruffec, marié, le 18 janv. 1762, à Marie-Madeleine CHARPENTIER, fille de Charles, et de Marie-Madeleine Marchadier.

Bouin de Beaupré (Angélique-Rosalie) épousa vers 1769 Jacques-Charles Brumauld des Houlières. (Gén. Brumauld.)

Bouin (Gabriel), sr de Beaupré, ci-devant receveur des droits de régie sur les cartes du Hâvre, était âgé de 66 ans en 1779, lorsqu'il obtint une pension de 400 livres. (Etat. Pensions, III.)

Filiation suivie.

Les degrés qui suivent ont été dressés sur des notes communiquées par feus MM. Charles-Gabriel Bouin de Beaupré, Poulard du Palais, et par M. Michel, chef de l'état civil de Poitiers, représentant, par les femmes, de cette famille aujourd'hui éteinte.

1. — **Bouin** (N...), sr de Beaupré, habitant Ruffec, eut pour enfants : 1° JACQUES, qui suit; 2° CATHERINE, mariée à Ruffec, le 14 déc. 1626, à Jean Collier.

2. — **Bouin** (Jacques), Ier du nom, sr de Beaupré, mort avant 1723, marié à Ruffec, le 26 fév. 1688, à Anne ROUBEL, en eut : 1° JACQUES, qui suit; 2° MARIE, mariée à Jacques Robert de St-Pierre;

3° FRANÇOIS, époux d'Antoinette ROUBEL, consent à l'entérinement du testament de Jacques-Louis Thébault, sr de Beauchamps, le 16 oct. 1736, concurremment avec son frère et son beau-frère. Marié à Ruffec, il laissa un fils, FRANÇOIS, maître de poste à Ruffec en 1760, et marié à Madeleine DELECHELLE, et qui eut lui-même un fils, FRANÇOIS, docteur en médecine, né en 1751, et mort à Lusignan le 13 juil. 1789, après s'être marié à Cloué, le 6 sept. 1785, à Julie-Catherine POIGNAND DE LORGÈRE.

3. — **Bouin** (Jacques), IIe du nom, sr de Beaupré, procureur au Présidial de Poitiers, l'un des 75 échevins de cette ville, né à Ruffec le 25 nov. 1694, mort à Poitiers le 30 nov. 1785, s'était marié 2 fois : 1° le 1er févr. 1723 (acte reçu le 29 janv. par Ligounier et Duchastenier, notres à Poitiers), à Susanne-Marguerite VOYER, fille de feu André, procureur au Présidial de Poitiers, et de feue Susanne Bigueureau; 2° le 23 nov. 1743 (Chaigneau et Germonneau, notres à Poitiers), à Marie-Madeleine JOUBERT, fille de Louis, ancien greffier de la juridiction criminelle, et de feue Marie-Jeanne Richard. Du premier lit sont issus : 1° GABRIEL, né le 4 déc. 1723, mort le 25 mai 1790 à Rennes, où il était contrôleur et avait épousé Guillaumette-Thérèse MARTY; 2° FRANÇOIS, né le 12 déc. 1744, négociant à Nantes, marié : 1° le 28 déc. 1756, à Julie LAIVRENAUD; 2° le 22 mai 1766, à Françoise-Marie CHINON, mort sans pos-

térité; 3° OLIVIER, né le 10 sept. 1726, chanoine de Notre-Dame-la-Grande de Poitiers; 4° FRANÇOIS-JACQUES, né le 1er sept. 1728, chirurgien à Cayenne de 1763 à 1785; 5° ETIENNE-GABRIEL, né le 3 nov. 1731, décédé, sans alliance, en 1766 au cap Français (Haïti); 6° CYBARD-FRANÇOIS, qui suit; 7° JEAN-BAPTISTE-ANDRÉ, né le 1er mai 1735, décédé à Poitiers le 16 oct. 1764. Du second lit vinrent : 8° LOUIS, né le 26 juil. 1745, chanoine de l'église cathédrale de Poitiers, reçu docteur régent de la Faculté de théologie de Poitiers, le 17 mai 1774, recteur de cette Université en 1782, assista en 1789 à l'assemblée du clergé, réunie pour nommer des députés aux Etats généraux, émigra et était presque aveugle lorsqu'il rentra en France. Il mourut le 22 févr. 1820, âgé de 76 ans. Il est auteur d'un opuscule de 200 pages, intitulé « *Lettres de quelques Ecclésiastiques du diocèse de Poitiers* », qui se fit remarquer par la hardiesse de ses opinions; 9° MARIE-ELISABETH, mariée, le 13 juil. 1773, à Guillaume-Léonard Supervielle, directeur des Postes à Poitiers, et décédée le 27 déc. 1823; 10° MARIE-GABRIELLE-VICTOIRE, née le 19 sept. 1749 à Migné, religieuse Carmélite à Poitiers, décédée le 23 déc. 1816.

4. — **Bouin** (Cybard-François), sr de Beaupré, né le 8 nov. 1732, l'un des 75 bourgeois de l'Hôtel-de-Ville et procureur au Présidial de Poitiers, décédé le 14 nov. 1775, avait épousé, le 15 sept. 1760, Marie-Monique CHOLLET DES AAGES, fille de Louis, ancien juge chef de la juridiction consulaire, et de feue Marie de Launay, dont il eut : 1° MONIQUE-FÉLICITÉ, née le 28 juin 1761, mariée, le 24 ventôse an III (14 mars 1795), à Hilaire Michel de la Touche, décédée le 30 janv. 1835; 2° FRANÇOIS, né le 10 avril 1763, pourvu dès l'âge de 12 ans d'un canonicat à St-Pierre-le-Puellier, émigra en Espagne en 1793 ; revenu en France, fut appelé à Alby par Mgr Charles Brault, archevêque, qui le nomma chanoine de sa métropole; était curé de Migné au moment de l'apparition de la croix miraculeuse, le 17 déc. 1826, et est décédé le 11 oct. 1843.

3° LOUIS, dit de la Nouraye, né le 19 juil. 1768, mort le 1er juin 1850, marié à Poitiers, le 23 oct. 1809, à Françoise-Rose BOURIAT, veuve de Pierre Fouchier, et fille de Bernard, et de Thérèse-Charlotte Quintard. De ce mariage est issu LOUIS-DENIS-FÉLIX-AIMÉ, né à Poitiers le 18 oct. 1811, mort à Paris vers 1876, marié en cette ville en 1850 à Adèle-Joséphine LUZEVOL ; ils eurent une fille, ADÈLE-MARIE-JEANNE, mariée, le 12 nov. 1878, au Petit-Saconnex (Suisse), à Victor-Henri Mis de Rochefort-Luçay, le célèbre *Lanternier*.

4° ELISABETH-ADÉLAÏDE, née le 3 janv. 1770, mariée, le 9 floréal an III (28 avril 1795), à Barthélemy Michel, et décédée le 26 avril 1859; 5° PIERRE-CHARLES, dit du Couret, né le 30 janv. 1773, capitaine de cavalerie, décédé le 11 avril 1867 s'était marié 2 fois : 1° le 1er messidor an VI (19 juin 1798), à Thérèse-Scholastique BAILLOU, fille de Louis, et de Anne-Radégonde Barrel, décédée le 12 mai 1811 ; 2° le 13 mai 1812, à Adélaïde BOURDIER DU CLUZEAU, fille de François et de Jeanne-Françoise Verret. Du 1er lit il eut THÉRÈSE-OLYMPE, née le 18 sept. 1799, mariée à Louis-Alexandre Roy, ancien percepteur, et décédée le 22 mai 1876.

6° CÉLESTIN, qui suit.

5. — **Bouin de Beaupré** (Célestin), né le 26 déc. 1774, décédé à Poitiers, le 14 juin 1855, s'était marié à Poitiers, le 2 prairial an VI (21 mai 1798), à Catherine-Pélagie-Radégonde BIGEU, fille de Charles-Pélagie, ancien procureur au Présidial, et de Marie-Radégonde-Marguerite Audidier, dont il avait eu : 1° CHARLES, qui suit; 2° RADÉGONDE-CAROLINE, née le 19 févr. 1801, mariée, le 29 août 1826, à Henri-Pierre Michel, son cousin germain, et décédée le 16 févr. 1873; 3° ANTOINETTE-ZÉLINA, décédée célibataire, à 74 ans, le 1er sept. 1879; 4° MARIE-CÉLESTINE, morte à 18 ans, le 6 sept. 1828.

6. — **Bouin de Beaupré** (Charles), avocat, longtemps membre du conseil municipal de Poitiers, né le 25 mars 1799, est décédé à Dissais le 31 juil. 1869; s'était marié, le 6 sept. 1825, à Marie PRIEUR-CHAUVEAU, fille de Jean, ancien inspecteur des contributions directes du dép. de la Vienne, et de Marie-Agnès-Augustine Richard de la Bauduère, dont : 1° CHARLES-GABRIEL, qui suit; 2° MARIE-CÉLESTINE, née le 9 mars 1830, mariée, le 22 janv. 1851, à René-Gustave Savatier, avocat, et décédée le 17 mars 1872.

7. — **Bouin de Beaupré** (Charles-Gabriel), né le 5 avril 1827, reçu docteur en droit en 1849, épousa à Bouresse, le 25 oct. 1853, Jeanne-Louise-Félicité MARTIN DU MINERET, fille de Jean-Baptiste, et de Louise-Anne-Gertrude Thomas de Boisclair; il est décédé sans postérité, le 28 sept. 1861.

BOUIN ou **BOIN** ET **BOYN** (V. CES NOMS). — Il existe et a existé plusieurs familles de ce nom. On trouve des Bouin de la Bastière, de l'Eraudière, de St-Georges, de la Gestière, etc., qui nous paraissent être des rameaux d'une même famille, que nous n'avons pu réunir en filiation suivie.

Bouin (Jean) des Forges et JEANNE, sa femme, reconnaissent, le mercredi après l'Epiphanie 1270, devoir une rente en grains à l'aumônerie de l'abb. de St-Cyprien, sur le territoire des Forges. (Arch. Vienne, St-Cyprien.)

Boin ou **Bouin** (Guillaume) fut témoin d'une déclaration rendue, le mardi avant la fête de St Grégoire 1287, par Guillaume de la Jarrie et sa femme à « son cher cousin » Guillaume Cherchemont, professeur ès lois. (Arch. Nat., Airvau.)

Bouin (Guillaume), marchand drapier de Fontenay, acquiert en 1335 des biens nobles près Fontenay. (Poit. et Vend. 31.)

Boyn (Jean), sgr des Boynières, rend au sgr de Parthenay, avec Jean Potereau, valet, le 1er juin 1361, aveu de leurs herbergements du Buignon-Potereau, en la châtellenie de Mervent. (G.-G. Bur. des finances.)

Bouyn (Louis), Ec., sgr des Boynières, possédait en 1400 l'hôtel de la Pérate à Fontenay. (Hist. Fontenay, 26.)

Bouin (Jean). Jeanne D'ALLEGON était sa veuve le 16 janv. 1400, et rendait aveu d'une dîme au sgr du Fresne-Chabot.

Boyn de Boynières (N...) rend, le 8 mai 1405, aveu du Fief-Chauvet, situé psse de Longesves (Vendée). (G.-G. Bur. des finances.)

Bouin (Philippe), hoste de St-Michel à Poitiers, fut consul des marchands en 1585. (A. H. P. 15.)

Bouin (Mathurin) était sous-chantre de N.-D.-la-Grande de Poitiers.

Bouin (Louis), sr de Lernaudière, bourgeois de Poitiers, épousa, le 21 août 1665, Marguerite LE VASSEUR, qui agissait comme sa veuve et tutrice de leurs enfants le 19 nov. 1689.

Bouin (Louis), prêtre, principal du collège du Puygarreau de Poitiers; le prieur et les religieux de St-Hilaire de la Celle lui constituent, le 26 avril 1672, une rente de 20 liv. au capital de 400 liv. (Arch. Vienne, St-Hilaire de la Celle.)

Bouin (Georges), sr de la Gestière, procureur, recevait, le 23 sept. 1674, une indemnité de Marguerite Garnier, veuve de Ch. Courtinier, Ec., sr du Vivier.

Bouin (Georges), sr de la Bastière, épousa Renée des Nouhes ou Desnoues, dont il eut Bonaventure-Louis, baptisé, à St-Porchaire de Poitiers, le 26 mai 1676; son parrain fut Louis Bouin, sr de Lesnaudière.

Il avait eu un autre fils, Joseph, qui, le 3 mai 1710, épousa Françoise Roy, fille de Charles, et de Marguerite Reneau.

Bouin (Jean-Baptiste), sr de la Gestière, épousa Marie des Nouhes ou Desnoues, qui fut marraine de Jean-René Filleau le 17 janv. 1682; lui-même fut parrain de Jean-François Filleau le 24 janv. 1687.

Bouin (Georges), qui fut curateur aux causes de Jean-René Filleau, était décédé avant le 10 juil. 1696. (Gie Filleau.)

Bouin (Pierre), sr de Lesnaudière, avait eu de N... son épouse : 1° Joseph-Pierre, 2° Radégonde-Aymée-Henriette-Geneviève, femme de Pierre-Mathieu Auroreau, sr de la Guillotière, d'avec lequel elle était séparée de biens dès le 24 mars 1695 : tous nommés dans un acte de procédure du 4 nov. 1723.

Bouin (Françoise) de la Bastière était supérieure des religieuses franciscaines de Bressuire en 1749. (Hist. de Bressuire, 203.)

Bouin de l'Etoile (Henriette) assiste comme cousine germaine paternelle de la future au mariage de Louis-Gabriel-André-Paul des Nouhes, Ec., sgr de la Cacaudière, avec Louise Baron, le 10 nov. 1783.

BOUIN DE NOIRÉ-MARIGNY. — Famille du Châtelleraudais, aujourd'hui éteinte, et dont les membres ont occupé des charges importantes au xviiie siècle.

Blason : d'azur à une foi d'argent accompagnée de 3 soleils d'or, posés 2 et 1. (Arm. Touraine.)

Bouyn (Guillaume), capitaine gouverneur de Châtellerault, sous Charles, Cte du Maine, obtint érection en fief du domaine de Chordocbieu, le 22 janv. 1443.

Bouin (Olivier), sr des Brousses, et Joachime David, son épouse, demeurant pssc des Vaux près Châtellerault, sont mentionnés dans la liste des nouveaux convertis, imprimée en 1682, ainsi que

Bouin (Susanne), épouse d'Achille Gouin.

§ Ier. — Branche de **Noiré, Marigny.**

1. — **Bouin** (Vincent), sgr de Noiré, conseiller en l'élection de Richelieu, épousa, vers 1650, Charlotte-Louise de Villeray. Il eut, pensons-nous, pour fils :

2. — **Bouin** (Louis), sgr de Noiré, président en l'élection de Châtellerault, maire perpétuel de cette ville de 1694 à 1718, possédait cette charge à cause de sa femme. Il mourut vers 1726; ses enfants partagèrent ses biens le 23 déc. 1726. Il épousa, le 5 août 1687, Marie Rasseteau, fille de Jean, sgr de Moulin-Neuf et du Petit-Marigny, et de Françoise Cuirblanc. (Arch. de Châtellerault.) Il eut pour enfants : 1° Louis, qui suit; 2° autre Louis, qui forma la branche de Chezelles, § II; 3° Françoise, était toute jeune en 1702; mariée à Louis-Claude Guillon, Ec., sr de Rochecote, Bon de Colombier.

3. — **Bouin de Noiré** (Louis), Ec., sgr de Noiré et de Marigny, etc., président en l'élection de Châtellerault, et lieutenant particulier assesseur au siège royal de cette ville ; provisions du 5 avril 1713, avec dispense d'âge (Arch. Vienne. Bur. des finances), subdélégué de l'intendant de Poitou. Il épousa, le 26 oct. 1745, Geneviève Guignard, fille de feu N..., avocat (Arch. Châtellerault). Il mourut le 16 janv. 1747, et fut père de :

4. — **Bouin de Noiré** (Louis-Claude), sgr de Marigny, fut installé procureur du Roi en la sénéchaussée de Châtellerault le 26 mai 1752, remplaçant René-Charles Vallée des Houllières (Arch. Châtellerault); président de l'élection le 11 oct. 1741; fut père de :

5. — **Bouin de Noiré** (Jean-Fortuné), sgr de Marigny, la Lardière, président en l'élection de Châtellerault au lieu de son père, le 15 juil. 1754, par provisions en date dudit jour, fut remplacé le 4 juil. 1782 par Louis-Olivier Millet. (Arch. Vien. Bur. des finances.) Il eut pour enfant :

6. — **Bouin de Marigny** (Jean-Fortuné), né à Châtellerault, le 6 mai 1766, élève pensionnaire à l'école militaire de Vendôme, sous-lieut. de cavalerie en 1788, capitaine en 1792, général de la République en oct. 1793, fut tué le 5 déc. de la même année dans un combat contre les Vendéens, près de Pellouailles.

§ II. — Branche de **Chezelles, Nancré.**

3. — **Bouin de Noiré** (Louis), Ec., sgr de Nancré, du Guémarcé, Touche-Voisin, etc. (fils de Louis, et de Marie Rasseteau, 2e deg., § I), président en l'élection de Chinon, secrétaire du Roi, etc., épousa, vers 1720, Marie-Anne Doucet, De de Chezelles, dont : 1° Jean-Louis-François, qui suit; 2° Marie-Anne-Félicité, mariée à René-Henri de Caulx de Chacé, Ec., sgr dudit lieu, capitaine de cavalerie; 3° Fortuné, Ec., sgr de la Roche-Clermault, Sossay, Ligré, chanoine de St-Mexme de Chinon; 4° Marie-François, Ec., sgr de Nancré, capitaine au régiment d'Orléans, Chev. de St-Louis en 1773, fut général sous la république.

4. — **Bouin de Noiré** (Jean-Louis-François), Ec., sgr de Chezelles, Savary, la Gaschetière, Verrière, etc., 1er président du bailliage de Tours, maire de cette ville en 1765, épousa, le 24 avril 1759, Claude-Madeleine Moisant, fille de Charles-Pierre, Ec., avocat du Roi au Bureau des finances de Tours, dont il eut Madeleine, mariée en 1779 à Benoît-Jean-Gabriel-Armand de Ruzé, Cte d'Effiat.

BOUIN ou BOUYN DE LA BOYNIÈRE. — V. BOIN et BOYN.

BOUINER (Jacquette), De de la Rochebelusson, dans le ressort de Montmorillon, fournit un arbalétrier au ban des nobles du Poitou de 1533. (F.)

BOUJEU. — Famille originaire de Champdeniers (D.-S.) ou des environs, où elle a occupé diverses charges de judicature. Ce qui suit est extrait de deux notices publiées par M. L. Desaivre. (Bul. Stat. 1, 46, 48, 50, 506.)

Blason. — D'Hozier a donné d'office à Michel Boujeu : « d'or à une cage de sable et une bordure de même. »

Boujeu (Jean), notaire à Champdeniers, eut pour fils :

Boujeu (René), aussi notaire audit lieu, père de :

Boujeu (René), sr de la Ferraudière, avocat en Parlement, sénéchal de Champdeniers, au sgr duquel il rendait hommage le 15 juin 1674 pour sa maison noble de la Vergnaye, « en laquelle lui et ses prédécesseurs ont toujours fait leur demeure ». Il avait épousé Françoise Mangou, et mourut vers 1676. Ce fut pendant sa magistrature que le temple de Champdeniers fut démoli. Il se fit anoblir, dit M. Desaivre, ou plutôt on lui imposa l'obligation de porter des armoiries, ce qui n'est pas la même chose, et ne conférait nullement la noblesse. Un Michel Boujeu, sr de la Vergnaye, se trouve dans le même cas. Nous ne connaissons pas les relations de parenté existant entre eux.

Une autre branche de cette famille existait encore à Champdeniers dans la personne de :

Boujeu (François), sr de l'Houmeau, procureur fiscal, qui, à son retour d'un pèlerinage à St-Jacques de Compostelle, fonda dans l'église de Champdeniers une chapelle de St-Jacques, dans laquelle il fut inhumé. Son épitaphe s'y lit encore et nous fait connaître les détails précités, et de plus qu'il mourut le 13 sept. 1649, âgé de 53 ans, ayant épousé Marie Berthouin, qui décéda le 11 mai 1660, à l'âge de 60 ans, laquelle fut inhumée dans cette chapelle, près de son époux. Nous le croyons père de :

Boujeu (François), sr de l'Houmeau, également procureur fiscal de Champdeniers, qui s'était marié en premières noces à Marie Charruyau ou Charriau, laquelle mourut le 6 déc. 1688, lui laissant Joseph, qui suit, et ensuite à Françoise Le Mesle, morte le 28 oct. 1682, à l'âge de 40 ans. Pour le repos de son âme son mari avait fondé une messe au couvent des Carmélites de Niort.

Boujeu (Joseph), Ec., sr de la Poupelière, avocat au Parlement, garde de la porte du Roi (gentilhomme à bec de corbin), mort à Paris en 1723. Il avait épousé en 1696 Jeanne Béranger, fille de Jean, sr de la Boulaye, et de Marie Chaigneau, et en 1717 Elisabeth Laffiton, décédée le 5 juin 1776, à l'âge de 85 ans, dont il eut, entre autres : 1° Joseph-Antoine, Ec., sgr de la Poupelière, capitaine des chasses en Haut et Bas-Poitou, né le 2 nov. 1720, et mort célibataire à Surin en 1795; 2° Marie-Marguerite, née le 26 mai 1719 et morte en 1802, épousa en 1744 Philippe Richard (de Xaintray). Ses descendants possèdent le portrait de M. de la Poupelière en costume de magistrat. (Notice Arnault de la Ménardière.)

BOUJU. — V. BOJU.

BOUL (de ou du) en Chatelleraudais.

Blason : (peut-être) d'or à la bande de gueules. (Du Boul en Anjou.)

Boul (Louis de), Ec., fut seigneur en partie de Marigny (psse d'Ingrande-sur-Vienne), à cause de sa femme Françoise de la Tousche, fille de François, sgr de Marigny. Il eut pour fille Françoise, De de Marigny, 1619.

BOULA DE NANTEUIL. — Famille parlementaire originaire des environs de Melun, dont un membre a rempli avec honneur les fonctions importantes d'intendant du Poitou.

Blason : d'azur à 3 besants d'or. (St-Allais.)

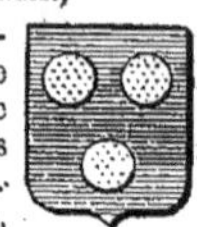

Boula de Nanteuil (Antoine-François-Alexandre). Nous ne ferions que mentionner le nom de cet intendant de notre province (1784-1790), s'il ne rappelait pas un éminent service rendu à notre pays. En 1785, par suite de la mauvaise récolte, on était sous la menace de la famine; mais la prévoyante activité de l'intendant sut combattre efficacement le fléau, et calmer les alarmes de la population. Les secours furent proportionnés aux besoins. La ville de Poitiers, se faisant l'interprète de la province entière, décida qu'une médaille d'or serait frappée pour perpétuer la mémoire de la bienfaisance de son premier magistrat. Le 14 déc. 1786, elle lui fut remise par le corps de ville. Cette médaille, reproduite en argent et en bronze, se rencontre encore fréquemment à Poitiers et dans la province qui fut l'objet de son administration éclairée.

BOULANGER ou BOULLANGER. — Famille originaire de Champagne et qui est venue s'établir à Loudun vers la fin du xvie s., a fourni un grammairien et un professeur distingués.

Boullanger (Pierre), né à Troyes, vint s'établir à Loudun pour y donner des leçons aux enfants des habitants de cette ville. Ste-Marthe, dans ses éloges, dit qu'il eût été un des plus fameux grammairiens de son époque s'il ne fût resté à vieillir dans cette ville. D'après un biographe, Pierre Boullanger aurait été appelé à Pise par Côme II, duc de Toscane, y aurait professé la théologie et y serait mort en 1598. Ste-Marthe et Dreux du Radier ne partagent pas cette opinion. Le bagage littéraire de Pierre se réduit à peu de chose, dit D. du Radier. Nous trouvons, dans les arch. de Loudun, G.-G., une Isabelle Lambert, marraine le 21 oct. 1596, dans la paroisse du Martray, qui est dite veuve de M. Boulanger, principal du collège de Loudun. Ce doit être la femme de Pierre. Il eut entre autres enfants :

Boullanger (Jules-César), né à Loudun en 1570 (D. du Radier) ou en 1568 selon la Biographie universelle, mourut, dit Guy Patin, à Touron en 1628, et à Cahors, d'après le P. Labbe, en août de cette année. Il prit l'habit des Jésuites en 1585, et fut l'un de leurs plus brillants professeurs pendant 12 ans. La mort de son père et de ses frères qui laissaient de nombreux orphelins, le fit rentrer dans le monde; il professa avec le plus grand succès pendant 20 ans à Paris et dans les principales Universités de l'Europe, et rentra ensuite dans la Société de Jésus. Il a laissé de nombreux ouvrages, dont la Bibliothèque historique de D. du Radier donne la nomenclature et la critique. Ste-Marthe l'appelle savant et excellent orateur, et dit qu'il fut prédicateur du Roi.

BOULANGER (François-Isaïe), né le 2 fév. 1804 à Boësse (D.-S.), 12e enfant d'Adrien-Bernard, et d'Elisabeth Maugeret, prêtre missionnaire de la congrégation du Saint-Cœur de Marie, préfet apostolique au Sénégal, décédé le 21 avril 1854. Voir sa Vie par M. l'abbé Ch. de Larnay.

BOULAY ou BOUSLAY et BOUSLAYE. — Famille de St-Maixent.

Blason. — Boulay de Monteru : d'argent au bouleau de sinople terrassé de même, accompagné de 3 étoiles de gueules en pointe ? (*sic*). (D'après une note, ce doit être plutôt en chef.)

Boulay ou **Bouslay** (Pierre) fut échevin de St-Maixent en 1499 et en 1514.

Boulay (François), échevin en 1513.

Boulay (Jean), maire en 1529.

Filiation suivie.

1. — **Boulay** (N...), vivant au XVIe siècle, eut : 1° PIERRE, qui suit; 2° FRANÇOIS, chapelain de la Madeleine de St-Maixent; 3° peut-être N..., père de : *a*. JOSEPH, *b*. MICHEL.

2. — **Boulay** (Pierre), sr d'Arlay, maire de St-Maixent en 1534 et en 1542, mort en 1545, épousa Jeanne SACHER, dont : 1° PIERRE, qui suit; 2° JACQUES.

3. — **Boulay** (Pierre), sr d'Arlay, était en 1558 sous la curatelle de JOSEPH Boulay, sr de Brives ? son cousin. Il fut maire de St-Maixent en 1573 et mourut en 1575; marié, le 27 déc. 1558, à Françoise PELLETIER (fille d'André, sr de la Paillerie, échevin, et de Antoinette Belorlon), qui, devenue veuve, épousa, le 9 nov. 1578, Philippe Nesdeau, sr de la Richerie. Il eut pour fils FRANÇOIS, qui suit.

4. — **Boulay** (François), sr d'Arlay, épousa, le 2 avril 1589, Susanne NESDEAU, fille de Philippe, sr de la Richerie, et de Catherine Palustre (elle épousa en 2es noces Richard Mosson, sr de la Barre), dont : 1° FRANÇOIS, qui suit; 2° MARIE, qui épousa, le 1er août 1612, Jacques Rivet, sr de la Guyonnière; 3° CASSANDRE, épousa peut-être Pierre Texier, sr de Fief-Bordo.

5. — **Boulay** (François), sr de Monteru (Saivre, D.-S.), épousa, le 30 avril 1636, Françoise MASSON, fille de Benjamin, sr de Lessard, et de Jeanne Gendret, dont : 1° PIERRE, qui suit; 2° SUSANNE, mariée à Jacques Fortin; 3° FRANÇOISE, mariée à André Ochier; 4° CATHERINE.

6. — **Boulay** (Pierre), sr de Monteru, épousa, le 11 janv. 1672, Jeanne OCHIER, veuve d'André Allonneau, médecin, et fille d'André, sr de la Grange, et de Jeanne Guillard, dont : 1° FRANÇOIS, qui suit; 2° FRANÇOISE, mariée, le 28 mai 1700, à Isaac Girault, avocat, sénéchal de la Mothe-St-Héraye.

7. — **Boulay** (François), sr de Monteru, assesseur à St-Maixent, épousa, le 12 fév. 1715, Marie DEVALLÉE, fille d'Etienne, sr de la Jamaulière, et de Marie Palustre, dont : 1° ETIENNE-FRANÇOIS, qui suit; 2° JACQUES.

8. — **Boulay** (Etienne-François), sr de Monteru, élu à St-Maixent, fut reçu le 11 mars 1756, provisions du 20 sept. 1755; épousa, le 24 nov. 1739, Marie-Catherine VIEFFOND, fille de Jean, et de Catherine Sauzé, dont : 1° PIERRE-FRANÇOIS, qui suit; 2° ANNE, mariée, vers 1780, à Charles Aymon; 3° JEAN, né en 1766, émigra en 1792, et servit à la 3e compagnie noble de Poitou-Infanterie.

9. — **Boulay** (Pierre-François), sr de Monteru, épousa, le 16 juin 1786, Marie SOUCHET, fille de Pierre, conseiller au Présidial d'Angoulême, et de Marie Poitevin.

BOULAY ou **BOULLAY** (DU). — Famille qui, nous dit B. Fillon dans son Histoire de Fontenay (t. 1, 103), bien que se disant noble et originaire de Bretagne, vint faire le commerce à Fontenay (Vendée), ville dans laquelle ses représentants occupèrent une position honorable, et s'allièrent à presque toutes les familles distinguées du pays.

Nous croyons pouvoir dire cependant qu'il y avait aussi, bien antérieurement, en Poitou des personnages de ce nom, étrangers à la Bretagne, car on en trouve dans le Cartulaire de l'évêché de Poitiers. (Grand-Gauthier, A. H. P. 10.)

Blason : d'azur au croissant d'argent en chef, et 3 fiches ou pointes d'or en pointe, posées 2 et 1. (Barentin.)

Boulay (*Petrus* du), *archipresbyter de Partiniaco*, qui vint, au nom d'Aimery de Mons, s'opposer à l'enlèvement de la vaisselle de ce prélat, que voulaient opérer, le jour de son entrée solennelle (4 juin 1363) à Poitiers, les mandataires du sgr de Laval.

Boulay (*Johannes* du) est un des témoins qui assistèrent à la rédaction de cet acte de refus.

Boulay (Claude du) et

Boulay (Barbe du) signaient en 1604 au contrat du mariage de Philbert de Thurin et de Catherine Picard.

Boullay (Catherine du), mariée, vers 1630, à Léon Jourdain, Ec., sgr des Moulins. (Gén. Jourdain.)

Boulay (Pierre du), Ec., sgr de Beauregard, fut tué à l'âge de 25 ans, le 4 nov. 1651, en repoussant, à la tête des bourgeois de Fontenay, le Mis de Jarzé qui allait rejoindre le prince de Condé. (Hre de Fontenay, 301.)

Boulay (Philiberte ou Philippe du), veuve de Venant Cardin, receveur des tailles aux Sables-d'Olonne, était en 1664 tutrice de leurs enfants mineurs. Le 4 mai 1666, elle avait reçu injonction de rendre compte des recettes et dépenses des années 1651, 1653. (Arch. Vienne. Bur. des finances.)

Boulay (Catherine du), épouse de Paul Agroué, Ec., sgr d'Aujugé, rendait aveu au château de Fontenay, en 1669, des fief et sgrie de la Pointe. (N. féodaux.) Cette terre avait été saisie en 1665 pour défaut d'hommage.

Boullay (Susanne du), femme de Jean Prousteau, sr du Fief-Clairaut, et héritière de GABRIELLE du Boullay, rend aveu au chât. de Fontenay-le-Cte en 1670 du fief du Pasty. (Id.)

Boullay (Isaac du). *Sa veuve*, Susanne de THORIGNY, fut maintenue noble par M. Rouillé, sentence du 31 juin 1670.

Boullay (Jean du), Ec., sgr du Pasty. Ses héritiers et ceux de Esther BRODEAU (sa femme?) sont cités dans le testament de François Corbin, procureur au Présidial de Poitiers, du 21 août 1673.

Boulay (Marguerite du) était, vers 1560, femme de Guillaume Le Texier.

Boulay (Pierre du), capitaine de cavalerie, neveu de CLAUDE du Boulay, femme de Jean Besly, fut sur le point d'épouser Armande Béjart, veuve de Molière. (Fillon, Poit. et Vend. Fontenay, 71.)

Filiation suivie.

1. — **Boulay** (Olivier du) vint de Bretagne à Fontenay-le-Cte, où il se fit commerçant. Il servit en archer au ban du Bas-Poitou convoqué le 12 déc. 1491. Ce fut lui sans doute qui fut père de :

2. — **Boulay** (Jacques du), qui est nommé dans des actes de 1525 et du 10 janv. 1536. Jeanne BRAN était sa veuve dès 1553. Elle vivait encore le 10 juil. 1564; leurs enfants furent : 1° JEAN, qui suit; 2° MARIE, femme de André Renouf ; 3° FRANÇOISE, qui épousa François Blain.

3. — **Boulay** (Jean du), sgr de Gallerand, du Pasty, terre qu'il acheta le 27 août 1557, moyennant 4,700 fr., de Félix de Chourses, était receveur du taillon en 1564, comme on le voit par une constitution de rente qu'il souscrit le 4 sept. au profit de François Brisson, lieutenant particulier à Fontenay. Il était échevin de Fontenay en 1574. Nous le croyons père de :

4. — **Boulay** (Jacques du), Ec., sgr du Pasty, obtint, le 17 déc. 1558, de Henri II des lettres de réhabilitation de noblesse, fut maire de Fontenay-le-Cte en 1578, époque à laquelle il se qualifiait de sgr des Fontaines, terre au sujet de laquelle il recevait de Hilaire Goguet, pour sa sgrie de la Chaize, un hommage le 17 juin 1598. Jacques avait épousé Gabrielle GALLIER-GARNIER, qui était veuve le 19 juil. 1600, et dont il eut : 1° JEAN, qui suit ; 2° autre JEAN, prieur de N.-Dame de Fontenay, lequel faisait un échange, le 31 janv. 1618, avec Dlle Claude Garnier, Dme de Guinefolle et du Nizeau ; 3° CLAUDE, qui épousa : 1° par contrat du 10 avril 1600, Jehan Alléaume, sr de la Chenullière, avocat du Roi à Fontenay, et 2° le 4 avril 1609, Jean Besly l'historien ; 4° FRANÇOISE, femme de noble Hilaire Jamin, docteur en médecine ; et peut-être 5° JACQUES, Ec., sgr de Gallery, qui assistait avec son frère Jean en 1631 au conseil de famille des enfants de Raoul Picard, Chev., sgr de la Touche-Mourault.

5. **Boulay** (Jean du), Ec., sgr du Pasty, Gallerand et des Fontaines, fut, en 1631, nommé curateur des enfants mineurs de Raoul Picard, Chev., sgr de la Touche-Mourault, et était aussi, en 1637, curateur de Raoul Jamin, fils de sa sœur Françoise. Il avait épousé Claude BONNEAU, qui était sa veuve le 20 mai 1640. Il en eut : 1° JACQUES, qui suit ; 2° MARGUERITE.

6. — **Boulay** (Jacques du), Ec., sgr du Pasty, Fontaines, etc., nommait, le 1er sept. 1652, Nicolas Benesteau, notaire à Fontenay, greffier des fiefs dépendant de sa sgrie des Fontaines. En 1646, on le trouve mêlé dans une affaire criminelle qui était pendante à Poitiers. Il recevait, le 23 juil. 1654, un aveu de Catherine Achard, veuve de feu Me Jehan Alléaume, pour des terres relevant de sa Maison-Neuve du Pasty. Il fut maintenu dans sa noblesse par Barentin le 23 sept. 1667. Il eut sans doute pour fille CATHERINE, Dme des Fontaines, mariée à Pierre de Pons, Ec., sr de la Brunette ; elle reçut aveu le 23 avril 1670, et était veuve le 21 août 1671.

BOULLAYE (DE LA) OU BOULAYE.

Boulaye (Jean de la), se disant noble, fut taxé, en 1438, pour son domaine, pssse de Treizevent, pour les dépenses du Roi.

Boullaye (Pierre de la), désigné dans un catalogue des moines de l'abb. de Montierneuf de Poitiers, daté du 24 août 1439, comme infirmier de ce monastère ; y est dit *de gente nobili*.

Boullaye (Louis de la) déclare tenir 60 liv. de rente et servira en brigandinier à deux chevaux aux montres de Vihiers, Maulevrier, Vezins, Beaupréau, etc., faites au mois de févr. 1471. (O. de la Béraudière.)

Boullaye (Antoine de la), moine de Montierneuf, nommé, le 27 janv. 1516, chapelain de la chapelle des SS. Apôtres desservie en l'église de Montierneuf. (Arch. Vienne.)

Boullaye (Mathurin de la), Ec., est condamné par défaut, le 7 janv. 1533, au paiement d'une rente qu'il devait au Chapitre de N.-Dame, sur le lieu de la Coudre (Chey, D.-S.).

Boulaye (Pierre de la) possédait un herbergement qui, plus tard, fut à l'abbé de la Celle ; fait relaté dans un aveu rendu, avant 1672, par Jehan de Parthenay, Ec., sgr de Villemare, à René de Rochechouart, sgr de Mortemar.

Boullaye (Anne-Louise de la), mariée à Louis-Joseph-Charles de Savatte, Chev., sgr de Genouillé, Chev. de St-Louis, vendait avec son mari, le 4 déc. 1767, le fief de la Bertinière au curé de Sommières.

BOULLAYE (DE LA). — V. ESCHALLARD.

V. ESCHALLARD.

BOULLET ou BOULET (DU).

— Famille habitant autrefois la partie de l'Angoumois qui faisait partie de l'élection de Niort, généralité de Poitiers. Voici les quelques notes recueillies sur elle. (Nob. du Limousin.)

Blason : d'argent à une bande d'azur chargée d'une fleur de lis d'or, entre 2 besants de même, accompagnée d'un cygne d'azur posé au-dessus et un chef de gueules chargé d'un besant d'or.

Boullet (Marguerite du) épousa, le 4 févr. 1636, par contrat reçu Godard et Pineau, not. à Marsillac, François de Massougne, Ec. (Gén. de Massougne.)

Boullet (Pierre du), Chev., sgr de la Mothe, épousa, le 30 juil. 1654 (Brevet et Daleau, not. de la Bnie de Puybelliard), Damarie ou Marie DES VILLATTES, fille de feu haut et puissant Samuel, vivant Chev., sgr de Champagné et des Villattes, et de Gabrielle Salbert.

Boulet (François du), Ec., sr du Coudret, épousa, le 8 août 1656, Louise RÉGNIER, fille de Louis, Ec., sgr de la Planche, et de Noémi Buor.

Boullet (François du), Ec., sgr de la Brouhe.

Boullet (Jean du), sr de la Mothe, demeurant l'un et l'autre psse de Gourville, élect. de Niort, et

Boullet (Louis du), Ec., sgr du Coudret, psse de Belleville, même élection, furent condamnés comme roturiers par M. Barentin, par sentence du 16 août 1667 ; mais ils obtinrent un arrêt de maintenue du conseil d'État le 9 mai 1669, ainsi que LOUIS-GABRIEL, JEAN et JACQUES, enfants dudit François ; arrêt rappelé dans une confirmation de noblesse rendue en faveur de François par M. de Maupeou, le 21 janv. 1699. François est dit sgr de la Mothe-Logerie et demeurer à la Rivière, psse de Gourville.

Boullet (Louis du), Chev., sgr de Logerie, épousa Louise DE CHOUPPES, et était décédé avant le 16 oct. 1697.

Boullet (Jean du), Ec., sgr de Villeneuve, transige avec Pierre-Joseph de Beauchamps, Chev., sgr de Bussac, et Jeanne-Angélique de Beauchamps, par acte du 30 sept. 1755, reçu Priour l'aîné, not. à Javarzay. Il avait épousé : 1° Marie DE MONTBRON ; 2° le 10 sept. 1750, Jeanne-Marie-Charlotte DE BEAUCHAMPS, fille de Balthazar, Ec., sgr de Villeneuve. A cette époque, il avait des enfants mineurs nés du 1er lit.

BOULLIAU.

— Famille du Loudunais, qui a produit un des meilleurs astronomes du XVIIe s.

Blason : d'azur à 3 besants d'or, au chef d'argent chargé d'un lion naissant de gueules. (Arm. Poitou.)

Boulliau (Ismaël), notaire à Loudun, était aussi procureur de la cour des sgries de la Jaille, Rauton, Bœuxes et aux sièges royaux de Loudun, provisions du 12 juil. 1606. (Arch. de Loudun.) Il épousa Susanne Motet. Il paraît qu'il était lui-même astronome et qu'il fit diverses observations rapportées par son fils dans son « *Astronomie philolaïque* ». Leur fils fut :

Boulliau (Ismaël), né le 29 sept. 1609 à Loudun, où il fit ses premières études, et son droit à Poitiers ; mais son goût le portait vers l'étude de l'histoire et des sciences exactes. A l'âge de 21 ans, il abjura, après un libre et mûr examen, le protestantisme dans lequel il était né, et plus tard il embrassa l'état ecclésiastique. Ses lettres de prêtrise émanées de Jean-François de Gondy, archevêque de Paris, portent la date du samedi des quatre-temps de la Pentecôte (5 juin 1638). Il accompagna M. de Thou nommé ambassadeur en Hollande, et l'aida dans ses négociations. Il voyagea ensuite en Italie, en Allemagne, au Levant, en Pologne, où il fut reçu avec honneur, et le roi Jean-Casimir le nomma son agent près des Provinces-Unies, pendant la guerre entre la Suède et la Pologne. Il se retira en 1689 dans l'abb. de St-Victor ; il y fit son testament le 30 août 1691, et y mourut le 25 nov. 1691, à l'âge de 89 ans.

La nomenclature de ses nombreux ouvrages se trouve dans D. du Radier et les Biographies.

Boulliau (Guillaume), curé de St-Médard de Thouars, et

Boulliau (Pierre), prieur de la Pommeraye, chanoine de St-Médard de Thouars, déclarèrent leur blason à l'Armorial du Poitou en 1698.

BOULLIÉ et BOULLIER. — V. BOUILLÉ.

BOULYÉ (N...), brigandinier du sgr de Montreuil-Bounin au ban de 1467, fut remplacé par Henri Bonnet, servant en archer.

BOULYÉ. — V. BOUILLÉ.

BOUMARD. — Famille de Lusignan.

Blason : d'or au chêne de sinople terrassé de même, au sanglier de sable passant devant le tronc. (Arm. Poitou.)

Boumard (N...), maître apothicaire à Lusignan. Sa veuve Rachel Baconneau fait inscrire son blason à l'Armorial du Poitou.

Boumard (Pierre), sr de la Plantivière, avocat en Parlement, juge de la Millière, épousa Jeanne Pascault, qui était sa veuve et mourut le 15 déc. 1702, âgée de 54 ans (Reg. de Lizant), dont un fils au moins, qui suit.

Boumard (Joachim), sr de la Plantivière, procureur fiscal de Boissegnin, marié, le 26 fév. 1699, avec Anne Audinot, fille de feu Jean, notaire royal, et de Marie Pascault, dont il a eu : 1° Philippe-Thérèse, baptisée à Lizant le 22 oct. 1705, et 2° Catherine, baptisée audit lieu le 3 nov. 1711.

BOUNAUD. — V. BOUNAUD et BOUNEAU.

Bounaud (Renée) était, le 20 juin 1555, vve de Pierre Barangier et tutrice de Colas Barangier, leur fils. (Arch. du Parc-Soubise.)

BOUNIN. — Famille de riches bourgeois de Fontenay-le-Cte au XIIIe s., qui au XIVe étaient entrés dans la noblesse d'arrière-fiefs, dit B. Fillon (A. H. P., 1, 130), à propos de l'inventaire du trésor de N.-Dame de Fontenay, dressé le 28 juin 1537, où se trouvait « une chesne d'argent doré que l'on nomme des Bounins » et qui avait été donnée à cette église par quelque membre de cette famille.

Bounin (Joseph), honorable homme, sr de la Vallée, épousa Marie Coutocheau, dont il eut :

Bounin (Samuel), sr de la Vallée, qui, le 8 nov. 1601, transigeait, par acte passé à Curzon (Dupuy et Dorteau, not.), au sujet de la succession de sa mère, avec Lucas Girault, fils de feu Lucas, et de ladite Coutocheau. (Gie Girault.) Samuel épousa Marie Robert et était décédé avant le 10 fév. 1650, date d'acquêts provenant de leur succession (Bonnet et Train, not. à Fontenay). On y voit qu'ils avaient pour héritiers : 1° René, sr de Marcheuil, agissant tant en son nom qu'en celui de : 2° Marie, sa sœur mineure ; 3° Autre Marie, qui à cette date était femme de noble homme Jacques Pothuau, sr des Châtaigners. (Id.)

Bounin (Jean), chanoine hebdomadier et secrétaire du Chapitre de l'Eglise de Luçon, né à la Flocellière, vers 1600, est auteur d'une *Histoire des antiquités de la ville et de l'Eglise de Luçon*, opuscule en vers latins de 38 pages in-4°, que D. du Radier dit que l'on pourrait réduire en trois. Cet ouvrage, publié pour la première fois en 1656, en était en 1661 à sa 3e édition (Petit-Jean, imprimeur à Fontenay-le-Cte). Jean était en 1642 chargé d'enseigner la grammaire aux enfants de chœur et recevait à ce titre 30 liv. par an. (Hist. du monastère de Luçon.)

BOUQUET. — Nous avons trouvé trace de deux familles de ce nom dont l'une habitait le Bas-Poitou et l'autre l'Angoumois.

Blason. — Bouquet du Bas-Poitou : « d'argent au bouquet de fleurs naturelles. (Arm. Poitou.)

Bouquet (Pierre), prieur de la Mothe de Beaumont, transige avec Guillaume Chabot, demeurant au village de Boschaux (Boismé, D.-S.), au nom de l'abbé de St-Cyprien, août 1447. (Arch. Vienne.)

Bouquet (Elisabeth) était en 1665 épouse de Florimond de Tinguy.

Bouquet (Antoinette) épousa noble homme Pierre Fellons, dont une fille, Marie, qui épousa à Thouars René de Losse, le 16 sept. 1666.

Bouquet (Pierre), sr de la Chevallerie, était, le 28 juin 1669, sénéchal des Bnies du Puybelliard, Chantonnay et Sigournay.

Bouquet (Pierre), avocat du Roi au siège de Fontenay, était, le 28 août 1684, époux de Françoise Mallet, et assiste au mariage de Mathurin Brisson, sr de la Pagerie.

Bouquet (Jules), sr de la Chevallerie près Ste-Hermine, fit inscrire ses armoiries à l'Armorial général, 1699.

Bouquet (Jules-Louis), sr de la Barbière, possédait, en 1744, le fief des Clavelières, tenue de Chantonnay ; il épousa Philothée Majou.

Bouquet (N...), médecin à Luçon, faisait partie en 1787 de l'assemblée d'élection de Fontenay, comme représentant du Tiers-Etat.

BOUQUET DE BOISMORIN. — Famille originaire de Villefagnan, qui subsiste encore aujourd'hui.

Blason : de gueules à une licorne d'argent.

Bouquet (Pierre), sr de Villesoubrie, sénéchal de Villefagnan, reçut commission d'informer contre Pierre d'Angély, par arrêt de la cour des Grands Jours de Poitiers du 15 sept. 1634. Il recevait, le 26 oct. 1684, au nom de l'évêque de Poitiers, sgr de Villefagnan, l'aveu du fief de Pouchebrun, fait par René de St-Amant.

Bouquet (Daniel), Ec., sr de Boismorin, fut anobli par lettres de nov. 1651, et maintenu en 1667; il était lieutenant de robe courte en la maréchaussée d'Angoumois.

Bouquet (Jean), sr de Boismorin, capitaine réformé au régt de Jonzac, donne quittance de ses gages, 29 mars 1669. (Pièc. orig.)

BOUQUIN. — Famille du pays Thouarsais, éteinte dès le xve siècle.

Blason : d'azur à 3 massues d'or. (Gén. du Vergier, Courcelles.) Primitivement, c'était sans doute 3 cornets à bouquin — ou cornes de bouc.

Bouquin (Jean) ou **Bosquin** était dès 1341 châtelain de Thouars, et fut poursuivi par le prieur de Tourtenay, se plaignant de ce que, bien qu'il fût placé sous la sauvegarde royale, il eût été, de la part du Vte de Thouars et de son châtelain, la victime de graves excès et de dommages matériels. (A. H. P. 13.)

Il épousa Bienvenue de la Verrie, dont Jeanne, mariée, le vendredi avant la St-Pierre (16 janv.) 1355, à Jean du Vergier.

Bouquin (Pierre), valet, se reconnaît débiteur envers l'abb. de la Grenetière, le 4 nov. 1363.

Bouquin (Jean), valet, figure comme témoin de cet acte.

Bouquin (Pierre), valet, le même que ci-dessus? rend aveu de sa sgrie de la Buzonnière à J. de Surgères, sgr de la Flocellière, le 8 août 1374.

Bouquin (Jeanne) épousa Pierre ou Pérot d'Escoubleau, IIe du nom, sgr de Sourdis, qui, le 21 août 1402, rendait son aveu au Vte de Thouars au nom de sadite femme.

Bouquin (Guillaume), valet, sgr de la Faisilière, eut de Jeanne de la Verye, sa femme, une fille, Guillemette, qui épousa, le 11 juin 1410 (Martineau et Guernaudeau, not.), Amator Baudry, valet, sgr de la Raynerie. (Gén. Baudry.)

Bouquin (Marie), épousa André Robin ; leurs enfants partagèrent, le 22 déc. 1427, les successions de Jean et Guillaume Bouquin avec Pierre Escoubleau et

Bouquin (Bienvenue), mariée à Jean Olivereau.

BOUR. — V. **BOR, BORS.**

Bour (Guillaume de), sgr de Cernay, rend en 1399 aveu de cette terre au chât. de Loudun.

Bour (Pierre), curé de Cavillac, nommé dans le reçu d'une somme de six écus d'or, donnés à Isabeau de Rochechouart, par Renaud Quentin, Ec., sgr de Mesni, le 30 avril 1472. (D. F. 17.)

BOURALIÈRE (de la). — V. **LETARD.**

BOURASSEAU. — Famille du Bas-Poitou, originaire d'Anjou.

Bourasseau (noble Charles) épousa, vers 1550, Mathurine de Hillerin, fille de Pierre-Brice-Dominique, sgr des Rommières, et de Martine Riffault.

Bourasseau (Louis) de la Renollière était, en 1754, sénéchal des Herbiers, et fut nommé en 1787 membre de l'assemblée de l'élection de Châtillon-sur-Sèvre pour le Tiers-Etat.

Bourasseau de la Renollière (Jacques-Joseph), né à la Séguinière, près Cholet, le 2 sept. 1749, ancien conseiller, maître des comptes à Nantes, fut un des membres du conseil supérieur des armées catholiques et royales séant à Châtillon, en 1793. Il mourut à Chollet, le 2 avril 1809. Il avait eu de N..., son épouse, Susanne-Esther, qui épousa, en 1806, Jean-Victor-Madeleine Chebrou de la Roulière; elle est morte à Niort le 17 juin 1857, à l'âge de 72 ans.

Bourasseau (Jean-Baptiste), de St-Hilaire des Echaubroignes, fut condamné à mort comme « Brigand de la Vendée », à Nantes, le 13 nivôse an II (2 janv. 1794).

BOURBEAU. — Cette famille présente cette particularité, que pendant quatre cents ans elle a exercé à Poitiers et dans les villes voisines les fonctions de notaire.

On trouve bien un personnage de ce nom à Poitiers dès le xve siècle; mais l'existence dans les environs de Menigoute (D.-S.) d'un gué sur la Vonne, dit le *Gué-Bourbeau*, mentionné dans des actes de 1375 et 1407 (Arch. du chât. de la Barre, II, 135, 137), coïncidant avec l'existence de la famille Bourbeau dans ces parages, nous fait penser qu'elle est originaire de cette partie de la Gâtine.

Nous ajoutons à la généalogie donnée dans la première édition de cet ouvrage les documents que nous devons à l'obligeance de M. René Barbier, avocat à Poitiers.

Blason. — Antoine Bourbot (Bourbeau), greffier de la maison de ville de Poitiers (5e degré), porte : d'argent à un étang d'azur dans lequel nage une anguille d'argent en face. (Arm. du Poitou, d'office.)

L'auteur d'une notice insérée en 1781 dans les Affiches du Poitou, no 50, dit qu'au bas d'un acte de réception d'hommage, du 13 mai 1485, de la terre de Touche-Molière (Vasles, D.-S.), relevant de la seigneurie de Bois-Pouvreau (Menigoute, D.-S.), on lisait : « P. Bourbeau, pour registre »; et selon cet écrivain, ce P. Bourbeau était l'aïeul de Joseph Bourbeau, vivant en 1516, le premier degré de la généalogie qui va suivre, mais avant laquelle nous allons donner les noms des personnages que nous avons retrouvés, sans pouvoir les rattacher à la filiation suivie.

Bourbeau (M...). Dans les titres de la ville de Poitiers existait autrefois un acte du dernier juil. 1473, qui avait été reçu par M... Bourbeau et J. de St-Verturnien. (Anc. Reg. de la ville.)

Bourbeau (Aimery) était greffier de la sgrie de Bois-Pouvreau en 1475. (Arch. de la Barre, II, 35.)

Bourbeau (Aimery), le même que le précédent ? était, le 19 mai 1497, procureur du vénérable Chapitre de N.-Dame-la-Grande de Poitiers. (O.)

Bourbeau (Aimery), bachelier en droit, habitant Poitiers, consent, le 9 janv. 1499, une vente à Mess. Jean Badouilleau, chanoine de St-Pierre-le-Puellier. (Arch. Vienne, Chap. de St-Pierre-le-Puellier.)

Bourbeau (Jean) était, le 4 oct. 1567, geôlier et garde des prisons de la conciergerie de Poitiers ; il fut poursuivi le 8 oct., pour avoir donné la liberté à Pierre Dupont, puis réintégré dans ses fonctions.

Bourbeau (François), nommé en 1741 sergent et garde de la commanderie de l'Epine (Béruges). (Arch. Vienne, O. de Malte.)

§ Ier. — *Filiation suivie.*

1. — **Bourbeau** (Joseph), notaire royal à Poitiers, vivant en 1516, laissa de N... son épouse :

2. — **Bourbeau** (Jean) était aussi notaire royal. On le trouve le 2 sept. 1568. (Arch. Vienne.) Il eut pour fils :

3. — **Bourbeau** (Jean), aussi notaire royal, mourut en 1612, laissant : 1° Hilaire, qui suit; 2° Jean, curé de St-Etienne de Poitiers, de 1645 à 1654, puis chanoine de N.-Dame-la-Grande, fut inhumé dans l'église de N.-Dame-l'Ancienne, le 14 fév. 1666.

4. — **Bourbeau** (Hilaire), né en 1601, fut aussi notaire royal à Poitiers. Il fut inhumé en l'église de St-Etienne le 16 fév. 1682. Le 17, on apposa les scellés dans sa maison, parce qu'il avait fait la recette des étapes de la généralité de Poitiers. (Arch. Vienne. Bur. des finances.) Il avait épousé : 1° Marie Guérin ; il en eut : 1° Jean, baptisé à St-Etienne le 8 avril 1646, et 2° Marguerite Baunay, inhumée à St-Etienne le 27 fév. 1622, dont : 2° autre Jean, baptisé le 10 avril 1651 ; 3° Hilaire-François, baptisé le 1er mars 1654 ; 4° Antoine, qui suit; 5° Guy, baptisé le 4 juin 1656 et mort le 20 juil. suivant ; 6° autre Jean, baptisé le 12 juil. 1657 ; 7° Marie-Marguerite, baptisée le 22 juil. 1658 ; 8° Hilaire, baptisé le 13 fév. 1661 ; 9° Joseph-René, baptisé le 31 mars 1662 ; 10° Jeanne, baptisée le 17 avril 1664, et mariée, le 9 fév. 1682, à Alexis-François-Aimé Morineau, s^r de Guinnonière.

5. — **Bourbeau** (Antoine), né le 14 mars 1655, notaire royal et apostolique, acheta en 1696 la charge de greffier en chef de l'hôtel de ville, fonction que ses descendants ont toujours exercée jusqu'à sa suppression en 1790. Il épousa Marie Thévenet et mourut en 1718, laissant : 1° Marie-Marguerite, baptisée le 29 déc. 1679, mariée, le 15 fév. 1705, à Pierre Buffard, s^r de la Furchaudrie, conseiller au Présidial ; 2° Pierre, qui suit; 3° Louise-Marthon, mariée, le 15 déc. 1712, à Vincent Le Boucher de la Prunerie ; 4° Joseph, s^r de la Brosse, capitaine au régiment de Piémont-Infanterie, Chev. de St-Louis en 1718, était en 1752 commandant du bataillon de Poitiers ; fut baptisé le 8 oct. 1687, se maria en premières noces, le 3 juil. 1737, à Anne-Françoise Baron de Nesle, fille de N..., Chev. de St-Louis, aide-major et capitaine général garde-côtes de l'île de Ré, et de Marie-Victoire Gronet ; et en secondes noces, le 23 sept. 1752, à Jeanne du Chilleau, veuve de René de Gaborin, Ec., sgr de Parigny, fille de Charles, Ec., sgr de la Roche-du-Montet, et de Jeanne-Françoise Chevalleau de Boisragon. Il fut pensionné du Roi, et inhumé le 10 avril 1768, âgé de 82 ans, dans l'église de Chasseneuil (Vienne).

5° Jeanne-Radégonde, baptisée le 16 nov. 1691.

6. — **Bourbeau** (Pierre), notaire royal et apostolique, greffier en chef de l'hôtel de ville, et bourgeois de la maison commune, baptisé le 30 janv. 1684, mourut en juil. 1751 (inhumé à St-Paul le 19). Il avait épousé Marie Bonnet, dont il eut : 1° Jeanne-Charlotte, baptisée le 13 janv. 1720, inhumée le 13 déc. 1741 ; 2° Louis-Edme, baptisé le 28 avril 1721 ; 3° Marie, mariée à Gérard Pailler; 4° N..., religieuse à Lencloître; 5° Pierre, qui suit; 6° Jean-Marie, baptisé le 22 fév. 1731, devint curé de Caunay; 7° Marie-Madeleine, inhumée le 22 août 1787; 8° Jeanne, mariée à Tusson, le 5 oct. 1751, à Jacques-Augustin Laurendeau, procureur au Présidial de Poitiers ; 9° autre Pierre, rapporté au § IV.

7. — **Bourbeau** (Pierre), notaire royal et apostolique, baptisé le 23 fév. 1725, est mort le 29 mars 1813 ; marié : 1° à Marguerite Gaultier, fille de Jean, et de Thérèse de Cressac, qu'il avait épousée le 20 déc. 1751 ; et 2° à Henriette-Jeanne-Radégonde Thomas, fille de Jean, s^r d'Hervaut, et de Marie-Henriette-Geneviève Babinot. Il n'eut d'enfants que du premier lit, qui furent : 1° Jeanne-Marguerite, mariée, le 31 août 1773, à Toussaint Boncenne, procureur au Conseil supérieur, et morte le 18 mai 1819; 2° Joseph-Pierre, s^r de Villars, baptisé le 15 janv. 1754, se maria : 1° à Catherine Maitre, 2° à N... Beauval. Du premier lit sont issues : *a.* N..., mariée à N... Boncenne, et du second : *b.* N..., mariée d'abord à N... Durand, puis à N... Briaut; c. Justine, femme de N...

3° Pierre, qui suit; 4° Marie-Anne, baptisée le 29 nov. 1756, mariée à Louis Leroy, procureur au Présidial, puis receveur municipal de la ville de Poitiers, décéda le 14 oct. 1811 ; 5° Louise, baptisée le 19 déc. 1758, épousa, le 7 sept. 1778, Pierre Vincent.

8. — **Bourbeau** (Pierre) dit le jeune, notaire royal et apostolique, receveur de la capitation et vingtièmes des non-privilégiés de la ville de Poitiers, fut maire de Poitiers et conseiller de préfecture du dép^t de la Vienne; fut baptisé le 13 oct. 1755 ; épousa à Usson, le 14 sept. 1778, Françoise-Catherine Vincent, fille de Pierre-Dominique, et de Catherine-Radégonde Bonnet. Il en eut : 1° Pierre, qui suit; 2° Louis, rapporté au § II; 3° Marie-Anne, née en oct. 1783, épousa, le 21 août 1806, Toussaint-Thérèse Arnault de la Mesnardière, avoué près la cour d'appel de Poitiers, et est morte le 19 juin 1871 ; 4° Joséphine, née le 24 mars 1786, mariée, le 27 nov. 1811, à François-Aimé Barbier, imprimeur du Roi, et décédée à Poitiers le 18 janv. 1838 ; 5° Joseph-Pierre, dont nous parlerons au § III.

9. — **Bourbeau** (Pierre), dernier notaire de ce nom, naquit en mars 1780 et mourut en 1825. Il avait épousé, à Doué-la-Fontaine, Flavie-Denise Bineau, décédée en oct. 1856, laissant : 1° Flavie-Louise, née le 18 janv. 1806, mariée en 1838 à Barthélemy Thomas, notaire; 2° Louise, dite Elisa, née le 23 avril 1807, religieuse à l'Hôtel-Dieu de Baugé; 3° Pierre-Edouard, né le 12 oct. 1809, percepteur à Doué, marié, en 1838, à Léonie Giraud, dont au moins une fille; 4° Marie-Fanny, née le 8 sept. 1814; 5° Laure, l'une et l'autre sans alliance.

§ II. — Seconde Branche.

9. — **Bourbeau** (Louis dit Célestin), fils puîné de Pierre, et de Françoise-Catherine Vincent, rapportés au 8° degré du § I, fut baptisé le 11 sept. 1782, percepteur à Poitiers, mourut à Fronton (H^te-Garonne). Il avait épousé à Poitiers, le 1er sept. 1806, Catherine-

Anne-Olivier VAUGELADE, fille d'Olivier-Joseph-Louis, inspecteur des manufactures du Poitou, et d'Anne Levasseur; elle est morte à Fronton, en 1828. Leurs enfants furent : 1° PIERRE-EMILE, né le 24 sept. 1807, mort à Toulouse en mai 1872; 2° LOUISE-EUPHRASIE, née en 1809, morte à Tulle en déc. 1881, épouse de Pierre Lassave; 3° LOUIS-OLIVIER, qui suit.

10. — **Bourbeau** (Louis-Olivier), né le 2 mars 1811, avocat à la cour royale de Poitiers, a remporté à l'âge de 30 ans, au concours ouvert à Paris en 1841, la chaire de procédure civile vacante à la Faculté de droit de Poitiers par la mort de M. Boncenne, dont il continua l'ouvrage de la *Théorie de la Procédure civile*, que ce dernier avait laissé inachevé. Il fut doyen de cette Faculté, député (1848 et 1869), maire de Poitiers, président du conseil général de la Vienne, sénateur, ministre de l'instruction publique, commandeur de la Légion d'honneur, officier de l'instruction publique; est mort à Fontaine (c^ne^ de Chasseneuil, Vienne), le 6 oct. 1877. Il avait épousé sa cousine, Anne-Louise ARNAULT DE LA MESNARDIÈRE, fille de Toussaint-Thérèse, et de Marie-Anne Bourbeau, morte à Poitiers le 5 avril 1883, dont il eut : 1° JULES-OLIVIER, qui suit; 2° LOUISE-ANNE, née à Poitiers le 21 janv. 1837, mariée, le 5 juin 1855, à Théophile Ducrocq, avocat, professeur de droit administratif, doyen de la Faculté de droit de Poitiers, membre correspondant de l'Institut, et maintenant professeur à la Faculté de droit de Paris; 3° LOUIS-ROGER, lieutenant d'infanterie de marine, né le 7 déc. 1839, mort au Sénégal en 1871; 4° JOSEPH-ALBERT, ancien avocat général à la cour de Besançon, né le 1er déc. 1842, marié, le 24 juil. 1878, à Migelorys (Sarthe), à Marie GONDOUIN.

11. — **Bourbeau** (Jules-Olivier), né le 20 oct. 1835 à Toulouse, fut receveur des finances à Châtellerault, épousa à Poitiers, le 6 fév. 1861, Radégonde-Estelle-Berthe BONNET, dont il a eu : 1° LOUIS-MARIE-DENIS-OLIVIER, né à Civray en janv. 1864; 2° JULES-MARIE-LOUIS-MARC, né à Civray, le 10 sept. 1868, mort à Châtellerault, le 20 juin 1877; 3° LOUISE-EMILIE-GABRIELLE-BERTHE-MARIE, née à Châtellerault le 8 mars 1880.

§ III. — TROISIÈME BRANCHE.

9. — **Bourbeau** (Joseph-Pierre), fils puîné de Pierre, et de Françoise-Catherine Vincent (8e deg. du § 1er), fut baptisé le 4 fév. 1788, et mourut à Paris, le 30 janv. 1862. Il avait épousé en 1res noces Marthe-Alexandrine ONFROY-DE-BRÉVILLE, décédée le 6 nov. 1814, dont : 1° JEAN-BAPTISTE, qui suit; puis en secondes Anne-Sophie BESSENEAU, morte à Paris le 25 déc. 1864, laissant : 2° MATHILDE, morte en 1847, célibataire.

10. — **Bourbeau** (Jean-Baptiste), né le 26 oct. 1814; est mort à Paris le 13 janv. 1878, capitaine de frégate en retraite, officier de la Légion d'honneur, agent général de la compagnie transatlantique à St-Nazaire et consul du Vénézuéla, dans la même ville; il avait épousé, le 30 juin 1845, Laure OSELI, morte à Paris le 9 juin 1881, dont : 1° MARIE-JOSEPH-RAYMOND, né le 24 juin 1848, mort à St-Nazaire le 3 mars 1867; 2° EUGÉNIE-MARIE-THÉRÈSE, née le 4 juin 1850; 3° MARCEL-JEAN-BAPTISTE-JULIEN, né à Toulon, le 10 mars 1854, marié à Paris, le 7 juil. 1887, à Eugénie MEIN; 4° MARIE-LOUISE-GEORGETTE-EUGÉNIE, née à Toulon le 14 juil. 1861.

§ IV. — QUATRIÈME BRANCHE.

7. — **Bourbeau** (Pierre), s^r^ des Ortes, fils puîné de Pierre, et de Marie Bonnet (6e deg. du § 1er) fut baptisé le 8 mars 1733. Il épousa Marie DUPUIS DE FONDOUCE, dont : 1° N..., morte célibataire; 2° N..., dite MEGLINE, mariée à N...; 3° FRANÇOIS, qui suit; 4° N..., s^r^ de Verteuil, marié à N..., dont une fille, mariée à N... Barillot; 5° N..., s^r^ de Bussac, a eu 2 filles, mariées, l'une et l'autre, à MM. Bouchaud de Marcillac.

8. — **Bourbeau** (François), s^r^ de Villars, officier de marine, époux de Marie-Olympe LECROCQ, eut pour enfants : 1° PHILIPPE dit EMILE, né en sept. 1799, avoué à Poitiers, où il est mort célibataire le 19 août 1848; 2° ALPHONSE, qui suit.

9. — **Bourbeau** (Alphonse), né à Ruffec le 23 sept. 1801, receveur de l'enregistrement à Rochefort, puis conservateur des hypothèques à Civray, où il est mort le 9 juin 1883, laissant de Marie-Anne-Marguerite-Henriette BOUQUET-BELAVAULT, sa femme, fille de Henri-Louis, et de Françoise Poitevin-Loubeau, qu'il avait épousée le 12 sept. 1831, une fille unique, mariée, le 10 fév. 1858, à M. Mazières, ancien président du tribunal civil de Civray.

BOURCAVIER (André de), sgr dudit lieu dans la châtel^nie^ de St-Savin, servit en archer au ban du Poitou de 1491. Il lui fut enjoint d'avoir gantelets. (F.)

Bourcavier (autre André de) servit en archer à ce même ban. (F.)

BOURCEAU (V. **BOURSEAU** ET **BOURSAUD**). — Famille de Poitiers, qui a fourni un jurisconsulte au XVIIe s^e^.

Bourceau (Marguerite) était, le 17 janv. 1531, veuve de Balthazar Jarno, sgr de Nantilly, bailli de Gastine. (Gén. Jarno.)

Bourceau (Marie) fut mariée, vers 1600, à Jean Poignand, dont une fille, Marie, qui épousa, vers 1620, Pierre Ochier, s^r^ de la Robertière.

Bourceau (N...), procureur au Présidial de Poitiers, professait la religion protestante; le 16 déc. 1639, il fut rendu contre les coreligionnaires un arrêt du conseil du Roi leur défendant d'exercer aucun office.

Bourceau (Charles), sgr de la Touche et de la Brunetière, avocat, l'un des plus éloquents de l'ancien barreau, abjura le protestantisme, le 22 avril 1666, entre les mains de M. Perraud, curé de St-Porchaire de Poitiers, et prononça un discours à ce sujet en présence des principaux officiers de justice invités à cette cérémonie. C'est lui sans doute qui est auteur d'un petit ouvrage de droit publié en 1654 sous le titre de « *Tractatus ad* § 124 *consuetudinis Pictaviensis* », et qui a été inconnu à tous les bibliographes. (Essai sur les jurisconsultes poitevins, par A. de la Ménardière.) Il épousa Esther DE RAFFOU, fille de Jean, sgr de la Brunetière, docteur-médecin, et de Marie? Contant, dont il eut MARIE, épouse de Jean de Veillechèze; elle était, le 6 nov. 1689, tutrice de leur fils mineur.

Bourceau (David) assista, à Chénéché, le 6 oct. 1683, à l'abjuration publique de Jacqueline Grimaudet, veuve de François Lecoq, Ec.

Bourceau (Pierre), curé de Menigoute, rendit une déclaration au sgr de la Barre-Pouvreau, le 26 avril 1718.

Bourceau (Paul) épousa, à Chénéché, le 2 août 1719, Jeanne BARDOT.

Bourceau (Marie) épousa Josué de Malleray, Ec., qui, à cause d'elle, devait rente au Chapitre de N.-D.-la-Grande. (Arch. Vien. G. 1127.)

BOURDE. — V. **BORDE.**

BOURDEAU. — Nom commun à plusieurs familles du Poitou.

Bourdeau (Marc), prieur de St-André de Mirebeau, fait, le 25 mai 1479, un concordat avec le Chapitre de N.-Dame de la même ville, au sujet de l'élection et institution des principaux régents de Mirebeau.

Bourdeau (N...), orfèvre de la religion protestante, avait été le second mari de Marie DE MARNEF, laquelle mourut le 6 sept. 1639, à l'âge d'environ cent ans. (A. H. P. 15.)

Bourdeau (Simon), sr de Boislembert, achète, le 21 mars 1749, de Claude Bruneau, sr du Fretó, Ec., sa charge de greffier en chef de la chambre des comptes de Bretagne, qui, le 6 fév. suivant, se démet en sa faveur ; il laissa de Marie-Claire BOUNON, son épouse : 1° CLAIRE-CHARLOTTE, qui épousa (Rousseau, not. à Luçon), le 6 mars 1764, Alexandre-François-Xavier Baron, Ec., sgr de Vernon, maréchal des logis en chef des gendarmes de la garde du Roi ; 2° MARGUERITE-JEANNE, qui, le 24 janv. 1769, se maria (Rousseau et Charrière, not. à Luçon) à Jean-François Fleury, Ec., sgr de la Caillère, gendarme de la garde du Roi ; 3° MARGUERITE-EMILIE, dite Mlle de Brilhac, mariée, le 22 nov. 1785 (Poinjère, not. à Luçon), à Honoré-Henri-Jérôme Gorrin, Chev., sgr de Ponçay ; elle avait signé au contrat de mariage de sa sœur avec M. Fleury de la Caillère.

BOURDEAU (DE) ou **DEBOURDEAU.**

Blason. — Jean de Bourdeau (*sic*), prieur de St-Martin d'Entraigues : de gueules à 3 bourdons d'argent posés en pal. (D'Hozier, d'office.)

Bourdeau (Charles de), sr des Essarts, juge sénéchal de la principauté de Marcillac, fut en 1674 adjudicataire par décret des biens de Jean de Livenne, abbé de St-Séverin. Le 6 août 1715, il contractait à Paris un emprunt (Doyen et J. Descure, not. au Châtelet de Paris), et demeurait à cette époque au bourg de Ville-Jésus (Charente). (O.)

Bourdeau (Jean de) était, le 20 nov. 1694, prieur de St-Martin d'Entraigues. Il testa le 4 mai 1702, et le 2 oct. 1711, faisait un codicille, par lequel il lègue à ses successeurs curés de St-Martin d'Entraigues une maison et ses dépendances, pour servir de presbytère, etc., et à JEANNE de Bourdeau, sa nièce, une autre maison sise également à St-Martin.

Bourdeau (Pierre de) épousa, vers 1760, Marie-Anne BARBIER, fille de Aymé, sr de la Coudre, et de Elisabeth Motheau.

Bourdeau (Pierre de), bourgeois, fut délégué en 1789 par la commune de Villemain pour l'élection des députés du Tiers aux États généraux.

Bourdeau (Jacques de) était le 17 nov. 1755 parrain de Marie-Anne-Rosalie de Gérard.

Bourdeau (Charles de), bourgeois, demeurant à Loubillé, notifie au greffe de cette justice, le 4 fév. 1782, l'acquêt d'une pièce de terre. Marié à N..., il en eut : 1° CHARLES-PIERRE-ANDRÉ, docteur en médecine, marié, le 10 févr. 1806, à Julie-Joséphine AYMÉ, fille de Louis-Jean-Marie, et de Louise Violet-Préneuf, dont une fille unique, JOSÉPHINE, mariée à Emmanuel Frappier de la Poirandière, décédée à Niort en 1873 ; 2° JACQUES, qui suit ; 3° N..., morte à Loubillé ; 4° HENRI, notaire, puis maire de la cne de Loubillé du 30 août 1837 jusqu'à sa mort arrivée le 20 nov. 1855 ; 5° JOSÉPHINE, femme de M. Eymer.

Bourdeau (Jacques de), né à Coutures-d'Argenson (D.-S.) en 1765, Chev. de la Légion d'honneur, capitaine retraité du 32e régiment de ligne, avec lequel il fit toutes les campagnes de la première république en Belgique, Italie, Suisse, Egypte, se fit remarquer au siège de St-Jean-d'Acre. Il épousa Henriette CHABOT (de la famille Chabot de St-Romans), et est mort maire de la cne de Loubillé, le 28 mars 1837, laissant : 1° ADOLPHE, qui suit ; 2° THÉRÈSE-ANTOINETTE, mariée, à Loubillé, le 20 déc. 1831, à René Lahaye, y est décédée le 8 nov. 1875.

Bourdeau (Adolphe de), officier d'administration dans les hôpitaux militaires, est décédé à Orléansville (Algérie) en 1864. Marié à Clémence GROLLEAU, il en eut EMMA, mariée à N... Crozet, décédée en 1870.

BOURDEIL (Jean), sgr de Foucherie, habitant la terre de la Rocheservière (Vendée), servit en archer au ban de 1491. (F.)

Bourdeil (N...) fonda en 1619 une chapelle dans l'église d'Ileuil (Vienne), dont sa famille fut collateur. (Pouillés 1782, 1869.)

BOURDEILLE (DE). — Famille du Périgord, d'origine chevaleresque. Si l'on en devait croire les chroniqueurs du XIIe siècle, les seigneurs de Bourdeille brillaient à la cour de Charlemagne qui, en fondant l'abbaye de Brantôme, l'aurait placée sous leur protection, etc.

Le plus ancien titre authentique que l'on possède sur cette maison remonte à l'année 1066. Hélie de Bourdeille fit partie de la septième croisade et testa devant Damiette en 1249. Archambaud de Bourdeille était en 1375 propriétaire de huit des plus belles seigneuries du Périgord. C'est à partir d'Arnaud, sénéchal et gouverneur pour le Roi de cette province, que la famille de Bourdeille se divisa en plusieurs branches, dont deux seules subsistent aujourd'hui : celle du Mis de Bourdeille qui habite Paris, celle de Saveilles, cne de Paizay-Naudouin (Charente), descendant de celle de Montanceys. Nous mentionnerons au nombre des hommes remarquables fournis par cette maison Hélie cardinal de Bourdeille, qui ne craignit pas de tenir tête à l'ombrageux Louis XI, et auquel ses vertus firent accorder les honneurs de la béatification. Sa vie a été écrite dans ces derniers temps par M. l'abbé Briand, curé de Paizay-Naudouin.

Blason : d'or à 2 pattes de griffon de gueules onglées de sable ou d'azur, l'une sur l'autre.

Cette maison a contracté des alliances avec plusieurs familles poitevines, et a possédé dans notre province des terres importantes.

Bourdeille (François de) épousa Hilaire DU FOU, De du Vigean, dont il eut entre autres:

Bourdeille (François de), IIe du nom, Vte de Bourdeille, sgr de la Tour-Blanche, marié, vers 1500, à Anne DE VIVONNE, fille de André, Chev., sgr de la Chasteigneraye, et de Louise de Daillon. Il en eut entre autres : 1° ANDRÉ, qui continua la filiation ; 2° PIERRE, connu sous le nom de Brantôme, parce qu'il avait été nommé, quoique simple laïque, abbé de cette abbaye ; après avoir suivi la carrière des armes, il se rendit célèbre par de nombreux écrits ; 3° JEAN, sgr de Nulliers et d'Ardelay (Vendée) du chef de sa mère, terres qu'il céda à son frère Pierre, en juin 1566, pour une somme de 9,000 liv., dont 5,000 étaient dues par André leur frère aîné, et cela au moment de partir l'un et l'autre pour se rendre à Malte, et répondre à l'appel du Gd Maître Jean de la Valette, menacé par les Turcs ; 4° FRANÇOISE, qui, par sentence de l'Official de Poitiers du 17 avril 1567, fut déclarée séculière, et non soumise à l'observance régulière, ayant été contrainte à embrasser la vie religieuse en l'abb. de Ste-Croix. (Arch. Vienne, abb. de Ste-Croix.)

Bourdeille (André de), marié à Jacquette DE MONTBERON, qui lui apporta la terre de Matha et dont est issu: 1558 ou 88. ?

Bourdeille (Henri de), sgr de Matha, lequel, vers 1640, prit alliance avec Claude ROUAULT, fille d'Adolphe Bon de Timbrune, et de Claude Chabot.

Bourdeille (Henri de), Cte de Matha, qui épousa en 1713, Marie-Susanne PRÉVÔT, fille de François, sgr de Touchimbert et de Saveilles, et de Marie Chitton de Montlaurier. Mme de Bourdeille se retira en 1764 à Port-Royal.

Bourdeille (Marie-Susanne de), fille du précédent, mariée, en 1739, à Charles-Auguste-Tiercelin d'Appelvoisin, Mis de la Roche du Maine.

C'est la branche des sgrs de la Salle, aujourd'hui Saveilles, issue de celle de Montauceys, qui représentait cette ancienne et noble famille dans cette partie du Poitou aujourd'hui détachée de notre province.

Bourdeille (Jean-Jacques Cte de), sgr de la Salle, lieutenant-colonel du régiment Dauphin-Cavalerie, Chev. de St-Louis, naquit le 1er mai 1744, et décéda à Saveilles le 15 oct. 1824 ; se maria d'abord, le 24 oct. 1776, à Marie DE ROUSSEL, dont : 1° DÉSIRÉE, décédée le 25 sept. 1792 ; 2° CHARLES, mort le 26 août 1801 ; 3° MARIE-ANNE-FRANÇOISE, mariée, le 8 août 1800, à Louis-Antoine Mis de Goulard ; 4° HENRIETTE-CATHERINE-CHARLOTTE, mariée, le 14 juil. 1806, à Joseph-Laurent-Louis-Félix-Henri-Marie de Baderon-Thézan, baron de Maussac, Mis de St-Geniez.

En secondes noces il épousa, le 25 fév. 1794, Marguerite-Françoise GUY, fille de Pierre-François, et de Marie-Joseph Bourdin, de la Franche-Comté. Il en a eu : 5° MARIE-JOSÉPHINE, née le 1er sept. 1794, décédée le 15 déc. 1863 ; 6° ANNE-CONSTANCE, née le 29 oct. 1797, morte le 5 août 1877, veuve de M. Laville, inspecteur des domaines ; 7° HENRI-FÉLIX, né le 27 juil. 1802, lieutenant de vaisseau, Chev. de la Légion d'honneur, mis à l'ordre du jour pour sa belle conduite à Cadix, à Navarin et à la prise d'Alger ; mourut peu après, des suites des blessures reçues à bord du *Breslau* ; 8° CHARLES-MAURICE, qui suit.

Bourdeille (Charles-Maurice Cte de), garde du corps de S. M. Charles X, démissionnaire en 1830, épousa à Rigné (D.-S.), le 16 mai 1832, Léonie DE BRUNET DE NEUILLY, fille de Ange-Achille-Charles Cte de Neuilly, Ecuyer cavalcadour de LL. MM. Louis XVIII et Charles X, et de Marie-Joséphine Leblois. Mme de Bourdeille est décédée à Limoges le 22 déc. 1857, et M. de Bourdeille en son chât. de Saveilles, le 26 juil. 1888, laissant MARGUERITE-CHARLOTTE-ALIX, née le 14 fév. 1833, mariée, le 5 mai 1856, à Ernest Disnematin de Salles, et décédée à Bourges le 4 fév. 1894.

BOURDIER. — Famille encore existante, originaire de Charroux, qui a donné plusieurs sénéchaux à son abbaye, et un maire à la ville de Civray. Nous allons donner d'abord les noms isolés que nous n'avons pu classer dans l'essai de filiation que nous donnons ensuite. Le manque de renseignements ne nous a pas permis de relier les différentes branches entre elles.

Noms isolés.

Bourdier (Etienne), sr de St-Laurent, bourgeois de Charroux, épousa, le 11 fév. 1668, Marguerite VILLETTE, et fut inhumé dans l'église de Charroux le 7 sept. 1799, laissant : 1° CATHERINE, mariée, le 4 mai 1709, à François Perot, décédée le 17 juil. 1710 ; 2° ETIENNE, prêtre, chapelain des chapelles St-Michel et St-Ambroise de Charroux ; 3° JACQUES, qui fut trésorier de l'abbaye de Charroux.

Bourdier (Pierre), sergent royal à Charroux, vivait en 1658. (Reg. parois.)

Bourdier (Gabriel), aumônier de la chapelle St-Blaise à Charroux, fut parrain le 19 janv. 1668. (Id.)

Bourdier (Martin). Sa veuve Henriette BOUTHEILLIER se remarie, le 29 fév. 1688, à Jean Bascher, sr de la Fontaine. (Reg. de Moussac-sur-Vienne.)

Bourdier (Jean) était moine et chantre de l'abb. de Nanteuil-en-Vallée (Charente) le 25 juin 1701.

Bourdier (Louis) était vicaire de Charroux de 1703 à 1705. (Reg. parois.)

Bourdier (Pierre), sr de Laillé, syndic perpétuel de Charroux, procureur et notaire, fut inhumé à Charroux le 18 mai 1705, âgé de 68 ans. (Id.)

Bourdier (Jacques) était docteur ès lois en 1703. (Id.)

Bourdier (Jacques) était moine et sacristain de l'abb. de Montierneuf de Poitiers en 1705. (Arch. Vien.) Serait-ce le même qui en 1708 était moine à l'abb. de Charroux et prieur de Venier et d'Auzac ?

Bourdier (Jeanne) était marraine à Charroux le 24 nov. 1708. (Reg. parois.)

Bourdier (Louis), peut-être le même que celui cité plus haut? fut vicaire de Charroux de 1712 à 1715. (Id.)

Bourdier (Marie), De de la Gorce, fut inhumée dans l'église de Charroux, le 12 fév. 1737, âgée de 60 ans. (Id.)

Bourdier (Jacques), sr du Cluzeau, eut de Marie MARTIN, son épouse : 1° JOSEPH, baptisé le 10 oct. 1740 ; 2° ANTOINE-LUC, marié à Charroux, le 26 fév. 1772, à Jeanne-Marie-Madeleine BOURDIER, fille de Pierre-Jacques, et de Marie-Madeleine Duquerroix (4e deg., § Ier).

Bourdier (Jean), fermier de Champion, épousa à Champagné-St-Hilaire, le 22 janv. 1753, Marie-Renée BÉRA, dont il eut : 1° RADÉGONDE, mariée, le 24 juil. 1781, à Jean Mesrine ; 2° MADELEINE, mariée, le 4 fév. 1783, à Jean-François Mesrine. (Reg. parois.)

Bourdier (Marie-Thérèse), fille de N..., sr du Cluzeau, et de Marie-Thérèse BOURDIER, fut inhumée à Châtain le 9 juin 1778, âgée de 9 mois. (Id.)

Bourdier du Peray (Antoine-Claude), licencié ès lois, prêtre, chanoine du Chapitre de l'Eglise de Poitiers, mourut le 1er mai 1779. (Id.)

Bourdier (N...) était en 1782 greffier de la sénéchaussée de Poitiers.

Bourdier de la Maillerie (N...) fut nommé en 1787 comme représentant du Tiers-Etat à l'assemblée d'élection de Poitiers.

Bourdier (Pierre), moine (O. S. B) de la congrégation des exempts de France, chantre de l'abb. de

Nanteuil-en-Vallée, habitait l'abbaye de Charroux depuis la réunion de ce monastère au grand séminaire de Poitiers. Il fut inhumé dans le cimetière de l'abbaye de Charroux, le 11 juin 1788. (Reg. parois.).

Bourdier du Cluzeau (François) eut de Jeanne-Françoise Verret, une fille, Adélaïde, mariée, le 13 mai 1812, à Pierre-Charles Bouin dit du Couret.

§ Ier. — Branche de Laillé.

1. — **Bourdier** (Jean), notaire et procureur à Charroux, épousa Françoise Pontenier, dont il eut:

2. — **Bourdier** (Pierre), sr de Laillé, procureur fiscal de la Bnie de Charroux, puis sénéchal, était en 1711 et 1712 sénéchal de Rochemeau. Avait été parrain à Asnois le 13 sept. 1670, mourut âgé de 70 ans et fut inhumé à Charroux le 9 déc. 1714. Il avait épousé, le 27 janv. 1672, Jeanne Rogues, fille de Mathurin, procureur au Présidial de Poitiers, et de Jeanne Gaultier, dont il eut: 1° Pierre, qui suit; 2° Jacques, sr de la Gorce, baptisé à Charroux le 20 avril 1678, était officier au régt Royal-Infanterie le 14 avril 1741, et capitaine à la suite (place de la Rochelle), lorsqu'il mourut, le 5 juin 1747; 3° Marie, baptisée à Charroux le 18 mai 1679; 4° Louis, baptisé le 17 avril 1685, prêtre, chapelain des chapelles St-Blaise et St-Ambroise, desservies à Charroux. Ce fut peut-être lui qui fut curé de la Chapelle-Bâton (Vien.) et qui y fut inhumé le 12 déc. 1734; 5° Jean, mort enfant; 6° Catherine, baptisée le 6 nov. 1681; 7° Jean-Baptiste, baptisé le 13 sept. 1686; 8° Jeanne, mariée, le 4 sept. 1712, à François de Brande, Ec., sgr de Vogeline.

3. — **Bourdier** (Pierre), sr de Laillé et de l'Aumônerie, avocat en Parlement, juge ordinaire de la vicomté de Rochemeau, fut inhumé à Charroux le 15 mars 1748. Il avait épousé Jeanne Minot, dont il eut: 1° Jeanne, baptisée à Charroux (ainsi que ses frères et sœurs), le 14 avril 1705; mariée, le 8 fév. 1736, à Pierre-Jacques Bourdier, lieut. criminel de Civray (2e deg., § II); 2° Pierre-Jacques, qui suit; 3° Marie, baptisée le 25 juin 1711, mariée, le 5 août 1744, à Louis-Antoine de Bobène, Ec., sgr de Bourgazet; 4° Jean, baptisé le 11 juil. 1712; 5° Anne, baptisée le 26 mai 1714; 6° Catherine, baptisée le 14 avril 1718, mariée à Charroux, le 5 juil. 1745, à Marc-Antoine Duverrier, Ec., sgr de Boulzat, et inhumée au même lieu le 12 oct. 1792.

4. — **Bourdier** (Pierre-Jacques), sr de Laillé, avocat en Parlement, juge sénéchal de Rochemeau, fut baptisé le 24 nov. 1708. Etait en procès de 1743 à 1769 avec Raymond de Montfrebœuf, Ec., sgr de Beauregard, et Christophe de Prossac, Ec., sgr du Ry, au sujet de la métairie de la Rousille. Il obtint, le 18 mai 1768, des lettres de provision de commissaire-enquesteur-examinateur d'ancienne création, et était décédé avant le 8 avril 1777, laissant de Marie-Madeleine Duquerroix, sa femme, qu'il avait épousée vers 1745: 1° Jeanne-Marie-Madeleine, baptisée à Charroux (comme ses frères et sœurs) le 19 juil. 1749, mariée au même lieu, le 26 fév. 1772, à Antoine-Luc Bourdier; 2° Marie-Thérèse, baptisée le 16 août 1750, mariée, le 6 sept. 1771, à Jacques Bourdier de la Gorce, lieut. au siège royal de Civray (3e deg., § II); 3° Pierre-Bernard, qui suit; 4° Gabrielle-Radégonde, baptisée le 20 juin 1758; 5° Marie-Thérèse, baptisée à Asnois le 16 janv. 1759, mariée, le 9 janv. 1777, à Jean-Louis Duverrier, Ec., sgr de Boulzat, et décédée le 6 mai 1778; 6° Louis, baptisé à Asnois le 18 janv. 1763; 7° Elisabeth, baptisée au même lieu en 1765.

5. — **Bourdier** (Pierre-Bernard), sr de la Lande, baptisé à Charroux le 20 mars 1753, fut nommé maire de Civray, par ordonnance royale du 10 fév. 1777, et installé le 4 juin suivant. Il épousa, le 8 avril 1777, à Civray, Susanne-Marguerite-Ursule Rivaud, fille de Jean-Charles, lieut.-général de police à Civray, et de Elisabeth Rondeau, dont il eut: 1° Madeleine-Ursule, morte enfant; 2° Jacques-Pierre, né le 7 déc. 1779; 3° Elie, né le 8 mai 1781. Devenu veuf, Pierre-Bernard se remaria à Jacquette-Euphrasie Champeville de Boisjolly, dont il eut: 4° Melaine, baptisée le 9 août 1788, mariée, le 26 juil. 1813, à Charles-Honoré Dubrac.

§ II. — Branche de La Gorce.

1. — **Bourdier** (Pierre), avocat au Présidial de Poitiers, était, le 2 févr. 1698, commandant de la milice bourgeoise de Charroux, et en 1708 sénéchal dudit lieu. Marié, le 11 fév. 1698, à Marie-Marguerite Thorin, veuve de François Gourdault, sr d'Ozannet, il fut inhumé, le 14 sept. 1711, dans l'église de Charroux, ayant eu de son mariage les enfants qui suivent, tous baptisés à Charroux: 1° Marie-Anne, baptisée le 28 juil. 1698, décédée le 21 avril 1719; 2° Marie-Marguerite, baptisée le 6 sept. 1699, décédée *Dame de la Charité*, le 17 oct. 1770, âgée de 72 ans, et inhumée à Charroux; 3° Pierre-Jacques, qui suit; 4° Bernard, baptisé le 27 juil. 1701, peut-être le Bernard qui était en 1753 moine et aumônier de l'abb. de Charroux; 5° Catherine, baptisée le 3 juil. 1702; 6° Radégonde-Angélique, baptisée le 4 juil. 1703, mariée, le 21 juil. 1728, à Pierre Imbert; 7° Catherine-Marguerite, baptisée le 20 juil. 1704, mariée, le 11 fév. 1738, à Charroux, à Jean-François David, sr de Lamarou, garde du corps du Roi; 8° Thérèse, baptisée le 12 janv. 1706, mariée, le 23 nov. 1739, à Pierre Nicolas; 9° Etienne, baptisé le 22 sept. 1708; 10° Geneviève, baptisée le 14 mars 1710, morte enfant; 11° Jacques, baptisé le 14 sept. 1711.

2. — **Bourdier** (Pierre-Jacques), baptisé à Charroux le 4 août 1700, fut lieut-général criminel à Civray dès 1729, puis juge à Charroux; il y fut inhumé, dans l'église, à l'âge de 60 ans, le 10 mars 1770. Il avait épousé, le 8 fév. 1736, Jeanne Bourdier, fille de Pierre, sr de Laillé, et de Jeanne Minot (3e deg., § Ier), dont il eut: 1° Pierre, baptisé à Charroux (comme ses frères et sœurs), le 6 juin 1737, marié, le 5 déc. 1769, à Elisabeth Thorin, fille de Pierre-Annibal, et de Marie Perot; 2° Jacques, qui suit; 3° Pierre-Jacques, baptisé le 3 janv. 1742; 4° Anne, baptisée le 3 nov. 1743, mariée à Charroux, le 12 janv. 1768, à Charles Manès, sr du Breuil et de St-Augustin-sur-Mer, marraine le 12 mai 1772; 5° Marie-Thérèse, baptisée le 4 août 1749.

3. — **Bourdier** (Jacques), sr de la Gorce, lieut.-général criminel à Civray, fut baptisé à Charroux le 6 fév. 1741, et épousa, le 6 sept. 1771, Marie-Thérèse Bourdier, fille de Jacques-Pierre, sr de Laillé, et de Marie-Madeleine Duquerroix (4e deg., § Ier), dont il eut: 1° Madeleine, baptisée à Civray (comme les suivants) le 12 mai 1772; 2° Pierre, mort enfant; 3° Jacques, mort en bas âge; 4° autre Pierre, baptisé le 10 juin 1775; 5° Joseph, baptisé le 24 mai 1777; 6° Susanne-Euphémie, baptisée le 4 sept. 1778; 7° Jacques-Marie, baptisée le 24 oct. 1780; 8° Jean-Baptiste, baptisé le 31 janv. 1781; 9° Bernard, baptisé le 5 janv. 1786.

§ III. — Branche de La Maillerie.

1. — **Bourdier** (Pierre), sr de la Maillerie, sénéchal de Charroux dès 1708, épousa, le 4 août 1720,

Françoise Chein, fille de Charles, sr du Colombier, et de Catherine Cartier, qui était veuve lorsqu'elle mourut, et fut inhumée dans l'église de Charroux le 26 mai 1751, âgée de 55 ans. Leurs enfants, tous baptisés à Charroux, furent : 1° Marie-Elisabeth-Françoise, baptisée le 26 août 1721, mariée, le 22 fév. 1740, à Charroux, à Jean Corderoy, sr du Tiers, avocat en Parlement; 2° Charles, baptisé le 7 sept. 1722; 3° Anne, baptisée le 8 août 1723, mariée à Charroux, le 28 oct. 1751, à Pierre Venault de Lardinière, capit. au régt de Lyonnais, Chev. de St-Louis; 4° Jacques, qui suit; 5° Françoise-Charlotte, baptisée le 28 oct. 1725; 6° Françoise, baptisée le 25 mai 1727; 7° Pierre, sr de la Maillerie, lieut. criminel à Civray, assiste au mariage de son frère Jacques, le 5 mars 1752; 8° François, rapporté au § IV.

2. — **Bourdier** (Jacques), sr de la Maillerie, baptisé le 13 août 1724, était lieut. au régt de Limousin lorsqu'il épousa, le 5 mars 1752, Dorothée Corderoy, fille de feu Hyacinthe, sr de Pierre-Brune, et de Jacquette Laurans, qui fut inhumée dans l'église de Charroux le 23 fév. 1754. Il se remaria à Jeanne Manès, et était à ce moment lieutenant de la Grande Louveterie et ancien lieut. au régiment de Limousin. Il fut inhumé à Charroux, le 18 août 1791, laissant du second lit : 1° Marie, baptisée le 3 juin 1761, à Charroux, ainsi que ceux qui suivent; 2° Pierre, baptisé le 13 avril 1762; 3° Anne, baptisée le 2 mai 1763, mariée, le 28 juil. 1783, à Charroux, à Ignace La Grange de la Baudie, licencié ès lois; 4° Marie-Julie, baptisée le 22 juin 1764; 5° André, baptisé le 18 juin 1765; 6° Modeste, baptisée le 21 déc. 1766; 7° Catherine-Elisabeth-Modeste, baptisée le 27 nov. 1767.

§ IV. — Branche de **Fayolle**.

2. — **Bourdier** (François), sr de Fayolle, fils puîné de Pierre, sr de la Maillerie, et de Françoise Chein (1er deg., § III), fut baptisé à Charroux le 28 oct. 1730, assista, le 5 mars 1752, au mariage de son frère Jacques; fut contrôleur des actes et fabriqueur à Charroux, où il épousa, le 23 oct. 1760, Marie-Anne Machet, fille de Louis, sr de la Martinière, élu à Poitiers, et de Marie-Anne Couillebault. Il mourut âgé de 55 ans et fut inhumé, le 21 sept. 1785, dans l'église de Charroux, laissant : 1° Marie-Anne, baptisée à Charroux (comme ses frères et sœurs) le 30 juil. 1761; 2° Louis-François, qui suit; 3° Modeste-Bertile, baptisée le 6 sept. 1764, mariée, le 27 nov. 1787, à François-André Brouillet, arpenteur-juré de la maîtrise des eaux et forêts de Poitou, et capitaine de la milice bourgeoise de Charroux; 4° Louis-David, baptisé le 31 oct. 1765; 5° Marie, morte enfant; 6° Antoine, baptisé le 6 janv. 1768; 7° François-Philippe-Jacques, baptisé le 1er mai 1769; 8° Marguerite-Sophie, baptisée le 4 déc. 1770; 9° Louise-Bertile-Adélaïde, baptisée le 2 oct. 1771; 10° Gabriel-Roch, baptisé le 17 août 1773; 11° Marie-Anne-Henriette, baptisée le 11 nov. 1774; 12° Marie-Anne-Félicité, baptisée le 16 avril 1776; 13° Jeanne-Rosalie, baptisée le 29 nov. 1778; 14° Modeste-Victoire, baptisée le 12 oct. 1780; 15° Joseph-Denis, baptisé le 10 oct. 1784.

3. — **Bourdier** (Louis-François), sr de Fayolle, baptisé le 11 juil. 1762, épousa à Charroux, le 27 nov. 1787, Marie-Julie Brouillet, fille de André, bourgeois de Charroux, et de Antoinette Paral, dont il eut : 1° André-François, baptisé à Charroux le 22 sept. 1788; 2° Louis, baptisé au même lieu, le 24 fév. 1791.

BOURDIER (en Mirebalais). — Autre famille.

Bourdier (Antoine), Ec., se trouve cité dans un aveu rendu, le 22 mai 1599, à Henri de Bourbon par Louis de Vinceneuil, Ec., sgr du Lizon, pour lui, et ses frères et sœurs. (Orig.)

Bourdier (François), Ec., est mentionné dans une déclaration roturière rendue, le 22 mai 1603, par Etienne Jarry, maître chirurgien à Poitiers, à Joseph de Razes, Ec., sgr de Mazay.

Bourdier (Les Hoirs de feu Antoine), Ec., et

Bourdier (Antoine), Chev., sont mentionnés comme possédant au terroir de la Bertrye, dans le dénombrement rendu en 1666 au sgr de Mirebeau par Louis de Lestang de Ry.

BOURDIGALE (de). — Famille originaire du village de Bourdigale, psse d'Olonne, près des Sables (Vendée), illustrée par le capitaine *Laudonnière*, qui écrivit l'Histoire de la découverte de la Floride, au XVIe siècle.

Bourdigale (Guillaume de) avait pris à cens des terres de l'abbaye d'Orbestier; il est mentionné dans des lettres du Roi de 1444.

Bourdigale (René de), sr de Laudonnière, l'île d'Olonne en partie, épousa, vers 1470, Marie Bouhier, fille de René, sr de la Bauduère.

Bourdigale (René de) dit le capitaine Laudonnière, né vers 1520, fit une expédition en Amérique et construisit le fort de la Caroline avec « plusieurs gentilshommes du nombre desquels j'étais », dit-il dans son Histoire de la Floride, imprimée en 1586.

Bourdigale (Jean de), sr de Laudonnière, épousa, vers 1525, Anne Bouhier, fille de René, sr de la Bauduère.

Bourdigale (Marie de) épousa, avant 1576, Jean Bouhier, Ec., sgr de la Roche-Guillaume; elle était fille de Vincent de Bourdigale.

BOURDIN. — Il a existé en Poitou plusieurs familles de ce nom.

Blason. — Bourdin, maire de Poitiers, portait : de gueules (ou d'azur) à trois rencontres de daim, branchées ou armées d'argent, posées 2 et 1.

Le Cte de Bourdin, colonel au régiment Royal et directeur de l'artillerie à la Fère en 1762, originaire de Picardie, portait : d'azur à 3 têtes de daim d'or.

Une autre famille Bourdin portait encore : d'azur au chevron d'or accompagné de trois massacres de daim de même.

Nous avons cru devoir signaler cette ressemblance dans les armoiries appartenant à des familles du même nom. Auraient-elles même origine ?

Bourdin (Gervais) servait comme écuyer en 1372.

Bourdin (Jean), prêtre, rend, le 19 sept. 1409, aveu au sgr de Parthenay, du fief des Champs (Réaumur, Vendée).

Bourdin (Guillaume) servait comme écuyer le 1er avril 1375.

Bourdin (Macé) servait en archer le 9 fév. 1474 : (Bib. Nat. Montres et Revues.)

Bourdin (Jehan) était en 1450 not. et secrétaire

du Roi, et fut commis à la recette de l'aide imposée cette dite année, pour le payement de *neuf-vingt-dix* (190) lances fournies.

Bourdin (Clément) était en fév. 1459 moine de l'abbaye des Châtelliers. (M. Stat. 1867.)

Bourdin (François), sgr de Chaumont et d'Oizy, échevin de la commune de Poitiers en 1473, fit acquêt à Nouaillé le 17 janv. 1481, et mourut en 1499.

Bourdin (autre François), receveur des tailles en Poitou, fut reçu échevin de Poitiers le 29 mars 1479, et fut maire de cette ville en 1489.

Bourdin (Pierre) servit à l'arrière-ban de 1489 pour Jean Mareschal, de Montreuil-Bonnin. (Doc. inéd.)

Bourdin (Jean), receveur général en Poitou, eut une fille, Etiennette, mariée à Guillaume Boileau, qui fut s'établir à Nîmes, où elle mourut en 1594. (F.)

Bourdin (Catherine) épousa Louis Le Vallois, Ec., sgr de Villette, vers 1570.

Bourdin (Gaspard), avocat, demeurant à la Chapelle-Palluau (Vendée), fut un des délégués du Tiers-Etat en 1789, pour nommer des députés aux Etats généraux.

BOURDIN. — Famille alliée aux Boynet, d'après le Reg. de Malte, preuves, du 18 juil. 1679.

Blason : de sable à 3 roses d'argent.

Bourdin (Jean), Ec., sgr de l'Abbaye, marié à Guillemette Calla, eut pour fils :

Bourdin (Gilles), Ec., sgr de l'Abbaye, marié à Jeanne de Quisistre, dont Louise, mariée, le 28 juin 1599, à Jean Boynet, Ec., sgr de Fressinet.

BOURDONNAYE (de la). — Famille bretonne qui a donné au Poitou trois intendants, dont l'un, par les services qu'il a rendus pendant les 35 ans qu'il administra le Poitou, peut être à bon droit qualifié de bienfaiteur de cette province.

Blason : de gueules à 3 bourdons d'argent.

Bourdonnaye (Yves-Marie de la), Chev., sgr de Blossac, fut intendant du Poitou en 1690.

Bourdonnaye (Paul-Esprit-Marie de la), Chev., Cte de Blossac, Mis du Tymeur, conseiller du Roi en ses conseils, naquit à Rennes, fut nommé intendant du Poitou en 1741, fonction qu'il exerça jusqu'en 1784. Pendant cette longue administration, il sut, dans les années de disette, procurer aux bras inoccupés un travail rémunérateur, au profit des principales cités de la province. Les promenades dont il dota les villes de Poitiers, Châtellerault, Fontenay, St-Maixent, Lusignan, auxquelles la reconnaissance publique a donné son nom, sont un témoignage toujours vivant de son intelligente charité. Il encouragea l'agriculture, tenta d'établir la culture du mûrier et des vers à soie, que M. Berryer, l'un de ses prédécesseurs, avait introduit à Poitiers, patronna l'école de dessin que le peintre Boucher avait fondée à Poitiers avec le concours d'Aujollest-Pagès. Lors de la création du conseil supérieur de Poitiers en 1771, il en fut nommé le premier président. Son départ (1784) pour l'intendance de Soissons fut accueilli par des regrets unanimes. (V. Mém. de la Société des Antiquaires de l'Ouest, la Notice que M. Pilotelle a consacrée à ce modèle des administrateurs.)

M. de Blossac avait épousé Madeleine-Louise-Charlotte Lepelletier de la Houssaye, dont le décès, arrivé à Poitiers le 5 avril 1765, fut considéré comme un deuil public. Elle fut inhumée dans l'église cathédrale, d'après le vœu unanime du Chapitre. Deux inscriptions placées, l'une sur sa sépulture, l'autre sur le pilier à droite qui précède le chœur, rappellent et ses vertus et les regrets qui accompagnèrent sa mort. De ce mariage sont issus 4 fils et 4 filles.

Bourdonnaye (Charles-Esprit-Marie de la) Cte de Blossac, sgr du Puygarreau, l'aîné des fils, fut nommé en 1771 avocat général près le conseil supérieur de Poitiers, et en 1779 adjoint à son père à l'intendance de cette ville. Il épousa, le 5 fév. 1782, N... Berthier de Sauvigny. (V. dans les Affiches du Poitou le détail des fêtes qui eurent lieu à cette occasion.) Il suivit son père à Soissons. Emigré à la Révolution, il ne rentra en France qu'en 1814 avec le Roi, qui le nomma conseiller d'Etat et pair de France. Il épousa en 2es noces, vers 1800, Charlotte-Antoinette de Ste-Hermine, veuve de N.... de Grailly, fille de René-Louis, Mis de Ste-Hermine, et de Aimée de Polignac.

BOUREAU ou **BOURREAU**, autrefois **BOREL**, en latin *Borellus*. — « Cette famille, dit M. de Fouchier (Bnie de Mirebeau. M. A. O. 1877), est au nombre des familles féodales existant en Mirebalais, antérieurement à 1356. » Elle a laissé dans ce petit pays plusieurs traces de son passage : la Bourrelière, cne de Cuhon ; la Roche-Bourreau, cne de Massougné ; la Tour-aux-Bourreaux, cne de Craon. Quelques membres de cette maison paraissent avoir été attachés à la maison des Ctes de Poitou ducs d'Aquitaine. On trouve des personnages de ce nom dès le milieu du XIe siècle.

Borel (Boson), *Bosonius Borelli*, fut un des signataires de l'acte de fondation du prieuré de St-André de Mirebeau (1052), et peut-être du don de quelques serfs fait, en 1050 ou 1051, à l'abb. de St-Maixent, par les héritiers de Pierre Fort, dont il avait épousé la veuve nommée Maxime, et dont il avait eu, entre autres enfants, Thomasse, qui en 1085 était mariée à Arbert de St-Jouin ; ils donnaient à cette époque l'église de Braye à l'abb. de St-Cyprien. Thomasse se remaria à Simon Maingot, avec lequel elle donnait en 1090 au même monastère les églises de Charrais et de Thurageau (Vienne). (A. H. P. 3, et D. F. 15.)

Borellus (*Aimericus*) signe la charte de fondation du prieuré de St-André de Mirebeau (1085). C'est le même sans doute qui (1060-1068) assistait à la donation à l'abb. de St-Cyprien d'un alleud sis à Milly. (Cart. à St-Cyprien. A. H. P. 3.)

Borellus (*Radulfus*) fut témoin de divers actes concernant l'abbaye de St-Maixent de 1070 à 1099.

Borellus de Mosterolio est un des signataires laïcs de la charte-notice de 1078 à 1079, par laquelle Guy-Geoffroy duc d'Aquitaine et son fils règlent les admissions au Chapitre de St-Hilaire-le-Gd de Poitiers. (M. A. O. 1847, 97.)

Borellus (*Rotgerius*) fut en 1080 témoin d'une donation faite à St-Cyprien d'un bois sis dans la quinte de Poitiers. Il est dit *Rotgerius cognomento Borellus* dans le don de l'église de St-André qu'il vient d'élever sous le chât. de Montreuil-Bonnin, et de la vieille église de St-Pierre située dans l'enceinte dudit château, qu'il fait en 1085 au monastère de St-Cyprien, de l'avis de Tixenda, sa femme, et de Borellus et Willelmus, leurs enfants. Il est encore cité avec ses enfants dans le don fait au même monastère (vers 1110) par Mauricius *monachus*, qui devait être de leur famille, de tout ce qu'il possédait à Montreuil-Bonnin. (Cart. St-Cyprien. A. H. P. 3.)

Borellus (*frater Willelmi Seguini*) est témoin de la donation faite en 1080 à l'abb. de Nouaillé d'un bois sis *in vicaria de Rodom* (Rom, D.-S.). (D. F. 16.)

Borellus de Mosterolio est l'un des signataires de l'abandon fait à l'abbaye de St-Cyprien par Guillaume VIII, duc d'Aquitaine, du droit de pêche dans le Clain, et en 1081 d'un don fait au monastère de St-Nicolas par Pierre de Bridiers, sénéchal du duc d'Aquitaine, du droit de la vente du sel qu'il avait dans la ville de Poitiers. (A. H. P. 3.)

Borellus (*Tetmerius*) fut témoin de la donation faite en 1085 à l'abb. de St-Cyprien par Thomasse et Arbert de St-Jouin, son époux (v. *suprà*). Dans la donation faite par *Rotgerius* en 1085 à la même abb. sont comprises des dîmes qu'il levait sur les terres de ce *Tetmerius*, qui devait habiter dans les environs de Montreuil-Bonnin. (A. H. P. 3.) C'est le même sans doute qui, sous le nom de *Tetmarius*, était présent à la renonciation faite vers 1092 par *Hugo de Luchiaco* et sa famille, en faveur du Chapitre de St-Hilaire-le-Grand, à leurs prétentions sur le moulin de Mazeuil. (M. A. O. 1847.)

Borellus, *monachus* à St-Cyprien, signe la donation faite à ce monastère par Martin et ses fils de ce qu'ils possédaient dans l'église de Charrais. (A. H. P. 3.)

Borellus (*Ostencius*) est témoin de la donation des églises d'Usseau et de Gençay, faite, vers 1100, à l'abb. de St-Cyprien par Aimery de Rancon. (Id.)

Borellus *juvenis* (*Petrus*), témoin de l'abandon fait à la même abb., vers 1110, par Guillaume et Normand frères, de leurs droits sur le moulin de Villenouvelle, près Montreuil-Bonnin. (Id.)

Borellus (*Petrus*) donne, vers 1110, le moulin de Bréfieu (Montreuil-Bonnin, Vienne) à St-Cyprien. Il avait également signé l'acte qui précède.

Borellus (*Constancius*) est témoin de deux chartes (vers 1108 ou 1110) de l'abb. de St-Maixent. (D. F. 15.)

Borellus (*Petrus*), *miles*, donne à l'abb. d'Airvau la terre de la Bourrelière. Le Chapitre de St-Hilaire-le-Gd ayant prétendu qu'elle lui appartenait, l'évêque de Périgueux, arbitre choisi par les parties, l'attribue en 1168 définitivement à Airvau. (M. A. O. 1847, 168.)

Borel (*Stephanus*) se désiste des poursuites qu'il faisait aux religieux de Montierneuf, au sujet de droits que le Cte de Poitou leur avait donnés, et dont il avait le bail ou l'administration vers 1135. (D. F. 19.)

Borel (*Petrus*), *præpositus Mosterolii*, est nommé dans la donation faite en 1135 à l'abb. de Montierneuf de la terre de Jallais. Il vivait encore en 1144. (D. F. 19.)

Borel (Archambauld) est nommé dans des chartes de l'abb. de St-Maixent de 1142 et 1144. (D. F.)

Borel (Laurent) est témoin de la vente faite en 1160 par le Chapitre de St-Hilaire-le-Grand d'un moulin et d'un pré par Geoffroy, juge de Neuilly. (M. A. O. 1847, 164.)

Borea (*Aimericus*) avait vendu à *Stephanus de Purniaco*, son gendre, un moulin, une maison et des terres sises à Mazeuil, que ce dernier donne à St-Hilaire-le-Gd en nov. 1178. (Id. 188.)

Borel de Parigné (Pierre et Archimbault), Chev., sont témoins d'une transaction passée en 1206 entre l'abbaye des Châtelliers et Pierre Maingot de Chausseroye. (D. F. 10.)

Borel (Pierre), Chev. (le même que ci-dessus ?), est témoin en 1206 d'un traité passé entre Philippe du Fraigne, Chev., de l'avis de Borelle, sa femme, et de leurs enfants, et l'abb. des Châtelliers. (D. F. 5.)

Borreau (N...) épousa Jeanne de la Roche, fille de Jean, sgr de la Roche-Bourreau, dont il eut : 1° Margot, femme d'Etienne Boivin en 1414 ; 2° Jacquette, qui en 1412 rend aveu de la terre du Fraigne, et qui épousa plus tard Jean dit Estelle de Marconnay. (Bnie de Mirebeau, 209.)

Bourreau (Laurent), sgr de la Bourrelière, p**se** de la Chapelle-Montreuil-Bonnin, rend un aveu au chât. de la Barre-Pouvreau, le lundi après le dimanche où l'on chante *Misericordia Domini* 1383. (D. F.)

Bourreau (Aimeri) épousa, avant 1340, Jeanne Hubert, fille de Guillaume, Chev., sgr de Nouzillé. Ils marièrent leur fille unique Jeanne à N... Guy, Ec.

Bourreau (Aimery) vivait le 19 juin 1397. (D. F. 11.)

Borel (N...), sous-chantre de l'Église de Poitiers, fut présent à une fondation faite en 1402 dans cette église par l'évêque Simon de Cramaud.

Borel (Jehanne) avait épousé Valentin des Roziers ; leurs héritiers tenaient à cause d'elle, en 1444, les rentes de Billy en parage de l'herbergement de Mondon. (Bnie de Mirebeau, 187.)

Bourreau (Simon) était décédé avant 1493. A cette époque, N... Guillegault d'Estivères, son gendre, est cité parmi les vassaux de Guillaume Guenant, sgr du Blanc. (Liv. des fiefs.)

Bourelle (Jeanne) était, à la fin du xive siècle, épouse de Maurice Bonnet.

BOUREAU ou BOURREAU (autre famille).

Bourreau (Louis), honorable homme, sr de Tournevrière, épousa Renée de Puyguyon, dont une fille, Diane-Marie, qui, par contrat du 17 fév. 1628, épousa Louis de Maillé, Ec., sgr de la Cochelinière. Ils demeuraient à la Jolière, p**sse** du Breuil-Barret (Vendée), et vivaient encore en 1658.

BOURESSE (de). — Famille éteinte depuis des siècles, qui tirait son nom de celui du bourg de Bouresse (Vienne), connu en latin sous les noms de *Bubalitiâ* et *Boerecia*.

Bubalitiâ (*Isembertus de*) est nommé dans l'acte de donation de quelques serfs fait à l'abb. de Nouaillé en 1016. (D. F. 16.)

Bubalitiâ (*Isembertus de*) est nommé dans plusieurs chartes du même monastère de l'an 1081 à 1095. (Id.)

Bubalitiâ (*Willelmus de*) se trouve cité, vers 1095 et vers 1140, dans d'autres chartes du même monastère. (D. F. 21.)

Boeretiâ (*Aldebertus de*) est témoin de la donation de la terre *ad Agias*, faite en 1112 à l'abb. de St-Cyprien de Poitiers par divers particuliers (D. F. 71. Cart. St-Cyprien. A. H. P. 3.) et en 1140 du droit de pacage près Joussé. (Id.)

Boeretiâ (*Audebertus de*) avait donné avant 1147 des terres à l'abb. de Nouaillé, donation qui à cette date fut confirmée à ce monastère par l'archidiacre de Poitiers. (Id.)

Boereciâ (*P. de*), prévôt d'Availles. Au mois d'avril 1263, Marguerite, femme d'Ithier de Fontlebon, Chev., ratifie le don que son mari avait fait à cet officier de ses revenus, dans les p^sses de Nouaillé, la Villedieu, etc. (D. F. 22.)

Bouresse (Guillaume de), Ec., vend en déc. 1274 à l'abb. de Nouaillé un droit de dîme qu'il avait dans la p^sse de Bouresse.

Boereciâ (*Johannes Bertrandi de*), fils de « BERTRANDI *de Boerecia* », avoue le 11 oct. 1402 tenir du couvent des Carmes de Mortemart son herbergement de la Rollandière. (O.)

Bouresse (François de), Ec., sgr de Verbreuil, consent, le 19 mars 1516, à Laurent David, le bail d'un verger sis à la Cueille-Verte, tenant au chemin par lequel on va du bourg Poitevin en Calmoisin. (Arch. Vienne, Chapitre de St-Pierre-le-Puellier.)

Bouresse (François de), châtelain de Gençay. Le Chapitre de St-Pierre-le-Puellier lui cède, le 7 nov. 1526, une rente sur le village du Boucheret (St-Léger-la-Pallud, Vienne). (Id.)

Bouresse (Pierre de), élu pour le Roi sur le fait des tailles et aides en l'élection de Poitou, donne quittance de 75 liv. pour les trois quartiers de ses gages, commençant le 13 janvier 1528, jusqu'au 13 oct. 1529. (Arch. D.-S.)

Bouresse (Nicolas de), Ec., sgr de Chantegos, fit aveu à Melle, le 27 août 1561, comme tuteur de ANDRÉE de Bouresse, dame de Limor (Clussais, D.-S.).

BOUREILLEAU ou BOURIGLEAU et BOREILLEAU (en Gatine).

Boureilleau (Louis), Ec., sgr de la Borlière, eut pour fille MARGUERITE, mariée, le 21 fév. 1475, à Jean Brochard, Ec.

BOURG (du). — Nom commun à plusieurs familles. En Bas-Poitou il y avait les sgrs du Bourg-sous-la-Roche-sur-Yon.

Bourg (*Hubertus* ou *Herbertus* du), *de Burgo*, grand justicier d'Angleterre, fut sénéchal en Poitou pour le roi anglais de 1222 à 1224.

Bourg (*Helias* du), *de Burgo, homo ligius Comitis Pictavensis de suis terris omnibus que habet in parrochia de Sillars, excepto hoc quod habet apud Lachenai*, 1253. (A. Nat., J. Reg. 24, f° 51, 2.)

Bourg (Mourier, Maurice? du), Ec., servait en 1385 en homme d'armes dans la comp^ie de Regnault de Vivonne, sire de Thors. Il était sgr de la Coutancière, la Ranconnière.

Bourg (Maurice du) relevait en 1408 de Geoffroy Béraud de Montbail, pour une maison sise à la Roche-sur-Yon. (N. féod. 96.)

Bourg (Jeannette du), sœur de Maurice, épousa, vers 1400, Jean de Pontdevie, Ec., sgr de Pontdevie, de la Coutancière, St-Florent, etc.

Bourg (Guillaume du) servit au ban de 1467 comme homme d'armes du sgr de L'Aigle. (F.)

Bourg (Jehan du) servit comme brigandinier à l'arrière-ban de 1488. (Id.)

Bourg (Tachon du) servait en archer en fév. 1489. (Bib. Nat. Montres et Revues.)

Bourg (Jacquette du) épousa, au milieu du XVe s^e, Pierre Poitevin.

Bourg (Michelle du), sœur de Jean, épousa, vers 1480, Jean Robert, Ec., sgr de la Rochette, licencié ès lois, qui testa en 1500.

Bourg (Jean du), Ec., sgr de la Roustière, est nommé dans un acte du 10 avril 1527. Il avait été nommé exécuteur testamentaire de Jean Robert, le 5 août 1501.

Bourg (Thomas du), s^r de la Gorgerie, habitant la chât^nie de Fontenay, servit en archer au ban de 1533. (F.)

Bourg (Réginald du), sgr de la Poitevinière, est nommé dans un indult accordé par le pape à N... de Fouchier.

Bourg (Pierre du), donataire de Jeanne-Angélique de Lostanges, veuve de François Joumard, transige, le 30 mai 1692, avec divers membres de la famille de la donatrice.

BOURG (du) en Saintonge.

Blason : d'azur à 3 tiges d'épine d'argent.

Bourg (Bertrand du), Ec., fait aveu au Roi pour une forêt sise au diocèse de Xaintes en 1311. (A. Nat. J. cart. 181, 59.)

Bourg (Pierre du), Ec., sgr de Porcheresse, eut entre autres enfants de Mélanie DE MEAUX, D^e de la Chassaigne : 1° MARGUERITE-MÉLANIE, née le 8 janv. 1685, qui, le 3 juin 1700, épousa Jacques-René de Bremond, sgr d'Orlac, Dompierre-sur-Charente, etc.; elle mourut à Saintes le 8 juil. 1728; 2° URSULE-GABRIELLE, qui épousa François Gay, Chev., sgr du Puy-d'Anché, assiste comme cousine au mariage de Honoré-Hyacinthe Desmier, Ec., sgr de la Boninière, avec Marie-Radégonde de Céris de Château-Couvert, le 20 fév. 1730; elle était veuve le 16 fév. 1745.

Bourg (Claude du), sgr de Braudet, donne en 1742 la terre de Brezille à Marie-Antoinette de Bremond, sa parente, et en 1742 il instituait Pierre de Bremond, sgr d'Orlac, son légataire universel. (Gén. de Bremond.)

Bourg (Joachim du), Ec., sgr de Porcheresse, eut entre autres enfants de Marie BERTHIER, sa femme, une fille, CHARLOTTE, mariée, par contrat du 5 fév. 1671, à René de Bouet, Chev., sgr du Portal, dont elle devint veuve le 30 janv. 1705, et obtint de M. Begon, intendant de la Rochelle, une ordonnance de maintenue le 20 août 1707. (Gén. Bouet.)

BOURGAIL, jadis BORGAIL, BORGAILH. — Famille de St-Maixent, qui paraît s'être éteinte au XIVe siècle.

Borgail (Jean) fut archiprêtre de St-Maixent.

Borguail (P.) devait rente sur sa maison à Jean Ratier, Chev., en 1231.

Borgal (P.) tenait une vigne à Vellon ? au fief de P. de l'Ile, valet, qui fit aveu à l'abbé de St-Maixent (vers 1269-78).

Borgail (Guillaume), clerc, garde du scel royal à St-Maixent, signe un vidimus le mardi après la Purification N.-D. 1324.

Bourgail (Jean) possédait des maisons à St-Maixent et devait avou à l'abbaye en 1353 pour le fief de Grousgrain (qui passa aux Andraud, puis aux Gillier).

Bourgail (Jeanne), peut-être fille de Jean, épousa vers 1380 ? Antoon de Mons, Ec., qui est rappelé dans les aveux de Châteautizon, au XVe siècle. (A. Nat. P. 560.)

BOURGEOIS. — Nom commun à beaucoup de familles, dont l'une habitait Poitiers dès le XIVe s.

Blason. — Bourgeois, échevin de Poitiers : d'argent à trois hures de sanglier arrachées de sable. (Arm. Goujet.) — Jacques, bourgeois de Poitiers : de gueules à la fasce crénelée d'argent, maçonnée de sable. (Arm. de Poitou, d'office.)

Bourgeois (Guillaume) est indiqué comme échevin de Poitiers dans divers titres de 1372, 1392 et 1415.

Bourgeois (Gillet) était aumônier de la chapelle St-Thomas de l'Echevinage et échevin de Poitiers. Le 18 juil. 1429, il donna quittance au receveur de la commune de la somme de 10 s. tournois pour raison d'une maison sise près de l'hôtel de l'Échevinage, dépendant de son aumônerie. Cette pièce est scellée de son scel en cire rouge, sur lequel on distingue trois têtes frustes d'animaux. (M. A. O. 1882, 184.)

Bourgeois (Jean), prieur de Ste-Flaive, est cité dans une transaction passée, le 28 nov. 1424, entre Jean d'Authon, Ec., sgr de Bérugès, et le prieur dudit lieu, au sujet de la dîme de la terre de Jallais. (D. F. 1, 283.)

Bourgeois (Jean) fait, le 16 avril 1433, don d'un verger sis près le Pré-l'Abbesse à Poitiers, à Pierre Chauvigny, aumônier de l'aumônerie de St-Pierre de Poitiers. (Arch. Vienne, abb. de Ste-Croix.)

Bourgeois (Marie), échevin de Poitiers, est nommé dans les pièces d'un procès élevé en 1508 entre la ville et le monastère de Montierneuf. (D. F. 9.)

Bourgeois (Martin) est mandataire de Antoine de la Lande, prieur de St-Maixent-le-Petit (Haims, Vienne), dans un procès soutenu contre René Le Bailly, qui prétendait lever une portion des fruits de ce prieuré. (Arch. Vienne, St-Cyprien.)

Bourgeois (Pierre) était en 1605 sgr de la Trapperie, et sergent fieffé du bailliage du Breuil-Chaussée en St-Porchaire. (Hist. de Bressuire, 231.)

Bourgeois (N...), né à Poitiers, après avoir servi au corps des carabiniers, passa en Russie, où il fut précepteur des fils d'un grand seigneur; revenu en France lors de la Révolution, fut commandant de la garde nationale de Poitiers, puis maire de cette ville jusque vers 1807, époque à laquelle il fut nommé conseiller de préfecture, place qu'il occupa jusqu'en 1822, époque de sa mort.

BOURGEOIS DE LA ROCHELLE.

Bourgeois (N...), né à la Rochelle, vint faire ses études de droit de Poitiers, où il épousa N... MIGNOT, fille d'un avocat célèbre de cette ville. Nous ne parlons de cet écrivain, sur lequel M. de la Fontenelle a publié une notice assez étendue dans le t. II, p. 218, de la Revue Anglo-Française, qu'en raison de ce qu'il s'est occupé de recherches sur l'histoire du Poitou, dont il a écrit un *Précis*, dédié à M. Lenain, intendant. La copie du mss. se trouve dans le tome 32 des manuscrits de D. Fonteneau, Bibl. de la ville de Poitiers. Il est mort doyen de l'Académie royale des belles-lettres de la Rochelle, au mois de juil. 1776.

BOURGEOIS EN MONTMORILLONNAIS.

Bourgeois (Léonard), sr de Moutiers, la Chaume-d'Azerable, fit aveu en 1699 et en 1703, avec Françoise SEIGLIÈRE, son épouse ; en 1711 avec Jeanne BASTIDE, sa 2e femme. Elle était veuve et tutrice de ses enfants en 1734 ; ce furent sans doute : 1° FRANÇOIS, sr de la Chaume, 1740; 2° LÉONARD, sr de la Chaume, 1777 ; il était greffier des dépôts à sel de Guéret.

BOURGES (DE). — Nom de plusieurs familles.

Blason. — Pierre de Bourges, maire de Poitiers, portait : d'argent semé d'hermine de sable. (Arm. des maires ; fantaisie.)

Bourges (Pierre de), maire de Poitiers en 1314, conduisant aux armées, en 1314, les gens de sa commune pour le service du Roi, fut rejoint à Châtellerault par le prévôt, de l'abbaye de Montierneuf, avec 200 des hommes de ce monastère. (Arch. de la ville, M. A. O. 1882, 307.) Bouchet avait donc raison de lui donner ce nom, et D. Fonteneau et Thibaudeau, qui l'appellent Pierre de Berry, sont dans l'erreur.

Bourges (Macé de), Ec., servait en cette qualité, le 29 août 1351.

Bourges (Perrin de), Ec., passe revue en cette qualité en 1370 et 1371. (B. Nat. Montres, etc.)

Bourges (Eustache de), veuve de Jean de la Châtre, Ec., sgr de Pr..... ? vendait une rente de 10 liv. sur le moulin de Peyroux à Gilbert de Moussy ; elle fut adjugée, par sentence du 11 août 1470, audit Gilbert de Moussy, etc. (Gén. de Moussy.)

Borges, (**Bourges** ?) (Girard de) servit comme brigandinier à l'arrière-ban de Poitou en 1488, pour lui et pour :

Bourges (Jean), son neveu. (F.)

BOURGNEUF (DE). — Il y a eu plusieurs familles de ce nom en Poitou et Bretagne. Parmi ces dernières, nous signalerons une branche des sgrs de Rais ou Retz, alliés aux Chabot.

Blason. — Les sires de Bourgneuf en Retz : d'argent à la croix de sable.

Bourgneuf (Jean de Rais dit de) eut pour fille MARGUERITE, De de Bourgneuf, mariée : 1° vers 1300, à Guillaume Chabot, sgr de la Turmelière ; 2° le dimanche après la St-Denis 1321, à Guy de Surgères, sire de la Flocellière.

BOURGNON DE LAYRÉ. — Cette famille, d'origine poitevine, a fourni de nombreux membres à l'Église, à la magistrature, à l'armée, et a été pourvue, pendant plusieurs générations successives, de la charge de lieutenant en la maîtrise particulière des eaux et forêts du Poitou.

L'article qui la concerne a été rédigé : 1° sur des preuves et notes domestiques qui nous ont été produites avec les contrats par feu M. le baron Bourgnon de Layre, conseiller à la cour royale de Poitiers ; 2° sur les notes que nous possédons.

Des renseignements traditionnels se trouvaient, dit-on, annotés sur un ancien registre terrier contenant l'état des feux du village de Layre, qui ressortaient au four banal de cette sgrie, possédée depuis longtemps par la famille Bourgnon. — Ce registre a disparu en 1793 avec les titres qui constataient les droits de cette terre. Suivant ce terrier, le plus ancien membre de la famille sur lequel on avait conservé des renseignements aurait vécu à la fin du XVe siècle, et aurait fait partie de l'expédition de la conquête de Naples sous Charles VIII. Il aurait eu un fils du nom de Louis-Elzéard, qui aurait servi sous François Ier dans les guerres d'Italie, et habité près de Champdeniers, p^{sse} de la Chapelle-aux-Lys, vers 1550, où il était qualifié Ec., sgr de la Tour-de-Layre (p^{sse} de Pas-de-Jeu, arrière-fief relevant du château de Thouars).

Ces notes, fort incomplètes, ne sauraient suffire pour justifier les faits qu'elles constatent. Nous ne commencerons donc la filiation qu'à Thomas Bourgnon, à partir duquel on possède des actes et documents authentiques.

Blason : « d'argent à un verveux de gueules, dans lequel entre un poisson de même, accompagné de trois roses de gueules feuillées et soutenues de sinople, posées 2 et 1. » Les lettres patentes du 7 mars 1815 y ont ajouté « le chef de gueules chargé à dextre d'une épée d'argent montée d'or mise en pal, et à senestre d'un croissant aussi d'argent. »

Filiation suivie.

1. — **Bourgnon** (Thomas), sgr du Rouillon, de la Tour-de-Layre, etc. (dit petit-fils de Louis-Elzéard), naquit en 1570. Il vivait noblement p^{sse} de la Chapelle-au-Lys. Il eut de Marie Michaud, sa femme, quatre enfants, qui se partagèrent ses biens le 9 oct. 1636 (Penevot, not^{re} à Poitiers) ; ils étaient : 1° Jean, lequel fut curé de Javarzay (D.-S.). Par son testament du 15 juin 1648, fait à Javarzay, il donna la plus grande partie de ses biens aux enfants de Jacques, son frère, et à Marie, sa nièce, fille de Pierre, et le surplus à son église ; 2° Jacques, qui suit ; 3° Nicolas, avocat au Présidial de Poitiers ; 4° Pierre, s^{r} des Nouhes ou de la Noue, résidant également à la Chapelle-au-Lys.

2. — **Bourgnon** (Jacques) s'était établi à Poitiers, où il avait épousé D^{lle} Jacquette d'Ozon. Celle-ci, étant veuve, fit son testament le 7 août 1654 (Marrot et Bourbeau, not^{res}). On y voit qu'elle avait eu cinq enfants : 1° Jean, qui suit ; 2° Jacques, avocat au Présidial de Poitiers ; 3° René, s^{r} de la Noue ; 4° Pierre, 5° Isabelle, dite aussi Elisabeth, qui était majeure de 25 ans le 9 août 1690 ; elle était veuve de N... Poitevin, à la fin du XVIIe, ou commencement du XVIIIe siècle, soutenant un procès avec l'abb. de la Ste-Trinité de Poitiers. Une tradition de famille porte que les deux derniers fils, ayant adopté les principes de la religion prétendue réformée, passèrent en Allemagne, et qu'on n'a jamais eu de leurs nouvelles.

3. — **Bourgnon** (Jean) épousa Susanne Nicollas, fille de feu Jean, not. et bourgeois de la maison commune de Poitiers, et d'Hilaire Barbarin. Du contrat de ce mariage, reçu le 9 janv. 1663 (Marrot et Hersant, not. à Poitiers), il résulte que ses père et mère étaient morts, et que le mariage fut fait de l'avis et du consentement de Jacques et de Pierre, frères du marié. Jean et sa femme testèrent le 6 janv. 1683 (Cailler, not.), et Jean testa de nouveau le 8 mai 1714. Jean eut neuf enfants de Jeanne Nicollas, savoir : 1° Jean, moine feuillant, qui devint prieur du couvent de Poitiers ; 2° Florent, qui fut prieur des Carmes de la même ville ; le 9 sept. 1714, il était procureur-syndic de l'abb. de St-Jean-d'Angély, où il était religieux, et mandataire de celle de St-Cyprien, dans un procès soutenu par ce monastère contre Alexandre de Pontac, abbé de Combelongue (Arch. Vienne, St-Cyprien) ; 3° Jacques, missionnaire en Chine, devint plus tard supérieur des Missions étrangères à Paris : il en est parlé dans les Lettres édifiantes ; 4° Louis, prêtre, chanoine de Ste-Radégonde à Poitiers ; son père lui fit donation le 15 févr. 1700. Louis fonda dans cette église, par son testament, une messe de dix heures pour tous les dimanches et fêtes de l'année ; 5° François, qui suit ; 6° Marguerite, religieuse de chœur à l'abbaye de Ste-Croix ; 7° Anne-Thérèse, mariée à François Drouyneau, sgr de Brye, prévôt provincial en la duché-pairie de Thouars et pays de Bas-Poitou ; 8° Marie-Susanne, femme de Jean-René Souchay, élu en l'élection de Poitiers ; 9° Radégonde, qui se maria avec Claude Bardeau de Clairé, receveur des décimes de l'évêché de Poitiers.

Le 17 juil 1717, les survivants se partagèrent la succession de leur père.

Jean Bourgnon avait épousé en secondes noces (Lelet, not. à Poitiers), le 29 mars 1684, Madeleine de la Pierre d'Ozon, dont il n'eut pas d'enfants. Il mourut en 1717, âgé de près de quatre-vingts ans, et fut inhumé dans l'église des Carmes de Poitiers, à côté de Susanne Nicollas, sa première épouse, ayant l'un et l'autre fait une fondation à cet effet.

4. — **Bourgnon** (François), qualifié dans des contrats Ec., sgr de la Tour-de-Layre, de la Tousche, etc., naquit en 1674. Il réunit presque toute la fortune de la famille, ses frères étant tous entrés en religion. Il fut pourvu de la charge de lieutenant de Roi en la maîtrise particulière des eaux et forêts de Poitiers, succédant à M. Dandenac de la Génorais, par lettres du 8 août 1700, registrées au Parlement de Paris, où il prêta serment le 26 août suivant. Après trente-quatre années de services, il obtint des lettres d'honneur en faisant passer son office à son fils aîné. Le 3 fév. 1704 (Caffin, not. à Thouars), François Bourgnon épousa Marie-Thérèse Onré, fille d'Annibal, procureur du Roi à l'élect. de Thouars, et d'Elisabeth Hersant. François décéda à Poitiers le 25 oct. 1746, et fut inhumé dans l'église de Ste-Opportune ; sa veuve y fut également enterrée le 23 mars 1760. De leur mariage sont issus : 1° Angélique-Elzéard, qui suit ; 2° Jean-Annibal, prêtre, curé de Marnes ; 3° Radégonde-Thérèse, qui épousa en 1736 Jean-René Baudy, procureur du Roi à Châtellerault.

5. — **Bourgnon** (Angélique-Elzéard), Ec., sgr de la Tour-de-Layre, les Petits-Peux, Linigues, la Bizonnière, etc., né le 11 mars 1705, à Poitiers, succéda à son père comme lieutenant des eaux et forêts à Poitiers, par provisions du 31 déc. 1734, et prêta serment à la table de marbre le 12 janv. 1735. Il exerça cette charge pendant plus de trente-trois années, et la transmit à son fils aîné, en obtenant pour lui des lettres d'honneur. Il mourut à Poitiers le 30 juin 1780 et fut inhumé dans l'église St-Cybard. Il avait épousé, en 1743, Marie-Catherine Boisdin, et de ce mariage étaient issus seize enfants, dont huit moururent en bas âge ; les autres étaient : 1° Jean-Elzéard, qui suit ; 2° Louis, s^{r} de la Basinière, fut, avant la Révolution, vicaire à Chasseneuil, curé de St-Michel de Poitiers, puis d'Ayron. Déporté en Espagne en 1793 comme prêtre réfractaire et non assermenté il fut réintégré, au Concordat, dans sa cure d'Ayron, où il mourut le 10 juin 1827 ; 3° Louis-Elzéard, s^{r} de la Tousche, épousa Marie Amiet. Ils étaient décédés tous les deux en 1829, laissant un fils, Franklin-Elzéard, décédé lui-même sans postérité, en 1842, capitaine au 19e régiment d'infanterie.

4° Marie-Anne, dame de chœur à l'abbaye royale de Ste-Croix ; 5° Marie-Jeanne, religieuse à l'abbaye de la Trinité, à Poitiers ; 6° Julie, qui épousa M. Drouyneau de Brye, ingénieur des ponts et chaussées, son cousin germain ; 7° Thérèse, mariée avec Louis Fourcau de Beauregard, contrôleur des cotes et de l'enregistrement ; 8° Félicité, épouse de Jean-René Marquet de la Jarrie, avocat.

6. — **Bourgnon de Layre** (Jean-Elzéard), né en 1744, portait les mêmes titres que son père ; il fut pourvu de la lieutenance des eaux et forêts de Poitiers par lettres royaux du 15 juin 1768, et prêta serment au Parlement de Paris le 22 du même mois. Ayant résigné son office en 1779, il obtint, le 20 juil. 1785, le titre de lieutenant honoraire, par lettres registrées le 3 sept. suivant. En 1779, il avait été nommé lieutenant de louveterie, officier des chasses du Roi en la duché-pairie de Thouars, et fit partie du corps municipal de Poitiers. Il est mort le 1er novembre 1831, à l'âge de 87 ans, à Villiers près Vouillé.

Jean-Elzéard avait épousé, le 10 août 1773 (Duchastenier, not. à Poitiers), Marie-Madeleine BABINET, fille de Michel, échevin du corps, de ville de Poitiers, et de Marie-Catherine Faulcon. De ce mariage sont issus six enfants, dont trois morts en bas âge ; les survivants furent : 1° ARMAND-ELZÉARD, qui suit ; 2° MARIE-HORTENSE, née en 1774, morte célibataire le 13 mars 1858, au château de Villiers (Vienne) ; elle a doté sa commune de tous les établissements religieux et charitables dont elle était dépourvue ; elle repose dans l'église construite à ses frais. Deux inscriptions y rappellent ses bienfaits et les regrets des habitants ; 3° MARIE-MÉLANIE, née en 1775, décédée religieuse au couvent de la Visitation à Poitiers, en 1816.

7. — **Bourgnon de Layre** (Armand-Elzéard), Chev., baron Bourgnon de Layre, officier de la Légion d'honneur, Chev. de St-Louis, né à Poitiers le 7 juil. 1786 ; il fut admis, au concours en l'an XI, à l'école militaire de Fontainebleau. Nommé sous-lieutenant le 20 frimaire an XII dans le 26e régiment d'infanterie légère, il fit successivement et avec distinction la plupart des campagnes de la grande armée en Allemagne, Autriche, Prusse et Pologne. Après avoir reçu quatre blessures, dont deux à la bataille d'Austerlitz, il quitta le service le 4 mars 1810 avec une pension ; quoique âgé de 23 ans seulement, il était déjà parvenu au grade de chef de bataillon, et avait été décoré de la Légion d'honneur le 1er oct. 1807.

Entré alors dans les emplois civils, il fut nommé successivement, le 1er août 1810, auditeur au conseil d'Etat, et le 14 janv. 1811, sous-préfet à Poitiers, place qu'il remplit jusqu'au mois d'août 1815. En 1817 et le 26 avril, il fut installé en qualité de conseiller auditeur à la cour royale de Poitiers ; substitut du procureur général le 4 janv. 1819, nommé aux mêmes fonctions à la cour royale de Nîmes le 13 janv. 1829, conseiller à la cour royale d'Orléans le 22 juil. même année, il est rentré comme conseiller à la cour royale de Poitiers le 8 nov. 1831. Elu en 1843 membre du conseil général du département de la Vienne et du conseil municipal de Poitiers, il a été membre de la Société académique de Poitiers, de celle des Antiquaires de l'Ouest et d'autres sociétés savantes, et plusieurs de ses mémoires ont été insérés dans les publications des deux premières.

Il avait été créé chevalier par lettres patentes du 19 janv. 1811, transcrites sur les registres du sénat le 28 du même mois, et registrées au conseil du sceau des titres, R., ch. 3, f° 216. Le roi Louis XVIII lui conféra, le 30 janv. 1815, le grade d'officier de la Légion d'honneur, et l'éleva au rang héréditaire de baron, par lettres patentes du 7 mars suivant, enregistrées à la cour royale de Poitiers le 18 août 1815. Une autre ordonnance du 2 avril 1817 le nomma chevalier de l'ordre royal et militaire de St-Louis.

Le 5 juil. 1813, il avait épousé Dlle Apollonie-Jeanne-Amélie SARTELON, fille du Baron Sartelon, député, commissaire ordonnateur en chef des armées, secrétaire général du ministère de la guerre, etc., et de dame Alix-Sophie de Roux de Ste-Croix, des Mis de Ste-Croix en Provence (contrat reçu les 3, 4 et 5 juin 1814, Duchêne, not. à Paris). Il est décédé le 3 mai 1855. Son éloge a été prononcé par M. le consr Legentil, le jour de ses obsèques, et à la rentrée de la Cour de Poitiers, par M. de la Marsonnière, avocat gal. Nous puisons dans le discours du premier le passage suivant qui résume le mieux la longue et utile carrière du défunt : « M. le Bon Bourgnon de Layre était un de ces hommes qui prennent la vie au sérieux et la considèrent comme un travail sans relâche, natures d'élite, véritables pionniers de leur siècle.... Ils voudraient entraîner tout le monde dans cette sphère d'action..... Mais à combien de déceptions faut-il qu'ils s'attendent ! Les stationnaires appelleront leurs idées des chimères ; les indolents traiteront leur activité d'inquiète turbulence, et l'inertie envieuse se plaira à paralyser tous leurs efforts ; puis, quand ils auront succombé à la tâche, quelques voix diront peut-être : c'est dommage. Nous, Messieurs, nous dirons honneur au travailleur infatigable..... Proclamons ici que dans la personne de M. le conseiller Bourgnon de Layre la France perd un bon citoyen, la cour un bien digne magistrat, et la cité un de ses hommes les plus considérables, et qui laissera un grand vide après lui. »

La Baronne Bourgnon de Layre est décédée à Bressuire le 16 déc. 1864 ; leurs enfants furent : 1° MARIE-SOPHIE-BATHILDE, née à Paris en sept. 1814, décédée à Poitiers le 14 sept. 1829 ; 2° ANTONIN-ARMAND-ELZÉARD, né le 26 mai 1819, lauréat de la Faculté de droit de Poitiers, docteur en droit, était destiné à la magistrature, mais sa vocation l'appela à la vie religieuse, et il entra chez les Dominicains en 1848 ; il est mort à Paris, pendant le siège, le 15 déc. 1870, des suites d'un érésypèle contracté sur le champ de bataille de Champigny, faisant l'office de brancardier. Il figure au nombre des martyrs de la guerre dans l'ouvrage de M. E. d'Avesne : « *Devant l'ennemi* » ; 3° ARMAND-EDMOND-ELZÉARD, qui suit.

8. — **Bourgnon de Layre** (Armand-Edmond-Elzéard Baron), nommé substitut à Loudun le 20 déc. 1856, à Saintes le 12 mars 1859, puis procureur impérial, le 25 déc. 1862, à Bressuire, a donné sa démission le 6 juin 1865, à l'occasion de son mariage, contracté avec Louise-Marie-Victoire TERNAUX, fille de Louis-Mortimer, membre de l'Institut, Chev. de la Légion d'honneur, député des Ardennes, etc., et de Céline-Constance-Pauline Brame. Membre de la Société des Antiquaires de l'Ouest et occupé de travaux littéraires, le Bon de Layre a terminé l'Histoire de la Terreur, que son beau-père avait laissée inachevée. De son mariage sont issus : 1° AMÉLIE-ANNE-MARIE-MARGUERITE, née à Paris le 18 avril 1866, mariée, le 23 avril 1885, à Charles-Louis Cte Lafond, décédée le 3 juil. 1886, en donnant naissance à un fils ; 2° ELZÉARD-FRANÇOIS-JEAN-MORTIMER-MARIE, né à Poitiers le 1er déc. 1870 ; 3° MARIE-THÉRÈSE-NATHALIE, née à Paris le 21 fév. 1873.

BOURGOIGNON, BOURGOUGNON — V. BOURGUIGNON.

BOURGOUIN.

Blason. — Bourgoin (Samuel), bourgeois du bourg de Vançais, portait : de gueules à un héron d'or. (Arm. du Poitou, d'office.)

Bourgouin (Pierre), natif de la ville d'Angoulême, fut pourvu en 1595 d'un office de conseiller au Présidial de Poitiers par le duc de Mayenne ; il obtint du Roi de nouvelles provisions, et fut installé le 3 oct. 1598, par François de Messy, Me des requêtes. Il avait épousé Françoise DE LA CHARLONNIE, avec laquelle, le 23 juin 1606, il créait une rente de 6 liv. 5 sous tournois au profit des Jésuites de Poitiers (Arch. Vienne), et dont il eut; 1° FRANÇOIS, qui suit; 2° ANNE, qui en 1634 était veuve de Jacques Rapin, Ec., sgr de la Poictevinière.

Bourgouin (François), Ec., sgr de la Grande-Barre, épousa, le 8 fév. 1649, Jeanne VIÈTE, veuve de Jean Boucher, et fille de Nicolas, Ec., sgr de la Groie de Pissote, et de Jeanne Alléaume.

Bourgouin (Gabriel), prieur de l'abb. de Boisgrolland, est cité dans les procès-verbaux, etc., relatifs à la réformation de l'abb. des Fontenelles en 1614. (D. F. 8.)

Bourgouin (N...) était, le 10 fév. 1716, archiprêtre de Rom (D.-S.). (Arch. Vien., Bur. des finances.)

Bourgouin (Claude-Germain), s[r] des Gaubertières, reçu garde-marteau en la maîtrise de Poitiers en déc. 1737, fut l'un des 75 bourgeois de la commune, et mourut garde-marteau honoraire, en mars 1777.

Bourgouin (Luc), capucin, fut le dernier gardien du couvent de Civray. Il déclara, le 25 juil. 1791, ne vouloir pas suivre la loi commune, et fixa sa résidence à Civray. (Faye. B. A. O. 1847, 465.)

BOURGOUGNON, BOURGOIGNON, BOURGUIGNON, LE BOURGUIGNON. — Nous donnerons d'abord les noms isolés que nous avons recueillis sur des personnages de ce nom, puis un essai généalogique de la famille Bourgougnon de Niort.

Bourguignon (Guillaume Le), bourgeois de Poitiers, et Perrotte GALIRELLE, sa femme, donnent à Jean Courtois une maison sise devant l'église de St-Etienne, etc., à la charge de payer une rente annuelle de 6 sous à la commune. (Arch. de Poitiers. M. A. O. 1882, 301.) Il était mort avant le 5 sept. 1291, date d'une sentence arbitrale rendue entre ses héritiers et la ville de Poitiers, à laquelle il avait légué la maison dite *la Côte de la Baleine*, et une grange près la Pierre-Pèlerine, etc., pour y établir une aumônerie, etc. (Id. id. 306.)

Bourguignon (Mathurin), Ec., époux de N... BROCHARD, partageait, le 24 fév. 1481, avec ses frères et sœurs survivants la succession de Perrotte Brochard, leur belle-sœur. (Gén. Brochard de la Rochebrochard.)

Bourguignon (Louis), Ec., époux de Philippe BROCHARD, sœur de la femme de Mathurin précité, prend part au partage du 24 fév. 1481. (Id.)

Bourgoignon (Jacques) servit à l'arrière-ban convoqué en 1489 pour Antoine Marlon, archer de la châtt[nie] du Blanc. (F.)

Bourgougnon (Jacques), s[r] du Gué-Mennevault, assiste au mariage de Françoise Bourgoignon avec Hugues d'Orfeuille, qui eut lieu le 5 août 1572.

Bourguignon (Françoise) épousa Christophe de Lauvergnat, Ec., sgr de Miaurray, vers 1570; elle était veuve le 24 déc. 1598.

Bourguignon (Bonaventure) était sous-prieur de l'abbaye de Maillezais le 14 sept. 1612. (D. F. 20, 447.)

Bourguignon (René Le), marié à Louise RABAUD, veuve de Pierre Lauvergnat, Ec., juge de Lusignan, eut pour enfants: 1° JEAN, décédé sans hoirs avant 1560; 2° ANNE, mariée à René Nathon, Ec., sgr du Chaigne.

Bourguignon (Marie) était en 1651 femme de Vincent Phelippes, Ec., sgr de la Roche-St-Martial, comme il ressort d'un partage du 3 avril de cette année.

Bourguignon (Nicolas) paya, le 12 avril 1713, l'office de juré-vendeur-visiteur de porcs, en l'élection de Poitiers, qu'il avait acquis.

Bourgougnon (Antoine), s[r] de la Mothe, était lieutenant dans les gabelles en 1747; habitait Jaulnay.

BOURGOIGNON, BOURGOUGNON, ET PLUS TARD BOURGUIGNON. — Famille de Niort qui a fourni 6 maires à cette ville et plusieurs échevins. La majeure partie des notes qui suivent sont extraites de l'Armorial des maires de Niort de M. le Cte Bonneau, dont le travail ne nous paraît cependant pas toujours parfaitement justifié. (M. Stat. 1865.)

Blason. — M. Bonneau leur donne : d'azur à 3 bourguignottes (casques) d'argent, 2, 1.

§ Ier. — BRANCHE DE **BEAUREGARD.**

1. — **Bourgoignon** (Guillaume), s[r] de Beauregard, était garde-scel pour le Roi à Niort, pair en 1454 et secrétaire-greffier, de 1453 à 1457 ; administrateur de l'aumônerie de St-Georges, 1459-1472; procureur-syndic en 1479, maire en 1480, échevin en 1482; se présenta à l'arrière-ban convoqué en 1489 et fut désigné pour la garde de Niort. Il vivait encore en 1493 (Arch. de la Barre, II, 398), et signait Bourgoignon ; fut père de: 1° CARDIN, qui suit ; 2° JACQUES, s[r] de Ligné, rapporté au § II.

2. — **Bourguignon** (Cardin), s[r] de Beauregard, fut conseiller au corps de ville de Niort en 1499-1500 ; eut un fils:

3. — **Bourguignon** (Antoine), sgr de Beauregard et de la Grange dès 1503, fut échevin de Niort en 1529 ; fut père de :

4. — **Bourguignon** (Bertrand), s[r] de Beauregard, de la Barberie et de la Grange-Laydet, échevin, maire et capitaine de Niort en 1570; il épousa Louise LAYNÉ ou LESNÉ, qui était veuve le 5 août 1572, date du contrat de mariage de Françoise, une de leurs filles. Leurs enfants furent: 1° FRANÇOISE, baptisée le 5 oct. 1551, mariée, le 5 août 1572, à Hugues d'Orfeuille, Ec., sgr de Luché; 2° JACQUETTE, baptisée à Niort le 31 déc. 1553. M. Bonneau ajoute: 3° AMAURY, ou mieux AIMERY, auquel il fait suivre la filiation, et 4° LAURENT, s[r] de Bèceleuf, qui assiste, 5 août 1572, au mariage de FRANÇOISE, sa sœur, d'après M. Bonneau; il n'est dit pourtant que proche parent dans l'acte de mariage ; fut échevin, puis juge président de la Cour consulaire, 1586; maire en 1576. Ce fut pendant sa mairie que le capitaine protestant St-Gelais tenta vainement de s'emparer de Niort. Il était mort avant 1606, laissant veuve Marguerite DUPONT, D[e] du Fief-Pignon.

5. — **Bourguignon** (Amaury ou Aimery), s[r] de la Barberie, assiste au mariage de Françoise Bourguignon, qui, d'après M. Bonneau, aurait été sa sœur; mais il n'est dans l'acte qualifié que de proche parent; échevin, puis maire de Niort en 1565, reçut le roi Charles IX, à son passage dans cette ville, le 19 sept. même année ; fut aussi munitionnaire général de l'armée royale, en 1569, 1572, 1579 ; maire encore en 1584 ; mourut avant le 20 avril 1606, laissant pour fils, d'après M. Bonneau :

6. — **Bourguignon** (François), s[r] de la Vergne, fut échevin, puis maire de Niort en 1581.

Nous trouvons encore comme fils d'Aimery, GUY, s[r] de

Laultremont, Laigné ; il fut échevin de Niort, et laissait pour veuve en 1609 Anne Hilairet, D° de Laultremont en Prahec (D.-S.), et du fief de Fontchatré (Vanzais, D.-S.), dont il avait eu deux filles, Perrette et Anne, majeures en 1609 ; elles étaient à cette époque dames chemières de la maison noble de Leigné, et pour partie de celle de la Pasqueterie (Aiffres, D.-S.).

Perrette fut la 1re femme de Nathan Ragueneau ; elle était veuve de Claude Suyrot, Ec., sgr de la Croix, qu'elle avait épousé avant 1617. Anne avait épousé Jacques Suyrot, Ec., sgr d'Angles, frère de Claude.

§ II. — Branche de **Ligné**.

2. — **Bourguignon** (Jacques), fils de Guillaume, échevin (1er deg., § II), eut lui-même pour fils :

3. — **Bourguignon** (Jacques), père de :

4. — **Bourguignon** (François), sr de Ligné, père de :

5. — **Bourguignon** (Martin), sr de Ligné, pair de Niort, 1576, vivant encore en 1606, avait assisté comme proche parent au mariage de Françoise Bourguignon (4e deg., § Ier) avec Hugues d'Orfeuille, qui eut lieu le 5 août 1572.

BOURGUILLAUD (Ambroise), sr de Brébure, était en 1697 veuf et donataire de feu Marie Espinasseau, son épouse. Il forma à cette époque une demande en justice contre Louis Gazeau, Chev., sgr de la Coupperie. (F.)

BOURILLAUD. — Il y a plusieurs familles de ce nom.

Bourillaud (Jacquette), D° de Launay, épousa, vers 1520, Jacques de Viron. (Reg. Malte, Bodet, 1656.)

Bourillaud (Jacquette), D° de la Bourillière et des Bigottières, épousa d'abord Jacques Le Bœuf, Ec., sgr de Ste-Cécile, transigea et fit des échanges en 1580 avec Louis de Régnon ; devenue veuve, elle se remaria à Jehan Dumontier, Ec., sgr de la Jutière, avec lequel elle vendait, le 10 août 1591, à Jonas de Bessay, Chev., sgr de Bessay, etc., l'hôtel et sgrie de Puymillet, qui était indivis entre elle et

Bourillaud (Louise), sa sœur, femme de René de la Bérandière, Ec., sgr de la Coudre et Chanteloup, qu'elle avait épousé par contrat du 20 nov. 1574, et qui décéda avant le 21 déc. 1596. La sgrie du Puymillet leur provenait de la succession de :

Bourillaud (Jacques), Ec., sgr de la Bourillière, Puymillet et Lairaudière, leur frère. Dans cet acte sont mentionnés :

Bourillaud (Bonaventure), Ec., sgr de la Bourillière et Puymillet, lequel avait constitué une rente en faveur de Mess. Gilles Ponaud, prêtre, que l'acquéreur devra payer chaque année, et

Bourillaud (René), décédés l'un et l'autre avant la rédaction de l'acte de 1591, et que nous croyons frères des dames Dumontier et de la Béraudière précitées. (O.)

BOURIN et **BOURRIN**. — Nom commun à plusieur familles.

Blason. — Guichard de Bourin, Ec., de la sénéchaussée de Poitou, servait à la guerre de Vermandois le 27 oct. 1339. Son sceau porte un écu au lion. (Clairambault, 20.)

Dans l'Arm. du Poitou, Marguerite Boursin ou Bourcin (*sic*), mais probablement Bourrin, veuve d'Elie de St-Martin, Ec., sgr de Mirande, est dite porter « d'or au lion de gueules couronné d'argent (ou d'azur). »

Bourin (René), sr de Beaulieu, demeurait en 1577 dans la métairie de Péchiot (la Bataille, D.-S.). (O.)

Bourin (Pierre), Ec., sgr de la Salmondière, demeurait en 1614 à la Forestrie. (N. Puichault.)

Bourin (François), Ec., sgr du Pont et de la Forestrie, y demeurait, pse de Clussais, en 1645 (D.-S.). (Id.)

Bourin (Marguerite) épousa, le 20 mai 1641, Jean d'Angély, Ec., sgr de Grand-Pré.

Bourin (Jacques), sr de la Court, demeurait en 1647 à la Bourie (Les Alleuds, D.-S.) ; il avait épousé Marguerite Ragot, et transigeait, le 3 nov. 1650, avec René d'Anché, Ec., sgr des Renardies, époux de Lucrèce Ragot, sa belle-sœur. (O.)

Bourin (François), sr du Pont, de la Forestrie, assiste au contrat de mariage de Louis Salmon avec Charlotte Charleu, le 6 janv. 1665. Il fut condamné comme roturier en 1667. Il est mentionné dans un aveu de la Bnie de Chef-Boutonne, rendu au Roi en 1682, comme devant à cette sgrie un hommage d'une *longe d'épervier de soye orangée.* (O.)

Bourrin (Antoine), sr de la Salmondière, épousa, le 10 janv. 1686 (Bourdion et Pellerin, not. à Chef-Boutonne), Marie Fontaneau. Le 1er juil. 1700, elle était veuve et sans enfants.

Bourin (Pierre), Ec., sgr de la Salmondière et de la Forestrie, avait épousé Catherine Morin, décédée vers l'année 1724, et lui mourut le 13 avril 1728. Le 17 août suivant, il y eut réunion d'un conseil de famille, et Pierre Fontaneau, sr de la Chaillotrie, fut nommé curateur de leurs enfants mineurs, qui étaient : 1° Jeanne, âgée de 12 ans ; 2° René-Pierre, âgé de 8 ans ; 3° François, âgé de 7 ans ; 4° Louise, âgée de 6 ans. Jeanne et Louise vivaient encore, célibataires, le 19 juil. 1776 et arrentaient le fief de Souvigné (Loizé) à Jean Fontaneau, sr des Essarts. On retrouve encore Jeanne en 1779.

Bourrin (Pierre ou René-Pierre), Ec., sgr de la Salmondière et de la Forestrie, devait rentes à l'abb. des Alleuds pour certaines terres. (Terrier des Alleuds. Bul. Statistique T. V, p. 545, 556.) Il servit au ban de 1758, dans la première brigade de l'escadron de Boisragon. (F.) Le 24 août 1773, il vendait à Joseph-Clément Chabot, Ec., sgr de Lussay, le petit fief du Mureau, sis pse de Lussay. (O.)

BOURNAIS (du) en Chatelleraudais (fief pse de Sénillé).

Bournais (Rainaud du), *Rainaldus de Bornec*, vivait au XIIe siècle. (Rédet.)

Bournais (Aimery du) vivait en 1260.

Bournais (Gontran ? du), sgr du Bournais, 1281, était, dit-on, viguier de Poitiers. On croit que sa fille Jeanne épousa Arnaud d'Aux, vers 1300.

BOURNAN (de) ou **BOURNAND**. — Une partie des notes que nous donnons sur cette ancienne famille du Loudunais, aujourd'hui éteinte, proviennent des archives du chât. du Coudray-Montpensier, qui nous furent communiquées par M. le Cte de Lamote-Baracé ; le surplus provient de nos propres recherches.

Une commune de l'arrondissement de Loudun porte le nom de Bournan.

Blason: d'argent au lion de sable bâillonné (lampassé) de gueules, à la bordure componnée du premier et du second. — On a parfois attribué par erreur à cette maison : « d'or à la croix de gueules pattée, et cantonnée de quatre coquilles d'azur », qui sont les armes de la famille Pantin, dont une branche a possédé la terre de Bournan. (Lainé, Gén. Pantin.)

Noms isolés.

Bournan (Geoffroy de) fut témoin d'une donation faite à Fontevrault par Gautier de Clisson, en y faisant recevoir religieuse sa fille Roberge, au temps de Louis le Gros, de Foulques le jeune, Cte d'Anjou, et de Renaud, évêque d'Angers.

Bournan (Pierre de) fit un don à Fontevrault avec ses enfants, vers 1140 ; il avait épousé Boschière, dont il avait : 1° Pétronille, religieuse à Fontevrault ; 2° Fromond, 3° Pierre, 4° Milesende, 5° Hersende.

Bournan (Pierre de) fut témoin en 1161 d'un accord avec l'abb. de Bourgueil.

Bournan (N... de), héritière de la branche aînée, épousa, vers 1260, Gilles Pantin, Ec. ; leurs enfants furent appelés de Bournan et formèrent une 2e famille de ce nom. (Arch. de la noblesse de Lainé, Gén. Pantin.)

Bournan (Aimery de), valet, fut témoin d'un don fait à Fontevrault par Jean Maumoine, XIIIe siècle. Lui ou son fils vivait en 1269, époux de Sibille, fille de Guillaume de Sazay, Chev. ; fait un accord avec l'abb. de St-Jouin.

Bournan (Jean de), Chev., vivait en 1270.

Bournan (Aimery de), Chev., sgr de Montpensier dès 1300, épousa Agnès, qui était sa veuve en 1330.

Bournan (Henri de), Chev., était en 1327 sgr de Montpensier.

Bournan (Jean de) était, le 10 mars 1353, époux de Aynors de Liniers. (Cart. de Chambon. M. Stat. 1878.)

Bournan (Jeanne de), De du Boismont en Loudunais et de Retourné-sur-Dive, épousa, vers 1380, Guillaume de Rougemont, Ec., sgr de Vernay, dont elle était veuve le 16 avril 1401, lorsqu'elle affermait le moulin de Retourné, qu'elle donna, vers 1438, à Isabeau de Coué, sa nièce, fille de Jodouin de Coué.

Bournan (Catherine de), vivant vers 1400, épouse de Pierre de Mello, sgr de Vitry-le-Croisé.

Bournan (N... de), Chev., eut pour enfants : 1° Jacques, qui suit ; 2° Jeanne, qui de Charles Ier duc de Bourbon et d'Auvergne, Cte de Clermont, eut un fils naturel, Louis Cte de Roussillon, légitimé par lettres datées de Pontoise, en sept. 1462, et qui devint amiral de France.

Bournan (Jacques de), Chev., qui en 1459 vendait à son neveu Louis, bâtard de Bourbon, le tiers de la sgrie de Montpensier.

Bournan (Jeanne de) était en 1438 épouse de Jodouin de Coué.

Filiation suivie. (V. **Pantin**.)

1. — **Bournan** (Pierre de) Ier, Chev., vivait en 1324. André Bessonneau, chanoine d'Angers, lui donna en 1392 la terre de Montpensier. Il fut peut-être père de :

2. — **Bournan** (Pierre de) IIe, Chev., sgr de Montpensier, assistait en 1399 à un hommage rendu au chât. de Loudun par Guillaume de Craon. En 1400, il acheta de Marie de Châtillon, femme de Charles de Bourbon, roi de Sicile et de Jérusalem et duc d'Anjou, la sgrie du Coudray-Montpensier. Le 16 janv. 1404, il rendait, comme mandataire de Jeanne du Puy-du-Fou, veuve de Jean de Rabaté, Chev., un aveu au chât. de Loudun. Il fut père de :

3. — **Bournan** (Louis de), Chev., sgr du Coudray-Montpensier et de Targé, était un des feudataires du sgr de Montsoreau. (N. féod. 530.) Le 21 déc. 1459, il recevait un aveu de Pierre Thibert, Ec., sgr de Villiers-Boivin, et le 14 fév. 1473, il faisait à M. de la Jaille une déclaration *des choses et héritaux* qu'il tenait de sa sgrie de Beuxe ; il décéda peu après, car en 1474 Jeanne Sarrazin se dit sa veuve dans l'acte de vente du Coudray-Montpensier, qu'elle consent à Louis de Bourbon, Cte de Roussillon.

Louis eut entre autres enfants : 1° Charles, qui se qualifie sgr du Coudray et de Targé, rend un hommage au prévôt de l'Église de Poitiers le 4 nov. 1473, son père étant mort depuis 40 jours ; lui-même décéda sans postérité, et ses terres passèrent à son frère ; 2° Pierre, qui suit.

4. — **Bournan** (Pierre de), Ec., sgr de Targé, était encore en 1478 sous la tutelle de sa mère ; il rendit, lui aussi, hommage au prévôt de l'Église de Poitiers, le 20 oct. 1491. Nous pensons qu'il eut pour fils :

5. — **Bournan** (René de), Ec., qui, le 17 avril 1538, vendait sa terre de Targé à René Bonnerier, sr de Machefer, licencié ès lois.

BOURNEAU (de) en Bas-Poitou.

Bourneau (Jean de), *aliàs* de **Bornaut**, fut témoin, en 1302, d'un échange entre Guy Chasteigner et l'abbaye de Moureilles.

Bourneau (François de), lieutenant général à Saumur, épousa Marthe Foullon, qui était sa veuve et rendait, le 29 janv. 1575, aveu à l'abb. de Ste-Croix de Poitiers du fief des Boutières. (Arch. Vienne, Ste-Croix.)

BOURNEUF. — V. **BOURGNEUF**.

BOURNEUF (de). — Une famille de ce nom habitait dans les environs de St-Cyr (Vendée), à la fin du XIIIe s., et une autre qui était sgr de St-Symphorien (D.-S.), existait, à la même époque, sur les confins du Poitou et de l'Aunis. (D. F. 82.)

Bourneuf (Jean de) était garde-scel aux contrats à Civray en 1368. (D. F. 24, 305.)

BOURNEZEAU. — Il a existé anciennement en Poitou deux familles de ce nom depuis longtemps éteintes, sur lesquelles nous n'avons pu nous procurer de renseignements détaillés. L'une, dans le Bas-Poitou, a tiré son nom de l'antique bourg de Bournezeau près Chantonnay (Vend.), érigé plus tard en Mis sous le nom de Creil-Bournezeau. Au XIe siècle, ce fief fut possédé par Etienne de Blois, et D. Fonteneau a cru que le nom primitif de Bournezeau était Blois (*Blesis*). (D. F. 26, 164 et 178.) Mais cet Etienne de Blois était seulement sgr de Bournezeau, sans doute par sa femme, ou à cause de sa mère.

Blesis *seu* **de Bornezello** (*Stephanus de*) figure parmi les seigneurs qui firent donation au prieuré de la Chaize-le-Vicomte, le 7 déc. 1099.

On retrouve ce personnage dans plusieurs chartes des

cartulaires du Bas-Poitou (Marchegay) ; mais il est presque toujours appelé *Stephanus de Blesis*, *Stephanus Blesensis*. Dans une charte du prieuré de l'Ile d'Aix (1110), il est dit oncle d'Eblos (de Chatolaillon), et donne, avec sa femme et ses 2 fils, le four de Bournezeau. (Fonds Marchegay, vol. 12, n° 267, B. Nat. Manuscrits.) Il avait épousé Belione (peut-être D° de Bournezeau) et eut pour fils : 1° Hervé, 2° Aimery.

D'après les chartes des cartulaires du Bas-Poitou, on voit que cet Etienne de Blois était frère, ou proche parent du vicomte de Blois (Loir-et-Cher).

Plus tard la B^nie de Bournezeau fut possédée par les La Trémoille. C'est à cette famille que nous croyons pouvoir rattacher

Bournezeau (N... de), sgr dudit lieu, était du nombre des sgrs protestants servant dans l'armée qui en 1569 assiégeait Poitiers.

Bournezeau (N... de) était en 1588 un des chefs de guerre de l'armée catholique et royale commandée par le duc de Nevers.

Il existait dans le dép^t de la Vienne, c^on de Mirebeau, un autre bourg du même nom, et nous trouvons :

Bournezeau (Jean de), qui servait en archer, d'après une montre du 23 août 1453. La majeure partie des comparants habitait le Haut-Poitou, le Loudunais et le Mirebalais. Cette famille était collateur d'une chapelle fondée dans la p^sse de Thurageau. Le Pouillé de 1782, qui donne ce renseignement, n'indique ni la date de la fondation, ni le nom du fondateur. (F.)

Bournezeau (Jean de) est cité dans les aveux de Bourneil comme tenant les vignes de feu Colin Guesdon, xve siècle. (Châtellerault, 147.)

BOURNIZEAUX. — Le château de ce nom est près de Thouars.

Bournizeaux (Jean de) servait au ban de 1491 comme remplaçant Odet Estourneau, s^r de la Mothe, dans la chât^nie de Montmorillon. (F.)

BOURNIZEAUX. — V. **BERTHRE.**

BOURON. — Famille de robe, originaire de Fontenay, qui, dans la personne de Nicolas, a fourni un député du Tiers-Etats aux Etats généraux de 1789.

Blason. — Nicolas Bouron, maître de navire et bourgeois de la ville des Sables, inscrit d'office à l'Armorial du Poitou, reçut pour armoiries de fantaisie : d'or parti d'azur mantelé de gueules.

Bouron (Jacques), s^r de la Rouergue, rend en 1736 aveu au chât. de Vouvant du fief de la Grange-Taluneau. (G.-G. Bur. des finances.)

Bouron (Marie-Claire) épousa, vers 1750, Simon Bourdeau, Ec., sgr de Boislambert, greffier en chef de la cour des comptes de Bretagne.

Bouron (Jean-Baptiste), c^er du Roi et assesseur en la cour conservatoire des privilèges de l'Université de Poitiers, le 24 janv. 1769, assiste, comme parent, au mariage de Marie-Jeanne Bourdeau de Boislambert avec Jean-François Fleury de la Caillère.

Bouron (François-Jacques-Anne) fut reçu, vers 1780, avocat du Roi au siège de Fontenay.

Bouron (Alexis), assesseur honoraire en la cour conservatoire des privilèges de l'Université de Poitiers, épousa, le 1er juil. 1777, Marie Gilbert, fille de N..., procureur du Roi à la police ; elle est morte en fév. 1782, dont une fille, mariée à N... Laurence, banquier à Poitiers.

Bouron (Charles-Louis-Armand), curé de St-Laurent de la Salle, assiste en 1789 à l'assemblée du clergé réunie pour nommer des députés aux Etats généraux.

Bouron (Nicolas), avocat du Roi à Fontenay, fut du nombre des électeurs du Tiers délégués en 1789 pour nommer des députés aux Etats généraux ; il avait fait partie en 1789 de l'assemblée d'élection de Fontenay. Avant que Louis XVI n'eût décidé la réunion des Etats généraux, M. Bouron avait fait paraître une brochure intitulée : « *Moyens de sauver le royaume de la banqueroute, par un ami de son pays* », Fontenay-le-Comte, 1787, in-8° de 24 pages, sans nom d'imprimeur ; fut en 1789 du nombre des délégués de la ville de Fontenay pour représenter le Tiers-Etat à Poitiers ; élu député, il tint, pendant qu'il siégea à cette assemblée, un journal relatant les faits de chaque jour ; après la session, il fut élu du haut jury du département de la Vendée, s'éloigna de son pays pendant les guerres civiles, et n'y reparut qu'après le 18 brumaire an VIII, qu'il fut nommé juge à la cour d'appel de Poitiers, et président du tribunal criminel de son département ; il fut maintenu en 1811 à la cour impériale de Poitiers et conseiller honoraire en 1818. Il était Chev. de la Légion d'honneur.

Bouron (N...), sœur du précédent, morte à Fontenay, vers 1840, avait réuni une collection de médailles assez importante. (Poitou et Vendée. Fontenay, 13, 92, 101.)

BOURRET ou **BOURET.**

Borretto (*Petrus de*), sous-doyen de l'Eglise de Poitiers, fut chargé en 1304 de surveiller la collecte des bénéfices vacants dans la province ecclésiastique de Bordeaux.

Bourret (Etienne de) lui succéda comme sous-doyen. En 1311, il fut chargé d'accompagner Pierre de Latilly, envoyé en Angleterre pour les affaires du Royaume.

Bourret (Marguerite) avait épousé Jacques Gautron, sgr de Laudebaudière ; leur fille Marguerite se maria à Louis de Lestang, sgr de Sonouil, le 13 avril 1626. Sa mère était morte à cette époque.

Bourret (Marie-Agathe) fut la femme de Jean-Baptiste-Laurent de Hillerin, Chev., sgr du Boistissandeau ; leur fille Anne-Marie-Armande épousa, le 13 déc. 1777, Gabriel-Louis-Jacques-Barthélemy des Nouhes, Chev., sgr de Robineau.

BOURRY (Augustin-Etienne), fils d'Augustin et de Jeanne-Félicité Rigaudeau, né à la Chapelle-St-Laurent (D.-S.), missionnaire au Thibet, est mort assassiné dans l'Himalaya en oct. 1853. Sa vie a été écrite par M. l'abbé Ch. de Larnay.

BOURS (de). — V. **BOR** et **BOUR.**

BOURSAULT. — Ce nom est commun à diverses familles du Bas-Poitou, Loudunais, etc. L'Armorial de la généralité de Poitiers contient les énoncés d'armoiries imposées d'office à un grand nombre de personnes de ce nom. (V. la publication de cet Armorial, Clouzot, éditeur, 1887.) Nous citons seulement celui qui suit.

Blason (Boursault de Fontenay) : d'azur au chevron d'argent et 3 croissants de même. (Arm. Poitou.)

Bursault (*Willelmus*), témoin d'une donation faite à l'abb. de Boisgrolland par *Aimericus* Menuz, de tout ce qu'il possédait *in feodo Aimerici de Bullio*, de 1180 à 1265. (Cart. de Boisgrolland.)

Boursault (Simon) était receveur de la ville de Poitiers dès le 26 août 1512.

Boursault (Jean) et

Boursault (Pierre), praticiens à Loudun, assistent comme tels au procès-verbal de la Coutume de Loudun en 1518.

Boursault (René) faisait en 1567 partie du couvent des Carmes de Loudun.

Boursault (Pierre-Flavien), poète, né à Loudun, vers 1500, s'exerça tantôt en latin, tantôt en français. Sa sœur Guillonne charma le poète Macrin qui l'épousa. Si l'on en croit ce dernier, qui l'a célébrée dans ses vers, sous le nom plus harmonieux de Gélones, elle aussi s'adonnait à la poésie. Elle mourut en 1550. (V. Dreux du Radier et un Mémoire sur Macrin. — M. A. O. 1846, p. 332, etc.)

Boursault (Daniel), moine de l'abb. de Maillezais, fut, en 1534, accusé de fabrication de fausse monnaye, etc. (M. Stat. 1878, 214.)

Boursault (François), notaire royal à Niort, était pair de cette commune en 1661. (M. Stat. 1865, 83.)

Boursault (Samuel), s[r] de Vairé, tenait en 1665 un fief mouvant de Chaillé.

Boursault (les héritiers de N...) furent condamnés roturiers par Barentin en 1667. (Catalogue annoté.)

Boursault (René), procureur à Fontenay, déclara son blason à l'Armorial du Poitou, en 1698.

Boursault (Jacques), s[r] de Vairé, était pair de la commune de Niort et sous-lieutenant du régiment royal de cette ville en 1702.

BOURSOREILLE. — Famille originaire de St-Jean-d'Angély.

Blason : d'argent au cep de vigne de sinople fruité de gueules et une hure de sanglier de sable brochant sur le tout (*sic*). (Arm. Poitou.) — *Nota*. La hure était sans doute primitivement posée en chef.

Boursoreille (Jacques), avocat aux Sables, déclara son blason en 1698.

Boursoreille (Pierre), pair et bourgeois de St-Jean-d'Angély, tua, en 1631, dans la chaleur d'une discussion, Jean Texier, président en l'élection de cette ville (Rev. de l'Aunis et Saintonge, 1879, p. 165).

Filiation suivie.

1. — **Boursoreille** (Denis), s[r] de Beaupuy, habitant St-Jean-d'Angély au XVIIe siècle, épousa : 1° N... Bouchet, 2° Marguerite Raisin. Du 1er lit il eut : 1° Marie, 2° Jeanne, mariée à François Baron ; du 2e lit : 3° Sébastien, décédé sans hoirs ; 4° Louis, qui suit ; 5° Jacques, s[r] de Beaupré, marié à N... Moisant, dont Marie, qui épousa N... Robert, président, puis Jacques Baron ; 6° Jacques, s[r] de la Vallée, eut pour enfants Jacques et Marguerite, mariée à N... Allonet, garde du corps du Roi ; 7° Jean-Baptiste, marié à N... Ferret, dont il eut Pierre, s[r] du Masquinaut, marié à Louise Pépin (remariée, le 30 juil. 1631, à Jean de la Laurencie, Ec., s[r] de Blanzay), dont : *a*. Louise-Marthe, qui épousa le s[r] du Metz ; *b*. Françoise-Marie, épouse de René Desmier, Ec., s[r] de Grosbout.

2. — **Boursoreille** (Louis) épousa : 1° N... Suyreau, 2° N... Chanet ; il eut pour enfants : 1° Louis, qui suit ; 2° Marguerite, religieuse.

3. — **Boursoreille** (Louis), s[r] de la Chagnotte, épousa Marie Carrier, dont :

4. — **Boursoreille** (Jean), marié à Marguerite Arnould.

BOUSCHAUX (DES) ou BOUCHAUX. — Famille noble que nous croyons éteinte depuis plusieurs siècles. (Notes extraites de D. Fonteneau.)

Bouschaux (Jean des), valet, habitait en 1299 la paroisse de Mouchamps (Vendée) et fit un traité pour quelques intérêts particuliers au mois d'août 1337. Il prit plus tard le titre de chevalier et fonda conjointement avec Jeanne de Beaumont, sa femme, fille de Pierre, une chapelle dans l'église de la Grennetière.

Il était décédé avant 1365, époque à laquelle sa veuve assiste à une transaction faite par Pierre de Beaumont, Chev., sgr de Bois-Charruyau, son frère, avec les religieux de la Grennetière, au sujet de la fondation faite par le susdit Jean.

Bouschaux (Pierre des), Ec., prenait en 1366 le titre de fils ainé et de principal héritier des précédents. Il était mort le 8 juin 1375. Philippe Brandine (Brandin), sa veuve, était alors tutrice de Gilet et de Jeanne, leurs enfants. Il y eut à cette époque une nouvelle transaction avec les religieux de la Grennetière pour les arrérages dus à l'occasion de la fondation de leur aïeul, et pour s'en acquitter, ils abandonnèrent à cette abbaye leur dîme des Bouchaux.

Bouschaux (Amaury des) rendit aveu, le 6 mars 1384, au sgr de Clisson et de Belleville du bois de l'Hébergement.

Bouschaux (Gilet, sgr des) reçut en 1390 un aveu (arch. du château du Parc-Soubise) et en rendit un lui-même, le 4 avril 1399, à Jean de Ste-Flaive, Ec., sgr du Fief-Goyau. Il vivait encore en 1412.

Bouschaux (Rose des) rendit, le 14 avril 1415, un aveu au sgr de Belleville.

Bouschaux (Marguerite des) épousa Charles d'Oyron, Chev., qui prenait en 1440, à cause de sa femme, le titre de sgr des Bouschaux ; il rendit en cette qualité aveu au sgr de Ste-Flaive comme sgr du Fief-Goyau, le 2 avril 1445.

Marguerite, devenue veuve, rendit aussi, le 18 oct. 1459, aveu de son hôtel des Bouschaux au sgr du Parc-Soubise et de Mouchamps. (D. F. — Arch. du chât. du Parc-Soubise.)

BOUSLAY, BOUSLAYE. (V. **BOULAY**.) — Famille de St-Maixent.

Blason : d'azur à une boule d'or entourée d'une branche de laurier de même. (Arm. Poit.)

Bouslaye (André), sergent royal, épousa, vers 1636, Marie Bousserеau ; celle-ci, étant veuve, fit don en 1670 à sa fille Catherine.

Bouslaye (Charles) épousa Jeanne Compaing, dont Claude, mariée à Pierre Fauque, procureur.

Bouslaye (Renée) épousa Daniel Auditeau.

Bouslaye (Pierre), notable de St-Maixent, fit enregistrer son blason à l'Armorial du Poitou en 1698 (écrit Boussai à la table, par erreur).

BOUSSARD. — On trouve ce nom en Bas-Poitou et en Angoumois.

Boussard (Guillaume), Ec., fut exempté en 1421 de se rendre à l'armée de Normandie parce qu'il était employé à la défense des places du Poitou. (F.)

Boussard (Jeanne) épousa N... Suyrot, dont elle était veuve lorsqu'elle vendait, de concert avec François de Suyrot, le 8 sept. 1580, la terre de Bois-lambert.

Boussard du Boust (Marguerite de) épousa, en 1578, Robert Desmier, Ec., sgr du Roc.

Boussard (Florence) était veuve de Mathurin Le Bascle lorsqu'elle rendait, le 23 juin 1607, aveu du lieu de Lussaudière à Claude Buignon, Ec., sgr de la Rablais.

BOUSSAY (DE). — Famille noble et ancienne, originaire du Thouarsais, s'est éteinte au XVIIe siècle.

Blason : de sable au lion d'or couronné de même, armé, lampassé de gueules.

Noms isolés.

Boussay (Pierre et Jacques de), Ec., furent sommés, d'après l'ordonnance des commissaires, de fournir avec Guillaume Barret et Jean Robin, aussi écuyers, un homme d'armes complet. D'après un traité passé à Thouars, le 15 août de la même année, Pierre de Boussay se chargea de faire ce service. Pierre eut entre autres enfants un fils, JEAN, dont il sera parlé ci-après.

Boussay (Jacques de), Ec., frère de Pierre, rapporté à l'article précédent, rendit aveu au Vte de Thouars, le 11 sept. 1470, pour une borderie (p^sse^ de Coulonges-Thouarsais, D.-S.).

Boussay (Jean de), Ec., prenait la qualité de fils aîné et principal héritier de feu Pierre de Boussay, dans un aveu au Vte de Thouars, pour son hôtel de Boussay, le 23 juin 1476. Il en rendit un autre à ce même sgr le 23 juin 1494. Il avait précédemment servi comme archer en 1471, et fut renvoyé comme perclus, au ban de 1489. (F.)

Boussay (Nau de), Ec., que nous présumons fils de Jacques, rendit aussi aveu au Vte de Thouars, pour une borderie, le 9 août 1494.

Boussay ou **Boussaye** (Jeanne de) avait épousé Jean de la Fousse, Ec., sgr de la Chauvinière; ils vivaient au mois de févr. 1495. (D. F.)

Boussay (Jean de), sgr de la Tour-de-Charrais, près Etable (Vienne), servait comme arbalétrier au ban des nobles du Poitou de 1533. (F.)

Boussay (Bonaventure de), Ec., rendit, les 27 mai 1544 et 13 juin 1583, deux aveux au Vte de Thouars pour le fief de Boussay. (D. F.) Il possédait, au mois de juin 1568, des propriétés dans la mouvance de la Forêt-sur-Sèvre.

Boussay (Charlotte de) était, vers 1550, mariée à Barthélemy Aubert, sgr d'Avanton, président au Présidial de Poitiers.

Boussay (Jacquette de), dame du Breuil-de-Luché, n'existait plus le 2 juil. 1577.

Boussay (Madeleine) eut de Louis Milsendeau, Ec., sgr du Bois-Doussé, son époux, une fille, Anne, mariée, le 25 déc. 1601, à Jacques Chabot, Ec., sgr des Maisons-Neuves, etc.

Boussay (Urbain de), Ec., sgr du Fort-de-Doux, est l'objet d'une dénonciation devant la cour des Grands Jours de Poitiers, le 21 oct. 1634, de la part de Martin Touzeau, laboureur à St-Savin, qui l'accuse de l'avoir battu ; et cette cour ordonne, par arrêt du 25 oct. suivant, d'arrêter Touzeau et ses autres coaccusés d'avoir assassiné RENÉ de Boussay, oncle dudit Urbain.

Boussay (Madeleine de) épousa, le 16 juil. 1665 (Pineau, not^re^ à Mirebeau), Charles de Vandel, Ec., sgr de la Verrie.

Boussay (Charles de), sgr de la Fretière (St-Vincent-sur-Graon, élect. des Sables, Vendée), est ainsi mentionné dans le Catalogue annoté des gentilshommes de la généralité de Poitiers imprimé en 1667 : « Est mort et n'a laissé qu'une fille; il estoit bien noble; elle est mariée. »

Le fragment de généalogie suivante est extrait du registre intitulé Grand-Prieuré d'Aquitaine. (Bib. de l'Arsenal, Paris.)

Filiation suivie.

1\. — **Boussay** (Jean de) épousa Jeanne DE VILLIERS, dont il eut :

2\. — **Boussay** (Abel de) eut de Colette CATMEL DE CHARRAIS, son épouse :

3\. — **Boussay** (Louis de), Ec., sgr de Charrais, qui se maria à Laurence GRIMAULT, dont :

4\. — **Boussay** (Jacques de), Ec., sgr de la Tour-de-Charrais, qui épousa Françoise DE COUHÉ, fille d'Annibal, et de Jeanne de Bezanne. On trouve dans des titres Marguerite POUPARD, peut-être sa seconde femme. Il eut pour fils :

5\. — **Boussay** (Annibal de), Ec., sgr de la Tour-de-Charrais, qui avait épousé, avant le 27 sept. 1546, Marguerite, *aliàs* Catherine GOURBELIER, fille de François, Ec., sgr de la Salle, et de Françoise Béry, dont : 1° FRANÇOIS, 2° RENÉE, qui épousa, par contrat du 20 avril 1578, Jean Amaury, Ec., sgr de Migaudon; elle existait encore lors des partages faits entre ses petits-enfants, le 22 sept. 1619.

6\. — **Boussay** (François de), Ec., sgr de la Tour-de-Charrais et du Fort-de-Doux. Le 20 nov. 1593, il amortit avec Jean Amaury, son beau-frère, et ses autres parents du côté de sa mère (Gourbelier), une rente constituée au profit du Chapitre d'Oyron, le 23 déc. 1547, par Antoine Gourbelier, son beau-frère, décédé.

Il eut de Louise DE LA BODINIÈRE, fille de René, Ec., sgr dudit lieu, et de Anne de la Barre, entre autres enfants : 1° PIERRE, reçu Chev. de Malte le 11 août 1607, et peut-être 2° HARDOUIN, qui suit; et 3° MARGUERITE, qui fut marraine à Mirebeau le 24 avril 1628.

7\. — **Boussay** (Hardouin de), Ec., sgr du Fort-de-Doux, qui fut inhumé le 11 janv. 1628 dans l'église des Franciscains de Mirebeau.

BOUSSEAU. — Il y a plusieurs familles de ce nom en Bas-Poitou.

Bousseau (Jean), Ec., habitant Lairoux (Vendée), fut taxé en 1437, pour ne pas s'être rendu aux armées, bien que se disant noble. Il allégua pour sa défense « sa très médiocre fortune ». (F.)

Bousseau (Philippe), s^r^ de la Chimbaudière,

fit saisir féodalement avant 1598, à défaut d'hommage, des fiefs appartenant à l'abb. de St-Jouin-les-Marnes.

Bousseau (Jean), sr de la Boilinière, était sénéchal de la Bnie de Brandois en 1601; en 1627, il était sénéchal de la Mothe-Achard. (Arch. de la Barre.)

Bousseau (Michel), bachelier ès lois, était en 1603 sénéchal de la terre de l'Estenduère et du fief du Trohant.

Bousseau (Jacques) naquit à la Crespelière près de Chavagnes (Vendée), le 17 mars 1681, de simples cultivateurs. L'évêque de Luçon s'intéressa à lui et l'envoya à Paris, où il eut pour maître le célèbre Coustou, fut reçu membre de l'Académie à son retour de Rome. Il y était devenu professeur lorsque le roi d'Espagne l'appela près de lui en qualité de sculpteur en chef; il exécuta beaucoup de travaux à Madrid, où il mourut en 1740, âgé seulement de 59 ans. On voyait de ses œuvres à Paris, Versailles, Rouen, etc. (B. A. O. 1841, 299, 300.)

Bousseau (Marie) épousa, vers 1698, Louis Cousseau, sr de la Bleure.

Bousseau (Jeanne) épousa, vers 1750, René-Félix Cousseau, sr du Vivier.

Bousseau (Louis) épousa Marguerite Cousseau, fille de Claude, Ec., sgr de la Cressonnière, et de Marguerite Moreau; ils vivaient à la fin du xviie s.

Bousseau (Eusèbe-Esprit) était sénéchal de Tiffauges et de Bazôges-en-Paillers en 1787.

BOUSSEREAU. — Famille originaire de St-Maixent, que l'on confond parfois avec les Bouhereau. Dans des notes de M. Alfred Bonneau, on trouve un François Boussereau, sr de la Bertaudière, que l'on dit prévôt de la maréchaussée de Bellac, qui aurait eu pour enfants un autre François et une fille Catherine, mariée en 1625 à Mathieu Brunet, sr de la Rialière. C'est une erreur, car l'épouse de ce Mathieu Brunet s'appelait Bouhereau.

Boussereau (François), procureur à St-Maixent, épousa Françoise Texier; ils se firent don mutuel en 1650.

Boussereau (François), sr de la Bertaudière, épousa Jeanne de Médicis. Ils se faisaient un don mutuel en 1632.

Boussereau (François), sr de la Bertaudière, marié, dit-on, à Jeanne Bardon, fille d'Alexandre, sr de la Grange, et de Catherine Chalmot, aurait eu pour enfants : 1° François, 2° Florence.

Boussereau (Florence) épousa au temple de St-Maixent, le 28 sept. 1641, Jacques Bonneau, sr de Maintru.

Boussereau (Marie) épousa André Bouslaye (1636).

Boussereau (Françoise) épousa Pierre Mathieu, greffier de l'élection de St-Maixent.

Boussereau (Marie) épousa Jacques Brunet.

Boussereau (Thomas), procureur à St-Maixent, épousa, vers 1630, Françoise Riche, fille de Pierre, Me chirurgien, et d'Elisabeth Teillé, dont il eut : 1° Marguerite, mariée à Jean Levesque; 2° Pierre, 3° Elisabeth, mariée, le 2 oct. 1658, à François de Veillechèze, sr de Crezesse, puis à Christophe Ribot; 4° Angélique, mariée à Georges Pelletier, sr de la Paillerie; 5° Madeleine, mariée à René Caillon; 6° Françoise-Jeanne.

BOUSSERON. — V. BOUCIRON et BOUSSIRON.

Bousseron (Jean), demeurant dans la terre de Mareuil, a servi comme archer au ban des nobles du Poitou de 1491, tant pour lui-même que comme représentant Guillaume Raymbert, son beau-père. (F.)

Bousseron (Olive) se maria avec Jean d'Aubigné, Ec., sgr de Montaupin; leur fille Françoise épousa en 1563 Jean Roy de la Roche, sgr de la Carrière.

BOUSSIGNY (de). — Famille noble originaire de Lathus en Montmorillonnais (Vienne).

Blason : de sable au chevron d'argent et 3 fleurs de lis de même. (Reg. Malte, Fresneau, 1612.)

Boussigny (Jeanne de) épousa Aimery de Buxeron, Ec., sr d'Usson; elle était veuve en 1406.

Boussigny (Philippe de), Ec., sgr de la Terie ou la Torrie, fit une déclaration, le 9 fév. 1563, à Catherine Estourneau, veuve de Robert de Boussigny.

Boussigny (Pierre de), Ec., sgr d'Ouzillé et de la Dallerie (Lathus, Vienne), autrement la Tenue-aux-Doreaux, rendait un aveu le 20 mars 1547. (G.-G. Bur. des finances.)

Filiation présumée.

1. — **Boussigny** (Jean de), Ec., sgr d'Ouzilly, épousa, vers 1500, Françoise Doucerон de Levet ? d'où Raymond.

2. — **Boussigny** (Raymond de), Ec., sgr d'Ouzilly, épousa, vers 1520, Françoise de Montmarteau ? fille de François, et d'Antoinette du Breuil du Chezeau, dont il eut : 1° Renée, De d'Ouzilly, mariée, vers 1540, à Adrien Airain (ou Avrain), Ec., sgr du Charraut, et sans doute 2° Robert, qui suit.

3. — **Boussigny** (Robert), Ec., sgr d'Ouzilly, épousa Catherine Estourneau, qui était veuve tutrice en 1563, dont il eut sans doute :

4. — **Boussigny** (Guillaume), Ec., sgr d'Ouzilly, exempté de servir au ban de la Basse-Marche en 1577, parce qu'il était homme d'armes de la compagnie de M. d'Aumont. Il épousa Renée du Chesneau; leurs biens furent partagés en 1627 (A. Vien. E2 234) entre : 1° Pierre, qui suit; 2° Renée, mariée à Richard Amelin, Ec., sgr de la Fosse.

5. — **Boussigny** (Pierre de), Ec., sgr de la Dallerie, partagea en 1627 avec sa sœur.

BOUSSIRON ou **BOUCIRON** et **BOUCYRON.** — Ancienne famille du Poitou, dont une branche, celle de Grand-Ry, a joué un rôle dans les guerres de religion. Sa généalogie a été donnée par M. de la Boutetière. (B. A. O. 1862-64, p. 217, etc.) Une autre branche a porté le nom de Nouzillac.

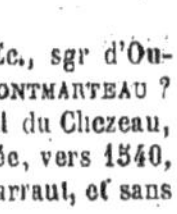

Blason : d'or à la croix de gueules, chargée de 5 coquilles d'or, accompagnée de 4 croisettes de gueules. — Dans l'Armorial d'Anjou, on dit (à tort) : « d'azur à la croix de gueules, chargée de 5 coquilles d'argent et cantonnée de 4 croisettes de même ». Ce blason était sculpté sur une cheminée du

château de Grand-Ry, datant du commencement du XVIIe siècle. — Écartelé, au 2e quartier, de... à une tige de lis? entre 3 croissants posés 2 et 1 ; au 3e quartier, écu à 3 fasces. (France protestante.) Dans quelques armoriaux, on dit la croix cantonnée de 16 croisettes, 4 en chaque canton.)

Les Bouciron de Nouzillac : de gueules à la croix alaisée d'or, cantonnée de 4 croissants d'argent. (Reg. de Malte.)

Noms isolés.

Boussiron (Guillaume), valet, habitant la psse des Échaubroignes (Deux-Sèvres ou Maine-et-Loire), faisait, le 6 avril 1331, avec le sgr de la Flocellière échange de dîmes et héritages.

Boucyron (Geoffroy), abbé de Chambon, abandonna en 1365 des immeubles et rentes pour assurer le service de messes fondées par lui; il gouverna son abbaye de 1365 à 1396, première date où il est fait mention de Guillaume Chelève ou Chelevie, son successeur connu.

Boucyron (Françoise) épousa, vers 1460, Guillaume de la Pastelière, Ec., sgr dudit lieu.

Boussironne (Jehanne) était, le 5 mars 1467, épouse de Loys de Brachechien, Ec., sgr dudit lieu. (Cart. de Chambon. M. St. 1873.)

Bouciron (René), sgr d'Aubert, rend, le 7 avril 1477, son aveu au chât. de Thouars pour son hébergement de Muez, et, le 22 avril 1490, de sa terre d'Aubert au sgr de la Durbellière. Il servit comme brigandinier à l'arrière-ban de 1488. Peut-être est-ce le père de :

Bouciron (Pierre), Ec., sgr d'Aubert, dont Jeanne Savary était veuve le 24 mai 1533 et tutrice de :

Bouciron (René), Ec., sgr d'Aubert et de la Boursaudière, qui rendit aveu, le 24 déc. 1549, au sgr de Thouars, pour son hébergement de Muez. Il habitait en 1555 Montreuil-Bellay et était époux de Renée Godeau.

Boussiron (Joanne), en religion Sœur St-François-Régis, fut assistante de la Supérieure générale des Sœurs de la Sagesse à St-Laurent-sur-Sèvre en 1780, et passait le 6 sept. de cette année un bail à rente. (O.)

§ Ier. — Branche de **Grand-Ry.**

Nous commençons avec M. de la Boutetière la généalogie de cette branche à :

1. — **Boussiron** (Jean), Ec., sgr de Grand-Ry, fut attaché à la maison de Michelle de Saubonne, gouvernante de Renée de France, duchesse de Ferrare, qu'il accompagna en Italie. Jean mourut vers 1544. Il eut pour enfants Christophe, qui suit, et Françoise, mariée en Italie en 1539 à Jean Scuft, médecin.

2. — **Boussiron** (Christophe), Ec., sgr de Grand-Ry, fut attaché à la cour de Ferrare comme échanson de la duchesse dès avant 1544 jusqu'en 1564. Après le retour de la duchesse en France, il la rejoignit et continua près d'elle son service ; il est mort vers 1564, laissant de Gabrielle Le Rousseau, son épouse, un fils, René, qui suit.

(D'après les notes de M. Filleau, Gabrielle Le Rousseau aurait été la femme de René, tandis que M. de la Boutetière la dit sa mère.)

3. — **Boussiron** (René), Ec., sgr de Grand-Ry, Bray, de la Brachetière, Matifeu, Laage, Pellouaille, etc., fut élevé à la cour de Ferrare; rentré en France, il prit une part active aux guerres de son temps; il occupa pour le parti protestant en 1574 Talmond, Marans en 1577, suivit la Boulaye dans sa prise d'armes en 1580, et au mois de juin de cette année fut tué, dans une rencontre, par Pierre Grignon, sgr de la Pelissonnière. Il avait rendu aveu de son hôtel de Grand-Ry au chât. du Parc-Soubise le 10 oct. 1576, prenait, en oct. 1579, le titre de sgr d'Aubert et de la Boursaudière, et rendit cette même année aveu au sgr de Thouars de son herbergement de Muez. Le 22 juin 1588, Gabrielle Le Rousseau est dite sa veuve et tutrice de Charles, leur fils, lequel se portait en même temps héritier de Christophe, son aïeul.

René aurait épousé, d'après M. de la Boutetière, en 1570 Charlotte Savary, dont il laissa : 1° Charles, qui suit; 2° Jacques, sgr de la Brachetière, marié, vers la fin du XVIe siècle, à Marie Bouhier, fille de Urbain, Ec., sgr de la Chausselière, et de Marie de Lescolle; elle était veuve de Gédéon de la Rochefoucauld, Ec., sgr du Breuil; il en eut Susanne, mariée à René Bertrand, Ec., sgr de St-Fulgent.

4. — **Boussiron** (Charles), Ec., sgr de Grand-Ry et de Bray, fut l'un des 100 gentilshommes de la maison du Roi et un des amis de Duplessis-Mornay; il était cornette de sa compagnie d'hommes d'armes, et contribua au gain de la bataille d'Ivry; il fut député de la province d'Anjou à l'assemblée de la Rochelle en 1616, et par cette assemblée à la cour pour y porter les réclamations des religionnaires. En 1620, il fut encore un des délégués de l'Anjou. Il est mort à Saumur en nov. 1624, laissant par son testament toute sa fortune à Jacques, son frère.

§ II. — Branche de **Nouzillac.**

Cette branche au XVIe siècle ne portait plus que le nom de Nouzillac.

1. — **Boussiron** (Jean), Ec., sgr de Nouzillac, d'après un acte du 27 mai 1406, fut père de :

2. — **Boussiron** (Pierre), Ec., sgr de Nouzillac, père de : 1° Jean, qui suit; 2° Simon, Ec., sgr de Nouzillac, qui fit aveu à la Flocellière, le 7 nov. 1433, au lieu de son père; il eut pour fils François, Ec., sgr de Nouzillac, qui reçut aveu de Jean Robin, le 24 août 1478.

3. — **Boussiron** (Jean), Ec., sgr de Nouzillac, épousa Jeanne Boju (ou Bouju), dont :

4. — **Boussiron** (François), Ec., sgr de Nouzillac, marié, vers 1460, à Jeanne de Barro (ou Barreau), veuve de Miles Escageau, dont :

5. — **Boussiron** (Nicolas), Ec., sgr de Nouzillac, marié, vers 1500, à Catherine de Liniers, dont :

6. — **Boussiron** (Jean), dit de Nouzillac, marié, vers 1530, à Jeanne Pillot, fille de François, sr de la Gironnière ? et de Catherine Chenu, dont :

7. — **Boussiron** (René) dit de Nouzillac, marié, vers 1560, à Yvonne Papion, fille de Bernard, Ec., sgr de Beaulieu, et de Louise de la Jarrie, dont Philippe de Nouzillac, du diocèse de Maillezais, reçu Chev. de Malte en 1595, et d'autres enfants qui ne nous sont pas connus.

BOUTAUD. — Voici ce que dit de cette famille Henri de la Citardière (B. Fillon), qui a publié sa généalogie dans ses Recherches sur les Mainard, p. 97, etc. : « Ce nom s'écrivit d'abord Butaut, Butaud, Boutaut, et enfin Boutaud, en latin *Butaldus* et *Boutaudus*.

« Les Boutaud apparaissent à la fin du XIIe s., comme

sgrs de Laubouinière ou Aubonnière dite de Chausse, p^{sse} de Ste-Pexine. »

Avant de donner la généalogie, que nous empruntons en partie à l'ouvrage précité, nous transcrirons les quelques noms que nous n'avons pu classer dans la filiation suivie.

Blason: de gueules à 3 demi-vols d'or. (Hist. des évêques de Luçon.) C'est le vrai. D. Estiennot leur donnait par erreur : d'azur à un chevron d'or accompagné de trois triangles de même.

Noms isolés.

Boutaudi (*Johannes*), *presbyter*, est cité dans une transaction, confirmée par arrêt du Parlement de Paris, passée entre le chapelain de la chapelle fondée dans l'église de St-Mathurin de Luçon, par la famille de Ste-Flaive, 13 déc. 1374. (D. F. 23.)

Boutaud (Jean) était juge châtelain de Talmont; il épousa Marie Blanchardin, qui testa le 27 août 1374 (sépulture à Orbestier). Il ne paraît pas avoir eu postérité.

Boutaud (Guillaume) servait comme homme d'armes du sgr de L'Aigle avec deux brigandiniers au ban de 1467. (F.)

Boutaud (Mathieu) assiste comme brigandinier à l'arrière-ban de 1488, pour la veuve de feu Jehan de Salignac. (Doc. inéd.)

Boutaud (François) servit à ce même ban comme brigandinier. (Id.)

Boutaud (François), Chev. de Luçon, fit partie de l'arrière-ban de 1489. (Id.)

Boutaud (autre François) fut présent à ce ban et désigné pour la garde du chât. des Moutiers-sur-le-Lay. (Id.)

Boutaud (François), s^{r} de l'Aubouinière, demeurant dans la sgrie de Ste-Hermine, servit en archer au ban de 1491. (Id.)

Boutaud (François), s^{r} de Laubuge, servait à ce ban, et il lui fut enjoint d'avoir des gantelets. (Id.)

Boutaud (Gabriel) était en 1684 prêtre, chanoine de N.-Dame du chât. de Thouars et chapelain de la chapelle St-Blaise, desservie en l'église de l'abb. de St-Jean de Bonneval-lès-Thouars.

Filiation suivie.

1. — **Botaut** (Pierre), valet, sgr de l'Aubouinière, épousa Sybille Boutevillain ; mentionné en 1226, père de : 1° Pierre, qui suit; 2° Sibylle, femme d'Evrard Poussorèbo, Chev.

2. — **Botaud** (Pierre), valet, sgr de l'Aubouinière, vivant en 1334, eut pour enfants : 1° Pierre, *alias* Jean, clerc, qui devint doyen de Bressuire, mort vers 1382 ; 2° Jean, qui suit.

3. — **Boutaud** (Jean), valet, sgr de l'Aubouinière, mari de Catherine de la Roche, qui lui donna : 1° Jean, qui suit; 2° Pierre, qualifié dans divers actes de *saige en droit* ; 3° Florence, femme de Pierre Chauveteau.

4. — **Boutaud** (Jean), valet, sgr de l'Aubouinière, mourut en 1394, laissant de Jehanne du Vergier, sa femme, fille de Thibault, sgr du Buchignon : 1° Pierre, qui suit ; 2° Jean, 3° Nicolas, marié à Marguerite Maynard, fille de Guillaume, Chev., et de Guyonne Gaudin ; 4° Marie, femme de Simon Béjarry ; 5° Isabeau, mariée d'abord à Nicolas Bastard, puis à N... Millet, sgr de Puy-Millet.

5. — **Boutaud** (Pierre), valet, sgr de l'Aubouinière, bachelier ès lois, rendait, le 2 juil. 1403, un aveu au sgr de Belleville et de St-Hilaire-le-Vouhis, et le 2 déc. 1418, il transigeait avec Georges de la Trémoille, au sujet de son droit d'avoir, comme fondateur par moitié de l'église de Ste-Hermine, ses armoiries au principal vitrail. Il épousa Catherine de la Roche, sœur d'André, évêque de Luçon, et mourut en 1438, ayant eu : 1° Guillaume, qui suit ; 2° Jehan, Ec., sgr de la Papaudière, qui est nommé dans un aveu rendu par son père au sgr de Belleville, le 2 juil. 1403. Il épousa Françoise de la Bauduère ; 3° Nicolas, d'abord religieux, puis évêque de Luçon, sur la résignation faite en sa faveur, le 26 août 1462, par André de la Roche, son oncle maternel, dont il avait été le coadjuteur. Il fut sacré le 29 sept. Ce fut pendant son épiscopat que le Chapitre de Luçon fut sécularisé par bulle du pape Paul II du 12 janv. 1468 (1469). Il mourut le 27 déc. 1490 ? (V. sur ce prélat l'abbé du Tressay.)

4° Marguerite, femme : 1° de Guillaume Papin, sgr de la Cournaillière, conseiller au Parlement de Paris ; 2° de François de Beaumont, Chev., sgr de Maisontiers ; 5° Milette, épouse de Mathurin de Thorigné, relatée dans l'aveu rendu par Pierre, son père, le 2 juil. 1403, au sgr de Belleville ; 6° Marie, femme de Etienne Marchand, Ec., sgr du Plessis-Mauclerc.

6. — **Boutaud** (Guillaume), Ec., sgr de l'Aubouinière, licencié ès lois, avocat au Parlement de Paris, ne put succéder à son beau-frère, Guillaume Papin ; il mourut en 1482, laissant de Loyse Fouschier, sa femme : 1° Jean, Ec., licencié ès lois, sgr de l'Aubouinière, mort célibataire en 1486 ; 2° François, qui suit ; 3° Marie, femme de Jacques Carondelet.

7. — **Boutaud** (François), Ec., sgr de l'Aubouinière, bachelier ès lois, se fit prêtre sur la fin de sa vie, et le 5 mai 1520 il obtenait une sentence de la sénéchaussée de Poitiers qui le maintenait dans la possession du droit d'avoir, comme fondateur par moitié de l'église de Ste-Hermine avec le sgr dudit lieu, ses armoiries au vitrail au-dessus de la grande porte de cette église. (V. au 5e degré.) Il avait eu de N..., son épouse : 1° Jean, qui suit; 2° Martin, Ec., sgr de l'Aubouinière et de Chaillé, capitaine protestant, combattit à Moncontour et épousa Jeanne Lambert, dont il eut une fille, Esther, qui, vers 1590, était femme de noble et puissant Jean de Montauban, sgr du Goust et de Rochefort.

3° François, abbé de Ste-Croix de Talmont, qui embrassa le calvinisme, chassa ses moines en 1562, démolit les bâtiments de son abbaye, et se maria, dit-on.

8.— **Boutaud** (Jean), Ec., sgr de l'Aubouinière et de la Naulière, mourut vers la fin de 1558. Ses enfants furent : 1° Claude, qui suit; 2° Joachim, prévôt de N.-Dame et chanoine de Luçon dès 1557. Puis il embrassa, comme ses oncles et son frère, les doctrines de Calvin. M. B. Fillon, dans ses Recherches, le confond avec son frère Louis, dont nous allons parler, et dont même il omet le nom dans cet ouvrage, oubli réparé dans les notices sur les pasteurs de Fontenay, p. 69 (Poit. et Vendée) ; 3° Louis, Ec., sgr de Chesnevert, p^{sse} de Nieul-le-Dolent (Vend.), était pourvu d'un bénéfice lorsqu'il embrassa le calvinisme ; à l'instigation de Tanneguy du Bouchet, dans les premiers mois de 1562, il fut nommé assesseur du ministre du Moulin à Fontenay et vint piller, à la tête d'une bande d'insurgés, la ville et la cathédrale de Luçon, devint ensuite ministre de la Rochelle, publia contre les princes Navarrais un violent pamphlet en 1573. Il fut assassiné le 13 avril 1576. D'après la Chronique du Langon, il était revenu depuis peu à la religion de ses pères.

Nous trouvons un Louis Boutaud, sgr de Chesnevert, qui est décédé avant le 3 juil. 1581 et avait alors pour veuve N... DE LA MUCE. Serait-ce le même personnage? Cela paraît croyable.

9. — **Boutaud** (Claude), Ec., sgr de l'Aubouinière, Nesmy. Le 10 mai 1583, il rendait hommage à la sgrie de St-Hilaire-le-Vouhis, et vivait encore en 1633. Il épousa: 1° Renée GIRARD, dont il eut ANNE, mariée en 1573 à Lazare d'Espaigne, Ec., sgr de Venevelles; 2° Anne DU FOU, dont il eut LÉA, mariée, en 1583, à Nicolas d'Espaigne, Chev., sgr de la Brosse, capitaine de 50 hommes d'armes sous les ordres du Cte de la Suze, et le 8 mai 1590, à Gabriel de Polignac, Chev., gentilhomme de la chambre du Roi, etc., sgr de St-Germain, etc.

BOUTAUT ou **BOUTAULT**. — Famille originaire de Poitiers, qui a donné au XVIIe siècle un évêque d'Evreux.

Blason : d'azur à 3 chevrons d'or et 3 triangles de même renversés, posés 2 en chef, 1 en pointe. (V. Armorial du bibliophile, de Guigard.)

Boutault (Pierre) était en 1607 vicaire perpétuel de l'abbé de St-Hilaire de la Celle, et fit refaire les fonts baptismaux.

Il était en procès avec Jean Doré, chanoine et sacristain de la même abb., au sujet de certains droits (Arch. Vienne, abb. de la Celle), et encore le 17 juil. 1619 avec Jean Charassé, successeur de Jean Doré; il est condamné par sentence dudit jour. (Id.)

Boutault (N...), habitant Poitiers, eut pour enfants: 1° ANTOINE, qui suit; 2° GILLES, né en 1595, évêque d'Aire, puis d'Evreux, conseiller du Roi en ses conseils, etc., décédé le 11 mars 1662. (Gall. Christ.) Il fut parrain de son neveu en 1647.

Boutault (Antoine), bourgeois de Poitiers, marchand de draps et soie, épousa Esther GERVAIS, dont il eut GILLES, baptisé à N.-D.-la-Petite, le 2 nov. 1647 (filleul de l'évêque d'Aire et de Jeanne de Macquenon, épouse du Bon de Rouet).

Boutault (Nicolas), conseiller, secrétaire du Roi, habitait Paris en 1698, et fit enregistrer son blason (pareil à celui de l'évêque d'Evreux) à l'Armorial, ainsi que:

Boutault (Claude), avocat en Parlement.

BOUTEILLER. — Nom commun à plusieurs familles. Nous ne trouvons plus de personnes de ce nom à partir de la fin du XVe s^e^.

Bouteiller (Jos.) était échevin de la commune de Poitiers en 1324 et 1340.

Les noms suivants, que nous relevons dans un portefeuille intitulé Montres et Revues, de la collection de Gaignères (Bib. Nat.), sont-ils bien tous Poitevins? Quant à Raoul Le Bouteiller, qui, d'après le Cte de Ste-Maure, fut tué à la bataille de Poitiers et inhumé aux Jacobins, nous le croyons étranger au Poitou et appartenir aux Le Bouteiller de Senlis.

Bouteiller (Perrinet Le) fit montre le 1er janv. 1354, servant comme écuyer.

Bouteiller (Jean Le) servait aussi comme écuyer le 15 mai 1355.

Bouteiller (Guillaume) servait au même titre le 18 fév. 1379, ainsi que

Bouteiller (René), qui faisait montre le 18 mars même année.

Bouteiller (Jean Le) fit montre comme écuyer le 1er avril 1418.

Bouteiller (Constantin), Ec., rendait, le 5 juil. 1417, aveu de son herbergement de Châteauneuf au Cte de Poitou (Jean duc de Berry), comme sgr du chât. de Melle. (Dom. royal en Poitou.)

Bouteiller (Pierre), de la même famille que Constantin, habitant comme lui la p^sse^ de Vitré (D.-S.), fut taxé en 1437 pour n'avoir pas, bien que noble, rejoint les armées. (F.)

Bouteiller (Denis), habitant la B^nie^ de Chauvigny, fut dispensé pour cause de maladie de servir au ban de 1491. (F.)

Bouteiller (N...), prêtre, sous-chantre du Chapitre de N.-Dame-la-Grande, était en 1750 en procès avec l'abb. de la Trinité, au sujet d'arrérages de rentes dues en la seigneurie de Nieuil. (Arch. Vienne, abb. de la Trinité.)

BOUTEILLER. — Famille qui habitait l'élection de Mauléon, au XIIIe siècle.

Bouteiller (Joseph), médecin à Mauléon, fit enregistrer son blason à l'Armorial du Poitou en 1698: d'argent au pellican (de sable) avec sa piété de gueules.

BOUTEILLÈRE (DE LA).

Bouteillère (Blanche de La) rendit, le 15 août 1433, son aveu au château de Lusignan pour son herbergement et terre de Venours.

BOUTETIÈRE (LA). — V. PRÉVOT.

BOUTEROUHE ou **BOUTHEROUE**. — Famille noble des environs de Chizé (D.-S.), depuis longtemps éteinte.

Blason. — Bouteroue, sgrs d'Aubigny: d'argent à la bande de vair, ou vairée, argent et sable. (Dictionnaire de la Noblesse.) Mais nous ne savons si ces sgrs d'Aubigny appartiennent bien à la famille poitevine.

Bouterouhe (Hélie) rend, le 14 juil. 1498, un aveu au duc de Berry, Cte de Poitou. (G.-G. Bur. des finances.)

Bouterouhe (Jean) rend aveu au chât. de Chizé pour ses fiefs de la Combe-Raoul et Pierrefitte, la Charrière et Prissé (D.-S.), le 10 juil. 1409.

Bouterouhe (Catherine), épouse de Laurens Fournier, verdier de Chizé, décéda le 6 déc. 1466. (B. Stat., IIe s^ie^, 35.)

Bouterouhe (Jean), Ec., servit en qualité de brigandinier du sgr de Jarnac au ban de 1467.

Bouterouhe (Jean), sgr des Deffens (les Fosses). Le 20 mai 1470, Drouin Galvet, verdier de la forêt de Chizé, lui fait délivrer quinze chênes pour la réparation d'un appentis, ledit sgr ayant droit d'usage dans ladite forêt, en raison de sa seigneurie. (G.-G., etc.)

Boutheroue (Jean), Ec., sgr de la Fragnée, accuse un revenu de 7 liv. 10 sous et est taxé à 14 s. 6 deniers pour la rançon de François Ier. (M. Stat. 1860, 62.) En 1538, il faisait aveu de ses fiefs de Combe-Raoul et de Pierrefitte au chât. de Chizé. (G.-G., etc.)

Bouterouhe (Alexandre), Ec., sgr de la Fragnaie (*sic*), rend lui-même un aveu le 6 juil. 1561, pour le fief précité (id.), puis encore un autre pour ceux de Combe-Raoul et de Pierrefitte.

BOUTET DE MARIVATZ, LIVRY. — Famille originaire de Paris.

Blason : écartelé aux 1er et 4e de Jérusalem, aux 2e et 3e d'or à l'écu chargé d'une feuille de houx de sinople entouré de deux orles de gueules ; *alias* : d'or à l'écu de gueules chargé d'une feuille de houx d'argent et entouré d'une orle de sinople. (Pièc. orig., vol. 473.) C'est le blason de

Boutet (Pierre), sgr de Marivatz et de Livry, Chev., sgr baron des Ormes-St-Martin (Vienne), premier gentilhomme ordinaire de S. A. R. le duc d'Orléans, qui rend aveu, le 7 juil. 1721, des Ormes et du fief des Mousseaux, qu'il avait acquis d'Anne Mabille, veuve de Charles Chambellain, Ec., secrétaire du Roi, par acte du 21 mai 1720 ; il en fit un autre le 15 août 1738, et était décédé avant 1777, jour où le corps de Françoise DE LA ROCHE, sa veuve, fut inhumé, le 25 août de cette année, par ordre du Roi, dans le cimetière de Châtellerault. (Arch. Châtellerault.)

BOUTET ET BOUTHET. — Ce nom de famille se trouve très anciennement mentionné en Poitou. Nous relèverons d'abord les noms des personnages étrangers à la famille Bouthet du Rivaud et de la Richardière, dont nous donnerons la généalogie en terminant.

Botet ou **Boutet** (Guillaume), Chev., fut témoin, en 1222, d'un échange passé entre le prieuré de Château-Bourdin (D.-S.) et Guillaume L'Archevêque, sgr de Parthenay. (D. F.)

Botet ou Boutet (*Guillelmus*), chanoine de l'Eglise de Poitiers, fut témoin de diverses donations faites par Simon de Cramaud, évêque de Poitiers, à son Eglise, le 23 janv. 1403-1404. (D. F.)

Bouteti (*Guillelmus*), chanoine hebdomadier du Chapitre de St-Hilaire-le-Grand de Poitiers, fut présent à divers actes concernant cette église, passés en 1402, 1404 et 1438. (M. A. O. 1847.)

Boutet (Joachim), Ec., vivait en 1418.

Boutet (Jeannot), sgr d'Anglo, servit au ban de 1467 comme brigandinier du sr de L'Isle, et fut désigné au ban de 1489 pour tenir garnison à Parthenay. (F.)

Boutet (Jean, Gabriel et Etienne) servent au ban de 1489 pour Jean Chauderier, sgr de Cyrères (Cirières), et sont désignés pour la garde de Parthenay. (Id.)

Boutet (Guillaume), sr de Mervigier? demeurant dans la sgrie d'Angle, servit en archer au ban de 1491 ; il lui fut enjoint d'avoir hallebarde et gantelets. (F.)

Boutet (Jeanne) était mariée à Pierre Amyrault, adjoint aux enquêtes et procureur au siège royal de St-Maixent, le 26 mai 1674.

Boutet des Caillères (N...) épousa Louise GAUGET, fille de Louis, sr du Chillois, et de Catherine Pavin.

Boutet (Octavien), sr de Lavau, donne le 22 juin 1626 procuration à Pierre Boitault, sergent royal au bailliage de Melle, son gendre, pour rendre hommage au chât. de Melle des moulins de Mardre (St-Léger-lès-Melle, D.-S.).

Boutet (Jean), sergent royal-bailliager, demeurant psse de Brioux, rend le même aveu les 19 août 1644, 1665 et 4 déc. 1668. (G.-G. Bureau des finances, et N. féod. 168.)

BOUTET, BAS-POITOU.

Boutet (Jean), de Xanton (Vendée), rend, les 17 mai 1396 et 3 mars 1408, des aveux au sgr de Parthenay du fief de Vignoles, sis psse de Xanton, mouvant du chât. de Mervent. (G.-G. Bur. des finances.)

Boutet (Jean) rend aveu du même fief, les 10 janv. 1459, 22 nov. et 12 juil. 1468 et 25 sept. 1469, au Cte de Dunois comme seigneur de Mervent. (Id.) Il fut père de :

Boutet (Nicolas), qui rendait le même aveu au chât. de Mervent, les 4 janv. 1484, 5 juil. 1496. Il eut deux enfants, qui successivement rendaient le même aveu : 1° ANTOINE, le 17 mars 1501, et 2° BENOIT, le 12 juin 1503. (Id.)

BOUTHET. — Famille que nous croyons originaire de Celle-l'Evêcault ou des environs. On la trouve répandue à Couhé, Cissé, Cloué, Mirebeau, Lusignan, où elle a occupé les premières charges judiciaires. Nous avons ajouté de nombreux détails, provenant des communications de feu M. Poulard du Palais, et de relevés d'actes de l'état civil, à la généalogie donnée dans notre première édition.

Blason. — René Bouthet, élu à Poitiers en 1698, est dit porter : d'or au chevron de gueules, accompagné en chef de deux roquets de même, et en pointe d'une hure de même.

Noms isolés.

Nous les avons classés, autant que nous avons pu, selon le lieu de la résidence : Cissé, Couhé et Sanxay.

Boutet (Joachim). Louise ROBIN, sa veuve, rend, le 1er fév. 1547, aveu au chât. de Lusignan pour le fief de Lespau ou la Cartelière (Lusignan, Vienne).

Bouthet (Jean), chapelain de la chapelle Ste-Anne de Sauves, est inhumé dans l'église de Varennes le 2 oct. 1694, âgé de 60 ans.

Bouthet (Jean) fut assassiné aux portes de Poitiers et inhumé à St-Sauvant, le 6 août 1714.

Bouthet (Jean), sr de Langlée, eut de Susanne BOUTINEAU, son épouse, MARIE-SUSANNE, qui épousa à Lusignan, le 22 juin 1722, Pierre-François Joyeux, receveur des consignations et subdélégué de l'intendant. Jean était mort lors du mariage de sa fille, qui elle-même était décédée avant le 31 oct. 1738.

Bouthet (Isidore-François) était en 1768 hôte du Chapeau-Rouge à Lusignan.

BOUTHET DE COUHÉ.

Boutet (René), marchand, fit aveu en 1607 au sgr de Couhé pour le fief de Daumont, et en 1610, 16 juin, pour celui de la Grande-Féolle. Il épousa Marthe INGRAND, qui fit aveu du même fief en 1617, étant veuve et tutrice de ses enfants.

Bouthet (Marguerite) était, le 5 sept. 1687, femme de Samuel-Olivier Bertrand, sr de la Pommeraye, avocat au Présidial de Poitiers et sénéchal de Couhé? Elle était sa veuve lorsqu'elle mourut, le 8 déc. 1731.

Boutet (Elisabeth), épouse de Pierre Chauchetière ; ils sont condamnés, le 26 juil. 1690, à rembourser à Pierre Daguin, sr du Souchault, co-propriétaire avec eux du fief de la Féolle, les frais de l'aveu de ce fief fait au Roi par ledit Daguin. (G.-G. Bur. des finances.)

Bouthet (Marie), fille de René, avocat en Parlement, et de Madeleine Verac, assiste à Couhé, le 22 fév. 1674, au mariage de Gabriel Bonnin, apothicaire audit lieu.

Bouthet (Pierre), maître de la poste à Couhé, assistait à ce mariage.

Bouthet (Olivier), s^r de la Sonnerie, épousa Anne Duchastenier, qui, étant veuve, fit aveu du fief de Daumont au chât. de Couhé en 1696. Ils eurent pour enfants Anne, mariée, avant juil. 1702, à Joachim Bonnin, s^r de la Borderie, et Madeleine, qui épousa, le 5 avril 1701, Jean Magnen, marchand de draps et soie à Châtellerault.

Bouthet (Jean), marchand à Couhé, eut de Louise Hastron, son épouse, un fils, Jean, qui fut notaire du marquisat de Couhé, et se maria, le 3 mars 1699, à Anne Baugier, veuve de Gabriel Caillaud.

Bouthet (René), s^r des Souches, avocat en Parlement, fut inhumé à Couhé le 11 janv. 1708.

Bouthet (François) eut de Françoise Sauzé, sa femme, un fils, François, marié à Couhé, le 5 janv. 1740, avec Marie Guilloiry, fille de Pierre et de Jeanne Rivaud.

Bouthet de Cissé.

Bouthet (Jean) était en 1641 sergent royal à Cissé.

Bouthet (Anne) et Jean Bodin, s^r de Grand-maison, son époux, habitaient paroisse de Cissé le 24 juil. 1674.

Bouthet (Pierre), s^r de Baschelan, fut inhumé le 7 oct. 1695 dans l'église de Cissé.

Bouthet (Jeanne), femme de Hilaire Dutertre, notaire à Cissé, décéda avant 1720.

Bouthet de Sanxay.

Bouthet (Agnès) épousa Jacques Laumonnier, maître chirurgien à Sanxay ; elle était décédée avant le 29 avril 1695.

Bouthet (Marthe) dite Mlle des Cailleries, fut inhumée à Sanxay, dans la sépulture de ses ancêtres, le 26 sept. 1702.

Bouthet (Renée), âgée de 71 ans, fut inhumée à Sanxay le 29 déc. 1704.

Bouthet (Françoise) fut inhumée à Sanxay à l'âge de 72 ans.

§ Ier. — Branche de **Montfrault**.

1. — **Bouthet** (René), qui est qualifié de s^r de Montfrault (Celle-l'Evescault, Vienne) dans un acte du 9 oct. 1672, signé Chabot et Fregenult, not. à Couhé, était élu à Poitiers le 6 déc. 1688, après avoir été sénéchal des châtellenies de Montreuil-Bonnin et de Latillé. Il avait professé la religion réformée, car il figure sur la liste des nouveaux convertis, imprimée à Poitiers, vers 1689. D'après l'acte de 1672 précité, René était dès lors veuf de Anne Ingrand et remarié avec Françoise Pain ou Pin (il mourut à Celle-l'Evescault le 23 sept. 1714), dont il eut : 1° Jacques, qui suit ; 2° Isaac, tige de la 2e branche du Rivault, rapportée au § IV ; 3° Louis, s^r du Chênevert, qui s'expatria après la révocation de l'édit de Nantes et se réfugia en Autriche, où il parvint au grade de feld-maréchal. La famille de Chièvres possédait son portrait, dans lequel il est représenté à cheval, l'épée à la main, avec le collier et la plaque d'un ordre militaire étranger. Ce tableau porte l'inscription suivante : *Louis Bouthet feld-marschal.* La même famille possède le portrait d'une femme portant ces mots : *Marie de Conty*, épouse de *Louis Bouthet*. Ils eurent postérité, et voici les détails qui nous furent communiqués en 1840 par l'ambassade imp. et roy. d'Autriche :

« Rodolphe baron de Montfrault, ancien commandant de forteresse à Venise et général d'artillerie, mort à Gratz (Styrie) le 13 mai 1808, s'est marié deux fois : 1° à N...., 2° à dame Marie baronne de Walwason (veuve en premières noces du baron de Brabek), dont il a laissé une fille, Elise, mariée : 1° au lieutenant feld-maréchal baron de Nittrowski, et 2° au Cte de Scarampi ; elle est désignée sur l'Almanach de la cour et de l'Etat comme dame d'honneur de l'ordre de l'Etoile, et veuve d'un chambellan impérial et royal, et paraît attachée à la cour de S. M. Madame l'archiduchesse, duchesse de Parme.

« Rodolphe de Montfrault avait en outre une sœur, Marie-Anne, qui, d'après la communication du registre de l'ordinariat de l'archevêché de Gratz, a vécu en pension au couvent des Ursulines de Gratz depuis le 1er avril 1807, et y est morte le 28 oct. 1809, âgée de 80 ans. »

Louis, qui n'avait pas été compris dans les partages des successions de ses père et mère et de François Romain, son frère, qui eurent lieu les 20 oct. 1714 et 8 juil. 1730, revint en France pour y provoquer un nouveau partage, qui se fit le 10 mars 1777.

4° François-Romain, s^r de Bourdevère, né en 1682, abjura le protestantisme le 30 oct. 1714. Il mourut en 1730 à Celle-l'Evescault, le 11 mai, et fut inhumé à Ligugé ; il était âgé de 48 ans. Il ne laissa pas d'enfants de Françoise de Lezay (*sic*), fille de feu Pierre, s^r de la Brochetière, et de Michelle Soydor, qu'il avait épousée à Lusignan, le 26 août 1715 ; 5° Marie-Anne, qui épousa, le 23 août 1708, Pierre-Albert Venault, sgr des Féolles, procureur du Roi au siège royal de Lusignan.

6° Jean, tige de la branche de la Richardière, § III.

2. — **Bouthet** (Jacques), s^r de Montfrault, épousa : 1° (contrat du 6 sept. 1701), Anne Penifaure, fille de Guillen, et de Susanne Lachaumette, décédée en oct. 1748 ; 2° en 1749, N... Codet. Il mourut le 17 mars 1752, laissant du premier lit quatre enfants : 1° Jean, qui suit ; 2° François-Romain, qui formera la première branche du Rivault, rapportée au § II ; 3° Marie, mariée, le 22 nov. 1732, avec Etienne Barbarin, s^r de la Martinière ; 4° autre Marie, mariée en 1725 à Hérault de la Grézille.

3. — **Bouthet** (Jean), s^r de Montfrault, épousa : 1° le 22 nov. 1722, Geneviève Barbarin, fille de Jean, s^r de la Perrière, et de N... Mangin, sœur d'Etienne, son beau-frère, et ensuite, le 16 juil. 1741, N... Du premier lit sont issus : 1° Jacques, qui suit ; 2° François-Romain Bouthet de la Vigerie, s^r de Vayres, né en 1726, marié à Charroux, le 13 juil. 1760, à Catherine-Marie Fradin, veuve de Jean Drouhauld, dont Catherine, née à Asnois en 1761.

4. — **Bouthet** (Jacques), s^r de Montfrault, sénéchal de la B^{nie} de Celle-l'Evescault en 1726, puis lieutenant particulier au siège royal de Lusignan, et subdélégué de l'intendant de Poitiers, épousa, le 5 juin 1751, Marie-Anne Roty, fille de Claude-René, et de Madeleine Clovis, dont il eut plusieurs enfants, dont la plupart moururent en bas âge ; il ne survécut que : 1° Marie-Thérèse, née le 17 nov. 1756 à Celle-l'Eves-

cault, où elle décéda célibataire le 13 mars 1804; 2° ANNE-FRANÇOISE dite Mlle de Salvert, née le 26 juil. 1761 à Celle-l'Evescault, où elle se maria, le 17 août 1790, à Louis-Pierre de Conty, Ec., sgr de la Simalière, qui, comme le dit l'officier de l'Etat civil, *faisait partie de l'ordre de la noblesse généralement supprimé par la nouvelle Constitution.*

§ II. — PREMIÈRE BRANCHE DU RIVAULT.

3. — **Bouthet** (François-Romain), sr du Rivault, second fils de Jacques, sr de Montfrault, et de Anne Penifaure (2e deg. du § Ier), fut maire de la ville de Charroux. Il y épousa, le 7 sept. 1732 (Machet, not.), Anne PASCAULT, fille de Antoine, sr de Brissonnet, capitaine de milice, et de Charlotte Perot. Il mourut le 8 mars 1773, laissant : 1° FRANÇOIS-PROSPER, né le 4 fév. 1745 ; 2° SUSANNE, née le 13 oct. 1746 ; 3° MARIE-ANNE-THÉRÈSE, née le 2 nov. 1748 ; 4° ANNE-AGNÈS, née le 22 mars 1751 ; 5° JACQUES-LOUIS, né le 2 juil. 1752 ; 6° JEAN-BAPTISTE, né le 11 janv. 1754, fut en 1790 membre du directoire du district de Civray, puis maire de Charroux. Il avait épousé, le 15 janv. 1782, Elisabeth-Angélique RENAULT, fille de Jean-René, et de Catherine Dupas, dont une fille, ANNE-VICTOIRE, baptisée à Charroux le 13 déc. 1782.

7° FRANÇOIS-ROMAIN, né le 22 mars 1755 ; 8° ANDRÉ, qui suit ; et 4 autres enfants morts en bas âge.

4. — **Bouthet du Rivault** (André), né le 8 mars 1757, épousa, le 8 janv. 1785, Marie-Victoire-Florence MARSAULT, fille de François-René, procureur au Présidial de Poitiers, et de Marie-Madeleine-Victoire Caillaud, dont il eut : 1° MARIE-FRANÇOISE, née le 18 oct. 1785, mariée, le 7 sept. 1813 (Perrain, not. à la Villedieu), à Léonard-Charles de Chergé ; 2° VICTOIRE-ELISABETH, née le 20 fév. 1788, qui épousa, le 22 avril 1815 (Piorry, not. à Poitiers), Pierre-Alexandre-Hilaire Jolly, docteur en médecine, décédée à Poitiers le 29 mars 1885 ; 3° JEAN-RAYMOND, qui suit.

5. — **Bouthet du Rivault** (Jean-Raymond) naquit le 3 août 1795, marié, le 7 janv. 1836 (Bonnin, not. à Poitiers), à Radégonde-Virginie CHARBONNEL, fille de N..., et de Marie-Madeleine Portier, décédés sans postérité.

§ III. — BRANCHE DE LA RICHARDIÈRE.

2. — **Bouthet** (Jean), sr de la Richardière, fils de René, et de Françoise Pain (1er deg., § Ier), né en 1692, était mineur émancipé et lieutenant d'infanterie en 1714, lors du partage des biens de son père ; fut nommé, le 22 déc. 1730, lieutenant général de police à Lusignan et mourut le 16 janv. 1767. Il avait épousé Louise GUERDIN, fille de Philippe, médecin, et de Louise Soydor. Il en a eu, entre autres : 1° FRANÇOISE, née le 9 mars 1723 ; 2° RENÉ-VICTOR, né le 21 juil. 1725, prêtre, fut successivement curé de St-Landry et de St-Leu à Paris, aumônier et prédicateur ordinaire du Roi, et connu sous le nom de l'abbé de la Richardière ;

3° CHARLES-MAGLOIRE, né le 23 oct. 1726 ; 4° JEAN-ARNAUD, qui suit ; 5° PHILIPPE-BARNABÉ, né le 12 juin 1730, sr de la Bessonnière, avocat, fut nommé sénéchal du Cté de la Roche-Ruffin, le 12 fév. 1762, par la marquise de Courcillon ; l'était aussi de St-Sauvant et de Sanxay en 1766 ; fut maire de Lusignan en 1788 et présentait en cette qualité un mémoire à l'assemblée provinciale, relatif aux moyens de faire revivre dans cette ville les manufactures qui y existaient autrefois, et à l'établissement de foires et de marchés. (Doc. inéd.) Il est mort célibataire en 1819, à l'âge de 89 ans.

6° MADELEINE-FLAVIE, née le 2 oct. 1731, morte à Lusignan le 3 nov. 1793 ; 7° PIERRE-JOSEPH-ELISABETH, né le 28 déc. 1732, fut curé de Rohan-Rohan (D.-S.) et est décédé le 3 nov. 1793 ; 8° MARGUERITE-MONIQUE-VICTOIRE, née le 4 nov. 1735 ; et encore d'autres enfants morts en bas âge.

3. — **Bouthet** (Jean-Amand), sr de la Georginière, lieutenant-général à Lusignan, y naquit le 27 oct. 1708 et y mourut le 4 sept. 1786 ; fit enregistrer sa nomination de lieutenant-général le 28 juil. 1762 ; marié, le 11 déc. 1759, à Susanne-Marguerite-Julie MATHÉ, fille de Jérémie, sr de la Vaudobreuil, et de Marie-Anne-Françoise-Bénigne Nivard, dont il eut : 1° JEAN-AMAND, né le 30 janv. 1761, inhumé le 12 sept. 1792 ; 2° VICTOR-JÉRÉMIE, qui suit ; 3° PIERRE-JOSEPH, sr des Genetières, né le 6 mai 1763, épousa N... GERBIER, morte en 1837, dont 3 fils, l'un desquels habitait en 1844 Tonnay-Boutonne.

4° JULIE-FRANÇOISE, née le 15 fév. 1766 et mariée, le 22 nov. 1782, à Pierre-Florimond de la Chesnaye, Ec., sgr de la Grimaudière ; elle est morte en 1821 ; 5° LOUIS-BARTHÉLEMY, prêtre en 1764 ; 6° ANGÉLIQUE-MARIE, née le 12 juin 1767 ; 7° LOUIS-BARNABÉ, né le 16 juin 1768 ; 8° ALEXANDRE-LAZARE, mort enfant ; 9° LOUISE-JULIE, née le 4 janv. 1772, mariée, le 13 août 1796, à Charles-Honoré de Veillechèze de la Mardière, et décédée le 27 juil. 1837.

4. — **Bouthet** (Victor-Jérémie), sr de la Richardière, né à Lusignan, comme ses frères et sœurs, le 20 janv. 1762, fut le dernier lieutenant-général de ce siège royal, charge à laquelle il avait été nommé le 11 juil. 1787, puis commissaire national en 1792. Le 8 juin 1784, il épousa Thérèse-Sébastienne INGRAND, fille de Gilles, et de Radégonde Geoffroy, et est décédé à Cloué le 29 août 1838, laissant : 1° JÉRÉMIE, né le 7 sept. 1787, marié à Cloué, le 25 août 1835, à Marie-Catherine TAFFET ; 2° THÉRÈSE-RADÉGONDE, née le 27 août 1786, mariée à N... Aigron, notaire ; 3° JULIE, mariée en 1821 à François-Louis Savin ; 4° ALEXANDRE, né le 9 fév. 1792 ; 5° ANNE-ELODIE.

§ IV. — DEUXIÈME BRANCHE DU RIVAULT.

2. — **Bouthet** (Isaac), sr du Rivault et du Palais, second fils de René, et de Françoise Pain (1er deg. du § I), fut reçu le 8 mars 1709 élu en l'élection de Poitiers, remplaçant son père, charge dans laquelle il fut, à son tour, remplacé, le 7 nov. 1786, par Jacques Briquet. Le 3 avril 1709, il épousa Renée-Scholastique MAYAUD et fut doté par son père de la charge d'élu. De ce mariage sont issus : 1° ISAAC-LOUIS, qui suit ; 2° MARIE-LOUISE, femme de Joseph-Charles Venault de Bourleuf, conseiller au Présidial de Poitiers ; 3° FRANÇOISE, baptisée le 22 juil. 1722, mariée à Blaslay, le 21 nov. 1752, à Pierre Babinet, Ec., sgr de Chaume, décéda vers 1809 ; 4° MARIE-RADÉGONDE, baptisée le 10 oct. 1724 ; 5° LOUIS, le 10 sept. 1727.

Remarié à Marie-Anne JOUSSANT, il en eut : 6° MARIE-RENÉE, qui épousa, le 20 mars 1735, Jean-Pascal de la Tousche, Ec., sgr de St-Ustre.

3. — **Bouthet** (Isaac-Louis), sr de Chassigny, avocat en Parlement, commissaire aux saisies réelles, receveur des consignations de la duché-pairie de Richelieu, et président du grenier à sel de Mirebeau, épousa, le 5 fév. 1747, Geneviève LAMBERT, fille de François, président du grenier à sel de Loudun, et de Geneviève Condonneau ; il mourut à Mirebeau et y fut

inhumé à l'âge de 67 ans, le 29 sept. 1784, laissant : 1° Geneviève-Eulalie, baptisée le 24 avril 1748, et 2° Louis-François, morts célibataires ; 3° Vincent, qui suit ; 4° Alexandre-François, dit aussi Charles-Alexandre, baptisé le 25 fév. 1756, épousa, le 17 janv. 1785, Marie-Radégonde Calmeil, fille de N.., ancien officier de marine, et de Marie-Anne Joussant, dont il a eu : *a.* Marie-Geneviève, née le 30 juin 1736, mariée à Jean-Baptiste L'Herbon ; elle est décédée le 17 avril 1866 ; *b.* Delphin, *c.* Alexandre, marié à Emilie Demarais, dont quatre enfants.

5° Charles-François, baptisé le 30 mai 1762, marié à Marie-Rose Bouhet ou Bouet, fille de André, sr des Girardières, notaire et procureur de la principauté de Talmond, et de Marie-Elisabeth Barbaud, dont : *a.* Brigitte, mariée à Georges Arnault de la Gazellerie ; *b.* Adèle, qui épousa Louis Morin de Boismorin ; *c.* Clémentine, femme de Jean de Condé.

6° Marie-Julienne-Urbaine, baptisée le 21 janv. 1764, épouse de Urbain Demarsais.

4. — **Bouthet** (Vincent), avocat en Parlement, président du grenier à sel de Mirebeau, marié, le 12 fév. 1781, à Louise David, fille de Jean, sr de la Richardière, et de Marie-Héline David, dont : 1° Marie-Louise-Julienne, baptisée le 10 fév. 1783, et mariée en 1803 à Martin de Vieillechèze de la Molotière ; 2° Vincent-Pierre, baptisé le 21 oct. 1786 ; 3° Lucie-Marie, le 4 janv. 1788 ; 4° Geneviève, le 6 août 1789 ; 5° Honoré, mort enfant ; 6° Edouard, qui suit.

5. — **Bouthet du Rivault** (Edouard), né le 6 sept. 1796, a épousé, le 24 janv. 1824, Louise-Félicité Baguenard, fille d'André-Casimir, et de Marie-Rose Rampillon, dont : 1° Emile, qui suit ; 2° Daniel, né le 26 oct. 1827, marié, le 2 juil. 1860, à Marie Autellet, décédée le 28 mars 1878, laissant : *a.* Marie-Charlotte-Ernestine, née le 18 juin 1861, mariée, le 25 nov. 1885, à Marie-Noël-Henri Mayaud ; *b.* Edouard, né le 17 déc. 1867, mort enfant.

3° Edouard, né le 26 janv. 1833, épousa, le 27 juin 1865, Marie-Eugénie Bernard, dont Catherine-Marie-Hélène, née le 15 avril 1866, et Lucie-Eugénie, née le 8 déc. 1868.

6. — **Bouthet du Rivault** (Emile), né le 3 janv. 1825, a épousé, le 16 juin 1857, Marie-Noémie Turquand d'Auzay, dont il a : 1° Marie-Louise-Elisa, née le 15 mai 1858, décédée le 25 déc. 1871 ; 2° Louis-Marie-Jacob, né le 21 juin 1862 ; 3° Marie-Louise, née le 6 janv. 1866, mariée, le 12 oct. 1885, à Gaston Hublot ; 4° Marie-Elisabeth, née le 3 fév. 1873.

BOUTHIER ou **BOUTIER**. — Famille originaire des environs de l'Ile-Jourdain.

Blason : d'argent à un épervier au naturel. (Arm. Poitou.)

Bouthier (Marc), Ec., sr de Mons, assesseur au Dorat, fit enregistrer son blason à l'Armorial du Poitou, 1698 ; marié à Marguerite Bernardeau, il eut pour filles : 1° Marie, mariée à l'Ile-Jourdain, le 16 juil. 1711, à Louis Audebert, Ec., sr de l'Age-du-Taix ; 2° Françoise, mariée, le 22 juil. 1720, à l'Ile-Jourdain, à François Dansays de la Villatte.

Bouthier (Jean), curé du Bouchage, est inscrit à l'Armorial du Poitou de 1700 (Availles), avec un blason donné d'office : « d'azur à la croix niellée d'argent ».

BOUTIGNÉ (de). — Famille noble du Châtelleraudais, au XIIIe siècle.

Boutigné (Aimeri de) vendait, le samedi après la St-André 1257, plusieurs pièces de terre à Pierre de Targé, abbé de N.-Dame-la-Grande de Poitiers. Le lundi après la St-Hilaire d'hiver 1259-60, il constitua avec Pétronille, sa femme, une rente au profit de la même église, assise sur un arpent de terre situé à Puichevrier près de l'hébergement de Guillaume, son frère. (Arch. Vienne, Chap. de N.-Dame.)

Boutigné (Philippe de) crée, le lundi veille de la St-Luc 1261, au profit de Pierre de Targé, abbé de N.-Dame, une rente sur une pièce de terre à la Roche-Ysengard. (Id.)

Boutigné (Philippe de), Ec., possédait des domaines à Beaumont et constitua une rente en faveur de N.-D.-la-Grande de Poitiers, vers 1270. (Arch. Vien. G. 1142.)

Boutigné (Gilles de), Ec., figure dans le même acte.

Boutigné (Pierre de) eut un fils, Guillaume, qui avec Thomasse, sa femme, créent une rente sur une pièce de terre du Vignau, au profit de Thomas, abbé de N.-Dame, le mardi, fête des Sts Simon et Jude, 1273. (Id.)

Boutigné (Aimery de), le même que ci-dessus ? était sgr en 1273 de l'herbergement de Puichevrier, situé aux Roches, pssse de Beaumont (Vienne). Le lundi 1273 après le dimanche *Misericordia Domini*, Hugues de Nouzières et sa femme Isabelle vendent à Thomas, abbé de N.-Dame, une rente qu'ils possédaient sur cet herbergement, et le vendredi avant la St-Vincent 1283-84, Richard de Boisron et Agnès sa femme vendent au même chapitre plusieurs rentes qu'ils tenaient en parage de ce même Aimery de Boutigné. (Id.)

BOUTILLIER. — Famille Angevine qui est venue s'établir en Poitou au XVIIe s., où elle a payé une large dette à ses opinions politiques et religieuses, ayant eu au moins quinze de ses membres victimes de la Révolution.

Blason : de gueules à 3 bouteilles d'argent posées 2 et 1, et un raisin d'or en abîme. (Cachet.) On trouve aussi sans le raisin. (*Nota.* Le dessin, par erreur, n'indique pas l'émail du champ.)

1. — **Boutillier** (Michel) habitait en 1574 Beaupréau ; il a laissé trois garçons, dont un, Maurice, qui suit.

2. — **Boutillier** (Maurice), sr du Coin, prit à ferme en 1598 les terres de la seigneurie de Beaupréau. Il épousa Renée Le Brethon, fille de Denis, notaire du duché de Beaupréau, qui comparut en 1688 aux assises de la sgrie de la Roche-Baraton, et y rendit aveu de sa terre de la Bécassière. Ils eurent 3 filles et Jacques, qui suit.

3. — **Boutillier** (Jacques), sr du Coin, épousa Catherine Levrault. Le 5 sept. 1665, se fit le partage des biens de Maurice, son père ; il était décédé dès lors, et Catherine Levrault, sa veuve, y comparut comme tutrice de Maurice et Marguerite, leurs enfants mineurs.

4. — **Boutillier** (Maurice), sr du Coin, naquit pssse du May en 1633, épousa à la Séguinière, en 1661, Elisabeth Foynrau, dont il eut 25 enfants : 10 garçons et 15 filles. Il mourut le 17 nov. 1701 ; sa veuve fit son testament le 2 déc. 1720, et mourut à Montjean en 1724, laissant entre autres :

5. — **Boutillier** (François-René), sr du Coin, aîné des enfants, naquit le 11 août 1690 et fut baptisé

à Roussay le 16, exerça pendant longues années les fonctions de notaire et de receveur des francs-fiefs à Mortagne-sur-Sèvre. Il épousa à Machecoul, le 20 oct. 1714, Renée L'Hommédé des Granges, et laissa en mourant, en 1724 : 1° Jacques-Grégoire, qui suit ; 2° René-Marin, s[r] de la Chèze, avocat en Parlement, partagea, le 14 juil. 1753, la succession de son père ; on le trouve, le 8 oct. 1756, avocat en Parlement, sénéchal, juge civil-criminel et de police de la châtellenie de Bazôges-en-Paillers ; mourut dans les prisons de Poitiers en 1796.

6. — **Boutillier** (Jacques-Grégoire), s[r] du Coin, naquit à Mortagne en 1717 ; il y exerçait en 1737 les fonctions de notaire et de receveur des domaines du Roi, fut ensuite intendant général de plusieurs abbayes du Bas-Poitou et de la Bretagne, puis en 1745 fermier de la terre de Mortagne. Le 30 mai 1740, il épousa Marie Soulard de la Roche, fille de Guy, notaire et procureur, et de Marie Guérin. Il était en 1753 sénéchal de la Séguinière et du marquisat de Beaupréau, et mourut à Mortagne le 11 déc. 1789. Il eut sept enfants, que nous ne connaissons, en général, que sous leurs noms de fiefs : 1° N... des Homelles, né le 20 mai 1746, a été membre du conseil supérieur de la Vendée en 1793 ; 2° N... Boutillier du Coteau, guillotiné à Nantes en 1793 ; 3° Pélagie, épouse de N... Merland, guillotinée à Poitiers en 1794 ; 4° N... épouse de N... Cesbron de la Roche ; 5° Charles-Candide, qui suit ; 6° Jacques-Marin, s[r] de St-André, avocat en Parlement, fut reçu, le 13 juin 1780, sénéchal de la B[nie] de Mortagne ; il fut guillotiné à Nantes le 10 août 1794, âgé de 48 ans ; 7° N..., s[r] du Coin, fusillé à St-Florent en 1794.

7. — **Boutillier du Retail** (Charles-Candide), né et baptisé à Mortagne le 16 fév. 1748, avocat au Présidial de Poitiers, fut nommé, le 27 mars 1782, receveur et contrôleur des saisies réelles. Invité par les paysans de ses environs à se mettre à leur tête, il partit avec trois de ses fils, le 11 mars 1793, et se réunit au corps d'armée de M. de Sapinaud, qui passa ensuite sous les ordres de d'Elbée ; il prit part à plusieurs combats ; fait prisonnier, il fut conduit à Saumur, où il fut massacré le 8 déc. 1793. Il avait épousé, le 20 sept. 1774, Marie-Louise-Radégonde Dupont, fille de François, conseiller au Présidial de Poitiers, et de Marie-Radégonde Mallet, qui, obligée de quitter la Vendée après le départ de son mari, vint se réfugier à Furigny près de Neuville ; étant venue à Poitiers, elle fut dénoncée, incarcérée et condamnée à mort par le tribunal révolutionnaire, avec son fils, enfant de 10 ans, le 2 janv. 1794. Elle fut exécutée, et l'enfant ne dut la vie qu'à la courageuse intervention de Mme Yndré ; mais il mourut à l'âge de 16 ans.

8. — **Boutillier du Retail** (François-Louis-Marie), un des fils du précédent, naquit et fut baptisé à Poitiers, le 6 avril 1777, accompagna son père aux armées. Il devint officier dans l'armée vendéenne, qu'il suivit jusqu'au passage de la Loire. A la pacification, il fut interné sur les frontières de l'Est ; il avait alors le grade de capitaine. Il épousa, le 20 janv. 1797, à Baptresse, Marie-Julie Lanot de la Bouchardière, reçut, le 11 déc. 1814, le brevet de capitaine, puis, le 3 juin 1822, fut nommé Chev. de la Légion d'honneur, et peu après de St-Louis. Le 13 nov. 1823, il fut nommé juge de paix à Talmond (Vendée), puis transféré, le 22 déc. 1824, à Thénezay, et mourut à Poitiers le 11 juil. 1841, laissant :

9. — **Boutillier du Retail** (Florent-Louis-Candide), né à Poitiers le 16 mai 1816, et marié, le 10 juin 1840, à Azeline Chambourdon, fille de Pierre-Louis-Célestin, et de Marie-Angélique-Aimée Allard de la Resnière ; a été maire de la c[ne] de Château-Larcher, fonction dont il se démit plus tard, fut tué dans le déraillement du chemin de fer de Limoges du 27 mai 1870, laissant : 1° Florent-Célestin-Jules, né à Poitiers en 1841, avocat à la cour de Poitiers, a fait la campagne de 1870-71, comme officier de cavalerie dans le corps de Cathelineau, service qu'il continua lors du siège de Paris. Il est attaché en la même qualité au 8° corps d'armée territoriale. Il a épousé Berthe-Julie-Caroline de la Cretaz. Nommé juge de paix à Mareuil-sur-le-Lay, en 1877, il vint remplir les mêmes fonctions à Vouneuil-sur-Vienne, où il fut révoqué. De son mariage : Marie-Louise et Jeanne-Renée, nées à Baptresse.

2° Albert-François-Candide, qui suit.

10. — **Boutillier du Retail** (Albert-François-Candide), né à Baptresse le 1er juil. 1844, avocat, nommé, le 15 déc. 1872, juge suppléant au tribunal de Dunkerque, puis en fév. 1874 à Tours ; le 10 juin 1877, substitut du procureur de la république à Romorantin, et le 1er juil. il se démit de ses fonctions pour ne pas s'associer à l'exécution des décrets du 29 mars 1880. Mais le garde des sceaux lui fit l'honneur de le révoquer le 4 du même mois. Il avait fait la campagne de 1870 comme officier d'ordonnance dans une compagnie d'éclaireurs. Il est membre de la Société des Archives du Poitou, de celle des Antiquaires de l'Ouest, etc. Marié, le 19 fév. 1873, à Paris, à Marie-Caroline Martin, il a eu : 1° Berthe-Marie-Florence, née à Paris le 6 fév. 1874 ; 2° Marguerite-Marie-Josèphe.

BOUTIN. — Ce nom est commun à plusieurs familles.

Blason. — Boutin en Bas-Poitou : d'argent à l'aigle à 2 têtes de sable. (Reg. de Malte.)

On trouve dans l'Armorial de la généralité de Poitiers de nombreux énoncés, tous de fantaisie. Nous ne les reproduirons pas ici, puisqu'ils n'ont aucune autorité historique.

Boutin (Martin) rend aveu pour dîmes et terres à Pouillé, en juin 1362. (Arch. Vienne, abb. de la Trinité.)

Boutin (Aimeri), de Loubautière, devait une rente de 3 mines de froment et 2 chapons, sur des prés mouvant de l'abb. de Ste-Croix, le dimanche après la Conversion de St Paul 1276-77. (Arch. Vienne, Ste-Croix.)

Boutin (Guillaume), prêtre, rend, le 20 août 1354, un aveu pour le fief de Vaulifier à l'abbesse de Ste-Croix, Dame de la p[sse] de Vasles. (Id.)

Boutin (Pierre), chanoine de l'Eglise de Poitiers, est nommé dans la bulle du pape Clément VII, du 23 janv. 1385, qui confirme une transaction passée entre Pierre Prévôt, abbé de N.-Dame-la-Grande de Poitiers, et son Chapitre, le 9 mars 1384.

Boutin (Catherine) avait épousé, à la fin du XIVe s[e], Jacques Estoau, châtelain de Parthenay.

Boutin (N...) était notaire à St-Maixent en 1404.

Boutin (Jean), prêtre, chapelain de la chapelle de St-Laurent, fondée à Ste-Radégonde de Poitiers par feu Mess. Pierre Aubouin, prêtre, rend hommage à la Tour de Maubergeon en 1405 d'un hébergement, treille, garenne, etc. (Livre des fiefs.)

Boutin (Jacquet), avocat à Parthenay, fut du nombre des jurisconsultes qui préparèrent le texte de la première édition de la Coutume de Poitou, qui parut en 1416 sous le nom de Loys Prévôt. (F.)

Boutin (Jean) sert au ban de 1467 comme brigandinier du s^r de Jarnac, et en archer le 12 déc. 1485. (Id.)

Boutin, bachelier ès lois, était le 20 oct. 1479 sénéchal de Lairegodeau et d'Argenton.

Boutin (Pierre) eut cession du fief de la Bouberière de Geoffroy d'Abin, Chev., xve siècle.

Boutin (Geoffroy), héritier de Pierre, possédait le fief de la Bouberière en 1492; il servit au ban de 1488.

Boutin (Jean) servit en brigandinier au ban de 1488, ainsi que

Boutin (autre Jean).

Boutin (François), Ec., sgr de la Proustière, l'Epinay, épousa, vers 1500, Marie DE PONDEVIE. Leur fille MARIE épousa, vers 1550, Guyon Bertrand, Ec., sgr de la Roche-Henri. (Reg. Malte.)

Boutin (Marie), D^e de la Maronnière, veuve de François Girard, épousa, le 2 mai 1534, Gilles Buor, Chev., sgr du Plessis.

Boutin (François) était procureur et solliciteur du Chapitre de l'église collégiale de N.-Dame de Châtellerault en fév. 1550. (Doc. inéd. 7.)

Boutin (Olivier), nommé en 1561 grand prieur de l'abb. de Montiérneuf, par le cardinal de Lorraine, abbé de ce monastère et de Cluny. (Arch. Vienne.)

Boutin (Gilles), Ec., sgr de Chasleur, était, le 31 mars 1567, époux de Loyse DOYNEAU, veuve de Jacques Dubreuil, Ec., sgr de la Grelière.

Boutin (Annette), mariée, par contrat du 1er oct. 1576, à Jean de Chazelles, Ec., sgr dudit lieu.

Boutin (Renée), D^e de la Maronnière et du Fief-Chaslon, rend, le 28 sept. 1537, un aveu à la sgrie de la Foresterie.

Boutin (Claude), épouse de Claude Marchand, Ec., sgr de Bouillac, est citée comme telle dans le partage de la succession de François Robert, Ec., sgr de Lézardière, du 7 janv. 1582. (G^le Robert.)

Boutin (Marie) épousa, à la fin du xvie s^e, Pierre de Montfreau, Ec., sgr de Chambon.

Boutin (N...), Ec., sgr de Beauvais, fut maintenu noble en 1667. (Bar.)

Boutin (Simon) fut reçu lieutenant-g^al de police à Fontenay-le-Cte en 1760, ses provisions enregistrées le 30 mai; il était mort avant le 9 déc. 1786, date de l'enregistrement des provisions de Louis-Gabriel Godet de la Ribouillerie, son successeur.

Boutin (Marquise) prononce, vers 1789, ses vœux au couvent des Filles de N.-Dame de Châtellerault.

Boutin (Rose-Pélagie) épousa François Dubois, procureur du Roi des traites foraines de Châtellerault.

La famille Boutin de Châtellerault était collateur d'une chapelle desservie p^sse de Mairé-le-Gauthier (Vienne).

BOUTONNE (René de), s^r de Beaulieu, élu en l'élection des Sables, décédé avant le 7 juil. 1664. Elisabeth VEILLON était sa veuve.

BOUTOU, forme adoptée généralement aujourd'hui, ou **BOUTON**, comme il a été imprimé dans notre première édition. — Famille noble et ancienne du Bas-Poitou, dont nous allons donner la généalogie d'après B. Fillon (Recherches sur une famille poitevine, p. 101, etc.), en y ajoutant les notes que nous avons recueillies et dont nous devons la plus grande partie à feu M. Th. de Bremond d'Ars. Nous distinguerons les notes que nous lui devons par les initiales (T. de B.). Nous ferons observer que nous ne pouvons garantir la parfaite authenticité des premiers degrés.

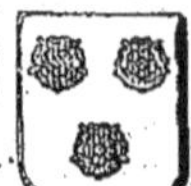

Blason : d'argent à trois roses de gueules boutonnées d'or.

Noms isolés.

Boutou (Hugues), tué le 17 mai 1102 à la bataille de Rames, dans la Terre Sainte (1re croisade). (Besly, C^tes de Poitou.)

Boutou (Guiffin), Ec., servait dans la compagnie du prince de Galles, le 30 oct. 1376.

Boutou (Marguerite) était, le 20 oct. 1559, D^e d'Aizecq et veuve de N... Favereau; elle existait encore en 1566.

Boutou (Pierre), s^r de la Baugissière (p^sse de St-Michel-le-Cloux, élect. de Fontenay), fut maintenu noble par sentence de Barentin du 23 déc. 1667.

Boutou (François) de la Bottière est cité dans le partage des biens de Hélène Babin, qui eut lieu le 9 oct. 1704.

Boutou (N...) épousa Auguste de Puyrousset.

Boutou (O.) assiste en qualité de cousin germain au mariage de Maximilien Boutou avec Susanne de Fleury, en 1708.

Boutou de la Baugissière (N...) aurait épousé, vers 1740, Pierre-Raoul Racodet, Ec. (Gén. Racodet.)

Filiation suivie.

1. — **Boutou** (Pierre), Ec., sgr de la Baugissière, transigeait le 21 août 1253 avec Gislebert Chasteigner, sgr de la Meilleraye, au sujet d'un moulin situé sur la Vendée; il testa le 2 avril 1267 devant le doyen de Fontenay, partageant ses biens entre les enfants qu'il avait eus de Lyotte DE CHASSENON, savoir : 1° GUILLAUME, qui suit; 2° BLANCHE, épouse de Méry du Pairé; 3° GIRARD, Chev., mort le 2 juil. 1315, dans un âge avancé, ordonnant qu'on l'enterrât dans l'église de N.-Dame de Fontenay. Dès 1290 il avait cédé à son frère les droits qu'il avait sur une partie de la Baugissière.

2. — **Boutou** (Guillaume), qui fut inhumé dans l'église de St-Michel-le-Cloux, laissant de N... son épouse au moins un fils qui suit.

3. — **Boutou** (Guillaume) dit le jeune, valet, sgr de la Baugissière, fut marié : 1° à Gillette JOUSSEAUME, 2° à N..., et eut pour enfants : 1° PIERRE, qui suit; 2° JEAN, dit l'aîné, qui mourut vers 1395, et eut une fille unique, JEANNE, mariée à Simon Chasteigner, Chev., sgr de Réaumur; 3° ADAM, valet, qui servait comme écuyer le 2 avril 1365.

4. — **Boutou** (Pierre), valet, sgr de la Baugissière, fut père de :

5. — **Boutou** (Jean) dit l'aîné, sgr de la Baugissière, se maria d'abord à Sibylle VOUSSARD, fille de Guillaume (T. de B.), Chev., et ensuite à Marie DE BEAUMONT, fille de Guillaume, Chev., sgr de Glenay. Il partagea ses biens le 20 juil. 1407 entre ses enfants, qui étaient : du premier lit : 1° JEAN, dit le jeune, sgr de Courdeault, du chef de Catherine DE COURDEAULT, sa femme, et en 1386 sgr de la Chevalerie en Largeasse; il mourut sans postérité; 2° MARGUERITE; et du second lit : 3° PIERRE, qui suit.

6.— **Boutou** (Pierre), sgr de la Baugissière, fit en 1425 un aveu à Thibaud Chabot (T. de B.), servit sous le connétable de Richemont, et fut capitaine (gouverneur) de Maillezais, comme il ressort d'une enquête faite en 1451, et fit montre en archer en avril 1472. Nous lui connaissons deux enfants : 1° PÉAN, qui suit; 2° POINSONNET, Chev., qui, lui aussi, servit sous le connétable de Richemont; il passe revue comme homme d'armes le 17 avril 1471, et il y eut une sentence prononcée contre lui pour droits de fiefs, le 9 fév. 1472.

7. — **Boutou** (Péan), Chev., sgr de la Baugissière, épousa Louise DE PAYRÉ, fille de Hugues, sgr dudit lieu, dont il eut : 1° PÉAN, Chev., sgr de la Baugissière et du Payré, mort sans postérité; 2° BRIAND, qui suit; 3° JEANNE, mariée à Louis Corbel, qui était fort âgé en 1491, et fut remplacé au ban de cette année par Briand, son beau-frère.

8. — **Boutou** (Briand), Chev., sgr de la Baugissière, Chambertrain, la Vergne, rend plusieurs aveux au Cte de Dunois et de Longueville, sgr de Vouvant et de Mervent, les 17 août 1476 et 6 sept. 1496; remplaça son beau-frère L. Corbel au ban de 1491, et il lui fut enjoint de fournir un archer à la prochaine montre. Il avait épousé, le 16 août 1484, Françoise BÉCHET, fille de Jean, Ec., sgr de Genouillé, et de Guyonne de Cousdun; il en eut : 1° FRANÇOIS, qui, d'après Duchesne, aurait continué la filiation, mais qui devint fou; il eut pour curateur Jean de Vivonne, qui en 1505 rendait en son nom aveu du fief de la Carrolière à Louis Chasteigner, sgr de Réaumur, son cousin; puis son frère Pierre en 1519; 2° CHARLOTTE ou FRANÇOISE (T. de B.), femme de Philippe Jay, Ec., sgr de Boisseguin; 3° PIERRE, qui suit; 4° JACQUELINE, épouse de Jean de Vivonne, sgr d'Oulmes et de la Barde; elle ratifia, le 6 juin 1514, un traité passé entre son mari et les frères de Pennevaire, au sujet du fief de la Barde-Fraignouse. (D. F. Arch. Flocellière.)

9. — **Boutou** (Pierre), Ec., sgr de la Baugissière et de la Vergne, était en 1519 curateur de son frère François et rendait en son nom un aveu, le 25 oct., au Cte de Dunois. (G.-G. Bur. des finances.) Il épousa Catherine JOUSSEAUME, fille de Jean, Ec., sgr de Varèze, mourut en 1566 et sa femme en 1571, laissant de leur mariage : 1° BONAVENTURE, qui suit; 2° JEAN, religieux à l'abbaye de Nieuil-sur-l'Autize, et prieur du Payré, qui, d'après Duchesne, aurait été l'aîné; 3° FRANÇOIS, capitaine protestant, tué dès la première charge à la bataille de Ste-Gemme (1570). (Chr. Fonten.) Il avait épousé Jeanne DE MONTALEMBERT DE GRANZAY, dont il eut RENÉE, mariée, le 7 juil. 1573, à Jean Goulard, Ec., sgr de Payré.

4° MARIE, femme de Jacques du Teil, Ec., sgr de Joussé (contrat du 28 août 1547); elle traitait en 1576 avec son frère Bonaventure; 5° MARGUERITE, qui épousa Louis Jay, Ec., sgr de Montonneau et de Nanclars; 6° ANNE, femme de Gabriel Jousseaume, sgr de Varèze.

10. — **Boutou** (Bonaventure), Ec., sgr de la Baugissière, épousa, le 13 mars 1563, Marie GIRARD, fille d'Aimery, Ec., sgr de la Roussière, et de Anne de la Brosse, dont : 1° ANNE, mariée d'abord, le 25 déc. 1587, à Jean de Losny ou Aimard de Livenne, puis, le 27 janv. 1593, à Pierre d'Alhoue, Ec., sgr du Breuil-Coiffault et de Peuchebrun; 2° PHILIPPE, qui suit; 3° MADELEINE, mariée, vers 1590, à Louis Maurais de Chassenon; et 4° RENÉE, qui, d'après Fillon, aurait épousé, le 7 juil. 1598, un Jean Goulard, Ec., sgr de Payré. Il y a confusion avec la Renée mentionnée au 9e degré, d'autant plus que la généalogie de Goulard donne cette première comme fille de François, et de Jeanne de Montalembert.

11. — **Boutou** (Philippe), Chev., sgr des chât^nies de la Baugissière, du Pin, des sgries de l'Épincraye, la Vergne, la Tour de Sauvairé, épousa, le 31 janv. 1625, Sébastienne CHAUVEAU; rendit des aveux à Philippe d'Orléans, duc de Longueville, sgr de Vouvant, le 16 août 1634, en reçut un de Pierre Guillaut le 2 juil. 1637, et mourut en 1648, ayant eu : 1° PHILIPPE, qui suit; 2° GABRIELLE, mariée à Gilbert Gaultreau, Ec., sgr de la Tour-St-Mars, dont elle était veuve le 15 déc. 1649, et vivait encore le 23 mars 1671 (G.-G. du Bureau des finances); 3° SÉBASTIENNE, mariée, par contrat du 7 avril 1636, à René Dellène ou Deslaine, sgr de Longeville, est dite dans l'acte de partage des biens de son père (15 fév. 1651) femme de René de Marin, sgr de Longeville; elle se remaria en 1668 à René d'Aux, Ec., sgr de la Droulière et de la Chaume; 4° MARIE, qui épousa, le 6 mars 1639, Jacques de Granzay, Ec., sgr de Marigny; 5° PERRINE, mariée, le 1er déc. 1643, à Louis Dellène ou Deslaine, sgr de la Faye; dans le partage de 1651, elle est dite épouse de Louis de Marin, Ec., sgr de la Faye, peut-être en secondes noces.

12. — **Boutou** (Philippe), IIe du nom, Chev., sgr de la Baugissière, épousa, le 24 mai 1649, Marguerite DE NOUZILLAC, fille d'Antoine, et de Marguerite de Couhé. Colbert de Croissy en parle en ces termes dans son rapport au Roi : « Le s^r Boutou de la Baugissière « est estimé riche de 9000 liv. de rente, est catholique « et passe pour honnête homme; il n'a servi, il n'y a « point de plaintes contre lui. » Il fut confirmé dans sa noblesse le 23 déc. 1667 par Barentin; la même année, il échangea avec Anselme Droux, Ec., sgr de la Tudairière, la terre de Sauvairé pour celle des Loges, qu'il reçut en échange, et mourut en 1672. Ses enfants furent : 1° MAXIMILIEN, qui suit; 2° LOUISE, qui assista en 1708 au mariage de son neveu Maximilien avec Susanne de Fleury; elle mourut fille; 3° RENÉ, Chev., sgr de Payré, épousa Anne ROBERT, dont : *a.* JEAN-RENÉ, baptisé à St-Michel-le-Cloux (ainsi que ses frères et sœurs), le 23 juin 1692; *b.* MARIE-ANNE-MODESTE, baptisée le 11 février 1694, qui, elle aussi, en 1708 assista au mariage de Maximilien, son cousin germain; *c.* LOUISE, baptisée le 23 mai 1695; *d.* FRANÇOIS, baptisé le 11 mai 1696; *f.* GABRIELLE-MADELEINE, baptisée le 21 juil. 1697; *g.* CHARLES-AUGUSTE, marié à Anne DE CUMONT, fille d'Édouard, sgr de Charnée, et fut père de JACQUES-ELÉONOR, qui sortit des Mousquetaires le 31 mars 1738.

4° RENÉE, 5° JACQUES, 6° MARIE, 7° MARGUERITE, entrée le 26 janv. 1679 au couvent des Franciscaines de Fontenay.

13. — **Boutou** (Maximilien), Chev., sgr de la Baugissière et d'Ardelay, épousa, le 16 juin 1682, Gabrielle BRIÇONNET, fille de Barthélemy, Chev., sgr du Treuil-aux-Secrets en Aunis, et de Marie Dubreuil, et mourut vers la fin de 1703. Guillaume Briçonnet était, le 9 janv. 1705, tuteur de leurs enfants, qui étaient: 1° BARTHÉLEMY, né en 1685, mort célibataire en 1708; 2° THÉRÈSE ou MARIE-THÉRÈSE, née en 1688, mariée d'abord à Michel Briçonnet, sgr de Brosse, puis à François-Louis de Brach, Ec., sgr d'Esnandes, capitaine de frégate; 3° MAXIMILIEN, qui suit; 4° JEANNE, née en 1691, testa le 8 fév. 1732, donnant tout son bien à Charles son frère; 5° CHARLES, naquit en 1696, passa à la Martinique, où il fit enregistrer ses titres de noblesse au conseil supérieur de l'île, le 8 mars 1741; il s'y maria et fut père de : *a.* CHARLOTTE-FÉLICITÉ, *b.* GABRIELLE-SOPHIE, *c.* ELISABETH-PARFAITE, et

d. Marie-Françoise, ces deux dernières mortes à la Martinique.

6° Marie-Henriette, née en août 1702.

14. — **Boutou** (Maximilien), Chev., sgr de la Baugissière, naquit en 1690, épousa d'abord, le 5 sept. 1708, Susanne Fleury, fille de Pierre, s[r] de la Caillère, et de Jeanne Dousset; puis, le 30 sept. 1761, Louise-Henriette-Dorothée-Félicité-Gabrielle-Susanne Green de St-Marsault, fille de Louis-Henri-Alexandre, Chev., sgr de l'Herbaudière, et de Madeleine-Susanne Compaing; fut convoqué au ban de 1758, mais n'y comparut pas, et était mort avant 1765, laissant du premier lit (il n'eut pas d'enfants du second) : 1° Susanne, mariée à Claude de Bardin, Ec., sgr de la Salle; 2° Thérèse, mariée à Charles-Antoine de Tinguy, Chev., sgr de Saulnay; 3° Marie, D[e] de la Baugissière; 4° Jeanne-Modeste, D[e] du Payré, mariée à Pierre Thibaud, Ec., sgr de Fourneau; 5° Jeanne-Marguerite, femme de Charles Racodet, Ec., sgr de la Vergnais, Chev. de St-Louis, auquel elle porta la terre patrimoniale de la Baugissière. Elle mourut à Saintes, la dernière de sa famille, le 24 déc. 1776.

La famille Boutou avait droit de sépulture et de litre dans l'église de St-Michel-le-Cloux (Vendée).

BOUTRO (Poinçonnet) servit comme homme d'armes sous les ordres du sgr de Bressuire, au ban des nobles du Poitou de 1467. (F.)

BOUVENIN (Jacques), avocat à Poitiers, et **Bouvenin** (Joseph), fondé de pouvoir des habitants de Fontenay, assistèrent au procès-verbal de la réformation de la Coutume du Poitou en 1559. (F.)

BOUVERY. — Famille d'Anjou.

Blason : d'argent à 3 bandes de sable, écartelé (de Poyet) d'azur à 3 poyets (*aliàs* colonnes) d'or rangées en fasce.

Bouvery (Gabriel), évêque d'Angers, fut abbé de St-Cyprien de Poitiers, 1541-1550.

Bouvery (Nicolas), frère de Gabriel, fut abbé de St-Cyprien en 1550, décéda en 1598.

BOUVIER en Bas-Poitou.

Bouvière (Guillemine) fonda, en 1342, une chapelle dans l'église de St-André de Niort.

Bouvier (Louise) épousa, par contrat du 20 déc. 1403, Raoul Girard, Ec., sgr de Barenton.

Bouvier (Anne) fut présente au contrat de mariage de Jacques de Robineau, Chev., sgr de la Ménardière, passé le 3 fév. 1624, avec Gabrielle Chasteigner.

Bouvier (Pierre), sgr de la Claveilière, et

Bouvier (Louis), son frère, sgr de la Crespelière, furent condamnés en 3,000 liv. d'amende, comme roturiers, par Barentin, le 10 nov. 1667.

BOUVILLE (de). — Famille noble du Gâtinais, qui posséda Mirebeau au XIIIe siècle.

Blason : d'argent à la fasce de gueules chargée de 3 anneaux d'or. (Le sceau du sgr de Mirebeau porte en outre une merlette au 1er canton.)

Bouville (Jean de), Chev., sgr de Milly en Gâtinais, décédé en 1308, épousa, vers 1293, Marguerite de Bomez, fille héritière de Thibaut, sgr de Mirebeau, et de Marguerite de Sully (étant veuve, elle épousa Jean de Roucy). De ce mariage vinrent : 1° Blanche, D[e] de Mirebeau, mariée à Olivier de Clisson; 2° Isabeau, *aliàs* Jeanne, mariée à Galeran, sire de Meulan.

BOUX. — Famille originaire de la p[sse] de St-Hilaire de Loulay et de St-Aubin des Ormeaux, près Tiffauges (Vendée), élection de Mauléon, sur les frontières du Poitou et de la Bretagne. La généalogie suivante a été dressée par M. Th. de Tinguy sur pièces authentiques, et d'après une généalogie faite en 1821. Nous y ajoutons nos propres notes.

Blason : d'or au sautoir de gueules et 4 merlettes de sable.

Noms isolés.

Bos (R... des) servait comme écuyer sous Jean L'Archevêque le 17 août 1346.

Bos (Robin de) servait aussi comme écuyer le 13 janv. 1355.

Bos ou **Box** (Gédéon Le), sgr du Boux, vint à Poitiers en 1651 pour nommer des députés aux Etats généraux convoqués à Tours.

§ Ier. — Branche du **Teil-Abelin.**

1. — **Boux, Box** et **Bos** (Guyon), varlet, qui vivait en 1336, avait un frère puîné nommé Raoul. Guyon eut de N... son épouse : 1° Jean, qui fut clerc, ainsi qu'il appert d'un acte daté du mardi avant la fête de St Denis 1336; 2° Perrot, qui suit.

2. — **Boux** (Perrot), varlet, épousa Jeanne Gaudin, qui était sa veuve en 1358, date d'un acte de partage où elle paraît comme douairière et tutrice de sa fille mineure Marguerite. Ils avaient en outre : Jean, qui suit, et Raoul, varlet, s[r] de la Frébaudière, qui, en 1360, passait un acte d'échange et mourut sans enfants.

3. — **Boux** (Jean), varlet, sgr du Teil-Abelin (p[sse] de St-Aubin des Ormeaux, près Tiffauges) et de la Preuille (p[sse] St-Hilaire de Loulay), partagea noblement avec son frère, sa sœur et sa nièce, le 11 mars 1352. Il avait épousé Agnès Chasteigner, et était décédé en 1380, laissant : 1° Gérard, qui traite en 1380 avec sa mère, comme aîné et principal héritier noble, dont un fils, Jean, sgr de la Preuille, avait été taxé en 1437 pour ne pas s'être présenté aux armées, bien que convoqué comme noble. (F.) Il comparut au ban de 1467 comme brigandinier du sgr de L'Aigle, et ne laissa qu'une fille; 2° Philippon, qui suit.

4. — **Boux** (Philippon), Ec., sgr du Teil-Abelin, dit fils puîné de Jean, et de Agnès Chasteigner, dans un acte du 25 avril 1457, reçut le 29 sept. 1457, comme sgr du Teil, un aveu de Jean de Vendôme, pour son hôtel et herbergement de Bois-Corbeau (St-Hilaire de Loulay). Il servait en brigandinier sous les ordres du sgr de L'Aigle au ban de 1467. (F.) Il épousa Marie de Chastellux; dont : 1° Jean, qui suit; 2° Renée, mariée à Jean d'Appelvoisin, Ec., chambellan du roi de France, dont elle était veuve en 1486.

5. — **Boux** (Jean), Ec., sgr du Teil-Abelin, etc., épousa Marguerite Provost, fille de noble homme Jean, et de Guillemette Aigageau, comme il est prouvé par le contrat de mariage de son fils qui suit.

6. — **Boux** (Guyon), Ec., sgr du Teil, épousa, le 3 oct. 1495, Jeanne Hubert, fille de feu Jean, Ec., et de Marie Guichard, comparut à la montre des nobles du Poitou en 1512, et n'existait plus en 1514, lors du

mariage de son fils aîné. Ses enfants furent : 1° Jean, qui suit ; 2° François, tige de la seconde branche rapportée au § II ; 3° Antoine, 4° Guyon : ces deux derniers morts célibataires.

7. — **Boux** (Jean), Ec., sgr du Teil, passa, le 7 fév. 1514, un accord avec sa mère, puis épousa, le 20 déc. 1514, Françoise Charbonneau, fille de feu Jean, Ec., sgr de l'Echasserie, et de Renée de la Haye, dont il n'eut que :

8. — **Boux** (René), Ec., sgr du Teil, marié à Perrine de la Rivière, qui était sa veuve avant le 6 juil. 1555, et ne lui avait donné qu'une fille, Françoise.

§ II. — Deuxième Branche du **Teil**.

7. — **Boux** (François), Ec., sgr du Teil, fils puîné de Guyon et de Jeanne Hubert (6e degré du § I), ayant demandé son partage de cadet dans la succession paternelle, obtint, le 17 nov. 1554, un arrêt contre son frère ; comparut au ban et arrière-ban du Poitou (certificat du 2 juin 1557), vint plus tard s'établir à Nantes, et servit au ban et arrière-ban de Bretagne (certificats des 26 déc. 1567 et 11 fév. 1570, qu'il produisit pour se faire dispenser du service en Poitou). Il épousa Marie Jallier, qui était sa veuve le 8 juil. 1576, et lui donna : 1° François, qui suit ; 2° Gratienne, femme de Pierre Fournier, Ec. ; 3° Marguerite, épouse de N... Bidé, Ec. ; 4° Catherine, qui épousa un autre Pierre Fournier, Ec. ; 5° Marie-Catherine, carmélite à l'abb. des Coëts près Nantes ; 6° Louise, mariée à N... Davy, Ec., sgr de la Botardière ; 7° Gabrielle, femme de Jean Le Bigot, Ec.

8. — **Boux** (François), Ec., sgr du Teil, conseiller au Présidial de Nantes, et échevin de cette ville en 1602, épousa, le 16 déc. 1588, Françoise Drouet, fille de Mathurin, Ec., sgr de la Grée, conseiller au Parlement de Bretagne, et de Renée Touzelle ; rendit hommage, le 18 juin 1612, de sa terre du Teil au duc de Retz, et fut déclaré, le 13 sept. 1643, exempt, comme noble, de la taxe des francs-fiefs. Il eut pour enfants : 1° Mathurin, qui suit ; 2° Claude-Yves, chef de la troisième branche rapportée au § III ; 3° François, Ec., sgr des Chaulnières, qui épousa, le 27 avril 1646, Renée de l'Espinay, fille de Samuel, Chev., sgr du Chaffault ; il en eut : *a.* Gratienne, mariée à Charles de Chevigné, Chev., sgr de l'Herbergement, puis à N... de Chevigné, cousin de son premier mari ; *b.* N..., femme de N... Toublanc, Chev., avocat général au Parlement de Bretagne ; *c.* N..., épouse de N... Durand, Ec.

4° Gratienne, mariée à Gilles Bonamy, Ec., sgr de la Grée, conseiller du Roi ; 5° Louise, carmélite à l'abb. des Coëts ; 6° Marie, qui épousa le sgr du Plessis-Bitault.

9. — **Boux** (Mathurin), Ec., sgr du Teil, la Varenne, etc., maître des comptes à Nantes, épousa Françoise Mesnardeau, fille de Pierre, Ec., sgr de la Bouchetière, maître des comptes à Nantes, et de Marguerite de Marques (acte du 20 juil. 1633), fit partage noble avec ses puînés des successions de ses père et mère, le 6 juil. 1645 ; maire de Nantes en 1648 et 1649, il acheta de ses deniers à l'étranger pour les besoins de cette ville menacée de la famine, 500 tonneaux de blé. (Travers, Hist. de Nantes.) Il vendit sa terre du Teil à Esprit Jousseaume, Mis de la Bretesche, le 14 juil. 1662, fut maintenu noble d'ancienne extraction, originaire du Poitou, avec ses frères et ses neveux, enfants de Claude, par arrêt du 12 déc. 1668 de la chambre de réformation de Bretagne, ordonnant que son nom soit inscrit au Catalogue des nobles, et au Nobiliaire Armorial de Bretagne. Ses enfants furent : 1° François, 2° Louis, mort enfant ; 3° Lucrèce, mariée, le 15 mai 1657, à Louis de Bruc, Ec. ; 4° Françoise, femme de Joseph Rouxeau, Ec., sgr de St-Aignan, président à la chambre des comptes de Bretagne.

§ III. — Branche de **Casson**.

9. **Boux** (Claude-Yves), Ec., sgr de la Gaudinière, auditeur à la chambre des comptes de Nantes, fils puîné de François, Ec., sgr du Teil, et de Françoise Drouet (8e deg. du § II), épousa Marie Pichon, et fut compris avec ses trois fils dans l'arrêt du 12 déc. 1668 de la chambre de réformation de la noblesse de Bretagne, dont il est plus haut parlé. Le 17 oct. 1673, il achetait la terre et sgrie de Bougon (pssc de Couesnon, évêché de Nantes). Il eut pour enfants : 1° Julien, qui suit ; 2° Mathurin, tige de la branche des Barres, et 3° François, tige de celle de l'Ouvrardière, l'une et l'autre éteintes. C'est lui sans doute, ou son cousin du même nom qui, qualifié de sgr de la Cantinière (psse St-Hilaire de Loulay), fut maintenu noble le 24 sept. 1667 par M. Barentin, sous le nom de Le Boux. Les armoiries indiquées dans l'ordonnance de maintenue sont encore celles portées aujourd'hui par la famille Boux.

10. — **Boux** (Julien), Ec., sgr des Aveneaux, de la Gaudinière, de St-Mars, de Bougon, juge-prévôt, magistrat de la ville de Nantes, se maria deux fois : d'abord à Catherine Libault, dont il n'eut que Claude-Yves, mort jeune ; puis à Marie Baudouin (contrat du 9 juin 1677), dont il eut : 1° René, qui suit, né jumeau avec 2° Louis-Charles, auteur de la branche de Bougon, aujourd'hui éteinte ; 3° Renée, mariée à Charles-Armand Rohin, Chev., sgr des Tréans ; 4° Marie, mariée, le 5 mai 1704 (Le Breton et Alexandre, not.), à Alexis-Augustin du Chaffault, Chev., sgr de L'Espinay.

11. — **Boux** (René), Ec., sgr de Casson, St-Mars de Coutais, etc., conseiller au Parlement de Bretagne, épousa, le 11 juil. 1707, Marie-Euphrasie-Scholastique de Cornulier, décédée le 4 oct. 1726, fille de Claude, Chev., sgr de Montreuil, et de Marie-Marguerite Le Meneust. De ce mariage : 1° Martin, Ec., sgr de Casson, St-Mars, Lessongère, marié à Françoise Richard, fille de François, sgr du Ponceau ou Pontreau, dont un garçon mort enfant et six filles : une mariée à N... de Pontual, Chev., une autre à N... Urvoy, Chev., sgr de St-Bedan, et une autre enfin à N... de Monti de Rezé, Chev., sgr de Bréafort.

2° Julien, dit le Chevalier Boux, enseigne de vaisseau, mort sans alliance ; 3° Charles-Amaury, qui suit ; 4° Raoul, mort enfant ; 5° N..., dit le Chev. de L'Espinay, mort célibataire ; 6° Marie-Augustine, morte enfant ; 7° Alix, religieuse au couvent de la Regrippière (O. de Fontevrault) en Anjou ; 8° Débora, morte enfant ; 9° Renée-Euphrasie-Augustine, mariée à François de L'Escu, Chev., sgr de Beauvais.

12. — **Boux de Casson** (Charles-Amaury), Chev., sgr de la Gazoire, (psse de Casson, évêché de Nantes), capitaine au régiment de Mailly-Infanterie, Chev. de St-Louis, épousa, le 4 août 1755 (Coigneau et Pouponneau, not. à Nantes), Angélique-Renée-Jacquette-Françoise Rabaud du Bois de la Motte, fille de François, Ec., sgr du Bois de la Motte et de la Guérivière, et de Renée-Gabrielle Le Coutellier, dont : 1° Charles-Marie-François-Louis, qui suit ; 2° Angélique, femme de Louis-Pierre-Nicolas-Henri du Fresne, Ec., sgr de Renac, etc.

13. — **Boux de Casson** (Charles-Marie-Fran-

çois-Louis), Chev., sgr de la Cazoire, épousa, le 19 juil. 1776, Marie-Anne-Félicité DE GUILLERMO, fille de N..., Ec., sgr de Cramezeul, conseiller à la chambre des comptes de Bretagne, et de Marie Moricaud de la Haye (Briand et Foucquereau, not. à Nantes). De ce mariage : 1° FRANÇOIS-ARMAND, qui suit ; 2° ROSE, mariée à Olivier Urvoy, Chev., sgr de St-Bedan, son cousin.

14. — **Boux de Casson** (François-Armand), né à Nantes le 25 juin 1778, transporté à Blois en avril 1794 comme noble et fils de noble. Il y sauva, au péril de sa vie, deux personnes tombées dans la Loire (il avait 15 ans). Ce trait de courage lui valut un certificat de civisme, et l'autorisation de retourner à Nantes, d'où il s'empressa de rejoindre l'armée de Charette, et au renouvellement des hostilités, en 1799, il fut nommé capitaine de cavalerie au nom du Roi. En 1816, il devint lieutenant-colonel de la Légion de St-Jean de Monts (Vendée). Il épousa, le 29 déc. 1801 (acte reçu à Nantes par Royer, not.), Rose DE GUERRY DE LA VERGNE, fille de Gabriel, et de Elisabeth Pellard de Montigny ; de ce mariage : 1° ARMAND, qui suit ; 2° NARCISSE, dont la filiation sera rapportée au § IV ; 3° ADOLPHE, né en 1813, mort à Nantes en 1832, sans alliance ; 4° LOUIS, né en 1815, célibataire ; 5° ONÉSIME, né en 1807, décédé à Challans, sans alliance ; 7° ZOÉ, née en 1811, décédée à Challans en 1879, sans alliance.

15. — **Boux de Casson** (Armand), né à Nantes le 19 nov. 1802, épousa, le 20 mai 1828 (Laënnec, not. à Nantes), Marie-Victoire GUINEBAULD DE LA GROSTIÈRE, fille de Luc-Jacques-Fidèle, Chev. de St-Louis, et de Joséphine de Tinguy, et mourut au chât. de la Verie (cne de Challans), le 4 mai 1884, âgé de 81 ans. Il eut pour enfants : 1° ARMANDE-MARIE-ROSE, décédée en 1853 ; 2° CÉCILE-MARIE-JOSÉPHINE, décédée en 1844 ; 3° EUGÉNIE-MARIE-VICTOIRE, morte ; 4° ANGÈLE-MARIE-ZOÉ, mariée le 7 juil. 1860 (Boussineau, not. à Carquefou), à Charles-Félix Le Bastart de Villeneuve ; 5° MATHILDE-MARIE-PHILOMÈNE, mariée en 1862. (Clerc-Fiefffranc, not. à Palluau), à Achille Galbaud du Fort ; 6° OLIVIER-MARIE-LIGUORI, qui suit ; 7° PÉLAGIE-MARIE-AIMÉE ; 8° MARIE-VICTOIRE-LOUISE, décédée en 1850.

16. — **Boux de Casson** (Olivier-Marie-Liguori) naquit le 16 août 1839 à St-Christophe du Ligneron (Vendée), est (1887) maire de Challans et conseiller général de la Vendée pour le canton de St-Jean-de-Monts ; s'est marié, le 11 août 1870 (Reliquet, not. à Nantes), à Yolande DE CORNULIER, fille de Auguste Cte de Cornulier, sénateur de la Vendée, et de Caroline-Marie de Grimouard de St-Laurent. De ce mariage : 1° YOLANDE-MARIE-CAROLINE, décédée en 1872 ; 2° YOLANDE-CAROLINE-MARIE, née le 4 févr. 1872 ; 3° JEANNE-MARIE-ZOÉ, née le 24 juin 1873 ; 4° OLIVIER-LIGUORI-LUDOVIC-MARIE, né le 8 fév. 1875 ; 5° ROBERT-HENRI-MARIE-AUGUSTE, né le 7 août 1876.

§ IV. — DEUXIÈME BRANCHE DE CASSON.

15. **Boux de Casson** (Narcisse), fils premier puîné de François-Armand et de Rose de Guerry de la Vergne (14e degré du § III), naquit à la Verie le 1er nov. 1809, épousa, le 8 mai 1840 (Petit des Rochettes, not. à Nantes), Thelcide DU TRESSAY, fille de Aimé-François, et de Sophie Richard de la Roullière, dont : 1° GUY-MARIE-NARCISSE, qui suit ; 2° THELCIDE-MARIE, née le 17 juil. 1844, mariée, le 27 janv. 1873, à Henri de France, et décédée le 13 juil. 1876 ; 3° MARIE-ROSE-SOPHIE, née le 13 juin 1848, mariée, le 20 mars 1876 (Guitton, not. à Nantes), à Paul Maujouan du Gasset.

16. — **Boux de Casson** (Guy-Marie-Narcisse) servit d'abord aux volontaires pontificaux franco-belges, prit part à la bataille de Castelfidardo, reçut la médaille *Pro Petri Sede*, et entra aux Zouaves Pontificaux. Revenu en France, il épousa, le 5 fév. 1866 (Rochette, not. à Nantes), Louise-Marie-Gertrude POULLAIN DE LA VINCENDIÈRE, fille du Cte de la Vincendière, et de Ambroisine-Mélanie-Marie d'Aumont de Villequier. Sont issus de ce mariage : 1° GUY, né à Nantes et y décédé en déc. 1866 ; 2° MADELEINE-ANNE-MARIE, née le 26 déc. 1867 ; 3° GUY-MARIE-EDMOND-JOSEPH, né le 18 avril 1869 ; 4° YVONNE-JEANNE-MARIE, née le 27 juil. 1870 ; 5° JEAN-MARIE-JOSEPH, né le 18 déc. 1871 ; 6° MARTHE-ANNE-MARIE, née le 1er mars 1875 ; 7° MAURICE-BERNARD-MICHEL-MARIE, né le 21 fév. 1880.

BOUXI (Jean), naguère prévôt de Poitiers, est cité dans un titre de 1386. (A. Vien. G. 1116.)

BOYER. — Voici ce que nous avons recueilli sur quelques personnages de ce nom et de familles différentes.

Boyer (Jean) était en 1400 bourgeois de Poitiers, clerc-garde du scel royal, et en 1412 échevin de la commune de Poitiers. L'Armorial des échevins, composé au XVIe siècle, dit qu'il portait de sinople à 3 moutons d'argent.

Boyer (André) était en 1453 l'un des 75 bourgeois de cette ville.

Boyer (Thomas), valet de chambre de Louis XI (est-il Poitevin?), fut du nombre des témoins entendus, le 9 sept. 1484, dans la procédure suivie à la requête des enfants de Louis de la Trémoille, pour affirmer que Louis XI avait reconnu avoir possédé injustement la vicomté de Thouars, et qu'il invitait son fils à la remettre aux la Trémoille. (D. F. 26, 48.)

Boyer (René) se présenta à l'arrière-ban de 1489, et fut désigné pour la garde de Palluau.

Boyer (Jacques) était, le 3 août 1506, sénéchal de la Roche-sur-Yon.

Boyer (Jacques), fils aîné de MICHEL, sgr de la Grenouillère, rendait hommage de cette terre, le 5 mai 1547, à la sgrie de St-Romain et de Vellèche.

Boyer (Mathurin), procureur à la sénéchaussée de Poitiers, assiste en cette qualité, en 1559, au procès-verbal de la réformation de la Coutume de Poitou.

Boyer (Cécile) épousa, le 8 mai 1584, Jacques Chauvelin, Ec., conseiller et trésorier général des écuries du Roi.

Boyer (Jacques), moine bénédictin, prieur de St-Maurice et de St-Pierre, son annexe, transige, le 19 avril 1697, avec Gilbert Guyon, Ec., clerc tonsuré, au sujet d'une pension de 600 liv., créée au profit de ce dernier sur ce prieuré, et qu'il réduit à 550 liv. (Arch. Vien., St-Cyprien.)

Boyer (Antoine) était, en 1717, receveur général des finances en Poitou.

Boyer (Jean-Louis), avocat en Parlement, fut reçu procureur du Roi, le 15 avril 1783, en la maîtrise des eaux et forêts de Châtellerault.

Boyer (Laurent) était en 1786 sénéchal du marquisat de Pleumartin.

BOYER (DE). — Famille d'origine étrangère au Poitou, qui possédait la baronnie de St-Loup (D.-S.) au XVIIIe siècle.

Blason : d'azur au faucon d'argent, chaperonné de gueules, posé sur un mont d'argent.

Boyer de Langlade (Louise de), veuve du sgr de Langlade, épousa, le 25 nov. 1685, à Mairé-l'Evescault (D.-S.), François-Théodore Gay, Ec., sgr des Fontenelles ; son frère Jacques, Ec., sgr de la Boissière, assiste à son mariage. Louise testa à Civray le 19 fév. 1717, faisant une fondation en faveur du séminaire de Poitiers, pour payer la pension de 8 jeunes clercs. (Arch. Vienne, Gd Séminaire.)

Boyer (Pierre de), docteur en théologie, assiste, le 28 janv. 1692, au baptême de François Gay, fils des précédents, à Mairé-l'Evescault. (Reg. parois.)

Boyer (Jacques de), curé de la Forêt, est parrain au même lieu, le 2 janv. 1693, de Marie-Anne Gay, fille des précédents. (Id.)

Boyer (Jacques de), Ec., sr de la Boissière, frère de Louise, qui précède, trésorier général des finances de Bretagne, acquit, le 29 oct. 1708, de Louis Lepage, et de Marie-Louise Frouard, son épouse, la terre de St-Loup, pour la somme de 120,000 livres. Il était dès lors marié à Marie Tiraqueau. Par son testament daté du 10 déc. 1710, il légua 20,000 liv. pour fonder à St-Loup un hôpital qui y existe encore, et l'établissement d'un chapelain pour le desservir, et instruire gratuitement les enfants de la paroisse. Jacques était mort avant le 25 juin 1716, laissant de son mariage : 1° Jean-Baptiste-Simon, baron de St-Loup, trésorier des Etats de Bretagne, partageait, le 24 mars 1727, avec ses frères dont les noms suivent et ses sœurs qui nous sont inconnues. Le 13 oct. 1732, il nommait à l'une des huit places de jeunes clercs fondées au séminaire de Poitiers par Mme de Langlade, sa tante (Arch. Vienne, Gd Séminaire), et rendait, le 19 août 1739, hommage de sa terre de St-Loup au Roi en sa chambre des comptes. (G.-G. Bureau des finances.) Il mourut dans les premiers jours de 1767. C'était un bibliophile distingué, et le Catalogue de sa bibliothèque a été imprimé à Paris (Davidis, 1863, in-8°).

2° Philippe-Jacques, sr de St-Georges, Chev. de St-Louis, capitaine aux gardes françaises, épousa Marguerite-Josèphe de Recqnois, dont : *a*. Marie-Eloïse, mariée à Henri-François de Guenet, Chev., sgr de Longemare ; *b*. Charlotte-Louise, mariée, le 11 mai 1768, à Jacques de Constant, Ec., sgr de Paizay-le-Chapt.

3° Louis-Hyacinthe, sgr de Cremille, lieutenant-général des armées du Roi, gouverneur d'Aire, commandant pour le Roi en Artois, grand-croix de l'ordre de St-Louis, fut légataire universel de son frère aîné et devint ainsi sgr de St-Loup, dont il rendait hommage les 15 juil. 1763 et 14 mars 1767, et qu'il avait vendu avant 1770 à Jean de Haran de Borda, fermier général et trésorier des ponts et chaussées.

Boyer (Pierre-Susanne de), Chev. de St-Louis, lieutenant de Roi à Valence, fut, le 26 mai 1750, parrain à Blanzay (Vienne) de Pierre-Susanne-Marie Gay. (Reg. Blanzay.)

BOYER (ou **BOUHER**). — Famille noble qui possédait jadis le fief de Puy-Boyer ou Puy-Bouher (aujourd'hui le Puy-d'Anché, psse de Sauzé-Vaussais).

Boyer de Mairé (Guillaume) fit aveu à Civray, le 8 mai 1403, pour son hébergement « *Recloux de Douhes*. » C'était le Puy-Boyer, qui passa, vers 1450, aux d'Anché, sans doute par un mariage avec l'héritière de Guillaume Boyer.

BOYJORTIÈRE (N...) fut remplacé au ban de 1467 par Mathurin Dubois, qui servit comme homme d'armes du sgr de Bressuire.

BOYN. — V. **BOUIN**.

BOYN, BOIN, BOUIN ou **BOUYN**, en Bas-Poitou.

Boyn (Jean), Ec., sr des Boynières, fit aveu, le 10 avril 1400, pour l'hôtel de la Peyrate à Fontenay, à Marie Chasteigner, De de la Chasteigneraye et du Pastys.

BOYNARD, BOYNART, BOISNARD, etc. — Nom de plusieurs familles.

Boynart (N...), psse de Thénezay ? élect. de St-Maixent, fut taxé en 1467 pour ne pas s'être rendu aux armées, bien que convoqué et qu'il se dît noble. (F.)

Boynard (Claude) était élu à Thouars en 1609.

BOYNE (Jeanne) était, le 31 déc. 1369, De de Vaux (psse de Cloué) et veuve de Antoine Chaceport. (D. F. Abb. de Valence.)

BOYNET ou **BOINET, BOISNET.** — Famille noble et ancienne, établie à Poitiers au xve siècle ; elle a donné à cette ville un maire en 1620 et des échevins. Plusieurs de ses membres ont rempli de hautes fonctions dans les Parlements et au Présidial de Poitiers.

Blason. — Pierre Boynet, échevin de la ville de Poitiers en 1530, portait : « d'argent au taureau de gueules, au chef d'azur. » Ses successeurs ont obtenu la permission de substituer un lion au taureau. Ils portent donc aujourd'hui, selon les ordonnances de maintenue de sept. 1667 : « d'argent au « chef d'azur, au lion rampant de gueules, entrant sur « le chef. » Mais c'est une erreur ; le véritable énoncé est : « d'argent au lion de gueules et au chef d'azur ».

Vertot, dans sa liste des chevaliers de Malte, ajoute que le lion est armé et lampassé d'or, *alias* de sable. D'après la liste des maires de Poitiers, la devise était : « *Oculis vigilantibus erit*. »

Une notice placée dans la liste des maires de Poitiers (fonds Franç. 20084) dit que N... Boynet fut anobli par lettres de 1441. M. de Maupeou, dans ses notes sur le Catalogue des nobles du Poitou, date l'anoblissement des Boynet de 149., par l'échevinage de Poitiers.

La généalogie de la famille insérée dans l'Histoire du Poitou de Thibaudeau est inexacte, pour les 2 premiers degrés formés, dit-on, par 2 Etienne Boynet, dont l'un aurait épousé une Marthe de Luxembourg et l'autre aurait servi sous le connétable de Luxembourg, son cousin germain ! !

Ce qui n'est pas prouvé et n'a guère de vraisemblance.

Le compte du Chapitre de N.-D. de Poitiers au xviiie siècle (O.) porte que M. Boynet de Bernay lui devait une rente sur une maison rue de la Chaîne, constituée par acte du 22 févr. 1443, et par une fondation du 5 févr. 1514 ; mais on ne dit pas si ces titres émanent des Boynet.

Noms isolés.

Boynet (Etienne), sgr de la Périnière (Pougnes, D.-S.), vivait en 147... (Ledain, Gâtine.)

Boynet (Yves) était en 1496 avocat du Roi à la sénéchaussée de Poitiers.

Boynet (Jean-Baptiste), licencié ès lois, vivait en 1499. (Ledain, Gâtine.)

Boynet (Etienne), Ec., sgr de Venours, fondé de

procuration de Jonas de Bessay, Ec., sgr dudit lieu, fit hommage au Roi, le 30 déc. 1611, à Poitiers. (Tit. Bessay. Carrés d'Hozier.)

Boynet (Pierre), sr du Tablet, disputait en 1594 le prieuré de Château-Larcher (Vienne) à Daniel Maltier ; il était encore prieur en 1629. (M. A. O. 1855, 136.)

Boynet (André), sgr de la Vauguyon, et Hilaire PAYROT(PEYRAUD) son épouse, vendent un domaine à un tiers, qui le revendit à Marguerite Deslandes, veuve de Michel Berthon, conseiller à Châtellerault, laquelle, le 23 août 1663, fit ratifier cet acte au greffe de Chiré.

Boynet (Jeanne) était, le 28 juil. 1633, épouse de Jacques Deschamps, Ec., sgr de la Voûte et du fief du Breuil (Marnay, Vienne). (F.)

Boinet (Louise), épouse d'Isaac Gourjault, Chev., sgr de Mauprié, maria Charles son fils, le 14 août 1650, avec Susanne Adam.

Boynet (Florence) était, dès 1651, veuve de René Grellier, Ec., sgr de Robineau ; elle transigea, le 9 juil. même année, au nom de Henri Grellier, son fils mineur.

Boynet (Jeanne) était veuve de Gabriel de Raugot, Ec., sgr de la Guinemoire, en 1667.

Boynet (Jonas), Ec., sgr de Venours (Talmond, Vendée), fut maintenu noble en 1667.

Boynet (Jean), Ec., sgr de Montigny (Dissais, Vienne), épousa Françoise GAILLARD ou JAILLARD ? qui, devenue veuve, se remaria à Jacques de Châteauneuf, Ec., sgr de Pierre-Levée, le 10 sept. 1695. (B. Stat. 5, 113.)

Boynet (Jean), sgr de Montigny, épousa Marie CAILLER, qui, veuve et donataire de son mari, fit un acte, le 20 janv. 1688, avec le Chapitre de N.-Dame de Poitiers, au sujet d'une rente de 6 liv. assise sur Montigny. Elle était due en 1738 par la veuve de M. de la Savinière (Augron).

Boynet (Marie-Anne) était, en 1686, et encore en 1720, supérieure du couvent des tertiaires franciscaines à Mirebeau.

Boynet (Marie-Catherine-Charlotte et Marie-Thérèse, sœurs), Dlles majeures, Des des sgries et haute justice de Jaumont-Tauché (St-Blandine, D.-S.), recevaient, le 21 juil. 1738, un aveu d'Amable de la Fitte, Chev., sgr du Courteil.

§ Ier. — PREMIÈRE BRANCHE.

1. — **Boynet** (N...) fut, d'après une liste manuscrite des maires de Poitiers (Bib. Nat. Franç. 20084), anobli par lettres de 1441. Il eut pour fils :

2. — **Boynet** (Etienne), sr de la Frémaudière-Ecureux (Allonne, D.-S.), fonda, le 22 nov. 1469, une messe quotidienne en l'église de N.-D.-la-Grande; il avait donné, le 3 fév. 1455, aux chapelains et bacheliers de cette église une maison sise à Ligugé. (Arch. Vienne, Chap. N.-Dame.) Marié, vers 1451, à Marie BOYLÈVE, veuve de Gervais Guerry, et fille de N..., lieutenant-général en la sénéchaussée de Poitiers, et de Jeanne Giraud, il en eut : 1° JEAN, qui suit; 2° MARIE.

3. — **Boynet** (Jean), échevin de Poitiers, fut condamné, le 10 juin 1482, par sentence de la sénéchaussée de Poitiers, à payer la moitié de la rente due pour la fondation précitée. Il rendait, le 7 juil. 1496, aveu de la Roquetière (Secondigny, D.-S.) à la Ctesse de Dunois. Il y est qualifié de licencié ès lois. (G.-G. Bur. des finances.) Il s'allia à Huguette ACTON, fille de Nicolas, sgr de Châtillon-sur-Clain, Bornay, etc., lieutenant-général en la sénéchaussée de Poitiers, dont : 1° N..., mariée, vers 1500, à Louis Chappron, sgr des Roches; 2° PIERRE, qui suit; 3° probablement ISABEAU, mariée, vers 1520, à N... de la Coussaye.

4. — **Boynet** (Pierre), Ec., sgr du Pin et de la Frémaudière, échevin de Poitiers en 1530, paraît avoir épousé : 1° Jeanne ROYRAND, et 2° en 1523, Marie GERVAIN, remariée plus tard à N... de la Coussaye. Il eut du 1er lit : 1° ETIENNE, qui partage avec sa belle-mère et ses enfants le 1er avril 1564. (Ce titre fut produit dans la maintenue de noblesse de 1667, pour Jean Boynet de la Foucaudière.) On ne sait pas si cet Etienne eut postérité, mais c'est peu probable; du 2e lit : 2° FRANÇOIS, qui suit; 3° PIERRE (qui, suivant un manuscrit de Gaignères (Fr. 20084) où il est appelé Louis, fut la tige des seigneurs de Venours, établis en Bas-Poitou, maintenus en 1667, en Jonas Boynet, Ec., sr de Venours); 4° ETIENNE, chef de la branche de Fressinet, § III; 5° ANNE, 6° MARIE, 7° HILAIRETTE, qui épousa, le 13 fév. 1558, François de Lauzon. Tous ces enfants, assistés de Marie Gervain, leur mère, transigèrent, le 17 nov. 1542, avec Joachim de la Coussaye, fils d'Isabeau Boynet.

5. — **Boynet** (François), Ec., sgr du Pin, la Frémaudière, rendait, le 12 mars 1580, aveu de la Mosnerie (Secondigny, D.-S.) à Artus de Cossé, Cte de Secondigny. (G.-G. Bur. des finances.) Il épousa Louise CHAUVIN, fille de Charles, sr du Treuil-Portault et des Basses-Vergnes, et de Renée Pidoux, dont il eut : 1° LOUIS, qui suit; 2° JEANNE, qui épousa, le 5 déc. 1584, Jean Flament, Ec., sgr de Lugerat; 3° MADELEINE, mariée à Antoine Prévost, Ec., sgr de Beaulieu ; 4° ANNE, qui épousa, le 8 juil. 1583, Jacques Bonnin, Ec., sgr du Plessis-Asse.

6. — **Boynet** (Louis), Ec., sgr du Pin, la Frémaudière, la Mousnerie, Montsorbier, transige, le 10 mars 1587, avec Renée de Cossé, De de Secondigny. (G.-G., etc.) Il épousa Elisabeth DE CONTOUR, fille de Vital, sgr de Terzé, maître des comptes de Bretagne, et de Louise Le More, dont il eut : 1° FRANÇOIS-AUGUSTIN, qui suit; 2° MARIE, qui épousa, le 4 avril 1606, Philippe de Granges, sgr de Puyguion ; 3° JEAN, sgr de la Frémaudière, conseiller au Présidial de Poitiers, décédé vers 1656. Il avait épousé N... AUGRON, fille de Jacques, sgr de la Saisinière, et de Anne Vexiau.

7. — **Boynet** (François-Augustin), Ec., sgr du Pin, la Frémaudière, épousa (d'après un ancien tableau généalogique), le 27 janv. 1648, Susanne BERNARDEAU, fille de Pierre, avocat au Présidial de Poitiers, et de Marguerite Garipeau, dont il eut : 1° LOUIS-FRANÇOIS, qui suit; 2° MARGUERITE, Dlle; 3° MARIE-SUSANNE, qui épousa Philippe Reveau, Ec., sgr de Saint-Varant.

8. — **Boynet** (Louis-François), Chev., sgr du Pin et de la Frémaudière, épousa, le 7 juin 1670, Anne BOYNET, fille unique et héritière d'Etienne, Ec., sgr de Fressinet et de Pontegon, conseiller au Présidial de Poitiers, et de Charlotte Thomas; duquel mariage sont issus : 1° ETIENNE-FRANÇOIS, qui suit; 2° CHARLES-ANTOINE, qui embrassa l'état ecclésiastique, et était connu sous le nom de l'abbé de la Frémaudière, vivait en 1715 ; 3° MARIE-RENÉE, née le 11 mai 1678, reçue à St-Cyr en 1688, après avoir prouvé sa noblesse depuis Jean Boynet (3e degré).

9. — **Boynet** (Etienne-François), Chev., sgr de la Frémaudière et du Pin, marié, le 21 mars 1704, à Marie-Lucrèce DE LA MIRE, fille de Gabriel, Chev., sgr de la Mothe-Séguier, etc., ancien mousquetaire et commandant à Pignerol. Il rendit, le 20 août 1736, hommage au château de Civray de la sgrie du Crochet (St-Maurice en Gençay, Vienne), et du fief de Puy-Félix. De ce

mariage sont issus : 1° RENÉ-AUGUSTIN, qui suit ; 2° ANTOINE-FRANÇOIS, né en 1709, Chev., sgr du Pin, fit partie du ban des nobles du Poitou convoqué en 1758, et y servit dans la 4e brigade de l'escadron de Boisragon. Il épousa, le 14 fév. 1736, Marie-Anne-Françoise VENAULT, fille de Pierre-Albert, et de Marie-Anne Bonhet. Sont issus : *a*. ETIENNE-FRANÇOIS-ALBERT, né le 12 mars 1737 ; *b*. PIERRE-LUCRÈCE, né le 30 mars 1739 ; *c*. LOUIS-HONORÉ, mort enfant ; *d*. MARIE-LUCRÈCE, née le 24 nov. 1741, épousa Charles de Béchillon, Ec., sgr de l'Epinoux, le 21 juil. 1763, et mourut le 28 juin 1779 ; et enfin *e*. MARIE-EUGÉNIE, née le 9 août 1747. Antoine-François se remaria, le 4 juil. 1768, à Julie DE LA LANDE DE LA RICHE, fille de Jean-Marie, et de Marie Orré, et est décédé le 28 juin 1779.

3° MARIE-LUCRÈCE, qui épousa, le 28 nov. 1737 (Lomdé et Duchastenier, notres à Poitiers), Pierre-Jean de la Porte, Ec., sgr des Vaux (St-Julien-l'Ars, Vienne).

10. — **Boynet** (René-Augustin), Chev., sgr de la Frémaudière, de la Plaine, de la Fouchellerie, etc., né en 1709, fut lieutenant au régiment du Roi-Infanterie, s'est trouvé au ban de 1758, et a servi dans la 4e brigade de l'escadron de Boisragon ; décédé le 1er août 1788, âgé de 79 ans ; il était, lors de son décès, époux de Louise QUERAULT, sa seconde femme. Il avait eu de Marie-Marguerite REVEAU DE SAINT-VARANT, fille de Philippe-René, Chev., sgr de St-Varant, qu'il avait épousée le 28 nov. 1737, à St-Julien-l'Ars : 1° MARIE-LOUISE, née le 1er oct. 1738, morte le 29 mai 1819, religieuse aux Filles-de-Notre-Dame ; 2° LOUIS-AUGUSTIN, né le 2 janv. 1742, dit l'abbé de la Frémaudière, chanoine de St-Hilaire, puis vicaire général de l'évêque de Perpignan ; 3° MARIE-FRANÇOISE, née le 14 juin 1743 ; 4° JOSEPH, qui suit ; 5° PAUL, dit le Chevalier Boynet, rapporté § II.

11. — **Boynet** (Joseph), Chev., sgr de Villeneuve et de St-Julien-l'Ars, né en 1745, épousa en premières noces, le 21 fév. 1775, Rose CATHINEAU, fille de feu Charles-François, Chev., sgr du Verger, et de feu Marguerite Briçonnet, dont il eut plusieurs enfants décédés jeunes. Il se maria en 2es noces, en 1804, à Dlle N... D'ASSAS. Il avait eu du 1er lit : 1° RENÉ, qui émigra en 1791, servit à l'armée de Condé où il fut blessé le 2 déc. 1793 ; 2° LOUIS-AUGUSTIN, décédé en 1798 à 22 ans ; 3° LOUISE-MARIE, née à St-Julien-l'Ars, le 4 mai 1772 ; du 2e lit vint AUGUSTE, qui suit.

12. — **Boynet** (Auguste), docteur-médecin, marié : 1° à N... DU AUTHIER DE LAMBERTYE, dont deux filles ; 2° à N... PIGNOUX, dont trois enfants.

Boynet de la Frémaudière (Anne-Marie-Pierre-Jean-Charles-Armand), que l'on nous dit dernier représentant de cette branche, a épousé, le 28 sept. 1886, à Nantes, Marie-Thérèse LE GOUAIS. (N. Poulard du Palais.)

§ II. — DEUXIÈME BRANCHE DE LA FRÉMAUDIÈRE.

11. — **Boynet** (Paul), dit le Chevalier de la Frémaudière, né le 26 juin 1750, officier au régiment provincial du Poitou, émigra et fit la campagne de 1792 dans l'armée des Princes, dans une compagnie à cheval du Poitou, et mourut en Angleterre vers 1798. Il avait épousé, le 14 oct. 1789 (Marigny-Brizay, Vienne), Flore DE LA LANDE, fille de feu René-Marie, Chev., et de Marie-Marguerite-Michelle-Julie Chevalleau de Boisragon, dont un fils unique, qui suit.

12. — **Boynet** (Frédéric-Pierre de) fut baptisé le 10 juil. 1792 (Marigny-Brizay), marié à Niort, en sept. 1813, avec Jenny BOUCHET DE GRANDMAY, fille de Jacques-Jean-Baptiste, et de Jeanne-Françoise Le Roux, dont : 1° PIERRE-MARIE-DÉSIRÉ-STÉPHANE, qui suit ; 2° JENNY, née en 1827, religieuse au Sacré-Cœur de Poitiers, décédée en 1865 ; 3° GABRIELLE, née en 1828, épousa, le 29 sept. 1851, Henri Libault de la Chevasnerie.

13. — **Boynet** (Pierre-Marie-Désiré-Stéphane de) épousa à Nantes, le 15 avril 1852, Marie-Hermine-Camille-Armelle DE SAINT-PERN, fille de Jean-Louis-Bertrand, Cte de Saint-Pern, et de Marie-Camille-Albertine de Cornulier. Il est mort à Poitiers sans laisser de postérité ; en lui s'éteignit la descendance masculine de la famille de Boynet.

Mme de Boynet, devenue veuve, est entrée, en 1865, dans l'Ordre des Dames Auxiliatrices des âmes du Purgatoire ; elle existait encore en 1886.

§ III. — BRANCHE DE FRESSINET.

5. — **Boynet** (Etienne), Ec., sgr de Fressinet, du Plessis, d'Ayron (fils puîné de Pierre, et de Marie Gervain, 4e deg., § I), fut nommé, le 9 avril 1567, par Madeleine de Bourbon, abbesse de Ste-Croix, sénéchal des terres de l'abb. sises près Poitiers à Vasles et St-Philbert (Arch. Vien. Ste-Croix) ; conseiller au Présidial de Poitiers vers 1573, et ensuite conseiller au grand conseil, au moins avant 1576 ; il épousa, le 2 juin 1561 (Gervais et Courtaud, notres), Renée D'ELDENNE, fille de Guillaume, sr de Fressinet, dont il eut : 1° CHARLES, Ec., sgr du Plessis-Fressinet, qui était conseiller au grand conseil en 1594, fut en 1618 président au Présidial de Poitiers, et conseiller honoraire au grand conseil ; il fut maire de cette ville en 1620, échevin en 1623, et mourut en 1632. Le 19 déc. il avait légué aux chapelains du Chapitre de N.-D.-la-Grande une rente de 25 liv. (Arch. Vien. Chap. N.-D.) Il eut de Vigile RAT, sa femme, morte en 1628, JEANNE, mariée à Pierre Mouraült de la Vacherie, conseiller d'État et maître des requêtes de l'hôtel du Roi.

2° FRANÇOIS, qui suit ; 3° ETIENNE, Chev., sgr de Pontegon, gentilhomme de la chambre du Roi, fut Chev. de l'Ordre de N.-D. du Mont-Carmel (ailleurs, on dit par erreur Ordre de St-Jean) en 1593. Les gentilshommes entendus lorsqu'il fit les preuves requises pour entrer dans l'Ordre, déposèrent que la famille Boynet était d'ancienne noblesse ; qu'ils avaient porté les armes comme vrais gentilshommes de nom et d'armes aux convocations de bans et arrière-bans, et qu'ils avaient ordinairement en leurs maisons chiens, chevaux et oiseaux. (Nous avons vu à l'article Bessac que la possession de ces animaux était un privilège de la noblesse à cette époque.) Il épousa, vers 1600, Marguerite DE BIDERAN, De de la Duché, à Ligugé, fille de René, sgr de St-Martin, avocat à Poitiers.

Dom Mazet, dans ses manuscrits, a conservé une épitaphe qui se trouvait dans l'église des Carmes de Poitiers, mais dont la date était effacée : « Ci-gist, Mre Etienne Boynet, Chev. des Ordres de N.-D. du Mont-Carmel et St-Lazare, sgr de Pont-Hegon et de la Frémaudière, qui décéda le..... »

4° LOUIS, abbé de St-Benoît de Quinçay près Poitiers, en 1599, l'était encore en 1620 ; 5° JEAN, auteur de la branche des sgrs de Bernay, rappelée au § IV ; 6° FRANÇOISE, mariée à N... Claveurier, sgr de la Rousselière ; 7° RENÉE, mariée à Daniel de Bosquevert le 2 mars 1598 (Morineau et Bourneuf, not. à Poitiers).

6. — **Boynet** (François), Ec., sgr de Frossinet, et de Pontegon, était conseiller au Présidial en 1605; il épousa, le 12 mai 1605, Catherine BERLAND, dont il eut : 1° ETIENNE, sgr de Frossinet, conseiller au Présidial, qui épousa, le 21 déc. 1643, Charlotte THOMAS, fille du s^{r} de Boismorin, trésorier de France à Poitiers; il eut pour fille unique ANNE, qui épousa, le 7 juin 1670, Louis Boynet, Ec., sgr du Pin.

2° RENÉE, mariée, le 13 juil. 1628, à Philippe Peyraud, Ec., s^{r} de la Chèze; 3° JEAN, qui suit.

7. — **Boynet** (Jean), Ec., s^{r} de la Foucaudière, conseiller au Présidial, épousa, le 14 juin 1644, Elisabeth LE MAYE, et en 2es noces Marie GREFFIER. Il eut du 1er lit JEAN, qui était mineur en 1667, fut maintenu noble par Barentin.

§ IV. — BRANCHE DE **BERNAY**.

6. — **Boynet** (Jean), Ec., fils puîné d'Etienne, et de Renée d'Elbonne (5° deg. du § III), épousa, le 28 juin 1599, Louise BOURDIN, fille de Gilles, s^{r} de l'Abbaye, et de Jeanne de Quisistre. Nous pensons que ce fut lui qui fut fondateur d'une chapelle dans la p^{sse} de Marnay, et qui nomma, en 1588, à la chapelle de Martizay, dans la même église, dont les Boynet étaient également collateurs. De son mariage est issu :

7. — **Boynet** (Charles), Ec., sgr de la Touche-Frossinet et des Basses-Vergnes, se maria, le 24 août 1626, à Marguerite MORELON, fille de Jean, sgr de la Renaudière, conseiller au Parlement de Rennes, et de Jeanne Rat. Il se réunit à Poitiers, en 1651, aux autres nobles de la province, pour nommer des députés aux Etats de Tours. Il eut pour fils :

8. — **Boynet** (François), Ec., sgr de la Touche-Frossinet (Marnay), qui épousa, le 27 nov. 1666, Renée-Marie DE BRILHAC DE NOUZIÈRES, fille de René, et de Geneviève Dupré. Il fut maintenu noble en 1667 par Barentin, conjointement avec ses cousins. Il eut pour enfants : 1° CLAUDE-FRANÇOIS, qui suit; 2° JEAN-ETIENNE, reçu Chev. de Malte en 1679; et probablement 3° CLAUDE-JOSEPH-MARIE, Chev. de Malte en 1699, et peut-être CHARLES-ANTOINE, qui fut inhumé à Marigny-Brizay, le 19 oct. 1746, âgé de 70 ans; malgré son âge, il n'est qualifié dans son acte de décès que tonsuré-clerc.

9. — **Boynet** (Claude-François), Chev., sgr de Bernay et autres lieux, épousa, le 3 nov. 1696, Antoinette RIGUET, fille du trésorier de France; elle était sa veuve le 21 fév. 1756; il en eut : 1° PIERRE-ANTOINE-FRANÇOIS, Chev., sgr d'Iteuil, la Vergne, la Touche et autres lieux, Chev. de St-Louis, lieutenant-colonel du régiment de la Reine-Cavalerie, marié, le 10 fév. 1750, à Hélène-Alexandrine MOREAU, fille de François, conseiller d'Etat, etc., et procureur du Roi au Châtelet de Paris, décédé sans postérité; 2° CLAUDE-PHILIPPE-MARIE, Chev., sgr de Bernay, Aigne, la Touche, le Gué, Beroute, Lussay, etc., ancien officier aux gardes françaises, et Chev. de St-Louis, avait fait partie du ban de 1758, et mourut à St-Maixent au mois de nov. 1785, sans laisser de postérité de ses deux femmes, qui étaient : 1° Renée-Françoise CLÉMENT, fille de Jean-François, Ec., sgr de la Boistrie, veuve de Jean-Gabriel Levesque, Ec., sgr de Boisgrollier; et 2° Françoise-Gabrielle-Olive DE GOURJAULT, fille de Alexandre, Chev., sgr d'Angle, et de Olive-Elisabeth de Gourjault.

BOYS. — V. DU **BOIS** ET **DUBOYS**.

BOZER. — V. **BOYER**.

Bozer (Jehan), clerc, bourgeois de Poitiers, était garde du scel de la cour de cette ville le 12 déc. 1400. (F.)

Bozer (Guillaume), habitant Mairé-l'Evescault, rend aveu au Roi, le 14 mai 1403, pour un herbergement fermé de douves (Lorigné, D.-S.), qu'il tient du chef de HAQUINE, sa femme.

BOXIER (Robert), chanoine de l'Eglise de Poitiers, fut témoin d'une donation faite, au mois de juin 1220, au Chapitre de N.-Dame-la-Grande de Poitiers par Guillaume de Airaon (Ayron), Chev., sur sa terre d'Ambrette.

BOXON. — V. **BOËXON**.

BRACH (DE). — Famille du Bordelais, qui pourrait avoir pris son nom du bourg de Brach, chef-lieu d'une commune du canton de Castelnau (Gironde). On trouve aux archives de ce département une reconnaissance consentie en 1438 par Pey et Arnaud de Brach, paroissiens de Moulis, en faveur de Jean de Foix, sgr de Castelnau (le bourg de Moulis est très près de celui de Brach).

Blason : d'azur à une bande d'or accompagnée de deux losanges d'argent, un en chef et l'autre en pointe.

Noms isolés.

Brach (Bernard de), damoiseau de la ville de Beaulieu, eut une fille, RICHARDE, mariée en 1388 à Etienne de L'Estrade l'aîné, damoiseau, sgr d'Agde. C'est la première fois que l'on trouve ce nom mentionné dans les chartes. Parmi les personnages de ce nom qui existaient au XVe siècle :

Brachium (*Petrus*), auteur d'un *Repertorium juris canonici*, qui vivait, dit Brunet, en 1411.

Brach (Catherine de), épouse de Pierre Guerry, s^{r} du Vigier, docteur-médecin, fut héritière de Jean Coullaud, sgr du Vignaud, et possédait fief à Sauzé-Vaussais, le 4 fév. 1786. (Fonds Marchegay, XI, 118.)

Filiation suivie.

Nous commencerons cette filiation avec M. A. Communay, ancien président de la Société des Archives historiques de la Gironde, à :

1. — **Brach** (Bernard de), reçu procureur au Parlement de Bordeaux en 1534, exerçait encore ces fonctions en 1559. Il laissa de N..., sa femme : 1° PIERRE, qui suit; 2° autre PIERRE, prêtre et chanoine de Condom; 3° CATHERINE, mariée à Fronton du Vergier, Ec., avocat au Parlement de Bordeaux; 4° N..., dite Mlle de Badisse; 5° JEANNE, mariée à Simon de St-Sevet, avocat à la cour de Bordeaux.

2. — **Brach** (Pierre de), s^{r} de la Mothe-Montussan, naquit le 22 sept. 1547, et mourut avant 1609. Pierre de Brach fut un poète remarquable et remarqué de l'Ecole de Ronsard; ses œuvres, précédées d'une notice sur sa vie, ont été publiées dans ces derniers temps par M. Reinhold Dézeimeris, bibliothécaire de la ville de Bordeaux (Paris, Aubry, 1862). Pierre de Brach avait épousé, le 17 fév. 1572, Anne DE PEROT, dont : 1° JACQUES, né le 11 juil. 1574, chanoine et prévôt de

l'Eglise de Condom, mort avant 1619 ; 2° François, qui suit ; 3° autre François, né le 15 déc. 1576, fut curé de St-Loubès et chanoine de St-André de Bordeaux ; 4° Pierre, mort enfant ; 5° François-Louis, Ec., sgr de Foucherceau, célibataire en 1619 ; 6° Marie, née le 28 mars 1578, mariée, en 1593, à Jean du Prat, bourgeois de Bordeaux, et 5 autres enfants morts jeunes ou restés célibataires.

3. — **Brach** (François de), s^r^ de la Mothe-Montussan, naquit le 16 juil. 1575, est dit en 1600 avocat au Parlement de Bordeaux, fut taxé pour le service des ban et arrière-ban (quittance du 10 déc. 1616), testa le 7 sept. 1639 ; avait épousé, le 1er oct. 1600, Marie de Léotard, fille de Paillard, bourgeois de Bordeaux, et de Anne du Faur. Il eut : 1° François-Louis, qui suit ; 2° Jean, 3° François, 4° Jeanne, mentionnés dans le testament de leur père.

4. — **Brach** (François-Louis de), Ec., sgr de la Mothe-Montussan, avocat au Parlement de Bordeaux, fut confirmé dans sa noblesse le 15 oct. 1666 et fit la déclaration de ses armoiries, puis encore le 16 sept. 1697, par M. de Bezons, intendant. Il testa à Bordeaux, le 17 sept. 1699, et mourut peu après, s'étant marié d'abord à Marie de Boucaud, qui mourut sans lui donner d'enfants ; puis, le 11 juin 1653, à Marie de Lootins, fille de Joosec, bourgeois de Bordeaux, d'une famille originaire de Flandres, et de Marie Vaudenborg, son épouse, mère de Jean de Lootins, échevin et trésorier de la ville de Bruges. Ils eurent un grand nombre d'enfants (dix), dont nous ne retiendrons que François-Louis, les autres restés en Bordelais étant étrangers à notre province.

5. — **Brach** (François-Louis de), sgr d'Esnandes (Charente-Inf^re^), le cinquième enfant des précédents, naquit à Bordeaux le 28 mai 1668, fut lieutenant de vaisseau, Chev. de St-Louis et gouverneur de la Martinique ; se maria à Rochefort, le 19 nov. 1717, avec Marie-Thérèse Boutou de la Baugissière, veuve de Michel Briçonnet, Chev., sgr des Grollets, lieutenant de vaisseau, et fille de Maximilien Boutou, Ec., sgr de la Baugissière. Il est mort le 24 sept. 1737, laissant : 1° Jean-François-Louis, qui suit ; 2° François, né à Rochefort le 5 août 1720, fut Chev. de St-Louis et lieutenant-colonel commandant les troupes de la marine au port de Rochefort ; il est mort à Cadix en oct. 1780, commandant *le Magnifique*, de 74 canons, de l'escadre de M. de Guichen. Il avait épousé Susanne-Marguerite Berthelin de Monbrun, fille de Joseph, et de Marie-Charlotte Harpedanne de Belleville ; 3° Renée-Justine, ou Renée-Fortunée, épousa, le 6 déc. 1756, Gilbert Guillouet d'Orvilliers, Chev. de St-Louis, gouverneur de Cayenne, etc., dont elle était veuve le 21 janv. 1765 ; 4° Marie-Anne-Louise, qui, le 4 sept. 1758, était mariée à Hippolyte-Bernard Bidé de Maurville, Chev., sgr de la Fusselière, Chev. de St-Louis, chef d'escadre commandant de la marine à Rochefort ; 5° Guy-Bertille, mariée à Rochefort, le 22 sept. 1755 (Tayeau l'aîné, not^re^), à Louis Antonin Heron, enseigne de vaisseau ; 6° Julie-Thérésa, née à Rochefort, le 7 août 1723, dont nous ne connaissons que le nom.

6. — **Brach** (Jean-François-Louis de), Chev., sgr d'Esnandes et des Moullières (St-Pompain, D.-S.), (terre qu'il acquit, le 14 juil. 1764, de Philippe-Louis Thibault de Sennecterre, Mis de la Ferté) lieutenant de vaisseau et Chev. de St-Louis, naquit à Rochefort, le 28 juil. 1718, et se maria, le 4 sept. 1758, à la Martinique, à Catherine-Eulalie Gaigneron des Vallons, fille de feu Roger, officier de cavalerie, et de Marie Papin ; il est mort à Niort, âgé de 74 ans, le 13 avril 1793. Leurs enfants furent : 1° Jean-Marie-Charles, né le 13 avril 1767, garde-marine, puis lieutenant au régiment de Beauvoisis-Infanterie, mourut célibataire en 1796 ; 2° Marc, qui suit ; 3° Marie-Eulalie, mariée, le 17 fév. 1784, à Benjamin-Louis-Charles Brochard de la Rochebrochard.

7. — **Brach** (Marc de) naquit aux Moullières le 24 sept. 1769, épousa, le 1er juil. 1810, Hélène Quirit de Coulaine, dont : 1° Nancy, religieuse du Sacré-Cœur ; 2° Marc-Gustave, qui suit ; 3° Louise-Hélène, mariée à Marie-Théophile de Pichon.

8. — **Brach** (Marc-Gustave de) naquit le 5 mars 1814. Il épousa, le 8 déc. 1835, Marie-Clémentine-Eléonore de Jourdain de Villiers, fille de Charles-Philippe, et de Julie-Eléonore Dubois de St-Mandé. Ils ont eu : 1° Marie-Berthe, née le 6 sept. 1836, et 2° Alix, morte enfant ; 3° Marie-Eléonore, femme du Cte Pierre-Emmanuel Emé de Marcieu ; 4° François Raoul, qui suit.

9. — **Brach** (François-Raoul de), né aux Moullières, le 2 mars 1839, épousa, à la Beuvrière (St-Hilaire-de-Coust, Cher), le 5 oct. 1869, Marie-Alice de Monspey, fille du Cte Anselme-Louis-Richard-Fidèle de Monspey, et de Louise-Léa de Beaucorps-Créqui, dont Marie-Pierre-Gustave, né le 12 juil. 1870, à la Beuvrière.

BRACHAIN (de). — Famille noble du Bas-Poitou, qui paraît s'être éteinte au xve siècle.

Le château de Brachain (près la Châteigneraye, Vendée) appartenait, à la fin du xviiie siècle, à une branche des Baudry d'Asson.

Brachain (N... de), appelée Braschy dans St-Allais (général. Prévost), épousa, vers 1450, Etienne Prévost, Ec. (qui était fils puîné de Jean Prévost, Ec., s^r^ de la Fenestre, des sgrs de la Boutetière).

BRACHECHIEN (de). — Famille noble et très ancienne du Bas-Poitou, éteinte au xviie siècle.

Blason : de sable au lion d'argent couronné et lampassé d'or (Bar.) ; — d'argent au lion de gueules, armé, lampassé, couronné d'or. (Reg. de Malte.)

Brachechien (Renaud de), valet, rendit, en 1300, un hommage au sgr de la Châteigneraye. Présent, Guillaume de Pellevoisin, valet. (Duchesne, Histoire des Chasteigners, Preuves, 8.)

Brachechien (Jean de) avait épousé Jeanne de Puyguyon ; son nom se trouve rapporté dans le testament du 11 déc. 1362 de Jean Toucheteau, Chev. (D. F.)

Brachechien (Pierre de), valet, sgr de Brachechien, possédait conjointement avec Liette Vigier, sa femme, le 15 déc. 1407, une rente sur le bois des Noulies (les Aubiers, D.-S.).

Brachechien (Louis de), Ec., était, en 1430, sgr de la Poupardière en St-Marsault. (H^re^ Bressuire, 239.) Serait-ce le même qui combat en 1444 contre Jean Moreau, lequel labourait avec un de ses valets un champ qui appartenait audit écuyer (A. Nat. J. Reg. 177, 19), et qui rendait un aveu au sgr de Lesmantruère, pour sa sgrie de la Baudouinière, le 30 août 1452 ? On trouve encore un Louis de Brachechien, Ec., sgr dudit lieu, qui est dit époux de Jehanne Boussironne (Boussiron), vers la même époque.

Brachechien (Gilles et Guillaume de) ont l'un et l'autre servi comme brigandiniers du sgr de Bressuire, au ban de 1467. (F.)

Brachechien (Jacques de) est relaté dans le

récit d'un combat entre Jean et Jacques Coulon, gentilshommes du Poitou, dans lequel Jacques Coulon est tué, 1444. (A. Nat. J. Reg. 195, 1453.)

Brachechien (Loys de), mandataire d'Artus de Gouffier, paie à François Bourdin la somme de 120 écus d'or, le 3 mars 1480. Il servit en brigandinier à l'arrière-ban du Poitou en 1488. En 1489, il fut désigné pour la garde du château de la Forêt-sur-Sèvre, et en 1491 il fit le service en archer. Il est dit habiter la sgrie de Bressuire.

Brachechien (Gilles de), sgr de Réaumais ? habitant la terre de Bressuire, a fait aux bans de 1488 et de 1491 le service d'archer ; épousa Marguerite Blanchard.

Brachechien (Philippe ou Philippot de) a servi comme archer au même ban de 1491, en remplacement d'Antoine de Vandel, sr de l'Ebaupinaye, de la châtellenie d'Argenton. (Id.)

Brachechien (Antoine de), sgr du Puy-au-Maître, épousa Antoinette Pizon ; il transigeait le 10 fév. 1505 ; père de Léon et autres enfants.

Brachechien (Léon de), Ec., sr de Puy-au-Maître, épousa Anne de Nouzillé, qui fit une vente, le 5 juil. 1535, de domaines à la Brioude (Germon, D.-S.), à François Faudry ; ils eurent pour fille Guyonne, mariée à Nicolas Claveurier, Ec., sgr de la Tour.

Brachechien (Pierre de), Ec., épousa, par contrat du 25 mai 1549, Renée Thomasset, fille de Gilles, Ec , et de Marie Febvre.

Brachechien (Guyonne de) était en 1555 et encore le 10 juin 1573 femme de Pierre du Teil, Ec., sgr du Fresne, l'un des 100 gentilshommes de la maison du Roi. (Ledain, Gâtine.)

Brachechien (Gabrielle de) était, dès 1555, veuve en premières noces de François Rouhault, Ec., sgr de Muflet, et remariée à Michel Tiraqueau, sénéchal de Fontenay. Elle vivait encore en 1565, et était morte avant le 22 oct. 1608, époque où sa succession était ouverte.

Brachechien (Jacques de), Ec., sgr de Maché, Landebaudière, etc., est nommé dans un dénombrement rendu, le 9 juin 1575, au sgr de Bressuire par Charles du Vergier, Ec., sgr de Mazières.

Brachechien (Pierre de), Ec., sgr de la Chevallerie et de Barroux, et Catherine Fourestier, sa femme, payent des lods et ventes à Georges Ogeron, avocat fiscal de Thouars, sgr du Petit-Moyré, le 10 janv. 1583, et le 10 sept. 1604 ils rendent aveu au chât. d'Airvau pour l'hôtel des Isamberts, sis au bourg d'Availles-sur-Thouet. Pierre était mort avant le 10 juil. 1611, car, à cette date, Catherine Fourestier, sa femme, est dite veuve et tutrice de leurs enfants mineurs. Il paraît avoir eu une fille aînée, mariée à François Serin, Ec., sgr de la Cordinière et de Barrou, qui fit aveu à Glenay, le 29 mars 1605.

Brachechien (Guyonne de), épouse de René Chauvin, Ec. sgr de Chours ; le 7 fév. 1603, ils vendent la métairie de la Landebaudière à Olivier Richeteau ; ils vivaient encore en 1612.

Brachechien (René de), Ec., sgr de la Jaule, était en 1610 époux de Catherine Louet.

Brachechien (Charles de) assistait au contrat de mariage de Jacques de Robineau, Chev., et de Gabrielle de Chasteigner, passé le 3 fév. 1624. (Duchesne.)

Brachechien (Gabrielle de) était, le 23 mars 1630, femme de Pierre Poitevin, Ec., sgr de la Foubouchère et de Barrou. (Mst d'Airvau.)

Brachechien (René de), Chev., sgr du Pin, assiste en qualité de cousin germain du futur au contrat de mariage de Vincent Bouhier, Chev., sgr de la Roche-Guillaume, et de Françoise de Launay, le 12 janv. 1632. Il épousa : 1° Renée Méauce, 2° Cécile de Morais.

Brachechien (Marie de), fille du 1er lit ; épousa, le 15 oct. 1640 (Gouin et Saunier, notres à Beaulieu), Julien Aymon, Chev., sgr des Forges ; dans ce contrat de mariage, il est dit que les enfants qui naîtront de ce mariage porteront le nom de Brachechien. Elle était morte le 6 mars 1657, date du second mariage de J. Aymon.

Brachechien (Pierre de), Ec., avait épousé dans la première moitié du XVe s., Marguerite Mauclerc, fille de Geoffroy, valet, et de Philippe Favereau. (Gle Mauclerc.)

Brachechien (René de), sgr de Pimmassé, demeurant psse du Martinet, et

Brachechien (Renée), De de la Vergne, demeurant psse d'Aizenay, l'un et l'autre de l'élect. des Sables-d'Olonne (Vend.), furent maintenus dans leur noblesse par ordonnance du 24 sept. 1667.

BRACHET. — Moréri, d'après La Chenaye des Bois, a confondu la famille qui nous occupe, qui est originaire de la Marche, avec une autre du même nom qui est originaire de Blois, et qui s'est répandue dans l'Orléanais. Nous trouvons dès le XIIIe s° des personnages de ce nom relatés dans des chartes poitevines. Nous ne parlerons que de la branche des sgrs de Pérusse, qui par ses possessions se rattachait à notre province.

Blason : d'azur à 2 chiens braques d'argent ; quelquefois on les dit couchés, à tort. — La Vraie Science des armoiries dit : d'azur à 3 chiens braques d'argent couchés, posés 2 et 1.

Noms isolés.

Brachet (*Willelmus et Johannes*) sont relatés dans un accord passé en 1223 entre Raérius, abbé de Nouaillé, et quelques particuliers, au sujet de certaines dîmes. (D. F. 22, A. H. P. 3.)

Brachet (Jean), prévôt de Guillaume de Lezay, transige en 1240 avec le prieur de Fleuré, au sujet du péage de Roguec. (D. F.)

Brachet (*Willelmus*), *homo ligius comitis Pictavensis et tenet ab eo medietatem terre de Peirac pro indiviso*, 1253. (A. Nat. J. Reg. 24, f° 55.) Il fit aveu à Angle en 1276, pour les Breux.

Brachet (*Aymericus*) *habet x sextaria frumenti in ballia Ste Flavie de quibus facit homagium episcopo planum ad una calcaria deaurata de tercio anno in tercium annum*, vers 1270. (A. H. P. 10.)

Brachet (Simon) avait vendu, avant le 6 juil. 1294, aux moines de Montierneuf les dîmes qu'il possédait dans la paroisse de Chiré (Vien.). (D. F. 19.)

Brachet (Guillaume) vivait avant 1300, comme il ressort de plusieurs passages du Cart. de l'évêché de Poitiers. (Grand-Gauthier.) On y voit qu'il avait vendu à Hélie d'Angle un fief qu'il avait à St-Savin, et qu'il possédait encore le fief du Breuil, relevant de la Bnie d'Angle. (A. H. P. 10.)

§ Ier. — Branche de **Perusse**.

1. — **Brachet** (Aimery dit Mérigot), sgr du Monteil, épousa Marguerite de la Porte, veuve de

Hugues de la Celle, dont elle avait eu une fille, Catherine, à laquelle Aimery donna, en la mariant à Hélie de Neuville, le 14 juil. 1399, la terre d'Oradour et tout ce qui lui revenait dans la succession de Marguerite sa mère. De son mariage est issu :

2. — **Brachet** (Jean), Chev., sgr de Pérusse (p^{sse} St-Dizier près Bourganeuf), Montagu, la Faye, etc., épousa vers 1400 Marie DE VENDÔME, parente de Catherine de Vendôme, femme de Jean de Bourbon Cte de la Marche, qui, pour reconnaître les services que Jean Brachet, qu'il appelait « son très cher et amé cousin », avait rendus à la couronne, lui accorda le droit d'obliger les habitants de certains villages à faire guet et garde à son château de Montaigu. Ils eurent : 1° JACQUES, qui suit ; et 2° CATHERINE, mariée, le 3 nov. 1436, à Jean Poton de Xaintrailles, puis en 1463 à Jean de Stuert, Chev., sgr de la Barde, sénéchal du Limousin.

3. — **Brachet** (Jacques), sgr de Pérusse, Salaignac, etc... Charles VII, par lettre des 23 mars 1428 et 26 mars 1436, donna audit Jacques, qu'il qualifie de son « féal et amé conseiller et chambellan », et à sa mère, alors veuve, le droit de faire édifier une forteresse à Salaignac. Il épousa Marie DE SULLY, dont : 1° GILBERT, qui suit ; 2° MATHELIN, rapporté § IV ; 3° CATHERINE, qui, d'après Nadaud, épousa le 9 juil. 1439, Jean de Crevant, Chev., sgr de Bauché, et mourut en 1449 ; 4° GILLET, 5° JEAN, 6° JEANNE, 7° HUGUETTE, tous mentionnés en 1433 comme enfants mineurs de Jacques et de Marie de Sully, décédés, et ayant comme tutrice Marie de Vendôme leur aïeule.

4. — **Brachet** (Gilbert), Chev., sgr de Pérusse et Bon de Magnac, recevait, le 24 mars 1446, un hommage de Foucault de Chamborant, pour partie de sa terre de Droux, et un autre le 12 fév. 1421 de Ithier de la Couldre, Chev., sgr dudit lieu. Lui et son frère Mathelin servirent en 1461 sous les ordres du maréchal de Xaintrailles, leur beau-frère. Le 31 janv. 1458, noble et puissant Gilbert Brachet, Chev., Bon de Magnac, faisait donation à Jacques de Chamborant, damoiseau, sgr de Droux, en reconnaissance des honorables soins, amitiés, services et bienfaits à lui rendus ». Il laissa de Marie DE TOURZEL, fille de Yves B^{on} d'Allègre, et de Marguerite d'Apcher, qu'il avait épousée le 28 mai 1448, GILLES, qui suit, et d'autres enfants.

5. — **Brachet** (Gilles), sgr de Pérusse, Montaigu, etc., marié à Charlotte DE TRANCHELION, eut pour enfants : 1° JEAN, qui suit ; 2° JEANNE, mariée en 1508 à François du Bois, sgr de Chabanet ; 3° GUY, rapporté § II.

6. — **Brachet** (Jean), sgr de Pérusse, Montaigu, etc., marié, le 13 juil. 1502, à Jeanne DE BLANCHEFORT, fille de Jean, sgr de St-Clément, et de Andrée de Norrois, dont il eut : 1° CLAUDE, Bon de Magnac, terre qui fut saisie sur lui et vendue par décret, le 12 mai 1545. Il eut postérité de Anne DE CONIGHAM, fille de Pierre, Chev., sgr de Cangé, et de Charlotte de Bohier, qu'il avait épousée le 15 mars 1534 ; 2° CLAUDINE, mariée à Jean du Fraigne.

§ II. — DEUXIÈME BRANCHE DE PÉRUSSE.

6. — **Brachet** (Guy), Chev., sgr de Pérusse, servit en homme d'armes au ban des nobles du Poitou de 1533, comme habitant dans le ressort de Montmorillon. (F.) Il s'était marié, avant le 4 janv. 1517, à Catherine D'AUBUSSON, fille de Jacques, sgr de la Borne, dont : 1° JEAN, qui suit ; 2° LÉONNET, rapporté au § III ; 3° LOUIS, sgr du Seilloux, que l'on croit avoir été tué au siège de Poitiers en 1569.

7. — **Brachet** (Jean), Bon de Pérusse, assiste en cette qualité au procès-verbal de la réformation de la Coutume de Poitou en 1559 ; marié d'abord, le 1er ou 17 nov. 1551, à Michelle DE CREVANT, fille de François, de la maison de Bauché en Touraine, qui testait le 6 oct. 1561, et mourut le 5 avril 1565. Il se remaria à Louise DE LA MOTHE, fille de François, sgr du Mas-Laurent.

Il avait eu du premier lit : 1° GUY, qui suit ; 2° LOUISE, qui se maria à François de Lestranges ; et du second lit : 3° LÉONNET, sgr de St-Avit et de Montaigu, marié à Jeanne DE BRIDIERS, dont il n'eut point d'enfants. Par son testament il légua ses terres à Léon d'Aubusson, Cte de la Feuillade, son neveu.

8. — **Brachet** (Guy), Ec., sgr de Pérusse, reconnu gentilhomme en 1598, épousa, le 19 nov. 1594, Diane DE MAILLÉ DE LA TOUR-LANDRY, fille de François Cte de Châteauroux, dont il n'eut qu'une fille, ISABEAU, D^e de Pérusse et de St-Dizier, mariée : 1° le 24 sept. 1611, à François d'Aubusson, sgr de la Feuillade, et 2° en 1637, à René-Gaspard de la Croix, Mis de Castries ; elle est morte en couches, en nov. 1631, d'une fille morte elle-même peu après.

§ III. — BRANCHE DE NOAILLÉ.

7. — **Brachet** (Léonnet), fils puîné de Guy et de Catherine d'Aubusson (6e deg. du § II), épousa Françoise DE COUX, D^e du Chastenet, qui testa le 4 sept. 1579 ; il en eut : 1° LOUIS, qui suit ; 2° FRANÇOIS, marié à Catherine DU ROY, D^e de Dulérie en Limousin, dont postérité.

8. — **Brachet** (Louis), s^r de Noaillé et du Seilloux par le décès de Louis son oncle, épousa Jacqueline DE LA MOTHE, D^e du Mas-Laurent, dont il eut :

9. — **Brachet** (Annet), sgr du Mas-Laurent, marié, le 27 sept. 1631, à Anne DE LIMOGES, fille et unique héritière de Pierre de Limoges, Ec., sgr de Gorce, et de Catherine d'Hautefort, dont postérité.

Claude-Joseph-Alexandre, Mis de Brachet de Pérusse de Floressac, Chev. de St-Louis, dernier représentant de la branche de Mas-Laurent, est décédé à Paris le 20 sept. 1859, âgé de 95 ans. (Nob. Lim.)

§ IV. — BRANCHE DE MONTAIGU.

4. — **Brachet** (Mathurin ou Mathelin), Ec., sgr de Montaigu, servit avec son frère Gilbert sous les ordres de Xaintrailles, leur beau-frère, en 1461, obtint, le 17 avril 1463, les provisions de sénéchal du Limousin, fut nommé, le 5 nov. 1438, bailli de Troyes. Il épousa, en 1430, Catherine DE ROCHECHOUART, puis, en 1452, Marguerite D'AUBUSSON, enfin, vers 1458, Marguerite FRETEL D'ESPONVILLE ou DE PONTVILLE. Du 3e lit sont issus : 1° JOACHIM, qui suit ; 2° MARGUERITE.

5. — **Brachet** (Joachim), sgr de Montaigu, fut sénéchal du Rouergue et maintenu dans cette charge par arrêt du grand conseil du 23 fév. 1503, rendu contre Jean Vigier, sgr de Neuville. Il fit son testament le 22 nov. 1504 et laissa pour veuve Anne DE VILLEQUIER, qui se remaria ensuite à Jean d'Aubusson, IIe du nom, veuf de Catherine de Gaucourt. Joachim avait eu de son mariage : 1° FRANÇOIS, qui suit ; 2° MARGUERITE, mariée, le 6 fév. 1534, à Charles de Lévis, baron de Charlus ; elle était décédée avant 1554.

6. — **Brachet** (François), sgr de Montaigu, épousa Françoise DE VARIE, dont :

7. — **Brachet** (René), sgr de Montaigu, Chev. de l'ordre du Roi en 1568, marié en 1539 à Jeanne D'AUBUSSON, sans postérité.

BRACONERS (*Engelelmus*) est cité dans la donation faite, vers 1086, à l'abb. de St-Cyprien de Poitiers, du fief presbytéral d'Usson. (D. F. 7.)

Braconers (Guillaume) devait hommage à l'abb. de St-Maixent, en 1115. (Id.)

Braconers (*Willelmus*) est au nombre des vassaux de l'abb. de St-Maixent qui rendent hommage à ce monastère le 5 mars 1261. (D. F. 16.)

BRAFAULT (Mathieu-Nicolas) fut nommé commissaire du pouvoir exécutif près l'administration municipale de Châtellerault, le 22 brumaire an VI (12 nov. 1797), et le 3 frimaire suivant (23 nov. 1797) administrateur du département de la Vienne, en remplacement de Château et Pontois, considérés comme modérés. Il est resté administrateur jusqu'à l'établissement des préfectures. Il fut alors nommé en 1800 conseiller de préfecture et révoqué en 1812. L'arrondissement de Châtellerault l'élut pour son député à la Chambre des 100 jours, en 1815. (F.)

Brafault (N...), son fils, est auteur d'un mémoire intéressant sur la navigation du Clain. (F.)

BRAHOU (François) a servi en qualité d'homme d'armes du sgr de Bressuire au ban des nobles du Poitou de 1467. (F.)

BRAGELONGNE (DE). — Famille originaire du Cté de Bourgogne, dont l'histoire a été écrite au XVIIe siècle sous le titre de *Discours généalogique de la maison de Bragelongne*, 1689, ouvrage que l'on attribue à Pierre de Bragelongne, président aux enquêtes du Parlement de Bretagne. Le marquis de Magny, dans le 3e registre du Livre d'or de la noblesse de France, et le Vte de Magny au second volume de son Nobiliaire universel, ont reproduit presque textuellement ce premier travail, et font remonter avec lui les premiers degrés de la filiation au XIe siècle. Mais comme cette famille ne se rattache à notre province que par un petit nombre de dignitaires ecclésiastiques, dont nous parlerons plus loin, et la résidence en Poitou de quelques-uns de ses représentants actuels, nous nous contenterons de donner un aperçu des principales alliances de la famille, ou des principales fonctions qu'elle a remplies dans l'Église, la magistrature, l'armée, les finances, etc.

Blason : de gueules à la fasce d'argent chargée d'une coquille de sable, accompagnée de trois molettes d'or, 2, 1.

La famille de Bragelongne, d'après les auteurs qui précèdent, compta parmi les principales maisons féodales du Cté de Bourgogne jusqu'au milieu du XIIIe siècle. A cette époque, ayant perdu presque tous ses biens par suite de guerres malheureuses, elle se tourna vers la magistrature, les finances, etc. Elle prit alliance dans les maisons d'Acy, d'Abra de Raconis, de Béthizy, Bouthellier, Camus de Pontcarré, Chanteprime, de Chastellux, du Dresnay, de Jouy, de Lyonne, Machault, Marles, de Montholon, Montlhery, Porcien, Rumigny, Séguier, du Tillet, de Vergy, de Vigny. Elle a fourni à l'Église : un évêque au diocèse de Luçon, un chanoine à cette Église, 4 chanoines au Chapitre noble de Brioude, dont l'un fut prieur de N.-D. de Lusignan (Vienne), deux doyens à celui de St-Martin de Tours, deux à celui de Ste-Geneviève de Paris, un grand prieur de l'abbaye royale de St-Denis en France, un abbé de Moreilles (Vendée), une abbesse de Longchamps et une autre du couvent des Ursulines d'Argenteuil, etc.

A la magistrature : des conseillers à la Cour des aides et au Parlement de Paris, dont un président aux enquêtes, un président au Parlement de Bretagne, un conseiller et un premier président à celui de Metz, un conseiller au grand conseil, des maîtres des requêtes, des conseillers au conseil souverain de la Guadeloupe.

A l'armée : un inspecteur général de l'infanterie, un major général brigadier des armées du Roi, un mestre de camp de la cavalerie légère de France, des officiers de tous grades et de toutes armes, dont plusieurs chevaliers de St-Louis, et de plus, des chevaliers de l'ordre de Malte, des ordres de St-Lazare et de N.-Dame du Mont-Carmel, dont l'un fut commandeur de Fontenay-le-Cte, des commissaires des guerres.

Dans les finances : un receveur des chambres aux deniers d'Isabeau de Bavière ? et du dauphin (Charles VII)? plusieurs trésoriers de l'ordinaire ou de l'extraordinaire des guerres, un trésorier général de la maison de Marie de Médicis, des trésoriers de France, etc., et encore deux prévôts des marchands, et plusieurs échevins à la ville de Paris, un grand maître des eaux et forêts de l'apanage du duc d'Orléans, un maître des eaux et forêts d'Alençon, etc.

Ses possessions étant étrangères au Poitou, nous les passerons sous silence.

La famille de Bragelongne se partagea en quatre branches qui se séparèrent de la souche principale au 17e degré de la filiation suivie, telle que la donnent les auteurs précités. La première s'éteignit au 22e degré, dans les premières années du XVIIIe siècle. La seconde finit vers la même époque au 21e degré. La troisième, qui eut encore une moins longue existence, ne dépassa pas la fin du XVIIe siècle. Enfin la quatrième branche s'éteignit vers 1650. La cinquième branche seule subsiste ; une partie, après avoir habité longtemps la Guadeloupe, où elle a contracté d'honorables alliances et rempli de hautes charges civiles et militaires, s'établit en Poitou où elle est encore représentée par les descendants de :

Bragelongne (Charles-Nicolas Cte de), Chev., sgr de Boisripeaux et de Berlange, lieutenant au régiment de Vexin, eut de Adélaïde-Alexandrine NADAUD DU TREIL, fille de l'ancien gouverneur de la Guadeloupe : 1° NICOLAS-CLAIRE-CHARLES, Cte de Bragelongne, page en 1789, propriétaire, en 1840, du château de Bonneuil (St-Génard, D.-S.) ; il avait été nommé, le 11 juil. 1811, capitaine de la compagnie de dragons du Petit-Canal (Guadeloupe), et en 1817 capitaine de celle du quartier St-François. (Id.) Il est mort à la Grezolle (Périgné, D.-S.), sans postérité de N... LEMERCIER DE RICHEMONT, sa première femme, veuve du Mis Vernou de Bonneuil, et de Madeleine GARRENSAC, fille de Louis, officier de gendarmerie, et de Geneviève Blanchier de Boé, sa seconde femme, qu'il avait épousée en 1841.

2° CHARLES-MARIE-PIERRE-ALEXANDRE, qui suit.

Bragelongne (Charles-Marie-Pierre-Alexandre Bon de), Chev., sgr de Boisripeaux, né au Petit-Canal (Pointe-à-Pitre, Guadeloupe), et baptisé le 2 mars 1785, épousa Gabrielle-Louise-Adélaïde DE BRAGELONGNE, fille de Louis-Charles Mis de Creuilly, etc., et de Lucie-Calixte Van Schalkwyck-Lemercier. De ce mariage est issu :

Bragelongne (Charles-Nicolas-Louis Cte de) de Boisripeaux, né le 18 mars 1817, décédé à Melle le 31 mars 1885, avait épousé : 1° Marie-Anne-Robertine-Léontine LAFONT-CHARROPIN, fille de Jean-Baptiste-Pierre, et de Elisa-Anne Le Terrier de Mennetot, décédée le 13 sept. 1853 ; 2° Louise RIVIÈRE, fille de Jean-Baptiste Lesmangue Rivière, et de Rose Rivière-Marc. Du premier lit sont issus : 1° MARIE-LOUIS-AMÉDÉE, qui suit ; 2° MARIE-ELMIRE-JULIE-OCTAVIE, née au Moule (Guadeloupe) le 11 mars 1851, mariée à Périgné (D.-S.), le 28 oct. 1873, à Pierre-Maximilien-Sébastien-Camille de St-Marc, licencié en droit, juge de paix à Frontenay-Rohan-Rohan, puis à Niort (1886).

Bragelongne (Marie-Louis-Amédée de), Boisripeaux, né c^ne du Petit-Canal (Guadeloupe), le 2 juil. 1853, décédé le 29 juin 1884, laissant de Marie-Rose-Joséphine-Emilie PETIT-LE-BRUN qu'il avait épousée le 17 mai 1876 : 1° ALBERT-CHARLES-AMÉDÉE, né le 19 mai 1877 ; 2° CHARLES-LÉON-GABRIEL, né le 6 juil. 1878 ; 3° MARTHE-MARIE-EMILIE, née le 14 déc. 1883, tous les trois à Paris. (Habitent Paris et Melle.)

BRAILLE (DE). — Famille qui habitait Fontenay au XVIIe siècle.

Blason : de gueules à 2 lions affrontés d'or, surmontés de 3 fers de lance renversés d'argent, chef d'azur chargé d'une croix pattée d'or. (Arm. Poit.)

Braille (Louis-Alexandre de), Ec., s^r de Mésir ? épousa Marie DE GOURON, qui était veuve en 1698, lorsqu'elle déclara son blason à l'Armorial de Fontenay.

BRAINE (DE). Pierre de Dreux, dit Mauclerc, Cte de Bretagne, est souvent appelé dans les chartes Pierre de Braine. Il avait épousé ALIX (de Thouars), Ctesse de Bretagne, puis Marguerite DE MONTAIGU, veuve de Hugues Vte de Thouars, et fille unique de Brient, sgr de Montaigu, la Garnache. Il eut du 1er lit les Comtes de Bretagne; du 2° OLIVIER de Braine, sgr de Montaigu, qui vivait en 1242, et mourut sans postérité peu après.

Brana (*Petrus de*) confirme, en 1239, les dons que MARGUERITE, D^e de Montaigu et de la Garnache, son épouse, avait faits à l'abb. de l'Ile-Dieu, dite plus tard la Blanche (île de Noirmoutiers), et en 1241 un autre don de 100 sous de rente fait par elle à ce monastère. (D. F.)

BRAN, BRAM ou **BRÉM** (DE). — Famille féodale qui possédait, au XIe siècle, dans le pays de Brandois en Bas-Poitou.

Bran (Herbert de) signe un acte de vers.... avec sa femme et ses fils IDONEA, TEDMAR et GUILLAUME.

Bram (Tedmar de) eut pour enfants : 1° PIERRE, 2° MATHIEU, dit Ledet, qui firent accord avec Gauthier, prieur de Bran (XIe siècle).

Bran (Bérenger de), dit le Bouvier, frère d'Herbert de Bran, fut témoin, vers 1040, d'un don fait au prieuré de Fontaines, et vers 1050, il donna l'Ile-d'Age à Marmoutiers, avec ses 2 fils RAINAUD et GIRARD. (Bib. Nat. fonds Lat. 5441, p. 454 et 501.)

Bran (Achard de) signe comme 1er témoin (ce qui suppose un haut rang) avant Albert, abbé de Marmoutiers, une charte d'Isembert, évêque de Poitiers, accordée à Guillaume, sgr de Talmont, en faveur du prieuré de Fontaines, vers 1060.

Bran (Aton de), témoin, avec Achard de Bran et Béranger Le Bouvier, du don de Fontaines à Marmoutiers, vers 1050.

Bran (*Willelmus* de) est relaté dans un don fait à l'abb. de Talmont en 1152 par Brun Fulchaud, Chev., d'héritages sis dans le prieuré de St-Vincent. (D. F. 26.)

Brand (Giraud), témoin d'une donation d'héritages faite, en 1210, à l'abb. de Fontenelles par Guillaume de Mauléon, sgr de Talmont et de la Roche-sur-Yon, et Béatrix sa femme. (Id. 8.)

Bran (Guillaume de) est relaté dans un don fait, en 1212, à la même abbaye par Guillaume de Talmont précité. (Id.)

BRAN (DE FONTENAY). — D'après B. Fillon (Poit. et Vendée, v° Fontenay, 60), ce fut une des familles de la bourgeoisie Fontenaisienne qui occupèrent le premier rang au XVIe siècle.

L'existence de personnages du même nom vivant en Bas-Poitou aux Xe et XIe s^es n'implique nullement que ceux dont parle M. Fillon soient de leurs descendants ; on a cependant vu souvent des familles puissantes descendre jusqu'à la petite bourgeoisie, et même aller jusqu'à n'être plus que de simples artisans ou de pauvres cultivateurs.

Blason. — Nicolas Bran ou plutôt Brault, marchand et bourgeois à Fontenay, est inscrit d'office à l'Armorial du Poitou, avec un blason de fantaisie : « de gueules au bras d'or, coupé d'argent, à une étoile de sable ».

Bran (Pierre) épousa, vers 1630, Marie BRISSON, fille de Nicolas, s^r du Palais, et de Jeanne Duvignaud.

Bran (Jeanne) était, en 1553, veuve de Jacques du Boullay, et, le 10 juil. 1561, elle faisait une déclaration pour plusieurs pièces de terre à René Tiraqueau.

Bran (Perrette) était, vers 1580, épouse de Mathurin Bertauld, élu aux Sables-d'Olonne, veuf de Diane Babin.

Bran (Célestin), s^r de la Premaudière, était, le 20 août 1583, et encore en 1587, échevin de Fontenay. (B. Fillon.)

Bran (N...) épousa Gabriel du Noyer, veuf de Marie Goupil ; elle assistait au mariage de sa fille Gabrielle avec Nicolas Bertaud, s^r de la Chopinière, le 20 nov. 1607.

Bran (Marie) signe au contrat de mariage de Etienne Bran et de Marie Viète, du 20 juil. 1600.

Bran (Jeanne) était veuve, le 5 oct. 1608, de Pierre Babin, s^r de la Roussière.

Bran (Pierre) signe au contrat de mariage de Nicolas Viète, sgr de la Groye-de-Pissote, et de Jeanne Alleaume.

Bran (Françoise) épousa, au commencement du XVIIe s^e, Louis d'Arcemalle, Ec., sgr du Langon.

Filiation suivie.

1. — **Bran** (Jacques) eut de Jeanne AUDOYER, son épouse, qui testait en 1545 :

2. — **Bran** (Joachim), conseiller de la ville de Fontenay en 1572 ; il épousa en 1543 Françoise GODIN, dont :

3. — **Bran** (Etienne), s^r de la Grandmaison, élu à Fontenay, marié, le 20 juil. 1600, à Marie VIÈTE, fille de Nicolas, sgr de la Motte de Mouzeuil, et de Anne Guinefault, dont une fille, ANNE, mariée, le 15 déc. 1613 (Baudou et Bonnet, not.), à Raoul Picard, Ec., sgr de la Touche-Mourault, dont elle était veuve en 1631.

BRANCHARD (Hélie), sgr de la Branche ? marié, vers 1480, à Louise GAUVAIN, fille de Jean, Ec., s^r de Gastine, et de Marguerite Marchand, partagea en 1502 la succession de Jacques Gauvain, son beau-frère. (Duchesne, 26.)

BRANCHEU ou **BRANCHU**. — FAMILLE DE FONTENAY.

Blason : d'argent au chevron de sable et 3 étoiles de gueules. (Arm. Poit.)

Brancheu (François), sr des Chantiers, assesseur criminel à Fontenay-le-Comte, déclara son blason à l'Armorial du Poitou en 1698 ; il fit aveu de la Grange-de-Pissote, à cause de sa femme, à Fontenay, le 31 mars 1690. Il avait épousé Marie PINIOT ; il eut sans doute pour fils :

Brancheu (Charles-Marie), Ec., sr de Breilhac, officier de la maison du duc d'Orléans, qui fit aveu de la Grange-de-Pissote à Fontenay, le 4 avril 1740.

Brancheu (François), échevin de Fontenay, épousa Hélène DE RIÉ, dont il eut FRANÇOISE-HÉLÈNE, mariée, le 16 fév. 1688, à Jean-François François, sr du Temps, qui était veuf de Anne Milhaud.

BRANCHEU DES FONTENELLES. — FAMILLE DE LOUDUN.

Brancheu (Pierre), bourgeois de Loudun, vivait en 1750, épousa Marie GUICHENY, dont MARIE-MARGUERITE, mariée en 1771 à Alexandre Montault, sr de Chavigny.

Brancheu (Marc-Antoine-Gabriel), cer du Roi et grènetier en la ville de Loudun en 1750, marié, vers 1740, à Marie-Barbe MONTAULT (remariée à N... Briant), fille de Jean-Isaac, sr de Beaurepaire, eut pour enfants : 1° MARIE-GABRIELLE, mariée vers 1760 à Alexandre Briant, sr de la Pitaudière (frère de l'autre), et, croyons-nous, 2° GABRIEL, marié à N... DUMOUSTIER DE LA FOND, dont une fille qui épousa N... Baussant.

Brancheu des Fontenelles (N...) est nommé changeur du Roi à Loudun, le 22 juin 1752, remplaçant Charles Bastard, devenu hors d'état d'exercer la charge.

Brancheu des Fontenelles (Pierre), grènetier au grenier à sel de Loudun, épousa, le 7 fév. 1780 (St-Pierre-du-Marché), Geneviève-Henriette LAMBERT.

Brancheu des Fontenelles (Frédéric), maire de Beuxes en 1840, avait épousé Rosalie-Onésime-Félicité BERNIER.

BRANDY (Jean) servit comme brigandinier du sgr de La Grève au ban de 1467. (F.)

BRASSART EN POITOU ET SAINTONGE.

Brassart (Jean), écrit **Braçart**, possédait en 1260 un fief psse de Romans (D.-S.), tenu de St-Maixent.

Brassart (Jean) tenait un fief à Saivre (D.-S.), dans le fief de Guillaume Enjoger, en 1260.

Brassart (Hélie), varlet, rendait en 1368 un aveu à René Chasteigner, Chev., sgr de la Meilleraye, pour son fief de Tineau.

Brassart (Jean), Ec., servant dans les guerres de Saintonge, donna quittance en 1354 ; son sceau porte un écu chargé d'un pal et d'une cotice en bande brochant.

Brassart (Elie), Ec., sgr de la Brassardière, épousa, vers 1540, Isabeau DE MOUSSY, fille de Regnault, Ec., sgr de St-Martin-l'Ars.

BRAUCOURT (DE).

Braucourt (Eugène-Joseph de), contrôleur général des Fermes à Nantes, marié à Renée CADON, eut pour enfants : 1° MARIE-RENÉE, mariée à Nantes, le 11 mars 1788, à Pierre-Célestin-Marie de Bechet, Chev., sgr de Biarges, et 2° croyons-nous, JOSEPH-LOUIS-MARTIN, qui suit.

Braucourt (Joseph-Louis-Martin de), chevalier de St-Louis, marié : 1° à N..., 2° à Marie-Adèle HOULIER DE VILLEDIEU, décédée à Poitiers, le 29 déc. 1867 ; a eu du 1er lit : 1° ADOLPHE-JOSEPH, qui suit ; 2° N..., mariée à Gabriel du Garreau.

Braucourt (Adolphe-Joseph de) a épousé, le 16 oct. 1826, Léontine-Emilie DE BAUDRY D'ASSON, fille de Charles-Lubin, et de Charlotte-Aimée-Marie de Goulard,

BRAUD. — Famille d'imprimeurs qui ont exercé cet art pendant plus de 150 ans. Le plus ancien connu est ELIE, qui avait épousé Marie HURT.

Braud (Louis) exerçait encore cet état en 1790. Il était imprimeur de l'Université.

Braud (Mathieu), de la même famille, croyons-nous, avocat au Parlement de Paris, qui publia en 1683 les observations de Jean Lelet sur la Coutume de Poitou, revues, etc., par Jean Filleau, Joachim Thévenet, et Etienne Riffault.

BRAUDIÈRE (DE LA). — V. **GUENY, PASTOUREAU**.

BRAULT. — Famille du Poitou, qui a produit plusieurs personnages distingués.

Blason. — On trouve dans l'Armorial de la généralité de Poitiers les indications suivantes : Louis Brault, procureur au Présidial de Poitiers, portait : d'azur à une tête de loup d'argent. (D'office.)

Marie Rondeau, veuve de Jean Brault, marchand et bourgeois de Poitiers, portait : d'or à 5 tourteaux de sable, posés 2, 2 et 1. (D'office.)

Mgr Charles Brault, archevêque d'Alby, portait, d'après les lettres patentes de Baron de l'Empire, en date du 18 mars 1809 : « coupé, le 1er parti d'argent à l'agneau pascal d'azur, et de gueules à la croix alaisée d'or (signe des Barons évêques) ; le 2me de pourpre à la couleuvre d'or accostée à dextre et à senestre d'une colombe de même. Pour livrée : violet, blanc, jaune et rouge.

Brault (Jean) était garde du scel à Couhé en 1496.

Brault (Gabriel), marchand, fils de CATHELIN, aussi marchand, et de feu Anne COMPAGNON, épousa Sébastienne CHARETTE, fille de feu François, et de Catherine Labbé, sr et De de Bignolesse et de Sorinière en Bretagne (contrat passé à Rom, le 16 janv. 1641, Guron, not.). Le mariage religieux y fut célébré le 8 fév. suivant.

Brault (Etienne), notaire, épousa Marguerite JACQUES, qui acquit le moulin de Brédy, vendu par Jean Jacques, Ec., sgr de Chiré, le 26 juin 1700, ladite dame acceptant ladite vente faite au profit de Marie Massard, sa fille (d'un premier lit). On trouve aussi une vente consentie, le 18 janv. 1704 (Levoit et Roux, not.) par Jean Jacques, Ec., sgr de Chiré, et Nicolas Jacques, Ec., sgr de Sauvigny, à Marguerite Jacques, femme d'Etienne Brault, de tout ce qui leur revenait dans la succession de feu Catherine Jacques, leur sœur.

Braud, peut-être **Brand** (Marie) était en 1783 épouse de Pierre Gervier, Chev., sgr de Bosseau.

Brault (François), sr de la Mallerie, avocat au Présidial de Poitiers, était, en mai 1751, sénéchal, lieutenant-gal, juge ordinaire civil, criminel et de police de la ville et Bnie de Mirebeau.

Brault (Marie), née le 21 mars 1729, épousa, le 21 nov. 1769, en l'église de St-Savin de Poitiers, Marie-Mathurin-Pierre Pallu, veuf de Marie-Anne-Thérèse Vauderin de la Bretonnière ; elle est morte à Poitiers, le 19 janv. 1810.

Brault (Louis), prêtre, docteur en droit canon, et chanoine honoraire du Chapitre de N.-D.-la-Grande de Poitiers, mourut le 18 nov. 1774.

Brault (N...) était, en 1787, procureur fiscal de la sgrie de Beaumont, appartenant au Chapitre de N.-Dame-la-Grande de Poitiers.

Brault (Madeleine) épousa, en 1801, Louis Marquet de Villiers, qui avait émigré et dont elle devint veuve en sept. 1814.

Brault (Augustine-Françoise-Emilie), fille de feu Augustin et de Emilie de Marans, épousa en 1849 Pierre-Louis-Alexis-Oscar de Gennes-Sanglier.

§ Ier.

1. — **Brault** (Louis), né en 1682, décédé le 31 mars 1746 (St-Didier), procureur au Présidial, épousa Marie-Geneviève Boutilier, dont il eut : 1° Louis, né le 10 fév. 1709 ; 2° Marie-Jean, né le 4 avril 1710 ; 3° Pierre-Alexandre, né le 11 mars 1712, décédé le 18 août 1814 ; 4° Mathurin, né le 22 mai 1713 ; 5° Marie-Thérèse, née le 20 oct. 1714 ; 6° Pierre, né le 2 juil. 1716 ; 7° François, né le 6 janv. 1718 ; 8° Jeanne, née le 9 mars 1719 (St-Didier) ; 9° Jean-Thomas, qui suit.

2. — **Brault** (Jean-Thomas), né le 20 déc. 1722 (St-Didier), décédé le 14 mai 1795, à Savigny, fut reçu procureur au Présidial à la place de son père, le 12 déc. 1746 ; épousa Jeanne Thenault, dont il eut :

1° Louis, né le 14 août 1743, avocat dès l'âge de 28 ans (1771), fut nommé procureur-syndic de l'assemblée d'élection de Poitiers en juin 1788, officier municipal en 1789, procureur-syndic du dépt de la Vienne en juin 1790, président du tribunal de ce département en sept. 1793, donna sa démission en avril 1794, et fut renommé après le 9 thermidor. Il fut élu au Conseil des Anciens en sept. 1795 et floréal an VII, puis au Corps législatif en fév., proviseur du lycée de Poitiers en floréal an XII, conseiller à la cour impériale de Poitiers en sept. 1811 ; devenu aveugle, il fut nommé conseiller honoraire en déc. 1823 et mourut en juin 1830. Marié, le 18 fév. 1772, à Julie Michel, fille de N... et de Jeanne Chollet des Ages, il a eu : *a.* Louis, né le 5 mars 1773, mort à l'armée en 1792 ; *b.* Jean-Baptiste-Thomas, né le 19 mars 1775 (Ste-Opportune) ; *c.* Julie-Louise, née le 22 avril 1777, décéda le 9 déc. 1798 ; *d.* Marie-Charlotte-Emilie, née le 9 janv. 1778 (St-Cybard) ; *e.* Rose, née le 3 fév. 1780, décédée le 2 oct. 1885, mariée, le 11 juil. 1803, à Louis Petit.

2° Marie-Claire, née le 14 août 1749, décédée le 12 mai 1751 ; 3° Mathurin, né à Poitiers, le 24 nov. 1750, décédé à Alby le 27 fév. 1827, chanoine et vicaire général de son frère ; 4° Charles, archevêque d'Alby, comte et pair de France, naquit à Poitiers, en août 1752, embrassa l'état ecclésiastique, fut successivement sous-chantre du Chapitre de N.-Dame-la-Grande, curé de N.-Dame-la-Petite et chanoine du Chapitre de Ste-Radégonde. Déjà docteur en théologie, il fut nommé, bien jeune encore, professeur de la Faculté de théologie à l'Université de Poitiers, et Mgr de St-Aulaire, appréciant ses talents à leur juste valeur, le nomma archidiacre du diocèse et l'un de ses grands vicaires. Il fut nommé en 1787 représentant du clergé à l'assemblée d'élection et délégué pour la nomination des députés aux Etats généraux de 1789. Obligé de s'expatrier, il résida successivement en Suisse, en Italie et en Sicile, où, grâce à ses connaissances et à son éducation, il trouva dans les fonctions de précepteur les moyens d'échapper aux misères de l'exil. Rentré en France, les habitants de sa ville natale le demandèrent comme évêque ; mais, en raison des règles que s'était tracées la politique impériale de ne nommer aucun prélat dans son pays, il fut nommé et sacré, le 16 mai 1802, évêque de Bayeux, diocèse dans lequel un de ses successeurs avouait ne pouvoir faire un pas sans y rencontrer des preuves de son dévouement apostolique. Ce fut en 1817 qu'il fut nommé archevêque d'Alby, dont il ne put prendre possession que le 8 juil. 1823 ; puis par ordonnance royale fut nommé comte et appelé à la Chambre des pairs (il était déjà Baron de l'Empire depuis 1810).

En 1819, il avait été nommé archevêque de Rouen ; mais il préféra attendre la solution des difficultés qui s'opposaient à son installation à Alby. Dans ses dernières années, il fut atteint de cécité et mourut à Alby, le 25 fév. 1833. (Mgr Brault était Chev. de la Légion d'honneur depuis le 15 août 1810. On a cité comme un modèle d'éloquence, de charité et d'attachement à sa patrie, le mandement qu'il publia à l'occasion de la bataille d'Austerlitz.)

5° Vincent, né le 31 janv. 1754, sous-préfet de Châtellerault sous l'Empire, puis président du tribunal de cette ville, décédé le 20 mai 1836. Il avait épousé Claire-Louise Lapot, sans postérité ;

6° Pierre-Jean, qui suit ; 7° René, né le 8 nov. 1756, procureur au Présidial en 1782 ; marié, le 24 août 1784, à Françoise-Charlotte Ginot, a eu pour enfants : *a.* Mathurin, né le 12 fév. 1786 ; *b.* Jeanne-Charlotte, née le 22 juil. 1788 ; *c.* Louis-Edouard, né le 8 fév. 1791.

8° André, né le 28 nov. 1757, colonel de gendarmerie, Chev. de St-Louis et de la Légion d'honneur, épousa, le 28 sept. 1794, Félicité-Anne-Philippine Chollet des Ages, fille de Jean-Joseph, procureur au Présidial, et de Marguerite-Félicité Richard des Couflets, dont il a eu : *a.* Louis-Henri, né le 12 avril 1797, décédé jeune ; *b.* Philippine-Julie, née le 2 avril 1798, décédée le 23 sept. 1855 ; *c.* Louis, né le 20 avril 1797, décédé à Valence en 1824, lieutenant d'artillerie ; *d.* Marguerite-Clémentine, née le 4 mars 1801, décédée le 15 août 1848 ; *e.* Céleste-Caroline, née le 26 mars 1802, décédée le 9 nov. 1816 ; *f.* Louis-Charles, né le 2 oct. 1805, président du tribunal de Bressuire, décédé en 1875, sans postérité ; il avait épousé à Loudun Honorine Petit ; *g.* Rose-Félicité, mariée, le 5 oct. 1835, à Emile-Victor Saucerotte ; *h.* Vincent, né le 7 janv. 1808, décédé à Migné le 17 juill. 1833 ; *i.* Thomas, né le 1er juil. 1809, principal du collège de Condom ; marié à Loudun avec Caroline Petit, a eu pour fils Jean-Emile, né le 14 sept. 1836, marié, le 27 fév. 1867, à Marie-Rose-Félicité Mercier, fille de Ferdinand-Félix, et de Antoinette-Louise Chénier, dont il a eu Caroline-Marie, née le 1er oct. 1869, décédée le 28 oct. 1880 ; *j.* Armand, né le 24 nov. 1815, officier d'artillerie, puis négociant à Bordeaux.

9° Bertrand, né le 8 oct. 1759, curé de St-Julien-Lars, décédé le 17 juin 1829 ; 10° Rose-Jeanne, née en 1762, mariée à Coussay-les-Bois le 15 fév. 1800, à Jean Coudrin, puis, le 21 mars 1803, à Vendeuvre, à Henri-Louis-Jean de Gréaume (elle est décédée le 11 déc. 1809).

11° Thomas, a formé la seconde branche, § II.

3. — **Brault** (Pierre-Jean), né le 6 sept. 1755, a épousé Marie-Rose Ruffin, dont:

4. — **Brault** (Charles), né en 1797, a épousé : 1° à Fleuré, le 11 sept. 1820, Claire-Zoé Marsault, décédée à Champigny le 5 nov. 1839 ; 2° le 25 oct. 1846, à Chizé, Catherine-Adélaïde Jousseaume, fille d'Augustin, et de Marie-Jeanne Martin. Il a eu du 1er lit : 1° Louise-Susanne, née le 25 sept. 1821, mariée, le 20 déc. 1839, à....... ; 2° Pierre-Félix-Edouard, né le 31 oct. 1825, décédé à Latillé, 21 mai 1858 ; 3° Charles-Ruffin, né le 15 juin 1827, décédé le 22 mai 1882 à Pons ; 4° Frédéric, né le 18 mars 1829 ; 5° Clément-Abel, né le 4 août 1831, décédé en 1886 ; 6° François-Benjamin, né le 25 fév. 1834, décédé en 1838.

§ II. — Branche cadette.

3. — **Brault** (Thomas), né le 21 fév. 1765, décédé à St-Julien-Lars le 22 mars 1823 (fils puîné de Jean-Thomas et de Jeanne Thenault, 2e deg., § Ier), épousa Marie-Esther Regnault, dont il eut :

4. — **Brault** (Auguste-Thomas), né à Poitiers ? en 1794, décédé à Poitiers le 5 déc. 1843, longtemps membre du Conseil général de la Vienne ; épousa à Andillé, le 6 oct. 1817, Louise-Henriette Lucquas de la Brousse, fille de Louis, et de Marguerite-Aimée de La Marque, dont il eut : 1° Marie-Esther, née à St-Julien-Lars, le 28 mai 1826, mariée, le 28 avril 1846, à Anne-Antoine-Marcel de Nuchèze ; 2° Antoinette-Louise-Désirée, mariée à Hippolyte-Martin-Léopold Bain de la Coquerie ; 3° Gabrielle-Henriette-Esther, mariée à Julien Bagot de Blanchecoudre ; 4° Louise-Eléonore, mariée à Eutrope-Henri-Jacques Thoinet de la Turmelière ; elle est décédée le 13 avril 1884 à St-Julien-Lars ; 5° Théodorine, née à St-Julien-Lars le 6 sept. 1824 ; 6° Thomas-Auguste, né le 12 sept. 1829.

BRAY (de). — V. JACQUELT.

BRAYER en Bas-Poitou. — Cette famille illustrée par le général Brayer, Cte de l'Empire, a possédé le château de Lignières, psse de St-André-Goul-d'Oie (Vendée), reconstruit magnifiquement en style Louis XIII par le petit-fils du général, vers 1860.

Blason : écartelé : 1° de sable au chevron d'argent ou d'or (quelquefois alaisé) et 3 besants d'argent ; 2° d'azur à l'épée d'argent en pal, pointe en haut ; 3° de pourpre (ou gueules) au serpent d'argent en rond mordant sa queue ; 4° d'azur à une faucille d'argent posée en barre : le tout soutenu d'une champagne de gueules chargée d'un pont d'argent surmonté d'un renard d'or passant

BRÉAU (de). — Divers.

Bréau (Guyot de), Ec., sgr du Peux, assista en cette qualité au procès-verbal de réformation de la Coutume du Poitou en 1559. (F.)

Bréau (Jacques de) épousa Marie de Fort ; leur fille, Marthe, épousa Charles d'Aubéry de Vatan, veuf d'Elisabeth de Caussade, vers 1560. (Gie d'Aubéry.)

Bréau (N... de) servit au ban des nobles du Bas-Poitou réunis à Fontenay-le-Comte en 1758, dans la 1re division de la 2e brigade de l'escadron de la Louerie. (F.)

BRÉCHARD. — Famille ancienne et distinguée, originaire du Poitou. L'article qui suit a été rédigé, en grande partie, d'après des notes communiquées par M. Merveilleux du Vignaux, ancien premier président à la cour d'appel de Poitiers, et par M. Marcel Bréchard, petit-fils et petit-neveu de François Bréchard, l'éminent avocat.

Blason. — Pierre Bréchard, sr de la Corbinière (xvie se), portait : de sable à 3 rencontres de bœuf d'or, 2 et 1. Son frère Laurent remplaça 2 rencontres par un chevron.

Noms isolés.

Bréchard (Pierre), fermier général de l'abbaye de Jard (vers le milieu du xvie se), eut de son mariage avec Jeanne, *aliàs* Marie Bouhier, fille de Jean et de Louise Guillemet : 1° Jean, sr de la Marionnière près Mareuil-sur-le-Lay ; 2° Laurent, qui suit ; 3° Pierre, sr de la Corbinière, près les Moutiers-sur-le-Lay, qui embrassa la religion réformée, naquit en 1545, et était avocat en 1570. Il fut (grâce à l'appui de son parent Vincent Bouhier, sr de Beaumarchais, Cte de Châteauvillain, trésorier de l'épargne sous Henri IV), appelé à remplir divers emplois dans l'intendance des armées. Dans une réunion des gentilshommes du Bas-Poitou, tenue à Fontenay le 7 janv. 1589, il fut désigné pour les fonctions de conseiller d'État. (Fillon, Recherches sur Fontenay, p. 211.) Il rédigea en 1592 une protestation contre la démolition du fort de l'Aiguillon. On voit par un acte du 9 nov. 1598 que Henri de Bourbon, duc de Montpensier, transporte à Pierre Bréchard, qualifié de sr de la Corbinière, conseiller d'État, et de surintendant général des vivres de l'armée française, la somme de mille écus d'or, à prendre sur les revenus de la principauté de la Roche-sur-Yon. Il joua un certain rôle dans les affaires publiques, et à l'époque de sa mort en 1599, il se qualifiait de Chev., Bon de Ste-Pexine et de la Corbinière. Il est cité à plusieurs reprises sous le nom de sr de la Corbinière dans les lettres de Henri IV. (Corresp. de Henri IV, t. IV, p. 724, 876, 908, 957, 982 991.) Après avoir été dans une grande situation de fortune, Pierre, que les circonstances avaient forcé à des dépenses considérables, laissa une succession d'une liquidation difficile. (Arch. Vendée.) Sa branche s'est éteinte, ainsi que celle de Jean.

Bréchard (Laurent), sr de la Brosse, naquit vers 1544. Sa branche demeurée dans le Talmondais, puis fixée aux Sables-d'Olonne, s'est perpétuée jusqu'à nos jours. Le bouleversement des archives de ce pays et l'insuffisance des registres encore existants, qui ont été tenus avec une irrégularité singulière, particulièrement dans la paroisse de la Chaume-des-Sables, où la famille habitait au milieu du xviie siècle, n'ont permis ni de reconstituer exactement la filiation entre Laurent et son descendant Mathurin, qui suit, ni même de préciser leur état civil. Mais cette filiation résulte de la tradition conservée et de l'extinction de toutes les autres branches dans le pays. (Notes de famille.)

Un acte de 1599 (ancienne collection Fillon) porte règlement entre les neveux de Pierre Bréchard de la Corbinière, et leur oncle Bouhier sgr de Beaumarchais, e le dossier Bréchard, aux archives de la Vendée, mentionne les comptes définitifs rendus, en 1619, de la succession de Pierre Bréchard de la Corbinière, par Adam Jousseaulme, sénéchal de Mareuil, au nom de Jean et Jacques Bréchard, neveux et héritiers du défunt, et fils de Laurent.

Filiation suivie.

1. — **Bréchard** (Mathurin) eut pour fils PIERRE, qui suit.

2. — **Bréchard** (Pierre), né à la Chaume-des-Sables en 1679, suivit la carrière maritime et décéda le 22 fév. 1745, laissant de Marie COUTURIER, qu'il avait épousée le 15 fév. 1709, FRANÇOIS, qui suit.

3. — **Bréchard** (François), notaire royal aux Sables, épousa, le 19 mars 1737, Marie-Marguerite DAVID, fille de Mathurin, sr de la Thibaudière, notre royal, puis conseiller du Roi, substitut du procureur du Roi de l'Amirauté des Sables, et de Marguerite Coutocheau, dont MATHURIN-FRANÇOIS, qui suit.

4. — **Bréchard** (Mathurin-François), né aux Sables, le 23 août 1739, avocat en Parlement, sénéchal de Talmond, occupait ce poste lors de la suppression de l'ancien ordre judiciaire, fit partie de l'assemblée provinciale en 1789, et, en 1790, du premier tribunal de district des Sables-d'Olonne ; déclaré suspect et emprisonné sous la Terreur, tandis que ses enfants étaient dispersés par la Révolution, il ne fut sauvé que par la réaction thermidorienne. Il décéda le 11 nov. 1807. Il avait épousé, le 20 août 1765, Marie-Louise RANFRAY, fille de Louis, sr de la Rochette-du-Bernard, et de Charlotte-Marie de Gré de la Tigerie, dont il eut : 1° FLORENT, né aux Sables, embrassa l'état ecclésiastique, bachelier en théologie en Sorbonne, se distingua par sa science et sa piété, était vicaire aux Sables en 1792, lorsqu'il fut forcé, par la persécution, d'émigrer en Espagne. Revenu en France en l'an X (1802), il exerça en Vendée un véritable apostolat, et est décédé le 10 mars 1813, curé de N.-D. de Fontenay ; 2° MARIE-LOUISE, née aux Sables-d'Olonne en nov. 1767, morte célibataire le 27 oct. 1843 ; 3° CHARLES, né aux Sables-d'Olonne en nov. 1768, se destinait à la magistrature ; lorsque la guerre éclata en Vendée, il y prit part comme officier, puis fut successivement commissaire au conseil supérieur de l'armée catholique et royale, aide de camp et secrétaire du Mis de Puisaye, prit part à presque tous les combats qui suivirent la prise de Fontenay, où il se trouvait, signa l'adresse des chefs royalistes aux Français, datée de cette ville (mai 1793), fit la campagne d'outre-Loire, et fut blessé à la bataille de Laval. Resté en Bretagne après la dispersion des Vendéens, il se réunit à l'armée royale bretonne ; mais à la suite de la malheureuse affaire de Pleimpont (1795), il fut réduit à se cacher chez des bûcherons, jusqu'au moment de l'amnistie. Il revint alors aux Sables, puis passa à Fontenay, où il occupa, pendant quelque temps, dans les bureaux du représentant en Vendée, un emploi que l'intérêt de sa sécurité, et la triste situation à laquelle était réduite sa famille, lui avaient fait accepter. Il exerça ensuite, devant le tribunal reconstitué, les fonctions de défenseur officieux et d'avocat, et y fut plus tard nommé juge suppléant. Il acquit au barreau une position importante et prit, sous la Restauration, une part active à l'administration municipale. Il est mort à Fontenay en juin 1818, ne laissant de son mariage avec Désirée-Françoise DUPLEIX, fille aînée d'Aimé-François, lieutt-général de l'amirauté, et de Aimée-Françoise Friconneau de la Taillie, qu'une fille unique, DÉSIRÉE-MARIE-LOUISE, mariée à Étienne Robert du Botneau.

4° FRANÇOIS, né à Talmond, le 6 mai 1770 ; son père, favorisant ses heureuses dispositions, donna à son éducation des soins particuliers, le fit entrer à St-Sulpice, où il sut se concilier l'estime des supérieurs. A la dispersion des Sulpiciens, François, qui n'avait pas encore reçu les ordres sacrés, fut nommé comme professeur de mathématiques au collège qui avait remplacé à Luçon le petit séminaire, et passa ensuite à celui de la Rochelle. Appelé sous les drapeaux, il fut quelque temps aux Sables et à l'Ile-Dieu, puis dirigé sur l'armée des Pyrénées-Orientales, où il acquit le grade de capitaine. Revenu en Vendée, après la pacification, il entra, grâce à son frère, dans les bureaux du représentant, fut secrétaire de l'administration du district des Sables et revint à Fontenay, où il prit place au barreau ; là, sans autre préparation que l'étude des *Lois civiles* de Domat, il se fit promptement remarquer. A l'organisation des cours d'appel, il vint plaider devant celle de Poitiers, d'abord comme défenseur officieux. « Cet esprit supérieur, dit M. Guerry-Champneuf, dans son oraison funèbre, s'élevait sans efforts des détails minutieux de la forme aux plus nobles mouvements de l'éloquence. » Lors de la reconstitution de l'ordre des avocats, il se consacra exclusivement à la plaidoirie. Poitiers a conservé le souvenir de ses luttes oratoires avec l'illustre Boncenne, seul capable de lutter contre lui. Il remplit pendant plusieurs années les fonctions de juge suppléant, et fut membre du conseil municipal jusqu'en 1830. Dès 1823 il avait cessé de faire activement partie de l'ordre qui l'avait élu plusieurs fois bâtonnier, pour se consacrer tout entier à l'éducation de ses petits-enfants, et jusqu'à sa mort, arrivée le 14 août 1848, il donna l'exemple de toutes les vertus chrétiennes. De son mariage contracté le 8 fév. 1799 avec Thérèse-Aglaé GAUDIN DE LA FONSAUSSE, fille de Joseph, et de Jeanne-Jacquette Jaunet de la Bauduère, il eut 5 enfants ; deux seulement lui survécurent : *a.* JEANNE-ADÈLE-AGLAÉ, mariée en 1824 à Pierre-Étienne Merveilleux du Vignaux, décédé président de chambre à Poitiers ; *b.* EUGÉNIE, mariée en 1844 à Étienne Robert du Botneau, veuf de sa cousine Désirée-Louise-Marie Bréchard.

5° MARIE-ROSALIE, mariée en 1797 à N... Danyau, notaire au Poiré ; 6° JULIE-ELÉONORE, religieuse hospitalière, décédée le 25 mars 1815, supérieure de l'hospice d'Amiens ; 7° SUSANNE-THÉRÈSE, décédée sans alliance, aux Sables, le 26 avril 1804 ; 8° BENJAMIN, né à Talmont, fut avoué à Fontenay, y a rempli diverses fonctions administratives et municipales. Il eut de son mariage avec Thérèse-Aimée DUPLEIX, fille de Aimé-René, lieutt de l'amirauté, maire des Sables sous la Restauration, et de Louise-Thérèse Veillon de Boismartin, sept enfants, dont : *a.* AUGUSTE, mort au service ; *b.* SIMÉON, décédé sans enfants mâles ; *c.* FLORENT, qui s'est établi en Touraine et y est décédé en mars 1890, sans postérité mâle ; *d.* EUGÈNE, avocat à Fontenay, qui de son mariage avec Marie-Paule TAUNAY, laissa PAUL, et EUGÉNIE, mariée à Paul Bazire.

9° AUGUSTE, qui suit.

5. — **Bréchard** (Auguste), né à Talmont, le 13 août 1784, fut élevé par son frère François, et le suivit à Poitiers, où il devint avoué près la cour d'appel, lorsque celui-ci se consacra exclusivement au barreau. Il se maria deux fois : 1° le 10 avril 1809, à Louise-Catherine-Flavie LELONG ; 2° le 13 avril 1822, à Marie-Elisa PENCHAUD. Il eut du premier lit : 1° CHARLES-MARCELLIN, qui suit ; du second lit ; 2° MARIE-GABRIELLE, mariée à Charles Grindelle.

6. — **Bréchard** (Charles-Marcellin) a rempli à Poitiers et dans la Vienne diverses fonctions municipales, administratives et judiciaires. Il a épousé, le 22 avril 1840, Louise COVILLIER DE CHAMPOYAU, fille de Alexandre, et de Virginie Bodin, dont MARCEL, qui suit.

7. — **Bréchard** (Marcel), né le 22 mai 1841, maire de Béruges, conseiller d'arrondissement du canton de Vouillé, et ancien suppléant du juge de paix

révoqué par l'administration républicaine, a épousé, le 25 avril 1868, Claire Charbeydon, fille de Jacques-Charles, et de Anne-Sophie Dufour-Laprugne, dont il a : 1° Marie-Louise-Edith, née le 1er juin 1869 ; 2° Marc-Hubert-Louis-Jacques, né le 10 sept. 1871.

BRÉCHOU. — Famille du Bas-Poitou, qui paraît s'être éteinte avec le xve siècle. Elle habitait la partie de la Vendée qui confine aux Deux-Sèvres, où elle possédait également des fiefs. (Il existe une localité dans le département de la Charente-Infre nommée le Breuil-Bréchou, siège d'un fief mouvant du chât. d'Aulnay. Il est à croire que la famille qui nous occupe lui a donné son nom.)

Bréchou (*Gaufridus*). Sa femme et ses sœurs sont citées au sujet de l'herbergement de Siet (Scieccq ?), dans une transaction passée, le mercredi après la Nativité de l'an 1304, entre Agnès, veuve de Hugues Ponvreau, et ses enfants.

Bréchou (Jean), sgr de Puissec, rend aveu de cet herbergement au chât. de Fontenay, le 10 janv. 1401. (Livre des fiefs.) Il rendait un aveu au duc de Berry, Cte de Poitou, en mars 1406, pour son fief dit le Petit-Puissec, *alias* Prévosteau, et recevait, le 7 janv. 1417, et en juil. 1426, de Guillaume de la Roche, Chev., sgr du Porteau, un aveu pour cedit fief. (N. c. p. M. de St-Laurent.) En 1417, il était lieutenant du château de Fontenay.

Bréchou (Gilles), Ec., sr de Denant en 1455 et 1457, était sgr du fief de Puissec et recevait des aveux de Jacques du Puy-du-Fou, pour son fief des Boynières. (Id.) Il épousa Louise de Montendre, et eut pour enfants : 1° François, 2° Marguerite, rapportés plus loin.

Bréchou (Louise) était veuve de Hugues Ocquet, lorsqu'elle épousa, vers 1440, Pierre de Sansiequet, et lui porta partie de la sgrie de Denant.

Bréchou (François) était, en 1464, sgr de Puissec et de Denant, d'après un aveu que lui rend Jacques de Puy-du-Fou pour sa terre du Porteau ; il l'était encore — ou un autre de ce prénom — le 25 déc. 1504, d'après un aveu qu'on lui rend pour le fief de Miscau. Les 29 nov. 1469 et 20 nov. 1493, il avait rendu au chât. de Vouvant un aveu pour son moulin de Drahé (St-Pompain, D.-S.). Le 3 avril 1477, il faisait ajourner Léonnet de Pennevaire, qui était son débiteur. (D. F. 8.) Enfin, à l'arrière-ban de 1488, Jean de la Haye et Jean Poussart se présentèrent pour lui avec trois brigandiniers, et à celui de 1489 il fut désigné pour la garde du chât. de la Flocellière. (Doc. inéd.)

Bréchou (Marguerite), De de Puissec ? épousa, vers 1480, Louis Boscher, Ec., sr de la Roche-d'Appelvoisin. (Reg. Malte, 1555, Goulard.)

BRÉCHOU. — Autres familles.

Bréchou (Pierre) possédait, vers 1300, un fief relevant du chât. de Chauvigny.

Bréchou (Jacques), procureur fiscal de la sgrie de Lussac-les-Châteaux, épousa, par contrat du 8 juin 1645, Bonaventure Mouliuet.

BRÉGIER en Chatelleraudais.

Brégier (Perrot) fit aveu de la Plante de Thuré, le 15 janv. 1397, à cause de sa femme, Jeanne Levasseniër ? dont il eut Aimery, mineur en 1431, qui rend aveu de la Plante.

BRÉGEON (Jean et Guillaume) possédaient en 1423 l'hôtel de feu Jean Billé, sis à Prinçay. (Hist. Châtellerault, p. 118.)

Brégeon (Jean) servit comme brigandinier du sgr de Bressuire au ban des nobles du Poitou de 1467. (F.)

BRÉIBO (*Jofret*), Chev., épousa Teline, qui, devenue veuve, donna à la commanderie de Launay (Ste-Cécile, Vendée) une rente sur les fiefs de Loutière ; et plus tard, le commandeur Robert de Noer fit accord à ce sujet avec Josselin Proost, 1238. (Documents La Boutetière, p. 31).

BRÉLAU ou **BRÉLEAU** (Pierre) fut le 1er mari de Jeanne Pontenière ; devenue veuve, elle épousa Louis Garnier, bailli de Gastine, avant 1479.

Brélau (Hugues), licencié ès lois, était sénéchal de Dompierre-sur-Boutonne, le 26 avril 1496. (F.)

BRELAY ou **BRELLAY.** — Voir **BRESLAY.**

BREMEAU. — Ancienne famille du Loudunais.

Bremeau (Regnault) et Jean Bremeau font en 1281 un accord avec Jean de Fayn, prieur de N.-D. de Loudun, au sujet des dîmes de Montbrillais. (Arch. Vienne.) Jean Bremeau eut une fille bâtarde, Pernelle, qui était mariée à Vincent Bodin, lequel, de concert avec Philippe Bodin d'Envigne, son père, lui promettent, le mercredi après la St-Barnabé 1283, 10 septiers de froment de rente, mesure de Loudun, pour son douaire. (Arch. Vienne, prieuré de Loudun.)

Bremeau (Jacques), Ec., sgr de Grandry, rend hommage au sgr de Thouars, le 23 janv. 1587, comme loyal administrateur de René Bremeau, son fils, et de feu Souveraine Durivault, sa femme ; ledit René était héritier sous bénéfice d'inventaire de feu Guillaume Durivault, son oncle, pour la terre et seigneurie de Montbrun. (D. F.) Nom mal écrit, v. Bruneau.

BREMETOT (de). — Famille noble, probablement originaire de Normandie, établie en Poitou au xve siècle.

Bremetot (Jean de), Ec., épousa Guillemette Heliz, Dame de Boniec ? en partie, qui testa, le 28 nov. 1404, en présence de Guillaume d'Anchief (d'Anché), Ec., sr de Fayolle. (D. Villevieille, V, 19.) Il est probable que la date exacte est 1464. Ils eurent sans doute pour fille :

Bremetot (Catherine de), mariée à Bertrand d'Anché, Chev., qui acquit le fief de la Bertinière (Sommières, Vien.), le 30 avril 1491 ; elle était veuve en 1500.

BREMIERS (de). — Famille du Montmorillonnais.

Blason. — Antoine Bremiers, prieur de Leigne, vivait en 1700. L'Armorial du Poitou lui donne d'office : « de gueules à une bande d'or chargée de 3 rustres de sable ».

Simon de Bremiers, curé de Sillars, reçut d'office : « d'or à une bande de sable chargée de 3 roses d'argent ».

Bremiers (René de), sr de la Sicaudière, fit déclaration à Montoiron en 1676 pour une maison à Archigny, et une autre à l'abbaye de l'Étoile en 1692.

Bremiers (Susanne de) épousa René Gervais, sr de la Fond, décédé en 1693.

Bremiers (Antoine), sr de Lovenaire ? épousa Louise David, dont il eut Marie-Françoise, mariée à 33 ans, à Moussac-sur-Vienne, le 10 sept. 1753, à Pierre de Lauradour, sr du Vivier.

BREMOND, ANCIENNEMENT **BERMOND**. — Maison d'ancienne chevalerie, qui a toujours été regardée comme une des plus nobles de nos provinces de l'Ouest. Nicolas Alain (*De Santonum regione et illustrioribus familiis*) disait des Bremond : « *sua et avorum virtute clari* »; et dans son jugement de maintenue, rendu le 3 sept. 1667, en faveur de Jacques de Bremond, Mis d'Ars, d'Aguesseau déclare que « les ancêtres dudit seigneur Mis d'Ars ont ajouté à leur ancienne noblesse, des services si illustres que leur immémoriale possession ne peut leur être contestée ».

Léon de Beaumont, évêque de Saintes et sous-précepteur du duc de Bourgogne, avait entrepris d'écrire l'histoire des principales maisons de Saintonge et d'Angoumois; il ne pouvait oublier la maison de Bremond qui lui était alliée (1704), et le P. Loys, gardien des Cordeliers de Saintes, la continua jusqu'en 1779. Un abrégé de cette volumineuse généalogie a été publié il y a peu d'années. (Jonzac, 1861, in-8° de 250 p.) Nous allons faire en sorte de résumer dans les limites des articles de notre Dictionnaire cet abrégé déjà fort étendu.

D'après ces auteurs, le nom de Bremond ou Bermond (*Bermundus* et *Bremundus*) d'origine gothique, était fort répandu dans le Midi de la France à la fin du XIe siècle, par suite du culte de St Veremond ou Bremond, abbé de Ste-Marie d'Yrache en Navarre. Il devint patronymique pour une foule de familles de toutes conditions; mais il était plus anciennement encore connu en Aquitaine, car on le voit, dès la fin du IXe s°, porté par un des leudes ou fidèles de Guillaume, Cte d'Auvergne et duc d'Aquitaine, figurant parmi les témoins du testament de ce prince fait à Bourges, le 3 des ides de sept. 910. (Recueil des Historiens de France, IX, 711.)

On trouve dès la fin du Xe siècle des Bermond ou Bremond mentionnés dans les cartulaires des abbayes de St-Cybard d'Angoulême, de Baigne, de N.-D. de Saintes, de la Couronne, etc.; mais comme ils sont complètement étrangers au Poitou, province où ils n'ont, dans ces temps reculés, ni contracté d'alliance ni possédé de terres, nous ne relaterons les ancêtres de cette noble famille qu'à partir du XIIIe siècle.

Blason : d'azur à l'aigle à 2 têtes d'or au vol abaissé languée de gueules. Devise : *Nobilitas est virtus*.

Nota. — Pierre Bremond de Ste-Aulaye, Chev., qui servait avec sa compagnie dans les guerres de Saintonge, donna quittance, le 2 mars 1339, à Mortagne; son sceau porte 2 aigles posés l'un à côté de l'autre (dit Clairambault, Cab. Tit.). Gaignères dit 2 haches d'armes. (Gaign. vol. 773, p. 296 et 68.) Dans le volume 499 Pièces originales, n° 11278, p. 50, on dit deux vols l'un au-dessus de l'autre. Guillaume Bremond, qui servait sous l'évêque de Beauvais dans les guerres de Saintonge, donna quittance à Pons le 19 août 1345. Son sceau porte un écu fascé de 6 pièces.

La filiation des premiers degrés n'ayant pu être établie avec certitude, vu l'époque reculée où vivaient ces personnes, nous ne commencerons à les indiquer par des chiffres qu'à partir de Pierre, gouverneur de Cognac.

Bermond (Pierre), que l'on pense être le fils d'un autre Pierre qui fut envoyé ambassadeur à Rome en 1183 par le roi d'Angleterre (Historiens de France, XVII, 625), accompagna en Angleterre (1216) le prince Louis, fils de Philippe-Auguste, appelé par les barons anglais révoltés contre Jean sans Terre. Le jeune Roi lui donnait (14 août 1216) un cheval à prendre dans ses écuries, et, le 23 sept. 1216, le manoir de Dunintou, confisqué sur le connétable de Chester. (*Th. Dulfus Hardy, Rotuli*.) C'est probablement le même (*Petrus Bermundi, miles Petragoricensis*) qui fut choisi en 1227 par Blanche de Castille pour être l'un des deux conservateurs de la trêve qu'elle venait de conclure avec le roi d'Angleterre, Cte de Poitou. (Hist. de France.)

Bremond (Foucauld) était en 1204 l'un des chev. de St-Jean présents à l'hôpital de Jérusalem.

L'habitude, générale à cette époque, de donner aux enfants les prénoms de leurs pères rend les filiations difficiles à établir d'une manière certaine. On ne peut donc assurer que le Pierre qui suit est bien le fils de celui qui précède. C'est à lui que M. de Beaumont commençait la filiation suivie, et comme le disait le Cte de Ste-Maure en 1745, en parlant du travail de l'évêque de Saintes, « il aurait, à coup sûr, trouvé beaucoup plus de choses et aurait reculé l'antiquité de cette maison, si le feu Mis d'Ars, un peu plus communicatif, lui avait donné connaissance de ses archives ».

Bermond ou **Bremond** (Pierre) (car l'inversion de la première syllabe a déjà commencé à se produire dans les actes de cette époque), dans un traité daté du jour de Pâques 1232, *Petrus Bermundus, miles*, se porte garant, avec les principaux sgrs de la contrée, pour 1,000 sous, de Gaston de Biron, Chev., sgr de Biron, qui devait l'hommage à Hugues X de Lusignan, Cte de la Marche et d'Angoulême, pour son chât. de Badefol; il est encore nommé dans le dénombrement rendu en 1239 dans la ville de Saintes par Ithier de Barbezieux à Hugues de Lusignan. On lui donne pour enfants : 1° Pierre, qui suit; 2° Alon, cité dans l'aveu de 1239 précité.

Bermond ou **Bremond** (Pierre), qualifié valet, sgr de Ste-Aulaye, dans son hommage rendu, le 4 avril 1244, à Hugues X de Lusignan, Cte d'Angoulême, à cause de son chât. d'Aubeterre d'où relevait Ste-Aulaye. Parmi les seigneurs qui se portent garants de Pierre Bermond envers Lusignan, on trouve un Alon de Bermond pour 100 liv. Cet Alon serait-il le frère de Pierre ? et le même qu'un Alon, Chevalier de Montmoreau, qui, le 9 nov. 1251, rendait un hommage à Yolande, veuve de Hugues XI de Lusignan, Cte de la Marche et d'Angoulême ?

Bremond (Géraud), prieur des Frères Prêcheurs de Bordeaux, était prieur de Bayonne lors du miracle de la Ste Hostie en 1290. (Hiens de France, t. XXI, p. 743.)

Bremond (Hélie), sgr de St-Maigrin, Chev. banneret en Saintonge, vivait en 1350 et est cité par du Cange; son sceau portait un aigle éployée, au vol abaissé. (Nob. mss.)

Bremond (Hélie), Chev., après avoir servi avec 2 écuyers dans l'armée du prince de Galles, avec le sgr de Barbezieux et beaucoup de Chev. poitevins, reconnut, à Poitiers, le roi Charles V.

La famille de Bremond était dès lors divisée en plusieurs branches, dont quelques-unes, comme celles de Montmoreau et de Nabinaud, avaient déjà abandonné leur nom patronymique pour ne retenir que celui de leurs fiefs. Nous ne les mentionnerons donc pas, non plus que celle de Ste-Aulaye, car elles n'ont eu aucuns rapports d'alliances ou de possessions dans notre province.

§ Ier. — Première Branche.

1. — **Bermond** ou **Bremond** (Pierre) fut châtelain gouverneur du chât. de Cognac jusqu'en août 1267, pour Guy de Lusignan, sgr de Cognac, Merpins, etc., auquel il s'était attaché dès sa jeunesse et qui, pour récompenser ses bons services, lui donnait 12 septiers de froment à prélever chaque année sur le minage de Cognac, et le choisit avec Bernard Bremond, prêtre, pour l'un de ses exécuteurs testamentaires; fut l'un des deux témoins de l'accord passé le dimanche après l'Assomption 1284 entre les héritiers du Cte de la Marche et ceux d'Isabelle d'Angoulême, reine d'Angleterre, et à sa ratification en févr. 1288. (Arch. Nat.) Le sceau de P. de Bremond porte une fleur de lis fleuronnée. (Douët-d'Arcq, Sceaux.) Pierre était décédé avant le 22 août 1288, laissant : 1° Pierre, qui suit; 2° Guillaume, prêtre, cité dans l'inventaire des titres d'Angoulême par Corlieu comme possédant une maison à Cognac en 1298, 1299. Est-ce le même qu'un Guillaume de Bremond cité dans le censif de l'hôpital neuf de Pons, dressé en 1292, et qu'un autre Guillaume, prévôt de l'Église de Toulon dès 1290 ?

2. — **Bermond** ou **Bremond** (Pierre), Chev., est désigné comme sgr de Jazennes dans un bail emphytéotique consenti, le 24 sept. 1316, par le prieur de l'hôpital neuf de Pons; il fut, en 1327, l'un des exécuteurs testamentaires de Gombaud, sgr d'Asnières. On lui donne plusieurs enfants : 1° Guillaume, qui suit; 2° Pierre, Chev., qualifié sgr de Jazennes en partie dans un acte du 22 sept. 1337, relatif à une vente de droits de prévôté sur certains fiefs (Arch. de Pons); 3° Guibert, Chev., capitaine d'une compagnie de gendarmes, servit contre les Anglais et recevait d'Aubert de Sassenage, Chev., capitaine souverain pour le Roi en Poitou et Saintonge, 6 l. 10 s. tournois, sur ses gages et ceux des gens d'armes de sa compagnie, « en cette présente guerre ». Son scel en cire rouge portait, dit Clairambault, un griffon (ou plutôt un aigle ?).

3. — **Bermond** ou **Bremond** (Guillaume), Chev., sgr de Jazennes, Eschillais, etc., servit sous les ordres de Pierre Bremond, sgr de Ste-Aulaye, son parent, tenant pour le Roi le château de Mortagne-sur-Gironde et lieutenant du maréchal d'Andrehem en Saintonge. Guillaume fut également capitaine d'une compagnie d'hommes d'armes, et reçut ses gages et ceux des écuyers de sa compagnie le 19 août 1345. Il suivit en Flandre Renaud de Pons et succomba dans les rangs français, à la funeste bataille de Crécy (1346).

De son mariage contracté avec Jeanne d'Ars, D^e^ d'Ars et de Balanzac, fille de Gombaud, B^on^ desdits lieux, et d'Isabelle de Brie, sont issus : 1° Guillaume, qui suit; 2° Guibert, qualifié valet, sgr de Jazennes, vendait divers droits à l'hôpital neuf de Pons le 3 mars 1370 (Arch. de Pons); 3° Baudon, Ec., qui servait avec Guibert précité dans la compagnie du sire de Pons.

4. — **Bermond** ou **Bremond** (Guillaume) IIIe, Chev., sgr d'Ars, Balanzac, Eschillais, Rouffiac, etc., recevait, le 1er nov. 1399, de Renaud IV, sire de Pons, pour les services qu'il lui avait rendus, le don de la moitié des arrérages d'une rente en grains et en argent, qui avait appartenu à son aïeul Gombaud de Balanzac. Le 15 sept. de la même année, Arnaud de Melle, garde de la prévôté de Cognac et Merpins, reconnaît qu'il avait tenu indûment une assise dans la terre d'Ars, le 19 mai précédent, et que tous les droits de justice appartenaient à Guillaume Bremond. Les 16 oct. 1390, 11 sept. 1394 et 16 avril 1411, il rendait hommage de la chât^nie^ d'Ars au roi de France. Le 18 nov. 1414, il donnait procuration à sa femme pour marier une de leurs filles, et il périt comme il avait vécu, les armes à la main, à Azincourt (25 oct. 1415).

Guillaume avait épousé Marquise Chaffrais, D^e^ de Puy-Vidal, fille et héritière de Simon, Chev., sgr de Puy-Vidal en Angoumois, et de Hélène de Dompinon (*de Dompno*), D^e^ de Rouffiac. De ce mariage : 1° Pierre, qui suit; 2° Jeanne, mariée, le 18 nov. 1414, à Ithier de Villebois, Chev.; 3° Julienne, qui épousa, avant 1447, François de Ramberge, Ec.; 4° Anne, femme de Gadras de Vaux, à qui elle porta en dot la chât^nie^ de Rouffiac; 5° Héliette, qui partagea avec ses frères et sœurs.

5. — **Bremond** (Pierre de), Chev., sgr d'Ars, Balanzac, Puy-Vidal, etc., Chev. de l'ordre du Camail ou du Porc-Epic, que lui conféra, le 29 juin 1442, Charles duc d'Orléans, dont il était un des écuyers, et qu'il avait suivi dans toutes les guerres de ce temps, pour reconnaître « ses fidèles services, grande vaillance et prudhomie ». (Le nombre de ces Chev. était fort restreint, et on les considérait alors à l'égal des chevaliers de la Toison-d'or.) Le 14 mars 1452, Pierre avait été présent à un accord passé par Jean Vte de Pompadour, chambellan de Louis XI. Il prenait dans tous ses aveux d'Ars et de Balanzac les titres de noble et puissant Messire, et ajouta celui de Chevalier, dans son testament fait le 15 juin 1456, en son hôtel noble d'Ars; il y demande à être inhumé dans l'église de St-Macoux d'Ars, près de ses ancêtres et prédécesseurs, et ordonne que l'une de ses filles, Anne, soit mise en religion, etc.

Il épousa Jeanne de Livron, fille de Foucault, et de Robine de Sonneville. De ce mariage sont issus : 1° Jean, qui suit; 2° autre Jean, auteur de la branche de Balanzac et de Vaudoré, rapportée au § IX; 3° Agnès, femme de Jacques de Livron, son parent, auquel elle porta la terre de Puy-Vidal; 4° Julienne, femme de Lancelot Corgnol, Ec., sgr de Villefréard; 5° Marguerite, mariée, le 14 juil. 1475, à Arnaud du Gua, Ec., sgr de Chastelard en Saintonge; 6° Anne, religieuse et qui fut doyenne de l'abb. de N.-Dame de Saintes; elle donnait en cette qualité en 1478 quittance d'une fondation faite pour le repos de l'âme d'Alphonse Cte de Poitou.

On donne encore à Pierre pour enfants : Pierre-Aymar, qui servit au ban des nobles d'Angoumois en 1467, et Anne la jeune, mariée à Pierre Vigier.

C'est à tort que D. Fonteneau et La Chesnaye des Bois disent que Pierre de Bremond avait pris une première alliance avec Assalide de Rabayne, fille de Geoffroy, et d'Almodis de Montausier; il y a sans doute confusion avec un Pierre de Bremond de la branche de Ste-Aulaye.

6. — **Bremond** (Jean de), Chev., sgr d'Ars, Gimeux, la Mothe-Meursac, etc., eut pour parrain Jean d'Orléans, Cte d'Angoulême, et fut élevé à la cour de ce prince; servit au ban d'Angoumois de 1467, assista comme sgr d'Ars à l'entrée solennelle de Charles d'Orléans dans la ville d'Angoulême, lorsqu'il vint prendre possession de ses États en 1469. Il fut curateur de Jean de la Trémoille, son parent, et fit un accord à ce sujet, le 1er juil. 1502, avec Philippe de la Trémoille. En 1470 et 1476, il fit aveu de sa terre d'Ars.

Jean de Bremond épousa, le 22 janv. 1468, Marguerite Corgnol, fille de Louis, sgr du Vivier (Longré, Charente), et de Marguerite Janvre de la Bouchetière. De ce mariage : 1° Charles, qui suit; 2° Georges, sgr de Courty en Ars, fut fait prisonnier à la bataille de Pavie; rendu à la liberté, il épousa, déjà avancé en âge, le 26 fév. 1527, Aliénor de Vivonne, sœur d'Artus, sgr de Pisany, et mourut sans hoirs avant 1542; 3° François, mentionné dans quelques actes.

7. — **Bremond** (Charles de), Chev., sgr d'Ars, etc., servit en 1494 dans la compagnie de François, sire de Pons, prit part aux guerres d'Italie comme son frère Georges. Il eut pour enfants de Marguerite Foreau, fille et unique héritière d'Etienne, sgr de Tesson, et de Catherine Gombaud : 1° François, qui suit; 2° Catherine, femme de Jean de Rabayne, Ec., sgr de Jazennes.

8. — **Bremond** (François de), Chev., sgr d'Ars, Tesson, etc. fit également les guerres d'Italie sous François Ier. Il épousa : 1° à Pons, le 8 nov. 1532, Antoinette de St-Mauris, fille de René, sgr de la Vespierre en Normandie, commissaire de l'artillerie du Roi en Guienne, gouverneur de Pons, et de Françoise de Rabayne. Antoinette de St-Mauris étant morte en 1538, François épousa, le 10 avril 1540, Marguerite de Beaumont, fille de François, Chev., sgr de Rioux, l'un des commandants de la compagnie des 100 gentilshommes de la maison du Roi, et de Catherine de Souza-Portugal. Du premier lit est né Charles, qui suit, et du second René, tige de la branche de Tesson, rapportée au § VIII.

9. — **Bremond** (Charles de) IIe, Chev., sgr B^on^ d'Ars, du Chastelier, etc., gentilhomme de la chambre, chambellan des rois Charles IX, Henri III et Henri IV, Chev. de l'ordre, lieutenant-général pour S. M. dans les provinces d'Angoumois, Saintonge et Aunis, ville et gouvernement de la Rochelle, et commandant ces provinces en l'absence du maréchal de Bellegarde, capitaine de 50 hommes d'armes des ordonnances du Roi, naquit en 1538, eut comme tuteurs Bonaventure de St-Mauris et Jean de Vivonne, sgr de Pisany, qui, le 4 juil. 1558, l'assistent dans une transaction passée avec son frère René, sgr de Tesson, au sujet de la succession de leur père. Le B^on^ d'Ars fut honoré de la confiance de nos Rois, qui la lui témoignèrent bien souvent par des lettres dont nous donnons ici le texte d'après les originaux conservés par la famille.

« Mons. d'Ars, oultre les bruits qui courent assez communs, j'ay advis en forme de plusieurs endroits de mon royaume qu'il se fait quelques associations, ligues et levées de gens de guerre, contre mon service et aultres et même en mon pays d'Angoulmoys, dont je ne puis penser la cause, n'en ayant laissé aucun argument à qui que ce soit, car d'ung costé j'ay fait soigneusement garder et observer mon édict de pacification autant qu'il m'est possible, et d'ailleurs je n'obmest rien que je puisse, et ne prends aulcun plus grand soin que d'establir ung bon ordre en toutes choses, et pourvoir par tous moyens au soulagement et descharge de mon peuple, leur ayant diminué leurs tailles ceste présente année de la somme de 6,040 liv. 3 sols 3 deniers, ainsy que j'espère faire cy après année par année comme mes affaires le pourront permettre. Et encore que je ne puisse croire que ces nouveaux remuements viennent à aucun effet, toutes fois, ne voulant rien négliger en affaires si importantes, j'ay bien voulu, sçachant la grande affection qu'avez tousjours démonstrée au bien de mon service, vous faire ceste lettre pour vous prier que, continuant à m'en faire paroistre les effets, ainsy qu'avez fait par le passé, vous exhortiez et admonestiez de bons avis ceux que vous sçaurez s'estre laissé ou estre en volonté de se laisser aller et entendre aux dittes associations et pratiques, qu'ils ayent à s'en retirer et départir de bonne heure comme d'ung glissant et dangereux précipice, mettant en considération que le meilleur et le plus seur est de se tenir et ranger de mon costé et de me rendre l'obéyssance qui m'est deue comme Dieu l'a ordonné et le debvoir de naturelz subjets qu'ils me sont les y oblige, avec asseurance qu'ils s'en trouveront bien d'avoir cru cet avis et conseil qui est le plus sain et le plus salutaire qu'ils puissent suivre, ainsy que je sçay que leur sçaurez très bien représenter et faire entendre, et vous me ferez fort grand et agréable service, priant Dieu, Mons. d'Ars, vous avoir en sa sainte garde. — De Paris le 27e jour de mars 1585 (Signé) Henry, et plus bas Pinard. — Au dos est écrit : A Mons. d'Ars, chevalier de mon ordre et mon lieutenant général en Xaintonge et en Angoumois. »

Autre lettre.

« Mons. d'Ars, oultre que vous serez bien particulièrement informé des occurrences de deçà et de mon intention par le s^r^ de Gouffier que j'ay depesché en mon pays d'Angoulmoys, vous sçaurez par ceste lettre que j'ay receu les vostres du 5 de ce mois et qu'il me demoure un grand contentement du bon ordre que vous avez donné à asseurer les villes de mon pays de Xaintonge en mon obéyssance, et tellement disposé toutes choses qu'il n'y ait rien en apparence qui puisse altérer le repos de ces provinces, louant infiniment votre dextérité et les persuasions dont vous avez usé à l'endroyct des gentilshommes du pays pour les ramener à la dévotion et fidélité qu'ils me doibvent, vous asseurant que vous me ferez service très agréable de continuer en ce debvoir, lequel je recognoitrai en toutes occasions qui se présenteront pour vostre bien et avantage, priant Dieu, Mons. d'Ars, qu'il vous ayt en sa sainte garde.— De Paris le 16e jour d'avril 1585. (Signé) Henry, et plus bas de Neufville. Au dos est écrit : A Mons. d'Ars, chevalier de mon ordre, commandant pour mon service en Angoulmois et Xaintonge. »

Troisième lettre.

« Mons. d'Ars, j'ay esté bien ayse d'estre esclaircy par vos lettres du 12 de ce mois de l'estat de nos affaires de nos pays d'Angoulmoys et de Xainctonge, m'asseurant qu'à l'advancement et réputation d'icelles vous apporterez tousjours la mesme affection et fidélité que vous avez faict jusques ici; mais congnoissant combien il importe que ces provinces, en ceste saison, ne demeurent plus longuement destituées de la présence de leur gouverneur, je fais partir dedans deux ou trois jours le s^r^ de Bellegarde pour aller pourvoir à toutes choses : et cependant je vous envoye ung pouvoir pour authoriser ce que vous ordonnerez et commanderez pour mon service ès dits pays; de l'estat desquels je vous prie continuer à me donner advis, et entr'autres choses des forces dont vous penserez que mes chasteaux et chastels d'Angoulesme pourroyent avoir besoing pour la soureté et la conservation d'iceulx et le moyen qu'il y aura d'en faire lever l'entretenement sur les habitans dudit pays : d'aultant que je ne le pourrois faire fournir de mes deniers ordinaires, dont j'ay assez de besoins par deçà pour assembler mon armée et autres urgentes occasions qui se présentent tous les jours de les employer. Au reste j'escris au séneschal d'Angoulmoys qu'il vous reconnoisse pour celluy qui a charge de commander pour mon service par delà, et qu'il se départe, sur peine de désobéyssance, de tout ce qui appartient au faict des armes et gouvernement de mon dit pays, priant Dieu, M. d'Ars, qu'il vous ayt en sa sainte garde.— De Paris, le 18 avril 1585. (Signé) Henry. Plus bas, de Neufville. »

Au dos est écrit : « A Mons. d'Ars, commandant pour mon service en Angoulmoys et Xaintonge, en l'absence du duc de Bellegarde ». (O.)

Charles de Bremond mourut au chât. d'Ars en 1599, entouré de l'estime et du respect de ses contemporains. Il serait trop long d'énumérer ici les services de ce vaillant guerrier, toujours fidèle à la religion et à la royauté, et que ne put jamais entraîner l'esprit d'intrigue de cette époque si troublée.

Charles de Bremond se maria d'abord, le 8 mai 1559, à Louise D'ALBIN DE VALSERGUES DE CÉRÉ, fille de Louis, Bon du Chastelier en Touraine, lieutt-général de l'artillerie de France, et de Renée de Chabanais ; puis, le 1er février 1589, à Jeanne BOUCHARD D'AUBETERRE, veuve de Louis de la Rochefoucauld, Cte de Roissac, et fille de Jean, sgr de St-Martin de la Coudre, et de Jeanne Hamon. Du 1er lit sont issus : 1° N..., dit le Bon du Chastelier, tué à l'âge de 16 ans, en défendant son drapeau au siège de Taillebourg en 1589 ; il servait comme enseigne dans la compagnie de son beau-frère, Frédéric de Beaumont (le P. Daniel, Hist. de la milice française, II, 65) ; 2° JOSIAS, qui suit ; 3° FLORENCE, mariée, le 4 juin 1588, à Frédéric de Beaumont, mestre de camp d'infanterie, l'un des lieutenants du maréchal de Matignon en Guyenne. Devenue veuve, elle se remaria, le 10 oct. 1588, à Lancelot de Donnissan, sgr de Citran, Chev. de l'ordre, et capitaine de 50 hommes d'armes, etc. ; 4° PHILIPPE, tige de la branche des sgrs de Céré et de Vernoux, rapportée au § VII.

10. — **Bremond** (Josias de), Chev., sgr Bon d'Ars, du Chastelier, de Dompierre-sur-Charente, Migré, Coulonges, Luçay, etc., Chev. de l'ordre du Roi, capitaine de 50 hommes d'armes de ses ordonnances, gentilhomme de sa chambre, colonel du régiment du Chastelier de 1,000 hommes de pied, maréchal des camps et armées du Roi, commandant général du ban et arrière-ban d'Angoumois, etc., conseiller ès conseils d'Etat et privé, fut député de la noblesse d'Angoumois aux Etats généraux de 1614 et à l'assemblée des notables de 1626, etc. ; naquit au chât. d'Ars en 1561 ; était, du vivant de son père, connu sous le nom de Bon du Chastelier. Il fut, comme son père, l'un des sgrs de son temps les plus justement estimés. Son attachement au duc d'Epernon, son parent et ami, le priva de participer aux faveurs royales, notamment de recevoir l'ordre du St-Esprit, malgré ses soixante-quinze années de services de guerre et sa constante fidélité à la cause royale. Le Bon d'Ars avait dans le cours de sa longue carrière assisté à 22 batailles et 18 sièges. Il est mort à Ars le 15 avril 1651. (Voir pour plus de détails sur cet homme éminent, les ouvrages cités plus haut.)

Il avait épousé, contrat du 1er nov. 1600, reçu à Montguyon, Marie DE LA ROCHEFOUCAULD, fille de feu François, Bon de Montendre, Montguyon, et de Hélène de Goulard ; elle mourut en 1621, laissant : 1° FRANÇOIS, dit le Bon du Chastelier, tué au siège de St-Jean-d'Angély le 1er juin 1621 ; 2° N..., garçon, tué à la même époque, d'après une lettre de Nicolas Pasquier à Josias de Bremond ; 3° JEAN-LOUIS, qui suit ; 4° CHARLOTTE, mariée d'abord, le 24 juin 1619, à Jean Green de St-Marsault, Chev., sgr de Nieuil et de Mazotte, puis à Jean de Livenne, Chev., sgr de Laumont ; 5° LOUISE, qui épousa, au chât. d'Ars, le 20 janv. 1628, Pierre de Nossay, Chev., sgr de la Forge ; 6° GABRIELLE, mariée, le 5 mars 1629, à Gabriel Gombaud de Champfleury.

Josias ne fut pas moins considéré par le Roi que son père ne l'avait été; nous en donnons comme témoignage les trois lettres de Louis XIII, d'après les originaux conservés par la famille.

« Mons. le baron d'Ars. L'occasion s'offrant que mes bons serviteurs doibvent faire paroistre les effectz de leur fidellité et dévotion au bien de mon service, j'ay commandé au sr Mis de la Caze de vous faire entendre mes intentions, et de vous dire la confiance que je prends que vous me rendrez en ces occurrences les debvoirs auxquels votre naissance vous oblige, à quoy j'ay bien voulu vous exhorter pour celle-cy, et vous asseurer que contribuant en vos quartiers pour mon service ce que sera de vos soings et affections, vous debvez espérer que je vous gratiffierai en tout ce qui s'en présentera, dont ledit sr Mis de la Caze vous informera plus particulièrement ; auquel me remettant, je prie Dieu, Mons. le baron d'Ars, vous avoir en sa sainte garde. Escrit à Lizieux le 23 jour de juillet 1620. » (Signé) Louis. (Plus bas) Phelypeaux. La suscription est : « A Mons. le Baron d'Ars. »

Seconde lettre :

« Mons. d'Ars. J'avois donné ordre au sr Cte de Jonzac mon lieutenant général en Xaintonge et Angoulmoys, de conduire ma noblesse des provinces de Xaintonge et Angoulmoys vers ma ville de Châlons en Champagne où je luy ay donné rendez-vous ; et parce que je juge la présence dudit sr Cte de Jonzac nécessaire dans mes dites provinces, je vous faicts ceste lettre pour vous dire que vous ayez à prendre la conduite de ma dite noblesse et la mener en plus grand nombre et meilleur équipage que se pourra vers maditte ville de Châlons dans la fin de ce moys ou plusthost s'il est possible, suivant ce que j'avois prescrit audit Cte de Jonzac, et m'asseurant qu'en ceste occasion où il s'agit de la conservation de mon Etat, et de la gloire que mes armes ont acquise, vous aporterez tout ce que je puis me promettre de vos services, de vostre crédit et de vostre affection. Je ne vous feray cette lettre plus longue que pour vous asseurer que je conserveray le souvenir des services que vous m'y rendrez pour vous en recognoistre et les vostres en ce quy s'offrira pour vostre bien et advantage. Et sur ce, je prie Dieu vous avoir, Mons. d'Ars, en sa saincte garde. Escript à S. Germain en Laye le 18 jour d'aoust 1635. » (Signé) Louis (et plus bas) Servien. La suscription est : « A Mons. le Baron d'Ars. »

La troisième lettre est également relative au voyage de Champagne.

« Mons. d'Ars, par une lettre que le sr Cte de Jonzac vous aura donnée de ma part, vous aurez desja vu qu'ayant estimé à propos pour mon service qu'il demeurast dans les provinces de l'estendue de sa charge, je désirois que vous prissiez la conduite de ce qu'il auroit assemblé de ma noblesse pour la mener en celle de Champagne au rendéz-vous que je lui avois donné. Et maintenant j'ay bien voulu vous faire encores ceste lettre pour vous donner avis de la résolution que j'ay prinse de partir dans peu de jours de ce lieu pour me rendre à Challons dans la fin du présent moys et vous dire que vous ayés à conduire au plusthost audit Challons toute la noblesse de ma province d'Angoulmoys dont j'apprends par la lettre dudit sieur Cte de Jonzac qu'il y a bon nombre prest à marcher, et je m'asseure que chacun sera bien aise de se trouver aux occasions de me rendre service où je me porterai en personne ; vous aurés donc à employer vos soings et vostre crédit pour faire que vous y veniés le mieux accompaigné et le plus dilligemment qu'il sera possible, vous asseurant que le service que vous me rendrés me sera en particulière recommandation. Et sur ce, je prie Dieu vous avoir, Mons. d'Ars, en sa saincte garde. Escript à Chantilly le 21 août 1635. » (Signé) Louis ; (plus bas) Servien. La suscription est : « A M. le baron d'Ars. »

11. — **Bremond** (Jean-Louis de) naquit en 1606 ; d'abord destiné à l'ordre de St-Jean-de-Jérusalem, il

prit, à la mort de ses trois aînés, le titre de Bon du Chastelier, selon la coutume de sa maison. Après avoir servi sous les ordres de son père, assisté aux sièges de Royan et de la Rochelle, il fut du petit nombre des volontaires qui en 1623 passèrent à l'île de Ré assiégée par les Anglais. L'année d'après, il suivait Louis XIII en Béarn, et en 1630 était en Savoie sous les ordres de son oncle le duc de la Force. En 1641, il commandait une compagnie dans le régiment d'Enghien, au siège de Tarragone. Sous la Fronde, il se distingua par sa valeur. Le prince de Condé ayant envoyé le duc de la Rochefoucauld assiéger Cognac, le baron d'Ars, qui par la tenure de ses fiefs devait défendre à ses frais et dépens la porte St-Martin de cette ville, s'y renferma avec ses deux fils et maintint par son exemple les habitants dans l'obéissance; mais, dans une sortie, il reçut deux graves blessures, des suites desquelles il mourut le 27 mai 1652. Il fut nommé par le Roi maréchal de camp, en récompense de sa fidélité. Il avait épousé au chât. d'Orlac, le 30 déc. 1630, Marie-Guillemette DE VERDELIN, D^e d'Orlac, fille de Jacques, gentilhomme de la chambre du Roi, etc., et de Jeanne Vinsonneau. Elle se montra, lors du siège de Cognac, la digne compagne de son époux, auquel elle donna : 1° JOSIAS, Mis d'Ars, né à Orlac, le 20 sept. 1632. Le savant jésuite Pierre Pelleprat, qui avait été son précepteur, lui dédia son livre *Prolusiones oratoriæ*, où l'on voit le portrait de Josias gravé par Franç. Chauveau. Il prit, ainsi que ses frères, les armes de bonne heure, et était enseigne au régiment de Montausier, lorsqu'au combat de Montanceys en Périgord, le 15 juin 1652, il tomba percé de 17 blessures en défendant son drapeau; fait prisonnier, il mourut le lendemain.

2° GABRIELLE, religieuse carmélite à Saintes, morte jeune; 3° PIERRE, dit le Mis de Migré, comme puîné de sa maison, naquit au chât. d'Orlac le 24 août 1634, reçut, comme son frère, de nombreuses blessures au combat de Montanceys, et fut également fait prisonnier. Le chef des frondeurs, le colonel Balthazard, ne lui rendit la liberté qu'en lui faisant payer une rançon de quatre mille livres, dont Ch. de la Rochefoucauld, Mis de Montendre, son parent et compagnon d'armes, se porta caution; mais il mourut peu de mois après; 4° LOUISE, qui eut en partage la terre de Migré, qu'elle porta, le 8 juil. 1654, à son mari Jacques d'Abzac, sgr de Mayac, maréchal de camp et premier chambellan de Gaston duc d'Orléans; elle mourut au chât. du Bouchet près Niort, le 26 déc. 1677, et fut inhumée dans le chœur de l'église de Migré; 5° JACQUES, qui suit; 6° JEAN-LOUIS, tige de la branche d'Orlac, § II; 7° PIERRE, dit M. de Lussay et Mis de Migré, après la mort de son frère Pierre; 8° FRANÇOISE-ANGÉLIQUE, religieuse aux Ursulines de Loudun en 1660.

12. — **Bremond** (Jacques de), Chev., Mis d'Ars, etc., né au chât. d'Orlac le 22 mai 1637, fut baptisé dans l'église d'Orlac; il obtint, le 3 sept. 1667, de Henri d'Aguesseau une maintenue de noblesse. Le Mis d'Ars mourut au chât. du Solençon, le 26 janv. 1676. Il avait épousé, à Cognac, le 20 fév. 1662, Marie DE LA TOUR-St-FORT, fille et héritière de René, baron de St-Fort-sur-Né, sgr de la Ferrière, gentilhomme de la chambre du Roi, et de Marie Vinsonneau de la Péruse, dont : 1° LOUIS, Mis d'Ars, né en 1663, mort sans alliance le 6 mars 1692; 2° JEAN-LOUIS, qui suit; 3° MARIE-THÉRÈSE, mariée, le 27 juin 1695, à Léon de Pontac, Vte de Jauberthe, Bon de Beautiran, capitaine aux gardes françaises; 4° MARIE-ROSALIE-URSULE, religieuse Ursuline à St-Jean-d'Angély; 5° JACQUES, mort jeune.

13. — **Bremond** (Jean-Louis de), Chev., Mis d'Ars, sgr d'Angeac-Champagne, Gimeux, etc., Chev. de St-Louis, capitaine de vaisseau, le 13 fév. 1709, servit sous les ordres du maréchal de Tourville et de Duguay-Trouin. Il mourut le 12 mai 1742, et fut inhumé à Ars, dans la sépulture de ses ancêtres.

Il avait épousé, le 25 fév. 1692, Judith-Huberte DE Ste-MAURE MONTAUSIER, fille d'Alexis, Cte de Jonzac, Mis d'Ozillac, lieut. général commandant la Saintonge et l'Angoumois, premier écuyer du duc d'Orléans, et de Suzanne de Catellan; elle est morte au chât. d'Ars, laissant : 1° FRANÇOIS-PHILIPPE, Mis d'Ars, capitaine au régiment Royal-Étranger, mort à Paris sans alliance; 2° CHARLES, qui suit; 3° JOSIAS, et 4° JACQUES, morts jeunes; 5° LOUISE, 6° MARIE-LOUISE-GABRIELLE, mariée à François-Louis de la Cassaigne, Mis de St-Laurent; 7° LÉON-ALEXIS, dit le Vte d'Ars, Chev. de St-Louis, de St-Lazare et de N.-Dame-du-Mont-Carmel, lieutenant de Roi en l'île de la Trinité, né le 17 janv. 1697, et mort en 1779, laissant de Louise FAURE DE FAYOLLE, qu'il avait épousée à la Martinique, le 12 sept. 1736, une fille unique, MARIE-JUDITH-HUBERTE, mariée en 1764 à Henri-Charles-Jacob de Bremond, Mis d'Ars.

14. — **Bremond** (Charles de), Chev., sgr Mis d'Ars, né le 7 juil. 1695. Bien que retenu dans ses terres par le soin de ses affaires domestiques, et de longs procès suscités par des substitutions testamentaires, il fut néanmoins ami des lettres et lié d'amitié avec le célèbre président de Montesquieu, comme nous l'apprend Mme de Verdelin, sa fille, dans ses lettres à J.-J. Rousseau. Il est mort au chât. d'Ars le 22 déc. 1765, et fut inhumé dans la sépulture de sa famille. Le 28 févr. 1750, il avait épousé Marie-Scholastique-Antoinette-Susanne-Adélaïde-Gabrielle DE BREMOND, sa parente, fille de Jean-Louis, sgr d'Angeliers, et de Marie-Madeleine de Montalembert, dont : 1° MARIE-MADELEINE, née à Cognac le 2 avril 1728, mariée, le 21 avril 1750, à son parent Bernard, Mis de Verdelin, Chev. de St-Louis, colonel d'infanterie, maréchal général des logis, camps et armées du Roi; connue par sa correspondance avec J.-J. Rousseau qu'elle protégea toute sa vie, malgré l'ingratitude du philosophe envers ses amis. On a publié cette correspondance, dont Ste-Beuve a rendu compte. La M^ise de Verdelin est morte le 18 déc. 1810, au chât. de Carrouges, chez son gendre le général Cte Le Veneur de Tillières.

2° JEAN-LOUIS-HUBERT, Mis d'Ars, né à Ars le 16 sept. 1729, d'abord capitaine au régiment de Normandie, puis enseigne aux gardes françaises, et ensuite sous-aide-major avec le grade de lieutenant-colonel, est mort à Paris, sans alliance, le 16 sept. 1753; 3° LÉON-HENRI, mort en bas âge; 4° MARIE-SUSANNE, née le 25 mars 1732, fut reçue chanoinesse du Chapitre de St-Louis de Metz sur preuves vérifiées par Chérin, le 24 mars 1767; elle y a été doyenne et est morte à Metz le 24 mai 1807; 5° MARIE-LÉONTINE, dite Mlle de la Garde, et 6° JEANNE-JULIE, dite Mlle de St-Fort, mortes sans alliances; 7° CHARLES, dit le Chev., puis le Mis d'Ars, naquit à Cognac, le 9 janv. 1737; il était à peine âgé de 24 ans lorsqu'il fut tué à bord de la frégate *l'Opale*, qu'il commandait, dans un combat engagé contre les Anglais sur les côtes de Bretagne. (Voir sur ce brillant marin la Notice de M. Anatole de Barthélemy, dans la Revue de Bretagne et Vendée, ann. 1866.)

8° HENRI-CHARLES-JACOB, qui suit; 9° ANNIBAL, mort en bas âge.

15. — **Bremond** (Henri-Charles-Jacob de), Chev., Mis d'Ars, né le 21 juil. 1738, était destiné à l'état ecclésiastique et était sur le point d'entrer à l'Oratoire,

lorsque la mort de ses frères aînés le mit à la tête de sa maison. Il embrassa alors le parti des armes, fut officier dans le corps des cadets de la marine, et peu après nommé aide de camp du prince de Soubise, avec lequel il se trouva au siège de Philipsbourg; puis il quitta le service pour épouser sa cousine germaine, Marie-Judith-Huberte DE BREMOND D'ARS, fille de Léon-Alexis, Vte d'Ars, et de Louise Faure de Fayolle. Il est mort au chât. de Villiers-la-Garenne près Paris, le 4 juil. 1772, et fut inhumé dans l'église de St-Martin de Villiers. Il avait eu de son mariage : 1° MARIE-LOUISE-CHARLOTTE, 2° LÉON-LOUIS-MARIE-CHARLES-JOSIAS, 3° MARIE-SUSANNE-SOPHIE-ROSALIE, morts jeunes.

La Mise d'Ars s'était retirée au couvent des Recolettes à Paris, où elle mourut le 6 déc. 1780.

§ II. — BRANCHE DE DOMPIERRE-SUR-CHARENTE ET D'ORLAC.

12. — **Bremond** (Jean-Louis de), Chev., sgr Bon de Dompierre-sur-Charente, d'Orlac et de St-Fort-sur-Né (4e fils de Jean-Louis et de Marie de Verdelin, 11e deg. du § I), naquit au chât. d'Ars le 10 janv. 1641. Connu sous le nom de Chevalier d'Ars, il fut page de Louis XIV, et accompagna le duc de Beaufort en Afrique, puis au siège de Candie, 1668. A son retour en France, Jean-Louis épousa, le 28 juil. 1668, Marie-Antoinette DE VERDELIN, sa cousine germaine, fille de feu Jean-Louis, sgr du Fresne, et de feu Marie de la Tour-St-Fort. Il mourut à Saintes le 2 août 1694, des suites d'une chute de cheval, et fut inhumé dans l'église d'Ars, sépulture de ses ancêtres; sa femme mourut le 10 déc. 1723. De ce mariage sont nés 13 ou 14 enfants, parmi lesquels nous citerons : 1° LOUIS, né sourd-muet au chât. du Solençon; ses parents, en raison de son infirmité, voulurent changer l'ordre de la succession et lui substituèrent leur second fils, ce qui donna lieu à de longs procès. Louis est mort à Saintes le 24 août 1762, âgé de 92 ans; 2° JEAN-LOUIS, appelé le Chev. d'Angeliers, se retira du service lieutenant de vaisseau et Chev. de St-Louis. Il est mort le 8 mars 1735 et fut inhumé dans l'église d'Ars. Il avait épousé à Cognac, le 26 mars 1704, Marie-Madeleine DE MONTALEMBERT, fille de Pierre, et de Marie Desmier de la Croix, dont il n'eut que deux filles : SCHOLASTIQUE-ANTOINETTE, mariée, le 19 déc. 1725, à Charles de Bremond, Mis d'Ars, son cousin, et MARIE-ANGÉLIQUE, morte sans alliance.

3° JACQUES-FRANÇOIS, mort célibataire; 4° JACQUES-RENÉ, qui suit; 5° JEAN-LOUIS, Chev. de St-Fort, page du Cte de Toulouse, puis enseigne de vaisseau, combattait aux côtés de ce prince à Malaga (24 août 1704), lorsqu'il fut emporté par un boulet de canon.

6° Autre JEAN-LOUIS, Chev. d'Orlac, également enseigne de vaisseau, fut blessé en même temps que son frère, et tué l'année suivante au siège de Gibraltar; 7° EUTROPE, garde-marine, mort en 1703; 8° HENRI-AUGUSTIN, Chev. de Fresne, garde-marine, périt dans une expédition en 1703; 9° JACQUES-JOSIAS, 10° JEAN-LOUIS, Chev. de Dompierre, garde-marine, mort à Rochefort; et plusieurs filles mortes sans alliance.

13. — **Bremond** (Jacques-René de), Chev., Bon de Dompierre, d'Orlac, St-Fort-sur-Né, qualifié dans plusieurs actes Mis de Bremond, comme chef de la seconde branche, naquit au chât. d'Orlac le 24 oct. 1678, fut page du Cte de Toulouse, et servit quelque temps dans la marine sous le nom du Chev. d'Ars; il se retira de bonne heure du service pour suivre un procès que lui avait suscité sa qualité d'héritier principal de sa mère. En 1739, il rendait aveu au Roi, à cause du chât. de Cognac, de sa sgrie de Dompierre-sur-Charente. Il est mort à Saintes le 10 mars 1757, et fut inhumé dans l'église de Dompierre, près de sa femme Marguerite-Mélanie DU BOURG, fille et héritière de Pierre, sgr de Porcheresse et de St-Pardoux, maire et capitaine de la ville de Saintes, et de Mélanie de Meaux, qu'il avait épousée le 24 mai 1700. Il en eut 18 enfants, dont : 1° MARIE-CLAIRE-ANTOINETTE, née en 1701, morte en 1788; 2° PIERRE, qui suit; 3° PIERRE-RENÉ, Chev. d'Orlac, lieutenant-colonel du régiment de Penthièvre-Dragons, Chev. de St-Louis, né en 1708, assista aux batailles de Parme, Guastalla, Fontenoy, Rocoux, etc.; se distingua dans la malheureuse affaire de Rosbach par son courage et son sang-froid; il est mort célibataire, le 5 mai 1780, et fut inhumé dans l'église d'Orlac; 4° JEANNE-MARGUERITE, dite Mlle de la Chassagne, mariée, en 1736, à Pierre-Paul-Alexandre de Pagave, gentilhomme napolitain, puis, le 19 avril 1739, à Jean-François de Boyer, sgr de Grattintour, Chev. de St-Louis, capitaine au régiment de Languedoc-Dragons; 5° MARIE-MÉLANIE-THÉRÈSE, dite Mlle d'Anville, religieuse à N.-D. de Saintes, morte en 1763; 6° JEAN-LOUIS, Chev. du Fouilloux, cornette au régiment d'Orléans-Dragons, aide de camp du Mis de Clermont-Gallerande, assista en 1734 au siège de Philipsbourg et au ban d'Angoumois en 1758, comparut à l'assemblée d'Angoumois, pour sa terre de St-Fort, et mourut célibataire le 21 juil. 1789, au chât. du Fouilloux en Arvert; 7° MARIE-HENRIETTE-MÉLANIE, née le 3 oct. 1716, mariée, en 1741, à Louis de Siorac, Chev., sgr de la Guyonnie en Périgord; 8° MARIE-CLAIRE-SOPHIE, née le 26 août 1725, mariée, le 16 nov. 1758, à François-Armand de Mânes, Chev., Mis de Mânes, sgr du Gazon, etc.; elle est décédée le 8 oct. 1777.

14. — **Bremond** (Pierre de), Chev., sgr Bon de Dompierre-sur-Charente, de St-Fort et d'Orlac, Mis de Bremond, dit le Cte Pierre de Bremond d'Ars, devint, en 1779, le chef de nom et d'armes de sa maison par l'extinction de la branche du Mis d'Ars. Il naquit à Dompierre, le 5 mars 1703; son oncle, Claude du Bourg, l'institua son légataire universel. Il fut nommé commissaire de la noblesse de Saintonge par les gentilshommes réunis à Saintes sous les ordres du maréchal de Senneterre, en 1758, pour s'opposer à la descente des Anglais, dont une flotte menaçait les côtes. (Ban de 1758.) Il est mort à Saintes le 11 oct. 1779, laissant trois enfants de son mariage avec Marie-Catherine DE LA LOÜE DU MASGELIER, contracté le 6 nov. 1758. (Elle était fille de feu Marc-Antoine, Mis du Masgelier, et de Jeanne-Renée du Pouget de Nadaillac) : 1° PIERRE-RENÉ-AUGUSTE, qui suit; 2° PIERRE-CHARLES-AUGUSTE (tige de la branche du Masgelier, § VI).

3° MARIE-SUSANNE-FRANÇOISE-MÉLANIE-SOPHIE, née le 17 nov. 1762, fut reçue chanoinesse de St-Louis de Metz le 11 oct. 1782; elle est morte à Saintes le 30 mars 1833.

15. — **Bremond d'Ars** (Pierre-René-Auguste Mis de), Chev., sgr et Bon de St-Fort-sur-Né, de Dompierre et d'Orlac, naquit le 19 déc. 1759, fut député de la noblesse de Saintonge aux Etats généraux. Il fit partie de cette minorité qui, tout en approuvant les sages réformes reconnues nécessaires, se montra constamment opposée aux menées révolutionnaires, aussi menaçantes pour la religion que pour la royauté. Il émigra en 1792, et après avoir servi quelque temps à l'armée des Princes, il passa dans la légion de Wood, avec le grade de capitaine. Revenu d'Allemagne en 1800, il se donna tout entier à la vie de famille et à des recherches historiques et archéologiques. Il est mort dans sa ville natale, le 25 fév. 1842, emportant l'estime et les regrets de ses

concitoyens. (V. Biographie Saintongeaise, celle de Michaud, le Gd Dictre universel, etc.) Pierre de Bremond d'Ars avait épousé, le 20 janv. 1785, Jeanne-Marie-Elisabeth DE LA TASTE, fille de Jean-Jacques, dont il eut quatre enfants : 1° JOSIAS, qui suit ; 2° THÉOPHILE-CHARLES, rapporté § III ; 3° JULES-ALEXIS, dont la descendance sera rapportée § IV ; 4° MARIE-THÉODAT-ADOLPHE, né à Saintes, le 31 août 1792, mort, le 6 mars 1794, dans la prison où sa mère avait été renfermée pendant la Terreur.

16. — **Bremond d'Ars** (Josias Mis de) naquit à Saintes le 20 nov. 1785, fut l'un des volontaires royaux convoqués à Bordeaux, sous les ordres du duc d'Angoulême en 1814 ; il est mort le 31 janv. 1870. De son mariage avec Charlotte-Françoise-Adélaïde DE BIGOT DE BAULON, fille de Pierre, et de Marie de Blois de Roussillon, qu'il épousa le 20 mai 1807, il eut : 1° ELISABETH, mariée à Louis-Auguste Dumorisson ; 2° GUILLAUME, qui suit ; 3° PIERRE-MARIE-EDMOND, officier supérieur de cavalerie, Chev. de la Légion d'honneur, mort le 12 avril 1884, laissant de son mariage avec Caroline-Louise COMPAGNON DE THEZAC, fille de Anne-Charles-Frédéric, et de Rose Albenque, qu'il avait épousée le 13 avril 1852, un fils unique, CHARLES-JOSIAS-PIERRE, qui a eu lui-même un fils, MARIE-EDMOND-GUILLAUME-EUTROPE, né le 28 avril 1890, de son mariage avec Marie-Thérèse-Madeleine DODART.

4° JOSIAS-AMABLE, né le 9 mai 1820, célibataire ; 5° MARIE-THÉONIE, née le 20 sept. 1826, veuve de Victor-César Urvoy, Cte de Closmadeuc, capitaine de cavalerie, Chev. de la Légion d'honneur, qu'elle avait épousé en juil. 1850.

17. — **Bremond d'Ars** (Guillaume Mis de), général de division de cavalerie, grand officier de la Légion d'honneur, commandeur de l'ordre du Medjidié de Turquie, officier du Mérite militaire de Savoie, etc., naquit à Saintes le 9 mars 1810, entra en 1828 à l'école de St-Cyr, fut élu sénateur de la Charente en 1879 et l'est encore aujourd'hui ; a fait les campagnes d'Afrique, du Maroc, de Crimée, du Mexique et de France en 1870. Au Sénat, il a voté constamment avec la Droite. De son mariage avec Marie-Louise-Aline-Valérie DE St-BRICE, contracté le 10 nov. 1840, sont nés : 1° JEANNE, née en 1842 ; 2° FERNANDE, mariée au Vte Arthur du Pontavice, décédée ; 3° THÉRÈSE, veuve de Jules des Azars de Montgaillard ; 4° GUILLAUME-JOSIAS-RENÉ, qui suit.

18. — **Bremond d'Ars** (Guillaume-Josias-René Cte de), capitaine au 28e dragons, Chev. de la Tour et de l'Epée de Suède, s'est marié à Paris, le 15 oct. 1879, à Elisa-Maria-Antonia ALBERTI, sœur de la Mise de Valcarlos, dont il a : 1° MAURICE, 2° CHARLES.

§ III. — DEUXIÈME BRANCHE ACTUELLE.

16. — **Bremond d'Ars** (Théophile-Charles Vte de), Mis de Migré, comme chef de la seconde branche de sa famille, fils puîné de Pierre-René-Auguste, et de Jeanne-Marie-Elisabeth de la Taste, rapportés plus haut, 15e deg., § II, né à Saintes le 24 nov. 1787, fut admis à l'école militaire de Fontainebleau, fit avec distinction les guerres du premier empire, pendant lesquelles il reçut trois blessures, et fut mis quatre fois à l'ordre de l'armée ; il était colonel du ° dragons lorsqu'il fut nommé maréchal de camp, et plus tard commandeur de la Légion d'honneur, et inspecteur général de cavalerie. Il avait été créé Chev. de St-Louis le 24 août 1824. Il est mort à Saintes, le 12 mars 1875. (V. les ouvrages cités ci-dessus.) De son mariage contracté en juin 1821 avec Marie-Anne-Claire DE GUITARD DE LA BORIE, fille de Jean-François-Armand, et de Anne-Julie-Judith Paillot de Beauregard, il a eu : 1° ANATOLE-MARIE-JOSEPH, qui suit ; 2° GASTON-JOSIAS, né le 29 janv. 1830, officier de la Légion d'honneur, ancien colonel du 10e cuirassiers, marié, le 11 oct. 1866, à Alexandrine DE LUR-SALUCES, fille du sénateur de la Gironde, dont FRANÇOIS, HENRI, sous-lieut. de cavalerie ; SIDONIE et LOUISE.

3° ELISABETH, née le 30 janv. 1829, mariée, le 23 mars 1876, à Saintes, à Charles de Coëffard de Mazerolles, décédée le 20 avril 1880 ; et 4° MARIE-RENÉE, mariée, le 24 mai 1843, à Marie-Gratien-Stanislas de Baderon de Thézan, Mis de St-Geniez, dont le contrat a été signé à Frohsdorf par M. le Cte et Mme la Ctesse de Chambord, et Mme la duchesse d'Angoulême.

17. — **Bremond d'Ars** (Anatole-Marie-Joseph Vte de), Mis de Migré, Chev. de la Légion d'honneur, ancien sous-préfet démissionnaire en 1866, élu conseiller général du Finistère en 1877, 1883 et 1889, correspondant de la Société des Antiquaires de France et de l'Académie d'Aix, président et membre de plusieurs autres Sociétés savantes, président du Comice agricole du canton de Pont-Aven, etc., a été par bulle du grand-maître de l'ordre souverain de Malte, datée de Rome le 29 mai 1890, reçu chevalier d'honneur et de dévotion de cet ordre, après avoir fait les preuves exigées par les statuts.

M. de Bremond est l'auteur d'une grande quantité d'écrits, dont les principaux sont : 1° *Jean de Vivonne, Mis de Pisany* (notice publiée dans le Mémorial de l'Ouest 1849) ; 2° *l'Ancien Régime de la féodalité* (idem 1850) ; 3° *Charte relative à la reddition d'Aubeterre, sous le roi Jean* (Bull. de la Soc. archéologique et historique de la Charente, année 1865) ; 4° *les Chevaliers du Porc-Espic ou du Camail* (1394-1498) (Revue nobiliaire, historique et biographique, Paris, Dumoulin, 1867) ; 5° *le chevalier de Méré, son véritable nom patronymique, sa famille* (Revue de l'Aunis, de la Saintonge et du Poitou, 1869) ; 6° *Notice sur la maison de Meaux en Brie, issue des anciens Ctes de Meaux*, etc. (Jonzac, Louis Ollière, 1874) ; 7° *Marie de la Gourgue, morte en odeur de sainteté le 25 juil. 1621*, etc. (Semaine religieuse d'Angoulême, 1874) ; 8° *Alphabet de l'art militaire de Jean Montgeon*, réimpression avec notes (Bul. Sociét. archéologique et historique de la Charente, 1875) ; 9° *la duchesse de Berry à Saintes* (Courrier des Deux-Charentes, 1877) ; 10° *Notice sur quelques antiquités celtiques et romaines de la commune de Riec* (Finistère) (Bull. de la Soc. archéologique du Finistère, 1878) ; 11° *le Baron de Wismes, notice biographique* (Nantes, E. Grimaud, 1887) ; 12° *Vie de Mme de la Tour-Neuvillars*, etc., *par le P. Nicolas du Sault de la Cie de J.* (nouvelle édition annotée. Nantes, E. Grimaud, 1889). Ce pieux et intéressant ouvrage, consacré à l'œuvre du Vœu national de Montmartre, a été honoré de la bénédiction du Saint-Père et de l'approbation de plusieurs éminents prélats. Il a publié en outre une quantité d'articles politiques, religieux et de biographie dans les journaux et Bulletins des Sociétés savantes, ainsi que plusieurs brochures relatives à l'histoire de nos provinces, et, comme président de la Société archéologique de Nantes, prononça des discours qui ont paru dans les journaux du département et bulletins de la Société.

Désigné comme candidat, en 1877, pour la Députation, et en 1882, pour le Sénat, par les électeurs et les délégués de l'arrondissement de Quimperlé, il se désista chaque fois dans l'intérêt de l'union monarchique. Il a récemment fondé dans ses terres de Bretagne une école libre congréganiste, et fait actuellement reconstruire l'église de l'ancienne paroisse d'Orlac-sur-Charente, pour la rendre au culte, église qui renferme la sépulture d'un grand nombre de membres de sa famille.

Il a épousé, au château de la Porte-Neuve en Riec (Finistère), le 9 déc. 1862, Marie-Aglaé-Elisabeth ARNAUD, d'une ancienne famille Vendéenne établie en Bretagne. De ce mariage : 1° HÉLIE-MARIE-JOSEPH-CHARLES-JOSIAS-ALON-GUILLAUME, né le 8 déc. 1866, décédé au chât. de la Porte-Neuve le 3 oct. 1871; 2° JOSIAS-MARIE-JOSEPH-THÉOPHILE-PIERRE, né à Nantes le 19 mars 1869; 3° ANATOLE-ANNE-MARIE-JOSEPH-ALON-JOSIAS-HÉLIE, né à Nantes le 22 juil. 1872.

Lors de l'épidémie de choléra qui désola la Bretagne en 1866, Mme la Ctesse Anatole de Bremond d'Ars reçut du gouvernement une médaille d'argent pour le courageux dévouement dont elle fit preuve, en portant des secours aux malades de l'arrondissement de Quimperlé.

§ IV. — TROISIÈME BRANCHE ACTUELLE.

16. — **Bremond d'Ars** (Jules-Alexis Cte de), 3e fils de Pierre-René-Auguste et de Jeanne-Marie-Elisabeth de la Taste (rapportés au 15e deg., § II), naquit à Bordeaux le 10 mars 1790, fut, comme ses frères, volontaire royal en 1814, et décoré du Brassard et du Lys par le duc d'Angoulême et le Cte d'Artois. Il avait reçu en 1811 le brevet de lieutenant de grenadiers, ce que diverses circonstances l'empêchèrent d'accepter. Il acquit de Mme la Ctesse Le Veneur, sa parente, la terre et le chât. d'Ars, pour que cette antique possession ne sortît pas de la famille. Il est mort le 24 mai 1838, laissant de son mariage avec Marie-Eutrope-Mélanie DE SARTRE, veuve de Louis de Guigneron, et fille de Jacques-Honoré-François, ancien capitaine-mousquetaire de la garde du Roi, qu'il avait épousée le 28 fév. 1815 : 1° CHARLES-RENÉ-MARIE, qui suit; 2° THÉOPHILE-JEAN-LOUIS, président de la commission des arts et monuments de la Charente-Inférieure, auteur de plusieurs publications historiques estimées, dont les principales sont : 1° *Procès-verbal de l'assemblée du ban et de l'arrière-ban de la sénéchaussée d'Angoumois*, 1666-1667, *suivi de la table alphabétique des nobles de l'Angoumois maintenus par M. d'Aguesseau* (gd in-8°, Niort, 1866, Clouzot, librairc); 2° *Rôles Saintongeais et table alphabétique générale des nobles des élections de Saintes et de St-Jean-d'Angély, maintenus par d'Aguesseau*, 1666-1667 (gd in-8°, Niort, 1869, Clouzot, libraire); et un grand nombre d'articles anonymes ou signés : 1° dans les Mémoires de la commission des arts et monuments historiques de la Charente-Infre; 2° dans les 14 volumes des Archives historiques de la Saintonge et d'Aunis, et dans les bulletins de cette Société. Il est décédé dans son château de Vénérand, le 3 juil. 1890, à l'âge de 73 ans. Il avait été l'ami de Mgr le Cte de Chambord, qui l'honorait d'une estime particulière; 3° EUSÈBE-FRANÇOIS, rapporté § V; 4° MARIE-ISAURE, née le 27 mars 1829, mariée, le 27 mai 1845, à Louis Mis de Goulard-d'Arsay; 5° MARIE-LOUISE-BÉATRIX, née le 18 fév. 1817, décédée le 6 avril 1847; 6° JOSIAS, décédé à Saintes le 26 déc. 1831; 7° CLAIRE-MATHILDE, née le 24 sept. 1821, décédée à Ars en 1828; 8° MARIE-MÉLANIE-JULIE, née le 17 mars 1824, mariée en oct. 1852 à Jacques, Vte de St-Légier de la Sausaye, décédée le 30 juil. 1853; 9° MAXIME, né à Saintes le 15 mars 1826, décédé la même année.

17. — **Bremond d'Ars** (Charles-René-Marie Cte de), né le 12 déc. 1815, a épousé, le 16 août 1870, Louise DE GOULARD-D'ARSAY, fille de Amateur-Gabriel Mis de Goulard-d'Arsay, et de Renée-Eulalie-Solange Brochard de la Rochebrochard.

§ V. — QUATRIÈME BRANCHE ACTUELLE.

17. — **Bremond d'Ars** (Eusèbe-François Cte de), fils puîné de Jules-Alexis et de Marie-Eutrope-Mélanie de Sartre, 16e deg., § IV, né en 1820, marié à Paris, le 17 août 1854, à Isabelle DE MONGIS, petite-nièce de Buffon, fille de Antoine, procureur général, conseiller gal de la Seine et de Zulmée de Dronas. Il décéda le 15 janv. 1878. De son mariage sont issus : 1° MARIE-EUTROPE-HENRI-CHARLES-JEAN-GUY, qui suit; 2° BERTHE, mariée, le 2 mai 1881, à Henri le Caruyer de Beauvais; 3° JEAN, 4° MADELEINE.

18. — **Bremond d'Ars** (Marie-Eutrope-Henri-Charles-Jean-Guy de), né le 29 sept. 1856, marié à Paris, le 21 mai 1887, à Marie-Madeleine ROULLET DE LA BOUILLERIE, fille du Bon André, et de Adèle Delahante, dont : 1° MARIE-GUSTAVE-ANDRÉ-CHARLES-EUSÈBE, né à Paris, le 8 avril 1888; 2° MARIE-JOSEPH-THÉOPHILE-ANDRÉ-PHILIPPE, né à Royan, le 22 nov. 1889.

Le Cte Guy de Bremond d'Ars s'est acquis, fort jeune, une grande estime dans les lettres, par de beaux travaux de philosophie et d'histoire. Collaborateur de la *Revue des questions historiques*, du *Correspondant* et de la *Revue des Deux-Mondes*, il a publié notamment : 1° *Jean de Vivonne, sa vie et ses ambassades* (Paris, Plon, 1884), ouvrage couronné par l'Académie française (1er prix Montyon); 2° *la Vertu morale et sociale du christianisme* (Paris, Perrin-Didier, 1890), ouvrage que la critique contemporaine a signalé pour être la révélation d'un talent de premier ordre.

§ VI. — BRANCHE DU **MASGELIER**.

15. — **Bremond** (Pierre-Charles-Auguste Vte de), fils puîné de Pierre et de Marie-Catherine de la Loue, 14e deg., § II, Chev., sgr du Masgelier, etc., né à Saintes le 29 janv. 1761, servit comme officier au régt de Guyenne, et fut membre du conseil général de la Creuse sous la Restauration. Il est décédé au château du Masgelier le 26 avril 1846. Marié, le 14 sept. 1788, à Angélique DE LA LOUE, De du Masgelier, fille de Jacques, Mis du Masgelier, et d'Angélique-Victoire-Antoinette Chastelain de Poix, il en eut : 1° GUSTAVE-RENÉ-ANTOINE, qui suit; 2° et 3° deux filles, mortes sans alliance.

16. — **Bremond** (Gustave-René-Antoine Vte de), Mis du Masgelier, décédé le 18 juin 1849, épousa Anne-Thaïs D'ABZAC DE SARRAZAC, dont : 1° PIERRE-LOUIS-RENÉ, marié, le 16 fév. 1846, à Marie-Aimable DE BERMONDET DE CROMIÈRES, fille de Armand-Philippe-Adolphe-Renaud, et de Clémentine de Tryon-Montalembert; 2° FERDINAND-HYACINTHE, qui suit; 3° MICHEL-ETIENNE-SÉRAPHIN, né en 1816; 4° MARIE-ELISABETH-ANGÉLIQUE, mariée en 1840 au Cte du Rieu du Pradel.

17. — **Bremond** (Fernand-Hiacynthe Vte de), décédé en 1868, avait épousé, le 19 avril 1847, Anne-Bonne-Eugénie D'OIRON, dont : 1° ANNE-MARIE-LOUISE-EDITH, 2° CHARLES-MARIE-ENGUERRAND, 3° ALFRED-MARIE-AMAURY, 4° FERNAND-MARIE-CHARLES, 5° PAULINE-MARIE-LOUISE.

§ VII. — BRANCHE DE **CERÉ, VERNOUX**.

10. — **Bremond** (Philippe de), Chev., sgr de Ceré, Vernoux-sur-Boutonne, né au chât. d'Ars, fils puîné de Charles et de Louise d'Albin de Valsergues (9e deg. du § I), suivit de bonne heure le parti des

armes, commandait une compagnie de chevau-légers en Provence, lorsque Josias son frère lui sauva la vie au siège d'Aix en 1593; il fut blessé d'un coup de pistolet dont il demeura estropié, fut nommé, le 1er janv. 1618, capitaine au régiment de Champagne. Le 21 oct. 1617, il acheta pour 59,000 liv. la sgrie de Vernoux-sur-Boutonne (D.-S.), de Gaspard de Rochechouart. Philippe mourut en 1621. Il avait épousé, le 9 août 1598, au château de Touverac (Saintonge), Françoise GÉRAULT, D^e de Frégenoux, fille de Guy, sgr de la Moujatrie, et de Jeanne Green de St-Marsault. De ce mariage sont issus : 1° FRANÇOIS-GALIOT, qui suit; 2° LOUISE, mariée en 1649 à Jean de la Cassaigne, sgr de St-Laurent, maréchal des camps et armées du Roi, inhumée à N.-D. de Niort; 3° CHARLES, Ec., sgr de Frégenoux.

11. — **Bremond** (François-Galiot de), Chev., sgr de Coré, Vernoux, la Revêtizon, etc., gentilhomme de la chambre et maître d'hôtel du Roi, gouverneur des ville et citadelle de Bourg-sur-Mer, fut d'abord capitaine au régiment de Parabère, se signala aux sièges de la Rochelle et de Cognac, et servit au ban de 1635. Il fut maintenu dans sa noblesse par M. Barentin en 1666 et mourut l'année suivante. Il avait épousé, le 27 déc. 1626, Jacquette DE LA COURGUE, fille de Pons, sgr d'Angoliers, etc. Vinrent de ce mariage : 1° FRANÇOIS, Ec., sgr de Coré, mort en 1703, et inhumé dans l'église de Vernoux, marié à Marie LOUVEAU, fille de Jacques, sgr de Mairé, dont il n'eut pas d'enfants; 2° JACQUES, qui suit; 3° JOSIAS, mort jeune; 4° JEANNE, baptisée à Cognac, le 23 fév. 1631; 5° MARIE, religieuse Ursuline à St-Jean-d'Angély.

12. — **Bremond** (Jacques de), sgr de Vernoux, Chev. de St-Louis, entra fort jeune aux mousquetaires et fut nommé mestre de camp par brevet du 4 mars 1694; il fut tué au combat de Carpi en Italie (juil. 1701). Il avait épousé, le 25 janv. 1676, Marie-Henriette DE HAUTEFOYE, D^e de Lusseray, fille de Henri, Ec., et de Marie Louveau de Mairé, alors remariée à François de Bremond, dont il eut : 1° JACQUES, qui suit; 2° ANGÉLIQUE, mariée à Jean-César Pascauld, Mis de Pauléon; 3° MARIE-FRANÇOISE, morte jeune en 1707.

13. — **Bremond** (Jacques Mis de), sgr de Vernoux, Lusseray, etc., naquit au chât. de Vernoux le 30 juin 1687, servit aux mousquetaires; Louis XIV lui accorda une pension, en considération des services de son père. Il fut l'un des commissaires de la noblesse du Poitou en 1745 et produisit ses titres devant l'intendant de Richebourg. Il avait contribué, en 1716, à l'établissement du collège des Oratoriens à Niort, et mourut en 1745, laissant de son mariage, contracté, le 9 fév. 1720, à Paris avec Susanne-Marguerite AYMER, fille de René, Chev., sgr de Mortagne, etc., et de Marguerite de St-Quintin de Blet : 1° JACQUES-CHARLES-ALEXANDRE, qui suit; 2° et 3° ANGÉLIQUE et MARIE-BÉNIGNE-HENRIETTE, mortes célibataires; 4° HENRIETTE-THÉRÈSE, mariée, le 2 juil. 1748, à Jacques-Joseph-Louis de Liniers, sgr du G^d-Breuil, sous-brigadier des gardes de la marine; 5° JACQUES, né le 26 juin 1726, admis, le 26 oct. suivant, de minorité dans l'ordre de Malte, fit ses preuves le 7 nov. 1741 au grand-prieuré d'Aquitaine, fut nommé cornette au régiment de Dauphin-Dragons. Il servit ensuite sur les vaisseaux de la Religion, était en Allemagne en 1766 comme aide de camp du maréchal de Senneterre, et fit partie du ban du Poitou réuni à St-Jean-d'Angély en 1758. Il fut commandeur d'Amboise en 1762, d'Ensigné en 1781, receveur et procureur général de son ordre au grand-prieuré d'Aquitaine, et est mort à Niort le 15 sept. 1792.

6° DANIEL-AUGUSTIN, sgr de Lusseray (D.-S.), prêtre, mourut à Niort le 26 nov. 1806, après avoir consacré sa vie au soulagement des pauvres, ce qui ne l'empêcha pas d'être incarcéré pendant la Terreur, ainsi que plusieurs de ses parents.

14. — **Bremond** (Jacques-Charles-Alexandre Mis de), Chev., sgr de Vernoux-sur-Boutonne et de Lusseray, entra au service comme lieutenant au régiment du Roi en 1739, fit la campagne de 1744, se trouva aux sièges d'Anvers, Mons, Namur, à la bataille de Rocoux, fut maréchal des logis au ban de la noblesse de 1758, et, vu la penurie du trésor royal, envoya à la Monnaie de la Rochelle, en déc. 1759, pour 10,000 livres de vaisselle d'argent (Mercure de France). Il est mort à Niort le 25 oct. 1810, laissant de son mariage contracté le 14 nov. 1758, au chât. de Cimbré en Anjou, avec Marie-Charlotte-Hélène-Sophie-Philippine DE LA LANDE DE CIMBRÉ, fille de Philippe-Claude, Vte de Tiercé, Chev. de St-Louis, et de Catherine-Sophie de Dolon de la Conpillière : 1° MARIE-PHILIPPINE-ALEXANDRINE, morte célibataire le 25 mai 1820; 2° JACQUES-CHARLES-ALEXANDRE, qui suit; 3° MARIE-AUGUSTIN-JOSIAS, mort jeune.

15. — **Bremond** (Jacques-Charles-Alexandre Mis de), sgr de Vernoux, Lusseray, etc., Vte de Tiercé, Chev. non profès de l'ordre de Malte, page de la grande écurie, sur preuves faites le 20 mars 1778 devant d'Hozier, officier au régiment de Laval-Dragons, sous-préfet sous la Restauration, naquit à Niort le 6 août 1761. Il se réfugia à Sion en Valais avec sa famille durant la Terreur et ne rentra en France qu'en 1800. Il avait épousé, le 12 oct. 1786, Charlotte-Marguerite DE VILLEDON, fille de Charles-Joseph-François, sgr de la Chevrelière, Gournay, et de Marie-Louise de la Rochebeaucourt. Mme de Bremond étant morte à Sion le 12 sept. 1795, son époux se remaria, le 6 juil. 1802, à Louise-Marguerite-Lucie DES FRANCS, fille de Michel-Henri Mis des Francs, et de Louise-Julie de Chantreau. M. de Bremond est décédé à Niort le 16 mars 1827, ayant eu du 1er lit : 1° SOPHIE-LOUISE-EMMANUELLE, née à Genève le 1er fév. 1792, mariée, le 22 nov. 1826, à Honoré-Léon Guiton Mis de Maulevrier; elle est morte le 6 janv. 1848; 2° LOUISE, née le 22 oct. 1793 à Morges; 3° ADOLPHE-JOSEPH-ALEXANDRE-THÉODULE-MAURICE, qui suit; et du second lit : 4° PIERRE-AUGUSTE-CLAUDE-ARTHUR, dit le Vte de Bremond, né à Niort le 20 mars 1804, est mort le 22 oct. 1862. Ecrivain distingué et orateur de talent, M. de Bremond, qui consacra toute sa vie à la défense de la légitimité en France comme en Espagne, fut nommé par D. Carlos-Cinq Chev. de l'ordre d'Isabelle-la-Catholique. Il avait épousé, le 3 avril 1830, Louise-Claudine-Eugénie-Delphine-Philogène DE PANISSE, fille de Pierre, général, baron de Panisse, et de Marthe Ricord, dont il n'a eu qu'une fille, HENRIETTE, née le 14 janv. 1831.

5° JACQUES-HENRI-CONSTANT, et 6° AMÉLIE-MALVINA, morts jeunes; 7° AUGUSTINE-ALIX, religieuse du Sacré-Cœur, morte à Niort le 17 juil. 1861; 8° LOUISE-ALEXANDRINE-APOLLINE, mariée, le 28 avril 1830, à Jean-Augustin du Chesne de Vauvert, décédée à Poitiers le 8 juil. 1887.

16. — **Bremond** (Adolphe-Joseph-Alexandre-Théodule-Maurice Mis de), Chev. de St-Louis et de Charles III d'Espagne, capitaine de la garde royale, naquit à Sion le 3 sept. 1795, se distingua à la prise du Trocadéro (campagne d'Espagne de 1823), donna sa démission en 1830, après avoir accompagné Charles X à Rambouillet qui l'y créa Chev. de St-Louis, en récompense de ses services. Ayant pris part à la prise d'armes de la Vendée en 1832, il fut fait prisonnier et tra-

duit devant la cour d'assises de Bourges, qui l'acquitta. Marié le 26 août 1828 (Moriceau, notre à Niort), contrat signé par la famille royale, à Marie-Aurélie JARNO DE PONT-JARNO, fille de Marc-Augustin-Gabriel, et de Céleste de Gaulier, il est mort à Niort, le 13 mai 1870, et sa veuve à Poitiers, le 17 sept. 1889.

§ VIII. — BRANCHE DE **TESSON**.

9. — **Bremond** (René de), Ec., sgr de Tesson, fils puîné de François et de Marguerite de Beaumont (8e deg., § I), était mineur en 1544 et fit accord avec son frère aîné Charles, le 6 oct. 1569 ; il est qualifié coseigneur d'Ars. Il épousa Bonaventure DE MONTGAILLARD, fille de Geoffroy, Ec., sr de Beaurepaire, et de N... de Prahec, dont il eut : 1° JEAN, qui suit ; 2° DANIEL, décédé jeune ; 3° JUDITH, mariée à Pierre de Riveron, Ec., sr de Mizac ; 4° SUSANNE, mariée à Antoine de Chollet, sr de la Faye ; elle décéda avant le 16 mars 1615.

10. — **Bremond** (Jean de), Ec., sgr de Tesson, Beaurepaire, partagea avec ses sœurs le 20 août 1594. Il épousa Marie GUINOT, fille de Frédéric, Ec., sgr de Thézac, et d'Esther de Vallée, dont il eut : 1° CHARLOTTE, De de Tesson, mariée d'abord à Jean Tizon, Ec., sgr du Roc, puis, le 26 fév. 1623, à Gilles Guinot, Ec., sgr de Mortagne : elle testa le 31 janv. 1668 ; 2° SUSANNE, mariée à René Gombaud, Ec., sgr de Beaulieu, vivant en 1641, remariée à Charles Le Forestier d'Orignac.

§ IX. — BRANCHE DE **BALANZAC** ET DE **VAUDORÉ**.

6. — **Bremond** (Jean de), fils puîné de Pierre de Bremond et de Jeanne de Livron (5e deg. du § I), Chev., sgr de Balanzac, de Durfort, etc., fut élevé près de Charles d'Orléans Cte d'Angoulême. Après la mort de ce prince, il s'attacha à Louise de Savoie, sa veuve, dont il fut successivement le panetier et le maître d'hôtel. Jean de Bremond suivit François Ier à la conquête du Milanais, combattit à Marignan, et devint maître d'hôtel du Roi, capitaine et gouverneur de Cognac, et grand sénéchal d'Angoumois. Il testa le 9 janv. 1525, et mourut peu après. Il avait épousé à Cognac, le 29 oct. 1492, Marguerite DE LA MAGDELÈNE, fille aînée de Jacques, Ec., sgr de Durfort, premier maître des comptes de Louise de Savoie, et de Marie de Céris, dont il eut : 1° FRANÇOIS, mort jeune ; 2° CHARLES, qui suit ; 3° CATHERINE, fille d'honneur de la Ctesse d'Angoulême, épousa en 1517 Artus de Vivonne, Chev., sgr de St-Gouard et de Pisany ; 4° CLAUDE, filleule de Mme Claude de France, qui lui donna 1,000 écus d'or au soleil lors de son mariage (30 juil. 1523) avec Bertrand Hélye, Chev., sgr de la Roche-Esnard ; 5° LOUISE, De de Sonneville, décédée sans alliance.

7. — **Bremond** (Charles de), Chev., sgr de Balanzac, la Magdelène, etc., maître d'hôtel et panetier du Dauphin, qu'il accompagnait lorsqu'il alla se faire reconnaître duc de Bretagne, fut créé chevalier à Rennes, à cette occasion, le 14 août 1520. Le Dauphin étant mort à Lyon empoisonné, M. de Balanzac resta attaché à Charles duc d'Orléans, dont il fut le panetier de 1540 jusqu'en 1545, panetier du Roi l'année suivante ; il était mort le 1er fév. 1559. Marié, le 28 janv. 1532, à Françoise DE LA ROCHEBEAUCOURT, fille de François, sénéchal d'Angoumois, et de Bonaventure de la Personne, il fut père de : 1° FRANÇOIS, qui suit ; 2° GABRIELLE, mariée à Jean de Trezac, Ec. ; 3° LOUISE, qui testa le 3 janv. 1559 en faveur de son frère ; et peut-être : 4° HECTOR, auteur des sgrs de Bossée, rapportés au § X ; 5° PIERRE, tige des sgrs de Belesbat, § XII ; 6° CATHERINE, femme de Jean de Chauffepié.

8. — **Bremond** (François de), Chev., sgr Bon de Balanzac, panetier ordinaire de François Ier, capitaine de 100 hommes de guerre, fut élevé dans la religion calviniste, combattit à Dreux et à St-Denis, signa avec le prince de Condé les articles de paix proposés par la cour. Il s'attacha au roi de Navarre, qui l'honora d'une amitié particulière, comme plusieurs lettres qu'il lui écrivit le démontrent. François se maria d'abord, le 20 avril 1554, à Dauphine DE VOULON, puis, le 26 janv. 1559, à Louise DE LA FOREST, fille de Guy, Chev., sgr de la Forest-Montpensier et de Vaudoré, et de Marguerite de Montberon. Du 1er lit vint : 1° MARIE, femme de Louis Vasselot, Ec., sgr de la Chambaudière, et du second : 2° SALOMON-FRANÇOIS, qui suit ; 3° SUSANNE, mariée, le 28 avril 1592, à Nicolas Pasquier, Ec., sgr de Mainxe, maître des requêtes ; elle mourut le 30 août 1597 ; 4° ESTHER, 5° ELISABETH, mariée, le 8 août 1594, à Louis de St-Georges de Verac, sgr de Loubigny, gentilhomme ordinaire de la chambre du roi.

9. — **Bremond** (Salomon-François de), Chev., sgr de Balanzac, Vaudoré, la Forêt-sur-Sèvre du chef de sa mère, capitaine de 100 hommes de pied, suivit, comme son père, le parti de la Réforme ; mais il abjura la religion calviniste le 20 juil. 1593, dans l'église de St-Denis, entre les mains du cardinal du Perron. Le 16 oct. 1616, il reçut de Louis XIII une lettre qui lui recommandait de veiller sur la sûreté de la ville de Parthenay, dont il l'avait nommé gouverneur. Il mourut en 1620. Il avait épousé, le 26 sept. 1594, Marie BASTARD DE LA CRESSONNIÈRE, De de Noirelerre, Puymaîy, etc., fille de René, Ec., sgr de la Cressonnière, et de Charlotte Bigot, dont il eut : 1° CHARLES, mort sans postérité ; 2° SALOMON, qui suit ; 3° JEANNE, mariée : 1° le 20 janv. 1620, à Jean de Jousserant, Chev., sgr de Layré ; 2° le 14 avril 1624, à Jacques Pasquier, sgr de Balanzac ; 4° HÉLÈNE, décédée sans alliance.

10. — **Bremond** (Salomon de), Chev., sgr de Vaudoré, Noireterre, suivit le parti de Marie de Médicis, leva pour son service et d'après ses ordres une compagnie de 100 hommes de pied, à la tête de laquelle il combattit l'armée royale aux Ponts-de-Cé. Salomon mourut le 17 juil. 1657 et fut inhumé dans l'église de Faye-l'Abbesse (D.-S.). Il s'était marié, le 31 juil. 1633, à Gasparde DE LA LONGUERAIRE, fille et héritière de René, Chev., sgr de la Longueraire, et de Hélène Paillard, et en secondes noces à Louise-Anne-Marie D'ESCARS, le 21 avril 1644, fille de Louis, sgr des Loges, et de Susanne Chapelain. Il eut du 1er lit : 1° RENÉE, mariée à Charles Gauvain, Ec., sgr de Marigny ; 2° MARIE, qui épousa d'abord Louis Hector, Ec., sgr de Lestang, Rocheblon, puis, avant 1672, Jean de Maurand, sgr de la Boule ; 3° MADELEINE, mariée, le 14 juil. 1662, à Joseph Dadine, Ec., sgr d'Auteserre ; 4° LOUISE, épousa, le 21 juill. 1656, Jean de Sauzay, Ec., sgr du Breuil-Méraud ; 5° HÉLÈNE, et 6° ELISABETH, religieuse.

Du second lit vinrent : 7° CHARLES, Chev., aide de camp du duc de la Vieuville, gouverneur du Poitou, puis capitaine au régiment de Champagne en 1676, se maria d'abord, le 17 août 1668, à Marguerite GOULARD, fille de Charles, sgr de la Geffardière, et de Marie Gourjault, qui mourut le 23 mars 1683, et fut inhumée à St-Jouin-de-Milly, puis, le 17 juin 1685, à Françoise-Angélique DE MOUILLEBERT, fille de Dominique, sgr du Lys, et de Françoise Macquin. Il eut du premier lit : *a.* RENÉ-AUGUSTE, né le 22 janv. 1676, marié à Louise TURPAULT, dont il n'eut qu'une fille, MARIE-ANNE, morte le 17 oct. 1706 ; et *b.* MARIE-LOUISE, morte jeune ; du second : *c*. CHARLES, né le 29 mai 1687, mort en 1702 ; et *d*. FRANÇOISE, née posthume, décédée le 23 août 1690. Son père était mort du 1er du même mois.

8° CHARLES, qui suit ; 9° LOUISE-MARIE-ANNE, mariée, le 15 sept. 1672, à Alexandre de Réorteau, Ec., sgr de la Rochetollay, décédée en juill. 1726 à St-Christophe-sur-Roc près Parthenay.

11. — **Bremond** (Charles de), Chev., sgr de Vaudoré, Puymary, se destinait à l'état ecclésiastique ; mais la mort de son frère lui fit abandonner ce dessein ; il entra dans les gendarmes du Roi, y servit jusqu'en 1668, époque à laquelle il épousa Claude TORTEREAU, veuve de Henri de Vieux, Ec., sgr du Petit-Puy ; devenu veuf, il se remaria, le 28 avril 1697, à Marie-Louise POUGNAULT, De de Puymary, fille de Jacques, Ec., et de Marie Picault des Bordes, duquel mariage sont issus : 1° CHARLES-MARIE, qui suit ; 2° JACQUES, baptisé, le 2 sept. 1698, à St-Jouin de Milly, décédé le 3 du même mois.

Charles de Bremond mourut le 14 oct. 1702, et fut inhumé dans la chapelle de Vaudoré, église de St-Jouin de Milly.

12. **Bremond** (Charles-Marie de), Chev., sgr de Vaudoré, la Cacaudière, naquit le 20 juin 1701, au chât. de Vaudoré, servit comme lieutenant et capitaine de 1720 à 1733 aux régiments de Bacqueville et de la Trémoille. Il est mort au chât. de Luzay, le 25 sept. 1773, ne laissant de son mariage contracté au château de la Chambaudière, près Thouars, le 19 déc. 1724, avec Marie-Madeleine GIRAULT DE LA CHERPENTERIE, fille de Jean, Ec., sgr de la Cacaudière, et de Jeanne Marillet, qu'un fils, qui suit.

13. — **Bremond** (Alexis-Charles-François de), Chev., sgr de Luzay, dit le Baron de Bremond d'Ars-Vaudoré, servit dans le régiment de Normandie, fut lieutenant des maréchaux de France à Thouars, et commissaire de la noblesse pour la correspondance des Etats généraux et commandant de la milice de Thouars. Dénoncé comme royaliste par des habitants de cette ville, il fut conduit à Saumur, et traduit devant le tribunal révolutionnaire, qui l'acquitta, ainsi qu'un prêtre, l'abbé Girauld, son co-accusé ; ils furent massacrés le soir même dans la prison où ils s'étaient réfugiés, étant sans asile.

De son mariage avec Marie DE RANGOT, fille de Jean, sgr de Luzay, Barrou, etc., et de Marie Marillet, contracté le 3 fév. 1744, M. de Bremond n'eut qu'une fille, ANGÉLIQUE-MARIE-MADELEINE, née le 21 janv. 1745, morte le 20 déc. 1747.

§ X. — BRANCHE DE BOSSÉE.

8. — **Bremond** (Hector de), Ec., que l'on croit fils de Charles, sgr de Balanzac, et de Françoise de la Rochebeaucourt (7e deg., § IX), était mort avant le 22 sept. 1588 ; à cette date, sa veuve, Perrine COTTIN, De de Bossée ou Beaussée, psse de St-Senoch près Loches (Indre-et-Loire), fit hommage au Roi de cette terre qui lui était advenue par le décès de Pierre son frère, chanoine et prévôt de St-Martin de Tours. On croit que Hector mourut à Coutras, laissant :

9. — **Bremond** (Abel de), Ec., sgr de Bossée et de Belleville (les Hameaux, D.-S.), est qualifié Chev. de l'ordre du Roi dans un acte de 1610 (cab. du St-Esprit). Il avait épousé, vers 1593, Renée GAIGNERON, fille de Barthélemy, Ec., sgr de Roches, archer dans la compagnie de M. de Villequier, et de Françoise Prudhomme de la Papinière ; il était mort dès le mois de mars 1601, laissant : 1° CLAUDE-LÉONORE, baptisée à Loches le 30 déc. 1594, et vivante encore le 2 nov. 1608 ; 2° CHARLES, né vers 1596, et mort avant le 6 mars 1621, ne laissant qu'une fille, CHARLOTTE, de son épouse Esther VIDARD DE LA TOUCHE, fille de André, Ec. ; 3° JEAN, qui suit ; 4° ANTOINE, auteur de la branche de Belleville et de Clavière, rapporté § XI. Renée Gaigneron se remaria en 1633 à Vincent de Valence, Ec., sgr de Mazilly, et avait testé le 6 sept. 1631.

10. — **Bremond** (Jean de), Ec., sgr de Bossée, Gouasnay, gendarme de la compagnie du maréchal d'Effiat, gouverneur de Touraine, naquit à Loches le 22 déc. 1598, partagea avec Antoine les biens de leur frère Charles, prédécédé, et mourut lui-même au service en 1632, ayant été marié, dès 1625, à Anne DE LA CROIX, fille de Valentin, Ec., sgr de la Croix-Vallinière et de Lémerière, et de Anne Le Clerc, qui le rendit père de : 1° MICHEL, baptisé à Genillé le 22 janv. 1628, mort jeune ; 2° JACQUES, Ec., sgr de Bossée, baptisé à Genillé le 3 nov. 1632 ; vivait encore à Restigné le 27 août 1645, mais décéda peu après ; 3° CLAUDE, De de la Janverie, psse de Restigné, épousa à la Martinique, en 1664, Pierre du Prey, sgr de l'Espérance ; 4° FRANÇOISE, baptisée le 17 mars 1630, morte jeune ; 5° MADELEINE, De d'Auchamp et du Mousey, baptisée à Genillé le 29 déc. 1630, épousa à Nantes (St-Nicolas), le 20 fév. 1653, Claude de Collart, Ec., sgr de Coucy ; elle vivait encore en 1685.

§ XI. — BRANCHE DE BELLEVILLE ET DE CLAVIÈRE.

10. — **Bremond** (Antoine de), Ec., sgr de Belleville, de la Guesblinière, la Richardière, la Calletière, etc., fils puîné d'Abel, sgr de Bossée, et de Renée Gaigneron (9e deg. du § X), naquit posthume à Loches le 5 mars 1601 ; il épousa, le 19 nov. 1624, à Poitiers (St-Porchaire), Catherine CAILLET DE CLAVIÈRE, fille de Pierre, Ec., sgr de la Bouillière, Clavière, etc. ; il assista, le 3 juil. 1651, à la réunion pour la nomination des députés aux Etats généraux. Il habitait psse de Ruffigny lorsqu'il fut maintenu noble par Barentin le 10 déc. 1667 ; il mourut à Poitiers, le 11 mai 1668, et fut inhumé (N.-D. de la Chandelière) « devant l'autel de la Ste Vierge, à main dextre ». Il eut pour enfants : 1° ANTOINE, qui suit ; 2° JEANNE, baptisée à Poitiers (St-Porchaire) le 7 nov. 1626, morte jeune ; 3° LOUISE, mariée, le 21 avril 1652 (Maxias, not. à Poitiers), à Jacques Richier-Garnier, Chev., sgr, fondateur de Pougnes, etc. ; 4° GABRIEL, étudiant en l'Université de Poitiers en avril 1644. Le 6 sept. 1645, son père s'engageait (Maxias, not.) vis-à-vis le prieur de l'abb. de Bonnevan à payer les frais de son noviciat à l'abb. de Pontigny ; 5° ANTOINE le jeune, résignait, le 13 août 1657 (même étude), en faveur de René Sochet, diacre, son prieuré de la Gde-Boissière, au diocèse de la Rochelle, et était curé de la Chapelle-Montreuil-Bonnin en avril 1687.

11. — **Bremond** (Antoine de), IIe du nom, Ec., sgr de Clavière, la Lande, etc., assiste avec son père à l'élection des députés aux Etats de 1651. Il se maria à Poitiers (St-Hilaire de la Celle) le 26 mai 1658, avec Marie AUDRY, fille de Charles, sénéchal du Chapitre de St-Hilaire-le-Gd de cette ville, et fut père de : 1° JACQUES, qui suit ; 2° MARIE, qui épousa, le 24 avril 1691, Jean-Louis Tondreau, Ec., sgr de la Vergne, cer du Roi, et qui fut inhumée à St-Porchaire, le 25 janv. 1692. Antoine mourut avant le 16 août 1697, date du partage de ses biens.

12. — **Bremond** (Jacques de), Ec., sgr de Clavière, la Lande, la Rochecoulombier, épousa à Poitiers,

le 12 sept. 1689, Charlotte GUILBAULT DE LA FAVERIE, qui fut inhumée à St-Didier, le 19 fév. 1731. Jacques fit enregistrer ses armes à l'Armorial, et fut maintenu dans sa noblesse par M. de Maupeou, le 22 fév. 1698. (O.)

Il mourut avant le 3 sept. 1715, date à laquelle M. de Richebourg maintint sa femme et ses enfants dans leur noblesse. Il eut 5 enfants, tous baptisés à St-Didier : 1° LOUIS-JACQUES, qui suit ; 2° MARIE-CHARLOTTE, née le 3 janv. 1692, morte fille et inhumée à St-Didier le 4 fév. 1751 ; 3° THÉRÈSE-CHARLOTTE, baptisée le 8 mars 1697, décédée sans alliance ; 4° MARIE-RADÉGONDE, née en 1701, décédée sans alliance le 27 mai 1764 ; 5° JEANNE-CATHERINE, baptisée le 9 sept. 1693, décédée célibataire, le 27 mai 1710, et inhumée à St-Didier.

13. — **Bremond** (Louis-Jacques de), Chev., sgr de Clavière, baptisé à Poitiers (St-Didier) le 22 juil. 1698, épousa, vers 1728, Susanne DE FRICON, fille de Florent, Ec., sgr de la Signe (Luchapt, Vienne). Il en eut : 1° JOSEPH-PHILIPPE-ANTOINE-PIERRE, qui suit ; 2° PIERRE, baptisé à Ruffigny le 24 janv. 1737, entré en 1755 dans les dragons de la Reine, servit successivement dans la légion Corse, au régiment de Noailles et à celui de la Martinique, fit deux campagnes en Allemagne et trois en Amérique ; 3°, 4°, 5°, 6°, deux garçons et deux filles, morts jeunes.

14. — **Bremond** (Joseph-Philippe-Antoine-Pierre Cte de), Chev., sgr de la Signe, Bon de Paillé en Saintonge, né à Ruffigny en 1729, épousa à Luchapt, le 20 sept. 1760, Marie DU THEIL. Veuf avant le mois de mai 1774, il se remaria à Marie-Susanne-Aimée DE GOULARD, fille de Louis-Aimé, Chev., sgr de Verrines, et de Louise d'Aitz de Nesmy. Il habitait St-Maixent en avril 1778 et comparut pour sa terre de Paillé à l'assemblée de la noblesse de St-Jean-d'Angély en 1789. M. de Bremond est mort à Niort le 7 nov. 1806, n'ayant eu qu'un fils de son premier mariage, NICOLAS, baptisé à Luchapt le 1er nov. 1761, et mort avant son père.

§ XII. — BRANCHE DE BELESBAT.

8. — **Bremond** (Pierre de), fils présumé de Charles, sgr de Balanzac, et de Françoise de la Rochebeaucourt (7e deg., § IX), habitait à Poitiers (St-Hilaire-d'Entre-Eglises). Il se maria, avant 1569, à Jeanne N..., dont il eut : 1° PIERRE, baptisé à Poitiers le 13 sept. 1569 (St-Jean-Baptiste) ; 2° CHARLES, qui suit.

9. — **Bremond** (Charles de), contrôleur général des maisons et finances de Henri de Bourbon, duc de Montpensier. On lui donne pour enfants : 1° HENRI, qui suit ; 2° CLAUDE, veuve, avant le 3 nov. 1630, de N... de Besse, maître des eaux et forêts, au duché de Châtellerault.

10. — **Bremond** (Henri de), Ec., sgr de Belesbat (Assay près Champigny-sur-Veude, Indre-et-Loire), filleul du duc de Montpensier, fut capitaine exempt des gardes du corps du Roi (quittance au cabinet des titres, Bib. Nat.) de 1629 à 1641. Il épousa, avant le 19 juin 1624, Renée DE CHALOPIN, sœur de René, sgr de Champrond (de la Touraine), et le 9 mai 1627, à Assay, Théophile DES ROUSSEAUX, fille de Jacques, Ec., sgr de la Breteschе ; il mourut le 23 mars 1644, et fut inhumé dans la chapelle des Minimes de Champigny. Du second lit il eut 6 enfants, entre autres : 1° LOUIS, né en 1634 ; 2° ANNE, baptisée le 1er mars 1640, mariée, en 1670, à Jean du Mourault, Ec., sgr de Leyraud ; 3° CHARLES, qui suit ; 4° HENRI, Ec., sgr de Belesbat, baptisé le 18 juil. 1642, capitaine au régiment de Champagne, tué, en 1692, à Steinkerque.

11. — **Bremond** (Charles de), Ec., sgr de Belesbat, fut baptisé à Assay le 4 nov. 1630. Il fut garde du corps de la reine Anne d'Autriche, et eut entre autres enfants de Gabrielle VIOLET DE L'ISLE, fille de François, Ec., sgr du Cormier : 1° PIERRE-THOMAS, qui suit ; 2° GABRIELLE-CHARLOTTE, baptisée le 31 juil. 1669, mariée, en 1696, à Louis Le Picard de Phelippeaux, Ec.

12. — **Bremond** (Pierre-Thomas de) naquit à Champigny le 28 juin 1692 et fut père de : 1° PIERRE, baptisé le 23 mars 1710 ; 2° CHARLES, baptisé le 5 janv. 1715.

BRENAY (Guitard de), Chev., fit au mois de fév. 1262 une cession à l'abbé de Charroux des maisons de la Rivière et de la Baronnière, psse de Lavignat. (Abb. de Charroux.)

BRENEZAY. — V. **BERNEZAY.**

BRESLAY. — Famille originaire de l'Anjou.

Blason : d'azur au lion d'argent et un croissant de même au 1er canton. — (Déclaré par Louis-Joseph de Breslay, Ec., sr du Bouchet, Montreuil-Bellay, 1698.) (Arm. Touraine.)

Renée de Breslay, Dlle : d'argent au lion de gueules et un croissant de sinople (ou sable) en pointe. (Id.)

Noms isolés.

Breslay (Jean), licencié ès lois, figure dans un acte relatif au péage des Ponts-de-Cé en 1455.

Breslay (Marie), Dlle, veuve de Guillaume de la Brunetière, Ec., tutrice de leurs enfants mineurs, fit aveu pour le fief du Plessis-Chevardière, à Montfaucon (1499).

Breslay (Radégonde) était, le 15 nov. 1534, religieuse de chœur de l'abb. de Fontevrault.

Breslay (René de), Ec., sgr des Liardières, fit, en 1558, présentation à une chapelle psse de St-Avaugour des Landes avec Catherine de Nuchèze, De de Bois-Regnard.

Breslay (Claude), veuve de Georges Garnier (qualifié noble et puissant), était, en 1612, dame de la maison noble de Boiceau (Avrillé, Vendée).

Breslay (Marie de), veuve de Charles de Mellé (ou Meslay), Ec., sgr de Ste-Verge près Thouars, agissait comme tutrice de leur fille le 11 mars 1687.

Filiation suivie.

1. — **Breslay** (Maurille), Ec., sgr des Liardières, eut pour fils :

2. — **Breslay** (René), Ec., sgr des Liardières, marié, vers 1580, à Renée BODINEAU, fille de René, Ec., sgr des Bordes, et de Jeanne de Ste-Marthe, dont il eut : 1° MICHEL, qui suit ; 2° CHARLOTTE, mariée à Benjamin de Hannes, sr de la Chevillonnière : 3° AIMÉE, mariée au sr de la Millière ? 4° DAVID, Ec., sgr du Bouchet, capitaine, marié à Françoise PADIOLEAU ? fille du sr de Lessart (Bretagne), dont postérité.

3. — **Breslay** (Michel), Ec., sgr des Liardières, épousa, le 10 janv. 1616 (Faydy, notre à St-Maixent), Gabrielle DESCARS (ou ESCARS), fille de Louis, Ec., sgr des Loges, et de Claude Frezeau, dont il eut : 1° LOUIS, 2° FRANÇOIS, 3° RENÉ, 4° SUSANNE, 5° CLAUDE.

BRESLES (François de), s^{r} de Cors (peut-être Corps) et en partie du lieu noble du Charrault, se dit exempt lors de la convocation du ban des nobles du Poitou de 1557, comme étant archer dans la compagnie de M. le prince de la Roche-sur-Yon. (F.)

BRESSOLES (DE). — Famille originaire du Berry, qui a contracté des alliances en Poitou.

Blason. — De Bressoles — Poitou — porte : de sable au lion d'argent, armé, lampassé et couronné de gueules, l'estomac chargé de 3 billettes de même, d'après la Vraie et parfaite Science des armoiries; mais, selon La Chenaye des Bois, de gueules à six besants d'or posés en orle.

Bressoles (Jean de), capitaine de 24 écuyers, était au nombre des assiégeants de Parthenay en 1419. (Ledain, Gâtine.)

Bressoles (Jean de) servait en homme d'armes le dernier fév. 1489.

Bressoles (Marguerite de) épousa François Bertrand, Ec., sgr de Courtevrault (Liglet, Vienne), qui, à cause d'elle, rendait hommage de cet hôtel au sgr de la Trémoille, le 3 juil. 1529.

Bressoles (René de), Ec., sgr des Bastides, marié à Jeanne GIFFART, eût : 1° ISABEAU, mariée, le 24 janv. 1599, à Léonard Landrault, Ec., sgr de la Mallière, et 2° croyons-nous, LOUIS, qui suit.

Bressoles (Louis de), Ec., sgr des Bastides, du Vergier, la Gaudetière, gentilhomme ordinaire de la chambre du Roi, l'un de ses capitaines de chevau-légers, rendit un aveu au sgr de la Trémoille le 15 déc. 1598, et en 1623 à Angle. Il épousa Louise DE SALIGNAC, D^{e} de la Rochebellusson (p^{sse} de Mérigny, Indre) et de la Gaudetière, dont il était veuf en 1625. Leurs enfants furent : 1° GILBERT, Ec., sgr des Bastides, qui n'eut point d'enfants de Marie VEZIEN, veuve de N... de la Barde, qu'il avait épousée en avril 1625, et qui était sa veuve en fév. 1628; 2° RENÉ, qui suit; 3° MARGUERITE, mariée, avant 1625, à Charles de la Vergne, Ec., sgr du Vergier (Liglet), qui était morte avant le 2 juin 1642.

Bressoles (René de) prenait en 1666 les titres de Chev., sgr des Bastides et de la Rochebelusson, gentilhomme ordinaire et maître d'hôtel du Roi. Il épousa, par contrat du 11 mai 1611, Lucrèce D'ALOIGNY DE ROCHEFORT, fille de Antoine, Chev., sgr de Rochefort, et de Lucrèce de Périon, dont il eut : 1° SYLVAIN, 2° GUY, 3° RENÉ. Les terres de la Rochebelusson et des Bastides saisies sur lui furent vendues vers 1682.

Bressoles (Perrette de) épousa, le 6 juin 1584 (Vaugelade, not^{re} à la Trémouille), Fiacre Girard, Ec., sgr de Champignolles.

Bressoles (Léonard de), Ec., sgr de la Varenne, épousa, le 6 juil. 1617, Marguerite DE MOUSSY, fille de Gabriel, Ec., sgr du Camp.

BRESSUIRE (Pierre de), connu sous le nom de *Berchorius*, savant bénédictin, prieur de St-Eloy de Paris, naquit à St-Pierre-du-Chemin (Vendée), a beaucoup écrit sur la morale, l'Ecriture sainte et la théologie. Son principal ouvrage est le *Reductorium morale super tota Biblia*, divisé en deux parties, la première comprenant 34 livres, la seconde 14; on trouve, au chapitre 43, l'énumération des curiosités du Poitou. Il traduisit aussi Tite-Live par les ordres du roi Jean. Il est mort à Paris en 1362 et fut inhumé dans l'église de son prieuré (devenue l'église des Barnabites), près de l'autel du côté de l'Epître. On y lisait son Epitaphe. (V. pour plus de détails Dreux du Radier et D. Fonteneau.)

BRET (DE) ou **BRET** (LE).

Bret (Girard), clerc, acquiert en 1309 un septier de froment de Pierre Cailleau, serrurier. (Arch. Vien. Abb. Trinité.)

Bret (N... de) est dit vassal du chât. du Blanc à cause de sa femme, dans un hommage rendu à la Tour de Maubergeon, le 25 juin 1403, par Guillaume Guénand, Chev., sgr du Blanc, pour cedit castel. (Livre des fiefs.)

Bret (Jacques Le), se disant prieur commendataire de la Lande (Ordre de St-Antoine) (St-Mars-la-Lande, D.-S.), est débouté de ses prétentions par arrêt du Parlement de Paris du 23 nov. 1618, lequel maintient dans ce titre Frère Pascal Laugier, prêtre, religieux du dit Ordre (Arch. D.-S.).

BRETAGNE (DE). — V. DE BROSSE.

BRETAUD EN BAS-POITOU.

Bretaud (Jérémie), Ec., sgr de la Bretaudière, épousa, vers 1600, Marguerite SUYROT, fille de François, Ec., sgr de la Socquetière, et de Claude Aymar.

BRETESCHE (DE LA). — Ce nom de terre, qui fut patronymique, est aujourd'hui porté par la famille JOUSSEAUME. Nous y renvoyons pour ce qui la concerne.

Bretesche (Guillaume de la), Chev., vivant au commencement du XIIIe siècle, eut deux filles : ALIÉNOR, qui épousa Pierre Joubert, de Talmont, Chev.; en 1241 elle faisait don à l'abb. de la Blanche (Noirmoutiers) de quelques héritages situés dans cette île, et confirmait en même temps le don d'une rente faite au même monastère par CATHERINE, sa sœur, autrefois femme de Olivier de Chacho ? Chev. (D. F. I, 371.)

BRETHÉ. — Nous donnons ici toutes les notes que nous avons pu recueillir sur les familles de ce nom. On écrivait aussi Berthé, ce qui jette une certaine confusion dans notre travail, eu égard surtout au peu de renseignements que nous avons pu nous procurer.

BRETHÉ ou **BERTHÉ** DE LA **CHEVRIE**, DE **CHAILLY**, ETC.

D'après une note qui nous fut communiquée il y a plusieurs années, cette famille serait originaire de Poitiers.

Blason : d'argent à trois merlettes de sable écornées.

Brethé ou **Berthé** (Guillaume), habitant de Poitiers, à la requête duquel il se faisait une enquête au mois de juin 1469.

Berthé (Jean), s^{r} de la Chevrie, fut élu maire de Poitiers en 1533, reçu échevin de cette ville le 18 fév. 1554, et mourut en 1555.

Brethé ou **Berthé** (André), procureur à la cour de la sénéchaussée de Poitiers, et

Brethé (Jacques), avocat près la même cour, comparurent l'un et l'autre, lors de la rédaction du procès-verbal de la réformation de la Coutume de Poiteu en 1559. Ce Jacques est sans doute le même qui, faisant partie du corps de ville, fut adjoint cette même année 1559, avec plusieurs autres, à Nicolas Le Roy, maire de Poitiers, pour l'aider, vu son grand âge, dans l'administration de la ville.

Bretet (Pierre) était, 3 août 1515, prieur claustral de l'abb. de Bonnevau. (Arch. Vienne, Chap. Ste-Radégonde.)

Brethé (François) succéda, le 8 janv. 1571, à Jean Duval, dans la charge de procureur et de clerc des fiefs ; il était décédé avant le 20 déc. 1599, date de la remise de ses registres au bureau des finances. (Arch. Vien.) C'est le même sans doute qui en 1565 faisait un échange de terres avec l'abb. de la Trinité (Id.)

Berthé (Catherine), veuve de Florentin du Ruau, Ec., sgr de Bonneron, est condamnée, par sentence du 4 juin 1610, à payer une rente de deux septiers sur la métairie de la Bigoterie, au profit de l'abb. de St-Hilaire de la Celle. (Arch. Vien.)

Brethé (Joachim), Ec. ; Guillaume Brethé, Ec., et Jacques Brethé, Ec., sgr de la Chevrie, sont dits décédés, dans un aveu fait par Louis de Lestang au duc de Richelieu, le 14 mars 1666.

Filiation suivie.

1. — **Brethé** (Joachim), Ec., sgr de Chailly, fit aveu, le 28 avril 1540, à Antoine Chapeau, Ec., sgr de Champabour, transige, le 23 juin 1555 (Cabaret, not[re] à Mirebeau) au sujet de la succession de René Poupard, son beau-père, et fait aveu à Ste-Maure, le 22 juin 1557, pour la Richardière, qu'il dit tenir du chef d'Anne Berthé, sa femme. (*Ste* Preuves St-Cyr.) Il épousa : 1° Louise Poupard, fille de René, Ec., et d'Antoinette de Moudion, et d'après les Preuves de St-Cyr : 2° Anne Brethé. Il eut du 1er lit : 1° Jeanne, mariée, vers 1550, à Simon Tortereau, Ec. ; 2° René, qui suit ; 3° Michel.

2. — **Brethé** (René), Ec., sgr de Chailly, Pilleron, épousa : 1° Renée de Marans, 2° Jeanne de Mondion, fille de Charles, et de Madeleine Fresneau. Il eut du 1er lit : 1° Gabriel, Ec., sgr de Pilleron ; 2° Louis, Ec., sgr de la Hallebardière (en Poitou), qui partagèrent le 4 mars 1583 ; du 2° lit : 3° Claude, qui suit.

3. — **Brethé** (Claude), Ec., sgr de Chailly, épousa, le 22 nov. 1610 (Nogues, not[re] à Loudun), Claude de Vieilmont, fille de Mathurin, Ec., et de Charlotte Chapron, dont il eut : 1° Charles, qui suit ; 2° Madeleine.

4. — **Brethé** (Charles), Ec., sgr de Chailly, épousa : 1° le 3 juin 1641, à Loches, Anne d'Augustin, fille d'Annibal, Ec., sgr de Mignac, et de Anne Brachet ; 2° le 12 oct. 1666, à Amboise, Marie Tettreau. Il eut plusieurs enfants, entre autres du 2° lit, Marie-Anne, née à Amboise le 13 fév. 1673, reçue à St-Cyr en 1686.

BRETHÉ DE LA GUIBRETIÈRE en Bas-Poitou.

Blason : d'azur au chevron d'argent accompagné en chef de 3 étoiles d'or et en pointe d'un lion de même, armé, lampassé de gueules. (Arm. Poitou.) — Sur un cachet d'Adrien-César Brethé de la Guibretière, le chevron est d'or.

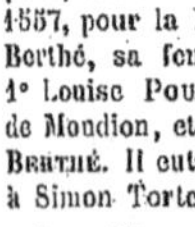

Brethé (Susanne) était, le 24 janv. 1618, épouse de Hélie Richelot, Ec., sgr de la Roche. (D. F. Arch. de la Flocellière.)

Brethé (Jacob), Ec., sgr de Lardouinière. Le 19 juin 1617, Hélène Le Blois était sa veuve et tutrice de leur fils qui suit.

Brethé (Charles), Ec., sgr de Lardouinière, était en 1656 en instance contre Paul Clabat, prêtre, qui, dans le cours du procès, forma opposition à la qualité d'écuyer que prenait son adversaire, et demandait qu'il produisît ses preuves de noblesse. Charles était, le 29 juil. 1670, homme d'armes dans une des compagnies d'ordonnance du Roi.

Brethé (Pierre), Ec., sgr du Cloux et de la Guibretière, vivait encore en 1631.

Brethé (Samuel), s[r] de Thoiré, avait épousé Louise Barré, laquelle poursuivait, au mois de juin 1656, Louis David, s[r] du Rozay, pour crime d'homicide commis sur la personne de son défunt mari. Ils avaient pour fils :

Brethé (Jacques), s[r] de la Roche-Guibretière, lequel ne fut pas maintenu noble par sentence de M. Barentin, du 3 juil. 1668.

Brethé (Marthe) épousa Louis Arnauldet, Ec., sgr de la Briaudière ; ils vivaient en 1661.

Brethé (Anne) était en 1683 épouse de Jacques de la Court, Chev., sgr du Fontenioux, du chef de sa femme, croyons-nous, car en 1699 elle était épouse de Alexandre du Coidicq, Ec., qui prend la qualité de sgr du Fontenioux. (Lodoin, Gâtine.)

Brethé (Alexandre), s[r] de la Guibretière, épousa Anne Chevalier, qui était sa veuve en 1668.

Brethé (François), s[r] de la Cressonnière, ne fut pas maintenu noble par Barentin le 3 juil. 1668.

Brethé (François), s[r] de la Poillonnière, habitait Poitiers vers 1670.

Brethé (Julien), Ec., sgr de la Cicotière, épousa d'abord Louise-Marie Suzanneau, puis Jeanne Rousseau, qui était sa veuve le 29 nov. 1684.

Brethé (Adrien-César), Chev., sgr de la Guibretière, p[sse] de St-Martin-des-Noyers (Vendée), et de la maison noble du Train (Jaulnay, Vienne), du chef de Marie Bardaun, sa femme, recevait une déclaration roturière de Jean Cassegrain, laboureur, le 1er nov. 1682 ; fut caution en 1684 (29 nov.) pour la constitution d'une rente au profit de François Le Bœuf, Ec., sgr de St-Martin. Il eut de son mariage : 1° Adrien-Jean, 2° Anne-Françoise-Hélène, baptisée à Jaulnay le 2 nov. 1683 (Registres) ; 3° Urbaine-Céleste, née à Jaulnay, 7 sept. 1685, décédée en 1689.

Brethé (Julien), avec Adrien-César, son fils, et

Brethé (Paul), s[r] de Lairière, et

Brethé (Jacques), s[r] de la Bouchetière, furent renvoyés devant le conseil pour y justifier de leur noblesse par ordonnance de M. de Maupeou du 26 mars 1698.

Brethé (Pierre), Ec., sgr de la Bouchetière, servit au ban de 1695.

Brethé (René), s[r] du Sablon, rend aveu au chât. de Vouvant en 1716 pour son fief de Villeneuve. (N. féod.)

Brethé (Adrien-Jean), Ec., sgr de la Guibretière, fils d'Adrien-César, nommé plus haut, épousa Anne-Cidarie de Montsorbier, dont Adrien-Joseph-Marie, né à Jaulnay le 30 sept. 1703, et Marie-Anne, baptisée à Jaulnay le 22 mars 1704. (Registres.)

Brethé (Jean-Victor), Ec., sgr de Laubretière, épousa Susanne-Aimée Giraud, fille N..., et de Agnès Guignardeau, laquelle rendait un aveu, le 15 déc. 1732, à Anne-Florence de L'Espinay, veuve de Bonaventure Le Bœuf.

Brethé (François), Ec., sgr de la Guibretière, épousa, le 5 janv. 1763, Louise-Henriette PIDOUX, Dᵉ de Sᵗ-Georges, fille de feu Pierre, Ec., sgr de Polié, et de Susanne-Henriette d'Aitz de Nesmy.

Brethé (François), Ec., sgr de la Bouchetière, vivait en 1787. (Doc. Puichault.)

Brethé (Adrien-Jean-François), Chev., sgr de la Guibretière ;

Brethé (Jean-Charles), Ec., sgr de Richebourg, et

Brethé (Gabriel-Victor), Chev., sgr de la Guignardière, époux d'Isabelle BRETHÉ, comparurent par procureur à l'assemblée de la noblesse du Poitou en 1789. Ce dernier eut un fils, GABRIEL-VICTOR, lequel émigra et fit la campagne de 1792 à l'armée des Princes, dans une compagnie à cheval du Poitou.

Brethé de la Guignardière (N...) épousa en 1796 Marie-Jacques-Marin Boutillier du Retail.

BRETHÉ ou BERTHÉ. — Famille de l'échevinage de Poitiers.

Blason : d'argent au chevron d'azur accompagné de 2 cœurs de gueules en chef, et d'un taureau de sinople ou de sable (*aliàs* naturel) en pointe. (Arm. échevins.)

Brethé (François), procureur des fiefs en Poitou, fut élu échevin de Poitiers par le parti de la Ligue, le 14 mars 1590. Il n'a pas laissé de postérité.

BRETINAULD. — Famille de Bretagne qui s'est établie en Saintonge et y a formé plusieurs branches, dont les principales sont celles de Sᵗ-Surin et de Méré. Elle s'est également alliée en Poitou. Cette généalogie nous a été communiquée par feu M. le Cᵗᵉ Th. de Bremond-d'Ars.

Blason : de sable à trois hures de sanglier d'argent, 2 et 1. — Dans une pièce extraite des Archives de Sᵗ-Surin, les hures sont dites au « naturel, allumées, défensées et arrachées d'or. »

Noms isolés.

Bret'nauld (Guillaume) s'est présenté au ban du Poitou de 1495 pour Jacques Goulard, habitant dans la terre de Sᵗᵉ-Hermine, mais a été refusé.

Bretinauld (Nicolas), enquesteur à la Rochelle, marié à Marie CADRY, eut : 1° MARIE, baptisée en l'église réformée de la Rochelle le 24 août 1587 ; sa marraine fut une MARIE Bretinauld ; l'une d'elles fut marraine en 1609 ; 2° NICOLAS, baptisé le 4 juin 1589 au même lieu.

Bertinauld (Nicolas), sʳ des Bertinières, conseiller au Présidial de la Rochelle en 1594, était peut-être le même que NICOLAS, aussi conseiller en 1632.

Bertinauld (Yves), marié à N... MERRIN, eut une fille, JEANNE, baptisée le 3 mai 1580.

Bertinauld (Michel), Ec., sgr des Ouches, est reçu en l'église réformée de la Rochelle, le 18 avril 1624. Sa femme Marie PARÈS fait abjuration du catholicisme devant maître Blanc, en l'église réformée de la Rochelle, le 10 oct. 1653.

Bretinauld (Louis) épousa Françoise DE LANDES, dont il eut MATHURIN, qui suit.

Bretinauld (Mathurin), Ec., conseiller assesseur civil et criminel au Présidial de la Rochelle, le 14 janv. 1663 ; décédé avant 1681, après avoir épousé Marianne-Madeleine, *aliàs* Marie-Catherine CHASTEIGNER, sans doute fille de Charles, Ec., sgr de Pierre-Levée et des Hors, et de Madeleine de Poutard. Le 20 oct. 1681, la veuve de Mathurin passe devant Farnoux, not., une obligation au profit de Marguerite-Michelle de Chassagne. Leurs enfants furent : 1° MATHIEU, sʳ du Plessis, conseiller du Roi, lieutᵗ particulier au Présidial de la Rochelle ; 2° CHARLES-LÉON, qui suit.

Bretinauld (Charles-Léon), sʳ du Plessis et du Fouilloux en partie, épousa, le 10 nov. 1722, Jeanne RIVIÈRE, dont : 1° MICHEL-CHARLES-AUGUSTE, 2° MARIE-MADELEINE, mariée à Bonaventure Le Bègue.

§ Iᵉʳ. — BRANCHE DE **Sᵗ-SURIN.**

1. — **Bretinauld** (Alexandre), Ec., sgr de la Tour, capitaine du château de Nantes, vivait au commencement du XVᵉ siècle ; il eut pour fils YVON, qui suit.

2. — **Bretinauld** (Yvon), Ec., sgr de la Tour, fit conjointement avec sa femme Marie DE RUGNY ? son testament, le 12 mars 1484, par lequel il établit partage entre ses trois enfants. Dans ce testament, on voit que Yvon est fils d'Alexandre et que son fils Gilles fut réduit à une simple dot pour avoir déplu à ses père et mère, en se mariant contre leur gré, à la Rochelle. Leurs enfants furent : 1° FRANÇOIS, dont la postérité est restée en Bretagne, où elle a fourni plusieurs rameaux ; 2° GILLES, qui suit ; 3° MARIE.

3. — **Bretinauld** (Gilles), Iᵉʳ du nom, élu échevin de la Rochelle le 12 mars 1518 (Bégon), avait épousé Marie MATHON, Dᵉ de Feuge et de Beauregard. Il mourut en 1554, laissant GILLES, qui suit.

4. — **Bretinauld** (Gilles), IIᵉ du nom, sgr de la Bouchardière, fut enquêteur à la Rochelle en 1547, conseiller au Présidial en 1552, échevin en 1554. Il acheta en 1554 de Marguerite de Montboron l'hôtel d'Huré, où vinrent loger le roi Charles IX et sa mère le 14 sept. 1565. Il épousa d'abord Huguette VIDALLOT, puis, le 1ᵉʳ avril 1533, Marie MOULINIER, fille de Guillaume, sgr de Sᵗ-Plassay, de Puy-Pampin et de la Sablière. Il laissa du 1ᵉʳ lit : 1° GILLES, 2° MARIE, mariée à Jean de la Gesve ; 3° ROSE, qui épousa Mathurin Baudouin, conseiller au Présidial de la Rochelle ; 4° HUGUETTE, mariée à Georges Maynard ; du second lit : 5° ANTOINE, qui suit ; 6° LOUIS, sʳ de Pampin, marié à Elisabeth FURGON, fille de Claude, Ec., sgr de Sᵗ-Christophe, et de Marguerite Nicolas ; 7° MARIE, qui était en 1573 femme de Mathurin Massé ou Macé.

5. — **Bretinauld** (Antoine), Ec., sgr de Plassay, Puy-Pampin, avocat au Parlement de Paris, se maria deux fois : 1° par contrat du 6 août 1567 (Jean Barbot, not. à Saintes), à Nicole FARNOUX, fille de Charles, pair et échevin de Saintes, et de Jeanne Moyne ; 2° le 18 mars 1598, à Marie GIRARD, veuve de Henri Le MOYNE, Ec., sgr de la Massonne, et fille de Jean, dont il n'eut pas d'enfants. Du premier lit il eut : 1° PIERRE, Ec., sgr de Plassay, baptisé le 9 janv. 1574 au temple de Saintes, est parrain le 12 nov. 1623 au temple de la Rochelle ; meurt sans postérité ; 2° JEAN, qui suit ; 3° ESTHER, sans alliance.

6. — **Bretinauld** (Jean), Ec., sgr de Plassay, Pampin (Mortagne), partagea noblement avec son frère Pierre, le 17 juil. 1604, la succession de leur père ; épousa : 1° le 1ᵉʳ sept. 1604, Susanne DE PUYROUSSET,

fille de Claude, pair et échevin de la Rochelle, et de Anne Gombaud ; 2° le 12 août 1615, Françoise Buhet. Il acheta, le 6 avril 1630, de son gendre Henri de la Mothe-Fouqué, la baronnie de St-Surin avec droit de haute, moyenne et basse justice ; il acheta également, le 10 déc. 1654, la terre du Banchereau, et érigea un temple à St-Surin. Il testa le 12 fév. 1641 et laissa du premier lit : 1° Susanne, alias Elisabeth, marraine au temple de la Rochelle en 1614, et mariée, le 13 déc. 1619, à Henri de la Mothe-Fouqué, Bon de St-Surin ; du second lit : 2° Jean, qui suit ; 3° Jeanne, De de Pampin, née le 15 janv. 1621, mariée à Louis Regnier, sr de Vaujompe ; cette Jeanne est peut-être la même qu'une Jeanne Bretinauld, qui épousa vers 1645 Pierre Baudry, Ec., sgr de la Martrie.

7. — **Bretinauld** (Jean), IIe du nom, Chev., sgr de Plassay, Brives, le Banchereau, Bon de St-Surin, donne quittance, le 18 mars 1651, de la somme de 545 livres tournois à Jeanne Joubert, pour prix de la ferme de la sgrie de Brives ; il avait épousé, le 3 nov. 1637 (Robert, not. à Saintes), Marie Patru. Il fit son testament le 26 fév. 1672, et décéda au château de St-Surin en 1680, laissant : 1° Henri, qui suit ; 2° Hector, mort jeune ; 3° Elisabeth, qui épousa Henri d'Escodéca de Boisse Mis de Pardaillan, sgr de Mirambeau et de Courpignac, qui s'expatria avec sa femme à la révocation de l'édit de Nantes.

8. — **Bretinauld** (Henri), Chev., baron de St-Surin, sgr de Plassay, Chenac, etc., né en 1647, capitaine d'une Cie du régiment de Jonzac, fut un protestant outré pendant sa jeunesse, et condamné à mort le 10 juil. 1668, pour avoir profané des objets sacrés ; mais il éluda la peine et fut gracié en 1678 par Louis XIV ; il abjura le protestantisme et fut baptisé par Guillaume de la Brunetière, évêque de Saintes. Il testa en 1705 et 1707, mourut le 4 juin 1707, et fut enterré dans l'église du Vieux-Bourg de St-Surin d'Uzet. Il avait épousé : 1° le 15 oct. 1672, Claude de St-Légier, fille de Jacob, sgr de Beauregard, et de Madeleine Patru ; 2° le 16 juin 1692, Henriette-Angélique de Verteuil, fille de Pierre, sgr des Granges, et de Henriette de Lisle. Du premier lit : 1° Jean, sgr de Chenac et de Beauregard, mort jeune ; 2° Alexandre, qui suit ; 3° Ambroise, capne des vaisseaux du Roi, Chev. de St-Louis, mort le 10 sept. 1743 sans postérité ; 4° Victoire, née en 1663, mariée, avant le 3 avril 1709, à Paul d'Asnières, Chev., sgr de la Chapelle, et décédée le 27 déc. 1761. Du second lit : 5° Joseph, sgr d'Argenteuil et de Forest, marié à Thérèse Béraud, dont Jeanne-Henriette-Céleste, mariée, le 9 juin 1756, à Pierre-André Achard-Joumard, Vte de la Brangélie : 6° Gabriel, rapporté au § II ; 7° Pierre-Honoré, qualifié Chev., sgr de Méré, Chauvert, la Tuilerie, la Brousse, né en 1694, épousa à Saintes, le 20 fév. 1719, Anne-Charlotte Grégoireau, fille de Laurent, conseiller à la cour des aides de Bordeaux, et de Françoise Pichon, dont il eut : *a*. Françoise-Thérèse, née le 7 janv. 1720, mariée en 1758 à François-Raymond Bouet du Portal, sgr de Luchat ; *b*. Joseph, mort sans enfants.

8° Henriette-Céleste, mariée, le 3 avril 1709, à Henri-François d'Asnières, capitaine au régt d'Anjou.

9. — **Bretinauld** (Alexandre), Chev., Bon de St-Surin, sgr de Plassay, Chenac, Beauregard, épousa, par contrat du 4 avril 1709, à Saintes, Marie-Anne Gentil de Brassaud de Brilhac, fille de Seguin, Ec., sgr de Varsay, St-Christophe, etc., et de Marie Pannetier, et décéda le 31 déc. 1718, laissant Henri, qui suit.

10. — **Bretinauld** (Henri), IIe du nom, Chev., sgr de Plassay, de Rétaud, Beauregard, etc., dit le Mis de Chenac, né à St-Surin le 3 mars 1713, lieutenant d'artillerie et plus tard lieutenant de vaisseau, épousa, par contrat du 15 mai 1742 (Bargignac, not.), et par dispense du pape Benoît XIV, sa cousine germaine, Marie-Françoise Gentil de Brassaud, fille de Seguin, Ec., sgr de Brassaud, Rétaud, etc., et de Henriette-Michelle de la Lande ; il testa le 17 mai 1776, et mourut à Saintes le 12 mai 1778, ayant eu : 1° Henri, qui suit ; 2° Marie-Pélagie, mariée à Jean-Louis Guitard de la Borie, Bon de Rioux, etc.

11. — **Bretinauld** (Henri), IIIe du nom, Chev., Bon de St-Surin, né le 26 sept. 1743, servit dans la marine, et épousa, le 20 déc. 1774, Marie-Thérèse-Armande Froger de l'Eguille, fille de feu Michel, sgr du Breuil, du Parc, etc., lieut.-général des armées navales, commandeur de St-Louis, et de Marie-Thérèse Gaudion. Henri mourut à Rochefort le 13 juin 1782, laissant : 1° Henri-Marie-Joseph, qui suit ; 2° Henriette, née le 23 juin 1781, mariée, le 23 janv. 1797, à Henri-Louis-Frédéric de Guitard, son cousin germain, et décédée en 1820.

12. — **Bretinauld** (Henri-Marie-Joseph), Bon de St-Surin, né le 31 déc. 1776, marié, par contrat du 7 mai 1796 (Perrinet, not. à Cozes), avec Marie-Antoinette-Henriette-Amédée de Marbotin de Conteneuil, fille de Jean-François-Laurent, Bon de Conteneuil, et de Marguerite-Henriette de Chavaille de Fougeras, et décéda le 31 janv. 1821, laissant : 1° Frédéric-Henri-Joseph-Amédée, qui suit ; 2° Amédée-Joséphine-Pélagie, née le 8 mars 1797, morte à St-Surin le 15 sept. 1812 ; 3° Zoé-Armande-Cécile-Henriette, née le 22 nov. 1800, décédée le 9 nov. 1819 ; 4° Lucie-Victoire, née le 28 fév. 1804, décédée le 17 mai 1817 ; 5° Louis-Victor-Amédée, né le 7 sept. 1808, décédé en 1825 ; 6° Henriette-Marie-Cécile, née en 1820, décédée en 1821.

13. — **Bretinauld** (Frédéric-Henri-Joseph-Amédée), Bon de St-Surin, né à Conteneuil le 27 fév. 1799, épousa en 1823 Céleste-Eugénie Dupuch, fille de Jean-Guillaume, et de Lucie Bonnin, et mourut le 3 mars 1885, ayant eu de son mariage : 1° Amédée-Jean-Henri-Marie, qui suit ; 2° Henriette-Jeanne-Marie-Cécile, née le 6 mai 1826, mariée, le 22 avril 1845, à Louis de Peyrecave de Lamarque, et morte le 26 mars 1866.

14. — **Bretinauld** (Amédée-Jean-Henri-Marie), Bon de St-Surin, né le 10 août 1824, marié, le 24 avril 1850, à Marie-Alix de Verthamon, fille de Martial-Maurice-Edmond, Mis de Verthamon, et de Marie-Jacquette-Amélie de Piis du Pins. Il est veuf sans enfants, du 24 oct. 1883.

§ II. — Branche de Méré.

9. — **Bretinauld** (Gabriel), Ec., sgr de Méré (Chenac) et de Ponsoreau, fils puîné de Henri, Ier du nom, et de Angélique de Verteuil (8e deg. du § Ier), épousa, le 20 sept. 1721, Marie-Marthe Mauchen, fille de René, sgr de la Boucaudrie, et de Catherine Raymond, dont il eut : 1° Joseph-Gabriel, qui suit ; 2° Gabriel-Dominique ? qui serait né le 13 juin 1724, qualifié capitaine d'Invalides dans l'acte mortuaire de sa femme Françoise-Elisabeth Ancelin, inhumée dans l'église St-Michel de Saintes le 5 mai 1768 ; 3° Henri-François-Hector, né le 5 sept. 1728, sans alliance ; 4° Marie-Marthe, De de Méré, vote en raison de ce fief en 1789 par M. Vigoureux de la Roche, son procureur. Elle était née à Saintes le 19 mars 1730 ; et peut-être 5° Pierre-René, garde du corps du Roi.

10. — **Bretinauld** (Joseph-Gabriel), Ec., sgr

de Méré et de Ponsoreau, né le 5 fév. 1723, s'est marié deux fois : 1° le 30 nov. 1753, à Henriette Guenon de la Tour, fille de Jacques, Ec., sgr de la Tour et des Mesnards, et d'Esther Raboteau ; 2° en 1763, à Rose Paillot de Beauregard, fille de Pierre, s^r du Cormier et de Beauregard, et de Marie-Anne Daudenet. De ce mariage il eut Joseph-Gabriel-Dominique, qui suit.

11. — **Bretinauld de Méré** (Joseph-Gabriel-Dominique), capitaine de cavalerie, né le 20 déc. 1769, Chev. de St-Louis, émigra, et décéda le 18 juin 1838. Il avait épousé, le 4 août 1809, Françoise-Félicité-Victorine de Folin, fille de Alexandre, Mis de Folin, et de Louise de Montmorillon ; elle décéda le 27 juil. 1827, laissant : 1° Eugène-Joseph-Ferdinand, mort le 23 fév. 1853, célibataire ; 2° Louis-Victor, qui suit ; 3° Louis-Théophile, marié, le 7 avril 1856, à Marie-Louise-Antonine de Puyguyon, fille de Jean-Félix-Pierre-Constantin, et de Catherine-Louise de la Forest, dont : *a.* Marie-Louis-Raoul, mort en bas âge en 1857 ; *b.* Marie-Louise-Jeanne-Pauline, née le 9 déc. 1859, mariée, le 20 avril 1880, à Abel de Bretinauld, son cousin germain ; *c.* Gabrielle, née le 1er fév. 1864.

4° Alexandrine-Marie-Paule, née le 5 oct. 1810, mariée, le 24 fév. 1829, à Henri-Auguste Martin de Bonsonge, décédée veuve le 15 mai 1886.

12. — **Bretinauld de Méré** (Louis-Gabriel-Victor de), né en 1817, s'est marié, le 26 oct. 1841, à Hélène de Cumont, fille de Joseph-Marc-Antoine-Timothée, ex-officier de marine, et de Isaure de la Taste, et est décédé à Saintes le 16 déc. 1876, laissant : 1° Marie-Angélique-Anne, mariée, le 10 avril 1866, à Raymond-Adrien du Poërier de Portbail, sous-directeur du haras de Saintes ; 2° Louis-Joseph-Marie, né à Saintes le 20 mai 1869 ; 3° Marie-Eugène-Abel, qui suit.

13. — **Bretinauld de Méré** (Marie-Eugène-Abel de), né à Saintes le 25 déc. 1848, marié, le 20 avril 1880, à sa cousine germaine, Marie-Louise-Jeanne-Pauline Bretinauld de Méré, fille de Louis-Théophile, et de Marie-Louise-Antonine de Puyguyon, dont il a : 1° Marie-Louise-Hélène, née à Saintes, le 25 mars 1881, morte le 9 avril 1881 ; 2° Susanne, née à Saintes le 10 avril 1882.

BRETON (Le) ou **BRETHON** (Le). — Nom porté par plusieurs familles poitevines. N'ayant pu nous procurer assez de renseignements pour les distinguer, nous classerons par ordre chronologique les personnages de ce nom que nous avons trouvés.

Breton (Regnaud Le), de St-Maixent, se plaint, vers 1245, des dégâts causés dans ses biens par l'armée du roi de France, lors de la guerre contre le Cte de la Marche et le roi d'Angleterre. (A. Nat. J. Reg. 97, 1, 120.)

Breton (Guillaume Le), habitant Villefagnan, vendait, le 20 janv. 1409, quelques héritages à l'abbé de Nanteuil-en-Vallée (Charente). (D.-F.)

Breton (Guillaume Le) fut, lors de la création de l'Université de Poitiers en 1431, nommé procureur de la nation d'Aquitaine. (Ann. d'Aquitaine, édition Mounin.)

Breton (Jean Le), sgr de la Frayère, rendait, le 11 août 1462, aveu à l'évêque de Luçon pour son herbergement du Plessis-Vaslin (Les Brousils, Vendée). Il servait au ban de 1467 comme brigandinier du sgr de Bressuire. (F.)

Breton (Thomas Le) fut exempté de servir au ban de 1491 comme faisant partie de la garnison de Mortagne. Le 12 nov. 1493, il rendait un aveu comme mandataire de Louis de la Haye, Chev., sgr de Chemillé, Mortagne, Passavant.

Breton (Yvonnet Le) servait en 1517 et 1519 en archer dans la compagnie de M. de la Trémoille. (Gaignères. B. Nat.)

Breton (Marsande Le) était, le 27 avril 1538, femme de René Bonnerier, s^r de Machefer, licencié ès lois ; ils achetaient la terre de Turgé, de René de Bournan.

Breton (René Le), Ec., demeurant à Usson, servit au ban de 1557. (F.)

Brethon (Pierre Le) fonda une stipendie à St-Romain ? (Vienne) avant 1560 ; procès à ce sujet entre le chapelain et le prieur de St-Romain, 30 janv. 1560. (Arch. Vienne.)

Breton (N... Le), Ec., sgr de la Marche, en rendait aveu au sgr de Mortagne le 5 juil. 1567. (D. F.)

Brethon (Anne), épouse de Jacques Poignand, s^r du Plessis-Viète, fut enterrée le 21 déc. 1571 à Ste-Croix de Parthenay.

Brethon (Catherine Le), veuve de Siméon Le Blanc, Ec., sgr de Mortier, et tutrice de leurs enfants mineurs, est relatée comme créancière de la succession d'Olivier de la Coussaye, le 30 déc. 1606.

Breton (N... Le) était en 1624 procureur et échevin à Loudun.

Breton (Gabrielle Le) épousa, le 11 déc. 1630 (Naud, not^re au Langon), Hector Pierre, Ec.

Brethon (François Le), s^r de St-Sulpice (élect. de Fontenay), ne fut pas maintenu noble par Barentin en 1668.

Berton des Grapillières (Louis Le), de l'île de Noirmoutiers, fut l'un des délégués pour nommer les députés du Tiers-Etat aux Etats généraux de 1789.

BRETON (Le) a Poitiers.

Blason : d'azur au rocher d'or ouvert en forme de grotte, accompagné de 2 étoiles de même en chef et d'un levrier au repos d'argent, couché sur une terrasse de sable (ou de sinople) en pointe. (Arm. des maires de Poitiers, et Hist. du Poit.)

Breton (François Le), procureur au Présidial de Poitiers, était décédé en 1700 ; sa veuve Marie Delapierre est inscrite dans l'Armorial du Poitou : « d'azur à une bande d'or et 6 besants d'argent en orle ».

Breton (Pierre Le) était chanoine de Ste-Radégonde en 1700. L'Armorial du Poitou lui donne d'office : « d'or au chef d'hermine ».

Noms isolés.

Breton (Charles Le) était en 1573 enquesteur en la sénéchaussée de Poitiers.

Filiation suivie.

1. — **Brethon** (Jacques Le), s^r de la Brunette, procureur en la sénéchaussée de Poitiers, paya, le 11 avril 1555, les droits de vente et honneurs dus à la sgrie de Rochefort pour la terre de Billy-Clairet, qu'il venait d'acquérir de René Riposson, Chev., sgr d'Arton ; il comparut en 1559 au procès-verbal de la réformation de la

Coutume de Poitou, fut maire de Poitiers en 1561, était échevin de cette ville lorsqu'il mourut en 1563. Il laissait de Anne MILSENDEAU, sa femme : 1° JEAN, qui suit ; 2° FRANÇOIS, « avocat distingué, dit Loysel, homme de lettres, bien vivant, bon catholique, mais entêté ligueur, fut condamné par le Parlement de Paris à être pendu comme auteur d'un libelle rempli d'injures atroces contre le Roi, le chancelier et le Parlement, et fut exécuté le 22 nov. 1586 devant les degrés du palais ». Le fougueux Boucher, curé de St-André-des-Arcs, fit l'apothéose de celui qu'il qualifiait de martyr, et s'écria : « Oh ! Le Brethon, ton cordeau est plus honorable que la « pourpre de ceux qui t'ont fait pendre ». Serait-ce ce François qui aurait été chargé par MM. de la chambre de l'édit du Parlement de Bordeaux de remettre une lettre au Roi, ce qu'il fit à St-Maixent le 22 mars 1582, puis qui fut trouver ensuite la reine-mère à Mirebeau ? 3° FLORENT, et 4° JACQUES, nommés avec François dont nous venons de parler, comme étant décédés, dans une procuration donnée le 18 fév. 1602 par Louis, Chev. de St-Jean-de-Jérusalem, leur neveu ; 5° FRANÇOISE, mariée à N... Lucas de Vaugueille.

2. — **Brethon** (Jean Le) rendait, le 14 mai 1568, un aveu au sgr de Rochefort pour la terre de Billy-Clairet ; il mourut avant son père, laissant : 1° LOUIS, sgr de la Jutière et du Petit-Billy-Clairet, Chev. de l'ordre de St-Jean-de-Jérusalem et commandeur de Queranlonay, donnait procuration, le 18 fév. 1602, en sa qualité d'héritier de son père et de ses oncles Florent, François et Jacques précités, au sgr de Rochefort de sa terre de Billy-Clairet ; 2° CATHERINE, qui épousa honorable homme André Royer, dont elle était veuve à l'époque de son décès survenu le 24 juil. 1629.

BRETON (LE). — Famille qui habitait les confins de la Basse-Marche.

Breton (René Le), Ec., sgr de la Rivallière, p^sse d'Oradour-St-Genest, fut taxé en 1618 pour sa part dans les frais de voyage et séjour des députés de la noblesse de la Basse-Marche aux Etats de 1618. René était décédé avant le 9 déc. 1623, car à cette époque Samuel de la Lande, Ec., sgr des Renaudières, était tuteur de ses enfants mineurs.

Breton (Jean Le), sgr des Flandières et des Renardières (St-Barban), était cité, le 21 août 1674, dans un acte relatif à la famille de Moussy.

Breton (Jean Le), inhumé dans l'église de Châtain, à l'âge de 71 ans, le 26 avril 1757.

Nous recueillons dans les registres des paroisses de Châtain, Lizant, Jaulnay (Vienne), les éléments du fragment de généalogie suivante.

1. — **Breton** (Hippolyte Le), Ec., sgr de la Noue, Frêté, Beauvais, etc., épousa Marie DE CLÉRET, et mourut le 30 janv. 1737, âgé de 87 ans ; il en eut : 1° MADELEINE, qui épousa, le 23 fév. 1720, Charles de St-Garreau, Ec., sgr de Trallebault, dont elle était veuve le 11 juil. 1751, et elle-même mourut le 12 nov. 1767 ; 2° JEAN, Ec., sgr de Frêté (Adriers, Vienne), fut parrain le 24 janv. 1731, se maria à Lizant, le 7 mai 1721, à Louise FRICARD, et fut inhumé en l'église de Châtain, le 3 déc. 1733, à l'âge de 48 ans. Nous ignorons s'il eut des enfants ; 3° SYLVAIN, qui suit.

2. — **Breton** (Sylvain Le), Ec., sgr de Beauvais, épousa, le 3 nov. 1711, Françoise-Anne FROTTIER, fille de Louis, et de Catherine Maigret. Sylvain fut inhumé à Châtain le 23 janv. 1733, à l'âge de 50 ans, laissant : 1° JEAN-SYLVAIN-HIPPOLYTE, baptisé le 28 mai 1712 ; 2° CHARLOTTE-BARBE, qui vivait le 24 sept. 1756 ; 3° CHARLOTTE-THÉRÈSE, née en 1724, morte le 28 avril 1792, âgée de 68 ans ; 4° JEAN, baptisé le 22 mars 1727, décédé à l'âge de 25 ans, le 5 mai 1752 ; 5° CHARLOTTE-ELISABETH, baptisée le 3 fév. 1733 ; 6° JOSEPH-PIERRE-LOUIS, qui suit, et d'autres enfants morts en bas âge.

3. — **Breton** (Joseph-Pierre-Louis Le), Ec., sgr de Beauvais, marié, le 5 oct. 1751, à Marguerite-Thérèse DE SAVATTE DE GENOUILLÉ, fille de feu Sylvain-Joseph, Ec., sgr de Genouillé et de Genebrée, et de feu Susanne de St-Garreau de Trallebault. Il fut parrain le 22 oct. 1777. Sa postérité nous est inconnue.

BRETON. — Famille qui, d'après M. de Fouchier (B^nie de Mirebeau. M. A. O. 1877, 111), faisait partie de la chevalerie du Mirebalais connue avant 1356. Nous n'avons jusqu'à présent recueilli aucunes notes sur cette famille.

BRETON (LE). — Famille originaire de Chinon, qui a formé les branches de Nueil, de la Bonnelière, de Vonne, etc.

Blason : d'azur au chevron d'or, 2 étoiles d'argent en chef et un croissant de même en pointe.

Breton (François-Jean Le), Ec., s^r de Noiré, procureur du Roi au bailliage de Chinon, fut reçu trésorier de France à Poitiers le 4 juin 1763. Il épousa Perrine-Françoise PERROCHON, dont il eut : 1° PIERRE-FRANÇOIS-JACQUES, qui suit ; 2° JOSEPH-PHILIPPE-FRANÇOIS, chanoine, chévecier et official de St-Mexme de Chinon ; 3° CÉCILE, mariée à Ambroise de...., ancien officier de gendarmerie ; 4° N..., qui eut pour fille GENEVIÈVE, mariée à Louis Veau de Rivière, Ec.

Breton (Pierre-François-Jacques Le), Ec., s^r de Nueil, procureur du Roi et conseiller honoraire au bailliage de Chinon, reçu trésorier de France à Poitiers le 15 sept. 1773. Il épousa Marguerite BOURASSÉ.

BRETONNEAU ou **BRETHONNEAU**.

Blason. — Famille Bretonneau, alliée aux Odart, porte : d'argent au saule terrassé de sinople, accompagné en chef de 3 étoiles d'azur. (G^ie Odart, 30.)

Brethonneau (Thomas) est relaté dans l'acte par lequel le roi Philippe Ier confirma, le 14 oct. 1076, à l'abb. de Montierneuf, tous les dons que lui avait faits Guy Geoffroy, Cte de Poitou, en la fondant. (D. F. 19.)

Bretonneau (N...), cité comme déjà décédé dans un arrentement fait le 9 août 1409 par Perrot, J. Syot et autres paroissiens de Vendeuvre (Vienne).

Bretonneau (Jean) déclare tenir 50 liv. de rente ou environ et servira en brigandinier à la montre des sgries de Vihiers, Maulevrier, etc., les 22, 23, 25 et 26 fév. 1471.

Bretonneau (Olivier), habitant la terre de Châteaumur (Vendée), servit comme archer au ban de 1491. Le même ou son fils, Ec., sgr de Puyguillaume et de Puymorin, rend, le 15 juin 1511, aveu au sgr de Bressuire pour sa forteresse de Puymorin (la Meslerays, Vendée), qu'il tenait du chef de Jeanne DE MONTOURNOIS.

Berthonneau (Joachim) et Jeanne DE LA PORTE

sa femme, demeurant à Louzy, se firent, le 19 juin 1530, une donation mutuelle de leurs biens; sa femme n'existait plus le 20 avril 1532, et son mari prend dans le règlement de sa succession le titre de sgr du Chilou.

Brethonneau (Pierre), chanoine de Ste-Radégonde de Poitiers, comparut comme député de ce Chapitre à la réformation de la Coutume de Poitou en 1559.

Bretonneau (Jean), honorable homme, Me praticien en cour laie, épousa, le 14 sept. 1533, contrat passé à la Regnaudière (les Brouzils, Vendée), Renée MAINGARNAUD, fille aînée de Guyon, Ec., sgr de la Grenouillère, et de Gillette Prévost.

Brethonneau (N...) était en 1594 official de l'Église de Poitiers.

Bretonneau (Jacques), chantre de l'abb. de St-Savin, est plusieurs fois relaté dans l'enquête faite le 20 oct. 1631 par le prévôt de Paris, au sujet des vexations et violences commises par le baron des Francs à l'encontre de ce monastère. (D. F. 25.)

Brethonneau (Marguerite-Jeanne), épouse de Marc Courrivault, sr de Logerie, ancien capitaine au régiment de Beaujollais, Chev. de St-Louis, et

Brethonneau (Thérèse), sa sœur, renoncent, le 6 mars 1712, à la succession de Jean Bouthier, prieur, curé du Vigean, leur frère utérin.

Bretonneau (Marie-Marguerite) épousa, vers 1715, Jacques Odart, IVe du nom, Chev., sgr de Parigny.

BRETONNEAU à Poitiers.

Blason : d'azur au lion d'argent lampassé de gueules, chef d'argent chargé de 3 roses de gueules.

Bretonneau (Pierre), notaire à Poitiers, fit enregistrer son blason à l'Armorial du Poitou en 1698.

BRETTES (de). — Famille noble et ancienne, qui habitait la Basse-Marche et le Poitou; elle a sans doute tiré son nom de la psse de Brettes près Ruffec.

Blason : d'argent à 3 vaches (brettes) de gueules, l'une sur l'autre. — Un sceau de 1570 est écartelé d'un écu portant 3 grues. (V. Lainé, Archiv. de la Noblesse.)

§ Ier. — Branche de **Cros**.

1. — **Brettes** (Jeannot de), Ec., sgr de Cros (Cieux) en 1537, épousa, le 15 avril 1532, Peyronne DE NEUFVILLE, fille du sgr de Magnac, dont :

2. — **Brettes** (François de), Chev., sgr de Cros, Chev. de l'ordre du Roi le 6 janv. 1571, donna quittance en 1571 (sceau écartelé). Il épousa : 1° vers 1550, Anne DES ROCHES, fille d'Antoine, sgr d'Escheyrac, et de Françoise de Lavau; 2° le 14 juil. 1565, Anne VIGIER, veuve de Jean Guiot, Ec., sgr d'Asnières, fille de Benoît, Ec., sgr de Chalonne, et de Catherine Joubert. Il eut du 1er lit : 1° FRANÇOISE, mariée, le 15 oct. 1570 (Montazeau, notre), à René de L'Age, Ec., sgr de Volude; du 2e lit : 2° CYBARD, qui suit; 3° LOUISE.

3. — **Brettes** (Cybard de), Ec., sgr de Cros, du Masrocher, Brouillac, épousa, le 9 oct. 1589, Jeanne DE SALAIGNAC, fille du sgr de Rochefort; il mourut assassiné, vers 1618, époque du partage de sa succession; il eut pour enfants : 1° GÉDÉON, qui suit; 2° ABEL, a formé branche, § V; 3° MARC, légataire de son père le 12 déc. 1612, fut chanoine de St-Junien; 4° FRANÇOISE, 5° OLYMPE, 6° NÉRÉE, 7° ANNE.

4. — **Brettes** (Gédéon de), Chev., sgr de Cros, obtint une confirmation de noblesse de d'Aguesseau le 30 août 1667, servait comme volontaire en 1632, et eut la jambe emportée. Il avait épousé : 1° le 19 avril 1612, Marguerite DE DOUHET; 2° le 10 déc. 1642, Claude DREUX, fille de Simon, Ec., sgr de Montrollet, et de Florence Vidart; 3° Gabrielle-Thérèse D'ALLEMAGNE, fille du sgr de Bonneau, et testa le 28 avril 1672.

Il eut du 1er lit : 1° CATHERINE, mariée à Pressac, le 6 juin 1676, à Guy d'Aloigny, Ec., sgr de Boismorand; du 2e lit : 2° JACQUES-FRANÇOIS, qui suit; 3° CATHERINE, mariée à Gabriel d'Abzac, Ec., sgr de Pressac, 4° FRANÇOISE, 5° ANNE, 6° MARIE; du 3e lit, il eut : 7° ANNE-GABRIELLE, mariée à François de Cognac, Chev., sgr de Pairs.

5. — **Brettes** (Jacques-François de), Chev., Mis de Cros, Cieux, Masrocher, capitaine des chevau-légers de la garde, commanda le ban du Limousin en 1694. Il épousa, le 28 avril 1675, Anne ROBIN, fille de Jean, sénéchal de Brigueil, et de Léonarde Duchesne, dont il eut :

6. — **Brettes** (Pierre de), Ec., Mis de Cros, reçu page en la grande écurie en avril 1707, épousa, le 20 août 1714, Susanne PETIOT, fille de Jacques, sgr de la Motte, et de Catherine Roger, dont il eut JOSEPH-MARTIAL, qui suit, et autres enfants.

7. — **Brettes** (Joseph-Martial de), Mis de Cros, né le 22 juin 1716, fut reçu page en la gde écurie le 15 déc. 1731, mourut le 15 sept. 1793; il avait épousé, le 26 fév. 1734, Placide-Anne DE COGNAC, fille de Charles-René, sgr de Naliers, et d'Anne-Placide Bouhier, dont il eut : 1° PIERRE, mort jeune; 2° ANTOINETTE, née le 20 oct. 1737, mariée au Mis de Fissac; 3° MARIE, née le 4 fév. 1739, mariée à Mathieu, sgr de Ventaux; 4° FRANÇOISE, née le 6 mai 1740, épousa, le 30 janv. 1767, Joseph Tryon, sgr de Salles; 5° ANNE-PLACIDE, née le 4 avril 1741, religieuse au Carmel; 6° MARIE-MARGUERITE, née le 11 juin 1743, reçue à St-Cyr en 1752, puis religieuse aux Filles de N.-Dame; 7° JEAN-BAPTISTE, qui suit; 8° ANNE, née le 9 mai 1746; 9° CHARLES, mort enfant; 10° JOSEPH-MARTIAL, tige de la seconde branche rapportée au § II; 11° ADRIENNE-JULIE, née le 5 août 1752.

8. — **Brettes** (Jean-Baptiste de), Mis de Cros, né le 12 sept. 1744, reçu page de la grande écurie le 15 juil. 1762, Chev. de St-Louis, colonel retraité, décéda à Paris le 9 fév. 1824; il avait épousé, le 14 mai 1780, Louise-Madeleine BARENTIN, fille de Charles-Paul-Nicolas, Vte de Montchal, et de Jeanne-Marie-Dorothée de Combres de Bressoles, dont : 1° JOSEPH-MARTIAL-ARMAND, qui suit; 2° LUCIE, mariée au Cte de Villermont.

9. — **Brettes** (Joseph-Martial-Armand Mis de), né le 5 juil. 1781, marié, le 16 fév. 1812, à Marie-Elisabeth D'HAMAL, veuve du Cte Louis de Bussy, et fille de Ferdinand-Alphonse, Cte d'Hamal, et de Marie-Charlotte d'Horion; il est mort à Paris le 5 juil. 1830, laissant : 1° JEAN-BAPTISTE-CHARLES-ARMAND, qui suit; 2° JEANNE-MARIE-JOSÉPHE-ERNESTINE, née le 5 juil. 1814; 3° THÉODORE-CHARLES-FRANÇOIS-GISLAIN, né le 14 fév. 1816, capitaine de cavalerie, Chev. de la Légion d'honneur, a fait la campagne de Crimée; a épousé, le 15 sept. 1835, Elisa DE CORBIER, fille de François, Cte de Corbier, et de Hortense de Maulmont; mourut sans postérité le 15 janv. 1876; 4° EUGÉNIE-ADÉLAÏDE, née le 14 déc. 1817,

et mariée, le 2 mai 1853, à Adolphe-Emile-Adhémar de Beaulieu.

10. — **Brettes** (Jean-Baptiste-Charles-Armand Mis de), né à St-Firmin le 16 juil. 1813, marié à Nouaillé (Vienne), le 18 juil. 1841, à Marie-Louise Verriet de Litardière, fille de Louis, et de N... Rousseau, dont il a eu : 1° Martial-Anatole, qui suit; 2° Marie-Elisabeth.

11. — **Brettes** (Martial-Anatole Mis de), né à Nouaillé le 13 sept. 1842, a fait la campagne de 1870-1871 dans les volontaires de Cathelineau, et fut nommé lieutenant à Angers. Il a épousé, le 23 juil. 1872, à Poitiers, Camille-Marie-Joséphine Bellink, fille de Constant-Jean-Baptiste, et de Rosalie Moreau, dont : 1° Marie-Anne-Joseph-Henri, 2° Marie-Joseph-Louis.

§ II. — Deuxième Branche.

8. — **Brettes** (Joseph-Martial de), Ec., sgr de la Sallette, fils puîné de Joseph-Martial et de Placide-Anne de Cognac (7° deg.. § I), naquit le 18 mars 1750, servit aux chevau-légers de la garde, Chev. de St-Louis, émigra en 1791, fit la campagne de 1792 à l'armée des Princes, fut retraité lieut[t]-colonel de cavalerie, et mourut le 12 août 1829. Il avait épousé, le 23 fév. 1773 (Fournier, not[re]), Louise-Léonarde de la Celle, fille de Louis-François Cte de Châteauclos, et de Silvie Le Pannetier d'Amou, dont il a eu : 1° Marie-Silvie-Anne, née le 29 déc. 1773, reçue chanoinesse de l'ordre de Malte, le 1er mai 1833, puis de l'ordre des Quatre-Empereurs, le 3 sept. 1839, et est décédée le 19 nov. 1858; 2° Jean-Baptiste-Joseph, qui suit; 3° Louis-François, rapporté au § III; 4° Victor, né le 18 nov. 1786, directeur de l'enregistrement à Gap, Nevers et Châteauroux, Chev. de la Légion d'honneur le 29 déc. 1854, mourut en déc. 1859. Marié, le 24 fév. 1814, à Marie-Joséphine Godeau, fille d'Hippolyte, et de Amélie Verdin, il en a eu : *a.* Henri, né le 25 déc. 1814, mort à Bourges le 10 fév. 1843; *b.* Louise-Léonarde, née le 10 juin 1816, morte le 29 mars 1886; *c.* Silvie-Anne, née le 27 mars 1825, mariée à Martial de Brettes, son cousin, le 10 mai 1846, morte le 5 oct. 1866 (10° deg., § IV).

9. — **Brettes** (Jean-Baptiste-Joseph dit Frédéric Vte de) naquit le 24 mars 1776, entra à l'école militaire sur preuves faites devant d'Hozier, le 31 août 1786, Chev. de la Légion d'honneur en 1824, directeur de l'enregistrement à Poitiers, Nîmes, Rhodez et Périgueux, y prit sa retraite et mourut le 17 mai 1859. Il avait épousé, le 11 juil. 1809, Marie-Henriette-Pauline Bruneau d'Ornac de Verfeuil, fille de N..., capitaine au régiment de Navarre, et de Marie-Thérèse-Pauline de Niel, dont il a eu : 1° Henri-Séverin, qui suit; 2° Philippe-Amédée, né le 25 janv. 1822, mort en 1830; 3° Pauline, née le 16 juil. 1827, mariée, le 23 juil. 1837 (Gaillard, not. à Périgueux), à Léon de la Valette de Montbrun.

10. — **Brettes** (Henri-Séverin Vte de), né le 18 mai 1818, épousa, le 2 avril 1860, Marguerite-Hélène du Breuil-Hélyon de la Guéronnière, fille d'Alfred, et de Marie-Aimée de Brettes, dont il eut : 1° Joseph, né le 28 mars 1861; 2° Angèle, née le 9 nov. 1863; 3° Gédéon, né le 9 juil. 1867; 4° René, né le 25 nov. 1873; 5° Marguerite, née le 28 sept. 1875; 6° Thérèse, née le 7 mai 1877.

§ III. — Troisième Branche.

9. — **Brettes** (Louis-François Vte de), fils puîné de Jean-Martial et de Louise Léonarde de la Celle (8° deg. du § II), naquit le 17 sept. 1777, fut reçu Chev. de Malte le 12 nov. 1784, et fut page du grand maître, et du Roi en sa grande écurie le 13 juill. 1789; passé aux Antilles, il épousa dans l'île Ste-Lucie, en 1803, Marie-Reine-Joséphine de la Guillaucherie, fille de N..., et de N... Merée de la Grange, dont : 1° Charles, qui suit; 2° Rose-Marie-Séverine, née à Ste-Lucie le 20 déc. 1805, mariée à Limoges, le 23 août 1831, à Henri-Etienne Psalmet Gaultier du Marache de Ville-Moujeanne; 3° Louis, né à Ste-Lucie le 10 mai 1808, marié, le 9 août 1836, à Amélie-Jeanne Chapt de la Touche, sans enfants; 4° Marie-Aimée, dite Sylvie-Anne, née à Ste-Lucie le 18 août 1809, mariée, à Limoges, à Alfred du Breuil-Hélyon de la Guéronnière; 5° Zoé, née à Ste-Lucie en 1812, religieuse Visitandine à Poitiers; 6° Henri-Sévère-Martial, dont l'article viendra au § IV.

10. — **Brettes** (Charles Cte de), né à Ste-Lucie en 1804 et mort le 22 déc. 1868, épousa en 1856 Marie-Jeanne-Augustine-Hersilie de Gaillard de Laubinque, fille de Marie-Honoré-Charles, et de Marie-Thérèse-Isabelle-Aurore d'Encosse de la Batut. De ce mariage : 1° Charles-Marie-Augustin-Gaston, né à Ste-Lucie le 26 mai 1857; 2° Sylvie-Anne, née le 29 juil. 1859, morte le 29 mars 1882; 3° Charles-Marie, né le 9 déc. 1860, marié, le 6 sept. 1882, à Anita Lousteau; 4° Joseph-Marie-François, né le 1er sept. 1862; 5° Martial-Sévère-Marie, né le 22 août 1863; 6° Marie-Jeanne, née le 25 juin 1865; 7° Anne-Marie, née le 17 mai 1867; 8° Henrice-Marie-Thérèse, née le 31 juil. 1869.

§ IV. — Quatrième Branche.

10. — **Brettes** (Henri-Sévère-Martial de), fils de Louis-François (9° deg. du § III), naquit le 6 juil. 1814, entra à St-Cyr en 1833, fit la campagne de Rome comme capitaine de chasseurs à pied, celle de Crimée où il fut blessé à l'Alma; nommé chef de bataillon le 10 sept. 1854, prit sa retraite le 28 oct. 1867, reprit du service en 1870; Chev. de la Légion d'honneur depuis 1850, officier en 1856, Chev. de 2° classe de l'ordre de Pie IX, décoré de la médaille militaire et de l'ordre du Medjidié de 4° classe. Il a épousé, le 11 mai 1846 (Barbcron, not. à Poulaine, Indre), Marie-Anne-Sylvie de Brettes, sa cousine germaine, fille de Victor et de Marie-Joséphine Godeau (8° deg., § II), laquelle mourut le 5 oct. 1866, laissant : 1° Jean-Joseph-Martial, qui suit; 2° Marie-Louise, née le 30 nov. 1856; 3° Jean-Joseph-Henri, né le 18 déc. 1858; 4° Jeanne-Marie, née le 21 mars 1860; 5° Marie-Joseph-Charles, né le 25 mars 1862.

11. — **Brettes** (Jean-Joseph-Martial Vte de), né le 10 août 1847, que sa participation aux expéditions au Grand-Chaco (Amérique Méridionale) a rendu justement célèbre.

§ V. — Branche de **Richebourg**.

4. — **Brettes** (Abel), Ec., sgr de Richebourg, fils puîné de Cybard et de Jeanne de Salignac (3° deg. du § I), marié, le 28 août 1634, à Anne Berger, fille de N..., sgr de Vaux, dont il a eu : 1° François, marié, le 17 juil. 1690? à Marthe de St-Georges; 2° Jean, qui épousa, le 16 oct. 1656, Peyronne Surin; 3° Isaac, qui suit.

5. — **Brettes** (Isaac de), Ec., sgr du Rivaud, testa le 28 mai 1667; avait épousé, le 14 oct. 1660, Louise de la Barde, dont Jean, qui suit, et deux filles.

6. — **Brettes** (Jean de), Ec., sgr du Rivaud, fut maintenu noble le 13 août 1697, se maria le 24 juil.

1681. Le nom de sa femme et ceux de ses enfants ne nous sont pas connus.

BREUIL (DU). — Ce nom remonte à une très haute antiquité; mais il est commun à un grand nombre de familles. Les notes suivantes sont extraites pour la plupart des Mss. de D. Fonteneau, et du résultat de nos recherches.

Noms isolés.

Brolio (*Durandus de*) avait fait avant 1050 un don à l'abb. de St-Maixent, de l'avis de son épouse et de ses enfants, GALTERIUS, GIBDERTUS, AIMERICUS, ROSCELINUS, UCDERTUS, RAINTRUDIS et ROSZA. (D. F. 15.)

Brolio (*Petrus de*) est un des témoins d'une donation faite, vers 1075, à l'abb. de St-Cyprien, par *Amelius* de Rochefort. (D. F. 7.)

Brolio (*Wilelmus de*), *miles*, est le septième des seize témoins présents à la donation faite en 1078, par Hugues Claret, à l'abb. de St-Maixent, de la moitié de l'église de Vérines (D.-S.). (D. F. 15.)

Brolio (*Iterius de*) est le premier des témoins de la confirmation, par Almodie, Ctesse de la Marche, de dons faits à l'abb. de Lesterp (Charente), 12 nov. 1098. Il assista aussi à la fondation du prieuré de Chastain, en 1115. (Id. 24.)

Brolio (*Elias de*) est du nombre des sgrs qui, vers 1100, abandonnèrent à l'abb. de St-Cyprien de Poitiers tous les droits qu'ils pouvaient avoir sur les terres de Boesse, Vigec, etc., etc. (Id.)

Brolio (*Gaufredus de*) et deux autres seigneurs abandonnèrent, vers 1100, au même monastère, « *ecclesiam de Avalliâ* », et la moitié des droits de sépulture et de la dîme des veaux et porcs, qu'ils avaient sur cette paroisse. (Id. 7.)

Brolii (*Gaufridus*) *et frater Helias cum filiis Aymericus, Garnerius, Helias, et Maria sua mater*, donnent vers 1107 à l'aumônerie de Montmorillon ce qu'ils possèdent à Tersannes, etc. (Id. 24.)

Brolio (*Wilelmus de*) assiste comme témoin à la fondation du prieuré de Chastain, 1115. (Id. 24.)

Brolio (*Petrus de*) est le quatrième des témoins présents à un traité fait en 1116 entre les religieux de l'abb. de St-Maixent et Foucauld de Salachans, au sujet de démêlés qu'ils avaient à propos de la terre de Chauceponera. (Id. 15.)

Brolio (*Wilelmus de*) est le troisième des témoins qui assistent et signent, vers 1120, l'acte de donation de la dîme de Migné à l'abb. de Montierneuf, par Milsendo, Agnès et Etienne de Migné. (Id. 19.)

Brolio (*Iterius de*) fait divers dons à l'abb. de Montazay, vers 1141 et 1166; vers 1160, il souscrit comme témoin, ainsi qu'HÉLIE et GUILLAUME, ses frères, une donation faite à Etienne, ermite de Tornec, par Israël de Fontlebon. (Id. 18.) Il avait un autre frère du nom de BERTRAND, dont nous parlons plus loin, en 1164.

Brolio (*Arveus de*) fut témoin d'une donation faite à l'abb. de Bois-Grolland par *Odo Meschini* et *Gaufridus Bochardi*, d'après une notice des dons faits à cette abb., vers 1150. (Id. 1.)

Brolio (*Boso de*) souscrit dans des titres datés de 1160 et de 1180, concernant le prieuré de Montazay. (Id. 18.)

Brolio (*Aymericus de*) fait une donation, ainsi que plusieurs autres seigneurs, au prieuré de Montazay, en 1166. Il avait déjà souscrit comme témoin, en 1160, une donation qui avait été faite à ce monastère. (Id. 18.)

Brolio (*H... de*) est témoin dans un titre de 1165. (Id. 24.)

Brolio (*Bertrandus de*), frère d'*Iterius*, rapporté plus haut, fait diverses donations au prieuré de Montazay, soit seul, soit avec plusieurs autres sgrs, dans les années 1164, 1666, et paraît comme témoin pour d'autres dons faits au même prieuré en 1168, 1178 et 1188. (Id. 18.)

Brolio (*Hugo de*) est le sixième des témoins qui assistent à une restitution faite par Audebert, Cte de la Marche, à l'abb. de Charroux, vers 1175. (Id. 4.)

Brolio (*Jordanus de*) est un des témoins présents à une donation faite, vers 1178, au prieuré de Montazay par Jourdain de Fretet. (Id. 18.)

Brolio (*Airaudus de*) est témoin des donations faites à ce prieuré en 1187 et 1188. (Id. 18.)

Brolio (*Hamelinus de*) est le dixième des témoins présents à la rédaction du diplôme par lequel Aliénor, reine d'Angleterre et duchesse d'Aquitaine, confirme la donation et les privilèges de l'abb. de Montierneuf de Poitiers, le 4 mai 1199. (Id. 19.)

Brolio (*Wilelmus de*). On trouve un grand nombre de personnes du nom de du Breuil portant ce prénom, souscrivant dans des chartes concernant le prieuré de Montazay, en 1199, 1205, 1215 et 1295. (Id. 18.)

Breuil (Guillaume du) fut présent à une donation faite au même prieuré de Montazay, en 1205, par Achille et Aymeri Bertrand. (Id. 19.)

Brolio (*Petrus de*) est le neuvième des témoins présents à une donation de quelques héritages, faite par Guillaume le Chauve à un prieuré dépendant de l'abbaye de la Réau, en 1208. (Id. 24.)

Brolio (*Joscelinus de*), « *parrochianus Beatæ Mariæ Leziniacensis, et Petronilla uxor sua* », font, le 28 sept. 1227, don d'héritages au prieur de cette église, ayant pris le parti de se réunir à Guillaume, « *reclusus de Cherezayo* ». (Id. 22.)

Brolio (*Guillelmus de*), *valetus*, est cité dans le compte rendu au Roi pour l'Ascension 1244, comme devant c. *sol. pro* (deux mots effacés) *hominis quem turpiter tractavit et suspendit.* (Comptes d'Alphonse. A. H. P. 4, 17.)

Brolio (*Uxor Guillelmi de*) est portée dans le compte de l'Ascension de 1247 comme ayant payé au comte de Poitou « VI *lib. pro recredencia terre sue* ». (Id. 172.)

Brolio (*Johannes de*), prieur de l'abb. de Charroux, assiste en cette qualité à un traité fait, le 7 oct. 1259, entre l'abbé dudit lieu et Guillaume de Valence, au sujet d'une réception due tous les ans au sgr de Valence et à sa suite, dans le prieuré de Voherte, dépendant de Charroux. (D. F. 4.)

Breuil (Guillaume du), HUGUES et JEAN, ses frères, consentent, le jour de la St-Barnabé 1236, au Chapitre de N.-Dame-la-Grande de Poitiers, la vente d'une rente de deux septiers de froment, assise sur un pré touchant au chemin du moulin de Vayres. (Arch. Vienne.)

Breuil (Hélie du), chanoine d'Ahun au diocèse de Limoges, fut commis, vers 1260, par le S.-Siège pour informer des injustices dont le Chapitre de Ste-Radégonde avait à se plaindre, de la part de l'abbé de Nouaillé et d'autres seigneurs. (Arch. Vien., Ste-Radégonde.)

Breuil (Jean du) s'engage, le samedi, veille de la St-Matthieu 1260, à servir une rente de 5 sous, léguée aux religieuses de la Trinité de Poitiers par REGNAUD, son frère, sur l'herbergement de Permagner de la Randouère, pour qu'elles célèbrent son anniversaire dans leur église. (Arch. Vien. Abb. de la Trinité.)

Brolio (*Andreas de*), *miles*, était mort avant 1312, car dans un testament du 4 sept. de cette année nous trouvons qu'il devait à Pierre de Faubert, valet, « *tempore quo vivebat, quadraginta libras parvorum turonum.* (D. F. 23.)

Brolio (*Americus de*), *miles*, rendit, conjointement avec sa femme, vers 1300, l'aveu de son fief du Breuil à l'évêque de Poitiers, comme seigneur d'Angle. Ils lui avaient vendu dès cette époque un hébergement à Néon, et plusieurs autres terres. (Cart. de l'évêché de Poitiers. A. H. P. 10.) On y trouve aussi mentionné comme feudataire de l'évêché un Pierre du Breuil.

Brolio (*Ilerius de*), *miles*, est qualifié de « *nobilis vir dominus* » dans une vente de quelques héritages par la nommée la Naudère, veuve de feu Naudet de Vilars, passé sous le scel établi « *apud Bellacum* », en 1218.

Brolio (*Itherius de*) était en 1335 chantre de St-Hilaire-le-Grand de Poitiers.

Brolio (*Petrus de*) et plusieurs autres se plaignent de Robert Bonnin, prévôt royal, et de Guillaume Mangecost, châtelain royal de St-Maixent, avant 1340. (A. Nat. J. R. 97, 119.)

Breuil (Pierre du), valet, fils de feu Geoffroy du Breuil, reçut, le 23 fév. 1342, l'aveu d'un arrière-fief relevant de sa terre. (Liv. des fiefs.)

Breuil (Jean du) et *Jameta* Beraude, sa femme, reconnaissent, le 3 avril 1350, devoir au Chapitre de N.-Dame-la-Grande de Poitiers une rente de 40 sous sur un emplacement sis à Poitiers, psse de St-Didier. (Arch. Vienne, N.-D.-la-Gde.)

Brolio (*Amelius de*), clerc du diocèse de Poitiers, voulut se faire nommer écolâtre de l'Église de Poitiers; le Chapitre s'y opposa et voulut faire supprimer cette dignité. Le pape Urbain V y consentit par une bulle du 25 fév. 1365-66, mais à la condition que les fruits et revenus appartiendraient audit Amelius durant sa vie, et qu'à sa mort ils seraient partagés entre les chanoines. Amelius mourut en 1402 archevêque de Tours. (D. F. 11.)

Breuil (Germain du) fut un des légataires de Esmery Coche, Chev., sgr de la Coste de Mézières, son cousin, mais à la condition qu'il ne réclamera rien de la dot qu'avait apportée Philippe du Breuil, sa mère, lors de son mariage avec Jean Coche, son père. Testament en date du 21 oct. 1366, signé Pierre Regnaud, notaire apostolique.

Breuil (Guillaume du), clerc, reçut en don, le 16 déc. 1372, pour services rendus à Aimery Rataull, un hommage plein dû, à Vernay, par Olivier Poupart, Ec.

Breuil (Marguerite du) de St-Auban épousa, vers 1372, Emard de Pressac, Ec., sgr de la Chaire, fait écuyer par le roi Charles V, sur la demande de du Guesclin, dont il était homme d'armes.

Breuil (Louis du), Chev., fut le 3e mari d'Aglantine de la Trémoille, fille de Guillaume, Chev., sgr de Rochefort, et veuve de Pierre d'Aloigny, Chev., sgr de la Millardière, puis de N... du Puy. Elle testa le jeudi après l'Épiphanie 1380, donnant la jouissance du château de Rochefort, etc. (V. **d'Aloigny**, 2e deg. de la branche de Rochefort, p. 54, 2e col.) Louis eut de ce mariage une fille, Marguerite, que sa mère institua pour un de ses héritiers.

Breuil (Jean du), Chev., était homme d'armes de la compagnie de Régnault de Vivône, sgr de Thors, en 1385.

Breuil (Jourdain du) était à la même époque Ec. dudit sgr de Thors.

Breuil (Loys du), Chev., homme d'armes, se battit en combat singulier en 1391 avec Philippon de Tannerac, homme d'armes, beau-père de Guillaume de Mons, Chev. (A. Nat. J. Reg. 142, 234.)

Breuil (Yvain du), Ec., sgr de Foussac, rend aveu à Montmorillon le 28 août 1401. (G.-G. Bur. des finances.)

Breuil (Gradon du), Ec., passe revue comme homme d'armes, le 5 sept. 1410. (Montres, etc. Bib. Nat.)

Breuil (Marquise du) était épouse, avant 1422, de Pierre de Chamborant, Ec., sgr de Droux; devenue veuve sans enfants, elle se remaria à Guillaume de Montjouant.

Breuil (Jean du) rend aveu et dénombrement de la moitié du fief de la Jarrie, sis à Lussac, à Guillaume Taveau, Chev., le 1er fév. 1423.

Breuil (Guillaume du) et Gervaise du Breuil, sa femme, vendent, le 22 mars 1430, diverses pièces de terre sur la Clouère, psse de St-Maurice de Gençay (Vienne), au Chapitre de St-Pierre-le-Puellier. (Arch. Vienne.)

Breuil (Jean du), sr de Foussac, eut une fille, Blanche, qu'il maria, le 19 mai 1446, à Guillaume de Forges, Ec. (Gén. de Forges.)

Breuil (Raymond du) transige, le 25 juil. 1446, avec Guillaume de la Roche, au sujet du fief de Chassandré.

Breuil (Antoine du), Ec., homme d'armes, sous la charge du sire d'Orval, se prit de querelle et se battit avec Hugues de Ribe, pendant une chasse à la grosse bête, en 1447. (Arch. Nat.)

Breuil (Jacques du), sr de la Fontaine, et Louis Sorin, sr de la Cailletière, reconnaissent devoir une rente à l'abb. de St-Laon de Thouars, 22 juil. 1452. (Cart. St-Laon. M. St. 1875.)

Breuil (Simon, François, Jean et Geoffroy du) servirent au ban de 1467 comme brigandiniers des sgrs de Belleville, de Jarnac, de la Grève et de l'Ile. (F.)

Breuil (Aubert du) fut au même ban de 1467 homme d'armes du sgr de Montreuil, et ses deux archers servirent comme brigandiniers dudit sgr. (F.)

Breuil (Guillaume du), Jehan d'Argenton et Etienne Olivier dit le Breton fabriquent de la fausse monnaye, qu'ils font mettre en circulation par Guillaume Billaud, de Parthenay, lequel est arrêté pour ce fait, mais obtient rémission, 1485. (A. Nat. J. Reg. 218, 538.)

Breuil (Christophe du),

Breuil (Pierre du),

Breuil (Gilles du), qui a présenté Macé Petitpied,

Breuil (François), représenté par Pierre Drouhet, et

Breuil (Colas), servant pour Jacques Grignon, servent tous comme brigandiniers à l'arrière-ban du Poitou de 1488. (Doc. inéd.)

Breuil (Mathelin du) passa revue le dernier fév. 1489, comme homme d'armes. (Montres et Revues, B. Nat.)

Breuil (Le Bastard du) y comparut aussi comme archer. (Id.)

Breuil (François du), sgr de Grand-Say, habitant dans la sgrie de Civray, fut remplacé au ban de 1491 par Mathurin de la Roche, qui y fut reçu comme archer. (F.)

Breuil (Geoffroy du), habitant dans la sgrie de St-Maixent, et JEAN, habitant la sgrie de St-Benoît-du-Sault, servirent comme archers aux bans de 1491 et 1492. (Id.)

Breuil (Gilles du), sgr de Tessonnières et capitaine d'Angles, fut remplacé à cause de ces fonctions, au ban de 1491, par Mathurin Cotet, habitant le pays d'Angles. (Id.)

Breuil (Christophe du), sgr du Puy, demeurant dans la sgrie de Montmorillon, fit partie de ce même ban; il lui fut enjoint d'avoir tout son habillement complet, et de se pourvoir d'une trousse. (F.)

Breuil (Gilles du), Ec., sgr de Tessonnières, et son gendre Bernard des Barres, Ec., combattirent en 1493 contre des religieux de l'abb. d'Angles. (A. Nat.)

Breuil (Jehan du), Ec., sgr de Villeneuve (Bussière-Poitevine), fit un échange de quelques pièces de terre avec Loys et Vincent Rochier, passé sous la cour de l'archiprêtre de Montmorillon, le 5 janv. 1499, signé B. Cotet. (O.)

Breuil (Jean du), sgr de Tiersac, reçoit, le 18 nov. 1497, un aveu de Pierre du Breuil-Hélyon de ce qu'il possédait au lieu de Liège.

Breuil (Georges du) fit montre comme archer le 15 sept. 1506.

Breuil (Louis du) servait comme homme d'armes de la compagnie de M. de la Trémoille en 1517 et 1519, ainsi que

Breuil (Emery du), qui y servait en qualité d'archer. (Montres. Bib. Nat.)

Breuil (Marie du) épousa, le 13 mars 1516 (Bauchin, not. à Bressuire), François Grimault, Ec.

Breuil (Louis du), Ec., sgr du Bourg-Belleret et de Châteauvert, épousa, en 1522, Françoise DE VILLELUME, fille de Jacques, sgr de Montbasdon, et de Jeanne de Talaru.

Breuil (Antoine du), Ec., était en 1535 beau-frère de Bertrand du Bosc. (A. Nat.)

Breuil (Jacques du) et Françoise JOUSLAIN, sa femme, firent plusieurs ventes et échanges avec François d'Allouhe, Ec., sgr du Breuil et de la Thibaudière, les 15 oct. 1544, 9 août 1545, 17 nov. 1549, etc.

Breuil (Philippe du), Ec., sgr de Luzeau, fut commis, avec plusieurs autres, pour recevoir la montre de l'arrière-ban du Poitou en 1515.

Breuil (Marguerite du) épousa, le 1er nov. 1546, par contrat reçu Guerry et Marreau, not. à Noirmoutiers, Sébastien Dorineau, Ec., sgr de Portune.

Breuil (Gabrielle du) épousa, le 30 août 1554, François David.

Breuil (Florent du), Ec., sgr de Lunet, rend aveu au chât. de Montmorillon, le 9 juil. 1561, de la Mothe de Rouflame (Saulgé, Vienne). (G.-G. Bur. des finances.)

Breuil (N... du), sr de la Listrère, capitaine huguenot, fit prendre, le 13 oct. 1568, par deux de ses soldats, Christophe Moquet, curé du Langon, lequel embrassa la religion réformée, et se maria peu après avec une femme dont le mari vivait encore. (Etrennes Vendéennes, 1842, 114.)

Breuil (Jacques du) devait sur ses biens un douaire à Louise Dorineau, acte du 11 avril 1579, reçu à Noirmoutiers, par Crosseau, notre.

Breuil (N... du) était sgr de Rigné-sous-Vrières, à cause de Jeanne DES NOUHES, son épouse, en 1584.

Breuil (Marie du) épousa, le 24 juil. 1585, Joachim de Boislinards, IIe du nom, Chev., sgr de Perrières. (Gén. de Boislinards.)

Breuil (Marie du) épousa Pierre Durcot le 19 nov. 1590.

Breuil (Pierre du) eut de Catherine LE MOINE une fille, MARIE, qui épousa, le 17 nov. 1604 (Belletreau, notre), Guichard Regnault, Ec., sgr de Villognon.

Breuil (Susanne du) était, le 19 sept. 1617, veuve de Samuel de Béjarry, Ec., sgr de la Louerie. (Gie Béjarry.)

Breuil (Daniel du) et Marie DENYORT, son épouse, se font une donation mutuelle le 21 oct. 1619. (Greffe de St-Maixent.)

Breuil (Gilbert du), Ec., sgr du Breuil-de-Varaize, assista, le 5 juin 1622, au mariage de François Ponti, Chev., avec Marie de Razay.

Breuil (Thomas du), nommé maître-école du Chapitre de St-Hilaire-le-Gd, le 10 fév. 1626, fut reçu sous-chantre de ce Chapitre le 9 juil. 1650.

Breuil (Françoise du), religieuse professe de chœur à Lencloître (Vienne), O. de Fontevrault, fut, ainsi que plusieurs autres, demandée par Mgr de Chasteigner, évêque de Poitiers, pour fonder un nouveau couvent à St-Maixent en 1629. (D. F. 16, 411.)

Breuil (Louise-Geoffroy du) épousa, vers 1630, René de Montalembert, sgr d'Estrades. (Gie de Montalembert.)

Breuil (Nicolas du), sr des Brunelières,

Breuil (Geoffroy du), son frère, et

Breuil (Girard du) étaient poursuivis en 1634 devant la cour des Grands Jours; arrêts du 5 oct. 1634. (M. Stat.)

Breuil (N... du) était chanoine de l'Église de Poitiers en 1639.

Breuil (Silvestre du), sgr de Perrières, maréchal des camps et armées du Roi, et

Breuil (Bertrand du), lieutenant de Roi à la citadelle de Perpignan, neveux de Sylvestre de Crugy, reçoivent des dons de ce dernier le 24 oct. 1651.

Breuil (Marie du), veuve de François de Puyguyon, Ec., sgr du Mas, épousa en secondes noces Mess. Charles Green de St-Marsault, sgr de Grand-Moulin; elle vivait en 1662. (Gie Puyguyon.)

Breuil (Catherine du) épousa Pierre Citois, Ec., sgr de la Touche, le 4 fév. 1668 (Lesperon et Fonteneau, not. de la Bnie de Vouvant). Elle était sa veuve le 28 nov 1692, et décédée avant le 27 nov. 1694, date du partage de sa succession.

Breuil (Marguerite du) était veuve de Gaspard Chessé, Ec., sgr de la Mailletrye, le 19 août 1642, date du mariage de sa fille Louise, auquel assistait JEHAN du Breuil, oncle maternel de la mère de l'épouse. (O.)

Breuil (Marguerite du) avait épousé Mathieu Le Febvre, qui, devenu veuf, se fit prêtre et devint chanoine prébendé du Chapitre de Ste-Radégonde de Poitiers. Le 5 janv. 1699, il mariait sa fille Catherine avec Henri de Beauchamps, Ec., sgr de Charbonnières.

Breuil (David du), Français réfugié, fut capitaine au service de Hollande; eut un fils, ELIE, qui obtint, comme enseigne, une pension de 250 florins : il avait servi en Piémont et mourut le 14 mai 1701 ; et une fille, SUSANNE, qui demanda la continuation de la pension accordée à son frère. (N. Enschédé.)

Breuil (Franchin du) recevait à la même époque des Etats généraux de Hollande une pension de 400 florins pour services secrets. (Id.)

Breuil (N... du), sgr de Lourdoueix en Marche, était, vers 1730, époux de Geneviève LIGNAUD, fille de Robert, Chev., Mis de Lussac.

Breuil (N... du) s'est trouvé au ban des nobles du Bas-Poitou réunis à Fontenay-le-Comte en 1758. Il y a servi dans la 2e division de la 2e brigade de l'escadron de la Louerie. (F.)

Voici quelques personnes de ce nom que nous relevons dans les cadres des armées des Princes et de Condé :

Breuil (N... du), de la 16e Cie de l'infanterie noble du corps de Condé, fut tué le 13 août 1796 à l'affaire d'Ober-Kamlach, et

Breuil (N... du), de la 3e Cie, fut blessé à cette affaire, ainsi que

Breuil (le Chev. du), servant dans la 15e compagnie du même corps.

BREUIL (DU), SEIGNEUR DU CLUZEAU-BONNEAU. — Famille noble de la Basse-Marche et du Montmorillonnais.

Blason : de gueules à une manche mal taillée d'argent. (Arm. Mervache.) Primitivement c'était sans doute une hache antique.

Breuil (Pierre, *aliàs* Ithier du), sgr du Cluzeau-Bonneau, rend aveu de cette terre, le 18 juin 1404, au château de Montmorillon, au devoir de la garde du château pendant quarante jours. (G.-G. Bur. des finances.)

Breuil (Jean du), damoiseau en sept. 1409. (Id.)

Breuil (Jean du), Ec., sgr de la Coste-au-Chat, épousa, en 1432, Guyonne DE MONTBRUN, sœur de l'évêque de Limoges.

Breuil (Jean du), Ec., sgr de Darnac en partie et de la Coste-au-Chat, vendait des terres, le 17 mars 14.., à Pons du Chiron. MARQUET du Breuil était un des témoins de la vente; c'est le même sans doute qui arrentait à Martin Roquelin *loci de Thiaco* certains héritages sis audit lieu. Cet acte est passé sous le scel de Jehan Barton, chancelier de la Basse-Marche, le 3 déc. 1445. (O.) Il en faisait un autre le 27 janv. 1448. (O.)

Breuil (Colin du), Ec., sgr du Cluzeau-Bonneau, de la Coste-au-Chat, de Darnac en partie, vivait en 1480 et 1492. (O.)

Breuil (Israël du) rend aveu du Cluzeau-Bonneau le 18 juin 1496.

Brolio (*Johannes de*) est qualifié « *nobilis vir scutifer, dominus de Costa in parochiâ de Darnaco, Pictavensis diocesis* », dans un aveu rendu par « *Christophorus de Marsangiis, scutifer,* » et passé sous la cour de la Basse-Marche le 17 oct. 1502; signé de Puyagut. (O.) Il passe plusieurs actes dont nous possédons les originaux dans notre cabinet, notamment les 28 mai et 25 nov. 1500, où il fit des acquêts au village de Villars.

Breuil (Israël du), Ec., sgr du Cluzeau, de la Coste-au-Chat, et de Darnac en partie, reçut un aveu d'héritages de Pierre de Vaux, etc., passé sous la cour de l'archiprêtre de Lussac, le 20 déc. 1509; signé de la Couste, not. (O.) Israël remplaça au ban de 1491, comme homme d'armes, AUBERT du Breuil, retenu chez lui depuis deux ans par ses infirmités. (Id.)

Breuil (Philippe du) rend aveu du Cluzeau-Bonneau le 1er juil. 1518 (G.-G. etc.); vivait encore en 1520.

Breuil (N... du), Ec., sgr du Cluzeau-Bonneau, eut pour fille ANNE, D^e du Cluzeau, mariée, avant 1580, à François de Rilhac, Ec., sgr du Cluzeau, et peut-être encore RENÉE, mariée à François Richard, qui était sgr du Cluzeau en 1628.

BREUIL (DU) **DE TRAVERSAY.** — Famille noble qui habitait les environs de Lusignan et de Civray.

Blason : d'argent à 8 fers de pique (*aliàs* écrous à l'antique) de gueules, posés 3, 3 et 2. (Note de d'Hozier, tirée du dossier Fleury. Cab. Tit. 620.) (NOTA. Ce devait être plutôt 9 fers de pique, 3, 3, 3, ou un semis.)

Breuil (Jeanne du) épousa, vers 1450, Briant de Péliz, Ec., sgr de Beauregard, décédé en 1481 ; elle se remaria à Jean de Lezay, Ec., sgr des Marais.

Breuil (François du), Ec., sgr de Traversay, épousa, vers 1500, Jeanne DE DARMET, *aliàs* PARMET, qui était sa veuve et rendait aveu de Traversay le 4 juil. 1501 (G.-G. etc.); fut père de : 1° CHARLOTTE, mariée, le 2 sept. 1526, à Philippe Fleury, Ec., sgr du Bois-de-Luché; et 2° de FRANÇOISE, D^e de Traversay, mariée à Jean de la Grèze, Ec. (Elle devait être l'aînée.)

Breuil (Mathurin du), sgr de Chassandré, paroissien de Sepvret, testa le 20 juin 1506 (David, not.), en présence de Méry d'Orfeuille, Ec., sgr de Foucault, et de Huguette Chevalier, sa femme. Nous pensons qu'il était père de : JULIENNE et CHARLOTTE du Breuil, qui, le 19 sept. 1506, vendaient à Méry d'Orfeuille, par l'intermédiaire de Jean Prévôt, Ec., sgr de la Cour, tout ce qui leur appartenait en ladite terre de Chassandré (Nourry et Péronneau, not. à Melle).

BREUIL (DU) **DU DORÉ**, B^ons DE CURSAY EN LOUDUNAIS. — Famille originaire de Bretagne, *aliàs* **DU BREIL**.

Blason : de gueules à 3 lions d'or et une bordure d'hermine, *aliàs* d'or à 3 lions de gueules. — (On trouve aussi la bordure chargée de merlettes.) (Reg. Malte.)

§ Ier. — BRANCHE DE **LIRÉ**.

1. — **Breuil** (Pierre du), Ec., épousa, vers 1500, Nicole DE VASSY ? (de Normandie), dont : 1° CHRISTOPHE, qui suit; 2° CHRISTINE, mariée à N... de Feschal; 3° FRANÇOISE, mariée, vers 1530, à René de Carudreuc, Ec., sgr d'Asson ; 4° PIERRE, chef de la branche du Doré, § II.

2. — **Breuil** (Christophe du), Ec., sgr de la Mauvoisinière, épousa Catherine DU BELLAY, fille du sgr de Liré, la Turmelière, dont : 1° RENÉ, qui suit; 2° CLAUDE, fut d'Église ; 3° RENÉE, mariée à Jean de Montauzier, Ec., sgr de la Charoulière; 4° NICOLE, mariée à Guillaume Choban, s^r du Gayraudret.

3. — **Breuil** (René du), Ec., sgr de Liré, épousa Claude D'ARGY, fille de François, Ec., sgr de la Gibaudière, Plessis de Var, dont : 1° GEORGES, qui suit;

2° PIERRE, Ec., sgr de la Mauvoisinière; 3° CLAUDE, 4° GILLES.

4. — **Breuil** (Georges du), Ec., sgr de Liré, épousa Marie DE LA NOUE, fille de N..., conseiller au Parlement de Bretagne.

§ II. — BRANCHE DU **DORÉ, CURSAY.**

2. — **Breuil** (Pierre du), Ec., sgr du Doré, fils puîné de Pierre et de Nicole de Vassy, 1er deg., § I, épousa, vers 1520, Jacquette DE BAZÔGES, De de la Charrière en Anjou, dont : 1° CLAUDE, qui suit; 2° RENÉ, Ec., sgr d'Aller, fut d'Église; 3° JACQUES, Ec., sgr de Bordazé, décédé sans hoirs; 4° JACQUELINE, mariée à Pierre de la Motte-Langlée; 5° JACQUETTE, mariée à François Buor, Ec., sgr de la Gerbaudière; 6° PIERRE, Ec., sgr de la Gauvrière, qui eut une fille mariée au sgr du Pin.

3. — **Breuil** (Claude du), Ec., sgr du Doré, épousa, vers 1540, Marie DE NOUZILLAC (Boussiron), dont : 1° LOUIS, qui suit; 2° RADÉGONDE, mariée, le 6 janv. 1557, à René de la Boucherie, Ec., sgr de Fromenteau.

4. — **Breuil** (Louis du), Ec., sgr du Doré, Bon de Cursay en Loudunais, épousa, vers 1570, Françoise LE PETIT, fille de Jean, Ec., sgr de Vanguion, et d'Anne Odart de Cursay, dont : 1° JACQUES, qui suit; 2° SUSANNE, mariée, le 22 mars 1594, à Samuel de Béjarry, Ec., sgr de la Louerie; 3° CLAUDE, Ec., sgr de Vauguion.

5. — **Breuil** (Jacques du), Chev., sgr du Doré, Bon de Cursay, vivait vers 1600; vendit Cursay aux Gouffier.

BREUIL (DU), Sgr DE CHASSENON (BAS-POITOU). — Famille noble qui paraît être originaire des environs de la Roche-sur-Yon. On trouve un fragment de filiation dans le Reg. de Malte. (Bibl. Arsenal.)

Blason : d'argent à la croix ancrée de gueules.

Les personnages suivants paraissent appartenir à cette famille.

Breuil (Charles du), Ec., sgr de Montcheny, marié, le 24 mai 1534, à Jeanne DES NOUHES, fille de Jean, Ec., sgr de la Noue, et de Jeanne de Mellay.

Breuil (Gabriel du), Ec., sgr de Chassenon, et Rachel VERNON, son épouse, signent au contrat de mariage de Jean Picard, Ec., sgr de la Touche, avec Marie Vernon, le 13 août 1583. (Gén. Vernon.)

Breuil (Jean du), Ec., sgr de Chassenon et d'Aigrefeuille, maintenu noble par sentence de Barentin du 23 sept. 1667. (Barent.)

Filiation suivie.

1. — **Breuil** (Antoine du), Ec., sgr de Chassenon, rend aveu au sgr de Longneville le 10 déc. 1515 (G.-G. etc.) de sa sgrie de Chassenon; marié, vers 1500, à Marie DE LA PAINTROLIÈRE, dont :

2. — **Breuil** (Jean du) rend des aveux les 7 déc. 1534, 11 juin 1542 et 16 août 1548 (id.); marié, dès avant 1544, à Louise DU CHAFFAULT, fille de Jacques, Ec., sgr de la Sénardière, et de Françoise de Lore, dont :

3. — **Breuil** (Gabriel du), Ec., sgr de Chassenon, rend le même aveu le 30 juin 1602. (Id.) Il avait épousé, vers 1580, Esther HÉLIE, fille de Jacques, Ec., sgr de Surin, et de Pérette Roux, dont : 1° FRANÇOIS? qui suit; 2° JACQUES, reçu Chev. de Malte.

4. — **Breuil** (François? du), Ec., sgr de Chassenon et d'Aigrefeuille, épousa, croyons-nous, vers 1600, N... LAURENT, et eut pour fils :

5. — **Breuil** (François du), Ec., sgr de Chassenon, Aigrefeuille, fut maintenu dans sa noblesse, le 22 sept. 1667, par Barentin. Il rendait aveu du fief de Chassenon par mandataire le 2 janv. 1672. (G.-G. etc.) Marié : 1° à Gabrielle DU BUISSON, 2° à Renée CITOYS (ils furent parrain et marraine, le 21 déc. 1666, de la cloche de Chassenon, qu'ils nommèrent Renée). Du 1er lit vinrent : 1° LOUIS, sgr d'Aigrefeuille, mort sans postérité, en 1691; 2° PIERRE, qui suit; 3° CATHERINE, mariée, vers 1650, à Pierre Harpedanne de Belleville, Ec., sgr de Coulon, puis à Pierre Citoys, Ec., sgr de la Touche-au-Blanc, échevin de Niort; 4° JEANNE-MARIE, épouse de Barthélemy Brissonnet, sr du Treuil; 5° MARIE, mariée à Jean Rouslin, sgr de St-Mesme. (France protestante, 5, col. 599.)

6. — **Breuil** (Pierre du), Ec., sgr de Chassenon, dont il rend aveu par mandataire, le 13 juil. 1690, avait servi au ban de 1681 et était mort avant le 1er août 1695 (date de la saisie féodale de Chassenon). Les 7 et 9 août suivants, Claude de Belleville, Ec., sgr de Coulon, MARIE du Breuil, veuve de Jean Rouslin, Ec., sgr de St-Mesme, et Gabrielle Brissonnet, femme de Maximilien Bouton, Chev., sgr de la Baugisière, se qualifient d'héritiers présomptifs dudit Pierre et présentent requête pour obtenir mainlevée de cette saisie. (G.-G. etc.)

BREUIL (DU) **DE BERNAC.** — Famille noble qui habitait les environs de Ruffec et de Civray.

Blason : d'argent au chevron de gueules, surmonté d'une aigle de sable. (Barentin.)

Breuil (Jean du), Ec., sgr de Bernac (Charente), la Bertinière (Sommières, Vien.), laissa pour fils aîné :

Breuil (Jean du), Ec., sgr de Bernac, habitant Ruffec, fit aveu à Civray, le 20 mai 1404, pour la Bertinière.

Breuil (Jean du), Ec., fit aveu de la Mailletière à Civray en 1443.

Breuil (Charles du), Ec., sgr dudit lieu, fut inhumé à Payroux, âgé de 75 ans, le 25 août 1692.

Breuil (Charles du), Ec., sgr de Champvalade, fut inhumé dans l'église de Payroux, le 8 sept. 1704, âgé de 66 ans. (Reg. par.)

§ Ier. — BRANCHE DE **BERNAC.**

1. — **Breuil** (Jean du), Ec., sgr de Bernac, épousa, vers 1480, Louise AMBASMAT, dont : 1° PIERRE, qui suit; 2° JEANNE, mariée, le 10 sept. 1508, à Mathurin de Moussy, Ec., sgr de Payroux, veuf de Marie de Mons; 3° CHARLES, marié à Florence DE PETIT-CREUX, dont ANNE, mariée à Foucaut Juilhac ?

2. — **Breuil** (Pierre du), Ec., sgr du Breuil de Bernac, fit aveu à Ruffec en 1542; épousa peut-être Jeanne DU BREUIL DE THÉON (Breuil-Hélion ?). Il eut pour enfants : 1° JACQUES, qui suit; 2° JACQUETTE, mariée, le 28 janv. 1540, à Nicolas Desmier, Ec.

3. — **Breuil** (Jacques du), Ec., sgr de Fautroux? épousa, le 8 juil. 1549, Léonarde ROUSSET, fille d'Etienne, Ec., sgr de la Roussetière, dont : 1° RENÉ, qui suit; et sans doute 2° FRANÇOIS, chef de la 2e branche, § II.

4. — **Breuil** (René du), Ec., sgr de Fontbois (Pay-

roux), y décéda en 1636, âgé de 93 ans. Il avait épousé Fabienne DE MOUSSY, veuve de Charles Blanchard, Ec., sgr de la Brousse; elle décéda à Payroux en 1611; il en eut ABRAHAM, qui suit.

5. — **Breuil** (Abraham du), Ec., sgr de Fontbois, Champvalade, baptisé à Saveilles, le 15 sept. 1585, décédé à Payroux en 1643, épousa : 1° le 2 juin 1606, Françoise COUSIN, décédée à Payroux le 2 oct. 1611, fille de Charles, Ec., sgr du Plessis, et de Anne de Cruc; 2° le 7 fév. 1612, Anne DE MOUSSY, fille de Jacques, Ec., sgr de la Motte, et de Bonaventure Barbarin. Du premier lit : 1° CATHERINE, baptisée le 8 nov. 1609; 2° ISABEAU, baptisée le 12 août 1611; du second lit : 3° NICOLE, née le 4 nov. 1614, mariée, en 1634, à Jean de Bourzat, Ec., sgr dudit lieu; 4° ANNE, baptisée le 18 nov. 1616; 5° JACQUES, qui suit; 6° JEAN, décédé à Payroux en 1675; 7° RENÉ, qui assista aux funérailles de sa mère.

6. — **Breuil** (Jacques du), Ec., sgr des Ouches, né à Payroux, le 15 juil. 1620, maintenu noble en 1667 avec Charles son fils, épousa Philippe AUBANNEAU, dont : 1° CHARLES, qui suit; 2° JEAN, né le 10 juil. 1644; 3° MARIE, née le 8 avril 1649; 4° JEAN, né le 13 fév. 1651; 5° ANTOINE, né en 1652, épousa Marie-Anne SUIRE, qui était veuve en 1732; il en eut un fils, JEAN-ANTOINE, baptisé le 2 avril 1709; 6° autre JEAN, né le 4 mai 1656. (Reg. de Payroux.)

7. — **Breuil** (Charles du), Ec., sgr du Breuil, né en 1642 à Payroux, fut parrain le 23 janv. 1662, et maintenu noble par Barentin en 1667; il épousa Jeanne BELLAUD, dont : 1° MARIE, baptisée à Payroux le 27 fév. 1665; 2° JEAN, baptisé à Payroux le 27 juin 1666; 3° CHARLES, baptisé au même lieu le 30 oct. 1672.

§ II. — BRANCHE DE **COMBES**.

4. — **Breuil** (François du), Ec., sgr de Combes (Payroux), sans doute fils puîné de Jacques, et de Léonarde Rousset (3° deg., § I), fut tué par le s^r de Moys, le 8 mars 1601. Il eut, croyons-nous, pour fils :

5. — **Breuil** (François), Ec., sgr de Combes, qui vendit la métairie du Dessous ? à Payroux, le 3 juil. 1621, à Abraham du Breuil, Ec., sgr de Fontbois, qui le poursuivait en emprisonnement pour dettes, le 5 mai 1627. (Arrêt Parlement.) Il épousa Fabienne ou Florence DE MOUSSY, peut-être fille de Jacques, Ec., sgr de la Motte-de-Payroux, dont il eut : 1° SUSANNE, née à Payroux, le 21 fév. 1610; 2° JEANNE, baptisée le 9 mai 1611; 3° MELCHIOR, le 4 juil. 1612; 4° ABRAHAM, le 7 juil. 1614; 5° MARGUERITE, le 19 oct. 1617.

BREUIL (DU) DE THÉON ET CHATEAU-BARDON.

— Famille encore représentée dans la Saintonge, où une branche était titrée de comte de Guitteau.

Blason : d'argent à la bande d'azur accompagnée de deux étoiles de gueules, l'une en chef et l'autre en pointe.

La filiation suivante est puisée pour la plus grande partie dans les manuscrits de feu M. Théophile de Bremond d'Ars.

§ Ier. — BRANCHE DE **THÉON**.

1. — **Breuil** (Florimond du), Ec., sgr de Théon et du Breuillat, consentait une baillette en 1453, le 6 nov. (Peligneaux, not.). Il eut de Jeanne AYMARD, sa femme :

2. — **Breuil** (Guillaume du), Ec., rendait, le 9 sept. 1469, un dénombrement à Charles duc de Guyenne, comme sgr de Talmond(-sur-Gironde), et hommage au Roi, en 1499, de ses terres de Théon et de Blenac. Guillaume se maria d'abord à Marguerite DU ROUSSEAU, avant le 24 juil. 1477; puis à Julienne DE CHATEAU-BARDON, fille de Jean, et d'Alix Gua. Du 1er lit il eut : 1° BERNARD, qui suit; du second : 2° JEAN, mort sans postérité; 3° ARNAULT, auteur de la branche des sgrs de Théon-de-Mechers, § II; 4° JULIENNE, 5° ISABEAU.

Guillaume testa le 20 avril 1505, élisant sa sépulture en l'église St-Martin-d'Aras, dans la chapelle de St-Laurent et St-Blaise, où reposait le corps de Julienne de Château-Bardon, sa femme, et fondant deux messes par mois.

3. — **Breuil** (Bernard du), Ec., sgr de Théon près du Crozes (Charente), rend, le 11 déc. 1515, hommage au Roi de cette terre mouvant de Talmond-sur-Gironde. Marié à Marie PERRON, fille de Arnault, Ec., sgr de Sorlut, et de Jeanne du Courbon, il en eut JACQUES, qui suit.

4. — **Breuil** (Jacques du), Ec., sgr de Théon et de Coutiers, se maria deux fois, d'abord à Marie BOILÈVE, mère de : 1° PIERRE, qui suit; 2° JEANNE, 3° JACQUETTE; et en secondes noces, il épousa, acte passé à Aulnay, le 28 avril 1533, Louise DU CHÊNE, fille de N..., Ec., sgr de Gadeville, dont : 4° MARIE, femme de N... de Pocquaire, Ec., sgr de la Baisne; 5° ANNE, morte fille; 6° FRANÇOISE, mariée à André de St-Martin, Ec., sgr de Luchapt.

5. — **Breuil** (Pierre du), Ec., sgr de Théon près Crozes et de Dietiers, fut marié, le 26 août 1579 (Jehan Barbot, not. à Saintes), à Catherine LE MOYNE, fille de André, Ec., et de Renée de Guip; testa le 1er janv. 1602, instituant pour son héritier universel : 1° GILLES, son fils aîné, et donna à 2° CHARLES, le puîné, la terre de Coutiers (ce dernier mourut célibataire), puis mille écus à chacune de ses trois filles qui étaient : 3° JOACHIME, mariée, en 1602, à André de Seudre, Ec., sgr des Ardouins; 4° MARIE, qui épousa, le 17 nov. 1604, Guichard Regnault, Ec., sgr de Villognon et Puypéroux, écuyer de l'écurie du Roi; 5° SUSANNE, qui, en 1616, se maria avec Jean de Rabayne, Ec., sgr de la Mothe-St-André; 6° BONAVENTURE.

6. — **Breuil** (Gilles du), Ec., sgr de Théon, épousa, le 10 janv. 1610, Renée DE LUCHET, fille de François, Ec., et de Marie Grignon. Dans l'acte il est qualifié de haut et puissant sgr de Théon, Chapitre, Prezelin, etc. Il n'eut de son mariage que : 1° CATHERINE, mariée à Henri Achard, Ec., sgr de Vérac, gentilhomme de la chambre du Roi, le 14 fév. 1638; 2° HIPPOLYTE, qui épousa, le 27 avril 1653, Jean-Georges de Barrault, sgr de Moings; 3° MARGUERITE, religieuse à l'abb. de N.-D. de Saintes.

§ II. — BRANCHE DE **THÉON-DE-MECHERS**.

3. — **Breuil** (Arnault du), Ec., sgr de Théon-de-Mechers, fils puîné de Guillaume et de Julienne de Château-Bardon (2° deg., § Ier), se maria d'abord à Charlotte DE BRASSARD, *alias* BRIZARD, puis au château de la Rochandry, à Claude DE CURSAY, le 7 août 1528, dont il eut :

4. — **Breuil** (Gilles du), Ec., sgr de Théon-de-Mechers, rendit, en 1540, au chât. de Didonne, le dénombrement de cette sgrie. Il fut député de la noblesse de Saintonge aux Etats de Blois. Marié à Renée DE CHANTEFIN ou CHAMP-DE-FAIS, fille d'Antoine, sgr de la Bruyère en Poitou, il en a eu : 1° GILLES, qui suit; 2° MADELEINE et 3° JONATHANE, *alias* JOACHIME, qui partagèrent sa succession le 16 déc. 1589. Madeleine

épousa, le 30 déc. 1566, Jean de Faves, Ec., sgr dudit lieu, et Jouachime se maria, en 1575, à Pierre de Comminges, Chev., sgr de Guitaut, gouverneur de Brouage.

5. — **Breuil** (Gilles du), IIIe du nom, Chev., sgr de Théon-de-Mechers et de St-Arnaud-en-Puisaye, fut successivement enseigne, lieutenant et capitaine d'une compagnie de 50 hommes d'armes des ordonnances du Roi, dont il fit la revue à Talmond (Charente-Infre), le 3 août 1588 (O.) ; fut lieutenant général au gouvernement de Saintonge, Chev. de l'ordre, député de la noblesse de Saintonge aux États généraux tenus à Blois en 1588. Il reçut deux lettres de Henri III, la première en date du 23 fév. 1588, par laquelle il lui donne commission de commander en la ville de Talmond-sur-Gironde, et la seconde, du 28 mai suivant, lui ordonnait de remettre le chât. de Mortagne-sur-Gironde au sr de Maugiron, gouverneur du Dauphiné. Il fut autorisé, le 30 mai 1588, par le lieutenant général de Saintes, de lever 60 écus par mois sur les revenus de la principauté de Mortagne, pour pourvoir à l'entretien du château.

Gilles épousa : 1° le 23 déc. 1577, Charlotte DE ROCHECHOUART-FAUDOAS, fille de Charles, Chev de l'ordre du Roi, et de Charlotte de Maricourt. Il n'eut de ce mariage que : 1° MARGUERITE, mariée à Claude de Bourdeille, Bon de Matha ; Marguerite se remaria à Aloph Rouault-Gamaches, Chev., sgr de Thiembrun.

En secondes noces Gilles épousa, en 1593, Gabrielle DE FAIDY, *aliàs* FÉDICQ DE CHERMANS, dont il a eu : 1° CLAUDE, qui suit ; 2° HIPPOLYTE, morte fille ; 3° CONBERON, tué, en 1622, au siège de Royan, où il commandait les enfants perdus. Sa mère ordonna par son testament que le corps de son fils fût transporté dans l'église de Chermans, pour y être placé près du sien, et qu'on leur érigeât à chacun un tombeau en marbre.

Gilles racheta en 1595 les deux tiers de la terre de Château-Bardon.

6. — **Breuil** (Claude du), Ec., sgr de Théon-de-Mechers, Château-Bardon, etc., fut page de Louis XIII et plus tard gentilhomme ordinaire de sa chambre. Il épousa, le 26 mai 1623, Marguerite GOULARD, fille de Jacques, Bon de Touverac, et de Françoise de la Touche ; il eut de ce mariage : 1° LOUIS-ANNIBAL, qui suit ; 2° MADELEINE, mariée en 1660 à Antoine de Conan, Chev., sgr de Connezac ; 3° FRANÇOISE, épouse de Alexis de la Touche, Chev., sgr de Brie ; 4° JEANNE, morte fille ; 5° ANNE, religieuse au monastère de St-Pardoux en Périgord, et peut-être : 6° MARGUERITE, qui était en 1668 veuve de Michel Souchet, sr de la Dourville ; elle vivait encore en 1683. (Arch. Charente.)

7. — **Breuil** (Louis-Annibal du), Chev., sgr de Théon-de-Mechers, Château-Bardon, etc., épousa, le 28 juil. 1666, Elisabeth BONNIN, fille de René, Chev., Mis de Messignac, et de Judith Bernard. De ce mariage sont issus : 1° ANTOINE, qui suit ; 2° LOUISE, religieuse à l'abb. de la Trinité de Poitiers.

8. — **Breuil** (Antoine du), Chev., sgr de Théon-de-Mechers, Château-Bardon, etc., marié, le 7 sept. 1688, à Marguerite ACHARD, fille de Charles, sgr de Théon près Crozes, et de Louise Boscal de Réals, qui rapporta dans la famille du Breuil la terre de Théon sortie en 1638. (V. § Ier, 6e deg.) De ce mariage sont issus : 1° JEAN, Chev. de St-Louis, capitaine de grenadiers au régiment de Normandie, rendit, le 14 mai 1763, hommage au comté de Secondigny de la sgrie de la Grossetière (D.-S.). Il avait épousé, vers 1730, Marie-Madeleine DE MARCONNAY, fille de Jean-Louis, Chev., sgr de Mornay, et de Marie-Gabrielle de Razilly. Elle était veuve le 19 déc. 1775, rendant le même hommage de la sgrie de la Grossetière. De son mariage Jean n'eut que : *a.* ANNE-MARIE, femme de Louis Rigaud, Cte de Vaudreuil, capitaine de vaisseau, morte à Saintes le 14 avril 1817, âgée de 71 ans ; *b.* MARIE ou MADELEINE-THÉRÈSE, mariée, en 1773, à Henri-Mathieu Isle de Beauchêne, capitaine aide-major au régiment Royal-Dragons, et deux autres filles religieuses, l'une aux Visitandines de Bordeaux, et l'autre aux Hospitalières de la Rochelle.

2° EUTROPE-ALEXANDRE, qui suit ; 3° autre EUTROPE-ALEXANDRE, sgr de Vérac, mort célibataire, et ci-devant capitaine au régiment de Normandie ; 4° encore autre EUTROPE-ALEXANDRE, prieur commendataire de St-Léger ; 5° FRANÇOIS, capitaine au régiment de Traisnel, Chev. de St-Louis, mort célibataire ; 6° CHARLES, mort sans enfants ; 7° ANNE, mariée à François de Gondi, ancien lieutenant-colonel au régiment des Landes ; 8° MADELEINE, mariée à Jean-Jacques de Beaucorps ; 9° ANGÉLIQUE, mariée à Jean de la Marthonie ; 10° ELISABETH, mariée à Huon de Rosne ; 11° N..., religieuse à la Trinité de Poitiers ; 12° N..., Ursuline à Niort ; 13° CHARLES-LOUIS, sgr de Guitteau, rapporté au § IV.

9. — **Breuil** (Eutrope-Alexandre du), sgr de Château-Bardon, Chev. de St-Louis, capitaine au régiment de Normandie, épousa, le 31 oct. 1746, Marie-Louise DE RAYMOND, fille de Charles, et de Marie-Louise Girardon, dont : 1° JEAN-AUGUSTIN, qui suit ; 2° EUTROPE-ALEXANDRE BERTRAND, rapporté § III ; 3° CHARLES, mort à l'école militaire en 1764 ; 4° LOUISE-DENISE, épouse du Mis de Clérembault.

10. — **Breuil** (Jean-Augustin du), Chev., sgr des Ecurolles (Availles-sur-Chizé, D.-S.), élève de l'école militaire, servit au régiment des Gardes-Lorrains, comparut par procureur à l'assemblée de la noblesse du Poitou en 1789. Malgré ses infirmités, il n'hésita pas à émigrer en 1791 et demanda à être inscrit dans la 1re compagnie noble du Poitou ; l'armée des Princes licenciée, il alla rejoindre l'armée de Condé, et au licenciement faisait partie du dépôt. Il avait épousé à Niort (Bion, not.), en sept. 1788, Angélique-Marguerite-Louise DE LINIERS, fille de Jacques-Joseph-Louis, sgr du Grand-Breuil, et de Henriette-Thérèse de Bremond ; il est décédé le 10 juin 1836, laissant : 1° GUSTAVE-EUTROPE-ALEXANDRE, qui suit ; 2° MARIE-LOUISE-AUGUSTINE, morte le 18 sept. 1854, âgée de 60 ans ; s'était mariée deux fois : 1° à G.-E. de Liniers, 2° à J.-G.-Maurice ? de Grandsaigne d'Hauterive, le 16 mai 1807 ; 3° LOUISE-DENISE-ALEXANDRINE, morte fille.

11. — **Breuil de Château-Bardon** (Gustave-Eutrope-Alexandre du), ancien officier supérieur de cavalerie, mort le 28 fév. 1871, épousa Marie-Caroline DE LESCAILLE, dont : 1° MARIE-LOUISE-AUGUSTINE, mariée, en 1845, à Hippolyte-Edouard Gueymard de Roquebeau ; 2° MARIE-EMMA, mariée, le 5 fév. 1849, à Henri Masson de la Sausaye, colonel du génie, officier de la Légion d'honneur.

§ III. — BRANCHE ACTUELLE.

10. — **Breuil** (Eutrope-Alexandre-Bertrand du), Chev. de Théon, fils puîné de Eutrope-Alexandre, et de Marie-Louise de Raymond (9e deg. du § II), officier au régiment de Beauvoisis. Était en 1791, major du régiment Colonel-Général-Infanterie, lorsqu'il émigra, à la tête de 36 officiers de son régiment, emportant avec lui l'enseigne de la générale. Au cantonnement d'Oth, il remplit les fonctions de major général, et lors du licenciement de l'armée de Condé, il était premier fourrier-major du premier bataillon de l'infanterie noble. Marié, le 15 août 1797, à Duderstat (Allemagne), à N... D'AFFRENGUES DE LIENNE, il a eu :

11. — **Breuil de Théon** (Edouard du), sous-lieutenant au 4e régiment de la Garde (1815), se maria à Joséphine Lacoste, dont :

12. — **Breuil de Théon** (Alexandre du), marié à N... Thenier, dont deux fils et une fille (1880).

§ IV. — Branche de **Guitteau**.

9. — **Breuil** (Charles-Louis du), sgr de Guitteau, fils puîné de Antoine et de Marguerite Achard (8e deg., § II), lieutenant de vaisseau et Chev. de St-Louis, assista au ban de 1768 et mourut en 1780. Il avait épousé Marie Turmet de Mont-Guion, dont : 1° Paul-Charles, qui suit ; et deux filles mariées dans les maisons de Durfort et Vigoureux de la Roche.

10. — **Breuil** (Paul-Charles du), Cte de Guitteau, sgr de la Montagne-Vilarzay (Aunis), assista à la réunion de l'assemblée de la noblesse à Saintes, officier au régiment de Jarnac-Dragons, marié à Marie-Anne-Henriette d'Abadie, dont : 1° François-Jean-Frédéric, né le 31 janv. 1779 à Fontcouverte près Saintes ; 2° Jean-Baptiste-Camille, baptisé à Saintes le 23 nov. 1782, y mourut le 15 déc. 1786 ; 3° Marie-Françoise, 4° Marie-Anne.

BREUIL (du), Sgr de Fondechien. — La généalogie de cette famille, laquelle, croyons-nous, ne se rattache en aucune façon aux noms précédents, a été donnée sommairement par M. A. Richard (Arch. du chât. de la Barre, t. 1, 77.)

1. — **Breuil** (Jean du), Ec., sgr de Fondechien (Aubigny et Lamairé, D.-S.), du chef de Jeanne de la Salle, fille de Jean, Ec., sgr de Fondechien, et de Isabeau de Ferrières, était marié dès avant le 18 mars 1519, et était veuf avant le 4 avril 1536 ; de son mariage sont issus : 1° Louis, qui suivra ; 2° Pierre, qui, en 1550, possédait indivisément avec son frère Louis et sa sœur Lyonne des biens provenant de la succession de leur père, et vendait, le 25 fév. 1599, à son frère Louis ce qui lui revenait dans la succession de sa mère ; 3° René, qui reçut, le 28 fév. 1558, une quittance, avec son frère Louis, de Louis Guischard, prieur de la Peyratte ; 4° Lyonne ou Léonne, qui était mariée, le 28 juin 1550, à Simon Peyraud, marchand à Parthenay, date à laquelle ils vendaient les immeubles qui étaient restés indivis entre Lyonne et ses frères Louis et Pierre.

2. — **Breuil** (Louis du), Ec., sgr de Fondechien, sgrie au sujet de laquelle il rendait un aveu le 29 oct. 1544, exerça, le 26 fév 1551, le retrait lignager des biens vendus par sa sœur Lyonne et son mari. Il avait épousé Jeanne de Gorcelles, dont il eut : 1° Louis IIe, qui suit ; 2° Marie, 3° Marguerite, lesquelles donnaient quittance le 15 déc. 1583.

3. — **Breuil** (Louis IIe du), Ec., sgr de Fondechien, était en procès en 1565 avec le prieur de la Rochefaton ; il se maria, le 15 juil. 1579, avec Marie de Gaules, et était décédé avant le 27 sept. 1583, date de l'inventaire de sa succession mobilière. Il laissait un fils, René, qui était mineur lors de l'inventaire précité, sous la tutelle de Antoine de la Barre, sr de Londières ; et peut-être Roberte, qui vendait, le 22 mars 1586, une maison au village de Rigourdaine (Aubigny, D.-S.) ; elle est qualifiée de dame de la Maison-Neuve.

BREUIL (du) de Baraire, de Fontgouin, de Souvolle, etc. — Famille du Berry qui a eu plusieurs alliances avec des familles poitevines. (Voir Nob. du Limousin.)

Blason : d'argent à la fasce vivrée de gueules, accompagnée de 2 jumelles de même.

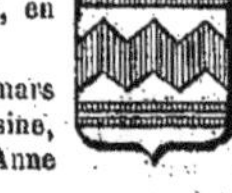

Breuil (Jean du) était marié, en 1480, à Marguerite de Villedon.

Breuil (Jean du) épousa, le 12 mars 1586, Françoise d'Aloigny, sa cousine, fille de René, sgr de la Groye, et de Anne de Crévant.

Breuil (Gabriel-François du), Ec., sgr de Souvolle, marié, le 24 oct. 1816, à Catherine de Maillasson, a eu pour fils :

Breuil de Souvolle (Pierre du), marié, le 23 oct. 1842, à Renée-Julie-Aloysia de Fenieux de Plaisance, dont postérité.

BREUIL-HÉLION (du). — Cette famille noble est, depuis le xve siècle au moins, établie en Poitou. La tradition qui lui attribue la Champagne pour berceau serait donc susceptible d'être contestée. La généalogie qui suit a été dressée sur titres et originaux authentiques, communiqués par feu M. Alexandre-Hubert du Breuil-Hélion de la Guéronnière. (1re édit.)

Blason : d'argent au lion de sable, armé, lampassé, couronné d'or.

§ Ier. — Première Branche.

1. — **Breuil-Hélion** (Jean du), Ec., sgr de Combes, est le premier de cette famille sur lequel nous ayons des renseignements précis et authentiques. Dans son contrat de mariage, en date du 13 janv. 1413, il est dit paroissien de Villesalem (cne de Journet, Vienne) ; il épousait Marie de Partenay, fille de feu Hugues, dit Guinguin, et de Johanne de Gascougnolles, sa veuve. Par acte reçu le 20 janv. 1413, sous la cour de l'archiprêtre de Charroux et du Cte Palatin du Rhin, duc en Bavière, signé de Vellader pour le prince et S. Aynea pour l'archiprêtre, Marie de Partenay apportait à son époux la moitié de la terre de Combes (St-Martin-Lars, Vienne), telle que « la soloit tenir feu Naudin Badestran, jadis seigneur de Combes, duquel susdit ledit Guinguin Partonay l'avoit acquis ». Jehan du Breuil-Hélion acquit l'autre moitié que « tenoit en doyaire la femme de Perrot de la Lande le reste de sa vie ».

Le sgr de Combes devait au sgr de Jousse, chaque année, un gant blanc du prix de douze deniers, monnaie courante.

Jean du Breuil-Hélion prit une part active aux guerres contre les Anglais, et pendant qu'il combattait au loin, ses biens furent spoliés. Il obtint alors de Charles VII des lettres du mois d'octobre 1426, qui le firent rentrer dans ses biens ; mais les titres antérieurs à l'époque qui nous occupe avaient disparu. Ces lettres sont conservées au chât. de la Guéronnière ; nous en donnons les passages les plus saillants.

Le Roi, après avoir établi que le suppliant et sa femme étaient vrais et légitimes propriétaires de la terre de Combes, tenue à foi et hommage du « chastel de Civray », poursuit ainsi...... « Néantmoins les religieux, abbé et couvent de la Reau, Jeane Paladie en son nom et comme ayant le bail des enfants d'elle et de feu Gillet de St-Savin, jadis son mary ou autrement, Pierre des Roches, Béliot de Clervaux et sa femme, et autres, se sont mis et boutés réellement et de fait, à tort et contre raison, en plusieurs desdits biens et choses appartenant auxdits mariés exposants comme dit est, et d'icelles ont pris et levé, prennent et lèvent par chacun jour les fruits, profits, revenus et émoluments, montant à grande valeur et estimation, et iceux ont mis et appliqué, mettent et appliquent à leur profit comme leur propre chose au très grand grief, préjudice desdits exposants, et plus seroit si par nous ne leur étoit sur ce pourvu de notre provision et remède de justice, donnons commission au premier huissier ou sergent requis de faire exprès commandement de par le Roi aux dessus nommés et autres qu'ils souffrent et laissent jouir et user lesdits exposants desdits domaines et héritages qui par eux se sont baillés par déclaration, et qu'ils leur en rendent et restituent les fruits, profits et revenus qu'ils en ont pris et levés, ou que lesdits suppliants en eussent pu prendre et lever si ne fût leur tort commis, empêchements, et sous l'estimation de plus grand prix, en les contraignant à ce par toutes voies dues et raisonnables ; et, en cas d'opposition, refus ou délay, attendu et considéré que ledit suppliant, le temps passé, s'est bien et grandement employé au service de notre très cher seigneur, que Dieu absolve au fait de ses guerres, en la compagnie de notre très cher et amé cousin Charles d'Albret, lors connestable de France, contre nos anciens ennemis et adversaires d'Angleterre et autrement, et tellement que audit service il perdit un de ses yeux, et encore s'est emploié et emploie de jour en jour en notre service contre nosdits adversaires et autrement. . . . . d'adjourner les opposants à certain et compétent jour par devant le sénéchal de Poitou, à son siège de Poitiers, pour dire et alléguer les causes de leur opposition, répondre, procéder et avant aller en outre selon raison, en certifiant suffisament audit jour notre dit sénéchal ou son lieutenant de tout ce que fait aura été sur ce, auquel nous mandons et pour les causes dessus dites commettons que aux parties icelles ouyes, fasse bon et brief droit en les faisant procéder par briefves et compétentes déclarations sans attendre d'assise, car ainsi nous plaît-il être fait, nonobstant quellesconques lettres sur ce impétrées ou à impétrer à ce contraires.

« Donné à Poitiers le vingt-septième jour d'octobre, l'an de grâce mille quatre cent vint-cinq et le quatrième de notre reigne. »

Plus bas est écrit : « par le conseil, signé : Garenne. »

Jean du Breuil-Hélion laissa de Marie Partenay : 1° Ythier, qui suit ; 2° Léon, qui embrassa l'état ecclésiastique, ainsi que 3° Hélye, prieur de l'Habit-Beaumont ; 4° Hélyette, épouse de Perrin Poispaille ; le 5 fév. 1456, elle donne une quittance passée sous la cour de l'Isle-Jourdain et celle de l'official de Poitiers, de ce que Marie Partenay, sa mère, épouse en secondes noces de Pierre de Surgères, lui avait donné, en faveur de son mariage ; 5° Guyonne, épouse de Marc Poispaille.

2. — **Breuil-Hélion** (Ythier du), Ec., sgr de Combes, rendit aveu à la châtellenie de l'Isle en 1456, et le 3 oct. 1479, le dénombrement de sa terre de Combes à Ythier du Teil, Ec., sgr de Joussé ; fut brigandinier du sgr de l'Isle au ban de 1467. Il avait épousé, vers 1440, Ayde de Chastenet, de laquelle il laissa : 1° Pierre, qui suit ; 2° Guillaume, marié, le 5 avril 1493 (C. Léritier et G. Mionneau, not.), à Jacquette Berland, fille de Jean, Ec., sgr de Jeu, et de Marie de Montalembert, à laquelle Guyon Berland, Ec., sgr de Jeu, son frère germain, promit donner, vingt ans après la bénédiction nuptiale, la somme de mille livres tournois. Guillaume fut un des tuteurs nommés le 9 juil. 1513 aux enfants mineurs de son frère Pierre. Dans cet acte, il est dit « home maladif, chargé d'enffens, et eagé de plus « de l'cage de soixante ans », en conséquence de quoi il fut déchargé de cette tutelle par ordonnance dudit jour, rendue par Jean Pontenier, sénéchal de Civray. De tous ses enfants, nous ne connaissons qu'une fille, Ayde, qui fut mariée à François de Tartas, Ec.

3° Robert, religieux bénédictin, au sujet de qui fut fait une enquête le 30 janv. 1505 pour prouver la noblesse de la famille du Breuil-Hélion, dans laquelle les témoins, au nombre de cinq, affirment par serment : « que lesdits du Breuil-Hélion sont et étaient de toute ancienneté gentilshommes extraits de noble lignée, vivant noblement et suivant le ban et arrière-ban du roy nostre sire, etc. » Robert était curé de St-Martin-Lars en 1534 (testament de son frère Antoine) ;

4° Antoine, embrassa également l'état ecclésiastique, fut nommé, par bref du pape Léon X, du 8 mars 1513, au prieuré de St-Christophe de Lignac, diocèse de Bourges ; il était déjà pourvu de celui de Ste-Catherine de l'Isle (O. S. B.), au diocèse de Poitiers. Il était avec Guillaume son frère un des tuteurs des enfants mineurs de Pierre, leur frère aîné, et fut déchargé avec lui de cette tutelle. Au nombre des motifs exposés par Antoine pour obtenir cette dispense, il allègue « l'intencion dans « laquelle il est au plaisir à Dieu de faire et accomplir « le voyage de Jhérusalem, lequel il dit avoir vouelx ». Le 28 janv. 1534, Antoine fit son testament, dans lequel figurent un grand nombre de legs pieux ; 5° Hélyette.

3. — **Breuil-Hélion** (Pierre du), Ec., sgr de Combes, rendit aveu de sa terre et sgrie de Combes à Ythier du Teil, Ec., sgr de Joussé, le 23 nov. 1487. Il avait servi comme archer au ban de 1491. Le 10 mars 1505, il rendit hommage de sa terre de Puychenier (Voulesme, Vienne) à l'abbé de Nanteuil-en-Vallée.

D'après l'acte de reconnaissance d'Ythier du Breuil-Hélion de la dot de Pierre son fils, daté du 16 déc. 1482 (Daguin et Barère, not. à Poitiers), on voit que Pierre était déjà marié à Jeanne de Ripousson, de laquelle il laissa : 1° François, qui suit ; 2° Mathurin, dont la postérité sera rapportée au § II ; 3° Jacques, qui transigea avec Mathurin son frère, le 26 nov. 1521 ; 4° Jean, dont la filiation est rapportée au § IX ; 5° Charles, 6° Marie, 7° Espérance, 8° Françoise : ces quatre derniers ne nous sont connus que par la sentence du 9 juil. 1513, rapportée plus haut.

4. — **Breuil-Hélion** (François du), Ec., sgr de Combes, fut, avec son frère Mathurin, substitué à ses oncles Guillaume et Antoine dans la tutelle de ses frères mineurs. Il avait épousé, le 17 déc. 1511, Jacquette d'Alloue, fille de Jean, Ec., sgr des Ajots, et de Françoise du Perche, dont il eut Jean, nommé dans une transaction du 7 janv. 1546 entre Clément, Pierre et Charles d'Alloue, frères de Jacquette d'Alloue précitée, au sujet de la dot de ladite Dlle, par laquelle on voit que ledit François n'eut que deux enfants : 1° Jean, qui suit ; et 2° Jeanne, morte sans alliance.

5. — **Breuil-Hélion** (Jean du), Ec., était le 9 sept. 1535, date de son mariage avec Jeanne Faron ou Pharon, fille de Louis, Ec., sgr des Rochilles, sommelier du roi, et de Catherine Audebert, sa femme (Barbade, not. au Vigean), sgr de Combes en partie et homme d'armes dans la compagnie de Mons. de la Roche-du-Mayne. Dans un mémoire à consulter, dans lequel est rapportée la suite des seigneurs de Combes, nous trouvons que Jean aurait épousé avant sa majorité, étant alors sous la tutelle de Pierre d'Alloue, son oncle, Anne Coustine (Coustin), et qu'il était mort peu de temps après, laissant de son mariage Jeanne, morte sans postérité, et dont Jean du Breuil-Hélion, son grand-oncle, aurait été curateur, ce qui est difficile de concilier avec ce qui précède. En elle finit la branche aînée de la famille.

§ II. — Branche de **La Guéronnière**.

4. — **Breuil-Hélion** (Mathurin du), Ec., sgr de Combes, fils puîné de Pierre du Breuil-Hélion et de dame Jeanne Ripousson (3e degré du § Ier), transigea avec Jacques du Breuil-Hélion, son frère, le 26 nov. 1521, par acte signé Martin et Verdelot, notres de l'Isle-Jourdain. Mathurin épousa, le 4 déc. 1529 (Barbade et Guénault, not. sous la cour de l'Isle-Jourdain), Jeanne de Feydeau, fille de Pierre, Ec., sgr de la Mothe-de-Persac, et de Jeanne Barthon, dont Gautier, qui suit.

5. — **Breuil-Hélion** (Gautier du), Ec., sgr de Combes, était âgé de 14 ans le 24 mai 1544, époque à laquelle Pierre de Feydeau, Ec., sgr de la Mothe-de-Persac, son oncle maternel, fut nommé son curateur au lieu et place de Jean du Breuil-Hélion, Ec., sgr de Lavault, son grand-oncle paternel, décédé depuis peu. Gautier épousa, l'année suivante (le 7 juin 1545), Madeleine Faron ou Pharon, fille de Loys, Ec., sgr des Rochilles, et de Catherine Audebert, sœur de Jeanne, épouse de Jean, rapporté au 5e degré, § Ier (Ligeon et Brun, not.). Gautier fut archer de la compagnie de Charles de Coucy (certificats des 5 fév. et ... mai 1557, et 25 juil. 1560). Par lettres du 16 fév. 1562, de Charles IX, données à Blois, et signées, par le roi, Bortet, Gautier fut chargé de lever une compagnie de cent arquebusiers qu'il devait conduire au château de Lusignan, « pour la garde, senrreté et déffence de ladite place ». Il fit défaut au ban de la Basse-Marche, convoqué le 29 juil. 1577.

Le 7 déc. 1598, il obtint, sur le vu de ses titres, des commissaires députés par le Roi en la généralité de Poitiers, une ordonnance par laquelle il fut confirmé dans ses privilèges de noblesse. Les 29 avril 1548, 6 oct. 1578 et 13 juin 1599, Gautier fit hommage de sa terre de la Fa ou la Pte-Vau (Usson, Vienne). (C.-G. Bur. des finances.)

De son mariage, Gautier laissa : 1° René, qui suit; 2° Jean, Ec., sgr des Aguestons, la Fa et de Lavault, gentilhomme de la Vénerie du Roi, qui rendit un aveu les 13 déc. 1611 et 4 avril 1614 au Cte de Civray (G.-C. etc.); 3° Jacques, dont la postérité sera rapportée au § VII; 4° Anne, mariée à Jacques de Montlouis, Ec., sgr de Pouilhac, duquel elle était veuve en 1605, époque à laquelle René, son frère, transmit à François son fils une créance de 2,200 liv. qui lui était due par ladite Anne; 5° Françoise, 6° Sara, femme de Jean de la Lande, tous nommés dans un contrat de partage du 7 mai 1601.

6. — **Breuil-Hélion** (René du), Ec., sgr de Combes, la Fa, etc., dont il hérita en qualité de fils aîné, le 20 juil. 1604, obtient du sénéchal de Civray un délai de deux mois pour faire hommage de la Fa; épousa en Champagne, au diocèse de Langres, le 14 fév. 1574, Claude de Chappes, fille de feu Jacques, Ec., sgr de Romanet, et de Agnès Robert ou de Robec (Coussez, not. à Gizay), dont sont issus : 1° François, qui suit; 2° Nicolas, 3° Nicole, 4° Claude, 5° Marguerite.

7. — **Breuil-Hélion** (François du), Chev., sgr de Combes, capitaine de la Cornette blanche, puis lieutenant-colonel de cavalerie, fut taxé en 1620, pour rembourser aux députés de la Basse-Marche leurs frais et déboursés aux États généraux de 1614; le 23 juil. 1605, il épousa (Chesneau et de la Fuye, not.), Anne Beaussé, fille de feu Jehan, Ec., sgr des Bernardières, maître des eaux et forêts en Poitou, et de Renée Deschamps. De ce mariage sont issus : 1° Emmanuel, qui suit; 2° Pierre, chef de la branche de Lavau, § VI; 3° Catherine, mariée, le 17 nov. 1637, à Claude de la Faye, Ec., sgr d'Angles.

8. — **Breuil-Hélion** (Emmanuel du), Ec., sgr de Combes, la Guéronnière, Lusigny, etc., rendit hommage et donna le dénombrement de ses biens nobles à Jean Binaudon, Ec., sgr de Joussé, le 2 mai 1625 (Grellier, greffier). Il obtint un jugement confirmatif de sa noblesse, rendu par les élus de la ville de Poitiers, le 6 juil. 1634 (Dorion, greffier). Il fut présent au ban et arrière-ban convoqués en 1639 (certificat qui atteste que lors de la revue il estoit en bon équipage d'harmes et de chevaulx, 20 nov. 1639, signé Caucher, commissaire). Il reçut, le 10 juil. 1639, du Cte de Parabère commission de capitaine de la compagnie de gens de pied de la noblesse de la sénéchaussée de Civray, convoquée aux ban et arrière-ban. Emmanuel fut confirmé dans sa noblesse, sur la production de ses titres, par M. Barentin, le 7 déc. 1667. Il avait épousé, le 10 déc. 1628, Marie de Martel, fille de Léonor, Chev., sgr de Tricon, et de Anne Taveau de Mortemer. De ce mariage naquirent : 1° François, sgr de Combes, de la Guéronnière et de Lusigny, qui fut successivement capitaine-major au régiment de Grignan-Cavalerie (15 mars 1673), lieutenant-colonel de cavalerie, et 1er capitaine du régiment de la Cornette blanche; fut nommé, le 8 nov. 1693, lieutenant des maréchaux de France aux bailliage et sénéchaussée de Civray, St-Maixent, Melle, Chizé, Aulnay et Usson, et reçu le 15 nov. 1693 par le maréchal de Bellefonds (ses provisions registrées au greffe du Bureau des finances de Poitiers le 10 déc. 1694). Par lettres closes du 31 janv. 1695, il fut nommé un des gentilshommes chargés avec M. de Blossac, intendant de Poitou, de concourir à la confection des rôles de la capitation. Il avait épousé Gabrielle de Valory, et mourut en 1696, sans laisser d'enfants.

2° Louis, qui suit; 3° Benjamin, né le 4 nov. 1639, reçu Chev. de Malte le 21 nov. 1658; 4° Charles, reçu Chev. du même ordre le 13 nov. 1660; 5° Charlotte-Catherine, qui était veuve de Jacques de Nuchèze, Chev., sgr de Badevillain, le 22 mars 1677; et 6° Marie.

9. — **Breuil-Hélion** (Louis du), Ec., sgr de Châteauneuf, Combes, la Guéronnière, était mousquetaire de la 2e compagnie lorsqu'il fut nommé, le 9 juin 1662, par le vicaire général d'Antoine Barberin, grand aumônier de France, à l'administration de la maladrerie de Loudun. Il passa ensuite lieutenant au régiment de la marine (commission du 10 oct. 1663), capitaine au même régiment (15 fév. 1672), et succéda plus tard à son frère François dans la charge de lieutenant des maréchaux de France. Il avait épousé, le 5 sept. 1680, Marie Berée, veuve de Jean Palotier, sr de Gaunonville, dont est issu :

10. — **Breuil-Hélion** (Louis-Bernard du), Ec., sgr de Combes, la Guéronnière, Villègue, Lusigny, fut page de la grande écurie du Roi de 1704 à 1706. En 1712 il rendait aveu au chât. de Civray de sa sgrie de la Guéronnière et du fief de Villègue (N. féod. 101), et avait épousé, par contrat du 11 fév. 1710, Madeleine Vidard de St-Clair, fille de feu André, sgr de St-Clair, et de Marie du Flos, dont il laissait en mourant (1746) plusieurs enfants : 1° André, mort jeune; 2° Antoine-Amable, qui suit; 3° René-Pierre, officier dans le régiment de Poitou en 1741, reçut une blessure à la bataille de Coni (sept. 1744); était capitaine dans le même régiment lorsqu'il reçut un coup de feu au cou, à la bataille de Rosbach, fut nommé Chev. de St-Louis peu de jours après, se retira du service en 1761 avec une pension, et mourut en juil. 1763; 4° Marc-Antoine-Bernard, sgr de Lusigny, naquit le 25 avril 1725, fut nommé

officier au régiment de Champagne le 24 juin 1744, et capitaine dans le même régiment le 1er sept. 1755 ; reçut une contusion à la hanche gauche d'un coup de canon à l'affaire de Fellingshauzen, fut nommé Chev. de St-Louis le 1er fév. 1763, et mourut en 1818, chef de brigade aux Invalides de Paris. Il avait épousé N... DE LA BREUILLE, qui lui porta en dot la baronnie et terre des Etangs et la terre de Maranda. De ce mariage sont issus : LOUIS-ALEXANDRE-TOUSSAINT, et une fille, N..., mariée au Mis de La Giard, auquel elle porta en dot la terre de Maranda. Louis-Alexandre-Toussaint émigra, et servit dans les hussards de Berchiny. Dans une affaire sanglante, il fit des prodiges de valeur; enveloppé de toutes parts, il parvint, après avoir reçu dix-huit blessures, à se faire jour à travers les ennemis, et fut surnommé le Balafré, ayant reçu sept blessures au visage. Son régiment ayant été licencié, il essaya de rentrer alors en France ; mais, reconnu, il fut incarcéré et traduit devant une commission militaire qui le condamna à être déporté en Espagne ; il revint en France à la publication de l'amnistie. Au retour des Bourbons, il fut un des premiers à se rendre à Bordeaux pour leur offrir ses services ; il fut successivement nommé chef d'escadron, Chev. de St-Louis, inspecteur général des gardes nationales du département de la Charente, et appelé aux fonctions de député en 1815 par la confiance des électeurs du grand collège d'Angoulême. Il mourut le 6 mai 1822, des suites de ses blessures ; il était célibataire, et institua son légataire universel Louis-Alexandre-Céleste-Toussaint, son petit-neveu.

5° CATHERINE-JEANNE-MADELEINE, mariée, par contrat du 28 juin 1740, à Jean de Ferré de St-Romain, sgr de Payroux ; 6° MARIE-LOUISE, qui épousa, le 21 août 1751, Etienne de Jousserant, lieutenant d'infanterie, sgr de Puyraud ; 7° HENRIETTE-MARIE, qui fut mariée : 1° le 16 août 1753, à Joseph Bonnin, sr des Forges, alors âgé de 87 à 88 ans, dont elle fut la donataire; 2° le 6 mai 1764, à Louis-Alexandre Chevalleau de Boisragon, Chev., sgr de Boisragon, le Fouilloux, etc., dont elle devint veuve en 1765.

11. — **Breuil-Hélion** (Antoine-Amable du), Chev., sgr de la Guéronnière, Lusigny, Combes, Villègue, ancien capitaine au régiment de Picardie, épousa, le 16 janv. 1750, Marie-Sylvine ROBERT DE VILLEMARTIN, fille de Pierre, Ec., sgr de Murat et de Villemartin, président en l'élection de Limoges, et de Marie Soiet ou Joyet. Amable mourut en nov. 1765, laissant de son mariage : 1° FRANÇOIS-EMMANUEL-BERNARD, qui suit; 2° LOUISE-SYLVINE, mariée, par contrat du 6 fév. 1775, à Jean de Bernon, Ec., sgr du Puimérigoux, Puivinard, la Couture, etc.

12. — **Breuil-Hélion** (François-Emmanuel-Bernard du), Chev., sgr de la Guéronnière, Lusigny, Combes, Villègue, Villemartin, etc., ancien mousquetaire du Roi, assista en personne à l'assemblée de la noblesse tenue à Poitiers en 1789, émigra en 1790, fut brigadier de la 2e compagnie noble d'ordonnance, et mourut à Coblentz en juin 1792. Il avait épousé, le 5 mars 1781, Julie-Elisabeth IRLAND DE BAZÔGES, fille de François-Hubert, et d'Elisabeth Constant, dont il eut : 1° ALEXANDRE-HUBERT, qui suit ; 2° CHARLES-ANTOINE, dont la postérité sera rapportée § IV; 3° PIERRE-ANTOINE, plus connu sous le nom de M. de Lusigny, naquit en 1786, se trouvait en qualité d'officier d'état-major du général de la Rochejaquelein à la bataille du Mont-St-Jean, où ce dernier fut tué; il est décédé à Fief-Clairet près St-Benoît, le 25 sept. 1879; 4° MARIE-LOUISE-SYLVINE-ADÉLAÏDE, mariée, le 20 mai 1812, à François-Jean de Feydeau, de St-Christophe.

13. — **Breuil-Hélion** (Alexandre-Hubert du), Cte de la Guéronnière, né le 15 déc. 1781, a épousé, par contrat du 17 nov. 1800, Marie-Aimée-Félicité DE BERNON, fille unique de Jean, Ec., sgr du Puimérigoux, et de Louise-Sylvine du Breuil-Hélion. De ce mariage sont issus : 1° LOUIS-ALEXANDRE-CÉLESTE-TOUSSAINT, né le 2 oct. 1802 et décédé en déc. 1881, avait épousé, le 10 août 1837, Clémence PERRY DE ST-AUVENT, fille de Jean Cte de St-Auvent, et de N... de Rocquart, dont MARIE-ALEXANDRINE-VALENTINE, mariée en oct. 1869 à Anatole de Beaupoil Cte de St-Aulaire.

2° MARIE-CORALIE, née le 3 oct. 1803 et mariée à Armand Surin de Fayola ; 3° CHARLES-HENRI-AIMÉ-FORTUNÉ, qui suit ; 4° OCTAVE-ANTOINE, né en 1811, capitaine de frégate, officier de la Légion d'honneur, Chev. de l'ordre de Pie IX, du Christ de Portugal, officier du Nicham de Tunis, du Medjidié, médaillé d'Angleterre, de Crimée, de la Baltique, mort le 5 janv. 1859, sans alliance, après 32 ans de service et 6 campagnes ; 5° LOUIS-ALEXANDRE-LUDOVIC, chef de la 2e branche actuelle, § III.

14. — **Breuil-Hélion** (Charles-Henri-Aimé-Fortuné du), Cte de la Guéronnière, né le 4 janv. 1804, ancien contrôleur des contributions à Bordeaux, est mort le 22 juil. 1884. Il avait épousé en sept. 1840 Marie-Eugénie-Coralie LE FRANÇOIS DES COURTILS, fille de Charles Mis des Courtils de la Groye, et de Marie-Caroline de Sahuguet d'Amarzit d'Espagnac (décédée au chât. de la Guéronnière, le 16 sept. 1887), dont : 1° MAURICE, qui suit; 2° MARIE-RENÉE-ALEXANDRINE, née le 7 juin 1841, mariée, le 25 oct. 1864, à Eugène-Hippolyte-Marie-Théodore Cte de Fontaine de Resbecq, ancien sous-directeur au ministère de l'instruction publique, Chev. de la Légion d'honneur et de l'ordre de Pie IX.

15. — **Breuil-Hélion** (Maurice du), Cte de la Guéronnière, né le 4 oct. 1847, ancien officier des haras, a épousé, le 12 juil. 1881, Jeanne-Fanny PAYENNEVILLE, fille de Auguste-Edmond, et de Fanny-Anastasie de St-Léger, sans postérité (1890).

§ III. — DEUXIÈME BRANCHE ACTUELLE.

14. — **Breuil-Hélion** (Louis-Alexandre-Ludovic du), Bon de la Guéronnière, fils puîné d'Alexandre-Hubert (13e deg., § II), né en 1820, décédé le 14 mars 1868, receveur des finances à Loudun, épousa, le 5 mars 1860, Rose-Marie-Louise-Sara DU BREUIL-HÉLION DE LA GUÉRONNIÈRE, fille d'Alfred, et de Sylvie-Anne de Brettes (14e deg., § IV), dont : 1° MARIE-LÉONOR, qui suit; 2° RAYMOND, né en 1867, entré au séminaire St-Sulpice.

15. — **Breuil-Hélion** (Marie-Léonor du), Vte de la Guéronnière, né en 1860, a épousé, le 11 mai 1887, Jeanne-Marie-Antoinette COYBEAU DES LOGES, fille de Charles-Casimir, et de Marie-Augustine Tiffeneau, dont : 1° ETIENNE-CHARLES-MARIE, né le 26 nov. 1888 ; 2° MARC-MARIE-RAYMOND, né le 12 oct. 1889.

§ IV. — TROISIÈME BRANCHE ACTUELLE.

13.— **Breuil-Hélion** (Charles-Antoine du), fils puîné d'Emmanuel-Bernard, et de Julie-Elisabeth Irland de Bazôges (12e deg., § II), naquit en 1783 ; épousa en 1809 Marguerite-Hélène DE TESSIÈRES DE BOISBERTRAND, fille de N..., lieutenant-colonel au régiment de Bourgogne, dont : 1° PIERRE-MARIE-ALFRED, qui suit ; 2° LOUIS-ETIENNE-ARTHUR, dont nous parlerons § V; 3° MARIE-SYLVIE-HERMINIE, née en 1821 et mariée en 1842 au Bon de Raphaëlis de Broves; 4° CHARLES-ANTOINE, né au Dorat en 1827, préfet de Toulouse, officier de la Légion d'honneur, marié en 1851 à Iseult DE CARION DE NISAS, mort en 1867, laissant : *a.* MARIE, femme de N... Forestier; *b.* MARGUERITE, mariée, le 23 juin 1875, au Cte Olivier Lefebvre d'Ormesson, attaché d'ambassade.

14. — **Breuil-Hélion** (Pierre-Marie-Alfred du), Cte de la Guéronnière, né au Dorat le 10 oct. 1811, est mort le 8 juil. 1884. Lorsque son père, destitué, à la suite des événements de 1830, de la place qu'il occupait à Paris (inspecteur général des hôpitaux), fut revenu en Limousin, Alfred fonda et rédigea pendant quelques années à Limoges l'*Avenir National*, journal légitimiste, avec son frère Arthur. Il fut ensuite, durant quelque temps, à la tête de l'*Europe Monarchique* appartenant au Mis de la Rochejaquelein. Vers la même époque, il fit paraître son premier ouvrage intitulé *Vues politiques et historiques*, dédié à Chateaubriand, où il exposait la politique intérieure et extérieure de la Restauration, puis en 1854 *les Hommes d'Etat d'Angleterre*, dans lequel il dut mettre à profit les longs séjours qu'il avait faits dans ce pays, pour présenter de la manière la plus vraie et la plus vivante les institutions et les hommes. Hostile à l'Empire, Alfred de la Guéronnière lui fit la guerre, et publia un grand nombre de brochures contre ses tendances, et ce malgré les remontrances de son frère Arthur rallié à Napoléon III. M. de la Guéronnière fut l'ami de Lamartine et malheureusement de Thiers, qui avait acquis, dans les derniers temps, une funeste influence sur son esprit politique. M. de la Guéronnière se recommandait près de ses amis et de ses visiteurs par une conversation attachante, une parole vive, imagée, admirablement servie par une mémoire prodigieuse, qui n'avait rien oublié.

Il avait épousé en 1833 Marie-Aimée, dite Silvie-Anne DE BRETTES, fille de Louis-François, et de Marie-Reine-Joséphine de la Guillaucherie, dont : 1° CHARLES-PIERRE-RENÉ, qui suit; 2° PIERRE-GÉDÉON, né à Thouron, le 24 avril 1841, marié, le 11 juin 1862, à Ida MESMY, dont : *a.* HÉLÈNE, mariée à N... Adée en 1885; *b.* ALFRED, *c.* GASTON, *d.* ROBERT, *e.* LOUIS, *f.* ADÈLE, *g.* MADELEINE, *h.* HENRI.

3° ROSE-MARIE-LOUISE-SARA, née en 1837, mariée, le 5 mars 1860, à son cousin, Louis-Alexandre-Ludovic, Bon du Breuil-Hélion de la Guéronnière; 4° MARGUERITE-HÉLÈNE, née en 1840, mariée, le 19 mai 1860, à son oncle breton, le Cte Henri de Brettes; 5° MARIE-ELISABETH-ANGÈLE, née à Thouron le 13 oct. 1843, mariée, le 21 juil. 1861, à Georges d'Alexeieff, chambellan de S. M. l'Empereur de Russie, maréchal de la noblesse; 6° MARIE-LOUISE-GEROSIME-MARTHE, née le 9 juin 1845, mariée, le 14 nov. 1865, à Pierre-Henri-Victor Rogues de Fursac.

15. — **Breuil-Hélion** (Charles-Pierre-René du), Cte de la Guéronnière, né à Limoges le 29 avril 1834, épousa, le 26 avril 1852, Théophile-Catherine-Mathilde DE ST-GEORGES, fille d'Olivier, et de N... de Villume, dont : 1° SYLVIANE, 2° PIERRE-MARIE, 3° FRANÇOISE-MARIE-CHARLES, 4° MARIE-JOSEPH-ALEXANDRE, 5° MARIE-ISABELLE, 6° MARIE-ROGER, 7° MARIE-GEORGES.

§ V. — QUATRIÈME BRANCHE ACTUELLE.

14. — **Breuil-Hélion** (Louis-Etienne-Arthur du), Vte de la Guéronnière (fils puîné de Charles-Antoine, 13e deg., § IV), né au Dorat, le 6 avril 1817. Homme politique, il fut successivement publiciste, auteur de la fameuse brochure : *Le Pape et les Congrès* (qui reflétait les sentiments secrets et personnels de Napoléon III), directeur de la presse au ministère de l'intérieur, sénateur, chargé d'affaires à Bruxelles, ambassadeur à Constantinople, Grand-Croix de la Légion d'honneur, officier du Medjidié, etc.; épousa en 1835 Marie-Eulalie-Caroline DE DAVID DE LASTOURS DES ETANGS, fille de Michel-Etienne, et de Elisabeth-Lucie-Amélie de David de Lastours des Etangs, dont : 1° CHARLES-ETIENNE-MARC, qui suit; 2° PROSPER-GEORGES, né à Limoges le 10 avril 1838. A sa sortie du vaisseau-école, il fit ses premières armes en Crimée, où il se distingua, fit partie, en qualité d'enseigne, d'une mission d'exploration en Abyssinie. Ce fut grâce au sang-froid et au courage du jeune enseigne que le personnel de la mission put échapper à un massacre. De retour en France, il fut nommé Chev. de la Légion d'honneur, puis lieutenant de vaisseau. Ayant quitté la marine, il entra dans les finances, débuta par une recette particulière, puis fut promu receveur-payeur général à Niort, et ensuite à Perpignan; mais sa santé fortement ébranlée lui fit donner sa démission, et il se retira dans sa propriété du Clos St-Victor (cne de Joué-les-Tours, Indre-et-Loire), où il est mort le 21 fév. 1889, sans laisser de postérité de Henriette-Claire COLMET-D'AAGE, qu'il avait épousée le 25 avril 1867.

Il était officier du Medjidié et du Nicham-Ifthicar de Tunis.

15. — **Breuil-Hélion** (Charles-Etienne-Marc du), Vte de la Guéronnière, naquit en 1836. Bien que marié, père de famille et n'appartenant à aucune des classes mobilisables, Marc de la Guéronnière n'hésita pas; en 1870 il prit du service et fut choisi par son général en chef, témoin de sa belle conduite, pour l'un de ses aides de camp; et à la fin de la campagne promu officier de la Légion d'honneur. Il est mort à Limoges dans les premiers jours de juin 1887; il était sous-préfet lorsque, le 8 avril 1861, il avait épousé à Paris Joséphine-Marie-Désirée-Marthe D'HILAIRE DE TOULON DE ST-JAILLE DE JOVYAC, fille d'Alfred, Mis de Jovyac, et de Joséphine de Verdonnet, dont JEAN, qui suit.

16. — **Breuil-Hélion** (Jean du), Vte de la Guéronnière, Mis de Jovyac du chef de sa mère, né le 8 janv. 1862, et marié, le 12 août 1886, à Paule-Marie-Joséphine-Louise DE PAVIN DE LA FARGE, fille de Marie-Joseph-Raphaël, et de Marie-Paule-Blanche de Vincent de Causans.

§ VI. — BRANCHE DE **LAVAU**.

8. — **Breuil-Hélion** (Pierre du), Chev., sgr de Lavau, St-Martin-Lars, la Bussière-Seychaut, la Guéronnière, fils puîné de François, sgr de Combes, et d'Anne Beaussé (7e deg., § II), maintenu noble le 7 déc. 1667, épousa, le 30 août 1653, Barbe VIGIER DE MOUSSY, fille de François, Chev., sgr de la Guéronnière, et de Barbe de Moussy de St-Martin-Lars, dont il eut : 1° LOUIS, qui suit; 2° MARIE-LOUISE, mariée à Pleuville, le 11 juil. 1668, à Hubert de Volvire, Ec., sr de Brassac.

9. — **Breuil-Hélion** (Louis du), Chev., sgr de Lavau, l'Epine, la Cour-d'Usson, marié, le 5 fév. 1679, à Susanne BUIGNON, fille de Jacques, Ec., sgr de Bellefois, et d'Elisabeth Groisson, eut pour fille MARIE-ANGÉLIQUE, mariée en 1718 à Cosme Cte de Lambertye.

§ VII. — BRANCHE DE **FROMORANT** (AU PONT-ST-ESPRIT).

6. — **Breuil-Hélion** (Jacques du), fils puîné de Gautier et de Madeleine Faron, 5e deg., § II, s'éta-

blit au Comtat Venaissin, à la Palu, où il épousa, le 10 fév. 1596 (Serre, notre du bourg St-Andréol), Catherine Augier, de laquelle, d'après son testament du 21 fév. 1615, il n'eut que : 1° Nicolas, qui suit; et 2° Anne.

7. — **Breuil-Hélion** (Nicolas du), Ec., sgr de Fromorant, épousa, le 5 fév. 1617, Claudine de Caseneuve d'Authomarie, fille d'Antoine, mestre de camp d'un régiment Corse, gouverneur des fort et château St-André et du bourg de Villeneuve-lès-Avignon, et de Claudine de Guast de St-Gervais. Il mourut avant le 20 janv. 1646, date du testament de son épouse (reçu Jacques Catin, not. à Bolène, Comtat Venaissin), par lequel elle donne tous ses biens à Victor de Caseneuve d'Authomarie, son frère, sous la condition qu'en mourant il remettrait cet héritage à l'un de ses fils, qui étaient : 1° Jean, qui suit; 2° Claude, auteur de la branche de Pierre-Latte, qui sera rapportée au § VIII.

8. — **Breuil-Hélion** (Jean du), Ec., sgr de Fromorant, fut baptisé le 24 fév. 1638; épousa, le 5 sept. 1655, Gabrielle de Fabre, et testa le 2 oct. 1678, instituant sa femme son héritière universelle, sous la condition qu'elle remettrait les biens à tel de leurs enfants qu'elle le jugerait convenable, lesquels étaient : 1° Joseph, qui suit; 2° François, capitaine au régiment de Bigorre, Chev. de St-Louis; 3° Antoine, capitaine au même régiment et Chev. de St-Louis; 4° Jean-François, 5° Dauphine, 6° Marie, 7° Anne, 8° Gabrielle.

9. — **Breuil-Hélion** (Joseph du), Ec., sgr de Fromorant, lieutenant au régiment de Champagne (commission du 10 sept. 1676), épousa, le 11 mars 1690, Marie-Hyacinthe de Pexaire (Degars, not. de la ville de St-Esprit); fut maintenu dans sa noblesse par M. de Lamoignon de Basville, intendant de Provence, le 22 juil. 1700, mourut le 29 janv. 1738, et son épouse le 18 mars 1753, laissant de leur mariage : 1° Jean-Joseph, qui suit; 2° Nicolas, capitaine au régiment d'Orléans-Infanterie, tué à la bataille de Rocoux le 11 oct. 1746; 3° Joseph, prieur du prieuré de la Garde-Paréole au diocèse d'Orange; 4° Joachim, lieutenant au régiment de Noailles-Infanterie, mort à Ingolstad (Bavière), en 1743; 5° Marie-Anne, religieuse Ursuline au Pont-St-Esprit; 6° Marie-Rose, qui épousa, le 29 nov. 1749, Raymond de Piolenc de St-Julien.

10. — **Breuil-Hélion** (Jean-Joseph du), Ec., sgr de Fromorant, officier au régiment de Bigorre, épousa, le 14 oct. 1738, Jeanne-Marguerite d'Isnard, dont : 1° Joseph-François, lieutenant au régiment de Languedoc, mort en Corse le 9 nov. 1768; 2° Simon-Georges-Hyacinthe, qui suit; 3° Charles-Michel, né le 7 fév. 1747, lieutenant au régiment de la Marche le 6 août 1764; 4° Marie-Hyacinthe-Marguerite, née le 2 fév. 1750.

11. — **Breuil-Hélion** (Simon-Georges-Hyacinthe du), Ec., sgr de Fromorant, né le 30 avril 1743, fut fait lieutenant au régiment d'Orléans-Infanterie le 3 janv. 1760. Là s'arrêtent les renseignements que nous avons pu nous procurer sur cette branche.

§ VIII. — Branche de PIERRE-LATTE.

8. — **Breuil-Hélion** (Claude du), Ec., fils puîné de Nicolas du Breuil-Hélion, sgr de Fromorant, et de dame Claudine de Caseneuve d'Authomarie, rapportés au 7e degré du § VII, né le 11 juin 1631, alla s'établir en Dauphiné. Il fut successivement lieutenant au régiment de Languedoc-Infanterie en 1647, capitaine au régiment d'Hocquincourt le 30 janv. 1654, et capitaine de cavalerie dans l'armée de Suède en 1660. Il épousa, le 18 juin 1668, Marie de Raymond, dont il eut : 1° Joseph, qui suit; 2° Raymond, né le 22 juin 1683, lieutenant au régiment des Vosges le 1er mai 1701, lieutenant de grenadiers le 15 mars 1705; fut blessé au siège de Milan en mars 1707, devint lieutenant au régiment de Bigorre le 12 oct. de la même année, capitaine en juil. 1708, fut nommé Chev. de St-Louis le 9 déc. 1732, se retira du service le 26 janv. 1737 avec une pension de 400 liv.; 3° Pierre, né le 8 oct. 1690, fut lieutenant au régiment des Vosges en 1705, au régiment de Bigorre en 1708, capitaine audit régiment en 1710, eut la même année le commandement d'une compagnie d'invalides.

9. — **Breuil-Hélion** (Joseph du), Ec., né le 14 avril 1669, garde-marine en 1684, lieutenant d'artillerie de marine en 1686, passa capitaine dans le régiment de Montferrat-Infanterie, commandait une brigade de l'arrière-ban du Dauphiné en 1695; eut de Jeanne-Marie Chevroux, qu'il avait épousée le 13 sept. 1704 : 1° Claude, qui suit; 2° Joseph, né le 4 oct. 1706, fut successivement officier surnuméraire dans l'artillerie en 1729, commissaire extraordinaire d'artillerie en 1729, commissaire ordinaire en 1735, Chev. de St-Louis, commandant l'artillerie en Corse sur la fin de 1737, commissaire principal en 1741, et lieutenant-général dans ce corps le 1er mai 1756; fut envoyé, par ordre de la cour, à Vienne en Autriche pour y servir dans l'artillerie de l'impératrice-reine, qui l'envoya commander cette arme au siège de Schervenisch; sur la fin de 1757, après la prise de cette place, Joseph du Breuil-Hélion revint en France, où il eut 600 liv. de pension sur l'ordre de St-Louis. Il fut fait inspecteur d'artillerie à la direction de Lyon et Grenoble en fév. 1759, reçut au mois de juillet de la même année l'ordre de se rendre en Bretagne pour y prendre le commandement de l'artillerie qui faisait partie de l'armée que l'on destinait à passer en Irlande, fut fait chef de brigade commandant la brigade de la Fère en avril 1762, et mourut le 29 nov. de la même année.

10. — **Breuil-Hélion** (Claude du), né le 11 juil. 1705, entra au service en 1721 dans le régiment de Bigorre, fut réformé à la suite de ce régiment en 1722, épousa, le 4 fév. 1729, Anne Dorel, fut lieutenant dans le bataillon de milice du Dauphiné le 1er janv. 1734, et capitaine le 1er oct. de la même année. Depuis cette époque les documents nous manquent.

§ IX. — Branche de LA CORBIÈRE.

4. — **Breuil-Hélion** (Jean du), Ec., sgr de Lavau, fils puîné de Pierre du Breuil-Hélion et de Jeanne Ripousson (3e deg. du § Ier), avait épousé Madeleine Guy. Il fut tuteur de Gautier, et, d'après un acte de curatelle du 24 mai 1544, nous pouvons établir approximativement la date de sa mort, car, à cette époque, Pierre de Feydeau est nommé curateur de Gautier en remplacement de Jean du Breuil-Hélion, sr de Lavau, mort depuis peu. Il laissa de son mariage : 1° Georges, qui suit; 2° Anne, qui fut femme d'Arthus de Vallier, Ec., sgr de Fougerolles, ainsi qu'il résulte d'une transaction du 24 avril 1571 entre Madeleine Haurry, veuve de Georges précité, et ledit Arthus de Vallier, au sujet d'une donation faite par feu Madeleine Guy à ladite Anne de tous ses meubles et de la moitié de la métairie d'Eschillé, par acte du 19 juin 1568; 3° Michel, 4° René, mentionnés dans ladite transaction.

5. — **Breuil-Hélion** (Georges du), Ec., sgr de la Corbière et de Combes en partie, comparut à la montre générale du ban et arrière-ban de 1557, tant

pour lui que pour Madeleine Guy, sa mère, à cause de sa terre de Combes. Dans un certificat du 9 juin de la même année, nous voyons que le fief de Combes, que possédait Madeleine Guy comme veuve de Jean du Breuil-Hélion, valait 8 liv. de revenu annuel. Georges épousa Agnès HAUDRY, dont l'existence nous est prouvée par la transaction précitée du 24 avril 1571 entre elle et Arthus de Vallier, époux de Anne du Breuil-Hélion. L'on voit de plus, par cette pièce, que Georges avait eu postérité de son mariage, car sa veuve est dite agir tant en son nom que comme tutrice de ses enfants mineurs, et de Louis du Breuil-Hélion, Ec., fils aîné dudit feu sr et d'elle. Nous n'avons pu recueillir d'autres documents sur cette branche.

BREVILLIER (David-Auguste de), Ec., ancien capitaine d'artillerie, secrétaire ordinaire du Roi et receveur ancien des tailles de l'élection de Fontenay, fut parrain, le 5 juin 1770, de l'une des cloches de l'église de Bourneau (Vendée). (Revue du Bas-Poitou, I, 377, d'après B. Fillon.)

BRIAND ou **BRIEND** et **BRIENT**. — Ce nom commun à plusieurs familles se trouve porté en Poitou dès le XIIe siècle. Nous donnons par ordre chronologique les quelques notes que nous avons pu réunir.

Briand (*Gaufridus*), *miles*, est cité dans l'acte par lequel Ebles, sgr de Mauléon, reconnait, en 1174, que la nomination du prieur de St-Pierre appartient à l'abbé et au Chapitre de Mauléon. (D. F. 17.)

Briend (Guillaume) donne, vers 1172, au prieuré de Montazay des rentes et une borderie de terre sise à Mocac (Moussac? Vien.). BERTRAND et RUFUS Briand assistent à cette donation. (Id. 18.)

Briend (Simon) est témoin en 1213 de l'acte par lequel le Chapitre de N.-Dame de Poitiers donne à Pierre Ascelin une dîme sise à Abouin. (M. A. O. 1877, 71 note.)

Brient (*Aimericus*) est cité à plusieurs reprises dans l'enquête faite, vers 1255, au sujet du service militaire que réclamait le sgr de Parthenay. (Doc. inéd.)

Briend (Jeanne), fille de GERVAIS, Chev., et Pierre de Sonay son mari transigent avec Jean Foucher, le jour de la fête de la Chaire de St-Pierre 1268 (1269), au sujet de leurs droits sur l'herbergement de Morin du Chilleau. (D. F.)

Brient (*Petrus*) est témoin de la vente de salines, faite au Chapitre de St-Hilaire-le-Gd par Vivien de St-Flovier, Chev., et Jeanne sa femme, le 18 janv. 1277. (D. F. 11.)

Brient (Jehan) tenait, en 1316, un herbergement à Batreau. (M. A. O. 1877, 197.)

Brient (Jean) dit Bigot, prêtre, chapelain de la chapelle St-André, fondée en l'église de N.-Dame-la-Grande de Poitiers, consent un bail à rente, le jeudi fête de St Cyprien 1351. (Arch. Vienne, Chapitre de N.-D.)

Briend (Regnaud), chanoine de N.-D.-la-Grande, lègue par son testament, daté le 12 fév. 1353, une maison sise à Poitiers, psse de Ste-Opportune, à ses neveux et, à leur défaut, aux chapelains et bacheliers de N.-D. (Id.)

Brient (Jean), clerc du diocèse de Poitiers en 1364, signe comme notaire un aveu rendu à cette date à l'évêque de Poitiers par Guillaume de Parthenay.

Briant (Lucas). Le fief de la Morinière, dépendant de Brisay, en est détaché en sa faveur en 1404. (R. des Prov. de l'Ouest.)

Briend (N...) fit montre comme écuyer, le 6 mars 1418.

Briand (Guillaume). Ses hoirs tenaient en 1414 et 1433 des terrages à Craon. (M. A. O. 1877, 200.)

Briand (Frère Jean), prieur de Conon, consent un bail de la terre de la Martinière, le 30 nov. 1425. (Arch. Vienne, abb. de la Celle.)

Briant (Jean), de la psse d'Antran (Vienne), crée, le 18 fév. 1447, une rente de 12 sous 6 deniers sur tous ses biens au profit des chapelains et bacheliers du Chapitre de N.-D.-la-Grande. (Id. N.-D.-la-Grande.)

Briant (Jean), refusant de payer le sixte des fruits de terres dépendantes de son fief de Champ-Poitevin au prieuré de Benêt (Charente), est appointé devant le juge dudit lieu, le 23 sept. 1452. (Arch. Vienne, abb. de Montierneuf.)

Briand (Jean), abbé de la Celle, figure dans des actes de 1448 et 1462. (Id. abb. de la Celle.)

Briant (N...), Ec., sgr de la Juderie, rendait, en 1465, aveu de ce fief à l'abb. de St-Jouin-les-Marnes. (M. A. O. 1883, 124 n.)

Briend de St-Martin (N...) servit comme brigandinier du sgr de Jarnac, au ban de 1467.

Briant (Lancelot) était chantre du Chapitre de N.-Dame de Mirebeau, lors du concordat passé, le 15 mai 1479, entre ce Chapitre et le prieur de St-André, au sujet de l'élection des régents des écoles de cette ville. (D. F. 18.)

Briand (Jean) servait en brigandinier à l'arrière-ban du Poitou de 1488.

Brient (Frère Guillaume) était en 1487 religieux de l'abb. de la Celle, et chapelain de la chapelle de Ste-Catherine desservie en ce même monastère. (Arch. Vienne, abb. de la Celle.)

Briand (Jean), sr d'Orval, comme époux de Mathurine GOUFFIER, fille de Jean, sgr de Bonnivet, et de Mathurine de Liniers, fait opposition à la saisie faite sur Jacques Gouffier de la terre de Bonnivet, le 13 janv. 1490, à la requête de Artus Goulfier et de N... de Culant, son épouse.

Briant (Jean), demeurant dans la terre de Mareuil, est admis, mais pour cette fois seulement, à servir en archer au ban de 1491, tant pour lui que pour Jean Jousseaume; mais il lui est enjoint d'avoir à l'avenir deux archers, et de se fournir de gantelets. (F.)

Briant (Pierre) remplace Guyot Lorans et son frère, capitaine de Thouars, au ban de 1491. Il lui est enjoint d'avoir des gantelets. (Id.)

Briand (Jean), prévôt de l'abb. de St-Savin, est cité dans le testament de Florent d'Allemaigne, abbé commendataire de ce monastère, daté de 1502. (D. F. 25.)

Briant (Olivier) possédait en 1508 le fief de la Brunette. (M. A. O. 1881, 152.)

Briend (Pierre), Ec., prieur de St-Jean-de-Sauves, transige le 1er juil. 1573 avec Nicolas Bouvery, abbé commendataire de St-Cyprien, au sujet de certains arrérages. (Arch. Vienne, abb. de St-Cyprien.)

Briand (Jean-Baptiste), Ec., rend au sgr de Mareuil et de la Vieille-Tour, le 1er juin 1578, le dénombrement de son fief de la Billerie. Il épousa Louise BÉJARRY, fille de René, Ec., sgr de la Louerie, et de Marguerite du Beugnon.

Briand (Antoine), Ec., sgr de la Billerie, rend aveu et dénombrement au sgr de Mareuil et de la Vieille-Tour pour son hôtel de la Billerie, pour raison du décès de feu Baptiste Briand, son frère, les 12 sept. 1597 et 28 fév. 1598. Il signait au contrat de mariage de Louis de Granges avec Anne des Villates, passé le 6 juin 1611. (Arch. D.-S. E. 26.)

Briand (Baptiste), Ec., sgr de la Mothe, curateur des enfants mineurs de Jacques de Béjarry, Ec., sgr de la Louerie, transige, le 11 juin 1590, avec François Gaigneaud, s[r] du Fontenioux et autres (Robert, not.).

Briand (Antoinette) épousa René des Villates, Ec., sgr de Puydoré ; elle était décédée bien avant 1627. (G[ie] des Villates.)

Briant (Paul), Ec., sgr de la Chasse, est assigné, le 30 mai 1628, à la requête de Jacquette de Nouzières, veuve de feu François Prévost, Ec., sgr de Puybottier.

Briand (Pierre), s[r] de Boisse en Angoumois, gouverneur de la citadelle de Strasbourg, et brigadier des armées du Roi, épousa, en 1686, Susanne DE Ste-HERMINE, fille de Hélie, IIIe du nom, et de Susanne Guybert.

Briand (N...), s[r] des Rollandières, servit dans la 2e brigade du ban de 1689, réunie à Moncoutant. (F.)

Briand (Pierre), s[r] de la Durtaudière, se trouve à celui de 1690. (Id.)

Briant (Samuel), prieur de St-Sauvant. M. de Maupeou, par sentence du 26 avril 1699, lui interdit de prendre à l'avenir la qualité d'écuyer, attendu qu'il ne peut justifier de sa noblesse.

Briand (Louis), s[r] des Allarts, p[sse] de Paisay-Naudouin (Charente), avait épousé Jeanne BRIAND, dont un fils, LOUIS, né le 16 mai 1756. Louis mourut le 23 mars 1759, âgé de 57 ou 58 ans. A ses funérailles assistaient PIERRE Briand, son frère, et Charles Motheau, son beau-frère. (Reg. par.)

Briand (Charles), Ec., sgr de Chantegroux, ne se présente pas au ban des nobles du Poitou de 1758, bien que convoqué. (F.) Il avait vendu la sgrie de Chantegroux, vers 1740, à François de Sayvre. (Arch. Vendée, D. 30.)

BRIAND OU BRIANT, A NIORT.

— Famille de l'échevinage de Niort ; elle pourrait avoir une origine commune avec les Briant de Saintonge et d'Angoumois.

Blason : d'argent au chevron d'azur accompagné de 3 oiseaux (bruants) de sable. Ainsi déclaré à l'Armorial du Poitou par Pierre Briant, Ec., sgr de Thélouze, en 1698.

Les Briant d'Angoumois : d'argent au chevron de gueules (quelquefois dit alaisé) et 3 éperviers de sable, longés, grilletés de gueules.

Filiation suivie.

D'après une notice manifestement erronée, on fait remonter l'origine de cette famille à un Anglais, nommé Jean Briand, secrétaire du prince de Galles en 1363 ; mais tous les degrés sont apocryphes jusqu'à :

1. — **Briand** (Jean), sgr de la Martinière, Thélouze, président de l'élection de Niort, marié à Louise PASTUREAU, fille du s[r] de Charay, eut, dit-on, pour fils :

2. — **Briand** (Jean), Ec., sgr de la Martinière, Thélouze et des Rataudières, premier président de l'élection de Niort, était pair de la commune de cette ville en 1638 ; il fut nommé maire le 26 mai 1641, prêta serment en cette qualité, et fut installé le 11 juin suivant. Le 8 juil. 1658, il déclara son intention de vivre noblement ; il était échevin depuis le 26 avril 1644, lorsqu'il mourut (avant le 26 juil. 1667). Il avait épousé Marie VIAULT, dont PIERRE, qui suit.

3. — **Briand** (Pierre), sgr des Rataudières, épousa, le 17 nov. 1667 (Chauvegrain, not. à Niort), Marie MARSAC, fille du sgr du Portal. Le 22 nov. 1692, il paya 500 liv. pour être maintenu dans ses privilèges de noblesse, lui et ses enfants, qui étaient : 1° PIERRE, qui suit ; 2° RENÉ, Ec., sgr des Rataudières, qui avait épousé, le 22 mars 1695 (Bonneau, not. à Lusignan), Elisabeth SARGET, et fut maintenu avec son frère et ses sœurs dans sa noblesse, par ordonnance de M. de Maupeou du 24 janv. 1699 ; 3° FRANÇOISE, et 4° MARIE-ANGÉLIQUE, portées dans l'ordonnance de maintenue précitée.

4. — **Briand** (Pierre), Ec., sgr de Thélouze, servit en 1693 dans le premier escadron du ban des nobles du Poitou ; il fut confirmé dans sa noblesse par ordonnance de 24 janv. 1699, et eut de Angélique DEFRANC pour fils : 1° JEAN, qui suit ; 2° PIERRE-RENÉ, Ec., sgr de l'Escalle ou la Salle et de la Carde, sous-brigadier des mousquetaires du Roi, marié, le 17 fév. 1743, à Marie-Angélique LOUVEAU DE LA RÈGLE, fille de feu Joseph, Ec., sgr de Ligné, et de feu Marie-Madeleine Chargé, décédée en 1745 ; puis à Françoise DESPREZ, qui décéda veuve, à Niort, en 1780 ; 3° FRANÇOIS, Ec., sgr de Thélouze et d'Arsay, marié, vers 1730, à Charlotte-Aimée GOULARD, fille de Henri-Louis, Ec., sgr d'Arsay, et de Philothée Regnier ; elle décéda sans postérité, et son mari était son donataire en 1753.

5. — **Briand** (Jean), Ec., sgr de Thélouze, la Maudinière, marié, vers 1730, à Louise CHANTREAU, eut pour filles : 1° LOUISE, mariée, le 16 janv. 1765, à Auguste-Gédéon d'Auzy, Ec., sgr du Fief ; 2° PERRINE, D[e] de la Maudinière et du fief de la Ricollière, était en 1776 héritière de François Briand, son oncle. Elle reçoit, le 26 mars 1789, une déclaration roturière de Charles-René-Dominique Sochet des Touches, Chev., chef d'escadre des armées navales, pour un petit emplacement sis à Luçon. Elle comparut par procureur à l'assemblée de la noblesse réunie à Poitiers en 1789, pour nommer des députés aux Etats généraux. Elle fut rayée de la liste des émigrés le 6 messidor an IX, et le 15 août 1807 elle assistait au mariage de la fille de sa sœur.

BRIANT OU BRIAND, EN LOUDUNAIS.

Il y a eu, croyons-nous, plusieurs familles portant ce même nom en Loudunais et Touraine.

Une chapelle à N.-D. de Mirebeau avait pour collateur la famille Briant, ainsi qu'une autre chapelle en l'église de Concourson, en Anjou.

Briant de Chanterenne (N...) était prévôt à Loudun, lors de la suppression de cet office, qui fut réuni au bailliage en 1549.

Briant (Jehan). Marie BEAUDET, sa veuve, demeurant à Ranton, vend des pièces de terre le 15 déc. 1623 ; ils eurent un fils, LÉONARD. (Arch. de Ranton.)

Briant (Jean), Ec., bailli de Loudun, avait épousé Marie DREUX, qui, devenue veuve, se remaria à Jacques de Thibault, Ec. ; ils vivaient en 1623. (Id.)

Briant (N...), né à Loudun, étudia la théologie à la faculté protestante de Saumur et fut ministre de Pontivy de 1647 à 1685. (Notes de Richemond.)

Briant (François), s[r] de Groshois en St-Laon, et de Ripoille, fut successivement procureur aux sièges royaux de Loudun (1649), conseiller du Roi, grainetier ancien au grenier à sel de Richelieu (1677), et enfin officier de la grande vénerie de S. M. en 1688. Il est décédé à Paris en avril 1692, laissant plusieurs enfants, entre autres : 1° François, procureur à Loudun le 18 avril 1678 et encore en 1718 ; 2° Louise, mariée à André Normand, conseiller en l'élection de Loudun, et décédée en 1693 ; et peut-être 3° Hélène, mariée, le 13 fév. 1691, à Gabriel Catillon, avocat en Parlement. Elle fit son testament le 16 nov. 1716, élisant sa sépulture dans la chapelle de Pitié de Ranton. (Arch. de Ranton.)

Briant (Louis), s[r] de la Bourdigalière, marchand, est nommé capitaine de la milice bourgeoise de Loudun, le 2 nov. 1694, et traite, en 1752, avec ses officiers, au sujet des fournitures nécessaires pour les hommes. (Arch. Loudun.) Il avait épousé, le 29 janv. 1686, Anne Barateau, et le mariage fut célébré par N... Briant, prieur de St-Cassien et curé de Ligré, avec permission de Paul Curieux, curé de St-Pierre de Loudun. (Arch. de Ranton.)

Briant (Jean-François) fut baptisé le 8 janv. 1688 ; il est dit fils de François et de Françoise..... (Id.)

Briant du Pont (Marie-Anne) se maria, le 16 avril 1697, dans l'église du Martray (Loudun), avec Jacques Forestier, Ec., sgr de Seuilly. (Arch. Loudun.)

Briant (René) et Dorothée, sa femme, âgés de 63 ans et de 62 ans, se réfugient à Londres de 1703 à 1710. (Notes de Richemond.)

Briant-Boislambert (Paul), prêtre de la p[sse] du Martray, fut inhumé dans cette église le 6 fév. 1705. (Arch. Loudun.)

Briant (Louis) de la Bourdigalière, prêtre de la p[sse] du Martray, fut inhumé le 2 mai 1710. (Id.)

Briant de la Bourdigalière (N...), licencié ès lois, épouse, le 26 nov. 1711, Louise Clément.

Briant (Jean-Félix), s[r] de Chanterenne, avocat, épousa, le 17 juil. 1714, Hélène Sabard. (Arch. Loudun.)

Briant (René), président en l'élection de Loudun le 26 août 1729, eut beaucoup d'enfants de Marie Jouslain, entre autres un fils, marié, vers 1750, à Marie-Barbe Montault, veuve de Marc-Antoine-Gabriel Brancheu ; un autre, Alexandre, s[r] de la Pitaudière, marié, vers 1760, à Marie-Gabrielle Brancheu, fille des susdits ; une fille, mariée à N... Allotte de Graudcour ; une autre, épouse de N... Confex de Neuilly ; Jeanne-Renée, mariée, vers 1750, à Jean-François Torterue de Sazilly, et Marie-Hélène, mariée, le 20 août 1758, à Urbain-Louis Confex de Beauregard.

Briant-Duperray (Louis) avait épousé Marguerite Dupin, qui fut inhumée le 29 nov. 1752. Ils vivaient noblement, dit l'acte d'inhumation. (Arch. Loudun.)

Briant de Chanterenne (Marie-Charlotte) épousa, le 15 juil. 1756, Jacques-Philippe Diotte de la Valette. (Id.)

Briant de Chanterenne (N...) fait un échange le 31 janv. 1743 ; il était subdélégué à Loudun en 1761. (Arch. de Ranton.)

Briand (Françoise) fut marraine à Loudun le 26 sept. 1766, représentant Anne-Victoire de Lamoignon.

BRIAUD, BRIAULT ou BRIAUT.

— Famille Loudunaise qui exerça dans cette ville, aux XVIe et XVIIe siècles, des charges de judicature.

Blason : de gueules à 3 fers de lance d'argent. (Gén. Lefèvre.)

Briaud (François), licencié ès lois, était, en 1499, juge ordinaire à Loudun.

Briault (Jean), licencié ès lois, était, le 1er juil. 1534, juge ordinaire à Loudun, et nommé à ce titre l'un des deux commissaires de l'administration de la sgrie de Montpensier, saisie à la requête de René du Rivau, sgr de Villiers-Boivin, sur Charles d'Anjou, sgr de Mézières. Il était encore juge ordinaire à Loudun en 1568. (Arch. Loudun.)

Briault (Jean), sgr de Douze, Curzay, la Maisonnière (peut-être le même) ; marié, vers 1500, à Guyonne de Dreux, il eut pour fille Hélène, mariée, vers 1520, à Louis Chauvin, Ec., sgr de la Chatellière.

Briault (Catherine) épousa, vers 1520, Jean Binet, Ec., sgr de la Barre en Mirebalais.

Briault (Charles), chanoine de Ste-Croix de Loudun, fut, le 14 avril 1565, chargé de procuration par Albert Le Roy, prieur commendataire de N.-D. de cette ville, pour racheter certaines rentes. (Arch. Vienne.)

Briault (Jean), bailli du Loudunais, rendait, le 5 avril 1566, une ordonnance par laquelle il défendait aux protestants de s'assembler sous aucuns prétextes, ce qui mit un terme à des démonstrations séditieuses. En 1569, il reçut l'ordre du Roi de lui donner les noms de ceux de la noblesse Loudunaise suivant le parti des princes ; le 9 avril 1577, il dressait l'inventaire des titres, joyaux et ornements du prieuré de N.-D. de Loudun, vacant par la mort du prieur Clément de Brilhac. (Arch. Vienne.) Il mourut en 1612. Il avait épousé Madeleine Le Fèvre (ou Lefebvre), fille de Michel, sgr de Bizay, et de Marguerite Micheau, dont il eut plusieurs enfants.

Briault (Jean) était en 1579 lieutenant du prévôt des maréchaux de France à Loudun. Nous ignorons si c'est le fils du précédent.

BRIAULT, autre famille.

Briault (Jacques) naquit à la Mothe-St-Héraye le 18 sept. 1740. Son père Jean était tanneur, mais d'une honnête aisance, qui lui permit de pousser l'éducation de son fils, lequel, après avoir fait son droit à Poitiers et s'être fait recevoir à Paris avocat en Parlement, revint à la Mothe y exercer la profession d'homme de loi ; il se créa une nombreuse et honorable clientèle, parmi laquelle on comptait MM. de Montausier, sgr de Salles, et de Carvoisin, sgr de la Mothe-St-Héraye, lesquels le nommèrent sénéchal de leurs terres.

En 1789, il fut délégué par la p[sse] de la Mothe pour aller à Poitiers nommer les députés aux Etats généraux, et il fut lui-même l'objet du choix du Tiers-Etat poitevin et élu le 10e. Le 8 oct. 1789, désigné pour faire partie du comité des droits féodaux, il sut faire apprécier la rectitude de son jugement par ses collègues. Lors de la dissolution de l'Assemblée Constituante, il fut nommé tout à la fois juge aux tribunaux de district de Melle et St-Maixent, mais opta pour ce dernier. En 1792, il fut appelé au directoire du département, et le 16 nov. même année, nommé président du tribunal criminel des Deux-Sèvres. Ce fut grâce à lui que M. de Carvoisin, son ancien protecteur, put conserver ses biens et sa vie. « Honneur à Briault, dit à ce propos M. J. Richard, qui garda le souvenir des bons offices de cette famille et paya loyalement la dette de la reconnaissance ». Il était encore à la tête du tribunal criminel lorsque fut décrété l'art. 68 de la constitution consulaire ;

il devint alors président inamovible, et fut installé le 5 mars 1800. Il se rallia dès lors aux idées du 1er consul Bonaparte, qui devint bientôt après l'empereur Napoléon.

Jacques Briault avait été créé Chev. de la Légion d'honneur et est mort à Niort le 24 sept. 1808. Le 18 fév. 1767, il avait épousé Marguerite AMIOT, fille de feu Louis-Auguste, et de Marie-Félicie Chevalier, dont il n'eut point d'enfants. M. J. Richard lui a consacré une notice publiée dans le t. VI, p. 146, de la 1re série des Mémoires de la Société de Statistique des Deux-Sèvres; on peut aussi consulter les Biographies placées à la suite de l'Histoire de Niort de Briquet, et les archives politiques des Deux-Sèvres de M. E. Monnet.

BRICAULD DE VERNEUIL. — Famille ancienne originaire de Charroux, qui a donné un grand nombre de magistrats au siège de Civray.

Blason : « de... à 3 feuilles (ou plutôt trois fruits) d'abricotier? queue en haut. (Cachet de Charles Bricault de Verneuil, avocat du Roi à Civray, XVIIIe siècle, communiqué par M. Brothier de Rollière.) C'est le vrai blason. Dans l'Armorial du Poitou, on a donné d'office à Charles Bricauld de Verneuil (écrit Bruault) : d'azur au château d'argent sommé de 3 tours de même. Sur une thèse de théologie dédiée à Mlle Bricauld de Verneuil, au XVIIIe siècle, on trouve un blason de gueules à un chevron et 3 quintefeuilles d'argent, posés 2 et 1, et un rosier tigé, feuillé, posé en pointe de l'écu.

La généalogie suivante a été dressée sur titres par feu M. Charles-Emile Bricauld de Verneuil.

§ Ier. — *Filiation suivie.*

1. — **Bricauld** (Etienne) achetait, le 26 déc. 1573, de Jean Choisy, et, le 4 janv. 1574, des enfants de Pierre Rogues, divers domaines sis à Pouillac, (pss de la Chapelle-Bâton, Vien.) Il tenait noblement la moitié du fief de Thorigny et eut pour fils MATHURIN, qui suit.

2. — **Bricauld** (Mathurin), qualifié honorable maître, avait fondé deux chapelles à St-Porchaire de Poitiers, comme il est rappelé dans un acte de 1608. Il avait épousé, vers 1580, Catherine GOMBAULT, qui se remaria, en 1588, à Jean Couraud, sr de Peublanc, sénéchal de Charroux. Les enfants mineurs de Mathurin, comme représentant leur aïeul, acquittèrent, le 15 oct. 1595, la taxe du ban et arrière-ban, pour la moitié du fief de Thorigny, autrement la Roche-Segailh, la Roche-Neuve ou Roche-Vieille en la Bnie de Charroux; cette taxe fut de nouveau acquittée le 14 mai 1598. Ses enfants furent : 1° GABRIEL, qui suit; 2° MARGUERITE, mariée à Hillairet Néaulme; 3° CHARLOTTE, mariée, vers 1600, à Charles Couraud, sr de Pleuville; 4° PANTALÉON, rapporté au § III; 5° PIERRE, rapporté au § IV.

3. — **Bricauld** (Gabriel), sr de Verneuil, avocat en Parlement, juge sénéchal de Rochemeaux et de la terre et sgrie de l'aumônerie régulière de l'abbaye de Charroux, épousa : 1° le 22 janv. 1610 (Perot et Doridon, not. à Charroux), Charlotte GASCOUGNOLLES, fille d'Adrien, sr de Guallichot, et de Marguerite Gorrier; 2° le 27 nov. 1626 (Caillabœuf et Doridon, not. à Charroux), Esther ROBERT, fille de François, sgr de St-Pierre, et de Marguerite Couraud, et mourut le 3 juin 1631, laissant du 1er lit : 1° CHARLOTTE, 2° JEANNE, mariée à Jacques Robert, sr de Champniers, conseiller du Roi et lieutenant du prévôt provincial du Poitou; du second lit : 3° PANTALÉON, baptisé le 7 oct. 1627; 4° CATHERINE, baptisée le 1er janv. 1629, mariée à Jean Chein, Ec., sgr du Coulombier, décédée veuve le 20 déc. 1694; 5° CHARLES, qui suit; 6° MARGUERITE, baptisée le 24 juil. 1631, testa, en 1690, en faveur de Elisabeth Chein, sa nièce, et décéda sans alliance, le 12 juin 1705.

4. — **Bricauld** (Charles), sr de Verneuil, baptisé à Charroux le 31 mars 1630, nommé avocat du Roi en la sénéchaussée et siège royal de Civray, le 5 sept. 1654. Cette charge lui avait été cédée par Susanne Bricauld, veuve de Charles Imbert, sr de Pontpinson (Reignier et Imbert, not. à Charroux); il joignit à sa charge, le 8 août 1687, celle de conseiller du Roi au même lieu. Il conserva ces deux offices jusqu'en 1691, époque à laquelle il les résigna en faveur de son fils aîné, et fut alors nommé juge-magistrat au même siège. Il avait épousé, le 18 sept. 1657 (Faidy et Viet, not. à St-Maixent), Renée MAROT, fille de Daniel, sgr de Vieil-Pan, et de Madeleine Fradin, et mourut le 14 avril 1706, ayant eu : 1° MARIE-MADELEINE, née le 22 juil. 1658; 2° MARGUERITE, née à Civray, le 7 juil. 1659; 3° CHARLES, né le 15 juil. 1660, décédé jeune; 4° CHARLES, qui suit; 5° MARIE, née à Civray, le 10 sept. 1663, religieuse bénédictine à St-Maixent, puis à Civray, fut ensuite prieure à Montazay; 6° LOUIS, rapporté au § II; 7° FRANÇOISE, née à Civray, le 1er juin 1666; 8° JACQUES-PHILIPPE, né à Civray, le 7 fév. 1668, vivait encore le 5 mai 1676; 9° GABRIEL, avocat du Roi à Civray, né le 8 sept. 1671, mort sans alliance vers 1709; 10° MARIE-JEANNE, baptisée le 31 août 1674, mariée, le 18 juin 1701, à René Boucheul, sgr de la Gaguerie, et morte veuve le 15 fév. 1751; 11° JEAN, baptisé le 5 mai 1676; 12° RENÉE, baptisée le 29 mars 1678.

5. — **Bricauld** (Charles), sr de Verneuil, né à Civray, le 3 mai 1662, succéda à son père, le 18 juin 1691, dans la charge de conseiller du Roi et son avocat au siège royal de Civray, fut pourvu, le 9 janv. 1700, de l'office de lieutenant général de police audit lieu, fut également subdélégué de l'intendant du Poitou, et enfin nommé maire alternatif de Civray en 1714. Il avait épousé : 1° le 17 avril 1684 (Brisson et Surreau, not. à Civray), Jeanne TEXERBAU, fille d'Hilaire, sr de Marigné, et de Françoise Surreau; 2° le 15 mai 1702, Madeleine DE LA GRANGE, fille d'Isaac, Ec., sgr des Fontaines, et de Madeleine Chitton. Le 8 juil. 1716, il assistait à la bénédiction de la chapelle domestique de la Maillerie, et mourut le 1er août 1721, à Chaunay, où il fut inhumé dans l'église, chapelle de N.-Dame. Il avait eu du 1er lit : 1° JEANNE, baptisée à Civray, le 5 fév. 1685, décédée avant 1722; 2° CHARLES, qui suit; 3° ANDRÉ, né à Civray, le 19 sept. 1687, décédé avant 1722; 4° MARIE-JACQUETTE, née à Civray, le 30 août 1688, mariée, le 9 janv. 1709, à René Jourdain, Ec., sgr de Boistillé; 5° SUSANNE, née à Civray, le 18 août 1689, inhumée le 19 sept. 1693; 6° LOUIS, né le 1er sept. 1692, inhumé le 24 oct. 1693; 7° CATHERINE-JEANNE, née à Civray, le 3 avril 1694, inhumée le 31 août 1695; 8° JEANNE, baptisée le 28 avril 1695, inhumée le 5 mars 1701. Du second lit : 9° CHARLES-AUGUSTE, né à Civray, le 12 avril 1703, décédé avant 1722; 10° LOUIS-CHARLES, baptisé le 7 fév. 1704, décédé avant 1722; 11° SUSANNE-JULIE-LOUISE-OLIVE, baptisée le 11 fév. 1706, décédée avant 1722.

6. — **Bricauld** (Charles), sr de Verneuil, né à Civray, le 12 oct. 1686, marié, le 21 juil. 1715 (Gay et Tastereau, not. à St-Maixent), à Marie-Geneviève BONNEAU, fille de Pierre, sgr de la Touche, et de Marie Caillon. Il porta les armes pendant la guerre de succession d'Espagne, et fut nommé lieutenant dans le régiment de

Beauce, le 15 mai 1707, et capitaine au régᵗ de Romainval, le 19 mai 1708. Il fut ensuite maire et capitaine de Civray de 1715 à 1718. A la mort de son père, il fut pourvu de l'office de lieutenant général de police à Civray, le 22 janv. 1722, et conseiller audit siège en 1723; fut enfin nommé capitaine des chasses du comté de Civray, le 15 oct. 1723, et mourut le 15 mars 1737, laissant de son mariage : 1° MARIE-MADELEINE-GENEVIÈVE-CRESCENTE, baptisée le 1ᵉʳ mai 1718, mariée, le 26 mai 1734, à Pierre-Charles Desmier, Ec., sgr du Roc, décédée le 30 mars 1739; 2° CHARLES-MARIE, qui suit; 3° MARIE-JULIE, baptisée à Civray, le 4 avril 1720, émancipée le 27 mars 1737, décédée sans alliance vers 1783; 4° MARIE-ELISABETH-CHARLOTTE, baptisée à Civray, le 3 juil. 1723; 5° et 6° PIERRE-TIBURCE, deux jumeaux à qui on a donné les mêmes prénoms, baptisés à Civray, le 14 avril 1725; l'un d'eux vivait encore le 27 fév. 1740; 7° MADELEINE-AGATHE, *aliàs* JEANNE, baptisée à Civray, le 28 juin 1726, mariée, le 9 mai 1781, à Gabriel Bellivier, Ec., sgr de Saire. Le 3 avril 1793, après avoir été arrêtée comme suspecte et accusée de correspondre avec les émigrés, elle fut enfermée dans l'ancienne communauté des religieuses de Civray; mais le 30 avril elle fut remise en liberté; 8° JEAN-BAPTISTE-DENYS, né le 5 juil. 1727, fut émancipé le 27 juin 1740, et mourut vers la fin de 1775; 9° N..., né le 13 oct. 1728; 10° RENÉE-MONIQUE, née à Civray, le 9 mai 1731, décédée avant 1740; 11° FRANÇOIS-XAVIER-JOSEPH-LOUIS, né le 20 juin 1732, et décédé avant 1740.

7. — **Bricauld** (Charles-Marie), sʳ de Verneuil, né à Civray, le 23 avril 1719, a épousé, le 5 déc. 1764 (Daveaux et Pasquet, not. à Civray), Marie-Anne-Françoise-Bathilde JOZEAU, fille de Jean-Léon, sʳ de Marigné, ancien officier de marine, et de Marie-Anne Texereau. D'abord destiné à l'Église, il fut nommé, en 1729, chapelain de la chapelle des Brissonnet, *aliàs* de la Rocquerie, desservie dans l'église paroissiale de Moutiers-sur-le-Lay (dioc. de Luçon), en 1733, chapelain de celle de la Guillotière; et le 7 mai 1735, fut nommé au prieuré simple de N.-D. d'Augé (dioc. de Saintes). Il fut ensuite avocat en Parlement, et inhumé, le 9 nov. 1770, dans l'église de Blanzay, laissant : 1° MARIE-AGATHE, née le 14 oct. 1765, mariée, le 8 janv. 1794, à François-Antoine Presle du Plessis, et décédée le 21 avril 1843; 2° JULIE-SUSANNE, née le 4 déc. 1766, mariée, le 19 sept. 1791, à Pierre-Louis-Jérôme Thorin; 3° CHARLES, qui suit; 4° MARIE, *aliàs* ANNE, née le 10 mars 1770, décédée jeune; 5° MARIE-MONIQUE, née le 25 mars 1771, décédée jeune.

8. — **Bricauld de Verneuil** (Charles), né à Marigné (pˢˢᵉ de Blanzay, Vienne), le 3 mars 1768, marié, le 5 nov. 1795, à Marie-Anne-Vigette GUÉRY, fille de Jean, sʳ de la Braudière, et de Marie-Catherine Jolly, est décédé le 25 août 1823, ayant eu : 1° JEAN-AIMÉE, qui suit; 2° CHARLES-FÉLIX, né à Civray, le 11 juil. 1798, décédé sans alliance, le 4 juil. 1841; 3° VIGETTE-JUSTINE, née à Civray, le 27 sept. 1799, décédée le 21 sept. 1805; 4° MARIE ou MARC-ACHILLE, né à Civray, le 6 fév. 1801, décédé jeune; 5° APOLLINE, née à Civray, le 18 mai 1803, décédée sans alliance le 10 déc. 1875; 6° RAPHAEL-CONSTANT, né à Civray, le 16 fév. 1805. Entré dans l'administration des contributions indirectes, il fut obligé d'interrompre sa carrière, pour cause de santé, et est décédé à Poitiers, le 24 mai 1861, après avoir épousé à Mirebeau, le 19 janv. 1831 (Taffoireau, not.), Marie-Justine ALBERT, fille de Charles, et de Marie Dupain, dont : *a*. MARIE-AIMÉE-ALIDA, née à Vihiers (Maine-et-Loire) le 23 mai 1836, mariée à Poitiers, le 16 nov. 1857, à Lucien Levrier; *b*. CHARLES-EMILE, né à Lusignan, le 4 sept. 1838, licencié en droit, attaché aux archives de la Vienne, où il entreprit l'inventaire des archives anciennes des trois cents communes de ce département; admis le 20 janv. 1876 membre titulaire de la Société des Archives historiques du Poitou, il y publia le *Journal de M. de Brilhac et d'Antoine Denesde*. Après sa mort arrivée le 11 sept. 1886, M. Alfred Richard, archiviste de la Vienne et président de la Société des Archives historiques du Poitou, a fait imprimer, avec une notice sur M. Bricauld de Verneuil, son travail sur le séjour de Molière à Poitiers, et dernièrement l'inventaire sommaire des archives de Civray qu'on lui doit également.

7° JEANNE-SIMONNE, née le 28 oct. 1807, et décédée, sans alliance, le 20 fév. 1878.

9. — **Bricauld de Verneuil** (Jean-Aimé), né à Civray, le 11 janv. 1797, épousa, le 30 oct. 1820 (Maillefaud, not. à Chef-Boutonne), Anne-Rose-Adélaïde BOULANGER-BOIS-CLÉMENT, fille de Jean, et de Anne-Françoise-Adélaïde Delaubier de Grandfief, et décéda le 29 août 1856, laissant : 1° JEAN-CHARLES-JOSEPH-AIMÉ, qui suit; 2° ZÉLIE-ANNE-NELLY, née à Civray, le 22 avril 1822, mariée, le 10 sept. 1862 (Pierron, not. à Civray), à Auguste-Eugène Mothiron, notaire à Chaunay.

10. — **Bricauld de Verneuil** (Jean-Charles-Joseph-Aimé), né à Loubillé (D.-S.), le 28 fév. 1824. Après avoir été chef des bureaux de la sous-préfecture de Civray, il entra dans l'administration des finances, qu'il abandonna quelque temps après pour exercer l'office de greffier en chef du tribunal de Ribérac. Il se maria dans cette ville, le 28 juin 1858 (Léonardon, not.), à Pélagie-Elisabeth GÉRAUD-LATAILLE, fille de François, et de Marguerite-Elisabeth Daviaud, et y mourut, le 29 janv. 1885, ayant eu : 1° ANNE-PAULE-MARIE-LOUISE, née le 17 avril 1859, décédée le 11 fév. 1861; 2° LOUIS-CHARLES-FRANÇOIS-ALBAN, qui suit; 3° JEANNE-FRANÇOISE-MARIE-THÉRÈSE, née le 7 juin 1863.

11. — **Bricauld de Verneuil** (Louis-Charles-François-Alban), né le 4 sept. 1860, a fait ses études à Poitiers et son droit à Bordeaux; reçu licencié le 5 août 1880, il prêta serment le 15 nov. suivant comme avocat à la cour d'appel de cette ville.

§ II. — BRANCHE DE **LA MOTHE**.

5. — **Bricauld de Verneuil** (Louis), sʳ de la Mothe, fils puîné de Charles, sʳ de Verneuil, et de Renée Marot, rapportés au 4ᵉ deg. du § Iᵉʳ, né à Civray, le 1ᵉʳ avril 1665, fut pourvu, le 25 mai 1704, de l'office de conseiller du Roi et son avocat au siège royal de Civray, par suite de la résignation de son frère Charles en sa faveur, fut aussi contrôleur aux montres de la maréchaussée dudit lieu. Il épousa, le 12 nov. 1710, Anne CACAULT, fille de Jacques, sgr de la Garde, juge magistrat au siège de Civray, et de Françoise Texereau, et mourut le 20 juil. 1749, ayant eu : 1° LOUIS-RENÉ, né à Civray, le 9 août 1711; 2° ANDRÉ-JACQUES, né à Civray, le 5 fév. 1713, avocat au siège royal de cette ville, vivait encore le 1ᵉʳ déc. 1747; 3° CHARLES, qui suit; 4° MARIE-ANNE-JULIENNE, née à Civray, le 18 avril 1717; 5° MARIE-JULIE-GENEVIÈVE, mariée, le 28 oct. 1751, à Louis Venault, Ec., sgr de la Planche, Chev. de Sᵗ-Louis, brigadier des gardes du corps, décédé le 12 oct. 1761.

6. — **Bricauld de Verneuil** (Charles), sʳ de la Mothe, né à Civray, le 7 juin 1715, fut nommé, le 22 mars 1749, conseiller du Roi et son avocat au siège

royal de Civray, et à peu près à la même époque, procureur du Roi à la police dudit lieu. Il épousa, le 26 mars 1746 (Pasquet et Michelet, not à Civray), Marie-Anne Barbier, fille de Jacques, chirurgien, et de Gabrielle Vaugelade, et décéda le 18 sept. 1776, après avoir eu : 1° Marie-Gabrielle-Elisabeth, née à Civray, le 1er nov. 1747, mariée, le 12 avril 1769, à Jean-François Lelong, conseiller du Roi et son procureur à Civray, et décédée le 4 juil. 1773; 2° Louise-Susanne, née à Civray, le 12 janv. 1749, mariée, le 26 nov. 1778, à Alexis Jozeau, lieutenant au régiment du Limousin-Infanterie, et décédée le 30 sept. 1780.

§ III.

3. — **Bricauld** (Pantaléon), sr de Loches, fils puîné de Mathurin, et de Catherine Gombault, rapportés au 2e deg. du § 1er, licencié ès lois, avocat en Parlement, était, en 1603, procureur fiscal de la baronnie de Charroux, puis fut conseiller du Roi et son procureur au siège royal de Civray, le 18 avril 1606. Il épousa Isabeau Robert, fille de François, sr de St-Pierre, et de Marguerite Couraud, et décéda le 1er avril 1646, laissant : 1° Susanne, née à Charroux, le 18 mars 1610, mariée à Charles Imbert, sr de Pontpinson, et inhumée à Civray, le 18 août 1678; 2° Jacques, né à Charroux, le 15 mai 1611; 3° Gabriel, né à Civray, le 11 fév. 1614; 4° Jehan, qui suit; 5° Marguerite, née à Civray, le 2 sept. 1618; 6° Marie, née à Civray, le 22 août 1619; 7° François, né à Civray, le 17 juil. 1622, décédé à Taillepierre (pssе d'Asnois, Vien.) le 16 juin 1680; 8° Elisabeth, née à Civray, le 30 janv. 1627, mariée à Pierre Chein; elle fut inhumée, étant veuve, le 4 mai 1701.

4. — **Bricauld** (Jean), sr de Villeneuve, né à Civray, le 21 juin 1617, fut conseiller du Roi et son procureur au siège royal dudit lieu, depuis 1648 jusqu'en 1691, époque à laquelle il se démit de cette dernière charge en faveur d'Olivier Péan, son gendre; marié, le 22 juil. 1664, à Marthe Maignen, il fut inhumé, e 21 avril 1692, à Charroux, ayant eu : 1° Isabeau, née à Civray, le 28 oct. 1667, mariée, le 21 fév. 1689, à Olivier Péan, avocat au Présidial de Poitiers; 2° Anne, née à Civray, le 26 déc. 1669.

§ IV.

3. — **Bricauld** (Pierre), 3e fils de Mathurin et de Catherine Gombault, rapportés au 2e deg. du § Ier, épousa : 1° Marie Doridon, fille de Michel, et de Jehanne de Lestrye; et 2° Marie Doulac. Il eut du 1er lit : 1° Pantaléon, qui suit; 2° Pierre, dont la postérité sera rapportée au § V; du second lit : 3° Gabriel, marié : 1° à Marie Simon, et 2° à Marie Moricheau. Au mois d'oct. 1648, il procédait avec ses belles-sœurs et neveux au partage des biens de la succession de son père; il eut du second lit : *a*. Susanne, née à Charroux, le 5 mai 1670; *b*. Madeleine, née le 27 janv. 1672; *c*. Anne, née à Charroux, le 29 juil. 1673, mariée, le 3 mars 1696, à Pierre Pasquet de la Broue, inhumée, veuve, à Charroux, le 9 juin 1744.

4. — **Bricauld** (Pantaléon) épousa Marie Frappier, qui se remaria, au mois d'oct. 1643, à Joseph Escot, conseiller du Roi en l'élection de Poitou. Pantaléon eut pour enfants : 1° Pantaléon, qui suit; 2° Catherine, née à Charroux, le 18 oct. 1635, mariée, en 1653, à François Acquinson, chirurgien.

5. — **Bricauld** (Pantaléon), né à Charroux, le 2 mars 1634, était, en 1659, sgr de Congoussac. C'est probablement lui qui épousa Marie Beauch, dont il eut Catherine, née à Charroux, le 21 janv. 1660.

§ V.

4. — **Bricauld** (Pierre), fils puîné de Pierre et de Marie Doridon (3e deg. du § IV), épousa Marie Belland. Au mois d'oct. 1643, cette dernière, alors veuve, agissant tant en son nom qu'en celui de ses enfants mineurs, prend part au partage des biens dépendant de la succession du grand-père de ces derniers, concurremment avec Marie Frappier et Gabriel, sa belle-sœur et son beau-frère. Elle eut de son mariage : 1° Marie, née vers 1628, mariée à François Orlud, sr de la Phelippière, partagea avec ses frères et sœurs, le 15 mai 1653, les successions de leurs père et mère, et mourut le 7 nov. 1688; 2° Etienne, qui suit; 3° Jean, sr de l'Age, fut probablement marié à Fleurance Belland, et mourut le 15 nov. 1672, ayant eu Marie, née à Charroux, le 1er fév. 1671, mariée, le 27 janv. 1693, à Jean Petit, sr de la Brousse; 4° Jeanne, assiste, étant mineure, au partage de 1653 précité, se marie à Pierre Rigalleau, chirurgien, et fut inhumée le 29 mai 1702.

5. — **Bricauld** (Etienne), sr de Villeneuve, est présent au partage précité, procureur du Roi à Charroux en 1663, et inhumé le 26 avril 1670, ayant eu de son mariage avec Marie Marchadier : 1° Marie, majeure en 1708, décédée et inhumée à Charroux, le 11 fév. 1727, membre de la confrérie de la Charité; 2° Etienne, né à Charroux, le 25 nov. 1656; 3° François, né à Charroux, le 21 oct. 1660; 4° Pierre, né audit lieu, le 25 sept. 1667; 5° Marguerite, mariée, le 25 mai 1689, à Antoine Micheau, décédée le 8 avril 1741.

BRICE.

Brice était prieur de Montreuil-Bonnin en 1229. (Arch. Vienne, abb. de St-Cyprien.)

Brice (*Petrus*) *erat serviens feodalis comitis Pictavensis, et tenet ab eo servientelam de Mimeret in qua habet decimam secundam partem*, 1253. (Arch. Nat. J. Reg. 24, f° 53, 3.)

Brice (Guillaume), valet, vendait quelques rentes à l'abb. de la Grennetière, le 23 janv. 1374, et le 16 oct. 1375 ce qu'il possédait à *la Gallopère*.

Brice de la Chaulmette (N...) comparut au procès-verbal de la Coutume de Poitou en 1559, comme fondé de pouvoirs de la prieure de Bobon? (F.)

BRICEVENT (Méry) a servi au ban des nobles du Poitou de 1467, comme brigandinier du sgr de Soubise. (F.)

BRICHETEAU. — Il y a eu plusieurs familles de ce nom qui étaient originaires du Châtelleraudais.

Blason. — Bricheteau, échevin de Poitiers, d'après l'Armorial du Poitou publié par Goujet, 205, portait : d'or à une tour buttée, crénelée et ajourée de sable, *aliàs* sur une terrasse de sinople.

Bricheteau (Raoul), bourgeois de Poitiers, était échevin. En 1480, il rendait au roi aveu et dénombrement de Travarzay, psse de Bonneuil-Matours, et achetait un moulin psse de Bellefonds (Vienne) en 1496. Il fut peut-être père de :

Bricheteau (Raoul), reçu échevin à Poitiers le 1er oct. 1497, et qui rendit le même aveu pour Travarzay, le 2 juil. 1505. (G.-G. Bur. des finances.) Il mourut en 1511. (D. F.)

Bricheteau (Jean) dit Lucas et Jean de Beaussais étaient, par héritage, devenus sgrs de Jeu, la Fontaine et Châteauneuf, en 1492. (D. F.)

Bricheteau (Catherine), épouse de Jacques Regnault, licencié ès lois, qui rend aveu le 17 fév. 1530. Elle en rend un autre, étant veuve, le 29 avril 1562. (G.-G. etc.)

Bricheteau (Catherine) était en 1532 mariée à Abel Chasteigner. (Hist. Châtellerault, 1, 399.)

BRICHETEAU DE GRAVELONE, DE LA MORANDIÈRE. — La généalogie de cette famille nous a été communiquée par M. Alf. Richard, archiviste de la Vienne.

Blason. — L'Armorial de la généralité de Poitiers lui donne pour armes : d'azur au cygne d'argent.

Bricheteau (N...), greffier des rôles, décédé, portait, d'après le même ouvrage : de sinople au cygne d'argent, becqué et membré d'or.

§ Ier. — BRANCHE DE **GRAVELONE**.

1. — **Bricheteau** (Pierre), sr de Gravelone, fourrier des logis du Roi, fut inhumé dans l'église de St-Romain-sur-Vienne, le 20 oct. 1669. Marié à Madeleine GIRAULT, il eut : 1° JOSEPH, qui suit ; 2° LOUIS, rapporté au § II.

2. — **Bricheteau** (Joseph), Ec., sgr de Gravelone, né en 1650, fourrier des logis du Roi, épousa : 1° Marie MITAULT ; 2° le 30 août 1683, Marie VÉRON, fille de Bertrand, sr de la Davière, et de Anne Morin. Il eut pour enfants, du 1er lit : 1° LOUIS-JOSEPH, né le 2 déc. 1678, à St-Romain-sur-Vienne ; du second lit ; 2° BERTRAND, né le 26 mai 1686 ; 3° JOSEPH, né le 27 sept. 1687 ; 4° N..., né le 12 oct. 1688 ; 5° LOUIS-CHARLES, né le 15 août 1689 ; 6° CHARLES, né le 1er mars 1672.

3. — **Bricheteau** (N...), sgr de Gravelone, l'un des enfants ci-dessus nommés, épousa Marie DE LA FOUCHARDIÈRE, et eut pour fils :

4. — **Bricheteau** (Charles-François), sgr de Gravelone, épousa, le 15 juin 1779, Marie-Hélène-Vincente DAVID, fille de Jean, sr de la Richardière, et de Marie-Hélène-Françoise David de Dangé (Reg. de Varennes).

§ II. — BRANCHE DE LA **MORANDIÈRE**.

2. — **Bricheteau** (Louis), sr de Gravelone, fils puîné de Pierre et de Madeleine Girault (Ier degré du § Ier), né à St-Romain-sur-Vienne, le 25 août 1653, épousa Jeanne JAHAN DE LA CHESNAYE, dont il eut : 1° LOUIS, sr de Gravelone, marié à Marguerite-Françoise DENIAU ; 2° ANNE, mariée à Claude Deletang ; 3° ELISABETH, épouse de Louis Guillon de Charçay ; 4° JEAN, qui suit.

3. — **Bricheteau** (Jean), sr de la Chesnaye, né le 12 janv. 1690, mort en 1736, avait épousé en 1716 Catherine JACOB, dans la chapelle de Marmande (Vellèches, Vienne), dont il eut 6 enfants, entre autres : 1° JEANNE, mariée à Pierre Charcellay ; 2° LOUIS, qui suit.

4. — **Bricheteau** (Louis), sr de la Morandière, épousa, le 23 août 1750, Claire GUILLON DE LA JARRIE, et décéda le 29 déc. 1785, ayant eu 14 enfants, dont les principaux furent : 1° CLAIRE-CATHERINE, née le 3 mars 1751, mariée, le 18 août 1777, à Pierre Petit, procureur du Roi à Poitiers ; 2° VICTOIRE-CATHERINE, née le 19 déc. 1768, mariée, le 31 août 1789, à Joseph Vézien des Granges, capitaine général des employés des fermes du Roi ; 3° JACOB, qui suit.

5. — **Bricheteau de la Morandière** (Jacob), né le 21 juil. 1760, mort en 1803, avait épousé en 1781 Jeanne MILLET, dont il eut cinq enfants, dont un seul survivant, ALEXIS-JOSEPH, qui suit.

6. — **Bricheteau de la Morandière** (Alexis-Joseph), né le 20 fév. 1782, épousa N... ARCHAMBAULT, dont ROMAIN, qui suit.

7. — **Bricheteau de la Morandière** (Romain), né le 17 sept. 1809, a épousé Aline THIBAULT, dont RENÉ, né le 11 août 1843.

BRIÇONNET. — Famille de Touraine, qui a fourni un archevêque duc de Reims, grand chancelier et pair de France, plusieurs évêques, un gouverneur du Languedoc, un général des galères, un grand maître des eaux et forêts, etc. Une branche est venue s'établir en Poitou, au XVIIe siècle ; nous allons donner les renseignements que nous avons recueillis sur elle. Dans l'église des Moutiers-sur-le-Lay (Vendée), il y avait, au XVIIIe siècle, une chapelle dite des Briçonnet, ou de la Rocquerie.

Blason. — Barentin n'a donné que d'une manière incomplète l'énoncé des armes de Briçonnet, en disant seulement : d'azur à la bande componée d'or et de gueules. Il faut ajouter : de cinq pièces, chargée sur le premier compon de gueules d'une étoile d'or, et accompagnée d'une autre de même en chef. — Devise : *Je ne doibs ma grandeur qu'à ma fidélité.*

Noms isolés.

Briçonnet (Hugues) et SIBYLLE, sa femme, créent, le lundi après l'Ascension 1258, au profit du Chapitre de N.-D.-la-Gde de Poitiers, pour la somme de 20 sous, une rente de 20 deniers, sur leur hébergement de Beaumont, qu'ils tenaient dudit Chapitre à 16 deniers de cens. (Arch. Vien. Chap. de N.-D.)

Brissonnet (N...), notaire et secrétaire du Roi, fut, le 12 nov. 1471, chargé de faire une enquête en Poitou sur le fait des francs-fiefs. Nous le citons uniquement en raison des fonctions par lui remplies dans la province.

Brissonnet (N...), habitant Charroux, épousa une des filles de René Dupont, maire de Poitiers en 1636. (Est étranger à la famille qui nous occupe.)

Brissonnet (Madeleine), fille de N..., conseiller à la cour des aides, épousa, le 11 août 1640 (Voit et Dupuy, not. au Châtelet de Paris), Pierre de Hillerin, Chev., sgr de la Touche-de-Hillerin ; elle était morte avant le 13 nov. 1644.

Brissonnet (Alexandre), sgr de Glatigny, épousa Françoise MAYNARD, dont il eut : 1° BARTHÉLEMY, que Fillon croit par erreur sgr du Treuil-aux-Secrets ; 2° CHARLES, président au Parlement de Metz ; 3° GUILLAUME, 4° BARNABÉ, 5° FRANÇOISE, femme de Jérôme Thibault, conseiller en la cour des comptes de Paris ; 6° CLÉMENCE, femme de Denis Mareschal, sgr patron de l'église de Vaugirard-lès-Paris, lesquels partageaient, le 28 mars 1661, la succession de leur mère. (Fillon, Maynard-Mesnard.)

Brissonnet (Paule-Louise), femme de Jean-Angélique Frezeau, Mis de la Frezelière. Le 4 sept. 1705, ils passaient une transaction en forme de partage, au sujet de la succession de feu Mgr Frezeau, év. de la Rochelle, leur frère et beau-frère.

Briçonnet (Marguerite-Françoise) avait épousé Charles-François Cathineau, Chev., sgr du Verger. L'un et l'autre étaient décédés lors du mariage de Renée, leur fille, avec Joseph Boynet de la Fremaudière.

§ Ier. — Branche de LA ROCQUERIE.

La généalogie qui suit est établie d'après les lettres de réhabilitation et de confirmation de noblesse, obtenues en 1647 et 1659 par Pierre Briçonnet, gendarme de la garde du Roi.

1. — **Briçonnet** (Jean), sgr des Varennes, receveur général des finances et secrétaire du Roi sous Charles VII et Louis XI, maire de Tours en 1461, mourut le 5 oct. 1493; avait été anobli par ses charges et par lettres de 1475. (Mss. de Godet de Soudé, Bib. de l'Arsenal, et Liv. vert, p. 130.) Il laissa entre autres enfants, de Jeanne Berthelot, sa femme :

2. — **Briçonnet** (Jean), notaire et secrétaire du Roi et receveur général des finances, qui de Madeleine Bourbignaud laissa :

3. — **Briçonnet** (Pierre), sgr de la Rocquerie et de la Verrye en Touraine, qui lui-même laissa de Marguerite de Peauhrot ?

4. — **Briçonnet** (Mathurin), lequel épousa Jeanne Beau, fille de Jacques, sgr des Plantes, dont il eut :

5. — **Briçonnet** (Jean), Ec., sgr de la Rocquerie, avocat du Roi au Présidial de Poitiers. « Les habitants de la p^{sse} de Dampierre-sur-Boutonne, le voyant réduit à la pauvreté par suite du mauvais ménage de Mathurin, son père, le taxèrent et le cotisèrent au rôle des tailles. » Il laissa de Marie Castille, sa femme, fille de Pierre, sr de Montplaisir :

6. — **Briçonnet** (Pierre), Ec., sgr de la Rocquerie et de Montplaisir (p^{sse} de Juillé, élect. de St-Maixent), gendarme de la garde du Roi, obtint de ce prince, le 8 sept. 1647, des lettres contenant que « s'il apport que l'impétrant est issu de noble race sans avoir fait autre acte de dérogeance que le paiement desdites tailles, il lui plait de le relever et le maintenir dans sa qualité de noble ». La cour des aides les enregistra le 30 mars 1646. (Mss. de Bernard Boutin, p. 2. Bibl. de l'Arsenal, cote 700.) Puis, sur l'exposé fait par le même que, « lors de l'obtention des lettres susdites, il ignorait que Mathurin son aïeul, Pierre son bisaïeul, fils de Jean Briçonnet, secrétaire du Roi, maison, couronne de France », avaient exercé la marchandise, ledit Jean, fils d'autre Jean, secrétaire du Roi et receveur général des finances, *de l'illustre lignée des Briçonnet*, et qu'il craint que cet oubli provenant de son ignorance, les titres de sa famille ayant été brûlés, alors qu'il était fort jeune, on ne veuille lui en faire un reproche et le remettre aux tailles, le Roi, faisant droit à sa requête, lui accorda, le 26 juil. 1659, de nouvelles lettres de confirmation de noblesse, datées de Fontainebleau, registrées au Parlement le 5 sept. suivant. (A. Nat. 7e volume des Ordonnances de Louis XIV, fo 256.) Malgré ses lettres, l'intendant Barentin le condamna comme roturier et usurpateur de noblesse.

En 1668, Pierre était détenu dans les prisons de Melle, (pour quelle cause ?) et rendait ou faisait rendre aveu au chât. de Chizé pour sa terre de Montplaisir. On voit par ce recueil qu'il avait épousé Marguerite Heyriard, qui lui apporta la terre de Bramfand (p^{sse} de Paizay-Naudouin, Charente) ; elle était fille de Pierre, Ec., sgr de Bramfand et du Fouilloux, et de Catherine Turpin. De son mariage sont issus : 1° Guillaume, qui suit; 2° Marguerite, laquelle, en 1716, rendait aveu de la sgrie de Montplaisir.

7. — **Briçonnet** (Guillaume), Ec., sgr de Bramfand, obtint en mai 1704, de Louis XIV, des lettres de confirmation de noblesse, registrées en Parlement le 26 juin suivant. (A. Nat. 46e vol. des Ordon. de Louis XIV, fo 3509.) En 1705, il rendait aveu au chât. de Chizé du fief de Maillé. Il mourut âgé de 57 ans et fut inhumé à Paizay-Naudouin, le 11 juin 1710. Il avait épousé Jeanne Marot, sur laquelle la terre de Maillé fut saisie réellement en 1713 (Arch. Vienne) ; elle était alors tutrice de ses enfants mineurs qui furent, croyons-nous : 1° Pierre, qui suit ; 2° Jean, rapporté au § II ; 3° Eléonore-Julie-Henriette, dite Mlle de Bramfand, qui fut marraine à Paizay-Naudouin, le 5 mai 1739.

8. — **Briçonnet** (Pierre), Ec., sgr de Maillé-Champeaux (Villefollet, D.-S.), fit aveu de ce fief, comme héritier bénéficiaire en 1716, au château de Chizé. Il paraît avoir eu pour fils Gabriel-François, qui suit.

9. — **Briçonnet** (Gabriel-François), Ec., sgr de Maillé, la Salle-d'Auvergne, assiste en 1754 au mariage de sa cousine germaine, Renée-Louise Briçonnet, avec Jacques-François de Ferrières.

§ II. — Branche du FOUILLOUX.

8. — **Briçonnet** (Jean), Ec., sgr du Fouilloux, fils puîné de Guillaume et de Jeanne Marot (7e degré du § Ier), fut parrain à Paizay-Naudouin, le 24 juil. 1717. Il eut pour enfants : 1° Renée-Louise, mariée, le 17 sept. 1754, à Jacques-François de Ferrières, Chev., sgr de Charrais, Monteil, etc., qui rendait aveu de Montplaisir le 17 juil. 1775. Elle est morte à Poitiers le 9 mai 1801 ; 2° Jean-François, présent au mariage de sa sœur.

BRIÇONNET ou BRISSONNET à la Rochelle

(d'après les notes de M. Jourdan). Même blason.

§ Ier. — Branche du TREUIL.

1. — **Brissonnet** (Guillaume), marié à Nicolette de Beaune (ou de Beausse ?), aurait eu pour fils :

2. — **Brissonnet** (Christophe), sgr du Treuil-aux-Secrets, aurait eu pour enfants : 1° Barthélemy, qui suit ; 2° Guillaume, rapporté au § II ; 3° Marie, qui épousa Jean Barboso-Cabèce ; 4° Madeleine ; 5° Anne, mariée à Jean Maynier ? lieutenant de la maréchaussée.

3. — **Brissonnet** (Barthélemy), Ec., sgr du Treuil-aux-Secrets (p^{sse} de Ste-Soule, élection de la Rochelle), fut maintenu noble par Barentin en 1667. Marié vers 1650 à Marie du Breuil, fille de François, Ec., sgr de Chassenon, et de Gabrielle du Buisson, il eut pour fille Gabrielle, qui épousa, en 1682, Maximilien Bouton, Ec., sgr de la Baugisière et d'Ardelais. Devenue veuve, elle se remaria avec Guillaume Brissonnet, sgr d'Angliers (4e deg., § II), qui était protuteur des enfants mineurs du premier lit et rendait comme tel, en 1705, un aveu, au château de Vouvant, du fief de Prédorin (Payré-sur-Vendée). (N. féod. 182.) Ils vivaient encore en 1708. Elle épousa en 3es noces Louis Guinot, Ec., sgr de Rioux.

§ II. — Branche d'**Angliers**.

3. — **Brissonnet** (Guillaume), Ec., sgr d'Angliers (que l'on croit fils de Christophe, 2e deg., § Ier), épousa Catherine Bretinaud, dont il eut : 1° Guillaume, qui suit ; 2° Michel, Ec., sgr des Grollets, lieutenant de vaisseau, marié à Marie-Thérèse Boutou (remariée, en 1716, à François-Louis de Brach).

4. — **Brissonnet** (Guillaume), Ec., sgr d'Angliers, enseigne aux gardes ? épousa, vers 1700, Gabrielle Brissonnet, veuve de Maximilien Boutou, Ec., sgr de la Baugisière, et fille de Barthélemy (3e deg., § Ier), dont : 1° Marie-Guillemine, mariée à Charles-Elie Guinot, Ec., sgr de Lugeon ; 2° Gabrielle.

BRIDIERS (de). — Château dans la Marche, près la Souterraine, qui était le siège d'une des anciennes vicomtés du Poitou.

La famille vicomtale paraît avoir été formée par les seigneurs de Crozant et de la Souterraine, chargés par le comte de Poitou de garder la frontière orientale de son comté.

Gérald de Crozant, sgr de Bridiers et la Souterraine, donna cette dernière ville à St-Martial de Limoges, sous le règne du roi Robert, vers l'an 1000.

Béraud de Bridiers ou de Crozant, vivant au xie siècle, eut pour fils ou petit-fils Béraud II, Vte de Bridiers (appelé aussi Bernard), décédé en sept. 1137 ou 1136, inhumé dans le Chapitre de l'église de la Souterraine, qui n'eut pas d'enfants, et transmit ses biens à son cousin Gérald de Brosse.

Pierre de Bridiers (que nous n'avons pas trouvé qualifié vicomte) fut échanson, ou sénéchal (*dapifer*) du comte de Poitou. Il figure parmi les signataires d'une charte de St-Nicolas de Poitiers (vers 1060-68), et donna lui-même à ce prieuré un droit sur la vente du sol à Poitiers, et un fief en l'île d'Oleron, vers 1075 et 1081 (d'après M. Rédet, A. H. P. 1). Le 6 des ides de juil. 1083, il fut témoin, avec le Cte de la Marche, le Vte d'Aunay, Engelelme de Mortemer et les principaux seigneurs du Poitou, du don de l'église St-Paul de Poitiers, cédée à St-Cyprien par Isambert, évêque de Poitiers. (A. H. P. 8.)

La vicomté de Bridiers, possédée au xiie siècle par les de Brosse, passa à la maison de Thouars, 1265 ; puis aux familles de Ste-Maure, Maulmont, Naillac, 1395 ; de Brosse, de la Barre, de Lignières, de Varie, de Couhé, Pot de Rhodes, Bouthilier, de la Roche, et de Rochechouart.

D'après M. Lainé, la famille des vicomtes de Bridiers se serait éteinte au commencement du xiie siècle ; mais une branche cadette établie en Berry aurait subsisté jusqu'à nos jours. M. de Maussabré, tout en faisant remarquer que la 1re race vicomtale s'éteignit au xiie siècle, puisque la succession passa à la famille de Brosse, dit encore que la branche qui subsiste en Poitou peut descendre d'un second fils de Gérald Ier, quand d'autres auteurs affirment que cette descendance est éteinte. Nous n'avons pas sous les yeux assez de documents pour établir notre opinion personnelle. La famille de Bridiers est considérée comme l'une des plus anciennes de la Marche, mais on ne peut que présumer son extraction de la famille de Crozant-Bridiers ; car elle peut aussi descendre d'un chevalier habitant le château de Bridiers, ou ayant la garde de cette place, dont il aurait tiré son nom, suivant un usage assez fréquent aux xie et xiie siècles, car alors on désignait souvent les gens par leur lieu d'origine.

Cette antique maison a fourni à l'ordre de St-Jean-de-Jérusalem plusieurs chevaliers ; le plus célèbre est Abel, dont la fin héroïque à l'attaque du fort St-Elme, lors du siège de Malte en 1665 par les Turcs, est racontée dans l'histoire de l'ordre. Elle compte aussi parmi ses membres un chambellan du roi, 2 gentilshommes de la chambre, 3 chevaliers de l'ordre du Roi, plusieurs officiers distingués, etc.

Nous allons détacher de nos notes sur cette noble maison celles qui se rattachent plus particulièrement au Poitou.

Blason : d'or à la bande de gueules. Lainé dit que les anciens Bridiers portaient de gueules à la bande d'or. Mais ce blason ne peut être attribué aux vicomtes du xie siècle, car les armoiries n'étaient guère connues à cette époque.

Bridiers (Mathurin de) remplacé, en archer, aux bans des nobles du Poitou de 1491 et 1492, Guyot, son fils, capitaine du chât. de Brosse, alors malade. Guyot avait déjà été remplacé à celui de 1488 par Etienne de Roche-Dayron. (F.)

Bridiers (Nicolas de) passe en 1517 revue comme archer de la compagnie de Louis d'Ars. (B. Nat.)

Bridiers (Claude de), sgr des Fourneaux-sur-Gartempe, sert en arbalétrier au ban de 1533. (F.)

Bridiers (Colas de) était archer à la grande paye dans la compagnie du Cte de Montpensier, qui fit montre le 9 oct. 1548. (B. Nat. Montres, etc.)

Bridiers (Jean de) était décédé lors de la réformation de la Coutume de Poitou, car Jeanne Bertyon? (ou Barthon) y fut représentée comme sa veuve et tutrice de leurs enfants mineurs.

Bridiers (Pierre), Ec., sgr de la Chèze, Chev. de l'ordre du Roi, fut exempté de servir en 1577 au ban de la Marche, parce qu'il était alors à Rome avec M. de Chasteigner, sgr d'Abain, ambassadeur.

Bridiers (Charlotte de) fut prieure du prieuré Fontevriste de Villesalem en 1578. (M. A. O.)

Bridiers (Marie-Anne de), De de Beauregard, fut marraine en 1621, dans la p^sse de Moussac (Vienne), de Pierre Taveau. (Registres.)

Bridiers (N... de) fit partie du 1er escadron des nobles du Poitou au ban de 1689. (F.)

Vers 1640, la branche de Gartempe acquit le chât. de Bethenet (Indre), où habite un représentant de cette famille. Ce ne fut qu'en 1836 que cette maison vint en Poitou par suite du mariage de celui qui suit.

Bridiers (Jean-Antoine de), né à Pommiers (Indre) le 8 fév. 1808, fils d'Etienne et de Anne-Véronique de Rollin, épousa en 1836 Sophie-Gabrielle-Estelle de Céris, fille de Marie-Joseph-Charles, capitaine de cavalerie, et de Thérèse-Eulalie de Savatte de Genouillé, et mourut le 7 sept. 1882, laissant :

Bridiers (Marie-Stéphane-Auguste de), né à Poitiers, le 6 sept. 1839, marié à Marguerite de Millon, dont : 1° Marie-Antoinette-Marthe, née le 21 mai 1876 ; 2° Jean-Gabriel-Etienne, né à Genouillé, cne de Civaux, le 15 mai 1877 ; 3° Marie-Ludovic-René, né à St-Savin, le 18 oct. 1879.

BRIDIEU (de). — Maison noble et ancienne originaire de la p^sse de St-Yrieix au diocèse de Limoges. Nous avons suivi, pour dresser cette généalogie, les notes relevées par D. Fonteneau sur les titres originaux qui lui furent confiés, et la confirmation de noblesse accordée par Barentin, le 14 août 1667, à Pierre de Bridieu, sgr de la Baron. Nous avons également consulté la généalogie donnée par St-Allais au t. IX de son ouvrage, les preuves faites en déc. 1735 par-devant d'Hozier, pour faire admettre Charles-Marie-Joseph page de la Reine, et avons ajouté le résultat de nos propres recherches.

Blason : d'azur à la macle d'argent, cramponnée par le haut de 2 crampons (primitivement ce devait être une bride ou un mors de bride), accompagnée de 3 étoiles d'or posées 2 et 1.

Le nom originaire de cette famille est Jacmeton, ainsi qu'il est justifié par le contrat de mariage de Jean Jacmeton, Ec., sgr de Bridieu, et de Antoinette de Mercy ou Marcy, du 19 avril 1452.

§ Ier. — Branche de **LA BARON**.

Cette famille prouve par titres authentiques sa filiation depuis

1. — **Jacmeton** (N...), qui eut deux fils : 1° Pierre, qui suit ; 2° Perrichon, dont on ne connaît pas la postérité. Les deux frères épousèrent les deux sœurs Hélène et Jeanne de Pratmy, filles de noble homme Jean, Ec., et de Catherine de Bridieu. La première maison de Bridieu étant tombée en quenouille dans la personne de cette Catherine, la terre de ce nom passa aux mains des frères Jacmeton, et devint plus tard la propriété de Pierre précité.

2. — **Jacmeton** (Pierre), Ec., sgr de Bridieu, épousa Hélène de Pratmy, héritière, ainsi que sa sœur, de la terre de Bridieu. Ils vivaient en 1446 et eurent pour fils :

3. — **Jacmeton** (Jean), Ec., étant en compagnie de Raymond de Rochedragon, Chev., venge frère Regnault de St-Yrieix, son parent, de Macé Forestier, qui l'avait outragé. (A. Nat. J. Reg. 177, 221.) Il épousa, par contrat du 19 avril 1452, Antoinette de Mercy ou Marcy, fille de Benoit, Ec., et de Simonne de Bostemite ; de ce mariage sont issus : 1° Léonnet, qui suit ; 2° Gabriel, 3° Jacques, ecclésiastique ; 4° Antoine, Chev. de St-Jean-de-Jérusalem, vivant en 1512, fut commandeur de Fenières en Marche.

4. — **Bridieu** (Léonnet de), Ec., vivant en 1481, laissa de N... dont le nom est ignoré : 1° Guichard, qui suit ; 2° Jacques dit Jean (d'après St-Allais).

5. — **Bridieu** (Guichard de) servit dans les gardes du roi Louis XII. Ce prince, par une lettre datée de Blois, du mois d'oct. 1511, lui donna, pour ses bons et loyaux services, 500 liv. de rente. Il résulte d'un contrat de partage noble, du 5 oct. 1543, qu'il avait eu plusieurs enfants, dont Jacques, qui suit, fut l'aîné.

6. — **Bridieu** (Jacques de), Ec., sgr de la Gléole, était, le 16 janv. 1567, homme d'armes dans la compagnie de François de Bourbon. Il avait épousé d'abord, par contrat du 21 janv. 1531, Catherine de Montferrand, De de la Gléole, veuve de feu Louis (ou Gaulthier) Bérault, qui lui donna par ce contrat cette terre de la Gléole (Lesterp, Charente) : elle n'eut point d'enfants ; puis en secondes noces, en Auvergne, le 14 juin 1551, Gabrielle de Rigal, fille de François, sgr de la Vaissière, dont sont issus : 1° Jean, Ec., sgr de la Gléole, qui fut écuyer du duc de Montpensier ; ce prince ayant eu son cheval tué sous lui à la bataille d'Ivry, Jean le releva et lui donna le sien. Il est mort célibataire, le 27 juin 1619 ; 2° Pierre, qui suit ; 3° Dieudonné, rapporté au § III.

4° Françoise, mariée, le 22 avril 1576 (Dufour, not. à Lesterp), avec Joseph Gonthier, Ec., sgr de la Roche ; elle est décédée à la Gléole, le 26 janv. 1608 ; 5° François, dit M. de St-Seran, fut pourvu du prieuré de St-Léonard de Noblac en Limousin, le 16 juil. 1592 ; meurt à la Gléole, le 10 mars 1614 ; 6° Jeanne, morte célibataire au même lieu, le 5 juin 1613, âgée de 53 ans.

7. — **Bridieu** (Pierre de), Ec., sgr de la Baron (pssе de Chénéché, Vienne), la Saullaye, le Breuil, l'un des cent gentilshommes de la maison du Roi, et commandant pour le Roi du château de Villebois (Angoumois), vivait encore le 9 mai 1644 ; s'était marié, le 13 fév. 1593, à Gabrielle de Montfort, dame de la Baron, fille de Guillaume, Ec., sgr du Breuil, et de Marie Laîné, qui était morte en 1629, et avait eu : 1° Jean, qui suit ; 2° Louis, dit le Chevalier de Bridieu, baron de Bonnay, conseiller du Roi en ses conseils, lieutenant général des armées du Roi, défendit avec succès le château de Guise contre les Espagnols en 1650. (V. Moréri au mot Bridieu.) Le Roi lui donna le domaine de cette ville pour en jouir sa vie durant ; nommé, le 15 janv. 1652, Chev. des ordres, et reçu, le 22 fév. suivant, Chev. de l'ordre du St-Esprit, il mourut célibataire, à Gand, dont il était gouverneur, le 6 mai 1677.

3° François, prieur de St-Léonard, 1628, et grand vicaire de Reims ; 4° Jacques, Chev., sgr de Courteilles, marié à N... de Marolles ; 5° Pierre, Ec., sgr de la Saullaye ; 6° Catherine, religieuse à Reims ; 7° Madeleine, morte jeune ; 8° Louise, mariée, le 5 mai 1651 (Le Caron, not. au Châtelet de Paris), avec Alexandre Galard de Béarn, Chev., sgr de Ste-Marie ; 9° Renée, morte enfant.

8. — **Bridieu** (Jean de), Ec., sgr de la Baron, la Saullaye, etc., gentilhomme ordinaire de la maison du Roi, donnait, le 10 juin 1633, procuration pour rendre hommage au sgr de Chiré du fief de Champdorin et dîme de Boisfoucher. Il épousa, le 21 fév. 1634, Marie Rougier, fille de François, sr de Pré-Levesque, et veuve de Pierre Thubert, Ec., sgr de Boussay, conseiller au Présidial de Poitiers, dont il eut :

9. — **Bridieu** (Pierre de), Ec., sgr de la Baron, la Saullaye, la Jalletière, fut témoin de l'acte par lequel les habitants de la psse de Chénéché consentent à faire 4 journées de corvées et charrois sur les terres de Jacques de Mesgrigny, Mis de Bonnivet, tant à son profit que de ses successeurs, en reconnaissance de ce que ledit sgr avait obtenu du Roi que cette psse fût distraite de l'élection et grenier à sel de Richelieu, et fût réunie à celle de Poitiers. Le 16 août 1667, il obtint, sur le vu de ses titres, une ordonnance de M. Barentin qui le maintenait dans sa noblesse, ainsi que Dieudonné de Bridieu, gouverneur de Mézières, Roger de Bridieu, capitaine au régiment de Normandie, et Louis de Bridieu, gouverneur de Guise. Il avait épousé : 1° N... Boynet, fille d'Etienne, Ec., et de Jeanne Caillet (sans postérité) (Berthonneau, not. à Poitiers) ; 2° Françoise Berland, fille de Jacques, Ec., sgr du Plessis, et de Madeleine Carré. Le 2 nov. 1659, il avait fait hommage de son hôtel de la Baron à M. de Mesgrigny, châtelain de Chénéché ; il fut père de :

10. — **Bridieu** (Jacques de), Ec., sgr de la Baron, naquit le 20 mars 1663, assistait, le 2 nov. 1685, à l'abjuration de Jacqueline Le Coq, dans l'église de Chénéché. (Registres.) Il se maria, le 25 fév. 1691 (Barbot, not. à Montmorillon), avec Florence de Maillasson, veuve de Jean-François Périgord de Massé, capitaine et 1er brigadier des ingénieurs du Roi en son armée d'Irlande, et fille de Charles, sgr de la Chèze, maître des requêtes de la reine-mère, et d'Anne Claveliers, dont :

11. — **Bridieu** (Charles-Paul-Jacques-Joseph de), Ec., sgr de la Baron, né le 23 mars 1692, marié, le 15 mai 1719, avec Armande-Marie-Claude DE BERGERON, fille d'Antoine, sgr de la Goupillière, ancien intendant des armées du Roi, etc., et de Claude Scarron. De ce mariage : 1° CHARLES-MARIE-JOSEPH, baptisé le 19 mai 1721, reçu page de la Reine le 20 nov. 1735, et mort sans postérité ; 2° CHARLES-MARIE-MARTHE, qui suit ; 3° LOUIS-FÉLICITÉ, tige de la branche de la Baron, rapportée au § II ; 4° AIMÉE ou MARIE-MARGUERITE-LOUISE, baptisée, le 1er juil. 1722, à Chénéché, épousa Jacques Chauvelin, sgr de Beauregard, et mourut le 25 mars 1787 ; 5° SUSANNE, née le 9 oct. 1723 ; 6° MARIE-JEANNE-MARGUERITE, née le 23 nov. 1724, reçue élève à St-Cyr le 19 juil. 1735 ; 7° FLORENCE-MARIE-JACQUETTE, née le 24 avril 1726, morte le 20 juin 1803 ; 8° GENEVIÈVE, née le 9 mai 1728, morte le 7 août 1812.

12. — **Bridieu** (Charles-Marie-Marthe Mis de), capitaine au régiment Mestre-de-Camp-Dragons, Chev. de St-Louis, naquit le 30 juil. 1730 ; épousa, le 15 avril 1765, Marie-Catherine LE BOUCHER DE VERDUN, dont : 1° CHARLES-FÉLICITÉ, officier au régiment des chasseurs du Hainaut, émigra, fit la campagne de 1792 à l'armée des Princes, servit après le licenciement dans l'armée allemande, et fut tué en 1796 ; il était célibataire ; 2° EDOUARD-ALEXANDRE, page du duc d'Orléans, lieutenant au régiment d'Orléans-Cavalerie, émigra, fit la campagne de 1792 à l'armée des Princes, servit après le licenciement dans le corps de Béon, et fut tué au siège de Bruges ; n'avait pas été marié ; 3° CYPRIEN-JOSEPH-LOUIS, qui suit.

13. — **Bridieu** (Cyprien-Joseph-Louis Mis de), Chev. de St-Jean-de-Jérusalem, page du duc d'Orléans, émigra à l'âge de 16 ans, fit la campagne de 1792 avec ses frères ; rentré en France en 1801, il trouva sa mère morte par suite des persécutions qu'elle avait éprouvées, et ses biens vendus. Il épousa Elisabeth DE MALLEVAUD, fille de François-Henri, ancien capitaine au régiment Royal-Infanterie, Chev. de St-Louis, et mourut le 7 oct. 1835. Il a eu pour enfants : 1° FRANÇOIS-HENRI-ANTOINE, qui suit ; 2° LOUIS-AMÉDÉE, né le 2 juin 1806, page du Roi jusqu'en 1824, capitaine au 5e lanciers, décédé le 12 juil. 1884, marié, le 2 janv. 1841, à Marie-Amélie DE REVIERS DE MAUNY ; avait eu pour enfants : *a*. MARIE-JOSEPH-LOUIS-HENRI, né en 1849, marié à Louise-Marie-Edith THIBAUD DE NOBLET DE LA ROCHETHULON, fille de feu Emmanuel-Stanislas-Marie Mis de la Rochethulon, et de Marie-Edith de Grente, dont il a eu MARIE-OLIVIE-RÉGINE, née le 17 janv. 1877 ; *b*. ELISABETH-JACQUELINE-AMÉLIE-MARIE, qui a épousé, le 8 juin 1864, Marie-René Le François, Cte des Courtils.

3° LOUIS-MARIE-FRÉDÉRIC, né le 4 mai 1808, lieutenant d'infanterie, épousa, le 20 juin 1836, Ernestine CHUPPEAU, dont LIONNEL, ERNEST et EDGARD ; 4° MARIE-CHARLES-ALFRED, né le 7 mars 1811, mort au séminaire de St-Nicolas du Chardonnet à Paris, le 25 août 1836 ; 5° FRANÇOIS-CHARLES, né le 8 déc. 1812, mort le 17 mars 1884.

14. — **Bridieu** (François-Henri-Antoine Mis de), né au chât. de Sansac, le 7 janv. 1804, avocat à la cour royale de Paris en 1826, secrétaire général de la préfecture du Calvados, démissionnaire en 1830 ; a épousé, le 22 juin 1829, Aglaé-Marie-Antoinette LIGNAUD DE LUSSAC, fille d'Alexandre-Louis, Mis de Lussac, Chev. de la Légion d'honneur, officier supérieur des gardes du Cte d'Artois, etc., et de Aglaé-Marie Dubois-Descours de St-Cosme, dont il a eu : 1° EMMA-LAURENCE-MARIE, qui épousa en 1859 Alfred Brochard de la Rochebrochard ; 2° MARIE-ELISABETH-LOUISE, religieuse ; 3° ANNE-MARIE-RACHEL, 4° LOUIS-MARIE-ALFRED, qui suit.

15. — **Bridieu** (Louis-Marie-Alfred Mis de), né le 29 juil. 1843, marié à Paris, le 18 oct. 1864, à Marie LORANDO, fille de Jean, et de Carmela Cacacce, a eu plusieurs enfants, entre autres : 1° AGLAÉ-LOUISE-MARIE, née en 1865 ; 2° JEAN-MARIE-LOUIS-HENRI, né le 18 déc. 1867, officier de cavalerie ; 3° CARMEN-LOUISE-MARIE-ANTONIE, née le 27 sept. 1881.

§ II. — SECONDE BRANCHE DE LA BARON.

11. — **Bridieu** (Louis-Félicité de), Chev., sgr des Grandes-Roches et de la Baron (qui lui fut cédée par son frère aîné), 3e fils de Charles-Paul-Jacques-Joseph et de Marie-Armande-Claude Bergeron, 10e deg., § 1er, naquit le 27 mars 1732, assista à l'assemblée de la noblesse réunie à Poitiers en 1789 pour nommer des députés aux Etats généraux. Il avait épousé le 8 déc. 1767, à Vendeuvre (Vienne), Marguerite-Hortense THIBAULT DE LA CARTE, fille de feu François-Marie-Gabriel, Chev., sgr de la Chalonnière, et de Marie-Marguerite-Elisabeth de Goussé (Registres), qui mourut sa veuve, le 12 avril 1808. Il avait servi comme capitaine en Allemagne. Leurs enfants furent : 1° ANTOINE-LOUIS, reçu page de Mgr le Cte d'Artois en 1785, officier au régiment de Picardie-Infanterie ; ayant émigré, il fit la campagne de 1792 à l'armée des Princes, dans la compagnie formée par les officiers de son régiment, passa ensuite dans la légion de la Châtre, se trouvait à Bruges au moment où ce corps évacuait cette ville ; fait prisonnier par les troupes républicaines, il se confia à la loyauté de l'un de leurs généraux, ce qui ne l'empêcha pas d'être fusillé ; 2° LOUIS-GENEVIÈVE, dit le Chevalier, émigra, fit la campagne de 1792 à l'armée des Princes, dans le corps de la gendarmerie ; rentré en France en 1800, il a été maire de Négron (Indre-et-Loire) ; 3° CATHERINE, née le 22 sept. 1769 ; 4° FLORENCE, née le 5 mars 1772 ; 5° GENEVIÈVE, née le 2 août 1777, décédée le 30 août 1780 ; 6° ROCH, qui suit :

12. — **Bridieu** (Roch de), baptisé à Vendeuvre, le 13 août 1779, fut maire de Vendeuvre, sous la Restauration ; marié : 1° à Marie-Henriette PERCOT, puis 2° à Adélaïde-Laurence BILLION-DUPLAN, décédée à Orléans le 29 déc. 1841, et 3° à Avanton, le 16 déc. 1843, à Rose TONEL, il a eu du 1er lit : 1° ERNESTINE, mariée à N... Lajeon ; 2° GABRIELLE, mariée à N... Deguy ; 3° EUGÉNIE, 4° JUSTINE, 5° EULALIE, mariée à N... Dury ; et du 3e mariage : 6° TOUSSAINT-MAXIMILIEN, qui suit :

13. — **Bridieu** (Toussaint-Maximilien de), né à Paché, cne d'Avanton, le 1er mai 1844, marié à Poitiers, le 29 avril 1867, à Louise DESCHAMPS ; a eu pour enfants : 1° JULIETTE-EULALIE, née le 1er juil. 1868 ; 2° LOUISE-MARIE, née le 9 oct. 1869 ; 3° MARGUERITE-JEANNE, née le 11 fév. 1872 ; 4° BLANCHE-ERNESTINE, née le 3 mars 1875 ; 5° MAXIMILIEN-FÉLIX, né le 21 déc. 1879 ; 6° HENRI-GASTON, né le 31 janv. 1881 ; 7° MARCEL-LOUIS, né le 24 fév. 1888. (Tous nés à Poitiers.)

§ III. — BRANCHE DE CLAVEAU.

7. — **Bridieu** (Dieudonné de), Chev., sgr de Claveau, fils puîné de Jacques et de Gabrielle de Rigal (6e deg., § 1er), gentilhomme du duc de Montpensier, capitaine au château de Mézières en Brenne, épousa, le 29 août 1584, Françoise DE LA ROUE, fille de René, Ec., sgr de Linières, et d'Anne Brachet, dont il eut plusieurs enfants, entre autres : 1° GABRIEL, Ec., sgr de Claveau (tige d'une branche fixée en Touraine que St-

Allais ne poursuit que jusqu'à CLAUDE-LOUIS-NICOLAS), baptisé le 1er fév. 1711, reçu page de la Reine le 29 août 1720, sur le vu par d'Hozier de ses preuves de noblesse ; 2° ANTOINE, qui suit.

8. — **Bridieu** (Antoine de), marié à Louise DE VERNELLE, puis à Louise DE CHASTEIGNER, eut des enfants des 2 lits, entre autres : ROGER-ANTOINE, né à la Rochepozay en 1636, chanoine de l'Eglise de Beauvais, et archidiacre du diocèse, fut exilé à Quimper en 1687, à propos de quelques troubles religieux qui se produisirent dans le Chapitre. Sur ces entrefaites, un nommé Raoul Foy l'accusa, ainsi que quatre chanoines, ses confrères, ce qui les fit arrêter, et mettre à la Bastille en 1689. Ils y restèrent 5 semaines ; l'accusation ayant été reconnue fausse, le calomniateur fut pendu en place de Grève, le 12 sept. 1691. Roger-Antoine obtint enfin de revenir à Beauvais, où il mourut le 15 juin 1708, et fut inhumé dans la cathédrale, chapelle du Crucifix. (Chalmel, Hist. de Touraine, 67, donne la liste de ses ouvrages.)

BRIDONNEAU. — Famille originaire de Chinon.

Blason : d'or au chevron d'azur accompagné de 2 roses de gueules en chef, et en pointe d'un phénix de sable sur un bûcher de même enflammé de gueules. (Arm. Touraine.)

Bridonneau (N...), de Chinon, eut pour enfants : 1° JACQUES-FRANÇOIS, qui suit ; 2° JOSEPH, prieur de Vaon? en Loudunais ; 3° JEAN, président de l'élection de Chinon, marié à Geneviève LEBRETON.

Bridonneau (Jacques-François), Ec., sgr du Puy, lieutenant particulier au bailliage de Chinon, président-trésorier de France à Poitiers, fit enregistrer son blason à l'Armorial de Touraine en 1696.

BRIE (DE). — Nom commun à plusieurs familles. Les principales sont Brie-Serrant en Anjou et les de Brie d'Angoumois. N'ayant que des notes sans suite sur les personnages de ce nom, nous nous bornons à mettre ici les quelques renseignements que nous avons réunis, en les classant par ordre chronologique.

Blason. — Brie-Serrant : fascé argent et sable (ou azur) au lion de gueules brochant.

De Brie (Angoumois) : d'or à 3 lions de gueules, armés, lampassés, couronnés de sinople (Nob. Lim.), *aliàs* armés, lampassés de sable, couronnés d'azur.

Brie (Jean de), sire de l'Age-au-Vigier, GUILLAUME son frère et Jean de Rivière vendent, le samedi après la Nativité St-Jean-Baptiste 1332, à Frère Guillaume de Mail, grand prieur d'Aquitaine, un bois appelé Bois-Norbert, près la maison de l'Epine (Béruges, Vienne), pour 867 liv. 13 s. 4 den. tournois. (Arch. Vienne, command. de l'Epine.)

Brie ou **Brye** (Jean), de la sgrie de Bournezeau, a servi en archer au ban de 1489. (F.)

Brie (Jeanne de), fille de RENÉ, sgr de Villemor, et de Marguerite PÉRIES, épousa, le 10 juin 1498, René Racapé, Ier du nom, sr de la Goderie et de Magnane.

Brie (Guischard de), sgr de Granges, meurt en 1504, laissant 4 enfants mineurs : BONAVENTURE, CATHERINE, MARGUERITE et FRANÇOISE. (D. F. Arch. du chât. de Thors.)

Brye (Louis de) épousa, le 17 fév. 1507, Louise DE CLERMONT.

Brie (Péan de), Chev., sgr de Serrant, la Flocellière, Cerizay, St-Paul, etc., épousa, en 1523, Renée de SURGÈRES, veuve de François Hamon, et fille de René, sgr de la Flocellière, et de Philippe de Belleville. Le 15 janv. 1535, il recevait de Jacques Ogier, juge châtelain de Bressuire, un aveu pour le village des Cerisiers ; il rendait, le 18 juin 1537, aveu à la Tour de Maubergeon pour la terre et sgrie de la Flocellière qu'il tenait du chef de sa femme, et recevait de Joachim de Nouzillac, Ec., sgr de la Petite-Graffière, un aveu comme sgr de la Flocellière. Il était mort le 15 nov. 1544, date d'une procuration donnée par sa veuve. (G.-G. Bur. des finances.)

Brie (Françoise de) épousa, par contrat du 8 juin 1524, Jean d'Escoubleau, Ec., sgr de Sourdis, dont elle était veuve le 6 mai 1527.

Brie (Jeanne de), De de Granges en Saintonge, épousa Guillaume de Caulnys, sgr du Chaillou ; leur petit-fils fut reçu Chev. de St-Jean-de-Jérusalem en 1593.

Brie (Marguerite de) était, le 6 mai 1534, épouse de Jean des Alles, Ec., qui rend à cause de sa femme un aveu au sgr de Thors. (D. F.)

Brie (Charlotte de) épousa Antoine d'Aubigné, Chev., sgr de la Parnière, vers 1530.

Brie (Marguerite de), prieure de Cosdon et de Biard (Journet, Vienne), rend aveu au chât. de Montmorillon, le 22 juin 1562, pour ces deux prieurés. (G.-C. etc.)

Brye (René de), Ec., sgr de Marcilly, fut assassiné par CHARLES son frère. Jeanne DU PLESSIS, sa veuve, poursuit le meurtrier devant la cour des Grands Jours de Poitiers de 1567. (Angevin.)

Brie (René de), sgr de la Petite-Chauvière, assistait comme oncle des parties à une transaction passée entre René Cuissard, Ec., sgr du Pin, et Pierre de Quatrebarbes, Ec., sgr de Serisier, époux de Renée Cuissard, le 17 nov. 1579. (Gie de Cuissard.)

Brye (René de), dit le capitaine Chabrignac, est condamné par défaut, par arrêt du 17 déc. 1579 de la cour des Grands Jours de Poitiers, à être décapité à Tours.

Brye (Guillaume de), Ec., sgr de la Mothe-Ferrand, est l'objet d'un ordre d'arrestation, de la part de la cour des Grands Jours de Poitiers, du 5 déc. 1579. (Angevin.)

Brie (Renée de) était mariée, vers 1600, à Michel d'Escoubleau, Chev., sgr de St-Simon.

Brie (Marie de), fille de N..., sgr du fief de Bran, et de N... DEVALLE, était, vers 1600, épouse de Pierre Guillemin, sgr d'Aitré ; elle décéda avant son mari qui se remaria à Jeanne Viète.

Brye (Philippe de), veuve de Charles d'Andigné, Ec., sgr des Issarts et de Loire, se remarie, le 21 nov. 1607, avec Louis Cuissard, Ec., sgr du Pin.

Brie (Jean de), Ec., sgr de Soumagnac, eut une fille, HENRIETTE, qui se fit moniale à l'abb. de Ste-Croix ; contrat de religion du 4 sept. 1750. (Arch. Vienne, Ste-Croix.)

Brie (N... de), nommé, en 1788, inspecteur des ponts et chaussées du département de Fontenay, en remplacement de M. Parent de Curzon, décédé. (Id. Intendance.)

DE BRIE (OU **DEBRIE**) ET **BRIE** (Jean de), conseiller, secrétaire du Roi, procureur du Roi au Bureau des finances de Poitiers, épousa Marie Cous-

SEAU, dont il eut : 1° MICHEL-ARNAULT, qui décéda en 1673 ; 2° AUGUSTIN.

BRIE (DE) EN SAINTONGE.

Brie (Jean de), Ec., sgr de la Salle, était Me d'hôtel, et RENÉ de Brie, son fils, page de Pierre Poussard, Chev., sgr de Brizambourg, Liniers, Vervant, etc., le 16 fév. 1661.

BRIENNE (DE). — Cette maison princière, dont la généalogie est dans l'Histoire généalogique des grands officiers du P. Anselme, a possédé en Poitou la sgrie de Civray.

Blason : d'argent semé de billettes d'azur au lion de même ?

Brienne (Alphonse de), dit d'Acre, épousa, avant 1250, Marie DE LUSIGNAN, fille de Raoul, Cte d'Eu et de Guines, sgr de Civray, et de Yolande de Dreux.

Brienne (Marguerite de) épousa, vers 1270, Guy, Vte de Thouars.

Brienne (Gauthier de), Cte de Brienne, duc d'Athènes, connétable de France, fut tué à la bataille de Poitiers en 1346. Il avait épousé Jeanne D'EU, De de Ste-Hermine, Prahec, Villeneuve, fille de Raoul, Cte d'Eu, et de Jeanne de Mello.

BRIEY (DE). — Maison d'ancienne chevalerie, originaire de Lorraine, dont une branche s'est établie en Poitou, au XIXe siècle. (Voir la généalogie complète dans les Archives de la noblesse de Lainé, et Notice, Bulletin Société héraldique, juil. 1886.)

Blason : d'or à 3 pals aiguisés, pied fiché de gueules, rangés en fasce.

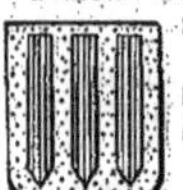

La branche de Landre s'est fixée en Poitou, au château de la Roche-de-Gençay (Vienne), par le mariage de :

Briey (Charles-Herbrand Cte de), Bon de Landre, né au château de Ruelle (Luxembourg) le 27 sept. 1796, capitaine aux chasseurs de la garde royale, fils aîné de LOUIS-MARIE-HYACINTHE, et de Anne-Marie-Caroline-Albertine DE POUILLY, épousa à Poitiers, le 28 mai 1823, Louise-Sophie-Zélanie DE BUZANCY DE PAVANT, fille de Charles-Louis-Marie, Cte de Soissons, et de Albertine-Louise-Dorothée de Revigliasc de Parpagliasc. Il est mort au chât. de la Roche, le 23 juil. 1882. Il a eu pour enfants : 1° CHARLES-LOUIS-ANATOLE, qui suit ; 2° MARIE-CAMILLE-ALBERT, né le 10 mai 1826, ancien gouverneur de S. M. Léopold II, roi des Belges, évêque de St-Dié, décédé le 10 nov. 1888 ; 3° MARIE-ANGE-EMMANUEL, né le 10 nov. 1828, chanoine de Poitiers, nommé évêque de Rosea, coadjuteur de Meaux (12 fév. 1880), puis évêque de cette ville le 30 août 1884 ; 4° MARIE-THÉODORE, né le 2 sept. 1831, Cte de Briey, officier de la Légion d'honneur, général de brigade, a épousé, le 27 juil. 1865, Amélie DE LUDRE, fille d'Auguste-Gabriel-Barthélemy, et de Télisie de Girardin, dont : *a.* JACQUES, *b.* MARIE.

5° MARIE-ANDRÉ-EDOUARD Cte de Briey, né le 30 nov. 1832, marié, le 15 juin 1858, à Marie DE MONTREUIL, a eu : *a.* MARTHE, *b.* LOUISE, mariée au Cte de Guicherville ; *c.* MARIE, qui a épousé, le 29 janv. 1884, Raymond Cte de Cumont ; *d.* JOVINE.

Briey (Charles-Marie-Louis-Anatole Cte de), Bon de Landre, né le 24 oct. 1824, longtemps conseiller général de la Vienne pour le canton de Gençay, s'est signalé par ses travaux agricoles, dont l'exemple a été très utile au pays. Marié, le 13 avril 1853, à Marie-Henriette DE LA FARE, il a eu pour enfants : 1° MARIE-LOUISE-ALBERTINE, née le 20 avril 1855, mariée, le 2 juil. 1874, au Cte Jean-Albert Lannes de Montebello ; 2° MARIE-JULES-MAXIMILIEN-HERBRAND, né le 18 fév. 1858, chambellan de l'empereur d'Autriche ; 3° MARIE-JEANNE-RADÉGONDE, née le 26 avril 1862, mariée, le 19 déc. 1882, à Pierre-Alfred-Michel Vte de Pierredon ; 4° MARIE-CAMILLE-MARGUERITE, née le 17 août 1869.

BRIEUIL. — Fief longtemps possédé par les Garnier.

Brieuil (N... de) faisait partie de la 1re brigade des nobles du Poitou, convoqués au ban de 1689. (F.)

Brieuil (N... de), sr de la Sicardière, faisait partie du 1er escadron des nobles du Haut-Poitou, au ban de 1695. (F.)

BRIFFAUT, BRIFFAULT. — Ce nom est commun à plusieurs familles.

Briffaut (*Johannes*), *camerarius monasterii Sti Maxentii*, fut présent au traité passé entre le Cte Alphonse, en juin 1270, et les moines de ce monastère, au sujet de certains droits de juridiction qu'ils se disputaient. (D. F. 16, 219.)

Briffault (Jean) passait revue comme écuyer le 5 sept. 1371, et en 1385 il était homme d'armes dans la compagnie de Regnault de Vivonne, sgr de Thors. Il épousa Jeanne VANDER, d'après un acte du 16 août 1374 (aveu fait à la Chalonnière à cause d'elle). (Titres d'Aubigny.)

Briffaude ou **Brissaude** (Louise), De de la Fenellère, avait épousé Jean de Barazau, lequel était veuf lorsqu'il rendait aveu de cette terre au chât. de St-Maixent, le 29 juil. 1403.

Briffault (Jean) possédait le fief du grand hôtel de Rom ; il est rappelé dans un aveu de la Roche de Bord (Vauzais, D.-S.) en 1496. Il eut pour fille JEANNE, mariée à Briand Meschin, qui vendit l'hôtel de Rom à Jean Guérin, Ec.

Briffaut (François-Augustin), trésorier de France au Bureau des finances de Poitiers, par provision du 19 mars 1707, fut installé le 20 juin suivant, et remplacé le 20 juil. 1716.

BRIGAUD ET **BRIGAULT.**

Brigaud (Perrot) servit en brigandinier pour Urban de Lonnet, à l'arrière-ban du Poitou convoqué en 1488. (Doc. inédits.)

Brigault (André), sr de Braye, eut de Luce COURTIN, son épouse, ANDRÉ, qui, le 8 juil. 1677, épousa, par contrat reçu Charryer, not. royal à St-Maixent, Catherine BONNEAU, fille de Jacques, sgr de Maintru, et de Florence Bousscreau.

Brigaud (N...), sr de la Chauvinière, psse de Neuville près Poitiers, fut déclaré roturier par M. Barentin.

Brigaud (André), sr de la Chauvinière, était, le 8 sept. 1685, époux de Marie GOUDRY, veuve de feu Gédéon de Lestang, Ec., sgr de Furigny.

BRIGNON (Aimery), chanoine et infirmier de l'abbaye de la Trinité de Mauléon, acquit quelques rentes en 1317. (F.)

BRIGUEIL (DE). — Il y a eu plusieurs familles de ce nom.

Blason. — Pierre de Briguoil, Chev. en 1265 et 1305, avait pour sceau : un écu à 3 quintefeuilles. — Guillaume de Briguoil (Poitou-Limousin) donna quittance de ses gages militaires le 13 nov. 1339 : écu à un aigle sous un chef chargé de 3 étoiles. (Fonds Clairambault, n° 22.)

Brigul (*Petrus de*) fut témoin, en 1104, du don fait par Audier de Montagnac à l'abb. de St-Maixent, de domaines à Montembœuf.

Brigueil (Rainulfe de) était abbé du Dorat et chanoine-prévôt de St-Junien, vers 1120.

Brigueil (Rainulphe de) est dit décédé le 2ᵉ jour des nones de sept. (Obituaire de Montazay.) En 1210, sa veuve? AIGLINE, fille de Bertrand de Confolent, donna avec ses fils SAUVO et BÉRARD de Brigueil, au monastère de Montazay, une rente de 5 sols, qu'elle avait reçue en dot. Parmi les témoins de cet acte se trouve IMON de Brigueil.

Brigueil (Pierre de) eut pour fils :

Brigueil (Hélie de), vivant en 1305.

BRIJEU (Gilles), Ec., fut témoin, le 2 août 1378, du mariage de Jacques Poussard, docteur ès lois, sgr de Peyré près Surgères, avec Catherine de Vivonne.

BRILHAC ou **BRILLAC** (DE). — Il a existé plusieurs familles de ce nom tant en Poitou que dans les provinces voisines, en Basse-Marche, Berry, etc. Nous les passerons successivement en revue, en raison de leurs alliances ou de leurs possessions dans notre province.

Noms isolés.

Brillaco (*Bertrandus de*), témoin d'une donation faite à Etienne hermite de *Tornec* par Israël de Fontlebon, vers 1160. (D. F. 18.)

Brillac (Jeoffroy de) fit partie de la troisième croisade, d'après une charte datée d'Acre, 1191. Selon l'auteur de la Noblesse aux Croisades, p. 208, il était du Limousin.

Brillac (*Petrus de*) *de Cevène*, et *Willelmus* son frère, arrentent quelques vignes à l'abb. de Charroux, en 1229. (D. F. 4.)

Brilhaco (*Guiardus de*). Hugues d'Asnières, qui agissait sous son autorité, cédait à Pierre de Peytaveau diverses rentes qu'il possédait dans la p^sse^ de St-Barbant. Acte passé à Montmorillon, le mardi avant la fête de St Thomas apôtre, 1291.

Brillac (Jean de), s^r^ de Combes, rendait, le 4 mai 1355, aveu à Aimery Ripousson, sgr des Roches.

Brilhac (Imbert de), prêtre, était garde du scel des châtellenies de Brilhac et Rochemeau en 1398.

Brillac (Jean de), sgr de Villars, vivait les 25 avril 1446 et 3 juil. 1483.

Brillac (Antoinette de) fut la première femme de Jean de Vivonne, sgr de Marigny, Chousé, etc. ; vivait vers 1450. (P. Anselme.)

Brillac (Jeanne de) et Antoine de Feydeau, B^on^ d'Oranville, son mari, faisaient, le 10 mai 1457, une donation au couvent de la Baslerie (Gouex, Vien.).

Brillac (Christophe de) était, en 1492, abbé de St-Benoît de Quinçay.

Brillac (René de), sgr de la Coudre, vivait en 1493. (Hist. Châtellerault, I, p. 403.)

Brillac (Antoine de) servait en homme d'armes, le 6 janv. 1520. (B. Nat. Montres et Revues.)

Brillac (Guy de), prieur de N.-D. du Château de Loudun, transmettait, le 15 mars 1526, ses pouvoirs à Antoine de St-Jouin, prêtre, moine bénédictin, pour en user pendant son absence. Il était mort avant le 23 nov. 1530, date de l'inventaire de ses biens. (Arch. Vienne.)

Brillac (Claude de) était grand archidiacre de Tours de 1520 à 1547. (Arm. de Touraine.)

Brilhac (Jeanne de), prieure de Ste-Croix, fut témoin d'un échange fait entre Madeleine de Bourbon, abbesse de ce monastère, et le Chapitre de l'Église de Poitiers, le 10 sept. 1552. (D. F. 2.)

Brillac (Françoise de), épouse de Jean Guischard, Ec., sgr des Ages (Pressac, Vienne), ratifie une vente consentie, le 18 juin 1560, par son mari à Jean de la Chasseigne et Françoise de Chabanais, son épouse, de la métairie de la Roche ; la ratification passée par Rabathé, notaire sous la cour de Rochemeaux.

Brillac (Françoise de), D^e^ de la Vergne-Boutin, s'offre de contribuer sur son revenu qu'elle évalue à dix livres, aux dépenses du ban et arrière-ban de la Marche, en 1577. (Nob. Basse-Marche.)

BRILLAC ou **BRILHAC** (DE). — Famille de noblesse féodale, qui possédait la châtellenie de Brillac en Basse-Marche, et les seigneuries d'Argy en Berry, et de Monts en Loudunais.

On trouve à la bibl. de Rouen, fonds Martainville, plusieurs tableaux généalogiques de cette famille dressés par d'Hozier ; mais ils sont incomplets et peu exacts. Cependant nous les suivrons en partie, en corrigeant les principales erreurs ; mais nous devons remarquer que l'ordre chronologique ne paraît pas toujours bien suivi.

Blason : d'azur à 3 fleurs de lis d'argent.

Dans les Archives de la Noblesse de Lainé, gén. d'Argy, on trouve plusieurs notes tirées du cartulaire de Baugerais en Touraine, qui donnent les noms de quelques-uns des anciens seigneurs de Brillac possesseurs de la seigneurie d'Argy en Berry au XIVᵉ siècle.

Brillac (N... de), Chev., sgr de Brillac et d'Argy, épousa, vers la fin du XIIIᵉ siècle, Philippe DE PRUNGÉ, D^e^ d'Argy, fille héritière de Raoul de Prungé, Chev., et de Philippe d'Argy. Il était décédé en 1324, lorsque sa veuve fit don à l'abb. de Baugerais avec UMBERT-GUY, son fils.

Brillac (Umbert-Guy de), Chev., sgr de Brillac et d'Argy, confirma en 1324 les dons faits par les s^rs^ d'Argy ses ancêtres à l'abbaye de Baugerais. (Son sceau porte un écu parti : 1° un lion couronné, 2° trois fleurs de lis.)

Brillac (Guy de), Chev., sgr d'Argy, Prungé, confirme, en 1356, les dons faits jadis par Archambault d'Argy à Baugerais, en 1340. (Son sceau porte un écu burelé de 10 pièces et une croix ancrée brochant. Blason d'Argy.) Il épousa Philippe DE BERMONT ? ou BARMONT ? qui vivait en 1363. (Son sceau est écartelé : 1° une fleur de lis et une bordure ; 2° une barre ; 3° une fleur de lis ; 4° une demi-fleur de lis avec une bordure. — Notes de d'Hozier, Bibl. de Rouen.)

Ce Guy de Brillac, est sans doute le père d'un autre Guy qui commence la filiation, d'après le tableau généalogique de d'Hozier ; cependant on trouve un acte de

1385, où l'on voit que Marguerite Guise (Guy), Dᵉ de Brillac, Rochemeau, était alors mineure sous la tutelle de l'abbé de Charroux, qui reçoit en son nom un aveu fait par Thibaud Goumard, damoiseau.

§ Iᵉʳ. — Branche de **BRILLAC.**

1. — **Brillac** (Guy de), Chev., sgr de Brillac, Argy, Villemexant, servait avec 3 écuyers de sa compagnie en 1388 sous le duc de Berry. Il eut pour enfants : 1° Guyard, qui suit; 2° Pierre, chef de la branche d'Argy, § II.

2. — **Brillac** (Guyard de), Chev., sgr de Brillac, Villemexant, partagea avec son frère le 10 sept. 1406. (Note du tableau généalogique dressé par d'Hozier.) Il épousa Marthe de Pompadour (ou, suivant d'autres, Isabeau de la Chambre). D'après d'Hozier, il était chambellan du Roi en 1470; cependant le château de Brillac fut démoli par ordre de Louis XI, en vertu de lettres du 1ᵉʳ août 1469 (dit Robert du Dorat). On trouve ailleurs que Guy de Brillac fut envoyé à Venise en 1460 par le duc d'Orléans. (Nous ne pouvons concilier tous ces renseignements qui ne paraissent guère s'accorder à cause des dates, à moins qu'il n'y ait eu deux Guy, père et fils.) D'après le tableau de d'Hozier, Guy de Brillac eut pour enfants : 1° Antoine, qui suit; 2° Clément, évêque de Sᵗ-Papoul en 1472, puis de Tulle en 1495, décédé en 1514; 3° Souveraine, mariée à Léonnet Gourjault, Ec., sgr de Miauray; 4° Robert, Chev., qui, d'après d'Hozier, obtint des lettres de rémission en 1458. Il épousa, suivant les uns, Isabeau de la Chambre; suivant d'autres, Marguerite de Pompadour, et n'eut qu'une fille, Marguerite, mariée à François de Chabanais, Chev., sgr de Mirande, puis à Georges Imbault, Ec., sgr de Monthrun.

3. — **Brillac** (Antoine de), Chev., sgr de Brillac, épousa Jeanne de la Tour, dont il eut Louise, Dᵉ de Brillac, mariée à son cousin Jean de Brillac d'Argy. (D'après les pièces d'un procès qui eut lieu en 1600, au sujet de la possession de Brillac, il est dit que Louise de Brillac se fit céder les droits que sa cousine Marie Gourjault possédait sur la seigneurie de Brillac.)

§ II. — Branche d'**ARGY, MONTS.**

2. — **Brillac** (Pierre de), Chev., sgr d'Argy, était, d'après d'Hozier, fils puîné de Guy, sgr de Brillac et d'Argy (1ᵉʳ deg., § Iᵉʳ); il partagea avec son frère Guyard le 10 sept. 1406. Marié à Jeanne Odart, fille héritière de Jean, ou Guy, Chev., sgr de Monts, Baslon en Loudunais, il eut pour enfants : 1° Pierre, qui suit; 2° François, évêque d'Orléans en 1473, puis archevêque d'Auch (ou Arles). Il était prieur de Sᵗ-Jean de Blaisac? en 1465, et abbé de Pontlevoy en 1468; 3° Marie, qui épousa Pierre du Moustier, Ec., sgr de Saragosse et du Coudray. (Ces 3 enfants sont seuls mentionnés par le tableau de d'Hozier, qui est incomplet, car on trouve encore les 2 suivants qui sont dits frères de Pierre et de François dans des actes authentiques) : 4° Guy, Chev., sgr du Pin et la Coudre en Châtelleraudais, eut cession de ces fiefs qui venaient des Tranchelion, par suite d'un accord avec son frère Pierre, qui céda en échange à sa femme Anne de Tranchelion divers domaines par acte du 28 juil. 1461. (Original, dossier d'Hozier.) Guy de Brillac fut, dit-on, fait chevalier à la bataille de Castillon. Il épousa Anne d'Outrelavoie, fille de Jean, Ec., sgr de la Motte-Messemé en Loudunais, et de Jeanne Lebrun, dont il eut : *a*. René, sgr de la Coudre, qui servait comme homme d'armes en 1485, probablement décédé sans postérité; et *b*. Catherine, mariée à Pierre de la Chapelle, Ec., sgr de Péaux et la Coudre.

5° Georges, Chev., sgr de Courcelles-le-Roi, Vievy en Gâtinais, chambellan du duc d'Orléans dès 1455, fut envoyé par lui à Venise en 1460. On le trouve plus tard qualifié chambellan du Roi; le 4 mai 1474, il fut chargé de la procuration de François de Brillac, évêque d'Orléans, « son frère », qui lui donna, le 17 juin 1476, le revenu de sa châtellenie de Pithiviers. (Pièces originales citées par d'Hozier; cependant, par une erreur étrange, dans son tableau généalogique, d'Hozier fait ce Georges neveu de François, évêque d'Orléans, et fils de Pierre de Brillac, mari d'Anne de Tranchelion.) Le sgr de Courcelles épousa, vers 1455, Marguerite d'Husson, fille de Jean ? sgr de Tonnerre, et de Marguerite de Chalon, dont il eut deux filles : Françoise, Dᵉ de Courcelles, mariée à François Lucas, Chev., sgr de la Roche-Tesson, et Catherine, mariée à Guillaume du Bec.

3. — **Brillac** (Pierre de), Chev., sgr d'Argy, Monts, fit aveu du Petit-Crouail à Loudun, en 1449. (N. féod.) On dit qu'il fut chambellan du Roi, etc. Marié à Anne de Tranchelion, fille de Guillaume, Chev., sgr de Paluau, et de Guillemette des Roches, il eut pour enfants : 1° Charles, qui suit; 2° Christophe, abbé de Sᵗ-Père (dioc. de Chartres) en 1494, évêque d'Orléans en 1504, était prieur commendataire de Loudun en 1509, et conférait le 1ᵉʳ nov. 1509, à frère Pierre Peignereau, prêtre religieux, le prieuré de la Voyette, fondé dans l'église de Notre-Dame du Château de Loudun à l'autel Sᵗ-Hilaire. (Arch. Vienne.) Il devint en 1515 archevêque de Tours; 3° Madeleine, mariée à Jacques de Betz, Ec.; 4° Marquise, mariée à Jean de Boucart ? 5° Jean, chef de la 2ᵉ branche de Brillac, § III.

4. — **Brillac** (Charles de), Chev., sgr d'Argy, Monts, écuyer d'écurie du Roi, capitaine du Château de Loudun en 1490, mourut à Milan, en juin 1509, pendant les guerres d'Italie. Il avait épousé : 1° le 23 nov. 1479, Jeanne (ou Françoise) de Varie, fille de Guillaume, sgr de l'Ile-Savary, et de Charlotte de Brai; 2° Louise de Balzac, remariée ensuite à Jacques d'Archiac, Chev., sgr d'Availles, fille de Robert, sgr d'Entrague, et de Marguerite de Castelnau. Charles était mort avant 1514. (Dans la fausse généalogie des Brilhac de Nouzières, la 1ʳᵉ femme de Charles est appelée Louise Turpin, fille de Guillaume, sgr de Barges, et de Jeanne de Varie, et c'est d'elle que serait né François de Brilhac, sʳ de Nouzières, le 1ᵉʳ auteur connu des Brilhac de Poitiers, ce qui est une erreur.) De son 1ᵉʳ mariage, Charles de Brillac n'eut qu'une fille : 1° Renée, mariée à Jean de Reillac, sgr de Brigueil; du 2ᵉ lit il eut : 2° Jacques, qui suit; 3° Jeanne, religieuse à Sᵗᵉ-Croix de Poitiers. Sa mère, le 14 juil. 1514, promet de payer au monastère une rente de 25 liv. en faveur de sa fille (Arch. Vienne, Sᵗᵉ-Croix); 4° Marguerite, mariée à Antoine de Carnazet, sgr de Brazeux; 5° Charlotte, mariée au sʳ de Sᵗ-Avit d'Aiguemortes; 6° Françoise, religieuse. (Il eut peut-être du 1ᵉʳ lit un fils, François, nommé chambrier de l'abbaye de Sᵗ-Père en 1491, au lieu de son oncle Christophe, qui est dit *patruus*, dans la bulle.)

5. — **Brillac** (Jacques de), Chev., sgr d'Argy, Monts, Montigny, Chev. de l'ordre du Roi. (En 1526, le 10 sept., il donne pouvoir à Louise de Balzac, sa mère, pour une créance.) Il épousa Geneviève de Poisieux, décédée en fév. 1589, fille de Claude, sgr de Montigny, et de Anne Lucas, dont il n'eut, paraît-il, qu'un seul fils, René, qui suit.

6. — **Brillac** (René de), Chev., sgr d'Argy, Monts, Montigny, Chev. de l'ordre du Roi, décéda en

1584 et fut inhumé à St-Vincent de l'Oratoire, près Monts-sur-Guesne (Vien.). Il épousa : 1° Jeanne ou Jacqueline D'ESCOUBLEAU, fille de Jean, Chev., sgr de la Chapelle-Belouin, et de Antoinette de Brivès ; 2° le 5 janv. 1575, Jacqueline DE SAVONNIÈRES, fille de Jean, Chev., sgr de la Bretesche, et de Guyonne de Beauvau, dont il n'eut pas d'enfants ; du 1er lit il eut :

7. — **Brillac** (Jacques de), tué au tumulte d'Anvers en 1583, sans alliance.

§ III. — DEUXIÈME BRANCHE DE **BRILLAC**.

4. — **Brillac** (Jean de), Chev., sgr de Brillac, Villemexant, fils puîné de Pierre, sgr d'Argy, et de Anne de Tranchelion (3e deg., § II), partagea avec ses frères en 1484, était écuyer tranchant du Roi et bailli des montagnes d'Auvergne en 1508 ; il épousa sa cousine Louise DE BRILLAC, fille unique d'Antoine, sire de Brillac, et de Jeanne de la Tour (3e deg., § Ier), et d'après d'Hozier, il se maria en 2es noces à Louise DE VIENNE Il eut du 1er lit : 1° ANNE, De de Brillac, mariée à Pierre de Chabanais, puis à François de St-Chamans (qui était veuf en 1551) ; 2° CLÉMENT, prieur de Loseau et du prieuré de N.-D. du Château de Loudun dès 1536, époque où il nomme frère René Brachet sous-prieur. (Arch. Vienne.) Il refuse au cardinal de Givry, évêque de Poitiers, le droit de visiter son prieuré, dont en 1555 il ferme les portes à Abel de la Fontaine, sous-doyen de l'Eglise de Poitiers et vicaire général de l'évêque. (B. A. O. 1886, 72.) Il fut aussi archidiacre de Tours et était mort avant le 9 avril 1557, date de l'inventaire de son mobilier. (Arch. Vien.)

3° CLAUDE, prieur de Loudun après son frère.

BRILHAC DE NOUZIÈRES. — Famille noble de l'échevinage de Poitiers, qui compte parmi ses membres plusieurs personnages remarquables, entre autres un 1er président du Parlement de Bretagne au XVIIIe siècle et plusieurs commandeurs de Malte. La branche de Nouzières obtint l'érection en vicomté de la châtellenie de Gençay en 1656. C'est par erreur que dans des lettres patentes accordées par le Roi en 1664, dans les registres de Malte et dans une généalogie enregistrée dans un arrêt au Parlement de Rennes en 1779, on a voulu rattacher les Brilhac de Nouzières aux Brilhac d'Argy ; les 2 familles sont très distinctes et n'ont aucune communauté d'origine, comme nous le démontrerons plus loin. Nous devons une partie des renseignements qui nous ont servi à dresser cette généalogie à MM. de Gennes-Sanglier, de la Vigerie (Taveau), René Barbier, et au Mis Aymer de la Chevalerie pour la branche de Piloué.

Blason : d'azur au chevron d'or chargé de 5 roses de gueules, accompagné de 3 molettes d'or. — Au XVIIIe siècle, quelques branches écartelaient, par suite d'erreur, des armes des Brilhac d'Argy : d'azur à 3 fleurs de lis d'argent.

Brilhac de Nouzières (Charles), Ec., sgr de Fremont, est inscrit à l'Armorial de la généralité de la Rochelle comme portant de gueules au soleil d'or. (Fantaisie, d'office.)

Noms isolés.

Brilhac (Jacques de) rend hommage, en 1495, pour Traversonne (Vienne), à cause de Marie BODINE, sa femme. (Arch. Vienne, Chap. Ste-Radégonde.)

Brillac (Jacques de), sgr de Biard, épousa Pernelle BARROTEAU, qui était sa veuve et donnait, comme mandataire de PIERRE de Brillac, procureur au Parlement de Paris, son fils, quittance à M. Pierre Rougier et à Florence Pidoux, son épouse, d'une somme de *douze vingt dix* livres, le 22 juin 1606. Pierre de Brillac précité en donne une autre le 14 juin 1621 à François Babin, avocat.

Brilhac (Pierre de), prieur de Pamprou (D.-S.), obtient, le 26 août 1609, commission des requêtes du palais pour faire informer sur les violences du sr de la Frappinière. (Arch. Vienne.)

Brillac (Jean de) épousa Marie-Elisabeth DE BESSAC, fille de Jacques, et de Marie Motheau, dont LUCE-ELISABETH, mariée, le 17 juin 1616 (Bouteland, not. à Genouillé), à François-Isaac de Chergé, dit le Chev. de Villogaon.

Brilhac (N... de) fut mariée, vers 1620, à Jean Chasteigner, IVe du nom, Ec., sgr de Rouvre ; elle mourut sans lignée avant 1629.

Brilhac (Jeanne de), veuve de Georges Perrinet, greffier de l'élection de Poitiers, devait rente à N.-D.-la-Grande en 1602. (A. Vien.)

Brilhac (Nicole de), femme de Gilbert, sr de Boutevin, vivait en 1622 (22 avril).

Brillac (Charles de), conseiller au Présidial de Poitiers, obtient du roi Louis XIII des lettres d'honneur données après 26 ans de service, datées de Nanteuil, le 2 sept. 1634, et registrées au Parlement de Paris le 20 avril 1635. (A. Nat., 6e vol. des Ordon. de Louis XIII, fo 462.)

Brillac (N... de) obtint des lettres de conseiller honoraire au Parlement de Paris, données à Paris, le 10 fév. 1671, registrées audit Parlement le 14 mars 1671. (Id., fo 358.)

Brilhac (Anne-Marie de) fut la seconde femme de Henri-François Chasteigner, Cte de St-Georges, et de Chincé, qui fut inhumé dans l'église de Jaulnay (Vien.), le 16 juil. 1687.

Brillac (Jean-Baptiste de), prieur commandataire de Parthenay-le-Vieux, fut condamné, par arrêt du conseil du 18 mars 1693, en vertu des lettres patentes de 1687, de délivrer annuellement à l'hôpital de Parthenay 80 septiers de froment, valeur représentant l'aumône qui se distribuait trois fois la semaine à son prieuré. (Hist. Parthenay, 238.)

Brillac (Polixène de), femme de Gabriel de Rigné, sr de la Russaudière, existait en 1695, à Champigny-sur-Veude. (Reg. paroissiaux.)

Brillac (N... de) fit partie de la première brigade au ban de 1689, et du premier escadron à celui de 1703. (F.)

Brillac (N... de), conseiller au Présidial de Poitiers, acquit, en 1699, de Charles de Marconnay, la maison de Gastebourse (sgrie de Fronteuay, D.-S.), dépendant de St-Hilaire-le-Gd, et fut condamné en 1706 à payer au fermier de ce Chapitre les droits de lods et ventes. En 1710, il revendait cette terre à N... Blondin.

Brillac (Louis de), Chev., sgr du Vignault, habitant Loudun, était, le 5 déc. 1714, un des copartageants de la succession de Jean-Louis Rogier, Chev., sgr de Belleville et de Leugny.

Brillac (Jean), dit le Chev., assiste à l'assemblée de la noblesse réunie en 1789 pour nommer des députés aux Etats généraux. Ce fut lui, sans doute, qui, ayant émigré, s'engagea avec d'autres gentilshommes du Poitou, réunis à Munster en 1793, à justifier de sa noblesse lorsqu'il en serait requis.

Brillac de Nouzières (Marie-Geneviève de), femme de Charles-Antoine Bon de la Laurencie, Bon de la Chadurie, fut détenue à Brouage pendant la Terreur.

Filiation suivie.

A titre de curiosité, nous donnons d'abord la fausse filiation de la famille de Brilhac telle qu'on la trouve relatée dans l'ordonnance royale de sept. 1664, dont il sera question au 3e degré de la branche de Nouzières. La filiation des Brilhac du Poitou remonterait à :

1. — **Brilhac** (Robert de), sgr d'Argy en Berry, mari de Guyonne DE NOUZIÈRES, fille unique de Guyon, dont il eut : 1° PIERRE, sgr de Monts ; 2° JEAN, qui suit.

2. — **Brilhac** (Jean de), qui épousa, le 23 fév. 1443, Catherine DE LA MARTONNIE, et par le contrat de mariage, il fut stipulé que : « afin de continuer à la postérité les armes de Nouzières qui était noble, anciennement connue....., les enfants procréés de ce mariage porteraient le nom et les armes de Nouzières, savoir : d'azur au chevron brisé d'or, chargé de cinq roses de gueules, accompagné de trois molettes d'or », et Robert de Brilhac voulut encore que si Pierre de Brilhac, sr de Monts, son fils aîné, venait à décéder sans mâles, l'aîné des fils de Jean de Brilhac, son puîné, écartelât les noms et armes de Brilhac qui sont : d'azur à trois fleurs de lis d'argent, avec ceux de Nouzières. De ce mariage sont issus : 1° PIERRE, qui suit ; 2° JEAN, dont la postérité n'est pas connue.

3. — **Brilhac** (Pierre de), Chev., sgr de Monts en Loudunais et d'Argy, terres qu'il possédait en 1449, épousa Anne DE TRANCHELION, fille de Guillaume, Chev., et de Marie du Plessis, dont il eut : 1° CHARLES, qui suit ; 2° CHRISTOPHE, évêque d'Orléans, qui fut archevêque de Tours de 1514 à 1520 ; 3° MARIE, *aliàs* MADELEINE, femme de Jacques de Betz ou Guillaume du Bec, sgr de la Mothe-d'Usseau.

4. — **Brilhac** (Charles de), sgr d'Argy et de Choisy, chambellan et maître d'hôtel de Louis XII. Les mêmes stipulations mentionnées au 2e degré furent établies dans le contrat de mariage de Charles de Brilhac et de Louise DE TURPIN (1471). Devenu veuf, il se remaria à Louise DE BALZAC, fille de Robert, et de Antoinette de Castelnau, et eut plusieurs enfants de ces deux mariages ; mais, d'après l'exposé des lettres patentes que nous analysons, « il ne lui restait que François, tous les autres étant morts au service des rois Charles VIII et Louis XII, et Nicolas de Brilhac, l'aîné, n'ayant apparence de longue vie après la blessure qu'il avait reçue à la bataille de Ravenne ». Charles testa le 13 janv. 1512 en faveur de Jean, fils de FRANÇOIS précité, qui suit, lui léguant 2,000 écus d'or, à la charge par lui d'écarteler ses armes avec celles de Nouzières.

Toutes ces assertions sont évidemment erronées ; car, d'après les titres produits pour les preuves de St-Cyr en nov. 1697, il est dit positivement dans le contrat de mariage en date du 2 oct. 1527, de Jean de Brilhac, licencié ès droits, fils de François et de Charlotte Brunet (qui forment le 1er deg. de la filiation), que le père donne à son fils l'hôtel noble et seigneurie de Nouzières, tels qu'ils les a acquis d'Antoine de Nouzières. (Bibl. Rouen, fonds Martainville, vo Brilhac.)

§ Ier. — BRANCHE DE NOUZIÈRES.

1. — **Brilhac** (François de), sgr de Nouzières (fief qu'il acquit d'Antoine de Nouzières, 1500), est prétendu fils puîné de Charles de Brilhac, sgr d'Argy, Monts, et de Louise Turpin (ce qui est faux). Il épousa en 1497 Charlotte BRUNET, que l'on croit fille de Pierre, et de Françoise de Ferrières ; d'autres disent Charlotte BONNET. Leur succession fut, dit-on, partagée noblement en 1533. Il eut de son mariage : 1° JEAN, qui suit ; 2° NICOLAS, rapporté § VII.

2. — **Brilhac** (Jean de), Ec., sgr de Nouzières et de la Riche, enquesteur à la sénéchaussée de Poitiers en 1535, maire de cette ville en 1536, et exempté comme tel de servir au ban et arrière-ban convoqué ladite année, était, en mai 1549, chargé de recevoir les hommages dus à la Bnie de Parthenay. Outre son office de conseiller à la sénéchaussée de Poitiers, il était encore sénéchal de Civray (janv. 1553). Le 15 mai suivant, le Roi l'autorisa à se défaire de l'une ou de l'autre de ses charges sans payer finance, « Et ce en considération tant des 1,500 écus par lui fournis pour la subvention des affaires dudit Roi que des services à lui faits par ledit de Brilhac depuis 20 ans en çà. » (A. H. P. 16, 2.) Jean fut nommé maire de Poitiers en 1572 ; il était échevin de cette ville dès 1542, comparut comme lieutenant criminel au procès-verbal de la réformation de la Coutume du Poitou en 1559, et fut un des juges qui condamnèrent Jacques Herbert, maire de Poitiers, accusé d'avoir favorisé l'entrée des bandes protestantes dans la ville qu'elles mirent au pillage, et refusé d'en ouvrir les portes à l'armée royale qui venait pour les en chasser. Jean de Brilhac est auteur du *Journal* dont la Société des Archives du Poitou a publié quelques fragments (tome XV). Marié, en 1527, à Catherine AREMBERT, fille de Joachim, et de Rose Payen, il mourut en 1573 et fut inhumé en l'église de St-Opportune de Poitiers, laissant : 1° FRANÇOIS, qui suit ; 2° JEAN, chef de la branche de Choisy, rapportée au § III ; 3° RENÉ, tige de la branche du Parc, rapportée au § V ; 4° PHILIPPE, qui ne nous est connu que par la nouvelle de son départ pour Paris avec René son frère, le 24 mars 1564, rappelé dans le Journal de son père (p. 8).

3. — **Brilhac** (François de), Ec., sgr de la Riche, comparut, comme avocat, au procès-verbal de la réformation de la Coutume du Poitou en 1559, et fut ensuite lieutenant criminel en la sénéchaussée. Liberge, dans sa relation du siège de Poitiers, fait le plus brillant éloge de sa bravoure et de sa conduite sous le nom de la Riche. Il était l'un des échevins de la commune, et avait épousé en 1565 ou 24 juin 1562 Catherine TUDERT, fille de Claude, sgr de la Bournalière, conseiller au Châtelet de Paris, et de Marie Luillier. D'après les lettres patentes de 1664 dont nous avons déjà parlé, François n'aurait porté que les armes de Nouzières ; il mourut le 25 fév. 1598, laissant : 1° PIERRE, qui continue la filiation ; 2° CLAUDE, qui mourut en 1591, à l'âge de vingt ans. Il avait déjà donné des preuves de ses talents et de son goût pour les lettres, dit Dreux du Radier. Le poète Bunchereau composa son éloge ; 3° CATHERINE, mariée à René Fumée, avocat du Roi ; elle mourut le 16 août 1609, à 34 ans. On voyait jadis son épitaphe en vers latins dans la chapelle des Carmes.

4. — **Brilhac** (Pierre de), Ec., sgr de Nouzières et de Bernay, fut installé, le 13 mars 1598, dans la charge de lieutenant criminel, dont son père s'était démis en sa faveur ; mais comme il n'avait pas encore les 30 ans révolus exigés par l'ordonnance de Blois, il est dit qu'il ne pourra siéger que lorsqu'il aura atteint l'âge requis ; pourtant l'année suivante il obtint du Roi des lettres de dispense d'âge. Il fut élu maire de Poitiers en 1614, à la place de Nicolas de Ste-Marthe, obligé de quitter la ville à la suite du duc de Roannez. (V. l'Hist. du Poitou, au sujet de cette époque troublée.) Lors du passage

de Louis XIV à Poitiers en 1614 et 1615, il eut l'honneur de recevoir ce prince en sa maison. Le portrait de Pierre de Brilhac existe au musée de la ville. Il avait épousé, le 29 avril 1600, Geneviève DUPRÉ, fille de Claude, trésorier de France en Saintonge, et de Catherine Razin. De ce mariage sont issus : 1° PIERRE, qui suit ; 2° CLAUDE, Ec., s[r] de Bernay, qui épousa en 1660 Marie DU CHESNEAU. Ils se faisaient une donation mutuelle le 23 déc. 1663 (Johanno, not. à Poitiers). Il en eut : *a*. MARIE-RENÉE, mariée, le 27 sept. 1666, à François Boynet, Ec., sgr de la Touche-Fressinet, et *b*. N..., fille, sans alliance. Claude est mentionné avec ses frères Pierre et Charles dans les lettres patentes de 1664, dont nous allons parler à l'article suivant.

3° CHARLES, dont la postérité sera rapportée au § II ; 4° GENEVIÈVE, qui épousa, avant 1632, Jacques de Ferrières, Ec., sgr de Champigny-le-Sec ; 5° MARIE, alliée, le 1er fév. 1634, à Isaac de Marconnay, Ec., s[r] de Curzay ; ailleurs on la dit mariée dans la famille Garnier de Boisgrollier ; 6° ANNE, mariée à Honorat Couraud, Ec., sgr de la Roche-Chevreux ; 7° RENÉE, épouse de François de Boissy, Ec., s[r] de Charte-Bouchère.

5. — **Brilhac de Nouzières** (Pierre de), Chev., sgr de Nouzières, Vte de Gençay, conseiller au Parlement de Paris, fit ériger en V[té] par lettres patentes de juin 1656, registrées au Bureau des finances de Poitiers le 31 août 1696, la terre de Gençay qu'il avait acquise des héritiers de feu René de Bueil, Cte de Marans et de Sancerre. Ce fut lui qui, sur l'exposé dont nous avons déjà donné quelques passages, obtint du Roi, par lettres données à Vincennes en sept. 1664, et registrées en Parlement le 6 des mêmes mois et an, la permission d'ajouter à son nom le nom et les armes de Nouzières. (A. Nat. 10° vol. des Ordonnances de Louis XIV, folio 211.) Il laissa de Marie BENOISE, fille de Charles, maître des comptes, et d'Hélène Passart : 1° NICOLAS, qui suit ; 2° PIERRE, Chev. de Malte en 1649 ; 3° CLAUDE, Chev. de Malte, 1650, prend possession de la commanderie de l'Ile-Bouchard (Indre-et-Loire), en janv. 1675, était aussi commandeur de Villegast (Charente), fit dresser le papier terrier de cette commanderie en 1692, l'était encore en 1697, avait en 1713 le bail de la commanderie d'Ansigné (D.-S.) (Arch. Vien. O. de Malte) ; 4° LOUIS, Chev. de Malte, 1672 ; 5° MARGUERITE, 6° JACQUES, Chev. de Malte, 1672 ; 7° JEAN-BAPTISTE, docteur en Sorbonne, décédé à Paris le 14 août 1735, à 87 ans.

6. — **Brilhac** (Nicolas de), Chev., sgr de Tachinville, Vte de Gençay, Magné, etc., conseiller du Roi en sa cour de Parlement de Paris, est mort à Poitiers, le 13 nov. 1685, à l'âge de 53 ans, dit son épitaphe (musée de la Société des Antiquaires de l'Ouest). Son épouse fit transporter son corps à la Roche-de-Gençay. (M. A. O. 1863, 347, 348.) Il avait épousé en 1666 Catherine-Jeanne AUZANNET, fille de Jean, avocat au Parlement de Paris, et de Anne Bourat. (Ledain, Gâtine, et G.-G. Bur. des finances.) De ce mariage vinrent : 1° PIERRE, qui suit ; 2° NICOLAS, capitaine aux gardes, Chev. de St-Louis ; 3° FRANÇOIS, maréchal de camp, commandeur de St-Louis, gouverneur de Thionville, décédé à Paris le 14 sept. 1731.

7. — **Brilhac** (Pierre de), IIIe du nom, Chev., sgr de Nouzières, Vte de Gençay, né le 26 janv. 1667, conseiller au Parlement de Paris en 1688, fut installé premier président au Parlement de Rennes en 1703. (En 1730, il avait fait placer à la promenade du Thabor (Rennes) une cloche pour en annoncer chaque soir la fermeture, et y avait fait graver ses armoiries ; elle est aujourd'hui déposée au musée de cette ville.) Il épousa : 1° le 17 sept. 1693, Anne CHOUET DU GAZEAU, fille de Pierre, sgr du Gevreau, conseiller au Parlement de Bretagne, et de Marie Dumoley ; 2° Pélagie-Constance COMTE DU LYS, fille d'Antoine, conseiller au Parlement de Bretagne, et mourut à Paris le 25 janv. 1734, laissant des enfants des 2 lits ; nous ne connaissons que : 1° PIERRE-NICOLAS, qui en 1747 était interdit à la requête de 2° NICOLAS-CHRÉTIEN, qui suit ; 3° JOSIAS-FRANÇOIS, Chev. de Malte, commandeur de Ballan en 1731, vivait encore en 1780. (Arch. Vienne, O. de Malte.)

4° MARIE-ANNE-GENEVIÈVE, mariée, le 21 janv. 1722, à André-Joseph de Robien, Chev., sgr de Campron, puis au s[r] de Dinan de Coniac. (Dans son Histoire du Poitou, Thibaudeau dit qu'en 1780 les descendants du président de Brilhac étaient le commandeur, et MM. de Cugnac et de Montfleury, issus par les femmes.)

8. — **Brilhac de Nouzières** (Nicolas-Chrétien Cte de), lieutenant aux gardes françaises et Chev. de St-Louis, fut autorisé par arrêt de la chambre des comptes du 8 août 1737 à faire l'hommage de Gençay comme curateur de Pierre-Nicolas, son frère interdit. (Arch. Vienne, Bur. des finances.) Lui et Marie-Gabrielle MONNOT, son épouse, et Marie-Anne-Geneviève de Brilhac, veuve de Dinan de Coniac, vendirent, le 7 avril 1767, la terre de Gençay à Jacques-Charles Mis de Gréqui, lieutenant-général des armées du Roi, etc. Ce Nicolas-Chrétien fut sans doute le dernier représentant de cette branche.

§ II. — Branche de FENIOUX.

5. — **Brilhac** (Charles de), Ec., sgr de Fenioux, capitaine au régiment de Piémont, fils puîné de Pierre et de Geneviève Dupré, rapportés au 4° degré du § I, épousa, le 10 sept. 1650 (Choffe, not.), Claire DE LA TOUR, fille de Jacques, Ec., sgr de Bonnemie, et de Marguerite de la Tour. Il en eut : 1° CHARLES, qui suit ; 2° MARIE, qui, le 15 déc. 1694, épousa Hector de St-Georges, Chev., sgr de Dirac et de la Berlandière, dont elle était veuve le 9 juil. 1717 ; 3° LOUIS, Chev. de St-Jean-de-Jérusalem en 1674, qui fut grand trésorier de l'ordre (Bulle du 11 août 1742) ; 4° JOSIAS-FRANÇOIS, Chev. du même ordre, lesquels partageaient le 1er janv. 1704 la succession de leur père (L'Hôpital, not.).

6. — **Brilhac** (Charles de), Chev., sgr de Fenioux, Grand-Jean, la Faye, marié, le 3 août 1703 (Arnault, not. à Saintes), à Marie GENTILS, fille de Seguin, Ec., sgr de la Fond, dont il n'eut qu'une fille, MARIE-CLAIRE, laquelle, âgée de 17 ans le 22 mars 1727 (date de lettres de dispense d'âge données à Bordeaux), épousa, le 6 nov. 1727, Jean-Isaïe du Chesne de St-Léger ; elle décéda à Poitiers, à l'âge de 83 ans, en déc. 1788.

§ III. — Branche des ROCHES-DE-CHOISY.

3. — **Brilhac** (Jean de), Ec., sgr des Roches-de-Choisy, fils puîné de Jean de Brilhac et de Catherine Arambert (2e deg. du § Ier), conseiller au Présidial de Poitiers en 1586, épousa, le 9 janv. 1570, Françoise VIVIEN, fille d'Antoine, sgr des Roches-de-Quinçay, et de Marguerite Audouin, D[e] de Lonchard, dont il eut : 1° FRANÇOIS, qui suit ; 2° PENTECÔTE, qui fonda une chapelle dans l'église St-Didier de Poitiers, et y nomma en 1611 ; 3° PHILIPPE, dont la filiation sera rapportée au § IV ; 4° CATHERINE, qui épousa, le 26 nov. 1632, Gabriel de Rechignevoisin.

4. — **Brilhac** (François de), Ec., sgr de Lon-

chard, partagea comme fils aîné, le 8 sept. 1612; il paraît s'être marié deux fois : 1° le 11 sept. 1603, à Rénée PIDOUX, 2° à Jacquette DU VIGNAUD, veuve de Etienne Le Maye, sr des Minières. Le 27 juil. 1627, il obtenait un jugement du Présidial de Poitiers contre Jacques Jacques, Ec., sgr de la Belotrie. Le 14 fév. 1640, lui et Pierre son fils acquéraient une créance de 5,000 liv. sur Antoine de Montjon, ci-devant conseiller au Présidial de Poitiers. Il eut pour fils :

5. — **Brilhac** (Pierre de), Ec., sgr de Lonchard, était, dès le 28 mars 1627, cer au Présidial, charge qu'il vendit, le 13 janv. 1637, à Jean Richeteau, Ec., sgr de l'Espinay, avec lequel il était en procès en mars 1638. Le 20 janv. 1661, il rendait un aveu à Jacques de Mesgrigny, Chev., sgr de St-Georges, pour son fief de Ribouard. Il épousa, avant 1638, Marie DE LA BARRE, dont il eut MARIE, De de Lonchard, Ribouard, mariée, avant le 29 sept. 1656, à Louis Rousseau, Ec., sr de la Place, trésorier de France au Bureau des finances de Poitiers. Elle décéda à Cissé, le 12 mai 1700, âgée de 64 ans.

§ IV. — BRANCHE DE LA GARNERIE.

4. — **Brilhac** (Philippe de), Ec., sgr des Roches-de-Choisy, fils puîné de Jean et de Françoise Vivien, 3e deg., § III, plus particulièrement connu sous le nom de Choisy, conseiller au Présidial en 1608, épousa : 1° le 19 janv. 1611, Jeanne DE SAUZAY, fille de Louis, sr de Beaurepaire, et de Rose Lucas; 2° Marie TILLIER, fille de Gilles, doyen de Poitiers. Il eut du 1er lit : 1° JEAN, qui suit; 2° GENEVIÈVE, mariée à Antoine Lefèvre; 3° MARIE, 4° CATHERINE, 5° ANNE, religieuses.

5. — **Brilhac** (Jean de), Ec., sgr de la Garnerie, du Bouchet, de Vérine, succéda à son père comme conseiller au Présidial de Poitiers en 1664. Il épousa, le 15 mars 1646, Catherine FOUQUET, fille d'Isaac, Ec., sgr de la Touche-Beaurepaire, et de Anne Caschinard, dont : 1° CHARLES-EMMANUEL, qui suit; 2° ANNE-MARIE, née le 24 août 1652, mariée, le 4 mars 1712, à Jules Guion ou Guyon, Ec., sgr de Vatres, la Chevallerie; 3° CATHERINE, 4° MADELEINE, qui vivaient sans alliance en 1674.

6. — **Brilhac** (Charles-Emmanuel de), Chev., sgr de la Garnerie, des Roches, était âgé de 9 mois lorsqu'il fut baptisé, le 22 juin 1650. Il décéda le 28 mai 1697. Marié, le 20 avril 1674 (Barbaud et Rallier, not. à Poitiers), avec Esther CARLOUET, fille de Jacques, receveur des tailles à St-Maixent, et d'Esther des Vignes, il eut : 1° CHARLES-EMMANUEL, qui suit; 2° ANNE-GENEVIÈVE-ESTHER, née le 9 janv. 1688, reçue à St-Cyr en 1697; 3° FRANÇOIS, qualifié d'Ec., sgr de la Garnerie, épousa, le 17 mai 1715, à Moussac-sur-Vienne, Marie-Anne FROTTIER, fille de Louis, et de Catherine Maigret, et fut inhumé à l'âge de 75 ans, le 31 mai 1751, ayant eu de ce mariage : *a*. GENEVIÈVE-RADÉGONDE, baptisée le 1er mars 1716; *b*. THÉRÈSE, le 27 mai 1717; *c*. JEAN-PIERRE, baptisé le 6 juin 1718; *d*. JEAN-CHARLES, le 5 mars 1725; *e*. MARTIN, le 8 avril 1727, et plusieurs autres morts enfants. (Reg.)

4° ANNE, mariée à Sèvres (Vienne) à Jean Girard, le 4 avril 1716. (Id.) Outre ceux qui précèdent, Charles-Emmanuel et Esther Carlouet eurent encore : 5° N..., qui fut chanoine de Ste-Radégonde de Poitiers, assistait, le 23 fév. 1728, aux funérailles de sa mère.

7. — **Brilhac** (Charles-Emmanuel de), Chev., sgr de la Garnerie, eut, croyons-nous, pour enfants : 1° HIPPOLYTE ? qui suit; 2° RENÉ-ANNE-HIPPOLYTE, né en 1710, Chev. de Malte. Cependant, d'après M. Ledain (Gâtine), il fut, de 1758 à 1768, commissaire des États de Bretagne, et prieur commendataire de Parthenay-le-Vieux, et seigneur des fiefs de St-Marc et du Vieux-Brusson en Fenioux (D.-S.), membres dépendants de son prieuré. Nous trouvons en 1752 un Hippolyte de Brilhac commandeur de la Lande (Gâtine) : serait-ce le même que le prieur de Parthenay-le-Vieux ou un autre frère ? et en 1765 un René-Hippolyte commandeur de Coudrie. (Arch. Vendée.)

8. — **Brilhac** (Hippolyte ? de), Ec., sgr de la Garnerie, marié, vers 1730, eut, croyons-nous, pour enfants : 1° FRANÇOIS-HIPPOLYTE, qui suit; 2° CHARLES-SEGUIN, Chev. de Malte en 1738, servit au ban de Saintonge en 1758, comparut à la réunion de la noblesse en 1789, et mourut à St-Jean-d'Angély en 1809.

9. — **Brilhac** (François-Hippolyte de), Chev., sgr de la Garnerie, épousa Dorothée DE GUILLON, qui était sa veuve en 1789; ils eurent pour enfants : 1° LOUIS, baptisé le 25 juil. 1756; 2° JACQUES, le 26 oct. 1757; 3° ANTOINE, le 27 janv. 1760; 4° JEAN, le 11 janv. 1763; 5° autre LOUIS, le 31 mars 1769 : tous à Availles-Limousine. (Reg.)

§ V. — BRANCHE DU PARC.

3. — **Brilhac** (René de), Ec., sr du Parc, Boisvert (fils puîné de Jean, et de Catherine Arembert, 2e deg., § I), conseiller au Présidial de Poitiers en 1573, l'était encore en 1607, fut reçu échevin en 1573. Le 10 avril 1614, il assista à la réunion pour élire les députés du Poitou aux États de Sens. Comme son père, il tint un journal de famille de 1573 à 1622. (A. H. P. 15.) Marié, le 30 oct. 1570, avec Madeleine FUMÉE, fille de François, Ec., sgr de la Pierrière, et de Michelle Vernou (Riguet et Morineau, not. à Poitiers), il eut pour enfants : 1° FRANÇOIS, qui suit; 2° CATHERINE, mariée à René Lambert; et, croyons-nous, 3° MARIE, qui épousa d'abord François Alexandre, Ec., sgr du Vivier, puis René de la Lande, Ec., sgr du Breuil de Vernon. En 1619, elle fit un accord avec Simon Maubué, Ec., sgr de la Touche; 4° RENÉ, Ec., sr de Châtillon, marié à Jeanne BARBARIN, qui, étant veuve, fit aveu à Angle, le 6 mai 1627.

4. — **Brilhac** (François de), Ec., sgr du Parc, Boisvert, succéda à son père comme conseiller au Présidial en 1610. Il fut maire de Poitiers en 1619 et mourut en 1647. On dit qu'il fut maître d'hôtel du Roi. Marié, le 30 janv. 1611 (Busseau et Chauvet, not. à Poitiers), à Marie ALEXANDRE, il en eut : 1° PIERRE, qui suit; 2° RENÉ, chanoine de St-Hilaire-le-Grand, fut député par le Chapitre, en 1657, pour aller chercher les reliques de St Hilaire conservées au Puy; il fut nommé grand chantre en 1663, et mourut le 14 fév. 1687, inhumé devant l'autel St-Guillaume; 3° MARIE, qui épousa, le 3 avril 1644, Philippe Peyraud, Ec., sgr de la Chèze; 4° LOUIS, chef de la branche de Piloué, § VI; et d'après d'autres notes : 5° FRANÇOIS, bénédictin; 6° et 7° deux fils capucins.

5. — **Brilhac** (Pierre de), Chev., sgr du Parc, Boisvert, épousa Marguerite PIDOUX, fille de Pierre, Ec., sgr de Malaguet, et de Madeleine Maisonnier; elle était veuve dès 1664, lorsqu'elle partagea la succession dudit sgr de Malaguet, son père.

De ce mariage il n'y eut, croyons-nous, qu'une fille, MARGUERITE, De du Parc, Boisvert, mariée, avant le 20 fév. 1710 (Arch. Vienne, abb. de S-Cyprien), à Jean Reveau de Putigny, lieutenant de vaisseau, capitaine d'une compagnie franche de la marine. (G.-G. Bur. des finances.)

§ VI. — BRANCHE DE **PILOUÉ**.

5. — **Brilhac** (Louis de), Ec., sgr du Parc et de Piloué (fils puîné de François et de Marie Alexandre (4e deg. du § V), conseiller au Présidial de Poitiers et secrétaire de l'ambassade en Suisse, épousa, le 19 avril 1668 (Cailler et Marot, not. à Poitiers), Marie-Jeanne DE GENNES, fille de Charles, Ec., sgr du Courtioux, la Roche-Marigny, et de Jeanne-Cécile Texier de la Gloutière. (Elle décéda le 18 juin 1709.) De ce mariage sont issus : 1° LOUIS, qui suit; 2° CHARLES, sgr du Pré-l'Evêque, chanoine de St-Hilaire-le-Grand, fut reçu chantre de ce Chapitre, sur la démission de Charles, son oncle, dignité à laquelle il avait été nommé le 30 mars 1715 ; il est mort le 26 oct. 1754 ; 3° MARIE-ANNE-SCHOLASTIQUE, mariée, le 15 oct. 1698, à François-Silvain Chauvelin, Ec., sgr de Beauregard.

6. — **Brilhac** (Louis de), Ec., sgr de Piloué, Vounant, naquit en 1667, inhumé le 22 avril 1738; épousa en août 1705 (Monnereau et Beguier, not. à Poitiers), Marie LE PEULTRE, veuve de Pierre du Plantis, sgr du Laudreau, et fille de Philippe, trésorier de France au Bureau des finances de Poitiers; de ce mariage sont issus : 1° MARIE-CATHERINE, baptisée le 4 juil. 1706, et mariée, le 30 avril 1725, à Paul-Bonaventure Frottier, Mis de la Messelière, etc.; elle est décédée le 18 oct. 1755; 2° MARIE-ANNE, baptisée le 3 juil. 1707, morte enfant; 3° JACQUES-LOUIS, qui suit; 4° CHARLES-HILAIRE, baptisé le 27 juin 1709, chanoine prébendé de St-Hilaire-le-Grand, mourut le 27 sept. 1739; 5° PHILIPPE, baptisé le 7 juil. 1710, chanoine de St-Hilaire, reçu sous-chantre le 22 mars 1738, et chantre, sur la démission de son oncle Charles de Brilhac, le 2 déc. 1749; l'était encore le 24 juin 1765; 6° MARIE-THÉRÈSE, baptisée le 8 sept. 1711, mariée à 38 ans, le 17 août 1751, à Louis Darras, Chev., sgr d'Haudrecq, Vte de Pouilly, brigadier des armées du Roi (Reg. de Queaux, Vienne); 7° MARIE-MADELEINE-ESTHER, baptisée le 24 avril 1714, mariée, le 21 avril 1732, à Marie-Jean-François Fumée, sgr de la Roche, décédée avant 1774; 8° MARIE-LOUISE, baptisée le 17 mai 1716, mariée, le 16 sept. 1742, à Charles-André de Laspaye, Chev., sgr de St-Généroux, et le 26 mai 1751, à Queaux, à Joseph Malafosse de Couffour, Ec., sgr de Pegras, Roumazières, capitaine de grenadiers au régiment de Condé-Infanterie, Chev. de St-Louis, dont elle était veuve le 29 juil. 1771.

7. — **Brilhac** (Jacques-Louis de), Ec., sgr de Piloué, Vounant, baptisé (à St-Hilaire-le-Gd) le 19 juil. 1708, servit au ban de 1758 dans la première brigade de l'escadron de Vassé; épousa, par contrat du 11 avril 1739 (Decressac et Baudouin, not. à Poitiers), Marie-Susanne-Elisabeth DE LAMBERTYE, fille de Cosme, Chev., sgr de Lavau, la Gde-Epine, mestre de camp de cavalerie, Chev. de St-Louis, et de Angélique du Breuil-Hélyon. De ce mariage il n'eut qu'une fille, MARIE-SUSANNE-JOSÈPHE, mariée, le 1er avril 1758 (Duchasteigner et Delabadonnière, not. à Poitiers), à Charles Chevalier, Chev., sgr de la Coindardière; elle mourut le 5 sept. 1799.

§ VII. — BRANCHE DE **BOISTILLÉ**.

2. — **Brilhac** (Nicolas de), Ec., sgr de Boistillé, fils de François, sgr de Nouzières, et de Charlotte Brunet (1er deg., § Ier), vivait le 4 avril 1555. Il avait épousé Catherine BADIGNON, fille de Jean, juge prévost de Civray, dont il eut : 1° JEAN, qui suit ; 2° CATHERINE, qui épousa, le 31 mars 1558, Nicolas Arnault, sr de Langlée.

3. — **Brilhac** (Jean de), Ec., sgr de Boistillé, fut, dit-on, gentilhomme ordinaire de la chambre du Roi. Il épousa : 1° Renée DE PARTHENAY, fille de N..., Ec., sgr de Maisonnais ; puis 2° le 2 janv. 1592, Marguerite DE LA ROCHEFOUCAULD, fille de François, et d'Isabeau de Lanes. Il eut du 1er lit : 1° FLORENCE, De de Boistillé, mariée, le 7 fév. 1608, à Gabriel Jourdain, Ec., sgr de Trallebost ; 2° MARIE, qui épousa Louis Jourdain, Ec., sgr de Nieul. (M. de Gennes-Sanglier ajoute) : 3° N..., mariée à Charles Tiercelin d'Appelvoisin, sgr de la Roche du Maine (mais cela paraît être une erreur).

BRILLOUET. — Ancienne famille du Bas-Poitou, qui a tiré probablement son nom du bourg de Brillouet (St-Etienne), arrondist de Fontenay-le-Cte (Vendée).

Blason : de sable au lion d'argent. (Vraie Science des armoiries.)

Brillouet (A. de), prieur de Choupeaux, est cité dans la confirmation par Savary, sgr de Mauléon, Benon, etc., en mai 1233, du don fait précédemment par Guillaume, Cte de Poitou, à l'abb. de Luçon, de l'île de Choupeaux. (D. F. 14.)

Brillouet (Aude et Hilaire de), sœurs, étaient en 1301 femmes de Jean de Chateaubriand, sgr des Roches-Baritaud, et de Pierre de Thorigné, auxquels elles avaient apporté la sgrie du Langon, obvenue dans leur famille par les d'Auzay. (Poitou et Vendée, Le Langon, 7.) Aude de Brillouet testa en 1310 et fit des legs à Guillaume d'Appelvoisin, son parent.

Brillouet (Guillaume de), valet, était mandataire de Jean de Chateaubriand (son beau-frère ?), en 1301, d'après une charte de l'abb. de l'Absie.

Brillouet (Pierre de) était, vers 1380, époux de Jeanne CHASTEIGNER, fille de Simon, sgr de Réaumur, qui était veuve et remariée, en 1395, à Jean Grignon, Ec., sgr de Parsay.

Brillouet (Jeanne de) épousa d'abord Jean de St-Flaive, Chev., sgr dudit lieu et de l'Aiguillier. Devenue veuve, elle se remaria à Léonnet de Pennevaire, Ec., sgr de Chastenay, auquel elle porta la terre de St-Martin-l'Ars. En 1487, elle était encore veuve de ce second époux.

Brillouet (Guy), Ec., était sgr de Riparfond (psse St-Porchaire, D.-S.) en 1465. C'est sans doute le même qui, au ban de 1467, servait en homme d'armes sous les ordres du sgr de Rochechouart.

Brilloure, Brillouet ? (Guy de), habitant la sgrie de Bressuire, sert en archer au ban de 1491. (F.)

Brillonet ou **Bruillonnet (Brillouet ?)** (René), Ec., sgr des Craignières (Cranières ? D.-S.), rendait, le 3 déc. 1539, un aveu au sgr de Luzay pour raison d'un herbergement sis à Louzy.

Brillouet (Flaive de) était, vers 1600, veuve de François Royrand, Ec.

Brillouet (Jacques de) épousa, en 1572, Guyonne BARATON, De de Rivarennes, dont une fille, CHARLOTTE, qui, vers 1600, était femme de Louis de Beauvau, Ec., sgr des Aulnais.

BRILLOURE. — V. **BRILLOUET**.

BRIMEAU (Jean) était échevin de la commune de Poitiers en 1385. (F.)

BRIMEU (Eolard ou Florimond de), Chev., nommé grand sénéchal du Poitou par lettres patentes du 28 juin 1435, d'après M. de Beufvier.

BRIN ou **BRINS** (Simon), valet, fit, le 11 août 1389, une donation de quelques héritages à un habitant de Châteaumur. (Arch. chât. de la Flocellière.)

Brin (Angélique) était en mars 1686 épouse de Antoine-César Desprès, Ec., sgr de la Villedieu. (Reg. Jazeneuil.)

Brin (Ambroise), curé de St-Laurent-sur-Sèvre depuis 1790 et vicaire général de l'évêque de la Rochelle, membre du conseil supérieur de l'armée vendéenne, disparut pendant la guerre. (M. de la Rochejaquelein, éd. orig. 167.)

BRION (DE). — Ce nom est commun à plusieurs familles. On trouve au xve siècle les sgrs de Brion en Gençay. Mais, en Bas-Poitou et en Gâtine, il y a eu plusieurs autres familles du même nom, dans des conditions de fortune très diverses.

Blason. — Les de Brion du Bas-Poitou : « d'azur à une pique d'or brisée de 3 pièces d'un côté de l'écu à l'autre. (Barentin.) « De sable à une pique d'argent (ou d'or) brisée, posée en pal. » (Gén. Bessay. Cab. Tit. n° 283.)

Brion (Etienne de), avec ses frères Guillaume et Pierre et leur mère Arsende, fit don à St-Cyprien en 1112, en présence de Mathieu de Gençay. (Cart. St-Cyprien.)

Brion (Guillaume de), Chev., capitaine et châtelain pour le Roi du chastel et ville de Fontenay-le-Cte, est cité dans des lettres du Roi de nov. 1354. (A. H. P. 17.)

Brion (Jeanne de) épousa, vers 1400, Philippe de Chouppes.

Brion (Pierre de), Chev., avait, en 1454, un serviteur nommé Jean de la Bastide, qui tue un nommé Jean Paultier. (A. Nat. J. Reg. 191, 86.)

Brion (Catherine) était femme de Jehan Bahort, Ec., sgr de la Rogerie, qui rendait, le 3 janv. 1469, un aveu au sgr de Chavannes, à cause de sa femme.

Brion (N... de) eut de Jehanne de Volvire, sa femme, deux filles, Anne et Jeanne, qui sont rappelées dans le testament de Guillaume de Volvire, sgr des Cousteaux, du 1er sept. 1475. (D. F.)

Brion (Jean de), prieur de Mazeuil et de Craon, fut nommé, le 19 juil. 1528, par Jean IV de Marconnay un de ses exécuteurs testamentaires. (G^ie^ de Marconnay.)

Brion (Guillaume de), Ec., sgr de la Mothe, assiste au contrat de mariage de Salomon Pougnet avec Catherine Viète, passé le 23 août 1604. Il possédait une maison à St-Hilaire-sur-l'Autize, dans laquelle il faisait faire le prêche ; elle fut anoblie et érigée en fief par Philippe Bouton, sgr de la Tour de Sauvairé.

Brion (Jean de), Ec., sgr de Monchedune, fit aveu de sa maison de St-Hilaire-sur-l'Autize, vers 1630. (Arch. Vien. G. 966, 967.) Il épousa Renée Le Geay, et eut pour enfants : 1° Henri, 2° Marie, qui épousa, le 21 nov. 1653, Daniel Regnier, Ec., sgr du Plessis-Busseau.

Brion (Charlotte de) épousa, vers 1650, Paul Naudin, sgr de Noirlieu.

Bryon (Jean), s^r^ du Breuil, rend aveu à Gabriel de Rochechouart, sgr de Château-Larcher, le 19 janv. 1666, pour son herbergement de la Bernarderie (Anché, Vienne).

Brion (Henri de), Ec., sgr de la Contaudière, de la Mothe. Jeanne Thubin était sa veuve et tutrice de leurs enfants mineurs en 1667. Ils furent maintenus dans leur noblesse par ordonnance de Barentin du 27 juin 1667. Ils habitaient la p^sse^ de Moutiers-les-Maufaits (Vendée). Le 14 avril 1673, Jeanne Thubin rendit aveu à Macé Bertrand, Chev., sgr de la Bazinière, à cause de la Tour de Sauvairé (Vendée). (G^d^-Gauthier.) Au nombre de leurs enfants étaient : 1° Gabrielle-Henriette, mariée, le 13 mai 1686, à René de Bessay, Ec., sgr de la Voûte, et qui rendit, les 14 août 1699 et 7 juil. 1716, aveu au Roi à cause de la Tour de Sauvairé (id.); 2° Jeanne-Bénigne, épousa, le 28 mai 1677 (Beguonneau et Mallet, not. en la châtt^nie^ de Moutiers), René de Kerveno, Chev., sgr de Garnard, dont elle était veuve le 15 nov. 1699, date de l'ordonnance de M. de Maupeou qui la confirme dans sa noblesse. (O.)

Brion (Pierre de), Ec., sgr de Durtaudière, fit partie du ban des nobles de 1690. (F.)

Brion (Marie de) épousa, le 9 fév. 1695 (Jousmet et Mallet, not. de la chât^nie^ de Moutiers), Samuel de Bessay, Chev., sgr de la Maison-Neuve (peut-être sœur de Gabrielle-Henriette mentionnée plus haut).

BRION. — Famille de Thouars, qui a donné trois médecins.

Blason. — Cette famille Brion était nombreuse dans le pays Thouarsais à la fin du xviie siècle, comme on le voit par l'Armorial de la généralité de Poitiers, qui attribue à Augustin Brion, marchand p^sse^ de Cersay ; Jean, greffier des rôles de la p^sse^ de Faye-l'Abbesse ; René, fermier p^sse^ de Cersay ; N..., prêtre, curé de Bouillé-St-Paul ; N..., prieur, curé de Glenay, les armoiries suivantes : « d'argent au chevron rompu de gueules, accompagné en pointe d'un tourteau de même ».

Bryon (François), s^r^ de la Fontaine, a publié à Paris un ouvrage sur l'hygiène intitulé : *Salubritatis ac insalubritatis leges ac Judicia naturæ è arcanis deprumpta.* Il épousa Marie de Poys, et est mort à Thouars le 11 déc. 1638 ; par son testament du 30 nov. précédent (Delaville, not.), il avait légué à l'église de St-Laon, sa paroisse, une rente annuelle de 4 liv. pour la célébration de 4 messes à son intention.

Brion (René), s^r^ de la Ribaudière, maître en chirurgie, vivait aussi dans la première moitié du xviiie siècle ; il composa un traité d'anatomie contenant de cinq à six mille vers alexandrins. Il eut un fils, Charles, maître en chirurgie, qui, en 1668, a publié ce tour de force poétique. (Mém. Stat. 1870, 302, et de Lastic, Supplément à D. du Radier, III, p. 531.)

Brion (Françoise) et Joseph Bernin, son mari, procureur au siège du dépôt à sel de Thouars, font, en 1744, une donation, au bureau de la charité de Thouars, de plusieurs terres sises p^sse^ de Cersay, aux clauses et conditions d'oraison et *Libera*, qui seront dits à leur intention. (Arch. D.-S. H. 311.)

Brion (Pierre), greffier de la maréchaussée de Loudun, inscrit d'office à l'Armorial, reçut : de gueules à 5 besants d'or, posés 1, 2, 1, 1.

Brion (Jean), greffier des rôles à Faye-l'Abbesse, inscrit d'office : d'azur au pal bretessé d'or, accosté de 2 roses de même.

BRIONNE (Dominique-Nicolas de), officier invalide à Archigny, et Chev. de St-Louis, assista à l'assemblée tenue en 1789 pour nommer des députés aux Etats généraux; ayant émigré, il a servi dans l'armée des Princes.

BRIQUEMAULT ou **BRIQUEMAUT** (DE). — Cette famille noble et ancienne, originaire de Bourgogne, a eu quelques membres établis en Anjou et en Poitou, au XVIIe siècle.

Blason : fascé de gueules et d'or, à la bande d'hermine.

Briquemault (Anne de) épousa, vers 1600, Jacques du Bois, Ec., sgr de Dirac ; leur fille épousa, en 1629, Louis de St-Georges.

Briquemault (Marie-Henriette de) épousa Joachim de Cazeaux, Chev., sgr de Férolles. Etant veuve, elle fit aveu du fief de Férolles au château de Thouars, le 27 juin 1744, et le vendit, en 1778, à Jean-François Acquet, Ec., sgr d'Hauteporte.

BRIQUET. — Famille originaire de Chasseneuil.

Les noms qui suivent, que nous n'avons pu classer dans la filiation donnée ci-après, se trouvent inscrits sur les registres de l'état civil de la commune de Chasseneuil (Vienne).

Briquet (N...), chanoine et curé de St-Pallais de Saintes, souscrit des actes de 1765 à 1777.

Briquet (N...), chanoine de Mortemer, signe dans un acte du 13 oct. 1767. C'est ce Briquet qui fut détenu à Brouage, puis mis en liberté à Rochefort, le 15 sept. 1794, et qui mourut en 1800. (*Les prêtres déportés sur les côtes et les îles de la Charente*, t. II, p. 344, 345.) M. l'abbé Manseau, auteur de cet ouvrage, identifie mal à propos Briquet, chanoine de Worthemer (*sic*), pour Mortemer, avec Hilaire Alexandre Briquet, qui en ce moment, bien loin d'être prisonnier de la République, lui donnait au contraire à Poitiers de tristes gages d'adhésion et n'est mort qu'en 1833.

Briquet de la Roche (N...) signe un acte du 13 oct. 1767.

Briquet (N...) fils;

Briquet (N...), sous-diacre;

Briquet (Jean-Jacques), clerc tonsuré, souscrivent tous l'acte de décès de Jacques Briquet (2e degré), leur père?

Briquet (Henri-Victor), étudiant en droit, âgé de vingt et un ans, est inhumé, le 19 mars 1776, dans la chapelle de Guignefolle, église de Chasseneuil.

Briquet (Louis-Philippe) signe l'acte de décès de Jacques (2e degré); il épousa Madeleine-Marguerite DE LA FOREST, dont un fils, MARIE-CLAUDE-GABRIEL, baptisé à Chasseneuil, le 4 sept. 1792, qui eut pour parrain le curé de St-Genest, son oncle?

Briquet (N...), prieur de la Chapelle-Mortemer, signe des actes en 1777, p^{sse} de Chasseneuil.

Filiation suivie.

1. — **Briquet** (N...), d'après une tradition de famille, était président au Présidial de Poitiers. (La liste de ces magistrats donnée par M. de Gennes (M. A. O. 1860-61) ne mentionne pas ce nom.) Il aurait eu dix-sept enfants, dont 7 furent prêtres ou religieux ; trois seulement se marièrent : 1° JACQUES-LOUIS, qui suivra ; 2° N..., 3° N..., dit Briquet-Fontaine, marié à N... SAVIN DE LARCLAUSE, dont JEAN-JACQUES, mort à Montmorillon en 1874. Parmi les ecclésiastiques, nous connaissons : 4° MARIE-CLAUDE-GABRIEL, prêtre, curé de St-Genest (Vienne), lequel fut nommé, le 30 mai 1778, curateur aux causes de Hilaire-Alexandre Briquet, son neveu (O.); 5° N..., qui en 1792 était curé de Neuville; 6° N..., curé de Pouzioux (Vienne).

2. — **Briquet** (Jacques-Louis) fut reçu élu à Poitiers le 7 nov. 1736, au lieu et place de Isaac Bouthet du Rivault. Il était honoraire en 1767, et fut inhumé à Chasseneuil, le 29 janv. 1772, âgé de soixante ans. Marié à Catherine-Thérèse MARZELÉ, il en a eu plusieurs enfants; ceux dont les noms suivent ont été baptisés à Chasseneuil : 1° LOUIS-OLIVIER, le 15 oct. 1761 ; 2° HENRI-ALEXANDRE, qui suit, baptisé le 31 oct. 1762 ; 3° ROSALIE-ÉLISABETH, baptisée le 3 nov. 1766. D'après une tradition de famille, Jacques Briquet aurait épousé en premières noces Catherine Marzelé, dont il n'aurait point eu d'enfants, et en secondes N... VIOLAS, dont il aurait eu les enfants relatés plus haut ; mais il y a ici une erreur évidente, tous les enfants étant dits dans les registres de Chasseneuil issus de Catherine Marzelé ; ou y aurait-il confusion entre Jacques et son père (1er degré), qui alors serait l'époux de N... Violas de Martigny ?

3. — **Briquet** (Henri-Alexandre) plus connu sous le nom de Hilaire-Alexandre, naquit à Chasseneuil (Vienne) le 30 oct. 1762 ; fut, le 30 mai 1778, placé sous la curatelle de Marie-Claude-Gabriel Briquet, curé de St-Genest, son oncle. Ayant embrassé l'état ecclésiastique, il était, en 1787, maître ès arts et chanoine de l'église de N.-D. de Mortemer ; le 15 juil. de cette année, le corps de ville de Poitiers le présente pour un bénéfice dans les églises de St-Pierre, de St-Hilaire ou de Montierneuf. (Arch. de Poitiers.) Il se fit ensuite recevoir docteur ès arts et bachelier en théologie, et fut placé au collège de Poitiers où, de 1788 à 1790, il professa la classe de seconde, puis la rhétorique. Lors du mariage du fils de M. de Blossac, intendant du Poitou, avec Mlle Bertier de Sauvigny, il écrivit une églogue latine dialoguée dans laquelle il faisait naturellement un pompeux éloge des jeunes époux. Cette églogue a paru dans les *Affiches du Poitou* (n° du 25 avril 1782) ; elle est signée, H.-A. Briquet, *Pictaviensis in Acad. Pict. magister Laureatus*. Il se laissa entraîner par le courant des idées révolutionnaires, et prêta les serments exigés du clergé; en 1791 et 1792, il fut nommé vicaire épiscopal (grand vicaire) de l'évêque constitutionnel de Poitiers, prononça dans la chaire de la cathédrale, le 7 mai 1791, l'éloge funèbre de Mirabeau, fit partie du hideux tribunal révolutionnaire, et enfin, à la mort de Robespierre, il fut rejoindre à Niort son collègue et président Planier. Il rentra alors dans l'enseignement et, lors de l'ouverture de l'école centrale, il fut nommé professeur de belles-lettres ; puis, à sa suppression, il entra avec la même qualité à l'école municipale de la même ville, où il fonda, pour y publier les meilleures compositions de ses élèves, *l'Almanach des Muses*, qui parut de l'an VII à l'an XI, chez Depiéris.

Briquet, le 11 juin 1806, obtint le prix proposé par la Société d'agriculture, sciences et arts d'Agen pour *l'Eloge de Scaliger*, et publia dans son « Almanach des Muses » divers morceaux ; mais le plus important de ses ouvrages est son *Histoire de la ville de Niort*, suivie de la *Biographie des notabilités de cette partie de la France*, dont on a fait un grand éloge et d'amères critiques, bien que, pour l'époque à laquelle l'auteur vivait, on ne comprît pas l'étude de l'histoire telle qu'elle se pratique aujourd'hui.

Briquet est mort à Niort le 28 mars 1833, avant que l'impression de son Histoire fût terminée (de Lastic

St-Jal, Supplément à D. du Radier, p. 534.) Il avait épousé dans cette ville, le 17 sept. 1797, Marguerite-Ursule-Fortunée Bernier, fille de Louis-Jacques, notaire, et de Ursule-Marie Perrain, dont il eut Marie-Charles-Apollin, qui va suivre. Mais, avant de donner les quelques détails que nous avons pu recueillir sur la vie de cet écrivain, nous allons réparer l'omission que nous avons commise, en ne donnant pas en son lieu la notice biographique que méritait sa mère.

Bernier (Marguerite-Ursule-Fortunée) naquit à Niort le 26 juin 1782; elle reçut une éducation très soignée et fut une des élèves les plus remarquables de celui qui plus tard devint son époux, et qui avait fait insérer ses premiers écrits dans *l'Almanach des Muses*. En 1800, une *Ode sur les vertus civiles* lui ouvrit les portes de la Société des belles-lettres de Paris. M. l'abbé Largeault a publié dans le journal la *Revue de l'Ouest* une lettre d'elle datée de cette ville 1801, année qui fut vraiment pour elle l'époque de son triomphe. Les salons de Paris s'étaient ouverts devant la Muse niortaise, et Fanny Beauharnais, la tante du premier consul, avait donné le signal des applaudissements en lui adressant ces vers, avec son poème de l'Ile de la Félicité :

« Muse et Grâce à la fois ! un jour que sera-t-elle ?
« Les talents n'ont point d'âge, elle naît immortelle. »

Parurent ensuite les Odes sur la mort de Dolomieu, et *la Vertu est la base des républiques*, et son *Mémoire sur Klopstock, sa vie et ses ouvrages*, qui la fit admettre à l'Athénée des arts de Paris ; mais la plus importante de ses œuvres est sans contredit son *Dictionnaire historique, littéraire et biographique des femmes françaises*, en 1804 (un volume in-8°, chez Treuttel et Wurtz). Elle produisit encore quelques morceaux en 1807, mais cessa bientôt d'écrire. Des chagrins domestiques empoisonnèrent ses derniers jours, sa santé s'altéra, et elle mourut à Niort le 14 mai 1815. (De Lastic St-Jal, Supplément à Dreux du Radier, p. 536.)

4. — **Briquet** (Marie-Charles-Apollin) naquit à Niort le 14 vendémiaire an IX (27 sept. 1801).

Dans le milieu intellectuel où se trouvait le jeune Briquet, ses facultés se développèrent rapidement, nous dit un de ses biographes, mais ses goûts le portèrent plus spécialement vers l'étude du passé; il prit une part active au mouvement de rénovation des études historiques inspiré par Michelet, Augustin Thierry, etc. Briquet fut un des fondateurs de la Société de Statistique, belles-lettres, sciences et arts du départemet des Deux-Sèvres, fit partie de la Société des Antiquaires de l'Ouest, de 1834 à 1846, époque à laquelle il donna sa démission. Il était, depuis le 25 nov. 1836, archiviste de la ville de Niort, charge qu'il remplit gratuitement, étant membre du conseil municipal. Il l'occupa jusqu'en 1847 ; le 30 juil. de cette année, l'Académie des inscriptions et belles-lettres lui décerna, pour la rédaction de son « Inventaire des archives anciennes de la ville de Niort », une des trois médailles d'or destinées à récompenser les meilleurs travaux publiés sur les antiquités nationales dans cette période. Il fut nommé inspecteur des monumenst historiques, le 1er déc. 1834, et correspondant du ministère de l'instruction publique pour les travaux historiques, le 24 oct. 1836. Obligé de quitter sa ville natale, d'abandonner ses consciencieux travaux et ses collections de documents par suite de revers de fortune, il se rendit à Paris, où Techener, l'intelligent libraire, le plaça à la tête du *Bulletin du Bibliophile* qu'il venait de fonder, et A. Briquet sut donner à ce genre de publication, d'ordinaire si aride, un intérêt inhabituel par les notes dont il sut l'enrichir.

Les événements de 1870 l'ayant chassé de Paris, il vint se réfugier dans le pays natal de sa famille ; mais là son activité intellectuelle ne s'arrêta pas ; retourné à Levallois-Perret près de sa fille et de son gendre M. Em. Blondel, colonel de gendarmerie en retraite, il y est mort le 17 sept. 1881. M. A. Briquet, outre son Inventaire des Archives de la ville de Niort (4 volumes g^d in-8°) dont il existe deux copies, l'une à la mairie de Niort de la main de l'auteur, l'autre déposée à la préfecture des Deux-Sèvres, travail dont il a publié quelques fragments dans les Mémoires de la Société de Statistique des Deux-Sèvres, a encore laissé manuscrite la table des 878 parties en 265 volumes des Mémoires de Trévoux. (Man. du Libraire, t. 6, p. 1854.) Ce travail dont il avait été chargé par arrêté du ministre de l'instruction publique, du 1er fév. 1850, est déposé à la Bibliothèque nationale, et lui valut les palmes académiques, qui lui furent accordées par arrêté du 26 oct. 1877. Il a publié en outre dans différents recueils un très grand nombre de notices (Biographie universelle de Firmin Didot, Bulletin du Bibliophile, etc.), puis enfin dans les Archives du Poitou, t. VIII, une curieuse *enquête*, et dans le t. IX, la *correspondance de Besly, précédé d'une notice* sur la famille de ce père de l'histoire de notre province.

A. Briquet épousa à Bourg (Ain) Eugénie Saulnier, dont il a eu cinq enfants, morts jeunes, sauf Apolline, mariée, à Niort, en 1843, à Emile Blondel, lors sous-lieutenant porte-étendard au 2e dragons, aujourd'hui colonel de gendarmerie en retraite, qui nous a fourni sur son beau-père la plus grande partie des notes qui précèdent.

La famille Briquet est encore représentée à Poitiers par M. O. Briquet, chef de la comptabilité de la caisse d'Epargne.

BRISARD ou **BRIZARD**, au pays de Melle.

Brisard (Philippon) rend, le 1er août 1456, hommage à Charles Cte du Maine, sgr de Melle, de son fief de Châteauneuf (Vitré, D.-S.). (G.-G. Bur. des finances.)

Brizard (Brient), Ec., sgr de Châteauneuf, fit une vente le 30 janv. 1521, avec son fils Robert Brisard.

Brisard (Charles) se maria, le 11 fév. 1730, avec Françoise-Martin Gauron.

Brisard (Gabriel), chapelain de la chapelle du Comte, desservie en l'église de Montierneuf, abandonna aux religieux tous les fruits et revenus de cette chapelle, en échange d'une pension de 400 livres, le 6 juin 1780. (Arch. Vienne, Montierneuf.)

BRISAY ou **BRIZAY**. — Il y a en Poitou plusieurs lieux appelés Brisay ou Brizay. M. de Fonchier (Hist. de Mirebeau, 156) fait remarquer, d'après le Dict. celtique de Bullet, *Brisay* signifiait, en langue celte, *montagne couverte de bois :* Bri (mont), say (bois). Ce terme s'applique parfaitement à la situation de Brizay (Marigny, Vien.), de Brizay (Coussay) près Mirebeau, et de Brizay près l'Ile-Bouchard. Suivant notre opinion, ces trois endroits, érigés en fiefs au temps de la féodalité, ont donné leur nom à trois familles distinctes que les généalogistes ont souvent confondues en une seule. Il est très difficile, en effet, de distinguer des personnages habitant le même pays et portant les mêmes noms et prénoms. Cependant, un examen plus attentif nous a permis de mieux voir la différence des familles : aussi, après avoir donné les noms isolés que nous ne pouvons rattacher aux filiations, nous ferons 2 articles spéciaux pour les Brisay du Mirebalais (du Grand-Brisay) et pour les Brizay de Beaumont (du Petit-Brizay).

Le Pouillé de l'Église de Poitiers mentionne plusieurs chapelles fondées par des Brisay : 1° la chapelle de Brisay desservie au grand autel de l'église de N.-D. de Mirebeau; 2° la chapelle de St-Georges de Brisay desservie dans l'église de Ligniers-Langoust (archiprêtré de Mirebeau), et 3° celles de St-Fabien, de St-Sébastien et de Ste-Avoye, desservies dans la haute cour du chât. de Brizay, paroisse de Marigny-Brizay, toutes les trois à la présentation des sgrs de Brisay ou Brizay.

On voit, d'après les procès-verbaux, dressés en 1562, des dommages causés aux églises de Poitiers par l'invasion protestante, qu'il existait dans la chapelle St-Christophe de l'église Cathédrale un tombeau appartenant à la famille de Brisay.

Noms isolés.

Brisay (Acfred de) sous l'abbé Bernard (de St-Maixent), vers l'an 1000-1010, *Acfredus de Brisiaco, Arnaldus, illi germanus, necnon Anselmus, eorum consanguineus*, donnèrent Thorigné à l'abbaye. Ce fief, enlevé ensuite par Renaud Berchoz, chevalier, fut restitué vers 1045. (A. H. P. 16, p. 128.) Ces personnages n'appartiennent point aux familles de Brisay du Mirebalais.

Brisay (Bouchard de) fonda, en faveur de Fontaine-le-Comte, une chapelle dans un prieuré sis en Mirebalais. Cette fondation (peut-être du XIe siècle) est rappelée dans une charte de Pierre de Marçay, de l'an 1239, donnée à Hugues de Brisay, qui était alors chapelain de cette chapelle. (A. Vien. Fontaine-le-Comte, liasse 24.)

Brisay (Aimery de) est nommé dans une charte de Gautier de Montsoreau, faisant donation à St-Florent de Saumur, l'an 1094 (Villevieille) ; c'est lui sans doute qui, en 1131, fut témoin d'une donation faite par Hugues de Ste-Maure à St-Michel de Luçay (Bois-Aubry). (Archives de Neuilly-le-Noble.)

Brisay (Payen de) fut témoin, vers 1082, du don de la Roche-Clermaut à l'abbaye de Noyers, en Touraine (n° 98), et aussi, vers 1104, d'un don fait par Renaud Maingot. Il fut aussi témoin d'un don fait à Pétronille, abbesse de Fontevrault, vers 1120. (Lat. 5480, p. 62.) (Dans quelques généalogies, on le suppose fils de Simon de Brizay, vivant en l'an 1052, à Mirebeau, rapporté au 1er deg., § Ier.)

Brisay (Payen de), que l'on croit fils du précédent, fut témoin, vers 1140, avec Gouffier (ou Geoffroy) de Brisay; d'un don fait à l'abbé de Noyers par Péloquin de l'Ile-Bouchard. Etant à la mort il fit don à Turpenay avec son fils Guillaume. (Gaignères, vol. 640, p. 298.)

Brisay (Guillaume de) est nommé, au milieu des clercs, parmi les témoins du don d'Abilly à Noyers, vers 1096. (N° 243.)

Brisay (Geoffroy de) fut témoin, vers 1125, du don fait à Fontevrault par *Petrus Foilled*. (Lat. 5480, p. 19.) C'est lui sans doute (Gouffier de Brisay) qui fut témoin, avec Payen de Brisay, du don de Péloquin de l'Ile-Bouchard à Noyers, vers 1140.

Brisay (Guillaume de), témoin, vers 1126, du don de Hugues de Giseux à Fontevrault. (Lat. 5480, p. 10.) C'est lui sans doute qui est dit fils de Payen de Brisay dans un don fait par ce dernier, à Turpenay, des cens de Beugny, *Bugnetum*. (Gaignières, 640, p. 208.) Il fut témoin, dit-on, de la fondation d'Asnières-le-Bellay, en 1133, par Guillaume de Montreuil-Bellay. (Pièces orig. 522, fol. 119.)

Brisay (Hugues de) paraît dans le Châtelleraudais vers 1130 ; il y épousa la veuve d'Aléard, sgr de Baudiment, terre que Hugues administra au profit des enfants mineurs du premier lit de sa femme. D'après une tradition toujours vivante dans le pays, il aurait accompagné Louis VII en Palestine, et au retour de cette croisade, il aurait élevé l'église romane de Beaumont (erreur, car cette église fut élevée par le Chapitre de N.-Dame-la-Grande de Poitiers, sur des terrains qui lui avaient été donnés par les C^tes de Poitou) ; mais ce qui peut avoir donné lieu à cette croyance, c'est que moins de cent ans plus tard, 1282 et 1298, Pierre et P. de Brisay étaient le premier chanoine, et le second grand-chantre de ce Chapitre. (D. F. 20, 561, et 27, 216.) (V. *Monuments du Poitou*, Baudiment.)

Brisay (Acfred de), témoin, avec Alon de Brizay, d'un don fait à Turpenay, en 1140, par Hugues de l'Ile-Bouchard. (Lat. 17118, p. 292.)

Brisay (Baudouin de) fut une des illustrations militaires de ce nom, et se signala dans la guerre contre les Anglais ; il fut l'un des derniers défenseurs du château de Champigny-sur-Veude, qui tenait pour les fils de Henri d'Angleterre ; fait prisonnier, il resta entre les mains des Anglais, et ne dut sa liberté qu'au traité qui intervint entre les belligérants, sept. 1174. (Chalmel, 47.)

Brisay (Aimery de), témoin en 1161, avec les vassaux de Bouchard, sgr de l'Ile-Bouchard, d'un accord fait par ce seigneur avec St-Hilaire-le-Grand. (M. A. O. 1847, p. 166.) (M. Rédet écrit ce nom Brilai, mais c'est une faute du scribe qui a transcrit la charte.) Il fut aussi témoin, en 1184, d'un don fait par Bouchard de l'Ile-Bouchard à Turpenay. (Note du Mis de Brisay, d'après D. Housseau.)

Brisay (Guillaume de) fut témoin, en 1190, d'un accord fait par Guy de Chenechè, et sa femme Mahaud, dame de Foudon, avec l'hôpital de St-Jean d'Angers. (Cart. St-Jean, n° 37.)

Brisay (Josselin de), prévôt de la seigneurie de Faye-la-Vineuse, fit accord avec l'abbé de St-Benoît de Quinçay, en 1229, pour divers droits à Savigny-sous-Faye. (Gallia Christ. II.) M. Lainé, dans sa généalogie de Brisay, le croit fils d'Alon de Brisay (rapporté plus loin, 6° deg., § III), qui en effet possédait des fiefs à Savigny ; mais rien ne fait connaître le degré de parenté entre Alon et Josselin. En 1236, Josselin de Brisay et sa femme Agnès firent accord avec l'abbaye de St-Jouin-de-Marnes au sujet de la vigerie du prieuré de Braslou, près Faye-la-Vineuse. (Lat. 5449, p. 107.)

Brisay (Guillaume de), Chev., signe, en 1229, l'accord fait par Josselin de Brisay avec l'abbé de St-Benoît de Quinçay. Mais rien n'indique leur degré de parenté. (Duchesne, 33, 265.)

Brisay (Hugues de) reçoit, comme chapelain d'une chapelle fondée jadis pour Bouchard de Brisay, dans un prieuré du Mirebalais, dépendant de l'abbaye de Fontaine-le-Comte, une charte de donation de Pierre de Marçay, datée de fév. 1239. (Arch. Vien. Fontaine-le-Comte, liasse 26.)

Brisay (Hugues de), clerc, fit don à St-Hilaire-le-Grand en 12.. (Lat. 17147, p. 329.) Sans doute le même que le précédent.

Brisay (Marguerite de) est inscrite au nécrologe de Fontevrault, au 6 des ides du mois d'août. (Lat. 5480[2] 99.)

Brisay (Scholastique de) est inscrite au même jour dans ce nécrologe. Ces deux mentions se rapportent au XIIIe siècle.

Brisay (Geoffroy de), Chev., reçut en don, en 1288, le moulin de Longueville près Blason, de Thibaud de Bomez, sgr de Mirebeau. Il fut père de JEAN, nommé dans un titre de 1293. (Note tirée d'un registre de Gilles de Chastillon, B[on] d'Argenton. Pièces orig. 522, n° 149.) Ces personnages paraissent appartenir à la famille de Brezé.

Brisay (Guillaume de), Chev., fut témoin, en 1302, avec Philippe de Varèze. (Note de Lainé qui le suppose fils d'un Pierre de Brizay, qui forme le 8° degré de la filiation, telle qu'il la présume établie. (Ce Guillaume est nommé dans l'*Histoire des Chasteigners*, p. 171.)

Brisay (Hugues de) transigea, en 1382, avec Perrot de Ry et Hilaire Larchier, au sujet du château des Roches. (De Fouchier, Mirebeau, p. 241.)

Brisay (Aymar de), cité dans un arrêt du Parlement de Paris de l'an 1473 (Reg. criminel, n° 36), est dit fils bâtard de Jean de Brisay (rapporté au 13° deg., § III). (Note de Chérin, vol. 38, cab. des titres.)

BRISAY, ANCIENNEMENT **BRIZAY** (DE). — Maison d'origine chevaleresque, qui remonte à la plus haute antiquité.

Les Cordeliers de Mirebeau (qui devaient leur fondation à un membre de cette famille) — D. Estiennot, Ch. d'Hozier — ont tous prétendu que les Brisay paraissaient être sortis des sgrs de Mirebeau, issus de Geoffroy Grisegonelle, comte d'Anjou: père, nous dit La Chesnaye des Bois, de Guillaume de Mirebeau, père lui-même de Simon de Brisay, assurant que cette filiation résulte d'un partage recueilli par ce dernier dans la seigneurie de Mirebeau. Malheureusement, tout cet échafaudage péchait par sa base. Et M. Ed. de Fouchier, dans sa savante Histoire de la baronnie de Mirebeau (M. A. O. 1877, p. 41), a démontré, d'accord avec l'Art de vérifier les dates, que Geoffroy Grisegonelle n'eut aucun enfant du nom de Guillaume, mais que ce Guillaume de Mirebeau était le favori du Cte d'Anjou, sans être son fils. M. le Mis de Brisay, dans la première partie de son *Histoire de la maison de Brisay depuis le IX° siècle jusqu'à nos jours* (Mamers, 1889, G. Fleury et Dangin, imprimeurs, in-8° de 167 pages), a cherché ailleurs pour trouver l'origine de cette tradition. Nous citons ici quelques pages de son ouvrage.

D'après des notes généalogiques provenant du cabinet de Ch. d'Hozier, résultat des travaux des Ste-Marthe, Trincant, Le Laboureur, et dans l'une de ces importantes notices, on lit que « Claude Chrétien..... grand « homme de lettres et sçavant ès antiquité, fils du re« nommé Florent Chrestien qui fut précepteur du roi « Henry-le-Grand, possesseur d'un manuscrit très anti« que, composé en langue bretonne, homme d'ailleurs « incapable de parler légèrement, et sans être bien fondé « sur la matière qu'il discutait, avait plusieurs fois émis « l'opinion devant M. Lainé, prieur de Mondonville, et « autres savants historiens, comme eux curieux d'an« tiquités, que l'origine de la famille de Brisay remontait « à *Torquatus* surnommé *Byrsarius*, dont la corruption « angevine a fait *Brisaius* ou *Brisaiot*, personnage his« torique qui fut la tige des C[tes] Ingelgériens d'Anjou, « et à l'appui de cette donnée, M. Chrétien citait les « vieilles chroniques d'Anjou écrites en latin et dédiées « à Henry I roi d'Angleterre, pareillement la chronique « écrite par un moine ou chanoine de St-Martin de Tours « dédiée au même roy d'Angleterre qui se trouve bien « dans le Spicilège du père D. Luc d'Achery. »

« Cette chronique rédigée au XII° siècle, c'est-à-dire à « une époque très rapprochée encore de celle où s'ac« complissaient les événements qu'elle rapporte, pré« sente en effet ce *Torquatus* comme le fondateur de « maison Ingelgérienne des comtes d'Anjou. » (Voir aussi l'Art de vérifier les dates, à ce mot.)

Ce *Torquatus* descendait d'une famille patricienne, installée sur les frontières de l'Armorique et de la Gaule, après la conquête romaine; il occupait une bien importante situation, puisque Charles le Chauve, fatigué de repousser les invasions normandes et bretonnes, le chargea, en 852, de défendre sur ce point les frontières le l'Empire. *Torquatus* accepta cette difficile et dangereuse mission, et après plusieurs années de luttes, il eut raison des envahisseurs. Cette existence continuelle au milieu des forêts qui couvraient le pays qu'il s'était chargé de protéger, lui fit donner ce prénom de *Byrsarius* (habitant des bois), dérivé de ces deux mots *Bers*, forêt en langue celte, et *ay*, répondant au mot habitation. (Chron. d'Anjou, *apud* L. d'Achery, 3, 337.) Ce mot défiguré par la prononciation est devenu *Brisaiot*, puis Brisay, qu'il transmit à ses descendants.

Torquatus eut pour fils aîné *Tertulle*, qui succéda à son père. Tertulle fut père d'Ingelger, auquel Charles le Chauve, à la mort de Robert le Fort (vers 870), donna le C[té] d'Anjou.

On ne connaît pas les noms des autres enfants de Tertulle; on compte cependant parmi ses descendants Thibaut de Brisay, *Tetbaldus Brisarius*, tué dans une descente contre les Saxons habitant le pays de Galles.

Les descendants du second fils de Torquatus, moins bien apanagés que leurs aînés, conservèrent le nom patronymique de leur auteur, et se retrouvent à la fin du X° siècle dans la personne de Robert, marié avant 980 à GIRONDE, fille de Simon, vassal du sire de Laval, habitant le Maine occidental. Ils se partagèrent en plusieurs branches, comme nous le verrons dans la suite, l'une desquelles devint l'importante maison de Chourses. V[r] ce mot.

On voit facilement qu'il ne s'agit ici que d'hypothèses; aussi, sans nous arrêter davantage à ces traditions, nous donnerons la généalogie de la maison de Brisay, d'après les notes communiquées à D. Estiennot par les Cordeliers de Mirebeau, les Mémoires de Chérin et de Baujon, une généalogie dressée en 1842 par Lainé, des notes manuscrites de M. le Mis de Brisay et la première partie de son *Histoire de la maison de Brisay*, les notes pour la branche de Beaumont dues à M. le Mis de Razilly, et enfin d'après ce que nous possédons dans notre cabinet. Mais il faut observer que le commencement de la filiation ne peut être que présumé, car les titres de ces époques reculées ne sont pas assez nombreux pour pouvoir fixer l'ordre précis des générations; et les diverses généalogies des Brisay varient toutes dans leurs systèmes pour établir les premières branches.

Blason : fascé d'argent et de gueules de huit pièces.

Ces armoiries ont souvent varié; ainsi un scel apposé à une charte de 1232 porte deux bandes, (ou bandé de 5 pièces), et le contre-scel quatre jumelles (huit fasces); un autre de 1234, trois bandes, (ou bandé de 6 pièces); un de 1300, fascé de huit pièces; un autre de 1345, fascé de 12 pièces.

M. de Fouchier (Mirebeau) donne à la planche VI le dessin du scel de Jean de Brisay attaché à une charte de

1442, portant un écu fascé de 10 pièces, et pour exergue : *Sel Jehan de Brisay.*

§ Ier. — Première Branche.

1. — **Brisay ?** (Renéaume de), *Rainelmus* ou *Ranelinus?* paraît avoir commandé une partie du pays de Charnie, poste avancé de l'Anjou sur les frontières du Maine. En l'an 1000, on le voit faisant partie de l'ost du sire de Laval. Il eut pour fils, à ce qu'on croit :

2. — **Brisay** (Ernauld de), qui marchait sous la bannière du sire de Laval, vassal de Foulques-Nerra, lors de la guerre qui mit la Touraine aux mains du Cte d'Anjou. Il semble qu'Ernauld se soit établi à Chinon dès 1017 et qu'il ait épousé une fille (Mathilde ?) de Bouchard, sgr de l'Ile; car, dans une charte datée de 1020, par laquelle ce Bouchard donne au monastère de Tavant droit de pêche dans la rivière qui en baignait les murailles, on voit Ernauld figurer parmi les témoins, immédiatement après les trois fils du donateur, ce qui peut indiquer un degré de parenté très rapproché. Grâce à cette alliance? Ernauld devint un des plus puissants seigneurs de la contrée. On lui attribue la fondation de la sgrie de Brisay sur la rive gauche de la Vienne. En 1045, Ernauld, fils de Renéaume, signe avec des sgrs vassaux de l'Ile-Bouchard une charte à laquelle assistent un grand nombre des principaux feudataires de Guy de Laval, et par laquelle ce seigneur fonde le prieuré de St-Martin devant s'élever près de son château. (D. Piolin, Hist. de l'Eglise du Mans, XI, 633.)

On attribue à Ernauld quatre fils : 1° Bouchard, qui est nommé avec lui en 1045 et est dit père de Renéaume, (*Liber de servis* de Marmoutiers); 2° Hugues, que l'on croit l'auteur de la famille de Chourses, dont nous parlerons à la lettre C. (V^r le château de Sourches, par le duc des Cars et l'abbé Ledru.)

3° Alès, qui suit; 4° Simon, qui paraît dès 1035 et assistait en 1052 avec son frère *Adelo* (Alès) à la fondation du prieuré de St-André de Mirebeau. C'est ce Simon auquel on donnait pour père Guillaume de Mirebeau, fils, disait-on, de Geoffroy Grisegonelle, et que D. Estiennot, induit en erreur par les Cordeliers de Mirebeau, faisait la tige des sgrs de Brisay; d'après ces notes, Simon aurait eu des enfants, mais ceux qu'on lui prête appartiennent à d'autres branches, ou du moins n'ont aucune relation prouvée avec lui.

On doit observer ici qu'aucun titre n'établit la parenté de ces deux derniers entre eux, ni surtout avec Ernauld de Brisay. Ils pourraient très bien tirer leur origine du fief de Brisay (p^{sse} de Coussay en Mirebalais), sans avoir aucun lien avec les Brisay de l'Ile-Bouchard.

§ II. — Branche de **Mirebeau.**

3. — **Brisay** (Alès I de) ou mieux Alon, diminutif de Cadelon, fondateur de la branche dite de Mirebeau, paraît avoir passé ses jeunes années à Chinon, première résidence de ses pères, et n'être venu à Mirebeau qu'avec Barthélemy de Chinon, nommé gouverneur de cette ville, lorsqu'en 1052 il y fit son entrée et y fonda le prieuré de St-André. Il signe avec Simon de Brisay cette fondation pieuse. Alès, sous les auspices de Barthélemy, fonda, entre la ville et le donjon, le castel de Brisay, qui devait protéger, en cas de guerre, les communications entre la ville et la forteresse; d'après une charte datée du 4 août 1077, Alès, à ce que l'on croit, épousa Pétronille, sœur? de Guillaume de Mirebeau, *Major Mirebellensis* (gouverneur ou sénéchal de cette ville).

4. — **Brisay** (Pierre I de) se trouve en Touraine et nommé dans des chartes de l'abb. de Noyers, de 1085 à 1110. Il résida aussi à Mirebeau dans le castel paternel, et en 1115 il ratifie la donation faite à la maison naissante de Fontevrault, par deux de ses vassaux, de terres situées dans son fief près de la forêt de Sévolle (Vienne), et y ajoute même le don d'un emplacement sur les rives de la Briande pour y construire un moulin. (Cart. Fontevrault, n° 589.) Dans cette charte, Pierre est qualifié de *Major de Brisaico.*

Il mourut vers 1119; périt-il à la bataille d'Alençon (1118), comme le croit M. le Mis de Brisay ? Le nom de sa femme est ignoré, mais, d'après la charte de 1115 précitée, il avait eu un fils qui suit.

5. — **Brisay** (Pierre II de), *Petrus filius majoris de Brisiaco*, dit la charte de 1115. D'après une bulle du pape Calixte II, datée de 1119, Pierre avait déjà donné à Fontevrault un lieu nommé *Sovoliæ* (Sévolle). On le retrouve encore en 1120, cité dans une donation faite à ce monastère. (Cart. n° 381.) On pense qu'il épousa Ode, petite-fille de Raoul de Bosnay, d'une famille loudunaise. On le croit père de : 1° Raoul, *Radulphus de Brisaico*, qui fut, en 1125, le premier inscrit au bas d'une charte de cession faite par Thibauld de Vieillevigne à Fontevrault, et encore, en 1130, témoin avec Alès de Brisay, *clerc*, d'un don de terres sises aux Trois-Fontaines, par un nommé Richard. (Cart. 65.) Il périt, peut-être, dans la guerre survenue entre Thibault de Blason, sgr de Mirebeau, et le Cte d'Anjou, son suzerain ; 2° Alès II, qui suit; 3° Chourses, que quelques généalogistes disent positivement fils de Pierre II. Il était clerc du diocèse de Poitiers. Ayant plu à Louis le Jeune, dans ses séjours à Poitiers, il fut désigné par ce prince pour l'archevêché de Bourges ; mais le Chapitre n'ayant pas ratifié ce choix, le Roi le nomma chancelier de France, charge dont il exerça les fonctions tout au moins de 1141 à 1147; car on trouve des chartes de cette époque portant la mention : *data per manum Cadurci cancellarii* (*Codex diplomaticus*); fut ensuite évêque de Paris, de 1157 à 1159, comme quelques-uns le prétendent; mais on n'a aucune donnée certaine sur ce point, non plus que sur le lieu et la date de sa mort.

6. — **Brisay** (Alès II de), né vers 1115, fut, à ce qu'on croit, d'abord destiné à l'Église et élevé par les soins de l'évêque de Poitiers parmi les clercs du diocèse ; mais, après la mort de son frère aîné, il rentra, vers 1135, dans le monde. Nous l'avons vu témoin avec lui en 1130, puis en Touraine où il était possessionné, à l'exclusion de son frère. (Cart. Fontevrault, n° 746.) Dans cette charte, il est dénommé *Alo de Brisaio*. On le retrouve en Mirebalais l'année suivante, cité dans une charte où il est désigné sous le nom de *Alo de Brezay*, puis enfin dans une charte du Chapitre de St-Hilaire-le-Grand de Poitiers de 1136. (M. A. O. 1847.) Ce qui justifie qu'il avait réuni dans sa main tous les biens de sa famille, tant en Touraine que dans le Mirebalais, et que son frère aîné était mort. On trouve encore Alès cité dans des chartes des abb. de Turpenay et de Fontevrault, puis, en 1146, accompagnant Louis VII et Aliénor aux Saints Lieux, comme le prouve la charte suivante de l'abb. de Fontevrault (Cart. 245), dont voici la traduction : « Au moment de prendre la route de Jérusalem où, pour la rémission de mes péchés, je vais accompagner le roi Louis, j'approuve et sanctionne en totalité les libéralités faites par mon père Pierre de Brisay à Sévolle, et en augmentation d'aumône, moi Alès de Brisay (*ego Alo de Brisaico*), je donne et concède aux dames de l'abbaye de Fontevrault la terre en culture que je possède à Verrue

pour qu'elles en jouissent perpétuellement après ma mort ». Cette charte, ignorée jusque dans ces derniers temps, a été découverte par M. le Mis de Brisay aux Archives de Maine-et-Loire, dans un manuscrit coté xxx et intitulé : « Extraits du Cartulaire de Fontevrault ». Alon, échappé aux périls de la Croisade et revenu en France avec le Roi, ratifia en 1150 (Trincant et Duchesne) les donations faites lors de son départ.

Le reste de ses jours furent aussi paisibles et tranquilles qu'ils pouvaient l'être à l'époque à laquelle il vivait. Ce fut lui qui fonda le manoir seigneurial de la Roche-Brisay, comne de Coussay, Vienne, et ce fut de cette résidence que *Alo de Brisaico* data, vers 1160 et la fin de sa vie, une importante donation aux moines de Turpenay de domaines sis à Montagré. (D. Housseau, n° 2986.) On voit par cet acte qu'il avait épousé Grécie DE MONTAGRÉ ? dont il avait dès cette époque deux fils : 1° PIERRE, qui suit, et 2° ALÈS, tige de la branche d'Estillé, rapportée au § III.

7. — **Brisay** (Pierre III de) vécut de vers 1160 à vers 1220. En 1200, on voit *Petrus de Brisaio* témoin d'une donation faite à Fontevrault par Maurice de Montaigu. (Cart. n° 298.) On doit croire qu'il se trouvait renfermé dans le donjon de Mirebeau avec la vieille reine Aliénor, lorsque l'armée des Poitevins sous les ordres d'Arthur de Bretagne vint l'assiéger (1202); on sait quelle fut la triste issue de cette affaire pour la chevalerie poitevine et leur malheureux chef. Après la conquête du Poitou par Philippe-Auguste (1205), on voit Pierre de Brisay figurer sur la liste des chevaliers bannerets dressée par ordre du Roi. Il combattit à Bouvines (1214), dans les rangs français et avec la chevalerie angevine ; il se trouve encore cité dans des chartes de 1213 et 1226. (D. F. 18 et 5.)

Pierre se maria peut-être deux fois. D'après une charte de la Merci-Dieu, il épousa Cénie ou Coenne DE LA MOTTE, fille de Hugues, Chev., dont il eut : 1° ALON, 2° COLASSE, qui firent don à l'abbé Geoffroy de la Rajace, vers 1200. (Cart. de la Merci-Dieu, f° 45.) Une généalogie manuscrite du cabinet des titres, Pièc. Orig. 542, v° Brisay, dit, d'après le Cartulaire de l'abb. de Toussaints, qu'il épousa VALENCE ou VALENTINE, veuve de Thibaud de Blason. Il en aurait eu pour fils : 3° RAOUL, qui suit, mais cela paraît être une erreur.

8. — **Brisay** (Raoul de), Chev. banneret d'Anjou, dont l'existence est peu connue, si ce n'est par la fondation du couvent des Cordeliers de Mirebeau qui eut lieu dans les circonstances suivantes. (Hist. de l'ordre séraphique, par le R. P. Gonzague.) *Rodolphus de Brisaio, nobilis heros*, se trouvant avec Philippe-Auguste en Palestine, ce prince l'envoya en mission près du Soudan du Caire afin de ménager une trêve pour permettre à St François d'Assise de se rendre près du Musulman et de le convertir. St François ne réussit point dans son apostolat, et Rodolphe ou Raoul, en revenant de la Croisade, ramena avec lui deux franciscains qu'il installa dans sa maison de Mirebeau. On ne sait rien de plus de Raoul, qui mourut peut-être sans alliance, et auquel on ne connaît pas d'enfants.

§ III. — BRANCHE D'ESTILLÉ.

7. — **Brisay** (Alès III de), sgr de Brisay en Touraine, dit fils puîné d'Alès II (6e deg., § II) dans une charte par laquelle ce seigneur fait dans sa maison de la Roche-Brisay une donation à l'abb. de Turpenay. (Cart. f° 870.) Il figure également comme vassal du seigneur de l'Ile-Bouchard au nombre des chevaliers sanctionnant par leur présence un accord passé en 1207 entre Barthélemy de l'Ile et l'abbé de Marmoutiers, en faveur du prieuré de Tavant. (Cart. Marmoutiers, 11, 278.) Il paraît s'être marié 2 fois, d'abord à Marie DE LA MOTTE, fille de Hugues, Chev., et fit don, avec elle, à la Merci-Dieu, vers 1200, puis à Thomasse DE POCÉ (Mis de Brisay) ou plutôt D'ESTILLÉ, fille de Hugues, sgr d'Estillé, et de Scholastique. (Titre du prieuré de Pommier-Aigre, O. de Grandmont, Pièc. Orig. Brisay 542, n° 151.) Il eut pour enfants : 1° ALÈS, qui suit ; 2° THOMASSE, qui, en 1220, avec son frère, concède le don fait à Pommier-Aigre par leurs ancêtres.

8. — **Brisay** (Alès IV de), Chev., est connu par des actes de 1230, 1232, 1245, consistant en donation ou reconnaissance de libéralités faites par son aïeul Hugues d'Estillé, sa mère Thomasse, son oncle Jaudouin, ou par lui-même à l'abb. de Fontevrault, sur le revenu des censives de la châtnie d'Estillé. Ces chartes, toutes scellées du scel d'Alès, portent deux bandes *alias* trois (ou plutôt bandé de 5 ou 6 pièces), un contre-scel chargé d'un écu fascé de 8 pièces : c'est le premier modèle connu du sceau de la maison de Brisay. Alès fut du nombre des bannerets de Touraine convoqués à Tours par Louis IX en 1242 (Laroque, Traité du ban et arrière-ban) pour marcher contre le Cte de la Marche et le roi d'Angleterre. Il est à croire, en conséquence, qu'il combattit près de St Louis au pont de Taillebourg. On présume qu'ayant suivi le St Roi dans sa Croisade, Alès périt à la bataille de la Massoure (fév. 1249). En 1243, Alès de Brisay fut caution, avec plusieurs grands seigneurs du Poitou, de la fidélité d'Eble de Rochefort, sgr de Thors, envers le comte Alphonse. (A. H. P. 16.) Il avait épousé SIBYLLE et eut pour enfants : 1° PIERRE, sgr de la Roche-Brisay, d'Estillé, succéda à son oncle? Raoul dans les possessions de la famille en Mirebalais, réunissant ainsi les biens des deux branches ; en 1253, avec sa mère, il transporta sur la terre de la Roche-Brisay l'obligation contractée en 1245 par leur mari et père, au profit de Fontevrault, sur le domaine d'Estillé ; il paraît être décédé sans postérité.

2° ALÈS, qui suit ; 3° ESCHIVE, qui était, en 1270, religieuse au prieuré de la Gasconnière, O. de Fontevrault ; 4° AIMERY, Chev., qui fit accord, en 1276, avec l'abbé de St-Benoît de Quinçay, près Poitiers, au sujet des domaines du prieuré de Savigny-sous-Faye (Vien.); 5° PIERRE, chanoine de Langeais, qui figure dans l'accord de 1276. (Arch. Vien. St-Benoît, lias. 20.)

9. — **Brisay** (Alès V de) dit Estolon (dans l'accord de 1276), Chev., sgr d'Estillé, fit donation, en 1270, au prieuré de la Gasconnière (O. Fontevrault), au diocèse de Saintes, en faveur de sa sœur Eschive. On pense qu'il épousa Alix DE MARÇAY, dont il eut : 1° HUGUES ou HUE, Chev., sgr du Coudray (Montpensier) près Chinon, se maria en 1276, n'étant que simple damoiseau, avec Philippe DE MARMANDE, De du Coudray, fille de Philippe, Chev. ; il n'était encore que varlet, en 1279, lorsqu'il régla des différends survenus au sujet de la vassalité du château du Coudray entre « dame Phelipe sa fame, et religieux home l'abé du Seylle » (D. Housseau, 12, 5402) ; il fut armé chevalier en 1284, et on prend le titre dans un arrangement amiable passé à Chinon avec Renaud Sanglier, qui avait construit « ung portau en ung chemin, et remené ledict chemin au-delà où il soloit estre ». (Cart. Fontev., p. 187.) On le voit propriétaire de la terre patrimoniale de la Roche-Brisay dans des actes passés à Poitiers en 1288, 1289. Il mourut sans enfants, vers 1302.

2° GUY, qui suit ; 3° PIERRE, qui, d'après une note, était Chev. banneret d'Anjou en 1299, (Pièc. Orig. 522, généalogie, f° 119.) D'autres pensent qu'il fut chanoine grand-chantre de Poitiers en 1293, mais c'est une confusion avec un autre Pierre. On l'a cru aussi auteur des Brisay de Beaumont, et c'est à lui que la généalogie du vol. 522 des Pièc. Orig. et Lainé rattachent cette famille en le confondant avec Pierre dit *Ringuet* de Brisay, qui vivait un peu plus tard. (Vr plus loin à BRISAY DE BEAUMONT.)

10. — **Brisay** (Guy de), Chev., sgr de la Roche de Brisay, d'Estillé, etc., servit sous Philippe le Bel et fut un des premiers chevaliers appointés dans l'armée royale, combattit en 1296 en Guyenne sous le connétable Raoul de Nesle, prit part à la campagne de Flandre, l'année suivante, se trouva à la bataille de Furnes, où il servait à la solde royale sous Gaucher de Châtillon. (Col. Decamps, vol. 82, p. 2191.) Au printemps de l'an 1300, il se trouvait à Bruges, lorsqu'il donnait quittance à Guillaume le Chantre de Milly et à Geoffroy du Bois, trésoriers de l'épargne, de 127 liv. à lui dues pour une année de solde de son service pendant les campagnes précédentes. (Bib. Nat., Pièces Orig. Brisay.) Cette pièce est scellée d'un scel portant un fascé de huit pièces, qui était le contre-sceau de son aïeul Alès V. Il est désigné dans des actes passés en Touraine et Mirebalais de 1311, 1314 1323, et 1345, année qui fut celle de sa mort. Il avait eu de son mariage : 1° ALÈS, qui suit ; 2° ISABEAU, mentionnée dans quelques généalogies comme ayant épousé Eschivard de Preuilly (mais ce ne peut être que sa nièce, d'après les dates) ; peut-être aussi : 3° MARGUERITE, 4° ALIX, 5° AGNÈS.

11. — **Brisay** (Alès VI de), dit quelquefois Allonet, Chev., sgr de la Roche-Brisay, d'Estillé, baron de Douçay, est énoncé fils de « Monseigneur Guy de Brisay », dans son contrat de mariage (1323) avec Béatrix DE MONTEJEHAN, De de Lespau. Il prit une part active aux guerres de son temps, en Guyenne, sous le roi de Bohême, où il servait à la tête d'une compagnie de plusieurs écuyers (Col. Decamps, vol. 82, p. 249), en Flandre en 1350, et sous le maréchal de Beaujeu ; se trouva au combat d'Ardres. Le Roi, pour témoigner sa satisfaction « pour le service par son amé et féal chevalier faict aux armées », l'exempta du paiement d'une amende de cent livres à laquelle il avait été condamné par le bailli de Tours, pour voies de fait commises contre le sire de Bauçay ; puis en 1354 il lui fit don d'une importante livraison de bois de construction à prendre dans la forêt royale de Chinon, pour réparer son château d'Estillé. Alès, qui avait suivi le roi Jean dans la funeste campagne contre le Prince Noir, vint tomber dans les champs de Maupertuis, et fut inhumé dans le cloître des Jacobins de Poitiers, où l'on voyait ses armoiries. (D. F. 82, 212.) De son mariage étaient issus : 1° ALÈS VII, qui suit ; 2° MARGUERITE, mariée d'abord à Guy de Laval-Montmorency, sgr de Coymel, tué à Crécy en 1346 ; puis à Louis dit Berthis Rouault, Chev. (frère de Tristan, Vte de Thouars), dont elle était veuve en 1400. (Pièc. Orig. 522, n° 149.) On l'a dit encore mariée à Jean de Pennevaire, mais ce doit être sa nièce ; 3° ISABEAU, mariée vers 1350 à Eschivard de Preuilly (qui était mineur en 1349) ; et peut-être : 4° ALIX, 5° AGNÈS, mentionnées comme décédées dans un accord du 19 mai 1372, fait par Regnault de Montléon, époux d'Orable de Preuilly, avec Alès de Brisay, son cousin. (Hist. des Chasteigners.)

12. — **Brisay** (Alès VII de), dit parfois Allonet et Hallo, sgr de la Roche-Brisay, d'Estillé, Bon de Douçay, fut jusqu'en 1363 sous la tutelle maternelle ; devenu majeur, il fixa le douaire de sa mère sur ses biens du Mirebalais, puis, conformément au testament de son père, il fonda l'église de St-Georges qui exista au village de Brisay près Mirebeau jusqu'à la Révolution. Les Anglais, contre lesquels il combattait, incendièrent sa maison, pillèrent ses meubles et ses chevaux, et l'ayant fait prisonnier, lui imposèrent une forte rançon ; mais le Roi, pour indemniser « son amé et féal chevalier Alès de Brisay », lui donna en compensation trois cents livrées de terre à prendre en Poitou, sur les biens de chevaliers suivant le parti anglais. (A. Nat. Reg. J.-J. 100.) Il passa, en 1370, 1372 et 1374, des actes avec diverses personnes de sa famille, auxquels il apposa sa signature, ce qui prouve qu'il savait écrire, chose rare à cette époque parmi les personnes de sa condition. En 1387, il rendit à Mirebeau hommage de ses biens à la reine de Jérusalem et de Sicile, sa souveraine (Gaignères, Anjou, f° 110, n° 645), et mourut en 1390, laissant de Berthelonne ou Bertrande DE LA JAILLE, sa femme : 1° GILLES, qui suit ; 2° JEANNE, mariée, en 1382, à Jehan Prévôt, Chev., sgr du Chastelier-Portault? 3° LOUIS, 4° ISABEAU (ces deux derniers mentionnés dans un aveu de la Tour de Bosnay, du 2 nov 1393, à Châtellerault), ainsi que 5° MARGUERITE, qui épousa, croyons-nous, Jean de Pennevaire, vivant en 1405.

13. — **Brisay** (Gilles de), Chev., sgr de la Roche-Brisay, d'Estillé, Bon de Douçay, fit aveu de la Tour de Bosnay en 1393. Sa majorité ne fut accomplie qu'en 1394 ; il n'était encore qu'écuyer lorsqu'il épousa, le 2 oct. 1394, Marguerite DE ROCHECHOUART, fille d'Aimery, sgr de Mortemart, et de Jeanne d'Archiac. Ayant suivi le Cte de Nevers, il fut fait prisonnier à la bataille de Nicopolis, et fut du nombre des 26 gentilshommes auxquels Bajazet fit grâce de la vie, pour en tirer de grosses rançons. Gilles, qui s'était racheté, mourut à Metelin, en revenant en France. Tout ceci ressort des lettres de répit accordées à sa veuve pour l'hommage d'Estillé, qui ne fut rendu par elle qu'en 1399 (le dernier délai expirait le jour de Noël 1398). (A. Nat. Pièces Orig., vo Brisay.) Gilles avait laissé sa femme enceinte de JEAN, qui naquit posthume et qui suivra.

14. — **Brisay** (Jean de), Chev., sgr de Brisay, St-Germain, d'Availle, d'Estillé, chambellan de Charles VII (Arch. de Brisay), naquit le 9 août 1396. Son tuteur fit hommage au Roi de l'hôtel fort de Douçay en 1402, reçut, les 26 août et 26 sept. 1450, de Jacques de la Lande, aveu pour ce qu'il tenait de lui à cause de son chât. de St-Germain, qui lui provenait de sa mère, et le 7 juin 1452, les Cordeliers de St-Junien lui donnaient quittance de ce qu'il leur devait pour une fondation faite par Marguerite de Rochechouart. Il figure dans un titre de 1457 comme chambellan de Charles VII (Arch. du Mis de Brisay), guerroya contre les Anglais sous les ordres de Jean de Torsay et de l'amiral de Culant.

Jean se maria, en 1411, à Jeanne DE LINIÈRES, De de la Ferté-Gilbert, fille de Godemar, Chev., sgr de Menetou, et d'Agnès Trousseau. Il mourut après 1470, laissant : 1° AYMAR, sgr de Brisay en Mirebalais, vendait, le 20 déc. 1482, une rente de 200 liv. tournois, moyennant la somme de 5000 liv., au Chapitre du Puy-Notre-Dame. Il n'eut pas d'enfants de ses deux femmes qui furent Marie DE SURGÈRES, fille de Jacques, sgr de la Flocellière, et de Marie de Maillé, qu'il épousa le 31 août 1459 (D. F. 18); devenu veuf, il épousa après 1470 Marie TURPIN, remariée, vers 1488, à René de Sanzay.

2° JACQUES, qui suit ; 3° AIMAR, tige de la branche de Denonville, rapportée au § IV ; 4° CATHERINE, fille d'honneur de la Ctesse du Maine, mariée, à Poitiers, le 7 mars 1446 (Carrés d'Hozier), à Louis de Valory, qui, par suite de cette union, devint sgr d'Estillé ou Estilly, et maître d'hôtel de Charles d'Anjou Cte du Maine.

5° MARGUERITE, mariée à Foucaud d'Archiac, Chev., sgr dudit lieu et d'Availles ; 6° FRANÇOISE, qui épousa, peu avant le 29 mars 1449, Antoine Pot de Rhodes ; 7° HARDOUINE, mariée à Jean de St-Germain, Chev., sgr dudit lieu ; 8° (Carrés d'Hozier) LOUISE, mariée à Poitiers, le 1er mars 1453, à Jacques Roirand, Chev., sgr de Claye.? Il eut aussi un bâtard nommé AIMAR.

15. — **Brisay** (Jacques de), sgr de Douçay, succéda à son frère aîné pour la Roche-Brisay, St-Germain, etc.; épousa, le 12 janv. 1472 (v. sty.), Françoise DE BEAUVAU, fille de Pierre, Chev., sgr du Rivau, chambellan de Charles VII, et de Anne de Fontenay. Il reçut, le 4 juil. 1486, un hommage lige de Jacques de la Lande et eut pour enfants : 1° JACQUES, qui suit ; 2° JEAN, mort en combattant contre les Turcs en Hongrie; mentionné seulement par quelques généalogistes ; 3° FRANÇOIS, prêtre, dit l'abbé de la Basoche ; 4° RENÉE l'aînée, mariée d'abord à Louis de Gouzolle, Ec., sgr de Boisfrelon en Vendômois, puis à Antoine du Raynier, Chev., sgr du Droué ; 5° RENÉE la jeune, femme d'abord d'Hilaire Le Bigot, Ec., sgr des Fontenelles, puis de N... de Hérisson de Roré? 6° ELÉONORE l'aînée, mariée à Louis Vigeron, Ec., sgr d'Aunay ; 7° ELÉONORE la jeune, femme de Adrien de Benais, ou Benests, Ec., sgr de la Fontenelle; 8° ANNE, mariée, le 13 oct. 1595, à Jean Alliday, Ec., sgr de Chervcs et de Beauregard, qui devait un aveu au sgr de Mirebeau en 1534 pour son hôtel de Beauregard (D. F. 18); 9° JEANNE, mariée à François Barrotin, bourgeois de Mirebeau (procès 1522). Jacques de Brisay eut aussi une bâtarde « avouée », ELÉONORE, mariée à Julien Thibault, sr du Poirier.

16. — **Brisay** (Jacques II de), sgr de la Roche-Brisay, épousa, en 1521, Françoise DU BEC, fille de Gilles, sgr de la Mothe-d'Usseau, et de Françoise de Faye, dont : 1° RENÉ, mort sans postérité en 1548 ; 2° MADELEINE, De de la Roche-Brisay, qu'elle porta avec les autres biens de sa branche à René de Puyguyon, son mari. Madeleine avait embrassé la religion protestante ; c'est elle qui fit construire un temple protestant à Brisay, lequel fut inauguré en 1602, et fermé et désaffecté en 1680. (Arch. de Brisay.) Elle mourut en 1608, âgée de 82 ans.

§ IV. — BRANCHE DE DENONVILLE.

15. — **Brisay** (Aimar, de), Ec., sgr de Lespinay, la Mothe-lès-Lauray-le-Bocage en Gâtinais, 3e fils de Jean, sgr de Brisay, et de Jeanne de Linières (14e deg., § III), fut élevé page du Cte du Maine, fils du roi de Sicile, intervint dans un acte du 3 sept. 1478, et se maria, le 30 mars 1487 (Chérin), à Marguerite DE LA RIVIÈRE (*aliàs* RIVIÈRE), fille de Jean, et de Rachel de Verrières (*aliàs* de Varennes). Il eut procès avec le duc de Nemours (arrêt du Parlement de Paris du 6 sept. 1494). M. Lainé (*l. cit.*) le fait mourir vers 1512, et dit que Marguerite sa veuve avait, le 18 juil. 1515, la garde noble de leurs enfants, qui étaient : 1° FRANÇOIS, qui suit ; 2° MARGUERITE, morte célibataire; 3° CHARLOTTE, mariée, d'après un titre du 12 déc. 1521, à Jean du Bois, Ec., sgr de la Clais et du Fellet; 4° JEANNE.

16. — **Brisay** (François de), Ec., sgr de la Mothe, de Brisay, épousa, le 12 déc. 1521 (G. Dugué, not. à Lauray-le-Bocage), Marie DE HEMARD, fille de noble Pierre, sgr de Denonville en Beauce, et de Jeanne de Fresnières ou Fremière, sœur du cardinal Hemard de Denonville, à raison de la succession duquel, François de Brisay transigea, les 24 sept. et 5 nov. 1540, avec son beau-père et son beau-frère. Il décéda à Paris, le 4 juillet 1550, psse St-Benoît. On trouve, le 9 juin 1559, une foy et hommage rendus par sa veuve au Roi pour la terre de Denonville, relevant de la grosse tour d'Etampes. Ils furent l'un et l'autre inhumés dans l'église de Denonville. Leurs enfants furent : 1° PIERRE, qui suit ; 2° FRANÇOIS, rapporté au § VI; 3° JEANNE, mariée, le 15 janv. 1552, à Jacques de Paviot, Ec., sgr du Roussay et de Boissy-le-Sec ; 4° MARIE, qui épousa, le 26 avril 1556, Guillaume le Vergeur, sgr d'Acy ; 5° LOUISE, religieuse, puis prieure du couvent de St-Nicolas du Maine ; 6° CHARLOTTE.

17. — **Brisay** (Pierre de), Chev., sgr de Denonville, naquit le 20 fév. 1523, avait été destiné à l'état ecclésiastique, et pourvu de l'abb. de St-Père-en-Vallée (Eure-et-Loire) ; après le décès de son oncle le cardinal, il entra dans le monde et fut gentilhomme ordinaire de la chambre du Roi. Il fit restaurer et fortifier son château de Denonville, et se maria (Rigondier, not. à Châlons), le 24 nov. 1575, à Jacqueline D'ORLÉANS-LONGUEVILLE, fille de Claude, bâtard de Longueville, et de Marie de la Boissière. Il avait embrassé la religion protestante et s'était attaché au prince de Condé. Il était décédé le 1er juin 1582 ; à cette époque, sa veuve demanda au Roi des lettres de souffrance pour l'hommage qu'elle lui devait pour sa terre de Denonville; elle avait alors la garde noble de ses enfants mineurs qui étaient : 1° JACQUES, qui suit ; 2° MARIE, née le 14 déc. 1577, mariée d'abord, en 1606, à Louis Bouchard, baron d'Aubeterre, Vte de Montbazillac, etc. ; puis à Hector de Pontbriand, Bon de Montréal. Le 7 avril 1656, elle donnait à Pierre de Brisay, son neveu, sa terre de Montbazillac qu'elle tenait de son premier mari.

18. — **Brisay** (Jacques de), Chev., sgr de Denonville, gentilhomme ordinaire de la chambre du Roi, capitaine de 100 hommes d'armes au service des Etats de Hollande, gouverneur de Jargeau, né à Denonville le 4 janv. 1579, partagea avec sa sœur le 6 nov. 1603 (J. Gilles not.). Il épousa, le 9 fév. 1606 (H. Husson, not. au Mans), Judith D'ARGENSON, fille de Guillaume, Chev., sgr d'Avesnes, et de Lucrèce de Thurin. Tué au siège de Bréda en 1625, il fut inhumé à Husden en Hollande, où il avait contracté une alliance avec une Hollandaise d'où est sortie une branche représentée aujourd'hui en Angleterre par le R. Henry de Brisay, pasteur évangélique à Oxford. Il n'eut qu'un fils de sa première femme, PIERRE, qui suit.

19. — **Brisay** (Pierre de), Chev., sgr de Denonville en Beauce, Vte de Montbazillac en Périgord, de Bellavilliers en Perche, d'Huillé en Anjou, Mis d'Avesnes au Maine, cer du Roi en ses conseils, gentilhomme ordinaire de la chambre du Roi, abjura le protestantisme et épousa, le 9 oct. 1628 (Lecocq, not. et tabellion juré et garde du scel en Dunois), Louise D'ALÈS, fille de René, Chev., sgr de Corbet, etc., gentilhomme ordinaire de la chambre du Roi, aide de camp de ses armées, etc. ; partageait, le 24 sept. 1638, avec Marie sa tante, fut gentilhomme ordinaire de la chambre du Roi le 14 janv. 1642, nommé député aux Etats généraux tenus à Orléans par la noblesse du bailliage d'Étampes, et encore le 19 juil. 1651 à ceux convoqués à Tours, puis conseiller du Roi en ses conseils d'Etat privé et des finances le 23 mai 1653 ; rendit, le 15 nov. 1666, aveu au Roi pour sa terre de Denonville. Le 23 mars 1674, il faisait (âgé, dit-il, de 68 ans) un partage provisionnel de ses biens et de ceux délaissés par sa femme (Jeullin, not. à Denonville), entre les survivants de ses enfants (il en avait eu 14) ; ce sont : 1° JACQUES-RENÉ, qui suit ; 2° CHARLES, Chev., sgr d'Huillé, Chev. de St-

Louis et de N.-D. du Mont-Carmel et de St-Lazare, capitaine major dans le régiment Royal-Infanterie, mort des blessures reçues au siège de Salins ; 3° JEAN-FRANÇOIS, chanoine, chambrier et archidiacre de l'Église de Chartres, g^d^ vicaire et official de l'évêché, abbé de la Bussière au diocèse d'Autun en 1688, fut nommé évêque de Comminges le 31 mai 1693, et mourut le 12 avril 1710 (Gal. Christ. 1, 1112) ; 4° PIERRE-ALÈS, sgr de Bellavilliers, Chev. de St-Louis et de St-Lazare, capitaine-lieutenant de la compagnie Mestre-de-Camp du régiment Colonel-Général-Dragons, puis capitaine et major dans les dragons de la Reine, gouverneur de la citadelle de Thionville, puis de Nancy, mourut des blessures reçues au siège de Philisbourg ; 5° MARC-ANTOINE, sgr de Marolles, chanoine de Chartres en 1687, abbé de St-Pierre et de St-Paul de Caune et de St-Bertaut de Chaumont en 1702 ; 6° OCTAVE, né le 12 nov. 1645, reçu Chev. de St-Jean-de-Jérusalem au grand prieuré de France, en 1659 (preuves faites le 23 oct. 1658), servit dans la marine française et mourut des suites d'un coup de mousquet reçu au siège de Candie ; 7° JULES-ARMAND, Chev. de l'ordre de St-Jean-de-Jérusalem, lieutenant de vaisseau dudit ordre, puis Chev. de N.-D. du Mont-Carmel et de St-Lazare, et capitaine dans les dragons de la Reine, ingénieur du Roi à Nancy en 1685 ; 8° ANNE, mariée, le 2 juin 1653, à Claude de Languedoue de la Villeneuve, Chev., sgr d'Ouarville, etc., écuyer ordinaire du Roi ; 9° ESTHER, 10° LOUIS, 11° CHARLES.

20. **Brisay** (Jacques-René Vte de), Mis de Denonville, d'Avesnes, etc., fut d'abord sous-lieutenant dans le régiment Royal-Infanterie, y devint capitaine le 17 mars 1663, fit partie de l'expédition d'Afrique sous le duc de Beaufort en 1664 ; de retour en France, fut nommé major de son régiment, brevet du 8 fév. 1666, servit en Flandre, et se trouva aux prises de Tournay, Douay et Lille ; nommé major du régiment Colonel-Général-Dragons (22 mai 1669), fit la campagne de 1672 en Hollande ; le 14 sept. 1673, fut nommé lieut^t^-colonel des dragons de la Reine, à la formation de ce régiment, le commanda à l'armée du prince de Condé, se trouva au combat de Seneff, 14 août 1674 ; devenu colonel de ce régiment, 31 juil. 1675, servait à l'armée d'Allemagne, puis en 1676 sous le maréchal de Luxembourg, en 1677 sous le maréchal de Créquy, au siège de Fribourg ; le 3 août 1681, fut nommé inspecteur général des dragons, brigadier le 30 mars 1683, et en janv. 1685, gouverneur du Canada. Il n'y resta que 30 mois, ayant été nommé sous-gouverneur du duc de Bourgogne, 16 août 1689, charge dont il prêta serment le 14 janv. 1690 ; fut créé maréchal de camp le 10 mars même année, puis, le 15 août suivant, sous-gouverneur des frères du duc de Bourgogne, et mourut en sept. 1710, âgé de 73 ans. Il avait épousé, le 24 nov. 1668, Catherine COURTIN DE TANQUEUX, fille de Germain, sgr de Tanqueux, conseiller d'Etat, et de Catherine de Laffemas, dont il a eu : 1° PIERRE-RENÉ, qui suit ; 2° CHARLES ou JACQUES-ALÈS, Chev. de Denonville, marié à Bénigne BAGLION DE LA DUFFERIE ; 3° BÉNIGNE, 4° CATHERINE-LOUISE-MARIE, née le 29 nov. 1682, mariée, le 4 déc. 1702, à Louis-Charles de Rogres, Mis de Champignelle ; 5° ANNE-MARIE, née à Québec, le 14 sept. 1685, abbesse coadjutrice de N.-D. de Leau (Chartres) ; 6° CHARLES-OCTAVE.

21. — **Brisay** (Pierre-René de), Chev., Cte, puis Mis de Denonville, sgr de Yanville, etc., entra en 1687 lieutenant dans le régiment du Roi-Infanterie, servit en 1688 aux sièges de Philisbourg, Manheim, etc., fit la campagne d'Allemagne en 1689, se trouva à la bataille de Fleurus en 1690, aux sièges de Mons (1691), de Namur (1692), combattit à Steinkerque (1692), et à Nerwinde (1693), fut nommé capitaine au même régiment le 10 août même année ; se trouva aux sièges de Charleroy, puis à celui de Bruxelles en 1695, leva, par commission du 26 nov. 1695, un régiment de son nom (Denonville) qu'il commanda comme colonel en Flandre en 1696, et au siège d'Ath en 1697, jusqu'en 1703 à la bataille de Spire. Il abandonna ce régiment lorsque le Roi l'eut nommé colonel-lieutenant du régiment Royal-Infanterie, fut promu brigadier d'infanterie le 10 fév. 1704, et le 13 août suivant, fut fait prisonnier à la bataille d'Hochstedt. Le Roi lui donna (provisions du 21 janv. 1717) la lieutenance générale du gouvernement de l'Orléanais, charge qu'il exerça jusqu'à sa mort survenue au mois d'oct. 1746.

Il avait épousé, le 25 avril 1697, Jeanne QUENTIN DE LA VIENNE, fille de François, Mis de Champcenetz, et de Jeanne-Claudine Thierry ; leurs enfants furent : 1° LOUIS-RENÉ, qui suit ; 2° CATHERINE-HIPPOLYTE, mariée, le 21 juil. 1720, à Aimar-Marie de Gonthier, Cte du Perron, etc. ; 3° MARIE-LOUISE-ELISABETH, abbesse de N.-D. de Molaise en 1738 ; 4° JEANNE-ANGÉLIQUE, Carmélite à Orléans ; 5° MARIE-CHARLOTTE, 6° MARGUERITE-JULIE, filles, célibataires en 1722 ; 7° ADÉLAÏDE-LOUISE, qui épousa, en 1746, Antoine-Pierre Courtin, Cte d'Issy, Grand-Bailli de Meaux ; elle mourut le 27 mai 1766, et fut inhumée à Paris, église St-Paul ; 8° PIERRE-ALÈS, 9° GABRIELLE-THÉRÈSE, 10°, 11° deux enfants morts jeunes.

22. — **Brisay de Denonville** (Louis-René de), Cte, puis Mis de Brisay, né le 19 mai 1701, entra aux mousquetaires en 1716, fut nommé cornette des chevau-légers de la garde du Roi, par brevet du 5 janv. 1718, mestre de camp de cavalerie (5 janv.), deuxième et premier cornette (25 janv., 1er sept. et 5 oct. 1719), fit la campagne de Philisbourg (1734), nommé brigadier de cavalerie (1er août), maréchal de camp (1er janv. 1740), donna sa démission de cornette (mai 1742), quitta le service, et le 3 nov. succéda à son père comme lieutenant général du gouvernement de l'Orléanais. Marié, le 12 mars 1733, à Françoise-Michelle PINON, il en eut : 1° ANGE-RENÉ, qui suit ; 2° ALÈS-LOUIS, chev. de Malte, de minorité en 1738 ; 3° LOUISE-ADÉLAÏDE.

23. — **Brisay de Denonville** (Ange-René Cte de) épousa, en 1766, Emilie-Louise PICOT DE DAMPIERRE, fille de Pierre, Mis de Dampierre. Il fut major, puis colonel de dragons, passa ensuite comme guidon dans la gendarmerie de la garde du Roi, avec le grade de maréchal de camp, monta dans les carrosses du Roi en 1768. Ses enfants furent : 1° LOUIS-RENÉ, Mis de Brisay-Denonville, officier de dragons, puis guidon des gendarmes du Roi après son père, émigra, fit toutes les campagnes de l'armée de Condé, fut nommé maréchal de camp, commandeur de St-Louis et de la Légion d'honneur, à la Restauration ; mourut sans hoirs en 1839 (31 déc.) ; 2° EULALIE, mariée : 1. à N.., Prondre de Guermante, 2. au Mis de Tholozan ; 3° ACHILLE-LOUIS, qui suit.

24. — **Brisay de Denonville** (Achille-Louis Mis de) naquit le 2 août 1771, fut reçu de minorité Chev. de Malte, émigra, servit dans les lanciers d'Osmond, à la solde de l'Angleterre ; rentré en 1802, il épousa Susanne-Agathe SEDAINE, fille de Michel-Jean, de l'Académie française. Il fut nommé Chev. de St-Louis en 1815, colonel de la garde nationale de Seine-et-Oise en 1818 ; il est mort en 1855, laissant : 1° ALEXANDRE-RENÉ, qui suit ; 2° JULES-LOUIS, dont il sera parlé § V ; 3° VICTORINE.

25. — **Brisay** (Alexandre-René Mis de) naquit en

1810 et mourut en 1878 ; marié à Marie-Anne DE FRANCINE, dont : 1° ACHILLE-RENÉ, qui suit ; 2° PIERRE-JULES, né en 1847, capitaine d'infanterie de marine (1890).

26. — **Brisay** (Achille-René Mis de), né en 1846, marié, le 1er oct. 1879, à Caroline-Mélite TIXIER-DAMAS DE St-PRIX, veuf sans enfants le 14 nov. 1889.

§ V. — SECONDE BRANCHE ACTUELLE.

25. — **Brisay** (Jules-Louis Cte de), fils puîné d'Achille-Louis (24e deg., § IV), né en 1810, décédé en 1887, laissant de Marie de BERMINGHAM : 1° HENRI, Cte de Brisay ; 2° MARGUERITE, religieuse ; 3° SUSANNE et 4° ALIX, mariée au Vte de Bermingham.

§ VI. — BRANCHE DE **LA MOTHE**.

17. — **Brisay** (François de), Ec., sgr de la Mothe par donation de Pierre son frère aîné, etc., fils puîné de François, et de Marie de Hemard (16e deg., § IV), épousa Marguerite LE VERGEUR, fille de Jean, sgr d'Acy en Champagne, suivant un acte du 25 avril 1536. Le 12 juil. 1576, elle ratifiait une transaction passée, le 6 nov. précédent, entre son mari et Pierre de Brisay, son frère aîné. En secondes noces, il épousa, le 19 fév. 1579, Anne DE TOUZELLES (Chérin). Du premier lit il eut pour enfants : 1° PIERRE, qui suit ; 2° JUDITH, mariée, le 8 avril 1585, à Daniel de Pellart, Ec., sgr de Montigny et des Bordes-Givry.

18. — **Brisay** (Pierre de), Ec., sgr de Vintueil, du Monceau et de St-Evroult, marié : 1° le 11 juill. 1588, à Anne DE PELLART, fille de Galois, sgr de Montigny et du Monceau, et de Marie de Villecardel (Vicardel) ; 2° à Jacqueline DE JAUPITRE, fut maintenu dans sa noblesse, le 19 fév. 1599, par les élus d'Etampes, sur le vu de ses titres. Il laissa du premier lit : 1° LOUIS, exempt des gardes du Roi, mort sans postérité ; 2° PHILIPPE, qui suit ; 3° ANNE, mariée à Louis de Bouville, sgr de Jouy.

19. — **Brisay** (Philippe de) ne laissa de son mariage avec Jeanne EVEILLARD, qu'une fille, ANNE, qui épousa Jean de la Tranchée. (Chérin, vol. 38, établit autrement la filiation de cette branche, et dit Philippe fils de François, degré 16.)

BRISAY OU MIEUX **BRIZAY** (DE), seigneurs de Brizay, p^sse de Marigny, et de Beaumont en Châtelleraudais.

Cette famille nous paraît distincte de celle des Brisay du Mirebalais. On la désigne parfois sous le nom du Petit-Brizay. La différence complète qui existe entre les blasons des deux familles est pour nous une forte présomption contre la communauté d'origine que les généalogistes ont voulu établir entre tous les Brisay et Brizay. Le fief de Brizay (Marigny) est très ancien, et, suivant les usages de la féodalité, a certainement pu donner son nom à la famille qui le possédait, sans qu'elle se rattachât aux Brisay du Mirebalais et de l'Ile-Bouchard. Aussi M. Rédet, dans son *Dictionnaire de la Vienne*, a distingué avec raison certains noms qu'il attribue aux Brisay du Mirebalais et aux Brizay de Beaumont. La similitude des prénoms et la proximité des lieux ne permettent pas toujours de voir clairement les titres qui appartiennent aux personnages de chaque famille. Cependant nous croyons devoir placer ici ceux qui suivent, qui nous semblent appartenir aux Brisay de Beaumont.

Blason. — D'argent à la bande d'azur, chargée (brisée) d'une cotice d'or. — Ce blason est peint dans un armorial du XVIe siècle conservé dans D. Fonteneau, 82, n° 199, et à l'abbaye de St-Cyran. (Lat. 17129, p. 593.) C'est le vrai type. Dans quelques auteurs on trouve : « d'argent à la bande d'azur bordée d'or ». Mais cela semble provenir d'une erreur. Les sceaux des Brisay de Beaumont portent une bande entre 2 cotices. Les écussons sculptés sur la tour de Beaumont et la tombe de Françoise de Brisay, cellerière de Ste-Croix de Poitiers, XVIe siècle (Lat. 17147), portent un écu écartelé de Brizay et de la Lande, où la bande de Brizay est ornée d'une bordure engreslée. D'autres disent : d'argent à la bande d'azur engreslée.

Noms isolés.

Brisay (Pierre de), Chev., cité par M. Rédet à Brizay (Marigny), épousa HILAIRE qui fit don à N.-D.-la-Grande de domaines situés à St-Georges-les-Baillargeaux, le 6 oct. 1220. (D. F. 20, 529.) D'après une note, elle fit don de ses biens aux Templiers, en 1220. Le Mis de Brisay, qui croyait cette dame 2e femme de Pierre de Brisay, 7e deg., § II, des autres Brisay, dit qu'elle s'appelait Hilaire DU FRAIGNE, fille de Philippe, Chev., sgr du Fraigne en Mirebalais (1206, cité par D. F. 5).

Brisay (Pierre de), valet, fit cession à l'évêque de Poitiers, en 1291, d'une rente sur le moulin de Vaires. (Pièces Orig. vol. 522, Brisay, n° 152.)

Brisay (Pierre de), chanoine de N.-D.-la-Grande de Poitiers, 1282 (D. F. 20), est sans doute le même que le grand-chantre de la cathédrale, vivant en 1293. (D. F. 27.)

Les généalogistes qui ont essayé de dresser la filiation des Brisay, ont cherché divers systèmes pour leur rattacher les Brizay de Beaumont.

La plupart attribuent comme fils à Alès formant le 8e deg. § III ci-dessus, ou à Pierre, formant le 8e deg. de la filiation donnée par Lainé, Pierre dit Ringuet de Brizay, qui commence la généalogie authentique donnée ci-dessous. Mais ces suppositions, purement imaginaires, ne reposent que sur des confusions ; et rien, jusqu'ici, ne prouve la communauté d'origine des 2 familles.

§ Ier. — BRANCHE DE **BEAUMONT**.

1. — **Brisay** (Pierre de), dit *Ringuet* (expression du patois poitevin, signifiant Malingre ?), est connu par des actes de 1304 et 1325. Il était décédé en 1344. Marié d'abord, en 1304, à Isabeau BAUDRY, ou plutôt BOUDERY (de la famille des sgrs de Boudery, p^sse de Sauves. (Mirebeau, p. 223). Il épousa ensuite Thomasse LEVRAULT, dame du Bouchet (Scuilly, Vien.), fille de Jean, Ec., et de Jeanne du Bouchet. Ses enfants furent, du 1er lit : 1° GUILLAUME, qui, d'après une note de la généalogie de Montléon, partagea avec sa sœur en 1329 ; il paraît être décédé sans postérité ; 2° JEANNE, mariée à Jean de Montléon, Ec., sgr d'Abain. En 1329, elle eut des fiefs à Mons, Mazeuil, etc., venant de la *succession de sa mère*. Du 2e lit vinrent : 3° PIERRE, Ec., sgr de Brisay, qui, avec sa mère et son frère Guillaume, vendit une rente sur les domaines de Brizay, le 24 avril 1344, à Colin Guichart ; celui-ci la donna à Fontaine-le-Comte, et il y eut à ce sujet de grands procès, depuis 1350 jusqu'à 1370. Dans un acte de 1357, il est dit que Pierre était alors décédé, ainsi que 4° GUILLAUME ; 5° GUYON, décrété de prise de corps le

4 juin 1358, pour avoir assailli à main armée, avec 25 hommes, le prieuré de Fontaine-le-Comte ; 6° RINGUET, qui suit. Ces 4 fils sont les seuls enfants mentionnés dans les titres de Fontaine-le-Comte, liasse 24. (Arch. Vien.) M. Lainé confond Pierre avec Ringuet, il ajoute : 7° JEAN, marié, dit-il, à Marguerite RATAULT ; 8° ISABEAU, 9° et 10° deux filles religieuses.

2. — **Brisay** (Ringuet de), Ec., sgr de Brisay, Tricon, paraît avoir hérité de ses frères. Il figure dans des actes de 1348, 1357, 1365, etc., au sujet du procès avec Fontaine-le-Comte, et fut assigné aux Grands Jours de Bordeaux, tenus au nom du prince de Galles, le 29 avril 1366, pour faire accord avec cette abbaye. Il se réunit, en 1370, aux chevaliers poitevins qui, sous la foi du serment, jurèrent de « tenyr le party du roi de France, et de luy ayder de leurs homes et forteresses ». (Bib. Nat., fonds Franç., n° 2858, t. 2, 20.) Pierre avait épousé, vers 1360, Gillette MICHEL, D° de Seuilly et de la Tour de Brain, fille de Gilles, et de Philippe de Jaunay, dont il eut, croyons-nous : 1° PIERRE, dit aussi PERROT, Ec., sgr de Brisay, Marigny, Brain, les Deffens et Remeneuil, rendit aveu, en 1405, au Cte de Poitou de sa terre de Brain, servit cette même année dans la campagne contre les Anglais, dans la compagnie de Guillaume Taveau, sgr de Mortemer (Clérembault); marié à Ysabeau Ysoné, dame de Boussay, fille de Jean II, Ec., sgr de la Varenne, et de Jeanne d'Angles, il mourut sans hoirs en 1413, ayant eu une fille, JEANNE, mariée à Perrot de Rogebec, Ec. (Lainé), mais décédée jeune ; 2° AIMERY, qui suit.

3. — **Brisay** (Aimery de), Chev., sgr de Seuilly, Tricon, la Mothe-d'Usseau, puis de Brisay, Brain et Remeneuil, à la mort de son frère Pierre ; attaché dès l'enfance à la maison de Jean de Valois, Cte de Poitou, oncle du Roi, il suivit ce prince jusqu'en 1416, dans toutes les phases de sa vie aventureuse. En 1413, il faisait, comme chevalier bachelier, partie de l'armée commandée par ce prince, en guerre contre la faction des Armagnacs. Entré en 1418 au service du dauphin Charles, il devint le premier maître d'hôtel et l'intendant général de sa maison, et en récompense de ses bons services, fut nommé bailli du Graisivaudan, gouverneur de Montreuil-Bonnin, puis de Châtellerault, et le roi de Sicile lui permit de « chacier et prandre lièvre dans la garenne de Mirebeau », faculté interdite à tous autres. (Arch. Nat., Reg. P. 330, n° 179.) Il avait épousé, à St-Maixent, le 15 nov. 1407, Marie CHENIN, fille de Gauvain, Ec., sgr de Milescu, et de Jeanne de St-Gelais (M. de Brisay dit Jeanne Desglix). Il en eut : 1° GAUVAIN, Chev., sgr du Petit-Brisay, Tricon, Seuilly, le Bouchet, épousa, en 1428, Pérette ou Perrine CHAPPERON, fille de Jean, Chev., sgr de la Chapperonnie et de Bernay, dont une fille unique, SIBYLLE, mariée quatre fois : d'abord en 1454, à Bertrand Fresneau, capitaine lieutenant du château d'Angers ; puis à Pierre de Hérisson, Ec., sgr de la Champelière, écuyer de l'écurie du Roi ; à Raoul de Lestrange, Chev., et enfin à Pons de Pardaillan, Ec., sgr de Vienne.

2° AIMERY, qui suit ; 3° FRANÇOIS, Chev., sgr de Brisay, Marigny, eut de N... une fille unique, MATHURINE, mariée à Guillaume de St-Julien, Chev., sgr de Veniers. Elle fit assassiner dans un guet-apens son cousin Raoul de Lestrange, et fut condamnée à mort (estranglée) par le sénéchal de Poitou ; mais, retirée dans sa terre féodale, elle brava la justice de son temps et vécut jusqu'à 80 ans. Lainé ajoute à ces trois enfants : 4° MARGUERITE, qui, dit-il, épousa Jean de Pennevaire, sgr de St-Martin-l'Ars (Vendée). Mais c'est une erreur : vr plus haut, § III, deg. 12.

4. — **Brisay** (Aimery de), Chev., sgr du Petit-Brisay, Brain, Beaumont, etc., fut nommé par le Chapitre de Ste-Radégonde, le 15 janv. 1441, capitaine de Vouillé ; il prêta serment le même jour. (Arch. Vienne, Ste-Radégonde.) Il était en 1442 maître d'hôtel du Cte du Maine, puis écuyer d'écurie du Roi. Ayant rendu de grands services au roi Charles VII et à René d'Anjou, il fut nommé gouverneur de Châtellerault, puis, le 8 déc. 1453, grand maître des eaux et forêts du Poitou. Il est qualifié panetier du Roi dans les lettres patentes datées de Tours, le 19 avril 1458, par lesquelles ce prince établit en sa faveur deux foires par an au lieu de Beaumont, terre que lui avait apportée Louise DE LA LANDE, fille de Jean, Ec., sgr de Beaumont, et de Marguerite d'Hommes. Aimery mourut vers 1468, laissant : 1° ABEL, qui suit ; 2° LOUISE, mariée en 1467 à Jean du Bois, sgr des Arpentis, maître d'hôtel du duc de Guise en 1470 ; 3° JEANNE, mariée à Mathurin de St-Mars, Chev., Vte de Bresteau ; 4° NICOLAS, Chev., sgr des Deffens, capitaine d'une compagnie de 30 hommes de pied ordonnés pour la garde du chât. du Bec, et d'une autre préposée à la garde du chât. du Mour, selon les rôles de deux revues passées par J.-J. Trivulce, maréchal de France, les 4 et 10 juin 1504, puis capitaine d'une compagnie d'ordonnance pendant la guerre d'Italie, où il fut gouverneur de Lecco et de Monza ; enfin, par commission du 17 oct. 1507, capitaine de Châteauneuf de Godeffa à Gênes. Nicolas avait épousé à Châtellerault, le 13 oct. 1488, Prégente DE MARCONNAY, fille de Simon, Chev., sgr de Marconnay, etc., et de Jeanne Chapperon, qui lui apporta le Verger de Marconnay ; il fut père de : *a.* CHRISTOPHE, Ec., marié, le 25 nov. 1515, à Jacquette LE CLERC, et qui fut tué dans une rixe par Laigneau (sans postérité) ; *b.* JEANNE (ANNE d'après Lainé), mariée, le 16 juin 1509, au château des Deffens, à Charles de Razilly, Chev. de l'ordre du Roi, sgr de Razilly, les Deffens, etc.

5° CHARLES, sgr de Chincé, servit dans la guerre de Bretagne sous les ordres du sire de Torcy (D. Morice), se maria à Sibylle CHAPPERON, fille de Jean, Ec., sgr de Bernay, la Fouchardière, et de Marguerite de Vieux, dont il eut NICOLE, mariée à Jean de la Touche, Chev. ; 6° CLAUDE, Ec., sgr du Rivau, mort sans hoirs. Le bon roi René d'Anjou l'avait fait son légataire de 100 liv. à prendre sur le grenier de Saumur, sous la condition d'en rendre hommage au roi de France, ce que fit Claude en 1491. (Arch. Nat., Reg. P. 348, 410.) 7° FRANÇOISE, qui devint cellerière de l'abb. de Ste-Croix de Poitiers, et dont l'épitaphe nous a été conservée par D. Estiennot : « Sous cette tombe, gisent deux no- « tables et dévotes religieuses, dame Anne de la « Chaussée, réfectorière, et Françoise de Brisay, col- « lerière..... de chambre, laquelle la Chaussée tré- « passa l'an M. IIIc IIIIxx le VII janvier, et ladite de « Brisay M, DVI, le XXI février. Que Dieu ait leurs âmes. »

Le 2 avril 1500, elle avait échangé l'office de scholastique qu'elle occupait pour celui de cellerière, avec Sœur Audète de Couhé, religieuse au même monastère. (A. Vien., Ste-Croix.)

5. — **Brisay** (Abel de), Chev., sgr de Beaumont, Brain, etc., nommé page du Roi, devint écuyer d'écurie, puis chambellan de Louis XI, et ce prince, « considérant les grands et continuels services qu'il lui avait rendus dès son jeune âge, et lui continuait chaque jour au fait de ses guerres à l'entour de sa personne et en ses plus grandes et principales affaires », lui permit d'établir au lieu, sgrie et châtellenie de Beaumont un scel aux contrats et des tabellions pour recevoir et passer tous actes, etc. Charles VIII le maintint dans sa

charge et le gratifia du droit d'usage dans la forêt domaniale de la Moulière, pour y prendre bois de chauffage et de construction.

En 1486, le 14 août, le Chapitre de N.-D.-la-Grande de Poitiers forma complainte contre Abel, pour avoir fait tenir ses assises sur le pont de Longèves, passage habituel pour aller de Poitiers à Châtellerault, et placé dans le ressort de la justice du Chapitre. Le 1er mai 1511, le Chapitre obtenait de la sénéchaussée de Poitiers une sentence le maintenant dans ses droits de fondateur et patron de l'église de Beaumont, contre les prétentions de Marquise de Menou, veuve d'Abel de Brisay, qui avait fait mettre dans cette église *une litre* à ses armes. (Arch. Vienne, Chap. N.-D.)

Abel, né en 1446, mourut en 1503, laissant veuve Marquise DE MENOU, De de Villegongis, fille de Tristan, Chev., sgr de Villegougis, et d'Andrée de Norroy; elle fut tutrice de leurs enfants mineurs, qui furent : 1° JACQUES, qui suit ; 2° CHARLOTTE, mariée à Poitiers, le 17 fév. 1505, à Pierre de Nuchèze, Chev., sgr de Baudiment et des Francs, etc.; 3° ADRIENNE, qui épousa, le 9 fév. 1507, Jean de Villebresme, sgr de Fougères; 4° CLAUDE, Chev., mort de la peste devant Naples en 1529; 5° JACQUETTE, mariée, le 12 fév. 1510, à François de Mauvoisin, Chev., sgr de la Forest (Pièc. Orig. 522, 57); 6° MARGUERITE, qui épousa, en 1517, Antoine de la Brosse; 7° MARIE, femme de Jean de Salazar (Jean-Guillaume de Sannazar, d'après Lainé), Cte de Géroles en Montferrat; 8° FRANÇOISE, religieuse à Fontevrault, puis abbesse de Recoufort, où elle mourut en 1547; 9° JEANNE, religieuse Clarisse à Poitiers, puis abbesse de Glaigny; 10° OLIVIER, Chev. de Rhodes, mort en 1522, au service de l'ordre; 11° LOUIS, protonotaire du St-Siège, abbé de St-Cyran en 1525, monastère qui lui dut sa reconstruction, en fit consacrer la nouvelle église le 2 juin 1531 (Gall. Christ. 11, 132); 12° ANNE, religieuse, nommée dans le testament de sa mère, en date du 29 mai 1532. (Pièc. Orig. 522, n° 18-20.)

6. — **Brisay** (Jacques de), Chev., sgr de Beaumont, Brain, Villegongis, servit comme homme d'armes dans les guerres d'Italie sous Aimar de Prie, puis devint en 1524 capitaine d'une compagnie de 50 lances qu'il commanda en 1525, devant Pavie, puis dans toutes les campagnes contre Charles-Quint, 1531-1540. Il épousa, en 1530, Avoie DE CHABANNES, fille de Jean, Cte de Dammartin, et de Susanne de Bourbon, arrière-petite-fille de Louis XI; elle était veuve d'Edmond de Prie, grand queux de France, et de Jacques de la Trémouille. François Ier le nomma conseiller d'État, lieutenant-gal au gouvernement de Bourgogne et sénéchal de la Marche. Devenu veuf, il se remaria à Françoise DE LA BARDE, De du Masgelier, mais n'eut d'enfant ni de l'une ni de l'autre de ses deux femmes, et laissa ses biens à ses neveux de Nuchèze, qui possédèrent Beaumont et Villegongis après lui. Il était, lorsqu'il mourut, Chev. de l'ordre du Roi et pensionnaire de sa maison. (Voir Pièces Orig. 522, nos 39 et 45, donations faites par Jacques de Brisay à ses neveux Geoffroy et Léon de Nuchèze, enfants de Charlotte de Brisay, sa sœur aînée, les 18 juil. 1542 et 20 mai 1543.)

BRISSAC, en Anjou, a été possédé jadis par une famille qui en a pris le nom, écrit souvent Brochesac dans les cartulaires de l'Anjou et Poitou. Plus tard passé à la famille de Cossé. (Vr ce nom.)

BRISSAC (DE). — Famille qui paraît originaire du Dauphiné, et dont la noblesse a été contestée en Bretagne en 1669, tandis qu'elle était admise en Poitou en 1699. D'après la tradition, elle aurait été anoblie par Henri IV, pour services rendus; et cependant, d'après les preuves faites devant M. de Maupeou, l'un d'eux avait été, avant 1590, archer de la garde du Roi, et l'ordonnance de Blois de 1579 portait formellement qu'il ne pourrait être reçu aucun archer de la garde qui ne fût d'extraction noble.

Les documents qui ont servi pour la rédaction de cet article sont : les minutes des confirmations de noblesse (O.), les Archiv. de Loudun, des titres originaux communiqués par M. Ch. de Peyrenard, etc.

Blason : d'azur au sautoir d'argent accompagné de 4 coquilles de sable et chargé d'un dauphin de même, posé en abîme. Cet énoncé est inexact, car les coquilles, si elles sont posées sur l'azur, doivent être d'argent ou d'or. Peut-être doit-on dire : le sautoir chargé de 4 coquilles de sable et d'un dauphin en cœur.

Noms isolés.

Brissac (Anne de) était, en 1662, femme de Charles de Brossard.

Brissac (Joseph de), sr des Charnières, avait une sœur, RENÉE, qui épousa, le 23 fév. 1675 (Julien Bodère, not. à Angers), Jacques Girard de Charnacé, Chev.

Brissac (Charlotte-Polixène de), fille de JOSEPH, sgr des Charnières (sans doute celui qui précède), entra au couvent des Clarisses de Thouars le 12 mars 1687, passa devant Philippe Porcheron, doyen de Thouars, le 14 avril 1688, son examen de religion, pour être admise à faire profession ; elle est dite âgée de 24 ans. (O.)

Brissac (Marie de) était, en 1680, épouse d'Etienne de la Clef, Ec., sgr de Roquemont.

Brissac (Claude-Charles de) fut maire de la Haye avant 1695. (Arm. gal de Touraine.)

Brissac (Aubine de) épousa, le 13 mai 1701, René-Georges de la Roche. (Arch. Loudun.)

Brissac (Marie de), veuve d'un ministre de la religion prétendue réformée à Baugé, fut inhumée au grand cimetière de Loudun, le 19 fév. 1709. (Id.)

Brissac (Catherine de) fut marraine le 31 janv. 1737. (Id.)

Brissac (Henriette de), inhumée le 18 oct. 1739, a signé l'acte de mariage du Chev. de Brissac, sgr de Nériau. (Id.)

Brissac (Pierre de), Ec., sgr de Nériau, fait baptiser un fils, PIERRE-MARIE, le 9 déc. 1739. (Id.)

Brissac (Josias-François de), Chev. de St-Jean-de-Jérusalem, était commandeur de Balan le 14 janv. 1744. (Id.)

Brissac (Anne-Françoise de) fut marraine le 24 avril 1745. (Id.)

Brissac (Marthe de) fut inhumée le 11 mai 1764. (Id.)

Brissac (Laurence-Zacharie de), veuve de LOUIS de Brissac, est inhumée le 5 nov. 1770. (Id.)

Brissac (Louis de), fils de LOUIS, Ec., sgr de Nériau, est baptisé le 7 nov. 1770. (Id.)

Brissac (Marie-Anne-Renée de) était, le 18 sept. 1785, femme de Jean-Barthélemy de Cambour, Ec., sgr des Marais et des Fontaines, Chev. de St-Louis, capit. au régiment de Bourgogne. (Reg. Genouillé.) Elle est décédée le 20 juin 1792 (psse N.-D.-la-Grande, à Poitiers).

Brissac (Laurence-Zacharie-Pélagie de) du Vignault était, le 19 fév. 1787, mariée à Pierre-François-René Reveau, Chev., sgr de Biard, dont elle était veuve en 1789; fut convoquée comme telle à l'assemblée de la noblesse réunie en 1789.

§ Ier. — Branche des **Loges**.

1. — **Brissac** (Gerbé de), sr de St-Laurent, est le premier que nous connaissions. Nous avons de lui son testament, passé le 22 août 1558, sous la cour de Vienne en Dauphiné, par Roussier, not., dans lequel il est qualifié noble homme, et duquel il résulte qu'il avait deux fils : 1° Raton, qu'il institue son héritier universel, lequel épousa, le 17 oct. 1579 (Serre, not. à Saumont, pays d'Armagnac), Jeanne Bonnecase, dont il n'eut point d'enfants; 2° Jacques, puîné, qui suit, auquel il légua pour sa légitime 600 écus sols.

2. — **Brissac** (Jacques de), sr de Raton et du Pré, psse des Rosiers, fils puîné du précédent, épousa, le 20 mai 1590, Jeanne Chevalier (Le Roy et Biot, not. à Vitré), puis en 2es noces, en 1627, Susanne Lefèvre. Jacques suivit la carrière des armes, reçut commission de Henri IV, le 17 août 1589, de lever une compagnie de 200 hommes de guerre. Il résulte d'un certificat du sr de Montmartin du 26 mai 1590, et d'un arrêt du Parlement de Rennes du 11 août de l'année suivante, qu'il avait servi dans les archers de la garde : ce qui prouverait, ainsi que nous l'avons fait observer, qu'il devait être d'extraction noble.

En considération de ses bons services, Henri IV, par un brevet du 6 oct. 1590, lui accorda, sous le nom de capitaine Raton, une pension de 200 écus, pour son courage à l'attaque du château de Vitré, et le 6 déc. 1591, lui fit don de 600 écus; il lui fut accordé, le 7 sept. 1592, par le duc d'Alençon une gratification de 635 écus. Il fut nommé, le 16 juil. 1594, maître des eaux et forêts de la Bnie de Vitré par Anne d'Aligre, Ctesse de Laval et De de Vitré; fut reçu, le 2 juin 1604, capitaine des chasses du Cte de Beaufort. Nommé, le 28 avril 1606, commissaire d'artillerie, il reçut, le 12 mai 1626, du grand maître un certificat constatant les services rendus en cette qualité. Jacques de Brissac laissa de son mariage : 1° Georges, Ec., sgr du Pré, qui partagea avec ses frères et sœurs les biens provenant de la succession de ses père et mère, le 1er mars 1651 (Chabot, not. à Vitré). Malgré la qualification d'écuyer donnée aux enfants de Jacques, dans la confirmation de noblesse accordée à son petit-neveu par M. de Maupeou, un des registres des Etats de Bretagne porte condamnation à 400 liv. d'amende, comme usurpateur du titre de noblesse (arrêt du 6 fév. 1669), contre Georges de Brissac, sr du Pré, Samuel, sr de la Lorie, et Jacques, sr des Loges, ses frères. Georges épousa Madeleine de la Place, dont il eut Anne, épouse de N... de la Chevalerie.

2° Samuel, Ec., sgr de la Lorie, qui partagea avec ses frères, figure avec Georges dans l'arrêt précité; 3° Jacques, qui suit; 4° Marie, femme de Josué de la Place. Il eut du 2e lit : 5° Daniel, 6° Jeanne.

3. — **Brissac** (Jacques de), Ec., sgr des Loges, naquit à Châtellerault, vers 1592, partagea la succession de ses père et mère avec ses frères; il avait embrassé le protestantisme, fut professeur de philosophie à Saumur en 1625, ministre à Loudun en 1637, secrétaire du synode en 1669; a publié plusieurs ouvrages de controverse : *Le tabernacle de Dieu sous la nuée, ou l'exercice de la religion (protestante) sous la protection des édits* (Saumur, 1666); — *Réponse au jésuite Meynier*; — *Réponse à la lettre de A. Naudin, avocat en Parlement, demeurant à Loudun, sur son changement de religion*, 1651, etc.

Il avait été l'objet de poursuite, de la part de l'intendant du Poitou, pour être allé prêcher à Thouars, malgré la défense qui lui en avait été faite.

Jacques de Brissac avait épousé en premières noces, le 30 déc. 1628 (Aubry, not. à Loudun), Marie Roy, puis en 2es noces, le 8 fév. 1637, Marie Ribay. Ses enfants du 1er lit furent : 1° Jacques, qui suivra.

2° Isaac, Ec., sgr de Beauséjour, marié à Aubine Allotte le 10 mars 1672 (Aubry, not. à Loudun); elle fut confirmée dans son titre de veuve de noble et d'écuyer par ordonnance de M. de Chauvelin, intendant de Touraine, du 20 mars 1715. Ils eurent pour enfants : *a*. Isaac, Ec., habitant St-Quentin en 1735; *b*. Marthe, mariée à Benjamin Dumoustier; *c*. Aubine, qui épousa, le 13 mai 1701, René-Georges Delaroche. (Arch. Loudun.)

Du second lit il eut : 3° Samuel, rapporté § III; 4° Benjamin, rapporté § IV.

4. — **Brissac** (Jacques de), Ec., sgr des Loges, épousa, le 20 déc. 1668 (Le Rat et Marchais, not. de la Bnie de la Muce), Rachel Legge, veuve de Julien de la Motte, sgr de la Godelinière, dont il eut : 1° Pierre, qui suit; 2° Olivier, qui partageait avec son frère, son oncle Samuel et Marie (sans degré de parenté indiqué), les biens de leur aïeul Jacques II (Renau, not. à Loudun), le 23 mai 1694. Olivier abjura la religion protestante le 4 déc. 1703, entre les mains du P. Margat, jésuite (Arch. Vien. collège des Jésuites); 3° Louis, qui, dans le contrat de mariage de Nicolas (6e degré), est indiqué comme oncle paternel de l'époux. (Mais c'est peut-être Louis, sgr du Vigneau, 5e deg., § III.)

5. — **Brissac** (Pierre de), Ec., sgr des Loges, épousa, le 10 janv. 1699 (Bourdier, not. royal à Loudun), Jeanne Roy, fille de Louis, lieutenant civil à Loudun, et de Madeleine Curieux; le mariage fut célébré le 19 du même mois. Il fut confirmé dans ses privilèges de noblesse par l'ordonnance de M. Chauvelin, intendant de Touraine, rapportée plus haut, et laissa de son mariage : 1° Nicolas, qui suit ; 2° Pierre, rapporté § II.

6. — **Brissac** (Nicolas de), Ec., sgr des Loges, baptisé, le 10 nov. 1712, à St-Pierre du Marché à Loudun, épousa, le 9 fév. 1739 (Charrot et Roquet, not.), Marie-Anne Camus, fille de Me Alexis-Charles, avocat en Parlement, et de dame Madeleine Frogier. De ce mariage Philippe-François, qui suit.

7. — **Brissac** (Philippe-François de), Ec., sgr de la Roche, né à St-Loup le 19 mars 1747, épousa, le 18 sept. 1774 (Cuisinier et Bourbeau, not. à Poitiers), Catherine Babinet de Santilly, fille de feu François-Xavier, sr de Santilly, et de Anne Berruyer. Il assista en personne à l'assemblée de la noblesse du Poitou réunie à Poitiers en 1789, émigra en 1791, et servit en 1792 dans l'armée des Princes frères du Roi, dans une compagnie à cheval du Poitou. Philippe-François de Brissac est mort à Poitiers le 30 oct. 1841, sans laisser d'enfant de son mariage.

§ II. — Branche de **Nériau**.

6. — **Brissac** (Pierre de), Ec., sgr de Nériau (psse de Challais près Loudun), fils puîné de Pierre et de Jeanne Roy (5e deg., § Ier), eut de Anne de Richeteau : 1° Pierre-Marie, qui suit; 2° Louis, Chev., assiste au mariage de son frère, en 1764. Il épousa Henriette Gayotte du Bigeon, qui fut convoquée, comme sa veuve, à l'assemblée de la noblesse du Loudunais

en 1789. Il avait eu un fils, Louis, baptisé le 7 nov. 1770, à Loudun.

7. — **Brissac** (Pierre-Marie de), Ec., sgr de Nériau, épousa, le 14 fév. 1764, Marie-Victoire Condonneau du Jacquelin, fille de Charles-Vincent, président en l'élection de Poitiers, et de Marie Audinet.

§ III. — Branche du VIGNEAU.

4. — **Brissac** (Samuel de), Ec., sgr du Vigneau, fils puîné de Jacques et de Marie Ribay (3e deg. § Ier), baptisé le 16 déc. 1646, comme il appert du registre baptistaire de ceux de la religion réformée de la ville de Loudun, abjura sans doute le protestantisme, car il fut l'un des gendarmes de la garde du Roi, épousa, le dernier fév. 1690 (Lorry et Caillaud, not. du duché de Thouars), Jeanne Rogier, et fut maintenu dans ses privilèges de noblesse par ordonnance rendue par M. de Maupeou, le 23 nov. 1699. Il eut pour fils Louis, qui suit.

5. — **Brissac** (Louis de), Ec., sgr du Vigneau, qui, de concert avec Anne-Françoise de Bussy, sa femme, fille de Marc-Antoine-René, Chev., sgr de Bizay, et de Marie Durson, vendait certains domaines, le 9 fév. 1742, à Laurent-Jacques Herbert, Chev., sgr de Grandmont. Il eut, croyons-nous, pour fils :

6. — **Brissac** (Louis de), Ec., sgr du Vigneau, marié à Laurence-Zacharie de Brissac, décédée veuve le 5 nov. 1770, à Loudun, dont il eut : Laurence-Zacharie-Pélagie, qui était, le 19 fév. 1787, mariée à Pierre-François-René Roreau, Chev., sgr de Biard, dont elle était veuve en 1789 ; fut convoquée, comme telle à l'assemblée de la noblesse réunie à cette époque.

§ IV. — Branche de HOLLANDE.

Nous devons communication des renseignements concernant cette branche à MM. Enschédé, bibliothécaire archiviste de la ville de Haarlem, et de Richemond, archiviste de la Charente-Inférieure.

4. — **Brissac** (Benjamin de), sr du Vigneau, fils puîné de Jacques et de Marie Ribay, sa seconde femme, rapportés au 3e degré du § 1, fut d'abord pasteur à Châtillon-sur-Indre, puis à Châtellerault, se cacha à la révocation de l'édit de Nantes ; mais, découvert, il fut emprisonné à la Bastille ; à sa sortie, il se retira en Hollande, où sa femme, Susanne Catillon, vint le rejoindre, le 20 mars 1688. Benjamin fut pensionné, à la condition de prêcher dans l'église française (19 avril 1705), avec son fils, pasteur comme lui. Il fut naturalisé Hollandais le 31 oct. 1709, avec sa femme, son fils et ses filles. Il devint veuf en mai 1712, mourut lui-même en 1721 et fut inhumé à Amsterdam. Ses enfants furent : 1° Benjamin, précité, qui suit ; 2° Marie-Susanne, et 3° Susanne, qui habitaient Amsterdam. Chacune d'elles toucha jusqu'en 1746 une pension de 100 liv. Marie-Susanne fut inhumée à Amsterdam le 3 mars 1757, et sa sœur le 22 déc. 1762.

5. — **Brissac** (Benjamin de), né à Châtellerault, étudia la théologie à Leyde, fut aumônier au régiment Wallon, puis collègue de son père à Amsterdam, en 1705. Il épousa à Leyde, le 3 juin 1711, Marie-Madeleine Mericheau, originaire de Niort, et fut inhumé, le 12 janv. 1746, à Amsterdam. Nous ignorons s'il eut postérité.

Voici encore quelques noms de membres de cette famille, expatriés après la révocation de l'édit de Nantes.

Brissac (Rachel de), réfugiée à Londres.

Brissac (N... de) servait en Prusse comme officier dans une compagnie de cadets.

Brissac (le capitaine Georges de) fut nommé en 1773 l'un des directeurs de l'hôpital français à Londres.

BRISSEAU.

Brisseau (Pierre) fit aveu d'un fief sis à Usson, le samedi avant la Chaire de St-Pierre 1300, à Guillaume Brulon, valet, sgr d'Usson. Dans cet acte sont nommés sa femme Pétronille et ses enfants : 1° Guillaume, 2° Jean, 3° Pétronille. (Villevieille, 21, Brulon.)

BRISSET. — Nous connaissons deux familles de ce nom : une en Loudunais, l'autre à Niort. Nous allons donner les renseignements que nous avons recueillis sur chacune d'elles.

Blason. — Une famille Brisset portait : d'argent à 3 trèfles de sinople. On attribue parfois ce blason à la famille Niortaise, mais il appartenait plutôt aux Angevins.

BRISSET DE VILLECHAMPAGNE en Loudunais.

Brisset de Villechampagne (N...) a servi comme homme d'armes du sgr de l'Isle, au ban de 1467. (F.)

Brisset (Colin) servait comme archer en avril 1471. (Id.)

Brisset de Villechampagne (René) servit dans la 1re brigade de l'escadron de Vassé, au ban de 1758. (Id.)

Cette famille était collateur d'une chapelle pre de Mouterre-Silly.

BRISSET. — Famille de Niort qui a occupé dans cette ville la charge de maire, ce qui lui a procuré la noblesse. Nous devons au regretté M. Piet-Lataudrie la majeure partie des notes suivantes ; nous avons également consulté avec fruit le travail de M. le Cte Bonneau sur les maires de Niort.

Noms isolés.

Brisset (Jean) épousa Françoise Giraudeau et eut pour fils :

Brisset (Jean), notaire royal, marié, vers 1575, à Catherine Arnault, dont : 1° Philippe, nommé dans un acte du 16 août 1579 ; 2° Marie, 3° Jean, 4° Catherine, 5° Vincent ? qui suit.

Brisset (Vincent), fils du précédent ? était en 1620 pair de la commune de Niort.

Brisset (Jean), notaire à Niort, et Guillemette Brunet, sa femme, eurent une fille, Louise, qui épousa Jean Gaugaing, Ec., sgr de Boismallet ; elle fut reconnue en 1667 par Barentin comme devant être exempte de la taille. Par son testament du 21 oct. 1669, elle légua à la fabrique de N.-Dame de Niort une rente de 60 sous, à la charge de faire dire cinq messes par année.

Brisset (Philippe) fut nommé, le 10 fév. 1727, greffier des experts à Niort. (Arch. Vien. Bureau des finances.)

Filiation suivie.

1. — **Brisset** (Crespin), notaire et tabellion royal, pair de la ville de Niort de 1535 à 1551, eut entre autres

enfants de Marie CONSTANTINEAU, son épouse : 1° CRESPIN, qui suit; 2° PIERRE, huissier, qui de Marguerite BONNET, sa femme, eut une fille, SARA, mariée, le 9 janv. 1585 (Mullot et Gastaulde, not. royaux à Niort), à Isaac Bastard, sergent royal; 3° JEAN.

2. — **Brisset** (Crespin), notaire royal, fut parrain en 1591 d'Isaac Bastard; il épousa, vers 1550, Marie BASTARD, dont il eut JEAN, qui suit (peut-être né le 2 sept. 1554).

3. — **Brisset** (Jean), avocat, notaire et tabellion royal dès 1582, sr de Chastreuil, fut échevin dès 1582. Il eut de N... BERTHOMÉ, sa femme : 1° JEAN, qui suit; et peut-être : 2° MARIE, qui épousa, vers 1600, Jean Bastard, sr de Raymondière.

4. — **Brisset** (Jean), avocat et notaire royal, rend, le 18 nov. 1611, aveu et dénombrement au château de Niort de son fief de Fontaine-Epinette, sis à Niort, et eut pour fils :

5. — **Brisset** (Jacques), sr de l'Epinette, avocat en Parlement, sénéchal de la sgrie de la Grange-Verrine, pair de la commune de Niort, maire de cette ville en 1660, 1662, 1663, fut échevin en 1665, maintenu dans l'exemption de la taille par Barentin ; il avait rendu aveu du fief de la Fontaine-Epinette, au chât. de Niort, les 27 mars 1643, 16 déc. 1644 et 27 mars 1663. Il était en 1661 époux de Olive GUIGNET; on lui connaît : 1° RENÉ, qui suit; 2° MARIE, qui avait épousé, avant 1674, Philippe Cochon, sr du Puy, et deux autres filles religieuses.

6. — **Brisset** (René), Ec., sgr d'Aubigné, la Fontaine-Epinette et du Fief-Filleteau ? rendait en 1671, le 23 fév. 1673, et enfin en 1674, aveu au chât. de Niort de sa sgrie de la Fontaine-Epinette. (N. féod. 185.) Nous ignorons s'il s'est marié.

FIN DU PREMIER VOLUME.

POITIERS. — IMPRIMERIE OUDIN ET Cie.